W0054714

2 | Great Barrier Island

Die größte Insel im Hauraki Gulf wartet mit goldenen Surfstränden und bewaldeten Bergen auf. S. 202

3 | Bay of Islands

Der Fischreichtum in den klaren, blauen Gewässern zieht Taucher und Angler an. S. 227

Kim Wes

4., vollständig überarbeitete Auflage

Laura Harper, Catherine Le Nevez,
Tony Mudd, Paul Whitfield

NEUSEELAND

STEFAN LOOSE
TRAVEL HANDBÜCHER

NEUSEELAND

FAI

SOUT
CROSS
BUILDING SOCIETY
SAVINGS · LOANS
INVESTMENTS

4 Höhlenabenteuer in Waitomo

Das von Glühwürmchen beleuchtete Höhlenlabyrinth bietet Gelegenheit für verschiedenste Arten der Erkundung. S. 281

5 | Whanganui River

Ein dreitägiger Kanutrip auf dem geschichtsträchtigen Fluss führt durch wunderschöne Landschaft abseits der Zivilisation. S. 303

6 | Wai-O-Tapu, Rotorua

Das beste der Geothermalfelder um Rotorua beeindruckt mit schönen, von Mineralien bunt gefärbten Seen, einem pünktlich emporspritzenden Geysir und blubbernden Schlammlöchern. S. 341

7 | Tongariro Alpine Crossing

Die Tageswanderung durch die Vulkanlandschaft des Tongariro National Park
führt am Kegel des Mount Ngauruhoe
und am Ufer türkisfarbener Seen
entlang. S. 362

8 Napier

Die geschlossene Ansammlung von Art-déco-Architektur verdankt ihre Existenz dem verheerenden Erdbeben von 1931, nach dem Napier wieder aufgebaut wurde. S. 436

9 Wellington

Die kosmopolitische Hauptstadt Neuseelands besticht mit einer lebendigen Kulturszene. S. 461

10 Abel Tasman National Park

Die Küste des wunderschönen Nationalparks lässt sich hervorragend zu Fuß
oder im Kajak erkunden. S. 522

11 Kaikoura

Die Wale vor der Küste der Kaikoura
Peninsula sind ein echter Besuchermagnet. Als Alternative zur Bootstour
gibt es Flugzeug- und Hubschrauberflüge hinaus aufs Meer. S. 550

12 | **Mount Cook National Park**

Der mit 3754 m höchste Gipfel Neuseelands gehört zum Weltnaturerbe der
Unesco. S. 638

13 | Dunedin

Die historischen Bauwerke der schottisch geprägten Unistadt sind bestens erhalten. S. 646

14 | Otago Peninsula

Pinguine, Königsalbatrosse und andere Seevögel fühlen sich hier wohl. S. 661

15 | Catlins Coast

Robben und Delphine sowie ein entspannter Lebensrhythmus machen die Catlins zu einem tollen Ziel abseits des Touristentrubels. S. 668

16 | Stewart Island

Die Wildnis der größtenteils unbewohnten Insel zieht Naturliebhaber jeder Couleur an. S. 681

17 Gletscher

Die eindrucksvollen steilen Gletscher Fox und Franz Josef können im Rahmen von Gletscherbegehungen, Eisklettertouren und Hubschrauberflügen mit Landung im Schnee erforscht werden. S. 723

18 **Queenstown**

Die selbst ernannte Hauptstadt des Abenteuertourismus bietet Adrenalin-Junkies jede Menge Spaß. S. 741

19 **Routeburn Track**

Bewaldete Täler, eine reiche Vogelwelt, Wasserfälle, Seen und eine herrliche Bergkulisse machen den Routeburn Track zu einem der schönsten Wanderwege des Landes. S. 765

20 **Milford Sound**

Die erhabene Schönheit des leicht zugänglichen Fjords ist ein eindrucksvolles Erlebnis. S. 806

Inhalt

Northland 211

Westliche Nordinsel 267

Wellington und Umgebung 461

Poverty Bay, Hawke's Bay und das Wairarapa 423

Marlborough, Nelson und Kaikoura 493

Fiordland 791

Queenstown, Wanaka und das Gold Country 737

Anhang 821

Reiseatlas 841

Reiseziele und Routen

Die „Kiwis" – benannt nach dem liebenswerten, flugunfähigen Vogel, der zum Nationalsymbol wurde – wähnen sich im Paradies, in „Godzone" *(God's own country)*, wie sie ihr Land nennen. Und auch im Ausland rangiert das Land Jahr um Jahr unter den zehn Traumzielen. Grund dafür ist vermutlich, dass Neuseeland einzigartig ist, ein Land voller zerklüfteter Küsten, urzeitlicher Wälder, schneebedeckter Hochgebirge, gletschergespeister Seen, Geysire und Vulkane. Und inmitten dieser atemberaubenden Landschaften existiert eine einzigartige Tier- und Pflanzenwelt, die sich einer für lange Zeit ungestörten Entwicklung verdankt.

Vor diesem Hintergrund ist die schier grenzenlose Vielfalt an Aktivitäten wenig überraschend – vom stimmungsvollen Bummel am windgepeitschten Strand über mehrtägige Wanderungen bis zu adrenalinfördernden Unternehmungen wie Bungy-Jumping, Skifahren und Seekajak- oder Wildwasserfahrten. Einige Besucher betrachten das Land als überdimensionalen Hindernis-Parcours, in dem es in möglichst kurzer Zeit so viele Feuerproben wie möglich zu bestehen gilt. Das einstige Hemmnis der isolierten Lage (selbst Australien ist fast 2000 km entfernt) hat sich für den Tourismus als wahren Segen erwiesen und Neuseeland ein sauberes, grünes Image beschert, das in Wahrheit eher dem geografischen Zufall als umsichtiger Regierungspolitik geschuldet ist.

Obwohl es viele reisefreudige Menschen nach Neuseeland zieht, ist das Land nach wie vor nicht überlaufen. Die verschiedenen Reiseziele sind relativ leicht erreichbar, da die gesamte Landmasse nur geringfügig größer als Großbritannien ist. Das Land hat lediglich 4,3 Mio. Einwohner, von denen mehr als die Hälfte in den drei größten **Städten**

lebt – Auckland, Wellington und Christchurch. Andernorts fährt man meilenweit durch wunderschönes Farmland und begegnet dabei keiner Menschenseele: Einige Gebiete sind so schwer zugänglich, dass sie mit großer Wahrscheinlichkeit noch nie ein Mensch betreten hat.

Die neuseeländische Landmasse spaltete sich schon früh vom Superkontinent Gondwanaland ab. So entwickelte sich ein einzigartiges **Ökosystem**, in dem die Vögel die Lücke der fehlenden Säugetiere füllten und, da sie keine natürlichen Feinde hatten, ihre Flugfähigkeit einbüßten. Dies änderte sich mit der Ankunft polynesischer Seefahrer vor etwa 1000 Jahren, als Neuseeland als letzte größere Landmasse der Erde von Menschen besiedelt wurde. Als die Maori das neue Land von ihren Kanus aus sahen, nannten sie es **Aotearoa** – „Land der langen weißen Wolke". Mit ihrer Ankunft wurde das fragile Ökosystem empfindlich gestört; so starb der straußengroße Laufvogel Moa, der einen wichtigen Teil der Ernährung der Maori bildete, schließlich gänzlich aus. Dann erreichte das Land doch wieder ein prekäres Gleichgewicht, bis die vom kolonialen Eifer erfüllten ersten Europäer, vor allem Briten, ankamen – die **Pakeha**. Sie sollten das Land auf ewig verändern.

Die fragile Koexistenz von maori- und europäischstämmigen Neuseeländern prägt die gegenwärtigen Auseinandersetzungen um kulturelle Identität und die Rechte an Land und natürlichen Ressourcen. Die Briten eroberten die Inseln nicht im eigentlichen Sinne und zögerten in gewisser Weise eher, 1840 den **Treaty of Waitangi**, das Gründungsdokument des Landes, abzuschließen. Mit dem Vertrag traten die Maori im Prinzip Neuseeland an die britische Krone ab, auch wenn ihnen der Besitz ihres Landes und ihre traditionellen Jagd- und Fischereirechte garantiert wurden. Im Laufe der Zeit kamen jedoch immer mehr neue Siedler ins Land und verlangten von den Maori immer mehr Land, was schließlich zu gewalttätigen Auseinandersetzungen führte. Nachdem die Maori unterworfen worden waren, wurde **Maoritanga**, die Kultur und Lebensweise der Maori, durch eine Politik der teilweisen Integration weitgehend zerstört. Doch blieben die Maori von einer wirklichen Teilhabe an der neuen europäischen Ordnung so gut wie ausgeschlossen – die aufkeimende nationale Identität sollte nicht durch zu große Unterschiede gefährdet werden. Dies trifft zum Teil auch heute noch zu, und die alten Werte der Anglikaner und Presbyterianer haben sich oft als sehr hartnäckig erwiesen. Doch hat die Großzügigkeit und Gastfreundschaft der Maori auch auf die Mehrheitsgesellschaft abgefärbt. Die koloniale Erfahrung hat außerdem nicht nur einen gewissen kumpelhaften Umgang unter Neuseeländern gefördert, sondern auch den festen Glauben daran, dass sich alles irgendwie regeln lässt.

Filmkulissen

Als Peter Jackson Neuseeland als Schauplatz für seine *Herr der Ringe*-Trilogie wählte, jubelte das Land. Es wurde sogar eigens ein Minister für das Projekt berufen. Doch nur Wenige ahnten damals, wie sehr der Rummel um die Filme das Land vereinnahmen würde. Für tausende Besucher gehört das Abklappern der Drehorte inzwischen zum festen Bestandteil der Reise. Die nächste Welle der Drehorttouristen ließ sich ihre Reiseroute vom Film *Die Chroniken von Narnia: Der König von Narnia* vorgeben, und nun droht ein weiterer Ansturm von Filmfans, da Peter Jackson Tolkiens *Der Hobbit* verfilmt. Obwohl die Reise zu den Drehorten eine gute Gelegenheit darstellt, in atemberaubende Landschaften einzutauchen, muss angemerkt werden, dass die Szenerie nur in den seltensten Fällen so aussieht wie im Film. Das Land freut sich auf jeden Fall über die Touristendollars und die positiven Auswirkungen für die heimische Filmindustrie. Schön genug ist das Land allerdings auch ohne Bearbeitung der Bilder am Computer.

Erst in den letzten 40 Jahren ist Neuseeland wirklich den Kinderschuhen entwachsen und hat ein wahres nationales Selbstbewusstsein ausgebildet, u. a. weil Großbritannien in den 1970er-Jahren die kolonialen Verbindungen weitgehend kappte und die Maori ein neues Bewusstsein für ihre Kultur entwickelten. Den Forderungen der Maori ist durch die Pakeha, die sich mehrheitlich für eine Wiedergutmachung des in den letzten 150 Jahren begangenen Unrechts aussprachen, so weit nachgegeben worden, wie es den hohen Lebensstandard und die Dominanz der Pakeha nicht beeinträchtigte. Dabei ist das Bemühen um Integration durch das Konzept des **Bikulturalismus** ersetzt worden, bei dem zwei Kulturen nebeneinander existieren, aber gleichzeitig möglichst viele Berührungspunkte haben. Diese Anschauung ist durch den verstärkten Zuzug von **Einwanderern** aus China, Korea und Südasien in jüngster Zeit jedoch etwas unterhöhlt worden.

Obwohl sie so viel Gutes besitzen und leisten, leiden die Neuseeländer im Gegensatz zu ihren australischen Nachbarn unter mangelndem Selbstvertrauen: So werden Besucher unter Umständen noch vor dem Verlassen des Flughafens schon nach ihrer Meinung über das Land gefragt. Den Ausgleich bildet eine grenzenlose **Begeisterung für Sport und Kultur**; besonders stolz sind die Kiwis, wenn sie es als kleine Nation mit den Großen der Welt aufnehmen und diese sogar besiegen.

Reiseziele

Neuseeland lockt mit viel Sehenswertem auf relativ begrenztem Raum. Für die wichtigsten Stationen braucht man nur wenige Wochen. Wer sich jedoch etwas eingehender umsehen möchte, sollte schon einen oder zwei Monate einplanen (s. Reiserouten S. 35).

Die Nordinsel

Das moderne Auckland (S. 141) breitet sich zunehmend um den glitzernden Waitemata Harbour aus, einen Meeresarm des mit Inseln gespickten

Eine der dauerhaftesten Erinnerungen an eine Neuseelandreise ist das Erlebnis, sich im Busch in einem heißen Naturbecken zu aalen und zu den Sternen hinaufzuschauen. Da Neuseeland am „Feuerring" des Pazifischen Ozeans liegt, gehören Erdbeben und vulkanische Aktivität zur Normalität. Vielerorts bahnt sich überhitzter Dampf seinen Weg an die Erdoberfläche – in Form von Geysiren (nur in der Umgebung von Rotorua), kochenden Schlammtümpeln (Rotorua und Taupo) oder heißen Quellen. In dieser Hinsicht herrschen paradiesische Zustände, denn allein in den nördlichen zwei Dritteln der Nordinsel gibt es um die 80 heiße Quellen, weitere 15 konzentrieren sich in einem schmalen Streifen an der Westseite der Neuseeländischen Alpen.

Über 30 kommerzielle Resorts locken mit lauwarmen Schwimmbecken, fast brühheißen Bädern und Grillplätzen, teilweise auch mit Schlammpackungen und Verwöhnprogramm. Alle anderen sind natürliche Becken, entweder im Busch, an einem Bach oder sogar am Strand – als blubbernder Tümpel im Sand. Einige sind weithin bekannt, während andere nicht so leicht zu finden sind, denn die Neuseeländer behalten die besten Stellen für sich. Vor dem Aufbruch zu einer Tour lohnt ein Besuch auf der Website 🖳 www.nzhotpools.co.nz. Dort gibt es eine Landkarte mit heißen Quellen, Links zu speziellen Resorts und Infos über die Anfahrt zu einigen kostenlosen heißen Quellen in freier Natur. Auch empfiehlt es sich, die Hinweise über Amöbenmeningitis auf S. 57 in diesem Buch zu lesen.

Als Starthilfe folgt eine Auswahl einiger der besten Orte (von Norden nach Süden):

Polynesian Spa – Die kommerzielle Anlage in Rotorua bietet für jeden etwas: Mineralbecken, Familienbad, einen Komplex unter freiem Himmel nur für Erwachsene und alle möglichen Packungen und Anwendungen. S. 326

Hot Water Beach – Den Strand bei Ebbe aufsuchen, einen Spaten ausleihen und ein heißes Becken neben dem kühlen Meerwasser graben. S. 391

Maruia Springs – Das kleine Resort in den Bergen 200 km nördlich von Christchurch ist im Winter besonders zauberhaft. S. 619

Welcome Flat Hot Springs – Vier Naturbecken in einer Berglandschaft unmittelbar südlich des Fox-Gletschers. Die Wanderung dorthin dauert 6–7 Stunden, übernachten kann man in der benachbarten DOC-Hütte. S. 730

Hauraki-Golfs. Von hier fahren die meisten Touristen nach Süden weiter und verpassen dabei Northland (S. 211), die in herrlichen subtropischen Wald mit den größten Kauri-Bäumen Neuseelands gebettete Wiege der Einwanderung von Maori und Pakeha.

Östlich von Auckland ragt die lang gezogene Coromandel Peninsula (S. 377) ins Meer, eine grüne, von Sandstränden gesäumte Halbinsel. Südöstlich davon liegen die Strandorte der Bay of Plenty (S. 398); unmittelbar südlich erstreckt sich die von ständigem Schwefelgeruch durchzogene Gegend um Rotorua (S. 322) mit ihren spuckenden Geysiren und wabernden Schlammtümpeln.

In der vulkanischen Hochebene im Zentrum der Nordinsel breiten sich die reichen Forellenfanggründe um den Lake Taupo (S. 343) aus, der im Schatten dreier schneebedeckter Vulkane liegt. Freunde der Unterwelt begeben sich westlich von Taupo zu den unheimlichen Kalksteinhöhlen von Waitomo (S. 281). Weiter südlich bietet der Whanganui River (S. 310), ein breiter, smaragdgrüner und von undurchdringlicher Wildnis gesäumter Fluss, hervorragende Bedingungen zum Kanufahren. Wer sich die Füße nicht nass machen möchte, fährt nach Westen zum Egmont National Park mit dem beinahe perfekt geformten Vulkankegel des Mount Taranaki (S. 295).

Östlich von Taupo erheben sich die Bergketten, die das Rückgrat der Nordinsel bilden, jenseits davon liegt das Weinanbaugebiet von Hawke's Bay (S. 446) mit der Art-déco-Stadt Napier als Zentrum. Weiter südlich erstreckt sich die aufstrebende Weinregion **Martinborough** (S. 457). Rund eine Autostunde von hier entfernt ist die neuseeländische Hauptstadt **Wellington** (S. 461). Ihr Zentrum ist auf ein dem Meer abgerungenes Stück Land begrenzt, während die Vororte sich an steile Hänge schmiegen und schöne Ausblicke auf die glitzernden Buchten eröffnen. Politiker und Bürokraten verleihen Wellington eine hübsch polierte und urbane Atmosphäre, die durch eine ständig wachsende Café- und Nachtszene weitere Belebung erfährt.

Die Südinsel

Die Südinsel beginnt im Norden mit den weltbekannten Weinkellereien von **Marlborough** (S. 493) und der hübschen, kompakten Stadt **Nelson** (S. 510) mit reizenden Stränden vor der Haustür. Von hier aus leicht zu erreichen ist das hügelige Land in der Umgebung des **Nelson Lakes National Park** (S. 539) und das fabelhafte Seekajakrevier des **Abel Tasman National Park** (S. 525).

Auf der anderen Seite der Südinsel liegen das Walbeobachtungsrevier um **Kaikoura** (S. 550) und, weiter südlich, die größte Stadt der Südinsel – das puritanische und fest mit den traditionellen Werten von „Good Old England" verbundene **Christchurch** (S. 559). Eine der landschaftlich schönsten Zugfahrten Neuseelands führt von hier durch das Landesinnere über den **Arthur's Pass** (S. 619) bis an die Westküste. Südwestlich von Christchurch breitet sich die wie ein Flickenteppich anmutende Schwemmlandebene Canterbury Plains aus, bevor die Landschaft wieder hügeliger wird und schließlich die 3000 m hoch aufragenden Neuseeländischen Alpen mit dem **Aoraki Mount Cook** (S. 632) erreicht. Von hier schaffen die fantastischen **Gletscher Fox und Franz Josef** (S. 723 und 728) eine Verbindung zur Küste.

Folgt man von Christchurch dagegen der Ostküste, kommt man durch das Farmland von Canterbury in die von schöner Architektur gekennzeichnete Stadt **Oamaru** (S. 605) und schließlich ins unverkennbar schottisch beeinflusste **Dunedin** (S. 646). Letzteres eignet sich gut als Ausgangspunkt für eine Erkundung der Tierwelt der **Otago Peninsula** (S. 661), die mit einer Albatros-Kolonie, Robben, Seelöwen und Pinguinen aufwartet. Mitte des 19. Jhs. kamen hier die ersten Goldsucher an und machten sich auf den Weg, um im Landesinneren von Otago ihr Glück zu suchen. Dort liegt in atemberaubender Lage die Stadt **Queenstown** (S. 739), die

sich inzwischen zu einem geschäftstüchtigen Zentrum für Abenteueraktivitäten entwickelt hat, vor allem Bungy-Jumping, Rafting, Jetboot-Touren und Skifahren. Nicht weit davon entfernt ist **Glenorchy** (S. 761) ein Paradies für Wanderer. Hier nimmt der **Routeburn Track** (S. 764) ins regenverwöhnte Fiordland seinen Anfang. Bei **Te Anau** (S. 794), dem Tor zum Fiordland, beginnen einige der berühmtesten Wanderwege des Landes wie der Milford Track. Weiter südlich wird der aus der Antarktis blasende Wind beißender. Seine größte Kraft entfaltet er auf der drittgrößten Insel Neuseelands, der abgelegenen **Stewart Island** (S. 681). Hier besteht die Vegetation größtenteils aus dichtem Küstenregenwald, und die Chance, einen Kiwi in freier Natur zu Gesicht zu bekommen, ist groß.

Adrenalinparadies

Die fantastische Vielfalt der Natur und ein breites Klimaspektrum machen Neuseeland zu einem echten Tummelplatz für Adrenalinsüchtige und Outdoorfans. Die einzigartigen und oft innovativen neuseeländischen Abenteueraktivitäten bieten Naturliebhabern eine schier endlose Auswahl: Neben dem vergleichsweise kurzen Abenteuer des Bungy-Jumpings oder eines Fallschirmsprungs stehen längere Canyoning- und Raftingtouren zur Auswahl. Man kann an einen Tag mit Heli-Skiing verbringen oder für dasselbe Geld tauchen, mit Delphinen schwimmen und Kajak fahren. Oder man ignoriert all dies und macht sich einfach auf eine Wanderung durch Landschaften, die zu den atemberaubendsten der Welt zählen.

Nass und wild

Sturzbäche ergießen sich von den hohen Bergen der Nord- und Südinsel. Es macht einen Heidenspaß, auf rasanten Wildwasserfahrten in Richtung Meer zu treiben.

Rafting ist ein echter Dauerbrenner. **Rotorua** (S. 322) und **Queenstown** (S. 739) bieten eine beneidenswerte Auswahl an Wildwasserrevieren. Weniger frequentierte, aber nicht minder aufregende Raftingstrecken finden sich auf dem Rangitata River in Canterbury und an der Westküste der Südinsel; die Westküste ist das beste Wildwas-

Neuseeland ist die Heimat des Whitewater-Rafting.

sergebiet Neuseelands, wobei die Flüsse jedoch teilweise nur per Hubschrauber zugänglich sind.

Die besten Reviere für Touren mit dem Seekajak sind der **Abel Tasman National Park** (S. 525), die **Marlborough Sounds** (S. 495), **Fiordland** (S. 791) und **Kaikoura** (S. 550). Dabei kommt es auch schon mal zu Begegnungen mit Pelzrobben, Pinguinen und seltenen Seevögeln. Für entspanntes Paddeln auf eigene Faust mit dem Flusskajak steht die Tour auf dem **Whanganui**

River (S. 310). Erfahrene Kanuten bevorzugen meistens die schnelleren Wildwasserflüsse; die Kajakschule in **Murchison** (S. 542) ist dafür ein guter Ausgangspunkt.

Irre Sprünge

Sich mit Schlingpflanzen um den Knöchel gewickelt aus großer Höhe in die Tiefe zu stürzen, ist seit Jahrhunderten ein Übergangsritus auf einer der Vanuatu-Inseln im Südpazifik. Doch das

Neuseeland wird von mehreren Tausend Kilometern Wanderwegen durchzogen. Acht der schönsten Wege und eine Flussreise wurden als so genannte Great Walks ausgewiesen. Sie bestechen durch herrliche, unverfälschte Natur.

Nordinsel

- Der sanfte **Lake Waikaremoana Track** (3–4 Tage, s. S. 434) umrundet einen der schönsten Seen des Landes.
- Der **Tongariro Northern Circuit** (3–4 Tage, s. S. 361) führt durch eine fantastische Landschaft aus Vulkanen und Halbwüste.
- Die **Whanganui River Journey** (2–4 Tage, s. S. 310) lässt sich am besten in einer Kombination aus Kajaktouren und kurzen, stimmungsvollen Wanderungen genießen.

Südinsel

- Der **Heaphy Track** (4–5 Tage, s. S. 537) durch den Kahurangi-Nationalpark vereinigt subalpine Höhenlagen und von Brandung gepeitschte Strände.
- Der beliebte **Abel Tasman Coast Track** (2–4 Tage, s. S. 525) erschließt unberührte Strände und kristallklare Buchten, die sich toll auch per Seekajak erkunden lassen.
- Der weltberühmte **Milford Track** (4 Tage, s. S. 809) führt durch eine atemberaubend vergletscherte Bergwelt mit grandiosen Wasserfällen.
- Der **Routeburn Track** (3 Tage, s. S. 764) zählt zu den schönsten Wanderwegen des Landes und sorgt für ein fantastisches Naturerlebnis oberhalb der Buschgrenze.
- Der **Kepler Track** (4 Tage, s. S. 799) ist berühmt für seine Wanderwege über Bergkämme und durch jungfräulichen Buchenwald.
- Der **Rakiura Track** (3 Tage, s. S. 688) auf Stewart Island folgt der von Regenwald gesäumten Küste und bietet Gelegenheit zum Beobachten von Kiwis in freier Wildbahn.

kommerzielle Bungee-Jumping wurde von den Speedskifahrern A. J. Hackett und Henry Van Asch erfunden. Sie reizten das Bungee-Erlebnis ständig weiter aus, bis Hackett schließlich 1987 vom Eiffelturm sprang. Er landete prompt hinter Gittern, doch die Aktion erregte weltweit Aufsehen und lockt auch heute noch Bungee-Aspiranten nach Neuseeland, wo einige der weltbesten Sprünge warten.

Die erste kommerzielle Anlage entstand seinerzeit auf der 43 m hohen **Kawerau Suspension Bridge** vor den Toren von Queenstown. Sie ist nach wie vor die beliebteste in Neuseeland, weil sie günstig liegt und Gelegenheit bietet, kurz ins Wasser einzutauchen. Es gibt inzwischen aber sowohl auf der Nord- als auch auf der Südinsel zahlreiche weitere Sprungstätten.

Winterwunder

Die meisten Touristen besuchen Neuseeland im Sommer, obwohl der Winter mit erstklassigen Pisten zum Skifahren und Snowboarden lockt.

Zwei der größten und beliebtesten Skigebiete der Nordinsel sind **Turoa** (S. 364) und **Whakapa-pa** (S. 364), beide am Vulkan Mount Ruapehu gelegen. Naben der Gelegenheit, die Hänge eines schlummernden Vulkans hinabzufahren, gibt es dort auch einige wunderschöne, nahezu unberührte Wanderwege. Einer davon ist die **Tongariro Alpine Crossing** (S. 362), wo die Wirkung der eisigen, in leuchtenden Farben strahlenden Seen vom Austritt dampfender Fumarolen verstärkt wird.

Auf der Südinsel offerieren die **Gletscher Franz Josef and Fox** (S. 723 und 728) an der Westseite der Neuseeländischen Alpen viele Möglichkeiten zum Klettern. Attraktionen auf der anderen Seite der Alpen sind der schnelle Aufstieg zum **Mount Cook** (S. 636) und eine Fahrt mit dem Boot oder Kajak zum Fuß eines Gletschers. Außerdem locken mehrere kommerziell betriebene Skigebiete mit Partyatmosphäre und oft leeren Pisten: **Coronet Peak** (S. 747) und **The Remarkables** (S. 747) bei Queenstown, **Treble Cone** (S. 771), **Cardrona** (S. 771) und die **Waiorau Snow Farm** (S. 431) bei Wanaka sowie **Porter Heights** (S. 621) und **Mount Hutt** (S. 628) weiter nördlich (beide nur zwei Autostunden von Christchurch entfernt). Diese Mischung garantiert unvergessliche Erlebnisse und einige der spektakulärsten Winterlandschaften, die man sich vorstellen kann.

Umweltschutz in Aktion

Neuseeland ist mit außergewöhnlicher natürlicher Schönheit und einer einzigartigen Flora und Fauna gesegnet. Aber die Geschichte hat die Neuseeländer gelehrt, dass ihre Umwelt fragil ist. Vor Cooks Ankunft 1769 hatten die Maori den Riesenvogel Moa schon ausgerottet, und danach hatte der Zustrom von Einwanderern aus Europa das Aussterben weiterer Arten zur Folge. Viele der verbleibenden Arten wie das Nationalsymbol, der Kiwi, überleben nur mit Hilfe der Menschen. Heute gibt sich Neuseeland alle Mühe, um seine Landschaften und die einheimischen Tiere und Pflanzen zu schützen, und bietet jede Menge Aktivitäten, bei denen Besucher die Naturschönheiten genießen können, während sie gleichzeitig aber so wenige Spuren wie möglich hinterlassen.

Grün bleiben

Neuseeland präsentiert sich als grün und sauber (darüber mehr in „Land und Leute", S. 111) und unternimmt Schritte, wenn auch zum Teil eher kleine, um seine einzigartige Umwelt zu erhalten. Etwa 30 % der neuseeländischen **Energie** stammt aus erneuerbaren Quellen, ein großer Teil davon aus der Wasserkraft. Auch Windenergie spielt eine Rolle – es gibt Windparks u. a. bei Wellington und Palmerston North.

Mehrere Organisationen beschäftigen sich mit der Frage, wie grün Neuseeland wirklich ist. Tourism New Zealand unterstützt die Organisation **Qualmark**, 🖥 www.qualmark.co.nz, die Tourismusunternehmen und Unterkünfte bewertet und auch drei Umweltprädikate vergibt: Enviro-Gold, Enviro-Silver und Enviro-Bronze.

Bei den meisten organisierten Touren wird streng darauf geachtet, dass das natürliche Umfeld, in dem sie stattfinden, so wenig wie möglich gestört wird. Am wichtigsten ist dies vor allem bei Touren zur Tierbeobachtung, entweder von Vögeln – wie dem Kiwi – oder von Meerestieren an der Küste, außerdem bei Ka-

Die folgenden Schutzgebiete, Parks und Reservate eignen sich alle hervorragend zur Erkundung der neuseeländischen Tier- und Pflanzenwelt. Eine Übersicht über die neuseeländischen Umwelt- und Tierschutzorganisationen und deren Websites findet sich auf S. 102.

Nordinsel
Bushy Park, Wanganui. S. 300
Goat Island Marine Reserve, Northland. S. 216
Kapiti Island, nahe Wellington. S. 318
Parry Kauri Park, Northland. S. 214
Poor Knights Islands Marine Reserve, Northland. S. 225
Pukaha Mount Bruce National Wildlife Centre, Wairarapa. S. 454
Rangitoto and Motutapu Islands, Auckland. S. 193
Tiritiri Matangi, Auckland. S. 209
Waipoua and Trounson Kauri Forests, Northland. S. 264
Zealandia: The Karori Sanctuary Experience, Wellington. S. 474

Südinsel
Abel Tasman National Park, im äußersten Nordwesten. S. 525
Aoraki Mount Cook National Park, in den Neuseeländischen Alpen. S. 632
Awa Awa Rata Reserve, im Canterbury-Hochland bei Methven. S. 628
Fiordland National Park, im äußersten Südwesten. S. 792
Kura Tawhiti (Castle Hill Reserve), im Zentrum zwischen Christchurch und Greymouth. S. 621
Mason Bay, Stewart Island. S. 686
Motuara Island, Marlborough Sounds. S. 503
Oamaru Blue Penguin Colony. S. 608
Orokonui Eco Sanctuary, nahe Dunedin. S. 661
Ulva Island, vor Stewart Island. S. 682

jak- und Raftingtouren. Mit Schutzgebieten wie **Zealandia: The Karori Experience Sanctuary** (S. 474) in Wellington spielt Neuseeland weltweit eine Vorreiterrolle.

Rettet den Kiwi

Alle Arten des Kiwis, des neuseeländischen Nationalsymbols, gelten als „bedroht". Zwei gelten sogar als „landesweit gefährdet"; von ihnen sind jeweils nur noch wenige Hundert Vögel übrig. Ein schwerwiegendes Problem ist der Verlust an Lebensraum, aber die größte Bedrohung sind Raubtiere. Mit ihren kräftigen Beinen und Klauen können sich ausgewachsene Kiwis gegen Possums, Wiesel und Frettchen einigermaßen zur Wehr setzen, aber gegen wilde Katzen und streunende Hunde haben sie schlechte Karten. Ein einziger Haushund soll 1988 innerhalb von sechs Wochen 500 der 900 Vögel im Waitangi State Forest getötet haben. Kiwis kümmern sich nicht aktiv um ihre Jungen, und in Gebieten, wo es Wiesel gibt (also praktisch überall), wird die Überlebenschance frisch geschlüpfter Kiwis auf mickrige 5 % geschätzt. Die Überlebensrate steigt steil an, wenn Eier oder frisch geschlüpfte Kiwis aus ihren Nestern genommen und bis zum Alter von etwa sechs Monaten aufgezogen werden. Darum kümmert sich die **Operation Nest Egg** (🖳 www.savethekiwi.org.nz). Mit einem halben Jahr wiegen die Vögel rund 1 kg, sind groß genug, um allein zurechtzukommen, und werden wieder ausgesetzt. Solche Jungvögel haben eine Überlebenschance von 40 %.

Begegnungen der besonderen Art

Neuseelands Küste bietet großartige Gelegenheiten zum Beobachten von Tieren in freier Wildbahn. Das Spektrum reicht von **Walen** bis zu einer außergewöhnlichen Vielfalt an Seevögeln, doch zu den größten Highlights zählt das besonders bewegende Erlebnis, mit **Delphinen**, **Robben** und – seltener – **Haien** im Ozean zu schwimmen. Es gibt kaum eine beeindruckendere Erfahrung, als Auge in Auge mit Schwarzdelphinen, Großen Tümmlern oder den nur in Neuseeland heimischen Hector-Delphinen zu schwimmen, die immer näher an ihre Beobachter herankommen, sobald sie ihre Scheu verlieren. Die besten Reviere für ein solches Abenteuer sind **Kaikoura** (S. 550), die **Banks Peninsula** (S. 587) und die **Bay of Islands** (S. 227). Einige Leute schwimmen lieber mit Robben, da diese näher an die Menschen herankommen und – auch wenn es schwer zu glauben ist – im Wasser beweglicher sind. Sowohl Kaikoura als auch die Banks Penin-

sula bieten ebenso wie der **Abel Tasman National Park** (S. 525) die herrliche Gelegenheit, Seite an Seite mit den dunklen, knopfäugigen Pelzrobben zu schwimmen. Vor der Küste von **Gisborne** (S. 425) und in den **Marlborough Sounds** (S. 495) wartet ein unvergleichlicher Adrenalinstoß auf unerschrockene Schwimmer, wenn sich neugierige Blau- und Makohaie langsam nähern.

Berührung mit der Kultur der Maori

Neuseelands Ureinwohner, die Maori, machen rund 15 % der Bevölkerung aus. Sie sind damit die größte Minderheit des Landes und bilden einen wichtigen Teil der bikulturellen Identität des Landes. Die Kultur der Maori übt mit ihrer eindrucksvollen Geschichte, ihrem ausgeprägten Brauchtum und der zeitgenössischen Interpretation traditioneller Kunstformen eine große Faszination aus, ebenso wie die tiefe Spiritualität, die die Menschen mit der Natur und ihren Vorfahren verbindet. Was bedeutet es, heute ein Maori zu sein? Welche Ausdrucksformen hat die Maori-Kultur und wo können Besucher sie erleben? Ausführlicher werden diese Themen im Kapitel „Land und Leute" (s. S. 129) behandelt.

Die Maori-Identität

Die Maori sind in allen Bereichen des gesellschaftlichen Lebens vertreten – als Rechtsanwälte, Parlamentsabgeordnete, Universitätsdozenten, als Persönlichkeiten der Sport-, Musik- und Medienwelt und auch schon als Generalgouverneur (Vertreter der britischen Königin in Neuseeland). Das Durchschnittseinkommen der Maori liegt jedoch unter dem der Pakeha, fast die Hälfte aller Gefängnisinsassen sind Maori, nur etwa ein Viertel aller Maori verfügt über höhere Bildungsabschlüsse, und die Gesundheitsstatistiken der Maori sind erschreckend – dieses Ungleichgewicht auszugleichen versucht die Maori Party, die inzwischen in der neuseeländischen Politik eine wichtige Rolle spielt (s. S. 129).

Es gibt jede Menge **Mischehen** zwischen Maori und Pakeha (den weißen Neuseeländern), was einen Akademiker zu der Behauptung veranlasste: „Die Beziehungen zwischen den Ras-

Immer mehr Maori entdecken ihr kulturelles Erbe wieder.

Maori-Kultur hautnah

Über die kommerziellen Konzerte und Hangi hinaus bieten die folgenden Tourveranstalter und Unterkünfte die Möglichkeit, tiefer in die Kultur der Maori einzutauchen. Die Website 🖳 inz.maori.nz liefert einen Zugang zu Maori-Tourismusbetrieben im ganzen Land.

sen werden in den neuseeländischen Schlafzimmern geklärt." Viele Neuseeländer sind also gemischter Abstammung. Die Regierungspolitik setzt auf ein bikulturelles Miteinander, bei dem alle zusammen leben, arbeiten und sich amüsieren, aber Nicht-Maori und Maori trotzdem ihre unterschiedliche Identität bewahren können.

Die Kenntnis des persönlichen **Stammbaums** *(whakapapa)* ist wichtig, um ein Gefühl für den eigenen Platz in der Maori-Welt zu bekommen. Bei jedem offiziellen Anlass tragen die Stammesältesten ihren *whakapapa* vor – der bis zur Ankunft der ersten Kanus in Neuseeland zurückreicht –, bevor sie die Berge, Flüsse, Wälder und Meere ehren, die für ihr Volk bedeutsam sind. **Redekunst** und die Fähigkeit, spontan ein Lied zum Besten zu geben, werden in der Maori-Kultur hoch geschätzt.

Unter den radikaleren Splittergruppen der Maori (S. 130) werden Rufe nach Maori-Souveränität unter dem Banner des **Tino Rangatiratanga** laut, was bedeutet, dass alle Maori-Angelegenheiten der Oberhoheit der Maori unterstehen sollen. Manche Anhänger hissen zu Hause die Flagge der Bewegung oder tragen T-Shirts mit ihrem Symbol – einem stilisierten weißen Farnwedel zwischen Feldern in Rot und Schwarz.

Kawa, Hongi und Hangi

Die unmittelbarste und beliebteste Einführung in die Maori-Kultur ist eine Kombination aus Konzert und Hangi (Festschmaus). Praktisch alle Rotorua-Touristen besuchen einen dieser interessanten und unterhaltsamen Kulturabende. Es gibt sie auch in Christchurch und Queenstown. Zwar sind diese Veranstaltungen kommerziell organisiert, aber dennoch recht authentisch.

Konzert und Hangi finden normalerweise auf einem *marae* statt, einem traditionellen Versammlungsplatz, der heute noch als Treffpunkt, Kulturzentrum und spirituelle Heimat eines *hapu*, einer Sippe von Großfamilien, dient. Die **Kawa** (Verhaltensregeln) schreiben vor, Besucher zuerst auf die Probe zu stellen, um ihre freundlichen Absichten zu testen, bevor man sie auf den *marae* lässt. Die Besucher müssen sich einen „Häuptling" wählen, der sie vertritt. Ein furchterregender Krieger kommt wild züngelnd und mit hervorquellenden Augen auf die Gäste zu. Nach Annahme eines rituellen Geschenks stoßen die Frauen den *karanga* (Willkommensruf) aus, gefolgt vom *powhiri* (Begrüßungsgesang). Dies ist der Auftakt zum zeremoniellen „Nasenkuss", **Hongi** genannt, der Gastgeber und Gäste verbindet. Dann beginnt das Konzert in traditioneller Tracht. Höhepunkte sind die allen Rugby-Fans vertraute *haka* der Männer und der *poi*-Tanz der Frauen. Dabei werden tennisballgroße Klumpen einer Binsenart um Körper und Kopf geschwungen – das diente ursprünglich dazu, die Körperbeherrschung zu trainieren. Auf das Konzert folgt der Hangi-Festschmaus, der traditionell im Erdofen gedämpft wird oder, in Rotorua, über einer Erdwärmequelle.

Oft lernen die Besucher bei einer solchen Veranstaltung auch ein paar Worte Maori – die Sprache ist eine der Amtssprachen (s. S. 130).

Reiserouten

Neuseeland ist zwar ein kleines Land, dennoch sollten die Entfernungen nicht unterschätzt werden, da man fast immer auf Landstraßen unterwegs ist und dementsprechend nicht so schnell vorankommt wie gewohnt. Für die rund 650 km lange direkteste Strecke von Auckland nach Wellington benötigt man inklusive Pausen etwa neun Stunden, für die knapp 500 km von Queenstown nach Christchurch etwa sieben Stunden.

Die Zeitangaben zu den Reiserouten beziehen sich auf die Fahrt mit einem eigenen Fahrzeug, das natürlich das höchste Maß an Flexibilität bietet. Zwar sind alle hier genannten Ziele auch mit Bussen oder Minibussen zu erreichen, für die Rundreise muss dann jedoch in Abhängigkeit von den Fahrplänen entsprechend mehr Zeit eingeplant werden.

Da die landschaftliche Schönheit Neuseelands Trumpf ist, werden die großen Städte von den meisten nur bei der Ankunft und vor der Abreise besucht. Das lässt sich gut mit einem Gabelflug bewerkstelligen, mit dem man beispielsweise in Auckland auf der Nordinsel ankommt und von Christchurch auf der Südinsel wieder abfliegt.

Wer keine Zeit für eine ausführliche Tour über beide Inseln hat, sollte sich überlegen, sich (größtenteils) auf entweder die Nord- oder die Südinsel zu beschränken. Aufgrund der vielseitigeren Naturschönheiten auf der Südinsel fällt das Votum der meisten Reisenden dann eher zu Gunsten der Südinsel aus.

Einmal um die Nordinsel

■ 3 Wochen

Startpunkt der Reise über die Nordinsel ist die größte Stadt Neuseelands, **Auckland** (S. 142). Die herrlich gelegene Metropole bietet nicht nur ein buntes städtisches Leben mit einer tollen Auswahl an Cafés und Restaurants und guten Museen, sondern auch die Gelegenheit zu schönen Ausflügen zu den Inseln im Hauraki Gulf wie etwa der Vulkaninsel **Rangitoto** (S. 193) und der Wein- und Künstlerinsel **Waiheke** (S. 197). Wer dem Großstadttrubel noch weiter entfliehen möchte, kann auch einen Abstecher zur **Great Barrier Island** (S. 202) einschieben, die mit goldenen Sandstränden und Wanderungen in die bewaldeten Berge lockt. Es bietet sich an, zu Beginn der Reise erst einmal drei Nächte in Auckland zu verbringen.

Von Auckland führt die Tour zunächst nach Norden über Whangarei zur **Bay of Islands** (S. 227). Hier kann man leicht mehrere Tage verbringen, indem man sich ein wenig mit der frühen europäischen Besiedlungsgeschichte Neuseelands beschäftigt und in der wunderschönen Insellandschaft taucht und mit Delphinen schwimmt. Von **Paihia** (S. 232), das sich als Stützpunkt für die Bay of Islands anbietet, geht es über das geschichtsträchtige **Kerikeri** (S. 242) weiter an der hübschen **Doubtless Bay** (S. 246) vorbei zum gut 200 km entfernten **Cape Reinga** (S. 232), der Spitze der Nordinsel. Viele Reisende besuchen das Kap im Rahmen einer organisierten Tour, um auch in den Genuss einer Fahrt über den **Ninety Mile Beach** (S. 254) zu kommen, der sich auf der Westseite der Aupori Peninsula erstreckt. Nach der Übernachtung in **Kaitaia** (S. 251) am Fuße der Halbinsel führt die Rundtour dann wieder zurück nach Süden, diesmal aber durch das westliche Northland. Auf der Südseite des hübschen **Hokianga Harbour** (S. 258) führt der SH12 zu den kleinen netten Ferienorten **Opononi und Omapere** (S. 260), die sicher eine Übernachtung wert sind; gegenüber sind gewaltige Sanddünen aufgetürmt. An der Straße Richtung Dargaville lassen sich im üppigen **Waipoua Forest** (S. 264) bei einem Stopp mächtige Kauri-Bäume bestaunen. Von hier geht's direkt weiter zurück nach Auckland.

Von Auckland bietet sich eine Schleife durch die zentrale Nordinsel bis hinunter nach Wellington an, die hier gegen den Uhrzeigersinn beschrieben ist, aber natürlich auch andersherum gefahren werden kann. Der erste Höhepunkt der Tour ist das 200 km von Auckland entfernte Kalksteinhöhlensystem der **Waitomo Caves** (S. 281), die sich je nach Abenteuerlust auf verschiedenste Arten erkunden lassen. Übernachten kann man im Dorf Waitomo selbst oder im nahen Otorohanga. Wer einen Abstecher zum **Mount Taranaki** (S. 295), dem neuseeländischen Fuji, einschieben möchte, folgt weiter dem SH3, ansonsten geht es auf dem SH4 zur Westseite des **Tongariro National Park** (S. 354) mit seinen mächtigen Vulkanen. Hier kommen in den wärmeren Monaten besonders Wanderer auf ihre Kosten. Sehr beliebt ist die Tageswanderung Tongariro Alpine Crossing, sodass zwei Nächte im Schatten der Vulkane angebracht sind. Eine gänzlich anders geartete Landschaft umschließt der **Whanganui River** (S. 310), auf dem sich wunderschöne Kanuexpeditionen durch eine geschichtsträchtige Gegend unternehmen lassen – eine faszinierende Alternative zum Tongariro für Leute, die sich lieber auf dem Wasser betätigen.

Als Stützpunkt für mindestens zwei Übernachtungen bietet sich dann neben den Orten National Park und Ohakune beim Tongariro auch Taumarunui an. Schließlich wird am südlichen Ende der Nordinsel **Wellington** (S. 461) erreicht, die etwa 300 km vom Tongariro National Park entfernte quirlige Hauptstadt mit dem eindrucksvollen Nationalmuseum Te Papa, einer lebendigen Cafészene und einer wunderschönen Lage. Zwei Nächte kann man hier auf jeden Fall verbringen.

Zurück Richtung Norden führt der SH2 zur **Hawke's Bay** (S. 446) mit den etwa 300 km von Wellington entfernten Zwillingsstädten Hastings und Napier. Interessant ist hier vor allem **Napier** (S. 436) mit seiner Art-déco-Architektur; außerdem laden in der Umgebung zahlreiche Weingüter zur Erkundung ein, und Naturfreunde zieht es zum **Cape Kidnappers** (S. 445) mit seiner Tölpelkolonie.

Von Napier geht es wieder zurück ins Landesinnere ins 140 km entfernte **Taupo** (S. 343) am gleichnamigen See, übrigens dem größten des Landes; die Gegend hat sich zu einem Eldorado für Fallschirmspringer entwickelt, aber auch Wassersportfreunde und Angler sind hier goldrichtig, genauso wie Leute, die sich für geothermale Phänomene interessieren. Letztere kommen anschließend natürlich auch in und um **Rotorua** (S. 322) voll auf ihre Kosten, das außerdem noch ein landesweites Zentrum für die Pflege traditioneller Maori-Kultur ist und auf jeden Fall zwei Übernachtungen lohnt.

Auf dem Rückweg nach Auckland streift die Route noch einmal die Küste, und zwar bei **Tauranga** (S. 399), einem beliebten Ferienort, in dem man je nach Lust und Laune noch eine Übernachtung einfügen kann. Von hier sind es rund 200 km zurück nach Auckland. Wer möchte, kann nördlich von Tauranga noch eine Schleife über die **Coromandel Peninsula** einfügen, die vor allem mit wunderschönen Stränden lockt. Als Basis bietet sich hier der Ferienort **Whitianga** (S. 389) an.

Einmal um die Südinsel

■ mind. 3 Wochen

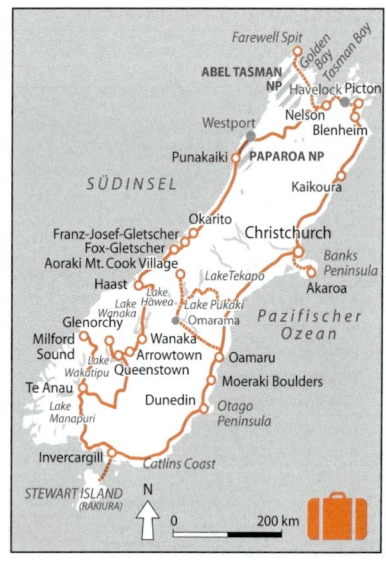

Die Rundtour über die Südinsel beginnt in **Christchurch** (S. 559), der größten Stadt der Südinsel. Reisende, für die Christchurch die erste Station ihrer Neuseeland-Reise ist, können sich hier gut eingewöhnen und auf einer Tour über die Banks Peninsula ins zuerst von Franzosen besiedelte **Akaroa** (S. 593) ein wenig die Umgebung erkunden und vielleicht mit Delphinen schwimmen. Nach zwei bis drei Nächten in Christchurch geht es an der Ostküste entlang Richtung Norden nach **Kaikoura** (S. 550), das hauptsächlich als Ausgangspunkt von Touren zur Walbeobachtung bekannt ist und mit seiner schönen Lage vor einer Bergkulisse auch ansonsten durchaus eine Übernachtung lohnt. Das nächste Ziel Richtung Norden ist das Marlborough Wine Country um **Blenheim** (S. 543) herum; Wassersportfreunde können auch gleich bis **Picton** (S. 495) in den malerischen Marlborough Sounds durchfahren. In Picton kommen auch die Fähren von der Nordinsel an.

Nach einer oder zwei Nächten in Picton oder Blenheim geht es dann über Havelock nach **Nelson** (S. 510) an der Tasman Bay. Das relaxte Städtchen mit seinen Cafés, Kunstgewerbeläden und seinem schönen Strand ist das Tor zu einem reizenden Weinanbaugebiet und zum fantastischen **Abel Tasman National Park** (S. 525) mit dem beliebten Coast Track. Wer nicht wandern möchte, kann die Küste des Parks mit ihren wunderbaren Stränden auch per Kajaktour oder Bootsausflug erkunden. Reisende mit mehr Zeit können noch einen Abstecher zur **Golden Bay** (S. 531) und zum **Farewell Spit** (S. 536) anschließen. Für Nelson und den Abel Tasman sollten mindestens drei Nächte veranschlagt werden.

Von Nelson geht es dann über Westport an der Westküste durch den wunderschönen **Paparoa National Park** (S. 705) Richtung Süden; touristisches Topziel ist hier **Punakaiki** (S. 707) mit den Pancake Rocks und einer faszinierenden Küstenlandschaft. Nach der Übernachtung in Punakaiki erreicht man anschließend den **Franz-Josef- und den Fox-Gletscher** (S. 723 und 728). An beiden Orten werden neben Rundflügen auch Gletscherbegehungen angeboten, und es locken andere schöne Wanderwege. Vor Franz Josef

lohnt das winzige **Okarito** (S. 722) mit seiner besonders für Vogel- und Kajakfreunde interessanten Lagune einen Abstecher. Für die Gletscher samt Umgebung plant man am besten zwei bis drei Nächte ein.

Bei **Haast** (S. 732) biegt der SH6 dann Richtung Landesinneres ab, um über den Haast Pass und am stillen Lake Hawea vorbei nach **Wanaka** (S. 770) am gleichnamigen See zu führen. Im kleinen Wanaka geht es noch erheblich beschaulicher zu als im trubeligen Queenstown, aber auch hier bieten sich jede Menge Gelegenheiten zu mehr oder weniger abenteuerlichen Aktivitäten. Wer die grandiose Kulisse der Neuseeländischen Alpen also mit ein bisschen mehr Ruhe genießen möchte, sollte sich hier für einen oder zwei Tage niederlassen. Von Wanaka geht es ansonsten weiter in die Hauptstadt des neuseeländischen Abenteuertourismus, das fabelhaft am Lake Wakatipu gelegene **Queenstown** (S. 739). Hier können sich Adrenalinjunkies und Partylöwen so richtig austoben. Wem das zu viel des Guten ist, der weicht nach **Glenorchy** (S. 761) am nördlichen Ende des Sees aus, in dessen Nähe verschiedene Wanderwege wie der **Routeburn Track** (S. 764) beginnen. Wer sich für Goldgräbergeschichte interessiert, sollte **Arrowtown** (S. 756) einen Besuch abstatten. Auch diese Gegend ist sicher für zwei bis drei Übernachtungen gut.

Von Queenstown folgt die Rundstrecke zunächst dem SH6 Richtung Süden, um dann aber Richtung Westen nach **Te Anau** (S. 794) abzubiegen. Auch hier locken verschiedene erstklassige Wanderwege, außerdem Ausflüge ins Fiordland, z. B. zum 120 km entfernten berühmten **Milford Sound** (S. 806), der auf einer Boots- oder Kajaktour erkundet werden kann. Nach zwei bis drei Nächten in Te Anau geht es am benachbarten Lake Manapouri vorbei nach **Invercargill** (S. 676), dem Sprungbrett zur **Stewart Island** (S. 681), einem Paradies für echte Naturfreaks. Hinter Invercargill schlängelt sich der SH92 durch das noch relativ wenig erschlossene Gebiet der **Catlins Coast** (S. 668), das ebenfalls für ruhebedürftige Naturfreunde von Interesse ist, die hier gut eine oder zwei Übernachtungen einschieben können. Wer von Invercargill aus lieber gleich weiter in die schottisch geprägte Universitätsstadt **Dunedin** (S. 646) möchte, kommt über den SH1 schneller hin. Die meisten Reisenden zieht es von hier zu Tagestouren hinaus auf die **Otago Peninsula** (S. 661), um sich Pinguine und Albatrosse aus der Nähe anzuschauen, sodass zwei Übernachtungen in Dunedin zu empfehlen sind. Auf dem Weg zurück nach Christchurch lohnt sich noch ein kurzer Zwischenstopp bei den **Moeraki Boulders** (S. 611) und in netten **Oamaru** (S. 605) mit seinen schönen alten Gebäuden, danach geht es relativ schnurstracks Richtung Norden zurück zum Ausgangspunkt der Rundreise.

Wer noch ein bisschen Zeit hat, sollte hinter Oamaru nach Westen abbiegen und am Waitaki River sowie verschiedenen Stauseen entlang nach Omarama und von dort weiter zum **Aoraki Mount Cook Village** (S. 638) fahren. Im Gebiet des höchsten neuseeländischen Berges locken verschiedene schöne Wandermöglichkeiten. Am **Lake Pukaki** (S. 636), der in wunderschönen Farbtönen schillert, geht es dann wieder zurück zur Hauptstraße und weiter Richtung Norden zum **Lake Tekapo** (S. 632) im kargen Mackenzie Country. Auch hier ist der Ausblick über den See grandios, und wer möchte, kann von der nahen Sternwarte einen Blick in den Nachthimmel werfen. Vom Örtchen Lake Tekapo sind es noch etwa 250 km zurück nach Christchurch.

Ganz Neuseeland für Eilige

■ 3 Wochen

Wer sich einen Eindruck von beiden Inseln verschaffen möchte, kann nach zwei Übernachtungen im polynesisch angehauchten **Auckland** (S. 142) über den Thermalbadeort **Rotorua** (S. 322), **Taupo** (S. 343) am größten See des Landes und den **Tongariro National Park** (S. 354), jeweils mit einer Übernachtung, in die neuseeländische Kulturhauptstadt **Wellington** (S. 461) fahren und von dort zur Südinsel übersetzen. Vom Fährhafen **Picton** (S. 495) aus geht es ins sonnige **Nelson** (S. 510), Ausgangspunkt für Touren in den **Abel Tasman National Park** (S. 525).

Für die Region Nelson sollten mindestens zwei Übernachtungen eingeplant werden. Danach führt die Route über die kuriosen „Pfannkuchen-Felsen" bei **Punakaiki** (S. 707, eine Übernachtung) und den imposanten **Franz-Josef-Gletscher** (S. 723, zwei Übernachtungen) an der Westküste hinunter zum geruhsamen Ferienort **Wanaka** (S. 770, eine Übernachtung) am gleichnamigen See und schließlich in die Hauptstadt für Abenteueraktivitäten, **Queenstown** (S. 739), wo zwei Übernachtungen eingeplant sind. Von Queenstown geht die Rundfahrt weiter nach **Te Anau** (S. 794), wo man am besten ebenfalls zweimal übernachtet, um genügend Zeit für einen Tagesausflug zum **Milford Sound** (S. 806) zu haben. Wer gerne Pinguine und Albatrosse in Augenschein nehmen möchte, fährt von Te Anau über das schottisch geprägte **Dunedin** (S. 646, zwei Übernachtungen) nach **Christchurch** (S. 559), die drittgrößte Stadt Neuseelands. Wer sich an Berglandschaften erfreut, wählt den Umweg über **Aoraki Mount Cook** (S. 632, zwei Übernachtungen) und **Lake Tekapo** (S. 632). Von Christchurch fährt man dann am Ende noch zur Walbeobachtung nach **Kaikoura** (S. 550, eine Übernachtung).

Kurztrip von Australien

■ 10 Tage

Die meisten Reisenden, die von Australien aus nach Neuseeland kommen, sind vor allem auf alpine Berglandschaften aus. Daher bietet es sich an, gleich mitten hinein ins Geschehen nach **Queenstown** (S. 739) zu fliegen; der Ort wird von Brisbane, Sydney und Melbourne aus direkt angeflogen. Sowohl in der Umgebung von Queenstown selbst als auch von **Glenorchy** (S. 761) am Nordende des Lake Wakatipu lassen sich zahllose Aktivitäten von Bungy-Springen bis Wandern unternehmen. Nach drei Nächten in Queenstown geht es weiter ins ruhigere **Te Anau** (S. 794) beim Fiordland National Park. Hier sollte auf jeden Fall eine Tagestour zum **Milford Sound** (S. 806) auf dem Programm stehen; ansonsten kann man auch hier schön wandern. Für die verbleibenden fünf Tage bieten sich je

Ganz Neuseeland für Eilige

Auckland
Hamilton
MATA-KANA IS. *WHITE IS.*
Bay of Plenty
Rotorua
Taupo
New Plymouth
TONGARIRO NP

Tasmansee

NORDINSEL

ABEL TASMAN NP
Havelock Picton
Nelson
Wellington

Westport

SÜDDINSEL

Punakaiki
Kaikoura
Lewis Pass
Franz-Josef-Gletscher
Arthur's Pass
Fox-Gletscher
Christchurch
Aoraki Mt. Cook Village
Lake Tekapo

Lake Wanaka *Lake Hawea*
Glenorchy
Milford Sound
FIORD-LAND NP *Lake Wakatipu* Wanaka
Queenstown
Te Anau
Lake Manapuri
Dunedin

Invercargill
Catlins Coast

STEWART ISLAND (RAKIURA)

Kurztrip von Australien

Pazifischer Ozean

N
0   200 km

nach Vorlieben drei Alternativen für die Strecke nach Christchurch mit seinem internationalen Flughafen an: Wer noch nicht genug von den Bergen hat, fährt von Te Anau über das ebenfalls wunderbar gelegene **Wanaka** (S. 770), über **Aoraki Mount Cook** (S. 632) und **Lake Tekapo** (S. 632) nach **Christchurch** (S. 559).

Wer die Küstenlandschaften des Südens mit ihren Wäldern, Pinguinen, Albatrossen und Robben erkunden möchte, fährt hingegen über **Invercargill** (S. 676), die urige **Catlins Coast** (S. 668) und die Universitätsstadt **Dunedin** (S. 646) nach Christchurch. Und wer sich lieber noch ein wenig an der einzigartigen Westküste mit den beiden Gletschern **Fox** (S. 728) und **Franz Josef** (S. 723) umschauen möchte, gelangt von Te Anau über Wanaka dorthin. Von der Westküste kann man dann über den **Arthur's Pass** (S. 619) oder den **Lewis Pass** (S. 614) hinüber nach Christchurch an der Ostküste wechseln.

Klima und Reisezeiten

Angesichts der Lage des Landes mitten im Ozean überrascht es nicht, dass Neuseelands Klima von der See geprägt ist. In den Sommermonaten Dezember bis März ist es warm, und selbst im Winter wird es niemals wirklich kalt.

Das Wetter wird erheblich von den vorherrschenden Westwinden bestimmt. Sie nehmen über der Tasmansee Feuchtigkeit auf, die sich in den westlichen Hälften beider Hauptinseln wieder abregnet. Die Südinsel bekommt dabei den Löwenanteil ab, die Westküste und Fiordland zählen sogar zu den regenreichsten Regionen der Erde. Die ganz Neuseeland der Länge nach durchziehenden Bergketten halten eine Menge Regen von den östlichen Landesteilen ab, die sich deshalb insgesamt wesentlich trockener präsentieren.

Im Süden des Landes ist es im Schnitt ein paar Grad kühler als im übrigen Neuseeland, während das subtropische Auckland und Northland eine deutlich höhere Luftfeuchtigkeit aufzuweisen haben. Auf der Nordinsel geht der feuchtwarme Sommer praktisch unbemerkt in einen nasskalten Winter über. Je weiter man hingegen nach Süden kommt, desto ausgeprägter zeigen sich die vier verschiedenen Jahreszeiten.

Die meisten Leute kommen im Sommer nach Neuseeland, doch man kann das Land das ganze Jahr über bereisen, solange man seine Ziele mit Bedacht wählt. Im **Sommer** von Dezember bis März sind alle touristischen Einrichtungen geöffnet. Die neuseeländische Bevölkerung verreist in Massen zwischen Weihnachten und Mitte Januar, was erhebliche Engpässe bei den Unterkünften zur Folge haben kann. Der Großteil der ausländischen Touristen besucht das Land während der **Übergangszeiten**, d. h. im Oktober, November und April. Dann sind die Sehenswürdigkeiten nicht so überlaufen, und auch eine Unterkunft ist einfacher zu bekommen. Der **Winter** (Mai bis September) ist die

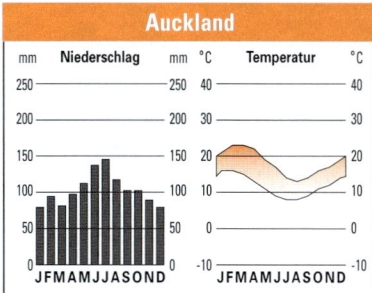

Auckland

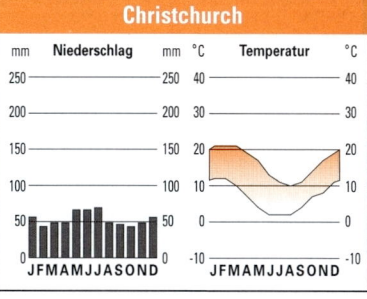

Christchurch

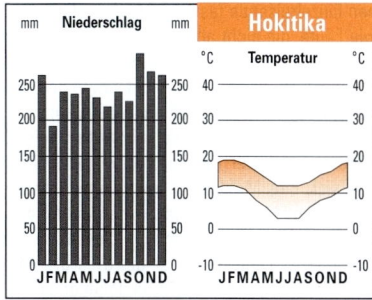

Hokitika

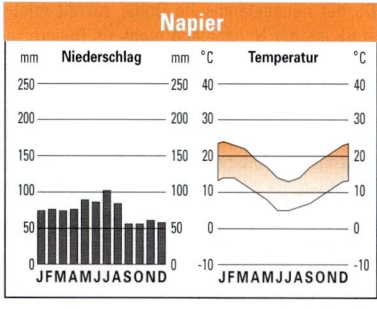

Napier

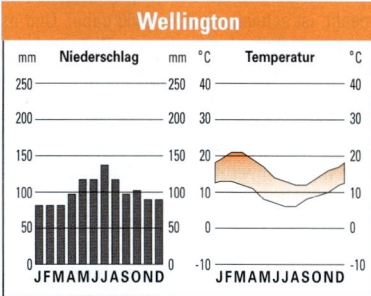

Wellington

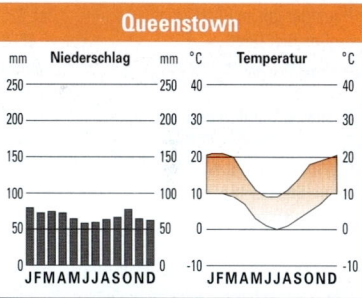

Queenstown

feuchteste, kälteste und folglich am wenigsten beliebte Reisezeit, es sei denn, man ist Wintersportfan. Im Winter gewinnen Südwinde gegenüber den Westwinden die Oberhand und sorgen an der Westküste häufig für kaltes, trockenes und wolkenloses Wetter. Die Neuseeländischen Alpen und die zentrale Nordinsel bekommen starke Schneefälle ab und machen Neuseeland zu einem der abwechslungsreichsten und am wenigsten besuchten Ski- und Snowboardgebiete überhaupt.

Reisekosten

Da der neuseeländische Dollar zurzeit relativ stark ist, gilt Neuseeland nicht als Billigreiseland. Jedoch bekommt man für sein Geld auch viel geboten, da die Standards hoch sind.

Die **täglichen Ausgaben** können natürlich erheblich variieren; die folgenden Richtwerte gelten pro Person bei zwei zusammen reisenden Personen. Da es viele gute Hostels gibt, kön-

nen Einzelreisende fast genauso günstig reisen wie Leute, die nicht allein unterwegs sind; wer jedoch ein Einzelzimmer haben möchte, zahlt etwa 30 % mehr. Leute mit nicht so gut gefüllter Reisekasse können mit $50 pro Tag auskommen, wenn sie mit öffentlichen Verkehrsmitteln reisen, auf Campingplätzen oder in Hostels übernachten und sich ihre Mahlzeiten überwiegend selbst zubereiten. Mit Mietwagen, Übernachtung in günstigen Hotels und gelegentlichen Essen in Restaurants liegt man eher bei $150 pro Tag. Und wer in komfortablen B&Bs nächtigt, in netteren Restaurants isst und noch ein paar Touren macht, ist schnell mit über $300 dabei. Und es ist gut möglich, dass man sein Budget durch Abenteuertrips überstrapaziert – z. B. durch Bungy-Jumping ($110–240) oder einen Tandem-Fallschirmsprung (ab $250). Wer also aufs Geld schauen muss, sollte sich vorher genau überlegen, welche Investitionen zur Ankurbelung des Adrenalinhaushalts sich wirklich lohnen.

Neuseeländer sind ein geradliniges Völkchen: Der angegebene Preis ist nicht verhandelbar. In der Regel sind die 15 % **Mehrwertsteuer** – Goods and Service Tax (GST) – im Preis inbegriffen, außer in einigen Business-Hotels. Eine GST-Befreiung erfolgt beim Erwerb teurerer Gegenstände, die ausgeführt werden – Kaufbelege aufheben und gekaufte Gegenstände im Handgepäck mitnehmen.

Ermäßigungen für Studenten gibt es selten, aber beim Transport und bei Übernachtungen lässt sich eine Menge Geld sparen, wenn man eine der Backpacker- oder YHA-Karten (s. S. 94) kauft; **Kinder** und **Senioren** erhalten auf die meisten Zug-, Bus- und Eintrittstickets zu Sehenswürdigkeiten einen Preisnachlass von bis zu 50 %.

Was kostet wie viel?	
Verpflegung	
Hauptgericht im Restaurant	ab $25
großes Bier (Pint)	$6–9
Glas Wein	$6–10
Transport	
Busfahrt (Standardpreis)	
Auckland–Rotorua (235 km)	$59
Christchurch–Queenstown (484 km)	$95
Bahn (Standardticket)	
Auckland–Wellington (500 km)	ca. $129
Mietwagen	
örtlicher Anbieter, Kleinwagen pro Tag	$30–60
(bei 2 Wochen Mietdauer im Sommer)	
Benzin pro Liter	
bleifrei	$1,65
Super bleifrei	$1,85
Diesel	$1,09
Unterkunft	
Bett im Schlafsaal	$21–30
B&B	ab $80
DZ im Motel	$100–200
Home- und Farmstay pro DZ	$100–160
Sonstiges	
1 Std. Internet im Café	$3–6
Porto Postkarte weltweit	$1,80

Traveltipps von A bis Z

Anreise

Um nach Neuseeland zu gelangen, ist man in der Regel auf einen **Linienflug** angewiesen. Der Preis hängt stets von der Jahreszeit ab: Am teuersten ist der Flug im neuseeländischen Sommer (Dezember bis Februar). In der Vor- und Nachsaison (September bis November und März bis Mai) sinken die Preise, am niedrigsten sind sie im neuseeländischen Winter (Juni bis August). Zahlreiche Fluggesellschaften bieten dann Flüge für ab etwa 1200 € an, was angesichts der zurückgelegten Entfernung relativ preiswert ist. Wählt man den billigsten Flug, muss man jedoch unter Umständen auf einigen Komfort verzichten – bei mehr als 25 Flugstunden ein nicht unerheblicher Gesichtspunkt.

Auch wenn man noch so schnell in Neuseeland ankommen möchte – vor allem unter gesundheitlichem Aspekt ist ein Zwischenstopp sinnvoll. Die meisten Linienflüge erlauben mehrere **Stopover** entweder in Nordamerika und dem Pazifik oder in Dubai, Asien und Australien. Wer nicht von Australien aus anreist, hat bei den Zielflughäfen nur die Wahl zwischen den internationalen Flughäfen **Auckland** und **Christchurch**. In Christchurch landen weniger Direktflüge, aber viele Linienfluggesellschaften haben ein Codesharing-Abkommen für einen Anschlussflug von Auckland ohne Extrakosten.

Am praktischsten ist ein **Gabelflug** (Hinflug von der einen, Rückflug von der anderen Stadt). Er kostet normalerweise nicht mehr als ein gewöhnlicher Hin- und Rückflug und hat den Vorteil, dass man nicht wieder an den Ausgangspunkt der Reise zurück muss. Überlegenswert sind auch attraktive **Fly & Drive**-Arrangements, die Flug und Mietwagen bzw. Wohnmobil beinhalten.

Touristen und Personen mit einem zeitlich befristeten Arbeitsvisum (S. 60) müssen bei der Einreise nach Neuseeland ein Ticket für die Rück- oder Weiterreise vorweisen, daher kommen One-way-Tickets im Prinzip nur für Menschen mit Wohnsitz in Australien oder Neuseeland in Frage. Wer ein Rückflugticket hat und länger bleiben oder nicht auf der geplanten Route weiterfliegen will, kann das Flugdatum in den meisten Fällen bei der Fluggesellschaft oder in einem Reisebüro ändern lassen, je nach Nutzungsbedingungen des Flugtickets; häufig ist dafür eine Gebühr fällig. Die Flugroute lässt sich aber nicht so leicht ändern. Und da die Personendaten nur in den seltensten Fällen geändert werden können, ist es normalerweise unmöglich, ein nicht benutztes Ticket im Internet weiterzuverkaufen.

Falls Neuseeland nur ein Zwischenziel auf einer längeren Reise ist, kann der Kauf eines

---

Weniger fliegen – länger bleiben! Reisen und Klimawandel

Der Klimawandel ist vielleicht das dringlichste Thema, mit dem wir uns in Zukunft befassen müssen. Wer reist, erzeugt auch CO_2: Der Flugverkehr trägt mit einem Anteil von bis zu 10 % zur globalen Erwärmung bei. Wir sehen das Reisen dennoch als Bereicherung: Es verbindet Menschen und Kulturen und kann einen wichtigen Beitrag für die wirtschaftliche Entwicklung eines Landes leisten. Reisen bringt aber auch eine Verantwortung mit sich. Dazu gehört darüber nachzudenken, wie oft wir fliegen und was wir tun können, um die Umweltschäden auszugleichen, die wir mit unseren Reisen verursachen.

Wir können insgesamt weniger reisen – oder weniger fliegen und länger bleiben, den Zug nehmen (wenn es einen gibt), Nachtflüge meiden (da sie mehr Schaden verursachen). Und wir können einen Beitrag an ein Ausgleichsprogramm wie **www.atmosfair.de** leisten. Dabei ermittelt ein Emissionsrechner, wie viel CO_2 der Flug produziert und was es kostet, eine vergleichbare Menge Klimagase einzusparen. Mit dem Betrag werden Projekte in Entwicklungsländern unterstützt, die den Ausstoß von Klimagasen verringern helfen.

nachdenken • klimabewusst reisen

Round-the-World-Tickets erwogen werden. Bei diesen Tickets stehen entweder etwa ein halbes Dutzend Stopps fest (oft ist Auckland darunter), oder man stellt sich selbst eine Flugroute zusammen, was allerdings in der Regel teurer ist.

Der **South Pacific Airpass** von Air New Zealand berechtigt zu Einfachflügen innerhalb von Neuseeland oder in vier Zonen eingeteilte Pazifikrundreisen. Ebenso wie RTW-Tickets unterliegt der Kauf bestimmten Sonderbestimmungen und die Zahl der Stopover ist begrenzt.

Weitere Informationen sind im Reisebüro oder bei den Fluggesellschaften erhältlich.

Flugbuchung im Internet

Um Flüge online zu buchen, muss man kein Reiseexperte sein. Am besten beschränkt man sich bei der Suche auf einige der etablierten Reiseportale. Auch die Seiten der Fluggesellschaften lohnen einen Blick, da es hier oft besondere Online-Tarife gibt. Grundsätzlich sollte man darauf achten, dass Kreditkartendaten verschlüsselt übertragen werden.

In verschiedenen Tests schnitten die folgenden Reiseportale gut ab:
- 🖳 www.weg.de
- 🖳 www.opodo.de
- 🖳 www.expedia.de
- 🖳 swoodoo.com
- 🖳 www.billigflug.de
- 🖳 www.fluege.de

Air New Zealand
Torhaus Westhafen
Speicherstr. 57, 60327 Frankfurt/Main
📞 0800/183 0619 (gebührenfrei)
✉ europe.info@airnz.com
🖳 www.airnewzealand.com
Quantas Airways
Postfach 71 01 63
60491 Frankfurt/Main
📞 01805/250 620 und 069/695 855
🖳 www.quantas.com.au

Wer noch einen Reisepartner sucht, kann z. B. folgende Seiten anklicken:

Globetrotter, 🖳 www.globetrotter.de/de/forum
DZG, 🖳 www.globetrotter.org/globetrotter forum/reisepartner.

Botschaften und Konsulate

Neuseeländische Vertretungen im Ausland

Kontaktadressen und Websites neuseeländischer Botschaften und Konsulate im Ausland sind zu finden unter 🖳 www.nzembassy.com.

Australien
Botschaft:
Canberra, 📞 02/6270 4211
✉ nzhccba@bigpond.net.au
Außerdem Konsulate in Sydney und Melbourne.

Deutschland
Botschaft:
Friedrichstr. 60, 10117 Berlin
📞 030/206 210, 📠 2062 1114
🖳 www.nzembassy.com/germany
✉ nzembber@infoem.org
Visabüro: ⏰ Mo–Fr 9–12 Uhr

Österreich
Botschaft:
Mattiellistr. 2-4/3, 1040 Wien
📞 01/1505 3021, 📠 01/1505 3020,
✉ nzemb@aon.at

Schweiz
Generalkonsulat:
2 Chemin des Fins, 1218 Grand Saconnex, Genf
Postadresse:
Case Postale 334
1211 Geneva 19
📞 022/929 0350, 📠 929 0377
✉ mission.nz@bluewin.ch

Ausländische Vertretungen in Neuseeland

Deutschland

Botschaft:
90-92 Hobson St, Thorndon,
6011 Wellington
☎ 04/473 6063, ✉ 473 6069
✉ Kontaktformular auf der Website
🖥 www.wellington.diplo.de

Honorarkonsulate:
41 Shortland Street, Auckland
Postanschrift:
Honorary Consul of the Federal Republic of
Germany, Private Bag 92093, Auckland 1142,
☎ 09/375 8718, ✉ 3655 209
10 Wairarapa Terrace, Christchurch
☎ 03/347 6729, ✉ 347 6450

Österreich

Honorargeneralkonsulat (ohne Passbefugnis):
Level 4, 75 Ghuznee Street, Wellington
☎ 04/384 1402

Honorarkonsulat (ohne Passbefugnis):
98 Kitchener Rd, Milford, Auckland
☎/✉ 09/489 8249

Honorarkonsulat (ohne Passbefugnis):
19, Joyce Crescent, Ilam, Christchurch 8041
☎ 03/2144 0164

Schweiz

Botschaft:
Embassy of Switzerland, Maritime Tower,
10 Customhouse Quay, Level 12,
Wellington, New Zealand
Postadresse:
Embassy of Switzerland
P.O. Box 25004
Wellington 6146
New Zealand
☎ 04/472 1593, ✉ 499 6302
✉ wel.vertretung@eda.admin.ch.
🖥 www.eda.admin.ch/wellington

Konsulat Auckland:
Unit 5, Building 2,
100 Busch Road,
Rosedale, North Shore 0632
☎/✉ 09/366 0403
✉ auckland@honorarvertretung.ch

Einkaufen

Neuseeland ist kein Einkaufsparadies. Die meisten Besucher nehmen wohl eher schöne Erinnerungen als materielle Dinge mit nach Hause. Aber es gibt durchaus interessante Souvenirs. Eines der beliebtesten Andenken ist ein Anhänger aus *greenstone* (Jade) im Maori-Design. Diese **Schmuckanhänger** sind überall im Land erhältlich. Am besten kauft man sie jedoch dort, wo das Rohmaterial herstammt, nämlich in der Gegend von Greymouth und Hokitika an der Westküste der Südinsel. Die meisten billigeren Varianten sind aus chinesischer Jade gefertigt, die als minderwertiger gilt. Man sollte also auf neuseeländischem, vor Ort verarbeitetem *pounamu* bestehen (s. Kasten S. 715). Ein ähnliches Reiseandenken sind **Knochenschnitzarbeiten**. Verschiedentlich wird die Möglichkeit angeboten, einen Eigenentwurf oder ein Maori-Design auf ein Stück Kuhknochen zu übertragen. Mit ein bisschen Talent lässt sich in ein paar Stunden etwas wirklich Schönes schaffen. Man kann auch ein Schmuckstück aus der schillernden Paua-Muschel gestalten oder einfach etwas Fertiges wie Knöpfe oder Bilderrahmen kaufen.

Es gibt sehr schöne **Bildbände** über Neuseeland, besonders die mit den tollen Fotos von Craig Potton und Andris Apse. Beliebte Mitbringsel sind Lammfell- und Wollprodukte sowie **Kleidung**, die zumindest teilweise aus Possumfell besteht. Ein sehr guter Überwurf kostet mehr als $1000, aber Kissenbezüge gibt es schon erheblich günstiger. Schaffelle kosten ab etwa $100.

Im Bereich Outdoor-Garderobe gibt es ein reichhaltiges Angebot, aber interessant sind vor allem die stilvollen Kleidungsstücke aus Merino-Wolle von Icebreaker, 🖥 www.icebreaker.com, Untouched World, 🖥 www.untouchedworld. co.nz und Glowing Sky, 🖥 www.glowingsky. co.nz – teuer, aber gut.

Wer sich eine sehr persönliche bleibende Erinnerung wünscht, kann sich in Neuseeland ein **Tattoo** stechen lassen. Besonders angesagt sind geschwungene Muster basierend auf Farn- und Maori-Ikonografie. Geschickte Tattoo-Künstler sind sich nicht allzu schwer zu finden.

Essen und Trinken

Zunächst einmal kann man getrost alle Vorurteile über Bord werfen, die sich in Bezug auf die Kiwi-Küche eingeschlichen haben mögen, denn Neuseelands kulinarische Szene hat sich in den letzten Jahren enorm zu ihrem Vorteil verändert. Das erstreckt sich nicht nur die Restaurants an sich, sondern auch die Qualität, Zubereitung und Präsentation der Speisen.

Die **gastronomischen Wurzeln** des Landes liegen in der Tradition Großbritanniens – ein fürwahr unglückseliges Erbe, dem insbesondere von einigen Kiwis der älteren Generation hartnäckig die Treue gehalten wird und das man bei Farmstays oder in Guesthouses vielerorts noch genießen darf. Tatsächlich haben die einheimischen Köche erst in den vergangenen 25 Jahren die Möglichkeiten entdeckt, die sich ihnen durch superfrische und qualitativ hochwertige Zutaten bieten, und letztendlich die moderne **Kiwi-Küche** kreiert.

Aufbauend auf Elementen der kalifornischen und zeitgenössischen australischen Küche werden traditionelle Nahrungsmittel wie Steaks, Lachs oder Langusten mit Einflüssen aus dem **Mittelmeerraum**, **Asien** und der **Südsee** kombiniert: getrocknete Tomaten, Zitronengras, Basilikum, Ingwer, Milch und Fleisch der Kokosnuss und vieles mehr. Die Gastronomen legen Wert darauf, ihre Speisekarte so vielfältig wie möglich zu gestalten und so tauchen neben dem üblichen Lamm und der Gourmet-Pizza auch Seafood-Linguini, Couscous, Sushi, Fleischbällchen aus Wildbret auf Thai-Art und *chicken korma* auf. Manchmal ist dies eher zu viel des Guten, aber viel häufiger sind die Resultate schlichtweg sensationell.

Fleisch und Fisch

Neuseeländer lieben **Fleisch**, und die Qualität ist oft vorzüglich. Neuseeländisches Lamm rangiert oft ganz oben auf der Speisekarte (wo es die Touristen erwarten), doch Reh- und Rindfleisch stehen ihm geschmacklich nicht nach.

Bei Neuseelands langer Küstenlinie verwundert es nicht, dass **Fisch** und andere Meeresfrüchte einen bedeutenden Anteil an der hiesigen Küche haben. Das weiße Fleisch des Schnapper

(snapper) ist fast überall zu haben, aber man findet auch Thunfisch *(tuna)*, Schwertfisch *(John Dory)*, Zackenbarsch *(groper* oder *hapuku*, wie ihn die Maori nennen, Flundern *(flounder)*, Blue Cod und den festen und köstlichen Terakihi. Lachs *(salmon)* steht beinahe auf jeder Speisekarte, aber keine Forellen, die einem alten Gesetz zufolge (das ursprünglich zum Schutz der Sportfischerei diente, weil Forellen im 19. Jh. speziell hierfür in Neuseeland eingeführt wurden) weder ge- noch verkauft werden dürfen. In den meisten Hotelrestaurants ist es jedoch möglich, den eigenen Fang zubereiten zu lassen.

Alle diese Fische schmecken auch geräuchert sehr gut, besonders aber Terakihi, Hapuku, Blue Cod, Marlin und Räucheraal. Eine viel geliebte Delikatesse ist *whitebait*, ein winziger, silberner Fisch, der zwischen August und November vor allem an der Westküste ins Netz geht und der im Ganzen frittiert serviert wird.

Schalentiere sind eine weitere Spezialität Neuseelands, allen voran *toheroa*, eine Art Muschel, die man aus dem Sand des Ninety Mile Beach ausgraben darf, wenn ihre Anzahl dies zulässt – was leider nur sehr selten der Fall ist. Üblicherweise werden die Toheroa zu Suppen verarbeitet und manchmal durch die weniger gute und süßere *tuatua* ersetzt, die ebenfalls von den Stränden des Northland stammt.

Das Angebot der Speisekarten beläuft sich häufiger auf die leckeren Austern, Jakobsmuscheln *(scallops)* und die sensationellen Grünlippenmiesmuscheln *(green-lipped mussels)*, die in Geschmack und Konsistenz kaum zu überbieten sind und im kühlen, klaren Gewässer der Marlborough Sounds, insbesondere um Havelock, gezüchtet werden. Nicht minder köstlich und unbedingt empfehlenswert sind die Langusten *(crayfish)*, die es überall an der Küste gibt, vor allem in der Gegend von Kaikoura und am East Cape.

Obst, Gemüse und Milchprodukte

Zur Erntezeit quellen die Straßenstände über vor wunderbar schmeckenden **Früchten** – Äpfel, Birnen, Zitrusfrüchte und Steinobst –, die kaum etwas kosten.

Zusammen mit den Milchprodukten des Landes bilden sie die Basis für einige köstliche Desserts, darunter verschiedene Eiskreationen, Käsekuchen und Pavlova, aber auch sehr gehaltvolle Kuchen.

Gemüse ist im Allgemeinen sehr frisch und aromatisch. Kartoffeln, Karotten und Kohl sowie Kürbis kommen eher zu Hause auf den Tisch, während in Restaurants gerne Auberginen *(eggplant),* Paprika *(capsicum)* und Tomaten verarbeitet werden. Besonders lecker ist eine Art der Süßkartoffeln namens Kumara, die aus dem polynesischen Raum stammt und vor allem im Hangi oder in frittierter Form auftaucht. Eine köstliche Mischform zwischen Obst und Gemüse sind die vielen Variationen von Karottenkuchen *(carrot cake).* Die Neuseeländer lieben ihn so sehr, dass die meisten Cafés und Restaurants eigene Interpretationen des Rezepts im Angebot haben.

Neuseeländer essen auch eine Menge **Milchprodukte.** Im ganzen Land schießen Kleinbetriebe wie Pilze aus dem Boden – vor allem entlang der Kapiti Coast (nördlich von Wellington), um Blenheim sowie auf der Banks Peninsula (östlich von Christchurch). Sie empfehlen sich mit köstlichen Käsekreationen aus eigener Herstellung, von traditionellen Hartkäsesorten bis zu sahnigem Blauschimmelkäse und würzigem Pfeffer-Brie. Normaler Käse aus dem Supermarkt schmeckt recht fade, sodass es sich lohnt, ein Feinkostgeschäft aufzusuchen und spezielle Käsesorten aus lokaler Produktion zu probieren.

Für Naschkatzen gibt es eine unglaubliche Auswahl köstlicher Eiscremes, oft sehr fruchtig, aber auch süß und üppig wie das aus Vanilleeis und Karamell bestehende Hokey Pokey.

Vegetarisches Essen

Das große Angebot von frischem Gemüse und Milchprodukten lässt **Vegetarier,** die sich selbst versorgen, gut leben. Bei Restaurants dagegen verhält sich die Sache etwas anders. Außerhalb großer Zentren findet man kaum ein rein vegetarisches Restaurant und muss auf die vereinzelten fleischfreien Gerichte zurückgreifen, die in den meisten Gaststätten angeboten werden. Fast überall gibt es Salate, Sandwiches oder vegetarische Pizza und Pasta, was auf die Dauer jedoch ein wenig eintönig ist. **Veganer** können sich immer ein einfaches *stir-fry* (unter Rühren kurz angebratenes Gemüse) zubereiten lassen, wenn sonst nichts Entsprechendes auf der Karte steht.

In puncto Snacks wird man vermutlich eine ungesunde Abhängigkeit von Nachos entwickeln und ab und zu den obligaten Veggieburger dazwischenschieben. Inzwischen bieten aber auch viele neue Biolädien hausgemachte vegetarische Kuchen an. Wer an einer längeren organisierten Tour teilnimmt, auf der das Essen inklusive ist, sollte die Veranstalter rechtzeitig vorher über seine Essgewohnheiten informieren.

Essen gehen

Die Qualität neuseeländischer **Restaurants** ist im Allgemeinen fantastisch, die Portionen sind großzügig bemessen, und meist bekommt der Gast wirklich etwas für sein Geld – besonders in **BYO**-Lokalen („bring your own"), wo man seinen eigenen Wein mitbringen kann und hierfür zumeist ein geringes Korkgeld ($5–15) zahlt. Hauptgerichte kosten in den meisten Restaurants ab $25, für drei Gänge ohne Getränke muss man mit $55 rechnen. Der **Service** ist meist aufmerksam und zuvorkommend, jedoch ohne aufgesetzte Freundlichkeit. Trinkgeld wird keines erwartet, aber wer sich gut bedient fühlt, darf sich natürlich gern erkenntlich zeigen. An gesetzlichen Feiertagen wird per Gesetz ein Zuschlag von 15–20 % erhoben, damit die Mitarbeiter für den Verzicht auf die gesetzlich zustehende Freizeit entschädigt werden.

Neuseelands Angebot an **internationalen Restaurants** verbessert sich von Jahr zu Jahr. Am stärksten vertreten ist Ostasien, was sich in zahlreichen thailändischen, chinesischen und japanischen Lokalen widerspiegelt; daneben existieren vor allem indische und mexikanische Restaurants. Typische **Maori-Kost** oder polynesische Küche findet man in öffentlichen Lokalen nur selten. Dafür besteht vielleicht Gelegenheit (besonders in Rotorua, S. 333), die Köstlichkeiten eines Hangi (s. Kasten) zu genießen.

Bessere **Café/Bars** ähneln oft einem Restaurant und bieten genauso gutes, aber günstigeres

In neuseeländischen Restaurants tritt das kulinarische Erbe der **Maori** – ebenso wie die polynesische Küche – wenig oder überhaupt nicht in Erscheinung. In einigen modernen Lokalen beginnt dieser Kochstil allerdings allmählich Fuß zu fassen. Unabhängig davon besteht immer die Möglichkeit, traditionelle Kost anlässlich eines **Hangi** zu probieren, bei dem verschiedene Gemüse- und Fleischsorten sowie Fisch stundenlang in einem Erdofen gegart werden. Typischerweise wird dieses Mahl bei Familienfeierlichkeiten oder größeren Versammlungen zubereitet – als Tourist muss man meist zu einer öffentlichen Veranstaltung in Rotorua oder Christchurch gehen, um in den Genuss dieser Spezialität zu kommen. Dort ist man eher zahlender Kunde und kein Gast, aber die Geschmacksnoten eines Hangi sind in der Regel authentisch, auch wenn die Veranstalter manchmal moderne Methoden kreativ anwenden.

Die Zubereitung gestaltet sich wie folgt: Zunächst entfachen die Männer ein Feuer, in dessen Glut sie große Flusssteine legen. Während sich diese langsam erhitzen, wird eine ausreichend große Grube gebuddelt. Die heißen Steine legt man auf den Boden und bedeckt sie mit feuchtem Sackleinen. Unterdessen schneiden die Frauen Lamm, Schwein, Huhn, Fisch, Schalentiere und Gemüse (vor allem die Süßkartoffel Kumara) und machen kleine Portionen, die sie in Blätter wickeln und anschließend in Körben (ursprünglich aus Flachs, heute größtenteils aus Drahtgeflecht) stapeln. Die Körbe werden in der Grube versenkt und mit Erde bedeckt, sodass der Dampf und der Geschmack nicht verloren gehen. Ein paar Stunden später holt man die Körbe wieder heraus und das Festmahl kann beginnen: Die halb gegarten und halb geräucherten Zutaten sind überaus zart und haben einen leichten Erdgeschmack.

Essen an. Hier geht es etwas weniger formell zu und man kann auch einfach nur ein Glas Bier trinken. Andere **Cafés** haben häufig nur Frühstück und kleine Speisen im Angebot, servieren aber fast immer guten Kaffee.

Die Cafés haben inzwischen die traditionellen **Tearooms**, größtenteils Selbstbedienungslokale ohne Atmosphäre, fast verdrängt. An touristischen Hauptrouten machten die Fernbusse früher gern Station an solchen Tearooms, ziehen aber heute die moderneren (und besseren) Cafés vor.

In den meisten **Pubs** gibt´s einfache Pub Meals, oft das billigste Essen weit und breit. Auf der Speisekarte stehen so bodenständige Mahlzeiten wie Steak und Pommes, aber auch Lasagne oder Burritos, die alle mit Salat serviert werden und weniger als $24 kosten.

Hervorragend essen kann man auch in den guten, aber oft teuren Restaurants der immer zahlreicheren **Weingüter**, die sich insbesondere um die Hauptanbaugebiete Hawke's Bay und Marlborough konzentrieren. Viele haben schöne Sitzgelegenheiten im Freien unter Weinreben und vielleicht gibt es sogar eine Boulebahn für ein bisschen Bewegung nach dem Essen.

Frühstück, Snacks und Takeaways

Zum Frühstück wird üblicherweise Toast, Müsli, Saft und Tee oder Kaffee serviert (*continental breakfast*). Wer in einem Homestay oder B&B absteigt, bekommt häufig ein zusätzliches *cooked breakfast*, das an das englische Frühstück mit Eiern und Speck erinnert. In Motels, Hostels und auf Campingplätzen muss man sich selbst versorgen. Größere Orte besitzen eine **Bäckerei**, in der frische Croissants, Bagels und Focaccia verkauft werden. Besonders am Wochenende gehen die Kiwis auch gern zum Frühstücken oder Brunchen aus. Ziel sind die zahlreichen Cafés, in denen man von einem Früchtebecher oder Müsli bis zu riesigen Tellern mit Eggs Florentine oder Eggs Benedict mit geräuchertem Lachs und Schinken alles bekommt.

Typisch für die Großstädte sind die **Food Courts**, die man meist in Einkaufszentren findet und in denen billige Gerichte aller Herren Länder angeboten werden. In den traditionellen **Burger Bars** bekommt man Hamburger, die in nichts an die schlappen Teile der internationalen Franchise-

Unternehmen erinnern: feste Brötchen mit saftigem Hackfleisch, viel Ketchup, eine ganze Menge Salat und Tomate sowie die unverzichtbare Scheibe Rote Bete. Eine andere Spielart der typischen Kiwi-Snacks sind **Meat Pies**, erhältlich in Bäckereien und aus Warmhaltetheken in Pubs. Die traditionellen Varianten mit Rind- und Hackfleisch werden inzwischen ergänzt durch Füllungen wie Speck und Ei, Wild, Steak und Käse, Steak und Austern, Räucherfisch und Kumara und viele andere – vegetarische Pies sind im Kommen.

Fish 'n' Chips (in Anspielung auf ihren Fettgehalt auch *greasies* genannt) dürfen bei der Aufzählung typisch neuseeländischer Mahlzeiten natürlich nicht fehlen. Sehr häufig wird Hai verwendet – euphemistisch als *lemon fish* oder *flake* bezeichnet – und die Pommes *(fries)* sind fast immer ziemlich dick und knusprig. Etwas gewöhnungsbedürftig dagegen ist der Geschmack der **Paua Fritters**, wofür Teile der Abalone-Meeresschnecke klein gehackt und in Form flacher „Kuchen" frittiert werden.

Selbstversorger

Proviant ist im örtlichen Supermarkt am preiswertesten. Bessere Lebensmittel bieten jedoch die kleinen, unabhängigen Läden, die überwiegend Biowaren und/oder Erzeugnisse der Region im Angebot haben. Sie sind eine gute Alternative zu den allgegenwärtigen Tante-Emma-Läden (*corner shops* oder *dairies* genannt), die nur Basisprodukte führen. Leider sind beide Ladentypen ziemlich teuer, genau wie die Geschäfte auf Campingplätzen und in abgelegenen Gegenden, wo es keine Alternative gibt. Supermärkte verkaufen Bier und Wein, für Hochprozentiges muss man einen der **Bottle Shops** aufsuchen, die häufig an Pubs angeschlossen sind.

Getränke

Neuseeland rühmt sich einiger hervorragender Weine und Biere, die in Cafés und Restaurants im ganzen Land probiert werden können. Die niedrigsten Preise und die ursprünglichste Atmosphäre findet man in einem **Pub**, wo man sich

nach der Arbeit zum Biertrinken trifft und wenig Wert auf Ambiente oder schicke Einrichtung legt. In den großen Städten allerdings putzen sich die Pubs infolge der heftigen Konkurrenz durch Cafés immer mehr heraus und es entstehen gemütliche, entspannte Bars. Kaum eine Veränderung dagegen spürt man auf dem Land, wo sich Fremde häufig fehl am Platze fühlen – sobald man jedoch am Tresen ins Gespräch kommt, fallen die Barrieren. Bei einigen wenigen Pubs gibt es noch immer die Trennung in eine **Public Bar**, ein meist nüchterner Raum mit Linoleumboden und Männern in Overalls und Arbeitsschuhen, und eine **Lounge Bar**, wo man etwas ordentlicher angezogen sein sollte.

Die meisten Kneipen haben unter der Woche mindestens bis Mitternacht, am Wochenende sogar bis 4 Uhr morgens oder noch länger geöffnet. Alkohol darf nur an Personen ab 18 Jahren verkauft werden (wer jünger als 25 aussieht, muss mit einer Überprüfung der Personalien rechnen). Raucher müssen ihrem Laster draußen vor der Tür frönen.

Bier

Bier wird in Neuseeland gerne und viel getrunken. Fast das gesamte Bier des Landes stammt aus zwei großen Brauereien, New Zealand Breweries und Dominion Breweries (DB), die zahllose Sorten produzieren: Natürlich Lager und Pils sowie schale, tiefbraune Flüssigkeiten, die entweder frisch gezapft oder als *draught* in Flaschen verkauft werden, ein ferner und schwächerer Verwandter des britischen Fassbieres. Die Kiwis sprechen zunehmend dem Lager zu, besonders ihrem geliebten Steinlager sowie der neueren Version Pure, die ohne Zusatzstoffe auskommt. Insgesamt gibt es keine großen Unterschiede zwischen den Sorten, mit Ausnahme vielleicht des Alkoholgehalts, der üblicherweise um die 4 % liegt und nur beim sogenannten *export* 5 % beträgt.

Um einmal etwas völlig anderes und geschmacklich Interessanteres auszuprobieren, sollte man die **Spezialbiere** lokaler Brauereien testen – allen voran diejenigen von Mac's bei Nelson. Da wäre zum Beispiel das dunkle und köstliche Black Mac, das obergärige Sassy Red oder das Oktober Mac, eine leichte und frische

Sorte, die nur im September gebraut und nur so lange angeboten wird, wie der Vorrat reicht. Auf dem Vormarsch sind kleinere, regionale Brauereien und noch kleinere Kneipenbrauereien, darunter die der Restaurant-Bars Loaded Hog und One Red Dog.

Andere Kneipen und Bars servieren Emersons aus Dunedin oder Founders aus Nelson, um nur zwei von vielen ausgezeichneten Marken zu nennen. Vor Kurzem hat die Waituna Brewing Company in der zentralen Nordinsel begonnen ein „Maori-Bier" zu brauen, das in und um Palmerston North erhältlich ist. Allerdings lässt die Qualität im Vergleich zu den Erzeugnissen anderer Kleinbrauereien noch zu wünschen übrig. Internationale Biere bekommt man in den meisten Bottle Shops sowie in den schickeren Bars, was natürlich seinen Preis hat. Vom Fass gibt es nur einheimisches Bier, mit Ausnahme der irischen Pubs, die das gute alte Guinness ausschenken. Eine gute Informationsquelle rund um das neuseeländische Bier ist die Internetseite 🖳 www.brewing.co.nz.

Die Maßeinheiten sind im ganzen Land gleich: Traditionalisten kaufen gleich einen ganzen **Jug** (1 l), der dann in die erforderliche Anzahl von Gläsern umgefüllt wird – entweder in ein **Seven** (0,2 l – so genannt wegen der alten Maßeinheit von sieben Unzen), ein **Ten** (ca. 0,3 l) oder sogar ein elegant geformtes **Twelve** (0,35 l). Auch mehr als 30 Jahre nach Einführung des metrischen Systems gibt es noch **Pints** (etwas mehr als 0,5 l). Ein „Half Pint" kommt immer in einem 0,3-l-Glas daher und kostet daher mehr als den halben Preis eines ganzen Pint.

Die **Preise** variieren enorm, aber mit $6–9 für ein Pint kann man rechnen. Im Bottle Shop wird das Bier entweder in Sixpacks oder Kartons mit 12 oder 24 Flaschen ($18–25) verkauft. Wer viel vorhat, entscheidet sich normalerweise für die nachfüllbaren **Flagons** (2,25 l) bzw. deren metrische Variante namens **Rigger** (2 l); die Gefäße können für etwa einen Dollar erstanden und für $11–16 am Zapfhahn im Bottle Shop gefüllt werden.

Weine und Spirituosen

Die Neuseeländer halten den einheimischen Winzern zu Recht die Treue – schließlich produzieren sie einige der besten **Weine** der Welt.

Rasch hat sich Neuseeland auf die Spuren der französischen Loire-Region begeben, welche die Maßstäbe für den Sauvignon Blanc setzt, und der hiesige fruchtige Chardonnay sowie der nach Aprikosen und Zitrusfrüchten schmeckende Riesling finden immer mehr Anhänger. Natürlich stehen auf Weinkarten aber auch internationale **Weißweine**. Die **Rotweine** stammen in erster Linie aus Australien, obwohl es auch gute einheimische Tropfen gibt, besonders Cabernet Sauvignon, Merlot und vor allem Pinot Noir.

Wer **Champagner** mag, muss sich in Neuseeland nicht länger mit einem „champagnerähnlichen" Geschmack begnügen: Selbstverständlich kann man den weit überteuerten französischen Tropfen kaufen, aber die im Land nach der *méthode traditionelle* (Flaschengärung) hergestellten Schaumweine bekommt man bereits ab $18 pro Flasche – zu Recht beliebt und fast überall erhältlich ist beispielsweise Montanas Lindauer Brut. Sehr im Trend liegen **Dessertweine** (wegen ihrer Konsistenz auch *stickies* genannt), produziert aus Trauben, die durch den Botrytis-Pilz am Rebstock schrumpeln.

In den meisten Bars und lizenzierten Restaurants wird eine gute Weinauswahl angeboten, darunter viele offene Weine ($6–10 pro Glas bzw. ab $8 für Dessertweine). Im Supermarkt oder Bottle Shop gibt es relativ gute Tropfen bereits ab $11 und sehr gute für $14–28. Ist man irgendwo eingeladen, sollte man den Gastgebern – und sich selbst – den Gefallen tun und eine anständige Flasche Wein mitbringen.

Wer vor dem Kauf eine Weinprobe machen möchte, kann eine ganze Reihe von **Weingütern** besuchen, wo man rund ein halbes Dutzend unterschiedlicher Tropfen testen darf – meist gegen eine kleine Gebühr (vor allem wenn es sich um „Reserve Wines" handelt), die aber bei Abkauf grundsätzlich erstattet wird. **Henderson** und das **Kumeu Valley**, 15 km westlich von Auckland, gehören zu den altgedienten und am leichtesten erreichbaren Weinanbaugebieten, mögen aber durch ihre Nähe zur Stadt nicht gerade anziehend erscheinen.

An der Ostküste der Nordinsel bietet sich das Gebiet um **Gisborne** für eine Nachmittagstour durch die Weingüter an. Wahre Weinkenner sind jedoch in der **Hawke's Bay** besser aufgehoben, wo die Städte Napier und Hastings fast 30 öffentliche Weingüter um sich scharen. Weiter südlich gibt es bei **Martinborough** eine ganze Menge Weingüter, viele davon nur ein paar Schritte voneinander entfernt.

Das kältere Klima der Südinsel beschränkt den Weinanbau auf den nördlichen Teil. Aber auch in **Central Otago** bei Queenstown und Alexandra, wo hervorragende Pinot Noirs gekeltert werden, versuchen einige Hersteller, auf dem Markt Fuß zu fassen. Einige sehr gute Weingüter findet man in **Marlborough**, nahe Blenheim, das mit der Hawke's Bay um den Titel als Neuseelands Top-Weinregion konkurriert. Will man sich mit der neuseeländischen Wein-Szene etwas näher beschäftigen, so findet man unter 🖥 www.nzwine.com gute Informationen.

Neuseeland produziert auch einige köstliche **Fruchtliköre**, wenngleich nur wenige Besucher eine Vorliebe für den extrem süßen Likör aus Kiwi- oder Feijoa-Früchten entwickeln, der zumeist in Souvenirläden verkauft wird. Internationale Spirituosen sind fast überall erhältlich, und ihre Dominanz wird nur gestört durch einen neuseeländischen **Wodka** namens 42 Below sowie zwei Single Malt **Whiskys**: Milford von der New Zealand Malt Whisky Co., 🖥 www.milfordwhisky.co.nz, und Lammerlaw von den Wilson Distillers in Dunedin.

Alkoholfreies

Neuseelands Kühlschränke beinhalten fast jede erdenkliche internationale Marke kohlensäurehaltiger **Softdrinks**. Ein typisch einheimisches Getränk ist L&P, eine Limonade mit Zitronengeschmack, die in Anlehnung an ihren „Geburtsort" in den Hauraki Plains ursprünglich *Lemon and Paeroa* genannt wurde. Beliebte Durstlöscher sind auch die fruchtigen **Milchshakes**, **Thickshakes** (die meist eine Kugel Eiscreme enthalten) und **Smoothies** (die schlankere Variante), und fast jedes gute Café serviert **Spirulina**, ein klebriges, grünes Getränk aus zu Pulver verarbeiteten Meeresalgen und oft gemischt mit Apfel- oder Avocadosaft.

Tee und Kaffee

An **Tee** bekommt man meist die normalen indischen Mischungen sowie aromatisierte und Kräutertees. Alles was mit **Kaffee** zu tun hat, wurde zu einer Kunstform erhoben und besitzt mittlerweile eine eigene Terminologie: Ein Espresso im italienischen Stil heißt **Short Black** (manchmal wird dazu ein Krug heißes Wasser auf den Tisch gestellt, um das Gebräu zu verdünnen); eine schwächere und größere Version ist der **Long Black**, der zum **Flat White** wird, sobald er Milch enthält; **Cappuccinos** gibt es in der üblichen Form oder als **Mochaccino** mit einem Schuss Schokolade; der Milchkaffee namens **Latte** wird im Glas, manchmal auch in einer Schale serviert. In besseren Cafés sind all diese Varianten auch koffeinfrei, dünner und teilweise sogar mit Sojamilch erhältlich.

Feste und Feiertage

Auf der Südhalbkugel fällt Weihnachten in die **Sommerferien**, die von Mitte Dezember bis Ende Januar/Anfang Februar gehen. Vom Boxing Day (26. Dez) bis Anfang Februar strömen die Kiwis zuhauf an die Strände, deshalb sind zu dieser Zeit unglaublich viele Menschen unterwegs. Es ist schwerer, eine Unterkunft zu finden, und die Preise für Motels und Campingplätze steigen – seltener für B&B- und Hotelzimmer. Um dem Chaos Herr zu werden, haben nicht nur die i-SITE-Touristenbüros länger geöffnet, sondern auch viele Touristenattraktionen.

Weitere **Schulferien** gibt es von Mitte bis Ende April für zwei Wochen, von Anfang bis Mitte Juli für 14 Tage sowie in den ersten beiden Oktoberwochen, aber die Auswirkungen sind bei weitem nicht so schlimm wie im Sommer. **Feiertage** werden in Neuseeland ganz groß geschrieben und es scheint, als ob dann alles unterwegs ist – besser, man sucht sich für diese Tage einen ruhigen Fleck zum Entspannen und reist nicht durch die Gegend.

Jede Region feiert darüber hinaus einmal jährlich ihren **Anniversary Day** zur Erinnerung an die Gründung der ursprünglichen Provinzen Neuseelands. In der Regel wird der Tag mit einer Landwirtschaftsschau, Pferdespringturnieren, Schafscherwettbewerben und ungewöhnlicheren Wettkämpfen wie Gummistiefelweitwurf begangen. Nachstehend die offiziellen Termine. Das Fest findet aber meist am nächstgelegenen Montag (manchmal auch Freitag) statt, um ein langes Wochenende genießen zu können.

Eine genauere Beschreibung der aufgelisteten Feste ist in den jeweiligen Kapiteln zu finden.

Januar

Neujahr (1./2. Jan, Feiertage)
Whaleboat Racing Regatta, Kawhia, 🖥 www.kawhiaharbour.co.nz (1. Jan)
Highland Games, Waipu, 🖥 www.highlandgames.co.nz (1. Jan)
Glenorchy Races, 🖥 www.glenorchy-nz.co.nz (1. Samstag)
Anniversary Day, Southland (17. Jan, Feiertag in Southland)
Big Day Out, Neuseelands größtes eintägiges Musikfestival, Auckland, 🖥 www.bigdayout.com (3. Freitag)
Anniversary Day, Wellington (22. Jan, Feiertag in Wellington)
Anniversary Day, Auckland, Northland, Waikato, Coromandel, Taupo und Bay of Plenty; mit riesiger Segelregatta im Waitemata Harbour von Auckland (29. Jan, jeweils regionale Feiertage)
Harvest Hawke's Bay Wine and Food Festival, 🖥 www.harvesthawkesbay.co.nz (letzter Samstag)

Februar

Anniversary Day, Nelson (1. Feb, Feiertag in Nelson)
Waitangi Day, offizielle Veranstaltungen in Waitangi (6. Feb, Feiertag)
Rippon Open Air Festival, Wanaka, 🖥 www.ripponfestival.co.nz, mit Top-Kiwi-Bands (6. Feb)
Wine Marlborough Festival, Blenheim, 🖥 www.wine-marlborough-festival.co.nz (2. Samstag)
Coast-to-Coast, Multisport-Rennen, 🖥 www.coasttocoast.co.nz (2. Wochenende)
Art Deco Weekend, Napier, 🖥 www.artdeconapier.com (3. Wochenende)
Devonport Food, Wine & Music Festival, 🖥 www.devonportwinefestival.co.nz (3. Wochenende)

Mission Bay Jazz and Blues Streetfest, Mission Bay, Auckland, 🖥 www.jazzandblues streetfest.com (drittletzter Samstag)
Wellington Fringe Festival, 🖥 www.fringe.org.nz (Mitte Feb–Anfang März)
Burst: The Festival of Flowers, Christchurch, 🖥 www.festivalofflowers.co.nz (Mitte Feb–Mitte März)

März

NZ International Arts Festival, Wellington, 🖥 www.nzfestival.telecom.co.nz (Ende Feb–Ende März, nur in geraden Jahren)
Golden Shears, Schafscherwettbewerb, Masterton, 🖥 www.goldenshears.co.nz (1. Woche)
Pasifika Festival, Auckland, 🖥 www.aucklandcity.govt.nz/pasifika (2. Samstag)
Wildfoods Festival, Hokitika, 🖥 www.wildfoods.co.nz (2. Samstag)
Te Houtaewa Challenge und **Te Houtaewa Surf Challenge**, Ahipara, 🖥 www.newzealand-marathon.co.nz (2. Samstag)
WOMAD, Weltmusik-Festival, New Plymouth, 🖥 www.womad.co.nz (Mitte März)
Sounds of Aotearoa, New Plymouth, mit den besten Musikern Neuseelands, 🖥 soundsaotearoa.com (Mitte März)
Round-the-Bays Sunday Fun Run, Auckland, 🖥 www.roundthebays.co.nz (Mitte März)
Ngaruawahia Maori Regatta, Hamilton (nächstgelegener Samstag zum 17. März), (s. S. 268)
Anniversary Day, Otago (23. März, Feiertag in Otago)
Festival of Colour, Wanaka, 🖥 www.festivalofcolour.co.nz, 5 Tage Musik, Tanz, Theater und Kunst (Ende März, nur in geraden Jahren)
Anniversary Day, Taranaki (31. März, Feiertag in Taranaki)

April

Karfreitag und Ostersonntag (Ende März–Ende April)
Royal Easter Show, Auckland, 🖥 www.royaleastershow.co.nz (Osterwoche)

Warbirds Over Wanaka International Airshow, Wanaka, 🖥 www.warbirdsoverwanaka.com (Osterwoche, nur in geraden Jahren)
ANZAC Day (25. April, Feiertag)
Festival of Colour, Wanaka, 🖥 www.festivalofcolour.co.nz, 5-tägiges Kulturfestival (Ende April, nur in ungeraden Jahren)
Arrowtown Autumn Festival, Arrowtown, 🖥 www.arrowtownautumnfestival.org.nz (Mitte–Ende April)

Juni

Queen's Birthday (1. Montag, Feiertag)
Fieldays Agricultural Show, Hamilton, 🖥 www.fieldays.co.nz, größte Landwirtschaftsschau der südlichen Hemisphäre (an einem Wochenende Mitte Juni)
Matariki, Maori-Neujahr, 🖥 www.taitokerau. co.nz/matariki.htm (Mitte–Ende Juni)
Queenstown Winter Festival, Queenstown, 🖥 www.winterfestival.co.nz (Ende Juni–Anfang Juli)

Juli

New Zealand International Film Festival, 🖥 www.enzedff.co.nz, jeweils zwei Wochen in den 15 größten Städten des Landes (Anfang Juli–Ende Nov)
Taranaki International Festival of the Arts, 🖥 www.artsfest.co.nz (nur in ungeraden Jahren, Ende Juli–Anfang Aug)

September

Gay Ski Week, Queenstown, 🖥 www.gayskiweeknz.com (1. volle Woche)
Alexandra Blossom Festival, 🖥 www.blossom.co.nz (Ende Sep–Anfang Okt)
World of Wearable Art Awards (WOW), Wellington, 🖥 www.worldofwearableart.com (Ende Sep–Anfang Okt)

Oktober

Labour Day (4. Montag, Feiertag)
Halloween (31. Okt)
Taranaki Rhododendron & Garden Festival, New Plymouth, 🖥 www.rhodo.co.nz (Ende Okt–Anfang Nov)

November

Anniversary Day, Hawke's Bay und Marlborough (1. Nov, jeweils regionaler Feiertag)
Guy Fawkes' Night Fireworks (5. Nov)
New Zealand Cup & Show Week, Canterbury, 🖥 www.nzcupandshow.co.nz (2. Woche)
Anniversary Day, Canterbury (3. Freitag, Feiertag in Canterbury)
Toast Martinborough, kulinarisches Festival mit Musik, 🖥 www.toastmartinborough.co.nz (3. Sonntag)

Dezember

Anniversary Day, Westland (1. Dez, Feiertag in Westland)
Weihnachten (25. Dez, Feiertag)
Boxing Day (26. Dez, Feiertag)
Rhythm and Vines, Gisborne, 🖥 www.rhythmandvines.co.nz, 3-tägiges Musikfestival bis Silvester (Ende Dez).

Fotografieren

In Fotogeschäften und einigen Apotheken kann man Digitalbilder auf CD brennen lassen (ca. $6–10). In den meisten Hostels und Hotels besteht die Möglichkeit, seine Aufnahmen auf einem Bildschirm zu betrachten. Auch das Hochladen der Bilder auf eine Website oder einen Server ist gewöhnlich möglich; die übertragbare Datenmenge ist allerdings oft begrenzt.

Frauen unterwegs

Die männlichen Kiwis haben Frauen gegenüber eine recht aufgeklärte Einstellung, und für Frauen birgt das Reisen in Neuseeland keine besonderen Probleme. Natürlich gibt es auch hier immer wieder einzelne Exemplare, die meinen, eine allein reisende Frau (oder eigentlich jede Frau) warte nur darauf, von ihnen angesprochen zu werden.

Aber im Grunde ist das eher selten, und die Belästigungen halten sich im Rahmen.

Trotzdem lauern natürlich Gefahren. Nur weil man im Urlaub ist und das Land so einen freundlichen Eindruck macht, sollte man die üblichen Vorsichtsmaßnahmen nicht vergessen, also nicht abends oder nachts durch einsame Straßen gehen und nicht trampen. Wer Vernunft walten lässt und vielleicht lieber ins Taxi steigt als zu laufen, sollte keine Probleme haben.

Frauen, die trotzdem in Schwierigkeiten geraten, können sich an ⌨ www.rapecrisis.org.nz wenden. Frauenzentren im ganzen Land sind auf der Website des Ministry of Women's Affairs, ⌨ www.mwa.govt.nz/directory, verzeichnet. Wer möchte, kann den Urlaub auch zum Teil über Women Travel New Zealand, ⌨ www.womentravel.co.nz, organisieren. Die Seite bietet praktische Informationen für weibliche Reisende und Links zu Unterkünften, auf Frauen spezialisierte Veranstalter sowie einen Newsletter. Eine weitere Infoquelle ist der Women's Bookshop (S. 176) in Auckland, wo auch Lesungen veranstaltet werden.

Geld

Die neuseeländische Währung ist der „Kiwi Dollar" oder „buck", der sich in 100 Cents unterteilt. Es gibt Scheine zu $100, $50, $20, $10 und $5 und Münzen à $2, $1 (beide goldfarben), 50¢, 20¢ und 10¢. Lebensmittelpreise werden zwar auf den Cent genau angegeben, der Rechnungsbetrag wird jedoch auf 10¢ auf- oder abgerundet. Alle Preise im vorliegenden Buch sind in Neuseeland-Dollar angegeben.

Banken und Geldwechsel

Die besten Wechselkurse bieten normalerweise **Banken**. ASB, ANZ, BNZ, Kiwibank (zu finden in Postämtern), National Bank und Westpac unterhalten in jedem größeren Ort Filialen, ⌚ Mo–Fr 9.30–16.30 Uhr, in größeren Städten auch zum Teil samstags bis etwa 12.30 Uhr. In Großstädten und Touristenzentren gibt es außerdem **Wechselstuben**, die normalerweise tgl. von 8–20 Uhr geöffnet sind.

Wer mehrere Monate im Land verbringen und vielleicht auch arbeiten möchte, braucht u. U. ein neuseeländisches Konto. Mit einer neuseeländischen EFTPOS-Karte (EC-Karte) kann man fast im ganzen Land einkaufen und Bargeld bekommen.

In Auckland sind die Westpac-Filiale in der 229 Queen St und die ASB-Filiale an der Ecke Wyndham und Hobson St besonders gut auf die Bedürfnisse von arbeitenden Backpackern eingestellt. In Christchurch gilt dasselbe für die ASB Migrant Banking Unit, 112 Riccarton Rd. Ein Konto ist gewöhnlich innerhalb eines Tages eröffnet; Reisepass nicht vergessen!

Reiseschecks können bei Banken und Wechselstuben problemlos eingetauscht werden. Sie werden bei Verlust oder Diebstahl ersetzt. American Express, Thomas Cook, Mastercard und Visa werden in allen gängigen Währungen akzeptiert. Reiseschecks (selbst die in neuseeländischen Dollar) können aber nicht anstelle von Bargeld eingesetzt werden.

Kredit- und EC-Karten

Neuseeland-Besucher nutzen für Einkäufe im Allgemeinen **Kreditkarten** – Visa, Mastercard und, in geringerem Maße, American Express –, die weit verbreitet sind. Viele Hostels, Campingplätze und Homestays akzeptieren aber nur Bargeld. Kreditkarten sind auch nützlich, um Unterkünfte und Transportmittel zu reservieren, und mit der persönlichen Geheimnummer bekommt man an 24 Stunden zugänglichen Geldautomaten, die fast überall zu finden sind, Bargeld. Je nach Kartenvertrag können dabei aber erhebliche Gebühren anfallen. An den meisten Geldautomaten kann man auch mit einer dem Plus- und Cirrus-Netz angeschlossenen internationalen **EC-Karte** Geld abheben.

Wechselkurse			
1 €	= 1,82 $	1 $	= 0,54 €
1 sFr	= 1,43 $	1 $	= 0,69 sFr

Der aktuelle Wechselkurs kann im Internet unter ⌨ www.oanda.com abgefragt werden.

Karten sperren

Zentrale Sperrnummer: ☎ +49/116116 (gilt nur, wenn das ausstellende Geldinstitut angeschlossen ist, Übersicht: 🖥 www.116116.eu)
Visa: ☎ 0800-44-3019 (in Neuseeland)
MasterCard: ☎ 0800-44-9140 (in Neuseeland)
EC-/Maestro: ☎ +49/1805 021021, 069/740987
American Express: ☎ +49/69-97972000, ☎ 050 855 5358 (in Neuseeland)

Überweisungen

Es ist auch möglich, sich Geld von einer Bank im Heimatland an eine Bank in Neuseeland überweisen zu lassen. Aber das dauert relativ lang und ist empfindlich teuer: Bei einem am Schalter überwiesenen Betrag von nur 100 € betragen die Gebühren fast 38 €, eine Expressüberweisung kostet 10 € mehr. Onlinebanking ist ein wenig günstiger.

Viel schneller und günstiger sind Geldtransfers von Unternehmen wie **MoneyGram**, das zahlreiche Agenturen in Neuseeland hat, Adressen unter 🖥 www.moneygram.com. Das Geld wird sofort ausgezahlt – nach Abzug von Gebühren, zurzeit bei 1000 € 38,50 €. Etwas teurer (bei 1000 € 42,50 € Gebühren) wird's bei **Western Union**, 🖥 www.westernunion.com, dafür kann dort das Geld auch online eingezahlt werden. Der Empfänger holt sich das Geld 10 Minuten später mit Vorlage seines Personalausweises an einem Vertriebsstandort von Western Union ab. Ebenfalls landesweite Vertretung, u. a. bei Filialen von NZ Post. Preistabellen auf den jeweiligen Internetseiten.

Gesundheit

Neuseeland birgt keine größeren Gesundheitsrisiken. **Impfungen** sind für die Einreise nicht vorgeschrieben, aber man sollte darauf achten, dass die Auslandskrankenversicherung einen ausreichenden Schutz gewährt – vor allem wenn man beabsichtigt, größere Wanderungen zu unternehmen (Näheres zur Vorbereitung von Wandertouren s. S. 69).

Neuseeland hat ein gutes **Gesundheitssystem**. Die Kosten für die medizinische Versorgung sind im internationalen Vergleich relativ niedrig. Obwohl alle Neuseelandbesucher in das Unfallentschädigungssystem (accident compensation scheme) eingeschlossen sind, das bei einem Unfall einen Teil der Ausgaben für die medizinische Versorgung zurückerstattet, muss man dennoch auf eine hohe Rechnung gefasst sein, wenn die eigene Auslandskrankenversicherung nicht die volle Übernahme aller Kosten vorsieht. Bei kleineren Beschwerden kann man einen Arzt aufsuchen (um $60) und gegen Rezept jedes erforderliche Medikament in einer Apotheke kaufen.

Sonne und Meer

Ein nicht zu unterschätzendes Gesundheitsrisiko stellt die Sonne dar. Die schädlichen UV-Strahlen sind in Neuseeland weitaus intensiver als in der nördlichen Hemisphäre – im Frühling und Sommer dauert es ohne Sonnenschutz nur zehn Minuten, bis die Haut sich gefährlich rötet. Zwischen 11 und 15 Uhr sollte man daher ganz aufs Sonnenbaden verzichten und generell eine Sonnencreme mit maximalem Lichtschutzfaktor verwenden (alle paar Stunden und nach dem Schwimmen nachcremen). Außerdem sollte man auf Leberflecken am Körper achten und, falls diese sich während oder nach der Reise verändern, sofort einen Arzt aufsuchen.

Der Tod im Meer kommt schnell. Selbst erfahrene Schwimmer sollten unbedingt die **Warnhinweise** in diesem Buch beachten (Kasten S. 58).

Gefahren in der Natur

Unbedingt zu vermeiden ist ein Kontakt mit **Giardia**, einem Parasiten, der in vielen Flüssen und Seen des Landes zu Hause ist. Eine Infektion wird durch das Trinken kontaminierten Wassers ausgelöst. Die Symptome treten erst einige Wochen später auf: aufgeblähter Bauch, Krämpfe, starke Durchfälle und Blähungen. Um das Risiko einer Infektion zu verringern, sollte das Trinkwasser mittels Jodtabletten gereinigt (normale Tabletten auf Chlorbasis wirken nicht gegen Giardia), mindestens sieben Minuten abgekocht oder durch einen Giardia-sicheren Filter (erhältlich in Ausrüstungs- oder Campingläden) gefiltert werden.

Vorschlag für eine Reiseapotheke

Basisausstattung
- **Verbandzeug**
- **Fieberthermometer**
- **Beipackzettel**

Schmerzen und Fieber
- **Benuron, Dolormin**
- **Buscopan** (gegen krampfartige Schmerzen)
- **Antibiotika*** gegen bakterielle Infektionen (in Absprache mit dem Arzt)

Magen- und Darmerkrankungen
- **Imodium akut** (gegen Durchfall)
- **Elotrans** (zur Rückführung von Mineralien; Kinder: Oralpädon Pulver)

Erkrankungen der Haut
- **Desinfektionsmittel** (Betaisodona Lösung, Hansamed Spray, Kodan Tinktur)
- **Tyrosur Gel, Nebacetin Salbe RP** (bei infizierten oder infektionsgefährdeten Wunden)

- **Soventol Hydrocortison Creme**, Ebenol **Creme** (bei starkem Juckreiz oder stärkerer Entzündung)
- **Wund- & Heilsalbe** (Bepanthen)
- **Fungizid ratio, Canesten** (bei Pilzinfektionen)
- **Berberil, Yxin** (Augentropfen bei Bindehautentzündungen)

Erkältungskrankheiten
- **Olynth Nasenspray, Nasivin**
- **Dorithricin, Dolo Dobendan** (bei Halsschmerzen)
- **Silomat** (Hustenstiller)
- **Acc akut, Mucosolvan, Gelomyrtol** (zum Schleimlösen)

Reisekrankheit
- **Superpep Kaugummis, Vomex**

Sonnenschutz mit UVA- und UVB-Filter
- **Ladival** Milch oder Gel, **Ilrido** ultra Milch
- **Sonnenschutzstift** für die Lippen

Die relativ seltene **Amöbenmeningitis** ist eine weitere Gefahr, die vom Wasser ausgeht. Man kann sie sich in heißen Thermalquellen zuziehen. Während man in kommerziell genutzten Bädern zumeist auf der sicheren Seite ist, sollte man in von Erde umgebenen Naturbecken zur Sicherheit seinen Kopf über Wasser halten. Die Amöbe dringt durch Nase oder Ohren in den Körper ein und nistet sich dann im Hirn ein. Wochen später verursacht sie starke Kopfschmerzen, Nackensteifheit, Überempfindlichkeit gegen Licht und führt schließlich zum Koma. Wer unter einem dieser Symptome leidet, sollte unverzüglich einen Arzt aufsuchen.

Neuseelands Tierwelt ist erstaunlich harmlos. Es gibt keine Schlangen, Skorpione oder andere tückische Tierchen und nur ein paar giftige **Spinnen**, die sich allerdings selten zeigen. Seit Jahren ist niemand mehr an einem Spinnenbiss gestorben, doch falls sich nach einem Biss eine auffällige Reaktion einstellen sollte, ist unbedingt ein Arzt oder das nächste Krankenhaus aufzusuchen, wo ein Gegenmittel verabreicht wird. Auch Angriffe von **Haien** sind selten – es ist wahrscheinlicher, dass man von einer starken Strömung erfasst wird als vom Weißen Hai. Trotzdem sollte man beim Schwimmen örtliche Warnungen beachten.

Ein wesentlich größeres Problem stellen **Moskitos** und **Sandfliegen** dar, die äußerst lästig, aber im Allgemeinen nicht gesundheitsgefährdend sind. Die Westküste der Südinsel wird im Sommer am stärksten von den bissigen Tierchen geplagt, sie sind jedoch in geringerer Zahl auch an vielen anderen Orten im Land anzutreffen. Bei großzügiger Anwendung eines Insektenschutzmittels hält man sie sich, zumindest vorübergehend, vom Leibe.

Erdbeben

Neuseeland wird regelmäßig von Erdbeben erschüttert, jedoch sind sie meist harmlos. Bebt die Erde doch einmal stärker, sollte man sich

Eine starke Brandung umspült die neuseeländischen Küsten, und selbst geübte Schwimmer kommen trotz scheinbar guter Bedingungen gelegentlich in brenzlige Situationen. In der Ferienhochsaison von Weihnachten bis Ende Januar werden die beliebtesten Strände jeden Tag von etwa 10 bis 17 Uhr überwacht, im restlichen Sommer (November bis Ostern) am Wochenende. Die Rettungsschwimmer stecken am Strand mit zwei rot-gelben Flaggen einen Abschnitt ab, den sie dann überwachen. Folglich sollte man sich im Wasser immer zwischen diesen beiden Flaggen aufhalten!

Bevor man ins Wasser geht ist es ratsam, andere Badende zu beobachten, um zu sehen, ob sie durch eine starke **Küstenströmung** oder Brandungsrückströmung am Strand entlang getrieben werden. Wenn die Brandung Richtung Meer zurückweicht, entsteht eine Art Fluss mit relativ ruhigem, aber strudelreichem Wasser. Zunächst in relativ seichtem Wasser die Kraft der Wellen und der Strömung testen und durch einen Blick zurück zum Handtuch prüfen, wie weit man an der Küste abgedriftet ist. An Brandungsstränden stößt man manchmal urplötzlich auf **Sandbänke**. Genauso schnell kann man auch den Boden unter den Füßen verlieren, wenn man sich von einer Sandbank entfernt. Wer sich auf einem **Boogieboard** treiben lässt, kann ebenfalls rasch abgetrieben werden; daher nie ohne Schwimmflossen auf dem Wasser unterwegs sein.

Wer in **Schwierigkeiten** ist, sollte möglichst nicht in Panik geraten, einen Arm heben und probieren durch Rufen die Aufmerksamkeit anderer Schwimmer oder der Rettungsschwimmer auf sich zu lenken. Außerdem sollte man nicht gegen die Strömung ankämpfen, sondern versuchen, sie zu überschwimmen, oder sich hinaustreiben lassen. Etwa 100 bis 200 m vor der Küste lässt die Strömung oft nach, sodass man von ihr wegschwimmen und sich dann von der Brandung zurück zur Küste treiben lassen kann.

Wer sich retten lassen muss, sollte sich mit einer großzügigen Spende revanchieren. Rettungsschwimmer sind engagierte Freiwillige, denen es oft an guter Ausrüstung mangelt.

---

am besten in einen Türrahmen stellen oder unter einen Tisch kriechen.

Hält man sich gerade im Freien auf, sollte man versuchen, in einem Gebäude Schutz zu suchen; ist dies nicht möglich, hält man sich von Bäumen und Felsvorsprüngen fern, um nicht durch herabfallende Äste oder Steine verletzt zu werden.

Informationen

Fremdenverkehrsämter

Neuseeland wirbt im Ausland über **Tourism New Zealand**, 🖥 www.newzealand.com, um Touristen. Viele Touristeninformationen sowie einige Cafés, Bars und Jugendherbergen verfügen über einen Vorrat an kostenlosen, auf Rucksackreisende ausgerichteten **Zeitungen und Zeitschriften**, die normalerweise voller Werbeanzeigen, aber trotzdem informativ sind. Das beste dieser Blätter ist wahrscheinlich *TNT,* 🖥 www.tntdownunder.com.

Jeder größere Ort besitzt ein offizielles **i-SITE Visitor Centre**. Mitunter läuft dort ein Video über die Gegend. Die Mitarbeiter sind hilfsbereit und kompetent. Sie händigen nicht nur Stadtpläne und Broschüren aus, sondern reservieren auch kostenlos Unterkünfte, Ausflüge und andere Aktivitäten sowie Transportmittel für die Weiterreise, aber nur mit Veranstaltern, die dort registriert sind. Einige kleinere Veranstalter ziehen es vor, sich nicht registrieren zu lassen. Trotzdem haben sie oft interessante Angebote; wir weisen an den jeweiligen Stellen im Buch auf sie hin.

In den Touristengegenden stößt man daneben auf alle möglichen Einrichtungen, die sich als **unabhängige Informationszentren** ausgeben und üblicherweise einem weiteren Zweck dienen – normalerweise werben sie für Veranstalter von Abenteueraktivitäten. Diese Stellen können hilfreich sein, aber man sollte immer im Hinterkopf haben, dass sie möglicherweise nicht wirklich unabhängig sind.

Weitere nützliche Informationsquellen sind die Büros und Feldforschungszentren des **Department of Conservation** (DOC), 🖥 www.doc. govt.nz, die sich normalerweise in der Nähe von Naturschutzgebieten und beliebten Wanderrouten befinden und manchmal zugleich als örtliche Touristeninformation fungieren. Sie sind äußerst hilfreich und mit Wettervorhersagen, Registrierungsformularen und Karten bestens auf die Bedürfnisse von Wanderern eingestellt; vielerorts sind in den Zentren außerdem historische und/ oder ökologische Schautafeln sowie audiovisuelle Ausstellungen zu sehen. Die Website des DOC ist eine Fundgrube an Informationen über Umweltfragen und aktuelle Naturschutzbelange, Nationalparks und die großen Wanderrouten (Great Walks).

Landkarten und GPS

Größere Buchläden haben ein passables Angebot an **Landkarten**, z. B. die wasserfeste doppelseitige Faltkarte von Rough Guides im Maßstab 1:1 000 000, die einen guten Eindruck der landschaftlichen Beschaffenheit Neuseelands vermittelt.

Straßenatlanten sind u. a. an Tankstellen erhältlich; am detailliertesten sind die von Kiwi Pathfinder, die auch Sehenswürdigkeiten und den Straßenzustand verzeichnen. Interessant ist auch *A Driving Guide to Scenic New Zealand* ($38) mit praktischen Panoramakarten, die einen naturgetreuen Blick aufs Land erlauben. Viele Pkw- und Wohnmobilverleiher bieten auch **Navis**, gewöhnlich für $5–10 pro Tag.

Beim Wandern sind allerdings genauere Karten vonnöten. Für alle bekannteren Tracks gibt es mit Fotos illustrierte Karten aus der **Parkmap**-Reihe (etwa $19, erhältlich in DOC-Büros und Buchläden).

Die Karten Topo50 (1:50 000) und Topo250 (1:250 000) decken das gesamte Land ab und kosten jeweils $10.

Internet und E-Mail

Internetzugang bekommt man fast an jeder Ecke, obwohl die Verbindungen oft nicht Schwindel erregend schnell sind. Die meisten Touristeninformationen, Backpacker-Hostels, Motels und Campingplätze haben normalerweise internetfähige Computer mit Münzeinwurf (rund $6/Std.). Die meisten dieser Computer können Speicherkarten auslesen, verfügen über Kopfhörer und Webcams und bieten Programme wie Skype und iTunes. Teurere Unterkünfte verfügen oft über Computer zur kostenlosen Benutzung oder Internetzugang über den eigenen Laptop an. Besser ausgestattet und auch günstiger sind zumeist die überall in den Städten vorhandenen Internetcafés, die gewöhnlich $3–6 pro Stunde verlangen. Auch öffentliche Büchereien bieten Internetzugang, zum Teil sogar kostenlos.

Viele Campingplätze, Hostels, Motels und Hotels verfügen über einen WLAN-Hotspot, der mittels Kreditkarte oder über die Rezeption zugänglich ist. Die Kosten variieren zwischen vielleicht $10 für eine Stunde und $25 für 24 Stunden. Die besseren B&Bs und Hostels haben gewöhnlich kostenloses WLAN in allen Zimmern. Bei Anbietern wie Global Gossip, 🖥 www.globalgossip. com, und Zenbu, 🖥 www.zenbu.net.nz, kann man das erworbene Guthaben auch zu späteren Zeitpunkten verwenden. Die neuseeländische Telecom unterhält ein Netz mit mehreren hundert WLAN-Hotspots, z. B. bei Starbucks und anderen Caféketten, an Flughäfen, in Telecom-Läden und in einigen Büchereien. Die Kosten belaufen sich auf $10 für eine Stunde oder 120 Mb. Man bezahlt nur die verbrauchten Minuten.

Jobben in Neuseeland

Viele Neuseeland-Reisende stellen irgendwann fest, dass sie vielleicht ein bisschen länger bleiben wollen. Wer dann finanziell nicht gerade auf Rosen gebettet ist, muss sich wohl oder übel nach einem Job umsehen. Durch einen solchen Gelegenheitsjob wird man sicher nicht reich, jedoch lassen sich so durchaus die Löcher in der Reisekasse stopfen. Gelegenheitsjobs finden sich zumeist in der Tourismusbranche und in Obstanbaugebieten.

In den letzten Jahren ist die Arbeitslosigkeit im Land relativ gering gewesen, sodass man mit den nötigen Papieren ausgestattet ziemlich leicht einen Gelegenheitsjob findet. Für Leute mit den entsprechenden Fähigkeiten sollte auch eine besser bezahlte zeitlich befristete Arbeitsstelle im Bereich des Möglichen liegen. Am besten wendet man sich an die Arbeitsvermittlung oder schaut in Jobbörsen wie 🖥 search4jobs. co.nz und den Stellenangebotsteil von 🖥 www. trademe.co.nz rein.

Der Mindestlohn für offiziell Beschäftigte über 16 Jahren (mit Ausnahme von 16- oder 17-jährigen Jobanfängern oder Auszubildenden) liegt bei $12,50 pro Stunde. Wer sich nicht mit der neuseeländischen Bürokratie beschäftigen möchte (ein Besuchervisum erlaubt keine Arbeitsaufnahme), kann einfach irgendwo gegen **Kost und Logis** jobben, was allerdings offiziell ebenfalls als Arbeitsaufnahme gilt. Dabei wechselt kein Geld den Besitzer, aber für vier bis sechs Stunden Arbeit täglich erhält man eine kostenlose Schlafstatt und Verpflegung, was eine beliebte und billige Art ist, das Land kennen zu lernen.

Farm Helpers in New Zealand (FHiNZ), 🖥 www.fhinz.co.nz, organisiert Aufenthalte bei Farmen, Obstgütern und Großgärtnereien für Singles, Paare und Familien; Erfahrung wird keine benötigt. FHiNZ verfügt insgesamt über fast 200 Adressen, aufgelistet in einer übers Internet erhältlichen Broschüre ($25), mit Unterkünften, die von schlicht zu recht komfortabel reichen.

Willing Workers on Organic Farms (WWOOF), 🖥 www.wwoof.co.nz, listet in ihrem Führer (Online-Zugang $40, in gedruckter Form $50, inkl. Mitgliedschaft für 1 oder 2 Pers.) über 1000 Anlaufstellen – insbesondere Bauernhöfe, aber auch Obstgüter, Handelsgärtnereien und weitgehend autark lebende Kleinbauern – auf, alle mehr oder weniger an biodynamischer Anbauweise orientiert. Ein Mindestaufenthalt von fünf Nächten wird erwartet, üblicherweise bleibt man jedoch länger. Die Interessenten wenden sich direkt an den jeweiligen Gastgeber (am besten mindestens eine Woche im Voraus).

Da es auch hier schwarze Schafe gibt, die die billigen Arbeitskräfte ausnutzen, sollte man sich bereits am Telefon nach den Erwartungen erkundigen. Die Eigentümer werden zwar überprüft, aber besonders **allein reisende Frauen** sollten sich lieber an einen Familienbetrieb wenden. Andere Organisationen bieten zum Teil weniger garantierte Rechte, auch wenn es sich vielfach um absolut seriöse Unternehmen handelt.

Eine ähnliche Organisation ist **Help Exchange**, 🖥 www.helpx.net, die im Internet regelmäßig aktualisierte Listen von Farmen, Homestays, B&Bs, Hostels und Lodges veröffentlichen, die eine zusätzliche Hilfe benötigen. Auch hier bekommt man im Gegenzug Kost und Logis. Die kostenlose Registrierung erfolgt online, die Buchung direkt bei der angegebenen Adresse.

Für Leute im Alter von 18 bis 30 Jahren bietet das **Working Holiday Scheme** (WHS) die einfachste Möglichkeit, legal in Neuseeland zu arbeiten. Damit erhält man eine auf 12 Monate befristete Arbeitserlaubnis. Deutsche können in unbegrenzter Zahl von dieser Möglichkeit Gebrauch machen. Für den Antrag, der $120 kostet, benötigt man einen Pass und ein Ticket für den Weiterflug von Neuseeland (oder die finanziellen Mittel dafür). Und man muss nachweisen, dass man sich in der Zeit des Aufenthalts finanziell über Wasser halten kann ($350 pro Monat).

Wer dann später in Neuseeland die Bescheinigung vorlegt, dass er mindestens drei Monate im Bereich Garten- oder Weinbau gearbeitet hat, kann eine Verlängerung des Aufenthalts beantragen, die **Working Holidaymaker Extension** (WHE). Anträge sind zu richten an Immigration New Zealand, ✆ 09/914 4100, 🖥 www. immigration.govt.nz; die entsprechenden Formulare sind von der Website herunterladbar.

Wer schon in Neuseeland ist und über 18 Jahre alt (keine Obergrenze) ist, kann bei Immigration New Zealand eine **Variation of Conditions** (VOC) beantragen, um dann sechs Wochen lang im Garten- oder Weinbau arbeiten zu können. Außerdem gibt es zur Behebung von Arbeitskräftemängeln in bestimmten Gebieten des Landes für Leute, die schon im Land sind, das Programm **Supplementary Seasonal Employer** (SSE). Von außerhalb des Landes ist die **Recognized Seasonal Employer Policy** (RSE) von Interesse – Näheres beim Immigration Service.

Wer legal in Neuseeland beschäftigt ist, muss beim Inland Revenue Department, 🖳 www.ird.govt.nz, eine **Steuernummer** beantragen. Das kann zwar bis zu zehn Tagen dauern, aber man darf während der Wartezeit schon arbeiten. Je nach Einkommen liegt der Einkommensteuersatz bei 14,2 bis 39,7 %. Viele Arbeitgeber überweisen den Lohn nur auf ein **Bankkonto**, das man also u. U. eröffnen muss.

Gelegenheitsarbeit

Einer der wichtigsten Bereiche für Gelegenheitsjobs sind die **Obsternte** und damit verbundene Arbeiten in Obstanbaugebieten wie Verpacken und das Beschneiden oder Ausdünnen von Bäumen und Sträuchern. Die Hauptanbaugebiete sind Kerikeri an der Bay of Islands für Zitrusfrüchte und Kiwis, Hastings an der Hawke's Bay für Äpfel, Birnen und Pfirsiche, Tauranga und Te Puke für Kiwis und Alexandra und Cromwell in Central Otago für Steinobst. Die meisten Jobs gibt es während der **Erntezeit** (etwa von Januar bis Mai), aber teilweise ist auch außerhalb dieser Zeit problemlos Arbeit zu bekommen. In den wichtigsten Gebieten für Saisonarbeiter sind einige Hostels speziell auf diese Art von Gästen eingestellt, und hier bekommt man auch die besten Informationen über die Jobszene.

Die Obsternte kann eine körperlich anstrengende Arbeit sein, die normalerweise nach der geernteten Menge bezahlt wird. Packarbeiten werden dagegen meist auf Stundenbasis honoriert. **Informationen** über die Arbeit als Erntehelfer bieten die Webseiten 🖳 www.seasonalwork.co.nz, 🖳 pickapicker.net, 🖳 www.picknz.co.nz und 🖳 www.job.co.nz.

Freiwillige Arbeit

Das **Conservation Volunteer Programme** des Department of Conservation, 🖳 www.doc.govt.nz, ist eine tolle Möglichkeit, einige Zeit im neuseeländischen Wald zu verbringen und gleichzeitig etwas Positives für die Umwelt zu leisten. Oft gelangt man dabei in Gebiete, in die man als normaler Reisender nicht vordringt, und lernt dabei

auch noch neue Fertigkeiten. Zu den möglichen Projekten zählen Fledermausstudien, Kiwi-Beobachtung und -Nestkontrolle sowie handfestere Aufgaben wie Weg- und Hütteninstandsetzung und Baumpflanzung. Man kann nur einen Tag lang oder aber bis zu zwei Wochen mitarbeiten; manchmal ist für Verpflegung und Transport ein kleiner Betrag ($50–200) zu zahlen. Antragsformulare gibt es auf der Website. Diese Projekte sind sehr beliebt und die Arbeitsplätze oft schnell ausgebucht, sodass man sich am besten vor der Ankunft in Neuseeland einen Platz sichert.

Kinder

Neuseeland ist ein kinderfreundliches Land. Fremde Kinder werden zwar nicht ganz so verhätschelt wie in einigen Mittelmeerländern, aber Reisende mit Nachwuchs finden im Allgemeinen weit geöffnete Türen vor. Der lange Flug und die damit verbundene Zeitverschiebung stellen meistens den größten Stressfaktor dar. In den meisten Fällen zahlt es sich aus, die Reise in Etappen zu gestalten oder zumindest darauf zu achten, dass die Airline möglichst viele Angebote zur Unterhaltung ihrer kleinen Fluggäste im Angebot hat

Die **Unterkunft** in Neuseeland stellt kein Problem dar. Fast alle Motels und Hostels haben Familienzimmer, und Holiday Parks (Campingplätze) bieten in der Regel Units für Selbstversorger an, in denen die ganze Familie Platz findet. Die besseren haben auch Kinderspielplätze und einen Pool.

Wer nach Unabhängigkeit strebt, kann sich ein mittelgroßes **Wohnmobil** mieten, das es auch mit Dusche und Toilette gibt. Der Nachteil: Man hockt immer eng aufeinander.

Unterwegs gibt es in den meisten Städten und an allen touristischen Orten **öffentliche Toiletten**, die im Allgemeinen hygienisch einwandfrei sind.

Ältere Kids können auch an **Abenteueraktivitäten** teilnehmen, für die allerdings oft Beschränkungen gelten. Bungy-Veranstalter lassen Kinder in der Regel ab zehn Jahren springen, bei größeren Höhen manchmal auch erst ab elf oder zwölf. Rafting ist normalerweise ab 12 Jahren möglich, es werden aber nicht viele auf Familien zugeschnittene Touren angeboten. Ähnliche Einschränkungen gelten auch für andere Aktivitäten und können bei der Buchung erfragt werden. **Familientickets** kosten meistens so viel wie die Karten für zwei Erwachsene und ein Kind, lohnen sich also erst ab zwei oder mehr Kindern.

In Cafés und **Restaurants** sind Kinder normalerweise willkommen. Die meisten geben sich Mühe, auch ihre kleinen Gäste ordentlich zu bewirten.

Maße und Elektrizität

In Neuseeland gilt das metrische System: Entfernungen werden in Kilometern angegeben; Benzin kauft man pro Liter und Lebensmittel pro Kilo. In Neuseeland liegt die Spannung mit 230–240 Volt etwas höher als bei uns, was Elektrogeräten normalerweise keine Probleme bereitet. Die Stecker haben allerdings drei flache Stifte, deshalb wird ein Adapter benötigt. Er ist vor Ort oder an vielen internationalen Flughäfen erhältlich.

Medien

Für ein Land mit nur 4 Mio. Einwohnern wartet Neuseeland mit einer lebendigen Medienszene auf. Auckland behauptet von sich, über mehr Rundfunkstationen pro Kopf als jede andere Stadt der Welt zu verfügen, und in den Zeitschriftenläden finden sich jede Menge neuseeländische Wochen- und Monatsjournale. Die Qualität der Berichterstattung lässt zuweilen etwas zu wünschen übrig, aber zumeist erweist sich Neuseeland als gut informiertes Land. Ein guter Startpunkt im Internet ist ☐ www.publicaddress. net, die wichtigste neuseeländische Blogsite, wo es immer etwas Interessantes gibt.

Fernsehen

Die Neuseeländer empfangen fünf größere kostenlose Fernsehsender, einige Lokalsender und Sky TV, das es auch in den meisten Motels gibt. Viele Reisende beschweren sich über den niedrigen Standard. In der Tat sind die meisten Sendungen zu den besten Sendezeiten eindeutig populistisch ausgerichtet, aber es gibt auch Gutes – man muss es nur finden.

Der größte Sender ist das staatliche TVNZ, das zwei mit Werbeunterbrechungen überfrachtete Kanäle betreibt. TV ONE bietet etwas ältere und vielleicht informativere Programme, TV2 präsentiert sich jünger und unterhaltungsorientierter. In der Praxis mischt sich das Ganze zumeist, und auf beiden Kanälen gibt es Landesnachrichten, politische Informationen, Sport, Fernsehfilme, Krimis und Unterhaltung sowie massenhaft amerikanische, britische und australische Serien.

Hauptkonkurrenten sind TV3, das etwas zwischen TV ONE und TV2 anzusiedeln ist, und das von Sky TV unterstützte Prime, das oft originellere Sendungen bietet. Außerdem gibt es seit 2004 noch Maori TV, das vom Staat subventioniert wird, aber auch Werbung sendet. Die auf Maori und Englisch ausgestrahlten Programme sollen der Förderung der Sprache und Kultur der Maori dienen. Jedoch handelt es sich bei dem Sender nicht um langweiliges Bildungsfernsehen. Neben guten Filmen gibt es z. B.

Maori-Kochsendungen, Lifestyle-Sendungen, Sitcoms und Nachrichten und Sportberichterstattung aus Sicht der Maori – alles durchaus einen Blick wert.

Rundfunk

Neuseeland verfügt nur über wenige landesweite Rundfunksender. Allerdings sind einige kommerzielle Sender im ganzen Land zu empfangen, und nur die Werbung ist dann regional. Auf den angegebenen Websites können die Sender im Internet gehört werden.

Politische Informationen und fundierte Berichte über Kunst und Musik liefert der staatlich finanzierte Sender Radio New Zealand National (101,0–101,6 FM; 🖳 www.radionz.co.nz), in Deutschland vergleichbar mit dem Deutschlandfunk. Radio New Zealand Concert (89–100 FM) bringt vor allem klassische Musik.

Obwohl oft von Amateuren betrieben, haben studentische Radiosender oft ein sehr gutes und abwechslungsreiches Programm, jedoch nur in der jeweiligen Unistadt: in Auckland bFM (95,0; 🖳 www.95bfm.co.nz), in Wellington Active (89,0; 🖳 www.radioactive.co.nz), in Christchurch RDU (98,5; 🖳 www.rdu.org.nz) und in Dunedin Radio One (91,0; 🖳 www.r1.co.nz).

Ansonsten wird der Äther von den kommerziellen Sendern verstopft. Am interessantesten ist vielleicht noch KiwiFM (102,1–102,5; 🖳 www.kiwifm.co.nz) mit einem rein neuseeländischen Musikprogramm, das in Auckland, Wellington und Canterbury zu empfangen ist.

Printmedien

Neuseeland hat keine überregionale Tageszeitung, stattdessen vier größere regionale Zeitungen, die alle montags bis samstags erscheinen, sowie zahlreiche kleinere Lokalblätter. Sie sind allesamt politisch eher neutral eingestellt. Die Nordinsel teilen sich der Aucklander New Zealand Herald, 🖳 www.nzherald.co.nz, und die Wellingtoner Dominion Post, 🖳 www.dompost.co.nz; auf der Südinsel deckt The Press, 🖳 www.stuff.co.nz, Christchurch und Umgebung ab und die

Otago Daily Times, 🖳 www.odt.co.nz, den tiefen Süden des Landes. Alle bringen Nachrichten aus Neuseeland und dem Ausland, Sport und Kultur, wobei viel Material von den Nachrichtenagenturen und großen britischen und amerikanischen Zeitungen stammt. Sonntags erscheinen das Boulevardblatt Sunday News, die bessere Sunday Star-Times und in Auckland der Herald on Sunday.

Den neuseeländischen Journalisten wird wenig Raum für fantasievollen und investigativen Journalismus gegeben. Diese Lücke zu füllen versucht teilweise die vielfältige Themen abdeckende, leicht linksgerichtete Wochenzeitschrift Listener, 🖳 www.listener.co.nz. Mit Artikeln zu Politik, Kultur, den Medien, Literatur, Wissenschaft, Reisen usw. ermöglicht das Magazin vielleicht den besten Einblick in die aktuelle neuseeländische Szene.

Längere Artikel erscheinen in der Zeitschrift North and South. Wer sich vor allem über das Treiben der Aucklander informieren möchte, sollte einen Blick ins Hochglanzmagazin Metro werfen. Daneben gibt es noch eine Reihe Zeitschriften zu bestimmten Themen; Wilderness, 🖳 www.wildernessmag.co.nz, publiziert Artikel zum Wandern, Kajakfahren, Klettern und Mountainbiking; Real Groove ist das beste allgemeine Musikmagazin.

Die zweimonatlich erscheinende Zeitschrift Mana, 🖳 www.manaonline.co.nz, preist sich als „Maori-Nachrichtenmagazin für alle Neuseeländer" an und gewährt einen Einblick in eine Parallelwelt, die von den Mainstream-Medien oft völlig vernachlässigt wird. Die Artikel sind zwar auf Englisch geschrieben, aber mit Maori-Wörtern und -Begriffen durchsetzt, was die Lektüre zumindest zu Anfang etwas schwierig macht; als Hilfe gibt es hinten im Heft ein Glossar.

Öffnungszeiten

In größeren Städten und Touristenzentren werden die Öffnungszeiten locker gehandhabt: Cafés, Bars und Supermärkte sind bis spät abends geöffnet, viele andere Geschäfte ebenfalls auch abends. In ländlichen Gegenden gelten dagegen die klassischen Öffnungszeiten: Mo–Fr 9–17.30, Sa 9–12 Uhr. Auf Touristen abzielende Läden sind jedoch täglich bis 20 Uhr geöffnet.

Eine zunehmende Anzahl von **Supermärkten** (zumindest einer in bzw. nahe einer größeren Stadt) hat täglich rund um die Uhr geöffnet und kleine Tante Emma-Läden (*dairies, corner shops* oder *convenience stores* genannt) schließen erst spät am Abend und sind auch sonntags offen. **Museen** und andere **Sehenswürdigkeiten** öffnen üblicherweise gegen 9 Uhr, was jedoch nicht für ländliche Gebiete gilt, wo sie häufig nur am Nachmittag und/oder an speziellen Tagen ihre Pforten öffnen.

Allgemeine Feier- und Festtage sind auf S. 52 aufgeführt.

Post

NZ Post, 🖥 www.nzpost.com, ist für die zuverlässige neuseeländische Post verantwortlich. In den Postämtern, den sogenannten PostShops (🕐 Mo–Fr 8.30–17 Uhr, in einigen größeren Städten zusätzlich Sa 9 oder 10–12 oder 13 Uhr) sind Briefmarken, Postkarten, Umschläge, Verpackungsmaterial und mehr erhältlich. Briefkästen in Rot-Silber stehen vor den Postämtern und an Straßenecken und werden täglich geleert.

Innerhalb von Neuseeland gibt es zwei Zustellarten: **Standard** (je nach Größe $0,50 oder $1) – Auslieferung in 2–3 Tagen; und **FastPost** ($1 oder $1,50) – Auslieferung innerhalb von einem oder zwei Tagen.

Internationale Luftpost benötigt 3–6 Tage nach Australien ($1,80) und 6–12 Tage nach Europa, Asien oder in die USA ($2,30). Postkarten kosten weltweit $1,80. **Pakete** zu versenden ist ziemlich teuer, denn die Zustellung auf dem Land- oder Seeweg ist passé, und mit dem Economy-Angebot spart man nur 15 % bei erheblich längerer Beförderungszeit. Es besteht die Auswahl zwischen Airmail (1 kg nach Australien kostet $14, in die USA $29, nach Europa $32, Dauer ca. eine Woche) oder Economy (1 kg nach Australien $12, in die USA $25, nach Europa $27, Dauer 2–5 Wochen).

In jeder größeren Stadt gibt es einen Post-Shop, der einen **Poste-Restante-Service** anbietet, d. h. Postsendungen empfängt und bis zu drei Monate lang aufbewahrt (danach geht sie an den Absender zurück). Die Adressen sind in den entsprechenden Kapiteln hier im Buch aufgeführt. Einen Postlagerservice bieten auch viele **Hostels** und **Hotels** an, bevorzugt mit dem Ankunftsdatum des Adressaten auf dem Umschlag.

Neben NZ Post existiert noch ein unabhängiges Postunternahmen, Universal Mail, 🖥 www.universalmail.co.nz, das nur internationale Post befördert und über blaue Briefkästen verfügt. Universal ist zwar billiger als NZ Post, aber die Beförderung soll teilweise recht lange dauern.

Reisende mit Behinderungen

Im Allgemeinen ist Neuseeland behindertenfreundlich. Viele öffentliche Gebäude, Galerien und Museen sind barrierefrei, und viele Veranstalter tun ihr Möglichstes, um Menschen mit Behinderungen die Teilnahme an Aktivitäten wie Schwimmen mit Delphinen oder Robben zu ermöglichen. Restaurants und öffentliche Nahverkehrsmittel hingegen sind weniger auf Behinderte eingestellt.

Reiseplanung

Ein guter Startpunkt ist die Website von Tourism New Zealand, 🖥 www.newzealand.com, die nützliche Links für Reisende mit Behinderungen bereithält. Außerdem gibt es organisierte Touren und Ferien speziell für Reisende mit Behinderungen – die unten aufgeführten Adressen können Spezialisten für Neuseelandreisen vermitteln. Wenn man unabhängiger sein möchte, sollte man Reiseagenturen, Versicherungen und Reisebegleitern gegenüber hinsichtlich der eigenen Grenzen offen sein. Wer nicht lange laufen kann, sollte bedenken, dass auf der Reise vermutlich größere Abschnitte zu bewältigen sein werden, oft auf unebenem Gelände.

Das Kleingedruckte im Reisekrankenversicherungsvertrag sorgfältig lesen, um sicher zu stellen, dass Menschen mit Behinderung nicht ausgeschlossen sind. Die Reiseagentur kann dafür sorgen, dass die Reise erleichtert wird: Fluggesellschaften und Busunternehmen können mehr tun, wenn sie auf den behinderten Gast vorbereitet sind, z. B. am Flughafen einen Rollstuhl und Extra-Personal bereitstellen. Ein **medizinisches Gutachten** vom Arzt über die eigene Reisetauglichkeit ist äußerst hilfreich; einige Fluggesellschaften und Versicherungen bestehen darauf.

Unterkünfte

Jedes neu errichtete Hotel, Hostel oder Motel muss mindestens ein Zimmer behindertengerecht ausstatten. Auch viele bereits bestehende Unterkünfte haben Zimmer für entsprechende Bedürfnisse umgestaltet, darunter die meisten Jugendherbergen der YHA, einige Motels, Campingplätze und größere Hotels. Bei älteren Gebäuden, Homestays und B&Bs ist am wenigsten mit derartigen Umbauten zu rechnen.

Eine Liste mit behindertenfreundlichen Unterkünften findet man im Internet unter 🖳 www.accomobility.co.nz.

Transport

Nur wenige Fluggesellschaften, Züge, Fähren und Busse gewähren vollständige Unabhängigkeit. Air New Zealand bietet auf Auslands-, jedoch nicht auf Inlandsflügen einen Rollstuhl, der schmal genug ist, um damit im **Flugzeug** herumzufahren. Die hinteren Toiletten sind größer als die anderen, um Rollstuhlfahrern den Zugang zu erleichtern.

Andere inländische Fluggesellschaften haben schlechtere Einrichtungen für Behinderte. Die Interislander-**Fähren** über die Cook Strait sind für behinderte Reisende einigermaßen zugänglich; das Personal hilft bei Bedarf beim Einsteigen, und es gibt umgebaute Toiletten.

Bei vorheriger Ankündigung stellt die **Bahn** Mitarbeiter bereit, die Rollstuhlfahrern oder Sehbehinderten in den Zug helfen, es ist jedoch nicht möglich, in einem herkömmlichen Rollstuhl im Zug herumzufahren und Behindertentoiletten sind nicht vorhanden. Bei Reisen in **Fernbussen** gibt es ähnliche Probleme.

In den Städten stehen einige auf Rollstuhlfahrer ausgerichtete **Taxis** zur Verfügung, die im Voraus gebucht werden müssen. Sonst helfen Taxifahrer dem behinderten Fahrgast auf den Sitz und transportieren den Rollstuhl im Kofferraum.

Kontakte in Neuseeland

Access Tourism NZ, 🖳 www.accesstourismnz. org.nz. Interessante Lobbyseite für Reisende mit Behinderungen.
Disability Resource Centre, 14 Erson Ave, Royal Oak, Auckland, ☎ 09/625 8069, 🖳 wwww.disabilityresource.org.nz. Allgemeine Hilfestellungen.
DPA, 4. Stock, 173-175 Victoria St, Wellington, ☎ 04/801 9100, 🖳 www.dpa.org.nz. Hilfszentrum mit nützlichen Links auf der Website.
Enable New Zealand, ☎ 0800/171 981, 🖳 enable.co.nz. Hilfsorganisation für Menschen mit Behinderungen, nicht speziell für Reisende.
Galaxy Motors, ☎ 0800/864 252, 🖳 www.galaxyautos.co.nz. Firma in Auckland, die Mietautos für Menschen mit eingeschränkter Mobilität sowie individuelle Touren mit einem Führer, Begleiter oder Pfleger anbietet.
Ucan Tours, 8 Campbell St, Sumner, Christchurch, ☎ 03/326 7881, 🖳 www.ucantours.com. Gruppenreisen, individuelle Touren und Autoverleih.

Schwule und Lesben

Obwohl es besonders in ländlichen Gegenden noch immer Ressentiments gibt, leben Homosexuelle in Neuseeland weitgehend unbehelligt. 1986 wurde Homosexualität entkriminalisiert und die sexuelle Mündigkeit auf 16 Jahre heruntergesetzt (genau wie für Heterosexuelle). Es ist strafbar, Homosexuelle und Menschen mit AIDS zu diskriminieren (Letztere können daher auch ohne Einschränkung nach Neuseeland einreisen).

Homosexuelle müssen sich nicht in eigenen Vierteln verschanzen. Selbst in **Auckland** und **Wellington**, den einzigen beiden Städten mit einer lebendigen Schwulen- und Lesbenszene, gibt es keine ausgeprägten Homosexuellen-Viertel, und die meisten Bars und Clubs haben ein gemischtes Publikum. Am größten und aktivsten ist die Szene in Auckland, aber Wellington wirkt aufgrund seiner geringeren Größe zugänglicher und freundlicher. Kleine Schwulen- und Lesbengemeinden gibt es auch in Christchurch, Nelson und Queenstown.

Zu den wichtigsten **Veranstaltungen** für Schwule und Lesben zählt das **Vinegar Hill Summer Camp**, das jedes Jahr vom 2. Weihnachtstag bis kurz nach Neujahr 5 km nördlich der Kleinstadt Hunterville auf der Nordinsel stattfindet. Dort kommen ein paar hundert homosexuelle Männer und Frauen zum Zelten und Feiern zusammen. Eintritt wird nicht erhoben (das Zelten kostet ein paar Dollar), und es gibt auch kein warmes Wasser, aber durch das Gelände fließt ein Fluss, und alle haben jede Menge Spaß. Ende August findet in Queenstown die **Gay Ski Week**, 🖳 www.gayskiweeknz.com, statt, mit Skifahren am Coronet Peak am Freitagabend und Après-Ski-Veranstaltungen.

Publikationen

Express, 🖳 www.expresstoday.co.nz. Erscheint alle 14 Tage, kostenlos erhältlich in nahezu jeder Buchhandlung, in schwulenfreundlichen Cafés und Schwulen-Treffpunkten. Das Magazin ist die beste lokale Infoquelle.

Reiseinformationen und Websites

🖳 **www.adventureout.co.nz**. Organisiert Reisen für kleine Gruppen abenteuerlustiger schwuler Männer.

🖳 **www.gaynewzealand.com**. Lädt zu einer virtuellen Reise durch das Land mit zahlreichen Hinweisen für Lesben und Schwule ein.

🖳 **www.gaynz.net.nz**. Nützliche Website mit allen möglichen Informationen für homo-, bi- und transsexuelle Männer und Frauen, darunter auch die **Pink Pages** mit Hinweisen auf Veranstaltungen für Schwule im ganzen Land.

🖳 **www.gaytravel.net.nz**, ist ein schwullesbischer Online-Buchungsdienst für Unterkünfte, Transport etc.

🖳 **www.rainbowtourism.com**, ausgezeichnete Internetseite für schwule und lesbische Traveller in Neuseeland und Australien mit Informationen zu Unterkünften, Veranstaltungen, Clubs und Touren.

Sicherheit

Neuseelands Kriminalitätsrate ist vergleichbar mit der anderer „Erste-Welt"-Länder. Auch hier kursieren immer wieder irgendwelche Horrorgeschichten über Gewaltverbrechen in den Medien, doch zur Panik besteht kein Anlass. Solange man seinen gesunden Menschenverstand einsetzt und nicht unachtsam wird, nur weil man sich im Urlaub befindet, dürfte es keine Probleme geben.

Eine Portion Vorsicht ist in den schäbigeren Vierteln größerer Städte geboten, wo **allein reisende Frauen** bei Dunkelheit nicht ohne Begleitung herumspazieren sollten. Generell gilt: Je einsamer der Ort, desto weniger Hilfe kann man erwarten. Ein größeres Sicherheitsrisiko stellen die „**boy racer**" dar, die innerstädtische Straßen als Rennstrecken missbrauchen, wodurch schon Zuschauer und unbeteiligte Passanten zu Tode gekommen sind. Zwar versucht die Polizei das Problem in den Griff zu bekommen, man sollte jedoch spätabends in den Innenstädten auf der Hut sein.

Es kann nie schaden, sich gegen **Diebstahl**, besonders aus **Autos und Wohnmobilen**, zu schützen. Bei Stadtbesuchen sollte man seine Wertsachen nicht im Fahrzeug, sondern in der Unterkunft lassen, aber die Diebe haben es auch auf Fahrzeuge abgesehen, die an den Ausgangspunkten von Wanderwegen oder in der Nähe von Sehenswürdigkeiten stehen. Verständlicherweise üben **Wohnmobile** einen ganz besonderen Reiz aus, enthalten sie doch üblicherweise alle Besitztümer und stellen fast immer eine einträgliche Beute dar. Deshalb gilt: Sobald man das Auto verlässt, alle Wertsachen mitnehmen und Taschen außer Sichtweite packen.

Darüber hinaus kann man nicht viel mehr tun, außer vielleicht eine gute Versicherung abzuschließen. Wer auf eine Wanderung geht, sollte seinen Wagen für ein paar Dollar auf einem bewachten Parkplatz abstellen.

Polizei und Gesetz

Wie überall gibt es Fälle von Polizeikorruption und -gewalt, aber im Allgemeinen sind die Gesetzeshüter freundlich und hilfsbereit. Wer verhaftet wird, darf ein Telefongespräch führen und bekommt einen Pflichtverteidiger, sofern man sich keinen anderen Anwalt leisten kann. Es ist sehr unwahrscheinlich, dass das zuständige Konsulat Interesse an dem Fall zeigt, es sei denn, der Sachverhalt erweist sich als äußerst ungewöhnlich oder mit deutlichen Widersprüchen behaftet.

Die Gesetze bezüglich **Alkoholkonsums** in der Öffentlichkeit werden traditionell recht milde ausgelegt. Als Reaktion auf Randale haben jedoch einige Kommunen den öffentlichen Konsum von Alkohol gänzlich verboten. Im Allgemeinen wird jedoch niemand behelligt, wenn er am Strand ein Bier oder an einem Picknickplatz ein Glas Wein zu sich nimmt.

Bei **Trunkenheit am Steuer** lässt die Polizei aber nicht mit sich spaßen. Alkoholkontrollen sind weit verbreitet. Neuseeländisches **Marihuana** steht im Ruf, stark und leicht erhältlich zu sein. Der Besitz ist verboten. Gegen Besitzer größerer Mengen Rauschgift und gegen jegliche Verwicklungen mit **harten Drogen** gehen Polizei und Gerichte hart vor und verhängen lange Haftstrafen. In den neuseeländischen Medien wird immer wieder über den Kampf gegen die weit verbreitete Droge „P" (Methamphetamin) berichtet. Der Handel mit „P" wird weitgehend von Gangs kontrolliert.

Diskriminierung

Neuseeländer betrachten sich gern als tolerante, offene Menschen, und ausländische Besucher werden meist herzlich empfangen. Rassismus ist jedoch alles andere als unbekannt, wenngleich kaum mit offener Diskriminierung zu rechnen ist. Auch dürfte es nicht passieren, dass man aufgrund seiner Rasse, Hautfarbe oder seines Geschlechtes abgewiesen wird. Im schlimmsten Fall verstummen die Gespräche, wenn Frauen oder Fremde – im Grunde genommen alle, die nicht im Umkreis von 10 km wohnen – den Pub irgendeiner abgelegenen Gegend betreten. Doch sobald man ins Gespräch kommt, schmilzt das Eis.

Trotz Bemühungen, gute Beziehungen zwischen **Maori** und **Pakeha** (weiße Neuseeländer) aufrechtzuerhalten, gibt es latente Spannungen. Praktisch seit der Kolonisierung haben Maori eine schlechtere Ausbildung, verdienen weniger und zählen unverhältnismäßig viele Arbeitslose und Verhaftungen. Nur langsam werden ihnen Entschädigungen für die in der Vergangenheit erduldeten Qualen zuteil.

Die hohe Zahl von **Immigranten aus Ostasien** – insbesondere aus Hongkong, China und Taiwan – hat in jüngerer Zeit die Demografie in Auckland über den Haufen geworfen. Im Zentrum Aucklands gibt es außerdem mehrere englische Sprachschulen, die zumeist von asiatischen Studenten besucht werden. Das hat zur Folge, dass in einigen Stadtteilen (vor allem Downtown) etablierte Neuseeländer in der Minderheit sind – ein Umstand, den sowohl einige Maori als auch Pakeha als störend empfinden. Offenem Rassismus begegnet man kaum, aber eine gesunde Durchmischung ist ebenso selten zu verzeichnen.

Sport und Aktivitäten

Das Leben in Neuseeland wird bestimmt von „The Great Outdoors", und kein Besuch im Land wäre vollständig, ohne nicht einen großen Teil seiner Zeit in der freien Natur zu verbringen. Für Neuseeländer war es immer selbstverständlich, innerhalb weniger Minuten einen einsamen

Strand oder den „Busch" erreichen zu können, um ihn ungehindert zu durchstreifen. Diese Einstellung manifestiert sich in der einzigartigen Ansammlung von **National-** und **Meeresparks** sowie anderen **Schutzgebieten**, die vom **Department of Conservation** (DOC), 🖥 www.doc.govt.nz, verwaltet werden.

Wichtigste Aufgabe des DOC ist es, die fragile Ökologie zu schützen und gleichzeitig den Ansprüchen des Tourismus zu genügen – eine schwierige Aufgabe, die jedoch größtenteils hervorragend gemeistert wird: Es gibt ein ausgedehntes Netzwerk gut beschilderter Pfade, eine Menge Campingplätze und Hütten, informative Besucherzentren mit Ausstellungen zur örtlichen Geschichte, Flora und Fauna sowie exzellente Broschüren über die wichtigsten Wanderwege.

Die Gipfel der Southern Alps eignen sich in perfekter Weise zum **Bergsteigen** und **Skifah-**ren, während die tiefer gelegenen Hänge ideal für mehrtägige **Wanderungen** sind, auf denen man über nicht allzu hohe Pässe von Tal zu Tal – bewachsen mit subtropischem und gemäßigtem Regenwald – marschieren kann. Entlang den Küsten liegen geschützte Lagunen zum **Schwimmen** und **Bootfahren**, aber auch für **Surfer** gibt es genügend Strände, an die erstklassige Wellen branden.

Angesichts dieser natürlichen Gegebenheiten verwundert es kaum, dass sich Neuseeland selbst als Weltzentrum des **Abenteuersports** vermarktet. Überall im Land findet man Orte mit einem Angebot an **Bungy-Jumping**, **Rafting**, **Jetboating**, **Fallschirmspringen** (im Tandem), **Mountainbiking**, **Tauchen** etc. – in der Tat braucht man eigentlich nur einen Wunsch zu äußern und kann fast sicher gehen, dass alles zu seiner Erfüllung unternommen wird. Auch wenn Tausende von

Organisierte Touren

Neuseeland lässt sich problemlos auf eigene Faust bereisen. Wer jedoch in bestimmte Dinge einen tieferen Einblick gewinnen oder einfach nicht die ganze Zeit alleine unterwegs sein möchte, hat die Wahl zwischen den unterschiedlichsten Touren.

Wandern, Natur und Tierwelt
Active Earth, 🖥 www.activeearthnewzealand.com. Geeignet für durchschnittlich trainierte Menschen, die das „andere" Neuseeland kennenlernen möchten. Unterhaltsame und kundige Führer gehen mit kleinen Gruppen zum Wandern, Klettern und Campen in nahezu unberührte Gebiete der Nordinsel. Im Preis von $745 für fünf Nächte ist außer einem Beitrag fürs Essen und die Campinggebühren (insgesamt rund $25–35 tgl.) sowie außerplanmäßigen Abenteueraktivitäten alles inbegriffen.
Fiordland Ecology Holidays, 🖥 www.fiordland.gen.nz. Monate im Voraus ausgebuchte Touren im Doubtful, Dusky und Breaksea Sound und im Preservation Inlet mit Schnorcheln, Tauchen, Delphin- und Robbenbeobachtung (3 Tage, $1030). Alle Gewinne werden an Ökoprojekte abgeführt.

Hiking New Zealand, 🖥 www.hikingnewzealand.com. Das umweltbewusste Unternehmen veranstaltet eigene Touren, fungiert aber auch als Vermittler für mehrere ähnlich eingestellte Veranstalter und ist damit im ganzen Land präsent. Das vielfältige Angebot beinhaltet z. B. Wanderungen durch den äußersten Norden von Northland (6 Tage für $795) oder Bootstouren zu Neuseelands subantarktischen Inseln (9 Tage für $3212 plus $150 Landungsgebühr). Dazu kommt jeweils ein täglicher Camping- und Proviantbeitrag von $25–35.
Kiwi Wildlife Tours, 🖥 www.kiwi-wildlife.co.nz. Höherpreisige Vogelbeobachtungstouren unterschiedlicher Dauer in kleinen Gruppen (ungefähr $300 p. P. und Tag, Einzelzimmerzuschlag $50).
Kiwi Wildlife Walks, 🖥 www.nzwalk.com. Professionell geführte Wanderungen im Fiordland National Park und auf Stewart Island, wo man sich auf die Suche nach Kiwis macht (4 Tage, $1795).
Real Journeys, 🖥 www.realjourneys.co.nz. Verschiedene Touren, z. B. eine Fahrt mit der *Milford Wanderer* auf dem Doubtful Sound mit Übernachtung und Ausflügen per Kajak (ab $473).

Menschen Tag für Tag ohne Zwischenfall an diesen Aktivitäten teilnehmen, variiert die Qualität der **Ausbildung** der Führer sehr.

Das hat nichts damit zu tun, dass es für alle männlichen – und das sind sie fast alle – Guides offensichtlich eine Frage der Ehre ist, den Macho raushängen zu lassen und ihren Kunden so viel Angst wie möglich einzujagen. Diese Provokation sollte nicht mit mangelndem Sicherheitsbewusstsein verwechselt werden. Dennoch bleibt die Tatsache bestehen, dass die Medien in den letzten Jahren immer wieder über Verletzte und sogar Todesfälle berichtet haben – eine tragische Situation, der man mit einem allgemein anerkannten Ausbildungsstandard und internen Sicherheitskursen zu begegnen versucht. Bevor man sich auf eine Abenteuersportart einlässt, gilt es die eigene Versicherung zu überprüfen (s. S. 98).

Wandern

Einer der Hauptgründe für einen Besuch in Neuseeland ist für viele ausgedehntes Wandern – ob man es nun *tramping, trekking, bushwalking* oder *hiking* nennt, hinter allem steckt die gleiche Idee: Die unglaubliche und vielfältige Natur des Landes unverfälscht zu erleben.

Unter *tramps* versteht man üblicherweise mehrtägige Wanderungen, die gut erkennbaren Wegen durch relativ unberührte Wildnis folgen, oft in einem der unzähligen Nationalparks des Landes. Unterwegs übernachtet man entweder im eigenen Zelt oder in Hütten, schleppt seine Ausrüstung im Rucksack mit und benötigt daher ein gewisses Maß an **Fitness**.

Wem das zu anspruchsvoll erscheint, der kann sich einer der **geführten Touren** anschließen, bei denen man zumeist in etwas komfor-

Ruggedy Range, ⌨ www.ruggedyrange.com. Auf Stewart Island ansässiges Unternehmen mit unterhaltsamen Ausflügen zur Tierbeobachtung auf Ulva Island und an der Masons Bay (ab 1 Tag und 1 Nacht, $425).

Rad-, Reit- und Kajaktouren

Adventure South, ⌨ www.advsouth.co.nz. Umweltbewusste Agentur, die Fahrradtouren sowie Exkursionen mit verschiedenen Aktivitäten auf der Südinsel anbietet, bei denen man in stilvollen Lodges oder in Wanderhütten übernachtet. Unter anderem gibt es eine 21-tägige Radtour über die Südinsel ($9265). Bei allen Touren ist ein Einzelzimmerzuschlag zu zahlen.

Alpine Horse Safaris, Waitohi Downs, ⌨ www.alpinehorse.co.nz. Treks für erfahrene Reiter einschließlich Verpflegung und Unterkunft entlang alter Goldgräberpfade abseits der Zivilisation oder zumindest abseits der Straßen (4 Tage, $1160).

Cycle Touring Company, ⌨ www.cycletours.co.nz. Auf die Bedürfnisse der Kunden zugeschnittene geführte oder nicht geführte Touren im Northland. Im Angebot sind mehrere Routen zwischen zwei und 21 Tagen, wobei das Gepäck

auf Wunsch transportiert und in Lodges, Homestays oder billigeren Backpackers übernachtet wird. Eine Tour mit 7 Übernachtungen, aber ohne Gepäckbeförderung kostet etwa $2433.

New Zealand Sea Kayak Adventures, ⌨ www.nzkayaktours.com. Geführte Seekajaktouren an der Küste von Northland und in der Bay of Islands mit Camping und Vollverpflegung (6 Tage, $1050). Die Touren haben einen hohen Abenteuerfaktor, werden aber für alle Schwierigkeitsgrade angeboten und beinhalten gelegentlich auch Touren nur für Frauen.

Pacific Cycle Tours, ⌨ www.bike-nz.com. Agentur in Christchurch, die Mountainbike- und Straßentouren sowie Wandertouren mit unterschiedlich hohem Abenteuercharakter auf beiden Inseln anbietet, z. B. eine Radtour über die Nordinsel (7 Tage, $2437).

Pakiri Beach Horseriding, ⌨ www.horseride-nz.co.nz. Hochprofessionelle Mehrtagestouren durch Wald und an Klippen entlang, darunter eine tolle Tour von Küste zu Küste (7 Tage, $3599).

Pedaltours, ⌨ wwww.pedaltours.co.nz. Geführte Straßen- und Mountainbiketouren auf beiden Inseln, z. B. einwöchige Fahrt um die Nelson Lakes ($2890).

Te Araroa – The Long Pathway

Seit Mitte der 1970er-Jahre hegen die Neuseeländer den Traum eines ununterbrochenen Wanderwegs von einem Ende des Landes zum anderen. Seit ein paar Jahren forciert der Te Araroa Trust, eine private Gruppe von Freunden eines solchen Vorhabens, das Projekt Te Araroa – The Long Pathway, 🖳 www.teararoa.org.nz. Ziel der Stiftung ist die Fertigstellung der gesamten Route über 2900 km von Cape Reinga nach Bluff, die mittlerweile begehbar sein sollte. Die Organisation beteiligt sich am Aufbau kurzer Wanderwege, mit denen das bislang fragmentarische Netz zu einer ununterbrochenen Route zusammengeführt werden soll.

Es existiert bereits eine provisorische Strecke, die bemerkenswert abwechslungsreich ist. Viele Abschnitte führen durch recht abgelegene Regionen, wobei aber mit Absicht kleine Siedlungen angesteuert werden, damit sich die Wanderer mit neuer Verpflegung versorgen können. Eine Hand voll hartgesottener Abenteurer hat bereits die gesamte vorläufige Route zurückgelegt, die meisten Wanderer werden sich aber wohl auf kürzere Abschnitte beschränken.

DOC: Ein **Path** verläuft fast eben, ist begradigt und häufig sogar mit einem Rollstuhl befahrbar; **Walking Tracks** und **Tramping Tracks** (üblicherweise mit rot-weißen oder orangefarbenen Zeichen an Bäumen markiert) sind wesentlich anstrengender zu meistern, erfordern eine gewisse Fitness und die richtige Ausrüstung; für die Begehung einer **Route** benötigt man bereits einiges an Erfahrung, da die Wege oftmals nur schlecht bezeichnet sind und oberhalb der Baumgrenze verlaufen.

Die vom DOC angegebenen **Wanderzeiten** können einen gehörig straucheln lassen: Während man die meist von Familien begangenen *paths* locker in der Hälfte der veranschlagten Zeit schafft, fällt es auf den schwierigen *routes* oft schwer, die Zeiten überhaupt einzuhalten (unsere Angaben beziehen sich auf durchschnittlich trainierte Wanderer). Sofern bekannt wurden bei den einzelnen Streckenbeschreibungen im Führer auch die Entfernungen und die eventuell nötigen Klettereinlagen benannt.

Wertvolle Informationen über Startpunkte und den Verlauf von Wanderwegen, Hütten, Zeltplätze sowie gute Kartenskizzen sind in den exzellenten **DOC-Broschüren** (jeweils ca. $1) enthalten. Die Titel von Broschüren über bestimmte Regionen sind in den entsprechenden Kapiteln dieses Buches aufgeführt, wobei Preise nur angegeben sind, wenn sie $2 oder mehr kosten. Die **Wanderkarten** in den DOC-Broschüren dürften ausreichen, solange die beschriebene Route nicht verlassen wird.

Erfahrene Wanderer, die ihre Routen individuell planen möchten, sollten sich detailliertere Wanderkarten besorgen, auf denen alle Landschaftsmerkmale der Umgebung eingetragen sind. In den meisten Hütten hängt übrigens die Kopie einer solchen Karte an der Wand oder ist auf den Tisch laminiert. Bei der Beschreibung der Wanderwege in Bezug auf Flüsse haben wir uns an der natürlichen Fließrichtung orientiert, d. h. das linksseitige Ufer („true left" genannt) bezieht sich auf die linke Uferseite flussabwärts gesehen.

Neun von Neuseelands schönsten und beliebtesten Wanderwegen (darunter eine Kanutour) wurden vom DOC unter der Bezeichnung **Great Walks** zusammengefasst. Sie bekommen

tableren Hütten oder luxuriösen Lodges absteigt und sich nicht um das Essen und die Beförderung des Gepäcks kümmern muss. Infos über einschlägige Veranstalter sind überall im Führer zu finden.

Die beste Zeit zum Wandern ist zwischen Oktober und Mai. Einige der beliebtesten Wege, darunter Milford, Routeburn und Kepler Track, befinden sich in der kühleren südlichen Hälfte der Südinsel, wo die Saison um ein paar Wochen verkürzt ist.

Die Wanderwege

Die frühen Eroberer und Rotwildjäger haben Neuseelands zerklüftetes Terrain mit einem Netz an Pfaden durchzogen, welche das Grundgerüst vieler heutiger Wanderwege darstellen.

Im vorliegenden Führer sind die verschiedenen Schwierigkeitsgrade weitestgehend notiert, als Basis diente das Klassifizierungssystem des den Löwenanteil der Finanzen, die das DOC jährlich zur Instandsetzung der Einrichtungen zur Verfügung hat – dementsprechend gut und breit sind die Wege, wobei über schlammige Abschnitte Planken und über fast jeden Fluss eine Brücke führt. Die Great Walks sind also die Vorzeigewege unter Neuseelands Wanderpfaden.

Der **Zugang** zu den Wegen stellt in viel besuchten Regionen selten ein Problem dar, erfordert aber manchmal eine gewisse Planung. Meist liegen Start- und Endpunkt einer Wanderung in einiger Entfernung zueinander, sodass ein eigenes Auto nur hinderlich ist; davon abgesehen scheinen die auf Wanderparkplätzen abgestellten Fahrzeuge wie ein Magnet auf Diebe zu wirken. Während es zu den Great Walks meist Busverbindungen von den nächstgelegenen größeren Ortschaften gibt, braucht man bei unbekannteren Wanderwegen – oft gleichermaßen schön, aber nur selten begangen – schon etwas mehr Geduld, um dorthin zu gelangen.

Übernachtung unterwegs: Hütten und Zeltplätze

Das Hinterland Neuseelands ist mit nahezu 900 **Hütten** übersät, die weniger als eine Tageswanderung voneinander entfernt sind und oft in herrlicher Landschaft liegen. Bei allen handelt es sich mehr oder weniger um schlichte Gemeinschaftsunterkünfte, die vom DOC in fünf verschiedene Kategorien eingeteilt werden.

Basic Huts (kostenlos) sind oft recht primitiv und auf den bekannten Wanderwegen nur selten anzutreffen. **Standard Huts** ($5 p. P. und Nacht) können etwa 12 Personen aufnehmen und haben Etagenbetten oder Podeste, auf denen man seine Isomatte und seinen Schlafsack ausrollen kann. Ihre Ausstattung ist sehr schlicht – es gibt ein Plumpsklo, Trinkwasser, aber keinen Heizofen und keine Kochgelegenheit.

Serviced Huts ($15) sind größer und haben 20 oder mehr Herbergsbetten mit Matratzen. Zur Ausstattung gehören Waschbecken und manchmal auch eine Toilette mit Wasserspülung. Auch hier muss man seinen eigenen Kocher mitbringen, dafür gibt es eine Heizmöglichkeit. Im Falle eine Kamins/Holzofens wird erwartet, dass man die benutzten Scheite durch neue ersetzt.

Noch etwas luxuriöser geht es in den **Great Walk Huts** zu, die an den Great Walks zu finden sind. Die Hütten sind in mehrere Zimmer mit Etagenbetten unterteilt, es stehen Gaskocher (aber keine Kochutensilien) zur Verfügung, außerdem eine Heizung, ein Trockenraum und manchmal sogar Strom, der über Solarzellen erzeugt wird. Kinder im Schulalter bezahlen generell nur die Hälfte, und dank einer DOC-Initiative können Personen unter 18 Jahren jetzt die Hütten und Zeltplätze an den Great Walks kostenlos benutzen – Plätze buchen sollten sie aber trotzdem.

Die **Übernachtungsgebühren** werden am besten im Voraus im örtlichen DOC-Büro, im Besucherzentrum oder in einer anderen Einrichtung nahe dem Startpunkt entrichtet. Auf den meisten Tracks kann man mit speziellen Tickets (Wert je $5) bezahlen – z. B. ein Ticket für eine Standard Hut, drei für eine Serviced Hut usw. Manchmal kann man die Tickets auch direkt bei der Hütte kaufen, was jedoch meist 25 % mehr kostet. Für die Nutzung eines der Great Walks ist der **Great Walks Hut Pass** zwingend vorgeschrieben, der auch die Übernachtungskosten beinhaltet. Eine Bestätigung muss mitgeführt werden, damit das Personal vor Ort die Kosten für jede Hütte nicht ein zweites Mal in Rechnung stellt. Pass und Reservierung werden gleichzeitig ausgestellt und garantieren dem Inhaber ein Bett in den Hütten Kepler, Milford, Routeburn, Abel Tasman und Heaphy. Bei den anderen Great Walks ist eine spezielle Reservierung nicht im Hüttenpass enthalten, vor allem weil es als sehr unwahrscheinlich gilt, dass die Hütten dort ausgebucht sind.

Am einfachsten funktioniert die Reservierung und der Erwerb des Great Walks Hut Pass im Internet unter 🖳 www.doc.govt.nz, oder beim zuständigen DOC-Büro vor Ort (Adressen siehe Ausführungen zu den einzelnen Strecken), notfalls aber auch in einem Reisebüro unter Angabe der Hütten, in denen man nächtigen möchte. Weitere Informationen über die Great Walks und andere Wanderweg in Neuseeland gibt es auf der Website 🖳 www.tramper.co.nz.

Im Winter (Mai bis September) werden die Hütten der Great Walks in die Kategorie Standard zurückgestuft – und haben dann oft keine Heizung und Kochgelegenheit mehr –, sodass man dann den Annual Hut Pass (s. u.) benutzen kann. Allerdings garantieren weder Pass noch Tickets einen Schlafplatz. Die Betten werden wie bei allen anderen Wanderwegen ohne Reservierungssystem nach dem Prinzip „wer zuerst kommt, mahlt zuerst" vergeben. Deshalb sollte man bei sehr viel Betrieb früh loslaufen und möglichst vor den anderen eintreffen.

Wer im Rahmen seines Neuseeland-Aufenthalts viele Wanderungen außerhalb der Great Walks oder auf den Great Walks außerhalb der Saison unternehmen möchte, kann sich den **Annual Hut Pass** ($90) besorgen, mit dem man in allen Standard Huts und Serviced Huts übernachten kann. **Zelten** ist auf allen Wanderwegen außer dem Milford Track erlaubt. Bei Zeltplätzen nahe einer Hütte darf man deren sanitäre Einrichtungen und Kochgelegenheiten gerne mitbenutzen und wird sogar hierzu ermuntert, um den Eingriff in die Natur möglichst gering zu halten.

Ausrüstung

Wanderungen in Neuseeland können in eine gefährliche und schauerliche Erfahrung ausarten, wenn man die falsche Ausrüstung dabei hat. Die schönsten Touren führen durch einige der feuchtesten Regionen der Welt – auf einigen Abschnitten des Milford Track beispielsweise fallen über 6000 mm Regen pro Jahr. Was die **Bekleidung** angeht, so sollte man sowohl Klamotten für heiße und sonnige Tage als auch für kaltes, windiges und nasses Wetter dabeihaben. Ganz wichtig ist eine Regenjacke, bevorzugt aus atmungsaktivem Material wie Gore Tex. Ein früher Aufbruch am Morgen hat oft zur Folge, dass man durch nasses Gras stolzieren muss, weswegen ein Paar kniehohe Gamaschen hervorragende Dienste leisten können.

Bequeme, gut eingelaufene Schuhe, welche die Fesseln stützen, sind ein absolutes Muss – entweder Lederschuhe oder leichte Trekkingschuhe; für den Abend eignen sich dünne Turnschuhe oder Sandalen. Ebenfalls zur Ausrüstung gehören Funktionsunterwäsche, ein warmer, schnell trocknender Pullover (am besten aus Fleece), ein guter Schlafsack, evtl. eine Isomatte und natürlich ein gut sitzender, wasserdichter Rucksack.

Unterwegs gilt es völlig autark zu sein. Auf den Great Walks bedarf es hierfür neben der Nahrung nur der **Kochutensilien**, auf anderen Wanderwegen auch eines Kochers mit Brennstoff. Am schwersten trägt man zumeist am **Essen**. Gefriergetrocknete Mahlzeiten wiegen zwar kaum etwas und schmecken auch ganz gut, sind aber sehr teuer. Preisbewusste Wanderer bevorzugen daher Nudeln oder Reis, Tütensuppen und -soßen, Müsli, Milchpulver, eventuell Brot und Marmelade oder eine gehaltvolle Erdnussbutter, Süßigkeiten und Knabbermischungen (in Neuseeland *scroggin* genannt) für den Snack zwischendurch sowie Teebeutel, Kaffee und lösliche Getränke („Raro" ist eine gute Marke). Auf allen Hütten gibt es **Trinkwasser**, wohingegen das Wasser aus Seen und Flüssen mit Tabletten oder Filtern gereinigt werden sollte, um eine Giardia-Infektion zu vermeiden (s. S. 56).

Ebenfalls ins Gepäck gehört ein **medizinisches Notfallset** (inklusive Sonnencreme und Insektenmittel), eine **Taschenlampe** mit Ersatzbatterie und -birne, **Kerzen**, **Streichhölzer** oder ein Feuerzeug sowie ein **Kompass**. In den bekanntesten Wandergebieten kann man sich die nötige **Ausrüstung** vor Ort **leihen**. Der Rucksack sollte nie bis zum Bersten vollgestopft werden, da man alles stundenlang und über Tage hinweg mit sich schleppen muss. Zumeist bieten Hotels und Hostels der näheren Umgebung einen Aufbewahrungsservice für überflüssiges Gepäck an, entweder kostenlos oder gegen eine kleine Gebühr.

Sicherheit

Die meisten Leute wandern tage-, ja wochenlang durch Neuseeland und haben nichts weiter zu beklagen als Muskelkater und die juckenden Stiche der nervigen *sandflies*. Trotzdem sollte man das Thema Sicherheit nicht auf die leichte Schulter nehmen: Jedes Jahr gibt es einige Fälle, bei denen Wanderer aus gefährlichen Situationen gerettet oder sogar als vermisst gemeldet werden. Ursache ist meist das **Wetter** – oder besser gesagt: die unzureichende Ausrüstung der Wanderer. Man kann es nicht genug betonen, dass sich selbst im Hochsommer ein warmer, wolkenloser Tag innerhalb von einer Stunde in einen Sturm mit eisigen Temperaturen und dichtem Nebel verwandeln kann. Um eine solche Situation zu vermeiden, sollte man vor dem

Aufbruch immer die Wettervorhersage (hängt in DOC-Büros aus) verfolgen und vor allem warme, wind- und regendichte Kleidung dabeihaben.

Tödliche Unfälle passieren oft bei **Flussdurchquerungen**. Steht man vor einem Fließgewässer, das zu gefährlich erscheint, als dass man es zu Fuß durchwaten könnte, dann sollte man seinen Instinkten vertrauen – entweder man wartet, bis der Wasserstand fällt, oder man kehrt um. Sollte das Schlimmste geschehen, und man wird vom Wasser mitgerissen, so gilt: Niemals versuchen aufzustehen, weil man sich sonst die Füße zwischen Felsen einklemmen und ertrinken könnte; stattdessen auf den Rücken legen und mit den Beinen voraus treiben lassen, bis man eine Stelle erreicht, an der man zum Ufer schwimmen kann.

Bei Verletzungen oder Orientierungsverlust stehen die Chancen auf Rettung besser, wenn vor dem Aufbruch Freunde oder eine **Person des Vertrauens** am nächsten Etappenziel informiert werden, damit eine überfällige Ankunft auch bemerkt wird. Die DOC-Büros halten spezielle Formulare bereit, auf denen die geplante Route und das Datum der Rückkehr eingetragen werden können, aber bis zum Zeitpunkt einer Überprüfung ist möglicherweise schon zu viel wertvolle Zeit vergangen. Unterwegs sollte man sich zur Sicherheit in die Hüttenbücher eintragen, damit die einzelnen Etappen im Notfall nachvollziehbar sind. Nach der Wanderung nicht vergessen, sich bei der Kontaktperson wieder abzumelden!

Überhaupt kein Problem in Neuseelands Wildnis sind **Tiere**. Die größten Störenfriede sind die kleinen *sandflies,* deren Stiche teuflisch jucken können, und der Kea, ein Bergpapagei, der mit Vorliebe alles ergreift, was er zu fassen kriegt, um es aus reiner Neugier genüsslich in Stücke zu pflücken.

Wassersport

Das Leben der Neuseeländer ist untrennbar verknüpft mit dem Strand. Von Weihnachten bis Ende März (länger in den nördlichen Gefilden) wäre kein Wochenende komplett, ohne nicht zumindest ein kurzes Bad im Meer genommen oder ein Barbecue am Wasser organisiert zu haben. Einige der schönsten Strände liegen ungeschützt an der Tasmansee oder am Pazifik, was für Schwimmer recht gefährlich sein kann. Zur Sicherheit sollte man deswegen nur an überwachten Abschnitten ins Wasser gehen. Die beliebtesten Strände werden im Sommer regelmäßig von Flugzeugen überflogen, die Ausschau nach gelegentlich auftauchenden **Haien** halten. Nicht unterschätzen sollte man die Kraft der **Sonne** auf der Südhalbkugel, weshalb unbedingt die nötigen Schutzmaßnahmen zu treffen sind (s. S. 56).

Surfen

Neuseelands stürmische Küste bietet die besten Voraussetzungen für **Wellenreiter** und **Windsurfer**. An belebteren Stränden gibt es häufig einen kleinen Laden, der das erforderliche Material – oft auch kleine Boote, Katamarane, Kanus und Boogie-Boards – im Verleih hat; das Gleiche gilt für viele am Meer gelegene Unterkünfte. Wer tiefer in die Geheimnisse der neuseeländischen Surferszene eintauchen oder von lokalen Insiderinformationen profitieren möchte, findet unter ⌨ www.surf.co.nz und ⌨ www.surf2surf.co.nz nützliche Kontaktadressen und Tipps.

Segeln

Neuseelands zahlreiche Naturhäfen, übersät mit kleinen Inseln und gesäumt von einsamen Buchten, machen das Segeln zu einer der beliebtesten Freizeitsportarten der Kiwis. Segelboote sieht man das ganze Jahr über, aber am geschäftigsten geht es natürlich im Sommer zwischen Dezember und März zu. Sofern man nicht Bekanntschaft mit einem „Yachtie" schließt, bleibt nur das **Chartern** eines Segelboots, was üblicherweise sehr teuer und nur mit einem Skipper möglich ist. Etwas günstiger kommt es, an einem der teilweise hervorragenden **Segeltörns** teilzunehmen oder eine kleine Jolle zu mieten, mit dem man vor der Küste kreuzen kann.

Tauchen und Schnorcheln

Die Gewässer rund um Neuseelands Küste bieten exzellente Möglichkeiten zum Tauchen und Schnorcheln. Was sie an Weitsicht, tropischer Wärme und bunten Fischen vermissen lassen, machen sie durch ihre unglaubliche Bandbreite an Revieren wieder wett. Gute Stellen zum **Schnorcheln** findet man praktisch entlang der gesamten Ostküste beider Inseln, am schönsten aber ist es im **Goat Island Marine Reserve** im Northland, wo es direkt vor der Küste eine große Anzahl unterschiedlicher Habitate gibt.

Das Northland rühmt sich auch einiger **Tauchreviere** von Weltklasse, insbesondere im **Poor Knights Islands Marine Reserve**, von Tutukaka aus per Boot erreichbar, sowie nahe der Matauri Bay, wo die *Rainbow Warrior* zum Wracktauchen einlädt. Ein anderes gutes Tauchrevier ist die Küste vor Great Barrier Island. Auf der Südinsel gibt es einige spannende Wracks an der Küste vor **Picton** sowie sagenhafte Bestände schwarzer und roter Korallen, die in den **Fjorden** südwestlich vom Milford Sound relativ dicht unter der Wasseroberfläche gedeihen.

Um einen Geschmack auf die herrliche Unterwasserwelt zu bekommen, kann man auch ohne Tauchschein gemeinsam mit einem Lehrer einen sogenannten *resort dive* unternehmen. Wer die Tiefen auf eigene Faust erkunden will, braucht eine PADI-Ausbildung. Mehr Informationen hierzu auf 🖳 www.divenewzealand.com.

Rafting

Rafting gehört zweifellos zu den spannendsten Abenteueraktivitäten, die Neuseeland zu bieten hat. Bedingt durch das Wetter – und die Besucherzahlen – ist die **Saison** auf die Zeit zwischen Oktober und Mai begrenzt. Bevor es losgeht, wird man mit allem Notwendigen ausgestattet (Badezeug, leichte Schuhe und Handtuch selbst mitbringen) und bekommt vom Raftguide eine Sicherheitseinweisung. Die meisten Anbieter erlauben die Teilnahme übrigens erst ab einem **Mindestalter** von zwölf Jahren.

So aufregend das Ganze sein mag, so gefährlich ist es auch. In der Tat gilt Rafting als risikoreichste Abenteuersportart und hat in den letzten Jahren mehrere Tote gefordert. Die Anbieter haben ihren teilweise schlechten Ruf inzwischen zwar durch selbstauferlegte Ausbildungen verbessert, aber es gibt noch immer genügend „Fluss-Cowboys". Letztendlich sollte man seinem eigenen Instinkt vertrauen und vor allem aber den Anweisungen des Raftguides folgen – wer noch nie in Wildwasser geschwommen ist, kann sich von der Kraft des Wassers kaum ein Bild machen.

Kanufahren

Neuseeland gilt als Paradies für Paddler und fast überall, wo es Wasser in der Nähe gibt, werden **Kajaks** oder **Kanadier** vermietet. Entweder man paddelt auf eigene Faust los oder schließt sich einer **geführten Tour** an, auf der man auch noch etwas über die jeweilige Gegend lernt. Ganzjähriger Favorit ist der landschaftlich traumhafte **Whanganui River**.

Jetboating

Das weit verzweigte, seichte Flussnetz im Weideland von Canterbury stellte den Schaffarmer Bill Hamilton vor ein Problem – er löste es, indem er in den frühen 1960er-Jahren das **Hamilton Jetboat** erfand. Damit konnte Hamilton auf nur 10 cm tiefem Wasser die erstaunliche Geschwindigkeit von bis zu 80 km/h erreichen und äußerst wendig durch Stromschnellen hindurch manövrieren.

Seine ersten zahlenden Passagiere beförderte das Jetboat in einem tiefen, glasklaren Abschnitt des Shotover River, auf dem der bahnbrechende *Shotover Jet* auch heute noch seine Runden dreht. Bei den auf Action ausgelegten Fahrten ist man etwa 30 Minuten unterwegs und dreht sich so oft um die eigene Achse, dass schon manchem speiübel geworden ist. Wesentlich ruhiger geht es bei den Wilderness Trips zu, die zwei Stunden oder länger dauern können.

Bungy-Jumping und Bridge Swinging

Maximalen Adrenalinausstoß und minimales Risiko erlebt man kaum irgendwo so hautnah wie beim **Bungy-Jumping**. Eine interessante Variante ist das **Bridge Swinging**, das einen vergleichbaren Kick bietet: Durch ein Seil abgesichert, stürzen sich die Teilnehmer von einer Brücke in die Tiefe und pendeln mit atemberaubender Geschwindigkeit in der Schlucht.

Canyoning

Beim Canyoning (und bei der Schwesterdisziplin am Meer, dem *coasteering*) erkundet man zusammen mit einem Führer tiefe Schluchten,

Neuseelands Flüsse laden zu diversen Abenteueraktivitäten ein.

Sport und Aktivitäten 75

seilt sich durch Wasserfälle ab, durchwatet Flüsse oder lässt sich hinuntertreiben, springt in tiefe Pools oder rutscht einfach über glatt geschliffene Felsen abwärts. Das Schluchtenabenteuer wird in einer Hand voll Orte angeboten, darunter **Auckland**, **Queenstown**, **Turangi** und **Wanaka**.

Bergsteigen

In Neuseeland gibt es wesentlich bessere Möglichkeiten zum Bergsteigen als zum Klettern. Fast alle Routen sind jedoch sehr anspruchsvoll und sollten nur von erfahrenen Leuten mit guter Ausrüstung angegangen werden. Zu den einfachsten Besteigungen gehören der **Mount Ruapehu**, mit 2796 m der höchste Punkt der Nordinsel, und der **Mount Taranaki** bei New Plymouth. Natürlich kann man sich auch einer geführten Tour auf einen von Neuseelands klassischen Gipfeln anschließen, zum Beispiel auf den höchsten Berg des Landes, den **Aoraki Mount Cook** (3754 m), der vom Bergsteigerzentrum Aoraki Mount Cook Village bestiegen wird, oder auf Neuseelands schönsten Berg, den pyramidenförmigen **Mount Aspiring** (3030 m) bei Wanaka. In beiden Gebieten gibt es ausreichend Hütten, die sich als Basislager für derartige Unternehmungen anbieten.

Rundflüge, Fallschirmspringen, Parasailing, Drachen- und Gleitschirmfliegen

Fast jeder Ort in Neuseeland scheint einen Landeplatz für Flugzeuge oder Hubschrauber zu besitzen und fast überall findet man jemanden, der mit Freuden – natürlich gegen angemessene Bezahlung – einen halbstündigen **Rundflug** unternimmt. Hubschrauberflüge kosten etwa 50 % mehr als Rundflüge im Flugzeug. Hubschrauber können zwar nicht die gleichen Distanzen wie Flugzeuge zurücklegen, sind dafür aber wesentlich wendiger und landen zwischendurch an beeindruckenden Stellen. Beinahe das gleiche Landschaftserlebnis hat man auch auf einem Linienflug, zum Beispiel auf der Strecke von Wanaka oder Queenstown

zum Milford Sound, wo man eines der schönsten Gebiete des Fiordland überfliegt.

Mutigere können es mit einem **Tandem-Fallschirmsprung** versuchen und sich von einem Flugzeug aus 2500 m Höhe in die Tiefe stürzen – natürlich unter Obhut eines qualifizierten Lehrers, der die Kontrolle über den Fallschirm hat und nach etwa 45 Sekunden freiem Fall die Reißleine zieht. Die Tandem-Variante wird auch beim **Gleitschirm-** und **Drachenfliegen** und beim **Parasailing** angeboten.

Wintersport

Neuseelands **Skisaison** (Juni bis November) beginnt, wenn sich der Schnee bei uns bereits davongemacht hat. In Verbindung mit den bis zu 3000 m hohen Gipfeln der Südinsel und den erhabenen Vulkanen der Nordinsel ist das Land wie geschaffen für Skifahrer der Nordhalbkugel, die auch im Sommer ihrer Leidenschaft frönen wollen, und das zu einem relativ günstigen Preis.

Viele Pisten sind auf einheimische Abfahrer ausgerichtet und besonders an den Osthängen der Southern Alps findet man sogenannte **Club-Skigebiete** mit einer Hand voll Schlepp- und einfacher Sessellifte sowie einer Ansammlung privater Ski-Lodges. Zwar dürfen hier auch Nicht-Mitglieder absteigen, aber einige sind nur mit dem Geländewagen und andere nur mittels eines längeren Fußmarsches erreichbar. Skischulen gibt es kaum.

Natürlich existieren auch rund ein Dutzend Ausnahmen zu dieser Norm: Kommerzielle Skigebiete mit ausgedehnten Pisten, schnellen Sesselliften, Skischulen und einem **Ausrüstungsverleih**. Vergeblich sucht man dagegen nach großen Skizentren wie in Nordamerika oder Europa – stattdessen pendeln die Skifahrer täglich von nahe gelegenen Orten zu den Pisten, was dank der guten Verkehrsanbindung kein Problem darstellt.

Die beste Quelle für einschlägige Informationen ist der jährlich aktualisierte **Ski & Snowboard Guide** von Brown Bear Publications, www.brownbear.co.nz, den man entweder kostenlos aus dem Internet herunterladen oder für ein paar Dollar in Touristenbüros kaufen kann. Darin wird jedes Skigebiet samt seiner Einrichtungen, Preise und Schwierigkeitsgrade ausführlich beschrieben. Ein Abschnitt beschäftigt sich mit **Heliskiing** und ein anderer listet alle größeren Skiorte auf. Interessierte können sich außerdem im Internet unter 🖳 www.snow.co.nz über das Thema unterrichten.

Angeln

Kiwis scheinen mit einer Angel in der Hand aufzuwachsen: Praktisch jeder pflegt irgendwelche Erinnerungen an lange Tage in einem kleinen Boot auf dem **Meer**, hoffnungsvoll auf einen Schnapper wartend, und sei es nur fürs Barbecue am Strand. Rund um Neuseelands Küste werden Kanu-, Segel- und andere Bootstrips angeboten, auf denen sich meistens die Gelegenheit bietet, die Angel auszuwerfen. Zwischen Dezember und Mai suchen Hochseeangler mit ihren speziell ausgerüsteten Schiffen die Gewässer rund um die nördliche Hälfte der Nordinsel nach Marlin, Hai und Thunfisch ab. Informationen über Permits und sonstige Auflagen erteilt die Webseite des Ministry of Fisheries, 🖳 www.fish.govt.nz.

In den **Flüssen** und **Seen** im Landesinneren tummeln sich Regenbogen- und Bachforellen, Königs- und Atlantiklachse, alle speziell für die Sportfischerei gegen Ende des 19. Jhs. eingeführt. Natürlich gibt es auch hier Gebiete mit einem besonders guten Ruf: Der Lake Taupo ist bekannt für seine Regenbogenforellen; in den Flüssen der Südinsel, vor allem bei Gore, leben die besten Bachforellen des Landes, und die Kiesbettflüsse an den Osthängen der Southern Alps beherbergen riesige Lachse.

Eine **Angellizenz**, die – mit Ausnahme der Region um den Lake Taupo, wo eine örtliche Regelung besteht – sämtliche Seen und Flüsse des Landes abdeckt, kostet pro Jahr $105 und für 24 Stunden $21. Die Ausweise sind überall in Sportläden erhältlich bzw. direkt von der staatlichen Organisation Fish and Game NZ, 🖳 www.fishandgame.org.nz, auf deren Webseite weitere nützliche Hinweise eingesehen werden können. Eine Übertretung der **Gesetze** wird streng geahndet und wer mit zu kleinen oder zu vielen Fischen

erwischt wird, muss saftige Strafen zahlen und büßt womöglich sogar seine Ausrüstung ein. Rund um den Fisch geht's auch auf den Webseiten 🖳 www.fishinginnewzealand.com und 🖳 www.fishing.net.nz.

Reiten

Neuseeland hat mehr als genug Platz für Reittouren – entlang einsamer Strände, durch Wälder oder über weites Farmland. Überall gibt es Reitställe, die sowohl für Anfänger als auch für Fortgeschrittene das Passende im Programm haben. Häufig werden sogar einwöchige Touren angeboten, bei denen man draußen nächtigt. Empfehlenswerte Reitställe sind in den entsprechenden Kapiteln des Führers aufgelistet, weitere findet man unter 🖳 www.truenz.co.nz/horsetrekking.

Mountainbiking

Wer einen kleineren Sattel bevorzugt, kann sich vielerorts ein Mountainbike ausleihen. Die besten Gebiete zum Mountainbiking liegen um Rotorua, Queenstown, Mount Cook Village und Hanmer Springs, wo es auch verschiedene Agenturen gibt, die **geführte Touren** anbieten. Einen guten Einblick in die neuseeländische Mountainbike-Szene erhält man bei 🖳 www.mountainbike.co.nz.

Sportveranstaltungen

Wäre Gott ein Rugby-Trainer, wären fast alle Neuseeländer religiöse Fundamentalisten. Im Fernsehen und in Zeitungen dienen die Spielergebnisse und vor allem alle Nachrichten rund um die All Blacks häufig als Aufmacher, und einige Radiostationen berichten über nichts anderes als Sport, wobei gerne die Underdog-Rolle der Kiwis hervorgehoben wird – vor allem wenn sie gegen eines der besser finanzierten Teams aus Nationen mit höheren Einwohnerzahlen gewinnen. Alle wichtigen Spiele werden im Fernsehen übertragen, wenngleich zunehmend auf Pay-TV-

Kanälen wie Sky TV, was die Menschen scharenweise in Pubs mit Großbildschirmen treibt.

Wer auch nur einen Funken Interesse für Sport übrig hat oder die weniger reservierte Seite der Kiwis kennen lernen möchte, sollte während seines Aufenthalts ein Rugby-Spiel besuchen. Termine der wichtigsten Veranstaltungen (und zugleich Infos über den Ticketkauf) findet man in den Lokalzeitungen. **Reservierungen** für die größeren Events übernimmt Ticketek, 🖥 www.ticketek.co.nz. Mit Ausnahme internationaler Begegnungen oder wichtiger Endspiele bekommt man Eintrittskarten eigentlich immer kurz vor dem Spiel am Stadion.

Rugby

Die Gegner erzittern, die Fans johlen, aber kaum jemand bleibt ungerührt beim Anblick der 15 stattlichen **All Blacks**, Neuseelands Rugby-Nationalmannschaft, wenn diese vor Spielbeginn ihren berühmten Furcht erregenden Tanz *(haka)* aufführen. Das ist der Moment, in dem den Kiwis das Herz aufgeht und sie wissen, dass ihre Nationalmannschaft zu den besten der Welt gehört – alles andere als ein haushoher Sieg artet in Staatstrauer und gegenseitige Schuldzuweisungen auf den Titelseiten der Zeitungen aus. Da die All Blacks beim alle vier Jahre stattfindenden **Rugby World Cup** zuletzt nicht sonderlich erfolgreich waren – 2007 wurden sie von den Franzosen aus dem Turnier geworfen –, genießt das Team jedoch heute nicht mehr dasselbe Ansehen wie in früheren Zeiten.

Rugby (oder Rugby Union, wie es in Neuseeland jedoch nur selten genannt wird) wird im Winter gespielt. Die Saison beginnt mit den **Super 15 Series** (Mitte Februar bis Mai), bei denen Regionalmannschaften der Südhalbkugel (je fünf aus Neuseeland, Südafrika und Australien, jedoch keine von den Pazifikinseln, was immer wieder Anlass zu Debatten gibt) gegeneinander antreten und nur die besten vier Teams in die *finals series* einziehen.

Die Besten der Super-15-Teams spielen bei den All Blacks, die im Winter zu ein oder zwei Länderpokalen antreten, darunter die alljährlichen **Tri-nations Series** (Mitte Juli bis August) gegen Südafrika und Australien. Spiele zwischen den All Blacks und Australien finden auch im Rahmen des

Bledisloe Cup statt, der die eine oder die andere Nation ein Jahr lang prahlen lässt.

Die internationale Saison geht über in die **National Provincial Championship** (NPC), die von August bis Ende Oktober andauert. Jede Provinz stellt ein Team, wobei die größeren Provinzen in der ersten Gruppe gegeneinander antreten und die kleineren Provinzen üblicherweise die zweite Liga bilden. Derzeit ist Southland im Besitz des **Ranfurly Shield**, 🖥 www.ranfurlyshield.com, liebevoll „Baumstamm" genannt. Die ganze Saison hindurch müssen sich die Pokalinhaber zu Hause den Herausforderern stellen – der Gewinner darf das Ranfurly Shield sein Eigen nennen. Gelegentlich gehen auch unbedeutendere Mannschaften als Sieger hervor, was den kleineren Provinzen – aus denen sie üblicherweise stammen – einen enormen Auftrieb gibt und bei den darauf folgenden Rückspielen alles in Stadion treibt, was Beine hat.

Tickets für normale Rugby-Begegnungen kosten für einen relativ guten Sitzplatz um $30, bei internationalen Begegnungen ist ein ähnlicher Platz ab $45 zu haben. Informationen zuhauf gibt's auf der offiziellen Webseite der NZ Rugby Union, 🖥 www.nzrugby.co.nz, oder unter 🖥 www.TheSilverFern.co.nz.

2011 findet in Neuseeland die größte Rugby-**Weltmeisterschaft** aller Zeiten statt: Zwischen dem 9. September und dem 23. Oktober kämpfen 20 Nationen um die begehrte Trophäe. Gespielt wird in zwölf Stadien im ganzen Land, von Whangarei bis Invercargill; die Halbfinalspiele und das Finale werden in Auckland ausgetragen. Nähere Infos bietet die offizielle Turnier-Website 🖥 www.rugbyworldcup.com. Wer zu dieser Zeit in Neuseeland unterwegs ist, sollte auf jeden Fall alles so weit im Voraus buchen wie möglich.

Die **Rugby League**, 🖥 www.rugbyleague.co.nz und 🖥 www.nzrl.co.nz, wurde schon immer als der kleine Bruder des Rugby angesehen, wenngleich Erfolge auf internationaler Ebene ihr Ansehen etwas gehoben haben. 2008 fand der letzte Weltcup der Rugby League statt: Die Kiwis triumphierten im Finale über Australien. Neuseelands einziges Provinzteam von Bedeutung sind die **Warriors** aus Auckland, die während der Saison von März bis Anfang September in Australiens NRL spielen. Heimspiele werden im Ericsson Stadium abgehalten, wo man praktisch immer Karten bekommt. Die besten acht Mannschaften der Liga erreichen die *finals series* im September.

Cricket

Ein Rugby-Match ist eine interessante Sache, aber die meisten Besucher halten sich zwischen Oktober und März in Neuseeland auf, wenn in den Stadien der traditionelle Sommersport des Landes, Cricket, 🖳 www.nzcricket.co.nz, gespielt wird. Die neuseeländische Nationalmannschaft namens **Black Caps** rangiert auf internationaler Ebene lediglich im Mittelfeld und nur die sporadischen Glanzleistungen sowie der ein oder andere unerwartete Sieg über Australien halten die Fans bei der Stange. An **Eintrittskarten** vor Ort mangelt es selten, wenngleich die Spiele rund um Weihnachten und Neujahr schnell ausverkauft sind. Gleiches gilt für die internationalen Begegnungen, für die Karten ab etwa $20 zu haben sind. Günstiger sind die Karten für normale Spiele.

Andere Sportarten

Sämtliche andere Teamsportarten liegen im Interesse der Bevölkerung weit hinter Rugby und Cricket zurück, nur Frauen-**Korbball**, 🖳 www.netballnz.co.nz, erfreut sich einer enthusiastischen Anhängerschaft. Internationale Veranstaltungen werden live im Fernsehen übertragen, darunter die Spiele mit den Silver Ferns.

Fußball *(soccer)* wurde in Neuseeland traditionell als Sportart für Schwächlinge betrachtet. Allerdings spielen inzwischen mehr Jugendliche Fußball als Rugby, und die Teilnahme der Nationalmannschaft an der WM 2010 in Südafrika hat dem Sport wieder zu mehr Aufmerksamkeit verholfen. Die einzige neuseeländische Mannschaft in der australischen National Soccer League (NSL), 🖳 www.footballaustralia.com.au, ist Wellington Phoenix, 🖳 www.wellingtonphoenix.com. Die Saison geht von Oktober bis Anfang April und die Heimspiele von Wellington Phoenix finden im Westpac Stadium von Wellington statt. **Karten** (ab $40) können entweder direkt vor dem Spiel oder über die Webseite des Teams erstanden werden.

Eine recht umfangreiche Anhängerschaft hat auch der **Segelsport**: Auckland liegt auf der Route vieler Rennen um die Welt und war zweimal Austragungsort des **America's Cup**. Neuseelands **olympische Erfolge** reduzieren sich auf gelegentliche Medaillen im Rudern und Segeln sowie eine lange Reihe von **Mittelstreckenläufern**. Heutzutage werden herausragende Leistungen vor allem in Multi- und Ausdauersport-Wettkämpfen erbracht, z. B. in Triathlons und den Iron-Man-Rennen.

Telefon

Öffentliche Fernsprecher sind in Neuseeland noch weit verbreitet, doch die Anzahl sinkt dank der Verbreitung von Handys und der Beliebtheit von Skype und ähnlichen Diensten kontinuierlich. Münztelefone sind selten geworden, aber alle öffentlichen Fernsprecher akzeptieren gängige Kreditkarten, aufladbare Telefonkarten und Telefonkarten mit einmaligem Guthaben ($5, $10, $20 und $50). Erhältlich sind die Karten in Postfilialen, Zeitungskiosken, kleinen Lebensmittelläden, Tankstellen, i-SITE-Besucherzentren und Supermärkten.

Ein Ortsgespräch von einem öffentlichen Fernsprecher mit Münzen oder einer Telefonkarte zum Einstecken kostet $1 für die ersten 15 Minuten, dann 20¢ pro Minute. Ferngespräche kosten $1 pro Minute, Gespräche ins Mobilfunknetz $1,20 pro Minute. Wer sich bei Freunden mit einem **Privatanschluss** aufhält, kann dort je nach Tarifplan, aber gewöhnlich Ortsgespräche gebührenfrei und Ferngespräche für nur 20¢ bei unbegrenzter Gesprächsdauer führen.

Telefonkarten mit PIN-Code

Die günstigsten Ferngespräche führt man mit Telefonkarten, die über ein wiederauffüllbares Guthabenkonto ($5–50) abgerechnet werden und an jedem Telefon benutzt werden können. Die Gebühren werden automatisch vom Guthaben abgebucht, welches mittels Kreditkarte wieder aufgestockt werden kann. Von dieser Art Karten sind zahlreiche Versionen im Umlauf, was sich sehr positiv auf die Kosten auswirkt. Allerdings

Wichtige Rufnummern

Auskunft ☎ 018 (aus dem Festnetz 56¢, vom Handy $1, plus 50¢, um direkt verbunden zu werden)

Auslandsauskunft ☎ 0172 (aus dem Festnetz $1,67, vom Handy $1,95)

Notruf ☎ 111 (gebührenfrei) Polizei, Krankenwagen und Feuerwehr

Internationale Vorwahlen

Nach der Landesvorwahl wird stets die erste Null der regionalen Vorwahl weggelassen.

Aus Neuseeland:

Australien ☎ 0061

Deutschland ☎ 0049

Österreich ☎ 0043

Schweiz ☎ 0041

Neuseeland aus Deutschland, Österreich und der Schweiz ☎ 0064

aus Australien ☎ 001164

Vorwahlen in Neuseeland

Auch bei Gesprächen zwischen zwei Städten innerhalb eines Bezirks muss manchmal die Vorwahl mitgewählt werden.

Auckland und Northland ☎ 09

Coromandel Peninsula, Bay of Plenty, Waikato und Central Plateau ☎ 07

East Coast, Hawkes Bay, Whanganui, Manawatu und Taranaki ☎ 06

Wellington und Umgebung ☎ 04

Südinsel ☎ 03

sollte man sich vor den ganz billigen Karten in Acht nehmen: Diese funktionieren häufig via Internet mit schlechten oder stark zeitversetzten Verbindungen.

Eine verlässliche Karte ist **Yabba** der Telecom, 🖳 www.yabba.co.nz: Die Gebühren betragen nur 10¢ pro Minute ins deutsche, österreichische und Schweizer Festnetz. Folgendes ist jedoch zu beachten: Da bei den meisten öffentlichen Fernsprechern inzwischen eine Zusatzgebühr von 24¢ pro Minute für Yabba und alle anderen Guthabenkarten erhoben wird, sollte

man nach Möglichkeit einen Privatanschluss nutzen.

Mobiltelefone

Den neuseeländischen Mobilfunkmarkt teilen sich drei große Anbieter: Telecom, 🖳 www.telecom.co.nz, Vodafone, 🖳 www.vodafone.co.nz, und 2degrees, 🖳 www.2degreesmobile.co.nz, alle mit GSM-Netzen. In den besiedelten Gebieten ist der Netzempfang hervorragend, in abgelegeneren Gebieten dagegen eher lückenhaft. Telecom betreibt außerdem ein alterndes CDMA-Netz mit besserer Versorgung von kleineren Orten und dem Hinterland.

Wer sein eigenes Handy mit nach Neuseeland nehmen möchte, sollte vorher bei seinem Netzbetreiber nachfragen, ob er für Neuseeland einen Roaming-Vertrag besitzt. Leute mit GSM-Handys sollten allerdings besser in Neuseeland eine neuseeländische Prepaid-SIM-Karte kaufen ($30 bei Vodafone und Telecom, $2 bei 2degrees); natürlich muss man dann den Daheimgebliebenen die neue neuseeländische Telefonnummer mitteilen. Außerdem sollte man sich vergewissern, dass das Handy nicht für andere Karten oder Provider gesperrt ist. Die günstigsten Tarife bietet 2degrees: 44¢ für Telefonate und 9¢ für Textnachrichten an alle Telefone in Neuseeland und vielen westlichen Ländern, u. a. in Deutschland.

Mehrere deutsche Mobilfunkanbieter unterhalten **Roaming**-Verträge mit Vodafone New Zealand. Der Netzstandard ist GSM 900. Die Preise für Verbindungen mit einem europäischen Handy nach Deutschland liegen zwischen 0,54 € und 3,60 € pro Minute, für Gespräche innerhalb Neuseelands 0,21 € und 0,68 €. Hinzu kommt eine Gebühr von 0,12–0,80 € pro Verbindung.

Achtung: Nicht immer bucht sich das Handy in das günstigste Netz ein. In diesem Fall sollte man unter dem Menüpunkt „Netze" oder „Netzwahl" ins preiswertere Netz wechseln. Bei eingehenden Anrufen aus Deutschland zahlt der Anrufer nur den heimischen Tarif, während die Kosten für die Weiterleitung ins fremde Netz zu Lasten der eigenen Rechnung gehen (1,49–1,79 € pro Min.).

Nähere Informationen über die Nutzung des eigenen Handys in Neuseeland, einschließlich einer Übersichtskarte über das Netz und einer Liste der Mobilfunkgesellschaften mit Roaming-Abkommen für Neuseeland, finden sich im Internet unter ⊑ www.gsmworld.com/roaming/gsminfo/cou_mx.shtml.

Wer möchte, kann am Flughafen für etwa $25 ein Handy mieten; einfache Modelle sind allerdings auch schon für etwa $80 käuflich zu erwerben.

Transport

Neuseeland ist ein relativ kleines Land, in dem es sich einfach reisen lässt. Zu fast jedem Ziel besteht irgendeine öffentliche Transportverbindung, wenngleich manchmal auch nur ein- oder zweimal pro Tag. Auch entlegenere Orte sind mit ein bisschen Geduld und Flexibilität durchaus erreichbar.

Inlandsflüge sind bei rechtzeitiger Buchung durchaus bezahlbar, aber nur auf dem Landweg lässt sich die herrliche Landschaft ausgiebig genießen. Am billigsten und einfachsten, aber auch am langsamsten, reist man per **Bus** (*coaches* oder *shuttle buses*). Das neuseeländische **Eisenbahnnetz** umfasst dagegen nur wenige Strecken, und die Beförderung geht ziemlich ins Geld.

Um die ausgetretenen Pfade zu verlassen, ist man auf sein eigenes Verkehrsmittel angewiesen. **Mietwagen** und besonders die kleineren **Wohnmobile** können erstaunlich günstig sein, wenn man die Kosten durch mehrere Personen teilt. Wer einige Monate im Land bleiben möchte, sollte überlegen, ein Auto zu kaufen. Immer häufiger sieht man auch **Radfahrer** durch Neuseelands grüne Landschaft strampeln.

Bei den **Fährverbindungen** hält der Konkurrenzkampf die Preise für Passagiere im Rahmen; der Autotransport kann allerdings ein großes Loch in den Geldbeutel reißen. Auf dem Luft- oder Wasserweg sind einige der vorgelagerten Eilande oder abgeschiedenen Orte auf den beiden Hauptinseln zu erreichen, die sich gegen jegliche Art von Erschließung durch Straßen zur Wehr setzen. Dank einer wachsenden Zahl spezieller Touranbieter wird das Vordringen in Wildnisgebiete jedoch immer einfacher.

Fernbusse

Die meisten Orte sind mit Fernbussen (*coaches*) oder den kleineren Shuttle-Bussen erreichbar. Letztere bieten mehr oder weniger den gleichen Service, sind jedoch eher dazu bereit, ihre Passagiere direkt an den Unterkünften abzusetzen oder abzuholen. Im Allgemeinen verkehren die Busse pünktlich und sind komfortabel. Infolge des harten Konkurrenzkampfes bewegen sich auch die Preise in erträglichem Rahmen. Die größeren Fahrzeuge verfügen meist über eine Klimaanlage, einige sogar über Toiletten. Alle paar Stunden wird unterwegs ein Stopp eingelegt, meist an einem Rasthaus und manchmal auch kurz an bedeutenden Sehenswürdigkeiten. Da ein Großteil der Passagiere Touristen sind, liefern viele Fahrer oft über Mikro ein paar Hintergrundinfos, die in der Qualität allerdings stark variieren.

Das bei weitem größte Busunternehmen ist **InterCity**, das mit seinen erstklassigen Fahrzeugen das ganze Land bedient. InterCity arbeitet eng mit **Newmans** zusammen, gemäß eigenen Angaben etwas luxuriöser und in erster Linie auf Sightseeing-Touren spezialisiert. In Wirklichkeit haben beide Unternehmen jedoch einen gemeinsamen Fahrplan, und InterCity-Pässe gelten oftmals auch für Newmans-Busse (ist im vorliegenden Buch von InterCity die Rede, bezieht sich dies auf den gemeinsamen Service von InterCity und Newmans).

Der Standardpreis für die einfache Fahrt von Auckland nach Rotorua liegt z. B. bei $59, von Christchurch nach Queenstown sind es $95. In der Nebensaison fallen die Preise und man findet häufig Sonderangebote. So bietet der Saver-Tarif einen Preisnachlass von 25 % und der Super Saver von 50 %.

Daneben gibt es noch Extreme-Saver- und Web-Saver-Tarife: Die besten Preise sind bei frühzeitiger Buchung erhältlich. YHA-, VIP- und BBH-Karteninhaber erhalten einen Rabatt von 15 % auf den Standardtarif, allerdings kommt man mit den verschiedenen Saver-Tickets oft besser weg.

InterCity bietet auf verschiedenen Strecken auch spezielle Travel Passes an, beispielsweise den Pass „Kupe's Voyage" (von Auckland über

Der Travel Pass

Wer viel mit Bus und Zug reisen möchte, kann mit dem Travel Pass einiges sparen.

Scenic Rail Pass, von Tranz Scenic, 🖥 www. tranzscenic.co.nz. Ermöglicht unbegrenzte Fahrten in den Zügen von Tranz Scenic, entweder für eine Woche (Erwachsene/Kinder $409). Der Wochenpass beinhaltet die Fähre Interislander zwischen Nord- und Südinsel.

Flexi-Pass, von InterCity/Newmans, Buchung online oder gebührenfrei unter ☎ 0800 222 146. Offeriert Busreisen pro Stunde – je mehr Stunden man kauft, desto billiger wird es. 45 Stunden ($469) werden benötigt, um eine der Hauptinseln zu besichtigen, mindestens 60 Stunden ($605) für eine komplette Tour; wem das noch nicht reicht, der kann auf seinen Pass z. B. 15 Stunden ($169) aufschlagen. Der Flexi-Pass ist ein Jahr gültig.

New Zealand Travel Passes, 🖥 www.travelpass. co.nz. Vor allem interessant für Reisende, die Neuseeland im Schnelldurchlauf erleben möchten oder müssen. Die Pässe erlauben die umfassende Nutzung des InterCity-Busnetzes und beinhalten eine Überfahrt mit der Cook Strait Ferry und ein paar andere Extras ($606, Backpacker $545). In den etwas teureren Pässen sind auch eine Bahnfahrt und ein Inlandsflug enthalten.

Schließlich gibt es noch die Pässe von den **Backpacker-Tourbussen** (s. u.), die günstig, aber dafür älteren Baujahrs sind und immer Partystimmung bieten.

die Bay of Islands nach Cape Reinga und zurück, $205, Backpacker $175), den Pass „North Island Discovery" (Auckland, Rotorua, Napier via Taupo, Wellington und zurück, $251, Backpacker $226), den „West Coast Passport" (von Nelson über die Westküste nach Queenstown, $154, Backpacker $139) und verschiedene neuseelandweite Pässe (ab $606, Backpacker $545).

Eine ganze Armee kleinerer **Bus-** und **Shuttle-Bus**-Unternehmen konkurriert mit InterCity/ Newmans auf den Hauptrouten und schließt die Lücken im Busnetz. Häufig sind die Minibusse auf die Fahrpläne der großen Unternehmen ab-

gestimmt und bedienen auch entlegenere Gebiete. Die Shuttle-Busse sind in der Regel günstiger (manchmal sogar erheblich). Sie holen und setzen ihre Kunden auch gern an der Unterkunft ab. Bei längeren Fahrten ist jedoch ein größerer Bus weitaus bequemer.

In den i-SITE-Touristenbüros sind die Fahrpläne der Unternehmen erhältlich, die in der jeweiligen Region operieren, sodass man die Ziele und Preise miteinander vergleichen kann. Die Preisstruktur ist einfach zu durchschauen, da es keine komplizierten Rabattregeln gibt. Als Anhaltspunkte gelten: Auckland–Rotorua um $29, Christchurch–Queenstown um $40.

Im Folgenden sind die wichtigsten **Busgesellschaften** aufgelistet, viele weitere werden in den entsprechenden Kapiteln erwähnt:

Atomic Shuttles, ☎ 03/349 0697, 🖥 www.atomic travel.co.nz. Großes Minibus-Unternehmen auf der Südinsel, das v. a. Langstrecken bedient.

ConneXions, ☎ 03/477 5577, 🖥 www.time2.co.nz. Verkehrt zwischen Dunedin, Queenstown, Invercargill und Wanaka.

InterCity und **Newmans**, ☎ 09/583 5780, 🖥 www. intercitycoach.co.nz und www.newmanscoach. co.nz. Landesweiter Langstreckendienst.

NakedBus, ☎ 0900/62533, 🖥 www.nakedbus. com. Günstige, schnörkellose Busverbindungen auf beiden Hauptinseln.

Northliner Express, ☎ 09/623 1503, 🖥 www. northliner.co.nz. Busreisen im Northland; gehört zu InterCity.

Southern Link, ☎ 0508/458 835, 🖥 www. southernlinkcoaches.co.nz. Bedient Strecken auf der ganzen Südinsel.

Backpacker-Busse

Eine der billigsten Reisearten für Leute, die in kurzer Zeit relativ viel sehen möchten, sind die Backpacker-Busse. Üblicherweise kauft man sich für eine vorgegebene Route ein Ticket (bis zu zwölf Monate gültig) und bestimmt dann seine Reisegeschwindigkeit selbst. Man kann entweder einem Bus treu bleiben oder nach einem längeren Zwischenaufenthalt einfach den nächsten nehmen. In der Hochsaison sind die nachfolgenden Busse allerdings oft schon voll besetzt – eine mehrtägige Vorausplanung und -reservierung wird dann unerlässlich. Die Unternehmen halten ihren Betrieb das ganze Jahr über aufrecht, wenngleich im Winter mit eingeschränktem Fahrplan.

Bei allen nachfolgend aufgeführten Unternehmen ist es manchmal 5–10 % billiger, die Reise vor der Ankunft in Neuseeland zu buchen (einige Sonderangebote sind nur im Ausland erhältlich). Informationen dazu gibt es auf den Websites und im Reisebüro. Eine Mitgliedschaft in den Verbänden YHA, VIP, BBH oder ISIC spart zusätzlich ein paar Dollar. Der Ticketpreis beinhaltet in der Regel keine Übernachtungen, Aktivitäten (wenngleich diese oft billiger zu haben sind), Ausflüge oder Essen. Auch die Fährüberfahrt von der Nord- zur Südinsel muss extra bezahlt werden.

Einen sehr naturverbundenen Ansatz bietet **Flying Kiwi Wilderness Expeditions**, 🖳 www. flyingkiwi.com, die die Touristenpfade verlassen und lieber campen gehen als in den Hostels der Stadt zu übernachten. Die umgebauten Busse sind mit Fahrrädern, Kanus, Surfbrettern, Küche, Vorzelt, Kühlschrank, Betten, Zelten und heißer Dusche ausgestattet. Beim Kochen und Spülen helfen alle mit. Die Touren werden das ganze Jahr über angeboten, wobei man die gesamte Zeit mit derselben Gruppe verbringt. Im Programm sind verschiedene Touren, darunter der Northern Express (Wellington–Taupo–Auckland, 2 Tage, $246 inkl. Essen und Campinggebühren) oder eine komplette Neuseeland-Rundreise (27 Tage, $3159).

Kiwi Experience, 🖳 www.kiwiexperience. com, genießt den Ruf, partywütige Nachtschwärmer anzuziehen. Das Angebot ist groß, angefangen bei einer Tour von Auckland zum Cape Reinga (mind. 3 Tage, $194) bis zum Full Monty (mind. 33 Tage, $2202).

Der Anwärter auf die Backpacker-Bus-Krone ist **Magic Travellers Network**, 🖳 www.magic bus.co.nz, mit einer großen Auswahl an Touren und einem garantierten Sitzplatz, sofern man mindestens 24 Std. im Voraus bucht. Das Unternehmen arbeitet eng mit dem YHA zusammen (und bietet YHA-Mitgliedern erhebliche Rabatte) und zielt auf etwas ältere, eher unabhängig gesinnte

Reisende ab. Mit dem ein Jahr gültigen „Spirit of New Zealand Pass" lässt sich das gesamte Land an 23 Reisetagen für $1291 bereisen. Der Pass „Northern Discovery" umfasst die Fahrt von Auckland nach Rotorua, Taupo, Napier, Wellington und Waitomo und zurück (mind. 6 Tage, $439).

Stray, 🖳 www.straytravel.com, möchte Kiwi Experience die Rolle als wichtigster Partybus-Betreiber abspenstig machen. Typische Touren: Südinsel (mind. 17 Tage, $895), Nordinsel (mind. 7 Tage, $510).

Eisenbahn

Von Neuseelands Eisenbahnnetz ist nicht mehr viel übrig geblieben. Es gibt **Nahverkehrszüge** in Wellington und Auckland sowie ein paar Verbindungen zwischen Städten. Die noch existierenden **Fernzüge** verkehren alle auf landschaftlich herausragenden Strecken, aber die Waggons zuckeln so langsam dahin, dass sie für die meisten Neuseeländer kein wirklich nützliches Verkehrsmittel darstellen. Allmählich zeigen auch die minimalen Investitionen in die Infrastruktur und in die Züge ihre Auswirkungen, aber trotz des sinkenden Standards sind Bahnreisen nach wie vor ein schönes Erlebnis.

Die Züge haben Panoramafenster, zurückklappbare Sitze und einen Speisewagen, in dem es passables und relativ günstiges Essen und Bier gibt. Einige Züge verfügen sogar über einen Aussichtswaggon mit Fenster an der Rückseite. Gelegentliche, leider wenig unterhaltsame Ansagen informieren über die Orte entlang der Strecke. Ein Ticket garantiert einen Sitzplatz, wobei die Fahrkartenkontrolle bereits auf dem Bahnsteig stattfindet; Taschen und Koffer werden in einem Gepäckwagen transportiert.

Betreiber aller Fernzüge ist **Tranz Scenic**, ☏ 094/495 0775 und 0800/872 467, 🖳 www. tranzscenic.co.nz, der nur drei Strecken bedient. Auf der längsten Fahrt, dem Overlander zwischen **Auckland und Wellington**, passiert man einige der ländlicheren Gegenden der Nordinsel sowie das landschaftlich schöne Central Plateau mit seinen Vulkangipfeln. Interessante Stopps sind u. a. Te Awamutu, Te Kuiti (wo der Zug von einem Shuttle-Bus zu den Waitomo Caves erwartet wird) und National Park (Ausgangspunkt für den Mount Ruapehu und den Wanderweg Tongariro Crossing). Der Overlander verlässt Auckland und Wellington gegen 7.35 Uhr und erreicht sein Ziel um 19.20 Uhr.

Auf der Südinsel verbindet der TranzCoastal **Christchurch mit Picton**, eine hübsche Fahrt, die zum Teil entlang der Küste führt. Der Zug verlässt Christchurch um 7 Uhr, hält unterwegs in Kaikoura (10 Uhr) und Blenheim (11.45 Uhr) und erreicht um 12.15 Uhr Picton, wo er sich bereits um 13 Uhr wieder auf die Rückfahrt macht (Blenheim 13.30 Uhr, Kaikoura 15.30 Uhr, Christchurch 18.20 Uhr).

Die lohnenswerteste Bahnreise Neuseelands führt mit dem TranzAlpine von **Christchurch nach Greymouth** an der Westküste (S. 586). Die **Preise** für Zugtickets sind höher als für Bustickets auf den gleichen Strecken, aber mit Ermäßigungen und einem Travel Pass lässt sich einiges Geld sparen.

Die meisten Passagiere fahren mit dem Standard- oder **Flexi-Fare**-Tarif, der bei Vorausbuchung mit einem Rabatt aufwartet; dafür ist das Ticketkontingent begrenzt, und wer sein Ticket nach Abfahrtszeit des Zuges zurückgibt, erhält nur 50 % des Preises erstattet.

Preisbeispiele für Standard-Tickets: Auckland–Wellington $129, Christchurch–Greymouth $161. Senioren (ab 55 Jahren) erhalten auf Standard-Fahrpreise 30 % Ermäßigung, aber meistens ist es besser, sich einen Scenic Rail Pass (s. Kasten S. 82) zu besorgen. Passagiere mit bestimmten Behinderungen zahlen beim Normalpreis 40 % weniger.

Abgesehen von einigen Kurzstrecken, die von Dampfloks bedient werden, verkehren die einzigen weiteren Passagierzüge auf dem **Taieri Gorge Railway** (S. 659) zwischen Dunedin und Middlemarch. Auch diese Strecke richtet sich vor allem an Touristen.

Flüge

Viele Touristen beginnen ihre Reise in Auckland und fliegen von Christchurch zurück, sodass sie sich gar nicht um Inlandsflüge kümmern müssen. Wer nur über einen begrenzten Zeitrahmen verfügt, aber dennoch alle wichtigen Sehenswürdigkeiten abklappern möchte, ist hingegen auf Inlandsflüge angewiesen, die teilweise erstaunlich günstig zu haben sind.

Das bei weitem größte Unternehmen ist Air New Zealand, das alle größeren sowie zahlreiche kleinere Orte anfliegt (insgesamt 25 Destinationen). Konkurrenz kommt in erster Linie von Qantas, die nur Auckland, Wellington, Christchurch, Rotorua und Queenstown und demnächst möglicherweise auch Dunedin auf dem Flugplan hat.

Air New Zealand verkauft für seine Flüge nur Tickets der gleichen Klasse, wobei sich die Preise in drei Kategorien staffeln: Zeitlich stark begrenzte Tickets sind am billigsten, während es zu Stoßzeiten weniger günstige Angebote gibt. Qantas hat ein ähnliches System. So kostet beispielsweise ein einfacher Flug von Auckland nach Christchurch zum Standardpreis $399, zum Flexi-Saver-Tarif etwa $279 und zum Smart-Saver-Tarif vielleicht nur $79.

Zu weiteren gefragten Verbindungen zählen die Flüge von Auckland nach Great Barrier Island, über die Cook Strait sowie von Invercargill nach Stewart Island. Folgende **Fluggesellschaften** bedienen Ziele innerhalb Neuseelands: **Air New Zealand**, ✆ 0800/737 000, 🖥 www.airnewzealand.co.nz.

Inlandsflüge

Wer seine Inlandsflüge lange im Voraus im Internet bucht, kann bis zur Hälfte des Flugpreises sparen. Interessant könnten auch die von Air New Zealand, 🖥 www.airnewzealand.de, angebotenen Flugpässe sein, die verschiedene Flüge von Auckland und Christchurch umfassen; sie sollten zusammen mit dem eigentlichen Flugticket gebucht werden. Alternativ lassen sich über die Website der Fluggesellschaft einfache Flüge zu verschiedenen Zielen im Land zu den Tarifen „Smart Saver" und „Flexi Plus" buchen, und man kann sich eine Reiseroute mit verschiedenen Inlandsflügen zusammenstellen. Qantas, 🖥 www.qantas.com.au, bietet ähnliche Multistop-Tickets, allerdings zu höheren Preisen.

Great Barrier Airlines und **Air Coromandel**, ✆ 0800/900 600, ▭ www.greatbarrierairlines. co.nz. Verbindungen zwischen Auckland, Coromandel und Great Barrier Island.

Fly My Sky, ✆ 0800/222 123, ▭ www.flymysky. co.nz. Flüge zwischen Auckland und Great Barrier Island.

Qantas, ✆ 0800/808 767, ▭ www.qantas.com.au.

Soundsair, ✆ 0800/505 005, ▭ www.soundsair. com. Verbindungen in kleinen Flugzeugen über die Cook Strait.

Stewart Island Flights, ✆ 03/218 9129, ▭ www. stewartislandflights.com. Regelmäßiger Flugdienst zwischen Invercargill und Stewart Island.

Fähren

Die am meisten benutzten (Auto-)Fähren Neuseelands pendeln über die Cook Strait und verbinden Wellington mit der Nord- mit Picton auf der Südinsel (s. Kasten S. 492). Weitere Fähren verkehren von Bluff im Süden der Südinsel nach Stewart Island (nur Personentransport) sowie von Auckland zu den Inseln im Hauraki Gulf, allen voran Waiheke, Rangitoto und Great Barrier (Auto- und Personenfähren). Diese Verbindungen werden in den Kapiteln über Invercargill (S. 682) und Auckland (S. 183) näher erläutert.

Wesentlich mehr Zeit verbringen die meisten Besucher auf **Wassertaxis** oder bei einer der vielen angebotenen **Bootstouren**, sei es zum Beobachten von Walen, Schwimmen mit Delphinen oder einfach nur zum Sightseeing.

Auto und Wohnmobil

Wer mit einem eigenen Fahrzeug reist, ist natürlich erheblich flexibler und gelangt auch problemlos an Orte, die ansonsten nur schwer zu erreichen sind. Außerdem lässt sich, indem man zeltet oder etwas außerhalb der Stadtzentren übernachtet, einiges an Geld sparen. Für zwei oder mehr Personen ist dies also eine sehr günstige Art zu reisen.

Um in Neuseeland Auto zu fahren, wird lediglich ein gültiger nationaler Führerschein benötigt, wenngleich ein internationaler Füh-

rerschein den Umgang mit Behörden vereinfachen kann. In Neuseeland herrscht **Linksverkehr**, aber auch hier gilt „rechts vor links". Die Verkehrsschilder entsprechen den unsrigen, und für alle Insassen besteht Gurtpflicht. Geparkt werden darf nur in Fahrtrichtung. Außerhalb geschlossener Ortschaften sind maximal 100 km/h erlaubt, innerhalb von Wohngebieten ist die **Geschwindigkeit** auf 70 km/h oder 50 km/h begrenzt. Bei Geschwindigkeitsübertretungen werden derzeit mindestens $30 fällig. Ein altbekanntes Problem ist Trunkenheit am Steuer: Um die Zahl der tödlichen Verkehrsunfälle herabzusetzen, wurden Alkoholkontrollen eingeführt, und die Überschreitung der Promillegrenze von 0,5 wird streng bestraft.

Im Allgemeinen ist der **Straßenzustand** gut und der Verkehr schwach – zu Staus kommt es nur im Großraum Auckland und zu Hauptverkehrszeiten in Wellington. Die meisten Straßen sind geteert, aber es gibt auch viele Schotterstraßen, die auf Karten deutlich gekennzeichnet sind. Auf den Schotterstraßen kommt man natürlich etwas langsamer voran, und nach heftigen Regenfällen können sie unpassierbar werden. Einige Autoverleiher untersagen die Benutzung der schlimmsten Straßen – zum Beispiel im Skippers Canyon und an der Nordspitze der Coromandel Peninsula. Vor der Abfahrt sollte man immer den Straßenzustand erfragen.

Zu weiteren **Verkehrshindernissen** gehören Schafe, dahinschleichende Nutzfahrzeuge, riesige Holztransporter und einspurige Brücken: Schilder vor der Brücke zeigen an, wer Vorfahrt hat. Auf längeren Brücken gibt es auf halber Strecke eine Haltebucht.

Die **Benzinpreise** liegen momentan bei $1,65 für bleifreies Benzin, $1,85 für bleifreies Super und $1,09 für Diesel; in entlegeneren Gebieten sind die Preise höher. Die Tankstellen der größeren Städte haben meist rund um die Uhr geöffnet, aber in kleineren Orten schließen sie bereits gegen 20 Uhr.

Wer länger mit dem Auto unterwegs ist, kann sich in Büros der **New Zealand Automobile Association** (AA), ▭ www.nzaa.co.nz, oder im Buchladen den *Road Guide* besorgen, der unter anderem auch über die Verkehrsregeln informiert. Die Mitgliedschaft im deutschen ADAC,

DSV, DMYV, DCC und DTC oder deren Pendants in Österreich (ÖCC, ÖAMTC) und der Schweiz (TCS, CCS, SRB, ZKZ, ONST) wird vom neuseeländischen AA in gewissem Rahmen anerkannt.

Viele ausländische Automobilclubs haben überdies ein internationales Abkommen, sodass man beim AA nach Vorlage des nationalen Ausweises in den Genuss zahlreicher Leistungen kommt, darunter ein rund um die Uhr aktiver Pannendienst, ✆ 0800/500 222, kostenloses Kartenmaterial und Unterkunftsverzeichnisse.

Mietwagen

Wer Neuseeland mit dem Mietwagen bereist, startet meist in Auckland und fährt quer über die Nordinsel nach Wellington. Dort wird der erste Wagen stehen gelassen, mit der Fähre nach Picton übergesetzt und ein zweites Auto gemietet, mit dem man dann die Südinsel durchstreift und es in Christchurch wieder abgibt. Diese Tour kann auch in umgekehrter Richtung gemacht werden, was oftmals billiger ist.

Dank der großen Konkurrenz unter den **Autoverleihern** in Neuseeland sind die Preise relativ günstig. Ab einer Mietdauer von vier Wochen bekommt man ältere Kleinwagen im Winter (Juni bis August) schon für weniger als $30 pro Tag. In der Hochsaison steigen die Preise. Die meisten internationalen Firmen – darunter Budget, Hertz, National, Thrifty etc. – sind vor Ort vertreten und bieten neue Autos zu guten Bedingungen an. Nationale Verleiher können mit einem günstigeren Preis-Leistungs-Verhältnis aufwarten, weil ihre Geschäftskosten niedriger sind und ihr Fuhrpark meist aus älteren, aber nicht minder leistungsfähigen Autos besteht. Noch billiger wird es mit Firmen, die nur lokal vertreten sind; ihre Autos eignen sich jedoch eher für Ausflüge in die nähere Umgebung, da die Firmen keine entsprechende Infrastruktur besitzen, die beispielsweise bei der Passage über die Cook Strait von Nutzen wäre. Kostenlose Pannenhilfe ist bei den meisten enthalten.

In der Hochsaison sollte man nach Möglichkeit im Voraus ein Auto reservieren. Zu anderen Zeiten lassen sich vor Ort häufig günstigere Angebote finden, besonders im Winter (außer in den Skigebieten), wenn man den Preis beinahe selbst bestimmen kann. Bei einer Miete ab vier Tagen werden in der Regel **unbegrenzte Kilometer** gewährt. Die im Folgenden aufgeführten Preise beziehen sich auf die Hauptsaison bei einer Mietdauer von zwei Wochen, allerdings sollte man immer versuchen, ein wenig zu handeln. Im Allgemeinen gilt: Ace, Apex, Omega und Pegasus verleihen neuere Autos zu moderaten Preisen. Die übrigen neuseeländischen Mietwagenfirmen versuchen verzweifelt, sich gegenseitig zu unterbieten und haben daher **niedrige Preise**.

Für zwei Mietwochen im Sommer kostet ein **Kleinwagen** (1,3–1,8 l) bei den großen Unternehmen $50–70 und bei nationalen Verleihern $30–60 pro Tag. Wer es etwas komfortabler liebt oder mit Kindern reist, ist mit einem **Mittelklassewagen** (2–3 l) besser bedient. Hier liegen die Preise zwischen $80 und $90 bei den großen und zwischen $40 und $80 bei den kleineren Firmen. Sofern man Neuseeland nicht im Winter bereist und ohne Schneeketten in die Skigebiete fahren möchte, ist ein **4WD** eigentlich unnötig. Er kostet generell $90–130 pro Tag und wird daher sinnvollerweise nur für einzelne Ausflüge gemietet.

Bei einer Mietdauer von mehreren Wochen wird die Gebühr für eine **Einwegmiete**, bei der das Auto an einer anderen Stelle als dem Abholort zurückgegeben wird, normalerweise erlassen; sie liegt bei $150–300. Mit etwas Verhandlungsgeschick kann man sich von diesen Kosten auch befreien, wenn man von Süden nach Norden reist – während der Saison stehen in Wellington, Picton, Christchurch und Queenstown manchmal so viele Wagen herum, die eigentlich woanders gebraucht würden, dass einige Verleiher interessante Preise für **Rücküberführungen** anbieten. Wie viel Zeit für den Transfer zur Verfügung steht, hängt vom jeweiligen Unternehmen ab.

Wer ein Auto ausleihen will, muss mindestens 21 Jahre alt sein und eine gültige Fahrerlaubnis haben; Fahrer unter 25 Jahren bezahlen oft wesentlich mehr für die Versicherung. Die Kosten für die **Versicherung** sind meist im angeführten Tarif enthalten. Für Glasschäden muss man selbst aufkommen, und die Selbstbeteiligung liegt bei $1000. Bei einigen Billiganbietern beträgt die Selbstbeteiligung bis zu $3000, wenn der Unfall selbst verschuldet wurde. Dieser Betrag lässt sich u. U. auf $250 oder null reduzieren, wenn pro Tag zusätzlich $10–20 für den Collision Damage Waiver bezahlt werden.

Bevor Verleihfirmen einen Wagen aushändigen, verlangen sie vom Kunden einen Kreditkarten-Beleg oder eine Kaution ($1000). Hat man einen Unfall, wird die Kaution zur Bezahlung der Schäden verwendet. In manchen Fällen zahlt man lediglich für den tatsächlichen Schaden, in anderen ist die gesamte Kaution weg, egal wie leicht die Unfall war. Vor Unterschreiben des Vertrags sollte man unbedingt das Kleingedruckte lesen und das Auto nach sichtbaren Schäden untersuchen, damit man am Ende seiner Reise nicht für die Fehler anderer haftbar gemacht wird. Außerdem gilt es, sich zu erkundigen, welche Einschränkungen für die Benutzung bestimmter Straßen gelten.

Neuseeländische Autovermieter:
A2B Rentals, ☎ 0800/616 888,
🖳 www.a2brentals.co.nz
Ace Rental Cars, ☎ 0800/502 277,
🖳 www.acerentalcars.co.nz
Apex, ☎ 0800/939 597,
🖳 www.apexrentals.co.nz
Bargain Rental Cars, ☎ 0800/001 122,
🖳 www.bargainrentals.co.nz
Jucy, ☎ 0800/399 736,
🖳 www.jucy.co.nz
Omega, ☎ 0800/525 210,
🖳 www.omegarentalcars.com
Pegasus, ☎ 0800/803 580,
🖳 www.rentalcars.co.nz

Wohnmobil mieten

Den ganzen Sommer über sind Neuseelands Straßen übersät mit Wohnmobilen, hinter deren Steuer fast immer Urlauber sitzen. Sie fahren damit kreuz und quer durchs Land, übernachten auf Campingplätzen und ab und zu in einer Haltebucht am Straßenrand (s. Kasten).

Ein kleines Wohnmobil birgt genügend Platz für zwei Erwachsene, eventuell noch zwei Kinder, und ist mit einem herunterklappbaren Bett und einer Kochnische ausgestattet. Die größeren Modelle bieten vier oder mehr Erwachsenen

Platz und besitzen oftmals eine Dusche und sogar eine Toilette.

Die **Mietpreise** für mittlere bis große **Wohnmobile** (bei drei Wochen Dauer) liegen während der Hochsaison (Dezember bis Februar) bei $200–350 pro Tag und fallen im Winter auf $150. Zu den beiden größten Firmen zählen Maui und Britz (die eigentlich zusammengehören); ein paar kleinere Firmen bieten günstigere Preise (20–30 % weniger).

Kleine Campingbusse sind oft ziemlich beengt und werden vor allem von spartanischen Rucksacktouristen bevorzugt, die breitwillig auf mehr Komfort verzichten. Sie kosten normalerweise im Sommer $95, in den Übergangszeiten $85 und im Winter $65 pro Tag. Der aktuelle Trend: wild bemalte Busse mit schrägen Firmennamen wie Escape Rentals oder Wicked Campers. Eine gute Alternative sind die auffälligen, orangefarbenen Fahrzeuge von Spaceships, die einfallsreich umgebaut sind und mindestens zwei Erwachsenen Platz bieten. Ebenfalls erschwinglich und darüber hinaus wesentlich romantischer sind die restaurierten VW-Busse von Kiwi Kombis in Auckland, die je nach Zeit und Fahrzeug $150–250 pro Tag verlangen.

Für Wohnmobile gilt üblicherweise eine Mindestmietdauer von 5–7 Tagen. Dafür besteht keine Kilometerbegrenzung, und man bekommt eine Küchenausrüstung sowie u. U. kostenlosen

Umsichtiges Campen

Einer der Vorteile des Reisens mit einem Wohnmobil besteht in der Möglichkeit, ab und zu kostenlos auf Parkplätzen zu übernachten. Das ist nicht unbedingt legal, wird aber meist nicht geahndet. Da diese Übernachtungspraxis aber ein wenig überhandgenommen hat und zu viel Dreck hinterlassen wurde, wird jetzt verstärkt besonders gegen kleinere Wohnmobile ohne eigene Toilette vorgegangen. Hinweise zum Übernachten am Straßenrand bietet 🖳 www.camping.org.nz; ansonsten fragt man am besten die Leute vor Ort. Auf jeden Fall sollte man sich immer umsichtig verhalten, damit auch nachfolgende Reisende die Schönheit des Landes problemlos genießen können.

Flughafentransfer dazu. Die Versicherung ist meist im Preis inbegriffen, wobei die Selbstbeteiligung satte $1000–5000 betragen kann – der zusätzliche Collision Damage Waiver sollte also unbedingt in Erwägung gezogen werden. Ein Großteil der Firmen verleiht für ein paar zusätzliche Dollar auch Campingausrüstung.

Für Wohnmobile wird zwar keine spezielle **Fahrerlaubnis** benötigt, aber man muss sich schon etwas umstellen und vorsichtiger fahren als mit einem Pkw, besonders bei starkem Wind, bei Steigungen und engen Kurven. Außerdem sollte man an die anderen Verkehrsteilnehmer denken und immer wieder überholen lassen. Wohnmobilverleiher sind:

Wohnmobilverleiher (mittlere bis große Fahrzeuge):
Adventure, ✆ 0800/123 555,
🖳 www.nzmotorhomes.co.nz
Backpacker Campervans, ✆ 800/200 80801,
🖳 www.backpackercampervans.com
Britz, ✆ 0800/831 900,
🖳 www.britz.com
Escape, ✆ 0800/216 171,
🖳 www.escaperentals.co.nz
Eurocampers, ✆ 0800/489 226,
🖳 www.eurocampers.co.nz
Freedom Campers, ✆ 0800/325 939,
🖳 www.freedomcampers.co.nz
Jucy (S. 87)
Kea Campers, ✆ 0800/520 052,
🖳 www.keacampers.com
Maui, ✆ 0800/651 080,
🖳 www.maui.co.nz

Wohnmobilverleiher (kleine Fahrzeuge und Umbauten):
Backpackers Transport, ✆ 0800/226 769,
🖳 www.backpackernz.co.nz
Escape, ✆ 0800/216 171,
🖳 www.escaperentals.co.nz
Ezy, ✆ 0800/399 736,
🖳 www.ezy.co.nz
Kiwi Kombis, ✆ 09/533 9335,
🖳 www.kiwikombis.com
Spaceships, ✆ 0800/772 237,
🖳 www.spaceshipsrentals.co.nz

Wicked Campers, ✆ 0800/246 869,
🖳 www.wickedcampers.com.au

Autokauf

Ein gebrauchtes Auto zu kaufen, kann sich bereits ab einem Aufenthalt von zwei Monaten lohnen und sogar billiger sein als öffentliche Transportmittel. Bei einem extrem billigen Wagen steigt natürlich das Pannenrisiko. Die meisten besorgen sich in Auckland ein Auto und verkaufen es wieder in Christchurch, wo man als Kunde eine entsprechend gute Auswahl und eine bessere Verhandlungsposition hat.

Einige der besten Angebote findet man an den **Anschlagbrettern der Backpacker-Hostels**, wo ältere Autos und Vans für $500–4000 ausgeschrieben werden. Ein halbwegs vernünftiges Gefährt ist ab $2500 zu haben. Es mag keinen Schönheitspreis gewinnen, und bei einem **Privatkauf** besteht auch keine Garantie, dass der Wagen die Urlaubsreise übersteht, dafür bekommt man häufig Campingausrüstung umsonst oder für wenig Geld als Beigabe dazu. Ähnliche Kandidaten werden in **Zeitungsanzeigen** offeriert.

Sicherer, aber auch teurer sind **Händler**, die es in Auckland, Christchurch und Wellington zuhauf gibt und die Autos ab $5000 im Angebot haben. Einige dieser Firmen bieten auch einen **Rückkaufservice** an und nehmen das Auto nach der Tour für etwa die Hälfte des Kaufpreises wieder ab. So vergeudet man keine Urlaubstage mit dem Verkauf des Wagens; auf dem Privatmarkt erzielt man allerdings meist einen wesentlich besseren Preis.

Wer sich zutraut, den Zustand eines Wagens selbst einzuschätzen, kann zu einer **Auktion** gehen (in Auckland s. S. 179 und Christchurch wöchentlich; Ort und Zeit werden in der Lokalpresse bekanntgegeben), wo man oft richtige Schnäppchen macht. Achtung: Üblicherweise werden auf das Gebot 10 % **Käuferprämie** aufgeschlagen.

Bevor man den Zuschlag gibt, sollte man sich an die NZ Transport Agency (🖳 www.nzta. govt.nz) wenden, die auf ihrer Internetseite gute Ratschläge und Warnungen bezüglich des Autokaufs gibt. Sehr hilfreich ist auch das Informationsblatt *Buying a used car*.

Wer sich mit Autos nicht wirklich auskennt, sollte vor dem Kauf auf alle Fälle eine **Autoinspektion** durchführen lassen. Das kostet zwar Geld, aber vielleicht kann man den Kaufpreis danach wegen offenkundiger Mängel herunterhandeln – oder erspart sich eine Enttäuschung. Solche Untersuchungen werden durchgeführt von der AA, ✆ 0800/500 333, 🖥 www.aa.co.nz (Mitglieder $140, Nicht-Mitglieder $165), oder von den Car Inspection Services, ✆ 0800/500 800 für Auckland und Wellington, 🖥 www.carinspections.co.nz. Ein wichtiger Tipp zum Schluss: Vor Abschluss eines Kaufvertrags unbedingt AA LemonCheck, ✆ 0800/500 333, 🖥 www.aalemoncheck.co.nz, kontaktieren, um zu erfahren, ob das Auto gestohlen ist oder Schulden darauf lasten, die man mit dem Kauf automatisch übernehmen würde: Die Kosten belaufen sich auf $20 für Mitglieder und $25 für Nicht-Mitglieder.

Was bei uns der TÜV, ist in Neuseeland der **WOF** (Warrant of Fitness): die Überprüfung eines Autos auf seine Verkehrssicherheit. Untersuchungen dieser Art werden von speziellen Werkstätten und Prüfstellen durchgeführt und gelten ein Jahr, wenn das Auto jünger als sechs Jahre ist, oder sechs Monate bei älteren Autos. Beim Verkauf eines Autos darf die Überprüfung nicht länger als einen Monat zurückliegen. Außerdem sollte das Auto eine gültige **Vehicle license** besitzen, die vor Ablauf erneuert werden muss (für Privatfahrzeuge mit Benzinmotor 6 Monate $148, 12 Monate $288). Das wird am besten per Post oder in einem der AA-Büros erledigt, geht aber auch online unter 🖥 www.nzta.govt.nz.

Nach dem Kauf eines Autos muss der Zulassungsstelle der **Besitzerwechsel** bekannt gegeben werden, indem Verkäufer und Käufer gemeinsam ein Formular ausfüllen, das bei jedem Postamt eingereicht werden kann. Die Kennzeichen verbleiben beim Auto.

Zu guter Letzt wird noch eine **Versicherung** benötigt, entweder Vollkasko oder Haftpflicht, Feuer und Diebstahl. Unter dem Eintrag „Insurance Companies" findet man in den Gelben Seiten Dutzende von Agenturen, deren Preise teilweise sehr differieren. Eine Haftpflichtversicherung kostet für sechs Monate mindestens $400.

Motorrad

Auch Motorradfahrer benötigen lediglich einen nationalen Führerschein, der selbstverständlich für Krafträder ausgestellt sein muss. Es besteht **Helmpflicht**, und man sollte sich darauf einstellen, ab und zu auch Schotterstraßen zu befahren.

Wer ohne eigenes Motorrad unterwegs ist, kann sich von Unternehmen, die geführte Touren anbieten (s. u.), eine Maschine ausleihen. Ein recht teurer Spaß, denn für ein Motorrad mit 650 ccm bezahlt man im Sommer $170–250 pro Tag. Bike Adventure New Zealand, ✆ 0800/498 600, 🖥 www.bikeadventure.co.nz, bietet 600er Enduros für $95 pro Tag bei Kurzzeitmieten; der Preis fällt auf $55, wenn man die Maschine für zehn Wochen ausleiht. Ansonsten wird man bei denselben Quellen wie beim Autokauf fündig.

Motorradtouren

Die Alternative zum Mieten eines Motorrads ist eine organisierte Tour, mit oder ohne Reiseführung, wobei gewöhnlich sehr gute Unterkünfte und Restaurants gewählt und hervorragende Motorräder gestellt werden.

Adventure New Zealand Motorcycle Tours & Rentals, Nelson, 🖥 www.gotournz.com. Sehr teure Motorradtouren in kleinen Gruppen auf der Südinsel. Die Route kann maßgeschneidert werden, ein Luxusbus begleitet die Teilnehmer, und alles ist auf den höchsten Standard ausgerichtet. Die Preise beginnen bei $7200 für einen 10-tägigen Standardtrip auf einem Durchschnittsmotorrad.

New Zealand Motorcycle Rentals & Tours, 🖥 www.nzbike.com. Hochpreisige Spezialagentur, die geführte All-inclusive-Touren mit Übernachtung in hervorragenden Unterkünften anbietet. Außerdem im Angebot: partiell geführte Touren und Motorradverleih. Eine geführte 13-tägige Tour kostet etwa $9000.

Te Waipounamu Motorcycle Hire & Tours, 🖥 www.motorcycle-hire.co.nz. Organisiert Luxustouren durch die Südhälfte der Südinsel und verleiht Motorräder (BMW-Maschinen in der Hochsaison $250/Tag).

Fahrrad

Neuseeland lässt sich prima per Rad erkunden. Die Distanzen sind gering, das Klima im Allgemeinen angenehm, der Verkehr dünn und die Landschaft atemberaubend. Überall findet man Hostels und Campingplätze, wobei Letztere meist auch Zimmer und Cabins vermieten, sollte einem der Regen doch einmal zusetzen.

Allerdings birgt das Land auch ein paar Tücken für Radfahrer: Neuseelands Straßennetz ist so dünn, dass man in vielen Gegenden auf die Hauptstraßen angewiesen ist; Nebenstraßen sind häufig ungeteert; selbst im Sommer fällt einigermaßen viel Regen; und ein Großteil des Landes ist ausgesprochen hügelig.

Im Gegensatz zur landläufigen Meinung eignet sich die Südinsel besser zum Radfahren als die Nordinsel. Der von Nord nach Süd verlaufende Gebirgszug auf der Südinsel bildet praktisch die einzige geografische Barriere, während sowohl ein großer Teil der West- als auch zwei Drittel der Ostküste aus einer Ebene besteht. Auf der Nordinsel hingegen kann man kaum 10 km fahren, ohne auf irgendeinen größeren Hügel zu stoßen, und muss sich mit wesentlich mehr Verkehr herumschlagen – inklusive riesiger Holztransporte.

Für Radfahrer besteht **Helmpflicht**. Wer sich einer geführten Tour anschließen möchte, findet entsprechende Empfehlungen auf S. 69. Sehr gute **Informationen** enthalten die Radführer *Pedallers' Paradise,* www.paradise-press.co.nz, sowie Bruce Ringers *New Zealand by Bike*.

Da man sich zumeist auf Teerstraßen fortbewegt und nur gelegentlich auf eine Schotterpiste ausweichen muss, ist ein **Trekkingrad** am besten geeignet. Natürlich leistet auch ein **Mountainbike** gute Dienste, allerdings sollte man dann auf grobe Stollenreifen verzichten, um das Vorankommen nicht unnötig zu erschweren.

Bei einem Aufenthalt von mehreren Wochen ist es billiger, das **eigene Rad** mitzubringen. Viele internationale Fluggesellschaften betrachten Fahrräder lediglich als zusätzliches Gepäckstück und lassen sich den Transport nicht extra bezahlen, sofern man das erlaubte Gesamtgewicht nicht überschreitet. Jedoch verlangen die Airlines die Verpackung in einer **Fahrradtasche**, oder vor der Gepäckaufgabe müssen zumindest die Pedale abgeschraubt, der Lenker quergestellt sowie die Kette abgedeckt werden.

An einigen Flughäfen werden Radkartons verkauft, die bei einem Fahrradhändler jedoch üblicherweise umsonst zu bekommen sind. Sperrige Radtaschen können in den meisten Hostels kostenlos oder gegen eine geringe Gebühr für die Dauer des Aufenthalts gelagert werden – das funktioniert natürlich nur, wenn man vom gleichen Ort wieder zurückfliegt.

Für kleinere Ausflüge vor Ort kann man sich auch ein **Fahrrad leihen**. Pro Tag ist je nach Ausstattung mit $30–50 zu rechnen, die Monatstarife der liegen bei $200–250 für ein Trekkingrad und $300 oder mehr für ein voll gefedertes Mountainbike. Da lohnt es sich schon eher, ein Fahrrad zu kaufen. Für ein neues, voll ausgestattetes Rad werden mindestens $1000 fällig. **Gebrauchtangebote** findet man manchmal in Hostels (unter $500 ist ein recht guter Deal), oft gibt es noch zusätzliche Ausrüstung wie spezielle Kleidung, Helm und Pumpe dazu.

Manche Fahrradläden offerieren eine **Rückkaufgarantie**, die bei etwa 50 % des Kaufpreises liegt. Eine gute Adresse ist Adventure Cycles, 9 Premier Ave, Western Springs, Auckland, ☎ 09/940 2453, 🖳 www.adventure-auckland. co.nz/adventurecycles. Sie bieten außerdem einen Gepäckaufbewahrungsservice für Fahrradtaschen, helfen bei der Zusammenstellung eines "Notfallpakets" mit Ersatzteilen, senden Kleidung und Material hinterher und checken das eigene Fahrrad vor dem Start – alles für rund $45. Die beste Adresse für Ersatzteile und Reparaturen in Christchurch ist Laurie Dawe Cycles, 838 Colombo Street, ☎ 021/366 5639.

Wer des Radfahrens einmal müde wird oder eine Panne hat, kann seinen Drahtesel gewöhnlich in einen Bus oder Zug ($10–20 pro Fahrt) laden und sich ein wenig erholen. Allerdings ist der Gepäckraum meist begrenzt, daher empfiehlt es sich möglichst im Voraus einen Platz zu reservieren. Interislander und Blue Bridge verlangen für die Fährüberfahrt von Nord- zu Südinsel $10–20 pro Fahrrad.

Kostenlos werden Räder transportiert (in Bussen, Zügen und auf Fähren), wenn sie in einer Radtasche verpackt sind und als normales

Gepäckstück aufgegeben werden. Air New Zealand befördert Fahrräder zum Nulltarif, solange die Gewichtsgrenze für Gepäck nicht überschritten wird. Qantas berechnet den normalen Preis für Mehrgepäck, rechnet das Fahrrad aber nicht in das zulässige Gesamtgewicht ein.

Übernachtung

Übernachtungskosten verschlingen einen Großteil des Reisebudgets, doch dafür wird durchgehend ein relativ hoher Standard geboten. Fast jede Stadt besitzt ein Motel oder ein Hostel. Deshalb ist die Suche nach einer Unterkunft selten ein Problem – obwohl man während der Hochsaison von Weihnachten bis Ende Januar unbedingt im Voraus reservieren sollte; einen Monat vor und nach dieser Zeit empfiehlt sich ebenfalls eine Buchung.

Neuseeländer verbringen ihre Ferien meist im eigenen Land, wobei sie sich am liebsten selbst versorgen und einen der zahlreichen, gut ausgestatteten **Campingplätze** (auch Motor Camps oder Holiday Parks genannt) oder eines der **Motels** besuchen, während sie die auf Pauschaltouristen und Geschäftsleute ausgerichteten **Hotels** eher meiden. Eine verlockende Alternative hierzu sind **Gästehäuser**, **B&Bs**, **Lodges** sowie **Home-** und **Farmstays**, die das gesamte Preisspektrum abdecken – vom schlichten Zimmer in einem unscheinbaren Vorortshaus bis zu Luxus pur in einem herrschaftlichen Anwesen auf dem Lande.

Mitte der 1980er-Jahre hat Neuseeland die sogenannten **Backpacker-Hostels** aus der Taufe gehoben, eine weniger streng reglementierte Alternative zu den traditionellen, die sich ihrerseits sehr ins Zeug gelegt haben, um mit der Konkurrenz mithalten zu können. Die Hostels sind über das ganze Land verteilt und bieten Reisenden mit schmalem Geldbeutel zumeist hervorragende Unterkunft und andere Leistungen.

Wo auch immer man übernachtet, überall wird den Reisenden eine herzliche Gastfreundschaft zuteil, und sie bekommen hilfreiche Tipps für Unternehmungen vor Ort oder die Weiterreise. Der vorliegende Führer enthält eine Auswahl der empfehlenswertesten Unterkünfte im ganzen Land.

Viele Unterkünfte werden inzwischen nach dem landesweiten **Qualmark-System** klassifiziert (🖵 www.qualmark.co.nz). Danach erhalten unterschiedliche Kategorien (Luxus, Hotel, Selbstversorger, Gästehaus, Holiday Parks und Backpackers) einen bis fünf Sterne. Die meisten Unterkünfte haben zwischen drei (sehr gut) und vier oder mehr Sterne (am oberen Ende der Luxusklasse), aber man kann nie wissen, ob beispielsweise ein 4-Sterne-Backpackers besser ist als ein Zimmer in einem 5-Sterne Holiday-Park. Viele Unterkünfte sind diesem System nicht angeschlossen, was aber nicht heißt, dass sie nicht ebenso gut oder sogar besser sind.

Nützliche Unterkunftsverzeichnisse und Websites

AA Accommodation Guide, 🖵 www.aatravel.co.nz.
Jährlich erscheinende, landesweite Publikation auf der Basis von Anzeigen, in der vor allem Motels und Holiday Parks verzeichnet sind. Die Broschüre ist in den meisten Motels und i-SITE-Touristeninformationen kostenlos erhältlich.
Charming Bed & Breakfast, 🖵 www.bnbnz.com.
Edel aufgemachter B&B-Führer, der sich insbesondere auf die Unterkünfte mittlerer Kategorie spezialisiert. Der Katalog kann gegen Portogebühr auf der Webseite bestellt werden und liegt oft kostenlos in B&Bs aus.
The Bed & Breakfast Book, 🖵 www.bnb.co.nz.
Jährlich aktualisierte Auflistung geprüfter B&Bs, Boutique Lodges, Home- und Farmstays mit insgesamt rund 1000 Unterkünften im ganzen Land. Käufer sollten daran denken, dass die Einträge von den Anbietern selbst formuliert werden – es kann also nicht schaden, ein wenig zwischen den Zeilen zu lesen. Das Buch kostet offiziell $20 (Versandkosten ins Ausland $10), ist aber oft wesentlich billiger erhältlich.

Viele Kiwis besitzen **Ferienhäuser** (*bach* oder *crib* genannt), die sie auch vermieten, wobei meist ein Mindestaufenthalt von etwa vier Nächten vorausgesetzt wird. Um Weihnachten ziehen die Preise stark an, im Winter fallen sie. Gute Informationen bieten folgende Webseiten:

Wir haben die Unterkünfte in neun Preiskategorien eingeteilt. Die Angaben gelten jeweils für das billigste erhältliche Doppelzimmer in der Hochsaison, wobei kurzzeitige Preisspitzen um Weihnachten und Neujahr weitgehend unberücksichtigt bleiben. Ein Einzelzimmer kostet in der Regel nur 10–20 % weniger als ein Doppelzimmer. Bei Hostels und Campingplätzen mit einzelnen Dorm-Betten ist der volle Preis (ohne Discountkarte) angegeben. YHA-Mitglieder erhalten $3 Ermäßigung in YHA-Hostels, BBH-Mitglieder sparen normalerweise $3 in BBH-Unterkünften, VIP-Karten-Inhaber zahlen $1 weniger pro Übernachtung. Sofern nicht anders angegeben, gelten die Preise für DOC-Hütten und Campingplätze pro Person.

❶	bis $59
❷	$60–79
❸	$80–99
❹	$100–129
❺	$130–159
❻	$160–199
❼	$200–249
❽	$250–349
❾	ab $350

🖳 www.bookabach.co.nz und 🖳 www.holiday houses.co.nz.

Hotels und Motels

In Neuseeland verbergen sich hinter dem Begriff **Hotel** häufig etwas altmodische Pubs, die einst gesetzlich dazu verpflichtet waren, den Kneipengästen auch Zimmer zur Verfügung zu stellen. Viele dieser sogenannten Hotels fungieren schon lange nicht mehr als Unterkunft, andere wurden zu Backpacker-Hostels umfunktioniert, und wieder andere halten die alte Tradition aufrecht. Im besten Fall bieten sie komfortable Zimmer in stimmungsvollen, historischen Gebäuden, genauso oft jedoch präsentiert sich die Schlafstatt als schlichtes Mini-Zimmer mit nur einem Bett und Nachttisch.

Nicht selten reduziert sich das soziale Geschehen in kleineren Orten und Siedlungen auf die Hotelbars und besonders am Wochenende kann es hier recht derb zugehen – es ist vielleicht besser, in einem Hostel abzusteigen. Großstädte sowie Orte mit touristischer Anziehungskraft besitzen auch Hotels im klassischen Sinn, die vor allem auf Geschäfts- oder Pauschalreisende ausgerichtet sind. Dementsprechend tief muss man in die Tasche greifen (ab $160 für ein Doppelzimmer), wobei das Preis-Leistungs-Verhältnis leider nur selten stimmt – ausgenommen ruhigere Perioden und Wochenenden, wenn auf Nachfrage teilweise erhebliche Rabatte gewährt werden.

Neuseeländer selbst bevorzugen auf Reisen meistens die überraschend gut ausgestatteten **Motels** (etwa $100–200), die sich entlang der Einfallstraßen aneinander reihen und deshalb eher für Selbstfahrer geeignet sind. In der Regel handelt es sich um nüchterne, funktionelle Betonblocks, die aber neben Fernsehgerät und Bad auch eine unterschiedlich ausgestattete Küche sowie kostenlosen Tee oder Kaffee zur Verfügung stellen.

Das Zimmerangebot reicht von **Studios**, bestehend aus einem Raum mit Betten, Wasserkocher, Toaster und Mikrowelle, über **Units** mit Schlafzimmer und zumeist getrennter Küche bis zu **Suiten** (gleicher Basispreis wie eine Unit, jeder zusätzliche Erwachsene kostet $15–25 extra), die zwei bis drei Schlafzimmer umfassen und insbesondere für Gruppen eine günstige Alternative darstellen.

Hinter einem **Motor Inn** (etwa $130–250) oder Ähnlichem verbergen sich meist recht luxuriöse Unterkünfte mit Bar, Restaurant, Swimming Pool und Sauna, deren Zimmer jedoch keine Kochgelegenheit haben.

B&Bs, Lodges und Boutiquehotels

Während viele Familien das ungezwungene Ambiente eines Motels zu schätzen wissen, ziehen Paare häufig ein Homestay oder B&B (ab $80) vor. Oft ist es ein einfaches Zimmer, meist ohne eigenes Bad, dafür gibt's ein kleines Frühstück. Aber der Begriff umfasst auch luxuriöse

Unterkünfte buchen

In größeren Städten und an beliebten Reisezielen sollten Unterkünfte von Dezember bis März ein paar Tage im Voraus reserviert werden. Wer ein bestimmtes Haus bevorzugt, bucht am besten schon einige Wochen vorher. Die meisten Neuseeländer machen ab Weihnachten zwei bis drei Wochen Urlaub. Deshalb sind vom **26. Dezember bis Mitte Januar** alle Unterkünfte in der Nähe eines schönen Strandes oder Sees ausgebucht. Das gilt ganz besonders für Holiday Parks (Campingplätze) und Motels, die dann auch ihre Preise erheblich erhöhen. In Gegenden, die keine neuseeländischen Urlauber anziehen, kann es zu dieser Zeit wiederum recht ruhig zugehen. Die Orte in der Nähe von **Skigebieten** sind gewöhnlich von Juli bis September am vollsten, vor allem an den Wochenenden und in den Schulferien.

Kolonialvillen, deren Zimmer (mit Bad) herrlich eingerichtet sind und wo man ein üppiges, hausgemachtes Frühstück bekommt. Die Unterkünfte am oberen Ende der Skala nennen sich mittlerweile **Lodges**, **Boutiquehotels** oder „exclusive retreats" (ab $200), wobei sich der außerordentlich gute Service und hohe Standard deutlich im Preis niederschlagen.

In der Nebensaison fallen die Preise und oft lassen sich richtige Schnäppchen machen. Allein Reisende, die sich mit Hostels nicht anfreunden können, zahlen in einem B&B 60–80 % des Preises für ein Doppelzimmer, manchmal auch nur 50 %.

Home- und Farmstays

Homestays bieten in der Regel ein oder zwei Gästezimmer in einem Privathaus, wo man mit den Besitzern zusammenkommt und gemeinsam das Frühstück einnimmt. Die Übernachtung in einer solchen Unterkunft stellt eine prima Gelegenheit dar, ganz „normale" Neuseeländer kennen zu lernen und ein bisschen in ihr Leben hinein zu schnuppern. Außerdem wird man

meist sehr gut umsorgt – und ist nicht selten von der Großzügigkeit der Gastgeber schlichtweg überwältigt. Es gilt als höflich, seinen Besuch vorher anzumelden, und man sollte ausreichend Bargeld mit sich führen, da eine Bezahlung mit Kreditkarte oder Scheck selten möglich ist.

Die gleiche Art von Unterkunft heißt in ländlichen Gebieten **Farmstay**. Auf eigenen Wunsch dürfen die Gäste, die mehrere Tage bleiben, bei der Arbeit auf dem Bauernhof zur Hand gehen, etwa beim Zusammentreiben der Schafe, Kühe melken oder Einzäunen. Home- und Farmstays kosten $100–160 pro Doppelzimmer inklusive Frühstück; je nach Bedarf wird auch ein Abendessen ($25–75 p. P.) aufgetischt, und wer den ganzen Tag auf der Farm verbringt, muss für das Mittagessen oder ein Lunchpaket meist nur eine kleine Summe bezahlen.

Hostels, Backpackers und YHAs

Neuseeland bietet mehr als 400 Billig- und Selbstversorger-Unterkünfte, die im Allgemeinen **Hostels** oder **Backpackers** genannt werden und für ein Bett im Schlafsaal $21–30 verlangen. Häufig sind diese Unterkünfte exzellent gelegen – mitten im Stadtzentrum, direkt am Strand, nahe Skipisten oder umgeben von wunderbarer Natur in einem Nationalpark – und ausgezeichnete Orte, um Gleichgesinnte zu treffen und sich mit Infos zu versorgen.

Die Hostels sind unterschiedlich groß und verfügen über vielleicht nur vier, vielleicht aber auch mehrere hundert Betten.

Aber wo auch immer man absteigt, überall gibt es komplett eingerichtete Küchen, Waschmaschinen, Fernseh- und Spielezimmer, Anschlagbretter sowie eine Unmenge hilfreicher Informationen. Im Allgemeinen sind die Betten mit Bettwäsche bezogen; nur ein eigenes Handtuch muss man mitbringen, oder man leiht es für ein paar Dollar. Zu den Standardeinrichtungen gehören inzwischen auch Computer mit Internetzugang (üblicherweise mit Münzeinwurf) und vermehrt auch WLAN, wenngleich ein paar ländliche Hostels bewusst auf diese technischen Errungenschaften verzichten.

Je nach Lage findet man häufig auch Swimming Pools, Grillecken, Leihräder und -kanus sowie Infos zu örtlichen Arbeitsmöglichkeiten. In vielen Hostels bekommen die Gäste zur sicheren Aufbewahrung ihrer Habseligkeiten Schließfächer, für die man jedoch meistens sein eigenes Vorhängeschloss mitbringen muss. Fast alle neuseeländischen Hostels arbeiten mit einheimischen und internationalen Organisationen zusammen, die ihren Mitgliedern Preisnachlässe bieten, sei es bei Übernachtungen, bei weiteren Reisevorhaben oder bei Abenteueraktivitäten.

Auf dem Grundstück vieler Hostels ist auch Zelten erlaubt (um $17 p. P. inkl. Nutzung der Einrichtungen). Die Preise für ein Bett im **Schlafsaal** (dorm) mit 6–12 Pers. liegen bei $21–27, im **Drei- und Vierbettzimmer** (three-share bzw. four-share) ein paar Dollar höher. Wer mehr Privatsphäre möchte, bekommt zumeist auch **Doppel-** oder **Zweibettzimmer** sowie **Familienzimmer** (bis $80 für 2 Pers.), die teureren davon mit eigenem Bad. Alleinreisende, die sich nicht mit einem Dorm anfreunden können, bekommen manchmal ein **Einzelzimmer** für etwa $35, und viele größere Unterkünfte (besonders die Hostels von YHA und Base Backpackers) haben auch Dorms nur für Frauen.

In Neuseeland sind etwa 60 Unterkünfte als **YHA Hostels** (oder mit dem YHA assoziiert, 🖳 www.yha.co.nz) klassifiziert. Die strengen Regeln und Öffnungszeiten wurden längst abgelegt, aber in den Schlafsälen gilt nach wie vor die Geschlechtertrennung. Die neueren Hostels wurden ganz im Sinne des YHA erbaut und setzen dessen Einstellung zum Umweltschutz um – beispielsweise in Bezug auf Recycling und Energiesparen. YHA-Hostels und angeschlossene Unterkünfte sind auf der jährlich aktualisierten YHA Backpacker Map und in den acht regionalen YHA-Führern verzeichnet (alle kostenlos).

Entweder man besorgt sich vor Abreise einen internationalen Jugendherbergsausweis oder man bezahlt die jährliche Mitgliedsgebühr von $40 vor Ort. Die Mitgliedskarte ist zugleich Telefonkarte, auf der sich bereits ein Guthaben von ungefähr $14 befindet. Eine Mitgliedschaft nur für eine Nacht ist ebenfalls möglich und kostet $3. Die restlichen Hostels sind nur mit dem YHA-Verband assoziiert und erfordern keine Mitgliedschaft, wenngleich es mit Karte oft einen Preisnachlass von ein oder zwei Dollar gibt. In den YHA-Hostels dürfen keine Schlafsäcke verwendet werden. Buchungen können entweder durch ein anderes Hostel, über die Reservierungszentrale von YHA New Zealand oder als Mitglied auch über den entsprechenden Verband im Heimatland getätigt werden.

In Neuseeland gibt es etwa sechsmal so viele **Backpackers** wie YHAs und überall herrscht eine andere Atmosphäre – die Palette reicht von familiär und ruhig bis zu unpersönlich und partyorientiert. Viele der Backpackers sind assoziiert mit der neuseeländischen Organisation **Budget Backpacker Hostels** und mit aktuellen Preisangaben im **BBH Accommodation Guide**, 🖳 www.bbh.co.nz, aufgelistet, den man überall in den Unterkünften oder im Touristenbüro kostenlos bekommt. Die von den Hostels selbst formulierten Einträge versuchen erst gar nicht, objektiv zu sein. In einem BBH-Hostel kann jeder absteigen; Preisnachlässe gibt's mit der **BBH Club Card** ($45), die pro Übernachtung in einem Schlafsaal oder einem Zimmer üblicherweise $3 spart. Verteiler der Mitgliedsausweise, die zugleich als wieder aufladbare Telefonkarten fungieren ($20 Anfangssumme), sind die Hostels selbst.

Über 70 Hostels gehören zu den **VIP Backpacker Resorts**, 🖳 www.vip.co.nz, einer Schirmorganisation, die Besitzern der **VIP Discount Card** ($43 jährlich, gültig in Neuseeland sowie in VIP-Hostels weltweit) pro Übernachtung einen Dollar Rabatt bietet,

Ein **Verzeichnis** der Hi-Hostels in Neuseeland kann man im Internet unter 🖳 www.hihostels.com kostenlos herunterladen und eine YHA Hostel Map New Zealand kostenfrei im DJH-Shop 🖳 www.djh-shop.de bestellen. Die Mitgliedschaft sollte am besten schon vor der Reise beim zuständigen Landesverband (s. u.) beantragt werden, entweder online oder per ausgedrucktem pdf-Formular und Briefpost (s. „Mietgliederservice"). Sie kostet für Personen unter 27 Jahren 12,50 € und für Familien und Partner 21 € pro Jahr. In Österreich ist die Mitgliedschaft im Jugendherbergsverband für Heranwachsende bis 18 Jahre kostenlos. Personen, die älter als 18 Jahre sind, zahlen 15 €. Eine Mitgliedschaft im Schweizer Jugendherbergsverband kostet bis zum Alter von 18 Jahren 22 sFr pro Jahr; Interessenten ab 18 Jahren zahlen 33 sFr, Familien 44 sFr. Kontaktadressen:

DJH Service GmbH, Im Gildo-Park, Leonardo-da-Vinci-Weg 1, 32760 Detmold,
📞 05231/9936-66, ✉ hauptverband@djh.org,
🖥 www.jugendherberge.de
DJH Service GmbH, Mitgliederservice Bismarckstr. 8 D-32754 Detmold, 📞 05231/74010,
📠 05231 740149 ✉ service@djh.de, E-Postbrief: service@jugendherberge.epost.de
Österreichisches Jugendherbergswerk (ÖJHW), Mariahilferstraße 24, Stiege 1, 1. Stock, 1070 Wien, 📞 01/533 1833, 📠 533 1833 ext. 84/85, ✉ office@jungehotels.at, 🖥 www.oejhw.at
Schweizer Jugendherbergen, Schaffhauser Str. 14, Postfach, 8042 Zürich, 📞 44/3601414, 📠 3601460, ✉ marketing@youthhostel.ch, 🖥 www.youthhostel.ch

Holiday Parks, Zeltplätze und Cabins

Neuseeland besitzt einige der weltbesten Einrichtungen für Camper, und auch wer mit dieser Art der Übernachtung niemals zuvor zu tun hatte, findet sich oft in **Holiday Parks** (auch **Motor Camps** genannt) wieder. Vor allem Familien verbringen hier gerne ihre Ferien und stellen entweder ihre Zelte auf, belegen einen der speziellen Plätze für Wohnmobile *(hook-ups)* oder übernachten in den Dorms, Cabins und Motel Units. Natürlich gibt es nicht nur solche Riesenanlagen, sondern auch die schlichten, aber dafür meist herrlich gelegenen **DOC-Zeltplätze**.

Zelten bietet sich eher im Sommer (November bis Mai) an, vor allem auf der Südinsel. Im schlimmsten Fall präsentiert sich Neuseeland feucht, windig und voller gieriger **Insekten**, die – nicht nur – Camper in den Wahnsinn treiben können. Reisende mit Zelt benötigen daher eine anständige Ausrüstung, insbesondere ein gut belüftetes Innenzelt mit einem intakten Fliegengitter, das die schlimmsten Elemente außen vor hält.

Am vollsten sind die Motor Camps während der Schulferien, d. h. von Weihnachten bis Ende Januar sowie um Ostern. Während man um diese Zeit so weit wie möglich im Voraus **reservieren** sollte, reicht im Februar und März eine Ankündigung von zwei bis drei Tagen. Auf den DOC-Zeltplätzen kann man üblicherweise nicht reservieren, was fast nie ein Problem darstellt, aber um Weihnachten manchmal in ein schlimmes Gedränge ausartet.

Informationen über das Campen abseits offizieller Stellplätze s. S. 87.

Campingplätze und Cabins

Die Campingplätze befinden sich typischerweise in den Außenbezirken der Städte und sind fast alle gleichermaßen gut ausgestattet: Sie haben eine Gemeinschaftsküche, einen Fernsehraum, einen Spieleraum, Waschmaschinen und manchmal sogar einen Swimming Pool. Selbst wer hier nicht übernachtet, kann oftmals für $2–5 eine Dusche nehmen. Zelter bekommen üblicherweise die ruhigste und schattigste Ecke des Platzes zugeteilt und zahlen pro Person durchschnittlich $10–15 (die Angaben im Buch beziehen sich falls nicht anders angegeben immer auf den Preis für eine Person). Häufig wird nicht unterschieden zwischen einem Platz für Zelter und für Wohnmobile, die einen Anschluss für Elektrizität haben und hierfür sowie für die Benutzung der „dump stations" meist ein paar Dollar extra pro Person bezahlen.

Viele Campingplätze verfügen darüber hinaus auch über andere Unterkunftsmöglichkeiten: schlichte, Dorm-ähnliche **Lodges** ($15–25 p. P.); **Standard Cabins** (bis $80 für zwei Personen sowie $10 für jede weitere Person), oft nur wenig mehr als eine Hütte mit Etagenbetten; große **Kitchen Cabins** ($60–80 für zwei Personen sowie $15 für jede weitere Person), auch „Tourist Cabins" oder „Self-contained Cabins" genannt und im Besitz einer Kochecke; und manchmal auch **Tourist Flats** ($80–100 für zwei Personen sowie $15 für jede weitere Person) mit eigenem Bad.

Die schickeren Plätze haben außerdem komplett ausgestattete **Motel Units** ($100–160 für zwei Personen sowie $15–20 für jede weitere Person), meist mit separatem Schlafzimmer und Fernseher. In Cabins und Units können meistens zwei bis vier Personen unterkommen, jedoch bieten die Motor Camps häufig auch mindestens eine Unterkunft für bis zu sechs oder acht Personen. Bettzeug oder Handtücher sind allerdings nur selten im Preis inbegriffen; wer hierfür keine einmalige Gebühr (normalerweise $5–10) ausgeben möchte, muss eigene Wäsche mitbringen. Kochtöpfe und Teller können manchmal gegen ein geringes Pfand ausgeliehen werden.

Die Campingplätze arbeiten in der Regel selbstständig, haben sich aber teilweise mit landesweiten Organisationen zusammengeschlossen, die einen Mindeststandard garantieren. Es lohnt sich, nach den **Top 10**, 🖳 www.top10.co.nz, Ausschau zu halten, die zwar etwas höhere Preise verlangen als die normalen, dafür aber sehr gute Einrichtungen besitzen. Wer im Besitz einer Clubkarte ist ($40 für zwei Jahre, auch in Australien gültig), spart bei jeder Übernachtung 10 % und erhält am Ort vielleicht weitere Rabatte.

DOC-Zeltplätze

Nur wenige Holiday Parks können mit der idyllischen Lage der mehreren hundert **Zeltplätze** mithalten, die vom **Department of Conservation**, 🖳 www.doc.govt.nz, in National- und Meeresparks und anderen Schutzgebieten unterhalten werden – die Mehrzahl davon mitten in der Wildnis oder an wunderbaren Sandstränden gelegen. Dies ist Camping in seiner ursprünglichsten Art, billig und einfach, wenngleich die meisten Plätze inzwischen fließend Wasser und irgendeine Art von Toilette haben.

Die Plätze sind in der kostenlosen DOC-Broschüre *Conservation Campsites* (erhältlich bei DOC-Büros) aufgelistet und unterteilen sich in drei Kategorien: **informal** (kostenlos), d. h. oft nur mit Wasserversorgung; **standard** ($6–10 p. P., üblicherweise $6), mit einem Fahrzeug zugänglich und viele mit Grillplätzen, Feuerstellen, Picknicktischen und Müllbeseitigung; sowie **serviced** ($15 p. P.), vergleichbar mit den gut ausgestatteten Motor Camps. Kinder erhalten zwischen 5 und 15 Jahren 25–50 % Ermäßigung; reserviert werden kann nur die oberste Kategorie.

Verhaltenstipps

Mit der Ankunft der Maori in dem Land, das sie dann Aotearoa tauften, wurde Neuseeland zu einem Einwanderungsland. Die Vorfahren der heutigen Bewohner stammen zumeist aus Großbritannien und Irland, sodass die dominierende Kultur nordeuropäisch geprägt ist, aber es sind auch starke Maori- und polynesische Einflüsse vorhanden. Gemäß der Doktrin vom **Bikulturalismus** genießen die Werte der Maori und der Pakeha, der weißen Europäer, zumindest nominell einen gleichwertigen Status. In der Praxis basiert das Regierungs- und Rechtssystem aber auf den jeweiligen Systemen des britischen Mutterlands, und die englische Königin ist nach wie vor Staatsoberhaupt und lächelt von allen Münzen sowie dem 20-Dollar-Schein. Neben „God Defend New Zealand" ist auch „God Save the Queen" offizielle Nationalhymne des Landes.

Die **Maori** sind überwiegend Teil der modernen neuseeländischen Gesellschaft. Daneben existiert jedoch auch eine Maori-Parallelwelt, mit der Touristen nur selten in Berührung kommen, auch wenn organisierte Touren einen kleinen Einblick gewähren. Die ethnischen Spannungen, die zweifellos existieren, entladen sich zumeist im Verborgenen und kommen nur anlässlich von Debatten über spezielle Themen zum Vorschein. Als Besucher bekommt man davon in der Regel wenig mit und verlässt das Land mit dem Eindruck, dass es sich um eine recht tolerante Gesellschaft handelt.

Nachdem in den letzten drei Jahrzehnten immer mehr Menschen aus Asien, vor allem aus China und Korea, aber auch vom indischen Subkontinent, eingewandert sind, machen **Asiaten** inzwischen rund 7 % der Bevölkerung aus, was etwa der Hälfte des Anteils an Maori entspricht. In der Region Auckland liegt der Anteil der Asiaten allerdings bei über 18 %, sodass für die Zukunft eigentlich ein Trikulturalismus angesagt ist.

Trotz dieser ethnischen Mischung wurzelt die **Kiwi-Persönlichkeit** im Kern in dem Traum, sich in einem einzigartigen und manchmal unwirtlichen Land ein besseres Leben zu schaffen. Die Neuseeländer haben eine ungeheure Schwäche für Geschichten über tapfere Kiwis. In ihren Augen gründet sich der neuseeländische Charakter

Organisierte Touren bieten Einblicke in die Maori-Kultur.

auf Selbstvertrauen, Einfallsreichtum und Mut, abgerundet durch selbstkritischen Humor und ein gewisses Maß an Bescheidenheit.

Eine große Leidenschaft der Kiwis ist der Sport. Bei internationalen Wettkämpfen ist das kleine Land schon oft sehr erfolgreich gewesen; das gilt besonders für das Rugby, bei dem die All Blacks oft ganz oben mitmischen. Zwar genießt die Kiwi-Kultur den Ruf, von Rugby spielenden und Bier trinkenden Männern geprägt zu sein, jedoch weisen die Neuseeländer immer wieder gerne darauf hin, dass sie in einer offenen und egalitären Gesellschaft leben. 1893 gab Neuseeland als erstes Land der Welt den Frauen das Wahlrecht, und in der ersten Hälfte des 20. Jhs. folgten ein großzügiges Renten- und ein kostenloses Gesundheitssystem. 1985 erklärte Neuseeland seine Gewässer zur nuklearfreien Zone und verärgerte damit seine amerikanischen und australischen Verbündeten. Im Allgemeinen herrscht eine **liberale gesellschaftliche Grundeinstellung** vor; heiße Themen sind z. B. japanischer Walfang und Genmanipulation.

Das Verhältnis Neuseelands zu seinem größeren Nachbarn **Australien** auf der anderen Seite des *ditch* (Graben, also die Tasmansee) ist eine unerschöpfliche Quelle der Unterhaltung auf beiden Seiten. Die beiden Verwandten streiten sich gerne, zumeist verbal, besonders in Sachen Sport. Aber ansonsten stehen sie einander bei, wenn es gegen Dritte geht. Normalerweise sind das alles wohlmeinende Frotzeleien, aber man muss sich nicht lange in Neuseeland aufhalten, bis man etwas Negatives über Australien hört.

Neuseeländer sind erfrischend locker und gradlinig, und die **Begrüßung** fällt dementsprechend informell aus. Auch der **Kleidungsstil** ist eher relaxt, und wer nicht gerade geschäftlich im Land unterwegs ist, kann also Anzug und Krawatte getrost zu Hause lassen. Selbst in den besten Restaurants wird nur adrette Kleidung verlangt. In den nobleren Nachtclubs gelten Bekleidungsregeln, zumeist aber nur in Form eines Verbots von Arbeitskleidung oder Turnschuhen. An den Stränden ist nacktes Sonnenbaden recht selten, aber wer einigermaßen diskret ist, erregt gewöhnlich auch keinen Argwohn.

Das Mindestalter für **Alkoholkonsum** liegt bei 18 Jahren. Es kann vorkommen, dass man sich ausweisen muss, entweder mit einem neuseeländischen Führerschein oder einem Pass – ein ausländischer Führerschein reicht nicht aus. **Rauchen** wird immer mehr zurückgedrängt. Verboten ist es in allen öffentlichen Verkehrsmitteln und Gebäuden; in Restaurants, Cafés und Bars ist es nur in Außenbereichen erlaubt. Es gibt sogar Bemühungen, das Rauchen in bestimmten innenstädtischen Straßen ganz zu verbieten.

Herrlich unkompliziert ist die neuseeländische Einstellung zum **Trinkgeld**: Es wird nämlich keins erwartet, aber man darf sich für guten Service natürlich trotzdem erkenntlich zeigen.

Versicherungen

Reisekrankenversicherung

Wichtig ist eine ausreichende Reisekrankenversicherung. Nur wenige private Krankenkassen bieten weltweiten Schutz im Krankheitsfall, d. h. jeder muss für seine Reise nach Neuseeland eine Auslandskrankenversicherung abschließen. Die meisten Reisebüros und einige Kreditkartenorganisationen bieten derartige Versicherungen an. Bei Krankheit – speziell Krankenhausaufenthalten – kann sehr schnell eine erhebliche Summe zusammenkommen, die aus eigener Tasche bezahlt werden müsste. Ist man versichert, kann man die Kosten gegen Vorlage der Rechnungen zu Hause geltend machen.

Einschränkungen gibt es natürlich auch hier, besonders bezüglich Zahnbehandlungen (nur Notfallbehandlung) und chronischen Krankheiten (Bedingungen durchlesen).

Die später bei der Versicherung einzureichende Rechnung sollte folgende Angaben enthalten:

- Name, Vorname, Geburtsdatum
- Behandlungsort und -datum
- Diagnose
- erbrachte Leistungen in detaillierter Aufstellung (Beratung, Untersuchungen, Behandlungen, Medikamente, Injektionen, Laborkosten, Krankenhausaufenthalt)
- Unterschrift des behandelnden Arztes und Stempel

Wer im Ausland schwer erkrankt, wird zu Lasten der Versicherung heimgeholt, wenn er plausibel darlegen kann, dass am Urlaubsort keine ausreichende Versorgung gewährleistet ist. Dann geht es mit Linienmaschinen oder auch mit eigens losgeschickten Ambulanzflugzeugen nach Hause.

Reiserücktrittskostenversicherung

Bei einer pauschal gebuchten Reise ist die Reiserücktrittsversicherung meist im Preis inbegriffen. Es empfiehlt sich zur Sicherheit nachzufragen. Eine individuelle Reise kann ebenfalls versichert werden. Manche Reisebüros vermitteln derartige Versicherungen. Eine Reiserücktrittsversicherung muss kurz nach Buchung (in der Regel spätestens 14 Tage danach) abgeschlossen werden. Bei Krankheit oder Tod eines Familienmitglieds oder Reisepartners ersetzt die Versicherung in der Regel die anfallenden Stornokosten der Reise. Bei einer Reiseunfähigkeit wegen Krankheit ist ein ärztliches Attest vorzuweisen. Die Kosten der Versicherung richten sich nach dem Preis der Reise und der damit verbundenen Höhe der Stornogebühren.

Reisegepäckversicherung

Viele Versicherungen bieten auch eine Absicherung des Gepäcks. Die Bedingungen für den Ersatz der verlorenen Gegenstände sind immer sehr eng gefasst. Daher sollten die Versicherungsbedingungen genau gelesen werden. Gepäck darf z. B. nicht unbewacht in abgestellten Kraftfahrzeugen zurückgelassen werden und Kameras und Fotoapparate müssen, um vor Straßenräubern sicher zu sein, quer über der Brust und nicht nur über der Schulter getragen werden. Bargeld ist nie versichert und auch bei Schmuck und Foto- und Videogeräten wird meist nur ein Bruchteil des Wertes ersetzt.

Wer sich für eine Reisegepäckversicherung entscheidet, sollte darauf achten, dass diese Weltgeltung besitzt und die Reisedauer in ausreichender Höhe absichert. Bei einem Schadensfall muss der Verlust bei der Polizei gemeldet werden. Hilfreich ist hierbei eine vorher angefertigte **Checkliste**, auf der alle Wertgegenstände verzeichnet und beschrieben sind. Alle wichtigen Gegenstände im Handgepäck befördern. Eine Reisegepäckversicherung mit einer Deckung von etwa 2000 € kostet für 24 Tage ca. 30 €, ein Jahresvertrag 60–70 €.

Fotoversicherung

Da Foto- und Videogeräte selten ganz abgesichert sind, bietet sich bei der Mitnahme einer guten Kamera eine zusätzliche Fotoapparate-Versicherung an. Diese ist relativ teuer, die Gebühr richtet sich nach dem Wert der Ausrüstung oder der angesetzten Versicherungssumme.

Visa

Jeder, der nach Neuseeland reist, braucht einen Pass, der noch mindestens drei Monate über den Aufenthalt hinaus gültig ist. Deutsche, Österreicher und Schweizer benötigen für einen **Aufenthalt von bis zu drei Monaten kein Visum**. Sie erhalten bei der Einreise automatisch ein Visitor's Permit. Voraussetzung ist allerdings, dass ausreichende Mittel – 500 € pro Person und Monat, sofern die Unterkunft schon bezahlt ist oder bei Verwandtenbesuch 200 €, aber nur mit einwandfreien Nachweisen – und ein Flugticket mit einem Weiterreise-Datum innerhalb der drei visafreien Monate nachgewiesen werden können. Auch **Kinder** und Jugendliche benötigen einen eigenen Pass.

Wer länger als drei Monate in Neuseeland bleiben möchte, muss im Voraus ein **Besuchervisum** bei einer neuseeländischen Botschaft beantragen. Es kostet 80 € bzw. 105 sFr für einen Aufenthalt von bis zu neun Monaten. Eine Verlängerung um drei Monate auf zwölf Monate ist möglich.

Nähere Informationen bekommt man bei den diplomatischen Vertretungen Neuseelands im Ausland sowie im Internet unter ⌨ www.immigration.govt.nz.

Zeit

Die New Zealand Standard Time (NZST) ist der MEZ um elf Stunden voraus, d. h. wenn es in Neuseeland 12 Uhr mittags ist, ist es in Berlin erst ein Uhr nachts, während der europäischen Sommerzeit zwei Uhr morgens. Vom ersten Sonntag im Oktober bis zum dritten Sonntag im März wird die Uhr in Neuseeland für die **Sommerzeit** eine Stunde vorgestellt, sodass die Zeitdifferenz zur MEZ dann zwölf Stunden beträgt. Die **Datumsangabe** in Neuseeland stimmt mit der deutschen überein: 1/4/2012 bedeutet 1. April (und nicht 4. Januar, wie in manchen Ländern üblich).

Zoll

Das neuseeländische Land- und Forstwirtschaftsministerium (MAF, 🖳 www.maf.govt.nz/quarantine) scheut keine Mühen, um die empfindliche heimische Umwelt zu schützen: Frische und verderbliche Lebensmittel aller Art, Pflanzen oder Teile von Pflanzen, Tiere (tote wie lebende) und Tierzubehör, Campingausrüstung, Golfschläger, gebrauchte Fahrräder und Wanderschuhe müssen beim Zoll deklariert werden. Campingausrüstung und Wanderschuhe werden eingesammelt, untersucht und falls nötig gesäubert.

Nach einem langen Flug kann das ziemlich lästig sein, doch diese Vorsichtsmaßnahmen sind begründet, und wer sie missachtet, muss mit einem drastischen Bußgeld rechnen. Wer es versäumt, frisches Obst, Gemüse und Fleisch in den dafür vorgesehenen Mülleimern zu entsorgen, zahlt auf der Stelle ein Bußgeld von $400 (sogar für eine vergessene Orange im Rucksack). Fertiggerichte werden meistens durchgelassen, sind aber meldepflichtig.

Besucher ab 18 Jahren dürfen folgende Waren **zollfrei** einführen: 200 Zigaretten, oder 250 g Tabak, oder 50 Zigarren; 4,5 l Wein oder Bier; drei Flaschen Spirituosen zu je 1125 ml sowie Geschenke im Wert von $700.

Exportbeschränkungen bestehen für Tiere, Pflanzen, Antiquitäten und Kunstwerke.

Weitere Auskünfte über Zoll- und Ausfuhrbestimmungen liefert die Website 🖳 www.customs.govt.nz.

Land und Leute

Lage   Neuseeland liegt rund 2000 km östlich von Australien im Südpazifik und wurde erst vor etwa 1000 Jahren besiedelt.

Fläche   Neuseeland (268 000 km²) ist etwas größer als die alte Bundesrepublik. Da das Land nur 4,3 Mio. Einwohner hat, von denen 1,3 Mio. allein im Großraum Auckland leben, sind die meisten Teile des Landes dünn besiedelt.

Gesellschaft   Für eine grundsätzlich eher konservative Nation war Neuseeland in vielerlei Hinsicht erstaunlich fortschrittlich. Es war das erste Land mit Frauenwahlrecht und Renten für Arbeitnehmer und verfolgt im Hinblick auf die Beziehungen zwischen Maori und Nicht-Maori gegenwärtig einen bikulturellen Ansatz.

Wirtschaft   Neuseeland ist traditionell von der Landwirtschaft geprägt. Molkereiprodukte, Fleisch und Wolle bilden auch heute noch die wichtigsten ökonomischen Standbeine. Holzwirtschaft und Fischerei spielen ebenfalls eine Rolle. In Neuseeland gibt es knapp 40 Mio. Schafe, das sind statistisch etwa neun Schafe pro Einwohner. Mit über 2 Mio. Besuchern pro Jahr sorgt auch der Tourismus für erhebliche Einnahmen. Daneben ist der Bildungssektor im Wachsen begriffen.

Natur   Neuseelands Flora und Fauna konnten sich ungestört und eigenständig entwickeln und brachten so zahlreiche exotische Pflanzen und Lebewesen hervor, darunter Baumfarne, den Bergpapagei Kea, die Urechse Tuatara und den sonderbaren Kiwi.

Flora und Fauna

Obgleich relativ klein, besitzt Neuseeland einen ungeheuren Naturreichtum: subtropische Wälder, vulkanische Kraterbecken, brodelnde Tümpel und Geysire, zerklüftete Küsten mit goldfarbenen Sandstränden und spektakuläre Gebirgslandschaften. Die vielgestaltige Landschaft bietet einer ungeheuren Fülle von Tieren und Pflanzen einen Lebensraum. Fast 90 % der Pflanzen sind in ihrem Vorkommen auf Neuseeland beschränkt. Viele verschiedene Formen von Lebensräumen sind mit ihren Pflanzen und Tieren in Nationalparks und Naturreservaten geschützt und leicht zugänglich.

Die ruhelosen Inseln

Das älteste im Land gefundene Gestein entstammt vermutlich den kontinentalen Landzungen von Australien und der Antarktis, die wie Neuseeland zum gewaltigen Urkontinent **Gondwanaland** gehörten. Die Inseln entstanden im Zuge des Kontinentaldrifts, d. h. jener Bewegung der riesigen, die Erdkruste bildenden Platten, die vor ca. 100 Mio. Jahren einen Inselbogen und einen ozeanischen Graben schuf.

Vor ungefähr 26 Mio. Jahren wurde die neuseeländische Landmasse weiter aus dem Meer angehoben und in ihrer heutigen Erscheinung

Umwelt- und Tierschutzorganisationen

Department of Conservation, 🖳 www.doc. govt.nz. Eine staatliche Behörde, die mit der Erhaltung des natürlichen und historischen Erbes Neuseelands betraut ist.
Forest and Bird Protection Society, 🖳 www. forestandbird.org.nz. Neuseelands führende unabhängige Umweltschutzorganisation.
NZ Birds, 🖳 www.nzbirds.com. Umfangreiche Website über sämtliches Federvieh in Neuseeland.
Save The Kiwi, 🖳 www.savethekiwi.org.nz. Aktion des DOC und der Bank of New Zealand, um die neuseeländische Ikone vor dem Aussterben zu retten.

durch Vulkanismus und kontinuierliche Verschiebungen entlang der Verwerfungslinien, insbesondere im Gebiet der Südalpen auf der Südinsel, geformt. Neuseeland liegt an der Grenze zweier tektonischer Platten, der australischen und der pazifischen. Im Bereich der Nordinsel kollidieren diese beiden, wobei sich die pazifische Platte unter die australische schiebt und dadurch reichlich vulkanische Aktivität begünstigt. An der Südinsel hingegen drückt sich die pazifische Platte über die australische, was den rasanten Aufbau von **Bergen** fördert und die Südalpen formt. All das Schieben und Drücken beschert Neuseeland nicht weniger als 400 **Erdbeben** pro Jahr, wovon allerdings nur ein Viertel spürbar ist. Die **Vulkane** auf der Nordinsel legen zum Teil eine noch beeindruckendere Aktivität an den Tag. Regelmäßig steigen zum Beispiel Dampfschwaden über White Island in der Bay of Plenty auf, und der Mount Ruapehu meldete sich gleich mit zwei gewaltigen Eruptionen 2006 und 2007.

Das Ende der Isolation

Neuseelands Flora und Fauna entwickelte sich ungestört, bis vor rund 800 Jahren die ersten Menschen Aotearoa erreichten. Vor Ankunft der Maori war das Land dicht mit Wäldern überzogen, die Hunderte Baumarten beherbergten; Robben, Wale und Delphine in den Küstengewässern sowie einige Fledermausarten an Land waren die einzigen Säugetiere in diesem Gebiet. Andere Landsäuger gab es nicht, wodurch die einzigartige Situation geschaffen wurde, dass **Vögel** jene Position in der Nahrungskette einnahmen, die sonst Säugetiere innehatten. In Ermangelung von Feinden verloren die Vögel allmählich ihr Flugvermögen. Als der Mensch in ihren Naturraum einbrach – zuerst die **Maori**, die Hunde und auch Ratten mitbrachten, und dann die Pakeha mit all ihren neuen Tierarten –, hatten sie keine Chance. Etliche Arten starben aus, und viele der noch existierenden (s. S. 104, Kasten) sind stark gefährdet.

Die von den Maori verursachten Veränderungen verblassen im Lichte der Einschnitte, die die **Europäer** nach sich zogen. Schon Cooks erste

Forschungsreisen hinterließen ein zerstörerisches Erbe in Form von Schweinen, Schafen und Kartoffeln. Im frühen 19. Jh. wüteten blutrünstige Wal- und Robbenjäger in den Küstengewässern, während an Land riesige Urwaldflächen gerodet und als Weideland nutzbar gemacht wurden. In dem Versuch, Neuseeland in ein „Neuengland" zu verwandeln, vergingen sich die Pioniere weiter am empfindlichen Gleichgewicht des Ökosystems. Ende des 19. Jhs. wurden im ganzen Land „Akklimatisierungsgesellschaften" ins Leben gerufen, die das Ziel hatten, bekannte Tiere und Pflanzen aus den europäischen Heimatländern einzuführen und einzubürgern. Viele dieser Importe haben Neuseeland überhaupt erst zu einer erfolgreichen Agrarnation werden lassen.

Neben nützlichen Gräsern, Vögeln, Bienen und Schmetterlingen, Schafen und Rindern wurden jedoch auch zahllose schädliche Tiere und Pflanzen ins Land gebracht, die mit den einheimischen um Lebensräume konkurrierten oder ihnen schließlich den Garaus machten.

Das Tiefland

Selbst vom Flughafen ist es nicht weit bis zur nächsten, von einer schützenden Reihe Monterey-Zypressen umstandenen Koppel voller **Schafe**. Derzeit gibt es rund 40 Mio. Schafe in Neuseeland, ungefähr halb so viele wie noch vor drei Jahrzehnten, denn ein Großteil des Weidelands wird heute für andere Zwecke genutzt, z. B. für die Milchwirtschaft und die Zucht von Wild oder sogar Straußen. In anderen Gegenden ist man zum Gartenbau übergegangen, vor allem **Weintrauben** werden angebaut. Fast überall scheint es inzwischen Weinberge zu geben, die meisten davon in der Umgebung von Gisborne, Hastings, Martinborough, Blenheim, Nelson, Waipara und Cromwell. Viele Winzer erzeugen neben Wein auch **Oliven** (sogar mit einigem Erfolg), und einige experimentierfreudige Zeitgenossen haben gar Eichen und Haselnussbäume gepflanzt in der Hoffnung auf eine spätere Trüffelausbeute.

Ein nahezu ständiger Begleiter auf dem Weg durch Farmland und Wälder ist der einheimische **Cabbage Tree** (wörtl. „Kohlbaum") oder Ti Kouka, über dessen dünnen, grauen und bis zu 10 m

hohen Stamm lanzettförmige Blätter und Hunderte weißer Blüten wachsen. Seine englische Bezeichnung erhielt der Baum von Kapitän Cook und seinen Männern, die die Triebe verspeisten und befanden, dass sie ähnlich wie Kohl schmeckten.

Tieflandwälder

Als die Maori und die frühen europäischen Siedler in Neuseeland eintrafen, überzog noch dichter Wald das Tiefland Aotearoas. Der größte Teil wurde abgeholzt, abgebrannt und gerodet, um Platz für Farmen zu schaffen, doch ein paar Flecken ursprünglichen Waldes haben überdauert. In den Wäldern Northlands, auf der Coromandel Peninsula, an den Westküsten beider Inseln, in der Umgebung von Wellington sowie auf Stewart Island gedeiht eine große Vielfalt einheimischer Bäume. Im Tiefland finden sich zudem 60 endemische Blütenpflanzen, deren Farbspektrum weitgehend auf Weiß und Gelb beschränkt ist, denn angesichts der fehlenden Bienen als Bestäuberinnen waren lebendigere Farben der Blüten gar nicht notwendig.

Neuseelands bekanntesten Baum, den **Kauri**, findet man in Mischwäldern im Tiefland, insbesondere in Northland. Zwischen 2000 und 4000 Jahre alt wird dieser prachtvolle König des Waldes und kann bis zu 30 m in die Höhe wachsen, wovon zwei Drittel aus geradem, astlosem Stammholz bestehen. Maorische Kanubauer schätzten ihn sehr und hielten vor dem Fällen eines Kauris stets eine feierliche Zeremonie ab. Schon bald entdeckten europäische Schiffsbauer die Vorzüge des Kauriholzes und zimmerten daraus Schiffsmasten und -planken; viele Kauris wurden aber auch einfach als Balkenwerk, Fassadenverkleidung und Bodendielen in den Holzhäusern verbaut. Aus den alten Kauriwäldern gewann man zudem das als Rohstoff geschätzte Kauri-Harz, das im späten 19. und frühen 20. Jh. exportiert wurde.

Auf offenen Flächen an Waldrändern und Flussufern tummeln sich oftmals Tui (s. S. 105) und saugen Nektar aus den leuchtend gelben Trauben von **Kowhai**-Blüten, der Nationalblume, die vom gleichnamigen Baum herabhängen. Aus dem Holz des Baums wurden früher Kanupaddel und Stiele für Krummäxte gefertigt.

In Neuseeland stehen derzeit 43 Tier- sowie zahlreiche Pflanzenspezies auf der Roten Liste der bedrohten Arten von Birdlife International, www.redlist.org. Unter den Industrienationen haben nur die Vereinigten Staaten mehr gefährdete Arten zu verzeichnen. Rund 22 % der neuseeländischen Vogelarten sind vom Aussterben bedroht, darunter auch die im Folgenden aufgeführten.

Bedrohte Vogelarten

Graufächerschwanz Der Name dieses in den Wäldern relativ weit verbreiteten Vogels rührt von dem beständigen Auffächern der Schwanzfedern her. Häufig folgt er Wanderern auf ihrem Pfad, allerdings nicht um ihnen Gesellschaft zu leisten, sondern um die durch sie aufgescheuchten Insekten zu fressen.

Hihi Kleiner Vogel mit leicht gebogenem Schnabel und auffälligen gelben und weißen Flecken an den Seiten. Es soll nur noch wenige Exemplare geben, einige davon auf den Inseln Kapiti und Tiritiri Matangi, wo sie sich mit Vorliebe an den Fütterungsstationen versammeln.

Kea Der einzige Bergpapagei der Welt (s. Kasten S. 624).

Kiwi s. Kasten S. 108

Kereru (Kukupa) Mit einem ausgewachsenen Gewicht von ca. 650 g ist die Maorifruchttaube die zweitgrößte Taubenart der Welt. Der hübsche Vogel mit seinem metallisch schimmernden Federkleid in Grün, Purpur und Bronze über einer weißen Brust kann häufig in Tieflandwäldern beobachtet werden und zeichnet sich durch einen lauten Flügelschlag aus.

Kokako Der seltene, schiefergraue Graulappenvogel mit auffälligen blauen Kehllappen ist ein grottenschlechter Flieger. Er lebt hauptsächlich in geschützten Wäldern und auf „Festlandinseln", wo natürliche Feinde durch Fallen in Schach gehalten werden. Eng verwandt mit dem Sattelstar (s. u.) und auf dem $50-Schein abgebildet.

Kuckuckskauz (Ruru) Neuseelands einzige endemische Eule ist meistens bei Dunkelheit im Busch zu hören. Mitunter wagt sich der kleine, braun gefiederte Vogel auch in Städte und die dortigen Parkanlagen vor. Der Maori-Name ist eine Nachahmung seines markanten Schreis.

Maorifalke (Karearea) Wird manchmal im Norden der Nordinsel, aber häufiger in den Neuseeländischen Alpen, in Fiordland und in den Wäldern von Westland beobachtet. Neuseelands einziger endemischer Raubvogel hat ein stark geflecktes Brustgefieder, ein kastanienbraunes Beinkleid und einen spitzen Kopf, der auf dem $20-Schein abgebildet ist. Umweltschützer und Weinbauern würden ihn gern wieder in den Marlborough Plains ansiedeln, wo er durch seinen Jagdinstinkt die Plage durch kleinere Vögel lindern könnte.

Kakapo Der einzige flugunfähige Papagei der Welt war einst so weit verbreitet, dass er als Haustier gehalten wurde. Heute ist sein Bestand auf weniger als 100 Exemplare geschrumpft, die allesamt auf zwei raubtierfreien, für Besucher gesperrten Inseln vor der Küste Fiordlands leben.

Langbeinschnäpper Es gibt drei verschiedene Arten, die man im Wald umherflitzen sieht, wenn sie furchtlos Krümel zwischen den Füßen wegpicken. Ihr Gefieder reicht von schwarz mit cremefarbener oder gelber Brust bis hin zu komplett schwarz. Mitunter geben sie ihren ausgedehnten, charakteristischen Gesang bis zu 30 Minuten und nur von kurzen Pausen zum Atemholen unterbrochen zum Besten.

Auf der Nordinsel sowie im nördlichen Drittel der Südinsel wächst Neuseelands einzige einheimische Palme, die **Nikaupalme**, deren schlanker, astloser Stamm eine Höhe von bis zu 30 m erreicht und schmale, glänzende Wedel, lange, stachelige Blüten und rote Früchte trägt. Frühe europäische Siedler benutzten die Beeren in Ermangelung von Munition als Geschosskugeln.

Der 20 m hohe **Pohutukawa** ist bis nach Otago im Süden verbreitet und wächst in küstennahen Wäldern sowie an Seeufern. Meist um die Weihnachtszeit trägt er karmesinrote Blüten und ver-

Makomako (Korimako) Der scheue, blassgrüne Vogel, bekannt für seinen auffälligen „Mackmacko"-Ruf, ist noch relativ weit verbreitet in Wäldern und Buschland.

Sattelstar (Tieke) Dieser seltene, hübsche Vogel ist so groß ist wie eine Drossel und – bis auf das rotbraune Band auf seinem Rücken – schwarz gefiedert.

Saumschnabelente (Whio) Diese einzigartige Entenart hält sich meistens in Bergbächen auf und sucht dort nach Essbarem. Sie ist eine von vier endemischen Arten und besitzt weltweit keine nahen Verwandten. Zu erkennen ist die Saumschnabelente an ihrem blaugrauen Federkleid, das an Brust und Flanken braun gefärbt ist. Weitere charakteristische Merkmale sind ein kurioser, an beiden Seiten mit einer schwarzen, flexiblen Membran ausgestatteter Schnabel sowie gelbe Augen, zu sehen auf dem $10-Dollar-Schein. Der Maori-Name gibt den Ruf des Erpels wieder.

Schwarzer Stelzenläufer (Kaki) Dieser schlanke, schwarz gefiederte Vogel mit langen, roten Beinen zählt zu den seltensten Watvögeln der Welt und ist ausgesprochen scheu. Wer in freier Wildbahn auf ein Exemplar stößt, sollte gebührenden Abstand halten. Der Kaki bevorzugt sumpfige Areale und die Umgebung von Flussufern. Die besten Beobachtungsmöglichkeiten bietet ein eigens eingerichtetes Naturreservat nahe Twizel (s. S. 642).

Takahe Der truthahngroße Vogel galt bereits als ausgestorben (s. S. 796).

Tui Mit seiner weißen Kehle und einem samtigen Federkleid in Grün- und Purpurtönung ist der Tui als Imitator anderer Vogelstimmen und nimmersatter Genießer von Nektar und Früchten bekannt. Sein Gesangsrepertoire ist umfangreicher als das des Makomako, umfasst aber auch einige recht unmusikalisch wirkende Kreisch-, Krächz- und Würgelaute.

Wekaralle Der mit am weitesten verbreitete flugunfähige Vogel Neuseelands ähnelt dem Kiwi, ist jedoch schlanker, weit weniger scheu und besitzt ein dunkelbraunes, von goldgelben Streifen durchsetztes Gefieder, vor allem im Brustbereich. Wie der Kiwi durchstreift auch die Wekaralle in der Dämmerung ihr Revier, lässt sich aber auch häufig am Tag blicken. Nicht wenige der Vögel besitzen gar den Mut und nähern sich Wanderern, um sich kleine Leckerbissen von diesen zu holen. Der Ruf der Wekaralle ist ein lautes, charakteristisches „Kuuu-li".

Ziegensittich (Kakariki) Dieser grüne Sittich kommt mit gelber, roter oder (unlängst identifizierter) orangefarbener Stirnhaube vor. Er lebt in vielen Vogelschutzgebieten und auf küstennahen Inseln.

Weitere gefährdete Arten

Tuatara (Brückenechse) Dieses nachtaktive Reptil ist ein Relikt aus Dinosaurierzeiten und hat sich in den letzten 260 Mio. Jahren kaum verändert. Die Tuatara ernährt sich von Insekten, kleinen Säugetieren und Vogeleiern. Dank der gehaltvollen Nahrung kann sie bis zu 60 cm lang und weit über 100 Jahre alt werden. Am besten in Augenschein zu nehmen in einem Zoo oder Kiwi-Haus.

Weta Relativ verbreitetes, heuschreckenähnliches Insekt, das bereits seit 190 Mio. Jahren in Tieflandwäldern heimisch ist. Mehrere Arten leben im Busch, sind aber schwer zu entdecken, sodass man einer Weta am ehesten in Höhlen und Zoos begegnet. Die imposanteste Art ist die Riesenweta (Wetapunga), mit bis zu 71 g das schwerste Insekt der Erde.

leiht den Stränden eine festliche Note. Ebenfalls rot blüht der weithin bekannte **Rata**, der in Wäldern auf der Südinsel sehr häufig, auf der Nordinsel weniger zahlreich vertreten ist.

Bekannt ist Neuseeland außerdem für seine außergewöhnliche Familie von Koniferen, die **Steineiben** oder Podocarpaceen. Dazu gehört z. B. der majestätische, bis zu 60 m hoch aufragende **Rimu**, der kleine grüne Blüten, rote Zapfen und winzige grüne oder schwarze Früchte trägt. Einst war sein Holz sehr begehrt (und mit Öl gemischte Rimu-Kohle wurde früher als Farbe für Tätowierungen verwendet), doch trotz massiven Einschlags ist er in Mischwäldern bis heute weit verbreitet. Weitere Vertreter der Familie sind **Matai** (engl. *black pine*), **Miro** (engl. *brown pine*), **Kahikatea** (engl. *white pine*) und **Totara**. Letzterer kann 1000 Jahre alt werden und wurde von den Maori für den Bau von Kriegskanus geschätzt. Die Streifen seiner dicken braunen Borke eigneten sich für das Flechten von Körben.

Unter dem Blätterdach dieser hohen Bäume gedeiht eine unglaubliche Vielzahl an **Baumfarnen**, die oftmals nur schwer voneinander zu unterscheiden sind. Der bekannteste darunter und gleichzeitig mit dem Status eines Nationalsymbols

ausgezeichnet ist der **Ponga**, der bis zu 10 m hoch wird und lange, ausladende Wedel besitzt, die auf der Oberseite matt grün, auf der Unterseite silbrig weiß sind. Der Tieflandwald ist der bevorzugte Lebensraum für die meisten gefährdeten neuseeländischen Vögel (s. S. 104, Kasten).

Flüsse, Seen und Feuchtgebiete

Den hohen Bergen und ergiebigen Niederschlägen verdankt Neuseeland seine vielen Flüsse. Vor allem Canterbury und die Region Waitaki zeichnen sich durch verwilderte Flussläufe mit

Säugetierplagen

Seit sich der Mensch in Neuseeland angesiedelt hat, sind 43 einheimische Vogelarten ausgestorben, und insgesamt entfallen auf Neuseeland heute 11 % der am stärksten gefährdeten Vogelarten der Welt. Verantwortlich für die Zerstörung des einzigartigen Ökosystems des Landes sind die Landnahme durch den Menschen und die Einführung von neuen Pflanzen und Tieren.

Possums

In der Regel dauert es nicht lange, bis Besucher Neuseelands Bekanntschaft mit dem nachtaktiven Possum (oder Fuchskusu, *Trichosurus vulpecula*) machen, und sei es nur in Form eines auf der Straße totgefahrenen Exemplars. Quicklebendig kann man Possums meist auf Wandertouren erleben, wenn sie nachts um die Hütten schleichen und ihre Augen das Licht der Taschenlampe reflektieren. Obgleich sie mit ihrem flauschigen Pelz possierlich erscheinen, richten sie enorme **Schäden an Flora und Fauna** an. Bäume verkümmern, weil die Tiere die neuen Triebe abknabbern, außerdem verspeisen sie Vogeleier und töten sogar Küken. Folglich hegen die Neuseeländer einen geradezu pathologischen Hass gegen dieses ursprünglich aus Australien stammende Beuteltier. Selbst Ökos, die sonst um keinen Preis der Welt einen Pelz tragen würden, haben keinerlei Probleme damit, Hausschuhe aus Possumfell zu kaufen.

Schon vor der 1840 einsetzenden kontrollierten Zuwanderung aus Europa hatten private Geschäftsleute damit begonnen, Fuchskusus in Neuseeland auszusetzen, um den Grundstock für eine profitable Pelzindustrie zu legen. Erst um 1930 wurden die Auswilderungen eingestellt, und erst 1951 wurden Maßnahmen zur Eindämmung der Plage getroffen: Der Staat führte eine Prämie für jeden getöteten und noch nicht gehäuteten Fuchskusu ein.

Noch bis Ende der 80er-Jahre wurden Possums ihrer **Pelze** wegen getötet, infolge erfolgreicher Pelzgegnerkampagnen fielen jedoch die Preise für Felle ins Bodenlose. Als Folge blieben die Jäger zu Hause, und die Zahl der Possums stieg wieder explosionsartig an. Heute gibt es mehr als 70 Mio. Possums, die Schätzungen zufolge derzeit Nacht für Nacht 21 000 t pflanzliche Nahrung verspeisen.

Possums sind so weit verbreitet und zahlreich, dass die Jagd kaum noch Auswirkungen zeigt. Der Staat muss jährlich etwa $100 Mio. aufbringen, um die Tiere unter Kontrolle zu halten. Die kostenintensivste Maßnahme ist das Abwerfen von einem unter dem Kürzel „1080" bekannten **Gift** aus der Luft. Die umstrittene Substanz ist in fast allen anderen Ländern der Welt verboten. Viele Farmer behaupten, das Gift würde ihr Vieh und die einheimischen Vögel töten, zu deren Schutz es eigentlich eingesetzt wird. Zwar sterben tatsächlich Vögel durch das Gift, doch einem breiten, von mehreren Armen durchzogenen Schotterbett aus und bieten einer Vielzahl von Vögeln, Insekten, Fischen und Pflanzen einen Lebensraum. Hinzu kommen zahlreiche Seen, die Fische und Vögel mit reichlich Nahrung versorgen. Nicht wenige neuseeländische Feuchtgebiete sind auf der anderen Seite für die Landwirtschaft und die Gewinnung von Wohnraum erschlossen und trocken gelegt worden, einige sind jedoch in **Nationalparks und Naturreservaten** erhalten geblieben. In den Feuchtarealen des Tieflands wächst der mit einer Höhe von mehr als 60 m größte einheimische Baum, der **Kahikatea**. Besonders schön

ist der Bestand nahe Te Awamutu (S. 274) auf der Nordinsel.

In der Nähe von Seen stößt man fast unweigerlich auf den **Pukeko** (Purpurhuhn). Der vorwiegend dunkel und mittelblau gefiederte Vogel, der auch in Teilen Australiens beheimatet ist, besitzt große Füße, einen orangefarbenen Schnabel und stößt einen schrillen Schrei aus, wenn er aufgescheucht wird. Pukekos sind noch nicht gänzlich flugunfähig, ihre Entwicklung geht jedoch dahin.

Neuseeland wird für seinen Reichtum an Süßwasserfischen gerühmt, insbesondere für seine prächtigen **Bachforellen**, **Regenbogen-**

infolge der Dezimierung der Possums werden wieder so viele Vogeleier ausgebrütet, dass die Zahl der Vögel das Niveau vor Anwendung des Gifts weit überschritten hat.

Wildschweine, Rotwild, Tahre und Gemsen

Als James Cook in den 1770er-Jahren Neuseeland umsegelte, setzte er dort **Schweine** aus, damit er und seine Leute auf den folgenden Reisen etwas Leckeres zum Essen hätten. Die als „Captain Cookers" bezeichneten Wildschweine wühlen noch heute neuseeländischen Boden auf, wenngleich Wildschweinjäger versuchen, ihre Zahl einzudämmen.

Von 1851 bis in die 1930er-Jahre wurden erfolgreich sieben verschiedene Arten **Rotwild** für Freizeitjäger angesiedelt, und noch heute wildern einige Jäger illegal Hirsche aus. Die Behörden reagieren zögerlich bei der Frage einer vollständigen Ausrottung, weil die Jäger über eine starke politische Lobby verfügen. In der ersten Hälfte des 20. Jhs. siedelte die Regierung auch **Tahre** aus dem Himalaja und **Gemsen** aus den europäischen Alpen an, die sich bis heute im Hochland der Südinsel gehalten haben.

Kaninchen und Marder

In den 1840er-Jahren wurden erstmals **Kaninchen** in Neuseeland ausgewildert. Sie stellen keine unmittelbare Gefahr für die einheimische Tierwelt dar, wohl aber die Methoden, die zur

Eindämmung der Plage angewandt werden. In den 1880er-Jahren wurden auch **Frettchen** eingeführt, doch anstatt sich über die Kaninchen herzumachen, fanden diese Vertreter der marderartigen Tiere in den flugunfähigen Vögeln leichtere Beute. Neben **Wieseln** wurden zur Bekämpfung der Kaninchenplage auch noch **Hermeline** eingeführt, die sich jedoch zum Hauptfeind der heimischen Vogelwelt entwickelten.

Hunde, Katzen, Ratten und Mäuse

Wilde **Hunde** können der Versuchung eines flugunfähigen Vogels einfach nicht widerstehen. Eine Studie zu Todesursachen bei ausgewachsenen Streifenkiwis führte zu dem Ergebnis, dass in 76 % aller Fälle Hunde verantwortlich waren.

In Neuseeland gibt es Schätzungen zufolge 1,2 Mio. **Katzen**, darunter etwa ein Viertel Wildkatzen. Ihrem angeborenen Instinkt folgend, töten sie zahlreiche Vögel und Eidechsen.

Die polynesische **Ratte** (Kiore) wurde inzwischen größtenteils von aggressiveren Wanderratten und Schiffsratten verdrängt. Ratten fühlen sich fast überall wohl, ob in Baumspitzen oder zwischen Blattwerk. Sie haben verheerende Auswirkungen auf die Vogel- und Insektenpopulationen und behindern durch das Fressen von Pflanzensamen das natürliche Wachstum im Wald. **Mäuse** sind ein ähnliches Problem.

forellen und **Lachse**, die sich in den schnell fließenden Gewässern tummeln. Sie alle sind eingeführte Arten und haben sich so gut an die hiesigen Gegebenheiten angepasst, dass sie hier größer werden als in anderen Regionen der Erde. Die Kehrseite der Medaille jedoch ist, dass durch sie viele einheimische Arten verdrängt wurden.

Eine weitere in neuseeländischen Gewässern verbreitete Delikatesse sind einheimische **Aale**. Obwohl sie den Großteil ihres Lebens in neuseeländischen Flüssen verbringen, zieht es sie zum Laichen merkwürdigerweise in die über 2000 km nördlich gelegenen Gewässer um Fidschi.

An Flussufern im Mackenzie Country und in Canterbury leistet der stark bedrohte **Schwarze Stelzenläufer** (s. Kasten S. 105) den Anglern Gesellschaft. Der **Gewöhnliche Stelzenläufer**, ein schwarzweiß gefiederter Vogel, konnte sich gegen eingeführte Säugetiere erfolgreicher behaupten.

Auch der **Schiefschnabel** lebt an den Ufern der verzweigten Flüsse Canterburys. Mit seinem eigentümlich gebogenen Schnabel dreht dieser

Der Kiwi

Der flugunfähige, braune, ziemlich unscheinbare Kiwi ist das Nationalsymbol Neuseelands und erfreut sich allseits großer Beliebtheit. Dieser gedrungene, aber muskulöse, scheue und nachtaktive Vogel ist ein Vertreter der Familie der Flachbrustvögel, zu der auch Strauß, Emu, Nandu, Kasuar und der seit langem ausgestorbene Moa gehören, und zählt zu den wenigen Vogelarten der Welt mit einem gut ausgebildeten Geruchssinn. Nachts kann man manchmal Kiwis hören, wie sie durch die Dunkelheit schnüffeln, um durch die am Ende des Schnabels befindlichen Nasenlöcher Würmer, Käfer, Zikadenlarven, Spinnen, aber auch Koura (Flusskrebse) Beeren und den einen oder anderen Frosch aufzuspüren. Kiwis sind zudem mit Tastborsten an der Unterseite ihres Schnabels sowie einem äußerst feinen Gehör ausgestattet. Andere Vögel oder Feinde im eigenen Revier bleiben ihnen von daher nicht lange verborgen und werden ohne Zögern mit den Krallen angegriffen.
Die Weibchen sind größer als die Männchen und legen stattliche Eier, die ungefähr einem Fünftel ihres eigenen Körpergewichts entsprechen. Nach 80 Tagen schlüpfen die **Küken** und stärken sich mit dem nahrhaften Dotter. Die Brut verlässt bereits vollkommen unabhängig das Nest, ohne von den Eltern gefüttert worden zu sein. Das Schlafbedürfnis eines Kiwis ist mit bis zu 20 Stunden täglich alles andere als knapp bemessen, wodurch sich auch die durchschnittliche **Lebenserwartung** von 20–25 Jahren erklärt.

Schätzungen zufolge gibt es heute nicht einmal mehr 70 000 Exemplare dieses Vogels im Land, und die Zahl der wild lebenden Tiere sinkt weiter. Am einfachsten lassen sich Kiwis in einem der **Kiwi Houses** beobachten, die über das ganze Land verteilt sind (z. B. im Zoo von Auckland oder in Otorohanga, Napier, Wellington und Hokitika). Es folgt eine Auflistung der besten Reviere zum Beobachten von **Kiwis in freier Wildbahn**:

Trounson Forest, Northland (S. 264)
Tiritiri Matangi, Auckland (S. 209)
Kapiti Island, bei Wellington (S. 318)
Okarito, bei Franz Josef Glacier (S. 722)
Mason Bay, Stewart Insel (S. 686)

Kiwi-Arten
Traditionell werden Kiwis in drei Arten unterteilt: Streifen-, Zwerg- und Haastkiwi. In den 1990er-Jahren bestimmte die Genforschung drei neue Unterarten des Streifenkiwi.
Haastkiwi (Apteryx haastii) Roa nennen die Maori diese größte aller Kiwi-Arten. Ausgewachsen wiegt ein Männchen durchschnittlich 2,4 kg und ein Weibchen 3,3 kg. Am wohlsten fühlen sich diese zähesten Vertreter unter den Kiwis in subalpinen Regionen mit feuchter Moosvegetation. Kleinere Exemplare dringen bis in Tiefland- und Küstenbuchenwälder vor. Frühe europäische Entdecker erzählten sich Geschichten von truthahngroßen Kiwis mit mächtigen Sporen an den Beinen und einem Ruf, der lauter als der jeder anderen Tierart

kleine, weiß und grau gefiederte Vogel Steine um oder zieht Krustentiere aus dem Schlamm. Ein naher Verwandter des Schiefschnabels ist der ebenfalls kleine **Doppelband-Regenpfeifer**, der die Säume von Flüssen, Seen und offenen Flächen mit spärlicher Vegetation sowie Küstenlagunen und Strände bevorzugt. Sein Gefieder ist braun und weiß, und im Halsbereich ist er von einem dunklen oder schwarzen Band umschlossen. Er nistet ausschließlich in Neuseeland, unternimmt aber kurze Ausflüge nach Australien.

In schnell fließenden Flüssen ist manchmal die zunehmend seltener werdende **Saumschnabelente** (s. S. 105, Kasten) zu sehen.

Das Hochland

Da die Tieflandwälder weitgehend gerodet und in Agrarflächen verwandelt sind, muss man schon in höhere Lagen, um jenes Landschaftsbild zu finden, das die ersten Maori und danach die frühen europäischen Einwanderer begrüßte.

war. Immerhin hat die raue Umgebung geholfen, diesen Vögeln die Existenz einigermaßen zu sichern und sie vor anderen Tieren zu schützen. Die Zahl liegt scheinbar recht stabil bei rund 17 000 Vögeln, die größtenteils in der nördlichen Hälfte der Südinsel leben.

Zwergkiwi (Pukupuku, *Apteryx owenii*) Bei diesen kleinsten aller Kiwis wiegt ein ausgewachsener Vogel 1100 bis 1300 g. Ein Großteil der Population (ca. 1000 Vögel) lebt auf Kapiti Island. Zwergkiwis verbringen meist paarweise den Tag in ihren Schlupfwinkeln, um sich später getrennten Weges auf die Nahrungssuche zu begeben und zufällige Begegnungen mit Artgenossen im Vorbeigehen mit Grunzlauten zu quittieren. Nur selten bohren Zwergkiwis im Erdreich nach Nahrung, vielmehr finden sie ihre Beute direkt an der Oberfläche oder im Laubhumus. Kurz nach Einbruch der Dunkelheit lässt sich von einem erhöhten Platz auf einer Insel diesem Konzert aus schrillem Schnauben des Männchens und sanftem Schnurren des Weibchens am besten lauschen.

Nördlicher Streifenkiwi (*Apteryx mantelli*) Dieser mittelgroße Kiwi ist die am weitesten verbreitete Art und kommt vor allem auf der zentralen und nördlichen Nordinsel vor. Kennzeichnend sind seine große Nase und sein unerschrockener Kampfeinsatz gegenüber Eindringlingen. Sein Verbreitungsgebiet umfasst verschiedenste Vegetationsräume, darunter exotische Wälder ebenso wie karges Farmland auf der Nordinsel.

Okarito-Streifenkiwi (*Apteryx rowi*) Dieser Kiwi galt ursprünglich als Unterart des Streifenkiwi und ist der seltenste Vertreter der Kiwi-Vögel. Nur noch ungefähr 250 Exemplare leben in freier Wildbahn, allesamt im 10 000 ha großen, südlichen Abschnitt des Okarito Forest im Süden von Westland. Die Vögel haben eine gräuliche Färbung, oft mit weißen Flecken im Gesicht. Männchen und Weibchen teilen sich das Ausbrüten – im Gegensatz zu den meisten anderen Kiwi-Arten, wo das Männchen den Löwenanteil leistet.

Haast Tokoeka (*Apteryx australis lawryi*) Von diesem sehr seltenen Vogel finden sich schätzungsweise nur noch etwa 300 Exemplare, die größtenteils in der Umgebung von Haast im Süden Westlands heimisch sind. Ihr Verbreitungsgebiet reicht von Küstenabschnitten bis zu alpinen Hochlagen, aber am wohlsten fühlen sie sich im Busch und im subalpinen Grasland. Wenn es erforderlich ist, graben sie ihren Bau sogar in den Schnee.

Südlicher Streifenkiwi (*Apteryx australis australis*) Mit rund 30 000 Exemplaren ist dies der am weitesten verbreitete Kiwi mit stabiler Population. Er ist auf Stewart Island ganz im Süden Neuseelands heimisch, wo es keine Marder gibt, aber auch in Fiordland. Die Vögel zählen zu den primitivsten, aber auch geselligsten der Kiwi-Familie und können manchmal beobachtet werden, wie sie in nur wenigen Metern Abstand voneinander an der Küste im Wechsel der Gezeiten nach Nahrung stochern.

Die Nationalparks Tongariro, Whanganui, Taranaki, Nelson Lakes, Arthur's Pass und Aoraki Mount Cook sind von ausgedehnten Hochlandwäldern überzogen, in denen vor allem einheimische Buchenarten gedeihen. Im Unterschied zu den **Buchen** der nördlichen Hemisphäre sind die neuseeländischen Arten immergrün. Nahe der Baumgrenze wächst die Südbuchenart **Tawhairauriki** (engl. *mountain beech*) mit ihren spitzen, dunklen Blättern und kleinen roten Blüten bis zu 20 m hoch. Zur selben Gattung gehört die ebenfalls in Hochlagen und oftmals in Mischwäldern vorkommende **Tawhai** (engl. *silver beech*), deren graue Stämme bis zu 30 m hoch werden. Die anderen Vertreter der Südbuchen – die roten und schwarzen Arten – bevorzugen niedrigere Lagen. Zu ihnen gesellt sich häufig der dünne, wuchernde **Manuka** (engl. *tea tree*), der sowohl in alpinen Regionen als auch in Küstengegenden gedeiht.

Neuseeland besitzt 500 Arten von alpinen Blütenpflanzen, die in keiner anderen Erdregion wachsen. Allen voran sei hier die größte Hahnenfußart der Welt genannt, die **Mount Cook Lily** mit ihren ausladenden, weißen Blüten- und gelben Fruchtblättern, die sie zwischen November und Januar zu voller Pracht entfaltet. Beachtung verdient daneben die in Hochlagen der Südinsel wachsende Raoulia-Art mit Namen **Vegetable Sheep**, eine weiße, haarige Polsterpflanze, die sich in Bodennähe ausbreitet und aus der Ferne betrachtet für weidende Schafe gehalten werden könnte.

In Höhlen und Felsspalten der Hochlagen begegnet man mitunter einer hier beheimateten, schwarzen Weta-Art, der **Alpine Weta** (auch als „Mount Cook Flea" bekannt).

Die wenigen Vogelarten, die im Hochland leben, sind umso faszinierender. In den Neuseeländischen Alpen sieht und hört man den heiseren **Kea** und vielleicht den **Maorifalken** (beide s. S. 104). In subalpinen Regionen leben kleinere Vögel wie der gelb-grüne **Felsschlüpfer** und der winzige, grün-blau gefiederte **Zwergschlüpfer**, der in Spiralen durch die Luft flattert. Den subalpinen Lebensraum bevorzugen auch zwei der seltensten Vögel des Landes, die **Takahe** und der **Kakapo** (s. S. 104), die allerdings ausnahmslos in nur zwei streng überwachten Arealen heimisch sind.

Küste, Inseln und Meer

Vor der gezackten, von der Tasmansee und dem Südpazifik umtosten Küste Neuseelands treffen warme und kalte Meeresströmungen aufeinander und sorgen für einen enormen **Fischreichtum** in den Gewässern. Tropische Fischarten wie Barrakuda, Marlin, Hai und Thunfisch werden von der warmen Strömung angelockt, in der ansonsten Hoki, Kahawai, Schnapper, Granatbarsch und Makrelenbarsch heimisch sind. Mit der kalten antarktischen Strömung wiederum kommen Neuseeland-Flussbarsch, Neuseeland-Eisfisch, Trompeterfisch, Morwong sowie Fische, die eine beachtliche Spanne an Wassertemperaturen vertragen, darunter Tarakihi (Großflossen-Morwong), Zackenbarsch und Seebarsch.

Auch Meeressäuger tummeln sich in den Gewässern: Der seltene **Buckelwal** lässt sich gelegentlich vor der Küste Kaikouras und in der Cook Strait blicken. **Pottwale** halten sich das ganze Jahr über im tiefen Seegraben nahe Kaikoura auf. **Orcas** tauchen regelmäßig an Orten auf, an denen es auch Delphine, Robben und andere Walarten gibt. Ein häufiger Besucher ist der **Grindwal**: Bis zu 200 Exemplare ziehen jedes Jahr vor Farewell Spit vorbei. Auch in der Cook Strait und in der Bay of Plenty können Grindwale gesichtet werden.

Ganzjährig sammeln sich **Gewöhnliche Delphine** in der Bay of Plenty, der Bay of Islands und in der Umgebung der Coromandel Peninsula. Von den drei anderen, in neuseeländischen Gewässern vertretenen Arten wird man den **Großen Tümmler** in der Gegend von Kaikoura und Whakatane fast das ganze Jahr über antreffen, während **Dunkle Delphine**, die den größten Spieltrieb besitzen, von Oktober bis Mai die Küste der Marlborough Sounds, Fiordlands und Kaikouras aufsuchen. Wiederum das ganze Jahr über kann man vor der Banks Peninsula, den Catlins und ganz im Süden vor Invercargill kleinen Schulen von **Hector-Delphinen** begegnen.

Bis vor kurzem gab es nur wenige Möglichkeiten, abseits der abgeschiedenen antarktischen Inseln **Neuseeländische Seelöwen** zu Gesicht zu bekommen. Inzwischen jedoch lassen sich diese seltenen Tiere mit ihren runden Nasen und großen, feuchten Augen im Gebiet der Catlins und der Otago Peninsula blicken. Weit häufiger an den Küsten anzutreffen ist der größere **Neuseeländische Seebär**. Die besten Chancen zur Beobachtung bieten sich im Sugar Loaf Marine Reserve vor New Plymouth, an der Küste Northlands, in der Bay of Plenty, nahe Kaikoura, um die Otago Peninsula sowie im Abel Tasman National Park. Sowohl Seelöwen als auch Seebären können während der Paarungszeit (Dezember bis Februar) aggressiv werden, weshalb ein Mindestabstand von ca. 30 m in dieser Zeit unbedingt anzuraten ist. **See-Elefanten** paaren sich bis heute an der Küste der Catlins; größere Kolonien leben auf den Inseln vor der Küste.

Die fischreichen Küstengewässer locken auch eine Reihe vorbeiziehender und einheimischer Seevögel an. Die imposantesten darunter sind der majestätische **Königsalbatros**, der vereinzelt auf der Otago Peninsula anzutreffen ist, und, unweit der Küste, der größere **Wanderalbatros**. Wesentlich häufiger kann man **Zwergpinguine** sehen. Die großen **Gelbaugenpinguine** sind in ihrem Vorkommen auf einen Abschnitt der Ostküste auf der Südinsel zwischen Christchurch bis zu den Catlins beschränkt, während die mit auffälligen breiten, gelben Augenbrauen geschmückten **Dickschnabelpinguine** das Fiordland und Stewart Island

bevorzugen. Zu anderen verbreiteten Seevogelarten zählen die an ihrem gelben Kopf und weißen Körper leicht auszumachenden **Australtölpel**, daneben **Kormorane** und **Scharben** (überwiegend grau oder schwarz gefiederte), die sich für gewöhnlich an Klippen und felsiger Küste versammeln. Auf und in der Nähe von Inseln wird man wahrscheinlich auch den **Dunklen Sturmtaucher** oder **Titi** sehen, an nahezu allen Stränden wiederum schwarze und schwarz-weiße **Austernfischer**, die mit ihren orangefarbenen, zigarrenförmigen Schnäbeln gebeugten Ganges pärchenweise auf Nahrungssuche sind.

Umwelt

Neuseeland eilt der Ruf voraus, „sauber und grün" zu sein, allerdings ist dies mehr dem Zufall als irgendeiner Absicht zuzuschreiben. In Anbetracht einer Bevölkerung von nur wenig mehr als 4 Mio. Einwohnern und einer relativ kurzen Geschichte sollte man annehmen, die Eingriffe in die neuseeländische Natur durch Menschenhand seien nur begrenzt. Tatsächlich jedoch hat der Mensch es in weniger als 1000 Jahren

Den Neuseeländischen Seelöwen bekommen Besucher nur selten zu Gesicht.

(und vor allem während der letzten 150 Jahre) geschafft, ganze drei Viertel der Landfläche für die **Nahrungsmittelproduktion** und den kommerziellen **Waldbau** nutzbar zu machen. Lediglich 10 % der ursprünglichen Wälder existieren heute noch. Dank günstiger Winde und reichlich Regen wird ein Großteil der **Umweltverschmutzung** erst gar nicht sichtbar und löst sich unbemerkt wieder auf.

Landnutzung

Die europäischen Siedler und später die heimkehrenden Veteranen des 1. Weltkriegs machten in jahrelanger Plackerei oftmals steile, waldbedeckte Hügel nutzbar, die sich praktisch nur für die **Schafzucht** eigneten und sich lediglich zu Zeiten hoher Woll- und Lammpreise als profitabel erwiesen. In den vergangenen Jahren ist die Bewirtschaftung solcher Flächen z. T. so unrentabel geworden, dass manche wieder sich selbst überlassen und im Zuge der Landpachtreform als Naturparks und Reservate der Öffentlichkeit zugänglich gemacht werden.

Weit häufiger werden ärmere Böden für die Anpflanzung von **Kiefern** genutzt, die alle 25 Jahre gefällt werden, was die Anbauflächen in hässliche Felder voller Baumstümpfe verwandelt.

Derweil verschlingt der stetig wachsende **Bedarf an Wohnraum**, Straßen und damit verbundener Infrastruktur produktives Farmland und bedroht die fragilen Feuchtgebiete.

Umweltverschmutzung

In großen Teilen des Landes atmet man saubere Luft und kann seine Finger in kristallklare Seen und Flüsse tauchen, aber mancherorts trügt die Idylle.

Luftverschmutzung

Aufgrund des schlecht ausgebauten Netzes öffentlicher Verkehrsmittel zählt die Quote der zugelassenen Kraftfahrzeuge in Neuseeland zu den höchsten der Welt. Neuseeland importiert in großer Zahl Gebrauchtwagen aus Japan, die in vielen anderen Ländern erst gar nicht eingeführt werden

dürften. Regelmäßige Emissionsprüfungen für Kraftfahrzeuge sind nicht vorgeschrieben.

Wasserverschmutzung

Oft sehen Bergflüsse und Alpenseen so sauber und frisch aus, dass man am liebsten direkt daraus trinken möchte. In den meisten Fällen dürfte das auch kein Problem sein, solange das Wasser keine **Giardia**-Erreger enthält (s. S. 57). Das ist ein Darmparasit, der einem den Urlaub ohne Weiteres ruinieren kann. Daher ist es ratsam, Trinkwasser grundsätzlich zu desinfizieren.

Einige Süßwasserflüsse auf der Südinsel werden seit kurzem von **Didymo-Algen** (*Didymosphenia geminata*) heimgesucht. Bootsausflügler, Angler und Kajakfahrer werden dringend ersucht, die gesamte Ausrüstung gründlich zu reinigen, bevor sie sich damit auf einen anderen Fluss begeben, um die Ausbreitung der Alge zu stoppen.

Ein weiteres Problem sind moderne und immer intensivere Anbaumethoden in der Landwirtschaft, besonders der Einsatz enormer Mengen an **Dünger**, der wiederum Flüsse und Seen verseucht.

Da das verarbeitende Gewerbe in Neuseeland eine relativ kleine Rolle spielt, ist die industrielle Umweltverschmutzung kein großes Thema.

Die Suche nach neuen Energiequellen

Infolge eines gestiegenen Energiebedarfs in der Bevölkerung und des Ausbleibens größerer Investitionen in den letzten 30 Jahren ist die Energieversorgung des Landes unzureichend. **Wasserkraft** und **Erdwärme** können nur rund zwei Drittel des Stromverbrauchs decken, verglichen mit 80 % am Ende des 20. Jhs. Und selbst diese „grünen" Formen der Energiegewinnung sind umstritten. Die Schaffung von Stauseen hat bereits zahllose Habitate zerstört, insbesondere Flussufer, an denen bedrohte Vogelarten leben. Weitere Erdwärme-Kraftwerke sind geplant, doch den verwertbaren Ressourcen sind Grenzen gesetzt, weil eine zu große Entnahme negative Folgen für Oberflächenphänomene wie Geysire und kochende Schlammbecken hat.

Durch den Bau neuer **Kohlekraftwerke** (und den Umbau von Öl- und Gaskraftwerken) könnte Neuseeland seinen Strombedarf über 100 Jahre decken, allerdings nur auf Kosten großer Umweltbelastungen. Saubere Emissionstechnologien werden heiß diskutiert. Neuseeland tut sich auch schwer mit der Ausnutzung von **Windkraft**, denn die Technik stößt wegen der Lärmbelästigung und ästhetischer Bedenken auf erheblichen Widerstand. Die installierte Leistung ist noch sehr gering.

Jahrzehntelang hat Neuseeland einen großen Bogen um das heiße Eisen **Atomkraft** gemacht. Doch das beginnt sich infolge der Energieknappheit und der Auflagen des Kyoto-Protokolls langsam zu ändern.

Positiv lässt sich vermelden, dass sich eine wachsende Zahl von Neuseeländern trotz des zögerlichen Vorgehens der diversen Regierungen und entgegen den Interessen der Wirtschaft für den Erhalt der einzigartigen Naturschätze ihres Landes einsetzt.

Geschichte

Viele Neuseeländer europäischer Abstammung betrachteten ihre Nation lange Zeit als Musterbeispiel für eine humane Kolonialisierung. Die Maori sehen das oft allerdings anders. Über Generationen wurde das Unrecht weitererzählt: die Wegnahme des Landes und der Abbau von Rechten, die ihnen einst in einem Vertrag zugestanden wurden. Der Geschichtsunterricht in den Schulen hielt sich traditionell an die europäische Sichtweise, bis irgendwann die Version der Europäer sogar die Mythologie der Maori beeinflusste. In den letzten beiden Jahrzehnten haben Historiker jedoch große Teile dessen widerlegt, was viele Neuseeländer als Tatsache betrachten und was vielfach als Konstrukt des späten 19. Jhs. entpuppt. Die damals maßgeblichen Historiker interpretierten die Maori-Überlieferungen dergestalt, dass sie sich gut mit ihren eigenen Theorien vereinbaren ließen, und vernichteten in vielen Fällen sogar Beweise. Der Inhalt dieses Kapitels ist untrennbar mit den Legenden der Maori verwoben und im Zusammenhang mit dem Abschnitt „Maoritanga" (s. S. 129) besser zu verstehen.

Die Ankunft der Polynesier

Es gilt als erwiesen, dass vor 5000 Jahren erstmals bedeutende Wanderungsbewegungen im südpazifischen Raum stattfanden. Die ersten Bewohner Ozeaniens kamen ursprünglich aus Südostasien. Im Verlauf mehrerer Jahrhunderte zogen sie durch den indonesischen Archipel von einer Insel zur nächsten und entwickelten dabei eine eigenständige Kultur. Nach etwa tausend Jahren Inselhüpfen waren sie bis Tonga und Samoa vorgedrungen, wo sich allmählich die polynesische Gesellschaft und Kultur herauszubilden begann. Die neuen Bewohner perfektionierten Bootsbau und Navigation so weit, dass immer längere Seereisen in den Bereich des Möglichen rückten. Vor rund tausend Jahren erreichte die polynesische Kultur ihren klassischen Höhepunkt auf den **Gesellschaftsinseln** westlich von Tahiti. Diese bildeten sehr wahrscheinlich den Ausgangspunkt für eine Reihe von Seereisen Richtung Südwesten über Tausende von Kilometern offenen Ozeans, die an den Cook-Inseln vorbeiführten und schließlich an der großen Landmasse endeten, die heute als Neuseeland (Aotearoa) bekannt ist.

Es wird angenommen, dass die Vorfahren der heutigen **Maori** zwischen 1200 und 1300 n. Chr. aus Polynesien kamen und das Land in Doppelrumpfkanus erreichten. Es muss sich um eine geplante Auswanderung gehandelt haben, denn die Neuankömmlinge transportierten auch *kuri* (Hunde) und Nutzpflanzen wie *taro* (stärkehaltige Knollen), Yam-Wurzeln und *kumara* (Süßkartoffeln). Die weit verbreitete Geschichte von einer legendären **Großen Flotte**, die aus sieben Kanus bestanden und um 1350 n. Chr. auf neuseeländischem Boden angekommen sein soll, ist wahrscheinlich eine mit viel Fantasie ausgeschmückte viktorianische Adaption der mündlichen Maori-Überlieferungen, die in der Folge ihrerseits Einzug in die modernen Legenden der Maori gehalten hat.

Die Polynesier fanden ein Land vor, das so viel kälter war als ihre tropische Heimat, dass viele ihrer mitgebrachten Früchte und Pflanzen nicht gedeihen konnten. Glücklicherweise existierte aber ein Übermaß an Beutetieren in Form von Meereslebewesen und flugunfähigen Vögeln, ganz besonders auf der Südinsel, wo sich die meisten Neuankömmlinge niederließen. Die Menschen dieser **Archaischen Periode** werden häufig etwas irreführend als „Moa-Jäger" bezeichnet. Zwar lebten einige von ihnen ohne Zweifel vom Fleisch dieses Riesenvogels, doch in anderen Gegenden des Landes gab es überhaupt keine Moas.

Bereits um 1350 waren an der gesamten Küste Siedlungen entstanden, doch die ersten Spuren von **Ackerbau** sind jünger, was bedeuten könnte, dass Nutzpflanzen erst bei einer späteren Wanderungsbewegung ins Land gebracht wurden. Die Siedlungen könnten aber auch ein Hinweis auf die beginnende Konservierung von Nahrungsmitteln sein, mit der die nicht sesshafte Lebensweise der frühen Jäger ihr Ende fand.

Charakteristisch für diesen Beginn der **Klassischen Periode** ist die Entstehung von *kainga* (Dörfern) in der Nähe von *kumara*-Anbauflächen, die häufig durch *pa* (befestigte Dörfer) ergänzt wurden, in die sich die Bewohner bei Angriffen feindlich gesinnter Gruppen zurückzogen.

Mit zunehmender Spezialisierung der Aufgaben und abnehmendem Zeitaufwand für Jagd und Ackerbau setzte eine **Blüte des Kunsthandwerks** ein – insbesondere die Schnitz- und Webkunst (s. S. 134). Gleichzeitig beweisen die bei Ausgrabungen zutage geförderten Waffenarsenale von *mere, patu* (zwei Arten von Keulen) und *taiaha* (Schlagstöcke), die zuvor nicht existiert hatten, dass **Kriegshandlungen** an der Tagesordnung waren. Das Aussterben der leicht zu jagenden Laufvögel und die relativ problemlose Kultivierung von *kumara* auf der wärmeren Nordinsel kennzeichnen den Beginn einer Bevölkerungsverschiebung nach Norden. Als die ersten Europäer eintrafen, lebten bereits 95 % der Bevölkerung auf der Nordinsel, die meisten davon im heutigen Northland, doch erstreckten sich auch damals schon Küstensiedlungen hinunter bis nach Hawke's Bay und Wanganui.

Die Ankunft der Europäer

Viele Europäer waren von der Existenz einer Terra Australis Incognita überzeugt, eines sagenhaften Superkontinents auf der Südhalbkugel, der als notwendiges Gegengewicht zur Landmasse der nördlichen Hemisphäre angesehen wurde. 1642 entsandte die holländische Ostindien-Kompanie, die sich im Handel mit diesem neuen Kontinent eine Führungsrolle ausmalte, den holländischen Seefahrer **Abel Tasman** in die Südsee, wo er als erster Europäer Aotearoa sichtete. Er ging in der Golden Bay vor Anker, wo ein kleines Beiboot zwischen Tasmans beiden Schiffen von einem Maori-Kriegskanu angegriffen wurde. Nachdem vier seiner Männer getötet worden waren, machte Tasman kehrt und floh an der Westküste der Nordinsel entlang nach Norden, um später Tonga und die Fidschi-Inseln auf die europäischen Landkarten zu bringen. Tasman gab Aotearoa den Namen „Staten Landt", der später nach der holländischen Küstenprovinz in „Nieuw Zeeland" geändert wurde.

Über hundert Jahre lang wurde Neuseeland ignoriert, bis **James Cook** (s. Kasten) 1769 auf der ersten seiner drei ausgedehnten Reisen in Aotearoa ankam. Die Besatzung fand in den Maori ein kultiviertes Volk mit streng organisierter Gesellschaftsstruktur und beeindruckenden Fähigkeiten vor: Aus Stein und Holz fertigten sie wundervoll verzierte Kanus, Waffen und Versammlungshäuser, doch sie kannten weder Räder noch Straßen, Metall, Töpferei oder Viehwirtschaft.

Nach zwei unglücklichen Begegnungen bei Gisborne und vor Cape Kidnappers in der Nähe von Napier gelang es Cook, erstmals freundliche und konstruktive Kontakte herzustellen. Die Inselbewohner bezeichneten sich fortan im Bemühen um eine Abgrenzung gegenüber den Europäern als *Maori* („normal" oder „unauffällig"), während sie den Neuankömmlingen den Namen *Pakeha* („fremd") gaben.

Vor der Küste der Coromandel Peninsula missachtete Cook seine Anweisungen, indem er die britische Flagge hisste und das Land offiziell für die Krone in Besitz nahm, ohne die Zustimmung der Maori einzuholen, die ihn dennoch 1773 und 1777 zwei weitere Male empfingen.

Land und Leute

Die Franzosen zeigten ebenfalls Interesse an Neuseeland. Schon bei seiner Reise 1769 war Cook an dem französischen Seefahrer **Jean François Marie de Surville** in einem Sturm vorbeigesegelt, ohne dass die beiden Schiffe einander bemerkten.

Nach Gründung der Sträflingskolonie Botany Bay im benachbarten Australien war Neuseeland erstmals auch als Handelsgebiet interessant und wurde zwischen Ende des 18. Jhs. und den 30er-Jahren des 19. Jhs. praktisch als Teil Australiens wahrgenommen. 1830 gab es an der neuseeländischen Küste bereits zahlreiche saisonal besiedelte Außenposten der **Robbenjäger**, und schon dreißig Jahre später waren die Meeressäuger so gut wie ausgestorben.

In der Zwischenzeit fällte die britische Kriegsmarine massenweise riesige Kauri-Bäume, die sie zum Bau von Schiffsmasten verwendete, während kommerzielle **Holzfäller** die Werften im australischen Sydney belieferten. Zwischen 1820 und 1830 hielten auch **Walfänger** in Neuseeland Einzug und errichteten ihre Basis in Kororareka (heute Russell) in der Bay of Islands, wo sie Maori als Besatzung anheuern und Verpflegung für ihre Schiffe aufnehmen konnten. Einer Mischung aus raubeinigen Walfängern, entflohenen Sträflingen, Schurken und Abenteurern verdankte Russell in der Folge das Prädikat „Höllenloch der Südsee" – ein gesetzloser Ort, dessen Bewohner Charles Darwin bei seinem Besuch 1835 als „letzten Abfall der Gesellschaft" bezeichnete.

Es dauerte nicht lange, bis die traditionelle Lebensweise der Maori völlig auf der Strecke geblieben war. Schon bald kam es zu **Stammesfehden** nie gekannten Ausmaßes. Der Hunger nach immer mehr Land war Antrieb für die Raubzüge des Ngati-Toa-Häuptlings **Te Rauparaha** (s. S. 318), der schon bald die südliche Hälfte der Nordinsel kontrollierte.

Der gewaltige Bedarf an Feuerwaffen brachte die Maori dazu, ihre besten Nahrungsmittel zu verkaufen und sich in ungesunde Gegenden in der Nähe von Sümpfen zurückzuziehen, wo sie sich der Flachsverarbeitung widmen konnten. Die Stämme veräußerten selbst ihre wertvollsten Schätze, darunter Keulen aus *pounamu* (Jade) und die in der Schlacht erbeuteten und

James Cook (1728–1779)

Der aus dem englischen Yorkshire stammende Lieutenant (später Captain) James Cook war ein mit besonderer Sorgfalt arbeitender Navigationsoffizier, der mit seiner *Endeavour* den Pazifik besegelte, um den Transit der Venus über die Sonnenscheibe zu beobachten. Gemäß den Anweisungen der Admiralität reiste er weiter nach Westen und erreichte schließlich die „Ostseite des von Tasman entdeckten Landes", beobachtete dort „Geist, Wesen, Veranlagung und Anzahl der Eingeborenen" und beauftragte seine Expeditionsbotaniker Banks und Solander mit dem Sammeln zahlreicher Pflanzen.

Im Verlauf von drei Seereisen zwischen 1769 und 1777 verbrachte Cook insgesamt zehn Monate an der Küste Aotearoas und hinterließ seine Spuren in Form zahlreicher Ortsnamen. Einige seiner Karten wurden bis weit ins 20. Jh. verwendet; seine einzigen bedeutenden Fehler bestanden darin, dass er die Banks Peninsula als Insel und Stewart Island als Halbinsel einzeichnete.

konservierten Köpfe feindlicher Häuptlinge. Die schlechten Lebensbedingungen der Maori begünstigten immer wieder die Ausbreitung aus Europa eingeschleppter **Krankheiten**, Alkohol- und Tabakmissbrauch waren an der Tagesordnung, Maori-Frauen wurden dazu getrieben, sich für weiße Seemänner zu prostituieren, die Stammesstrukturen begannen sich aufzulösen.

Diese Misere fanden 1814 die ersten **Missionare** vor. Besonderes leistete in Neuseeland der aus dem australischen New South Wales kommende und dort noch als brutal verschriene Friedensrichter **Samuel Marsden**, der die Bay of Islands mit der Mission betrat, den Maori Christentum und „Zivilisation" beizubringen und die Seelen der Walfänger und Robbenjäger zu retten. In der Folge errichteten Anglikaner, Methodisten und Katholiken allesamt Missionen auf der gesamten Nordinsel. Sie erklärten, die Maori vor weiterer Ausbeutung bewahren zu wollen, und setzten sich sowohl in London als auch in Sydney dafür ein, dass die Handlungen der Pakeha besser kontrolliert wurden. Andererseits zerstörten die Missionare aber auch Kunstwerke, die sie als sexuell zu eindeutig betrachteten, und forderten von den Maori den Verzicht auf Kannibalismus und Sklaverei – kurz, sie erwarteten von den Einheimischen, dass sie ihre Kultur über Bord warfen, um „Europäer" zu werden. In den 1830er-Jahren waren das Selbstverständnis der Maori und der Glaube an die eigenen Werte im Schwinden begriffen. Der *tohunga* (Priester) war machtlos gegen die neuen europäischen Krankheiten, die von den Missionaren häufig geheilt werden konnten, und langsam glaubten die Maori den Pakeha,

---

Hongi Hika

Hongi Hika vom *iwi* der Ngapuhi in der Bay of Islands war der erste Häuptling, der die Bedeutung von Feuerwaffen erkannte. Er hatte bereits mehrere in seinem Besitz, als er 1814 auf den Missionar Thomas Kendall traf. Schon damals ließ er Nutzpflanzen kultivieren, die er bei den Pakeha gegen Schusswaffen eintauschte.

1820 reiste Hongi Hika mit Kendall nach England, um an einer Abhandlung über Vokabular und Grammatik der neuseeländischen Sprache zu arbeiten. Während seines Aufenthalts war er kurzzeitig der gefeierte Star in der feinen Londoner Gesellschaft und wurde König George IV. als „Gleichgestellter" präsentiert. Dass er für die meisten Geschenke, mit denen er überhäuft wurde, kaum Verwendung hatte, tauschte er sie gegen 300 Musketen ein. Hongi Hika gelobte, der absoluten Herrschaft des britischen Oberhauptes nachzueifern und machte sich auf einen Eroberungsfeldzug, in dessen Verlauf er große Teile der Nordinsel unterwarf. Dabei benutzte er die häufig schlecht gepflegten und unsachgemäß gehandhabten Gewehre eher zur Aufschreckung des Feindes, um diesem dann mit traditionellen Keulen den Garaus zu machen. Die Krieger hielten sich nicht mehr an die vereinbarten Kampfzeiten – traditionell die Phasen zwischen Jagd- und Ackerbausaison – und machten sich an die Begleichung alter Rechnungen, was sehr viele Maori das Leben kostete.

---

wenn diese behaupteten, ihr Volk sei im Aussterben begriffen.

Die Phase der Kolonialisierung

Trotz Cooks Entdeckeranspruch aus dem Jahre 1769 hatten die königlichen Kartografen Neuseeland bis dahin nicht als Besitztum Großbritanniens verzeichnet. Man musste langsam einsehen, dass das Britische Empire aufgrund seiner enormen Größe kaum noch unter Kontrolle zu halten war, und so wurde das für New South Wales geltende Recht 1817 nur unter großem Zögern nominell auch auf Neuseeland übertragen. Auswirkungen waren jedoch kaum zu spüren, da der Gouverneur von New South Wales keine offizielle Vertretung in Neuseeland hatte und ihm dadurch die Hände gebunden waren. Aufgrund der herrschenden Gesetzlosigkeit und Unmoral ersuchte 1831 eine kleine Gruppe von Maori-Häuptlingen aus Northland mit Unterstützung der Church Missionary Society den britischen Monarchen, „Freund und Beschützer dieser Inseln" zu werden. Das besagte Schreiben musste später als Rechtfertigung für die Intervention Großbritanniens herhalten.

Die Reaktion der britischen Krone bestand darin, 1833 den weitestgehend inkompetenten **James Busby** als so genannten „British Resident" nach Neuseeland zu schicken. Seine Mission bestand darin, die Interessen der Krone zu vertreten, Anreize für den Handel zu schaffen, die Beziehungen zu Missionaren und Maori zu pflegen und entflohene Sträflinge zurück nach Sydney zu schaffen. Unter dem Eindruck, Neuseeland würde langsam zur Belastung für New South Wales, hielt der dortige Gouverneur Richard Bourke Gewehre und Soldaten zurück, sodass Busby seine Mission nicht durchzusetzen vermochte. Außerdem ließ sich Busby von **Baron de Thierry** übertölpeln, einem Briten französischer Herkunft, der sich selbst als „Oberhäuptling Neuseelands" bezeichnete und behauptete, er hätte einen Großteil des Distrikts Hokianga von Hongi Hika gekauft, um die Maori vor der Entwürdigung zu bewahren, die er ihnen unter britischer Herrschaft prophezeite. In einem übereilten Entschluss überredete Busby 1835 törichterweise 35 Häuptlinge aus dem Norden dazu, sich als **United Tribes of New Zealand** (Vereinigte Stämme von Neuseeland) für unabhängig zu erklären. Mit diesem Maori-Bündnis sollte der wachsenden Instabilität im Lande entgegengewirkt werden.

Ende der 30er Jahre des 19. Jhs. lebten rund 2000 Pakeha in Neuseeland, die Mehrheit in der Gegend von Kororareka in der Bay of Islands. Die meisten waren Engländer, doch auch französische Katholiken etablierten sich allmählich nach einem vorsichtigen Einstieg, und 1839 wurde der in Großbritannien geborene James Clendon zum amerikanischen Konsul ernannt. Inzwischen begannen sich auch Spekulanten und Siedler für das neue Land zu interessieren. Der australische Sklavereigegner **William Charles Wentworth** hatte die Südinsel und Stewart Island für ein paar Hundert Pfund „gekauft" (es handelte sich um den größten privaten Landkauf der Geschichte, der aber nachträglich per Regierungsbeschluss annulliert wurde). Schließlich begriff auch die britische Admiralität, dass die australischen Sträflingskolonien, ursprünglich nur als angenehm weit entfernte Alternative zu den überfüllten englischen Gefängnissen gedacht, sich langsam zu wertvollen Besitzungen entwickelten.

Infolge der geschilderten Ereignisse und Busbys permanenter Übertreibung, die Maori seien nicht in der Lage, ihre Angelegenheiten eigenständig zu regeln, sah sich die britische Regierung schließlich veranlasst, die Initiative zu ergreifen. Das Ergebnis war der **Vertrag von Waitangi** (s. S. 118) aus dem Jahre 1840. Das Dokument sollte den Maori dauerhaft ihre Besitzrechte und die Kontrolle über ihr Land sichern, wenn sie im Gegenzug ihre Hoheitsrechte abtraten, der Text machte aber verschiedenste Auslegungen möglich. Das annektierte Land wurde zunächst der australischen Kolonie New South Wales unterstellt, bis Neuseeland ein Jahr später zur eigenständigen Kronkolonie erklärt wurde.

Die Besiedlung durch Europäer

Schon vor der Unterzeichnung des Vertrags von Waitangi gab es Bestrebungen von Seiten der neu gegründeten **New Zealand Company**, eine Siedlung in Port Nicholson, dem heutigen Wellington, zu errichten. Dahinter stand der englische Staatsmann **Edward Gibbon Wakefield**, der Neuseeland als Testgelände für seine Theorie der „wissenschaftlichen Kolonialisierung" betrachtete. Dazu gehörte auch die systematische Bewahrung der englischen Klassenstruktur. Letztlich mutierte das Experiment aber zu einem System mit großen Grundbesitzern, die nicht auf ihren Besitzungen lebten.

Von 1839 bis 1843 warb die New Zealand Company fast 19 000 Kolonisten an und siedelte sie in **geplanten Siedlungen** in Wellington, Wanganui, Nelson und New Plymouth an, die so zu Keimzellen der Pakeha-Einwanderung wurden. Die einzige bedeutende, nicht von Wakefield geplante Siedlung war **Auckland**, ein verwahrloster Haufen Hütten am Meer, der zum Entsetzen der Offiziellen der New Zealand Company nach Unterzeichnung des Vertrags von Waitangi zur Hauptstadt gemacht wurde.

Die Company konnte das Land nicht direkt von den Maori kaufen, doch erwarb die Regierung riesige Gebiete und verkaufte sie dann weiter, oftmals für das Zehn- oder Zwanzigfache. 1850 zerfiel die New Zealand Company und hinterließ Siedlungen, die sich angesichts der harten kolonialen Wirklichkeit keinen Deut um Wakefields hochtrabende Theorien scherten und sich im Wesentlichen aus zähen und standhaften Arbeitern zusammensetzten, die dem britischen Proletariat und der unteren Mittelklasse entstammten.

1852 wurde Neuseeland eine begrenzte Selbstverwaltung zugestanden, woraufhin die Regierung das Land in die **sechs Provinzen** Auckland, New Plymouth, Wellington, Nelson, Canterbury und Otago aufteilte. Die Provinzregierungen nahmen die Landverkäufe selbst in die Hand und warben in planmäßigen Auswanderungsaktionen willige Siedler mit kostenloser Seereise, Landzuteilungen und Arbeitsplatzgarantie in Straßenbauprojekten an. In der Hoffnung auf ein besseres, freieres Leben ohne die unmenschlichen Arbeitsbedingungen in den Fabriken Großbritanniens machten sich viele auf den langen Weg. Zu jener Zeit hatten die Maori immer noch den besten Grund und Boden in Besitz und mit dem Anbau von Kartoffeln und Weizen ein gutes Auskommen. Sie produzierten nicht nur für den Eigenbedarf, sondern auch für den Export nach Australien, wo der Goldrausch in Victoria eine große Nachfrage geschaffen hatte. Die Pakeha konnten da kaum konkurrieren, und mit dem plötzlichen Sinken der Exportpreise Mitte der 50er-Jahre des 19. Jhs. gewann die **Weidewirtschaft** verstärkt an Bedeutung. Die Krone half mit einer Halbierung der Landpreise und verschaffte damit auch weniger wohlhabenden Siedlern die Möglichkeit des Erwerbs von Grundbesitz; gleichzeitig ebnete die Regierung damit aber den Weg für die Entstehung riesiger Weideflächen und erhöhte damit den Druck auf die Maori, noch mehr Land zu verkaufen.

Die Landkriege zwischen Maori und Pakeha

Die ersten fünf Jahre nach Unterzeichnung des Vertrags von Waitangi waren eine einzige Katastrophe, zunächst unter Gouverneur Hobson

---

Der Vertrag von Waitangi auf Englisch und Maori

Die wesentlichen Punkte des englischen Vertrags sind die folgenden:

- Die Häuptlinge treten ihre Hoheitsrechte über Neuseeland an die Königin von England ab.
- Die Königin garantiert den Häuptlingen den „uneingeschränkten, exklusiven und ungestörten Besitz ihres Landes, ihrer Wälder, Fischgründe und anderer Besitztümer, gleich ob kollektives oder individuelles Eigentum".
- Die Krone behält sich das Vorkaufsrecht in Bezug auf den Landbesitz der Maori vor.
- Die Königin gewährt allen Maori die Rechte und Privilegien britischer Staatsbürger.

So weit, so gut – wäre da nicht die **Übersetzung in die Maori-Sprache** gewesen, die zahlreiche Türchen für Missverständnisse offen lässt, denn Maori ist eher eine idiomatisch und metaphorisch geprägte Sprache, in der ein Wort mehrere Bedeutungen haben kann. Im Folgenden werden die wesentlichen Streitpunkte kurz erläutert.

In der Präambel der englischen Version wird als wesentlicher **Vertragsgegenstand** genannt: Schutz der Interessen der Maori, Schaffung der Voraussetzungen für eine britische Besiedlung und Einsetzung einer Regierung zur Aufrechterhaltung von Frieden und Ordnung. Im Gegensatz dazu liegt der Haupttenor der Maori-Version auf der für die Maori außerordentlich wichtigen Aufrechterhaltung von Rang und Status ihrer Häuptlinge und Stämme.

Im Maori-Text wurde der Begriff **Hoheitsrechte** (engl. *sovereignty*) als *kawanatanga* (engl. *governorship,* etwa: Gouverneursherrschaft) übersetzt, ein Begriff, den die Maori aufgrund ihrer Erfahrung mit der zahnlosen Herrschaft von James Busby assoziierten. Es erscheint unwahrscheinlich, dass den Häuptlingen die Tragweite dessen bewusst war, was sie da aufgaben.

In der Maori-Version garantiert die Krone den *tangata whenua* („Menschen des Landes") das zeitlich unbegrenzte Besitzrecht über ihr Eigentum. Im englischen Text ist dagegen von **individuellen Rechten** auf Eigentum die Rede. Hier handelt es sich möglicherweise um eine mutwilligste Fehlübersetzung. In der Realität kam es dann auch immer wieder zu der Situation, dass Maori genötigt wurden, ihr **Land** zu verkaufen, und dass, wenn sie sich weigerten, es ihnen einfach weggenommen wurde.

Der Begriff **Vorkaufsrecht** (engl. *pre-emption*) wurde mit *hokonga* übersetzt, einem Begriff, der nichts weiter bedeutet als „kaufen und verkaufen". Es wird nicht weiter ausgeführt, dass die Krone das Exklusivrecht zum Kauf von Maori-Land erhält, was in der englischen Version deutlich zum Ausdruck kommt. Aus diesem Punkt entstanden später immer wieder Reibereien, wenn Maori Land, an dem die Regierung nicht interessiert war, anderweitig verkaufen wollten.

Auch die Tragweite des Begriffs **britische Staatsbürgerschaft** wurde von den Maori möglicherweise nicht vollständig erfasst. Es ist unklar, ob ihnen bewusst war, dass sie fortan an britisches Recht gebunden sein würden.

---

und später unter dem halbherzigen FitzRoy. Die Beziehungen zwischen Maori und Pakeha begannen sich zu verschlechtern, als die Hauptstadt von Kororareka nach Auckland verlegt und in der Bay of Islands Steuern erhoben wurden. Der daraus resultierende Rückgang des Handels mit vorbeifahrenden Schiffen beschleunigte die ersten handfesten Auseinandersetzungen. Im Mittelpunkt einer Reihe Aufsehen erregender Zwischenfälle stand der Ngapuhi-Führer **Hone Heke**, der wiederholt den Flaggenmast in Russell fällte, das wichtigste Symbol britischer Autorität. Die Situation verbesserte sich etwas mit der Ernennung von **George Grey**, rückblickend der fähigste aller neuseeländischen Gouverneure, der wie kein anderer dazu beitrug, das Land in seinen Anfangsjahren zu formen.

Schon bald begannen die **Maori**, ihre Kultur an das Zusammenleben mit den Pakeha anzupassen – u. a. durch den Verkauf ihrer Ernte, den Betrieb von Kornmühlen und die Versorgung der weißen Bevölkerung per Küstenschifffahrt. Grey förderte den Anpassungsprozess, indem er Missionsschulen gründete, Arbeitsplätze für Maori in staatlichen Bauvorhaben schuf und Krankenhäuser errichten ließ, in denen sich Maori kostenlos behandeln lassen konnten. Grey tat sein Möglichstes zur Wahrung des Geistes von Waitangi und gewann dabei enormes Ansehen unter den Maori. Bedauerlicherweise versäumte er es, einen Mechanismus zur Weiterführung dieser Politik einzurichten, bevor er 1853 als Gouverneur nach Kapstadt abberufen wurde. Nach der neuseeländischen Verfassung von 1852 besaßen nur Grundbesitzer das Wahlrecht, und da die Maori keinen individuellen Landbesitz kannten, wurden sie von politischen Entscheidungen ausgeschlossen. Obwohl sie auf dem Papier britische Staatsangehörige waren, hatten sie in der Praxis kaum einen Nutzen davon – dennoch wurde von ihnen zunehmend die Einhaltung der englischen Gesetze verlangt.

Inzwischen stand es außer Frage, dass die Maori mit dem Vertrag von Waitangi übertölpelt worden waren. Ein Häuptling brachte es auf den Punkt: Die Maori hätten geglaubt, sie würden den Schatten des Landes abtreten und das Land selbst behalten; jetzt müssten sie einräumen, dass das Land selbst an die Europäer ging und

ihnen nur der Schatten blieb. Der wachsende **Widerstand** gegen weitere Landverkäufe fiel genau in eine Zeit, in der die weißen Siedlergemeinden immer mehr expandierten und den Verkauf riesiger Gebiete als Weideland forderten. In dem Maße, in dem die Infrastruktur der Pakeha sich verbesserte, wurden diese unabhängiger und abweisender gegenüber den Maori, die das Vertrauen in die weiße Regierung zunehmend verloren und ihre Angelegenheiten wieder mit traditionellen Methoden zu regeln begannen. Da die Vorstellungen von Maori und Pakeha völlig unvereinbar schienen und sich die Maori zunehmend betrogen fühlten, fassten sie schließlich den Entschluss, ihre Stammesfehden zugunsten eines gemeinsamen Vorgehens zu begraben.

1854, einen Monat bevor die neuseeländische Nationalversammlung zum ersten Mal zusammentrat, trafen sich verschiedene Maori-Stämme, um dem Verfall ihrer Kultur und dem rapiden Landverlust zu begegnen. Die Treffen liefen schließlich darauf hinaus, dass 1858 der nicht mehr ganz junge **Te Wherowhero**, oberster Häuptling der Waikato-Maori, zum „König" gewählt wurde. Hinter dem Anführer der **Königsbewegung** (s. S. 280, Kasten) wollten sich die Maori versammeln, um der Pakeha-Expansion Einhalt zu gebieten. Die Mehrheit verhielt sich recht moderat und machte Friedensangebote an die Pakeha, die das Vorgehen der Maori als offene Rebellion werteten.

1860 eskalierte die Situation, als die Regierung Soldaten einsetzte, um einen unrechtmäßigen „Kauf" in Waitara bei New Plymouth gewaltsam durchzusetzen. Die Kämpfe beschränkten sich zunächst auf Taranaki, breiteten sich aber in der Folge auf die gesamte Nordinsel aus und mündeten in die **Landkriege**, die früher von den Pakeha als Maori-Kriege und von den Maori als *te riri Pakeha* („Zorn der Fremden") bezeichnet wurden. Die Maori waren gespalten, und einige Stämme ergriffen die Gelegenheit, um sich zwecks Begleichung alter Rechnungen mit der Regierung zu verbünden.

Anfang der 60er-Jahre des 19. Jhs. wurde die Zahl der Pakeha-Truppen verdreifacht. Sie bildeten eine effektive Streitmacht gegen die wenig koordiniert vorgehenden Maori. Trotz einiger Achtungserfolge war der Ausgang letztlich unvermeidbar. Ende der 60er-Jahre waren die Kämpfe bereits abgeflaut, doch offiziell Frieden geschlossen wurde erst 1881.

Zahlreiche britische Soldaten, die mit Landbesitz und kostenloser Schiffspassage in den Militärdienst nach Neuseeland gelockt worden waren, wurden jetzt – ein weiterer Affront gegen die besiegten Maori – in der **Waikato-Region** angesiedelt, die sich bis dahin fest in Maori-Hand befunden hatte. Ein Großteil des fruchtbarsten Landes in der Waikato-Region, der Bay of Plenty und Taranaki wurde konfisziert, wobei auch diejenigen Stämme nicht verschont wurden, die sich während des Krieges loyal verhalten hatten. 1862 hatte die Krone ihr Vorkaufsrecht aufgegeben, sodass Privatpersonen inzwischen Grundbesitz direkt von Maori erwerben konnten, die dazu gezwungen wurden, den angegebenen Gemeinschaftsbesitz zunächst auf zehn Personen und später auf eine einzige Person einzugrenzen. Nachdem sie nicht mehr gemeinschaftlich Land besaßen, hatten die ohnmächtigen Maori den gierigen Grundstücksmaklern kaum noch etwas entgegenzusetzen. Die Agenten lockten sie in die Schuldenfalle und boten ihnen anschließend an, ihr Land zu kaufen.

Zwischen 1860 und 1881 stieg die Pakeha-Bevölkerung von 60 000 auf 470 000 an. Die Maori wurden regelrecht an den Rand der Gesellschaft gedrängt, und die angelsächsische Weltsicht begann auf sämtliche Bereiche des neuseeländischen Lebens überzugreifen. Ab 1871 war Maori keine Unterrichtssprache in den Schulen mehr. Das geschlagene Volk sahen viele schon vom Aussterben bedroht.

Als auf der Nordinsel die Landkriege wüteten, wurde die Südinsel vom **Goldfieber** heimgesucht. Zunächst war 1861 in der Nähe von Queenstown Gold gefunden worden. Später kam es zu weiteren Funden an der Westküste. Ein knappes Jahrzehnt lang war Gold das wichtigste Ausfuhrgut Neuseelands. Die nachhaltigste Folge war der demografische Wandel: 1858 war die schrumpfende Bevölkerung der Maori bereits von der rapide wachsenden Zahl der Pakeha-Siedler übertroffen worden, von denen sich die meisten auf der Südinsel niederließen.

Konsolidierung und soziale Reformen

Die 70er-Jahre des 19. Jhs. standen ganz im Zeichen der Politik des fähigen Schatzmeisters und späteren Premierministers **Julius Vogel**, der mit Hilfe von Krediten umfangreiche staatliche Bauprojekte initiierte. Innerhalb eines Jahrzehnts schuf er in dem einst unzusammenhängenden Land mit separat verwalteten Provinzen eine Infrastruktur aus besser befahrbaren Straßen, einem gut ausgebauten Eisenbahnnetz, 7000 km Telegrafenleitung und zahlreichen öffentlichen Einrichtungen. Fast das gesamte noch verbliebene kultivierbare Land wurde den Maori abgekauft oder von ihnen gepachtet, und spezielle Gesellschaften wurden mit dem ausdrücklichen Ziel gegründet, die Siedler bei der Akklimatisierung zu unterstützen, das ländliche Neuseeland zu anglisieren und der Landwirtschaft auf die Beine zu helfen.

Da es keinen größeren Ausfuhrmarkt in der Nähe gab und an den Export verderblicher Güter vorerst nicht zu denken war, wurde **Schafwolle** zum wichtigsten Exportartikel, begünstigt durch die Züchtung der Corriedale-Rasse, einer Romney-Lincoln-Kreuzung mit besonders langem Fell. Als 1882 der erste Frachter mit Kühlkammer nach Großbritannien auslief, war auch die Ausfuhr von Fleisch- und Milchprodukten möglich. Das Ereignis markiert einen bedeutenden Wendepunkt, denn in der Folge entwickelte sich Neuseeland zu Großbritanniens "Farm in Übersee" und behielt diese Rolle bis in die 70er-Jahre des 20. Jhs.

Zwischen 1879 und 1896 wurde Neuseeland von einer lang andauernden **Wirtschaftskrise** heimgesucht, die weitgehend in die Regierungszeit der konservativen "Continuous Ministry" fiel – der letzten Regierung, die sich aus der kolonialen Oberschicht zusammensetzte. Während jener Periode gewannen die **Gewerkschaften** auf der politischen Bühne an Einfluss und unterstützten die Bildung einer Allianz aus liberalen Gruppierungen und Arbeitervertretern, die 1890 die politische Macht übernahm und eine Periode tief greifender gesellschaftlicher Veränderungen einläutete. Der erste liberale Regierungschef, **John Ballance**, war ein überzeugter Verfechter der staatlichen Intervention und berief den So-

1893 gewährte Neuseeland als erste Nation der Welt auch Frauen das Wahlrecht. Andere Territorien wie Südaustralien und Wyoming hatten dazu mit einem begrenzten Frauenwahlrecht den Weg geebnet, doch Neuseeland ging noch ein gutes Stück weiter. Darauf sind seine Bewohner mächtig stolz, auch wenn das Ergebnis eher einem Zufall entsprang als einer besonders liberalen Denkweise. Nachdem im Parlament über ein radikales Wahlreformgesetz debattiert worden war, ließ Premierminister Seddon einen Zusatz zur Besänftigung der Frauenwahlrechtsbefürworter passieren – in der Annahme, dass der Legislative Council (das 1950 abgeschaffte Oberhaus) ihn ohnehin ablehnen würde. Seddon wies sicherheitshalber ein Ratsmitglied der Liberal Party an, dagegen zu stimmen; erzürnt über diese Einmischung stimmten daraufhin zwei Ratsmitglieder für den Gesetzesvorschlag, sodass dieser schließlich mit 20 zu 18 Stimmen angenommen wurde.

Andere Stimmen behaupten, das Frauenwahlrecht sei eine Reaktion auf die mächtige, quasireligiöse Abstinenzlerbewegung gewesen. Jene hatte sich die Läuterung der Politik auf ihre Fahnen geschrieben und wollte verheirateten Paaren das doppelte Stimmrecht eines unverheirateten Mannes zubilligen, der vielfach nur als betrunkener Nichtsnutz angesehen wurde. Aus welchen Motiven auch immer, Neuseeland hatte ein Exempel statuiert, dem andere westliche Nationen nach und nach folgten: Finnland 1906, alle australischen Staaten bis 1908, Großbritannien und Deutschland 1918 und die Vereinigten Staaten 1920. Erst 1919 erhielten die neuseeländischen Frauen allerdings das Recht, selbst für das Parlament zu kandidieren, und bis 1941 konnten sie nicht Mitglieder des Legislative Council werden.

---

zialisten **William Pember Reeves** zu seinem Arbeitsminister. Reeves spielte eine entscheidende Rolle bei der Durchsetzung drastischer arbeitsrechtlicher Reformen, die derart fortschrittlich waren, dass an der Arbeitsgesetzgebung bis 1936 keinerlei Änderungen mehr vorgenommen wurden. Reeves blieb allerdings nur bis 1896 im Amt, denn den meisten seiner Genossen war er zu radikal geworden.

Als Ballance 1892 starb, wurde **Richard „King Dick" Seddon** sein Nachfolger. Der aus dem englischen Lancashire stammende Politiker führte eine gestaffelte Einkommensteuer ein und schaffte die Grundsteuer ab – in der Hoffnung, einige der großen Besitzungen aufzubrechen und Landbesitz auch für Kleinbauern attraktiv zu machen. In der übrigen Welt hatte das Land bereits den Beinamen „soziale Versuchsanstalt" weg.

1893 wurde Neuseeland weltweit zur ersten Nation, die das **Frauenwahlrecht** einführte, das zwar in die damalige liberale Landschaft passte, allem Anschein nach aber wohl ein Versehen war (s. Kasten). 1898 versetzte Seddon die Welt erneut in Erstaunen, als er nach einer neunzig(!)stündigen fortlaufenden Debatte ein neues Gesetz zur Gewährung einer **Altersrente** durchsetz-

te. Die britische Sozialistin und Sozialreformerin Beatrice Webb hielt sich zu jenem Zeitpunkt in Neuseeland auf und kommentierte anerkennend: „Es ist wunderbar, ein Land ohne Millionäre und mit so wenigen Elendsquartieren zu sehen".

Anfang des 20. Jhs. konnten sich die Pakeha beruhigt zurücklehnen in der Gewissheit, dass ihr Lebensstandard einer der höchsten der Welt war. Für die **Maori** sah die Sache allerdings nicht so rosig aus, ihre Zahl war von geschätzten 200 000 bei Cooks erster Reise auf vermutlich unter 50 000 im Jahre 1896 geschrumpft. Inzwischen bestand zumindest eine erhöhte Resistenz gegen europäische Krankheiten, sodass die Zahl langsam wieder anstieg, begleitet von neuer Hoffnung angesichts der wachsenden Zahl von Maori in parlamentarischen Führungsrollen. Apirana Ngata, Maui Pomare und Te Rangi Hiroa (Peter Buck) waren allesamt Absolventen des **Te Aute College**, einer anglikanischen Schule für Maori. Ihr politisches Engagement entsprang der Überzeugung, das Überleben von Maoritanga könne nur gesichert werden, wenn die Maori jene Aspekte ihres traditionellen Lebens abstreiften, die ihnen eine Akzeptanz innerhalb der westlichen Welt verwehrten.

Mit Seddons Tod 1906 erlosch auch die Flamme der liberalen Fackel, wenngleich die Partei noch weitere sechs Jahre an der Macht bleiben sollte. In diesen Zeitraum fällt der Aufstieg der **Red Federation**, einer radikalen sozialistischen Arbeiterorganisation, die sich u. a. die Neuordnung der neuseeländischen Arbeitswelt zum Ziel gesetzt hatte. Die „Red Feds" lehnten das Schlichtungssystem ab, weil die Lohnerhöhungen unter der jeweiligen Inflationsrate blieben und weil das System ein Jahrzehnt lang keinen Arbeitskampf zugelassen hatte. Sie ermutigten die Arbeiter zu **Streiks**, von denen sich der längste in Blackball an der Westküste zutrug, wo die Bergarbeiterorganisation Federation of Miners (und später auch die Federation of Labour) eine dreimonatige Arbeitsniederlegung initiierte.

Als Sieger aus den Wahlen von 1912 ging die **Reform Party** unter William Massey hervor, der von der Unterstützung der Farmer profitierte. Die politischen Lager waren mittlerweile stark polarisiert, und 1912/13 kam es zu erbitterten Auseinandersetzungen bei einer Reihe von Streiks in den Goldminen von Waihi, den Docks von Timaru und im Hafen von Auckland. Nachdem die Gegner des Schlichtungssystems ihre Werkzeuge niedergelegt hatten, organisierten die Arbeitgeber eine Bewegung von Streikbrechern und wurden dabei von der **Farmers' Union** unterstützt, die ihre berittenen „Special Constables" an die Seite der Regierung stellte. In einer gemeinsamen Aktion unter dem Schutz von Kriegsmarine und Armee brachten sie den Red Feds eine vernichtende Niederlage bei. Der Premierminister verlieh sogar einige Orden an Farmer, die sich als Streikbrecher hervorgetan hatten.

Eine Nation wird erwachsen

Die einst nur zögerlich in das Empire eingegliederten Inseln am anderen Ende der Welt hatten sich bald zu einer treu ergebenen Kolonie entwickelt, auf die auch in Krisenzeiten Verlass war. Bereits Ende des 19. Jhs. hatte die junge Nation Großbritannien in Südafrika militärisch unterstützt, und bei Ausbruch des **Ersten Weltkriegs** wurde erneut an die neuseeländische Loyalität appelliert. Inzwischen übertrafen die im Land geborenen Pakeha zahlenmäßig bereits die Einwanderer. 1907 war Neuseeland von einer selbstverwalteten Kronkolonie zu einem Dominion aufgestiegen und somit außenpolitisch autonom, doch dies änderte nichts an dem immer noch enorm ausgeprägten Pflichtgefühl gegenüber dem Mutterland. Insgesamt 10 % der neuseeländischen Bevölkerung dienten im Krieg, 100 000 Mann kämpften in den Schützengräben der türkischen Halbinsel Gallipoli, im flandrischen Passendale und anderswo. 17 000 von ihnen kamen nicht zurück.

Innenpolitisch war die **Abstinenzlerbewegung** wieder aktiv geworden, um den in der Armee grassierenden Lastern zu begegnen, die in ihren Augen der Dämon Alkohol zu verantworten hatte. Mehrere Volksentscheide verhinderten 1911, 1914 und 1919 zwar knapp eine landesweite Prohibition, doch setzten sich die Tugendwächter insoweit durch, als die Schließungszeit für Pubs ab 1917 zunächst für die Dauer des Krieges auf 18 Uhr festgesetzt wurde, was aber erst 1967 wieder rückgängig gemacht wurde. Der *six o'clock swill*, was sich mit „18-Uhr-Gelage" übersetzen lässt, bezeichnete die Stunde nach Feierabend, in der die Neuseeländer eine eigene Kunstform entwickelten: sich in möglichst kurzer Zeit möglichst viel Bier hinter die Binde zu kippen. Das restriktive Gesetz behinderte die gesellschaftliche Entwicklung des Landes wahrscheinlich mehr als alles andere, und der Vorrang von Quantität vor Qualität ermutigte die Brauereien zur Massenproduktion entsetzlich wässriger Biersorten.

Der wirtschaftliche Aufschwung während des Ersten Weltkriegs gründete sich auf den hohen Nahrungsmittelbedarf in Großbritannien und hielt bis etwa 1920 an. Die Pakeha unter den Kriegsheimkehrern wurden mit neu erworbenem Weideland entschädigt; im Gegensatz dazu erhielten die Maori-Heimkehrer nichts. Neuseeland hatte nach wie vor Wachstum zu verzeichnen, dank einer verbesserten Infrastruktur mit Wasserkraftwerken und neuen Fernstraßen sowie enormer Fortschritte in der Agrartechnik, beispielsweise der Entwicklung von Superphosphatdünger, modernen Melkmaschinen und Traktoren.

Das Land war allerdings nur unzureichend auf die ohne Vorwarnung hereinbrechende **Welt-**

wirtschaftkrise vorbereitet, die das Land nach dem Zusammenbruch der Börse an der Wall Street 1929 in Schock versetzte. Die ohnehin hohe Staatsverschuldung schoss noch weiter in die Höhe, während die Exporteinnahmen sanken und die regierende Reform Party Einschnitte bei den Renten, im Gesundheitswesen und bei den Ausgaben für öffentliche Bauvorhaben machen musste. Der Haushalt konnte nur auf Kosten einer hohen Zahl von Arbeitslosen saniert werden. Premierminister Forbes prägte den Leitsatz „Kein Geld ohne Arbeit" und schickte mehrere Tausend Arbeiter in primitive Camps auf dem Land, wo sie unnötige Arbeiten wie das Anpflanzen von Bäumen und Trockenlegen von Sümpfen zu verrichten hatten. Man kann sich die Bilder der Wirtschaftskrise kaum vorstellen: zerlumpte Männer, die in der Schlange auf die Auszahlung ihrer Fürsorge warten, unterernährte Kinder in den Schulen und Kriegsheimkehrer, die als Bettler durch die Straßen ziehen.

Im Verlauf der 20er-Jahre hatte die Labour Party ihre sozialistische Politik schrittweise verwässert, um Wählerstimmen aus der politischen Mitte für sich zu gewinnen. 1935 kam sie schließlich wieder an die Macht und läutete eine zweite Phase massiver gesellschaftlicher Veränderungen ein. Der Faden wurde dort wieder aufgenommen, wo Seddon aufgehört hatte, und Labour-Führer **Michael Joseph Savage** brachte es auf den Punkt: „Soziale Gerechtigkeit muss das Leitprinzip sein, die Wirtschaftspolitik hat sich nach den gesellschaftlichen Erfordernissen zu richten". Die während der Krise gekürzten Löhne wurden wieder erhöht, öffentliche Bauvorhaben wieder aufgenommen, die Arbeiter erhielten wieder vollen Lohn statt Fürsorge, das Einkommen wurde durch eine gestaffelte Besteuerung schrittweise umverteilt.

Mit einem ganzen Paket von neuen Gesetzen schuf die Regierung nicht nur den ersten, sondern auch den umfassendsten und ausgewogensten **Wohlfahrtsstaat** der Welt, der zum Vorbild für alle folgenden werden sollte. Die Regierung ließ Häuser und Wohnungen bauen und vermietete sie zu günstigen Konditionen, die Renten wurden erhöht, ein Gesundheitssystem garantierte kostenlose medizinische Versorgung, und spezielle Vergünstigungen sorgten für eine Besserstellung von Familien gegenüber Kinderlosen. Das Wohlergehen der Maori stand ebenfalls auf der Tagesordnung. Es gab Bestrebungen, ihren Lebensstandard auf Pakeha-Niveau anzuheben, was in Form einer Erhöhung der Renten und des Arbeitslosengeldes auch teilweise verwirklicht wurde. Gesetzesänderungen ebneten den Weg, dass Maori-Land weiterhin als Gemeinschaftsbesitz behandelt, aber mit den Agrarmethoden der Pakeha bewirtschaftet werden konnte. Als Gegenleistung unterstützte die neu gegründete **Ratana Party** mit den vier Parlamentssitzen der Maori die Labour-Regierung, die sich so bis 1949 an der Macht halten konnte.

Als 1941 mit der Bombardierung von Pearl Harbor auf Hawaii durch die Japaner der **Zweite Weltkrieg** den Pazifik erreichte, mussten sich die Neuseeländer mit ihrer Rolle in der internationalen Staatengemeinschaft auseinandersetzen. Sie mussten einsehen, dass sie trotz eines halben Globus Entfernung von Großbritannien militärische Verpflichtungen gegenüber den Vereinigten Staaten hatten. Wie im Ersten Weltkrieg wurden sehr viele Soldaten einberufen, insgesamt etwa ein Drittel der arbeitsfähigen männlichen Bevölkerung. Glücklicherweise waren die Verluste diesmal nicht so verheerend, und an der Heimatfront boomte die Wirtschaft weiter. Neuseeland verfügte in den 40er-Jahren als eines der wohlhabendsten Länder der Welt über eine beneidenswerte Lebensqualität und das sichere Netz eines leistungsfähigen Wohlfahrtsstaates.

Der Kiwi-Idealzustand

Der Schriftsteller C. K. Stead beschrieb das Idealbild der Neuseeländer in den 1950er-Jahren wie folgt: „Leben in einem Land mit guter Luft, schöner Landschaft und viel Sonne, mit Eigenheim, Auto, Kühlschrank, Waschmaschine, Ferienhäuschen, Boot, Fiberglasangel, Golfschläger usw." Dieses Ideal hatte aber auch seine Kehrseite, die der Historiker Tony Simpson folgendermaßen darstellt: „Wir lebten in einer selbstgefälligen kleinen Gesellschaft, in der alles verboten war, sofern es nicht ausdrücklich erlaubt war – und dann war es Pflicht."

Jahre des Wohlstands

Die Reform Party und die Überreste der Liberalen schlossen sich schließlich zur **National Party** zusammen und lösten 1949 die Labour-Regierung ab. Mit antikommunistischer Rhetorik à la McCarthy brandmarkte die Partei militantere Gewerkschafter als Kommunisten, und mit der gewaltsamen und emotional geprägten **Waterfront-Aussperrung** 1951, als 8000 Hafenarbeiter, die einen Lohnausgleich für ihre Überstunden forderten, fünf Monate von ihren Arbeitsplätzen ausgesperrt wurden, zerschlug sie einen Großteil der Macht der Gewerkschaften. Von Ende der 40er- bis Mitte der 80er-Jahre blieb die National Party in Neuseeland an der Regierung, unterbrochen nur von zwei dreijährigen Legislaturperioden, in denen Labour an der Macht war. Der in Neuseeland unterschwellig stets präsente Konservatismus hatte endlich seinen Ausdruck gefunden; die meisten Bürger waren mit einer Politik der harten Hand und der Schwächung militanter Gewerkschaften zufrieden.

Ein derart süßes Leben übte auch eine enorme Anziehungskraft auf viele Briten aus, die noch immer unter den Folgen des Zweiten Weltkriegs zu leiden hatten. Neuseeland brauchte Arbeitskräfte, und so konnten zwischen 1947 und 1975 rund 77 000 britische Männer, Frauen und Kinder als sogenannte **Ten Pound Poms** nach Neuseeland auswandern, indem sie vom Angebot einer verbilligten Seereise unter Kostenbeteiligung der neuseeländischen Regierung Gebrauch machten. Auch etwa 1000 junge deutsche und österreichische Frauen wurden Mitte der 50er-Jahre mit dem Versprechen auf einen festen Arbeitsplatz und eine Unterkunft nach Neuseeland gelockt.

Der Reichtum des Landes war gleichmäßiger verteilt als anderswo, was sich in der geringen Zahl wirklich reicher und wirklich armer Menschen widerspiegelte. Eine Ausnahme bildeten auch hier die Maori, die nach dem Zweiten Weltkrieg in großer Zahl in die Städte abwanderten, besonders nach Auckland. In den 70er-Jahren führte die **Entwurzelung der Maori** in den urbanen Zentren zu sozialen Unruhen, die eine hohe Arbeitslosigkeit unter den Maori und eine unverhältnismäßig hohe Zahl von in Gefängnissen ein-

sitzenden Maori zur Folge hatten. Zwar schätzen die Pakeha die Tapferkeit, die Fertigkeiten, die Großzügigkeit, die sportlichen Leistungen und die heitere Wesensart der Maori, zeigen sich aber dennoch unfähig, die Diskriminierung zu beseitigen, die den Maori bis heute den Weg in gut bezahlte und angesehene Jobs versperrt.

Die größten wirtschaftspolitischen Reformen wurden zwischen 1957 und 1960 unter der Labour-Regierung von Premierminister **Walter Nash** vorgenommen, die ein Programm zur Verringerung der Exportabhängigkeit der neuseeländischen Wirtschaft auf den Weg brachte. Es folgte der Bau eines Stahlwalzwerks, einer Ölraffinerie, einer Gin-Brennerei und einer Glasfabrik, und mit Blick auf die billige, mit Hilfe eines Wasserkraftwerks am Lake Manapouri gewonnene Energie wurde dort eine Aluminiumhütte angesiedelt.

Als **Keith Holyoake** 1960 an der Spitze der National Party wieder das Ruder für die Konservativen übernahm, war Großbritannien noch immer der mit Abstand größte Exportmarkt Neuseelands, machte aber bereits erste Annäherungsversuche an die ökonomisch isolationistisch ausgerichtete Europäische Gemeinschaft. Das Mutterland war nicht mehr der Beschützer der Inseln wie in früheren Zeiten. Gleiches galt für die **Verteidigungspolitik**, wo Neuseeland sich verstärkt um Verbündete im pazifischen Raum bemühte. Dokumentiert wird diese Richtungsänderung vor allem durch die Unterzeichnung des ANZUS-Verteidigungspaktes zur Bereitstellung gegenseitiger militärischer Hilfe zwischen Australien (A), Neuseeland (NZ) und den Vereinigten Staaten (US).

Schlingerkurs in schwierigen Zeiten

1972 trat Großbritannien schließlich der EG bei. Neuseeland hatte zwar bereits einige neue Exportmärkte erschlossen, fühlte sich aber dennoch betrogen. Noch im gleichen Jahr stiegen die Ölpreise binnen weniger Monate auf das Vierfache; das Finanzministerium hatte plötzlich mit steigenden Kraftstoffpreisen und schwindenden Exporteinnahmen zu kämpfen. Die Labour-

Nachdem Neuseeland 1852 unter Selbstverwaltung gestellt worden war, herrschte stets das parlamentarische System mit Mehrheitswahlrecht nach britischem Muster, einmal abgesehen von der Abschaffung des Oberhauses 1950. Inmitten der Wirtschaftskrise von 1993, als die Unzufriedenheit mit der Politik der beiden großen Parteien einen Höhepunkt erreicht hatte, führte Neuseeland eine Wahlrechtsreform durch. Man entschied sich für ein gemischtes **Verhältniswahlrecht** (*Mixed Member Proportional*, MMP) nach deutschem Vorbild, das von vielen Neuseeländern bis heute nicht vollständig verstanden wird. Über seine Funktionalität wird eine fortlaufende Debatte geführt, aber fest steht, dass die kleineren Parteien das neuseeländische Parlament um einige Farbtupfer bereichern.

Von den 120 gewählten Parlamentsabgeordneten wird rund die Hälfte direkt und die andere Hälfte auf der Grundlage von Parteilisten gewählt. Alle Wähler haben **zwei Stimmen**: eine für den Kandidaten, die zweite für die Partei. Die Zahl der Sitze einer Partei im Abgeordnetenhaus setzt sich zusammen aus den Direktkandidaten plus der Anzahl der Listenabgeordneten, die sich aus dem prozentualen Anteil der Parteistimmen ergibt.

Um im Parlament vertreten zu sein, muss eine Partei mindestens 5 % der Parteistimmen bekommen oder ein Direktmandat gewinnen. In letzterem Fall richtet sich die Zahl der Sitze nach dem Ergebnis der Parteistimmen, auch wenn es unter 5 % geblieben ist.

Noch komplizierter wird die Sache dadurch, dass Maori-Wähler entweder nach dem oben beschriebenen System stimmen können oder für einen der sieben **Maori-Sitze**, für die im ganzen Land kandidiert wird. Kandidaten aller Parteien dürfen sowohl in allgemeinen als auch in Maori-Wahlkreisen antreten, doch in der Regel gehen die Maori-Sitze an Parteien, die sich spezielle Interessen der Maori auf die Fahnen geschrieben haben.

Nach seiner Amtsübernahme kündigte Premierminister John Key ein **Referendum** über das neuseeländische Wahlrecht an; es soll zeitgleich mit der nächsten Parlamentswahl Ende 2011 stattfinden.

Die Wähler können dann über zwei Fragen abstimmen: Es geht darum, ob sie das bestehende System beibehalten möchten, und wenn nicht, welches der vier zur Auswahl stehenden alternativen Wahlsysteme sie bevorzugen.

Land und Leute

Regierung nahm noch einmal umfangreiche Kredite auf, konnte aber eine erneute Niederlage bei den Wahlen 1975 nicht mehr verhindern.

An der Spitze der siegreichen National Party stand **Robert „Piggy" Muldoon**, der die Neuverschuldung der Regierung anprangerte, nur um danach noch mehr Kredite aufzunehmen als Labour. Innerhalb kürzester Zeit war Neuseeland im In- und Ausland aufs Höchste verschuldet, die Arbeitslosigkeit war so hoch wie seit Jahrzehnten nicht mehr, und das Undenkbare wurde Wirklichkeit: Der Lebensstandard begann zu sinken. Zu Tausenden wanderten Neuseeländer aus, bis der „Brain Drain", die Abwanderung der geistigen Elite, kritische Ausmaße anzunehmen begann. Muldoons Lösung hieß „klotzen statt kleckern": **Think Big** wurde zum Oberbegriff für eine Reihe kapitalintensiver petrochemischer Mammutprojekte zur Herstellung von Ammoniak, Harnstoffdünger, Methanol und Synthesebenzin unter Nutzbarmachung der reichen Erdgasvorkommen Neuseelands. Wirtschaftlich gesehen hatten die Projekte wenig Sinn. Statt auf einheimische Technologie und Arbeitskräfte zu setzen und die Fahrzeuge auf das bereits ausgereifte System mit komprimiertem Erdgas umzustellen, entschied sich Muldoon dafür, internationale Konzerne für teures Geld mit der Entwicklung riesiger Verarbeitungsanlagen zu beauftragen, die im Ausland hergestellt und später in der Gegend von New Plymouth aufgebaut wurden.

Die Abwässer aus den Fabriken führten wiederholt zur Gefährdung der traditionellen Schalentierfanggründe der Maori, und die *iwi* erhoben daraufhin **Proteste**, die ihnen bedeutende Zugeständnisse einbrachten. Mitte der 70er-

1200–1300 n. Chr. Ankunft der ersten Polynesier
ca. 1350 Traditionelles Datum der Ankunft der „Großen Flotte" aus Hawaiki
1642 Der Holländer **Abel Tasman** segelt an der Westküste entlang, geht aber nicht an Land.
1769 Der Engländer **James Cook** umsegelt Nord- und Südinsel.
1772 Der französische Seefahrer **Marion du Fresne** und 26 seiner Besatzungsmitglieder werden in der Bay of Islands getötet.
1814 Ankunft der ersten christlichen Missionars, **Samuel Marsden**
1830–1840 Erste Robbenjäger- und Walfängerstationen entstehen an der neuseeländischen Küste.
1833 Ernennung von **James Busby** zum „British Resident" in Waitangi
1835 Unabhängigkeitserklärung der „United Tribes of New Zealand"
1840 **Vertrag von Waitangi** und Verlegung der Hauptstadt von Kororareka nach Auckland
1840–1850 Gründung der Städte Auckland, Christchurch, Dunedin, Nelson, New Plymouth, Wanganui und Wellington
1852 Neuseeland wird selbstverwaltete Kolonie und in sechs Provinzen unterteilt.
1858 Die Einwohnerzahl europäischer Siedler übersteigt erstmals die der Maori.
1860–1865 **Landkriege** zwischen Pakeha und Maori
1860–1870 **Goldfieber** nach mehreren Funden auf der Südinsel
1865 Verlegung der Hauptstadt von Auckland nach **Wellington**
1867 Einführung des Wahlrechts für männliche Maori
1870–1880 **Wolle** wird zum wichtigsten Exportartikel der neuseeländischen Wirtschaft.

1876 Abschaffung der Provinzregierungen zugunsten einer Zentralregierung in Wellington
1882 Mit dem ersten **tiefgekühlten Fleischtransport** nach Europa gewinnt die Produktion von Lammfleisch an Bedeutung.
1890 **Sozialreformen** mit Einführung eines obligatorischen Schlichtungssystems und gestaffelter Einkommensteuer
1893 Neuseeland führt als erstes Land der Welt das uneingeschränkte **Frauenwahlrecht** ein.
1898 Einführung einer Altersrente
1910–1920 Zunehmende Organisation der Arbeiterschaft unter der sozialistischen **Red Federation** mit Streiks in Blackball, Waihi und Auckland
1914–1918 Neuseeländische Soldaten kämpfen im Ersten Weltkrieg und erleiden entsetzliche Verluste.
1917 Die **Abstinenzlerbewegung** setzt die Schließung der Pubs um 18 Uhr durch (erst 1967 wieder aufgehoben).
1920–1930 Einem Aufschwung folgt die Weltwirtschaftskrise.
1935 Labour-Regierung unter M. J. Savage formt den ersten **Wohlfahrtsstaat** der Welt mit kostenloser medizinischer Versorgung, Kindergeld und erhöhten Renten.
1941 Mit dem Bombenangriff auf Pearl Harbor und Beginn des Zweiten Weltkriegs engagiert sich Neuseeland verstärkt in der Pazifikregion.
1947 Neuseeland erlangt die vollständige **Unabhängigkeit** von Großbritannien.
1950 Abschaffung des Oberhauses im Parlament
1951 Neuseeland unterzeichnet das **ANZUS-Verteidigungsabkommen** mit den USA und Australien.
1950–1960 Neuseeland wird zu einer der wohlhabendsten Nationen der Welt.

Jahre begannen die Maori die Lebensphilosophie der Pakeha in Frage zu stellen und pochten erneut auf den Vertrag von Waitangi (s. S. 118, Kasten). Ihr Ziel war es, die Ungerechtigkeiten und den Unmut zu beseitigen, der sich bereits bei Besetzungen traditionellen Maori-Landes in Bastion Point nahe Auckland und bei Raglan

Luft gemacht hatte. Nach einem Protestmarsch durch die Nordinsel zum Parlament wurde der Regierung schließlich eine Petition übergeben.

Einige Maori suchten in der Bildung von **Banden** ein Ventil für ihre Wut. Insbesondere Gangs wie Black Power und Mongrel Mob sind auch Thema in Lee Tamahoris Film *Die letzte Kriegerin*

1957–1960 Verbesserung der Infrastruktur durch Bau und Planung zahlreicher Industrieanlagen (u. a. Stahlwerk, Ölraffinerie, mehrere Wasserkraftwerke)

1960–1970 Beginn einer **Einwanderungswelle von den Pazifischen Inseln** und zunehmende Urbanisierung der Maori

1972–1975 Die dritte Labour-Regierung hat mit enormen Ölpreiserhöhungen und dem EG-Beitritt Großbritanniens zu kämpfen.

1975 Gründung des **Waitangi Tribunals** zur Prüfung von Landansprüchen der Maori

1975–1984 Der konservative Premier Robert Muldoon versucht die Probleme durch hohe Neuverschuldung zu lösen und investiert enorme Summen in unüberlegte petrochemische Projekte.

1976 Afrikas Nationen boykottieren die **Olympischen Spiele von Montréal** wegen Neuseelands Rugby-Beziehungen zu Südafrika.

1977 Neuseeland beendet durch Unterzeichnung des **Gleneagles-Abkommens** die sportlichen Begegnungen mit Südafrika.

1981 Die Gastreise einer nach Apartheid-Gesichtspunkten zusammengestellten südafrikanischen Rugby-Mannschaft löst in Neuseeland massive Proteste aus.

1984 Ein Protestmarsch zum Parlament (Hikoi) bringt die **Entschädigungen der Maori** für illegale Landnahme auf die politische Tagesordnung.

1984 Labour kommt mit **David Lange** an der Spitze erneut an die Regierung und unternimmt weitreichende Privatisierungen und eine Lockerung der protektionistischen Wirtschaftspolitik. Anlegeverbot für US-Atomkriegsschiffe in neuseeländischen Häfen belastet die Beziehungen zu den USA schwer.

1985 Französische Geheimagenten versenken das Greenpeace-Flaggschiff **Rainbow Warrior** im Hafen von Auckland.

1987 Neuseeland wird **atomfreie Zone**.

1990–1996 **Jim Bolger** setzt als Premierminister der National Party die Reformpolitik zur Förderung eines freien Marktes fort und baut den Wohlfahrtsstaat weiter ab.

1996 Eine Koalition aus National Party und NZ First geht als Sieger aus den ersten nach dem **Verhältniswahlrecht** abgehaltenen Wahlen hervor.

1997 **Jenny Shipley** verdrängt Bolger und wird Neuseelands erste Premierministerin.

1999 Labour bildet unter **Helen Clark** eine Koalition mit Alliance und Grünen.

2000 Das britische System des Ritterschlags wird durch ein neuseeländisches Ehrentitelsystem abgelöst.

2003 Der Kronrat (Privy Council) in London wird durch den Obersten Gerichtshof (Supreme Court) in Neuseeland als letzte Rechtsinstanz ersetzt.

2003 Die Bevölkerungszahl erreicht 4 Mio. Die anhaltende ostasiatische Einwanderung bedeutet einen **Anstieg der Asiaten** auf 10 % der neuseeländischen Gesamtbevölkerung.

2004 **Gründung der Maori Party** als Folge der Debatte über die Nutzung des Küstenvorlands und des Meeresbodens.

2005 Die Maori Party gewinnt vier Sitze im Parlament.

2008 Die National Party bildet eine Minderheitsregierung unter **John Key**; die Maori Party, ACT New Zealand und United Future unterstützen die neue Regierung.

2011 **Rugby-Weltmeisterschaft** in Neuseeland

(S. 139), in dem es um das Leben der Maori in Süd-Auckland in den 70er-Jahren geht. Befestigte Vorstadthäuser gibt es auch heute noch, und die Gangs verfügen über erheblichen Einfluss unter jugendlichen Maori.

Die Verständigung zwischen den verschiedenen Volksgruppen zu fördern, war nicht gerade Muldoons Stärke. Als illegale **polynesische Einwanderer** von den Inseln im Südpazifik – besonders aus Tonga, Samoa und den Cook-Inseln – in großer Zahl nach Auckland strömten, reagierte er mit der Anweisung an die Polizei, stichprobenartige Razzien im Morgengrauen *(dawn raids)* gegen Aufenthaltsverstöße vorzunehmen und illegale Immigranten auszuweisen. Muldoon nahm auch eine völlig passive Haltung ein, als es um **sportliche Begegnungen mit Südafrika** ging, und ließ zu, dass die neuseeländischen Rugby-Funktionäre 1976 ein Team der „All Blacks" in Südafrika gegen Mannschaften, die nach Apartheid-Gesichtspunkten ausgewählt worden waren, antreten ließen. Die anderen afrikanischen Nationen antworteten mit einem Boykott der Olympischen Spiele von Montréal und brachten Neuseeland damit in die Rolle des internationalen Außenseiters.

1977 verpflichtete sich Neuseeland mit der Unterzeichnung des Gleneagles-Abkommens zur „energischen Bekämpfung der Missstände der Apartheid", doch schon 1981 lud die New Zealand Rugby Union erneut eine südafrikanische Rugby-Mannschaft zu einer Gastreise ein und löste damit die schwersten zivilen Unruhen seit den Arbeiteraufständen der 20er-Jahre aus.

Wirtschafts- und Wahlrechtsreform

Muldoons von enormen Ausgaben geprägte Wirtschaftspolitik stellte sich als erfolglos heraus, und 1984 kam Labour unter der Führung von **David Lange** an die Macht. Just in dem Moment, als die Konservativen ihre traditionell rechtslastige Wirtschaftspolitik durch eine „verwaltete Wirtschaft" zu ersetzen begannen, änderte die Labour Party ihre Strategie. Sie ging die enormen ökonomischen Probleme an, indem sie flugs das Staffelholz thatcheristischer Wirtschaftspolitik übernahm. Die von dem neuen Finanzminister **Roger Douglas** entwickelten und später unter der Bezeichnung *Rogernomics* (Wortspiel mit engl. *economics)* bekannt gewordenen Richtlinien beinhalteten die Abwertung des neuseeländischen Dollars um 20 %, den Abbau von Handelsschranken, eine drastische Reduzierung der Zölle, eine Halbierung des Einkommensteuerhöchstsatzes, die Einführung einer Mehrwertsteuer und die Kürzung von Sozialleistungen. Die Arbeitslosigkeit verdoppelte sich auf 12 %, ein Viertel der Arbeitsplätze in der Fertigungsindustrie ging verloren, und die Besserverdienenden profitierten auf Kosten der unteren Einkommensschichten. Doch auf der anderen Seite hatten das freie Spiel der Marktkräfte und eine neue Unternehmenskultur endgültig Einzug gehalten. Aus einer der am stärksten regulierten Volkswirtschaften der Welt war eine der dereguliertesten geworden, und auch der über Jahrzehnte gepflegte Grundsatz, der Staat habe für die schwächsten Glieder der Gesellschaft zu sorgen, wurde letztlich über Bord geworfen.

Doch nicht auf allen Gebieten war die Labour-Politik so rechtslastig. Eine der ersten Amtshandlungen von Lange bestand darin, US-Schiffen das Anlegen in neuseeländischen Häfen nur zu erlauben, wenn diese erklärten, keine nuklearen Anlagen an Bord zu haben. Die Amerikaner dachten gar nicht daran und verabschiedeten sich verärgert aus Neuseelands verteidigungspolitischem Sicherheitsnetz, dem ANZUS-Pakt. Erstmals seit Mitte des 19. Jhs. wurde der Vertrag von Waitangi rechtlich offiziell anerkannt, sodass Maori nunmehr ihre Klagen gegen unrechtmäßige Landnahme rückwirkend bis 1840 vorbringen konnten.

Die Erhöhung der Nettoeinkommen unter Labour und das damit gesteigerte Vertrauen der Verbraucher kurbelte die Umsätze an und sorgte für einen wirtschaftlichen Aufschwung, der mit dem **Börsenzusammenbruch** von 1987 allerdings ein abruptes Ende fand. Neuseeland wurde besonders hart getroffen. Aus den Wahlen von 1990 ging die National Party unter **Jim Bolger** als Sieger hervor. Angesichts der dramatischen Verschlechterung der Wirtschaftslage führten die Nationalen die von Labour initiierten Reformen des freien Marktes fort, kürzten weiter die Sozialleistungen und entmachteten die Gewerkschaften durch die Verabschiedung des Employment Contracts Act, der es den Arbeitgebern ermöglichte, Löhne und Arbeitsbedingungen frei auszuhandeln. Bis Mitte der 90er-Jahre erholte sich die neuseeländische Wirtschaft auf eindrucksvolle Weise, und was anfangs als tollkühnes Experiment abgetan worden war, wurde jetzt von den Monetaristen als Vorbild für die freien Volkswirtschaften der Welt hingestellt. Inzwischen wird die Schere zwischen Arm und Reich im Land der langen weißen Wolke immer größer.

Neuseeland heute

1996 fanden in Neuseeland die ersten Wahlen nach dem Verhältniswahlrecht MMP (*mixed member proportional representation*, s. Kasten S. 125) statt. Danach wehte ein neuer Maori-Wind durchs Parlament, denn plötzlich gab es mehr Maori-Abgeordnete als je zuvor.

Die Unterstützung für Bolger schwand, weil er die Probleme der ersten Koalitionsregierung nach Einführung des neuen Wahlrechts nicht in den Griff bekam, und schließlich wurde er bei einer Art Palastrevolte zum Rücktritt gedrängt. Seine Nachfolgerin **Jenny Shipley** wurde Neuseelands erste Frau auf dem Posten des Premierministers. Bei den folgenden Wahlen 1999 kam aus der linken Ecke plötzlich die **Green Party**, die lange nichts zu sagen gehabt hatte, unter dem Verhältniswahlrecht allerdings deutlich an Einfluss gewann und ins Parlament einzog. Die Grünen bildeten mit der Alliance Party und Labour unter **Helen Clark** eine Koalition, und mit ihnen zogen auch einige Paradiesvögel ins Parlament ein, darunter **Nandor Tanczos** (ein Rastafari mit hüftlangen Dreadlocks) und **Georgina Beyer** (die erste transsexuelle Abgeordnete der Welt).

Die Koalitionsregierung unter Führung der Labour Party stoppte die Abholzung der Südbuchenwälder an der Westküste, und der Employment Contracts Act wurde durch ein arbeitnehmerfreundlicheres Gesetz abgelöst. In der Bildungs- und Gesundheitspolitik wurden keine Verbesserungen erzielt, doch Clark ging aus der Wahl 2002 mit einer gestärkten Mehrheit hervor.

Labours Beliebtheit blieb ungebrochen, bis Ende 2003 plötzlich die Debatte um den **Foreshore and Seabed Act** (Küstenvorland- und Meeresbodengesetz) ausbrach. Die Regierung drückte ein Gesetz durch, mit dem allen Bewohnern des Landes der freie Zugang zu den Stränden garantiert werden sollte, indem Küstenlinie und Meeresboden zu Staatseigentum erklärt wurden. Durch die Forcierung dieses Gesetzes fühlten sich viele Maori – traditionell treue Labour-Anhänger – von der Regierung vor den Kopf gestoßen. Als Reaktion trat die Maori-Abgeordnete **Tariana Turia** aus der Labour-Partei aus und gründete die **Maori Party**, die bei den Wahlen 2005 vier von sieben Maori-Sitzen gewinnen

konnte. Dennoch schaffte es Labour, auch ohne Unterstützung durch die Maori Party eine Koalition zu zimmern und an der Regierung zu bleiben, wenn auch mit einer wesentlich knapperen Mehrheit.

Diese Querelen und der Wunsch der Wählerschaft nach politischem Wandel hauchten der National Party neues Leben ein, und nach den **Wahlen von 2008** bildete die Partei unter dem ehemaligen Devisenhändler **John Key** eine Minderheitsregierung mit Unterstützung von ACT New Zealand, United Future und der Maori Party (die noch einen fünften Sitz hinzugewonnen hatte). Phil Goff, der unter der Labour-Regierung u. a. Verteidigungsminister gewesen war, übernahm die Führung der Labour Party.

Keys Regierung und die Maori Party sind sich im Prinzip über die Rücknahme des Foreshore and Seabed Act einig. Eines der möglichen Konzepte sieht vor, dass niemandem Luft und Wasser gehören. Die Reaktion der Maori fiel gemischt aus, und derzeit wird weiter debattiert, genauso wie über das Wahlrecht, über das bei den Wahlen 2011 mit abgestimmt wird (s. Kasten S. 125).

Maoritanga

Als die Pakeha auf diese Insel kamen, lehrten sie die Maori als Erstes den christlichen Glauben. Sie machten einige Maori zu Pfarrern und Priestern und sagten ihnen, sie sollten gen Himmel blicken und beten; und während sie dies taten, nahmen uns die Pakeha unser Land weg.

Mahuta, Sohn des Maori-Königs Tawhiao, bei einer Rede vor dem New Zealand Legislative Council 1903

Der Begriff **Maoritanga** bezeichnet die Lebensweise und Kultur der Maori – die Art und Weise, in der Maori Dinge tun – und umfasst Sozialgefüge, Ethik, Brauchtum, Legenden und Kunst, aber auch die Sprache (s. S. 130). Trotz der Dominanz der anglo-europäischen Kultur hat die zeitgenössische Maori-Kultur gerade in den letzten Jahren eine unglaubliche Wiederbelebung erfahren.

Meist wird der Anteil der Maori an der neuseeländischen Bevölkerung mit rund 15 % angegeben, die Eheschließungen zwischen Maori und Pakeha seit dem frühen 19. Jh. haben jedoch zu einem komplexen Völkergemisch geführt, und viele Pakeha reklamieren Maori-Vorfahren für sich. Die Abstammung bleibt das Fundament der Maori-Kultur, und das Zugehörigkeitsgefühl wird immer wichtiger.

Viele weiße Neuseeländer bemühen als Beweis für das harmonische Zusammenleben gerne Szenen von Maori und Pakeha, wie sie einträchtig nebeneinander in der Bar sitzen oder als Rugbyspieler gemeinsam für den Sieg kämpfen. Dabei ignorieren sie die schwelende Unzufriedenheit der Maori darüber, wie sie seit Ankunft der ersten Europäer behandelt wurden. Die **Assimilationspolitik** hatte ausschließlich die Anpassung der Maori an die Pakeha im Auge und sah keinerlei Zugeständnisse an das Maoritanga vor. Die Maori nahmen die Lebensweise der Pakeha unglaublich schnell an, zum „Dank" wurden ihnen ihre Sprache und ihr Land weggenommen. Man kann die Bedeutung dessen gar nicht genug hervorheben: Im Glaubenssystem der Maori besitzt jeder Baum, jeder Berg und jede Bucht eine Art eigene übernatürliche Existenz, die von vergangenen Ereignissen und den Taten der Vorfahren herrührt. Es ist daher durchaus kein absurder Vergleich, wenn man den Verlust des Landes mit der Schwächung maorischer Lebenskraft gleichsetzt.

Erst in den 80er-Jahren des 20. Jhs. wurde die gängelnde Sicht der Pakeha wirklich in Frage gestellt und in der Folge im Land der **Bikulturalismus** akzeptiert. Während die Maori ihr Erbe wiederentdecken und die Pakeha ihre Augen nicht länger vor dem verschließen, was sie seit Generationen umgibt, wird das Wissen um Maoritanga und das Verständnis der Sprache als erstrebenswert und sogar vorteilhaft erachtet. Die Regierungen der jüngsten Vergangenheit haben in verstärktem Maße dem neuerlichen Erlernen der Sprache zu einem enormen Aufschwung verholfen sowie das Wiederaufleben des Interesses an Maori-Kunst und den wachsenden Stolz der Maori auf ihre Identität gefördert.

Unmut herrscht andererseits unter einigen Pakeha über die **Landansprüche**, die im Rahmen des Vertrags von Waitangi (s. S. 118) geltend gemacht werden. Im gegenwärtigen Klima der Versöhnung erheben sich nur vereinzelt Stimmen gegen die erstarkten Maori. Die weitere Entwicklung ist jedoch nicht absehbar.

Die eher geruhsame Geschwindigkeit des Wandels und die fortdauernde Auseinandersetzung um den Foreshore and Seabed Act (S. 129) haben zu einem verstärkten **Maori-Aktivismus** geführt. Die Debatte hatte mehr oder weniger direkt die Gründung der Maori Party zur Folge, die immer mehr an Einfluss gewinnt. Doch das reicht vielen noch nicht, wie sich bei der Erstürmung eines vermeintlichen paramilitärischen Trainingscamps auf der Nordinsel im Oktober 2007 zeigte. Eine Gruppe von zumeist Maori-Aktivisten unter der Führung von Tame Iti wurde als Terroristen verhaftet, auch wenn die Anklage später auf Verstoß gegen die Waffengesetze abgemildert wurde. Die Reaktion der Labour-Regierung, die u. a. den Ort Ruatoki in der Nähe des Lagers abriegeln ließ, rief unter den Maori Forderungen nach mehr Selbstbestimmung hervor.

Mythologie

Bis heute fußt die Kultur der Maori vor allem auf der mündlichen Überlieferung ihres Kulturguts. Gesänge, Geschichten und Wortrituale besitzen im Alltag und bei Zeremonien eine zentrale Bedeutung. Die verschiedenen Stammesgruppen besaßen oftmals unterschiedliche Geschichten oder zumindest eigene Varianten verbreiteter Motive. Die von bestimmten Theorien besessenen europäischen Historiker jedoch verzerrten nicht selten die gehörten Geschichten und glätteten sie nach eigenem Gusto sogar so weit, dass sie schließlich ein eigenes Maori-Volkstum erschufen. Diese Generalisierung begünstigte wiederum die Entstehung einer gemeinschaftlichen Identität der Maori, und viele der bereinigten Geschichten sind neben den authentischen Legenden Bestandteil der Maori-Tradition.

Schöpfung

Aus dem Ur-Nichts **Te Kore** stiegen **Ranginui**, der Himmelsvater, und **Papatuanuku**, die Erdmutter. Zahlreich waren ihre Nachkommen: **Haumia Tike-**

tike, Gott der Farnwurzel und aller Waldfrüchte, **Rongo**, Gott der Kumara und der Feldfrüchte, **Tu Matauenga**, Gott des Krieges, **Tangaroa**, Gott der Meere und allen Lebens darin, **Tawhirimatea**, Gott der Winde, und **Tane Mahuta**, Gott des Waldes. Lange Jahrhunderte hindurch debattierten die Brüder, ob man die Eltern trennen und Licht in das noch währende Dunkel lassen sollte. Tawhirimatea war dagegen und zog sich gen Himmel zurück, wo er seinem Groll mit Blitz und Donner noch immer Ausdruck verleiht. Tane Mahuta gelang es, die Eltern auseinander zu drängen, sodass sich das Leben ausbreiten konnte. Ranginuis Tränen ob der Trennung füllten die Meere, und bis heute zeugen Dunst, Tau und Regen von dem Kummer der beiden. Nach Erschaffung der Lebewesen im Meer, in der Luft und auf dem Land wandten die Götter ihre Aufmerksamkeit den Menschen zu. Da sie aber alle männlich waren, musste zunächst ein weibliches Wesen erschaffen werden. Aus Ton formten sie eine Gestalt, die ihrer Mutter ähnelte, und **Tane** hauchte **Hinetitama**, dem Mädchen der Morgenröte, den Atem des Lebens ein.

Maui der Gauner und Kupe der Seefahrer

In der Mythologie der Maori gibt es zahllose Halbgötter in Menschengestalt. Wie kein Zweiter wird von diesen **Maui-Tikitiki-a-Taranga** verehrt, dessen Taten in ganz Polynesien Stoff für viele Legenden sind. Mit Zaubersprüchen, Tücke und grenzenlosem Mutwillen verstand es Maui, jede Situation zu seinem Vorteil zu nutzen, was ihm den Ruf eines Schlitzohrs einbrachte. Ausgerüstet mit dem magischen wie mächtigen Kiefer seiner Großmutter zog er aus, die Welt zu zähmen, und wähnte sich unbesiegbar. Vor ihm war selbst die **Sonne** nicht sicher. Diese hatte sich angewöhnt, so schnell am Himmel vorüberzuziehen, dass den Menschen nicht genügend Zeit für die Bestellung ihrer Felder blieb. Maui flocht mit Hilfe seines Bruders extrem starke Seile, die sie dann vor der Morgendämmerung über die Höhle der Sonne spannten. Als die Sonne aufging und vom Netz gefangen wurde, stürzte sich Maui mit seinem magischen Kiefer auf sie, hieb auf sie ein und drängte sie, nicht mehr so schnell ihre Bahn zu ziehen. Es dauerte nicht lange, bis ihr Widerstand gebrochen war und sie gelobte, Mauis Forderung nachzukommen.

Zu Mauis legendären Eskapaden zählt auch die Erschaffung von Aotearoa (s. Kasten), auch wenn die Maori ihre Herkunft historisch nach **Hawaiki** zurückverfolgen, ihrem halblegendären Heimatland in der versprengten polynesischen Inselwelt, wobei die Gesellschaftsinseln und

---

Wie Maui die Nordinsel aus dem Meer fischte

Mauis Meisterleistung ist die Erschaffung von **Aotearoa**. Aufgrund seiner Verschlagenheit fuhren Mauis Brüder oftmals allein zum Fischen und ließen ihn zurück. Eines Morgens jedoch stahl er sich heimlich auf das Boot und versteckte sich. Weit draußen auf dem Meer gab er sich zu erkennen und versprach ihren bis dahin spärlich ausgefallenen Fang zu vergrößern. Maui hieß sie weiterzufahren, bis sie schließlich weit jenseits der üblicherweise von ihnen aufgesuchten Fischgründe waren und den Anker warfen. Binnen kürzester Zeit füllten die Brüder ihr Kanu mit Fisch, Maui selbst jedoch war noch auf einen anderen Fang aus. Die Brüder hatten nur Spott für Mauis Angelhaken übrig (der insgeheim mit einem Splitter aus dem Kiefer seiner Großmutter versehen war) und wollten ihm keinen Köder geben. Maui schlug sich daraufhin auf die Nase und benetzte den Haken mit seinem eigenen Blut. Schon bald hatte er einen fantastischen Fisch am Haken, der, als er an die Oberfläche trat, sich vor ihnen bis weit in die Ferne ausdehnte. Durch die Beschwörung einer Zauberformel brachte Maui den Fisch dazu, ruhig auf der Oberfläche liegen zu bleiben, wo er zur Nordinsel wurde, die auch als **Te ika a Maui**, der Fisch von Maui, bekannt ist. Während Maui fortging, um den Göttern ein Opfer darzubringen, begannen seine Brüder, den Fisch aufzuschneiden und von ihm zu essen, wodurch Berge und Täler an seiner Oberseite entstanden. Passend zu dieser Legende wird die Südinsel oftmals **Te waka a Maui**, das Kanu von Maui, und Stewart Island der Anker, **Te punga o te waka a Maui**, genannt.

---

die Cook Islands als Ausgangspunkt am wahrscheinlichsten erscheinen. Nach der Legende war es **Kupe**, der große polynesische Seefahrer, der als Erster Aotearoas Gestade erreichte. Eine Version der Geschichte erzählt von seiner Entschlossenheit, einen großen Oktopus zu töten, der beharrlich seine Köder stahl. In der folgenden Jagd irrte Kupe immer weiter auf das Meer hinaus, bis er schließlich die unbewohnte Küste von Aotearoa, dem „Land der langen weißen Wolke", sichtete. Er gab zahlreichen Merkmalen des Landes einen Namen, dann kehrte er mit einer Beschreibung seiner Reiseroute nach Hawaiki zurück.

Soziale Strukturen und Traditionen

Die Gesellschaft der Maori wird noch immer zum Großteil durch **Stammeszugehörigkeit** bestimmt, wenngleich die Entwurzelung infolge der verbreiteten Abwanderung aus den heimatlichen Siedlungsgebieten in die Städte manche der Bindungen gekappt hat. Im Umfeld des städtischen Lebens sind einige Feinheiten des Maoritanga wiederentdeckt worden, und die grundlegenden Elemente sind nach wie vor von großer Bedeutung. Bei so unterschiedlichen Anlässen wie Totenwachen und Versammlungen der Maori wird auf die Einhaltung des Protokolls sehr geachtet.

Die kleinste Einheit in der Maori-Gesellschaft ist der Familienverband oder **whanau** (wörtl. „Gebären"), der Verwandte ersten Grades ebenso umfasst wie Cousins, Onkel, Tanten oder Nichten.

Etwa ein Dutzend *whanau* gemeinsamer Herkunft bilden einen örtlichen Unterstamm oder **hapu** (wörtl. „Trächtigkeit" oder „Schwangerschaft"), die vielleicht wichtigste Stammesgruppe. *Hapu* waren ursprünglich wirtschaftlich unabhängig und führen bis heute Veranstaltungen von kommunaler Bedeutung durch, in der Regel in ihrem *marae* (s. u.). Benachbarte *hapu* gehören oftmals demselben Stamm oder *iwi* (wörtl. „Knochen") an, einem vergleichsweise losen Verbund von Maori, die über ein relativ großes geografisches Gebiet verteilt leben. Die ca. 30 größeren *iwi* wiederum stehen durch ihre gemeinsamen Vorfahren und deren halb legendäre Kanus oder *waka* in Beziehung. In unruhigen Zeiten schlossen sich *iwi* desselben *waka* zum Schutz zu **tangata whenua** (wörtl. „die Menschen des Landes") zusammen. Der Begriff kann sowohl die Maori als Ganzes bezeichnen als auch nur ein *hapu*, wenn es sich um örtlich begrenzte Angelegenheiten handelt.

Die wörtlichen Bedeutungen von *whanau*, *hapu* und *iwi* lassen sich als Metaphern für die Beziehungen der Maori zu ihren **Ahnen** oder *tupuna* verstehen, die in ihren Nachfahren weiter existieren. Der Vergangenheit wird großer Raum in der Gegenwart eingeräumt. Deutlich wird dies im Respekt gegenüber dem *whakapapa*, der persönlichen Ahnenreihe, die bei den Göttern beginnt und über eines der Einwandererkanus *(waka)* führt. Bei formellen Anlässen wie beispielsweise *hui* (Versammlungen) wird oftmals ein *whakapapa* vorgetragen.

Das traditionelle Leben der Maori ist von den beiden Begriffen **tapu** (tabu) und **noa** (alltäglich, nicht *tapu*) durchdrungen, die dem Zwecke der Einhaltung eines Verhaltenskodex dienen: Die Missachtung eines *tapu* führt zu Ächtung und Unglück und gilt als Auslöser für Krankheiten. Gegenstände, Orte, Verhaltensweisen und selbst Personen können *tapu* sein und erhöhten Respekt fordern – so sind zum Beispiel die Körperteile eines Häuptlings, insbesondere der Kopf, menstruierende Frauen, geweihte Gegenstände, Ohrringe, Schmuckanhänger und Haarkämme, Begräbnisstätten und das im *whakapapa* enthaltene Wissen alle *tapu*. In seiner praktischen Anwendung sichert die traditionelle Verhängung eines *tapu* in kritischen Zeiten beispielsweise die Einträglichkeit von Fischgründen und Wäldern. Dem *tapu* direkt entgegengesetzt ist das *noa*, ein Begriff der auf alltägliche, als unbedenklich geltende Dinge angewandt wird. Ein neues Gebäude ist *tapu*, bis es durch eine besondere Zeremonie *noa* wird.

Menschen, Tiere und Gegenstände, seien sie nun *tapu* oder *noa*, besitzen **mauri** (Lebenskraft), **wairua** (Geist, Seele) und **mana**, was sich etwa als „Ansehen" übersetzen lässt, jedoch eine weiter gefasste Vorstellung von Macht, Einfluss, Charisma und Wohlwollen beinhaltet.

Mit der Geburt erlangt man einen gewissen Grad an *mana*, der durch Tapferkeit erhöht, durch Trägheit aber auch eingebüßt werden kann. Der Kannibalismus in Kriegszeiten war zum Teil ein Ritual, mit dem Vertilgen des Herzens eines Gegners jedoch nahm ein Krieger auch dessen *mauri* in sich auf. In ähnlicher Weise erhöht sich das *mana* persönlicher Gegenstände durch das *mana* ihrer Besitzer und wächst sogar bei Weitergabe an Nachkommen. Jede Schwäche im *mana* eines Einzelnen betraf den gesamten *hapu* und erforderte von diesem die Durchführung eines *utu* (eine notwendige Gegenmaßnahme zur Aufrechterhaltung des Gleichgewichts), nicht selten in Form von blutigen Fehden, die mitunter auch in Kriege mündeten und für die Sieger einen weiteren Zuwachs ihres *mana* bedeuteten. Für die Pakeha ist all dies nur schwer begreifbar, denn Taten, die sie als betrügerisch oder heimtückisch erachten, können nach dem Verständnis der Maori durchaus richtig sein.

Die Entscheidung über ein *tapu* lag beim *tohunga* (Priester oder Fachmann), dem ranghöchsten von vielen Experten im Maoritanga, der auch mit der Stammesgeschichte, dem heiligen Wissen und dem *whakapapa* betraut war und als der irdische Repräsentant göttlicher Macht galt.

Marae

Die Rituale eines *hapu* – *hui* (Versammlungen), *tangi* (Bestattungsrituale) oder *powhiri* (Begrüßungszeremonien) – finden im *marae* statt, das eine Art Gemeindezentrum und Treffpunkt ist, in dem Kulturgut, Protokolle, Bräuche und Lebenskraft der Maori ihren stärksten Ausdruck finden. Streng genommen ist ein *marae* nur ein Hof oder Platz, der Begriff wird jedoch oftmals auf den gesamten Komplex angewendet, der das *whare runanga* (Versammlungshaus oder *whare nui*), *whare manuhiri* (Haus für Besucher), *whare kai* (Speisehaus) und ein altes *pataka* (auf Pfählen gebautes Lagerhaus) umfasst. Überall im Land gibt es *marae*, die zu mehr als nur einem *hapu* gehören. In städtischen Gebieten gibt es auch stammesübergreifende *marae*, die zum Teil der Maori-Jugend helfen wollen, zu ihren Wurzeln zurückzufinden.

Besucher, egal ob Maori oder Pakeha, dürfen ein *marae* nicht einfach ohne Aufforderung betreten. Wer also keine persönliche Einladung hat, ist hierfür in der Regel auf eine kommerzielle Tour angewiesen. Von eingeladenen Gästen wird eine Spende, *koha*, für den Erhalt des *marae* erwartet, bei Touren ist diese bereits im Preis enthalten. Bei einem Besuch darf nicht vergessen werden, dass das *marae* ein heiliger Ort ist und die Einhaltung des *kawa* (Protokoll) verlangt.

Gemäß einer langen Tradition werden die sich einem *marae* nähernden *manuhiri* (Besucher) einer rituellen Herausforderung unterzogen, um ihre Absichten festzustellen. An diesem *wero* genannten Ritual kann ein Furcht erregender Krieger beteiligt sein, der einen *taiaha* (langen Schlagstock) schwingend mit weit aufgerissenen Augen auf den Ankömmling zustürmt. Die Frauen heben anschließend zum *karanga* (Begrüßungsruf) an, dem ihr *powhiri* (Begrüßungslied) folgt, durch welches das *tapu* aufgehoben und das zeremonielle Berühren der Nasen oder *hongi* eingeleitet wird, das wiederum die Besucher und die *tangata whenua* sowohl im Körper als auch im Geist aneinander bindet. Bei Touren folgen der Begrüßungszeremonie eine Darbietung aus Liedern, Tänzen und Gesängen sowie ein *hangi* (ein Festmahl, das in einem Erdofen zubereitet wird).

Kunst und Kunsthandwerk

Obgleich die Ursprünge in den Traditionen Ost-Polynesiens begründet liegen, hat die Maori-Kunst im Laufe von über einem halben Jahrtausend der isolierten Entwicklung einzigartige Ausdrucksformen hervorgebracht. In Ermangelung brauchbaren Tons in Ost-Polynesien besaßen bereits die Vorfahren der Maori keine ausgeprägte Töpferkunst und verwandten ihr Talent auf die Bearbeitung von Holz und Stein sowie auf die Webkunst, wobei sie sich gelegentlich naturalistischer Muster, häufiger aber stilisierter Formen bedienten, die die Kunst der Maori so unverwechselbar machen. Wie andere *taonga* (Schätze) auch wurden zahlreiche Kunstwerke dieser Art von Sammlern in viktorianischer Zeit und auch noch danach außer Landes geschafft.

Whare

Das ursprünglich als Residenz des Häuptlings fungierende *whare* übernahm allmählich den Symbolismus des *waka* – bei einigen wurde sogar das Holz der Kanus verwendet. Jedes Versammlungshaus ist eine greifbare Manifestation des *whakapapa*, der Ahnenreihe, und stellt in der Regel eine Art Synthese der Vorfahren dar: Der Firstbalken verkörpert das Rückgrat, die Dachsparren bilden die Rippen und umschließen den Bauch im Innern, die Giebelfigur ist der Kopf, und die Giebelschutzbretter stellen die Arme dar und sind oftmals mit fingerartigen Fortsätzen verziert. Sämtliche hölzernen Oberflächen im Innern sind mit Schnitzereien geschmückt, Zwischenräume werden von aufwendigen Flachsgeflechten, sogenannten *tukutuku*, gefüllt.

Inzwischen werden jedoch seitens der *iwi* und des Te Puni Kokiri (Ministerium für Maori-Entwicklung) entschlossene Anstrengungen für die Rückführung möglichst vieler *taonga* nach Neuseeland unternommen.

Holzschnitzereien

Die Kunstfertigkeit der Maori offenbart sich am ausdrucksstärksten in den Holzschnitzereien, einer Disziplin, die der Herstellung einer Schöpfkelle ebenso große Sorgfalt beimisst wie der Krone maorischer Kreativität, den *waka* (Kanus) und *whare whakairo* (verzierte Häuser).

Frühe Schnitzereien zeigen noch die sparsamen, geradlinigen Stilelemente des alten Ost-Polynesiens. Im 15. Jh. wurden diese jedoch von einem geschwungenen Stil abgelöst, dem traditionellere Schnitzer noch heute folgen. In den Wäldern Northlands wurde Kauri-Holz verwendet, in den übrigen Gebieten war das strapazierfähige, aber leicht zu bearbeitende Holz der Totara-Bäume das bevorzugte Material. Anfänglich benutzten die Schnitzer Muscheln und scharfkantige Steine als Arbeitsgerät. Mit der Erfindung von Werkzeugen aus **pounamu** (eine Form der Jade; s. S. 715) erlebte die künstlerische Bandbreite einen enormen Schub. Einige Stimmen behaupten, die Qualität habe mit der Ankunft der Europäer abgenommen, und zwar nicht erst mit der Produktion von „Kunst für Touristen", sondern bereits mit dem Verzicht auf phallische Motive, die die Missionare als obszön erachteten. Schon 1844 hatte man die Schnitzkunst in Gebieten mit einer starken Missionars-Präsenz völlig aufgegeben, und der Rückgang hielt bis Ende der 20er-Jahre an, als der maorische Parlamentsabgeordnete Apirana Ngata in Rotorua das stammesübergreifende **Maori Arts and Crafts Institute** ins Leben rief – ein Fundament, auf dem das Maoritanga sich neu entfalten konnte.

Seit jeher genießen Schnitzer hohes Ansehen. So manche erfahrenen Schnitzer besitzen den Status eines *tohunga* und reisen in Ausübung ihrer Kunst und als Lehrer durch das Land. Die Arbeit als solche ist *tapu*, und als *noa* geltende Gegenstände müssen ferngehalten werden, so z. B. gekochte Speisen. Hobelspäne und Holzabfall sind darüber hinaus mit einer Bürste wegzuwischen und nicht durch Wegblasen zu entfernen. Dafür können Frauen, denen dieser Beruf noch bis vor kurzem versperrt war, inzwischen Schnitzerinnen werden.

Der charakteristische **Stil** maorischer Schnitzkunst zeigt sich in der Formensprache. Plastische Formen werden im Allgemeinen aus einem Stück herausgearbeitet, ohne dass dabei naturgegebenes Aussehen, Form oder Makel des Materials die Gestaltung beeinflussen. Ebenfalls keine Rolle spielt die korrekte perspektivische Darstellung. Landschaftliche Motive finden zwar Verwendung, dienen aber keinem genauen Abbild, sondern der Ausschmückung der allein stehenden zentralen Figuren. Nur selten wird man unverziertes Holz sehen. Die Grundlage bilden stilistisch bedeutsame Elemente: Spiralen, Gitterwerk und geschwungene organische Formen, die an Farnwedel oder Muscheln erinnern. Auf diese platzieren die Schnitzer ihr eigentliches, oftmals mit Paua-Muscheln eingelegtes **Motiv**. Am weitesten verbreitet ist die Figur des Ahnen, *hei tiki*, die eine verzerrte menschliche Gestalt zeigt. Fast ebenso häufig ist das mythische *manaia*, eine mit einem Schnabel versehene, vogelähnliche Gestalt mit oftmals menschlichen Zügen. Ihr nachgeordnet sind Motive wie *pakake* (Wal) und *moko* (Eidechse).

Während alle Arten von Werkzeugen, Waffen und Ornamenten mit einem ähnlichen Grad von handwerklichem Geschick gefertigt wurden, erreichte die Kunst ihren vollkommensten Ausdruck in den **Kriegskanus** *(waka taua),* auf die sich der ganze Stolz der Maori-Gemeinden konzentrierte. Großartiges Zierwerk rankte sich um Dollborde, Wasserschöpfer und Paddel, die aufwendigsten Arbeiten blieben jedoch meist in Form eines Geflechts von ineinander verwobenen Spiralen und *manaia*-Figuren dem Bug und dem Achtersteven vorbehalten.

Als Waffen und europäische Präsenz in den 60er-Jahren des 19. Jhs. das Gleichgewicht in den Stammeskriegen veränderten, wurde das *waka taua* in seiner Bedeutung vom **geschnitzten Versammlungshaus** *(whare whakairo)* abgelöst.

Jade

Neben Holz verwenden Maori-Schnitzer auch **pounamu** (Jade). In prä-europäischer Zeit entwickelten sich Handelsrouten, auf denen Maori im ganzen Land mit Jade von der Westküste und aus dem Fiordland beliefert wurden. Die Südinsel erhielt gar den Beinamen *Te Wai Pounamu* („Wasser der Jade"). Der Stein wurde zu Krummäxten, Meißeln und Keulen für den Zweikampf verarbeitet – Geräte und Werkzeuge, die schon bald eine rituelle Bedeutung erfuhren und nach Ausschmückungen verlangten. Die Härte des Materials bedingt einen verhalteneren Schnitzstil; vor allem *mere* und *patu* sind oftmals nur zum Teil bearbeitet und zeigen große geschwungene Flächen, die erst am Ende in feinen, kunstvollen Spiralen auslaufen. Bei Schmuckstücken reicht die Palette von einfachen Tropfenanhängern, die als Ohr- oder Halsschmuck getragen werden, bis zu *hei tiki,* die um den Hals getragen werden. Wie auch andere persönliche Gegenstände, insbesondere solche, die dicht am Körper getragen werden, besitzt ein vererbtes *tiki* das *mana* der Vorfahren und nimmt das *mana* des Trägers auf, wodurch es *tapu* wird.

Tätowierungen

Eine stilistische Fortführung der Schnitzkunst ist das **moko**, eine ornamentale und rituelle Form des Tätowierens, die nach dem Kontakt mit Europäern beinahe verschwunden wäre. Frauen hatten *moko* nur auf den Lippen und am Kinn, hochrangige Männer hingegen ließen sich das ganze Gesicht damit schmücken, außerdem Gesäß und Oberschenkel; je großflächiger und verschlungener das *moko,* umso höher der Status. Ein symmetrisches Muster traditioneller Elemente – Sicheln, Spiralen, Farnwedel und andere organische Formen – wurde mit einem *uhi* (Meißel) und Schlegel in das Fleisch gestochen, und anschließend wurde Ruß in die Wunde gerieben. In den letzten zwei Jahrzehnten ist die Tradition des vollständigen Gesichts-*moko* gleichermaßen als Identifikation mit dem Maoritanga und als eigene Kunstform wiederbelebt worden. Seit 1999 haben *moko*-Künstler zudem Anspruch auf Fördermittel der Regierung.

Webarbeiten und Kleidung

Während die Männer schnitzten, widmeten sich die Frauen dem Weben und der Herstellung von Kleidung. Die ersten Polynesier auf den Inseln mussten feststellen, dass ihre Papier-Maulbeerbäume in dem herrschenden kühlen, feuchten Klima nicht gedeihen wollten und sahen sich zur Suche nach Alternativen gezwungen. Schon bald entdeckten sie *harakeke* (Neuseeland-Flachs) als Ersatz und machten ihn zum Grundstoff allen maorischen Fasergewebes. Die starken, biegsamen Fasern wurden als Angelleinen, zur Verschnürung von Äxten und zur Herstellung von Bodenmatten verwendet. Mit der Ankunft der Pakeha nahmen die Maori schnell deren Art sich zu kleiden an, zu zeremoniellen Anlässen jedoch trugen sie weiterhin Umhänge, und diese bilden heute die Basis zeitgenössischer Gestaltung.

Flachs wächst überall auf den morastigen Böden im Land. Praktisch in Rohform verarbeitete man die Fasern zu *raranga* (Geflecht) und weiter zu *kete,* henkellosen Körben für das Einsammeln von Muscheln und Kumara, dreieckigen Kanusegeln, Sandalen und *whariki* genannten, gemusterten Bodenmatten, die es noch heute in Versammlungshäusern gibt. Für feineres Gewebe und Geflecht muss der Flachs in einem arbeitsaufwendigen Prozess zurechtgeschnitten, eingeweicht und geschlagen werden, damit man am Ende eine festere, flexiblere Faser erhält. Die meisten Fasern werden in naturbelassener Form verarbeitet, Maori-Design verlangt jedoch hin und wieder auch eine **Färbung**: Schwarz wird durch Eintauchen in eine verdünnte Lösung aus der Rinde eines Hinau-Baums und anschließendes Einreiben mit einem schwarzen, *paru* genannten Sumpfsediment erzielt; rotbraune Farbtöne erfordern das Kochen in einer Tinktur, die aus der Rinde des *tanekaha*-Baums gewonnen wird, und anschließendes Einrollen in heiße Asche; die weniger gebräuchlichen Gelbtöne werden aus der Rinde der Gattung *Coprosma* gewonnen. Grüntöne werden heute synthetisch hergestellt.

Sowohl naturbelassene als auch gefärbte Fasern werden für das Weben von **Umhängen**, *whatu kakahu,* verwendet. Dies ist die Krönung der von Maori-Frauen betriebenen Künste, und die schönsten Umhänge gelten als *taonga.* Das gewaltige, inzwischen im Auckland Museum ausgestellte Kriegskanu wurde einst gegen einen besonders prachtvollen Umhang eingetauscht. Mitunter wird die Technik als Fingerweben bezeichnet, da kein Webstuhl benutzt wird und die Frauen ausgehend von einem zwischen zwei Stöcken gespannten Basis-Kettfaden abwärts

weben. Durch komplexe Webtechniken entsteht eine Vielzahl verschiedener Gewebestrukturen, die häufig mit *taniko* (farbigen Rändern), in Abständen auf das Gewebe gesetzten Kordeln oder mit prächtigen Federn verziert werden.

Federumhänge *(kahu hururu)* scheinen vor Ankunft der Europäer kaum gebräuchlich gewesen zu sein, in Heldengeschichten tauchen jedoch oftmals Schlüsselfiguren in schillernden Kleidungsstücken auf. Der Attraktivität seiner leuchtend gelben **Federn** hat der *huia* wahrscheinlich seine Ausrottung zu verdanken; andere prachtvoll gefiederte Vögel sind inzwischen zu selten, um Federn für Umhänge liefern zu können, sodass heute nur noch sehr selten neue gefertigt werden. Einige herausragende Beispiele können in Museen bewundert werden. Bei diesen ist das Untergewebe häufig komplett von einer dichten Schicht aus Kiwi-Federn bedeckt und mit einem Zickzackmuster aus Tui-, einheimischen Tauben- und Sittichfedern eingefasst. Für robustere *para* (Regenumhänge) verwendete man die Wasser abweisenden Blätter des Kohlbaums, für *pukupuku* (Kriegsumhänge) einen groben Kanevas, den Berichten zufolge Speere nicht durchdringen konnten. Einige *pukupuku* wurden zu *kahu kuri* (Umhängen aus Hundefell) gearbeitet, wobei das **Fell** in vertikalen Streifen angeordnet war und die natürliche Farbe des Fells charakteristische Muster entstehen ließ.

Auch das Weben und Flechten erfreut sich einer Wiederbelebung. Umhänge spielen bei formellen Anlässen, sei es nun ein *hui* oder *tangi* im *marae* oder die Auszeichnung mit akademischen oder staatlichen Ehren, noch immer eine wichtige Rolle. Alte Formen werden heute entweder direkt übernommen oder dienen als Inspiration für zeitgenössische Modelle, die traditionelle Elemente in moderne Entwürfe einfließen lassen.

Haka, Maori-Tanz und Maori-Musik

Manchen mag die Aufführung des *haka* durch Rugby-Mannschaften, die oft vorwiegend aus Nicht-Maori bestehen, als unangebracht erscheinen, doch ist er derart verwurzelt, dass es auf heftige Gegenwehr stieß, als der Trainer der All Blacks 1996 eine Änderung vorschlug,

Vor jedem Rugby-Länderspiel versuchen die neuseeländischen All Blacks, ihre Gegner vor Spielbeginn einzuschüchtern, indem sie einen Furcht erregenden Tanz aufführen. Dabei schlagen sie sich auf die Schenkel, lassen die Augen hervortreten und strecken die Zungen heraus. Dieser *haka* des gefürchteten Maori-Häuptlings **Te Rauparaha** (S. 318) ist nur einer von vielen Posentänzen, die durch Zurschaustellung körperlicher Kraft, Beweglichkeit und Entschlossenheit dem Gegner den Wind aus den Segeln nehmen lassen. Es wird angenommen, dass Te Rauparaha seinen *haka* Anfang des 19. Jhs. kreierte, nachdem er sich zuvor in der Kartoffelgrube eines verbündeten Häuptlings vor seinen Feinden versteckt hatte. Als er draußen Geräusche vernahm und vom gleißenden Sonnenlicht geblendet wurde, wähnte er seine Tage gezählt. Doch als sich seine Augen an das Licht gewöhnt hatten, erkannte er die behaarten Beine seines Gastgebers und war so erleichtert, dass er auf der Stelle seinen *haka* aufführte.

Bei Auswärtsspielen gehört der *haka* bereits seit der Großbritannien-Gastreise 1905 zum festen Programm der All Blacks, seit dem World Cup 1987 wird er auch bei Matches in der Heimat aufgeführt. Der Tanz wird normalerweise von einem Maori-Spieler angeführt, der dabei im Sprechgesang folgenden Text vorträgt:

Ringa pakia Klatscht in die Hände und gegen die Schenkel
Uma tiraha Streckt die Brust heraus
Turi whatia Beugt die Knie
Hope whai ake Lasst die Hüfte folgen
Waewae takahia kia kino Stampft mit den Füßen, so stark ihr könnt

Nach einer wirkungsvollen Pause stimmt der Rest der Mannschaft ein:

Ka Mate! Ka Mate! Es ist Tod! Es ist Tod!
Ka Ora! Ka Ora! Es ist Leben! Es ist Leben!
Tenei te ta ngata puhuru huru Dies ist der behaarte Mann
Nana nei i tiki mai Er brachte die Sonne zum Scheinen
Whakawhiti te ra Bleibt Seite an Seite!
A upane ka upane! Die Formation! Haltet sie!
A upane kaupane whiti te ra! Hinein in die scheinende Sonne!

um etwas sanftere Töne gegen die von Te Rauparaha dezimierten Maori anzuschlagen. Der neue, speziell verfertigte *Kapa O Pango haka* wurde 2005 vorgestellt, hat aber die alte Te-Rauparaha-Version nicht vollständig verdrängen können.

Kommerzielle **Maori-Konzerte** (in Rotorua, Christchurch, Queenstown und anderen Orten) umfassen stets auch einen *haka*, meist ist es die Te-Rauparaha-Version, die fast immer von Männern dargeboten wird. Frauen sind zwar nicht ausgeschlossen, konzentrieren sich aber in der Regel auf **Poi-Tänze**, bei denen an Schnur-Enden befestigte Binsen-Bälle *(raupo)* in schnellen, rhythmischen und ursprünglich der Verbesserung der Körperkoordination und Geschicklichkeit dienenden Bewegungen geschwungen werden.

Die Trommeln Ost-Polynesiens sind nicht bis Neuseeland vorgedrungen, sodass Gesänge und *haka* ohne entsprechende Begleitung bleiben. Der traditionellen Knochenflöte gesellten die Pakeha die Gitarre hinzu, die heute zu **Liedern** *(waiata)* erklingt – relativ moderne Schöpfungen, deren Wirkung gleichermaßen auf Ausdruck, Rhythmus und Text beruht. Mitunter mag der inbrünstige Vortrag in merkwürdigem Widerspruch zur Musik stehen, die häufig auf viktorianische Melodien zurückgeht: Die vielleicht bekanntesten dieser Lieder sind *Pokarekare ana* und *Haere Ra*, die beide nach dem Kontakt mit den Europäern entstanden. Abseits der Touristenkonzerte hat die Maori-Musik in den letzten Jahren eine beeindruckende Entwicklung vollzogen und kann heute auf maorisprachige Radiosender verweisen, die ihr Programm fast ausschließlich mit Klängen von und mit Maori-Musikern gestalten, wobei es häufig Hip-Hop und R&B mit pazifischer Einfärbung zu hören gibt. Mehr über Musik s. S. 140.

Film und Musik

In der Folge der in Neuseeland gedrehten *Herr der Ringe*-Filme genoss die neuseeländische Filmindustrie eine ihrer periodischen Hochphasen; die letzte war zwischen 1988 und 1994 gewesen, als sich Streifen wie *The Navigator, An Angel at my Table, The Piano, Once Were Warriors* und *Heavenly Creatures* auch im Ausland großer Aufmerksamkeit erfreuten. Doch während die beteiligten Regisseure und Regisseurinnen Karriere machten, verpuffte der Aufschwung der neuseeländischen Filmbranche sang- und klanglos. Wie den meisten kleinen Ländern fehlen Neuseeland die Ressourcen, die Infrastruktur und die Geldmittel, um auf Dauer eine größere Filmindustrie zu unterhalten. Dafür wird das Land des Öfteren als relativ preisgünstiger Drehort für amerikanische Fernsehserien und für Filme genutzt, die als Kulisse weite Landschaften benötigen, wie z. B. *Die Chroniken von Narnia*. So ist die Filmindustrie des Landes vor allem dafür bekannt, die technische Ausstattung und Komparsen zur Verfügung zu stellen. Die große Ausnahme ist in diesem Zusammenhang der derzeitige Guru der neuseeländischen Filmbranche, Peter Jackson. Er bringt den *Kleinen Hobbit* nach Neuseeland; die Verfilmung des ersten Teils beginnt in Kürze und soll 2012 in die Kinos kommen. Ob Jackson den Erfolg der *Herr der Ringe*-Trilogie mit bescheidenerem Ausgangsmaterial wiederholen und noch einmal den Anstoß für ein goldenes Zeitalter des neuseeländischen Films geben kann, bleibt abzuwarten.

Neuseeländische Filme

An Angel at my Table (dt. Ein Engel an meiner Tafel) Jane Campion, 1990. Gewinner des Sonderpreises der Jury beim Filmfestival in Venedig. Einer der fesselndsten neuseeländischen Filme aller Zeiten, gedreht auf der Grundlage der brillanten Autobiografien von Janet Frame (s. S. 823).

Bad Blood Mike Newell, 1981. Eine neuseeländisch-britische Koproduktion, die während des Zweiten Weltkriegs in Neuseeland spielt und die wahre Geschichte von Stan Graham erzählt, einem Mann aus Hokitika, der mit dem Gesetz in Konflikt gerät, als er sich weigert, sein Gewehr abzugeben. Anhand der darauf folgenden Ereignisse wird das Wesen des neuseeländischen Charakters beleuchtet.

Bad Taste Peter Jackson, 1988. Gewinner des Sonderpreises der Jury beim Pariser Filmfestival. Außerirdische statten der Erde einen Besuch ab, um an frisches Fleisch für eine intergalaktische Fastfood-Kette zu gelangen, und haben hier jede Menge Spaß.

Came a Hot Friday Ian Mune, 1984. Die beste aller neuseeländischen Komödien konzentriert sich auf zwei inkompetente Schwindler, die in einer verschlafenen Kleinstadt das Glück verlässt.

Crush Alison Maclean, 1992. Lief im Wettbewerb in Cannes. Schräges, angsterfülltes Psychodrama, das in der Gegend um Rotorua spielt, wo der kochende Schlamm und die spritzenden Fontänen der Geysire die Spannungen und das sexuelle Chaos symbolisieren, die entstehen, als eine amerikanische Femme fatale in eine neuseeländische Familie eindringt.

Desperate Remedies Peter Wells und Stewart Main, 1993. Der Gewinner des Prix Un Certain Regard in Cannes liefert einen trockenen Kommentar zu den Intrigen und Wünschen rund um eine Gruppe von Menschen, deren Leben auf vielfältige Weise miteinander verbunden sind.

Eagle Versus Shark Taika Waititi, 2007. Eine unaufgeregte, gut umgesetzte Liebesgeschichte mit dem Schauspieler Jemaine Clement aus der TV-Serie *Flight of the Conchords,* mit ähnlich schrägem Humor.

Fifty Ways of Saying Fabulous Stewart Main, 2005. Clevere Verfilmung des gleichnamigen Buches), das den Geist der Vorlage mit Witz und Schärfe einfängt.

Forgotten Silver Peter Jackson, 2000. Ironischer fiktiver Dokumentarfilm über einen neuseeländischen Filmpionier, der im Wald an der Westküste der Südinsel Film, Ton, Farbe und das Bibelepos erfindet.

Goodbye Pork Pie (dt. Ein Mini hängt die Bullen ab) Geoff Murphy, 1980. Beliebtes, witziges Roadmovie über die Abenteuer zweier junger Männer in einem gelben Mini, die Polizisten, die sie zur Weißglut treiben, und die verschiedenen Charaktere, denen sie begegnen.

Heavenly Creatures Peter Jackson, 1994. Gewinner des Silbernen Löwen in Venedig und nominiert für den Oscar. Die Verfilmung der Geschichte eines Mordfalls aus den 1950er-Jahren folgt dem Leben der beiden heranwachsenden Mädchen, die schließlich zu Mörderinnen werden. Ein aufrührender und explosiver Film, in dem Jackson seinen subversiven Humor auf die gutbürgerliche Normalwelt und die Fantasiewelt der beiden Mädchen anwendet. Das Filmdebüt von Kate Winslet.

In My Father's Den (dt. Als das Meer verschwand) Brad McGann, 2004. Zeigt die emotionale Achterbahnfahrt eines erschöpften Kriegskorrespondenten (gespielt von Matthew Macfadyen), der nach Hause zurückkehrt und in eine unerwartete, fesselnde Entdeckungsreise verwickelt wird. Basiert auf einem Roman von Maurice Gee (S. 823).

The Navigator (dt. Der Navigator) Vincent Ward, 1988. Lief im Wettbewerb in Cannes. Atmosphärisch dichte und stilistisch erfindungsreich erzählte Geschichte mit den beliebtesten Themen und Figuren von Wards, darunter dem unschuldigen Visionär, in diesem Fall ein Junge, der fünf Männer, die ihre Heimat retten wollen, von einem Dorf in Cumbria des 14. Jhs. durch die Zeit ins Neuseeland des 20. Jhs. führt.

Once Were Warriors (dt. Die letzte Kriegerin) Lee Tamahori, 1994. Eine Betrachtung des prekären Alltags der Maori im südlichen Auckland. Die mehr soziologisch als ethnisch ausgerichtete Studie zeigt Überlebenskampf und Verzweiflung vor dem Hintergrund des Zerfalls der Städte in ihrer ganzen drastischen Realität, aber neben all den menschlichen Schwächen auch die Kraft des Willens. Basiert auf einem Roman von Alan Duff (S. 823).

Out of the Blue (dt. Out of the Blue – 22 Stunden Angst) Robert Sarkies, 2006. Basiert auf den realen Ereignissen rund um einen Amoklauf in Aramoana, bei dem ein einheimischer arbeitsloser Waffennarr 13 Menschen tötete. Eine finstere Geschichte, in deren Mittelpunkt das Heldentum der örtlichen Polizisten und der Ortsbewohner steht.

Patu Merata Mita, 1983. Ein fesselnder Dokumentarfilm über den Widerstand gegen die Neuseelandtour der südafrikanischen Rugby-Nationalmannschaft im Jahr 1981, in dem die heftigen Emotionen gut zum Ausdruck kommen.

The Piano (dt. Das Piano) Jane Campion, 1993. Mit Holly Hunter, Harvey Keitel, Sam Neill und Anna Paquin. Mit dem stimmungsvollen Gewinner der Goldenen Palme in Cannes und von drei Oscars machte sich Regisseurin Jane Campion in Hollywood einen Namen. Mit seinen großartigen Schauplätzen und den persönlichen Schicksalen der Charaktere verschmilzt der Film bewusst Elemente der Romanze, des erotischen Dramas und des viktorianischen Melodrams.

River Queen Vincent Ward, 2005. Angesichts von Produktionsproblemen am Whanganui River klinkte sich Ward vorzeitig aus dem Projekt aus. Das Resultat ist ein schön fotografierter, aber stark vereinfachender historischer Film über eine Frau zwischen den Fronten von Maori und Pakeha, der allein der Drehorte wegen einen Blick lohnt.

Scarfies Robert Sarkies, 2000. Überraschungserfolg in Neuseeland und in Programmkinos auf der ganzen Welt: eine schwarzhumorige Geschichte über Studenten in Dunedin, die ein verlassenes Haus besetzen und im Keller ein riesiges Rauschgiftlager entdecken. Als der Besitzer der Drogen auftaucht, wird es zunehmend unangenehm.

Sleeping Dogs Roger Donaldson, 1977. Vielleicht die Geburtsstunde einer echten neuseeländischen Filmindustrie: In dem auf dem Buch *Smith's Dream* von C. K. Stead basierenden Film spielt Sam Neill einen paranoiden Antihelden, der von repressiven Staatsmächten gejagt wird. Ein stilvoller Thriller, der auf ein blutiges Ende zurauscht.

The Ugly Scott Reynold, 1996. Lief 1997 beim Filmfestival von Cannes und erntete in den USA begeisterte Kritiken. Film über einen im Gefängnis einsitzenden Serienmörder, der die Welt davon überzeugen möchte, dass er geheilt ist.

Utu Geoff Murphy, 1983. Lief außerhalb des Wettbewerbs in Cannes. Der Film porträtiert einen Maori-Krieger Ende des 19. Jhs., der sich an den europäischen Eroberern Neuseelands rächen möchte und sich dafür einen weißen Farmer ausgesucht hat. Eine dichte, gut gespielte Abhandlung moderner und historischer Themen.

Vigil (dt. Vigil – Zeit der Stürme) Vincent Ward, 1984. Lief im Wettbewerb in Cannes. Dunkle Geschichte über das Erwachsenwerden eines Mädchens und seine negativen Reaktionen auf einen Fremden, der die Mutter zu verführen versucht und somit das sexuell erwachende Mädchen zusätzlichen Spannungen aussetzt.

Whakataratara Paneke Don C. Selwyn, 2001. Ein *Kaufmann von Venedig* der Maori, mit englischen Untertiteln und jeder Menge einheimischen Schauspielern. Fesselndes, wenn auch etwas überlanges Epos.

We're Here to Help Jonothan Cullinane, 2007. Film über die wahre Geschichte eines Mannes, dem das Finanzamt übel mitspielte, der sich aber wehrte und am Ende die Oberhand behielt.

The World's Fastest Indian (dt. Mit Herz und Hand) Roger Donaldson, 2005. Wohlfühlfilm über den alten Burt Munro, der im echten Leben den Beweis dafür lieferte, dass man nicht jung sein muss, um seine Träume zu verwirklichen – es hilft allerdings, wenn man ein bisschen durchgeknallt ist. Toll in der Hauptrolle: Anthony Hopkins.

Zeitgenössische neuseeländische Musik

Die neuseeländische Musikgeschichte reicht zurück bis zu den Instrumenten, die von den ersten Maori im Land (S. 137) gespielt wurden. Seit jeher ist die Musik für die Kultur des Landes von großer Bedeutung.

Das auch auf musikalischem Gebiet für Neuschöpfungen bekannte Land (siehe S. 656, Dunedin) hat stilbildende Künstler wie **Neil und Tim Finn** hervorgebracht, die zunächst in den 1970er- und frühen 1980er-Jahren mit Split Enz erfolgreich waren, ab den frühen 1980er-Jahren dann mit Crowded House, die 2006 wieder zusammenfanden und auch heute noch Alben aufnehmen und auftreten. Darüber hinaus waren die Finn-Brüder auch als Solomusiker erfolgreich. Heute ist Neil Finns Sohn **Liam Finn** einer der talentiertesten Sänger, Multiinstrumentalisten und Songschreiber des Landes.

Das neue Millennium hat zahlreiche Roots-, Reggae-, Dub- und Electronica-Formationen mit eindeutigen Pazifik-Einflüssen hervorgebracht, wie etwa **Katchafire**, **Trinity Roots**, **Salmonella Dub**, die **Black Seeds** und **Fat Freddy's Drop**.

In jüngster Zeit ist harter Rock wieder auferstanden, mit etablierten Gruppen wie den **Mint Chicks** bis zu **The Flaming Drivers** aus Queenstown, die vor allem durch ihre vitalen Liveshows aufgefallen sind.

Der Künstler, der vielleicht am meisten den Sound der Nation verkörpert, ist **Dave Dobbyn**. Sein eingängiges Stück *Slice of Heaven,* das er mit der Band Herbs aufnahm, gilt vielen als inoffizielle Nationalhymne Neuseelands. Dobbyn gründete außerdem die Bands Th' Dudes und DD Smash und kann auch auf eine erfolgreiche Solokarriere zurückblicken. Mit mehreren seiner Stücke ist er auf *The Great New Zealand Songbook* (Sony, 2009) vertreten, einer Doppel-CD („Last Century" und „This Century"), die die vielfältige Musikszene des Landes abbildet.

Um in die Musikszene des Landes einzutauchen, schaut man sich am besten ein Konzert an. Auf der Website ⊟ www.amplifier.co.nz sind Veranstaltungen aufgeführt, und man kann hier auch Musik downloaden und CDs bestellen.

Näheres über Rundfunksender in Neuseeland siehe S. 63.

Auckland und Umgebung

Stefan Loose Traveltipps

1 Auckland Das Auckland Museum bietet eine herausragende Ausstellung über die Maori und die pazifischen Inseln, im altehrwürdigen Vorort Devonport lässt es sich nett bummeln, und der Otara Market gewährt Einblick in die polynesische Kultur. S. 142

Karekare und Piha Keine Autostunde von der Großstadt entfernt laden schwarz-goldene Sandstrände vor heimischem Urwald zum Baden, Wellenreiten und Faulenzen ein. S. 187

Rangitoto Island Von der bizarren Vulkaninsel mit ausgedehntem Pohutukawa-Wald genießt man einen herrlichen Blick auf Auckland. S. 193

2 Great Barrier Island Wie aus der Zeit gefallen erscheint diese geruhsame Insel mit ihren goldenen Stränden, Berg- und Buschwanderungen, tiefen Hafenbuchten und heißen Quellen. S. 202

Tiritiri Matangi Im wieder aufgeforsteten Wald einer der schönsten Inseln im Hauraki Gulf kann man einigen der seltensten Vogelarten Neuseelands begegnen. S. 209

Auckland ist die größte Stadt des Landes und mit dem wichtigsten internationalen Flughafen auch das Erste, was die meisten Besucher von Neuseeland zu sehen bekommen. Bereits beim Landeanflug über den mit Inseln übersäten Hauraki Gulf sieht man Jachten auf dem glitzernden Wasser kreuzen und begreift, weshalb die Stadt den Beinamen „City of Sails" trägt. Rund um den Waitemata Harbour und die Wolkenkratzer der Downtown erheben sich die grasbewachsenen Buckel von etwa 50 erloschenen Vulkanen aus einem Meer von Vororten, so weit das Auge reicht. Jenseits des zentralen Geschäftsviertels haben die Häuser nur selten mehr als zwei Stockwerke; hier prägen adrette Holzvillen inmitten großzügiger Gärten das Stadtbild.

Auckland ist eine der am dünnsten besiedelten Großstädte der Welt – mit einer knappen Million Einwohner auf der doppelten Fläche von London, das mehr als siebenmal so viele Einwohner zählt. Sobald man einen Blick hinter die glitzernden Ladenfronten wirft, tritt eine bescheidene Kleinstadtatmosphäre mit sehr gemächlicher Lebensart zutage, die allerdings im Vergleich zum Rest des Landes geradezu hektisch erscheinen kann.

In einer Hinsicht ist Auckland einzigartig: als weltgrößte polynesische Stadt. Etwa 11 % der Bevölkerung betrachten sich als Nachkommen der Maori, 14 % stammen von Familien aus Tonga, Samoa, den Cook-Inseln, Niue und anderen Eilanden im Südpazifik ab, die in den 1960er- und 1970er-Jahren nach Neuseeland einwanderten. Trotzdem war das polynesische Leben der Stadt traditionell auf wenige Enklaven begrenzt. Erst jetzt, mit Heranwachsen der zweiten Generation, wird die polynesische Präsenz auch im gesellschaftlichen Leben und ganz besonders in der Kunst und Kultur spürbar.

Viele Reisende bleiben nur gerade lange genug in der Stadt, um die wichtigsten Sehenswürdigkeiten abzuklappern, allen voran das **Auckland Museum** mit seiner unvergleichlichen Sammlung von Schnitzereien und anderen Erzeugnissen der Maori und der Pazifikinseln. Einen besseren Einblick in die Stadt erhält man bei einem Bummel durch die angesagten zentrumsnahen **Vororte** Ponsonby, Parnell, Newmarket und Devonport.

Außerdem bietet sich Auckland natürlich als Basis zur Erkundung der wilden und einsamen **Surfstrände** der Westküste sowie der **Weingüter** an, die keine Stunde vom Stadtzentrum entfernt liegen. Wer etwas mehr Zeit hat, sollte unbedingt einen Abstecher in die Inselwelt des **Hauraki Gulf** unternehmen: zur zerklüfteten Vulkaninsel **Rangitoto Island**, zum schicken **Waiheke Island** und zum geruhsamen **Great Barrier Island**.

Im September 2011 wird in Auckland mit Spannung erwartete **Rugby World Cup** ausgetragen. Die neuseeländische Nationalmannschaft All Blacks hat dieses alle vier Jahre stattfindende Großereignis seit 1987 nicht mehr gewonnen, woran das Land schwer zu knabbern hat. Die Halbfinal- und Finalspiele finden Ende Oktober im Eden Park statt (s. Karte S. 144).

Aucklands **Klima** ist gemäßigt feuchtwarm, aber niemals brütend heiß, denn die Schwüle wird durch eine beständige Meeresbrise gelindert. Die Winter sind im Allgemeinen mild, aber regnerisch.

1 HIGHLIGHT

Auckland

Auckland erstreckt sich über eine Landenge, die durch mehrere Meeresarme fast durchtrennt wird. Im Westen öffnet sich der seichte, verschlammte Manukau Harbour zur Tasmansee und unterbricht über eine kurze Strecke die lange Kette schwarzsandiger Strände, an die immerfort hohe Wellen schlagen. Der Waitemata Harbour im Osten der Landenge wurde von den Maori nach seinem „glitzernden Wasser" benannt. Er ist Aucklands Hochseehafen und bildet zugleich die Kulisse für das Zentrum der Stadt. An jedem Sommerwochenende verwandeln sich der Hafen und der angrenzende Hauraki Gulf in ein Farbenmeer aus bunten Segeln.

Geschichte

Die Erdkruste zwischen den beiden Hafenbuchten Waitemata und Manukau ist so dünn, dass das Magma alle paar tausend Jahre einen Spalt

Whangarei (30 km)

SH2

Dargaville (40 km)

SH1

Wellsford

Warkworth

Kaipara
Harbour

Puhoi

Wenderholm
Regional Park

Waiwera

Orewa

Whangaparaoa
Peninsula

Shelly
Beach

Aquatic Park
Parakai Springs

Helensville

SH16

Kumeu

Muriwai

Huapai

Waitakere

HILLARY
TRAIL

WAITAKERE RANGES

Waitemata
Harbour

Te Henga

AUCKLAND

Anawhata

Ambury
Regional
Park

Piha

Titirangi

Karekare

Arataki
Visitor
Centre

Auckland
Airport

Whatipu

Manukau
Harbour

SH22

Kawau
Island

Little
Barrier
Island

Port Fitzroy

Great
Barrier
Island

Claris

Whangaparapara

Tryphena

Colville Channel

H a u r a k i
G u l f

Tiritiri Matangi
Island

Gulf Harbour Marina

Motutapu
Island

Rangitoto
Island

Waiheke
Island

Motuihe Island

Ponui
Island

Whitford

Tapapakanga
Regional
Park

Clevedon

SEABIRD COAST

Coromandel

Coromandel
Peninsula

Firth of
Thames

Thames

Kaiaua

Miranda
Shorebird
Centre

HUNUA RANGES

Hunua
Falls

Miranda Hot
Springs

Hunua

Pokeno

SH1

SH2

Hamilton (70 km)   Tauranga (90 km)

findet, unter lautem Getöse an die Oberfläche tritt und einen weiteren Vulkan entstehen lässt. Vor rund 600 Jahren fand die letzte Eruption statt, deren Ergebnis **Rangitoto Island** war – zum Schrecken einiger der frühesten Maori-Bewohner dieser Region, die auf der benachbarten **Motutapu Island** lebten. Ihre Vorfahren sollen der Legende nach am Isthmus von Tamaki gelandet

sein, dem schmalsten Stück Land zwischen dem Waitemata Harbour und dem Manukau Harbour.

Wegen der reichen Fanggründe in den beiden Hafenbuchten und des fruchtbaren Bodens der gut zu verteidigenden Vulkanhügel war das Land, das man nicht umsonst auch Tamaki-makau-rau („die Maid mit den 100 Liebhabern") nannte, heiß umkämpft. Gegen Mitte des 18. Jhs. fiel es an

N
0   2 km

Übernachtung
Auckland North Shore Holiday Park   B
Avondale Motor Park   E
Number One House   D
Stafford Villa   C
Takapuna Beach Holiday Park   A

Restaurants
Bar Comida   1
The Fishmonger   2
The Fridge   4
Hammerheads   3
The Neighbourhood   5

Waiheke   Waiheke

Rangitoto

Motukorea Channel

Rangitoto Channel

Motutapu

Achilles Point

Half Moon Bay Marina

HOWICK

PAKURANGA

PANMURE

TAMAKI

GLEN INNES

KOHIMARAMA

ST HELIERS

MISSION BAY

Savage Memorial Park

Bastion Point

Kelly Tarlton's Underwater World

Cheltenham & Narrow Neck Beaches

s. Karte Devonport
DEVONPORT

Judges Bay

Ferg's Kayaks

TAMAKI DRIVE

Parnell Baths

s. Karte Parnell und Newmarket

PARNELL

REMUERA

Auckland Car Fair
ELLERSLIE

GREENLANE

Cornwall Park

One Tree Hill

s. Karte Eden, Epsom und Remuera

Eden Garden

MOUNT EDEN

BALMORAL

SANDRINGHAM

Mount Eden
Highway

NEWMARKET

s. Karte Auckland Zentrum

Northcote Point

TAKAPUNA

BIRKENHEAD

Harbour Bridge

Northcote Point

ST MARYS BAY

FREEMANS BAY

PONSONBY

HERNE BAY

GREY LYNN

s. Karte Ponsonby und Herne Bay

WESTERN SPRINGS

MOTAT

Keith Park Memorial Site

Auckland Zoo

MOTAT Great North Road

KINGSLAND

Eden Park

Waitemata Harbour

Manukau Harbour

Tamaki River

Long Bay (12 km)

Otara Market (2 km, Auckland Botanical Gardens (12 km)

Auckland Airport (7 km)

Titirangi (8 km)

Henderson (10 km)

Auckland wurde auf rund fünfzig kleinen Vulkankegeln erbaut. Doch bislang hat die neuseeländische Hauptstadt ihrem geologischen Erbe wenig Respekt gezollt. Selbst die genaue Anzahl scheint unbekannt zu sein, nicht zuletzt deshalb, weil innerhalb der vergangenen 150 Jahre mehrere Kegel verschwunden sind, zumeist durch Schlacke- und Basaltabbau.

Die Abtragung eines ganzen Vulkans – das klingt nach einer Herkulestat, doch Aucklands größter Vulkan, **Rangitoto Island** draußen im Hauraki Gulf (s. S. 192), ist nur 260 m hoch. In der Stadt selbst ist kein Vulkan höher als der **Mount Eden** mit knapp 200 m. Viele Kegel messen kaum 100 m und überragen gerade mal die Häuser ringsum.

Die **Maori** erkannten schon früh die Fruchtbarkeit der Vulkanerde und legten auf den unteren Vulkanhängen *kumara*-Pflanzungen an, meistens unter dem Schutz eines *pa* rund um den Gipfel. Die Europäer ihrerseits schätzten diese Erhebungen vor allem als Wasserspeicher, denn die meisten größeren Vulkane haben einen **Kratersee**.

Erst in den letzten paar Jahrzehnten wurde eine Bebauung der Vulkane unterbunden, oft dadurch, dass man sie in Parks verwandelte. Laut Stadtverordnung darf der Blick auf manche Gipfel aus bestimmten Richtungen nicht verbaut werden. Trotzdem sollte vor Kurzem der Rand eines Kraters für einen Autobahnausbau plattgemacht werden, was in letzter Minute verhindert wurde. Manche halten eine Anerkennung als Unesco-Weltkulturerbe für den besten Schutz, doch ist kaum anzunehmen, dass es in absehbarer Zeit dazu kommen wird. Bis dahin stellen die Vulkane jedenfalls herrliche **Aussichtspunkte** dar, insbesondere Mount Eden und One Tree Hill (s. S. 159), North Head (s. S. 158) sowie die Kuppe von Rangitoto Island (s. S. 194), wo man auch Lavahöhlen erkunden kann.

Seit der letzten Eruption sind zwar schon über 600 Jahre vergangen, aber das Vulkanfeld ist immer noch aktiv. Niemand kann vorhersagen, wann es zum nächsten Ausbruch kommt, doch wird er wohl nicht durch einen der bereits vorhandenen Vulkane erfolgen, sondern eines Tages wird ein neuer Kegel auftauchen.

Kiwi Tamaki, der auf dem Maungakiekie (One Tree Hill) ein 3000 Mann starkes *pa* (Wehrdorf) und auf beinahe allen anderen Vulkanen der Region kleinere Siedlungen errichtete. Doch er unterlag später rivalisierenden *hapu* (Unterstämmen) aus der Gegend des Kaipara Harbour.

Nach Ankunft der mit Musketen handelnden **Europäer** in der Bay of Islands Anfang des 19. Jhs. konnten die Ngapuhi aus Northland eine Reihe erfolgreicher Beutezüge gegen die Maori am Isthmus von Tamaki durchführen. Eine Pockenepidemie tat das Übrige, und alsbald lag die Region praktisch verlassen da, was nach Unterzeichnung des Vertrags von Waitangi (1840) für ihre Wahl zum Standort der neuen Hauptstadt von entscheidender Bedeutung war.

Der schottische Arzt **John Logan Campbell** gehörte zu den wenigen hier ansässigen Europäern, als dieses fruchtbare Land mit leichtem Zugang zu den wichtigsten Fluss- und Seehandelsrouten für 55 Pfund und einige Decken den Besitzer wechselte. Die Kapitale wurde in groben Zügen auf dem Reißbrett geplant, und Campbell konnte aus seinem Heimvorteil ordentlich Kapital schlagen, indem er durch undurchsichtige Machenschaften bald die Kontrolle über die halbe Stadt gewann und schließlich zum Bürgermeister und „Vater von Auckland" avancierte. Nach 1840 war die Bevölkerung durch die vielen neuen Immigranten bereits so angeschwollen, dass mehr Land benötigt wurde – was bis zu einem gewissen Grad die **Landkriege** in den 1860er-Jahren heraufbeschwor (s. S. 118).

Während der anschließenden Wirtschaftskrise suchten viele ihr Glück in den Goldfeldern von Otago. Die europäischen Siedler verlegten ihren Lebensmittelpunkt immer weiter gen Süden, desgleichen die Regierung. 1865 verlor Auckland seinen **Hauptstadtstatus** an Wellington und geriet zunehmend in Vergessenheit.

Doch dann ging es mit Auckland wieder stetig bergauf. Mehrfach führte es die Liste der am schnellsten wachsenden Städte Neuseelands an, was in erster Linie auf die vielen **Einwanderer** zurückzuführen ist: zunächst aus Großbritannien und in den 1960er- und 1970er-Jahren auch von den Inseln des Südpazifiks. Über ein halbes Jahrhundert lang strömten Maori aus ländlichen Regionen nach Auckland, und zu ihnen gesellen sich inzwischen auch Einwanderer aus Ostasien, unter deren Einfluss sich das Stadtzentrum radikal verändert hat. Inzwischen ist die Bevölkerung des Großraums Auckland zu fast 20 % asiatischer Herkunft, und koreanische, thailändische, malaysische, chinesische und japanische Restaurants finden sich an jeder Ecke. Über 35 % der Aucklander sind im Ausland geboren (gegenüber 23 % im Landesdurchschnitt).

Orientierung

Aucklands **Downtown** schmiegt sich ans Südufer des Waitemata Harbour. Ihre Nobelrestaurants und schicken Apartmentbauten blicken auf die schaukelnden Jachten des aufpolierten **Viaduct Harbour**.

Die Hauptdurchgangsstraße der Stadt, die wenig ansprechende **Queen Street**, durchschneidet das Stadtzentrum in Nord-Süd-Richtung und ist vor allem von Bank- und Versicherungsgebäuden geprägt. Die Straßennamen der unmittelbaren Umgebung erinnern an bedeutende Persönlichkeiten der frühen Kolonialgeschichte Neuseelands: an den ersten Generalgouverneur William Hobson, den ersten Kolonialminister Willoughby Shortland und an William Symonds, der die widerstrebenden Maori-Häuptlinge der Gegend dazu brachte, den Vertrag von Waitangi zu unterzeichnen. Am interessantesten sind hier die Designergeschäfte der vornehmeren Seitenstraßen und kulturelle Attraktionen wie die **Auckland Art Gallery**, die derzeit gerade umgebaut wird (s. S. 149). Der **Albert Park** zwischen der Galerie und der **Universität** ist eine grüne Oase im Betondschungel.

Viel sympathischer als die Queen Street wirkt die **Karangahape Road**, eine Querstraße an ihrem südlichen Ende, mit preiswerteren Läden, exotischen Restaurants und derberen Clubs.

Aucklands bedeutendste Grünanlage, **The Domain**, erstreckt sich bis zum Hafen. In ihr liegt die meistbesuchte Attraktion der Stadt, das

Auckland Museum mit faszinierenden Objekten der Maori und der Pazifik-Insulaner.

Viele Besucher verbringen mehr Zeit in den Vororten als in der Innenstadt von Auckland, denn die meisten Sehenswürdigkeiten liegen außerhalb des Zentrums. **Parnell** bildet mit einer der ältesten Kirchen von Auckland und einigen historischen Häusern das geistliche Herz der Stadt.

Östlich von Parnell führt der Tamaki Drive an Kelly Tarlton's Underwater World vorbei zu den Stadtstränden **Mission Bay** und **St Heliers**. Westlich des Zentrums passiert man die Cafés, Läden und Bars der **Ponsonby Road** und des neuerdings angesagten Stadtteils **Kingsland**, bevor man **Western Springs** erreicht, wo sich das Verkehrsmuseum MOTAT und der Zoo befinden.

Jenseits des Waitemata Harbour ziehen sich die schier endlosen Stadtrandsiedlungen des North Shore bis zum Horizont, doch einen längeren Aufenthalt lohnen nur der alte Vorort **Devonport** direkt am Ufer und vielleicht der lange, goldsandige Strand von **Takapuna**.

Unmittelbar südlich des Zentrums eröffnen zwei der höchsten Punkte Aucklands, der **Mount Eden** und der **One Tree Hill** mit dem umliegenden **Cornwall Park**, wunderbare Ausblicke auf die Stadt. Den Hauptanreiz für einen Abstecher noch weiter nach Süden bildet der samstägliche **Otara Market**.

Downtown und Viaduct Harbour

Aucklands Uferlinie lag früher einmal an der Fort Street, die damals noch Fore Street hieß. Durch Landgewinnungsmaßnahmen wurde die Küste nach und nach um 300 m nach Norden verschoben, um Platz für Aucklands **Downtown** zu schaffen. Deren Mittelpunkt bildet heute das imposante **Britomart Transport Centre** im ehemaligen Postamt, einem klassizistischen Bau von 1910 kurz vor dem nördlichen Ende der **Queen Street**. Die Straße endet am **Ferry Building**, einem klassizistischen Ziegelbau von 1912, der nach wie vor als Hauptdrehkreuz der Fährverbindungen über den Waitemata Harbour dient. Der Betrieb ist zwar lange nicht mehr so hektisch wie in den Zeiten vor dem Bau der Hafenbrücke,

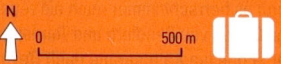

Auckland Zentrum

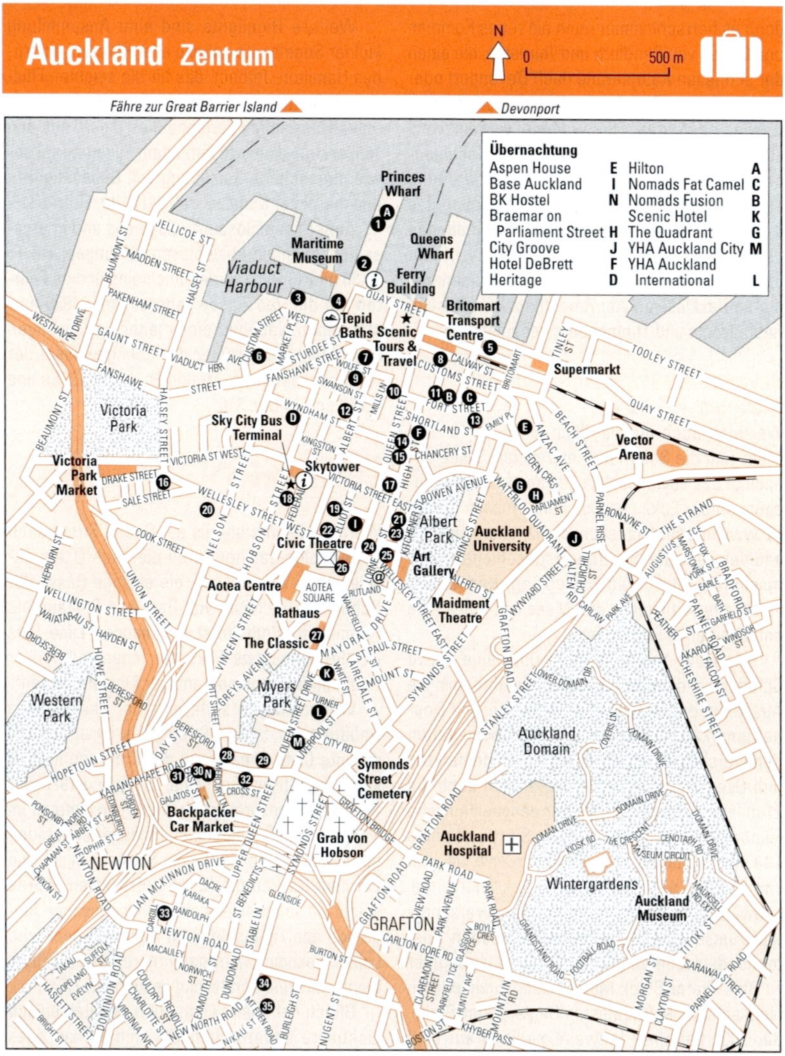

N
0
500 m
Fähre zur Great Barrier Island
Devonport
Übernachtung
Aspen House E
Base Auckland I
BK Hostel N
Braemar on Parliament Street H
City Groove J
Hotel DeBrett F
Heritage D
Hilton A
Nomads Fat Camel C
Nomads Fusion B
Scenic Hotel K
The Quadrant G
YHA Auckland City M
YHA Auckland International L
Princes Wharf
Queens Wharf
Maritime Museum
Viaduct Harbour
Ferry Building
Tepid Baths
Scenic Tours & Travel
Britomart Transport Centre
Supermarkt
Vector Arena
Victoria Park
Victoria Park Market
Sky City Bus Terminal
Skytower
Civic Theatre
Aotea Centre
Aotea Square
Rathaus
The Classic
Albert Park
Art Gallery
Auckland University
Maidment Theatre
Myers Park
Western Park
Symonds Street Cemetery
Backpacker Car Market
Grab von Hobson
Auckland Hospital
Auckland Domain
Wintergardens
Auckland Museum
NEWTON
GRAFTON
Quay Street
Customs Street
Queen Street
Victoria Street West
Wellesley Street West
Karangahape Road
Symonds Street
Grafton Road
Park Road
Khyber Pass
The Strand
Parnell Road
New North Road
Newton Road
Ian McKinnon Drive
Upper Queen Street
Hobson Street
Nelson Street
Union Street
Cook Street
Wellington Street
Hopetoun Street
Ponsonby Rd
Dominion Road
Stanley Street
Beach Road
Anzac Ave
Tooley Street
Fanshawe Street
Halsey Street
Beaumont St
Jellicoe St
Madden Street
Pakenham Street
Gaunt Street
Westhaven Drive

Cafés & Restaurants

Alleluya Bar & Café	29	French Café	34	Sri Pinang	32
Atrium Food Gallery	19	Grand Harbour	6	Tanuki	27
Banh Mi Bale	21	Ima	13	Tony's	23
Bellota	18	Mezze Bar	17	Verona	30
Coco's Cantina	31	Middle East Café	22	Wildfire	2
Corner Pancake	24	Rasoi	28		
Deus Ex Machina	20	Raw Power	14		
Euro	1	Reuben	25		
Food Alley	7	Soul	4		

Pubs & Bars

Coherent	29	Northern Steamship Co	5
Cowboy	3	Rakino's	15
Flight Lounge	11	Sale St	16
Fu Bar	9	Shakespeare Tavern	12
Galbraith's Alehouse	35	Smith	8
Globe	I	Stark's	26
Kings Arms	33	Tabac	10
The Occidental	14		
O'Hagan's	3		

doch es herrscht immer noch ein reges Kommen und Gehen von Pendlern und Touristen, die einen der schnellen Katamarane nach Devonport oder zu den Inseln Rangitoto, Waiheke oder Great Barrier besteigen. Der **Viaduct Harbour** rund 200 m weiter westlich war einmal ein schmuddeliger Fischereihafen, bis er in Vorbereitung auf Neuseelands erfolgreiche Verteidigung des America's Cup im Jahr 2000 einer gründlichen Verschönerungskur unterzogen wurde. Heute prägen Jachten das Bild der Hafenpromenade, die von exklusiven Apartmentbauten, schicken Restaurants und Themenbars gesäumt wird.

Voyager: New Zealand Maritime Museum

Wer sich auch nur ein klein bisschen für das Meer und die Schifffahrt interessiert, sollte unbedingt das Voyager: New Zealand Maritime Museum an der Ecke von Quay und Hobson Street, 🖥 www.maritimemuseum.co.nz, ansteuern. Es widmet sich der Schifffahrtsgeschichte einer Inselnation, für deren Besiedlung, Handel und sportliche Aktivitäten das Meer von jeher eine entscheidende Rolle spielte.

Das kurze Video *Te Waka* über eine fiktive Schiffsreise der Maori dient als Einführung in die Ausstellung südpazifischer Ausleger- und Doppelrumpfkanus. Zwischen den verschiedenen Kanuversionen zum Fischen, für Lagunenfahrten und Ozeanüberquerungen findet sich auch die 21 m lange *Taratai*, mit der der neuseeländische Filmemacher und Autor James Siers und seine 13-köpfige Mannschaft 1976 über 2400 km weit von Kiribati nach Fiji fuhren. Das knarrende, schwankende Innere eines Auswandererschiffs und Ausstellungen zu neuseeländischen Küstenhandelsschiffen und Walfängern leiten über zu Blue Water Black Magic, einer Huldigung an Neuseelands berühmtesten Segler Peter Blake, der 2001 bei einer Umweltexpedition auf dem Amazonas erschossen wurde. Die Siege beim Whitbread Round the World Race 1990 und bei zwei America's Cups (1995 und 2000) werden natürlich gebührend gewürdigt; neben Wissenswertem über den Hightech-Bootsbau gibt es hier auch die Gelegenheit, sich an Steuer und Winschen einer interaktiven America's-Cup-Jacht zu betätigen.

Weitere Highlights sind eine Ansammlung kleiner Segelboote nahezu aller Klassen, ein frühes Hamilton-Jetboot, das für die seichten Flüsse von Canterbury konstruiert wurde, die Replik eines klassischen Ferienhauses *(bach)* aus den 1950er-Jahren mit tollem altem Filmmaterial sowie eine schöne Sammlung von Galionsfiguren und maritimer Kunst. ☉ tgl. 9–17 Uhr, Eintritt $16.

Außer kostenlosen Audioguides und interessanten, ebenfalls kostenlosen **Führungen**, Mo–Fr 10.30 und 13 Uhr, werden auch einstündige **Fahrten** auf der *Ted Ashby* geboten, dem 1990 entstandenen Nachbau eines jener zweimastigen Frachtsegler, die früher die Tidengewässer der Nordinsel befuhren. Mi und Fr 11 und 13, Sa und So 12 und 14 Uhr, $10.

Stadtzentrum

Wer vom Fährhafen aus die Queen Street nach Süden folgt, gelangt durch die nach Osten abzweigende **Vulcan Lane**, die einstige Gasse der Schmiede, die heute von Bars und Restaurants wimmelt, zur **High Street** und **Chancery Lane**. Dies ist die lebendigste Ecke der Innenstadt, voller Buchhandlungen und trendiger Klamottenläden.

Weiter südlich steht eins der markanteren Gebäude der Queen Street, das im Jugendstil erbaute **Civic Theatre**, an der Kreuzung mit der Wellesley Street. Bei seiner Eröffnung 1929 war es *das* Stadtgespräch; das prunkvolle Interieur im Mogul-Stil zieren Elefanten, Hindugötter, rotäugige Löwen und ein künstlicher Sternenhimmel, und um dem Ganzen die Krone aufzusetzen, wurde seinerzeit sogar eigens ein kleiner indischer Junge von den Fiji-Inseln nach Auckland gebracht. Leider bekommt man das Innere nur zu sehen, wenn man eine Vorstellung besucht (S. 175).

Gleich nebenan, wenn auch architektonisch Lichtjahre entfernt, befindet sich ein klotziges postmodernes Multiplexkino. Es flankiert den **Aotea Square** mit dem Rathaus und dem bedeutendsten Konzertsaal der Stadt, dem **Aotea Centre**, das 1990 eingeweiht wurde.

Skytower, SkyJump und SkyWalk

Seit Mitte der 1990er-Jahre dominiert der **Skytower** das Stadtzentrum. Der Betonturm an der

Ecke von Victoria and Federal Street ist Teil des Skycity-Komplexes. Mit 328 m ist er Neuseelands höchstes Bauwerk und überragt sogar den Eiffelturm und Sydneys Centrepoint. ☉ Mo–Do und So 8.30–22.30, Fr und Sa 8.30–23.30, Eintritt $25, plus $3 Zuschlag für die obere Plattform.

Außer den obligatorischen Aussichtsplattformen auf 192 und 220 m Höhe, die einen überwältigenden Blick auf die Stadt und den Hauraki Gulf bieten, hält der Turm auch ein Drehrestaurant und einigen Nervenkitzel für Abenteuerlustige parat: Beim **SkyJump**, Reservierung unter ☏ 0800/759 586 ratsam, 🖳 www.skyjump.co.nz, dem angeblich höchsten Turmsprung der Welt, stürzen Todesmutige, am Drahtseil angeschirrt, 192 m in die Tiefe – gute zehn Sekunden im mehr oder weniger freien Fall mit über 80 km/h Tempo. ☉ 10–18 Uhr, $225.

Eine Alternative ist der **SkyWalk**, 🖳 www.skywalk.co.nz, bei dem man, ebenfalls mit Seil gesichert, 20 Minuten in 192 m Höhe auf einem schmalen Steg ohne Reling rund um den Skytower wandelt. Die Höhe wirkt je nach persönlicher Nervenstärke beunruhigend bis extrem beängstigend, aber die Aussicht ist atemberaubend. ☉ 10–18 Uhr, $145.

Albert Park und Auckland Art Gallery

Östlich der Queen Street erstreckt sich die viktorianische Gartenanlage **Albert Park**. Ursprünglich befand sich hier einmal ein *pa*, ein befestigtes Maori-Dorf. In den 1840er- und 1850er-Jahren standen auf dem Gelände die Albert-Kasernen; im Zweiten Weltkrieg wurde hier ein Labyrinth aus Luftschutzbunkern angelegt. In seiner derzeitigen Inkarnation als friedlicher Park voller Eichen und Feigenbäume erfreut sich die Anlage bei sonnenbadenden Studenten und Büroangestellten großer Beliebtheit.

Am Ostrand des Albert Parks liegt die **Auckland Art Gallery**, ☏ 09/307 7700, 🖳 www.aucklandartgallery.govt.nz, die sich in zwei Teile gliedert. Die prunkvolle, pseudofranzösische Heritage Gallery wird gerade aufwendig renoviert und soll Mitte 2011 mit großem Tamtam neu eröffnet werden. Währenddessen wird der Betrieb in der kleineren New Gallery aufrechterhalten, die auf der anderen Straßenseite an der Ecke Wellesley und Lorne Street steht.

Die beiden hellen, geräumigen Stockwerke der New Gallery bieten allerdings nur begrenzten Raum zur Präsentation der weltweit bedeutendsten Sammlung neuseeländischer Kunst. Die ausgestellten Arbeiten wechseln häufig; von Originalzeichnungen jener Künstler, die Cook auf seinen Expeditionen begleiteten, über schwülstige Ölschinken von den Wanderfahrten der Maori bis zu Installationen von vorwiegend neuseeländischen und insbesondere Maori-Künstlern kann alles dabei sein.

Ein großer Teil der Ausstellung früher Kunst ist zwei der beliebtesten Künstler des Landes gewidmet, die auch von den Maori wegen der getreuen Darstellung ihrer Vorfahren hoch geschätzt werden. Der böhmische Einwanderer **Gottfried Lindauer** kam 1873 nach Neuseeland und verbrachte seine späten Jahre damit, lebensnahe, fast dokumentarische Porträts von *rangatira* (Häuptlingen) sowie hoch gestellten weiblichen und männlichen Maori-Persönlichkeiten zu malen, weil er der irrigen Meinung war, dass das Volk der Maori bald aussterben würde. **Charles F. Goldie** avancierte Anfang des 20. Jhs. zu Neuseelands „Altem Meister" und erlangte internationale Anerkennung für seine emotionaleren Porträts älterer Maori, die ihre traditionellen Tätowierungen oder *moko* zur Schau stellen. Dabei malte er häufig nach Fotografien (mitunter erst nach dem Tod des Modells).

Besonders beachtenswert sind die etwas neueren Werke von **Rita Angus**, die sich in den 1940er-Jahren mit ihren Landschaftsbildern aus Canterbury und Otago einen Namen machte, von **Colin McCahon**, dessen Begeisterung für die Kraft und Schönheit der neuseeländischen Landschaft bis in die Kiwi-Kunst des späten 20. Jhs. nachwirkte, und von **Gordon Walters**, der seine Inspiration aus der Maori-Ikonografie bezog, wobei er traditionelle Maori-Symbole auf nicht unumstrittene Weise in kraftvolle, grafische Darstellungen verwandelte (Näheres zum Maori-Design s. S. 134, „Neuseeland und seine Bewohner").

Außerdem gibt es normalerweise einige der interessanten Arbeiten des zeitgenössischen Maori-Malers **Shane Cotton** zu sehen und mit etwas Glück auch eins der teuersten Werke der Galerie, die 1973 von **Tony Fomison** gemalte *Study of Holbein's "Dead Christ"*. Das für die Spätphase des Künstlers typische Gemälde zeugt von seiner Leidenschaft für die Kunstgeschichte und seiner zwanghaften Beschäftigung mit der Sterblichkeit. ☉ tgl. 10–17 Uhr, Eintritt frei.

Karangahape Road

An ihrem südlichen Ende steigt die Queen Street an und kreuzt die etwas schmuddelige, aber von Leben strotzende Karangahape Road – kurz **K' Road** genannt. Im 19. Jh. wohnten hier wohlhabende Kaufleute, in den 1970er-Jahren war die Straße das Herz von Aucklands polynesischer Gemeinde, später verkam sie zur anrüchigen Vergnügungsmeile voller Massagesalons, Striptease-Lokale und Schwulenclubs. Seit über 20 Jahren laufen Bestrebungen, sie zu einer modernen Mainstream-Einkaufsmeile aufzupolieren, doch auch wenn die meisten Striptease-Schuppen mittlerweile verschwunden sind, hat sich die Straße ihren Nischencharakter bewahrt. Flippige Cafés, Bars, auf Schallplatten spezialisierte Musikgeschäfte und Läden mit billigen Designerklamotten drängen sich zwischen bunten südostasiatischen Geschäften. In der K' Road gibt es zwar keine speziellen Sehenswürdigkeiten, aber man kann locker ein paar Stunden damit verbringen, in Geschäften zu stöbern und sich zwischendurch in exotischen Restaurants zu stärken. Zu vorgerückter Stunde und vor allem an Wochenenden verwandeln sich die Bürgersteige abends in ein faszinierendes Kaleidoskop aus aufgebrezelten Transvestiten, alkoholisierten Büroangestellten, schwulen Pärchen, Obdachlosen und aus den Vororten angereisten Yuppies.

Weiter östlich versteckt sich an der Kreuzung der K' Road mit der Symonds Street der etwas verwahrloste **Symonds Street Cemetery**, einer der frühesten Friedhöfe von Auckland. Er musste in den 1960er-Jahren teilweise der Autobahn weichen, die durch den Grafton Gully gelegt wurde. Ein Hain aus Laubbäumen beschattet das Grab von William Hobson, Neuseelands erstem Gouverneur, das schon fast unter dem gewaltigen Betonbogen der Grafton Bridge liegt.

The Domain

Der Grafton Gully trennt das Stadtzentrum von The Domain, einem weitläufigen Park auf den sanften Hängen eines erloschenen Vulkans, der seinen Namen Pukekawa, „Hügel der bösen Erinnerungen", den blutigen Stammesfehden der fernen Vergangenheit verdankt. Der in den 1840er-Jahren angelegte Park ist der schönste der Stadt, mit allem, was damals so dazugehörte: Musikpavillon, Phoenixpalmen, geometrisch gestalteten Blumenbeeten und ausgedehnten Rasenflächen. Im Sommer verwandeln sich die Rugbyfelder in Cricketplätze, und im kleinen Amphitheater des Vulkankraters werden Bühnen für tolle Konzerte unter freiem Himmel errichtet.

Die vulkanische Quelle auf dem Gelände wurde von der Auckland Acclimatisation Society genutzt, um europäische Pflanzen zu ziehen und damit die rapide Europäisierung der neuseeländischen Landschaft voranzutreiben. Der Geist dieser Unternehmung lebt in den **Wintergardens** fort, einem seichten Fischteich zwischen zwei Gewächshäusern, einem mit gemäßigtem und einem mit tropischem Klima. Nebenan wurde eine ehemalige Schlackengrube in die **Fernz Fernery** verwandelt, ein grünes Mini-Tal mit über 100 verschiedenen Farnarten in trockenen, gemäßigten und feuchten Habitaten. ☉ beide Nov–März Mo–Sa 9–17.30, So 9–19.30, April–Okt tgl. 9–16.30 Uhr; Eintritt frei.

Auckland Museum

Der höchste Punkt der Domain wird von einem imposanten Gebäude im griechisch-römischen Stil gekrönt, dem Auckland Museum, 🖥 www.aucklandmuseum.com, das die weltbeste Sammlung von Kunst der Maori und der Pazifikinseln hütet. Das Museum wurde 1929 als Kriegerdenkmal für die Gefallenen des Ersten Weltkriegs errichtet und später mehrfach ausgebaut. Zuletzt wurde 2006 der Innenhof mit einer gewellten Kupferkuppel überdacht. Darunter befindet sich der neue **Atrium Entrance** mit einer erstaunlichen Konstruktion aus Kauriholz, die wie ein riesiger, umgedrehter Bienenkorb von der Decke hängt. ☉ tgl. 10–17 Uhr, Tageskarte $10.

Beim ursprünglichen, säulengeschmückten **Foyer Entrance** am anderen Ende des Gebäudes findet mehrmals täglich eine 30-minütige **Maori Cultural Performance** mit Tanz und Gesang statt, die durch den dröhnenden Klang eines Muschelhorns angekündigt wird. 11, 12 und 13.30 Uhr; von Jan–März auch 14.30 Uhr; Eintritt $25.

Wer an Kunsthandwerk der Maori interessiert ist, findet im **Museumsladen** am Foyer Entrance hochwertige traditionelle und moderne Objekte.

Das Auckland Museum liegt auf der Strecke des Coast to Coast Walkway (s. S. 179) und der City-Tour-Busse. Der Link-Bus hält an der Parnell Road, fünf Gehminuten vom Museum.

Erdgeschoss

Die hervorragende Sammlung von Maori- und Pazifikkunst erreicht man am besten durch den Foyer Entrance. Der **Pacific Lifeways Room**, der vor allem das Alltagsleben zeigt, wird von einer schlichten, aber majestätischen Statue aus dem Holz des Brotfruchtbaums beherrscht. Das Bildnis stammt von den Karolinen und zeigt die bösartige Kave, Polynesiens bedeutendste weibliche Gottheit, deren Bedrohlichkeit in dieser friedlichen Gestalt jedoch kaum zu erahnen ist. Es folgt der **Maori Court** mit einer umfangreichen Sammlung, die den Übergang von rein polynesischen Motiven zu einem eigenständigen Maori-Stil verdeutlicht. Exemplarisch hierfür ist das Kaitaia Carving, eine 2,50 m breite Schnitzarbeit aus dem Holz des Totara-Baums, die vermutlich für ein zeremonielles Tor angefertigt wurde. Die koboldhafte zentrale Wächterfigur mit ausgebreiteten Armen hat Hände in Form von Eidechsen und ist dem Stil nach polynesisch, aber in der Konzeption typisch Maori. Die Schnitzerei wurde 1920 nahe Kaitaia gefunden und soll aus dem 14. oder 15. Jh. stammen; damit wäre sie eines der ältesten bislang entdeckten Kunstwerke der Maori.

Als die traditionellen Maori-Dörfer gegen Ende des 19. Jhs. zu verschwinden begannen, wurden einige der schönsten Beispiele geschnitzter Paneele, Versammlungshäuser und Nahrungsspeicher gerettet. Das augenfälligste Exponat im **Hauptausstellungsraum** ist Hotunui, ein großes, prachtvoll verziertes Versammlungshaus von 1878, das damals schon mit einem Wellblechdach statt des traditionellen Binsendachs ausgestattet wurde. Auch diese Arbeit zeugt von ungeheurer Kunstfertigkeit: Die Außenwände des Gebäudes zieren groteske Gesichter mit heraushängenden Zungen und glänzenden Augen aus Paua-Muscheln, während das Innere mit wundervollen *tukutuku*-Paneelen in geometrischem Design ausgestattet ist. Daneben sind die kunstvollen Schnitzereien an Bug und Heck von *Te Toki a Tapiri* zu bewundern. Das 25 m lange *waka taua* (Kriegskanu), das bis zu 100 Krieger aufnehmen konnte, ist das einzig erhaltene Exemplar aus der voreuropäischen Ära.

Der Saal mit den **Pacific Masterpieces** präsentiert exquisite polynesische, melanesische und mikronesische Arbeiten, wie eine zeremonielle Essschale von den Salomon-Inseln mit Perlmutteinlagen, zeremonielle Keulen und eine wunderbar volltönende Schlitztrommel aus Vanuatu. Ebenso faszinierend sind die Textilien, deren Muster eine weitaus größere Vielfalt aufweisen, als man bei den wenigen zur Verfügung stehenden Rohstoffen vermuten möchte; besonders schön ist der rote Federumhang von Hawaii.

Obergeschosse

Der 1. Stock des Museums mit den **naturgeschichtlichen Sammlungen** ist eine ungewöhnliche Kombination aus modernen Präsentationen und ausgestopften Vögeln in Vitrinen. Außer sehenswerten Ausstellungsstücken wie dem 3 m großen Riesen-Moa oder einem 800 kg schweren Ammoniten begegnet man auch Dinosauriern, erfährt so einiges über Vulkane und lernt in der Ausstellung **Maori Natural History** allerlei über das ganz spezielle, von westlichem Wissenschaftsdenken unbelastete Verhältnis der Maori zu ihrer Umwelt. Auf diesem Stockwerk gibt es außerdem diverse interaktive Angebote und „Entdeckungsbereiche" für Kinder.

Die Ausstellung **Scars on the Heart**, die das ganze 2. Stockwerk einnimmt, geht der Frage nach, in welcher Weise Neuseelands nationale Identität durch Kriege mitgeprägt wurde. Die Landkriege der 1860er-Jahre werden aus Sicht der Maori und der Pakeha beleuchtet. Auch der Erste Weltkrieg wird ausführlich abgehandelt, insbesondere die Schlacht von Gallipoli (oder Dardanellenschlacht) in der Türkei, bei der es durch Patzer der militärischen Führung zu einem Grabenkrieg mit verheerenden Verlusten für die australischen und neuseeländischen Truppen (ANZAC – Australian and New Zealand Army Corps) kam. Beeindruckendes Anschauungsmaterial und mitreißende Militärmusik begleiten die Filmvorführung über die Pazifik-Feldzüge im Zweiten Weltkrieg und Vietnam.

Östlich des Zentrums

The Domain trennt das Zentrum von den trendigen innerstädtischen Vororten **Parnell** und **Newmarket** – Ersterer ein etablierter, wohlhabender Distrikt mit zahlreichen Restaurants, Boutiquen und Galerien sowie einer bescheidenen Anzahl von Kirchen und historischen Gebäuden. Östlich davon erstreckt sich Aucklands begehrte Uferzone mit dem **Tamaki Drive**, der sich über 8 km an den beliebtesten Stadtstränden entlangschlängelt – Mission Bay, Kohimarama und St Heliers. Im Sommer wimmelt die Uferpromenade von Joggern und Radfahrern. Die einzige wirkliche Sehenswürdigkeit ist **Kelly Tarlton's Underwater World**, aber der Abstecher hierher lohnt allein wegen des herrlichen Ausblicks auf Rangitoto Island und den Hauraki Gulf – sei es vom Hafen aus oder von einem der anderen Aussichtspunkte entlang der Küste. Auf den sanften Hügeln weiter landeinwärts stehen die verstreuten Villen des lauschig grünen Nobelvororts **Remuera**.

Parnell

Mitte der 1960er-Jahre entging Parnell nur knapp dem Umbau zur Hochhaus-Betonlandschaft, weil der exzentrische Träumer **Les Harvey** genügend Geld zusammenbrachte, um den Immobilieninvestoren die urigen, aber heruntergekommenen Ladenhäuser und Holzvillen vor der Nase wegzuschnappen. Dann startete er eine Kampagne gegen Neuseelands strikte Ladenschlussgesetze, mit dem Erfolg, dass Parnell in den 1970er-Jahren und bis weit in die 1980er hinein der einzige Stadtteil von Auckland war, wo man samstags shoppen gehen konnte. Bald erlangte die **Parnell Road** einen beneidenswerten Ruf für ihre schicken Klamottenläden, Edel-Restaurants und insbesondere ihre Kunstgalerien. Außerdem lockt hier der französisch angehauchte Markt **La Cigale**, 69 St George's Bay Rd, mit einem begrenzten Frischwarenangebot und jeder Menge kulinarischer Verführungen. ◷ Sa 8–13, So 9–14 Uhr.

Am südlichen Ende der Parnell Road erhebt sich eine der weltgrößten Holzkirchen, **St Mary's**, 1886 aus einheimischen Hölzern erbaut. ◷ Mo–Sa 10–16, So 11–17 Uhr, Eintritt frei. Im Innenraum zeigt eine Fotoserie, wie das Gotteshaus

1982 in einer aufsehenerregenden Aktion von seinem ursprünglichen Standort auf der anderen Seite der Parnell Road hierher „gerollt" wurde, um der moderneren **Holy Trinity Cathedral** Gesellschaft zu leisten. Deren Chor im neugotischen Stil wurde 1959 begonnen, blieb aber bis in die späten 80er-Jahre unvollendet. Dann wurde ein wie die Faust aufs Auge passendes Kirchenschiff angebaut, dessen Dachkonstruktion an ein Schweizer Chalet erinnert. Drinnen lohnt ein Blick auf die modernen Buntglasfenster an der Rückseite, deren Motive die Beiträge von Maori und Pakeha zur Gesellschaft symbolisieren. Am neuesten sind die 18 Glasfenster an den Seiten des Kirchenschiffs. Der Maori-Künstler Shane Cotton gestaltete mehrere davon nach einem einheitlichen Farbkonzept in gedämpften Rot-, Braun- und Grüntönen. ◷ Mo–Sa 10–16, So 11–17 Uhr; Eintritt frei.

Die gotischen Anklänge der St Mary's Church aus dem 19. Jh. zeugen vom Einfluss des bekannten neuseeländischen Kirchenbaumeisters Frederick Thatcher, der auch das nahe gelegene **Kinder House** (2 Ayr St) für den Rektor des neuen Gymnasiums entwarf. Den Posten bekleidete damals John Kinder, ein vollendeter Aquarellmaler und Dokumentarfotograf. Das Gebäude entstand aus roh behauenem Vulkangestein von Mount Eden und beherbergt heute einige interessante Fotos sowie Reproduktionen von Kinders Gemälden, die das Neuseeland des 19. Jhs. abbilden. ◷ Di–So 11–15 Uhr, Eintritt $4.

Ein paar Häuser weiter steht das **Ewelme Cottage**, 14 Ayr St, aus Kauri-Holz. Es wurde 1864 als Wohnhaus für die Familie eines Geistlichen mit dem wunderbaren Namen Vicesimus Lush errichtet. Sein Reiz liegt vor allem in der Einrichtung, die heute noch genau so, wie die Nachfahren von Lush sie bei ihrem Auszug 1968 zurückließen, zu bewundern ist – wobei die Erbstücke der Familie das Bestreben erkennen lassen, die häuslichen Annehmlichkeiten ihrer englischen Heimat in Oxfordshire exakt nachzubilden. ◷ Fr–So 10.30–12 und 13–16.30 Uhr, Eintritt $7,50.

Newmarket

Die südliche Verlängerung der Parnell Road geht in den **Broadway** über, Hauptschlagader von Newmarket an der Ostseite des Mount Eden.

Diese Ecke hat sich in den letzten Jahren zu einem der Top-Einkaufsviertel von Auckland gemausert und wartet außerdem mit einigen guten Restaurants auf. Die **Great South Road**, gleich südlich der Ladenzone, säumen diverse Motels (s. S. 162).

Klassische Sehenswürdigkeiten findet man hier nur wenige, aber einen Abstecher wert ist **Highwic**, 40 Gillies Ave, eine Holzvilla im gotischen Stil, die 1862 im Auftrag eines wohlhabenden Auktionators und Gutsherrn als Stadtresidenz errichtet wurde. Das Anwesen umfasst diverse Nebengebäude sowie Dienstbotenquartiere und vermittelt einen guten Eindruck von den gegensätzlichen Lebensumständen jener Epoche. ☉ Mi–So 10.30–12 und 13–16.30 Uhr, Eintritt $7,50.

Von hier ist es nur ein kurzer Spaziergang zum **Eden Garden**, 24 Omana Ave, ☐ www.edengarden.co.nz, einer grünen Enklave in einem ehemaligen Steinbruch. Das ganze Jahr über gibt es hier interessante Dinge zu entdecken, von Wassergärten, Rhododendren, Kakteen und Silberbaumgewächsen (Proteaceae) bis zu Australasiens größter und mannigfaltigster Sammlung von Kamelien, die zwischen April und Oktober in Blüte stehen. ☉ tgl. Sep–April 9–16.30, Mai–Okt 9–16 Uhr, Eintritt $6.

Tamaki Drive

Vom Hafen im Zentrum verläuft die Quay Street gen Osten und verwandelt sich alsbald in den Tamaki Drive. An ihm liegt **Kelly Tarlton's Antarctic Encounter & Underwater World**, 23 Tamaki Drive, Okahu Bay, ☐ www.kellytarltons.co.nz. Die 1985 eröffnete Underwater World war eine Idee des neuseeländischen Tauchers, Schatzsuchers und Bergungsexperten Kelly Tarlton. Er baute einige riesige Wasserbecken um, aus denen zwischen 1910 und 1961 die Abwässer der Stadt mit der ablaufenden Flut in den Waitemata Harbour gespült wurden. Die damals noch revolutionären begehbaren Plexiglastunnel sind heute überall zu finden, aber es ist immer noch ein Erlebnis, auf dem Laufband durch zwei Wasserbecken zu gleiten, in denen sich einerseits farbenprächtige Rifffische und Aale und andererseits kleine Haie tummeln, die in dem kristallklaren Wasser ungemütlich nah erscheinen.

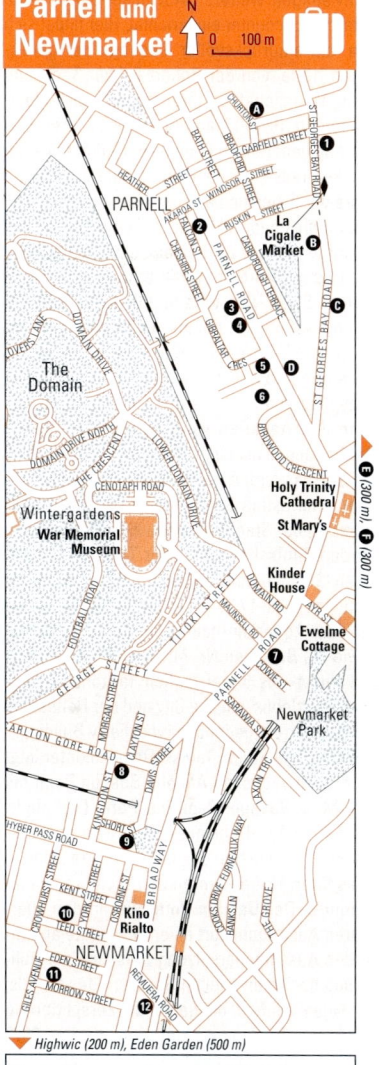

Highwic (200 m), Eden Garden (500 m)

Übernachtung		Restaurants, Cafés & Bars			
Ascot Parnell	**E**	Asian Food		Non Solo	
Chalet Chevron	**F**	Hall	**10**	Pizza	**4**
City Garden		Cibo	**1**	Oh Calcutta!	**2**
Lodge	**C**	Di Mare	**3**	Otto Woo	**12**
International		Dunk		Rikka	**9**
Backpackers	**A**	Espresso	**5**	Urban Café	**8**
Lantana Lodge	**B**	Java Room	**6**	Zarbo	**11**
Parnell Inn	**D**	Kokako	**7**		

In einigen weiteren Abwassertanks wurde Antarctic Encounter eingerichtet. Hier findet sich u. a. ein eindrucksvoller Nachbau der geräumigen Hütte, von der Robert Falcon Scott und seine Mannschaft zu ihrer tragischen Südpol-Expedition 1911–12 aufbrachen. Zu ihrer Einrichtung gehören ein Pianola, ein Labor und eine Druckerpresse, auf der während der drei langen Jahre der Expedition alle paar Monate die *South Polar Times* gedruckt wurde. Zeitgenössisches Filmmaterial trägt zur bewegenden Atmosphäre bei. Das arg an Disneyland erinnernde Pinguinarium Snow Cat wird halbwegs erträglich durch die Chance, Königs- und Eselspinguine, die durchs Wasser schießen oder auf falschen Eisbergen herumwatscheln, aus nächster Nähe zu beobachten.

In den Aquarien von Stingray Bay gleiten Stachelrochen mit bis zu 2 m Spannweite durchs Wasser. Es werden verschiedene Aktivitäten für Abenteuerlustige angeboten: z. B. eine Handfütterung der Stachelrochen ($64), Schnorcheln mit den Rifffischen ($64) oder Tauchen mit den Haien ($124, nur für Besucher mit Tauchschein).

☉ tgl. 9.30–17.30 Uhr, Eintritt $31,50. Direkt vor dem Aquarium halten die City-Tour-Busse sowie die Buslinien Nr. 745 und 769. Außerdem verkehrt 4- bis 5-mal täglich Tarltons kostenloser Shuttlebus von Sky City und der Haltestelle 172 Quay Street gegenüber vom Ferry Building.

Etwas weiter den Tamaki Drive hinunter liegt die grasbewachsene Anhöhe Bastion Point mit dem **M. J. Savage Memorial Park**. Das nüchterne Art-déco-Denkmal erinnert an den ersten Premierminister der Labour-Partei, der in den späten 1930er-Jahren den Wohlfahrtsstaat einführte. Der **Bastion Point** war in den 70er-Jahren Austragungsort einer 17 Monate andauernden Auseinandersetzung zwischen der Polizei und den traditionellen Besitzern des Hügels, den Ngati Whatua, die gegen die Zersplitterung des Areals zu Bauzwecken protestierten. 1977 wurden die Landbesetzer schließlich „entfernt", aber ihr Aufstand beflügelte die Bewegung um die Landrechte und ebnete den Weg für einen bedeutenden Wandel in der Haltung der Regierung: Innerhalb einer Dekade gab das Waitangi-Tribunal die Empfehlung, das Gebiet zurückzugeben.

Vom Bastion Point überblickt man die **Mission Bay**, deren Strand zu den lohnendsten in unmittelbarer Stadtnähe gehört. Direkt am Wasser erstreckt sich eine Grünanlage und daran angrenzend eine verlockende Auswahl an Cafés und Restaurants. Wer zum Baden hierher kommen möchte, sollte dies am besten bei Flut tun, da man ansonsten weit hinauswaten muss. Ähnliche Bedingungen herrschen an den geschützten Stränden **Kohimarama** und **St Heliers Bay**, etwas weiter östlich am Tamaki Drive.

Westlich des Zentrums

Die Vororte von West-Auckland entwickelten sich später als ihre östlichen Gegenstücke, vor allem wegen ihrer Entfernung zum Meer, das in jenen Tagen praktisch der einzige Transportweg war. Ausnahmen waren die zentrumsnahen Vororte **Freeman's Bay**, **Ponsonby**, **Herne Bay** und das unlängst schick gewordene **Kingsland** in direkter Nähe zum Eden Park, dem Hauptaustragungsort des Rugby World Cup. Sehenswürdigkeiten gibt es hier kaum, bis man **Western Springs** erreicht, einst die wichtigste Wasserquelle für das junge Auckland und heute Standort des Museum of Transport and Technology, kurz MOTAT genannt, und des Auckland Zoo.

Freeman's Bay und Ponsonby

Von der Queen Street verläuft die Victoria Street westwärts nach **Freeman's Bay**. Die einstige Bucht wurde schon vor langer Zeit trockengelegt, um Platz für die frühen Sägewerke zu schaffen. Heute erstrecken sich hier die Sportplätze des Victoria Park, überragt vom 38 m hohen Schornstein des Victoria Park Market, 💻 www.victoria-park-market.co.nz, einer wenig aufregenden Ansammlung von Ständen und Läden in Aucklands ehemaliger Müllverbrennungsanlage. Am Markt halten sowohl die Link-Busse Richtung Ponsonby als auch die City-Tour-Busse. ☉ tgl. 9–18 Uhr.

Der einst vornehme Vorort **Ponsonby** kam im Laufe der Zeit immer mehr herunter. In den 60er-Jahren waren die Mieten hier so günstig, dass viele eingewanderte Pazifikinsulaner zuzogen. In den 70er-Jahren wurde Ponsonby zu einer Art

N
0   250 m

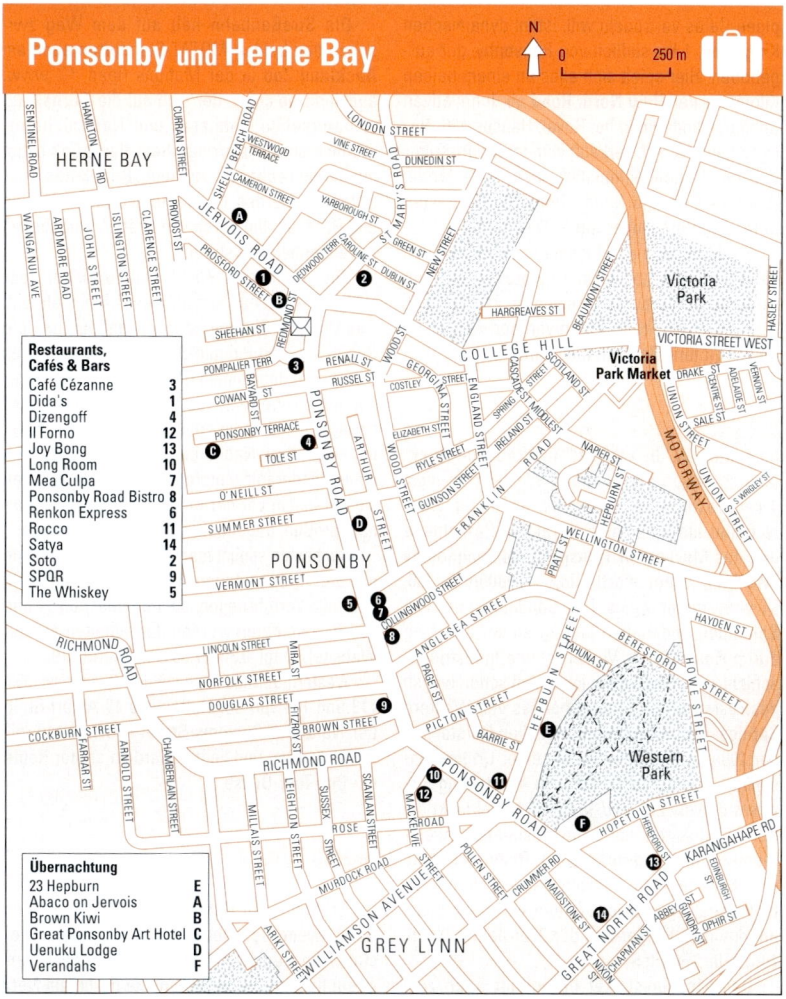

Auckland und Umgebung

Restaurants, Cafés & Bars

Café Cézanne	3
Dida's	1
Dizengoff	4
Il Forno	12
Joy Bong	13
Long Room	10
Mea Culpa	7
Ponsonby Road Bistro	8
Renkon Express	6
Rocco	11
Satya	14
Soto	2
SPQR	9
The Whiskey	5

Übernachtung

23 Hepburn	E
Abaco on Jervois	A
Brown Kiwi	B
Great Ponsonby Art Hotel	C
Uenuku Lodge	D
Verandahs	F

Künstlerviertel; bald schon kamen junge Akademiker, renovierten die alten Häuser und gaben ihr Geld mit vollen Händen in den Cafés, Restaurants und Boutiquen der Ponsonby Road aus. Die Straße selbst würde keinen Schönheitswettbewerb gewinnen, ihre Gäste hingegen schon: Musiker, Schauspieler und Medienleute versammeln sich hier zum Mittagessen und stellen sich und ihre neueste Designermode zur Schau. Es gibt gute Gründe, sich auf diesen Jahrmarkt der Eitelkeiten zu wagen, findet man hier doch einige der besten Klamottenläden und Restaurants von ganz Auckland.

Kingsland

Wer sowieso in der Gegend ist, um ein Rugby- oder Cricketmatch im Eden Park zu sehen, oder wer gern etwas Zeit in flippigen Läden und peppigen Cafés vertrödeln will, ist im dynamischen Kingsland, 1 km südlich von Ponsonby, gut aufgehoben. Hier spielt sich alles an einem halben Kilometer der **New North Road** ab. Innovativen Schmuck findet man bei Royal, Hausnr. 486. Native Agent, Nr. 507, verkauft von der Maori-Kultur und der frühen Kolonialära inspirierte Mode, Wohntextilien und Kunst. Tipps für die besten Cafés und Bars gibt es auf S. 171 und 174.

Stadtbahnen nach Kingsland verkehren von der Britomart Station in Downtown und von Newmarket West. Die Buslinien Nr. 210, 211, 212, 223, 224 und weitere fahren von der Haltestelle M4, 19 Victoria St, nach Kingsland.

Western Springs: MOTAT und der Zoo

Im späten 19. Jh. war das aufstrebende Auckland stark von der Quelle in Western Springs, 4 km westlich des Zentrums, abhängig. Heute findet man hier eine attraktive Parkanlage und das **Museum of Transport and Technology (MOTAT)**, Great North Rd, ☎ 0800/668 286, 🖥 www.motat.org.nz. Das Sammelsurium von Schuppen und Hallen lädt zu einem Streifzug durch Neuseelands Verkehrs- und Industriegeschichte ein. Ein Besuch lohnt sich schon wegen des restaurierten Pumpenhauses von Western Springs – samt einer audiovisuellen Darstellung der 100-jährigen Geschichte seiner Originalmaschine – und der faszinierenden Ausstellung *Pioneers of New Zealand*, in deren Mittelpunkt die Persönlichkeiten und Errungenschaften zweier Pioniere der Fliegerei stehen: Richard Pearse (s. S. 602), der erste Mensch, dem ein motorisierter Flug gelang, und Jean Batten, ein international anerkanntes Flieger-Ass der 30er-Jahre. ⊙ tgl. 10–17 Uhr, Eintritt $14.

Das Museumsticket berechtigt auch zum Eintritt in die **MOTAT Meola Road Site**, 1 km entfernt und mit einer alten, klapprigen Straßenbahn angebunden (alle 10–30 Min.; kostenlos). Die Highlights dieser Attraktion für Flugzeugfans sind einer der wenigen erhaltenen Lancaster-Bomber aus dem Zweiten Weltkrieg und ein Solent-Doppeldecker-Flugboot, das bis Anfang der 1960er-Jahre auf der südpazifischen „Coral Route" von Air New Zealand im Einsatz war. ⊙ tgl. 10–17 Uhr.

Die Straßenbahn hält auf dem Weg zwischen den beiden MOTAT-Standorten auch am **Auckland Zoo** in der Motions Road, 🖥 www.aucklandzoo.co.nz, der sich auf die Tierhaltung in naturnahen Habitaten und Nachzuchtprogramme spezialisiert hat. Sein Herzstück bildet die bahnbrechende Anlage „Pridelands" mit Löwen, Nilpferden, Nashörnern, Giraffen, Zebras und Gazellen, die durch von Gräben umgebenes Savannengelände streifen.

Der „Rainforest Walk" lädt zu einem Spaziergang zwischen künstlichen Affeninseln ein. Das Wallaby-Gehege ist frei begehbar, und die Seelöwen- und Pinguin-Becken ermöglichen es Besuchern dank einem Unterwasserfenster, diesen liebenswerten Kreaturen Auge in Auge zu begegnen. Auch die neuseeländische Fauna ist mit einem Kiwi-Nachthaus, einigen Tuatara (Teil eines Wiederaufzuchtprogramms; später werden sie auf Inseln vor der Küste ausgesetzt) und einem großen, begehbaren Vogelhaus vertreten.

Am besten stimmt man seinen Besuch zeitlich auf die verschiedenen Animal Encounters ab, spezielle Vorführungen, die tgl. zwischen 11 und 15 Uhr angeboten werden (Einzelheiten auf der Website). ⊙ tgl. 9.30–17.30 Uhr, Eintritt $19.

Western Springs kann mit den Bussen Nr. 093, 113 und 163 von der Haltestelle 17 Albert St, in der Nähe der Customs Street (Downtown), erreicht werden und liegt außerdem an der Route der City-Tour-Busse.

North Shore

Die Eröffnung der Hafenbrücke 1959 läutete den Aufschwung des Nordufers ein. Bis dahin bestand die Region nur aus einer Handvoll verstreut liegender Gemeinden, die durch ein Netz von Hafenfähren verbunden waren. Schon in den frühen 1970er-Jahren war die Brücke durch den regen Vorortverkehr ständig verstopft – bis eine japanische Firma auf jeder Seite zwei neue Fahrbahnen anbaute (liebevoll „the Nippon Clipons" genannt). Die Brücke kann beim Auckland Bridge Climb (s. S. 176) aus nächster Nähe begutachtet werden.

Das Meer der Vororte breitet sich unerbittlich Richtung Hibiscus Coast (s. S. 189) aus, wobei

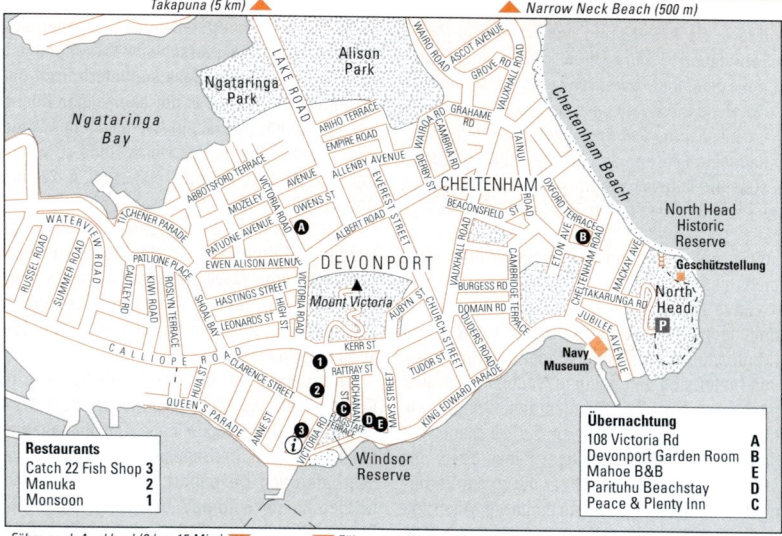

Devonport

N
0 — 500 m

Takapuna (5 km) — Narrow Neck Beach (500 m)

Alison Park

Ngataringa Park

Ngataringa Bay

CHELTENHAM

North Head Historic Reserve

Geschützstellung

North Head

Navy Museum

Mount Victoria

DEVONPORT

Windsor Reserve

Restaurants
Catch 22 Fish Shop **3**
Manuka **2**
Monsoon **1**

Übernachtung
108 Victoria Rd **A**
Devonport Garden Room **B**
Mahoe B&B **E**
Parituhu Beachstay **D**
Peace & Plenty Inn **C**

Fähre nach Auckland (2 km; 15 Min.) — *Fähre nach Waiheke (25 km; 40 Min.)*

Auckland und Umgebung

das Küstendorf **Devonport** am südlichen Ende einer langen Reihe ruhiger **Badestrände** am interessantesten ist. Weiter im Norden lohnt ein Besuch des offeneren und viel besuchten Strandes von **Takapuna** mit seinen Dutzenden schöner Cafés (erreichbar mit zahlreichen Bussen, überwiegend der 800er- und 900er-Nummern).

Devonport

Das 1840 gegründete Devonport, einer von Aucklands ältesten Vororten, ist vom Zentrum mit einer zehnminütigen Fährfahrt erreichbar. Zu den Ersten, die hier ihr Lager aufschlugen, gehörte die Marine, bald gefolgt von wohlhabenden Kaufleuten, die prächtige Villen aus Kauri-Holz errichteten. Einige dieser wunderbaren Häuser sind gekrönt von kleinen Türmchen („widows' watches"), von denen aus die Händler nach ihrer kostbaren Fracht und die Ehefrauen nach ihren seefahrenden Männern Ausschau hielten.

Devonports Anziehungskraft offenbart sich bei einem Spaziergang durch seine friedlichen Straßen und entlang der von Bäumen gesäumten Uferpromenade, vorbei an herrschaftlichen Anwesen, verlockenden Buchläden, kleinen Galerien, Cafés und Restaurants. Das **i-SITE Visitor Centre**, 3 Victoria Rd, ℂ 09/446 0677, 🖥 www.northshorenz.com, hält die Gratisbroschüre *Old Devonport Walk* und einen kostenlosen Straßenplan bereit. ◷ tgl. 8.30–17 Uhr.

Am Fähranleger wartet meistens der Minibus von **Devonport Explorer Tours**, ℂ 09/357 6366, die eine einstündige Rundfahrt ($30) zu den Sehenswürdigkeiten und auf beide Vulkane, Mt. Victoria und North Head, anbieten.

An schönen Tagen lockt der stramme Anstieg auf einen der beiden erloschenen Vulkane, die Devonports Kulisse bilden. Am nächsten zum Zentrum, rund 15 Minuten zu Fuß entfernt, liegt der **Mount Victoria** (Taka-a-ranga), von dem man eine wunderbare Aussicht auf den Golf genießt. Auf dem Hügel befand sich einst ein Wehrdorf der Maori, dessen Überreste noch immer am Nord- und Osthang zu sehen sind. Für Fußgänger gibt es keine speziellen Öffnungszeiten, aber Autos dürfen donnerstags, freitags

Devonport Ferry

Devonport ist am besten mit der Devonport Ferry zu erreichen (Mo–Do 6.10–23, Fr und Sa 6.15–1, So 7.15–22 Uhr, Abfahrt alle 30 Min., Fahrtdauer 10 Min., $10 hin und zurück, Fahrrad kostenlos), deren Nutzung im GetAbout Auckland Discovery Pass (s. S. 182) inbegriffen ist. Alle Fähren von Downtown nach Rangitoto und viele Fähren nach Waiheke Island legen ebenfalls in Devonport an.

sowie samstags nach Sonnenuntergang nicht mehr hinauffahren.

Etwa 1 km östlich davon bewacht der gras- und flachsbedeckte Vulkankegel **North Head** (Maungauika) den Eingang zum inneren Hafen und bietet sich an sonnigen Nachmittagen und ganz besonders bei Segelveranstaltungen als herrlicher Aussichtspunkt an. Für die Maori war dies ein strategisch wichtiger Punkt, bevor die junge neuseeländische Staat ihn in die Verteidigungsanlage seiner Küste einbezog. Als Folge der Bedrohung seitens Russlands zwischen 1884 und 1886 nach der Eröffnung des Hafens von Wladiwostok verwandelte sich North Head in

Fort Cautley. Die Festung wird inzwischen vom DOC als **North Head Historic Reserve** verwaltet, und Besucher können die noch verbliebenen Reste besichtigen – Bunker, durch Betontunnel verbundene Geschützstellungen und sogar eine dicke, restaurierte „verschwindende Kanone", die den Vorteil hatte, dass sie unterirdisch geladen werden konnte. In der ehemaligen Küche auf der Hügelkuppe ist ein zwölfminütiges Video über die Geschichte des North Head zu sehen (tgl. 8.30–16 Uhr, Eintritt frei). ⏰ tgl. 6–22 Uhr, Autos 6–20 Uhr, Eintritt frei.

Wer noch mehr militärische Sehenswürdigkeiten verkraftet, kann als Nächstes beim 2010 neu eröffneten **Navy Museum**, 🖳 www.navymuseum.mil.nz, an der Torpedo Bay, südwestlich des North Head, vorbeischauen. ⏰ tgl. 10–16.30 Uhr, Spende willkommen.

North Head ist Teil des **North Shore City Coastal Walk** (kostenlose Broschüre beim Visitor Centre). Diese 23 km lange Kombination aus Steilküsten- und Straßenwanderung beginnt am Fährhafen von Devonport und führt Richtung Norden bis nach Torbay. Der North Shore City Coastal Walk ist eine Teilstrecke des Te Araroa Walkway, der Cape Reinga und Bluff verbindet (s. S. 70).

Devonport ist einer der ältesten Vororte von Auckland.

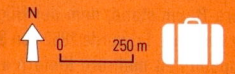

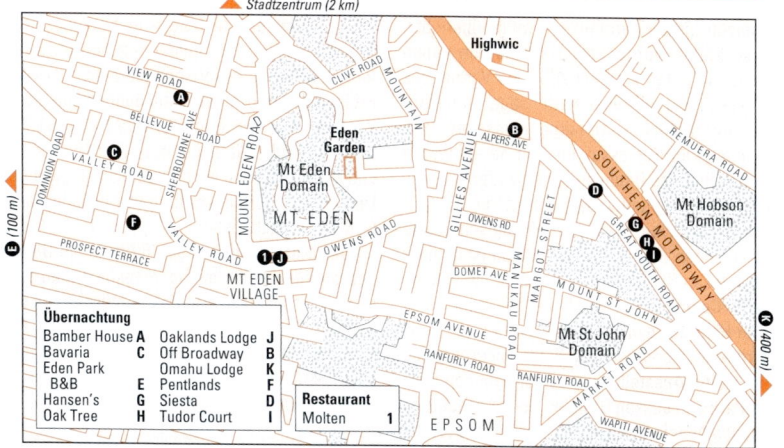

Mount Eden, Epsom und Remuera

Stadtzentrum (2 km)

N
0   250 m

Highwic

VIEW ROAD
A
CLIVE ROAD
MOUNTAIN
BELLEVUE ROAD
SHERBOURNE AVE
MOUNT EDEN ROAD
VALLEY ROAD
DOMINION ROAD
G
C
Eden Garden
ALPERS AVE
B
REMUERA ROAD
GILLIES AVENUE
Mt Eden Domain
F
OWENS RD
SOUTHERN MOTORWAY
GREAT SOUTH ROAD
D
Mt Hobson Domain
MT EDEN
PROSPECT TERRACE
VALLEY ROAD
OWENS ROAD
MANUKAU ROAD
MARGOT STREET
G
H
I
O **J**
MT EDEN VILLAGE
DOMET AVE
MOUNT ST JOHN
E (100 m)

Übernachtung

Bamber House	**A**	Oaklands Lodge	**J**
Bavaria	**C**	Off Broadway	**B**
Eden Park B&B	**E**	Omahu Lodge	**K**
Hansen's	**G**	Pentlands	**F**
Oak Tree	**H**	Siesta	**D**
		Tudor Court	**I**

EPSOM AVENUE
RANFURLY ROAD
RANFURLY ROAD
MARKET ROAD
Mt St John Domain
WAPITI AVENUE

Restaurant

Molten	**1**

E P S O M

K (400 m)

Auckland und Umgebung

Südlich des Zentrums

Der Südzipfel von Auckland rund um das östliche Ende des Manukau Harbour wird von den meisten Touristen links liegen gelassen (obwohl fast alle auf dem internationalen Flughafen von Mangere ankommen). Dabei verspricht hier der höchste Vulkan der Stadt, der **Mount Eden**, eine überwältigende Aussicht. Auf seinem benachbarten Zwilling, dem **One Tree Hill**, sind einige der besterhaltenen Überreste von Terrassenanlagen der Maori zu bewundern. Weiter südlich bietet Aucklands polynesische Gemeinde jeden Samstagmorgen ihre Waren auf dem **Otara Market** feil.

Mount Eden und One Tree Hill

Mit seinen 196 m ist der **Mount Eden** (Maungawhau) Aucklands höchster Vulkan. Dank des weiten Rundumblicks vom Parkplatz auf dem Gipfel, nur 2 km südlich des Zentrums, wimmelt es hier von Touristenbussen.

Lohnender ist das Gebiet rund um den 183 m hohen **One Tree Hill** (Maungakiekie), 5 km südöstlich. Der Hügel, eines der markantesten Wahrzeichen von Auckland, wird von einem 33 m

hohen Granit-Obelisken gekrönt. Über ein Jahrhundert lang, bis kurz vor Ankunft der Europäer, befand sich auf dem Maungakiekie eines der größten Wehrdörfer des Landes mit schätzungsweise 4000 Bewohnern, die sich von den reichen Fischgründen der beiden natürlichen Häfen und den fruchtbaren Böden des Vulkankegels ernährten. Auf dem Hügel sind noch immer Spuren der umfangreichen Erdarbeiten zu erkennen – darunter verfallene Wohnhäuser und Gruben, in denen *kumara* eingemietet wurden.

Als der schottische Arzt und „Vater von Auckland", Sir John Logan Campbell, die Stätte kaufte, war sie bereits verlassen. Campbell war einer von nur zwei Europäern, die zu dem Zeitpunkt, als Auckland seinen Hauptstadt-Status erhielt, in der Gegend ansässig waren. Zur Erinnerung an den Besuch des Herzogs und der Herzogin von Cornwall im Jahr 1901 schenkte Campbell sein Anwesen auf dem One Tree Hill den Bürgern von Neuseeland und nannte es **Cornwall Park**.

Der Park präsentiert sich um die Weihnachtszeit von seiner schönsten Seite, wenn die Alleen aus Pohutukawa-Bäumen ihr üppiges rotes Blütenkleid zur Schau stellen. Campbell liegt auf dem Gipfel begraben, wo einst der einzelne

Totara-Baum stand, dem der Hügel seinen Namen verdankt. Er wurde 1852 von Siedlern gefällt. Campbell ließ mehrere Kiefern als Windschutz pflanzen, von denen jedoch nur ein einziges Exemplar bis zur Jahrtausendwende überlebte. Diese Kiefer wurde 1994 erstmals von einem Maori-Aktivisten als Rache für den Verlust des Totara-Baums mit einer Kettensäge attackiert. Ein neuerliches Kettensägenmassaker 1999 besiegelte ihr Schicksal: Im Jahr darauf wurde der beschädigte Baum endgültig entfernt. ☉ tgl. 7 Uhr bis Sonnenuntergang, Eintritt frei.

Der Rundweg zu den archäologischen und vulkanischen Stätten auf dem Hügel ist in einer kostenlosen Broschüre verzeichnet, die man im **Visitor Centre**, ☉ tgl. 10–16 Uhr, bekommt. Es ist in der Huia Lodge untergebracht, die Campbell als Pförtnerhaus erbauen ließ. Heute beherbergt sie eine kleine Ausstellung mit Informationen über den Park und dessen Gründer. Genau gegenüber liegt das **Acacia Cottage**, Campbells altes Wohnhaus und das älteste erhaltene Gebäude der Stadt. Es wurde 1841 erbaut und im 1920er-Jahren aus der Innenstadt hierher versetzt. ☉ tgl. 7 Uhr bis Sonnenuntergang, Eintritt frei.

Im **Stardome Observatory** auf der Südseite des One Tree Hill, ✆ 09/624 1246, 🖵 www.star dome.org.nz, werden wechselnde einstündige Multimediashows an die Decke des Planetariums projiziert. Bei geeigneter Wetterlage und Dunkelheit folgt eine 30-minütige Himmelsbeobachtung durchs Teleskop. ☉ Di–So 20 und 21 Uhr, Eintritt $16.

Ein Großteil des Cornwall Park ist nach Dunkelheit geschlossen, aber das Observatorium und den Gipfel kann man über den südlichen Eingang von der Manukau Road jederzeit erreichen. Hier halten mehrere Busse, u. a. der Bus Nr. 312, der von der Haltestelle 55 Custom St East, Ecke Queen St, abfährt.

South Auckland

Südlich von Cornwall Park liegt South Auckland, die ärmste Gegend der Stadt und das wenig schmeichelhaft benannte „Gangland", das den Hintergrund für Lee Tamahoris Film *Die letzte Kriegerin* bildete. South Auckland ist aber keine „No-Go-Zone", und der **Otara Market**, der samstagmorgens den Parkplatz des Otara Town Cen-

tre mit Beschlag belegt, verdient ganz gewiss einen Besuch. Auch wenn er inzwischen von Händlern unterwandert ist, die Billigklamotten und minderwertige Kinkerlitzchen verhökern, bleibt er der größte Maori- und polynesische Markt der Welt mit blumengemusterten Stoffen im Inselstil, Maorischnitzereien zu zivilen Preisen und ganzen Wagenladungen von preiswertem Obst und Gemüse. Das Beste ist das Essen: Stände mit selbst gebackenem Kuchen und Maori-Brot und ein erfinderisch umgebauter Lieferwagen zur Zubereitung von Pseudo-*hangi* (s. S. 49, Traveltipps).

Der Markt kommt gegen 6 Uhr in die Gänge und dauert nur bis mittags, weshalb man früh genug da sein sollte. Autofahrer müssen von der Süd-Autobahn die Ausfahrt „Otara" nehmen. Die Busse Nr. 487 oder 497 brauchen von der Haltestelle 55 Customs Street East, Ecke Queen St, rund 50 Minuten bis hierher.

Übernachtung

Mit seiner großen Bandbreite an Unterkünften hat Auckland für fast jeden Geldbeutel etwas zu bieten. In der Hauptsaison wird es aber überall sehr voll; dann sollten Besucher unbedingt reservieren. Zu anderen Zeiten entspannt sich die Lage etwas, und in den ruhigen Wintermonaten (Juni–Sep) hat man die Qual der Wahl und kann auf Nachfrage oft erhebliche Preisnachlässe erzielen. Schnäppchenjäger informieren sich am besten unter 🖵 www. aucklandnz.com.

Es ist auch keine schlechte Idee, außerhalb des Stadtzentrums zu nächtigen, denn die meisten Sehenswürdigkeiten kann man ebenso gut von den Vororten aus besuchen, z. B. aus **Ponsonby**, keine 2 km westlich des Zentrums, **Mount Eden**, 2 km südlich, **Devonport**, nur eine kurze Fährfahrt über den Hafen, und **Parnell**, 2 km östlich. Auch mit Restaurants und Kneipen sind diese Vororte bestens versorgt.

Das **Zentrum** bleibt die Hochburg der internationalen 4- und 5-Sterne-Hotels, die zumeist auf Geschäfts- und Pauschalreisende ausgerichtet sind, aber manchmal mit günstigen Wochenendangeboten aufwarten. Backpacker-Hostels gibt es sowohl im Zentrum als auch in den zentrumsnahen Vororten. B&Bs und Gästehäuser finden sich vorwiegend in Ponsonby, Devonport und den südlichen Vororten **Epsom** und **Remuera**. Die größte Auswahl an Motels bietet sich in Epsom, gleich südlich von Newmarket.

Die **Campingplätze** liegen weit außerhalb und sind angesichts der weiten Anfahrt in die Stadt nicht zu empfehlen.

Hotels und Motels

Die **Hotels** im Stadtzentrum und in den zentrumsnahen Vororten werden immer mehr; die Auswahl reicht von Billigherbergen bis zu prunkvollen 5-Sterne-Palästen. Infolge der hohen Mieten im Zentrum findet man **Motels** eher in den Randgebieten, vor allem entlang der Great South Road in Epsom, gleich südlich von Newmarket; hier drängt sich mindestens ein Dutzend auf einem Straßenkilometer.

Zentrum
Karte S. 147

Aspen House, 62 Emily Place, ✆ 09/379 6633, 🖳 www.aspenhouse.co.nz. Das Hotel direkt im Herzen der Stadt bietet Backpacker-Standard, aber ohne Dorms und Hostel-Atmosphäre. Die Zimmer sind nicht gerade groß (und teilweise recht düster), aber das Preis-Leistungs-Verhältnis ist o.k. Das erstaunlich ruhige Haus hat eine Gemeinschaftsküche; das Selbstbedienungs-Frühstück ist im Preis mit drin. Die Zimmer mit Bad sind deutlich netter. Sicherer Parkplatz für \$12,50 pro Tag. ❸–❹

Hotel DeBrett, 2 High St, ✆ 09/925 9000, 🖳 www.hoteldebrett.com. Das elegante Boutique-Hotel mit 25 Zimmern kombiniert seinen Art-déco-Schick mit kräftigen Farben und zusammengewürfeltem, aber perfekt harmonierendem Mobiliar. Die Badezimmer sind umwerfend, *continental breakfast* und WLAN sind im Preis enthalten, und den Gästen steht eine ansprechende Lounge mit Selbstbedienungsbar zur Verfügung. Zum Haus gehören das Restaurant **Kitchen** und mehrere ausgezeichnete, auch für Nichtgäste geöffnete Bars. Zimmer ❽, Suiten ❾

Heritage, 35 Hobson St, ✆ 0800/368 888, 🖳 www.heritagehotels.co.nz. Top-Hotel, das teilweise in einem ehemaligen Kaufhaus unter-

Dank diverser brauchbarer Shuttle-Verbindungen ins Stadtzentrum gibt es kaum einen Grund, in Flughafennähe zu nächtigen. Einige Unterkünfte finden sich an der Kirkbride Road, rund 5 km nördlich des Flughafens, in direkter Nähe zu zahlreichen Mietwagenfirmen. Empfehlenswert sind z. B. **Airport Skyway Lodge**, 30 Kirkbride Rd, ✆ 09/275 4443, 🖳 www.skywaylodge.co.nz, ❷, Zimmer mit Bad ❸, und **Jet Park**, 63 Westney Rd, ✆ 0800/538 466, 🖳 www.jetinn.co.nz, ❹, Deluxe ❺, Suite ❼.

Wer nach einem langen Flug in Flughafennähe einen Mietwagen oder ein Wohnmobil in Empfang nimmt, möchte sich vielleicht nicht gleich ins Verkehrsgewühl der Innenstadt stürzen. Der nächste ansprechende Campingplatz ist der **Ambury Regional Park** (s. S. 166). Außerdem gibt es viele schöne Campingplätze am Strand nur ein oder zwei Stunden vom Flughafen entfernt, z. B. in **Kaiaua** und **Miranda** (1 Std. südöstlich, s. S. 192), **Muriwai** (1 Std. nordwestlich, s. S. 189), **Orewa** und im **Wenderholm Regional Park** (1 Std. nördlich, S. 190) sowie in **Piha** (1 Std. nordwestlich, s. S. 188) und im **Tawharanui Regional Park** (1 1/2 Std. nördlich, s. S. 216). Letzterer ist allerdings nur über schmale, kurvenreiche Straßen zu erreichen – nicht ideal für jemanden, der sich gerade erst mit einem Wohnmobil vertraut macht.

gebracht ist. In den öffentlichen Bereichen fällt der Blick hier und da noch auf alte Dielen und Holzbalken; ansonsten ist das Haus erstklassig ausgestattet und bietet von vielen Zimmern Blick über den Hafen oder in das verglaste Atrium. Outdoor-Pool mit Aussicht auf die Stadt. ❻

Hilton, Princes Wharf, 147 Quay St, ✆ 09/978 2000, 🖳 www.hilton.com/auckland. Fantastische Lage auf einem in den Hafen ragenden Pier. Die geschmackvoll eingerichteten Zimmer, alle mit Terrasse oder Balkon, kosten im Sommer ab etwa \$400, aber es lohnt sich, die zusätzlichen \$80 für eine schöne Aussicht hinzublättern. Wenn die Reisekasse das nicht hergibt, verschafft ein Besuch der

Cocktailbar Bellini im Erdgeschoss immerhin eine kleine Kostprobe des Luxuslebens. ❾

The Quadrant, 10 Waterloo Quadrant, ☎ 0800/666 611, 🖥 www.thequadrant.com. Die erfrischende 4-Sterne-Herberge bietet die Eleganz eines Designerhotels zu erträglichen Preisen. Die meisten ihrer 250 Zimmer haben Balkone mit tollem Stadt- und Hafenblick und eine kleine Küchenzeile, manche sogar Wasch- und Spülmaschine. Kleine, gemütliche Bar, ein Frühstücks- und Mittagscafé, Wellnessbereich, Sauna, Fitnessraum und 10 GB Gratis-WLAN täglich. ❺–❻

Scenic Hotel, 380 Queen St, ☎ 09/374 1741, 🖥 www.scenichotelgroup.co.nz. Gutes Mittelklassehotel mit glanzvoll restaurierter Lobby im Art-déco-Stil. Viele seiner 100 Zimmer bieten Aussicht auf die Stadt und/oder voll ausgestattete Küchen. Zum Angebot gehört auch ein kleiner Fitnessraum. Günstige Sonderangebote (❺) bei frühzeitiger Internet-Reservierung. ❻

Parnell
Karte S. 153

Parnell Inn, 320 Parnell Rd, ☎ 0800/472 763, 🖥 www.parnellinn.co.nz. Kleines, schlichtes Hotel direkt im Herzen von Parnell. Relativ kleine Zimmer, teils mit angejahrten Bädern, einige aber auch mit schöner Aussicht und Kochgelegenheit; eigener Parkplatz. ❸–❹

Ponsonby
Karte S. 155

Abaco on Jervois, 59 Jervois Rd, ☎ 0800/220 066, 🖥 www.abaco.co.nz. Attraktives Motel unweit der Ponsonby-Cafés mit unterschiedlichen Zimmern und zahlreichen privaten Parkplätzen. Die Budget-Zimmer haben keine Kochecke; die Standard-Zimmer sind wesentlich geräumiger, aber noch weit entfernt vom Komfort der Deluxe-Zimmer, von denen viele über Whirlpool-Badewannen und Fernblick auf den Hafen verfügen. ❸–❻

Epsom
Karte S. 159

Hansen's, ☎ 0800/898 797, 🖥 www.hansensmotel.co.nz. Das beste Billigmotel in dieser Straße – alt, aber gepflegt. Alle Units (außer

2 Budget-Zimmern) mit voll ausgestatteter Kochgelegenheit. Dazu gibt es einen kleinen Pool, Whirlpool und Gratisinternet im Büro. ❷–❸

Oak Tree, 104 Great South Rd, ☎ 0800/625 8733, 🖥 www.oaktree.co.nz. Wesentlich nobler als die meisten Motels in dieser Gegend. Hübsch modernisierte Studios mit einfacher Küchenausstattung und Apartments mit 1 Schlafzimmer, teils auch mit Klimaanlage. ❹–❺

Off Broadway, 11 Alpers Ave, ☎ 0800/427 623, 🖥 www.offbroadway.co.nz. Die auf Geschäftsreisende ausgerichtete Unterkunft bietet Klimaanlage, schalldichte Studios mit Bad (am besten sind die größeren mit Badewanne und Balkon) und mehrere Suiten mit Whirlpool-Badewannen. Überdachte Parkplätze, Fitnessraum und auf Wunsch Frühstück aufs Zimmer. Studios ❹–❺, Suiten ❻

Siesta, 70 Great South Rd, ☎ 0800/743 782, 🖥 www.siestamotel.co.nz. Nicht mehr taufrisches, aber recht anständiges Motel mit Studios ❸ und Units für Selbstversorger ❹.

Tudor Court, 108 Great South Rd, ☎ 0800/826 878, 🖥 www.tudor.co.nz. Das Motel vermietet kleine Hotelzimmer und etwas größere mit Kochgelegenheit. WLAN verfügbar. ❸–❹

B&Bs und Gästehäuser

Aucklands Angebot an B&Bs und Gästehäusern wächst laufend. Viele neue Unterkünfte zielen eher auf das obere Marktsegment, mit nur wenigen Zimmern und geradezu detailverliebter Ausstattung. Die B&Bs und Gästehäuser findet man überall in den **innerstädtischen Bezirken** südlich des Hafens und auf der gegenüberliegenden Nordseite des Hafens in **Devonport**. Die Shuttle-Busse vom Flughafen setzen ihre Fahrgäste gegen ein paar Dollar zusätzlich auch in Devonport ab.

Stadtzentrum
Karte S. 147

Braemar on Parliament Street, 7 Parliament St, ☎ 09/377 5463, 🖥 www.parliamentstreet.co.nz. Einladendes und sehr zentral gelegenes Stadthaus von 1901 mit spätviktorianischem Flair. Zur Auswahl stehen eine große Suite, ein kleineres Zimmer mit eigenem Bad und zwei Zimmer mit Gemeinschaftsbad – alle Badewannen stehen auf Klauenfüßen. Üppiges, nach individuellen Wünschen zubereitetes Frühstück, kostenloses Internet, Gästeparkplatz und jede Menge Umweltbewusstsein. Zimmer ❼–❽, Suite ❾

Parnell
Karte S. 153

Ascot Parnell, St Stephens Ave, ℘ 09/309 9012, ▭ www.ascotparnell.com. Ruhiges, komfortables B&B unter belgischer Leitung in einem kleinen, modernen Apartmentblock mit zwei Mini-Suiten und einer geräumigen Harbour Suite. Die riesige Gäste-Lounge mit Balkon bietet Aussicht auf Stadt und Hafen. Dazu gibt es einen 12 m langen Pool, einen gesicherten Parkplatz, Gratis-WLAN, Computernutzung und Abholung vom Flughafen (gegen eine kleine Gebühr). Sehr empfehlenswert ist der köstliche Flämische Toast zum Frühstück. ❽–❾

Chalet Chevron, 14 Brighton Rd, ℘ 09/309 0290, ▭ www.chaletchevron.co.nz. Das komfortable B&B vermietet 12 EZ (ab $115) und DZ mit Bad, teils auch mit Blick aufs ferne Meer. Zwei Zimmer haben Badewannen. All-you-can-eat-Frühstück, Gratis-WLAN im ganzen Haus und ein Gäste-Computer. ❻

Ponsonby
Karte S. 155

23 Hepburn, 23 Hepburn St, ℘ 0800/283 000, ▭ www.23hepburn.co.nz. Reizendes, in Weiß und Cremetönen gehaltenes B&B mit 3 Zimmern in einer ruhigen Allee nur 2 Min. zu Fuß von der Ponsonby Rd. Frühstückszutaten werden im Zimmer bereitgestellt; bei schönem Wetter schmeckt es draußen auf der sonnigen Veranda am besten. Rechtzeitig reservieren, um eins der größeren Zimmer nach vorn zu ergattern. ❼

Devonport
Karte S. 157

108 Victoria Rd, 108 Victoria Rd, ℘ 09/445 7565, ✉ smj@ihug.co.nz. Zwei B&B-Zimmer mit Blick auf einen Meerwasserpool und ein Cottage in einem üppigen Garten. Frühstück kostet extra;

spätes Auschecken. Die beiden Zimmer können auch zusammen gemietet werden. ❹

Devonport Garden Room, 23 Cheltenham Rd, ℘ 09/445 2472, ▭ www.devonportgarden room.co.nz. Hübsch modernisiertes Studio in einer Villa aus den 1870er-Jahren mit eigenem Ausgang zum ziegelgepflasterten Hof und üppigen Garten mit Grillstelle und Whirlpool. Das reichhaltige Frühstück wird auf Wunsch in einer Laube oder auf dem Zimmer serviert. ❻

Mahoe B&B, 15b King Edward Parade, ℘ 09/445 1515, ▭ www.mahoe.co.nz. Charmante Unterkunft im Herzen von Devonport, ein Stück vom Wasser entfernt, mit geschmackvoller Einrichtung. Entweder B&B im Haupthaus oder voll ausgestattetes, separates Selbstversorger-Apartment. Zimmer ❻, Apartment ❼

Parituhu Beachstay, 3 King Edward Parade, ℘ 09/445 6559, ▭ www.parituhu.co.nz. Gay-freundliches Budget-B&B im Herzen von Devonport mit Blick auf den Hafen. Nur ein Zimmer mit Bad, Zugang zum abgeschiedenen Garten und Frühstück mit Selbstbedienung. ❺

Peace & Plenty Inn, 6 Flagstaff Terrace, ℘ 09/445 2925, ▭ www.peaceandplenty.co.nz. Eins der prunkvollsten B&Bs von ganz Neuseeland, mit lockerer Atmosphäre, angemessenen Preisen und besonderem Schwerpunkt auf Lebensmitteln und Dienstleistungen aus der Region. Glänzend restaurierte Kauriholz-Dielen führen bis zur zauberhaften Veranda, vorbei an umwerfenden Zimmern, die die Gäste mit

Zum Verwöhnen

Great Ponsonby Art Hotel, 30 Ponsonby Terrace, ℘ 09/376 5989, ▭ www.greatpons.co.nz. Das gastfreundliche Boutique-Hotel in einer restaurierten Villa aus dem Jahr 1898, 3 Min. zu Fuß von der Ponsonby Rd, ist der absolute Toptipp. Ansprechend eingerichtet mit einheimischem Holz und pazifischer Kunst. Luxuriöse Zimmer mit Bad, Sky TV, iPod-Dockingstation und Gratis-WLAN; es gibt auch Studios für Selbstversorger. Weitere Pluspunkte sind der sonnige Gemeinschaftsraum, der schattige Garten und das Genießer-Frühstück. Zimmer ❼, Studios ❽ frischen Blumen, Sherry und Portwein verwöhnen. Sobald man vor die Tür tritt, ist man direkt im Zentrum von Devonport. ❽

Birkenhead und Northcote
Karte S. 144

Number One House, 1 Princes St, Northcote Point, ✆ 09/480 7659, 🖥 www.nz-homestay.co. nz. Einladendes B&B mit Blick über den Waitemata Harbour auf die Stadt und Rangitoto Island. Kleiner Strand, Fährverbindung zur Innenstadt (werktags häufig, am Wochenende nur selten), 2 Zimmer, ein Apartment für Selbst-versorger und ein uriger Garten mit einem Hobbithäuschen. Fabelhaftes Frühstück; auf Wunsch auch Segeltörns mit der Jacht des Inhabers (ca. $250 p. P. und Tag). ❼

Stafford Villa, 2 Awanui St, Birkenhead, ✆ 09/418 3022, 🖥 www.staffordvilla.co.nz. An einer ruhigen Straße in einem der älteren Vororte am Nordufer mit mehreren guten Restaurants und einem ausgezeichneten Kino. Nur zwei (dafür erstklassige) Zimmer mit Antiquitäten und eigenem Bad in einer eleganten, gut 100-jährigen Villa. Den Gästen stehen außerdem ein Salon und eine behagliche Bibliothek (mit kostenlosem Portwein) zur Verfügung; das Frühstück lässt kaum einen Wunsch offen. Preise von $395–445. ❾

Mount Eden und Remuera
Karte S. 159

Bavaria, 83 Valley Rd, Mount Eden, ✆ 09/638 9641, 🖥 www.bavariabandbhotel.co. nz. Bescheidenes B&B mit 11 Zimmern in einer komfortablen Vorortvilla; besonders bei deutschen Reisenden beliebt, die das Früh-stücksbuffet mit Schwerpunkt auf deutschen Gepflogenheiten zu würdigen wissen. Zimmer mit frisch renovierten Bädern, teils auch mit Terrasse; außerdem kostenloses Internet und WLAN. Erreichbar mit den Bussen Nr. 256, 258 und 267 von der Haltestelle C4 in der Queen St, Nähe Wellesley St, aus Downtown. ❺–❻

Eden Park B&B, 20 Bellwood Ave, Mount Eden, ✆ 09/630 5721, 🖥 www.bedandbreakfastnz. com. Sympathisches B&B mit 4 Zimmern in einer renovierten Nobelvilla. Der Vorort ist sehr ruhig, wenn nicht gerade ein Spiel im nahen Eden Park ansteht. Kronleuchter, frische Blumen, selbst gebackene Kekse, dreigängiges Frühstück und rundum beheizte Bäder, eins davon mit altertümlicher Badewanne – was will man mehr? ❼

Omahu Lodge, 33 Omahu Rd, Remuera, ✆ 09/524 5648, 🖥 www.omahulodge.co.nz. Die 4 B&B-Zimmer rund um einen tiefen, solarbeheizten Swimmingpool nebst Whirlpool in einem vornehmen Vorort sind teils in einem Bungalow aus den 1940er-Jahren unter-gebracht. Die Gäste werden mit Bademänteln, kostenlosem Sherry, Gratis-WLAN und -Internet, TV-Lounge und Sauna umsorgt und müssen abends nicht mal die Bettdecke selbst zurückschlagen. ❼

Hostels

Auckland hat eine Unmenge an Backpacker-Hostels, die sich einen heißen Konkurrenz-kampf liefern. Die meisten Hostels sind darauf eingerichtet, Neuankömmlingen bei der Planung ihrer weiteren Reise behilflich zu sein – teil-weise sogar mit eigenen Reisebüros, die manchmal zwar bestimmte Touren zu verkaufen versuchen, aber i. d. R. unparteiisch beraten. Zunächst muss man sich zwischen einem der Hostels im Zentrum, die nahe am Geschehen sind, und den relativ ruhigen Unterkünften in den Randbezirken entscheiden. Mit Ausnahme der YHA-Jugendherbergen neigen die Hostels im **Zentrum** dazu, ihre Zimmer mit Betten voll zu stopfen, und sind dank ihrer Nähe zu den Bars und Clubs v. a. auf feierfreudige Gäste eingestellt. In den Hostels der zentrumsnahen **Vororte** – Parnell, Ponsonby und Mount Eden – dagegen geht es weit weniger lebhaft zu. Häufig sind sie in alten, umgebauten Häusern untergebracht, haben manchmal sogar einen Garten und Parkmöglichkeiten.

Wie zu erwarten, liegen die **Preise** in Auckland höher als im übrigen Land: Ein Bett im Schlaf-saal kostet um $22, in kleineren Dorms oder 4-Bett-Zimmern etwa $25 und ein DZ $60–80.

Zentrum
Karte S. 147

Base Auckland, 229 Queen St, ✆ 0800/227 369, 🖥 www.stayatbase.com. Riesiges, gut geführtes

Hostel in einem umgebauten 10-stöckigen Bürohaus. Von der zwangsläufigen Unpersönlichkeit eines 500-Betten-Hauses abgesehen läuft der Laden wie am Schnürchen und wirkt selten überfüllt. Es ist eigentlich an alles gedacht: Bar im Untergeschoss, Terrassenbar, auf der allabendlich Würstchen gegrillt werden, riesiges Internet-Zentrum, hilfreiches Reisebüro, Wäscherei, Gepäckaufbewahrung, Chipkarten-Zugang zu den Etagen und Gemeinschaftsräumen. Die Dorms ohne Geschlechtertrennung bieten Platz für bis zu 8 Pers., aber der Aufpreis für die mit Laken ausgestatteten 4-Bett-Zimmer oder das Frauen-„sanctuary" mit Extra-Komfort lohnt sich unbedingt. Diverse Abendunterhaltungs-angebote; Parkplätze ganz in der Nähe ($10 pro Nacht, $20 für 24 Std.). Dorms $27–29, Zimmer ❷ – ❸

BK Hostel, 3 Mercury Lane, ℡ 09/307 0052, 🖥 www.bkhostel.co.nz. Gepflegtes, pastellfarbenes Hostel mitten im belebten K' Road-Bezirk, weshalb in den Zimmern zur Straße mit Lärmbelästigung zu rechnen ist. Keine Schlafsäle im herkömmlichen Sinn, nur Gemeinschaftsunterbringung in 3-Bett-, 2-Bett- und Doppelzimmern; am billigsten sind die fensterlosen. Geräumige Aufenthaltsbereiche, Sicherheit wird großgeschrieben. Bett im Gemeinschaftszimmer $25–29, Zimmer ❶

City Groove, 6 Constitution Hill, ℡ 09/303 4768, 🖥 www.citygroove.co.nz. Kleines, etwas beengtes Hostel in Spaziernähe sowohl vom Stadtzentrum als auch von Parnell. Entspannte Atmosphäre, kleiner Garten und ein paar Parkplätze. Dorms $24–26, Zimmer und Suiten ❷

Nomads Fat Camel, 38 Fort St, ℡ 09/307 0181, 🖥 www.nomadshostels.com. Solides Downtown-Hostel mit gemischten und reinen Frauen-Dorms (einige Betten zu $19 – die billigsten der Stadt), 2-Bett-Zimmern und DZ, alle in kleinen Apartments angeordnet, wobei jede Wohngruppe ihre eigene Küche, Lounge und Duschen hat. Bar (mit sehr billigen Mahlzeiten für Gäste) und Reisebüroschalter. Dorms $19–27, Zimmer ❷

Nomads Fusion, 16–22 Fort St, ℡ 0508/666 237, 🖥 www.nomadshostels.com. Schickes Hostel auf 7 Etagen eines umgebauten Bürogebäudes

mit Küche auf dem Dach und Grillplatz unter freiem Himmel. Dazu Whirlpool, Sauna, sehr brauchbarer Reisebüroschalter und die Fusion-Bar (mit sehr preiswertem Essen für Gäste), in der es an den meisten Abenden hoch hergeht. Unterkunft in gemischten und reinen Frauen-Dorms (6–12 Betten) sowie DZ und 2-Bett-Zimmern mit Bad (die billigeren ohne Fenster). Dorms $22–30, Zimmer mit Bad ❸

YHA Auckland City, City Rd, Ecke Liverpool St, ℡ 09/309 2802, ✉ yha.aucklandcity@yha.co.nz. Große, zentral gelegene Jugendherberge auf 7 Etagen, vorwiegend mit 2-Bett-Zimmern und DZ – toller Stadtblick aus den oberen Geschossen – und gut ausgestatteten Gemeinschaftsbereichen. Keine eigenen Parkplätze. Gemischte und nach Geschlechtern getrennte Dorms $24, Bett im 4-Bett-Zimmer $28, Zimmer ❸

YHA Auckland International, 5 Turner St, ℡ 09/302 8200, ✉ yha.aucklandint@yha.co.nz. Das 174-Betten-Haus ist die bessere der beiden Jugendherbergen. Mit prima Kücheneinrichtungen, geräumigen Zimmern, TV-Lounge und separatem Aufenthaltsraum für Ruhebedürftige, Reisebüro und WLAN im ganzen Haus. Es gibt sogar ein paar kostenlose Parkplätze; frühzeitig reservieren. Dorms $26–$31, Zimmer ❸ – ❹

Parnell
Karte S. 153

International Backpackers, 2 Churton St, ℡ 09/358 4584, 🖥 www.aucklandinternational bp.com. Das ehemalige Erziehungsheim ist

---

Königliche Villa mit netten Extras

City Garden Lodge, 25 St George's Bay Rd, ℡ 09/302 0880, 🖥 www.citygardenlodge.co.nz. Freundliche, gut geführte Backpacker-Herberge in einer großen Villa, die ursprünglich für die Königin von Tonga gebaut wurde. Außer geräumigen Dorms und ein paar hübschen DZ gibt es Annehmlichkeiten wie Wärmflaschen im Winter und sogar ein Yoga- und Meditationszimmer (auf Wunsch auch Unterricht). Dorms $28–30, Zimmer ❷

Fernsehfreie Zone

Verandahs, 6 Hopetoun St, ✆ 09/360 4180, 🖳 www.verandahs.co.nz. Einladende, wunderhübsch eingerichtete Backpacker-Herberge in zwei hochherrschaftlichen Villen (Baujahr 1905) mit Blick auf einen schattigen Park und nur einen Katzensprung vom regen Nachtleben der Ponsonby Rd und K' Rd. Das Hostel hat eine Auswahl großzügiger Zimmer (teils mit Bad), einige wenige Parkplätze und ganz bewusst kein TV. Dorms $26–28, Zimmer ❷–❸

heute ein freundliches, geräumiges Hostel in einer ruhigen Gegend mit Parkmöglichkeiten auf der Straße und Zimmern. Dorms $23–25, Zimmer mit und ohne Bad ❷
Lantana Lodge, 60 St George's Bay Rd, ✆ 09/373 4546, 🖳 www.lantanalodge.co.nz. Klein, sauber und freundlich; mit kostenlosem WLAN und heimeliger Atmosphäre. Die Bettwäsche ist inkl. Dorm $24, Zimmer ❷

Ponsonby
Karte S. 155
Brown Kiwi, 7 Prosford St, ✆ 09/378 0191, 🖳 www.brownkiwi.co.nz. Nettes kleines Hostel in restaurierter viktorianischer Villa an einer ruhigen Straße in der Nähe der „Café-Zone" von Ponsonby. Gemütlicher Innenhof und winziger Garten. Tagsüber kaum Parkmöglichkeiten, aber mit dem Link-Bus gut erreichbar. Dorm $26–28, Zimmer ❷
Uenuku Lodge, 217 Ponsonby Rd, ✆ 09/378 8990, 🖳 www.uenukulodge.co.nz. Komfortables

Einladendes Hostel mit Kolonialcharme

Bamber House, 22 View Rd, ✆ 09/623 4267, 🖳 www.hostelbackpacker.com. Geräumiges und gut gemanagtes Hostel, teils in einem schnuckligen Kolonialhaus, teils in einem hübschen modernen Gebäude und teils in mehreren Cabins mit Bad, Heißwasserbereiter und Kühlschrank. Große Rasenfläche vor dem Haus und viele weitere Annehmlichkeiten, u. a. WLAN. Dorm $25–28, Zimmer ❷, Cabin mit Bad ❸

Hostel in einem ehemaligen Internat mit gutem Preis-Leistungs-Verhältnis, hell und sauber. Exzellente Lage nur ein paar Schritte von der belebten Ponsonby Road an der Link-Bus-Route. Parkmöglichkeiten. Dorm $24–26, Zimmer ❷

Mount Eden
Die Busse Nr. 274 und 277 fahren vom Bussteig D16 an der Customs St East im CBD zu den Geschäften von Mount Eden und kommen ganz in der Nähe der nachstehend genannten Hostels vorbei. Karte S. 159
Oaklands Lodge, 5a Oaklands Rd, ✆ 09/638 6545, 🖳 www.oaklands.co.nz. Ebenfalls von den Inhabern des Bamber House geführtes Hostel in einem großen, zweistöckigen viktorianischen Haus nahe den Läden am Mount Eden. Dorms mit normalen Betten, diverse Aufenthaltsräume. Dorm $23–25, Zimmer ❷
Pentlands, 22 Pentlands Ave, ✆ 09/638 7031, 🖳 www.pentlands.co.nz. Ansprechendes, kürzlich renoviertes Hostel in einer ruhigen Vorortstraße, 10 Min. zu Fuß von den Geschäften und Cafés von Mount Eden. Großer Gemeinschaftsraum (mit Klavier), jede Menge DVDs und viele Parkplätze. Dorms $23–25, Zimmer ❷

Camping
Von Aucklands Zentrum muss man eine ganze Weile fahren, um ein nettes Plätzchen für sein Zelt zu finden. Dagegen gibt es innerhalb der Stadtgrenzen zahlreiche gut ausgestattete **Motor Camps**, die sich zur Übernachtung mit einem Wohnmobil oder Wohnwagen eignen und oft günstige Cabins vermieten; wer kein eigenes Fahrzeug dabeihat, wird aber eine Menge Geld für Busfahrten los. Sofern nicht anders angegeben, sind die Plätze auf der Karte S. 144 (Großraum Auckland) eingezeichnet.
Ambury Regional Park, Mangere, 6 km nördlich vom Flughafen, s. Karte S. 143, Auckland und Umgebung, ✆ 09/366 2000. Einfache, ebene Stellplätze (ohne Strom) auf einer Schafweide mit Blick auf den Manukau Harbour. Schön für eine Erholungspause nach der Anreise im Flieger. Im Winter manchmal für Wohnmobile geschlossen, deshalb besser vorher anrufen.

Der benachbarte Farm-Park (mit Schweinen, Schafen, Kaninchen usw.) bietet Toiletten und kostenlose Duschen. Camping $10.

Auckland North Shore Holiday Park, 52 Northcote Rd, Northcote, ☎ 0508/909 090, 🖥 www.nsmotels.co.nz. Gut ausgestatteter Platz am Nordufer in der Nähe der Nordautobahn, mit Innen-Pool und ausgedehntem Grillbereich. Bus Nr. 921 von Britomart und weitere Busse halten in der Nähe. Stellplatz Zelt/Wohnmobil $35, Cabin ❷, Ferienwohnung ❸, Motel Unit ❹

Avondale Motor Park, 46 Bollard Ave, Avondale, ☎ 0800/100 542, 🖥 www.aucklandmotorpark.co.nz. Ruhiger Platz 6 km nordwestlich der Innenstadt; mit Bus Nr. 211 zu erreichen. Camping $14, Miet-Wohnwagen ❶, Cabin ❷, Ferienwohnung ❸

Takapuna Beach Holiday Park, 22 The Promenade, Takapuna, ☎ 09/489 7909, 🖥 www.takapunabeachholidaypark.co.nz. Kleiner Caravan Park direkt am Strand (Nordufer) mit Blick auf Rangitoto, 5 Min. zu Fuß von den Läden und Restaurants in Takapuna. Häufige Busverbindungen (Nr. 822, 839, 858 und 879) zur Innenstadt. Camping $32–40, Wohnwagen oder Cabin mit Küche ❷, Motel ❹

Essen

Da die Aucklander großen Wert auf gutes Essen legen, ist die Stadt mit Restaurants bestens versorgt. Wer lieber in lockererem Ambiente speist, bekommt in zahlreichen Cafés oder Pubs (siehe Abschnitt „Unterhaltung und Kultur" ab S. 172) ordentliche Mahlzeiten um $20.
An schönen Sommerabenden locken die am Wasser gelegenen Restaurants und Bars des **Viaduct Harbour**, doch sie sind nicht billig. Wer keine großen Sprünge machen kann, ist in der **Karangahape Road** besser aufgehoben. Feinschmecker finden ein weites Probierfeld in den zentrumsnahen Vororten, namentlich entlang der **Ponsonby Road**, Aucklands kulinarischem Schmelztiegel, oder der **Parnell Road**, der zweiten Gourmetmeile der Stadt.

Zentrum und Viaduct Harbour

Zahlreiche Cafés, preiswerte asiatische Restaurants und ein paar strategisch platzierte Food Halls verpflegen das im Zentrum tätige Bürovolk. **High Street** und **Lorne Street** haben kulinarisch am meisten zu bieten. Abends wirken Teile der Stadt wie ausgestorben, aber um den **Viaduct Harbour** herrscht immer reges Leben. Manche Lokale hier sind pompös, teuer und unpersönlich, doch die besten (s. u.) bieten köstliches Essen zu traumhafter Aussicht auf den Jachthafen, Karte S. 147.

Atrium Food Gallery, Elliot St. Diese tagsüber geöffnete Food Hall wirkt etwas vertrauenerweckender als die Konkurrenz. Viele verschiedene Imbisstheken – von vietnamesischer, koreanischer und taiwanesischer Küche bis zu Sushi, Pizza und Kebab – und eine Bäckerei mit anständigem Kaffee.

Banh Mi Bale, 6–8 Lorne St, ☎ 09/377 3288. Die spartanische Aufmachung lässt kaum erahnen, dass dieses Lokal vorzügliche vietnamesische Gerichte serviert (die meisten für $12–18) und, als besondere Spezialität, knusprige Baguette-Sandwiches ($8) mit Gänseleberpastete, Mayonnaise, Gurke, Koriander und Füllungen wie Zitronengras-Hühnchen oder Schweinefleischbällchen. ⏱ So geschlossen.

Corner Pancake, 10 Wellesley St, Ecke Lorne St. Das winzige Billiglokal serviert koreanische Pfannkuchen mit leckeren Füllungen, z. B. mit Schweinefleisch, Roten Bohnen, Huhn und Käse oder Zucker und Zimt für $2–3 das Stück. ⏱ Mo–Fr 11.30–19, Sa 12–18 Uhr.

Euro, Princes Wharf, ☎ 09/309 9866. Das elegante Restaurant gleich am Wasser wird von dem einheimischen Promikoch Simon Gault geführt. Der Service ist tadellos, das Essen fantasievoll und schmackhaft.

Tapas, neuseeländisch interpretiert

Bellota, 91 Federal St, ☎ 09/363 6301. Fans des neuseeländischen Starkochs Peter Gordon drängen sich in den Sitznischen des Lokals im 70er-Jahre-Retrochick, um Gordons Fusionsversion der spanischen Tapas-Tradition zu kosten (je ca. $10–16). Der Name bedeutet „Eichel" und bezieht sich auf die bellotagemästeten Schweine, die eine wichtige Rolle auf der Speisekarte spielen (es gibt aber auch vegetarische Alternativen).

Deus Ex Machina, Shed 5, 90 Wellesley St. Das geräumige Café in einem alten Lagerhaus mit Sofas und persisch anmutenden Teppichen tischt zwischen chromblitzenden Custombikes, coolen Motorradklamotten und Freizeitmode Frühstücks- und Mittagsgerichte auf. Nicht ganz einfach zu finden, aber die Mühe wert, um beim Espresso zuzuschauen, wie die Maschinen nach Kundenwunsch zusammengebaut werden.

Die meisten Hauptgerichte tendieren gegen $40, aber die Spezialität des Hauses, Brathähnchen mit Kartoffelbrei und Erdnuss-Krautsalat ist für bescheidene $34 zu haben.

Food Alley, 9 Albert St. Spartanische, preiswerte Food Hall auf zwei Etagen mit 20 Imbissen, die vorwiegend Ostasiatisches brutzeln. ⏰ tgl. 10–22 Uhr.

French Café, 210 Symonds St, ✆ 09/377 1911. Eines der besten und bewährtesten Restaurants der Stadt. Der Trend der häufig wechselnden, saisonalen Speisekarte geht zu moderner europäischer Küche. Vorbildliche Bedienung. Hauptgerichte um $40; für $140 kommt ein geniales 11-gängiges Probiermenü auf den Tisch (gegen $85 Aufschlag samt passenden Weinen). ⏰ Di–Sa Abendessen, Fr auch Mittagessen.

Grand Harbour, 18 Customs St West, ✆ 09/357 6889. Edler als die meisten anderen chinesischen Lokale der Stadt und bei der chinesischen Bevölkerung der Stadt sehr beliebt, v. a. für mittägliche Geschäftsessen. Exzellentes *yum cha*.

Ima, 57 Fort St, ✆ 09/300 7252. Das zwanglose Café wurde von dem Israeli Yael gemeinsam mit dem Palästinenser Khaled gegründet. Alle angebotenen Gerichte sind ganz frisch zubereitet, z. B. das nahöstliche Frühstück mit Ei ($14) und die besten Falafel der Stadt ($13). Von Mi–Sa gibt es auch Abendessen (Hauptgerichte um $30). ⏰ So geschlossen.

Mezze Bar, 1a Little High St, ✆ 09/307 2029. Lässiges Café, wo man sich vom Getümmel der Queen Street erholen kann. Leckere Tapas und Mezze ($9–18). Außerdem Mittag- und Abendessen mit Gerichten wie spanische Tortilla, gegrillte Pilze auf Polenta oder marokkanische Fleischkasserolle (um $28) und eine große Auswahl an Bier und Wein zum Nachspülen.

Raw Power, 10 Vulcan Lane. Tolle kleine Saftbar im Obergeschoss mit vielen Köstlichkeiten für Vegetarier und Veganer – Salate, Tofuburger, Falafel usw. (die meisten davon für $10–18) – sowie hervorragenden frisch gepressten Säften und Smoothies. ⏰ Mo–Sa bis 16 Uhr.

Reuben, 36 Lorne St, in der New Art Gallery, ✆ 09/302 0226. Tagsüber eine wunderbare Oase der Ruhe mit einladender Terrasse, um bei Kaffee und Kuchen die Passanten zu beobachten. Zum Mittagessen (bis 14.30 Uhr) gibt es auch solidere Kost wie leckeres Risotto, Fischfrikadellen oder Tandoori-Lamm.

Soul, Viaduct Harbour, ✆ 09/356 7249. Das Kultlokal an der Uferpromenade serviert gehobene, moderne Bistroküche (Hauptgerichte $30–40) mit besonderem Schwerpunkt auf Fisch und Seafood; besonders gut schmeckt's auf der Terrasse. Untadeliger Service und schicke Bar für einen Cocktail oder ein Bier mit bestem Blick auf die Jachten.

Tanuki, 319b Queen St, ✆ 09/379 5353. Exzellente Yakitori- und Sake-Bar im Kellergewölbe und ein eleganteres Restaurant eine Etage höher. Zum Sake oder japanischen Bier kann man hier diverse Köstlichkeiten von Oktopus-Bällchen bis zu Teriyaki-Hühnchen probieren.

Tony's, 32 Lorne St und 27 Wellesley St, ✆ 09/373 2138. Altbewährte Steakhäuser mit gutem Ruf für herzhafte Hauptgerichte ($30–40).

Middle East Café, 23a Wellesley St. Winziges, einfaches Lokal und Imbiss, in dem sich alles – außer dem Essen – ums Kamel dreht; eine Institution in Auckland und zu Recht berühmt für seine *shawarma* (die arabische Kebab-Version) und Falafel ($9–11) mit cremiger Knoblauch-, würziger Tomaten- oder scharfer Chili-Soße. Kein Alkoholausschank. ⏰ Sa und So mittags geschlossen.

Das Restaurant in der Wellesley Street ist das Stammhaus.

Wildfire, Princes Wharf, ℡ 09/353 7595. Ebenso bombastisches wie beliebtes brasilianisches Grillrestaurant mit einigen Tischen am Wasser. Die Attraktion ist das *churrasco* (12–15 und 17–19 Uhr $39, nach 19 Uhr $49), Appetithäppchen nach Tapas-Art, gefolgt von einer großen Auswahl an Fleisch und Seafood, die in Kräutern mariniert, über Manuka-Holzkohle gegrillt und am Tisch von den Grillspießen geschnitten werden. Wer solche Fleischmassen nicht verkraftet, kann auch einfach auf einen der fabelhaften Caipirinhas vorbeischauen.

Karangahape Road und Umgebung

In der Karangahape Road herrscht immer noch eine lockerere Stimmung als im Stadtzentrum, mit gemütlichen Cafés und einer Menge preiswerter exotischer Lokale, zu denen sich inzwischen eine Handvoll schickerer Restaurants gesellt hat. Soweit nicht anders angegeben, sind alle auf der Karte auf S. 147 vermerkt.

Coco's Cantina, 376 K' Rd. Flippiges und sehr beliebtes Restaurant mit großer schwuler Fangemeinde. Auf der kurzen, italienisch inspirierten Karte stehen Dinge wie Arancini-Risotto-Bällchen ($10) oder Steak mit Sardellenbutter und hausgemachten Pommes frites ($28). Die Straßentische sind besonders freitag- und samstagabends ideal, um das faszinierende Publikum der K' Rd zu beobachten. Keine Reservierungen. ⏱ So und Mo geschlossen.

Joy Bong, 531 K' Rd, Karte S. 155, ℡ 09/377 2218. Das wohl beste Thai-Restaurant der Stadt serviert Spezialitäten der Region Isaan wie knusprigen Fischsalat und Hühnchen mit Zitronengras (beide $23). Dazu gehören eine nette Cocktailbar nach hinten raus und ein winziger Imbiss mit Lunch zum Mitnehmen ab $10. ⏱ Sa mittags und So geschlossen.

Rasoi, 211 K' Rd. Preiswertes vegetarisches Café mit südindischer Küche und leckeren indischen Süßigkeiten. *Dosas, uttappams* und *thalis* für $9–17, außerdem ein Maharajah-*thali* mit unbegrenztem Nachschlag für $22.

Sri Pinang, 356 K' Rd, ℡ 09/358 3886. Schlichtes malaiisches Restaurant – zur Einstimmung

Alleluya Bar and Café, St Kevin's Arcade, 179 K' Rd, ℡ 09/377 8482. Relaxtes Café mit Super-Aussicht auf die Stadt und guter, preiswerter Küche in nüchterner Atmosphäre. Versteckt in einer hübschen Einkaufspassage aus den 1920er-Jahren. Mit Alkoholausschank. ⏱ tgl. ab 9 Uhr.

empfiehlt sich ein halbes Dutzend Saté-Hühnerspieße, danach vielleicht *beef rendang* (in Kokosmilch und Gewürzen geschmortes Rindfleisch) oder *clay pot chicken rice* (Huhn mit Reis aus dem Tontopf), dazu exzellentes Roti-Fladenbrot. Nur BYO, aber Wein und Bier werden im Laden auf der gegenüberliegenden Straßenseite verkauft. ⏱ Mo und Sa mittags und So ganztägig geschlossen.

Verona, 169 K' Rd. Alteingesessener Treffpunkt für Musiker und Leute, die gesehen werden möchten. Hier gibt es gemütliche Sitzecken, um Espresso oder Wein zu schlürfen, Snacks von der Theke und Salate, Pasta, Pizza oder Hauptgerichte von der Karte für rund $25.

Parnell

Karte S. 153

Parnells Szene teilt sich in zwei Lager: alteingesessene Restaurants für gehobene Ansprüche und trendigere, günstigere Cafés fürs jüngere Publikum und die Rucksacktouristen.

Cibo, 91 St George's Bay Rd, ℡ 09/303 9660. Vornehme Küche etwas abseits der Touristenpfade und auf jeden Fall den Abstecher wert. Bei bewährten Favoriten wie Steak und Entenkeule kann man ohnehin nichts falsch machen, aber die Speisekarte hält auch immer neue Überraschungen bereit. Beliebtes Lokal für mittägliche Geschäftsessen, weshalb man besser abends herkommt. Hauptgerichte $35–38. ⏱ So geschlossen.

Di Mare, Shop 9, 251 Parnell Rd, ℡ 09/300 3260. Eins der besten Steak-und Seafood-Restaurants der Stadt mit köstlichen traditionellen und innovativen Rezepten. Tische im gepflasterten Hof in einem lauschigen Seitengässchen.

Göttliche Genüsse

Oh Calcutta!, 151 Parnell Rd, ☎ 09/377 9090. Bronzefarbene Statuen der Gottheiten Shiva und Ganesh wachen über das Wohl der Gäste in diesem klassischen Curry-Restaurant, das die besten Rezepte des Subkontinents besonders aromatisch zubereitet (Hauptgerichte $20). Verschiedene *tiffin*-Mittagsmenüs mit drei Curry-Gerichten, Reis, Naan-Brot und Poppadom-Fladen für $25.

Besonders zu empfehlen sind die Ocean Platter für zwei ($60) oder das Siciliana-Lamm ($34). Alkoholausschank und BYO.

Dunk Espresso, 297 Parnell Rd. Bewährtes, modernes Café mit einer guten Auswahl an Frühstücks- und Mittagsgerichten, frischen Salaten und leckerem Kaffee.

Java Room, 317 Parnell Rd, ☎ 09/366 1606. Gemütliches, nur abends geöffnetes Restaurant. Im weitesten Sinne indonesische Küche mit malaiischen, vietnamesischen und indischen Einflüssen; es gibt aber auch Dim-Sum-Vorspeisen ($10), Hühnchen-*laksa* ($12) und siamesischen Snapper ($27). ☉ So geschlossen.

Kokako, 492 Parnell Rd, ☎ 09/379 2868. In diesem modernen, nur tagsüber geöffneten Café kann man sich am Gemeinschaftstisch niederlassen oder sich mit einer Zeitschrift ins Eckchen zurückziehen, um seinen Fairtrade-Kaffee mit Biomilch zu schlürfen. Vegetarische Karte mit Leckereien wie Sahnepilzen auf Dinkeltoast ($10) und tollen Salaten.

Non Solo Pizza, 259 Parnell Rd, ☎ 09/379 5358. Wie der Name schon sagt, gibt es drinnen oder auf der netten Terrasse nicht nur tolle Pizza mit dünnem Knusperboden und klassisch italienischen Belägen, sondern auch Pastagerichte und diverse *secondi piatti* (Hauptgerichte).

Newmarket und Mount Eden
Karte S. 153
Es gibt jede Menge gute Lokale in Newmarket und Mount Eden; für einige lohnt es sich sogar, eigens hierher zu kommen.

Asian Food Hall, Newmarket Plaza, Teed St, neben dem Fischmarkt. Malaysische,

thailändische, japanische, koreanische und ein paar chinesische Imbisse, die allesamt Gerichte zu Schnäppchenpreisen servieren.

Otto Woo, Remuera Rd, Ecke Nuffield St, ☎ 09/522 2272. Famose Nudelbar ohne Alkoholausschank. Vorwiegend Imbisskost zum Mitnehmen, aber es gibt auch ein paar Hocker an nüchternen weißen Tischen. Huhn mit Pok Choi, Nudelsuppe mit Seafood und Dutzende anderer Gerichte ($12–15) werden frisch zubereitet; zur Abrundung gibt es süße Reisbällchen und frisch gepressten Saft.

Rikka, 73 Davis Crescent, ☎ 09/522 5277. Das moderne japanische Lokal wartet mit ansprechend angerichteten Sushi und Sashimi, Tellern voll brutzelnder Garnelen und weiteren Köstlichkeiten auf. Reservierung erforderlich.

Urban Café, 139 Carlton Gore Rd, ☎ 09/966 6977. Schickes, modernes Café mit zackigem Service, gutem Kaffee, einer Theke voll köstlich gefüllter Pita-Brottaschen, kreativen Salaten und einer kurzen Frühstücks- und Mittagskarte (die meisten Gerichte für $12–17). Außerdem aktuelle Zeitschriften stapelweise.

Zarbo, 24 Morrow St. Tolles Deli-Café mit unglaublicher Auswahl an Produkten aus aller Welt, köstlich verarbeitet in verschiedenen Frühstücksangeboten oder Mittagsgerichten ($9–20). ☉ Lunch bis 15 Uhr, Salate, Kaffee und Kuchen bis 17 Uhr.

Tamaki Drive: Okahu Bay und Mission Bay
Karte S. 144.
Bei Hungerattacken nach einem Besuch bei Kelly Tarlton's oder einem Bad in der Mission

Bistro der Spitzenklasse

Molten, 422 Mt Eden Rd, ☎ 09/638 7236. Karte S. 159. Alles, was man von einem spitzenmäßigen Bistro erwartet: gemütliche, zwanglose Atmosphäre, tüchtige, freundliche Bedienung, vorzügliches Essen und eine gut bestückte Weinkarte. Dazu ein gutes Preis-Leistungs-Verhältnis mit großzügig portionierten Gerichten wie Thunfischsteak auf Speck-Risotto (um $35). Auch die dazugehörige Bar **Liquid Molten** nebenan ist ein nettes Plätzchen für einen Drink.

Bay helfen die folgenden Empfehlungen aus der Vielzahl von Lokalen rund um die Bucht.

Bar Comida, 81 Tamaki Drive. Typisch neuseeländische Kombination von Café, Restaurant und Bar, allerdings in der gehobenen Version. Guter Kaffee und Desserts, Gourmet-Pizza aus dem Holzofen, Tapas und persisches Fladenbrot in allen möglichen Kombinationen, ob als Speck-Tomaten-Sandwich oder mit gegrilltem Gemüse und Hummus.

The Fishmonger, 16 Polygon Rd, St Heliers, ✆ 09/575 0537. In der Parallelstraße zur Uferpromenade serviert diese erstklassige Fish 'n' Chips-Bude verschiedene Fischsorten in Panade, in Butter und Gewürzen gebraten oder mit Zitrone gegrillt. Am besten am Strand zu verzehren.

Hammerheads, 19 Tamaki Drive, Okahu Bay, nahe Kelly Tarlton's, ✆ 09/521 4400. Das perfekte Ziel für ein stilvolles Mittagessen an einem sonnigen Tag oder zum Dinner mit einem Cocktail vorab zur herrlichen Aussicht übers Wasser auf die Skyline der Stadt. Hervorragende Fisch- und Seafoodgerichte, die meisten um $37.

Ponsonby und Herne Bay

Als Pionierin der Aucklander Gourmetszene präsentiert sich die **Ponsonby Road**, in der stilvolles Auftreten ebenso viel zählt wie kulinarische Raffinesse. Davon sollte man sich jedoch nicht einschüchtern lassen: Das Essen ist erstklassig und die heftige Konkurrenz sorgt für erschwingliche Preise. Viele der Cafés verwandeln sich gegen Abend in höchst fidele Bars. Alle hier aufgeführten Lokale befinden sich in Ponsonby und sind, soweit nicht anders angegeben, auf der Karte S. 155 vermerkt.

Café Cézanne, 296 Ponsonby Rd. Gemütliches, etwas heruntergekommenes Café, eine willkommene Abwechslung zur übrigen geschniegelten Szene; perfekt zum Zeitunglesen, während man ein herzhaftes Frühstück, eine ausgezeichnete Quiche oder ein großes Stück Kuchen verzehrt. Alkoholausschank und BYO.

Dida's, 54 Jervois Rd, ✆ 09/376 2813. Die Schickeria trifft sich in dieser eleganten Tapasbar und Wine Lounge, um in Ledersofas zu versinken und aus einer fantastischen Weinkarte und dem Angebot an kleinen

Leckereien wie Cloudy-Bay-Austern ($12) oder Thunfisch-Artischocken-Spießchen ($9) auszuwählen.

Dizengoff, 256 Ponsonby Rd, ✆ 09/360 0108. Frühstücks- und Mittagscafé, spezialisiert auf Bagels, koschere Deli-Favoriten und leckeres, über Holzkohle gegrilltes Gemüse. Passable Preise, kein Alkoholausschank.

The Fridge, 507 New North Rd, Kingsland. Karte S. 144. Der Speiseraum mit Backsteinwänden und die luftige Terrasse bilden ein ansprechendes Ambiente für die tolle Auswahl an Sandwiches, Wraps, Pasteten und Frühstücksgerichten, zu denen prima Kaffee ausgeschenkt wird. Am Wochenende immer rappelvoll.

Il Forno, 55 Mckelvie St. Ausgezeichnete, tagsüber geöffnete Bäckerei mit Café; köstliche hausgemachte Kuchen und Gebäck, guter Kaffee, außerdem lecker belegte Sandwiches.

Ponsonby Road Bistro, 165 Ponsonby Rd, ✆ 09/360 1611. Die Kreidetafeln mit den aktuellen Tagesgerichten passen zum relaxten Flair dieses Restaurants mit verlässlich hohem kulinarischem Niveau, in dem die meisten Gerichte als Vorspeise oder Hauptgericht zu haben sind. Die Preise sind für diese Qualität bescheiden (die meisten Hauptgerichte $25–30); außerdem gibt es Lunch-Quickies für $15. ◷ So geschlossen.

Renkon Express, 211 Ponsonby Rd, ✆ 09/307 8008. Nur ein paar kleine Tische hat dieser japanische Imbiss, der köstliche *donburi*-Reis- und Nudelgerichte (z. B. gegrillten Aal mit getrockneten *udon*-Nudeln) für $11 anbietet. Kein Alkoholausschank, aber die Kunden

<aside>

Guter Italiener mit hoher Promiquote

SPQR, 150 Ponsonby Rd, ✆ 09/360 1710. Das spärlich beleuchtete Restaurant mit Bar erfreut sich dank seines ausgezeichneten, italienisch angehauchten Essens (super leckere Pizza) großer Beliebtheit. Viele kommen aber auch auf einen Drink und um vielleicht die eine oder andere Größe aus dem Film- oder Musikgeschäft zu erspähen. Hervorragende Cocktails und zahlreiche offene Weine.

</aside>

können die Gerichte zum Mitnehmen auch nebenan bei Mea Culpa (s. S. 174) zu einem Glas Wein verzehren. ☉ tgl. 11.30–15 und 17–21.30 Uhr.

Rocco, 23 Ponsonby Rd, ✆ 09/360 6262. Es herrscht immer reges Treiben in dieser umgebauten Villa mit spanisch beeinflusster Gastronomie und tadellosem, aber nicht übermäßig förmlichem Service. Die Hauptgerichte, wie Makrelenfilets im Prosciutto-Mantel oder *cazuela*-Eintopf mit Schweinefleisch, Fisch und Muscheln, sind durch die Bank lecker und mit Preisen um $32 relativ günstig. ☉ So und Mo geschlossen.

Satya, 17 Great North Rd. Das ausgezeichnete Lokal mit authentischer südindischer Küche bietet mehr als die üblichen Curry-Gerichte, z. B. *bhel puri* (knuspriges Snackgericht mit Puffreis, $8), gefolgt von *murg badami* (mariniertem Mandelhühnchen, $18). Alkoholausschank und BYO. Mittagsgerichte ab $8.

Soto, 13 St Mary's Bay Rd, ✆ 09/360 0021. Zarte Trennwände und ein Zen-Garten haben diese ehemalige Feuerwache in ein schönes, modernes Japan-Restaurant verwandelt – das wohl beste der Stadt. Hier sitzt man an westlichen oder niedrigen asiatischen Tischen und wählt aus einer Karte voller Köstlichkeiten, allesamt perfekt angerichtet. Wer nicht hungrig ist, kann sich auch bloß durch das Sake-Angebot probieren. ☉ So und Mo geschlossen.

Devonport

Devonport hat eine große Auswahl an Lokalen, aber nur wenige, die mit Aucklands Gourmet-Adressen mithalten können. Karte S. 157.

Catch 22 Fish Shop, 19 Victoria Rd. An einem lauen Abend gibt es kaum etwas Besseres, als am Strand Fish 'n' Chips aus der Tüte oder einen ganz gewöhnlichen Burger zu verspeisen. ☉ tgl. außer Mo.

Manuka, 49 Victoria Rd, ✆ 09/445 7732. Zuverlässiges Restaurant, spezialisiert auf Pasta und Holzofenpizza ($22–28). Serviert außerdem Steaks und Hühnchengerichte und den ganzen Tag über Snacks und Salate, Kaffee und Kuchen.

Monsoon, 71 Victoria Rd, ✆ 09/445 4263. Thailändisch-malaiisches Restaurant mit schmackhaften Gerichten wie Fisch und Königsgarnelen in roter Currysoße zu zivilen Preisen von etwa $18–23. Alkoholausschank und BYO. ☉ nur abends ab 17 Uhr.

Unterhaltung und Kultur

In Auckland, wo über eine Million Einwohner und Besucher unterhalten werden wollen, ist eigentlich immer irgendetwas los. Die besten Informationsquellen über Veranstaltungstermine sind die Zeitung *New Zealand Herald*, der kostenlose *Groove Guide* und die Website 🖥 www.eventfinder.co.nz. Speziellere Infos zu Konzerten bieten das Monatsheft *Rip it Up* ($7,90), dessen Website 🖥 www.ripitup.co.nz und die Website des bFM-Radiosenders, 🖥 www.95bfm.co.nz.

Wie im übrigen Land sind die Übergänge zwischen Ess- und Trinklokalen oft fließend. Die nachfolgend aufgeführten Adressen konzentrieren sich in erster Linie aufs Trinken, obwohl selbst Kaschemmen der alten Schule gründlich aufgepeppt wurden und neben Getränken auch billige Kneipenkost anbieten. Die Öffnungszeiten werden locker gehandhabt; die meisten Lokale schließen am Wochenende erst gegen 3 Uhr.

Das Epizentrum der **Clubszene** ist momentan die Gegend um Fort Lane und Commerce Street, wo Scharen junger Nachtschwärmer zwischen den Bars und Clubs hin und her driften. Sofern keine besonderen Veranstaltungen oder Konzerte anstehen, bieten die meisten Clubs in der ersten Wochenhälfte freien Eintritt; donnerstags kostet der Eintritt dann $5–10, freitags und samstags ab $10 aufwärts. Manche Pubs und Bars laden regelmäßig Live-Musiker ein, beschäftigen DJs oder bieten sonstige Unterhaltung.

In vielen Clubs ist eine Ecke als Bühne eingerichtet, wo nicht nur am Wochenende Topacts der neuseeländischen **Musikszene** oder sogar Bands aus Übersee auftreten. Zwar verirren sich nur wenige bekannte Musiker aus Nordamerika oder Europa nach Neuseeland, aber wenn, dann spielen sie in der Regel nur in Auckland und zwar meist in den größeren Konzertsälen. **Tickets** bekommt man bei Ticketek, ✆ 09/307 5000, 🖥 www.ticketek.co.nz,

Ticketmaster, ☎ 09/970 9700, 🖥 www.ticket master.co.nz, oder iTicket, ☎ 09/361 1000, 🖥 www.iticket.co.nz.

Aucklands **Kulturszene** ist relativ rege; fast jeden Abend hat man die Wahl zwischen mehreren Theaterstücken, Comedy, Tanz und Oper.

Eine der besten Möglichkeiten, einheimische Musiker zu erleben, bieten die kostenlosen Sommerkonzerte, die von Jan–März zumeist freitag-, samstag- und sonntagnachmittags unter dem Motto **Music in Parks**, ☎ 09/379 2020, 🖥 www.aucklandcity.govt.nz, in The Domain und andernorts stattfinden. Auch die sommerlichen **Park Parties**, die von GeorgeFM, 🖥 www.georgefm.co.nz, veranstaltet werden, sind einen Besuch wert.

Alle im Folgenden aufgelisteten Lokale liegen – sofern nicht anders angegeben – in der Nähe des Stadtzentrums (Karte S. 147).

Bars, Kneipen und Clubs

Viaduct Harbour, Innenstadt und K' Road
Coherent, 262 K' Rd. Gut besuchter Club mit Partyatmosphäre, zwangloser Kleiderordnung und einem überdachten Übergangsbereich nach hinten raus, der ihn mit dem benachbarten Club Ink verbindet. Die beiden kooperieren insbesondere bei Auftritten bekannterer Bands. 🕐 Fr und Sa bis spät.

Cowboy, 95 Customs St West, ☎ 09/377 7778. Kleine Bar im Pseudo-Wildweststil, deren Besuch darauf hinausläuft, ein paar Bourbons, Tequilas oder dergleichen zu kippen, sich einen Cowboyhut aufzusetzen und zu Musik aus den 1980er-Jahren abzutanzen. Klingt vielleicht abschreckend, macht aber richtig Laune.

Flight Lounge, 1 Fort Lane. Kellerkneipe mit einer Bar aus weißem Glas und einem Hang zu Funky House, Electro, Disco Funk und Hip-Hop. Ab Do geöffnet, aber erst am späten Freitag- und Samstagabend kommt der Laden so richtig in Fahrt.

Fu Bar, 4 Wolfe St. Cooler Club mit toller Tanzfläche, auf der ab ca. 22 Uhr die Post abgeht. Zwischen ihren Grooves streuen die DJs gelegentlich alternative und progressive Klänge ein. Drum 'n' Bass, Dubstep, Electronica, Hip-Hop. Hier legen regelmäßig bekannte Tellerdreher auf. Oft wird der Laden auch mit dem Nachbarclub Zen zu einer großen Location verbunden.

Globe, unter dem Hostel Base Auckland, 229 Queen St. Lange, schmale, laute und meist

Nachtschwärmer kommen in Auckland voll auf ihre Kosten.

gut gefüllte Kneipe, in der sich vorzugsweise Rucksacktouristen volllaufen lassen.

Kings Arms, 59 France St, Newton, 09/373 3240, www.kingsarms.co.nz. Beliebter Pub und Auftrittsort von Bands, die noch nicht bekannt genug sind, um größere Lokale zu füllen. Eintritt $10–20.

The Occidental, 8 Vulcan Lane. Die belgische Bar serviert zum günstigen Preis ($19) Pötte voll Muscheln, die mit Hummerbrühe und Brandy, Senf und Sahne oder Kokoscreme und Zitronengras angemacht sind. Zu jedem Gericht gibt es eine Getränkeempfehlung, und das Einschenken des Biers wird zum Ritual stilisiert.

O'Hagan's, 101-103 Customs St West. Pub im irischen Stil, der sich bis auf den Market Square erstreckt. Guinness, Kilkenny und englische Ales vom Fass; großes Speiseangebot ($19–23), Sportereignisse auf einem Großbildschirm.

Northern Steamship Co, 122 Quay St. Großes Brauhaus mit Backsteinwänden und zusammengewürfeltem Mobiliar. Zu früherer Stunde kann man sich am Kamin in aller Ruhe ein Bier oder eine gehobene Kneipenmahlzeit ($20–30) schmecken lassen, aber nach Einbruch der Dunkelheit geht es hier hoch her, vor allem am Wochenende, wenn heimische DJ-Größen den Ton angeben. Kostenloses WLAN.

Rakino's, 1. Stock, 35 High St. Gutes Café, dessen Tische die Form von Inseln im Hauraki Gulf haben; donnerstag-, freitag- und samstagabends volles Programm von Live-Jazz bis zu DJs. Mo geschlossen.

Sale St, 7 Sale St, Freeman's Bay. Großes, offenes Lokal mit industriellem Flair und Angeboten für alle Zielgruppen: Ohrensessel fürs Tête-à-Tête, sehr große Tische zum Essen, eine kleine Auswahl im Haus gebrauter Biere und große sonnige Terrasse. Nach dem legeren Feierabendpublikum wird die Gästeschar zu späterer Stunde immer schicker.

Shakespeare Tavern, 61 Albert St. Alter Kiwi-Pub, der sich vor den anderen dadurch auszeichnet, dass hier ein paar süffige Ales und Lagerbiere gebraut werden, die man am besten auf der Terrasse im ersten Stock oder rund um den Billardtisch genießt.

Smith, Galway St, Ecke Commerce St. Elegante, aber unprätentiöse Bar, die schon wegen ihrer geringen Größe meist aus allen Nähten platzt, hauptsächlich voller schöner junger Menschen, die sich auf Samtsofas lümmeln und Retro-Cocktails schlürfen. So geschlossen.

Stark's, 269 Queen St. Die entspannende und stilvolle kleine Cocktail-Bar bietet den besten Gin-Tonic der Stadt, gute Gelegenheit zum Leutegucken und vorbildliche, professionelle Bedienung.

Tabac, 6 Mills Lane. Die coole Bar in einem Seitengässchen ist nicht ganz leicht zu finden, belohnt ihre Besucher aber mit zwangloser Atmosphäre, tollen Cocktails und innovativen DJs. Ab und zu gibt es hier Live-Konzerte und Plattenvorstellungen. So und Mo geschlossen.

Vororte

Galbraith's Alehouse, 2 Mount Eden Rd, Karte S. 147. Aucklands „englischster" Pub mit einigen der besten nach englischer Art (im eigenen Haus) gebrauten Ales von Neuseeland sowie einigen weiteren Gebräuen aus der Umgebung und rund 50 Flaschenbiersorten. Außerdem ein kleines Angebot an Kneipenkost, wie *Welsh rarebit* (mit Käsesauce überbackener Toast, $19) oder Fish 'n' Chips ($23).

Long Room, 116 Ponsonby Rd, Ponsonby, Karte S. 155. Am frühen Abend sind Cocktails angesagt; zu späterer Stunde, wenn DJs zum Tanz auflegen und gelegentlich Live-Bands spielen, wird es meist knüppelvoll. Ein großer Hof verspricht Abkühlung, wenn das Klima drinnen zu tropisch wird.

Mea Culpa, 175 Ponsonby Rd, Ponsonby, Karte S. 155. Schnuckelige kleine Bar mit schmiedeeisernen Stühlen draußen auf einem türkischen Teppich.

The Neighbourhood, 498 New North Rd, Kingsland, Karte S. 144. Stilvolle, moderne Kneipe mit vielen sonnigen Sitzplätzen im Freien, einer großen Auswahl an Mac-Bieren vom Fass und großen Fenstern zur Nordtribüne von Eden Park. Mi–So legen DJs auf.

The Whiskey, 210 Ponsonby Rd, Ponsonby, Karte S. 155. Elegante, moderne Bar, die an einen Altherrenclub erinnert – man sitzt auf braunen Ledersofas. An den weiß getünchten Backsteinwänden hängen Fotos von Little Richard, den New York Dolls, Jimi Hendrix u. a.

Klassische Musik, Theater und Comedy

Aucklands Theater-, Klassik- und Comedy-Szene bietet selten Weltbewegendes, aber fast immer irgendetwas Lohnendes, vorwiegend in den folgenden Sälen.

Aotea Centre, Aotea Square, Queen St, ℡ 09/309 2677. Neuseelands erstes Opernhaus und Heimatbühne des New Zealand Symphony Orchestra und des New Zealand Ballet. Im dazugehörigen **Herald Theatre** tritt hin und wieder die progressive Silo Theatre Company auf.

Civic Theatre, Queen St, Ecke Wellesley St, 🖳 www.the-edge.co.nz. Sehr schönes Theater, das schon um seiner selbst willen einen Besuch lohnt, ob nun gerade Tanz, Theater oder Filmklassiker gezeigt werden.

The Classic, 321 Queen St, ℡ 09/373 4321, 🖳 www.comedy.co.nz. Bar und Comedy-Bühne mit Auftritten einheimischer Topkünstler und auswärtiger Comedians auf Tournee. Vorstellungen Mo–Sa, die besten Shows sind die am Wochenende. $30–25 für den Haupt-Act, $10–15 für die regelmäßigen Darbietungen von Improvisationskomikern um 22.30 Uhr.

Maidment Theatre, Princess St, Ecke Alfred St, ℡ 09/308 2383, 🖳 www.maidment.auckland.ac.nz. Zwei Universitätstheater – im größeren kommen klassische Stücke zur Aufführung, im kleineren Studio geht es gewagter zu. Hauptbühne der Auckland Theatre Company, 🖳 www.atc.co.nz.

Kinos

Auch in Auckland dominieren heute die Multiplex-Kinos, doch die hier aufgeführten kleineren Filmtheater bieten ein interessanteres

Festivals

In Auckland finden zahlreiche Festivals und alljährlich wiederkehrende Events statt. Hier einige der besten:

Anniversary Day (letzter Montag im Januar) Riesige Segelregatta im Aucklander Waitemata Harbour.

Big Day Out (3. Freitag im Januar) 🖳 www.bigdayout.com Rock-, Pop- und Dancefestival mit Künstlern aus aller Welt im Mount Smart Stadium des ansonsten von Besuchern vernachlässigten Vororts Penrose. Tickets um $130.

International Buskers Festival (Anfang Februar) 🖳 www.aucklandbuskersfestival.co.nz. Straßenmusikanten aus aller Welt erobern die Stadt. Eintritt frei.

Devonport Food, Wine and Music Festival (3. Wochenende im Februar) 🖳 devonportwinefestival.co.nz Gastronomen und Weinhändler tun sich zusammen, um mit ihren Waren ein paar Extra-Dollar zu verdienen (Tickets $40–45), wozu vorwiegend einheimische Musiker aufspielen.

Mission Bay Jazz and Blues Streetfest (letzter Samstag im Februar) 🖳 www.jazzandbluesstreetfest.com

Abendliche Strandfete mit diversen Bands und Imbissständen. Eintritt $10.

Pasifika (2. Samstag im März) Rauschende, ganztägige Feier der polynesischen und pazifischen Kultur (mit Musik, Essen und Kunsthandwerk) im Western Springs Park. Eintritt frei.

Round the Bays Fun Run (2. oder 3. Sonntag im März) 🖳 www.roundthebays.co.nz. Bis zu 70 000 Teilnehmer joggen 9 km weit auf dem Tamaki Drive.

Royal Easter Show (Osterwochenende) 🖳 www.royaleastershow.co.nz Familienunterhaltung im Kiwi-Stil mit Reitsportdarbietungen, Weinproben, Kunst- und Kunstgewerbeausstellungen, alles auf dem ASB-Messegelände in Greenlane. Eintritt $18.

International Comedy Festival (Mitte Mai bis Anfang Juni) 🖳 www.comedyfestival.co.nz. Drei Wochen mit den besten Komikern aus Neuseeland und dem Rest der Welt.

Auckland International Film Festival (Mitte bis Ende Juli) 🖳 www.nzff.co.nz. Die Auckland-Etappe der landesweiten Filmtour. Tickets $15.

Programm. **Kinokarten** (normalerweise $16) sind vor 17 Uhr oft günstiger zu haben (besonders Do). Das komplette Kinoprogramm findet sich unter 🖳 www.flicks.co.nz. Zum jährlichen **NZ International Film Festival** Mitte Juli zeigen vieler dieser Kinos Kunstfilme und ausländische Streifen.

Academy, 44 Lorne St, ✆ 09/373 2761, 🖳 www.academycinemas.co.nz. Programmkino mit zwei Vorführräumen im Gebäude der Stadt-bibliothek.

Bridgeway, 122 Queen St, Birkenhead, ✆ 09/481 0040, 🖳 www.bridgeway.co.nz. Gemütliches Filmtheater mit gutem Essen und Kaffee im Foyer und luxuriösen Kino-sesseln. Präsentiert etwas anspruchsvollere Mainstream-Produktionen.

Lido, 427 Manukau Rd, Epsom, ✆ 09/630 1500, 🖳 www.lidocinema.co.nz. Mit einem Bier oder Wein in der Hand kann man in die groß-zügig bemessenen Sessel dieses Kinos sinken, das die üblichen Kassenschlager, aber auch Filmklassiker mit digitalem Sound zeigt.

Rialto, 167 Broadway, Newmarket, ✆ 09/369 2417, 🖳 www.rialto.co.nz. Das am besten erreichbare Vorortkino zeigt außer Mainstream-Produktionen auch linkslastigere Kinokost.

Einkaufen

Bücher, Zeitungen und Zeitschriften

Die größten Buchhandlungen finden sich im Central Business District. Aucklands morgend-liche Tageszeitung ist der *New Zealand Herald*, 🖳 www.nzherald.co.nz, der zugleich als Neuseelands überregionale Tageszeitung fungiert.

Borders, 291 Queen St, ✆ 09/309 3377, bietet außer Büchern auch die beste Auswahl an Zeitschriften und internationalen Zeitungen.

Mag Nation, 100 Queen St und 123 Ponsonby Rd, Ponsonby. Gutes Sortiment an Fachzeit-schriften.

Unity Books, 19 High St, ✆ 09/307 0731, bedient höhere intellektuelle Ansprüche.

The Women's Bookshop, 105 Ponsonby Rd, ✆ 09/376 4399, 🖳 www.womensbookshop.co.nz, ist auf feministische Literatur und sonstiges Lesefutter für Frauen spezialisiert.

Camping- und Outdoor-Ausrüstung

Bivouac, 210 Queen St, ✆ 09/366 1966, und 302 Broadway, Newmarket, ✆ 09/529 2298, verkauft hochwertige Markenausrüstung.

Kathmandu, 151 Queen St, ✆ 09/309 4615, und 255 Broadway, Newmarket, ✆ 09/520 6041, hat preiswerte Outdoor-Kleidung und -Ausrüstung, besonders während der oft stattfindenden Aktionstage, wenn alles Mögliche zum halben Preis angeboten wird.

Landkarten und Stadtpläne

Auckland Map Centre, 209 Queen St, ✆ 09/309 7725, 🖳 www.aucklandmapcentre.co.nz.

Aktivitäten und Touren

Die meisten Besucher brechen bald zur Abenteuersuche ins „wahre" Neuseeland auf. Dabei bietet Auckland jede Menge Abenteuer gleich vor der eigenen Haustür. Es gibt zahl-reiche Möglichkeiten, die Stadt und ihre Umgebung zu Fuß zu erkunden, aber ihre Gewässer spielen eine so wichtige Rolle, dass man unbedingt auch auf den Hafen hinaus-schippern sollte. Die einfachste und billigste Gelegenheit hierzu bieten die Fähren nach Devonport (s. S. 158) oder zu einer der Inseln im Hauraki Gulf (s. S. 183). Ausgiebigere Erlebnisse auf dem Wasser versprechen die vielen **Kreuzfahrten**. Ganz persönliche Erfahrungen darf man sich von einer **Delphin- und Wal-Safari** oder einer **Seekajaktour** versprechen. Zwei der größten Bauwerke von Auckland sorgen für spannende Adrenalinkicks: die Harbour Bridge mit dem **Bungy Jump** und der Skytower mit dem SkyJump oder SkyWalk (s. S. 148). Wer sich zum Nervenkitzel eine wildromantische Landschaftskulisse wünscht, geht am besten auf **Canyoning-Tour** in die Waitakere Ranges. Außerdem locken Sightseeing- und **Weintouren** in die Waitakere Ranges und zu den Stränden der Westküste.

Auckland Bridge Climb und Bungy

Nach dem Vorbild des australischen Sydney Harbour Bridge Climb bietet A. J. Hacketts **Auckland Bridge Climb**, ✆ 0800/462 5462, www.bungy.co.nz, Besuchern die Chance, die fantastische Aussicht vom höchsten Punkt über dem Waitemata Harbour (ca. 65 m) zu genießen. Die 90-minütige Tour erfordert keine Kletterkünste; die Teilnehmer wandern vielmehr, mit einem Sicherheitsgurt ans Drahtseil angeleint, über stählerne Laufstege, während ihnen die Führer etwas über die technischen Einzelheiten der Brückenkonstruktion erzählen. Der ganze Spaß kostet $120. Voranmeldung ist zwingend erforderlich; teilnehmen kann jeder über 7 Jahre. Kameras sind nicht erlaubt, aber eine Begleitperson macht Schnappschüsse, die man später kaufen kann.

Für richtige Adrenalinjunkies wird der **Auckland Bridge Bungy** ($120, gleiche Kontaktdaten wie oben) aus 40 m Höhe angeboten, auf Wunsch mit Wasserberührung.

Bootstouren

Neben den regulären Fährdiensten bietet Fullers auch eine 2-stündige **Hafenrundfahrt** (tgl. 10.30 und 13.30 Uhr, $35) an, die vom Ferry Building ablegt und kurze Abstecher zur Harbour Bridge, nach Devonport und Rangitoto Island umfasst. Wer will, kann auf Rangitoto bleiben und mit einem späteren Schiff zurückfahren; außerdem ist auch eine Fährrückfahrt nach Devonport im Ticket enthalten.

Am Viaduct Harbour bietet sich Segelbegeisterten die Möglichkeit, als Crew auf den **Rennjachten** des America's Cup, *NZL 40* oder *NZL 41*, ☎ 0800/397 567, 🖥 www. explorenz.co.nz, mitzufahren ($150 für einen 2-stündigen Törn oder $195 als Teammitglied bei einem Rennen zwischen den beiden Booten). Ansonsten liegen die Jachten, die für Neuseelands Cup-Teilnahme 1995 in San Diego gebaut wurden, im Hafen vertäut und versetzen Betrachter schon mit ihrer Hightech-Aura in einen Geschwindigkeitsrausch.

Derselbe Veranstalter bietet auch geruhsamere Segeltörns mit der **Pride of Auckland**, u. a. eine Coffee Cruise (Abfahrt 13 und 15.45 Uhr, 1 1/2 Std., $70), eine Luncheon Cruise (Abfahrt 13 Uhr, 1 1/2 Std., $85), eine Dinner Cruise (Abfahrt 19 Uhr, 2 1/2 Std., $110) und einen Törn nach Waiheke Island mit Rückfahrt per Fähre (Abfahrt 9 Uhr, 3 Std., $85).

An den meisten Sommerwochenenden legt auch das dänisch-baltische Handelsschiff **Søren Larsen**, ☎ 0800/767 365, 🖥 www.soren larsen.co.nz, zu Segeltörns ab (Dez–April So 10–15 Uhr, $125 inkl. Mittagessen). Es wurde 1949 aus Eiche erbaut und später mit einer Takelage im Stil des 19. Jhs. ausgerüstet. Beim Segeln dürfen die Gäste unter Anleitung anpacken – am Steuer stehen, Segel einholen, in die Takelage klettern. Noch mehr Unterweisung in der Kunst des Segelns gibt es bei den längeren Törns unter der Woche mit Ziel Hauraki Gulf oder Bay of Islands (4–5 Nächte, $1280–1565).

Canyoning

Eines der spannendsten Angebote für abenteuerlustige Wasserratten in der Umgebung von Auckland ist das Canyoning – eine Kombination aus Schwimmen, Abseilen, Springen in tiefe Wasserbecken und Hinunterrutschen durch Felsrinnen. Zwei Anbieter von Canyoning-Touren in die Waitakere Ranges holen ihre Kunden in Auckland ab.

Canyonz, ☎ 0800/422 696, 🖥 www.canyonz. co.nz, unternimmt Tagestouren ($175) in den Blue Canyon, u. a. mit einem Sprung oder Seilabstieg einen 8 m hohen Wasserfall hinunter.

Awol Adventures, ☎ 0800/462 965, 🖥 www. awoladventures.co.nz, hat eine ähnliche Tour nahe Piha im Programm, wobei die Betonung hier eher auf Abseiling liegt, besonders bei der Ganztagstour für $155. Durch den unteren Abschnitt des Canyons führen die Halbtagstour ($135) und die Nachttour ($155, vorwiegend im Winter), bei der nur Stirnlampen und Glühwürmchen den Weg beleuchten. Die Ausflüge beider Agenturen enden oft mit einem Abstecher zu einem der Surfstrände an der West Coast.

Canyonz hat auch einen Tagestrip durch den herrlichen **Sleeping God Canyon** bei Thames im Programm (nur Okt–Mai, $235). Dabei steigt man in zwölf Etappen 300 m tief in die Schlucht hinab, wobei man sich entweder natürlicher „Wasserrutschen" bedient oder sich bis zu 70 m tief abseilt; außerdem bietet sich Gelegenheit zu einem 13-m-Sprung von einer Felskante in ein tiefes Becken. Wer diese Tour mitmachen will, sollte schon ziemlich fit und keinesfalls wasserscheu sein.

Delphin- und Wal-Touren

Der Hauraki Gulf ist ein ausgezeichnetes Territorium, um Meeressäuger zu sichten – am besten auf den Delphin- und Wal-Beobachtungstouren von **Explore NZ**, ☎ 0800/397 567, 🖥 www.explorenz.co.nz, vom Viaduct Harbour (tgl., 4 1/2 Std., $150). Die ebenso informativen wie unterhaltsamen Touren werden mit einem 20 m langen Katamaran durchgeführt, wobei man mit 90%-iger Wahrscheinlichkeit einen Delphin zu Gesicht bekommt (andernfalls gibt es einen zweiten Trip zum halben Preis). Oft lassen sich auch Bryde- und Schwertwale (Orcas) blicken.

Kajaktouren mit und ohne Angeln

Ein guter Tipp für Kajaktouren ist **Fergs Kayaks**, 12 Tamaki Drive, Okahu Bay, ☎ 09/529 2230, 🖥 www.fergskayaks.co.nz. Der Veranstalter bietet z. B. geführte Touren über den Waitemata Harbour zum 7 km entfernten Rangitoto Island mit Gipfelbesteigung (Start Mo–Fr um 9.30 und 17.30, Sa und So um 9.30 und 16 Uhr, hin und zurück 6 Std., $100). Für die, denen das zu weit ist, gibt es noch eine 3-km-Paddeltour nach Devonport mit Aufstieg auf den North Head (gleiche Abfahrtzeiten, 3 Std., $80). Beide Touren bieten bei der späteren Abfahrt die Möglichkeit, im Mondlicht oder im Schein einer Stirnlampe zu paddeln. Wer lieber auf eigene Faust unterwegs ist, kann sich bei Fergs auch ein **Boot ausleihen** (Einer-Seekajaks $20/Std., $35/halber Tag; Zweier-Seekajaks $40/Std., $70/halber Tag). Sit-on-Top-Kajaks sind etwas preiswerter. Fahrten nach Rangitoto und Devonport sind mit den Leihkajaks allerdings nicht erlaubt. Zu wunderschönen Buchten und Inseln führen die Kajaktouren von **TIME Unlimited**, ☎ 09/446 6677 oder 0800/868 463, 🖥 www. newzealandtours.travel (Halbtagstour $145, Ganztagstour $245). Die Gruppengröße ist normalerweise auf 6 beschränkt, und es gibt (anders als bei den meisten Kajaktouren-Veranstaltern) auch Einerkajaks. Eine weitere Tour mit Camping-Übernachtung bietet

verschiedene Möglichkeiten zum Angeln ($490). Ebenfalls im Angebot sind ganztägige **Kajak-Angeltouren** ($295), bei denen man Schnapper, Gelbschwanzmakrelen und Petersfische erbeuten und nach dem Mittagessen an einem traumhaften Strand schwimmen gehen kann.

Radfahren

Eine Radtour durch Aucklands hügelige Landschaft kann zur strapaziösen und frustrierenden Erfahrung werden, die durch die mangelnde Rücksichtnahme der Autofahrer nicht erfreulicher wird. Ein paar Gegenden sind jedoch ganz gut per Drahtesel zu erkunden, vor allem der am Meer verlaufende Tamaki Drive östlich des Zentrums. Er ist Teil eines 50 km langen, ausgeschilderten **Radwegs** rund um die Stadt und ihre Landenge.

In Auckland gibt es seit Kurzem ein städtisches Mietfahrrad-Programm namens **Next Bike**, ☎ 09/909 9090, 🖥 www.nextbike.co.nz ($5 einmalige Anmeldegebühr plus $4/Std., $16/24 Std., $64/Woche). Die Stadträder des Programms stehen im Stadtzentrum, in den zentrumsnahen Vororten und bei manchen Hostels bereit. Potenzielle Benutzer müssen sich bloß ein Fahrrad suchen (oder einen Standort auf der Website ermitteln) und anrufen, um ihre Kreditkarte registrieren zu lassen, woraufhin sie einen Öffnungscode für das Schloss des Fahrrads bekommen. Wenn das Fahrrad nicht mehr benötigt wird, stellt man es an einer der zahlreichen Stationen im Stadtzentrum ab und ruft ein zweites Mal an, um die Leihdauer zu beenden.

Sportlichere Fahrräder vermietet **Bike Central**, 3 Britomart Place, ☎ 09/365 1768, 🖥 www. bikecentral.co.nz, neue Citybikes ($25/4 Std., $40/Tag), Mountainbikes ($30/4 Std., $50/Tag) und Rennräder ($30/4 Std., $50/Tag). Beim leider nicht so zentral gelegenen Anbieter **Adventure Cycles**, 9 Premier Ave, Western Springs, ☎ 0800/24538686, 🖥 www.adventure-auckland. co.nz, bekommt man nicht nur Fahrräder zur kurzfristigen Miete (Citybike $20/Tag, Mountainbike $25/Tag), sondern auch Reiseräder ($90/ Woche, $200/Monat, Packtaschen $40/Woche); außerdem gibt es Rückkaufprogramme für Langzeitreisende, jede Menge nützliche Infos

und einen Reparaturservice. Am besten vorher
anrufen und dann mit Bus Nr. 042, 043 oder
045 vom Bussteig D8 am Britomart hinfahren.
◷ Do–Mo 7.30–19 Uhr.

Schwimmen

Als Alternative zu den nachfolgend aufgeführten
Bädern bieten sich die Strände an der Nord-
küste an, s. S. 189.
Parnell Baths, Judges Bay Rd, ✆ 09/373 3561.
Sehr schönes Salzwasser-Freibad.
◷ Nov–Ostern Mo–Fr 6–20, Sa und So 8–20 Uhr.
Tepid Baths, 102 Custom St West,
✆ 09/379 4745, Hallenbad im Stil der Zeit König
Edwards (1901–1910). ◷ Mo–Fr 6–21, Sa und
So 7–19 Uhr.

Stadttouren

Zu den Hauptsehenswürdigkeiten fährt der
Explorer Bus, ✆ 0800/439 756, 🖳 www.explorer
bus.co.nz. Wer beim Busfahrer ein Tagesticket
für \$35 oder ein 2-Tage-Ticket für \$55 erworben
hat, kann entlang der Strecke beliebig oft aus-
und wieder zusteigen. Der Bus fährt von
9–16 Uhr alle 30 Min.; unterwegs werden die
Fahrgäste mit interessanten Informationen
versorgt. Die Rundstrecke führt vom Ferry
Building in der Quay Street über den Tamaki
Drive zu Kelly Tarlton's Underwater World,
dann nach Parnell, zum Auckland Museum und
über den Victoria Park Market und den Viaduct
Harbour zurück zum Ausgangspunkt. Von
Oktober bis April werden auf einem zweiten
Rundkurs auch Mount Eden, MOTAT und der
Zoo angefahren.
Informative **Stadtrundgänge** (2 Std.) ver-
anstalten die Anbieter **Auckland Walks**,
Voranmeldung unter ✆ 0800/300 100 erforder-
lich, 🖳 www.aucklandwalks.co.nz (tgl. um
10 Uhr, \$25), und **Tamaki Hikoi Tours**, ✆ 0800/
282 552, 🖳 www.tamakihikoi.co.nz, bei deren
von Maori geführten Spaziergängen man
Tamaki Makaurau mit den Augen der Ngati
Whatua zu sehen lernt. Zu ihrem Programm
gehören auch eine Führung (1 Std.) zum
Maungawhau (Mount Eden, \$30) und eine
Wanderung (3 Std.) um den Maungawhau und
zur Auckland Domain, untermalt von traditioneller Maori-Musik und -Geschichten.

Außerdem gibt es eine Stadttour mit Maori-
Führern (ganztägig, \$245) von **TIME Unlimited**,
✆ 09/446 6677 oder 0800/868 463, 🖳 www.
newzealandtours.travel, bei der man erfährt,
welche Bedeutung verschiedene Orte der Stadt
für die Maori besitzen. Derselbe Veranstalter
bietet auch ein Extra Package (\$295) mit Besuch
eines *marae*, das wesentlich persönlicher und
authentischer ist als die massentouristischen
Angebote bei Rotorua. Auf Wunsch werden
außerdem *marae*-Aufenthalte und Maori-Dinner
organisiert.

Wandern

Die Wanderambitionen der meisten Auckland-
Besucher gehen nicht über einen Bummel
durch die Parkanlage The Domain oder den
kurzen Anstieg auf einen der erloschenen
Vulkane hinaus. Die schönsten dieser Ziele
wurden zum 13 km langen, gut markierten **Coast
to Coast Walkway** (eine Strecke 16 km, 4 Std.)
kombiniert, der quer über die Landenge führt.
Die Route ist in der kostenlosen Broschüre
*Beyond your Backyard – Discovering Auckland
City by Foot or Bike* beschrieben, die man bei
den Touristeninformationen bekommt. Einen
Streckenplan gibt es unter 🖳 www.auckland
city.govt.nz.
Ehrgeizigere Wanderer können sich z. B. auf
Rangitoto Island austoben (s. S. 194) oder sich
einzelne Etappen des **Hillary Trail** (s. S. 186)
in den Waitakere Ranges westlich der Stadt
vornehmen. Außerdem umfassen auch die
meisten Touren zur Westküste (s. S. 185) kurze
Wanderungen.

Sonstiges

Apotheken

Die am günstigsten gelegene Apotheke mit
langen Öffnungszeiten ist die **Newmarket Night
& Day Pharmacy**, 60 Broadway, Newmarket,
✆ 09/520 6634, ◷ tgl. 9–23 Uhr. Rund um die Uhr
haben die Apotheken der Notaufnahme in den
Krankenhäusern geöffnet.

Autokauf

Allgemeine Hinweise hierzu sind dem Kapitel
„Praktische Tipps" (S. 88) zu entnehmen.
Gute Möglichkeiten, an ein eigenes Gefährt

zu kommen, bieten die Anschlagbretter in den Hostels, die Anzeigen in den Wochenmagazinen *Auto Trader* und *Trade & Exchange* oder die Website ⌨ www.trademe.co.nz.
Empfehlenswerte Gebrauchtwagenmärkte:
Backpackers Car Market, 20 East St, ✆ 09/377 7761, ⌨ www.backpackerscarmarket.co.nz, am Rande der K' Road, wo Backpacker ihre Autos an Gleichgesinnte weiterverkaufen. ⏱ tgl. 9.30–17 Uhr.
Auckland Car Fair, Ellerslie Racecourse, Greenlane, ✆ 09/529 2233, ⌨ www.carfair.co.nz. Gut organisierter Automarkt, auf dem Fachleute zur Hand sind, um Autos auf ihre Fahrtüchtigkeit zu überprüfen. ⏱ So 9–12 Uhr.

Automobilclub
Automobile Association, 99 Albert St, ✆ 09/966 8919, ⌨ www.aa.co.nz.

Autovermietungen
Alle internationalen und großen nationalen Autoverleiher haben Zweigstellen in der Nähe des Flughafens und kostenlose Shuttlebusse, die Kunden vom Flughafen abholen. Die kleineren Anbieter sind vorwiegend im Zentrum oder in den Vororten ansässig. An der Beach Road in der Innenstadt liegen mehrere Autovermietungen dicht beieinander. Eine Liste der wichtigsten internationalen und lokalen Firmen findet sich auf S. 87.

Fahrräder
Siehe S. 178.

Gepäckaufbewahrung
Im **Sky City Bus Terminal**, 102 Hobson St, gibt es Schließfächer, die tgl. 7–19.50 Uhr zugänglich sind. Die meisten größeren **Hostels** bieten auch einmaligen Übernachtungsgästen langfristige Gepäckaufbewahrung gegen eine geringe oder gar keine Gebühr.

Informationen
Die beiden großen **i-SITE Visitor Centres** von Auckland sind unter ✆ 0800/282 552, ⌨ www.aucklandnz.com, zu erreichen. Beide halten zahlreiche Broschüren fürs ganze Land bereit, u. a. mehrere mit Werbung voll gestopfte

kostenlose Publikationen, von denen der jährlich erscheinende *Auckland A–Z Visitors Guide* und *This is Auckland* am empfehlenswertesten sind.
Das i-SITE Visitor Centre im Sky City Casino, Victoria St, Ecke Federal St, ist etwas beengt. ⏱ tgl. 8–20 Uhr. Besser steuert man daher direkt das i-SITE Visitor Centre an der Princes Wharf, 137 Quay St, an. ⏱ tgl., Nov–April 8–19, Mai–Okt 9–17.30 Uhr. Es beherbergt auch eine Zweigstelle des **Department of Conservation (DOC)**, ✆ 09/379 6476, ✉ aucklandvc@doc. govt.nz. Diese bietet DOC-Materialien sowie Buchungen für Wanderwege im ganzen Land, ist aber vorwiegend auf die Region um Auckland und den Hauraki Gulf spezialisiert. ⏱ Mo–Fr 9–17 Uhr.
Die **Stadtpläne** in den oben genannten kostenlosen Publikationen sind für die meisten Zwecke ausreichend. Wer sich genauer orientieren will, kann sich außerdem das *KiwiMap Auckland Pathfinder Street Directory* ($29) mit 25 Stadtteilplänen zulegen.
Die beste Informationsquelle für Backpacker sind die **Anschlagbretter** in den Hostels, wo sich von Mitfahrgelegenheiten über Autoverkäufe bis zu Jobangeboten alles findet. Außerdem bieten viele Hostels einen umfassenden Buchungsservice für die Weiterreise, so z. B. das Base Auckland, die beiden Nomad-Hostels und das YHA International.

Internet
Die **Central City Library**, 44-46 Lorne St, ✆ 09/377 0209, bietet kostenlose Computernutzung und WLAN (max. 100 MB/Tag). ⏱ Mo–Fr 9–20, Sa und So 10–16 Uhr. Außerdem kann man in zahlreichen **Internetcafés** (von denen viele auf den Plänen in diesem Führer markiert sind) für ca. $3/Std. online gehen.

Medizinische Hilfe
Zugelassene Ärzte sind im Telefonbuch *White Pages* gelistet.
Auckland City Hospital, Park Rd, Grafton, ✆ 09/367 0000.
CityMed Medical Centre, Albert St, Ecke Mills Lane, ✆ 09/377 5525, ⌨ www.citymed.co.nz,

ärztliche Hilfe und Apotheke im Haus,
⊙ Mo–Fr 8–18 Uhr.
Travelcare, Level 1, 125 Queen St,
✆ 0508/306 306; Mediziner mit Schwerpunkt
Tauchen, Krankengymnastik, Röntgen und
Zahnbehandlung. ⊙ Mo–Fr 9–17.30,
Sa 10–17 Uhr.

Notruf
Polizei, Feuerwehr und Ambulanz,
✆ 111.
Auckland Central Police Station,
✆ 09/302 6400.

Post
Die Postfiliale in der 24 Wellesley St,
✆ 09/379 6710, bietet Poste-Restante-Service.
⊙ Mo–Fr 8–17 Uhr.

Schwule und Lesben
Auckland hat eine eher kleine, aber ziemlich
progressive und aktive **Schwulen- und
Lesbenszene**. Ihre Schwerpunkte sind die
Mainstream-Partymeile von Ponsonby und das
Westende der K' Road, wo sich Striplokale
zwischen die Schwulenbars und -clubs
mischen. Überhaupt sind die meisten Läden an
der K' Road schwulenfreundlich.
Family Bar, 270 K' Rd. Hier spielt sich ein großer
Teil der Action ab. Fungiert tagsüber als Café
und Bar; abends geht's dann mehr zur Sache,
von Karaoke am Mittwoch bis zu Travestie-
shows am Wochenende.
Naval & Family, 243 K' Rd, gegenüber von der
Family Bar. *Die* Schwulenkneipe von Auckland.
Von den Restaurants und Bars der Ponsonby
Road ist
SPQR (s. S. 171) mit überwiegend schwulem
Personal und großer schwuler Stammkundschaft immer eine gute Anlaufstelle.
Den besten Zugang zur Szene bietet das 14-tägig
erscheinende, kostenlose **Express Magazine**,
🖥 www.gayexpress.co.nz, das in gay-freund-
lichen Geschäften, Cafés und Bars und beim
ziemlich derben Buchladen **Out!**, 39 Anzac Ave,
✆ 09/377 7770, ausliegt. Eine gute Alternative ist
der ebenfalls kostenlose Veranstaltungskalender
von **Gaynz.com**, der schwul-lesbische Hotspots
im ganzen Land abdeckt.

Der vielleicht beste Zeitpunkt für einen
Besuch in Auckland ist zum **Big Gay Out** (an
einem Sonntag Mitte Feb), 🖥 www.biggayout.
co.nz, einer Riesenfete mit Comedy, Musik,
Travestie und Szene-Veranstaltungen in
Coyle Park, Point Chevalier, gleich westlich
des Zoos. Im Anschluss steigt dann das
zehntägige **OurFest**, 🖥 www.ourfest.co.nz, mit
Events überall in der Stadt, von Comedy und
Quizabenden bis zu einem Tennisturnier und
schwul-lesbischen Filmen.
Hilfe in Konfliktsituationen bietet die
Gay and Lesbian Helpline, ✆ 09/303 3584,
🖥 www.outlinenz.com, ⊙ Mo–Fr 10–21,
Sa und So 18–21 Uhr.

Wäschereien
Suds Laundromat, 18 Fort St, ✆ 09/358 4370,
⊙ Mo–Fr 8–18, Sa 9–16 Uhr.

Nahverkehr
Aucklands Nahverkehrsnetz lässt noch sehr
zu wünschen übrig, verbessert sich aber
allmählich. Außerdem sind die meisten Sehenswürdigkeiten zu Fuß erreichbar (für eine
Stadterkundung zu Fuß eignet sich vor allem
der Coast to Coast Walkway). **Fähren** über
den Hafen verbinden das Stadtzentrum mit
dem nahen Vorort Devonport und den Inseln.
Taxis ordert man am besten telefonisch
(s. S. 182). Das **Parken** ist kein Riesenproblem,
aber die einheimischen Autofahrer sind nicht
gerade zuvorkommend, weshalb man vielleicht
besser daran tut, erst unmittelbar vor der
Abreise aus der Stadt ein Auto zu mieten.

Selbstfahrer
Autofahren ist in Auckland nicht besonders
schwierig. Am besten meidet man die Stoßzeiten von 7–9 und 16–18.30 Uhr. Recht nervig
können die schlecht beschilderten Stadtautobahnen sein, auf denen alle die Spur wechseln,
wie es ihnen gerade in den Sinn kommt, man
von allen Seiten überholt wird und ständig
eine Abfahrt kommt. Das Hauptproblem dürfte
der Linksverkehr sein; wer gerade erst aus dem
Flieger geklettert ist, sollte sich vielleicht ein,
zwei Tage erholen, bevor er sich ins Verkehrs-
getümmel stürzt. Die Straßen in der Innenstadt

sind alle mit Parkuhren ausgestattet, eine entspanntere Alternative bilden die zahlreichen **Parkhäuser** – Schließzeiten beachten (nicht alle sind rund um die Uhr geöffnet)!

Stadtbusse

Nahverkehrsbusse fahren vom Britomart Transport Centre (s. S. 146) in alle Ecken der Stadt. Für Besucher am nützlichsten ist wohl der grüne **Link-Bus**, der seine Runde durchs Zentrum inkl. Parnell, Newmarket, K' Road und Ponsonby dreht. Fahrscheine ($1,70) kann man im Bus oder im Britomart erwerben. Fahrplan: Mo–Fr 6–23.30, Sa und So 7–23.30 Uhr; alle 10–15 Min.

Bei den anderen Stadtbussen errechnet sich der **Fahrpreis** nach der Länge der Fahrt: Eine Busfahrt in der Innenstadt kostet $0,50, nach Newmarket, Parnell, Mount Eden und Ponsonby jeweils $1,60, nach Epsom $3,20 usw.

Tagsüber (8–18 Uhr, alle 10 Min.) bietet sich bei einer kostenlosen Fahrt mit dem roten **Circuit Bus** ein begrenzter Blick auf Downtown Auckland. Abfahrt ist in der Queen Street, gegenüber dem Britomart Transport Centre,

von wo der Bus zur Universität fährt und anschließend zurück über die Queen Street durch die westliche Innenstadt.

Nachts verkehrt der **NightRider**, um Nachtschwärmer sicher nach Hause zu befördern (Sa und So 1–3 Uhr, $4,50). Fahrplanauskünfte unter 🖳 www.maxx.co.nz.

Fähren

Einst wimmelte der Waitemata Harbour nur so von Fähren, die Pendler aus den Vororten zu ihrer Arbeit ins Zentrum brachten. Noch immer empfehlen sich die Hafenfähren als schnelles und angenehmes Transportmittel, das dazu noch schöne Aussichten verspricht.

Die wichtigsten Ziele sind die Inseln im Hauraki Gulf, außerdem betreibt Aucklands größtes Fährunternehmen, **Fullers**, ✆ 09/367 9111, 🖳 www.fullers.co.nz, Fähren nach Devonport. Die **Devonport Ferry** (s. Kasten S. 158) ist die billigste aller Fähren; zudem ist ihr Fahrpreis im GetAbout Auckland Discovery Pass enthalten (s. Kasten links unten).

Stadtbahn

Die Stadtbahnen verkehren vom Britomart Transport Centre vorwiegend zu Stationen, die für Touristen kaum von Interesse sind. Ausnahmen bilden vor allem die Linien nach Newmarket (alle 10–30 Min.; 7 Min. Fahrtdauer) und Kingsland (alle 30–60 Min.; 16 Min. Fahrtdauer), der Bahnstation des Rugby- und Cricket-Stadions Eden Park. **Tickets** (zu beiden Vororten $1,40) gibt es im Britomart oder in der Bahn.

Taxis

Discount, ✆ 09/529 1000, ist besonders billig. **Green Cabs**, ✆ 0508/447 336, ist ein umweltbewusstes Taxiunternehmen mit Hybrid-Fahrzeugen und nur wenig höheren Preisen.

Transport
Selbstfahrer

Autofahrer, die Richtung Norden wollen, können entweder direkt den SH1 über die Harbour Bridge nehmen oder einen Bogen nach Westen um den Waitemata Harbour fahren, an den Weingütern, den Stränden der West

Coast und den Waitakere Ranges vorbei, um erst in Wellsford wieder auf den SH1 zu treffen. **Radfahrer** müssen auf dem Weg nach Norden statt der Harbour Bridge die Devonport Ferry nehmen, sollten aber lieber die westliche Route wählen und vielleicht mit einer Stadtbahn bis Waitakere fahren (außerhalb der Hauptverkehrszeiten, $1 für die Fahrradmitnahme). Radfahrer, die nach Süden wollen, folgen besser der Seabird Coast als dem Southern Motorway, der Hauptroute für Autofahrer Richtung Süden.

Busse

Die Fernbusse von InterCity/Newmans und Northliner, alle unter ☎ 09/583 5780, 🖥 www.intercity.co.nz, zu erreichen, fahren vom **Sky City Coach Terminal** unter dem Komplex des Sky City Casino in der 102 Hobson Street ab. Andere Busunternehmen halten vor dem Büro von **Scenic Tours & Travel**, 172 Quay St, gegenüber dem Ferry Terminal in Downtown. Dazu gehören **AirBus** (s. S. 184), **Dalroys**, ☎ 0508/465 622, 🖥 www.dalroytours.co.nz (für die Strecke Auckland–Hamilton–New Plymouth–Hawera), **Go Kiwi**, ☎ 07/866 0336, 🖥 www.go-kiwi.co.nz (zur Coromandel Peninsula), **Main Coachline**, ☎ 09/278 8070, 🖥 www.maincoachline.co.nz (nach Dargaville und Warkworth) und **NakedBus**, 🖥 www.nakedbus.com.

Busse nach:
DARGAVILLE So–Fr 1x tgl., 3 Std.;
GISBORNE 2x tgl., 9 1/4 Std.;
HAMILTON 17–19x tgl., 2 Std.;
HASTINGS 2x tgl., 7 1/2 Std.;
HAWERA 1x tgl., 6 1/2 Std.;
HELENSVILLE Mo–Fr 8x tgl., 1 1/4 Std.;
KERIKERI 3x tgl., 5 Std.;
KUMEU 4–8x tgl., 35 Min.;
NAPIER 2x tgl., 7 1/4 Std.;
NATIONAL PARK 2x tgl., 5 1/2 Std.;
NEW PLYMOUTH 3–4x tgl., 5 1/2–6 1/2 Std.;
OHAKUNE 1x tgl., 6 1/2 Std.;
OREWA 5–7x tgl., 30 Min.;
PAIHIA 5–6x tgl., 4 1/4 Std.;
PALMERSTON NORTH 5–6x tgl., 9–10 Std.;
ROTORUA 8x tgl., 4 Std.;

TAIHAPE 4–5x tgl., 7 Std.;
TAUPO 6–7x tgl., 4–5 Std.;
TAURANGA 4–5x tgl., 4 Std.;
THAMES 4x tgl., 1 3/4 Std.;
WAIPU 4–7x tgl., 2 1/4 Std.;
WAITOMO CAVES (3x tgl.; 4 1/2 Std.;
WARKWORTH 4–6x tgl., 1 Std.;
WELLINGTON 5–6x tgl., 11–12 Std.;
WHANGAREI 4–7x tgl., 3 Std;
WHITIANGA 1x tgl., 3 Std.

Eisenbahn

Die **Overlander**-Züge, ☎ 0800/872 467, 🖥 www.tranzscenic.co.nz, halten am **Britomart Transport Centre** am Hafenende der Queen Street.

Züge nach:
HAMILTON 2–7x wöchentl., 2 1/2 Std.;
NATIONAL PARK 2–7x wöchentl., 5 1/2 Std.;
OHAKUNE 2–7x wöchentl., 6 1/2 Std.;
OTOROHANGA 2–7x wöchentl., 3 Std.;
PALMERSTON NORTH 2–7x wöchentl., 9 1/2 Std.;
WELLINGTON 2–7x wöchentl., 12 Std.

Fähren

Abfahrt der Fähren vom **Ferry Building** am Nordende der Queen St. Aucklands größtes Fährunternehmen ist **Fullers**, ☎ 09/367 9111, 🖥 www.fullers.co.nz.
Die **360 Discovery-Fähre**, ☎ 0800/360 3472, 🖥 www.360discovery.co.nz, nach Coromandel Town verkehrt 3–5x wöchentl., ist zwei Stunden unterwegs und mit nur $49 pro Strecke eine attraktive Alternative zur Busfahrt über Thames.

Fähren nach:
COROMANDEL 3x wöchentl., 2 Std.;
DEVONPORT alle 30 Min., 10 Min.;
GREAT BARRIER 4–7x wöchentl., 2–5 Std.;
GULF HARBOUR MARINA 3x tgl., 50 Min.;
RANGITOTO 3–5x tgl., 40 Min.;
TIRITIRI MATANGI ISLAND 4x wöchentl., 1 1/2 Std.;
WAIHEKE ungefähr stdl., 35 Min.
Von der Gulf Harbour Marina nach TIRITIRI MATANGI ISLAND 4x wöchentl.; 20 Min.
Von der Half Moon Bay nach WAIHEKE ungefähr stdl.; 45 Min.

Flüge

Der **Auckland International Airport**,
🖥 www.auckland-airport.co.nz, liegt rund
20 km südlich des Zentrums im Vorort Mangere.
Zwischen dem internationalen Terminal und
dem Inlandsterminal pendelt ein Shuttlebus
(5.30–22.20 Uhr, alle 20 Min.). Mit leichtem
Gepäck benötigt man für die Strecke zu Fuß
nur etwa 10 Min. Bei Bedarf kann man beim
Collection Point des internationalen Terminals
noch schnell kostenlos duschen (Handtuch $5).
Das gut ausgestattete und hilfreiche
Visitor Centre, ☎ 09/367 6009, bleibt für alle
ankommenden Flüge aus Übersee geöffnet und
bietet kostenlose Hotelbuchungen in Auckland;
nebenan gibt es ein paar gratis zu nutzende
Telefone. Außerdem findet man im Terminal
eine Wechselstube, mehrere Geldautomaten
und einige Duty-free-Shops.

Transport vom/zum Flughafen:

Ein **Taxi** in die Stadt kostet rund $65.
Eine Alternative zum Taxi ist der **Airbus Express**,
🖥 www.airbus.co.nz (5.20–22.15 Uhr, alle
15–30 Min.; $15 einfach, $22 hin und zurück;
mit YHA-Ausweis $13/20), der einer festgelegten
Route in die Stadt folgt und für die Fahrt etwa
45 Min. benötigt.
Die meisten Leute nehmen jedoch einen der
Minibusse, die außerhalb des Terminals
warten und einen Tür-zu-Tür-Service bieten.
Man fragt beim ersten Bus in der Schlange
nach dem Fahrtziel; falls er nicht in den
gewünschten Stadtteil fährt, wird man an einen
Bus verwiesen, der dieses Ziel ansteuert –
die Wartezeit beträgt selten mehr als eine
Viertelstunde. Der Fahrpreis liegt bei etwa
$25 nach Downtown und $45 nach Devonport;
meistens gibt es gegen Vorlage eines YHA-
Ausweises eine kleine Ermäßigung.
Für Gruppen mit gemeinsamem Fahrtziel gibt
es erheblichen Rabatt; in dem Fall werden
pro zusätzlicher Person lediglich $6–8 aufge-
schlagen.
Für den umgekehrten Weg von der Unterkunft
zum Flughafen kann man **Super Shuttle**,
☎ 0800/748 885, oder eines der oben aufgeführten Taxiunternehmen anrufen.

Flüge nach:

BAY OF ISLANDS 5x tgl., 40 Min.;
BLENHEIM 4x tgl., 1 1/4 Std.;
CHRISTCHURCH 24x tgl., 1 1/4 Std.;
DUNEDIN 2–3x tgl., 2 Std.;
GISBORNE 6–7x tgl., 1 Std.;
GREAT BARRIER ISLAND 6–8x tgl., 40 Min.;
HAMILTON 3x tgl., 30 Min.;
KAITAIA 1–2x tgl., 45 Min.;
NAPIER/HASTINGS 7–10x tgl., 1 Std.;
NELSON 12x tgl., 1 1/2 Std.;
NEW PLYMOUTH 6–8x tgl., 45 Min.;
PALMERSTON NORTH 7x tgl., 1 Std.;
QUEENSTOWN 6x tgl., 1 3/4 Std.;
ROTORUA 2–3x tgl., 40 Min.;
TAUPO 3x tgl., 45 Min.;
TAURANGA 4x tgl., 35 Min.;
WANGANUI 2–3x tgl., 1 Std.;
WELLINGTON 20x tgl., 1 Std.;
WHAKATANE 3x tgl., 45 Min.;
WHANGAREI 7–9x tgl., 35 Min.

Die Umgebung von Auckland

Das wahre Neuseeland beginnt für viele in
der unmittelbaren Umgebung von Auckland,
wo die Hochhausklötze, Vororte und luxussa-
nierten Hafenbereiche von grünen Hügeln und
traumhaften Stränden abgelöst werden. Die
Waitakere Ranges im Westen der Stadt bieten
erholsame Abwechslung von der hektischen
Metropole. Außerdem schützen ihre Hügel die
Weingärten um **Kumeu** vor dem vorherrschenden Westwind.

Spektakuläre Sandstrände findet man entlang der gesamten neuseeländischen Westküste, aber nur an den Stränden von Aucklands **West Coast** patrouillieren regelmäßig
Rettungsschwimmer. Richtung Norden dehnt
sich die Stadt bis ins südliche Northland aus,
und die **Hibiscus Coast** ist inzwischen schon
fast ein Vorort von Auckland. Südlich von Auckland bieten die **Hunua Ranges** ein paar kürzere
Wanderwege und dienen als Windschutz für

die **Seabird Coast**, deren Kiesbänke und Wattlandschaften Brutgebiet für Dutzende von Zugvogelarten sind.

Westlich von Auckland

Nur gut eine halbe Stunde Autofahrt von der Innenstadt entfernt lockt eine der schönsten Landschaften im Einzugsgebiet von Auckland mit Outdoor-Abenteuern. Die wuchernden Vororte verlieren sich rund 20 km westlich des Stadtzentrums zwischen den Ausläufern der **Waitakere Ranges**. Diese grüne Hügellandschaft wirkt immer noch relativ intakt, obwohl sie das nächstgelegene Ausflugsziel für über eine Million Menschen ist. Zahlreiche Wege durch den heimischen Busch laden zu schönen Wanderungen ein. An heißen Sommertagen strömen Tausende zu dem halben Dutzend **Surfstrände** mit donnernder Brandung, die bis auf ein paar Ferienhäusern (von den Kiwis *baches* genannt)

und den einen oder anderen Laden praktisch unverbaut sind. Auf den Böden der östlichen Ausläufer der Waitakere Ranges gedeihen alte Weingärten, vor allem rund um **Kumeu**, ein kurzes Stück südöstlich der Ortschaft **Helensville** am Kaipara Harbour nahe den heißen Quellen von **Parakai**.

Aucklands **Stadtbahnen** fahren bis nach Henderson und Waitakere hinaus. Die Ritchies-**Busse** Nr. 066 und 067 verkehren über Henderson nach Kumeu und Helensville.

Die Weinkellereien von Kumeu und Huapai

Größere Unternehmen in anderen Regionen haben dem ehemals bedeutenden Weinbaugebiet West Auckland inzwischen den Rang abgelaufen. Die ziemlich seelenlosen Nachbargemeinden **Kumeu** und **Huapai** produzieren aber immer noch einiges an Wein, auch wenn der Traubensaft heute größtenteils aus Marlborough, Gisborne und Hawke's Bay angeliefert wird.

Touren zur West Coast

Ohne eigenes Fahrzeug kann man den Stränden und Bergen nicht richtig gerecht werden, es sei denn, man schließt sich einer organisierten Tour zur West Coast oder einem Canyoning-Ausflug (s. S. 177) an. Alle Tourveranstalter holen die Teilnehmer in der Innenstadt von Auckland ab. **Bush & Beach**, ✆ 0800/423 224, 🖥 www.bushandbeach.co.nz. Nachmittagstouren ($135) mit einer kurzen Buschwanderung zu Wasserfällen und Kauri-Bäumen und einem Abstecher zum Piha Beach. Bei der lohnenderen Tagestour ($205) wird länger gewandert und mehr Outdoor-Wissen vermittelt.
Fine Wine Tours, ✆ 0800/023 111, 🖥 www.insidertouring.co.nz. Phil Parker veranstaltet halbtägige Kleingruppen-Touren ($149) zu drei Weinkellereien in Kumeu, wobei auch Zeit fürs Mittagessen und den Besuch eines Westküsten-Strands eingeplant ist.
Potiki Adventures, ✆ 0800/692 3836, 🖥 www.potikiadventures.com. Die ganztägigen „Urban

Maori Experience Trips" (tgl. 10–18 Uhr, $195, inkl. Vormittags- und Nachmittagstee) werden von zwei engagierten Ngapuhi-Frauen organisiert, die den kleinen Teilnehmergruppen die Maori-Weltsicht nahebringen. Zuerst geht es zum Maungakiekie (One Tree Hill), dann westwärts zu den Waitakere Ranges und zum Whatipu Beach, wobei man etwas über Schöpfungsgeschichten und Heilpflanzen der Maori erfährt. Samstags besucht die Tour auch den Otara Market.
TIME Unlimited, ✆ 0800/868 463, 🖥 www.new zealandtours.travel. Persönliche Betreuung und außergewöhnliches Engagement prägen diese Kleingruppen-Touren zum Titirangi und Whatipu Beach, die mit einer besonders schönen Buschwanderung und tosender Brandung aufwarten. Die Halbtagstour kostet $145, die kombinierte ganztägige Stadt- und Küstentour $245. Zu ähnlichen Preisen werden auch Wanderungen durch die Waitakeres geboten.

Schon 1819 pflanzte der Geistliche Samuel Marsden Weinstöcke bei Kerikeri an der Bay of Islands, angeblich nur für Messwein. Die kommerzielle Weinproduktion kam aber erst in Gang, als Wanderarbeiter aus Dalmatien sich in den 1930er-Jahren dem Weinbau zuwandten, weil ihre ursprüngliche Aufgabe, der Abbau von fossilem Kauri-Harz, unrentabel wurde (s. S. 263). Wie an den Namen der Weinkellereien – Nobilo, Selak, Soljan usw. – heute noch zu erkennen, wurden viele von kroatischen Einwandererfamilien gegründet. Inzwischen beziehen die meisten Weinkellereien ihre Trauben aus anderen Gegenden des Landes, aber die Weinstöcke der Region liefern immer noch Pinot Noir, Pinot Gris und famosen Chardonnay. Wer eine ausgiebige Weinverkostung plant, sollte entweder einen Nichttrinker als Fahrer dabeihaben oder sich den **Fine Wine Tours** anschließen (s. S. 185).

Bei den Weinkellereien und im **Kumeu Visitor Centre**, 49 SH16, ✆ 09/412 9886, 🖳 www.kumeu info.co.nz, ☾ tgl. Nov–Ostern 9–17, Ostern–Okt 10–16 Uhr, gibt es die kostenlose Broschüre *Kumeu Wine Country*, die ein Dutzend empfehlenswerter Weinkellereien beschreibt. **Soljans**, 366 SH16, ✆ 09/412 5858, 🖳 www.soljans.co.nz, direkt an der Hauptstraße, lockt Besucher mit Gratis-Verkostungen und einem schicken, aber relaxten Café. Zum Sortiment gehören ein in der Umgebung angebauter Pinot Gris und ein süffiger moussierender Muscat. In **Kumeu River**, 50 SH16, ✆ 09/412 8415, etwa 2 km nördlich von Soljans, erzeugt die Familie Brajkovich einige der besten Chardonnays von Neuseeland aus Trauben der Region. Das großzügige Verkostungsangebot umfasst u. a. drei Einzellagenweine. ☾ So geschlossen.

Als erfrischende Alternative präsentiert sich das **Hallertau Brewbar & Restaurant**, 1171 Coatsville Riverhead Hwy, das vom SH16 ausgeschildert ist. Hier gibt es eine Handvoll im Haus gebrauter Biere an der Bar zu kosten (Probiertablett $12). Das zwanglose Restaurant reicht Probierteller, Tapas und Hauptspeisen ($25–32).

Die Waitakere Ranges und die Strände der West Coast

Aucklands Westgrenze bilden die bewaldeten, bis zu 500 m hohen Waitakere Ranges. Sie sind ein zeitlos beliebtes Wochenendziel der Aucklander, ob für Picknicks oder gemütliche Wanderungen. Ihre westlichen Hänge erstrecken sich bis zu den schwarzsandigen Stränden der West Coast hinunter. Diese stürmische Küste bietet mit ihren wilden Wellen und felsigen Landzungen einen scharfen Kontrast zu den ruhigen, sanft abfallenden Stränden des Hauraki Gulf.

Beim Volk der Kawerau a Maki hieß die Region Te Wao Nui a Tiriwa, „der große Wald von Tiriwa", eine passende Beschreibung der Kauri-Wälder, welche die Hügel vor der Ankunft der Europäer bedeckten. Bis zur Jahrhundertwende hatten *gumdiggers* den größten Teil des fossilen Kauri-Harzes ausgegraben, doch die Holzfällerei ging bis in die 1940er-Jahre weiter. Dann kaufte der Auckland Regional Council das ausgebeutete Land, legte Stauseen an und wies ein großes Teilstück als **Centennial Memorial Park** aus, mit 200 km Wanderwegen, die zu schönen Aussichtspunkten und zahlreichen Wasserfällen führen.

Der Hillary Trail

Zu Ehren des weltberühmten, 2008 verstorbenen neuseeländischen Bergsteigers **Sir Edmund Hillary** hat Auckland eine Reihe bereits bestehender Wanderwege durch die Waitakere Ranges zum Hillary Trail, 🖳 www.arc. govt.nz, verbunden (70 km, 3–4 Tage). Der Trail, der vom Arataki Visitor Centre über Whatipu, Karekare, Piha und Te Henga nach Muriwai führt, vermittelt einen umfassenden Eindruck von der Region –aufgeforsteter Regenwald, Kauri-Bestände, felsige Küstenabschnitte, schwarze Sandstrände und Relikte der Vergangenheit. Der höchste Punkt liegt bei nur 390 m, aber der Weg verläuft ständig auf und ab und erfordert eine **mittelmäßige bis gute Kondition**. Die teilweise glitschigen, steilen Pfade und zu durchwatenden Wasserläufe können die Wanderung im Winter sehr erschweren.
Übernachtet wird vorwiegend auf einfachen **Campingplätzen**, zu buchen unter ✆ 09/366 2000 ($5). Nur in Whatipu, Piha und Te Henga gibt es wahlweise auch ein Dach über dem Kopf. Die beste Informationsquelle vor Ort ist das Arataki Visitor Centre.

Der einfachste Zugang zu einem Großteil der Wanderwege und Strände ist der **Waitakere Scenic Drive** (Route 24), der sich vom verschlafenen Vorort **Titirangi** am Fuß der Hügel zum hilfreichen **Arataki Visitor Centre** schlängelt, ⏱ Sep–April tgl. 9–17 Uhr, Mai–Aug Mo–Fr 10–16, Sa und So 9–17 Uhr. Hier gibt es auf Nachfrage eine sehr interessante 12-minütige DVD über die Gegend zu sehen (kostenlos). Ein gefällter Kauri-Baum wurde von Kawarau-a-Maki-Schnitzern in einen beeindruckenden Pfahl *(pou)* verwandelt; er markiert den Eingang und bereitet auf weitere kleinere Schnitzereien vor, die sich im Inneren des Gebäudes befinden.

Von hier führen Wanderwege in den wieder aufgeforsteten Wald: ein zehnminütiger **Naturlehrpfad**, auf dem ein rundes Dutzend bemerkenswerte Bäume und Farne ausgeschildert sind, und ein längerer (1 1/4 Std.). Dieser hat einen der wenigen ausgewachsenen Kauri-Bestände zum Ziel, die das Wüten der Holzfäller überlebt haben.

In Arataki bekommt man auch die Wanderkarte *Waitakere Ranges Recreation and Track Guide* ($8), in der zahlreiche Wege für **Kurzwanderungen** durch die Hügel verzeichnet sind.

Jenseits des Besucherzentrums biegt die landschaftlich schöne Strecke nach Norden ab und verläuft entlang der Hügelkette, wobei immer wieder kleine Seitenstraßen zu den **Stränden** abzweigen, die für ihren glühend heißen, gold-schwarzen Sand und ihre Gefährlichkeit für Schwimmer bekannt sind. Bevor man sich in die Fluten wirft, sollte man den Kasten auf S. 58 (Traveltipps von A–Z) lesen und alle Warnsignale beachten.

In dieser Ecke der Ranges verkehren keine offiziellen Busse mehr, aber der **Piha Surf Shuttle**, ✆ 0800/952 526, 🖥 www.surfshuttle.co.nz, holt seine Fahrgäste von Dez–Feb tgl. morgens gegen 8.30 Uhr an der Unterkunft in Auckland ab und fährt um 16 Uhr wieder von Piha zurück (hin und zurück $60).

Whatipu

Whatipu, der südlichste Surfstrand der West Coast, liegt 45 km von Aucklands Zentrum bei der Sandbank an der Einfahrt zum Manukau Harbour, die vielen Schiffen zum Verhängnis wurde. Whatipu war kurze Zeit Endpunkt der Küstenstrecke der **Parahara Railway**, die in den 1870er-Jahren Kauri-Holz von der Sägemühle in Karekare über den Strand und die Landzungen beförderte. Obwohl die Gleise dauernd von der Brandung unterspült wurden, baute man im frühen 20. Jh. eine zweite Gleisstrecke von Piha am selben tückischen Küstenabschnitt. Heute sind nur noch wenige Überbleibsel davon zu sehen, u. a. ein alter Tunnel. Er erwies sich als zu eng für eine große Dampfmaschine, deren Kessel noch heute am Ufer liegt.

Im Laufe der letzten Jahrzehnte hat sich das Meer über einen halben Kilometer zurückgezogen und einen breiten Strand zurückgelassen, hinter dem sich eine Feuchtlandschaft mit Kolbenbäumen, hohem Pampasgras und zahlreichen Wasservögeln erstreckt. Hier gibt es viel zu entdecken, vor allem am Fuß der Steilküste am nördlichen Strandende, wo man nach einer halben Stunde die **Ballroom Cave** erreicht. In diese Höhle wurde in den 1920er-Jahren eine Tanzfläche eingebaut, die inzwischen allerdings unter einer 5 m dicken Schicht hereingewehten Sandes begraben liegt.

Heute ist der einzige Außenposten der Zivilisation die **Whatipu Lodge** (nur mit Reservierung), ✆ 09/811 8860, ✉ whatipulodge@xtra.co.nz, im ehemaligen Wohnhaus eines Sägewerkleiters von 1870. Die Lodge ist nicht ans Stromnetz angeschlossen, sondern lässt nur zeitweise einen Generator laufen. Es gibt eine Gemeinschaftsküche und warme Duschen; Schlafsäcke sind mitzubringen. Zeltstellplatz $15, Zimmer $45/p. P. für eine einmalige Übernachtung, sonst $35 p. P./Nacht.

Karekare

Die wohl netteste Siedlung an der West Coast ist **Karekare**, 17 km westlich vom Arataki Visitor Centre. Sie besteht aus ein paar verstreuten Häusern, von denen sich ein Wald aus Manukas, Pohutukawas und Kolbenbäumen bis an den breiten Strand hinunterzieht. Dieses wunderschöne Fleckchen wurde in den 1990er-Jahren schlagartig berühmt, als Jane Campion hier die Strandszenen ihres Films *Das Piano* (1993) drehte und sich die Band Crowded House praktisch zur gleichen Zeit an diesem Ort für ihr Album *Together Alone* inspirieren ließ.

Mitglieder des Karekare Surf Club bewachen an den Sommerwochenenden eine relativ sichere Badezone; alternativ dazu kann man auch in einem Becken am Fuß der **Karekare Falls** plantschen, das in einem fünfminütigen Fußmarsch von der Straße aus zu erreichen ist. Es gibt hier keinerlei Infrastruktur.

Piha

Seit Jahrzehnten ist Piha, 20 km westlich vom Arataki Visitor Centre, eine Art heiliger Gral der Aucklander: die perfekte Verkörperung eines Westküstenstrands, mit einer Ansammlung schlichter Wochenendhäuser und einer wilden Brandung. Das lockt allerdings nicht nur zahlreiche Tagesbesucher an, sondern auch ein Partypublikum, dessen Exzesse dazu führten, dass für Feiertagswochenenden zwischen Sonnenuntergang und Sonnenaufgang ein Alkoholverbot verhängt wurde. Trotz der Luxussanierung vieler altmodischer *baches* und der Eröffnung des modernen Piha Cafés hat sich der Ort bislang etwas von seinem rustikalen Charme bewahrt.

Der 3 km lange Bogen gold-schwarzen Sandes wird von dicht bewachsenen Hügeln umrahmt. In der Strandmitte erhebt sich Pihas Wahrzeichen, der 101 m hohe **Lion Rock**. Mit etwas Fantasie erinnert dieser Felsen, auf dem sich einst ein Wehrdorf der Maori befand, an einen sitzenden Löwen, der aufs Meer hinausstarrt. Der anstrengende Aufstieg zu einem Vorsprung, der nach etwa zwei Dritteln des Weges erreicht ist (20–30 Min. hin und zurück), sollte am besten in den etwas kühleren Abendstunden unternommen werden.

Der **Tasman Lookout Track** (30–40 Min. hin und zurück) klettert vom Südende des Strands zu einem Aussichtspunkt über der kleinen Bucht The Gap hinauf, wo bei kräftiger Brandung die spektakuläre Gischtfontäne eines *blowhole* zu bewundern ist.

Die meisten Schwimmer zieht es nach **South Piha**, wo der namhaftere der beiden Rettungsschwimmvereine die beste Brandung für sich beansprucht. Wer den hohen Wellen nichts abgewinnen kann, sollte sich zu dem kühlen Pool unterhalb der **Kitekite Falls** aufmachen. Der dreistufige Wasserfall ist auf einem Rundweg

(1 1/2 Std.) zu erreichen, der 1 km außerhalb des Ortes an der Glen Esk Road beginnt.

Für die Verpflegung der Tagesausflügler sorgen ein Gemischtwarenladen mit Surfshop, eine traditionelle Burger-Bar in South Piha (nur im Sommer geöffnet) und das einladende Piha Memorial RSA, 3 Beach Rd. Außerdem gibt es einen Surfshop mit toller Aussicht, Piha Surf, 📞 09/ 812 8723, 🖥 www.pihasurf.co.nz, ein paar Kilometer vor dem Strand an der Zufahrtstraße.

Die beste **Unterkunft** ist die Black Sands Lodge, 54 Beach Rd, 📞 021/969 924, 🖥 www.piha beach.co.nz, mit drei stilvollen *baches*: einem Strandhäuschen ❺ und zwei Suiten ❻–❼ mit großen Terrassen, Fenstertüren und schöner Einrichtung. Die Inhaber Bobbie und Julia servieren auf Wunsch ein romantisches, viergängiges Dinner in der Suite (um $140 p. P. zzgl. Wein). 3 km hinter dem Strand lockt die Piha Lodge, 117 Piha Rd, 📞 09/812 8595, 🖥 www.pihalodge. co.nz, ❺, mit tollem Meerblick, komfortablen Zimmern und einem Pool.

Eine preiswerte Übernachtungsmöglichkeit bietet das Piha Domain Motor Camp, 21 Seaview Rd, 📞 09/812 8815, nur einen kurzen Bummel vom Strand entfernt, mit Camping für $10, Wohnwagen ❶ und Cabins ❷. Ein Stück weiter landeinwärts vermietet der Piha Surf Shop rustikale Wohnwagen und Cabins für Selbstversorger (ab $30/p. P.) mit Plumpsklos und einer einzigen Gemeinschaftsdusche.

Die beste Adresse zum Essen ist tagsüber das zwanglose Piha Café. Gute Tipps fürs Abendessen sind der Piha Surf Lifesaving Club mit Blick auf den South Piha Beach und der Piha Bowling Club in der Nähe des Campingplatzes: Bei beiden kann man sich nach Registrierung am Eingang nach Herzenslust an gutem Essen und billigen Getränken erfreuen.

Te Hanga

Der kleinere und weniger beliebte Strandort Te Hanga (ehemals Bethells Beach), 8 km weiter nördlich, ist über eine lange Straße von Waitakere zu erreichen. Der Strand ist nicht so wildromantisch wie der von Karekare, Piha oder Muriwai, hat entsprechend weniger Zulauf und ist deshalb im Sommer ein gutes Plätzchen, um den

Menschenmassen zu entkommen. Es gibt hier keine Läden, aber einen Surfclub und luxuriöse Unterkunft in den drei Bethells Beach Cottages, ℰ 09/810 9581, ⌨ www.bethellsbeach.com, ❽.

Muriwai

Muriwai, der größte Strandort der West Coast, liegt 15 km nördlich von Piha und 10 km westlich von Huapai. Auch hier schlägt das Meer hohe Wellen und der herrliche Strand erstreckt sich gar über 45 km nach Norden. Die größte Attraktion findet sich aber am Südende des Strands, wo eine **Brutkolonie Australischer Tölpel** die kleine Motutara Island und Otakamiro Point, die Landzunge zwischen dem Hauptstrand und der Surferbucht Maori Bay, bevölkert. Die Vögel sind am besten von Ende Oktober bis Mitte Februar zu beobachten, bevor die meisten von ihnen in sonnigere Klimazonen weiterziehen. Diejenigen, die zurückbleiben, teilen sich das Areal mit den Seebären auf den Felsen darunter. Üblicherweise bevorzugen die Tölpel den Schutz von Inseln – Muriwai ist einer der wenigen Orte, wo sie auch auf dem Festland nisten. Von verschiedenen Plattformen kann man die Tiere hervorragend beobachten. Die Aussichtspunkte sind über kurze Wege in der Nähe des Surfclubs und von der Straße zur Maori Bay zu erreichen.

Der Strand, die Dünen und die Kiefernwälder im Norden lassen sich gut auf organisierten Ausritten ($70 für 2 Std.) erkunden, durchgeführt vom **Muriwai Beach Riding Centre**, 290 Oaia Rd, ℰ 09/411 8480, ⌨ www.aucklandhorsehire.org.nz.

Wellenreiter bekommen bei der **Muriwai Surf School**, ℰ 021/478 734, ⌨ www.muriwaisurfschool.co.nz, Ausrüstung (Brett und Neopren-Anzug $40 für 3 Std.) und Unterricht (Anfänger $55; Fortgeschrittene $90). Aber auch für Landratten ist gesorgt: mit Strandseglern ($45/Std.) und Mountainbikes ($10/Std.). Die Surfschule liegt hinter dem Sand Dunz Beach Café, das sich an der Straßenkreuzung in der Nähe des Strandes befindet. Das moderne Café mit Take-away hat tgl. bis 16.30 Uhr und im Sommer bis etwa 19 Uhr geöffnet.

Zum **Übernachten** bietet sich das schattige Muriwai Beach Motor Camp an, ℰ 09/411 9262, ⌨ www.muriwaimotorcamp.co.nz, Zeltstellplatz $12 p. P.

Nördlich von Auckland

40 km nördlich des Stadtzentrums von Auckland gehen die Vororte in die **Hibiscus Coast** über, die bei Pendlern und Ruheständlern immer beliebter wird. Im Zentrum der Region liegen die verstädterte **Whangaparaoa Peninsula** – Ausgangspunkt für Touren nach Tiritiri Matangi Island (s. S. 209) – und der nichtssagende Strandort **Orewa**, den man heutzutage normalerweise auf einer Verlängerung der Nord-Autobahn umfährt. Gleich nördlich davon locken die heißen Quellen von **Waiwera**, die Strand- und Barbecue-Freuden des **Wenderholm Regional Park** und das traditionsreiche Gasthaus von **Puhoi**.

Orewa und die Whangaparaoa Peninsula

Der schönste Strand der Hibiscus Coast ist der 3 km lange Sandstreifen bei der Rentner- und Schlafsiedlung **Orewa**, die vom markanten zwölfstöckigen Nautilus-Apartmenthaus überragt wird. Der ruhige Ort bietet reichlich Gelegenheit zum Schwimmen und Sonnenbaden – für Reisen-

Die Northern Gateway Toll Road

Gleich landeinwärts von Orewa wird die Autobahn Richtung Norden auf den letzten 5 km vor Puhoi mautpflichtig. Wer sich die Maut sparen will, muss bei Silverdale von der Autobahn abfahren und die Küstenstraße durch Orewa nehmen, was die Fahrt nur um zehn Minuten verlängert.

Die Mautstraße (Autos $2, Motorräder frei) hat keine Mauthäuschen mit Personal, sondern wird von Kameras überwacht, die die Nummernschilder registrieren. Die Mautautomaten an der Straße (in Richtung Norden in der BP-Tankstelle; in Richtung Süden an einer kleinen Haltebucht) sind oft überlaufen. Normalerweise ist es einfacher, mit Kreditkarte zu zahlen, entweder telefonisch unter ℰ 0800/40 20 20, ⏱ Mo–Sa 8–18 Uhr, oder unter ⌨ www.tollroad.govt.nz. Reisende können die Maut entweder im Voraus oder bis zu fünf Tage nach Nutzung der Mautstraße zahlen.

de mit eigener Ausrüstung auch zum Kitesurfen – und ist der beste Stützpunkt zur Erkundung der Region, da sich hier die meisten Unterkünfte und Restaurants finden.

Südlich von Orewa ragt die **Whangaparaoa Peninsula** 12 km in den Hauraki Gulf hinein. An ihrer Spitze liegt der Shakespear Regional Park, ein nettes Plätzchen, um schwimmen zu gehen und auf Spaziergängen durch den aufgeforsteten Wald Pukekos (Purpurhühner), Ziegensittiche und Tuis zu sichten. ⏰ 8 Uhr bis Sonnenuntergang, Eintritt frei.

Die Hauptattraktion ist aber ein Ausflug zum Vogelschutzgebiet von **Tiritiri Matangi** (s. S. 209) mit Booten, die von der großen Gulf Harbour Marina gleich vor dem Shakespear Park abfahren.

(s. S. 209)

Übernachtung

Die Unterkünfte von Orewa reihen sich an der Hauptstraße in Strandnähe.

Orewa Beach Top 10 Holiday Park, 265 Hibiscus Coast Hwy, am Südende des Orts, ✆ 09/426 5832, 🖥 www.orewabeachtop10.co.nz. Netter Campingplatz am Strand. Camping $18, am Wasser $21, Cabins ❶, Units für Selbstversorger ❸

Pillows Travellers Lodge, 412 Hibiscus Coast Hwy, ✆ 09/426 6338, 🖥 www.pillows.co.nz. Sympathische, wenn auch etwas angejahrte Backpacker-Herberge mit einem Klavier im Aufenthaltsraum. Dorms $20, Zimmer ❶–❷

Villa Orewa, 264 Hibiscus Coast Hwy, ✆ 09/426 3073, 🖥 www.villaorewa.co.nz. Schickes B&B in einem mediterran anmutenden weißen Neubau. Großzügige Zimmer mit Strandblick vom Balkon und leckeres Frühstück. ❻

Waves, 1 Kohu Rd, ✆ 0800/426 6889. Schräg gegenüber von Pillows. Das vornehmste Motel des Orts, nur ein paar Schritte vom Strand, mit Fußbodenheizung und stilvoller Einrichtung. ❻

Essen

Emi Deli, 11 Tamariki Ave, im Nautilus-Hochhaus. Hier gibt es die besten Muffins von Orewa; außerdem gutes Frühstück und Mittagessen.

Joust Beach Bar & Restaurant, 268 Hibiscus Coast Hwy, ✆ 09/426 2411. Etwas eleganteres Lokal mit Hauptgerichten wie Lammkarree oder gebratenem Lachs für $26–31.

Pioneer, 9 Tamariki Ave. Die Kneipe gleich neben dem Emi Deli serviert schmackhafte Mahlzeiten.

Informationen

i-SITE Visitor Centre, 214a Hibiscus Coast Hwy. ✆ 09/426 0076, 🖥 www.orewa-beach.co.nz. ⏰ tgl. 9–17 Uhr.

Transport

Der **Bus** Nr. 895 aus AUCKLAND braucht vom Britomart Transport Centre 1 Std. bis zur Hibiscus Coast. Er hält ebenso wie die InterCity- und Northliner-Busse Richtung Northland kurz hinter dem i-SITE Visitor Centre im Ortszentrum von Orewa.

Waiwera und Wenderholm

Nördlich von Orewa (Bus Nr. 895) flankieren Ferienhäuser und Rentnerunterkünfte den Hatfields Beach bis ins 6 km entfernte **Waiwera**, wo die Maori einst Löcher in den Sand buddelten, um in den Genuss der natürlichen heißen Quellen zu gelangen. Heutzutage genießt man die Badefreuden im Waiwera Infinity, Waiwera Rd, 🖥 www.waiwera.co.nz, einem Riesenkomplex mit selbstmörderischen Wasserrutschen und diversen Innen- und Außenpools, die zwischen 28 und 43 °C warm sind. ⏰ tgl. 9–21 Uhr, Eintritt $25. Wer will, kann sich hier mit allen möglichen Wellness-Behandlungen und Massagen verwöhnen lassen. Unterkunft bieten luxuriöse Motel Units ❼ oder ein Campingplatz am Strand ($16).

2 km weiter nördlich erstreckt sich zwischen der Mündung des Puhoi River und einem ausgedehnten Sandstrand der **Wenderholm Regional Park**. Das von Pohutukawa-Bäumen beschattete Wiesengelände hinter dem Strand wimmelt an Sommerwochenenden oft von Familien, die Grillpicknicks veranstalten. Wanderwege von 20 Min. bis 2 Std. Länge winden sich durch Nikaupalmenhaine voller Vögel, die sich von Tiritiri Matangi (s. S. 209) wieder hierher ausgebreitet haben, zu einem Aussichtspunkt auf der Landzunge hinauf. Außerdem können Besucher einen Blick ins Couldrey House Museum werfen, das in einem kleinen Gehöft von 1860 eingerichtet ist; ⏰ Weihnachten–Ostern tgl. 13–16, Ostern–Weihnachten Sa und So 13–16 Uhr, Eintritt $3.

(s. S. 209)

Nächtigen ($10) kann man auf einem Campingplatz, Reservierung unter ☎ 09/366 2000, mit Rasenplätzen, Wasserversorgung, Toiletten und Grillplatz neben den Mangroven. Wohnmobile mit eigener Toilette können für maximal zwei Nächte auf dem Hauptparkplatz abgestellt werden ($5 pro Erw./Nacht).

Puhoi

Das immer noch idyllische Dörfchen Puhoi, 6 km nördlich von Waiwera, wurde von erzkatholischen böhmischen Einwanderern gegründet, die 1863 aus Egerland (damals Österreich-Ungarn, heute Tschechische Republik) herkamen. Der Boden hier war so karg, dass die Siedler ihren Lebensunterhalt durch Holzfällerei aufbessern mussten. Die Hörner berühmter Ochsengespanne zieren bis heute die Wände der historischen **Puhoi Tavern**. Außerdem ist der Schankraum des Gasthofs aus der Kolonialzeit mit Fotos und Erinnerungsstücken aus der Zeit der frühen Siedler geschmückt.

Die meisten Reisenden statten nur dem Gasthof einen Besuch ab, dabei ist auch das **Puhoi Bohemian Museum** in der früheren Klosterschule einen Blick wert, vor allem das historische Modell des Dorfs. ☉ Weihnachten–Ostern tgl. 13–16, Ostern–Weihnachten Sa, So und in den Schulferien 13–16 Uhr, Eintritt $3.

Puhoi River Canoe Hire, ☎ 09/422 0891, 🖳 www. puhoirivercanoes.co.nz (Reservierung erforderlich), bietet leichte körperliche Betätigung in Form von **Kajak- oder Kanutouren** auf einem Gezeitenabschnitt des Flusses (1 Std., Zweierkajak oder -kanu $40) oder stromabwärts nach Wenderholm (2 Std., Zweierkajak oder -kanu $80, inkl. Abholung).

Stärkungen bietet außer der Puhoi Tavern das Café **The Art of Cheese** 3 km weiter nördlich, mit leckerem hausgemachtem Käse, ☉ tgl. 9–17 Uhr.

Die Beschreibung des Northland geht weiter mit Warkworth auf S. 214.

Südöstlich von Auckland

Reisende mit weniger Zeit, die Richtung Süden unterwegs sind, fahren meist auf direktem Wege nach Hamilton oder biegen bei Pokeno nach Thames und zur Coromandel Peninsula ab – und verpassen auf diese Weise die bescheidenen Attraktionen der **Hunua Ranges** und der **Seabird Coast**. Besonders für Fahrradfahrer eignet sich die Küstenstraße von Aucklands Stadtzentrum über Tamaki Drive, Panmure, und Howick bis zum Küstenort Clevedon.

Selbst die Tagesausflügler aus Auckland lassen die älteren, sanfter gerundeten Hunuas meist zugunsten der ökologisch vielfältigeren Waitakeres links liegen, dabei gibt es hier ein paar nette Wanderwege, vor allem rund um die **Hunua Falls**. Interessanter ist aber **Miranda** weiter südlich mit optimalen Aussichten für Vogelbeobachter und einem Thermalbad.

Die Hunua Ranges

In den 700 m hohen Hunua Ranges, 50 km südöstlich von Auckland, regnet es viel. Die Niederschläge fließen durch eine Kette von vier Stauseen ab, die über 50 % des Wasserbedarfs der Stadt decken. Der Wald rund um die Stauseen wurde einst von Kauri-Holzfällern abgeholzt, hat sich aber inzwischen weitgehend erholt und bietet einen Lebensraum für Vögel, die sich in der Stadt nur selten blicken lassen. Die Hauptattraktion sind die **Hunua Falls**, ein 30 m hoher Wasserfall 20 km südöstlich des Stadtzentrums von Auckland. Hier hat sich der Wairoa River sein Bett durch den Krater eines alten Vulkans gegraben. Besucher können sich ins kühle Nass stürzen oder den **Cossey/Massey-Rundwanderweg** (3 Std., 5 km) in Angriff nehmen. Er folgt dem Massey Track bis zur Stausee Cosseys Dam und führt dann über den Cosseys Gorge Track wieder hinunter zum Wasserfall. Wohnmobile mit eigener Toilette dürfen bis zu zwei Nächte auf dem Parkplatz der Hunua Falls stehen ($5 pro Erw.).

Die Miranda Sea Bird Coast

Der Firth of Thames, ein Seitenarm des Hauraki Gulf, trennt den Süden Aucklands von der Coromandel Peninsula. Seine windumtoste Westküste besteht zum Teil aus übereinander abgelagerten Muschelbänken. Ein Großteil dieses Küstenstreifens wurde in Farmland verwandelt, aber es entstehen immer noch neue Muschelbänke, die man entlang der sogenannten Seabird Coast in Augenschein nehmen kann.

Südlich von Kaiaua gibt es ein beliebtes Plätzchen für Camper.

Fast ein Viertel aller bekannten Spezies küstenbewohnender Zugvögel besucht die Region, darunter der Schiefschnabel, der in Schwärmen von bis zu 30 000 Vögeln in diesem Gebiet überwintert. Im Sommer der Südhalbkugel (September bis März) sind hier arktische Zugvögel zu beobachten, die aus dem 15 000 km entfernten Alaska und Sibirien einfliegen, wie Pfuhlschnepfe und Knutt.

Die ruhige Küstenstraße, die um die Nord- und Ostseite der Hunua Ranges herumführt, schlängelt sich am **Tapapakanga Regional Park** vorbei (mit spartanischem Campingplatz für $10) und passiert **Kaiaua**, wo man bei Kaiaua Fisheries leckere Fish 'n' Chips bekommt. Ungefähr 5 km südlich von Kaiaua dürfen Wohnmobile mit Toilette bis zu zwei Nächte am Ufer parken. Das ist ein sehr beliebtes Plätzchen, an dem manche auch außerhalb des markierten Bereichs kampieren (was man aber tunlichst unterlassen sollte). In Kaiaua gibt es öffentliche Toiletten.

Von hier sind es noch 2 km bis zum vorzüglichen **Miranda Shorebird Centre**, ☎ 09/232 2781, 🖳 www.miranda-shorebird.org.nz, ◷ tgl. 9–17 Uhr, im Sommer oft länger, weil die begeisterten Vogelfreunde gar nicht mehr gehen wollen. Hier gibt es Tipps zu den interessantesten aktu-

ellen Sichtungen und den besten Beobachtungsplätzen. Mit seiner sonnigen Aussichtsterrasse verlockt das Zentrum auch zu einem längeren Aufenthalt in einer seiner Selbstversorger-Unterkünfte (Schlafsaalbett $20, Apartment ❷).

Noch einmal 6 km weiter südlich liegen die leicht alkalischen **Miranda Hot Springs**, 🖳 www.mirandahotsprings.co.nz, mit einem großen warmen Schwimmbecken und privaten Whirlpools aus Kauri-Holz. ◷ tgl. 9–21.30 Uhr, Eintritt $12,50, privater Whirlpool zusätzlich $10 pro 30 Min. Die Gäste des benachbarten **Miranda Holiday Park**, ☎ 0800/833 144, 🖳 www.mirandaholidaypark.co.nz, haben Zugang zu einem eigenen, schön angelegten Thermalbecken sowie einem Tennisplatz (Zeltplatz $21, Zimmer ❷, Apartments ❺).

Von hier sind es mit dem Auto 20 Minuten bis nach Thames (s. S. 378).

Inseln im Hauraki Gulf

Aucklands größter Schatz ist der von Inseln übersäte Hauraki Gulf, ein 70 km² großer Meereseinschnitt nordöstlich der Stadt. Auf Maori bedeutet *hauraki* „Wind aus dem Norden" –

tatsächlich aber liegt der Golf im Windschatten der Great Barrier Island, die ihn auch vor der Dünung des Ozeans schützt und dadurch optimale Bedingungen für Aucklands Legionen von Seglern schafft. Die meisten von ihnen wollen einfach nur über den Golf kreuzen, aber wer zwischendurch gerne mal an Land geht, kann einige der 47 Inseln besuchen, die vom Department of Conservation verwaltet werden und entweder als Freizeitgebiete oder als Schutzgebiete für bedrohte Tierarten ausgewiesen sind (in letzterem Falle sind sie nur mit Permit zugänglich).

Am nächsten zu Auckland befindet sich das unbewohnte **Rangitoto**, ein flacher Lavakegel, dessen Erscheinungsbild die Hafenlandschaft bestimmt. Die bevölkerungsreichste Golf-Insel ist **Waiheke**, inzwischen praktisch ein Vorort für Pendler, mit sandigen Stränden und einigen guten Weingütern.

Viel urtümlicher erscheint **Great Barrier Island**, die größte der Golf-Inseln, die mit sandigen Surfstränden, Wanderpfaden durch hügeliges Gelände und ausgezeichneten Aussichten für Angler aufwartet.

Das Department of Conservation (DOC) gewährt bedingt Zugang zu einigen unter Schutz stehenden Inseln. So können Besucher auf einem Tagesausflug zum Eiland **Tiritiri Matangi** einige der seltensten Vogelspezies der Welt beobachten.

Die beliebtesten Inseln sind mit **Fähren** vom Downtown Ferry Terminal neben Aucklands Ferry Building, am Nordende der Queen St, zu erreichen. Mehr Informationen über Boots- und Kajaktouren auf dem Golf sind im Abschnitt „Aktivitäten" ab S. 177 zu finden.

Rangitoto Island und Motutapu Island

Der niedrige Kegel von Rangitoto Island, 10 km nordöstlich des Stadtzentrums, ist für jeden Aucklander ein vertrauter Anblick. Doch nur wenige von ihnen haben schon mal einen Fuß auf die Insel gesetzt, die eine sonderbare Landschaft aus zerklüftetem schwarzem Lavagestein und den größten Pohutukawa-Wald der Welt besitzt. Gleich daneben liegt die wesentlich ältere und

geologisch ganz anders aufgebaute Motutapu Island („heilige Insel"), die mit Rangitoto durch einen schmalen Damm verbunden ist.

Ein Tagesausflug reicht, um die Atmosphäre von Rangitoto auf sich wirken zu lassen, die obligatorische Wanderung zum Gipfel zu absolvieren, der traumhafte Aussicht auf die Stadt und den Hauraki Gulf bietet, und noch ein paar Wanderwege zu erkunden. Wer länger bleiben will, kann sein Zelt auf dem schlichten Campingplatz an der Home Bay von Motutapu aufschlagen.

Rangitoto ist Aucklands jüngster und größter **Vulkan**. Vor rund 600 Jahren bahnte sich geschmolzenes Magma seinen Weg durch den Hauraki Gulf an die Erdoberfläche, was von den Motutapu-Maori beobachtet wurde, welche das Eiland nach dem atemberaubenden Spektakel, das seiner Entstehung vorausging, „blutroter Himmel" nannten.

Rangitotos geringes Alter, der fehlende Erdboden und das poröse Gestein schufen ungewöhnliche Voraussetzungen für die **Pflanzenwelt**. Da es nur wenige Insekten auf der Insel gibt, zieht es auch entsprechend wenige Vögel hierher, was eine unheimliche Stille zur Folge hat. Zunächst siedelten sich Pohutukawa-Bäume auf Rangitoto an, begünstigt durch ihre Wurzeln, die bis zu 20 m tief nach Wasser „graben". Später fanden unter den schützenden Baumdächern kleinere Pflanzen eine neue Heimat. Die extremen Lebensbedingungen haben zu einigen botanischen Anomalien geführt: Sowohl Epiphyten als auch Feuchtigkeit liebende Mangroven gedeihen direkt auf der Lava; in Meereshöhe findet man alpine Moose; und der Pohutukawa hat sich mit seinem nahen Verwandten, dem nördlichen Ratabaum, gekreuzt und unglaublich bunte Blüten hervorgebracht, deren Farbenspektrum von Rosa bis Karmesinrot reicht.

Seit die Insel in den 1990er-Jahren durch gezielte Maßnahmen von Possums (verschiedenen Beutelsäugerarten) und Wallabys befreit wurde, gedeihen die Pohutukawa-Bestände umso besser. Vor Kurzem wurde auch den meisten anderen schädlichen Säugetieren der Garaus gemacht, und das DOC plant, in Zukunft wieder mehr **heimische Vogelarten** hier anzusiedeln – wie die Ziegensittiche *(kakariki)*, die unlängst zum ersten Mal seit 100 Jahren wieder auf Motu-

Rangitoto Island lässt sich am schönsten zu Fuß erkunden – wobei man bedenken sollte, dass das Terrain zwar nicht besonders steil, aber schwierig ist, und einem die Hitze bei einer Wanderung über die schwarze Lava ordentlich zu schaffen machen kann. Die besten Routen sind daher diejenigen, die den Gipfel über schattige Pfade erreichen.

Zu den beliebtesten Wanderwegen gehört der im Uhrzeigersinn begangene **Summit/Coastal Loop Track** (12 km, 5–6 Std., 260 Höhenmeter) im südöstlichen Teil der Insel. Der Pfad beginnt links hinter den Toiletten an der Rangitoto Wharf, wo man einfach den Schildern zum **Kowhai Grove** folgt, einem für Rangitoto typischen Buschgebiet mit vielen Kowhai-Bäumen, die im September leuchtend gelb blühen.

Von hier biegt man nach rechts in die Küstenstraße ab, die von der Rangitoto Wharf kommt, und dann wieder nach links Richtung **Kidney**

Fern Grove mit ungewöhnlichen Miniatur-Farnen. Der viel begangene **Summit Track** führt nun durch teilweise dichten Pohutukawa-Wald nach oben. Nach etwa drei Vierteln des Wegs kann man einen Abstecher zu **Lavahöhlen** machen (20 Min. hin und zurück), die sich in die Seite des Vulkans hineingegraben haben. Wer sich hier genauer umsehen möchte, muss eine Taschenlampe mitbringen. Wieder zurück auf dem Hauptpfad ist nach kurzer Zeit der **Gipfel** erreicht, wo ein ehemaliger Beobachtungsstand des Militärs herrliche Ausblicke auf Auckland und den Hauraki Gulf erlaubt.

Dann geht es nordwärts bis zur Ost-West-Straßenverbindung der Insel und auf dieser bis zur Islington Bay. Der **Coastal Track** führt von hier zunächst entlang der Bucht gen Süden und kürzt dann durchs Inland – und einige stille Wäldchen – ab, bis er wieder den Ausgangspunkt der Wanderung, die Rangitoto Wharf, erreicht.

---

tapu brüteten. Besucher sollten vor der Tour ihre Taschen auf blinde Passagiere untersuchen (auf diese Weise sind wirklich schon Mäuse hergelangt) und ihre Schuhsohlen von Samen reinigen, um keine invasiven Unkräuter einzuschleppen. Unter ⌨ www.motutapu.org.nz finden sich Infos zu Tagesausflügen für freiwillige Naturschutzhelfer (meistens sonntags).

Die Regierung kaufte Rangitoto 1854 für 15 Pfund und nutzte es als militärischen Beobachtungsposten und Arbeitslager für Gefangene. Ab den 1890er-Jahren wurden einige Areale der Insel zum Kampieren verpachtet; auf ihnen entstanden alsbald ungenehmigte *baches*. Um 1937 gab es bereits über 100 dieser provisorischen Unterkünfte; danach wurde weiteren Neubauten ein gesetzlicher Riegel vorgeschoben. Erst in den letzten Jahren erkannte man den kulturellen Wert dieser einzigartigen Ansammlung von Häusern aus den 1920er- und 1930er-Jahren. Die schönsten Exemplare der verbliebenen 34 Häuschen wurden für die Nachwelt restauriert. Ihre Schornsteine aus Wellblech und Zäune aus ausrangierten Verandageländern verkörpern das Kiwi-typische Improvisationstalent. **Bach 38**,

nahe der Rangitoto Wharf, wurde wieder in den Zustand der 30er-Jahre zurückversetzt und kann von außen besichtigt werden. Wer Glück hat, erwischt sogar einen der Tage, an denen der Rangitoto Island Historic Conservation Trust (⌨ www.rangitoto.org) das Haus zur Besichtigung öffnet – meistens an Sommerwochenenden.

In dem Moment, in dem man den Damm hinter sich lässt und **Motutapu Island** betritt, präsentiert sich ein völlig anderes Landschaftsbild. Plötzlich befindet man sich wieder im ländlichen Neuseeland mit seinen charakteristischen Weiden, Zäunen, wohin das Auge blickt, Wellblech-Scheunen und Macrocarpa-Windschutzpflanzungen. Das Department of Conservation sieht vor, die Kultur- und Naturlandschaft allmählich wieder herzustellen. Zu diesem Zweck sollen die Täler mit einheimischen Bäumen bepflanzt (Infos zur Teilnahme an diesem Freiwilligen-Programm unter www.doc.govt.nz), die Feuchtlandschaften wiederhergestellt und die zahlreichen Maori-Stätten genauer erforscht werden. Bis die Bäume eine nennenswerte Höhe erreicht haben, wird Motutapu weiterhin offener und ländlicher wirken als Rangitoto, doch die Ausblicke auf

N
0   1 km

Billy Goat Point

Sandy Bay

Administration Bay

Station Bay

Mullet Bay

Motutapu Island

DOC Campsite ⛺

Home Bay

Boulder Bay

Gardiner Gap

BOULDER BAY TRACK

Whites Beach

McKenzie Bay

Rangitoto Island

T

Islington Bay

Rangitoto (260 m) ▲ Lava-höhlen

Alter Steinbruch

WILSONS PARK TRACK

SUMMIT TRACK

CONSTAL TRACK

Otahuhu Point

Emu Bay

Emu Point

KIDNEY FERN GROVE

Bach 38

Heringsmöwen-kolonie

Flax Point

KOWHAI GROVE

T

Rangitoto Wharf

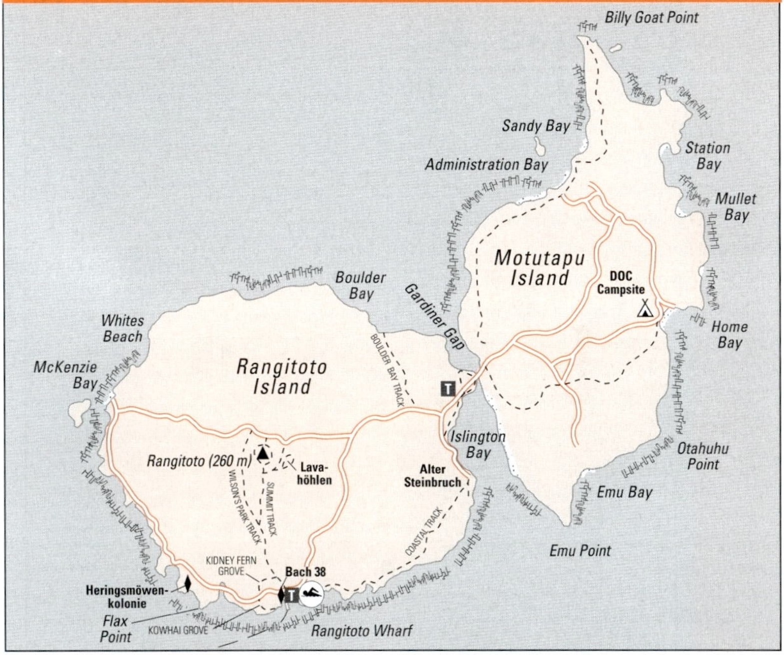

▼ *Fähre nach Devonport (12 km; 30 Min.) und Auckland (15 km; 40 Min.)*

den Hauraki Gulf und seine Inseln machen einen Aufenthalt hier lohnenswert, insbesondere eine Wanderung auf dem **Motutapu Walkway** zum Campingplatz am Strand der Home Bay (6 km, 1 1/2 Std. eine Strecke).

Übernachtung und Essen

Das DOC ist eigentlich bemüht, den Insel-tourismus auf Rangitoto und Motutapu auf Tagesausflügler zu beschränken. Trotzdem gibt es einen primitiven, aber netten **DOC-Camping-platz**, ⌨ www.doc.govt.nz (von Weihnachten–Jan unbedingt reservieren), mit Wasser-versorgung und Toiletten am Strand der Home Bay am Ostufer von Motutapu, fast drei Wander-stunden von der Rangitoto Wharf. $5 pro Erw. Mit Ausnahme des Campingplatzes und ein paar weiterer Toiletten hat die Insel keine

Einrichtungen zu bieten, sodass man alles Nötige vom Festland mitbringen muss – u. a. feste Schuhe, um sich vor dem scharfkantigen Lavagestein zu schützen, einen Sonnenhut und eine Regenjacke. Wer wandern gehen möchte, sollte reichlich Trinkwasser mitbringen.

Transport und Sonstiges

Fähren von Fullers benötigen 25 Min. von AUCKLAND bis zur Rangitoto Wharf (3–4x tgl.; $25 hin und zurück). Hier gibt es öffentliche **Toiletten**, das einzige **Trinkwasser** der Insel und einen von der Sonne erwärmten **Salzwasser-Pool**, der bei Flut auf natürliche Weise gefüllt wird und vor allem für Kinder ein herrliches Badevergnügen verspricht.
Manche Fähren werden vom einzigen Trans-portmittel der Insel erwartet: Der von einem

WAIHEKE ISLAND

N
0 _____ 2 km

Coromandel (1 Std. 10 Min.) ▲

Übernachtung

Crescent Valley Eco Lodge	B
Heartsong Retreat	D
Onetangi Beachfront Apartments	C
Palm Beach Bungalows	A
Whakanewha Regional Park	E

Restaurants, Cafés & Bars

Charlie Farley's	1
Nourish	3
Stonyridge	2

Thumb Point

Hooks Bay

Fort
Stony Batter
Stony Batter
(220 m)

Garden
Cove

Huse
Bay

Pakatoa
Island

Rotoroa
Island

Ponui
Island

Opopo
Bay

Man O' War Bay

Waiheke Channel

Omaru
Bay

Orapiu

Fähre

Cactus
Bay

COWES BAY ROAD

MAN O' WAR BAY ROAD

Maunganui
(231 m)

Te Matuku
Bay

Auckland (50 Min.) ▼

Onetangi Bay

Onetangi

ONETANGI ROAD

Awaawaroa
Bay

Thompsons
Point

Wild On
Waiheke

Palm Beach
Store

Ostend

Rocky
Bay

Half Moon Bay (45-60 Min.) ▼

Palm
Beach

Putiki Bay

Enclosure
Bay

MATIATIA-OWHANAKE-ONEROA LOOP

Hekerua
Bay

Oneroa
Bay

Oneroa

Blackpool

Surfdale

Huruhi
Bay

Kennedy
Point

Owhanake
Bay

Matiatia
Bay

s. Karte
Oneroa

Matiatia
Wharf

Auckland (35 Min.) ▲

Traktor gezogene Wagen steht in den Diensten der zweistündigen **Volcanic Explorer Tour** ($55 inkl. Fährticket), ein staubiger, aber sehr informativer Trip zum Gipfel, wobei die letzten 900 m zu Fuß zurückgelegt werden müssen.

Waiheke Island

Das ländliche Waiheke, 20 km östlich von Auckland, ist die zweitgrößte der Golf-Inseln und die bei Weitem bevölkerungsreichste, besonders an Sommerwochenenden, wenn Tages- und Wochenendausflügler die Einwohnerzahl von 8000 auf das Vierfache steigen lassen. Der Verkehr verläuft jedoch nicht nur in eine Richtung, denn dank der schnellen und häufigen Fährverbindungen pendelt ein immer größerer Anteil der Inselbevölkerung täglich zur Arbeit in die Stadt – ein Trend, der das westliche Ende von Waiheke inzwischen in einen Vorort von Auckland verwandelt hat. Dennoch ist Waiheke mit seinen Sandstränden an der Nordküste, dem im Vergleich zu Auckland etwas frischeren Klima und einigen hervorragenden Weingütern sehr beliebt bei Besuchern aus Übersee, die sich an diesem friedlichen Ort gern vom Jetlag erholen oder hier vor dem Heimflug noch ein paar faule Tage verbringen.

Zu den ersten Europäern, die ihren Fuß auf Waiheke Island setzten, gehörte **Samuel Marsden**, der 1818 hier predigte und bei Matiatia eine Mission gründete. Danach durchlief das Eiland die übliche Abfolge von Abholzung der Kauri-Bäume, Kauri-Harz-Gewinnung und Landrodung für Farmen. Schließlich begann die wunderschöne Küstenlandschaft als Ort für opulente Picknicks an Beliebtheit zu gewinnen und ganze Bootsladungen vornehm gekleideter Viktorianer, beladen mit riesigen Fresskörben, überschwemmten Waiheke.

Mit der Erschließung ging es anfangs nur langsam voran, aber die billigen Grundstücke in eindrucksvoller Landschaft zogen alsbald **Maler und Kunsthandwerker** nach Waiheke. Andere folgten, als die Verbindungen von Auckland immer besser und schneller wurden.

Die meisten Bewohner von Waiheke leben in der westlichen Inselecke, rund um **Oneroa**. Die schönsten Strände liegen östlich von Oneroa: In der fast kreisrunden **Enclosure Bay** kann man herrlich schnorcheln, am **Palm Beach** lässt es sich gut schwimmen und **Onetangi** zieht die Surfer an. Weiteren Zeitvertreib versprechen kurze, aber oft steile **Wanderwege** um Buchten und über Landzungen rund um die Insel (genauere Infos gibt es beim i-SITE), verlockende Weinkellereien oder, für besonders Aktive, Kajaktouren und Segeltörns (s. S. 200, „Aktivitäten").

An Sommerwochenenden und den ganzen Januar hindurch wimmelt die Insel von Aucklandern, die herkommen, um auszuspannen, sich durch das Weinangebot zu probieren und in den Restaurants und Bars zu dinieren –häufig bei Livemusik. Unter der Woche geht es ruhiger zu, aber dann bleiben auch manche Weinkellereien und Künstlerateliers geschlossen, und Touren, die eine Mindestteilnehmerzahl erfordern, lassen sich schwieriger organisieren.

Oneroa und Umgebung

Waihekes größte Ortschaft Oneroa erstreckt sich über eine schmale Landenge zwischen der sandigen Oneroa Bay und dem seichten Blackpool Beach. Die Hauptstraße (Ocean View Road) führt vom Postamt an mehreren Cafés und Restaurants vorbei zum i-SITE Visitor Centre (s. S. 201) der Insel, gleich neben der Bibliothek und dem Kino.

Nebenan befindet sich das etwas exzentrische **Whittaker's Musical Experience**, 🖥 www. musicalmuseum.org, ein Raum voller Flageolette, Akkordeons, mechanischer Klaviere, Xylophone usw., einige davon 200 Jahre alt. Auf den meisten dürfen die Besucher auch spielen; ab und an gibt es Klangdarbietungen von Profis (Sa 13.30 Uhr, $12,50). ⏰ tgl. 10–16, So 12–16 Uhr, Spende willkommen.

Von Oneroa aus sind zwei erstklassige **Weingüter** mit Weinverkostungen und gehobenen Restaurants gut zu erreichen: Am nächsten liegt **Cable Bay Vineyards**, 12 Nick Johnstone Drive, 1 km westlich von Oneroa, 📞 09/372 5889, 🖥 www. cablebayvineyards.co.nz. Skulpturen schmücken den Rasen der nüchternen, modernen Anlage mit weitem Blick bis nach Auckland. ⏰ Verkostungen tgl. 11–17 Uhr. **Mudbrick**, 2 km westlich des Ortes an der Church Bay Road, 📞 09/372 9050,

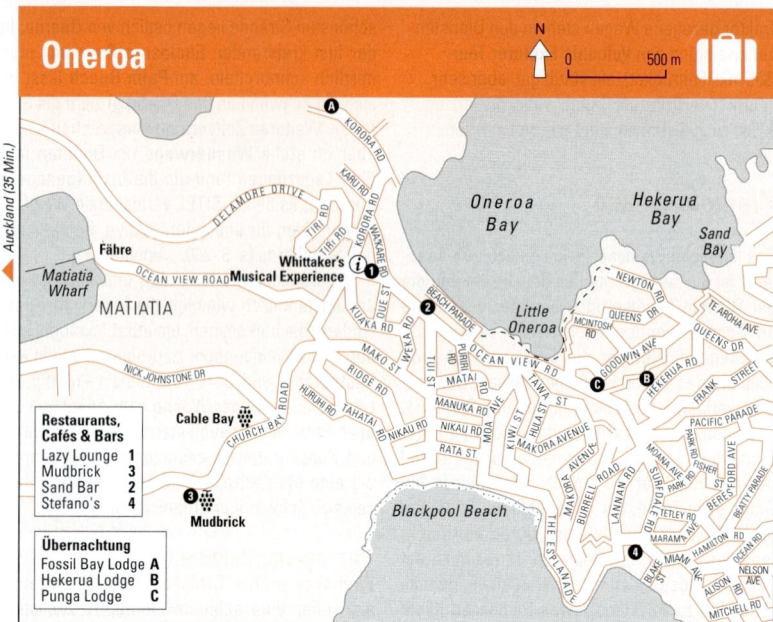

Oneroa

N
0   500 m

Auckland und Umgebung

Auckland (35 Min.)

KORURA RD
KARIRU RD
TIRI RD
TIRI RD
KOPUA RD
NUKUTU RD
DELAMORE DRIVE

Oneroa Bay

Hekerua Bay

Sand Bay

Fähre

OCEAN VIEW ROAD

Whittaker's **Musical Experience** ℹ ❶

Matiatia Wharf

MATIATIA

NICK JOHNSTONE DR

KUAKA RD

WELA RD

BEACH PARADE ❷

NEWTON

TE AROHA AVE

QUEENS DR

Little Oneroa

McINTOSH RD

MAKO RD

RIDGE RD

TUI ST

MATAI

OCEAN VIEW RD

TAWA ST

GODWIN AVE ❸ ❷

QUEENS DR

HEKERUA RD

FRANK STREET

Cable Bay 🍇

CHURCH BAY ROAD

HERUHI RD

TAHATAI

MANUKA RD

NIKAU RD

NIKAU RDA

KIWI ST

HILA ST

MAKORA AVENUE

PACIFIC PARADE

RATA ST

MAKORA AVENUE

BURRELL ROAD

LAINNAN RD

SURF DALE RD

MOANA AVE

FISHER

BERESFORD AVE

BETTY PARADE

Restaurants, Cafés & Bars

Lazy Lounge   1
Mudbrick   3
Sand Bar   2
Stefano's   4

Blackpool Beach

THE ESPLANADE

MARAMA

HAMILTON RD

OCEAN RD

ALISON

NELSON AVE

MITCHELL RD

❹

Übernachtung

Fossil Bay Lodge A
Hekerua Lodge   B
Punga Lodge   C

🍇 **Mudbrick**

🖥 www.mudbrick.co.nz, wirkt etwas traditioneller, ist aber ebenso ansprechend.

Einer der schönsten **Wanderwege** der Insel ist der Rundweg Matiatia–Owhanake–Oneroa (2–3 Std., viel Auf und Ab). Er führt an abgeschiedenen Stränden und windgepeitschten Landzungen vorbei, an denen einige der schönsten modernen Villen Neuseelands verstreut stehen, oft mit interessanten Skulpturen im Garten.

Die restliche Insel

Die sogenannte Hauptstraße von Waiheke windet sich von Oneroa aus gen Osten durch die benachbarten Siedlungen Little Oneroa, Blackpool und Surfdale bis nach **Ostend**. Der Ort, der als Gewerbegebiet der Insel fungiert und fernab aller attraktiven Strände liegt, ist eigentlich nur samstagvormittags von Interesse: Dann findet in der Ostend Hall, an der Ostend Road, Ecke Belgium Street, der Ostend Market statt, mit Bioprodukten, Kunst und Kunsthandwerk, Imbissständen, Massagen, Irisdiagnostik und heimischen Unterhaltungskünstlern. ⏱ Sa 8–12 Uhr.

Zwischen Ostend und Onetangi liegen einige von Waihekes renommiertesten Weingütern; viele von ihnen stehen Besuchern offen. Eines der besten ist **Stonyridge**, 80 Onetangi Rd, 📞 09/372 8822, 🖥 www.stonyridge.co.nz, dessen liebevoll gepflegte Bio-Weingärten den Larose hervorbringen, einen von Neuseelands Weltklasse-Rotweinen im Bordeaux-Stil. Die meisten Jahrgänge sind schon vor der Flaschenabfüllung ausverkauft (zu rund $220/Flasche); oft gibt es nur noch begrenzte Kontingente direkt in der Kellerei zu kaufen. Am Wochenende findet eine unterhaltsame Führung mit Weinprobe statt (Sa und So 11.30 Uhr, $10). ⏱ tgl. 11.30–17 Uhr.

Noch mehr Weinverkostungen sowie Bier-Kostproben der Waiheke Island Brewery gibt es nebenan bei **Wild On Waiheke**, 📞 09/372 3434, 🖥 www.wildonwaiheke.co.nz. Vier bis acht Kostproben kosten $6–10. ⏱ Nov–April tgl. 11–16, Mai–Okt Do–So 13–16 Uhr.

6 km östlich von Oneroa beansprucht der **Palm Beach** ein ordentliches Stück der Nordküste. Die Häuser ziehen sich bis zum Sandstrand hinunter, der durch eine Handvoll Felsen von der

Nacktbadezone am westlichen Ende getrennt ist. Der längste und am wenigsten geschützte Strand der Insel ist der **Onetangi Beach**, im Sommer gleichermaßen beliebt bei Surfern und Badenden und von Zeit zu Zeit Austragungsort von Pferderennen (üblicherweise Mitte März).

Östlich von Onetangi gibt es kaum noch Häuser, sondern bloß offenes Farmland, Weingärten und das frei zugängliche **Stony Batter Historic Reserve**, 🖳 www.fsb.org.nz, eine Ansammlung von Verteidigungsanlagen aus dem Zweiten Weltkrieg am Nordostzipfel der Insel, 23 km von Matiatia Wharf. Vom Parkplatz sind es 20 Minuten zu Fuß bis zum Reserve, wo man herumwandern oder das **Fort Stony Batter** erkunden kann, ein Labyrinth aus feuchten Betontunneln und Geschützstellungen, das Auckland im Zweiten Weltkrieg vor einem erwarteten japanischen Angriff schützen sollte. Dazu kam es nie, und nach dem Krieg wurden die Geschütze entfernt. Besucher können die Anlage mit einer mitgebrachten oder vor Ort ausgeliehenen Taschenlampe auf eigene Faust erkunden oder sich einer sehr anschaulichen Führung anschließen ($45 für bis zu 2 Erw. und 2 Kinder, nur Barzahlung). Stony Batter wird von allen Insel-Tourbussen angefahren. ⏲ Feb–Weihnachten tgl. 9.30–17 Uhr, Eintritt $8 (nur Barzahlung).

Unterkünfte gibt es reichlich; nur in den drei Wochen nach Weihnachten und an Sommerwochenenden kann es eng werden. Oneroa verfügt über gute Busverbindungen, Restaurants und Geschäfte, doch viele Besucher quartieren sich lieber an ruhigeren **Stränden** wie Palm Beach oder Onetangi ein. Viele Unterkünfte verlangen am Freitag/Samstag zwei Nächte Mindestaufenthalt oder einen Aufschlag für Einzelübernachtungen.

Crescent Valley Eco Lodge, 50 Crescent Rd, hinter Palm Beach, ✆ 09/372 4321, 🖳 www.waihekeecolodge.co.nz. Reizende Lodge im Busch, 20 Min. zu Fuß von Palm Beach. 2 große Zimmer, jeweils mit eigener Küche, Bad, Essbereichen drinnen und draußen. Warmes Badebecken zum Relaxen unterm Sternenhimmel. Dazu gibt es auf Wunsch wunderbare Mahlzeiten und köstliches Frühstück aufs

Zimmer ($15 p. P.). Kostenlose Kajak- und Fahrradnutzung. ❺

Fossil Bay Lodge, 58 Korora Rd, Oneroa, ✆ 09/372 8371, 🖳 www.fossilbay.webs.com. Ein paar zwanglose Hütten 5 Min. zu Fuß von einem so gut wie privaten Strand, auf einer Bio-Farm 1 km außerhalb des Orts. 1er-Cabin $40, 2er-Cabin ❷

Heartsong Retreat, 8 Omiha Rd, Rocky Bay, ✆ 09/372 2039, 🖳 www.heartsongretreat.co.nz. Ruhiges B&B in idyllischer Buschlage mit Meerblick. Zur Auswahl stehen zwei elegant eingerichtete Zimmer im Haupthaus (inkl. Frühstück), eine Cabaña für Selbstversorger und ein Cottage (bei beiden werden Frühstückszutaten gestellt). Alle Gäste haben Zugang zum großen Warmwasser-Pool im Grünen und einem Bootshaus. Auf Wunsch Massagen und verschiedene ganzheitliche Behandlungen. Zimmer ❼, Cabaña ❼, Cottage ❾

Hekerua Lodge, 11 Hekerua Rd, Little Oneroa, ✆ 09/372 8990, 🖳 www.hekerualodge.co.nz. Friedliche Backpacker-Herberge mit Pool im Busch, 10 Min. zu Fuß von Oneroa. Auch einige Gästezimmer und eine Unit für Selbstversorger. Camping $17, Dorms $28–$36, Zimmer ❸, 7-Personen-Unit ❺

Onetangi Beachfront Apartments, 27 The Strand, Onetangi, ✆ 0800/663 826, 🖳 www.onetangi.co.nz. Schicke Motel-Apartments, die

---

Schöner wohnen im Busch

Punga Lodge, 223 Ocean View Rd, Little Oneroa, ✆ 09/372 6675, 🖳 www.pungalodge.co.nz. Nettes und sehr gastfreundliches B&B, schön gelegen inmitten von Busch und nahe dem Oneroa Beach. Die hilfreichen Inhaber halten ihre Gäste mit Tee und frisch gebackenen Muffins bei Laune. Übernachtung in komfortablen, geräumigen DZ mit Bad und Veranda oder in einem der 4 Selbstversorger-Apartments unterschiedlicher Größe. Whirlpool, günstige Preise außerhalb der Saison. Betreibt auch die nahe gelegene **Tawa Lodge**, die über preisgünstige B&B-Zimmer mit Gemeinschaftsbad sowie ein komfortables Apartment mit herrlichem Meerblick verfügt. Fährtransfer möglich. ❹–❼ nur durch eine Straße vom Onetangi Beach getrennt sind. Selbstversorger-Unterkünfte mit Sky TV und DVD-Spielern, kostenloser Sauna- und Whirlpoolnutzung. Kajakverleih. ⑥–⑨

Palm Beach Bungalows, 9 Palm Rd, Palm Beach, ☎ 09/372 5146, 🖳 www.palmbeach bungalows.com. Die Ansammlung von Holz- und Lehmbauhütten für Selbstversorger im tiefsten Busch hat ein gewisses Hippie-Flair, bietet aber zugleich komfortable Ausstattung mit kleinen Küchen und Sky TV. Die Anlage ist ganz auf Romantikurlauber ausgerichtet: Der Luxus-bungalow hat eine Whirlpool-Badewanne für 2. Cottages ⑥, Luxusbungalow ⑧

Whakanewha Regional Park, Rocky Bay, Reservierungen unter ☎ 09/366 2000. Der einzige offizielle Campingplatz der Insel ist einfach ausgestattet, liegt aber sehr schön an einer Gezeitenbucht. Die nächste Bushalte-stelle ist 3 km entfernt. Camping $10

Essen und Unterhaltung

Die meisten Restaurants drängen sich in Oneroa; außerdem gibt es noch ein paar Lokale an den Stränden und auf einigen erstklassigen Weingütern. Das Unterhaltungsangebot ist eher dürftig, aber es lohnt sich, einen Blick auf das Programm des **Waiheke Island Community Cinema**, 2 Koroka Rd, neben dem i-SITE, zu werfen. **Livemusik** wird vor allem am Wochenende geboten; die besten Anlaufstellen sind die Sand Bar in Oneroa und The Rocks in Ostend.

Charlie Farley's, 21 The Strand, Onetangi. Legeres Café mit Alkoholausschank, einem brauchbaren Speisenangebot (um $20) und einer Terrasse mit Meerblick zur Little Barrier Island hinüber – ideal zum Sundowner.

Lazy Lounge, 139 Oceanview Rd. Ein guter Ort, um sich in Gesellschaft der interessanteren Charaktere der Insel einen Kaffee, Wein oder auch ein Bier zu genehmigen und sich mit thailändischem Hühnchen-Salat, Pizza, Frühstücks-Burritos oder großzügigen Kuchen-portionen zu stärken. Kostenloses WLAN.

Mudbrick, Church Bay Rd, 2 km westlich von Oneroa, ☎ 09/372 9050. Weiße Tischwäsche,

auf Hochglanz polierte Gläser und der Ausblick über die Lavendelbeete prägen das attraktive Restaurant dieses Weinguts, das Vorspeisen wie Jakobsmuscheln mit gesalzener Wassermelone ($24) und Hauptgerichte wie Waiheke-Lamm an Selleriepüree ($40) reicht.

Nourish, 3 Belgium St, Ostend. Das moderne Café serviert vorwiegend saisonale Biokost aus der Region. Außer den tollen Salaten ist auch das türkische Sandwich mit Hühnchen und Avocado sehr zu empfehlen. Kostenloses WLAN.

Sand Bar, 153 Ocean View Rd, ☎ 09/372 9458. Elegante kleine Bar, perfekt für einen Cocktail bei Sonnenuntergang; am Wochenende legen oft DJs auf. ⊙ Mo und Di geschlossen.

Stefano's, 18 Hamilton Rd, Surfdale, ☎ 09/372 5309. Gemütliche kleine Pizzeria mit vielen Sitzplätzen im Freien und einer guten Auswahl an Pizza mit dünnem Boden und klassischem Belag (die meisten für $17–23), einigen Nudelgerichten und unwiderstehlichem Tiramisu. BYO und Alkoholausschank. ⊙ Mo geschlossen.

Stonyridge, 80 Onetangi Rd, ☎ 09/372 8822. Das vorzügliche Restaurant des Weinguts lädt zum Lunch im Freien mit Aussicht auf die Weingärten. Das Angebot umfasst diverse Bruschetti, Probierplatten und eine Handvoll Hauptgerichte ($24–30), eine fabelhafte Wein-karte und die Gelegenheit, Olivenöl von den hauseigenen Olivenbäumen zu kosten. Der in 1980er-Jahren angepflanzte Olivenhain des Weinguts gehört zu den ältesten in Neuseeland. Am Wochenende oft Akustikmusik auf der Terrasse.

Aktivitäten und Touren

Tagesausflügler haben zahlreiche Möglich-keiten, die Insel im Rahmen organisierter Touren zu erkunden. **Fullers**, ☎ 09/3697 9111, veranstaltet u. a. eine **Explorer Tour**, die das ganze Jahr tgl. um 10, 11 und 12 Uhr von Auckland startet. Der Preis von $48 beinhaltet die Fährfahrt hin und zurück (die Rückfahrt muss nicht am selben Tag angetreten werden), eine 1 1/2-stündige Inselrundfahrt sowie eine

Tageskarte für den Inselbus, mit dem man Waiheke danach auf eigene Faust erkunden kann. Fullers' **Wine on Waiheke Tour** (Start von Auckland um 13 Uhr, Dez–Feb tgl., März–Okt 2–5x wöchentl., $ 115, ohne Mittagessen $85) umfasst dasselbe und 4 Std. auf drei Top-Weingütern der Insel. Dies ist die beste Möglichkeit zum Kennenlernen der Weingüter, von denen einige ihre Pforten nur auf Anfrage öffnen.

Zu den Veranstaltern auf der Insel selbst gehört **Ananda Tours**, ☎ 09/372 7530, 🖥 www.ananda.co.nz, die speziell auf die Teilnehmer zugeschnittene Wein-, Öko-, Kunst- und Rundtouren anbieten (ab $100 p. P.; Mindestteilnehmerzahl erforderlich).

Ross Adventures, ☎ 09/372 5550, 🖥 www.kayakwaiheke.co.nz, veranstalten diverse geführte Kajaktouren von Matiatia aus: Halbtagstouren (4 Std. für $75), Abendfahrten (3 Std. für $95) und Ganztagstouren mit Shuttle-Service zurück zum Ausgangspunkt ($145). Außerdem verleihen sie Seekajaks ab $35 für einen halben Tag.

Flying Carpet, 104 Wharf Rd, Ostend, ☎ 09/372 5621, 🖥 www.flyingcarpet.co.nz, bietet Segeltörns auf einem hochseetauglichen Katamaran (Tagestörn $160, inkl. Mittagessen), Dinner-Fahrten ($120) und andere Trips.

Sonstiges

Autovermietungen

Waiheke Island Adventures, ☎ 0800/372 9777, 🖥 www.waihekeislandadventures.com. Betagte Gebrauchtwagen ohne Kilometerbegrenzung für $50/Tag.
Waiheke Auto Rentals, Matiatia Wharf, ☎ 09/372 8635, 🖥 www.waihekerentalcars.co.nz. Für alle, die neuere Fahrzeuge vorziehen: Pkw $55/Tag zzgl. $0,65/km, Allradfahrzeuge $80/Tag zzgl. $0,65/km, Motorroller $55/Tag.

Fahrräder

Waiheke Bike Hire, Matiatia Wharf, ☎ 09/372 7937, verleiht Räder für $30/Tag. Da das Terrain von Waiheke recht hügelig ist, sollten Radfahrer über eine gute Kondition verfügen.

Informationen

i-SITE Visitor Centre, 2 Korora Rd, Oneroa, ☎ 0800/282 552, 🖥 www.waihekenz.com. Sehr hilfreich. Gepäckaufbewahrung $5 pro Stück. Außerdem gibt es hier die unentbehrliche Gratisbroschüre *Island of Wine* mit Karte. ⏲ Mo–Sa 9–17, So 9–16.30 Uhr.

Jeden Donnerstag kommt die *Gulf News* ($2) heraus, die über sämtliche Veranstaltungen auf der Insel informiert und eine Auflistung von Verkaufsstellen für Kunst und Kunsthandwerk enthält.

Internet

Internetzugang gibt es beim **i-SITE** und nebenan in der **Bibliothek**, ⏲ Mo–Fr 9–17, Sa 10–16 Uhr.

Nahverkehr

Busse

Der Fahrplan der Busse von **Fullers**, ☎ 09/366 6400, ist weitgehend auf die Ankunft und Abfahrt der Fähren abgestimmt. Die Busse fahren über Oneroa, Surfdale und Ostend nach Onetangi und über Oneroa, Little Oneroa und Palm Beach zur Rocky Bay. Fahrscheine ($1,50–4,10 pro Fahrt, $8 für eine Tageskarte) sind im Bus erhältlich.

Taxis

Waiheke Independent Taxis, ☎ 0800/300 372.

Transport

Die schnellen Passagierfähren von **Fullers**, ☎ 09/367 9111, verkehren ungefähr stdl. vom Ferry Building in AUCKLAND zur Matiatia Wharf, knapp 1 km von Oneroa, und benötigen für die Überfahrt 35 Min. ($32 hin und zurück, Fahrräder kostenlos).

Wer länger auf der Insel verweilen will, möchte vielleicht sein eigenes Fahrzeug mitbringen, was mit der **Autofähre Sealink**, ☎ 0800/732 546 oder 09/300 5900, 🖥 www.subritzky.co.nz, möglich ist (Pkw und Fahrer $160 hin und zurück, pro Passagier $30 hin und zurück); die Schiffe starten etwa stdl. von der Half Moon Bay östlich von Auckland und brauchen 45–60 Min. bis zum Kennedy Point auf Waiheke, 4 km südlich von Oneroa.

Auckland und Umgebung

Great Barrier Island (Aotea)

Das zerklüftete und dünn besiedelte Great Barrier Island (Aotea) befindet sich 90 km nordöstlich von Auckland am äußeren Rand des Hauraki Gulf. Das Innere der nur 30 km langen und 15 km breiten Insel ist von einer wilden, gebirgigen Landschaft geprägt, die im Westen zu tief eingeschnittenen Naturhäfen und im Osten zu goldenen Surfstränden ausläuft.

Great Barrier Island ist von Auckland in nur einer halben Stunde per Flugzeug zu erreichen, scheint aber Lichtjahre von der Metropole entfernt zu sein. Hier gibt es kein Stromnetz, keine zentrale Wasserversorgung, keine Industrie, keine nennenswerten Ortschaften und kaum öffentliche Verkehrsmittel. So herrscht auf der Insel mit ihren schönen **Stränden**, **Thermalquellen** und bewaldeten **Bergen**, die nie von Possums und Hirschen heimgesucht wurden, ein besonderes Gefühl von Frieden und Abgeschiedenheit.

Geschichte

Das vulkanische Aotea war eines der ersten Siedlungsgebiete der **Maori** – Angehörige der Ngatiwai und Ngatimaru bewohnten hier zahlreiche Wehrdörfer, als Cook 1769 an dem Eiland vorbeisegelte. Er erkannte, dass Aotea die Gewässer des Hauraki Gulf schützte, und taufte die Insel deshalb in Great Barrier Island um. Ab 1791 wurden die ausgedehnten Kauri-Bestände der Insel für den Schiffsbau abgeholzt. Die **Holzfällerei** wurde bis 1942 fortgesetzt, lange nachdem man den frühen Kupferbergbau bei Miners Head und sporadische Versuche, nach Gold und Silber zu schürfen, wieder aufgegeben hatte. In den 1950er-Jahren folgte auf die Holzfällerei und den Abbau von fossilem Kauri-Harz der Bau einer kurzlebigen **Walfangstation** zur Trangewinnung bei Whangaparapara, doch bald beschränkte sich die Insel wieder auf die landwirtschaftliche Bestellung ihrer wenig ergiebigen Lehmböden. Ihre Bevölkerung, die in Spitzenzeiten auf über 5000 angewachsen war, schrumpfte auf etwa 1000.

In den 1960er- und 1970er-Jahren kamen viele Alternative auf die Insel. Auch wenn der Idealismus der 70er-Jahre inzwischen einem modernen Pragmatismus Platz gemacht hat, bewahrt sich die Insel – mehr gezwungenermaßen als aus ideologischen Gründen – eine weitgehende Autarkie. Ihre Bewohner bauen ihr eigenes Gemüse an, jeder hat seine eigene Wasserversorgung, und die Dieselgeneratoren werden mittlerweile durch zahlreiche Windturbinen und Solarmodule unterstützt.

Vor allem lebt die Insel heute aber vom **Tourismus**. Immer mehr wohlhabende Auswärtige legen sich hier ein Ferienhaus zu. Die sprunghaft gestiegenen Grundstückspreise zwingen so manchen Einheimischen mit niedrigem Einkommen, die Insel zu verlassen. Andere ziehen weg, wenn ihre Kinder in das Alter kommen, wo sie eine weiterführende Schule besuchen müssen. Der Bevölkerungsrückgang bei gleichzeitigem Anstieg der Besucherzahlen hat zur Folge, dass im Sommer viele **Aushilfsjobs** auf der Insel zu haben sind.

Rund um die Insel

Ein Großteil der Vergnügungen hier besteht in Sonnenbaden und Wanderungen im wilden **Great Barrier Forest**, der sich zwischen Port Fitzroy und Whangaparapara über etwa ein Drittel der Insel erstreckt. Wer einen durchorganisierten Tagesablauf bevorzugt, kann sich an einen der wenigen Mini-Veranstalter wenden, die ihre Kunden mit Touren und anderen Aktivitäten beschäftigen (s. S. 207, Aktivitäten).

Tryphena hat außer guten Unterkünften und Lokalen nicht viel zu bieten. Die meisten Besucher steuern auf direktem Wege den **Medlands Beach** an, einen langen Bogen fast weißen Sandes mit einer vorgelagerten Insel, an den zumeist exzellente Surfwellen branden. Allerdings gibt es hier keine Rettungsschwimmer. Dass die hübsche blau-weiße **St John's Church** ein bisschen fehl am Platz wirkt, ist kein Wunder, denn sie wurde erst 1986 per Frachtkahn vom Festland herübergebracht und dann über die Dünen geschleppt.

Nördlich des Medlands Beach verlässt die Straße die Küste und führt nach **Claris**, dessen Postamt von sich behauptet, den ersten Luftpostservice der Welt eingerichtet zu haben. Man erzählt sich, dass die traurige Nachricht vom

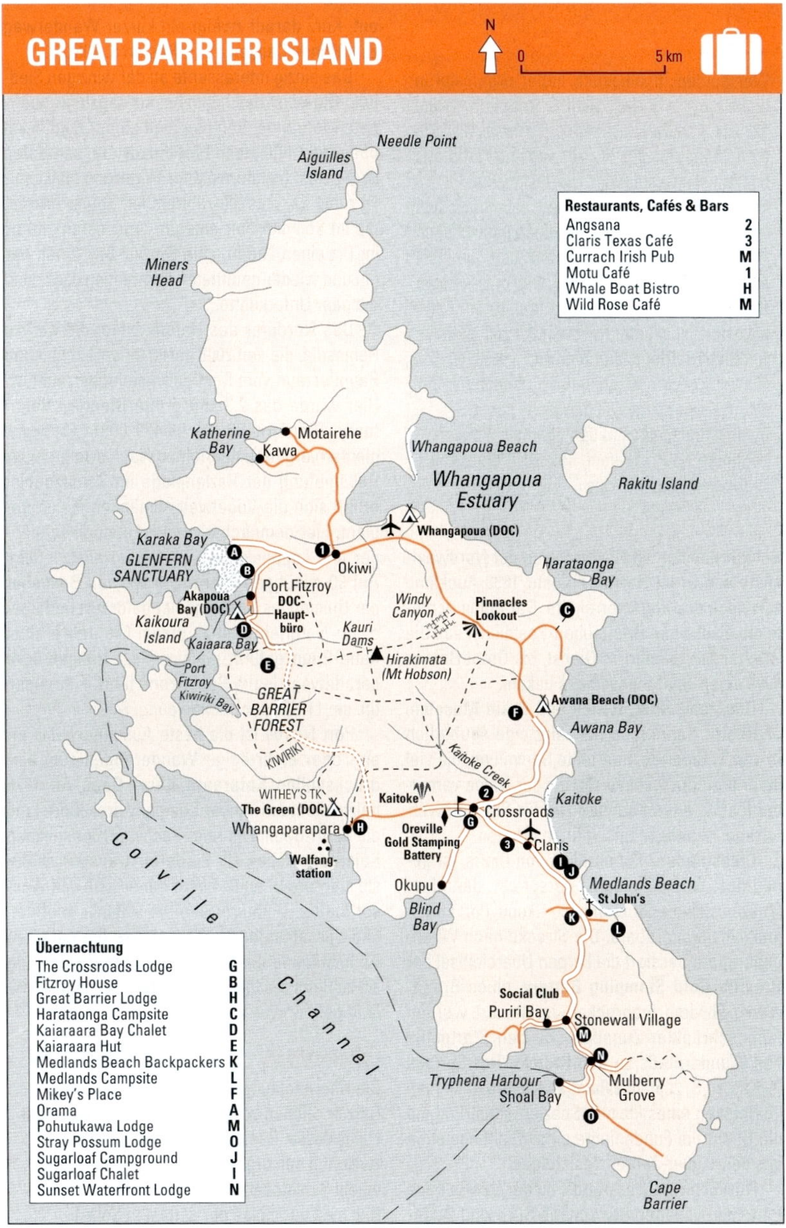

GREAT BARRIER ISLAND

N

0   5 km

Auckland und Umgebung

Aiguilles Island

Needle Point

Miners Head

Restaurants, Cafés & Bars	
Angsana	2
Claris Texas Café	3
Currach Irish Pub	M
Motu Café	1
Whale Boat Bistro	H
Wild Rose Café	M

Katherine Bay • Motairehe
Kawa

Whangapoua Beach

Whangapoua Estuary

Rakitu Island

Karaka Bay
GLENFERN SANCTUARY
A
B
Akapoua Bay (DOC)
Okiwi ●

✈ ⛺ **Whangapoua (DOC)**

Harataonga Bay

DOC-Haupt-büro
Port Fitzroy
D

Windy Canyon

Pinnacles Lookout
C

Kaikoura Island
Kaiaara Bay
Kauri Dams

Port Fitzroy
Kiwiriki Bay
E

▲ *Hirakimata (Mt Hobson)*

GREAT BARRIER FOREST

F
⛺ **Awana Beach (DOC)**
Awana Bay

KIWIRIKI

Kaitoke Creek

WITHEY'S TK
The Green (DOC) △
Kaitoke
Whangaparapara ● H
2
Crossroads
Kaitoke

Oreville Gold Stamping Battery
G

3 ● Claris
I
J

Walfang-station

Okupu ●
Blind Bay

K
L

Medlands Beach
St John's ●

Social Club
Puriri Bay
● **Stonewall Village**

C o l v i l l e   C h a n n e l

M
N
Tryphena Harbour
Shoal Bay
Mulberry Grove

O

Übernachtung	
The Crossroads Lodge	G
Fitzroy House	B
Great Barrier Lodge	H
Harataonga Campsite	C
Kaiaraara Bay Chalet	D
Kaiaraara Hut	E
Medlands Beach Backpackers	K
Medlands Campsite	L
Mikey's Place	F
Orama	A
Pohutukawa Lodge	M
Stray Possum Lodge	O
Sugarloaf Campground	J
Sugarloaf Chalet	I
Sunset Waterfront Lodge	N

Cape Barrier

▼ Auckland (90 km; Personenfähre 2 Std., Autofähre 4 1/2 Std.)

Wer seinen Inselbesuch lieber organisieren lässt, kann z. B. bei **Bush & Beach**, ✆ 0800/423 224, 🖥 www.bushandbeach.co.nz, für $575 eine Tagestour per Flieger von Auckland aus buchen, mit Besuch der Thermalquellen.

Es kann sogar billiger kommen, wenn man sich von einem Anbieter vor Ort einen individuellen Tourplan zusammenstellen lässt, statt die Insel auf eigene Faust zu erkunden, weil diese Firmen Rabatte auf Transportmittel und Unterkünfte bekommen. Ein guter Ansprechpartner ist Steve von **Great Barrier Island Tourism**, ✆ 0800/997 222, 🖥 www.greatbarrierislandtourism.co.nz, der die Insel wie seine Westentasche kennt.

Die meisten **Lodges** haben ebenfalls Pauschalangebote im Programm, so z. B. Pohutukawa Lodge und Fitzroy House.

Schiffbruch der SS Wairarapa an der Nordwestküste von Great Barrier im Jahr 1898 Auckland erst nach drei Tagen erreichte. Daraufhin richtete die Insel einen Brieftauben-Postdienst ein. Die Brieftauben blieben im Dienst, bis Great Barrier 1908 einen Telefonanschluss bekam.

Das nahe **Milk, Honey and Grain Museum**, 47 Hector Sanderson Rd, zeigt eine säuberlich in drei Kategorien unterteilte Sammlung, die viel mehr über die Insel verrät, als der Name vermuten lässt – ein lohnendes Ziel für Schlechtwettertage. ⏱ nahezu tgl., Spende erbeten.

Crossroads, 2 km nördlich von Claris, ist genau das, was sein Name verspricht, denn hier kreuzen sich die Straßen nach Okupu, Port Fitzroy und Whangaparapara. Die Strecke nach Whangaparapara passiert die kargen Überbleibsel der **Oreville Gold Stamping Battery**, eines Brechwerks, in dem Erzbrocken zerkleinert wurden (unbeschränkter Zugang), und den Startpunkt des Wanderpfads zu den **Kaitoke Hot Springs** (s. Kasten S. 205). In **Whangaparapara** kann man im Rahmen eines kleinen Spaziergangs rund um die Bucht die Fundamente einer Walfangstation aus den 1950er-Jahren besichtigen.

Nördlich von Crossroads, an der Straße nach Port Fitzroy, liegen der schöne Surf- und Badestrand der **Awana Bay** und der **Pinnacles Look-**out. Kurz darauf zweigt ein kurzer Wanderweg zum **Windy Canyon** ab (s. Kasten S. 205).

Das einzig Interessante an der winzigen Siedlung **Okiwi** ist das hübsche, nur tagsüber geöffnete Motu Café. Von hier sind es nur noch 5 km über den Hügel nach **Port Fitzroy**. Dessen Hafen liegt selbst bei stürmischer Witterung meist völlig ruhig da, was die zahlreichen Segler erfreut, die im Sommer hier anlegen. Ansonsten gibt es im Ort einen Laden, eine Burger-Bar, einen nur hin und wieder geöffneten Informationskiosk und ein paar Unterkünfte.

Das Nordufer des Hafens bildet die Kotuku Peninsula, die seit 2008 durch einen 2 km langen Raubtierzaun vom Rest der Insel abgetrennt ist. Hier wurde das 2,3 km² große **Glenfern Sanctuary**, Glenfern Rd, ✆ 09/429 0091, 🖥 www.glenfern.org.nz, eingerichtet. Nach erfolgreicher Bekämpfung der Rattenplage im Schutzgebiet erholt sich die Vogelwelt allmählich. Es ist geplant, hier demnächst wieder Langbeinschnäpper und Lappenkrähen (Kokakos) anzusiedeln. Auf 90-minütigen Führungen werden Besucher per Unimog ins Schutzgebiet befördert und über einen Naturlehrpfad zu einem 600 Jahre alten Kauri-Baum geführt, wo eine kurze Hängebrücke geradewegs in die Baumkrone führt. Führungen tgl. um 11 Uhr nach Anmeldung; $40.

Port Fitzroy ist die beste Ausgangsbasis für ein- oder mehrtägige Wanderungen zum eindrucksvollen **Kaiaraara Kauri Dam**. Ab 1926 holzte die Kauri Timber Company drei Jahre lang die Kauri-Bäume im relativ schwer zugänglichen Kaiaraara Valley ab. Zu deren Transport baute sie mehrere Dämme, hinter denen sich das Wasser staute. Dann wurden die Dämme geöffnet, und das ablaufende Wasser riss die gefällten Baumstämme mit bis in die Kaiaraara Bay, wo sie zu Rafts zusammengebunden und nach Auckland geflößt wurden.

Übernachtung

Die Übernachtungsmöglichkeiten auf Great Barrier reichen vom Camping bis zu Lodges der Luxusklasse. Backpacker haben die Wahl zwischen den drei aufgeführten Hostels und einem Schlafsaal in der Pohutukawa Lodge. Hier sind nur einige der nettesten Selbstversorger-Cottages gelistet; viele weitere finden

Der **Great Barrier Forest**, Neuseelands größter Possum-freier Buschbestand, bietet eine einzigartige Umgebung zum Wandern. Da das Gebiet so übersichtlich ist, gelangt man in kürzester Zeit von kleinen subtropischen Tälern – üppig bewachsen mit Nikaupalmen, Baumfarnen, Rimu- und Kauri-Bäumen – zu Höhenzügen, die von kümmerlichen Manuka-Büschen bedeckt sind und eine beeindruckende Aussicht auf Küste und Gebirge bieten. Viele der Wanderwege folgen Schienenwegen aus der Zeit des Bergbaus und führen an alten Kauridämmen vorbei. Die Wanderwege ins Inselinnere treffen sich am 621 m hohen **Hirakimata** (Mount Hobson). Er ist von Holzstegen und -treppen umgeben, die Wanderer auf dem Weg halten sollen, damit die hier nistenden Schwarzsturmvögel nicht gestört werden.

Harataonga/Okiwi Coastal Track (12 km eine Strecke, 5 Std., viel Auf und Ab, Startpunkt Harataonga-Campingplatz): Traumhafte Ausblicke auf die Küste bietet die leicht zu begehende alte Küstenstraße, die teils über Privatgrundstücke verläuft. Wanderer können sich von einem der Shuttle-Betreiber am Ende des Wegs bei Okiti abholen lassen oder nur einen Teil der Strecke und dann wieder zurück gehen.

Hirakimata über Windy Canyon (6 km hin und zurück, 3 Std., 400 m Höhenunterschied): Die einfachste Strecke zum höchsten Punkt der Insel führt durch den Windy Canyon (s. u.). Danach folgt man einem breiten Höhenrücken, der weiten Blick auf die Küste gewährt, und kraxelt schließlich über Holzstege und -treppen durch schönen alten Kauri- und Rimu-Wald zum Gipfel.

Kaiaraara Kauri Dam (10 km hin und zurück, 3 Std., 250 m Höhenunterschied): Sehr schöne Buschwanderung über Forststraßen und Waldwege zu Neuseelands eindrucksvollstem Kauridamm (s. S. 204). Der Weg beginnt bei einem geschlossenen Tor etwa 2 km südlich des DOC-Büros in Port Fitzroy und etwa 40 Min. Fußmarsch vom Fähranleger. Unterwegs passiert man nach einer Viertelstunde die **Kaiaraara-Hütte** (s. S. 207). Vom Kauridamm geht es steil bergauf zu einem zweiten, viel weniger imposanten Damm (50 Min.) und dann über Treppen weiter bis zum Gipfel des Hirakimata (noch einmal 30–40 Min.

Kaitoke Hot Springs (6 km hin und zurück, 1 1/2 Std., eben): Der einfache, rollstuhltaugliche Weg führt von einem Parkplatz an der Whangaparapara Road vorbei an der Feuchtlandschaft des Kaitoke Swamp zu den Kaitoke Hot Springs, wo man sich in ein paar aufgestauten Warmwasserbecken aalen kann. Das schönste Becken liegt etwa 50 m stromaufwärts in einer kleinen Kluft (einfach dem Weg folgen).

Windy Canyon (1 km hin und zurück, 20–30 Min., 50 m Höhenunterschied): Einfache Wanderung zu einem Engpass, der seinen Namen den klagenden Lauten verdankt, die hier bei bestimmten Windverhältnissen entstehen. Der schmale Weg windet sich zwischen Nikaupalmen und Baumfarnen zu einem Aussichtspunkt mit Blick auf das Inselinnere und die Küste. Der Startpunkt der Wanderung befindet sich 4 km nordwestlich der Awana Bay.

sich auf Websites wie 🖥 www.greatbarriernz.com und 🖥 www.greatbarrierislandtourism.co.nz. Oft wohnen die Besitzer ganz in der Nähe und versorgen die Gäste auf Wunsch mit Frühstück und manchmal auch mit Abendessen. Manche Unterkünfte arrangieren einen **Abholservice** von der Fähre oder vom Flughafen. Die in Tryphena und Medlands erwarten dagegen von ihren Gästen, dass sie die Shuttlebusse nutzen, die bei Ankunft aller Fähren und Flugzeuge bereitstehen.

Die **Übernachtungspreise** sind generell höher als auf dem Festland, besonders von Weihnachten bis Mitte Januar. Dann wird es auf der Insel richtig voll; wer für diese Zeit eine Unterkunft haben will, muss weit im Voraus reservieren.

Es gibt viele einfache DOC-**Campingplätze** (alle auf der Karte eingezeichnet) für $8–9 p. P. – die besten davon sind unten aufgeführt – sowie einen privat betriebenen Platz in schöner Lage. Die DOC-Campingplätze haben Toiletten,

Wasser und kalte Duschen (mit Ausnahme von The Green); offenes Feuer ist auf ihnen nicht erlaubt. Zu Spitzenzeiten sollte man auch hier rechtzeitig reservieren unter ☎ 09/429 0044, 🖳 www.doc.govt.nz.

Lodges, Gästehäuser und Cottages

Fitzroy House, Glenfern Rd, Port Fitzroy, ☎ 09/429 0091, 🖳 www.fitzroyhouse.co.nz. Selbstversorger-Cottage (bis 6 Pers.) im Glenfern Sanctuary mit Dielenboden, Blick auf den Hafen und kostenloser Kanu- und Dinghi-Nutzung. Seekajaks kosten $45/24 Std. Auf Wunsch ausgezeichnete 4-tägige Pauschalangebote mit Wandertouren und Segeltörns. ⊙ Juni–Sep geschlossen ❼

Great Barrier Lodge, Whangaparapara Harbour, ☎ 09/429 0488, 🖳 www.greatbarrierlodge.com. Die Lodge ist so ziemlich die einzige Einrichtung in Whangaparapara und fungiert gleichzeitig noch als Lebensmittelladen und Tauchshop. Unterbringung in Cottages und Studio-Units; im Hauptgebäude gibt es außerdem ein Bar-Restaurant. Dorm $45, Studios und Cottages ❻

Kaiaraara Bay Chalet, Kaiaraara Bay Rd, Port Fitzroy, ☎ 09/429 0040. Moderne Selbstversorger-Unterkunft mit einem Schlafzimmer (bis zu 4 Pers.), nur 30 Min. zu Fuß vom Fähranleger in Port Fitzroy. Panoramablick aufs Meer und günstige Lage für die Kauridamm-Wanderung. ❻

Orama, Karaka Bay, ☎ 09/429 0063, 🖳 www. orama.co.nz. Das christliche Zentrum betreibt einen Ferienpark am Wasser und ist Standort des OPC Outdoor Centre (s. S. 208). Swimmingpool, Laden, Zugang zu tollen Buschwanderwegen, Angel- und Tauchmöglichkeiten. Camping $15–20, Dorms $30, Cabins ❸, Cottages ❺

Unterkunft mit Wohlfühlfaktor

Sugarloaf Chalet, Sugarloaf Rd, Kaitoke, ☎ 09/429 0229. Reizendes Selbstversorger-Cottage in rustikalem Schick mit Grillplatz, Feuerstelle und Solarstrom, nur ein paar Schritte von einem hübschen Strand. Die Unterkunft hat echtes Outdoor-Flair – bis hin zur Außendusche und -toilette. ❺

Pohutukawa Lodge, Stonewall, Tryphena, ☎ 09/429 0211, 🖳 www.currachirishpub. com. Die beste Wahl unter den Unterkünften rund um Tryphena – heimelig, klein und einladend, mit tollem Pub und Restaurant samt Veranda, alles in praktischer Nähe zum Laden. Attraktive Zimmer mit Bad und ein 4-Bett-Dorm (Bettwäsche wird gestellt), dessen Nachtruhe mitunter von den Gästen des Pubs gestört wird. Küche für Selbstversorger. Dorm $25, Zimmer ❺

Sunset Waterfront Lodge, Mulberry Grove, Tryphena, ☎ 09/429 0051, 🖳 www.sunset lodge.co.nz. Unterkunft im Motel-Stil in einer Grünanlage. Nicht direkt am Wasser, aber mit schönem Blick aufs nahe Meer. Zur Wahl stehen A-frame-Hütten für 4 Pers. und ein paar kleinere Studios. Studios ❻, A-frames ❼

Hostels

The Crossroads Lodge, 1 Blind Bay Rd, Crossroads, ☎ 09/429 0889, 🖳 www.xroads lodge.com. Angenehmes Hostel in fußläufiger Entfernung zu Flughafen, Thermalquellen und Wanderwegen. Unterbringung in Cabins oder DZ. Bett $30, Zimmer ❷

Medlands Beach Backpackers, 9 Mason Rd, ☎ 09/429 0320, 🖳 www.medlandsbeach.com. Schlichtes Hostel mit 4-Bett-Zimmern, einem Chalet und zwei Villen auf einer kleinen Farm, 10 Min. zu Fuß vom Medlands Beach – was besonders bei Surfern großen Anklang findet. Kostenloser Verleih von Boogie Boards an Gäste, aber keine Mahlzeiten und auch keine Läden in der Nähe (Verpflegung mitbringen!). Dorm $35, Zimmer und Chalet ❷, Villa ❹

Stray Possum Lodge, 64 Cape Barrier Rd, ☎ 0800/767 786, 🖳 www.straypossum.com. Etwas weiter ab vom Schuss draußen im Busch, mit 6-Bett-Dorms, DZ, Cabins und sehr netten Selbstversorger-Chalets (ideal für Gruppen von bis zu 6 Pers.). Dazu gehört ein Pizzarestaurant mit Alkohollizenz (im Jan allabendl. geöffnet, ansonsten an Sommerwochenenden und nach Vereinbarung). Gäste können sich einen Schlafsack mitbringen oder Bettzeug für $5 mieten. Camping $12, Dorms $23, Zimmer ❷, Chalets ❺

Camping

Harataonga Campsite, Harataonga. Sehr schöner, schattiger DOC-Platz 300 m hinter dem Strand. Sehr beliebt für Familienurlaub in den zwei Wochen nach Weihnachten. $8–9
Kaiaraara Hut, in der Nähe von Port Fitzroy. Reservierung über DOC. Hütte mit 28 Stockbetten, Wasserversorgung und Holzofen-Heizung. $10
Medlands Campsite, Medlands Beach. Attraktiver DOC-Platz neben einer Flussmündung, nur durch Dünen von einem wunderschönen Strand getrennt. Im Januar wird es hier sehr voll. $8–9
Mikey's Place, Awana, ℡ 09/429 0140. Freundlicher, aber sehr einfacher Zeltplatz 25 km nördlich von Tryphena. Nicht so schön gelegen wie der nahe DOC-Zeltplatz, dafür aber mit warmen Duschen, Toiletten und einer einfachen Küche, alles für $7 p. P.
Sugarloaf Campground, Sugarloaf Rd, Kaitoke, ℡ 09/429 0229. Toller privat betriebener Campingplatz am Südende von Kaitoke Beach. Grundausstattung mit Wasserversorgung, Toiletten und Duschen. Gäste sollten sich nach dem Mermaid Pool erkundigen, den man bei Ebbe besuchen kann. $8

Essen

Da es nur wenige Restaurants gibt, bieten viele Unterkünfte auch Mahlzeiten an. Diejenigen, die das nicht tun, verfügen fast immer über Einrichtungen für Selbstversorger. Die Restaurants wiederum machen oft früher zu, wenn nicht genug los ist, deshalb ist eine Tischreservierung ratsam. In Tryphena, Claris, Whangaparapara und Port Fitzroy gibt es Läden, in denen man sich mit Picknickzutaten eindecken kann. Wer abends etwas trinken gehen möchte, tut dies entweder in den Bars der Unterkünfte oder in den „Social Clubs" von Tryphena und Claris.
Claris Texas Café, Claris, ℡ 09/429 0811. Bewährtes Café mit sonnigem Hof und Rasen für Kinder zum Spielen. Zwischen 8–16 Uhr gibt's tgl. kleine Gerichte, Frühstück, Panini, Burger und fantastische Desserts.
Motu Café, Okiwi. Das neue Café ist tagsüber die beste Adresse für eine Stärkung im Norden

Angsana, 63 Gray Rd, gleich nördlich von Crossroads. Hochwertige Thai-Küche auf Great Barrier? Was auf den ersten Blick absurd erscheint, erweist sich als echte Bereicherung für die Insel. Die freundliche Bedienung tischt zum Mittag- und Abendessen alle erdenklichen Spezialitäten auf (Hauptgerichte um $30).
Currach Irish Pub, Stonewall, Tryphena. Ein irischer Pub, der so typisch ist, wie man es auf einer südpazifischen Insel kaum erwarten würde – ein Großteil der Einrichtung stammt von der Großmutter des Besitzers, die ihren Pub im irischen County Kerry 1950 zumachte. Guinness und Kilkenny vom Fass und abends leckere Kneipenkost ($15–25). Häufig Livemusik; Do darf jeder mitjammen.

der Insel. Beschränktes Speiseangebot, aber beim leckeren Kaffee kann man gut ein Stündchen in den Zeitschriften schmökern oder mit den Inhabern über die Insel-Ökologie diskutieren.
Whale Boat Bistro, Great Barrier Lodge, Whangaparapara Harbour. Bar und Restaurant, serviert Mahlzeiten drinnen oder draußen auf der geräumigen Terrasse mit Meerblick.
Wild Rose Café, Stonewall, Tryphena. Tagsüber geöffnetes Café mit Biokost, guten Tees und Säften. Außerdem ein großes Angebot an Frühstücksgerichten, Burgern und leichten Mittagsgerichten.

Aktivitäten und Touren

Angeln und Tauchen

Verschiedene Veranstalter bieten die Möglichkeit, Great Barriers hervorragenden Ruf als Anglerparadies zu testen, z. B. **Freedom Charters**, ℡ 09/429 0861. Skilly angelt seit fast 50 Jahren rund um die Insel und nimmt Petrijünger für $85 p. P. mit hinaus. Auf Wunsch veranstaltet er auch Tauchausflüge.

Radfahren

Wer sich auf den Drahtesel schwingen will, sollte bedenken, dass die Hügel steil und die Straßen im Sommer staubig und heiß sind.

Offroad-Mountainbiking ist nur auf der Forst-
straße von Whangaparapara nach Port Fitzroy
erlaubt.
Paradise Cycles, Claris, ✆ 09/429 0700,
✉ paradisecyces@xtra.co.nz. Mountainbikes
ab $20.

Golf
Golf Pioneer Park, Whangaparapara Rd,
Claris, ✆ 09/429 0420. 9-Loch-Platz (Par 3)
mitten im Busch, über dessen Bahnen mitunter
Pukekos stolzieren. Nutzungsgebühr $10,
Schlägermiete $5. Zur Anlage gehört eine
fidele Bar mit billigen Getränken und passablen
Speisen. ☉ Do und So.

Kajakfahren
Die Häfen der Westküste sind ein ideales
Kajakrevier.
Aotea Kayak, Tryphena, ✆ 09/429 0664,
bietet geführte Touren, u. a. eine ganztägige
Kajak- und Schnorcheltour ($65).
Kyak Hire, ✆ 09/429 0987. Ähnliche Touren
wie Aotea, aber von Kaitoke aus.
Auch die **Great Barrier Lodge** veranstaltet
Kajaktouren von Whangaparapara. Das **OPC**
(s. u.) organisiert verschiedene Touren von der
Karaka Bay im Norden der Insel.

Wandern
Die meisten Besucher kommen nicht nur, um
sich an den traumhaften Stränden der Insel zu
tummeln, sondern lassen sich früher oder
später zu einer Wanderung motivieren. Die
Aotea-Broschüre (beim DOC in Auckland zu
bekommen) enthält eine brauchbare Karte und
Beschreibungen aller Wanderwege. Der Kasten
auf S. 205 gibt eine kurze Übersicht über einige
der schönsten davon. Viele der Wanderwege
lassen sich zu 2- bis 3-tägigen Wanderungen
kombinieren, bei denen man auf Campingplätzen und in der Kaiaraara-Hütte (s. S. 207)
übernachten kann.
Wer speziell zum Wandern auf die Insel
kommt, nimmt am besten eine der Fähren, die
sporadisch direkt nach Port Fitzroy verkehren,
oder ruft im Voraus einen der Shuttle-Betreiber
an, um den Transfer vom Flughafen oder von
Tryhpena zu organisieren.

Wassersport
OPC, bei Orama (s. S. 206), Karaka Bay,
4 km nördlich von Port Fitzroy, ✆ 09/429 0762,
🖥 www.opc.org.nz. Das Outdoor-Zentrum ist
eine gute Anlaufstelle für alle, die diesen
Teil der Insel erkunden und/oder Wassersport-
Ausrüstung mieten wollen (Zweier-Seekajak
$65/Tag, Dinghi $40/halben Tag, Schnorchelausrüstung $15).

Autovermietungen
Oft ist es am praktischsten, sich auf der Insel
ein Auto zu mieten.
Aotea Rentals, Tryphena, ✆ 0800/426 832,
🖥 www.aoteacarrentals.co.nz. Autos ab $55.
GBI Rent A Car, Claris, ✆ 09/429 0767,
🖥 www.greatbarrierisland.co.nz, hat vielleicht
die preiswertesten Wagen (ab $40).

Geld
Vielerorts kann man mit Kredit- oder Bankkarten bezahlen, aber es gibt **keine Geldautomaten** auf der Insel. Daher ist es ratsam,
ausreichend Bargeld mitzubringen.

Handys
Der ziemlich lückenhafte Handyempfang ist
in Tryphena und auf den Hügelkuppen noch am
besten.

Informationen
Die Insel hat kein Visitor Centre, aber GBI
Shuttle Busses unterhält einen
Informationskiosk ohne Personal gegenüber
vom Flughafen in Claris. ☉ tgl. 9–19 Uhr.
Viele nützliche Infos findet man im
Internet unter 🖥 www.greatbarrier.co.nz.
DOC, 1 km westlich vom Kai in Port Fitzroy,
✆ 09/429 0044. Sehr hilfsbereit.
☉ Mo–Fr 8–16.30 Uhr.

Internet
Es gibt nicht allzu viele Möglichkeiten,
auf der Insel online zu gehen.
Der **Currach Irish Pub** in Tryphena bietet
kostenloses WLAN für Gäste.
Der **Laden in Claris** hat ebenfalls WLAN
($8/Tag).

Im **Claris Texas Café** gibt es einen Internet-Computer ($3/15 Min.).

Post
PostShops in Tryphena, Claris und Port Fitzroy.

Nahverkehr

Busse
Auf Great Barrier Island gibt es keine öffentlichen Verkehrsmittel mit festem Fahrplan, aber mehrere **Shuttlebusse**. Sie stehen normalerweise bei Ankunft sämtlicher Fähren und Flüge bereit, aber es ist am sichersten, rechtzeitig einen Platz zu reservieren. Von Tryphena beträgt der **Fahrpreis** etwa $15 nach Medlands, $20 nach Claris und $30 nach Whangaparapara. Betreiber sind:
Great Barrier Buses, Tryphena, ✆ 0800/426 832, 🖳 www.greatbarriertravel.co.nz.
GBI Shuttle Buses, Claris, ✆ 09/429 0062, 🖳 www.greatbarrierisland.co.nz.

Trikes
Ein alternatives Transportmittel mit Pfiff:
Crazyhorse, ✆ 0800/997 222, 🖳 www.crazyhorse.co.nz, befördert bis zu 2 Passagiere auf der Rückbank eines blauen Trikes (eines motorradähnlichen Fahrzeugs auf drei Rädern) zu jedem gewünschten Ziel und bietet auf Wunsch interessante Touren an.

Transport

Fähren
Die Fähren legen in Tryphena an, dem südlichen Hafen und der größten Ortschaft der Insel mit vier Hauptbuchten: Shoal Bay (mit dem Fähranleger), Mulberry Grove, Stonewall Village (mit der größten Siedlung) und Puriri Bay (einen kurzen Küstenspaziergang von Stonewall Village). Einige Fähren fahren dann weiter die Westküste hinauf zum winzigen Ort Port Fitzroy, dem idealen Startpunkt für Wanderungen im Great Barrier Forest.
Die meisten Besucher aus AUCKLAND reisen mit den **Fullers-Fähren**, ✆ 0800/385 5377, nach Tryphena und Port Fitzroy an. Sie verkehren von Weihnachten bis Mitte Jan tgl., außerdem an langen Wochenenden im Sommer. Fahrtzeit 2 Std., $69 eine Strecke, Fahrrad $10.

Die langsamere **SeaLink-Autofähre**, ✆ 0800/732 546, 🖳 www.sealink.co.nz, verkehrt ganzjährig und befördert Passagiere, Autos und praktisch die gesamten Frachtlieferungen der Insel. Sie fährt von der Jellicoe Street im Zentrum von Auckland 5–7x wöchentl. nach Tryphena (4 1/2 Std.) und 1x wöchentl. (Di) bis nach Port Fitzroy. Preise: Fußgänger $73 eine Strecke, $120 hin und zurück, kostenlose Fahrradmitnahme, Auto $217 einfache Strecke, $350 hin und zurück.

Flüge
Die meisten Flüge landen an der Ostküste der Insel in **Claris**, dem Verwaltungssitz der Insel in günstiger Lage zu den schönsten Stränden, Medlands und Awana Bay.
Folgende Gesellschaften fliegen mindestens 3x tgl. vom AUCKLAND International Airport nach Claris, zu Preisen von $89–99 pro Strecke (oder $169 für eine Kombination aus Flug und Fähre):
FlyMySky, ✆ 0800/222 123, 🖳 www.flymysky.co.nz.
Great Barrier Airlines (GBA), ✆ 0800/900 600, 🖳 www.greatbarrierairlines.co.nz.
GBA fliegt außerdem 2–3x wöchentl. von Great Barrier nach WHANGAREI und WHITIANGA.

Tiritiri Matangi

Für viele ist ein Besuch auf Tiritiri Matangi der Höhepunkt ihres Auckland-Aufenthalts. Die Insel rund 4 km vor der Spitze der Whangaparaoa Peninsula und 30 km nördlich von Auckland ist ein „offenes Schutzgebiet", was bedeutet, dass sich die Besucher frei bewegen dürfen. In den raubtierfreien Wäldern kann man mit ein wenig Glück innerhalb weniger Stunden so seltene Vogelarten wie Takahe, Sattelvogel, Weißköpfchen, Ziegensittich, Langbeinschnäpper, Kokako (Lappenkrähe) und Neuseelandente erspähen. Wer hofft, Zwergkiwis oder Tuataras (Brückenechsen) zu Gesicht zu bekommen, muss sich allerdings nachts auf die Lauer legen.

Untersuchungen ehemaliger *pa*-Siedlungen auf der Insel deuten darauf hin, dass Tiritiri Matangi ursprünglich vom **Maori**-Volk der Kawerau-A-Maki und später von Ngati Paoa besiedelt wurde, die heute beide als die traditionellen Eigentümer der Insel gelten. Sie rodeten einen Teil der ursprünglichen Vegetation. Später wurde der Holzeinschlag von den Europäern fortgesetzt, die ab der Mitte des 19. Jhs. hier ihre Schafe und Rinder weideten. Zum Glück konnten Tiere wie Possums, Wiesel, Hirsche, Katzen und Wallabys auf der Insel nie Fuß fassen. Daher wurde Tiritiri Anfang der 1970er-Jahre, als die Landwirtschaft unrentabel wurde, als ideales Gebiet zur Rettung der Vogelpopulationen auserkoren. Das Spektakel der Vogelstimmen in den Wäldern der Insel macht erst richtig deutlich, wie stark die **Vogelwelt** in anderen Teilen Neuseelands durch tierische Eindringlinge dezimiert wurde.

Seit 1984 wurden im Rahmen eines **Wiederaufforstungsprogramms** über 300 000 junge Bäume angepflanzt. Obwohl der rasch wachsende Wald noch lange nicht voll entwickelt ist, scheinen sich die Vögel hier bereits wohlzufühlen. Die meisten kommen mit Hilfe von Fütterungsstationen durch die nahrungsarmen Monate; Nistkästen dienen als Ersatz für morsche Bäume.

Vier der auf der Insel angesiedelten Spezies gehören zu den seltensten der Welt, mit Gesamtpopulationen von nur einigen Hundert Tieren. Am auffälligsten ist der flugunfähige **Takahe**, ein schwerfälliger, blaugrüner Vogel von der Größe eines Truthahns, den man lange Zeit für ausgestorben hielt (s. S. 796, Fiordland). Die aus dem Fiordland hierher gebrachten Tiere haben sich gut vermehrt und sind leicht zu entdecken, da sie vor Menschen keine Scheu haben und sehr neugierig sind.

Sattelvögel, Kokakos und **Hihis** (eine Honigfresser-Art) verstecken sich gern im Busch, kommen aber häufig ins Blickfeld, sobald man sich einige Minuten ruhig an den Weg setzt, vor allem in der Nähe der Fütterungsstationen. Auch **Zwergpinguine** sind das ganze Jahr auf Tiritiri zu sehen – am häufigsten im März, wenn sie zur Mauserung an Land kommen, sowie zwischen September und Dezember, wenn sie in speziell hierfür konstruierten „Schaukästen" nisten, die am Uferpfad westlich der Hauptanlegestelle aufgestellt wurden.

Besucher, die mit den regulären Fähren kommen, können an ein- bis zweistündigen **Führungen** ($5) teilnehmen, die vom Fähranleger starten und von vogelkundigen Freiwilligen geleitet werden. Sie enden normalerweise in der Nähe des Leuchtturms beim modernen **Interpretation Centre**. Ansonsten darf man die Insel auch auf eigene Faust durchstreifen. Zur Abwechslung lockt ein Bad am **Hobbs Beach**, Tiritiris einzigem Sandstrand, zehn Minuten westlich vom Fähranleger.

Detailliertere Informationen über die Insel sind auf der Website der **Supporters of Tiritiri Matangi** zu finden, 🖳 www.tiritirimatangi.org.nz.

Übernachtung und Essen

Besucher müssen sich ein **Lunchpaket** mitbringen, denn es gibt keine Verpflegungsmöglichkeit auf der Insel.
Als Unterkunft steht eine **Selbstversorger-Hütte** (Bett $20) in der Nähe des Leuchtturms zur Verfügung. Die Betten sind online unter 🖳 www.doc.govt.nz/tiritiribunkhouse zu reservieren und zwar so früh wie möglich; die Wochenenden sind meist Monate im Voraus ausgebucht. Gäste müssen ihren eigenen Schlafsack und alle benötigte Verpflegung in nagersicher verschlossenen Behältern mitbringen.

Transport

Üblicherweise wird Tiritiri Matangi im Rahmen eines Tagesausflugs besucht. Die **Fähren** von **360 Discovery**, 📞 0800/360 3472, 🖳 www.360 discovery.co.nz, legen vom Downtown Ferry Terminal in AUCKLAND ab (Weihnachten bis Mitte Jan tgl. 9 Uhr, ansonsten Mi–So und feiertags 9 Uhr; $66 hin und zurück), halten am Gulf Harbour (s. S. 183) um 9.50 Uhr ($39 hin und zurück) und erreichen Tiritiri gegen 10.10 Uhr. Auf dem Rückweg legen die Schiffe gegen 17 Uhr wieder in Auckland an. Mit dieser Fähre hat man 5 Std. Zeit auf der Insel.

Auckland

Wellington

Northland

Stefan Loose Traveltipps

Poor Knights Islands Faszinierende Höhlen, Felsbogen, zahllose Fische und einige alte Navy-Wracks sind ein Fest für Taucher. S. 225

3 Bay of Islands Hier kann man segeln, mit Delphinen schwimmen und sich in die Geschichte von Northland vertiefen. S. 227

Whangaroa Harbour Ein Segeltörn auf einem der paradiesischsten Gewässer Neuseelands. S. 246

Cape Reinga und Ninety Mile Beach Mit dem Sandboard gewaltige Dünen hinab-düsen und den reißenden Strudel betrachten, in dem sich Pazifik und Tasmansee vereinen. S. 254

Hokianga Harbour Wo die Abendsonne in einem gewaltigen Farbrausch aus Orange, Fuchsia und Indigo hinterm Horizont verschwindet. S. 258

Kauri-Wälder Im Waipoua Kauri Forest steht der 2000 Jahre alte Tane Mahuta, Neuseelands größter Baum, und im A. H. Reed Memorial Kauri Park lassen sich noch viele andere Kauri-Bäume bewundern. S. 264 und S. 222

Infos im Netz

Die Website von Northland ist 🖥 www.north
landnz.com.

Northland ragt von Auckland 350 km weit in den subtropischen Norden und trennt dabei den Pazifik von der Tasmansee. Die beiden Meere treffen vor dem Cape Reinga aufeinander, Neuseelands nördlichstem auf dem Straßenweg zugänglichen Punkt. Kiwis betiteln die schmale Maori-Provinz oft als „Winterless North", eine treffende Bezeichnung für die Zitrusbäume, das warme aquamarinfarbene Meerwasser und die weißen und goldenen Sandstrände, welche die nördlichen Ausläufer der Region so überaus anziehend machen.

Landschaftlich gesehen teilt sich Northland in zwei Hälften. Die Ostküste ist ein Labyrinth aus versteckten Höhlen, und ihre Strände sind ruhig und sicher, denn eine Reihe vorgelagerter Inseln schwächt die gelegentlich aufkommenden Pazifikstürme ab. Der Kontrast zur langen, fast schnurgeraden Westküste könnte kaum größer sein: Hier brechen sich die tosenden Wellen der Tasmansee, nur von vereinzelten Buchten aufgehalten. Schwimmen ist aufgrund von Strömungen und fehlender Küstenwache gefährlich. Einige Strände sind sogar als Straßen ausgewiesen, bergen allerdings eine Menge Gefahren für unbesonnene Fahrer. Mietwagen sind zudem nicht für das Fahren am Strand versichert. Wer das hügelige **Binnenland** erkunden möchte, muss sich auf lange Fahrten über kurvige Landstraßen einstellen.

Am Ostufer, nördlich der Hibiscus Coast, beginnt die ländliche **Matakana Coast**. Sie ist beliebt bei Seglern, die Kawau Island umrunden, und bei Schnorchlern, die die Unterwasserwelt des **Goat Island Marine Reserve** erforschen. Das breite Band der **Bream Bay** führt zu den zerklüfteten Whangarei Heads am Eingang von Northlands Haupthafen und wichtigster Stadt: **Whangarei**. Sie dient als Basis für das neuseeländische Taucherparadies **Poor Knights Islands**.

Touristen, die es eilig haben, steuern meist geradewegs die **Bay of Islands** an. Dieser geschichtsträchtige, zerklüftete, von Inseln übersäte Küstenabschnitt eignet sich hervorragend für Kreuzfahrten, zum Tauchen und zum Schwimmen mit Delphinen. Alles nördlich davon wird allgemein als **The Far North** bezeichnet. Anziehungspunkte dieser Region sind der ruhige, abgeschiedene **Whangaroa Harbour**, die **Doubtless Bay** sowie die **Aupori Peninsula**, an deren Westküste sich die **Ninety Mile Beach** bis zum **Cape Reinga** erstreckt.

Im Gegensatz zum Osten ist die Westküste seit über 50 Jahren wirtschaftlich unbedeutend, denn die Milchwirtschaft konnte die frühere Kauri-Abholzung nie erfolgreich ersetzen. Vom Ninety Mile Beach im Norden kommend empfiehlt sich hier als erster Halt der **Hokianga Harbour**, einer der größten Naturhäfen Neuseelands, dessen Nordspitze von spektakulären Sanddünen geschmückt wird. Weiter südlich gelangt man in den **Waipoua Forest**, den einzigen größeren Überrest der einst ausgedehnten Kauri-Wälder. Die Geschichte der Kauri-Bäume und Holzfäller wird im ausgezeichneten Kauri Museum in Matakohe dokumentiert.

Geschichte

In Northland spielten sich die meisten der frühen Begegnungen zwischen Maori und europäischen Siedlern ab. Hier wurde auch Neuseelands wichtigstes Dokument, der **Vertrag von Waitangi**, unterzeichnet. Die Maori-Legende berichtet vom großartigen polynesischen Forscher Kupe, der den Hokianga Harbour entdeckte. Das Klima und der Reichtum an Nahrungsmitteln waren genau nach seinem Geschmack, und so ermutigte er sein Volk, sich hier anzusiedeln. Dessen Nachkommen in der Bay of Islands hatten das zweifelhafte Vergnügen, erstmals mit Weißen in Berührung zu kommen, als europäische Walfänger die Gewässer plünderten und Missionare nach neuen Bekehrungswilligen suchten.

Ohne die ganze Tragweite ihres Tuns bzw. die betrügerischen Absichten der Pakeha zu erkennen, verzichteten die Häuptlinge des Nordens schließlich schriftlich auf ihre **Hoheitsrechte**. Im Gegenzug wurden ihnen Landrechte und traditionelle Rechte zugesichert, die jedoch häufig missachtet wurden. Einige Maori in den restlichen Landesteilen sind noch immer der

Auckland ▼   ▼ Auckland

Meinung, dass die fünf nördlichen *iwi* (Stämme) Aotearoa an die Pakeha verschenkt haben.

Als in den neu besiedelten Gebieten weiter südlich fruchtbareres Ackerland entdeckt wurde, plünderten habgierige **Kauri-Holzfäller** und *gumdigger* den Busch. Später, als die Rohstoffindustrie schwächer wurde, siedelten sich Pioniere an und wandelten einen Großteil der Gegend in Weideland für die **Milchwirtschaft** um. Die lokalen Molkereien mussten schließen, als größere halbindustrielle Unternehmen die Verarbeitung zentralisierten, und in der Folge verarmten die kleinen Städte. Heute halten die Anpflanzung schnell wachsender exotischer Bäume und sporadischer Gartenbau die lokale Wirtschaft am Leben.

Transport

Da es in Northland keine Züge und nur wenige Flughäfen gibt, sind Reisende auf Busse oder ein Mietfahrzeug angewiesen. **Autofahrern** steht im Wesentlichen nur eine einzige Hauptstraße zur Verfügung, die auf beiden Seiten der Halbinsel an der Küste entlang führt und eine Schleife bildet, den **Twin Coast Discovery Highway**, 🖳 www.twincoast.co.nz. Man muss sich nicht sklavisch an sie halten, doch die braunen, mit einem Delphin und einer Welle versehenen Schilder sind eine gute Orientierungshilfe.

Die wichtigste **Busgesellschaft** ist InterCity, ☎ 09/583 5780, 🖳 www.intercity.co.nz. Sie befährt auch die Strecken von Northliner, manchmal mit den gleichen Bussen. Im Grunde gibt es nur eine einzige Busstrecke: Sie führt vom Sky City-Busbahnhof in Auckland an die Ostseite der Halbinsel hinauf über Whangarei nach Paihia in der Bay of Islands, wo Umsteigemöglichkeit nach Kerikeri und Kaitaia besteht. Auch NakedBus ☎ 0900/62533, 🖳 www.nakedbus.com, verkehrt 1x tgl. zwischen Auckland und Paihia. Hokianga Harbour lässt sich mit dem Magic Bus (S. 83) erreichen, der an mehreren Tagen in der Woche Northland entgegen dem Uhrzeigersinn umrundet. Das in Auckland beheimatete regionale Busunternehmen Main Coachlines, ☎ 09/278 8070, bietet außerdem eine Verbindung nach Warkworth und von dort weiter nach Dargaville.

Es bestehen zwar in begrenztem Umfang **Flugverbindungen**, die angesichts der relativ geringen Entfernungen aber kaum von Interesse sind – ausgenommen vielleicht die Flüge von Whangarei nach Great Barrier Island mit Great Barrier Airlines, 🖳 www.greatbarrierairlines.co.nz.

Die Matakana Coast entlang bis zur Bream Bay

Aucklands Einfluss beginnt zu schwinden, sobald man etwa 50 km nördlich vom Stadtzentrum die Matakana Coast, 🖳 www.matakanacoast.com, erreicht. An diesem 30 km langen Küstenabschnitt reihen sich seichte Häfen, von Stränden übersäte Halbinseln und kleine Inseln aneinander. Der von der Hauptstadt ganz verschiedene Charakter offenbart sich insbesondere, sobald man die reizende Ortschaft **Warkworth** hinter sich gelassen hat und Richtung **Kawau Island** oder entlang der Küste zum Dörfchen **Matakana**

und zum Schnorchel- und Taucherparadies **Goat Island** fährt.

Auf dem SH1 zwischen Warkworth und Waipu gibt es kaum lohnende Stopps. Die Strecke führt zur Straßenkreuzung von **Brynderwyn**, wo der SH12 nach Dargaville, zum Waipoua Kauri-Wald und zum Hokianga Harbour abzweigt. Die landschaftlich reizvollere Route nach Norden führt hingegen am Ufer der **Bream Bay** entlang. Ihren Namen verdankt die Bucht Captain Cook, der 1770 zu Besuch kam. Bei dieser Gelegenheit zogen seine Männer Tarakihi aus dem Wasser – und hielten den Fisch fälschlicherweise für *bream* (Brasse). Die einzigen Ansiedlungen hier sind die kleinen Strandgemeinden **Mangawhai Heads** und **Waipu Cove** mit Blick auf die **Hen and Chicken Islands**, einen Zufluchtsort für seltene Vögel.

Warkworth

Die Kleinstadt Warkworth erwacht erst im Hochsommer zum Leben, wenn zahlreiche Segler ihre Boote in den vielen nahe gelegenen Mündungen und Buchten festmachen. Ab Ende der 1820er-Jahre wimmelte es fast ein Jahrhundert lang auf dem Flussabschnitt im Rücken der Stadt von Booten, auf denen Kauri-Bäume verschifft wurden. Heute verläuft ein Plankenweg am Ufer, wo die *Jane Gifford*, 🖳 www.janegifford.org.nz, vor Anker liegt. Die generalüberholte Schute durchpflügte früher die seichten Gewässer und wird jetzt manchmal für Ausflugsfahrten eingesetzt (1 Std.; $15).

Informationen über die Geschichte der Region liefert das **Warkworth and Districts Museum**, 3 km weiter südlich, abseits vom SH1 am Tudor Collins Drive (ausgeschildert). Hier sind originalgetreu nachgebildete Wohnräume aus mehreren Epochen zu sehen sowie eine 5 m lange Kette mit 130 Gliedern, die aus einem einzigen Kauri-Stamm geschnitzt wurde. ☉ tgl. Nov–März 9–16, April–Okt 9–15.30 Uhr, Eintritt $6.

Bei den beiden uralten Kauris vor dem Museum beginnen zwei hübsche, 20-minütige Naturlehrpfade auf Holzbrettern. Sie führen durch den geschützten Busch des **Parry Kauri Park**. In einer kostenlos am Museumseingang erhältlichen Broschüre werden die Bäume detailliert beschrieben. ◑ 9 Uhr bis Sonnenuntergang, Eintritt in Form einer Spende.

Die schönste Ausflugsmöglichkeit in der Gegend ist ein Spaziergang auf dem **Brick Bay Sculpture Trail**, Arabella Lane, 6 km westlich von Warkworth, ✆ 09/425 4690, 🖳 www.brickbaysculpture.co.nz. Er bietet eine perfekte Mischung aus Kunsterlebnis, Weingenuss und formvollendeter Architektur, und das alles auf die typisch gelassene Kiwi-Art. Nach einer Stunde auf dem 2 km langen Busch- und Parkweg, der an rund 50 Skulpturen vorbei führt (fast alle stehen zum Verkauf und stammen überwiegend von neuseeländischen Künstlern), erwartet den Wanderer eine Belohnung in Form einer Kostprobe der vier ausgezeichneten, auf dem Gut angebauten Weine ($5). Die edlen Tropfen werden in einem schönen Glashaus mit Blick auf einen kleinen See kredenzt. Zum Rosé passt besonders gut eine der köstlichen Vorspeisenplatten für zwei Personen ($26). ◑ tgl. 10–17 Uhr, $10.

Übernachtung

Cedarhouse, 450 Matakana Rd, 3 km nordöstlich von Warkworth, ✆ 09/425 0952, 🖳 www.cedarhouse-bb.co.nz. Vermietet ein Studioloft mit Blick auf die Weinstöcke. ❺
Rosemount Homestead, 25 Rosemount Rd, 4 km nordöstlich von Warkworth, ✆ 09/422 2580, 🖳 www.rosemount.co.nz. Liebevoll restaurierte Kauri-Farm (Baujahr 1900) mit Rundum-Veranda, großem Garten und Pool. Alle drei einladenden Suiten haben ein eigenes Bad. ❼
Sandspit Holiday Park, 1334 Sandspit Rd, ✆ 09/425 8610, 🖳 www.sandspitholidaypark.co.nz. Altmodischer Platz am Wasser; kostenloser Kanu- und Dinghi-Verleih, kleiner Golfplatz. Camping $15, Cabins ❶

Essen

Der New World-Supermarkt in Warkworth ist der einzige in der Gegend.
In der Stadt kann man gut essen, ebenso auf den Weingütern der Umgebung (s. o.). Das **Ducks Crossing Café**, Riverview Plaza, mit Blick auf den Fluss, hat kleine Gerichte. Der Kaffee schmeckt allerdings im **Ginger**, 21 Queen St, besser. Abends empfiehlt sich ein Besuch im

Tahi in der Gasse gegenüber vom i-SITE, 1 Neville St, einer Tapasbar mit guter Auswahl an Bieren. Nebenan gibt's Fish 'n' Chips.

Sonstiges

i-SITE Visitor Centre, 1 Baxter St, ✆ 09/425 9081, 🖳 www.warkworthnz.com. Es liegt direkt im Stadtzentrum und hat **Internetzugang**.
◑ Nov–Ostern Mo–Fr 8.30–17.30, Sa und So 9–16, Ostern–Okt Mo–Fr 9–16.30, Sa und So 9–15 Uhr.

Transport

Die Busse von InterCity/Northliner und Naked halten vor der Touristeninformation (s. o.). Es verkehren tgl. 4–6 Busse nach AUCKLAND (1 Std.).

Kawau Island

Kawau Island hat rund 70 Einwohner, aber dafür jede Menge Wochenendbesucher, und besteht vorwiegend aus Ferienhäusern mit privater Anlegestelle. Ohne eigenes Boot muss man sich wahrscheinlich auf den Besuch des vornehmen, mit Kauri-Holz getäfelten **Mansion House** und dessen exotische Gärten beschränken. Hier wohnte in den 1860er-Jahren George Grey, der damalige Gouverneur von Neuseeland, während seiner zweiten Amtszeit. Die Einrichtung ist in etwa so, wie sie zu Greys Zeiten gewesen sein muss. ◑ Mitte Dez bis Feb tgl. 12–15.30 Uhr; März bis Mitte Dez Mo–Fr 12–14, Sa und So 12–15.30 Uhr, Eintritt $4.

Ein kurzer Spaziergang führt durch die Gärten zum kleinen Strand von **Lady's Bay** und von dort zu einem Netz von kurzen Wegen, die sich durch Kiefernwald und Kanukagestrüpp schlängeln. Das beliebteste Ziel für einen Spaziergang sind die Ruinen der alten **Kupfermine** (knapp 1 1/2 Std. hin und zurück).

Wichtig: Alles Notwendige muss nach Kawau mitgebracht werden, denn dort gibt es keine Geschäfte. Allerdings hat das **Café** mit Schanklizenz in der Mansion House Bay zum Mittagessen ($16–18) und manchmal auch zum Abendessen geöffnet.

Northland

Die Boote Richtung Kawau Island fahren am Kai von SANDSPIT (Parkgebühr $10 pro Tag) ab, einer kleinen Gemeinde am Matakana-Meeresarm 8 km östlich von Warkworth. **Reubens**, ✆ 0800/111 616, 🖥 www.reubens. co.nz, betreibt das ganze Jahr über den **Royal Mail Run**, der alle Kais der Insel mit Post, Zeitungen und Lebensmitteln versorgt und 1 1/2 Std. an der Mansion House Bay hält, Abfahrt tgl. 10.30 Uhr, 4 Std., $65 hin und zurück, mit BBQ-Lunch $87. Reubens unternimmt auch einen oder zwei Ausflüge zur Mansion House Bay pro Tag. Die Besichtigungszeit dort ist ungefähr doppelt so lang wie beim Mail Run ($47).

Matakana und Umgebung

In den vergangen zehn Jahren hat sich **Matakana**, 9 km nordöstlich von Warkworth, vom unbedeutenden Kreuzungspunkt zweier Landstraßen zum Herzstück einer boomenden Weinregion aufgeschwungen. Das Städtchen liegt nahe genug bei Auckland, um Wochenendausflügler anzuziehen. Sie kaufen gern auf dem Bauernmarkt am Samstag von 8 bis 13 Uhr ein. Anschließend gehen sie vielleicht ins örtliche kleine Kino, stöbern in den Geschäften (Hofschlachterei, Buchläden, Weinhandlungen mit Verkostung) und besuchen die Weingüter.

Wegbereiter für den Umschwung in der Region war **Morris & James Pottery & Tileworks**, 2 km westlich von Matakana in der Tongue Farm Road. Dort werden seit Ende der 1970er-Jahre Terrakottafliesen und große Blumenkübel von Hand hergestellt, ⏲ Mo–Fr 8–16.30, Sa und So 10–17 Uhr, Eintritt frei. Vor dem Besuch im Café kann man eine kostenlose halbstündige Führung durch die Töpferei (tgl. 11.30 Uhr) unternehmen.

In dem fast überall erhältlichen Heftchen *Matakana Wine Trail* sind sieben **Winzereien** beschrieben, die zur Weinprobe einladen (meistens gegen ein geringes Entgelt). Als erste Anlaufstelle empfiehlt sich **Heron's Flight**, 49 Sharp Rd, ✆ 09/422 7915, 🖥 heronsflight.co.nz. Dort werden mit beachtlichem Ergebnis italienischer Sangiovese und Dolcetto produziert. Besucher

können im hübschen Restaurant mit Blick auf die Reben zu Mittag essen oder durch die Blumen- und Kräutergärten schlendern. ⏲ tgl. ab 9 Uhr.

Infos zu Übernachtungsmöglichkeiten finden sich in den Abschnitten Warkworth (S. 215) und Leigh (S. 217). In Matakana gibt es zahlreiche gute **Lokale**, die meisten davon in der Umgebung der großen Kreuzung. Je nach Gusto hält man sich an die Bio-Eiscremes und leckeren Smoothies im Blue, oder die klassische Küche und die Tapas im Tapiano, ✆ 09/423 0383, beide in der 2 Matakana Valley Road. Ein paar Schritte weiter produziert die **Matakana Patisserie**, 70 Matakana Valley Rd, leckere Pasteten, Calzoni und Gebäck.

Tawharanui Regional Park

Gleich hinter Matakana zweigt eine Landstraße zum rund 10 km weiter südöstlich gelegenen Tawharanui Regional Park ab, der tolle Strände und wiederaufgeforsteten Busch umfasst. Raubtiere wurden beseitigt, weshalb die Vögel wieder in das offene Reservat zurückkehren. Hier kann man wunderbar schwimmen, tauchen, picknicken und auf gut begehbaren Wegen wandern oder radeln. Allerdings muss alles Notwendige mitgebracht werden. Das Einzige, was es hier gibt, ist ein Campingplatz ($10); reservieren unter ✆ 09/366 2000. ⏲ tgl. 6 Uhr bis Sonnenuntergang, Eintritt frei.

Leigh und Goat Island

13 km östlich von Matakana liegt die Ortschaft **Leigh** mit ihrem malerischen Hafen, in dem hölzerne Fischerboote auf den Wellen tanzen. 4 km weiter nordöstlich befindet sich das **Cape Rodney-Okakari Marine Reserve**, üblicherweise nach der kleinen, buschbestandenen Insel 300 m vor der Küste einfach **Goat Island** genannt. Gegründet wurde dieses erste Meeresreservat von Neuseeland 1975. Es zieht sich 5 km an der Küste entlang und reicht 800 m weit ins Meer hinein. Heute wimmelt die hiesige Unterwasserwelt von großen Felshummern und riesigen Schnappern. Von Fütterungen wird abgeraten, nachdem insbesondere die Blue Maomaos an der Handfütterung mit Tiefkühlerbsen zu viel Geschmack

gefunden hatten und daher häufig Schwimmer und Taucher belästigten.

Der leicht zugängliche Strand (vom Parkplatz am Ende der Straße), das glasklare Wasser, die zahlreichen Unterwasserterrains und die relativ mäßigen Strömungen haben Goat Island zu einem ganzjährig begehrten Tauchspot gemacht. Im Sommer ist die Insel außerdem ein angesagtes Urlaubsziel für Familien. Wer die Ruhe liebt, kommt besser unter der Woche her.

Goat Island Camping & Backpackers, ☎ 09/422 6185, 🖥 www.goatislandcamping.co.nz. Rund 500 m abseits des Reservats am Weg nach Goat Island. Tolle Ausblicke auf die Bucht und Verleih von Schnorchelausrüstung. Camping $18, Cabins und On-site vans ❷

The Leigh Sawmill Café, 142 Pakiri Rd, ☎ 09/422 6019, 🖥 www.sawmillcafe.co.nz. Fünf geräumige DZ mit Bad ❺, ein Selbstversorger-Cottage ❸, zwei Dorms ($25, mit Bettwäsche $40) und eine Gemeinschaftsküche. Die Sägemühle wurde mit Feingefühl in ein hübsches Café/Bar umgebaut. Dort gibt's Feinschmecker-Pizza und Bier aus der hauseigenen Brauerei. Am Wochenende treten in der Regel Live-Bands auf. ◷ im Sommer tgl., im Winter Do–So.

Bootsausflüge

Aquador, ☎ 09/422 6334, 🖥 www.glassbottomboat.co.nz, Glasbodenboot, das bei gutem Wetter vom Strand des Goat Island Marine Reserve zu 45-minütigen Touren um die Insel ablegt. ◷ mehrmals tgl., $25.

Schnorcheln und Tauchen

Schnorchler kommen in den Genuss eines üppigen Kelpwaldes mit vielen bunten Fischen. Wer sich tiefer hinein traut, entdeckt fantastische Meerespanoramen mit unzähligen Schwämmen. Taucherzubehör gibt's gegen Leihgebühr am Strand (nur im Sommer) oder bei **Seafriends**, nach ca. 1 km an der Zufahrtsstraße nach Goat Island, ☎ 09/422 6212, 🖥 www.seafriends.org.nz. Der Laden hat auch ein kleines Café. In erster Linie ist Seafriends

jedoch eine meeresbiologische Lehranstalt mit mehreren **Aquarien**, in denen die unterschiedlichen Ökosysteme von Goat Island vorgestellt werden.

Der hochprofessionelle Anbieter **Goat Island Dive**, 142a Pakiri Rd, Leigh, ☎ 0800/348 369, 🖥 www.goatislanddive.co.nz, vermietet Taucherbrillen, Schnorchel und Flossen ($21) sowie die komplette Tauchausrüstung und veranstaltet Touren zum Goat Island Marine Reserve und noch weiter hinaus.

Nach Leigh fahren keine öffentlichen Verkehrsmittel. Besucher ohne eigenes Fahrzeug müssen in Matakana ein **Taxi** nehmen, z. B. von Matakabs, ☎ 0800/522 743.

Pakiri

Pakiri, 10 km nördlich von Leigh, besteht in erster Linie aus einem langen weißen Surfstrand hinter Dünen, der sich auch perfekt für Ausflüge zu Pferde eignet. Sie werden von dem hervorragenden Veranstalter **Pakiri Beach Horse Rides**, Rahuikiri Road, ☎ 09/422 6275, 🖥 www.horseride-nz.co.nz, angeboten. Das dazugehörige freundliche Café hat das ganze Jahr über geöffnet, und auch die Ausritte ($110/2 Std., $155/halber Tag, $255/Tag) finden zu jeder Jahreszeit statt. Sie führen am Strand lang, über Flussläufe und Wiesen mit Pohutukawa-Bäumen. Es gibt sensationelle zweitägige Touren durch Buschland und am Rand von Meeresklippen entlang ($795) und sogar einen unvergesslichen siebentägigen Coast-to-Coast-Ritt. Unbedingt zu empfehlen ist die Übernachtung auf der Farm in einer der verschiedenen attraktiven Unterkünfte: Backpacker-Cabins am Fluss ($30), 2-Personen-Strandhütten für Selbstversorger ❺, eine Familien-Cabin für 7 Pers. ❺ und ein luxuriöses Strandhaus mit 4 Schlafzimmern à $500 pro Tag für bis zu 8 Pers. Camper können ganz in der Nähe im schön gelegenen Pakiri Beach Holiday Park absteigen, Pakiri River Road, ☎ 09/422 6199, 🖥 www.pakiriholidaypark.co.nz; Camping $15, Dorms $25, Cabins mit Bad ❸, Studios ❹, Strandcottages ❺ und eine luxuriöse Lodge am

Der Sandstrand am Paikiri ist auch hoch zu Ross ein Genuss.

Strand für 4 Pers. ❽ (plus $50 pro zusätzlichem Erwachsenen).

Mangawhai Heads und Umgebung

Die nächste Möglichkeit, vom SH1 Richtung Norden wieder zur Küste abzuzweigen, ergibt sich im Dörfchen **Te Hana**, 4 km nördlich von Wellsford. Hier steht The Arts Factory, ✆ 09/423 8069, 🖳 www.artprimitiveandmodern.com. Die innovative Galerie des Künstlers Kerry Strongman ist auf Werke von Maori-Künstlern spezialisiert – besonders sehenswert ist sein riesiger Kauri-„Schmuck". ① Mo–Fr 9–17, Sa und So nach Absprache.

Von Te Hana sind es 20 km auf kurvenreichen Landstraßen ins winzige **Mangawhai**. Hier lohnt ein Blick in die Galerie Smashed Pipi, 40 Moir St, wo bunte Glaswaren, Schmuck, Keramiken und coole Klamotten auf Abnehmer warten. ① tgl. 9–17.30 Uhr.

3 km weiter nördlich trifft die Straße bei **Mangawhai Heads** am Mangawhai Harbour auf die Küste. Ferienhäuser überziehen die Hänge hinter dem herrlichen Surfstrand. Abgesehen vom Sommer, wenn viele Kiwis ihre Ferien hier verbringen, geht es in Mangawhai Heads sehr entspannt zu. Das Highlight ist der reizvolle **Mangawhai Cliffs Walkway** (2–3 Std.; Juli–Sep wegen Lämmeraufzucht geschl.). Zuerst geht es eine Viertelstunde am Strand lang Richtung Norden, dann immer den orangefarbenen Markierungen nach. Sie weisen den Weg an den Klippen entlang über Farmland, bis sich der Pfad wieder zum Strand hinab schlängelt. Bei Ebbe kann man auch durch einen kleinen Felsbogen über den Strand zurück marschieren.

Übernachtung

Coastal Cow Backpackers, 299 Molesworth Drive, ✆ 09/431 5246. Die Herberge ist in einem hübschen, modernen Haus untergebracht. Dorms $23, Zimmer ❷

Milestone Cottages by the Sea, 27 Moir Point Rd, ✆ 09/431 4018, 🖳 www.milestonecottages. co.nz. Die wunderschönen Cottages aus Holz und Lehmziegeln liegen inmitten von Biogärten und Küstenbusch in Sichtweite vom Meer, einen kurzen Spaziergang von einem versteckten Strand entfernt. Alle sind für Selbstversorger gedacht und haben einen Grillplatz. Kostenlose Benutzung von Kajaks und einem Lap Pool. Im

Northland

Winter und Frühjahr werden Yoga- und Meditations-Aufenthalte angeboten, Näheres auf der Website. Studio ❺, Cottages ❻–❽

Essen

Naja Garden Café, in einem Gartencenter in Mangawhai Heads, 5 Molesworth Drive, ✆ 09/431 4111. Hat guten Kaffee und Frühstück sowie Gourmet-Sandwiches.

Bennetts Café, 52 Moir St, Mangawhai, ✆ 09/431 5500. Hier gibt's ausgezeichnetes Frühstück und recht raffinierte Mittagsgerichte, am Wochenende und im Sommer jeden Tag leckeres Abendessen und außerdem selbst gemachte Schokoladen.

Im **Smashed Pipi** (s. o.) um die Ecke von Bennetts Café sind ein ordentliches Tagescafé und eine Bar untergebracht, wo knusprige Pizza und Kneipenkost zu haben ist.

Lang"s Beach und Waipu Cove

Ausgezeichnete Bedingungen zum Surfen und Schwimmen bieten sowohl **Lang's Beach**, 12 km nördlich von Mangawhai Heads als auch das 4 km weiter nördlich gelegene **Waipu Cove**. Es besteht eigentlich nur aus ein paar Häusern, einem Lebensmittelgeschäft mit Take-away und einigen Unterkünften am langen Strand der Bream Bay.

Übernachtung und Essen

Camp Waipu Cove, 897 Cove Rd, ✆ 09/432 0410, 🖵 www.campwaipucove.com, am Strand. Weitläufig (und im Januar total ausgebucht). Stellplatz $30–34, Cabins ❶–❹, Selbstversorger-Units ❸–❻

Waipu Cove Resort, 891 Cove Rd, ✆ 09/432 0348, 🖵 www.waipucoveresort.co.nz. Ein Dutzend stilvoller Ferienapartments rund um einen Pool. ❺

Waipu Cove Cottages and Camping, 685 Cove Rd, ✆ 09/432 0851, 🖵 www.waipucovecottages. co.nz. Moderne Cottages in abgeschiedener Lage. Kostenlose Benutzung von Dinghies. Zeltstellplatz $34, Zimmer ❶, Cottages ❹–❺

Stone House, einen halben Kilometer weiter, ✆ 09/432 0432, 🖵 www.stonehousewaipu.co.nz. Besteht aus zwei hübschen Gebäuden auf einem Gelände, das bis ans Ufer reicht. Es gibt kostenloses WLAN und den Gästen stehen Dinghies und Kajaks gratis zur Verfügung. Das ausgezeichnete Frühstück kostet $10. Dorms $25, Selbstversorger-Cabin und Cottage ❹

Das einzige Restaurant am Ort, das ausgezeichnete **Beach House**, ✆ 09/432 0877, befindet sich im Waipu Cove Resort. Die Speisekarte ist auf Papiertüten gedruckt. Die reichlichen Portionen Fish 'n' Chips ($26) werden stilecht in Zeitungspapier eingeschlagen überreicht. Die meisten Hauptgerichte kosten um $30. Bei schönem Wetter kann man auch auf der Veranda essen. ⏲ Mo und im Winter auch Di geschlossen.

Waipu und Umgebung

Ein schottischer Löwe aus Aberdeen-Granit wacht über das Dorf Waipu. Er verweist auf die 900 schottischen Siedler, die Mitte des 19. Jhs. dem charismatischen Prediger Reverend Norman McLeod hierher folgten. Das hervorragende **Waipu Museum** in der Hauptstraße erzählt die Geschichte ihrer Reise via Nova Scotia, wo Hunger und eine Reihe bitterkalter Winter sie forttrieben nach Australien und weiter nach Neuseeland, wo die strenge Calvinistengemeinde schließlich Fuß fasste. Alles ist wunderbar illustriert, mit vielen verschiedenen Utensilien, darunter McLeods alte Taschenuhr. Die ausgestellten Stammbäume werden gern von Neuseeländern mit schottischen Wurzeln zwecks Ahnenforschung konsultiert. ⏲ tgl. 9.30–16.30 Uhr, Eintritt $8.

Am Neujahrstag finden in Waipu die **Highland Games**, 🖵 www.highlandgames.co.nz, statt. Bei diesem Fest stemmen die Teilnehmer im Caledonian Park schwere Steine und machen Speerwurf mit Kieferstämmen.

Die **Waipu Caves** in der Nähe sind ein beliebtes Ausflugsziel. Dort gibt es einige der längsten Stalagmiten Neuseelands zu sehen. Sie befinden sich in einer 200 m langen, von Glühwürmchen beleuchteten Höhle in der Kalksteingegend 16 km weiter nordwestlich. Wer sie besichtigen möchte, besorgt sich eine kostenlose Landkarte im Visitor Centre im Waipu Museum, zieht möglichst alte Kleidung und widerstandsfähiges Schuhwerk an und nimmt zwei gute Taschenlampen mit. Der Weg zu den Höhlen ist an der Waipu Caves Road ausgeschildert – und nach heftigen Regenfällen unpassierbar! Selbst bei gutem Wetter wird man ganz schön schmutzig, aber es gibt eine Kaltwasserdusche bei den Höhlen.

Nördlich von Waipu verläuft die Straße parallel zur Bream Bay. Bei **Uretiti**, 6 km nördlich von Waipu, liegt ein wunderbarer langer weißer Strand, an dem sich ein einfacher DOC-Campingplatz ($7–9) mit Wasser und kalten Duschen und gleich daneben ein inoffizieller FKK-Strand befinden.

Eine größere Auswahl an Unterkünften als Waipu bietet Waipu Cove (s. S. 219).
Waipu Wanderers, 25 St Mary's Rd, ☎ 09/432 0532, ✉ waipu.wanderers@xtra.co.nz, ist eine freundliche Budget-Unterkunft. Sie hat Betten in einem separaten Haus mit eigener Küche und Badezimmer und liegt in Spaziernähe zum Ortskern. Dorm $28, Zimmer ❶
In der Hauptstraße liegen zwei Cafés. **Pizza Barn**, 2 Cove Rd, ☎ 09/432 1011, im ehemaligen Postamt von Waipu, hat preisgünstiges Mittag- und Abendessen (Hauptgerichte $15–19), darunter Pizza mit allen möglichen köstlichen Belägen. Man kann drinnen in der gemütlichen Bar oder im Gartenzimmer voller Kerzen und Surfbretter und essen. Die Kitschsammlung aus den 50er-Jahren in den Toiletten ist unbedingt einen Blick wert! ☉ April–Nov Mo und Di und den ganzen Juni geschlossen.

Das **Visitor Centre**, ☎ 09/432 0746, befindet sich im Waipu Museum und hat **Internetzugang**. ☉ tgl. 9.30–16.30 Uhr.

Die **Busse** von InterCity/Northliner halten auf Anfrage vor dem Geschenkeladen Pear Tree in der Hauptstraße, ☎ 09/432 0046, wo auch die Fahrkarten verkauft werden. NakedBus hält einen Block weiter vor dem Waipu Museum. Busse nach AUCKLAND 4–7x tgl., 2 1/2 Std.; WHANGAREI 4–6x tgl., 1/2 Std.

Whangarei und Umgebung

Northlands Hauptstadt **Whangarei** (Fahn-ga-rey ausgesprochen) präsentiert sich trotz ihrer Nähe zu den ausgedehnten Stränden von **Whangarei Heads** und den Weltklasse-Tauchrevieren in der Umgebung der **Poor Knights Islands** erfrischend bodenständig. Von Touristenrummel ist hier nichts zu spüren. Besucher konzentrieren sich vor allem auf das Town Basin am Fluss, wo vor einem kleinen, auf Siedlerstil gemachten Shopping- und Restaurantkomplex elegante Jachten dümpeln. Davon abgesehen gibt es noch eine Reihe Museen und schöne Spazierwege, vor allem den reizvollen Pfad zu den Whangarei Falls.

Whangarei

Das Allerschönste an Whangarei sind die zahlreichen erholsamen Parks und einfachen Wanderwege nur wenige Minuten von der Stadt entfernt. Die besten davon sind in der kostenlos im Visitor Centre erhältlichen Broschüre *Whangarei Walks* beschrieben. Wer das Kriegerdenkmal auf dem Gipfel des 240 m hohen **Mount Parihaka** erklimmt, wird mit weiten Ausblicken über Hafen und Stadt belohnt. Zu erreichen ist es mit dem Auto über den Memorial Drive oder zu Fuß über den steilen Ross Track (ein 40-minütiger Anstieg) vom Ende der Dundas Road.

Central Whangarei

Das **Town Basin**, eine aufgehübschte kleine Einkaufszone, konzentriert sich um eine Villa von 1880. Abgesehen von allen möglichen Geschäften befindet sich hier die **Burning Issues Gallery**, eine Glas- und Keramikwerkstatt, wo man beim Glasblasen zuschauen kann, ☉ tgl. 10–17 Uhr, Eintritt frei. Die zentrale Sehenswürdigkeit ist **Clapham's Clocks** direkt neben Neuseelands größter Sonnenuhr. Zu bewundern sind hier 1500 Uhren – von Kirchturm- bis zu Kuckucksuhren, ☉ tgl. 9–17 Uhr, Eintritt $8.

In der Innenstadt empfiehlt sich wärmstens ein Besuch der **Tuatara Gallery**, 29 Bank St. Die kleine Galerie zeigt Werke aufstrebender Maori-

Whangarei

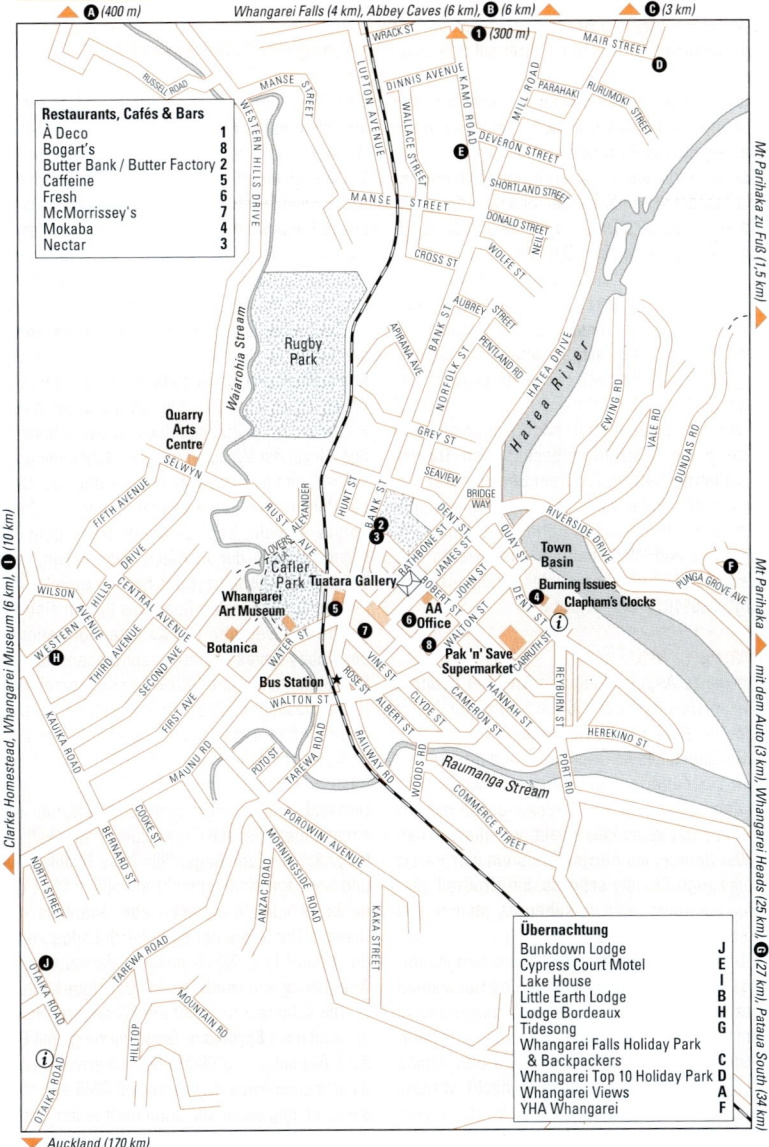

N

0 250 m

Northland

Whangarei Falls (4 km), Abbey Caves (6 km), Ⓑ (6 km)   Ⓒ (3 km)

Ⓐ (400 m)

Ⓘ (300 m)

MAIR STREET

Ⓓ

WRACK ST

DINNIS AVENUE

RUSSELL ROAD

MANSE STREET

WESTERN HILLS DRIVE

LUPTON AVENUE

KAMO ROAD

WALLACE STREET

MILL ROAD

PARAHAKI

RURUMOKI STREET

DEVERON STREET

Ⓔ

SHORTLAND STREET

MANSE STREET

DONALD STREET

NEIL

CROSS ST

WOLFE ST

APRIANA AVE

BANK ST

AUBREY STREET

PENTLAND RD

NORFOLK ST

GREY ST

HATEA DRIVE

HATEA RIVER

EWING RD

VALE RD

DUNDAS RD

Waiarohia Stream

Rugby Park

SEAVIEW

BRIDGE WAY

RIVERSIDE DRIVE

Quarry Arts Centre

SELWYN

FIFTH AVENUE

RUST AVE

ALEXANDER

HUNT ST

BANK ST

GREY ST

DENT ST

JAMES ST

ROBERT

JOHN ST

QUAY ST

DENT ST

Town Basin

Burning Issues

Clapham's Clocks

PUNGA GROVE AVE

Ⓕ

WILSON

CENTRAL AVENUE

OLIVER

VICTORIA

Cafler Park

Tuatara Gallery

Whangarei Art Museum

RATHBONE ST

AA Office

WALTON ST

Pak 'n' Save Supermarket

REYBURN ST

Mt Parihaka

WESTERN

THIRD AVENUE

SECOND AVE

Botanica

WATER ST

Bus Station

VINE ST

CARRUTH ST

HANNAH ST

HEREKINO STREET

KAUKA ROAD

FIRST AVE

WALTON ST

ROSS ST

ALBERT ST

CLYDE ST

CAMERON ST

POR RD

Raumanga Stream

MALINU RD

COOKE ST

TAREWA ROAD

RAILWAY RD

COMMERCE STREET

BERNARD ST

NORTH STREET

MORNINGSIDE ROAD

ANZAC ROAD

POROWINI AVENUE

KAKA STREET

OTAIKA ROAD

TAREWA ROAD

HILLTOP

MOUNTAIN RD

Ⓘ

Auckland (170 km)

Restaurants, Cafés & Bars

À Deco	1
Bogart's	8
Butter Bank / Butter Factory	2
Caffeine	5
Fresh	6
McMorrissey's	7
Mokaba	4
Nectar	3

Übernachtung

Bunkdown Lodge	J
Cypress Court Motel	E
Lake House	I
Little Earth Lodge	B
Lodge Bordeaux	H
Tidesong	G
Whangarei Falls Holiday Park & Backpackers	C
Whangarei Top 10 Holiday Park	D
Whangarei Views	A
YHA Whangarei	F

Clarke Homestead, Whangarei Museum (6 km), Ⓘ (10 km)

Mt Parihaka zu Fuß (1,5 km)

Mt Parihaka mit dem Auto (3 km), Whangarei Heads (25 km), Ⓖ (27 km), Pataua South (34 km)

Ⓗ

Künstler und beherbergt einen tollen Laden, der mit allen möglichen Maori-Artikeln zum Stöbern einlädt – von modischer Kleidung über herrlichen Schmuck bis zu Jadeschnitzereien ist alles vertreten. ⏰ Mo–Fr 9.30–17, Sa 9–14.30, im Dez und Jan auch So 10–15 Uhr, Eintritt auf Spendenbasis.

Unmittelbar westlich der Galerie lädt der gepflegte kleine **Cafler Park** zu einem schönen Spaziergang ein. Besonders sehenswert sind die Rose Gardens und das angrenzende **Whangarei Art Museum** mit einer kleinen neuseeländischen Kunstsammlung, ⏰ Di–Fr 10–16, Sa und So 12–16 Uhr, Eintritt in Form einer Spende.

Eine Fußgängerbrücke überquert den Bach im Cafler Park und führt zum erholsamen **Botanica**, First Ave. In dem Gewächs- und Kakteenhaus ist auch die umfangreichste öffentliche Sammlung neuseeländischer Farne untergebracht. ⏰ tgl. 10–16 Uhr, Eintritt frei.

Von hier erreicht man nach zehnminütigem Fußweg die Künstlergenossenschaft **Quarry Arts Centre**, Selwyn Ave, ein Zentrum der dynamischen lokalen Kunsthandwerkergemeinde. Man kann zwischen den Hütten aus Adobeziegeln, Holz und Wellblech herumspazieren und den Kunsthandwerkern bei der Arbeit zusehen. ⏰ tgl. 9.30–16.30 Uhr, Eintritt frei.

Heritage Park

Eine ganze Ansammlung von Museen befindet sich im Heritage Park, 6 km südwestlich der Stadt am SH14. **Clarke Homestead** ist das seltene Beispiel eines im Originalzustand erhaltenen, nicht restaurierten Anwesens. Es wurde 1886 für den schottischen Arzt Alexander Clarke erbaut und hat so einiges erlebt, vor allem in den 1930er-Jahren, als Alexanders Sohn hier Partys für die High Society schmiss. Ein Großteil dessen, was heute noch zu sehen ist, stammt aus dieser Zeit.

Das **Whangarei Museum** ist in einem modernen Gebäude auf dem Gelände des Homestead untergebracht und zeigt eine faszinierende Sammlung von Exponaten zur Lokalgeschichte und zur Flora und Fauna sowie eine kleine Maori-Ausstellung. Absolutes Highlight ist *waka tupapuka,* ein mit geschnitzten Vogelmotiven verzierter Sarg aus dem 16. Jh. Das **Kiwi House**

des Museums gilt mit seiner schönen Konzeption und seiner guten Sicht auf die Vögel als eines der besten seiner Art. Alle drei Häuser ⏰ tgl. 10–16 Uhr, Eintritt nur mit Kombiticket für $10.

Whangarei Falls, Kauri Park und Abbey Caves

Wie ein breiter Vorhang stürzt der Hatea River als **Whangarei Falls** über einen 26 m hohen Basaltkamm in ein beliebtes Badebecken. Der Wasserfall liegt 5 km nordöstlich vom Stadtzentrum. Am schönsten ist er auf dem Spazierweg durch Buschland am Hatea River lang zu erreichen (1 1/2 Std. pro Strecke). Der Pfad beginnt am Ufer gegenüber vom Town Basin – eine Karte mit Wegbeschreibung gibt es im i-SITE.

Zwei Kilometer vor Whangarei Falls zweigt die Whareora Road ab, die nach 1,5 km den **A. H. Reed Memorial Kauri Park** erreicht. Schattige Wege führen hier an 500 Jahre alten Kauri-Bäumen vorbei. Zu empfehlen ist der zehnminütige Alexander Walk, an den ein Plankenweg anschließt, der sich hoch über einem Bach mit Blick auf Palmen und Farne windet, bevor er schöne Kauris erreicht. Vom Elizabeth Track geht ein Wanderweg ab, der am Hatea River entlang nach Whangarei Falls führt (1 Std. hin und zurück).

Von der Whareora Road aus lassen sich die geriffelten, verwitterten Kalksteininformationen der **Abbey Caves** mit ihren zahlreichen Stalaktiten, Stalagmiten und Glühwürmchen erreichen. Höhlenbesucher sollten für eine Erkundung einigermaßen fit und mit einer Taschenlampe ausgerüstet sein. Um in die erste Höhle, die Organ Cave, zu gelangen, muss man ein bisschen klettern und kann dann ein paar hundert Meter weit einem unterirdischen Fluss folgen – aber keinesfalls nach heftigen Regenfällen. Die Middle Cave und Ivy Cave sind schlecht ausgeschildert und daher nicht leicht zu finden, aber ebenfalls interessant. Die Gäste der Little Earth Lodge neben den Höhlen (s. S. 223) bekommen die notwendige Ausrüstung und Landkarte in ihrer Unterkunft.

Die schönste Aussicht auf Whangarei Heads hat man beim **Skydiving**. Tandemsprünge mit Ballistic Blondes, ☎ 0800/695 867, 🖥 www.skydive ballisticblondes.co.nz, kosten von $245 aufwärts; die Abholung von einer Unterkunft in der Umgebung von Whangarei ist im Preis enthalten.

Übernachtung

In der Regel lässt sich in Whangarei problemlos eine Übernachtungsmöglichkeit finden und die Preise sind angemessen.

Hotels, Motels und B&Bs

Cypress Court Motel, 29 Kamo Rd, ☎ 0800/429 773, ⌨ www.cypresscourt.co.nz. Das saubere, gut managte Motel 1,5 km nördlich vom Stadtzentrum hat geräumige Studios mit Küche und eine riesige DVD-Sammlung. ❹

Lake House, 212 Pukeatua Rd, 12 km westlich von Whangarei am SH14, ☎ 09/434 8084, ⌨ www.lakehouse.net.nz. Flämische Wandteppiche und polierte Betonböden gehen in dieser modernen, rustikalen Lodge voller Antiquitäten eine gelungene Verbindung ein. Beide der äußerst stilvoll eingerichteten Gästezimmer haben Blick auf Felder und einen See. Leckeres Frühstück ist im Preis enthalten. Auf Bestellung wird ein Abendessen mit 3 Gängen ($65 inkl. Wein) serviert. ❼

Lodge Bordeaux, 361 Western Hills Drive, ☎ 09/438 0404, ⌨ www.lodgebordeaux.co.nz. Hochmodernes Motel. Alle Zimmer mit AC, Fußbodenheizung, Spa und DVD-Player, manche sogar mit Spülmaschine. Beheizter Pool im Freien, auf Wunsch wird ein kleines Frühstück serviert. ❻ – ❼

Whangarei Views, 5 Kensington Heights Rise, ☎ 09/437 6238, ⌨ www.whangareiviews. co.nz. Der endlose Ausblick über die Stadt und die moderne, von einem weitgereisten schweizerisch-britischen Paar liebevoll in Schuss gehaltene Unterkunft, sind unwiderstehlich. Und die Begeisterung der Besitzer für die Region ist ansteckend (sie betätigen sich sogar als Fremdenführer). Zur Auswahl stehen ein gemütliches Zimmer mit Bad samt großer Wanne sowie ein komplett ausgestattetes Selbstversorger-Apartment mit 2 Bädern, Veranda und BBQ. Auf Bestellung kommt das Frühstück auch aufs Zimmer. Apartment ❻, Zimmer ❹

Little Earth Lodge, 85 Abbey Caves Rd, ☎ 09/430 6562, ⌨ www.littleearthlodge.co.nz. Das Hostel in einem grünen Tal, 7 km nordöstlich von Whangarei und direkt bei den Abbey Caves, hat einen Schlafsaal mit 3 Betten, vier DZ/Zweibettzimmer, DVD-Lounge und Ausrüstung für Höhlenerkundungen. Wer schnell genug ist, kann die Eier der freilaufenden Hühner einsammeln. ⏱ Juli–Sep geschlossen. Dorms $28, Zimmer ❷

Tidesong, Beasley Rd, Onerahi, ☎ 09/436 1959, ⌨ www.tidesong.co.nz. Ruhiges und sehr freundliches B&B rund 25 Autominuten östlich von Whangarei, von Busch umgeben und mit Blick auf den mit Mangroven bewachsenen Taiharuru Estuary. Geräumige Selbstversorger-Apartments, kostenlose Kajaks und Golfparcours. Auf Wunsch Verpflegung mit Hausmannskost (Mittagessen $10, Abendessen $30–35); draußen steht ein Pizzaofen. Apartment ❺, Zimmer ❹

Hostels und Campingplätze

Bunkdown Lodge, 23 Otaika Rd, ☎ 09/438 8886, ⌨ www.bunkdownlodge.co.nz. Nicht mehr ganz taufrisches, schlichtes Hostel mit Dorms und Zimmern in und bei einer hübschen Villa von 1903. Es gibt zwei Küchen, ein Bad, Klavier und haufenweise DVDs. Die Betreiber reißen sich ein Bein aus, um ihre Gäste mit Infos zur Region zu versorgen. Dorms $25, Bettwäscheverleih $3, Zimmer ❶

Whangarei Falls Holiday Park & Backpackers, Ngunguru Rd in Tikipunga, 5 km außerhalb der Stadt in der Nähe der Whangarei Falls, ☎ 0800/227 222, ⌨ www.whangareifalls.co.nz. Mit Pool und Spa. Camping $15, Dorms $28, Cabins ❶

Whangarei Top 10 Holiday Park, 24 Mair St, ☎ 0800/455 488, ⌨ www.whangareitop10.co.nz. Kleiner, ruhiger und einladender Platz in hübscher Umgebung, 2 km nördlich der Stadt mit einer großen Auswahl an Übernachtungsmöglichkeiten. Kostenloser Fahrradverleih. Camping $18, Dorms $26,

Cabins ❷, Cabins mit Bad und Selbstversorger-Units ❹

YHA Whangarei, 52 Punga Grove Ave, ☎ 09/438 8954, ✉ yha.whangarei@yha.co.nz. Gemütliches, geselliges Hostel, steile 15 Min. Fußweg vom Stadtzentrum entfernt. Einige Zimmer haben eine schöne Aussicht auf die Stadt. Ein Stückchen weiter im Busch gibt es Glühwürmchen (Taschenlampenverleih möglich). Unterbringung in Cabins mit Glasfront und Dorms mit 4 und 6 Betten. WLAN vorhanden. Die Rezeption ist von 13–17 Uhr geschlossen. Dorms $25, Zimmer ❷

Essen und Unterhaltung

Im Town Basin gibt es zahlreiche Cafés und Restaurants und im Stadtzentrum ein paar Lokale mit Potenzial zum Hotspot. Preiswerte Lebensmittel erhält man bei **Pak'n' Save**, Robert St, Ecke Carruth St.

Bogart's, 84 Cameron St. Abendrestaurant mit entspannter Atmosphäre und Schanklizenz, an Wochenenden sehr belebt. Die Preise für klassische und innovative Pizzas (ab $17) sind unschlagbar.

Butter Bank/Butter Factory, 84 Bank St. In der coolsten Bar von Whangarei geht am Wochenende oft bei Livemusik oder DJs die Post ab. Zwei Etagen tiefer liegt die Butter Factory, eine schummrige Weinbar (◷ Mi–Sa) mit unverputzten Wänden, dicken Holzbalken und Ledersofas.

Caffeine, 4 Water St. Café mit leckeren Muffins und Wraps. Außerdem saisonal wechselnde Mittagsgerichte (rund $13–17) in großzügigen Portionen sowie vorzüglicher, starker Kaffee.

Spitzenrestaurant

À Deco, 70 Kamo Rd, ☎ 09/459 4957. Das möglicherweise beste Restaurant von ganz Northland ist in einem eleganten Jugendstilhaus 2 km nördlich der Innenstadt untergebracht. Hier gibt's exquisite Speisen in ausgefallenen Geschmacksrichtungen, z. B. als Vorspeise eine delikate Wildpilzsuppe ($13) und anschließend gegarte Northland-Flunder und Anisplätzchen (Hauptgerichte $34–38). ◷ So und Mo geschl.

Fresh, 12 James St. Tagescafé mit Schanklizenz und einem großen Angebot an Focaccia und Salaten, z. B. aus gegrilltem Gemüse und Quinoa. Außerdem tägliche Lunchspecials, meist unter $15.

McMorrissey's, 7 Vine St. Northlands beste (weil einzige) irische Bar ist normalerweise sehr relaxt. Es gibt einfache, durchweg gute Kneipenkost (um $15) und am Wochenende Livemusik.

Mokaba, Town Basin. Das Spitzencafé im Town Basin bietet Tische im Freien, Blick auf den Jachthafen, ordentlichen Kaffee, coole Musik und frisches, herzhaftes Essen (Hauptgerichte $14–18).

Nectar, 88 Bank St, ☎ 09/438 8084. Stilvolles modernes Café/Restaurant, dessen große Fenster auf die Dächer der Innenstadt hinausgehen. Die Küche bereitet klassische Frühstücksgerichte ($12–18) zu und Speisen wie Fettuccine mit Räucherlachs ($18) oder Muscheln in grüner Thai-Soße ($18). ◷ So und Mo vormittags geschlossen.

Sonstiges

i-SITE Visitor Centre, 92 Otaika Rd, ☎ 09/438 1079, 🖥 www.whangareinz.org.nz. Das Hauptbüro der Touristeninformation liegt etwa 2 km südlich der Stadt an der Hauptstraße nach Auckland, ◷ Weihnachten–Jan tgl. 8.30–18.30 Uhr, Nov–Ostern Mo–Fr 8.30–17.30, Sa und So 9–17 Uhr, Ostern–Okt Mo–Fr 8.30–17, Sa und So 9–16.30 Uhr. Ein zentraler gelegenes Informationsbüro, das auch über **Internetzugang** verfügt, befindet sich im Foyer von Chapham's Clocks, Town Basin, ☎ 09/438 3993, ◷ tgl. 9–17 Uhr.

Transport

Busse

Die Busse von InterCity/Northliner und Naked halten in der Bank Street, dem Knotenpunkt der Nahverkehrsbusse, die an Werktagen häufig, Sa etwas seltener und So gar nicht verkehren.

Busse nach:
AUCKLAND 4–7x tgl., 3 Std.;
PAIHIA 4–6x tgl., 1 1/4 Std.;
WARKWORTH 4–6x tgl., 1 3/4 Std.

Flüge

Der **Onerahi Airport** liegt 5 km östlich von Whangarei. Von hier in die Stadt fahren Stadtbusse und Taxis, z. B. von **Kiwi Carlton Cabs,** ℅ 0800/455 555.

Flüge nach:
AUCKLAND 7–9x tgl., 35 Min.;
GREAT BARRIER ISLAND 1–2x wöchentl., 30 Min.;
WELLINGTON Mo–Fr 1x tgl.; 1 1/2 Std.

Tutukaka und die Poor Knights Islands

Vom Dörfchen **Tutukaka** – an einem schönen, tief eingeschnittenen Hafen 30 km nordöstlich von Whangarei – legen Boote zu einem der beliebtesten Tauchreviere der Welt ab, dem **Poor Knights Islands Marine Reserve**, 25 km vor der Küste. Dank der warmen East-Auckland-Strömung und der fehlenden Sandablagerungen beträgt die Sicht fast das ganze Jahr über an die 30 m. Im Frühling (ungefähr Okt–Dez) kann sie sich aber wegen Plankton auf 10–15 m beschränken. In diesem meist kristallklaren Gewässer findet sich Neuseelands größte Vielfalt an Meereslebewesen, darunter einige subtropische Arten, die nirgendwo sonst zu entdecken sind, sowie eine faszinierende Unterwasserlandschaft mit nahezu senkrechten, fast 100 m abfallenden Felswänden und -bögen.

Die Poor Knights liegen außerdem an den Wanderrouten verschiedener Walarten: Blau-, Buckel-, Sei- und Minkwale sowie Delphine sind hier keine Seltenheit. Zudem verbergen sich in den Gewässern nördlich und südlich von Tutukaka zwei **Schiffswracks**. Das Überwachungsschiff *HMNZS Tui* wurde 1999 versenkt, um ein künstliches Riff zu bilden. Aufgrund seiner großen Beliebtheit bei Tauchern und Meereslebewesen folgte zwei Jahre später die alte Fregatte *Waikato*. Innerhalb des Reservats liegen unzählige Inseln, von denen jedoch nicht alle betreten werden dürfen. Auf ihnen tummeln sich ungestört Geckos, Eidechsen und Tausende von Tuataras, ihres Zeichens die einzigen Überlebenden einer Gruppe prähistorischer, echsenähnlicher Geschöpfe, die vor 60 Mio. Jahren ausstarben.

Tauchen, Schnorcheln und Paddeln

Beim Erkunden der Poor Knights kommen nicht nur erfahrene Taucher, sondern auch Anfänger und Schnorchler voll auf ihre Kosten. Der größte und beste Anbieter und sehr professionell ist **Dive Tutukaka**, Marina Rd, Tutukaka, ℅ 0800/288 882, 🖳 www.diving.co.nz. Abfahrt von November bis April mehrmals täglich in Tutukaka (Abholung von Whangarei ohne Aufpreis) und das restliche Jahr über in der Regel mindestens 1x tgl. Er setzt mehrere Boote ein, auf denen sich normalerweise nur Taucher mit ähnlicher Erfahrung befinden. Bei *two-dive trips* ($130, inkl. Ausrüstung $225) sind auch Schnorchler und Leute, die nicht abtauchen wollen, willkommen ($130), und die an Bord mitgeführten Kajaks stehen jedermann zur Verfügung. Sehr erfahrene Taucher können in zwei Tauchgängen die beiden Wracks erforschen (ebenfalls $130). Für Anfänger eignet sich der *Discover scuba dive* ($275) mit kompletter Ausrüstung; jeder Neuling wird von einem Ausbilder begleitet. Ein 5-tägiger PADI-Open-Water-Kurs kostet $695.

Dive Tutukaka veranstaltet auch einen Bootsausflug namens *Perfect Day* (5 Std.; $129). Die Fahrt geht um die Poor Knights Islands herum und dann tief in die Rikoriko Cave, die größte bekannte Meereshöhle der Welt. Die Höhle reicht 130 m in die Insel hinein. Unterwegs bleibt auch Zeit zum Tauchen und Paddeln.

Hochseeangeln

Außerhalb vom Poor-Knights-Meeresreservat ist das Hochseeangeln z. B. nach Marlins, Haien und Thunfischen zwischen Dezember und Mai erlaubt. Angler, die ein Charterboot zum Hochseefischen mieten wollen, müssen, wenn sie es sich zu viert teilen, um $250–300 pro Tag zahlen. Eine Liste mit Anbietern führt der Whangarei Deep Sea Anglers Club, ℅ 09/434 3818, 🖳 www.sportfishing.co.nz. 🕐 während der Saison tgl. 8–18 Uhr.

Übernachtung und Essen

Die Unterkünfte liegen ziemlich weit auseinander.

Pacific Rendezvous, Motel Rd, von der Tutukaka Block Road ab, ☎ 0800/999 800, 🖳 www. oceanresort.co.nz. Die Unterkunft in herrlicher Lage mit Blick auf den Hafen von Tutukaka und die Poor Knights hat Suiten und Apartments für Selbstversorger sowie Chalets mit Veranda. Außerdem Pool, Tennisplatz und zwei Privatstrände.

Sands Motel, Tutukaka Block Rd, Whangaumu Bay, ☎ 09/434 3747, 🖳 www.sandsmotel.co.nz. 4 km abseits des Highways, direkt neben einem schönen Strand. Das in den 1960er-Jahren erbaute Motel besitzt eine Menge Flair. Units mit zwei Schlafzimmern. Jan und Feb ❺, sonst ❹

Tutukaka Holiday Park, Matapouri Rd, ☎ 09/434 3938, 🖳 www.tutukaka-holidaypark.co.nz. In supergünstiger Lage, nur 2 Min. zu Fuß vom Hafen; im Jan und Feb sehr voll. Camping $15, Dorms $25, Cabins ❷

Schnappa Rock Café, Marina Rd, ☎ 09/434 3774. Das lockere Restaurant mit Bar serviert verführerische (auch vegetarische) Gerichte (Hauptspeisen $28–34) und Snacks. Es ist ein begehrter Tauchertreff, deshalb empfiehlt sich im Sommer eine Reservierung fürs Abendessen. ⊙ tgl. ab 8 Uhr bis spät.

Transport

Das einzige öffentliche Transportmittel zwischen WHANGAREI und Tutukaka ist der **Tutukaka Shuttle**, ☎ 021/901 408. Er ist auf die Abfahrts- und Rückkehrzeiten der Taucherboote abgestimmt. Nichttaucher zahlen $15 pro Strecke.

Matapouri und Whale Bay

Matapouri, 6 km nördlich von Tutukaka, ist eine malerische Feriensiedlung an einer Bucht mit weißem Sand, die von buschbewachsenen Landzungen begrenzt wird. Sie trennen Matapouri von der wildwüchsigen Naturlandschaft der **Whale Bay** – 1 km weiter nördlich an der Matapouri Road ausgeschildert und nach einer 20-minütigen Wanderung durch den Busch zu erreichen. Die einzigen Besuchereinrichtungen in dieser Gegend sind ein Geschäft und Imbiss in Matapouri.

Nach Norden zur Bay of Islands

Die Straßen, die zur Küste bei Tutukaka und Matapouri führen, treffen bei **Hikurangi**, 16 km nördlich von Whangarei, auf den SH1. Rund 6 km weiter nördlich gabelt sich die Straße: Auf beiden Strecken gelangt man zur Bay of Islands, wenn auch aus unterschiedlicher Richtung. Wer geradeaus fährt, kommt nach Paihia und hat die Möglichkeit, Abstecher zum Maori-Ort Ruapekapeka Pa und zu den **Hundertwasser-Toiletten** von Kawakawa zu machen. Auf dem Abzweig nach rechts, der Old Russell Road, geht es über eine asphaltierte, aber kurvige Landstraße nach Russell.

Auf dem SH1 nach Norden

Am SH1 weist 17 km nördlich von Hikurangi ein Schild zum 5 km nordöstlich gelegenen **Ruapekapeka Pa**. Hier wurde 1846 die letzte Schlacht im „Fahnenmastkrieg" geschlagen. Nachdem Hone Heke in Russell wiederholt den Fahnenmast gekappt hatte (S. 239), war es zu neun Monate andauernden Kämpfen gekommen. In dieser Zeit lernten die Maori, ihre *pa* besser vor britischen Feuerwaffen zu schützen. Der absolute Höhepunkt dieser Entwicklung ist Ruapekapeka, das „Fledermausnest". Dank seiner Lage auf dem Hügel, zwei Reihen von Totara-Palisaden und einem Labyrinth aus Schützengräben und verzweigten Tunneln gelang es Hone Heke und seinen Kriegern, die Stätte zu halten. Allerdings kam im feindlichen Kugelhagel jeder dritte Maori-Krieger um. Infotafeln erzählen die ganze Geschichte; der Verlauf der Schützengräben und die Bunker sind noch deutlich zu sehen. ⊙ Einlass jederzeit, Eintritt frei.

Kawakawa

Die direkte Strecke verläuft auf dem SH1 von der Ruapekapeka-Kreuzung 15 km nordwärts bis zur Kleinstadt Kawakawa. Dort stehen in der Hauptstraße Gilles Street die berühmten **Hundertwasser-Toiletten**. Kreiert wurden diese Kunstwerke 1997 von Friedensreich Hundertwasser. Der 1928 in Österreich geborene Maler, Architekt, Ökologe und Philosoph lebte von 1975 bis zu seinem Tod im Jahr 2000 in Kawakawa. Die Keramiksäulen am Eingang deuten auf den vielseitigen Einsatz von zerbrochenen Fliesen, farbigen Glasflaschen und gefundenen Gegenständen wie den alten Scharnieren an den gusseisernen Türen im Innern hin. Die meisten Besucher werfen nach einem dezenten Warnhinweis an mögliche Benutzer sowohl einen Blick in die Herrenals auch in die Damentoilette. Wer Genaueres erfahren möchte, geht auf der Straße weiter zum **Kawakawa Theatre**. Es zeigt eine ständig laufende, halbstündige DVD über Hundertwasser in Kawakawa, ◷ tgl. 9–17 Uhr, Eintritt $5.

Kawakawa ist die einzige Stadt Neuseelands, auf deren Hauptstraße Bahnschienen verlaufen. Das hat sich die **Vintage Railway** der Bay of Islands zunutze gemacht, ✆ 09/404 0684, ▭ www.bayofislandsvintagerailway.org.nz. Ihre von Dampf- und Dieselloks gezogenen Waggons aus den 1930er-Jahren rumpeln auf der instandgesetzten alten Bahnstrecke 5 km weit nach Norden und wieder zurück, ◷ Fr, Sa und So 11, 12 und 13 Uhr, während der Schulferien öfter; $10. In Zukunft soll die Bahn die 14 km bis zur Küste bei Opua fahren.

Das Kommen und Gehen der Züge lässt sich bequem vom Trainspotters Café, 39 Gilles St, aus bei einer kleinen Mahlzeit und anständigem Kaffee verfolgen.

Bay of Islands

Die Bay of Islands, 240 km nördlich von Auckland, lockt mit ihrer prächtigen Küstenlandschaft, ihren verstreuten Inseln und klaren blauen Gewässern Tausende von Besuchern an. Northland besitzt zwar noch andere gleichermaßen malerische Küstengebiete, z. B. die Häfen von Whangaroa und Hokianga, doch einzigartig an der Bay of Islands ist, wie leicht man auf das Meer hinaus- und zwischen den Inseln hindurchfahren kann.

Die Bay of Islands gilt als Wiege der europäischen Besiedlung Neuseelands, was sich in den zahlreichen Kirchen, Missionen und Obstplantagen der Bucht manifestiert. Außerdem hat die Gegend als Schauplatz der Unterzeichnung des **Vertrags von Waitangi** (s. S. 235, Kasten) zentrale Bedeutung für die Maori. Der Vertrag ist – trotz seiner Unzulänglichkeiten – noch immer das wichtigste Rechtsdokument von Neuseeland.

Überraschenderweise verbringt man in der Bay of Islands die meiste Zeit auf dem Festland, denn auf den Inseln gibt es keine Ansiedlungen. Die meisten Touristen lassen sich im Strandort **Paihia** nieder. Dieser ist bestens auf die Besuchermassen eingerichtet, die an den verschiedenen Bootstouren und Exkursionen teilnehmen wollen. Außerdem liegt keine andere Stadt näher am Treaty House von **Waitangi**. Das überschaubare, mit der Passagierfähre zu erreichende **Russell**, einige Kilometer entfernt auf der anderen Seite der Bucht, ist schöner und erweist sich als fast ebenso günstiger Ausgangspunkt für Bootsfahrten. **Kerikeri**, weiter nordwestlich abseits der Bucht gelegen, ist eng mit der frühen Missionsgeschichte verbunden. Auch das landeinwärts Richtung Westen gelegene **Waimate North** war Sitz einer wichtigen Mission und besitzt immer noch ein Mission House.

Geschichte

Warmes Klima, Seafood im Überfluss und tiefe, geschützte Häfen begünstigten bereits vor Ankunft der Europäer eine dichte **Maori-Besiedlung** in der Bay of Islands. Auf nahezu jeder Landspitze entstand ein *pa*. Auch **Captain Cook** fühlte sich von der geschützten Bucht angezogen. Im Jahre 1769 ging er hier vor Anker und freundete sich mit den Einheimischen an. Drei Jahre später pflegte der Franzose **Marion du Fresne** als erster Europäer intensiveren Kontakt mit den Maori, allerdings sollte es ihm am Ende schlecht ergehen: Infolge eines Missverständnisses (vermutlich ein *tapu* betreffend) wurde er mit 26 seiner Gefolgsmänner getötet. Die Vergeltung der Franzosen ließ nicht lange auf sich warten: Sie zerstörten ein *pa* und töteten Hunderte von Maori.

Anfang des 19. Jhs. waren die Beziehungen zwischen den ortsansässigen Ngapuhi-Maori und den Pakeha-Walfängern noch freundschaftlich, doch dauerte es nicht lange, bis sich die Situation der Maori verschlechterte. Durch die zunehmenden Kontakte zu den Einheimischen verbreiteten sich Schusswaffen, Alkohol sowie

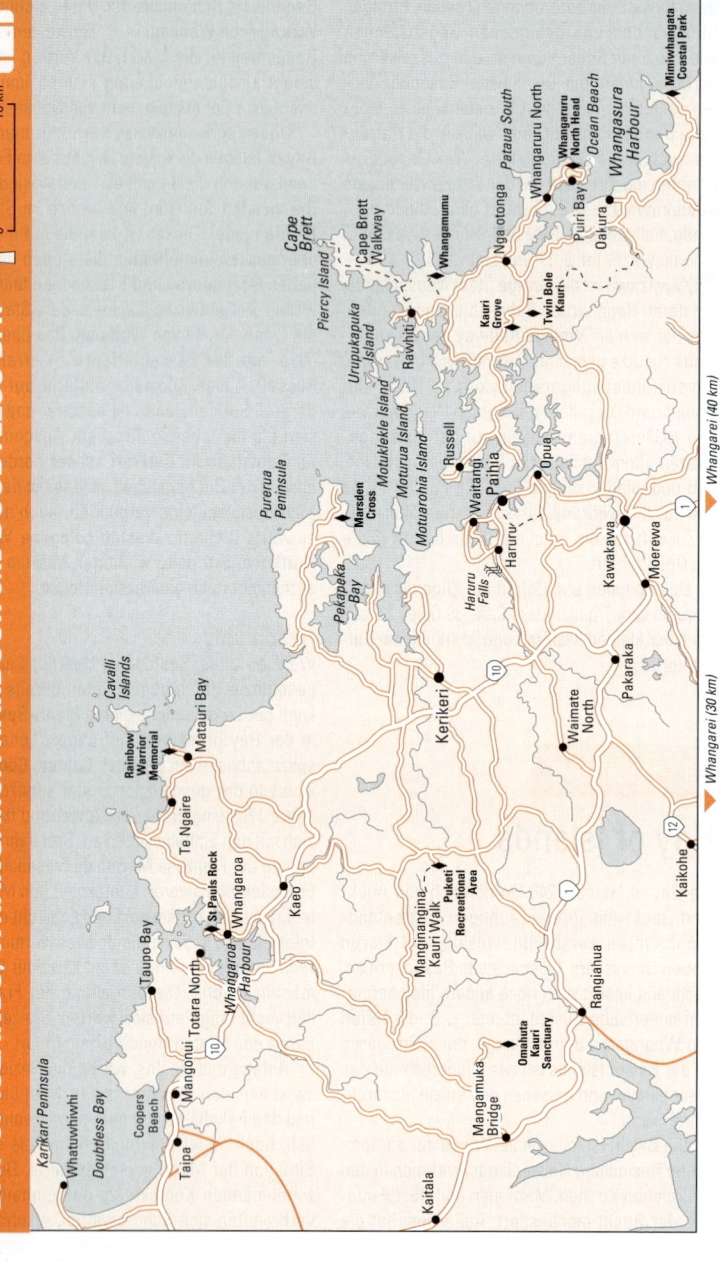

BAY OF ISLANDS, WHANGAROA HARBOUR UND DOUBTLESS BAY

Karikari Peninsula

Whatuwhiwhi

Doubtless Bay

Coopers Beach

Mangonui

Taipa

Kaitaia

Cavalli Islands

Taupo Bay

Te Ngaire

Mangamuka Bridge

Totara North

Whangaroa Harbour

Whangaroa

St Pauls Rock

Rainbow Warrior Memorial

Matauri Bay

Kaeo

Rangiahua

Kaikohe

Omahuta Kauri Sanctuary

Manginangina Kauri Walk

Puketi Recreational Area

Pekapeka Bay

Purerua Peninsula

Marsden Cross

Kerikeri

Waimate North

Pakaraka

Kawakawa

Moerewa

Motuarohia Island

Motukiekle Island

Moturua Island

Urupukapuka Island

Russell

Paihia

Waitangi

Haruru

Haruru Falls

Opua

Rawhiti

Cape Brett

Piercy Island

Cape Brett Walkway

Whangamumu

Kauri Grove

Twin Bole Kauri

Nga otonga

Pataua South

Whangaruru North

Whangaruru North Head

Ocean Beach

Puiri Bay

Oakura

Whangaruru Harbour

Mimiwhangata Coastal Park

▶ *Whangarei (40 km)*

▶ *Whangarei (30 km)*

N

10 km

0

① ⑩ ⑫

die Krankheiten der Alten Welt, und das traditionelle Leben der Maori begann auseinander zu brechen – ein Prozess, der durch die Ankunft von **Samuel Marsden** 1814 noch beschleunigt wurde, der als erster von vielen nachfolgenden **Missionaren** beabsichtigte, die Maori zum Christentum zu bekehren.

Im Jahre 1833 wurde **James Busby** gesandt, um die Interessen Großbritanniens zu schützen und die brutale Behandlung der Maori durch die Walfänger zu unterbinden. Ohne bewaffnete Unterstützung und juristische Befugnisse konnte er jedoch kaum etwas ausrichten. Die Unterzeichnung des **Vertrags von Waitangi** 1840 ermöglichte eine wirksame Kontrolle, leitete aber gleichzeitig den Bedeutungsverlust der Bay of Islands ein: Die Hauptstadt verlagerte sich von ihrem ursprünglichen Standort Kororareka (heute Russell) zunächst nach Auckland und später nach Wellington.

1927 kam der amerikanische Western-Schriftsteller **Zane Grey** hierher, um nach Schwertfischen zu jagen. Sein Buch *The Angler's El Dorado* machte die Gegend berühmt. Seitdem finden in der Region allsommerliche Angelwettbewerbe statt – der glitzernde Fang wird anschließend auf den Piers aufgehängt.

Erkundung der Bucht

Um einen umfassenden Eindruck von der Bay of Islands zu gewinnen, muss man sich aufs Wasser hinauswagen. Die Mehrzahl der Touren (s. Aktivitäten) beginnt in Paihia, allerdings wird bei allen größeren Bootstouren und Ausflügen in die Bucht auch ein Zwischenstopp in Russell eingelegt. Von Dezember bis März sollte die Reservierung ein paar Tage im Voraus erfolgen. Die meisten Hotels und Motels nehmen Ausflugsbuchungen für ihre Gäste vor, und Hostels können in der Regel einen „Backpacker-Rabatt" von ca. 10 % aushandeln.

Die Inseln

Die Bucht heißt nicht umsonst Bay of Islands. Immerhin gibt es hier sechs große und rund 140 kleine Inseln. Viele sind Teil des DOC-Projekts **Project Island Song**. In dessen Rahmen sollen zahlreiche Inseln von eingeschleppten Raubtieren befreit und in Tierparadiese verwandelt werden. Inzwischen wurden auf vielen Inseln einige typische Vogelarten wieder eingeführt, insbesondere auf **Urupukapuka Island**, das sich mit Hilfe der DOC-Broschüre *Urupukapuka Island Archeological Walk* in ein paar Stunden erkunden lässt. In dem Heftchen sind eine Reihe von Maori-*pa* und -Terrassen beschrieben. Urupukapuka ist die einzige Insel, auf der übernachtet werden darf. Dort gibt es – außer in den westlichen Buchten der Insel – mehrere einfache DOC-Campingplätze ($8) und in Otehei Bay das Otehei Bay Resort, ☎ 0800/365 744, 🖳 www.zanegrey.co.nz. Es hat spartanische Dorms ($30), DZ mit Bad ❸ und ein Selbstversorger-Cottage mit 4 Betten ❺ Alle teilen sich eine komplett ausgestattete Küche und liegen unweit vom Restaurant und Bar Zane Grey. Der Resortbetreiber Explore NZ veranstaltet regelmäßig Dampferfahrten von Paihia und Russell aus mit Aufenthalt in Otehei Bay (nur im Sommer; $40 hin und zurück).

Die bei weitem bekannteste unter den anderen großen Inseln ist **Motuarohia** (auch **Roberton Island** genannt). Das DOC verwaltet dort den spektakulären zentralen Teil – eine Landenge, die beinahe von zwei kreisförmigen blauen Lagunen durchtrennt wird. Für Hobbytaucher gibt es einen Naturpfad unter Wasser mit beschrifteten Tafeln aus Edelstahl.

Zu den anderen Sehenswürdigkeiten, die von den Schiffen angefahren werden, zählen die **Black Rocks**, kahle kleine Inseln, die sich aus Basaltsäulen gebildet haben. Sie ragen nur 10 m aus dem Wasser, reichen aber steile 30 m tief hinab. Am äußeren Rand der Bucht liegt die felsige Halbinsel **Cape Brett**, die 1769 von Cook nach dem damaligen Marineminister Lord Piercy Brett benannt wurde. Die Schiffstouren führen auch regelmäßig durch das **Hole in the Rock**, einen natürlichen Tunnel durch Piercy Island, der sich bei Dünung als besonders aufregend erweist.

Aktivitäten

Boots- und Segeltouren, Schwimmen mit Delphinen

Ob eine gemächliche Bootsfahrt oder ein Tagesausflug, bei dem man auch mit Delphinen

Ausflüge von der Bay of Islands

Die Bay of Islands ist das größte Touristenzentrum in Northland und dient als Sprungbrett für Abstecher in den hohen Norden. Dazu gehören insbesondere eintägige Busfahrten zum **Cape Reinga** und **Ninety Mile Beach** (s. Kasten S. 255) – eine anstrengende Fahrt, die 11 Std. dauert, wobei man die meiste Zeit im Fahrzeug verbringt. Ratsamer ist es, nach Mangonui, Kaitaia oder Ahipara hoch zu fahren und dort eine Tour zu buchen.

Fullers Great Sights (s. S. 231) veranstaltet auch eine Bustour namens *Discover Hokianga*, die den Besuch des **Hokianga Harbour**, einen Spaziergang zu den riesigen **Kauri-Bäumen** im Waipoua Forest und einen Abstecher zu den **Wairere Boulders** umfasst (tgl., 7 1/2 Std., $93).

schwimmen und segeln kann – es gibt eigentlich etwas für jeden Geschmack. Die beiden wichtigsten Anbieter in der Bay sind Fullers Great Sights und Explore NZ/Dolphin Discoveries. Beide haben ein umfangreiches Angebot an Sightseeing-, Segel- und Delphintrips – die besten haben wir nachstehend aufgelistet.

Außerdem kreuzen mehrere kleine **Jachten** mit Platz für meist weniger als ein Dutzend Passagiere auf dem Wasser (normalerweise 6 Std.): Die Konkurrenz ist groß und der Standard hoch. Bei den meisten Ausflugsfahrten und Segeltörns besteht die Gelegenheit, ein wenig zu tauchen, vielleicht um die Mittagszeit, wenn das Boot in einer Bucht ankert. Viele Boote führen auch Kajaks und Angelgerät mit.

Aufgrund des ganzjährig relativ warmen Wassers und der Vielzahl an Meeressäugern ist die Bay of Islands ein genialer Ort für die **Delphinbeobachtung**. Das ganze Jahr über besteht eine ungefähr 80%-ige Chance, Große Tümmler und Gewöhnliche Delphine zu sehen, von Mai bis Oktober Orkas („Killerwale") und von August bis Januar Mink- und Brydes-**Wale**. Wichtig: Es gibt keine Garantie, dass das **Schwimmen mit Delphinen** tatsächlich stattfindet. Wenn die Delphine Junge dabei

haben (was zu jeder Jahreszeit der Fall sein kann), ist es ohnehin verboten. Über den Daumen gepeilt stehen die Chancen 50:50. Normalerweise gibt es bei Fehlschlägen das Geld zurück, aber die genaue Handhabung muss bei der Buchung erfragt werden.

Die Wahrscheinlichkeit, Delphine zu sehen, ist am größten auf einer Bootsfahrt mit einem Veranstalter, der eine Lizenz fürs Schwimmen mit Delphinen hat und die Tiere aufsuchen darf. Es werden aber nur 18 Personen gleichzeitig ins Wasser gelassen. Da sich zu den meisten Touren in der Hochsaison Gruppen von ca. 40 Personen einfinden, hat man ungefähr ein Drittel der Zeit, in der die Delphine in Reichweite sind, Gelegenheit, mit ihnen im Wasser zu planschen.

Carino, ✆ 09/402 8040, 🖥 www.sailingdolphins. co.nz. Der große rote Katamaran ist in Paihia beheimatet und besitzt eine Lizenz zum Schwimmen mit Delphinen, wenn die Rahmenbedingungen stimmen. Inkl. BBQ-Mittagessen $105.

Ecocruz, ✆ 0800/432 627, 🖥 www.ecocruz. co.nz. Dreitägige Touren für bis zu 10 Personen auf dem 22 m langen Zweimaster *Manawanui* um die Bucht. Der Schwerpunkt liegt dabei auf der Würdigung der schönen Landschaft. Ausgezeichnete Verpflegung inbegriffen, ebenso Kajaks, Schnorchel- und Angelausrüstung, jede Menge Fachwissen und Begeisterung. Dormbett $595, Doppelkabine $1350. Okt–April.

The Excitor, ✆ 0800/653 339, 🖥 www.excitor. co.nz. Während der Fahrt mit dem besseren der beiden Schnellboote in der Bucht rast man mit über 40 Knoten raus zum Hole in the Rock und zurück. (2–5 Trips tgl.; 1 1/2 Std.; $89). Bei manchen Ausflügen kommen noch $10 für einen Zwischenstopp auf einer Insel dazu.

Explore NZ/Dolphin Discoveries, ✆ 0800/365 744, 🖥 www.explorenz.co.nz. Die Pioniere des Schwimmens mit Delphinen in dieser Gegend haben verschiedene Rund-, Segel- und Delphinfahrten im Programm. Besonders toll ist die *Dolphin/Sail Adventure Combo* (Okt–Mai tgl.; 8 Std.; $150). Sie besteht aus einer morgendlichen Rundfahrt zur Beobachtung von Delphinen (falls die Möglichkeit besteht, mit den

Delphinen zu schwimmen, werden $30 extra fällig) und anschließendem Transfer auf die *On the Edge*. Auf der schnellen 22-Meter-Jacht geht´s in eine Bucht, wo das Mittagessen vom Grill eingenommen wird (paddeln und tauchen optional), bevor man am Nachmittag zurück nach Paihia schippert. Es werden auch reine Segeltörns auf der *On the Edge* (Okt–Mai tgl.; 6 1/2 Std.; $115) mit bis zu 60 Passagieren an Bord angeboten, bei denen eine Schnelligkeit von mehr als 20 Knoten erreicht wird.

Fullers Great Sights, ℅ 0800/653 339, 🖥 www.dolphincruises.co.nz. Die Ausflüge des alteingesessenen Anbieters, auch Eigentümer des Unternehmens Awesome NZ, sind ein wenig ausgefallener. Sein *Day in the Bay* (Okt–April tgl.; 6 3/4 Std.; $99) ist vielleicht der beste aller angebotenen Tagestrips. Er beinhaltet einen Abstecher zum Hole in the Rock, einen Inselstopp und die Gelegenheit, sich umzuschauen, während das Schiff an Häfen rund um die Bucht Lebensmittel und die Post abliefert (nur Mo, Mi und Sa). Möglicherweise lassen sich Delphine blicken, und manchmal kann man sogar mit ihnen schwimmen. Fullers hat auch eine ausgewiesene Delphin-Beobachtungstour (2x tgl.; 3 Std.; $89) im Angebot und einen *dolphin-swimming trip* (Mitte Okt bis April 2x tgl. 4 Std.; $99 plus $30 fürs Schwimmen) im kleinsten Delphinboot der Bucht (35 Passagiere).

Gungha, ℅ 0800/478 900, 🖥 www. bayofislandssailing.com. Bei dem tollen, auf Backpacker ausgerichteten Tagesausflug segelt man zusammen mit bis zu 25 anderen Hilfsmatrosen einen 20 m langen Einmaster. Inselstopp und Mittagessen inbegriffen. $90.

Ipipiri, ℅ 0800/653 339, 🖥 www.overnightcruise. co.nz. Eine von Fullers Great Sights gemanagte Rundfahrt mit Übernachtung auf einem ziemlich luxuriösen, modernen Schiff mit 70 Betten. Der Preis ist zwar hoch, enthält dafür aber die komfortable Unterbringung in einer Kajüte mit Doppelbett oder 2 Betten und Bad, Nachmittagstee, Abendbuffet, warmes Frühstück, kostenlose Benutzung von Kajaks und Schnorchelzubehör, geführte Wanderungen und eine 20-stündige Rundfahrt; die Nacht wird vor Anker in einer geschützten Bucht verbracht. $339.

Phantom, ℅ 0800/224 421, 🖥 www.yachtphantom.com. Nur 10 Personen haben auf dieser hervorragenden neuseeländisch-amerikanischen Segeljacht mit Heimathafen Russell Platz. Für die Dauer von 6 unvergesslichen Stunden können sie bei der Fahrt durch die Bucht an Deck relaxen oder auch mal das Steuer übernehmen. Das köstliche Mittagessen wird in einer verschwiegenen Bucht eingenommen. Nur Okt–April. $99.

R. Tucker Thompson, ℅ 0800/882 537, 🖥 www.tucker.co.nz. Sehr schöner, in Northland gebauter Schoner, der mit jeweils bis zu 20 Passagieren zu Tagesausflügen zu den Inseln ablegt. Bei einem Zwischenstopp hat man Gelegenheit zum Schwimmen und bekommt ein BBQ-Mittagessen (tgl. Ende Okt–April, 6 Std., $135 inkl. Morgentee mit frisch gebackenen Scones). Auch Touren am Spätnachmittag (Nov–März Mi, Fr und So; $60) inkl. Antipasti-Teller und ein Glas Wein.

The Rock, ℅ 0800/762 2527, 🖥 www.rocktheboat.co.nz. Eine tolle Kombination aus Backpacker-Unterkunft plus Aktivitäten auf einer umgebauten Autofähre mit Platz für bis zu 36 Passagiere. Die schwimmende Herberge legt spätnachmittags von der Paihia Wharf ab und nimmt Kurs auf einige herrliche Buchten, wo die Gäste angeln, schwimmen, schnorcheln, Kajak fahren und sich abends bis zum Abwinken am Grill bedienen können. Anschließend wird relaxt, während jemand auf der Gitarre oder dem Klavier klimpert. Die Unterbringung erfolgt in Sammelkabinen mit 6 Betten ($178) oder Privatkabinen ($218), alle mit Meerblick, Abendessen und Frühstück inbegriffen; Getränke kosten extra. Schlafsack mitbringen.

Fischen

Die Auswahl an **Angeltouren** reicht von Ausflügen mit Angelschnur zum Fangen von Schnappern bis zu Fahrten mit Hochseefischerbooten zur Jagd nach Marlins, Haien, Thunfischen und Königsmakrelen. Am Besten fragt man im i-SITE nach oder spricht die Skipper am Hafen von Paihia an, um das passende Angebot ausfindig zu machen. Die Tagesrarife liegen bei $90 für leichte

Ausrüstung und ab $395 für Hochseefischer-boote.
Steve Butler, ℡ 09/407 7165, 🖳 www.earlgreyfishing.co.nz, veranstaltet geniale Hochseefischcharters.

Kajak und Waka fahren

Erfahrung ist zum Kajakfahren in und um Paihia nicht unbedingt notwendig, da viele Unternehmen Touren mit Begleitung anbieten. Wer auf eigene Faust lospaddeln möchte, kann sich bei verschiedenen **Verleihern** die entsprechende Ausstattung besorgen.
Bay Beach Hire, am südlichen Ende des Paihia Beach, ℡ 09/402 6078, 🖳 www.baybeachhire.co.nz. vermietet Kanadier (Einer $10/Std., $50/Tag; Zweier $20/65), Seekajaks (Einer $15/55; Zweier $30/80) und Katamarane ($50/Std.).
Coastal Kayakers, Waitangi Bridge, ℡ 09/402 8105, 🖳 www.coastalkayakers.co.nz. Organisiert das ganze Jahr über Ausflüge und bietet halbtägige Touren stromaufwärts zu den Haruru Falls ($60), sowie ganztägige Ausflüge ($80), an. 3-tägige Camping-Exkursionen stehen zwischen November und Mai auf dem Programm und kosten $480. Verleiht außerdem Kajaks für jeweils zwei oder mehr Personen ($10/Std., $40/Tag).
Island Kayaks, im Bay Beach Hire, ℡ 0800/611 440, 🖳 www.baybeachhire.co.nz. Ist das ganze Jahr über aktiv. Auf halbtägigen Touren ($55) und ganztägigen Ausflügen ($90) werden die küstennahen Inseln und Buchten erkundet.
Taiamai Tours, ℡ 09/405 9990, 🖳 www.taiamaitours.co.nz. Kanupaddeln wie die Maori: Um ein Gefühl dafür zu bekommen, wie sich die Maori spirituell und körperlich mit dem Land und dem Meer verbunden fühlen, gehen die Teilnehmer zusammen mit bis zu einem Dutzend anderer Interessierter das gesamte Ritual durch – *karakia* (Gebete), *whaikorero* (Ansprachen) und Erlernen der richtigen Handhabung eines *hoe* (Paddel) –, bevor sie das *waka* (Kanu) den Waitangi River hoch steuern. Tgl. um 10 und 13 Uhr; 90 Min.; $165.

Parasailing und Rundflüge

Flying Kiwi, Paihia Wharf, ℡ 0800/359 691. Von einem Speedboot werden Gleitsegler zu

10–15-minütigen Tandem- oder Soloflügen 250 m ($79) oder 350 m ($89) in die Höhe gezogen.
Salt Air, Marsden Rd, am Maritime Building, Paihia, ℡ 0800/472 582, 🖳 www.saltair.co.nz. Hubschrauberflüge ($215/20 Min. zum Hole in the Rock, $295/30 Min. die Küste hoch) sowie zum Cape Reinga (s. S. 254).

Reiten

Horse Trek'n, Bayly Road, Waitangi, ℡ 027/233 3490, 🖳 www.horsetrekn.co.nz. Der beste örtliche Veranstalter von Reitausflügen bietet Ausritte auf liebevoll gepflegten Pferden durch Wiesen und Wälder und zum Strand runter (tgl. um 10 und 14 Uhr; $90/2 Std., nur mit Reservierung).

Tauchen

Dive HQ, Williams Rd, Paihia, ℡ 0800/107 551, 🖳 www.divenz.com. Hauptveranstalter von Tauchausflügen in der Bay of Islands oder zu den Wracks der *Rainbow Warrior* (S. 247) und der Fregatte *Canterbury*. Dives mit zwei Tankfüllungen inkl. Ausrüstung kosten $215 ($275 zu den Wracks für Leute ohne *Advanced Open Water*-Zertifikat).
Dive North, ℡ 09/402 5369, 🖳 www.divenorth.co.nz. Ebenfalls ein klasse Anbieter. Er berechnet $235 für 2 Tauchgänge, aber keinen Aufpreis für Wracktauchen ohne AOW-Schein.

Paihia und Waitangi

Paihia ist das unbestrittene Zentrum der Region. Das Leben spielt sich überwiegend auf dem 2 km langen Uferabschnitt ab. Hier drängen sich Motels, Restaurants und Ferienhäuschen und dazwischen Tourveranstalter, Backpackerhostels, Party-Bars und Hotels. Die niedrige Bebauung in Paihia passt sich wunderbar den drei malerischen, seichten Buchten mit Blick auf Russell und die Bay of Islands an, die von bewaldeten Hügeln eingerahmt werden.

Eine Tafel vor der heutigen St Paul's Anglican Church, Marsden Rd, markiert die Stelle, an der die nördlichen Häuptlinge 1831 die britische Krone um einen Gesandten baten, der für Gesetz und Ordnung sorgen sollte. 1833 nahm sich Kö-

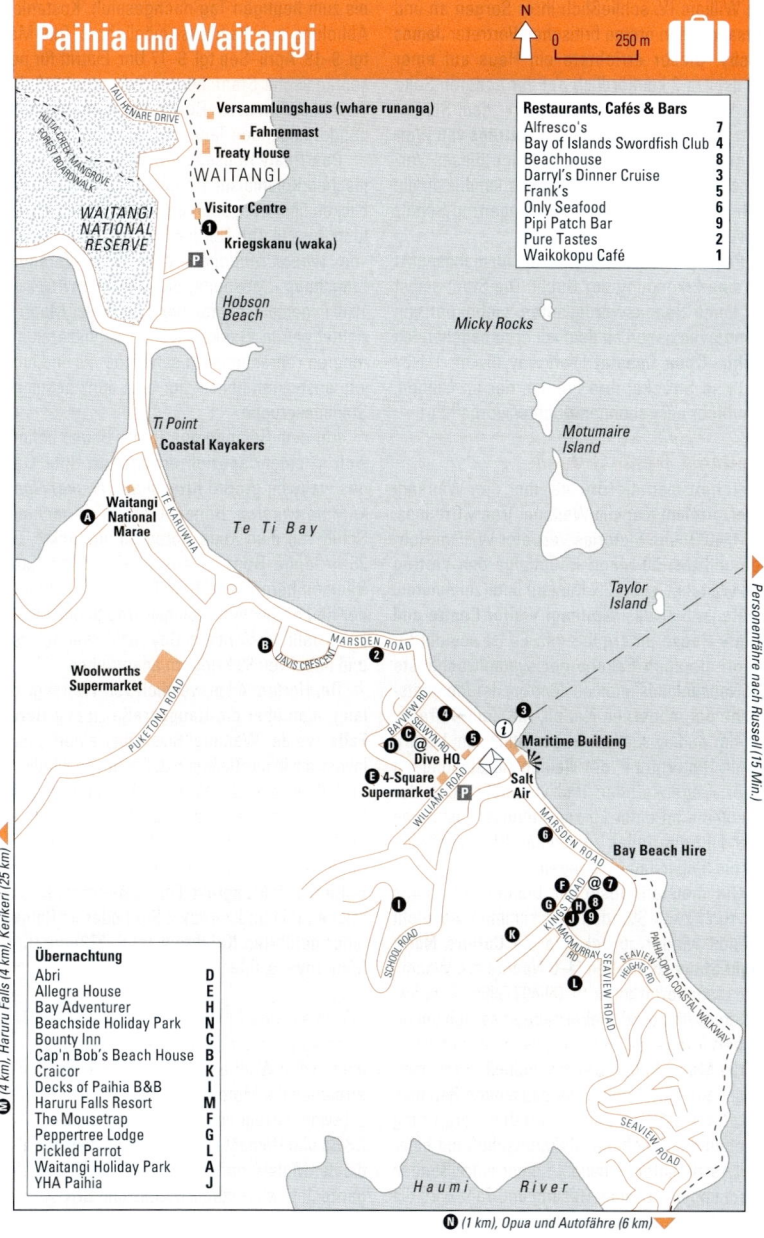

Paihia und Waitangi

N
0 — 250 m

WAITANGI

Versammlungshaus (whare runanga)
Fahnenmast
Treaty House

WAITANGI
NATIONAL
RESERVE

Visitor Centre
Kriegskanu (waka)

Hobson Beach

Micky Rocks

Ti Point
Coastal Kayakers

Motumaire Island

Waitangi National Marae

Te Ti Bay

Taylor Island

MARSDEN ROAD
Davis Crescent

Woolworths Supermarket

PUKETONA ROAD

TE KARUWHA

BAYVIEW RD
SELWYN RD
@ C
D
Dive HQ
E 4-Square Supermarket
WILLIAMS ROAD

Maritime Building

Salt Air

MARSDEN ROAD
Bay Beach Hire

SCHOOL ROAD
KINGS ROAD

F
G
@
H
J
K
L
MACMURRAY RD
SEAVIEW ROAD
PAIHIA OPUA COASTAL WALKWAY

SEAVIEW ROAD

Haumi River

Restaurants, Cafés & Bars

Alfresco's	7
Bay of Islands Swordfish Club	4
Beachhouse	8
Darryl's Dinner Cruise	3
Frank's	5
Only Seafood	6
Pipi Patch Bar	9
Pure Tastes	2
Waikokopu Café	1

Übernachtung

Abri	D
Allegra House	E
Bay Adventurer	H
Beachside Holiday Park	N
Bounty Inn	C
Cap'n Bob's Beach House	B
Craicor	K
Decks of Paihia B&B	I
Haruru Falls Resort	M
The Mousetrap	F
Peppertree Lodge	G
Pickled Parrot	L
Waitangi Holiday Park	A
YHA Paihia	J

Personenfähre nach Russell (15 Min.)

(4 km), Haruru Falls (4 km), Kerikeri (25 km)

(1 km), Opua und Autofähre (6 km)

Northland

nig William IV. schließlich ihrer Sorgen an und entsandte den ersten britischen Vertreter **James Busby**. Dieser errichtete ein Haus auf einer Landspitze 2 km nördlich auf der anderen Seite des Waitangi River in Waitangi – dem Schauplatz der Unterzeichnung des **Vertrags von Waitangi** sieben Jahre später. Infolge dieses Vertrags wurde die Souveränität des Landes an die Briten abgetreten, welche im Gegenzug Schutz gewähren sollten.

Paihia dient in erster Linie als Ausgangspunkt für eine Erkundung der Bucht. Die Stadt selbst hat keine Sehenswürdigkeiten. Liebhaber von Mangroven haben an dem leicht zu begehenden **Paihia–Opua Coastal Walkway** (6 km; 1 1/2–2 Std. je Strecke) ihre Freude, der an kleinen, vom Meer ausgehöhlten Buchten vorbeiführt.

Waitangi Treaty Grounds

Überquert man die Brücke über den Waitangi River, erreicht man die Waitangi Treaty Grounds, wo 1840 Queen Victorias Vertreter William Hobson und fast 50 Maori-Häuptlinge den Vertrag von Waitangi (s. S. 235, Kasten) unterzeichneten. Heute ist hier das **Waitangi Visitor Centre and Treaty House** untergebracht. Es ist sowohl für Maori als auch Pakeha der symbolträchtigste Ort Neuseelands und das Zentrum der Identitätssuche der modernen Nation. Mit dem Betrachten der audiovisuellen Präsentation zum historischen Hintergrund, der kleinen Ausstellung mit Maori-Gegenständen und vielleicht noch der Teilnahme an einer kurzen Kulturveranstaltung oder Führung (alles zusammen $12) lässt sich gut ein halber Tag verbringen.

Die meisten Besucher bleiben allerdings nur rund zwei Stunden und kommen vielleicht abends wieder zurück, um die **Culture North Night Show** zu erleben (4–6 Nächte pro Woche; $60; reservieren unter ☏ 09/402 5990, 🖥 www.culturenorth.co.nz). Dabei handelt es sich um eine hervorragende zeitgenössische Annäherung an die Maori-Kultur. Das traditionelle Versammlungshaus bietet dafür den passenden Rahmen. Bei der 1 1/4 Stunden dauernden Vorführung machen die Zuschauer Bekanntschaft mit einer weit verzweigten Familie. In einer mitreißenden Mischung aus Drama, Gesang und Tanz wird die Geschichte der Maori seit der Ankunft von Kupe

bis zum heutigen Tag nachgespielt. Kostenlose Abholung aus Paihia ist möglich. ⏰ Okt–März tgl. 9–18, April–Sep tgl. 9–17 Uhr, Eintritt für neuseeländische Staatsbürger frei, sonst $20. Das Ticket berechtigt zur Besichtigung an zwei aufeinander folgenden Tagen.

Das Treaty House wurde 1833/34 im georgianischen Kolonialstil erbaut. Seine Vorderfenster blicken über ausgedehnte Rasenflächen in Richtung Russell. Die Nordseite der Grünfläche wird vom *whare runanga* – dem **Maori-Versammlungshaus** – gesäumt, das zwischen 1934 und 1940 in gemeinschaftlicher Arbeit aller Maori errichtet wurde. Die kunstvollen Schnitzereien im Inneren repräsentieren sämtliche *iwi* und nicht, wie ansonsten üblich, nur eine ganz bestimmte Stammesgruppe.

Auf dem Gelände des Treaty House befindet sich in einem speziell errichteten Unterstand das weltweit größte **Kriegskanu** *(waka) Ngatoki Matawhaorua*. Benannt wurde es nach dem Schiff, mit dem Kupe Aotearoa entdeckte. Das 35 m lange Boot ist aus zwei großen Kauri-Bäumen hergestellt. Beteiligt waren Mitglieder der fünf nördlichen Stämme. Traditionell wird es jedes Jahr am Waitangi Day zu Wasser gelassen und dabei von 80 Kriegern angetrieben.

Bei Haruru, 4 km westlich von Waitangi, gelangt man über die Hauptstraße zu den **Haruru Falls**, wo der Waitangi River über einen Basaltlavastrom in die Tiefe stürzt. Für neuseeländische Verhältnisse ist der Wasserfall nicht übermäßig beeindruckend, aber an seinem Fuße bieten sich gute Bademöglichkeiten. Die Haruru Falls sind auch vom Treaty House über den gemächlichen **Hutia Creek Mangrove Forest Boardwalk** zu erreichen (hin und zurück 2 Std.) oder im Rahmen einer geführten **Kajaktour** (s. S. 232) durch die Mangrovenwälder.

Übernachtung

Es gibt gute Unterkünfte in allen Preislagen, aber in den Wochen nach Weihnachten erreichen die Motelpreise manchmal schwindelerregende Höhen. Die Preise von B&Bs und Homestays schwanken weniger als die der Motels, und die der Hostels bleiben das ganze Jahr über stabil. Motels und B&Bs verteilen sich über die ganze Stadt. Die Kings

Der Vertrag von Waitangi ist das **Gründungs-dokument** des modernen Neuseelands, und seine Auswirkungen prägen die neuseeländische Gesellschaft bis heute. Unterzeichnet wurde der Vertrag 1840 von zwei vorgeblich souveränen Staaten – dem Vereinigten Königreich einerseits und den United Tribes of New Zealand und weiteren Maori-Anführern andererseits. Bis heute stellt die Vereinbarung ein Schlüsselelement der Beziehung zwischen den Ureinwohnern und den europäischen Einwanderern dar. Die darin garantierten Rechte der Maori wurden jedoch nur selten gewahrt, und der Kampf um Anerkennung geht weiter.

Der Vertragsabschluss in Waitangi

Angetrieben von dem Wunsch, die französische Expansion im Pazifik zu stoppen, sowie von der moralischen Verpflichtung der Krone, die Maori vor betrügerischen Landaneignungen seitens der Siedler zu schützen, beauftragten die Briten Kapitän **William Hobson**, die Übertragung der Hoheitsrechte mit „der freien und verständigen Zustimmung der Einheimischen" fair auszuhandeln. Hobson verfasste mit Hilfe von **James Busby** und anderen Mitarbeitern sowohl den englischen Vertrag als auch eine Maori-Übersetzung. Dem Anschein nach ist der Vertrag eindeutig. Doch im Laufe der Jahre zeigten sich immer deutlicher die Schwierigkeiten mit dem Vorliegen zweier Versionen (s. S. 118, Neuseeland und seine Bewohner) sowie die Folgen einer Vereinbarung zwischen zwei Völkern mit sehr unterschiedlichen Ansichten über Besitzrechte an Boden und Ressourcen.

Der Vertrag wurde am 5. Februar 1840 einer **Versammlung** von 400 Vertretern der fünf nördlichen Stämme vor Busbys Wohnsitz in Waitangi vorgelegt. Präsentiert wurde er als Vertrag zwischen den Häuptlingen und Queen Victoria. Die Vorzüge wurden ausführlich erläutert und die Kosten heruntergespielt. Da die meisten Häuptlinge kein Englisch verstanden, unterzeichneten sie am 6. Februar die Maori-Version des Vertrags, die noch heute bei den Maori *mana* (Autorität oder Status) genießt.

Der Vertrag nach Waitangi

Dem Beispiel von Waitangi folgte man überall im Land. Sieben Kopien des Vertrags wurden verschickt, um Unterschriften zu sammeln und die Befugnisse der Krone auf die bisher nicht abgedeckten Teile der Nordinsel sowie die Südinsel auszudehnen. Am 21. Mai, noch vor Rücksendung der unterzeichneten Vertragskopien, erhob Hobson im Namen Großbritanniens Anspruch auf Neuseeland: auf die Nordinsel aufgrund der „Abtretung" durch die Maori und auf die Südinsel aufgrund der „Entdeckung" durch Cook, da es trotz einer nicht unerheblichen Maori-Bevölkerung als „ohne Eigentümer" betrachtet wurde.

Als die Bevölkerungszahl der Siedler wuchs und damit die Nachfrage nach Land, wurde den Maori allmählich die Kontrolle über ihre Angelegenheiten entzogen. Dies führte in den 1860er-Jahren zu den **Landkriegen** (s. S. 118). Im Laufe der Jahrzehnte wurden kleinere Zugeständnisse gemacht, aber bis 1973, als der 6. Februar als **Waitangi Day** zum Nationalfeiertag erklärt wurde, tat sich nicht viel.

Allerdings hatten Maori-Gruppen – unterstützt durch eine kleine, aber umtriebige Gruppe von Pakeha – bereits 1971 eine **Kampagne** gegen Waitangi-Gedenkfeiern gestartet. Viele Pakeha distanzierten sich und die Maori selbst waren gespalten: Den wütenden jungen Maori aus den Städten standen die *kaumatua* (Älteren) gegenüber, welche die Aktionen als respektlos gegenüber den Traditionen ansahen.

Verschiedene Strömungen der Maori-Gesellschaft vereinten sich dann beim *hikoi* (Marsch) nach Waitangi, um gegen die Feierlichkeiten 1985 zu protestieren. Dieses Jahr markiert eine Wende: Erstmals wurde ein Maori, **Paul Reeves**, zum Generalgouverneur ernannt, und das **Waitangi-Tribunal** befasste sich mit Land-Ansprüchen der Maori gegenüber der britischen Krone. Die Proteste haben sich fortgesetzt, da eine neuseeländische Regierung nach der anderen sich bis heute nicht dazu durchringen konnte, an den Gedenkfeierlichkeiten in Waitangi teilzunehmen.

Northland

Road dagegen ist die erste Adresse für Rucksacktouristen. Hier befinden sich eine Reihe meist hervorragender Unterkünfte; nachts ist es wegen der vielen Bars in der Straße allerdings laut. Man kann auch mal draußen in der Bucht übernachten, entweder auf Urupukapuka Island (S. 229 oder im Rahmen einer Fahrt mit Übernachtung auf der *Ecocruz*, *Ipipiri* oder *The Rock* (S. 230).

Hotels, Motels und B&Bs

Abri, 10 Bayview Rd, ☎ 09/402 8003, 🖳 www.abri-accom.co.nz. Zwei hochwertige, individuelle moderne Studio-Apartments und eine Suite in hübscher Lage im Busch mit großartiger Aussicht auf die Stadt und Bucht von den Sonnenterrassen. ❽

Bay Adventurer, 28 Kings Rd, ☎ 0800/112 127, 🖳 www.bayadventurer.co.nz. Eine Art Luxus-Backpacker-Herberge mit hübschen Apartments, einem einladenden Pool, kostenlosem Fahrradverleih und Nutzung des nahe gelegenen Tennisplatzes (im Winter kostenlos). Besonders empfehlenswert sind die Zimmer und voll ausgestatteten Selbstversorger-Apartments. Frühstück auf Wunsch. Dorms $26, Zimmer ❸, Apartments ❹

Bounty Inn, Bayview Rd, Ecke Selwyn Rd, ☎ 0800/472 444, 🖳 www.bountyinn.co.nz. Schönes, zentrales, aber dennoch ruhiges Motel inmitten üppiger Gärten, 100 m vom Strand entfernt; großer Parkplatz abseits der Straße. Die Zimmer ohne Kochgelegenheit sowie die voll ausgestatteten Motel Units sind alle holzvertäfelt und verfügen über Veranda oder Balkon. Studios ❺, mit Küche ❻

Tolle Aussichten

Allegra House, 39 Bayview Rd, ☎ 09/402 7932, 🖳 www.allegra.co.nz. Auswahl zwischen Luxus-B&B oder Selbstversorger-Apartment für 2 Pers. (beide mit AC und Balkon) in einem großen, hellen und modernen Haus auf einem Hügel mit weitem Ausblick auf die Bucht und Jacuzzi unter freiem Himmel. B&B ❻, Apartment ❼

Craicor, 49 Kings Rd, ☎ 09/402 7882, 🖳 www.craicor-accom.co.nz. Zwei geräumige, gepflegte Selbstversorger-Apartments mit begrenztem Meerblick und ein attraktives DZ. Ausgezeichnetes Preis-Leistungs-Verhältnis. Auf Anfrage kleines Frühstück für $7,50. Zimmer ❺, Apartments ❻

Decks of Paihia B&B, 69 School Rd, ☎ 09/1402 6146, 🖳 www.decksofpaihia.co.nz. Freundliches 3-Zimmer-B&B in einem komfortablen, modernen Haus mit Swimming-pool an einem Hang hoch über Paihia. ❼

Hostels

Cap'n Bob's Beachhouse, 44 Davis Cres, ☎ 09/402 8668, ✉ capnbobs@xtra.co.nz. Während Cap'n Bob's Abwesenheit hat Kay das Kommando in diesem hübschen, gemütlichen Hostel abseits der belebten Kings Road. Gute Sicht aufs Meer und ein separater Schlafsaal für weibliche Gäste. Dorms ($26), Zimmer ❷, Studio ❸

The Mousetrap, 11 Kings Rd, ☎ 09/402 8182, 🖳 www.mousetrap.co.nz. Einladendes, holzgetäfeltes und im Seemannsstil eingerichtetes Hostel, das sich von den anderen Backpacker-Herbergen abhebt. Mit seinen über das Gelände verstreuten Zimmern, 3 kleinen Küchen und einem Grillplatz wirkt es richtig anheimelnd. Kostenloser Fahrradverleih und Meerblick. Dorms $23–26, Zimmer ❷

Peppertree Lodge, 15 Kings Rd, ☎ 09/402 6122, 🖳 www.peppertree.co.nz. Sehr sauberes, zentrales Hostel mit geräumigen 8er-Dorms, 4er-Dorms mit Bad, besonders schönen DZ mit Du/WC und einem Apartment zur Selbstverpflegung. Gäste können kostenlos einen Tennisplatz sowie gute Fahrräder und Kajaks benutzen, überdies steht eine hervorragende DVD-Sammlung zur Verfügung. Okt–April reservieren. Dorms 25-28, Zimmer ❷, Apartment ❹

Pickled Parrot, Grey's Lane, Nebenstraße der MacMurray Rd, ☎ 0508 727 7682, 🖳 www.pickledparrot.co.nz. Papagei Rocky wacht über eines der kleineren und lässigeren Hostels in Paihia mit hübschem Innenhof in zentraler, aber ruhiger Lage. Einzelne Zeltstellplätze, 4er- und 6er-Dorms, EZ, DZ und

Zweibettzimmer, alle inkl. kleinem Frühstück und Abholung. Verleih von Fahrrädern und Tennisschlägern. Camping $18, Dorms $25, DZ und Zweibettzimmer ❷
YHA Paihia, Kings Rd, Ecke MacMurray Rd, ✆ 09/402 7487, ✉ yha.paihia@yha.co.nz. Das gut in Schuss gehaltene Hostel mit moderner Kücheneinrichtung zieht eine freundliche Mischung aus Backpackern und Familien an. Die meisten Zimmer und Dorms haben ein Bad. Dorms $26–30, Zimmer ❸, Apartment mit 6 Schlafgelegenheiten ❹

Campingplätze

Beachside Holiday Park, SH11, 3 km südlich von Paihia, ✆ 09/402 7678, 🖥 www.beachsideholiday.co.nz. Kleiner, ruhiger Platz am Wasser mit Dinghi- und Kajakverleih. Camping $15–18, Cabins ❷, Units ❸

Haruru Falls Resort Panorama, Puketona Rd, ✆ 0800/757 525, 🖥 www.harurufalls.co.nz. 4 km nördlich von Paihia. Fabelhafte Lage am Fluss mit faszinierender Aussicht auf die Haruru Falls, Zeltstellplätze am Fluss, außerdem Motel Units um einen Pool. Grillbereich, eigenes Restaurant mit Bar, Kajak- und Tretbootverleih. Camping $19, Cabins ❷, Zimmer und Motel Units ❺

Waitangi Holiday Park, 21 Tahuna Rd, Waitangi, ✆ 09/402 7866, 🖥 www.waitangiholidaypark.co.nz. Die einfache Anlage ist der sowohl von Waitangi als auch Paihia aus am schnellsten zu erreichende Campingplatz (20 Min. zu Fuß). Stellplätze mit Blick auf den Waitangi River und 4 geräumige Cabins mit Küchenzeile. Camping $15, Cabins ❷

Essen und Unterhaltung

Die Auswahl an Lokalen ist in Paihia größer als irgendwo sonst in der Bay of Islands, und der Wettbewerb hält die Preise in einem vernünftigen Rahmen. Ein Spaziergang durch die Stadt führt an zahlreichen einladenden Restaurants und Cafés vorbei. Bei den meisten steht Seafood ganz oben auf der Karte. Die Restaurants eignen sich auch gut zum Chillen bei einem kühlen Getränk. Etwas lauter ist es in den Bars in der Kings Road.

Alfresco's, 6 Marsden Rd. Relaxtes Café und Bar, ein nettes Plätzchen für eine Tasse Kaffee, mittags einen Burger plus Getränk ($12–15) und ausgefallenere Gerichte wie Lamm-Fattoush ($18).

Bay of Islands Swordfish Club, Marsden Rd, „Swordy's", ein privater Club mit Blick über die Bucht, empfängt Besucher außerhalb der Hochsaison im Sommer mit einigen der billigsten Drinks der Stadt – man braucht sich nur einzutragen. Einfaches, aber gutes Essen ab 18 Uhr.

Beachhouse, 16 Kings Rd. Gut besuchtes Tagescafé mit schattigen Tischen im Freien. Serviert Obstsäfte, verschiedene Frühstücks-gedecke, Panini und Gourmet-Burger ($9–15). Nach hinten raus liegt die Billardhalle Sand Pit, wo fast jeden Abend Livemusik geboten wird.

Darryl's Dinner Cruise, ✆ 0800/334 6637, 🖥 www.ddinner.co.nz. Die gemächliche Fahrt (2 1/2 Std., $92) führt von der Paihia Wharf den Waitangi River hoch zu den Haruru Falls. Unterwegs werden als Vorspeise Garnelen und Muscheln gereicht und als Hauptspeise T-Bone-Steak, Lamm und Fisch. Eine tolle Möglichkeit, den Sonnenuntergang zu genießen und einen entspannten Abend zu verbringen. An Bord gibt es eine Bar, aber Wein darf mitgebracht werden.

Frank's, Marsden Rd. Entspanntes Café, Pizzeria und Bar mit leckeren Frühstücksmenüs, gutem Kaffee, und manchmal Livemusik.

Only Seafood, 40 Marsden Rd, ✆ 09/402 7444. Das stilvolle Restaurant in einer vornehmen Villa hat jeden Abend geöffnet. Dann gibt´s ausgefallenes Seafood wie den seltenen Gelbflossenthunfisch mit gebackener Languste (Hauptgerichte um $30).

Pipi Patch Bar, 18 Kings Rd. Die in der Paihia-Filiale der Backpackerkette Base untergebrachte Kneipe ist die beliebteste in dieser Ecke der Stadt, Treffpunkt von Travellern und Einheimischen, die sich für $10 am allabendlichen Barbecue bedienen.

Pure Tastes, 116 Marsden Rd, ✆ 09/402 0003. Nobles Restaurant im paradiesischen Paihia Beach Resort. Das Frühstück, z. B. French Toast aus Sauerteig mit karamellisierten Äpfeln ($16), lässt den Tag gut anfangen. Die Mittagsgerichte,

die im Sommer am Pool serviert werden
(Hauptgerichte um $20), sind fantasievoll
zubereitet, aber die Krönung kommt am Abend,
z. B. in Form von in der Pfanne gebackenem
Fisch auf Tintenfisch-Tagliatelle mit Zucchini-
Cannelloni und Macadamia-Butter ($32). Auch
leckere Menüs (4 Gänge $70, 5 Gänge $80).
Waikokopu Café, Treaty House Grounds,
Waitangi, ☎ 09/402 6275. TollesTagescafé mit
Schanklizenz an einem Regenwaldpfad,
umgeben von Wiesen mit Picknickstellen.
Serviert schön angerichtetes Frühstück und
Mittagessen ($15–19) sowie Kaffee und Kuchen.

Sonstiges

Fahrradverleih

Bay Beach Hire, am südlichen Ende des
Paihia Beach, ☎ 09/402 6078, verleiht gute
Mountainbikes, $15 halber Tag, $20 ganzer Tag,
$25/über Nacht.

Informationen und Internet

i-SITE Visitor Centre, Marsden Rd, ☎ 09/402
7345 027/486 6071, ✉ paihia@visitnorthland.
co.nz. Internetzugang und Tourbuchungen,
⏰ tgl. 8–17 Uhr, Okt–April länger.

Parken

Gestaltet sich in der Hochsaison schwierig.
Die besten Chancen hat man auf dem
gebührenpflichtigen Parkplatz gegenüber vom
Supermarkt 4-Square in der Williams Road.

Fährverbindung Paihia–Russell

Auf dem Straßenweg sind es von Paihia nach
Russell fast 100 km, aber Autofahrer können
die Strecke auf 15 km verkürzen, indem sie
die kleine **Autofähre** nehmen, die bei **Opua**,
6 km südlich von Paihia, den schmalen Veronica Channel überquert: ⏰ tgl. 7–22 Uhr alle
20 Min.; Wagen und Fahrer $10 einfach, Fuß-
gänger $1; Ticket an Bord lösen.
Fußgängern bietet sich eine der **Passagierfähren** (Okt–Mai 7–22, Juni–Sep 7–19 Uhr;
$6 einfach) an, die zwischen den Hauptanle-
gestellen von Paihia und Russell pendeln; die
Überfahrt dauert 10–15 Min.

Nahverkehr

Paihia ist nicht groß, alles lässt sich zu Fuß
erreichen. Wer schweres Gepäck hat, kann
sich an den **Paihia Tuk Tuk Shuttle Service**
beim i-SITE wenden, ☎ 027/486 6071.
Er befördert 2–6 Personen innerhalb der Stadt
für $5 p. P. von Tür zu Tür und für $8 p. P. nach
Haruru Falls.

Transport

Busse

Die Busse von InterCity/Northliner und
Naked halten in der Marsden Road vor dem
wichtigsten i-SITE Visitor Centre der Bay of
Islands.

Busse nach:
AUCKLAND 5–6x tgl., 4 1/4 Std.;
KAITAIA 1x tgl., 2 Std.;
KERIKERI 3x tgl., 20 Min.;
MANGONUI 1x tgl., 1 1/4 Std.;
WHANGAREI 4–6x tgl.; 30 Min.

Flüge

Der Flughafen der Bay of Islands liegt 22 km
nordwestlich bei Kerikeri. Die Abfahrtszeiten
der Shuttlebusse ($55 nach Paihia) sind auf die
Flüge abgestimmt. Flüge nach AUCKLAND
5x tgl., 40 Min.

Russell

Die kleine Hangsiedlung Russell – auf einer
schmalen Halbinsel, die schlecht auf dem Land-,
aber gut auf dem Wasserweg erreichbar ist –
erscheint wegen ihrer Abgeschiedenheit wie eine Insel. Während der Sommermonate tummeln
sich hier allerdings Massen von Tagesausflüglern, die von den Passagierfähren aus Paihia und
den Autofähren aus dem nahe gelegenen Opua
an Land strömen, um die historischen Gebäude
des Dorfes zu besichtigen oder an der hübschen
Uferpromenade entlang zu spazieren.

Abends geht es ruhiger und romantischer zu –
ein Riesenunterschied zu den wilden 1830er-
Jahren, als sich im draufgängerischen **Kororareka**, wie Russell damals hieß, Scharen von
Wal- und Robbenfängern einfanden. Die Stadt

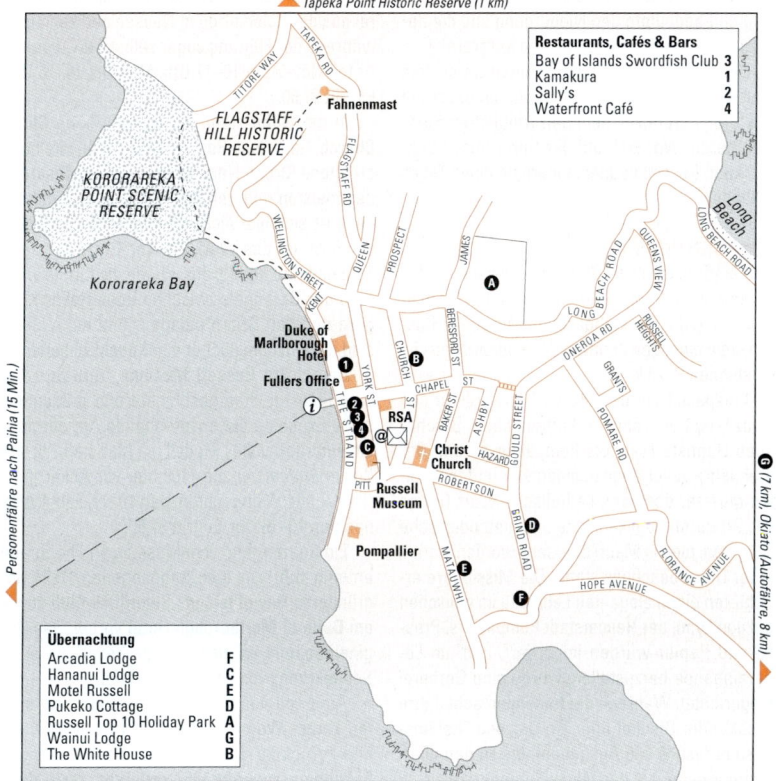

Tapeka Point Historic Reserve (1 km)

Restaurants, Cafés & Bars

Bay of Islands Swordfish Club	3
Kamakura	1
Sally's	2
Waterfront Café	4

Fahnenmast

FLAGSTAFF
HILL HISTORIC
RESERVE

KORORAREKA
POINT SCENIC
RESERVE

Kororareka Bay

Duke of
Marlborough
Hotel

Fullers Office

RSA

Christ
Church

Russell
Museum

Pompallier

Personenfähre nach Paihia (15 Min.)

G (1 km, Okiato (Autofähre, 8 km)

Übernachtung

Arcadia Lodge	F
Hananui Lodge	C
Motel Russell	E
Pukeko Cottage	D
Russell Top 10 Holiday Park	A
Wainui Lodge	G
The White House	B

genoss einen Ruf als „Hell Hole of the Pacific". Ungehobeltes Benehmen und übermäßiger Alkoholkonsum dienten als offene Einladung für **Missionare**. Nach und nach bekehrten sie eine ansehnliche Zahl von Leuten und hinterließen die zwei ältesten Gebäude von Russell, die Kirche und die Druckerei zur Herstellung religiöser Schriften.

Im Jahre 1840 hatte sich Kororareka zur größten Siedlung des Landes entwickelt, allerdings zerstritt sich Gouverneur William Hobson nach der Unterzeichnung des **Vertrags von Waitangi** sowohl mit den Maori als auch mit den Siedlern

vor Ort und verlagerte daher seine Hauptstadt weiter nach Süden.

Inzwischen hatte die anfängliche Begeisterung der Maori für den Vertrag von Waitangi nachgelassen: Finanzielle Vorteile hatten sich nicht ergeben und die Flagge der Confederation of Tribes, die zwischen 1834 und 1840 vom Flagstaff Hill wehte, war durch den Union Jack ersetzt worden. Man betrachtete dies als Symbol des britischen Betrugs, und die Ablehnung wuchs. An die Spitze dieser neuen Bewegung setzte sich **Hone Heke Pokai**, Häuptling der Ngapuhi und Schwiegersohn von Kerikeris Hongi Hika. Von Juli 1844 bis März 1845 fällten Hongi und seine Anhänger den Fahnenmast ganze vier Mal, wobei die letzte Attacke den ersten der **Landkriege** auslöste. Dieser wütete fast ein Jahr lang und bedeutete den Niedergang und die nahezu vollständige Zerstörung von Kororareka.

Der Ort erstand aus den Ruinen unter dem neuen Namen Russell und wuchs langsam um das Ufer herum zur heutigen friedlichen Siedlung heran. Wer sich auf der Durchreise befindet, kann Russell bequem innerhalb eines Tages erkunden.

Sehenswertes

Das eindrucksvollste Gebäude Russells ist das faszinierende **Pompallier**, das letzte noch erhaltene Bauwerk der katholischen Mission in Russell, dem einstigen Zentrum des Katholizismus im westlichen Pazifik.

Pompallier wurde 1842 als Druckerei für den französischen römisch-katholischen Bischof Jean Baptiste François Pompallier erbaut, der drei Jahre zuvor angekommen war und feststellen musste, dass das katholische Wort Gottes vor Ort durch anglikanische und methodistische Schriften, die ins Maori übersetzt worden waren, unter Dauerbeschuss stand. Die Missionare errichteten einen eleganten Lehmbau im typischen Stil von Lyon, der Heimatstadt Pompalliers. Presse und Papier wurden importiert, und um Ledereinbände herzustellen, wurde eine Gerberei eingerichtet. Während der folgenden acht Jahre druckte der Bischof über ein Dutzend Titel (insgesamt fast 40 000 Ausgaben), die zu den allerersten Büchern in der Maori-Sprache zählen.

In dem Gebäude, das in den Zustand von 1842 zurückversetzt wurde, stellen Kunsthandwerker heute wieder in Handarbeit Bücher her. Bei den interessanten, kostenlosen Führungen wird in jedem Raum der jeweilige Produktionsvorgang erläutert. In der einzigen noch erhaltenen Gerberei aus der Kolonialzeit in Neuseeland kann man während der Führung sogar selbst aktiv werden. ☉ tgl. Nov–April 10–17 Uhr, Mai–Okt 10–16 Uhr, Eintritt $7,50.

In der Nähe steht die cremefarbene **Christ Church**, Robertson Rd, von 1836, die älteste noch erhaltene Kirche Neuseelands. Im Gegensatz zu den meisten anderen Kirchen aus der Zeit handelte es sich hier nicht um eine Missionskirche, sondern um das Werk der vor Ort ansässigen Siedler. Mitte des 19. Jhs. wurde die Kirche während des Gerangels zwischen Hone Hekes Kriegern und den Briten belagert, und noch heute sind die Einschlaglöcher von Kugeln zu sehen.

Das kleine **Russell Museum**, York St, zeigt ein Video zur Stadtgeschichte und präsentiert seine Exponate auf ansprechende Art, darunter ein eindrucksvolles Modell (im Maßstab 1:5) von Cooks *Endeavour*, die 1769 hier vor Anker ging. ☉ tgl. Ende Weihnachten–Jan 10–17, Feb–Weihnachten 10–16 Uhr, Eintritt $7,50.

Ein Spaziergang vom Museum an The Strand entlang führt an dem angesehenen, 1924 gegründeten **Bay of Islands Swordfish Club** sowie am **Duke of Marlborough Hotel** vorbei. Das Originalgebäude an dieser Stelle besaß die erste Schanklizenz von ganz Neuseeland.

Am Ende von The Strand erklimmt ein steiler, kurzer Weg den **Flagstaff Hill** (Maiki), hin und zurück 30–40 Min. Der heute zu sehende Fahnenmast wurde 1857 errichtet, etwa zwölf Jahre nach der Zerstörung des vierten Masts durch Hone Heke – als versöhnliche Geste seitens eines Sohnes eines der Häuptlinge, die die ursprüngliche Zerstörung angeordnet hatten. Die Flagge der Confederation of Tribes, die nach der Unterzeichnung des Vertrags von Waitangi entfernt wurde, weht an zwölf wichtigen Tagen des Jahres, z. B. an Hone Hekes Todestag.

Pick me up in Russell

Die meisten Hafenrundfahrten und Delphintrips beginnen in Paihia. Aber Teilnehmer werden (nach vorheriger Reservierung) auch rund 15. Min. später als in Paihia an der Hafenmole von Russell eingesammelt. Gelegentlich ist keine Abholung möglich, aber dann bleibt immer noch die billige, oft verkehrende Passagierfähre zwischen Paihia und Russell.

Übernachtung

Es gibt in Russell weniger Unterkünfte als in Paihia, dafür sind sie etwas exklusiver. Es handelt sich überwiegend um B&Bs und Lodges.

Arcadia Lodge, 10 Florance Ave, ☎ 09/403 7756, 🖳 www.arcadialodge.co.nz. Ein wahres Schmuckstück: Brad und David bringen viel Stil in dieses B&B in einem großen historischen Holzgebäude, umgeben von Terrassen in ruhiger Hügellage mit Blick auf Gärten und die Bucht. Zu Fuß 5 Min. vom Ort entfernt. Einige der 6 Suiten und Zimmer (eins davon ohne Bad) mit Holzfußboden bieten Meerblick. Die Küche verwendet überwiegend Bio-Zutaten, die aus dem eigenen Garten oder aus der Region stammen. Kostenloses WLAN, keine Kinder unter 15 Jahren und im Sommer Mindestaufenthalt von 2 Tagen. Zimmer ❻, Suiten ❽

Hananui Lodge, 4 York St, ☎ 09/403 7875, 🖳 www.hananui.co.nz. Effizient geführte, motelähnliche Unterkunft direkt am Wasser. Die schönste Aussicht haben die Waterfront-Suiten, aber auch die Standard-Units, von denen sich ein begrenzter Blick aufs Meer erhaschen lässt, sind nicht zu verachten. Das Spa steht allen Gästen zur Verfügung. Auf der anderen Straßenseite gibt es etwas neuere Apartments mit Großbildfernseher und AC. Units ❻, Apartments ❼, Suiten ❽

Motel Russell, 16 Matauwhi Rd, ☎ 0800/240 011, 🖳 www.motelrussell.co.nz. Erste Wahl in diesem Motel mit attraktivem Pool sind die aufgemöbelten Units. Studios ❹, Units mit einem Schlafzimmer ❼

Pukeko Cottage, 14 Brind Rd, ☎ 09/403 8498, 🖳 www.pukekocottagebackpackers.co.nz. Nettes kleines Hostel auf dem Hügel oberhalb von Russell mit Fernblick aufs Meer. Jede Menge Spiele und Bücher; DZ und 2-Bett-Zimmer, zu buchen entweder pro Zimmer ❶ oder pro Bett ($25).

Russell Top 10 Holiday Park, Long Beach Rd, ☎ 09/403 7826, 🖳 www.russelltop10.co.nz. Zentral gelegener, gut organisierter und sauberer Campingplatz mit Stellplätzen für Zelte und Campervans und großer Auswahl an gut ausgestatteten festen Unterkünften. Zwischen dem 20. Dez und Ende Jan ziehen die Preise mächtig an. Camping $20, Cabins ❸, Units ❺

Wainui Lodge, 92d Wahapu Rd, 7 km südlich von Russell, ☎ 09/403 8278, 🖳 www.bay-of-islands.pelnet.org. Kleines Backpacker-hostel mit 5 Zimmern, morgendlichem Vogelgesang und Kajaks, mit denen man vom Mangrovenstrand der Lodge lospaddeln kann. ⏱ Juni, Juli und Aug geschlossen. Dorm $25, Zimmer ❷

Geschmackvolles B&B

The White House, 7 Church St, ☎ 09/403 7676, 🖳 www.thewhitehouserussell.com. Sehr komfortables B&B in einem geschmackvoll restaurierten Haus Baujahr 1840. Sehr entspannte Atmosphäre, kostenloses WLAN, Garten mit Whirlpool; am Frühstücksbuffet können sich die Gäste bis zum Checkout um 12 Uhr bedienen. ❽

Essen

Die Auswahl an Restaurants in Russell ist nicht besonders groß, und die Preise sind ziemlich hoch, aber die Qualität lässt nichts zu wünschen übrig. Außerhalb der Hochsaison im Sommer schließen viele Lokale schon früh am Abend. Wer nur etwas trinken möchte, ist oft in den preiswerten Vereinslokalen, in denen auswärtige Besucher meistens willkommen sind, am besten aufgehoben.

Bay of Islands Swordfish Club, 25 The Strand. Theoretisch ein Verein, aber Gäste müssen sich einfach nur registrieren lassen. Preiswertes Bier, von der Veranda herrlicher Blick auf den Sonnenuntergang, und einfaches, aber leckeres Kneipenessen.

Kamakura, 29 The Strand, ☎ 09/403 7771, hat wahrscheinlich die beste Küche der Stadt. Das am Ufer gelegene, moderne Restaurant mit Schanklizenz besticht durch seine super appetitlich angerichteten Fisch- und Meeresfrüchtespezialitäten (Hauptgerichte um $30).

Sally's, 25 The Strand, ☎ 09/403 7652. Das gemütliche, unaufgeregte und immer gut besuchte Lokal ist bekannt für leckeres Seafood (besonders *seafood chowder*, $11). In der Hauptsaison Reservierung empfehlenswert. Hauptgerichte um $30.

Waterfront Café, 23 The Strand. Einfaches Café mit tollem Kaffee, zudem Snacks, Frühstück den ganzen Tag über und herzhafte Mittagsgerichte. Im Winter Mo geschlossen.

Informationen

Russel Booking & Information Centre, am Ende des Kais, ✆ 0800/633 255, 🖳 russellinfo.co.nz. Buchungen von Touren und Unterkünften. Hat auch die nützlichen Broschüren *Russell Heritage Trails* und *Bay of Islands Walks* auf Lager. ⊙ Nov–März tgl. 7.30–20; April–Okt tgl. 8–17 Uhr.

Internet

Enterprise Russell, York St, neben dem York Street Café, ✆ 09/403 8843, ⊙ tagsüber.

Der Cape Brett Track

Northlands schönste zweitägige Wanderung ist der nicht ganz einfache, aber geniale **Cape Brett Track** (20 km pro Strecke; 6–8 Std.). Er verläuft auf dem Hügelkamm durchs Zentrum der Halbinsel und erlaubt von beiden Seiten aus hin und wieder einen Blick aufs Meer. Die Strecke ist in der DOC-Broschüre *Cape Brett* beschrieben. Das ehemalige Leuchtturmwärterhaus an der Spitze der Halbinsel dient heute als DOC-Hütte (23 Betten; $12, der Jahres-Hüttenpass gilt hier nicht). Die Lage mit dem Meer ringsum und dem Ausblick auf das Hole in the Rock hinaus ist schlichtweg traumhaft – es kann gut sein, dass man länger als eine Nacht bleiben möchte. Ein Gasherd ist vorhanden, aber keine Küchenutensilien. Camping ist nicht erlaubt.

Der Pfad beginnt in Rawhiti und führt über Privatgelände, deshalb muss eine **Wegegebühr** (*track fee*; $30) entrichtet werden. Diese bezahlt man beim Russell Booking & Information Centre, wo auch die Übernachtung in der DOC-Hütte reserviert wird und man Tipps zum sicheren Parken in Rawhiti erhält. Dort gibt es außerdem nähere Infos zu einem **Wassertaxi** von Russell nach Rawhiti (um $160 für bis zu 6 Pers.), zur Deep Water Cove auf der 2. Hälfte der Wanderwegstrecke ($180) oder nach Cape Brett ($220; nur bei günstiger Wetterlage).

Die meisten Besucher kommen mit der Fähre (s. S. 238, Kasten) nach Russell. Es führt aber auch eine Landstraße hin, s. S. 226.

Kerikeri

Die Ortschaft Kerikeri liegt zwar 25 km nordwestlich von Paihia und somit geografisch gesehen abseits der Bucht, ist aber dennoch von zentraler historischer Bedeutung für die Bay of Islands. Das Städtchen erstreckt sich entlang einer Hauptstraße und wird von Obstplantagen umgeben, die die wirtschaftliche Stütze des Ortes bilden. 2 km östlich der Stadt bahnt sich der schmale Kerikeri Inlet einen Weg vom Meer bis zum Kerikeri Basin, dem von Samuel Marsden auserwählten Standort für die zweite Mission der Church Missionary Society in Neuseeland.

Auf den subtropischen Zitrusplantagen werden fast das ganze Jahr über **Saisonarbeiter** gesucht. Die meiste Arbeit gibt es zwischen Januar und Juli, allerdings ist in dieser Zeit auch die Nachfrage nach Arbeit am größten. Als Ansprechpartner eignen sich die Leiter der Hostels und Campingplätze, von denen viele gute Wochenpreise anbieten. In den letzten Jahren hat sich Kerikeri als Standort zahlreicher **Kunsthandwerkläden** einen Namen gemacht, die zwischen den Plantagen verstreut liegen.

Kerikeri Basin

Die große Bedeutung Kerikeris in der Vergangenheit zeigt sich am friedlichen Kerikeri Basin etwa 2 km nordöstlich der heutigen Stadt. Hier begannen 1821 die Zimmermänner der Mission mit dem Bau des **Kerikeri Mission House**, dem derzeit ältesten Gebäude Neuseelands im europäischen Stil. Die ersten Bewohner des bescheidenen, zweistöckigen georgianischen Hauses im Kolonialstil – Missionar John Butler und seine Familie – zogen bald weiter, und 1832 befand sich das Haus bereits in der Hand des Missionars und Schmieds James Kemp, der den Bau erweiterte. Nach dem Auszug des letzten Mitglieds der Familie Kemp 1974 wurde das Gebäude restauriert und im Stil des mittleren 18. Jhs. eingerichtet, ⊙ zu den häufig stattfindenden Führungen; $10.

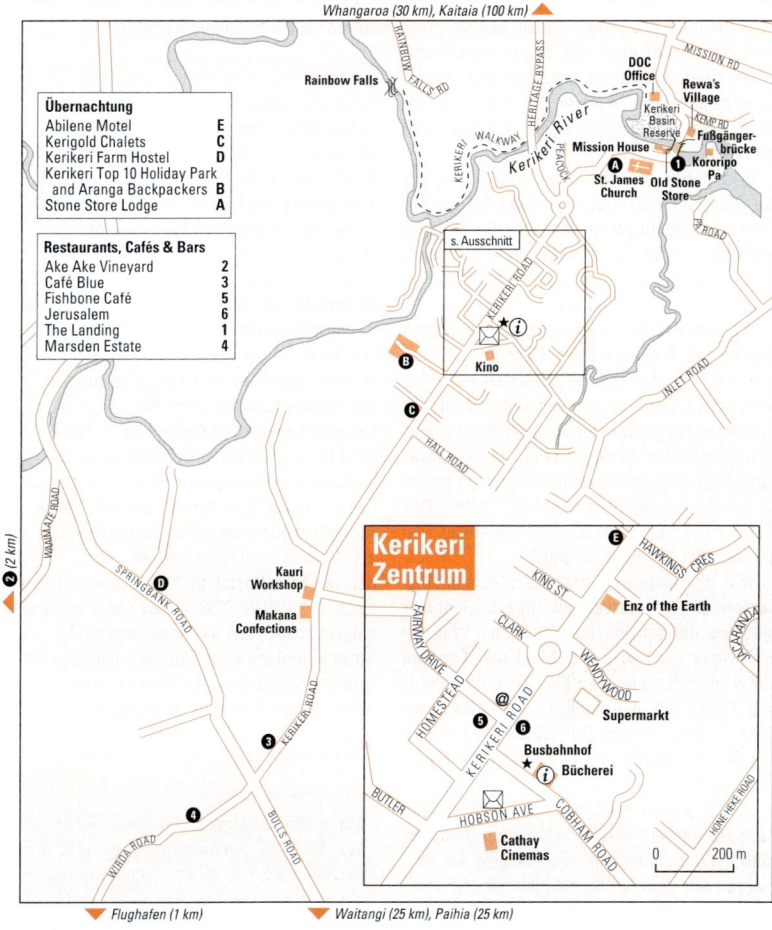

Kerikeri

N

0 ⎯⎯⎯⎯ 500 m

Whangaroa (30 km), Kaitaia (100 km) ▲

Übernachtung

Abilene Motel	E
Kerigold Chalets	C
Kerikeri Farm Hostel	D
Kerikeri Top 10 Holiday Park and Aranga Backpackers	B
Stone Store Lodge	A

Restaurants, Cafés & Bars

Ake Ake Vineyard	2
Café Blue	3
Fishbone Café	5
Jerusalem	6
The Landing	1
Marsden Estate	4

Rainbow Falls

DOC Office
Rewa's Village
Kerikeri Basin Reserve
Mission House
Fußgängerbrücke
St. James Church
Old Stone Store
Kororipo Pa

KERIKERI WALKWAY
HERITAGE BYPASS
MISSION RD
KEMP RD
Kerikeri River
PADDOCK

s. Ausschnitt

Kino

INLET ROAD

HALL ROAD

Kerikeri Zentrum

HAWKINGS CRES

KING ST

Enz of the Earth

CLARK

WENDWOOD

Kauri Workshop

Makana Confections

FAIRWAY DRIVE

HOMESTEAD

KERIKERI ROAD

Supermarkt

Busbahnhof
Bücherei

BUTLER

HOBSON AVE

COBHAM ROAD

HONE HEKE ROAD

Cathay Cinemas

0 ⎯⎯⎯⎯ 200 m

SPRINGBANK ROAD
WAIMATE ROAD
KERIKERI ROAD
BULLS ROAD
WIROA ROAD

▲ 2 (2 km)

Flughafen (1 km) ▼

Waitangi (25 km), Paihia (25 km) ▼

Northland

Die Führungen durchs Mission House beginnen im Nachbarhaus, dem **Old Stone Store**. Es ist das einzige andere noch erhaltene Gebäude der Mission und gleichzeitig das älteste Steingebäude des Landes. Errichtet wurde es weitgehend aus einheimischem Stein, der Sandstein für die Grund- und Eckpfeiler stammt allerdings aus Sydney. Nach seiner Fertigstellung 1836 diente der Store zunächst als zentraler Versorgungsladen für die Church Missionary Society und danach als Munitionslager für die Truppen, die hier stationiert waren, um Hone Heke zu bekämpfen. Noch später wurde hier mit Kauri-Holz gehandelt, bevor das Haus 1975 schließlich der Öffentlichkeit zugänglich gemacht wurde. Das Geschäft im Erdgeschoss (Eintritt frei) bietet fast das gleiche Sortiment wie vor etwa 180 Jahren. In den beiden oberen Stockwerken (Eintritt $5) ist auf einfühlsame Weise die Geschichte der Kontakte zwischen Maori und Europäern und die Bedeutung des Kerikeri Basin beschrieben. Veranschaulicht wird das Ganze durch alte Gerätschaften, darunter eine handbetriebene Getreidemühle von ungefähr 1820, die als die älteste Maschine des Landes gilt. ⏰ tgl. Nov–April 10–17; Mai–Okt 10–16 Uhr.

Gegenüber vom Old Stone Store führt ein Weg am Fluss entlang zum **Kororipo Pa**. Es steht oben auf einem Hügel an einer scharfen Biegung des Flusses. Von hier aus startete Chief Hongi Hika mit seinen frisch erworbenen Feuerwaffen Angriffe auf andere Stämme.

Auf einer Fußgängerbrücke geht es übers Wasser zum **Rewa's Village**, 1 Landing Rd. Das rekonstruierte Fischerdorf vermittelt einen interessanten Eindruck vom Leben der Maori vor Ankunft der Europäer. Hier findet sich alles, was dazugehört: ein *marae*, Waffen und Kumara-Lagerräume sowie ein echtes *hangi* mit einem Muschelschalenhaufen daneben. ⏰ tgl., Dez und Jan 9–17; Ende Okt bis April 9.30–16.30, Mai bis Ende Okt 10–16 Uhr, Eintritt $5.

Auf der anderen Seite befindet sich das **Kerikeri Basin Reserve**. Außerdem beginnt hier ein Weg, der am Standort des ersten Wasserkraftwerks von Kerikeri (15 Min.) sowie an den Fairy Pools-Badeteichen (35 Min.) vorbeiführt und schließlich die eindrucksvollen **Rainbow Falls** (1 Std.) erreicht. Der Wasserfall ist auch von der Waipapa Road, 3 km nördlich vom Basin, zugänglich.

Am schönsten lässt sich das Gewässer des Kerikeri Inlet auf einer einstündigen **Dampferfahrt** mit der charmanten Nachbildung der *Eliza Hobson* aus dem 19. Jh. mit Platz für 14 Passagiere erkunden. Reservierung unter ☎ 0800/944 785, 💻 www.steamship.co.nz, erforderlich. Abfahrt tgl. außer Sa um 14 Uhr; $30.

Man könnte problemlos einen ganzen Tag damit verbringen, die zahlreichen **Kunsthandwerkläden** des Kerikeri Basins abzuklappern. Ein super Begleiter dabei ist die kostenlose und an vielen Stellen erhältliche Broschüre *Kerikeri Art & Craft Trail*. Die Läden sind in der Regel täglich von 10–17 Uhr geöffnet. The Kauri Workshop,

Kerikeri Rd, ☎ 09/407 9196, hat alle erdenklichen Kauri-Produkte auf Lager. Eine Tür weiter produzieren die Mitarbeiter von Makana Confections, ☎ 0800/625 262, Schokolade von Hand; Besucher dürfen bei der Herstellung zusehen.

Übernachtung

In Kerikeri gibt es eine gute Auswahl an Unterkünften aller Kategorien und besonders viele preiswerte Herbergen – eine Folge der Beliebtheit der Gegend bei Saisonarbeitern, die sich längere Zeit hier aufhalten. Die saisonalen Preisschwankungen sind keineswegs so ausgeprägt wie in Paihia, dennoch gestaltet sich die Zimmersuche im Januar schwierig.

Abilene Motel, 136 Kerikeri Rd, ☎ 0800/224 536, 💻 www.abilenemotel.co.nz. Zentral gelegenes, von Rasenflächen umgebenes älteres Motel mit 10 Units, solarbeheiztem Pool, Spa und Sky TV. Auch einige Familien-Units. ❹

Kerigold Chalets, 326 Kerikeri Rd, ☎ 0800/537 446, 💻 www.kerigoldchalets.co.nz. Die modernen, geräumigen und makellosen Chalets haben alle ein Schlafzimmer und eine Küche. Außerdem gibt's einen Grillplatz und auf Wunsch auch Frühstück. ❻

Kerikeri Farm Hostel, SH10, 5 km westlich von Kerikeri, ☎ 09/407 6989, 💻 www.kkfarmhostel.blogspot.com. Erstklassiges Hostel (ohne Stockbetten) auf einer Öko-Zitrusplantage mit komfortablen Dorms und Zimmern in einem bezaubernden Holzhaus. Kostenloses Internet

Wohlfühloase

Stone Store Lodge, 201 Kerikeri Rd, ☎ 09/407 6693, 💻 www.stonestorelodge.co.nz. Stilvolles B&B in einem hellen und luftigen neuen Haus mit Ausblick auf das Kerikeri Basin. Geschmackvoll minimalistisches Dekor, jedes der großzügig geschnittenen Zimmer mit AC und Veranda. Auf Bestellung gibt es abends Pizza, die im Pizzaofen im Freien zubereitet (und gleich daneben verspeist) wird. Wer möchte, kann sich – geschützt vor fremden Blicken – für $25 ein Bad im Freien zwischen Baumfarnen gönnen und dabei ein im Preis enthaltenes Gläschen Sekt schlürfen. ❼

und WLAN, Pool im Freien und Eier von glücklichen Hühnern. Dorm $25, Zimmer ❷
Kerikeri Top 10 Holiday Park and Aranga Backpackers, Kerikeri Rd, ☎ 0800/272 642, 🖥 www.aranga.co.nz. Die schöne Anlage am Stadtrand beim Fluss hat ein ausgedehntes Campinggelände, gut ausgestattete Standard-Cabins zu günstigen Wochenpreisen, bequeme Selbstversorger-Units und eine separate Backpackerabteilung (unterschiedliche Preise je nach Aufenthaltsdauer). Kostenloser Kajakverleih. Camping $16, Dorms $25, Cabins ❷, Units ❻

Essen und Unterhaltung

Für seine bescheidene Größe bietet Kerikeri eine beachtliche Auswahl an Lokalen und mehrere Weingüter, wo man gut essen kann. Mit dem Unterhaltungsangebot sieht es nicht ganz so gut aus. Für alle Fälle gibt es jedoch das liebevoll restaurierte Kino **Cathay Cinemas** in der Hobson Ave, ☎ 09/407 4428, das Mainstream-Kassenschlager, aber auch anspruchsvollere Filme zeigt.

Restaurants, Cafés und Weingüter

Ake Ake Vineyard, 165 Waimate North Rd, ☎ 09/407 8230, 🖥 www.akeakevineyard.co.nz. Das Weingut jüngeren Datums produziert hervorragende Weine (darunter Chambourcin, neuerdings das Lieblingskind der Winzer von Northland), die verkostet werden können, ⏰ 10–17 Uhr. Führungen finden im Sommer tgl. um 11.30 Uhr statt. Der Preis von $5 wird beim Weinkauf erstattet. Mittags und abends gibt´s köstliches Essen bei herrlicher Aussicht auf die Rebstöcke (Hauptgerichte $20–30). ⏰ Mo und Di geschlossen.
Fishbone Café, 88 Kerikeri Rd, ☎ 09/407 6065. Tolles Frühstücks- und Mittagscafé mit Schanklizenz, das für seine erstklassige und vielfältige neuseeländische Küche sowie seinen ausgezeichneten Kaffee bekannt ist.
Jerusalem, Cobblestone Mall, ☎ 09/407 1001. Dieses kleine, freundliche israelische Café mit Schanklizenz lieben die Northlander wegen der authentischen und preiswerten orientalischen Speisen, auch zum Mitnehmen. ⏰ So geschlossen.

Mal blaumachen

Café Blue, Kerikeri Rd, 3 km westlich der Stadt, ☎ 09/407 5150. Hervorragendes Café mit Schanklizenz und einem hübschen Garten, geöffnet zum Frühstück und Mittagessen. Zur Auswahl stehen u. a. eine Reihe leckerer Wraps, Grill- und Pastagerichte sowie leichtere Sachen, alles sehr sorgfältig zubereitet. Zu Kaffee und Kuchen können sich die Gäste draußen oder im luftigen Inneren niederlassen.

The Landing, 215 Kerikeri Rd, ☎ 09/407 8479. Traumhafte Lage am Kerikeri Basin und hervorragendes Essen, angefangen beim Frühstück bis zum absoluten Topdinner (Hauptgerichte um $28), das drinnen oder auf der Veranda serviert wird.
Marsden Estate, Wiroa Rd, ☎ 09/407 9398, 🖥 www.marsdenestate.co.nz. Produziert eine große Vielfalt an Rot- und Weißweinen (kostenlose Proben) und betreibt ein Restaurant mit erschwinglichen Preisen.

Informationen

Eine offizielle Touristeninformation gibt es nicht. Im Foyer der **Bücherei**, Cobham Rd, ☎ 09/407 9297, liegen aber Informationsbroschüren aus. ⏰ Mo–Fr 10–17, Sa 9–14, So 9–13 Uhr.
DOC Office, 34 Landing Rd, ☎ 09/407 0300. Gibt Ratschläge zu kürzeren Wanderungen und ambitionierteren Treks in den Puketi Forest (S. 255). ⏰ Mo–Fr 8–16.30 Uhr.

Transport

Busse
Die Busse von InterCity/Northliner halten in der Cobham Road.

Busse nach:
AUCKLAND 3x tgl., 5 Std.;
KAITAIA 1x tgl., 1 3/4 Std.;
PAIHIA 3x tgl., 20 Min.

Flüge
Air New Zealand-Flüge aus AUCKLAND landen 5 km außerhalb der Stadt Richtung Paihia auf dem Bay of Islands Airport, wo es einen Airport-Shuttle nach Kerikeri gibt.

Northland

Nach Norden zur Doubtless Bay

Nördlich der Bay of Islands wird es zunehmend ruhiger. Nur wenige Städte entlang der Küste sind von Bedeutung, und die Besucher lassen sich eher von der Idylle der wunderschönen Strände und den reizvollen Whangaroa Harbour anlocken. Erster Halt nördlich von Kerikeri ist die kleine **Matauri Bay**, wo ein Denkmal auf einer Bergspitze an die *Rainbow Warrior*, das Flaggschiff von Greenpeace, erinnert; das Wrack liegt vor der Küste. Eine weitgehend asphaltierte, aber kurvenreiche Nebenstraße führt weiter nach Norden und eröffnet fantastische Meerblicke. Sie passiert Landzungen und Strände, bevor sie den **Whangaroa Harbour** erreicht, einen der schönsten Häfen von Northland und einen hervorragenden Ort zum Segeln und Kajakfahren. Weiter nördlich liegt das Surfer- und Anglerdörfchen **Taupo Bay**.

Noch weiter nordwärts trifft man auf die ausgedehnte **Doubtless Bay**, die von zwei Berühmtheiten entdeckt wurde: Kupe, der Aotearoa angeblich zum ersten Mal in Taipa betrat, und Cook, der 1769 vorbeisegelte und angeblich ausrief: „Doubtless a bay!" („Zweifellos eine Bucht!"). Die Bucht wird im Westen und Norden von der schützenden **Karikari Peninsula** eingerahmt und bietet somit sichere Bedingungen zum Bootfahren. Besonderer Beliebtheit erfreut sie sich bei neuseeländischen Urlaubern. Im Januar schafft man es kaum, bis hierher durchzukommen, und die Unterkunftssuche gestaltet sich dementsprechend schwierig. In der Nebensaison geht es jedoch erstaunlich ruhig zu, und außer von Dezember bis Februar sind die Zimmerpreise durchaus erschwinglich. Die meisten Versorgungseinrichtungen der Bucht konzentrieren sich auf die Strandsiedlungen an der Südküste der Halbinsel vom malerischen **Mangonui** Richtung Westen – **Coopers Beach**, **Cable Bay** und **Taipa Bay**.

dige Matauri Bay, die sich bis zu den **Cavalli Islands** vor der Küste erstreckt. Am Nordende der Hauptbucht beginnt ein gut ausgetretener Trampelpfad (20 Min. hin und zurück; 70 m Höhenunterschied) einen Hügel hoch, auf dem das auffällige **Rainbow Warrior Memorial** des Bildhauers Chris Booth für die *Rainbow Warrior* (s. Kasten) thront. Das Wrack liegt vor den Cavalli Islands auf Grund. Das Denkmal setzt sich aus einem Steinbogen (der einen Regenbogen symbolisiert) und der bronzenen Schiffsschraube der *Rainbow Warrior* zusammen.

Der Missionar Samuel Marsden ging in Aotearoa zum ersten Mal 1814 in der Matauri Bay an Land, wo er zwischen den Ngati Kura – die sich noch immer im Besitz der Bucht befinden – und einigen Maori aus der Bay of Islands vermittelte. An dieses Ereignis erinnert die malerische, hölzerne **Samuel Marsden Memorial Church** an der Straße in die Stadt.

Das historische *waka* der Ngati Kura, die *Mataatua*, liegt in den nahe gelegenen Gewässern. Die Erinnerung an dieses legendäre Kanu bewog die Ngati Kura dazu, dem Wrack der *Rainbow Warrior* eine letzte Ruhestätte zu bieten. Tauchveranstalter mit Sitz in Paihia (s. S. 232) unternehmen Ausflüge zu dem zehn Minuten vor der Küste von Matauri Bay auf dem Meeresboden ruhenden Wrack. Im April ist die Sicht am besten; von September bis November wird sie manchmal durch Plankton getrübt, ist aber immer noch gut.

Die Übernachtungsmöglichkeiten in der Bucht beschränken sich auf den **Matauri Bay Holiday Park**, ✆ 09/405 0525, 🖳 www.matauribay.co.nz, wo es abgesehen von einigen hübschen Stellplätzen auch einen kleinen Laden gibt. Im Januar tobt hier allerdings der Bär. Camping $18; On-site Caravans ❸; Chalets ❹.

Die einzige Adresse zum Essen ist der **Matauri Top Shop**, ein Lebensmittelladen mit preiswertem Café am oberen Ende der Matauri Bay Road, unmittelbar bevor es zur Bucht hinuntergeht.

Matauri Bay

Etwa 20 km nördlich von Kerikeri gewährt ein hoher Bergkamm im Landesinneren einen ersten überwältigenden Blick auf die lange, san-

Whangaroa Harbour

Westlich der Matauri Bay liegt der beinahe gänzlich von Land umschlossene, geschützte Whangaroa Harbour. Ein Aufenthalt hier erweist

Die französische Regierung hat stets behauptet, Atomtests seien vollkommen sicher, und jahrzehntelang führte sie Tests auf den kleinen Pazifik-Atollen **Mururoa** und **Fangataufa** durch – beruhigende 15 000 km von Paris entfernt, aber nur 4000 km nordöstlich von Neuseeland.

Im Jahr 1966 missachtete Frankreich das Atomteststoppabkommen von 1963, das Kernwaffenversuche in der Atmosphäre untersagt, und evakuierte die Inselbewohner des Pazifiks aus den Dörfern ihrer Vorfahren. Der Weg war frei für unzählige Tests in den folgenden acht Jahren. Den französischen Behörden zufolge sollte kein radioaktiver Niederschlag jemals eine bewohnte Insel erreichen – und doch wurden immer wieder **Strahlenemissionen** in den nicht gerade nahe gelegenen Gebieten von Samoa, Fiji und sogar in Neuseeland festgestellt. Der wachsende Widerstand in der Öffentlichkeit zwang die Franzosen schließlich, ihre Tests unterirdisch in tiefen Schächten durchzuführen, wo weitere 200 Detonationen erfolgten, welche die geologische Stabilität der empfindlichen Korallenatolle gefährdeten.

1985 organisierte Greenpeace von Neuseeland aus eine Protest-Flotte, die vom Flaggschiff **Rainbow Warrior** angeführt wurde. Bevor die Flotte jedoch von Auckland lossegeln konnte, verübte der französische **Geheimdienst** einen Sabotageakt gegen die *Rainbow Warrior*, indem er zwei Bomben unter der Wasseroberfläche zündete. Als Retter die Leiche des Greenpeace-Fotografen **Fernando Pereira** bargen, wurden zwei Agenten des französischen Geheimdienstes, die sich als Touristen ausgaben, verhaftet. Zunächst wiesen sie alles von sich, aber schließlich war die französische Regierung gezwungen, den laut David Lange (damaliger Premierminister von Neuseeland) „schmutzigen, staatlich unterstützten terroristischen Akt" einzugestehen. Die zwei festgenommenen Agenten wurden zu zehn Jahren Gefängnis verurteilt, allerdings nutzte Frankreich seinen internationalen Einfluss, damit sie ihre Strafe auf einer französischen Pazifikinsel absitzen konnten. Beide durften nach weniger als zwei Jahren als freie Männer nach Frankreich zurückkehren.

Im Jahre 1995 sorgte Frankreich mit der Ankündigung einer weiteren Testreihe für weltweite Entrüstung. Greenpeace entsandte daraufhin die **Rainbow Warrior II**, die von der französischen Marine am zehnten Jahrestag der Versenkung der *Rainbow Warrior* beschlagnahmt wurde. Anfang 1996 erklärten sich die Franzosen endlich bereit, die Atomtests im Pazifik einzustellen.

---

sich als idealer Ausgleich zur kommerziellen Bay of Islands, und die Landschaft ist in kleinerem Maßstab ebenso reizvoll. Trotz begrenzterer Möglichkeiten kann man auch hier Bootsfahrten unternehmen und den Hochseefischern Gesellschaft leisten. Die schmalen Buchten werden von Klippen und steilen Hügeln umrahmt; hinter den beiden Siedlungen des Hafens, **Whangaroa** und **Totara North**, erheben sich die kargen Vulkanhügel **St Paul** und gegenüber **St Peter**.

Im Hafen ging es nicht immer so ruhig zu wie heute. Die Gegend zählt zu den ersten in Neuseeland, die von europäischen Pionieren besucht wurden. Die berühmtesten waren die Männer an Bord der *Boyd*, die 1809 hier anlegten, um Kauri-Holz nach Großbritannien zu verschiffen. Ein paar Tage nach Ankunft des Schiffes töteten die einheimischen Maori alle 66 Besatzungsmitglieder und brannten die *Boyd* nieder – als Rache für die schlechte Behandlung Taras, eines hochgeborenen Maori-Seemanns, der anscheinend die Regeln der *Boyd* missachtet hatte. Ein britischer Walfänger rächte diesen Vorfall wiederum, indem er das gesamte Maori-Dorf niederbrannte. Dies war der Auftakt zu einer Reihe von Auseinandersetzungen, die fünf Jahre andauerten.

Später wurden riesige Kauri-Wälder abgeholzt und zu Kleinholz verarbeitet. Selbst wer nur auf der Durchreise ist, sollte die 4 km am Nordufer des Hafens entlang nach Totara North fahren. Die Straße führt nämlich an den Überresten der letzten **Sägemühle** dieser alten Siedlung vorbei. Sie stellte vor ein paar Jahren den Betrieb ein.

Übernachtung und Essen

Kahoe Farms Hostel, SH10, 1,5 km nördlich der Abzweigung nach Totara North, ☎ 09/405 1804, 🖥 www.kahoefarms.co.nz. Das kleine, extrem gastfreundliche Backpackerhostel auf einer Rinderfarm hat Zimmer und ein Dorm in einem Haus mit gebohnerten Holzböden sowie weitere Zimmer (manche mit Bad) in einer separaten Villa auf dem Hügel dahinter. Stefano zaubert abends sensationelle Pizza und Pasta, morgens ein reichliches Frühstück und guten Espresso. Weitere Pluspunkte: Kajakverleih und Spazierwege zu malerischen Badestellen. Dorm $28, Zimmer ❷–❸

Auch in Whangaroa gibt es gute Unterkünfte und Lokale, darunter den **Whangaroa Big Gamefish Club** mit Blick auf den Jachthafen.

Aktivitäten

Kajakfahren und Tauchen

Northland Sea Kayaking, ☎ 09/405 0381, 🖥 www.northlandseakayaking.co.nz. Das sachkundige Unternehmen veranstaltet im Sommer Kajaktouren an der Nordostseite des Hafens (halbtags $65, ganztags $85; keine Kreditkarten).

Segeln

Sea Eagle, ☎ 09/405 1963, 🖥 www.seaeaglecharters.com. Segeltörns auf einem 15 m langen Stahlkutter (Tagesausflug $90). Die Ausflüge umfassen in der Regel einen Segeltörn zu den rauen, unbewohnten Cavalli Islands mit Stopps, die Gelegenheit zum Schnorcheln, Sonnenbaden und Wandern geben.Das Preis-Leistungs-Verhältnis ist ausgezeichnet. **Snow Cloud**, ☎ 09/405 0523, 🖥 www.snowcloud.co.nz. Ebenso schöne Touren kann man auf der 11 m langen *Snow Cloud* unternehmen.

Wandern

Eine der lohnendsten Strecken ist der 15-minütige Weg zum Gipfel von **St Paul** vom oberen Ende der Old Hospital Road in Whangaroa (140 m Höhenunterschied). Die letzten paar Meter erfordern eine leichte Kraxeltour an gut befestigten Ketten.

An der Hafennordseite führt der **Wairakau Stream Track** (12 km hin und zurück; 1 1/2–2 Std.) des DOC von Totara North vorbei an Süßwasserteichen, Mangroven und Aussichtspunkten zur DOC-eigenen, für Besuchergruppen gedachten Lane Cove Hut an der Pekapeka Bay. Es kann nur die ganze Hütte gebucht werden; $160; 🖥 www.doc.govt.nz. Sie bietet Platz für 16 Leute und ist auch per Boot erreichbar. Drinnen gibt es eine solarbeheizte Dusche, Wasser, Toiletten – und viele Sandfliegen. Eigene Kochausrüstung mitbringen.

Transport

Weder Whangaroa noch Totara North sind mit öffentlichen Verkehrsmitteln zu erreichen, aber der tägliche **Bus** von InterCity/Northliner kommt am Kahoe Farms Hostel vorbei, s. Übernachtung.

Taupo Bay

Eine 13 km lange Teerstraße führt vom SH10 nach Taupo Bay, einer erfrischend unaufdringlichen Feriensiedlung. Hier gibt es eine Reihe von Bretterbuden am Strand und mit die besten Bedingungen zum Surfen und Angeln von ganz Northland. Wellenreitern aller Stufen bietet **Isobar Surf**, 43 Mako St, ☎ 09/406 0719, 🖥 www.isobarsurf.co.nz, Unterricht an. Die Einheiten beginnen bei $65 für zwei Stunden. Ein „overnighter"-Kurs mit Übernachtung in der schuleigenen Surferlodge kostet $180 und ein fünftägiger Kurs inkl. Unterkunft $690.

Die einzige andere Unterbringungsmöglichkeit ist der freundliche **Taupo Bay Holiday Park**, ☎ 09/406 0315, 🖥 www.taupobayholidaypark.co.nz. Hier kann man Surf- und Boogieboards ($10 bzw. $20/Std.) und Paddelboote ($30/Std.) ausleihen. Außerdem beherbergt der Park den einzigen Laden von Taupo Bay. Dessen „Sortiment" besteht aus Fischködern und ein paar Grundnahrungsmitteln. Camping $15, Dorm $18, Cabins ❷–❹.

Im Januar ist Taupo Bay voll bis unters Dach, ansonsten aber total entspannt.

Mangonui und Umgebung

Mit seinem betriebsamen Fischereihafen und einem traditionellen Lebensmittelgeschäft auf Pfählen über dem Wasser fühlt sich **Mangonui** am geschützten Mangonui Harbour hinter der Doubtless Bay richtig schön altmodisch an. Einige zweistöckige Gebäude mit Holzveranden sind erhalten geblieben, und zwischen den Cafés verbergen sich zahlreiche Kunsthandwerkläden. In erster Linie aber ist Mangonui immer noch ein ganz normales Dorf.

Mangonui bedeutet „großer Hai", in Erinnerung an das *waka* des legendären Häuptlings Moehuri, dem ein Hai den Weg in den Mangonui Harbour gezeigt haben soll. Ihre Entstehung verdankt die Stadt allerdings nicht Haien, sondern Walen und dem Geschäft mit der Versorgung von Walfangschiffen. Später wurde der Walfang vom Kauri-Handel abgelöst, der sich in erster Linie auf das Gebiet um die **Mill Bay** westlich von Mangonui konzentrierte (5 Min. Fußweg). Wer einen Blick über den Mangonui Harbour werfen möchte, wandert am besten zu den Aussichtspunkten des **Rangikapiti Pa Historic Reserve**, abseits der Rangikapiti Road, zwischen Mangonui und Coopers Beach.

Mangonui sollte man nicht verlassen, ohne bei **Flax Bush**, 50 Waterfront Drive, das Angebot an von Hand gewebten Flachswaren und anderem Kunstgewerbe der Region studiert zu haben. Die Sachen sind ihren Preis wirklich wert; hochwertigere geflochtene Körbe *(kete)* lassen sich fast nirgendwo sonst auftreiben.

Weine aus ganz Northland kann man im **Far North Wine Centre**, 60 Waterfront Drive, ℰ 09/406 2485, probieren. Die Auswahl ist beachtlich und die Mitarbeiter sind vom Fach. ☉ Dez–Feb tgl. 11–16 Uhr; im Winter nicht jeden Tag.

Während die Schiffe in Mangonui repariert und neu beladen wurden, landeten die Fässer zur Ausbesserung einige Kilometer westlich am Wasserlauf des **Coopers Beach**. Der herrliche, gut beschattete Sandstreifen wird heute von Motels gesäumt.

Im Januar und am Wochenende geht am Strand die Post ab, aber ansonsten ist er oft menschenleer.

Swamp Palace und Bush Fairy Dairy

Wer sich in der Gegend der Doubtless Bay aufhält und mit eigenem Transportmittel unterwegs ist, sollte sich einen Abend im **Swamp Palace** keinesfalls entgehen lassen, Programminfo unter ℰ 09/408 7040. Das kuriose Kino befindet sich in der Oruru Community Hall, 7 km südlich der Cable Bay, inmitten der Wildnis. Gezeigt wird eine wilde Mischung – von Kultfilmen über alte Klassiker bis hin zu den allerneusten Streifen. Programm und Öffnungszeiten bitte telefonisch erfragen!

Bush Fairy Dairy, in Peria, ℰ 09/408 5508, ist 5 km weiter an der Oruru Road ausgeschildert. Hier stapeln sich lokales Kunsthandwerk, Kunst, Textilien und Ökoprodukte (sowie „normale" Milchprodukte). Im Sommer veranstaltet die authentische, alternative Kooperative alle paar Wochen einen Sonntagsbasar. Dann gibt es außer Dichterlesungen und Jamsessions am Lagerfeuer auch Verkaufsstände mit Kunsthandwerk und Lebensmitteln.

3 km weiter westlich liegt die kleinere, bei Schwimmern und Surfern beliebte Siedlung **Cable Bay**. Der Taipa River trennt sie vom Stranddorf **Taipa**. Heutzutage treffen sich hier Sonnenanbeter und Badenixen, aber historisch bedeutsam ist der Ort, weil Kupe – laut Maori-Legende der Entdecker von Aotearoa – hier zum ersten Mal seinen Fuß aufs Land setzte. Ein Betondenkmal in der Nähe der Shell-Garage am Taipa River erinnert an ihn.

Mangonui ist auch ein guter Ausgangspunkt für organisierte Ausflüge zum Cape Reinga und Ninety Mile Beach (s. Kasten S. 255).

Übernachtung

In der Umgebung von Mangonui liegen ein paar hübsche Unterkünfte. Allerdings gibt es wenig im Budgetbereich und keinen einzigen Campingplatz.

Beach Lodge, 121 SH10, Coopers Beach, ℰ 09/409 0068, ⌨ www.beachlodge.co.nz. 50 elegante Apartments mit eigener Veranda, komplett ausgestatteter Küche und kostenlosem WLAN warten auf Gäste, die aber nicht jünger

Northland

als 8 Jahre sein dürfen. Sommerpreise ab $420. **❾**

Driftwood Lodge, SH10, Cable Bay, ☎ 09/406 0418, 🖥 www.driftwoodlodge.co.nz. Wunderschöne Lodge unmittelbar am Strand, auf deren breiter Veranda mit Blick auf die Halbinsel Karikari sich abends alle Welt zu einem Absacker und eventuell auch zum Barbecue versammelt. Voll ausgestattete Units, kostenloser Verleih von Dinghies, Kajaks und Boogie Boards. Sehr begehrt, daher frühzeitig reservieren. Studios **❺**, Apartments **❻**

Macrocarpa Cottage, 2 Bush Point Rd, Taipa, ☎ 09/406 1245, (E) maccottage@xtra.co.nz. Das Selbstversorger-Cottage direkt am Wasser beherbergt ein Zimmer mit Doppelbett und 2 EZ, eine voll ausgestattete Küche und Kabel-TV. Fantastische Aussicht über die Taipa Estuary. **❺**

Mangonui Hotel, Waterfront Drive, Mangonui, ☎ 09/406 0003, 🖥 www.mangonuihotel.co.nz. Jahrhundertealtes, traditionelles Hotel gegenüber dem Hafen mit Terrasse. Die Zimmer (DZ haben ein eigenes Bad) wurden freundlich in leuchtenden Farben gestaltet. Diejenigen, die über Hafenblick verfügen, sind aber schnell ausgebucht. Wer so eins haben möchte, muss reservieren oder früh auftauchen. Dorms $25, EZ **❶**, DZ **❹**

Puketiti Lodge, 10 Puketiti Drive, 7 km südlich von Mangonui, ☎ 09/406 0369, 🖥 www.puketitilodge.co.nz. Die Lodge verströmt trotz aller Modernität ländliche Atmosphäre. 3 Zimmer mit Bad und ein luxuriöses Dorm, alle mit weitem Ausblick zur Küste. Sämtlichen Gästen stehen das riesige Sonnendeck, die gut ausgestattete Küche und eine Lounge zur Verfügung. Dorms $40, Zimmer **❺**

Essen

Die Doubtless Bay verfügt über die beste Auswahl an Lokalen nördlich von Kerikeri – auch wenn die Konkurrenz nicht gerade groß ist. Wilde Trinkgelage finden meist im Mangonui Hotel statt, wo am Wochenende oft Live-Bands spielen.

Coopers Café, 157 SH10, Coopers Beach, ☎ 09/406 0860. Der Maori Michael Venner, mehrfach preisgekrönter Sternekoch, hat sich durch die Küchen der Welt gekocht, bevor er sein eigenes Feinschmeckerlokal aufmachte. Das Ambiente ist locker-lässig; das Essen genügt allerhöchsten Ansprüchen. Abgesehen von erstklassigem Kaffee und Milchshake mit belgischer Schokolade dürfen die Gäste mit tadelloser Küche (Hauptgerichte mittags $13–23, abends $28–35) rechnen. Abends ist ohne Reservierung kein Tisch zu bekommen; ⏱ Mo geschlossen.

Fresh & Tasty, im Mangonui Hotel, Waterfront Drive, Mangonui. Beliebt bei Einheimischen, die gern bereit sind, auf eine tolle Aussicht zu verzichten, wenn es für kürzere Wartezeiten und weniger Geld ein Essen gibt, das dem der Konkurrenz in nichts nachsteht.

The Galley, 118 Waterfront Rd, Mangonui, ☎ 09/406 1233. Das hervorragende Restaurant im ehemaligen Postamt von Mangonui verwöhnt seine Gäste mit mediterran angehauchten Leckerbissen aus dem Wasser und vom Land.

Mangonui Fish Shop, 137 Waterfront Drive, Mangonui. Das berühmte Fish 'n' Chips-Lokal in idyllischer Lage auf Pfählen im Wasser ist jeden Nachmittag Anlaufstelle der Tourbusse, die vom Cape Reinga zurückkommen. Schanklizenz und BYO.

Thai Chefs, 80 Waterfront, Mangonui. Hier gibt's alle international beliebten Thaigerichte in guter Qualität, die meisten um $20.

Waterfront Café, Waterfront Drive, Mangonui, ☎ 09/406 0850. Nettes Café/Bar mit Hafenblick, vorzüglichem Kaffee, Frühstück, kleinen Mittagssnacks und abends einer großen Auswahl an Hauptgerichten, darunter leckere Pizza.

Sonstiges

Informationen und Internet

Die ehrenamtlichen Mitarbeiter im **Visitor Centre**, Waterfront Drive, gegenüber dem Supermarkt 4-Square, ☎ 09/406 2046, geben

Auskunft zu Übernachtungsmöglichkeiten vor Ort und entlang der Küste. Außerdem gibt es hier **Internetzugang**. ⏰ Nov–Ostern tgl. 10–16; Ostern–Okt Di–Sa 10–15 Uhr.

Tauchen

A to Z Diving, Whatuwhiwhi, ✆ 09/408 7077, 🖥 www.atozdiving.co.nz. Tauchgänge vor der Karikari Peninsula (2x Tauchen $185) plus Trips zum Wrack der *Rainbow Warrior* ($230), jeweils inkl. Ausrüstungsverleih.

Transport

Der SH10 umgeht die Küste von Mangonui, doch die 2 km lange Schleife zum Ufer wird vom InterCity/Northliner-Bus befahren, der 1x tgl. zwischen PAIHIA (1 1/4 Std.) und KAITAIA (40 Min.) in beide Richtungen verkehrt.

Kaitaia und Ahipara

Kaitaia liegt 40 km westlich von Mangonui, unweit der Kreuzung der beiden Hauptstrecken Richtung Norden. Der Ort eignet sich gut als Ausgangsbasis für Abstecher zum Cape Reinga und Ninety Mile Beach (s. S. 254), eine äußerst empfehlenswerte Alternative zu den längeren Touren von der Bay of Islands. Kaitaia hat ein paar Negativschlagzeilen gemacht, ist aber nicht gefährlicher oder ungefährlicher als jede andere Stadt Neuseelands auch. Viel zu sehen ist in diesem Bauernstädtchen aber nicht. Motorisierte Reisende gönnen sich deshalb vielleicht lieber einen Aufenthalt am herrlichen Strand von **Ahipara**, 15 km weiter westlich, um mit dem Sandschlitten die riesigen Dünen hinunter zu rasen oder die alten Gumfields zu besichtigen.

Wer um das dritte Wochenende im März herum in der Gegend ist, kann Läufer aus aller Welt sehen, die an verschiedenen Marathons auf dem Ninety Mile Beach teilnehmen. Einer davon ist die **Te Houtaewa Challenge**, 🖥 www.newzealand-marathon.co.nz. Der Name stammt von einem legendären Maori-Athleten. Den Läufen gehen die **Te Houtaewa Waka Ama Surf Challenge**, eine Reihe von *waka*-Rennen in Ahipara, sowie das fünftägige **Kai Maori Food Festival** und

das **Te Houtaewa Arts & Crafts Festival** (beide in Kaitaia) voraus. Ungefähr um die gleiche Zeit wird der Snapper **Classic** abgehalten, 🖥 www.snapperclassic.co.nz, einer der weltgrößten Wettbewerbe im Brandungsangeln. Auf den größten Schnappbarsch ist ein Preis von $50 000 ausgelobt.

Kaitaia

Northland

Als der erste Missionar Joseph Matthews 1832 hierher kam, um nach einem Missionsstandort Ausschau zu halten, befand sich an dieser Stelle bereits ein Maori-Dorf. Der Schutz der Mission lockte in der Folge europäische Viehzüchter an. In den 1880er-Jahren fielen dann die *gumdiggers* in großen Scharen ein, um die Kauriharzdepots um den Lake Ohia und Ahipara zu plündern. Unter den frühen Ankömmlingen befanden sich viele junge Kroaten, die vor den harten Bedingungen in ihrer Heimat (damals Teil des österreichisch-ungarischen Reichs) geflohen waren. Heute erinnert nur noch ein serbokroatisches Empfangsschild am Ortseingang an die einstigen Zuwanderer.

Den besten Einblick in die Gegend gewinnt man im **Far North Regional Museum**, 6 South Rd, 🖥 www.farnorthmuseum.co.nz, mit einer faszinierenden Ausstellung über das Leben vor Ort und die Lokalgeschichte, auch die der Gumfields von Ahipara. Ein Highlight der Sammlung ist die Nachbildung einer Schnitzerei aus dem 12. oder 13. Jh. (das Original befindet sich im Auckland Museum). Sie ist ein wunderbares Beispiel für die Übergangsperiode, während der die polynesische Kunst allmählich Maori-Züge anzunehmen begann. ⏰ tgl. 10–16 Uhr, Eintritt $4.

Übernachtung

Historic Wireless B&B, 122 Wireless Rd, 4 km nördlich von Kaitaia, ✆ 09/408 1929, 🖥 www.kaitaia-bnb.co.nz. Freundliche Unterkunft in einem großen Haus Baujahr 1912. Gepflegte Gemeinschaftsbäder; Frühstück inkl. ❹
Loredo, 25 North Rd, ✆ 0800/456 733, 🖥 www.loredomotel.co.nz. Das saubere, makellose und sehr beliebte Motel 1 km nördlich

Der Kauri-Baum gehört zu den größten Bäumen der Welt.

der Innenstadt hat einen Pool, Spa und Grillbereich. ❹

Mainstreet Lodge, 235 Commerce St, ☎ 09/408 1275, 🖥 www.mainstreetlodge.co.nz. Einladendes, gut ausgestattetes Hostel, stets gut besucht von Reisenden, die unterwegs zum Kap sind, denn Tourteilnehmer werden am Hostel abgeholt. Wer Lust hat, kann einen halbtägigen Knochenschnitzkurs machen. Dorms $26, Zimmer und Suiten ❷

Waters Edge, 25b Kitchener St, ☎ 09/408 0870, 🖥 www.watersedgebandbkaitaia.co.nz. Attraktives B&B in einem modernen Vororthaus mit üppigen Grünflächen und Pool. Auf Wunsch auch Abendessen. ❹

Essen und Unterhaltung

Weder Kaitaia noch Ahipara sind kulinarische Hotspots, aber in Kaitaia ist die Auswahl an Lokalen größer und außerdem gibt´s dort den **Supermarkt** Pak 'n' Save in der Commerce Street.

Beachcomber, 222 Commerce St. Das Angebot im wahrscheinlich besten Restaurant von Kaitaia besteht aus nicht besonders ausgefallenen Fleisch- und Fischgerichten (mittags $17, abends Hauptgerichte $28–32),

jeweils inkl. Selbstbedienung an der Salatbar. ⏱ So geschlossen.

Mussel Rock, 75 Commerce St. Das kleine Tagescafé verwandelt sich zu vorgerückter Stunde in eine recht muntere Bar, wo es aber im Vergleich zu den anderen Kneipen am Ort fast kuschlig zugeht.

Sonstiges

i-SITE Visitor Centre, South Rd, ☎ 09/408 0879, ✉ kaitaia@visitnorthland.co.nz. Verkauft Busfahrkarten, vermietet Sandtoboggans ($10/Tag) und hat DOC-Broschüren wie *Kaitaia Area Walks* und *Cape Reinga and Te Paki Walks*. Außerdem **Internetzugang**. ⏱ tgl. 8.30–17 Uhr.

Transport

Busse

Der tägliche InterCity/Northliner-Bus von und nach AUCKLAND (7 Std.) hält vor dem i-SITE Visitor Centre in Kaitaia. Außerdem geht's 1x tgl. nach KERIKERI (1 3/4 Std.) und PAIHIA (2 Std.).

Flüge

Der Flughafen liegt 9 km nördlich der Stadt bei Awanui. **Air New Zealand** bietet Direktflüge nach AUCKLAND 1–2x tgl.; 3/4 Std.

Ahipara und die Gumfields

Am südlichen Ende des Ninety Mile Beach liegt **Ahipara**, eine abgeschiedene Streusiedlung an der Westküste, die um die hiesigen Gumfields entstand. Weiter nördlich zieht sich ein 100 km langer Sandstreifen an der Küste entlang, während im Süden die Hochflächen des Ahipara Plateau wie ein Faltenwurf von goldenen Dünen zum Meer hin abfallen. Strand und Plateau treffen an der **Shipwreck Bay** zusammen, einem Surf- und Badestrand. Ihren Namen verdankt die Bucht dem Wrack der *Favourite,* die hier 1870 Schiffbruch erlitt. Ein Teil des Schiffes ragt bei Ebbe aus dem Sand heraus. Der etwa 5 km lange Spaziergang bei Ebbe über die von Wellen geformte vulkanische Felsenterrasse um mehrere Buchten herum zu den Dünen dauert ungefähr eine Stunde, die meisten legen die Strecke allerdings per Quad- oder Mountainbike zurück.

Zur Blütezeit Anfang des 20. Jhs. ernährten die öden **Gumfields** auf einer abgeschiedenen, sandigen Hochebene südlich der Stadt drei Hotels und 2000 Leute. Anders als auf den meisten anderen Feldern, wo die *gumdiggers* mal hier, mal da probehalber bohrten und gruben, wurde die Erde hier systematisch abgegraben, gewaschen und gesiebt, um das wertvolle Kauri-Harz zu gewinnen (s. S. 263, Kasten). Heute sind auf dem Plateau keine Maschinen oder Hütten mehr zu sehen, stattdessen sind die Gumfields jetzt eine beinahe unheimliche, fast menschenleere und märchenhaft schöne Landschaft.

Übernachtung

Ahipara ist ein schönerer Ort zum Übernachten als Kaitaia. Allerdings gibt es hier weder vernünftige öffentliche Transportmittel noch einen Supermarkt oder eine Bank. Abgesehen von der Hauptsaison nach Weihnachten herrscht kein Mangel an Gästebetten und die Preise sind in der Regel niedriger als in den Küstenresorts im Osten.

Ahipara Bay Motel, 22 Reef View Rd, ✆ 0800/906 453, 🖥 www.ahipara.co.nz/baymotel. Hat eine Reihe hübscher, älterer Motel Units, 6 Luxus-Units mit wunderbarem Meerblick und ein brauchbares Restaurant. Units ❺, Luxus-Units ❻

Aktivitäten in Ahipara

Am besten lassen sich die Dünen und Gumfields im Rahmen einer geführten **Quadbike-Tour** erkunden. Ein entsprechender Veranstalter ist **Tua Tua Tours**, ✆ 0800/494 288, 🖥 www.ahipara.co.nz/tuatuatours. Die Ausflüge reichen von 90-minütigen Touren (Einer $100; Zweier $110) bis zu einer ausgezeichneten 3-stündigen Safari (Einer $175; Zweier $185) mit Sandboarding.

Ahipara Adventure Centre, 15 Takahe St, 100 m hinter dem Laden, ✆ 09/409 2055, 🖥 www.ahiparaadventure.co.nz, verleiht Einer-Quadbikes ($70 für die 1. Std., danach $50/Std., Sandtoboggan inkl.) ohne Guide. Außerdem Verleih von Surfboards, Kajaks und Mountainbikes (alle $25/halber Tag) und „Blo-Karts" (ein Landsegler im Miniformat, $40 für die ersten 30 Min., danach $20 pro 1/2 Std.).

Oder man schwingt sich auf ein Pferd und unternimmt mit **Ahipara Horse Treks**, ✆ 027/333 8645, einen zweistündigen Ausritt für $60.

Ein kurzer Spaziergang führt vom westlichen Strandende zu einem **Aussichtspunkt** (500 m, 10 Min.), von wo sich spektakuläre Ausblicke bis nach Cape Reinga bieten. Der Pfad beginnt am Ende der Foreshore Road.

Wer gut zu Fuß ist, kann in derselben Gegend eine sechsstündige Wanderung auf einem Abschnitt des gezeitenabhängigen **Gumfields Walk** (Rundstrecke 12 km; kostenlose Wanderkarten und Gezeitentabelle beim Ahipara Adventure Centre und im Kaitaia i-SITE) unternehmen, die bei der Brücke an der Shipwreck Bay beginnt. Der Weg führt in eine gottverlassene Dünenlandschaft und dann am Strand entlang zurück. Wer die Wanderung unternimmt, sollte jemandem Bescheid sagen, viel Wasser mitnehmen und sich vor Quadbikes in Acht nehmen.

Ahipara Holiday Park, 164 Takahe St, ✆ 0800/888 988, 🖥 www.ahiparamotorcamp. co.nz. Der beste Campingplatz der Gegend liegt nur 300 m vom Meer entfernt. JH-Mitglieder erhalten auf jeden Unterkunftstyp Rabatt.

Endless Summer Lodge, 245 Foreshore Rd, ☎ 09/409 4181, 🖳 www.endlesssummer.co.nz. Gut gemanagtes, gastfreundliches Hostel in einem bezaubernden Holzhaus Baujahr 1880 mit Kauri-Böden, nur durch die Straße vom Strand getrennt. Es hat urgemütliche DZ, Zweibettzimmer und 4er-Dorms. Außerdem BBQ, kostenlose Boogieboards und Surfbrettverleih; Surfunterricht lässt sich organisieren. Reservierung nur per Telefon. Dorms $26, Zimmer ❷

Camping $16, einfache Cabins ❷, DZ mit Bad und Selbstversorger-Cabins ❸
Beach Abode, 11 Korora St, ☎ 09/409 4070, 🖳 www.beachabode.co.nz. Drei gut ausgestattete Units, jede mit kostenlosem WLAN, komplett eingerichteter Küche, BBQ, Veranda und fantastischem Meerblick. Nur Kinder über 12 Jahren zugelassen. ❺

Ahipara hat nur einen Tante-Emma-Laden, einen Take-away, ein Café und ein Restaurant.
Bayview, im Ahipara Bay Motel (s. o.). Nettes Restaurant/Bar mit Meerblick und einer beachtlichen Auswahl an preiswerten Gerichten.
Gumdiggers Café, Takahe Rd. Café und Takeaway. Im Sommer ist Pizza der Renner zum Mitnehmen. ☉ Do–Sa abends.

Ninety Mile Beach und Cape Reinga

Northlands äußerste Spitze ist die **Aupori Peninsula**, eine schmale, 100 km lange Landzunge mit festen, grasbedeckten Dünen, die in einer Gruppe von unruhigen, 60 Mio. Jahre alten Meeresvulkanen endet. Die Maori kennen die Halbinsel unter dem Namen Te Hika o te Ika („Fischschwanz") – in Anlehnung an die Legende von Maui, der „den Fisch" (die Nordinsel) aus dem Meer zog, während er in seinem „Kanu" (die Südinsel) saß.

Der nördlichste zugängliche Punkt ist das **Cape Reinga**, laut Maori der Ort, wo die Seelen der verstorbenen Maori aus dem Diesseits entschwinden. Die Reise der Seelen beginnt mit einem Rutsch an den Wurzeln eines 800 Jahre alten Pohutukawa-Baums hinunter in den Ozean. Danach tauchen sie wieder auf und erklimmen Ohaua, die höchste der Three Kings Islands, um ein letztes Mal Lebewohl zu sagen, bevor sie zu ihren Vorfahren nach Hawaiki zurückkehren. Die Seelen erreichen Cape Reinga entlang des an der Westseite der Halbinsel verlaufenden **Ninety Mile Beach**, der tatsächlich nur 64 Meilen (103 km) lang ist. Die meisten Besucher folgen dem Weg der Seelen, allerdings in modernen Bussen, die speziell dafür ausgerüstet sind, über den harten Sand am Rande der Brandung zu rasen (offiziell Teil des staatlichen Highway-Netzes) und dann den Treibsand am Te Paki Stream zu bewältigen, um anschließend zur Straße zurückzukehren.

Die Hauptstraße führt mehr oder weniger durch die Mitte der Halbinsel, von wo aus die Sicht auf die Westküste durch einen schmalen Streifen von Kiefernwald – den **Aupori Forest** – versperrt ist. Die Wälder und Rinderfarmen, die einen Großteil der restlichen Halbinsel bedecken, waren einst die Domäne der *gumdigger,* die Anfang des 20. Jhs. in dieser Gegend sehr aktiv waren.

Transport zum Kap
Bustouren

Am besten lassen sich die phänomenale Länge des Ninety Mile Beach und die wilde Schönheit des Cape Reinga auf einer Busfahrt erkunden. Die Touren beschreiben alle einen Kreis um die Aupori Peninsula herum und führen in einer Richtung den SH1 und in der anderen den Ninety Mile Beach entlang. Die Reihenfolge ist abhängig von den Gezeiten. Für viele Besucher besteht das Highlight im **Sandboarding** auf einem Boogieboard (oder einem weniger gefährlichen, da weniger schnellen Toboggan) auf den „Pisten" der gewaltigen Dünen am Ufer des mächtigen Te Paki.

Bustouren beginnen in Kaitaia, Mangonui und Paihia in der Bay of Islands. Die meisten Busse starten in Paihia, allerdings brauchen sie auch

Von Kaitaia und Ahipara
Far North Outback Adventures, Ahipara, ☎ 09/408 0927, 🖳 www.farnorthtours.co.nz. Exklusive, maßgeschneiderte Geländewagentouren (8 Std.; $650 für bis zu 5 Teilnehmer), Morning Tea und Lunch inkl. Die Touren weichen von den ausgetretenen Pfaden ab und führen auch zum weißen Sandstrand der Great Exhibition Bay, wo neben der Flora und Fauna archäologische Stätten erkundet werden.

Harrisons Cape Runner, Kaitaia, ☎ 0800/227 373, 🖳 www.ahipara.co.nz/caperunner. Die preiswerte, einfache Minibus-Standardtour (8 Std.; $45) umfasst das Kap, den Strand, Abholung und Picknicklunch.

Sand Safaris, Kaitaia, ☎ 0800/869 090, 🖳 www.sandsafaris.co.nz. Preiswerte 8-stündige Tour, ganz ähnlich wie die von Harrisons, aber mit Abholung in Ahipara und einer Führung durch den Gumdiggers Park ($55). Mittagsimbiss inbegriffen.

Von Mangonui
Paradise 4X4 Tours, ☎ 0800/494 392, 🖳 www.paradisenz.co.nz. Die Standard-Bustour (inkl. Abholung von der Unterkunft) kostet $75. Außerdem individuell zugeschnittene Touren mit Geländefahrzeugen für 2 bis 4 Pers. ($600–700) inkl. Gourmet-Lunch.

Von Paihia
Awesome NZ, ☎ 0800/653 339, 🖳 www.awesomenz.com. Eine Kap-Busfahrt, die eher für Abenteuerlustige gedacht ist. Die meiste Zeit ist für Sandboarding reserviert. Mittagessen und Fish 'n' Chips in Mangonui kosten extra. $109.

Dune-Rider, ☎ 09/402 8681, 🖳 www.explorenz.co.nz. Individuelle Touren zum Kap in einem bequemen Bus mit Vierradantrieb und verstellbaren Sitzen. Umfasst einen Abstecher in den Gumdiggers Park und Lunchbox, aber Fish 'n' Chips in Mangonui müssen aus eigener Tasche bezahlt werden. $139.

Salt Air, ☎ 0800/475 582, 🖳 www.saltair.co.nz. Flug nach Waitiki, von wo aus der letzte Abschnitt nach Cape Reinga mit einem Geländefahrzeug zurückgelegt wird. Im Preis von $415 sind Erfrischungen in Tapotupotu Bay sowie Sandboarding enthalten.

Northland

am längsten (11 Std.). Abfahrt tgl. gegen 7.30 Uhr nach Kerikeri, Mangonui und Awanui, zurück geht es via Kaitaia und Puketi Forest; unterwegs werden weitere Passagiere aufgenommen. Bei Touren, die weiter nördlich beginnen, verbringt man weniger Zeit im Bus und hat mehr Muße zur Erkundung der Gegend.

Mit dem eigenen Fahrzeug

Miet- und Privatwagen sind für eine Fahrt über den Ninety Mile Beach nicht versichert – und das aus gutem Grund. Fahrzeuge bleiben häufig im Sand stecken und werden dann von ihren Insassen zurückgelassen. Weit und breit findet sich kein Rettungsdienst, der schnell genug da wäre, um das Fahrzeug vor der Flut zu retten. Und ein Mobilfunknetz ist hier so gut wie nicht vorhanden. So endet das Abenteuer u. U. mit einem sehr langen Fußmarsch. **Der Strand ist für Autos mit Zweiradgetriebe nicht geeignet**, selbst wenn das Wetter gut aussieht – es kann sich im Handumdrehen ändern.

Wer unbedingt mit dem eigenen Auto die 70 km lange Spritztour am Strand lang unternehmen möchte, sollte vor Ort Ratschläge einholen und das Auto auf die Strapazen vorbereiten: Es empfiehlt sich, ein Wasser abweisendes Mittel auf die Zündanlage zu sprühen (CRC ist eine verbreitete Marke). Die Tour muss mit der Ebbe zusammenfallen, d. h. man sollte zwei Stunden nach dem Höchststand des Wassers losfahren und vorzugsweise die gleiche Richtung wie der Busverkehr desselben Tages einschlagen. Es empfiehlt sich, auf trockenem, aber festem Sand zu bleiben, weiche Sandstellen zu meiden und beim Überqueren von Wasserläufen die Fahrt zu verlangsamen. Wenn man im weichen Sand stecken bleibt, verbessert eine Verringerung des Reifendrucks die Haftung. Zufahrtsstellen zum Strand gibt es mehrere, die zwei von den

Tourbussen genutzten sind aber die für normale Fahrzeuge einzig realistischen: Die südliche Zugangsstelle bildet die **Waipapakauri Ramp**, 6 km nördlich von Awanui, während die gefährlichere nördliche am **Te Paki Stream** entlang führt, wo ein Stück Treibsand auf einem Fluss zu bewältigen ist – im niedrigen Gang starten und niemals anhalten, egal wie verlockend die Dünen auch erscheinen mögen!

Wer bereits so tief in den Norden vorgedrungen ist, wird angesichts des Mangels an Versorgungseinrichtungen auf der Aupori Peninsula kaum überrascht sein. Sporadisch finden sich entlang der Strecke **Unterkünfte** – schön gelegene DOC-Campingplätze, Motels, Lodges und Hostels. Es gibt einige **Lokale**, die allerdings nur bis ca. 20 Uhr geöffnet haben. Es ist ratsam, in Houhora aufzutanken, denn in Waitiki ist nicht immer **Benzin** zu haben.

Awanui

In Awanui, 8 km nördlich von Kaitaia am SH1, treffen die östliche und westliche Straße Richtung Norden zusammen. Awanui ist die Maori-Bezeichnung für „Großer Fluss". Inzwischen sieht man aber nur noch eine Biegung an einem Bach, der höchstens zeitweilig Wasser führt. An diesem lauschigen Plätzchen, an der Kreuzung von SH10 und SH1, hat sich das tagsüber geöffnete Big River Café angesiedelt, wo leichte Mahlzeiten zu haben sind.

Fast alle Busse zum Cape Reinga halten 1 km nördlich am **Ancient Kauri Kingdom**, 🖥 www. ancientkauri.co.nz, einer stillgelegten Molkerei, die inzwischen als Sägemühle dient. Heute werden hier riesige Kauri-Baumstämme aus den Sümpfen – wo sie seit rund 45 000 Jahren liegen – zugeschnitten. Man kann beobachten, wie das Holz zu Schalen, Skulpturen und Schneidebrettchen verarbeitet wird (alles steht zum Verkauf). Auf jeden Fall sollte man über die Wendeltreppe zum Zwischengeschoss hinaufsteigen. Die Treppe wurde aus dem größten Stück Sumpf-Kauri-Stamm gehauen, das jemals ausgegraben wurde – ein Monstrum mit einem Durchmesser von 3,50 m. ⏰ tgl. 8.30–17 Uhr, im Sommer länger; Eintritt frei.

Rund 10 km nördlich vom Kauri Kingdom und 3 km abseits vom SH1 befindet sich der angenehm untouristische **Gumdiggers Park Ancient Buried Kauri Forest** an der Heath Road. Durch den schattigen Manukawald verläuft ein halbstündiger Naturlehrpfad. Es wurden Löcher ausgehoben, um die Methoden des Gumdigging zu zeigen.

In den Hütten am Wegrand lassen sich die damaligen Lebensbedingungen studieren, außerdem ist eine kleine Kauriharz-Sammlung zu sehen.

Der südliche Haupteingang zum Ninety Mile Beach, **Waipapakauri Ramp**, liegt gleich südlich von der Abzweigung zum Park. ⏰ im Sommer tgl. 9–17.30, im Winter bis 16 Uhr; Eintritt $10.

Houhora und Pukenui

Etwa 30 km nördlich von Awanui befinden sich die beiden größten Siedlungen der Aupori Peninsula: das weitläufige Houhora und das betriebsame Fischerdorf Pukenui 2 km weiter nördlich, wo die Aussichten auf einen Fang vom Kai relativ gut sind. In Houhora zweigt eine 3 km lange Nebenstraße nach Osten Richtung Houhora Heads ab.

Pukenui Lodge, SH1, Pukenui, ☎ 09/409 8837, ✉ stay@pukenuilodge.co.nz. Ein Motel und Hostel in besonders reizvoller Lage mit Hafenblick. Dorms $23, Zimmer ❷, Units ❸

Houhora Tavern, 2 km nördlich von Pukenui am Hafen, ist der am weitesten nördlich gelegene Pub Neuseelands. Hier gibt es einfache Kost und auf der Wiese ein paar Wohnwagenstellplätze mit Anschlüssen für $15 pro Van.

Pukenui Pacific, am SH1, ☎ 09/409 8816. Preiswertes Café/Bar und der einzige Take-away nördlich von Kaitaia. Den riesigen Burger namens PukuNui (Maori für „großer Magen") schafft kaum ein Gast. ⏰ Küche schließt gegen 20 Uhr.

Parengarenga Harbour, Te Kao und Waitiki Landing

Rund 10 km nördlich von Pukenui geht es auf einer 4 km langen Landstraße Richtung Osten zum **Rarawa Beach**. Dort erstreckt sich hinter dem strahlend weißen Sandstrand ein schattiger DOC-Campingplatz ($7,50). Die paradiesischen Verhältnisse trübt nur eins: extrem viele Mücken.

Der Strand dehnt sich von Rarawa 30 km nach Norden bis zum weitläufigen **Parengarenga Harbour** aus. Hier wurden 1985 die von einer Jacht aus Neukaledonien gelieferten Haftminen abgeladen, mit denen die *Rainbow Warrior* zerstört wurde. Die Kurven entlang der Strecke eröffnen gelegentlich Blicke auf den Quarzsand der südlichen Landzunge der Bucht. Ende Februar und Anfang März verwandelt sich das reine Weiß in eine schwarze Fläche – wenn Hunderttausende von **Pfuhlschnepfen** sich hier vor ihrer 12 000 km langen Reise nach Sibirien versammeln. Auch hier ist Mückenschutzmittel ein absolutes Muss.

Der letzte erwähnenswerte Ort, bevor das Land im Ozean verschwindet, ist **Waitiki Landing**, 21 km vor Cape Reinga. Dort gibt es ein Geschäft, manchmal Benzin, und den Waitiki Landing Complex, ☏ 09/409 7508, über den wir allerdings Beschwerden erhalten haben. Er hat einen Campingplatz mit Dorms $25, Cabins mit Bad ❷, eine Räucherkammer und ein Restaurant-Bar, ⏱ bis ca. 20 Uhr. Außerdem Verleih von Brettern zum Dünenreiten (4 Std. $10) und Transport für Wanderer, die am Beginn oder Ende eines Wanderwegs abgesetzt werden möchten.

Von Waitiki Landing windet sich eine unbefestigte Straße 15 km bis zur atemberaubenden und normalerweise verlassenen 7 km langen **Spirits Bay** (Kapowairau). Hier befindet sich ein DOC-Campingplatz ($7,50) mit Stellplätzen unter Manuka-Bäumen und kalten Duschen – und im Sommer einer Unmenge von Mücken.

Die Hauptstraße führt weiter Richtung Cape Reinga und passiert nach 4 km eine Abzweigung zur **Te Paki Stream-Zufahrt** zum Ninety Mile Beach, wo sich ein Parkplatz und ein kleiner Picknickplatz befinden. Außerdem beginnt hier ein 20-minütiger Wanderweg zu mehreren riesigen Sanddünen, ideal zum **Sandboarding** oder **Tobogganing**. Die Ausrüstung wird von mehreren Anbietern nördlich von Kaitaia verliehen.

Reinga: Spazier- und Wanderwege

Beim Parkplatz von Cape Reinga zweigen zwei empfehlenswerte kurze Spazierwege ab; beide sind Teil des viel längeren Cape Reinga Coastal Walkway. Alle drei nachstehend genannten Wanderungen sind in der DOC-Broschüre *Cape Reinga and Te Paki Walks* beschrieben, die auch eine nützliche Umgebungskarte enthält und u. a. in Kaitaia erhältlich ist. Gewarnt werden muss vor **gefährlichen Strömungen**, die Schwimmer an allen Stränden dieser Gegend aufs offene Meer hinausziehen können. Außerdem kann das Wetter jederzeit umschlagen.

Cape Reinga Coastal Walkway (38 km einfach; 2–3 Tage; es geht ständig auf und ab). Der spektakuläre und zunehmend beliebte Küstenwanderweg beginnt bei Kapowairua (Spirits Bay), führt nach Westen bis Cape Reinga, weiter zum Cape Maria van Diemen, dann nach Südosten zum nördlichsten Abschnitt des Ninety Mile Beach und schließlich an den beeindruckenden Dünen am Te Paki Stream entlang. Voraussetzungen sind ausreichende Fitness und die Fähigkeit, sich selbst zu versorgen, denn es gibt lediglich zwei DOC-Campingplätze und ein paar inoffizielle Zeltplätze ohne Garantie auf Wasser. Nur selten trifft man auf Bäche mit Süßwasser. An Mückenschutzmittel denken! Der Endpunkt des Wegs liegt ein ordentliches Stück vom Ausgangspunkt entfernt, aber zum Glück bietet der Waitiki Landing Holiday Complex für $50 einen Transportservice (hinbringen und abholen) an.

Sandy Bay (3 km hin und zurück; 200 m Höhenunterschied auf dem Rückweg; 50–90 Min.). Pfad nach Westen durch eine Landschaft aus Sträuchern und Büschen zu einer schönen Höhle. Wer mag, kann noch bis zur malerischen Tapotupotu Bay marschieren (weitere 3 km einfach; 1–2 Std.).

Te Werahi Beach (2,5 km hin und zurück; 200 m Höhenunterschied auf dem Rückweg; 40 Min.– 1 Std.). Stetig abfallender Pfad nach Westen mit Blick auf Cape Maria van Diemen.

Oder man ruft vorher bei Ahikaa Adventures an, ☎ 09/409 8228. Der Veranstalter am Te Paki zugewandten Straßenende direkt bei den Dünen hat ebenfalls Bretter.

Cape Reinga

Northland

Die letzte Etappe vor Cape Reinga (Te Rerenga Wairua: die „Stelle, durch die die Seelen verschwinden") führt durch hügeliges Gebiet und eröffnet schließlich eine sensationelle Aussicht auf die Tasmansee und die riesigen Dünen an ihrer Küste. Am Ende der Straße liegt ein Parkplatz mit Toiletten. Vor dort aus führt ein 800 m langer Lehrpfad zum **Leuchtturm** am Cape Reinga, der auf einer Landspitze 165 m hoch über der Colombia Bank thront. Hier prallen die Wellen der Tasmansee und des Pazifiks schäumend aufeinander. An klaren Tagen bietet sich von dieser Stelle ein prächtiger Blick nach Osten auf die Surville Cliffs des North Cape, nach Westen zum Cape Maria van Diemen und nach Norden zu den felsigen **Three Kings Islands** 57 km vor der Küste, so benannt, weil Abel Tasman die Inseln zum ersten Mal am Vorabend des Dreikönigstags 1643 betrat.

Das nächste Geschäft und Restaurant befindet sich in Waitiki Landing. Die einzige Übernachtungsmöglichkeit bietet der bescheidene DOC-Campingplatz namens **Tapotupotu Bay**: 3 km südlich von Cape Reinga abzweigen, dann sind es noch 3 km auf einer Schotterstraße bis zum Platz. Er verfügt über Toiletten, kalte Duschen – und jede Menge Mücken ($7,50). Dank seiner traumhaften Lage ist er ein beliebter Picknick-Halt von Tourbussen.

Hokianga Harbour

Südlich von Kaitaia schlängeln sich die schmalen, von Mangroven gesäumten Meeresarme des Hokianga Harbour tief ins Landesinnere – vorbei an winzigen, fast vergessenen Gemeinden. Diese idyllische Gegend eignet sich hervorragend zum Ausspannen. Am Südufer bringt das fantastische tiefblaue Wasser die Sanddünen von North Head

schön zur Geltung. Am besten zu sehen sind die Dünen von der felsigen Landspitze des South Head hoch über der tückischen Sandbank Hokianga Bar. Zu erreichen sind sie mit dem Boot. Dort angekommen empfiehlt sich eine Sandboarding-Tour. Die hohen Wälder unmittelbar südlich eignen sich hervorragend zum Wandern, und die riesigen Kauri-Bäume des Waipoua Forest liegen ebenfalls in erreichbarer Nähe.

Der Überlieferung zufolge verließ hier der großartige polynesische Entdecker **Kupe** im 10. Jh. Aotearoa, um in seine Heimat Hawaiki zurückzukehren. Der Hafen wurde daher unter dem Namen Hokianganui-a-Kupe – „Ort der großartigen Rückkehr von Kupe" – bekannt. Cook erspähte Hokianga Heads schon 1770 von Bord der *Endeavour*, bemerkte aber nicht, was dahinter lag.

Der Hafen wurde demnach erst 1819 „entdeckt", als ein Missionar den Hügel von der Bay of Islands aus überquerte. Bald darauf folgten Katholiken, Anglikaner und Methodisten, bekehrten die einheimischen Ngapuhi, gewannen ihr Vertrauen, schlossen Mischehen und errichteten integrierte Gemeinden von Maori und Europäern, die bis heute existieren. Es dauerte nicht lange, bis die Hokianga-Gegend der Bay of Islands ernsthafte Konkurrenz machte – und auch einige Triumphe verzeichnete: Der europäische Bootsbau nahm hier 1826 seinen Anfang, die erste Signalstation eröffnete zwei Jahre später, und im selben Jahr wurde hier die erste katholische Messe abgehalten.

Nach dem Ende des Fällens und Verarbeitens von Kauri-Bäumen (s. S. 263) entwickelte sich Hokianga zum ökonomischen Provinznest. Während der letzten paar Jahrzehnte jedoch haben Städter, Künstler und Kunsthandwerker hier billige Grundstücke erworben. Sie haben sich in **Kohukohu** an der Nordküste, in **Rawene**, eine kurze Fährfahrt entfernt im Süden, sowie in den beiden größeren – aber immer noch kleinen – Ferienorten **Opononi** und **Omapere** unweit des Hafeneingangs gegenüber den Dünen niedergelassen.

In der Region Hokianga und Waipoua ist das Fortkommen ohne eigenes **Transportmittel** ziemlich schwierig, aber immerhin dreht der Magic Bus (s. S. 83) im Sommer mehrmals die Woche eine Runde von Paihia via Rawene, Omapere und Tane Mahuta nach Auckland (und zurück). Wichtig zu wissen: Zwischen Kaitaia und Dargaville 170 km weiter südlich gibt es **keine Banken**. Und die Geldautomaten in Rawene und Omapere nehmen nur einige wenige Karten an, deshalb Bargeld mitbringen.

Kohukohu und der nördliche Hokianga Harbour

Südlich von Kaitaia schlängelt sich der hügelige SH1 40 km lang durch die bewaldeten Mangamuka Ranges und erreicht schließlich **Mangamuka Bridge**, von wo eine ebenso beschwerliche Straße in das Dorf **Kohukohu** am nördlichsten Arm des Hokianga Harbour führt. Kohukohu war einst das Zentrum von Hokiangas Kauri-Industrie. Die anschließenden Jahre des Niedergangs konnten nur teilweise durch den Zustrom von Aussteigern aufgehalten werden. Der Ort besteht zu einem großen Teil aus jahrhundertealten Holzhäusern.

Es lohnt sich, einen Blick in die gemeindeeigene Galerie **Village Arts** gegenüber dem Waterline Café, ✆ 09/405 5827, 🖥 www.villagearts.co.nz, zu werfen. Sie setzt sich erfolgreich für die Verbreitung der Arbeiten von Hokiangas Künstlern ein. Die ausgestellten Skulpturen, Gemälde, Fotos und Textilien sind viel hochwertiger, als man es hier in der tiefsten Provinz erwarten würde. ☉ Sommer tgl. 10–15, Winter Mi–So 10–15 Uhr, Eintritt frei.

4 km östlich von Kohukohu trifft man bei Narrows Landing auf die nördliche Endstation der **Hokianga Vehicle Ferry**, s. Kasten.

Übernachtung und Essen

Das Schöne an einem Aufenthalt an der Nordseite der Bucht ist, dass man dort eigentlich nichts weiter unternehmen kann als die Seele baumeln zu lassen.
The Tree House, ✆ 09/405 5855, 🖥 www.treehouse.co.nz. Diese Herberge, 2 km westlich der Fähranlegestelle, ist das denkbar reizvollste Fleckchen zum süßen Nichtstun. Die Unterkünfte verteilen sich zwischen Bäumen und bestehen aus 2 geräumigen Dorms ($21), Doppel- und Zweibett-Cabins mit Terrasse und

Hokianga Vehicle Ferry

Die einzige Möglichkeit, den Hokianga zu überqueren, ist, abgesehen von einer ziemlich langen Fahrt um die Bucht herum, eine Fahrt mit der Hokianga Vehicle Ferry (Fahrzeug und Fahrer $16 einfach, $20 hin und zurück; Wohnmobil und Fahrer $30; Autopassagiere und Fußgänger $2 pro Strecke). Die Fähre verkehrt regelmäßig zwischen **Narrows Landing**, 4 km östlich von Kohukohu am Nordufer, und **Rawene** im Süden. Die Fahrt dauert 15 Minuten. Abfahrt (gegen 7.30 Uhr) nach Norden jeweils zur halben Stunde (bis 19.30 Uhr), nach Süden jeweils zur vollen Stunde (bis 20 Uhr).

Northland

einem gut ausgestatteten Bus in einer Nussbaumplantage. Außerdem ein Selbstversorger-Cottage in Kohukohu mit 5 Betten. Wer eigenes Bettzeug mitbringt, erhält $4 Preisnachlass fürs Dormbett oder DZ. Camping $18, Dorms $30, DZ ❷, Cottage ❹
The Waterline, Kohukohu Rd, ist das beste Lokal am Ort. Das Café mit Schanklizenz und herrlichem Hafenblick von der Terrasse ist auf Stelzen erbaut. Fast alle leckeren Frühstücks- und Mittagsgerichte und Snacks sind hausgemacht, darunter Pizza und Burger. Dazu köstlicher Kaffee. Oft Livemusik, am Wochenende z. B. Blues-Sessions. Die Küche schließt So–Do um 17, Fr und Sa um 20 Uhr. Außerdem gibt es einen traditionellen **Pub** mit Kneipenessen und einen **Gemischtwarenladen**, der auch ein paar Lebensmittel verkauft.

Rawene

Das reizvolle Rawene nimmt die Spitze von Herd's Point ein, der Halbinsel auf halbem Wege die Bucht hinauf. Trotz nahezu vollständiger Isolation durch das Watt bei Ebbe wurde Rawene dank seiner strategischen Lage zum Standort einer Sägemühle auserwählt, die das Material für die hübschen Holzgebäude der Stadt lieferte. Einige der Häuser thronen auf Pfählen über dem Wasser.

Die einzige bedeutende Sehenswürdigkeit des Ortes, das **Clendon House**, Clendon Esplanade, war der letzte Wohnsitz des US-Konsuls James Clendon, einer Schlüsselfigur zur Anfangszeit der Kolonie. Das Haus wurde fast ganz aus Kauri-Holz erbaut. Ein Raum im Erdgeschoss, neben der Veranda, diente als Postamt und wurde auch so belassen. ⏰ Nov–April Sa–Mo 10–16, Mai–Okt Mo und Di 10–16 Uhr, Eintritt $5.

Die Clendon Esplanade führt zum **Mangrove Walkway**. Ein Spaziergang auf diesem hübschen Plankenweg durch die Uferlandschaft dauert hin und zurück eine Viertelstunde. Unterwegs informieren Tafeln über das Leben in den Gezeitenpools und die Sägemühle, die hier früher in Betrieb war.

Übernachtung und Essen

The Postmaster's Lodgings, 1 Parnell St, 📞 09/405 7676, 🖥 www.thepostmasters lodgings.co.nz. B&B in einem reizenden, 100 Jahre alten Haus mit Hafenblick. Die Gäste können sich entweder fürs Abendessen anmelden oder auf der sonnigen Veranda selber was auf dem Grill brutzeln. ❹

Rawene Motor Camp, 1 Marmon St, 📞 09/405 7720, 🖥 www.rawenemotorcamp. co.nz. Der einfache Platz auf einem Hügel mit Hafenblick, 1,5 km von der Fähranlegestelle entfernt, umfasst einen Pool, Zeltplätze und Cabins auf Lichtungen im Busch. Camping $12, Dorms $18, Cabins mit Küche ❶

Boatshed Café, Clendon Esplanade. Das nur tagsüber geöffnete Café mit Schanklizenz steht auf Pfählen über dem Wasser. Hier gibt's Zeitschriften zum Lesen auf der Sonnenterrasse und zum Essen Feinschmecker-Pizza, hausgemachte Muffins und Suppen. Auch guter Espresso.

Transport

Von Rawene verkehrt stdl. eine Fähre nach KOHUKOHU (20 Min.).

Wairere Boulders

Rund 40 km nordöstlich von Rawene zweigt eine Landstraße nach **Wairere Boulders**, 📞 09/401 9935, 🖥 www.wairereboulders.co.nz, ab. In dem von Privatleuten verwalteten Park stehen gewaltige, 2,8 Mio. Jahre alte, von Wind und Wetter geschliffene Basaltfelsen, die an Wellblech erinnern. Der im Alleingang begehbare Haupt-Rundwanderweg (40 Min.) ist ein schmaler Pfad, der sich zwischen Felsbrocken hindurch schlängelt und über einen Fluss führt. Mit den am Wegrand aufgestellten Hinweistafeln hat er etwas von einem Naturlehrpfad.

Es gibt noch ein paar andere Rundwanderwege sowie einen Pfad durch das mit Regenwald bestandene Tal hoch zu einem schönen Aussichtspunkt.

Wairere liegt ziemlich weitab vom Schuss; am besten bringt man Proviant mit und macht sich hier einen schönen Nachmittag. 14 km nördlich von **Taheke** am SH12 steht ein Wegweiser zu den Boulders; die letzten 8 km sind ungeteert. ⏰ tgl. von der Morgen- bis zur Abenddämmerung; $10 in der *honesty box* deponieren.

Opononi und Omapere

Die zwei kleinen Dörfer Opononi und Omapere ca. 20 km westlich von Rawene reihen sich über 4 km nahtlos am Südufer des Hokianga Harbour aneinander und bieten eine prächtige Aussicht auf die mächtigen Sanddünen an der Nordseite. Ältere Neuseeländer erinnern sich noch gut an **Opononi** und den Sommer 1955/56, als ein wilder Großer Tümmler, den die Anwohner Opo tauften, mit den Kindern im flachen Wasser zu spielen begann und Tricks mit Strandbällen vorführte. Weihnachtsurlauber verstopften die schmalen unbefestigten Straßen, Filmteams wurden losgeschickt und Tierschutzgesetze ausgearbeitet. Musiker aus Auckland bastelten sogar einen Song mit dem Titel *Opo The Crazy Dolphin*. Das Lied wurde binnen eines Tages geschrieben und aufgenommen. Als es den Radiosender erreichte, traf gleichzeitig die Nachricht ein, dass Opo unter ungeklärten Umständen erschossen worden war. Bis zum heutigen Tag hat sich niemand für Opos Tod verantwortlich erklärt, doch ungeachtet der landesweiten Trauer wurde der Song damals ein Hit.

Im i-SITE läuft ein kurzes Video im typischen Dokumentarstil der 1950er-Jahre. Es vermittelt einen guten Eindruck vom damaligen Riesenrummel um Opo.

Aktivitäten und Sehenswertes

Wer mit eigenem Fahrzeug unterwegs ist, kann auf der Fahrt nach Süden mühelos einen Abstecher zum Riesen-Kauri im Waipoua Forest (s. S. 264) einlegen. Trotzdem ist es empfehlenswerter, bei Footprints Waipoua, ✆ 09/405 8207, 🖳 www.footprintswaipoua.co.nz, einen der unvergesslichen **geführten Spaziergänge** zu den Kauri-Bäumen zu buchen. Der beste heißt *Twilight Encounter* ($85) und führt bei Dämmerung durch den Wald zu den beiden höchsten Bäumen. Unterwegs sieht man vielleicht Riesen-Kaurischnecken und Ruru (neuseeländische Eulen). Der tiefere Sinn der Wanderung liegt aber darin, im Schutz der Dunkelheit in den Wald hinein zu lauschen und ihn zu spüren. Das Ganze hat eine starke spirituelle Maori-Komponente, mit Geschichtenerzählen, Gesang und Musik. Die Teilnehmer werden von Unterkünften in Opononi und Omapere abgeholt.

Für den Transport über den Hafen zu den **Sanddünen** ist das Wassertaxi von Hokianga Express, ✆ 09/405 8872 oder 021/405 872, zuständig. Es legt tgl. von 10 Uhr an am Kai in Opononi ab ($25). Die Passagiere werden samt Sandboards bei den Dünen abgeladen und zwei Stunden später wieder eingesammelt. Einen Blick aus der Ferne auf die Dünen erlaubt das **Arai te Uru Reserve**. Dieser sensationelle Aussichtspunkt liegt an der Signal Station Road, 1 km südlich von Omapere.

In Omapere kann man einen unterhaltsamen und gleichzeitig kreativen Tag mit Knochenschnitzen im **Hokianga Bone Carving Studio** verbringen, 15 Ahika St, ✆ 021/298 8968, ✉ hokiangabonecarvingstudio@gmail.com, und zwar unter fachmännischer Anleitung des Maori James, eines erfahrenen Schnitzers. Interessierte müssen sich anmelden, sollten schon eine Vorstellung davon haben, was sie schnitzen möchten, und sich darauf einstellen, den ganzen Tag bis zur Vollendung des Kunstwerks dranzubleiben. Keine Sorge: Im Preis von $50 ist reichlich Verpflegung enthalten.

Rund 8 km südöstlich von Opononi befindet sich **Labyrinth Woodworks**, 647 Waiotemarama Gorge Rd, ✆ 09/405 4581, 🖳 www.nzanity.co.nz, einer der besten Kunsthandwerksläden der Region. Er verkauft u. a. Kauriholzschnitzereien

und hervorragende Holzdrucke. Kunden können sich die Zeit auch mit komplizierten Puzzles oder einem Irrgang durch ein hohes Heckenlabyrinth vertreiben. ⏱ tgl. 9–1 Uhr, wenn sich niemand blicken lässt, mal kurz auf die Autohupe drücken.

Bei Labyrinth Woodworks beginnt der **Waiotemarama Bush Walk**, die beste und beliebteste Kurzwanderung der Gegend. Der 2 km lange Rundweg führt durch ein hübsches Tal voller Farne, Nikaupalmen und Kauri-Bäume. Nach einem zehnminütigen Spaziergang gelangt man zu einem Wasserfall mit einem kleinen Badeteich, und nach weiteren zehn Minuten ist der erste Kauri-Baum erreicht.

Übernachtung

Außer in der Zeit zwischen Weihnachten und Ende Januar dürfte es bei der Quartiersuche keine Schwierigkeiten geben.

Copthorne Hotel & Resort, SH12, Omapere, ✆ 0800/267 846, 🖳 www.millenniumhotels.com. Das beste unter den Hotels, gegenüber den Dünen; solarbeheizter Pool, nette Bar und Restaurant mit Schanklizenz; verschiedene Unterkünfte, darunter attraktive Zimmer mit Blick aufs Wasser. ❻

Hokianga Haven, 226 SH12, Omapere, ✆ 09/405 8285, 🖳 www.hokiangahaven.co.nz. Heather vermietet ihre beiden wunderschön eingerichteten B&B-Zimmer mit traumhafter Sicht auf die Dünen und den nur ein paar Schritte entfernten Strand nur zusammen. Mindestaufenthalt 2 Nächte. ❻

Nicht nur für Globetrekker

Globetrekkers Lodge, SH12, Omapere, ✆ 09/405 8183, 🖳 www.globetrekkers.co.nz. Sehr einladendes Hostel, teilweise mit Hafenblick; geräumige, gut belüftete 5- und 6-Bett-Dorms ($20) und DZ, außerdem 2 nette Cabins und Camping ($10). Auf TV wurde absichtlich verzichtet, stattdessen trifft man sich abends beim Barbecue. Camping $15, Dorms $26, Zimmer ❷

McKenzie's Accommodation, 4 Pioneers Walk, Omapere, ℘ 09/405 8068, ⌨ www.mckenzies accommodation.co.nz. Unterbringung am Strand, entweder in einem großen Zimmer mit Du/WC und separatem Eingang, das als DZ oder Zweibettzimmer vermietet wird, oder in einem Selbstversorger-Cottage mit 2 Schlafzimmern. B&B ❹, Cottage ❺

Opononi Beach Holiday Park, am SH12, ℘ 09/405 8791, ⌨ www.opononiholidaypark. co.nz. Großer, einfacher Campingplatz am Hafen. Camping $12,50, Cabins ❶, Selbstverpfleger-Cabins ❷

Essen

Speiselokale sind rar und Lebensmittel teuer (und dazu ist die Auswahl bescheiden).

Copthorne Hotel & Resort, SH12, Omapere. Hat das beste Essen im Ort, sowohl im eleganten Restaurant (Hauptgerichte um $30) als auch in der Bar namens Sands (Hauptgerichte um $22). Von beiden bieten sich herrliche Ausblicke über Wiesen und die Bucht bis zu den Sanddünen. Besonders zu empfehlen sind Gerichte mit Maori-Einschlag, z. B. Bread-and-Butter-Pudding mit titoki-Schnaps ($13).

Opononi Hotel, SH12, Opononi. Der gut besuchte Pub hat die preiswerteste Küche der Gegend, das gilt für Kneipenkost ebenso wie für Speisen à la carte. Im Sommer treten manchmal Kiwi-Bands auf.

Opo Takeaways, SH12, Opononi. Gute Burger und Fish 'n' Chips, schließt aber tgl. schon um 19 Uhr (im Sommer später).

Schooner Café and Restaurant, Pakia Hill, SH12, 1 km südlich von Omapere. Macht guten Kaffee, Snacks und am Wochenende Abendessen, darunter sonntags einen Braten für $15. Vom Café und der sonnigen Terrasse hat man einen super Blick auf den Hafen.

Informationen

i-SITE Visitor Centre, ℘ 09/405 8869, ⌨ www.hokianga.co.nz, in Omapere. Informationen über die nähere Umgebung und den Waipoua Kauri Forest (S. 264) sowie Buchung von Unterkünften. ⏱ tgl. Okt–April 8.30–17, Mai–Sep 9–17 Uhr.

Die Kauri-Wälder und der nördliche Kaipara Harbour

Northland, Auckland und die Coromandel Peninsula waren einst von Mischwald bedeckt, der von den mächtigen Kauri-Bäumen (s. Kasten), der zweitgrößten Baumart der Welt, dominiert wurde. Anfang des 20. Jhs. hatten habgierige Europäer schon fast den gesamten Bestand gefällt, und die einzigen zusammenhängenden Überreste waren in den Kauri-Wäldern von Waipoua und Trounson südlich des Hokianga Harbour zu finden. Kleinere Kauri-Bestände gibt es in ganz Northland, aber drei Viertel aller noch existierenden alten Bäume wachsen in diesen zwei kleinen Wäldern, die zusammen knapp 100 km^2 umfassen. Wanderwege führen zu den berühmten Exemplaren, neben denen Tataire-, Kohokohe- und Towai-Bäume wachsen.

In dieser Gegend ist das Te Roroa-Volk beheimatet, das traditionell sehr sparsam mit den Kauri-Bäumen umging. Das Fällen und Bearbeiten der Riesenbäume gestaltete sich aufgrund der einfachen Werkzeuge schwierig – diese Aufgabe behielt man sich für große Projekte, z. B. den Bau von Kriegskanus, vor. Die Europäer brachten Metallwerkzeuge, Ochsengespanne, Räder und Winden mit, die die Abholzung erleichterten, und Ende des 19. Jhs. waren die meisten Bäume bereits verschwunden. Die Bemühungen verschiedener Umweltorganisationen trugen schließlich 1952 Früchte, als ein Großteil des verbliebenen Waldes zum Waipoua Sanctuary erklärt wurde. Heute ist das Fällen von Kauri-Bäumen gesetzlich verboten – außer in Ausnahmefällen, z. B. bei kranken oder abgestorbenen Bäumen oder zum Bau eines Zeremonialkanus.

Weiter südlich befindet sich das sumpfige, mangrovenbewachsene Ufer des Kaipara Harbour, Neuseelands größte Hafenbucht. Der Kaipara Harbour vereinte früher diesen Teil von Northland, indem Segelboote über das Wasser pendelten und die Milchbetriebe und Holzfällersiedlungen am Ufer miteinander verbanden.

Kauri-Holz wurde von der größten nördlichen Stadt Dargaville exportiert. Allerdings scheiterten die instabilen Boote oftmals an der

Der Kauri-Baum *(Agathis australis)* zählt neben den Sequoias (Mammutbäumen) zu den größten Bäumen der Welt. Im Gegensatz zu den Sequoias, die sich nicht als Möbelholz eignen, liefern die Kauri-Bäume wunderschönes Holz – eine Tatsache, die ihr Verschwinden beschleunigte und jene Industrien entstehen ließ, die Neuseelands Wirtschaft in der zweiten Hälfte des 19. Jhs. beherrschten.

Kauri ist eine Fichtenart, die heute nur noch in Neuseeland wächst, obwohl sie früher auch in Australien und Südostasien vorkam. Dort finden sich noch immer enge Artgenossen. Überreste von Kauri-Wäldern sind in ganz Neuseeland zu entdecken. Als der Mensch auf der Bildfläche erschien, hatte sich der Bestand allerdings auf Northland, Auckland, die Coromandel Peninsula und Nord-Waikato reduziert. Einzelne Bäume werden über 2000 Jahre alt, 50 m hoch und 20 m dick. Am Ende, wenn ihr verwesender Kern zu schwach geworden ist, um das enorme Gewicht zu tragen, stürzen sie um.

Kauri-Holzfäller

Maori haben seit langer Zeit ausgewachsene Kauri-Bäume für Einbaumkanus verwendet. Dagegen interessierten sich die **europäischen Holzfäller** anfänglich für die jungen Bäume („rickers"), die ideale Masten für Segelschiffe darstellten. Aber auch die dickeren Bäume erfreuten sich aufgrund ihrer Widerstandsfähigkeit, einfachen Bearbeitung und ihres makellosen Holzes mit feiner, gerader Maserung größter Beliebtheit.

Um die riesigen Baumstämme aus dem Busch zu schaffen, war der ganze Einfallsreichtum der Holzfäller gefragt. Auf halbwegs ebenem Terrain band man Ochsenwagen zusammen, die die Stämme über primitive Straßen oder Schienen zogen. In steilerem Gelände wurden pferdebetriebene Winden eingesetzt. In den schmalen Tälern von Northland und der Coromandel Peninsula bauten Holzfäller bis zu 20 m hohe und 60 m breite Dämme aus Kauri-Stämmen. Bäume am Rande der Täler wurden gefällt, während sich das Wasser anstaute. Beim Öffnen der Dämme wurden die Bäume dann talabwärts in die Buchten gespült und von dort mit Flößen zu den Sägewerken transportiert.

Gumdiggers

Sobald ein Gebiet abgeholzt war, fanden sich in der Regel die *gumdiggers* ein. Wie die meisten Fichtenarten sondert der Kauri-Baum dickes **Harz** ab, um Narben abzudecken. Es sammelt sich an den Seiten der Stämme und um den Fuß des Baums. In voreuropäischen Zeiten kauten Maori das Harz, stellten Fackeln daraus her, um die Fische bei Nacht anzulocken, und verbrannten das pulverisierte Harz, um ein Pigment für *moko* (traditionelle Tätowierungen) zu gewinnen.

Kaum stiegen die Pakeha ins Geschäft ein, exportierte man das Harz auch schon als Rohmaterial für Möbelpolitur, Linoleum, Zahnprothesen und edle Bucheinbände. Als auf dem Erdboden kein Harz mehr zu finden war, begannen die Harzgräber – überwiegend Dalmatier, aber auch Maori, Chinesen und Malaysier –, lange Speere in die Erde zu stoßen und mit Spaten Stücke hervorzuholen. An anderer Stelle wurde die Erde ausgegraben und gewaschen, um das Harz zu gewinnen.

Fast das gesamte neuseeländische Harz wurde exportiert, allerdings hatte Anfang des 20. Jhs. bereits das Kunstharz den Markt erobert. Heute dient Kauri-Harz noch immer als eine der besten Grundlagen für Musikinstrumentenlacke, einen Bedarf, den gelegentliche Zufallsfunde decken.

Zukunftsaussichten

Seit einigen Jahren bedroht eine neue Krankheit namens PTA oder *kauri dieback*, 🖳 www.kauridieback.co.nz, die Kauris. Die befallenen Bäume bekommen gelbe Blätter und tote Äste und sondern in Erdbodennähe Harztropfen ab, bis schließlich der ganze Baum stirbt. Die Krankheit wird über Humus und Wasser übertragen. Deshalb sollten Spaziergänger immer auf den Wald- und Plankenwegen bleiben und nach dem Besuch in einem Kauri-Wald die Schuhe gründlich säubern.

Northland

unvorhersehbaren Sandbank Kaipara Bar und viele wurden schließlich am **Ripiro Beach** an Land gespült. Letzterer ist mit 108 km der längste Strand von ganz Neuseeland.

Die Kauri-Wälder von Waipoua und Trounson

Südlich des Hokianga Harbour geht es auf dem SH12 durch Farmland ins 11 km entfernte **Waimamaku**. Dort steht das nur tagsüber geöffnete Morrell's Café, das beste Café der Gegend. Hier bekommen Gäste den ganzen Tag lang Frühstücksmenüs für unter $15, kleine Gerichte wie Burger, Wraps und Salate (alles unter $12) und hervorragenden Kaffee. Außerdem kann man zwischen handgemachtem Schmuck, Seidenschals und modernem regionalem Kunsthandwerk stöbern.

Anschließend kurvt der Highway fast 20 km durch die alten Kauris des **Waipoua Kauri Forest**. Rund 8 km südlich von Waimamaku erreicht man einen kleinen Parkplatz; von dort sind es zu Fuß nur drei Minuten zum mächtigsten Baum von Neuseeland, dem 2000 Jahre alten **Tane Mahuta** („Gott des Waldes"). Er ragt als 6 m breite Wand 18 m in die Höhe, bis die niedrigsten Äste erreicht sind, in denen es von Epiphyten wimmelt.

Etwa 1 km südlich am SH12 gelangt man nach zehn Minuten zu einer Lichtung. Drei verschiedene Wege führen von hier aus zu bemerkenswerten Bäumen. Der kürzeste (hin und zurück 5 Min.) führt zu vergleichsweise schlanken Kauri-Bäumen – den **Four Sisters**. Ein zweiter Weg (hin und zurück 30 Min.) windet sich zwischen zahlreichen großen Bäumen hindurch zum **Te Matua Ngahere** („Vater des Waldes"), dem zweitgrößten Baum von Neuseeland nach dem Tane Mahuta. Er ist aber dicker und eigentlich noch majestätischer. Der dritte Weg, der **Yakas Track** (hin und zurück 3 km; 1 Std.), führt zu der dichten Ansammlung von Bäumen in Cathedral Grove. Der größte unter ihnen ist der **Yakas Kauri**, benannt nach dem altgedienten Buschmann Nicholas Yakas.

Rund 9 km südlich von Tane Mahuta steht das **Te Rorua Waipoua Visitor Centre**, wo es Ausstellungen und Infobroschüren zum Wald und seiner Geschichte gibt. ⏱ Mo–Fr 8.30–16.30, Sa und So 9–16 Uhr.

Nochmals 9 km weiter südlich liegt die **Waipoua Lodge**, SH12, ☎ 09/439 0422, 🖥 www.waipoualodge.co.nz, mit luxuriöser Unterbringung in umgestalteten Farmgebäuden auf dem ruhigen Grundstück einer eleganten Kauri-Villa. Nicht billig (ab $570), aber rundum erholsam. Die Gäste können sich in der Wintergarten-Bibliothek aufhalten, ein Bad im versteckten Whirlpool auf dem Hotelgelände nehmen und für $90 p. P. ein ausgezeichnetes Abendessen einnehmen, das überwiegend aus Erzeugnissen der Region zubereitet wird.

Eine billigere Unterbringung steht 14 km weiter im Süden bereit. Es handelt sich um das bezaubernd rustikale Kaihu Farm Hostel, SH12, ☎ 09/439 4004, 🖥 www.kaihufarm.co.nz. Dort kann man Glühwürmchen im Busch leuchten sehen und eine 7 km lange Wanderung zu den Trounson-Kauris unternehmen. Zeltstellplätze $18, Dorm $28, Zimmer ❷.

Unmittelbar südlich der Waipoua Lodge führt eine Seitenstraße nach 7 km zu einer kleinen, aber schönen Kauri-Ansammlung, dem **Trounson Kauri Park**, wo sich der **Trounson Kauri Walk** (Rundgang 40 Min.) durch den Regenwald windet. Seit 1997 werden hier Raubtiere, die die einheimische Vogelwelt bedrohen (Possums, Hermeline, Wiesel, Wildkatzen, Hunde und Igel), gejagt und vergiftet, um so eine „Insel" zu schaffen, wo der Streifenkiwi der Nordinsel ungestört gedeihen kann. Die Zahl der Kiwis ist bereits erheblich gestiegen. Wer hier übernachtet, kann Kiwis, Langfühlerschrecken und Glühwürmchen sehen.

Direkt beim Kauri-Wald gibt es einen einfachen, aber beliebten DOC-Campingplatz ($10) mit Küche, WC und heißen Duschen. 4 km weiter südöstlich wartet der Kauri Coast Top 10 Holiday Park, ☎ 0800/807 200, 🖥 www.kauricoasttop10.co.nz, auf müde Reisende. Camping $18, Standard-Cabins ❷, Cabins für Selbstversorger ❸ und Motel Units ❸. Wer möchte, kann nach Einbruch der Dunkelheit auf eigene Faust in den Wald marschieren und sich umschauen. Aber lernen (und wahrscheinlich auch sehen) kann man viel mehr bei einer zweistündigen geführten **Nachtwanderung**, die der Holiday Park jeden

Abend, sofern das Wetter mitspielt, anbietet (Teilnahme $20, Nicht-Gäste $25).

Dargaville und Umgebung

Das verschlafene Dargaville 50 km südlich von Trounson, das von der Milchwirtschaft und dem Kumara-Anbau lebt, wurde 1872 von dem Australier Joseph McMullen Dargaville als Hafen am stark den Gezeiten unterworfenen, aber schiffbaren Northern Wairoa River gegründet. Schiffe kamen in den Hafen, um Kauri-Holz und Harz zu verladen (s. S. 263, Kasten), das von dalmatinischen Siedlern gewonnen wurde. Letztere machten im frühen 20. Jh. einen beträchtlichen Teil der Gemeinde aus.

Die einzige wirkliche Sehenswürdigkeit ist das **Dargaville Museum** auf dem Hügel des Harding Park 2 km westlich der Stadt. Als Erkennungszeichen dienen zwei gerettete Masten von der *Rainbow Warrior* (s. S. 247, Kasten). Das Museum beherbergt umfassende Ausstellungen von Artefakten, die aus den Wanderdünen geborgen wurden. Letztere geben manchmal alte Wracks frei. Das einzige präeuropäische Artefakt ist das *waka* Ngati Whatua, das von 1809 bis 1972 unter dem Sand des North Head des Kaipara Harbour begraben lag und als eines von wenigen Kanus gänzlich mit Hilfe von Steinwerkzeugen hergestellt wurde. Glanzstück der schönen Sammlung von Kauri-Harz ist ein 84 kg schweres Stück – angeblich das größte, das jemals gefunden wurde. ① tgl. Okt–März 9–17; April–Sep 9–16 Uhr, Eintritt $10.

Am westlichen Ende der Stadt zeigt der Drechslermeister Rick Taylor in der **Woodturners Kauri Gallery & Working Studio**, 4 Murdoch St/ SH12, ✆ 09/439 4975, 💻 www.thewoodturners studio.co.nz, was man mit den außerordentlich vielfältigen Maserungen und Farben von Kauri-Holz alles machen kann. Es werden alle möglichen Kauri-Produkte verkauft, und wer einen längeren Aufenthalt plant, kann auch an einem Kurs teilnehmen. ① tgl. 9 Uhr bis Einbruch der Dunkelheit. Woodturners ist auch die ergiebigste Quelle für Informationen zur Region.

Taylor Made Tours, ✆ 09/439 1576, 💻 taylormadetours.co.nz, veranstaltet Strand-touren ($85) in einem eigens angefertigten Laster mit sechs Rädern und Platz für zehn Passagiere. Die Fahrt geht an einem wilden, exponierten Küstenabschnitt des Ripiro Beach entlang an Schiffwracks vorbei zum stillgelegten Leuchtturm von Kaipara.

Baylys Beach und Ripiro Beach

Westlich von Dargaville erreicht eine Nebenstraße nach 14 km **Baylys Beach** – eine Ansammlung von größtenteils Ferienhäusern am mittleren Abschnitt des über 100 km langen Ripiro Beach. Der Strand ist für seine Beweglichkeit bekannt: Durch eine einzige Tide werden oft mehrere Meter Strand verschoben, und im Laufe der Jahrhunderte wurden dem Meer auf diese Weise riesige Gebiete abgewonnen. Die Anker und Buge lange verschollener Wracks tauchen in regelmäßigen Abständen im Sand auf. Wie anderswo an der Westküste erweist sich auch hier das Schwimmen aufgrund ausgeprägter Gezeiten und fehlender Küstenwache als gefährlich. Dafür lädt der Strand zu langen Spaziergängen ein. Wenn der Ostwind bläst, wird der Küstenabschnitt von Drachen geschmückt, die vom Ufer aus hoch steigen und Angelschnüre hinter sich herziehen. Man lässt sie etwa 20 Minuten schweben, danach werden sie eingezogen, oft mit daran baumelnden Fischen.

Als Nachtquartier bietet sich der **Baylys Beach Holiday Park** an, 22 Seaview Rd, ✆ 09/439 6349, 💻 www.baylysbeach.co.nz. Der tiptop in Schuss gehaltene Platz unweit vom Strand verleiht auch Quadbikes. Camping $15, Caravans und Cabins ➊, Units und Cottage ➍.

Das beste Essen bietet **The Funky Fish**, 34 Seaview Rd, ✆ 09/439 8883. Das moderne Café und Bar mit lockerer Atmosphäre hat leckere Fish 'n' Chips, in Bierteig gebackenen Heringskönig mit Zitrone und Salat, außerdem abwechslungsreiches Abendessen à la carte und eine lockere Gartenbar. Zum Abendessen im Sommer und das ganze Jahr über zum Mittagessen am Sonntag muss reserviert werden. ① im Winter Mo und Di geschlossen.

Übernachtung

Dargaville bietet eine bescheidene Auswahl an Unterkünften.

Greenhouse Hostel, 15 Gordon St, ✆ 09/439 6342, ✉ greenhousebackpackers@ ihug.co.nz. Zimmer und Dorms in einem ehemaligen Schulgebäude aus den 1920er-Jahren im Stadtzentrum. Altmodisch, aber sauber und ordentlich. ☉ Juni–Aug geschlossen. Dorms $23, Zimmer ❶
Dargaville Holiday Park, 10 Onslow St, ✆ 0800/114 441, 🖥 www.kauriparks.co.nz. 10 Min. Fußweg von der Stadt auf einem parkähnlichen Gelände. Camping $14, Cabins und Units ❷
Kauri House Lodge, 60 Bowen St, ✆ 09/439 8082, 🖥 www.kaurihouselodge.co.nz. Die luxuriösesten Zimmer der Stadt in einer sympathisch unaufdringlichen, aber riesigen Kauri-Villa. Große Zimmer mit Bad, Billardraum, Bibliothek und Pool. ❼

Essen

Blah Blah Blah, 101 Victoria St. Das Café mit Schanklizenz ist auf Gerichte spezialisiert, die aus den berühmten Kumara von Dargaville hergestellt werden.
Shiraz, 17 Hokianga Rd, ✆ 09/439 0024. Serviert nordindische Speisen sowie Seafood und Pizza. ☉ tgl. außer So.

Transport

Direktbusse nach AUCKLAND 6x wöchentl.; 3 Std.

Matakohe und das Kauri Museum

Von Dargaville führt der SH12 durch plattes Farmland 17 km nach Süden zum 180 m hohen **Tokatoka Peak**. Vom Gipfel dieses erloschenen Vulkans bietet sich ein wunderschöner Panoramablick. Zu erreichen ist er über einen mühsamen zehnminütigen Weg, der 1 km vom SH12 ab unweit des Tokatoka Pub beginnt.

Das sehenswerteste Museum des Nordens und eines der besten kleinen Museen des Landes ist das **Kauri Museum**, Church Rd, 🖥 www.kauri museum.com, im Weiler **Matakohe**, 30 km weiter südlich. Für eine Besichtigung sollte man mindestens zwei Stunden einplanen. Das Museum befasst sich mit dem Einfluss des Kauri-Baums auf das Leben der Pioniere in Northland, deren Existenz sich auf das hervorragende Holz und das begehrte Harz *(gum)* des Baums gründete.

Im Zentrum der Ausstellung stehen die behelfsmäßigen Siedlungen um die Holzfäller-camps, die Gumfields sowie das Leben der Kaufleute, die zu den Wenigen gehörten, die sich die feinen Kauri-Möbel und das schön bearbeitete Kauri-Harz leisten konnten. Diagramme beweisen, dass sogar der Tane Mahuta im Vergleich zu den Baumriesen der Urzeit ein Zwerg ist. Der Geruch nach frischem Sägemehl weist den Weg zur nachgebauten, dampfbetriebenen Sägemühle. ☉ tgl. 9–17 Uhr, Eintritt $15.

Wer mit öffentlichen Verkehrsmitteln unterwegs ist und das Museum besuchen möchte, muss eine Nacht in einer der nachstehend aufgeführten Unterkünfte verbringen.

Übernachtung und Essen

Matakohe House, Matakohe, ✆ 09/431 7091, 🖥 www.matakohehouse.co.nz. Einladendes B&B direkt neben dem Museum mit liebevoll hausgemachtem Frühstück. ❻
Matakohe Top 10 Holiday Park, ✆ 0800/ 431 6431, 🖥 www.matakohetop10.co.nz. Kleiner Campingplatz an einem Hang mit tollem Hafenblick, 500 m hinter dem Museum. Camping $17, Cabins ❷, Motelzimmer ❹
Petite Provence, 703c Tinopai Rd, 9 km südlich von Matakohe, ✆ 09/431 7552, 🖥 www.petite provence.co.nz. Reizendes B&B in ländlicher Umgebung mit Aussicht auf den Kaipara Harbour. Wenn gewünscht, bereiten die französischen Besitzer auch Abendessen für $45 p. P. zu. ❺
Sahara, ✆ 09/431 6833, 5 km weiter östlich in Paparoa. Das relativ noble Restaurant ist in einem ehemaligen Bankgebäude untergebracht. ☉ normalerweise Mo–Mi geschlossen.

Auckland

Wellington

Westliche Nordinsel

Stefan Loose Traveltipps

Raglan Auf Neuseelands tollsten Wellen reiten oder einfach nur die Atmosphäre des unwiderstehlichen Hafenorts auf sich wirken lassen. S. 275

4 Waitomo Die Höhlenlabyrinthe mit märchenhafter Glühwürmchen-Beleuchtung lassen sich am Seil, per Kriechpartie oder im Schlauchboot entdecken. S. 281

Forgotten World Highway Durch einsame, wildromantische Landschaft geht es zum unabhängigen Dorf Whangamomona, wo Reisende ihren Pass abstempeln lassen können. S. 287

Egmont National Park Schöne Wanderungen führen um oder auf den kegelförmigen Vulkanberg Taranaki, den zweithöchsten Berg der Nordinsel. S. 295

5 Whanganui River Eine dreitägige Kanutour erkundet die grünen Schluchten des längsten schiffbaren Flusses Neuseelands. S. 303

Kapiti Island Tagsüber sind in diesem Schutzgebiet viele seltene einheimische Vogelarten zu beobachten; wer über Nacht bleibt, kann sogar Kiwis erspähen. S. 318

Den besonderen Reiz der westlichen Nordinsel macht nicht zuletzt ihre bewegte Geschichte vor und nach Ankunft der Europäer aus. Im Naturhafen Kawhia an der Westküste landete vor Jahrhunderten das Ahnenkanu *Tainui*. Das Kanu wurde an der Stelle begraben, an der die Ahnen das Land betraten. Der Baum, an dem sie es festmachten, steht immer noch. Kawhia ist außerdem Geburtsort des großen Maori-Häuptlings Te Rauparaha, der sein Volk auf der Flucht vor besser bewaffneten Stämmen aus der Waikato-Region nach Kapiti Island und von dort weiter an die Südinsel führte.

Wer von Norden kommt, erreicht zuerst die landwirtschaftliche Region Waikato mit der Provinzhauptstadt **Hamilton** in ihrem Zentrum. Das nahe **Raglan** lockt mit einem Weltklasse-Surfstrand, einigen tollen Unterkünften und Lokalen in einer wunderbar entspannten Atmosphäre.

Im Süden schließt sich an Waikato das historisch bedeutsame **King Country** an, dessen Name auf die Maori-Königsbewegung (s. S. 280) zurückgeht. Es handelt sich um die letzte bedeutende Maori-Bastion Neuseelands, die sich schließlich der europäischen Kolonisation beugen musste. Zu den außergewöhnlichen Naturwundern der Region gehören die berühmten **Waitomo Caves** mit bizarren Kalksteinformationen und „Glühwürmchengrotten".

Weiter südlich liegt die Halbinsel Taranaki, die auf der Landkarte an einen überdimensionalen Daumenabdruck erinnert und vom symmetrischen Vulkankegel des **Taranaki** (Mt Egmont) im Zentrum des **Egmont National Park** beherrscht wird. Am Fuße des Vulkans lohnt **New Plymouth** einen Besuch wegen seiner ausgezeichneten Galerie für zeitgenössische Kunst und der zahlreichen, leicht zugänglichen Surfstrände.

Das landeinwärts gelegene **Taumarunui** ist eine gute Ausgangsbasis für mehrtägige Kanutouren auf dem Whanganui River durch das Herz des üppig grünen **Whanganui National Park**. Der Fluss durchschneidet das hübsche Künstlerstädtchen **Wanganui**, dessen Vergangenheit als Flusshafen auf einer Ausflugsfahrt mit einem restaurierten Schaufelraddampfer wieder lebendig wird.

Rund 60 km weiter südöstlich liegt im Zentrum der fruchtbaren, von Milchwirtschaft geprägten Region Manawatu die Universitätsstadt **Palmerston North**. Eine Handvoll ländlicher Ortschaften säumt den Highway Richtung Süden zur Kapiti Coast. Hier dient der relaxte Strandort **Paraparaumu** als Ausgangspunkt für Bootsfahrten zum paradiesischen Vogelschutzgebiet **Kapiti Island**.

Transport

Das öffentliche Verkehrsnetz der westlichen Nordinsel ist lückenhaft. Die **Eisenbahnlinie** führt nur durch einen Teil der Region. Von Mitte September bis Anfang Mai gibt es täglich eine Zugverbindung von Auckland nach Wellington und zurück (von Anfang Mai bis Mitte September nur freitags, samstags und sonntags). Außerdem verkehren häufige Pendlerzüge zwischen Wellington und Paraparaumu.

Die meisten **Fernbusse** betreibt Intercity/Newmans, aber es gibt auch einige konkurrierende Kurzstreckenanbieter, darunter Dalroy Express, ☎ 06/759 0197, 🖳 www.dalroytours.co.nz (Auckland–Hamilton–Otorohanga–Te Kuiti–New Plymouth–Hawera), Go Kiwi, ☎ 0800/446 549, 🖳 www.go-kiwi.co.nz (Hamilton–Auckland), Guthreys Express, ☎ 0800/732 528, 🖳 www.guthreys.co.nz (Auckland–Hamilton–Rotorua) und Waitomo Wanderer, ☎ 0508/926 337, 🖳 www.waitomotours.co.nz (Rotorua–Otorohanga–Waitomo Caves).

Von Auckland nach Hamilton

Nachdem sich die Autobahn südlich von Auckland in einen einfachen Highway verwandelt hat, ist der erste historisch und kulturell bedeutsame Ort **Ngaruawahia**, ein landwirtschaftliches Zentrum am Zusammenfluss von Waikato und Waipa, 100 km südlich von Auckland am SH1. Beide Flüsse waren wichtige Kanurouten der Maori. Hier hatte die Königsbewegung (s. S. 280) ihre Wurzeln. Der Ort ist heute noch Sitz der Maori-Könige und war 1995 Schauplatz der Unterzeichnung des Raupatu Land Settlement, mit dem die neuseeländische Regierung der Tainui-

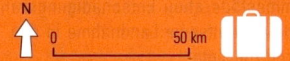

N
0
50 km
Auckland
Huntly
Te Aroha
KAIMAI MAMAKU FOREST PARK
Waingaro Hot Springs
Ngaruawahia
Raglan
Hamilton
Matamata
Tauranga
WAIKATO
Cambridge
PIRONGIA FOREST PARK
Tirau
Te Awamutu
Kawhia
Waikato River
Putaruru
Waitomo
Marokopa
Otorohanga
Tokoroa
Rotorua
TASMAN-SEE
Te Anga
Te Kuiti
Whakamaru
KING COUNTRY
PUREORA FOREST PARK
Taupo
Awakino
Mokau
Mokau River
Lake Taupo
North Taranaki Bight
Tongaporutu
Taumarunui
Tangarakau Gorge
Urenui
New Plymouth
Whangamomona
Waitara
Turangi
FORGOTTEN WORLD HIGHWAY
Inglewood
TARANAKI
WHANGANUI NATIONAL PARK
National Park
Mt Taranaki (2518 m)
EGMONT NATIONAL PARK
Stratford
Raetihi
Ohakune
TONGARIRO NATIONAL PARK
Opunake
Lake Rotorangi
Whanganui River
Hawera
Bushy Pack
South Taranaki Bight
Patea
Whangaehu River
Rangitikei River
RUAHINE FOREST PARK
Wanganui
Napier
Bulls
Ohakea
MANAWATU
Ashhurst
Palmerston North
Woodville
Manawatu River
Manawatu Gorge
Foxton
Waiterere
Levin
TARARUA FOREST PARK
Otaki Beach
Otaki
D'Urville Island
Kapiti Island
Otaki Forks
Paraparaumu
Waikanae
Paekakariki
Masterson
Porirua
Wellington
22
1
27
26
23
29
31
3
5
30
32
4
41
47
43
45
49
54
2

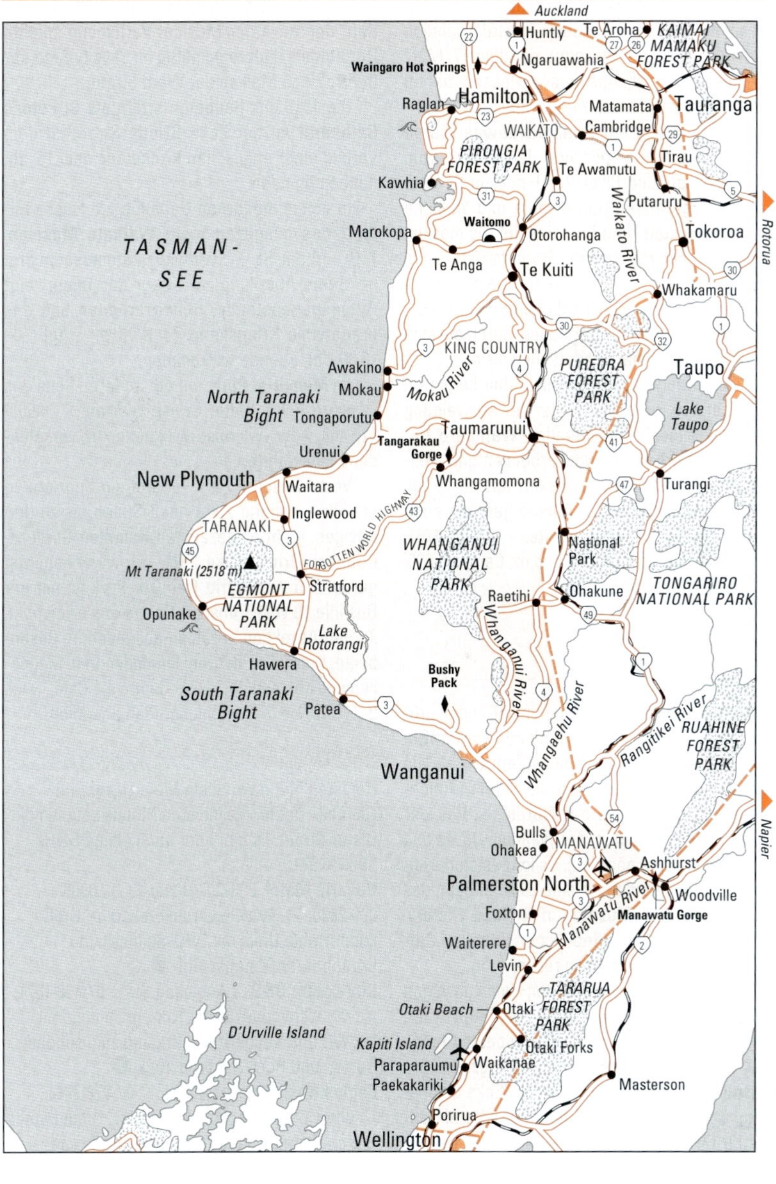

Stammesföderation Entschädigungszahlungen für die gewaltsame Landnahme in den 1860er-Jahren zubilligte.

Die Maori-Tradition ist besonders eindrucksvoll am **Regatta Day** zu erleben. Er wird alljährlich an dem Samstag veranstaltet, der dem 17. März am nächsten liegt. Auf beiden Flüssen ziehen dann prächtig verzierte Kriegskanus am Maori-König vorbei, und am **Turangawaewae Marae** (an der unmittelbar nördlich der Brücke vom SH1 abzweigenden River Road, nur am Regatta Day geöffnet) finden Hürdenläufe und ähnliche Wettkämpfe statt. Den Rest des Jahres müssen sich Besucher mit der aus Baumfarnstämmen und robusten, roten Holzpfosten bestehenden Umzäunung und zwei mit schönen Schnitzereien versehenen Eingängen begnügen, durch die sich ein Blick auf das *marae* erhaschen lässt.

23 km westlich von Ngaruawahia liegen an der Waingaro Road, kurz hinter der Abzweigung vom SH22, die Thermalquellen **Waingaro Hot Springs** mit drei Warmwasserbecken und Neuseelands längster Warmwasserrutsche. ☉ tgl. 9–22 Uhr, Eintritt $10. Zur Anlage gehören auch familienfreundliche **Unterkünfte**, ☏ 07/825 4761, 🖳 www.waingarohotsprings.co.nz; Camping $20, Hütten ❷, Motelzimmer ❸.

Hamilton

Hamilton am Ufer des träge dahinfließenden grünen Waikato River ist Neuseelands viertgrößte Stadt, aber eher ein regionales Zentrum als ein Touristenziel. Immerhin liegt die Stadt in Reichweite einiger Topziele der Nordinsel, wie der Surfstrände von Raglan, der Waitomo Caves und Auckland (127 km nördlich). Es lohnt sich durchaus, ein paar Stunden für eine Besichtigung des ausgezeichneten **Museum of Art and History**, einen Abstecher in die friedlichen **Hamilton Gardens** und eine **Flussfahrt** zu reservieren.

Alle Sehenswürdigkeiten von Hamilton liegen an oder in unmittelbarer Nähe der Hauptstraße **Victoria Street**, die sich am baumbestandenen Westufer des Waikato River entlangzieht. Die **Wesley Chambers** von 1924 an der Ecke Collingwood Street beherbergen heute das Hotel Radges Le Grand. Auf einem kleinen Platz gegenüber steht eine Statue des Engländers Richard O'Brien, der das Musical *The Rocky Horror Show* schrieb und seine Jugendjahre in Hamilton verbrachte. Die Statue zeigt ihn in der Rolle des Riff Raff, den er in der Musical-Verfilmung spielte. Der Kultfilm läuft regelmäßig im Skycity-Kino der CentrePlace Mall an der Ward Street.

Die 1915 aus Raubeton errichtete **St Peter's Cathedral** an der Ecke Bridge Street ist dem Vorbild einer englischen Kirche aus dem 15. Jh. nachempfunden.

In einem modernen Gebäude am Fluss residiert das ausgezeichnete **Waikato Museum**, 1 Grantham St, 🖳 www.waikatomuseum.org.nz. Seine Abteilung zur Kultur der Tainui zeigt Alltagsgegenstände, Schnitzarbeiten und das prachtvolle Kriegskanu Te Winika. ☉ tgl. 10–16.30 Uhr, Spende willkommen.

Im **Memorial Park**, auf der anderen Seite des Waikato River, bietet Cruise Waikato, ☏ 0508/426 458, 🖳 www.cruise-waikato.co.nz, verschiedene **Flussfahrten** an.

Vom Memorial Park verläuft ein Spazierweg am Fluss entlang 2 km nach Süden bis zu den riesigen, nicht eingezäunten **Hamilton Gardens**, Cobham Drive, Ecke SH1, 🖳 www.hamiltongardens.co.nz, Eintritt frei. Der Park ist mit der Buslinie 10 vom Transport Centre aus erreichbar. Zu den Attraktionen zählen ausgedehnte Rosenbeete, tropische Pflanzen, Rhododendren, Magnolien und Kakteen. Im Visitor Centre mit Café, ☉ tgl. 9–17 Uhr, ist ein kostenloser Plan erhältlich.

Übernachtung

Hamilton bietet vor allem Motelzimmer für Geschäftsleute; die meisten Motels säumen die Ulster Street. Es gibt aber auch einige B&Bs und Hostels.

Bavaria Motel, 203-207 Ulster St, ☏ 0800/839 2520, 🖳 www.bavariamotel.co.nz. Große, komfortable Units mit DVD-Spielern und brauchbarer Filmauswahl. ❸

City Centre B&B, 3 Anglesea St, ☏ 07/838 1671, 🖳 www.citycentrebb.tk. Nur ein Zimmer mit Du/WC und Küchenzeile, Zugang zum schönen Garten und Pool. Mit Frühstück ❸

Eagles Nest, 937 Victoria St, ☏ 07/838 2704, 🖳 www.eaglesbackpackers.co.nz. Umgebautes Geschäftshaus im Stadtzentrum mit 6- und

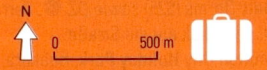

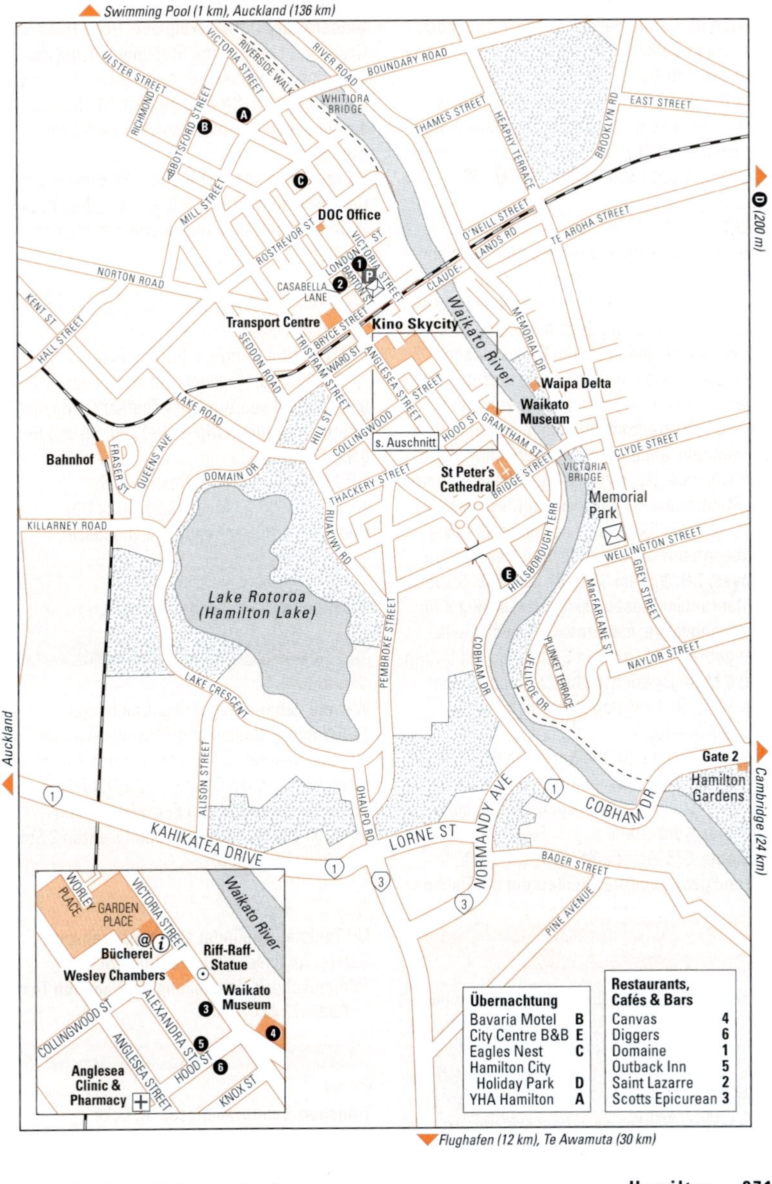

N

0   500 m

Swimming Pool (1 km), Auckland (136 km)

Westliche Nordinsel

Auckland

Cambridge (24 km)

D (200 m)

RIVERSIDE WALK
RIVER ROAD
BOUNDARY ROAD
ULSTER STREET
VICTORIA STREET
RICHMOND
BEDFORD STREET
B
A
WHITIORA BRIDGE
THAMES STREET
HEARN TERRACE
BROOKLYN RD
EAST STREET
MILL STREET
C
O NEILL STREET
TE AROHA STREET
NORTON ROAD
ROSTREVOR ST
DOC Office
VICTORIA STREET
LONDON STREET
CLAUDE STREET
LANDS RD
KENT ST
HALL STREET
CASABELLA LANE
2
1
P
Transport Centre
Kino Skycity
BRYCE STREET
WARD ST
ANGLESEA STREET
MEMORIAL DR
SEDDON ROAD
TRISTRAM STREET
LAKE ROAD
Waipa Delta
Waikato Museum
FRASER ST
QUEENS AVE
HILL ST
COLLINGWOOD
HOOD ST
GRANTHAM STREET
CLYDE STREET
Bahnhof
DOMAIN DR
s. Auschnitt
VICTORIA
BRIDGE STREET
St Peter's Cathedral
VICTORIA BRIDGE
Memorial Park
KILLARNEY ROAD
THACKERAY STREET
RUAKIWI RD
WELLINGTON STREET
GREY STREET
E
HILLSBOROUGH TERR
MACFARLANE ST
Lake Rotoroa (Hamilton Lake)
PEMBROKE STREET
NAYLOR STREET
LAKE CRESCENT
COBHAM DR
PLUNKET TERRACE
ALISON STREET
OHAUPO RD
PICTON DR
Gate 2 Hamilton Gardens
1
KAHIKATEA DRIVE
LORNE ST
NORMANDY AVE
BADER STREET
COBHAM DR
1
3
3
PINE AVENUE

Flughafen (12 km), Te Awamuta (30 km)

WORLEY PLACE
GARDEN PLACE
VICTORIA STREET
Waikato River
@ i
Bücherei
Riff-Raff-Statue
Wesley Chambers
COLLINGWOOD ST
ALEXANDRA ST
Waikato Museum
3
ANGLESEA ST
HOOD ST
5
4
6
Anglesea Clinic & Pharmacy
KNOX ST

Übernachtung	
Bavaria Motel	B
City Centre B&B	E
Eagles Nest	C
Hamilton City Holiday Park	D
YHA Hamilton	A

Restaurants, Cafés & Bars	
Canvas	4
Diggers	6
Domaine	1
Outback Inn	5
Saint Lazarre	2
Scotts Epicurean	3

8-Bett-Dorms ($25) sowie DZ ❶. Terrasse mit Grill und Blick auf die Straße.

Hamilton City Holiday Park, Ruakura Rd, ☎ 07/855 8255, 🖥 www.hamiltoncityholiday park.co.nz. Gepflegter Campingplatz auf parkähnlichem Gelände 1 km östlich des Zentrums. Stellplatz $30–32, Cabins ❶, Units ❸

YHA Hamilton, 140 Ulster St, ☎ 07/957 1848, 🖥 www.yha.co.nz. Moderne Jugendherberge mit Sauna und Sky TV in den Zimmern (teils mit Bad/WC). Dorms $28–31, Zimmer ❶ – ❷

Dank der zahlreichen Studenten hat Hamilton ein reges Nachtleben. Die Restaurant- und Unterhaltungsmeile konzentriert sich in erster Linie auf das südliche Ende der Victoria Street und die gleich um die Ecke gelegene Hood Street, wo mehrere Lokale tagsüber als **Cafés** fungieren und sich zu vorgerückter Stunde in **Restaurants** und noch später in **Bars** verwandeln. Jedes Jahr Mitte Juni findet auf dem Gelände des Mystery Creek Events Centre am Stadtrand das viertägige **Fieldays Festival** statt, 🖥 www.fieldays.co.nz, die größte Landwirtschaftsmesse der südlichen Hemisphäre.

Canvas, 1 Grantham St, ☎ 07/839 2535. Stilvolles Restaurant im Museumskomplex, berühmt für seine innovative, moderne Kiwi-Küche, wie kurz gebratenes Lamm in Senfsauce auf 5-Korn-Toast. Mittagsgerichte $10–22, Abendessen $25–30. ⏱ Di–Fr Mittag- und Abendessen, Sa nur Abendessen.

Diggers, 17 Hood St. Die Kneipe mit der langen Kauriholztheke lockt vor allem am Wochenende mit toller Stimmung und regelmäßigen sonntäglichen Konzerten.

Domaine, 575 Victoria St, ☎ 07/839 2100. Lebendiges, modernes Restaurant mit Tischen

Köstliche Kiwi-Snacks

Saint Lazarre, Casabella Lane. Das schicke französische Café in einem eleganten, von Kübelpflanzen gesäumten Gässchen bietet die leckersten Kiwi-Snacks der Stadt (Filoteigtaschen, Wraps, Salate und mehr) und knuspriges Gebäck nach französischer Art.

auf der Straße und Sitznischen im Innenraum. Gute Adresse zum Mittagessen in Café-Atmosphäre oder fürs elegante Abendessen (Hauptgerichte unter $35). ⏱ Di–Sa.

Outback Inn, The Marketplace, Höhe Hood St. Große, feuchtfröhliche Studentenkneipe mit Billardtischen und einer Auswahl an Biersorten und Snacks. Di–Sa wird getanzt, Mi–Sa legt ein DJ auf; gelegentlich spielen auch Live-Bands.

Scotts Epicurean, 181 Victoria St. Betriebsames Café-Restaurant für tagsüber mit gutem Kaffee, leichten Mahlzeiten und unwiderstehlichem Kuchen.

Informationen

i-SITE Visitor Centre, 5 Garden Place, ☎ 07/839 3580, 🖥 www.waikatonz.com, u. a. Verkauf von Bus- und Zugfahrkarten und Internetzugang. ⏱ Mo–Fr 9–17.30, Sa und So 9.30–15.30 Uhr.

DOC Office, Level 5, 73 Rostrevor St, ☎ 07/858 1000. ⏱ Mo–Fr 8.30–16.30 Uhr. Hier gibt es Hütten- und Campingpässe.

Post

Die **Hauptpost** liegt in der Bryce St.

Stadtbusse

Wer die nähere Umgebung (Cambridge, Te Awamutu, Raglan und Paeroa) erkunden möchte, besorgt sich am besten den kostenlosen Busfahrplan Busit, ☎ 0800/4287 5463, 🖥 www.busit.co.nz. Ein Einzelfahrschein für $2,90 gilt innerhalb der Stadtgrenzen 2 Std. lang, mit Umsteigen.

Taxis

Ein **Taxistand** befindet sich beim Transport Centre, Anglesea St, Ecke Bryce St. Telefonische Taxibestellung bei **Hamilton Taxis**, ☎ 0800/477 477.

Busse

Transport Centre, Anglesea St, Ecke Bryce St. Der moderne Busbahnhof im Stadtzentrum ist Knotenpunkt für Regional- und Fernbusse. Hier gibt es auch Schließfächer fürs Gepäck.

Busse nach:
AUCKLAND 14–16x tgl., 2 Std.;
CAMBRIDGE 7x tgl., 20 Min.;
MATAMATA 2x tgl., 50 Min.;
NEW PLYMOUTH 3x tgl., 3 3/4–4 3/4 Std.;
NGARUAWAHIA 14–16x tgl., 15 Min.;
OTOROHANGA 3–4x tgl., 45 Min.;
PAEROA 1x tgl., 1 1/2 Std.;
RAGLAN 2–3x tgl., 45 Min.;
ROTORUA 6x tgl., 1 3/4 Std.;
TAUPO 3x tgl., 2 3/4 Std.;
TAURANGA 2x tgl., 1 3/4 Std.;
TE AROHA 1x tgl., 1 1/4 Std.;
TE AWAMUTU 5x tgl., 30 Min.;
TE KUITI 3x tgl., 1 1/2 Std.;
THAMES 1–2x tgl., 2 1/2 Std.;
TIRAU 3x tgl., 45 Min.;
TOKOROA 3x tgl., 1 1/4 Std.;
WANGANUI 3x tgl., 6–8 Std.;
WELLINGTON 2x tgl., 9 Std.
Busfahrkarten verkauft auch das
i-SITE Visitor Centre, s. Informationen.

Bahnhof, Fraser St, ☏ 07/846 8353, im Vorort Frankton, 20 Gehminuten westlich des Stadtzentrums. Bus Nr. 3 fährt von hier aus zum Transport Centre.

Züge nach:
AUCKLAND 1x tgl., 2 1/2 Std.;
OHAKUNE 1x tgl., 3 1/2 Std.;
OTOROHANGA 1x tgl., 40 Min.;
PALMERSTON NORTH 1x tgl., 7 Std.;
TE AWAMUTU 1x tgl., 20 Min.;
WELLINGTON 1x tgl., 9 1/2 Std.
Zugfahrkarten gibt es auch im
i-SITE Visitor Centre, s. Informationen.

Flüge
Der internationale Flughafen von Hamilton liegt 14 km südlich der Stadt. Von hier verkehrt der **Super Shuttle Bus**, ☏ 0800/727 747, zum Transport Centre an der Ecke Anglesea und Bryce St (Fahrpreis $21).

Flüge nach:
AUCKLAND 3x tgl., 30 Min.;
CHRISTCHURCH 1–2x tgl., 1 3/4 Std.;
NELSON 1–2x tgl., 1 1/4 Std.;
PALMERSTON NORTH werktags 3–4x tgl., 45 Min.;
WELLINGTON 5–10x tgl., 1 Std.

Rund um Hamilton

Während Hamilton selbst nicht unbedingt zu einem längeren Aufenthalt einlädt, gibt es in der Umgebung einiges, was Besucher ein paar Tage beschäftigen kann. Besonders lohnend sind das Surf-Mekka **Raglan** und die abgelegene, aber kulturell interessante Maori-Gemeinde **Kawhia**. Südöstlich von Hamilton lockt am SH1 das Städtchen **Cambridge** mit einem Hauch von englischem Charme. Etwas für Fans der *Herr der Ringe*- und *Hobbit*-Filme sind die Hobbiton Tours von **Matamata**.

Cambridge

Cambridge liegt 24 km südöstlich von Hamilton in einer landwirtschaftlich geprägten Region. Das Städtchen, 1864 als Milizstützpunkt am oberen Ende des schiffbaren Abschnitts des Waikato River gegründet, ist heute von Gestüten umgeben. Es besitzt sogar einen **Equine Stars Walk of Fame** mit Mosaiken der in Cambridge gezüchteten Turniersieger im Bürgersteig.

Bei der **Cambridge Thoroughbred Lodge**, 6 km südöstlich am SH1, ☏ 07/827 8118, 🖥 www.cambridgethoroughbredlodge.co.nz, können sich Besucher durch die Stallungen voller preisgekrönter Zuchtpferde führen lassen. ◷ Mo–Fr 10–15 Uhr, Eintritt $12.

Beim i-SITE Visitor Centre gibt es eine Gratisbroschüre für einen Stadtrundgang von etwa einer Stunde Dauer, um die eleganten **Gebäude aus dem 19. und 20. Jh.** zu besichtigen. Außerdem verspricht Cambridge ein besonderes Einkaufserlebnis, da es hier kaum Filialen großer Ketten gibt, sondern vorwiegend unabhängige Läden gibt, die in einer weiteren Broschüre aufgelistet sind.

Westliche Nordinsel

Fran's Café, 62 Victoria St. Hausgebackenes und leichte Mahlzeiten zwischen Unmengen von Porzellannippes (Gerichte $9,50–15). ☉ Mo–Sa.
The Deli, 48 Victoria St. Netter Stärkungsstopp mit Kaffee, Snacks, leichten Mahlzeiten und „Devonshire Tea" – Nachmittagstee mit Scones (Hauptgerichte $10–17).

i-SITE Visitor Centre, Queen St, Ecke Victoria St, ✆ 07/823 3456, 🖥 www.cambridge info.co.nz. Zwei Gehminuten von den Bushaltestellen in einem schönen Gebäude mit schillernder Paisleytapete. **Internetzugang** und Reservierungsservice für Unterkünfte. ☉ Mo–Fr 9–17, Sa und So 10–16 Uhr.

Busse von InterCity und NakedBus halten auf der Route AUCKLAND–WELLINGTON am Rathaus von Cambridge in der Lake Street. Cambridge Travel Lines, ✆ 07/827 7363, betreibt eine Busverbindung von HAMILTON (nur Mo–Fr, 7x tgl.; 20 Min.), die an der Kirche St Andrew's hält. Zudem Busse nach MATAMATA 1–2x tgl., 30 Min., und TAURANGA 1–2 x tgl. 1 1/2 Std.

Matamata

Die auf Milchwirtschaft und Rennpferdezucht spezialisierte Gemeinde Matamata, 41 km nordöstlich von Cambridge, gelangte vor ein paar Jahren zu plötzlichem Ruhm, als hier die Hobbiton-Szenen für die *Herr der Ringe*-Trilogie gedreht wurden (in der deutschen Fassung heißt das Hobbitdorf „Hobbingen"). Eigentlich sollten alle Filmkulissen nach den Dreharbeiten abgerissen werden, aber schlechtes Wetter unterbrach die Arbeiten – zum Glück, wie sich herausstellte, da die 17 verbliebenen Hobbithöhlen-Fassaden für die nachfolgenden *Hobbit*-Filme wieder gebraucht wurden. Im Ortszentrum stehen ein paar lebensechte Figuren aus dem *Herrn der Ringe*, doch der Hobbiton-Drehort auf einer Schaffarm 15 km südwestlich des Orts ist nur im Rahmen eines zweistündigen Ausflugs mit Rings Scenic Tours, ✆ 07/888 6838, 🖥 www.hobbitontours.com,

zu besichtigen. Zu den Highlights gehören die schmucklosen Fassaden der Hobbithöhlen (die Innenaufnahmen wurden im Studio in Wellington gedreht), der See und der Festbaum (eine große Monterey-Kiefer). Eingefleischte Fans werden ihre Freude an den ungeschönten Anekdoten von den Dreharbeiten haben, die die Tourguides zu erzählen wissen. ☉ Touren tgl. 9.30, 10.45, 12, 13.15, 14.30, 15.45 Uhr, in der Hauptsaison zusätzlich um 17 Uhr, Eintritt $58.

Die Touren starten vom **i-SITE Visitor Centre** in Matamata, 45 Broadway, ✆ 07/888 7260, 🖥 www. matamatanz.co.nz. ☉ tgl. 9–17 Uhr. Hier halten auch die **Busse** von InterCity/Newmans.

Wer eine Verschnaufpause braucht, kann im **A Workman's Café**, 52 Broadway, ✆ 07/888 5498, essen, wo bis 21 Uhr oder noch später Frühstück serviert wird (Hauptgerichte $10–18; mit Alkohollizenz; ☉ Di–So). Nebenan befindet sich die zünftige Kneipe **Redoubt**.

Te Awamutu

„TA", wie die Einheimischen ihre Stadt nennen, ist musik- und militärhistorisch interessant. Der Geburtsort der Brüder Tim und Neil Finn, die mit Split Enz und Crowded House zu musikalischem Ruhm gelangten, liegt 30 km südlich von Hamilton inmitten von Hügeln und Kuhweiden vor der Kulisse des Mount Pirongia. Während der Landkriege 1863–64 war Te Awamutu ein Garnisonsort der Regierungstruppen und Schauplatz einer berühmten Schlacht, bei der 300 Maori das hastig erbaute Orakau *pa* drei Tage lang gegen 2000 Soldaten verteidigten.

Das i-SITE liegt gegenüber den weitläufigen **Rosengärten** an der Gorst Avenue, die sich von November bis Mai von ihrer schönsten Seite zeigen, ☉ durchgehend, Eintritt frei.

Außerdem gibt es beim i-SITE den Schlüssel zur Garnisonskirche **St John's** von 1854, die gegenüber in der Arawata Street steht. Drinnen findet sich eine in der Maori-Sprache verfasste Würdigung jener Maori, die trotz Beschuss auf das Schlachtfeld robbten, um verwundeten britischen Soldaten Wasser zu bringen.

Das **Te Awamutu Museum and Library**, 135 Roche St, zehn Gehminuten westlich des i-SITE, www.tamuseum.org.nz, zeigt eine ausgezeichnete Sammlung früher Sakralgegenstände der Maori, Ausstellungen über die europäischen Siedler, die Landkriege und Finn-Brüder. ☉ Mo–Fr 10–16, Sa 10–13, So 13–16 Uhr, Eintritt frei.

Essen

Central Café, 201 Alexandra St. Tagsüber geöffnetes Lokal für Stärkungen zwischendurch.
Redoubt Bar & Eatery, Alexandra St, Ecke Rewi St. Gute Anlaufstelle zum Kaffee, Mittag- oder Abendessen oder auf ein Bier.
Salvador's, 50 Alexandra St. Kleine französische Patisserie. ☉ Mo–Sa tagsüber.

Informationen

i-SITE Visitor Centre, 1 Gorst Ave, ☎ 07/871 3259, ⌨ www.teawamutu.co.nz, mit Reservierungsservice für Unterkünfte. ☉ Mo–Fr 9–17, Sa und So 10–16 Uhr, im Sommer länger.

Transport

Die **Busse** von InterCity und Dalroy halten auf der Route Auckland–New Plymouth am i-SITE Visitor Centre. Nach HAMILTON 5x tgl., 30 Min., OTOROHANGA 5x tgl., 20 Min.

Raglan

Viele Urlauber bleiben weit länger im kleinen Raglan als geplant, weil sie sich schwer von der hiesigen Künstler- und Kunsthandwerksszene und der lockeren Surfergemeinde losreißen können. Surfer wiederum zieht es nach Raglan, weil es hier mit die besten „Lefthander" der Welt gibt.

Raglan liegt 48 km westlich von Hamilton am Südufer des großen, malerischen Naturhafens Raglan Harbour. Den südlichen Horizont dominiert der Mount Karioi, nach der Maori-Legende das eigentliche Ziel des großen Wanderkanus Tainui. Doch an der Hafeneinfahrt versperrte eine Sandbank den Weg, weshalb die Maori den Hafen Whangaroa („lange Reise") nannten. Um Verwechslungen mit einem gleichnamigen Ort zu vermeiden, wurde der Name später in Whaingaroa geändert. 1855 schließlich wurde Whaingaroa nach einem tragischen britischen Helden des Krimkriegs in Raglan umgetauft.

Südlich der Stadt bieten sich gute Wander- und Reitmöglichkeiten, vor allem in der Gegend um den **Mount Karioi** sowie noch weiter südlich bei den **Bridal Veil Falls**.

Cafés, Banken und Kneipen säumen die von Palmen beschattete **Bow Street**, an deren Westende der Hafen liegt. Von Spaziergängen an der Küste abgesehen bietet die Stadt bis auf das örtliche **Geschichtsmuseum** in der Wainui Road wenig Sehenswertes. Immerhin aber beherbergt Raglan eine Handvoll Galerien wie das **Raglan Old School Arts Centre**, Stewart St, in einem denkmalgeschützten Gebäude aus dem 19. Jh., das von der Künstlergemeinde der Stadt betrieben wird. Hier findet jeden zweiten Sonntag im Monat ein interessanter **Markt**, ⌨ www.raglanmarket.com, statt.

Der sicherste Badestrand ist **Te Kopua** mitten in der Stadt. Er ist über die Fußgängerbrücke am unteren Ende der Bow Street oder mit dem Auto über Wainui Road und Marine Parade zu erreichen. **Ocean Beach**, unmittelbar außerhalb der Stadt an der Wainui Road auf dem Weg nach Whale Bay, bietet großartige Ausblicke auf die Fels- und Sandzunge, die die Hafeneinfahrt abschirmt, und ist ein hübscher Ort für ein Picknick. Aufgrund der starken Unterströmungen ist das Schwimmen hier jedoch gefährlich. Die berühmten **Surfstrände** liegen rund 8 km außerhalb der Stadt, s. Kasten S. 277.

Übernachtung

Raglan hat ein Riesenangebot an Unterkünften jeder Preislage. Das i-SITE Visitor Centre hilft bei der Reservierung, auch von Ferienhäuschen und -wohnungen.

Backpacker-Paradies am Hafen

Raglan Backpackers & Waterfront Lodge, 6 Nero St, ☎ 07/825 0515, ⌨ www.raglanbackpackers.co.nz. Backpackerherberge im Stadtzentrum rund um einen Garten voller Hängematten direkt in der Hafenbucht. Kostenlose Nutzung von Kajaks, Fahrrädern, Whirlpool und Sauna. Preiswerter Surfboardverleih ($30/ halben Tag inkl. Neoprenanzug). Bietet auch Surfunterricht. Dorms $26, Zimmer ❷

Originelle Herberge für Umweltbewusste

YHA Raglan Solscape Eco Retreat, Wainui Rd, Manu Bay, 6 km südlich von Raglan, ☎ 07/825 8268, 🖥 www.solscape.co.nz. Außergewöhnliche Unterkunft in fantasievoll umgebauten Eisenbahnwaggons und Cottages auf einem Hügel mit Rundumblick. Mit selbst gebauter Solar-Warmwasseranlage, solarbetriebenen LED-Leuchten, Tipis und Öko-Units aus Holz und Lehmziegeln. Kostenlose Abholung aus Raglan und Surfunterricht (s. S. 277). Camping-Dorms $26–28, Tipis ❷, Doppel-Waggons ❷, Öko-Units und Selbstversorger-Studios ❹–❻

Belindsay's, 28 Wallis St, ☎ 07/825 6592, ✉ belindsays@hotmail.com. Gemütliche Backpackerherberge in einem Haus aus den 1930er-Jahren mit gebohnerten Holzfußböden, Buntglasfenstern, Badewanne und Dusche. Es gibt ein 3-Bett-Dorm, ein EZ und ein DZ, einen sonnigen Aufenthalts-raum und eine Küche. Dormbetten $17–20, Zimmer ❶

Harbourview Hotel, 14 Bow St, ☎ 07/825 8010, ✉ harbourviewhotel@xtra.co.nz. Urtypisches Stadthotel mit netten Zimmern (auch EZ), einige davon mit Veranda zur Hauptstraße. ❷–❸

Karioi Lodge, 5 Whaanga Rd, Whale Bay, ☎ 07/825 7873, 🖥 www.karioilodge.co.nz.

Besondere Genüsse

Raglan Roast, Volcom Lane. Das winzige, nur tagsüber geöffnete Lokal in einem Gässchen neben dem GAg-Surfshop hat ein paar Tische vor der Tür stehen. Sein umwerfender Kaffee wird im Haus geröstet. Das Speiseangebot beschränkt sich auf Pasteten, aber die Gäste dürfen sich gern selbst etwas mitbringen.

Raglan Seafoods, Wallis St. Direkt am Ende des Kais kann man hier zuschauen, wie der Tagesfang vor Ort von Hand filetiert wird. Die Fish 'n' Chips zum Mitnehmen gehören zu den leckersten in ganz Neuseeland; wahlweise gibt's auch fangfrischen Fisch, den man selbst daheim zubereiten kann. ☾ bis gegen 20 Uhr; keine Kreditkarten.

Dieses ngenehme Hostel liegt tief im endemischen Küstenwald 8 km südwestlich von Raglan. 4er-Dorms ($27), DZ, Gemeinschaftsküche, Sauna, Fahrradverleih, Seilrutschen und Zugang zu Bergpfaden. Kostenlose Abholung aus Raglan. Betreibt auch eine Surfschule. ❷

Raglan Kopua Holiday Park, Marine Parade, ☎ 07/825 8283, 🖥 www.raglanholidaypark. co.nz. Zentral gelegener Campingplatz, 1 km von der Stadt, aber auch direkt über eine Fußgängerbrücke zu erreichen. Günstige Lage bei Te Kopua, dem sichersten Badestrand der Hafenbucht. Camping $15–16, Dorms $23, Cabins ❷, Ferienwohnungen ❹

Sleeping Lady Lodgings, Raglan Surfing School, 5 Whaanga Rd, Whale Bay, ☎ 07/825 7873, 🖥 www.sleepinglady.co.nz. Zur Karioi Lodge (s. o.) gehört auch ein halbes Dutzend schöner Ferienhäuser für Selbstversorger, großzügig verteilt im Küstenbusch 8 km südwestlich von Raglan, für 2–12 Pers. (bei Zweierbelegung $95–240 pro Nacht, jede zusätzliche Pers. zahlt $30). In der Hauptsaison gilt eine Mindestaufenthaltsdauer von 2 Nächten.

Essen

Zu Raglans besonderer Ausstrahlung tragen seine wunderbar relaxten Cafés bei – ideal fürs Frühstück nach dem Surfen oder einfach zum entspannten Schmausen. Ständig machen neue Läden auf und andere wieder zu. Die meisten scharen sich um die Kreuzung der Bow Street mit der Wainui Road.

Blacksand, Wainui Rd, Ecke Bow St. Großes, rustikales Café mit gutem Kaffee, Surfer-Frühstück (z. B. Zimtpfannkuchen) und wärmenden Suppen. Mit Alkoholausschank. Sa und So auch Abendessen (alle Gerichte unter $20).

Harbour View Hotel, Bow St. Bewährter Hotel-Pub mit preiswerten Gerichten (Hauptgerichte $23–38), Bier vom Fass und offenen Weinen.

Marlin Café & Grill, 43 Rose St, am Kai fast am Ende der Wallis St. Frühstück/Brunch bis gegen 15 Uhr und herzhaftes Abendessen. Spezialität des Hauses sind Steaks (Hauptgerichte $26–35), aber die gut bestückte Bar lädt auch zum Sundowner ein.

Orca Restaurant & Bar, 2 Wallis St. Raglans bestes Restaurant serviert zwanglosen Brunch

Tolle Wellen gibt es rund um Neuseeland, aber Raglan ist mit seinen perfekten Wellenlinien das Top-Surferziel des Landes.

Für unerfahrene Surfer eignet sich am besten der **Ngarunui Beach**, 5 km von Raglan entfernt, denn dort gibt es keine Felsbrocken. Die interessantesten Brecher für Fortgeschrittene finden sich dagegen in der **Manu Bay** und **Whale Bay**, beide rund 8 km außerhalb der Stadt. Hier wurde in den 1960er-Jahren der Kult-Surffilm *The Endless Summer* gedreht.

Die beiden größten Surfschulen sind:
Raglan Surfing School, in der Whale Bay, ☎ 07/825 7873, 🖥 www.raglansurfingschool.co.nz. Einweisung für Anfänger mit Softboards (3 Std.; in der Gruppe $89, Einzelunterricht $129, inkl. Ausrüstung und Transport) sowie eine Reihe längerer Kurse.

Solscape, in der Manu Bay, veranstaltet ebenfalls unterschiedliche Kurse (ab $85 für 2 1/2 Unterrichtsstunden, inkl. Board und Neoprenanzug). Beide verleihen auch **Ausrüstung** (ab $35 pro Tag inkl. Neoprenanzug), ebenso wie **GAg**, 9a Bow St, ☎ 07/825 8702, 🖥 www.gagraglan.com, und ein nur im Sommer geöffneter Kiosk am Ngarunui Beach.

Eine luftige Alternative bietet **Raglan Kitesurfing**, ☎ 07/825 8702, 🖥 www.raglankitesurfing.com. Einführung an Land $60/Std., Unterricht auf dem Wasser $85/Std.

und abends hervorragende moderne Kiwi-Küche wie Artischocken-Kartoffel-Salat mit Trüffelmayonnaise, gefolgt von Schweinebauch mit Senfpüree oder geschmorter Rinderbacke (Hauptgerichte $17–31). Die dazugehörige Bar hat eine Terrasse mit Blick auf die Hafenbucht. Regelmäßige Liveband-Auftritte für $5–10.
Tongue and Groove, Bow St, Ecke Wainui Rd. Frisch renovierte Café-Bar mit lockerem Flair, interessantem einheimischen Stammpublikum und einer Riesenauswahl kreativer Gerichte. Alkoholausschank und BYO.

Sonstiges

Informationen

Raglan Information Centre, 2 Wainui Road. ☎ 07/825 0556, 🖥 www.raglan.net.nz, 🕐 Nov–März Mo–Fr 9.30–17, Sa 10–17, So 10–15, Apr–Okt Mo–Fr 9–15.30, Sa 10–16, So 10–15 Uhr.

Internet

In der **Bibliothek**, 7 Bow St, und bei **Raglan Video**, 6 Bow St, 🕐 tgl. 10–20.30 Uhr.

Touren

Raglan Harbour Cruises, ☎ 0274/881 215, veranstaltet Hafenrundfahrten zu „Pancake"-Felsformationen und historischen Stätten sowie zur Vogelbeobachtung (1 Std., $30). Die Abfahrtszeiten sind telefonisch oder bei der Touristeninformation zu erfragen.

Raglan Kayak, ☎ 07/825 8862, 🖥 www.raglan kayak.co.nz, bietet geführte Kajakausflüge an, darunter eine „Kayak 'n' Coffee"-Tour von 3 Std. Dauer für $70. Hier gibt es auch Kajaks zu mieten (Einer- oder Zweier-Kajaks $40/60 pro halben Tag).

Transport

Gegenüber und vor der Bibliothek in der Bow Street halten die **Busse** der Busit-Linie 23 von und nach HAMILTON (s. S. 273).

Die Umgebung von Raglan

Ein ausgezeichneter Blick auf Raglan Harbour und die Küste eröffnet sich vom 755 m hohen Gipfel des **Mount Karioi**, erreichbar auf dem **Te Toto Track** (8 km hin und zurück, 5–6 Std., sollte nicht bei schlechtem Wetter in Angriff genommen werden). Der Ausgangspunkt liegt 12 km südlich von Raglan an der Whaanga Road. Von dort führt der Wanderweg eine Schlucht hinauf und erreicht nach einem anstrengenden und schwierigen Aufstieg durch einen von schroffen Felswänden gesäumten Einschnitt einen Aussichtspunkt. Der letzte Abschnitt bis zum Gipfel ist dann etwas einfacher.

In **Ruapuke**, ein Stückchen weiter an der Küste entlang, veranstaltet Extreme Horse Adventures, ☎ 07/825 0059, 🖥 www.wildcoast.co.nz, Reitausflüge durch Buschgelände und weiter bis zum Ruapuke Beach ($90 p. P., $15 für die Abholung in Raglan, Mindestteilnehmerzahl 4 Pers.).

20 km südöstlich von Raglan verstecken sich die **Bridal Veil Falls** im dichten neuseeländischen Busch; der Wasserfall ist von der Straße nach Kawhia ausgeschildert. Das Wasser der „Brautschleierfälle" stürzt eine 55 m hohe Felswand hinab in ein grün schimmerndes Becken. Bei Sonnenschein bilden sich Regenbögen im Sprühnebel. Vom Parkplatz sind es etwa zehn Minuten zum unteren Ende des Wasserfalls; für den Rückweg bergauf braucht man ungefähr doppelt so lange.

Wer von Raglan 8 km auf dem SH23 nach Osten, dann 6 km die Te Mata Road hinauffährt und noch 3 km der Houchen Road folgt, kommt zu Magic Mountain Horse Treks, 334 Houchen Rd, ☎ 07/825 6892, 🖥 www.magicmountain.co.nz, die u. a. **Ausritte** (ab $40/Std.) zu den Bridal Veil Falls ($80) anbieten (nur mit Reservierung).

Kawhia

Das kleine Nest Kawhia, 55 km südlich von Raglan am Nordende des Naturhafens Kawhia Harbour, erwacht im Sommer aus seinem Schlummer, wenn sich zu seinen rund 600 Einwohnern über 4000 neuseeländische Urlauber gesellen. Sie streben zum Ocean Beach, wo die heißen Quellen **Te Puia Hot Springs** aus dem schwarzen Sand hervorblubbern. Zu erreichen sind die Quellen über die 4 km lange, unbefestigte Tainui-Kawhia Forest Road. Vom Parkplatz führt ein Weg über die Dünen zum Meer. Es empfiehlt sich, eine Stunde vor oder nach Niedrigwasser herzukommen. Die Gezeiten können beim Museum oder in den Geschäften des Orts erfragt werden, ebenso die genaue Wegbeschreibung, denn es ist oft schwierig, die Quellen ausfindig zu machen, falls nicht schon andere Quellensucher flache Gruben ausgehoben haben. Vorsicht: Auf dem schwarzen Sand kann man sich leicht die nackten Füße verbrennen, und wegen der gefährlichen Brandungsrückströmung sollte man hier nicht schwimmen gehen!

Das herausgeputzte Ortszentrum erstreckt sich entlang der Jervois Street. Hier gibt es eine Tankstelle, eine Handvoll Geschäfte, die gleichzeitig als Cafés fungieren, und das **Kawhia Museum**, ☎ 07/871 0161, mit einer interessanten Ausstellung zur Maori-Kultur und zu den europäischen Siedlern sowie einem in den 1880er-Jahren gebauten Walfängerboot aus Kauriholz. ◷ Okt–März Mo–Fr 11.30–16.30, Sa und So 11–16, April–Nov Mi–So 11–15 Uhr, Spende willkommen.

Legenden berichten, wie die Tainui im Jahr 1350 in ihrem Ahnen-*waka* (Kanu) hier ankamen und sich der Kawhia Harbour als so reiche Nahrungsquelle entpuppte, dass sie sich für die nächsten 300 Jahre an seinen Ufern niederließen. Später wurden sie von anderen Stämmen im Kampf um die üppigen Fischgründe ins Landesinnere abgedrängt. Nach dauernden Angriffen der besser bewaffneten Waikato-Maori führte der Tainui-Häuptling Te Rauparaha sein Volk 1821 schließlich auf die relativ sichere Kapiti-Insel. Als das erste *waka* in Kawhia landete, wurde es an einen Pohutukawa-Baum festgebunden, der den Namen **Tangi te Korowhiti** erhielt. Er steht heute noch am Ufer in der Kaora Street, nicht weit von der Abzweigung der Moke Street (800 m westlich des Museums auf dem Gelände des Maketu Marae), und ist problemlos über einen am Wasser entlangführenden Fußweg zu erreichen. Das Tainui-Kanu selbst liegt unter einer grasbewachsenen Kuppe oberhalb des mit schönen Schnitzarbeiten verzierten Versammlungshauses **Maketu Marae** vergraben, ein Stück weiter die Kaora Street hinauf am Karewa Beach. Die heiligen Steine *Hani* und *Puna* markieren Heck und Bug des Kanus.

Nach Ankunft der europäischen Siedler und Missionare in den 1830er-Jahren erlebte Kawhia seine Blütezeit als Tor zum fruchtbaren King Country. Zu Beginn des 20. Jhs. kam dann der Niedergang, weil der Hafen für Schiffe mit großem Tiefgang ungeeignet war. Heute ist Kawhia in ganz Neuseeland wegen der jährlich am 1. Januar stattfindenden **Walboot-Regatta** bekannt, bei der sich die 11 m langen Ruderboote mit je fünf Mann Besatzung spannende Rennen durch die Bucht liefern.

Übernachtung und Essen

Kawhia Beachside S-cape, 225 Pouewe St (SH31), ☎ 07/871 0727, 🖥 www.kawhiabeach sidescape.co.nz. Campingplatz am Wasser, der auch Kajaks verleiht ($10/Std.). Camping $34–38, Dorms $25, Cabins ❶, Units ❺
Kawhia Camping Ground, 73 Moke St, ☎ 07/871 0863, 🖥 www.kawhiacampingground. co.nz. Der nette, gepflegte Campingplatz betreibt einen Allrad-Shuttle für bis zu 10 Personen zu

den heißen Quellen ($10/Pers., Mindestpreis hin und zurück $40). Camping $14, Cabins ❶, Wohnwagen mit Markise ❷.

Kawhias urtypischer Sattmacher sind Fish 'n' Chips von einem der **Imbisse** am Kai mit Blick auf den Hafen. Danach schmeckt ein Bier im sehr traditionellen **Kawhia Hotel**, bei **Annie's** oder im **Blue Chook Inn**.

Sonstiges

Informationen

Das Kawhia Museum in der Jervois Street fungiert auch als **Visitor Centre**. Auskunft gibt außerdem das **Otorohanga i-SITE** (S. 281), unter anderem über Angelmöglichkeiten.

Touren

Kawhia Harbour Cruises, ☎ 027/350 3601, bietet Bootsfahrten zu weißen Sandstränden und Labyrinthen aus „Pfannkuchen-Felsen" an (Mitte Dez–Feb tgl.; $40, Mindestteilnehmerzahl 4 Pers.).

Transport

Es gibt keine öffentlichen Verkehrsmittel von Raglan oder dem südöstlich gelegenen Otorohanga nach Kawhia.

King Country und Waitomo

Die Region landeinwärts von Kawhia und südlich von Hamilton wird King Country genannt, weil König Tawhiao und Mitglieder der Königsbewegung (s. Kasten S. 280) hier Zuflucht suchten, als sie während der Landkriege nach Süden vertrieben wurden. Schon bald fürchteten die Pakeha die Gegend als unwegsames Maori-Gebiet, in dem Europäer eine so unfreundliche Begrüßung erwartete, dass sie lieber fernblieben. Doch die Ruhe in den Wäldern währte nicht lange: Nach dem Frieden von 1881 kamen Horden von Holzfällern.

Touristen interessieren sich vor allem für **Waitomo**, einen winzigen Ort inmitten einer dramatischen Karstlandschaft voller Kalk-steinhöhlen, die Glühwürmchen mit Licht erfüllen. Nördlich von Waitomo liegt das kleine Milchwirtschaftszentrum **Otorohanga** mit einem Kiwi-Haus und allerlei „Kiwiana". Südlich von Waitomo kommt man nach **Te Kuiti**, das in den 1860er-Jahren den Maori-Rebellen Te Kooti aufnahm, der sich mit einem Versammlungshaus voll prachtvoller Schnitzereien revanchierte. Noch weiter südlich erstreckt sich der **Pureora Forest**, ein üppiger Tiefland-Steineibenwald, um den Ende der 1970er-Jahre eine letztlich erfolgreiche Naturschutzschlacht tobte. Heute lockt er mit schönen Wanderwegen und ist Heimat des seltenen, flugfaulen Kokako, auch Lappenkrähe genannt.

Von Te Kuiti führt der SH4 südwärts nach **Taumarunui**, das Zugang zum Whanganui River bietet und Ausgangspunkt des **Forgotten World Highway** ist (s. S. 287).

Otorohanga

Die rund 30 km südlich von Te Awamutu inmitten von Schaf- und Rinderweiden gelegene Stadt Otorohanga besitzt nur eine große Attraktion: den **Kiwi House Native Bird Park**, zehn Minuten

Die Königsbewegung

Bevor die Europäer kamen, galt die Loyalität der Maori ausschließlich ihrer Familie und dem eigenen Stamm. Doch angesichts zunehmender Streitereien mit landhungrigen europäischen Siedlern begruben viele Stämme ihre jahrhundertealten Fehden zugunsten eines gemeinsamen Vorgehens gegen die Pakeha. Der **Maori-Nationalismus** steigerte sich angesichts eklatant ungerechter Behandlung seitens der Pakeha und des zunehmenden Drucks, ihr Land zu „verkaufen".

1856 machten sich die einflussreichen Otaki-Maori auf die Suche nach einem Häuptling, der die ungleichen Stämme gegen die Europäer einen sollte.

1858 wählten die Waikato, die Taupo und einige andere, größtenteils vom Tainui-Kanu abstammende Stämme **Te Wherowhero** zu ihrem gemeinsamen Führer. Der neu gewählte König nahm den Titel **Potatau I.** an und errichtete seine Residenz in **Ngaruawahia**, bis heute das Zentrum der Königsbewegung.

Der Bewegung ging es vor allem darum, die Aneignung von Maori-Land zu verhindern und eine Basis für ein gewisses Maß an Selbstverwaltung zu schaffen. Ob die Siedler das nun wirklich missverstanden oder nur so taten als ob, sie interpretierten die Gründung der Königsbewegung jedenfalls als einen Akt der Rebellion (obwohl die Maori sogar Queen Victoria in ihre Gebete eingeschlossen hatten).

Nach einer Landnahme bei Waitara in der Nähe von New Plymouth kam es schließlich zum bewaffneten Konflikt. Schon bald breiteten sich die **Kämpfe** über die gesamte Zentralregion der Nordinsel aus. Zunächst errangen die Truppen der Königsbewegung einen bemerkenswerten Sieg bei Gate Pa in der Bay of Plenty, wurden aber schließlich bei Te Ranga überwältigt.

Einige Maori-Stämme sahen in dem Krieg die Gelegenheit, alte Rechnungen zu begleichen, und schlugen sich auf die Seite der Engländer. In einer Reihe von Schlachten am Waikato River zwangen sie die Königstreuen immer weiter nach Süden und brachten ihnen schließlich 1864 bei Orakau eine vernichtende **Niederlage** bei. Der König zog sich mit seiner Gefolgschaft in eine Region südlich des Puniu River zurück, die deshalb später die Bezeichnung **King Country** erhielt. Dort lebten die Flüchtlinge praktisch ohne Kontakt zu Europäern, bis **König Tawhiao**, der 1860 die Thronfolge angetreten hatte, 1881 Frieden schloss. Nach und nach zogen die Anhänger der Königsbewegung wieder nach Ngaruawahia zurück.

Auch wenn sie keineswegs von der Gesamtheit der Maori unterstützt wird, spielt die lockere Koalition der Königsbewegung eine bedeutende Rolle bei der aktuellen Neubewertung der Beziehungen zwischen Maori und Pakeha. Der amtierende Maori-König empfängt sogar Besuche von Staatsoberhäuptern.

zu Fuß vom Stadtzentrum am Alex Telfer Drive, der von der Kakamutu Road abzweigt, ☏ 07/873 7391, 🖳 www.kiwihouse.org.nz. Im schön angelegten Kiwi-Nachthaus erhalten die Besucher eine Einführung in die Lebensweise des kleinen, menschenscheuen Laufvogels. Außengehege beherbergen fast alle in Neuseeland heimischen Vogelarten; viele davon sind in einer begehbaren Voliere untergebracht. Kiwi-Fütterung ist tgl. um 13.30 und 16 Uhr. ◷ Sep–Mai tgl. 9.30–16.30, Juni–Aug 9–16 Uhr, Eintritt $16.

Otorohanga huldigt allem typisch Neuseeländischen mit Straßenschildern, die Kiwi-Motive tragen, und einer Reihe von Vitrinen mit „Kiwiana" am Sir-Edmund-Hillary-Fußweg, der neben der ANZ-Bank von der Maniapoto Street abzweigt. Zu den Exponaten gehören der Brotaufstrich Marmite, der Pavlova-Baiserkuchen und Sir Hillary selbst. Viele Geschäfte in der Maniapoto Street verkaufen Kiwi-Klassiker wie Hüte und Wachsjacken.

Otorohanga Holiday Park, 12 Huiputea Drive, ☏ 07/873 7253, 🖳 www.kiwiholidaypark.co.nz. Gut ausgestatteter, zentraler Campingplatz. Camping ab $16, Cabin ❶, Motel Units ❸.
Thirsty Weta, 57 Maniapoto St. Preiswertes Lokal mit herzhafter Kost (Hauptgerichte $6–35). Freitagabends Livemusik.

i-SITE Visitor Centre, 21 Maniapoto St, ☏ 07/873 8951, 🖳 www.otorohanga.co.nz. ◷ Mo–Fr 9–17, Sa u. So 10–14 Uhr.

Busse
Die Busse halten am Wahanui Crescent beim i-SITE Visitor Centre.

Busse nach:
HAMILTON 3–4x tgl., 45 Min.;
TE KUITI 3x tgl., 15 Min.;
WAITOMO CAVES 6x tgl., 30 Min.

Eisenbahn
Der Bahnhof liegt hinter dem i-SITE Visitor Centre am Wahanui Crescent.

Züge nach:
NATIONAL PARK 1x tgl., 2 1/4 Std.;
PALMERSTON NORTH 1x tgl., 6 1/2 Std.

4 HIGHLIGHT

Waitomo

Rund 16 km südlich von Otorohanga und 8 km westlich vom SH3 liegt Waitomo, ein kleines Dorf mit großem Ruf für unvergessliche Höhlenbesichtigungen und grandiose Karstformationen. Der immer noch andauernde Prozess der **Höhlenbildung** geht auf das Zusammenspiel von Regenwasser und Kohlendioxyd aus der Luft zurück, die zusammen eine schwache Säure bilden. Je mehr Kohlendioxyd vom Boden absorbiert wird, desto konzentrierter wird die Säure, die den Kalkstein schließlich zerfrisst und damit Risse und Fugen vergrößert. Im weiteren Verlauf dieses Prozesses bilden sich ganze Höhlen heraus, wie sie heute zu sehen sind. Alljährlich verschwinden auf diese Weise 70 m^3 Kalkstein – das entspricht ungefähr der Größe eines Doppeldeckerbusses. Viele der Höhlen werden durch Glühwürmchen märchenhaft erleuchtet. Der Name Waitomo bedeutet „Schacht, durch den Wasser eintritt". Der Maori-Häuptling Tane Tinorau erzählte 1887 dem englischen Landvermesser Fred Mace von den unterirdischen Gängen. Zusammen machten sie sich an die weitere **Erforschung**, indem sie ein Floß aus verholzten Flachshalmen bauten und sich über einen unterirdischen Bach treiben ließen, wobei ihnen als Lichtquelle nur Kerzen zur Verfügung standen. Binnen eines Jahres geleitete der geschäftstüchtige Tane bereits die ersten Touristen durch die Grotten. 1906 übernahm die Regierung die Touristenattraktion, und erst 1989 gingen die Höhlen wieder in den Besitz der Maori über, die heute einen prozentualen Anteil an sämtlichen Einnahmen erhalten und auch an der Organisation beteiligt sind.

Besichtigung der Höhlen
Nur ein Bruchteil der insgesamt 45 km langen unterirdischen Passagen kann im Rahmen von Führungen besichtigt werden. Die einzigen Höh-

Westliche Nordinsel

len, die Besucher gefahrlos auf eigene Faust erkunden können, sind die Piripiri Caves, 28 km westlich von Waitomo (s. S. 286), in denen allerdings keine Glühwürmchen leuchten.

Zum besseren Verständnis des Höhlenabenteuers empfiehlt sich ein Besuch im **Waitomo Caves Discovery Centre** (Kontaktdaten und Öffnungszeiten identisch mit denen des i-SITE, S. 285). Der Eintritt in Höhe von $5 ist im Preis der meisten Höhlentouren enthalten. Das Centre zeigt informative Ausstellungen zur Geologie und Geschichte der Höhlen, interaktive Präsentationen zum Lebenszyklus der Glühwürmchen und Höhlen-Wetas (Langfühlerschrecken) sowie auf Anfrage eine kostenlose 18-minütige Multimediashow.

Die **Veranstalter** pachten bestimmte Zugangswege von den Farmern; deshalb bietet jeder Veranstalter andere Höhlen an. Grundsätzlich kann es bei starken Regenfällen zu Stornierungen kommen, wenn der Wasserpegel zu sehr ansteigt. Deshalb sollte man die Wetterprognose im Auge behalten und bei der Planung berücksichtigen. Am wenigsten Andrang herrscht bei der jeweils ersten und letzten Tour des Tages.

Waitomos ursprünglichstes Höhlenerlebnis sind die 500 m westlich des i-SITE gelegenen **Waitomo Glowworm Caves**, 🖥 www.waitomo caves.co.nz. Sie locken mit befestigten Wegen, effektvoller Ausleuchtung der interessantesten Stalaktiten und Stalagmiten und einer Bootsfahrt durch eine Grotte, die vom gespenstisch blassgrünen Licht unzähliger Glühwürmchen erhellt wird. ◷ tgl. 9–17 Uhr, die 45-minütigen Führungen starten jeweils zur halben Stunde, $39.

Beim Glowworm Caves Office gibt es auch Eintrittskarten für Führungen durch die 3,5 km westlich des i-SITE gelegene **Aranui Cave**. Die Höhle ist zwar nur 250 m lang, mit ihren hohen Decken und großartigen Stalaktiten und Stalagmiten aus geologischer Sicht aber eindrucksvoller. ◷ Führungen tgl. 10, 11, 13, 14 und 15 Uhr, Eintritt $39.

Bei Führungen der Legendary Black Water Rafting Co. (s. Kasten) durch die **Ruakuri Cave** („Hundehöhle" in der Maori-Sprache genannt) bekommen die Besucher auch Maori-Legenden über die Höhle zu hören. ◷ Führungen tgl. um 10, 11.30, 12.30, 13.30, 14.30 und 15.30 Uhr, 2 Std., $60.

The Legendary Black Water Rafting Co., ☏ 0800/ 228 464, 🖥 www.waitomo.com/black-water-rafting.aspx. Bietet zwei Touren in die Ruakuri Cave, für die man sich in einen Neoprenanzug zwängen muss: „Black Labyrinth" (3 Std., 1 Std. unter der Erde, $110) beinhaltet einen kleinen Sprung von einem unterirdischen Wasserfall und eine idyllische Floßfahrt durch eine Glühwürmchenhöhle. Zur etwas abenteuerlicheren Variante „Black Abyss" (5 Std., 2–3 Std. unter der Erde, $215) gehören zudem ein Seilabstieg und eine unheimliche Seilrutschpartie in die Dunkelheit.

Rap, Raft 'n' Rock, 95 Waitomo Caves Rd/ SH37, 8 km östlich des i-SITE und 1 km von der Abzweigung vom SH3, ☏ 0800/228 372, 🖥 www. caveraft.com. Die Kleingruppen-Touren (5 Std., $135) beginnen mit einem Seilabstieg aus 27 m Höhe in eine Glühwürmchenhöhle, die dann teils zu Fuß, teils im Autoreifen treibend erkundet wird. Den Abschluss bildet eine Felskletterpartie zurück zum Ausgangspunkt.

Waitomo Adventures, 1 km östlich des i-SITE, ☏ 0800/924 866, 🖥 www.waitomo.co.nz. Der Veranstalter bietet fünf verschiedene Touren an. Besonders beliebt ist die Lost-World-Tour (4 Std., $270), eine nervenkitzelnde Abseilaktion 100 m tief in einen farnüberwucherten Felsschlund hinab, gefolgt von einem relativ trockenen Höhlengang, bevor es über eine scheinbar endlose Leiter wieder nach oben geht. Besonders passionierte Höhlenforscher sollten sich Lost World Epic (7–8 Std., $395, inkl. Mittagessen im Untergrund und Grill-Abendessen an der Oberfläche) vormerken: Nach dem Abseilen folgt eine mehrstündige „Feuchtwanderung" flussaufwärts durch Engstellen und hinter einem kleinen Wasser-fall entlang zu einer funkelnden Glühwürmchengrotte.

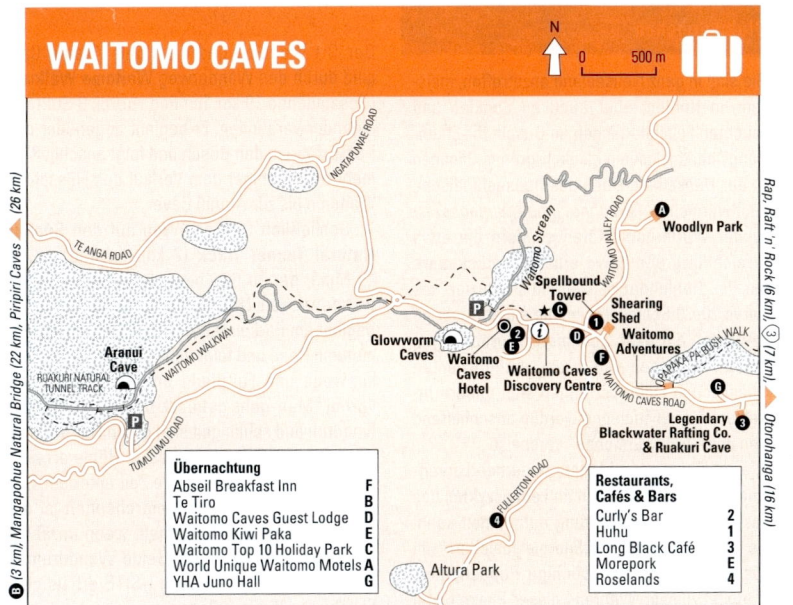

Übernachtung

Abseil Breakfast Inn	F
Te Tiro	B
Waitomo Caves Guest Lodge	D
Waitomo Kiwi Paka	E
Waitomo Top 10 Holiday Park	C
World Unique Waitomo Motels	A
YHA Juno Hall	G

Restaurants, Cafés & Bars

Curly's Bar	2
Huhu	1
Long Black Café	3
Morepork	E
Roselands	4

Westliche Nordinsel

Ein Kombiticket für zwei der oben aufgeführten Höhlen kostet $65, für drei $105.

Weitere Höhlentouren, bei denen Besucher trocken bleiben, sind z. B. die Kleingruppen-Wanderungen und Bootsfahrten zur Glühwurmbeobachtung durch zwei Höhlen von Spellbound, Waitomo Caves Road, ☏ 0800/773 552, 🖳 www.glowworm.co.nz (4x tgl., 3 1/2 Std., $66, max. 12 Pers.), und die ungewöhnlichen Lost-World-Touren von Waitomo Adventures (S. 282).

In Waitomo locken daneben viele adrenalintreibende Höhlenabenteuer, für die vor allem in der Zeit von November bis Januar eine rechtzeitige Reservierung unbedingt ratsam ist. Bei den meisten dieser Touren werden die Teilnehmer mit Neoprenanzug, Spezialhelm samt Stirnlampe und Gummistiefeln ausstaffiert. Kinder unter 12 Jahren (oder unter einem bestimmten Mindestgewicht) sind bei den Abenteuertouren normalerweise nicht zugelassen; bei den riskanteren Touren beträgt das Mindestalter sogar 15 Jahre.

Einige Höhlen sind nur durch **Abseilen** zugänglich. Bei manchen Touren wird auch **Cave Tubing** („Blackwater-Rafting") geboten. Dabei treiben die Teilnehmer, in den Schlauch eines Lkw-Reifens gezwängt, gemächlich (meistens jedenfalls) durch einen stockfinsteren Höhlenabschnitt und können zu den Glühwürmchen-Galaxien an der Höhlendecke aufschauen.

Weitere Attraktionen und Aktivitäten

Falls die Höhlentour nach Starkregen ins Wasser fällt, lohnt sich ein Besuch des 900 m außerhalb des Dorfes an der Waitomo Valley Road gelegenen **Woodlyn Park**, ☏ 07/878 6666, 🖳 www.woodlynpark.co.nz. Hier dient eine rustikale Scheune als Veranstaltungsort für die unterhaltsame Billy Black's Kiwi Culture Show (tgl. 13.30 Uhr, im Sommer zusätzliche Vorstellungen, 1 Std., Eintritt $25), die unter Einbeziehung des Publikums originelle Einblicke in die Geschichte der einheimischen Holzfäller und Farmer gewährt.

Beim **Shearing Shed** schräg gegenüber vom i-SITE können Interessierte täglich um 12.30 Uhr zusehen, wie flauschige weiße Angorakanin-

Glühwürmchen

Sie sind in ganz Neuseeland anzutreffen, meistens in Höhlen, aber auch an dunklen und feuchten Felsüberhängen im Busch. Ihr Erkennungsmerkmal ist ein bläulich-grünes Glimmen in der Dunkelheit. Doch das neuseeländische Glühwürmchen *(Arachnocampa luminosa)* ist weder Wurm noch Käfer, sondern die etwa streichholzgroße **Larve einer Pilzmückenart**. An der Höhlendecke klebend produziert die Larve 20–30 Schleimfäden, die sie als klebrige „Angeln" ein paar Zentimeter herabhängen lässt. Angezogen von ihrem hocheffizienten chemischen Licht, verfangen sich andere Insekten in den Fäden und werden anschließend von den „Glühwürmchen" verspeist.

Die sechs bis neun Monate dauernde Larvenphase ist die einzige Zeit im **Lebenszyklus** des Insekts, in der es Nahrung aufnehmen kann. Es muss also genügend Energie speichern, um für die folgende zweiwöchige Puppenphase gerüstet zu sein. Während dieser Phase bildet es sich zur erwachsenen Pilzmücke heraus, die über keinerlei Mundwerkzeuge verfügt. Da die Insekten nur eine Lebenserwartung von ein paar Tagen haben, begibt sich das Weibchen in den dunklen Höhlen unverzüglich auf eine fieberhafte Partnersuche, bei der das schimmernde Licht Orientierungshilfe leistet. Nach der Befruchtung legt das Weibchen um die 100 Eier ab, aus denen nach zwei bis drei Wochen neue „Glühwürmchen" schlüpfen, um den Zyklus von vorn zu beginnen.

chen geschoren werden. Anschließend gibt es eine Vorführung der Webkunst mit Kaninchenfell (kostenlos).

Die Farm **Altura Park** an der Fullerton Road, 4 km südlich des Orts, ☏ 07/878 5278, 🖥 www.alturapark.co.nz, lädt zum Bummel durch ihren preisgekrönten Garten, zur Besichtigung ihres vielfältigen Tierbestands und zu Ausritten für Anfänger und Könner (30 Min./$50, 1 Std./$65, 90 Min./$80 inkl. Park-Eintritt; reservieren). Am besten bringt man sich ein Picknick mit. ⏱ tgl. 9–17 Uhr, Eintritt $12.

Wandern in und um Waitomo

Der Ort Waitomo und die Höhle Aranui Cave sind durch den Wanderweg **Waitomo Walkway** (Gesamtlänge 10 km; hin und zurück 3 Std.) miteinander verbunden. Er beginnt gegenüber dem i-SITE, führt in den Busch und folgt anschließend mehr oder weniger dem Verlauf des Flüsschens Waitomo bis zur Aranui Cave.

Schließlich trifft der Weg auf den **Ruakuri Natural Tunnel Track** (2 km hin und zurück, 45 Min.), der zu den beeindruckendsten Kurzwanderwegen Neuseelands zu zählen ist. Er beginnt am Parkplatz der Aranui Cave an der Tumutumu Road und folgt dem Waitomo über Plankenwege und Fußpfade an Höhleneingängen vorbei. Man geht gebückt unter Vorsprüngen hindurch und schlängelt sich durch kurze Tunnel, bis man schließlich eine riesige Höhle erreicht, wo der kleine Fluss für kurze Zeit unter der Erde verschwindet. Besonders märchenhaft ist diese Wanderung bei Dunkelheit, wenn unzählige Glühwürmchen leuchten. Beide Wanderungen sind in der kostenlos beim i-SITE erhältlichen Landkarte *Waitomo Caves* verzeichnet.

Übernachtung

Für Rucksackreisende ist gut gesorgt, doch andere Übernachtungsmöglichkeiten sind rar. Eine Reservierung ist daher ratsam, ganz besonders von November bis Januar.

Abseil Breakfast Inn, 709 Waitomo Caves Rd, ☏ 07/878 7815, 🖥 www.abseilinn.co.nz. Das beste B&B vor Ort ist gemütlich und stilvoll. Es liegt 400 m östlich des Museums auf einer Anhöhe mit großartigem Ausblick und hat 4 individuell eingerichtete Zimmer mit Bad. ➎–➏

Rap, Raft 'n' Rock, s. S. 282. Die anheimelnde Backpacker-Herberge wird von einem Anbieter für Höhlen-Abenteuertouren betrieben. Bunt gestrichene Dorms für 10 Pers., gemütlicher Gemeinschaftsraum, Küche und sonniger Hof. Dorms $28, Zimmer ➋

Te Tiro, 9 km westlich von Waitomo, ☏ 07/878 6328, 🖥 www.waitomocavesnz.com. Schönes Selbstversorger-Cottages mit fantastischer Aussicht und einer Glühwürmchen-Grotte. Frühstückszutaten sind im Preis inbegriffen, aber darüber hinausgehende

Verpflegung (Grill vorhanden) muss mitgebracht werden. ❹

Waitomo Caves Guest Lodge, 7 Waitomo Caves Rd, 100 m östlich des Museums, ☏ 07/878 7641, 🖥 www.waitomocavesguest lodge.co.nz. 8 komfortable, preiswerte Zimmer an einem Hang mit schönem Garten. ❹

Waitomo Kiwi Paka, School Rd, ☏ 07/878 3395, 🖥 www.kiwipaka.co.nz. Großer Hostel-Komplex im Herzen Waitomos mit Betten und Zimmern in einer Lodge, separaten Chalets mit Bad und hauseigenem Café (s. „Essen"). Dorms $29, Zimmer ❷, Chalets ❸

Waitomo Top 10 Holiday Park, 12 Waitomo Caves Rd, ☏ 07/878 7639, 🖥 www.waitomopark. co.nz. Gut ausgestatteter Campingplatz mitten im Ort mit Pool und Whirlpool. Camping $40–45, Cabins ❷, Cabins mit Bad ❹, Units ❺

YHA Juno Hall, Waitomo Caves Rd, ☏ 07/878 7649, 🖥 www.junowaitomo.co.nz. Gemütliches, gut ausgestattetes Hostel 1 km östlich von Waitomo in einem Holzgebäude auf einem Hügel. Pool, Grillplatz, Tennisplatz und die Gelegenheit, Tierbabys von Hand zu füttern. Kostenlose Abholung von Waitomo. Camping $15, Dorms $27, Zimmer ❷

Essen

Die Verpflegungsmöglichkeiten in Waitomo sind beschränkt, insbesondere im Winter, wenn viele Lokale ihre Öffnungszeiten verkürzen.

Curly's Bar, Waitomo Caves Rd, gleich westlich vom i-SITE. Früher oder später landet jeder in diesem urtümlichen Kiwi-Pub, um sich ein Gläschen in geselliger Runde oder eine preis-

Hier bleibt kein Wunsch offen

Huhu, Waitomo Caves Rd, neben Spellbound (S. 283), ☏ 07/878 6674. Feinste Küche in einem Café mit Alkoholausschank, Thekenkost, fantastischem Kaffee, einer kurzen Mittagskarte und exzellentem Abendessen ($26–35). Außerdem gibt es „small plates" (Kiwi-Tapas; $7–22) wie *rewana* (Maori-Brot) mit Kräuterbutter, Olivenöl und Balsamessig, und zu alledem Empfehlungen für passende Weine, die glasweise serviert werden. ⏰ tgl. ab 10.30 Uhr, am Abend reservieren.

Weltweit einzigartig

World Unique Waitomo Motels, Woodlyn Park, 900 m die Waitomo Valley Road hinauf, eine Nebenstraße der Waitomo Caves Road, ☏ 07/878 6666, 🖥 http://woodlynpark.co.nz. Äußerst eigenwilliges „Motel" auf dem Gelände von Billy Black's Kiwi Culture Show (s. S. 283). Die Gäste nächtigen in einem ausrangierten Bristol-Frachtflugzeug mit zwei komfortablen Units für Selbstversorger, einem Eisenbahnwaggon aus den 1950er-Jahren mit einer 3-Zimmer-Unit, zwei „Hobbithöhlen" im Berghang mit runden Eingängen oder einem umgebauten Patrouillenboot aus dem Zweiten Weltkrieg. Für Dez–Feb mindestens einen Monat im Voraus reservieren. ❻–❼

werte Mahlzeit wie Steak, Seafood, Burger & Co. zu gönnen. Gelegentlich gibt's Livemusik.
Long Black Café, bei Legendary Blackwater Rafting Co. (S. 282). Warmes Frühstück, einfache Snacks und leichte Mittagsgerichte. ⏰ im Sommer 8–16, im Winter 8.30–16 Uhr.
Morepork, im Kiwi Paka (s. „Übernachtung"). Café mit Alkoholausschank, Frühstücks-, Mittags- und Abendgerichten, u. a. Pizza.
Roselands, 579 Fullerton Rd, ☏ 07/878 7611, 3 km südlich vom i-SITE. Fisch oder Steak (nach vorheriger Absprache auch vegetarische Alternativen) brutzeln auf dem Terrassengrill dieses Restaurants mit Garten in wunderschöner Hanglage. Menü $27. ⏰ tgl. 11–14 Uhr.

Sonstiges

i-SITE Visitor Centre, im Waitomo Caves Discovery Centre (s. S. 282) an der Hauptstraße, ☏ 07/878 7640, 🖥 www.waitomoinfo.co.nz. Das überaus informative Centre ist Buchungsstelle für Höhlentouren, Zug- und Bustickets, fungiert als **Postamt** und bietet **Internetzugang**. ⏰ tgl., 26. Dez–8. Feb 8.15–19, März–Ostern und Labour Day (Ende Okt)–Weihnachten 8.45–17.30, Ostern–Labour Day 8.45–17 Uhr. Es gibt in Waitomo keine Banken und Geldautomaten, Tankstellen oder Supermärkte. Die nächsten Einrichtungen dieser Art sind in Otorohanga (S. 280) und Te Kuiti (S. 286).

Busse

Die InterCity-Busse halten in OTOROHANGA.
Von dort befördert der **Waitomo Shuttle**,
℡ 0800/808 279, Besucher 5x tgl. nach Waitomo
(einfache Strecke $10).
Die Great-Sights-Busse von InterCity/Newmans
auf der Strecke Auckland–Rotorua halten tgl.
in Waitomo, ebenso die Busse von **Waitomo
Wanderer**, ℡ 0508 926 337, 🖳 www.waitomo
tours.co.nz, aus Rotorua (nach vorheriger
Buchung auch aus Taupo).

Busse nach:
AUCKLAND 1x tgl., 4 1/4 Std.;
ROTORUA 2x tgl., 2–2 1/2 Std.

Eisenbahn

Der nächste Bahnhof befindet sich in
Otorohanga.

Die Umgebung von Waitomo

Wer die Kalksteinlandschaft gern in Eigenregie
erkunden möchte, findet an der Straße nach
Te Anga drei eintrittsfreie Sehenswürdigkeiten,
die bei jedem Wetter einen Abstecher lohnen.
Die erste davon, **Mangapohue Natural Bridge**,
liegt 24 km westlich von Waitomo und ist über
einen einfachen, viertelstündigen Rundwanderweg zu erreichen. Es handelt sich um die Reste
einer eingestürzten Höhlendecke, die jetzt einen Doppelbogen über einer engen Kalksteinschlucht bilden. Besonders eindrucksvoll wirkt
das bei Dunkelheit, wenn ganze Formationen
von Glühwürmchen an der Unterseite der Bögen
glimmen. Bei Tageslicht ist es interessant, hinter
der Brücke noch weiter zu gehen: Der Weg führt
durch Weideland an rund 35 Mio. Jahre alten
Fossilien von Riesenaustern vorbei.

4 km weiter westlich liegen die **Piripiri Caves**.
Ein fünfminütiger Weg führt hier durch einen
Wald voller verwitterter Kalksteinfelsen. Im Oyster Room im Innern der Höhle braucht man eine
anständige Taschenlampe (und eine zweite für
den Notfall), um weitere versteinerte Riesenaustern zu besichtigen. Glühwürmchen gibt es
hier allerdings nicht. Rund 1 km von hier führt ein

weiterer Wanderweg (15 Min. hin und zurück)
durch einen Dschungel aus Tawa-, Pukatea- und
Kohekohe-Bäumen zu einem der spektakulärsten Wasserfälle der Region, den mehrstufigen
Marokopa Falls.

Te Kuiti

Te Kuiti, die „Schererhauptstadt der Welt", 19 km
südlich von Waitomo, begrüßt Besucher mit der
7 m hohen Statue eines Schafscherers am Südende der Rora Street. Ende März oder Anfang
April finden hier die neuseeländischen **Shearing
and Wool Handling Championships** statt. Genauere Infos gibt es beim i-SITE Visitor Centre,
℡ 07/878 8077, ✉ tkisite@waitomo.govt.nz, in
der Rora Street neben dem Bahnhof. ⏱ Mo–Fr
9–17, Sa und So 10–16 Uhr.

Hier halten auch die meisten Busse, mit Ausnahme des InterCity, der seine Haltestelle vor
Tiffany's Restaurant hat.

Gegenüber dem Südende der Rora Street
steht an der Awakino Road das **Versammlungshaus** Te Tokanganui-a-noho mit prächtigen
Schnitzereien. Der Maori-Rebell Te Kooti hinterließ es im 19. Jh. als Dankeschön für die ihm
gewährte Zuflucht.

Die mit Abstand beste Adresse zum Essen in
Te Kuiti (und die Anreise von Waitomo wert) ist
das hippe, nur tagsüber geöffnete **Bosco Café**,
57 Te Kumi Rd, 1 km nördlich des Ortszentrums,
mit sensationellem Kaffee, Cranberry-Smoothies,
hausgebackenen Muffins und einer mediterranen
Mittagskarte von Kürbis-Cannelloni bis zu marok-
kanischem Lamm (Hauptgerichte $8,50–18,50).

Die Küstenstraße nach Taranaki

Südwestlich von Te Kuiti läuft der SH3 schnurstracks auf die Küste der Tasmansee zu. Er
passiert den kleinen Fischerort **Mokau**, wo von
Mitte August bis November große Schwärme
winziger Jungfische gefangen und in den örtlichen Cafés als delikate *whitebait* aufgetischt
werden. Anschließend windet er sich durch
kleine Dörfer, die zwischen den schwarzsandi-

gen Stränden und den steil aufragenden Höhenzügen des Landesinneren liegen. Hauptattraktion für Besucher dieser Region sind die Wanderwege in der Umgebung der Mündung des **Tongaporutu River**. Ein Stückchen weiter, zwischen Tongaporutu und Urenui, sorgt eine ausgezeichnete Kleinstbrauerei von internationalem Renommee für Erfrischung: **Mike's Organic Brewery**, 487 Mokau Rd, ℰ 06/752 3676, 🖳 www.organicbeer.co.nz, braut vier Bio-Biere unter Verwendung von Regenwasser, u. a. das Strawberry Blonde aus Bio-Erdbeeren. Das freundliche Personal führt Interessierte normalerweise gern durch die Anlage (nach Anmeldung). ⏱ tgl. 10–18 Uhr.

Schließlich öffnet sich die Landschaft und geht in die **Taranaki Plains** gleich nördlich von New Plymouth über.

Taumarunui

Taumarunui liegt 83 km südlich von Te Kuiti am nördlichen Ende des Forgotten World Highway (s. rechts). Der von Nationalparks und Wäldern umgebene Ort am Zusammenfluss von Ongarue und Whanganui River wurde erst spät von Europäern besiedelt: Sie trafen erst ab 1908 in größerer Zahl ein, nachdem die Eisenbahn bis hierher vorgedrungen war. Es hatte sich nämlich als schwierig erwiesen, für die vom Tongariro National Park kommende Eisenbahn auf dem steilen Abstieg Richtung Norden nach Taumarunui eine geeignete Streckenführung zu finden. Bauinspektor R. W. Holmes ersann schließlich die ausgeklügelte **Raurimu Spiral**, eine bemerkenswerte bautechnische Leistung, bei der Brücken und Tunnel so kombiniert wurden, dass sich die Trasse spiralförmig nach unten windet. Die heute noch genutzte „Spirale" ist 37 km südlich von Taumarunui von einem ausgeschilderten Aussichtspunkt am SH4 zu bewundern.

Informationen

Das **i-SITE** von Taumarunui, ℰ 07/895 7494, 🖳 www.visitruapehu.com, gleich neben Bahnhof und Bushaltestelle, hat ein Bahnmodell für Eisenbahnfans, einen Internetzugang, Reservierungsservice für Unterkünfte und verkauft Hütten- und Campingpässe für den Whanganui National Park. ⏱ tgl. 9–17 Uhr.

Transport

Busse
TE KUITI 1x tgl., 1 Std.;
WANGANUI 1x tgl., 3 Std.

Eisenbahn
HAMILTON 1x tgl., 2 Std.;
PALMERSTON NORTH 1x tgl., 5 Std.;
WELLINGTON 1x tgl., 7 1/2 Std.

Forgotten World Highway

Ein urtümlich-ländliches Neuseeland-Erlebnis ist der Forgotten World Highway (SH43) zwischen Taumarunui und Stratford. Die Landstraße windet sich über 155 km durch die hügelige Landschaft westlich von Taumarunui. Abgesehen von einem 12 km langen Abschnitt durch die Tangarakau-Schlucht ist die Straße auf ganzer Länge asphaltiert, aber Autofahrer sollten für die Strecke dennoch gute drei Stunden einplanen und vor dem Start auf jeden Fall volltanken, denn es gibt auf der ganzen Route keine Tankstelle.

Der erste lohnende Stopp ist das **Nukunuku Museum** (s. S. 303) an der Saddler Road, 4 km vom SH43 entfernt. Wieder zurück auf dem SH43 geht es in zahlreichen Kurven durch die Kalksteinschlucht **Tangarakau Gorge**, wo am Flussufer steile, mit Gestrüpp bedeckte Felsen aufragen – vielleicht das größte Highlight der Fahrt. Am Eingang der Schlucht weist ein kleines Schild auf einen kurzen Weg hin, der zur malerischen **Grabstätte von Joshua Morgan** führt, der letzten Ruhestätte eines Landvermessers aus Pioniertagen.

Auf dem Kamm einer Hügelkette geht es durch den dunklen, engen **Moki Tunnel**, bis schließlich etwa 90 km von Taumarunui der kleine Ort **Whangamomona** erreicht ist. Normalerweise zählt er nur zehn Einwohner, doch in ungeraden Jahren fallen im Januar ganze Besucherhorden zur örtlichen Unabhängigkeitsfeier ein. Das Dorf erklärte sich nämlich am 28. Oktober 1989 zur unabhängigen Republik, nachdem die Regierung die Provinzgrenzen so verschoben hatte, dass es fortan nicht mehr zu Taranaki gehören sollte. Die Republik vereidigt einen Präsidenten und schmeißt eine Riesenparty mit Wettbewerben im Peitschenknallen und Gummistiefelweitwurf sowie reichlich Essen, Trinken und Frohsinn.

Im Zentrum der Feierlichkeiten steht das 1911 erbaute **Whangamomona Hotel**, Ohura Rd, ✆ 06/762 5823, 🖳 www.whangamomonahotel. co.nz. Dort können Besucher das ganze Jahr über ihren Reisepass abstempeln lassen oder für $3 sogar einen whangamomonischen Pass erstehen. Das schrullige Hotel, das durch die kürzlich erfolgte Renovierung nichts von seinem Charakter eingebüßt hat, vermietet geräumige Zimmer mit Gemeinschaftsbädern und serviert auch Mahlzeiten (tgl., Hauptgerichte $5–15), B&B EZ ❷, DZ ❺.

Das schlichte **Whangamomona Village Motor Camp**, 1 km weiter an derselben Straße, ✆ 06/762 5822, hat Stellplätze (Zelt $10, Wohnmobil $20) und spottbillige Cabins ($20).

Hinter Whangamomona klettert der SH43 im Schatten steiler Felswände bergauf und bietet schöne Ausblicke auf die **Taranaki Plains**, bevor er seinen Abstieg in das flache Weideland beginnt und schließlich in **Stratford** (s. S. 298) ankommt, wo der von einer permanenten Schneekuppe bedeckte Vulkankegel des Taranaki ins Blickfeld rückt – falls das Wetter mitspielt.

Taranaki

Die Provinz Taranaki (liebevoll zu „the 'naki" abgekürzt) ist auf der Landkarte als deutliche Ausbuchtung im Westen der Nordinsel auszumachen und bildet eine Halbinsel, in deren Zentrum der **Maunga Taranaki** (früher Mount Egmont) liegt, ein eleganter Vulkankegel, dessen schneebedeckter Gipfel in 2518 m Höhe über der subtropischen Küste thront. *Taranaki* bedeutet „pflanzenloser Gipfel", eine passende Beschreibung für die obere Hälfte des „Mountain" (wie er von den Anwohnern schlicht genannt wird).

Bei einer Fahrt durch die Region ist der Berg ständig präsent, dabei allerdings oft in Wolken gehüllt. Früh am Morgen und kurz vor Sonnen-

untergang ist der Gipfel meist sichtbar. Doch im Laufe des Tages bilden sich oft Wolken – der Fluch aller Gipfelstürmer, die nach der Plackerei um den Ausblick betrogen werden.

Taranakis rührige Provinzhauptstadt **New Plymouth** ist eine gute Ausgangsbasis für Tagestouren in den **Egmont National Park** rund um den Berg oder zum Wellenreiter- und Windsurfmekka **Oakura**.

Die Reize des ländlichen Taranaki, zu denen der sogenannte **Surf Highway** gehört, lassen sich am besten auf einer ein- bis zweitägigen Rundfahrt um den Berg erkunden.

Geschichte

Nach einer Maori-Legende ließ sich der Berg-Halbgott Taranaki hier nieder, nachdem er der Gesellschaft der anderen Berge im Zentrum der Nordinsel entflohen war. Er hatte seinen Platz bereits fest eingenommen, als er vom ersten europäischen Seefahrer gesichtet wurde, der in dieser Gegend auftauchte, Captain **James Cook**. Dieser taufte den Gipfel nach dem ersten Lord der britischen Admiralität Mount Egmont. Anfang des 19. Jhs. lebten nur noch wenige **Maori** in der Region, da sich viele wegen der alljährlichen Überfälle feindlicher Stämme aus dem Norden mit Te Rauparaha nach Kapiti Island zurückgezogen hatten. Dieser Umstand kam den Engländern **John Lowe und Richard Barrett** gelegen; sie errichteten 1828 am Ngamotu Beach am Nordufer der Halbinsel einen Handels- und Walfangposten.

1841 entsandte die **Plymouth Company** sechs Schiffe mit englischen Kolonisten nach Neuseeland, um den Außenposten von Lowe und Barrett zu besiedeln. Die vorwiegend aus dem Südwesten Englands stammenden Siedler nannten ihre Gemeinde **New Plymouth**. Heute ist sie die größte Stadt der Region.

Als ab Mitte des 19. Jhs. viele Maori in ihre ursprüngliche Heimat zurückkehrten, kam es zu Auseinandersetzungen um Land, das an die Siedler verkauft worden war. Die Feindseligkeiten kulminierten ab 1860 in den zehn Jahre andauernden **Taranaki Land Wars**. Die kriegerischen Streitigkeiten lähmten die Entwicklung der Region und führten in der Folge zu zahlreichen **Klagen der Maori**, die zum Teil auch heute noch Gegenstand von Gerichtsverhandlungen sind.

TARANAKI

N

0   10 km

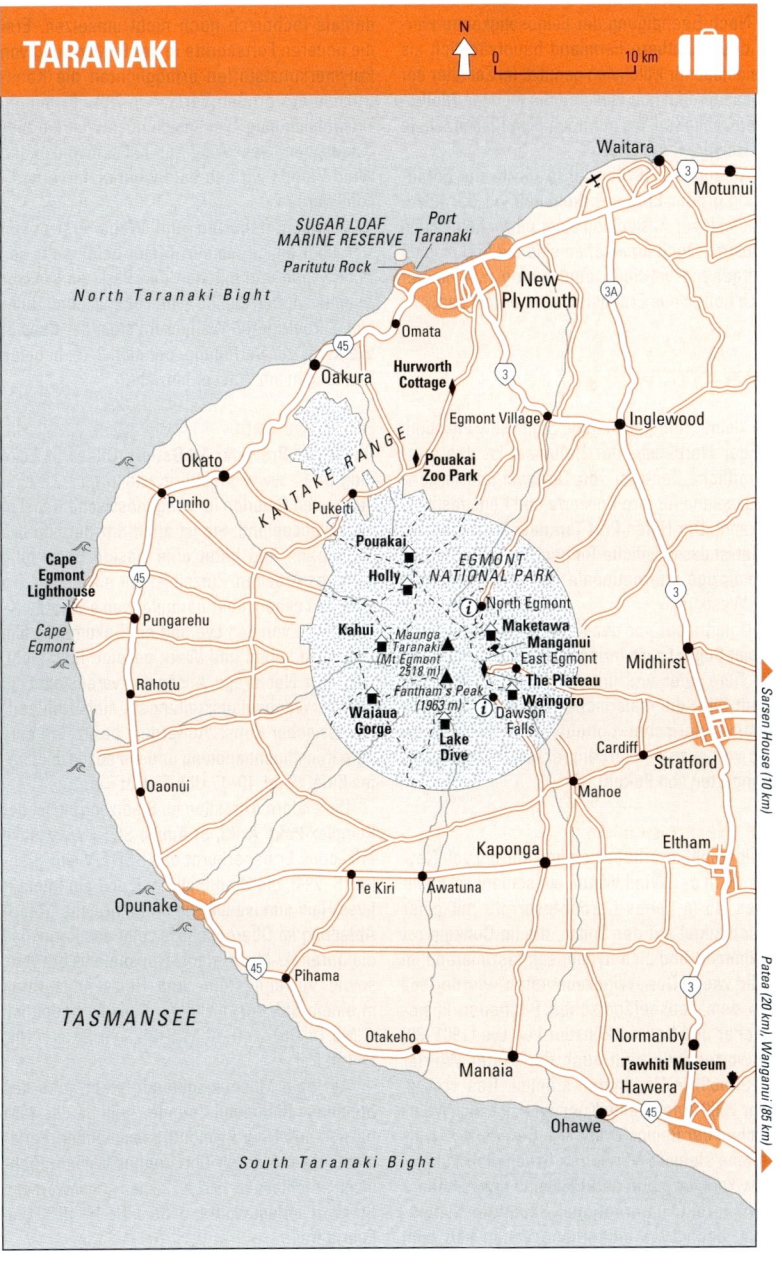

North Taranaki Bight

SUGAR LOAF
MARINE RESERVE
Paritutu Rock

Port
Taranaki

New
Plymouth

Waitara

Motunui

3

3A

Omata

Hurworth
Cottage

Oakura

45

Egmont Village

Inglewood

3

Pouakai
Zoo Park

Okato

Puniho

Pukeiti

K A I T A K E   R A N G E

Pouakai

Holly

EGMONT
NATIONAL PARK

Cape
Egmont
Lighthouse

45

North Egmont

Maketawa
Manganui
East Egmont

3

Cape
Egmont

Pungarehu

Kahui

*Maunga
Taranaki
(Mt Egmont
2518 m)*

The Plateau

Waingoro

Midhirst

Rahotu

*Fantham's Peak
(1963 m)*

Dawson
Falls

Waiaua
Gorge

Lake
Dive

Cardiff

Stratford

Sarsen House (10 km)

Oaonui

Mahoe

Kaponga

Eltham

Te Kiri

Awatuna

T A S M A N S E E

Opunake

45

Pihama

Otakeho

Manaia

Normanby

Tawhiti Museum

Hawera

45

Patea (20 km), Wanganui (85 km)

Ohawe

South Taranaki Bight

Nach Beendigung der Feindseligkeiten wurde das fruchtbare Farmland hauptsächlich als Weideland für Milchvieh genutzt. Im Zeitalter der Massenproduktion mussten die meisten **Molkereien** schließen, bis nur noch eine Riesenanlage bei Hawera übrig blieb.

Anfang der 1970er-Jahre führte die Entdeckung großer **Erdgasvorkommen** vor der Küste Taranakis zur Ansiedlung einer petrochemischen Industrie. Doch inzwischen sind die Vorkommen weitgehend versiegt, auch wenn man immer noch hofft, neue Erdgasfelder zu entdecken.

New Plymouth

Die kleine, aber geschäftige Stadt New Plymouth an der Nordküste der Halbinsel ist das wirtschaftliche Zentrum von Taranaki und in ganz Neuseeland für ihre Konzerte und Kunstfestivals bekannt. Der Hafen **Port Taranaki** am Rande der Stadt ist das westliche Tor nach Neuseeland und der einzige internationale Tiefwasserhafen an der Westküste.

Unmittelbar vor der Küste liegt das Schutzgebiet **Sugar Loaf Marine Reserve**, ein Refugium für Tiere über und unter Wasser. Südlich der Stadt führt die malerische **Carrington Road** an einem historischen Cottage und einem kleinen Zoo vorbei zu den farbenprächtigen Rhododrongärten von **Pukeiti**.

Die Uferpromenade

Unübersehbar erhebt sich im Zentrum von New Plymouth der **Wind Wand**, ein schlankes, knallrotes, 45 m hohes Carbonfaserrohr mit einer Leuchtkugel auf der Spitze, die im Dunkeln rot schimmert und sich hypnotisch faszinierend im Wind wiegt. Der „Windzauberstab" wurde 1962 von dem neuseeländischen Bildhauer, Filmemacher und Konzeptkünstler Len Lye (1901–80) entworfen, von dem auch der Water Whirler (s. S. 469) in Wellington stammt. Das erst im Jahr 2000 aufgestellte Kunstwerk ist zum Wahrzeichen der Region avanciert. Bereits 1962 wurde eine kleinere Version in Greenwich Village, New York, errichtet und 1966 eine etwas höhere beim Toronto International Sculpture Symposium, doch Lyes eigentliche Vision ließ sich damals technisch noch nicht umsetzen. Erst die neueren Fortschritte in der Entwicklung von Polymerkunststoffen ermöglichten die Konstruktion der großen Version in New Plymouth. Tatsächlich ging Lyes Vision noch weit darüber hinaus, doch sein Wald aus 125 schwankenden Wind Wands wird so bald wohl nicht verwirklicht werden.

Landschaftsgärten und Wege erstrecken sich über einige hundert Meter beiderseits der Wind Wand und machen den Park am Wasser zu einem netten Ziel für einen abendlichen Bummel. Ehrgeizigeren Wanderern steht der **Coastal Walkway** zur Verfügung, der sich 3 km in beide Richtungen am Wasser hinzieht.

Die Innenstadt

Die **Govett-Brewster Art Gallery**, Queen St, Ecke King St, 🖳 www.govettbrewster.org.nz, ist eine der besten Galerien für zeitgenössische Kunst in ganz Neuseeland. Sie ist auch Sitz der Len Lye Foundation und hütet eine riesige Sammlung von Lyes Arbeiten. Zurzeit ist nur ein kleiner Teil davon zu sehen, aber normalerweise werden einige Filme von Len Lye und ein Dokumentarfilm über sein Leben und Werk gezeigt; falls nicht, lohnt eine Nachfrage. Ansonsten veranstaltet die Galerie Wechselausstellungen, meist mit zeitgenössischer Kunst. Außerdem besitzt sie eine gute Kunstbuchhandlung und ein ausgezeichnetes Café. ⊙ tgl. 10–17 Uhr, Eintritt frei.

Die andere Attraktion im Stadtzentrum ist der Komplex **Puke Ariki**, St Aubyn St, 🖳 www.puke ariki.com. Er beherbergt das i-SITE Visitor Centre (S. 294), die Stadtbibliothek und ein interaktives Heimatmuseum. Die umfangreiche Maori-Abteilung im Obergeschoss zeigt das Kanu, das die Taranaki-Maori nach Neuseeland brachte, sowie Vulkangestein- und Holzschnitzereien in einem Stil, der nur in Taranaki zu finden ist. ⊙ Mo, Di, Do u. Fr 9–18, Mi 9–21, Sa u. So 9–17 Uhr, Eintritt frei.

Auf dem Museumsgelände steht auch das Steinhaus **Richmond Cottage**, Ariki St, das 1854 für den aus New Plymouth stammenden Parlamentsabgeordneten Christopher William Richmond errichtet und 1962 an seinen gegenwärtigen Standort verlegt wurde. ⊙ Sa u. So 11–15.30 Uhr, Eintritt frei.

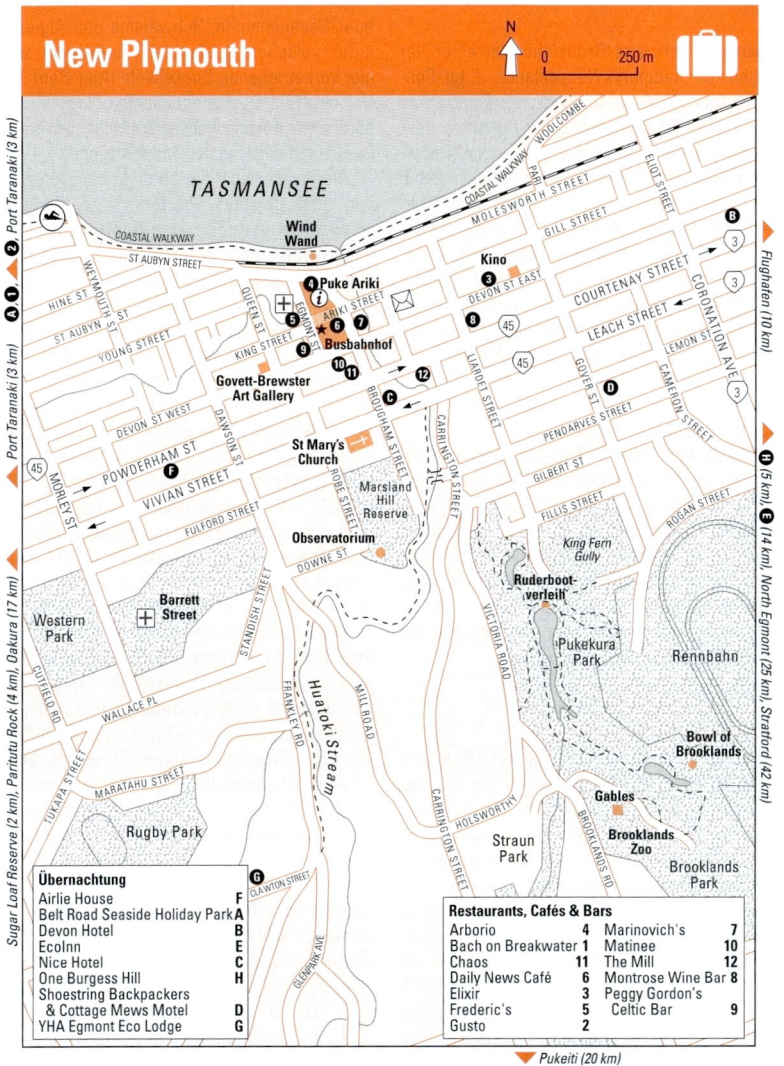

New Plymouth

N
0 — 250 m

TASMANSEE

Wind Wand

Puke Ariki

Kino

Busbahnhof

Govett-Brewster Art Gallery

St Mary's Church

Marsland Hill Reserve

Observatorium

Barrett Street

Western Park

Rugby Park

King Fern Gully

Ruderboot-verleih

Pukekura Park

Rennbahn

Bowl of Brooklands

Gables

Brooklands Zoo

Straun Park

Brooklands Park

Port Taranaki (3 km)
Port Taranaki (3 km)
Sugar Loaf Reserve (2 km), Paritutu Rock (4 km), Oakura (17 km)
Flughafen (10 km)
(5 km), (14 km), North Egmont (25 km), Stratford (42 km)
Pukeiti (20 km)

Westliche Nordinsel

Übernachtung	
Airlie House	F
Belt Road Seaside Holiday Park	A
Devon Hotel	B
EcoInn	E
Nice Hotel	C
One Burgess Hill	H
Shoestring Backpackers & Cottage Mews Motel	D
YHA Egmont Eco Lodge	G

Restaurants, Cafés & Bars			
Arborio	4	Marinovich's	7
Bach on Breakwater	1	Matinee	10
Chaos	11	The Mill	12
Daily News Café	6	Montrose Wine Bar	8
Elixir	3	Peggy Gordon's	
Frederic's	5	Celtic Bar	9
Gusto	2		

Die von Frederick Thatcher entworfene **St Mary's Church** in der Vivian Street stammt aus dem Jahr 1845 und ist damit die älteste steinerne Kirche in Neuseeland. Der strenge Bau mit imposantem Interieur aus dunklem Holz beherbergt ein beeindruckendes Maori-Denkmal von 1972 mit Schnitzereien und *tukutuku*-Geflecht.

Gleich hinter der Kirche befindet sich das Marsland Hill Reserve mit dem **Observatorium**, Robe St. Hier zeigen Mitglieder der Astronomical Society Besuchern gern die Highlights des nächtlichen Sternenhimmels. ☼ Im Sommer Di 20–22 Uhr, im Winter Di 19.30–21.30 Uhr, Spende willkommen.

Pukekura Park and Brooklands

Pukekura Park and Brooklands ist einer der schönsten Stadtparks Neuseelands. ☉ tgl. Sonnenaufgang bis zur Dämmerung, Eintritt frei. Die Anlage ist zweigeteilt: Der Pukekura Park umfasst Gewächshäuser, einen See mit Bootsverleih und ein Cricketfeld. Im freier gestalteten Brooklands Park auf dem Gelände einer ehemaligen Farm gibt es außer dem Amphitheater Bowl of Brooklands, in dem bekannte Künstler auftreten, auch zahlreiche uralte Bäume, darunter einen 2000 Jahre alten Puriri und einen gewaltigen Ginkgo. In der Nähe befindet sich in einem ehemaligen Kolonialkrankenhaus von 1847 das Gables, das eine Kunstgalerie und ein kleines Medizinmuseum umfasst. ☉ Sa und So 13–16 Uhr, Eintritt frei.

Jedes Jahr findet im Pukekura Park an Sommerabenden das **Festival of Lights** statt. Dann kann man über märchenhaft illuminierte Wege zwischen angestrahlten Bäumen schlendern und in Ruderbooten mit Lichtergirlanden (etwa $5) auf dem See herumschippern. An den meisten Abenden erklingt dazu Livemusik. ☉ Mitte Dez–Mitte Feb jeden Abend von Einbruch der Dunkelheit bis 22.45 Uhr, Eintritt frei.

Paritutu Rock und Sugar Loaf Marine Reserve

Der Hafen von New Plymouth erstreckt sich 4 km westlich des Stadtzentrums am Fuß des 200 m hohen **Paritutu Rock**, der für die Maori eine große kulturelle Bedeutung besitzt und eine nahezu perfekte natürliche Festung bildet, die auch heute noch die Grenze zwischen den Territorien Taranaki und Te Atiawa markiert. Wer will, kann ihn ersteigen. Der Zugang liegt an einem Parkplatz am Centennial Drive, der von der Vivian Street ausgeschildert ist. Es handelt sich um eine steile Kletterpartie von 20–50 Min. Dauer hin und zurück. Ein Stahlseil bietet Halt, und als Belohnung wartet oben ein großartiger Ausblick auf die Küste und eine Gruppe von Felsinseln, die das vom DOC verwaltete Schutzgebiet **Sugar Loaf Marine Reserve** bilden. Die Inseln, erodierte Überbleibsel uralter Vulkane, sind Lebensraum für seltene Pflanzen, Zwergpinguine, Sturmvögel und Dunkle Sturmtaucher. Im Wasser leben rund 67 Fischarten und eine Fülle farbenpräch-

tiger Seeanemonen, Schwämme und Algen in unterseeischen Schluchten. Außerdem sind hier vorbeiziehende Buckelwale (Aug–Sep) und Delphine (Okt–Dez) zu beobachten. Neuseelands nördlichste Kolonie Neuseeländischer Seebären bevölkert die Felsen der Gezeitenzone.

Die Inseln selbst dürfen nicht betreten werden, doch **Chaddy's Charters**, ✆ 06/758 9133, veranstaltet unterhaltsame **Bootsausflüge** (je nach Wetterlage 2–3x tgl., 1 Std., $30) in einem alten Rettungsboot.

Carrington Road

Wer ein eigenes Fahrzeug hat, sollte von New Plymouth aus der Carrington Street (die später in die Carrington Road übergeht) Richtung Süden zu den Ausläufern des Taranaki folgen. Erster Zwischenstopp ist nach 8 km das reizende historische **Hurworth Cottage**, 906 Carrington Rd, ✆ 06/753 3593, aus dem Jahr 1856. Sein ursprünglicher Bewohner war Harry Atkinson, später viermaliger Premierminister Neuseelands, der für das Frauenwahlrecht und den Sozialstaat eintrat. ☉ Sa, So 11–15 Uhr und nach Vereinbarung, Eintritt $5.

Rund 20 km südlich von New Plymouth liegt **Pukeiti**, 2290 Carrington Rd, 🖥 www.pukeiti.org.nz, ein Regenwaldpark mit Neuseelands größtem Bestand an Rhododendren und Azaleen. Am farbenprächtigsten präsentiert sich der Park von Ende Oktober bis Anfang November beim Taranaki Rhododendron and Garden Festival, 🖥 www.rhodo.co.nz. ☉ tgl., Sep–März 9–17, April–Aug 10–15 Uhr, Eintritt $12.

Übernachtung

New Plymouth bietet eine Reihe von Unterkünften zu moderaten Preisen. Weitere Übernachtungsmöglichkeiten gibt es in der Nähe der Stadt, etwa im Surfstrandort Oakura (s. S. 299) oder an den Hängen des Taranaki (s. S. 295). Motels säumen die Zufahrtstraßen ins Stadtzentrum.

Hotels, Motels und B&Bs

Airlie House, 161 Powderham St, ✆ 06/757 8866, 🖥 www.airliehouse.co.nz. Elegantes B&B in einer geräumigen Villa aus den 1880er-Jahren, modern einrichtet. Der „Drawing Room" mit Sitzbank in der Fensternische und das Studio-

Nice Hotel, 71 Brougham St, ☎ 06/758 6423, 🖳 www.nicehotel.co.nz. Rechtzeitige Reservierung ist ratsam, um eins der 7 individuell eingerichteten Zimmer in dieser charmanten Herberge abzustauben, die mit Designer-Bädern, zeitgenössischer Kunst und luxuriösen Details erfreut. Das dazugehörige Restaurant **Table** (nur Abendessen; Hauptgerichte $35) genießt einen guten Ruf für seine französisch inspirierte Küche. ❼

apartment mit Küche verfügen jeweils über ein eigenes Bad. Das Badezimmer des „Garden Room" mit Blick auf den blühenden Vorgarten hat sogar eine Wanne mit Klauenfüßen. B&B ❺ **Devon Hotel**, 390 Devon St East, ☎ 0800/ 843 338, 🖳 www.devonhotel.co.nz. Schickes Businesshotel mit beheiztem Pool und Jacuzzi, unterschiedlichen Zimmern und einigen teuren Suiten sowie Buffet-Restaurant. Zimmer ❻–❼, Suite ❽ **One Burgess Hill**, 1 Burgess Hill Rd, ☎ 06/757 2056, 🖳 www.oneburgesshill.co.nz. Mit dem Auto 5 Min. vom Stadtzentrum entfernt liegt inmitten idyllischer grüner Hügel mit grasenden Schafen dieses Ensemble schöner Studios und Apartments (teils mit offenem Kamin). Zur Ausstattung gehören ultramoderne Küchen und geradezu dekadente Bäder. Studio ❺, Apartment mit 1 Schlafzimmer ❻, mit 2 Schlafzimmern ❼

Hostels und Campingplätze

Belt Road Seaside Holiday Park, 2 Belt Rd, ☎ 0800/804 204, 🖳 www.beltroad.co.nz. Schön gelegener Platz auf Klippen am Meer, zu Fuß 20 Min. vom Stadtzentrum. Camping $16, Cabins und Units (teils mit Bad). ❷–❸ **Ecoinn**, 671 Kent Rd, nahe SH3, zwischen New Plymouth und Egmont Village, ☎ 06/752 2765, 🖳 www.ecoinn.co.nz. Nur 3 km von der Grenze zum Egmont National Park liegt diese Unterkunft auf einer Ökofarm, die durch Windräder, ein Wasserrad und Solarzellen mit Strom versorgt wird. Außerdem gibt es eine holzbefeuerte Hot Tub und gute Wandermöglichkeiten in der

Nähe. Abholung auf Anfrage. Camping $15/Pers, Dorm $26–30, Zimmer ❶ **Shoestring Backpackers & Cottage Mews Motel**, 48 Lemon St, ☎ 06/758 0404, 🖳 www. shoestring.co.nz. Die Gäste haben die Qual der Wahl zwischen dem reizenden Altbau mit geräumiger Küche und einer Lounge voller Bücher oder den fröhlichen Motel Units zum Schnäppchenpreis gleich nebenan. Dazu gibt's eine Sauna ($5/Pers.) und kostenlose Surfboard-Nutzung. Camping $18, Dorms $28, Zimmer ❷, Unit ❸ **YHA Egmont Eco Lodge**, 12 Clawton St, ☎ 06/753 5720, 🖳 www.mttaranaki.co.nz. Das freundliche Hostel in einer von Farn überwucherten Schlucht ist vom Stadtzentrum aus auch über einen bequemen, 15-minütigen Spaziergang an einem Flüsschen entlang zu erreichen. Jeden Abend gibt es kostenlos eine Portion Egmont-Kuchen (einen selbst gebackenen kegelförmigen Schokoladenkuchen mit Zuckerguß auf dem „Gipfel"), und wer mag, kann sich an der Handfütterung der Flussaale oder der hauseigenen Tauben beteiligen. Check-in ab 17 Uhr. Zeltstellplätze ab $18, Dorms ab $28, Zimmer ❷, Apartment ❸

Essen und Unterhaltung

Die meisten Cafés, Restaurants und Kneipen von New Plymouth befinden sich an der so genannten Devon Mile, womit der Abschnitt der Devon Street zwischen Dawson Street und Eliot Street gemeint ist. In letzter Zeit ist ein zweiter kulinarischer Hotspot am Port Taranaki, mit Blick aufs Wasser, entstanden. **Arborio**, im Puke Ariki, mit Blick auf den Wind Wand, ☎ 06/759 1241. Tolles modernes Café mit

Originelle Köstlichkeiten

Elixir, 117 Devon St East. Cooles Café, dessen Wände mit Plakaten für bevorstehende Festivals und Konzerte gepflastert sind. Hier gibt es frisch gebackene Muffins, Bagels, Wraps und leckere Hauptgerichte ($16,50–26) wie Huhn in Pekannuss-Panade oder in Ahornsirup gebackenes Gemüse. Mit Alkoholausschank. 🕐 So und Mo abends geschlossen.

Westliche Nordinsel

kreativen Frühstücksangeboten (u. a. dem deftigen englischen Pfannengericht *bubble and squeak*), köstlichen Abendgerichten von Steaks bis zu Muscheln und Alkoholausschank.

Bach on the Breakwater, Ocean View Parade, Port Taranaki, ℡ 06/769 6967. Das rustikale Café mit Holzterrasse zum Hafen serviert tagsüber beliebte Snacks wie Nachos und abends moderne Küche (Hauptgerichte $24,90–35). Alkoholausschank. ◷ Mi–So.

Chaos, 36 Brougham St. Im Mittagsgedränge ist die Bedienung in diesem kunstsinnigen, nur tagsüber geöffneten Café schon mal etwas schleppend, was den Gästen immerhin genug Zeit lässt, die ausgefallenen Metallskulpturen und Konstruktionen aus Recycling-Holz zu würdigen. Der Kaffee, die Thekengerichte und leichten Mahlzeiten sind die Wartezeit wert.

Daily News Café, Level 1 in der Stadtbücherei, Ariki St. Kleines, ruhiges Café, das tagsüber aktuelle nationale und internationale Tageszeitungen, Kaffee und Snacks bietet.

Frederic's, King St, Ecke Egmont St, ℡ 06/758 9788. Zwangloses Restaurant mit vielen mediterran und mexikanisch beeinflussten Häppchentellern ($6,50–17,50) sowie Hauptgerichten ($17,50–22) wie Rinderfilet mit hausgemachten Pommes frites.

Gusto, Ocean View Parade, Port Taranaki, ℡ 06/759 8133. Das vornehme Restaurant mit hervorragendem Preis-Leistungs-Verhältnis (Hauptgerichte $22–24), das sich hinter dem riesigen, flaschengrünen Geschäft von Taranaki Hunting & Fishing versteckt, reicht moderne Küche in minimalistisch-elegantem Rahmen.

Marinovich's, 19 Brougham St, ℡ 06/758 4749. Das wunderbar altmodische Seafood-Restaurant mit glänzendem Linoleumboden ist seit 1927 eine Institution in New Plymouth. Fabelhafter frischer Fisch, Paua, Whitebait-Omeletts, Austern und gute Steaks (Hauptgerichte $22–42,50). ◷ Mo–Fr Mittag- und Abendessen, Sa nur Abendessen.

Matinee, 69 Devon St West. Coole Café-Bar in einem ehemaligen Theater (daher der Name). Freitag- und samstagabends sorgen DJs und Bands für Stimmung. ◷ Café tgl. bis 22 Uhr, Bar Di–Sa 16–3 Uhr.

The Mill, 2 Courtenay St. Großer Komplex um eine ehemalige Getreidemühle mit mehreren Bars für Nachtschwärmer. Große Auswahl an Biersorten und Snacks. Gelegentlich Livemusik, ansonsten am Wochenende Chart-Hits vom DJ.

Montrose Wine Bar, 49 Liardet St. Unglaubliche 130 oder mehr offene und über 240 Flaschenweine (dazu 1000 weitere im benachbarten Bottle Shop) sowie sorgfältig ausgewählte Biere aus Kleinbrauereien machen diese holzgetäfelte Weinbar zu einer beliebten Adresse. ◷ Di–Do 16–22, Fr und Sa 11–23 Uhr.

Peggy Gordon's Celtic Bar, Egmont St, Ecke Devon St. Große Auswahl an Whisky-Sorten, 12 Biere vom Fass, preiswerte Mahlzeiten (Dubliner Hühnerpastete, Kaninchen usw.) und regelmäßig irische Livemusik – das alles kommt bei Einheimischen und Reisenden gleichermaßen gut an. In der Basement Bar treten alternative Bands auf.

Sonstiges

Feste

In jedem ungeraden Jahr findet hier Ende Juli–Anfang Aug das **Taranaki Festival of the Arts**, ⌨ www.taranakifest.org.nz, statt. Außerdem richtet die Stadt alljährlich Mitte März das **WOMAD**, ⌨ www.womad.co.nz, aus. Bei dem 3-tägigen Weltmusikfestival treten Hunderte von Künstlern aus aller Welt auf sechs Bühnen auf; dazu gibt es Workshops und einen „Global Village"-Markt.

Informationen

i-SITE Visitor Centre, 65 St Aubyn St, ℡ 06/759 6060, ⌨ www.newplymouthnz.com, im Foyer des Puke Ariki Museum. Hier gibt es auch Informationen über und Hüttentickets für den Egmont National Park. ◷ Mo, Di, Do und Fr 9–18, Mi 9–21, Sa und So 9–17 Uhr.

Kino

Skycity Cinema, 119-125 Devon St East, ℡ 06/759 9077, zeigt Mainstream-Filme.

Post

Hauptpost, 21 Currie St.

Nahverkehr

Tranzit Coachlines, ✆ 06/765 5843,
🖳 www.tranzit.co.nz, betreibt die Regionalbusse, doch das Streckennetz ist nicht
besonders umfangreich, und die Busse fahren
selten.

Mehrere Unternehmen, wie **Cruise New
Zealand Tours**, ✆ 06/758 3222, und **Taranaki
Tours**, ✆ 0800/886 877, betreiben Shuttlebusse
zum Mount Egmont (hin und zurück ca. $50).
Die Fahrt zum North Egmont Visitor Centre
dauert etwa 30 Min.

Transport

Busse

Fernbusse (InterCity/Newmans und Dalroy)
halten am Busbahnhof in der 19 Ariki St,
nicht weit vom i-SITE Visitor Centre.

Busse nach:
AUCKLAND 3x tgl., 5 1/2–6 1/4 Std.;
HAMILTON 3x tgl., 3 3/4–4 3/4 Std.;
TE KUITI 3x tgl., 2 1/2 Std.;
WANGANUI 2x tgl., 2 3/4 Std.;
WELLINGTON 3x tgl., 7 Std.

Flüge

Der Flughafen liegt 12 km nordöstlich
der Stadt.
Scott's Airport Shuttle Service, ✆ 06/769 5974,
🖳 www.npairportshuttle.co.nz, setzt Fahrgäste
auf Wunsch überall im Stadtzentrum ab ($22,
bei Gruppen $3 für jede weitere Pers.).
Die Shuttles warten auf alle ankommenden
Flüge, aber eine Reservierung ist ratsam, um
auf jeden Fall einen Platz zu bekommen.

Flüge nach:
AUCKLAND 5–8x tgl., 45 Min.;
NELSON 1x tgl., 1 Std.;
WELLINGTON 4–5x tgl., 55 Min.

Egmont National Park

Der **Taranaki** (alias Mount Egmont), ein schlum-
mernder Vulkan, der zuletzt 1755 ausbrach, dominiert das gesamte westliche Drittel der Nordinsel.
Der oft mit dem japanischen Fuji verglichene
Berg bildet einen fast perfekten Kegel von 2518 m
Höhe. Im Winter ist er schneebedeckt; im Sommer bleibt dagegen nur der Krater weiß. Der
Berg liegt im Zentrum des Egmont National Park,
dessen Grenze einen Kreis von 10 km Radius um
den Taranaki bildet. Dieser Kreis wird lediglich im
Norden unterbrochen, wo der Park die Bergkette
Kaitake Range einschließt, eine ältere und ver-
witterte Verwandte des Taranaki.

Die unteren Hänge des von Weide- und
Ackerland umgebenen Bergs sind mit Busch
bedeckt. Mit zunehmender Höhe wird dieser von
verkrüppelten Bäumen abgelöst, die von den
ständigen Windböen Schlagseite haben. In noch
größerer Höhe weicht die Vegetation einer losen
Vulkanschlacke, die den Aufstieg zum Gipfel
sehr mühsam macht.

Drei asphaltierte Straßen führen die Ostseite des Bergs hinauf. Sie enden alle auf knapp
halber Höhe an Parkplätzen, von denen sich ein
140 km langes Netz von Wanderwegen in alle
Richtungen des Parks verzweigt. Von diesen
Ausgangspunkten ist **North Egmont** von New
Plymouth aus am einfachsten zu erreichen. Die
Anfahrt nach **East Egmont** führt dafür etwas höher hinauf. Besonders gute Wanderrouten und
die besten Berghütten finden sich in der Umgebung von **Dawson Falls**. Das i-SITE in New Plymouth hält jede Menge Informationen über den
Park bereit, auch über kürzere, relativ einfache
Wanderrouten. Das Haupt-Besucherzentrum des
Nationalparks ist in North Egmont (s. S. 296).

Der Aufstieg zum Gipfel ist zwar nicht zu unterschätzen, mit durchschnittlicher körperlicher
Fitness aber durchaus als Tagestour zu bewältigen. Im Winter haben Freizeitwanderer dagegen in größeren Höhen nichts verloren. Selbst
während der **Wandersaison** (Januar–Mitte April)
kann es zu beängstigend schnellen Wetter-
umschwüngen kommen, gelegentlich sogar mit
Schneefall. Auch Wanderer, die morgens bei
schönem Wetter aufbrechen, müssen sich später
am Tag durch tief hängende Wolken kämpfen.

Da es leider immer wieder zu tödlichen Unfällen kommt, sollte man sich vorher unbedingt
in einem der örtlichen Visitor Centres oder DOC-
Büros beraten lassen und die aktuelle **Wettervorhersage** beachten. Zu jeder Jahreszeit ist
warme Kleidung mitzuführen. Außerdem sollte

man mindestens einen Wandergefährten oder einen Bergführer mitnehmen und eine **Notiz mit dem Wanderziel** hinterlegen.

Eine kostenlose DOC-Broschüre mit Beschreibungen der Gipfelrouten ist bei den Visitor Centres erhältlich. Es ist auch durchaus ratsam, einen **Eispickel** mitzunehmen, der bei Kiwi Outdoors, 18 Ariki St, New Plymouth, ℰ 06/758 4152, ausgeliehen werden kann.

Transport und Guides

Da an allen drei großen Startpunkten für Wanderungen **Unterkünfte** zur Verfügung stehen, quartieren sich Wanderer meistens direkt im Park ein. Die Nordseite des Bergs ist problemlos als Tagesausflug von New Plymouth zu besuchen, die Ostseite von Stratford, denn die Ausgangspunkte der Wanderrouten sind von dort jeweils in weniger als einer Stunde mit dem Auto zu erreichen. **Shuttlebusse** verkehren sowohl von New Plymouth (s. S. 295) als auch Stratford (s. S. 298).

Für alle, die **geführte Bergwanderungen** bevorzugen, bieten Top Guides, ℰ 0800/448 433, ▣ www.topguides.co.nz, Adventure Dynamics, ℰ 06/751 3589, ▣ www.adventuredynamics.co.nz, und Mac Alpine, ℰ 0800/866 484, ▣ www.mac alpineguides.com, Buschwanderungen, Gipfeltouren und weitere, technisch anspruchsvollere Unternehmungen an. Im Sommer nimmt ein Führer normalerweise bis zu zehn Personen auf Wanderungen oder Gipfelbesteigungen mit, im Winter, auf Felsklettertouren usw. dagegen häufig nur zwei Personen. Die Preise liegen bei $300 pro Tag, zuzüglich rund $50 für jede weitere Person.

Egmont Village und North Egmont

Der bequemste und schnellste Zugang von New Plymouth zum Nationalpark ist der 13 km südöstlich der Provinzhauptstadt am SH3 gelegene Ort Egmont Village. Von dort aus führt die 16 km lange, asphaltierte Egmont Road den Berg hinauf nach **North Egmont** (960 m), dem besten Ausgangspunkt für Gipfelbesteigungen. Wer sich an den Aufstieg oder auf eine Wanderung macht, sollte zuvor unbedingt die Hauptinformationsquelle des Nationalparks aufsuchen, das **North Egmont Visitor Centre**, ℰ 06/756 0990,

✉ egmontvc@doc.govt.nz. Dort kann man Wissenswertes über den Berg erfahren, Landkarten für alle Wanderwege kaufen, die Aussicht durch Panoramafenster genießen, den aktuellen Wetterbericht einholen oder sich in das nette Café setzen, ⏱ tgl. 8–16.30 Uhr.

Zu den kürzeren Wanderungen in der Umgebung von North Egmont gehört der ungewöhnliche, stimmungsvolle Rundwanderweg (1 km, 45–60 Min., 100 m Anstieg) durch das verwunschene Tal des **Goblin Forest** mit seinen Kaikawaka-Bäumen, Hochgebirgspflanzen und knorrigen, mit Farn und Moos bewachsenen Baumstämmen.

Der Rundwanderweg **Veronica Loop Track** (2,5 km, 2 Std., 200 m Anstieg) klettert einen bewaldeten und mit Gestrüpp bedeckten Bergrücken hinauf und bietet von oben schöne Ausblicke auf die erstarrten Lavaflüsse Humphries Castle sowie auf New Plymouth und die Küste.

Da die **Wasserversorgung** in North Egmont problematisch ist, sollten Wanderer sich ihren Wasservorrat mitbringen.

Schlichte, aber gemütliche **Unterkunft** bietet das Camp House, ℰ 0800/688 2727, ▣ www. mttaranaki.co.nz, eine große Berghütte aus dem Jahr 1891 mit beheiztem Gemeinschaftsraum, komplett ausgestatteter Küche und warmen Duschen, Dorms ab $30, Zimmer ❷. Der Check-in erfolgt beim Mountain Café im Visitor Centre, ⏱ normalerweise 9–15.30, im Winter 10–15 Uhr. Auch wer nicht im Camp House nächtigt, kann tagsüber gegen $15 einige seiner Einrichtungen nutzen, z. B. den gesicherten Parkplatz, die Schließfächer und die Duschen.

In der Nähe vermietet auch das Rahiri Cottage, ℰ 0800/688 2727, ▣ www.mttaranaki.co.nz, Gästezimmer in einem schnuckeligen Pförtnerhaus aus den 1920er-Jahren am Parkeingang. ❹

East Egmont

Die am weitesten auf den Berg hinauf führende Straße ist von Stratford über die Pembroke Road zu erreichen und verläuft durch East Egmont, das nur aus einem Parkplatz und dem Mountain House besteht.

Von hier führt sie weiter bis zu **The Plateau**, einem schroffen, windgepeitschten Fleckchen in 1172 m Höhe an der oberen Route des **Around the Mountain Circuit** (s. Kasten), das im Winter als Parkplatz für das kleine **Manganui Skifield**, 🖥 www.skitaranaki.co.nz, dient.

Bei East Egmont beginnt als Teil des tiefer verlaufenden Rundwanderwegs Around the Mountain Circuit der **Curtis Falls Track** (3,5 km hin und zurück, 2–3 Std., 120 m Anstieg). Er überquert mehrere Flüsse und erreicht über Stufen und Leitern die Schlucht Manganui River Gorge, von wo er am Flussbett entlang (kein ausgewiesener Track und keine Schilder) zum Fuß eines Wasserfalls führt. Ebenfalls am Parkplatz beginnt der **Enchanted Track** (6 km hin und zurück, 3 Std., 300 m Anstieg); er verläuft zunächst durch dichte Vegetation und steigt dann zu The Plateau hinauf.

Unterkunft bietet das wunderschön gelegene und frisch renovierte Mountain House, ✆ 06/765 6100, 🖥 www.mountainhouse.co.nz, ❻, 846 m über dem Meeresspiegel. Zur Auswahl stehen Zimmer mit Bad und Selbstversorger-Chalets.

Gipfelbesteigung und Bergumrundung

Es gibt zwei **Hauptrouten zum Gipfel**, die jeweils einen ganzen Tag in Anspruch nehmen (Aufbruch gegen 7.30 Uhr). Wer den Krater besuchen will, braucht bis Januar Eispickel und Steigeisen. Für Wanderer, die mehr als einen Tag auf dem Taranaki verbringen wollen und auf die Gipfelbesteigung keinen Wert legen, könnte der **Pouakai Circuit** oder der anspruchsvolle **Around the Mountain Circuit** das Richtige sein.

Routen zum Gipfel
Die **Nordroute** zum Gipfel (10 km hin und zurück, 6–8 Std., 1560 m Anstieg) ist am einfachsten zugänglich. Sie ist auf ganzer Länge mit Stangen markiert, beginnt am Parkplatz North Egmont und folgt anfänglich der geschotterten Translator Road zur Tahurangi Lodge, einer Privathütte des Taranaki Alpine Club. Eine Holztreppe führt zur North Ridge hinauf; dann geht es über Schlackenhänge die Lizard Ridge hinauf bis zum Krater. Nach Überquerung der eisigen Passagen am Kraterrand und eines kurzen Schlackenhangs erreicht man schließlich den Gipfel.

Die längere und schlechter markierte **Südroute** (11 km hin und zurück, 8–10 Std., 1620 m Anstieg) ist ein anspruchsvolleres Vorhaben und sollte nur von Wanderern mit ausreichender Bergerfahrung in Angriff genommen werden. Hier sind Steigeisen und Eispickel zu jeder Jahreszeit unerlässlich. Die Route beginnt am Parkplatz Dawson Falls und führt zunächst zwischen Bäumen bergauf und anschließend über eine Treppe zum Lake Dive Track. Von hier aus schlängelt sich der steile und strapaziöse Weg im Zickzack die Schlackenhänge hinauf.

Around the Mountain Circuit
Diese Rundstrecke um den Berg (44 km, 3–5 Tage) ist etwas für erfahrene Kletterer. Sie beschreibt in einer Höhe zwischen 500 und 1500 m eine unregelmäßige Schleife um den Taranaki. Da der Weg nicht immer und überall instandgehalten wird, sollte man sich vor dem Aufbruch beim DOC über den aktuellen Zustand informieren und eine detaillierte topografische Wanderkarte kaufen.

Von Dezember bis Februar schmilzt der Schnee normalerweise so weit, dass gut trainierte Wanderer die noch anstrengendere **High Level Route** in Angriff nehmen können, die durch einige Abkürzungen über höher gelegene Hänge etwa einen Tag kürzer ist als die untere Route.

Am Weg liegen, gut verteilt, 6 geräumige **Hütten** (Übernachtung $15, in der kleineren Kahui Hut $5). Wer keinen vom DOC ausgestellten Jahreshüttenpass besitzt, muss sich in einem der DOC Visitor Centres Hüttentickets besorgen. **Camping** ($5, an der Kahui Hut kostenlos) ist nur neben den Hütten gestattet.

Pouakai Circuit
Der Pouakai Circuit (25 km, 2 Tage) beginnt in North Egmont, kehrt dem großen Berg den Rücken und führt um die niedrigere Pouakai Range nach Norden; unterwegs bieten sich wunderbare Ausblicke auf den Taranaki. Vor der Wanderung sollte man beim DOC aktuelle Infos einholen.

An der Route liegen die Holly Hut (36 Betten), die mitunter sehr voll wird, und die weniger beliebte Pouakai Hut (16 Betten). Die Übernachtung kostet in beiden Hütten $15. Auch hier ist **Camping** ($5) nur direkt neben den Hütten erlaubt.

Dazu gehört ein **Restaurant**, das dreigängige Menüs für $55 auftischt. ⏲ Mi–So.

Rund 5 km bergab (außerhalb des Parks an der Pembroke Road) liegt Anderson's Alpine Lodge, ✆ 06/765 6620, 🖥 www.andersonsalpine lodge.co.nz, ein Chalet im romantischen Blockhüttenstil mit drei Gästezimmern, B& B ❻.

Dawson Falls

Die südlichste Zufahrt auf den Taranaki führt über die Manaia Road zum rund 23 km westlich von Stratford und 900 m über dem Meeresspiegel gelegenen Dawson Falls. Hier befindet sich das **Dawson Falls Visitor Centre**, ⏲ normalerweise besetzt Do–So und an offiziellen Feiertagen. Draußen vor dem Centre steht ein imposanter, 8 m hoher *pou whenua* (geschnitzter Pfahl), auf dem berühmte Maori-Persönlichkeiten der Region abgebildet sind.

Nur sehr erfahrene Bergsteiger sollten von hier aus den Gipfelsturm wagen, aber beim Visitor Centre gehen mehrere einfachere Wanderpfade ab, insbesondere ein kurzer Weg zur **Dawson Falls Power Station**. Das kleine Wasserkraftwerk versorgt die Dawson Falls Mountain Lodge schon seit 1935 mit Strom.

Auch bietet sich ein Spaziergang zum 17 m hohen **Wasserfall** Dawson Falls an (600 m hin und zurück, 40 Min., 30 m Anstieg), der über den Rand eines erstarrten Lavastroms in die Tiefe stürzt. Diese Wanderung beginnt ein Stück die Straße hinunter und lässt sich um den **Kapuni Walk** (hin und zurück 1 km, 1 Std., 50 m Anstieg) verlängern.

Ein weiterer Wanderweg führt zum **Wilkies Pool** (1 km Rundwanderung, 1 Std., 100 m Anstieg), wo das aus der Kapuni-Schlucht kommende Wasser in mehreren Stufen durch einige Felsbecken stürzt. Ein anspruchsvollerer Wanderweg (2 km, 1,5–2 Std., 100 m Anstieg) hat **Hasties Hill** zum Ziel. Er quert die Bergflanke zu einem Aussichtspunkt und führt auf demselben Weg wieder zurück.

Die **Übernachtungsmöglichkeiten** reichen von der Konini Lodge, ✆ 06/756 0990, ($20), einer Art riesiger, vom DOC betriebener Berghütte (Schlafsack nicht vergessen) mit warmen Duschen und Küche bis zur feudalen Dawson Falls Mountain Lodge in der Nähe, ✆ 06/765 5457,

🖥 www.dawson-falls.co.nz, die neben einer schönen Aussicht von den meisten Zimmern auch elegante und zwanglose Speisemöglichkeiten sowie eine Bar und Sauna für Schlechtwetterphasen bietet. ❼

Stratford

Etwa auf halber Strecke zwischen New Plymouth und Hawera liegt 23 km südlich von Inglewood das Städtchen Stratford, der östliche Zugang zu den Hängen des Taranaki, insbesondere nach East Egmont und Dawson Falls. Wer zur zentralen Nordinsel unterwegs ist, findet in Stratford den Ausgangspunkt des malerischen Forgotten World Highway (s. S. 287).

Die Hauptsehenswürdigkeit des Orts ist sein kitschiger pseudo-elisabethanischer **Uhrturm**, der 1996 gebaut wurde. Um 10, 13, 15 und 19 Uhr erscheinen lebensgroße Romeo-und-Julia-Figuren; dazu erklingen Shakespeare-Zitate. Außerdem sind alle Straßen nach Figuren aus Shakespeare-Stücken benannt.

In einem Gässchen gegenüber dem Uhrturm befindet sich das **i-SITE Visitor Centre**, Prospero Place, ✆ 06/765 6708, 🖥 www.stratford.govt.nz. ⏲ Mo–Fr 8.30–17, Sa u. So 10–15 Uhr.

Eastern Taranaki Experience, ✆ 06/765 7482, 🖥 www.eastern-taranaki.co.nz, befördert Besucher per **Allradfahrzeug** zum Berg ($20 zum Plateau, mind. 2 Pers.) und vermietet **Ski- und Snowboard-Ausrüstung** (Skier, Schuhe, Stöcke $40).

Die **Busse** von InterCity, NakedBus und Dalroy Express halten am i-SITE Visitor Centre, Prospero Place.

SH45: der Surf Highway

Die beste Route um die Taranaki-Halbinsel ist der Surf Highway (SH45) zwischen New Plymouth und Hawera. Er verläuft größtenteils etwa 3 km von der Küste, wobei immer wieder kleine Stichstraßen zu winzigen, unbewohnten Buchten abzweigen.

Die Strecke ist zwar nur rund 100 km lang, kann aber mit Abstechern zu den hübschen Stränden gut einen halben Tag in Anspruch nehmen. Wer auf den verlässlichen Wellen reiten will, sollte noch mehr Zeit einplanen.

Auch die Bedingungen zum Windsurfen sind gut, denn hier weht fast beständig auflandiger Wind. Surfstrände gibt es viele; die dazugehörige Infrastruktur findet sich hauptsächlich in **Oakura** und im ruhigeren **Opunake**. Zwischen den beiden Orten liegt **Cape Egmont** mit seinem malerischen Leuchtturm.

Oakura

Der Ort 17 km westlich von New Plymouth hat sich dank der Surfer einen Hauch von Gegenkultur bewahrt. Oakura hat kein Visitor Centre, aber die Bibliothek in der Hauptstraße neben der TSB Bank kann mit Auskünften aushelfen. ◷ Mo–Fr 8–17, Sa 8–12 Uhr. Surfboards kann man bei Vertigo, 605 Main St, ✆ 06/752 7363, 🖥 http://thewavehaven.co.nz, leihen; sie bieten auch Windsurf-Unterricht für $75/2 Std.

Der Oakura Beach Holiday Park, 2 Jan Terrace, ✆ 06/752 7861, 🖥 www.oakurabeach.com, hat Stellplätze ($18), Cabins ❷ und Units ❹. Als nette Alternative bieten sich die Ahu Ahu Beach Villas an, 321 Ahu Ahu Rd, ✆ 06/752 7370, 🖥 www.ahu.co.nz, mehrere hübsche Strandvillen für je vier Personen auf einer Anhöhe am Ozean, errichtet aus recycelten Baumaterialien und ausgestattet mit allem modernen Luxus, ❼–❽.

Am SH45 drängen sich einige flippige Kunsthandwerksläden und Cafés.

Cape Egmont und Opunake

Bei Pungarehu, rund 25 km südwestlich von Oakura, zweigt die Cape Road 5 km nach Westen ab zum gusseisernen Turm des **Cape Egmont Lighthouse**. Der Leuchtturm wurde 1877 von der nördlich von Wellington gelegenen Insel Mana hierher verfrachtet und steht auf einer Anhöhe am westlichsten Punkt des Kaps an der windgepeitschten Küste Taranakis. Mit dem schneebedeckten Berg als Kulisse ist dies besonders bei Sonnenuntergang ein herrliches Fleckchen Erde.

Rund 20 km weiter liegt **Opunake**, ein großes Dorf mit schönem Sandstrand. Außer schwimmen, surfen und angeln gibt es hier nicht viel zu tun. Surfboards verleiht The Opunake Surf Co (Dreamtime), Havelock St, Ecke Tasman St. Unterkunft bietet das direkt am Strand gelegene Opunake Beach Holiday Camp, Beach Rd, ✆ 0800/758 009, 🖥 www.opunakebeachnz.co.nz,

Camping $16, Cabins ❷, Units ❸. Das beste Lokal ist das fröhliche Sugar Juice Café, 42-44 Tasman St, das außer stattlichen Frühstücksportionen auch verlockende Thekenkost (Kuchen, Muffins usw.) und Essen zum Mitnehmen anbietet. Mit Alkoholausschank. ◷ Di–So tagsüber, Mi–Sa auch abends.

Hawera

Die im Osten und Westen um den Taranaki führenden Routen treffen sich in Hawera, das von sanft-hügeligem Weideland umgeben ist. Hawera dient in erster Linie als Versorgungs- und Verwaltungszentrum für die Farmer der Gegend und ist Standort der größten Molkerei der Welt, gleich südlich der Stadt.

Hier werden 20 % der neuseeländischen Milchproduktion verarbeitet. Die Milch stammt größtenteils von Kühen, die auf Taranakis fruchtbaren Vulkanböden weiden, wird aber auch per Eisenbahn aus anderen Regionen der Nordinsel angeliefert.

Das Wahrzeichen der Stadt ist ihr alter **Wasserturm**, ein 54 m hoher Zementbau von 1914, der eine famose Aussicht über South Taranaki eröffnet, ◷ tgl. 10–14 Uhr, Eintritt $2.

Hawera war Geburts- und Heimatstadt von **Ronald Hugh Morrieson**, einem der bekanntesten Autoren Neuseelands. Er schrieb amüsante Schauerromane über das Kleinstadtleben, liebte Jazz und genehmigte sich gern den einen oder anderen Drink. Sein einziges – aber sehr passendes – Denkmal ist **Morrieson's Café and Bar** in der Victoria Street. Das Lokal hütet außer einigen seiner Bücher auch die alte Treppe aus seinem Wohnhaus, und die Tischplatten sind aus Holzbalken gefertigt, die aus Morriesons Haus gerettet wurden.

Nicht weniger kurios ist der **Elvis Presley Memorial Record Room**, 51 Argyle St, ✆ 06/278 7624, 🖥 www.digitalus.co.nz/elvis. Das Privatmuseum 10 Minuten zu Fuß vom i-SITE Visitor Centre bewahrt Tausende seltener Aufnahmen, Fotos und Erinnerungsstücke. ◷ nach Vereinbarung, Spende willkommen.

Das faszinierende **Tawhiti Museum and Bush Railway**, 401 Ohangai Rd, 🖥 www.tawhiti

museum.co.nz, beleuchtet das gesellschaftliche und technische Erbe der Maori und Pakeha der Region mittels einer einzigartigen und laufend wachsenden Ausstellung mit zahlreichen lebensgroßen Figuren, für die Einheimische Modell standen. Weitere Highlights sind das Diorama, das mit 800 Miniaturfiguren die sogenannten Musketenkriege der 1820er-Jahre nachstellt, eine außergewöhnliche Schilderung der Landkriege der 1860er-Jahre aus dem Blickwinkel eines britischen Deserteurs, der sein restliches Leben beim Volk der Ngati Ruanui verbrachte, und die kleine **Bush Railway** ($3), die an jedem ersten Sonntag im Monat, an offiziellen Feiertagen und während der Schulferien täglich 1 km weit durch eine Ausstellung über die Geschichte der Holzwirtschaft von Taranaki zuckelt. Zum Museum gehört auch ein gutes Café.

🕐 Jan tgl. 10–16, Juni–Aug So 10–16, Sep–Dez und Feb–Mai Mo und Fr–So 10–16 Uhr, Eintritt $10.

Übernachtung und Essen

Wheatly Downs Farmstay, 484 Ararata St, 5 km hinter dem Tawhiti Museum, ☎ 06/278 6523, 🖥 www.mttaranaki.co.nz. Nette Unterkunft etwas außerhalb der Stadt bietet diese idyllische Schaf- und Rinderfarm mit Blick auf den Taranaki. Zeltstellplätze ab $18, Dorms ab $30, Zimmer ❸, Zimmer mit Bad ❹.
Von den wenigen Lokalen sind am ehesten **Morrieson's Cafe and Bar** (s. S. 299) und **Il Chefs**, 47 High St, 🕐 So und Mo Ruhetag, zu empfehlen.

Sonstiges

Aktivitäten

Kaitiaki Adventures, ☎ 06/752 8242, 🖥 www.damdrop.com. Das sogenannte Dam Dropping ist eine besonders nervenkitzelnde Variante des Wildwasserfahrens. Die Teilnehmer werden mit Neoprenanzug, Helm, Flossen und einem schwimmenden Kunststoff-schlitten ausgerüstet und rutschen dann eine 6–9 m hohe Staumauer hinunter. Das macht mehr Spaß und ist weniger Angst einflößend, als es klingt. Jeder kann so oft rutschen, wie er will, und sich anschließend auf einer organisierten Tour sanft den Wainongoro River hinunter durch schöne Landschaft treiben lassen ($100).

Informationen

i-SITE Visitor Centre, 55 High St, ☎ 06/278 8599, 🖥 www.stdc.co.nz, am Fuß des Wasserturms. 🕐 Mo–Fr 8.30–17.15, Sa und So 10–15 Uhr.

Transport

Die Bushaltestelle ist am i-SITE Visitor Centre.

Patea und Bushy Park

Hinter Hawera verläuft der SH3 durch Agrarland und mitten durch **Patea**, den einzigen größeren Ort zwischen Hawera und Wanganui. Am westlichen Ende seiner Hauptstraße erinnert ein Modell des Aotea-Kanus an die Besiedlung der Gegend durch Turi und sein *hapu*. Patea hat einen guten Surfstrand an der Mündung des Patea River und einen sicheren Süßwasser-Badetümpel unterhalb der Manawapou-Befestigungsreste und des *pa*-Geländes.

Rund 47 km südöstlich von Patea und 16 km nordwestlich von Wanganui führt eine gut ausgeschilderte Seitenstraße 8 km ostwärts zur **Bushy Park Homestead & Forest**, 791 Rangitatau East Rd, 🖥 www.bushypark.co.nz. Die reizende historische Farm in einer Buschlandschaft voller Wanderwege hat B&B- und Backpacker-Unterkünfte, Dorms $25, Zimmer ❹, und betreibt ein Café mit zivilen Preisen und Alkoholausschank (fürs Abendessen rechtzeitig reservieren). Das von einem 5 km langen Zaun umgebene Gelände bietet als offizielles **Vogelschutzgebiet** u. a. Langbeinschnäppern, Neuseeland-Kuckuckskäuzen, Schwärmen von Maorifruchttauben und Nördlichen Streifenkiwis Zuflucht. 🕐 tgl. 10–17 Uhr, Tagesbesucher $6, Kinder frei.

Whanganui National Park

Auf seinem Weg von den Hängen des Mount Tongariro im Norden bis zu seiner Mündung in die Tasmansee bei Wanganui durchströmt der smaragdgrüne **Whanganui River** den Whanganui National Park, ein riesiges, kaum bewohntes und

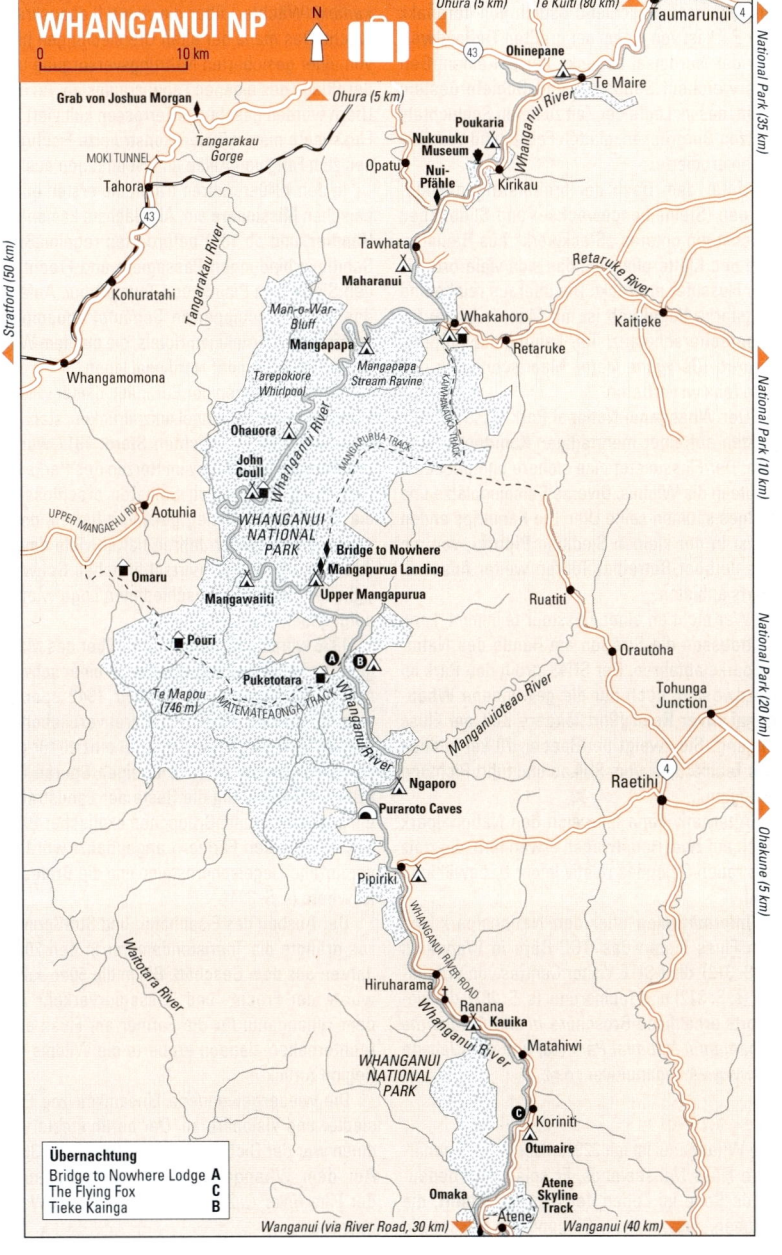

WHANGANUI NP

0 ——————— 10 km

N

Ohura (5 km) Te Kuiti (80 km) Taumarunui 4
National Park (35 km)

43 Ohinepane
Te Maire

Grab von Joshua Morgan Ohura (5 km)
Tangarakau Gorge

Whanganui River

Poukaria
Nukunuku Museum
Opatu Nui-Pfähle
Kirikau

MOKI TUNNEL
Tahora

Stratford (50 km)
43
Kohuratahi
Tawhata

Maharanui
Retaruke River
Kaitieke

National Park (10 km)

Whangamomona
Man-o-War-Bluff

Mangapapa
Whakahoro
Retaruke

Mangapapa Stream Ravine

Tarepokiore Whirlpool

KAIWHAKAUKA TRACK

Ohauora

MANGAPURUA TRACK

National Park (20 km)

John Coull

UPPER MANGAEHU RD Aotuhia

WHANGANUI NATIONAL PARK

Bridge to Nowhere
Mangapurua Landing

Omaru
Upper Mangapurua

Ruatiti

Mangawaiiti

Orautoha

Pouri

Tohunga Junction

Puketotara
MATEMATEAONGA TRACK

A B

Te Mapou (746 m)

Whanganui River

Manganuioteao River

Raetihi
4

Ohakune (5 km)

Ngaporo
Puraroto Caves

Pipiriki

WHANGANUI RIVER ROAD

Waiotara River

Hiruharama

Whanganui River

Ranana
Kauika
Matahiwi

WHANGANUI NATIONAL PARK

C Koriniti
Otumaire

Atene Skyline Track

Übernachtung

Bridge to Nowhere Lodge A
The Flying Fox C
Tieke Kainga B

Omaka Atene

Wanganui (via River Road, 30 km) Wanganui (40 km)

unwegsames Buschland östlich von Taranaki. Der Park ist von einem der größten **Tieflandwälder** der Nordinsel bedeckt, der auf einem Bett aus weichem Sandstein und Schiefergestein steht, das im Laufe der Zeit zu tiefen Schluchten, spitzen Bergrücken, glatten Felsen und Wasserfällen erodierte.

Unter dem Dach der breitblättrigen Podocarpen (Steineibengewächse) und Südbuchen wächst ein unteres „Stockwerk" aus Baumfarnen und Kletterpflanzen, das sich vielerorts bis ans Flussufer erstreckt. Die überaus reiche und lautstarke **Vogelwelt** ist mit Maorifruchttaube, Graufächerschwanz, Tui, Langbeinschnäpper, Riroriro *(Gerygone igata)*, Maorischnäpper und Streifenkiwi vertreten.

Der Whanganui National Park lässt sich am besten auf einer mehrtägigen **Kanutour** erkunden. Der Fluss bietet eine sichere und bequeme Route in die Wildnis. Diverse Campingplätze und Lodges säumen die Ufer. Die Kanutrips enden meist der kleinen Siedlung **Pipiriki**, von wo aus Jetboot-Betreiber Touren weiter flussaufwärts anbieten.

Wer nicht an einer Flusstour teilnimmt, kann stattdessen die Straßen am Rande des Nationalparks abfahren. Der SH43 streift den Park im Nordwesten, doch nur die gewundene **Whanganui River Road** führt längere Zeit am Fluss entlang. Sie zweigt bei Raetihi, 70 km südlich von Taumarunui, vom SH4 ab und führt Richtung Wanganui.

Alternativ kann man sich den Nationalpark auch auf zwei Hauptwegen erwandern, die trotz des rauen Geländes relativ leicht zu bewältigen sind.

Informationen über den Nationalpark und den Fluss bieten das DOC-Büro in Wanganui (s. S. 312), die i-SITE Visitor Centres von Wanganui (s. S. 312) und Taumarunui (s. S. 287), die vielerorts erhältliche Broschüre *In and Around the Whanganui National Park* ($3) und die Website 🖳 www.whanganuiriver.co.nz.

Geschichte

Der Whanganui ist mit 329 km der längste schiffbare Fluss Neuseelands. Er spielt eine bedeutende Rolle im Leben der hiesigen **Maori**, die glauben, dass an jeder Biegung des Flusses ein *kaitiaki* (Wächter) über die *mauri* (Lebenskraft) wacht. Das *mana* der alten Ufersiedlungen hing von einer gesicherten Nahrungsversorgung und der Pflege des eigenen Lebensraums ab: An den Ufern wurden geschützte Terrassen kultiviert, im Fluss legte man raffiniert konstruierte Fischreusen zum Fang von Aalen und Neunaugen aus.

In den 1840er-Jahren trafen die ersten europäischen **Missionare** ein. Als Nächste kamen die **Händler**, und ab 1891 beförderten regelmäßige Schiffsverbindungen Passagiere und Fracht zu den Siedlern in Pipiriki und Taumarunui. Anfang des 20. Jhs. schipperten Schaufelraddampfer **Touristen** zu vornehmen Hotels, die auf dem Weg zur Zentralregion der Nordinsel lagen.

Die Bemühungen der Europäer, dieser wilden Landschaft ihren Stempel aufzudrücken, standen oft unter einem schlechten Stern. 1917 wurde das **Mangapurua Valley** im Herzen des Parks für eine Besiedlung durch Soldaten erschlossen, die im Ersten Weltkrieg gekämpft hatten, doch schon in den 1930er-Jahren hatten viele davon ihre Farmen wegen wirtschaftlicher Schwierigkeiten und der abgeschiedenen Lage wieder aufgegeben.

1936 wurde eine Betonbrücke über das Mangapurua Valley eröffnet, doch nach einer schweren Überschwemmung im Jahr 1942 sperrte man die Brücke, siedelte die drei verbliebenen Familien um und erklärte das Tal offiziell für geschlossen. Heute sind die einzigen Spuren der früheren Besiedlung die Reste der Landstraße, ein paar alte Zäune, Grüppchen exotischer Bäume, die von den Farmern angepflanzt wurden, vereinzelte Ziegelschornsteine und die **Bridge to Nowhere** (s. S. 304).

Der Ausbau des Eisenbahn- und Straßennetzes drängte die Touristendampfer in den 20er-Jahren aus dem Geschäft. Bis in die 50er-Jahre wurde der Fracht- und Passagierverkehr auf dem Whanganui für die Farmer am Fluss aufrechterhalten; danach eroberte die Wildnis die Region zurück.

Die wiedergewonnene Einsamkeit zog Einsiedler und Visionäre an. Der berühmteste von ihnen war der Dichter **James K. Baxter** (S. 306). Auf dem Whanganui wurde übrigens auch der Film *River Queen* (2005) von Vincent Ward gedreht.

Touren auf dem Whanganui River

Kanus, Kajaks und Jetboote sind auf dem Fluss unterwegs und ermöglichen jedem Touristen eine maßgeschneiderte Tour. Der Fluss hat größtenteils den Schwierigkeitsgrad I (unterbrochen von ein paar Stromschnellen mit Schwierigkeitsgrad II) und eignet sich daher hervorragend für Kanuten mit wenig oder gar keiner Erfahrung. Dennoch darf der Fluss nicht unterschätzt werden; vor Antritt der Tour sollte man sich bei den Bootsverleihern nach eventuellen gefährlichen Strömungen erkundigen.

Der schiffbare Abschnitt des Whanganui beginnt an der Cherry-Grove-Anlegestelle in Taumarunui. Von dort aus sind es zwei Paddeltage nach **Whakahoro**, im Grunde nur eine DOC-Hütte mit Bootsrampe am Ende einer 45 km langen (größtenteils geschotterten) Straße, die von SH4 Richtung Westen abzweigt. Zwischen diesen beiden Punkten windet sich der Fluss zum Teil durch Farmland mit ein paar Straßen in der Nähe, wobei einige größere Stromschnellen zu bewältigen sind als weiter flussabwärts.

Die Fahrt geht auch an mehreren beeindruckenden Wasserfällen und dem **Nukunuku Museum** vorbei; Eintritt nach Voranmeldung unter ☎ 07/896 6365. Die Ausstellungsstücke wurden von Jock Erceg (2001 verstorben) zusammengetragen, der seinen Lebensabend damit verbrachte, die aufgegebenen Bauernhäuser der Region nach Hinterlassenschaften zu durchstöbern, bis schließlich die halbe Bevölkerung des Bezirks mitsammelte.

Ein Stück weiter befindet sich eine ehemalige Basis der Hau Hau (s. S. 414) mit zwei *nui*-Pfählen. 1862 errichteten die Hau Hau hier einen Kriegspfahl, **Rongo-nui**, dessen vier Arme in alle vier Himmelsrichtungen zeigen, um die Krieger aus sämtlichen Landesteilen zu den Waffen zu rufen. Nach Beilegung des Konflikts wurde ganz in der Nähe des Kriegspfahls ein Friedenspfahl, **Rerekore**, aufgestellt.

Flussabwärts von Whakahoro passiert man die Schlucht **Mangapapa Stream Ravine**, den angeblich an ein altes, eisernes Schlachtschiff erinnernden Felsvorsprung **Man-o-War Bluff** und den **Tarepokiore Whirlpool**, einen Strudel,

Der Whanganui River lädt zu Flussfahrten im Kanu, Kajak oder Jetboot ein.

Westliche Nordinsel

der einst einen ganzen Flussdampfer um seine Achse wirbelte.

Von Mangapurua Landing führt eine leichte Wanderung zur **Bridge to Nowhere** (1 1/4 Std. hin und zurück). Dieser Weg geht in den Mangapurua Track nach Whakahoro über.

Noch weiter flussabwärts folgt das **Tieke Kainga** (alias Tieke Marae), eine ehemalige DOC-Hütte auf dem Gelände eines uralten *pa*, das von den hier heimischen Maori wieder in Besitz genommen wurde. Man kann in Hütten übernachten oder campen, ebenso wie in der **Bridge to Nowhere Lodge** (s. „Übernachtung") auf der anderen Seite des Flusses, die sich als ausgezeichnete Basis für Aktivitäten auf dem Fluss anbietet. Der letzte Abschnitt der Tour verläuft an den Höhlen **Puraroto Caves** vorbei nach **Pipiriki**, wo die meisten Kanuten die Fahrt beenden.

Informationen und Pässe für Flusstouren

Die beste Informationsquelle für Flusstouren ist die kostenlose Broschüre *Whanganui Journey*, erhältlich bei den Visitor Centres und DOC-Büros der Region. Der Fluss ist das ganze Jahr über befahrbar, doch die **Paddelsaison** geht von Oktober bis April. Während dieser Zeit benötigen alle, die am Fluss nächtigen wollen, einen **Hut and Campsite Pass**. Diesen gibt es in zwei Varianten: „Taumarunui to Whakahoro only" ($10), gültig für zwei Tage auf dem Fluss und eine Übernachtung auf einem der drei Campingplätze am oberen Flussabschnitt, oder „Full Journey" ($45) für fünf Tage auf dem Fluss mit Übernachtung in Hütten oder auf Campingplätzen nach Wahl.

Beide Pässe sind um $15 teurer, wenn sie direkt am Fluss gekauft werden. Deshalb sollte man den gewünschten Pass vorher bei einem DOC-Büro oder i-SITE erwerben. Bei organisierten Kanutouren ist der Pass normalerweise im Preis enthalten; es empfiehlt sich aber, vorsichtshalber nachzufragen. Von Mai bis September kosten Hüttenpässe $15 (in dieser Zeit werden die Hütten betreut, sind aber nicht mit Personal besetzt), die Nutzung der Campingplätze ist kostenlos.

Da es am Fluss keine Geschäfte gibt, muss sämtliche **Verpflegung** mitgeführt werden. Die nächsten großen Supermärkte befinden sich in Taumarunui und Wanganui.

Abgesehen von den Hütten und Campingplätzen gibt es noch zwei Unterkünfte:

Bridge to Nowhere Lodge, ☎ 0800/480 308, 🖥 www.rivercitytours.co.nz. Die nur per Fluss erreichbare Unterkunft an der Uferböschung bietet einfache Dorms, DZ und ein Zweibett-Zimmer, alle mit Gemeinschaftsbad. Gäste haben die Wahl zwischen Selbstversorgung (ab $45 p. P.) oder Halbpension mit Übernachtung, Frühstück und Abendessen (ab $125). Für Nicht-Kanuten gibt es ein Pauschalangebot mit Jetboot-Transfer von und nach Pipiriki (je 30 Min.), einem Ausflug zur Bridge to Nowhere, Übernachtung und Mahlzeiten ($235).

Tieke Kainga, zwanglose Unterkunft am anderen Flussufer, wo man gegen eine kleine Spende in großen Hütten übernachten oder auf Terrassen am Fluss zelten kann. Alkohol ist auf dem Gelände nicht erlaubt. Falls zufällig Bewohner zugegen sind, kann daraus ein zwangloses kulturelles Erlebnis werden. Eine Reservierung ist über die Bridge to Nowhere Lodge möglich, aber nicht zwingend erforderlich.

Die schnellste Fortbewegungsmöglichkeit auf dem Fluss ist eine **Jetboot-Tour**. Alle Anbieter fahren die Ausgangspunkte von Wanderwegen an, setzen ihre Passagiere ggf. zu mehrtägigen Wanderungen ab oder steuern ganz nach Wunsch auch andere Ziele am Fluss an, doch das Hauptziel ist die Bridge to Nowhere, die von Pipiriki aus leichter zu erreichen ist. Da diverse Jetboot-Unternehmen um die Touristendollars konkurrieren, bleibt die berühmte Ruhe und Einsamkeit des Flusses manchmal auf der Strecke.

Am besten lässt sich die Schönheit und Abgeschiedenheit des Flusses auf per **Kanu oder Kajak** genießen. Das Angebot reicht von ein- bis zu fünftägigen Ausflügen. Die meisten Anbieter haben sowohl Touren als auch Kanu- und Kajakverleih im Programm. Sie haben praktisch alles für eine solche Tour Benötigte (mit Ausnahme von Schlafsäcken) und übernehmen in der Regel auch den Transfer zum Fluss und wieder zurück. Üblicherweise beginnen die Touren in Taumarunui, in National Park oder in Ohakune.

Die 2-tägigen Kanu- und Kajaktouren führen in der Regel über den oberen Flussabschnitt von Taumarunui nach Whakahoro, doch die meisten Touristen bevorzugen die landschaftlich reizvolleren 3-tägigen Touren von Whakahoro nach Pipiriki oder umgekehrt. Die 5-tägigen Touren befahren den gesamten Flussabschnitt zwischen Taumarunui und Pipiriki; von dort aus noch weiter flussabwärts fährt dagegen kaum jemand.

Kanutouren und -verleiher

Awa Tours, ℅ 06/385 8297, 🖳 www.wakatours.net. Die ausgezeichneten Kanutouren (3 Tage, $650) ab Whakahoro auf dem landschaftlich schönen mittleren Flussabschnitt sollen auch den kulturellen Austausch fördern. So lernen die Teilnehmer unterwegs, den Fluss und die Umgebung aus der Maori-Perspektive zu sehen, unternehmen Buschwanderungen und nächtigen in *marae*-Unterkünften.

Blazing Paddles, 1033 SH4, 10 km südlich von Taumarunui, ℅ 0800/252 946, 🖳 www.blazingpaddles.co.nz. Ausrüstungsverleih von 1 bis zu 5 Tagen für Kanutouren auf eigene Faust, Preise inkl. Transfer und DOC Hut and Camp Pass ab $80 p. P. (ab zwei Personen, Einzelne zahlen einen Zuschlag).

Bridge to Nowhere, s. S. 304. Die Bridge to Nowhere Lodge bietet gut organisierte Kombitouren an: von Pipikiri per Jetboot flussaufwärts und mit dem Kanu zurück.

Wades Landing Outdoors, ℅ 0800/226 631, 🖳 www.whanganui.co.nz. Der Veranstalter mit Sitz in Whakahoro bietet Kanu- bzw. Kajaktouren in Eigenregie, z. B. 3 Tage von Whakahoro nach Pipiriki ($150) oder eine Tagestour mit dem Kajak flussabwärts und per Jetboot zurück ($125).

Yeti Tours, ℅ 0800/322 388, 🖳 www.yetitours.co.nz. Flusstouren mit und ohne Führer von 2 Tagen ($375) bis zu 5 Tagen ($765), inkl. Transfer zu Startpunkten für Flusstouren oder Wanderungen. Außerdem vermietet der Veranstalter Ausrüstung (Kanus/Kajaks ab $140/2 Tage, Campingausrüstung ab $35 p. P./Tag) und bietet jede Menge Tipps und Unterstützung.

Jetboot-Tourveranstalter

Bridge to Nowhere, s. S. 304. Sehr beliebte, häufige Touren von Pipiriki aus, meistens zur Bridge to Nowhere (4 Std.; $115 hin und zurück).

Spirit of the River Jet, ℅ 0800/538 8687, 🖳 www.spiritoftheriverjet.co.nz. Verschiedene Touren vom Pungarehu Marae flussaufwärts, u. a. zur Bridge to Nowhere (ab $125).

Wades Landing Outdoors, s.links. Jetboot-Trips von entspannten Sightseeingtouren und Museumsbesuchen bis zum Besuch der Bridge to Nowhere (5–6 Std; $150).

Whanganui River Adventures, ℅ 0800/862 743, 🖳 www.whanganuiriveradventures.co.nz. Der kleine Veranstalter bietet Tages-Jetbootausflüge von Pipiriki zur Bridge to Nowhere ($115), diverse andere Touren und einen Shuttleservice für Wanderer.

Whanganui Scenic Experience, ℅ 0800/945 335, 🖳 www.whanganuiscenicjet.com, s. S. 305. Touren auf dem unteren Flussabschnitt und zur Bridge to Nowhere (ab $135).

Wandern im Whanganui Park

Einer der wenigen Wege zur Erkundung der tiefen, wilden Täler und von Busch überwucherten Hänge ist der wunderbare **Mangapurua Track** (eine Strecke 40 km; 3 Tage; 660 m Anstieg), der durch teils überwuchertes ehemaliges Farmland führt. Von Oktober bis April sind die Bedingungen für Wanderer am besten. Hütten und Campingplätze werden vom DOC verwaltet. Genauere Infos und Transportangebote gibt es bei den Veranstaltern von Jetboot- und Kanutouren.

Whanganui River Road

Die südlichen Ausläufer des Nationalparks sind von dem kleinen Ort Raetihi am SH4 nahe Ohakune oder von Wanganui (s. S. 307) aus über die nur teilweise asphaltierte Whanganui River Road zu erreichen. Die Straße führt am östlichen Flussufer entlang von **Pipiriki** 79 km flussabwärts bis nach Upokongaro, in unmittelbarer Nähe von **Wanganui**. Die holprige, gewundene Straße wird oft durch Überschwemmungen oder Erdrutsche

Whanganui River Road Mail Run

Wenn die Zeit nicht reicht, um ein paar Tage durch den Whanganui National Park zu paddeln, bleibt als nette Alternative eine **Rural Mail Coach Tour**, ✆ 06/347 7534, 🖥 www.whanganui tours.co.nz, Mo–Fr, $55. Es handelt sich um einen echten Postzustelldienst, der bei den Häusern der Postempfänger an der Strecke, aber auch an touristisch interessanten Stellen anhält. Da die Tour früh startet (die Teilnehmer können eine Vereinbarung von Unterkünften in Wanganui abgeholt werden) und u. U. bis zum Spätnachmittag dauert, sollten die Teilnehmer sich entweder Proviant mitbringen oder das für $12 angebotene Mittagessen bestellen, denn unterwegs gibt es nirgends Stärkungen zu kaufen. Außerdem werden auch Kanutouren ab Pipiriki, ein Shuttleservice für Wanderer und Jetboot-Touren angeboten.

unterbrochen und nimmt selbst bei besten Bedingungen mindestens zwei Stunden in Anspruch.

Die 1934 eröffnete Landstraße schlängelt sich zwischen Fluss, Weideland und den stark bewaldeten Ausläufern des Whanganui National Park dahin und bildet die Versorgungsader für die rund 400 Bewohner der Gegend. Es gibt so gut wie keine **Versorgungseinrichtungen** an der Strecke, d. h. keine Geschäfte, Kneipen oder Tankstellen und nur ganz wenige Übernachtungsmöglichkeiten. Wer die Straße nicht selbst befahren mag, kann sich einer Bustour von Wanganui aus anschließen (s. Kasten). Eine genaue Beschreibung der Straße findet sich in der kostenlosen, weithin erhältlichen Broschüre *Whanganui River Road*.

Pipiriki

Die südlichen Ausläufer des Whanganui National Park erreicht man von Raetihi über die kurvenreiche, 27 km lange Straße nach Pipiriki am Whanganui River.

Hiruharama

13 km südlich von Pipiriki liegt Hiruharama (was in Maori-Sprache „Jerusalem" bedeutet), ehemals ein Maori-Dorf mit katholischer Mission.

Heute ist Hiruharama vor allem als der Ort bekannt, an dem die **Kommune von James K. Baxter** Anfang der 1970er-Jahre ihre kurze Blütezeit erlebte. Neben Baxter, einem der berühmtesten (und berüchtigtsten) Dichter Neuseelands, ließen sich Hunderte seiner Anhänger in dieser Gegend nieder. Baxter konvertierte zum katholischen Glauben, war aber gleichzeitig ein überzeugter Verfechter der freien Liebe auf seiner Suche nach dem „Neuen Jerusalem". Er war der religiöse Führer einer Anhängerschar, die sich als *nga moki* („die Vaterlosen") bezeichnete und sich nach seinem Tod im Jahre 1972 schnell auflöste.

Das Haupthaus der Kommune steht auf einem Hügel nordöstlich der Kirche; Baxter selbst liegt unmittelbar unterhalb des Hauses begraben. Wer sein Grab besuchen möchte, kann sich an die verbliebenen Sisters of Compassion („Schwestern des Erbarmens") wenden, die noch immer neben der **Kirche** wohnen (von Norden kommend die erste Auffahrt, zu erkennen an einem Briefkasten mit der Aufschrift „The Sisters"). Das 1892 gebaute Gotteshaus beherbergt einen von Maori entworfenen und geschnitzten Altar.

Das renovierte Holzgebäude des ehemaligen Klosters, ✆ 06/342 8190, 🖥 www.compassion. org.nz, bietet heute einfache **Dorms** ($20) mit Selbstversorgung für bis zu 20 Personen; ein Schlafsack ist mitzubringen.

Von Moutoa Island nach Koriniti

Moutoa Island, 6 km von Hiruharama, war 1854 Schauplatz einer erbitterten Schlacht, bei der die Maori vom Unterlauf des Flusses die aufständischen Hau-Hau-Krieger besiegten und damit sowohl das *mana* des Flusses als auch das Leben der flussabwärts in Wanganui lebenden europäischen Siedler retteten. 1 km weiter liegt die winzige Ortschaft **Ranana** mit einer katholischen Missionskirche, in der auch heute noch Messen abgehalten werden.

Die einzige nennenswerte Siedlung an diesem Abschnitt der River Road ist **Koriniti**, 19 km von Hiruharama. Der Ort hat eine reizende kleine Kirche und drei traditionelle Maori-Gebäude (alle in derselben Nebenstraße); am interessantesten ist das Versammlungshaus aus den 1920er-Jahren. Es handelt sich um eine private Siedlung. Besucher können die Kirche betreten, sollten sich aber ansonsten mit dem Blick von der Straße begnügen, sofern sie nicht ausdrücklich eingeladen werden.

Unmittelbar südlich von Koriniti gibt es eine ganz besondere **Unterkunft**: The Flying Fox, ✆ 06/ 342 8160, 🖥 www.theflyingfox.co.nz, ist ein abgelegenes, romantisches Refugium, das per Boot oder mit einer rustikalen Seilbahn zu erreichen ist (unbedingt reservieren). Drei fantasievolle, aus Fundstücken und recycelten Baumaterialien errichtete Unterkünfte bringen den Gästen das Outdoor-Leben zwischen Biogärten und Busch nahe. Mit Holz beheizte Busch-Badewannen, Solarduschen, geruchlose Komposttoiletten und ein paar Spinnen, die die Moskitos in Schach halten, tragen zur besonderen Atmosphäre bei. Das James K Cottage für 5 Pers., ❼, das Brewhouse für 3 Pers., ❼, und der einem Zigeunerwagen nachempfundene Glory Cart, ❸, sind allesamt mit Einrichtungen für Selbstversorger und einer faszinierenden Sammlung von Büchern, Vinyl-LPs und CDs ausgestattet. Außerdem besteht auch die Möglichkeit zu campen ($15). Die Gäste können sich selbst verpflegen oder nach Vorbestellung Frühstück (größtenteils aus Bioprodukten) bekommen und **Kanutouren** buchen (ab $85/3 Std.).

Von Atene zum SH4

Fast 10 km südlich von Koriniti verweist ein Schild auf den **Atene Viewpoint Walk** (5 km hin und zurück, 2 Std., 100 m Anstieg). Dieser bietet wunderbare Aussichten auf den Berg Puketapu, der einst eine vom Whanganui umflossene Halbinsel war. Der Fluss grub sich im Laufe der Zeit eine „Abkürzung" durch die Landbrücke, sodass die Flussschleife um den Berg herum schließlich austrocknete.

Der Viewpoint Walk ist der erste Abschnitt des **Atene Skyline Track** (18 km Rundwanderung, 6–8 Std.), der im weiten Bogen einem sanft ansteigenden Höhenrücken folgt und zuletzt 2 km an der Straße entlang zum Startpunkt zurückführt.

Weiter flussabwärts säumen die **Oyster Shell Cliffs** die Straße, steile Felswände mit eingebetteten Resten von Austerschalen. Ganz in der Nähe ist der Sitz von Whanganui Scenic Experience (s. S. 305), einem Veranstalter von Jetboot-Touren.

Bald darauf schraubt sich die Straße zum **Aramoana Lookout** hinauf, der einen letzten Blick auf den Fluss in der Tiefe gewährt. An klaren Tagen kann man bis zum Mount Ruapehu am nordöstlichen Horizont schauen. Von dem Punkt, an dem die River Road auf den SH4 stößt, sind es noch 14 km bis nach Wanganui.

Wanganui

Das Zentrum von Wanganui hat einen gewissen altmodischen Charme, eine Gemächlichkeit, die gut zu seinem träge dahinströmenden Fluss passt und sich in seinen Museen und dem gepflegten Stadtbild spiegelt. Die Stadt am Ufer des Whanganui River gehört zu den ältesten in Neuseeland und wurde dank ihrer Verbindungen ins Landesinnere sowie der Küstenanbindung an die Häfen von Wellington und New Plymouth zum Zentrum des frühen Handels mit Europa.

Der Flussverkehr ist schon lange stillgelegt, und der Hafen von Wanganui ist nur noch ein Schatten vergangener Tage, doch die Stadt selbst hat sich einer erfolgreichen Verjüngungskur unterzogen und ihre koloniale Vergangenheit dabei nicht aus den Augen verloren: Die spätviktorianischen und frühen edwardianischen Fassaden wurden renoviert, Nachbildungen alter Gaslaternen stehen in den mit neuem Kopfsteinpflaster versehenen Straßen.

Heute ist die Stadt ein angenehmer Ort, um etwas Zeit in der renommierten Kunstgalerie zu verbringen, sich die Glasbläserkunst vorführen zu lassen oder sich selbst darin zu versuchen und einen Ausflug mit einem restaurierten Flussdampfer zu unternehmen.

Als in den 1830er-Jahren die ersten Europäer in der Gegend eintrafen, kam es schon bald zu Landstreitigkeiten mit der ansässigen Maori-Bevölkerung. Transaktionen, die von den Maori als ritueller Austausch von Geschenken gewertet wurden, betrachtete die New Zealand Company als erfolgreichen Abschluss des Erwerbs von Wanganui und größerer Landstriche in der Umgebung. Ungeachtet dieses Missverständnisses ging die Besiedlung weiter. Zu offenen Feindseligkeiten kam es erst mit dem Gilfillan-Massaker im

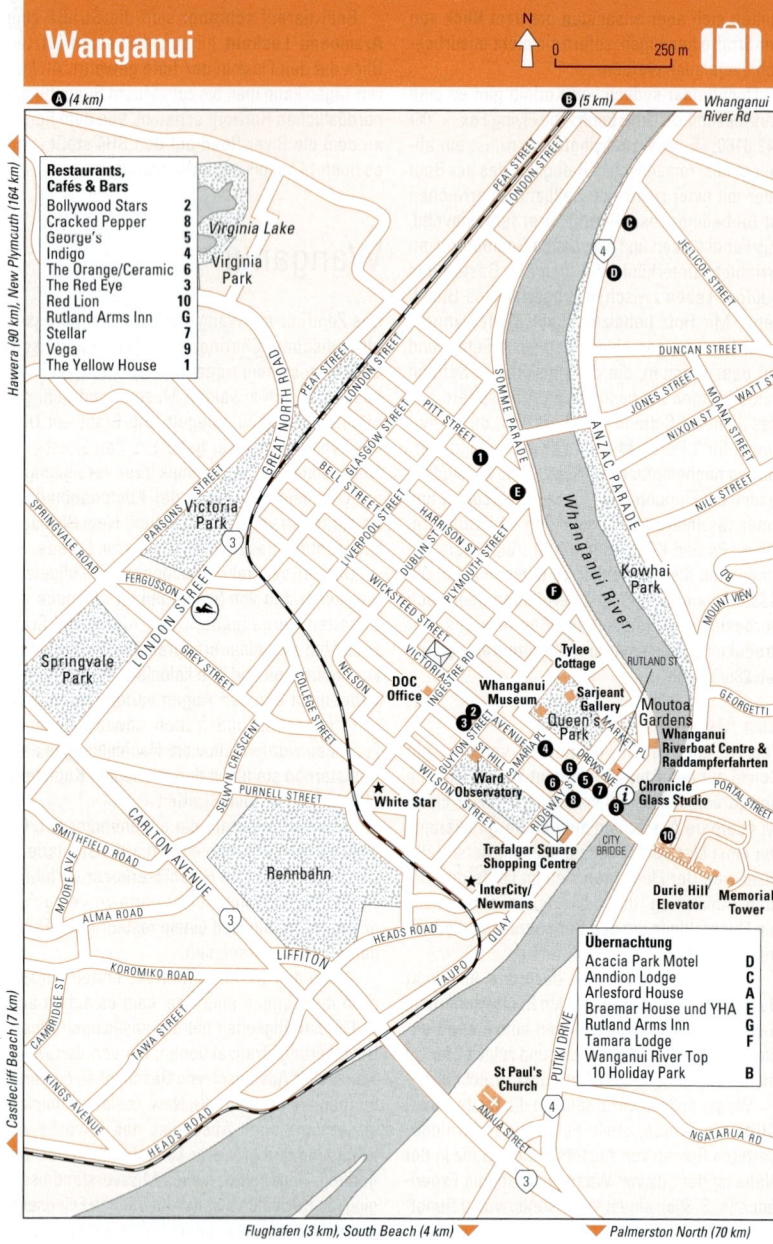

Wanganui

N
0 — 250 m

Restaurants, Cafés & Bars

Bollywood Stars	2
Cracked Pepper	8
George's	5
Indigo	4
The Orange/Ceramic	6
The Red Eye	3
Red Lion	10
Rutland Arms Inn	G
Stellar	7
Vega	9
The Yellow House	1

Übernachtung

Acacia Park Motel	D
Anndion Lodge	C
Arlesford House	A
Braemar House und YHA	E
Rutland Arms Inn	G
Tamara Lodge	F
Wanganui River Top 10 Holiday Park	B

A (4 km)
B (5 km)
Whanganui River Rd

Flughafen (3 km), South Beach (4 km)
Palmerston North (70 km)

Jahr 1847. Nachdem ein Maori versehentlich verletzt worden war, übten seine Stammesgenossen *utu* (Vergeltung), indem sie vier Mitglieder der Familie Gilfillan töteten.

Weitere gewalttätige Zwischenfälle kulminierten schließlich in der Schlacht von St John's Hill, die allerdings zu keiner Entscheidung führte. Im darauffolgenden Jahr wurden die Streitigkeiten durch Zahlung einer Summe von 1000 Pfund Sterling an die Maori zunächst beigelegt. Erst in den 1990er-Jahren kam es mit der Besetzung der zentral gelegenen Moutoa Gardens erneut zu Spannungen. Unstimmigkeiten gibt es auch um die Schreibung des Stadtnamens (s. Kasten).

Sehenswertes

Das kulturelle Herz der Stadt schlägt rund um den Pukenamu, einen grasbewachsenen Hügel, der 1832 Schauplatz des letzten Stammeskrieges von Wanganui war. Auf dem Gelände, das heute **Queen's Park** heißt, stehen drei der bedeutendsten Gebäude der Stadt. Architektonisch beeindruckt vor allem die strahlend weiße **Sarjeant Gallery**, 🖳 www.sarjeant.org.nz, ganz oben auf dem Hügel, die mit dem Auto am besten über die Drews Avenue zu erreichen ist. Es handelt sich um ein 1919 aus Oamaru-Stein erbautes Gebäude mit einer prächtigen Kuppel, die das Sonnenlicht filtert. Die hoch geschätzte permanente Sammlung konzentriert sich auf zeitgenössische neuseeländische Kunst und Fotografie und wird durch Wechselausstellungen ergänzt. 🕐 tgl. 10.30–16.30 Uhr, Spende.

Gleich nördlich der Sarjeant Gallery steht an der Cameron St, Ecke Bell St, eines der ältesten Gebäude von Wanganui, das holzverschalte **Tylee Cottage** von 1853, das heute als Unterkunft für die „Residenzkünstler" der Galerie dient.

Südwestlich der Galerie führen die als Veteran Steps bezeichneten Treppenstufen Richtung Stadtzentrum und zum 1892 gegründeten **Wanganui Museum**. Es beherbergt eine hervorragende Sammlung von Maori-Exponaten und drei beeindruckende Kanus, die im zentralen Innenhof ausgestellt sind. In den kleineren Räumen hängen Porträts von Gottfried Lindauer, die Maori in Zeremonialtracht und mit *moko* (traditionellen

Tätowierungen) zeigen. Sehenswert sind auch die Fotos vom Flussalltag und die Modelle alter Maori-Fischfallen. 🕐 tgl. 10–16.30 Uhr, Spende.

In Wanganui befindet sich Neuseelands einzige Glasbläserschule, und die Stadt beherbergt rund drei Dutzend Glaskünstler. Viele davon arbeiten in Privatateliers, die jedes Jahr im März ihre Türen für das allgemeine Publikum öffnen – die Daten und Routen dieser Aktion der „Offenen Ateliers" sind unter 🖳 www.whanganuiopenstudios.org.nz zu finden. Das jährliche **Wanganui Festival of Glass**, 🖳 www.wanganuiglass.com, findet Ende September/Anfang Oktober statt. Das ganze Jahr über gibt es Vorführungen der Glasbläserkunst im **Chronicle Glass Studio**, 2 Rutland St, der bekannten Glaskünstler Katie Brown und Lyndsay Patterson, die hier auch eine Galerie betreiben. Besucher können bei einem 40-minütigen Schnellkurs ($100, nur mit Anmeldung) ihren eigenen Briefbeschwerer fertigen oder gleich einen Wochenendkurs in Glasbläserei buchen ($350). 🕐 Mo–Fr 9–17, Sa und So 10–15 Uhr, Eintritt frei.

Richtung Fluss liegen an der Somme Parade die **Moutoa Gardens**, eine kleine, aber historisch bedeutsame Grünfläche. Traditionell kampierten die Maori hier während der Fischfangsaison, bis sich die Pakeha-Siedler den Flecken aneigneten und ihn in Market Place umbenannten. Hier unterzeichneten die Maori das Dokument, mit dem sie dem „Verkauf" von Wanganui zustimmten. Dieses Thema kam am Waitangi Day 1995 wieder auf den Tisch, als alte – und auch ein paar neuere – Wunden aufbrachen und die Situation zu eskalieren drohte. Die Maori besetzten die Moutoa Gardens 83 Tage lang und beanspruchten sie als Maori-Land. Die Angelegenheit endete friedlich vor Gericht, führte aber auf beiden Seiten zu Verbitterung. 2001 hatte sich die Stimmung so weit beruhigt, dass sich Regierung, Stadtrat und die lokalen *iwi* darauf einigten, die Moutoa Gardens gemeinsam zu verwalten.

Whanganui River

Wanganuis Geschichte ist untrennbar mit dem Whanganui River verknüpft, und obwohl der kommerzielle Flussverkehr praktisch zum Erliegen gekommen ist, können Besucher den Fluss immer noch mit dem historischen **Schaufelraddampfer Waimarie**, Taupo Quay, ☎ 0800/783 2637, 🖥 www.riverboat.co.nz, erkunden. Der letzte erhaltene Raddampfer Neuseelands bricht täglich zu seiner zweistündigen Fahrt auf einem den Gezeiten unterworfenen Flussabschnitt auf. Die schnaufende Dampfmaschine und die das Wasser durchschneidenden Schaufeln schaffen eine beruhigende Klangkulisse für den sonnigen Nachmittag an Deck. Wahlweise kann man sich zu Scones und Tee in den holzvertäfelten Salon zurückziehen.

Die Waimarie wurde 1899 von Yarrow and Company in London gebaut. Für den Einsatz auf dem Fluss wurde das Schiff, das in Einzelteilen nach Neuseeland transportiert und vor Ort montiert wurde, mit geringem Tiefgang und einem robusten Rumpf konzipiert. In der Zeit vor dem Ersten Weltkrieg hatte der Fremdenverkehr Hochkonjunktur, als Tausende von Besuchern aus aller Welt den Whanganui hinauffuhren und im Hotel von Pipiriki abstiegen. 1949 machte die Waimarie ihre letzte Fahrt und sank drei Jahre später an ihrem Liegeplatz. Erst 1993 wurde das Schiff geborgen und 1999 wieder als Ausflugsdampfer in Dienst gestellt. Abfahrt Ende Okt–April tgl. 14 Uhr, Mai–Ende Okt an Wochenenden, Feiertagen und während der Schulferien 13 Uhr, $45 (Reservierung ratsam).

Die Restaurierung des Raddampfers erfolgte im von alten Lagerhäusern und Geschäften flankierten **Whanganui Riverboat Centre & Museum** am Taupo Quay, neben dem Anleger für die Flussfahrten. Das in einem zweistöckigen Gebäude mit Holzgebälk aus dem Jahr 1881 untergebrachte Museum beleuchtet die Geschichte des Flusses und seine besondere Bedeutung für die Entwicklung der Stadt. ☉ Mo–Sa 9–16, So 10–16 Uhr, Spende willkommen.

Das Ostufer

Nach Überquerung der City Bridge erreicht man das Ostufer des Flusses und geht direkt auf den **Durie Hill Elevator** zu, ☉ Mo–Fr 7.30–18, Sa 9–17, So 10–17 Uhr, $2 einfache Fahrt. Ein geschnitztes Maori-Tor bildet den Eingang zu einem 213 m langen Tunnel, an dessen Ende ein historischer Aufzug Baujahr 1919 seine Fahrgäste 66 m durch das Innere eines Hügels auf dessen Gipfel transportiert. Oben gibt es zwei ausgezeichnete Aussichtspunkte, die einen weiten Blick über die Stadt, die Küste und ins Landesinnere eröffnen. Der Aussichtspunkt oberhalb des Maschinenraums für den Aufzug ist die leichtere Variante, doch die lohnendere liegt noch 176 Stufen höher auf dem rund 34 m hohen **Memorial Tower**, ☉ tgl. 8 Uhr bis Einbruch der Dunkelheit, Eintritt frei. Wer für den Rückweg in die Stadt die 191 Stufen hinunter zum Fluss auf sich nimmt, wird mit einigen sehr schönen Ansichten belohnt.

Etwa 2 km weiter südlich, den Putiki Drive hinunter, steht an der Anaua Street die kleine weiße **St Paul's Memorial Church** (Spende erwünscht). Ihr Inneres schmücken prächtige Maori-Schnitzereien mit *paua*-Einlagen, eine bemalte Rippendecke (wie in den Versammlungshäusern der Maori), zwei schöne Ätzglasfenster und zwei Fenster mit Glasmalereien sowie *tukutuku*-Paneele. Die Kirche ist oft abgeschlossen; am besten beim i-SITE nachfragen.

Übernachtung

Wanganui hat ein brauchbares Angebot an Unterkünften zu erschwinglichen Preisen, die selten ausgebucht sind.

Hotels, Motels und B&Bs

Acacia Park Motel, 140 Anzac Parade/SH4, ✆ 0800/800 225, 🖥 www.acacia-park-motel.co.nz. Schlichte Zimmer im Cabin-Stil auf einem weitläufigen Gelände mit Blick auf den Fluss; die dazugehörige Schönheitsklinik kann nach dem Kanutrip wohltuende Massagen verabreichen. ❸

Arlesford House, 202 SH3, 7 km nördlich der Innenstadt, ✆ 06/347 7751, 🖥 www.arlesfordhouse.co.nz. Elegantes ländliches Anwesen im georgianischen Stil inmitten einer gepflegten Grünanlage mit Rimu-Fußböden, Holzvertäfelung und geräumigen Zimmern (2 mit Du/WC, 2 teilen sich ein Bad). Außerdem steht noch ein separates Cottage mit 3 Schlafzimmern zur Verfügung. Zimmer ❻–❼, Cottage ❺

Braemar House, 2 Plymouth St, ✆ 06/348 2301, 🖥 www.braemarhouse.co.nz. Hübsche Pionierfarm von 1895, umgeben von Rasenflächen. Die geräumigen, ruhigen Zimmer mit Gemeinschaftsbädern gehen nach vorn auf eine sonnige Veranda. Im hinteren Teil ist ein YHA-Hostel untergebracht (s. u.). Ein *continental breakfast* ist im Preis inbegriffen; auf Wunsch gibt es warmes Frühstück für $10. Zimmer ❹

Rutland Arms Inn, Victoria Ave, Ecke Ridgway St, ✆ 06/347 7677, 🖥 www.rutland-arms.co.nz. Elegante, wenn auch etwas anonyme Zimmer in einem historischen Gebäude, das über eine gute Bar und ein Restaurant verfügt. ❺

Hostels und Campingplätze

Anndion Lodge, 143 Anzac Parade, ✆ 0800/343 056, 🖥 www.anndionlodge.co.nz. Schicke Unterkunft mit luxuriösen Backpacker-Dorms, Zimmern mit oder ohne Bad sowie Suiten mit 1 oder 2 Schlafzimmern, alles im einheitlich schwarz-roten Farbkonzept. Die Herberge wirkt beinahe wie ein kleines Hotel, trotz der Gemeinschaftsküche mit Brotbackautomat und Spülmaschine. Außerdem gibt es einen hübschen Grillplatz, Swimmingpool, Whirlpool und Sauna, kostenloses WLAN, Gratisfahrten in die Stadt und sogar eine Alkohollizenz. Dorm $35, Zimmer ❸, Zimmer mit Bad/Suite ❹–❺

Tamara Lodge, 24 Somme Parade, ✆ 06/347 6300, 🖥 www.tamaralodge.com. Großer, gepflegter Altbau mit hübschem Garten und geselliger Atmosphäre, die viele junge Rucksacktouristen anlockt., Komfortable 4er-Dorms, DZ und 2-Bett-Zimmer (einige mit Bad), außerdem Balkon mit Blick auf den Fluss und ein Trampolin im Garten. Fahrräder und Musikinstrumente können zum Nulltarif genutzt werden. Dorm $26, Zimmer ❷

Wanganui River Top 10 Holiday Park, 460 Somme Parade, ✆ 0800/272 664, 🖥 www.wrivertop10.co.nz. Gepflegter Platz 6 km nordöstlich des Stadtzentrums am Fluss im Schatten riesiger Bäume. Camping $36–48, Cabins ❶, Motel Units ❹

YHA Braemar House, s. o. Einladendes Hostel im Braemar House B&B. Nach Geschlechtern getrennte Dorms, Gästezimmer, Küche, gemütliche Lounge und ruhige Atmosphäre. Camping $15, Dorm $27, Hostel-Zimmer ❶

Essen und Unterhaltung

Die meisten **Cafés und Restaurants** von Wanganui liegen an der Victoria Avenue (von den Einheimischen schlicht „the avenue" genannt) oder ganz in ihrer Nähe.
Der *Wanganui Chronicle*, Neuseelands älteste Zeitung, erscheint von Montag bis Samstag und enthält Veranstaltungshinweise zu Konzerten und anderen Events.

Bollywood Stars, 88 Guyton St, ✆ 06/345 9996. Erstklassiges Lokal mit dem üblichen Angebot an Currygerichten. „Express"-Mittagsgerichte für $9,90 und eine umfangreichere Abendkarte ($14,90–19,90), u. a. mit ausgezeichnetem vegetarischem *shahi paneer* in cremiger Tomatensauce.

Cracked Pepper, 21 Victoria Ave. Das Café mit Alkoholausschank serviert tagsüber Gourmetversionen beliebter Klassiker wie *lamb's fry and bacon* (gebratene Lammleber mit Speck), Calamari-Risotto und leckeren Caesar Salad mit Huhn, alles unter $25.

George's, 40 Victoria Ave. Der alteingesessene Fish ‚n' Chips-Imbiss mit Speiseraum verkauft auch preiswerten frischen Fisch. Sonntags geschlossen.

Indigo, 1 Maria Place. Für viele Einheimische trotz des durchwachsenen Service das beste Restaurant der Stadt. Elegante moderne Küche (Gerichte $12–31) in einem glasüberdachten

Köstliches von früh bis spät

The Yellow House, Pitt St, Ecke Dublin St, ☎ 06/45 0083. In dem gemütlichen alten Holzhaus gibt es außer sättigendem Frühstück, Backwaren und Mittagsgerichten ($5–19) auch köstliches Abendessen (Hauptgerichte $27–34; unbedingt reservieren) wie Lamm mit Lebkuchen oder Hühnchen in Pekannuss-Panade und zum Abschluss Käsekuchen mit Bitterschokolade. Mit Alkoholausschank. ⏱ tgl. Frühstück und Mittagessen, Do–Sa auch Abendessen.

Atrium über mehrere Ebenen. Mit Alkoholausschank. ⏱ Mo und Di abends geschlossen

The Orange/Ceramic, 51 Victoria Ave. Tagsüber ein beliebtes Café (The Orange), das abends zum hippen Restaurant mit Cocktailbar (Ceramic) mutiert. ⏱ So und Mo abends geschlossen.

The Red Eye, 96 Guyton St. Tagsüber geöffnetes Künstlercafé mit gutem Kaffee und leckeren Frühstücks- und Mittagsgerichten, darunter köstliche Müsli-Kekse, Karamellkuchen und eine große Auswahl sättigender Bagels. Am Fr auch abends geöffnet, dann oft mit Livemusik.

Red Lion, 45 Anzac Parade. Der stimmungsvolle Pub wird seit Kurzem wieder von seinen früheren Inhabern betrieben. Hier schlägt der Puls der Stadt.

Stellar, 2 Victoria Ave. Großes, todschickes Restaurant mit Bar, das den ganzen Tag geöffnet ist. Umfangreiche Speisekarte (Hauptgerichte $23,50–32). Am Wochenende geht es hier hoch her.

Vega, Victoria Ave, Ecke Taupo Quay. Großes ehemaliges Lagerhaus mit 2 netten Bars, eine davon unter freiem Himmel am Fluss. Tagsüber und abends gute Bistrogerichte unter $20; regelmäßige DJ-Beschallung.

Sonstiges

Einkaufen

Die einheimischen Kunsthandwerker bauen ihre Stände samstagvormittags auf dem **Wochenmarkt** am Taupo Quay auf. Selbstversorger können sich beim **Countdown Supermarket**, Trafalgar Square, mit allem Benötigtem eindecken.

Geld

Alle Banken befinden sich in der Victoria Avenue oder in ihrer unmittelbaren Nähe.

Informationen

Das **i-SITE Visitor Centre** hat einen neuen Standort am 31b Taupo Quay, ☎ 06/349 0508, 🖥 www.wanganui.com. Hier gibt es Internetzugang und Fahrpläne für die örtlichen Tranzit-Busse. ⏱ Mo–Fr 8.30–17, Sa und So 9–15 Uhr.

DOC Office, 74 Ingestre St, ☎ 06/349 2100. Verkauf von Hütten- und Camping-Pässen für den Whanganui National Park, ⏱ Mo–Fr 8–17 Uhr.

Kino

Embassy 3, 34 Victoria Avenue, zwischen Ridgway St und Taupo Quay, ☎ 06/345 7958. Die imposante Art-déco-Fassade ist nicht echt, sondern eine Styropor-Nachbildung.

Post

Die Hauptpost befindet sich in der Victoria Avenue, eine weitere Filiale in der Trafalgar Square Shopping Mall.

Nahverkehr

Stadtbusse

Tranzit Buses, ☎ 06/345 4433. Begrenztes Streckennetz von Mo–Sa innerhalb der Stadt und zu den Stränden an der Flussmündung. Im Stadtzentrum kommt man problemlos zu Fuß herum.

Taxis

Rivercity Cabs, ☎ 06/345 3333.

Transport

Busse

Die InterCity-Busse halten am **Wanganui Travel Centre**, 156 Ridgway St, ☎ 06/345 4433.

Busse nach:
HAMILTON 2x tgl., 6–8 Std.;
NEW PLYMOUTH 2x tgl., 2 3/4 Std.;
PALMERSTON NORTH 3–5x tgl., 1–1 1/2 Std.;
TAUMARUNUI 1x tgl., 3 Std.

Flüge
Der Flughafen befindet sich 5 km südwestlich von Wanganui. Ein Taxi in die Stadt kostet ca. $20–25.
3–4x tgl. starten Maschinen nach AUCKLAND (1 Std.) und WELLINGTON (25 Min.).

Von Palmerston North nach Süden

Palmerston North ist eine der größten Städte im Landesinneren Neuseelands und die florierende Hauptstadt der Provinz Manawatu.

Südlich von Palmerston North und der Region Manawatu erstreckt sich die Horowhenua-Region als schmaler Landstreifen zwischen den zerklüfteten, unwirtlichen Tararua Mountains und der Küste. Hier lohnen die Ortschaften **Foxton** und **Otaki** einen kurzen Zwischenstopp. Die Gegend bildet zusammen mit der Kapiti Coast, einem von Wellingtons Pendlervorstädten und Golfplätzen geprägten Küstenstreifen, die sogenannte **Nature Coast**. In der Region ist eine reiche Vogelwelt zuhause, ganz besonders auf dem buschbewachsenen **Kapiti Island**, 5 km vor der Küste, einem wunderbaren Vogel- und Meeresschutzgebiet.

Die Küstenstädte liegen an der Haupteisenbahnstrecke zwischen Auckland und Wellington und werden auch von den wichtigsten Busgesellschaften angefahren, doch ansonsten verkehren innerhalb der Region kaum öffentliche Verkehrsmittel.

Palmerston North

Palmerston North trägt das „North" im Namen zur Unterscheidung von der Ortschaft Palmerston auf der Südinsel und wird in ganz Neuseeland auch zu „Palmy" verniedlicht. Die Stadt zählt rund 78 000 Einwohner, das muntere Studentenvolk der Massey University mitgerechnet.

Nach ihrem Anschluss an das Eisenbahnnetz 1886 gedieh die Stadt dank ihrer strategischen Lage am Schnittpunkt mehrerer Straßen- und Gleisverbindungen prächtig. Dieser Wohlstand ist heute noch an einigen schönen öffentlichen Gebäuden zu erkennen, zu denen insbesondere das ausgezeichnete Museum mit Galerie und die fantastische Bibliothek zählen. Monty-Python-Mitglied John Cleese äußerte sich allerdings wenig beeindruckt: „Wenn man sich umbringen will, aber nicht den Mut dazu hat, dürfte ein Besuch in Palmerston North es auch tun." Die Stadt revanchierte sich, indem sie ihre Müllkippe nach ihm benannte.

Das Zentrum der Stadt bildet **The Square**, eine Grünanlage mit einem störenden Parkplatz mittendrin. In der Mitte der Anlage liegt **Te Marae o Hine**, der „Hof der Tochter des Friedens", mit zwei 5 m hohen Maori-Figuren des renommierten Künstlers John Bevan Ford. Der Maori-Name wurde 1878 vom Häuptling der Ngati Raukawa in der Hoffnung vorgeschlagen, die Beziehungen zwischen den Manawatu-Maori und den ins Land strömenden Pakeha mögen auf Dauer von Liebe und Frieden geprägt sein.

Aus dem architektonischen Mischmasch rund um den Square (viktorianisch, edwardianisch, Art déco usw.) sticht die **City Library**, ein postmoderner Umbau von Ian Athfield (s. S. 464), positiv heraus. ◷ Mo, Di und Do 10–18, Mi und Fr 10–20, Sa 10–16, So 13–16 Uhr.

Unmittelbar westlich des Square bildet der in drei Bereiche unterteilte Komplex **Te Manawa**, 🖳 www.temanawa.co.nz, ◷ tgl. 10–17 Uhr, den kulturellen Mittelpunkt der Stadt. Im Zentrum steht das der Geschichte und Kultur der Region Manawatu gewidmete Museum Life Galleries (Eintritt frei). Ein Großteil der Ausstellungsfläche ist für anspruchsvolle Wanderausstellungen reserviert, bis auf einen Raum mit einer umfangreichen und beeindruckenden Maori-Ausstellung. Die Mind Galleries (Eintritt $8) im gleichen Gebäude sollen mit ihren interaktiven wissenschaftlichen Exponaten vor allem Kinder ansprechen. Nebenan zeigt die Art Gallery (Eintritt frei) Maori- und Pakeha-Kunst aus ihrer eigenen Sammlung sowie Wechselausstellungen.

Zur Zeit der Recherche befand sich das **New Zealand Rugby Museum**, 87 Cuba St, noch einen kurzen Bummel nordwestlich des Square, doch sollte es rechtzeitig zum Rugby World Cup, der 2011 in Neuseeland stattfindet, ins Te Manawa umziehen und bei dieser Gelegenheit seine ohnehin schon eindrucksvolle Sammlung von Rugby-Memorabilien noch erheblich ausbauen. ⏲ Mo–Sa 10–12 und 13.30–16, So 13.30–16 Uhr, Eintritt $5.

Ashhurst und die Manawatu Gorge

Die ländliche Ortschaft **Ashhurst** liegt 13 km nordöstlich von Palmerston North am Eingang der **Manawatu Gorge** (Te Apiti in der Maori-Sprache), einer engen, 10 km langen Schlucht, durch die sich eine Bahnstrecke, der SH3 und der Manawatu River zwängen. Die Mündung der Schlucht wird von den Hängen der Ruahine- und Tararua-Bergketten eingerahmt, auf denen die größten Windparks der südlichen Hemisphäre einen imposanten Anblick bieten.

Die Schlucht ist zu Fuß auf dem Manawatu Gorge Track zu erkunden (eine Strecke 3–4 Std.); das i-SITE informiert über Transportmöglichkeiten zur Schlucht. Eine adrenalintreibende Alternative ist die 25-minütige Jetboot-Tour ($65) mit Manawatu Gorge Jet, ☎ 0800 945 335, 🖥 www.manawatugorgejet.com.

Unterkünfte gibt es reichlich; zahlreiche Motels säumen die Hauptstraßen ins Zentrum.
Acacia Court Motel, 374 Tremaine Ave, ☎ 0800/685 586, 🖥 www.acaciacourtmotel.co.nz. Freundliches und ansprechendes Motel mit Selbstversorger-Units. ❸
Civello Accommodation, 186 Fitzherbert Ave, ☎ 06/355 3653, 🖥 www.civellopalmerstonnorth.co.nz. EZ und DZ mit Gemeinschaftsbädern und -küche in einem zentral gelegenen modernen Komplex, der etwas von einem

Pflaumenernte vom Balkon

Plum Trees Lodge, 97 Russell St, ☎ 06/358 7813, 🖥 www.plumtreeslodge.co.nz. Reizendes, geschmackvoll eingerichtetes Loft für Selbstversorger in einer ruhigen Vorortstraße. Auf dem von Grün umgebenen Balkon können die Gäste je nach Jahreszeit ihre Pflaumen selbst ernten. Die Zutaten für ein üppiges Frühstück werden bereitgestellt. ❺

Studentenwohnheim hat. Ausgezeichnetes Preis-Leistungs-Verhältnis. ❶
Palmerston North Holiday Park, 133 Dittmer Drive, ☎ 06/358 0349, 🖥 www.holidayparks.co.nz. Der große Campingplatz in der Nähe des Manawatu River mit aus-gezeichneten Einrichtungen vermietet auch Ferienwohnungen. Camping $30, Cabins ❶

Dank der studentischen Bevölkerung bietet Palmerston North eine dynamische Restaurant-Szene. Später am Abend verwandeln sich viele Lokale in Bars; einige der besten säumen die George Street.
Palmerston North hat, man höre und staune, vier Theater. Detaillierte Infos, was wo gespielt wird, gibt es beim i-SITE Visitor Centre.
Barista, George St. Die minimalistische Espresso-Bar, die mit freiliegenden Rohren und Beton industriellen Charme versprüht, mahlt ihren Kaffee selbst und serviert tollen Kuchen, Snacks und sättigende Mahlzeiten (Hauptgerichte $10–24) wie Wildpilz-Risotto; dazu gibt's eine hervorragende Auswahl neuseeländischer Weine.
Chokolato, Downtown Complex, Main St. Das bis spätabends geöffnete Café lockt auch nach dem Kinobesuch noch mit 24 Sorten haus-gemachter Eiscreme (*feijoa* ist göttlich) und einem umfangreichen Angebot an Tee-, Kaffee- und Kakaovarianten sowie Kuchen.
High Flyers, Main St, Ecke The Square. Die Mischung aus Bar und Club in zentraler Lage zieht auch zu später Stunde junges Publikum an, besonders in den DJ-Tanznächten Do–Sa. Zum gastronomischen Angebot (Hauptgerichte $27–38) gehört die angeblich größte Pizza Neuseelands mit gut 60 cm Durchmesser.
Monsoon Asian Kitchen, 200 The Square. Preiswerte chinesische, malaysische und singapurische Küche. Kein eigener Alkohol-ausschank, doch auf Wunsch Bestellung alkoholischer Getränke aus der Kneipe auf der anderen Straßenseite. ⏲ ab 17 Uhr, Mo geschlossen.
Roma, 51 The Square. Pazifische Küche mit italienischen Einflüssen in gemütlichem Ambiente mit lockerer Bedienung. Viele

Rundumversorgung im Szenecafé

Café Cuba, George St, Ecke Cuba St. Das flippige, von früh bis spät geöffnete Café ist längst eine lokale Institution. Hier gibt es Frühstück, den ganzen Tag über Brunch, Mittagessen unter $20, Abendessen unter $30, jede Menge vegetarische Angebote, hippes Personal und freitagabends Livemusik (dann werden oft $10 Eintritt fällig). Schanklizenz und BYO.

Gerichte werden als Vorspeise oder Hauptgang angeboten. Spezialitäten des Hauses sind die Antipasti-Platte und die Pizza mit dünnem Knusperboden. ◷ Mi–Fr zum Mittagessen, tgl. zum Abendessen.

Scarfies, David St, Ecke Main St. Das extravagante Lokal mit drei Bars im alten Railway Hotel ist vor allem aufs studentische Publikum ausgerichtet; von Do bis Sa legt ein DJ auf.

Sonstiges

Informationen

i-SITE Visitor Centre, The Square, ✆ 06/350 1922, 🖥 www.manawatunz.co.nz. Hier gibt es Fahrpläne für die Stadtbusse und kostenlose Besucher-Parkausweise für den Parkplatz vor der Tür. ◷ Mo–Fr 9–17, Sa und So 10–16 Uhr.

Kino

Downtown Cinemas, Broadway Avenue zwischen Princess St und Square, ✆ 06/355 5655. Multiplexkino.

Post

Hauptpost, 338 Church St.

Nahverkehr

Stadtbusse

Die Stadtbusse fahren von der zentralen Bushaltestelle an der Main St, in der Nähe des i-SITE Visitor Centre, verschiedene Rundkurse ab; Einzelfahrschein $2. Fahrpläne gibt es im i-SITE Visitor Centre, s. o.

Taxis

Palmerston North Taxis, ✆ 0800/355 5333.

Transport

Busse

Die InterCity-Busse halten am **Palmerston North Travel Centre**, Pitt St, Ecke Main St. Die anderen Fernbusse halten an der Main St, in der Nähe des i-SITE Visitor Centre.

Busse nach:
AUCKLAND 4x tgl., 9 Std.;
HASTINGS 3x tgl., 2 3/4 Std.;
MASTERTON Mo–Fr 3x tgl.; 2 Std.;
NAPIER 3x tgl.; 3 Std.;
PARAPARAUMU 6–7x tgl., 1 1/2 Std.;
ROTORUA 1x tgl., 5 3/4 Std.;
TAUPO 3x tgl., 4 Std.;
WANGANUI 3–5x tgl., 1–1 1/2 Std.;
WELLINGTON 6–7x tgl., 2 Std.

Eisenbahn

Der Bahnhof liegt an der Matthews Avenue, ca. 1,5 km nordwestlich des Stadtzentrums.

Züge nach:
AUCKLAND 1x tgl., 9 1/2 Std.;
HAMILTON 1x tgl., 7 Std.;
WELLINGTON 1x tgl., 2 1/2 Std.

Flüge

Der Flughafen liegt 3 km nordöstlich der Stadt. Ein Taxi in die Stadt kostet rund $20; es verkehren keine Busse.

Flüge nach:
AUCKLAND 5–8x tgl., 1 Std.;
CHRISTCHURCH 4–6x tgl., 1 1/4 Std.;
HAMILTON Mo–Fr 3–4x tgl., 45 Min.;
NELSON 2x tgl., 50 Min.;
WELLINGTON 3x tgl., 30 Min.

Foxton

Die interessanteste Ortschaft der Horowhenua-Region ist Foxton, 38 km südwestlich von Palmerston North. Ihre breite Hauptstraße säumen nostalgisch anmutende Ladenfassaden.

Archäologische Funde lassen den Schluss zu, dass schon zwischen 1400 und 1650 halbnomadische Moa-Jäger in der Umgebung von Foxton ansässig waren, bevor hier größere Stammessiedlungen entstanden. Die ersten Europäer kamen Anfang des 19. Jhs. und ließen sich zunächst an der Mündung des Manawatu River nieder, wo sie allerdings auf Probleme beim Landkauf stießen und sich schon bald darauf zurückzogen, um Foxton zu gründen. Die Siedlung entwickelte sich rasch zum wichtigsten Zentrum der **Flachsverarbeitung** Neuseelands, wobei man Techniken der Maori übernahm, in deren Alltag Flachsprodukte seit alters eine wichtige Rolle spielten. Der kleine Flusshafen wurde zum Exporthafen für Flachs, der zu vielen Zwecken eingesetzt wurde, vom Bindfaden- bis zur Teppichproduktion. Um die Flachsverarbeitung zu mechanisieren, wurden Mühlen an Sümpfen und Flussufern der Region gebaut.

Heute dominiert **de Molen**, der funktionsfähige moderne Nachbau einer holländischen Windmühle aus dem 17. Jh., das Ortsbild. Auf einer 15-minütigen Führung können Besucher das Mahlwerk besichtigen und, wenn die Mühle gerade in Betrieb ist, zusehen, wie Vollkornmehl produziert wird. Im Erdgeschoss gibt es holländische Spezialitäten und die vor Ort produzierte Limonade Foxton Fizz in vielerlei Geschmacksrichtungen zu kaufen. ☉ tgl. 10–16 Uhr, Eintritt $5.

Einen Überblick über die Geschichte der Flachsverarbeitung gibt das benachbarte **Flax Stripper Museum**, hinter dem auf einem 100 m langen Uferstreifen ein „Flaxwalk" mit 65 Flachsarten angelegt ist. ☉ tgl. 13–15, Eintritt $5.

De Molen fungiert zugleich als örtliches **Visitor Centre**. Busse halten draußen vor der Mühle. Gleich daneben steht der alte Bahnhof. Er beherbergt eine historische **Pferdestraßenbahn**, die im Sommer herausgeholt wird, um Touristen durch den Ort zu kutschieren (normalerweise So; $5).

5 km entfernt erstreckt sich der lange, sandige **Foxton Beach** mit guten Surfmöglichkeiten, einem sicheren Badestrand und vielfältiger Vogelwelt im Bereich der Manawatu-Flussmündung.

Otaki und Umgebung

Die beiden Hauptstraßen nach Süden treffen sich 19 km südlich von Foxton in der Kleinstadt **Levin**, dem Verwaltungszentrum der Horo-

whenua-Region. Ende Oktober veranstaltet Levin das dreitägige Organic Music Festival, 🖥 www. ecofest.co.nz, bei dem außer ökologisch ausgerichteten Ständen auch abendliche Konzerte mit Spitzenmusikern geboten werden. Die Camping-Stellplätze sind schon früh ausgebucht; die Tickets werden online verkauft.

4 km südlich der Stadt liegt in der Nähe des SH1 das **Papaitonga Scenic Reserve**. Hier führt ein Plankenweg zum Papaitonga Lookout (20 Min. hin und zurück), der wunderbare Aussicht auf den Lake Papaitonga bietet. Die Feuchtgebiete um den See sind ein Rückzugsort für viele seltene Vogelarten, wie das Südsee-Sumpfhuhn, die Australische Rohrdommel und den Maoritaucher.

20 km südlich von Levin liegt an einem breiten, verzweigten Abschnitt des Otaki River der von Obst- und Gemüsegärten umgebene Ort **Otaki**. Die meiste Zeit des Jahres ist Otaki ein ruhiges Plätzchen mit ausgeprägter Maori-Tradition (es war der erste neuseeländische Ort mit zweisprachigen Straßenschildern), doch ab Weihnachten, wenn die Kiwi-Urlauber in Massen einfallen, platzt es rund einen Monat lang fast aus den Nähten.

Otaki besteht aus drei Teilen: dem Bahnhof und i-SITE Visitor Centre am SH1, der Ortschaft Otaki, 2 km weiter in Richtung Meer an der Mill Road, und dem **Strand**, noch einmal 3 km weiter an der Mill Road, der im Sommer zur Sicherheit der Badegäste von Rettungsschwimmern bewacht wird, der so genannten „Surf Patrol".

Am SH1 gibt es mehr als ein Dutzend Designer-Outlets, vor allem von Outdoor-Ausrüstern wie Kathmandu, Icebreaker usw. Im Ort führt die Te Rauparaha Street nach 200 m zur **Rangiatea Church**, einem originalgetreuen Nachbau des ursprünglichen Gebäudes von 1849, das weithin als die schönste Maori-Kirche Neuseelands galt, aber 1995 durch einen Brandanschlag zerstört wurde. Das neue Gotteshaus wurde 2003 eingeweiht. Das Innere ist schlicht; die Wände zieren *tukutuku*, deren Muster die Sterne am Firmament und die Verstorbenen symbolisieren. Die Dachsparren sind mit Maori-Motiven bemalt, die Hammerhaie darstellen – Symbole der Macht und Ehre. Ein wunderschönes Modell des *Tainui waka* konnte vor den Flammen gerettet werden.

Draußen findet sich unter einer abgebrochenen Norfolk-Araukarie zwischen zwei anderen Gedenksteinen der schmucklose graue Grabstein des Maori-Häuptlings Te Rauparaha. Der Kirche gegenüber steht ein Denkmal für den großen Häuptling.

Die malerische Schlucht des **Otaki River** und der **Tararua Forest Park** sind eine schöne Herausforderung für erfahrene Wanderer; nähere Informationen dazu gibt es beim i-SITE Visitor Centre.

Essen

Brown Sugar, SH1, Ecke Riverbank Rd, am südlichen Stadtrand. Die bei Weitem beste Adresse zum Essen in Otaki ist dieses nur tagsüber geöffnete Café, das außer leckerem Kuchen und gutem Kaffee auch gehaltvolle Gemüse-Frittata und dergleichen auftischt. ⊕ tgl. 9–16 Uhr.

Informationen

i-SITE Visitor Centre, an der Kreuzung SH1/ Mill Rd, ✆ 06/364 7620, in einem schönen hölzernen Gerichtsgebäude von 1891, das seit seiner Erbauung zweimal umgesetzt wurde. Hier gibt es Hüttenpässe für die Wanderwege im Tararua Forest. ⊕ Mo–Fr 9–17, Sa und So 10–15 Uhr.

Transport

Die Busse halten am i-SITE Visitor Centre. Zwei Gehminuten entfernt befindet sich der Bahnhof (ohne Personal), an dem Mo–Fr Züge der Linie Wellington–Palmerston North halten.

Waikanae

14 km südlich von Otaki liegt Waikanae, das aus einer Ortschaft am Highway und einem 4 km entfernten Strandort besteht. Letzterer ist über die Te Moana Road zu erreichen. Der breite, von Dünen gesäumte **Strand** lädt zum gefahrlosen Baden ein.

Das nahe gelegene **Nga Manu Nature Reserve**, ⌨ www.ngamanu.co.nz, ist ein ausgedehntes, künstlich angelegtes Vogelschutzgebiet mit leichten Spazierwegen und einigen Picknickplätzen. Ein 1,5 km langer Rundwanderweg führt durch verschiedene Lebensräume, von Teichen und Buschland bis zu Sumpf und Küstenwald, in denen sich zahlreiche Vogelarten heimisch fühlen. Außerdem gibt es ein Nachttierhaus mit Kiwis, Kuckuckskauzen und der seltenen Reptilienart *tuatara* (Brückenechse) und mehrere begehbare Vogelgehege, in denen sich Keas und Kakas tummeln. Täglich um 14 Uhr findet eine Aalfütterung statt. Die Anfahrt erfolgt über die vom SH1 abzweigende Te Moana Road. Nach gut 1 km biegt man rechts in die Ngarara Road ab, die nach weiteren 3 km zum Schutzgebiet führt, ⊕ tgl. 10–17 Uhr, Eintritt $12.

Rund 3 km südlich von Waikanae unterhält das **Southward Car Museum** an der Otaihanga Road, ⌨ www.southward.org.nz, eine der größten Sammlungen von Autos, Feuerwehrwagen und Motorrädern in ganz Australasien; sie umfasst über 250 Fahrzeuge. ⊕ tgl. 9–16.30 Uhr, Eintritt $12.

Paraparaumu

7 km südlich von Waikanae und 45 km nördlich von Wellington liegt Paraparaumu (von den Einheimischen gern zu „Parapam" abgekürzt), die größte Stadt an der Kapiti Coast und einziger Ausgangspunkt für eine Überfahrt nach Kapiti Island. Viele Pendler mit Arbeitsplatz in Wellington haben sich hier niedergelassen, angelockt vor allem von dem langen Sandstrand **Paraparaumu Beach**. Auf der Kapiti Road sind es 3 km vom Ort nach Westen zu diesem Badestrand, der direkten Blick auf Kapiti Island bietet.

Die Hauptattraktion des **Lindale Centre**, 2 km nördlich der Stadt am SH1, ⊕ tgl. 9–17 Uhr, Eintritt frei, ist **Kapiti Cheeses & Ice Cream**, wo man diverse ausgezeichnete Käsesorten oder Eiscreme in exotischen Geschmacksrichtungen wie *gingernut* (Pfeffernuss) oder *fig-and-honey* (Feige und Honig) probieren kann. Im Fahrwasser der erfolgreichen Vermarktung haben sich weitere Lebensmittel- und Kunsthandwerksgeschäfte sowie Cafés auf dem Gelände angesiedelt. Für die Zerstreuung der lieben Kleinen sorgt die Lindale Kids Play Area mit verschiedenen Bauernhoftieren, Eintritt je nach Alter $2–8. Samstagvormittags gibt es dazu noch einen Bauernmarkt.

Etwa 1 km südlich von Paraparaumu produziert die **Nyco Chocolate Factory**, SH1, Ecke Raumati Rd, ☎ 04/299 8098, 🖥 www.chocolates newzealand.com, täglich 90 000 Pralinen und verkauft sie in einem Laden, der vor Leckereien aus den Nähten platzt. Halbstündige Fabrikführungen finden Mo–Do um 10.30 und 14 Uhr statt, $4; Mindestteilnehmerzahl 4 Pers., Reservierung erforderlich. ⏱ Mo–Sa 9–16.30, So 10–16.30 Uhr.

Westliche Nordinsel

Übernachtung und Essen

Das Angebot an attraktiven Unterkünften ist spärlich.
YHA Barnacles Seaside Inn, 3 Marine Parade, Paraparaumu Beach, ☎ 0800/555 856, 🖥 www.seasideyha.co.nz. Das ehemalige Hotel in einem großen Holzbau von 1923 vermietet anheimelnde, mit antiken Möbeln eingerichtete Zimmer, teils mit Blick auf den Strand. Dorm $28, Zimmer mit Gemeinschaftsbad ❷
Lindale Motor Park, unmittelbar nördlich der Stadt, nicht weit vom SH1, ☎ 04/298 8046, ✉ lindalemotorpark@xtra.co.nz. Camping $17–30, Cabins mit Küche ❷, Selbstversorger-Unit ❸
Restaurants und Cafés drängen sich am Strand um die Kreuzung Marine Parade und Maclean Street.
Fed Up Fast Foods, 40 Marine Parade, serviert einfache, aber gute und frisch zubereitete Gerichte, u. a. die besten Fish 'n' Chips der Gegend und leckere Kapiti-Eiscreme, auch zum Mitnehmen. ⏱ tgl. 11–20.30 Uhr.
Muang Thai, 22 Maclean St, ☎ 04/902 9699. Das kleine, elegante Lokal öffnet nur zum Abendessen. ⏱ So geschlossen.

Informationen

Visitor Centre, SH1, auf dem Parkplatz des Einkaufszentrums Coastlands, ☎ 04/298 8195, ✉ paraparaumu@naturacoast.co.nz. Mit Infos zu lokalen Attraktionen und Einrichtungen des DOC. ⏱ Mo–Fr 9–17, Sa und So 10–15 Uhr.

Transport

Busse und Eisenbahn
Regionalbusse aus Wellington und die Überlandbusse von InterCity und Newmans halten am Bahnhof gegenüber dem Visitor Centre.

Züge nach:
PAEKAKARIKI mind. alle 30 Min., 8 Min.;
PLIMMERTON mind. alle 30 Min., 25 Min.;
PORIRUA mind. alle 30 Min., 35 Min.;
WELLINGTON mind. alle 30 Min., 50–60 Min.

Flüge
Vom **Paraparaumu Airport**, 🖥 http://para paraumuairport.co.nz, auf halber Strecke zwischen dem SH1 und dem Strand, bietet Air2There, 🖥 www.air2there.com, derzeit regelmäßige Flugverbindungen nach NELSON (1–3x tgl., 45 Min.) und BLENHEIM (1–3x tgl., 40 Min.) an.
Zur Zeit der Recherche gab es Pläne für einen groß angelegten Ausbau des Flughafens, der dann auch von Air New Zealand angeflogen werden soll. Der aktuelle Stand der Entwicklung ist der Flughafen-Website zu entnehmen.

Kapiti Island

Kapiti Island gehört zu den schönsten und am leichtesten zugänglichen Inselschutzgebieten Neuseelands. Das 10x2 km große Eiland ist ein zauberhafter Flecken Erde, der Vögeln, die auf dem Festland selten geworden oder schon ausgestorben sind, Zuflucht bietet.
1824 eroberte der legendäre Maori-Häuptling **Te Rauparaha** (der Erfinder des bekanntesten *haka*-Tanzes) mit seinem Stamm Ngati Toa die Insel, die bis dahin von anderen Maori bewohnt worden war, und nutzte sie bis zu seinem Tod 1849 als Stützpunkt. Die Insel hat für die Maori eine enorme spirituelle Bedeutung und wurde bereits 1897 zum Schutzgebiet erklärt.
Die zweite Januarhälfte und der Februar eignen sich am besten für einen Besuch, da sich die **Vogelwelt** dann von ihrer aktivsten Seite zeigt. Zu den Arten, die das ganze Jahr über zu sehen sind, zählen Kaka (ein Waldpapagei, der sich bisweilen sogar auf Kopf oder Schulter von Wanderern niederlässt), Wekaralle, Ziegensittich, Weißköpfchen, Tui, Makomako, Graufächerschwanz, Ringeltaube und Langbeinschnäpper. Wer Glück hat, erspäht sogar einen der 250 Takahe, die es auf der Welt noch gibt.

Die Insel kann auf zwei ziemlich steilen **Wanderwegen** erforscht werden, dem Trig Track und dem Wilkinson Track, die eigentlich einen Rundwanderweg bilden, da sie in der Nähe des höchsten Punktes der Insel, des Tuteremoana (521 m), zusammentreffen. Von seinem Gipfel genießt man einen spektakulären Ausblick. Die größte Vogelvielfalt findet sich allerdings in den tieferen Lagen und zeigt sich am wahrscheinlichsten demjenigen, der sich Zeit lässt, keinen Lärm macht und häufige Zwischenstopps einlegt (insgesamt 3 Std. sollten mindestens veranschlagt werden).

Das **North End** der Insel (das ungefähr ein Zehntel ihrer Gesamtfläche einnimmt) gehört ebenfalls zum Kapiti Nature Reserve, steht allerdings unter einer anderen Verwaltung und besitzt einen eigenen Eingang. An der **Okupe Lagoon** leben eine Königslöffler-Kolonie sowie zahlreiche seltene Waldvögel und Kiwis.

Die Meeresenge zwischen Kapiti Island und Paraparaumu wurde zum Meeresschutzgebiet erklärt, dessen außergewöhnlich klares Wasser großartige Bedingungen zum **Schnorcheln** zwischen den ufernahen Felsen bietet (wer keine eigene Ausrüstung hat, kann sie bei der Kapiti Nature Lodge leihen). Westlich und nördlich der Insel finden sich die schönsten **Tauchreviere**; die Tauchausrüstung muss man allerdings selbst mitbringen.

Das DOC verwaltet Kapiti Island und lässt pro Tag nur 50 Besucher ins Naturreservat sowie weitere 18 zum North End. Dabei ist ein **Erlaubnisschein** (Landing Permit) erforderlich, der für $11 p. P. erstanden werden kann und 6 Monate seine Gültigkeit behält, falls schlechtes Wetter eine Überfahrt verhindern sollte. Das Permit muss beim DOC in Wellington (s. S. 489) beantragt werden, wird auf Anfrage aber auch ans Visitor Centre von Paraparaumu geschickt und kann dort abgeholt werden. Die **Reservierung** sollte so früh wie möglich vorgenommen werden: Üblicherweise genügen ein paar Tage, aber an den Sommerwochenenden von Dezember bis März ist das Haupt-Schutzgebiet oft schon drei Monate im Voraus ausgebucht. Wer beide Inselabschnitte besuchen möchte, benötigt zwei Permits.

Da das DOC verständlicherweise die Wiedereinschleppung von Schädlingen verhindern möchte, werden die Taschen aller Inselbesucher nach Säugetieren durchsucht. Bei der Ankunft im Hauptreservat bekommen die Besucher eine ausgezeichnete, halbstündige Einführung durch einen Ranger sowie die kostenlose, informative DOC-Broschüre *Kapiti Island Nature Reserve* als Vorbereitung für eine mehrstündige Erkundung der Insel. Zusätzlich werden auf Wunsch einstündige geführte **Touren** ($28) angeboten, die sich u. a. der Maori-Kultur und dem Paua-Sammeln widmen. Die touristischen Einrichtungen beschränken sich auf Toiletten und einen Unterstand bei der Anlegestelle. Proviant und Trinkwasser müssen selbst mitgebracht und sämtliche Abfälle wieder mit zurück genommen werden.

Am Rande des nördlichen Reservats liegt bei Waiorua Bay ein Stückchen Privatland, das den Nachfahren von Te Rauparaha gehört. Hier befindet sich die einzige, aber ausgezeichnete Unterkunft der Insel: die **Kapiti Nature Lodge**, ☏ 06/362 6606, 🖥 www.kapitiislandalive. co.nz. In den einfachen Gemeinschaftsschlafräumen können bis zu 10 Personen nächtigen; außerdem gibt es DZ und 2-Bett-Zimmer. Die familiäre Atmosphäre erstreckt sich auch auf die Mahlzeiten, zu denen oft Seafood gereicht wird. Im Preis (mit Gemeinschaftsbad EZ $280, 2-Bett-Zimmer $265 p. P., 3-Bett-Zimmer $250; mit Bad je plus $40–50) enthalten sind Frühstück, Mittag- und Abendessen sowie eine abendliche Wanderung zur Kiwi-Beobachtung (mit guten Erfolgsaussichten, da es schätzungsweise 1200 bis 1500 Kiwis auf der Insel gibt). Bei einer Tagestour für $322 sind Fähre, DOC-Permit, Mittagessen und eine einstündige geführte Wanderung inklusive. Auf Wunsch wird auch Transport von und nach Wellington geboten (einfache Strecke $100).

Transport

Für die 15-minütige Überfahrt von PARAPARAUMU BEACH nach Kapiti Island (hin und zurück $55) stehen zwei Fährunternehmen zur Auswahl: **Kapiti Marine Charter**, ☏ 0800/433 779, 🖥 www.kapitimarinecharter. co.nz, und **Kapiti Tours**, ☏ 0800/527 484, 🖥 www.kapititours.co.nz. Die Boote legen normalerweise etwa um 9 Uhr vom Strand gegenüber vom YHA Barnacles ab und kehren gegen 15.30 Uhr zurück; wer möchte, kann sich gegen eine Zusatzgebühr von $5 zum North End und wieder zurück befördern lassen.

Paekakariki und Umgebung

Ganz im Süden der Kapiti Coast liegt das winzige, aber quicklebendige Dorf **Paekakariki**, dessen Einwohner sich an jedem zweiten und vierten Mittwoch im Monat zum legendären Open-Mike-Abend im Café des Orts, **Finn**, 2 Beach Rd, treffen.

Paekakariki hat einen sicheren Badestrand in nur 150 m Entfernung vom Paekakariki Holiday Park (s. u.), der wiederum am Südrand des 6,5 km² großen Queen Elizabeth Park liegt. Dieser ist über mehrere Eingänge, u. a. von MacKays Crossing am SH1 und von The Esplanade in Raumati, weiter nördlich, zugänglich. ◷ tgl. 8–20 Uhr, Eintritt frei. Am Parkeingang MacKays Crossing befindet sich das **Tramway Museum**, ✆ 04/292 8361, ⌨ www.wellingtontrams.org. nz, von dem aus historische Straßenbahnen der Stadt Wellington über eine 2 km lange Gleisstrecke zum Strand fahren. ◷ Sa u. So 11–16.30, im Jan tgl., Eintritt frei, Straßenbahnfahrt $5. Die benachbarten **Stables on the Park**, ✆ 04/298 4609, ⌨ www.stablesonthepark.co.nz, bieten Ausritte und Ponyreiten für Kinder an. ◷ Sa und So 10.30–15.30 Uhr.

Rund 22 km südlich von Paekakariki und 20 km nördlich von Wellington liegt die rasch wachsende Satellitenstadt **Porirua**. Hier lohnt sich ein kurzer Zwischenstopp beim hervorragenden Pataka Museum of Arts and Cultures, Norrie St, Ecke Parumoana St, ⌨ www.pataka.org.nz. Es zeigt wechselnde Ausstellungen von führenden Vertretern der zeitgenössischen neuseeländischen Kunst und regelmäßige Maori-Tanzdarbietungen. ◷ Mo–Sa 10–16.30, So 11–16.30, Eintritt frei.

Wer lieber außerhalb von Wellington in ländlicher Umgebung nächtigen und mit dem Auto (oder dem Zug) in die Stadt fahren will, hat die Wahl zwischen zwei ausgezeichneten **Hostels**, die attraktiver sind als die meisten Unterkünfte in Wellington.

Moana Lodge, 49 Moana Rd, Plimmerton, ✆ 04/233 2010, ⌨ www.moanalodge.co.nz. Die wunderschön gelegene edwardianische Villa gilt seit Langem als eines der besten Hostels von ganz Neuseeland. Sie bietet neben vielen Zimmern mit Meerblick, kostenloses WLAN, Kajaknutzung und eine ausgesprochen freundliche Atmosphäre. Dorm $29, Zimmer ❷

Paekakariki Backpackers, 11 Wellington Rd, Paekakariki, ✆ 04/902 5967, ⌨ www.wellington beachbackpackers.co.nz. Ruhige, gemütliche Herberge mit Meerblick in der Nähe des Bahnhofs. ◷ von Mai–Sep geschlossen. Dorm $28, Zimmer (teils mit Bad) ❷

Paekakariki Holiday Park, 180 Wellington Rd, Paekakariki, ✆ 04/292 8292, ⌨ www.paekakariki holidaypark.co.nz. Gut ausgestatteter Platz in Strandnähe mit Stellplätzen ($13), Cabins ❶ und Units ❸.

Zentrale Nordinsel

Stefan Loose Traveltipps

Maori-Konzerte mit Hangi Sie bieten eine Einführung in Stammesgesänge, Tänze, Lieder, Geschichten und Küche der Maori. S. 333

Kaituna River Das Rafting auf diesem kurzen Fluss mit einem 7 m hohen Wasserfall ist vom Feinsten. S. 335

6 **Wai-O-Tapu** Bunt schimmernde Pools und ein aktiver Geysir sind die Highlights des besten Geothermalgebiets in der Umgebung von Rotorua. S. 341

Lake Taupo Neuseelands größtes Binnengewässer lässt sich auf einer Ausflugsfahrt oder aus der Luft während eines Tandem-Fallschirmsprungs bewundern. S. 343

Huka Falls Er ist der wasserreichste, mächtigste und schönste Wasserfall des Landes. S. 351

7 **Tongariro Alpine Crossing** Die Tageswanderung auf dieser Route ist schlicht und ergreifend die schönste Neuseelands. S. 362

Kein anderer Teil Neuseelands hat so viele hochkarätige Sehenswürdigkeiten aufzuweisen wie die zentrale Nordinsel; viele davon sind eine Folge der vulkanischen Vergangenheit der Region. Beherrscht wird das Gebiet von drei geologisch klar zu unterscheidenden Abschnitten: Tongariro National Park mit seinen drei Vulkanen, Lake Taupo, der größte See des Landes, und die farbenprächtigen Geothermalzonen in der Umgebung von Rotorua. Wer es auf das Abhaken von Kiwi-Attraktionen abgesehen hat, ist in **Rotorua** bestens aufgehoben, wo Schlammtümpel blubbern, von überhitztem Wasser gespeiste Geysire ihre Fontänen in die Luft schießen und überall in der Stadt Thermalbäder zum Entspannen einladen. Rotorua zählt überdies zu den Hauptzentren der Maori-Kultur.

Durch den Kontrast mit den riesigen Kieferbeständen des **Kaingaroa Forest** gewinnt die spektakuläre Vulkanlandschaft noch zusätzlich an Reiz. Es handelt sich um eine der größten Baumanpflanzungen der Welt, deren eng geschlossene Reihen schnell wachsender Monterey-Kiefern *(Pinus radiata)* sich bis zum Horizont erstrecken. In den letzten Jahren hat aufgrund der hohen Weltmarktpreise für Milchpulver zwar ein Umschwenken hin zur Milchwirtschaft stattgefunden, jedoch ist die Forstwirtschaft nach wie vor der bedeutendste Wirtschaftszweig der Region.

Der Rest der zentralen Nordinsel wird grob als **vulkanisches Plateau** bezeichnet. Dieses Hochland ist mit einer Schicht aus Felsen und Asche bedeckt, die vor etwa 2000 Jahren entstand, als ein riesiger Vulkan buchstäblich explodierte. Der daraus resultierende Krater und dessen Umgebung füllten sich mit Wasser und bilden heute den größten See des Landes, den **Lake Taupo**. Das ruhige Gewässer und die den See speisenden Bäche und Flüsse sind ein Mekka für Angler, die es auf Bach- und Regenbogenforellen abgesehen haben. Weitere Touristenmagnete sind die Attraktionen und Aktivitäten in der Nähe der donnernden Stromschnellen des **Waikato River**. Südlich des Sees erheben sich im **Tongariro National Park** drei majestätische Vulkane. Der 1887 gegründete Nationalpark ist ein beliebtes Ziel für Skibegeisterte und im Sommer mit seinen zauberhaften Wegen ein wahres Paradies für Wanderer.

Aufgrund der Hochlage des vulkanischen Plateaus herrscht am Lake Taupo und im Tongariro National Park selbst im Hochsommer ein frisches **Klima**. Im Frühling und Herbst ist es noch einigermaßen warm und überdies nicht so überlaufen wie im Sommer, während man die eiskalten Wintermonate von Mai bis Oktober am besten den Wintersportfreunden überlässt. Die Gegend um Rotorua präsentiert sich dagegen insgesamt gemäßigter, doch auch dort kann es im Winter recht kalt werden, wodurch die heißen Thermalbäder und dampfenden Quellen noch zusätzlich an Reiz gewinnen.

Das Angebot an öffentlichen Verkehrsmitteln in der Region beschränkt sich auf **Busse**, die zumeist von InterCity und NakedBus betrieben werden und von Rotorua über Taupo Richtung Süden nach Turangi, Waiouru und Taihape fahren. Regionale Busunternehmen bedienen die kleineren Orte um den Tongariro-Nationalpark herum und fahren auch zu den Startpunkten der Wanderwege (s. S. 361).

Rotorua und Umgebung

Rotorua ist die Touristenattraktion Nummer eins auf der Nordinsel, denn schließlich handelt es sich um eines der dichtesten und zugänglichsten Geothermalgebiete der Welt. Fünfzehn Meter hohe Geysire schießen inmitten kaleidoskopischer Mineralbecken ihre Fontänen in die Höhe, dampfende Schwaden überziehen kochende Schlammlöcher, verkrustete Minerale hängen wie Stalaktiten von den Sinterterrassen herab – kurz: Vulkanismus, wie er im Buche steht.

Die Vögel am Seeufer sind vom mühevollen Brüten befreit, weil die Erde von allein genügend Wärme spendet. Die Gräber auf den Friedhöfen müssen oberirdisch angelegt werden, weil das Graben im Boden wahrscheinlich eine weitere heiße Quelle zutage fördern würde. Die Hotels sind mit geothermisch erhitzten Bädern ausgestattet, in denen sich die müden Knochen schnell wieder von einem anstrengenden Sightseeing-Tag erholen.

In der gesamten Region vereinigen sich Schwefel und Hitze zu einer praktisch vegeta-

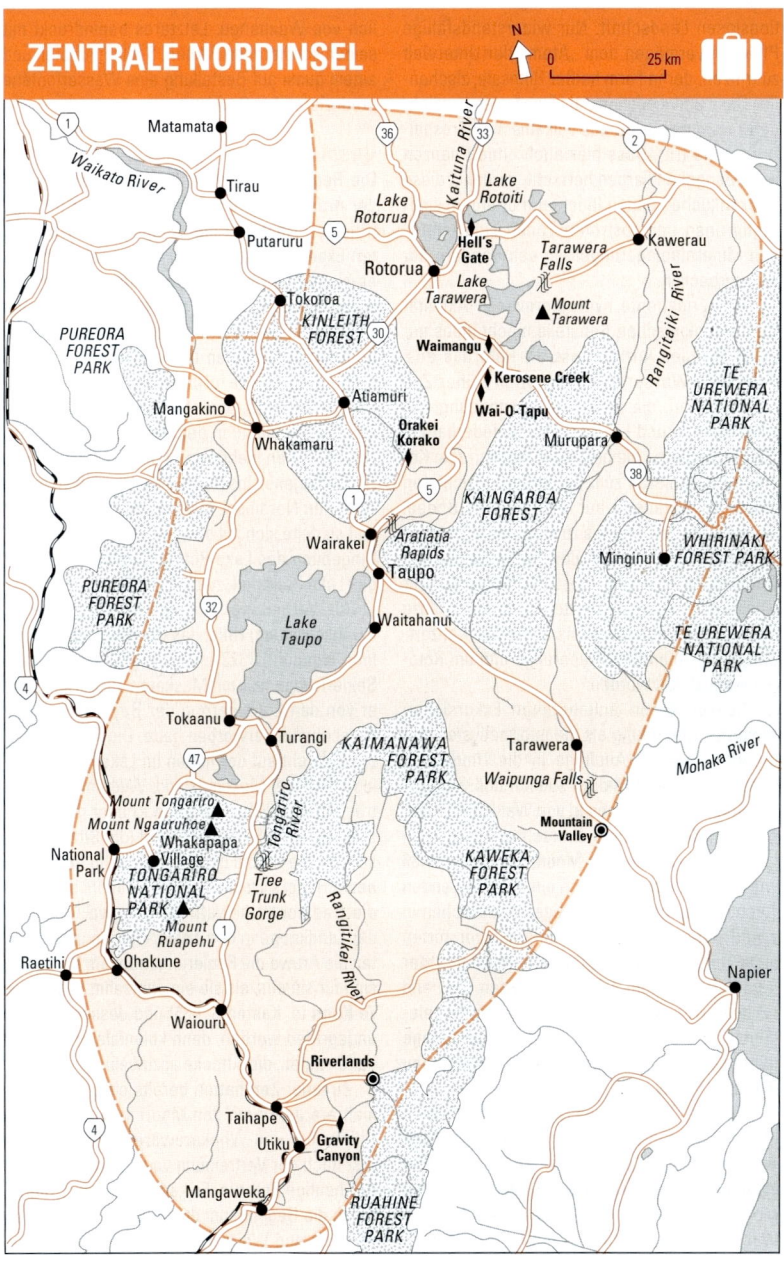

N

0   25 km

| Matamata
Waikato River
Tirau
Putaruru
Lake Rotorua
Lake Rotoiti
Tokoroa
Rotorua
Hell's Gate
Lake Tarawera
Tarawera Falls
Kawerau
KINLEITH FOREST
Mount Tarawera
PUREORA FOREST PARK
Waimangu
Mangakino
Atiamuri
Kerosene Creek
Wai-O-Tapu
Whakamaru
Orakei Korako
Murupara
Kaituna River
Rangitaiki River
TE UREWERA NATIONAL PARK
KAINGAROA FOREST
Wairakei
Aratiatia Rapids
Taupo
WHIRINAKI FOREST PARK
Minginui
PUREORA FOREST PARK
Waitahanui
Lake Taupo
TE UREWERA NATIONAL PARK
Tokaanu
Turangi
KAIMANAWA FOREST PARK
Tarawera
Waipunga Falls
Mohaka River
Mount Tongariro
Mount Ngauruhoe
Whakapapa Village
Mountain Valley
Tongariro River
National Park
TONGARIRO NATIONAL PARK
Tree Trunk Gorge
KAWEKA FOREST PARK
Mount Ruapehu
Raetihi
Ohakune
Rangitikei River
Napier
Waiouru
Riverlands
Taihape
Utiku
Gravity Canyon
Mangaweka
RUAHINE FOREST PARK |

Zentrale Nordinsel

tionslosen Landschaft. Nur widerstandsfähige Pflanzen vermögen dem „Atem" der Unterwelt zu trotzen, der in Form heißer Rinnsale, zischender Gase und siedender, als Fumarolen bezeichneter Dampfaustritte aus vulkanischen Erdspalten zutage tritt. Dass hier auch ohne Pflanzen kein Mangel an Farben herrscht, verdankt diese „Hexenküche" den in leuchtend orangen, smaragdgrünen und rostroten Tönen schimmernden Mineralablagerungen an den Rändern der Wasserbecken.

Die permanente hydrothermische Aktivität dieser geologischen Baustelle macht indes nur einen Teil der Anziehungskraft Rotoruas aus. Das heiße Wasser lockte schon in früher Zeit die **Maori** an, die sich in der Umgebung von Lake Rotorua und Lake Tarawera niederließen. Sie verwendeten die heißesten Quellen zum Kochen, die kühleren zum Baden und errichteten ihre *whare* (Häuser) auf dem warmen Boden, um die Kälte des Winters zu vertreiben. Trotz der zwangsläufig verwässernden Auswirkungen des Tourismus gibt es keine bessere Gelegenheit für eine Einführung in die Werte, Traditionen, Tänze und Gesänge der Maori als einen der Konzert- und Hangi-Abende, die überall in und um Rotorua veranstaltet werden.

Die von Maori angebotenen Exkursionen erweisen sich häufig als die informativsten und unterhaltsamsten Ausflüge in die Umgebung Rotoruas. In den Wäldern südlich und westlich der Stadt liegen 16 **Seen** in von Waldgürteln umgebenen Senken, viele überschattet vom 5 km langen Bergmassiv des **Mount Tarawera**. 1886 wurde die Vulkankette nach einer verheerenden Nacht mit mehreren gewaltigen Ausbrüchen in zwei Hälften geteilt. Die Eruptionen zerstörten nicht nur die früheste Touristenattraktion der Region, die schönen Sinterterrassen Pink and White Terraces, sondern auch die nächstgelegene Siedlung Te Wairoa, heute **Buried Village** genannt. Gleichzeitig entstand das **Waimangu Volcanic Valley**.

Weitere hochinteressante Thermalzonen in der Umgebung von Rotorua sind das Dorf **Te Puia** mit seinen Geysiren, das benachbarte **Whakarewarewa Thermal Village**, in dem die Maori auch heute noch zwischen brodelndem Wasser leben, und das bunte **Wai-O-Tapu** süd-

lich von Waimangu. Letzteres beeindruckt mit seinen schillernden Farben, Schlammtöpfen und einem quasi auf Bestellung eine Wasserfontäne produzierenden Geysir.

Geschichte

Die Region Rotorua ist die Heimat des Volkes der Arawa. Laut Überlieferung war der *tohunga* (Priester) **Ngatoroirangi** Anführer einer der ersten Expeditionen ins Landesinnere. Er schaffte es bis auf den eisigen Gipfel des Vulkans Tongariro, wo er fürchtete zu erfrieren. Aber seine Gebete zu den Göttern von Hawaiki wurden erhört: Sie schickten das ersehnte Feuer, das sich unter der Erde fortbewegte und dann an die Oberfläche stieß, zunächst auf der vulkanischen Insel White Island in der Bay of Plenty und anschließend an mehreren Punkten auf einer Linie zwischen jener Insel und den drei Vulkanen der zentralen Nordinsel. Ngatoroirangi war gerettet und siedelte sich mit seinen Gefolgsleuten in der Umgebung des Lake Rotoiti („kleiner See") und des Lake Rotorua („zweiter See") an.

Als Vergeltung für einen früheren Überfall befehligte **Hongi Hika**, das Oberhaupt der Northland-Ngapuhi, 1823 einen Angriff auf Rotorua. Seine Truppe war mit Musketen ausgerüstet, die er von den Europäern in der Bay of Islands im Tauschhandel erworben hatte. Die Arawa suchten Zuflucht auf der mitten im Lake Rotorua gelegenen Insel Mokoia Island. Wild entschlossen trugen Hongi Hika und seine Krieger ihre Kanus zwischen den Seen über Land (die Strecke zwischen Lake Rotoiti und Lake Rotoehu heißt noch heute Hongi's Track), und die Ngapuhi besiegten die traditionell bewaffneten Arawa. Während der Landkriege in den 1860er-Jahren unterstützten die Arawa die Regierungstruppen. Das zahlte sich für sie aus, als sie ein Jahrzehnt später von **Te Kooti** (s. Kasten S. 435) und dessen Truppen angegriffen wurden, denn koloniale Streitkräfte halfen ihnen, die Attacke abzuwehren.

Zu jener Zeit hatten bereits einige **Europäer** mehrere Jahre mit den Maori in deren Dörfern Ohinemutu und Whakarewarewa gelebt, doch erst nach der Vertreibung von Te Kooti entstand das heutige Rotorua. Es kamen vermehrt **Touristen** in die Gegend, um die großartigen Sinterfelder Pink and White Terraces zu besuchen. Die

Arawa, die bis dahin relativ isoliert von europäischen Einflüssen gelebt hatten, erkannten schnell die Möglichkeiten, die der Fremdenverkehr ihnen bot, und trugen dazu bei, Rotorua zu dem zu machen, was es heute ist.

Rotorua

Wer in Rotorua ankommt, muss sich zunächst an die eigentümliche Duftnote der Stadt gewöhnen: Der aus den natürlichen Öffnungen in der Erdkruste aufsteigende Schwefelwasserstoff sorgt dafür, dass ein Geruch von faulen Eiern in der Luft liegt, der allerdings nach ein paar Stunden praktisch nicht mehr wahrgenommen wird. Kein noch so übler Geruch hat es bisher geschafft, die Touristen von dieser kleinen, ordentlichen Stadt am Südufer des **Lake Rotorua** fernzuhalten. Die nördliche und südliche Begrenzung Rotoruas bilden zwei alte Dörfer der Ngati Whakaue: das am Seeufer gelegene **Ohinemutu** sowie **Whakarewarewa**.

Rotorua wurde zunächst als Kurort auf einem Stück Land gegründet, das die Ngati Whakaue zur Verfügung gestellt hatten. 1885 entstand in dem frisch gebackenen Kurort der Government Sanatorium Complex. Das originale Bath House befindet sich inmitten der typisch englischen Parkanlage **Government Gardens** und ist heute Bestandteil des **Rotorua Museum**, das die frühen Bemühungen um das Wohl der Kurgäste auf beeindruckende und unterhaltsame Weise beleuchtet.

Einige Sehenswürdigkeiten wie das Rotorua Museum mit seiner schönen Sammlung von Maori-Artefakten und Badehaus-Relikten und das ursprüngliche Maori-Dorf Ohinemutu am Ufer des **Lake Rotorua** lassen sich an einem halben Tag gut zu Fuß erkunden. Danach kann man sich bei einem Bad in den heißen Becken in einem Vogelschutzgebiet auf der **Mokoia Island** entspannen. Dort spielte sich übrigens die romantische Geschichte der beiden Liebenden Hinemoa und Tutanekai ab.

Am südlichen Stadtrand locken das **Whakarewarewa Thermal Village**, in dem die Bewohner inmitten dampfender und kochender Quellen ihrem ganz normalen Tagewerk nachgehen, und

nebenan **Te Puia** mit den einzigen natürlichen Geysiren der Gegend und einer faszinierenden Schnitzschule. Fünf bis zehn Kilometer nordwestlich des Zentrums hat **Skyline Skyrides** am **Mount Ngongotaha** verschiedene Fahrgeschäfte, bei denen Schwerkraft und Nervenkitzel im Vordergrund stehen.

Der **Rainbow Springs Kiwi Wildlife Park** im Schatten des Berges vermittelt Einblicke in den Lebenszyklus der Forellen und beherbergt zudem das spannende **Kiwi Encounter**. Ein Stück nördlich der Skyline Skyrides sind im **Agrodome** Schafe im wahrsten Sinne des Wortes die Bühnenstars, während der benachbarte Abenteuerpark darauf abzielt, seine Gäste noch mehr Adrenalin produzieren zu lassen als die Skyline Skyrides.

Government Gardens und Umgebung

In ihrer Gegenüberstellung von Gediegenem und Exotischem sind die Government Gardens östlich des Stadtzentrums ein bizarrer Anblick: England im Miniaturformat mitten in Neuseeland. Rentner im blütenweißen Dress spielen Rasenbowling umgeben von schwefligen Dampfspalten, Palmen thronen über Rosengärten, und in der Mitte steht das im Tudor-Stil gehaltene **Badehaus** aus dem Jahr 1908.

Das als großartigstes Heilbad der Südsee gepriesene Badehaus wurde als Therapeutikum gegen Arthritis, Alkoholismus oder Übererregbarkeit errichtet. Dazu mussten sich die Patienten schaurigen Prozeduren wie der Elektrotherapie unterziehen. Das Badehaus erfüllte seine Funktion noch bis 1963, obwohl die großen Heilbäder schon lange vorher aus der Mode gekommen waren. Die moderne Version eines Kurbades findet sich im **Polynesian Spa** und im **Spa at QE**.

Rotorua Museum

Das alte Badehaus beherbergt heute das wunderbare **Rotorua Museum of Art and History**. Es wurde vor Kurzem zum Teil nach den Plänen von 1908 ausgebaut. Die Geschichte des Badehauses erzählt die Ausstellung „Taking the Cure", inmitten der alten Bäder mit ihren grün-weißen Fliesen und frei liegenden Rohren. Mehrere Räume wurden in ihrem Verfall aufgehalten und mit Fotos aus der ruhmreichen Vergangenheit behängt, während ein unterhaltsamer Film die Geschichte der Region und seiner Heilbäder wieder aufleben lässt. Wer mehr vom Innenleben des Gebäudes sehen möchte, geht ins Untergeschoss voller alter Rohre und Schlammbäder. Die Überreste des ursprünglichen Belüftungssystems sind auf dem Weg zu einer tollen Aussichtsplattform auf dem Dach im Dachgeschoss zu sehen.

Der kleine, aber vorzügliche Abschnitt **Te Arawa** präsentiert die seit Langem bewunderten Werke der Arawa-Schnitzer, die Rotorua bereits vor der Landung der ersten Europäer zu einer Hochburg der Schnitzkunst machten. Zahlreiche Arbeiten wurden aus europäischen Sammlungen zurückgeholt und befinden sich unter den hervorragend gearbeiteten Figuren, Hundefellumhängen, Jadewaffen und reich verzierten Giebelbrettern, die hier alle auf beeindruckende Weise in Szene gesetzt werden. Zu den wertvollsten Stücken zählen die Flöte des legendären Liebhabers Tutanekai, eine ungewöhnlich schöne Göttin aus Bimsstein und einige seltene, mit Steinwerkzeugen hergestellte Schnitzarbeiten aus dem 18. Jh.

Eine zweite Ausstellung beschäftigt sich mit den dramatischen Ereignissen rund um den Vulkanausbruch des Tarawera. Die umfangreichen Exponate beinhalten eine informative Reliefkarte der Region, Augenzeugenberichte, eine multimediale Präsentation und Fotos. Außerdem gibt es noch eine kleine, aber bewegende Ausstellung über das Maori-Bataillon des Zweiten Weltkriegs mit einem sehenswerten halbstündigen Video. ⏲ Okt–Mitte März tgl. 9–20, Mitte März–Sep 9–17 Uhr, Eintritt $12, kostenlose Führungen jeweils zur vollen Stunde.

Polynesian Spa, Blue Baths und Spa at QE

Unmittelbar südlich der Blue Baths liegt in der Hinemoa St das **Polynesian Spa**, ✆ 07/348 1328, 🖳 www.polynesianspa.co.nz, ⏲ tgl. 8–23 Uhr. Der größtenteils unter freiem Himmel angesiedelte Komplex bietet Ausblicke auf den Lake Rotorua und setzt sich aus vier separaten Bereichen zusammen. Die Mehrzahl der Gäste tummelt sich in den sieben **Adult Pools** (36–42 °C, $20) um die historischen Becken Radium Pool und Priest Pool herum. Die historischen Pools dürfen nicht betreten werden, aber das Wasser aus dem Priest Pool, das besonders Arthritis und Rheuma lindern soll, wird in drei der anderen Pools gespeist.

Wer sich nur eine halbe Stunde lang im Wasser aalen möchte, ist wahrscheinlich in den **Private Pools** ($18 pro 30 Min., Seeblick $25) für jeweils zwei bis drei Personen besser aufgehoben. Mehr Exklusivität bietet der benachbarte **Lake Spa** ($40) mit seinen attraktiv gestalteten, flachen Felsbädern, die um einen abgeschlossenen Entspannungsbereich mit Bar gruppiert sind. Im Voraus reservieren sollte man die vielfältigen Massagen, Schlammpackungen und Verwöhnkuren ($80 für 30 Min. inkl. Eintritt für Lake Spa). Kinder kommen im **Family Spa** (Eintritt $32 für maximal 2 Erwachsene und 4 Kinder) auf ihre Kosten, das mit einem 33 °C warmen Schwimmbecken, zwei Mineralpools und einer Wasserrutsche aufwartet.

Während das Hauptbadehaus der Gesundheit gewidmet war, diente die benachbarte, 1933 eröffnete Badeanstalt **Blue Baths** einzig und allein dem Amüsement. Das im kalifornischen Missionsstil errichtete Gebäude zählte zu den ersten öffentlichen Bädern, in denen das gemeinsame Plantschen beider Geschlechter erlaubt war. Es musste 1982 geschlossen werden, ist inzwischen aber wieder teilweise eröffnet, mit einem Freibad (29–33 °C) und zwei kleineren Becken (38–40 °C). Ein Großteil des Komplexes wird heute für private Veranstaltungen genutzt und ist deshalb am Wochenende oft geschlossen. ⏲ Nov–März tgl. 10–18, April–Okt 12–18 Uhr, Eintritt $11.

Der Geist des ursprünglichen Badehauses lebt fort im **Spa at QE**, 1043 Whakaue St, ✆ 07/ 348 0189, 🖳 www.qehealth.co.nz. Hier stehen therapeutische Heilanwendungen im Mittelpunkt. Das Bad macht einen klinischen, etwas heruntergekommenen Eindruck, aber die Anwendungsbereiche werden nach und nach saniert. Man kann in mit alkalischem Wasser von der Rachel Spring gespeisten Privatbecken ($12) baden, ein entspannendes Schlammbad ($50, 2 Pers. $70) nehmen oder sich eine Wassermassage ($50 pro 30 Min.) verpassen lassen. ⏲ Mo–Fr 8–22, Sa und So 9–22 Uhr.

Lake Rotorua und Mokoia Island

Bei der Lakefront Jetty am Lake Rotorua werden Kajaks, Tretboote u. Ä. vermietet. Außerdem fah-

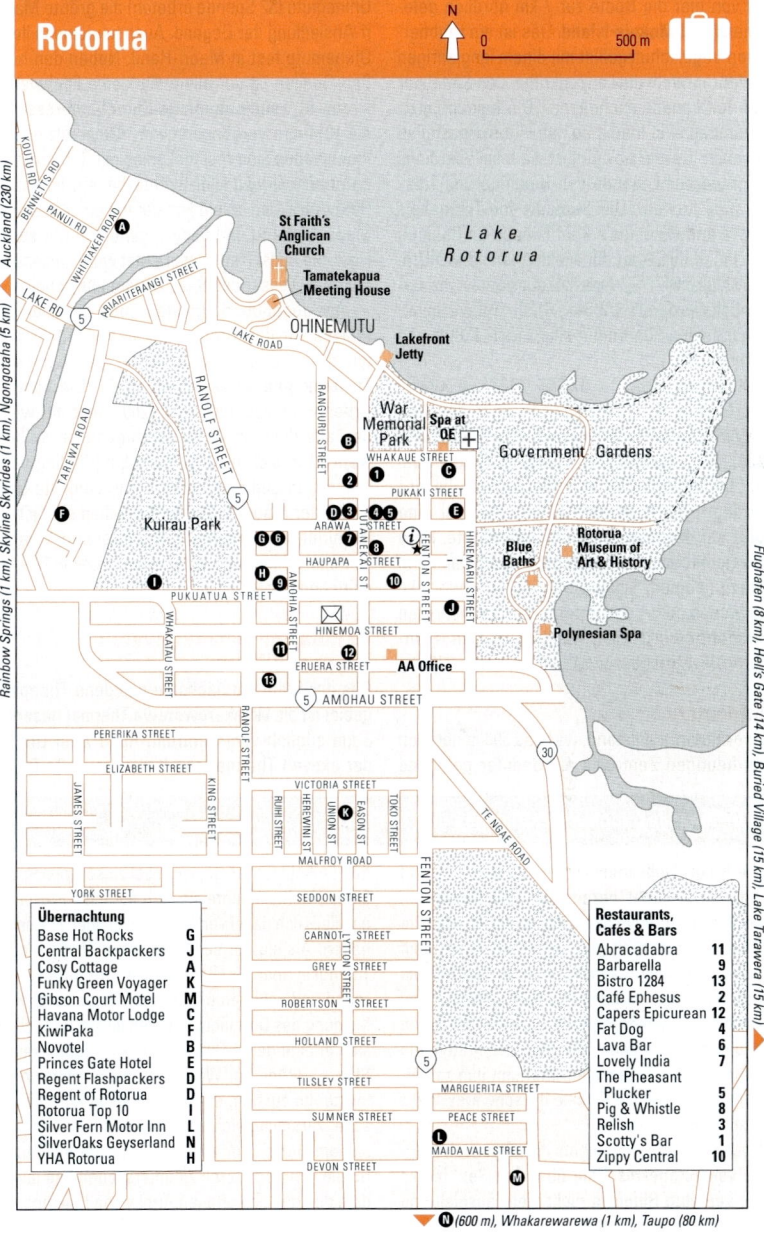

Rotorua

N

0   500 m

Auckland (230 km)

Rainbow Springs (1 km), Skyline Skyrides (1 km), Ngongotaha (5 km)

PANUI RD

WHITTAKER ROAD

BENNET'S RD

ARIARITERANGI STREET

LAKE RD

LAKE ROAD

TAREWA ROAD

RANOLF STREET

St Faith's
Anglican
Church

Tamatekapua
Meeting House

OHINEMUTU

Lakefront
Jetty

*L a k e
R o t o r u a*

RANGIURU STREET

War
Memorial
Park

Spa at
QE

WHAKAUE STREET

PUKAKI STREET

Kuirau Park

ARAWA STREET

HAUPAPA

PUKUATUA STREET

AMOHIA STREET

HINEMOA STREET

ERUERA STREET

AMOHAU STREET

FENTON STREET

HINEMARU STREET

WHAKATAU STREET

Government Gardens

Blue
Baths

Rotorua
Museum of
Art & History

Polynesian Spa

AA Office

Zentrale Nordinsel

Flughafen (8 km), Hell's Gate (14 km), Buried Village (15 km), Lake Tarawera (15 km)

PERERIKA STREET

ELIZABETH STREET

JAMES STREET

KING STREET

RANOLF STREET

RUHI STREET

HEREWINI ST

UNION ST

VICTORIA STREET

FASON ST

TOKO STREET

MALFROY ROAD

YORK STREET

SEDDON STREET

CARNOT STREET

GREY STREET

ROBERTSON STREET

HOLLAND STREET

TILSLEY STREET

SUMNER STREET

DEVON STREET

MARGUERITA STREET

PEACE STREET

MAIDA VALE STREET

TE NGAE ROAD

FENTON STREET

LYTTON STREET

Übernachtung

Base Hot Rocks	G
Central Backpackers	J
Cosy Cottage	A
Funky Green Voyager	K
Gibson Court Motel	M
Havana Motor Lodge	C
KiwiPaka	F
Novotel	B
Princes Gate Hotel	E
Regent Flashpackers	D
Regent of Rotorua	D
Rotorua Top 10	I
Silver Fern Motor Inn	L
SilverOaks Geyserland	N
YHA Rotorua	H

Restaurants, Cafés & Bars

Abracadabra	11
Barbarella	9
Bistro 1284	13
Café Ephesus	2
Capers Epicurean	12
Fat Dog	4
Lava Bar	6
Lovely India	7
The Pheasant Plucker	5
Pig & Whistle	8
Relish	1
Scotty's Bar	3
Zippy Central	10

(600 m), Whakarewarewa (1 km), Taupo (80 km)

ren von hier die Boote zur 7 km nördlich gelegenen Insel **Mokoia Island**. Das ist ein raubtierfreien Vogelschutzgebiet mit einem langjährigen Zuchtprogramm die Lappenkrähe, den Sattelstar und den Langbeinschnäpper. Die beiden Letztgenannten sind häufig an den Fütterungsstellen zu sehen. Besser bekannt ist die Insel allerdings aufgrund der Legende von Hinemoa und Tutanekai (s. Kasten). Der Standort von Tutanekais *whare* und Hinemoa's Pool können im Rahmen von Inselführungen mit Mokoia Island WaiOra, ✆ 0800/665 642, 🖥 www.mokoiaisland.co.nz, besichtigt werden (2 1/2 Std., $120); Schwerpunkte bei diesen Führungen sind Maori-Kultur und Naturschutz.

Kawarau Jet, ✆ 07/343 7600, 🖥 www.nzjetboat.co.nz, bietet Fahrten über den See (30 Min., $69) und auf dem Lake Rotoiti (2 1/2 Std., $120). Dazu gehört eine Stunde Aufenthalt bei den heißen Quellen von Manupirua, die nur mit dem Boot zu erreichen sind. Wer nur eine Fahrt auf dem See unternehmen möchte, kann den gemächlichen **Ausflugsdampfer** *Lakeland Queen* nehmen, ✆ 0800/572 784, 🖥 www.lakelandqueen.co.nz, und unter einer von mehreren Rundfahrten inkl. einer Mahlzeit wählen (Frühstück $38, Mittagessen $45, Abendessen $70).

Ohinemutu

Bevor Rotorua entstand, war das 500 m nördlich des heutigen Zentrums am Seeufer gelegene Ohinemutu ($2 Spende erbeten) die größte Maori-Ansiedlung der Gegend. Auch heute noch liegt Ohinemutu fest in Maori-Hand. Neben den heißen Quellen ist vor allem die kleine Fachwerkkirche **St. Faith's Anglican Church** interessant, die 1914 ihre Vorgängerin von 1885 ersetzte. Die Innenwände sind fast lückenlos mit Schnitzereien oder *tukutuku* (Holzflechtarbeiten) bedeckt. Hauptattraktion ist ein Fenster mit einer in einen Maori-Umhang und Federn gehüllten Christus-Figur, die optisch so ausgerichtet wurde, dass sie auf dem Wasser des Sees zu wandeln scheint.

Am gegenüberliegenden Ende des kleinen Platzes vor der Kirche steht das ebenfalls mit wunderschönen Schnitzereien geschmückte **Tamatekapua-Versammlungshaus**. Die besten Arbeiten (einige davon fast 200 Jahre alt) werden allerdings im Innern unzugänglich aufbewahrt. Um sich nicht wie ein Eindringling vorzukommen und mehr über die Geschichte und Kultur der Maori zu lernen, kann man sich einer 90-minütigen **Führung** von Ohinemutu Village Tours anschließen, die bei einem Kiosk in Ohinemutu beginnt; 9–16 Uhr stdl., $30.

Te Puia und Whakarewarewa Thermal Village

Das der Stadt am nächsten gelegene Thermalgebiet ist die **Whakarewarewa Thermal Reserve** 3 km südlich vom Zentrum. Rund zwei Drittel der aktiven Thermalzone bilden heute **Te Puia**,

---

Die Liebesgeschichte von Hinemoa und Tutanekai

Die Maori-Liebesgeschichte von Hinemoa und Tutanekai macht bereits seit Jahrhunderten an den Ufern des Lake Rotorua die Runde. Die Geschichte erzählt von zwei Liebenden, dem jungen Häuptling Tutanekai von der Insel Mokoia und seiner aus vornehmem Hause stammenden Geliebten Hinemoa, deren Familie ihr verbot, den unehelich geborenen Tutanekai zu heiraten. Um sie an einem Zusammentreffen mit ihm zu hindern, wuchtete die Familie ihr schweres *waka* (Kanu) auf den Strand.

Doch der Wind trug nachts die klagenden Klänge von Tutanekais Flöte über den See, bis es die verliebte Hinemoa nicht mehr aushielt und

den Entschluss fasste, zur Insel zu schwimmen. Eines Nachts machte sie sich auf nach Mokoia und ließ sich dabei von Kalebassen über Wasser halten. Als sie auf der Insel ankam, hatte sich Tutanekai aber bereits in sein *whare* zurückgezogen und schlafen gelegt. Weil Hinemoa ohne Kleidung das Dorf nicht betreten durfte, legte sie sich in eine heiße Quelle. Bald kam Tutanekais Sklave vorbei, um Wasser zu holen. Hinemoa lockte ihn zu sich, entriss ihm seine Kürbisflasche, zerschlug sie und schickte ihn zurück zu seinem Herrn. Der zornige Tutanekai ging zur Quelle, um den Vorfall zu untersuchen, und landete direkt in den offenen Armen von Hinemoa.

---

www.tepuia.com, SH5, www.nzmaori.co.nz, tgl.: Nov–März 8–18, April–Okt 8–17 Uhr, Eintritt $40 inkl. einstündiger Führung zu jeder vollen Stunde. Hier führen mehrere Spazierwege an wabernden Schlammtümpeln, schwefelhaltigen Quellen und den spektakulärsten Geysiren Neuseelands vorbei, dem 7 m hohen **Prince of Wales' Feathers** und dem 15 m hohen **Pohutu** („großer Spritzer"). Bis 2000 hatte Letzterer mehrmals täglich seine Fontäne losgelassen, doch dann überraschte er alle, als er plötzlich noch nie da gewesene 329 Tage ununterbrochen spuckte. Danach beruhigte er sich wieder ein wenig und ist momentan etwa zwei- bis dreimal pro Stunde kurz nach dem zweiten Geysir aktiv.

Zum Komplex gehören auch ein **Nachttierhaus** mit Kiwis, ein nachgebautes, für Zeremonien benutztes **Maori-Dorf** und ein **Arts and Crafts Institute**, wo versierte Kunsthandwerker Flachsröcke und zum Teil riesige Schnitzarbeiten produzieren. Kleinere Arbeiten werden im recht teuren Laden zum Verkauf angeboten. Ein *Combo Package* für $130 umfasst neben der Eintrittsgebühr zu Te Puia auch die abendliche Kulturveranstaltung Te Po und ein Hangi.

Der Rest der Thermalzone steht unter der Schirmherrschaft von **Whakarewarewa: The Thermal Village**, 9a Tukiterangi St, 3 km südlich vom Zentrum von Rotorua, www.whakarewarewa.com. Im Gegensatz zu den anderen Thermalgebieten handelt es sich hier um ein normales, bewohntes Dorf, das bereits vor Ankunft der Europäer gegründet wurde und umsichtig modernisiert wird. Hier geht es nicht in erster Linie um Geysire, sondern darum, wie sich die Maori ihr Leben in diesem einzigartigen Umfeld eingerichtet haben. Besucher können einfach durchs Dorf schlendern, eine kostenlose kulturelle **Aufführung** (11.15 und 14 Uhr) besuchen und an einem **Hangi** teilnehmen (zwischen 12 und 14 Uhr, $55, Kostprobe $28,50). Wer will, kann Maiskolben kaufen, die in einem der natürlichen Dampfkessel gegart wurden. tgl. 8.30–17 Uhr, stdl. Führungen $25.

Skyline Skyrides

Bei den Skyline Skyrides, 4 km vom Stadtzentrum, www.skylineskyrides.co.nz, befördern Gondeln ($24) die Fahrgäste 200 m hoch zur obersten Station an der Flanke des Berges mit Ausblicken auf den See und die Stadt. Die Fahrt lohnt sich eigentlich nur, wenn man dann an einer der Aktivitäten teilnimmt. Zur Auswahl stehen z. B. die **Luge**, eine Art Plastikschlitten auf Rädern, und die Schaukel **Sky Swing** mit einer Fallhöhe von 50 m. Der beste der verschiedenen Kombi-Deals umfasst die Gondelfahrt, einmal Schaukeln auf der Sky Swing und zwei Luge-Fahrten ($50). tgl. 9 Uhr bis spät.

Rainbow Springs Kiwi Wildlife Park

Am Fuß der Seilbahn liegen Forellenbecken, die **Rainbow Springs**, 07/350 0440, www.rainbowsprings.co.nz, die durch Naturlehrpfade miteinander verbunden sind und Prachtexemplare von Regenbogen- und Bachforellen beherbergen. Außerdem gibt es hier mehrere Volieren, eine Tuatara, einen munter plappernden Kea und ein Kiwi-Nachthaus. Die Eintrittskarte ist 24 Stunden lang gültig, sodass man abends wiederkommen kann. Dann sind Bäume und Becken bunt ausgeleuchtet, und die Kiwis sind in ihrem recht naturgetreuen Gehege unterwegs. tgl. 8–21.30, im Sommer bis 22.30 Uhr, Eintritt $26.

Ein weiteres Highlight ist das **Kiwi Encounter**, 0800/724 626, www.kiwiencounter.co.nz. Während einer 45-minütigen Führung (stündlich ab 10 Uhr) wird gezeigt, wie die Eier in verschiedenen Stadien der Entwicklung im Inkubator ausgebrütet werden. Der krönende Abschluss ist ein kurzer Blick auf Kiwis. tgl. 10–16 Uhr, Eintritt $27,50, Kombiticket mit Rainbow Springs $42.

Paradise Valley Springs

Bei den **Paradise Valley Springs**, 467 Paradise Valley Rd, 11 km westlich von Rotorua, 07/348 9667, www.paradisev.co.nz, gibt es sogar Löwen. In einem Waldgebiet führen ordentlich instandgehaltene Wege zu Forellenbecken, durch ein wildromantisches Sumpfgebiet, zu einem Vogelhaus mit Keas und zu einem Gehege mit Tahr, Wallabys und Wildschweinen. Von einem erhöhten Plankenweg bietet sich ein hervorragender „Einblick" in den neuseeländischen Wald. Der Besuchermagnet sind aber natürlich die Löwen, die täglich um 14.30 Uhr gefüttert werden. Wenn gerade Nachwuchs im Alter von vier Wochen bis einem Jahr vorhanden ist, darf

Zentrale Nordinsel

dieser auch gestreichelt werden. Näheres auf der Website. ⏰ tgl. 8–17 Uhr, Eintritt $26.

Agrodome

Fast alle Rundreisebusse auf der Nordinsel halten 10 km nördlich von Rotorua am Agrodome, Western Rd, Ngongotaha, ☎ 07/357 1050, 🖥 www.agrodome.co.nz. Die Hauptattraktion ist eine professionell gestaltete, einstündige **Schafshow**. Obwohl zweifellos recht kitschig, ist das Spektakel doch stets unterhaltsam: 19 Schafböcke werden auf die Bühne gelockt, um die verschiedenen Züchtungen Neuseelands zu repräsentieren, Schafe werden geschoren, Lämmer mit der Flasche gefüttert und Schäferhunde vorgeführt. Anschließend müssen die Hunde draußen zeigen, was sie können. Außerdem gibt es noch eine einstündige Farmtour. ⏰ Vorführungen 9.30, 11 und 14.30 Uhr, Eintritt $26, Farmtour und Show $50.

Agroventures

Auf die Klientel der Adrenalinsüchtigen hat es das benachbarte Agroventures abgesehen. Zu den Attraktionen zählen ein **Bungy-Sprung** aus 43 m Höhe ($95), der schaukelartige **Swoop** ($49) und der **Agrojet** ($49), wo dreisitzige Rennboote über einen kurzen Parcours rasen. Der **Freefall Extreme** ($49 für 90 Sek., $85 für 3 Min.) simuliert den freien Fall à la Skydiving, indem man per Propellerwind zunächst 5 m in die Höhe geblasen wird, um anschließend auf einem aufgespannten Sicherheitsnetz zu landen.

Bei der Fahrradschwebebahn **Shweeb** kann man mit in Plastikkabinen eingehüllten Liegerädern gegen die Zeit oder gegen andere Teilnehmer Rennen fahren. Es ist besser, als es sich anhört, vor allem, wenn man zwei Teams zusammenbekommt.

Beim **Zorb** auf der anderen Straßenseite ($49 nass, $59 trocken, 3 Fahrten $108) – auch so eine verrückte Kiwi-Fahrattraktion – werden noch mehr als der Adrenalinspiegel die Lachmuskeln strapaziert: Unerschrockene steigen ins Innere eines überdimensionalen, hohlen Plastikballs und lassen sich von einem Hügel 200 m in die Tiefe rollen oder nehmen den langsameren, aber wilderen Zickzackkurs. Dabei besteht die Wahl unter nassen oder trockenen Fahrten; Erstere

sind lustiger. Günstiger werden diese Aktivitäten mit verschiedenen Kombi-Deals.

Rotorua wartet mit einem breiten Angebot an Unterkünften auf, und selbst die günstigsten haben ein Thermalbad, das allerdings in den seltensten Fällen von heilsamem Mineralwasser gespeist wird. Die **Hostels** sind alle zu Fuß vom Zentrum aus zu erreichen. Die meisten **Motels** liegen an der Fenton St Richtung Süden nach Whakarewarewa. Der Wettbewerb ist hart, und in der Nebensaison fallen die Preise deshalb dramatisch. Das Angebot an **B&Bs** und **Gästehäusern** fällt weitaus geringer aus. Rotoruas **Hotels** bedienen in erster Linie Reisebusgruppen und sind teuer.

Hotels und Motels

Havana Motor Lodge, 1078 Whakaue St, ☎ 0800/333 799, 🖥 www.havanarotorua.co.nz. Ruhiges, in der Nähe des Seeufers gelegenes Motel mit großem Grundstück, beheiztem Pool und zwei kleinen Mineralbecken. ❹

Novotel, Tutanekai St, ☎ 0800/776 677, 🖥 www.novotel.com. Schickes Hotel in Seenähe und direkt bei ein paar guten Restaurants. Es teilt sich Restaurants, Pool, Fitnessstudio und Business Centre mit dem benachbarten Schwesterhotel Ibis, 🖥 www.ibishotel.com. Die Zimmerpreise variieren stark. Ibis ❺, Novotel ❻–❼

Princes Gate Hotel, 1057 Arawa St, ☎ 07/348 1179, 🖥 www.princesgate.co.nz. Das einzige noch erhaltene Hotel aus alten Zeiten. Die Zimmer des reizenden Holzgebäudes wurden renoviert und präsentieren sich im

Gibson Court Motel, 10 Gibson St, ☎ 07/346 2822, 🖥 www.gibsoncourtmotel.co.nz. Das einladende Motel in ruhiger Lage hat 10 Units mit separatem Schlafzimmer. Sie sind nicht mehr ganz taufrisch, dafür aber ausgesprochen preisgünstig – die meisten besitzen nämlich ein eigenes Mineralbecken auf einer abgeschlossenen schattigen Terrasse. ❹

Schwarz-weißer Schick

Regent of Rotorua, 1191 Pukaki St, ℰ 0508/734 368, ⌨ www.regentrotorua.co.nz. Das kleine Hotel befindet sich teilweise in einem ehemaligen Motel aus den 1950er-Jahren und teilweise in einem modernen Gebäude mit stilvollem Restaurant und Bar. Die makellos weißen Studio-Suiten verfügen über schöne Bäder und eine Einrichtung wie in einem Hochglanzmagazin. WLAN und iPod-Dockingstationen sind Standard, außerdem gibt's einen beheizten Pool im Freien sowie ein Mineralbecken und ein kleines Fitnessstudio. ❻

Gegensatz zur urigen Lounge und Bar jetzt modern, aber etwas langweilig. Außer den Zimmern im Hauptgebäude gibt es nebenan auch größere Apartments. Zimmer ❺, Apartments ❻
Silver Fern Motor Inn, 326 Fenton St, ℰ 0800/118 808, ⌨ www.silverfernmotorinn.co.nz. Modernes Spitzenmotel: geräumige renovierte Studios und Units mit einem Schlafzimmer, alle mit Whirlpool, Satelliten-TV, sonnigen Balkonen und viel Platz. Hilfsbereite Mitarbeiter, Stadträder zur kostenlosen Benutzung. ❺–❻
SilverOaks Geyserland, 424 Fenton St, ℰ 0800/881 882, ⌨ www.silveroaks.co.nz. Recht komfortables Hotel für Geschäftsreisende. Wer früh bucht, erhält vielleicht eins der Zimmer im 3. oder 4. Stock mit genialem Blick auf das Thermalgebiet Whakarewarewa. ❺

B&Bs, Lodges und Gästehäuser
Die folgenden Unterkünfte sind auf der Karte S. 339 verzeichnet.
Ariki Lodge, 2 Manuariki Ave, Ngongotaha, ℰ 07/357 5532, ⌨ www.arikilodge.co.nz. Rund 8 km nordwestlich vom Zentrum von Rotorua; gastfreundliches B&B am Seeufer. 2 Zimmer (eins davon mit Seeblick), dazu eine riesige Suite mit Whirlpool und komplett ausgestatteter Küche. ❺–❽
Aroden, 2 Hilton Rd, ℰ 07/345 6303, ⌨ www.babs.co.nz/aroden. Komfortables B&B mit nett

eingerichteten Zimmern, üppigem Garten und leckerem Frühstück. 4 km vom Zentrum Rotoruas in einem Vorort; über die Tarawera Rd zu erreichen. ❺
Koura Lodge, 209 Kawaha Point Rd, 5 km nördlich vom Zentrum von Rotorua, ℰ 07/348 5868, ⌨ www.kouralodge.co.nz. Stilvolle Lodge mit Sauna und Whirlpool direkt am Wasser. Kajaks, Tennisplatz und Bootsanleger z. B. für Rundflüge mit Wasserflugzeugen. Dezent und geschmackvoll eingerichtete, gut ausgestattete Zimmer, gemütliche Gästelounge fürs Frühstücksbuffet. Am schönsten sind die Zimmer am See im Hauptgebäude. ❽

Hostels
Base Hot Rocks, 1286 Arawa St, ℰ 0800/227 396, ⌨ www.stayatbase.co.nz. Großes, lebhaftes Hostel, ein Dauerbrenner bei den Fahrgästen der Backpacker-Tourbusse. Die Annehmlichkeiten beinhalten einen beheizten Whirlpool und Schwimmbad unter freiem Himmel sowie die Lava Bar nebenan. Unterbringung größtenteils in 8er-Dorms ($27; alle mit Bad) und in einem Frauen-Dorm ($29). Zimmer ❷, mit Bad ❸
Central Backpackers, 1076 Pukuatua St, ℰ 07/349 3285, ✉ rcbenquiry@slingshot.co.nz. Kleines, gemütliches Hostel mit bequemen Betten (keine Stockbetten) in 4er- und 6er-Dorms ($24–27) und DZ. Spa-Pool vorhanden. ❶
Funky Green Voyager, 4 Union St, ℰ 07/346 1754, ⌨ www.funkygreenvoyager.com. Lockeres Hostel in einem Vorort 10 Min. zu Fuß

Traumhaftes Haus am See

The Lake House, 6 Cooper Ave, Holdens Bay, 7 km nordöstlich der Stadt, ℰ 07/345 3313, ⌨ www.thelakehouse.co.nz. Dezent luxuriöses B&B in wunderschöner Lage direkt am Seeufer. 2 Zimmer mit Bad und sonniger Terrasse. Zu den Extras zählen ein großer Whirlpool und die kostenlose Benutzung von Kajaks. Liebevolles Detail: Kinder können in der Ship's Cabin in Etagenbetten schlafen. ❻ vom Zentrum. Die ungezwungene, kommunenartige Atmosphäre wird vom eigenwilligen Besitzer gepflegt. Die Kücheneinrichtung ist ausgezeichnet, dazu gibt es einen gemütlichen Aufenthaltsraum ohne TV. Dorms ($24), Zimmer mit und ohne Bad ❶

KiwiPaka, 60 Tarewa Rd, ✆ 07/347 0931, 🖥 www.kiwipaka.co.nz. Gut organisierter Komplex, nur 10 Min. zu Fuß vom Zentrum gegenüber vom Kuirau Park, aber weit genug außerhalb, um nächtlichem Partylärm zu entgehen. Unterbringung bei hervorragendem Preis-Leistungs-Verhältnis entweder in der „Lodge" mit 4- oder 5-Bett-Zimmern ($27) oder in Chalets mit Bad. Ausgezeichnetes, preiswertes Café und Restaurant mit Alkoholausschank und kleiner Whirlpool. Camping $9. ❷–❸

Regent Flashpackers, 1181 Pukaki St, ✆ 07/348 3338, 🖥 www.regentflashpackers. co.nz. Neues Hostel der gehobenen Klasse

Naturbeheiztes Motor Camp

Cosy Cottage, 67 Whittaker Rd, ✆ 07/348 3793, 🖥 www.cosycottage.co.nz. Der Holiday Park 2 km außerhalb der Stadt mit einer großen Auswahl an komfortablen Cabins und Selbstversorger-Cottages. Einige Stellplätze befinden sich auf geothermisch aufgeheiztem Boden, was im Winter unbezahlbar ist. Swimming Pool, 2 schöne Mineralbecken, Dampfboxen zum Kochen nach Hangi-Art, Fahrradverleih ($28 pro Tag) und direkter Zugang zu einem Strand am See, wo man sich sein eigenes heißes Badebecken graben kann. Camping $17, Cabins ❶, Selbstversorger-Cottages ❸

mit stylischer Lounge und zwei kleinen Mineralbecken. Dorms $25–30, Zimmer ❸

YHA Rotorua, 1278 Haupapa St, ✆ 07/349 4088, ✉ yha.rotorua@yha.co.nz. Makellos sauberes 180-Betten-Hostel mit geräumigen, geschmackvoll eingerichteten Gemeinschaftsbereichen sowie großer Küche und umweltfreundlicher Ausrichtung. Normale Betten in den meisten Dorms, separater Frauen-Dorm, verschiedene Zimmer und Selbstversorger-Units für kleine Gruppen. Dorms $27, Zimmer ❷, mit Bad ❸

Camping

Blue Lake Top 10, 723 Tarawera Rd, Blue Lake (s. Karte S. 339), ✆ 0800/808 292, 🖥 www.bluelaketop10.co.nz. Gut gemanagter Platz 9 km südöstlich von Rotorua und nur durch die Straße vom Blue Lake getrennt. Zu den Einrichtungen zählen ein Spielezimmer und ein Spa-Pool. Camping $18, Cabins mit/ohne Küche ❶–❷, Selbstversorger-Units ❸, Motel-Zimmer ❺

Rotorua Top 10, 1495 Pukuatua St, ✆ 07/348 1886, 🖥 www.rotoruatop10.co.nz. Der dem Stadtzentrum am nächsten gelegene Campingplatz, u. a. mit Swimming Pool und Spa. Geräumiger Campingbereich ($18), einfache, aber zweckmäßige Cabins und Motel Units. ❷–❹

Essen

Qualitativ ansprechende Restaurants konzentrieren sich am zum See hin gelegenen Ende der Tutanekai St, der sogenannten „Eat Street". Ansonsten gibt es jede Menge tolle Cafés in der Stadt. Eine Tischreservierung ist nur erforderlich, wenn man in einer größeren Gruppe zu speisen beabsichtigt.

Abracadabra, 1263 Amohia St. Mehr oder weniger marokkanisches Café und Restaurant mit verschiedenen kleinen Räumen und maghrebinischer Hintergrundmusik. Neben Kaffee und Mandelkuchen gibt's z. B. Falafelburger ($17), Tapas ($8–10) und Abendgerichte wie *chicken b'stilla* ($25) und Tajine mit Zitrone, Oliven und Huhn ($28). Kostenloses WLAN. 🕐 Mo geschl.

Café Ephesus, 1107 Tutanekai St. Bescheidenes und preiswertes Lokal, wo ohne viel Brimborium großzügige Portionen türkischer, mediterraner und orientalischer Gerichte serviert werden. Wer sich nicht an so traditionelle Leckerbissen wie *dolmades* oder *guveche* wagt, kann auch eine ausgezeichnete Holzofenpizza (alles $17–24) bestellen. Schanklizenz und BYO. ☾ Mo geschl.

Capers Epicurean, 1181 Eruera St. Geräumige Kombination aus Café und Delikatessengeschäft. Frühstück tgl. ab 7.30 Uhr, außerdem bunte Salate, prall gefüllte Panini und eine tolle Auswahl an Abendgerichten wie zweifach gekochter Schweinebauch auf asiatischem Gemüse ($26) oder Lachs mit Knoblauch-Chili-Kruste ($27).

Fat Dog, 1161 Arawa St. In dem entspannten Café mit Bar gibt's herzhafte Portionen handfester Kost. Zum Frühstück z. B. die Fat Dog Works ($16,50), mittags Salate, Panini und riesige Hamburger ($10–20), abends dann umfangreichere Hauptgerichte ($25–30).

Lovely India, 1123 Tutanekai St, ☎ 07/348 4088. Authentisches indisches Restaurant mit großer Auswahl an guten vegetarischen und fleischhaltigen Standardgerichten wie Lamm-Korma und Tandoori-Chicken ($14–20), auch zum Mitnehmen. Schanklizenz und BYO.

Zippy Central, 1153 Pukuatua St. Abgefahrenes Restaurant, wild zusammengewürfeltes Retro-Pop-Dekor aus den 50ern und 60ern. Hervorragender Kaffee, Mixgetränke und phantasievolle und schön zubereitete Speisen, von Salaten und Bagels bis zu Desserts. Hauptgerichte ab $15. Alkoholausschank.

Geniales Café

Relish, 1149 Tutanekai St. Tolles Café mit Alkoholausschank und sehr guten Snacks, köstlichem Kuchen und Kaffee. Außerdem Abendessen (Hauptgerichte $21–34) wie Steinpilz-Ravioli und Salz-und-Pfeffer-Tintenfisch, dazu ein wechselndes Angebot an Tapas und eine kleine Auswahl an Holzofenpizzas. ☾ tgl. 7–16 Uhr, Mi–Sa auch abends.

Für ungezwungene Gourmets

Bistro 1284, 1284 Eruera St. Weiße Tischtücher täuschen über die relativ lockere Atmosphäre im besten Restaurant Rotoruas hinweg. Hier gibt's köstliches Essen, darunter Hauptgerichte wie frisch gefangenen Fisch auf Muschel-Zitronen-Risotto ($34). ☾ tgl. abends.

Unterhaltung und Kultur

Das Nachtleben ist eher dürftig. Ein paar gute Kneipen sorgen für Unterhaltung, und fast jeder Besucher verbringt einen Abend bei einem Maori-Konzert und Hangi in einem der Hotels oder vorzugsweise in einem der Maori-„Dörfer" vor den Toren der Stadt.

Maori-Konzerte und Hangis

In Rotorua bieten sich mehr Gelegenheiten als andernorts, um ein zur Perfektion gegartes Hangi aus dem Erdofen und ein Maori-Konzert zu genießen. Die Darbietung besteht normalerweise aus einer 1-stündigen Vorführung traditioneller Tänze, Lieder und Stammesgesänge. Es ist zwar keine völlig zufrieden stellende Einführung in die Maori-Kultur, aber zumindest sind diese Veranstaltungen nicht kitschig und bieten etwas fürs Geld. Die Aufführungen in den größeren Hotels machen zumeist einen etwas künstlichen Eindruck, deshalb sind die unten aufgeführten „Maori Experiences" vorzuziehen. Die Gäste werden jeweils mit Bussen von den Unterkünften in Rotorua abgeholt. Alle Veranstaltungen beginnen gegen 18 Uhr und dauern 3–4 Std. Die Gäste erhalten eine Einweisung bezüglich der auf einem *marae* üblichen Gebräuche und Verhaltensregeln und werden mit einem Willkommensritual begrüßt (s. S. 133, Maoritanga).

Mitai, ☎ 07/343 9132, 🖥 www.mitai.co.nz. Hier werden alle Standardelemente der Maori-Veranstaltung sehr schön ausgeführt. Das ausgezeichnete Hangi wird im Erdofen zubereitet, und die Veranstaltung findet praktischerweise neben Rainbow Springs statt. Das bietet Gelegenheit zu einem schönen abendlichen Waldspaziergang an einer wunderbar klaren Quelle vorbei. Die Quelle speist einen Fluss, auf dem dann bei Fackelschein ein *waka* mit voller Besatzung ankommt. $99.

Tamaki Maori Village, ✆ 07/349 2999, 🖳 www.maoriculture.co.nz. Der Maori-Veranstalter fährt seine Gäste mit mehreren Bussen in ein speziell zu diesem Zweck errichtetes Maori-Dorf südlich der Stadt und heißt sie auf Furcht erregende Weise willkommen. Alles ist sehr professionell gestaltet, sodass kaum Kritik anzubringen ist. Die große Beliebtheit dieser Tour ist zugleich ihr großer Nachteil, denn die Sicht kann schon mal beeinträchtigt sein. Dafür ist aber das Hangi gut und das Ganze ein erinnerungswürdiges Erlebnis. $100.

Te Po, ✆ 07/348 90 47, 🖳 www.tepuia.com. Bei dieser rundum professionellen Veranstaltung in einem traditionellen Versammlungshaus in Te Puia sollten Besucher saubere Socken tragen, denn hier muss man sich seiner Schuhe entledigen, und Männer sitzen ganz vorne. Das Hangi ist Spitzenklasse, mit Muscheln und Austern als Vorspeise. Zum Abschluss gibt es eine abendliche Führung durch das geothermale Tal, in dem dann hoffentlich ein Geysir seine angestrahlte Fontäne in den Himmel schickt. $99, mit normalem Eintritt zu Te Puia $130.

Kneipen und Clubs

Barbarella, 1263 Pukuatua St. Schummrige Bar, beliebt für ihre Underground-, Alternative- und Tanznächte (Hip-Hop und House), manchmal mit DJs von außerhalb und Livemusik. ◷ gewöhnlich Mi–Sa 23–3 Uhr.

Lava Bar, 1286 Arawa St. Die Kneipe, in der vor allem Rucksackreisende, Rafting-Guides und Einheimische verkehren, hat billige Getränke, günstiges Essen und Themenabende. Außerdem Happy Hour (19–20 Uhr) und Billardtisch. Wird zu später Stunde zur Disco. Sa kleine Eintrittsgebühr.

The Pheasant Plucker, 1153 Arawa St. Gesellige Bar mit preisgünstigen Bar Meals und allabendlicher Livemusik – dienstags offene Bühne, freitags und samstags Coverbands.

Pig & Whistle, Haupapa St, Ecke Tutanekai St. Lebhafter Pub in einer ehemaligen Polizeiwache

mit eigenem Bier vom Fass und Garten-Bar. Do–Sa gastieren Rock- und Pop-Coverbands ($3 Eintritt). Bar Meals in großen Portionen (zumeist $18–22).

Scotty's Bar, 1104 Tutanekai St. Winzige Cocktail- und Weinbar inmitten der Restaurants.

Kino

Basement Cinema, 1140 Hinemoa St (unter dem Crank Backpackers). Gemütliches Off-Kino mit 2 Sälen (22 und 13 Plätze) und einem Café mit Schanklizenz.

Readings Cinema, 1263 Eruera St. Multiplex-Kino.

Aktivitäten

Da Rotorua eine riesige Anzahl von Touristen anlockt, haben sich entsprechend viele Veranstalter hier niedergelassen, die alle Arten von Abenteueraktivitäten anbieten, darunter Rafting, Kajakfahren, Mountainbiking und Angeln. Neben den nachfolgend aufgeführten Aktivitäten ist vielleicht noch Skydiving mit NZONE, ✆ 0800/3767 9663, 🖳 www.nzone.biz (4500 m, $399) von Interesse.

Wer unbedingt freiwillig aus einem absolut funktionstüchtigen Flugzeug springen möchte, kann dies allerdings zumeist billiger in Taupo tun.

Angeln

Die hervorragenden Bedingungen der Seen um Rotorua zum Forellenfischen werden auf der Nordinsel nur noch von den Zuflüssen des Lake Taupo übertroffen. Das Angeln auf den 16 herrlichen Seen könnte landschaftlich kaum schöner sein und ist durch den Kampf mit sich heftig wehrenden Regenbogenforellen gekennzeichnet. Ein typischer Fang im Sommer bewegt sich um die 1,5 kg, im Winter klettert die Durchschnittsmarke auch schon mal Richtung 3 kg. Aufgrund seiner Nähe zur Stadt ist der Lake Rotorua ein Dauerbrenner. Die Boote können am Anleger Lakefront Jetty gechartert werden ($160 für 2 Std. für bis zu 5 Pers. plus $15 für die Angelausrüstung). Wer auf eigene Faust losziehen möchte, sollte sich aktuelle Berichte über den Zustand der Seen und Flüsse holen. Erhältlich sind diese beim Sportgeschäft O'Keefe's, 1113 Eruera St, ℡ 07/346 0178, 🖳 www.okeefesfishing.co.nz. Der Laden hält auch die kostenlose, von Fish and Game New Zealand herausgegebene Broschüre *Lake Rotorua & Tributaries* bereit, in der die Angelvorschriften erläutert werden. Außerdem stellen die Mitarbeiter Kontakte zu Angelführern („fly-fishing guides") her, die pro Tag ca. $500 verlangen. Lizenzen ($21 für 24 Std., $108 für ein Jahr) gelten für ganz Neuseeland – mit Ausnahme der Region Taupo – und können über den Lizenz-Informationsdienst oder online bestellt werden, ℡ 0800/542 362, 🖳 www.fishandgame.org.nz.

Mountainbiking

Nur 15 Min. Fahrt vom Zentrum Rotoruas entfernt befindet sich das beste und am leichtesten zugängliche Gelände für Mountainbiker auf der Nordinsel. Ein großer Bereich des aus Redwoods, Tannen, Kiefern und Baumfarnen bestehenden Whakarewarewa Forest ist mit einspurigen Wegen durchzogen. Insgesamt gibt es hier rund 70 km Mountainbike-Strecke, die in über einem Dutzend Rundkursen in 6 verschiedenen Schwierigkeitsgraden angeordnet sind. Der Zugang zum Wald und zu den Trails ist kostenlos, aber man muss sich vorher in einem der Fahrradläden in der Stadt die wasserfeste Streckenkarte ($5) besorgen. In den Wald gelangt man am einfachsten von dem kaum zu übersehenden Parkplatz an der Waipa Mill Rd, 5 km südlich der Stadt (Anfahrt über den SH38). Man kann in der Stadt ein Rad leihen und damit herfahren. Alternativ bietet Planet Bike, ℡ 07/346 1717, 🖳 www.planetbike.co.nz, am Parkplatz eine mobile Verleih- und Reparaturstation sowie geführte Touren, teilweise nur für Frauen. ⏰ tgl. außer bei sehr nassem Wetter 9–17 Uhr; Fahrradverleih $35 für 2 Std., $55 pro Tag. Wenn viel los ist, sollte man ein Rad reservieren.
Southstar Shuttles, 🖳 www.southstar adventures.com, unterhält ganzjährig am Wochenende einen **Shuttlebus** zur Spitze des Berges; während der Sommerzeit auch dienstag- und donnerstagabends. Weitere Informationen auf 🖳 www.riderotorua. com.

Rafting, Kajakfahren und Sledging

Rotorua hat einen guten Ruf, wenn es um Abenteueraktivitäten auf den Wildwasserflüssen der Umgebung geht, nicht nur per Raft oder Kajak (meistens in Tandemkajaks mit Führer), sondern auch per Sledging, eine noch drastischere Form der Stromschnellennavigation, bei der man mit Sicherheitsausrüstung auf einen schwimmenden Plastikschlitten geschnallt wird (nur für gute Schwimmer zu empfehlen).

Der größte Teil des Rummels bezieht sich auf den mit Schwierigkeitsgrad IV eingestuften Kaituna River. Genauer gesagt einen 2 km langen Abschnitt des Flusses, nachdem er 20 km nördlich von Rotorua den Lake Rotoiti verlässt, mit den spektakulären, 7 m hohen Tuteas Falls (Sledger umgehen die Fälle allerdings zu Fuß).

Der Star unter den Wildwasserflüssen ist der mit Schwierigkeitsgrad IV+ ausgewiesene Wairoa River. Für den 80 Autokilometer nördlich von Rotorua bei Tauranga gelegenen Flussabschnitt werden regelmäßig die Staudammtore geöffnet, um ausreichend Wildwasser zur Verfügung zu stellen (Dez–März jeden So, Sep–Nov und April–Mai jeden 2. So). Der Fluss gilt als eine der besten Kurzstrecken der Welt.

Wer vom Boot aus auch noch ein wenig von der Landschaft mitbekommen möchte, ist auf dem mit Schwierigkeitsgrad III eingestuften Rangitaiki River gut aufgehoben. Sein Highlight ist Jeff's Joy, ein Gefälle des Schwierigkeitsgrades IV. Man kann auch Kajaks ausleihen, Unterricht im Kajakfahren nehmen und an geführten Kajaktouren zu verschiedenen größeren Seen rund um Rotorua teilnehmen. Der Schwerpunkt liegt dabei auf schöner Landschaft, Baden in heißen Quellen und gelegentlich auch Angeln.
Kaitiaki Adventures, ℡ 0800/338 736, 🖳 www.kaitiaki.co.nz. Professioneller Veranstalter, der Rafting- und Sledging-Touren mit kultureller Komponente anbietet, da die Bedeutung der Flüsse für die Maori beschrieben wird. Neben Trips auf dem Kaituna (Rafting $85, Sledging $99) gibt es auch Sonntagstouren auf dem Wairoa (Rafting $99, Sledging $299).

Sledger bekommen auf diesem schwierigen Fluss pro Person einen Begleiter zugeordnet. Daneben ist noch eine tolle Halbtages-Sledging-Tour auf dem Oreke River im Programm; hin geht's per Hubschrauber und zurück per Jetboot ($459).

Kaituna Kayaks, ☏ 07/362 4486, 🖥 www.kaitunakayaks.com. Fahrten mit dem Tandem-Kajak auf dem Kaituna River, die über die Tuteas Falls führen ($149). Auch Unterricht im Wildwasser-Kajakfahren.

Raftabout/Sledgeabout, ☏ 0800/723 822, 🖥 www.raftabout.co.nz. Neben Rafting- ($89) und Sledging-Touren ($110) auf dem Kaituna im Sommer auch Sonntagstouren auf dem Wairoa ($120 inkl. Mittagessen) sowie einige Trips auf dem Rangitaiki ($120). Außerdem wird eine Vielfalt an Kombipaketen mit anderen Abenteueraktivitäten angeboten. Das einzige Unternehmen mit warmen Duschen im Hauptquartier.

Touren und Rundflüge

Minibustouren

Geyser Link, ☏ 0800/004 321, 🖥 www.geyserlink.co.nz. Bietet Touren nach Waimangu ($25) und Wai-O-Tapu ($35) mit kleinen Rabatten für Kombi-Trips.

Mt Tarawera NZ, ☏ 07/349 3714, 🖥 www.mt-tarawera.co.nz. Die zerstörte Kraterkette auf dem 1111 m hohen Mount Tarawera ist nur im Rahmen einer halbtägigen Tour ($133) dieses Unternehmens zugänglich. Wer über das nötige Kleingeld verfügt, kann sich einer kombinierten Tour anschließen, wobei es zunächst mit dem Hubschrauber auf den Berg geht und mit dem Jeep wieder zurück ($455).

Superia Tours, ☏ 07/348 4866, 🖥 www.superiatours.co.nz. Die von Maori geführten Ganztagestouren ($175) nach Wai-O-Tapu, Waimangu und zum Whakarewarewa Thermal Village und Lake Tarawera schließen ein Maori-Konzert und einen *marae*-Besuch ein. Wer möchte, kann sich eine eigene Tour zusammenbasteln.

Tim's Thermal Shuttle, ☏ 0274/945 508. Transport nach Wai-O-Tapu ($50 mit Eintritt) und zum Buried Village ($52 mit Eintritt).

Rundflüge

Die Landschaft um Rotorua bietet aus der Luft einen atemberaubenden Anblick, besonders der vulkanische Rücken mit dem Mount Tarawera im Zentrum.

Volcanic Air Safaris, ☏ 0800/800 848, 🖥 www.volcanicair.co.nz. Veranstaltet Rundflüge mit Flugzeugen über den Tarawera (30 Min. $185) und Hubschrauberflüge mit einer Landung beim Hell's Gate (1 Std. $305).

HeliPro, ☏ 07/357 2512, 🖥 www.helipro.co.nz. Verlangt für einen kurzen Flug zum Mount Tarawera und über die Seen der Umgebung bei mind. 2 Pers. $185. Ein Flug inkl. Vulkanlandung kostet $325.

Sonstiges

Autovermietungen

Die meisten großen Autoverleiher haben Filialen in Rotorua. Die besten Deals und den besten Service bietet jedoch **Pegasus**, 247 Te Ngae Rd, ☏ 07/345 8455, 🖥 www.rentalcars.co.nz: ab $35 pro Tag inkl. Anlieferung des Fahrzeugs.

Fahrradverleih

Lady Jane's Ice Cream Parlour, 1092 Tutanekai St, Höhe Whakaue St. Vermietet Stadträder für $30 pro Tag.

Mountainbikes verleiht **Rotorua Cycles**, 1111 Hinemoa St, ☏ 07/348 6588 ($35 für 3 Std. oder $60 pro Tag), und **Bike Vegas**, 1275 Fenton St, ☏ 07/347 1151, mit erheblich größerer Auswahl (Hardtail $60 pro Tag, voll gefedert $100 pro Tag). Siehe auch S. 335, „Mountainbiking".

Gepäckaufbewahrung

Travelex, im i-SITE, $2 für 24 Std.

Informationen

i-SITE Visitor Centre, 1167 Fenton St, ☏ 07/348 5179, 🖥 www.rotoruanz.com. Zwei leistungsfähige, aber oft sehr volle Visitor Centres: eins für örtlichen Tourismus, das andere für DOC-Anfragen und landesweite Reisen und Reservierungen. Das kostenlose Wochenmagazin *Thermal Air*, erhältlich im Fremdenverkehrsbüro, liefert Veranstaltungshinweise und Informationen zu Ereignissen in und um Rotorua. Ausschau halten sollte man auch nach den Hot Deals für Sehenswürdigkeiten und Touren in der Gegend. Wer die Tickets im i-SITE kauft, erhält oft 10 % Ermäßigung oder andere Vergünstigungen. Die Angebote variieren je nach Saison. ☉ Nov–Ostern tgl. 8–18, Ostern–Okt 8–17.30 Uhr.

Internet

Internetzugang per Münzeinwurf haben die **Bibliothek**, 1127 Haupapa St, ✆ 07/348 4177, ☉ Mo–Fr 9.30–20, Sa 9.30–16 Uhr, $4 pro Std., sowie mehrere Internetcafés wie **Cybershed**, 1176 Pukuatua St.

Medizinische Hilfe

Apotheke: **Lakes Care Pharmacy**, 1155 Tutanekai St, ✆ 07/348 4385, ☉ tgl. 8.30–21.30 Uhr.
Notfallhilfe: **Lakes Care**, Arawa St, Ecke Tutanekai St, ✆ 07/348 1000, ☉ tgl. 8–22 Uhr.

Polizei

64 Fenton St, ✆ 07/348 0099.

Post

Hauptpost, 1195 Hinemoa St, mit Schalter für Poste Restante.

Nahverkehr

Stadtbusse

Cityride, ✆ 0800/442 928, 🖥 www.baybus.co.nz, bietet ein dünnes Streckennetz, das seinen Mittelpunkt in der Pukuatua St zwischen Tutanekai St und Amohia St hat. Die nützlichsten Linien sind die 1 (zu den Skyline Skyrides, nach Rainbow Springs und zum Agrodome) und die 2 (nach Te Puia). Busse verkehren auf beiden Strecken tgl. alle 30 Min. (sonntags stündlich). Einzelfahrschein $2,20, Tageskarte $7.
Stadt und Umgebung lassen sich sehr gut mit dem **Fahrrad** erkunden (Fahrradverleih s. S. 336). Für die etwas entfernteren Ziele nimmt man besser einen Mietwagen (s. S. 336) an. Außerdem werden zahlreiche Bustouren angeboten (s. S. 336).

Transport

Busse

Alle Fernbusse halten vor dem i-SITE Visitor Centre.

Busse nach:
AUCKLAND 8x tgl., 4 Std.;
GISBORNE 2x tgl., 4 1/2 Std.;
HAMILTON 8x tgl., 1 1/2 Std.;
KAWERAU 1x tgl., 3/4 Std.;
OPOTIKI 2x tgl., 2 1/4 Std.;
PALMERSTON NORTH 3–4x tgl., 5 1/4 Std.;
TAUPO 7–8x tgl., 1 Std.;
TAURANGA 6x tgl., 1 1/2 Std.;
WAITOMO 1–2x tgl., 2 1/2–3 Std.;
WHAKATANE 2x tgl., 1 1/2 Std.

Flüge

Der Flughafen, ✆ 07/345 6175, liegt 8 km nordöstlich der Stadt am Seeufer. Ein **Taxi** ins Zentrum von Rotorua kostet $25–30: Rotorua Taxis, ✆ 07/348 1111. Der **Super Shuttle**, ✆ 07/345 7790, kostet $19. Jede halbe Stunde fährt der Cityride-Bus Nr. 10 ins Zentrum ($2,20).

Flüge nach:
AUCKLAND 2–3x tgl., 40 Min.;
CHRISTCHURCH 4x tgl., 1 3/4 Std.;
QUEENSTOWN 1x tgl., 3 1/4 Std.;
WELLINGTON 3–4x tgl., 1 Std. 10 Min.
Außerdem verkehrt Air New Zealand zwischen SYDNEY und Rotorua.

Die Umgebung von Rotorua

Viele der besten Sehenswürdigkeiten der Gegend liegen zwischen den Seen nördlich und östlich von Rotorua sowie in der Umgebung der spektakulärsten vulkanischen Zone der Region, die sich eine halbe Autostunde südlich in Richtung Taupo ausbreitet. Zahlreiche Reiseveranstalter bieten Hin- und Rücktransport oder Rundfahrten an, sodass beinahe jede denkbare Kombination von Sehenswürdigkeiten als Tagesausflug möglich ist. Wer über ein eigenes Fahrzeug verfügt, kann einen Abstecher zum selten überfüllten Thermalgebiet **Hell's Gate** östlich

Zentrale Nordinsel

Um Rotorua herum gibt es zwar keine längeren Wanderwege, dafür aber Gelegenheiten zu mehreren guten Tageswanderungen. Die Stadt eignet sich zudem hervorragend als Basis für Ausflüge in den Whirinaki Forest oder weiter zum Lake Waikaremoana. Im i-SITE gibt es Broschüren für die folgenden Wanderungen.

Blue Lake (5,5 km Rundweg, 2 Std., 500 m Anstieg). Der Rundweg um den Blue Lake beginnt beim Blue Lake Holiday Park 9 km südöstlich von Rotorua und führt durch nachwachsenden Wald, Douglastannen-Pflanzungen und an ein paar Sandstränden vorbei, die zu einem Bad einladen. Der einzige Anstieg geht vom See zu einem Aussichtspunkt.

Hamurana Springs Recreation Reserve (1,5 km Rundweg, 45 Min., zumeist eben). Der einfache Weg am Ufer des Lake Rotorua 24 km nördlich der Stadt windet sich durch ein Redwood-Wäldchen zur größten Quelle der Nordinsel. Hier sprudeln stündlich fast 5 Mio. Liter Wasser aus der Erde.

Lake Okareka Walkway (5 km hin und zurück, gut 1 Std., zumeist eben). Dieser Lehrpfad am Okareka-See 12 km südöstlich von Rotorua führt überwiegend durch Farmland und hier und da auch durch nachwachsenden Wald. Ein hübscher Plankenweg leitet Wanderer über ein Feuchtgebiet zu einer Vogelbeobachtungsstation.

Okere Falls Scenic Reserve (2,5 km hin und zurück, 40 Min.–1 Std.). Der einfache Spaziergang 18 km nördlich von Rotorua bietet Ausblicke auf den Kaituna River mit Raftern, die spektakulär die Tutea's Falls hinabjagen.

Whakarewarewa State Forest Park. Durch den Versuchswald am Rand von Rotorua führen mehrere einfache Wege. Die Bäume im Redwood Grove wachsen hier dreimal so schnell wie in ihrer kalifornischen Heimat. Kostenlose Karten gibt es im Besucherzentrum des Waldes in der Long Mile Road, ☎ 07/350 0110, ⏰ Okt–März Mo–Fr 9–17, Sa und So 10–16 Uhr.

des Lake Rotorua machen oder Rafter bei ihrem Crash über die **Tutea's Falls** beobachten.

Südöstlich von Rotorua konzentrieren sich die besonders spektakulären Attraktionen in der Umgebung des Mount Tarawera, darunter die Maori-Siedlung Te Wairoa, inzwischen als **Buried Village** bezeichnet, die 1886 bei einem Ausbruch des Tarawera unter vielen Tonnen Asche begraben wurde.

Während das Dorf und die damalige Touristenattraktion Pink and White Terraces zerstört wurden, entstand gleichzeitig das **Waimangu Volcanic Valley**, das heute zu den besten Geothermalzonen der Region zählt. Es macht **Wai-O-Tapu** mit dem täglich spuckenden **Geysir Lady Knox** und seinen mehrfarbigen Thermalbecken heftig Konkurrenz.

Die besten kostenlos zu nutzenden heißen Becken der Gegend hat der **Kerosene Creek**. Bei **Orakei Korako** lassen sich die geothermischen Phänomene in friedvoller Umgebung erleben und der **Whirinaki Forest Park** an der Straße zum Lake Waikaremoana bietet tolle Möglichkeiten zum Wandern und Mountainbiking.

Hell's Gate und die Seen im Norden

Der SH30 verläuft auf seinem Weg nach Whakatane am Ostufer des Lake Rotorua und anschließend durch eine hügelige Landschaft mit verschiedenen Seen. Außer der Landschaft gibt es an der Strecke nicht allzu viel zu sehen, sodass man direkt bis zum **Okere Falls Scenic Reserve** mit dem Rafting-Mekka Kaituna River durchfahren kann. Dazu folgt man 6 km nördlich der Kreuzung von SH30 und SH33 der ausgeschilderten Trout Pool Rd. Vom ersten Parkplatz nach 400 m in der Trout Pool Rd führt ein breiter Wanderweg am Fluss entlang zu einem zweiten Parkplatz (2,5 km hin und zurück, 40–60 Min.).

Der Weg eröffnet einige flüchtige Blicke auf den durch die Schlucht wirbelnden Fluss und führt zu einer Aussichtsplattform, an man Rafter dabei beobachten kann, wie sie die 7 m hohen **Tuteas Falls** hinabstürzen. Von dieser Stelle führen Stufen durch kurze Tunnel in den steilen Felswänden am Wasserfall zu den **Tuteas Caves**. In den Höhlen suchten Maori-Frauen und -Kinder angeblich Zuflucht während der Angriffe rivalisierender Stämme.

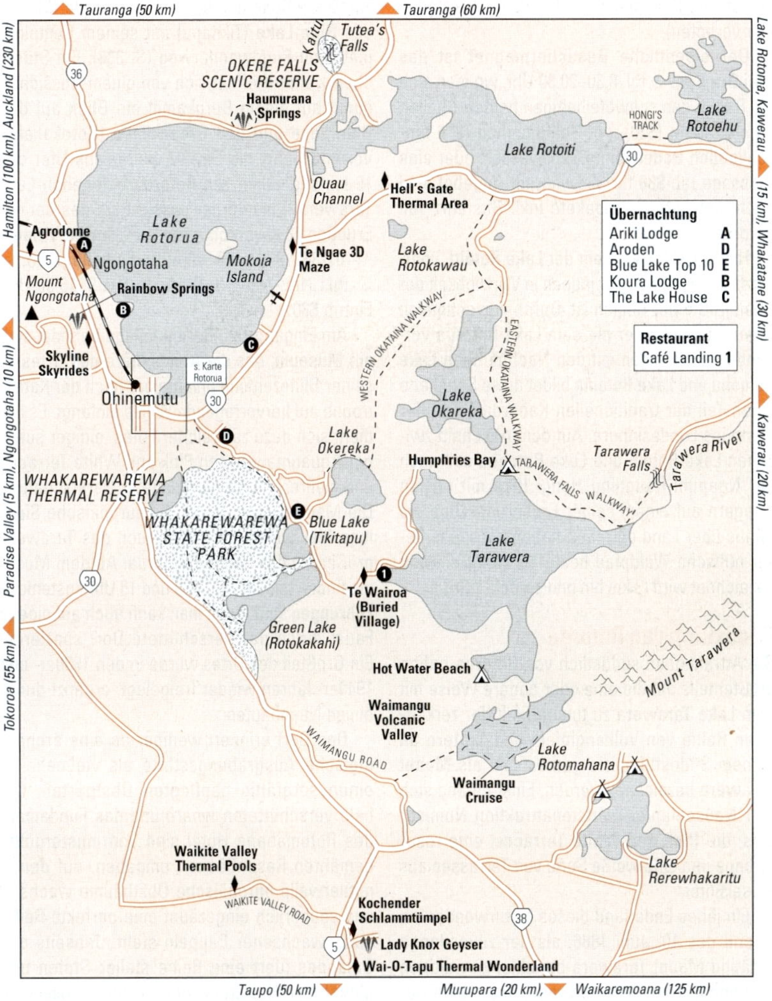

ROTORUA UMGEBUNG

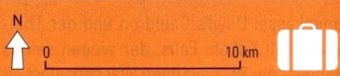

N

0   10 km

Zentrale Nordinsel

Tauranga (50 km)

Tauranga (60 km)

Lake Rotoma, Kawerau (15 km), Whakatane (30 km)

Hamilton (100 km), Auckland (230 km)

Kawerau (20 km)

Paradise Valley (5 km), Ngongotaha (10 km)

Tokoroa (55 km)

36

**OKERE FALLS
SCENIC RESERVE**

Tutea's
Falls

Kaituna

**Haumurana
Springs**

HONGI'S
TRACK

Lake
Rotoehu

30

Lake Rotoiti

Ouau
Channel

**Hell's Gate
Thermal Area**

Agrodome

5   **A**

Lake
Rotorua

**Te Ngae 3D
Maze**

Lake
Rotokawau

**Mount
Ngongotaha**

Ngongotaha

Rainbow Springs

Mokoia
Island

B

C

Lake
Rotokawau

Übernachtung

Ariki Lodge	**A**
Aroden	**D**
Blue Lake Top 10	**E**
Koura Lodge	**B**
The Lake House	**C**

**Skyline
Skyrides**

Ohinemutu

s. Karte
Rotorua

30

WESTERN OKATANA WALKWAY

EASTERN OKATANA WALKWAY

Lake
Okareka

Restaurant

| Café Landing | **1** |

**WHAKAREWAREWA
THERMAL RESERVE**

D

Lake
Okereka

E

Humphries Bay

TARAWERA FALLS WALKWAY

Tarawera
Falls

Tarawera River

**WHAKAREWAREWA
STATE FOREST
PARK**

**Blue Lake
(Tikitapu)**

Lake
Tarawera

**Te Wairoa
(Buried
Village)**

Green Lake
(Rotokakahi)

Hot Water Beach

Mount Tarawera

WAIMANGU ROAD

**Waimangu
Volcanic
Valley**

Lake
Rotomahana

**Waimangu
Cruise**

Lake
Rerewhakaritu

**Waikite Valley
Thermal Pools**

WAIKITE VALLEY ROAD

38

**Kochender
Schlammtümpel**

5   **Lady Knox Geyser**

Wai-O-Tapu Thermal Wonderland

Taupo (50 km)

Murupara (20 km)

Waikaremoana (125 km)

Die meisten Autofahrer bleiben auf dem SH30 und fahren weiter zum **Hell's Gate**, www.hellsgate.co.nz, Okt–April tgl. 8.30–17, Mai–Sep 8.30–16.30 Uhr, Eintritt $30. Das Gebiet 14 km nordöstlich von Rotorua ist die kleinste der bedeutenden Thermalzonen, aber auch eine der aktivsten. Die heftige Aktivität kann allerdings nicht darüber hinwegtäuschen, dass es hier nicht besonders viele Attraktionen gibt. Die einzigen echten Highlights sind der blubbernde

Schlammkessel Devil's Cauldron und der Thermalwasserfall Kakahi Falls, der wegen seines entspannenden, 38 °C warmen Wassers einst eine beliebte Badestelle war (heute ist das Baden hier verboten).

Der eigentliche Besuchermagnet ist das **Wai Ora Spa**, ⊙ tgl. 8.30–20.30 Uhr, wo man sich ein Bad in den schwefelhaltigen heißen Quellen gönnen kann ($20), ein Schlammbad ($75 einschließlich Baden im heißen Wasser) oder eine Massage (ab $80 für 30 Min.). Im Angebot sind auch mehrere Kombipakete inkl. Busfahrt von Rotorua.

Hinter Hell's Gate liegt der **Lake Rotoiti**, übersetzt „kleiner See", der jedoch in Wirklichkeit der zweitgrößte der Region ist. Durch den schmalen Ohau Channel ist er mit dem Lake Rotorua verbunden. Zusammen mit den Nachbarseen **Lake Rotoehu** und **Lake Rotoma** bildet diese Seenkette einen Teil der traditionellen Kanuroute von der Küste ins Landesinnere. Auf dem Abschnitt zwischen Lake Rotoiti und Lake Rotoehu soll auch der Ngapuhi-Häuptling Hongi Hika mit seinen Kriegern auf einem seiner Eroberungszüge die Kanus über Land getragen haben, weshalb dieser hübsche Waldpfad heute als **Hongi's Track** bezeichnet wird (3 km hin und zurück, 1 Std.).

Südöstlich von Rotorua

Die Attraktionen südöstlich von Rotorua haben größtenteils auf die eine oder andere Weise mit dem **Lake Tarawera** zu tun und mit der zerklüfteten Reihe von Vulkangipfeln und Kratern an seinem Südostufer, die gemeinsam als **Mount Tarawera** bezeichnet werden. Einst befand sich hier Neuseelands Touristenattraktion Nummer eins, die **Pink and White Terraces**, eine rosafarbene und eine weiße Serie von Terrassen aus Kieselsinter.

Ein jähes Ende fand dieses Naturwunder am Abend des 10. Juni 1886, als der zuvor lange untätige Mount Tarawera bei einer gewaltigen Eruption in zwei Teile zerbrach, dabei eine riesige, 17 km lange Spalte mit 22 Kratern hinterließ und über 15 000 km² Fläche in Schlamm und Schlacke tauchte. Die Pink and White Terraces wurden zerschmettert, von Asche und Lava zugeschüttet und in den Tiefen des Lake Rotomahana begraben.

Blue Lake, Green Lake, Buried Village und Lake Tarawera

Etwa 10 km südöstlich von Rotorua erreicht die Tarawera Road das bunt schimmernde Wasser des **Blue Lake** (Tikitapu) mit seinem Campingplatz und Rundwanderweg (S. 338). Ein Stückchen weiter eröffnet sich von einem Aussichtspunkt auf einem Bergkamm ein Blick auf den Blue Lake und den **Green Lake** (Rotokakahi). Von hier führt die Straße weiter ans Ufer des 15 km südöstlich von Rotorua gelegenen Lake Tarawera. Kurz vorher passiert sie das bei der Eruption 1886 verschüttete Dorf **Buried Village**, ✆ 07/362 8287, 🖳 www.buriedvillage.co.nz, ⊙ tgl.: Nov–März 9–17, April–Okt 9–16.30 Uhr, Eintritt $30.

Am Eingang zum Buried Village befindet sich ein **Museum**, das die Atmosphäre des Ortes zu seiner Blütezeit und unmittelbar nach der Katastrophe auf hervorragende Weise einfängt. Es bedient sich dazu zahlreicher Fotos, einiger schöner Aquatinta von den Pink and White Terraces und mehrerer ascheverkrusteter Gerätschaften. Die Maori-Ortschaft und die europäische Siedlung hier waren beim Ausbruch des Tarawera größer als das heutige Rotorua. Ab dem Museum finden tgl. um 11, 13.30 und 15 Uhr kostenlose **Führungen** statt, doch man kann auch auf eigene Faust durch das verschüttete Dorf spazieren. Ein Großteil des Ortes wurde in den 1930er- und 1940er-Jahren wieder freigelegt, ergänzt durch einige Nachbauten.

Das Dorf erinnert weniger an eine archäologische Ausgrabungsstätte als vielmehr an einen sorgfältig gepflegten Obstgarten: Die halb verschütteten *whare* und das Fundament des Rotomahana Hotel sind von mustergültig gemähten Rasenflächen umgeben, auf denen mittlerweile europäische Obstbäume wachsen und säuberlich eingezäunt eine perfekte Reihe ausgewachsener Pappeln steht. Jenseits des Geländes führt eine Reihe steiler Stufen und glitschiger Holzstege neben dem Wasserfall **Te Wairoa Falls** den Hügel hinunter, bevor der Weg auf der gegenüberliegenden Seite durch Farne wieder ansteigt.

Die Straße endet 2 km weiter am Ufer des **Lake Tarawera**, hinter dem der Berg aufragt. Wer möchte, gönnt sich am See im eher durchschnittlichen Café Landing, ☎ 07/362 8590, einen Kaffee oder ein Bier. Die Angestellten informieren über Möglichkeiten, sich aufs Wasser zu begeben. Mit einem geliehenen **Kajak ($25/Std.)** oder **Motorboot ($125 pro Std. für bis zu 10 Pers.)** sind ein paar natürliche Heißwasserbecken am Seeufer zu erreichen.

Nach Süden Richtung Taupo

Um den Titel als interessanteste Thermalzone in der Gegend um Rotorua ringen vor allem das jüngere **Waimangu** und das wunderbar bunte **Wai-O-Tapu**. Dazwischen liegt der Kerosene Creek, der zu einem kostenlosen heißen Bad einlädt. Die Geysire und blubbernden Schlammtümpel von **Orakei Korako** weiter südlich sind etwas ab vom Schuss und daher wenig besucht.

Waimangu

19 km südöstlich von Rotorua und 5 km östlich des SH5 liegt am Südrand des 1886 von der Tarawera-Eruption geschaffenen Grabenbruchs das **Waimangu Volcanic Valley**, 🖥 www.waimangu. co.nz. Waimangu ist eines der jüngsten Thermalgebiete der Welt. Im Visitor Centre gibt es eine umfassende Broschüre für eine Erkundung des Gebiets. Vom Centre führt ein Spazierweg an einem Flüsschen entlang den Berg hinunter. Er windet sich durch ein von Büschen und endemischen Pflanzen bewachsenes Tal, dessen Vegetation sich seit dem Ausbruch von 1886 langsam regeneriert. Dieser Prozess wird regelmäßig von kleineren Eruptionen unterbrochen. Bei einem Ausbruch 1917 entstand der großartige heiße Teich **Frying Pan Lake** mit 100 m Durchmesser.

Beeindruckende Mengen emporquellenden heißen Wassers sind auch die Attraktion des **Inferno Crater**, der die Form eines auf den Kopf gestellten Kegels hat und dessen taubenblaues Wasser zum Teil von faszinierenden Dampfmustern verdunkelt wird. Sein Wasserpegel steigt und fällt streng nach einem 38-tägigen Zyklus: In den ersten 21 Tagen füllt er sich bis zum Rand, in den folgenden 2 Tagen fließt er über, und in den restlichen 15 Tagen fällt der Wasserspiegel wieder schrittweise bis auf 8 m unter den Rand.

Der Spazierweg durch das Tal endet am Ufer des **Lake Rotomahana**, dessen landschaftliche Kulisse von den rostroten Flanken des Mount Tarawera beherrscht wird. Vom Anleger aus fahren ständig kostenlose Shuttlebusse zurück zum Visitor Centre. Außerdem starten hier gemächliche Seerundfahrten mit Kommentar (6x tgl., 45 Min., $40), die an dampfenden Felsen, Fumarolen und dem ehemaligen Standort der Pink and White Terraces vorbeiführen. ☉ Jan tgl. 8.30–18, Feb–Dez 8.30–17 Uhr, Eintritt $32,50.

Kerosene Creek

Wer gern gratis in natürlicher Umgebung in warmem Wasser plantscht, sollte sich zum 27 km südlich von Rotorua gelegenen Kerosene Creek auf den Weg machen. Der Bach hat gewöhnlich die Temperatur eines warmen Bades und ergießt sich über eine 1 m hohe Stufe in ein hübsches großes Becken. Bach und Becken sind immer zugänglich, und am Wochenende finden sich hier gelegentlich Partygruppen ein. Zelten ist in der Umgebung verboten. Vorsicht: Aus auf dem Parkplatz abgestellten Autos sind schon Sachen gestohlen worden.

Die Anfahrt erfolgt 1 km südlich der Kreuzung des SH5 mit dem SH38 Richtung Osten über die Schotterstraße Old Waiotapu Road, dann 2 km bis zum Parkplatz.

6 HIGHLIGHT

Wai-O-Tapu

10 km südlich von Waimangu liegt in unmittelbarer Nähe des SH5 die bunteste und vielfältigste Thermalzone der Gegend, das **Wai-O-Tapu Thermal Wonderland**, 🖥 www.geyserland.co.nz. Jeden Vormittag pünktlich um 10.15 Uhr wird der 10 m hohe **Geysir Lady Knox** von einem Angestellten mit seifigen Tensiden künstlich zum Ausbruch gebracht. Wer das Schauspiel verpasst, darf am nächsten Tag mit derselben Eintrittskarte noch einmal wiederkommen.

Danach fahren die Besucher 1 km zum Hauptgelände, wo sich ein rund einstündiger Rundwanderweg durch ein Gebiet aus kleinen Seen schlängelt, die jeweils die Färbung der in ihnen gelösten Chemikalien angenommen haben, u. a. Schwefel (gelb), Mangan (violett) und

Arsen (grün). Die schmatzenden, wabernden Schlammpfuhle und eine Reihe zischender und grollender Krater verblassen etwas im Vergleich zu den ständig wechselnden Regenbogenfarben des Pools **Artist's Palette** und dem herrlich perlenden **Champagne Pool**, einem kreisförmigen, flaschengrünen Kessel, der in Dampfwirbel gehüllt und von Versinterungen in dunklem Orange eingerahmt ist.

Bei der Rückfahrt zur Hauptstraße lohnt ein kurzer Umweg zu einem riesigen, aktiven **kochenden Schlammtümpel**, der fröhlich vor sich hin blubbert und dabei konzentrische Muster bildet. ⏱ tgl. 8.30–17 Uhr, Eintritt $30.

Orakei Korako

Rund 60 km südlich von Rotorua, zu erreichen über den SH1 (14 km) oder den SH5 (21 km), liegt das stimmungsvolle Thermalgebiet Orakei Korako, 🖥 www.orakeikorako.co.nz, mit dampfenden Fumarolen, blubbernden Becken und nur wenigen Besuchern. Nach einer kurzen Bootsfahrt über den Waikato River erreicht man einen einstündigen Wanderweg zur **Ruatapu Cave**, in der sich früher Maori-Frauen auf bestimmte Zeremonien vorbereiteten – daher der Name Orakei Korako, „Ort des Schmückens". Wer mit dem Wohnmobil unterwegs ist, darf über Nacht kostenlos am Fluss parken und auch die Toiletten benutzen. ⏱ Okt–März tgl. 8–17, April–Sep 8–16.30 Uhr, Eintritt $34.

Orakei Korako ist auch mit dem **Jetboot** auf dem Waikato River zu erreichen: NZ Riverjet, 📞 0800/748 375, 🖥 www.riverjet.co.nz, am SH5 in Waimahana, fast 20 km südlich von Wai-O-Tapu. Die Riverjet Thermal Safari (tgl. 11 Uhr, plus 14 Uhr auf Anfrage; 3 Std., $145) umfasst die Jetbootfahrt und den Eintritt zum Thermalgebiet. Bei „The Squeeze" (gleiche Zeiten, $130) steht anstelle eines Besuchs im Thermalgebiet eine Wanderung durch einen geothermisch erwärmten Bach in einer engen Schlucht, an deren Ende ein heißer Wasserfall wartet.

Whirinaki Forest Park

Auf halbem Weg zwischen Waimangu und Wai-O-Tapu, 25 km südlich von Rotorua, verläuft der SH38 Richtung Südosten durch die einförmigen Kiefernwälder des Kaingaroa Forest hin zu den zerklüfteten Gipfeln des Te Urewera National Park. Das ist eine riesige unberührte Wildnis zwischen den Seen um Rotorua einerseits und der Poverty Bay und dem East Cape andererseits. Der Kaingaroa Forest endet erst nach 40 km dort, wo die Straße bei der überwiegend von Maori bewohnten Holzverarbeitungsstadt **Murupara** über den Rangitaiki River führt. Das **Te Urewera Area Office** des DOC, 1 km südöstlich des Orts am SH38, 📞 07/366 1080, hat jede Menge Informationen über den Te Urewera National Park und den Lake Waikaremoana (S. 432). ⏱ Nov–April Mo–Fr 8–17, Sa und So 9–15, Mai–Okt Mo–Fr 8–17 Uhr.

Rund 30 km südlich erstreckt sich der wunderbare, aber nur von wenigen Reisenden besuchte **Whirinaki Forest Park**, dessen Baumbestände zu den dichtesten und eindrucksvollsten der Nordinsel zählen: Podocarpaceen in den Flussebenen und einheimische Südbuchen im steilen vulkanischen Hochland, alles bevölkert von zahlreichen Vögeln wie Tuis, Makomakos, Neuseeland-Fruchttauben und Kakas. Nach einer intensiv geführten Auseinandersetzung steht das Wildnisparadies für Wanderer und Mountainbiker heute unter Naturschutz.

Der Wald lässt sich sehr schön auf einer Wanderung auf dem gut ausgebauten **Whirinaki Track** (4 Std. hin und zurück) erkunden. Der Weg führt an mächtigen Podocarpaceen und dem Whaiti-nui-a-tio Canyon entlang, in dem sich ein Fluss über ein altes Lavafeld und die Whirinaki Falls hinunter ergießt. Man kann dem Weg einfach so weit folgen, wie man möchte, und dann zurückgehen. Der Park hat aber ein ganzes Netz an Wegen, sodass Wanderungen von bis zu fünf Tagen Dauer möglich sind. Unterkunft bieten neun Standard-Hütten (je $5, außer der zentralen Whirinaki, die $10 kostet).

Der Prospekt *Ride Whirinaki* ($2, erhältlich in den DOC-Zentren) enthält ein paar tolle Mountainbike-Routen in der Gegend (2 Std.–2 Tage); ein Fahrrad muss man selbst mitbringen. Erkunden lässt sich das Gebiet außerdem auf einer geführten Tagestour mit Whirinaki Rainforest Experiences, 📞 0800/869 255, 🖥 www.whirinaki.com ($155). Die freundlichen, engagierten Guides erläutern den Wald und seine Geschichte aus der Perspektive der Maori.

Taupo und Umgebung

Der 80 km südlich von Rotorua im Herzen der Nordinsel gelegene aufblühende Ferienort **Taupo** erstreckt sich am Nordostufer des Lake Taupo, dem größten Binnengewässer Neuseelands. Bei entsprechenden Sichtverhältnissen sind 30 km südwestlich die drei schneebedeckten Vulkane des Tongariro National Park zu sehen. Das von der glasklaren Oberfläche des Wassers reflektierte Licht sorgt in Kombination mit der Höhenlage von 360 m für Lichtverhältnisse, die ein wenig an die Alpen erinnern, und der beinahe unwirklich tiefblaue Waikato River (in der Maori-Sprache „fließendes Wasser") tritt hier seine lange Reise zur Tasmansee an. See- und Flussufer werden von Grünanlagen gesäumt, die Taupo etwas Beruhigendes und eine schöne Atmosphäre verleihen.

Seit Jahrzehnten strömen neuseeländische Familien nach Taupo, um dort ihre Ferien zu verleben. Sie verbringen ihre Zeit mit Baden und Angeln im frischen Wasser des tiefen Sees oder lassen in ihren Ferienhäusern am Seeufer die Seele baumeln. In Taupo gibt es freilich auch einiges zu sehen und zu unternehmen, beispielsweise die spektakulären Stromschnellen im geothermisch aktiven Gebiet unmittelbar nördlich der Stadt. Andere Urlauber kommen eigens zum Fallschirmspringen – die Stadt ist ein Eldorado für Fallschirmspringer – und wegen der fantastischen Möglichkeiten zum Fischen.

Die Gewässer um Taupo zählen nämlich zu den ergiebigsten **Forellenfanggründen** der Welt. Sie erstrecken sich nach Süden bis Turangi und zum Tongariro River und genießen einen ausgezeichneten Ruf wegen der Qualität der hier heimischen Fische. Das ganze Jahr über sieht man Boote mit ausgeworfenen Leinen auf dem See treiben, und besonders abends tummeln sich in den Flussmündungen die Angler mit ihren hohen Stiefeln.

Der **Lake Taupo** (616 km^2, 185 m Tiefe) ist aus geologischer Sicht ein „Säugling". Eine bedeutende Rolle für seine Entstehung spielte der Vulkan Taupo, der 186 n. Chr. ausbrach und 24 km^3 Felsen, Schutt und Asche in den Himmel spuckte. Ein Großteil der Nordinsel wurde dabei mit einer dicken Bimssteinschicht bedeckt, und die Asche wurde so hoch in die Atmosphäre geschleudert, dass sie um die ganze Erde getragen wurde. Selbst in China verdunkelte sich damals der Himmel, und die Römer verzeichneten eine blutrote Färbung des Firmaments. Bei der Entleerung der unterirdischen Magma-Kammer stürzte der Erdboden ein und schuf einen riesigen, steilwandigen Krater, der sich mit Wasser füllte und einen Teil des heutigen Lake Taupo bildet.

Es fällt schwer, diesen friedlichen, wunderschönen See mit derart kolossaler Gewalt zu assoziieren, selbst wenn die Beweise direkt vor Augen liegen: Ganze Strände bestehen aus federleichtem Eruptivgestein, das bei stärkerem Wind über den See getrieben wird. Vulkanologen sind immer noch mit der Untersuchung des Taupo beschäftigt, der zurzeit als untätig eingeschätzt wird. Sie betrachten den See als eine gigantische Wasserwaage und registrieren jede noch so leichte Neigung als mögliches Anzeichen einer unterirdischen Ansammlung von Magma, die einen erneuten Ausbruch zur Folge haben könnte.

Taupo

Im von Hochhäusern verschonten Zentrum von Taupo liegt kein Punkt mehr als fünf Minuten zu Fuß vom Waikato River oder Lake Taupo entfernt, die den Ort im Norden bzw. Westen umschließen. Im Süden ziehen sich die Vororte über die sanften Hügel. Ein Großteil der geschäftlichen Aktivitäten spielt sich an der Tongariro St und der passend benannten Lake Terrace ab.

Das Volk der Tuwharetoa siedelt schon seit Jahrhunderten in der Gegend. Die Europäer zeigten erst im Verlauf der Landkriege in den 1860er-Jahren Interesse an der Region, als Soldaten der Armed Constabulary Jagd auf **Te Kooti** machten (s. S. 435). Nachdem sie eines Abends im Juni 1869 ihr Lager 17 km südöstlich von Taupo in Opepe (am heutigen SH5) aufgeschlagen hatten, wurden sie aus dem Hinterhalt von Te Kootis Männern angegriffen. Als Reaktion auf den Überfall, bei dem neun ihrer Soldaten getötet wurden, errichteten die Pakeha Garnisonen in Opepe und Taupo. In der Folge wuchs Taupo ständig weiter, da es strategisch günstiger gelegen war und heiße Quellen zum Waschen und Baden hatte. Ab 1877 gelang es den Truppen Te Kooti in Schach zu halten, doch erst 1886 wurde die Armed Constabulary aus der Gegend abgezogen. Danach entschlossen sich mehrere Soldaten, mit ihren Familien in der Gegend zu bleiben und bildeten die Keimzelle der europäischen Besiedlung. Zu einem beliebten Ferienziel für Neuseeländer entwickelte sich Taupo erst in den 1950er-Jahren.

Taupo eignet sich vor allem als Basis für die Erkundung der Umgebung. Eine halbe Stunde Zeit nehmen sollte man sich aber auf jeden Fall für einen Besuch im **Lake Taupo Museum and Art Gallery** im Tongariro Park. Besonders sehenswert sind hier die Schnitzereien aus den Jahren 1927/28 des berühmten Schnitzmeisters Tene Waitere, der Kunstwerke für *marae* in ganz Neuseeland schuf – Arbeiten, die zu den schönsten Maori-Schnitzarbeiten überhaupt zählen. Die übrigen Abteilungen des Museums beschäftigen sich mit der Geologie der Region, dem Fischfang und der Holzindustrie. Außerdem gibt es in der Tuwharetoa Gallery ein 150 Jahre altes, 14,5 m langes *waka* (Kanu), das 1967 im Wald gefunden wurde. Zu den Gemälden in diesem Raum zählen zwei Porträts von Ngati-Tuwharetoa-Häuptlingen. Sie stammen vom einheimischen Universalgenie Thomas Ryan, der auch Kapitän eines Dampfschiffes und All Black, also Rugby-Nationalspieler war. ⏱ tgl. 10–16.30 Uhr, Eintritt $5. Draußen wurde der atemberaubende Ora Garden in ganzer geothermaler Pracht wieder hergestellt.

Das beste Thermalbad am Ort ist das familienorientierte **Taupo DeBrett Spa Resort**, 3 km südöstlich des Stadtzentrums am SH5, 🖥 www.taupohotsprings.com. Es handelt sich um zwei große Becken unter freiem Himmel. $3 Aufpreis verschafft Zugang zu den privaten Mineralbecken mit jeweils unterschiedlichen Temperaturen, und für $5 extra lockt die unbegrenzte Benutzung der Warmwasserrutsche, ⏱ tgl. 7.30–21.30 Uhr, Eintritt $15.

Ohne eigenes Fahrzeug ist es einfacher, die **A.C. Baths & Taupo Events Centre** in der A. C. Baths Avenue zu besuchen, eine Halle mit einer 12 m hohen Kletterwand (Eintritt $10, Gurte und Schuhe $6). Zum Komplex gehört auch die alt-eingesessene Badeanstalt **A. C. Baths**, eine Anlage von Schwimm- und Thermalbecken (Eintritt $6,50, private Thermalbecken $7 p. P. für 45 Min., Kombiticket $12). ⏱ tgl. 6–21 Uhr.

Auf der anderen Seite der Spa Avenue liegt die ausgedehnten Grünanlage **Spa Thermal Park and Hot Stream** (freier Zutritt). Hier fließt ein kleiner warmer Bach durch mehrere wunderbare Badebecken hindurch schließlich in den kühlen Waikato River. Den Bach erreicht man nach 400 m auf dem Uferweg, der dann weiter flussabwärts (2,8 km einfach, 45 Min.) zu den Huka Falls (S. 351) führt.

Übernachtung

Taupo hat eine sehr hohe Dichte an Unterkünften sämtlicher Preisklassen. Daher kommt es nur zwischen Weihnachten und Ende Februar vielleicht zu Problemen bei der Zimmersuche. Am Seeufer reihen sich zahlreiche Motels aneinander, auf den Rasenflächen am Stadtrand wurden Campingplätze eingerichtet. Hostels finden sich reichlich in der Stadt selbst.

Hotels, Motels und B&Bs

Alpine Lake Motor Lodge, 141 Heu Heu St, ✆ 0800/400 141, 🖥 www.alpinelake.co.nz. Eines der neuesten Motels der Stadt mit Fußbodenheizung, kostenlosem Breitband-Internet und Whirlpool in einigen Units. ❻

Cascades, 303 Lake Terrace, SH1, Two Mile Bay, ✆ 0800/996 997, 🖥 www.cascades.co.nz. Schickes, wenn auch etwas in die Jahre gekommenes Motel mit Units am Wasser oder Zugang zu einem attraktiven Pool. Die Studio- und Familien-Apartments sind geräumig und bieten eine voll ausgestattete Küche, Schlafzimmer im Zwischengeschoss, Patio und Jacuzzi. ❹–❺

Dunrovin Motel, 140 Heu Heu St, ✆ 0800/386 768, 🖥 www.dunrovintaupo.co.nz. 8 renovierte günstige Units, zumeist mit 1 oder 2 Schlafzimmern. ❸

Rangimarie Guest House, 165 Tamamutu St, ✆ 07/377 0329, 🖥 www.rangimarie-bnb-taupo. co.nz. Ruhiges, geschmackvoll eingerichtetes B&B mit nur 2 Zimmern, großer Lounge,

Taupo

N

0   500 m

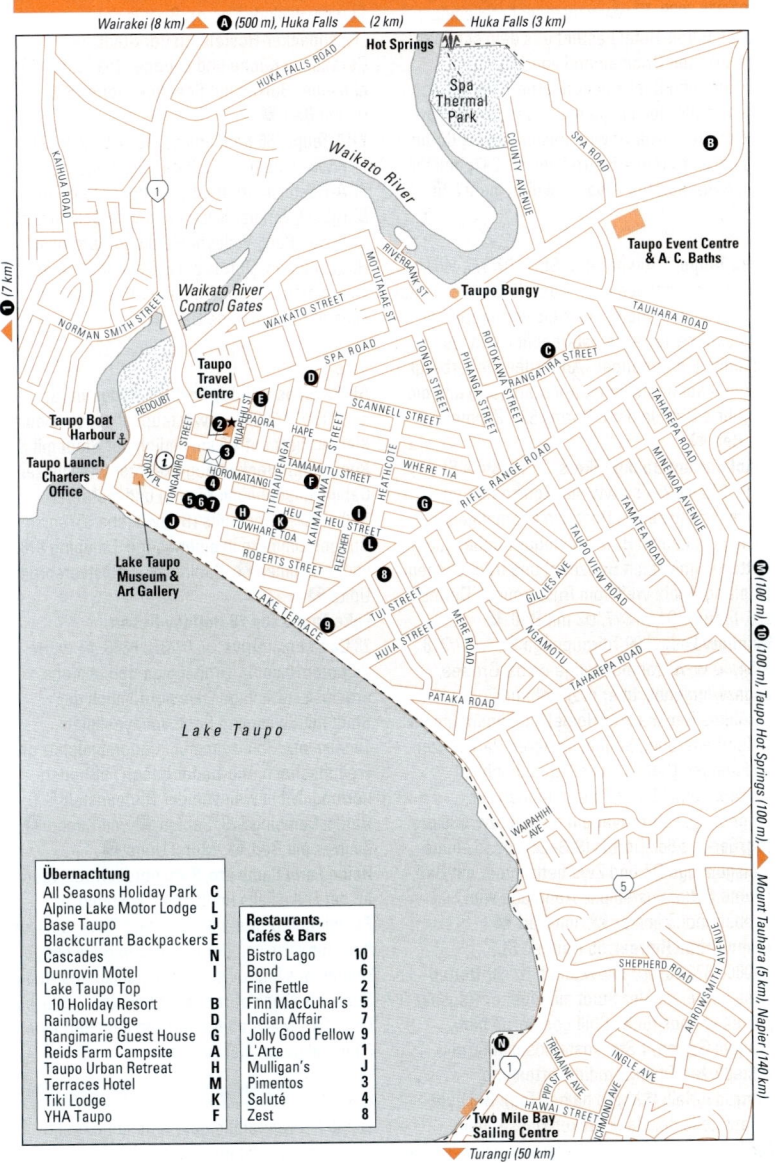

Wairakei (8 km) ▲ Ⓐ (500 m), Huka Falls ▲ (2 km)   ▲ Huka Falls (3 km)

Zentrale Nordinsel

Ⓦ (100 m), Ⓤ (100 m), Taupo Hot Springs (100 m), ▼ Mount Tauhara (5 km), Napier (140 km)

Hot Springs

Spa Thermal Park

Waikato River

COUNTY AVENUE

SPA ROAD

Ⓑ

HUKA FALLS ROAD

KAIHA ROAD

1

Ⓔ (7 km)

NORMAN SMITH STREET

Waikato River Control Gates

Taupo Event Centre & A. C. Baths

RIVERBANK ST

MOTUTAIKE ST

WAIKATO STREET

Taupo Bungy

TAUHARA ROAD

Taupo Travel Centre

REDOUBT

SPA ROAD

Ⓓ

TONGA STREET

RANGATIRA STREET

Ⓒ

SCANNELL STREET

PIHANGA STREET

ROTOKAWA STREET

Taupo Boat Harbour

Ⓔ

PAORA

HAPE

TAMAMUTU STREET

HEATHCOTE

WHERE TIA

RIFLE RANGE ROAD

TAHARAPA ROAD

MINEMOA AVENUE

Taupo Launch Charters Office

Ⓐ

Ⓒ

HOROMATANGI

TITIRAUPENGA

Ⓕ

KAIMANAWA ST

Ⓘ

Ⓖ

TAMATEA ROAD

HEU HEU STREET

TAUPO VIEW ROAD

Lake Taupo Museum & Art Gallery

Ⓙ

Ⓗ

HEU

TUWHARE TOA

Ⓛ

GILLIES AVE

ROBERTS STREET

FLETCHER

Ⓐ

LAKE TERRACE

TUI STREET

MEER ROAD

NGAMOTU

TAHAREPA ROAD

Ⓐ

HUIA STREET

PATAKA ROAD

Lake Taupo

WAIPAHIHI AVE

5

SHEPHERD ROAD

ARROWSMITH ROAD

www.stefan-loose.de/neuseeland

Taupo 345

Übernachtung

All Seasons Holiday Park	**C**
Alpine Lake Motor Lodge	**L**
Base Taupo	**J**
Blackcurrant Backpackers	**E**
Cascades	**N**
Dunrovin Motel	**I**
Lake Taupo Top 10 Holiday Resort	**B**
Rainbow Lodge	**D**
Rangimarie Guest House	**G**
Reids Farm Campsite	**A**
Taupo Urban Retreat	**H**
Terraces Hotel	**M**
Tiki Lodge	**K**
YHA Taupo	**F**

Restaurants, Cafés & Bars

Bistro Lago	10
Bond	6
Fine Fettle	2
Finn MacCuhal's	5
Indian Affair	7
Jolly Good Fellow	9
L'Arte	1
Mulligan's	J
Pimentos	3
Saluté	4
Zest	8

Ⓝ Two Mile Bay Sailing Centre

HAWAI STREET

THERMAL AVE

REDMOND STREET

EDMUND ROAD

1

INGLE AVE

▼ Turangi (50 km)

beheiztem Pool und Whirlpool. Kleines Frühstück und guter Kaffee inkl. ❻

Terraces Hotel, 80 Napier–Taupo Hwy, 📞 07/378 7080, 🖥 www.terraceshotel.co.nz. Dieses Hilton-Hotel besteht aus dem schön restaurierten Originalhotel von 1889 mit Zimmern und Blick auf den fernen See sowie einem modernen Flügel mit Suiten und Apartments. Ergänzt wird das Ensemble durch das hervorragende Bistro Lago (S. 347) und die Taupo Hot Springs – was will man mehr? ❽

Hostels

Base Taupo, 7 Tuwharetoa St, 📞 07/377 4464, 🖥 www.stayatbase.com. Das 120-Betten-Hostel im Herzen des Kneipenviertels von Taupo hat eine schöne Terrasse mit Seeblick und die üblichen Einrichtungen. Außerdem beherbergt es die Frauenabteilung Sanctuary ($32) und die begehrte Bar Element. Dorms $28, Zimmer mit Bad ❸

Blackcurrant Backpackers, 20 Taniwha St, 📞 07/378 9292, 🖥 www.blackcurrantbp.co.nz. Kürzlich renoviertes Hostel in ehemaligem Motel, mit neuem Bad und neuer Küche, guten Betten (zumeist mit Bettzeug) und freundlichem Empfang. Nicht weit vom Busterminal. Dorms $25, Frauen-Dorm $27, DZ mit Bad ❷

Rainbow Lodge, 99 Titiraupenga St, 📞 07/378 5754, 🖥 www.rainbowlodge.co.nz. Großes, ungezwungenes, über drei Gebäude verteiltes Backpacker Hostel mit angenehmem Aufenthaltsraum, Sauna, sicheren Parkplätzen und einigen Details, die für Gemütlichkeit sorgen. Jede Menge Informationen zur Umgebung, Fahrradverleih für $20 bzw. $30 pro Tag. 6er- bis 9er-Dorms ($23–26) sowie einige preisgünstige DZ und Zweibettzimmer mit Bad, TV und Patio. Kostenlose Abholung vom Busbahnhof. Zimmer ❶, mit Bad ❷

Taupo Urban Retreat, 65 Heuheu St, 📞 0800/872 261, 🖥 www.tur.co.nz. 96-Betten-Oase im Herzen der Stadt mit eigener Hausbar (wo es abends für $5 Chili con carne gibt), kleinem Garten, 1 Std. kostenloses Internet, kostenlosen Fitnessstudio-Karten und Fahrradverleih ($20 pro halber Tag). Beliebte Anlaufstelle der Backpacker-Busse. Tolle 4er-Dorms mit Seeblick, andere Dorms z. T. ohne

Fenster. Dorms $23, Dorms mit Bad $27, DZ mit Bad ❷

Tiki Lodge, 104 Tuwhare Toa St, 📞 0800/845 456, 🖥 www.tikilodge.co.nz. Bestes der „Flashpacker-Hostels" in der Stadt. Geräumige Küche und Lounge, Spa und hübscher Balkon mit Seeblick. Dorms $26, DZ mit Bad ❷

YHA Taupo, 56 Kaimanawa St, 📞 07/378 3311, 🖥 www.yha.co.nz. Einladendes modernes YHA-Hostel in Stadtnähe. Schöner See- und Bergblick von der Küche und vom Balkon mit Grill. Spa Pool, Volleyballfeld und Garten mit Hängematten. Dorms mit 8 Etagenbetten oder 4 normalen Betten. Camping $16, Dorms $23, Zimmer mit und ohne Bad ❷

Camping

All Seasons Holiday Park, 16 Rangatira St, 📞 0800/777 272, 🖥 www.taupoallseasons.co.nz. Kleiner Platz gut 1,5 km östlich der Stadt mit Spa Pool, durch Hecken abgetrennten Stellplätzen, Cabins (manche mit Küche) und mehreren Selbstversorger-Units (Bettwäsche $5) sowie Budget-Zimmern in einer Lodge. Camping $18, Lodge-Zimmer ❶, Cabins ❷, Selbstversorger-Units ❸

Lake Taupo Top 10 Holiday Resort, 28 Centennial Drive, 📞 07/378 6860, 🖥 www.taupotop10.co.nz. Großzügige und bestens organisierte Anlage 2 m nordöstlich der Stadt mit Swimming Pool, Volleyballplatz, Tennisplatz, Spielezimmer, Kinderspielplatz und Freiluftschach. Die Bäder haben Fußboden-heizung. Nicht weit von der Badeanstalt A. C. Baths. Camping $23, Cabins ❸, mit Küche ❹, Zimmer mit Bad ❺, Motel Units ❻

Reids Farm Campsite, 3 km nördlich von Taupo an der Huka Falls Rd. Großer, kostenloser Campingplatz direkt am Waikato River nur 1 km flussaufwärts von der exklusiven Huka Lodge. Wegen des improvisierten Slalomkurses ist die Stelle bei Kajakfahrern sehr beliebt. 🕐 offiziell Ende Okt–März, aber auch sonst hindert einen niemand daran hier zu zelten.

Taupo hat zahlreiche gute Cafés und recht günstige indische und thailändische

Zentrale Nordinsel

L'Arte 255 Mapara Rd, Acacia Bay. Skulpturengarten in ruhiger Lage auf dem Land 8 km von Taupo entfernt mit gutem Tagescafé und urigen Kunstwerken. Essen kann man drinnen oder draußen auf einer schattigen Terrasse. ◷ im Januar tgl., sonst Mo und Di geschl.

Restaurants. Spitzen-Esslokale sind allerdings dünn gesät.

Restaurants und Cafés
Bistro Lago, im Hilton, ✆ 07/377 1400. Das beste Restaurant der Stadt, im schön modernisierten alten Flügel des Hotels. Toller Service, tadellose Präsentation und köstliches Essen, das nur ein paar Dollar teurer ist als in weit schlechteren Restaurants.

Fine Fettle, 39 Paora Hape St. Von Deutschen geführtes, hervorragendes, tagsüber geöffnetes Vollwertkost-Café. Spezialisiert auf glutenfreie Gerichte wie leckere Buchweizenpfannkuchen ($10); außerdem Muschelsuppe ($8–10), Panini und Salate, meist mit Biobrot serviert, das hier auch verkauft wird. ◷ tgl. ab 7 Uhr.

Indian Affair, 34 Ruapehu St, ✆ 07/378 2295. Superleckere Currys in schickem modernem Ambiente. Besonders gut ist das goanische Fisch-Curry ($19). Alkoholausschank und BYO.

Pimentos, 17 Tamamutu St, ✆ 07/377 4549. Recht zwangloses Restaurant mit modernen Varianten klassischer europäischer Gerichte. Hauptgerichte $25–30. Schanklizenz und BYO. ◷ nur abends, Di geschlossen.

Saluté, 47 Horomatangi St. Moderner, luftiger Feinkostladen, der statt der normalen neuseeländischen Caféspeisen z. B. Croque Monsieur ($13) und Chorizo-Muschel-Salat ($20) bietet. Außerdem tolle Sandwiches und eine spezielle Käseabteilung.

Zest, 65 Rifle Range Rd. Hervorragendes kleines Tagescafé in einem Vorort. Leckeres Frühstück (ab 9 Uhr), Sandwiches, Salate, Wraps und sehr guter Kaffee. ◷ Mo geschl.

Das Nachtleben spielt sich zumeist beim westlichsten Block der Tuwharetoa Street ab; hier konkurrieren ein halbes Dutzend gut besuchte Kneipen und ein Nachtclub (The Townhouse) um Kundschaft. Ansonsten bleibt als Abendprogramm noch die Maori-Veranstaltung an den Wairakei Terraces (S. 352).

Bond, 40 Tuwharetoa St. Die nobelste Bar in dieser Gegend – toll für ein Glas Pinot Noir in einer Sitznische, einen Cocktail auf einem Sofa am Kamin oder eine Cohiba an einem Tisch draußen.

Finn MacCuhal's, Tongariro St, Ecke Tuwharetoa St. Der große Irish Pub mit Biergarten ist gleichermaßen beliebt bei Einheimischen wie bei Rucksackreisenden. Man kommt in erster Linie wegen des Guinness, doch es gibt auch gute und preisgünstige Steaks und Fish'n'Chips.

Jolly Good Fellow, 76-80 Lake Terrace. Taupos Version eines britischen Pub, nicht ganz stilecht, aber mit einer ausgezeichneten Auswahl an gezapften Bieren und netter Eckkneipenatmosphäre. Die meisten der englischen und irischen Biersorten vom Fass scheinen eine lange Reise hinter sich zu haben. Auch Kneipenessen nach englischer Tradition wie *toad-in-the-hole* (Würstchen im Teigmantel, $16,50) und ganztägig Frühstück. Die vielen Gäste, die zum Abendessen hierher kommen, werden später von Nachtschwärmern abgelöst.

Mulligan's, 15 Tongariro St. Schummriger Irish Pub mit Stout vom Fass, schelmischem Kiwi-Personal hinter dem Tresen, Billardtisch, Livemusik, Quiz-Abenden und riesigen Essensportionen (z. B. Sonntagsbraten für $19). Beliebt bei Einheimischen und Tourbussen.

In Taupo werden zahlreiche Freizeitaktivitäten angeboten, die für Ebbe in der Urlaubskasse sorgen. Die Nummer eins ist inzwischen das Fallschirmspringen. Dazu kommen Kajak- und Bootstouren auf dem Lake Taupo, Rafting auf den wilden Flüssen Tongariro und Rangitaiki und Angeln in den Flüssen und Bächen der Region.

Zentrale Nordinsel

Angeln

Neuseelands rigide Angelvorschriften untersagen u. a. den Verkauf von Forellen. Wer also Appetit auf diesen köstlichen Fisch verspürt, muss sich schon selbst einen fangen, was am einfachsten von einem Charter-Boot aus zu bewerkstelligen ist. Erste Anlaufstelle ist das **Taupo Launch Charters Office**, am Bootshafen, ☎ 07/378 3444, ⏰ im Sommer 9–17, im Winter 9.30–15 Uhr. Das Büro vermittelt schnell ein geeignetes Boot, z. B. das *White Striker*, das kleinste Charterboot dieses Anbieters mit Platz für 6 Pers., $210 für 2 Std., ☎ 07/378 2736, 🖥 www.troutcatching.com. Der Anbieter hat jede Menge Ortskenntnis und gute Erfolgsquoten. Alle Boote fahren für mind. 2 Std. hinaus, wahrscheinlicher aber 3 oder 4. Es gibt keine Mindestteilnehmerzahl, aber natürlich ist es umso billiger, je mehr Personen mitfahren. Von Mitte Dez–Feb sollte man im Voraus reservieren. Die Bootsanbieter halten sämtliche benötigte Ausrüstung bereit und besorgen auch den notwendigen Angelschein, die Taupo District Fishing Licence ($16).

Die in den Lake Taupo mündenden Flüsse sind die Domäne der Fliegenfischer. Das gilt besonders März–Sep, wenn die ausgewachsenen Regenbogenforellen diese Stellen passieren, um sich weiter flussaufwärts seichte Kiesbetten zum Laichen zu suchen. Auch Bachforellen sind in diesen Gewässern anzutreffen, in der Regel aber nicht so leicht zu fangen.

Es besteht die Möglichkeit z. B. bei **Taupo Rod and Tackle**, 7 Tongariro St, ☎ 07/378 5337, eine Anglerausrüstung zu leihen und sich sein eigenes Plätzchen zu suchen. Die Chancen auf einen guten Fang steigen deutlich, wenn man einen Angelführer engagiert, der um die $300 für einen halben Tag inkl. Ausrüstung und Angelschein verlangt. Im Taupo Charters Office gibt es eine Liste von Angelführern – zwei der bewährtesten sind Chris Jolly und Will Kemp.

Bungy-Jumping

Taupo Bungy, 202 Spa Rd, ☎ 0800/888 408, 🖥 www.taupobungy.co.nz. In der Nähe der A.C. Baths wirbelt der Waikato River an einem der schönsten Bungy-Standorte Neuseelands

vorbei. Die Plattform ragt 20 m über den Fluss, sodass man beim 47 m hohen Sprung auf Wunsch auch kurz eintauchen kann. Sprung $109. Dazu gibt es noch einen 43 m hohen Swing ($109) und eine Swing-Bungy-Combo ($198). ⏰ tgl. 9–17, Hochsaison 9–19 Uhr.

Fallschirmspringen

Dank der tollen Landschaft und der günstigen Preise ist Taupo das beliebteste Sprunggebiet für Tandem-Fallschirmsprünge – und angeblich das Gebiet mit den meisten Sprüngen auf der ganzen Welt. Bisweilen erweckt das Ganze den Eindruck von Fließbandarbeit, wenn 3 überaus professionell agierende Anbieter Dutzende von Gästen am Tag abfertigen und sie mit zahlreichen DVDs, Fotos und T-Shirts versorgen. Zwischen den Veranstaltern bestehen kaum Unterschiede: Alle drei bieten Sprünge aus 12 000 Fuß (3658 m) mit 45 Sekunden freiem Fall für $250, aus 15 000 Fuß (4572 m) bei 1 Minute freiem Fall für $340. Dazu gehört gewöhnlich ein vom Begleitspringer aufgenommenes Video oder ein Freifallvideo, das von jemandem gemacht wird, der nebenher springt. Am besten nimmt man einfach den Anbieter, der gerade die besten Preise bietet. Die größte Foto- und Video-Auswahl hat Taupo Tandem Skydiving, ☎ 0800/826 336, 🖥 www.tts.net.nz. Beim kleineren Unternehmen Skydive Taupo, ☎ 0800/586 766, 🖥 www.skydivetaupo.co.nz, können sich Teilnehmer in einer Limousine abholen lassen.

Kajakfahren und Wassersport

Die Seelandschaft lässt sich toll von einem Kajak aus genießen.

Kayaking Kiwi, ☎ 0800/353 435, 🖥 www.kayakingkiwi.com. Veranstaltet Ausflüge zu den Maori-Felsgravuren am See (3 Std. auf dem Wasser $108), und wenn das Wetter nicht mitspielt, lassen sich die Mitarbeiter eine gute Alternative einfallen. **Wilderness Escapes**, ☎ 07/378 3413, 🖥 www.wildernessescapes.co.nz. Bietet Halbtagestrips zu den Felsgravuren ($85), außerdem Sonnenuntergangfahrten ($85), Ganztagsausflüge ($210) sowie Kajakverleih ($60 pro Tag) für erfahrene Paddler.

Direkt vor den Toren von Taupo gibt es keine zum Rafting geeigneten Flüsse, doch die Stadt bildet eine günstige Ausgangsbasis für Paddeltrips auf dem Tongariro (s. S. 358, Turangi), dem Rangitaiki und dem Wairoa. **Rapid Sensations**, ☎ 0800/353 435, 🖥 www.rapids.co.nz, befahren den Tongariro für $135 und die Mohaka Gorge (WW III–IV) für $185.

Kiwi River Safaris, ☎ 0800/723 857, 🖥 www.krs.co.nz, organisieren Raftingausflüge zum Wairoa ($115), Rangitaiki ($110) und einen Tagesausflug durch die Mohaka Gorge für $175. Wer das zu anstrengend findet und lieber den Wind für sich arbeiten lässt: **2MileBay Watersports Centre**, ☎ 07/378 3299, 🖥 www.sailingcentre.co.nz, an der Two Mile Bay, verleiht Katamarane ($60 pro Std.), Windsurfers ($30 pro Std.) und Segelboote unterschiedlicher Größe (ab $50 pro Std.). ☉ im Sommer tgl. 9–17 Uhr, sonst sporadisch.

Mountainbiking

Die Umgebung von Taupo ist ein gutes Mountainbikerevier, dessen Trails zum großen Teil von Bike Taupo unterhalten werden, das eine hervorragende Website hat: 🖥 www.biketaupo.org.nz. Eine landschaftlich schöne Strecke ist der vom Spa Thermal Park Richtung Norden zu den Huka Falls führende **Huka Falls Walkway** (4 km einfach) und weiter zum Aratiatia Dam (zusätzlich 8 km einfach). Länger und anspruchsvoller ist der Trail **W2K** (16 km einfach, mit zusätzlicher 10-km-Schleife); er beginnt an der Whakaipo Bay 20 km westlich von Taupo und endet in Kinloch. Wer nicht auf demselben Weg zurückfahren möchte, sollte sich abholen lassen (rund 40 Straßenkilometer). Im **Wairakei Forest** gehen bei der Basis von Helistar Helicopters, 3 km nördlich von Taupo, mehrere tolle Rundwege ab.
Fahrräder ausleihen (s. S. 350) und/oder Touren durch den Wairakei Forest (2 Std., $75) unternehmen kann man auch bei Rapid Sensations in der Nähe von Helistar Helicopters, ☎ 0800/353 435, 🖥 www.rapids.co.nz ($30 für 2 Std., $55 pro Tag).

Reiten

Taupo Horse Treks, Karapiti Rd, ☎ 0800/244 3987, 🖥 www.taupohorsetreks.co.nz. 1-stündige ($60) und 2-stündige ($120) Ausritte durch die Kiefernwälder in der Umgebung der Craters of the Moon (S. 352).

Touren

Bootsausflüge

Am schönsten erlebt man den Lake Taupo auf einer gemütlichen Ausflugsfahrt, die am Taupo Boat Harbour beginnt und beispielsweise zur 8 km südwestlich gelegenen Bucht Mine Bay führt, wo vom Wasser aus einige faszinierende, moderne Felsgravuren der Maori zu bewundern sind. Im Mittelpunkt der 10 m hohen, Ende der 1970er-Jahre angefertigten Steinkunst steht das stilisierte, mit Tätowierungen bedeckte Gesicht eines Mannes. In den benachbarten Felsen sind Brückenechsen und weibliche Formen zu erkennen. Alle Touren können über das Taupo Charters Office, ☎ 07/378 3444, am Bootshafen gebucht werden.

The Barbary, ☎ 07/378 3444. Die stilvollste Ausflugsfahrt – und zwar gleichermaßen des Schiffes wie des alten Seebären hinter dem Ruder wegen – erlebt man an Bord der *Barbary*, einer 2-mastigen Segeljacht Baujahr 1926, die sich früher einmal im Besitz von Errol Flynn befand, der sie angeblich beim Poker gewann. ☉ Abfahrt (wenn das Wetter es erlaubt) tgl. 10.30 und 14 Uhr, im Sommer auch um 17 Uhr, 2 1/2 Std., $40.

Cruise Cat, ☎ 0800/252 628; schnelle Motorjacht, die ebenfalls an den Felsgravuren vorbeifährt. ☉ Abfahrt tgl. 10.30 und 13.30 Uhr, 1 1/2 Std., $40.

Ernest Kemp, ☎ 07/378 3444; Nachbau eines Dampfschiffes aus den 1920er-Jahren, das in rund 2 Std. zu den Felsgravuren und zurück tuckert. ☉ Abfahrt tgl. 10.30 und 14, Nov–März auch um 17 Uhr, $40.

Rundflüge

Helistar Helicopters, Huka Falls Rd, ☎ 0800/435 478, 🖥 www.helistar.co.nz. Veranstaltet die besten Hubschrauberflüge, z. B. über die Huka Falls (10 Min., $99).

Wanderwege um Taupo

In unmittelbarer Nähe von Taupo gibt es einige leichte Wanderwege; die besten werden in einer DOC-Broschüre ($2,50) vorgestellt. Der mit Abstand beliebteste ist der **Great Lake Walk**, der allerdings bescheidener ist, als er sich anhört: Man geht einfach südöstlich der Stadt am Seeufer entlang und folgt der insgesamt 7 km langen Promenade.

Am nördlichen Stadtrand gelangt man über die County Avenue zum **Spa Thermal Park**, wo ein angenehmer, halbstündiger Spaziergang durch den Wald mit einer Wanderung am Flussufer zum Wasserfall **Huka Falls** (4 km, 2 Std. hin und zurück) kombiniert werden kann. Wer noch mehr Kondition hat, marschiert gleich weiter bis zu den Stromschnellen **Aratiatia Rapids** (8 km, 4 Std. hin und zurück). Der Nachteil besteht darin, dass man den gleichen Weg wieder zurück gehen muss. Nur wer früh genug aufbricht, kann auf dem Rückweg das Volcanic Activity Centre und die **Craters of the Moon** (12 km, 3 Std.) besuchen.

HeliPro, ✆ 0800/HELIPRO, 🖥 www.helipro.co. nz. Bietet Flüge ab $95.
Taupo's Float Plane, Taupo Boat Harbour, ✆ 07/ 378 7500, 🖥 www.tauposfloatplane.co.nz. Rundflüge an Bord von Wasserflugzeugen über den Lake Taupo und seine Umgebung (10 Min. $75). Zum Mount Ruapehu kostet es $295.
Air Charter Taupo, ✆ 07/378 5467, 🖥 www. airchartertaupo.co.nz, veranstaltet ähnliche Flüge.

Sonstiges

Autovermietungen
Pegasus Rental Cars, ✆ 0800/803 580, 🖥 www. rentalcars.co.nz, hat die besten Preise (ab $35 pro Tag).

Fahrradverleih
Die meisten Hostels verfügen über Fahrräder für ihre Gäste. Die Rainbow Lodge verleiht Räder auch an Nicht-Gäste.
Life Cycles, 16 Oraunui St, ✆ 07/378 6117, verleiht Mountainbikes ab $20 für einen halben Tag.

Gepäckaufbewahrung
Superloo, Tongariro St, gegenüber vom Visitor Centre, bietet Schließfächer für $2 pro Tag, ⏱ tgl. 7.30–17, im Sommer bis 20 Uhr.

Informationen
i-SITE Visitor Centre, Tongariro St, ✆ 07/376 0027, 🖥 www.laketauponz.com, ⏱ tgl. 8.30–17 Uhr.
Experience Taupo, 29 Tongariro St, ✆ 07/377 0704, 🖥 www.experiencetaupo.com, gegenüber vom Visitor Centre. Hat ebenfalls gute Infos und bewirbt besonders die Angebote der Abenteuerveranstalter, die als Sponsoren fungieren. ⏱ tgl.: Okt–April 9–19, Mai–Sep 9–18 Uhr.

Internet
Am günstigsten sind **Cyber Gate**, 12 Gascoigne St, und **Cyber Shed**, 115 Tongariro St.

Medizinische Hilfe
Apotheke: **Mainstreet Pharmacy**, Heu Heu St, Ecke Tongariro St, ✆ 07/378 2636, ⏱ tgl. bis 20.30 Uhr.
Ärztliche Hilfe: **Taupo Health Centre**, 113 Heu Heu St, ✆ 07/378 7060, ⏱ Mo–Fr 8–17.30 Uhr.

Polizei
21 Story Place, beim Lake Taupo Museum and Art Gallery, ✆ 07/378 6060.

Post
Horomatangi St, Ecke Ruapehu St, ✆ 07/378 9090, mit Schalter für Poste Restante.

Scooter
Global Gossip, 11 Tuwharetoa St, ✆ 07/378 1551, $37 pro Tag – Führerschein erforderlich und $50 Pfand.

Nahverkehr

Stadtbusse
Im Zentrum von Taupo lässt sich praktisch alles zu Fuß erledigen. Wer die Sehenswürdigkeiten der Umgebung ohne eigenes Fahrzeug besuchen möchte, kann mit Shuttle 2U, ✆ 07/376 7638, 🖥 www.shuttle2u.co.nz, ⏱ tgl. 9–21 Uhr, die wichtigsten Attraktionen anfahren

und unterwegs beliebig ein- und aussteigen ($4–5 pro Sektor oder $15 für einen Tagespass), inkl. Abholung von der Unterkunft. Einen ähnlichen Service bietet HotBus, ℘ 0508/468 287, 🖳 www.hotbus.co.nz, ☉ Sommer tgl. 9–16, Winter tgl. 10–15 Uhr.
Mehr Bewegungsfreiheit verschafft ein Fahrrad oder ein Motorroller (S. 350).

Taxis
Taupo Taxis, ℘ 07/378 5100.
Top Cabs, ℘ 07/378 9250.

Transport

Busse
Taupo Travel Centre Bus Station, 16 Gascoigne St, ℘ 0800/222 145, Busterminal mitten in der Stadt. Die Busse von NakedBus halten vor dem i-SITE Visitor Centre in der Tongariro St.

Busse nach:
AUCKLAND 6–7x tgl., 4–5 Std.;
HAMILTON 5–6x tgl., 2 1/2 Std.;
HASTINGS 5–6x tgl., 2 1/2 Std.;
NAPIER 5–6x tgl., 2 Std.;
PALMERSTON NORTH 3–4x tgl., 4 Std.;
ROTORUA 7–8x tgl., 1 Std.;
TAIHAPE 5–6x tgl., 2 Std.;
TAURANGA 4x tgl., 2 3/4 Std.;
TURANGI 4–5x tgl., 45 Min.;
WELLINGTON 4–5x tgl., 6 Std.

Flüge
Der kleine Flughafen von Taupo liegt 10 km südlich des Zentrums und wird von Air New Zealand angeflogen. Zum Flughafentransfer s. „Stadtbusse" S. 350.
Flüge nach AUCKLAND 4x tgl., 45 Min.;
WELLINGTON 3x tgl., 1 Std.

Die Umgebung von Taupo

In der unmittelbaren Umgebung von Taupo häufen sich nur wenige Minuten voneinander entfernt hinreißende Naturwunder. Hier erwarten den Besucher kochende Schlammtümpel, der zischende Dampf des geothermischen Kraftwerks Wairakei und der Waikato River, dessen klares, tiefblaues Wasser sich wild wirbelnd seinen Weg über Stromschnellen und durch tiefe Schluchten nach Norden bahnt. Die Hauptattraktionen – die **Huka Falls**, die **Aratiatia Rapids**, die **Wairakei Terraces** und das Geothermalfeld **Craters of the Moon** – befinden sich alle in 10 km Umkreis von Taupo.

Huka Falls Road
Die meisten Sehenswürdigkeiten und Aktivitäten konzentrieren sich am Waikato River. Die Anfahrt erfolgt über die 2 km nördlich der Stadt vom SH1 abzweigende Huka Falls Road. Sie führt am kostenlosen Campingplatz Reids Farm vorbei und erreicht schon bald die großartigen **Huka Falls**. Hier zwängt sich der zu den wasserreichsten Flüssen Neuseelands zählende Waikato River in einen engen Trichter, um sich dann über eine 9 m hohe Bruchkante in einen wild schäumenden Strudel zu ergießen. Der Parkplatz ist bis etwa 18 Uhr geöffnet, der Wasserfall selbst ist rund um die Uhr zugänglich.

Weiter geht die Fahrt zum **Volcanic Activity Centre**, einem äußerst lehrreichen Museum, dessen umfangreiche Informationstexte von faszinierenden Fotos und interaktiven Computeranimationen aufgelockert werden, in denen sich alles um Vulkanismus dreht. Zu den Highlights zählen mehrere gleichzeitig laufende Filme, ein Seismograph, der die von Sensoren am Mount Ruapehu erfassten Bewegungen aufzeichnet, ein Erdbebensimulator und eine große Reliefkarte der „Taupo Volcanic Zone", die sich vom Mount Ruapehu bis nach White Island erstreckt. ☉ Mo–Fr 9–17, Sa und So 10–16 Uhr, Eintritt $9,50.

Die neue Umgehungsstraße liegt zwischen dem geothermischen Kraftwerk Wairakei und dem **Huka Prawn Park**, 🖳 www.hukaprawnpark. co.nz. Ein Teil der überschüssigen Wärme wird in die großen Teiche des Parks geleitet, in denen tropische Garnelen gezüchtet werden. Hier kann man an den Teichen entlang und über einen Waldweg spazieren ($15), Garnelen fischen ($20) oder beides ($24). Serviert werden die Gaumenfreuden im **Restaurant** am Ufer des Waikato (Garnelenplatte für 2 Pers. $60). ☉ Dez und Jan tgl. 9–17, Feb–Nov 9–15.30 Uhr.

Den Frieden stört ab und zu ein **Huka Jet**, ℘ 0800/485 2538, 🖳 www.hukafallsjet.com, der

Orakei Korako (15 km), Rotorua (70 km), Auckland (260 km)

Wairakei Village

Aratiatia Rapids (1 km), Aratiatia Dam, Rapid Jets (4 km)

Geothermisches Kraftwerk

Wairakei Terraces

Volcanic Activity Centre

Wairakei

Huka Prawn Park & Huka Jet

Honey Hive

Helistar Helicopters & Café

Craters of the Moon

KARAPITI RD

Waikato River

Huka Falls Lookout

Huka Falls

HUKA FALLS RD

Huka Lodge

Reids Farm

TAUPO WALKWAY

Taupo Bungy

BHLE RANGE ROAD

Taupo

Tapuaeharuru Bay

TAUPO BYPASS

Taupo Hot Springs

Waipahihi

s. Karte Taupo Zentrum

Rainbow Point

Wharewake

Taupo Airport

Turangi (50 km), Vulkane (90 km), Wellington (380 km)

Napier (140 km)

Zentrale Nordinsel

Richtung Huka Falls über den Fluss jagt (30 Min., $95). Wer allerdings wirklichen Jetboot-Nervenkitzel verspüren möchte, sollte sich für den Rapids Jet (S. 353) entscheiden.

Craters of the Moon und Wairakei Terraces

Die Huka Falls Rd bildet eine Schleife und mündet schließlich wieder auf den SH1. Praktisch gegenüber zweigt die Karapiti Rd Richtung Westen zu den **Craters of the Moon** ab. Dieses Thermalgebiet entstand in den 1950er-Jahren nach dem Bau des Geothermischen Kraftwerks Wairakei, der drastische Veränderungen der unterirdischen Hydrodynamik zur Folge hatte. Was hier an Geysiren und farbenprächtigen Seen fehlt, wird durch die allgegenwärtige Hyperaktivität mehr als wettgemacht. Der hervorquellende Dampf ist so heftig, dass man auf den insgesamt 3 km langen Fußwegen festes Schuhwerk tragen muss. Vorbei geht es an wild rülpsenden Fumarolen und riesigen, grollenden Löchern, die einen stechenden Geruch nach faulen Eiern ausstoßen. ⏰ tgl. 8.30–17.30 Uhr, Eintritt $6.

Etwa 3 km nördlich winden sich glänzende, unter Hochdruck stehende Dampfrohre unter dem SH1 zum Wärmekraftwerk Wairakei. Was der mineralienreiche heiße Dampf an Schöpfungen hervorbringen kann, zeigt sich an den nahen **Wairakei Terraces**, SH1, ✆ 07/378 0913, 🖥 www.wairakeiterraces.co.nz, wo heißes Wasser über künstlich angelegte Terrassen und Becken geleitet wird.

Das Ganze ist quasi eine Rekonstruktion der zerstörten Pink and White Terraces in Rotorua und wächst seit Ende der 1990er-Jahre heran. ⏰ Okt–März tgl. 9–17, April–Sep 9–16.30 Uhr, Eintritt $18.

Pfade führen durch das benachbarte Maori-Modelldorf, das anlässlich der **Maori Cultural Experience** zum Leben erwacht. Bei der angenehm unaufgeregten Abendveranstaltung (jeden Mi um 18 Uhr, im Sommer auch Fr und So, $85) erhalten Besucher eine gute Einführung in die Kultur der Maori; es werden u. a. Weben, Tätowieren und Stockspiele vorgeführt. Abgerundet wird der Abend durch ein Hangi, einen Haka und andere Tanzdarbietungen.

Die Aratiatia Rapids und Umgebung

Rund 2 km flussabwärts vom Wairakei-Kraftwerk bremst der Aratiatia Dam den Waikato unmittelbar oberhalb der **Aratiatia Rapids**, einer Serie von Katarakten, die zu Taupos ältesten Sehenswürdigkeiten zählen. Als in den 1950er-Jahren Pläne zur Umleitung des Flusses unter Umgehung der Stromschnellen publik wurden, waren die Proteste in der Öffentlichkeit so groß, dass die Pläne geändert wurden. Es war jedoch bei weitem kein Sieg auf der ganzen Linie, denn die meiste Zeit über sind die Stromschnellen gar nicht zu sehen. Lediglich 3–4x tgl. kann man sie eine halbe Stunde lang in voller Pracht erleben. ☉ Okt–März 10, 12, 14 und 16 Uhr, April–Sep 10, 12 und 14 Uhr.

Dazu nehmen die Besucher Aufstellung auf der Staumauer oder an zwei flussabwärts liegenden Aussichtspunkten und warten auf die Sirene zur Ankündigung des bizarren Schauspiels. Dabei verwandelt sich ein ausgetrockneter Wasserlauf nach Öffnung der Schleusentore in ein Inferno aus stürzenden Wassermassen und tobenden Strudeln, um schließlich wieder zu einem zahmen Tröpfeln zu versiegen.

Auf absolut berauschende Art lassen sich die ruhigeren Gewässer weiter flussabwärts mit dem **Rapids Jet**, ☎ 0800/727 437, 🖥 www.rapidsjet.com, erleben. Er ist 3 km jenseits des Aratiatia-Staudamms über die Rapids Rd zu erreichen und die $90 auf alle Fälle wert (gewöhnlich tgl. um 10, 12, 14 und 16 Uhr). Hier handelt es sich nicht um eine clevere Touristenfalle, sondern um die einzig wahre Wildwasser-Jetboot-Tour der Nordinsel. Auf und ab geht die furiose Höllenfahrt durch die Nga-Awapurua-Stromschnellen, wobei das Boot teilweise komplett vom Wasser abhebt. Die Tage, als hier Boote sanken, sind vorbei, aber Interessierte sollten sich auf jeden Fall die Sicherheitshinweise zu Gemüte führen und darauf vorbereitet sein, nass zu werden.

Von Taupo nach Napier

Beim Verlassen von Taupo bleibt der SH1 in Ufernähe und führt Richtung Südwesten nach Turangi, während der SH5 nach Südosten Richtung Napier abzweigt. Letztere ist eine kurvenreiche, aber zunehmend schneller werdende Strecke (1 1/2 Std.) durch eine der abgelegensten Landstriche der Nordinsel. Ein Großteil des ersten Straßenabschnitts führt durch die **Kaingaroa**

Huka Falls: 9 m rauscht der Waikato River in die Tiefe."

Plains, eine bis auf die 100 km nach Norden reichenden Kiefernpflanzungen weitgehend vegetationslose Landschaft. Der Boden aus Bimsstein und Asche bildete sich nach dem apokalyptischen Vulkanausbruch in der Taupo-Region.

Punkte von geschichtlichem Interesse entlang der Route beleuchtet der **Napier-Taupo Heritage Trail**, der in einer kostenlosen, in den i-SITE Visitor Centres von Taupo und Napier erhältlichen Broschüre detailliert beschrieben wird. Viele seiner 35 Stationen sind nicht unbedingt einen Zwischenstopp wert, doch für Geschichtsfans ist vielleicht ein Besuch im 17 km von Taupo entfernten **Opepe Historic Reserve** interessant.

Etwa 35 km weiter ergießt sich der Waipunga River, ein Nebenfluss des Mohaka, über die 30 m hohen **Waipunga Falls** in die Tiefe. Dann durchquert er am Rand des SH5 das hübsche Waipunga Gorge. Das Tal wird von einheimischen Bäumen und einer Reihe von Picknickplätzen gesäumt, die auch als **Campingplätze** genutzt werden dürfen (keine Einrichtungen). Danach fällt der Highway zum Mohaka hin ab.

Ein Stück ländliches Neuseeland verkörpert die Abenteuerlodge Mountain Valley, 5 km südlich des SH5, ✆ 06/834 9756, 🖥 www.mountain valley.co.nz, mit Bar und Restaurant am Fluss und Möglichkeiten zu Aktivitäten wie Angeln, Mountainbiking, Farmtouren, **Ausritten** durch den Wald ($75 pro Std.) und **Rafting** und **Kajakfahren** auf dem Mohaka (WW I–II, ab $75). Camping $15, Dorms $28, Zimmer ❷, Selbstversorger-Chalets ❹, Cottages ❼ Nach der Überquerung des Mohaka River erklimmt der Highway den Höhenzug Titiokura Saddle, bevor es endgültig bergab und durch das Weinanbaugebiet **Esk Valley** zur Küste nach Napier geht.

Tongariro National Park

Das Nationalparksystem Neuseelands verdankt seine Entstehung zum großen Teil dem Weitblick des Tuwharetoa-Häuptlings Te Heu Heu Tukino IV. Während der Auseinandersetzungen mit den landhungrigen Pakeha im ausgehenden 19. Jh. erkannte er, dass die Maori nur eine einzige Chance hatten, ihr heiliges Land zu retten und intakt zu halten: Sie mussten es der neuseeländischen Nation zum Geschenk machen – unter der Bedingung, dass es weder besiedelt noch verschandelt werden dürfe. 1887 wurde sein Geschenk zur Keimzelle des ersten öffentlichen Schutzgebietes Neuseelands, Tongariro National Park, der aufgrund seiner einzigartigen Landschaft und kulturellen Bedeutung (s. Kasten) 1991 zum **Unesco-Welterbe** erklärt wurde.

Die meisten Besucher steuern geradewegs die drei großartigen Vulkane im Innern des Nationalparks an. Bei den steil aus der öden Hochebene aufragenden Gipfeln handelt es sich um den breitschultrigen Ski-Berg **Ruapehu** (2797 m), seinen kleineren Bruder **Tongariro** (1968 m) und den zwischen beiden eingekeilten, perfekt geformten Schichtkegel **Ngauruhoe** (2287 m). Der Nationalpark umschließt eine der atemberaubendsten Landschaften der Nordinsel – eine märchenhafte Mischung aus halbtrockenen Ebenen, dampfenden Fumarolen, kristallklaren Seen und Bächen, ursprünglichem Regenwald sowie Eis und Schnee in Hülle und Fülle. Die unwirtlicheren vulkanischen Gebiete mussten als Drehorte für Mordor und Mount Doom in *Herr der Ringe* (s. S. 740) herhalten.

All dies dient als Kulisse für zwei überaus lohnenswerte Wanderrouten, die eintägige **Tongariro Alpine Crossing** und den drei- bis viertägigen **Tongariro Northern Circuit**, der zu Neuseelands Great Walks zählt. Die Vegetation der weitläufigen Hochebene westlich der Vulkane besteht aus Buschland und goldfarbenen Tussock-Grasbüscheln, während sich im Regenschatten der Berge auf der Ostseite die Lavageröllwüste **Rangipo Desert** ausbreitet. Auch wenn es sich streng genommen nicht um eine Wüste handelt, so präsentiert sie sich doch als beeindruckend trostlose und karge Ödnis, bedeckt von einer dicken Schicht Asche, die von dem Vulkanausbruch im Jahr 186 n. Chr. herrührt. Der Ruapehu meldet sich ab und zu Wort (zuletzt 2007), indem er den Kratersee an seinem Fuß in Form gewaltiger Schlamm- und Schuttströme, die als „Lahare" bezeichnet werden, entleert. Zwar hatten die **Eruptionen** von 1995 und 1996 drastische Verkürzungen der Skisaison zur Folge, brachten aber ansonsten keinen dauerhaften Schaden.

Als Te Heu Heu Tukino IV. die Vulkane im Herzen Tongariros der Krone vermachte, war er von dem spirituellen Bedürfnis beseelt, sie zu schützen. Nach Überlieferung der Maori besitzt jeder Berg im Nationalpark eine ausgeprägte Persönlichkeit und ist ein Symbol für die Verbindung zwischen Natur und Zivilisation. Der Legende nach gruppierten sich früher zahlreiche kleinere Berge um die dominierenden Vulkane Ruapehu, Tongariro, Ngauruhoe und Taranaki. Zu ihnen zählte auch der einzige weibliche, die wunderschöne Pihanga im nördlichen Abschnitt des heutigen Nationalparks. **Pihanga** wurde von vielen anderen Bergen verehrt, liebte ihrerseits aber nur **Tongariro**, den Sieger in zahlreichen Kämpfen mit ihren anderen Freiern.

Bei einem besonders erbittert geführten Kampf wurde Tongariro in die Knie gezwungen und verlor die Spitze seines Kopfes, was seine heutige Form erklärt. **Taranaki** besiegte Ngauruhoe, doch als er es mit Ruapehu aufnahm, war er bereits zu erschöpft und wurde schwer verwundet. Taranaki floh und hinterließ bei seiner Flucht an die Westküste der Nordinsel eine große Furche, durch die heute der Whanganui River fließt.

Inzwischen hatte sich der kleinere Putauaki auf den Weg nach Kawerau im Norden gemacht. **Tauhara** war etwas zögerlicher bei seiner Flucht und schaute andauernd zurück, sodass er erst Tagesanbruch, als sich die Berge nicht mehr bewegen konnten, erst das Nordufer des Lake Taupo erreicht hatte, wo „der einsame Berg" heute noch steht.

Dem einheimischen Stamm der Tuwharetoa waren die Berge so heilig, dass sie ihren Blick abwendeten, wenn sie an ihnen vorbeikamen und in ihrer Nähe weder aßen noch Feuer machten. Das *tapu* (Tabu) reicht bis in die Zeit zurück, als ihr legendärer Ahne **Ngatoroirangi** hier ankam, um das Zentrum der Nordinsel in Besitz zu nehmen. Nachdem er den Tongariro mit *tapu* belegt hatte, machte er sich an die Besteigung des Berges. Als jedoch seine Männer während seiner Abwesenheit ihr Fastengelöbnis brachen, schickten die erzürnten Götter einen Schneesturm, der Ngatoroirangi das Leben gekostet hätte, wäre er nicht von gütiger gestimmten Göttern in Hawaiki gerettet worden, die ihm Feuer schickten, um seinen erfrorenen Gliedern neues Leben einzuhauchen.

Den nördlichen Zugang zur Tongariro-Region bildet der Ort **Turangi**, der eine nützliche Ausgangsbasis für die Wanderrouten im Nationalpark oder zum Rafting und Angeln auf dem Tongariro River darstellt. Allerdings liegt Turangi nicht wirklich nah an den Bergen. Wer darauf Wert legt, ist wahrscheinlich im Versorgungsort **National Park** besser aufgehoben, und erst recht in **Whakapapa Village**, das sich innerhalb der Grenzen des Nationalparks 1200 m über dem Meeresspiegel an die Flanke des Ruapehu schmiegt. Der südliche Zugang ist **Ohakune**, ein etwas attraktiverer Ort als National Park, der aber außerhalb der Skisaison wie ausgestorben ist. Weiter Richtung Südosten markiert **Waiouru** den südlichen Abschluss des vulkanischen Zentralplateaus, das dort langsam in die von Weideland geprägte südliche Hälfte der Region übergeht. Die erste größere Stadt ist hier das landwirtschaftliche Zentrum

Taihape mit dem höchsten Bungy-Sprung der Nordinsel.

Ein eigenes Fahrzeug macht das Leben in dieser Gegend leichter, doch es existiert auch ein vernünftiges Netz von **Shuttlebussen** entlang der wichtigsten Strecken und zu den Ausgangspunkten der Wanderwege (s. Kasten S. 361). Die gesamte Region liegt mindestens 600 m über dem Meeresspiegel, sodass selbst im Hochsommer **warme Kleidung** notwendig ist.

Turangi und Umgebung

Das 50 km südlich von Taupo gelegene Turangi ist eine flache, gesichtslose Kleinstadt, die Mitte der 1960er-Jahre für die Arbeiter des ehrgeizigen Tongariro Power Scheme (s. Kasten S. 358) angelegt wurde. Zwar liegt der Lake Taupo nur 4 km nördlich der Stadt, doch Turangis Trumpfkarte, das Angel- und Rafting-Paradies Tongariro River, wird durch den SH1 vom Stadtzentrum abgeschnitten. Dessen ungeachtet erfreut sich der Ort großer Beliebtheit bei Forellenfischern und eignet sich mit seinen Hostels und einer guten Anbindung an die Wanderwege als Ausgangsbasis für einige Sehenswürdigkeiten und Aktivitäten in der näheren Umgebung und im Tongariro National Park.

Aufgrund der Scharen von Forellenanglern in der Region müssen die Flüsse und Bäche immer wieder mit Nachschub aus Fischzuchtanlagen versorgt werden. Eine davon ist das **Tongariro National Trout Centre**, 4 km südlich von Turangi am SH1, 🖳 www.troutcentre.org.nz. Das Zentrum liegt im Wald zwischen dem Tongariro River und dessen Zufluss Waihukahuka Stream. Dort gibt es ein Aquarium, die Möglichkeit, die Aufzucht der winzigen Fische zu begutachten sowie jede Menge Informationen über den Schutz der Gewässer, die Bewahrung der Artenvielfalt und das Angeln – besonders nett für Leute, die mit Kindern unterwegs sind. ☾ Dez–April Mo–Fr 10–16, Mai–Nov Mo–Fr 10–15 Uhr, Eintritt $6.

Wer sich lieber in warmem Wasser tummelt, sollte die 5 km westlich von Turangi im winzigen **Tokaanu** gelegenen **Tokaanu Thermal Pools**, Mangaroa Rd, aufsuchen. Tokaanu war in voreuropäischer Zeit die wichtigste Siedlung in dieser Gegend. Die Anlage besteht aus einem öffentlichen Thermalbad unter freiem Himmel (☾ tgl. 10–21 Uhr, Eintritt $6) und noch heißeren, teilweise eingezäunten und chlorfreien Privatbecken ($9 für 20 Min. inkl. Eintritt).

Ganz in der Nähe verläuft ein schmaler, von üppiger Vegetation gesäumter Kanal. Er fließt an einigen heißen Quellen und Privatgärten vorbei und eignet sich sehr gut zum Paddeln. **Kajaks** verleiht Wai Maori bei den heißen Becken, ☎ 0800/529 259, 🖳 www.waimaori.com, ☾ tgl. 10–17 Uhr (halber Tag $40 p. P.).

Viele Leute übernachten in Turangi, um die Tongariro Alpine Crossing (S. 362) 40 km südwestlich zu gehen, aber es gibt auch weniger anspruchsvolle Alternativen. Der hübsche Rundwanderweg **Tongariro River Loop Track** (4 km, 1 Std.) beginnt an der Fußgängerbrücke Major Jones Footbridge am Ende der Koura St am Stadtrand und führt am rechten Flussufer entlang nach Norden. Es geht an zwei Aussichtspunkten vorbei und über eine Klippe, bevor man den Fluss überquert und am gegenüberliegenden Ufer zurückkehrt. 10 km südwestlich von Turangi führt unweit des SH47 der **Lake Rotopounamu Circuit** (5 km, 90 Min.) durch von einheimischen Vögeln bewohnten Busch um einen unberührten See.

Turangi ist auf eine große Zahl von Anglern, Skifahrern und Wanderern mit Ziel Tongariro National Park eingerichtet und verfügt daher über eine ordentliche Auswahl an Unterkünften. Die billigeren Optionen konzentrieren sich im Zentrum, die etwas nobleren Lodges und B&Bs weiter östlich Richtung Tongariro River.

Club Habitat, 25 Ohuanga Rd, ☎ 07/386 7492, 🖳 www.clubhabitat.co.nz. Riesiger Komplex eines ehemaligen Arbeiter-Camps, günstig, aber recht heruntergekommen, mit Ausnahme der renovierten „executive units". Geräumige Spielebar, Speisekammer, Spa und Sauna. Camping $12, Dorms $22, Zimmer ❶, Units ❹

Creel Lodge, 183 Taupahi Rd, ☎ 07/386 8081, 🖳 www.creel.co.nz. Einfacher, gut geführter, vorwiegend auf Angler ausgerichteter Motel-Komplex. Units für Selbstversorger mit 1 oder 2 Schlafzimmern auf einem Gelände, das zum Fluss hinunter führt. Fischräucherofen und Grillbereich vorhanden. ❹

Extreme Backpackers, 26 Ngawaka Place, ☎ 07/386 8949, 🖳 www.extremebackpackers. co.nz. Einfach ausgestattete Zimmer, Dorms ($24), zentraler Innenhof, eine gute Kletterwand ($15, für Gäste $10) und ein freundliches Café. Die sympathischen Gastgeber kümmern sich gut um ihre Gäste. Zimmer ❶, mit Bad ❷

Ika Lodge, 155 Taupahi Rd, ☎ 07/386 5538, 🖳 www.ika.co.nz. Hervorragende Mischung aus Homestay und Fishing Lodge am Tongariro River. 2 Zimmer und 1 Apartment mit 2 Schlafzimmern. Frühstück inkl. DZ ❺, Apartment ❻

Parklands, SH1, Ecke Arahori St, ☎ 0800/456 284, 🖳 www.parklandsmotorlodge.co.nz. Große Motor Lodge mit Studio Units und geräumigen modernisierten Units sowie Swimming Pool, Spielezimmer und kleinem Restaurant. Camping $15, Studios ❸, Units ❹

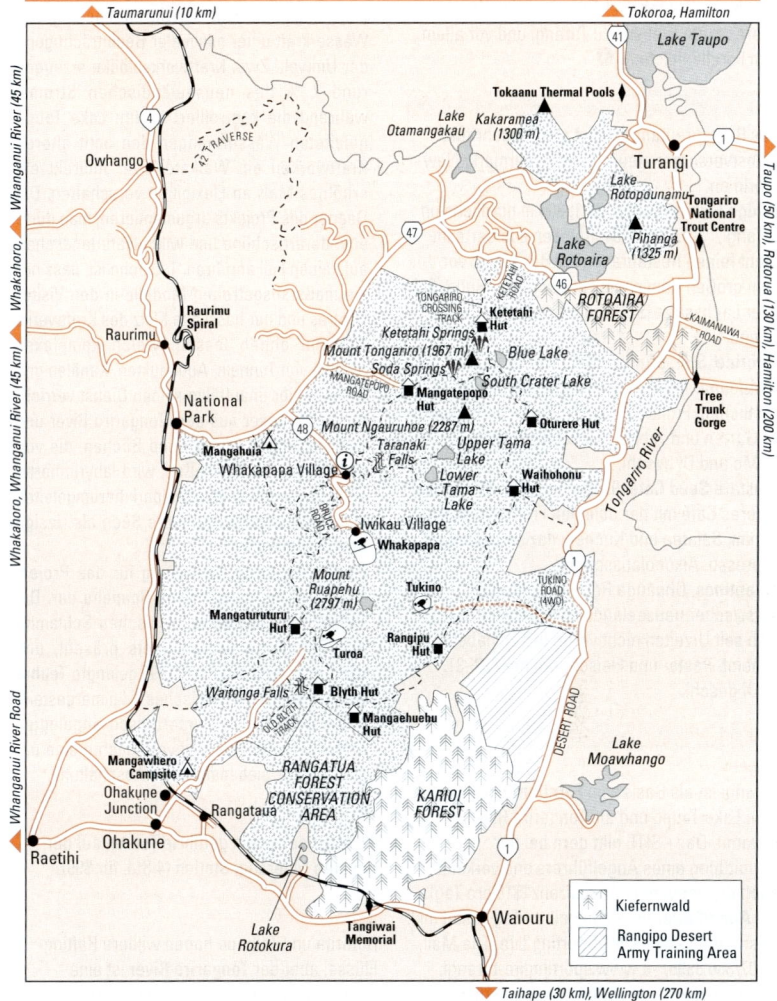

TONGARIRO NATIONAL PARK

N
0   5 km

▲ Taumarunui (10 km)
▲ Tokoroa, Hamilton

Lake Taupo

Tokaanu Thermal Pools

Lake Otamangakau

Kakaramea (1300 m)

Owhango

Turangi

Lake Rotopounamu

Tongariro National Trout Centre

Pihanga (1325 m)

Lake Rotoaira

Raurimu Spiral

ROTOAIRA FOREST

Raurimu

TONGARIRO CROSSING TRACK

Ketetahi Springs

Ketetahi Hut

Mount Tongariro (1967 m)

Soda Springs

Blue Lake

National Park

Mangatepopo

South Crater Lake

Oturere Hut

Mangahuia

Mount Ngauruhoe (2287 m)

Taranaki Falls

Upper Tama Lake

Whakapapa Village

Lower Tama Lake

Waihohonu Hut

Iwikau Village

Whakapapa

Tongariro River

Mount Ruapehu (2797 m)

Tukino

Mangaturuturu Hut

Rangipu Hut

Turoa

Waitonga Falls

Blyth Hut

Mangaehuehu Hut

Lake Moawhango

Mangawhero Campsite

RANGATUA FOREST CONSERVATION AREA

KARIOI FOREST

Ohakune Junction

Rangataua

Ohakune

Raetihi

Lake Rotokura

Tangiwai Memorial

Waiouru

Kiefernwald

Rangipo Desert Army Training Area

▼ Taihape (30 km), Wellington (270 km)

Zentrale Nordinsel

Taupo (50 km), Rotorua (130 km), Hamilton (200 km)

Whakahoro, Whanganui River (45 km)

Whanganui River Road

Riverstone Backpackers, 222 Tautahanga Rd, ☎ 07/3867004, 🖥 www.riverstonebackpackers. com. Hübsches kleines Hostel mit reichlich Aufenthaltsbereichen drinnen und draußen, bewacht von Haushund Mogwai. Gut

ausgestattete moderne Küche, Kräutergarten, Fahrradverleih. Dorms $30–33, Zimmer mit und ohne Bad ❷
Tongariro River Motel, SH1, Ecke Link Rd, ☎ 0800/187 688, 🖥 www.tongariorivermotel.

co.nz. Einfaches, aber behagliches Motel, das nicht nur wegen der Angelständer und des Fischräucherofens besonders bei Anglern beliebt ist. Der Inhaber Ross betreibt eine interessante Website zu Turangi und vor allem zum Forellenfischen. ❸

Essen

Das Restaurantangebot ist eher beschränkt. Selbstversorger steuern den Supermarkt New World an.

Bridge Fishing Lodge, SH1, 800 m nördlich von Turangi, ✆ 07/386 8804. Speisen à la carte im recht feinen Restaurant oder Bar Meals vor dem großen Kamin wie Fettuccini mit Huhn ($19) oder Lachssalat ($24). Donnerstags ist Curry-Abend.

Licorice, SH1, 9 km nördlich von Turangi in Motuoapa. Tolles kleines Tagescafé mit köstlichem Frühstück, guten Muffins, Tischen im Garten und zahlreichen Zeitschriften. ⊙ Mo und Di geschl.

Mustard Seed Café, 91 Ohuanga Rd. Modernes, leges Café mit der üblichen Frühstückskarte, Panini, Salaten und Kuchen, dazu anständiger Espresso. Alkoholausschank.

Valentinos, Ohuanga Rd, ✆ 07/386 8812. Klassischer neuseeländischer Italiener, der sich seit Urzeiten nicht verändert zu haben scheint. Pasta- und Fleischgerichte $23–31. ⊙ Di geschl.

Aktivitäten

Angeln

Turangi ist als Basis zum **Forellenfischen** auf dem Lake Taupo und am Tongariro River bekannt. Das i-SITE hilft gern bei der Vermittlung eines Angelführers und verkauft auch die notwenige Angellizenz ($16 pro Tag). Ein **Angelführer** für einen halben Tag kostet inkl. Ausrüstung etwa $250. Sporting Life, The Mall, ✆ 07/386 8996, 🖥 www.sportinglife-turangi. co.nz, verkauft und verleiht Angelausrüstung und bietet auf der Website jede Menge Informationen.

Mountainbiking

Tongariro River Rafting (s. S. 359) bietet Mountainbike-Verleih ($40 pro Tag, $60 für den

(s. S. 359)

Wasserkraftnutzung am Tongariro River

Das Tongariro-Wasserkraftprojekt bietet Anschauungsunterricht zur Nutzbarmachung von Wasserkraft unter minimaler Beeinträchtigung der Umwelt. Zwei Kraftwerksblöcke erzeugen rund 7 % des neuseeländischen Stroms, während die kontrolliert in den Lake Taupo geleiteten Wassermengen den acht älteren Kraftwerken am Waikato River indirekt ein erhöhtes Maß an Flexibilität verschaffen. Die Gegner des Projekts argumentieren, man dürfe eine derart schöne und wilde Naturlandschaft auf keinen Fall anrühren. Tatsache ist, dass nur die maßstabsgetreuen Modelle in den Visitor Centres und der hässliche Klotz des Kraftwerks Tokaanu ahnen lassen, welch komplexes System von Tunneln, Aquädukten, Kanälen und Wehren hier unauffällig seinen Dienst verrichtet. Das Wasser aus dem Tongariro River und den unzähligen Flüssen und Bächen, die von den Bergen ins Tal fließen, wird labyrinthartig um den gesamten Nationalpark herumgeleitet, wobei künstlich ausgebaute Seen als riesige Speicher dienen.

Eine einzigartige Bedrohung für das Projekt stellt allerdings der Vulkan Ruapehu dar: Die Gefahr von **Laharen** (vulkanischen Schlamm- und Schuttströmen) ist stets präsent, und nach dem Ausbruch von 1995 gelangte **Tephra** (scharfkantiges vulkanisches Trümmergestein) in die Turbinen des unterirdisch angelegten Kraftwerks Rangipo und verursachte eine unplanmäßige, siebenmonatige Abschaltung.

42 Traverse) sowie geführte Touren auf der privaten Moerangi Station (4 Std. für $99).

Wassersport

Rotorua und Taihape haben wildere Rafting-Flüsse, aber der **Tongariro River** ist eine landschaftlich reizvolle Alternative mit schönen Schluchten, nicht so anspruchsvollen Stromschnellen und der Chance, die vom Aussterben bedrohte Saumschnabelente (whio) zu sehen. Familien mit kleineren Kindern sollten sich für den unteren Abschnitt (WW II) entscheiden, wer es etwas turbulenter mag, für den oberen Abschnitt (WW III).

Rafting New Zealand, 41 Ngawaka Place, ☎ 0800/865 226, ⌨ www.raftingnewzealand. com. Veranstaltet im Sommer 2x tgl. Touren inkl. Wasserfallsprung und jeder Menge Informationen zur kulturellen Bedeutung des Flusses (4 Std.,$109). Vorausbuchen sollte man die ausgezeichnete sommerliche Tour mit Übernachtung ($350); Abfahrt ist am späten Nachmittag, genächtigt wird in Zelten am Fluss (inkl. Abendessen vom Grill), und zurück geht's am nächsten Morgen.

Tongariro River Rafting, Atirau Rd, bei Firestone Tyres, ☎ 0800/101 024, ⌨ www.trr.co.nz. Bietet einen guten WW-III-Trip ($109), eine Familienfahrt auf dem WW-II-Abschnitt (1 1/4 Std. auf dem Wasser, $65) und Dez–Mai eine **Raftingtour für Angler**, bei der man an ansonsten unzugänglichen Stellen am Fluss Gelegenheit zum Angeln bekommt. Bei $650 pro Tag für 2 Pers. kaum mehr, als man sonst nur für einen Angelguide zahlen würde.

Informationen

i-SITE Visitor Centre, Ngawaka Place, ☎ 0800/288 726, ⌨ www.laketauponz.com. Verkauf von Bustickets, Angelscheinen für die Region Taupo, topographischen Landkarten, DOC-Wanderbroschüren und Hüttentickets, außerdem Internetzugang. ⏲ tgl. 8.30–17 Uhr.

Transport

Die Busse von InterCity halten beim i-SITE Visitor Centre. Ebenso die Busse von HotBus und Tongariro Expeditions auf ihrem Weg von Taupo zum Wanderweg Tongariro Alpine Crossing – allerdings nicht bei schlechtem Wetter.

Whakapapa und Umgebung

Rund 45 km südlich von Turangi am SH48 (einer Nebenstraße des SH47) schmiegt sich die einzige Siedlung im Innern des Tongariro National Park, das winzige Whakapapa, an die unteren Hänge des Mount Ruapehu. Von Norden gibt eine ausgedehnte, von Tussock-Gras bewachsene

Ebene schon aus der Ferne den Blick auf die imposante Silhouette des Nobelhotels Chateau Tongariro frei, im Hintergrund die von Schnee bedeckten und mit einem ganzen Netz von Schleppliften überzogenen Hänge des Vulkans, die das Skigebiet Whakapapa bilden.

Ab Whakapapa heißt der SH48 Bruce Road und erreicht nach 6 km **Iwikau Village**, das zwischen Ende Juni und Mitte Oktober zu einer wuselnden Masse aus coolen Skibrillen und ausgebeulten Snowboarder-Hosen mutiert. Außerhalb der Skisaison fällt der Ort ins Sommerkoma und hinterlässt lediglich zwei Sessellifte, die zum Knoll Ridge Café hinaufzockeln, das mit 2020 m ü. d. M. das höchstgelegene Café Neuseelands ist. Beim Café beginnen geführte Bergwanderungen.

Wanderungen ab Whakapapa

Whakapapa erfreut sich großer Beliebtheit bei Wanderfreunden als gute Ausgangsbasis sowohl für Kurzwanderungen als auch für die Langstreckenrouten Tongariro Northern Circuit und Round the Mountain Track (s. S. 363/364). Die einfacheren Wanderwege sind in der DOC-Broschüre *Whakapapa Walks* beschrieben. Zu den sehr guten zählen der **Whakapapa Nature Walk** (1 km, 20–30 Min.), in dessen Mittelpunkt die einzigartige Flora des Nationalparks steht, der **Taranaki Falls Walk** (6 km, 2 Std.), der durch offene Tussock-Steppe und Buschland zu einer Stelle führt, wo der Wairere Stream 20 m tief über die Abbruchkante eines alten Lavastroms stürzt, und der **Silica Rapids Walk** (7 km, 2 1/2 Std.), der an einem Flüsschen entlang durch Südbuchenwälder zu einer cremefarbenen Sinterterrasse führt.

Erheblich steiler und anstrengender gestaltet sich die Wanderung **Ruapehu Crater Rim** (5–8 Std. hin und zurück). Dafür wird man aber mit dem dramatischen Ausblick auf die Silhouette der Cathedral Rocks und nach Westen auf den Mount Taranaki belohnt. Die Wanderung (15 km hin und zurück, 1000 m Anstieg) kann vom Parkplatz beim Iwikau Village in Angriff genommen werden, schöner ist sie allerdings vom oberen Ende des Sessellifts Waterfall Express (9 km hin und zurück, 650 m Anstieg). Dadurch erspart man sich den langen Weg durch eine karge Felslandschaft. Vom Sessellift (Jan–Mitte März, $23 hin und zurück) ist der Weg nur schlecht ausgeschildert; von Weihnachten bis zum ersten Schneefall ist der Anstieg in normalen Wanderschuhen und ohne Steigeisen zu bewältigen.

Wer sich seiner Wanderkünste nicht sicher ist oder einfach nicht allein gehen möchte, kann sich einer **geführten Kraterwanderung** anschließen, ✆ 07/892 3738, 🖳 www.mtruapehu.com, 🕐 Mitte Dez–Mitte April tgl. 9.30 Uhr, 6 Std., $90 inkl. Lift. Unterwegs erfährt man zudem einiges über die Geologie und Flora am Berg.

Übernachtung

In Whakapapa gibt es einige Cafés, eine Kneipe und ein paar Unterkünfte, die nicht weit auseinander liegen und häufig ausgebucht sind. Während der Skisaison und in den Weihnachtsferien empfiehlt es sich, so früh wie möglich zu reservieren.

Chateau Tongariro, ✆ 0800/242 832, 🖳 www.chateau.co.nz. Das auffälligste Haus im Ort ist ein massiver, 1929 errichteter Ziegelbau im vornehmen Gewand, einschließlich einer riesigen Lounge mit Snooker-Tisch und herrlichem Blick auf den Berg. Selbst wenn man hier nicht übernachtet, lohnt sich ein Abstecher auf eine Tasse Tee. Für Gäste stehen der höchste 9-Loch-Golfplatz Neuseelands, Tennisplätze, ein Fitnessraum und ein kleines Hallenschwimmbad zur Verfügung. Die Zimmer wurden gemäß internationalem Hotelstandard modernisiert, wobei nur die teureren viel Platz und gute Ausblicke bieten. Sie befinden sich meist im 2004 recht unauffällig hinzugefügten neuen Flügel. Im Frühjahr und Herbst werden auf der Hotel-Website oft Sonderrabatte angeboten. ➏–➐

Skotel, 100 m den Berg hinauf neben dem Chateau Tongariro, ✆ 0800/756 835, 🖳 www.skotel.com. Komplex mit 3er-Dorms ($30), DZ, Sauna und Restaurant/Bar. Während der Skisaison schnellen die Preise nach oben. EZ $45, Zweibettzimmer $55, Zimmer mit Bad ➎, Cabins für 4 Pers. ➏

Camping

Mangahuia Campsite, einfacher DOC-Campingplatz mit Toiletten und fließend Wasser am SH47 nahe der Abzweigung nach Whakapapa. Stellplätze $4.

Whakapapa Holiday Park, schräg gegenüber vom Visitor Centre, ✆ 07/892 3897, 🖳 www.whakapapa.net.nz. Die beste Option für den kleinen Geldbeutel liegt sehr schön in einem Waldstück. Stellplätze mit und ohne Strom $17, Dorms $25, Cabins ➋, Units ➌

Essen

Fergussons Café, gegenüber dem Visitor Centre. Hat preisgünstige Snacks.

Lorenz's Café, 5 km den Berg hinauf. Das schlichte Café an der Talstation des Sessellifts zum Knoll Ridge ist das am höchsten gelegene Café in Neuseeland mit entsprechend weitem Ausblick.

Pihanga Café and T Bar, im Chateau Tongariro. Bietet mittags und abends gehaltvolle Speisen.

Ruapehu Room, im Chateau Tongariro. Nach Bewältigung einer langen Wanderstrecke belohnt sich hier so mancher mit einer sehr guten Mahlzeit à la carte zu entsprechenden Preisen.

Skotel, im gleichnamigen Hotel. Frühstück und Bistro-Speisen bei gutem Preis-Leistungs-Verhältnis; mit Bar.

Tussock Pub, die sehr stimmungsvolle Kneipe mit Großbildschirm ist die billigste Adresse zum Essen und Trinken und auch ein beliebter Treffpunkt für die nicht sehr zahlreichen Einheimischen. 🕐 ab 15 Uhr.

Informationen

DOC Visitor Centre, ✆ 07/892 3729, 🖂 whakapapavc@doc.govt.nz. Die hilfsbereiten Mitarbeiter versorgen Besucher mit Landkarten und Prospekten. Außerdem gibt es hier eine Vielzahl von Exponaten zum Nationalpark, darunter das winzige Ski History Museum (Eintritt frei) und 2 Videofilme (zusammen $5, einzeln je $3), die auf Wunsch gezeigt werden. 🕐 tgl.: Dez–Feb 8–18, März–Nov 8–17 Uhr.

Transport

Die einzigen Busverbindungen nach Whakapapa sind die Shuttlebusse aus TURANGI (2x tgl.) und NATIONAL PARK (3–5x tgl.). Sie halten in der Nähe des Visitor Centre.

Wandern im Tongariro National Park

Der Tongariro National Park beherbergt einige der schönsten Wanderwege der Nordinsel, die ein spektakuläres vulkanisches Terrain erschließen. Die Route **Tongariro Crossing** gilt als beste Tageswanderung Neuseelands; daneben gibt es einige längere Strecken, vor allem den 3–4-tägigen **Tongariro Northern Circuit**. Der Mount Ruapehu hat den gleichermaßen anstrengenden wie lohnenswerten **Crater Rim Walk** und den Rundwanderweg **Round the Mountain Track** aufzuweisen.

Letzterer präsentiert sich nicht ganz so abwechslungsreich wie die Tongariro-Wanderrouten, ist dafür aber auch wesentlich weniger frequentiert.

Praktische Informationen

Die informativen **DOC-Broschüren** zu den einzelnen Wanderrouten sind für die meisten Wanderer ausreichend; wer mehr möchte, besorgt sich die *Parkmap* ($19) für die Region. Der wichtigste **Ausgangspunkt** für die Wanderwege Tongariro Northern Circuit und den Round the Mountain Track ist Whakapapa.

Zum Startpunkt der Tongariro Alpine Crossing benötigen Wanderer einen **Shuttlebus** (s. Kasten) zur Mangatepopo Road und zurück von der Ketetahi Road.

Die einzigen Übernachtungsmöglichkeiten, mit Ausnahme der Unterkünfte in Whakapapa, sind **Wanderhütten** und die jeweils dazugehörigen **Zeltplätze**. Hüttentickets können im Voraus in den DOC-Büros Whakapapa, Ohakune und Turangi oder im Visitor Centre von Turangi ge-

---

Busse im Tongariro National Park

Ein paar InterCity-Busse passieren den Tongariro National Park, aber meist werden die zum Park verkehrenden Busse von kleineren, vielfach mit Backpacker-Hostels zusammenarbeitenden Unternehmen betrieben. Wer in einem der unten genannten Orte nächtigt, kann aus einer Reihe von Anbietern wählen, die mehr oder weniger denselben Service bieten. Darunter gibt es meist einen für Frühaufsteher, die somit bereits vor dem ersten Besucheransturm am Ort des Geschehens eintreffen. Wir haben die größeren, zuverlässigen Anbieter aufgelistet. Nähere Auskünfte über die verschiedenen Angebote erteilen die Unterkünfte und die Touristeninformationen. Für den Hin- und Rücktransfer zur Tongariro Alpine Crossing verlangen die meisten Unternehmen $30–35.

Ab National Park:
Zahlreiche Shuttlebusse fahren im Sommer zu den Ausgangspunkten der Wanderwege und im Winter zu den Skigebieten. Howard's Lodge, The Park und National Park Backpackers bieten z. B. eigene Busse für $30.

Ab Ohakune:
Matai Shuttles, ☎ 0800/462 824, 🖳 www. mataishuttles.co.nz, verkehren im Sommer 2x tgl.

mit Zwischenstopp in National Park (und manchmal Whakapapa) zum Parkplatz Mangatepopo.

Ab Taupo:
Tongariro Expeditions, ☎ 07/377 0435, 🖳 www. thetongarirocrossing.co.nz, und **HotBus**, ☎ 0508/ 468 287, 🖳 www.hotbus.co.nz, bieten beide gute Verbindungen in den Nationalpark. Wer jedoch von Taupo aus die Tongariro Alpine Crossing gehen möchte, muss extrem früh aufstehen, um dann trotzdem mit dem großen Pulk loszugehen.

Ab Turangi:
Extreme Backpackers (S. 356) und **Mountain Shuttle**, ☎ 0800/117 686, 🖳 www.tongariro crossing.com, hat ganzjährig Shuttles zur Tongariro Alpine Crossing ($35) und zu den Skigebieten. Mountain Shuttle setzt mehrere Busse am Tag zur Crossing ein, den frühsten gegen 6 Uhr.

Ab Whakapapa:
Mehrere Shuttlebusse kommen hier auf ihrem Weg zum Ausgangspunkt der Tongariro Alpine Crossing vorbei, am häufigsten der Mountain Shuttle (s. o.).

---

kauft werden. Wer vor Ort beim Hüttenaufseher bezahlt, muss $5 extra berappen.

Das **Wetter** in den Bergen, 🖥 www.metservice. co.nz/public/mountain/tongariro.html, kann extrem schnell umschlagen, sodass die üblichen Vorkehrungen getroffen werden sollten. Selbst an brütend heißen Sommertagen kann es infolge der Höhenlage und extremer Winde auf den Bergkämmen sehr frisch werden, und auch ein Sturm bricht zuweilen völlig unvorbereitet und mit erschreckender Plötzlichkeit herein.

Zwischen Ende März und Ende November muss jederzeit mit Schnee auf den Wegen gerechnet werden. Wer in dieser Zeit eine lange Wanderung plant, sollte sich vor Ort nach den aktuellen Bedingungen erkundigen. Es ist stets warme und regenfeste **Kleidung** anzuraten. Wer den steilen Vulkankegel des Mount Ngauruhoe erklimmen möchte, sollte zusätzlich Handschuhe und lange Hosen zum Schutz vor den scharfkantigen Schlackefelsen mitnehmen. Auf den meisten Wegen ist die Versorgung mit **Wasser** eher dürftig, daher viel flüssiges Nass mitnehmen.

7 HIGHLIGHT

Tongariro Alpine Crossing

In der Sommersaison (gewöhnlich Mitte Nov–April) ist die Tongariro Alpine Crossing (19,4 km, 6–8 Std., 750 m Anstieg) die mit Abstand beliebteste Wanderroute der Region, und das aus gutem Grund: Innerhalb weniger Stunden klettert man über erstarrte Lavaflüsse, durchquert einen Kraterboden, passiert eine aktive Geothermalzone, sieht wunderschön ruhige, smaragdgrüne und blaue Seen und bekommt Gelegenheit zur Besteigung des Schlackekegels Mount Ngauruhoe. Selbst ohne diese Anhäufung an Highlights wäre es immer noch eine sehr schöne Wanderroute mit so unterschiedlichen Szenerien wie einem Bergmassiv, mit Sträuchern und Tussock-Grasbüscheln bewachsenen Abschnitten und einem Abstieg durch dichten Wald.

Man sollte sich keine Illusionen machen, dass es sich um ein Wildniserlebnis handelt, denn an Wochenenden und im Hochsommer absolvieren täglich bis zu 700 Menschen die Route. Daher

ist es eine Überlegung wert, auf Frühjahr oder Herbst auszuweichen und die Wochenenden zu meiden. Um den **Massen zu entgehen** kann man auch einen der frühesten Shuttles nehmen und ihnen vorausgehen. Oder aber den langen, anstrengenden Tagestrip auf zwei Tage ausdehnen, in aller Ruhe hinter dem Pulk her marschieren und in der **Ketetahi Hut** ($25, Camping $20, Jahrespass nicht gültig) übernachten.

Da die Parkplätze an beiden Enden des Wanderwegs dafür berüchtigt sind, dass häufig Autos aufgebrochen werden, empfiehlt es sich, das Fahrzeug in Ohakune, Turangi, National Park oder Whakapapa stehen zu lassen und einen der **Shuttlebusse** zu nehmen (S. 361). Fast alle Wanderer begehen die Route von Westen nach Osten, wodurch man sich 400 m Anstieg spart. Entsprechend setzen alle Shuttlebusse ihre Fahrgäste zwischen 6 und 9 Uhr am Parkplatz am Ende der Mangatepopo Rd ab, 6 km östlich des SH47, um sie gegen 16.30 Uhr an der Ketetahi Road wieder abzuholen.

Vom **Ausgangspunkt Mangatepopo Road** geht es während der ersten Stunde relativ sanft am Flüsschen Mangatepopo entlang und an der gleichnamigen Hütte vorbei. Die Strecke wird dann steiler und führt durch rissige schwarze Lavaströme auf den **Mangatepopo Saddle** und über einen kurzen Seitenweg zu den **Soda Springs**, einer kleinen Wildblumenoase inmitten einer ansonsten vegetationslosen Landschaft.

Der Sattel markiert den Beginn des Hochlandes zwischen dem wuchtigen und uralten Mount Tongariro und seinem jugendlichen Nachbarn **Mount Ngauruhoe**, den man von hier aus besteigen kann (2 km hin u. zurück, 2–3 Std., 600 m Anstieg), ohne den Shuttlebus am Ende des Tages zu verpassen. Der 35 Grad steile Anstieg auf den rotschwarzen Schlackekegel erfolgt nach dem Schema „zwei Schritte vor, ein Schritt zurück". Er ist anstrengend, erfreut sich aber großer Beliebtheit – wegen des exzellenten Panoramas vom gezahnten Kraterrand und wegen der aufregenden Rutschpartie beim Abstieg inmitten eines Schauers herabpurzelnder Steine und Staubwolken aus vulkanischer Asche.

Vom Mangatepopo Saddle führt der Wanderweg über die flache Pfanne des South Crater und anschließend auf den Rand des **Red Crater**, wo aus Fumarolen hervorquellender Dampf die purpurroten und schwarzen Kesselwände einhüllt. Noch farbenfroher ist der Abstieg zu den **Emerald Lakes**, deren trübes Wasser in Schattierungen zwischen Jadegrün und Zartblau schimmert, und weiter zum kristallklaren **Blue Lake**. Am Rand des **North Crater** wird der Abstieg steiler und führt über mit goldgelben Grasbüscheln bewachsene Hänge zur **Ketetahi Hut**, einer größeren Raststation mit Blick auf die Seen Lake Rotoaira und Lake Taupo. Im weiteren Verlauf kommt man dicht an den dampfenden Quellen Ketetahi Springs vorbei, bevor der letzte Abstieg durch schattigen Busch an einem Flüsschen entlang am Parkplatz der Ketetahi Road endet.

Tongariro Northern Circuit

Wer die Route Tongariro Alpine Crossing ansprechend findet, aber nach einer größeren Herausforderung sucht, entscheidet sich für den **Tongariro Northern Circuit** (42 km, 3–4 Tage bei gemächlichem Tempo), der zu Neuseelands Great Walks zählt. In der Sommersaison (etwa Okt–April) gelten die Hütten – Mangatepopo, Ketetahi, Waihohonu und Oturere – als Great-Walks-Hütten ($25, Zelten $20, unter 18 Jahren kostenlos). Dann sind sie mit Gaskochern, jedoch nicht mit Pfannen, Töpfen und Geschirr ausgestattet. Selbst mit einem Hüttenticket gibt es keine Garantie auf ein Bett, sodass man eventuell mit dem Fußboden vorlieb nehmen muss. Camper können die Hütteneinrichtungen mitbenutzen. Der Rundweg wird normalerweise im Uhrzeigersinn begangen.

Whakapapa zur Mangatepopo Hut (9 km, 2–3 Std., 50 m Anstieg). Dieser Abschnitt lässt sich einsparen, indem man einen Shuttlebus zum Parkplatz Mangatepopo nimmt. Der Wanderweg führt durch Tussock-Steppe und über zahlreiche Bäche, bevor er unweit der Mangatepopo Hut auf die Route Tongariro Alpine Crossing trifft. Der Streckenabschnitt ist nach schweren Regenfällen aufgeweicht, aber in der Regel passierbar.

Mangatepopo Hut zu den Emerald Lakes (6 km, 3–4 Std., 660 m Anstieg). Die Route ist identisch mit der Tongariro Alpine Crossing, danach eröffnen sich zwei Alternativen: Entweder man folgt weiter der Route Tongariro Alpine

Zentrale Nordinsel

Nach dem ersten Schneefall gegen Ende April sind die Tongariro Alpine Crossing und die längeren Wanderwege mit normaler Ausrüstung nicht mehr zu bewältigen. Mit Steigeisen und Eispickel bewaffnet lassen sich hier im Winter jedoch tolle Bergwanderungen unternehmen. Natürlich ist es auf den Wegen dann erheblich stiller. Die Great-Walks-Hütten an der Tongariro Alpine Crossing und am Tongariro Northern Circuit sind dann zwar nicht mehr mit Kochgelegenheiten ausgestattet, aber dafür billiger ($15, Camping $5). Die Hütten am Round the Mountain Track kosten das ganze Jahr dasselbe.

Für weniger erfahrene Wanderer gibt es normalerweise von Juni bis Oktober entlang weiter Abschnitte der Tongariro Alpine Crossing **geführte Wanderungen** inkl. Einführung in die Benutzung von Eisaxt und Steigeisen, die gestellt werden. Tongariro Expeditions, ☎ 07/377 0435, 🖥 www.thetongarirocrossing. co.nz, verlangt $125 ab National Park und $135 ab Turangi. Adrift Outdoors in National Park, ☎ 07/892 2751, 🖥 www.adriftnz.co.nz, bietet eine winterliche Alpine Crossing ($125) sowie einen Aufstieg zum Ruapehu Crater Rim ($195).

Crossing bis **zur Ketetahi Hut** (4 km, 2–3 Std., 400 m Abstieg) und kehrt am nächsten Tag zur Weggabelung bei den Seen zurück, oder man biegt direkt nach rechts ab.

Emerald Lakes zur Oturere Hut (5 km, 1–2 Std., 500 m Abstieg). Durch eine surreale Lavageröllwüste geht es Richtung Rangipo Desert und Oturere Hut.

Oturere Hut zur Waihohonu Hut (8 km, 2–3 Std., 250 m Abstieg). Dieser Abschnitt führt zunächst durch offenes, leicht hügeliges Land. Danach geht es bergab durch Südbuchenwälder, bevor man nach einer letzten Kletterpartie über einen Bergrücken die Hütte erreicht, wo man sein Gepäck loswerden und zu den 20 Min. entfernten Quellen Ohinepango Springs weitermarschieren kann.

Waihohonu Hut nach Whakapapa (14 km, 5–6 Std., 200 m Anstieg). Die letzte Etappe führt zwischen Ngauruhoe und Ruapehu hindurch

Der Mount Ruapehu weist die bedeutendsten Skigebiete der Nordinsel auf. Jedes Wochenende zwischen Ende Juni und Mitte Oktober kommen Skibegeisterte nach Whakapapa an der Nordwestflanke des Mount Ruapehu oder nach Turoa am Südhang.

Whakapapa und Turoa
Sowohl Whakapapa als auch Turoa haben einen ausgezeichneten Ruf bei Anfängern und Fortgeschrittenen, und die Beschaffenheit der vulkanischen Formationen sorgt für ein Übermaß an traumhaften, natürlichen Halfpipes für Snowboarder. **Mt Ruapehu**, 🖥 www.mtruapehu.com, verwaltet beide Skigebiete. Ein **Skipass** für eines der beide Gebiete kostet jeweils $86 pro Tag. Es gibt auch Pauschalpakete für Anfänger ($100) inkl. Leihausrüstung, knapp 2 Std. Unterricht und Skipass für die Anfängerpisten. Der **Skiverleih** vor Ort kostet pro Tag $38 (für Skier) bzw. $46 (für Snowboards). Mehrere Verleiher in National Park, Ohakune und Turangi bieten günstige Preise und eine große Auswahl an Ausrüstung.

In den beiden Skigebieten gibt es **keine öffentlichen Unterkünfte**. Zwar unterhalten die Skiclubs Dutzende von Chalets am Fuße der Lifte in Iwikau Village bei Whakapapa, doch Gelegenheitsbesucher müssen (falls sie nicht als Gast in eine der Lodges eingeladen sind) mit den Unterkünften 6 km weiter unten in Whakapapa Village oder im 22 km entfernten National Park vorlieb nehmen. Klassischer Übernachtungsort für das Skigebiet Turoa ist Ohakune.

Mit über 60 gepflegten Pisten (2 für Anfänger, 40 für Fortgeschrittene, 20 für erfahrene Skifahrer), einem Dutzend größeren Sessel- und Schleppliften und dem speziell für Anfänger reservierten Areal Happy Valley ist **Whakapapa**, 📞 07/892 3738, ⏰ in der Regel Ende Juni–Mitte Okt, das größte und meistbesuchte Skigebiet Neuseelands. Es überbrückt 675 m Höhenunterschied und bietet Kunstschneemaschinen, Skischulen, einen riesigen Ausrüstungsverleih und ein paar Cafés/Bars. Die Anfahrt erfolgt über die gebührenfreie Asphaltstraße Bruce Road, die bisweilen nur mit Schneeketten zu befahren ist, woraufhin wie von Zauberhand ein Schneekettenservice ($25) auf dem Parkplatz an der Straße erscheint. Busse verkehren regelmäßig von Whakapapa Village, National Park, Turangi und Taupo.

Das Skigebiet **Turoa** (Saison normalerweise Mitte/Ende Juni–Ende Okt), 📞 07/385 8456, bietet mit 720 m den größten Höhenunterschied aller Skigebiete des Landes und ein befahrbares Gebiet, das in der Größe mit Whakapapa vergleichbar ist. Seine breiten, gepflegten Pisten (3 für Anfänger, 11 für Fortgeschrittene, über ein Dutzend für erfahrene Skifahrer) sind besonders für Skiläufer mit durchschnittlichen Fähigkeiten ausgelegt. Außerdem verfügt der nahe gelegene Ort **Ohakune** über das beste Après-Ski-Angebot der Region. Im Regelfall ist es möglich, ohne Ketten von Ohakune über die asphaltierte und gebührenfreie, 17 km lange Zufahrtsstraße nach oben zu fahren, wo es ebenfalls kostenlose Parkmöglichkeiten gibt. Auch hier steht bei Bedarf ein Schneekettenservice bereit ($30). Mehrere Shuttlebusse verkehren zwischen Ohakune und Turoa (Fahrpreis etwa $20 hin und zurück).

und vorbei an der Old Waihohonu Hut (keine Übernachtungsmöglichkeit), einer ehemaligen Postkutschenstation, die 1901 an der alten Landstraße errichtet wurde. Anschließend geht der Weg an dem Flüsschen Waihohonu Stream entlang auf den ungeschützten **Tama Saddle**. Gut 1 km weiter zweigen zwei Wanderwege zu den Krateseen Lower Tama Lake (20 Min. hin und zurück) und Upper Tama Lake (1 Std. hin und zurück) ab. Wer kaltes Wasser nicht scheut, kann in diesen Seen ein Bad nehmen. Da vom Tama Saddle zurück nach Whakapapa nur mit rund 2 Std. Fußmarsch durch eine Grasbüschellandschaft zu rechnen ist, bleibt in der Regel noch Zeit für einen Abstecher zum Wasserfall **Taranaki Falls**.

Round the Mountain Track

Etwas anspruchsvoller als der Northern Circuit, aber hinsichtlich der Hüttengebühren günstiger ist der Round the Mountain Track (71 km, 4–5 Tage). Er führt um den Mount Ruapehu herum und lässt sich am einfachsten von Whakapapa aus bewältigen. In den meisten Hütten schlägt die Übernachtung mit $15 zu Buche (Camping $5, Jahrespass gültig), nur die Waihohonu Hut ist eine Great-Walks-Hütte ($25, Camping $20, unter 18 Jahren kostenlos). Der Round the Mountain Track kann auch mit dem Northern Circuit zu einem anstrengenden 5- oder 6-tägigen Marsch um alle drei Berge kombiniert werden.

National Park

Der wohlklingende Name vermag nicht über die Eintönigkeit dieses kleinen, 15 km westlich von Whakapapa Village gelegenen Ortes hinwegzutäuschen. Es handelt sich um eine öde Ansammlung von Chalets inmitten einer struppig bewachsenen Ebene. Wenigstens verleiht das großartige Bergpanorama der Siedlung ein wenig Attraktivität. Seine Existenz verdankt der Ort den vielen Skifahrern und Wanderern im benachbarten Nationalpark sowie den Kajakern, die zum Whanganui River unterwegs sind. Da in Whakapapa Village nur wenige Unterkünfte zur Verfügung stehen, sind viele Besucher auf National Park angewiesen und lassen sich mit Shuttlebussen (S. 361) zu den Tongariro-Wanderwegen fahren.

Bei schlechtem Wetter bietet sich eine Wanderung auf dem **Tupapakurua Falls Track** (4–5 Std. hin und zurück) an. Der Weg verläuft durch Waldgebiete, sodass man einen gewissen Wetterschutz genießt. Er folgt zunächst nördlich vom Bahnhof der Schotterstraße Fisher Road und biegt dann nach 2 km (30 Min.) bei einem kleinen Parkplatz links in einen Pfad zu einer Sitzbank (weitere 20 Min.) mit tollem Ausblick nach Westen Richtung Mount Taranaki ab. Nach einer weiteren Stunde kommt ein kleiner Canyon mit Ausblick auf die schmalen, 50 m hohen Tupapakurua Falls.

National Park besteht aus einem Gitternetz von einem halben Dutzend Straßen zwischen dem SH4 und der parallel verlaufenden Eisenbahnlinie. In der Tankstelle am SH4 gibt es einen Geldautomaten, ⏱ gewöhnlich tgl. 7.30–19 Uhr.

Die Mountainbikeroute **42 Traverse** (45 km einfach, 4–6 Std.) – oft fälschlicherweise 42nd Traverse genannt – ist seit Langem bei neuseeländischen Bikern beliebt. Zumeist folgt sie einer schmalen Allradpiste durch recht abgelegenes Terrain mit tollen Abfahrten (insgesamt 500 m Nettogefälle), ein paar Flussbettendurchquerungen und jeder Menge stimmungsvollem Wald.

Die Route ist fahrtechnisch nicht besonders anspruchsvoll. Es geht aber 300 Höhenmeter hinauf; einigermaßen erfahrene und fitte Fahrer benötigen etwa 4 bis 6 Stunden für die Strecke. Am besten fährt man die Traverse von National Park, wo sich bei den Unterkünften auch Transfers zum Anfang und vom Ende der Route für normalerweise insgesamt $30 organisieren lassen. Einige Unterkünfte verleihen auch Räder, andernfalls gibt es welche bei Kiwi Mountain Bikes in der Schnapps Bar, ✆ 0800/562 4537, 🖥 www.kiwimountainbikes.co.nz: $65 für die 42 Traverse. Außerdem veranstaltet Kiwi Mountain Bikes geführte Touren auf dem zumeist bergab verlaufenden **Fishers Track** (17 km, 520 m Gefälle, $99) mit Abholung am Endpunkt.

Während der Skisaison, wenn die Nachfrage nach Unterkünften besonders am Wochenende und in den Schulferien hoch ist, liegen die Preise mindestens eine Kategorie höher als angegeben. Zwischen Weihnachten und Ende Januar kann es dann noch einmal voll werden, doch ansonsten herrscht keine Knappheit. Ein halbes Dutzend Unterkünfte bieten sowohl Dorms als auch Doppelzimmer (z. T. mit Bad), und alle unterhalten entweder eigene Shuttles zu den Wanderwegen (gewöhnlich $30 für Hin- und Rückfahrt) oder kooperieren mit einem der Anbieter.

Howard's Lodge, Carroll St, ✆ 07/892 2827, 🖥 www.howardslodge.co.nz. Gute Lodge mit eigener Küche und Lounge für diejenigen, die in den DZ übernachten. Außerdem Spa, Sportausrüstungs- und Mountainbike-Verleih ($60 pro Tag). Dorms $27, Zimmer ❷–❸

Zentrale Nordinsel

National Park Backpackers, Finlay St, ☎ 07/892 2870, 🖥 www.npbp.co.nz. Recht einfaches assoziiertes YHA-Hostel mit eigener Kletterwand ($10, plus $3 für Ausrüstung). Camping $14, Dorms $23, Zimmer ❷

The Park, SH4, Ecke Millar St, ☎ 07/892 2748, 🖥 www.the-park.co.nz. Die größte Lodge des Orts ist ein gut geführter 82-Zimmer-Komplex mit Bar, Restaurant, Spa und Mountainbike-Verleih ($50 pro Tag). Allerdings haben die Zimmer keinen Bergblick. Wohnmobil-Stellplätze mit Anschlüssen $10, Dorms $30–35, Zimmer mit Bad ❹, Deluxe-Zimmer ❺, Apartment ❺

Plateau Lodge, Carroll St, ☎ 0800/861 861, 🖥 www.plateaulodge.co.nz. Entspannte Skichalet-Atmosphäre und breites Angebot an Unterkünften sowie Spa. Dorms $28, Zimmer ❷, mit Bad ❸, Apartments ❺

Tongariro Crossing Lodge, Carroll St, ☎ 07/892 2688, 🖥 www.tongarirocrossinglodge.com. Urige, im Kolonialstil eingerichtete ehemalige Postkutschenstation mit recht persönlicher Atmosphäre. Alle Zimmer mit Bad. Es gibt auch Frühstück ($17 extra). ❺

Essen und Unterhaltung

Alle o. g. Lodges haben Einrichtungen für Selbstversorger, und The Park verfügt über ein eigenes Restaurant mit guten, unaufwendigen Mahlzeiten.

The Station, am Bahnhof, ☎ 07/892 2881. Im besten Esslokal am Ort gibt´s tagsüber Bistrogerichte und Kaffee und Kuchen und abends gute Fleisch-, Fisch- und Nudelgerichte (Hauptgerichte $26–32). ◷ Di abends geschl. Ansonsten bieten sich die beiden Kneipen an, das traditionell ausgerichtete **National Park**

Wanderungen in der Umgebung von Ohakune

In der Umgebung von Ohakune gibt es zahlreiche **Wanderwege**, von denen die meisten in der Broschüre *Walks in and around Tongariro National Park* ($3) aufgeführt sind. Die meisten Wege sind für **Mountainbiker** gesperrt; diese können aber die Ohakune Mountain Road hinabdüsen (1000 m Gefälle auf 17 km). Fahrräder vermietet TCB, 27 Ayr St, ☎ 06/385 8433, 🖥 www.tcbskiandboard.co.nz, ◷ Nov–Juni, $40–50 pro Tag. Mit Matai Shuttles gelangt man samt Bike für $15 nach oben.

Wer dem Drahtesel ein **Pferd** vorzieht, kann sich beim Ruapehu Homestead, 4 km östlich von Ohakune am SH49, ☎ 06/385 8799, für ab $40 pro Std. auf Ausritte begeben.

Lake Surprise (12 km hin u. zurück, 5 Std.). Die hügelige Route verläuft über ein Teilstück des Round the Mountain Track (S. 364) zu einem seichten See. Sie beginnt bei Kilometer 15 der Ohakune Mountain Rd und führt an vulkanischem Trümmergestein vorbei, das von den Ausbrüchen von 1975 und 1995 stammt.

Mangawhero Forest Walk (3 km Rundweg, 1 Std.). Der beste der kürzeren Wege ist ein gut gekennzeichneter Rundwanderweg, der gegenüber vom DOC Field Centre beginnt.

Old Coach Road (7 km hin und zurück, 2–3 Std., 100 m Anstieg). Der tolle einfache Wander- und Mountainbike-Pfad führt durch herrlichen einheimischen Wald, bietet weite Ausblicke über Farmland und passiert einen heute unbenutzten Tunnel. Das Ganze ist gewürzt mit viel Geschichte, die auf Infotafeln am Wegesrand erläutert wird. Der Weg folgt zum Teil einem Pfad, der es Eisenbahnfahrgästen zwischen Auckland und Wellington ab 1906 für ein paar Jahre ermöglichte, eine Lücke in der damals noch unfertigen Strecke zu schließen. Dieser restaurierte Abschnitt der Old Coach Road führt zum dürren, 290 m langen Hopruwhenua Viaduct, der Teil der Bahnstrecke war, aber durch Streckenbegradigungen in den 1980er-Jahren überflüssig wurde. Inzwischen sollte die Old Coach Road ein paar Kilometer weitergeführt worden sein und zum SH4 aufschließen. Der Weg beginnt am Ende der Marshalls Road, 2 km nordwestlich von Ohakune Junction.

Waitonga Falls Walk (4 km hin u. zurück, 1 1/4 Std.). Die Waldwanderung beginnt bei Kilometer 11 der Mountain Rd und führt zu einem spektakulären, 39 m hohen Wasserfall.

Hotel, Carroll St, und die modernere und im Allgemeinen besser besuchte **Schnapps Bar** am SH4.

Transport

Busse

Die aus Taumarunui, Turangi und Ohakune kommenden Busse von InterCity halten nicht weit vom Bahnhof in der Carroll St beim National Park Hotel. Busfahrkarten gibt es 100 m weiter in der Howard's Lodge (s. o.). Busse nach AUCKLAND 2x tgl., 5 1/2 Std., OHAKUNE 2x tgl., 30 Min.

Eisenbahn

Die Züge halten am Bahnhof in der Station Rd.

Züge nach:
AUCKLAND 2–7x wöchentl., 5 1/2 Std.;
OHAKUNE 2–7x wöchentl., 30 Min.;
PALMERSTON NORTH 2–7x wöchentl., 3 1/2 Std.;
WELLINGTON 2–7x wöchentl., 5 Std.

Ohakune

Das 35 km südlich von National Park gelegene Ohakune heißt seine Besucher mit einer überdimensionalen Karottenskulptur willkommen, Symbol für die exponierte Stellung des Ortes inmitten eines der größten Gemüseanbaugebiete des Landes. In der Stadt selbst ist davon nicht mehr viel zu spüren. Sie wird von Lodges im Alpenhüttenstil und Skiausrüstern beherrscht, die auf den massiven Ansturm der Wintersport-Enthusiasten eingestellt sind, der jedes Jahr Mitte Juni einsetzt und bis Anfang November anhält. Ursache dafür ist das **Skigebiet** Turoa (s. Kasten S. 364).

Außerhalb dieser Zeit präsentiert sich Ohakune eher ruhig, obwohl immer mehr Restaurants und Bars ganzjährig geöffnet haben, um sich das Sommergeschäft nicht entgehen zu lassen. Die Sommertouristen kommen um auf der der Old Coach Road zu **wandern**, von hier zur Tongariro Alpine Crossing aufzubrechen oder sich auf eine Flusstour auf dem Whanganui River (S. 303) vorzubereiten.

Ohakune besteht aus zwei Zentren. Die Eisenbahnlinie Auckland–Wellington führt durch **Ohakune Junction**, wo sich in Bahnhofsnähe mehrere Hotels und Restaurants befinden. Im Geschäftszentrum **Central Ohakune** 2 km südwestlich von hier liegen u. a. der Busbahnhof und das Visitor Centre.

Übernachtung

In Ohakune gibt es jede Menge Unterkünfte, darunter auch zwei Campingplätze, doch viele sind außerhalb der Skisaison geschlossen und im Winter ausgebucht. Während der Saison liegen die Preise um 1–2 Kategorien höher als unten angegeben. Wer mit dem Bus anreist, wird es wahrscheinlich praktischer finden, in der Stadt anstatt in Ohakune Junction abzusteigen.

LKNZ Backpackers/Matai Lodge, 1 Rata St, Ohakune Central, ✆ 06/385 9169, ⌨ www.localknowledgenz.com. Gutes YHA-assoziiertes Hostel. Die Betreiber sind große Naturfreunde und betreiben Shuttles zu den Aktivitäten. Dorms $27, Zimmer ❷

Mangawhero Campsite, einfacher DOC-Platz mit Toiletten und fließendem Wasser, 1,5 km hinter dem DOC Field Centre an der Ohakune Mountain Rd, Stellplatz $4.

Ohakune Top 10 Holiday Park, 5 Moore St, ✆ 06/385 8561, ⌨ ohakune.net.nz. Direkt am Waldrand, aber dennoch zentral gelegener, gepflegter Campingplatz. Camping $19, Cabins ❷–❸, Motel Units ❺

Powderhorn Chateau, 194 Mangawhero Terrace, Ohakune Junction, ✆ 06/385 8888, ⌨ www.powderhorn.co.nz. Hotel am unteren Ende der Ohakune Mountain Rd in einem kolossalen Blockhaus mit großen, gemütlichen Zimmern. Die besten haben Balkon und Blick auf den Wald. Großer Hot Pool (Eintritt $8 für Nicht-Gäste). ❻

Rimu Park Lodge, 27 Rimu St, Ohakune Junction, ✆ 06/385 9023, ⌨ www.rimupark. co.nz. Eine der größten Unterkünfte in Ohakune, eine Villa Baujahr 1914. 6er-Dorms ($25) und DZ, einfache Cabins, Units mit Bad, einige schicke moderne Apartments, ein voll ausgestattetes Selbstversorger-Chalet und 2 Eisenbahnwaggons, die zu separaten Units mit eigenem

Zentrale Nordinsel

Aufenthaltsraum und Schlafbereich umgestaltet wurden. Zimmer und Cabins ❷, Units ❸, Eisenbahnwagen ❹, Apartments ❹, Chalet ❻

The River Lodge, 206 Mangawhero River Rd, 📞 06/385 4771, 🖥 www.theriverlodge.co.nz. Einladende, gut ausgestattete Lodge-Zimmer und 2 Cabins, alles zumeist mit Bergblick, in wunderbar friedvoller parkähnlicher Umgebung mit Buchen an einem kleinen Forellenflüsschen. Dazu Lounge-Bereiche, DVDs, Bücher und Spiele und Spa Pool draußen. Kleines Frühstück inkl., auf Wunsch auch Abendessen ($45 inkl. 1 Glas Wein), entweder ganz normal draußen oder als Grillveranstaltung am Fluss. Nach 5 km an der Straße Richtung Raetihi ausgeschildert. ❻

Whare Ora, 1 Kaha St, Rangataua, 📞 06/385 9385, 🖥 www.whareoralodge.co.nz. Hübsches B&B in großem Haus mit netten Gastgebern 5 km östlich von Ohakune. Das Zimmer unten hat einen Whirlpool und blickt auf einen reizenden Garten, die große Suite oben einen genialen Bergblick. Auf Wunsch 3-Gänge-Abendmahlzeiten für $70 inkl. Wein. ❽

Essen und Unterhaltung

Während der Skisaison ist Ohakune Junction abends das Maß aller Dinge. Im Sommer hingegen ist man im Zentrum von Ohakune kulinarisch besser aufgehoben.

Cyprus Tree, 19a Goldfinch St, Central Ohakune. Café/Bar/Restaurant mit Ledersofas und bollerndem Kaminfeuer, bietet moderne Variationen klassischer italienischer Gerichte ($22–26) plus einige andere Hauptgerichte und Desserts.

Mountain Kebabs, 29 Clyde St, Central Ohakune. Hier gibt´s saftige Kebabs zum Mitnehmen. 🕐 nur im Winter.

Powderhorn Chateau, 194 Mangawhero Terrace, Ohakune Junction. Die zwanglose und gewöhnlich sehr lebhafte Brasserie/Bar Powderkeg mit Après-Ski-Stimmung ist gut für Hamburger, Pizzas ($16–22) und fleischige Hauptgerichte ($21–32). Oben bietet das edle Matterhorn, 📞 06/385 8888, tolles Essen in

nobler, aber entspannter Atmosphäre (Hauptgerichte $30–35), 🕐 So geschl.

Utopia, 47 Clyde St, Central Ohakune. Hat Frühstück, leichtes Mittagessen und den besten Kaffee der Stadt. 🕐 nur tagsüber.

Sonstiges

Informationen

DOC Field Centre, am unteren Ende der Ohakune Mountain Rd, 📞 06/385 0010, ✉ ohakunevc@doc.govt.nz. Liefert spezielle Informationen zum Wandern, z. B. Wetterberichte fürs Gebirge und detaillierte Beschreibungen der regionalen Flora und Fauna. Wanderinfos gibt es im 24 Std. geöffneten Foyer. 🕐 Mo–Fr 9–15 Uhr.

i-SITE Visitor Centre, 54 Clyde St, 📞 06/385 8427, 🖥 www.visitruapehu.com, 🕐 tgl. 9–17 Uhr.

Internet

PeppaTree, gegenüber vom i-SITE.

Nahverkehr

Matai Shuttles, 61 Clyde St, 📞 06/385 8724, 🖥 www.mataishuttles.co.nz, bietet Shuttles für die Stadt und die Region.

Transport

Busse

Die Busse von InterCity halten auf der Route HAMILTON–TAUMARUNUI–WANGANUI (tgl.) in der Nähe des i-SITE Visitor Centre im Zentrum von Ohakune.
Busse nach AUCKLAND 1x tgl., 6 1/2 Std.

Eisenbahn

Die Eisenbahn hält auf der Linie Auckland–Wellington am Bahnhof in Ohakune Junction. Züge nach AUCKLAND 2–7x wöchentl., 6 1/2 Std., WELLINGTON 2–7x wöchentl., 5 1/2 Std.

Desert Road

Südlich von Turangi verläuft der SH1 östlich des Tongariro National Park in etwa parallel zum Tongariro River Richtung Süden. Der etwas unheimliche, landschaftlich sehr schöne Highway

Zentrale Nordinsel

heißt auf diesem Abschnitt Desert Rd und verdankt diesen Namen der den Elementen ausgesetzten unfruchtbaren Geröllebene Rangipo Desert, die er durchschneidet. Es handelt sich allerdings nicht um eine richtige Wüste, denn dafür fällt hier zu viel Regen. Würde man einen Schnitt durch die Straße machen, träte eine meterdicke Schicht mit vulkanischer Asche und Bimsstein zutage – so etwas wie ein Kalender vergangener Eruptionen. Der Boden saugt so schnell Feuchtigkeit auf, dass sich kaum eine Pflanze hier halten kann.

Anfangs führt die Straße noch durch tiefen Kiefernwald, um bald darauf anzusteigen und großartige Blicke auf den Ruapehu, Ngauruhoe und Tongariro im Westen freizugeben. Die vegetationslose Vulkanlandschaft bietet eine spektakuläre Kulisse und erfährt durch die drei aus der trostlosen Grasbüschelsteppe herausragenden Reihen von Strommasten fast noch ein zusätzliches Maß an Urwüchsigkeit. Die Desert Rd und die an den Westflanken von Ruapehu, Ngauruhoe und Tongariro entlang laufenden Landstraßen treffen in **Waiouru** zusammen, einer nicht gerade aufregenden, 800 m ü. d. M. liegenden Aneinanderreihung von Tankstellen und Tearooms inmitten der unfruchtbaren Grasbüschel-Einöde in unmittelbarer Nachbarschaft zum größten Militärstützpunkt Neuseelands.

Schutz bieten die drei Betonbunker des **National Army Museum**, ein Schaufenster der militärischen Konflikte mit neuseeländischer Beteiligung, von den Kriegen zwischen Maori und Pakeha über die Burenkriege in Südafrika bis zu den beiden Weltkriegen und Neuseelands Engagement in Vietnam. Völlig unerwartet trifft einen die ungeheure Wirkung der Gedenkmauer Roimata Pounamu („Tränen auf Jade"). Ein über eine gewölbte Wand aus stark gemaserten Jadetafeln fließender Wasserfall soll Trauer und Reinigung symbolisieren. In die Gedenkmauer eingraviert sind Name, Dienstgrad und Todesort jedes einzelnen der 33 000 Neuseeländer, die in den verschiedenen Kriegen gefallen sind. Für Kinder gibt es ein interessantes **Discovery Centre**; das Museumscafé ist das beste **Café** in der Gegend. ☉ tgl. 9–16.30 Uhr, Eintritt $12.

Taihape und Umgebung

30 km hinter Waiouru verlässt der SH1 das vulkanische Plateau und führt hinab zum landwirtschaftlichen Versorgungszentrum **Taihape** im Herzen des Rangitikei District. Der Ort vermarktet sich als „Gummistiefelhauptstadt Neuseelands". Dieser Titel findet seinen Ausdruck in der Wellblechskulptur eines Gummistiefels und wird in geraden Jahren im März gebührend gefeiert: **Gumboot Day** ist eine nicht ganz ernst gemeinte Verherrlichung dieser urneuseeländischen Fußbekleidung. Einer der Höhepunkte ist der Gummistiefelweitwurf. Näheres bei der **Touristeninformation**, 90 Hautapu St, ☎ 06/388 0604, 🖳 www. taihape.co.nz, ☉ tgl. 9–17 Uhr.

Die meisten Durchreisenden halten gar nicht erst an, doch wer einen Happen **essen** möchte, findet hier das hübsche Brown Sugar Café, Huia St, und das Tagescafé Soul Food Café, 69 Hautapu St, das neben Kaffee auch exzellente Mahlzeiten (sowie Fr 18–20 Uhr Pizza) bietet. **Übernachten** kann man z. B. in der gut geführten und freundlichen Stockman's Lodge, 9 Dixon Way, 1,5 km südlich des SH1, ☎ 06/388 1584, 🖳 www.stockmanslodge.co.nz, Dorms $22, Zimmer ❷. Oder im günstigen Safari Motel, 1 km nördlich von Taihape am SH1, ☎ 06/388 1116, ❷, im Aspen Court, gegenüber, ☎ 0508/277 362, ❹, und im B&B Llanerchymedd, 10 Dixon Way, 1 km südlich, ☎ 06/388 0283, ❸.

Nur wenig deutet darauf hin, dass sich in der hügeligen Landschaft östlich von Taihape nicht nur eine der aufregendsten Wildwasser-Strecken Neuseelands, sondern auch der höchste Bungy-Sprung der Nordinsel verbirgt. Die mit Schwierigkeitsgrad V eingestufte Passage durch die Schlucht des **Rangitikei River** zählt zu den härtesten Wildwasser-Rafting-Strecken Neuseelands. Der 2–3-stündige Höllentrip beinhaltet gleich 10 wilde Stromschnellen. Veranstaltet werden die **Rafting-Touren** auf dem Rangitikei von Mangaweka aus, oder direkter von der Abenteuerlodge River Valley, Pukoekahu, ☎ 06/388 1444, 🖳 www.rivervalley.co.nz. Die Lodge liegt rund 30 km östlich von Taihape sehr schön am Rangitikei River, direkt am Endpunkt der Rafting-Strecke.

Das ganze Jahr über finden vormittags und manchmal auch nachmittags organisierte Ausflüge ($165) statt. Wenn der Wasserpegel niedrig ist, werden die Rafts durch aufblasbare 1er- oder 2er-**Kajaks** (ebenfalls $165) ersetzt, die von jedem Teilnehmer selbst gesteuert werden – allerdings im Konvoy und mit erfahrenen Kanuführern in erreichbarer Nähe, sollte jemand Hilfe brauchen. River Valley bietet außerdem landschaftlich reizvolle Rafting-Touren ($165, 5 Std.) auf dem ruhigeren, mit Schwierigkeitsgrad II eingestuften Abschnitt unmittelbar flussabwärts der Lodge. Und dann einen tollen viertägigen Wildnistrip ($1995): in die Wildnis hinein geht es per Hubschrauber, zurück wird dann gepaddelt. Sehr schöne **Ausritte** ($105, 2 Std.) führen über Farmland und bieten tolle Ausblicke auf die zerklüftete Landschaft.

Die Unterbringung der Gäste erfolgt in 6er-Dorms ($30 inkl. Bettwäsche), angenehmen Zimmern ❷ oder sehr einladenden Cabins mit Bad ❻; Camping $18. Es werden preiswerte Mahlzeiten ohne Schnickschnack serviert. Auf dem Gelände befindet sich auch eine Bar. Alle Gäste haben Zugang zu einem Pétanque-Feld und einem Volleyballplatz sowie (gegen eine kleine Gebühr) einer holzgefeuerten und einer Infrarotsauna und einem Spa Pool mit Flussblick. Im Sommer werden auch Massagen angeboten.

Wer das Abenteuer sucht, sollte über die Nebenstraßen vom River Valley zum Gravity Canyon, ✆ 0800/802 864, 🖥 www.gravitycanyon. co.nz, fahren. Alternativ dazu kann man auch in Utiku (7 km südlich von Taihape) vom SH1 abbiegen und der Beschilderung 15 km Richtung Osten zum Rangitikei River folgen. Dort befinden sich neben einem 80 m hohen **Bungy-Sprung** der längste und schnellste **Flying Fox** Neuseelands, eine 175 m hohe und 1 km lange Drahtseilbahn, bei der man Geschwindigkeiten von bis zu 160 km/h erreicht, sowie ein Brücken-**Swing** mit 50 m freiem Fall ($110 pro Aktivität, jede weitere $65). Beim Bungy-Sprung gibt es einen Speziallift, der einen hoch zurück zur Brücke bringt (Liftfahrt $20).

Busse
Busse nach:
AUCKLAND 4–5x tgl., 7 Std.;
TAUPO 5–6x tgl., 2 Std.;
TURANGI 5–6x tgl., 1 1/4 Std.;
WELLINGTON 5–6x tgl., 4 Std.

Eisenbahn
Züge nach AUCKLAND 2–7x wöchentl., 7 1/2 Std.; WELLINGTON 2–7x wöchentl., 4 1/4 Std.

Mangaweka

24 km südlich von Taihape markiert ein Flugzeug vom Typ DC3 am SH1 das verfallene Dörfchen Mangaweka, Hauptquartier der Mangaweka Adventure Company, ✆ 0800/655 747, 🖥 www. riveradventures.net.nz. Das Unternehmen bietet eine Reihe von Wildwasser-**Rafting**- und Kajaktrips an, darunter eine Fahrt durch die Rangitikei Gorge (WW V, $145) und zwei familienorientierte Rafting-Trips (WW II, $65 für 1 Std., $95 für 3 Std.). Außerdem ist eine Option mit Übernachtung in Zelten am Fluss im Programm ($229 inkl. Mahlzeiten).

Das Unternehmen unterhält zudem 1 km östlich vom SH1 einen hübschen einfachen **Campingplatz** (Camping $5, mit Strom $8) mit einigen Stellplätzen am Wasser, Bademöglichkeiten und Duschen für $2. Von hier sind es 60 km nach Bulls.

Auckland

Wellington

Coromandel Peninsula, Bay of Plenty und Eastland

Stefan Loose Traveltipps

Te Aroha Die bezaubernde alte Kurstadt lädt zum Verjüngungsbad in ihre heißen Quellen ein. S. 375

Kauaeranga Valley Höhepunkt einer Wanderung durch die zerklüftete Landschaft zu den Pinnacles hinauf ist der Ausblick auf die beiden Küsten der Coromandel Peninsula. S. 383

Driving Creek Railway Während der Fahrt mit der modernen Schmalspurbahn durch dichten Coromandel-Busch schweift der Blick über die endlose Küste. S. 384

Hot Water Beach Mit einer Schaufel buddelt man ein Loch in den Sand und entspannt sich anschließend im heißen Thermalwasser. S. 391

White Island Auf der aktiven Vulkaninsel lässt sich eine unwirkliche Mondlandschaft bestaunen. S. 412

East Cape Das wilde, einsame Maori-Gebiet bietet Gelegenheit, Land und Leute kennenzulernen. S. 416

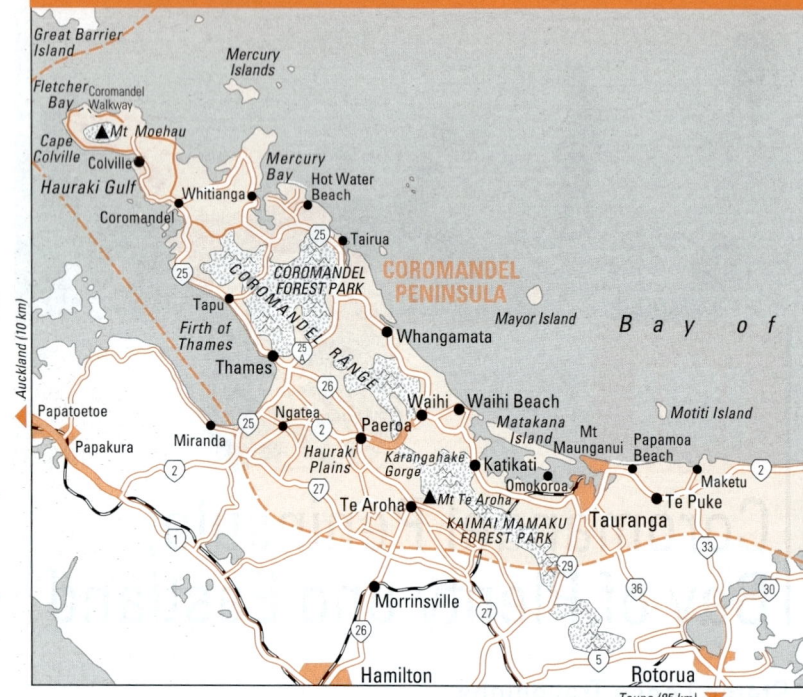

Die lang geschwungene Küste östlich von Auckland teilt sich in drei verschiedene Gebiete auf – die Coromandel-Halbinsel, die Bay of Plenty und das East Cape. Während die ersten beiden zu den beliebtesten Sommerurlaubszielen der Nordinsel zählen, verirren sich nur sehr wenige Besucher ins East Cape.

Auf der Autofahrt von Auckland passiert man zunächst die von Milchwirtschaft geprägten **Hauraki Plains** südlich der Coromandel Peninsula, wo einige angenehme Überraschungen wie das Kurbad **Te Aroha** und die faszinierende **Karangahake Gorge** warten.

Die zerklüftete **Coromandel Peninsula** verläuft von Auckland aus gesehen auf der gegenüberliegenden Seite des Hauraki Gulf nach Norden. Sie besticht durch eine großartige

Küstenlandschaft, in der man wunderbare Wanderungen entlang ursprünglicher Strände oder durch hügeliges Gelände mit üppigem Regenwald unternehmen kann. Ihre beiden Küsten unterscheiden sich aber gewaltig: Die im Westen ist weitaus zerklüfteter und daher stimmungsvoller und bietet außerdem leichteren Zugang zu den Vulkanhügeln und uralten Kauri-Bäumen im **Coromandel Forest**.

Als Basis für dessen Erkundung eignen sich am besten das geschichtsträchtige **Thames** oder das malerische **Coromandel**, das inmitten einer sanften Hügellandschaft neben einem schönen Hafen liegt. Die Städte **Whangamata** und **Whitianga** an der Ostküste sind mit ausgedehnten Sandstränden und einem Riesenangebot an Wassersportaktivitäten gesegnet. Whitianga

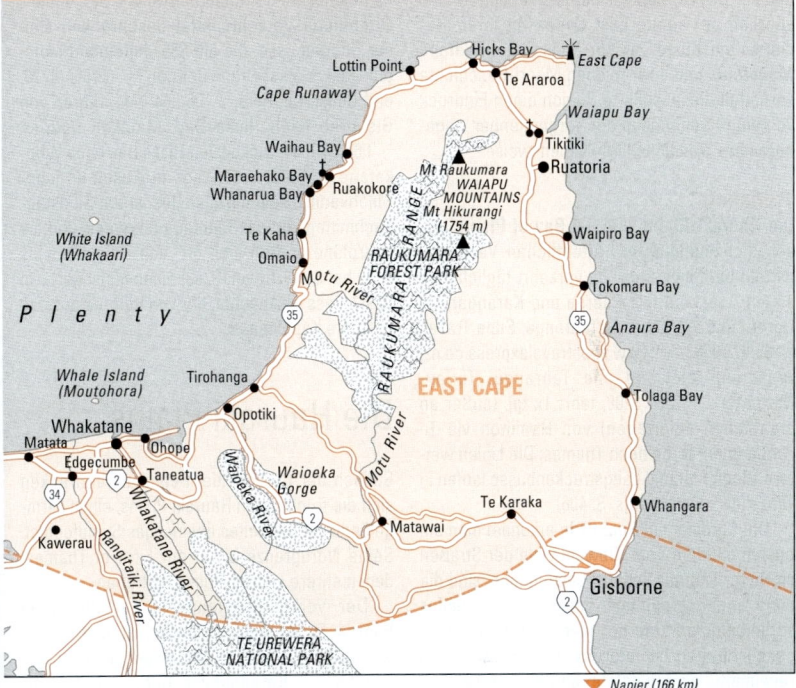

0   25 km

▼ Napier (166 km)

befindet sich zudem in der Nähe des **Hot Water Beach**, unter dem natürliche Thermalquellen verborgen liegen, und vor der Küste erstreckt sich das **Cathedral Cove Marine Reserve**, das ideal zur Delphinbeobachtung und zum Schnorcheln ist.

Von der Goldstadt **Waihi** am südlichen Ende der Coromandel Peninsula verläuft die **Bay of Plenty** nach Südosten bis Opotiki. Parallel zur Bucht verläuft der Pacific Coast Highway (SH2), der Auckland mit Gisborne verbindet. Ihren Namen bekam die „Bucht des Überflusses" 1769 von Kapitän James Cook, der überrascht war, so viele Maori-Siedlungen vorzufinden, die von reichen Ressourcen lebten und ihn großzügig mit Vorräten versorgten. Diese Ära des Friedens wurde in den 1860er-Jahren durch die Landkrie-

ge erschüttert: Heftige Kämpfe führten damals zur Errichtung von Garnisonen in Tauranga und Whakatane.

In der Bay of Plenty herrscht das beste Klima der Nordinsel, was die Gegend zu einem hervorragenden Obstanbaugebiet (v. a. Zitrusfrüchte und Kiwis) macht. Obwohl sich die Küste besonders bei einheimischen Urlaubern großer Beliebtheit erfreut, ist sie bis heute relativ unberührt. Hier gibt es tolle Surfstrände und andere Wassersportangebote.

Im Westteil der Bucht liegt eines der am schnellsten wachsenden Stadtgebiete des Landes. Es besteht aus **Tauranga** und dem angrenzenden Badeort **Mount Maunganui**. **Whakatane** im Osten ist der Ausgangspunkt für Boottrips zur rauchenden Vulkaninsel **White Island**, für

Schwimmen mit Delphinen und Rafting auf dem **Motu River**.

Einen Gegensatz zur Coromandel Peninsula und zur Bay of Plenty bildet das zerklüftete und spärlich besiedelte **East Cape**. Mit ihrer dramatischen Küste vor der Kulisse der **Waiapu Mountains** und ihrer reichen Maori-Geschichte vermittelt diese isolierte Region einen Eindruck von einer weitgehend der Vergangenheit angehörenden, traditionelleren Lebensweise.

Transport

Die **Hauraki Plains** und die **Bay of Plenty** lassen sich mühelos mit öffentlichen Verkehrsmitteln bereisen: InterCity verkehrt täglich zwischen Auckland (via Paeroa und Karangahake Gorge) und Waihi sowie Tauranga; Supa Travel, ☎ 07/571 0583, 🖥 www.supatravelexpress.co.nz, zwischen Auckland und Tauranga. Turley-Murphy, ☎ 07/884 8208, fährt 1x tgl. (außer an staatlichen Feiertagen) von Hamilton via Te Aroha und Paeroa nach Thames. Die Linien weiterer Regional- und Langstreckenbusse laufen in Tauranga zusammen (s. S. 406).

Die **Coromandel Peninsula** erkundet man am besten mit dem Auto. Obwohl viele der Straßen im Hinterland nur Schotterbelag haben, sind die meisten bei vernünftiger Fahrweise problemlos zu bewältigen. Eine der hier vertretenen Busgesellschaften ist InterCity. Ihre Busse legen regelmäßig eine Rundfahrt im Uhrzeigersinn zurück: von Thames Richtung Norden nach Coromandel, hinüber nach Whitianga, von dort zurück Richtung Süden und wieder nach Thames. Der Magic Bus (S. 83) hingegen verkehrt gegen den Uhrzeigersinn; sein zweitägiger „Coromandel Connection"-Bus verlässt Thames 3–5x wöchentlich. Go Kiwi (S. 395) bietet einen Hop-on-Hop-off-Service zwischen Auckland und zahlreichen Haltestellen auf der Coromandel Peninsula sowie eine Verbindung zwischen Coromandel-Stadt und Rotorua. Eine Alternative sind die Busse des Preisbrechers NakedBus (S. 82).

Die Fähre 360Discovery, ☎ 09/424 5510, 🖥 www.360discovery.co.nz ($49 einfach; 2 Std.) legt in Auckland 5–7x die Woche am Pier 4 ab und bei Hannaford's Wharf im Coromandel Harbour an. Der Shuttle nach/von Coromandel-Stadt ist im Ticketpreis bereits enthalten.

Die Straße ist zwar ganz bis ums **East Cape** herum geteert, führt aber in so viele kleine Buchten hinein und wieder heraus, dass die Fahrt selbst ohne Aufenthalt volle 6 Std. dauert. Öffentliche Verkehrsmittel beschränken sich auf Shuttlebusse, die um $35–45 (einfach) kosten. Polly's Passenger Courier, ☎ 06/864 4728, und Cooks Couriers, ☎ 06/864 4711, fahren von Gisborne nach Hicks Bay. Matakaoa Courier, ☎ 06/864 4654, zuckelt von Hicks Bay nach Whakatane und hält unterwegs praktisch an jeder Milchkanne. Kein einziger Bus ist am Samstagnachmittag und am Sonntag unterwegs, und die Fahrpläne ändern sich oft. Von November bis April hat Stray Travel (S. 83) einen günstigen „Go East"-Pass im Angebot, der von Rotorua aus das gesamte Kap umfasst.

Die Hauraki Plains

Südlich der Coromandel Peninsula erstrecken sich die fruchtbaren Hauraki Plains, ein in Farmgelände verwandeltes ehemaliges Sumpfgebiet. Seine Nordgrenze bildet der Firth of Thames, dem mehrere andere Flüsse zustreben.

Der Verkehrsknotenpunkt der Plains ist **Paeroa**. Es hat wenig zu bieten, ist aber ein guter Ausgangspunkt für Wanderungen in der majestätischen **Karangahake Gorge**, die fast bis Waihi reicht.

Das wahre Kleinod der Gegend ist jedoch die edwardianische Kurstadt **Te Aroha** am südlichen Ende der Hauraki Plains. Von hier empfiehlt sich eine Besteigung des Mount Te Aroha. Zurück im Ort kann man in den Thermalquellen entspannen.

Paeroa und Karangahake Gorge

Paeroa ist den Neuseeländern als Geburtsort von Lemon and Paeroa (L&P) ein Begriff. Dieses legendäre Erfrischungsgetränk auf der Basis einheimischen Mineralwassers trat 1907 seinen Siegeszug an. Sein Logo prankt auf unzähligen Ladenfassaden überall in der Stadt, und die Kreuzung von SH2 und SH26 ziert eine gigantische braune L&P-Flasche.

In der grünen **Karangahake Gorge** setzte 1875 Coromandels erster Goldrausch ein. Heute ist nur schwer vorstellbar, dass es an diesem friedlichen Ort einmal ganz hoch herging. Die steilwandige Schlucht beginnt 8 km östlich von Paeroa an der schmalen Verlängerung des SH2, der dem Ohinemuri River bis Waihi folgt. Der **Karangahake Gorge Historic Walkway** (Beschreibung in einer Broschüre des Information Centre von Paeroa) verläuft 7 km weit an einer früheren Bahnlinie entlang und ist von mehreren Stellen der Schlucht aus zugänglich. Am besten zu erreichen ist der Weg durch das **Karangahake Reserve** am Anfang der Schlucht. Hier gelangt man auf einer Fußgänger-Hängebrücke über den Fluss zu einem **Rundweg** (3 km, 45 Min.), der am Ohinemuri River flussaufwärts in die Karangahake Gorge führt. Unterwegs passiert man die Überreste alter Goldminen, wiederaufgeforstetes Buschland, und in der Schlucht hangelt sich der Pfad spektakulär an den Felsen entlang. Das Ende des Rundgangs ist erreicht, wenn man den Fluss über- und einen 1 km langen Tunnel (ausreichend beleuchtet) teilweise durchquert hat.

Auf diesem Spaziergang wird das ehemalige Dorf **Karangahake** umrundet, heute reduziert auf das Talisman Café in der Hauptstraße sowie das Ohinemuri Estate Winery and Café in der Moresby Street (siehe „Übernachtung").

Am östlichen Schluchtende liegt der Bahnhof **Waikino**, die westliche Endstation der Goldfields Railway (s. S. 398), die 1–3x tgl. nach Waihi und zurück fährt. Im Bahnhofsgebäude befinden sich Schautafeln zur Geschichte und zu Wanderungen in der Gegend sowie das tagsüber geöffnete Waikino Station Café, das sich bis auf den Bahnsteig ausdehnt.

Ohinemuri Estate Winery and Café, Moresby St, Karangahake, ✆ 07/862 8874, 🖥 www.ohinemuri.co.nz. Auf dem Weingut kann man nicht nur edle Tropfen und kleine, feine, mediterran angehauchte Speisen kosten, sondern auch übernachten: in einem schönen Selbstversorger-Apartment, das in den Heuschober eingebaut wurde. Bei gutem Wetter wird an Sommersonntagen nachmittags klassische Live-Gitarrenmusik

geboten. ⏰ Dez–Feb tgl. 10–17, März–Nov Mi–So 10–17 Uhr. ❹

Weitere Unterkünfte in der Region sind z. B.:
Golden Owl Backpacker Lodge, 3 Moresby Rd, Karangahake, ✆ 07/862 7994, 🖥 www.goldenowl.co.nz. Gemütliche Dorms ($25) und Zimmer ❷.

Karangahake River Lodge & Campervan Park, 45 River Rd, ✆ 07/862 8481, 🖥 www.river-road. co.nz; am Flussufer. Stellplätze mit Anschlüssen $25, Lodge ❷, Motelzimmer ❹

Im **L&P Café & Bar** neben der Touristeninformation von Paeroa gibt's Eiscreme mit L&P-Geschmack und außerdem herzhafte Fernfahrerkost, beispielsweise Gourmet-Burger. ⏰ Mo–Di 8.30–15, Mi–Sa 8.30–20.30, So 8.30–20 Uhr.

Paeroa Information Centre, Taylors Avenue, Ecke Seymour St. ⏰ tgl. 9–16 Uhr.

Busse nach AUCKLAND 2x tgl., 2 1/2 Std., und HAMILTON 2x tgl., 1 1/2 Std.

Te Aroha

Am Rande der Hauraki Plains, 21 km südlich von Paeroa am SH26, liegt die Stadt Te Aroha, die für das einzige edwardianische Kurbad Neuseelands bekannt ist. Der kleine, gepflegte Ort schmiegt sich an die bewaldeten Hänge des Kaimai Mamaku Forest Park und wird überragt vom 954 m hohen Mount Te Aroha, einem beliebten Ziel für unternehmungslustige Wanderer.

Die Stadt wurde 1880 am äußersten schiffbaren Abschnitt des Waihou River gegründet. Im darauffolgenden Jahr fand man reiche Goldvorkommen am Mount Te Aroha, was einen enormen Goldrausch auslöste, der bis 1921 andauerte. Innerhalb weniger Monate nach Gründung des Ortes errichtete die Bevölkerung um eine Gruppe von heißen Sodaquellen die attraktive Hot Springs Domain, bereits zehn Jahre später Neuseelands beliebtester Mineralbadkomplex. Für Privatsphäre sorgten abgegrenzte Bereiche, die jedoch fast alle in der edwardianischen

Epoche Anfang des 20. Jhs. erneuert wurden. Inzwischen hat man das schöne Ensemble der Originalgebäude liebevoll restauriert und durch modernere, aus den Quellen und dem nahe gelegenen Mokena-Geysir gespeiste Badebecken ergänzt.

Das etwa 18 ha große Areal der Hot Springs Domain befindet sich am südlichen Stadtende in der Whitaker Street. Wer zu den Bädern will, folgt einfach den zahlreichen Schildern zu den **Spa Baths**. Das Blubberwasser in den Badekabinen hat rund 40 °C. Wer sich eine Aromatherapie gönnen möchte, nimmt eine freistehende Kingsize-Badewanne, in die ein paar Tropfen Badeöl gegeben werden. Die sechs Holzwannen, in die nur pures Wasser gefüllt werden darf, sind aber größer. Ein 30-minütiges Bad im warmen Wasser reicht vollkommen aus. Das alkalische Wasser soll z. B. gegen Arthritis helfen und dem Körper auch schädliche Schwermetalle entziehen. Nach dem Bad ist die Haut unglaublich weich – anschließend nicht gleich duschen. Im Winter wärmen sich viele Leute gern in den dampfenden Bädern auf, im Sommer hält sich der Andrang in Grenzen. Weil die Hitze aber auch Nebenwirkungen (Schwindel etc.) haben kann (selbst bei topfitten Personen) darf man die Bäder nicht allein betreten. ◷ Ostern bis Labour Day tgl. 10.30–22 Uhr, Labour Day bis Ostern Mo–Do 11–21, Fr–So 10.30–22 Uhr; 30 Min. $15 p. P., mind. 2 Pers.; Reservierung erforderlich unter ✆ 07/884 8717, ⌨ www.tearohapools.co.nz.

Ganz in der Nähe liegt der **Wyborn Leisure Pool**, ein Freibadkomplex (Eintritt $6) mit ganz normalem, gechlortem Wasser. Außerdem gibt es ein 32 °C warmes Kinderbecken und ein Spa (rund 38 °C). Gleich daneben, in einem Holzhäuschen, befinden sich ein **Café** und ein kostenloses **Fußmassage-Spa**.

Am Hang hinter den Bädern liegt der launenhafte **Mokena-Geysir**, dessen Strahl etwa alle 40 Minuten hochschießt. Weil die Kurbäder versorgen muss, kann er sich nicht immer zu Höchstleistungen aufschwingen – die beste Zeit, um ihn in Aktion zu sehen, ist zwischen 12 und 14 Uhr. Hier beginnt ein Weg zum Gipfel des **Mount Te Aroha**, welcher der Sage nach vom jungen Arawa-Häuptling Kahumatamomoe getauft wurde. Dieser hatte sich im weiten Sumpf-

gebiet verirrt, als er sich auf dem Heimweg nach Maketu in der Bay of Plenty befand. Kahumatamomoe erklomm den Berg, erspähte von oben die vertraute Uferlinie und nannte den Gipfel zu Ehren seines Vaters und seiner Verwandten Te Aroha („Liebe").

In einem alten Sanatorium direkt unterhalb der Kuranlage vor dem Krocketrasen ist das städtische **Museum** untergebracht. Zu den zahlreichen Ausstellungsstücken gehören u. a. zwei wunderschön verzierte viktorianische Royal-Doulton-Waschschüsseln und eine chemische Analyse des örtlichen Heilwassers. ◷ tgl. Labour Day bis Ostern 11–16, Ostern bis Labour Day 13–15 Uhr, Eintritt $3.

Vom Ausgang der Domain an der Boundary Street gelangt man zur 1926 erbauten **St Mark's Anglican Church**, Church, Ecke Kenrick Street. Sie wäre nicht weiter erwähnenswert, wenn sie nicht eine 1712 erbaute Orgel hätte, allem Anschein nach die älteste in der ganzen südlichen Hemisphäre. Auf Anfrage lassen sich kleine Orgelkonzerte arrangieren; Auskunft beim i-SITE.

In Te Aroha finden sich Mittelklasse- und Boutiquehotels, zu buchen beim i-SITE.
YHA, Miro St, nahe Brick St, ✆ 07/884 8739, ⌨ www.stayyha.com. Die kleine, einfache Jugendherberge zählt zu den ältesten Neuseelands und befindet sich ca. 10 Min. zu Fuß vom Visitor Centre in einem gemütlichen, hübschen Holzhaus an den unteren Hängen des Mount Te Aroha. Faszinierende Ausblicke von den Hängematten unter Kanuka-Bäumen und kostenloser Fahrradverleih. Dorms $20, Zimmer ❶
Homestead Mountain View, 3 Riverview Lane, ✆ 07/884 7438, ⌨ www.tearoha-info.co.nz/homesteadmountainview. Hübsch gelegenes, neues B&B in einer restaurierten Villa aus den 1890er-Jahren, nur 3 Min. Fahrzeit von der Stadt. ❻
Te Aroha Holiday Park, 217 Stanley Rd South, ✆ 07/884 9567, ⌨ www.tearohaholidaypark.co.nz. Gut in Schuss gehaltener Campingplatz 3 km außerhalb des Ortes inmitten von mächtigen Eichen an der Straße Richtung Hamilton (SH26). Besitzt ein von Mineralwasser gespeistes Felsbecken (abends zum Baden

geöffnet). Stellplätze ohne/mit Anschlüssen $12/15, Dorms $20, On-site Vans und Cabins ❶, Flats und Cottages ❶–❸

Essen

Banco, 174 Whitaker St. Das Lokal in einem bezaubernden ehemaligen Bankgebäude mit Antiquitäten und Regalen voller Delikatessen ist die erste Wahl, wenn's ums Essen geht. ⏱ Do–Mo mind. 10–17 Uhr plus regelmäßige Events wie Tapas-Nächte, Whisky-Nächte usw.
Berlusconi, 149 Whitaker St. Antipasti und klassische italienische Gerichte, dazu edle Tropfen (Hauptgerichte abends um $30). ⏱ Mi ab 17 Uhr, Do–So ab 10 Uhr bis spät abends.
Ironique, 159 Whitaker St, Ecke Kenrick St. Die mit modernen Eisenskulpturen geschmückte Café/Bar eignet sich hervorragend zum Brunch, für Snacks und Abendgerichte wie Wildbret in Orangenmarinade und Schweinebraten mit Pistazienkruste (Hauptgericht abends um $30).
Pulse, 140 Whitaker St. Das Tagescafé im Retrostil bietet leckeren Kaffee, kostenlosen Internetzugang und eine Kleiderstange voll lässiger Secondhandklamotten.
The Crossing, 183 Whitaker St. Hat preisgünstiges Frühstück und bereitet eine in der ganzen Stadt berühmte Gourmetpizza zu. ⏱ Di–Mi 9–18, Do–Fr 9–20, Sa–So 9–16 Uhr.

Sonstiges

Alle wichtigen Einrichtungen – Banken, Post, Bibliothek – finden sich in oder nahe der Whitaker Street.

Informationen

i-SITE Visitor Centre, 102 Whitaker St, neben dem Eingang zur Domain, ✆ 07/884 8052, 🖥 www.tearohanz.co.nz. Hat allgemeine Infos und DOC-Broschüren über die nähere Umgebung, beispielsweise *Te Aroha and Waiorongomai Walks* ($2), die lohnende Tageswanderungen in der Gegend beschreibt. ⏱ Mo–Fr 9.30–17, Sa und So 9.30–16 Uhr.

Transport

Busse nach HAMILTON (2x tgl., 1 Std.) und THAMES (1x tgl., 50 Min.).

Die Coromandel Peninsula

Die gebirgige Coromandel Peninsula trennt den Hauraki Gulf vom Pazifik. Sie besitzt wunderbare Surf- und Badestrände und ein angenehm mildes Klima. Im **Westen** fallen Klippen und Hügel steil zum Meer ab und lassen wenig Platz für einen schmalen Küstenstreifen. Reichlich Schatten spenden die hier gedeihenden Pohutukawa-Bäume, die von Mitte November bis Dezember ihre üppige rote Blütenpracht entfalten. Die Strände liegen meist geschützt und eignen sich für Erkundungstouren, allerdings kann man vielerorts nur bei Flut schwimmen.

Die Mehrzahl der Touristen zieht es ohnehin an die **Ostküste**, denn dort liegen ausgedehnte weiße Sandstrände mit eindrucksvoller, wenngleich manchmal gefährlicher Brandung. In den 1960er- und 1970er-Jahren lockten die niedrigen Grundstückspreise in den verfallenden ehemaligen Goldgräberorten sowie die faszinierende Mischung aus Busch, Hügeln und Stränden Hippies, Künstler und New-Age-Anhänger an. Die meisten verdienten sich ihren Lebensunterhalt mit Landwirtschaft, holistischen Gesundheits- oder Meditationszentren.

Daneben schufen bzw. schaffen Maler, Töpfer und Kunsthandwerker z. T. bemerkenswerte Arbeiten; die i-SITEs haben detaillierte Infos zu den über die Halbinsel verstreuten Werkstätten.

Inzwischen lassen sich immer mehr Auckländer hier fest nieder oder pendeln. Sie verwandeln nach und nach ihre alten *baches* (kleine Ferienhäuser, meist aus Holz) in kostspielige Designeranwesen, wodurch sowohl das Ansehen der Region als auch die Lebenshaltungskosten steigen.

Die zerklüftete **Coromandel Range** im Landesinneren – vor Millionen von Jahren durch vulkanische Aktivität entstanden und seither von dichtem Regenwald bedeckt – wird von den Maori als Kanu gedeutet:

Der **Mount Moehau** an der Nordspitze von Coromandel soll den Bug darstellen und der Mount Te Aroha im Süden, am Rande der Hauraki Plains, das Heck. Die Gipfelregion des Mount

Moehau ist heiliges Maori-Land – sie gilt als legendäre Begräbnisstätte von Tama Te Kapua, dem Kapitän des Kanus *Te Arawa* aus der Zeit der „Großen Migration".

Am unteren Ende der Halbinsel wartet die frühere Goldgräberstadt **Thames** mit ihrem reichen Erbe auf und bietet sich als guter Ausgangspunkt für eine Erkundung des bewaldeten **Kauaeranga Valley** an, durch die zahlreiche Wanderwege führen. Weiter nördlich empfiehlt sich in der hübschen Kleinstadt **Coromandel** eine Fahrt mit der **Driving Creek Railway**. Außerdem beginnt ganz in der Nähe die **309 Road**, die quer durch die Halbinsel verläuft und an den Waiau Waterworks sowie einem imposanten Kauri-Wald vorbeiführt.

Wer wahre Abgeschiedenheit sucht, sollte das winzige **Colville** und die Nordspitze der Halbinsel ansteuern.

Der geteerte Highway 25 hingegen führt von Coromandel gen Osten zur **Mercury Bay**, deren Mittelpunkt die reizvolle Stadt **Whitianga** ist. Nahebei lockt der **Hot Water Beach** täglich Hunderte von Besuchern an, die Löcher in den Sand buddeln, um sich anschließend im warmen Wasser zu entspannen. Andere Urlauber wiederum ziehen das **Cathedral Cove Marine Reserve** mit seinen fantastischen Buchten und hervorragenden Schnorchelbedingungen vor.

Noch mehr Strände reihen sich an der Küste weiter südlich aneinander: in der Gegend von **Whangamata** sowie bei **Waihi Beach**, dem Küstenpendant zu **Waihi**.

Die Coromandel Peninsula zählt zu den beliebtesten Ferienzielen der Nordinsel, und vor allem zwischen Ende Dezember und Ende Januar geht es hier äußerst lebhaft zu. In dieser Zeit kann sich die Unterkunftssuche extrem schwierig gestalten, weshalb eine frühe Reservierung unumgänglich ist. Während der restlichen Sommermonate hält sich die Besucherzahl in Grenzen (abgesehen von langen Wochenenden), und im Winter ist ein Großteil der Halbinsel verlassen, obwohl das Klima fast das ganze Jahr über mild bleibt.

Nicht vergessen: **Camping** ist ausschließlich auf offiziellen Campingplätzen erlaubt. Wildes Campen wird sofort mit einem Bußgeld bestraft.

Thames und Umgebung

Die ehemalige Goldgräberstadt Thames ist das Eingangstor zur Coromandel-Halbinsel und ihr wichtigstes Versorgungszentrum, dabei aber erfrischend unprätentiös. Mit dem guten Angebot an Gästebetten, Lokalen, Verkehrsverbindungen und meist niedrigeren Preisen als anderswo stellt Thames ein prima Hauptquartier für die Erkundung der Halbinsel dar.

Eigentlich nahm die zwischen dem Firth of Thames und der Coromandel Range eingezwängte Stadt ihren Anfang als zwei Niederlassungen: Grahamstown im Norden und Shortland im Süden. 1867 wurde in einem kleinen Flussbett bei Thames goldhaltiges Quarz entdeckt, und nur vier Jahre später hatte sich Grahamstown zur größten Stadt Neuseelands gemausert. Es zählte rund 20 000 Einwohner und mehr als 120 Kneipen, von denen heute nur noch eine Hand voll übrig sind. Zur Goldförderung waren aber teure Maschinen notwendig, deshalb verlor der Goldbergbau bereits in den 1880er-Jahren an Bedeutung und geriet nach 1913 fast vollständig in Vergessenheit. Dennoch verdankt die Stadt dem Bergbau ihre Attraktionen, mit deren Besichtigung man einen halben Tag verbringen kann. Von der Stadt aus lässt sich gut das **Kauaeranga Valley** erreichen, ein beliebtes Ziel für Wanderungen im Coromandel Forest Park.

Sehenswertes

Zwei kostenlose Broschüren beschreiben die architektonischen Sehenswürdigkeiten von Thames: *Historic Grahamstown* und *Historic Shortland & Tararu*. Sie enthalten Pläne, auf denen genau eingezeichnet ist, wie man (zu Fuß) zu den einzelnen Gebäuden gelangt.

Wer Näheres über die Goldgräbergeschichte der Stadt erfahren möchte, besucht die ehrenamtlich geführte **Goldmine Experience**, Tararu Rd, ☎ 07/868 8514, 🖳 www.goldmine-experience.co.nz. Eine informative, 45-minütige Tour führt durch die alte, unterirdische Erzbrechanlage. Den schmalen, horizontalen Schacht haben nur mit Schaufeln bewaffnete Bergleute aus Cornwall gegraben. ⏰ im Sommer tgl. 10–16, im Winter Sa, So und feiertags 10–16 Uhr, Eintritt $15.

COROMANDEL PENINSULA

N

0   15 km

Cape Colville
Port Jackson
Fletcher Bay
Poley Bay
Stony Bay
COROMANDEL WALKWAY
Port Charles
Fantail Bay
Mt Moehau (892 m)
PORT JACKSON RD
PORT CHARLES RD

PAZIFIK

Waikawau Bay
Little Bay
Colville
COLVILLE ROAD

Kennedy Bay
New Chums Bay
Whangapoua
Matarangi
Kuaotunu

Mercury Islands

Te Rerenga
Coromandel
25

HAURAKI GULF

Waiau Waterworks
Castle Rock (521 m)
Waiau Falls
Kauri Grove
Manaia
309 ROAD

Whitianga

Mercury Bay

CATHEDRAL COVE MARINE RESERVE
Cathedral Cove
Cooks Beach
Hahei
Hot Water Beach

Kereta
Pohutukawa Coast
25

Whenuakite

Coroglen
25

COROMANDEL RANGE

Tapu

Rapaura Water Gardens
Square Kauri
COROMANDEL FOREST PARK
Pinnacles Hut
The Pinnacles (759 m)

Tairua
Pauanui

Firth of Thames

DOC Office
Kauaeranga Valley
Broken Hills

Hikuai
Opoutere

Thames
Kopu

Miranda

Pipiroa
25
Waihou River

Whangamata

Ngatea
2
2

26

Wentworth Falls
Wentworth Valley
25
COROMANDEL FOREST PARK

Hauraki Plains

27

Paeroa
Karangahake Gorge
Waikino
Waihi
Waihi Beach

KAIMAIMAMAKU FOREST PARK
2

▼ Te Aroha (10 km)   ▼ Tauranga (57 km)

Verwöhnoase

Cotswold Cottage, 46 Maramarahi Rd, 3 km südlich der Stadt, abseits des SH25, ✆ 07/868 6306, 🖳 www.cotswoldcottage.co.nz. Die liebevoll restaurierte Villa aus den 1920er-Jahren in einem Garten am Stadtrand hat 3 Zimmer mit Bad und herrlicher Aussicht über den angrenzenden Fluss und die Hügel. Ein köstliches warmes Frühstück ist im Preis inbegriffen; auf Anfrage gibt's auch Abendessen (2-/3-Gänge-Menü $39/49). ⑥

Einen Besuch lohnen auch das **Historical Museum**, Bella St, ⊙ tgl. 13–16 Uhr, $5, das **Museum of Technology**, Cochrane St, ✆ 07/868 8696, ⊙ nach Voranmeldung, $4, und das **School of Mines & Mineralogical Museum**, Brown St, ⊙ Okt–März tgl. 11–16, April–Sep Mi–So 11–15 Uhr, $5, jeweils nicht mehr als 100 m voneinander entfernt.

Nahe der Kreuzung von Brown Street und Amy Street führt ein kurzer Plankenweg durch Mangroven zum **Karaka Bird Hide**. Zur Beobachtung von Zugvögeln – z. B. Strandläufern, Pfuhlschnepfen, Krähenscharben und Seeschwalben – eignet sich am besten der Zeitraum zwei Stunden vor bzw. nach der Flut, insbesondere zwischen Oktober und Februar.

Im magischen **Butterfly and Orchid Garden**, 3,5 km nördlich von Thames, im Dickson Holiday Park, Victoria Street, unweit des SH25, 🖳 www.butterfly.co.nz, lässt sich im tropischen

Super-Hostel

YHA Sunkist International Backpackers, 506 Brown St, ✆ 07/868 8808, 🖳 www.sunkistbackpackers.com. Stimmungsvolles Hostel in einem ehemaligen Pub aus den 1860er-Jahren mit großem Balkon und Hängematten im Garten. Die Serviceleistungen umfassen u. a. Geländewagenvermietung und kostenlosen Fahrradverleih. Auf Anfrage halten die InterCity-Busse direkt vor der Tür, man kann sich aber auch kostenlos von der Bushaltestelle abholen lassen. Zeltplätze $18, Dorms $24, Zimmer ❷

Gewächshaus zwischen Hunderten herumflatternder Schmetterlinge ein meditatives halbes Stündchen verbringen. Hier sind immer ungefähr 20 bis 30 Spezies anzutreffen; wegen der kurzen Lebensdauer der Insekten (rund 2–3 Wochen) bevölkern monatlich über 1000 dieser fragilen geflügelten Wesen den Garten. Ungefähr die Hälfte wird im Larvenstadium hergebracht und schlüpft vor Ort. ⊙ tgl. Nov–März 10–16, April–Okt 10–15 Uhr, Eintritt $9,50.

Vom **WWI Memorial und Aussichtspunkt** auf einem Hügel, erreichbar von der Waiotahi Creek Road aus, kann man traumhafte Sonnenuntergänge erleben.

Übernachtung

Thames hat eine große Auswahl an Unterkünften. Die meisten sind außerhalb des Stadtzentrums angesiedelt und in der Regel von guter Qualität.

Coastal Motor Lodge, 608 Tararu Rd (SH25), 2,5 km nördlich der Stadt, ✆ 07/868 6843, 🖳 www.staycoastal.co.nz. Komplex mit gut ausgestatteten „Cottage"-Units und geräumigen A-frame-Chalets (AC; jeweils für 2 Pers.) mit super Blick über den Firth. Cottages ❹, Chalets ❺

Dickson Holiday Park, Victoria St, 3,5 km nördlich des Zentrums, abseits des SH25, ✆ 07/868 7308, 🖳 www.dicksonpark.co.nz. Großer, gut gepflegter Campingplatz in einem hübschen Tal. Ausgezeichnete Einrichtungen inkl. Pool. Auf Wunsch Abholung von Thames. Dorms $26, Cabins und On-site Caravans ❶–❷, Flats ❸

Gateway Backpackers, 209 Mackay St, ✆ 07/868 6339, 🖳 www.gatewaybackpackers.co.nz. Freundliches Hostel nahe dem i-SITE und der Bushaltestelle, untergebracht in zwei Holzhäusern mit einem Innenhof. Gäste können kostenlos Fahrräder leihen. Dorms $23, Zimmer ❶, mit Bad ❷

Essen und Unterhaltung

Der **Supermarkt** Pak 'n Save liegt zentral. Außerdem kann man im **Organic Co-op**, 736 Pollen St, ⊙ Mo–Fr 9–17, Sa 9–12 Uhr, einkaufen, oder auf dem **Markt**, am nördlichen Ende der Pollen Street,

Thames

▲ **A** (1,5 km), **B** (2,5 km), Butterfly & Orchid Garden (2,5 km), Coromandel (55 km), Whitianga (100 km)

Coromandel Peninsula, Bay of Plenty und Eastland

DOC Field Centre, Kauaeranga Valley (13 km)

Restaurants, Cafés & Bars

Bullion	6
Chequers, Mama Gin's	2
Food for Thought	4
Kopu Station Hotel	7
Nectar	1
Rocco	5
Sola Café	3

Übernachtung

Coastal Motor Lodge	A
Cotswold Cottage	F
Dickson Holiday Park	B
Gateway Backpackers	D
YHA Sunkist International Backpackers	C

▼ **F** (500 m), **7** (4,8 km), Auckland (115 km), Tauranga (116 km)

⊙ Sa 9–12 Uhr, wo es außer Nahrungsmitteln auch Kleidung und andere Dinge gibt.

Viel übertriebener Hype wird um die traditionellen **Bars** von Thames gemacht. Besser bedient ist man bei **Mama Gin's** in der Stadt oder im **Kopu Station Hotel**, ein paar Kilometer außerhalb. Wer Lust auf Kino hat, geht ins Multiplexkino **Thames Cinema**, 708 Pollen St.

Die meisten Restaurants befinden sich in der Pollen Street.

Leckeres für Vegetarier und Veganer

Sola Café, 720b Pollen St. Angesagtes vegetarisches Tagescafé, serviert ausgezeichneten Kaffee, proteinreiche warme Mahlzeiten, Salate, Snacks und Sachen für Veganer, darunter auch ein paar glutenfreie Gerichte.

Bullion, 404 Pollen St, ☎ 07/868 7270. Ohne Reservierung ist in diesem klassischen Restaurant kaum ein Platz zu haben. Aufgetischt werden Köstlichkeiten wie Wildbret-Kroketten, gefolgt von Wildschweinbraten und Fenchelwürstchen auf Bohnenpüree mit Avocadoöl. ☉ ab 17 Uhr.

Chequers, 710 Pollen St. An Schachbretttischen und Holztischen, die rund um die Bäume im sonnigen Hof aufgebaut wurden, gibt's köstlichen Kaffee und süßes Gebäck. ☉ Mo–Fr 7.30–16, Sa und So 7.30–14 Uhr.

Food for Thought, 574 Pollen St. Das zentral gelegene Tagescafé ist in Neuseeland für seine hausgemachten Pasteten (v. a. mit Hühnchen- oder Gemüsefüllung) schon mehrfach ausgezeichnet worden. Daneben hat es auch eine verführerische Auswahl an Kuchen und ausgezeichneten Kaffee. ☉ Mo–Fr 6.30–15.30, Sa 7–13.30 Uhr.

Kopu Station Hotel, SH25, Ecke SH26, Kopu. Das „Kopu", ein paar Kilometer südlich der Innenstadt von Thames, zählt zu den Lieblingsbühnen verschiedener regelmäßig auftretender Livebands. Es ist ein ungezwungenes Lokal mit einer umfangreichen Getränkekarte (darunter viele Specials) und einem Biergarten.

Mama Gin's, 748 Pollen St. Coole, schummrige Bar mit schwarz-weißer Blümchentapete, polierten Holztischen und einem erlesenen Veranstaltungsprogramm, z. B. Livemusik, Großstadt-DJs, Autorenlesungen und Jamsessions. ☉ Mi–Sa ab 19 Uhr bis spät.

Rocco, 109 Sealey St, ☎ 07/868 8641. In dieser stilvollen Holzvilla von der Wende zum 20. Jh. bekommt man hochwertige spanische Küche, Tapas (darunter gebackene Coromandel-Muscheln) und leckere Sattmacher wie Lammrücken. Hauptgerichte um $30.

Alkoholausschank. ☉ tgl. zum Mittagessen, Di–So auch Abendessen.

Sonstiges

In der Haupteinkaufsstraße, der Pollen Street, sind **Banken**, **Reisebüros** und die **Post** versammelt.

Autovermietungen

Michael Saunders Motors, ☎ 0800/111 110, **John Davy Rentals**, ☎ 07/868 6868, und **YHA Sunkist International Backpackers** (s. o.) lassen ihre preiswerten Fahrzeuge ab ungefähr $40–65 pro Tag auch auf die rauesten Straßen der Halbinsel los.

Fahrradverleih

Paki Paki Bike Shop, Goldfields Mall, nahe Mary St, ☎ 07/867 9026, 🖳 www.pakipakibikeshop.co.nz, verleiht Tourenräder.

Price & Richards, 430 Pollen St, ☎ 07/868 6157, vermietet Mountainbikes.

Informationen

i-SITE Visitor Centre, 206 Pollen St, ☎ 07/868 7284, 🖳 www.thamesinfo.co.nz, hat **Internetzugang** und ausführliches Material über die Stadt und die Coromandel Peninsula (auch Gezeitentabelle für den Hot Water Beach). ☉ Sommer Mo–Fr 8.30–17, Sa und So 9–16, Winter Mo–Fr 9–16, Sa 9–13, So 12–16 Uhr.

Taxis

Die Stadt kann problemlos zu Fuß erkundet werden, aber es stehen auch Taxis von **Thames Taxis**, ☎ 07/868 3100, zur Verfügung.

Transport

Die **Busse** halten vor dem i-SITE Visitor Centre, 206 Pollen St.

Busse nach:
AUCKLAND 4x tgl., 2 Std.;
COROMANDEL 2x tgl., 1 1/4 Std.;
HAMILTON 1x tgl., 1 1/2 Std.;
MOUNT MAUNGANUI 1x tgl., 2 Std.;
TAURANGA 2x tgl., 1 3/4 Std.;
WHITIANGA 3x tgl., 1 3/4 Std.

Kauaeranga Valley

Östlich von Thames erstreckt sich das tiefe Kauaeranga Valley in Richtung des Gebirgszugs, der die Coromandel Peninsula der Länge nach durchzieht. Diese zerklüftete Landschaft mit ihren steilen Klippen und Schluchten wird von den **Pinnacles** (759 m) überragt, wo sich ein fantastischer Ausblick über den Wald mit seinen alten Rata-, Rimu- und Kauri-Beständen bis hin zu beiden Küsten bietet. Man erreicht das Gebiet über eine landschaftlich ansprechende, größtenteils geteerte Straße, die sich am Fluss entlangschlängelt und von der einige der schönsten Wanderwege in der Coromandel Range abgehen.

Wer mit öffentlichen Verkehrsmitteln unterwegs ist, kann die Dienste eines von Sunkist International Backpackers (S. 380) und Gateway Backpackers gemeinsam betriebenen **Shuttlebusses** in Anspruch nehmen ($35 hin und zurück, mind. 2 Fahrgäste).

Wanderungen im Kauaeranga Valley

Das wunderschöne Kauaeranga Valley bietet eine tolle Auswahl an leicht zugänglichen Wanderwegen und lohnende längere Wandermöglichkeiten mit Übernachtung in der großen, vergleichsweise feudalen **Pinnacles Hut** (80 Etagenbetten, $15 p. P., unbedingt im Voraus reservieren über das Kauaeranga-DOC, ✆ 07/867 9080; Backcountry-Hüttenpasse gelten hier nicht). Es gibt auch drei abgeschiedene und sehr einfache **DOC-Campingplätze** im Tal: einen in der Nähe der Pinnacles Hut, einen im Billygoat Basin und einen am Moss Creek (jeweils $5). Grundlegende Informationen enthält die DOC-Broschüre *Kauaeranga Kauri Trail* ($2), Details liefert hingegen die *Hikaui Topo50 map BB35* (1:50 000, rund $9) – beide sind im DOC-Büro erhältlich (S. 384). Dass die Pfade so gut erreichbar sind, verführt manche Wanderer dazu, sie nicht so ernst zu nehmen wie andere Wanderpfade. Doch bei schlechtem Wetter lauern dort alle möglichen Gefahren, deshalb muss man gut vorbereitet und ausgerüstet sein (s. S. 72).

Pinnacles–Billygoat Basin Walk
18 km, 8 Std.
Diese Rundwanderung auf dem Kauaeranga **Kauri Trail** vermittelt einen guten Eindruck von der Region. Sie beginnt am Ende der Straße und führt die ersten 2–3 Std. am Webb Creek entlang auf einem (teilweise sehr steilen) Pfad, den die Waldarbeiter in den 1920er-Jahren mit ihren Packpferden begingen, hoch zur Pinnacles Hut. Von der Hütte ist es ein steiler, 50-minütiger Anstieg (über neue Leitern und Stufen) zu den Pinnacles. Auf dem Rückweg hält man sich hinter der Hydro-Kreuzung Richtung Süden und marschiert durch das Billygoat Basin, wo Infotafeln die Geschichte der Holzfällerei erzählen. Wer nicht so lang laufen möchte, kann auch einfach in 4–5 Std. insgesamt 9 km bis zur Hydro-Kreuzung und durchs Billygoat Basin zurück wandern.

Erfahrene Wanderer haben die Möglichkeit, einen Teil dieses Wanderwegs mit dem Moss Creek Circuit (s. u.) zu kombinieren.

Moss Creek Tramping Circuit
23 km Rundweg; 2–3 Tage
Hat man den Pinnacles Walk hinter sich gebracht und in der Pinnacles Hut übernachtet, ist bereits ein Drittel des gesamten Moss Creek Circuit zurückgelegt. Der anspruchsvolle Rundweg zweigt nun nach Norden ab. Er passiert die Überreste von zwei Kauri-Dämmen, ein altes Holzfällercamp, ein paar schöne Aussichtspunkte sowie den Moss Creek-Campingplatz. Der Weg ist matschig und anstrengend sein. Unterwegs müssen ein paar Flüsse durchquert werden; unbedingt beim DOC den aktuellen Wegzustand erfragen.

Wainora Track
6 km insgesamt, 2–3 Std.
Der moderate, gut begehbare Pfad führt vom Campingplatz Wainora, 7 km hinter dem DOC-Büro, nach Nordosten zu zwei großen Kauri-Bäumen – es sind so ziemlich die einzigen hier in der Gegend, die stehen gelassen wurden.

Coromandel Peninsula, Bay of Plenty und Eastland

Selbstfahrer verlassen Thames in Richtung Süden über die Banks Road und fahren weiter auf der Parawai Road, die später zur Kauaeranga Road wird. Nach 14 km trifft man auf das **DOC-Büro**, ℡ 07/867 9080, wo es nicht nur Karten und Hüttentickets gibt, sondern auch eine Ausstellung über die frühere Kauri-Abholzung im Tal und eine Gepäckaufbewahrung ($2 pro Stück/Tag). ⏰ tgl. 8–16 Uhr. Vom Büro führt ein Rundweg (500 m, 10 Min.) zum maßstabgerechten Modell eines Kauri-Damms, von denen es in diesem Wald früher viele gab.

Entlang der letzten, ungeteerten 9 km vom DOC-Büro bis zum Straßenende beginnen mehrere Wanderwege (s. Kasten S. 383) in den Wald. Dort wird versucht, Kauri-Bäume wiederanzupflanzen. Die meisten Wege enden in der Nähe von einem der acht einfachen **Campingplätze** (mit Toiletten und Flusswasser, $9 p. P.). Für Abenteuerlustige empfiehlt sich eine **Canyoning-Tour** in den Sleeping God Canyon mit Canyonz (S. 177), die von Auckland aus operieren, aber auch in Thames Teilnehmer einsammeln.

Nach Norden Richtung Coromandel

Von Thames schlängelt sich der SH25 gen Norden, bis er nach 58 km den Ort Coromandel erreicht. Die Straße folgt der felsigen Uferlinie der sogenannten **Pohutukawa Coast** (benannt nach den hier zahlreichen Pohutakawa-Bäumen) und passiert eine Reihe kleiner Sandbuchten, in denen zumeist ein paar Häuschen oder ein Campingplatz liegen. Hügel und sandfarbene Klippen bestimmen die ersten 19 km bis **Tapu**, wo die landschaftlich schöne **Tapu–Coroglen Road** zur Ostküste Coromandels abzweigt. Es ist eine bezaubernde, 28 km lange Strecke. Die Straße ist zwar schmal, aber gut befahrbar. Sie lässt die vereinzelten Felder und Weiden der Küste hinter sich und erklimmt das hügelige Rückgrat der Halbinsel.

Selbst wenn man in Tapu nicht zur Ostküste abbiegen möchte, lohnt der 6,5 km lange Abstecher zu den **Rapaura Water Gardens**, ℡ 07/ 868 4821, 🖥 www.rapaurawatergardens.co.nz, einer angelegten „Wildnis" mit Busch und Blu-

men, Seerosenteichen und einem plätschernden Bach. Die von zahlreichen Pfaden durchzogene Anlage ist übersät mit Tafeln, deren philosophische Botschaften zum Anhalten und Nachdenken bewegen. Es gibt einige Picknickplätze und ein ausgezeichnetes Café. Man kann hier luxuriös übernachten: entweder in einem reizenden Cottage für zwei Personen ❻ oder in einem schön gelegenen Haus mit zwei Schlafzimmern ❽. ⏰ tgl. 9–17 Uhr, im Winter evtl. kürzere Öffnungszeiten, Eintritt $12.

Zurück auf dem SH25 folgt man der Küste, bis nach 23 km der Ort Coromandel in Sicht kommt.

Coromandel und Umgebung

Die nördlichste Stadt von Bedeutung ist das bezaubernde kleine Coromandel, 58 km hinter Thames, das zu Füßen schroffer Hügel am oberen Ende des Coromandel Harbour liegt. Besonders schön lässt sich die Bucht bei einem Ausflug mit der Schmalspureisenbahn durch das hügelige Umland erkunden.

Stadt und Halbinsel verdanken ihren Namen einem Versorgungsschiff der britischen Admiralität. Die *Coromandel* lief 1820 in die Bucht ein, um sich Spiere und Masten aus Kauri-Holz zu besorgen. Eine wesentlich stärker gewinnorientierte europäische Invasion wurde 1852 durch die Entdeckung von Gold am Driving Creek im Nordteil der Stadt ausgelöst. Der anschließende Boom hinterließ seine Spuren in Form mehrerer schöner Holzgebäude.

Sehenswertes

Das malerische Stadtzentrum mit einer Reihe von Gebäuden aus der Goldgräberzeit erstreckt sich entlang der Hauptstraße. Von Süden geht der SH25 in die Tiki Road über, die kurz darauf an einer T-Kreuzung endet: Die Wharf Road verläuft am Hafen entlang, und die von Cafés und Geschäften gesäumte Kapanga Road führt direkt ins Zentrum. Die Kapanga Road ändert ihren Namen einige Blocks später in Rings Road, bevor sie die Stadt gen Norden als Colville Road verlässt.

Die Hauptattraktion von Coromandel ist die **Driving Creek Railway and Potteries**, Driving

Creek Rd, ☎ 07/866 8703, 🖥 www.drivingcreek
railway.co.nz. Die einzige Schmalspurbahn des
Landes, rund 3,5 km nördlich der Stadt, wurde
größtenteils von Hand erbaut und war die Idee
des ortsansässigen Töpfers und Eisenbahn-
Enthusiasten Barry Brickell, der sich damit Zugang zum lehmhaltigen Hügelland verschaffen
wollte.

Auf dem reizvollen, von Kommentaren begleiteten Trip eröffnen sich spektakuläre Ausblicke
von einem hölzernen Aussichtsturm, dem Eyefull
Tower. Außerdem lassen sich einige bautechnische Meisterleistungen bewundern. ◷ tgl. 10.15
und 14 Uhr, im Sommer bis zu vier zusätzliche
Touren; 1 Std. hin und zurück, $20, Reservierung
erforderlich. Die 3 km lange Fahrt beginnt und endet bei den Werkstätten, wo alle möglichen Töpferwaren aus Steingut und Terracotta zu sehen
sind. Dort gibt es auch ein Video über Brickell
zu sehen und einen Skulpturengarten in einem
Schutzgebiet für einheimische und Zugvögel.

Etwa 1,5 km weiter nördlich erreicht man die
Abzweigung zum **Coromandel Goldfields Centre
& Stamper Battery**, Buffalo Rd, wo man in die
Geschichte des Goldabbaus auf der Halbinsel
eingeweiht wird. Im Rahmen der einstündigen
Führung wird die noch völlig intakte Erzbrech-
anlage von 1899 in Betrieb genommen, um den
Vorgang der Goldverarbeitung zu demonstrieren.
◷ beim i-SITE erfragen; 1-stündige Führung $10.

3 km westlich der Stadt erreicht man über die
Wharf Road den Strand von **Long Bay**, wo man
einen netten Spaziergang durch ein landschaft-
liches Schutzgebiet unternehmen kann (40 Min.).
Der markierte Weg beginnt etwa 100 m hinter
dem Long Bay Motor Camp und führt durch den
Busch zu einem uralten Kauri-Baum hinauf. An
der Kreuzung mit einer Schotterstraße zweigt
man rechts ab nach Tucks Bay und folgt dem
Küstenpfad zurück.

Übernachtung

Coromandel hat eine erstaunlich gute Auswahl
an Unterkünften.
Coromandel Colonial Cottages, 1737 Rings Rd,
1,5 km nördlich der Stadt, ☎ 07/866 8857,
🖥 www.corocottagesmotel.co.nz. Acht
schmucke weiße Holz-Cottages (manche mit bis
zu 6 Schlafplätzen) in ruhigem Garten. Großer,

Buffalo Lodge, Buffalo Rd, ☎ 07/866 8960,
🖥 www.buffalolodge.co.nz. Die Künstlerin
Evelyne hat ihr Wohnhaus hoch oben im Busch
nördlich der Stadt selbst entworfen. Von den
3 Gästezimmern (alle mit eigener Veranda)
eröffnen sich atemberaubende Ausblicke auf
die See. Großartiges Dinner (3 Gänge, $95 p. P.,
2 Tage im Voraus zu bestellen), zubereitet mit
Bioprodukten, die überwiegend aus Evelynes
Garten stammen. ◷ Mai–Sep geschlossen; für
Kinder nicht geeignet. ❼

solarbeheizter Pool, Kinderspielplatz und
BBQ-Bereich. Cottages mit 1 Schlafzimmer ❸,
mit 2 Schlafzimmern ❹
Coromandel Town Motel, Holiday Park &
Backpackers, 636 Rings Rd, ☎ 07/866 8830,
🖥 www.coromandelholidaypark.co.nz. Auf dem
weitläufigen Gelände 3 Min. zu Fuß nördlich der
Stadt hat man die Wahl zwischen einem Hostel
mit allem Drum und Dran, Wohnwagen-
unterkunft und gut ausgestatteten Motel Units.
Es gibt einen Pool für alle, außerdem
Fahrradverleih. Dorms $25, Stellplätze mit
Anschlüssen $12, Units ❸
Jacaranda Lodge, 3 km südlich des Ortes
in der Tiki Road (SH25), ☎ 07/866 8002,
🖥 www.jacarandalodge.co.nz. Modernes B&B
inmitten von Farmland mit äußerst komfortablen
Zimmern (die meisten mit Bad). Auch
eine umfangreiche DVD-Sammlung von
Neuseelandfilmen und leckeres *continental
breakfast*, u. a. mit hausgemachtem Müsli und
Säften und Marmeladen aus dem eigenen
Obstgarten. ❺
Lion's Den, 126 Tiki Rd, ☎ 07/866 8157.
Kuschliges kleines Hostel, sehr beliebt bei
Rucksackreisenden, denn es hat gemütliche,
farbenfrohe Gemeinschaftsräume, einen
tropischen Garten und eine lockere WG-
Atmosphäre. Dorms $24, Zimmer ❶
Tui Lodge, 60 Whangapoua Rd, nahe dem SH25,
☎ 07/866 8237, ✉ tuilodge@paradise.net.nz.
Sehr nette und günstige Backpacker-Unterkunft
in verwinkeltem Haus mit einem (Obst-) Garten;
10 Min. zu Fuß südlich der Stadt, die InterCity-

Camping direkt am Strand

Long Bay Motor Camp, 3200 Long Bay Rd, 3 km westlich der Stadt, ☎ 07/866 8720, ✉ lbmc coromandel@xtra.co.nz. Ruhiger Platz am Strand; geniale Aussicht, ungefährliches Schwimmen und Kajakverleih ($10/Std.). Es stehen auch Stellplätze ohne Anschlüsse in der versteckten Tucks Bay zur Verfügung, weniger als 1 km Fahrt durch den Busch oder 5 Min. Fußweg übers Gelände. Camping $14–20, Stellplätze mit Anschlüssen $15–25, Cabins ❷

Busse halten vor der Tür. Dorms, viele DZ. Kostenlose Benutzung der Waschmaschine; Tee, Kaffee und frisches Obst (zur Erntezeit), Fahrräder, Grill und Sauna. Camping $15, Dorms $25, Zimmer ohne/mit Bad ❶–❷

YHA Tidewater Tourist Park, 270 Tiki Rd, ☎ 07/866 8888, 💻 www.tidewater.co.nz. Superkomfortables Motel und angegliedertes YHA-Hostel auf großem Gelände, 200 m vom Zentrum nahe dem Hafen. BBQ-Bereich, Fahrrad- und Kajakverleih. Geräumige Ferienhaus-Units mit bis zu 6 Schlafgelegenheiten. Stellplätze ohne/mit Anschlüssen $12/15, Dorms $25, Zimmer ❶, Motel Units ❹–❼

Essen und Unterhaltung

In Little Coromandel gibt es überproportional viele Lokale. Vor allem im Sommer ist das Unterhaltungsangebot groß, nicht zuletzt im Bereich Livemusik.

Selbstversorger können rund 5 km südlich der Stadt am Straßenrand bei der **Coromandel Oyster Company** frisches Seafood einkaufen,

Sympathisches Café

Driving Creek Café, 180 Driving Creek Rd, 3,5 km nördlich der Stadt, ☎ 07/866 7066. Coromandel wie es leibt und lebt – ungezwungenes und freundliches Tageslokal mit tollem Blick von Veranda und Garten. Serviert werden guter Kaffee, Snacks und Hauptgerichte. Manchmal gibt's Livemusik.

z. B. Austern und Jakobsmuscheln. Hausgeräucherte Meeresfrüchte und Fisch gibt's in der Stadt bei **The Coromandel Smoking Company**, 70 Tiki Rd.

Admirals Arms, 46 Wharf St, ☎ 07/866 8020. Dank der Auftritte toller DJs und Bands, Kneipenkost und guter Vibes der beliebteste Pub der Stadt.

Lure Restaurant, 46 Wharf St, ☎ 07/866 8020. Die Spezialität des noblen schottischen Restaurants über dem Admirals Arms sind Steaks (und natürlich Whisky). Mit Tischen auf der Veranda nutzt es die Tatsache, „das einzige Restaurant der Stadt mit Meerblick" zu sein, weidlich aus.

Peppertree, 31 Kapanga Rd, ☎ 07/866 8211. Sehr beliebte Bar/Restaurant, das den ganzen Tag Gerichte für den kleinen Hunger bietet. Sitzgelegenheiten drinnen – im Winter prasselt ein Feuer im offenen Kamin – und draußen im Garten. Schanklizenz und BYO. An Sommerwochenenden reservieren. ⏰ vom Frühstück bis zum Abendessen.

Star and Garter, 5 Kapanga Rd. Luftige Bar Baujahr 1873 und überdachter Biergarten mitten in der Stadt. Hier trifft sich ein bunt gemischtes Publikum bei einer tollen Auswahl an Monteith's-Brauerzeugnissen und süffigen Weinen.

The Success Café & Restaurant, 102 Kapanga Rd, ☎ 07/866 7100. Das gemütliche Tagescafé mit einem Hof voller Kirschbäume verwandelt sich abends in ein Bistro/Bar mit edler Kiwi-Küche. Schanklizenz und BYO.

Top Pub, im Coromandel Hotel, 611 Rings Rd, ☎ 07/866 8760. Ein ungezwungenes Lokal zum Abendessen – Seafood, Steaks und Pizza. Im Sommer auch mittags geöffnet.

Sonstiges

Coromandel besitzt mehrere kleine **Supermärkte**, **Tankstellen** und **Banken**.

Autovermietungen

Einer von mehreren Anbietern ist die **GAS-Tankstelle**, 226 Wharf Rd, ☎ 07/866 8736; sie gestattet auch Fahrten auf den unbefestigten Straßen nördlich von Colville.

Informationen und Internet

Das **i-SITE Visitor Centre** und **DOC** haben ein Gemeinschaftsbüro in der 355 Kapanga Road am nördlichen Stadtrand, ☎ 07/866 8598, 🖥 www.coromandeltown.co.nz. Geboten werden u. a. eine Gezeitentabelle für den Hot Water Beach und **Internetzugang**. ⏱ Nov– Ostern tgl. 9–17, Ostern–Okt Mo–Sa 9–17, So 10–14 Uhr.

Transport

Alle Busse halten auf dem Parkplatz gegenüber vom i-SITE.
Busse nach THAMES 1x tgl., 1 1/4 Std.; WHITIANGA 2x tgl., 1 Std.

Richtung Norden zur Fletcher Bay und nach Port Charles

Die Landschaft an der Spitze von Coromandel ist noch wilder als der Rest der Halbinsel – im Inland bestimmen dicht bewachsene Hügel das Bild, und an der felsigen Küste verbergen sich einsame Strände mit schäumender Brandung. Vom Fremdenverkehrsamt erhielt die Gegend den Namen **Pohutukawa Cape**, und tatsächlich werden die Schotterstraßen von uralten Pohutukawa-Bäumen gesäumt, die zwischen Anfang November und Januar leuchtend rot blühen.

In diesem fast unbewohnten Landstrich mit seinen schon lange verlassenen Milchfarmen gibt es nur wenige Versorgungseinrichtungen, sodass man seine Vorräte unbedingt vor dem Aufbruch in Coromandel aufstocken sollte. Um dem wilden **Campen** einen Riegel vorzuschieben, hat das DOC fünf Campingplätze direkt am Wasser eingerichtet. In den ersten zwei Wochen nach Weihnachten sind sie meist komplett ausgebucht, im restlichen Jahr ist man in dieser wildromantischen Gegend hingegen oft ganz allein.

Von Coromandel bis kurz hinter **Colville** ist die Straße asphaltiert. Die kleine Ortschaft liegt inmitten eines friedlichen Tals und besteht aus wenig mehr als einem Postamt, einer Tankstelle und einem tagsüber geöffneten Café. Es gehört zum Colville General Store, ☎ 07/866 6805, wo man Verpflegung für den Coroman-

del Walkway (s. u.) einkaufen kann. Auf der Schaf- und Rinderfarm Colville Farm, Colville Rd, ☎ 07/866 6820, 1,5 km südlich von Colville, werden **Ausritte** organisiert: $30/1 Std., $120/5 Std. Die Farm bietet auch Übernachtungsmöglichkeiten, z. B. auf einem Zeltplatz ($10), in Backpacker-Dorms in einem Cottage ($23), zwei rustikalen Busch-Lodges ❷ und zwei Selbstversorger-Ferienhäusern ❸–❹ mit toller Aussicht.

Hinter Colville wird die nun unbefestigte Straße schmaler, rauer und staubiger. Nach 38 km erreicht sie **Port Jackson**, einen Weiler bestehend aus zwei Häusern und einem 1 km langen Sandstrand, an dem es sich sehr gut schwimmen lässt. Auf der grünen Wiese des angrenzenden DOC-Reservats – mit Blick bis zur Great Barrier Island im Hauraki Gulf – bietet sich eine schöne Zeltmöglichkeit ($9).

Danach verschlechtert sich die Straße. Nach 6 km ist der wundervolle Strand der sehr gut zum Schwimmen geeigneten **Fletcher Bay** erreicht (von Colville per Auto und bei gutem Wetter in 1 Std. zu erreichen). Das östliche Ende der Bucht markiert den Beginn des beliebten **Coromandel Walkway**.

Hinter dem Strand befindet sich ein weiterer DOC-Campingplatz (Toiletten und kalte Duschen, $9) und auf einem Hügel mit Blick über die Bucht, rund 400 m vom Meer entfernt, das gemütliche Fletcher Bay Backpackers, ☎ 07/866 6685, mit Dorms ($25).

Die **Stony Bay** am südlichen Ende des Coromandel Walkway ist über zwei gefährlich schmale und kurvige Schotterstraßen zu erreichen: Die eine führt gleich hinter Coromandel via Little Bay über die Coromandel Range und die andere von Colville über die Moehau Range. Beide treffen vor der Feriensiedlung **Port Charles**, 14 km von Colville entfernt, zusammen und legen die letzten 6 km in die Stony Bay gemeinsam zurück; auch hier befindet sich ein DOC-Campingplatz ($9).

Bevor man sich auf den Weg macht, sollte man unbedingt im Colville General Store oder im DOC-Büro in Coromandel-Stadt den aktuellen **Straßenzustand** in der Gegend nördlich von Port Jackson erfragen und viel Zeit einplanen, um keinen Stress aufkommen zu lassen.

Coromandel Walkway und Radweg

Wer andere sportliche Betätigung als Schwimmen und Angeln sucht, kann die Wanderung von der Fletcher Bay zur Stony Bay über den **Coromandel Walkway** (11 km, 3 Std. einfach) unternehmen. Sie beginnt am südlichen Strandende in der Fletcher Bay und führt in eine Art Niemandsland – zuerst über die sanften Hügel an der Küste, wo sich Weiden und Busch abwechseln, dann durch wilderes Terrain vorbei an einer Reihe winziger Buchten. Unterwegs eröffnen mehrere **Aussichtspunkte** atemberaubende Blicke auf die Küste und den Pazifik. In der **Stony Bay** führt eine Brücke über eine Flussmündung, die zum sicheren Baden einlädt. Die DOC-Broschüre *Coromandel Recreation Information* enthält eine kurze Beschreibung des Wegs und eine Karte; der Pfad ist aber so deutlich markiert, dass man ihn auch ohne Karte findet.

Das praktischste **Transportmittel** zwischen dem Ort Coromandel und der Fletcher Bay ist der Shuttlebus von Strongman Coachlines, ☎ 0800/668 175, 🖳 www.coromandeldiscovery.co.nz, der Wanderer am Beginn des Wegs absetzt, in der Stony Bay wieder einsammelt, und unterwegs auch Fotostopps einlegt, bevor er nach Coromandel zurückkehrt ($95 hin und zurück; Tee, Kaffee und Kekse kostenlos). Der Bus hält auch am Fletcher Bay Backpackers (S. 387).

Richtung Osten nach Whitianga

Die Fahrt von Coromandel Richtung Osten über die Berge nach Whitianga lässt sich in weniger als einer Stunde zurücklegen. Man kann sich aber auch sehr viel mehr Zeit für die beiden zur Auswahl stehenden, umwerfend schönen Straßen nehmen: Die direktere **309 Road** (33 km, davon 14 km Schotterpiste, keine öffentlichen Verkehrsmittel) verläuft die meiste Zeit durch den Busch; der größtenteils geteerte **SH25** windet sich durch das bewaldete Bergland auf die andere Seite der Halbinsel und erreicht Whitianga nach 46 km.

Von Coromandel nach Whitianga: Die 309 Road

Von der Kreuzung des SH25 mit der 309 Road, 4 km südlich von Coromandel, sind es 5 km bis zur ersten Attraktion am Straßenrand, den **Waiau Waterworks**, ☎ 07/866 7191, 🖳 www.thewaterworks.co.nz. Der dem Busch abgetrotzte Garten wimmelt von verrückten, mit Wasserkraft betriebenen Brunnen, Wasserspeiern und Fontänen, die fast alle aus Recyclingmaterial hergestellt wurden. Inzwischen gibt es auch einen Streichelzoo, der besonders Kindern gefallen dürfte. Picknickkorb und Schwimmsachen für ein Bad im Teich nicht vergessen! ⏱ tgl. 9–18 Uhr, Eintritt $$15.

Etwa 2,5 km weiter erreicht man die **Waiau Falls**, die sich über eine Felswand in ein Becken ergießen. Der Wasserfall ist nicht überwältigend, liegt dafür aber direkt neben der Straße und bietet eine ausgezeichnete Möglichkeit zur Abkühlung.

Nach weiteren 500 m markiert ein Parkplatz den Beginn des einfachen Spaziergangs zum wunderschönen **Kauri Grove** (1 km, 1/2 Std. hin und zurück) und dem „Siamese Kauri" ein Stück dahinter. Es ist einer der besten Orte Neuseelands, um einen Eindruck von der ungeheuren Größe der Kauri-Riesen zu bekommen. Auf dem 360 m hohen Sattel taucht die Straße wieder aus dem Busch auf und schlängelt sich dann nach Whitianga an die Küste hinunter.

Von Coromandel nach Whitianga: Der SH25

Von Coromandel verläuft der SH25 durch üppigen Wald und vorbei an einigen hübschen, abgeschiedenen Strandsiedlungen mit Campingplätzen. Nach etwa 14 km zweigt die 5 km lange Landstraße zum verschlafenen Dorf und weißen Sandstrand von **Whangapoua** ab. Am Straßenende führt ein schöner Fußweg (von der rechten Weggabelung Richtung Stadt) zum Sandstrand der **New Chums Bay** (nur bei Ebbe begehbar; insgesamt 4 km; 1 Std.).

Rund 30 km hinter Coromandel erreicht der SH25 das winzige **Kuaotunu**, das einen herrlichen weißen Sandstrand und mehrere gute Unterkünfte besitzt, darunter der schattige *Kuaotunu Camp Ground,* Bluff Rd, ☎ 07/866 5628, www.kuaotunumotorcamp.co.nz. Der Campingplatz bietet Kajakverleih, Zeltstellplätze $18, Cabins ❷ und Units ❹. Die *Black Jack Lodge,* SH25, ☎ 07/866 2988, 🖳 www.black-jack.co.nz, hat einen Kajak- und Fahrradverleih, gut ausgestattete Budget-Dorms und Privatzimmer (teils mit Bad); Dorms $30, Zimmer ❷–❸. Das freundliche *Kuaotunu Bay Lodge* B&B, SH25, ☎ 07/ 866 4396, 🖳 www.kuaotunubay.co.nz, verfügt über Doppelzimmer mit Bad, ❽. In Kuaotunu gibt es ein tagsüber geöffnetes Café, aber sonst nicht viel, also Verpflegung mitbringen.

9 km nördlich von Whitianga lädt die **Twin Oaks Riding Ranch**, ☎ 07/866 5388, 🖳 www. twinoaksridingranch.co.nz, zu schönen zweistündigen Ausritten mit atemberaubenden Ausblicken auf die Mercury Bay und die nördliche Coromandel Peninsula ein (Start tgl. 9.30 und 13.30 Uhr, Dez–Feb zusätzlich 18 Uhr, $50, unbedingt reservieren, Abholung in Whitianga möglich). Der SH25 führt nun durch Farmland in die Mercury Bay und nach Whitianga.

Whitianga und Umgebung

Die attraktive Stadt Whitianga liegt dort, wo der Whitianga Harbour auf die breite **Mercury Bay** trifft. Wieder einmal fungierte Kapitän Cook als Namensgeber, der 1769 in der Bucht vor Anker ging: Seine Wissenschaftler beobachteten hier am langen, weißen Buffalo Beach, wie sich der Merkur über die Sonne schob.

Der Ort eignet sich gut als Sprungbrett für halb- und ganztägige Ausflüge zu einigen herrlich abgeschiedenen Plätzen. Auf der gegenüberliegenden Seite der schmalen Meeresenge, am Ostufer der Mercury Bay, liegen zahlreiche traumhafte Strände, die mit der Passagierfähre nach **Ferry Landing** und anschließend per Bus oder zu Fuß über einen der schönen Küstenwege zu erreichen sind. Das Gebiet wird außerdem vom SH25, der einen großen Bogen um den Whitianga Harbour beschreibt, und dessen Nebenstraßen erschlossen.

Zu den lohnendsten Zielen gehören die **Cathedral Cove**, eine atemberaubende Felsformation, und der **Hot Water Beach** mit seinen natürlichen Thermalquellen. Ein Teil dieser Küs-te wird vom **Cathedral Cove Marine Reserve** gesäumt, das sich hervorragend zum Schnorcheln und Tauchen eignet. **Bootstouren** führen in die abgeschiedeneren Bereiche der Mercury Bay und zu den vulkanischen **Mercury Islands** 25 km vor der Küste; mit etwas Glück bekommt man auf diesen Trips sogar Große Tümmler und Wale zu Gesicht.

Whitianga

Die meisten Attraktionen in dieser Region konzentrieren sich auf die Umgebung und die Küste, aber wer möchte, kann in der Stadt an einem Knochenschnitzkurs teilnehmen. Ian Thorne von **The Bone Studio**, 6B Bryce St, Anmeldung unter ☎ 07/866 2158, 🖳 www.carving.co.nz, nimmt immer nur ein paar Schüler auf einmal an. Er gibt die nötigen Anweisungen und ermuntert die Teilnehmer, ihrer Kreativität freien Lauf zu lassen (Kursgebühr $100/Tag). **Bay Carving** dagegen, The Esplanade, ☎ 07/866 4021, 🖳 www. baycarving.com, veranstaltet kürzere Kurse (2–3 Std.; ab $40) mit genauen Vorgaben.

In einer alten Butterfabrik an der Esplanade ist das **Mercury Bay Museum** untergebracht. Seine Ausstellungsstücke befassen sich mit Kupe, dem ersten Maori-Entdecker, der diese Gegend besuchte, sowie mit Captain Cook und den Familien, die sich im Anschluss an Cooks Expedition hier niederließen. ⏰ tgl. 10–16 Uhr, Eintritt $5.

Wer nichts weiter als relaxen möchte, sucht die heißen Badebecken von **The Lost Spring** auf, 121a Cook Drive, ☎ 07/866 0456, 🖳 www.thelost spring.co.nz. Die Anlage ist das Geistesprodukt von Alan Hopping, der sich – trotz zahlloser Fehlschläge – nicht davon abbringen ließ, eine heiße Quelle zu suchen, die er schließlich auch fand, anzapfte und in diese einzigartige Oase verwandelte. Die Becken sind zwischen 31 °C und 40 °C heiß. ⏰ tgl. 11–22 Uhr, die Öffnungszeiten können je nach Jahreszeit variieren; Mo–Do $25/ 1 1/2 Std., Fr–So $25/1 Std. Ein Abendessen im noblen Café der Wellnessoase ist nur mit Tischreservierung zu haben.

Ferry Landing und die Strände

Die Strände an der Ostküste der Mercury Bay sind von Whitianga entweder mit der Passagier-

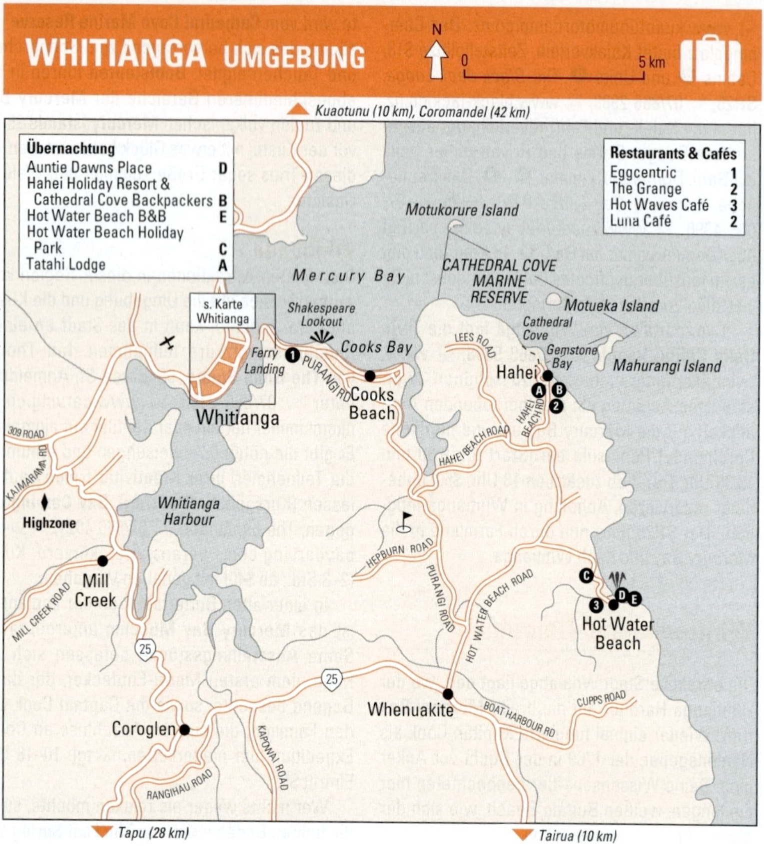

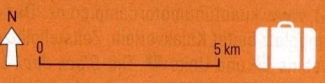

Kuaotunu (10 km), Coromandel (42 km)

Übernachtung

Auntie Dawns Place	D
Hahei Holiday Resort & Cathedral Cove Backpackers	B
Hot Water Beach B&B	E
Hot Water Beach Holiday Park	C
Tatahi Lodge	A

Restaurants & Cafés

Eggcentric	1
The Grange	2
Hot Waves Café	3
Luna Café	2

Motukorure Island

Mercury Bay

CATHEDRAL COVE MARINE RESERVE

Motueka Island

s. Karte Whitianga

Shakespeare Lookout

LEES ROAD

Cathedral Cove

Gemstone Bay

Mahurangi Island

Cooks Bay

PURANGI RD

Ferry Landing

Whitianga

Cooks Beach

Hahei

HAHEI BEACH ROAD

Whitianga Harbour

HEPBURN ROAD

PURANGI ROAD

Highzone

309 ROAD

KAIMARAMA RD

Mill Creek

MILL CREEK ROAD

25

HOT WATER BEACH ROAD

Hot Water Beach

Whenuakite

BOAT HARBOUR RD

CUPPS ROAD

25

Coroglen

RANGIHAU ROAD

KARANUI ROAD

Tapu (28 km)

Tairua (10 km)

Coromandel (26 km)

fähre nach **Ferry Landing** (wo Busse für die Weiterfahrt bereitstehen, s. S. 395), im Rahmen eines Bootsausflugs (s. „Aktivitäten") oder per Auto zu erreichen. Der längere **Landweg** führt über den SH25 zunächst am Whitianga Harbour entlang und dann durchs Landesinnere gen Süden, bis man 26 km hinter Whitianga in Whenuakite an eine Kreuzung gelangt, wo es Richtung Norden zur Mercury Bay abgeht.

In Ferry Landing gibt es kaum etwas zu kaufen und auch sonst nicht viel; wer einen mehrtägigen Aufenthalt plant, sollte sich vor der Anreise mit dem Nötigen eindecken.

Der erste interessante Stopp hinter Ferry Landing ist der **Shakespeare Lookout**, der nach 1,5 km an der Straße ausgeschildert ist; von dort geht es 1 km hoch zu einem Parkplatz. Von dem Aussichtspunkt eröffnet sich ein atemberaubendes Panorama: Nach Osten geht der Blick zum Cooks Beach und zur Mercury Bay hinüber, nach Westen zum Buffalo Beach und nach Norden zum Mount Maungatawhiri. Mit Wegweisern versehene Pfade führen vom Parkplatz zur verschwiegenen Lonely Bay und weiter zum beliebten Familienurlaubsziel **Cooks Beach** (2 km einfach; 30 Min.), das auch von der Hauptstraße 2 km weiter östlich aus erreichbar ist.

Rund 4 km südöstlich von Cooks Beach liegt die Kreuzung der Hauptstraße mit der Hahei Beach Road, auf der es 6 km bis zum Stranddörfchen **Hahei** sind. Der Ort besitzt einen Laden sowie mehrere Restaurants und dient als Ausgangspunkt für Bootstouren (s. S. 395). Hauptattraktion des Ortes ist die **Cathedral Cove**, zu erreichen über einen schönen hügeligen **Küstenpfad**, der an einem Parkplatz am westlichen Ortsrand beginnt (45 Min. zur Cathedral Cove). Ein zweiter möglicher Startpunkt ist der Hahei Beach (1 1/2 Std. bis zur Cathedral Cove).

Der Weg ist stellenweise recht steil und führt zumeist durch Kiefernwäldchen, wobei sich zwischendurch immer wieder wunderbare Meerblicke eröffnen. Nach einem kurzen Fußmarsch vom Parkplatz zweigt ein fünfminütiger Pfad zur **Gemstone Bay** ab, wo das DOC einen „Schnorchel-Parcours" um drei Bojen eingerichtet hat, der einen guten Einblick in die wunderbare Unterwasserwelt des **Cathedral Cove Marine Reserve** vermittelt.

Die meisten Besucher steuern danach die Cathedral Cove an: Am Fuße hoher, weißer Klippen erstreckt sich ein Bilderbuchstrand, nur unterbrochen von einem beeindruckenden Felsbogen, der sich wie die mächtige Kuppel einer Kirche über den Strand erhebt. Vor der Küste ragen die Überreste ähnlicher Felsformationen aus dem Wasser.

Das andere begehrte Ausflugsziel ist der 7 km entfernte **Hot Water Beach**, zu erreichen über die Hot Water Beach Road, die von der Hauptstraße abgeht. Der Strand selbst wird durch eine kleine Felszunge geteilt, die gefährliche Strömungen entstehen lässt und zugleich die Kulisse für die heißen Quellen bildet, nach denen der Strand benannt wurde.

Für den perfekten Badegenuss ist es wichtig, zum rechten Zeitpunkt einzutreffen – am besten eignet sich hierfür die Phase zwei Stunden vor bzw. nach Ebbe (Infos über die Gezeiten im i-SITE von Whitianga oder in der Lokalzeitung). Dann kann man nahe der Felszunge ein Loch in den Sand buddeln und sich im heißen Wasser entspannen, während die Wellen des aufsteigenden Meers für Erfrischung sorgen. Um sich so ein „Spa" zu graben, braucht man eine Schaufel. Man kann eine in der Unterkunft, im Geschäft Hot Water Beach oder im Hot Waves Café für $5 plus $20 Kaution ausleihen.

www.stefan-loose.de/neuseeland

Als eines der Haupttouristenzentren der Coromandel Peninsula bietet Whitianga eine große Auswahl an Unterkünften. Weiter draußen, an den abgeschiedenen **Stränden** der Mercury Bay, gibt es weniger Auswahl, die meisten Unterkünfte finden sich hier am Hot Water Beach und in Hahei. Ansonsten kann man auch ins 16 km nördlich gelegene **Kuaotunu** (s. S. 388) ausweichen. Im Sommer sollte man rechtzeitig reservieren. Die Preise liegen generell etwas höher als in den restlichen Teilen der Halbinsel, insbesondere in Unterkünften mit Blick aufs Meer und bei Kurzaufenthalten während der Hochsaison.

Whitianga Zentrum

Siehe Karte S. 393.

Cat's Pyjamas, 12 Albert St, ✆ 07/866 4663, 🖥 www.cats-pyjamas.co.nz. Das gemütliche, zentral gelegene Hostel, in Min. Fußweg von der Innenstadt und vom Strand, hat mit Wandgemälden verzierte Gemeinschaftsbereiche, einen sonnigen Patio, ein Spa und – eine Hauskatze. Dorms $21, Zimmer ❶, Zimmer mit Bad ❷

Mana-Nui Motor Lodge, 20 Albert St, ✆ 07/866 5599, 🖥 www.mananui.co.nz. Zentral gelegenes, komfortables Motel mit 12 komplett ausgestatteten ebenerdigen Selbstversorger-Units, Pool und Spa. ❹

Mercury Bay Beachfront Resort, 111/113 Buffalo Beach Rd, ✆ 07/866 5637, 🖥 www.beachfrontresort.co.nz. Luxuriöses, trotzdem kinderfreundliches Motel direkt am Strand – mit 8 geräumigen Units mit Meerblick und Balkon. Für Gäste stehen Kajaks, Schlauchboote, Angelruten, Boogie Boards sowie ein Whirlpool und ein BBQ-Bereich zur Verfügung. ❺

Mercury Bay Holiday Park, 121 Albert St, ✆ 07/866 5579, 🖥 www.mercurybayholidaypark.co.nz. Gut ausgestattetes, windgeschütztes Gelände ca. 700 m vom Zentrum entfernt mit billigem Kajakverleih und Pool. Camping $18–22, Units und On-site Vans ❷, Units mit Bad ❹

Turtle Cove, 14 Bryce St, ✆ 07/867 1517, 🖥 www.turtlecove.co.nz. Hier, nur 5 Min. Fußweg von Stadt und Strand entfernt, halten

Strandidylle

YHA On the Beach Backpackers Lodge, 46 Buffalo Beach Rd, ✆ 07/866 5380, 🖥 www.coromandelbackpackers.com. Bestes Hostel im Ort – direkt am Strand und nur 10 Min. zu Fuß vom Zentrum entfernt. Viele der Dorms haben ein eigenes Bad, und die meisten DZ befinden sich in Selbstversorger-Units. Fahrradverleih und kostenlose Benutzung von Kajaks, Boogie Boards und Spaten für den Hot Water Beach. Dorms $24, Zimmer ❷

mit Vorliebe die Busse von Kiwi Experience. Die Unterkunft ist laut, hat aber geschmackvolle, moderne Zimmer (teils mit Bad) im Hauptgebäude, Cabins im Garten und prima Einrichtungen hat, darunter eine Bar im Freien mit Billardtisch. Kostenlose Ortsgespräche. Dorms $26–29, Zimmer ❷–❸

Waterfront Apartments, 2 Buffalo Beach Rd, ✆ 07/869 5994, 🖥 www.waterfrontapartments whitianga.co.nz. Superschicke Ferienapartments in einem modernen Hochhaus, alle mit Meerblick und Balkon, Jacuzzi und Sky TV. Professionelle Kinderbetreuung möglich. ❹–❾

Umgebung von Whitianga
Siehe Karte S. 390.

Auntie Dawns Place, Radar Rd, Hot Water Beach, ✆ 07/866 3707, 🖥 www.auntiedawn.co.nz. Das Haus am Hang mit Blick auf den Strand zeichnet sich durch echte Kiwi-Gastlichkeit aus. Einfache, aber gemütliche Selbstversorger-Apartments für 2 Pers., nur 1 Min. zu Fuß über einen versteckten Pfad vom Hot Water Beach entfernt. Auntie Dawn umsorgt schon seit Jahrzehnten ihre Gäste, und Uncle Joes Hausgebrautes schmeckt immer besser. ❹

Hahei Holiday Resort & Cathedral Cove Backpackers, Harsant Ave, Hahei, ✆ 07/866 3889, 🖥 www.haheiholidays.co.nz, direkt am Strand. Laden und Restaurants in der Nähe; in Laufdistanz zur Cathedral Cove. Die Auswahl an Unterbringungsmöglichkeiten reicht von Dorms ($28) in einer schlichten Backpacker-Lodge über Campingplätze mit Anschlüssen (ab $17), On-site Vans und Cabins

mit Küchenzeile, Cottages und Units bis zu komfortablen Selbstverpfleger-Bungalows mit Meerblick. ❷–❻

Hot Water Beach B&B, 48 Pye Place, Hot Water Beach, ✆ 0800/146 889, 🖥 www.hotwaterbedandbreakfast.co.nz. Einladendes B&B in hervorragender Lage nahe dem Strand mit großartigem Meerblick; 2 Zimmer mit Du/WC und Zugang zu Sonnendecks und Spa; Snooker-Tisch in Originalgröße. ❽

Hot Water Beach Holiday Park, 790 Hot Water Beach Rd, Hot Water Beach, ✆ 07/866 3116, 🖥 www.hotwaterbeachholidaypark.com. Relativ neuer Campingplatz mit freundlichen Eigentümern und sehr guten Einrichtungen, darunter WLAN in einer sonnigen, verglasten Gästelounge und ein Laden, in dem frische Fish 'n' Chips zu haben sind. Stellplätze ohne/mit Anschlüssen ab $16, Cabins und Chalets ❹

Tatahi Lodge, Grange Rd, Hahei, ✆ 07/866 3992, 🖥 www.tatahilodge.co.nz. Die Lodge in ruhiger Lage, nur ein paar Schritte von Cafés und Geschäften entfernt, mit leichtem Zugang zur Cathedral Cove hat Selbstversorger-Units, Backpacker-Unterkünfte und ein versteckt gelegenes Cottage für 5 Pers. Dorms $25, Zimmer ❸, Units ❹, Cottage ❻

Essen und Unterhaltung

Die besten Restaurants liegen entlang The Esplanade am Whitianga Harbour. Das Unterhaltungsangebot ist eher bescheiden, allerdings spielen im Sommer gelegentlich Live-Bands im **Whitianga Marina Hotel** (s. Salt Bar Café) und im Eggcentric.

Whitianga
Siehe Karte S. 393.

Café Nina, 20 Victoria St. Einladendes Tagescafé mit frisch zubereitetem vegetarischem und veganischem Essen. Guter Kaffee und hausgemachter Möhrenkuchen.

Coghill House Café, 10 Coghill St. Angenehmes, nur tagsüber geöffnetes Lokal mit ausgezeichneten Snacks (darunter leckere Pies) und großzügig bemessene Hauptgerichte. Sitzmöglichkeiten drinnen und draußen.

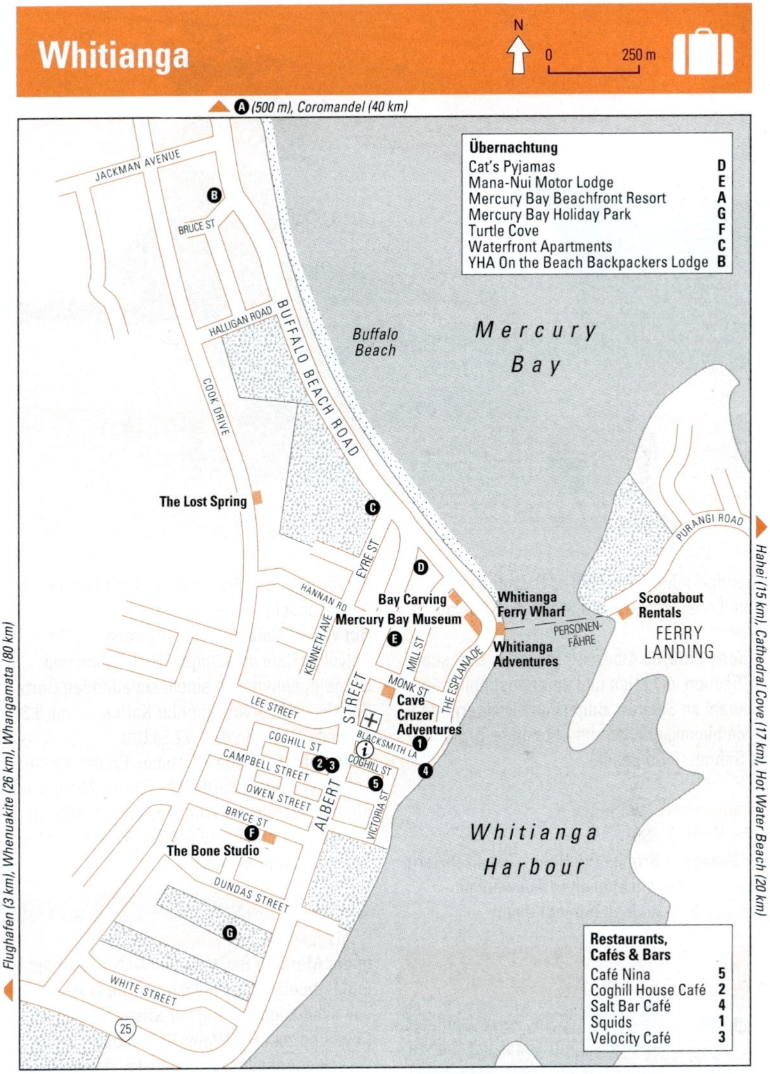

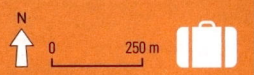

Whitianga

N
0 — 250 m

A (500 m), Coromandel (40 km)

Flughafen (3 km), Whenuakite (26 km), Whangamata (80 km)

Hahei (15 km), Cathedral Cove (17 km), Hot Water Beach (20 km)

Coromandel Peninsula, Bay of Plenty und Eastland

JACKMAN AVENUE

B

BRUCE ST

HALLIGAN ROAD

COOK DRIVE

BUFFALO BEACH ROAD

Buffalo Beach

M e r c u r y B a y

Übernachtung

Cat's Pyjamas	D
Mana-Nui Motor Lodge	E
Mercury Bay Beachfront Resort	A
Mercury Bay Holiday Park	G
Turtle Cove	F
Waterfront Apartments	C
YHA On the Beach Backpackers Lodge	B

The Lost Spring

C

PURANGI ROAD

EYRE ST

HANNAN RD

KENNETH AVE

D

Bay Carving
Mercury Bay Museum
E

MILL ST

THE ESPLANADE

STREET

MONK ST

LEE STREET

COGHILL ST

CAMPBELL STREET

ALBERT

BLACKSMITH LA

Cave Cruzer Adventures

1

COGHILL ST

2 3

i

5

VICTORIA ST

OWEN STREET

BRYCE ST

F

The Bone Studio

DUNDAS STREET

G

WHITE STREET

25

Whitianga Ferry Wharf

PERSONEN-FÄHRE

Whitianga Adventures

Scootabout Rentals

FERRY LANDING

4

Whitianga Harbour

Restaurants, Cafés & Bars

Café Nina	5
Coghill House Café	2
Salt Bar Café	4
Squids	1
Velocity Café	3

Salt Bar Café, im Whitianga Marina Hotel, The Esplanade. Freundliche Café-Bar zum Mittag- und Abendessen mit Blick auf den Jachthafen. Berühmt für klassische Abendgerichte à la carte (unter $35), z. B. auf zwei Arten zubereitete Ente.

Allerdings ist die Auswahl an Vegetarischem klein.

Squids, 1 Blacksmith Lane. Cocktailbar/Weinstube, bestens geeignet für einen gemütlichen Abend bei ein paar Drinks und preiswertem, sättigendem Essen

In der Cathedral Cove ragen imposante Felsformationen aus dem Wasser.

(Abendgerichte unter $35), z. B. Lachs mit gebackenen *kumara* und Steak mit Knoblauch-püree.

Velocity Café, 69 Albert St. Stilvolles Tagescafé mit Tischen im Freien und einer ansehnlichen Auswahl an Salaten, Bagels und Grillgerichten sowie himmlische warme Chocolate-Brownies mit Sahne. ⏲ So geschl.

Umgebung von Whitianga
Siehe Karte S. 390.

The Grange, 7 Grange Rd, Hahei. Das lizenzierte Lokal mit einer ansehnlichen Auswahl an Mercury-Bay-Weinen genießt einen

Ausgefallen

Eggcentric, 1047 Purangi Rd, Ferry Landing, ☎ 07/866 0307. Das hippe Lokal hat Tische draußen in einem Garten voller Skulpturen und drinnen in einem farbenfrohen Raum, wo abends Livekonzerte, Dichterlesungen usw. stattfinden. Dazu gibt's einfache, aber umwerfende Gerichte wie frische Jakobsmuscheln in sämiger Macadamiasoße. ⏲ Jan tgl., Nov–Dez und Feb–April Di–So, Mai–Okt geschl.

hervorragenden Ruf. ⏲ Brunch bis Dinner; Mo und Di geschl.

Hot Waves Café, Hot Water Beach. Stilvolles Café mit luftigem Essbereich und Sitzgelegenheiten in einem einladenden Garten; Snacks und hervorragender Kaffee. ⏲ tgl. 8.30–16, Ende Dez–Jan 8.30–22.30 Uhr.

Luna Café, 1 Grange Rd, Hahei. Cooles kleines Lokal mit einem überdachten Patio. Mittags und abends besteht die Wahl aus verschiedenen Seafoodgerichten und Pizzas. Schanklizenz und BYO. ⏲ Di und Mi geschl.

Aktivitäten

Bootsausflüge von Whitianga
In der Mercury Bay tummeln sich viele Delphine und Robben. Man sieht sie auf Bootsausflügen von Whitianga entlang der Küste zur Cathedral Cove und zum Hot Water Beach oder zu den verschiedenen Inselgruppen, bei denen die bizarre Vulkanlandschaft und die zahlreichen Meereshöhlen besichtigt werden.

Zu den besonders gefragten Touren gehören die von **Cave Cruzer Adventures**, ☎ 0800/427 893, 🖥 www.cavecruzer.co.nz, und **Whitianga Adventures**, ☎ 0800/806 060, 🖥 www.whitianga-adventures.co.nz. Die

Fahrten beginnen am Fähranleger von Whitianga und dauern zwischen 75 Min. ($50) und 4 Std. ($125), je nach Entfernung, den besichtigten Orten und den Tieren, die beobachtet werden.

Bootsausflüge von Hahei

Bootstouren von Hahei unternimmt z. B. **Hahei Explorer**, Hahei, ✆ 07/866 3910, 🖳 www.haheiexplorer.co.nz. Begleitet von unterhaltsamen Kommentaren führt das Schlauchboot mit kleinen Gruppen einstündige Meereshöhlenerkundungen zur Cathedral Cove und zu einem beeindruckenden Blowhole durch. **Cathedral Cove Sea Kayaking**, ✆ 07/866 3877, 🖳 www.seakayaktours.co.nz, veranstaltet geführte Seekajaktrips von Hahei aus mit bis zu 20 Teilnehmern. Beim Halbtagsausflug ($85) besucht man die Cathedral Cove sowie ein paar Inseln und Höhlen.

Schnorcheln und Tauchen

Wer im Cathedral Cove Marine Reserve tauchen und/oder schnorcheln möchte, wendet sich an **Dive HQ**, 7 Blacksmith Lane, Whitianga, ✆ 07/867 1580, 🖳 www.divecoromandel.co.nz, oder **Cathedral Cove Dive**, Hahei Beach Road, ✆ 07/866 3955, 🖳 www.hahei.co.nz/diving. Beide Veranstalter bieten unterschiedliche Kurse an, holen die Teilnehmer in Ferry Landing ab und vermieten Ausrüstung.

Sonstiges

Informationen und Internet

Das **Visitor Centre**, Albert St, Ecke Blacksmith Lane, ✆ 07/866 5555, 🖳 www.whitianga.co.nz, bietet allgemeine Informationen, Internetzugang und Mountainbike-Verleih ($25 pro Tag). ⏱ 26. Dez–31. Jan tgl. 8–18, 1. Feb–24. Dez Mo–Fr 9–17, Sa und So 9–16 Uhr.

Motorrollerverleih

Scootabout Rentals, 1137 Purangi Rd, Ferry Landing, 🖳 www.scootabout.co.nz, ein paar Stufen oberhalb des Fähranlegers, vermietet Motorroller. Pkw-Führerschein erforderlich; $50/2 Std.; reservieren unter ✆ 07/866 5168.

Busse

Die Busse setzen ihre Passagiere entweder bei den Unterkünften in der Stadt oder vor dem i-SITE Visitor Centre ab. Nach AUCKLAND 1x tgl., 3 3/4–4 Std.; TAURANGA 3x tgl., 3 3/4 Std.; THAMES 3x tgl., 1 3/4 Std.

Zu den Stränden

Vom 26. Dez bis Anfang Feb fahren bis zu 4x tgl. Busse ($2) von Ferry Landing nach Cooks Beach, Hahei und Hot Water Beach. **Go Kiwi**, ✆ 0800/446 549, 🖳 www.go-kiwi.co.nz, unterhält Shuttlebusse zu den Stränden und hat auch eine *Tidal Tour* zum Hot Water Beach und zur Cathedral Cove im Programm (4–5 Std., $47). Mehr Flexibilität erlauben die auf individuelle Wünsche zugeschnittenen Halbtagstouren in die Umgebung, die **Cooks Beach Minibuses** anbietet, ✆ 0274/432 329, $75 für 1–3 Pers.

Flüge

Der Flughafen liegt 4 km südlich des Stadtzentrums. Für den Transport dorthin sorgen **Paradise Cabs**, ✆ 07/869 5555, die $15 p. P. verlangen. **Sunair**, ✆ 07/575 7799, bietet 1x tgl. Flüge von/nach AUCKLAND (30 Min.; $120 einfach).

Schiffe

Die Passagierfähre (Fahrradmitnahme möglich) fährt ungefähr alle 10 Min. von The Esplanade in Whitianga nach Ferry Landing. Sie verkehrt tgl. zwischen 7.30 und 18.30 Uhr, 19.30–20.30 und 21.30–22.30 Uhr, im Sommer länger, und benötigt nur 3 Min. für die Überfahrt ($2 einfach).

Richtung Süden nach Whangamata

Die kurzen Blicke, die man während der Fahrt über den SH25 von Whitianga Richtung Süden auf die Küste werfen kann, bleiben oft an dichter Bebauung hängen. Trotzdem lassen sich noch unverdorbene Strände finden, allen voran das entzückende Opoutere, ein winziges Fleckchen Erde in einer Bucht am Fuß eines Berges mit einem breiten Streifen naturbelassenen Strandes.

Tairua

Am SH25, 22 km südlich von Hot Water Beach und 44 km von Whitianga, liegt **Tairua**. Zwei einander gegenüber liegende Halbinseln, die sich fast berühren, trennen die zwischen kiefernbestandenen Hügeln und dem Ufer des Tairua River eingezwängte Ortschaft von den tosenden Pazifikwellen. Eine der Landzungen krönt der mächtige Vulkan Mount Paku, die andere überziehen die Bauten der sehr exklusiven Siedlung **Pauanui**, erreichbar innerhalb von fünf Minuten mit der Passagierfähre von Tairua (stdl. 9–17 Uhr, 26. Dez bis Jan 9–24 Uhr; $5 Rückfahrkarte, $3 einfach; aktuellen Fahrplan beim Informationszentrum checken) oder nach einer 25 km langen Autofahrt.

Es lohnt sich, hier auf dem Weg nach Whangamata anzuhalten, um zu baden oder auf den Mount Paku zu steigen (10 Min. Aufstieg vom Parkplatz, 30 Min. vom Strand) und die spektakuläre Aussicht über die Stadt und die Strände zu genießen.

Jeden Tag halten Busse aus Thames, Auckland und Whitianga vor dem Information Centre, 223 Main St, ✆ 07/864 7575, 🖥 www.tairua.info, wo Transportmittel und Unterkünfte gebucht werden können. ⏰ Mo–Fr 9–17, Sa und So 9–16 Uhr.

Opoutere

Rund 20 km südlich von Tairua führt eine 5 km lange Landstraße nach **Opoutere** zu einem wunderschönen und normalerweise verlassenen, 4 km langen, von Kiefern gesäumten **Surfstrand**. Die mit Pohutukawa-Bäumen bestandene Zufahrtsstraße, die vom SH25 abzweigt, verläuft direkt am Ufer des Wharekawa Harbour entlang. Dort laden Feuchtgebiete zur Vogelbeobachtung, das Watt zur Muschelsuche und die relativ ruhigen Gewässer zum Kajakfahren ein.

Von einem ausgeschilderten Parkplatz am Ende der geteerten Straße gelangt man über eine Fußgängerbrücke zu zwei Wegen, die beide nach rund zehn Minuten am Strand enden: Linker Hand geht es geradewegs durch den Wald ans Meer, während der nach rechts abzweigende Pfad der Flussmündung bis zu einer sandigen Landzunge folgt. Dort brüten zwischen November und März die vom Aussterben bedrohten Maori-Regenpfeifer.

Am Opoutere Beach herrscht eine starke Unterströmung und es gibt keine Küstenwacht – schwimmen ist hier lebensgefährlich! Es handelt sich um einen inoffiziellen FKK-Strand, aber selbst wer Klamotten anhat, sollte sich gut mit Mückenschutzmittel einschmieren.

Um die Aussicht über das Mündungsdelta und die Küste zu genießen, nimmt man am besten den **Mount Maungaruawahine** in Angriff (2 km, ca. 3/4 Std. hin und zurück). Der Weg beginnt direkt am traumhaft gelegenen, in einem Schulgebäude um 1908 untergebrachten **YHA** Opoutere, ✆ 07/865 9072, 🖥 www.yha.org.nz (kostenlose Kajakbenutzung, Dorms $24, Zimmer ❷), und verläuft im Schatten knorriger Pohutukawa- und anderer einheimischer Bäume zum Gipfel.

Rund 700 m hinter dem Hostel Richtung Strand liegt auf einer versteckten Waldlichtung der gepflegte Campingplatz **Opoutere Coastal Camping**, ✆ 07/865 9152, 🖥 www.opouterebeach.co.nz, mit direktem Strandzugang. Er hat Zeltstellplätze ($15), Cabins ❸ und Chalets ❹; jede weitere Person zahlt $15. ⏰ 1. Dez–30. April.

Es gibt keine regelmäßigen **Busverbindungen**, aber man kann sich nach Vereinbarung von Go Kiwi (S. 395) absetzen und wieder abholen lassen. Besucher bringen am besten **Verpflegung** mit, weil es in beiden Unterkünften nur einige Grundnahrungsmittel zu kaufen gibt.

Whangamata und Umgebung

Der lang gezogene Badeort Whangamata am SH25 wird auf drei Seiten vom Wasser und auf der vierten Seite von buschbestandenen Hügeln eingerahmt. Vom Whangamata Harbour bis zur Mündung des Otahu River erstreckt sich der 4 km lange, herrliche Sandstreifen **Ocean Beach**. Bei der Sandbank am Ende der Bucht gibt es eine ausgezeichnete Brandung, die viele **Surfer** anzieht.

Ein schöner Spaziergang führt zu den **Wentworth Falls** im nahe gelegenen Wentworth Valley (10 km, 2 Std. hin und zurück). Man nimmt den SH25 Richtung Süden und biegt nach 2 km in die ausgeschilderte Wentworth Valley Road ein.

Nach 4 km befinden sich am Ende der Straße ein DOC-Campingplatz (s. „Übernachtung") und der Ausgangspunkt der Wanderung. Der Weg passiert zahlreiche kleine Badeteiche und führt ins Herz der Berge zu den zweistufigen Wasserfällen, wo die meisten Wanderer umkehren. Am besten ist der Wasserfall von einer kleinen Plattform aus zu bestaunen.

Der engagierte Umweltschützer Doug Johansen (alias „Kiwi Dundee") veranstaltet unterschiedliche ein- bis mehrtägige **Ökotouren** mit Kiwi Dundee Adventures, die möglichst früh unter ☎ 07/865 8809, 🖥 www.kiwidundee.co.nz, gebucht werden müssen. Dabei hat man die einmalige Gelegenheit, Tiere in freier Wildbahn zu erleben und abseits der Touristenpfade zu wandern. Tagesausflüge inkl. Mittagessen und Abholung aus Tairua, Pauanui und Whangamata kosten $230.

Übernachtung

Brenton Lodge, 2 Brenton Place, ☎ 07/865 8400, 🖥 www.brentonlodge.co.nz. Sehr attraktive Unterkunft in schöner Grünanlage am Ortsrand. Zwei liebevoll eingerichtete Cottages (mit je 4 Schlafgelegenheiten) und 2 Suiten, außerdem blitzsauberer Swimming Pool, Spa, frische Blumen, hausgemachte Schokoladen und vorzügliches Frühstück. ❾
Southpacific Tourist Lodge, Port Road, Ecke Mayfair Avenue, ☎ 07/865 9580, 🖥 www.thesouthpacific.co.nz. Ein ausgezeichnetes Motel (manche Zimmer mit voll ausgestatteter Küche) und Budget-Hostel. Arrangiert Wassersportaktivitäten, Ausrüstungs- und Fahrradverleih. Dorms $24, Zimmer und Units ❸–❼
Auf Camper wartet der **DOC-Campsite** ($9) am Ende der Wentworth Valley Road, 7 km südwestlich von Whangamata – ein malerisches Fleckchen mit Zeltstellplätzen am Fluss, Grillstellen und münzbetriebenen warmen Duschen direkt am Anfang des Wegs zu den Wentworth Falls.

Essen und Unterhaltung

Caffe Rossini, 646 Port Road. Das moderne Tagescafé serviert Frühstück, Kuchen und guten Kaffee.

Minato Sushi, 715 Port Road. Erstklassiges, nur tagsüber geöffnetes Sushi-Lokal mit sorgfältig zubereitetem Fisch; eine Spezialität sind die Sushi-Platten für zwei ($35).
Nero's, 711 Port Road. Macht erst abends auf und verkauft dann die beste Pizza der Stadt, darunter Feinschmecker-Varianten mit Lachs und Garnelen oder Hühnchen und Mango. ⏰ Di–Sa, im Sommer auch Mo.
Whanga Bar, hinter der Vibes Coffee Bar, 638 Port Road. Intimes Plätzchen zum Frühstück, Mittag- oder Abendessen. Hier gibt's Burger, Thai-Fischküchlein und Steaks. Mit Schanklizenz. ⏰ So–Mi geschl.
Das Unterhaltungsangebot ist ähnlich bescheiden, umfasst aber immerhin ein kleines **Kino**, 708 Port Rd, ☎ 07/865 6566.

Sonstiges

Informationen und Internet
Das **i-SITE Visitor Centre**, 616 Port Rd, ☎ 07/865 8340, 🖥 www.whangamatainfo.co.nz, hat **Internetzugang**. ⏰ Mo–Sa 9–17, So 9–14 bzw. im Sommer 9–17 Uhr.

Surfen
Whangamata Surf Shop, 634 Port Rd, ☎ 07/865 8252, vermietet Bretter und Zubehör und arrangiert Surfunterricht ab etwa $50 pro Std. ⏰ Mo–Fr 9–17 Uhr, im Sommer tgl.

Transport

Die Busse halten neben dem zentral gelegenen i-SITE Visitor Centre in der Port Road.

Waihi, Waihi Beach und Umgebung

30 km südlich von Whangamata erreicht der SH25 **Waihi** und trifft dort auf den SH2. In Waihi sollte man einen kurzen Stopp einlegen, um etwas über die Geschichte der Goldgräberei zu erfahren. Der wertvolle Bodenschatz wurde hier 1878 entdeckt, der richtige Boom setzte aber erst 1894 ein, als es gelang, Gold mittels einer Zyanidlösung zu extrahieren. In Scharen strömten Arbeiter her, aber es kam schon bald zu Auseinandersetzungen zwischen gewerkschaftlich

organisierten und nicht organisierten Beschäftigten. Diese führten zum heftigen Waihi-Streik von 1912, der maßgeblich an der Entstehung der neuseeländischen Arbeiterbewegung beteiligt war und letztendlich zur Bildung der Labour-Partei führte. Eine lebhafte Schilderung vom Verlauf des Streiks findet sich im **Waihi Arts Centre & Museum**, 54 Kenny St, ☉ Do–So 10–15 Uhr, Eintritt $5.

Die aus den 1930er-Jahren stammende Diesellok der **Goldfields Railway**, ✆ 07/863 8640, befährt das ganze Jahr über die 6 km lange Strecke nach Waikino in der nahe gelegenen Karangahake Gorge. Unterwegs bieten sich atemberaubende Ausblicke auf den Ohinemuri River. Abfahrt vom hölzernen Bahnhofsgebäude am Ende der Wrigley Street tgl. um 11, 12.30 und 14 Uhr, Rückfahrt von Waikino 45 Min. später (20 Min.; Rückfahrkarte $15).

Der Untertagebau kam 1952 zum Stillstand, aber die Suche nach dem wertvollen Metall wurde 1987 wieder angekurbelt und konzentriert sich auf die **Martha Mine**. Die derzeitige Fördermenge – und die Aussicht, weitere, leichter zugängliche Goldadern zu finden – stellt sicher, dass die Mine noch mindestens bis 2012 in Betrieb bleibt. Bei Führungen lassen sich sowohl die Mine als auch die weiterverarbeitenden Werke besichtigen (Mo–Sa nach Vereinbarung; 2 Std.; $25; Reservierung unter ✆ 07/863 9015, 🖥 www.marthamine.co.nz).

Im Tiefgeschoss des städtischen **Information Centre** in der Upper Seddon Street, ✆ 07/863 6715, wurde eine kostenlose interaktive Ausstellung zu den heutigen Arbeitsmethoden in der Mine eingerichtet. Außerdem gibt's dort Internetzugang. ☉ tgl. 9–17 Uhr.

Eine Übernachtungsmöglichkeit bietet die entzückende Frühstückspension **The Trout and Chicken**, 2 km westlich der Innenstadt am SH2, ✆ 07/863 6964, 🖥 www.troutandchicken.co.nz, ❺, mitten in einer Blaubeerplantage. Gäste können an Ausflügen zum Forellenangeln teilnehmen, entweder in Begleitung oder auf eigene Faust.

Das beste Lokal von Waihi ist das **Waitete Orchard**, 31 Orchard Rd, ✆ 07/863 8980. Tagsüber fungiert es als Café und Eisdiele, wo Eiscreme aus natürlichen Zutaten und fettfreie Sorbets aus der kleinen Fabrik auf dem Gelände verkauft

werden. Abends verwandelt es sich in ein Restaurant (Hauptgerichte $25,50–38) mit erlesener Weinkarte. ☉ Café Di–So 11–16 Uhr, Restaurant Do–Sa ab 18 Uhr, im Sommer länger.

Rund 11 km östlich von Waihi erstreckt sich abseits vom SH2 9 km weit der goldene Sandstrand **Waihi Beach**, einer der sichersten Badestrände des Landes. Hier draußen gibt es zwei gute Campingplätze. Der beste ist der Bowentown Beach Holiday Park, Seaforth Rd, Bowentown Beach, ✆ 07/863 5381, 🖥 www.bowentown.co.nz, ein hübscher, ruhiger Platz am südlichen Strandende mit zahlreichen Cabins und jeder Menge Wassersportaktivitäten sowie Fahrrad- und Kajakverleih. Zelt- und Wohnmobilstellplätze mit Stromanschluss ab $17,50, Cabins und Units ❸–❹, Motelstudios und -apartments ❹–❻.

Waihi ist der südlichste Zipfel der Coromandel Peninsula. Ab hier führt die Küstenlinie ostwärts in die Bay of Plenty hinein. Die mit Busch überzogenen Berge bleiben zurück und weichen einer weniger schroffen, offeneren Landschaft: Zwischen sanften Hügeln liegen breite, immergrüne Agrargürtel mit den wertvollen Kiwi-Obstgärten. Im Sommer gibt es an unzähligen **Straßenständen** Kiwifrüchte von den Plantagen zu kaufen, oft zu Schleuderpreisen.

Westliche Bay of Plenty

In der westlichen Bay of Plenty dreht sich alles um die wohlhabende Hafenstadt **Tauranga** („sicherer Ankerplatz") und ihren Vorort am Strand, **Mount Maunganui**. Die recht unübersichtliche Ansiedlung verteilt sich rund um die glitzernden Arme des Tauranga Harbour und zählt zu den am schnellsten wachsenden Städten im Land. Anfangs lockte die Kombination aus trockenen Sommern und milden Wintern zahlreiche Ruheständler an. Ihrem Beispiel folgten Pendler und Freiberufler, die ihre kleinen Unternehmen von daheim aus führen.

Beide Städte besitzen eine blühende Restaurant- und Kneipenszene. In Tauranga werden Ausflüge zur **Tuhua (Mayor) Island** angeboten, außerdem Hafenrundfahrten, Segeltörns und die Möglichkeit, mit Delphinen zu schwimmen. Wenn das Wetter solche Unternehmungen nicht zulässt, stattet man am besten der Kunstgalerie einen Besuch ab – eine tolle Errungenschaft für eine Stadt ohne größere kulturelle Ansprüche.

Der ganze Charme der Region entfaltet sich aber erst, wenn man motorisiert ist und Abstecher ins Umland macht. Außerhalb der Stadt bieten sich Möglichkeiten zum Kajak fahren, Reiten, zu Weinproben oder zum Picknick an den reizvollen Badepools der **McLaren Falls**.

In der Region Tauranga werden viele **Kiwi-Früchte** angebaut. Die meisten Erntehelfer werden von Ende April bis Mitte Juni zum Pflücken benötigt, aber von Mitte Juni bis Anfang September und noch einmal von Ende Oktober bis Januar werden Leute zum Beschneiden der Gewächse gebraucht. Das Kiwipflücken ist eine harte, stachlige Angelegenheit und Helfer müssen sich normalerweise für mindestens drei Wochen verpflichten. Die Pflücker werden pro Kiste oder pro Kilo bezahlt, es geht also darum, möglichst flott zu sein. Wer sich von all dem nicht abschrecken lässt, kann sich zwecks genauerer, aktueller Auskünfte an die Backpacker-Hostels wenden, die oft auch bei der Arbeitssuche behilflich sind.

Tauranga und Mount Maunganui

Sobald man den Ring von Vororten durchdrungen hat, zeigt sich, dass Taurangas Stadtmitte von einer ungezügelten Bebauung verschont geblieben ist. Das Zentrum erstreckt sich über eine schmale Halbinsel und bietet neben einem reizvollen Uferbereich auch zahlreiche Stadtparks und kleine Grünanlagen.

Deutlichere Spuren hinterließ der Fortschritt im benachbarten Badeort Mount Maunganui am Fuße des gleichnamigen, erloschenen Vulkankegels, eines in der westlichen Bay of Plenty weithin sichtbaren Wahrzeichens. Früher war „The Mount" (wie Hügel und Stadt kurz genannt werden) eine Insel; heute stellt ein schmaler, künstlicher Damm – auf dem sich Apartmentblocks, Geschäfte, Restaurants und Häuser aneinander reihen – die Verbindung zum Festland her.

Der einzige wirkliche Vorzug von Mount Maunganui gegenüber Tauranga ist der 20 km lange, goldene Ocean Beach, der sich hervorragend zum Schwimmen und Surfen eignet. Dementsprechend lockt die Gegend im Sommer viele Kiwi-Urlauber an. Dann kann es in Tauranga und Mount Maunganui extrem voll werden, und Besucher ohne Reservierung müssen damit rechnen, dass alle Unterkünfte ausgebucht sind.

Tauranga

Taurangas Stadtzentrum liegt zwischen dem Tauranga Harbour und dem Waikareao Estuary. Man kann locker einen halben Tag damit zubringen, die Kunstgalerie zu besichtigen, am Hafen lang zu schlendern oder die Geschäfte, Restaurants und Bars abzuklappern.

Eine 15 Jahre andauernde Kampagne war notwendig, um der Stadt eine zeitgemäße kulturelle Sehenswürdigkeit zu verschaffen. Das Ergebnis ist die **Tauranga Art Gallery**, 108 Willow St, ✆ 07/578 7933, 🖳 www.artgallery.org.nz, in einem alten Bankgebäude an der Kreuzung von Wharf und Willow Street. Das stromlinienförmige Innere beherbergt auf zwei Etagen erstklassige nationale und internationale Wanderausstellungen, ⏰ tgl. 10–16.30 Uhr, Eintritt auf Spendenbasis. Das aktuelle Ausstellungsprogramm liegt im i-SITE aus.

Als nächster Halt empfiehlt sich das kunstvoll geschnitzte traditionelle **Kriegskanu** *Te Awanui*, das am Dive Crescent, Ecke McLean Street, unter einem Schutzdach ausgestellt ist und immer noch bei feierlichen Anlässen im Hafen zum Einsatz kommt. Etwa einen Block weiter erstreckt sich der **Robbins Park** (Eingang in der Cliff Street), ein attraktiver Grünstreifen mit Rosengarten, Begonienhaus und schönem Blick auf den Mount Maunganui, ⏰ Sonnenauf- bis Sonnenuntergang, Eintritt frei.

Am nördlichen Stadtrand steht in der Mission Street das **Elms Mission House**, ✆ 07/577 9772, das zu den ältesten Häusern des Landes zählt. Es wurde zwischen 1835 und 1847 von dem Missionar A. N. Brown erbaut, der während der Schlacht von Gate Pa (s. Kasten S. 401) die Verwundeten beider Seiten pflegte. Das aus Kauriholz errichtete Gebäude blieb in seinem Originalzustand erhalten und beherbergt heute u. a. einen Esstisch, an dem sich auf Einladung von Brown kurz vor der

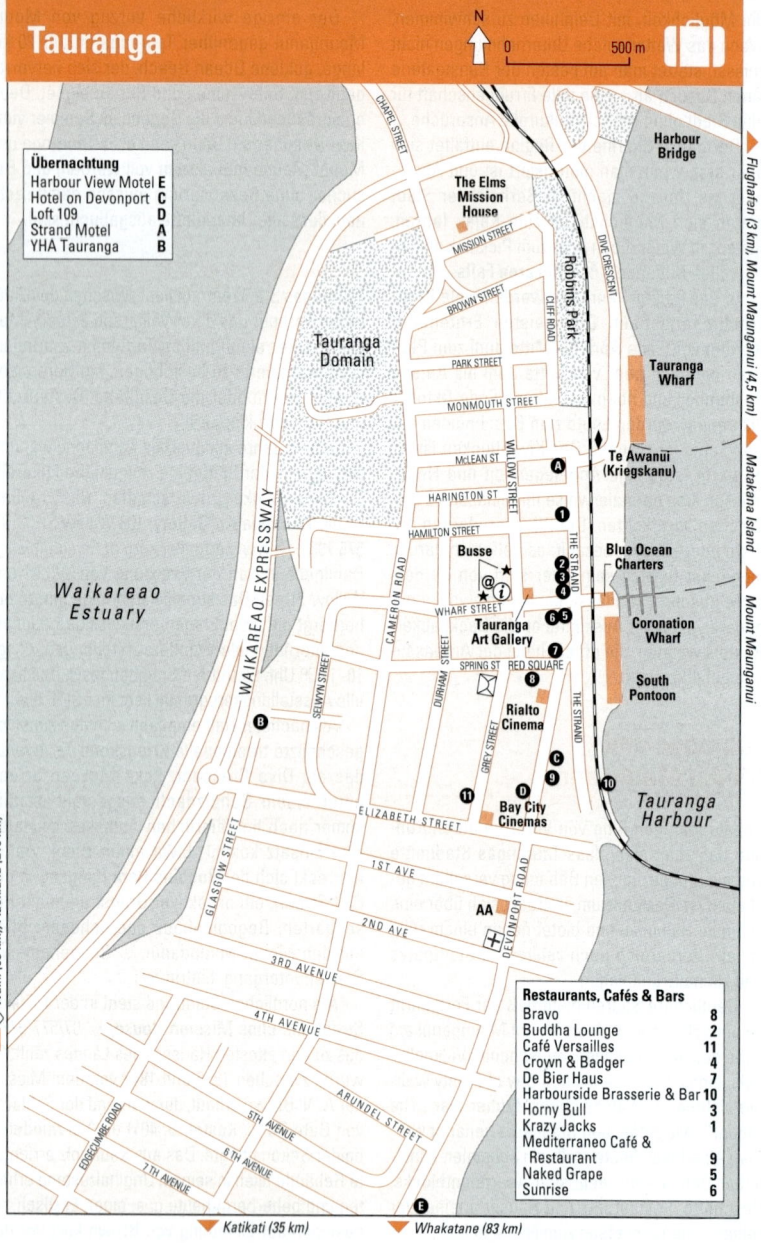

Tauranga

N
0   500 m

Übernachtung
Harbour View Motel E
Hotel on Devonport   C
Loft 109   D
Strand Motel   A
YHA Tauranga   B

Flughafen (3 km), Mount Maunganui (4,5 km) ▶
Matakana Island ▶
Mount Maunganui ▶

Harbour Bridge

The Elms Mission House

Tauranga Domain

Waikareao Estuary

Tauranga Wharf

Te Awanui (Kriegskanu)

Blue Ocean Charters

Busse

Tauranga Art Gallery

Coronation Wharf

South Pontoon

Red Square

Rialto Cinema

Tauranga Harbour

Bay City Cinemas

Elizabeth Street

AA

Restaurants, Cafés & Bars
Bravo   8
Buddha Lounge   2
Café Versailles   11
Crown & Badger   4
De Bier Haus   7
Harbourside Brasserie & Bar   10
Horny Bull   3
Krazy Jacks   1
Mediterraneo Café &
 Restaurant   9
Naked Grape   5
Sunrise   6

◀ ② Waihi (63 km), Auckland (210 km)
▼ Katikati (35 km)   ▼ Whakatane (83 km)

Coromandel Peninsula, Bay of Plenty und Eastland

Schlacht von Gate Pa zahlreiche britische Offiziere versammelten. Brown konnte nicht ahnen, dass er die meisten davon ein paar Tage später beerdigen würde. ☉ Mi, Sa und So 14–16 Uhr und nach telefonischer Vereinbarung, Eintritt $5.

Mount Maunganui

Vom östlichen Ende der 3,5 km langen Tauranga Harbour Bridge sind es noch 3 km bis ins Zentrum von Mount Maunganui, das man erst nach der Durchquerung einer Industriezone erreicht. Die Lage bessert sich, je näher man dem nördlichen Ende der Landzunge kommt. Hier erhebt sich zwischen Ferienhäusern und -wohnungen der 232 m hohe Mount Maunganui (auch Mauao genannt) über den goldenen **Strand**, der sich über 20 km Richtung Südosten nach Papamoa (S. 407) und noch darüber hinaus erstreckt. Das im Sommer meist von der Sonne geküsste Mount genießt den Ruf einer überdimensionalen Partymeile, besonders zu Neujahr. Der Strand selbst liegt ganz in der Nähe guter Restaurants und Bars, wo sich Gott und die Welt zum Sundowner trifft, und ist das perfekte Plätzchen für ein, zwei Tage, die man mit Schwimmen, Surfen und Volleyballspielen verbringt.

Ein überwiegend ebener **Wanderweg** führt im Schatten alter Pohutukawa-Bäume um den Fuß des Berges und offeriert großartige Ausblicke auf die Bucht (3 km Rundweg, 3/4 Std.). Man kann natürlich auch den Gipfel erklimmen, was mit einer herrlichen Aussicht über die Küste bis zur Matakana Island belohnt wird (2 km, 1 Std. einfach). Beide Wege beginnen am nördlichen Strandende direkt neben den im Freien gelegenen, gechlorten **Hot Saltwater Pools**, Adams Ave, ✆ 07/575 0868, ☉ Mo–Sa 6–22, So 8–22 Uhr; öffentlicher Pool $9,50, privater Pool $15 für 30 Min.

Tuhua (Mayor) Island

Der schlafende Vulkan Tuhua (Mayor) Island besitzt einen regelrecht überwucherten Krater, und ein Drittel seiner Küste hat man zum **Meeresreservat** ernannt. Die Insel durchziehen wunderbare **Wanderwege**, und auf den Ausflugsbooten kann man sich Schnorchelausrüstung zur Erkundung der Unterwasserwelt ausleihen (rund $20/Tag).

Auf dem Eiland tummeln sich allerdings besonders viele **Wespen**, weswegen Allergiker

unbedingt die nötigen Medikamente einpacken oder dem Risiko ganz aus dem Weg gehen sollten.

Da sich die Insel im Privatbesitz des Tuhua Trust Board befindet, müssen Besucher eine **Tagesgebühr** von $5 bezahlen, Camper weitere $6. Für den Transport sorgt Blue Ocean Charters (s. S. 405), Näheres dort erfragen.

Übernachtung

Tauranga verfügt über zahlreiche Hostels und Motels, die zu Fuß vom Zentrum aus erreichbar sind. Viele mehr verteilen sich über die Vororte und das Umland. Unzählige Motels säumen die 15th Avenue, einige davon mit guten Angeboten während der Nebensaison.

Viele Unterkünfte in **Mount Manganui** sind für neuseeländische Urlauber gedacht, die sich längere Zeit hier aufhalten. Es gibt aber auch Kurzzeit-Apartments und Motels sowie zwei gute Hostels.

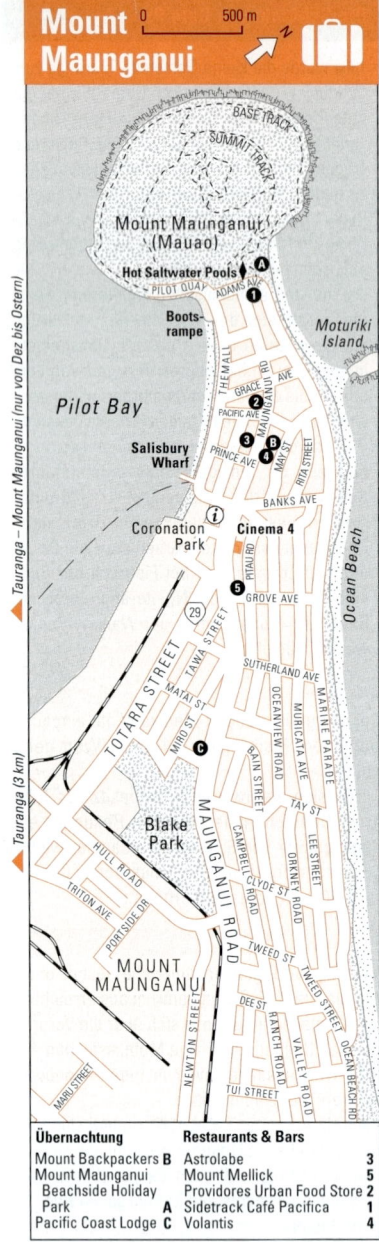

Mount Maunganui

0 500 m

Pilot Bay

Moturiki Island

Mount Maunganui (Mauao)

Hot Saltwater Pools

Boots-rampe

Salisbury Wharf

Coronation Park

Cinema 4

Blake Park

MOUNT MAUNGANUI

TOTARA STREET

MAUNGANUI ROAD

OCEANVIEW ROAD

MARINE PARADE

Ocean Beach

Tauranga

Ambassador Motor Inn, 9 15th Ave, s. Karte S. 407, ☎ 0800/735 294, 🖥 www.ambassador-motorinn.co.nz. Das 5 Min. Fahrt vom Stadtzentrum entfernte Motel in Nähe der Uferböschung hat begehrte, gut ausgestattete, preiswerte Units und luxuriösere Zimmer, manche mit Whirlpool und einige mit Flussblick. Auf dem Gelände gibt es einen beheizten Pool. ❹

Avenue 11 Motel, 26 11th Ave, s. Karte S. 407, ☎ 07/577 1881, 🖥 www.avenue11.co.nz. Super preiswertes Boutiquemotel in zentraler, aber ruhiger Lage mit Blick auf einen kleinen Park und ein Stück vom Hafen; 4 geräumige und schön eingerichtete Units, persönlicher Service, Bademäntel und Spa. ❸

Harbour View Motel, 7 5th Ave East, ☎ 07/578 8621, 🖥 www.harbourviewmotel.co.nz. Ruhige, gemütliche Unterkunft, nur 10 Min. zu Fuß von der Stadt und einen Steinwurf vom Meer entfernt. Spa, kostenlose Kajakbenutzung und Angelausflüge. Ideal für Familien. ❸

Harbourside City Backpackers, 105 The Strand, ☎ 07/579 4066, 🖥 www.backpacktauranga.co.nz. Großes Hostel mitten im Geschehen. Der Meerblick und die friedliche Atmosphäre des Dachgartens entschädigen für die spartanisch eingerichteten Zimmer und den Krach am Freitag- und Samstagabend (die Zimmer nach hinten raus sind ein bisschen ruhiger). Dorms $28, Zimmer ❷

Just the Ducks Nuts, 6 Vale St, s. Karte S. 407, ☎ 07/576 1366, 🖥 www.justtheducksnuts.co.nz. Das kleine, einladende Hostel 1,5 km von der Innenstadt an einer extrem steilen Auffahrt ist sehr beliebt bei Saisonarbeitern und bietet tolle Ausblicke auf den Hafen und The Mount sowie kostenlose Mitfahrgelegenheiten. Dorms $24, Zimmer ❶

Loft 109, 109 Devonport Rd, ☎ 07/579 5638, 🖥 www.loft109.co.nz. Kleines, zentral gelegenes, freundliches Hostel in einer Stadtvilla mit Sonnendeck und Seemannsdekor. Dorms $25, Zimmer ❷

Silver Birch Family Holiday Park, 101 Turret Rd, s. Karte S. 407, ☎ 07/578 4603, 🖥 www.silverbirch.co.nz. Relativ zentraler

Campingplatz direkt am Flussufer; Thermalbecken, Kinderspielplatz und familiäre Atmosphäre. Stellplätze ohne/mit Anschlüssen ab $25/27, Cabins ❶, Cabins mit Bad und Units ❷

Strand Motel, The Strand, Ecke McLean St, ☎ 07/578 5807, 💻 www.strandmotel.co.nz. Preiswert, zentral und in Ufernähe gelegen, allerdings an einer ziemlich lauten Ecke. Die meisten der komplett ausgestatteten Units haben Meerblick. ❸

YHA Tauranga, 171 Elizabeth St, ☎ 07/578 5064, 💻 www.yha.org.nz. Gut ausgestattetes, modernes und einladendes Hostel, 5 Min. zu Fuß vom Zentrum entfernt, aber ruhig gelegen; BBQ, Volleyball, Minigolf und ein kurzer Bushwalking Trail. Zeltstellplätze $18, Dorms $28, Zimmer ❷

Mount Maunganui

Die nachstehend aufgeführten Unterkünfte sind auf der Karte S. 402 eingezeichnet.

Mount Backpackers, 87 Maunganui Rd, ☎ 07/575 0860, 💻 www.mountbackpackers. co.nz. Kleines Hostel mitten im Getümmel, d. h. in Nähe der Restaurants, Bars und des Strands. Jobvermittlung und Internetcafé. Dorms $26, Zimmer ❷

Mount Maunganui Beachside Holiday Park, 1 Adams Ave, ☎ 07/575 4471, 💻 www. mountbeachside.co.nz. Ziemlich großer,

terrassierter Campingplatz nahe dem Strand, schöne Lage neben den heißen Salzwasser-Pools und direkt am Fuße des Mount. Ab $40 pro Stellplatz.

Pacific Coast Lodge, 432 Maunganui Rd, ☎ 0800/666 622, 💻 www.pacificcoastlodge. co.nz. Riesiges Hostel mit farbenfrohen Wandgemälden, guten Einrichtungen und starkem Ökobewusstsein, allerdings ungefähr 25 Min. zu Fuß von den Restaurants und Kneipen am Strand entfernt; geräumige Dorms, große Küche und BBQ-Bereich. Dorms $24, Zimmer ❸

Essen

Sowohl Tauranga als auch Mount Maunganui haben eine lebendige Café- und Barszene. In beiden Orten verschwimmen die Grenzen zwischen Speiselokalen und Bars, sodass man sich in vielen der hier aufgelisteten Restaurants durchaus nur einen Drink genehmigen oder umgekehrt in einem der unter „Unterhaltung" aufgeführten Lokale eine leckere Mahlzeit essen kann.

Die meisten Cafés und Restaurants von **Tauranga** befinden sich im Stadtzentrum – insbesondere in der Devonport Road und The Strand sowie in den davon abgehenden Straßen.

Mount Maunganui kann mit der Restaurant-Bandbreite und den kulinarischen Hotspots von Tauranga nicht ganz mithalten. Es gibt aber trotzdem eine ansehnliche Menge von Lokalen im Stadtkern in der Maunganui Road und an der Hafenpromenade vor den Apartmenthäusern. In Tauranga findet samstagmorgens ab 8 Uhr ein **Markt** mit frischen Erzeugnissen von den

Coromandel Peninsula, Bay of Plenty und Eastland

Bauernhöfen der Umgebung statt: 17th Ave West, Compass Community Village.

Tauranga

Bravo, Red Square, Ecke Willow St, ☎ 07/578 4700. Cooles, minimalistisches Café und Restaurant mit Tischen in der Fußgängerzone, bietet Frühstück, Gourmet-Snacks sowie abends Hauptgerichte um $20–30. ◷ So und Mo abends geschl.

Café Versailles, 107 Grey St, ☎ 07/571 1480. In dem preisgekrönten Restaurant dürfen sich die Gäste wie Gott in Frankreich fühlen. Es hat eine traumhafte Auswahl an typisch französischen Leckerbissen, von Schnecken bis Bouillabaisse, daneben auch einige weniger ausgefallene, aber französisch angehauchte Standardgerichte – alles liebevoll angerichtet und begleitet von einem Glas aus Frankreich importierten Cabernets.

Harbourside Brasserie & Bar, unter der Eisenbahnbrücke am südlichen Ende von The Strand, ☎ 07/571 0520. Das geschmackvoll mit Kunstgegenständen und Holz eingerichtete Lokal auf Stelzen im Hafenbecken hat eine überdachte Veranda und eine geniale Aussicht. Die Speisekarte ist nicht lang, aber erlesen und kosmopolitisch. Es gibt Mittags- und Abendgerichte und am Wochenende auch Frühstück. Tische auf der Veranda müssen reserviert werden. Man kann aber auch einfach auf einen Drink hereinschneien.

Mediterraneo Café and Restaurant (alias The Med), 60 Davenport Rd. Populäres Tagescafé mit super Frühstücksangeboten wie Porridge

Bio-Delikatessen

Providores Urban Food Store, 19a Pacific Ave, Mount Maunganui. Die innovativen Tagesgerichte in diesem morgens und mittags geöffneten Feinkostcafé sind oft aus Biozutaten und stehen mit Kreide auf einer Tafel angeschrieben. Gerichte $4,50–18; keine Speisekarte. Man darf zum Frühstück mit leckeren Sachen wie Pilze in Sahnesoße auf Dampfnudeln und zum Mittagessen mit hausgeräuchertem Lachs und *kumara*-Kuchen rechnen.

aus drei Getreidesorten, Leckeres von der warmen Theke und *specials* (auf einem großen Stück Packpapier an der Wand angeschrieben), z. B. in der Pfanne gebratener Fisch auf gegrilltem Spargel mit getoasteter Brioche (Gerichte $9–19). Auch ein paar Tische im Freien.

Sunrise, 10 Wharf St. Intimes, freundliches und sehr beliebtes Café mit guten Frühstücks-Standardgerichten, köstlichen Burgern aus Kichererbsen und Linsen, Salaten, selbstgebackenen Kuchen und Pasteten. Mit Schanklizenz. ◷ So geschl.

Mount Maunganui

Astrolabe, 82 Maunganui Rd. Großes und beliebtes Lokal mit Strandfeeling, wo am Wochenende abends der Bär tanzt. Salate, Pasta, Steaks vom Grill, Fisch und dazu viele verschiedene Biersorten. ◷ Brunch, Mittagessen (Hauptgerichte $12–23) und Abendessen (Hauptgerichte $16–37).

Sidetrack Café Pacifica, Marine Parade, unter den Twin Towers. Gut zum Frühstücken oder Kaffeetrinken in der warmen Morgensonne, aber auch Mittagessen (Hauptgerichte $14–18) mit Blick über den Strand auf den Ozean. Es hebt sich sowohl wegen der Qualität der Zutaten als auch der Bedienung von den Nachbarlokalen ab.

Volantis, 105 Maunganui Rd. Eines der besten Lokale im Ort zum Kaffeetrinken, außerdem sehr leckere Snacks wie Burger und Panini, auch vegetarische Varianten. Einige der fantasievoll zusammengestellten Eisbecher erhalten zur geschmacklichen Abrundung einen Schuss Likör. Abends Hauptgerichte $17,50–29,50. Mit Schanklizenz und BYO.

Unterhaltung

In beiden Orten geht es in der Nebensaison eher ruhig zu. Allerdings liegt Tauranga derzeit vorn – im Sommer tobt die Party am Strand bis in die frühen Morgenstunden. Die beste Informationsquelle für Veranstaltungen und andere Unterhaltungsangebote, z. B. Kino, ist die *Bay of Plenty Times*.

Clubs und Bars

Buddha Lounge, 61b The Strand. Kleines, aber cooles Lokal mit Balkon, wo bis weit nach Mitternacht Soul, House und Drum 'n' Bass zu hören ist; im Obergeschoss laden gemütliche Sofas zum Chillen ein. Am Freitag- oder Samstagabend kann es ziemlich voll werden. ⏰ bis 3 Uhr.

Crown & Badger, The Strand, Ecke Wharf St. Äußerst lebendiger englischer Pub mit großem Bierangebot und sehr preisgünstigen Bar Meals.

Horny Bull, 67 The Strand. Deftiges Texmex-Essen sorgt dafür, dass den Gästen in dieser fröhlichen, gut besuchten Bar die Energie zum Feiern nicht so schnell ausgeht.

Krazy Jacks, 47 The Strand. Gut besuchtes Restaurant und Bar, wo regelmäßig Acoustic-Abende und Jam Nights, Auftritte von Talenten aus der Region und hervorragenden Bands (Eintrittsgebühr) veranstaltet werden.

Mount Mellick, 317 Maunganui Rd. Muntere irische Bar, die preisgünstiges Essen und spannende Events bietet, darunter Cricketspiele im Hof, Jam Nights, Livemusik, Sportübertragungen auf einem Großbildschirm.

Naked Grape, 97 The Strand. Angesagte Weinstube und mal was anderes. Hat auch klassisches, überraschend preiswertes Frühstück (Zimtpfannkuchen usw.), Mittag- und Abendessen (Hauptgerichte $28,50–32).

Kinos

Bay City Cinemas, 45 Elizabeth St, Tauranga, ✆ 07/577 0800.

Rialto Cinema, Goddard Centre, 21 Devonport St, Tauranga, ✆ 07/577 0445.

Aktivitäten

Wer die westliche Bay of Plenty bereist, sollte sich in jedem Fall auch einmal aufs Wasser begeben. Eine ganze Bootsflotte steht bereit, um Ausflügler auf Rundfahrten, zum Angeln, Segeln und Schwimmen mit Delphinen mitzunehmen. Ziel der meisten Bootsausflüge von der Bay of Plenty ist die Ökotourismus-Insel Tuhua (Mayor), ein schlafender Vulkan, der 40 km vor der Küste von Tauranga aus der Bay of Plenty aufragt.

Angeln

Einer von zahlreichen Anbietern von Angelchartertrips für die Jagd nach Hochseefischen wie Marlin oder Thunfisch (Dez–April) ist **Blue Ocean Charters**, Coronation Wharf, ✆ 07/578 9685, 🖥 www.blueocean.co.nz. Man muss ein Boot chartern oder sich einer Gruppe anschließen, die noch Plätze frei hat. Das kleinste Boot des Veranstalters ist für $1200 pro Tag zu haben. Wer sich jedoch mit Küstenfischen wie Schnapper und Tarakihi zufrieden gibt, ist schon mit $80 p. P. für den halben Tag dabei, Angel und Köder kosten $25 extra.

Bootstouren

An der Tauranga Wharf legen zahlreiche Ausflugsboote und ein Fährschiff ab. Eine der billigsten Möglichkeiten aufs Wasser zu gelangen, ist an Bord der *Spirit of Tauranga* von Kiwi Coast Cruises (S. 406).

Schwimmen mit Delphinen und Tauchen

Butler's Swim with Dolphins, ✆ 0508/288 537, 🖥 www.swimwithdolphins.co.nz. Gemächliche Trips auf der Jacht *Gemini Galaxsea* und unter Obhut von Kapitän Graham Butler, einem gutmütigen Seebären und Grünen, dessen Erfolgsrate bei der Delphin- und manchmal Walsichtung schon fast legendär ist. Schnorchel-ausrüstung, Tee, Kaffee und heiße Schokolade werden gestellt, aber die Verpflegung für den Tag muss mitgebracht werden. Teilnahme $135; einen Tag im Voraus buchen.

Dolphin Seafaris, 90 Maunganui Rd, Mount Maunganui, ✆ 0800/326 8747, ⌨ www.nzdolphin.com, unternimmt vormittags und manchmal auch nachmittags Halbtagsausflüge mit einem PS-starken Ausflugsdampfer. Er ist fast das ganze Jahr über im Einsatz, allerdings nur bei ordentlichem Wetter.

Wenn sich keine Delphine sehen lassen, kann man bei beiden Unternehmen ein zweites Mal kostenlos mitfahren.

Seekajak- und Mountainbiketouren

Adventure Bay of Plenty, Mount Maunganui, ✆ 0800/238 267, ⌨ www.adventurebop.co.nz, veranstaltet Seekajaktrips (ab $85/2 Std.) und Mountainbiketouren (ab $80/2 Std.) für kulturell interessierte Teilnehmer.

Surfen

Bei mehreren Veranstaltern in Mount Maunganui kann man Surfstunden nehmen, z. B. bei **Hibiscus** am Main Beach, ✆ 07/575 3792, ⌨ www.surfschool.co.nz. 2 Std. Gruppen-/Privatunterricht $80/120, 2-/5-tägige Surfkurse $150/350; auch Ausrüstungsverleih.

i-SITE Visitor Centre, Willow St, Ecke Wharf St, Tauranga, ✆ 07/578 8103, ⌨ www.bayplentynz.com, Transport- und Unterkunftsreservierung und Verkauf von Landkarten. ⊙ Mo–Fr 8.30–17.30, Sa und So 9–17 Uhr.

i-SITE Visitor Centre, Salisbury Ave, nahe Maunganui Rd, Mount Maunganui, ✆ 07/575 5099, ⌨ www.bayplentynz.com. ⊙ tgl. 9–17 Uhr.

DOC, 253 Chadwick Rd, Greerton, 6 km südlich von Tauranga, ✆ 07/578 7677. ⊙ Mo–Fr 8–16.30 Uhr.

Busse

Der **Bayhopper Bus**, ✆ 0800/422 9287, ⌨ www.baybus.co.nz, pendelt alle 30 Min. zwischen Tauranga (Willow St) und Mount Maunganui und fährt außerdem zahlreiche andere Orte in der näheren Umgebung an (tgl., Tageskarte $6, im Bus erhältlich).

Abgesehen von ein paar Abendbussen Mo–Fr letzte Fahrt gegen 18 Uhr.

Taxis

Nach 18 Uhr muss man sich für längere Strecken nach einem Taxi umsehen, entweder am **Taxistand** von Tauranga in der Hamilton Street (zwischen The Strand und Willow St) oder dirckt bei einem der Taxiunternehmen: **Citicabs**, ✆ 07/571 8333; **Tauranga Mount Taxis**, ✆ 07/578 6086. Die Fahrt zwischen Tauranga und Mount Maunganui kostet bis zu $30.

Schiffe

Das Fährschiff *Spirit of Tauranga* von **Kiwi Coast Cruises**, ✆ 07/579 1325, fährt um 9 Uhr (dann alle 2 Std. bis 17 Uhr von Tauranga, 17.20 Uhr von Mount Manganui; $8) nach The Mount und zurück.

Busse

InterCity-Fernbusse halten vor den i-SITE Visitor Centres der beiden Orte.

Busse nach:
AUCKLAND 2x tgl., 3 3/4 Std.;
HAMILTON 1x tgl., 2 Std.;
ROTORUA 3x tgl., 1 1/2 Std.;
TAUPO 2x tgl., 2 1/2 Std.

Flüge

Der Flughafen liegt etwa auf halbem Weg zwischen Tauranga und Mount Maunganui. In beide Städte fahren alle 30 Min. Bayhopper-Busse (s. „Nahverkehr") ($2,50); Taxis kosten in beide Orte (jeweils ca. 3 km) um $25. Flüge nach AUCKLAND 6–8x tgl., 35 Min., WELLINGTON 9–14x tgl., 1 1/4 Std.

Die Umgebung von Tauranga

Im Vorort Bethlehem befindet sich die **Mills Reef Winery**, 143 Moffat Rd, ⌨ www.millsreef.co.nz, ⊙ tgl. 10–17 Uhr. In den im Art-déco-Stil eingerichteten Probierräumen kann man gratis die exzellenten Chardonnays, Rieslings, Sau-

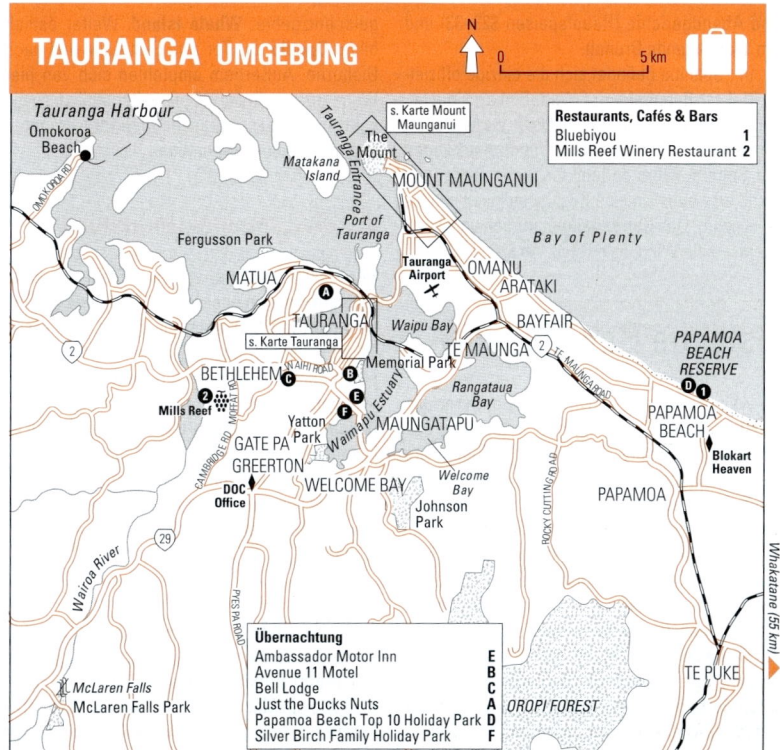

s. Karte Mount
Maunganui

Restaurants, Cafés & Bars
Bluebiyou	1
Mills Reef Winery Restaurant	2

Tauranga Harbour
Omokoroa
Beach

The Mount

Matakana Island

MOUNT MAUNGANUI

Fergusson Park

Port of Tauranga

Bay of Plenty

MATUA

Tauranga Airport

OMANU
ARATAKI

TAURANGA

Waipu Bay

BAYFAIR

s. Karte Tauranga

Memorial Park

TE MAUNGA

PAPAMOA
BEACH
RESERVE

BETHLEHEM

Rangataua
Bay

Mills Reef

Yatton Park

Waimapu Estuary

MAUNGATAPU

PAPAMOA
BEACH

GATE PA
GREERTON

WELCOME BAY

Welcome
Bay

Blokart
Heaven

DOC
Office

Johnson
Park

PAPAMOA

Wairoa River

McLaren Falls
McLaren Falls Park

OROPI FOREST

TE PUKE

Whakatane (55 km)

Übernachtung
Ambassador Motor Inn	E
Avenue 11 Motel	B
Bell Lodge	C
Just the Ducks Nuts	A
Papamoa Beach Top 10 Holiday Park	D
Silver Birch Family Holiday Park	F

Coromandel Peninsula, Bay of Plenty und Eastland

---

vignons und Merlots verkosten und natürlich auch kaufen. Zum Gelände gehört ein romantisches Restaurant, Reservierung unter ☎ 07/576 8800; Hauptgerichte $23,50–33. Im Sommer gibt's im Restaurantgarten sonntags zur Mittagszeit Livemusik.

Hinter dem fruchtbaren Landstrich liegen die Anhöhen des Kaimai Mamaku Forest Park. Die Flüsse, die sich von diesen Hängen herab in die Küstentiefebene ergießen, speisen die **McLaren Falls**, 11 km südlich von Tauranga am SH29 ausgeschildert. An den meisten Sommersonntagen sind die Wasserfälle Schauplatz frenetischer Aktivitäten: Hunderte von Rafting- und Kajak-Begeisterte versammeln sich hier, um die Stromschnellen des Wairoa River (WW IV–V) zu bezwingen. Außerdem strömen im Sommer jeden Tag die Einheimischen in Scharen hierher,

um sich in den vielen seichten Badepools zu vergnügen. Doch mit ein wenig Ausdauer findet man immer ein ruhigeres Plätzchen. Proviant und Sonnenschutz mitbringen.

An der Küste zieht sich Mount Maunganuis Ocean Beach 20 km Richtung Osten bis zum **Papamoa Beach**, einer tollen Ecke zum Surfen und Schwimmen abseits vom Hype von The Mount. Unterkunft bietet der hervorragende Papamoa Beach Top 10 Holiday Park, abseits des SH2 am östlichen Ende der Papamoa Beach Road, direkt am Strand, ☎ 07/572 0816, 🖥 www.papamoabeach.co.nz; Camping $18, Cabins ❷, Units ❹, Ferienbungalows ❻.

Nebenan liegt das Café/Bar/Restaurant Bluebiyou im Seemanns-Stil, dessen überdachte Terrasse einen schönen Blick übers Meer bietet; zur Auswahl stehen frisch zubereitete Mittags-

und Abendgerichte (Hauptspeisen $23–33) und am Wochenende Brunch.

In Papamoa befindet sich die einzige offizielle **Blokart-Rennbahn** der Welt: Blokart Heaven, 176 Parton Rd, ☏ 07 542 4033, 🖥 www.blokart heaven.co.nz. Es handelt sich um Gokartwagen mit Segel („Fahrstunden" möglich). Bei gutem Wind erreichen sie eine Geschwindigkeit von bis zu 60 km/h. Das Ganze hängt natürlich vom Wetter ab – kein Wind, kein Spaß. Ab $20/15 Min.

Östliche Bay of Plenty

Je weiter man sich von Tauranga entfernt und auf dem Pacific Coast Highway in Richtung östliche Bay of Plenty fährt, desto geringer wird der städtische Einfluss. Hier geht das Leben noch einen gemächlichen Gang. Die Plantagen und Kiwifelder weichen nach und nach weiten Schafweiden. Der aufmerksame Beobachter wird außerdem eine allmähliche Änderung der Bevölkerungsstruktur bemerken – die östliche Bay of Plenty ist überwiegend Maori-Land.

Einige der ersten Maori, die nach Neuseeland kamen, legten in der östlichen Bay of Plenty mit ihren großen *waka* (Kriegskanus) an, und in der Tat wird Whakatane von manchen als Geburtsort von Aotearoa betrachtet: Hier war es, wo der polynesische Seefahrer **Toi te Huatahi** zum ersten Mal seinen Fuß auf neuseeländischen Boden setzte.

Die am weitesten westlich gelegene Stadt **Te Puke** ist die Kiwifrucht-Hauptstadt Neuseelands. Den lebenden Beweis dafür tritt **Kiwi360** an, 6 km östlich der Innenstadt, ☏ 0800/549 4360, 🖥 www. kiwi360.com. Die gewaltige, von einer riesigen surrealen Kiwischeibe gekrönte Plantage ist eine Art landwirtschaftlicher Themenpark. Hier gibt es informative Führungen, jede Menge Souvenirs und ein Café, wo Kiwi-Muffins, Kiwi-Obstsalate, Kiwi-Obstwein und -likör sowie warme Mahlzeiten zu haben sind. ⏰ tgl., Sommer 9–16, Winter 10–15 Uhr, 45-minütige Führungen $20.

Whakatane, 66 km weiter am SH2, ist immer noch die größte Stadt der Gegend und eine hervorragende Ausgangsbasis für Abstecher auf die vulkanische **White Island** oder ins Vo-

gelschutzgebiet **Whale Island**. Weiter östlich bildet **Opotiki** das Tor zum East Cape und nach Gisborne. Außerdem empfehlen sich von hier Wanderungen in die Hügel weiter südlich sowie Fahrten auf dem landschaftlich interessanten und abgelegenen **Motu River**.

Whakatane und Umgebung

Die 15 000 Einwohner zählende Stadt Whakatane erstreckt sich über flaches Farmland entlang des unteren Whakatane River, kurz vor dessen Mündung in den Ozean. Hier kann man mit **Delphinen schwimmen** und das Vogelschutzgebiet **Whale Island** sowie die aktive Vulkaninsel **White Island** besuchen, die ihre weißen Rauchwolken in den Himmel bläst. An Land führen Wanderwege über den Gebirgsgrat oberhalb der Stadt zum Aussichtspunkt **Kohi Point**, und am langen **Ohope Beach** kann man sich dem Sonnenbaden widmen.

Geschichte

In der Gegend von Whakatane haben sich besonders viele dramatische Ereignisse abgespielt. Der Maori-Begriff Whakatane bedeutet „handeln wie ein Mann" und geht auf ein legendäres Ereignis zurück: Die Frauen des Kanus *Mataatua* wurden an Bord zurückgelassen, während ihre Männer an Land gingen. Das Kanu begann, aufs Meer hinauszudriften, aber eine Berührung der Paddel war für die Frauen tabu. Die temperamentvolle **Wairaka** ließ sich davon nicht beirren, sondern paddelte zurück zur sicheren Küste und rief *Ka Whakatane Au i Ah au* („Ich werde wie ein Mann handeln"). Noch heute erinnert eine Statue bei Whakatane Heads an ihre Heldentat.

Die ersten Europäer, die das Gebiet betraten – abgesehen von Kapitän Cooks kurzem Zwischenstopp – waren **Flachshändler** zu Beginn des 19. Jhs. Der nächste Wendepunkt in der Geschichte von Whakatane war die Ermordung des Missionars **Carl Völkner** im März 1865 in Opotiki und das Erscheinen des Regierungsvertreters **James Falloon**, der den Mord untersuchen sollte. Anhänger der fanatischen Maori-Sekte Hau Hau (S. 414, Kasten) attackierten das Schiff von Falloon und töteten ihn und seine Mannschaft.

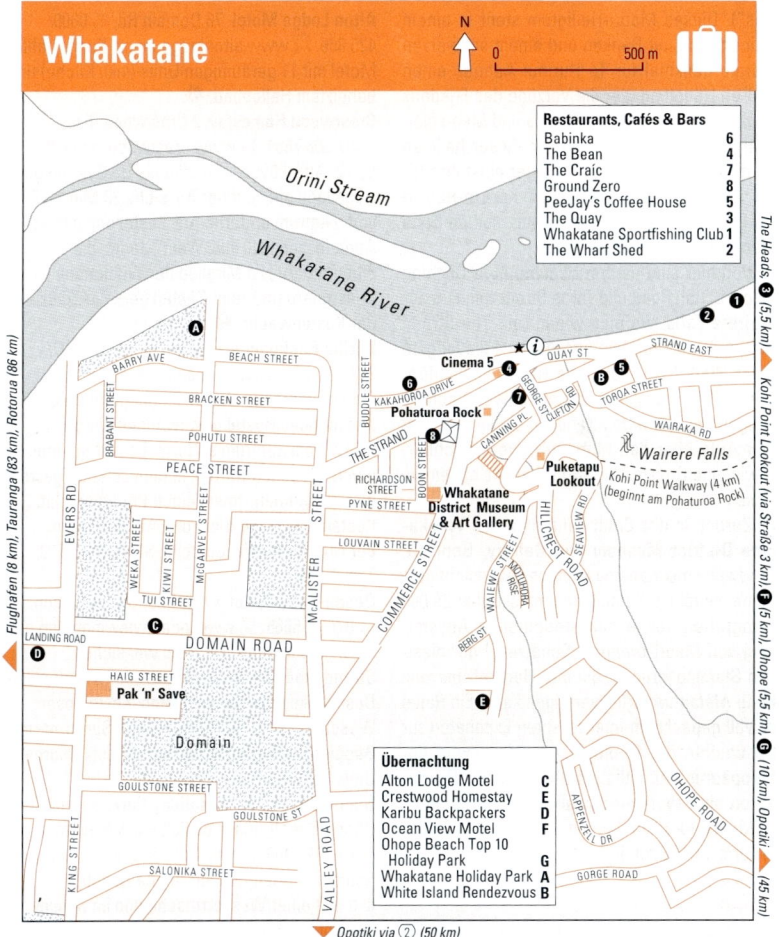

Whakatane

N
0 — 500 m

Restaurants, Cafés & Bars

Babinka	6
The Bean	4
The Craic	7
Ground Zero	8
PeeJay's Coffee House	5
The Quay	3
Whakatane Sportfishing Club	1
The Wharf Shed	2

Orini Stream

Whakatane River

BARRY AVE
BEACH STREET
BRACKEN STREET
POHUTU STREET
PEACE STREET
BRABANT STREET
EVERS RD
WEKA STREET
KIWI STREET
McGARVEY STREET
TUI STREET
BUDDLE STREET
THE STRAND
BOON STREET
KAKAHOROA DRIVE
CANNING PL.
RICHARDSON STREET
PYNE STREET
LOUVAIN STREET
M ALISTER STREET
COMMERCE STREET
WAIEWE STREET
BERG ST
MOTUHORA...
HILLCREST ROAD
SEAVIEW RD
Cinema 5
QUAY ST
GEORGE ST
CLIFTON
STRAND EAST
TOROA STREET
WAIRAKA RD
Pohaturoa Rock
Whakatane District Museum & Art Gallery
Puketapu Lookout
Wairere Falls
Kohi Point Walkway (4 km) (beginnt am Pohaturoa Rock)
LANDING ROAD
DOMAIN ROAD
HAIG STREET
Pak 'n' Save
Domain
GOULSTONE STREET
GOULSTONE ST
KING STREET
SALONIKA STREET
VALLEY ROAD
APFENZELL DR
GORGE ROAD
OHOPE ROAD

Übernachtung

Alton Lodge Motel	C
Crestwood Homestay	E
Karibu Backpackers	D
Ocean View Motel	F
Ohope Beach Top 10 Holiday Park	G
Whakatane Holiday Park	A
White Island Rendezvous	B

Flughafen (8 km), Tauranga (83 km), Rotorua (86 km)

The Heads (5,5 km), Kohi Point Lookout (via Straße 3 km) (5 km), Ohope (5,5 km) (10 km), Opotiki (45 km)

Opotiki via (50 km)

Coromandel Peninsula, Bay of Plenty und Eastland

Als Reaktion darauf rief die Regierung das **Kriegsrecht** aus.

Bis zum Ende des Jahres waren große Teile der Bay of Plenty konfisziert und Whakatane eine Militärfestung geworden. Das veranlasste **Te Kooti** (s. Kasten S. 435) 1869 dazu, Whakatane als Ziel für einen Großangriff auszuwählen. Doch seine Maori-Truppen wurden schließlich in die Hügel von Urewera zurückgetrieben.

In jüngerer Zeit gestaltete sich das Leben in Whakatane wesentlich ruhiger. Der Ort dient heute als Handels- und Versorgungszentrum für das Umland und als Sprungbrett für Abstecher zu den Naturschönheiten der Region.

Whakatane

Bei der Einfahrt nach Whakatane auf der Commerce Street geht es dicht an den Klippen entlang, die früher einmal vom Meer überspült waren. Die Kreuzung mit The Strand bildet das Stadtzentrum, markiert von Whakatanes Wahrzeichen, dem großen Felsen **Pohaturoa** („langer

Fels"). Dieses Maori-Heiligtum steht in einem kleinen Park mit Bänken und einem schwarzen Marmordenkmal für Te Hurinui Apanui, einen großen Häuptling, der die Vorzüge des Friedens propagierte und von den Pakeha und Maori gleichermaßen betrauert wird. An dieser heiligen Stätte zelebrierten Maori-Priester einst ihre Riten, und der Samen, aus dem die Karaka-Bäume am Fuße des Felsens erwuchsen, soll im Kanu *Mataatua* hierher gelangt sein.

Von hier sind es drei Minuten über Canning Place, Clifton Road und Toroa Street zum Fuß der **Wairere Falls**, wo man wieder auf The Strand trifft und 1 km auf dem (insgesamt 4 km langen) **River Walk** bis Whakatane Heads schlendern kann. Unterwegs passiert man zwei Nachbildungen des *Mataatua*-Kanus in einem Reservat (per Auto über den Muriwai Drive erreichbar) sowie eine Bronzestatue von Wairaka auf einem Felsen.

Zurück in der Stadt kann man das **Whakatane District Museum and Gallery**, Boon St, ⌨ www.whakatanemuseum.co.nz, besichtigen. Seine vielfältige Sammlung umfasst über 30 000 Fotografien sowie eine bedeutende Ausstellung von Maori-*taonga* („Schätzen") der hiesigen Stammesgruppe, die ihre Herkunft bis zum Kanu *Mataatua* zurückverfolgen kann. Ein Raum ist voll gepackt mit interessanten Exponaten zur Geschichte der Geologie, der Maori und der Europäer in der östlichen Bay of Plenty. Die anderen sind Wanderausstellungen vorbehalten. ⊙ Mo–Fr 10–16.30, Sa und So 11–15 Uhr, Eintritt in Form einer Spende.

Ohope

7 km östlich von Whakatane erstreckt sich die winzige Siedlung Ohope am Strand entlang bis zum Beginn des Ohiwa Harbour. Ohiwa („Ort der Wachsamkeit") ist ein bekannter Sammelplatz für Muscheln sowie Standort mehrerer *pa*. Ansonsten ist der Ort in erster Linie ein Strandresort und ein guter Ausgangspunkt für eine Erkundung von Whakatane und Umgebung.

Übernachtung

In Whakatane gibt es im nahen Ohope Beach eine passable Auswahl an Unterkünften, darunter viele Mittelklassemotels.

Alton Lodge Motel, 76 Domain Rd, ✆ 0800/425 866, ⌨ www.altonlodge.co.nz. Komfortables Motel mit 11 geräumigen Units (inkl. Küche) und beheiztem Hallenbad. ❹

Crestwood Homestay, 2 Crestwood Rise, ✆ 07/308 7554, ⌨ www.crestwood-homestay.co.nz. Attraktives, freundliches B&B in ruhiger Hügellage mit schöner Aussicht, 20 Min. zu Fuß vom Zentrum entfernt. Auf Bestellung gibt es Abendessen ($40 inkl. Wein). Janet, die Eigentümerin, ist Mitglied der Whakatane Coastguard und zeigt Gästen gern die Zentrale der Küstenwacht. ❺

Karibu Backpackers, 13 Landing Rd, ✆ 07/307 8276, ⌨ www.karibubackpackers.co.nz. Ein Vorstadthaus, das in ein gut geführtes, einladendes Hostel umgewandelt wurde, 1,5 km vom Zentrum entfernt. Es verfügt über einen hübschen Garten, in dem Zelte aufgestellt werden können, sowie einen Privatparkplatz. Kostenloser Radverleih und Abholung von der Bushaltestelle. Camping $14, Dorms $23, Zimmer ❶

Ocean View Motel, West End, Ohope Beach, ✆ 07/312 5665, ⌨ www.oceanviewmotel.co.nz. Total gemütliches Motel am westlichen Strandende, wo man gefahrlos schwimmen und Bushwalks unternehmen kann. Kostenloser Wäscheservice, Fahrrad-, Kajak-, Surfbrett- und Boogieboardverleih. Jede der Selbstversorger-Units hat Meerblick. Zimmer ❸

Ohope Beach Top 10 Holiday Park, Harbour Rd, Ohope Beach, 10 km östlich von Whakatane, ✆ 07/312 4460, ⌨ www.ohopebeach.co.nz. Schicker Ferienpark am Ohope Beach, u. a. mit einer Wasserrutsche und im Sommer kostenlosem Kinderunterhaltungsprogramm. Camping $18, Cabins ❷, Selbstversorger-Units ❸, Motel Units ❹, luxuriöse Ferienapartments ❻

Whakatane Holiday Park, McGarvey Rd, ✆ 07/308 8694, ⌨ www.whakataneholidaypark.co.nz. Ein windgeschützter Campingplatz 10 Min. zu Fuß von The Strand entfernt. Zeltstellplätze $15, Cabins ❷, Selbstversorger-Apartments ❸

White Island Rendezvous, 15 Strand East, ✆ 0800/242 299, ⌨ www.whiteisland.co.nz. Makellos sauberes, mehrstöckiges Motel

In den Gewässern um Whakatane lassen sich Wale, Delphine und Robben beobachten.

im Mittelmeerstil, gegenüber der Anlegestelle. Einige Zimmer mit Whirlpool, alle mit Sky-TV und Mikrowelle. Auf dem Gelände befindet sich ein hübsches Café (PeeJay's Coffee House, s. „Essen"). Selbstversorger-Apartments ❺

Essen und Unterhaltung

Whakatane hat ein paar Lokale mit ordentlichem Espresso. Außerdem zwei einladende Restaurants am Wasser, wo sich ein netter Abend bei gutem Essen verbringen lässt. Frisches Seafood, u. a. Austern und Räucherfisch, gibt es in der **Ohiwa Oyster Farm**, Ohiwa Harbour, 1 km südlich vom Strand an der Straße nach Opotiki. Am Ufer stehen zwei Picknicktische. ☉ tgl. 9–20 Uhr.

Das Unterhaltungsangebot beschränkt sich in erster Linie auf das Multiplexkino **Cinema 5**, 99 The Strand, ✆ 07/308 7623, sowie drei **Bars** im Whakatane Hotel: The Boiler Room (oft Livebands), Spot 81 (leichte Unterhaltung) und The Craic (s. u.).

Babinka, Kakahoroa Drive, ✆ 07/307 0009. Sehr beliebtes Restaurant und Bar mit großen Fenstern und abwechslungsreicher Speisekarte für Brunch, Mittag- und Abendessen, darunter verschiedene Currys (alle unter $25). Abends reservieren.

The Craic, im Whakatane Hotel, The Strand, Ecke George St. Stimmungsvolle irische Bar, die auch leckeres Essen serviert. Hier spielt sich ein Großteil des Nachtlebens ab, jeden Freitagabend und manchmal sonntagnachmittags Livemusik und Tanz.

Ground Zero, 163 The Strand. Großes und stilvolles Tagescafé mit Tischen im Freien. Es hat leckere Quiches, belegte Brötchen, selbstgebackene Kuchen und Muffins.

PeeJay's Coffee House, 15 Strand East, im Motel White Island Rendezvous. Der beste Espresso der Stadt, Snacks und kleine Gerichte. Ab 6.30 Uhr geöffnet, gut zum Frühstücken.

Aufwecker und Durstlöscher

The Bean, 54 Strand East. Ungezwungenes Tagescafé und Kaffeerösterei, weshalb man mit einem ordentlichen Gebräu rechnen darf. Wenn's lieber ein anderes Getränk sein soll: Es gibt auch Bio-Säfte und alle möglichen Teespezialitäten. ☉ Mo–Fr 8.30–16, Sa 9.30–13.30 Uhr, So geschl.

Coromandel Peninsula, Bay of Plenty und Eastland

The Quay, 22 Pohutukawa Ave, Ohope, ℡ 07/312 4675. Das hippe, aber trotzdem gemütliche Café mit Schanklizenz ist das beste Lokal von Ohope. Es hat eine verführerische Auswahl an Kuchen und Gebäck, erstklassige Fish 'n' Chips und Do–So erschwingliche Abendgerichte (unbedingt reservieren).

Whakatane Sportfishing Club, Strand East. Geräumige Bar mit riesigen Fenstern und Aussicht auf die Boote und den Fluss, bestens geeignet für billige Drinks. Mittags und abends gute Bar Meals. Im Sommer wird fast jeden Freitagabend Livemusik geboten. Eigentlich ein Verein, aber Besucher sind willkommen.

The Wharf Shed, Strand East, ℡ 07/308 5698. Café mit Restaurant in schöner Lage am Fluss. Gut geeignet für ein spätes Frühstück, zum Mittagessen oder zum Beobachten des Sonnenuntergangs, während man Meeresfrüchte (darunter köstlichen Fisch in Sesamkruste), Lamm oder Wild genießt. Abends Reservierung nötig.

Aktivitäten

Jetboatfahrten

Kiwi Jetboat Tours, ℡ 0800/800 538, ⌨ www.kiwijetboattours.com, bietet Schnellboottouren unter Leitung eines ehemaligen Weltmeisters im Jetboatfahren. Er bringt die Teilnehmer vom Matahina Dam, 25 km südlich von Whakatane, über einige nicht allzu reißende Stromschnellen zu den wunderschönen Aniwhenua Falls ($85).

Schwimmen mit Delphinen / Walbeobachtung

Die Gewässer rund um Whakatane eignen sich von Dezember bis März hervorragend zum Beobachten von Walen und Delphinen und zum Schwimmen mit Delphinen – jeder, der außerhalb dieser Monate Touren anbietet, ist entweder sehr optimistisch oder schlichtweg ein Betrüger. Der beste Veranstalter von Whakatane aus ist **Dive Works Charters**, 86 The Strand, ℡ 07/308 5896, ⌨ www.whaleislandtours.co.nz. 3–4 Std., 2x tgl., $150.

Die Inseln von Whakatane

Whale Island

Whale Island (Motohora), 10 km vor Whakatane, ist ein vom DOC überwachtes Gebiet, wo vor Jahrzehnten große Anstrengungen zur Ausrottung von Ziegen und Ratten unternommen wurden. Der Busch hat sich die Insel schnell zurückerobert, und heute ist sie ein Vogelschutzgebiet, ein sicherer Hafen für Sattelvögel (oder Tieke), Langflügel-Sturmvögel, Dunkle Sturmtaucher, Zwergpinguine, Maori-Regenpfeifer und Austernfischer, außerdem für Geckos, zwei Arten von Skinken und Tuataras; manchmal verirren sich auch Maorifalken (Karearea) und Nordinsel-Kaka (Waldpapageien) sowie Pelzrobben hierher.

Die Insel darf nur im Rahmen einer begrenzten Zahl von **organisierten Touren** (nur Jan und Feb; Details und Reservierungen im i-SITE in Whakatane) besucht werden. Allerdings fahren Boote von mehreren Anbietern um die Insel herum, z. B. von PeeJay (S. 413), die *nature cruises* anbietet (ungefähr Mitte Dez bis Mitte Feb; 4 Std.; $75) und Touren zur White Island (4 Std.; $60; S. 413).

White Island

Viele Touristen lassen Whale Island links liegen und wenden sich gleich der spektakuläreren White Island (Whaakari) zu. Getauft wurde die Insel von Kapitän Cook, der mit dem Namen auf den ständigen Dunstschleier aus Wasserdampf über dem Eiland anspielte. White Island ist mehr als doppelt so groß wie Whale Island und liegt etwa 50 km vor der Küste.

Weder die manchmal raue Überfahrt noch der aktive Vulkan können die Besucher abschrecken, die in Scharen hierher strömen, um die außerirdisch wirkende Landschaft zu bewundern. Mächtige Asche-, Gas- und Rauchschwaden steigen aus einem 60 m unter dem Meeresspiegel gelegenen Kratersee empor, und kleinere Spalten und Öffnungen sind von bizarren, hellgelben und weißen Kristallablagerungen umgeben, die jeden Tag ihre Form ändern. Das kristallklare Gewässer um die Insel ist eines der besten **Tauchreviere** Neuseelands.

Whaakari ist das Ergebnis der andauernden Zusammenstöße zwischen der indo-australischen

Wandern

In der Gegend kann man zahlreiche interessante Wanderungen unternehmen. Sie sind ausführlich in der Broschüre *Discover the Walks Around Whakatane* beschrieben, die im i-SITE für $2 erhältlich ist. Der schönste Weg führt zum **Kohi Point Scenic Reserve** (5,5 km einfach, 4 Std.) und kombiniert einen Teil des **Whakatane Town Centre Walk** mit dem **Nga Tapuwae o Toi Walkway** („heilige Fußstapfen von Toi"), der das Gebiet des großen Stammesführers Toi durchquert und am Kohi Point endet – mit Panoramablicken auf Whakatane, Whale Island, White Island und den Te Urewera National Park.

Informationen und Internet

i-SITE Visitor Centre, Quay St, Ecke Kakahoroa Drive, ✆ 07/306 2030, 🖥 www.whakatane.com, großes Angebot an DOC-Broschüren über die Umgebung und kostenloser **Internetzugang**. ◷ Mo–Fr 8–17, Sa und So 10–16 Uhr.

Post

Commerce St, Ecke The Strand.

Busse

Bayhopper, ✆ 0800/422 9287, 🖥 www.baybus.co.nz, fährt nach TAURANGA und MOUNT MAUNGANUI (Mo–Sa), OHOPE (Mo–Sa), OPOTIKI (Mo und Mi, 3/4 Std.) und KAWERAU (Di und Fr).

Die Langstreckenbusse auf dem Weg von ROTORUA (1 1/2 Std.) nach GISBORNE (3 Std.) über den SH2 halten 2x tgl. in jeder Richtung vor dem i-SITE Visitor Centre.

Flüge

Der **Whakatane Airport** liegt etwa 10 km westlich der Innenstadt und ist mit einem Shuttle-Taxi von **Dial-A-Cab**, ✆ 0800/308 0222, zu erreichen (ca. $25). Von Whakatane gibt es täglich 3–4 Verbindungen nach AUCKLAND (3/4 Std.).

---

und der pazifischen Platte, die sich während der letzten zwei Millionen Jahre unter ihren Gegenspieler geschoben hat. Stark erhitzter Fels stieß durch das Meeresboden, wodurch sich eine riesige vulkanische Formation bildete. In den 1880er-Jahren wurde auf der Insel sporadisch Schwefel zur Verwendung bei der Düngerherstellung abgebaut, aber das Unternehmen scheiterte an Vulkanausbrüchen, Erdrutschen und wirtschaftlichen Pleiten. Ab 1934 überließ man die Insel sich selbst, und heute wird sie lediglich von 60 000 **Schwalbensturmvögeln** und 10 000 **Tölpeln** bevölkert.

Von Whakatane wird ein ausgezeichneter **Bootsausflug** zur White Island angeboten: White Island Tours, auch bekannt als PeeJay, 15 The Strand East, ✆ 0800/733 529, 🖥 www.white island.co.nz, setzen mit großen Booten über, trotzdem sollte man mindestens zwei Tage im Voraus buchen (tgl., 6 Std., $$175, inkl. Mittagessen). Die zweistündige Inseltour startet am Standort einer Schwefelfabrik von 1923, die teilweise unter einem Erdrutsch begraben liegt;

die Überreste werden allmählich vom hohen Schwefelgehalt der Atmosphäre zerfressen. Oben am Krater blickt man – mit einer Gasmaske im Gesicht – in blubbernde Schlammtümpel und wird von hohen Rauch- und Dampfsäulen umhüllt.

Mit dem nötigen Kleingeld und bei gutem Wetter empfiehlt sich ein Besuch von White Island per **Hubschrauber** mit Vulcan Helicopters, ✆ 0800/804 354, 🖥 www.vulcanheli.co.nz, die auf der Insel landen. Vor dem Rückflug bleibt Zeit für eine kleine Wanderung (2 1/2 Std., $455 p. P., mind. 3 Teilnehmer) oder einen Sightseeingflug ($175 p. P., mind. 3 Teilnehmer).

Wer abtauchen möchte, wendet sich am besten an den ausgezeichneten Veranstalter Dive White Island in Whakatane im Sportsworld, 186 The Strand, ✆ 0800/348 394, 🖥 www.divewhite.co.nz. Angeboten werden **Tauchtrips** in die Gewässer vor White Island, wo die Sichtweite meistens bei 20 m liegt (2 Tauchgänge, $325 inkl. Ausrüstung), oder Wracktauchen mit der *MV Boston Seafire* ($200 inkl. Ausrüstung).

Coromandel Peninsula, Bay of Plenty und Eastland

Opotiki

Opotiki, 46 km östlich von Whakatane (via Ohope Road), ist die östlichste Stadt in der Bay of Plenty. Der Ort bietet sich als Ausgangspunkt zur Erkundung des East Cape sowie zum Aufstocken der Vorräte und zum Auftanken vor der

Die Hau Hau

Christliche Missionare riefen die Maori dazu auf, ihren Glauben zugunsten des Christentums aufzugeben. Als jedoch der Zwist mit den Siedlern bezüglich der Landfrage eskalierte, betrachteten die Maori die Missionare zunehmend als Fürsprecher der landhungrigen Europäer. Beim Ausbruch der **Landkriege** mussten die konvertierten Maori heftige Niederlagen einstecken und fühlten sich sowohl von der Krone als auch von ihrem neuen Gott betrogen. In Anlehnung an das Alte Testament riefen einige von ihnen die **Erweckerbewegung** Hau Hau ins Leben – man wollte die Eindringlinge vernichtend schlagen: Jünger tanzten um die *nui* (geschnitzten Kriegspfähle) und stimmten Lieder an, um die Pakeha aus dem Land zu vertreiben. Der Name Hau Hau leitet sich vom **Schlachtruf** der Krieger ab, die sich ihren Feinden entgegenwarfen und dabei den rechten Arm in die Höhe streckten, um sich vor den Kugeln zu schützen. Sie glaubten daran, dass wahrer Glaube sie vor einer Erschießung retten würde.

Die Bewegung entstand 1862, und bis 1865 hatte man in den meisten größeren Dörfern zwischen Wellington und Waikato einen Kriegspfahl errichtet. Die Hau Hau zählten zu den meistgefürchteten **Kriegern** und waren in die blutigsten und erbittertsten Kämpfe verwickelt. Allerdings ging es mit der Bewegung bergab, nachdem ihr Anführer und Gründer **Te Ua Haumene** 1866 gefangen genommen wurde. Ein Paar Ideen der Sekte tauchten wieder aus der Versenkung auf, als der berüchtigte Rebell **Te Kooti** (S. 435) einige ihrer Grundsätze in seine Ringatu-Bewegung einfließen ließ.

Weiterfahrt an. Von Opotiki führt der SH2 übers Festland nach Gisborne. Der SH35 dagegen schlängelt sich ums East Cape herum, immer in Reichweite der zerklüfteten, windgepeitschten Küste.

Bevor es in die Wildnis des East Cape oder zu den großstädtischeren Angeboten von Gisborne geht, sollte man die paar Sehenswürdigkeiten mitnehmen, die Opotiki zu bieten hat – abgesehen von der üppig grünen Landschaft ringsum und den Stränden. Alle historisch bedeutenden Gebäude von Opotiki versammeln sich an der Kreuzung von Church Street und Elliott Street, darunter das **Opotiki Museum**, 123 Church St. Es nimmt den ganzen Häuserblock zwischen Elliot und Kelly Street ein, einschließlich eines altmodischen Krämerladens aus den 1870er-Jahren. ⏱ Mo–Fr 10–16, Sa 10–14 Uhr, Eintritt $5.

Gegenüber erhebt sich die weiße, aus Schindeln erbaute **St Stephen's Church**, deren unschuldiges Aussehen nicht vermuten lässt, dass sich hier einst ein berühmter Mordfall zutrug: Im März 1865 soll an dieser Stelle der hiesige Missionar Carl Völkner vom Propheten Kereopa Te Rau aus den Reihen der militanten Hau-Hau-Sekte (s. Kasten) getötet worden sein. Anscheinend hatte Völkner zahlreiche Briefe an Gouverneur Grey gesandt, in denen er den Landraub der Siedler verteidigte, weshalb er offenbar umgebracht wurde. Einige Siedler benutzten die Geschichte als Zündstoff für immer neue Auseinandersetzungen während der folgenden drei Jahre.

Im Op Shop neben der Kirche, ⏱ Mo–Fr 9–15, Sa 9–13 Uhr, bekommt man den Schlüssel für die Kirche, sodass man kurz hineinschauen und die prächtigen Wandverkleidungen um den Altar und Völkners Grabstein neben dem Eingang bewundern kann.

Ein wunderschönes Fleckchen ist die kleine, unberührte **Opotiki (Hukutaia) Domain** mit einheimischer Flora, darunter ein Puriri-Baum, der von 500 v. Chr. datieren soll und von den hiesigen Maori als Begräbnisbaum genutzt wurde. Es gibt auch eine Aussichtsstelle mit schönem Blick über das Waioeka Valley und eine Reihe kurzer, interessanter Pfade durch den Regenwald. Anfahrt: Von der Innenstadt auf der Church Street nach Süden bis zur Waioweka River Bridge, über die Brücke, dann nach links in die Woodlands Road; nach 7 km ist die Domain erreicht. ☉ tgl. Sonnenaufgang bis Sonnenuntergang, Eintritt frei.

Opotiki bietet Unterkünfte für jeden Geldbeutel, insbesondere in der unteren und mittleren Preisklasse.

Opotiki Backpackers Beach House, 7 Appleton Rd, abseits des SH2 und 5 km westlich von Opotiki, ✆ 07/315 5117, 🖳 www.opotikibeachhouse.co.nz. Dieser legere Backpacker-Strandtreff ist das beste Hostel von Opotiki. Kostenloser Kajak- und Surfbrettverleih. Im Juli und Aug geschl. Dorms $28, Zimmer ❷

Ohiwa Holiday Park, Ohiwa Harbour Rd, nahe dem SH2, ✆ 07/315 4741, 🖳 www.ohiwaholidays.co.nz. Dieses wenig bekannte Schmuckstück ist einer der besten Campingplätze der Gegend. Er umfasst eine Reihe einladender Cabins und Units direkt am Strand, wo man gefahrlos baden kann. Kajakverleih und ein großes Hüpfkissen – ungeheuer beliebt bei Kindern (und manchem Erwachsenen). Allerdings müssen am Wochenende mindestens 2 Übernachtungen gebucht werden (in der Hochsaison noch mehr). Camping $16, Cabins ❷, Units und Flats ❸, Motelzimmer ❹

Die empfehlenswertesten Tagescafés sind das **Hot Bread Shop Café** an der Bridge, Ecke St John Street, mit gutem Kaffee, leckere Kuchen und Gebäck, Brunch und Snacks, und das ausgezeichnete **Two Fish**, 102 Church St (So geschl.), mit einem breiten Angebot an hausgemachter Gourmetküche.

Honey's, im Opotiki Hotel, Church St, Ecke Kelly St, serviert traditionelle, aber nicht ganz billige Mahlzeiten, tagsüber und abends.

Ocean Seafoods Fish and Chips, 88 Church St, verkauft superleckere Fish 'n' Chips zum Verzehr im Laden oder zum Mitnehmen.

Informationen und Internet
Informationen über die Stadt und das East Cape gibt's im Gemeinschaftsbüro des **i-SITE Visitor Centre** und **DOC**, St John St, Ecke Elliott St, ✆ 07/315 3031, 🖳 www.opotikinz.com. Außerdem Reservierung von Unterkünften und **Internetzugang**. ☉ Mo–Fr 9–16.30, Sa und So 9–13 Uhr.

Kajak und Jetboat fahren
New Zealand's Best Spot, ✆ 07/315 5553, 🖳 www.newzealandsbestspot.co.nz, veranstaltet gemächliche Kajak-Paddeltrips entlang eines malerischen Abschnitts des Waioeka River südlich der Stadt ($40/1 Std., $60/2 Std.).

Tolle **Raftingtouren** durch unberührte Natur lassen sich auf dem Motu River, der durch das Hügelland östlich von Opotiki fließt und etwa

Rafting auf dem Motu River

Einige der besten Raftingtrips in Neuseeland werden auf dem **Motu River** (WW III–IV) angeboten, der durch die Schluchten und Täler der abgelegenen Raukumara Range bis in die Bay of Plenty fließt. 1981, nach einer groß angelegten Kampagne gegen Wasserkraftwerke, wurde der Motu River zu Neuseelands erstem „wilden und landschaftlich reizvollen" Fluss ernannt. Die Benutzung von Geländewagen, Hubschraubern und Jetboats ermöglicht ein- bis zweitägige Trips in die Region. Um jedoch einen tieferen Einblick in dieses abgelegene Gebiet zu gewinnen, sollte man eine Raftingtour ins Auge fassen, bei der man mehrere Tage völlig von der Zivilisation abgeschnitten ist – ein einmaliges und faszinierendes Erlebnis.

Wet 'n' Wild Rafting, Rotorua, ✆ 0800/462 723, 🖳 www.wetnwildrafting.co.nz, unternimmt von Opotiki aus unterschiedliche Touren. Das Angebot reicht von zweitägigen Ausflügen (mit Hubschrauberflug $925) bis zu fünftägigen Abenteuertrips vom Quellfluss zum Meer. Für Transport und gute Verpflegung ist in jedem Fall gesorgt; Zelt und Schlafsack kann man selber mitbringen oder bei Wet 'n' Wild mieten.

45 km nordöstlich des Ortes ins Meer mündet, unternehmen (s. Kasten S. 415).

Motu River Jet Boat Tours, ☏ 07/325 2735, 🖳 www.motujet.co.nz, führt ungefähr von Nov bis Ostern herrliche Jetboatfahrten auf den ruhigeren unteren 50 km des Flusses durch. 1 Std. $85, mind. 2 Pers.).

Transport

Die Busse aus Whakatane und Gisborne halten vor dem Bread Shop Café (S. 415), ebenso der Regionalbus von Bayhopper (S. 413), der nach Whakatane und Tauranga fährt.

Busse nach:
GISBORNE (über den SH2) 1x tgl., 2 Std.;
HICKS BAY (über den SH35) 12x wöchentl., 3 Std.;
ROTORUA 2x tgl., 2 1/4 Std.;
WHAKATANE 2x tgl., 40 Min.

Die Inlandroute nach Gisborne

Von Opotiki biegt der **SH2** gen Süden ins 137 km entfernte Gisborne ab und passiert auf seiner Berg- und Talroute mehrere kleine Siedlungen sowie die üppig bewachsene **Waioeka Gorge**. Dies ist eine der landschaftlich reizvollsten Strecken Neuseelands. Die Straße verläuft 30 km am Fluss entlang, wird immer schmaler und steiler, bevor sie auf der anderen Seite der Schlucht hügeliges Weideland erreicht und zu den Ebenen abfällt. Von dort geht es pfeilgerade durch Plantagen, Weinberge und Weideland nach Gisborne (S. 425).

Der einzige Abschnitt der Route, der einen Stopp bzw. eine Erkundungstour von Opotiki lohnt, sind die ersten 72 km bis Matawai. Hier zweigen zu beiden Seiten mehrere interessante **Wanderwege** (15 Min. bis 10 Std.) ab, von denen die zehn schönsten Touren in der DOC-Broschüre *Walks in Waioeka and Urutawa* (erhältlich im i-SITE von Opotiki) beschrieben sind.

So viel Wildnis erfordert eine sehr gute Vorbereitung. Die einzigen **Tankstellen** befinden sich in Matawai und Te Karaka (abseits der Hauptstraße rechts, wenn man nach Süden fährt). Aber beide haben nur eingeschränkte Öffnungszeiten, deshalb muss der Tank unbedingt in Opotiki oder Gisborne aufgefüllt werden.

Das East Cape

Nur wenige Besucher verirren sich ans East Cape (auch East Coast oder Eastland genannt), das Stückchen Land, das nordöstlich von Opotiki und nördlich von Gisborne in den Südpazifik hinausragt. Es ist ein unverdorbenes Fleckchen Erde, das einen Eindruck davon vermittelt, wie Neuseeland früher einmal ausgesehen hat. Zwischen Opotiki und Gisborne zieht sich der wunderschöne **Pacific Coast Highway** (SH35) einmal rund um die Halbinsel (330 km) und bietet bei gutem Wetter immer wieder spektakuläre Ausblicke auf die wilde Küste.

Schon kurz hinter Opotiki macht sich ein gemächlicherer Lebensrhythmus bemerkbar, eindrucksvoll unterstrichen von gelegentlichen Reitern, die auf ihren Pferden über die Straße zockeln. **Maori** machen einen bedeutenden Prozentsatz der Bevölkerung aus – über 80 % des Grundbesitzes liegen in Händen von Maori. Die Einheimischen sind sehr gastfreundlich, vor allem wenn Besucher sich Zeit für ein Schwätzchen nehmen und sich der langsameren Gangart am Kap anpassen.

Die Aktivitäten am East Cape drehen sich fast alle um Wassersport. Allerdings gibt es auch einige **Wanderwege**, und fast überall bieten sich Gelegenheiten zum **Reiten** – entweder über die langen Strände oder durchs fast unberührte Buschland. Die Ortschaften haben in der Regel kaum etwas zu bieten, weswegen man seine Übernachtungen eher in einer Unterkunft auf dem Land einplanen sollte.

Durch das Landesinnere ziehen sich die wenig einladenden **Waiapu Mountains**, zu denen die nordöstliche Raukumara Range sowie der Raukumara Forest Park mit seiner typisch neuseeländischen Flora gehören. Man könnte sich kaum eine schönere Kulisse für die Küstenlandschaft vorstellen als die zerklüfteten Gipfel von Hikurangi, Whanokao, Aroangi, Wharekia und Tatai, allerdings sind die Berge nur durch Maori-Land zugänglich und erfordern eine **Erlaubnis** (nähere Informationen in den DOC-Büros von Gisborne und Opotiki).

Lebensmittelgeschäfte (die klein sind und gegen 17 Uhr schließen), **Tankstellen** (denen zeitweise der Sprit ausgeht) und sonstige Dienst-

Der Legende nach wurde einst ein großer *ariki* (Anführer) des East Cape von rivalisierenden Stammesangehörigen ertränkt, woraufhin seine jüngste Tochter Rache schwor und bei der Geburt ihres Sohnes Tuwhakairiora darauf hoffte, dieser würde ihr Versprechen einlösen. Als junger Mann ging **Tuwhakairiora** auf Reisen und traf ein Mädchen namens **Ruataupare**, die ihn zu ihrem Vater brachte – zufällig der Häuptling der Gegend. Ein Gewitter signalisierte der Gemeinde, dass sie wichtigen Besuch hatte, und man erlaubte daher Tuwhakairiora, Ruataupare zu heiraten und in Te Araroa zu leben. Als er sämtliche *hapu* (kleinere Stammesgruppen) der Gegend zusammenrief, um den Tod seines Großvaters zu rächen, machten sich viele Krieger auf den Weg nach Whareponga und plünderten das dortige *pa*.

Tuwhakairiora ging als Krieger in die Geschichte ein und beherrschte das gesamte Gebiet von Tolaga Bay bis Cape Runaway (sämtliche heutigen Maori-Familien der Region stammen von ihm ab). Im Laufe der Jahre jedoch wurde Ruataupares Eifersucht auf den Einfluss ihres Mannes immer größer. Stets bezeichnete man ihre heranwachsenden Kinder als Nachkommen des großen Tuwhakairiora, während ihr eigener Name fast nie auftauchte. Deshalb kehrte sie schließlich zu ihrem Volk in der **Tokomaru Bay** zurück, wo sie alle Krieger um sich versammelte und den rivalisierenden Stämmen den Krieg erklärte. Die siegreiche Ruataupare avancierte zum „Häuptling" von Tokomaru Bay.

Eine zweite Legende, die diesen wilden Landstrich geprägt hat, handelt von der Rivalität zwischen zwei Männern: **Paoa**, einem ausgezeichneten Seefahrer, und **Rongokaka**, der für seine Riesenschritte bekannt war. Zur damaligen Zeit lebte in Hauraki ein wunderschönes Mädchen namens Muriwhenua, und viele machten sich auf den Weg, sie zu erobern. Paoa brach sehr bald auf, aber sein Konkurrent brauchte nur einen einzigen Schritt, um ihn zu überholen. Der Wettlauf setzte sich entlang der Küste fort, wo Rongokaka riesige Fußstapfen hinterließ – den deutlichsten auf einem Felsen am Matakaoa Point, im Norden der Hicks Bay. Auch die **Waiapu Mountains** gehen aufs Konto der beiden Widersacher: Paoa, überwältigt von Rongokakas Geschwindigkeit, stellte seinem Rivalen bei Tokomaru Bay eine Falle, indem er die Krone eines riesigen Totara-Baums an einem Hügel festband. Rongokaka aber entdeckte das Hindernis und kappte die Seile. Durch das heftige Zurückschnellen des Baums in seine ursprüngliche Position wurden so starke Schwingungen ausgelöst, dass sich der Mount Hikurangi teilweise spaltete und die anderen Berggipfel der Umgebung entstehen ließ. Zuletzt überquerte Rongokaka mit einem einzigen Riesenschritt die Bay of Plenty und stapfte weiter nach Hauraki, wo er um die Hand seiner Angebeteten anhielt.

leistungsunternehmen sind dünn gesät und liegen weit auseinander, deshalb muss die Fahrt gut organisiert werden.

Fast alle Besucher übernachten auf **Campingplätzen**. Wildes Campen am Strand ist verboten, aber von Ende September bis Anfang April sind eine Reihe von Stellen für *freedom camping* ausgewiesen. Für diese ist ein Permit notwendig ($10/2 Nächte, $25/10, $60/28, inkl. eines Müllbeutels für Campingmüll pro Tag, der von der Müllabfuhr eingesammelt wird). Camper müssen normalerweise eine chemische Toilette mitbringen. Wer keine hat, erkundigt sich bei den i-SITEs in Gisborne und Opotiki (wo die Permits ausgestellt werden) nach Alternativen.

Entlang der Strecke gibt es mehrere **Hostels**, hin und wieder auch ein Motel oder B&B, aber Luxusunterkünfte darf man hier nicht erwarten. Abgesehen von ein paar zu Pubs und Motels gehörenden Steak-and-Chips-Läden gibt es am ganzen East Cape nichts, was als Restaurant durchgehen könnte. Deshalb muss man sich auf Selberkochen einstellen oder ein paar Tage lang von Sandwiches und Fish 'n' Chips leben.

Von Opotiki bis Waihau Bay

Die Straße von Opotiki nach Waihau Bay ist 103 km lang und verläuft in der Regel dicht am Meer. An vielen Stellen windet sie sich über hohe Klippen hinab zu einem einsamen, von Treibholz übersäten Strand. Das Holz schwemmen die zahlreichen Flüsse herbei, die von der Raukumara Range herab ins Meer fließen und manchmal erfrischende Süßwasser-Badebecken aushöhlen. An diesem Abschnitt des East Cape halten sich die meisten Besucher am liebsten und längsten auf. Denn alle paar Kilometer findet sich ein familienfreundlicher Campingplatz unweit vom Meer, und fast überall werden zahlreiche Aktivitäten angeboten – man kann Boogie Boards oder Kajaks ausleihen, an einem geführten Angel- oder Tauchtrip teilnehmen oder auf dem Pferderücken oder Fahrrad versteckte Buchten auskundschaften.

Omaio und Te Kaha

Hinter Opotiki sind Badestrände anfangs noch rar, und erst hinter Tirohanga lädt fast 40 km östlich von Opotiki das Oariki Coastal Cottage in Maraenui zum Übernachten ein, ☎ 07/325 2678, ❹. Das mit einem Kamin ausgestattete Selbstversorger-Cottage für 4 Personen liegt am Hang, gänzlich von Busch umgeben und mit Aussicht aufs Meer.

Mögliche Aktivitäten sind Jetboatfahren, Angeln und Tauchen (abhängig von der Teilnehmerzahl). Die Wegbeschreibung erfährt man telefonisch, und dabei lässt sich auf Wunsch auch die Verpflegung mit Mahlzeiten aus Biozutaten buchen.

Auf der Weiterfahrt überquert man kurz danach den Motu River und erreicht nach 11 km **Omaio**.

Neben einem Geschäft und einer Tanksäule gibt es hier einen der wenigen Plätze dieser Gegend, an dem man wild zelten darf (am Laden scharf links in die Omaio Marae Road einbiegen).

Nach weiteren 13 km beginnt **Te Kaha**, eine Gemeinde, die sich über 7 km halbmondförmig am Highway entlang erstreckt und mit spektakulären Landzungen und einem verlassenen, von Treibholz übersäten Strand aufwartet, an dem man sicher schwimmen kann. Er beginnt bei der supergemütlichen Te Kaha Homestead Lodge, ☎ 07/325 2194, ✉ paora@hotmail.com, einem Hostel mit Dorms ($30) und Zimmern ❸ direkt am Meer; Selbstversorger finden eine Küche vor, aber man bekommt auf Vorbestellung auch Frühstück und Abendessen serviert, außerdem gibt es ein Freiluft-Spa und Möglichkeiten zum Kajakfahren und Angeln.

Ein kleines Stückchen weiter liegt das Te Kaha Beach Resort, ☎ 07/325 2830, 💻 www.tekahabeachresort.co.nz, ❶–❻. Es hat Ferienapartments mit voll ausgestatteter Küche, einen Pool, ein ordentliches Restaurant und eine Bar mit 180-Grad-Meerblick.

Kurz hinter dem Hotel zweigt die Loop Road ins Landesinnere zur Copenhagen Road ab, in der die Tui Lodge, ☎ 07/325 2922, 💻 www.tuilodge.co.nz, B&B ❺, ihre Gäste erwartet. Das abgeschiedene, geräumige B&B hat Zimmer mit Bad und auf Wunsch Abendessen für $35.

Whanarua Bay und Maraehako Bay

Von Te Kaha ist die Entfernung zur White Island, etwa 50 km vor der Küste, am kürzesten. Man sieht das Eiland auch noch während der 16 km langen Weiterfahrt zu den kleinen Gemeinden Whanarua Bay und Maraehako Bay, die sich ebenfalls hervorragend zum Verweilen und Erkunden der schönen Landschaft eignen.

Das etwas von der Hauptstraße zurückversetzte Pacific Coast Macadamias in **Whanarua Bay** besitzt einen kleinen Laden und ein unscheinbares, aber vorzügliches Café zwischen Nussbäumen. Dort gibt es hausgemachte Macadamia-Leckereien wie Muffins und Eiscreme sowie ausgezeichneten Kaffee. ☉ tgl. mind. 10–15 Uhr, im Sommer länger, Mai–Sep geschlossen.

In **Maraehako Bay**, in einer Felsbucht mit einem sicheren, blickgeschützten Badestrand, liegt direkt am Wasser das wunderschöne, rustikale Hostel Maraehako Bay Retreat, ☎ 07/325 2648, 💻 www.maraehako.co.nz. Es verleiht kostenlos Kajaks und veranstaltet Angel- und Tauchexpeditionen, Touren zur Wal- und Delphinbeobachtung sowie Ausritte. Zeltstellplätze $20, Dorms $28, Zimmer ❶. Am anderen Ende der Maraehako Bay liegt der Maraehako Camping Ground, ☎ 07/325 2047. Der Campingplatz direkt am Strand gehört derselben gastfreundlichen Maori-Familie wie das Hostel. Er hat Toiletten, Solarduschen und viel Platz zum Zeltaufstellen ($12).

Waihau Bay

Der SH35 schlängelt sich 13 km an der Küste entlang bis **Ruakokore**, wo eine malerische, weiße Anglikaner-Kirche umgeben vom blauen Ozean auf einem Landvorsprung thront. Von hier sind es mit dem Auto nur fünf Minuten bis in die Waihau Bay, eine geschwungene Sandbucht, die sich hervorragend zum Schwimmen, Surfen und Kajakfahren eignet. Für Angler ist der Kai neben der Tankstelle ein vielversprechender Ort.

Es gibt eine Hand voll Unterkünfte, darunter den Waihau Bay Holiday Park, ✆ 07/325 3844, 3 km hinter der Anlegestelle, mit einem Laden und einem modernen Tagescafé; On-site Vans $70, Cabins ❸, Units ❹; sowie Oceanside Apartments, ✆ 07/325 3699, 🖥 www.waihaubay.co.nz, mit Ferienwohnungen für 4–6 Personen, ❹. Ein *continental breakfast* ist im Preis enthalten, auf Wunsch gibt es auch ein warmes Frühstück für $15 und/oder Abendessen für $35. Tauch- und Angeltrips sowie Kajakverleih lassen sich organisieren. Oder man macht in Eigenregie draußen auf dem Meer direkt vor der Unterkunft Jagd auf Schnapper und *kahawai*.

Von Cape Runaway bis Ruatoria

Nach der Waihau Bay führt der Highway noch ein paar Kilometer an der Küste entlang, bevor er beim **Cape Runaway**, dem nördlichsten Punkt des East Cape, ins Hinterland abbiegt. Auf den nächsten 125 km bekommt man das Meer nur selten zu Gesicht – mit Ausnahme von Hicks Bay, Te Araroa und des East Cape.

Mit einem eigenen Transportmittel lässt sich ein lohnender Abstecher auf der Holperstraße nach **Lottin Point** unternehmen, wo eine malerische kleine Bucht zum Paddeln und Faulenzen einlädt.

Wer sich in das Plätzchen verliebt, kann im Lottin Point Motel übernachten, ✆ 06/864 4455, ❸.

Es hat gut ausgestattete Zimmer mit Bad sowie ein Restaurant und eine Bar.

Hicks Bay und Onepoto Bay

Der kleine Küstenort **Hicks Bay** (Wharekahika), 44 km hinter Waihau Bay, verbirgt sich zwischen einer Landzunge und einem felsigen Küstenabschnitt auf etwa halbem Weg zwischen Opotiki und Gisborne und eignet sich als Basis für einen Besuch des East Cape Lighthouse und für diverse Wassersportaktivitäten. An den Ort grenzt die einsame **Onepoto Bay**, ein sicherer Badestrand, der auch bei Kajakfahrern und Surfern beliebt ist.

Hicks Bay wurde nach Leutnant Zachariah Hicks benannt, der diesen Ort von Kapitän Cooks *Endeavour* aus erspähte. In der Region gibt es zahlreiche *pa*-Standorte in unterschiedlichen Stadien der Restaurierung, von denen einige für die Kämpfe während des Hau-Hau-Aufstands von 1860 umgebaut wurden. In der Wharf Road, die vom SH35 abzweigt und nach Hicks Bay hinein führt, gibt es einen Gemischtwarenladen und einen Takeaway.

Am SH35, 2 km östlich von Hicks Bay, liegt die Hicks Bay Motel Lodge, ✆ 06/864 4880, ❸. Sie bietet faszinierende Ausblicke, ein Restaurant mit Schanklizenz, eine Bar sowie Zugang zu einer Glühwürmchengrotte. Horse Trekking in Hicks Bay, ✆ 06/864 4859, veranstaltet von Okt–Mai genau das, was der Name verspricht: Ausritte in der Bucht (2 Std. für $40).

Te Araroa

Von Hicks Bay klettert der SH35 über einen Hügel und fällt anschließend wieder zur Küste ab. Nach 6 km erreicht man den **Te Araroa Holiday Park**, ✆ 06/864 4873, ✉ bill.martin@xtra.co.nz, mit Seekajak- und Mountainbikeverleih sowie Zeltstellplätzen ($12), Wohnmobilstellplätzen mit Stromanschluss ($14), Dorms ($20), Cabins ❶, Tourist Flats ❸, Motel Units ❹, einem im Sommer geöffneten Imbissstand sowie einem Minisupermarkt.

Von hier sind es 4 km bis zu **East Cape Manuka Oil** am SH35, ✆ 06/864 4826, 🖥 www.manuka products.com, einem Hersteller von ätherischen Ölen, die aus den Zweigen der in der Umgebung wachsenden Manuka-Büsche gewonnen werden. Seiner heilenden Kräfte wegen wird das Öl sehr geschätzt und in die ganze Welt exportiert. In dem kleinen dazugehörigen Laden und Café stehen Manuka-Produkte wie Seifen und Heilsalben zum Verkauf, ⊕ tgl. 9–16 Uhr.

Die Kawakawa Bay, 2 km weiter, wird von einer gewaltigen Brandung auf der einen und dem kleinen Dorf Te Araroa („langer Pfad") auf der anderen Seite gesäumt. Te Araroa – genau in der Mitte zwischen Opotiki und Gisborne gelegen – war einst die Domäne des berühmten Maori-Kriegers Tuwhakairioa sowie des legendären Paikea, der hier angeblich auf dem Rücken eines Wals eintraf. Ironischerweise betrieben die ersten Europäer in dieser Gegend ausgerechnet eine Walfangstation unweit der heutigen Ortschaft. Derzeit besteht die Siedlung lediglich aus einer Tankstelle, zwei Geschäften und einem Imbiss, der leckere Fish 'n' Chips anbietet.

Auf dem Schulgelände in der Moana Parade steht ein Pohutukawa-Baum. Er ist so riesig, dass man den Beteuerungen, es handele sich um den größten von ganz Neuseeland, gern glaubt.

East Cape Lighthouse

Das East Cape Lighthouse ist über eine halsbrecherische, ungeteerte und 21 km lange Straße von Te Araroa aus zu erreichen (dem Schild Richtung Osten am Strand entlang folgen) und markiert Neuseelands östlichsten Punkt. Die atemberaubende Küstenstrecke endet an einem Parkplatz, von wo 755 Stufen zum Leuchtturm auf dem Gipfel eines 140 m hohen Hügels führen. Die Stelle bietet viel Atmosphäre und eine schöne Aussicht landeinwärts auf die Raukumara Range sowie in Richtung Meer auf East Island (ein Vogelschutzgebiet) direkt vor der Küste. Den Pfad zum Aussichtspunkt erreicht man, indem man auf der Hauptstraße 50 m zurück und dann durch das Tor unweit der verfallenen Hütten geht.

Wer auf öffentliche Transportmittel angewiesen ist, die nur auf dem SH35 verkehren, kann trotzdem den Sonnenaufgang beim Leuchtturm erleben. East Cape 4WD, ✆ 06/864 4775, holt Passagiere vor Tagesanbruch mit einem Geländewagen bei Unterkünften in der Nähe ab (2–3 Std., $50 für eine Person, $30 p. P. bei zwei).

Tikitiki, Ruatoria und Waipiro Bay

Von Te Araroa zieht sich der SH35 durch Weideland landeinwärts, bevor er nach 24 km Tikitiki erreicht. Dort steht am Ortseingang eine sehenswerte anglikanische Kirche. Hinter dem schlichten Äußeren verbergen sich kunstvolle tukutuku und typische Maori-Schnitzereien. Ungewöhnlicherweise sind selbst die Buntglasfenster mit Maori-Motiven geschmückt, und die Dachbalken haben die gleiche Farbe wie die Versammlungshäuser der Maori. Unterkunft bietet das abgeschiedene Eastender Backpackers, Rangitukia Road, nahe dem SH35, ✆ 06/864 3820, wahlweise in Dorms ($23) oder Cabins ❶–❷. Die Gastgeber geben Besuchern die Möglichkeit, sich in die Kunst des Knochenschnitzens einweihen zu lassen (2–3 Std., $45), und veranstalten wunderbare Ausritte (2 Std.; $85).

19 km südlich von Tikitiki trifft man im Hinterland auf das an der Hauptstraße ausgeschilderte Ruatoria, den ersten größeren Ort nach Opotiki (was allerdings nicht viel heißen will). Er erfreut sich zweier Tankstellen, einer Kneipe, eines Lebensmittelgeschäfts und des tagsüber geöffneten Cafés The Village, das in einem leuchtend türkisfarbenen Gebäude an der Hauptstraße untergebracht ist. Und last not least gibt es abends Essen zum Mitnehmen vom Kai Kart am Straßenrand. Hier empfiehlt sich unbedingt ein Stopp im örtlichen Fremdenverkehrsamt Maori Ngati Porou Tourism in der Hauptstraße, ✆ 06/864 8660, ⊕ Mo–Fr 8.30–17 Uhr. Die Mitarbeiter kennen sich bestens in der Gegend aus und organisieren auf individuelle Bedürfnisse zugeschnittene Touren zum 1754 m hohen Mount Hikurangi. Der Ort ist den Maori heilig, denn hier landete Maui mit seinem waka, nachdem er North Island aus dem Meer geangelt hatte (S. 131). Auf 1000 m Höhe wurden zur Feier des neuen Jahrtausends zehn riesige Schnitzereien aufgestellt. Es ist die erste Stelle auf dem neuseeländischen Festland, wo man die Sonne aufgehen sieht. Dieses hügelige Gebiet westlich von Ruatoria untersteht der Raukumara Conservation Area, zu der auch die Oberläufe mehrerer Flüsse gehören, die sich in die Bay of Plenty ergießen. Das Terrain ist unwirtlich und der Zugang unterliegt Beschränkungen. Das hält die meisten Leute vom Besuch

des Parks ab, aber der vierstündige Aufstieg zum Mount Hikurangi ist durchaus machbar. Das Land gehört den Ngati Porou, deshalb muss man sich im Informationszentrum nach den genauen Besuchsbedingungen erkundigen.

In Kopuaroa, etwa 15 km südlich von Ruatoria, führt eine Straße nach **Waipiro Bay** (6 km), einst ein geschäftiger Hafen, der sich inzwischen als schöne, abgeschiedene Bucht präsentiert.

Von Tokomaru Bay bis Gisborne

Bei Tokomaru Bay verlässt die Straße das Busch- und Weideland im Landesinnern und eröffnet eine prächtige Aussicht auf die schöne Ostküste der Nordinsel. Auf den verbleibenden 80 km bis Gisborne führt die Strecke größtenteils durchs Hinterland, gibt aber häufig Blicke auf weite Buchten mit tosender Brandung frei, die entweder direkt über den SH35 oder kurze Landstraßen zu erreichen sind.

Tokomaru Bay

Tokomaru Bay (schlicht „Toko" genannt), 11 km südlich von Te Puia Springs, ist ein herrliches Plätzchen, um einen Tag das hügelige Umland, die felsigen Landzungen und den ausgedehnten **Strand** zu erkunden. Im Meer vor dem mit Treibholz übersäten Strand kann man sehr gut schwimmen. Die Maori, die sich hier ansiedelten, stammen von Toi te Huatahi ab – dem großen Seemann, der als Erster aus der angestammten Heimat Hawaiki hierher gelangte. 1865 wurde Mawhai *pa* mehrfach von Mitgliedern der Hau-Hau-Bewegung angegriffen, aber die Attacken konnten von einer kleinen Gruppe älterer Männer und Frauen abgewehrt werden.

Am nördlichen Ortsende zeugen ein langer, hölzerner Kai und verfallene Gebäude, in denen die Kühlräume einer Fleischfabrik untergebracht waren, vom früheren Wohlstand dieses Hafens. Hier herrschte Hochbetrieb, bis die Fabrik 1953 schließen musste: Die verbesserten Straßenbedingungen hatten dazu geführt, dass der Transport auf dem Landweg rentabler wurde als auf dem Seeweg.

Heute lebt das Städtchen vom Kunstgewerbe. In der **Nga Roimata Art Gallery** in der Waitangi Street, unweit vom Gemischtwarenladen, kann man Sachen aus Flachs, Possumfellmützen, Töpferwaren usw. anschauen und kaufen. ◷ normalerweise Mo–Fr 10–15 Uhr.

Backpacker haben die Wahl zwischen zwei hervorragenden Hostels: **Footprints In The Sand**, 13 Potae St, ✆ 06/864 5858, 🖳 www.footprintsinthesand.co.nz, liegt einen Block vom Hafen und hat Indoor- und Outdoor-Küchen und -Duschen sowie freundliche Maori-Gastgeber, Camping $15, Dorms $20, Zimmer ❷. **Brian's Place**, 21 Potae St, ✆ 06/864 5870, 100 m einen steilen Hang hoch, ist eine kleine, einladende Unterkunft mit Loft-ähnlichen Zimmern und einer bezaubernden Cabin am Hang für eine Person; Zeltstellplätze $18, Dorms $28, Zimmer und Cabins ❶. In beiden Hostels kann man Surfbretter mieten.

Das Versorgungsangebot ist eher dürftig. Es gibt Benzin, und in der **Te Puka Tavern**, Beach Rd, preiswerte Pub-Mahlzeiten in großen Portionen. Das Lokal ist zugleich der einzige Laden im Ort, wo man etwas zu trinken bekommt; an Wochenenden kann's hier hoch hergehen. Die einzige Alternative ist der **Supermarket** in der Waitangi Street, wo Zutaten für ein Picknick zu haben sind.

Anaura Bay

Rund 22 km südlich von Tokomaru führt eine 6 km lange Teerstraße nach Anaura Bay, einem begehrten Surfspot mit einem breiten Sandstrand und einer zerklüfteten Küstenlinie. Am Nordende der Bucht befindet sich das **Anaura Scenic Reserve**. Das ausgedehnte Buschgelände ist für seine riesigen Puriri-Bäume und artenreiche einheimische Vogelwelt berühmt. Nicht weit von der Stelle, wo die Straße endet, beginnt der am Reservat ausgeschilderte **Anaura Bay Walkway** (3,5 km Rundweg; 2 Std.). Der Wanderweg folgt dem Lauf des Waipare Stream in dichten grünen Busch hinein, führt aus dem Tal eine sanfte Böschung hoch und auf ein mit Büschen bestandenes Gelände hinaus. Anschließend beschreibt er einen Bogen zurück Richtung Bucht und zu einem Aussichtspunkt mit überwältigenden Ausblicken.

Am Strand, gleich hinter dem Beginn des Walkway, liegt ein primitiver **DOC-Campingplatz** mit Wasseranschluss, aber ohne Duschen,

⏲ Dez–Feb, $5. Am gegenüberliegenden Ende der Bucht, in herrlicher Strandlage, befindet sich das **Anaura Bay Motor Camp**, ✆ 06/862 6380. Hier gibt's einen Laden mit dem Allernotwendigsten und Waschräume, die im ehemaligen Schulhaus untergebracht sind. Zeltstellplätze $12, Stellplätze mit Anschlüssen $14.

Tolaga Bay und Umgebung

Tolaga Bay (Uawa), 36 km von Tokomaru entfernt, ist der erste Ort hinter Opotiki, der ein Gefühl von Wohlstand und Lebendigkeit vermittelt. 600 Menschen leben in dieser Gemeinde, einer der besser versorgten des East Cape: Es gibt einen Supermarkt, eine Tankstelle und ein paar Cafés. Die Bucht, in der Kapitän Cook 1769 mit seiner Mannschaft landete, wird von zwei zerklüfteten Landzungen eingerahmt. Die Expeditionsteilnehmer sind in den Straßennamen der Stadt verewigt: Banks, Solander, Forester und natürlich Cook.

Cook warf hier den Anker aus, um seine Nahrungs- und Wasservorräte aufzustocken, und nannte die Bucht „Tolaga", was auf seine Fehlinterpretation des Maori-Begriffs für den ständig wehenden Wind *(teraki)* zurückzuführen ist.

Gut 1 km südlich der Stadt führt die Wharf Road in Richtung Meer, vorbei am Beginn des **Cooks Cove Walkway**, einem steilen, stellenweise matschigen Weg durch Buschland zu einem schönen Aussichtspunkt (5,8 km, 2 1/2 Std. hin und zurück). Nach weiteren 300 m entlang der Wharf Road trifft man auf einen 660 m langen **Kai** aus Beton, seines Zeichens das längste Bauwerk dieser Art auf der südlichen Erdhalbkugel. Der Kai verläuft parallel zu den steil aufragenden Sandsteinklippen und wurde Ende der 1920er-Jahre zur Abwicklung der Versorgungsschiffe erbaut. Als der Schiffsbau 1963 eingestellt wurde, verlor er seine Funktion. Der Kai hat kein Sicherheitsgeländer und befindet sich in einem beklagenswerten Zustand, obwohl sich die Anwohner vehement dafür einsetzen, dass er repariert wird. Fahrzeuge hält er nicht mehr aus, aber Fußgänger können darauf bis zu dem malerischen Picknickplatz hinaus wandern.

Mit Abstand das beste Essen am ganzen East Cape hat **Maria's** im Tolaga Bay Inn, Solander St, Ecke Cook St. Hier gibt's großzügig bemessene Stücke selbstgebackener Kuchen, umwerfenden Kaffee und ausgezeichnete, frisch zubereitete Suppen, Salate usw. Wer länger hier bleiben möchte, geht zur Strand-Unterkunft **Tolaga Bay Holiday Park**, Wharf Road, ✆ 06/862 6716, die einen Gemischtwarenladen und eine tolle Aussicht bietet. Zeltstellplätze $11, Caravans und Cabins ❶–❸.

Der 47 km lange Abschnitt von Tolaga Bay nach Gisborne gestaltet sich zunehmend zahmer und langweiliger. Ein Großteil des Gebiets wurde für den Ackerbau abgeholzt. Die Straße verläuft hauptsächlich durch das Landesinnere, eröffnet gelegentlich Panoramablicke aufs Meer und Nahansichten der schiefergrauen Felsenklippen, die charakteristisch für diese Küste sind. Unterwegs kommt man an der Zufahrt nach **Whangara** vorbei, wo der Film *Whale Rider* gedreht wurde. Das Gelände ist nicht zugänglich und vom Aussichtspunkt aus sind nichts weiter als ein Sandstreifen und eine Insel zu sehen. Die Insel soll der versteinerte Überrest des Wals sein, auf dessen Rücken der legendäre Paikea den ganzen Weg von Hawaiki herkam. Wer Genaueres über die Gegend erfahren möchte, wendet sich an Tipuna Tours, ✆ 06/862 6118, ✉ annemcguire @xtra.co.nz. Der Veranstalter führt informative Ausflüge mit Besuch eines der drei *marae* in der Tolaga Bay durch (ab $70).

Hinter Whangara hält Reisende eigentlich nichts mehr davon ab, ohne Unterbrechung bis Gisborne durchzufahren – höchstens ein Wellenritt auf der berühmten Brandung im Surf-Mekka **Wainui Beach**, 9 km von der Stadt entfernt.

Auckland

Wellington

Poverty Bay, Hawke's Bay und das Wairarapa

Stefan Loose Traveltipps

Gisborne Im Meer vor der östlichsten Stadt Neuseelands mit Haien schwimmen und Rochen füttern. S. 425

Lake Waikaremoana Dieser malerische See lädt zu kurzen Spaziergängen oder einer mehrtägigen Wanderung auf dem schönsten Rundwanderweg der Nordinsel ein. S. 433

8 Napier An wunderbaren Art-déco-Bauten vorbei schlendert man zur schattigen Meerespromenade von Napier. S. 436

Cape Kidnappers Mit dem Traktor geht es zu einer der weltweit größten Tölpelkolonien auf dem Festland. S. 445

Winzereien Im Wine Country von Hawke's Bay lassen sich nach Herzenslust süffige Weine verkosten oder vom hübschen Martinborough aus fast ein Dutzend ausgezeichnete Weingüter besuchen. S. 446 und S. 457

Pukaha Mount Bruce National Wildlife Centre Dank der heroischen Anstrengungen, die in diesem Vogelschutzgebiet unternommen werden, können Besucher hier einige der seltensten Vögel der Welt beobachten. S. 454

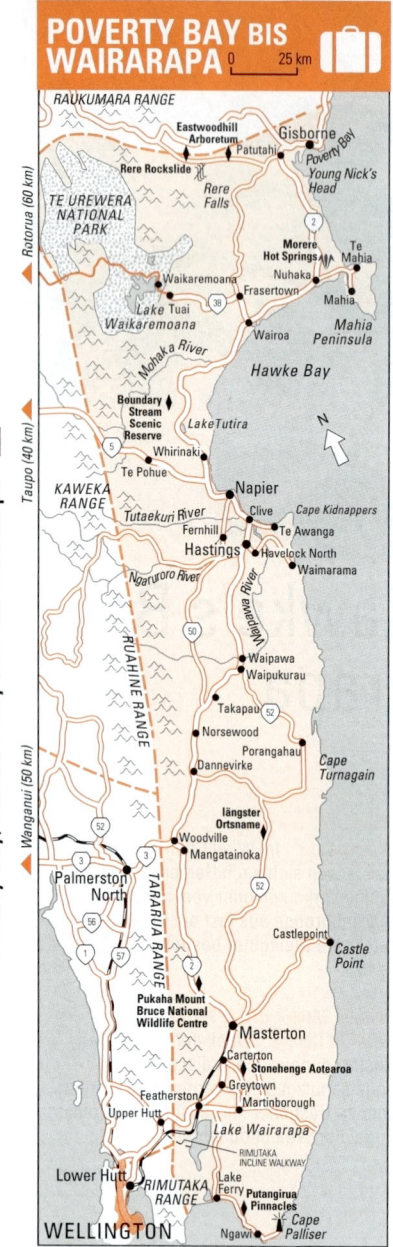

RAUKUMARA RANGE
Eastwoodhill Arboretum
Gisborne
Patutahi
Poverty Bay
Rere Rockslide
Rere Falls
Young Nick's Head
Rotorua (60 km)
TE UREWERA NATIONAL PARK
Morere Hot Springs
Te Mahia
Nuhaka
Waikaremoana
Frasertown
Mahia
Lake Tuai
Waikaremoana
Mohaka River
Wairoa
Mahia Peninsula
Hawke Bay
Taupo (40 km)
Boundary Stream Scenic Reserve
Lake Tutira
N
Whirinaki
Te Pohue
KAWEKA RANGE
Napier
Clive
Cape Kidnappers
Tutaekuri River
Te Awanga
Fernhill
Wanganui (50 km)
Hastings
Havelock North
Waimarama
Ngaruroro River
RUAHINE RANGE
Waipawa
Waipukurau
Takapau
Norsewood
Porangahau
Dannevirke
Cape Turnagain
längster Ortsname
Woodville
Mangatainoka
Palmerston North
TARARUA RANGE
Castlepoint
Castle Point
Pukaha Mount Bruce National Wildlife Centre
Masterton
Carterton
Stonehenge Aotearoa
Greytown
Featherston
Martinborough
Upper Hutt
Lake Wairarapa
RIMUTAKA INCLINE WALKWAY
Lower Hutt
RIMUTAKA RANGE
Lake Ferry
Putangirua Pinnacles
Cape Palliser
WELLINGTON
Ngawi

Von der östlichen Spitze der Nordinsel erstreckt sich ein Gebirgszug über 650 km nach Südwesten bis zum Rande von Wellington und grenzt so die Ostküste vom Rest der Insel ab. Die Gebirgszüge Raukumara, Kaweka, Ruahine, Tararua und Rimutaka schützen einen Großteil der Küste vor den vorherrschenden Westwinden und werfen einen langen Regenschatten – zum Leidwesen der Schafbauer, die jeden Sommer zuschauen müssen, wie ihr Land ausdörrt und sich braun färbt. Diese Weiden werden zunehmend in Weinanbaugebiete verwandelt – die Regionen Poverty Bay, Hawke's Bay und das Wairarapa genießen inzwischen weltweites Renommee für ihre Weine.

Weinliebhaber kommen an **Poverty Bay** nicht vorbei. Der Hauptort der Region ist **Gisborne**. Die Stelle, an der sich die Stadt heute befindet, war das Erste, was Cook auf seiner Expedition 1769 von Neuseeland erblickte. Da er aber nicht viel mehr als kampfbereite Maori entdeckte, nannte er die Bucht Poverty Bay und segelte weiter nach Süden zu der Bucht, die er später dem Helden seiner Kindheit, Admiral Sir Edward Hawke, zu Ehren **Hawke Bay** taufte. Hier, bei **Cape Kidnappers**, hatte Cook einen kriegerischen Zusammenstoß mit Maori. Heute ist das Kap die Heimat einer riesigen Tölpelkolonie.

Hawke's Bay – wie die ganze Provinz rings um die Bucht inzwischen heißt – gilt schon lange als die „Obstschale Neuseelands". Zur Erntezeit biegen sich die Zweige der Obstbäume unter dem Gewicht von Äpfeln, Birnen und Pfirsichen. Man besucht die Gegend am besten von der am Meer gelegenen Stadt **Napier** aus. Sie ist berühmt für ihre Art-déco-Bauten, die nach dem katastrophalen Erdbeben von 1931 errichtet wurden.

Das benachbarte **Hastings** erlitt ein ähnliches Schicksal; beim Wiederaufbau mischten die Architekten unter die Art-déco-Gebäude aber auch Häuser im Spanish-Mission-Stil. Doch die hiesige Architektur verführt kaum einen Touristen zu einem längeren Aufenthalt. Die meisten Besucher zieht es bald weiter südwärts in die Schafzuchtregion des **Wairarapa** und die sehr bequem zu erreichenden Weingüter von **Martinborough**.

Das bergige Innere dieser Region ist nicht leicht zugänglich, da sich nur sechs Straßen über die volle Länge der Bergkette winden oder diese durchschneiden. Der anstrengende, landschaftlich reizvolle SH38 bahnt sich von der Kleinstadt **Wairoa** seinen Weg nach Nordwesten. Wairoa ist damit das Tor zu den abgeschiedenen bewaldeten Bergen des **Te Urewera National Park** und zum wunderschönen **Lake Waikaremoana**, um den der viertägige Lake Waikaremoana Track führt.

Transport

Der Schienenverkehr in der Region beschränkt sich auf die **Passagierzüge** zwischen den wichtigsten Städten des Wairarapa und Wellington. Davon abgesehen ist man auf **Busse** angewiesen. InterCity, ▯ www.intercity.co.nz, verkehrt täglich zwischen Gisborne und Napier. Ein Bus fährt weiter Richtung Süden nach Wellington; er nimmt allerdings die Strecke durch Palmerston North und lässt das Wairarapa links liegen. NakedBus, ▯ www.nakedbus.co.nz, fährt täglich von Napier und Hastings nach Wellington – ebenfalls via Palmerston North.

Gisborne

Gisborne ist die am östlichsten gelegene Stadt Neuseelands. Deshalb geht hier morgens die Sonne zuerst auf. Die Tatsache, dass Gisborne rundherum von Bergen umgeben ist, setzte der Ausdehnung des Ortes natürliche Grenzen. Niedrige Schindelhäuser säumen die breiten Straßen, und dicht am Pazifik, dem Hafen und den drei Flüssen Taruheru, Turanganui und Waimata erstrecken sich Parklandschaften.

Im Oktober 1769 setzte **James Cook** hier erstmals einen Fuß auf den Boden von Aotearoa – und geriet sofort in Konflikt mit den einheimischen Maori. Eine Statue am Ufer erinnert an dieses Ereignis. Die Landestelle nannte er **Poverty Bay** („Bucht der Armut"), da „sie nicht einen einzigen Gegenstand bot, den wir haben wollten, außer etwas Brennholz". Trotz der Fruchtbarkeit der Umgebung blieb der Name hängen. Viele Maori bevorzugen allerdings die Bezeichnung **Turanganui a Kiwa**, die einen berühmten polynesischen Seefahrer ehrt.

Bis Anfang des 19. Jhs. war Poverty Bay fest in Maori-Hand, und nur wenige Pakeha zogen hierher, da sie sowohl von der Hau-Hau-Rebellion als auch vom Aufstand unter Führung Te Kootis abgeschreckt wurden. Erst in den 1870er-Jahren fühlten sich **Europäer** sicher genug, in größerer Zahl hierher zu kommen, um das fruchtbare Schwemmland an den Flüssen zu bestellen. Nachdem in den 1920er-Jahren schließlich ein ordentlicher Hafen gebaut war, ging es mit der Schafzucht und dem Gemüseanbau rasch bergauf. In jüngster Zeit kamen noch Weinbau und Forstwirtschaft hinzu.

Heute ist das Zahlenverhältnis von Gisbornes Maori- und Pakeha-Bevölkerung fast genau 50:50. Ihre beschauliche Gangart und relaxte Strandkultur machen die Stadt zu einer der angenehmsten Neuseelands.

Die Stadt

Gisborne ist kompakt. Fast alles liegt nur einen kurzen Spaziergang vom **Midway Beach** entfernt. Abgesehen vom Schwimmen, Surfen und Sonnenbaden haben die meisten Highlights mit der historisch bedeutsamen Landung von James Cook und den daraus folgenden Kontakten zwischen der Maori- und der Pakeha-Kultur zu tun. Der Erste von Cooks Crew, der ein paar Tage vor der Landung die Berge von Aotearoa erspähte, war der 12-jährige Schiffsjunge Nick Young. Zum Dank hielt Cook die weiße, felsige Landspitze 10 km südlich von Gisborne auf der anderen Seite der Poverty Bay auf seiner Karte als „Young Nick's Head" fest. Dem scharfsichtigen Young wurde mit einer Statue auf der Westseite der Flussmündung in Gisborne ein Denkmal gesetzt. Nicht weit davon steht eine moderne **Statue von James Cook** auf einer steinernen Halbkugel.

Am anderen Ufer ein gutes Stück weiter nördlich liegt das **Tairawhiti Museum**, 10 Stout St. In den maritimen Flügel wurden das originale Ruderhaus und die Kapitänsunterkunft der 12 000 t schweren *Star of Canada*, die 1912 am Riff vor Gisbornes Kaiti Beach auf Grund lief, geschickt integriert. Exponate zur Bedeutung der Schifffahrt und ein Devotionalienschrein für den hiesigen Surfsport runden die Ausstellung ab. ⏰ Jan tgl. 10–16, Feb–Dez Mo–Sa 10–16, So 13.30–16 Uhr; $5, Mo Eintritt frei.

Draußen stehen mehrere nicht mehr genutzte Häuser aus der gesamten Region, besonders hervorzuheben sind darunter das **Wyllie Cottage** von 1872, das älteste erhaltene Haus der Stadt, und das **Sled House**, das zur Zeit des Hau-Hau-Aufstands auf Kufen erbaut wurde, damit es beim ersten Anzeichen von Unruhen von einem Ochsengespann fortgezogen werden konnte.

Die auffällige Skulptur einer Walschwanz-flosse kündet nahe der Kreuzung von Gladstone Road und Cobden Street von der **Toihoukura**, ℡ 06/868 0347, einer Akademie für zeitgenössische Kunst. Neben der Restaurierung alter Schnitzereien der Maori werden hier Studenten in der mündlich überlieferten Geschichte und den Traditionen maorischer Formensprache unterrichtet. Neuinterpretationen mit modernen Materialien und Techniken werden gefördert. Die Ergebnisse sind lebendige wie eindrucks-volle Werke, die häufig auch zum Verkauf ange-boten werden. ⊙ während des Semesters in der Regel Mo–Fr 9–17 Uhr sowie nach Vereinbarung, Eintritt frei.

Wer jetzt Durst bekommen hat, kann in der **Sunshine Brewery**, 109 Disraeli St, einen kurzen Rundgang durch die Minibrauerei machen und anschließend das hier gebraute Gisborne Gold Lager sowie Pilsner, Stout und ein respektables Ale nach englischer Brauart probieren. Die Bie-re gibt es auch in den Kneipen der Stadt, aber im Brauereiladen sind sie am billigsten. ⊙ Mo–Sa 9–18 Uhr, Eintritt frei.

Man kann aber auch die Mostfabrik **The Cidery**, 91 Customhouse St, besichtigen, wo es erfrischenden Cidre, Honigwein *(mead)* und Ing-werbier *(ginger beer)* gibt. ⊙ Mo–Fr 9–16.30 Uhr, Eintritt frei.

Kaiti Hill und Umgebung

Auf der Ostseite der Flussmündung kennzeichnet ein Obelisk die **Landestelle von Cook**, die inzwi-schen ein paar hundert Meter landeinwärts liegt, nachdem Land für den Hafen aufgeschüttet wur-de. Dahinter erstreckt sich die Titirangi Domain bis auf den **Kaiti Hill** zur Cook Plaza mit einer Skulptur, die Cook darstellen soll. Den höchsten Punkt des Hügels nimmt das **James Cook Obser-vatory** ein, das jeden Dienstag öffentliche Stern-gucker-Nächte veranstaltet (Okt–März 20.30 Uhr, April–Sep 19.30 Uhr; $5). Von hier oben eröffnet sich atemberaubende Ausblicke über die Pover-ty Bay zu den Klippen von Young Nick's Head.

Auf der östlichen Seite des Hügels befindet sich das **Te Poho-o-Rawiri Meeting House**, eines der größten des Landes. Das großartige Innere ist mit kunstvollen Holzschnitzereien von Ahnen, durchsetzt mit wunderbar abwechslungsreichen geometrischen *tukutuku* (Wandverkleidungen), verziert. Am Fuß der beiden Stützpfeiler bilden alte, kunstvoll geschnitzte Kriegerstatuen einen schönen Kontrast zu den jüngeren Arbeiten an den Wänden. Dies ist eines der am leichtesten zugänglichen der noch genutzten *marae*, den-noch ist es notwendig, vor dem Besuch eine Genehmigung einzuholen, ℡ 06/8676 0944, vor-zugsweise ein oder zwei Tage vorher. Der Rund-gang erfolgt in Eigenregie; vor dem Betreten des Versammlungshauses sind die Schuhe auszu-ziehen. Ohne ausdrückliche Erlaubnis darf nicht fotografiert werden. Eine *koha* (Spende) ist auf jeden Fall willkommen.

Übernachtung

Die palmenbestandene Hauptstraße Gladstone Road und die Uferstraße Salisbury Road säumen zahlreiche Motels. In den vier Wochen nach Weihnachten ist jedoch nur schwer eine Unterkunft zu bekommen.

Motels und B&Bs
Beachcomber Motel, Salisbury Rd, ℡ 0800/424 555, 🖥 www.beachcombergisborne. co.nz. Einladendes, gut in Schuss gehaltenes Motel mit kostenlosem WLAN und

Öko-Luxus

Knapdale Eco Lodge, 114 Snowsill Rd, Wai-hirere, 13 km nordwestlich von Gisborne, ℡ 06/862 5444, 🖥 www.knapdale.co.nz. Das „Öko" im Namen dieser Luxuslodge auf einer beschaulichen Farm mit Hühnern, Rotwild und Pferden ist keine leere Worthülse. Der Hof wird überwiegend nach Permakultur-Prinzipien be-wirtschaftet. Morgens kündigt ein Vogelkonzert aus dem nahe gelegenen Wald an, dass es Zeit zum Aufstehen ist – denn die Gäste erwartet ein üppiges Frühstück. Feinschmecker sollten sich unbedingt fürs exquisite Dinner ($75 p. P.) anmelden. ❽

N

0 ———————— 500 m

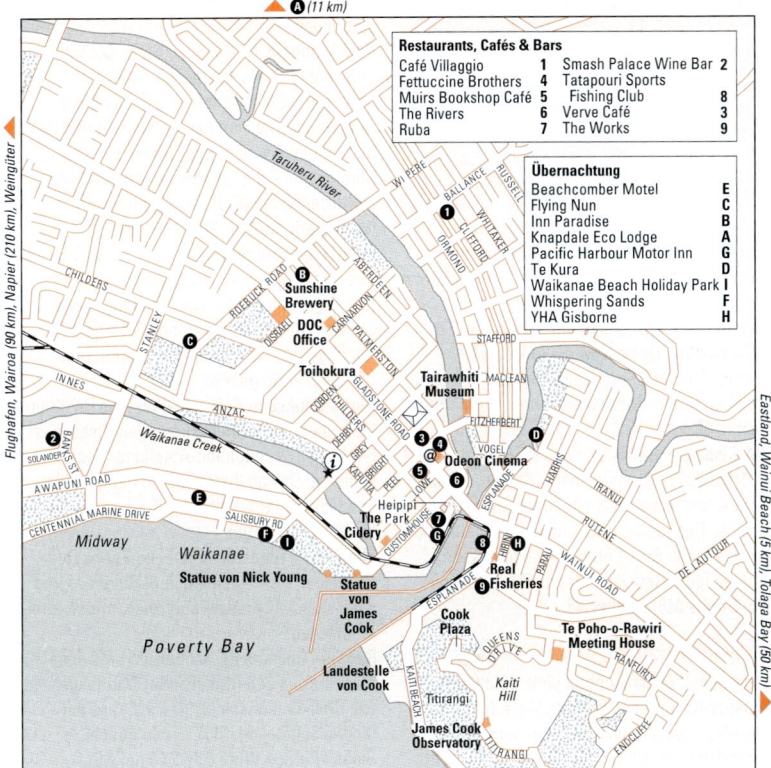

▲ Ⓐ *(11 km)*

Restaurants, Cafés & Bars

Café Villaggio	1
Fettuccine Brothers	4
Muirs Bookshop Café	5
The Rivers	6
Ruba	7
Smash Palace Wine Bar	2
Tatapouri Sports Fishing Club	8
Verve Café	3
The Works	9

Übernachtung

Beachcomber Motel	E
Flying Nun	C
Inn Paradise	B
Knapdale Eco Lodge	A
Pacific Harbour Motor Inn	G
Te Kura	D
Waikanae Beach Holiday Park	I
Whispering Sands	F
YHA Gisborne	H

Flughafen, Wairoa (90 km), Napier (210 km), Weingüter ◄

Eastland, Wainui Beach (5 km), Tolaga Bay (50 km) ►

Poverty Bay, Hawke's Bay und das Wairarapa

Taruheru River

Sunshine Brewery

DOC Office

Toihokura

Tairawhiti Museum

Waikanae Creek

Odeon Cinema

Heipipi The Park Cidery

Midway

Waikanae

Statue von Nick Young

Statue von James Cook

Real Fisheries

Poverty Bay

Cook Plaza

Te Poho-o-Rawiri Meeting House

Landestelle von Cook

Kaiti Hill

Titirangi

James Cook Observatory

---

komfortablen Units 50 m vom Strand
entfernt. ❹
Pacific Harbour Motor Inn, Reads Quay, Ecke
Pitt St, ✆ 06/867 8847, 🖥 www.pacific-harbour.
co.nz. Glasbausteine und Panoramafenster –
manche mit Hafenblick – sorgen für viel Licht in
diesem modernen Motel. Geräumige, gut
ausgestattete Zimmer, z. T. mit Balkon und
Whirlpool. Units ❺, Apartments ❻
Whispering Sands, 22 Salisbury Rd, ✆ 0800/405
030, 🖥 www.whisperingsands.co.nz. Das
Strandmotel hat 14 große, moderne Units mit
voll ausgestatteter Küche. Die im Obergeschoss
bieten herrlichen Meerblick. ❺

Hostels und Camping

Flying Nun, 147 Roebuck Rd, ✆ 06/868 0461,
🖥 www.flynun.co.nz, 15 Min. Fußmarsch von
der Stadt entfernt. Die etwas mitgenommene
Unterkunft befindet sich in einem ehemaligen
Nonnenkloster. Einige der geräumigen Dorms
gehen auf eine große Veranda hinaus. Etwas
beengte DZ, dafür sehr preiswerte EZ ($38).
Auf dem weitläufigen Gelände gibt es einen
Grillbereich und ein Spielzimmer. Akzeptiert
keine Kreditkarten. Zelte $15, Dorms $23,
DZ und 2-Bett-Zimmer ❶
Inn Paradise, 13 Leith St, ✆ 06/863 3504,
🖥 www.innparadise.co.nz. Die Nobel-

Te Kura, 14 Cheeseman Rd, ✆ 06/863 3497, 🖳 www.tekura.co.nz. Prachtvolles, holzverkleidetes Haus am Waimata River im Zentrum Gisbornes mit zwei Gästesuiten (eine mit frei stehender Badewanne). Gästen steht eine eigene Lounge zum Chillen zur Verfügung, außerdem ein Swimmingpool und kostenloses WLAN. Die großzügigen Gastgeber bereiten ein üppiges warmes Frühstück zu. ❹

Backpackerherberge bietet eigentlich schon fast Hotelstandard. Sie hat eine ausgezeichnete Gemeinschaftsküche und schlichte, aber hübsche Zimmer, die meisten mit eigener Tür nach draußen. Das ein wenig industriell geprägte Viertel ist nicht direkt einladend, aber so viel fürs Geld gibt's sonst selten. Dorms $35, Zimmer ❹

YHA Gisborne, Harris St, Ecke Wainui Rd, ✆ 06/867 3269, ✉ yha.gisborne@clear.net.nz. Großes, farbenfrohes Hostel in zentraler Lage mit einer Sonnenterrasse und einem Manager, der die besten Surf-Spots der Gegend kennt. Auch einige 2-Bett-Zimmer und DZ, eines mit Bad. Dorms $26, Zimmer ❷

Essen und Unterhaltung

Gisborne hat überraschend viele gute **Cafés** und **Restaurants** für jedes Budget. Viele liegen an einem der Flüsse oder am Hafen, was sie zur besten Wahl für einen Drink am Abend macht. **Selbstversorger** können im Laden der **Real Fisheries** an der Esplanade preiswert fangfrischen Fisch kaufen; ◷ Mo–Fr 8.30–17,

Camping-Idylle

Waikanae Beach Holiday Park, Grey St, ✆ 06/867 5634, 🖳 www.gisborneholidaypark.co.nz. Campingplatz in idyllischer Lage direkt am Hauptstrand von Gisborne, nur 5 Min. vom Stadtzentrum. Mit Tennisplätzen, gemütlichen Cabins (manche mit Bad) und Selbstversorger-Units sowie Camping. Stellplatz $21–28, Cabins ❶–❷, Units ❷

Sa 8.30–12.30 Uhr. Das beste Obst und Gemüse gibt es auf dem **Markt**, der Sa von 9.30–12.30 Uhr im Stadtzentrum auf dem Parkplatz der Army Hall in der Fitzherbert Street stattfindet.

Café Villaggio, 57 Ballance St, ✆ 06/863 3895. Entspanntes Café/Restaurant in einem bezaubernden Art-déco-Haus, wo man im Winter auf Sofas um den Kamin sitzt und im Sommer an Tischen unter freiem Himmel. Mittags gibt's z. B. *seafood chowder* ($14), außerdem Pizza ($19) und Abendessen (Hauptgerichte $26–32). ◷ Do–Sa.

Fettuccine Brothers, 12 Peel St, ✆ 06/868 5700. Alteingesessenes italienisches Restaurant (mit angeschlossener Bar). Umfangreiche Speisekarte von Pasta (rund $24) bis zu reichhaltigen Fleisch- und Fischgerichten (um $30). ◷ So geschl.

Muirs Bookshop Café, 62 Gladstone Rd. Kleines Café über dem besten Buchladen Gisbornes neben der Secondhand-Abteilung. Vom sonnigen Balkon lässt sich bei Panini, Salaten und leckeren Brownies das Treiben auf der Straße beobachten.

The Rivers, Gladstone Rd, Ecke Reads Quay. Geselliger Irish Pub mit gutem Guinness und einer Auswahl an einwandfreien, preiswerten Mahlzeiten.

Ruba, 14 Childers Rd. Modernes Café, ideal für einen Kaffee und Muffins oder Mittagsgerichte wie Chili-Tintenfisch ($19) und Wraps mit Rindfleischfüllung ($17). ◷ Mo geschl.

Smash Palace Wine Bar, 24 Banks St. Wunderbar kauzige Bar in Wellblechschuppen-Ambiente, wo sich Arbeiter des nahen Industriegebiets ebenso wie Angestellte in Anzug und Krawatte wohl fühlen. Das Essensangebot umfasst hauptsächlich Snacks. Livemusik von Blues bis Heavy Metal, meistens am Wochenende.

Tatapouri Sports Fishing Club, The Esplanade. Nettes Vereinslokal direkt am Kai. An Tischen auf der Veranda gibt es Seafood, Steaks oder Burger (alles unter $25) und billiges Bier. Nicht-Mitglieder sind willkommen; sie müssen sich nur eintragen: Anmeldung an der Bar.

The Works, The Esplanade, Ecke Crawford Rd, ✆ 06/863 1285. Das umfunktionierte Kühlhaus

Verve Café, 121 Gladstone Rd. Cooles, dabei aber unprätentiöses Café und Restaurant, das tagsüber ausgezeichnetes Essen zu moderaten Preisen bietet, darunter schmackhafte Muffins und Kuchen, Falafel und Steaksandwiches. Zeigt Wanderausstellungen mit Werken aufstrebender lokaler Künstler.

mit seinen blanken Backsteinwänden und Holzböden ist stets gut besucht und lädt zu Kaffee und einem Snack oder zum Dinner ein, z. B. Ente à la orange, dazu hervorragende Weine im Glas oder in der Flasche. Hauptgerichte mittags $18–27, abends $28–35. Kinofilme werden im **Odeon**, 79 Gladstone Rd, ☎ 06/867 3339, gezeigt.

Aktivitäten

Gisborne bietet eine der seltenen Gelegenheiten in Neuseeland, **Haie** zu beobachten und zwar 14 km weiter nordöstlich in Tatapouri.
Dive Tatapouri, ☎ 06/868 5153, 💻 www.divetatapouri.com, fährt Kleingruppen etwa 15 km weit ins Meer hinaus und lässt dann jeweils 2 Personen in einem robusten Metallkäfig ins Wasser, wo Kurzflossen-Makohaie *(Isurus oxyrinchus)* lauern. Man steht bis zur Brust im Wasser und hat etwa eine halbe Stunde Zeit, sich mit Tauchermaske und Schnorchel zu ducken und diese neugierigen, 3 m langen und 80 kg schweren Tiere zu beobachten. Nov–März, $250. Dive Tatapouri veranstaltet auch Öko-Rifftouren ($40): Bei Ebbe waten die Teilnehmer zum Riff hinaus und füttern dort von Hand Rochen, Königsmakrelen und Kraken. Wer bei Dive Tatapouri einen Trip zur Rere Rockslide (s. S. 430; $60) gebucht hat, wird am i-SITE (s. „Informationen") abgeholt. Gisborne ist für seine tolle Brandung bekannt.
Surfing With Frank, ☎ 06/867 0823, 💻 www.surfingwithfrank.com, bietet Privatunterricht für $65 oder Gruppenstunden für $45 p. P., inkl. Brett- und Wetsuitverleih; max. 4 Teilnehmer pro Gruppe.
Eine ausgezeichnete Möglichkeit, mehr über die Region zu erfahren, ist ein Ausflug mit **Tipuna**

Tours (Näheres s. S. 422). Das Unternehmen veranstaltet *cultural interpretation tours* nach Whangara (s. S. 422; $70) zu den Orten, wo der Film *Whale Rider* gedreht wurde, und interessante Touren zur Tolaga Bay (s. S. 422; $120/halber Tag, $240/ganzer Tag).

Informationen und Internet

i-SITE Visitor Centre, 209 Grey St, ☎ 06/868 6139, 💻 www.gisbornenz.com, bietet Internetzugang, verkauft Waikaremoana-Hüttenpässe und hat eine Ausstellung mit interessanten Daten zur Geschichte der Region. ⏰ Nov–Ostern 8.30–17.30, sonst 8.30–17 Uhr. Wer spezielle Wanderinformationen braucht, sollte das Büro des **DOC**, 63 Carnarvon St, ☎ 06/869 0460, aufsuchen, ⏰ Mo–Fr 8–16.30 Uhr. Kostenloser Internetzugang in der **Stadtbibliothek**, 35 Peel St, ⏰ Mo, Mi–Fr 9.30–17.30, Di 9.30–20, Sa 9.30–13 Uhr.

Nahverkehr

Innerhalb der Stadt ist alles leicht zu Fuß zu erreichen. Für einen Besuch der Weingüter in der Umgebung kann man bei **Avanti Plus**, Gladstone Rd, Ecke Roebuck Rd, ☎ 06/867 4571, für $40 pro Tag ein Fahrrad mieten.

Transport

Busse
Die Busse von NakedBus und InterCity halten am i-SITE Visitor Centre, 209 Grey St.

Busse nach:
AUCKLAND 2x tgl., 9 1/4 Std.;
HASTINGS 1–2x tgl., 5 Std.;
NAPIER 2x tgl., 4 Std.;
OPOTIKI via SH2 2x tgl., 2 Std.;
ROTORUA 2x tgl., 5 Std.;
WAIROA 1x tgl., 1 1/2 Std.;
WHAKATANE 2x tgl., 3 Std.

Flüge
Der Flughafen von Gisborne liegt am Stadtrand, etwa 2 km westlich des Zentrums und ist mit einem Taxi (um $15) – z. B. Gisborne Taxis, ☎ 06/867 2222 – zu erreichen.
Flüge nach AUCKLAND 6–7x tgl.; 1 Std.;
WELLINGTON 3–4x tgl.; 1 1/4 Std.

Die Umgebung von Gisborne

In der Nähe von Gisborne lassen sich gut ein, zwei schöne Tage verbringen. An erster Stelle bietet sich natürlich ein Besuch auf einem Weingut an. Außerdem kann man kleine Wanderungen unternehmen und alle möglichen Sehenswürdigkeiten besichtigen. Wer kein Auto hat, mietet am besten ein **Fahrrad** und radelt auf den topfebenen Landstraßen zu den Winzereien hinaus. Man kann aber auch mit Grants Wine Tours, ✆ 06/868 6139, ✉ grantsue.hughes@ihug.co.nz, eine halbtägige **Weintour** ($55, inkl. Verkostung) unternehmen.

Die Weingüter

Die Weingüter von Poverty Bay, 🖥 www.gisbornewine.co.nz, liegen in einer Schwemmlandebene im Schutz der Raukumara Range und sind mit langem, intensivem Sonnenschein und einer kühlen Meeresbrise gesegnet. Die Region hat sich einen Ruf als „Arbeitstier" erworben, das riesige Mengen an süffigem Chardonnay produziert. Die Nachfrage nach dieser Weinsorte ist allerdings zurückgegangen. Deshalb haben sich kleinere Weinbauern auf den Anbau anspruchsvollerer Reben (zusammen mit Viognier und Gewürztraminer) verlegt und produzieren inzwischen hochwertigere Weine.

Die Region ist nicht besonders gut auf Weintourismus eingestellt, aber auf vielen Gütern sind Besucher willkommen, wenn sie vorher anrufen. Einige Güter haben im Sommer auch regelmäßig für Weinproben geöffnet. Zum Beispiel **Bushmere Estate**, 6 km außerhalb von Gisborne in der 166 Main Rd South, ✆ 06/868 9317, 🖥 www.bushmere.com. Hier kann man normalerweise von Donnerstag bis Sonntag Weine verkosten, darunter einen erfrischenden Rosé. Außerdem gibt es ein gutes Café, das wunderschön mitten zwischen Weinreben liegt.

Das Weingut **Millton** (kostenlose Weinprobe), Papatu Rd, Manutuke, 5 km weiter südwestlich, ✆ 06/862 8680, 🖥 www.millton.co.nz, ist eines der wenigen ökologischen Weingüter Neuseelands, das biodynamische Prinzipien anwendet. Die Zeit des Pflanzens, Erntens und der Flaschenabfüllung wird jeweils von den Mondphasen diktiert, was dazu beiträgt, dass hier einige köstliche Weine produziert werden (insbesondere Chardonnay, Chenin Blanc und Viognier), die laut Angabe des Herstellers auch von Leuten, die auf andere Weine allergisch reagieren, bedenkenlos genossen werden können. Besucher können mit ihrem mitgebrachten Proviant zwischen den Weinstöcken ein Picknick veranstalten und auf dem Bouleplatz eine ruhige Kugel schieben.

Eastwoodhill Arboretum und Rere Rockslide

Neuseelands größte Sammlung an Bäumen der nördlichen Hemisphäre im **Eastwoodhill Arboretum**, Ngatapa–Rere Rd, 35 km nordwestlich von Gisborne, 🖥 www.eastwoodhill.org.nz, besucht man am besten mit einer Flasche Wein und einem vollen Picknickkorb ausgerüstet. Die Anpflanzung begann 1918 und wurde zum Lebenswerk von William Douglas Cook, der während des Ersten Weltkriegs einen Erholungsaufenthalt in England verbracht und eine Vorliebe für britische Gärten und Parks entwickelt hatte. Er fürchtete, dass der Krieg die großen europäischen Anwesen und die Geninformation ihrer Baumbestände zerstören könnte, und machte es sich zur Aufgabe, so viel Material wie möglich nach Neuseeland zu verschiffen. Cook starb 1967. Zahlreiche Wege führen durch eine einzigartige Parklandschaft mit über 3500 Baumarten, die in einem ungewöhnlichen Mikroklima zusammengebracht wurden, in dem sowohl Bäume aus warmen als auch kalten Klimazonen gedeihen. ⏰ tgl. 9–17 Uhr, Eintritt $10.

Rund 12 km weiter befinden sich die 10 m hohen **Rere Falls** des Wharekopae River. Ein kurzer Spazierpfad führt hinter dem Wasserfall herum. Das eigentliche Highlight ist aber die **Rere Rockslide**, 2 km flussaufwärts (frei zugänglich). Dort stürzt der Fluss einen 20 m breiten und 60 m langen, glatt geschliffenen Felshang hinunter – eine geniale Rutschbahn. Im Sommer gibt es wenig Wasser und viele Algen, deshalb rutscht man rasend schnell ins Becken hinab. Weil der Wharekopae im Winter mehr Wasser führt, ist die Rutschfahrt dann nicht ganz so bombastisch (aber immer noch aufregend genug) und kälter. Die Rutschunterlage muss mitgebracht werden – ein Boogie Board, ein Autoreifen oder ein altes Plastikteil. Bevor es losgeht, sollte man sich von den Einheimischen ein paar Insider- und Sicherheitstipps geben lassen. Wer lieber in Begleitung rutscht, kann sich einer der Touren ($60) anschließen, die Dive Tatapouri (s. S. 429) von Gisborne aus veranstaltet.

Morere Hot Springs und Mahia Peninsula

Der SH2 führt von Gisborne nach Süden, wobei die Weingärten der Poverty Bay schon bald dem Hügelland des Wharerata State Forest Platz machen. Die erste wirkliche Abwechslung bieten die **Morere Hot Springs** im winzigen Morere 60 km südlich von Gisborne. Fossiles Meerwasser wurde entlang der Verwerfung tief unter der Erde erhitzt und konzentriert, sodass äußerst salziges und angenehm schwefelfreies Wasser entstand. Dieses steigt entlang eines kleinen Baches, der sich durch einen der letzten Küstenurwälder der Ostküste windet, nach oben. Um die Becken herum finden sich Grillplätze, von denen zahlreiche Pfade an Tawa-, Rimu-, Totara- und Matai-Bäumen vorbei in alle Richtungen abgehen. Ein kurzer Spaziergang am Fluss entlang (10 Min.) führt zu den Nikau Plunge Pools, von Nikaupalmenhainen umgebenen, mineralhaltigen Teichen. Sehr schön ist auch der Mangakawa Track (3 km; 2 Std.): von den Quellen aus durch unberührten Busch zu einem Birkenwäldchen hoch und wieder zurück. ⏰ tgl. 10–17 Uhr, im Sommer eventuell länger; Eintritt $6, private Becken $3 extra für 30 Min.

Wer die beschauliche Gegend etwas länger genießen möchte, kann hier übernachten – entweder bei **Morere Hot Springs Lodge & Cabins**, SH2, ✆ 06/837 8824, 🖥 www.morerehotsprings. co.nz, einem Bauernhof mit Badeteich und Selbstversorger-Unterkünften (Cabins ❷, Cottage ❸), oder bei **Morere Tearooms & Camping Ground**, SH2, ✆ 06/837 8792, ✉ morere@xtra. co.nz (Camping $17, Cabins ❷), wo es auch eine Teestube und einen kleinen Laden mit bescheidenem Angebot gibt.

Mahia Peninsula

In Nuhaka, 8 km südlich von Morere, streift die Schnellstraße kurz die Küste und biegt dann scharf nach rechts Richtung Wairoa ab, während die Mahia Road nach Osten zur **Mahia Peninsula** führt, einer prominenten Landzunge, die die Hawke Bay von der Poverty Bay trennt. Surfer lieben die rauere, dem Wind ausgesetzte Seite. An den ruhigeren Stränden der windgeschützten Seite dagegen kann man gefahrlos baden und Boot fahren. Abgesehen vom *mad month* nach Weihnachten ist dies ein total entspanntes Plätzchen für einen Zwischenstopp. Die größte Ortschaft der Halbinsel, **Mahia Beach**, liegt 15 km weiter. Von 2008 bis 2009 genoss sie landesweite Berühmtheit, denn hier hatte sich Moko niedergelassen, ein verspielter Delphin, der jeden Tag mit den Schwimmern flirtete. Ende 2009 zog er weiter.

Übernachten kann man im **Mahia Beach Motels & Holiday Park**, ✆ 06/837 5830, 🖥 www.motelscabinscampmahiabeach.com. Er hat einen weitläufigen Campingplatz, schlichte Ferienhütten und etwas schickere Motel Units; Camping $17, Cabins ❷, Motelzimmer ❹. Das Verpflegungsangebot beschränkt sich auf Takeaways und die gut besuchte Sunset Sports Bar and Bistro, wo es herzhafte Mahlzeiten (Steaks, Langusten etc.) und am Wochenende oft Livemusik gibt.

Im winzigen **Te Mahia**, gleich hinter dem Berg und näher bei den Surfstränden, steht die Cappamore Lodge, 435 East Coast Rd, ✆ 06/ 837 5523, 🖥 www.cottagestays.co.nz/cappa more/cottage.htm, ein Blockhaus für Selbstversorger ❹. Wer nicht (immer) selber kochen möchte, kann zum Essen ins lizenzierte Café Mahia, 476 East Coast Rd, gehen.

Wairoa und die Straße nach Napier

Das verschlafene Wairoa, etwa 40 km westlich der Nuhaka-Kreuzung, ist der Ausgangspunkt für Abstecher zum Lake Waikaremoana. Es liegt am Ufer des breiten, von Trauerweiden gesäumten Wairoa River, 2 km von der Flussmündung entfernt. Dort liefen früher die Schiffe ein, die die Erzeugnisse der Milchbauern und Schaffarmen ringsherum abholten. Das **Wairoa Museum** in der Marine Parade am Ufer erzählt auf anschauliche Weise von den Ereignissen vergangener Tage, zum Beispiel vom katastrophalen Zyklon Bola, der 1988 die Region verwüstete. Im Museum steht auch eine wunderschön geschnitzte Maorifigur aus dem frühen 18. Jh. ⏲ Mo–Fr 10–16, Sa 10–13 Uhr, Spende willkommen.

Hinter Wairoa wird die Straße Richtung Napier erheblich schmaler, steiler und kurviger. Autofahrer sollten es langsam angehen lassen und für die Strecke gute anderthalb Stunden einplanen. Ungefähr auf der Hälfte des Wegs passiert man den Weiler **Tutira**. Hier geht die Pohakura Road zum 15 km nordwestlich gelegenen **Boundary Stream Scenic Reserve** ab, einer „Festlandinsel", auf der u. a. braune Nordinsel-Kiwis, Nordinsel-Kaka und Neuseelandfalken nisten. Das Reservat durchziehen mehrere Wanderwege, darunter einer zum Aussichtspunkt Bell Rock (5 km hin und zurück; 3 Std.).

Übernachtung

Das Übernachtungsangebot ist beschränkt.
Café 287, 3 km südlich am SH2, ✆ 06/838 6601. Hat hübsche Cabins mit Bad. ❸
Riverside Motor Camp, 19 Marine Parade, ✆ 06/838 6301, ⌨ www.riversidemotorcamp.co.nz. Schlicht und nicht mehr ganz taufrisch, aber sehr sauber und gepflegt. Camping $15, Schlafsaalbetten $20, On-site Vans ❶, Cabins mit Küche ❷
Vista Motor Lodge, am SH2 nördlich der Wairoa-Brücke, ✆ 0800/284 782, ⌨ www.vistamotorlodge.co.nz. Verfügt über gemütliche Units und einen beheizten Pool. ❹

Essen

Café 287, s. „Übernachtung", hat herzhaftes, hausgemachtes Frühstück sowie Mittag- und Abendessen von Fettuccini bis zu Steaks ($17–25). ⏲ im Winter Mo und Di abends geschl.
Eastend Café, 250 Marine Parade. Das beste Lokal für tagsüber. Hier gibt es z. B. Thai-Chicken (die meisten Hauptgerichte $12–16), außerdem sündhaft guten Kuchen und Kaffee. ⏲ im Winter Mo geschl.
Osler's Bakery & Café, 116 Marine Parade. Diese Bäckerei ist aus Wairoa nicht wegzudenken. Zur Auswahl stehen sage und schreibe 23 verführerische hausgemachte Pies

– da fällt die Entscheidung nicht leicht. ⏲ Mo–Fr 4.30–16.30, Sa und So 5–15 Uhr.

Informationen

i-SITE Visitor Centre, SH2, Ecke Queen Street, ✆ 06/838 7440, ⌨ www.wairoadc.govt.nz. ⏲ Nov–März Mo–Fr 9–17, Sa und So 10–16, April–Sep Mo–Fr 9–17, Sa und So 10–11 und 15–16 Uhr.

Transport

Die InterCity-**Busse** halten tgl. vor dem i-SITE Visitor Centre. Dort arrangieren die Mitarbeiter auf Anfrage einen Shuttletransport zum Lake Waikaremoana mit **Lake Waikaremoana Shuttle Service**, ✆ 06/837 3741, für $35–50 p. P., je nach Anzahl der Fahrgäste.
Außerdem Busse nach GISBORNE 1x tgl., 1 1/2 Std., und NAPIER 1–2x tgl., 2 1/2 Std.

Te Urewera National Park

Der Te Urewera National Park, 65 km nordwestlich von Wairoa, erstreckt sich quer über das gebirgige Rückgrat der Nordinsel und umschließt das mit 2120 km^2 größte Urwaldgebiet außerhalb von Fiordland. Für Neuseeland ungewöhnlich ist, dass es fast vollständig von Vegetation bedeckt ist; selbst die höchsten Gipfel – einige an die 1500 m hoch – durchdringen kaum die dichte Urwalddecke. Durch das Unterholz streifen Hirsche und Wildschweine, und in den herabstürzenden Flüssen wimmelt es von Forellen. Zwar führt eine Straße, der SH38, durch das Innere, aber um einen echten Eindruck von diesem Ort zu bekommen, muss man hier Wanderungen unternehmen. Viele wählen hierfür den Lake Waikaremoana Track, der zu den schönsten viertägigen Wanderrouten der Nordinsel zählt. Der Pfad führt um den **Lake Waikaremoana**, den „See des sich kräuselnden Wassers", am südlichen Ende des Parks. Der See ist das unbestrittene Highlight des Reservats: Mit seinem tiefen, klaren Wasser, den weißen Sandstränden und Felsklippen ist er ein idealer Ort zum Schwimmen, Tauchen, Angeln und Paddeln.

Die Gegend ist sehr spärlich besiedelt. Das Volk der Tuhoe, die „Kinder des Nebels", lebt

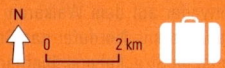

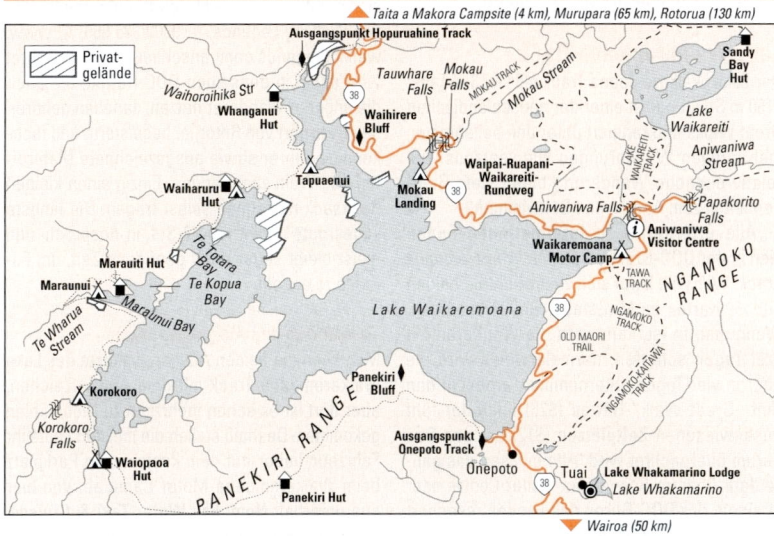

Taita a Makora Campsite (4 km), Murupara (65 km), Rotorua (130 km)

Privatgelände

Ausgangspunkt Hopuruahine Track

Waihoroihika Str

Whanganui Hut

Tauwhare Falls

Mokau Falls

MOKAU TRACK

Mokau Stream

Sandy Bay Hut

Lake Waikareiti

Waihirere Bluff

Waipai-RuapaniWaikareitiRundweg

LAKE WAIKAREITI TRACK

Aniwaniwa Stream

Waiharuru Hut

Tapuaenui

Mokau Landing

Aniwaniwa Falls

Papakorito Falls

Aniwaniwa Visitor Centre

Waikaremoana Motor Camp

Te Totara Bay

Marauiti Hut

Te Kopua Bay

NGAMOKO RANGE

TAWA TRACK

Maraunui

Maraunui Bay

Lake Waikaremoana

NGAMOKO TRACK

Te Wharua Stream

OLD MAORI TRAIL

Korokoro

Panekiri Bluff

NGAMOKO-KATAINA TRACK

Korokoro Falls

PANEKIRI RANGE

Waiopaoa Hut

Ausgangspunkt Onepoto Track

Panekiri Hut

Onepoto

Tuai

Lake Whakamarino Lodge

Lake Whakamarino

Wairoa (50 km)

noch im Park, überwiegend in der Umgebung des Dorfes **Ruatahuna**. Die meisten Touristen steuern aber gleich **Waikaremoana** an, das nur aus einem Visitor Centre und einem Motor Camp direkt am Seeufer besteht. Vom Motor Camp abgesehen gibt es auch im weiter südlich gelegenen, stillen Dörfchen **Tuai** noch ein paar Sachen zu kaufen, aber ansonsten ist man auf sich selbst gestellt.

Lake Waikaremoana

Der zauberhafte, von Busch umschlossene Lake Waikaremoana nimmt ein großes Becken in einer Höhe von über 585 m ein. Er wird nur mit Mühe von den Panekiri- und Ngamoko-Bergen aufgehalten. Der See entstand vor etwa 2200 Jahren, als sich eine riesige Felsbank aus Sandstein vom Ngamoko-Gebirge löste und den Fluss blockierte, der einst die Täler bewässerte.

Das vom DOC geleitete Aniwaniwa Visitor Centre und das Motor Camp. sind darauf eingerichtet, Wanderern zu helfen, den Lake Waikaremoana Track zu bewältigen. Kurzbesuche bieten die Gelegenheit, die **Papakorito Falls** zu sehen,

eine 20 m breite Wasserwand 2 km östlich des Visitor Centre. Um die Atmosphäre des Ortes wirklich einzufangen, muss man aber weiter wandern, vorzugsweise mit der DOC-Broschüre *Lake Waikaremoana Walks* ($2,50) ausgerüstet, die Einzelheiten zu den kürzeren Wanderungen der Region bereit hält, z. B. zum leicht zu bewältigenden **Hinerau Track** (1 km; 20 Min. hin und zurück; 50 m Steigung) vom Visitor Centre zu den doppelstöckigen **Aniwaniwa Falls**, oder zum **Black Beech Track** (2 km; 30 Min. einfach; 50 m Gefälle), der der alten Straße vom Visitor Centre zum Waikaremoana Motor Camp folgt.

Hat man mehr Zeit zur Verfügung, sollte man den **Waipai-Ruapani-Waikareiti-Rundweg** in Angriff nehmen (17 km; 5–6 Std.; 300 m Steigung), der 200 m nördlich des Visitor Centre beginnt und sich durch dichten Birkenwald am Lake Ruapani vorbei um den wunderschönen und ruhigen **Lake Waikareiti** windet, wo man ein Ruderboot mieten kann (ca. $20 für einen halben Tag, $40 Pfand) – man muss allerdings vorausplanen, da der Schlüssel für das Bootshaus im Aniwaniwa Visitor Centre aufbewahrt wird. Zurück geht es

Poverty Bay, Hawke's Bay und das Wairarapa

entweder auf dem Waikareiti Track, oder man wandert ums Nordufer des Sees herum (3 Std. einfache Strecke) und übernachtet in der **Sandy Bay Hut** mit 18 Schlafsaalbetten für $15.

Lake Waikaremoana Track

Der Lake Waikaremoana Track (46 km; 3–4 Tage; 1150 m Steigung) ist einer der neuseeländischen Great Walks und rangiert unter den beliebtesten mehrtägigen Wanderungen Neuseelands. Die relativ einfache Wanderung bietet viele Gelegenheiten zum Angeln und Schwimmen.

Alle erforderlichen **Informationen** finden sich in der DOC-Broschüre *Lake Waikaremoana Track*. Wer will, kann sich zusätzlich die beiden *Topo50*-Karten im Maßstab 1:50 000 besorgen. Wenn man fit ist, kann man die Wanderung in drei Tagen schaffen, normalerweise wird sie aber in vier Tagen unternommen, wobei in den fünf „Great Walk"-**Hütten** ($25) und/oder fünf ausgewiesenen **Zeltplätzen** ($12) um den See herum übernachtet wird. Alle müssen das ganze Jahr über im Aniwaniwa Visitor Centre oder in einem der DOC-Büros des Landes reserviert werden. Am besten erledigt man das online unter 🖥 www.doc.govt.nz. Allerdings führt kein Weg am Aniwaniwa Visitor Centre vorbei, denn dort müssen die Hüttenpässe abgeholt werden. Außerhalb der Osterwoche oder der rund vier Wochen nach Weihnachten stehen die Chancen auf einen freien Platz sehr viel besser.

Die Wintermonate (Juni–Sep) können kalt und feucht ausfallen, deshalb sind der Frühling und Herbst die besten Zeiten für den Track. Wanderer müssen aber zu jeder Jahreszeit damit rechnen, dass es schneit, und entsprechend ausgerüstet sein. Jede Hütte verfügt über Trinkwasser, Toiletten und einen Heizofen, doch ein **Kocher**, **Brennstoff und Essen** müssen mitgebracht werden. Auf den Zeltplätzen gibt es nur Wasser und Toiletten.

Etwas mehr als die Hälfte der Wanderer wählt die **Route** im Uhrzeigersinn um den See, um den anstrengenden, aber landschaftlich reizvollen Aufstieg auf den Panekiri Bluff am ersten Tag hinter sich zu bringen. Wenn das Wetter allerdings nicht gut aussieht, kann man die Buchung durchaus ändern (beim Visitor Centre von Aniwaniwa) und entgegen dem Uhrzeigersinn

wandern, in der Hoffnung, dass sich die Wetterlage bessert.

Wer in Begleitung wandern möchte, kann sich der 4-tägigen **geführten Wanderung** ($1190) von Walking Legends, ✆ 0800/925 569, 🖥 www. walkinglegends.com, anschließen. Übernachtet wird dabei in denselben DOC-Hütten, die auch die anderen Wanderer nutzen, daneben gehören der Transport von Rotorua, begeisterte und fachkundige Führer sowie ausgezeichnete Mahlzeiten und Wein zum Service. Einzig einen kleinen Rucksack muss man selbst tragen. Die längste Tagesroute nimmt rund 7 Std. in Anspruch, und meist bleibt sogar noch genügend Zeit, um Forellen zu angeln.

Transport zu den Ausgangspunkten

Man kann die beiden Ausgangspunkte des Lake Waikaremoana Track mit dem **Auto** erreichen, aber dort ist es schon mehrfach zu Diebstählen gekommen. Deshalb stellen die meisten Leute ihr Fahrzeug lieber auf dem kostenlosen Parkplatz beim Waikaremoana Motor Camp ab. Von hier aus unterhält **Homebay Water Taxi & Cruises**, ✆ 06/837 3826, einen zuverlässigen Shuttlebus-Bestellservice zu den beiden Enden des Wanderwegs ($35 fürs Hinbringen und Abholen). Außerdem bieten sie im Sommer oft einen Wassertaxi-Service zu jedem beliebigen Ort, von dem aus man losgehen möchte, sodass es möglich ist, kleinere Abschnitte zu wandern, indem man vorher vereinbart, von einem bestimmten Strand abgeholt zu werden. Homebay organisiert sogar einen **Gepäcktransport** zwischen den meisten Hütten, sodass man unbeschwert wandern kann. Das lohnt sich finanziell aber nur für Gruppen ab vier Personen.

Wer auf dem See paddeln möchte, erfährt beim Motor Camp, wo **Kajaks** und offene **Kanus** vermietet werden.

Die Route

Begeht man den Wanderweg im Uhrzeigersinn, ist die erste Etappe **von Onepoto zur Panekiri Hut** (9 km; 4–5 Std.; 750 m Steigung, 150 m Gefälle) die anstrengendste – viel Trinkwasser mitnehmen. Ausgangspunkt ist ein Unterstand am Seeufer nahe dem SH38. Der Pfad steigt steil an und passiert dabei eine von den Soldaten der

Armed Constabulary zur Verfolgung von Te Kooti (s. Kasten unten) errichtete Redoute. Weiter bergauf geht es bis zum Pukenui-Markierungspunkt und ab dort am Bergkamm entlang. Stufen führen eine Felsklippe hinauf zur Panekiri Hut (36 Schlafplätze). Sie befindet sich in atemberaubender Lage am Rande der Felsen, die zum See tief unten abfallen. Zelten ist in dieser empfindlichen Natur allerdings verboten. Wer unbedingt zelten möchte, muss weiter bis nach Waiopaoa gehen – vom Startpunkt in Onepoto anstrengende acht Stunden Fußmarsch entfernt.

Von der **Panekiri Hut zur Waiopaoa Hut** (7,5 km; 3–4 Std.; 600 m Gefälle) verliert man die Höhenmeter, die man am Tag zuvor gewonnen hat, wieder. Zunächst geht es ganz allmählich den Berg hinab, dann rapide abwärts durch ein oft matschiges Gebiet, wo aus dem Boden ragende Baumwurzeln willkommenen Halt bieten. Gelegentliche Seeblicke und der Übergang von Birkenwäldern zu üppigem Steineibenwald machen diesen Abschnitt bis zur Hütte (30 Schlafplätze) und dem Zeltplatz hinunter zu einer reizvollen, wenngleich anspruchsvollen Wanderung.

Von der **Waiopaoa Hut zur Marauiti Hut** (11 km; 4–5 Std.; 100 m Steigung) folgt man überwiegend dem Seeufer, anfangs über Grasland und durch Kanuka-Dickicht, wo ein Nebenpfad zum Korokoro-Zeltplatz (gleich hinter der Abzweigung, 1 1/2 Std. von der Waiopaoa Hut) und von dort weiter zu den eindrucksvollen 20 m hohen Korokoro Falls (45–60 Min. hin und zurück) führt. Der Hauptpfad steigt unterdessen leicht an und führt an kaum zugänglichen Buchten vorbei, bis er schließlich den Maraunui-Zeltplatz er-

Te Kooti Rikirangi

Te Kooti Rikirangi war einer der meistgefeierten Maori-„Rebellen" und ein Dorn im Auge der Kolonialregierung in den Landkriegen Ende der 1860er- und Anfang der 1870er-Jahre. Als hervorragender Kämpfer und brillanter Stratege behielt er ein halbes Jahrzehnt hindurch die Oberhand über den Berggrat der Nordinsel und entging geschickt der größten Fahndung in der neuseeländischen Geschichte.

Te Kooti war zwar kein Chief, konnte seine Vorfahren aber bis auf die Kapitäne mehrerer *waka* (Kanus) zurückverfolgen. Er wurde um 1830 nahe Gisborne geboren. Mitte der 1860er-Jahre kämpfte er für die Regierung gegen die **Hau-Hau-Bewegung** (s. S. 414, Kasten), einen fanatischen, pseudo-christlichen Kult, der 1862 in Taranaki begründet wurde. Der Kult breitete sich bis zur Ostküste aus, wo Te Kooti 1866 ungerechtfertigterweise angeklagt wurde, mit den Hau-Hau-Anhängern unter einer Decke zu stecken. Nachdem man ihm die Gerichtsverhandlung, die er gefordert hatte, verwehrt hatte, sperrte man ihn zusammen mit 300 seiner angeblichen Bundesgenossen auf den **Chatham Islands** ein. 1867 starb er beinahe am Fieber, erholte sich jedoch wieder und behauptete, eine göttliche Offenbarung gehabt zu haben. Er gründete eine neue Religion, **Ringatu** („die erhobene Hand"), die noch heute ungefähr 16 000 Anhänger zählt. Ringatu orientierte sich an der Hau-Hau-Bewegung, entwickelte sich jedoch zu einer ureigenen Maori-Version des Katholizismus, die sich stark auf das Alte Testament stützte. Manche behaupten, dass Te Kooti sich selbst als eine Art Moses betrachtete – offenbar liebte er es, seine Hand in Phosphor zu tauchen, sodass sie, wenn er sie hob, in den schummerigen Versammlungshäusern zu glühen schien.

Nach zwei Jahren auf den Chathams besetzten Te Kooti und seine Mitgefangenen ein Schiff, mit dem ihnen eine dramatische Flucht zurück zur Poverty Bay gelang. Te Kooti suchte Schutz in den Bergen der **Urewera Range**, dicht gefolgt von der Armed Constabulary (einer bewaffneten Polizeitruppe), die ihn erbarmungslos jagte. Dennoch führte Te Kooti erfolgreiche Rachefeldzüge gegen Regierungstruppen in Whakatane in der Bay of Plenty, in Mohaka in Hawke's Bay und in Rotorua durch. Mit dem Ende der Landkriege 1872 suchte Te Kooti in dem sicheren Maori-Land **King Country** Zuflucht. 1883 wurde er schließlich begnadigt, und 1891 wurde ihm ein Stück Land nahe Whakatane übereignet, wo er die letzten zwei Jahre seines Lebens verbrachte.

Te Urewera National Park 435

reicht und, nachdem er den niedrigen Ausläufer Whakaneke Spur erklommen hat, zur Marauiti Hut (25 Schlafplätze) am Ufer hinabsteigt.

Von der Marauiti Hut zur Waiharuru Hut (6 km; 2 Std.; 150 m Steigung) führt der Weg am reizenden weißen Sandstrand der Te Kopua Bay vorbei und steigt einen leichten Bergsattel hinauf, bevor er zur Te Totara Bay hinabfällt und dem See bis zur Waiharuru Hut (40 Schlafplätze) und dem Zeltplatz folgt.

Von der Waiharuru Hut zur Whanganui Hut (5,3 km; 2–3 Std.; 50 m Steigung) ist es eine kurze Wanderung über die Landenge bis zum Tapuaenui-Zeltplatz und, weiter dem Ufer folgend, zur stilvollen alten Hütte mit eingebauten dreistöckigen Etagenbetten (18 Schlafplätze).

Der leicht zu bewältigende letzte Abschnitt, **von der Whanganui Hut nach Hopuruahine** (5 km; 2–3 Std.; 50 m Steigung), zieht sich am See entlang bis zum Abholungspunkt der Wassertaxis (45 Min.). Anschließend führt der Weg an der mit Gras bewachsenen Niederung am Hopuruahine River entlang. Dann überquert er eine Hängebrücke bis zur Zufahrtstraße, wo sich ein (kostenloser) Campingplatz befindet.

Übernachtung und Essen

Waikaremoana Motor Camp, am SH38, 2 km südlich des Visitor Centre, ☎ 06/837 3826, 🖥 www.lake.co.nz, ist die einzige Unterkunft im Park. Gut ausgestattet, mit einem kleinen, aber grünen Campingbereich ($12), Nicht-Gäste können die Duschen benutzen ($5). Cabins ❶, Selbstversorger-Chalets ❷

Lake Whakamarino Lodge, 15 km südlich im Ort Tuai, ☎ 06/837 3876, 🖥 www.lakelodge.co.nz. Die ehemaligen Arbeiterunterkünfte liegen sehr schön am forellenreichen Lake Whakamarino. Reservierung wärmstens empfohlen. Zimmer ❷, Units für Selbstversorger ❹ Am SH38 gibt es auch ein paar **DOC-Campingplätze**: **Mokau Landing** ($5), 11 km nordwestlich vom Visitor Centre, und **Taita a Makora** (kostenlos), 11 km weiter nördlich. Das am nächsten gelegene richtige Restaurant befindet sich mehr als 60 km entfernt in Wairoa. Um die **Verpflegung** muss man sich also weitgehend selbst kümmern. Im Waikaremoana Motor Camp gibt es einige Lebensmittel (und die einzige Benzinpumpe zwischen Wairoa und Murupara). Ansonsten sind auf Anfrage Mahlzeiten in der Lake Whakamarino Lodge erhältlich; Hauptgerichte ca. $25.

Informationen

Aniwaniwa Visitor Centre, direkt am See, ☎ 06/837 3803, ✉ teurewavc@doc.govt.nz, die wichtigste Informationsquelle über den Lake Waikaremoana und den Te Urewera National Park. 🕐 Okt–April 8–16.30, Mai–Sep 8–16.15 Uhr.

Transport

Am einfachsten lässt sich der Lake Waikaremoana per Bus von WAIROA auf dem SH38 erreichen, der durch den Park weiter nach Murupara und ROTORUA führt. Zwischen dem Lake Waikaremoana und Murupara liegen mehr als 60 km knochenharter Schotterpiste, was die Anfahrt von Nordwesten her alles andere als attraktiv macht. Wer diese Strecke nehmen möchte, wendet sich an **Magic Bus**, ☎ 09/358 5600, 🖥 www.magicbus.co.nz, dessen Busse zurzeit am Montag und Freitag auf der Route GISBORNE–Waikaremoana–Rotorua verkehren, oder an **Te Uruwera Shuttles**, ☎ 0800/873 937, 🖥 www.tshuttle.co.nz, die im Sommer am Donnerstag und Sonntag in beiden Richtungen zwischen Rotorua und dem Lake Waikaremoana unterwegs sind.

8 | **HIGHLIGHT**

Napier und Umgebung

Die Hafenstadt Napier ist dank des mediterranen Klimas, der erschwinglichen Preise und einer der weltweit schönsten Ansammlungen von Art-déco-Häusern eine der liebenswertesten „Metropolen" Neuseelands. Mit einer Bevölkerungszahl von 54 000 ist Napier die größte Stadt in Hawke's Bay.

Von hier aus lassen sich Ausflüge zur Tölpelkolonie am Cape Kidnappers sowie zu den zahlreichen Weltklasse-Weingütern in den Ebenen ringsum unternehmen.

Geschichte

1769 segelte James Cook an **Ahuriri**, dem heutigen Napier, vorbei und bemerkte dabei den vom Meer umgebenen Bluff Hill, der durch zwei schmale Kiesbänke mit dem Festland verbunden ist und hinter dem sich eine großartige Salzwasserlagune verbirgt – der einzige nennenswerte geschützte Ankerplatz zwischen Gisborne und Wellington. Dennoch ankerte er ein Stück weiter südlich, vor dem aufgrund einer alles andere als freundlichen Begegnung mit dem einheimischen Volk der **Ngati Kahungunu** später Cape Kidnappers genannten Kap.

Etwa 30 Jahre später, als die ersten Walfänger in Cooks Fußstapfen traten, war Ahuriri beinahe verlassen, da die Ngati Kahungunu von mit Gewehren ausgestatteten Rivalen vertrieben worden waren. Während des unsicheren Friedens der ersten Kolonialjahre kehrten Maori in die Gegend um Napier zurück.

Die **Landkriege** der 1860er-Jahre überstand die Stadt relativ unbeschadet. Der Hafen florierte, doch bis Anfang des 20. Jhs. war alles vorhandene Land erschöpft. Alles änderte sich schlagartig am Morgen des 3. Februar 1931, als die Stadt vom schwersten **Erdbeben** in der überlieferten Geschichte Neuseelands erschüttert wurde, das gewaltige 7,9 auf der Richter-Skala maß. In den nächsten zwei Wochen folgten über 600 Nachbeben, die die Bemühungen behinderten, Überlebende zu retten. 258 Menschen kamen in der Bucht um, 162 davon allein in Napier. Das Zentrum der Stadt lag in Schutt und Asche, denn nach dem Beben brach auch noch Feuer aus. Der Boden bog und krümmte sich, bis er über zwei Meter höher ein neues Gleichgewicht fand. 300 km² Neuland waren gewaltsam dem Ozean entrissen worden – genug Platz, um den Flughafen der Hawke's Bay zu bauen und die Stadt auszudehnen.

Napier ergriff die Gelegenheit, um neu anzufangen: Die Straßenbahn verschwand, die Telefonleitungen wurden unterirdisch verlegt, die Straßen verbreitert. Dem Geist der Zeit entsprechend wurde fast alles nach den Ideen der **Art-déco-Bewegung** gestaltet. Dieser simultane Wiederaufbau hat Napier eine seltene stilistische Uniformität verliehen – und es zu einer der größten Ansammlungen von Art-déco-Häusern gemacht.

Orientierung

Steile Straßen und noch steilere Treppen führen an der Südflanke des **Bluff Hill** (Mataruahou) hinunter in Napiers gitternetzartig im Art-déco-Stil angelegtes Geschäftszentrum, wo die Straßen nach einer Laune des Land Commissioner Alfred Domett Mitte des 19. Jhs. nach Schriftstellern benannt wurden – Tennyson, Thackeray, Byron, Dickens, Shakespeare, Milton und anderen. Mitten hindurch führt die teilweise in eine Fußgängerzone verwandelte Hauptstraße **Emerson Street**, die vom Square Richtung Meer auf die von Norfolk-Tannen gesäumte **Marine Parade** stößt. Der lange graue Kieselstreifen entlang der Marine Parade ist der **Hauptstrand** von Napier, aber zum Schwimmen ist es hier zu gefährlich –

Aufmerksame Beobachter finden den klassischen Art déco überall, doch eine systematische Erkundung des Art déco in Napier sollte beim **The Art Deco Shop**, 163 Tennyson St, 🖳 www.artdeconapier.com (🕐 tgl. 9–17 Uhr), beginnen, wo man ein kostenloses 20-minütiges Video zur Einführung sehen und eine Broschüre ($5) zu einem **Art Deco Walk** auf eigene Faust im Stadtzentrum (1,5 km; 1 1/2–2 Std.) kaufen kann. Echte Art-déco-Liebhaber treffen sich hier für die zweistündige **Art Deco Afternoon Walking Tour** (tgl. 14 Uhr, $20), die das Napier der 1930er-Jahre anhand vieler Anekdoten wieder zum Leben erweckt und Gelegenheit bietet, sich ungeniert im Innern der Läden und Banken umzuschauen. Die kürzere **Art Deco Morning Walking Tour** (tgl. 10 Uhr; 1 Std.; $15) und der **Art Deco Evening Walk** (tgl. Ende Jan bis März; 1 1/2 Std.; $18) beginnen beide beim i-SITE Visitor Centre.
Der Art Deco Trust, 📞 06/835 0022, im gleichen Gebäude wie The Art Deco Shop, veranstaltet **Vintage Deco Car Tours** (je nach Verfügbarkeit; 1 Std.; $130 für maximal 3 Pers.) und die **Deco Tour**, eine Minibustour zu Napiers außerhalb vom Stadtkern gelegenen Art-déco-Highlights (tgl. 11.30 Uhr; 75 Min.; $38).

Poverty Bay, Hawke's Bay und das Wairarapa

Badestrände mit goldgelbem Sand gibt es 30 km weiter nördlich in Waipatiki oder 35 km südlich in Waimarama oder Ocean Beach.

Nordöstlich des Bluff Hill liegt ungefähr 5 km vom Zentrum entfernt die ursprüngliche Siedlung **Ahuriri**. Deren Lagerhäuser am Wasser wurden aufgemotzt und beherbergen nun trendige Restaurants und Bars.

Das Geschäftszentrum: Art déco in Napier

Nach dem Erdbeben von 1931 wurde Napier im angesagtesten Architekturstil jener Zeit wieder aufgebaut: **Art déco**. Er bedeutete den Inbegriff der Moderne, verherrlichte den Fortschritt, das Industriezeitalter und einen verschwenderischen Lebensstil nach dem Vorbild des Großen Gatsby. Doch die Weltwirtschaftskrise machte dem Überschwang ein Ende, weshalb Napiers Art-déco-Version von den Entbehrungen jener Ära geprägt ist.

Gleichzeitig ließen sich die Architekten vom kalifornischen Santa Barbara inspirieren, das nur sechs Jahre zuvor das gleiche Schicksal erlitten hatte wie Napier und aus den Trümmern wiederauferstanden war. Sie übernahmen die Brunnen (ein Symbol der Erneuerung), aufgehende Sonnen, Zickzackleisten, Blitze und Riffelungen, um den äußerst formalisierten, aber asymmetrischen Designs zusätzlichen Reiz zu verleihen. Was in Napier dabei herauskam, war eine Wiederaufnahme des Designs vom Anfang des 20. Jhs., das Elemente der Arts-and-Crafts-Bewegung, des kalifornischen Spanish Mission-Stils, ägyptische und Maya-Motive, stilisierte florale Muster und sogar Maori-Bildsprache miteinander verband. Der in den 1980er-Jahren gegründete **Art Deco Trust** setzt sich für den Erhalt der Gebäude ein und unterstützt Ladenbesitzer finanziell bei der Hervorhebung charakteristischer architektonischer Details in originalgetreuen Pastellfarben.

Besucher können sich einen Eindruck vom Art déco in Napier verschaffen, indem sie das halbe Dutzend Straßen im Stadtzentrum entlangspazieren, vor allem die **Emerson Street**. Besondere Erwähnung verdient hier die **ASB Bank** an der Ecke zur Hastings Street. Sie ist außen von Farnen und einer Maske, wie sie die *taiaha* (eine traditionelle Maori-Waffe) ziert, geschmückt, während das Innere in einem hübschen Maori-Balken-Design gestaltet wurde. In der Tennyson Street sollte man nach dem Gebäude des **Daily Telegraph** mit stilisierten Brunnen und dem **Municipal Theatre** Ausschau halten. Letzteres wurde Ende der 1930er-Jahre in auffallend geometrischer Form erbaut.

Marine Parade

Napiers Hauptanziehungspunkt ist die Marine Parade, ein 2 km langer Boulevard, den stattliche Norfolk-Tannen säumen und der in der Tradition britischer Seebäder steht (mit Kieselstrand und allem, was sonst noch dazugehört). Ein viel

Napier

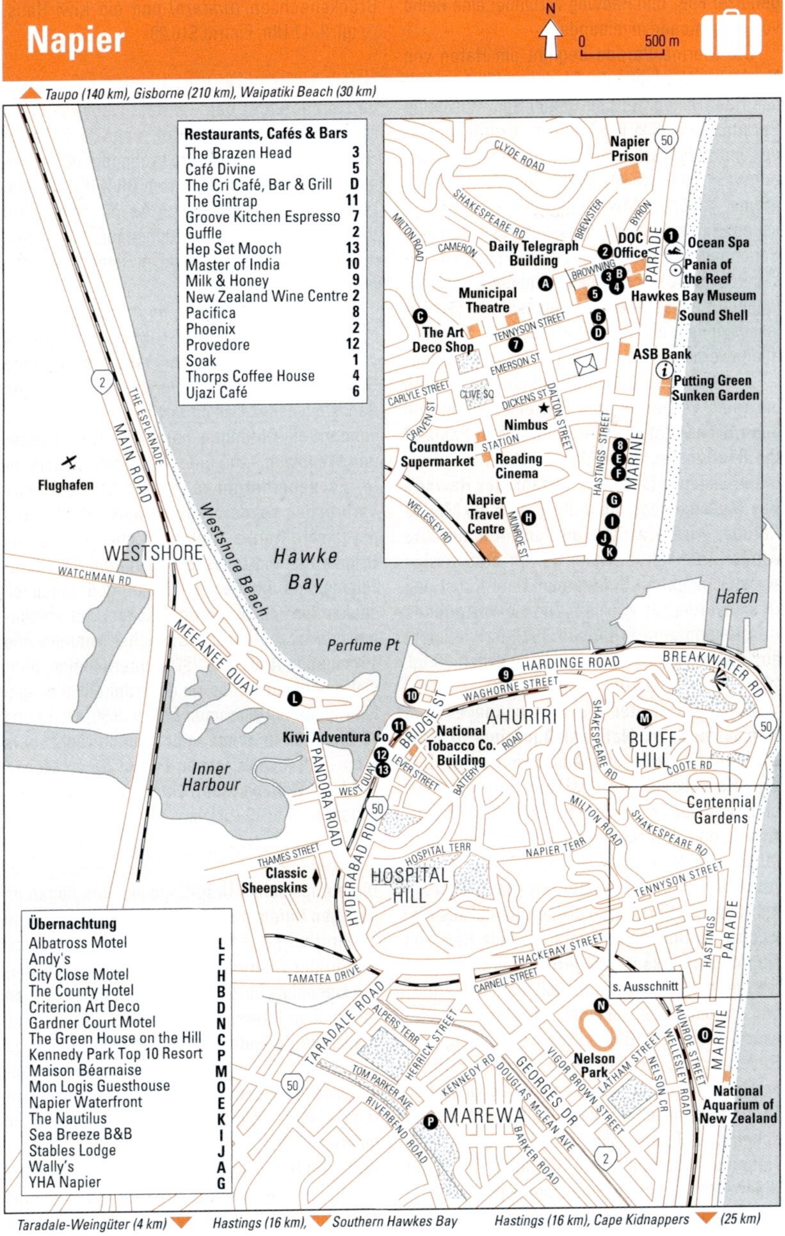

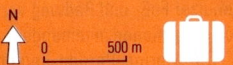

N

0   500 m

▲ Taupo (140 km), Gisborne (210 km), Waipatiki Beach (30 km)

Restaurants, Cafés & Bars

The Brazen Head	3
Café Divine	5
The Cri Café, Bar & Grill	D
The Gintrap	11
Groove Kitchen Espresso	7
Guffle	2
Hep Set Mooch	13
Master of India	10
Milk & Honey	9
New Zealand Wine Centre	2
Pacifica	8
Phoenix	2
Provedore	12
Soak	1
Thorps Coffee House	4
Ujazi Café	6

CLYDE ROAD

Napier Prison 50

SHAKESPEARE RD
BREWSTER
BYRON
MILTON ROAD
CAMERON
BROWNING
PARADE

Daily Telegraph Building
DOC Office ❶ Ocean Spa
❷ Pania of the Reef
Municipal Theatre Ⓐ ❺ ❸❹ Hawkes Bay Museum
❻ Sound Shell
Ⓒ **The Art Deco Shop** TENNYSON STREET ❼ Ⓓ
EMERSON ST ❻ ASB Bank
Ⓘ **Putting Green Sunken Garden**

CARLYLE STREET
CLIVE SQ
DICKENS ST
DALTON STREET
CRAVEN STREET
HASTINGS STREET
MARINE
Nimbus ❽ Ⓔ Ⓕ
Countdown Supermarket **Reading Cinema** Ⓖ Ⓘ
WELLESLEY RD
MUNROE ST
Napier Travel Centre Ⓗ ❿
Ⓙ Ⓚ

Flughafen ✈

THE ESPLANADE
MAIN ROAD
Westshore Road

WESTSHORE
WATCHMAN RD

Hawke Bay

Hafen

MEEANEE QUAY

Inner Harbour

Perfume Pt

HARDINGE ROAD
BREAKWATER RD
❾ WAGHORNE STREET
Ⓛ ❿
BRIDGE ST
AHURIRI
SHAKESPEARE ROAD
50
Ⓜ **BLUFF HILL**
COOTE RD
❶❶
Kiwi Adventura Co ❶❷
National Tobacco Co. Building ❶❸
PANDORA ROAD
WEST QUAY
LEVER STREET
BATTERY
MILTON ROAD
Centennial Gardens
SHAKESPEARE RD

THAMES STREET
HYDERABAD RD
50
HOSPITAL TERR
NAPIER TERR
TENNYSON STREET
Classic Sheepskins
HOSPITAL HILL
HASTINGS
PARADE

Übernachtung

Albatross Motel	L
Andy's	F
City Close Motel	H
The County Hotel	B
Criterion Art Deco	D
Gardner Court Motel	N
The Green House on the Hill	C
Kennedy Park Top 10 Resort	P
Maison Béarnaise	M
Mon Logis Guesthouse	O
Napier Waterfront	E
The Nautilus	K
Sea Breeze B&B	I
Stables Lodge	J
Wally's	A
YHA Napier	G

TAMATEA DRIVE
TARADALE ROAD
ALPERS TERR
TOM PARKER AVE
RIVERBEND ROAD
50
MAREWA
Ⓟ
HERRICK STREET
KENNEDY ROAD
DOUGLAS McLEAN AVE
GEORGE'S DR
BARKER ROAD
THACKERAY STREET
CARNELL STREET
VIGOR BROWN STREET
LATHAM STREET
NELSON CR
WELLESLEY RD
MUNROE STREET
MARINE
s. Ausschnitt
Ⓝ **Nelson Park**
Ⓞ
National Aquarium of New Zealand
2

Taradale-Weingüter (4 km) ▼   Hastings (16 km), ▼ Southern Hawkes Bay   Hastings (16 km), Cape Kidnappers ▼ (25 km)

Poverty Bay, Hawke's Bay und das Wairarapa

genutzer Fuß- und Radweg verbindet eine Reihe von Attraktionen miteinander.

Die Marine Parade beginnt am Hafen von Napier am Nordende der Stadt und führt am Fuß des Bluff Hill vorbei zum **Ocean Spa**, 42 Marine Parade, ☏ 06/835 8553, einem luxuriösen Bade- und Wellnesskomplex am Strand mit heißen Salzwasserbecken (36–38 ºC). Zum Verwöhnprogramm gehören Whirlpools, Unterwassermassagen, Hamam, Sauna, Massagen ($35/30 Min.), Schönheitsbehandlungen und ein sogenannter Lap Pool (26 ºC) für Gymnastikübungen. Dank der langen Öffnungszeiten und dem warmen Wasser lässt sich hier ein äußerst entspannter Sommerabend verbringen. ⊙ Mo–Sa 6–22, So 8–22 Uhr.

Ein Stückchen weiter südlich kommt man am reich verzierten Tom Parker Fountain und einer Bronzestatue der kurvenreichen **Pania of the Reef** vorbei, einer Meerjungfrau aus einer Maori-Legende (s. S. 441, Kasten). Das **Hawke's Bay Museum** gegenüber der Statue, 65 Marine Parade, wird erweitert und soll Anfang 2013 wieder aufmachen. Dann dürfen erstklassige Ausstellungen mit Schwerpunkt auf Kunst und Design erwartet werden. Die hervorragende Ausstellung zum Erdbeben 1931 ist vielleicht auch während der Renovierung zu sehen. ⊙ tgl. 10–18 Uhr, Eintritt $10.

Ein Stück weiter die Promenade entlang kommt man zum **National Aquarium of New Zealand**, ⌨ www.nationalaquarium.co.nz. Das Aquarium, das beste des Landes, präsentiert charakteristische Meereslandschaften Afrikas, Asiens und Australiens sowie eine recht umfangreiche Neuseeland-Abteilung. Die größte Attraktion ist das Ozeanbecken (Handfütterung um 10 und 14 Uhr), durch dessen Tunnel aus Plexiglas man Rochen und verschiedene Haie von Nahem sehen kann. Weitere Handfütterungen finden um 10 Uhr im Riffbecken statt. Außerdem gibt es Führungen, die einen Blick hinter die Kulissen erlauben („Behind the Scenes", tgl. mit Reservierung; $31,20) sowie die Möglichkeit, im Ozeanbecken mit Haien zu schwimmen (tgl. 14 Uhr: schnorcheln $50/30 Min.; mit Tauchschein $67,60, mit voller Ausrüstung $111). Im National Aquarium gibt es übrigens nicht nur Meereslebewesen zu sehen, sondern auch interessante Abteilungen zu den neuseeländischen Brückenechsen *(tuatara)* und ein Kiwi-Haus. ⊙ tgl. 9–17 Uhr, Eintritt $16,20.

Bluff Hill und Napier Prison Tour

Im Norden stößt das Zentrum Napiers an die steilen Hänge des **Bluff Hill**, eines 3 km langen Hügels, der eine begehrte Wohngegend ist. Am östlichen Ende kann man vom **Bluff Hill Domain Lookout** (⊙ tgl. 7 Uhr bis zur Abenddämmerung) den Blick bis nach Cape Kidnappers im Westen und bis zur Mahia-Halbinsel im Osten schweifen lassen.

Südlich davon steht das **Napier Prison**, 55 Coote Rd, ☏ 06/835 9933, ⌨ www.napierprison.com. Das 1862 erbaute und 1993 geschlossene Gefängnis verbirgt sich hinter einer mächtigen Sandsteinmauer. Das hier ist aber nicht Alcatraz, sondern ein Gefängnis nach Kiwi-Art – Bretter und Wellblech – mit einer bewegten Geschichte. Es beherbergte nicht nur hartgesottene Verbrecher, sondern auch Frauen, Kinder und psychisch Kranke. Mehrere Zellen wurden im Originalzustand belassen. D. h., die Wandkritzeleien sind erhalten geblieben, und angeblich spuken hier auch noch die Geister der ehemaligen Insassen herum. Besucher können eine 45-minütige Audiotour ($20) unternehmen, aber viel spannender ist es, an einer der einstündigen Führungen teilzunehmen (⊙ tgl. 9.30, 11, 13 und 15 Uhr, $20). Im Winter gibt es auch Night Tours (Juni–Okt, jeweils letzten Fr und Sa im Monat; $18 bzw. $25) mit jeder Menge gespenstischer Einlagen. ⊙ tgl. 9–16 Uhr.

Ahuriri

Die europäischen Ursprünge Napiers liegen im heutigen Hafenvorort Ahuriri, 5 km vom Zentrum entfernt an der Küste. James Cook entdeckte dort in der Ahuriri-Flussmündung einen sicheren Liegeplatz für die *Endeavour,* und um diesen natürlichen Hafen wuchs die neue Ansiedlung. Als später der Industriehafen um die Landzunge weiter nach Süden zog, fiel Ahuriri in die Bedeutungslosigkeit. Erst seit in den vergangenen Jahren die alten Wollmagazine und Lagerhäuser im inneren Hafen (genannt „Iron Pot") als Restaurants und Bars neu belebt worden sind, herrscht ab Donnerstagabend das ganze Wochenende hindurch wieder reges Treiben.

Einheimische Maori erzählen gern die Geschichte von Pania, einer wunderschönen Meerjungfrau, die jeden Abend vom Wasserreich des Tangaroa, dem Gott des Ozeans, zu einer Süßwasserquelle nahe am Fuße des Bluff Hill schwamm, um dort ihren Durst zu stillen und am nächsten Morgen wieder zu ihrem Volk zurückzukehren. Eines Abends wurde sie von einem jungen Häuptling entdeckt, der um sie warb und wollte, dass sie an Land bliebe. Sie heirateten schließlich, doch als Pania ihrer Verwandtschaft einen letzten Besuch abstattete, hielt diese sie gewaltsam in den salzigen Tiefen des Meeres zurück, und sie verwandelte sich in einen Stein, der heute als Pania Reef bekannt ist. Fischer und Taucher behaupten immer noch, sie könnten sie sehen, wie sie ihre Arme zum Ufer ausstreckt.

Am Tag lässt sich ein hübscher Spaziergang durch das Gebiet unternehmen, wirklich sehenswert ist aber nur das **National Tobacco Company Building** in der Bridge Street, Ecke Osian Street. Es ist wahrscheinlich mit Abstand das am häufigsten abgelichtete Art-déco-Motiv von Napier und weist einen dekorativen Reichtum auf, der bei Industriebauten selten ist, darunter Art-Nouveau-Motive wie Rosen und *raupo* (eine Art neuseeländische Seebinse).

Übernachtung

Abgesehen von dem üblichen Mangel an Unterkünften in den vier Wochen nach Weihnachten und während der Feste im Februar (s. S. 437), dürfte es keine Probleme geben, in Napier unterzukommen. Es gibt Dutzende **Motels**, viele davon in Westshore, einem Vorort am Strand, ein paar Kilometer vom Zentrum entfernt neben dem SH2 Richtung Norden. Die Marine Parade im Zentrum bietet sowohl preiswerte **Hostels** als auch vornehme **B&Bs**.

Hotels und Motels

Albatross Motel, 56 Meeanee Quay, Westshore, ☎ 0800/252 287, 🖳 www.albatrossmotel.co.nz. Großes, preiswertes Motel nahe dem

Westshore Beach und den Restaurants in Ahuriri, mit kleinem Pool, Spa und kostenlosem WLAN. Studios ❹, *deluxe* ❺

City Close Motel, 50 Munroe St, ☎ 06/835 3568, 🖳 www.cityclose.co.nz. Gutes, altmodisches Budgetmotel in der Nähe vom Busbahnhof und der Innenstadt. ❹

The County Hotel, 12 Browning St, ☎ 0800/843 468, 🖳 www.countyhotel.co.nz. Elegantes, hübsch eingerichtetes Business- und Touristenhotel im ehemaligen Rathaus aus der Zeit König Edwards, eines der wenigen Häuser, die das Erdbeben überstanden. Die Zimmer sind nobel, es gibt ein gutes Restaurant und eine Bar. ❽

Gardner Court Motel, 16 Nelson Crescent, ☎ 06/835 5913 und 0800/000 830, ✉ gardencourtmotel@xtra.co.nz. Ruhiges, sauberes und relativ zentrales Motel mit einem mittels Sonnenenergie beheizten Außenpool und Standardmotelzimmern zu unschlagbaren Preisen. ❸

The Nautilus, 387 Marine Parade, ☎ 0508/68 845, 🖳 www.nautilusnapier.co.nz. Modernes, gehobenes Motel, alle Zimmer mit traumhaftem Meerblick und viele mit Jacuzzi. Zur Anlage gehört ein kleines Restaurant; Zimmerservice auf Wunsch. Studios ❻, *deluxe* und Apartments ❼

B&Bs und Homestays

Maison Béarnaise, 25 France Rd, Bluff Hill, ☎ 0800/624 766, 🖳 www.maisonbearnaise.co.nz.

The Green House on the Hill, 18b Milton Oaks, Bluff Hill, ☎ 06/835 4475, 🖳 www.the-greenhouse.co.nz. Ruth scheut weder Kosten noch Mühe, damit sich die Gäste in ihrer freundlichen, vegetarischen Frühstückspension rundherum wohl fühlen. Zur Auswahl stehen eine Suite mit Bad und eine weitere mit zwei Zimmern und Bad, beide mit kostenlosem Internet. Außerdem im Übernachtungspreis enthalten sind die Abholung vom Busbahnhof oder Flughafen und ein liebevoll zubereitetes Frühstück, das bei gutem Wetter auf der Veranda mit Meerblick gereicht wird. ❺

Multikulti

Sea Breeze B&B, 281 Marine Parade, ✆ 06/835 8067, ✉ seabreeze.napier@xtra.co.nz. Viktorianische Villa am Wasser mit 3 opulent eingerichteten Gästezimmern – das im türkischen und das im indischen Stil teilen sich ein Bad, das chinesische hat ein eigenes. Allen Gästen stehen eine Küche und die Lounge mit Meerblick zur Verfügung. SB-Frühstück. ❹–❺

2 helle, freundliche DZ mit Bad in einer über 100 Jahre alten Villa mit hübschem Garten. Schmackhaftes Frühstück. ❻
Mon Logis Guesthouse, 415 Marine Parade, ✆ 06/835 2125, 💻 www.monlogis.co.nz. B&B in einem Holzhaus mit 2 Zimmern, die sich einen Balkon mit Aussicht aufs Meer teilen. Die Besitzer kommen aus Frankreich. Köstliches Frühstück im Preis inbegriffen. ❻–❼

Hostels

Andy's, 259 Marine Parade, ✆ 06/835 5575, 💻 www.andysbackpackers.co.nz. Die Zimmer in dem gemütlichen kleinen Hostel haben alle ein Waschbecken und TV. Hinter dem Haus liegt ein netter, sonniger Hof. Kostenloser Transport vor Ort. Dorms $23, Zimmer ❶, mit Meerblick ❷
Criterion Art Deco, 48 Emerson St, ✆ 06/835 2059, 💻 www.crierionartdeco.co.nz. Geräumiges, gut belüftetes und sehr zentral gelegenes 55-Betten-Hostel in einem ehemaligen Art-déco-Hotel mit großen Gemeinschaftsbereichen. Preiswerte Dorms (z. T. nach Geschlechtern getrennt) und DZ, einige davon mit Bad. Frühstück im Preis enthalten, außerdem bekommen die Gäste im darunterliegenden Cri Café (s. „Essen") Rabatt. Dorms $26, Zimmer ❷–❸
Napier Waterfront, 217 Marine Parade, ✆ 06/835 3429, 💻 www.napierbackpackers.co.nz. Von der Veranda des Hostels schaut man auf die Marine Parade. Gemütliche Dorms und Zimmer. Die gute Küchenausstattung und regelmäßige BBQs im Garten tragen viel zum relaxten Ambiente bei. Dorms $22, Zimmer ❷

Stables Lodge, 370 Hastings St, ✆ 06/835 6242, 💻 www.stableslodge.co.nz. Kleines, freundliches und gemütliches Hostel mit Zimmern rund um einen Patio, kostenlosem Internetzugang, Hängematten, Büchertausch und guter Küchenausstattung einschließlich Grill. Dorms $24–29, Zimmer ❶
Wally's, 7 Cathedral Lane, ✆ 06/833 7930, 💻 www.wallys.co.nz. Engagiert geführtes, zentrales Hostel in zwei Villen aus den 1920er-Jahren sowie einem Cottage, das als 8-Zimmer-Dorm dient. Gute Auswahl an Zimmern, riesige DVD-Sammlung und ein paar Parkplätze abseits der Straße. Dorms $23, Zimmer ❶, mit Bad ❷
YHA Napier, 277 Marine Parade, ✆ 06/835 7039, ✉ yha.napier@yha.co.nz. Gemütliches und sehr sauberes Hostel in 3 Schindelhäusern direkt am Wasser, z. T. mit Meerblick. 4-Bett-Zimmer, DZ, EZ, 2-Bett-Zimmer und ein Familienzimmer mit 5 Betten; im sonnigen Hof hinten steht ein Grill. Dorms $28, Zimmer ❷

Campingplätze

Bay View Snapper Park, 10 Gill Rd, Bay View, ✆ 0800/287 275, 💻 www.snapperpark.co.nz. Dieser Campingplatz in Strandlage, 9 km nördlich von Napier, ist das Gegenstück zum verschwenderisch ausgestatteten Kennedy Park. Ein paar der Stellplätze für Wohnmobile und jede der ausgezeichneten Units haben Meerblick. S. Karte S. 447. Camping $17, Cabins ❷, Units für Selbstversorger ❸, Motel Units ❺
Kennedy Park Top 10, Storkey St, abseits der Kennedy Rd, ✆ 0800/457 275, 💻 www.kennedypark.co.nz. Der nur 2 km von der Innenstadt entfernte Campingplatz hat jede Menge Stellplätze mit Anschlüssen, einen Pool, eine Grillstelle, einen Kinderspielplatz, zahlreiche Cabins und Units und sogar ein Restaurant. Camping $21, Cabins, z. T. mit Küche, ❸, Motel Units ❹–❺

Essen und Unterhaltung

Für Essen und Trinken ist in Napier bestens gesorgt. Im Zentrum und auf der Hafenseite von Ahuriri gibt es genügend Cafés und Restaurants. Die echten Spitzenköche allerdings bitten auf den renommierten **Weingütern** der Region zu

Tisch (s. Kasten S. 448). Der am zentralsten gelegene **Supermarkt** ist der große Countdown in der Munroe Street, ⏲ tgl. 6–24 Uhr.
Das Unterhaltungsangebot der Stadt ist nicht besonders aufregend, es sei denn, man hält sich gerade in Napier auf, wenn ein **Festival** stattfindet (s. S. 437). In einigen Bars gibt es jedoch am Wochenende und wenn Bands auf Tournee vorbeikommen manchmal **Livemusik**. Wer einfach bloß was trinken möchte, besucht eine der **Kneipen** in der Hastings Street, auf dem kurzen Abschnitt zwischen Browning und Emerson Street. Nobler geht es in den zu **Bars** umfunktionierten Lagerschuppen von Ahuriri zu.
Das **Veranstaltungsprogramm** ist in der Mo–Fr erscheinenden Zeitung *Hawke's Bay Today* nachzulesen, besonders ausführlich in der Donnerstagsausgabe.
Reading Cinema, 154 Station St, ✆ 06/831 0600, zeigt die üblichen Kassenschlager.

Zentrum

The Brazen Head, 21 Hastings St. Napiers beste Bar irischer Prägung mit gutem Kneipenessen, Sitzplätzen im Freien und lebendiger Atmosphäre am Wochenende.
The Cri Café, Bar & Grill, Market St. Bietet die für Neuseeland übliche Café-Kost zu unschlagbaren Preisen, dazu jeden Abend ein spezielles Backpacker-Menü (unter $12). In der lebendigen Bar gibt es Billardtische, TV von Großbildschirmen und gelegentlich Livemusik.
Groove Kitchen Espresso, 112 Tennyson St. Reizendes kleines Lokal mit leckerem Essen, unwiderstehlichem Kaffee und guter Musik aus der Stereoanlage oder der Musikbox in der Ecke. ⏲ tgl. Frühstück und Mittagessen, Fr und Sa auch Abendessen.

Göttlich

Café Divine, 53 Hastings St. Mit seinen gesunden, hausgemachten Filoteigtaschen und Wraps, einem himmlischen *seafood chowder* ($12,50) und anderen billigen Frühstücks- und Mittagsgerichten hält das Café wirklich, was sein Name verspricht.

Guffle, 29 Hastings St. Für den Besuch dieser winzigen Cocktail- und Weinbar sollte man sich ein klein wenig in Schale schmeißen. Hier gibt's jederzeit gute Musik, am Samstagabend auch live. ⏲ So geschl.
Pacifica, 209 Marine Parade, ✆ 06/833 6335. Anspruchsvolles, modernes Restaurant mit täglich wechselnder Speisekarte und Schwerpunkt auf Fisch- und Seafoodgerichten – besonders lecker sind die Hapuku-Filets und der Teriyaki-Knurrhahn. Hauptgerichte um $37–40. Bei gutem Wetter sitzt man sehr schön im Garten hinter dem Bambus-Sichtschutz. ⏲ Sa und So geschl.
Phoenix, 43 Hastings St. Ein echter Nachtclub mit Livebands und DJs, die u. a. Hip-Hop spielen. Bei Einheimischen und Touristen gleichermaßen beliebt. ⏲ Mi–Sa.
Soak, 42 Marine Parade. Ein gläsernes Café/Restaurant, das zum Ocean Spa-Komplex gehört und gute neuseeländische Mittags- und Abendgerichte oder auch nur eine Tasse Kaffee mit Blick auf die Becken serviert.
Thorps Coffee House, 40 Hastings St. Das herrlich altmodische Kaffeehaus hat Sandwiches mit Belag nach Wunsch zum Essen vor Ort oder zum Mitnehmen, Muffins und vorzüglichen Kaffee; das Innere weist schöne Art-déco-Elemente auf.
Ujazi Café, 28 Tennyson St. Tagescafé mit Reggae-Musik. Klasse Frühstück (auch vegetarisches) und Mittagessen: Quiches, Sandwiches und Salate, außerdem Fruchtsorbets und guter, starker Fairtrade-Kaffee.

Ahuriri

The Gintrap, 66 West Quay. Das Essen in dem kobaltblauen Wellblechverschlag ist nicht gerade Haute Cuisine. Aber die Portionen sind großzügig und der Alkohol fließt reichlich, besonders am Wochenende, wenn sich die halbe Jugend von Napier auf der Holzveranda mit Blick aufs Wasser ein Stelldichein gibt.
Master of India, 79 Ahuriri Shopping Centre, ✆ 06/834 3440. Stilvolles Curry-Restaurant mit einer großen Auswahl authentischer Speisen, darunter auch viele vegetarische. Die meisten Hauptgerichte unter $20. Jeden

Hier stimmt alles

Hep Set Mooch, 58 West Quay. Lockeres Tagescafé in einem großen umgebauten Lagerschuppen. Die gut gelaunten, freundlichen Mitarbeiter servieren alle möglichen Frühstücksgerichte (z. B. dampfenden Porridge mit Apfelkompott), leckere Muffins sowie Salate, Omelettes und Blätterteigpasteten.

Abend Dinner; BYO und Schanklizenz. Auch Take-away.

Milk & Honey, Crown Hotel, Bridge St, Ecke Hardinge Rd, ✆ 06/833 6099. Das schicke Restaurant/Bar mit poliertem Holz und Meerblick verdankt seine Beliebtheit nicht zuletzt der modernen internationalen Speisekarte (Hauptgerichte um $28). Man kann aber auch einfach auf einen Syrah oder Espresso herkommen.

Provedore, 60 West Quay, ✆ 06/834 0189. Ahuriris schickstes Restaurant bietet in intimer, aber quicklebendiger Atmosphäre ausgezeichnetes Abendessen mit Gerichten wie in Zitrone marinierter Hähnchenbrust auf Polenta ($29), gefolgt von einer Torte aus weißer Schokolade, Drambuie-Likör und Macadamianüsssen ($14). Dienstags gibt's ein 2-Gänge-Menü mit einem Glas Wein für $35. ⏰ Mo geschl.

Sonstiges

Aktivitäten

Kiwi Adventure Company, 58 West Quay, Ahuriri, ✆ 06/834 3500, 🖥 www.kiwi-adventure. co.nz, in einem ehemaligen Wollmagazin, hat eine Indoor-Kletterwand ($15 für den ganzen Tag).

Classic Sheepskins, 22 Thames St, ✆ 06/835 9662, 🖥 www.classicsheepskins.co.nz, veranstaltet einzigartige, sehr interessante, kostenlose Führungen durch eine **Schaffellgerberei**, ⏰ tgl. 11 und 14 Uhr, 20 Min. Bei der Gelegenheit kann man Produkte zum Herstellerpreis kaufen, darunter Ugg Boots (Stiefel aus Schafsleder); Teilnehmer werden sogar kostenlos in der Innenstadt abgeholt.

Autovermietungen

Auto Rental, ✆ 06/834 0045, und **Pegasus**, ✆ 06/843 7020, bieten Fahrzeuge ab $55 pro Tag.

Informationen und Internet

Die vielbeschäftigten Mitarbeiter im **i-SITE Visitor Centre**, 100 Marine Parade, ✆ 06/834 1911, 🖥 www.hawkesbaynz.com, geben Auskunft darüber, wann die Gezeiten für den Besuch der Tölpelkolonie günstig sind. Außerdem gibt's hier **Internetzugang**. ⏰ tgl. 9–17 Uhr, im Sommer oft bis 18 oder 19 Uhr.

Das nahe gelegene Büro des **DOC**, 59 Marine Parade, ✆ 06/834 3111, hat Informationen über Wanderungen in die abgeschiedenen Kaweka- und Ruahine-Berge im Westen. ⏰ Mo–Fr 9–16.15 Uhr.

Nahverkehr

Napiers zentrale Sehenswürdigkeiten lassen sich gut zu Fuß besuchen. Die lokalen **Busse** von GoBay, ✆ 06/878 9250, 🖥 www.hbrc.govt.nz (tgl. außer So) sind vor allem dann praktisch, wenn man nach Hastings, Havelock North oder zur Mission Estate Winery (der Bus hält in Spaziernähe zum Eingang) will. Um weiter hinaus zu gelangen, sollte man sich entweder einer **Tour** zu den Weingütern anschließen, ein **Auto mieten** (s. oben), ein **Fahrrad** vom i-SITE ($30/Tag) leihen oder ein **Taxi** von Napier Taxis, ✆ 06/835 7777, nehmen.

Transport

Busse

InterCity-Busse halten in der Innenstadt beim **Napier Travel Centre** in der 85 Munroe St, ✆ 06/834 2720. NakedBus hält vor dem **i-SITE Visitor Centre**, 100 Marine Parade.

Busse nach:
AUCKLAND 2x tgl., 7 1/4 Std.;
DANNEVIRKE 4x tgl., 2 Std.;
GISBORNE 1–2 tgl., 4 Std.;
HASTINGS Mo–Fr mind. stdl., Sa 5x tgl., 1 Std.;
NORSEWOOD 4x tgl., 1 1/2 Std.;
PALMERSTON NORTH 3x tgl., 3 Std.;
TAUPO 4–5x tgl., 2 Std.;
WELLINGTON 3x tgl., 5 1/4 Std.

Zum Brüten suchen Tölpel jedes Jahr Cape Kidnappers auf.

Flüge

Flüge kommen am Hawke's Bay Airport, 5 km nördlich der Stadt am SH2, an, wo Busse von **Super Shuttle**, ✆ 0800/748 885, 🖳 www.supershuttle.co.nz, bereitstehen, die für die Fahrt in die Stadt rund $15 verlangen.

Flüge nach:

AUCKLAND 7–1–10x tgl.; 1 Std.;
CHRISTCHURCH 2x tgl.; 1 1/2 Std.;
WELLINGTON 4–5x tgl.; 50 Min.

Cape Kidnappers

Als James Cook in diese Gegend kam, bemerkten Maori-Händler zwei junge tahitianische Dolmetscher an Bord der *Endeavour* und glaubten, diese würden gegen ihren Willen dort festgehalten. Daher entführten sie einen von ihnen und ruderten davon. Der Junge floh zum Schiff zurück, doch Cook kennzeichnete den Ort auf seiner Karte als Cape Kidnappers.

Weder Cook noch Joseph Banks, die beide sorgfältig über die gesehene Flora und Fauna Buch führten, erwähnten **Tölpel** auf den vielen Felsspitzen, die das Ende der Halbinsel bilden. Doch hundert Jahre später wurde von etwa 20 Paaren berichtet, und heute sind es über 8000 Paare – die weltweit größte Festlandkolonie von **Tölpeln**.

Tölpel sind große Vögel, die an ihrer goldgelb-schwarzen Kopfzeichnung zu erkennen sind. Sie kommen im Juni zum Nisten ans Cape Kidnappers. Die Eier legen sie von Anfang Juli bis Oktober; die Jungen schlüpfen etwa sechs Wochen später. Sobald sie flügge sind, ungefähr im Alter von 15 Wochen, begeben sich die jungen Tölpel auf ihren Jungfernflug, ein Marathon über 3000 km bis nach Australien. Dort leben sie für ein paar Jahre und fliegen dann nach Neuseeland zurück, wo sie den Rest ihres Lebens verbringen und jedes Jahr zum Brüten ihren Geburtsort aufsuchen.

Während der **Brutzeit** (Juli–Ende Okt) ist das Kap für die Öffentlichkeit nicht zugänglich. Zu anderen Zeiten kann man dagegen beim The Plateau, wo 1500 schnatternde Paare dicht an dicht nisten, und am Black Reef, mit 2600 Paaren die größte Kolonie, ein paar Kilometer von der Spitze der Halbinsel entfernt, bis auf einen Meter an die Vögel herankommen.

Praktische Informationen

Es gibt drei verschiedene Möglichkeiten, die Tölpel zu besuchen: Die gut ausgeschilderten

Ausgangspunkte befinden sich alle in den benachbarten Siedlungen **Clifton** und **Te Awanga**, 20 km südöstlich von Napier und beide von Visitor Centre in Napier oder Hastings mit Kiwi Shuttle, ✆ 06/844 1104, zu erreichen ($30 hin und zurück).

Die meisten Touren hängen von den Gezeiten ab, da sie unterhalb von 100 m hohen Klippen am Strand entlang führen. Am billigsten ist es, einfach die 11 km von Clifton am Strand entlang zu spazieren (Ende Okt–April; etwa 5 Std. hin und zurück). Eine Genehmigung ist nicht erforderlich, aber man muss den **Gezeitenplan** studieren und sich im DOC oder den i-SITEs in Hastings oder Napier den nützlichen *Guide to Cape Kidnappers* besorgen. Aufbruch ist in Clifton zwischen drei und vier Stunden nach der Flut. Zurück geht es auf keinen Fall später als anderthalb Stunden nach Ebbe.

Die traditionelle und beste Tölpel-Tour ist eine Fahrt in einem von einem Traktor gezogenen Anhänger über den Strand mit **Gannet Beach Adventures**, ✆ 0800/426 638, 🖥 www.gannets. com (tgl. Mitte Okt bis Anfang Mai; 4 Std.; $38), die reichlich Gelegenheit bietet, unterwegs die Landschaft zu studieren und die Vögel aus nächster Nähe zu beobachten. Diese Touren enden an einem DOC-Unterstand, von wo man sich 20 Min. zum Plateau hinaufschleppen muss. Dort hat man eine halbe Stunde Zeit, die Vögel zu bewundern.

Eine lohnende Alternative, die direkt zu den Tölpeln führt und fast keinen Fußmarsch erfordert, bietet **Gannet Safaris**, ✆ 0800/427 232, 🖥 www.gannetsafaris.com (3 Std., $60, plus $30 für Abholung in Napier), die auf dem Landweg über die Summerlee Station direkt zur Tölpelkolonie fahren.

Das Weinanbaugebiet der Hawke's Bay

Napier und Hastings werden fast gänzlich vom Wine Country der Hawke's Bay umschlossen, einem der größten und meistgelobten Weinbaugebiete Neuseelands. Durch die Region mit vorwiegend hochkarätigen Boutique-Winzereien schlängelt sich der **Hawke's Bay Wine Trail**.

Diese Weinstraße führt an gut 35 Weingütern vorbei, von denen die meisten kostenlose Weinproben bieten. Viele haben ein Restaurant oder zumindest einen Picknickplatz.

Hawke's Bay ist Neuseelands älteste Weinanbauregion: Die ersten Weinstöcke wurden hier 1851 von französischen Missionaren angepflanzt, aber erst 50 Jahre später gesellten sich andere Weingüter hinzu. Sie bevorzugten die Kiesböden der Flussterrassen des Tutaekuri, Ngaruroro und Tukituki, die die Hitze des Tages speichern und wo die feuchte Meeresbrise nicht hingelangt. In diesem Gebiet – den sogenannten **Gimblett Gravels** – produzieren die Weingärten der **Gimblett Road** zunehmend Spitzenweine.

Das Klima der Hawke's Bay ist ganz ähnlich wie das der französischen Bordeaux-Region, deshalb wird hier ausgezeichneter Chardonnay und viel Merlot gekeltert. Außerdem Cabernet Sauvignon, aber wenn der Sommer etwas kühler ausfällt, werden die Cabernet-Trauben nicht richtig süß. Inzwischen arbeiten viele Winzer daran, Hawke's Bay zum neuseeländischen Avantgardehersteller von Syrah zu machen, einer edleren Version des australischen Shiraz (obwohl er aus der gleichen Rebsorte hergestellt wird).

Die beste Übersicht über das Weinangebot vermittelt das **New Zealand Wine Centre** in Napier, 1 Shakespeare Rd, ✆ 06/835 5326, 🖥 www. nzwinecentre.co.nz. Hier lernt man erst mal in der Theorie, wie sich die verschiedenen Weine geschmacklich unterscheiden. Anschließend geht's zur Verkostung von sechs Weinen in ein kleines Kino, wo auf dem Bildschirm Winzer ihre Produkte anpreisen. ⏰ tgl. Dez–Feb 8.30–22, März–Nov 11–18 Uhr, Eintritt $29.

Praktische Informationen

Wer über ein eigenes Transportmittel verfügt, kann sich mit der Broschüre *A Winery Guide* (kostenlos in Visitor Centres erhältlich) auf den Weg machen. Sie enthält eine Liste der Besuchern zugänglichen Weingüter (s. S. 448, Kasten).

Durch ungefähr dasselbe Gebiet verlaufen auch die **Kunststraße** *(art trail)* und die **Gourmetroute** *(food trail)*. Im kostenlosen Heft *Hawke's Bay Art Guide* sind die Adressen und Wegbeschreibungen zu den Werkstätten und Galerien einiger der talentiertesten Maler, Bildhauer,

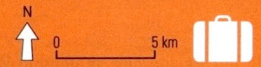
Taupo (130 km) ▲   Wairoa ▲ (105 km), Lake Waikaremoana (170 km), Gisborne (200 km)

Eskdale

Übernachtung
Bay View Snapper Park   A
Havelock House   C
Hawthorne Country House   B

Bay View

Rissington

Hawke Bay

Hawke's Bay
Airport

Restaurants & Cafés
Bay Espresso   2
Pipi   3
Roosters Brewhouse   1
Rose & Shamrock   3

Dartmoor   Westshore

Tutaekuri River   Puketapu

Mission
Estate

Church Road

NAPIER

TARADALE

Awatoto

Omahu   *Ngaruoro River*

Fernhill   Pakowhai   Clive

Trinity Hill

Te Awa   ❶ Flaxmere   Haumoana

Salvare

Ngatarawa   Te Awanga

Elephant   Clifton
Hill

Tölpel-
kolonie

❶❷

*Cape
Kidnappers*

HASTINGS   Te Mata

❸   Black Barn

Pakipaki   ❸

Havelock
North

*Te Mata Peak
(399 m)*

WAIMARAMA
RD

*Mt Erin
(490 m)*

OCEAN BEACH RD

Ocean
Beach

Tukituki River

Waimarama

Poverty Bay, Hawke's Bay und das Wairarapa

Norsewood, Dannevirke, Wellington

Norsewood ▲ (70 km), Dannevirke (90 km), Wellington (300 km)

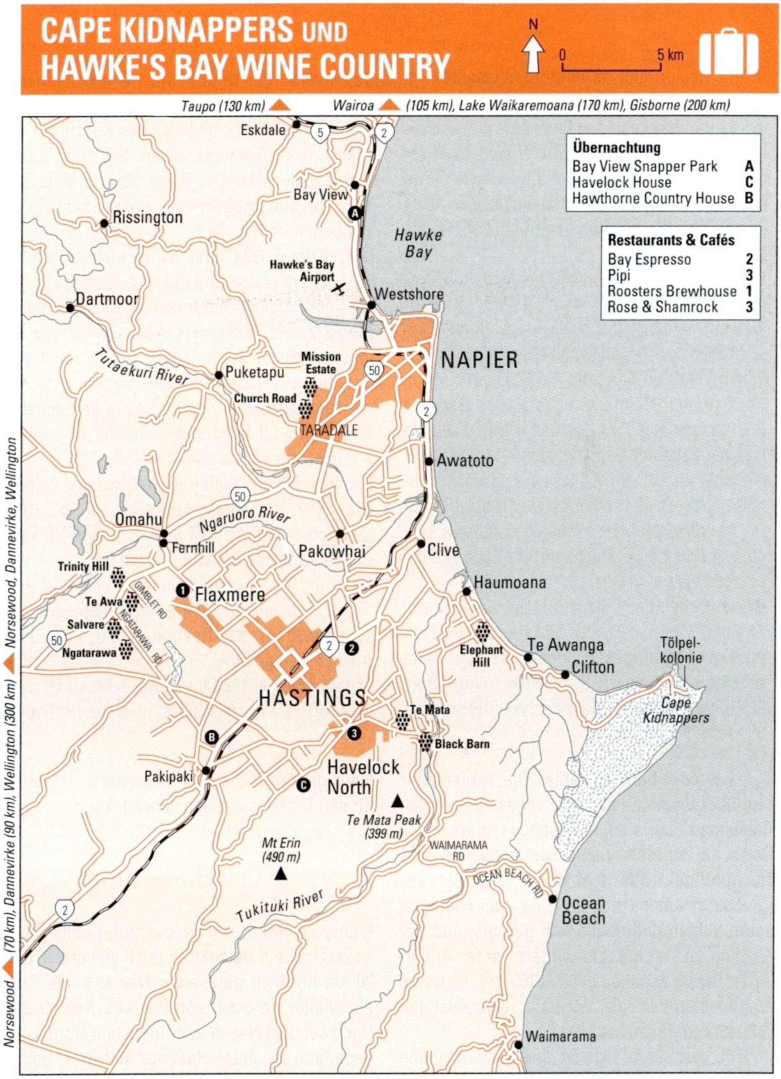

Töpfer und Kunsthandwerker der Gegend aufgeführt. Im Blättchen *Hawke's Bay Food Trail* (ebenfalls gratis) gibt es eine Landkarte, auf der neben Gourmetcafés und -Restaurants alle möglichen Stellen eingezeichnet sind, wo Qualitätsprodukte hergestellt und verkauft werden –

von Chocolatiers über Olivenölhersteller bis zu Käsereien.

Wer keinen enthaltsamen Fahrer findet, kann sich einer von mindestens einem halben Dutzend angebotenen **Weintouren** anschließen. Die meisten besuchen im Laufe eines Vor- oder Nachmit-

In der Region gibt es über 70 Weingüter. Im Folgenden nur eine Auswahl der beliebtesten, mit dem Schwerpunkt auf solchen, die sich für ein Mittagessen empfehlen oder die neben der obligatorischen Weinprobe noch andere Reize bieten. Es ist allerdings durchaus möglich, dass der gleiche Wein im Supermarkt billiger ist als beim Hersteller selbst.

Die am nächsten bei Napier gelegenen Winzereien befinden sich 8 km südwestlich im Vorort **Taradale**. Außerhalb von **Havelock North**, 5 km südöstlich von Hastings, und 10 km nordwestlich in der Nähe von **Fernhill** – dem am schnellsten wachsenden Weinanbaugebiet der Hawke's Bay – liegen ebenfalls eine Reihe Weingüter. Die meisten haben im Sommer tgl. 10–17 Uhr geöffnet, aber wenn nicht viel los ist, sind sie manchmal am Mo, Di und sogar Mi geschlossen.

Die hervorragendsten **Weingutrestaurants** sind die von Black Barn, Elephant Hill, Mission Estate und Te Awa.

Black Barn, Black Barn Rd, Havelock North, ✆ 06/877 7985, 🖳 www.blackbarn.com. Fantasievoll gestaltetes Weingut, das aber nicht protzig rüberkommt, trotz aller zusätzlichen Einrichtungen wie ein paar wunderschöner

Selbstversorger-Unterkünfte ❽ – ❾, einem Mittagsbistro und Café (Hauptgerichte um $30, Mo und Di geschl.), einer kleinen Kunstgalerie, kostenloser Weinprobe, einem Markt mit Bauernhoferzeugnissen (🕐 Mitte Nov bis März Sa 9–12 Uhr) und eigenem Amphitheater mit Veranstaltungen im Sommer.

Church Road, 150 Church Rd, Taradale, ✆ 06/844 2053, 🖳 www.churchroad.co.nz. Renommiertes Weingut mit einem interessanten Museum (Führung $12) und kostenloser Weinprobe, darunter oft ein Gläschen des renommierten Church Road Chardonnay (Probe von lange gelagerten, hochwertigen *reserve wines* wird extra berechnet). Eine Platte mit Appetithäppchen für eine oder zwei Personen kostet $40.

Elephant Hill, 86 Clifton Rd, Te Awanga, ✆ 06/872 6060, 🖳 www.elephanthill.co.nz. Der Newcomer hat sich mit seinem ausgefallenen Gebäude, seinen Boutiqueweinen und dem erstklassigen Restaurant/Bar neben einem Pool auf Anhieb Hochachtung verschafft. Hauptgerichte kosten $30–35; das Restaurant hat auch zum Abendessen geöffnet.

Mission Estate, 198 Church Rd, Taradale, ✆ 06/845 9350, 🖳 www.missionestate.co.nz. Die ältes-

tags vier oder fünf Weingüter. Die Veranstalter sind überwiegend in Napier angesiedelt, holen Teilnehmer aber auch in Hastings und Havelock North ab, normalerweise kostenlos. Toll sind die von **Vince's World of Wine**, ✆ 06/836 6705, 🖳 www.vincestours.co.nz, ($55) – der Führer ist unterhaltsam und kennt sich gut aus, und der Zeitplan ist flexibel. Ein weiterer guter Anbieter ist **Grape Escape**, ✆ 0800/100 489, 🖳 www.grapeescapenz.co.nz, der halbtägige Ausflüge ($65) im Programm hat.

Eine gute Alternative ist eine Radtour zu den Weingütern. **On Yer Bike**, 129 Rosser Rd, Hastings, ✆ 076/879 8735, 🖳 www.onyerbikehb.co.nz, hat hierfür eine Reihe leichter Routen zusammengestellt – von einer 14 km langen mit Besuch von zwei Weingütern bis zu einer 23 km langen Strecke, an der sechs Weingärten liegen. Für $50 gibt's die Fahrräder (Tandems verfügbar) für

einen ganzen Tag, eine Streckenkarte, ein Handy für den Notfall sowie ein Lunchpaket.

Hastings und Umgebung

Früher machte Hastings, durch das umliegende Ackerland und Obstgärten reich geworden, dem 20 km nördlich gelegenen Napier seine Rolle als wichtigste Stadt von Hawke's Bay streitig. Doch seitdem Napier zum Touristenzentrum aufgestiegen ist, muss Hastings sich trotz seines hübschen Stadtkerns mit dem zweiten Platz begnügen. Die sehenswerten Gebäude der Innenstadt wurden nach dem Erdbeben 1931 erbaut, das Napier erschütterte. Im Unterschied zu Napier blieb Hastings aber von den schlimmsten Auswirkungen durch nachfolgende Brände verschont. Der **Art déco** ist vorherrschend, und obte Winzerei Neuseelands lohnt nicht nur wegen ihrer Schlüsselposition in der Entwicklung der Weinindustrie von Hawke's Bay einen Besuch. Sie bietet gut organisierte, kostenlose Führungen (tgl. 10.30 und 14 Uhr) und hat ein ausgezeichnetes Restaurant. Das Mittag- und Abendessen (Hauptgerichte $24–32) wird auf der Terrasse oder im alten Klostergebäude eingenommen.

Ngatarawa, 305 Ngatarawa Rd, Bridge Pa, ✆ 06/879 7603, 🖳 www.ngatarawa.co.nz. Gute erste Anlaufstelle, kleines Weingut mit kostenloser Probe von Qualitätsweinen in 100 Jahre alten Stallungen mit schönen Picknickstellen und einem Bouleplatz.

Salvare, 403 Ngatarawa Rd, Bridge Pa, ✆ 06/874 9409, 🖳 www.salvare.co.nz. Es handelt sich praktisch um einen Ein-Mann-Betrieb, wo Besucher sehr individuell beraten werden. Hier kann man köstliche Weine und zwei verschiedene Olivenöle probieren.

Te Awa, 2375 SH50, Fernhill, ✆ 06/879 7602, 🖳 www.teawa.com. Nahe der berühmten Gimblett Road; produziert hervorragende Rotweine (Merlot, Cabernet Merlot und Pinotage), die aromatischer und lebendiger als viele ihrer Hawke's-Bay-Konkurrenten sind. Ein Mittages-

sen in diesem Winzereirestaurant, einem der vorzüglichsten Neuseelands, ist ein denkwürdiges Erlebnis. An Tischen drinnen oder draußen werden raffinierte Speisen wie Rinderfilet mit Kürbispüree ($34) aufgetragen. Und natürlich gibt es zu jedem Gericht den passenden Wein.

Te Mata, 349 Te Mata Rd, Havelock North, ✆ 06/877 4399, 🖳 www.temata.co.nz. Neuseelands ältestes Weingut produziert heute von Hand Spitzenweine in relativ kleinen Mengen. An erster Stelle rangiert die Bordeaux-ähnliche Coleraine, einer der absoluten Top-Rotweine Neuseelands. Kostenlose Weinprobe, Führungen (tgl. Weihnachten–Anfang Feb) und als zusätzliches Highlight das wegen seiner Architektur umstrittene Gebäude nach Entwürfen von Ian Athfield.

Trinity Hill, 2396 SH50, Fernhill, ✆ 06/879 7778, 🖳 www.trinityhill.com. Modernes Weingut im Gebiet der Gimblett Road, das ausgezeichnete Rotweine und Chardonnay produziert. Die Winzerei ist landesweit führend im Experimentieren mit Rebsorten wie Montepulciano, Tempranillo und Arneis und keltert sogar einen Portwein aus der Touriga Nacional (einer roten Rebsorte aus Portugal).

wohl Hastings die Pracht von Napier vermissen lässt, gibt es einige ungewöhnlich harmonische Straßenansichten in der Russell, Eastbourne und Heretaunga Street. Hastings nahm auch begeistert den **Spanish Mission-Stil** auf – zwei der in diesem Stil erbauten Gebäude lohnen eine nähere Betrachtung (s. S. 450).

Hastings liegt im Zentrum des wunderschönen Weinanbaugebiets von Hawke's Bay, und die meisten Weingärten sind von hier aus einfach zu erreichen. Lange bevor hier das große Geschäft mit den Trauben gemacht wurde, stützte sich Hastings auf den Anbau von Äpfeln, Birnen und Pfirsichen, die alle noch in großen Mengen kultiviert werden. Die Ernte, die im Februar beginnt und drei oder vier Monate dauert, bietet Gelegenheit, sich als **Saisonarbeiter** zu verdingen – sofern man Lust hat, in mühsamer Plackerei und für wenig Geld Obst zu pflücken, nachzulesen

oder abzupacken. Der Job kann leicht vor Ort organisiert werden; die Hostels sind diesbezüglich die beste Informationsquelle und bringen Interessierte schnell als Pflücker unter. Näheres zur Saisonarbeit s. S. 61, Traveltipps von A bis Z.

Hastings' Nachbar ist das schicke **Havelock North**, 3 km südöstlich am Fuß des **Te Mata Peak**. Der Ort ist nichts Besonderes, und die einzige Zerstreuung verspricht eine Fahrt zum Gipfel hinauf; die kopfsteingepflasterten, von Cafés gesäumten Straßen verleihen dem Ort jedoch eine nette dörfliche Atmosphäre.

Die Stadt

Nach dem Erdbeben von 1931 orientierte Hastings sich am kalifornischen Spanish-Mission-Baustil. Ein paar Schlüsselgebäude mit roh verputzten Außenwänden, Bogenfenstern, kleinen Balkonen, Säulen und mit Terrakotta-Ziegeln ge-

N

0   500 m

Napier (18 km)

Fernhill (6 km)

Napier (20 km)

TRIMLEY RD
IKANUI RD
OMAHU ROAD
PAKOWHAI ROAD
MARAEKAKAHO RD
DAVIS ST
LANE ST
DUKE STREET
FREDERICK STREET
WILLIAM ST

1
Ⓐ

Hawke's Bay
Showgrounds

Farmers'
Market

ST AUBYN STREET WEST
GRAY'S ROAD
FITZROY AVE
WHITEHEAD
YORK ST
TOMOANA ROAD
NELSON STREET NORTH
CAROLINE ROAD
WARWICK RD
MAYFAIR
COLLINGE ROAD
FENWICK ST

HERETAUNGA STREET WEST
AVENUE ROAD WEST
QUEEN ST WEST
KING STREET NORTH
RUSSELL ST NORTH
KARAMU ROAD NORTH

2

SOUTHAMPTON STREET WEST
TOWNSEND RD
FRANCIS HICKS AVE
PEPPER ST
HENRY ST
LASCELLES ST WEST
ST CHARLES ST WEST
ST CHARLES ST
NELSON STREET SOUTH
EASTBOURNE ST W
LYDON HOWE
MARKET ST
WARREN ST NORTH
HASTINGS ST NORTH
MILLER STREET
JERVOIS ST

Südliche Hawke's Bay, Wellington (315 km)

GORDON RD
SOUTHLAND ROAD
KNIGHT RD
KING STREET SOUTH
RAILWAY ROAD
PROSPECT RD

Busbahnhof
6ⓐ
Kino
ⓘ
Go Bay ★

Hawke's Bay
Racing Centre

Hastings City
Art Gallery
3 Hawke's
Bay Opera
House

AVENUE RD EAST
WARREN ST
ST AUBYN ST EAST
PRINCESS RD
QUEEN ST EAST
WILLOWPARK ROAD NORTH
ALBERT RD NORTH
RIVERSLEA RD
SYLVAN RD
GROVE ROAD
JELLICOE ST

Weingut
4

Windsor Park

GASCOIGNE ST
KARAMU ROAD SOUTH
HASTINGS ST SOUTH
MASSEY RD
LYDON RD
NELSON ST SOUTH
HERETAUNGA STREET EAST
BOLINE ST
WILLOWPARK ROAD SOUTH
QUEEN ST EAST
PARK RD NORTH
TERRACE ROAD
HOWARD STREET
WINDSOR AVE
D
ADA STREET
LOUIE STREET

2

Südliche Hawke's Bay, Wellington (315 km)

Havelock North (2 km)

Übernachtung	
A1 Backpackers	**A**
Hastings Top 10 Holiday Park	**D**
The Rotten Apple	**C**
Travellers Lodge	**B**

Restaurants, Cafés & Bars	
Corn Exchange	**1**
Opera Kitchen	**3**
Rush Munro's	**2**
Vidal Estate	**4**

Poverty Bay, Hawke's Bay und das Wairarapa

deckten Dächern gaben den Ton an. Die schönsten Beispiele sind auf einem einstündigen Rundgang auf eigene Faust zu besichtigen, indem man die Broschüre *Spanish Mission Hastings* (kostenlos im i-SITE erhältlich) zu Hilfe nimmt. Bei Zeitmangel kann man sich auf die Heretaunga Street East beschränken.

Im **Westerman's Building** mit seinen einmaligen Bronzearbeiten und prächtigen Bleiverglasungen ist die Touristeninformation untergebracht. Das **Hawke's Bay Opera House**, an der Ecke zur Hastings Street, wurde 15 Jahre vor dem Erdbeben erbaut, erhielt aber nach einem Umbau die schönste Fassade der Region im Spanish-Mission-Stil. Das i-SITE veranstaltet hin und wieder 90-minütige Spanish-Mission-Führungen, ⏰ Nov–März Sa 11 Uhr, $10.

Te Mata Peak

Auf dem Weg von Hastings nach Havelock North rückt die Kette von Kalksteinfelsen ins Blickfeld, die den 399 m hohen Te Mata Peak bilden. Die Te Mata Peak Road windet sich den Hügel hinauf zu einem wunderschönen Aussichtspunkt, der sich vor allem zum Sonnenuntergang lohnt. Der Blick reicht über die fruchtbaren Ebenen, nach

Norden über die Hawke's Bay und Cape Kidnappers und nach Osten zum wellenumtosten Ocean Beach und Waimarama, den Hauptstränden von Hastings und Havelock North. Airplay Paragliding, ℡ 06/845 1977, 🖳 www.airplay.co.nz, bietet **Tandem-Gleitschirmflüge** vom Gipfel (15 Min., $140). Wer möchte, kann auch eine Stunde ($250) oder noch länger querfeldein schweben.

Übernachtung

Die Unterkunftslage in Hastings hängt stark von der Erntezeit ab: Von Mitte Feb bis Mai hat man kaum eine Chance, in einer der billigeren Unterkünfte für Selbstversorger und Langzeitgäste ein Bett zu finden, es sei denn, man hat schon Monate vorher gebucht. Wer motorisiert ist, kann aber gut ins benachbarte Napier ausweichen. Anspruchsvollere Quartiere gibt es in Havelock North, wo B&Bs und schicke Häuser für Selbstversorger das Gros stellen.
A1 Backpackers, 122 Stortford St, ℡ 06/873 4285, ✉ a1backpackers@xtra.co.nz. Im Unterschied zu anderen Hostels in Hastings fühlt sich das ruhig gelegene A1 in einer gepflegten Villa nicht wie ein reines Erntehelfercamp an. Der hilfsbereite Eigentümer ist ein begeisterter Wanderer. Bei 2 Übernachtungen kostenloser Pick-up-Service. Dorms $23, Zimmer ❶
Hastings Top 10 Holiday Park, 610 Windsor Ave, ℡ 0508/427 846, 🖳 www.hastingstop10.co.nz. Reizvoller Campingplatz am Rande von Windsor Park, mit Zeltplätzen, einer Reihe moderner Units und guten Einrichtungen, zur Obstpflücksaison wird es hier allerdings sehr voll. Camping $17, Cabins ❷, Selbstversorger-Units ❹, Motelzimmer ❺
Havelock House, 77 Endsleigh Rd, 3 km südwestlich von Havelock North, ℡ 06/877 5439, 🖳 www.havelockhouse.co.nz. S. Karte S. 447. Das geräumige Haus in ruhiger Waldlage hat 3 große Gästezimmer, alle mit großen Betten und hochwertiger Ausstattung, 2 mit bequemen Badewannen. Gästen stehen eine großzügige Lounge (mit Billardtisch), ein Tennisplatz und ein Pool zur Verfügung. Außerdem gibt es noch ein Häuschen mit Terrasse und Grillplatz. Zimmer ❻, Suite ❽, Haus ❽
Hawthorne Country House, 1420 SH2, 6 km südwestlich von Hastings, ℡ 06/878 0035, 🖳 www.hawthorne.co.nz. S. Karte S. 447. Schönes, sehr einladendes B&B in einer prachtvollen Villa aus der Zeit König Edwards, umgeben von Krocketflächen und Ackerland. 5 Zimmer mit Bad, stilvoll eingerichtet, köstliches Frühstück. ❽
The Rotten Apple, 114 Heretaunga St East, ℡ 06/878 4363, 🖳 www.rottenapple.co.nz. Super zentral gelegenes Hostel mit quirliger Atmosphäre, jeder Menge Unterstützung für Saisonarbeiter und niedrigen Wochenmieten. Dorms $22, Zimmer ❷
Travellers Lodge, 606 St Aubyn St West, ℡ 06/878 7108, 🖳 www.tlodge.co.nz. Hostel in zwei Vororthäusern, mit Sauna, Fahrradverleih, WLAN und Parkgelegenheit in einer Seitenstraße. Unterschiedliche Zimmer, alle mit bequemen Betten, aber von Nov bis Mai oft ausgebucht. Dorms $21, Zimmer ❷

Essen und Unterhaltung

Für einen Ort seiner Größe hat Hastings relativ wenige gute Lokale. Aber im nahe gelegenen Havelock North machen ständig neue Restaurants auf, und außerdem kann man auch auf den **Weingütern** ringsum gut essen (s. Kasten S. 448). An einem schönen Sonntagmorgen sollte man das Frühstück ausfallen lassen und gleich nach dem Aufstehen zum **Hawke's Bay Farmers' Market** auf den Hawke's Bay Showgrounds in der Kenilworth Road gehen. Dort bieten rund

Gesund und lecker

Bay Espresso, 141 Karamu Rd, 3 km nördlich von Hastings. S. Karte S. 447. Besonders am Wochenende ist das rustikale Tagescafé mit vielen Sitzgelegenheiten im Garten ein begehrtes Ausflugsziel. Hier gibt's vorzüglichen Kaffee, leichte und gesunde *lunch specials* für rund $15 und ökologisch angebaute, ungemischte Kaffeebohnen aus der eigenen Rösterei ($8/200g).

Poverty Bay, Hawke's Bay und das Wairarapa

50 Stände (im Winter in der Halle) frische Produkte der Region, Kaffee und Backwaren. ① So 8.30–12.30 Uhr.

Corn Exchange, 118 Maraekakaho Rd. Schickes, aber schlichtes Restaurant und Bar in einer schönen ehemaligen Getreidehandlung aus den 1930er-Jahren, am Westrand der Stadt, serviert einfache Mittagsgerichte und Abendessen zu moderaten Preisen.

Opera Kitchen, 312 Eastbourne St East. In dem klassischen Café mit Alkoholausschank werden Erzeugnisse der Region zu einfachen, aber köstlichen Gerichten verarbeitet. Hat immer tagsüber geöffnet und – wenn im Opernhaus nebenan eine Vorstellung stattfindet – auch zum Abendessen vor der Aufführung.

Roosters Brewhouse, 1470 Omahu Rd, 7 km westlich vom Zentrum von Hastings, s. Karte S. 447. Einladende Mikrobrauerei, bietet natürlich gebrautes Bier, das man am besten in ihrem netten Café oder draußen an Gartentischen probiert, während man sich einfache, herzhafte Speisen zu vernünftigen Preisen schmecken lässt. Außerdem kostenlose Proben ihres englischen Ales, ihrer Lager- und dunklen Biere. ① So geschl.

Rose & Shamrock, 15 Napier Rd, Havelock North, s. Karte S. 447. Einigermaßen gelungene Nachahmung eines englischen/irischen Pubs mit 24 irischen, englischen und

Pipi, 16 Joll Rd, Havelock North, s. Karte S. 447. Das pinkfarbene, lässige und sehr populäre Café plus Pizzeria ist echt cool. Nichts passt hier zusammen, und trotzdem ist das Gesamtbild stimmig. Die Gäste holen ihre Getränke selber aus dem Kühlschrank und geben beim Bezahlen an, was sie getrunken haben. Auch das Essen ist klasse, z. B. Fishcakes mit Püree aus weißen Bohnen ($19) oder ausgezeichnete traditionelle Pizza (ab $16). Dazu gibt's eine gigantische Auswahl an neuseeländischen Weinen. ① nur abends, Di geschl.

Vidal Estate, 913 Aubyn St East; ✆ 06/872 7440. In diesem renommierten, einem Weingut angeschlossenen und ein klein wenig förmlichen Restaurant kommen vorwiegend Gerichte aus Bioprodukten der Region auf den Tisch. Zum Dinner gibt es möglicherweise in Zitronensaft und Gewürzsumach mariniertes Hühnchen ($32) und zum Nachtisch Bakewell Tart (Obsttörtchen; $15). Im gemütlichen Bar-Bereich werden Tapas serviert. Am Wochenende geht nichts ohne Reservierung.

neuseeländischen Bieren vom Fass, preiswertem einfachem Essen und gelegentlich irischer Folk-Livemusik.

Rush Munro's, 704 Heretaunga St West. Die kleine Eisdiele mit Tischen im Garten ist seit vielen Jahren ein Renner. Nostalgische Gefühle weckt die Eiswaffel mit Feijoa.

Informationen

Das **i-SITE Visitor Centre**, 100 Heretaunga St East, ✆ 06/873 5526, 🖳 www.hastings.co.nz, verkauft auch Busfahrkarten. ① Mo–Fr 8.30–17, Sa und So 9–16 Uhr.

Internet

Hectic Netway, 102 Heretaunga St East, gegenüber vom i-SITE.

Busse

Fernbusse halten an der Russell Street North, ein paar Schritte vom i-SITE Visitor Centre. Das städtische Busunternehmen **GoBay**, ✆ 06/878 9250, unterhält Busse nach Napier und Havelock North (Mo–Fr, Sa eingeschränkter Betrieb) von der Eastbourne St East, Ecke Russell Street.

Busse nach:
AUCKLAND 2x tgl., 7 1/2 Std.;
DANNEVIRKE 4x tgl., 1 1/2 Std.;
GISBORNE 1–2x tgl., 5 Std.;

NAPIER Mo–Fr mind. stdl., Sa 5x tgl., 1 Std.;
NORSEWOOD 3x tgl., 1 1/4 Std.;
TAUPO 4–5x tgl., 2 1/2 Std.;
WELLINGTON 3x tgl., 4 3/4 Std.

Flüge
Von Napier/Hastings nach:
AUCKLAND 7–10x tgl.; 1 Std.;
CHRISTCHURCH 2x tgl.; 1 1/2 Std.;
WELLINGTON 4–5x tgl.; 50 Min.

Die südliche Hawke's Bay

Südlich von Hastings verläuft die Hauptstraße (SH2) durch die endlosen Schafweiden der südlichen Hawke's Bay, einer für Touristen wenig spannenden Gegend. Kleine Bauerndörfer zeugen von den Pionieren, überwiegend Dänen und Norweger, die diese Ecke Neuseelands urbar machten. Während der Landkriege in den 1860er-Jahren füllten sie die Lücke, die durch das Ausbleiben britischer Einwanderer entstanden war.

Wer es nicht besonders eilig hat, kann ein paar kurze Stopps in „skandinavischen" Siedlungen einlegen, z. B. im Dorf **Norsewood** auf einem Hügel. Es besteht eigentlich nur aus der stillen Coronation Street, die von der nach norwegischem Vorbild erbauten Kirche am Café Norsewood vorbei zu einem gläsernen Bootshaus führt. Dort steht das Fischerboot *Bindalsfaering,* ein Geschenk der norwegischen Regierung anlässlich Norsewoods Hundertjahrfeier 1972.

Rund 20 km südlich von Norsewood feiert das Bauernstädtchen **Dannevirke** sein dänisches Erbe mit einer modernen Windmühle auf dem Copenhagen Square an der Hauptstraße, und lächelnde Sperrholz-Wikinger am Straßenrand begrüßen und verabschieden die Reisenden. Für eine Verschnaufpause eignet sich das Black Stump Café in der 21 High Street.

Südlich von Dannevirke sind es auf dem SH2 noch 25 km bis **Woodville**, wo der SH3 nach Westen abzweigt. Er führt durch die Manawatu Gorge nach Palmerston North. Der SH2 dagegen verläuft nach Süden ins Wairarapa.

Das Wairarapa

Der größte Teil der Region Wairarapa ist urtypisches neuseeländisches Schafzuchtgebiet: mit weißen Tupfern durchsetzte grüne Hügel bis zum Horizont. In den letzten Jahren profitiert die südliche Hälfte dieser Region jedoch zunehmend von Tagesausflüglern und Wochenendtouristen, die angelockt von den Boutiquehotels und guten Restaurants in Martinborough und Greytown einen Kurztrip über die Hügel von Wellington hierher unternehmen.

In den 1840er-Jahren wurde auf dem fruchtbaren Schwemmland in der Nähe des heutigen Martinborough die erste Schaffarm Neuseelands errichtet. Damit war auch ein erster Schritt für die Erschließung des Landes durch die progressive **Small Farms Association** (SFA) getan. Diese Organisation hatte Joseph Masters, ein Böttcher aus Derbyshire, ins Leben gerufen, um landlosen Siedlern die Gelegenheit zu verschaffen, Kleinbauern zu werden. Unterstützt wurde er von dem liberalen Gouverneur George Grey, auf dessen Vorschlag hin die SFA den Maori 1853 Land für die Gründung von zwei Ortschaften abkaufte: Masterton und Greytown.

Anfangs blühte **Greytown**, doch die Streckenführung der Bahn begünstigte **Masterton**,

Lange Namen und berühmte Flöten

Besucher mit Sinn für Skurriles nehmen vielleicht von Hastings den Umweg über den SH52. Diese 120 km lange, asphaltierte Straße führt 50 km südlich von Hastings zum uninteressanten Waipukurau, beschreibt dann einen Bogen nach Osten, um bei Dannevirke wieder auf die Hauptstraße zu stoßen. Fast 50 km südlich von Waipukurau befindet sich ein Hügel. Und diesen Hügel kennzeichnet ein Schild mit der Aufschrift: *Taumatawhakatangihangakoauauotamateaturipukakapikimaungahoronukupokaiwhenuakitanatahu.* Es handelt sich – welche Überraschung! – um einen der längsten Ortsnamen der Welt. Übersetzt bedeutet er ungefähr „der Hügel, wo Tamatea, Umsegler des Landes, für seine Liebste Flöte spielte".

das bald zum wirtschaftlichen Zentrum wurde und heute in erster Linie für seinen jährlichen Golden Shears-Schafscherwettbewerb berühmt ist. Nördlich von Masterton bietet das **Pukaha Mount Bruce National Wildlife Centre** eine hervorragende Gelegenheit, ein aktives Vogelschutzzentrum zu erleben.

Das Ziel vieler Wellingtoner und Touristen ist **Martinborough**, die Weinhauptstadt der Region und mit Abstand die anziehendste Stadt des Wairarapa. Zurück an der Küste ist die beschauliche Feriensiedlung **Castlepoint** ein herrlicher Ort zum Schwimmen und Surfen, während **Cape Palliser** mit seiner spektakulären Küstenlandschaft zu Spaziergängen in stürmischer, erfrischender Brise einlädt.

Tui Brewery und Pukaha Mount Bruce National Wildlife Centre

Die Nordhälfte des Wairarapa unterscheidet sich kaum von der südlichen Hawke's Bay. Statt ohne anzuhalten durch das Weideland zu düsen, sollte man 10 km südlich von Woodville einen Kurzaufenthalt in Mangatainoka einlegen und die **Tui Brewery** besuchen, ✆ 06/376 0815, 💻 www.tui.co.nz. Hier wird das eher durchschnittliche Bier gebraut, das sich mit seinen „Yeah. Right"-Reklameschildern, die ganz Neuseeland pflastern, eine begeisterte Anhängerschaft erobert hat. Alles zum Thema erläutert das kleine Museum (Eintritt frei) neben dem Café und der Bar, wo gute Kiwi-Kost zu haben ist. Für $12,50 dürfen Besucher mehrere Biere probieren und das Glas behalten. Man kann aber auch an einer Führung (tgl. 11 und 14 Uhr, $15, nur mit Buchung) teilnehmen. Sie beinhaltet die Besichtigung des siebenstöckigen, backsteinernen Brauereigebäudes, Bierproben und ebenfalls ein Glas als Souvenir. ⏰ Mo–Do 10–16, Fr–So 10–17 Uhr.

Rund 40 km südlich der Tui Brewery befindet sich das **Pukaha Mount Bruce National Wildlife Centre**, 💻 www.mtbruce.org.nz. Es ist einer der besten Orte des Landes, um bedrohte einheimische Vogelarten zu beobachten, u. a. Graulappenvogel (Kokako), Kakariki, Aucklandente, Hihi, Kiwi und Takahe. Sie leben in großen Voglieren entlang eines 1 km langen Weges durch den Wald. Jenseits des Pfads werden mehrere tausend Hektar Wald dafür genutzt, Vögel wieder an das Leben in Freiheit zu gewöhnen. Aufgrund der Größe der Käfige und des dichten Blätterwerks ist es oft nicht leicht, die Vögel auszumachen, deshalb braucht man Geduld.

Weitere Sehenswürdigkeiten sind die Sequoias (Mammutbäume), ein Kiwi-Haus, Brückenechsen (Tuatara) und eine Überwachungskamera, die in der Brutzeit (Okt–März) auf die Vogelnester gerichtet ist. Ein erschütterndes, 20-minütiges Video berichtet vom Vogelsterben in Neuseeland. Tgl. um 13.30 Uhr werden die Vögel mit Aalen gefüttert und um 15 Uhr kommt ein Schwarm Kaka zur Fütterung her. Besucher können sich einer interessanten, halbstündigen Führung (tgl. 10.30 und 14 Uhr, Teilnahme $10) anschließen, auf dem Picknickplatz den Proviantkorb auspacken oder im Café chillen. Eine nützliche Anbindung an das öffentliche Transportnetz existiert leider nicht. ⏰ tgl. 9–16.30 Uhr, Eintritt $15.

Hoch über dem Wildlife Centre steht **The Hut**, ✆ 06/375 8681, 💻 www.thehut.co.nz, ❸, eine wunderbar rustikale, gut ausgestattete Buschhütte. Sie hat eine Wanne im Freien für ein romantisches Bad unter dem Sternenhimmel und eine mit Holz gefeuerte Kochstelle. Gäste können entweder den steilen, 40-minütigen Aufstieg auf sich nehmen oder bei den Eigentümern gegen geringen Aufpreis einen Geländewagentransport bestellen.

Masterton und Umgebung

Obgleich es die größte Stadt des Wairarapa ist, hat Masterton am Fuß der Tararua Range, etwa 30 km südlich von Pukaha Mount Bruce, Touristen nicht besonders viel zu bieten. Das Zentrum wird im Osten vom großen **Queen Elizabeth Park** begrenzt. Gegenüber dem Park befindet sich **Aratoi**, Bruce St, Ecke Dixon St, 💻 www.aratoi.co.nz, ein Museum, das in wechselnden Ausstellungen Einblicke in die Geschiche der Wairarapa-Region gewährt und mitunter auch exzellente Kunst zeigt. ⏰ tgl. 10–16.30 Uhr, Eintritt auf Spendenbasis.

Die größte Veranstaltung der Stadt ist der jährliche **Golden-Shears-Schafscherwettbe-**

werb, 🖳 www.goldenshears.co.nz, praktisch die Olympischen Spiele der Wollbranche. Er wird an drei Tagen bis zum ersten Samstag im März abgehalten. Die Wettkämpfer strömen aus der ganzen Welt herbei, um ihre Geschicklichkeit mit dem Handapparat zu demonstrieren. Ein erstklassiger Schafscherer kann ein Schaffell in weniger als einer Minute entfernen, doch um die höchste Punktzahl zu bekommen, sind nicht nur Schnelligkeit, sondern auch Können gefragt und herauskommen muss ein glattes und unverletztes (wenn auch zitterndes) Tier. Der Eintritt zu den Vorentscheidungen beträgt nur ein paar Dollar; um die spannenden Finalkämpfe am Samstag mitzuerleben, ist eine Buchung lange im Voraus erforderlich. Weitere Informationen gibt's auf der Website.

Mit der Schafschur beschäftigt sich auch **Shear Discovery**, 12 Dixon St. Es handelt sich dabei um ein ausgezeichnetes kleines Museum, das ganz der Wolle gewidmet ist. Untergebracht in zwei 100 Jahre alten Schurschuppen, die aus dem ländlichen Wairarapa hierher verfrachtet wurden, zeigt es alle möglichen Utensilien und nostalgisches wie neueres Filmmaterial über die richtige Technik der Schur. ☉ tgl. 10–16 Uhr, Eintritt $5.

Der **Tararua Forest Park**, der die Hügel im Westen der Stadt bedeckt, bietet einige ausgezeichnete Wandermöglichkeiten durch Birken- und Steineibenwälder bis in subalpine Höhen, wo das berüchtigt wechselhafte Wetter allerdings zu Vorsicht mahnt. Erfahrene Wanderer sollten den **Holdsworth–Jumbo Tramp** erwägen, eine wunderbare zwölfstündige Rundwanderung. Sie lässt sich in zwei oder mehr bequeme Tagesmärsche aufsplitten, mit Übernachtung in einer der Hütten (zwei verlangen $15 pro Nacht, eine $5), die in gleichmäßigen Abständen am Wegrand stehen. Der Wanderpfad beginnt bei der rustikalen Holdsworth Lodge (Zeltstellplätze $6, Lodge $15; Buchung erforderlich unter 🖳 www.doc.govt.nz), 25 km westlich von Masterton am Ende der Norfolk Road, abseits vom südwärts führenden SH2. Tagesausflügler können gemütliche Spaziergänge am Flussufer (1–2 Std.) unternehmen oder in drei Stunden über einfaches Gelände zur relativ neuen Atiwhakatu Hut ($5) hinüber wandern.

Übernachtung

Chardonnay Motor Lodge, 274 High St, ✆ 0800/222 880, 🖳 www.bkschardonnay.co.nz. 4 km südlich der Innenstadt. Hat moderne, gut geschnittene Units. ❹

Cornwall Park, 119 Cornwall St, ✆ 06/378 2939, 🖳 www.cornwallparkmotel.co.nz. 2 km westlich vom Stadtzentrum. Verfügt über saubere, ruhige Retro-Motelzimmer, kostenloses WLAN, Pool und Whirlpool. ❸

Mawley Park Motor Camp, 15 Oxford St, 10 Min. zu Fuß vom Zentrum nach Norden, ✆ 06/378 6454, 🖳 www.mawleypark.co.nz. Mastertons beste Budget-Unterkunft ist groß und attraktiv. Camping $12, Cabins ❶

Essen und Unterhaltung

Das Angebot an Lokalen in Masterton ist beschränkt, aber man muss keineswegs Hunger leiden. Die besten Cafés sind das Entice im Aratoi (s. o.), und das **Café Cecille** im Queen Elizabeth Park, ✆ 06/370 1166, im eleganten, mit breiten Veranden versehenen ehemaligen Aquariumsgebäude. ☉ tagsüber, Fr und Sa auch am frühen Abend. Das **Café Strada**, 232 Queen St, hat ebenfalls tagsüber gutes Essen sowie ausgezeichnetes Abendessen zu moderaten Preisen und WLAN.

Informationen

i-SITE Visitor Centre, Bruce St, Ecke Dixon Street, ✆ 06/370 0900, 🖳 www.wairarapanz.com, hat Infos zu den Wanderwegen der Gegend. ☉ Mo–Fr 9–17, Sa und So 10–16 Uhr.

Transport

Busse

Busse von **Tranzit**, ✆ 0800/471 227, halten (außer Sa und So) an der Haltestelle Palmerston North, 316 Queen St, nicht weit vom i-SITE Visitor Centre.

Busse nach:

CARTERTON Mo–Fr 5–6x tgl., Sa–So 3x tgl., 25 Min.;
FEATHERSTON Mo–Fr 6x tgl., 1 Std.;
GREYTOWN Mo–Fr 6x tgl., 30–40 Min.;
PALMERSTON NORTH 1–2x tgl., 2 Std.

Poverty Bay, Hawke's Bay und das Wairarapa

Eisenbahn

Züge von **TranzMetro**, ✆ 04/801 7000, verkehren zwischen Wellington und dem Bahnhof von Masterton am Ende der Perry Street, 15 Min. zu Fuß vom Zentrum, oder man ruft ein Taxi von Masterton Radio Taxis, ✆ 06/378 2555.

Züge nach:
CARTERTON 2–6x tgl., 15 Min.;
FEATHERSTON 2–6x tgl., 40 Min.;
WELLINGTON 2–6x tgl., 1 1/2 Std.

Castlepoint

Die 300 km lange Küste zwischen dem Cape Kidnappers nahe Napier südwärts bis zum Cape Palliser ist öde, verlassen und fast gänzlich unzugänglich – abgesehen von Castlepoint, 65 km östlich von Masterton, wo frühe Forschungsreisende eine willkommene Unterbrechung in der „senkrechten Reihe von Klippen" fanden. Ein **Leuchtturm** beherrscht den Felsenhügel, der durch einen schmalen, wie eine Sanduhr geformten doppelten **Strand** mit dem Festland verbunden ist. Dieser umschließt eine **Lagune**, die The Basin genannt wird. Im Sommer wimmelt es von Surfern und Familien aus dem Wairarapa, die zum Baden herkommen, aber wenn das Wetter umschlägt, verwandelt sich der Strand in eine ziemlich raue Küstenlandschaft.

Im **Castlepoint Store**, ✆ 06/372 6823, gibt es ein tagsüber geöffnetes Café, ein Restaurant/Bar mit unvorhersehbaren Öffnungszeiten (meistens am Freitag- und Samstagabend und im Januar jeden Abend) und Informationen zu *baches*, die vermietet werden (z. T. auch tageweise). Übernachten kann man ansonsten auch im **Castlepoint Holiday Park & Motels**, ✆ 06/372 6705, 🖥 www.castlepoint.co.nz; Camping $17–21, Cabins mit Küche ❸, Units ❺, Garten-Cottage ❺.

Carterton und Stonehenge Aotearoa

Rund 15 km südlich von Masterton, in **Carterton**, bietet Paua World, 54 Kent St, 🖥 www.pauashell.co.nz, allen möglichen Schnickschnack, der aus der schönen Paua-Muschel hergestellt wird, von herrlich kitschigen Kühlschrankmagneten bis zu elegantem Schmuck. Die Fabrik beliefert nahezu jeden Touristenladen des Landes, und man kann sogar kostenlos einen kurzen Rundgang unternehmen, um zu sehen, wie die Sachen gemacht werden. ⊙ Mo–Fr 8–17, Sa und So 9–17 Uhr, Eintritt frei.

Wie eine Vision aus dem steinzeitlichen Britannien erscheint 12 km südöstlich von Carterton auf einem niedrigen Hügel inmitten von Farmland **Stonehenge Aotearoa**, 🖥 www.stonehenge-aotearoa.com. Aussehen und Größe ähneln zwar dem englischen Original, aber das hier ist ein modernes Gebilde aus Holz und Beton, das als „Freilicht-Observatorium" dient. Im Rahmen einer 90-minütigen Führung wird eine faszinierende Fülle von Informationen geboten, angefangen von nüchterner Astronomie bis hin zu Maori-Legenden und vergleichenden Religionsmythen. ⊙ Mi–So 10–16 Uhr, Eintritt $15, Führungen Sa 14 und So 11 Uhr; Buchung erforderlich unter ✆ 06/377 1600 oder über die oben genannte Website.

Greytown

Das 9 km südlich von Carterton gelegene hübsche Greytown wurde 1853 erbaut und hat sich noch etwas von seiner ursprünglichen viktorianischen Atmosphäre bewahrt. Die ehemals größte Siedlung im Wairarapa verfiel, als sie beim Bau der Eisenbahnlinie links liegen gelassen wurde. Erst als die Einwohner von Wellington Greytowns Urlaubspotenzial entdeckten, erwachte der Ort wieder zum Leben. Die zweigeschossigen Holzgebäude am Highway beherbergen heute Kunstgalerien, „Sammlerläden", exquisite Cafés und schicke B&Bs, die in erster Linie mit Wochenendausflüglern aus Wellington rechnen. Aber auch für einen Zwischenstopp ist Greytown super geeignet.

Der **French Baker**, 81 Main St, verkauft leckere Sandwiches, Gebäck und Kuchen. Das verlässliche **Main Street Deli** auf der anderen Straßenseite in der Nr. 88, ✆ 06/304 9022, hat Essen zu moderaten Preisen und eine gute Auswahl an Brot und Käse zum Mitnehmen.

Unterbringung im Luxusstil verspricht **The White Swan**, 109 Main St, ☎ 06/304 8894, 🖥 www.thewhiteswan.co.nz. Das zweistöckige Gebäude wurde samt Veranda im Jahr 2002 Stück für Stück aus Lower Hutt hierher versetzt, **❻**. Wem es nicht zusagt: Unter 🖥 www.greytown. co.nz, findet sich eine Liste mehrerer bezaubernder B&Bs.

Martinborough

Der winzige Ort Martinborough, 18 km südlich von Greytown, hat sich in den letzten 20 Jahren von einer kleinen, unbekannten landwirtschaftlichen Gemeinde in das Zentrum einer Weinregion, die einige der besten Rotweine Neuseelands produziert, verwandelt. Da es nur einen Steinwurf von Wellington entfernt ist, kommt an Wochenenden die städtische Schickeria hierher, um ihre auf Hochglanz polierten Geländewagen in den Weingütern voll zu laden. Am Montag und Dienstag ist dann fast alles geschlossen, weil Martinborough sich vom Wochenende erholen muss.

Die Stadt und die Weingüter

Martinborough wurde in den 1870er-Jahren von dem Grundbesitzer John Martin gegründet. Er benannte die Straßen nach Städten, die er auf seinen Reisen besucht hatte, und legte das Zentrum in Form eines Union Jack um einen grünen Platz herum an. Martinborough fristete über ein Jahrhundert lang ein Dasein als unbedeutendes landwirtschaftliches Zentrum, bis die ersten vier Weingüter – Ata Rangi, Dry River, Chifney und Martinborough (alle produzierten ihre ersten Jahrgänge 1984) – Martinborough als die kühlste, trockenste und am stärksten den Winden ausgesetzte Weinanbauregion der Nordinsel neu erfanden. Dank windabwehrender Schutzpflanzungen können die Weingüter herausragenden Pinot Noir, sehr guten Cabernet Sauvignon, fruchtigen Chardonnay und herrlich aromatischen Riesling herstellen.

Martinborough feiert seine Weinkultur mit mehreren Festivals. Die Eintrittskarten für das **Toast Martinborough** (3. So im Nov, 🖥 www. toastmartinborough.co.nz) werden Anfang Ok-

Ata Rangi, Puruatanga Rd, ☎ 06/306 9570, 🖥 www.atarangi.co.nz. Einer der besten neuseeländischen Pinot-Noir-Hersteller. Er keltert aber auch den ausgezeichneten Célèbre, eine Mischung aus Merlot und Syrah, sowie süffigen Chardonnay. Ein guter erster Anlaufpunkt, da zentral gelegen.

Margrain Vineyard, Ponatahi Rd, ☎ 06/ 306 9292, 🖥 www.margrainvineyard.co.nz. Hier kann man erstklassigen Wein einfach an der Kellertür kaufen. Die meisten der erschwinglichen Gerichte im tollen kleinen Old Winery Café (🕐 normalerweise tgl. 12–15 Uhr) mit Blick auf die Weinstöcke sind auf Margrain-Weine abgestimmt.

Martinborough Vineyard, Princess St, ☎ 06/ 306 9955, 🖥 www. martinborough-vineyard. co.nz. Eines der ersten Weingüter von Martinborough und immer noch eines der größten, produziert erstklassige Pinot Noir und Chardonnay.

Murdoch James, Dry River Rd, ☎ 06/306 9165, 🖥 www.murdochjames.co.nz. Spitzenweinhersteller, 9 km südlich von Martinborough, mit einem sehr guten, tagsüber geöffneten Café/ Restaurant und Veranda, einem gemütlichen Verkostungsraum und Führungen durch den Weingarten und Weinkeller ($30, nur mit Anmeldung), bei denen auf individuelle Wünsche eingegangen wird.

Palliser, Kitchener St, ☎ 06/306 9019, 🖥 www.palliser.co.nz. Dieses wegbereitende Weingut von Martinborough bemüht sich um eine umweltschonende Produktion und bringt dabei Spitzenweine hervor. Veranstaltet auch Kochkurse. Die Besitzer haben nichts dagegen, wenn Besucher auf dem gepflegten Rasen ein Picknick machen.

Vynfields, 22 Omarere Rd, ☎ 06/306 9901, 🖥 www.vynfields.com. Hier kann man wahlweise auf dem offenen Rasen, in lauschigen Lauben oder drinnen in der eleganten Villa fünf Weine verkosten (viertel Glas $12, halbes Glas $18). Dazu werden Antipasti-Teller ($28) und Suppe ($15) serviert. 🕐 im Winter werktags geschlossen.

▲ Featherston (18 km)

Übernachtung

Kate's Place	A
Martinborough Motel	F
Martinborough Village Camping	B
The Old Manse	C
Peppers Martinborough Hotel	E
Straw House	D

🍇 Palliser Vineyard

Martinborough Vineyard 🍇

🍇 Margrain Vineyard

❶

Ⓐ

KITCHENER STREET

PRINCESS STREET

Ⓑ

PANAMA STREET

NAYLER STREET

HUANGARUA ROAD

PURUTANGA ROAD

🍇 Ata Rangi Vineyard

ℹ Martinborough Wine Centre

Ⓒ

ROBERTS STREET

GREY STREET

WELD STREET

BROADWAY STREET

OHIO STREET

TEXAS ST.

❷
❸ Ⓔ ❹ ❺
Ⓕ

STRASBURGE STREET

COLOGNE STREET

CAMBRIDGE STREET

Ⓓ

NEW YORK STREET

The Square

DUBLIN STREET

VENICE STREET

KANSAS ST.

TEXAS ST.

CORK STREET

STREET

SACKVILLE STREET

OXFORD STREET

SUEZ STREET

REGENT STREET

REGENT STREET

JELLICOE STREET

DANIEL STREET

MALCOLM STREET

Restaurants, Cafés & Bars

Café Medici	3
Est	5
Ingredient	2
Jaqs	1
The Village Café	4
Wendy Campbell's French Bistro	3

Murdoch James Estate Winery (9 km), Lake Ferry (35 km), Cape Palliser (65 km)

Vynfields Estate Winery (100 m)

tober verkauft und gehen innerhalb von Stunden weg. Dem Glücklichen, der ein Ticket ergattert hat, stehen die Türen fast aller Winzereien und der Toprestaurants offen. Weniger elitär geht es bei den beiden **Martinborough Fairs** zu (1. Sa im Feb und März, 🖥 www.martinboroughfair.org.nz), riesigen ländlichen Festen unter freiem Himmel, wenn die Straßen, die vom zentralen Platz abgehen, von Kunsthandwerksständen gesäumt werden.

Zu anderen Zeiten ist der beste Ausgangspunkt einer Stadtbesichtigung das **Martinborough Wine Centre**, 6 Kitchener St, 🖥 www.martinboroughwinecentre.co.nz. Der Weinladen

lässt potenzielle Kunden kostenlos probieren. Außerdem kann man hier ein Fahrrad ($35/Tag) für Ausflüge zu den Weingärten mieten. ◷ tgl. 10–17 Uhr.

Mehr als ein Dutzend **Weingüter** lassen sich zu Fuß oder mit dem Fahrrad erreichen. Die dafür notwendigen Informationen finden sich im fast überall erhältlichen Gratisheftchen *Wairarapa Wine Trail*.

Im Sommer haben die Winzereien normalerweise am Wochenende von 11–16 Uhr geöffnet, in der Wochenmitte kürzer. Sie verlangen normalerweise $5 Verkostungsgebühr, die aber bei Weinkauf erstattet wird.

Übernachtung

Die meisten Unterkünfte sind B&Bs und Homestays der mittleren und oberen Preisklasse, vorwiegend in ländlicher Umgebung außerhalb der Stadt, oder Cottages für Selbstversorger ab etwa $120. Während der Festivals und an jedem Sommerwochenende sind freie Betten absolute Mangelware. Unter der Woche herrscht weniger Andrang.

Martinborough Motel, 43 Strasbourg St, ✆ 06/306 9408. Zentral gelegenes Motel mit nicht mehr ganz taufrischen, aber völlig ausreichenden Units. ❸

Martinborough Village Camping, 10 Dublin St West, ✆ 06/306 8946, 🖳 www.martinboroughcamping.com. Vorbildlich gepflegter Campingplatz, 10 Min. zu Fuß von der Innenstadt. Die Zeltplätze sind von den Wohnwagenstellplätzen getrennt. Moderne Küchen und Duschen; absichtlich kein TV-Anschluss. Fahrradverleih für $35/Tag. Camping $17, Cabins ❷

The Old Manse, 19 Grey St, ✆ 06/306 8599, 🖳 www.oldmanse.co.nz. Individuelles B&B in einer herrlichen alten Villa inmitten von Weinstöcken am Ortsrand. Zimmer ❻ Suite ❼

Peppers Martinborough Hotel, Memorial Square, ✆ 06/306 9350, 🖳 www.martinboroughhotel.co.nz. Das hübsch restaurierte Grandhotel von Martinborough hat Zimmer im Obergeschoss des alten Gebäudes (mit Glastüren auf eine Veranda hinaus) und moderne rund um den Garten. Zum Hotel gehören auch ein gutes Restaurant und eine Bar. ❽

Straw House, 22-24 Cambridge Rd, ✆ 06/306 8577, 🖳 www.thestrawhouse.co.nz. Ein Studio und ein Selbstversorger-Bungalow mit 2 Schlafzimmern, beide schick eingerichtet. Zum Frühstück gibt es kleine Leckereien. Wer 2 Nächte oder länger bleibt, erhält etwas Preisnachlass. Studio ❺, Bungalow ❽

Essen

Zu einem Besuch in Martinborough gehört unbedingt ein Mittagessen auf einem der Weingüter (s. o.). Aber auch in der Stadt gibt es ein paar vorzügliche, mehr oder weniger teure Restaurants.

Est, The Square, ✆ 06/306 9665. Das Lokal in Martinboroughs ehemaligem Postgebäude aus dem 19. Jh. hat Tische auf dem Bürgersteig, wo man z. B. einen Chardonnay trinken kann, außerdem eine gemütliche Weinstube und ein edles Restaurant mit Nouvelle Cuisine (Hauptgerichte $27–33).

Ingredient, 8 Kitchener St. Hier sollte man sich ordentlich mit lokalen Delikatessen wie Wein, Oliven, Käse und Aufschnitt eindecken.

Jaqs, 10 New York St. In dem beliebten Lokal können die Gäste ihr Essen selbst auf dem Grill brutzeln und dazu handverlesene neuseeländische und importierte Flaschenbiere kippen. ☾ Mo und Di geschl.

The Village Café, 6 Kitchener St. Tagescafé mit Sitzplätzen im scheunenähnlichen Speisesaal und auf der Pergola. Leckerer Brunch, außerdem Pizza und Salate sowie guter Espresso.

Wendy Campbell's French Bistro, 3 Kitchener St, ✆ 06/306 8863. In diesem stilvoll eingerichteten Restaurant gibt es das beste Essen

Poverty Bay, Hawke's Bay und das Wairarapa

der Stadt. Die Küche ist klassisch französisch, bereichert durch Kiwi-Produkte der Saison. Hauptgerichte um $35. Am Wochenende läuft nichts ohne Reservierung.

Informationen und Internet

i-SITE Visitor Centre, 18 Kitchener St, ☎ 06/306 5010, 🖥 www.martinboroughnz.com, mit **Internetzugang**. ⏱ Mo–Fr 9–17, Sa und So 10–16 Uhr.

Transport

Busse von **Tranzit**, ☎ 0800/471 227, die zwischen Featherston, Masterton und Martinborough pendeln, sind auf den Fahrplan der Nahverkehrszüge von TranzMetro, ☎ 04/801 700, aus Wellington abgestimmt und halten schräg gegenüber vom i-SITE Visitor Centre in der Kitchener Street.

Cape Palliser

Die relative Betriebsamkeit von Martinborough steht in starkem Kontrast zur einsamen und windgepeitschten Küste um das Cape Palliser, 60 km weiter südlich. Das Kap, der südlichste Punkt der Nordinsel, wurde nach James Cooks Mentor, Konteradmiral Sir Hugh Palliser, benannt. Abgesehen von einigen leichten Wanderungen und der Gelegenheit, Pelzrobben aus nächster Nähe zu sehen, gibt es nicht viel zu tun, zumal Schwimmen hier gefährlich ist und das Wetter leicht umschlägt.

Von Martinborough aus führt eine befestigte Straße 35 km südlich nach **Lake Ferry**, einem winzigen Dörfchen am sandigen Ufer des Lake Onoke. Hier steht das Lake Ferry Hotel, ☎ 06/307 7831, 🖥 www.lakeferryhotel.co.nz; Dorms $25, Zimmer ❷. Dieses am weitesten südlich gelegene Hotel/Restaurant der Nordinsel ist an einem sonnigen Nachmittag ein malerisches Plätzchen für Fish 'n' Chips auf dem Weg zurück nach Martinborough. Das Hotel hat eine traditionelle, öffentliche Kiwi-Bar und einen Garten mit Blick aufs Wasser sowie ein etwas förmlicheres Restaurant – wer an einem Schönwetter-Wochenende einen freien Tisch bekommen will, muss früh herkommen. Der spottbillige Lake Ferry Holiday Park gleich daneben, ☎ 06/307 7873, Camping $10, Cabins ❶, Selbstversorger-Units ❸, ist ein wenig beengt, aber dafür hat man's nicht weit bis in die Kneipe.

Die Straße nach Cape Palliser schlängelt sich nun 13 km weit durch die Küstenhügel, bis sie nahe den **Putangirua Pinnacles** aufs Meer stößt. Diese bis zu 50 m hohen grauen, weichen Felstürme und Klippen wurden von Wind und Regen geformt. Am Parkplatz gibt es Grillstellen und einen DOC-**Campingplatz** ($6) mit Toiletten und Waschbecken. Von hier aus führt ein leichter, rund zweistündiger Spaziergang durchs Flussbett zum Fuß der Pinnacles, dann zu einer Aussichtsstelle hoch und anschließend auf einem schönen Buschpfad am Felsrand wieder zurück.

Hinter den Pinnacles verläuft die asphaltierte Straße 15 km an der zerklüfteten, ungeschützten Küste entlang nach **Ngawi**, einem kleinen Fischerdorf. Bis zum eigentlichen Kap sind es noch fünf anstrengende Kilometer. Hier liegt unweit der Straße eine **Pelzrobbenkolonie**, überragt von dem hundert Jahre alten **Cape Palliser Lighthouse**, das auf einem Hügel 60 m über dem Meer am Ende von etwa 250 Stufen steht. Es ist nicht schwer, bis auf 20 m dicht an die Robben heranzukommen, aber wenn sie sich bedroht fühlen, werden sie aggressiv. Und trotz ihres Körperumfangs können sie sich erstaunlich schnell bewegen. Von Robbenjungen und deren Eltern sollte man daher Abstand halten und keiner Robbe den Weg zum Meer versperren.

Wellington und Umgebung

9 HIGHLIGHT

Stefan Loose Traveltipps

Te Papa   Das innovative Nationalmuseum veranschaulicht mit beeindruckenden Ausstellungsreihen, interaktiver Technologie und der herausragendsten Kunstsammlung des Landes die Natur- und Kulturgeschichte Neuseelands. S. 464

Cuba Street   Leute beobachten, Café-Hopping und Schaufensterbummel über die „alternativste" Flaniermeile der Stadt. S. 468

Botanic Gardens   Mit der Cable Car hinauf zum idyllischen Botanischen Garten mit seinem Panoramablick, den duftenden Rosen und dem herrlichen Begonia House. S. 470

Parliamentary District   Beim Besuch des neuseeländischen Regierungssitzes und der angeschlossenen Institutionen kann man Dokumente betrachten, die Meilensteine auf dem Weg zur Nation waren. S. 470

Zealandia: the Karori Sanctuary Experience   Einheimische Vögel fühlen sich in dem reizvollen Schutzgebiet vor den Toren Wellingtons wieder heimisch. S. 470

Miramar Peninsula   Besucher der Halbinsel können einen Blick hinter die Kulissen von Wellingtons Filmindustrie werfen, im legendären Chocolate Fish Café Seafood schlemmen oder sich auf dem Sandstrand der Scorching Bay ausstrecken. S. 474

Wellington, die pulsierende, kosmopolitische Hauptstadt Neuseelands, liegt ganz unten am Zipfel der Nordinsel, eingezwängt zwischen dem glitzernden Wellington Harbour und der rauen Cook Strait. Die interessanteste und spannendste Stadt des Landes ist mindestens zwei Tage Aufenthalt wert – wenn irgend möglich, sollte man länger bleiben.

Die umliegenden Hügel zwingen Wellington zu einem kompakten Zentrum, das überwiegend auf dem Meer abgewonnenem Land erbaut ist. Eine anziehende Mischung aus historischer und moderner Architektur erstreckt ich bis in die lebendige Uferzone mit ihren Stränden, Jachthäfen und restaurierten Lagerhäusern. Viktorianische und edwardianische Schindelvillen und Bungalows ziehen sich die steilen Hänge bis zum umliegenden Park- und Waldgürtel hoch. Dieser bildet eine natürliche Barriere gegen weitere Bebauung. Viele Häuser sind nur über schmale Serpentinen zugänglich, einige sogar nur über eine steile Treppe, die bisweilen von einer kleinen Seilbahn flankiert wird, um Lebensmittel und alles mögliche Andere zum Haus zu befördern.

„Welly" ist als Neuseelands „Windy City" berüchtigt: Die Cook Strait zwischen Nord- und Südinsel wirkt wie ein riesiger Trichter, der den Wind bündelt und dabei auch die Luft in Wellington aufpeitscht – ein Effekt, der durch die Korridore zwischen den hoch aufragenden Bürotürmen noch verstärkt wird.

Mit rund 450 000 Einwohnern ist Wellington die zweitgrößte Stadt Neuseelands. Während Auckland zunehmend an wirtschaftlicher Bedeutung gewinnt (und in den Augen mancher Landsleute immer selbstgefälliger wirkt), strebt Wellington nach Höherem: dem Rang der **Kulturhauptstadt**. Auf jeden Fall haben die „Wellingtonians" die beste Café-Kultur und Kunstszene des Landes geschaffen. Das wird besonders im Spätsommer deutlich, wenn eine ganze Reihe von Kunst- und Avantgarde-Festivals (s. S. 485) stattfinden.

Wellingtons Stadtkern lässt sich prima zu Fuß erkunden. Ein hübscher Spaziergang führt von dort zum Highlight Nummer eins, dem unnachahmlichen Nationalmuseum **Te Papa**, dann am Hafen entlang über den Civic Square hinaus zur Queens Wharf und zum **Museum of Welling-**ton City and Sea, das von der Seefahrt und der Geschichte der Stadt erzählt. Politiker und Beamte bevölkern die Straßen des **Parliamentary District**. In der Nähe lädt **Katherine Mansfield's Birthplace**, die im Stil der damaligen Zeit möblierte „Kinderstube" von Neuseelands berühmtester Kurzgeschichtenautorin, zu einem Besuch ein.

Vom Stadtzentrum aus kann man zu Fuß oder mit dem Fahrrad die **Oriental Parade** lang und zu einem der Aussichtspunkte wie jenem auf dem **Mount Victoria** hoch spazieren oder fahren, oder aber die **Cable Car** nach Kelburn nehmen. Von Kelburn geht es entweder durch die erholsamen **Botanical Gardens** wieder nach unten, oder man wandert noch ein Stück weiter hinaus und schaut sich die wichtige Arbeit an, die im **Zealandia: the Karori Sanctuary Experience** und im **Otari-Wilton's Bush** geleistet wird, dem letzten Rest unverfälschten neuseeländischen Buschlands. Zealandia und Otari-Wilton's Bush sind Teil des **Town Belt**, eines Grünstreifens, der die Hügel rings um die Innenstadt umspannt. Die New Zealand Company sparte ihn in den 1840er-Jahren aus ästhetischen Gründen und zu Erholungszwecken von der Bebauung aus, und heute gibt es dort schöne Wanderwege und einige der umwerfendsten Aussichtspunkte der Stadt. Weiter im Süden streift der Town Belt den **Wellington Zoo**; nach Osten hin grenzt er die Stadt gegen die ruhigen Vororte und Strände der **Miramar Peninsula** ab.

Faszinierende **Wanderungen** führen z. B. zur Robbenkolonie von Red Rocks, aber auch die zahlreichen Wandermöglichkeiten innerhalb der Stadt sind sehr reizvoll, insbesondere der **Southern Walkway**. Und irgendwann während des Aufenthalts in der Stadt am Wasser muss natürlich eine Bootsfahrt zum friedlichen Tierschutzgebiet **Matiu/Somes Island** unternommen werden.

Wellington ist auch eine gute Ausgangsbasis für Ausflüge nach **Kapiti Island** (S. 318) und ins Weingebiet des **Wairarapa** (S. 457) – Näheres zu Weintouren von Wellington aus s. S. 487.

Geschichte

Der mündlichen Überlieferung der Maori zufolge zog der Halbgott **Maui** die Nordinsel wie ei-

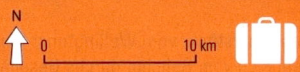

Kapiti Island, Auckland ▲   Masterton, Wairarapa ▲

Upper Hutt

Porirua

TASMAN-SEE

HUTT VALLEY   Hutt River

Makara Beach

Johnsonville

Petone Settlers Museum

Petone

New Dowse Gallery

Lower Hutt

Otari-Wilton's Bush

Seaview

Top 10 Hutt Park Holiday Park

WELLINGTON

Wellington Harbour

Matiu/Somes Island

Wainuiomata

Ward Island

Days Bay

Makara Peak Mountain Bike Park

Eastbourne

Zealandia: the Karori Sanctuary Experience

Miramar

Scorching Bay

Seatoun

RIMUTAKA RANGE

Red Rocks

Owhiro Bay

Sinclair Head

COAST ROAD

Orongorongo River

RIMUTAKA FOREST PARK

Catchpool Valley

COOK STREET

Palliser Bay

Picton (3 Std.) ▲

Wellington und Umgebung

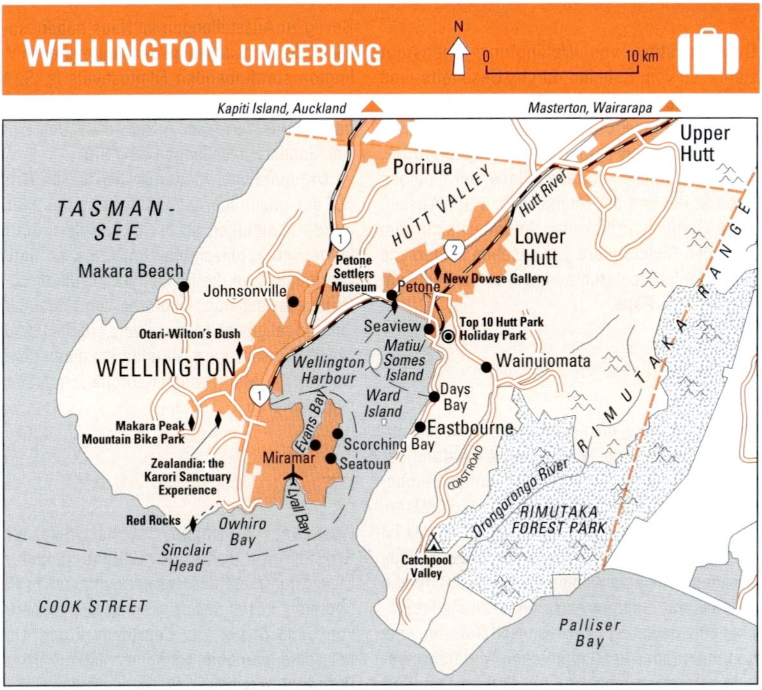

nen Fisch aus dem Meer, wobei der Wellington Harbour das Maul des Fisches bildete. Ebenfalls einer Maori-Legende zufolge entdeckte der erste polynesische Seefahrer **Kupe** den Wellington Harbour im Jahre 925 n. Chr. Die beiden Inseln am Eingang zum Naturhafen nannte er nach seinen Töchtern Matiu (Somes Island) und Makaro (Ward Island). Zahlreiche *iwi* siedelten rund um die Bucht, darunter die Ngati Tara, welche die reichen Fischgründe und die geschützte Lage zu schätzen wussten. Sowohl Abel Tasman (1642) als auch Kapitän Cook (1773) wurden von heftigen Stürmen daran gehindert, in den Wellington Harbour einzulaufen. Abgesehen von ein paar Walfängern hielt die erste Welle **europäischer Siedler** erst 1840 Einzug. Die Neuankömmlinge ließen sich auf einem großen Stück Land in der Bucht nieder, das die New Zealand Company erworben hatte. Die erste Siedlung, Britannia genannt, entstand am Nordostufer im heutigen Petone. Doch bald darauf führte der Hutt River

Hochwasser und zwang die Menschen zum Umzug in sicherere Gebiete: Zum einen auf die andere Seite der Bucht nach Lambton Harbour (wo schließlich die Innenstadt erwuchs) und zum anderen in die relativ flache Gegend bei Thorndon, das damals noch dicht am Wasser lag. Die Siedlung wurde nach dem Herzog von Wellington (dem „Eisernen Herzog"), britischer Feldmarschall und Minister, umbenannt, und man begann damit, dem Meer neues Land abzutrotzen – ein Prozess, der über 100 Jahre andauerte.

1865 löste das prosperierende Wellington Auckland als **Hauptstadt** Neuseelands ab. Um die Jahrhundertwende war die ursprüngliche Küstenlinie von Lambton Harbour praktisch nicht mehr erkennbar, sondern übersät von Lagerhäusern und Geschäften. Wellington war zum Dreh- und Angelpunkt der Küstenschifffahrt geworden und ist seither eine wohlhabende Stadt.

Orientierung

Das Herzstück von Wellingtons Innenstadt zieht sich vom Bahnhof durchs Geschäfts- und Shoppingzentrum **Lambton Quay** nach Süden bis **Courtenay Place**. Die Hauptgegenden zum Aus- und Essengehen liegen in der Umgebung der Willis Street, der Courtenay Place, der flippigen Cuba Street und der Queens Wharf am Wasser. Viele Sehenswürdigkeiten befinden sich vom zentralen **Civic Square** aus gesehen beiderseits der Hafenbucht, darunter das absolute Highlight der Stadt: **Te Papa**.

Civic Square

Der Civic Square, ein beliebter Ort für Veranstaltungen unter freiem Himmel, wurde Anfang der 1990er-Jahre von Neuseelands einflussreichstem und begabtestem lebenden Architekten, Ian Athfield, umfassend erneuert. Der Platz ist eine gelungene Synthese aus Altem und Neuem, geraden und geschwungenen Linien. Zahlreiche interessante **Skulpturen** schmücken die Freifläche. Eine davon ist *Ferns* von Neil Dawson, eine aus ineinander verschlungenen Metallfarnwedeln geformte Kugel, die förmlich über dem Platz zu schweben scheint.

Das faszinierendste Gebäude ist die kühne **Central Library**, die ebenfalls dem Ideengut von Athfield entstammt. Die 1991 eingeweihte Bibliothek ist ein geräumiges Hightech-Gebäude aus Stahl, Stein und Holz. Sein ganzes Innenleben – Belüftungsschächte, Wasserrohre usw. – liegt offen. Athfield schuf auch die Nikaupalmen aus Stahl, die den Bau stützen und mit dem übrigen Civic Square verbinden. ⏰ Mo–Do 9.30–20.30, Fr 9.30–21, Sa 9.30–17, So 13–16 Uhr. Ein angrenzendes Art-déco-Gebäude aus dem Jahr 1939 beherbergt die **City Gallery Wellington**, 📞 04/801 3021, 🖥 www.citygallery.org.nz, wo zeitgenössische Arbeiten nationaler und internationaler Künstler ausgestellt werden. Die Michael Hirschfeld Gallery im Obergeschoss ist den Arbeiten Wellingtoner Künstler vorbehalten; in der Deane Gallery stehen Kunstinstallationen von Maori und Polynesiern. Über Bildschirme im Auditorium flimmern Arbeiten, die direkten Bezug zu Ausstellungen im Haus haben, sowie Filme, die sich um einige der zahlreichen in Wellington stattfindenden Filmfestivals (s. S. 486) drehen. Das elegante Nikau Gallery Café (S. 481) besitzt eine Terrasse. ⏰ tgl. 10–17 Uhr, Eintritt frei, Sonderausstellungen rund $10.

Die auffällige, moderne **City-to-Sea Bridge** auf der gegenüberliegenden Seite des Platzes wurde absichtlich so breit konzipiert, um den lange vernachlässigten Uferbezirk so nahtlos wie möglich an die Innenstadt anzubinden. Die Brücke ist mit Holzskulpturen von Vögeln, Walen und religiösen Motiven verziert, die von dem Maori-Künstler Para Matchitt stammen und die Ankunft der Maori und der europäischen Siedler symbolisieren.

Südlich des Civic Square

Besucher verbringen üblicherweise einen Großteil ihrer Zeit in der Gegend südlich des Civic Square mit der Besichtigung von **Te Papa** und beim Essen und Trinken im Einzugsbereich von **Cuba Street** und **Courtenay Place**. Darüber sollte man aber auf keinen Fall die **Oriental Parade** vergessen – ein wunderbarer Spazierweg mit toller Aussicht auf den Hafen, einem kleinen Strand und der Möglichkeit, zur Spitze des **Mount Victoria** hochzuwandern.

Te Papa

Das allgemein als Te Papa bekannte, unbedingt sehenswerte **Museum of New Zealand**, 📞 04/ 381 7000, 🖥 www.tepapa.govt.nz, in der Cable Street wird ständig erweitert. Es ist mehrere Abstecher wert, denn die Ausstellungen bieten locker Unterhaltung für einen ganzen Tag. Zwei Cafés sorgen dafür, dass zwischendurch neue Energie getankt werden kann. Das fünfstöckige Gebäude, das für $350 Millionen direkt am Wasser erbaut wurde, feiert alles Neuseeländische. Nach eingehenden Konsultationen mit verschiedenen *iwi* (Stämmen) öffnete das Museum Anfang 1998 seine Pforten.

Mit seiner Kombination aus neuester Technologie und interaktiven Ausstellungsstücken richtet es sich nicht nur an Erwachsene, son-

dern auch an Kinder. Für Letztere wurden eigens bestimmte „Discovery"-Zonen mit Sachen zum Anfassen geschaffen. Es lohnt sich, für $3 den *Te Papa Explorer* zu erstehen. Das Heft enthält Routenvorschläge wie „Te Papa für Eilige" oder „Te Papa für Kids". Nach telefonischer Reservierung kann man auch an einer **Führung** teilnehmen (tgl. 10.15, 11, 12, 13, 14 und 15 Uhr, 1 Std., $10).

Am interessantesten präsentiert sich Te Papa auf **Level 2**. Zu den Highlights gehören eine interaktive Abteilung über Erdbeben und Vulkane, in der die Besucher ein täuschend echtes Erdbeben in einem Haus miterleben, den Ausbruch des Mount Ruapehu verfolgen und erfahren, wie die Maori sich derlei Naturgewalten erklären.

Zu den etwas jüngeren Errungenschaften zählt das Hightech-Multimediazentrum **Our-Space**, wo Besucher eigene Bilder auf die Riesenleinwand The Wall projizieren. Zwei Fahrgeschäfte (jeweils $10 oder beide zusammen $18) sorgen für zusätzlichen Spaß: The High Ride wirbelt seine Insassen durch die 3D-Welt von The

Wall, und beim Deep Ride geht die Reise in einen virtuellen Unterwasservulkan.

Level 2 bietet auch Zugang zu **Bush City**, einer Art Neuseeland im Miniaturformat unter freiem Himmel mit einheimischen Pflanzen, einem kleinen Höhlensystem und einer winzigen Hängebrücke. Von November bis März findet die einstündige Tour *Taste of Treasures* statt (11 Uhr, Tickets müssen vor 10.45 Uhr gekauft werden; $24), bei der u. a. traditionelle, aus Buschpflanzen hergestellte Maori-Erfrischungsgetränke gereicht werden.

Die Hauptausstellung setzt sich auf **Level 4** mit einer hervorragenden Maori-Abteilung fort. Hier befindet sich ein aktives *marae* mit einem modernen Versammlungshaus. Es unterscheidet sich wesentlich von den klassischen *marae* im Land und wird von einem heiligen Block aus *pounamu* (Neuseeländische Jade) geschützt. In dem Haus stellen verschiedene *iwi* in wechselnden Ausstellungen ihre ureigenste Kunst und Kultur vor. Der Bummel durch die angrenzenden Räume zu den Themen Land und Leute, Geschichte,

Wellington Zentrum

Geburtshaus von Katherine Mansfield (100 m), Interislander Ferry Terminal (700 m), Otari-Wilton Bush (6 km)

N

0   250 m

Übernachtung

Apollo Lodge Motel &	M
Majoribanks Apartments	R
Austinvilla B&B	L
Base Wellington	S
Booklovers B&B	N
Cambridge Hotel	C
Downtown Backpackers	O
Halswell Lodge	G
The Mermaid	H
Museum Hotel	D
Nomads Capital	I
Ohtel	A
Tinakori Lodge	E
Trinity Hotel	K
Wellywood Backpackers	
YHA Wellington City	J

Pubs & Bars

Alice	35
The Backbencher Pub	2
Coyote	25
Hummingbird	26
Kiwi Pub	20
Leuven	5
Mac's Brewery	8
The Malthouse	23
Matterhorn	14
Mighty Mighty	12
Motel	30
Southern Cross	44

Clubs & Live-Musik

Bodega	16
Boogie Wonderland	29
Happy	43
Hole in the Wall	37
San Francisco Bathhouse	34
Sandwiches	27

Restaurants

Beach Babylon	13
Chow	28
Dockside	6
Logan-Brown	38
Maria Pia's	1
Martin Bosley's	9
Masala	19
Matterhorn	14
Oriental Kingdom	17
Ortega	36
Sweet Mother's Kitchen	32
The White House	11

Cafés

Aro Coffee	39
Ciocco	15
Ernesto's	22
Fidel's	41
Floriditas	24
Midnight Espresso	33
Mojo	3
Nikau Gallery Café	7
Olive	31
Parade Café	10
Plum	18

Delis & Takeaways

Kreuzberg	45
Moore Wilson's	42
Wellington Trawling Sea Market	40

Westpac
Stadium

Town
Belt

THORNDON

Thorndon
Pool

Old St Paul's
Cathedral

Archives
New Zealand

National
Library

St Paul's
Cathedral

Lambton
Interchange

Fernbusse

Bahnhof und
Busbahnhof
Bluebridge
Ferry Terminal

Parliamentary
Library

Parliament
House

The Beehive

Old Government
Buildings

Talstation
der
Cable Car

Dominion Post
Ferry Terminal

Museum of
Wellington

Container- und
Kreuzfahrtschiffs-
Terminal

Queens Wharf

Ferg's Kayaks

Saddon
Monorail

Bolton Street
Memorial
Park

Begonia
House

Lady Norwood
Rose Garden

Botanic
Gardens

Carter
Observatory

Cable Car
Museum

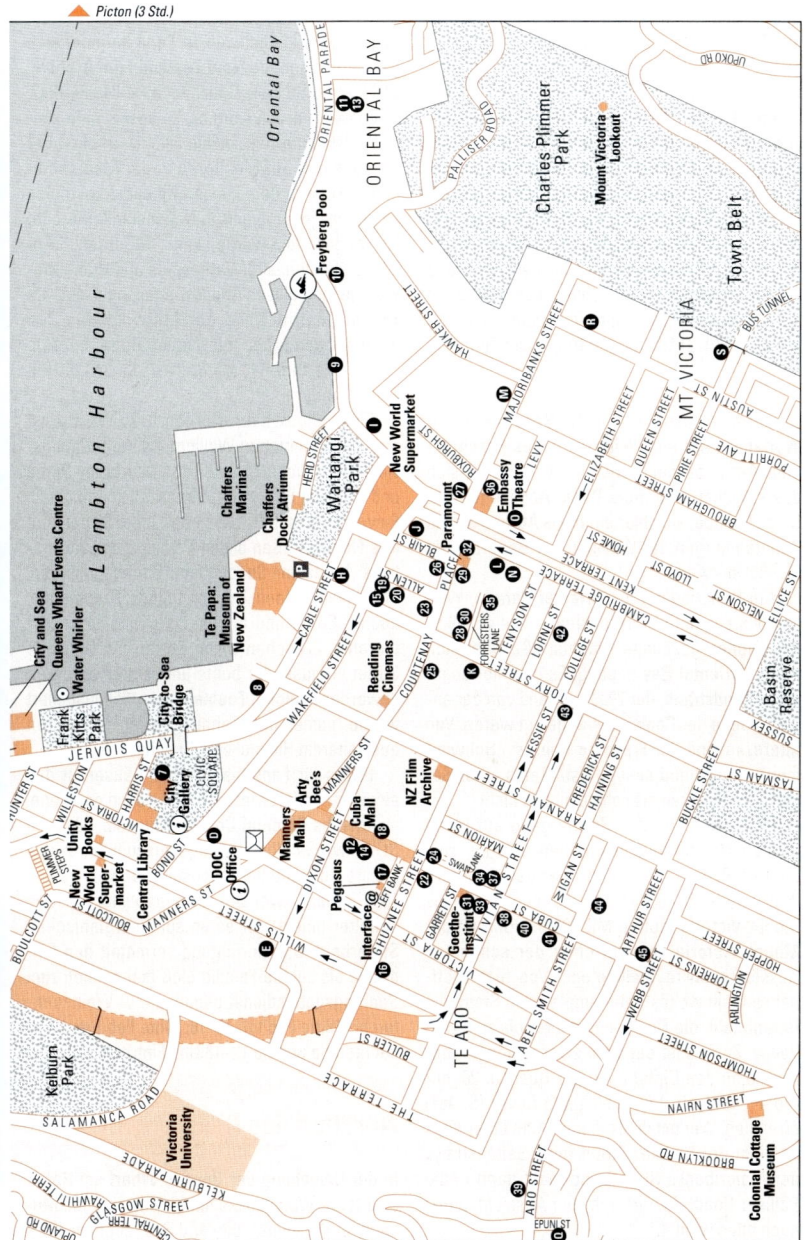

Picton (3 Std.)

Oriental Bay

ORIENTAL BAY

Charles Plimmer Park

Mount Victoria Lookout

Town Belt

Lambton Harbour

Freyberg Pool

Chaffers Marina

Chaffers Dock Atrium

Waitangi Park

New World Supermarket

Embassy Theatre

Paramount

Te Papa: Museum of New Zealand

City-to-Sea Bridge

Frank Kitts Park

Reading Cinemas

City and Sea

Queens Wharf Events Centre

Water Whirler

City Gallery

Central Library

New World Supermarket

DOC Office

Manners Mall

Arty Bee's

Cuba Mall

NZ Film Archive

Pegasus

Interface.@

Goethe Institut

Kelburn Park

Victoria University

Colonial Cottage Museum

JERVOIS QUAY

Basin Reserve

TE ARO

Handel und Kultur führt auch an einem Ochsen aus Cornedbeef-Dosen von Michel Tuffery und einem Surfbrett aus Abalonemuscheln von Brian O'Connor vorbei.

Level 5 ist der nationalen Kunstsammlung vorbehalten. Zu sehen ist eine wechselnde Ausstellung von Gemälden und Skulpturen, in der sämtliche Lichtgestalten der neuseeländischen Kunst aus Vergangenheit und Gegenwart vertreten sind – Colin McCahon, Rita Angus, Ralph Hotere, Don Binney, Michael Smither und Shane Cotton, um nur einige zu nennen, deren Arbeiten eine nähere Betrachtung wert sind. ⏱ Fr–Mi 10–18, Do 10–21 Uhr, Eintritt frei, Audio-Tour $5.

Oriental Parade und Mount Victoria

Unmittelbar östlich von Te Papa liegt der **Waitangi Park**, ein kleines urbanes Feuchtgebiet. Am Ende der Herd Street erstreckt sich das aufpolierte **Chaffers Dock**. Abgesehen von Cafés befindet sich hier auch das Atrium, wo am Sonntagmorgen der Wellingtoner Bauernmarkt (S. 480) stattfindet.

Am Park beginnt die **Oriental Parade**, Wellingtons elegante Uferpromenade. Die von Norfolk-Tannen gesäumte Prachtstraße zieht sich an der **Oriental Bay** entlang. Es gibt hier sogar einen **Sandstrand**, der 2003 mit Sand von der anderen Seite der Cook Strait angelegt wurde. Von Interesse sind der Freyberg-Pool (s. „Schwimmen", S. 489) und einige Restaurants, aber Sehenswürdigkeiten als solche gibt es nicht.

Wer will, kann den Spaziergang auf einen ganzen Nachmittag ausdehnen und bis zum Charles Plimmer Park und über den Southern Walkway (s. S. 488, Kasten) auf den Gipfel des Mount Victoria laufen. Mit 196 m Höhe ist der **Mount Victoria Lookout** einer der schönsten Aussichtspunkte Wellingtons. Von hier eröffnet sich ein weites Panorama auf die Stadt, die Hafenbucht, die Docks und weiter bis zum Hutt Valley. Zu Fuß ist der Weg zwar schöner, aber man kann den Gipfel auch per Bus (Nr. 20, nur Mo–Fr) und mit dem Wellington Rover (S. 487) erreichen. Wer mit dem eigenen Auto unterwegs ist, folgt der Hawker Street (eine Seitenstraße der Majoribanks Street) und biegt dann in die Palliser Road ein, die sich zum Aussichtspunkt nach oben windet.

Courtenay Place und Cuba Street

Zwei Blocks südlich von Te Papa befindet sich das hervorragende **New Zealand Film Archive**, 84 Taranaki St, Ecke Ghuznee St, ✆ 04/384 7647, 🖥 www.filmarchive.org.nz. Es besitzt eine kleine Ausstellung zum Thema Film. Das Tolle aber ist, dass hier auf Monitoren in der Medienbibliothek oder in dem kleinen Kinosaal kostenlos so gut wie jeder jemals in Neuseeland gedrehte Film angeschaut werden kann, außerdem Fernsehsendungen, alte Werbespots und Home Movies. Im Kino gibt es Abendvorstellungen (Mi–Sa 19 Uhr, Eintritt $8) – der Mittwochsfilm hat immer irgendwas mit Neuseeland zu tun. ⏱ Mo und Di 9–17, Mi–Fr 9–17, Sa 16–20 Uhr, Eintritt frei.

Einen Block nach Norden bzw. Westen ist man schon mitten in Wellingtons Vergnügungsviertel, das sich um die Straße **Courtenay Place** und die **Cuba Street** konzentriert. Die nach einem Einwandererschiff benannte Cuba Street und ihre Nebenstraßen bilden Wellingtons „alternatives" Viertel mit Secondhand-Buchhandlungen, Schallplattenläden, Fashion Outlets, Szeneläden, coolen Cafés und angesagten Bars und Restaurants. Zwischen Dixon Street und Ghuznee Street verpasst der bunte und mittlerweile Kult gewordene **Bucket Fountain**, der 1969 installiert wurde, immer noch ahnungslosen Passanten aus heiterem Himmel eine Dusche.

Etwas für Fans historischer Häuser ist das ein paar hundert Meter südlich davon gelegene, malerische **Colonial Cottage Museum**, 68 Nairn St, 🖥 www.colonialcottagemuseum.co.nz, das älteste Gebäude der Innenstadt. Obwohl es von 1858 datiert (zwei Dekaden ins viktorianische Zeitalter hinein), ist es im spätgeorgianischen Stil erbaut. Die Einrichtung vermittelt den Eindruck, als sei die Familie bloß mal schnell zum Sonntagsgottesdienst gegangen. ⏱ Weihnachten bis Mitte Feb tgl. 10–16, Mitte Feb bis Weihnachten Sa und So 12–16 Uhr, Eintritt $5.

Nördlich des Civic Square

In der Umgebung der **Queens Wharf** am Hafen sind teure Wohnblocks mit Hafensicht, das Museum of Wellington City and Sea, ein paar Bars und erlesene Restaurants sowie die Kaffeerösterei Mojo (S. 481) angesiedelt.

Das kommerzielle Herz von Wellington schlägt am **Lambton Quay**. Er verläuft nach Norden zum **Parliamentary District**, dem Verwaltungszentrum der Stadt. Es bildet den Südrand von **Thorndon**, dem ältesten Vorort Wellingtons, wo sich Katherine Mansfield Birthplace befindet.

Queens Wharf und Museum of Wellington City and Sea

Nördlich des Civic Square erstreckt sich der **Frank Kitts Park**, wo der Mast der *Wahine* (s. u.) mahnend in die Höhe ragt. Ein paar Meter davon entfernt steht seit 2006 der **Water Whirler**, eine kinetische Skulptur von Len Lye (S. 290), die in einer Abfolge von komplexen und immer schnelleren Drehungen Wasser versprüht. Das 5–10-minütige Spektakel gibt es ungefähr jeweils zur vollen Stunde von 10–22 Uhr (außer um 14 Uhr) zu bestaunen.

In der Nähe der Queens Wharf befindet sich das **Museum of Wellington City and Sea**, 🖥 www.museumofwellington.co.nz. Es ist in einem alten viktorianischen Zolllager untergebracht. Hier entfaltet sich Wellingtons gesellschaftliche und maritime Geschichte durch schön in Szene gesetzte Exponate über die frühe Besiedlung durch Maori und Europäer und das Seefahrererbe der Stadt.

Das Erdgeschoss vermittelt eine gute chronologische Übersicht über die wichtigsten historischen Ereignisse. Den ersten Stock bestimmt die ergreifende Ausstellung zur *Wahine*-Katastrophe. Sie erinnert an den 10. April 1968, als die Inselfähre *Wahine* bei ihrem Untergang 52 Menschen in den Tod riss. Die *Wahine* kenterte bei einem der heftigsten Stürme in der Geschichte Neuseelands mit 734 Menschen an Bord.

Im Obergeschoss erzählt eine holografische Projektion die Maori-Legende von der Entstehung des Wellington Harbour, während auf einer hohen Leinwand, die vom Erdgeschoss bis unters Dach im Treppenhaus reicht, verschiedene Kurzfilme zu dem Thema gezeigt werden. Sonntags um 14 Uhr finden kostenlose halbstündige Führungen statt. Es gibt auch ver-

Eine Fahrt mit der Cable Car

Auch wer ansonsten keine öffentlichen Verkehrsmittel in Wellington benutzt, sollte auf keinen Fall die kurze und landschaftlich schöne Fahrt mit der **Cable Car** auslassen, die den grünen Vorort Kelburn und den oberen Abschnitt des Botanischen Gartens zum Ziel hat. Die leuchtend roten Wagen beginnen ihren steilen Aufstieg alle 10 Min. an der Talstation in der unmittelbar vom Lambton Quay abzweigenden Cable Car Lane. Unterwegs machen sie an drei Stationen Halt und bieten wundervolle Ausblicke auf die Stadt und den Hafen. ◷ Mo–Fr 7–22, Sa und So 8.30–22 Uhr, $3 einfache Fahrt, Rückfahrkarte $5.

An der oberen Endstation in der Upland Road beherbergt das **Cable Car Museum** den alten elektrischen Antriebsmotor, ein Gewirr von Kabeln, 200 Jahre alte Waggons und ein Info Centre mit jeder Menge Hintergrundinformationen zu dieser und anderen Seilbahnen aus aller Welt. Sehenswert sind auch die Kurzfilme, vor allem der zu den rund 400 Mini-Seilbahnen, die für viele Wellingtoner bis heute die einzige Möglichkeit darstellen, ihr Grundstück zu erreichen. ◷ Ostern bis Nov tgl. 10–17, Nov bis Ostern tgl. 9.30–17.30 Uhr, Eintritt frei.

schiedene Touren, die sowohl das Museum als auch andere Sehenswürdigkeiten beinhalten, z. B. die beliebte „Ship 'n Chip" (5 Std., $38,50) mit Fährfahrt nach Matiu/Somes Island (S. 476) und Fish 'n' Chips zum Mittagessen. ◷ tgl. 10–17 Uhr, Eintritt frei.

Lambton Quay und Cable Car

Als traditionelle Haupteinkaufs- und Geschäftsstraße Wellingtons bildete der **Lambton Quay** ursprünglich die Uferpromenade, wurde aber durch Landgewinnungsprojekte und die dort gebauten Docks vom Wasser abgeschnitten. Es geht entweder auf dem Lambton Quay immer geradeaus bis zum Parliamentary District, oder mit der Cable Car (s. Kasten oben) nach oben und durch den Botanischen Garten wieder runter.

Botanic Gardens und Carter Observatory

Vom Aussichtspunkt an der Bergstation der Cable Car (s. Kasten S. 469) eröffnen sich wunderbare Blicke auf die Stadt. Hier befindet man sich am höchsten Punkt der **Botanic Gardens** von Wellington, einer riesigen Grünanlage, die sich mit ihren zahlreichen Spazierwegen über die sanften Hügel oberhalb der Stadt erstreckt. Eine kostenlose Broschüre mit Karte ist im Cable Car Museum erhältlich. Der meistbesuchte Bereich des Botanischen Gartens ist der duftende Lady Norwood Rose Garden: 300 verschiedene Rosenarten umschließen einen Brunnen und sind selbst von einem mit Kletterrosen bewachsenen Säulengang umgeben. ☉ tgl. Sonnenaufgang bis -untergang, Eintritt frei.

Das benachbarte **Begonia House** besteht aus zwei Abteilungen: einer tropischen mit einem romantischen Seerosenteich, und einer gemäßigten, wo im Sommer Begonien und Gloxinien und im Winter Alpenveilchen, Orchideen und Springkraut blühen. Auf dem Gelände gibt es auch ein gutes Café. ☉ tgl. Okt–März 10–17; April–Sep 10–16 Uhr, Eintritt frei.

Zwei Minuten zu Fuß von der oberen Station der Cable Car entfernt liegt das 1941 erbaute und generalüberholte **Carter Observatory**, 🖥 www.carterobservatory.org. Es zeigt alle möglichen Ausstellungen zur Astronomie – von Maori-Astronavigation bis zu den allerneusten wissenschaftlichen Erkenntnissen der Planetenforschung – mit hat Teleskope zum Sternegucken am Nachthimmel. ☉ tgl. 10–17 Uhr. Näheres zu Eintrittspreisen und Veranstaltungen s. Website.

Parliamentary District

Das nördliche Ende des Lambton Quay markiert den Anfang des Parliamentary District. Dieser wird von den grandiosen **Old Government Buildings** beherrscht. Auf den ersten Blick scheinen sie aus cremefarbenem Stein zu bestehen, erst bei näherer Betrachtung offenbart sich, dass die Gebäude aus Holz sind. Die Planung stammt aus der Feder des Architekten William Clayton (1823–1877). Bei der Fertigstellung 1876 war es das größte Gebäude Neuseelands und ist bis heute – abgesehen von einer Tempelhalle in

Japan – das größte Holzgebäude der Welt. Hier ist heute die juristische Fakultät der Victoria University untergebracht. Trotzdem kann man normalerweise kurz reinschauen und im eleganten Treppenhaus die Fotos von Demonstrationen und Protestveranstaltungen betrachten, die vor dem Gebäude abgehalten wurden.

Die Parliament Buildings

Auf der anderen Seite des Lambton Quay stehen die Parliament Buildings, ✆ 04/471 9503, 🖥 www.parliament.govt.nz, Sitz der neuseeländischen Regierung. Die drei Bauwerke sind höchst eigenwillig, fügen sich aber dennoch auf harmonische Weise zusammen. Das auffälligste Gebäude ist der modernistische **Beehive** („Bienenstock"), ein aus sieben Stufen bestehender, stumpfer Kegel, in dem das Kabinett und die Büros der Minister untergebracht sind. Das Gebäude wurde 1964 von dem britischen Architekten Sir Basil Spence konzipiert, doch die Bauarbeiten dauerten bis 1982 an, sechs Jahre nach dem Tod des Architekten. Der Beehive ist direkt mit dem edwardianisch-neoklassizistischen **Parliament House** verbunden, einem angemessen repräsentativen Regierungssitz – was man von der verspielt-kitschigen viktorianisch-gotischen **Parliamentary Library** nebenan nicht behaupten kann. Beim Besucherzentrum im Erdgeschoss des Beehive beginnen kostenlose, einstündige Führungen (jede volle Stunde Mo–Fr 10–16, Sa 10–15, So 11–15 Uhr).

National Library und Archives

Gegenüber dem Parlament liegt in der Molesworth Street die **National Library of New Zealand**. Sie steht normalerweise nur Wissenschaftlern zu Forschungszwecken offen, besitzt aber eine große, der Öffentlichkeit zugängliche Galerie, wo regelmäßig interessante Ausstellungen gezeigt werden. ☉ Bibliothek: Mo–Fr 9–17, Sa 9–13 Uhr; Galerie: Mo–Fr 9–17, Sa 9–16.30, So 13–16 Uhr, Eintritt frei.

Nur einen Steinwurf entfernt in der 10 Mulgrave Street werden die wichtigsten Dokumente Neuseelands aufbewahrt. Ein Großteil der **Archives of New Zealand**, 🖥 www.archives.govt.nz, ist zwar für die Forschungsarbeit reserviert, nicht aber der Constitution Room. Das dortige Highlight ist der originale, in Maori-Sprache abgefasste **Vertrag von Waitangi** (S. 118). Er war lange Zeit in den Tiefen der Old Government Buildings verschollen und überstand mit Mühe und Not Wasserschäden und Nagetierbisse, ehe er 1908 gerettet wurde. Mehrere Kopien des Vertrags, die Häuptlingen verschiedener Maori-Stämme im ganzen Land zur Unterschrift vorgelegt werden mussten, machen deutlich, wie chaotisch das Ganze ablief. ⏰ Mo–Fr 9–17, Sa 9–13 Uhr, Eintritt frei.

Die Kathedralen

Von 1866 bis 1964 fungierte die bescheiden wirkende **Old St Paul's Cathedral** an der Mulgrave Street, Ecke Pipitea Street, als Pfarrkirche von Thorndon. Nachdem der heutige Parliamentary District von neuseeländischen Ministerien vereinnahmt wurde, konnten nur noch anhaltende öffentliche Proteste in den 1960er-Jahren das Gotteshaus, eine der schönsten europäischen Holzkirchen des Landes, vor dem Abriss bewahren. Heute werden hier bevorzugt Hochzeiten abgehalten, was angesichts der wunderschönen Einrichtung in Anlehnung an den frühen englisch-gotischen Stil verständlich ist. ⏰ tgl. 10–17 Uhr.

Old St Paul's steht in totalem Kontrast zu seinem modernen Nachfolger, der **St Paul's Cathedral**, einen Block entfernt in der Molesworth Street. Die kuriose Stilmischung aus Byzanz und Santa Fé wurde in den 1930er-Jahren von dem berühmten Kirchenarchitekten Cecil Wood aus Christchurch entworfen. Queen Elizabeth II. legte 1954 den Grundstein, doch vollendet wurde die Kathedrale erst 1998. Im riesigen Innenraum wirkt das Chorgestühl aus dunklem Holz winzig und fehl am Platze bei all dem rosa Beton. Die auffällige Orgel wurde übrigens in London gebaut. Sie stand ursprünglich in der Old St Paul's. ⏰ tgl. 10–16 Uhr.

Katherine Mansfield Birthplace

Läuft man rund 10 Min. zu Fuß durch Thorndon nach Norden, erreicht man das Geburtshaus von Katherine Mansfield, 25 Tinakori Rd, 🖥 www.katherinemansfield.com. In diesem Holzgebäude und seinem kleinen Garten verbrachte die weltberühmte Autorin (s. Kasten) von Kurz-

---

Katherine Mansfield

Katherine Mansfield Beauchamp (1888–1923) ist Neuseelands berühmteste Verfasserin von Kurzgeschichten. Im Laufe ihres kurzen Lebens revolutionierte sie dieses Genre, indem sie nicht die Handlung, sondern die Erzählkunst in den Mittelpunkt rückte. Virginia Woolf schrieb, Mansfields Werke seien „die einzige literarische Leistung, auf die ich jemals neidisch war". Mansfield lebte fünf Jahre lang in Wellington in der Tinakori Road, zusammen mit ihren Eltern, drei Schwestern und der geliebten Großmutter. Die Örtlichkeiten sind in mehreren ihrer Geschichten beschrieben, besonders in *Prelude* und *A Birthday*. Später siedelte die Familie in ein wesentlich eleganteres Haus im heutigen westlichen Vorort Karori über. Mit 19 zog Katherine nach Europa. Sie starb im Alter von 34 Jahren in Frankreich an Tuberkulose.

---

geschichte ihre Kindheitsjahre. Das Haus, das einen viktorianisch-edwardianischen Charme ausstrahlt, weist ein ungewöhnliches, für die damalige Zeit avantgardistisches Dekor auf, stark beeinflusst von der Kultur Japans und dem Ästhetizismus.

In einem Raum im Obergeschoss hängen Schwarzweißfotos der Stadt und von Personen aus Mansfields Umfeld, die ihren Werdegang maßgeblich bestimmten. Außerdem laufen Videofilme, darunter der exzellente *A Woman and a Writer*. In dem kleinen Anbau hinter dem Haus beleuchten weitere Fotos die Rolle, die das Viertel Thorndon in Mansfields Leben und künstlerischem Schaffen spielte. ⏰ Di–So 10–16 Uhr, Eintritt $5,50; Bus Nr. 14 hält in der nahe gelegenen Park Street.

Die Vororte

Die Vororte, die Erholung von der innerstädtischen Hektik bringen, lassen sich vom Zentrum aus leicht erreichen. Ein paar Kilometer nördlich vom bahnbrechenden **Zealandia: the Karori Sanctuary Experience** steht das schöne Waldstück **Otari-Wilson's Bush**, und gleich südlich

Matiu/Somes Island (20 Min.)

Picton (3 Std.)

Übernachtung
Koromiko Homestay **A**
Restaurant & Café 1
Chocolate Fish Café

N

0   1 km

Wellington Harbour

Scorching Bay

SCORCHING BAY

MASSEY ROAD

Point Halswell

Westside Studios **1**

Shelly Bay

SHELLY BAY ROAD

Point Jerningham

Lower Hutt (14 km), Porirua (15 km)

s. Karte Wellington Zentrum

Interislander Ferry Terminal

AOTEA QUAY

Westpac Stadium

Container Terminal

Bluebridge Ferry Terminal

Katherine Mansfield Birthplace

WATERLOO QUAY

Oriental Bay

ORIENTAL PARADE

Charles Plimmer Park

 EVANS BAY PARADE

Lambton Harbour

MT VICTORIA TUNNEL

Town Belt

Bahnhof

WELLINGTON URBAN MOTORWAY

THORNDON

Tinakori Hill

TINAKORI ROAD

TUNNEL ROAD

Basin Reserve

TARANAKI STREET

WALLACE

Cable Car

Town Belt

Botanic Gardens

GLENMORE STREET

KELBURN

UPLAND RD

Otari-Wilton Visitor Centre

OTARI-WILTON'S BUSH

WILTON ROAD

NORTHLAND

CURTIS ST

KARORI ROAD

KARORI

Eingang zum Schutzgebiet

Upper Reservoir

Lower Reservoir

ZEALANDIA: THE KAROLI SANCTUARY EXPERIENCE

ARO VALLEY

ARO ST

Makara Peak (5 km)

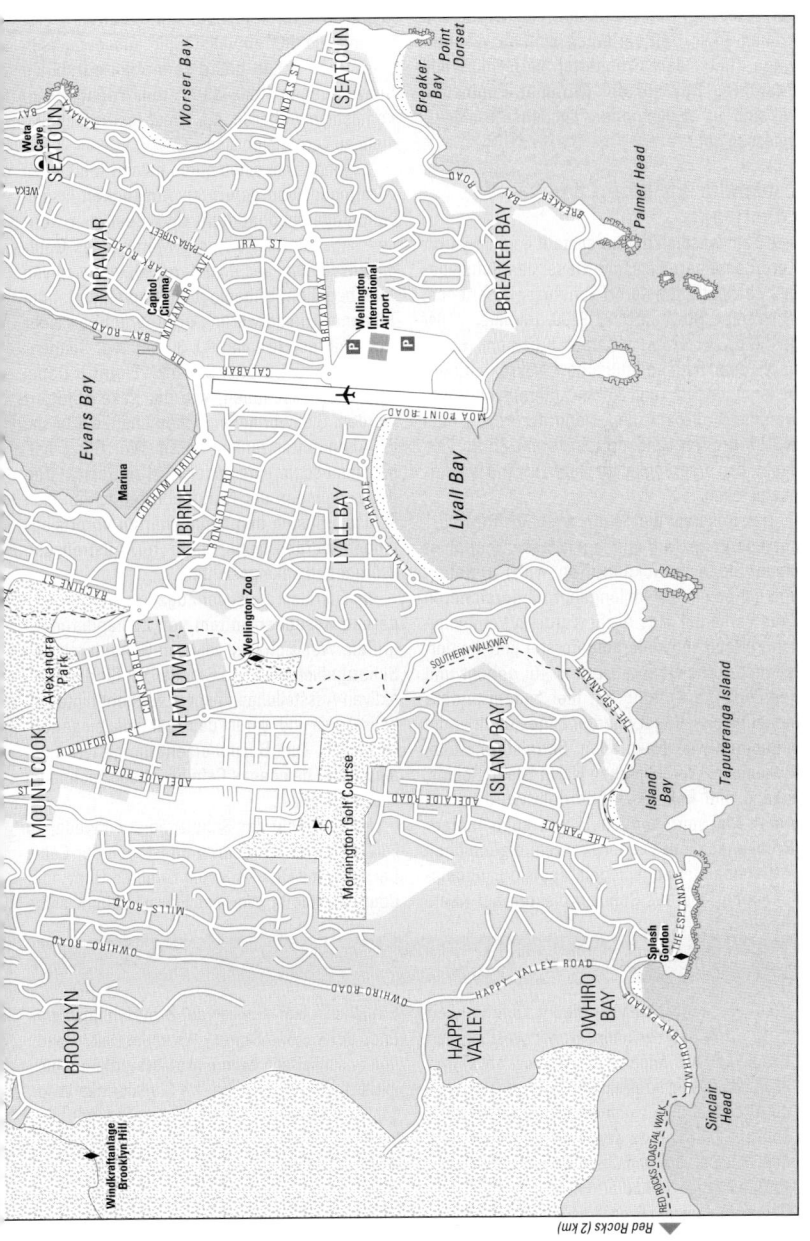

Wellington und Umgebung

der Stadt liegt der **Wellington Zoo**. Durch den grünen Town Belt verlaufen schöne Wanderwege. Hinter dem Grüngürtel wartet die stille **Scorching Bay** auf der **Miramar Peninsula**, wo sich die Wellingtoner Filmindustrie niedergelassen hat.

Zealandia: the Karori Sanctuary Experience

Nur 3 km westlich der Innenstadt liegt im Vorort Karori eine paradiesische Oase: das Schutzgebiet Zealandia: the Karori Sanctuary Experience, 31 Waiapu Rd, ✆ 04/920 9200, Infoline ✆ 04/920 2222, 🖥 www. visitzealandia.com. Es ist nach dem neuseeländischen Mikrokontinent benannt, der vor rund 85 Mio. Jahren von Gondwanaland abbrach und wegdriftete. Auf dem 253 ha großen Gelände wurde mit Erfolg versucht, den ursprünglichen Naturzustand wiederherzustellen.

Das Reservat wurde um zwei alte Trinkwasserreservoirs (auf die bei Wasserknappheit immer noch zurückgegriffen wird) angelegt und mit einem 8,6 km langen, **raubtiersicheren Zaun** versehen. Das Areal wurde mit einheimischen Bäumen wiederaufgeforstet und die dort lebenden Kuckuckskauze und Tui gehegt und gepflegt. Die Stiftung hat hier zudem andere einheimische Vögel wieder angesiedelt – die seltenen Kiwis, Wekarallen, Sattelstare, Kaka, Makomako, Weißköpfchen North Island Robins, Takahe und Kakariki. Außerdem wurden zum ersten Mal seit über 200 Jahren auch Tuatara (Brückenechsen) wieder in ihrem eigentlichen Festlandhabitat angesiedelt, ebenso Langbeinschnäpper, die aus Schutzprojekten auf Kapiti Island (S. 318) stammen. Der Wald wird erst in rund 500 Jahren vollständig ausgewachsen sein. Doch schon heute kann man auf 35 km Spazierwegen (teils eben, teils recht felsig) Vogelstimmen hören, die sonst fast nirgendwo mehr zu vernehmen sind.

Es lohnt sich, einen guten halben Tag hier zu verbringen. Von getarnten **Ausgucken** lassen sich Vögel beobachten, und Besucher können sogar die ersten paar Meter eines **Goldminenschachts** aus dem Karori-Goldrausch von 1869 begehen. Unbedingt zu empfehlen ist die Teilnahme (Reservierung erforderlich) an einer **Nachtführung** (Beginn tgl. 30 Min. vor Sonnenuntergang, 2 1/2 Std., $75 inkl. Eintritt). Dabei kann man zuschauen, wie die Kaka gefüttert werden, Glühwürmchen sehen und die Kiwi um ihr Abendfutter zanken hören. Wer Glück hat, bekommt sogar einen oder zwei zu Gesicht. Die Anstrengungen der Naturschützer zahlen sich langsam aus: In den benachbarten Vorortsiedlungen werden immer mehr Tui, Australische Würger und Kaka gesichtet.

Im Eintrittspreis ist der Zugang zum supermodernen **Besucherzentrum** von Zealandia inbegriffen. Wer sich hier vor dem Gang durch das Schutzgebiet eine gute Stunde Zeit für die interaktiven Ausstellungen nimmt, versteht hinterher besser, wie und warum das Zealandia eingerichtet wurde. Zum Besucherzentrum gehört auch ein reizvoll gelegenes **Café** mit ausgezeichneten kleinen Speisen.

Man erreicht das Schutzgebiet entweder zu Fuß (2 km von der oberen Endstation der Cable Car) oder mit Bus Nr. 3 vom Lambton Quay oder Courtenay Place. Wer eine Führung bucht, sollte

Die schönste Aussicht von ganz Wellington

Wem das Panorama vom Mount Victoria noch nicht ausreicht, der findet weiter westlich den **Brooklyn Hill**, leicht zu erkennen an seiner 32 m hohen Windkraftanlage. Unter dem Surren der Propeller bietet sich ein fantastischer Blick über die Stadt bis zu den Kaikoura Ranges auf der Südinsel. Die Demonstrationsanlage ist seit 1993 in Betrieb und liefert Energie für bis zu 100 Haushalte. Um den Brooklyn Hill mit dem Auto zu erreichen, biegt man von der Brooklyn Road am Ende der Victoria Street links in die Ohiro Road und anschließend beim Einkaufszentrum rechts in die Todman Street ein, wo Schilder den Weg zur Turbine weisen. Die Straße ist Okt–April ab 20 Uhr und Mai–Sep ab 17 Uhr geschlossen. Alternativ dazu kann man mit dem Bus Nr. 7 (hält in der Victoria Street im Zentrum) fahren, der 3 km vor dem Gipfel hält.

Wellington und Umgebung

auch gleich nach einer Abholmöglichkeit irgendwo in der Innenstadt fragen. ☉ April–Nov tgl.
9–17, sonst tgl. 10–17 Uhr, Eintritt $28.

Otari-Wilton's Bush

Einen Eindruck vom neuseeländischen Busch,
wie er vor Einwanderung der ersten Menschen
war, vermittelt der 6 km nordwestlich des Stadtzentrums gelegene Otari-Wilton's Bush. Ein
Großteil des ursprünglichen Waldes aus Podocarpaceen und Nördlichen Ratabäumen wurde
1860 von einem gewissen Job Wilton eingezäunt
und geschützt und bildet heute den Kern dieses
0,8 km^2 großen Schutzgebiets.

Beim unbesetzten Besucherzentrum, ☉ tgl.
9–17 Uhr, 160 Wilton Rd, kann man eine Karte
mit den Spazierwegen mitnehmen, die mit dem
100 m hohen **Canopy Walkway** beginnen, einem
Weg aus robusten Planken, der zwischen den
Bäumen über eine Schlucht führt. Es folgen der
Native Botanic Garden mit Pflanzen aus dem
ganzen Land und der informative **Nature Trail**
(30 Min.), eine gute Einführung in den neuseeländischen Wald und seine vielfältige Flora. Mehrere Wanderwege (1/2–2 Std.) schlängeln sich
durch den Busch, einer führt an einem 800 Jahre
alten Rimu-Baum vorbei.

Man erreicht das Schutzgebiet entweder
zu Fuß (3 km vom Zealandia: the Karori Sanctuary Experience) oder mit dem Bus Nr. 14 (alle
30 Min. vom Busbahnhof Lambton). ☉ tgl. Son-
nenauf- bis -untergang, Eintritt frei.

Wellington Zoo

Der 4 km südlich vom Zentrum gelegene Wellington Zoo, 200 Daniell St, ✆ 04/381 6750,
🖥 www.wellingtonzoo.com, hat einige interessante exotische Exemplare zu bieten, allen voran
den Malaienbär und Afrikanische Wildhunde.
Auch einheimische Tierarten sind reichlich vertreten. Besucher können zuschauen, wenn in
der Tierklinik „The Nest" operiert wird, oder sich
vielleicht für ein *close encounter* („auf Tuchfühlung gehen") eintragen, z. B. fürs Pandafüttern
von Hand ($75; Mindestalter 6 Jahre) oder Ge-
pardenstreicheln ($150; Mindestalter 14 Jahre).
Zum Zoo verkehren die Busse Nr. 10 vom Bahnhof und Nr. 23 von Lambton Quay. ☉ tgl. 9.30–
17 Uhr, Eintritt $18.

„Wellywood"

Wellington ist die Hauptstadt der neuseeländischen Filmindustrie, die sich zunehmend auf
die Miramar Peninsula (S. 476) konzentriert. Die
im Zweiten Weltkrieg hier errichteten, schon
lange verwaisten Verteidigungsanlagen boten
sich regelrecht für den Umbau in Filmstudios
an. Die traumhafte Landschaft ringsum diente
als Kulisse für zahlreiche Streifen, darunter
Herr der Ringe, *King Kong* und zwei noch
unveröffentlichte *Hobbit*-Filme (produziert vom
Drehbuchmitverfasser Peter Jackson; Kinostart
soll im Dezember 2011 bzw. Dezember 2012
sein). Jackson wohnt immer noch hier draußen.
Seine Special-Effects-Firma Weta, die er sich
mit Richard Taylor, Tania Rodger und Jamie Selkirk teilt, ist in Miramar beheimatet. Beim Besuch des Studios **Weta Cave**, Camperdown Rd,
Ecke Weka St, ✆ 04/380 9361, 🖥 www.wetanz.
co.nz, bekommt man einen faszinierenden
20-minütigen Film übers Filmemachen zu sehen.
Außerdem können Besucher einen Blick ins
kleine Museum werfen und im Museumsshop
handgefertigte Figuren, Limited-Edition-Samm-
lerstücke sowie Movie-Locationguides (ab $25)
kaufen. Achtung: Nicht den Fußabdruck von
King Kong im Zementboden vor dem Eingang
übersehen! ☉ tgl. 9–17.30 Uhr, Eintritt frei.
Weta-Partner Jamie Selkirk hat auch dafür
gesorgt, dass in Miramar das Art-déco-Kino
Capitol Cinema in der Park Road renoviert
wurde. Jetzt zeigt es zum ersten Mal seit fast
einem halben Jahrhundert wieder Filme.
In Shelly Bay im Westen der Halbinsel, gegenüber vom Chocolate Fish Café (S. 476), liegen in
der Shelly Bay Road die **Westside Studios**. Jeweils zur vollen Stunde beginnen hier Führungen zu den Tausenden von Requisiten, darunter
das Piano aus Jane Campions gleichnamigem
Film. ☉ Di–So, 10–15 Uhr, Eintritt $14.
Rund zehn Veranstalter von Stadtrundfahrten,
darunter die auf S. 487 genannten, haben
movie tours auf dem Programm. Noch mehr
über die neuseeländische Filmindustrie erfährt
man im **New Zealand Film Archive** (S. 468) in
der Innenstadt. Dort werden auf Wunsch auch
kostenlos Neuseelandfilme gezeigt.

Miramar Peninsula

Auf einer schmalen Landenge zwischen Evans Bay und Lyall Bay, rund 10 km südöstlich der Innenstadt, liegt der Flughafen von Wellington. Dahinter befindet sich die Miramar Peninsula, eine malerische Ansammlung von Vororten und Stränden. Einer davon ist **Scorching Bay**, ein sichelförmiger weißer Sandstreifen mit einem Spielplatz, 13 km östlich der Innenstadt. Hier kann man gefahrlos schwimmen.

In dieser Gegend konzentriert sich die neuseeländische **Filmindustrie**, das sogenannte „Wellywood" (s. Kasten S. 475), ein kleines El-dorado für Kinofans. Das beste Essen gibt's in dem von einer Familie geführten A Chocolate Fish Café in der Shelly Bay Road gegenüber den Westside Studios. Früher lag es an der Scor-ching Bay und war der Lieblingstreff der *Lord of the Rings*-Filmcrew. An seinem neuen Standort auf dem ehemaligen Luftwaffenstützpunkt in der Shelly Bay präsentiert es sich als ein nur tags-über geöffnetes Grillrestaurant. An Tischen drin-nen oder draußen gibt es Meeresfrüchte, Fleisch und warme vegetarische Sandwiches direkt vom Grill ($10–14) sowie leckere selbstgebackene Muffins, Kuchen und Gebäck.

Wellington Rover (S. 487) und Bus Nr. 30 (nur Mo–Fr während der Stoßzeiten) fahren nach Scorching Bay. Mit Bus Nr. 2 gelangt man nach Weta Cave. Verschiedene Buslinien bedienen die meisten (aber nicht alle) übrigen Abschnit-te der Halbinsel – Näheres s. S. 490. Man kann Miramar aber auch im Rahmen einer Movietour besuchen (s. Kasten S. 487).

Wellington Harbour und Hutt Valley

Im **Wellington Harbour** herrschen ausgezeich-nete Bedingungen zum Segeln und Kajakfahren (s. S. 486). Eine andere Möglichkeit, die Stadt vom Wasser aus zu bewundern, ist eine Fähr-fahrt zur **Matiu/Somes Island** in der nördlichsten Ecke der Bucht.

Am Nordende des Hafenbeckens, 15 km von Wellington, erstrecken sich die Pendlersiedlun-gen des Hutt Valley, des größten Flachlands der Region, erreichbar auf dem SH2 sowie mit Vor-

ortzügen und Bussen. Das Settlers Museum in **Petone** erinnert an die Gründung von Wellington. Im benachbarten **Lower Hutt** befinden sich der Wellington am nächsten gelegene Campingplatz (S. 480) und eine tolle Kunstgalerie. Außerdem liegt es am Weg zum hügeligen Rimutaka Forest Park (s. S. 477).

Matiu/Somes Island

Einer der schönsten Tagesausflüge von Wel-lington aus führt zur isoliert in den nördlichen Ausläufern des Wellington Harbour gelegenen Eiland Matiu/Somes Island. Der legendäre See-fahrer Kupe soll die Insel im 10. Jh. Matiu („Frie-den") getauft haben. Seine Nachkommen lebten auf der Insel, bis sie Ende der 1830er-Jahre von europäischen Siedlern vertrieben wurden. Die Neuankömmlinge benannten die Insel nach dem stellvertretenden Gouverneur der New Zealand Company, Joseph Somes, die das Stück Land „gekauft" hatte.

Die Insel diente 80 Jahre lang als Quaran-tänestation, in der Reisende mit ansteckenden Krankheiten wie Pocken interniert wurden. Während beider Weltkriege wurden alle Perso-nen, die den Behörden irgendwie suspekt waren (Deutsche, Italiener, Türken, Mexikaner oder Ja-paner) bis Kriegsende hier eingesperrt. Danach diente die Insel noch einige Jahre als Quarantä-nestation für Tiere.

Anfang der 1980er-Jahre erkannte man das Naturschutzpotenzial der Insel. Inzwischen steht sie unter Verwaltung des DOC, das sich unermüdlich um die Wiederbelebung der ein-heimischen Vegetation kümmert und die histo-risch wertvollen alten Gebäude restauriert. Die früher eingeführten Säugetiere und zugleich potenziellen Räuber wurden auf der Insel in-zwischen ausgerottet, um stattdessen bedrohte einheimische Arten wieder anzusiedeln. Bereits jetzt fühlen sich hier sechs Arten von Eidech-sen, der Kakariki (Ziegensittich), North Island Robins, Zwergpinguin, die Langfühlerschrecke Weta und die urzeitliche Brückenechse Tuatara heimisch. Über 50 Tuatara wurden an der Wel-lingtoner Victoria University gezüchtet und 1998 in die freie Wildbahn entlassen. Dort scheint es ihnen zu gefallen, denn sie pflanzen sich munter fort.

Anfahrt mit der **Dominion Post Ferry**, ☎ 04/499 3339, 🖳 www.eastbywest.co.nz (2–4x tgl., einfache Strecke 20 Min., Rückfahrkarte $21), die auf der Fahrt zur Days Bay bei der Insel hält. Bis zu fünf Stunden Besichtigungszeit bleiben, ehe man die letzte Fähre zurück nach Wellington besteigen muss. Der Fährfahrplan ist wetterabhängig, deshalb vorher anrufen und sich die Abfahrtszeiten durchgeben lassen.

Vom Anleger am nordöstlichen Ende der Insel führt eine Teerstraße 400 m bergauf zum **DOC Field Centre**, das in einem ehemaligen Krankenhaus untergebracht ist. Dort gibt es Karten der Insel, die man sich aber auch schon im Voraus im DOC-Büro in der Stadt (s. S. 489) besorgen kann. Viele Besucher nehmen sich etwas zum Picknicken mit auf die Insel. Es ist aber zu beachten, dass es sich um ein Schutzgebiet handelt und Rauchen nicht erlaubt ist.

Petone und Lower Hutt

Am Nordufer des Wellington Harbour erstreckt sich die Vorstadt Petone, Schauplatz der ersten – wenngleich kurzlebigen – europäischen Besiedlung in der Region Wellington. Das **Petone Settlers Museum**, The Esplanade, 🖳 www. petonesettlers.org.nz, erzählt von den Lebensumständen der ersten hier ansässigen Maori und den später hinzugekommenen kolonialen Siedlern. Das Museum steht 2,5 km östlich vom Bahnhof Petone und ist daher leichter mit den Bussen Nr. 81, 83 oder dem orangefarbenen Flyer von Courtenay Place und Lambton Quay aus erreichbar. ◷ Di–Fr 12–16, Sa und So 13–17 Uhr, Eintritt frei.

Rund 6 km nordlich von Petone liegt Lower Hutt. Hier befindet sich **The New Dowse**, 45 Laings Rd, ☎ 04/570 6500, 🖳 www.dowse. org.nz, ein modernes Kunstmuseum, das Ian Athfield 2006 auf verblüffende Art umgebaut hat. In den schönen Räumlichkeiten sind im Wechsel wunderbare, oft sehr anspruchsvolle Kunstwerke und Kunsthandwerk aus der Sammlung des Hauses zu sehen. Außerdem werden Ausstellungen aus dem Bereich Mode, Fotografie, Schmuck und zu anderen Themen gezeigt. Viele Arbeiten stammen von ortsansässigen Künstlern, was dem Museum einen starken Kiwi-Touch verleiht. Auf dem Museumsgelände gibt es ein hervorragendes Café. Weil das New Dowse fast 2 km westlich vom Bahnhof Waterloo liegt, lässt es sich einfacher mit den Bussen erreichen, die auch zum Petone Settlers Museum fahren. ◷ Mo–Fr 10–16.30, Sa und So 11–17 Uhr, Eintritt frei.

Neben The Dowse befindet sich das **i-SITE Visitor Centre**, 25 Laings Rd, ☎ 04/560 4715, 🖳 www.huttvalleynz.com. ◷ Mo–Fr 9–17, Sa und So 9–15 Uhr.

Rimutaka Forest Park

Südlich von Lower Hutt liegt der Haupteingang zum Rimutaka Forest Park, einem beliebten Naherholungsgebiet für die Bewohner von Wellington. Der Park lädt zu diversen Spaziergängen und leichten Tageswanderungen im attraktiven **Catchpool Valley** ein und besitzt Picknick- und Grilleinrichtungen sowie einen gut geführten DOC-Campingplatz (s. S. 479). Etwa 20 km außerhalb von Wellington weist ein Schild an der Coast Road auf den **Parkeingang** hin (◷ 8 Uhr bis Sonnenuntergang), von wo sich die Catchpool Road durch das Tal zum 2 km entfernten Parkplatz, gleichzeitig der Ausgangspunkt vieler **Wanderwege**, hinaufschlängelt. Wer etwas mehr Kondition besitzt, kann bis zum Orongorongo River marschieren, an dessen Ufer es sich wunderschön kostenlos zelten lässt und wo eine traumhafte Landschaft beginnt.

Ein eigenes Fahrzeug ist die erste Option, da keine günstige Busverbindung besteht. Am besten besorgt man sich im DOC in Wellington die nützliche Broschüre *Catchpool Valley/Rimutaka Forest Park*. ◷ Dez–Feb tgl. 11–16, März–Nov Sa und So 11–16 Uhr.

Übernachtung

In der Innenstadt von Wellington gibt es jede Menge Unterkünfte, darunter ein paar ausgezeichnete **Hostels**. **B&Bs** werden immer seltener, aber dafür steigt die Zahl gut ausgestatteter **Apartments**. Frühstücken (oder brunchen) gehen gehört zum Besuch von Wellington unbedingt dazu. Daher muss es vielleicht keine Unterkunft sein, bei der das Frühstück im Preis enthalten ist. Zentral

Wellington und Umgebung

gelegene **Motels** sind Mangelware, aber zahlreiche auf Geschäftsleute ausgerichtete **Hotels** haben günstige Sonderangebote, besonders am Wochenende. Es sind auch viele namhafte Ketten vertreten. Wer's gern etwas ruhiger hat, entscheidet sich für ein Viertel außerhalb des Zentrums und fährt mit dem Auto oder öffentlichen Verkehrsmitteln in die Stadt. Infos zu **Stellplätzen für Wohnmobile** im Zentrum Wellingtons hat das i-SITE. Sofern nicht anders angegeben, sind alle Unterkünfte auf der Karte S. 466/467 eingezeichnet.

Hotels, Motels und Apartments

Apollo Lodge Motel & Majoribanks Apartments, 49 Majoribanks St, 200 m von Courtenay Place, ☏ 0800/361 645, 🖥 www.apollo-lodge.co.nz. Ansprechendes Motel mittlerer Größe mit modernen Zimmern (manche im edwardianischen Stil, andere modern eingerichtet). Die Apartments eignen sich auch sehr gut für längere Aufenthalte. Parkmöglichkeit abseits der Straße. Motel ❹, Apartments ❺

Halswell Lodge, 21 Kent Terrace, ☏ 04/385 0196, 🖥 www.halswell.co.nz. Komfortable, gastfreundliche Unterkunft in zentraler Lage. Schlichte, preisgünstige Hotelzimmer, relativ teure Motel Units und reizende Deluxe-Zimmer in einer Lodge abseits der Straße. Kostenlose Parkplätze auf dem Gelände. Hotel ❸, Motel und Lodge ❺

Trinity Hotel, 166 Willis St, ☏ 04/801 8118, 🖥 www.trinityhotel.co.nz. Alle 60 Zimmer dieses Budgethotels haben Telefon, Sky TV, Tee und Kaffee. Auf dem Gelände befinden sich ein Restaurant, eine Bar und ein Parkplatz ($15; reservieren!). Die Wochenendspecials ($120) locken mit einem Fläschchen Sekt, warmem Frühstück und *late checkout*. ❹

Museum Hotel, 90 Cable St, ☏ 0800/994 335, 🖥 www.museumhotel.co.nz. Das Business-Hotel mit schwarzer Fassade machte Schlagzeilen, als es vom Bauplatz für Te Papa auf Bahnschienen zur anderen Straßenseite gezogen werden musste (daher der Spitzname „Hotel de Wheels"). Die gemütlichen Zimmer zieren moderne neuseeländische Kunstwerke.

Ohtel, 66 Oriental Parade, ☏ 04/803 0600, 🖥 www.ohtel.com. Edles Boutiquehotel gegenüber dem Waitangi Park an der Oriental Parade mit eigenem Parkplatz. Zu jedem der 10 mit Hightech-Multimediaanlagen, Designer- und handverlesenen Retromöbeln aus den 50er-, 60er- und 70er-Jahren ausgestatteten Zimmer gehört ein Verwöhn-Badezimmer mit 2-Personen-Badewanne. ❼

Für den gebotenen hohen Standard sind die Preise vernünftig. Parkplätze vorhanden. Zimmer ❺, mit Hafenblick ❼

B&Bs und Gästehäuser

Austinvilla B&B, 11 Austin St, Mt Victoria, ☏ 04/385 8334, 🖥 www.austinvilla.co.nz. Zwei hübsche, sehr ruhige Apartments (eines ein Studio, das andere mit separatem Schlafzimmer und kleinem Garten), beide mit Badewanne, kleinem Frühstück und Parkplatz abseits der Straße. Die elegante Villa im Grünen ist 10 Min. zu Fuß von Courtenay Place entfernt. Für Kleinkinder ungeeignet. Jeweils ❻

Booklovers B&B, 123 Pirie St, Mount Victoria, ☏ 04/384 2714, 🖥 www.booklovers.co.nz. Was Charme und Komfort angeht, gibt es kaum etwas Besseres als dieses literarisch angehauchte 3-Zimmer-B&B in einer stilvollen viktorianischen Villa 10 Min. zu Fuß von Courtenay Place und Mount Victoria Park. Regelmäßig findet die Veranstaltung „authors and afternoon tea" statt ($20). Bücher in allen Zimmern (eins darf man sogar auf die Weiterreise mitnehmen). Zu jeder Tageszeit wird ein ausgiebiges, warmes Frühstück serviert. ❽

Koromiko Homestay, 11 Koromiko Rd, Highbury, s. Karte S. 472, ☏ 04/938 6539, 🖥 www. koromikohomestay.co.nz. Zentrales B&B für „gay men and their friends" in einer ruhigen Straße mit Blick auf den Botanischen Garten und den Hafen. Gemeinschaftsbäder; Mahlzeiten auf Wunsch ($25 inkl. Wein). ❹

The Mermaid, 1 Epuni St, Ecke Aro St, ☏ 04/384 4511, 🖥 www.mermaid.co.nz. Luxuriöses

Gästehaus nur für Frauen in restauriertem, 100 Jahre altem Haus. 4 verschwenderisch eingerichtete Zimmer (eines mit eigenem Bad), alle mit Blick auf den Garten oder die Hügel. Gemeinschaftsküche. ❹–❺
Tinakori Lodge, 182 Tinakori Rd, Thorndon, ☎ 04/939 3478, 🖥 www.tinakorilodge.co.nz. Elegantes, ruhiges B&B in einer 1868 aus Holz erbauten Villa im viktorianischen Stil, nur einen kurzen Spaziergang vom Parliamentary District entfernt; 9 geräumige Zimmer (mit und ohne Bad); Wintergarten mit Blick ins Grüne. ❺–❻

Hostels

Base Backpackers, 21-23 Cambridge Terrace, ☎ 0800/227 369, 🖥 www. stayatbase.com. Gut organisiertes Hostel mit 280 Betten in einem ehemaligen Bürogebäude. Hat u. a. billigen Internetzugang, abschließbare Schränke, Fahrradverleih (S. 489), ordentliche Kochgelegenheiten und die Bar Basement, wo Themenabende veranstaltet werden. Die Zimmer im Stockwerk nur für Frauen ($3 extra pro Nacht) sind mit Handtüchern und Shampoo ausgestattet. Dorms $27–30, Zimmer mit Bad ❸
Cambridge Hotel, 28 Cambridge Terrace, ☎ 0800/375 021, 🖥 www.cambridgehotel.co.nz. Das liebevoll renovierte Hotel aus den 1930er-Jahren dient teilweise auch als Hostel. Es besitzt ein gut besuchtes, preiswertes Restaurant mit Bar. Die 4- bis 8-Bett-Dorms sind geräumig, die Hotelzimmer zwar nicht gerade riesig, aber gut ausgestattet und bieten ein anständiges Preis-Leistungs-Verhältnis. Dorms $26, Zimmer mit und ohne Bad ❸
Downtown Backpackers, 1 Bunny St, gegenüber dem Bahnhof, ☎ 04/473 8482, 🖥 www.downtownbackpackers.co.nz. Großes Hostel im Art-déco-Hotel Waterloo in sehr günstiger Lage für Zug, Bus und Fähre. Die Dorms und Zimmer (teils mit Bad) sind adäquat, aber wenig aufregend. Pluspunkte: gute Bar mit billigem Bier und ein Café im ehemaligen Ballsaal, wo es preiswertes Essen gibt. Dorms $25, Zimmer ❷–❸
Nomads Capital, 118 Wakefield St, ☎ 0508/ 666 237, 🖥 www.nomadscapital.com. Komfortables 180-Betten-Hostel (die obersten Stockbetten sind nichts für Leute mit

YHA Wellington City, 292 Wakefield St, ☎ 04/801 7280, ✉ yha.wellington@yha.co.nz. Die 320-Betten-Herberge ist eines der besten städtischen Hostels Neuseelands. Sie liegt mitten im Stadtzentrum, und von einigen Zimmern im oberen Stockwerk hat man einen tollen Blick auf die Hafenbucht. Geräumige Gemeinschaftsbereiche inklusive Tischfußball und Großbildfernsehzimmer, eine gut ausgestattete Küche, Fahrradaufbewahrung, Info- und Reisebüroschalter. Regelmäßig finden Aktivitäten wie gemeinsames Abendessen ($6–9,50) statt. Viele der DZ, 2-Bett-Zimmer und 4- oder 6-Bett-Dorms haben ein Bad. Dorms $31, Zimmer ❸–❹

Höhenangst) in der Innenstadt mit der dazugehörigen coolen Bar/Café namens Blend. Es gibt Frauen-Dorms ohne Aufpreis und – das Beste von allem – gemütliche DZ mit Bad. Dorms $27, DZ ❸
Wellywood Backpackers, 58 Tory St, ☎ 0508/005 858, 🖥 www.wellywood backpackers.co.nz. Das in einem nicht zu übersehenden zebragestreiften Gebäude untergebrachte freundliche, unabhängige Hostel hat keine eigene Bar, liegt aber nur einen Steinwurf von einigen der besten Kneipen der Stadt entfernt. Ein Stockwerk ist Gemeinschaftsbereich (Internet und TV-Lounges, Billardtisch und große Küche). Die Mitarbeiter vermitteln die Teilnahme an Film- und anderen Touren. Dorms $27, Zimmer ❷, mit Bad ❸, Familienzimmer mit 5 Schlafgelegenheiten ❻

Camping

Catchpool Valley, Rimutaka Forest Park, 30 km östlich von Wellington. s. S. Karte S. 463. Einladender Drive-in-Campingplatz des DOC am Ufer des Catchpool mit warmen Duschen, Toiletten, Wasseranschlüssen und Grillstellen. $10.
Matiu/Somes Island, DOC-Campingplatz für 12 Personen im Tierschutzgebiet auf Matiu/ Somes Island (S. 476) in der Mitte des

Wellington und Umgebung

Wellington Harbour mit toller Aussicht auf die Stadt. Spülklos und Gaskocher vorhanden; Töpfe und sämtliche Verpflegung müssen mitgebracht werden. $10.

Top 10 Hutt Park Holiday Park, 95 Hutt Park Rd, Lower Hutt (s. Karte S. 463), ☎ 0800/488 872, 🖥 www.huttpark.co.nz. Der Wellington am nächsten gelegene Campingplatz befindet sich 12 km nördlich vom Zentrum am nordöstlichen Ufer der Bucht. Strände, Geschäfte und Buschwanderungen in der Nähe, Anfahrt mit Bus Nr. 81–85 von Courtenay Place und Lambton Interchange. Camping $17, Cabins ❷, Units für Selbstversorger ❸, Motel Units ❹

Essen

Wellington soll angeblich mehr Speiselokale pro Kopf besitzen als New York. Der Standard ist jedenfalls bemerkenswert hoch, und zwar in jeder Preisklasse. Eigentlich ist es nicht notwendig, das zentrale Geschäftsviertel zu verlassen, aber wir haben trotzdem ein paar gute, weiter außerhalb gelegene Optionen aufgenommen.

In der selbsternannten **Kaffee**-Hauptstadt (Wellington hat sage und schreibe zehn unabhängige Röstereien) ist das edle Gebräu natürlich überall zu haben.

Feinschmecker können sich einer Gourmettour anschließen (s. Kasten S. 487). Interessante Ecken für Leute, die gern mal abseits der vielbesuchten Gegenden essen gehen, sind z. B. Newtown und das Aro Valley.

In den Straßen im Umkreis von **Courtenay Place** und **Cuba Street** wimmelt es von neuseeländischen und internationalen Restaurants – von billigen Indern und Studentencafés bis zu noblen, preisgekrönten Gourmettempeln, wo die Crème de la Crème der neuseeländischen Küchenchefs den Kochlöffel schwingt. In zahlreichen Restaurants gibt es preiswerte Mittagsmenüs. Innovatives und meistens sehr günstiges Essen haben auch viele Pubs und Bars (S. 483).

Lebensmittel bekommt man in den drei zentral gelegenen New World-Supermärkten: 68 Willis St; im Bahnhof und (der größte) am östlichen Ende der Wakefield Street. Am Sonntagmorgen findet unten am Parkplatz in der Nähe des Te

Kreuzberg in Neuseeland

Kreuzberg, Cuba St, Ecke Webb St. An dem schwarz gestrichenen Imbisswagen gibt's in Wellington gerösteten People's Coffee und Snacks wie Haloumi oder Tofuburger und getoastete Sandwiches mit Hühnerfleisch (alles unter $10) zum Mitnehmen oder zum Verzehr an den gestreiften Tischen auf dem in einen Stadtgarten verwandelten ehemaligen Autohof. Wer den Spielzeugpapagei mit einer $1-Münze füttert, bekommt im Gegenzug eine Kurzgeschichte. An Sommerabenden wird oft Livemusik geboten oder auf einer Leinwand im Freien ein Film gezeigt. Schanklizenz. ⊙ 7.30 Uhr bis mindestens 16 Uhr.

Papa ein **Obst- und Gemüsemarkt** statt und im nahe gelegenen Chaffers Dock Atrium bauen Landwirte zur gleichen Zeit einen **Farmers' Market** mit Ständen voller selbst gemachter Produkte auf.

Sofern nicht anders angegeben, sind alle genannten Lokale auf der Karte S. 466/467 verzeichnet.

Delis und Take-aways

Moore Wilson's, Tory St, Ecke College St. Dieser etwas versteckte Feinkostladen samt Fleischerei und Bäckerei ist eine super Adresse für hochwertige Picknickzutaten, darunter lang gereifter Hausmacherkäse. Am Quellwasserbrunnen draußen vor der Tür können Passanten kostenlos ihre Wasserflaschen mit Trinkwasser auffüllen.

Wellington Trawling Sea Market, 220 Cuba St. Hier gibt es die besten Fish and chips der Stadt zum Sofortverzehr oder zum Mitnehmen. Verkauft auch frischen Fisch. ⊙ tgl. bis mind. 20 Uhr.

Cafés

Aro Coffee, 90 Aro St. Das beste der Cafés in den Holzhäusern des Aro Valley brüht selbst gerösteten Kaffee aus handveredelten Bohnen auf. Dazu gibt's eine kleine, aber feine Tageskarte, auf der z. B. Omelette mit Zucchini, Briekäse und Basilikum oder Schweinswürstchen aus eigener Herstellung mit Salat aus weißen Bohnen stehen (alles unter $20).

Ciocco, 11 Tory St. Einladendes Tagescafé und Chocolaterie, wo handgeschöpfte Schokoladen aus dem Wairarapa in 60 ausgefallenen Geschmacksrichtungen wie Basilikum, Rosa Pfeffer und Limette-Chili über den Ladentisch gehen. Die heiße Schokolade – echte Schokolade, die auf dem Boden eines Glases mit heißer Milch dahinschmilzt – wird durch einen *stroon*, d. h. einen „Strohhalm" aus Metall, geschlürft.

Fidel's, 234 Cuba St. Das dauerangesagte, immer volle Café am weniger betriebsamen Ende der Cuba Street ist mit Bildern von Fidel Castro aus der Revolutionszeit zugekleistert und erstreckt sich über den ehemaligen Friseursalon daneben sowie einen Hof. Es erfreut seine Gäste mit frisch geröstetem Havana-Kaffee, veganischen Muffins, alkoholischen Getränken, Smoothies und super preiswertem Essen (Hauptgerichte $10–24). ⏲ So–Mo bis 22, Di–Sa bis 23 Uhr.

Floriditas, 161 Cuba St, ✆ 04/381 2212. Das schicke, helle Café ist stets gut gefüllt. Es hat hervorragende Frühstücksmenüs ($13,50–17) und eine kleine, aber feine Speiseauswahl, z. B. Dorsch- und Fenchelchowder ($12,50), danach ein Lendensteak vom Holzkohlengrill ($34) und als Nachtisch ein Trifle aus Tamarillo und Marsala ($10) oder die Spezialität des Hauses: *amaretto afogatto* ($10,50).

Midnight Espresso, 178 Cuba St. In dem Künstlertreff und Paradies für Koffeinjunkies mit Postern und Flyern an der Info-Pinnwand,

Kunstwerken, Wandgemälden und Spielautomat kommen Havana-Kaffee sowie Snacks von der Lebensmitteltheke und warme Speisen (viele vegetarisch oder vegan) für unter $10 auf den Tisch. ⏲ tgl. bis 3 Uhr.

Mojo, 37 Customhouse Quay. Fast jeden Tag kann man hier im Hauptquartier einer der renommiertesten Wellingtoner Röstereien dem Meisterröster Lambros Gianoutsos höchstpersönlich bei der Arbeit zusehen und im Laden (⏲ Mo–Fr 8–16, Sa 10–14 Uhr) Bohnenkaffee kaufen. Im Gebäude dahinter ist das röstereieigene Café untergebracht. ⏲ tgl.

Nikau Gallery Café, City Gallery Wellington, Civic Square. Stilvoll-modernes Tagescafé mit Terrasse, ausgezeichnetem Kaffee und preiswerten Mahlzeiten. Tipp: Kedgeree mit selbst geräuchertem Fisch ($20) oder eines der köstlichen Desserts wie Limettenmousse mit Haselnusspraline ($11). ⏲ So geschl.

Olive, 170 Cuba St, ✆ 04/802 5266. Entspanntes, gemütliches Café mit schlichter Holzeinrichtung, wo vorwiegend Bioprodukte auf den Tisch kommen. Hervorragend für Kaffee und Kuchen, aber auch leckeres Frühstück ($5–17) wie Bio-Porridge für $7 und Mittagessen ($11–17), z. B. gebratener Haloumi. Der abendliche Renner (Hauptgerichte $23–28) ist das tgl. wechselnde Risotto. So und Mo abends geschl.

Parade Café, 148 Oriental Parade. Prima Anlaufstelle für eine Verschnaufpause beim Spaziergang an der Oriental Bay. Erlesener Kaffee und Kuchen oder Frühstücks-, Mittags- oder Abendgerichte zu erschwinglichen Preisen. Tipp: Knoblauch-Calamari-Salat, frisch gebackene Kürbispanini oder Bratwurst mit Kartoffelbrei für Feinschmecker (*gourmet bangers and mash;* alles $16–18). Schanklizenz.

Plum, 103 Cuba St. Das mit dunklem Holz ausgekleidete Café ist das perfekte Plätzchen für ein regenerierendes „Plumster"-Katerfrühstück mit Eiern, Würstchen, Frühstücksspeck, gebackenen Tomaten, gegrillten Wildpilzen und mehr ($19) oder für warmen Räucherlachs mit Rösti, Avocado und Kapernmayo ($15,50). Schanklizenz.

Restaurants

Beach Babylon, Erdgeschoss, 232 Oriental Parade, ℘ 04/801 7717. Das im Stil einer altmodischen Kiwi-*bach* gestaltete Lokal bietet für jeden etwas. Sein Angebot reicht vom ungezwungenen.Brunch bis zum stilvollen Dinner mit Retrotouch (passend zur Einrichtung): *chicken supreme* mit Kartoffelpüree für $25,50, gebackenes Lamm auf *bubble and squeak* (gebratener Kartoffel-Gemüse-Brei) für $23,50 und zum Dessert Bananensplit oder Eisbecher (beides $8). Schanklizenz und BYO.

Chow, 45 Tory St, ℘ 04/382 8585. Trendiges Restaurant (mit mehreren Filialen landesweit) im 1. Stock mit gekonnt präsentierten südostasiatischen Gerichten. Die vielen *long plates* ($9–19) eignen sich ideal als Beilagen oder lassen sich zu einem üppigen Festessen kombinieren – unbedingt die gebackenen Muscheln mit Koriander und Chili-Soja-Mayonnaise bestellen.

Dockside, Shed 3, Queens Wharf, ℘ 04/499 9900. Nobelrestaurant und Bar in einem großen alten Holzlager mit Veranda zum Hafen. Wer nicht draußen sitzen möchte, muss sich in Schale schmeißen. Tolles Seafood – Tipp: Dockside Fish 'n' Chips ($30) oder eine ganze gebratene Flunder ($36). Wer einen Fensterplatz möchte, sollte reservieren.

Maria Pia's Trattoria, 57 Mulgrave St, ℘ 04/499 5590. Die Speisekarte in dieser

gemütlichen süditalienischen Trattoria und Weinbar wechselt je nach Saison, und fast alles wird frisch vor Ort mit größtenteils Bio-Zutaten zubereitet. Gut zum Mittagessen bei einer Besichtigung des Parliamentary District, aber auch einen Abstecher zum Abendessen wert (Hauptgerichte ab $35). ◷ Lunch Mo–Fr, Dinner Di–Sa.

Martin Bosley's, 1. Stock, 103 Oriental Parade ℘ 04/920 8302. Renommiertes Restaurant eines der berühmtesten Spitzenköche Neuseelands. Die originelle und kunstvoll angerichtete Küche legt den Schwerpunkt auf Seafood, passend zum Ausblick von der oberen Etage des Port Nicholson Yacht Club. Hauptgerichte am Abend um $45. Mo–Fr Mittagessen, Di–So Abendessen.

Masala, 2 Allen St, ℘ 04/385 2012. Eine stilvolle Alternative zu den meisten anderen indischen Lokalen in Wellington. Die Currys (mittags Hauptgerichte unter $13, abends unter $20), von klassisch bis innovativ, lassen absolut nichts zu wünschen übrig. Schanklizenz und BYO.

Matterhorn, 106 Cuba St, ℘ 04/384 3359. Das Kaffeehaus hinter Schwingtüren am Ende eines langen, holzgetäfelten Gangs ist eine gelungene Mischung aus gemütlicher Bar und Nobelrestaurant. An der langen Bartheke sind ausgefallene Cocktails (toll: der Basilikum-Manukahonig-Martini) und an den Tischen sehr appetitliche Speisen zu haben. Abends stehen als Hauptgerichte ($28–36) Leckerbissen wie doppelt gebackenes Gorgonzola-Soufflé und karamellisierter, langsam gegarter Schweinebauch auf dem Programm; der Sonntagabend-Rostbraten genießt Kultstatus. ◷ Mo–Fr Mittagessen, Sa–So Brunch, tgl. Abendessen.

Ortega, 16 Marjoribanks St, ℘ 04/382 9559. Das edle Bistro ist nur ein paar Schritte von Courtenay Place entfernt. Der Schwerpunkt liegt auf köstlichem Seafood wie Garnelen mit Kedgeree aus geräucherten Muscheln; der Service ist fachmännisch-gelassen. Ein Tisch fürs Abendessen muss reserviert werden. Man kann aber auch einfach auf einen Oloroso-Sherry an der Bar hereinschneien. Hauptgerichte um $30. Abendessen Mo–Sa.

Sweet Mother's Kitchen, 5 Courtenay Place, ℘ 04/385 4444. Zum Frühstück Beignets ($3),

Asiatisch schlemmen

Oriental Kingdom, Left Bank, ☎ 04/381 3303. Das schlichte Café ist ein Tipp von Insidern – unter denen sie es so beliebt, dass es sich vor kurzem vergrößern musste. Jedes der hier aufgetragenen pan-asiatischen Gerichte ist knackfrisch, billig (Hauptgerichte $6,50–9,50), reichlich und köstlich, ganz besonders die dampfend heißen Laksas und Roti. Schanklizenz und BYO.

als Zwischenmahlzeit ein Po Boy (belegtes Baguette à la New Orleans für $8,50–9,50), zum Aufwärmen eine Schüssel Gumbo (klein/groß $11/15) und als Nachspeise Pecan- und Bourbon-Pie ($8) – wie klingt das? Schanklizenz. ◷ Mo geschl.

The White House, 1. Stock, 232 Oriental Parade, ☎ 04/385 8555. Wegen des großartigen Blicks auf die Bucht und der exquisiten Speisen eine der besten Adressen von Wellington für ein romantisches Dinner. Zu den Gaumenfreuden gehören Wildpastete mit Pilzen in Trüffelöl ($45) oder gegrillter Lachs auf Wasabi-Mus mit Macadamiasoße ($40), gefolgt von einer würzigen Käseplatte (fünf verschiedene Sorten für $45). Manche gehen aber auch gleich aufs Ganze und bestellen ein *dégustation menu* ($125) samt passenden Weinen ($65 extra). ◷ Abendessen Mo–Sa, Mittagessen Fr (im Sommer längere Öffnungszeiten, bitte telefonisch erfragen).

Unterhaltung und Kultur

In der Umgebung von Courtenay Place und Cuba Street und in den angrenzenden Straßen (Allen St, Blair St und Dixon St) tobt das beste Nachtleben in ganz Neuseeland. Meist nur wenige Schritte voneinander entfernt liegen jede Menge Nachtcafés, Bars und Clubs. Do–Sa ist am meisten los.

Die meisten **Pubs** und **Bars** haben täglich von etwa 11 Uhr bis Mitternacht oder später geöffnet. Der Unterschied zwischen Bars und **Clubs** ist oft fließend; in vielen Bars gibt's abends Tanz bei Livemusik zum Nulltarif, v. a. am Wochenende. Haus- und Gast-DJs sorgen hier

wie dort mit einem bunten Soundmix für Party- oder Clubatmosphäre. Alle möglichen Livebands (meistens neuseeländische, manchmal auch internationale) treten in Bars, kleineren Lokalen oder größeren Hallen wie dem Queens Wharf Events Centre, ☎ 04/472 5021, auf. Hin und wieder sind im Frank Kitts Park am Hafen oder auf dem Civic Square **kostenlose Konzerte** zu hören. Die nachstehend genannten Adressen finden sich auf der Karte S. 466/467.

Pubs und Bars

Alice, Forresters Lane, nahe Tory St. Am anderen Ende derselben Gasse, in der auch das „Motel" (s. u.) liegt, weist ein neonbeleuchteter Hase, der in einem Loch verschwindet, den Weg durch einen kurvenreichen Korridor in diese von Lewis Carroll inspirierte Fantasiewelt. Die Cocktails (z. B. Mad Hatter's Tea Party – Vanillewodka und geeister Pfefferminztee) werden in Teekannen und Porzellantassen serviert. Eine Durchgangstür verbindet das Alice mit dem Boogie Wonderland (S. 484). ◷ Mi–Fr ab 18, Sa ab 19 bis gegen 5 Uhr.

The Backbencher Pub, Molesworth St, Ecke Kate Sheppard St, gegenüber den Parliament Buildings. Ein Favorit bei den Parlaments- abgeordneten und Beamten, nicht nur wegen der satirischen Cartoons und Politikerpuppen, sondern vor allem wegen der gemütlichen Atmosphäre, gut einem Dutzend Biersorten vom Fass und der herzhaften Kost.

Coyote, 63 Courtenay Place. Bar im Western-Stil (eine von insgesamt vier in ganz Neuseeland), die mit hausgemachter kommerzieller Musik die Tanzwütigen anzieht. Günstige Drinks und Kiwi- Mex-Essen.

Hummingbird, 22 Courtenay Place, ☎ 04/801 6336. Hübsche, holzvertäfelte Bar und Restaurant mit großen Fenstern zur Courtenay Place, durch die man das Treiben vor der Tür beobachten kann. Mai–Nov So nachmittags Live-Jazz.

Kiwi Pub, 26 Allen St. Der ehemalige englische Pub namens Courtenay Arms wurde umgetauft, ausgemistet und mit „Kiwiana" eingerichtet, darunter Brettspiele und bunt zusammengewürfeltes Mobiliar. Gemütliche, lockere Atmosphäre und eine gute Auswahl an Fassbieren.

Leuven, 135-137 Featherston St. Kneipe nach belgischer Art im Herzen des Geschäftsviertels. Frühstück mit belgischem Haferbrei und komplette Mahlzeiten wie die 1-Kilo-Schüssel Muscheln, für die das Leuven berühmt ist. Am frühen Abend besonders beliebt, dann werden nach ein Paar Bierchen die Krawattenknoten gelockert.

Mac's Brewery, Cable St, Ecke Taranaki. Die einzige Brauerei in der Wellingtoner Innenstadt, die noch in Betrieb ist. In dem Lagerhaus aus dem 19. Jh. gibt's klassische Pubkost, dazu ausgezeichnete Biere, z. B. Great White (Weizenbier), Macs Gold (Malzbier), Sassy Red (englisches Bitter), Black Mac (dunkles Lager) und das umwerfende Hop Rocker (Pilsner). Wer sich nicht entscheiden kann, bestellt ein Tablett mit sechs Kostproben (*six-beer tasting tray* für $15).

Matterhorn, s. S. 482. Megacoole Cocktailbar, regelmäßig Live- und Electronicmusik.

Mighty Mighty 1. Stock, 104 Cuba St. Abgefahrene Late-Night-Bar, wo alle möglichen und unmöglichen Musikgruppen auftreten. Es kann aber auch ein schräges Spiel, ein Kuchen-Esswettbewerb oder ein Tischtennisturnier auf dem Programm stehen – wer wissen will, was los ist, muss schon hingehen. Meistens $5–10 Eintritt. ⏰ Mi–Sa bis 4 Uhr.

Motel, 1. Stock, Foresters Lane. Diese verschwiegene Bar mit einem winzigen Schild, Überwachungskamera und elektrischem

Hopfen und Malz

The Malthouse, 48 Courtenay Place. In diesem kuscheligen Biertrinkerparadies mit tiefen Sofas, hohen Hockern und glänzend polierten Holztischen werden 30 verschiedene Biere gezapft – darunter einige der besten Exemplare neuseeländischer Brauereikunst wie das Pitch Black der Invercargill Brewing Company – und dazu rund 150 unterschiedliche Flaschenbiere geköpft. Jedes einzelne ist mit einer ausführlichen Geschmacksbeschreibung des führenden neuseeländischen Bierexperten Neil Miller versehen. ⏰ So–Do ab 15 Uhr, Fr und Sa ab 12 Uhr, bis in die frühen Morgenstunden.

Für jeden etwas

Southern Cross, 35 Abel Smith St. Das große, trotzdem gemütliche moderne Lokal mit einer beheizten Pergola im balinesischen Stil (im Winter gibt's Wärmflaschen und warme Decken) bietet Veranstaltungen für jeden Geschmack, vom Strickzirkel (Mo) über Musikquiz-Abende (Do) bis zu Tanzstunden (So) und am Wochenende Livemusik. Dazu eine beachtliche Auswahl neuseeländischer Biere vom Fass und klasse Kneipenkost, z. B. eine Portion *cheerios* (neuseeländische Cocktailwürstchen).

Türöffner erreicht man von einer schmalen Gasse beim Chow (S. 482) her. Der Schuppen war früher dermaßen exklusiv, dass angeblich sogar Liv Tyler abgewiesen wurde, als sie in Wellington *Herr der Ringe* drehte. Mit den intimen Nischen, coolen Sounds (meistens Jazz) und anständigen Cocktails hat das Motel immer noch das gewisse Etwas. Von Courtenay Place die Tory Street nehmen, dann die erste Gasse links. ⏰ Di–Sa ungefähr 18.30–3 Uhr.

Clubs und Livemusik

Bodega, 101 Ghuznee St. Wellingtons ältestes Lokal mit Auftritten erfolgreicher Kiwi-Bands sowie der einen oder anderen abgefahrenen internationalen Truppe. ⏰ nomalerweise Di–Sa.

Boogie Wonderland, 25 Courtenay Place. Für Fans von Schlaghosen, Disco und Spiegelkugeln. Voll im Retro-Rausch und unglaublich beliebt. Ausgelassen und herrlich kitschig. ⏰ Do–Sa ab 21 Uhr, Eintritt normalerweise $10.

Happy, 118 Tory St, Ecke Vivian St. Underground-Adresse mit Livemusik, Electronic und experimentellen Sounds. Eintritt zu den meistens Events frei, manchmal $5–10.

Hole in the Wall, 154 Vivian St. In dem gut besuchten, renommierten Lokal gibt's fast jeden Abend Gigs und DJs sowie alles Mögliche, von Hardcore und Garagenpunk bis Drum 'n' Bass, produziert von aufstrebenden oder schon etablierten Musikern. Hin und wieder wird eine Eintrittsgebühr verlangt.

San Francisco Bathhouse, 171 Cuba St. Weder wird hier gebadet, noch hat der Laden irgendeinen Bezug zu San Francisco, dafür ist er die begehrteste Indie-, Alternative Rock- und Reggae-Adresse, mit einem Balkon, der einen Blick auf das bunte Treiben der Cuba Street erlaubt. Erstklassige Kiwi-Bands und die eine oder andere internationale Gruppe auf Tournee geben sich hier die Ehre. Eintritt zu den meisten Gigs um $10–15, manche sind kostenlos.

Sandwiches, 8 Kent Terrace. Schicker Musik- und Danceclub mit angeschlossenem Restaurant. Der musikalische Schwerpunkt liegt auf Drum 'n' Bass, was am Wochenende Wellingtonians in Scharen anzieht. Manchmal ist der Eintritt frei, er kann aber auch bis zu $45 betragen.

Klassische Musik und Theater

Die **darstellenden Künste** sind in Wellington gut vertreten. Die Stadt besitzt vier Theater und ist die Heimat des Royal New Zealand Ballet, des New Zealand Symphony Orchestra und verschiedener Opern- und Tanzensembles. Die beste Informationsquelle für derartige Veranstaltungen ist die Broschüre *Wellington – What's On*, die im i-SITE und in vielen Unterkünften ausliegt. Ähnliche **Auflistungen** findet man in der Wochenendausgabe der *Dominion Post*, 🖥 www.dompost.co.nz, dem Wochenblatt *Capital Times,* 🖥 www. capitaltimes.co.nz, das es an Zeitungsständen gibt, sowie im monatlich erscheinenden Veranstaltungsmagazin *Feeling Great,* einem Hochglanzmagazin für Kunst und Lifestyle. Es lohnt sich, nach Flyern über das von der Stadtverwaltung geförderte Summer City Festival (Jan–März) Ausschau zu halten. Dann finden nämlich an verschiedenen Orten der Stadt kostenlose Konzerte und andere Veranstaltungen statt.

Tickets sind direkt am Veranstaltungsort erhältlich oder gegen eine kleine Vorverkaufs- gebühr bei **Ticketek**, 📞 04/384 3840, am St James Theatre, 77-87 Courtenay Place, 🖥 www.ticketek.co.nz. Ticketek hat eine Filiale im St James Theatre, 77-87 Courtenay Place.

Bats Theatre, 1 Kent Terrace, 📞 04/802 4175, 🖥 www.bats.co.nz. Theater mit Schwerpunkt auf alternativen Stücken zu erschwinglichen Preisen (normalerweise um den $15–18). Besitzer einer Backpacker Card bekommen Rabatt.

Circa, Taranaki St, Ecke Cable St, 📞 04/801 7992, 🖥 www.circa.co.nz. Eines der innovativsten professionellen Theater des Landes, das einige der berühmtesten neuseeländischen Regisseure und Schauspieler hervorgebracht hat.

Downstage, 12 Cambridge Terrace, 📞 04/801 6946, 🖥 www.downstage.co.nz. Eigene Produktionen und hervorragende Gastspiele: eine Mischung aus Mainstream und neuem Drama, Dance und Comedy, mit einem Schwerpunkt auf erstklassigen Kiwi-Stücken.

Opera House, 111-113 Manners St, 📞 04/384 4060, 🖥 www.stjames.co.nz. Opern, Ballett und Musicals auf Tournee.

St James Theatre, 77-87 Courtenay Place, 📞 04/802 4060, 🖥 www.stjames.co.nz. Das renovierte Theater in einem Gebäude von 1912 ist Hauptauftrittsort für das Royal New Zealand Ballet, außerdem Opern, Tanz, Musicals und Theaterstücke. Café mit Alkoholausschank, das vor und nach den Aufführungen geöffnet hat.

Kinos

Zusätzlich zu seinen zahlreichen Multiplexkinos besitzt Wellington etliche sogenannte Arthouse Cinemas. Ein paar Dollar lassen sich meist sparen, wenn man eine Vorstellung tagsüber oder Anfang der Woche besucht. Näheres zur Renovierung des Capitol Theatre Cinema auf der Mirimar Peninsula s. S. 475.

Embassy, 10 Kent Terrace, 📞 04/384 7657, 🖥 www.deluxe.co.nz. Auf der großen Leinwand im Stadtzentrum laufen aktuelle Kinohits und Independent-Filme.

Paramount, 25 Courtenay Place, 📞 04/384 4080, 🖥 www.paramount.co.nz. Zentral gelegenes Multiplexkino von 1917, das Arthouse- und Mainstream-Filme zeigt; die Mitnahme von Getränken in den Kinosaal ist erlaubt.

Reading Cinemas, 100 Courtenay Place, 📞 04/801 4601, 🖥 www.readingcinemas.co.nz. Bedient größtenteils den Massengeschmack, Karten für die plüschigen Gold Lounge-Sitze ab $25 mit Essen- und Getränkeservice am Platz.

The New Zealand Film Archive s. S. 468.

Feste

In Wellington ist es jederzeit gut möglich, dass der Besuch mit irgendeinem Festival zusammenfällt. Das Visitor Centre hat sämtliche Informationen, im Folgenden sind die größten Anlässe chronologisch gelistet.

New Zealand International Arts Festival, 🖥 www.nzfestival.nzpost.co.nz. Das größte Kulturevent des Landes dauert einen ganzen Monat und findet im Februar/März jedes geraden Jahres statt. Es zieht Top-Künstler aus aller Welt an. Nach dem Vorbild des Edinburgher Fringe Festivals umfasst das Programm Kunstausstellungen aller Richtungen, klassische Musik, Jazz und Pop, Opern, Puppenspiel und Theater, Kabarett, Dichterlesungen, traditionellen Maori-Tanz, modernes Ballett und experimentelle Werke. Die meisten Veranstaltungsorte liegen in der Innenstadt.

Wellington Fringe Festival, 🖥 www.fringe. org.nz. Das energiegeladene Kunstfestival läuft etwa parallel zum International Arts Festival und belebt die Innenstadt von Wellington mit Theateraufführungen drinnen und draußen.

Wellington International Jazz Festival, 🖥 www.jazzfestival.co.nz. Anfang März zieht das 5-tägige Festival einige der weltbesten Musiker an.

Wellington Film Festival, 🖥 www.enzedff.co.nz. Meistens von Mitte Juli bis Anfang Aug in mehreren Kinos der Stadt stattfindendes Filmfestival mit einem Angebot abseits des Massengeschmacks.

Wellington on a Plate, 🖥 www.wellington onaplate.com. Mit einem 2-wöchigen Festival in der zweiten Augusthälfte feiert die Hauptstadt ihre kulinarischen Erzeugnisse mit Verkostungen, Talkshows und Gourmet-Führungen sowie preisreduzierten Menüs in Toprestaurants.

World of WearableArt (WOW), 🖥 www. worldofwearableart.com. Die Tickets für dieses Spektakel gehen weg wie warme Semmeln. Beim WOW werden in den letzten beiden Septemberwochen bei bizarren Modenschauen verrückte Klamotten vorgeführt.

Sportveranstaltungen

Westpac Stadium (Wellington Regional Stadium), Featherston St, ✆ 04/473 3881, 🖥 westpacstadium.co.nz. In der „Keksdose", wie Spötter das moderne, zweckdienliche Stadion wegen seiner Eisenverkleidung nennen, werden Rugby- und Cricketspiele abgehalten. Gelegentlich finden hier auch Rockkonzerte statt.

Aktivitäten

Dank Wellingtons überschaubarer Größe und wunderbarer Lage warten gleich vor den Toren der Stadt herrliche Möglichkeiten für Aktivitäten im Freien warten.

Kajakfahren und Tauchen

Mit einem Kajak lassen sich ein paar schöne Stunden auf dem Wasser verbringen. **Fergs Kayaks**, in Shed 6, Queens Wharf, ✆ 04/499 8898, 🖥 www.fergskayaks.co.nz, vermietet Einsitzer-Sit-on-Top-Kajaks ($20/2 Std., $50/Tag), Zweisitzer-Sit-on-Tops ($35/2 Std., $85/Tag), Einer-Seekajaks ($20/ 2 Std., $60/Tag) und Zweier ($40/$120). Fergs bietet bei gutem Wetter auch begleitete Ausflüge wie den *Lights at Night Trip* mit romantischen Ausblicken auf die erleuchtete Stadt und einem leichten Abendessen (Di 18–21 Uhr, bei 4 oder mehr Teilnehmern jeweils $85; bei 2 Teilnehmern $105 p. P.; Reservierung 2 Wochen im Voraus).

Splash Gordon, 432 The Esplanade, Island Bay, ✆ 04/939 3483, 🖥 www.splashgordon.co.nz, bietet Tauchcharter zur fünf Bootsminuten entfernten Fregatte *Wellington*, die 2005 in 21 m Tiefe vor der Küste versenkt wurde. Erfahrene Taucher können zwei Tauchgänge inkl. kompletter Ausstattung für $120 unternehmen. Splash Gordon veranstaltet

---

Schwule und Lesben

Wellingtons Schwulen- und Lesbenszene verteilt sich auf die Lokale in der Innenstadt, reiht sich aber größtenteils nahtlos in die allgemeine Café-/Bar-Szene ein. Zumindest im Stadtzentrum müssen sich Schwule, Lesben, Trans- und Bisexuelle keine Zurückhaltung auferlegen. Aktuelle Infos bringen die Website 🖥 www.gaynz. com, die Zeitung *Express*, 🖥 www.gayexpress. co.nz, und das Magazin *OUT!*, 🖥 www.out. co.nz. Wellingtons größte Gay-Veranstaltung, die alljährliche Pride Week (gegen Ende Sep), wird mit Tanz, Partys, Filmen und Kunstevents begangen.

4WD Seal Coast Safari, ☎ 0800/732 5277, 🖥 www.sealcoast.com. Die 3-stündige Strandfahrt im Geländewagen zur Robbenkolonie Red Rocks (kein Fußmarsch erforderlich) mit Tee, Muffins und Kommentar kostet $99.

Flat Earth, ☎ 0800/775 805, 🖥 www.flatearth.co.nz. Der exklusive Veranstalter legt großen Wert auf zuvorkommende Betreuung. Eine seiner Touren führt zu den Highlights von Wellington City, außerdem hat er Landschafts- und Ökotouren sowie mehrere Movie Tours im Programm (ab $65).

Movie Tours, ☎ 027/419 3077, 🖥 www.adventure safari.co.nz. Eine von mehreren angebotenen Touren zum Thema Film ist z. B. eine 4-stündige, von Clips begleitete Rundfahrt zu allen möglichen Drehorten, inkl. Besuch in Weta Cave ($40).

Wairarapa Escape Tours, ☎ 06/377 1227, 🖥 www.tranzit.co.nz. Im Preis der beliebten, täglich stattfindenden Tagestouren durchs Wairarapa (S. 453) sind die Bahntickets von/nach Wellington, Abholung, Reiseleitung, Mittagessen und Weinproben enthalten. Zur Auswahl stehen die *Wine Escape Tour* ($161) und die *Garden Escape Tour* ($182). Bei beiden steht auch ein Besuch der bezaubernden Gärten der Region auf dem Programm.

Wellington Rover, ☎ 021/426 211, 🖥 www.wellingtonrover.co.nz. Minibustouren zu den Sehenswürdigkeiten an der Peripherie von Wellington, darunter Mount Victoria, Red Rocks, der Zoo und zwei Drehorte von *Herr der Ringe*. 3x tgl. Zu- und Aussteigen nach Belieben, $40; geringe Preisnachlässe für diverse Sehenswürdigkeiten auf der Tour. Der *Twilight Rover* ($45) steuert u. a. die Südküste, Otari-Wilton's Bush und Mount Victoria an.

Wild About Wellington, ☎ 027/441 9010, 🖥 www.wildaboutwellington.co.nz. Die Begeisterung der Wellingtonerin Jennifer Looman für ihre Stadt und das, was dort so alles hergestellt wird, ist ansteckend. Bei ihren tgl. stattfindenden Touren *Sights & Bites* (4 1/2 Std., $195 inkl. Mittagessen) und *Wild about Chocolate* (4 1/4 Std., $50) kombiniert sie Sightseeing mit Gourmet-Stopps. Die *City of Style* (3 Std., $125) führt zu örtlichen Designern, und im Preis der *Boutique Beer* (3 Std., $165) sind rund ein Dutzend Bierproben inbegriffen.

Zest Food Tours, ☎ 04/801 9198, 🖥 www.zestfoodtours.co.nz. Die hervorragenden Feinschmeckertouren mit Verkostung steuern Kaffeeröstereien, Schokoladenfabriken, Käsereien, Imkereien und dergleichen an (Mo–Sa, ab $159 für 2 1/2 Std.). Zest veranstaltet darüber hinaus Weintouren durchs Wairarapa, die in die Gegend von Martinborough führen.

auch Kurse unterschiedlicher Schwierigkeitsgrade.

Klettern und Inlineskaten

Fergs Kayaks, Queens Wharf, Shed 6, ☎ 04/499 8898, 🖥 www.fergskayaks.co.nz. Exzellente und sehr beliebte Indoor-Kletterwand ($15; Ausrüstung und Schuhe je $3). Fergs vermietet auch Inlineskates ($15/2 Std., $25/Tag), die man hervorragend im nahe gelegenen Frank Kitts Park oder in der Umgebung der Oriental Parade einsetzen kann.

Radfahren

Bei gutem Wetter gibt es nichts Schöneres als eine Radtour über die **Küstenstraßen** östlich der Stadt. Los geht's auf der Oriental Parade nach Osten und immer am Meer entlang, soweit die Puste reicht, vielleicht sogar am Flughafen vorbei und um die Nordspitze der Miramar Peninsula bis Scorching Bay (S. 476) und Seatoun (25–30 km eine Strecke).

Zahlreiche **Offroad-Strecken** sind in der kostenlosen Broschüre *Mountain Biking in Wellington City* (liegt im i-SITE aus) verzeichnet. Sie enthält Karten der am besten geeigneten und nach einer kurzen Fahrt von der Stadt aus erreichbaren Gegenden. Besonders toll sind z. B. die Küstenstrecke nach Red Rocks (s. Kasten S. 488) und die Wanderwege um den Mount Victoria (S. 468). Passionierte Mountainbiker sollten den **Makara Peak Mountain Bike Park**, 🖥 www.makarapeak.org.nz, ansteuern, ein 2 km² großes Gebiet mit Wäldern, Wiesen und Feldern, in dessen Mittelpunkt der 412 m hohe Makara Peak steht, der etwa 8 km westlich von

Wellington und Umgebung

Der bewaldete, die Stadt umgebende Town Belt bietet ausgezeichnete Wandermöglichkeiten, großartige Ausblicke auf Wellington und die Gelegenheit zum Beobachten von Robben an der Südküste. Detaillierte Broschüren zum Thema sind kostenlos im i-SITE (S. 489) erhältlich.

Red Rocks Coastal Walk

4 km einfach, 2–3 Std. hin und zurück

Der beliebte und einfache Red Rocks Coastal Walk führt südlich von Wellington an der Küste entlang nach Sinclair Head, wo eine Junggesellenkolonie neuseeländischer **Pelzrobben** jedes Jahr (Mai–Okt) Quartier bezieht. Die Wanderung folgt einer rauen Piste von der Owhiro Bay zum Sinclair Head und hat die Red Rocks zum Ziel – gut erhaltene Lavakissen, die vor rund 200 Mio. Jahren durch einen Vulkanausbruch unter Wasser gebildet und danach von Eisenoxid rot gefärbt wurden. Viele Maori führen die rote Farbe auf Blutstropfen aus Mauis Nase oder von Kupes Hand zurück, nachdem dieser sich an einer Paua-Muschel geschnitten hatte. Eine andere Legende berichtet davon, wie Kupes Töchter sich vor Kummer selbst geschnitten haben sollen, als sie ihren Vater für tot hielten.

Der Weg beginnt ungefähr 7 km südlich des Stadtzentrums bei den Toren zu einem Steinbruch am westlichen Ende der Owhiro Bay Parade, wo es einen Parkplatz gibt. Die Anfahrt mit dem **Bus** erfolgt mit der häufig verkehrenden Nr. 1 zur Island Bay, dann an der Kreuzung von Parade und Reef Street aussteigen und die letzten 2,5 km zum Startpunkt der Wanderung laufen. Zur Hauptverkehrszeit bietet sich als Alternative auch die Buslinie Nr. 4 an, die ihren Weg bis Happy Valley fortsetzt, was rund 1 km vom Wanderweg entfernt liegt. Beide fahren im Zentrum an der Courtenay Place Richtung Osten ab. Auch der Wellington Rover oder 4WD Seal Coast Safari (S. 487) haben die Robbenkolonie im Programm.

Southern Walkway

11 km, 4–5 Std. oder kürzere Etappen

Der Southern Walkway durchquert den Town Belt im Süden des Zentrums, zwischen der Oriental Bay und der Island Bay, und ist bis auf ein paar steile Abschnitte sehr leicht zu begehen. Unterwegs genießt man herrliche Ausblicke auf Hafenbucht und Innenstadt und erspäht Graufächerschwanz, Riroriro und Silberbrillenvogel; der beste **Badestrand** liegt in der Island Bay.

Die Wanderung kann in jede Richtung gestartet werden und ist deutlich mit orangenen Pfeilen markiert. Zum Startpunkt in Zentrumsnähe geht man die Oriental Parade entlang (oder nimmt **Bus** Nr. 14 oder 24) bis zum Eingang zum Charles Plimmer Park unmittelbar hinter der Hausnummer 350. Wer lieber in der entgegengesetzten Richtung läuft, nimmt den Bus Nr. 1 in die Island Bay und folgt den Schildern vom nahen Shorland Park.

Northern Walkway

16 km, 4–5 Std., einzelne Etappen möglich

Der Weg verläuft durch einen ruhigen Abschnitt des Town Belt im Norden des Zentrums und bietet spektakuläre Aussichten. Auf der Strecke zwischen Kelburn und dem Vorort Johnsonville werden fünf verschiedene Gebiete – Botanic Gardens, Tinakori Hill, Trelissick Park, Khandallah Park und Johnsonville Park – durchquert, die auch von diversen Vorortstraßen und mit öffentlichen Verkehrsmitteln zugänglich sind.

Zu den besonderen Attraktionen entlang dieser Strecke zählen die **Vogelwelt** auf dem Tinakori Hill (Tui, Graufächerschwanz, Eisvogel, Riroriro und Graurückiger Brillenvogel), der junge, endemische Wald **Ngaio Gorge** im Trelissick Park, ein fantastischer Blick über die Stadt und den Hafen bis zu den Rimutaka und Tararua Ranges von einem Aussichtspunkt auf dem **Mount Kaukau** (430 m) und im **Johnsonville Park** ein stillgelegter, in den nackten Fels gehauener Straßentunnel.

Startmöglichkeiten sind die obere Endstation der Cable Car (von da Richtung Norden durch den Botanischen Garten) oder der Wanderweg am Tinakori Hill, zu erreichen indem man von der Glenmore Street in die ansteigende St Mary Street einbiegt und an deren Ende den orangenen Pfeilen durch den Wald folgt. Wer die Wanderung lieber am nördlichen Ende beginnt, nimmt den **Zug** zur Raroa Station (Linie Johnsonville).

Downtown Wellington jenseits von Karori liegt. Der Eintritt ist kostenlos und streckenmäßig ist für jeden Geschmack was dabei.

Mietfahrräder gibt's bei **Mud Cycles**, 338 Karori Rd, Karori, 2 km vor dem Bike Park, ℰ 04/476 4961, 🖥 www.mudcycles.co.nz. Hat auch eine Filiale in Wellington: Base Wellington (S. 479). Kostenpunkt $30/halber Tag, $45/ganzer Tag.

Schwimmen

Freyberg Pool and Fitness Centre, 139 Oriental Parade, ℰ 04/801 4530; Hallenbad (33 m, $4), Dampfbad, Fitnessbereich (auch Kurse), Spas, Saunas und Massagen. ⊙ tgl. 6–21 Uhr.

Thorndon Pool, 26 Murphy St. Das Freibad mit einem beheizten, rund 30 m langen Becken befindet sich in der Nähe des Parliamentary District. ⊙ Okt–April Mo und Mi 6.30–20, Di, Do und Fr 6.30–19, Sa und So 8–18.30 Uhr, Eintritt $5,30.

Surfen und Kiteboarden

Die Windbedingungen im Hafen sind ideal zum Windsurfen und Kiteboarding. Am meisten Surf- und Kitebetrieb herrscht in der Kio Bay und um die Landspitze herum Richtung Evans Bay.

Wildwinds, Chaffers Marina, Overseas Terminal, ℰ 04/384 1010, 🖥 www.wildwinds.co.nz, unmittelbar östlich vom Te Papa. Wildwinds hat einen 2-stündigen Schnupperkurs ($110) im Angebot, aber auch Unterricht für verschiedene Lernstufen mit jeweils vier Kurseinheiten ($395). Surfunterricht bei der **Mahina Surf School**, ℰ 021/365 563, 🖥 www.mahinasurf.co.nz, umfasst auch die Miete für Brett und Wetsuit sowie Abholung und Ablieferung der Teilnehmer bei einer Adresse im Stadtzentrum ($80/4 Std.).

Sonstiges

Apotheken

After Hours Pharmacy, 17 Adelaide Rd, Newtown, ℰ 04/385 8810, Notdienst ⊙ Mo–Fr 5–23, Sa, So und feiertags 8–23 Uhr.

Unichem Eddie Fletcher Pharmacy, 204 Lambton Quay, ℰ 04/472 0362.

Automobilclub

Automobile Association (AA), 342-352 Lambton Quay, ℰ 04/931 9999.

Autovermietungen

Ace Rentals, 126 Hutt Rd, ℰ 0800/535 500, 🖥 www.acerentalcars.co.nz;
Nationwide, 37 Hutt Rd, Thorndon, ℰ 0800/ 803 003, 🖥 www.nationwiderentals.co.nz;
Rent-a-Dent, 24 Tacy St, Kilbirnie, ℰ 0800/ 736 823, 🖥 www.rentadent.co.nz.

Bibliothek

Wellington Central Library, Victoria St, nahe Civic Square, ℰ 04/801 4040, ⊙ Mo–Do 9.30– 20.30, Fr 9.30–21, Sa 9.30–17, So 13–16 Uhr.

Camping- und Outdoorausrüstung

An der Kreuzung Willis Street und Mercer Street gibt es mehrere gute Fachgeschäfte: **Bivouac, Mountain Designs**, **Fairydown** und **Kathmandu**.

Fahrradverleih

Siehe Radfahren, S. 487.

Geld

Geld wechseln kann man am besten bei der **ANZ**, 215-229 Lambton Quay, der **BNZ**, 1 Willis St, oder **Travelex**, 120 Lambton Quay.

Goethe-Institut

150 Cuba St, ℰ 04/385 6924, 🖥 www.goethe. de/nz. Organisiert Ausstellungen, Konzerte, Lesungen, Vorträge, Tanzdarbietungen und Filmvorführungen.

Informationen

i-SITE Visitor Centre, Wakefield St, Ecke Victoria St, ℰ 0800/933 536, 🖥 www.wellington. nz.com. Das gut mit Infobroschüren, Karten und Broschüren ausgestattete Visitor Centre nimmt einen Teil des gläsernen Civic Center ein, wo auch ein Café und Internet-Terminals (s. u.) untergebracht sind. Es hat auch Stadtpläne und die nützliche, kostenlose Broschüre *Wellington: Official Visitor Guide*. ⊙ tgl. 8.30–17.30, öffentliche Feiertage 11–16.30 Uhr.

DOC, 18 Manners St, ℰ 04/384 7770. Vergibt Info-material über Wanderungen in der Umgebung von Wellington, verkauft Hüttentickets und stellt Permits für Kapiti Island aus (beides auch online erhältlich). ⊙ Mo–Fr 9–17, Sa 10–15.30 Uhr.

Internet

Zahlreiche Anbieter gibt es an der Courtenay Place. Der Tarif beträgt im Schnitt $4–5/Std. **Interface**, Left Bank, unweit der Cuba St Mall, hat Internet mit allen Schikanen, ⏰ Mo–Fr 10–20, Sa 10–18 Uhr.
Kostenlosen Zugang gibt's in der **Stadtbücherei**; im **i-Site** kostet es $8/Std.

Medizinische Hilfe

Notruf: ☎ 111.
After Hours Medical Centre, 17 Adelaide Rd, Newtown, nahe Basin Reserve, ☎ 04/384 4944, 24 Std. geöffnet;
Wellington Hospital, Riddiford St, Newtown, ☎ 04/385 5999.

Polizei

Wellington Central Police Station, Victoria St, Ecke Harris St, ☎ 04/381 2000, Notruf ☎ 111.

Post

Es gibt mehrere Postämter in der Innenstadt. Ein Poste-Restante-Schalter findet sich in der 43 Manners Street.

Nahverkehr

Die Innenstadt von Wellington lässt sich gut zu Fuß bewältigen, aber es gibt auch ein effizientes, aufeinander abgestimmtes Bus-, Bahn- und Fährnetz. Der sehr praktische Fahrschein **Metlink Explorer** ($18) berechtigt wochentags ab 9 Uhr und am Wochenende ganztägig zu unbegrenzten Bus- und Bahnfahrten innerhalb der Region Wellington.
Strecken- und Fahrplaninformationen enthalten die kostenlose Metlink Network Map sowie die einzelnen Fahrpläne, die im Visitor Centre oder am Bahnhof erhältlich sind. Telefonische Informationen erteilt **Metlink**, ☎ 0800/801 700, 🖳 www.metlink.org.nz. Infos zum Radfahren s. S. 487.

Selbstfahrer

Das Fahren im Zentrum ist ziemlich einfach, wenn man sich erst einmal an das ausgedehnte Einbahnstraßensystem gewöhnt hat.
In Downtown finden sich unter der Woche keine kostenlosen **Parkplätze**. Dafür darf am Samstag

bis zu 2 Std. und am Sonntag den ganzen Tag umsonst geparkt werden. Gebührenpflichtige Parkplätze sind reichlich vorhanden, die meisten kosten unter der Woche um $5 pro Std. (nachts und am Wochenende meistens weniger). Oft beträgt die Höchstgebühr für einen ganzen Tag $10–12. Der Parkplatz am Te Papa Museum eignet sich für Wohnmobile, mehrere andere gibt es in der Nähe. Wer sein Fahrzeug nicht dauernd von einem Parkplatz zum nächsten bewegen möchte, findet auch einige Parkplätze, die $20–25 für 24 Std. verlangen.
Die meisten Straßen in der Innenstadt sind mit **Parkuhren** versehen (in der Regel Mo–Do 8–18 und Fr 8–20 Uhr, $4/Std., sonst kostenlos), wo die maximale Standzeit 2 Std. beträgt. Etwas weiter außerhalb kann man mit **Coupon** parken (Mo–Fr 8–16 Uhr), d. h. die ersten beiden Stunden sind gratis, danach muss ein Parkschein ($5 pro Tag) hinter die Windschutzscheibe gelegt werden. Die Coupons sind in Lebensmittelgeschäften und an Tankstellen erhältlich.

Stadtbusse

Wellington verfügt über ein umfangreiches Bus- und Trolleybusnetz mit dem gleich westlich des Bahnhofs gelegenen Busbahnhof **Lambton Interchange** als Zentrum. Von der Courtenay Place aus verkehren Nachtbusse (Sa und So stdl. 1–3 Uhr).
Fahrscheine können direkt beim Busfahrer gekauft werden. Sie kosten $1–1,50 innerhalb des Zentrums, danach findet ein Zonensystem Anwendung. Eine Fahrt zum Zealandia: the Karori Sanctuary Experience kostet z. B. $4. Nach Mitternacht betragen die Fahrpreise $5–10. Bei ausgiebiger Nutzung des Bussystems an einem Tag lohnt sich der Kauf des **Daytripper-Tickets** ($6, erhältlich im Bus), das unbegrenzte Fahrten im Zentrum einschließt, oder des **Star Pass** ($12), der zusätzlich in den Nachtbussen gültig ist. Näheres zum Airport-Flyer-Service s. S. 492.

Vorortzüge

Der Wellingtoner **Bahnhof** in der Bunny Street ist der Knotenpunkt des öffentlichen Verkehrsnetzes der Stadt. Die Vorortzüge betreibt **Tranz Metro**, ☎ 04/498 3000, 🖳 www. tranzmetro.co.nz. Züge ins Hutt Valley (S. 476) und zur Kapiti Coast (S. 318) fahren von hier ungefähr halbstündlich nach WATERLOO (Ausgangspunkt für Lower Hutt; 20 Min., $4,50); PORIRUA (20 Min., $5,50); PLIMMERTON (30 Min., $7) und PARAPARAUMU (1 Std., $10). Die Strecke nach JOHNSONVILLE ($4) ist praktisch für Leute, die den Northern Walkway (S. 488) begehen möchten.

Fahrten außerhalb der Stoßzeiten (d. h. nicht vor 9 Uhr oder zwischen 16 und 19 Uhr) sind rund 30 % billiger. Das **Rover Ticket** (Tageskarte $10) berechtigt zu Fahrten in allen Zügen werktags nach 9 Uhr und ganztägig am Wochenende. Gruppen von bis zu vier Personen können mit einem Rover-Sammelfahrschein (*group Rover ticket;* $25) Geld sparen. Ein Wochenend-Rover-Ticket ($15) gilt ab Fr 16.30 bis 24 Uhr am So. Fahrräder dürfen kostenlos mit. Die Tickets gibt es im Zug oder im Tranz Rail Travel Centre am Hauptbahnhof.

Taxis

Offizielle Taxistände findet man vor dem Bahnhof, in der Whitmore Street (zwischen Lambton Quay und Featherston Street), vor dem James Smith Hotel am Lambton Quay, an der Ecke Willis Street und Bond Street, an der Ecke Courtenay Place und Taranaki Street sowie an der Kreuzung Willis Street und Aro Street. **Green Cabs**, ✆ 0508/447 336; **Wellington Combined Taxis**, ✆ 04/384 4444.

Transport

Viele Züge und Busse haben die Fähren zum Ziel, die durch die Cook Strait nach Picton und auf die Südinsel fahren. Nachfolgend sind nur Direktbusse und -flüge aufgeführt, daneben bestehen aber noch zahlreiche weitere Verbindungen zu entlegeneren Reisezielen.

Selbstfahrer

Die Anfahrt mit dem Auto ist unkompliziert. Sowohl der State Highway 1 von Norden her durch Porirua als auch der SH2 (Teil des mit einem Weintraubensymbol gekennzeichneten Classic New Zealand Wine Trail) durch Lower Hutt münden jeweils in kurze Stadtautobahnen und vereinigen sich dann zu einer Schnellstraße, die bei schöner Aussicht am Hafen entlang direkt ins Zentrum führt. Hinweise bzgl. Parkmöglichkeiten s. S. 490.

Wer von der Südinsel herkommt oder dorthin möchte, findet Näheres zum Überqueren der Cook Strait auf S. 492.

Busse

Busse von InterCity und Newmans halten neben Bahnsteig 9 am Hauptbahnhof in der Bunny St.

Busse nach:
AUCKLAND 3–4x tgl., 11 Std.;
MASTERTON via Hutt Valley 1–2x tgl., 2 Std.;
NAPIER 3–4x tgl., 5 1/4 Std.;
NEW PLYMOUTH 3–4x tgl., 6 1/2 Std.;
PALMERSTON NORTH 5–7x tgl., 2 Std.;
PARAPARAUMU 10x tgl., 50 Min.;
ROTORUA 5–7x tgl., 7 Std.;
TAUPO 5–7x tgl., 6 Std.

Eisenbahn

Am Hauptbahnhof in der Bunny Street hält der Overlander aus Auckland (s. S. 183). Er verkehrt von Dez–April 1x tgl., sonst am Fr, Sa und So.

Züge nach:
AUCKLAND via Hamilton 1x tgl., 12 Std.;
HAMILTON 1x tgl., 9 1/2 Std.;
HUTT CENTRAL/WATERLOO alle 30 Min., 20 Min.;
MASTERTON 2–5x tgl., 1 1/2 Std.;
NATIONAL PARK 1x tgl., 5 1/2 Std.;
OTAKI 2x tgl., 1 1/4 Std.;
OTOROHANGA 1x tgl., 8 3/4 Std.;
PALMERSTON NORTH 2x tgl., 2–2 1/4 Std.;
PARAPARAUMU alle 30 Min., 1 Std.

Schiffe

Fähren nach MATIU/SOMES ISLAND 2–4x tgl., 20 Min.; und nach PICTON 5–8x tgl., 3 Std. Schiffsverbindungen zur Südinsel s. Kasten S. 492.

Flüge

Der **Wellington International Airport**, 🖳 www. wlg-airport.co.nz, liegt etwa 10 km südöstlich des Zentrums. Von dem wichtigen Inlandsflughafen bestehen Verbindungen mit rund 20 neuseeländischen Städten und nach Australien. In der Ankunftshalle befinden sich ein unbemannter Informationsstand sowie eine Wechselstube,

Wellington und Umgebung

Die Reise vom unteren Ende der Nordinsel zum oberen Ende der Südinsel macht eine Überquerung der Cook Strait notwendig, entweder mit der Autofähre oder einem Katamaran von Wellington nach Picton oder mit dem Flugzeug. Zeitlich gesehen ist der Flug von Wellington nach Picton gegenüber der möglicherweise heftig schaukelnden Fähre wesentlich schneller. Allerdings verpasst man dann die wunderbare Landschaft des Marlborough Sounds. Die meisten Fähren bieten einen Audio-Kommentar über die Cook Strait.

Mit der Fähre: Zwei Unternehmen verkehren das ganze Jahr hindurch mit Passagier- und Fahrzeugfähren. Beide haben Tickets in mehreren Preiskategorien, die unterschiedliche Flexibilität erlauben – vor der Reservierung sollte man daher die Stornierungs- bzw. Umbuchungsbestimmungen genau studieren. Zu beachten ist auch, dass viele Autovermietungen die Mitnahme ihrer Fahrzeuge auf Fähren ausdrücklich verbieten. Firmen, die dies zulassen, sind z. B. Ace, Apex, Maui und Jucy (s. S. 87).
Interisland Line, ✆ 0800/802 802, 🖳 www.interislander.co.nz, legt gut 1 km nördlich des Bahnhofs ab (3–5x tgl., 3 Std.). Ein Shuttlebus ($2) fährt jeweils 50 Min. vor Abfahrt der Fähre vom Bahnhof

an der Plattform 9 zum Anleger. Ein bei den Hostels buchbarer Backpackerbus ($3) verkehrt zwischen der Anlegestelle, dem Base und den YHA-Hostels. Die Kosten für die einfache Überfahrt liegen bei etwa $53–73 für eine Person, $167–242 für ein Auto plus Fahrer und $15 für Fahrräder. Auf dem Schiff *Kaitaki* kann man zusätzlich den Tarif Kaitaki Plus ($90/229) wählen, der eine eigene Lounge sowie unbegrenzt Bier, Wein, Snacks, Tee, Kaffee, Zeitungen und Internetzugang (nur für über 18-Jährige) beinhaltet.
Bluebridge, ✆ 0800/844 844, 🖳 www.bluebridge.co.nz. Bedient die gleiche Route (3–4x tgl, 3 1/4 Std.) vom eigenen Terminal gegenüber dem Wellingtoner Bahnhof. Die einfache Passage kostet $50–66 für eine Person, $165–222 für Fahrer und Auto bis 5,50 m und $10 für Fahrräder.

Mit dem Flugzeug: Soundsair, ✆ 0800/505 005, 🖳 www.soundsair.co.nz, bietet 6–8x tgl. Flüge zwischen Wellington und Picton (25 Min., $79–89 einfach, $158 hin und zurück), Wellington und Blenheim (3x tgl., 40 Min.; $79–89) und Nelson (6–10x tgl., 35 Min., $90–104).
Air 2 There, ✆ 04/904 5130, 🖳 www.air2there.com, verbindet Wellington und Blenheim (2–4x tgl., 40 Min., $90 einfach).

🕐 nach Ankunft und vor Abflug sämtlicher Flüge. Außerdem gibt's kostenloses WLAN.
Ein **Taxi** (s. S. 491) ins Zentrum kostet ca. $30–35, doch vor dem Terminal fährt auch der **Airport Flyer Bus** (Nr. 91) ab (tgl. 6.30–19.45 Uhr, $8). Er verkehrt werktags alle 15 Min. (am Wochenende alle 30 Min.) und hat kostenloses WLAN an Bord. Die Fahrt zur Courtney Place dauert eine 15 Min. Eine Alternative sind Shuttlebusse, z. B. von **Super Shuttle**, ✆ 0800/748 885 oder 09/522 5100, 🖳 www.supershuttle.co.nz. Die Fahrt kostet für die 1. Person zu einer Innenstadt-Adresse $15, für jeden weiteren Mitfahrer zum gleichen Ort $5.

Flüge nach:
AUCKLAND 20–35x tgl., 1 Std.;
BLENHEIM 8–13x tgl., 25 Min.;
CHRISTCHURCH 15x tgl., 45 Min;

DUNEDIN, 2x tgl., 1 1/4 Std.;
GISBORNE 3–4x tgl., 1 Std.;
GREYMOUTH 5x wöchentl., 1 Std.;
HAMILTON 7x tgl., 1 Std.;
KAIKOURA 1–2x tgl. im Sommer; 1 Std.;
NAPIER/HASTINGS 5x tgl., 50 Min.;
NELSON 6–10x tgl., 35 Min.;
NEW PLYMOUTH 4x tgl., 50 Min.;
PALMERSTON NORTH 3x tgl., 30 Min.;
PICTON 6–8x tgl., 25 Min.;
ROTORUA 3x tgl., 1 Std.;
TAKAKA 1x tgl., 30 Min.;
TAUPO 3x tgl., 1 Std.;
TAURANGA 4x tgl., 1 1/4 Std.;
TIMARU 4x tgl., 1 1/4 Std.;
WANGANUI 4x wöchentl., 25 Min.;
WESTPORT Mo–Fr 1x tgl., 55 Min.;
WHANGAREI 1x tgl., 1 1/2 Std.

Wellington
Christchurch

Marlborough, Nelson und Kaikoura

Stefan Loose Traveltipps

Queen Charlotte Track Auf dieser wunderbaren mehrtägigen Wanderung kann man in tollen Hostels und B&Bs übernachten und sich das Gepäck transportieren lassen. S. 504

Nelson Eine Künstlergemeinde, Weinberge und ein prima Klima: Nelson gehört zum Pflichtprogramm jeder Marlborough-Reise. S. 510

10 Abel Tasman National Park Kristallklares Wasser und goldgelbe Strände sind die Belohnung für Wanderungen entlang des Coast Track oder einer Kajak-Tour. S. 522

Farewell Spit Auf einer Jeep-Tour zu diesem Wüstenstreifen offenbart sich eine überraschend vielfältige Fauna. S. 536

Heaphy Track Die spektakuläre Landschaft macht diesen Wanderweg zu einem der schönsten im Land. S. 537

Marlborough Wine Country Leckere Kostproben in Neuseelands berühmtester Weinregion. S. 543

11 Kaikoura Das hübsche Städtchen ist Ausgangspunkt für Walbeobachtungs- und Delphintouren. S. 550

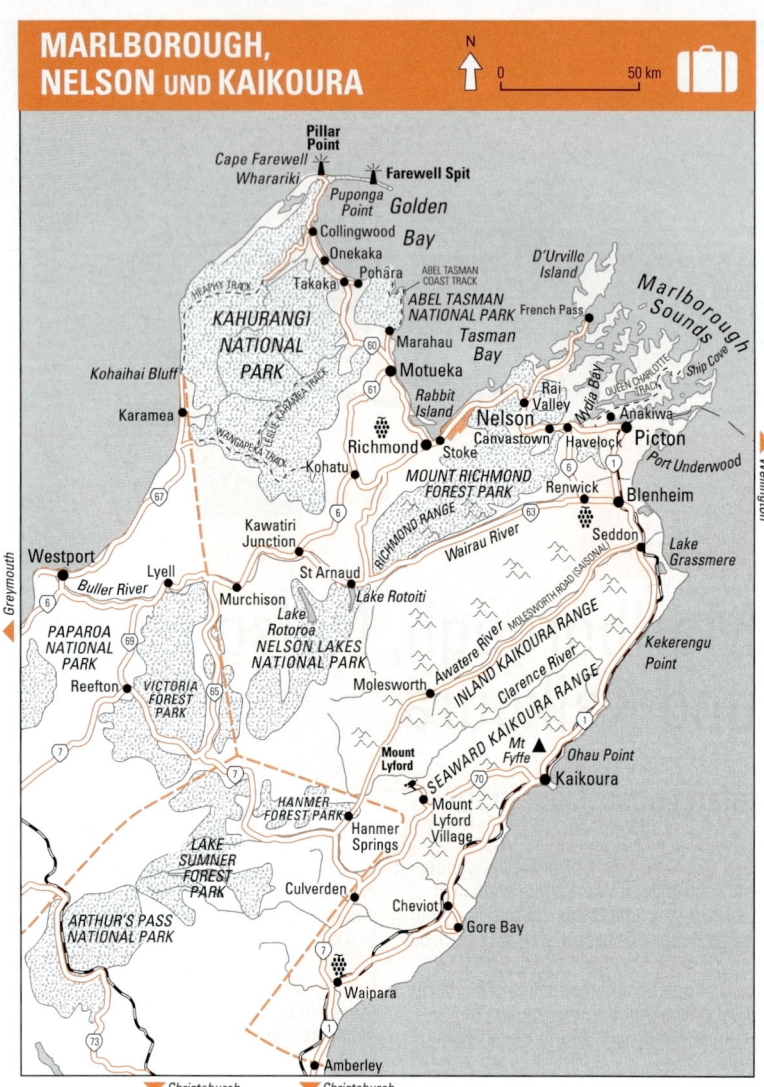

MARLBOROUGH, NELSON UND KAIKOURA

N

0   50 km

Pillar Point

Cape Farewell
Wharariki
Farewell Spit

Puponga Point
Golden Bay

Collingwood
Onekaka
Pohāra
Takaka

D'Urville Island

Marlborough Sounds

ABEL TASMAN COAST TRACK

HEAPHY TRACK

KAHURANGI NATIONAL PARK

ABEL TASMAN NATIONAL PARK

French Pass

Marahau

Tasman Bay

60

Motueka

Kohaihai Bluff

61

Rabbit Island

Rai Valley

QUEEN CHARLOTTE TRACK

Ship Cove

Karamea

Richmond

Kohatu

Stoke

Nelson

Canvastown

Havelock

Anakiwa

Picton

Port Underwood

Wellington

WANGAPEKA TRACK   LESLIE - KARAMEA TRACK

MOUNT RICHMOND FOREST PARK

RICHMOND RANGE

6

Renwick

6

1

Blenheim

Kawatiri Junction

6

53

Seddon

Lake Grassmere

Westport

Greymouth

Lyell
Buller River

St Arnaud

Wairau River

Murchison

Lake Rotoiti

Lake Rotoroa

NELSON LAKES NATIONAL PARK

Awatere River

MOLESWORTH ROAD (SAISONAL)

INLAND KAIKOURA RANGE

Kekerengu Point

67

PAPAROA NATIONAL PARK

69

Reefton

VICTORIA FOREST PARK

65

Molesworth

Clarence River

SEAWARD KAIKOURA RANGE

7

7

Mount Lyford

Mt Fyffe

Ohau Point

Kaikoura

HANMER FOREST PARK

70

Hanmer Springs

Mount Lyford Village

LAKE SUMNER FOREST PARK

Culverden

Cheviot

Gore Bay

ARTHUR'S PASS NATIONAL PARK

7

73

Waipara

1

Amberley

▼ Christchurch   ▼ Christchurch

Der nördliche Teil der Südinsel verzaubert nicht wenige Besucher im Handumdrehen: tief eingeschnittene Buchten in den abgeschiedenen Fjorden der Marlborough Sounds, Bilderbuchstrände in der Umgebung von Nelson, eine beeindruckende Vielfalt an Nationalparks, erstklassige Weingüter in Marlborough und Naturwunder in Kaikoura. Müsste man seinen Aufenthalt in Neuseeland auf ein Gebiet beschränken, wäre der nördliche Zipfel der Südinsel ein ganz heißer Anwärter.

Die meisten Touristen, die von der Nordinsel kommen, legen mit der Fähre in der Hafenstadt **Picton** an. Dieser im Winter recht trostlose Ort erwacht erst im Sommer zum Leben. Er liegt inmitten der wunderschönen Fjordlandschaft der **Marlborough Sounds**. Das Wasser der Buchten umspült winzige Strände und wacklige Schiffsmolen, während das Ufer zu steilen, bewaldeten Hügeln und kargen Weiden ansteigt. Westlich von Picton trifft man auf das lebendige, aber entspannte **Nelson**, Ausgangspunkt für Abstecher in die wilderen Regionen weiter nördlich. Der **Abel Tasman National Park** bietet einige der schönsten Wanderwege und herrlichsten Strände Neuseelands. Und noch weiter nördlich garantiert die relativ abgeschiedene **Golden Bay** einige friedliche Tage in wunderschöner Landschaft. An ihrem westlichen Ende läuft die geschwungene Bucht in der langen Sandbank **Farewell Spit** aus, die trotz ihres wüstenhaften Charakters einen einmaligen Lebensraum für die unterschiedlichsten Tiere darstellt. Sie grenzt an den **Kahurangi National Park**, durch den sich der anspruchsvolle **Heaphy Track** bis zur Westküste zieht.

Die am wenigsten besuchte der herrlichen Landschaften ist der **Nelson Lakes National Park**, der in erster Linie für einsame Wanderungen zu den alpinen Seen oder zum Angeln interessant ist. Der nahe gelegene **Buller River** lockt auch Rafting- und Kajakfreunde an.

Südlich von Picton empfiehlt sich eine feuchtfröhliche Tour durch Marlborough, Neuseelands berühmteste Weinregion mit den bescheidenen Städtchen **Blenheim** und **Renwick**. Ein bis zwei Übernachtungen in einem ländlichen B&B und Besichtigungen der Kellereien mit Weinproben sorgen für einen willkommenen Ausgleich zu den Aktivitäten in den Nationalparks und sind die richtige Einstimmung auf ein paar Tage Ökotourismus in **Kaikoura** mit zwei großen Attraktionen: der Walbeobachtung und dem Schwimmen mit Delphinen und Robben.

Das **Klima** der Region ist das ganze Jahr über angenehm mild und von viel Sonnenschein geprägt. Vor allem Blenheim und Nelson streiten sich regelmäßig um die Ehre, die Stadt mit der größten Anzahl von Sonnentagen in ganz Neuseeland, zu sein.

Die Marlborough Sounds

In den malerischen Marlborough Sounds lassen sich vor lauter Buchten, Inseln und Halbinseln das Festland und dessen üppige Wildnis kaum ausmachen. Große Teile dieser Region sind nur übers Meer zugänglich, das den vermutlich besten Aussichtspunkt darstellt. In der Gegend gibt es neben einigen Farmen auch Zuchtanlagen für Lachse und Muscheln sowie über 50 Schutzgebiete – eine Mischung aus Inseln, Küstenabschnitten und Landflächen. Dreh- und Angelpunkt der Marlborough Sounds ist **Picton** mit seinem immensen Angebot an Touren – sei es per Boot oder zu Fuß auf dem **Queen Charlotte Sound**, wo Kreuzfahrtschiffe und Wassertaxis Zugang zum lohnenden und sehr gut zu bewältigenden **Queen Charlotte Track** bieten. Richtung Westen windet sich der steile Queen Charlotte Drive zur kleinen Gemeinde **Havelock** hinauf, die für ihre Grünlippenmiesmuscheln berühmt ist. Danach bieten sich der entzückende **Pelorus Sound** für eine Erkundungstour oder eine Fahrt über Nebenstraßen zum malerischen **French Pass** an.

Picton

Das kleine Picton, Ziel der Fähren aus Wellington, liegt landschaftlich schön zwischen Bergen und dem friedlichen Queen Charlotte Sound. Viele Leute legen hier vor der Weiterreise nur eine kurze Kaffeepause ein, dabei eignet sich Picton wunderbar als Basis für eine mehrtägige Erkundung des Queen Charlotte Sound. In der Stadt selbst ist das historische Schiff *Edwin Fox* von Interesse. Ansonsten haben die örtlichen Veranstalter tolle Kreuzfahrten und Kajaktouren im Programm. Wassertaxis befördern Wanderer zu verschiedenen Punkten des Queen Charlotte Tracks. Picton ist auch keine schlechte Basis für Abstecher in die Weinregion um Blenheim, die nur eine halbe Autostunde südlich liegt.

Bereits 1827 gab es eine europäische Walfangstation in der Region, doch zu einer richtigen Siedlung wuchs Picton erst heran, nachdem die New Zealand Company den Standort der heutigen Stadt im Jahre 1848 für 300 britische Pfund erworben hatte. Picton erlebte eine Blü-

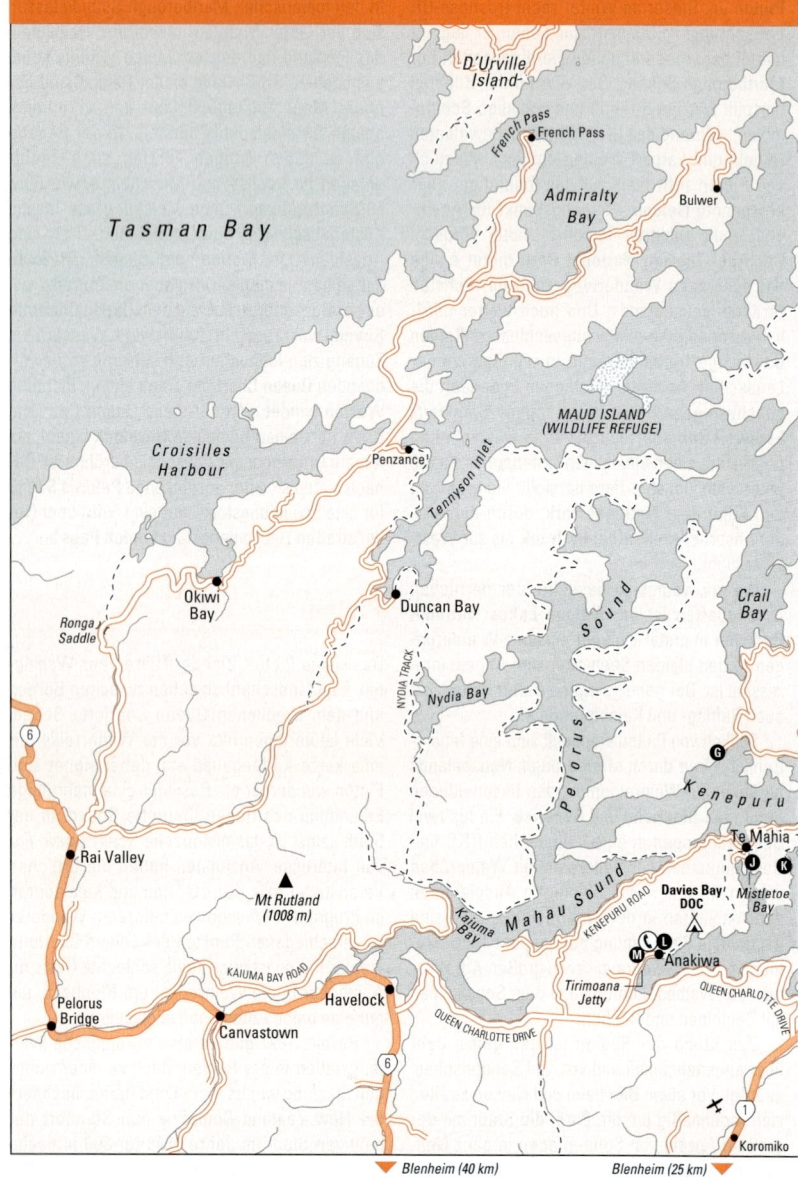

MARLBOROUGH SOUNDS

D'Urville Island

French Pass
French Pass

Admiralty Bay

Bulwer

Tasman Bay

MAUD ISLAND
(WILDLIFE REFUGE)

Croisilles Harbour

Penzance

Tennyson Inlet

Pelorus Sound

Crail Bay

Okiwi Bay

Ronga Saddle

Duncan Bay

NYDIA TRACK

Nydia Bay

Kenepuru

6

Rai Valley

Mt Rutland
(1008 m)

Mahau Sound

Kaiuma Bay

G

Te Mahia

J   K

Mistletoe Bay

Davies Bay
DOC

KENEPURU ROAD

M L

Anakiwa

KAIUMA BAY ROAD

Pelorus Bridge

Havelock

Canvastown

QUEEN CHARLOTTE DRIVE

Tirimoana Jetty

QUEEN CHARLOTTE DRIVE

6

1

Koromiko

▼ Blenheim (40 km)   Blenheim (25 km) ▼

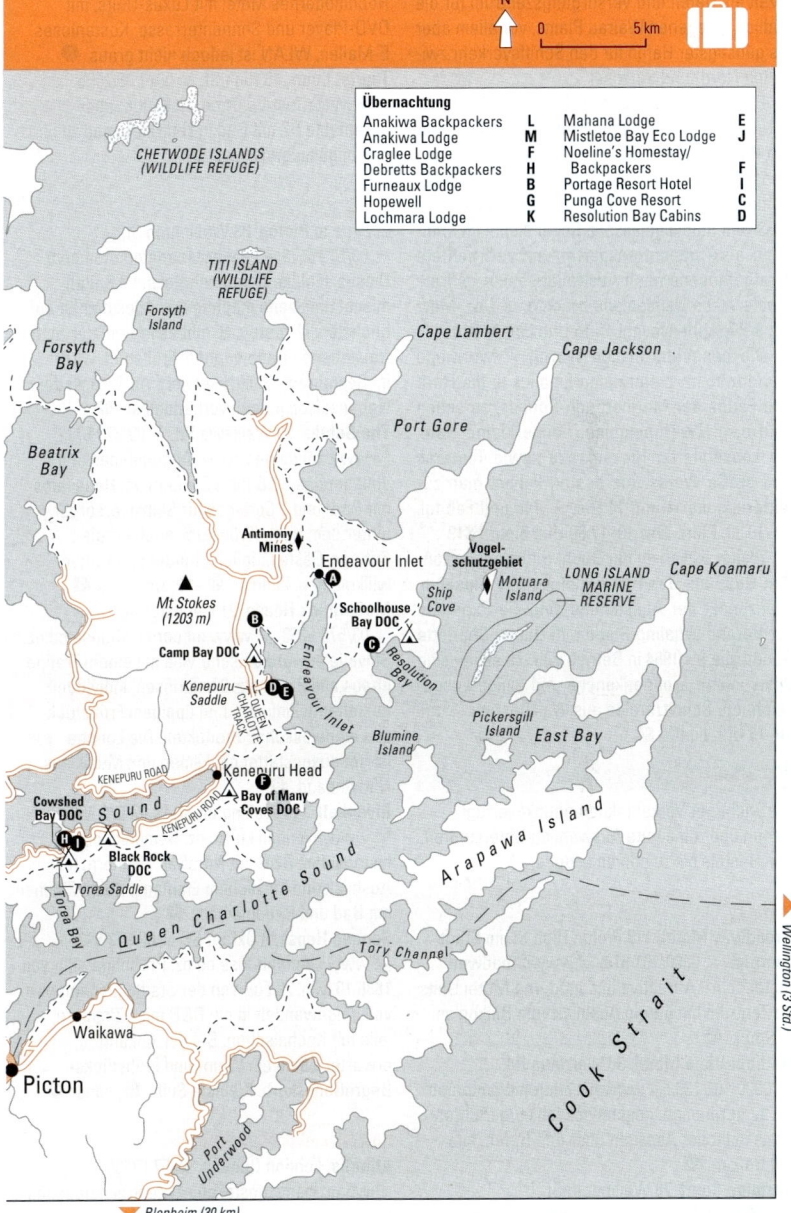

N

0   5 km

Übernachtung

Anakiwa Backpackers	L	Mahana Lodge	E
Anakiwa Lodge	M	Mistletoe Bay Eco Lodge	J
Craglee Lodge	F	Noeline's Homestay/	
Debretts Backpackers	H	Backpackers	F
Furneaux Lodge	B	Portage Resort Hotel	F I C
Hopewell	G	Punga Cove Resort	D
Lochmara Lodge	K	Resolution Bay Cabins	D

CHETWODE ISLANDS
(WILDLIFE REFUGE)

TITI ISLAND
(WILDLIFE
REFUGE)

Forsyth
Island

Forsyth
Bay

Cape Lambert

Cape Jackson

Port Gore

Beatrix
Bay

Antimony
Mines

Endeavour Inlet

Vogel-
schutzgebiet

Ship
Cove

Motuara
Island

LONG ISLAND
MARINE
RESERVE

Cape Koamaru

Mt Stokes
(1203 m)

Schoolhouse
Bay DOC

Camp Bay DOC

Resolution
Bay

Kenepuru
Saddle

Endeavour Inlet

QUEEN CHARLOTTE TRACK

Blumine
Island

Pickersgill
Island

East Bay

KENEPURU ROAD

Kenepuru Head

Bay of Many
Coves DOC

KENEPURU ROAD

S o u n d

Cowshed
Bay DOC

Black Rock
DOC

Torea Saddle

Torea Bay

Queen Charlotte Sound

Tory Channel

Arapawa Island

Cook Strait

Waikawa

Picton

Port
Underwood

Wellington (3 Std.)

Blenheim (30 km)

Marlborough, Nelson und Kaikoura

tezeit als Hafen und Versorgungszentrum für die südlich gelegenen Wairau Plains, vor allem aber als günstigster Hafen für den Schiffsverkehr zwischen Nord- und Südinsel.

Fast alles Interessante in Picton befindet sich in Ufernähe an der mit Phönixpalmen aufgepeppten **Picton Foreshore**. An ihrem nordwestlichen Ende liegt in der Nähe des Fähranlegers der Rumpf der in Kalkutta gebauten **Edwin Fox**. Das 1853 vom Stapel gelassene Schiff diente im Krimkrieg als Truppentransporter und verfrachtete Strafgefangene nach Australien, bevor es freie Siedler nach Neuseeland brachte. ⏲ Dez–März tgl. 9–17, April–Nov tgl. 9–15 Uhr, Eintritt $10.

Die benachbarte **Eco World**, 🖥 www.ecoworldnz.co.nz, bietet einen Einblick in die Flora und Fauna der Marlborough Sounds; zu sehen sind u. a. Zwergpinguine, einige kleine Haie, ein konservierter Riesenkrake sowie Tuataras und große Wetas. Am besten kommt man zur Fütterung um 11 und 14 Uhr. ⏲ Jan und Feb tgl. 10–19.30, März–Dez 10–17.30 Uhr, Eintritt $19.

Weiter östlich an der Bucht trifft man am London Quay auf das **Picton Community Museum**. Glanzpunkt der Ausstellung sind die Exponate zur Perano Whaling Station im Queen Charlotte Sound, die bis 1964 in Betrieb war. Zu sehen sind Fotos, eine Harpunenkanone und einige ausgezeichnete Schnitzereien aus Walknochen. ⏲ tgl. 10–16 Uhr, Eintritt $4.

Übernachtung

Als wichtiger Verkehrsknotenpunkt verfügt Picton über eine gute Auswahl an Unterkünften, von Hostels bis zu noblen Lodges.

Motels

Broadway Motel, 113 Picton High St, im Stadtzentrum, 📞 0800/101 919, 🖥 www.broadwaymotel.co.nz. Attraktive und moderne Motel Units im Zentrum mit gutem Ausblick vom Balkon im 1. Stock. ❺

Harbour View Motel, 30 Waikawa Rd, 📞 0800/101 133, 🖥 www.harbourviewpicton.co.nz. 12 geräumige, geschmackvoll eingerichtete Units mit toller Aussicht über den Hafen, alle mit Balkon. ❻

Jasmine Court, 78 Wellington St, 📞 0800/421 999, 🖥 www.jasminecourt.co.nz.

Hochmodernes Motel mit Luxus-Units, mit DVD-Player und Sonnenterrasse. Kostenloses E-Mailen, WLAN ist jedoch nicht gratis. ❻

Tourist Court, 45 High St, 📞 0800/366 555, 🖥 www.tourist-court.co.nz. Kleine, aber akzeptable DZ mit Bad in zentraler Lage zu einem günstigen Preis. ❹

B&Bs

Escape to Picton, 33 Wellington St, 📞 03/573 5573, 🖥 www.escapetopicton.com. Dieses schicke Boutiquehotel mit 3 Zimmern mischt die Szene mächtig auf: Alles hier ist auf höchstem Niveau, z. B. gibt es in zwei der Suiten freistehende Badewannen; Frühstück wird im Restaurant (S. 501) serviert. Ab $350, in der Nebensaison jedoch verhandelbar. ❾

The Gables, 20 Waikawa Rd, 📞 03/573 6772, 🖥 www.thegables.co.nz. Angenehmes und einladendes B&B mit 3 Zimmern im Haus (eins mit Bad) und 2 Cottages für Selbstversorger hinter dem Haus (Frühstück auch für die Cottage-Gäste möglich). Kinder und Hunde willkommen. Zimmer ❺–❻, Cottages ❻

McCormick House, 21 Leicester St, 📞 03/573 5253, 🖥 www.mccormickhouse.co.nz. Stilvolle edwardianische Villa mit einem Treppenhaus aus Rimuholz, 3 luxuriösen, individuell gestalteten Zimmern und üppigem Frühstück aus einheimischen Produkten. Die Lounge ist gut ausgestattet mit Filmen und Musik aus Neuseeland. ❽

Rivenhall, 118 Wellington St, 📞 03/573 7692, 🖥 www.rivenhall.kol.co.nz. Gemütliches historisches B&B mit 2 großen Zimmern, tollem Ausblick und herzlichem Empfang. Beide Zimmer mit Bad und Bademänteln. ❺

Sennen House, 9 Oxford St, 📞 03/573 5216, 🖥 www.sennenhouse.co.nz. Prächtige Villa von 1886 10 Min. zu Fuß von der Stadt, geschmackvoll umgewandelt in ein B&B mit 5 Zimmern, alle mit Kochnischen. Bei der Ankunft erwartet Gäste ein Wein- und Frühstücks-Begrüßungskorb. Kleinste Suite ❽, sonst ❾

Hostels und Campingplätze

Atlantis, London Quay, 📞 03/573 7390, 🖥 www.atlantishostel.co.nz. Zentral gelegenes Hostel in der Nähe des Fähranlegers mit den

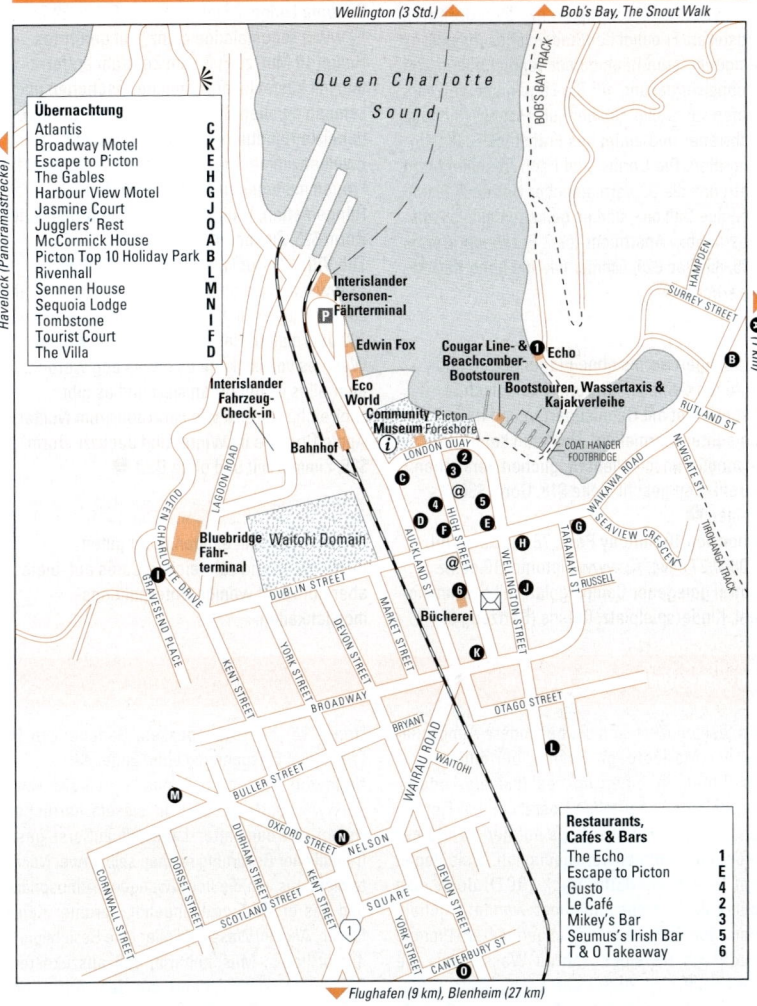

0   250 m

Wellington (3 Std.)   Bob's Bay, The Snout Walk

Queen Charlotte Sound

BOB'S BAY TRACK

Havelock (Panoramastrecke)

Übernachtung

Atlantis	C
Broadway Motel	K
Escape to Picton	E
The Gables	H
Harbour View Motel	G
Jasmine Court	J
Jugglers' Rest	O
McCormick House	A
Picton Top 10 Holiday Park	B
Rivenhall	L
Sennen House	M
Sequoia Lodge	N
Tombstone	I
Tourist Court	F
The Villa	D

HAMPDEN

SURREY STREET

RUTLAND ST

Interislander Personen-Fährterminal

Edwin Fox

Cougar Line- & Beachcomber-Bootstouren ❶ Echo

Bootstouren, Wassertaxis & Kajakverleihe

Interislander Fahrzeug-Check-in

Eco World

Community Museum

Picton Foreshore

COAT HANGER FOOTBRIDGE

Bahnhof

LONDON QUAY

NEWGATE ST

WAIKAWA ROAD

SEAVIEW CRESCENT

TIRIMOANA TRACK

LAGOON ROAD

❶ B

A (1 km)

QUEEN CHARLOTTE DRIVE

GRAVESEND PLACE

Bluebridge Fährterminal

Waitohi Domain

DUBLIN STREET

AUCKLAND ST

❸

②

④ ⑤

D   H   ❺   E

@

G

H

TARANAKI St

RUSSELL

WELLINGTON STREET

⑥

Bücherei

J

✉

K

DEVON STREET

YORK STREET

MARKET STREET

KENT STREET

BROADWAY

BRYANT

WAIRAU ROAD

WAITOHI

OTAGO STREET

L

BULLER STREET

M

OXFORD STREET

NELSON

DURHAM STREET

KENT STREET

❶

DORSET STREET

CORNWALL STREET

SCOTLAND STREET

SQUARE

YORK STREET

DEVON STREET

CANTERBURY ST

O

Restaurants, Cafés & Bars

The Echo	1
Escape to Picton	E
Gusto	4
Le Café	2
Mikey's Bar	3
Seumus's Irish Bar	5
T & O Takeaway	6

Flughafen (9 km), Blenheim (27 km)

Marlborough, Nelson und Kaikoura

billigsten Dorm-Betten der Stadt, wenn man nichts dagegen hat, den Schlafsaal mit 21 anderen Gästen zu teilen. Es gibt aber auch kleinere Dorms, Zweibettzimmer und DZ inkl. Frühstück und Benutzung eines beheizten Hallenbads in der örtlichen Tauchschule (s. „Aktivitäten"). Dorm $20, Zimmer ❶

Jugglers' Rest, 8 Canterbury St, ☎ 03/573 5570, 🖥 www.jugglersrest.com. Kleines, relaxtes Hostel 10 Min. zu Fuß vom Fähranleger mit

Ruhiges Hostel mit vielen Extras

Tombstone, 16 Gravesend Place, ☎ 0800/573 7116, ⌨ www.tombstonebp.co.nz. Wunderbares Hostel am Friedhof der Stadt mit geschmackvoll eingerichteten Räumen mit Teppichböden und Doppelverglasung, für die Lage nicht weit vom Hafen sehr ruhig. Grillbereich, Piano, Whirlpool, Fahrräder und einfaches Frühstück – alles inbegriffen. Die Dorms sind nach Geschlechtern getrennt, die DZ verfügen über Heizdecken und sonnige Balkone, und es gibt auch ein voll ausgestattetes Apartment für 2 Personen. Dorms $25, mit Bad $29, Zimmer mit und ohne Bad ❷, Apartment ❸

geräumigen Dorms ohne Etagenbetten und 2 ruhigen Cabins im Garten. Ökologisch ausgerichtet mit Gemüsegarten und hausgemachter Marmelade. Und man kann sich im Jonglieren mit allem Möglichen versuchen. ⊙ Juni–Sep geschl. Zelte $18, Dorm $30, Zimmer ❷

Picton Top 10 Holiday Park, 78 Waikawa Rd, ☎ 0800/277 444, ⌨ www.pictontop10.co.nz. Zentral gelegener Campingplatz mit Swimming Pool, Kinderspielplatz, Cabins (Bettzeug $5)

Übernachtung in den Fjorden

Am besten lässt sich die besondere Atmosphäre der Marlborough Sounds bei einer Übernachtung in einer der exklusiven Lodges, Ferienhotels oder tollen Hostels in den Fjorden spüren. Sie sind allerdings auf der Straße gar nicht oder nur schwer zugänglich. Viele liegen am Queen Charlotte Track (QCT), doch man muss dafür nicht unbedingt wandern gehen, denn von Picton aus (und in geringerem Umfang auch von Havelock) fahren Wassertaxis die Unterkünfte an. Außer den nachfolgend aufgeführten sind auch die Lochmara Lodge und die Furneaux Lodge (s. S. 506) empfehlenswert.

Craglee Queen Charlotte Sound, ☎ 03/579 9223, ⌨ www.craglee.co.nz. Romantische Lodge in einem Wald am Wasser. Im Preis ($450 für 2 Pers.) inbegriffen sind ausgezeichnete Mahlzeiten,

und Motel Units. Bäume sorgen für Schatten. Camping $19, Cabins ❷, mit Küche ❸, Units für Selbstversorger ❹

Sequoia Lodge, 3 Nelson Sq, ☎ 0800/222 257, ⌨ www.sequoialodge.co.nz. Gut geführtes Hostel 10 Min. zu Fuß vom Zentrum entfernt und mit kostenloser Abholung. Tischchen und Lampen an allen Betten (auch in den Dorms), beheizte Handtuchhalter in den DZ und Zweibettzimmer sowie separater Schlafsaal für Frauen mit eigenem Bad. Inkl. Frühstück, Hängematten, Whirlpool, WLAN und Heimkino. Dorm $25, Zimmer ❷

The Villa, 34 Auckland St, ☎ 03/573 6598, ⌨ www.thevilla.co.nz. Gutes Hostel in zentraler Lage mit jugendlichem Flair in einem rund 100 Jahre alten Haus mit modernem Anbau. Wenn es voll ist, kann es etwas eng werden, aber alles ist gut organisiert und es gibt zahlreiche Anreize wie Fahrräder zum Nulltarif, Apple Crumble im Winter und Jacuzzi. Dorm $25, Zimmer mit und ohne Bad ❷

Essen und Unterhaltung

Picton wartet mit einigen recht guten Restaurants und zahlreichen Cafés auf, bietet aber nur recht wenige Unterhaltungsmöglichkeiten.

Drinks vor dem Abendessen, Badebecken im Freien und Entspannung ohne Ende. ❾

Hopewell, Kenepuru Sound, ☎ 03/573 4341, ⌨ www.hopewell.co.nz. In diesem herrlichen Hostel in traumhafter Lage mit äußerst gastfreundlicher Bewirtung reichen selbst zwei Nächte nicht aus, um die ungezwungene Atmosphäre und das große Freizeitangebot, darunter Kajak fahren, Angeln, Wasserski oder eine Besichtigung der örtlichen Muschelfarm, voll auszukosten. Die mörderische Anfahrt mit dem Auto über die Kenepuru Road (2–3 Std.) lässt sich mittels eines Wassertaxis von Picton aus umgehen (mit Umsteigen, ca. $60 p. P. einfach, Einzelheiten telefonisch beim Hostel erfragen). ⊙ Juni–Aug geschl. Dorms $35, Zimmer ❸, Zimmer mit Bad und Selbstversorger-Cottage für 4 Pers. ❹

The Echo, East Harbour. Das Schiff im Ruhestand ist ein netter Ort für ein Bier auf dem Sonnendeck. Für Hungrige gibt's u. a. den „Seaman's Snack" ($18) oder englisches Frühstück ($16).

Escape to Picton, 33 Wellington St, ☎ 03/573 5573. Restaurant, Café und Bar in ehemaliger Bank – der Wein wird im Tresorraum aufbewahrt. Man kann einfach nur einen Kaffee oder ein Bier trinken, doch eigentlich ist dies ein edles Restaurant. Hauptgerichte abends, z. B. Garnelen-Seafood-Risotto, um $40.

Gusto, 33 High St. Beliebtes gemütliches Tagescafé mit köstlichem Frühstück und einem kleinen Angebot an Tagesgerichten, außerdem Sandwiches, Kuchen und guter Kaffee.

Le Café, 14 London Quay. Café und Bar mit Tischen unter freiem Himmel in Ufernähe, serviert köstliche Steaks mit hausgemachtem Chutney und jede Menge Seafood. Hauptgerichte mittags um $18, abends um $30. Im Sommer gelegentlich Livemusik.

Mikey's Bar, 18 High St. Moderne Bar mit Pool-Billard und scheunenartigem Club hinten, in dem DJs Musik auflegen und auch Bands spielen.

Seumus's Irish Bar, Wellington St. Tolle, authentisch verlotterte irische Kneipe mit netter Atmosphäre zum Biertrinken, großen Portionen mit gutem Kneipenessen ($20–25), Tischen draußen und an mehreren Abenden der Woche Livemusik.

T & O Takeaway, 85 High St, ☎ 03/573 6115. Serviert die frischesten und besten Fish 'n' Chips im Ort, außerdem diverse andere Leckereien aus dem Meer.

Das **Picton Cinema** in der Eco World zeigt Mainstream-Filme.

Die besten Wege um Picton herum führen durch die Victoria Domain, eine zumeist bewaldete Halbinsel gleich östlich von Picton. Da sich die meisten Wege irgendwann kreuzen, kann das Ganze ein bisschen verwirrend sein; es sind jedoch vielerorts kostenlose Karten erhältlich.

Bob's Bay Track (1 km einfach, 30 Min., leicht hügelig). Der Track beginnt am Shelly Beach bei der *Echo* und führt am Ufer entlang zu einem Bade- und Picknickstrand an der Bob's Bay. Unterwegs bieten sich tolle Ausblicke auf den Fähranleger und in den Queen Charlotte Sound. Von Bob's Bay führt ein kurzer, aber steiler Weg hinauf zum Parkplatz Harbour View.

The Snout (5 km einfach, 1 1/4 Std., 200 m Anstieg auf dem Rückweg). Vom Parkplatz Harbour View (s. o.) folgt der Weg dem Kamm am Aussichtspunkt Queen Charlotte View vorbei zur Spitze der Halbinsel, The Snout; der Maori-Name Te Ihumoeone-ihu bedeutet übersetzt „die Nase des Sandwurms".

Tirohanga Track (3 km einfach, 1 1/4 Std., 300 m Anstieg). Anstrengender Weg die Berge hinter Picton hinauf, vorbei am schönen Hilltop Viewpoint. Der Track beginnt in der Newgate Street.

wrack der südlichen Hemisphäre wurde. Für diese Tauchgänge braucht man Erfahrung in kaltem Wasser bis 30 m Tiefe.

Touren

Ausführliche Informationen über Touren ins Marlborough Wine Country s. S. 549. Die meisten Anbieter holen Teilnehmer für etwa $5 Aufpreis aus Picton ab.

Aktivitäten

Tauchen

Dive Picton, London Quay, Ecke Auckland St, ☎ 0800/423 483, 🖳 www.divepicton.co.nz, bietet einen Tauchgang mit Ausrüstung für $90, Tauchtage mit Doppelflasche für $180–230 sowie Wracktauchtage mit Doppelflasche für $280, Letzteres bei der *Mikhail Lermontov*, einem sowjetischen Kreuzfahrtschiff, das 1986 auf Grund lief und so zum größten Taucher-

Sonstiges

Autovermietungen

Am Fährterminal und in der Stadt findet man Niederlassungen der meisten großen internationalen und neuseeländischen Unternehmen. Im i-SITE gibt es eine Liste.

Fahrradverleih

Marlborough Sounds Adventure Co (s. S. 503). Fahrradverleih ($50/Tag) für Touren auf dem QCT.

Marlborough, Nelson und Kaikoura

Gepäckaufbewahrung und Pkw-Stellplätze

Die meisten Unterkünfte verwahren Gepäck für Wanderer auf dem QCT. Beim i-SITE gibt es große Schließfächer ($4/Tag).

Autos können sicher bei **Sounds Storage**, 7 Market St, ✆ 021/335136, abgestellt werden: $30 für die ersten zwei Nächte, dann $10/Nacht.

Informationen

Das kombinierte **i-SITE Visitor Centre** und **DOC-Büro**, ✆ 03/520 3113, 🖥 www.destination marlborough.com, liegt 5 Min. zu Fuß vom Fährterminal entfernt am Ufer des Sounds. Es hat Unmengen von Infos und Broschüren zur Stadt und über die Südinsel; besonders lohnend sind die kostenlosen Stadtpläne von Picton und Blenheim und die kostenlose DOC-Broschüre zum Queen Charlotte Track. ☉ tgl. 9–17 Uhr.

Internet

Unbegrenzter kostenloser Zugang in der **Bücherei**, 67 High St, ☉ Mo–Fr 8–17, Sa 10–13 Uhr. Außerdem gibt's Computer im **i-SITE** sowie günstigeren Zugang bei **United Video**, 63 High St, ☉ tgl. 9–21 Uhr.

Nahverkehr

Rural Mail Bus Service

Bei diesem Busdienst, ✆ 27/255 8882, handelt es sich um einen Minivan der Post, der Orte wie Havelock und Anakiwa am südlichen Ende des QCT anfährt. Es gibt täglich mehrere Touren; Fahrpreise ab $15.

Taxis

Gateway Taxis, ✆ 03/573 7662.

Wassertaxis

Beachcomber Fun Cruises, ✆ 0800/624 526, 🖥 www.mailboat.co.nz;
Cougar Line, ✆ 0800/504 090, ✉ westbay@xtra.co.nz;
Endeavour Express, ✆ 03/573 5456, 🖥 www.boatrides.co.nz.

Transport

Busse

Alle Busse halten direkt vor dem Fährterminal und am i-SITE.

Southern Link, ✆ 0508/458 835, 🖥 www.southernlinkbus.co.nz, nach Christchurch.
Atomic Shuttles, ✆ 03/349 0697, 🖥 www.atomictravel.co.nz, nach Christchurch, Nelson, Greymouth und Fox Glacier.
Richies, ✆ 03/578 5467, nach Blenheim.
InterCity/Newmans, ✆ 03/377 0951, 🖥 www.intercitycoach.co.nz, nach Nelson, Blenheim und Christchurch (via Kaikoura).

Busse nach:
BLENHEIM 8x tgl., 1/2 Std.;
CHRISTCHURCH 4–5x tgl., 5–5 1/2 Std.;
KAIKOURA 4–5x tgl., 2 1/4 Std.;
NELSON 5x tgl., 2 Std.

Eisenbahn

Täglich verkehrt der TranzCoastal nach Christchurch (einfache Fahrt $59–118). Die Interislander-Fähren sind auf die Abfahrtszeiten der Züge abgestimmt.

Züge nach:
BLENHEIM 1x tgl., 1/2 Std.;
CHRISTCHURCH 1x tgl., 5 1/4 Std.;
KAIKOURA 1x tgl., 2 1/2 Std.

Flüge

Der Flughafen liegt 9 km südlich der Stadt. **Soundsair**, ✆ 0800/505 005, 🖥 www.soundsair. com, fliegt 6–8x tgl. nach Wellington (1/2 Std.). Ein Bus bringt Neuankömmlinge nach Picton ($5).

Fähren

Interislander-Fährpassagiere ohne Fahrzeug kommen in der Nähe des Stadtzentrums an, Passagiere von Bluebridge und alle Passagiere mit Fahrzeugen etwa 1 km westlich des Stadtzentrums. Bluebridge bietet einen kostenlosen Shuttle zum i-SITE. Der Fahrplan der Interislander-Fähren ist gut auf die Abfahrtszeit des täglichen TranzCoastal-Zugs nach Christchurch abgestimmt.

Täglich gibt es 5–8 Verbindungen nach WELLINGTON (3 Std.).

Nähere Informationen zum Transport zwischen Nord- und Südinsel s. S. 492.

Queen Charlotte Sound

Picton ist ein hübsches Städtchen, aber die wahre Schönheit der Region entfaltet sich erst im Queen Charlotte Sound. Die wild zerklüftete Landschaft besticht durch stimmungsvolle, malerische Buchten mit lauschigen Sandstränden, Landzungen und abgeschiedenen Inseln. Mehrere Halbinseln bieten Schutz vor den Stürmen und viele einsame Plätzchen für Fischer und Kajakfahrer. Um einen ersten Eindruck von den Wasserwegen zu gewinnen, empfiehlt sich einer der zahlreichen Bootsausflüge von Picton. Wer die Landschaft ausgiebig genießen möchte, sollte eine Kajaktour durch die Buchten oder eine Wanderung über den Queen Charlotte Track unternehmen. Auch Tauchen bietet sich an, z. B. am riesigen Wrack eines sowjetischen Kreuzfahrtschiffes (S. 501).

Zwei Sehenswürdigkeiten haben in den meisten Reiseplänen ihren Platz. Eine ist **Motuara Island**, ein vom DOC verwaltetes, raubtierfreies Tierschutzgebiet, in dem sich Sattelstare, Grauschnäpper, Makomakos und einige Okarito-Streifenkiwis heimisch fühlen. Die Vögel sind in der Regel recht furchtlos und wagen sich nahe an die Besucher heran. Die hiesigen Zwergpinguine benutzen übrigens statt eigener Nester lieber die bereitgestellten Kästen. Von Oktober bis Dezember kann man die Deckel vorsichtig hochheben und die Pinguinbabys bestaunen.

Direkt gegenüber von Motuara Island liegt die **Ship Cove**, jene Bucht, in der Kapitän Cook auf seinen drei Neuseelandreisen insgesamt 168 Tage verbrachte. Ein großes Denkmal erinnert an seine fünf Aufenthalte.

Kreuzfahrten

Ständig flitzen die Wassertaxis im Queen Charlotte Sound hin und her, um Wanderer zum QCT oder Gäste zu ihren Unterkünften zu bringen. Wer nur einmal kurz aufs Wasser hinaus möchte, ist damit möglicherweise schon ausreichend bedient, doch mehrere Veranstalter bieten auch Kreuzfahrten durch die Fjordlandschaft an. Neben den Rural Mail Runs (s. S. 504, Kasten) bietet **Beachcomber Fun Cruises** Ausflüge in die Ship Cove (3 Std., $69) und nach Motuara Island (3 Std., $73).

Dolphin Watch Ecotours, London Quay, ☎ 0800/945 354, 🖥 www.naturetours.co.nz. Naturtrips vom Feinsten (alle Okt–April), darunter Delphintouren, 2–4 Std., nur Tour $100, inkl. Schwimmen $150, mit Dunklen Delphinen, Gewöhnlichen Delphinen, Großen Tümmlern oder den endemischen Hectordelphinen. Wer neben Delphinen auch noch etwas Anderes sehen möchte, kann an einem Ausflug nach Motuara Island oder zur Ship Cove (jeweils $100) teilnehmen und sich auch zum Wandern auf dem QCT absetzen lassen. Für Vogelfreunde gibt's eine spezielle Vogelbeobachtungstour, tgl. 13.30 Uhr, $120.

Eco Tours, ☎ 03/573 6901, 🖥 www.eco-tours. co.nz. Ein besonders schönes Erlebnis ist die Tour *Myths and Legends* (4 Std. für $200 oder 8 Std. für $250 inkl. Mittagessen), wo es mit einem Kauri-Boot aus den 1930er-Jahren durch die Buchten geht, begleitet von informativen Kommentaren zur Geschichte und Kultur der Region aus der Perspektive eines ansässigen Pakeha der 6. Generation und seiner Maori-Ehefrau.

Waterways Boating Safaris, 7 km von Linkwater an der Kenepuru Road (s. S. 507), ☎ 03/574 1372, 🖥 www.waterways.co.nz, bietet eine etwas andere Art von Ausflügen: Kleine Flotten von 2-Pers.-Motorbooten werden durch den Kenepuru Sound geführt (3 Std., $95). Man kann sein eigenes Boot fahren und hat Zugang zu Waldwegen und Stränden.

Kajaktouren

Viele Touristen machen sich ohne Umschweife auf den Weg zum Abel Tasman National Park und übersehen dabei die atemberaubende Landschaft, die sich bei Kajaktouren im Queen Charlotte Sound eröffnet.

Marlborough Sounds Adventure Company, Town Wharf, ☎ 0800/283 283, 🖥 www. marlboroughsounds.co.nz. Sympathischer, professioneller Veranstalter, der eine enorme Vielfalt an geführten Kajaktouren anbietet, darunter reizende Halbtags-Paddeltouren vor der Kulisse von Picton (Okt–April tgl., 4 Std., $75), eine gemächliche Tagestour (7 Std., $105), eine nur am ersten Tag begleitete 2-tägige Tour ($160) und eine gänzlich begleitete 3-tägige

Mehrere Veranstalter bieten großartige Kreuzfahrten durch den Queen Charlotte Sound und den Pelorus Sound an, doch etwas ganz Besonderes sind die so genannten **Rural Mail Runs**, die beispielsweise an einem entlegenen Gehöft halten und dort schon von einer Bauersfrau (oder der ganzen Familie) in Erwartung der wöchentlichen Post oder auch von Lebensmitteln begrüßt werden. Die Fahrten führen entlang goldgelber Strände und von Busch bedeckter Küstenabschnitte, und bisweilen wird der Zustelldienst sogar von Delphinen eskortiert.

Im **Queen Charlotte Sound** veranstalten Beachcomber Fun Cruises, ☎ 0800/624 526, 🖥 www.mailboat.co.nz, 4-stündige Mail Runs unter der Bezeichnung **Magic Mail Run** (Abfahrt in Picton Mo–Sa 13.30 Uhr, 4 Std., $85). Zwar werden drei unterschiedliche Routen an verschiedenen Tagen der Woche bedient, sie unterscheiden sich aber nicht groß. Im Sommer fahren alle ins Endeavour Inlet und an einer Lachszuchtfarm vorbei und bieten Gelegenheit zu einem viertelstündigen Landgang in der Ship Cove.

Weitere Postbootrouten gibt es im **Pelorus Sound** ab Havelock (s. S 508).

Tour in die entlegenen Winkel der Fjordlandschaft ($520). Kajaks zur Miete gibt es für $50 für 1 Tag oder $80 für 2 Tage.
Sea Kayaking Adventure Tours, bei Anakiwa, ☎ 03/574 2765, 🖥 www.nzseakayaking.com. Kleiner, aber qualitativ ebenso guter Anbieter. Geführte Tagestour ($85), 3-tägige Tour über die gesamte Länge des QCT mit Camping ($300) oder komfortablerer Unterkunft gegen Aufpreis. Mietkajaks kosten $50 pro Tag, ab 3 Tagen $40/Tag.

Mountainbiketouren

Obwohl der QCT in erster Linie ein Wanderweg ist, kann er auch mit dem Mountainbike befahren werden. Für die gesamte Strecke braucht man 2 Tage. Außer zwei steilen Anstiegen stellt der Track keine großen technischen Herausforderungen, und das Gepäck kann man

transportieren lassen; an Unterkünften herrscht kein Mangel. Der größte Teil des Tracks ist ganzjährig für Biker geöffnet, nur das nördliche Viertel von Ship Cove nach Camp Bay ist von Dezember bis Februar tabu.

Die **Marlborough Sounds Adventure Company** (S. 503) bietet einen 3-tägigen *Freedom Bike Ride* ($620–720) inkl. Fahrradmiete, Transport und komfortabler Unterbringung im Punga Cove Resort und im Portage Resort. Wer seinen Trip selbst organisieren und vielleicht zelten oder billiger unterkommen möchte, kann für $50/Tag ein Bike leihen.

Queen Charlotte Track

Der ganzjährig begehbare Queen Charlotte Track (QCT, 71 km, 3–5 Tage), 🖥 www.qctrack.co.nz, ist ein von spektakulärer Landschaft gekennzeichneter Fernwanderweg mit zum Teil traumhaften Ausblicken auf die majestätischen Bergketten und dichten Küstenwälder am Queen Charlotte Sound und dem gegenüberliegenden Kenepuru Sound. Der Weg ist breit, relativ leicht zu bewältigen und unterscheidet sich von anderen mehrtägigen Wanderungen durch zahlreiche schöne Unterkünfte entlang der Route. Es gibt jedoch keine DOC-Hütten.

Die An- und Abfahrt erfolgt im Allgemeinen von und nach Picton per Wassertaxi, das auch den täglichen **Gepäcktransport** von einem Etappenziel zum nächsten übernimmt. Da die Boote unterwegs in zahlreichen Buchten anlegen, können weniger ambitionierte Wanderer sich auch mit kürzeren Abschnitten begnügen, Tageswanderungen von Picton aus unternehmen oder den Track im Rahmen einer geführten Wanderung (s. S. 507) erkunden. Der QCT ist zwar weniger überlaufen als einige andere Tracks, erfreut sich aber zunehmender Beliebtheit.

Der Queen Charlotte Sound war einst eine wichtige Handelsroute und bot den Maori Schutz und reichlich Nahrung. Um die langen und gefährlichen Seereisen durch die Sounds zu vermeiden, schulterten die Maori ihre Kanus und trugen sie kurzerhand in den riesigen Fjord. **Kapitän Cook** legte fünfmal in der Ship Cove an und erklärte die Bucht zu seinem neuseeländischen Stützpunkt – zwischen 1770 und 1777 verbrachte er insgesamt fast ein halbes Jahr in der Gegend, die dank ihrer geschützten Lage und ihrer unerschöpflichen Vorräte an Süßwasser wie geschaffen für einen Aufenthalt war. Außerdem gedieh hier in Hülle und Fülle ein Gras, das aufgrund seines hohen Vitamin-C-Gehalts später als Cook Skorbut-Gras bekannt wurde.

Nicht von ungefähr sind hier viele **Vögel** beheimatet, insbesondere Tuis und Makomakos, aber auch Graufächerschwänze und Rotkehlchen. An der felsigen Küste tummeln sich unzählige Krähenscharben, Tölpel, Seeschwalben und Sturmtaucher sowie die in Paaren umherziehenden Austernfischer. Mit etwas Glück kann man sogar Zwergpinguine erspähen, vor allem morgens auf ihrem Weg zum Wasser.

Die Route

Ein Großteil des Wegs führt über Weideland und offene, nur mit Stechginster bewachsene Hügel, aber sowohl am Beginn als auch am Ende des QCT erstrecken sich Waldreservate, die bis ans Wasser reichen. Entlang der Hauptstrecke bieten sich immer wieder Abstecher zu diversen Sehenswürdigkeiten an: Von der Ship Cove gelangt man über einen kurzen Pfad zu einem hübschen Wasserfall mitten im Wald; eine Kletterpartie führt hinunter in die Bay of Many Coves und ein weiterer Streifzug zu den Antimony Mines (wo es offene Schächte gibt, weshalb man immer dem gekennzeichneten Weg folgen sollte).

Wer den gesamten Track in drei Tagen zurückzulegen beabsichtigt, sollte am ersten Tag frühzeitig in der Ship Cove starten und am Abend Punga Cove erreichen. Es folgt ein recht langer Tag nach Portage, gefolgt von einem relativ leichten Schlusstag.

Ship Cove nach Resolution Bay
4,5 km, 1–2 Std., 200 Höhenmeter
Der Weg klettert von der Ship Cove durch ein Waldgebiet steil landeinwärts zu einem Aussichtspunkt mit wunderbarem Blick auf Motuara Island, bevor er zur Resolution Bay (4,5 km, 2 Std.) abfällt, wo es einen DOC-Campingplatz und die Resolution Bay Cabins gibt.

Resolution Bay nach Endeavour Inlet
15 km, 3–5 Std., 200 Höhenmeter
Folgt einem alten Trampelpfad über den Bergrücken zur Furneaux Lodge und zum Endeavour Resort.

Endeavour Inlet nach Camp Bay
11,5 km, 3–4 Std., 100 Höhenmeter
Küstenwanderung durch Wald mit vielfältiger Vogelwelt, DOC-Campingplatz und mehreren Lodges.

Camp Bay nach Portage
24,5 km, 6–8 Std., 650 Höhenmeter
Der längste Abschnitt ohne richtiges Dach über dem Kopf (nur zwei DOC-Campingplätze) ist auch der lohnendste, denn er führt größtenteils über einen Gebirgskamm mit Ausblicken auf das Meer und die Buchten zu beiden Seiten.

Portage nach Mistletoe Bay
7,5 km, 3–4 Std., 450 Höhenmeter
Einer steilen Kletterpartie zu Beginn folgt ein angenehmer Spaziergang durch eine Mischvegetation aus Teebäumen, Stechginster und Buschwerk mit der Möglichkeit, in der reizenden Lochmara Lodge (ca. 2 km abseits des Tracks) einzukehren.

Mistletoe Bay nach Anakiwa
12,5 km, 3–4 Std., 100 Höhenmeter
Folgt einem alten Trampelpfad ein gutes Stück oberhalb des Wassers mit fantastischen Ausblicken und führt gegen Ende durch einen Abschnitt zauberhaften Küstenwaldes.

Übernachtung

Eine heiße Dusche, eine gute Mahlzeit und ein bequemes Bett sind drei Dinge, die man auf einem Fernwanderweg nur selten geboten bekommt, der QCT jedoch erfreut durch jede Menge Komfort und eine gute Auswahl an Backpacker-Unterkünften für $30–45 – insgesamt sind es etwa 20 Unterkünfte. Eine **Reservierung** ist unerlässlich – nicht nur um sich ein Bett für die Nacht zu sichern, sondern auch damit das Wassertaxiunternehmen weiß, wo es das Gepäck hinbringen muss. Viele der kleineren Unterkünfte akzeptieren keine Zahlung per Kreditkarte, weshalb genügend **Bargeld** mitgeführt werden muss. Die 6 **DOC-Campingplätze** (alle auf der Karte eingezeichnet, s. S. 496/497) kosten $6 pro Nacht und haben fließend Wasser und Toiletten, aber nur 4 haben einen Zugang für Wassertaxis. Die folgenden Unterkünfte sind geografisch von Nord nach Süd aufgelistet. Die Kilometerangaben beziehen sich auf die Entfernung von Ship Cove:

Resolution Bay Cabins, Resolution Bay, KM 5, ✆ 03/579 9411, ✉ reso@xtra.co.nz. Die der Ship Cove am nächsten gelegene Übernachtungsmöglichkeit an einem hübschen und stimmungsvollen Ort mit Gelegenheit zum Baden und Kajak fahren. Recht rustikale Unterkünfte in einem Mini-Resort im Stil der 20er-Jahre. Cabin $40 p. P., 4-Pers.-Cottage ➏

Furneaux Lodge, Endeavour Inlet, KM 14, ✆ 03/579 8259, ☐ www.furneaux.co.nz. Eine der größeren Lodges auf einem 100 Jahre alten Anwesen mit attraktiven Gärten. Unterkünfte von Dorms (mit oder ohne Bettzeug) über Cottages für Selbstversorger bis zu schicken modernen Suiten. Hervorragendes Restaurant (Hauptgerichte $32), gesellige Bar, Internetzugang und Ausrüstungsverleih. Dorm $30, mit Bettzeug $40, Chalet ➏, Suite ➐

Punga Cove Resort, Camp Bay, KM 26, ✆ 03/579 8561, ☐ www.pungacove.co.nz. Großes Ferienhotel, das sich von der Bar beim Bootsschuppen über einen Hügel bis auf die andere Seite zum Nobelrestaurant mit

Panoramablick zieht. Mit Pool, Spa, Sauna, auch Angelausrüstung und Kajaks. Dorm $40 (Juni–Sep geschl.; Bettzeug $12 extra), Budget-Zimmer ➌, normales Zimmer ➎, Chalet ➏

Mahana Lodge, Camp Bay, KM 27, ✆ 03/579 8373, ☐ www.mahanahomestead. com. 4 Zimmer mit Bad und Terrasse in einer modernen Lodge auf dem Gelände eines 100 Jahre alten Anwesens. Fernsehlounge mit tollem Ausblick. Kostenlose Kajakbenutzung. 3-Gänge-Mahlzeiten $45. ➎

Noeline's Homestay / Backpackers, Nähe Camp Bay, KM 27, ✆ 03/579 8375. Gemütliche Unterkunft in der Bucht mit angenehmer Atmosphäre und freundlichem Empfang – viele wollen hier gar nicht mehr weg. Bettwäsche $5. Dorms $30.

Portage Resort Hotel, Kenepuru Rd, KM 51, ✆ 03/573 4309, ☐ www.portage.co.nz. Stilvolles Hotel am Kenepuru Sound, 10 Min. zu Fuß vom QCT und der Torea Bay. Renovierte Zimmer in leuchtenden Farben und Designer-Bäder, schickes Restaurant, Café mit Bar, Swimmingpool und hervorragende Ausblicke. Anfahrt mit dem Auto über die Kenepuru Road oder per Wassertaxi aus Picton ($35 pro Strecke). Dorms mit voll ausgestatteter Küche $40, Backpacker-Unterkunft mit Bad ➍, Zimmer ohne Ausblick ➏, mit Ausblick ➑.

Debretts Backpackers, Kenepuru Rd, KM 51, ✆ 03/573 4522, ☐ www.stayportage.co.nz. Ruhiges, gut ausgestattetes Hostel mit 6 Betten und tollem Ausblick auf Portage Bay und Kenepuru Sound. 30 Min. zu Fuß von Torea

Entspannung pur

Lochmara Lodge, Lochmara Bay, KM 58, ✆ 03/573 4554, ☐ www.lochmaralodge.co.nz. Schöne Öko-Unterkunft mit tollem Café sowie Restaurant und Bar an der friedvollen Lochmara Bay; ein Teil der Einnahmen fließt in Raubtierausrottungsprojekte und Brutprogramme für den einheimischen Kakariki-Sittich und Geckos. Waldwege führen vorbei an Skulpturen und anderen Kunstwerken zur Sittichvoliere und Glühwürmchengrotte. Der Ort eignet sich großartig zum Faulenzen in der Hängematte. Kajaks und Schnorchelausrüstung

können umsonst genutzt werden. Außerdem gibt es ein dekadentes Badehaus ($50 für 2 Pers./ Std.), und es werden Massagen angeboten. Alle Zimmer haben Bad, aber kein TV und Telefon. Die Lodge liegt fast eine Stunde Fußmarsch vom QCT entfernt; ab Picton kommt man in 15 Min. mit dem Wassertaxi hierher (je Strecke $25, Abfahrt in Picton tgl. um 9, 12, 15.15 und 17.30 Uhr). ◷ Juni–Aug geschl. Zweibettzimmer ohne Ausblick ➌, DZ mit Blick auf die Bucht ➍, Deluxe-Zimmer ➐

Bay oder Abholung mit dem Taxi. Dorm $40 (Bettzeug $5), Zimmer ❽
Mistletoe Bay Eco Village, Mistletoe Bay, KM 65, ✆ 03/573 4048, 🖳 www.mistletoebay.co. nz. Familienfreundliche, rustikale Unterkunft mit Straßenanbindung und 8 Cabins, jede mit Bad und 6 Betten, wahlweise mit Bettzeug für einmalig $7,50/Pers.; Zeltstellplätze mit Camper-Küche und Münzduschen. Kleiner Laden für Bioprodukte aus dem eigenen Garten, Fleisch, Eier und Kaffee. Camping $15, Backpacker-Unterkunft $30, Cabin ❹
Anakiwa Backpackers, direkt am Ende des Tracks, Anakiwa, KM 71, ✆ 03/574 1388, 🖳 www.anakiwabackpackers.co.nz. Sauberes, einfaches und ungezwungenes Hostel mit gemachten Betten, kostenlosen Kajaks, einem Windsurfbrett ($25), günstiger Möglichkeit zum Wasserskifahren, Espressomaschine, Hund und Katze. Tolle Basis für Wanderungen auf dem südlichen Teil des Tracks. Neben dem 4-Bett-Dorm und den Doppelzimmern gibt es auch ein Apartment für Selbstversorger mit Platz für 4 Pers. Dorm $33–40, Zimmer ❷, Apartment ❸
Anakiwa Lodge, 9 Lady Cobham Grove, Anakiwa, ✆ 03/574 2115, 🖳 www.anakiwa.co.nz. Moderne YHA-Jugendherberge etwa 400 m vom Ende des Tracks mit 10 Betten, kostenlosem Internet und WLAN, Kajaks und Whirlpool (für Gäste gratis). Dorm $30, Zimmer ❸, mit Bad ❺

Informationen und Zugang

Erste Station sollte das **i-SITE in Picton** sein, wo es die kostenlose DOC-Broschüre *Queen Charlotte Track Visitor Guide* gibt. Wanderer erhalten Tipps zur Planung ihrer Tour. Der Track verläuft teilweise über privates Land, weshalb eine Gebühr von $12 erhoben wird (gültig für 4 aufeinanderfolgende Tage, Schulkinder frei); die Tickets sind bei den Betreibern der Wasser-taxis und in den Informationszentren erhältlich. Wanderer legen die Strecke im Normalfall **von Norden nach Süden** (also von Ship Cove nach Anakiwa) zurück und lassen sich von Wassertaxis absetzen und abholen. Einige Abschnitte des QCT sind auch **von der Kenepuru Road** zugänglich, doch es gibt keine öffentlichen Verkehrsmittel. In Anakiwa besteht keine Möglichkeit, das Auto über Nacht abzustellen.

Alle **Wassertaxi-Unternehmen** bieten Standardpakete mit Transfer zur Ship Cove, Gepäcktransport und Abholung aus Anakiwa (gewöhnlich am späten Nachmittag) für $90–95. Am günstigsten ist mit $90 Endeavour Express, aber andere Veranstalter bieten u. U. passendere Fahrpläne. Der **Fahrradtransport** kostet $5 pro Fahrt. Wer nur einen kurzen Abschnitt des Tracks gehen möchte, kann sich so gut wie überall wieder abholen lassen: Einfache Transfers kosten $35–50.

Geführte Wanderungen und Tagesausflüge

Mehrere Veranstalter in Picton bieten organisierte QCT-Touren mit unterschiedlichen Serviceleistungen an.
Marlborough Sounds Adventure Company, Town Wharf, ✆ 03/573 6078 und 0800/283 283, 🖳 marlboroughsounds.co.nz, hat die sogenannten *Freedom Walks* im Programm (4 Tage $610, 5 Tage $710), mit Übernachtungen in der Furneaux Lodge, im Punga Cove Resort und im Portage Resort Hotel. Man erspart sich so die Unterkunftssuche und erhält jeden Tag eine Lunchbox. Bei den geführten Wanderungen (4 Tage $1380, 5 Tage $1750) mit voller Verpflegung ist auf der gesamten Strecke ein kundiger Fremdenführer mit von der Partie. Außerdem gibt's einen Abstecher zur Moturua Island und die Möglichkeit zum Kajak fahren. Die schönste Tour des Veranstalters ist wahrscheinlich das 3-tägige *Ultimate Sounds Adventure* ($585–795, je nach Unterkunft), bei dem jeweils ein Tag mit Wandern, Kajak fahren und Radfahren vorgesehen ist.
Beachcomber Fun Cruises (S. 502) hat eine Reihe von Tageswanderungen ($51–67) im Programm.
Cougar Line bietet ein- bis fünfstündige Wanderungen an ($68).

Queen Charlotte Drive und Kenepuru Road

Angesichts der Tatsache, dass Wassertaxis für einen bequemen Zugang zu herrlich abgelege-nen Zielen sorgen, erscheint es ein wenig ab-wegig, die Marlborough Sounds mit dem Auto erkunden zu wollen. Das trifft erst recht zu, wenn man die größtenteils asphaltierten, aber schmalen und kurvenreichen Straßen der Gegend bedenkt, auf denen durchschnittlich kaum mehr als 40 km/h zu schaffen sind. Wer es dennoch versucht, wird durch zauberhafte Ausblicke auf die türkis schimmernden Buchten entschädigt.

Der 35 km lange **Queen Charlotte Drive** zwischen Picton und Havelock verläuft durch das Flachland am Rande des Queen Charlotte Sound nach Westen und erklimmt dann einen Hügel mit Blick über den Pelorus Sound, bevor er zum SH6 und nach Havelock hinunterführt. Die kurvenreiche Fahrt geht nur langsam voran, doch manch einer lässt es absichtlich noch ruhiger angehen, um einige Wanderungen durch die geschützten Buchten in den Ausflug einzubauen.

Etwa 18 km westlich von Picton zweigt eine schmale Straße vom Queen Charlotte Drive Richtung Norden nach **Anakiwa** zum südlichen Endpunkt des QCT ab. Dort befinden sich ein Bootssteg, von dem Wassertaxis zurück nach Picton fahren, und die Unterkünfte Anakiwa Lodge und Anakiwa Backpackers (beide S. 507).

Zurück auf dem Queen Charlotte Drive zweigt nach ein paar Kilometern die **Kenepuru Road** nach rechts ab und führt anschließend 75 km an der Küste des Kenepuru Sound entlang. Es gibt keine echten Sehenswürdigkeiten an der Strecke, doch die Straße bietet an mehreren Stellen Zugang zum QCT und führt an einigen DOC-Campingplätzen und Unterkünften vorbei, darunter Portage Resort Hotel, Debretts Backpackers und Punga Cove (s. S. 506). Die Straße endet an dem wunderbaren Hostel Hopewell Backpackers .

Havelock und der Pelorus Sound

Die verschlafene Ortschaft Havelock ist eigentlich nur wegen des sensationellen Pelorus Sound von Interesse, ein aufregendes Labyrinth aus steilen Buchten, geschwungenen Stränden und tief eingeschnittenen Wasserwegen, umgeben von Wäldern und majestätischen Bergen. Fast jede Bucht beherbergt eine Zuchtstation für Grünlippenmiesmuscheln, weshalb Havelock als Hauptstadt dieser zweischaligen Weichtiere gilt. Kaum einer verlässt den Ort, ohne einen dieser erlesenen Happen probiert zu haben.

Übernachtung

Blue Moon Backpackers, 48 Main Rd, ☎ 03/574 2212, ✉ bookings@bluemoon havelock.co.nz. Dorm $25, Zimmer ❷

Havelock Garden Motel, 71 Main Rd, ☎ 03/574 2387, 🖥 www.gardenmotels.com. Die hilfsbereiten Gastgeber verwalten Units mit Küche. ❹

Havelock Motor Camp, 24 Inglis St, ☎ 03/574 2339, 🖥 www.havelockmotorcamp. co.nz, von der Main Rd ab, mitten im Ort. Camping $12, einfache Cabins und On-site vans ❶

Rutherford YHA Hostel, 46 Main Rd, ☎ 03/574 2104, 🖥 www.havelockinfocentre.co. nz. In einem stilvollen alten Schulhaus, in dem der Atomphysiker Ernest Rutherford ab 1882 zwei Jahre zur Schule ging. Camping $12, Dorm $28, Zimmer ❷

Essen

Havelock Hotel, 54 Main Rd. Einfache Gerichte in riesigen Portionen für unter $20.

Slip Inn, am Hafen, ☎ 03/574 2345. Das schicke Lokal ist das beste Restaurant im Ort: erstklassige Muscheln im Dutzend ($19) mit z. B. Pesto und Parmesankäse oder süßer Chilisauce, Muschelteller mit 7 unterschiedlich garnierten Muscheln ($11), außerdem Kabeljau mit Pommes frites ($25) und Pizzas ($16–23). Auch gut für einen Kaffee oder einen abendlichen Drink.

The Wakamarinian, 70 Main Rd. Gutes Café. Selbstversorger können sich im **Supermarkt Four Square** mit frischen Muscheln eindecken.

Touren

Die schönsten Ecken des Pelorus Sound lassen sich bei einer Fahrt mit dem Postschiff **Pelorus Mail Boat**, ☎ 03/574 1088, 🖥 www.mail-boat. co.nz, kennenlernen, das Di, Do und Fr um 9.30 Uhr jeweils zu einer anderen Route ablegt; $120, Kinder unter 16 Jahren frei. Reizvoll sind alle Strecken: Es wird Halt an einer Muschelfarm gemacht und Post, eventuell frische

Lebensmittel oder Unterlagen für den Fernschulunterricht der Kinder abgeliefert. Am abwechslungsreichsten ist die Freitagstour, dafür sind die anderen Touren flexibler und bieten vielleicht bessere Möglichkeiten zur Delphinbeobachtung und für Landgänge. Rückkehr ist jeweils am späten Nachmittag, also am besten Proviant einpacken.

Informationen

Havelock Info Centre, 46 Main Rd, im Rutherford YHA, 🖥 www.havelockinfocentre.co.nz, führt Buchungen durch und fungiert überdies als örtliche DOC-Vertretung. ☉ tgl. 8.30–21.30 Uhr.

Transport

Alle Busse zwischen Picton und Nelson halten auch in Havelock. Nahverkehrsbusse und Wassertaxis bieten Verbindungen zum Kenepuru Sound und zum Pelorus Sound.

Pelorus Bridge Scenic Reserve

Gut 18 km westlich von Havelock erreicht man am SH6 das Pelorus Bridge Scenic Reserve mit einem großartigen Baumbestand, der unzähligen Tuis, Riroriros und Makomakos einen Lebensraum bietet. Das Landschaftsschutzgebiet ist im Sommer verständlicherweise sehr beliebt. Zu den Besuchereinrichtungen gehören ein einfacher **DOC-Campingplatz**, ✆ 03/571 6019, mit Zeltstellplätzen ($10) und Cabins ❶ sowie ein **DOC-Büro** neben einem kleinen **Café**, ☉ tgl. Nov–März 8.30–19 Uhr, April–Okt 8.30–16.30 Uhr.

Die Spazierwege sind zumeist relativ flach und gut markiert, für ein wenig Nervenkitzel sorgt eine Hängebrücke: Der **Totara Walk** (1,5 km hin und zurück, 1/2 Std.) und der **Circle Walk** (1 km hin und zurück, 1/2 Std.) führen durch das tiefer gelegene Waldland, für das die Gegend bekannt ist, während der **Trig K Track** (2,5 km einfach, 2 Std.) nach einem steten Anstieg auf 417 m einen herrlichen Ausblick auf das gesamte Gebiet eröffnet.

Der SH6 führt Richtung Westen vorbei am Abzweig zum French Pass beim kleinen Ort Rai Valley und dann hinter Happy Valley Adventures (S. 516) über die Berge nach Nelson.

French Pass

Von Rai Valley winden sich schmale Straßen Richtung Norden zum French Pass, eine zweistündige, 60 km lange Fahrt durch vereinzelte Waldbestände in einer von der Schafzucht und von Kiefernplantagen geprägten Landschaft. Schließlich erreicht man den French Pass, einen schmalen Kanal zwischen dem Festland und D'Urville Island, in dem der französische Entdecker Dumont d'Urville mit seinem Boot von kräftigen Strudeln herumgewirbelt wurde. Wer zur Mittagszeit hier ist, kann leicht nachvollziehen, warum diese Gewässer so gefürchtet waren. Am besten ist das Schauspiel von zwei kurzen Wegen in der **French Pass Scenic Reserve** zu beobachten, 1 km vor dem Ende der Straße in French Pass.

Die winzige Siedlung **French Pass** besteht eigentlich nur aus dem Bootsanleger, einem Laden, einem einfachen DOC-**Campingplatz** ($7) und den **Sea Safaris & Beachfront Villas**, ✆ 03/576 5204, 🖥 www.seasafaris.co.nz, B&B ❼, ☉ Juni–Sep geschlossen. Auf Vorbestellung sind Mahlzeiten ($38) erhältlich, deren Zutaten zumeist aus biologischem Anbau stammen. Sea Safaris bietet außerdem verschiedene Tauchtrips und Angelchartertouren ($360/2 Std. für bis zu 4 Pers.), vermietet Seekajaks ($80/Tag für ein Doppelkajak) und führt Gruppen auf die **D'Urville Island** zum Mountainbiking (eigenes Rad mitbringen) und Wandern (beides $75), zu Tierbeobachtungstouren ($85) und zum Schwimmen mit Delphinen und Robben ($135, ohne Schwimmen $95).

Nelson und Umgebung

In einer ausgedehnten Küstenebene zwischen der Arthur Range und der Richmond Range liegt das lebendige und verführerische Städtchen Nelson. Auf den ersten Blick erscheint der Ort gar nicht so sehenswert, doch bei einem längeren Aufenthalt entfaltet er seinen ganzen Charme, und die Region um Nelson zählt inzwischen zu den beliebtesten Urlaubszielen Neuseelands. Das warme und sonnige Klima, gute Strände in der Nähe und eine Fülle lohnender

Weinkellereien in der Umgebung sind starke Argumente sowohl für Besucher als auch für Maler und Töpfer, die das schöne Licht, die Landschaft und die einzigartigen Rohstoffe, die unter dem Gras schlummern und sich bestens für die Herstellung von Tonwaren eignen, anlockt. Daneben eignet sich Nelson auch hervorragend als Ausgangspunkt für Ausflüge zur Golden Bay und in die drei Nationalparks Abel Tasman, Kahurangi und Nelson Lakes. Selbst ein Tagesausflug in den Abel Tasman ist von hier möglich: Wer einen frühen Bus nimmt, hat dann genügend Zeit für eine Wassertaxifahrt und ein paar Stunden Wandern auf dem Coast Track.

Die **Suter Gallery** und der betriebsame **Saturday Market** im Zentrum von Nelson sind ebenfalls gute Gründe für einen Aufenthalt in der Stadt, doch die meisten zieht es schon bald in die Umgebung, besonders an den **Tahunanui Beach** und in den westlichen Vorort **Stoke** mit seinem faszinierenden Museum World of WearableArt. Im Nordwesten der Stadt locken um die Orte **Mapua** und **Upper Moutere** herum zahlreiche Kunsthandwerksläden und Weingüter.

Geschichte

Als eine der ältesten Siedlungen Neuseelands ist Nelson von großer historischer Bedeutung. Mitte des 16. Jhs. besiedelten die **Ngati Tumatakokiri** große Teile der Gegend um Nelson und bildeten gewissermaßen ein „Empfangskomitee" für **Abel Tasmans** Langboote in der Murderer's Bay (heute Golden Bay), wo sie vier Männer aus der Mannschaft des holländischen Entdeckers töteten. Als die Europäer schließlich mit ernsteren Absichten zurückkehrten, hatte sich die Zahl der Maori durch blutige Stammeskriege bereits drastisch reduziert. Obwohl sich das

Nelson Market

Der Montgomery Square wird samstagmorgens durch den Nelson Market belebt. Neben Ständen mit Nahrungsmitteln aus der Region gibt es ein großes Angebot an Kleidung, Schmuck, Spielzeug sowie einheimischen Holzschnitzereien und anderem Kunsthandwerk. ◷ Sa 8–13 Uhr.

nächste *pa* erst bei Motueka befand, konnten Landstreitigkeiten nicht verhindert werden. Sie gipfelten 1843 in Kämpfen, bekannt als **Wairau Affray**. Trotz Zusicherung seitens der Maori-Häuptlinge Te Rauparaha und Te Rangihaeata, der Einsetzung eines Landkommissars zuzustimmen und dessen Entscheidungen zu akzeptieren, sandte die New Zealand Company präventiv Landvermesser nach Süden in die Wairau Plains. Bei den dadurch ausgelösten Gefechten wurde Te Rangihaeatas Frau getötet, woraufhin der Häuptling und seine Männer 22 Siedler töteten – was den Rest jedoch nicht davon abhielt, auch weiterhin Land zu erwerben. Und die Zahl der europäischen Siedler in der Region stieg in der Folgezeit wieder durch die Ankunft von Einwanderern aus Deutschland.

Nelson

Nelsons ebenmäßiges Straßenbild wird von der grauen **Christ Church Cathedral** beherrscht, die auf einem Hügel über dem Hafen und der Stadt thront. Der ursprüngliche Entwurf des englischen Architekten Frank Peck von 1924 wurde im Laufe der Zeit mehrfach abgeändert, da das Geld fehlte, dann kam auch noch der Zweite Weltkrieg, und selbst heute noch sieht der Kirchturm aus, als wäre er noch nicht fertig. Das strenge Äußere der Kathedrale steht im Kontrast zum Inneren, das von umwerfenden Buntglasfenstern erhellt wird – zehn bemerkenswerte Beispiele verstecken sich in einer kleinen Kapelle rechts des Hauptaltars.

Einen Steinwurf entfernt befindet sich das **Nelson Provincial Museum** (Pupuri Taonga O Te Tai Ao), Hardy St, Ecke Trafalgar St, ✆ 03/548 9588, ⌨ www.nelsonmuseum.co.nz. Es zeigt Exponate, die auf interessante, frische Weise die lokale Geschichte sehr informativ und lebendig präsentieren. Besonderes Augenmerk verdienen die kostbaren Gegenstände verschiedener *iwi* wie eine schöne Keule aus Knochen, ein Umhang aus Neuseeland-Flachs und Federn und die *tukutuku*-Paneele sowie eine Sammlung traditioneller Musikinstrumente der Maori. ◷ Mo–Fr, 10–17, Sa und So 10–16.30 Uhr, $5 Spende erbeten.

Unmittelbar östlich des Zentrums erstrecken sich an der Bridge Street die hübschen viktoria-

Nelson ist eine der ältesten Siedlungen Neuseelands.

nischen **Queens Gardens** mit ihren stattlichen Bäumen und einem dicht bevölkerten Ententeich. Hier befindet sich auch die kleine **Suter Art Gallery**, 208 Bridge St, 🖳 www.thesuter.org.nz. Die kleine Galerie, eine der besten ihrer Art auf der Südinsel, bietet Raum für Sonderausstellungen sowie Werke aus der eigenen Sammlung. Besondere Aufmerksamkeit verdienen die Ölgemälde von Toss Woollaston, einem der Begründer der modernistischen Bewegung in Neuseeland in den 1930er- und 1940er-Jahren, als verschiedene Künstler versuchten, eine von Großbritannien losgelöste eigenständige Kunst zu schaffen. Interessant ist auch Gottfried Lindauers Gemälde von Huria Matenga, einer Maori-Frau, die 1863 dabei half, Menschen aus dem Wrack der sinkenden *Delaware* zu retten. ⏱ tgl. 10.30–16.30 Uhr, Eintritt $3, Sa frei.

Weiter östlich über die Bridge Street entlang liegt die **Botanical Reserve**, wo 1870 das erste Rugby-Match Neuseelands stattfand. Vom Hügel dahinter, der angeblich die geografische Mitte Neuseelands markiert, bietet sich ein guter Ausblick auf die Stadt.

Etwa 1 km nördlich des Botanischen Gartens befindet sich der **Founders Park**, 87 Atawhai Drive, der anhand von hierher versetzten Originalgebäuden und Nachbauten eine eher bereinigte Version der frühen neuseeländischen Kolonialgeschichte bietet. ⏱ tgl. 10–16.30 Uhr, Eintritt $7. Eine Oase der Ruhe mit Teichen, Kirschbäumen und diversen Skulpturen sind die benachbarten reizvollen **Miyazu Gardens** im japanischen Stil. ⏱ tgl. 8 Uhr bis Sonnenuntergang, Eintritt frei.

Kunst und Kunsthandwerk

Viele der Künstler und Kunsthandwerker der Region zeigen ihre Werke in Galerien außerhalb von Nelson (s. S. 518). Man kann sich aber auch in Nelson selbst einen Eindruck vom Angebot verschaffen. Gute Startpunkte sind die **Red Art Gallery**, 1 Bridge St, ✆ 03/548 2170, die sich auf Kunst, Glas und Schmuck aus Neuseeland spezialisiert hat, und die **Catchment Gallery**, 225 Hardy St, ✆ 03/539 4100, die den Schwerpunkt auf Gemälde und Bildhauerei legt. Einen Besuch lohnt auch die **South Street Gallery**, 10 Nile St, die v. a. Töpferwaren im Angebot hat. Sie befindet sich an der Ecke zur South Street, einer der ältesten Straßen in Nelson mit einer Reihe hübscher Arbeiterhäuschen.

Gleich südwestlich des Zentrums liegt die **Bead Gallery**, 18 Parere St, 🖳 www.beads.co.nz,

Marlborough, Nelson und Kaikoura

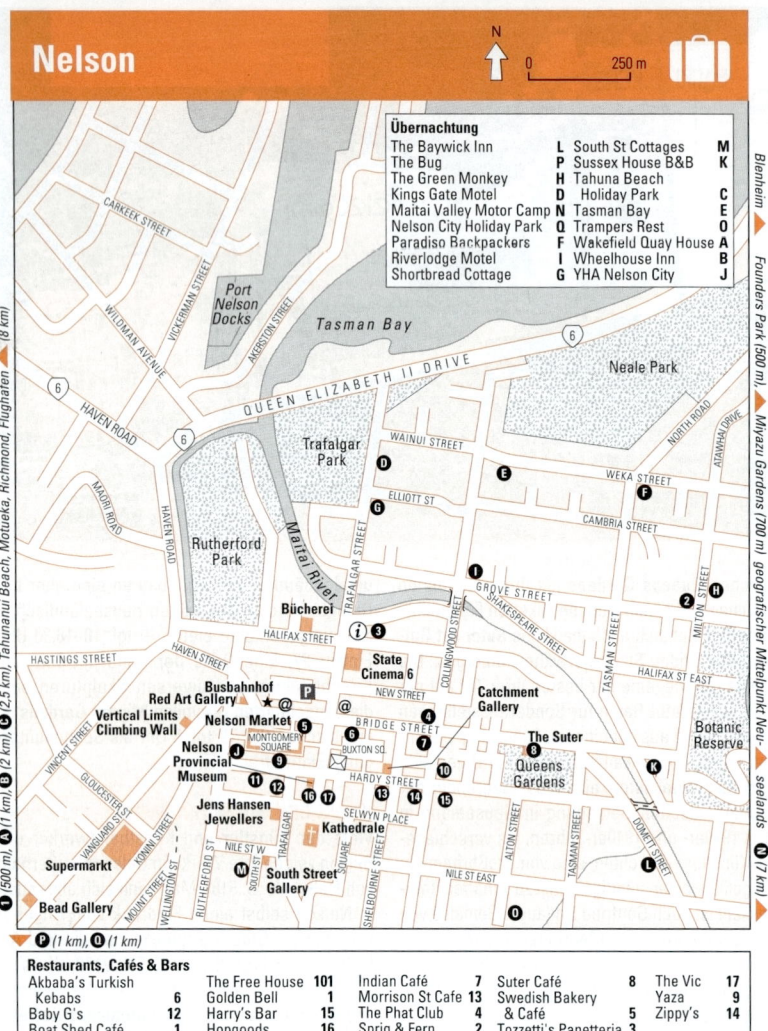

Marlborough, Nelson und Kaikoura

Übernachtung

The Baywick Inn	L	South St Cottages	M
The Bug	P	Sussex House B&B	K
The Green Monkey	H	Tahuna Beach	
Kings Gate Motel	D	Holiday Park	C
Maitai Valley Motor Camp	N	Tasman Bay	E
Nelson City Holiday Park	Q	Trampers Rest	O
Paradiso Backpackers	F	Wakefield Quay House	A
Riverlodge Motel	I	Wheelhouse Inn	B
Shortbread Cottage	G	YHA Nelson City	J

Restaurants, Cafés & Bars

Akbaba's Turkish		The Free House	101	Indian Café	7	Suter Café	8	The Vic	17
Kebabs	6	Golden Bell	1	Morrison St Cafe	13	Swedish Bakery		Yaza	9
Baby G's	12	Harry's Bar	15	The Phat Club	4	& Café	5	Zippy's	14
Boat Shed Café	1	Hopgoods	16	Sprig & Fern	2	Tozzetti's Panetteria	3		

mit einem Wahnsinnsangebot an Glasperlen. Wer möchte, kann seine eigene Glasperlenarbeit entwerfen oder sich etwas anfertigen lassen. Mo–Sa 9–17, So 10–16 Uhr.

Eine weitere Möglichkeit, sich künstlerisch zu entfalten, bietet die **Knochenschnitzerei**. Nach einem eintägigen Workshop mit Stephan, 03/546 4275, www.carvingbone.co.nz, $65

inkl. Abholung von der Unterkunft, sollte man mit einem schönen Schmuckanhänger nach Hause gehen.

Weitere **Workshops** mit einheimischen Künstlern und Handwerkern zu Themen wie Flachsweberei, Knochenschnitzerei, Drechselei und Käseproduktion vermittelt Creative Tourism New Zealand, www.creativetourism.co.nz.

Für *Herr der Ringe*-Fans bietet sich ein Besuch beim Juwelier **Jens Hansen** an, Church St, Ecke Selwyn Place, 🖥 www.jenshansen.com; Regisseur Peter Jackson ließ bei ihm den „Einen Ring" sowie weitere Exemplare für verschiedene Schauspieler anfertigen. Nachbildungen sind erhältlich – aber man sollte nicht vergessen, was mit dem Träger eines solchen Rings passiert! ⊙ Mo–Fr 9–17, Sa 9–14, im Sommer auch So 10–13 Uhr.

Tahunanui Beach und WOW

Die Haven Road (SH6) führt Richtung Nordwesten aus dem Zentrum heraus und heißt in ihrer Verlängerung **Wakefield Quay**, eine beliebte Uferpromenade zum Bummeln, aber in erster Linie als Standort des Boat Shed Café (s. „Essen") bekannt, das hier malerisch über das Wasser ragt.

Ein schöner Spaziergang führt zum **Tahunanui Beach Reserve**, einem lang gezogenen, goldenen Sandstrand vor der Kulisse von Grasland und Wanderdünen. An dem sicheren Badestrand entspannt sich Nelson an sonnigen Wochenenden. In der Parklandschaft dahinter verbergen sich ein Vergnügungspark, ein Zoo sowie mehrere Kinderspielplätze. Für die Anfahrt aus dem Stadtzentrum bieten sich die häufig verkehrenden Busse an.

Weitere 3 km außerhalb erreicht die SH6 das ausgeschilderte Museum **World of WearableArt and Classic Cars (WOW)**, 95 Quarantine Rd, 🖥 www.wowcars.co.nz, ein Schaukasten für chromblitzende Automobile älterer und neuerer Bauart sowie für die besten Modelle der jährlich stattfindenden WearableArt Shows, bei denen Kleidungskunstwerke aus den ungewöhnlichsten Materialien präsentiert werden. Besonders spannend sind die Filmaufnahmen von früheren Veranstaltungen. ⊙ tgl. 10–17 Uhr, Eintritt $18.

Nelson bietet eine breite Auswahl an Unterkünften, die meisten davon liegen direkt in der Innenstadt. Schöne B&Bs und tolle Hostels sind in Hülle und Fülle vorhanden, und auch Campingplätze findet man nicht weit von der Stadt entfernt.

Festivals

Nelson Arts Festival, 🖥 www.nelsonfestivals. co.nz, 12 Tage Mitte Oktober: alle möglichen Kulturveranstaltungen wie Ausstellungen, Theater, Lesungen, Musik und Straßenkunst, entweder kostenlos oder sehr günstig.
Nelson Jazz & Blues Festival, 🖥 www.nelson jazzfest.co.nz, 8 Tage ab 2. Januar: Musiker aus dem ganzen Land und dem Ausland spielen an verschiedenen Orten der Stadt.

Motels und B&Bs

The Baywick Inn, 51 Domett St, ✆ 03/545 6514, 🖥 www.baywick.com. Reizend restaurierte, zweistöckige Villa Baujahr 1885 in friedlicher Lage mit Blick auf den Maitai River. Luxuriös ausgestattete Zimmer – zwei davon in einem neuen Cottage hinter der Villa – und ein herzliches Willkommen mit Nachmittagstee und warmem Frühstück mit allem Drum und Dran. Auf Vorbestellung 3-Gänge-Abendessen für $50–60. Kostenloses WLAN. ❺–❻
Kings Gate Motel, 21 Trafalgar St, ✆ 0800/104 022, 🖥 www.kingsgatemotel.co.nz. Zentral gelegenes Motel mit gemütlichen, gepflegten Zimmern mit Küche. Ein Pool ist vorhanden. ❺

Blick aufs Wasser

Wakefield Quay House, 385 Wakefield Quay, ✆ 03/545 8209, 🖥 www.wakefieldquay.co.nz. Tolles B&B mit atemberaubenden Ausblicken aufs Meer und Haulashore Island, aber auch etwas Straßenlärm. 2 schön eingerichtete Zimmer. Zur Begrüßung gibt's Getränke, außerdem ein tolles Frühstück. Einer der Gastgeber betreibt auch Sail Nelson (siehe „Aktivitäten"). ❽
Wheelhouse Inn, 41 Whitby Rd, ✆ 03/546 8391, 🖥 www.wheelhouse.co.nz. Apartments für Selbstversorger auf einem Hügel 2 km westlich der Innenstadt, mit tollem Ausblick auf die Bucht. Alle Apartments mit komplett ausgestatteter Küche, Waschmaschine, TV/DVD, Internet und Grill. Das größte Apartment sind die Captain's Quarters für bis zu 6 Pers. ❻

Marlborough, Nelson und Kaikoura

Riverlodge Motel, 31 Collingwood St, ℘ 03/548 3094, 🖳 www.riverlodgenelson.co.nz. Eines der besseren Motels, alle Units sauber, komfortabel und mit gutem Preis-Leistungs-Verhältnis. ❹

South St Cottages, South St, ℘ 03/540 2769, 🖳 www.cottageaccommodation.co.nz. 3 wundervolle Cottages aus den 1860er-Jahren in der hübschesten Straße der Stadt; für Selbstversorger; Frühstückszutaten stellen die geselligen und kenntnisreichen Besitzer. Charmant altmodisch, aber mit allen modernen Annehmlichkeiten; WLAN $5/Tag. In der Nähe gibt es auch ein luxuriöses Apartment mit 2 Schlafzimmern. ❼

Sussex House B&B, 238 Bridge St, ℘ 03/548 9972, 🖳 www.sussex.co.nz. Recht charmantes B&B mit 5 Zimmern in zentral gelegener Villa aus den 1880er-Jahren und freundlichen Gastgebern. Die meisten Zimmer haben ein eigenes Bad, zwei haben Zugang zu einer hübschen Veranda. Tolles reichhaltiges Frühstück, kostenloses Internet. ❺–❻

Hostels

The Bug, 226 Vanguard St, ℘ 03/539 4227, 🖳 www.thebug.co.nz. Tolles, einladendes 40-Betten-Hostel etwa 1 km von der Innenstadt, geschmückt mit VW-Käfer-Erinnerungsstücken. Fahrradnutzung, Internet und WLAN gratis, Hängematte, Tischfußball und Frauen-Dorm, kein TV. Kostenloser Transport ins Zentrum. Dorm $23, Zimmer ❷

The Green Monkey, 129 Milton St, ℘ 03/545 7421, 🖳 www.thegreenmonkey.co.nz. Kleines Hostel in einer umgebauten Villa, sehr ruhig und gepflegt, entspannte Atmosphäre. Internet, WLAN und Räder gratis. Weit im Voraus reservieren. Dorms ($25) und DZ ❷

Paradiso Backpackers, 42 Weka St, ℘ 03/546 6703 und 0800/222 572, 🖳 www.backpackernelson.co.nz. Das beste der größeren Hostels: Große, umgebaute Villa und neuere Nebengebäude. Trotz 140 Betten überraschend bequem. Pool, Whirlpool, Sauna, Volleyball und kostenloses WLAN. Im Sommer meist sehr voll. Dorms $25, mit Bad $28, Zimmer ❷

Shortbread Cottage, 33 Trafalgar St, 500 m von Nelsons Stadtzentrum entfernt, ℘ 03/546 6681,

www.shortbreadcottages.co.nz. Charmantes Hostel mit blank polierten Holzböden und nur 13 Betten – besser reservieren. Internet und WLAN kostenlos, dazu eine behagliche Atmosphäre. Dorm $25, DZ ❷

Tasman Bay, 10 Weka St, ℘ 0800/222 572, 🖳 www.tasmanbaybackpackers.co.nz. Das komfortable Hostel ist nur einen Katzensprung vom Zentrum entfernt und eine gute Wahl: Saubere, große Zimmer (einige mit Bad) und ein engagiertes, freundliches Management. Kostenlose Fahrradbenutzung und jeden Abend Schokoladenpudding gratis. Camping $18, Dorm $25, Zimmer ❷–❸

Trampers Rest, 31 Alton St, ℘ 03/545 7477. Gemütliches Backpackerhostel mit nur 8 Betten in vergleichsweise kleinen Zimmern in einer hübschen Villa. Der Gastgeber, ein Vollblut-Wanderer, ist eine prima Informationsquelle und stellt kostenlos Fahrräder für Touren durch Nelson zur Verfügung. Im winzigen Garten lädt eine Hängematte zum Entspannen ein. Internet und WLAN kostenlos. Dorm $26, DZ ❷

YHA Nelson City, 59 Rutherford St, ℘ 03/545 9988, ✉ yha.nelson@yha.co.nz. Hostel mit 2 Küchen, vielen Gemeinschaftsbereichen und einer Infrarotsauna; Verschiedene Unterkünfte, darunter Familienzimmer mit Verbindungstür sowie 2 Units für Behinderte. Sehr hilfsbereites Personal. Dorms ($29), Zimmer ❸

Camping

Maitai Valley Motor Camp, 472 Maitai Valley Rd, ℘ 03/548 7729, 🖳 www.mvmc.co.nz. Günstiger, freundlicher Campingplatz in Waldlage am Maitai River 7 km südöstlich von Nelson. Gute Bademöglichkeiten. Camping $10, Cabin ❶

Nelson City Holiday Park, 230 Vanguard Rd, ℘ 0800/778 898, 🖳 www.nelsonholidaypark. co.nz. Kleiner, sehr gepflegter und gut gelegener Caravanpark mit nur begrenztem Platz für Zelte, aber dafür verschiedenen Unterkünften. Fahrräder für $35/Tag. Stellplatz $20, Cabin ❶, mit Küche ❷, Unit ❹

Tahuna Beach Holiday Park, 70 Beach Rd, Tahunanui, ℘ 0800/500 501, 🖳 www.tahunabeach.co.nz. Ein riesiger Campingplatz nur fünf Gehminuten vom Tahunanui Beach. Große Auswahl an Unterkünften, außerdem

Minigolfplatz, Kinderspielplätze und TV-Zimmer. Camping $15, Cabin ❶, mit Küche ❷, Unit ❹

Der beneidenswerte Lebensstil von Nelson spiegelt sich in der großen Auswahl guter Lokale wider, die sich alle rund ums Stadtzentrum konzentrieren. Abseits davon gibt es exzellentes Essen am Wasser, an der Mapua Wharf sowie vor der herrlichen Kulisse der **Weingüter**.

Akbaba's Turkish Kebabs, 130 Bridge St. Viele preiswerte leckere Kebabs und Salate ($7–13) zum Mitnehmen, aber auch Sitzplätze im Hinterhof oder drinnen auf Kissen auf dem Boden. Die türkische Einrichtung und Musik sorgen für eine lebendige Atmosphäre. Mittag- und Abendessen.

Baby G's, 8 Church St, ☎ 03/545 8957. Eine Kombination aus Café, Tapasbar, Restaurant, Cocktailbar und Livemusikladen mit WLAN und Gerichten meist unter $15. Montag ist Improvisationsabend, Donnerstag offene Bühne. ◷ Fr und Sa bis 3 Uhr.

Boat Shed Café, 350 Wakefield Quay, ☎ 03/546 9783. Umgebauter Bootsschuppen auf Stelzen mit schönem Blick auf die Tasman Bay und dazu fabelhaft frischem und einfachem Essen – grandios für romantische Abendessen bei Sonnenuntergang. Empfehlenswert ist das Menü „Trust the Chef", 5 kleine Gänge für $55, mit Dessert $65.

Golden Bell, 104 Hardy St. Toller relaxter Thai mit allen Klassikern für ca. $20. BYO.

Indian Café, 94 Collingwood St, ☎ 03/548 4098. Das beste indische Restaurant der Stadt, in einer historischen Villa, bietet alle Klassiker der indischen Küche für rund $16. Besonders gut sind die Malai Prawns.

Morrison St Café, 244 Hardy St. Café mit köstlichem Brunch, Mittagessen und Snacks. Viele Gerichte sind glutenfrei und beinhalten auch keine Milchprodukte. Die Wände schmückt Kunst aus der Gegend, und auch draußen gibt's genügend Platz zum Probieren der interessanten Gerichte.

Suter Café, 208 Bridge St. Tagescafé in der Suter Art Gallery mit Ausblick auf den Enten-

Hopgoods, 284 Trafalgar St, ☎ 03/545 7191. Nelsons nobelstes Restaurant mit regem Betrieb auch an den Tischen draußen und saisonal wechselnder Speisekarte. Der Koch verarbeitet die einheimischen Produkte aus biologischem Anbau zu ansprechenden, europäisch angehauchten Gerichten, darunter Lamm-Confit mit Briesen ($35) und Ananas-*tarte tatin* ($14). Einwandfreier Service. ◷ So geschl.

teich in den Queens Gardens. Das Essen ist schön frisch und einfallsreich, mit Gerichten wie Schweinefleisch-Pistazien-Terrine oder Knurrhahn-Burrito. Großes Salatangebot sowie toller Kaffee und Kuchen.

Swedish Bakery & Café, 54 Bridge St. Winziges Café mit authentischem Plundergebäck, schwedischen Marzipanspezialitäten und Sandwiches, z. B. mit schwedischen Fleischklößchen und Roter Bete. ◷ Sonntags geschl.

Tozzetti's Panetteria, 41 Halifax St. Tolle kleine Bäckerei mit frischen Sandwiches, guten Pasteten, Muffins und köstlichem Kuchen. ◷ ab 7 Uhr, So geschl.

Yaza, Montgomery Square. Angesagtes Café mit Schanklizenz und ausgezeichnetem Frühstück und Mittagessen, berühmt sind hier aber vor allem die leckeren *cheese scones*. Gelegentlich interessante Veranstaltungen wie Gedichtlesungen, Livemusik und Vorträge.

Zippy's, 276 Hardy St. Poppig angemaltes Café, Gemüsegerichte, weizenfreies Essen, vegane Currys, Tofu-Burger und starker Kaffee. ◷ So geschl.

Während in den meisten Nachbarorten die Gehsteige relativ früh hochgeklappt werden, tobt in Nelson das Leben – zumindest am Wochenende. Am meisten los ist in den Lokalen am Trafalgar Square und in der Bridge Street zwischen Trafalgar Street und Collingwood Street. Häufig gibt es dort Livemusik, Karaoke und DJ-Nächte. Aktuelle Infos findet man im Veranstaltungsblatt der *Star Times*.

Pubs und Bars

Harry's Bar, 306 Hardy St, ☎ 03/539 0905. Lässig-coole Cocktailbar, angeschlossen an ein großartiges asiatisches Restaurant. Die Auswahl reicht von Lachs-Wontons bis zu indischem Curry und von einheimischem Sauvignon Blanc bis Singapore Sling. ☉ So und Mo geschl.

The Free House, 95 Collingwood St. Toller Pub in einer ehemaligen Kirche mit den einzigen Handpumpen der Stadt – ideal für die Biere aus den Kleinbrauereien der Region. Auf Wunsch wird Pizza von draußen bestellt; oft Livemusik. ☉ bis 22 oder 23 Uhr, So bis 18 Uhr.

The Phat Club, 137 Bridge St, ☎ 03/548 3311, ⌨ www.phatclub.co.nz. Der wichtigste Laden für Gigs von tourenden Bands und DJs. Programm auf der Website oder am Eingang.

Sprig & Fern, 134 Milton St. In eine gemütliche Bar umgebaute Vorortvilla mit Kaminfeuer und vor Ort gebrauten Sprig & Fern-Bieren, z. B. Lager, Weizenbier, Porter und Ale, außerdem Cider und Weine aus der Region. Wer möchte, kann sich nebenan Fish 'n' Chips besorgen und diese mitbringen. ☉ tgl. bis 22 Uhr.

The Vic, 281 Trafalgar St. Sehr gute Version der Mac's-Brauereikneipen, die es inzwischen im ganzen Land gibt. Lebendige Atmosphäre, gutes Bier und preisgünstiges Kneipenessen.

Kino

Kino in der **Suter Art Gallery**, 208 Bridge St. Programmkino für Filmfans, Vorführungen nur Do–So.

State Cinema 6, 91 Trafalgar St, ☎ 03/548 0808. Zeigt die neuesten Filmhits.

Aktivitäten

Kajak fahren

Cable Bay Kayaks, nicht weit von Happy Valley Adventures (s. rechts), ☎ 0508/222 532, ⌨ www.cablebaykayaks.co.nz, bietet eine erfrischende Alternative zum Trubel am Abel Tasman. Bei den Halb- ($85) und Ganztagestouren ($135, mit Mittagessen $160) haben die Teilnehmer Gelegenheit zur Erkundung der Höhlen an der schönen Küste und zum Schnorcheln. Wer möchte, kann sich in Nelson abholen lassen.

Klettern

Vertical Limits, 34 Vanguard St, ☎ 0508/837 842, ⌨ www.verticallimits.co.nz. Bei schlechtem Wetter bietet sich die Indoor-Felskletterwand an (Eintritt $12–16), bei Sonnenschein vielleicht der Tagesausflug zum Klettern nach Payne's Ford in Takaka ($130).

Paragliding

Nelson Paragliding, ☎ 0508/359 669, ⌨ www.nelsonparagliding.co.nz. Bei der haarsträubenden Anfahrt zum Startpunkt auf dem Berg entfaltet sich eine spektakuläre Landschaft. Dann rennt man los, was das Zeug hält, um plötzlich von ruhigen Aufwinden zu einem gespenstisch stillen Flug hinausgetragen zu werden, der eine gute Viertelstunde dauert. Tandemflug $180, ein Tag Einführungsunterricht $250.

Nelson Hang Gliding, ☎ 03/548 9151, ⌨ www. flynelson.co.nz, 15-minütiger Tandemflug $165.

Quads

Happy Valley Adventures, 194 Cable Bay Rd, 17 km nordöstlich von Nelson am SH6, ☎ 03/545 0304, ⌨ www.happyvalleyadventures. co.nz. Das riesige hügelige Waldgelände mit 40 km Tracks wird mit Quads erkundet. Es geht vorbei an gigantischen Matai-Bäumen mit informativen Zwischenstopps zum Thema Wald, bis schließlich der höchste Punkt erreicht ist, von dem sich ein weites Panorama auf die Cable Bay eröffnet. Die beliebtesten Touren sind Bayview Circuit (2 Std., Fahrer $110, Beifahrer $30) und der auf erfahrenere Quadbiker zugeschnittene Blue Hill Ride (3 Std., $150, keine Beifahrer zugelassen). Einige Touren beinhalten auch einen Abstecher zum **Skywire** ($85), einer viersitzigen Highspeed-Seilbahn, die ca. 1 km über ein bewaldetes Tal „fliegt".

Segeln

Sail Nelson, ☎ 03/546 7275, ⌨ www.sailnelson. co.nz, bietet Segelchartertouren und tolle Segelkurse mit Vollverpflegung (2 Tage für Anfänger $500, 5 Tage für Fortgeschrittene $1495) auf einer 10-m-Jacht, gewöhnlich um D'Urville Island und den Abel Tasman herum. Die Kurse für 2–4 Pers. finden zu festen Terminen statt.

Apotheken
Prices Pharmacy, Hardy St, Ecke Collingwood St. ☉ Mo–Sa bis 20, So bis 18 Uhr.

Autovermietungen
Im Sommer beginnt der Preis für die Tagesmiete bei $65 und reduziert sich bei einer Woche Mietdauer auf $45 pro Tag.
Apex, ✆ 03/546 9028;
Hardy Cars, ✆ 0800/903 010;
Nelson Car Hire, ✆ 0800/283 545, 🖥 www.nelsoncarhire.co.nz;
Rent-a-dent, ✆ 03/546 9890;
Thrifty, ✆ 03/547 5563.

Gepäckaufbewahrung
Begrenzt möglich in Schließfächern beim **Boots Off Travellers Centre**, 53 Bridge St.

Informationen
i-SITE Visitor Centre, Trafalgar St, Ecke Halifax St, ✆ 03/548 2304, 🖥 www.nelsonnz.com. ☉ Mo–Fr 8.30–17, Sa und So 9–16 Uhr.
DOC Visitor Centre, im selben Gebäude, ✆ 03/546 9339, Buchungen für Tracks und alle Infos zu den Nationalparks der Umgebung, einschließlich Gezeitentabellen für den Abel Tasman National Park. ☉ wie oben.
Nützliches findet man auch auf der **Website** 🖥 www.backpacknelson.co.nz, darunter Infos zu Unterkünften, Veranstaltungen und Saisonarbeit.

Internet
Gratis in der **Stadtbücherei**, 27 Halifax St, ☉ Mo–Fr 10–18, Sa 10–13, So 13–16 Uhr. Ansonsten sind **Aurora**, 161 Trafalgar St, und **Boots Off Travellers Centre**, 53 Bridge St, beide nicht teuer.

Medizinische Hilfe
Ärztliche Hilfe: Nelson Region After Hours and Duty Doctor, 96 Waimea Rd, ✆ 03/546 8881, ☉ tgl. 8–22 Uhr.

Post
209 Hardy St, ☉ Mo–Fr 8–17.30, Sa 9.30–12.30 Uhr.

Busse
SBL, Terminal in der 27 Bridge St, ✆ 03/548 1539, 🖥 www.nelsoncoaches.co.nz, fährt zum Tahunanui Beach und nach Stoke.

Taxis
Nelson City Taxis, ✆ 03/548 8225.

Busse
InterCity und Abel Tasman Coachlines halten in der 27 Bridge Street; die anderen Unternehmen setzen ihre Passagiere vor dem I-SITE Visitor Centre ab.
Abel Tasman Coachlines verkehrt im Sommer tgl. um 6.45 Uhr ab Nelson über Motueka nach Marahau und Totaranui, mit Anschluss an die Boote in den Abel Tasman National Park. Außerdem Verbindungen nach Takaka an der Golden Bay, dem Tor zum Heaphy Track.

Busse nach:
BLENHEIM 4x tgl., 1 3/4 Std.;
COLLINGWOOD 1x tgl., 2 3/4 Std.;
FOX GLACIER 1x tgl., 9 1/2 Std.;
FRANZ JOSEF 1x tgl., 9 Std.;
GREYMOUTH 2x tgl., 6 Std.;
HEAPHY TRACK 1x tgl., 3 1/2 Std.;
MOTUEKA 5x tgl., 1 Std.;
MURCHISON 2x tgl., 2 Std.;
PICTON 5x tgl., 2 Std.;
PUNAKAIKI 2x tgl., 4 3/4 Std.;
TAKAKA 2x tgl., 2 1/4 Std.;
TOTARANUI 1x tgl., 3 1/2 Std.;
WESTPORT 2x tgl., 3 1/2–4 Std.

Flüge
Der Flughafen von Nelson liegt 8 km westlich des Stadtzentrums.
Zu den meisten Flügen verkehren Minibusse von **Super Shuttle**, ✆ 0800/748 885, $15 für 1 Pers., $18 für 2 Pers., oder man nimmt ein Taxi, ✆ 03/548 8225, $25.

Flüge nach:
AUCKLAND 12x tgl., 1 1/4 Std.;
CHRISTCHURCH 4x tgl., 50 Min.;
WELLINGTON 10x tgl., 35 Min.

Marlborough, Nelson und Kaikoura

Westlich von Nelson an der Straße zum Abel Tasman

Ein Aufenthalt in Nelson macht auch deshalb so viel Spaß, weil viele Attraktionen unmittelbar vor der Haustür liegen. Das gilt vor allem für die ausgezeichneten **Weingüter** westlich der Stadt. Die hiesigen Reben schätzen die Kombination aus natürlichem Quellwasser, dem sonnigsten Klima Neuseelands und fruchtbaren Böden, während das schöne Licht, die natürlichen Rohstoffe in Form von Lehm und die herrliche Landschaft viele **Künstler** aus nah und fern angezogen haben.

Fast alle interessanten Punkte liegen am oder in unmittelbarer Nähe des SH60, der von Richmond nordwärts in Richtung Motueka durch eine reizende Landschaft mit großartigen Ausblicken aufs Meer führt. Auf der langen Fahrt nach Motueka zeigt sich die Region von ihrer schönsten Seite und bietet genügend Reize für ein paar entspannte Tage.

Wer sich gründlicher informieren möchte, sollte sich entsprechende Broschüren wie *Nelson Wine Guide*, *Nelson's Creative Pathways* oder *Nelson Potters* besorgen, die allesamt kostenlos in den Visitor Centres erhältlich sind. Das einige Kilometer nördlich gelegene **Motueka** dient als wichtigster Stützpunkt für Touren in den Abel-Tasman-Nationalpark.

Die besten Fortbewegungsmittel sind Auto und Fahrrad, doch es besteht auch die Möglichkeit, sich einer **organisierten Tour** anzuschließen, die teilweise eine Kombination aus Weingütern und Kunstgalerien beinhaltet. Bay Tours, ☏ 0800/229 868, 🖥 www.baytoursnelson.co.nz, bietet eine Nachmittagstour (4 Weingüter, $78) und eine Tagestour (5 Weingüter, $98).

Waimea Inlet und Umgebung

Der Highway 6 erreicht 15 km südwestlich von Nelson die Stadt Richmond, wo der SH60 nach Norden Richtung Waimea Inlet und Motueka abzweigt.

Freunde des Kunsthandwerks schauen nach 5 km sicher bei **Höglund Art Glass** in der Lansdowne Road vorbei, Neuseelands sehr schickem Glasbläserzentrum von internationalem Rang. In der Galerie ist eine erstaunliche Vielfalt der hier entstandenen skandinavisch beeinflussten Arbeiten zu bestaunen, v. a. Vasen. Das Glasmuseum bietet eine Einführung in die Geschichte und Technik der Glasbläserei. In der Hauptwerkstatt kann von Dezember bis April der Produktionsprozess dieser schönen Stücke verfolgt werden. Wer etwas kaufen möchte: Die Preise beginnen bei etwa $80 und gehen hoch bis in die Tausende. ⏱ tgl. 10–17 Uhr, ☏ 03/544 6500, 🖥 www.hoglund.co.nz.

Wieder zurück auf dem SH60 zweigt einige Kilometer weiter nördlich der Moutere Highway nach links Richtung Upper Moutere (s. u.) ab. Fast direkt gegenüber der Abzweigung führt die Redwood Road an der Weinkellerei Seifried (S. 520) vorbei und weiter zur **Rabbit Island**, einem der beliebtesten Strände der Gegend.

Zurück auf dem SH60 gelangt man nach weiteren 5 km Richtung Norden zur **Bronte Gallery**, Bronte Rd East, 🖥 www.brontegallery.co.nz, wo der international anerkannte Keramikkünstler Darryl Robertson seine individuellen Töpferwaren kreiert. ⏱ tgl. 9–17.30 Uhr. Nebenan gibt es eine Unterkunft in Form des luxuriösen Atholwood, ☏ 03/540 2925, 🖥 www.atholwood.co.nz, ❾, mit Swimming Pool, Spa und einem Gelände aus Gärten und Busch bis hinunter zum Waimea Inlet (Übernachtung ab $380 pro Nacht).

Das Weingebiet um Upper Moutere

Ein schöner Tagesausflug führt in die Weinanbaugebiete um Nelson, am besten bewaffnet mit der kostenlosen Broschüre *Nelson Wine Guide*, die eine Karte enthält und die Öffnungszeiten der Weingüter verzeichnet, im Sommer gewöhnlich tgl. 11–16.30 Uhr. Den Mittelpunkt der Weingegend bildet das winzige Dorf **Upper Moutere**. Hier sind im Old Post Office bei **Moutere Gold**, 1381 Moutere Hwy, vor Ort hergestellte Lebensmittel wie Eingemachtes und Käse zu finden. Das nur ein paar Schritte entfernte **Moutere Inn**, 1406 Moutere Hwy, bietet Gourmetbiere sowie Weine aus der Gegend. Das Inn behauptet, die älteste Kneipe Neuseelands zu sein, und hält heute erfolgreich die Balance zwischen Dorfkneipe und Tempel für Connaisseurs. Ein Probierset mit vier Bieren kostet $10, das gute Kneipenessen $15–20, und im Sommer spielen an den Wochenenden Bands.

NELSON UMGEBUNG

N
0   10 km

Übernachtung
Atholwood   **D**
Mapua Leisure Park   **C**
Tahuna Beach
  Holiday Park   **F**
Treedimensions
  Organic Farmstay   **A**
Wakefield Quay House **E**
Wheelhouse Inn   **E**

Restaurants, Cafés & Bars
Boat Shed Café   **3**
Golden Bear Brewing Company **1**
Jester House   **B**
Moutere Inn   **2**
The Smokehouse   **1**

Motueka

LOWER
MOUTERE

*Tasman
Bay*

Tasman

Neudorf   Glover's

Woollaston
Estates

UPPER
MOUTERE

Kahurangi
Estates

Mapua

Rabbit Island

Bronte
Gallery

Seifried Estate

Höglund Art Glass

Nelson

*Bell
Island
Beast
Island*

Richmond

Tapawera

GOLDEN DOWNS FOREST

St Arnaud (65 km)

MOTUEKA VALLEY HIGHWAY

MOUTERE HIGHWAY

Marlborough, Nelson und Kaikoura

Mapua und die Straße nach Motueka

Rund 34 km von Nelson entfernt und wenige Kilometer abseits des SH60 liegt **Mapua** mit Blick auf Rabbit Island und das malerische Waimea Estuary. Nachdem man einen Blick in die Cool-store Gallery geworfen hat, kann man sich dem Hauptzweck des Besuchs hier widmen, nämlich dem Essen und Trinken. Das **Smokehouse Restaurant** (Reservierungen fürs Abendessen unter ☎ 03/540 2280 empfohlen) bietet viel Platz direkt am Wasser und Hauptgerichte für $26–32. Köstlich sind der über Manukaholz geräucherte Fisch und die weithin bekannte Fischpastete. Billiger sind die Fish 'n' Chips im angeschlossenen Laden, die man dann am Pier genießen kann.

Nach dem anschließenden Bummel durch ein paar Kunstgewerbeläden und Galerien bietet in der **Golden Bear Brewing Company**, ☐ www.goldenbearbrewing.com, ein erstklassiger Gerstensaft angenehme Erfrischung. Hier werden elegante Lager-Biere und sehr hopfige Pale Ales gebraut. Dazu kommen Burritos und Tacos auf den Tisch.

Der **Mapua Leisure Park**, 33 Toru St, ☎ 03/540 2666, ☐ www.nelsonholiday.co.nz, bietet ganz in der Nähe tolle Möglichkeiten zum Campen direkt an einem öffentlich zugänglichen Strand. Im Februar und März kann man sich hier aller Kleidung entledigen, aber es kommen auch jede Menge Nicht-FKKler her.

Westlich von Nelson an der Straße zum Abel Tasman   **519**

Glover's, Gardner Valley Rd, ☎ 03/543 2698, ⌨ www.glovers-vineyard.co.nz. Kleiner Betrieb unter Leitung des etwas exzentrischen Dave Glover, der einst auf sich aufmerksam machte, indem er eine Wagner-CD in jedes nach Übersee verschickte Paket steckte. Wagner läuft auch heute noch meist im Hintergrund, während man kostenlos europäisch anmutende Tropfen probiert, darunter tanninhaltige Rotweine (Pinot Noir und Cabernet Sauvignon) und säurehaltige Weißweine (Sauvignon Blanc und Riesling).

Kahurangi, Sunrise Rd, ☎ 03/543 2980, ⌨ www.kahurangiwine.com. Angesehene Weinkellerei mit Probiermöglichkeit. Beliebt wegen des stilvollen Cafés mit Tischen im Freien; z. B. Antipasti-Teller für 2 Pers. $40. Nicht zu verachten ist auch das hier produzierte Olivenöl.

Neudorf, Neudorf Rd, Upper Moutere, ☎ 03/543 2643, ⌨ www.neudorf.co.nz. Weinkellerei in einem niedrigen, mit Ranken bedeckten Holzgebäude; Sitzgelegenheiten unter freiem Himmel im Schatten hoher Bäume. Ein reizender Ort für meist kostenlose Proben der vorzüglichen Weine, von denen einige aus über 30 Jahre alten Reben

gewonnen wurden. Eine Probe des Moutere Chardonnay, des besten des Landes, kostet $2,50. Tipp: im Garten picknicken!

Seifried, SH60, Kreuzung Redwood Rd, ☎ 03/544 1555, ⌨ www.seifried.co.nz. Die größte Weinkellerei der Gegend bietet Proben ihrer reichen Auswahl an Weinen (etwas Besonderes für Neuseeland sind der österreichische Würzer und Zweigelt) und gutes Essen im Restaurant. Restaurant ◷ Do–So zum Mittagessen, Fr und Sa auch abends.

Woollaston Estates, School Rd, Mahana, ☎ 03/543 2817, ⌨ www.woollaston.co.nz. Moderne Weinkellerei in den Moutere Hills mit überwiegend ökologisch erzeugten Weinen; auf den Dächern der Gebäude wächst Tussock-Gras. Wer Proviant mitbringt oder hier einen Probierteller ($25) kauft, kann bei einem Picknick die Weine des Guts probieren und die Ausblicke über die Reben hinüber zur Küste genießen. Eine riesige Stahlskulptur begrüßt die Besucher, und zur Kunstsammlung gehören auch Werke von Toss Woollaston (S. 511). ◷ Mitte April–Mitte Okt geschl.

Nördlich von Mapua erreicht der SH60 nach 7 km die kleine Ortschaft **Tasman** mit dem Jester House, ☎ 03/526 6742, ⌨ www.jesterhouse.co.nz, einem exzentrischen wie lohnenden Café mit Schanklizenz, Tischen im Garten, Rosenlauben, gigantischem Schachspiel und zahmen Aalen, die besonders bei Kindern für Belustigung sorgen. Das Essen ist ausnahmslos hausgemacht und preiswert, und der Kaffee hat es in sich. ◷ nur tagsüber, im Winter Mo–Mi geschl.

Motueka

47 km nordwestlich von Nelson liegt das ehemals verschlafene Nest Motueka, das sich inzwischen fest als Basis für Ausflüge in den Abel Tasman National Park etabliert hat und mit einem umfassenden Buchungssystem sowie zahlreichen Unterkünften und Ausrüstungsverleihern aufwartet.

Der Name Motueka bedeutet „Insel des Weka", ein Hinweis darauf, dass diese hier in Hülle und Fülle vorkommenden Vögel für die Maori eine wichtige Nahrungsquelle darstellten. 1842 kamen die ersten europäischen Siedler in die Gegend und etablierten Landwirtschaft und Gartenbau; zunächst wurde v. a. Hopfen angebaut, inzwischen ergänzt durch Steinobst und Wein. **Saisonarbeit**, besonders von Dezember bis März, vermittelt Work and Income, 236 High St, ☎ 03/907 0234.

Motueka erstreckt sich entlang des SH60, von dem einige ruhigere Nebenstraßen abzweigen. Etwa fünf Gehminuten die alte Wharf Road hinunter gelangt man zum **Motueka Quay**, wo der Geist des einst so geschäftigen Hafens zwischen den kargen Überresten der alten Molen noch deutlich zu spüren ist. Nur 1500 m die Old Wharf Road hinunter rostet der Schiffsrumpf der in Schottland gebauten *Janie Seddon* vor sich hin. Benannt wurde das Schiff nach der Tochter von Richard Seddon, dem Premierminister Neuseelands von 1893 bis zu seinem Tode 1906. Außerdem lohnt ein Besuch des kleinen **Motueka District Museum**, das u. a. einige Maori- und europäische Artefakte aus der Gegend zeigt. ◷ Dez–März Mo–Fr 10–16, April–Nov Di–Fr 10–15 Uhr, Spende $2.

Auf dem Flugplatz rund 3 km südwestlich der Stadt wird beim Tandem-Fallschirmspringen Adrenalin freigesetzt. **Skydive Abel Tasman**, ✆ 0800/422 899, ▭ www.skydive.co.nz, bietet Sprünge ($279–299) mit hilfsbereiten und freundlichen „Kumpels" über einer wundervollen Landschaft.

Etwas für erfahrene Reiter sind die abenteuerlichen Ausritte mit **Western Ranges Horse Treks**, ✆ 03/522 4178, ▭ www.thehorsetrek.co.nz. Der Reiterhof liegt etwa 40 km südwestlich von Motueka am SH61. ◷ Nov–März.

Übernachtung

Avalon Manor Motel, 314 High St, ✆ 0800/282 566, ▭ www.avalonmotels.co.nz. Gut ausgestattetes modernes Motel mit erstklassigen Einrichtungen, gepflegtem Garten und kostenlosem DVD-Verleih. ❺

Eden's Edge, 137 Lodder Lane, Riwaka, ✆ 03/528 4242, ▭ www.edensedge.co.nz. Wunderschönes und liebevoll gepflegtes neues Hostel an einem Apfelgarten 4 km nördlich vom Ort. Pool, Unterstellmöglichkeit für Fahrräder und einige sehr nett eingerichtete Zimmer, teils mit Bad, sowie 4-Bett-Dorms. Camping $14, Dorm $26, Zimmer ❷

Equestrian Lodge Motel, Tudor St, ✆ 0800/668 782, ▭ www.equestrianlodge.co.nz. Gepflegtes, edleres Motel mit Units an einer großen Rasenfläche mit Pool. ❺

Hat Trick Lodge, 25 Wallace St, ✆ 03/528 5353, ▭ www.hattricklodge.co.nz. Das moderne Hostel gegenüber von i-SITE und Bushaltestelle bietet einen hohen Standard und einen herzlichen Empfang. Geräumige, gut ausgestattete Küche und Lounge, Fahrradverleih, kostenlose Gepäckaufbewahrung, separater Frauen-Dorm sowie Familienzimmer mit Bad und Küche. Dorm $25, Zimmer ❷

The Laughing Kiwi, 310 High St, ✆ 03/528 9229, ▭ www.laughingkiwi.co.nz. Schönes,

Wanderungen um Motueka

Einige der besten subalpinen Wanderungen im Norden der Südinsel führen um den 1795 m hohen **Mount Arthur** und das dazugehörige Hochplateau mit der Bezeichnung **Mount Arthur Tablelands**. Informationen hierzu liefert die im Visitor Centre von Motueka erhältliche DOC-Broschüre *The Cobb Valley, Mount Arthur and the Tablelands*. Es verirren sich traditionell nur wenige Besucher hierher, sodass man sich größtenteils in tierischer Gesellschaft wiederfindet.

Hauptausgangspunkt ist der Flora-Parkplatz in 930 m Höhe am Ende der Graham Valley Road, die 30 km südwestlich von Motueka von SH61 abzweigt. Vom Parkplatz bietet sich eine 2- bis 3-stündige Rundwanderung an: Innerhalb einer Stunde erreicht man die **Mount Arthur Hut** ($15), von der sich faszinierende Ausblicke auf das Tiefland eröffnen, dessen südliche Kulisse vom Mount Arthur beherrscht wird. Von hier folgt man einem Kamm hinunter zur **Flora Hut** (gratis) und dann einer Schotterstraße zurück zum Parkplatz. Von der Mount Arthur Hut ist der Gipfel des Mount Arthur in 3 Std. zu erreichen.

ansprechendes und zentral gelegenes Hostel mit geselliger Atmosphäre, großzügigen Dorms und Zimmern, viel Platz draußen und Whirlpool. Camping $12, Dorm $24, Zimmer mit und ohne Bad ❷

Motueka Beach Reserve, Wharf Rd, 4 km südöstlich der Stadt. Parkplätze für Wohnmobile am Wasser, Toiletten und kalte Duschen nebenan vorhanden. Jeweils nur für eine Nacht erlaubt. $5.

Motueka Top 10 Holiday Park, 10 Fearon St, ✆ 0800/668 835, ▭ www.motuekatop10.co.nz. Campingplatz nur 1 km nördlich der Ortsmitte, grünes Gelände mit Schatten spendenden Bäumen. Saubere, gepflegte Einrichtungen, darunter ein Whirlpool. Camping $20, Cabins ❷, mit Küche ❸–❹, Motel Units ❹

The Resurgence, Riwaka Valley Rd, 12 km nordwestlich von Motueka, ✆ 03/528 4664, ▭ www.resurgence.co.nz. Erholsame Boutique-Lodge in der Nähe der Stelle, wo der Riwaka

Marlborough, Nelson und Kaikoura

Idyllisches Cottage

Rowan Cottage, 27 Fearon St, ✆ 03/528 6492, 🖥 www.rowancottage.net. Geschmackvolles Cottage mit 2 Zimmern in einem schönen Garten. Ein Zimmer hat eine separate Terrasse mit eingelassener Badewanne, und die Gäste können einen Grill benutzen. Wahlweise mit reichhaltigem Frühstück. ❹

River wieder aus dem Takaka Hill auftaucht – daher der Name. Große Liebe zum Detail, egal ob bei der umweltfreundlichen Ausstattung oder den erstklassigen Mahlzeiten ($90). Pool und Spa draußen, verschiedene Zimmer und Cabins ab $445. ❾

Treedimensions Organic Farmstay, Shaggery Rd, 10 km westlich von Motueka, ✆ 03/528 8718, 🖥 www.treedimensions.co.nz. Attraktive und moderne Units mit Terrasse für Selbstversorger und Biogarten mit Unmengen verschiedener Obst- und Gemüsesorten. ❹

Essen und Unterhaltung

Motueka wartet mit einigen guten Restaurants auf und bietet im kleinen **Gecko Theatre**, 23b Wallace St, gegenüber vom i-SITE, ✆ 03/528 9996, vorwiegend Kunstfilme.

Chokdee, 109 High St, ✆ 03/528 0318. Zuverlässig gute Thai-Küche zu vernünftigen Preisen, auch zum Mitnehmen.

Hot Mama's, 105 High St. Die beste Adresse in Motueka, um es sich bei einem Bier oder Kaffee oder einer Pizza gemütlich zu machen, entweder im luftigen und hellen Innenraum oder im Garten. Die Musik ist immer interessant und am Wochenende meistens live.

Red Beret, 147 High St. Sehr gutes Café mit ganztägigem Frühstück; mittags gibt es z. B. Blätterteig-Wraps, Pastagerichte, Gourmet-Hamburger und tolle Fish 'n' Chips.

Swinging Sultan, 172 High St, ✆ 03/528 8909. Orientalischer Imbiss mit ein paar Tischen auf dem Bürgersteig. Alle Speisen ($7–10) auch zum Mitnehmen, außerdem guter Kaffee.

T.O.A.D. Hall, 502 High St, 3 km südlich vom Stadtzentrum entfernt Richtung Nelson. Verkauf von organischem Obst und Gemüse, leckerem Brot und vorzüglichem hausgemachtem Eis; außerdem guter Kaffee, der in einem hübschen Garten genossen werden kann.

Sonstiges

Informationen

i-SITE Visitor Centre, Wallace St, ✆ 03/528 6543, 🖥 www.motuekaisite.co.nz. Anlaufstelle für die Organisation einer Exkursion in den National-park und zum Heaphy Track. ☉ Dez–März Mo–Fr 8.30–17.30, Sa und So 9–17, April–Nov Mo–Fr 9–16.30, Sa und So 9–16 Uhr.

Outdoor-Ausrüstung

Verleih in den meisten Hotels und bei **Abel Tasman Outdoors**, 177 High St, ✆ 03/528 8646: Rucksack $5/Tag, 2-Personen-Zelt $10, Kocher mit Geschirr $10, Schlafsack $10; Preisnachlass bei längerer Mietdauer.

Transport

Die **Busse** halten in der Wallace Street in der Nähe des i-SITE Visitor Centre.

Busse nach:
COLLINGWOOD 1x tgl., 1 1/2 Std.;
HEAPHY TRACK 1x tgl., 2 1/4 Std.;
KAITERITERI 3x tgl., 20 Min.;
MARAHAU 4x tgl., 40–50 Min.;
NELSON 5x tgl., 1 Std.;
TAKAKA 2x tgl., 1 1/4 Std.;
TOTARANUI 1x tgl., 2 1/4 Std.

10 HIGHLIGHT

Abel Tasman National Park und Umgebung

Der wunderschöne, 60 km nördlich von Nelson gelegene Abel Tasman National Park genießt internationale Anerkennung und lockt den ganzen Sommer über Scharen von Wanderern, Kajakfahrern und Tagesausflüglern an. Obwohl er mit einer Größe von 20 x 25 km Neuseelands kleinster Nationalpark ist, nimmt er die Massen noch erstaunlich gut auf. Seine einzigartige Schönheit verdankt der Park den goldenen Sandstränden, dem kristallklaren Wasser und dem üppig-grünen Buschland, das immer wieder von Granitfelsen unterbrochen wird und eine vielfältige Fauna beheimatet.

Ziel der meisten Besucher sind die Küstenabschnitte. Andere bewandern den **Abel Tasman Coast Track** mit seiner pittoresken Mischung aus dichtem Küstenwald, sanften Anstiegen zu Aussichtspunkten und einigen idyllischen Stränden. Die fast allgegenwärtigen Wassertaxis machen es möglich, bestimmte Kurzabschnitte zum Wandern auszuwählen oder sich zurückfahren zu lassen, wenn man erschöpft ist.

Außerdem lässt sich die abwechslungsreiche Küste wunderbar per **Kajak** erkunden, unterbrochen von einem gemütlichen Mittagessen an einem schönen Sandstrand, bevor man am Nachmittag langsam Richtung Campingplatz oder Hütte paddelt. Wandern und Kajak fahren lassen sich auch kombinieren, und daneben bietet das klare Wasser Gelegenheit zum **Segeln** und **Schwimmen mit Robben**. Eine luxuriösere Unterbringung als die Hütten und Zeltplätze bieten einige schöne Lodges im Park.

Wer seinen Ausflug in den Abel Tasman im Voraus plant, kann sich von Nelson direkt in den Park bringen lassen, sodass es dann unnötig ist, zunächst in einem der Orte in der Nähe des Parks zu übernachten. Jedoch sind auch diese Orte durchaus einen kurzen Aufenthalt wert. Für die allgemeine Organisation eignet sich am besten das Versorgungszentrum **Motueka** (S. 520). Direkt am Südende des Parks liegt das winzige **Marahau**, ein bisschen weiter entfernt ist das kleine **Kaiteriteri** mit einem wunderschönen Strand.

Die nördlichsten Ausläufer des Parks sind von **Takaka** (s. S. 531) aus zugänglich, von wo der Abel Tasman Drive zu den am Coast Track gelegenen Orten **Wainui**, **Awaroa** und **Totaranui** führt.

Geschichte

Seit etwa 1500 bevölkern **Maori** diese Gegend. Sie lebten in saisonalen Lagern entlang der Küste sowie in einigen permanenten Siedlungen um die Mündung des Awaroa River. 1642 ankerte **Abel Tasman** mit seinen beiden Schiffen nahe Wainui in der Golden Bay und verlor bei einem Gefecht mit den Ngati Tumatakokiri vier seiner Männer. Kurz darauf kehrte er der Küste wieder den Rücken. Im Jahre 1827 erkundete der Franzose **Dumont d'Urville** das Gebiet zwischen Marahau und der Torrent Bay. Eine ernsthafte **europäische Besiedlung** sollte jedoch erst 23 Jahre später beginnen. Die Siedler hackten, förderten, verbrannten und fällten, bis nur noch Stechginster und Farn übrig waren. Glücklicherweise hat ihre Invasion kaum bleibende Spuren hinterlassen, und die Vegetation konnte sich über die Jahre hinweg weitgehend erholen.

Der nach dem ersten europäischen Entdecker benannte Abel Tasman National Park wurde 1942 gegründet – im Zuge einer unermüdlichen Kampagne der äußerst entschlossenen **Perrine Moncrieff**.

Flora und Fauna

Der Abel Tasman National Park bietet eine reiche **Pflanzenwelt**. Die feuchten Schluchten werden von Buchen dominiert, und in rauerer, windigerer Umgebung gedeihen v. a. Kanuka-Bäume.

Zu den hier beheimateten **Vögeln** zählen Tuis, einheimische Tauben, Makomakos (zu erkennen an ihrem unverwechselbaren Ruf) und Graufächerschwänze, die sich von Insekten ernähren. Mit etwas Glück erspäht man auch die flugunfähigen Wekarallen. An der Küste sieht man bisweilen die durch ihren orangefarbenen Schnabel auffallenden Austernfischer und Kormorane, die auf der Jagd nach Fischen in große Tiefen abtauchen.

Vor der Küste liegt das **Tonga Island Marine Reserve**, ein Meeresschutzgebiet, das die **Pelzrobbenkolonie** auf der Insel und die Küstengewässer mit ihrem vielfältigen Tierleben schützt.

Kaiteriteri

Der kleine Ferienort Kaiteriteri, 15 km nördlich von Motueka und unmittelbar südlich vom Abel Tasman National Park, steht ganz oben auf der Rangliste der beliebtesten Sommerferienziele der Kiwis. Von Weihnachten bis Ende Januar droht er aus allen Nähten zu platzen, danach ist es bis Mitte März immer noch recht voll. Die Beliebtheit ist nachvollziehbar angesichts der

schönen und relativ ungefährlichen Badestrände an der Tasman Bay, die durch zwei kleine
Inseln noch einen zusätzlichen Reiz erhalten.
Nachdem es mittlerweile in Marahau vielen zu
voll geworden ist, hat sich Kaiteriteri auch zu einer Ausweichbasis für Boots- und Kajaktouren
durch den Nationalpark entwickelt.

Übernachtung

Die Übernachtungsmöglichkeiten in Kaiteriteri
sind sehr begrenzt.
Bellbird Lodge, Sandy Bay Rd, ☏ 03/527 8555,
🖥 www.bellbirdlodge.com, bietet 2 komfortable
Suiten, tolle Ausblicke und freundliche
Gastgeber. ❽
Kaiteri Lodge, Inlet Rd, ☏ 508/524 8374,
🖥 www.kaiterilodge.co.nz. Neuere Unterkunft
in unmittelbarer Strandnähe, eine Mischform
aus Motel und gehobenem Hostel mit modernen
4er-Zimmern, geschmackvollen DZ mit Bad
und allen üblichen Hostel-Einrichtungen.
Dorm $35, Zimmer ❹
Kaiteriteri Beach Motor Camp, ☏ 03/527 8010,
🖥 www.kaiteriteribeach.co.nz. Der Platz am
Strand wird von Kiwi-Familien bevorzugt und
ist für die Zeit von Weihnachten bis Anfang
Februar Monate im Voraus ausgebucht.
Camping $15, Cabins ❶, Cabins mit Bad ❷,
Bettzeug $5 pro Bett.
Kimi Ora Spa Resort, Martin Farm Rd,
1 km hinter der Strandstraße ausgeschildert,
☏ 0508/546 4672, 🖥 www.kimiora.co.nz.
Komfortable und sehr erholsame Unterkunft in
einem Kiefernwald, mit beheizten Pools drinnen
und draußen. Die Betonung liegt auf Fitness
und Wellness. ❻–❼

Essen

Kimi Ora, ☏ 03/527 8668. Das nur im Sommer
geöffnete Restaurant serviert ein gesundes
vegetarisches 4-Gänge-Abendbuffet ($35,
Nov–Ostern).
Shoreline Café, Restaurant und Bar mit
passablem Essen ($21–28), das auch auf der
Terrasse mit tollem Meerblick kredenzt wird.

Transport

Es bestehen mehrere Busverbindungen tgl.
nach MOTUEKA (20 Min.).

Marahau

Der kleine Ort Marahau liegt etwa 8 km nördlich
von Kaiteriteri direkt am Südtor zum Abel Tasman National Park, um den sich hier so gut wie
alles dreht. Die meisten Tourveranstalter, Was-
sertaxibetreiber und Kajakverleiher haben hier
ihre Büros und machen aus Marahau einen sehr
beliebten Anlaufpunkt für die letzte Nacht (bzw.
die erste zurück) in der Zivilisation.

Die Straße zieht sich durch die Siedlung und
endet direkt am Parkeingang. Hier befindet sich
ein unbesetzter **DOC-Infostand**.

Übernachtung und Essen

Abel Tasman Stables Accommodation, nach
100 m an der Marahau Valley Road, ☏ 03/
527 8181, 🖥 www.abeltasmanstables.co.nz.
2-Zimmer-B&B (eins mit Bad) und 3 Motel-
Units. ❺
The Barn, Harvey Rd, ☏ 03/527 8043,
🖥 www.barn.co.nz. Munteres Hostel am Parkeingang mit Feuerstelle und Badebecken
draußen auf dem Gelände. Neben Dorms auch
Zweibettzimmer und DZ, zumeist in einfachen,
neuen Hütten. Auch für Camper geeignet,
mit Kochgelegenheit draußen. Camping $15,
Dorm $25, Hütten ❶, Zimmer ❷
Kanuka Ridge, 21 Moss Rd, ☏ 03/527 8435,
🖥 www.abeltasmanbackpackers.co.nz.
Friedvolles, etwas nobleres Hostel an einem
Hang oberhalb des Strands mit nur einem Dorm,
mehreren Zimmern mitten im Wald und kostenlosem WLAN. Fahrradverleih $50/Tag und gute
Infos zu Trails. ⏱ Juni–Sep geschl. Camping
$15, Dorm $26, Zimmer ❷, mit Bad ❸
Marahau Beach Camp, Beach Rd, ☏ 0800/
808 018, 🖥 www.abeltasmancentre.co.nz.
Gepflegte Zeltstellplätze $30, Backpackerunter-
künfte $20, Zimmer ❶, Cabins mit Küche ❷
Marahau Lodge, Beach Rd, ☏ 03/527 8250,
🖥 www.abeltasmanmarahaulodge.co.nz.
Entspannte Lodge mit kleineren Studios und
größeren Chalets auf begrüntem Gelände,
außerdem Whirlpool und Sauna; Frühstück wird
auf Wunsch aufs Zimmer gebracht. ❺
Ocean View Chalets, Beach Rd, ☏ 03/527 8232,
🖥 www.accommodationabeltasman.co.nz.
10 geräumige Units mit Anklängen an Alpen-

Chalets, alle mit Balkon und Blick aufs ferne Meer vom Bett aus. Studio ❺, Unit für Selbstversorger ❻

Old MacDonald's Farm, Harvey Rd, am Parkeingang, ☎ 03/527 8288, 🖥 www.oldmacs.co.nz. Familienfarm mit ein paar Cottages und einem Studio für Selbstversorger, ansonsten aber v. a. Campingplatz am Wald mit Badegelegenheiten. Sichere Parkmöglichkeit ($5/Nacht), gut ausgestatteter Laden und Gepäckaufbewahrung. Camping $14, Wohnmobilstellplatz $40, Dorm $25, Cabin ❸, Studio ❺

Park Café, am Beginn des Tracks; legendäres Café für erschöpfte Wanderer auf dem Heimweg. Serviert gutes Mittagessen, guten Kaffee, erfrischendes Bier und köstliches Abendessen ($24–29) sowie Desserts ($11). ⏰ Okt–April tgl. 8 Uhr bis spät.

Fat Tui, Imbisswagen bei Kahu Kayaks, leckere Fish 'n' Chips und tolle Hamburger.

Transport

Es bestehen Busverbindungen mit **Abel Tasman Coachlines**, 🖥 www.abeltasmantravel.co.nz, nach NELSON und MOTUEKA.

Abel Tasman National Park

Es gibt zahlreiche Möglichkeiten, den Abel Tasman National Park zu entdecken. Für welche Kombination an Aktivitäten man sich auch entscheidet – es gibt fast immer einen Veranstalter, der sie möglich macht. Nur relativ wenige Besucher wandern über den **Inland Track**, die meisten bleiben auf dem **Coast Track**, an dem die Küste von klarem Wasser, langen goldfarbenen Stränden, Felsformationen und guten Möglichkeiten zum Schnorcheln in idyllischen Buchten gekennzeichnet ist. Hier findet sich in Küstennähe auch ein gutes Angebot an Unterkünften, vom Campingplatz am Strand bis zur exklusiven Lodge.

Wassertaxis setzen ihre Fahrgäste auf Wunsch irgendwo an der Küste bis hinauf nach Totaranui ab und geben unterwegs oft sogar Kommentare ab, doch es gibt auch spezielle **Kreuzfahrten**, z. B. zur Robbenkolonie im Tonga Island Marine Reserve oder zum Split Apple Rock, einem großen Felsen, der in zwei Hälften zerplatzt ist.

Die verwirrende und unübersichtliche Küstenlinie lässt sich am besten per **Kajak** erkunden, entweder im Rahmen einer organisierten Tour oder durch Anmietung eines Kajaks, um die Gewässer in Eigenregie abzupaddeln. Am schönsten ist es vielleicht, **Kajak fahren und Wandern** zu kombinieren. Wilsons (S. 529) bietet z. B. zwei- bis fünftägige Wander- und Kajaktouren ($800–1870) mit Übernachtung in den beiden bequemen Lodges des Unternehmens am Track in Torrent Bay und Awaroa.

Der Parkabschnitt nördlich von Totaranui ist für Wassertaxis und organisierte Kajaktouren tabu, sodass dieser Teil erheblich ruhiger ist.

Abel Tasman Coast Track

Der Abel Tasman Coast Track (51 km, 2–5 Tage) zählt zu den leichtesten Great Walks in Neuseeland und ist selbst von Leuten zu bewältigen, die so gut wie nie wandern. Empfehlenswert ist die DOC-Broschüre *Abel Tasman Coast Track* (steht auch im Internet zum Download bereit), doch man findet sich auch so ganz gut zurecht. Mangelnde Fitness ist kein Hinderungsgrund, kann man doch jederzeit bestimmte Abschnitte per Wassertaxi überbrücken oder sich zum Wandern einfach nur die Rosinen herauspicken. Die Zugänge zu den Strandabschnitten sind klar gekennzeichnet, und man befindet sich nie mehr als vier Stunden von einer Hütte bzw. zwei Stunden von einem Campingplatz entfernt. Bei trockener Witterung sind nicht einmal feste Wanderschuhe Bedingung, denn dann lässt sich der Track auch problemlos in Turnschuhen bewältigen.

Aus den genannten Gründen ist der Coast Track extrem beliebt, besonders zwischen Dezember und Ende Februar, wenn einige Abschnitte wie eine „Wanderautobahn" anmuten. Der Abschnitt nördlich von Totaranui ist in der Regel weniger überlaufen.

Die **Route** passiert breite, goldfarbene Strände, an denen sich smaragdgrüne Wellen brechen. Bizarre Granitformationen trennen die einzelnen Buchten. Zwischendurch muss man immer wieder einen der Küstenhügel überwinden, was auf den sanft ansteigenden Zickzackwegen jedoch kein Problem darstellt.

Die größte Schwierigkeit bei der Planung bilden die beiden **gezeitenabhängigen Abschnitte** bei Onetahuti und über das Awaroa Estuary. Es empfiehlt sich, bei Ebbe am Nachmittag gen Süden bzw. am Vormittag gen Norden aufzubrechen. Selbst bei Ebbe wird man sich aber ein Paar nasse Füße holen. Zuvor sollte man sich auch um den Rücktransport kümmern (s. S. 530).

Marahau nach Anchorage
12,4 km, 4 Std.
Wegen des direkten Zugangs von Marahau ist dieser Abschnitt besonders beliebt. Die Vegetation ist hier nicht so schön, jedoch hat man Zugang zu einigen wunderbaren goldenen Stränden. Es geht zunächst über einen Plankenweg über das Marahau Estuary und dann weiter zur Tinline Bay. Danach gelangen die Wanderer zu einem Aussichtspunkt mit Blick auf Fisherman Island und Adele Island direkt vor der Küste. Der Weg schlängelt sich nun durch Täler mit Buchenwald und hohen Kanuka-Bäumen, bevor er in Anchorage (Hütte, Campingplatz und im Sommer geöffnetes Hostel vor der Küste) wieder aus dem Busch auftaucht.

Anchorage nach Bark Bay
8,7 km, 3 Std.
Es empfiehlt sich, die Torrent Bay 2 Std. vor oder nach Ebbe zu durchqueren, denn sonst muss man eine zusätzliche Stunde um die Bucht herumlaufen, um die kleine Siedlung Torrent Bay zu erreichen. Nach der Bucht klettert der Weg durch Kiefernwald nach oben zum herrlichen Falls River, der auf einer 47 m langen Hängebrücke überquert wird. Von dort sind die Bark Bay Hut und Campingplätze nur noch 1 Std. entfernt.

Bark Bay nach Awaroa
11,5 km, 4 Std.
Nach Überquerung oder Umgehung des Bark Bay Estuary geht man zunächst landeinwärts, erreicht aber schon bei Tonga Quarry wieder die Küste. Hier gibt es einen Campingplatz und Ausblicke auf Tonga Island mit dem dazugehörigen Meeresschutzgebiet. Bald darauf ist der goldgelbe Strand bei Onetahuti erreicht, an dessen Nordende 3 Std. vor oder nach Ebbe ein gezeitenabhängiger Flusslauf zu überqueren ist.

Anschließend klettert der Weg auf den Tonga Saddle, um wieder zum Awaroa Inlet hinunterzuführen, wo es einige Häuser und eine DOC-Hütte mit Campingplatz gibt. Von dort ist es auch nicht mehr weit zur Awaroa Lodge mit angeschlossenem Restaurant.

Awaroa nach Totaranui
5,5 km, 1 1/2 Std.
Zunächst muss das Awaroa Estuary durchquert werden, was nur 2 Std. vor bis 2 Std. nach Ebbe möglich ist. Anschließend geht es entlang der Goat Bay zu einem Aussichtspunkt am Skinner Point und hinunter nach Totaranui (5,5 km, 1 1/2 Std.) mit einem tollen Strand und einem großen Campingplatz.

Totaranui nach Whariwharangi
7,5 km, 3 Std.
Nach Umrundung des Totaranui Estuary geht es über felsige Landspitzen bis zur Mutton Cove. Danach wechseln Strauchwerk und Strände einander ab, und es bietet sich ein Abstecher zum Separation Point mit Aussichtspunkt und Pelzrobbenkolonie an. Schließlich führt der Weg zur Hütte in Whariwharangi.

Whariwharangi nach Wainui
5,5 km, 1 1/2 Std.
Eine leichte Wanderung führt zur Straße östlich der Wainui Bay, wo Busse bereitstehen, doch es ist auch möglich, die Wainui Bay zu durchqueren (2 Std. vor bis 2 Std. nach Ebbe) oder zu umlaufen. Wer sich für letztere Option entscheidet, kann unterwegs noch die kurze Wanderung zu den Wainui Falls in Angriff nehmen.

Inland Track
Der Inland Track (42 km, 3 Tage) zwischen Marahau und Totaranui ist weitaus weniger beliebt als der Coast Track. Er erfordert eine gute Kondition und ordentliche Wanderausrüstung. Die Route lässt sich mit dem Coast Track zu einem Rundwanderweg von knapp einer Woche kombinieren und ist in einer DOC-Broschüre beschrieben. Der Weg führt vom Meer zur **Evans Ridge** hinauf und passiert unterwegs sehr schöne Aussichtspunkte – zu den Highlights zählen der **Pigeon Saddle**, das Sumpfgebiet **Moa Park** und die

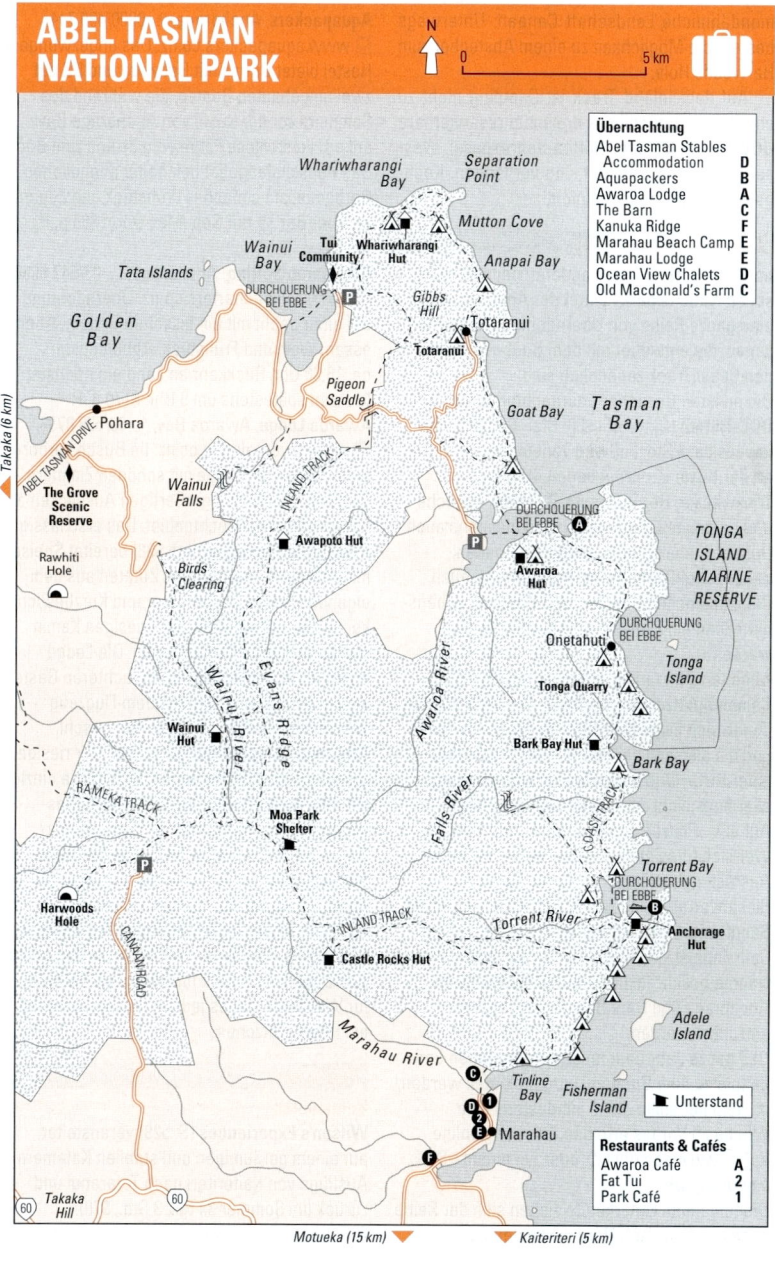

ABEL TASMAN NATIONAL PARK

N

0 ——— 5 km

Marlborough, Nelson und Kaikoura

Übernachtung

Abel Tasman Stables Accommodation	D
Aquapackers	B
Awaroa Lodge	A
The Barn	C
Kanuka Ridge	F
Marahau Beach Camp	E
Marahau Lodge	E
Ocean View Chalets	D
Old Macdonald's Farm	C

Whariwharangi Bay

Separation Point

Mutton Cove

Anapai Bay

Wainui Bay

Tui Community

Whariwharangi Hut

Tata Islands

DURCHQUERUNG BEI EBBE

Gibbs Hill

Golden Bay

Totaranui

Totaranui

Takaka (6 km)

Pigeon Saddle

Goat Bay

Tasman Bay

Pohara

ABEL TASMAN DRIVE

The Grove Scenic Reserve

Wainui Falls

INLAND TRACK

DURCHQUERUNG BEI EBBE

A

TONGA ISLAND MARINE RESERVE

Rawhiti Hole

Awapoto Hut

Awaroa Hut

Birds Clearing

Onetahuti

Tonga Island

Wainui River

Evans Ridge

Tonga Quarry

Awaroa River

Bark Bay Hut

Bark Bay

Wainui Hut

RAMEKA TRACK

Falls River

COAST TRACK

Moa Park Shelter

Torrent Bay

DURCHQUERUNG BEI EBBE

B

Harwoods Hole

CANAAN ROAD

INLAND TRACK

Torrent River

Anchorage Hut

Castle Rocks Hut

Adele Island

Marahau River

C

Tinline Bay

Fisherman Island

▲ Unterstand

D
1
E

Marahau

F

Takaka Hill

60

60

Restaurants & Cafés

Awaroa Café	A
Fat Tui	2
Park Café	1

Motueka (15 km) ▼

▼ Kaiteriteri (5 km)

mondähnliche Landschaft Canaan. Unterwegs besteht die Möglichkeit zu einem Abstecher zum Harwoods Hole.

Auf dem Inland Track ist Camping nicht zu empfehlen, dafür gibt es drei nicht reservierbare **DOC-Hütten** ($5 oder Hütten-Jahrespass). Wasservorräte und Toiletten sind vorhanden, Kochgelegenheiten dagegen nicht.

Übernachtung und Essen

Im Gegensatz zu vielen anderen neuseeländischen Nationalparks bietet der Abel Tasman eine ganze Reihe von Übernachtungsmöglichkeiten, die entweder mit dem Boot oder über den Coast Track zugänglich sind.

Die meisten Besucher übernachten in den vier **DOC-Hütten** (Okt–April $30, Mai–Sep $12), die jeweils ca. 4 Std. Fußweg voneinander entfernt an der Küste verstreut liegen. Dort gibt es Trinkwasser, Heizung, gute Toiletten, einfache und bequeme Etagenbetten und meistens auch Duschen, aber keine Kochgelegenheiten; daher sollten neben einem Schlafsack auch Campingkocher, Geschirr und Besteck, Lebensmittel und eine Taschenlampe mitgebracht werden.

Abgehärtete Wanderer bevorzugen die **DOC-Campingplätze** (Okt–April $12, Mai–Sep $8), von denen sich insgesamt 18 an der Küste verteilen und die allesamt am Strand oder in der Nähe einer DOC-Hütte liegen (deren Einrichtungen allerdings nicht mitbenutzt werden dürfen). Auf allen Plätzen gibt es Wasser und Toiletten. Wer sich fürs Zelten entscheidet, muss mehr Ausrüstung mitführen und benötigt einen Riesenvorrat an Insektenschutzmittel gegen die Sandfliegen. Der Aufenthalt in Hütten und auf Campingplätzen ist im Sommer auf maximal zwei Nächte beschränkt. Nur auf den Zeltplätzen Anchorage und Bark Bay dürfen Lagerfeuer entzündet werden.

Das ganze Jahr über muss für alle Hütten und Zeltplätze eine **Buchung** vorgenommen werden; im Sommer sollte diese mindestens eine Woche im Voraus erfolgen. Buchung online auf 🖥 www.doc.govt.nz oder bei einem i-SITE Visitor Centre.

Die folgenden Unterkünfte ziehen sich der Reihe nach von Süd nach Nord durch den Park:

Aquapackers, Anchorage, ✆ 0800/430 744, 🖥 www.aquapackers.co.nz. Das ungezwungene Hostel bietet Dorms mit Bettzeug und DZ auf zwei umgebauten Booten, die während des Sommers vor der Küste von Anchorage Bay ankern (kostenlose Fähre vom Strand zum Boot). Das Pauschalangebot beinhaltet abendliches Barbecue, ein einfaches Frühstück und Zugang zu einer Bar. ⏲ nur Sep–Mai. Dorm $65 p. P., DZ ⊙

Catamaran Sailing, Anchorage, ✆ 03/547 6666, 🖥 www.sailingcharters.co.nz. Übernachtung auf einer Jacht mit ein bisschen Segeln, Abendessen, Wein und Frühstück. Abholung um ca. 16.30 Uhr, Rückkehr an Land am nächsten Morgen spätestens um 9 Uhr. $170 p. P.

Awaroa Lodge, Awaroa Bay, ✆ 03/528 8758, 🖥 www.awaroalodge.co.nz. Im Busch verborgene, gehobene Lodge mit schönen Zimmern inkl. Bad, Suiten und großartigen Ausblicken auf das umliegende Feuchtgebiet. Das erstklassige Restaurant (Hauptgerichte $38) bereitet Speisen mit biologisch-organischen Zutaten aus dem eigenen Garten zu. Wanderer und Kurzbesucher können hier einen Kaffee am riesigen Kamin trinken und das Internet nutzen. Die Lodge orientiert sich allerdings an betuchteren Gästen, die per Wassertaxi oder mit dem Flugzeug ankommen. Ab $395, ⏲ Juni–Aug geschl.

Totaranui Campground, Totaranui. Der riesige Campingplatz (850 Personen, $12) ist die einzige mit dem Auto erreichbare Übernachtungsmöglichkeit an der Küste des Abel Tasman Parks. Im Sommer wird es hier so voll, dass Stellplätze für die Zeit von Weihnachten bis Ende Januar verlost werden müssen.

Ein Buchungsformular (Buchung erforderlich 10. Dez–10. Feb) steht unter 🖥 www.doc.govt.nz zum Download bereit. Im separaten Bereich für Wanderer gibt es jedoch gewöhnlich noch ein freies Plätzchen.

Aktivitäten

Bootstouren

Wilson's Experiences (S. 529) veranstaltet auf einem geräumigen und stabilen Katamaran Ausflüge von Kaiteriteri nach Totaranui und zurück (im Sommer 3x tgl, 3 Std, $70). Außerdem gibt es zahlreiche Angebote, bei denen man einen Teil des Tracks wandert und dann mit dem Boot zurückfährt. Die beste Tour ist vielleicht *Seals and Beach* (6–8 Std., $62) mit einer Fahrt um die Robbenkolonie auf Tonga Island herum und viel Zeit für die Wanderung von Tonga Quarry zum Medlands Beach und zum Baden. Eine Alternative ist eine Tour mit **Abel Tasman Charter**, ☎ 0800/223 522, ⌨ www. abeltasmancruises.co.nz, die mit einem kleinen Boot von einer Stelle bei Kaiteriteri starten; der Fahrplan ist flexibel und kann von den Fahrgästen mitgestaltet werden (nur Nov–April, $215). Auf jeden Fall werden Robben und der Split Apple Rock besichtigt und es gibt Zeit an Land sowie mittags ein gutes Picknick.

Mountainbiking

Abel Tasman Mountain Biking, in Marahau, ☎ 0800/808 018, ⌨ www.abeltasmanmountain biking.co.nz, bietet verschiedene organisierte Radausflüge wie eine Halbtagestour auf dem Rameka Track (S. 531, $152) und zusammen mit einem Kajaktourenanbieter eine Ganztagstour mit Radeln und Paddeln ($203).

Schwimmen mit Robben

Abel Tasman Seal Swim (s. Kasten), nur Dez–Mitte April. Einer 45-minütigen Fahrt mit dem Wassertaxi folgt eine Stunde Schwimmen mit Robben ($169, nur Tour $90), was beinahe noch schöner als das Schwimmen mit Delphinen ist, weil Robben wesentlich beweglicher und neugieriger sind. Die Sicht unter Wasser ist meist kristallklar. Damit die Tiere nicht zu sehr gestört werden, dürfen sie nicht mit dem Boot verfolgt werden, sondern man muss geduldig darauf warten, dass sie sich von selbst nähern.

Seekajaktouren

Die abgelegeneren Küstenabschnitte des Abel Tasman lassen sich hervorragend per Seekajak erkunden. Das Erlebnis, sanft durch kleine

---

Anbieter von Abenteuertrips im Abel Tasman

Abel Tasman Kayaks, Marahau, ☎ 0800/732 529, ⌨ www.abeltasmankayaks.co.nz. Spezialisten für Kajaktouren mit Sitz in Marahau. Halbtags- ($110) und Ganztagstouren ($100–135) mit Wassertaxi-Minitour am Park entlang, kombinierbar mit Schwimmen mit Robben ($215). Außerdem Touren mit Übernachtung im Luxuszelt und Gourmet-Vollverpflegung ($430) und einige längere Ausflüge.

Abel Tasman Sailing, ☎ 0800/467 245, ⌨ www. sailingadventures.co.nz. Segeltörns im Park.

Abel Tasman Sea Shuttle, ☎ 0800/732 748, ⌨ www.abeltasmanseashuttles.co.nz. Wassertaxis ab Kaiteriteri.

Abel Tasman Seal Swim, ☎ 0800/732 529, ⌨ www. sealswim.com. Die Filiale von Abel Tasman Kayaks für das Schwimmen mit Robben.

Aquataxi, ☎ 0800/278 282, ⌨ www.aquataxi. co.nz. Wassertaxis ab Marahau und Kaiteriteri.

Golden Bay Kayaks, ☎ 03/525 9095, ⌨ www.golden baykayaks.co.nz. Anbieter mit Sitz in Pohara, der sich auf den Norden des Parks spezialisiert hat. Kajakverleih ($50/Tag) und geführte Halbtagstrips ($75). Auch Einzelkajaks erhältlich. Außerdem

organisieren sie eine sehr günstige Tour ohne Guide mit Übernachtung im Park ($85).

Kahu Kayaks, ☎ 03/527 8300, ⌨ www.kahukayaks. co.nz. Unabhängiger Anbieter in Marahau, der beim Kajakverleih und den organisierten Touren oft ein wenig günstiger ist als die Konkurrenz. Eine gute Einführung bietet die Ganztagestour (5 Std., $142) mit 3 Std. Paddeln auf der Mad Mile und danach einer Wassertaxifahrt zur Robbenkolonie, einer kurzen Küstenwanderung und schließlich der Rückfahrt mit dem Wassertaxi nach Marahau.

Kaiteriteri Kayaks, ☎ 0800/252 925, ⌨ www. seakayak.co.nz. Organisierte Touren ab Kaiteriteri, z. B. eine Halbtagestour zum Split Apple Rock ($94), eine halbtägige Paddeltour im Park mit anschließender Wassertaxifahrt ($110), eine Ganztagstour mit Wanderung zur Torrent Bay, Paddeln und Wassertaxifahrt ($134) sowie verschiedene Kombitrips mit Übernachtung.

Wilsons, ☎ 0800/223 582, ⌨ www.AbelTasman. co.nz. Breites Angebot an Rundfahrten, Kajaktouren und geführten Wanderungen mit Übernachtung in guten Lodges.

Marlborough, Nelson und Kaikoura

Buchten zu paddeln und sich dabei von Robben oder Delphinen begleiten zu lassen, ist nur schwer zu toppen. Eine kurze Pause zum Baden an einem goldgelben Strand, und weiter geht es zu einem Campingplatz, wo man das Bier in einem Bach kalt stellt. Einige Zeltplätze sind nur vom Wasser aus zugänglich und haben sich daher zu Treffpunkten für Kajakfahrer entwickelt. Im Hochsommer sind bisweilen Dutzende Kajaks gleichzeitig im Wasser.

Marahau am südlichen Ende des Parks ist mit einer Hand voll Anbietern das Zentrum der Kajakszene; drei davon, Abel Tasman Kayaks, Ocean River und Kaiteriteri Kayak, gehören einem örtlichen Maori-Stammesunternehmen. Die meisten Veranstalter bieten ein ähnliches Programm aus 1- bis 5-tägigen geführten Touren sowie Kajakverleih, oft „Freedom Rentals" genannt. Der Anfangsabschnitt der Kajakroute, nördlich von Marahau, trägt den Spitznamen „Mad Mile", doch der Stau löst sich relativ schnell auf. Nur Golden Bay Kayaks bedient die ruhigeren Abschnitte im Norden des Parks.

Bei den **geführten Trips** wird das Kajak fahren normalerweise mit Wandern und Wassertaxifahrten kombiniert, zuweilen auch mit Übernachtungen und dem Besuch einer Robbenkolonie. Wer eine mehrtägige Tour unternimmt, kann den Nationalpark natürlich noch intensiver erleben. Das Angebot ist riesig, und fast alle Kombinationen sind möglich.

Bei den „Freedom Rentals" erhält man gewöhnlich an Land eine Einführung und wird dann in Doppelkajaks aufs Meer geschickt. Es ist nicht erlaubt, solo zu fahren oder über Abel Head am Nordende des Tonga Island Marine Reserve hinaus nach Norden vorzudringen. Die Bedingungen für das Paddeln sind normalerweise gut, sodass auch absolute Anfänger keine Probleme haben sollten. Wer sich trotzdem nicht sicher ist, sollte sich für einen geführten Trip entscheiden. Die **Tagesmietpreise** liegen bei $55–60 p. P. an den ersten beiden Tagen, $35–40 am dritten und $30–35 an jedem Folgetag. Wer das Kajak nicht zum Mietort zurückbringen möchte, zahlt $35–50 für den Rücktransport. Die meisten Veranstalter bieten außerdem den Verleih von Campingausrüstung und Abstellmöglichkeiten für Fahrzeuge und sind das ganze Jahr über tätig, allerdings mit eingeschränktem Angebot im Winter.

Segeln

Abel Tasman Sailing (s. Kasten S. 529), Ganztags-Segeltörns mit kleinen Gruppen ($160) und Kombitrips mit Segeln, 4 Std. Wandern und Besuch bei den Robben ($90).

Informationen

Die Hauptinformationsquellen zum Abel Tasman National Park sind die **Visitor Centres** von Nelson, Motueka und Takaka, wo Boote, Kajaks, Hütten- und Camping-Tickets, Transportmittel und Unterkünfte reserviert werden.

An den Parkeingängen von Marahau und Totaranui gibt es außerdem **unbesetzte DOC-Unterstände** mit Gezeitentabellen und Sicherheitshinweisen.

Transport

Busse

Der Zugang zum Park erfolgt im Allgemeinen zu Fuß oder mit dem Boot, doch es führen auch zwei Straßen zu den Eingängen, im Süden nach Marahau und im Norden nach Totaranui.

Die besten Busverbindungen in der Region bieten **Abel Tasman Coachlines**, Nelson, ☏ 03/548 0285, Motueka, ☏ 03/528 8850, 🖳 www.abeltasmantravel.co.nz, deren Busse 2–3x tgl. zwischen Motueka, Kaiteriteri und Marahau verkehren. Eine praktische Verbindung bietet der Bus, der um 7.45 Uhr (im Sommer zusätzlich um 6.45 Uhr) in NELSON abfährt und Motueka (1 Std., $12 einfach) sowie Marahau (1 3/4 Std., $20) ansteuert. Wer möchte, kann von hier ein Boot zu Zielen im Park nehmen. Von Motueka fahren Busse nach Takaka (7.45 Uhr im Sommer, $23) und weiter nach Totaranui ($30).

Wassertaxis

Mit Hilfe der Wassertaxis ab Kaiteriteri und Marahau lassen sich ausgesuchte Abschnitte des Tracks abwandern, oder man kann sich einfach zu einem Strand schippern lassen und später wieder zurückfahren. Haltestellen sind die sechs Strände an der Küste – **Anchorage, Torrent Bay, Bark Bay, Onetahuti, Awaroa** und **Totaranui**. Es gibt hauptsächlich drei Anbieter, die fahrplanmäßig 2–5x tgl. vom Südende des Parks nach Totaranui und zurück fahren und sich auch preislich kaum unterscheiden. Am besten nimmt man einfach, was einem am besten in den Zeitplan passt, oder man wendet sich an Aquataxi (s. Kasten S. 529). Eine einfache Fahrt ab Marahau kostet etwa $32 nach Anchorage, $37 nach Bark Bay und $44 nach Totaranui.

Golden Bay

An der Nordwestspitze der Südinsel beschreibt die Golden Bay einen eleganten Bogen vom nördlichen Rand des Abel Tasman National Park bis zum **Farewell Spit**, einem Sandstreifen, der 25 km weit ins Meer hinausragt und eine faszinierende Tierwelt beheimatet. Auf drei Seiten von bewaldeten Bergen eingeschlossen, konnte sich die traumhafte Bucht dank ihrer Unzugänglichkeit viel von ihrer Ursprünglichkeit bewahren.

Die Wainui Bay, etwas östlich von **Takaka**, dem Hauptort an der Golden Bay, ist wahrscheinlich der Ort, an dem Abel Tasman das erste Mal an der neuseeländischen Küste vor Anker ging und sich damit als erster Europäer in Aotearoa einen Platz in den Geschichtsbüchern sicherte.

Der **Takaka Hill** schirmt die Gemeinden in der Bucht nach außen hin ab, hält ihre Größe überschaubar und erklärt zum Teil auch ihren Geist der Unabhängigkeit und die Tatsache, dass sich so viele Kunsthandwerker, Künstler und andere Menschen auf der Suche nach einem alternativen Lebensstil von der Gegend angezogen fühlen. Besonders beliebt war und ist Golden Bay bei deutschsprachigen Migranten, die inzwischen ein Zehntel der etwa 5000 Bewohner ausmachen. Sonnig, schön und voller faszinierender Sehenswürdigkeiten, lohnt die Golden Bay sicher einen mehrtägigen Aufenthalt und verführt Besucher auch durchaus zum längeren Verweilen.

Wer mehr über die Gegend erfahren möchte, sollte einen Blick in die Zeitung *The G.B. Weekly*, 🖳 www.gbweekly.co.nz, werfen.

Takaka Hill

Die einzige Straßenverbindung zur Golden Bay ist der durchgehend asphaltierte, aber sehr kurvenreiche SH60 über den Takaka Hill am Rande des Abel Tasman National Park. Während der Fahrt bieten sich prächtige Aussichten auf die Meereslandschaft zwischen Nelson und D'Urville Island.

Gut 20 km nördlich von Motueka zweigt oben auf dem Takaka Hill die unbefestigte Canaan Road ab und erreicht nach 11 km einen Parkplatz (mit Plumpsklo und Wasser). Von hier gelangt man zum **Harwoods Hole**, einem riesigen Höhlenschacht von 176 m Tiefe und über 50 m Durchmesser, der die Verbindung zu einem ausgedehnten unterirdischen Höhlensystem bildet. An den Rand des Schachts führt ein Wanderweg (6 km hin und zurück, 1 1/2 Std., größtenteils eben) durch zauberhaften Buchenwald und dann ein ausgetrocknetes Flussbett entlang bis zum Hole. Da es keine Aussichtsplattform gibt, wagen sich nur besonders Tollkühne bis an den Rand des Schachts vor.

Mountainbiker haben hier oben die Qual der Wahl: Am Parkplatz am Ende der Straße beginnt der tolle neue **Canaan Downs Track** (Einzelheiten vor Ort erfragen); der deutlich ausgeschilderte **Rameka Track** (5 km, 3 Std. einfach, 750 m Abstieg) folgt einer der ersten vermessenen Strecken ins Takaka Valley und eröffnet fantastische Ausblicke auf die Granitfelsen und das Umland. Unterwegs führt der Track durch das mit einheimischen Bäumen bepflanzte Gebiet Great Expectations. Wer Glück hat, findet unten einen netten Autofahrer, der ihn wieder mit hoch auf den Berg nimmt, und erspart sich so den anstrengenden Aufstieg.

Takaka und Umgebung

Der kleine Ort Takaka knapp 60 km nördlich von Motueka ist die größte Siedlung an der Golden Bay und richtet sich zunehmend auf Sommertouristen aus, dient aber nach wie vor auch als Versorgungszentrum für einheimische Farmer und barfüßige Hippies, die in Tipis oder Hütten wohnen und Touristen ihr Kunsthandwerk oder ihre Heilkräfte anbieten. Richtung Nordwesten führt der SH60 parallel zur wunderschönen Bucht über Collingwood zum Farewell Spit. Östlich der Stadt windet sich der Abel Tasman Drive am sicheren Badestrand **Pohara** und einigen kleineren Sehenswürdigkeiten vorbei zum nördlichen Abschnitt des Abel Tasman National Park.

Takaka

Das Herz von Takaka schlägt in der Commercial Street (SH60), wo Golden Bay Organics (Nr. 47) und die Monza Gallery (Nr. 25) einen guten Eindruck vom Geist des Ortes vermitteln.

Das **Golden Bay Museum** zeigt ein detailliertes Diorama von Abel Tasmans Landung in der Wainui Bay (1642) und behandelt die Geschichte der Maori der Gegend und die der Holzfäller. ⏰ Okt–März tgl. 10–16, April–Sep Mo–Fr 10–16 Uhr, Eintritt frei.

4 km nördlich der Stadt sprudeln abseits des SH60 die **Te Waikoropupu Springs** (Eintritt frei) aus ihrem unterirdischen Versteck, die größten Quellen Neuseelands. Zwischen alten Goldstollen und nachwachsendem Wald verstecken sich mindestens 16 kristallklare Süßwasserquellen; eine erzeugt die Dancing Sands, so genannt, weil der vom aufsprudelnden Wasser bewegte Sand regelrecht zu tanzen scheint. An den Plankenwegen stehen Periskope zur Beobachtung der bunten Pflanzenvielfalt bereit.

Am Anatoki entlang

Wer möchte, kann dem Strom der Familien zum Ufer des Anatoki River folgen, 6 km südöstlich von Takaka, insbesondere zum **Bencarri**, McCallun Rd, einem kleinen Bauernhof, wo man u. a. Lamas, Esel, Emus, Schweinchen und Kaninchen füttern kann. Hauptattraktion sind die Anatoki-Aale, die im Fluss vorkommen und hier seit 1914 gefüttert werden. Von einem an einem Stock aufgespießten Stückchen Fleisch angelockt, richten sich die Aale zur Hälfte aus dem Wasser auf, um sich das kostenlose Essen zu schnappen. ⏰ Ende Sep–April tgl. 10–17 Uhr, Eintritt $12.

Nebenan können Besucher bei **Anatoki Salmon** in der Zuchtstation aufgezogenen Fisch angeln. Köder werden gestellt, und man zahlt nur für das, was man fängt ($19/kg). Der gefangene Fisch kann sogar geräuchert oder gegrillt und anschließend vor Ort verzehrt werden. ⏰ tgl. 9–16.30 Uhr, Eintritt frei.

Abel Tasman Drive

Östlich von Takaka führt der Abel Tasman Drive zunächst vorbei an der kleinen, am Wasser gelegenen Siedlung Pohara und spaltet sich dann in drei Straßen, die alle an einem Zugangspunkt zum Abel Tasman Coast Track enden: Awaroa, Totaranui und Wainui Bay – siehe Karte S. 527.

Vom Abel Tasman Drive führt ein schlecht ausgeschilderter Weg zur **Rawhiti Cave**, in deren gähnendem Schlund unzählige Stalaktiten zu bewundern sind (1 1/4–2 Std. hin und zurück, Infoblatt beim i-SITE in Takaka).

Rund 7 km von Takaka führt eine ausgeschilderte Nebenstraße vom Abel Tasman Drive zum wundervollen **Grove Scenic Reserve** (Eintritt frei). An diesem mystisch anmutenden Ort, der direkt aus der Artussage stammen könnte, sprießen mächtige Rata-Bäume aus eigenartig geformten Kalksteinfelsen empor. Ein zehnminütiger Spaziergang führt zu einem schmalen Spalt in einer Felswand, wo ein Aussichtspunkt weite Ausblicke auf die Küste und Strände in der Umgebung von Pohara freigibt.

Pohara selbst, 10 km östlich von Takaka, bietet ein paar Unterkünfte und Lokale (S. 533) sowie einen netten Sandstrand, aber ansonsten fährt man an einer hässlichen ehemaligen Zementfabrik und am hübschen **Tata Beach** vorbei bis zum Anfang eines Weges zu den **Wainui Falls** (40 Min. hin und zurück), wo Nikau-Palmen am Flussufer Schatten spenden und die recht hübschen Wasserfälle von Sprühwasser umnebelt werden.

Die Schotterstraße zur Wainui Bay passiert die **Tui Community**, eine der letzten noch existierenden Kommunen, die in den 1970er-Jahren an der Golden Bay gegründet wurden, und endet am nördlichsten Zugangspunkt zum Abel Tasman Coast Track.

Die anderen Straßenzweige führen zu einem Parkplatz beim Awaroa Estuary und zum goldenen **Totaranui Beach**. Hier beim Totaranui Campground (S. 528) beenden viele ihre Küstenwanderung.

Übernachtung

Die Golden Bay gilt sowohl bei Kiwis als auch bei ausländischen Touristen als beliebtes Ferienziel. Dementsprechend gibt es in und um Takaka viele gute Unterkünfte, vom Hostel bis zur schicken Lodge. Die Campingmöglichkeiten reichen von großen, offiziellen Plätzen bis zu kleinen Stellplätzen am Straßenrand, wo man sein Wohnmobil über Nacht parken kann.

Takaka

Annie's Nirvana Lodge, 25 Motupipi St, ℡ 03/525 8766, 🖳 www.nirvanalodge.co.nz. Engagiert geführtes YHA-Hostel mitten in der Stadt. Gemütliche Atmosphäre, schöner Garten und günstiger Fahrradverleih, besonders hübsch sind die 3 DZ im Garten. Dorm $25, Zimmer ➋

Autumn Farm Lodge, 3 km südlich von Takaka am SH60, ℡ 03/525 9013, 🖳 www.autumnfarm. com. Charmante Schwulen-Lodge auf großem Gelände mit komfortablen Zimmern, großem Badehaus und ungezwungener Atmosphäre (wer möchte, darf nackt herumlaufen). Über Neujahr findet jährlich ein 8-tägiges Gay-Sommercamp statt. Reservierung dringend zu empfehlen. Camping $20, Hostel $30, B&B ➍

Golden Bay Motel, 132 Commercial St, ℡ 0800/401 212, 🖳 www.goldenbaymotel.co.nz. Gepflegtes kleines Motel mit eigenen Parkplätzen und großzügig bemessenen Zimmern. ➍

Kiwiana, 73 Motupipi St, ℡ 0800/805 494, 🖳 www.kiwianabackpackers.co.nz. Unglaublich gepflegtes und gut geführtes Hostel in einer großen Villa. Jede Menge „Kiwiana" (paua, jandals, tiki etc.) und Freizeitraum mit Büchersammlung, Pool-Billard und Tischtennis. Kostenlose Whirlwanne und Grillbereich im netten Garten. ⏲ Juli und Aug geschlossen. Camping $18, Dorm $27, Zimmer ➋

Mohua Motels, SH60, am südlichen Ortseingang, ℡ 03/525 7222, 🖳 www.mohuamotels.com. Das neuste Motel in Takaka, mit schönen, gut ausgestatteten Units, Sky-TV und Internet im Zimmer. ➏

Shady Rest, 139 Commercial St, ℡ 03/525 9669, 🖳 www.shadyrest.co.nz. Hübsches, zentral gelegenes B&B in einem alten ehemaligen Arzthaus. Gemütliche, holzvertäfelte Zimmer mit Bad. Reichhaltiges Frühstück, solarbeheiztes Bad draußen und hübscher Garten bis hinunter zu einem friedvollen Bach. ➏ – ➐

Umgebung von Takaka

Golden Bay Hideaway, 220 Mc Share Rd, Wainui Bay, 23 km östlich, ℡ 03/525 7184, 🖳 www.goldenbayhideaway.co.nz. Wunderbares Plätzchen nahe des nördlichen Endes des Abel Tasman Coast Track. Ökofreundliches Haus für 2 Pers. („Little Greenie") und schöner Wohnbus. Tolle Ausblicke, ein Bad draußen und Zutaten für Frühstück und Abendessen runden das tolle Angebot ab. Wohnbus ➎, Haus ➐

The Nook, Abel Tasman Drive, Pohara, 9 km östlich, ℡ 03/525 8501, 🖳 www.thenook guesthouse.co.nz. Das ungezwungene Hostel in einem reizenden Haus verzichtet absichtlich auf TV und Internet. Haupthaus mit DZ und Dorms, außerdem hübscher, recht luxuriöser Anbau aus Stroh und Mörtel, der entweder als Selbstversorger-Unit oder als zwei DZ vermietet wird. Kostenlose Abholung von Takaka nach Vereinbarung, Fahrräder und ein Kajak sind vorhanden. Camping $15, Dorm $28, DZ ➋, Wohnbus ➍, Cottage für bis zu 4 Pers. ➏

Pohara Beach Top 10 Holiday Park, 809 Abel Tasman Drive, ℡ 0800/764272, 🖳 www.pohara beach.com. Beliebter, gut ausgestatteter Campingplatz am Strand mit verschiedensten Unterkünften. Camping $18, Cabins ➋, mit Bad ➌, Motel Units ➎

Sans Souci Inn, Richmond Rd, Pohara Beach, 10 km östlich, ℡ 03/525 8663, 🖳 www.sanssouci inn.co.nz. Reizvolles B&B unter Schweizer

Marlborough, Nelson und Kaikoura

Shambhala, SH60, 16 km nördlich in Onekaka, ☎ 03/525 8463, 🖥 www.shambhala.co.nz. Einladendes, spirituell angehauchtes Hostel mit Yoga-Unterricht, 2 km einen Weg hinunter, der fast genau gegenüber vom Mussel Inn (s. rechts) abzweigt, von wo Gäste abgeholt werden können. Dorms im Haupthaus, außerdem geräumige Zweibettzimmer und DZ mit schönem Meerblick in separatem Gebäude mit solarbeheizten Duschen und Kompostklos. Schöner verwilderter Garten und Strandzugang. ☉ Juni–Okt geschl. Camping und Wohnmobile $18, Dorm $28, Zimmer ❷

Führung in einem Gebäude aus Lehmziegeln, mit handgefertigten Bodenfliesen und Rasen auf dem Dach. Die 6 Zimmer teilen sich einen großen Sanitärbereich mit Badewanne, Duschen und Kompostklos. Außerdem Selbstversorger-Cottage für 4 Pers. und ausgezeichnetes Restaurant (s. rechts). Gäste können die Küche benutzen oder sich ein köstliches Frühstück ($9–15) vorsetzen lassen. ☉ Juli–Mitte Sep geschl. Zimmer ❹, Cottage ❺

Totaranui Campground (S. 528). Großer und beliebter Campingplatz im Abel Tasman National Park, 26 km östlich von Takaka. $12.

Waitapu Bridge, 4 km nördlich der Stadt am SH60. Netter und kostenloser Campingplatz am Fluss mit Toiletten und Flusswasser. Nur für Wohnmobile. Höchstaufenthalt 2 Nächte.

In der Commercial Street in Takaka gibt es einige gute Lokale, weitere ein paar Kilometer außerhalb. Drinks und Musik bieten die großen, alten Hotels/Pubs sowie das Wholemeal Café und das Mussel Inn etwas außerhalb der Stadt. Filme zeigt das stimmungsvolle Kino **Village Theatre**, 32 Commercial St, ☎ 03/525 8453, mit Sofas und Knautschsesseln und einer Tasse Tee zum Film.

Takaka

The Brigand, 90 Commercial St, ☎ 03/525 9636. Restaurant und Bar mit reichlich Platz draußen und an mehreren Abenden der Woche Livemusik. Hauptgerichte ca. $25.

Dangerous Kitchen, 46a Commercial St, ☎ für Take-away 03/525 8686. Empfehlenswertes kleines Café mit Tischen unter freiem Himmel, spezialisiert auf Pizza, Pasteten, Wraps und Salate. Zu empfehlen ist die Seafood-Pizza mit Muscheln, Tintenfisch und Garnelen. ☉ So sowie Aug und Sep geschl.

Roots Bar, 1 Commercial St. Gut zubereitete neuseeländische Tapas sowie Bier und Cider von Sprig & Fern in Nelson. Dazu ertönt Reggae, Roots oder Drum 'n' Bass. Am Wochenende spielen bis spät in die Nacht Bands oder legen DJs auf. ☉ Mo geschl.

Umgebung von Takaka

Mussel Inn, SH60, 18 km nördlich von Takaka. Ein absolutes Muss – schönes Holzgebäude, eingerichtet mit sperrigen, aber gemütlichen Holzmöbeln und Werken einheimischer Künstler. Hier kann man essen, Wein oder hausgebrautes Bier trinken, lesen, Schach spielen oder Livemusik hören. Stets einfaches, frisches und gesundes Essen, Tipp: Muscheln (ca. $16). ☉ tgl. 11 Uhr bis spät, Aug und Sep geschl.

Penguin Café, 818 Abel Tasman Drive, Pohara. Café/Restaurant und Bar, modern und mit viel Platz, lohnt die Anfahrt von Takaka allein für einen Kaffee oder ein Bier auf der Sonnenterrasse an der Straße. Schön präsentierte Gerichte wie Anatoki-Lachs und Seafood-Pizza sowie hausgemachte Eiscreme. Hauptgerichte meist $24–36.

Sans Souci Inn (s. „Übernachtung"). Einfaches Restaurant mit fester Speisekarte – z. B. Räucherfisch, Rinderfilet oder etwas

Wholemeal Café, 60 Commercial St. Eine Institution in Takaka, die immer für ein halbes Stündchen bei Kaffee und Kuchen gut ist. Pizza, bunte und gesunde Salate, Fisch-, Fleisch- und vegetarische Gerichte ($16–25) im geräumigen Speisesaal oder auf der Terrasse. ☉ tgl. bis 19 Uhr, im Sommer länger.

Vegetarisches (alles $31–33) und frisch zubereitete Desserts. Reservierung sehr zu empfehlen. Mit Schanklizenz.

Sonstiges

Fahrradverleih

Die meisten Hostels verleihen kostenlos Fahrräder an ihre Gäste.

The Quiet Revolution, 11 Commercial St, ☎ 03/525 9555, ✉ quietrev@hotmail.com. Mountainbikes für $20 pro Tag ($40 für den Gebrauch abseits der Straßen) und Verkauf der Broschüre *Fat Tyre Fun* ($2) mit über einem Dutzend erstklassiger Mountainbikestrecken in der Golden Bay. ☉ Sa Nachmittag und So geschlossen.

Informationen

i-SITE Visitor Centre, am SH60 (von Süden kommend bei der Ortseinfahrt), ☎ 03/525 9136, 🖥 www.nelsonnz.com. Sämtliche DOC-Informationen, Buchungsservice für die Hütten im Nationalpark und Organisation von Mietwagen. ☉ Dez–Feb tgl. 9–18, Nov, März und April 9–17, Mai–Okt 10–16 Uhr.

Internet

Bibliothek, 3 Junction St, ☉ Mo–Do 9.30–17, Fr 9.30–18, Sa 9.30–12.30 Uhr; außerdem mehrere Internetcafés in der Commercial St.

Transport

Busse

Golden Bay Coachlines, ☎ 03/525 8352, 🖥 www.gbcoachlines.co.nz, und **Abel Tasman Coachlines**, ☎ 03/548 0285, 🖥 www.abeltasman travel.co.nz, fahren von Nelson via Takaka nordwärts nach Collingwood und zum Heaphy Track sowie Richtung Osten nach Totaranui.

Busse nach:

COLLINGWOOD 1x tgl., 30 Min.;
HEAPHY TRACK 1x tgl., 1 Std.;
MOTUEKA 2x tgl., 1 1/4 Std.;
NELSON 2x tgl., 2 1/4 Std.;
TOTARANUI 1x tgl., 1 Std.

Flüge

Flüge nach WELLINGTON tgl., 30 Min.

Die Straße nach Collingwood: Kunst und Kunsthandwerk

Viele der besten Künstler und Kunsthandwerker der Region haben sich an der Straße von Takaka nach Collingwood angesiedelt, sodass sich auf der kurvenreichen Strecke mancherlei Gelegenheit zu einem Galeriebesuch bietet, am besten ausgerüstet mit der Broschüre *Artists in Golden Bay*.

Zwei der besten Galerien sind **Onekaka Arts**, 13 km nördlich von Takaka, ☎ 03/525 7366, 🖥 www.onekakaarts.co.nz, mit handgefertigtem Silberschmuck von Peter Meares und Jadearbeiten von Geoff Williams, sowie **Estuary Arts**, ☎ 03/524 8466, 🖥 www.estuaryarts.co.nz, 9 km weiter nördlich, wo Rosie Little und Bruce Hamlin buntes, von der Pazifikregion inspiriertes Geschirr und kunstvolle Reliefkacheln fertigen und Rosie stimmungsvolle Landschaftsbilder malt.

Collingwood und Umgebung

Die nördlichste nennenswerte Siedlung in der Region der Golden Bay ist das ruhige **Collingwood** auf einem schmalen Streifen Land zwischen dem offenen Meer und dem Ruataniwha Inlet. Der Ort besteht aus nicht viel mehr als einem Laden, zwei Cafés, einem netten Pub und einigen Unterkünften. In erster Linie ist er als Ausgangsbasis für Touren zum Farewell Spit (S. 536) von Interesse.

Dabei war das heutige Collingwood während des Goldrauschs Mitte des 19. Jhs. sogar kurzzeitig als neuseeländische Hauptstadt im Gespräch. Es wurden bereits Straßenpläne angefertigt, doch mit dem langsam versiegenden Gold schwand auch der Enthusiasmus. Über die Details unterrichtet das winzige **Collingwood Museum**; ☉ tgl. 9–18 Uhr, Spende.

Südwestlich von Collingwood zieht sich das Aorere Valley zum Beginn des Heaphy Tracks. Nach etwa 7 km stützen zwei Kalksteinsockel zu beiden Seiten der Straße einen bizarren Felsüberhang, **Devil's Boots** genannt, weil sein Aussehen an zwei Füße erinnert, die aus dem Boden emporragen und an ihren Sohlen mit Bäumen und Sträuchern bewachsen sind.

Marlborough, Nelson und Kaikoura

Zwei Veranstalter führen wunderbare Touren zum Ende des Farewell Spit, etwa 22 km nördlich von Collingwood, durch. Seit 1946 ist **Farewell Spit Eco Tours**, Tasman St, Collingwood, ☎ 0800/808 257, 🖥 www.farewellspit.com, im Gewerbe. Ihre *Farewell Spit Eco Tour* (6 1/2 Std., $120) führt in einem Allradfahrzeug über die sandige Landspitze bis zum Leuchtturm. Unterwegs werden die interessanten Kommentare mit lokalen Überlieferungen gewürzt. Tagsüber bekommt man jede Menge Vögel, Robben und Fossilien zu sehen, erklimmt eine gigantische Sanddüne und sieht bei Ebbe Schiffswracks aus dem Schlick ragen. Die eher ökologisch ausgerichtete *Gannet Colony Tour* (6 1/2 Std., $135) beinhaltet einen Großteil der oben genannten Attraktionen und wird durch einen 20-minütigen Spaziergang zur großen Tölpelkolonie am äußersten Ende der Sandbank ergänzt.

Die Touren finden ganzjährig statt, wobei die Abfahrtszeiten gezeitenabhängig sind (der Website entnehmen!). Auf beiden Touren bekommt man gegen Aufpreis auch Mittagessen ($10).

Ebenso professionelle und unterhaltsame Touren bietet **Farewell Spit Nature Experience** in der Old School in Pakawau, 15 km nördlich von Collingwood, ☎ 0800/250 500, 🖥 www.farewell-spit.co.nz. Die Touren ($90/4 Std., $110/6 Std.) sind stark auf Ökologie und Vogelbeobachtung ausgerichtet.

Etwa 4 km weiter ist das tolle Tagescafé **The Naked Possum** ausgeschildert, das am Waldrand viel Platz zum Draußensitzen bietet, dazu erstklassige Café-Speisen und *bush tucker* („Waldessen"), im Einklang mit der Absicht des Betreibers, eingeschleppte Schädlinge aus dem Wald zu entfernen, damit sich die Rata-Bäume erholen können. Probieren kann man z. B. einen Tahr-Burger oder eine Pastete mit Wildfleisch, Pilzen und Rotwein. Hinunterspülen lässt sich das Ganze mit einem Glas des exklusiven Ratahonigbiers Stunned Possum, das im Mussel Inn (S. 534) gebraut wird. Berühmt ist auch der Wildbeerenkuchen. Die Kissen im Café sind mit Opossumfellen bezogen. Das Café liegt am Beginn des schönen **Kaituna Track** (2 Std. hin und zurück), eines Waldwegs vorbei an alten Goldwaschanlagen zu den Kaituna Forks.

Nach weiteren 7 km erreicht man Bainham mit dem **Langford's Store**. Die Kombination aus Lebensmittelladen und Postamt wurde 1928 von den Vorfahren der heutigen Besitzer erbaut. Hier gibt es guten Kaffee und Kuchen. ⊙ Di–So 9–18 Uhr.

Beachcomber Motels, Tasman St, ☎ 0800/270 520, an der Flussmündung. ❹
Collingwood Motor Camp, William St, ☎ 03/524 8149. Camping $15, Cabins ❶, Motel Units ❸

Somerset House, Gibbs Rd, ☎ 03/524 8624, 🖥 www.backpackerscollingwood.co.nz. Ruhiges Hostel mit Blick auf die Flussmündung, kostenlosem Frühstück und billigem Fahrradverleih. Dorm $29, Zimmer ❷

Collingwood bietet ein günstiges, gutes **Café**, eine **Kneipe** mit Pub-Essen und im stimmungsvollen Gerichtsgebäude von 1901 das **Courthouse Café**, ☎ 03/524 8025, das guten Kaffee, kalorienreichen Kuchen und fantasievolle Hauptgerichte aus vorwiegend in der Umgebung ökologisch erzeugten Zutaten (ca. $25) serviert.

Nach Norden zum Farewell Spit

Nördlich von Collingwood umrundet die Straße das Ruataniwha Inlet und passiert nach 10 km das ausgezeichnete Hostel The Innlet, ☎ 03/524 8040, 🖥 www.goldenbayindex.co.nz. Die Unterkunft bietet ein paar entzückende Cottages, einen Grillplatz und mehrere beheizte Badebecken im Wald. Hier kann man kostenlos ein Fahrrad leihen, Kajaks mieten ($35 pro Tag), über den Waldpfad wandern oder einfach nur im Garten relaxen. Camping $21, Dorm $29, Zimmer ❷, Cottage ❸, Apartment ❹.

Anschließend folgt die Straße weiter der Küste, bis nach 11 km der kleine Ort **Puponga** an der Nordspitze der Südinsel erreicht ist. Eine Übernachtungsmöglichkeit bietet hier das Farewell Gardens Motor Camp, ☎ 03/524 8445, 🖥 www.farewellgrdens.co.nz; Camping $14, Cabin ❷, Apartment ❺. 2 km weiter dient das Tagescafé Paddle Crab Kitchen als Visitor Centre für den benachbarten **Puponga Farm Park**, eine öffentlich zugängliche Schaffarm. Von hier eröffnen sich schöne Ausblicke auf die Landzunge **Farewell Spit**, die sich über 25 km nach Osten erstreckt und oft mit Baumstämmen übersät ist, die von der Westküste hochgeschwemmt wurden. Ihren Namen erhielt sie 1770 von Kapitän Cook, der damit das Ende seines Besuchs markierte.

Die riesige Sandbank ist ein international bedeutendes Naturschutzgebiet mit einer Vielzahl an Lebensräumen für Vögel: Salzsumpf, offenes Watt, Frisch- und Brackwasserseen und Sanddünen.

Mit über 90 Vogelarten, darunter Keas und Löffler, gilt Farewell Spit als Paradies für Ornithologen. Jedes Jahr legen Tausende von Wattvögeln – z. B. Uferschnepfen, Schiefschnäbel, Große Brachvögel und Mongolen-Regenpfeifer – die 12 000 km lange Strecke von Sibirien zurück, um dem harten arktischen Winter zu entgehen. Auf der Sandbank leben Kolonien von brütenden Raubseeschwalben. Außerdem kann man Falken, Wekarallen, Große Raubmöwen (Skuas) sowie eine große Anzahl von Trauerschwänen erspähen. Auf andere Tierarten scheint die Sandbank dagegen eine fatale Anziehungskraft auszuüben: An ihrer Küste stranden besonders häufig Wale, und es scheint, als leide deren Navigationssinn unter der ungewöhnlichen Form von Farewell Spit.

Zwei kurze **Wanderwege** (2,5 km bzw. 4 km) beginnen direkt am Visitor Centre und eröffnen eine schöne Aussicht auf die außergewöhnliche Landschaft. Ansonsten darf die Landzunge nur im Rahmen von organisierten Touren ab Collingwood (s. S. 536) betreten werden.

Von der Landzunge weg nach Westen führen Wanderwege zum **Cape Farewell**, dem nördlichsten Punkt der Südinsel, zum atemberaubend gelegenen Leuchtturm **Pillar Point Lighthouse** und weiter zum wellenumtosten **Whararriki Beach**. Wer innerhalb von zwei Stunden vor oder nach Ebbe hierher kommt, kann zu einigen Seehöhlen gehen, in denen Robben es sich gemütlich machen.

Ganz in der Nähe veranstaltet der gut ausgeschilderte Anbieter **Cape Farewell Horse Treks**, ☎ 03/524 8031, 🖥 www.horsetreksnz.com, Ausritte, die zu den landschaftlich spektakulärsten auf der gesamten Südinsel zählen. Im Programm sind Ausritte zum Pillar Point (90 Min., $55), Puponga Beach (90 Min., $60) und Whararriki Beach (3 Std., $105).

Kahurangi National Park

Der riesige Kahurangi National Park umfasst beinahe den gesamten nordwestlichen Teil der Südinsel. Zu dem 40 000 km² großen Areal gehören u. a. die feuchte Westseite der **Wakamarama Range** sowie die beiden Kalksteingipfel **Mount Owen** und **Mount Arthur**. Das Gebiet beheimatet mehr als die Hälfte aller einheimischen Pflanzenarten Neuseelands sowie einen Großteil der alpinen Flora des Landes. Im einsamen Innern des Parks haben Vögel und andere Tiere Zuflucht gefunden, darunter eine sehr seltene, Fleisch fressende Schneckenart und die riesige Höhlenspinne Gradungula.

Aufgrund seiner abgeschiedenen Lage ist dieser wunderschöne Nationalpark noch nicht überlaufen. Am lohnendsten ist hier der **Heaphy Track** (78 km, 4–5 Tage), einer von Neuseelands Great Walks. Er verbindet die Golden Bay mit dem Kohaihai Bluff an der Westküste. Die Wanderung ist erheblich anspruchsvoller als der Abel Tasman Coast Track, entschädigt dafür aber mit der Schönheit seiner vielfältigen Landschaften: wilden Flüssen, ausgedehnten Tussock-Ebenen, üppigen Wäldern sowie Nikau-Palmenhainen. Benannt wurde der Weg nach Charles Heaphy, dem ersten Europäer, der die Strecke 1846 in Begleitung von Thomas Brunner und dem Maori-Führer Kehu bewältigte. Maori pflegten die Gegend schon seit Langem auf ihrem Weg ins zentrale Westland zu durchwandern, um an der Westküste nach *pounamu* zur Herstellung von Waffen, Schmuck und Werkzeugen zu suchen.

Die **DOC-Broschüre** *Heaphy Track* ist in den Touristeninformationen oder im Internet erhältlich und enthält eine Karte, die zum Wandern ausreicht, doch kann es auf keinen Fall schaden, die *Kahurangi Park Map* ($19) im Maßstab 1:150 000 mitzunehmen. **Versorgungsstellen** gibt es unterwegs keine, sodass man alle Vorräte mitbringen muss. Vorsicht ist geboten angesichts der plötzlichen Wetterumschwünge und Legionen von Sandfliegen.

Bush and Beyond Guided Walks, ☎ 03/ 528 9054, 🖥 www.naturetreks.co.nz, veranstaltet hervorragende **Wanderungen** über den Track und durch andere Gebiete des Parks. Die ökologisch ausgerichteten, 5-tägigen Ausflüge kosten $1395.

Heaphy Track

90 % aller Wanderer begehen den Heaphy Track von Osten nach Westen, um den harten Anstieg gleich am Anfang zu bewältigen und an den folgenden Tagen leichteres Terrain vor sich zu haben.

Von der **Brown Hut zur Perry Saddle Hut** (17 km, 5 Std., 800 Höhenmeter) geht es auf einer alten Kutschenstraße stetig bergan, am Aorere-Campingplatz vorbei zu Flanagans Corner hinauf, mit 915 m der höchste Punkt des Tracks. Danach erwartet die Wanderer ein leichtes Stück: Von der **Perry Saddle Hut zur Gouland Downs Hut** (7 km, 2 Std., 200 Höhenmeter) geht es über den Perry Saddle durch Tussock-Grasland ins Tal, bevor man über natürliche Kalksteinbrücken die schöne kleine Hütte mit acht Schlafplätzen (keine Kochmöglichkeit) erreicht. Anschließend wird Gouland Downs durchquert, eine mit Flachs und Tussockgras bewachsene Ebene, bis man zur **Saxon Hut** gelangt (5 km, 1 1/2 Std., 200 m Abstieg).

Auf dem Weg von hier zur **James Mackay Hut** (12 km, 3 Std., 400 Höhenmeter) passiert man weite Grasflächen und quert mehrmals kleine Bäche, die in den Heaphy River münden. Wer die nötige Energie aufbringt, kann am selben Tag noch die **Lewis Hut** (12,5 km, 3–4 Std., 700 m Abstieg) erreichen, ein Paradies für Nikaupalmen – und nervtötende Sandfliegen. Es ist möglich, von

hier aus an einem Tag das Ende des Tracks zu erreichen, doch mehr Spaß macht es, sich etwas Zeit zu lassen und in der **Heaphy Hut** (8 km, 2–3 Std., 100 Höhenmeter) einzukehren, die nahe der Stelle liegt, wo sich der Heaphy River unter viel Getöse ins Meer ergießt.

Am letzten Tag geht es dann gemütlich an der Küste entlang zum **Kohaihai Shelter** (16 km, 5 Std., 100 Höhenmeter). Am Crayfish Point führt der Weg für kurze Zeit am Strand entlang, den man allerdings eine Stunde vor bzw. nach der Flut meiden sollte – länger, wenn es stürmisch ist. Vom Scott's Beach muss man schließlich über den Kohaihai Bluff zum Parkplatz Kohaihai Shelter am anderen Ende marschieren, wo hoffentlich schon ein Fahrzeug zur Abholung bereitsteht.

Über die Strecke verteilen sich 7 **Hütten**, die ganzjährig im Voraus gebucht und bezahlt werden müssen (Okt–April $25, Mai–Sep $15), allesamt ausgestattet mit Heizung, Wasser und Toiletten (zumeist Spülklosetts); alle außer der Brown Hut und der Gouland Downs Hut bieten Kochgelegenheiten, doch einen Kocher und Campinggeschirr muss man selbst mitbringen. Daneben gibt es 9 ausgewiesene **Campingplätze**, die ebenfalls zwingend vorab gebucht werden müssen (Okt–April $12, Mai–Sep $8), größtenteils in der Nähe der Hütten, deren Einrichtungen man allerdings nicht nutzen darf. Buchung aller Unterkünfte über 🖥 www.doc. govt.nz; der Aufenthalt beschränkt sich auf 2 Nächte pro Hütte oder Zeltplatz.

Der Heaphy Track ist besonders in einer Hinsicht problematisch: Das westliche Ende ist mehr als 400 km Autofahrt vom östlichen Ende entfernt. Wer einen Teil seines Gepäcks oder sein Fahrzeug am Weganfang zurücklässt, muss den gesamten Weg wieder zurücklaufen, eine lange Busfahrt antreten oder zum Ausgangspunkt in Nelson, Motueka oder Takaka zurückfliegen. Die Transportmöglichkeiten zum/vom Track bestehen nur von Ende Oktober bis Mitte April. Im Winter verkehren auf der Strecke nur Taxis.

Busse

Der Track beginnt bei der **Brown Hut**, 28 km südwestlich von Collingwood. **Golden Bay Coachlines** bedient den Ausgangspunkt von Nelson (Abfahrt 6.45 Uhr, $52), Motueka (8 Uhr, $43), Takaka (9.15 Uhr, $28) und Collingwood (9.35 Uhr, $24) aus.

Endpunkt an der Westküste ist der 10 km nördlich von Karamea gelegene **Kohaihai Shelter**. Selbst mit den besten Verbindungen muss man sowohl in Karamea als auch in Nelson übernachten, bevor man wieder nach Takaka zurückkommt.

Eine bessere Lösung bietet das in Nelson ansässige Unternehmen **Trek Express**, ✆ 0800/128 735, 💻 www.trekexpress.co.nz: Zunächst geht es direkt von Nelson zur Brown Hut, einige Tage später erfolgt die Abholung am Kohaihai Shelter mit Rückfahrt nach Nelson am gleichen Abend (alles in allem $100). Eine andere Möglichkeit bietet Derry in Takaka, ✆ 03/525 9576, 💻 www.heaphytrackhelp.co.nz, der einem das eigene Auto gegen eine Gebühr von $290 plus Benzinkosten nach Karamea bringt; dann geht er (sehr schnell) über den Track zurück und übergibt einem unterwegs die Schlüssel.

Flüge

Wer das Flugzeug nimmt, kann nach Beendigung der Wanderung noch am selben Tag zurückfliegen.

Remote Adventures, ✆ 0800/150 338, 💻 www.remoteadventures.co.nz, fliegen von Karamea nach Takaka ($175 p. P.).

Nelson Lakes National Park und Umgebung

Der knapp 120 km südwestlich von Nelson an der Nordgrenze der Neuseeländischen Alpen gelegene Nelson Lakes National Park ist durch zwei Gletscherseen, **Rotoiti** („Kleiner See") und **Rotoroa** („Langer See"), gekennzeichnet. Beide sind von Bergen umgeben und in dunkle Wälder aus Südbuchen und Steineiben gebet-

tet. Gemeinsam bilden sie die Quelle des Buller River, und in den Wäldern und Hügeln ihrer Umgebung tummeln sich unzählige Vögel. Wandern ist zweifelsohne die Hauptaktivität, mit der sich hier gut und gern eine Woche verbringen lässt (s. S. 540).

Als Hauptbasis für Streifzüge in den Park dient der kleine Ort **St Arnaud**, der 100 km westlich von Blenheim einen Sammelpunkt für Wanderer, Angler, Kajakfahrer und Segler bildet.

St Arnaud

St Arnaud (ausgesprochen „Snt-ar-nard") ist ein kleines Nest am Nordufer des Lake Rotoiti mit ungefähr 100 Einwohnern, aber über 400 Häusern, die größtenteils von neuseeländischen Urlaubern genutzt werden. Im Mittelpunkt des Ortes steht der **St Arnaud Village Alpine Store**, eine Kombination aus Tankstelle, Laden und Imbiss, 🕐 normalerweise tgl. 7.30–19.30 Uhr.

Rotoiti Water Taxis, ✆ 03/521 1894, 💻 www. rotoitiwatertaxis.co.nz, fahren von St Arnaud zum Südende des Lake Rotoiti ($75 für bis zu 3 Pers., dann $25/Pers.), sodass man also nicht den ganzen Weg laufen muss, wenn man am Südende des Sees wandern möchte. Außerdem lässt sich mit Rotoiti Water Taxis eine Seerundfahrt unternehmen, und man kann auch Kajaks (halber Tag $40, ganzer $60), Ruderboote und Kanus (halber Tag $60, ganzer $80) leihen.

Übernachtung und Essen

Alpine Lodge, gegenüber der Tankstelle, ✆ 03/521 1869, 💻 www.alpinelodge.co.nz. Moderne Holzgebäude mit Restaurant, einer Bar und Spa. Dorm $25, Budget-Zimmer ❷, Hotel-zimmer ❺

Nelson Lakes Motels und **Travers-Sabine Lodge**, 150 m von der Tankstelle entfernt, ✆ 03/521 1887, 💻 www.nelsonlakes.co.nz. Ersteres ist ein mittelgroßes Hostel mit DZ, Zweibettzimmer und Dorms, Küche, TV und vielen Infos, das zweite nebenan ist eine Ansammlung komfortabler Holz-Chalets für Selbstversorger. Beide bieten Zugang zu einem kleinen Whirlpool ($7). Dorms $26, Zimmer ❶, Selbstversorger-Units ❹

Top House, Tophouse Rd, 8 km nordöstlich von St Arnaud, ☎ 0800/544 545, 🖥 www.tophouse. co.nz. Eine sehr schöne Alternative ist dieses ehemalige Viehtreiber- und Kutschenstopp-Gasthaus von 1887 mit gemütlichem Kaminfeuer und viktorianischer Einrichtung. Hier gibt es Devonshire Tea, Mittagessen wie Wild mit Pflaumenpastete und Pommes frites ($15) und Abendmenüs ($49), außerdem den kleinsten Pub des Landes mit tollem Bier aus der Region. Unterbringung in Zimmern mit Gemeinschaftsbad oder draußen in recht modernen motelähnlichen Cabins. ❺

Avarest, 1 Kerr Bay Rd, ☎ 03/521 1864, 🖥 www.avarestbnb.co.nz. Gemütliches B&B inmitten von Buchenwald und Rhododendren gelegen. ❼
Außerdem gibt es in Ortsnähe am See zwei DOC-**Campingplätze**, ☎ 03/521 1806: Kerr Bay ($10–12, ⏲ ganzjährig) mit Münzduschen, Kochgelegenheiten und Grillbereich, und den einfachen Platz West Bay ($7–8, ⏲ April–Nov geschl.).
Die beste Adresse zum Essen ist das einladende **Alpine Lodge Café** neben der Alpine Lodge: starker Kaffee, hausgemachter Kuchen, den ganzen Tag über Snacks und im Sommer Abendessen.

DOC Visitor Centre, View Rd, ☎ 03/521 1806, liefert sämtliche Informationen zu Aktivitäten und Unterkünften in der Gegend. ⏲ tgl. 8.30–16.30, im Sommer bis 17 oder 18 Uhr.

Zu erreichen ist die Gegend mit den Bussen von **Nelson Lakes Shuttles**, ☎ 03/521 1900, 🖥 www.nelsonlakesshuttles.co.nz: Die Firma bietet je nach Bedarf einen Busservice von NELSON ($30 p. P., mind. $90) sowie Verbindungen zwischen St Arnaud und dem Parkplatz am MOUNT ROBERT ($10 p. P., mind. $30) und LAKE ROTOROA ($25 p. P., mind. $70).

Wanderungen um die Nelson Lakes

Mit 270 km Wanderwegen und 20 Cabins bietet die Gegend jede Menge Optionen für Naturfreunde. Für Tageswanderungen gibt es die DOC-Broschüren *Walks In Nelson Lakes National Park*. Für die beiden mehrtägigen Wanderungen sind eigene Informationsbroschüren sowie die Karte *Nelson Lakes National Park* im Maßstab 1:100 000 ($19) erhältlich. Bei den beiden längeren Wanderungen handelt es sich um alpine Tracks, die gutes Schuhwerk und warme, Wasser abweisende Kleidung erfordern (Schneefälle sind das ganze Jahr über möglich); zwischen April und November sind zudem Steigeisen nötig. Beide Tracks beginnen 7 km vom Ort entfernt beim Parkplatz am Mount Robert. Die folgenden Wanderungen sind in etwa nach ihrem Schwierigkeitsgrad sortiert.

Bellbird Walk
Ab Kerr Bay, St Arnaud, 10–15 Min., Rundwanderweg, eben
In einfachen Windungen geht es durch Südbuchenwald, der vom Gesang der Tuis, Makomakos und Graufächerschwänze widerhallt – dank dem Rotoiti Nature Recovery Project, einem Versuch, die einheimische Tier- und Pflanzenwelt mittels Fallen und Gift vor eingeschleppten Plagen wie Possums, Ratten, Hermelinen oder Wespen zu schützen. Seit Ende der 90er-Jahre weden in ganz Neuseeland zahlreiche solcher isolierten Gebiete, sogenannte *mainland islands* („Festlandinseln"), eingerichtet und beginnen augenscheinlich Früchte zu tragen. Am frühen Abend singen die Vögel besonders laut und ausgelassen.

Honeydew Walk
Ab Kerr Bay, St Arnaud, 30–45 Min., Rundwanderweg, eben
Die Verlängerung des Bellbird Walk heißt so, weil die Rinde der Buchen entlang dieser Strecke mit Honigtau überzogen ist, der Tuis und Makomakos anlockt.

Whisky Falls
Ab Mt Robert Trailhead, 10 km, 3–5 Std. hin und zurück, 100 Höhenmeter

Der Gletschersee Lake Rotoiti ist von Bergen und dunklen Wäldern umgeben.

Vom Parkplatz an der Mount Robert Road führt der Lakeside Trail zu einem 40 m hohen Wasserfall, der von Moosen und Farnen umgeben und oft in dichten Nebel gehüllt ist, was besonders nach Regen ein eindrucksvoller Anblick ist.

Mount Robert Circuit
Ab Mt Robert Trailhead, 9 km, 3–4 Std., Rundwanderweg, 600 Höhenmeter

Der ausgezeichnete Track um den Mt Robert erklimmt zunächst den steilen Pinchgut Track und durchquert dann den Wald zur Bushline Hut ($15), bevor er im Zickzack den Paddy's Track hinunter wieder zum Ausgangspunkt führt.

Angelus Hut Loop
Ab Mt Robert Trailhead, 28 km, 2 Tage, Rundwanderweg, 1000 Höhenmeter

Eine der beliebtesten Wanderungen mit Übernachtung führt über den ungeschützte Robert Ridge zum schönen **Angelus Basin** mit einer schicken neuen Hütte (Okt–April $20, Buchung erforderlich, Camping $10; Mai–Sep $15) und einem kleinen Bergsee. Zwei Wege vervollständigen die Rundroute: der steile Cascade Track und der Speargrass Track, eine Ausweichroute bei schlechtem Wetter.

Travers-Sabine Circuit
Ab Kerr Bay, St. Arnaud, 80 km, 4–7 Tage, 1200 Höhenmeter

Der Fernwanderweg wird nicht in einem Atemzug mit Neuseelands Great Walks genannt und ist folglich weniger überlaufen, aber nicht minder spektakulär. Er dringt tief in abgelegene Regionen mit Seen, Tussock-Feldern, 2000 m hohen Bergen und dem **Travers Saddle** (1780 m) vor. Im Hochsommer blühen am Wegrand Butterblumen, Gänseblümchen, Sonnentau und Glockenblumen. Der Weg erfordert ein gutes Maß an Fitness, ist aber gut zu verfolgen, und über die meisten Bäche gibt es Brücken. Entlang des Wegs stehen sechs Hütten ($15; Tickets beim DOC) zur Verfügung; Zelten ist gestattet, nicht aber offenes Feuer – also Kocher und Brennstoff mitbringen.

Lake Rotoroa

Der reizende Lake Rotoroa wirkt noch abgeschiedener als die Gegend um St Arnaud. Etwa 20 km nordwestlich von St Arnaud zweigt die Gowan Valley Road vom SH6 ab, die an einem DOC-Campingplatz endet (nur Stellplätze ohne Strom, $4, keine Duschen). Hier beginnen ein paar kurze Wanderwege. Lake Rotoroa Water Taxis, ℡ 03/523 9199, befahren den See in ganzer Länge ($45 p. P., mind. $135) zur Sabine Hut am Travers–Sabine Circuit (s. S. 541).

Murchison und Umgebung

Murchison, 125 km südwestlich von Nelson und 60 km westlich von St Arnaud, ist eine kleine ehemalige Goldgräberstadt und heute in erster Linie bei Anglern und Jägern sowie bei Raftern und Kajakern beliebt. Der nahe Buller River wird von mehreren Nebenflüssen gespeist und bietet beste Bedingungen für Wildwasserrafting und zahlreiche Gelegenheiten zum Lachsfischen. Alles, was wichtig ist, befindet sich am SH6, der Murchison als **Waller Street** durchläuft, und an der ihn kreuzenden **Fairfax Street**.

Geschichten aus den Tagen des Goldrauschs füllen das in der ehemaligen Post von 1911 untergebrachte **Murchison Museum**, 60 Fairfax St. Zur Sammlung gehören neben Fotos und Zeitungsausschnitten auch chinesische Töpferwaren und Opiumflaschen aus der Zeit des Goldrauschs. ⏰ tgl. 10–16 Uhr, Spende erbeten.

Murchison ist einer der wenigen Orte in Neuseeland, in denen man Gold waschen kann: Bewaffnet mit einer Pfanne ($10) und der Broschüre *Recreational Gold Panning*, beides erhältlich in der Touristeninformation, kann man sich zu den in der Broschüre aufgeführten Orten auf den Weg machen. Im Visitor Centre gibt es außerdem die DOC-Broschüre *Murchison Day Walks* mit dem **Skyline Walk** (3 km hin und zurück, 1 1/2 Std.): Durch einheimischen Wald geht es hinauf zum Höhenrücken über Murchison, von wo man eine herrliche Aussicht über den Ort und den Zusammenfluss von Buller, Matakitaki, Maruia und Matiri genießt. Die Strecke beginnt an der Kreuzung des SH6 mit der Matakitaki West Bank Road.

Hinter Murchison führt der SH6 am Buller River entlang durch die Buller Gorge nach Westport an der Westküste; die Strecke ist im Kapitel „Westküste" (S. 693) beschrieben.

(s. S. 541). · (S. 693)

Übernachtung und Essen

Das Angebot an Unterkünften ist okay; essen kann man im entspannten **Rivers Café**, 51 Fairfax St, das neben gutem Kaffee an Sommerabenden auch reichhaltige Mahlzeiten bietet, und im **Commercial Hotel**, 37 Fairfax St, einem Standard-Pub mit Bar und Restaurant/Café-Abteilung mit verlässlichem Essen.

Kiwi Park, 170 Fairfax St, 1 km südlich vom Stadtzentrum, ℡ 03/523 9248, 🖥 www.kiwipark. co.nz. Beliebt bei Familien, mit Streichelzoo und verschiedensten Unterkünften. Camping ($13), Cabins ❶, Motel Units ❸ und Luxus-Cottages ❻

Lazy Cow, 37 Waller St, ℡ 03/523 9451, ✉ lazycow@xnet.co.nz. Kleines, ruhiges Hostel in der Ortsmitte mit geselliger Atmosphäre, Abendessen ($10–12) und großem Whirlpool. Dorms $28, Zimmer ❷, mit Bad ❸

Mataki Motel, 34 Hotham St, ca. 1 km vor der Stadt, ℡ 0800/279 088, 🖥 www.matakimotel. co.nz. Sauberes und ruhiges Motel; Units teils mit voll ausgestatteter Küche. ❸

Murchison Lodge, 15 Grey St, ℡ 0800/523 9196, 🖥 www.murchisonlodge.co.nz. Komfortable und gesellige Öko-Lodge mit großen Zimmern, Willkommensdrinks und Frühstück, z. T. vom Grill. Die Eier fürs Frühstück legen die eigenen Hühner, zu denen sich auf dem Gelände ein paar Kühe und Schweine gesellen. Kostenloses WLAN. Zimmer mit Bad. ❺–❻

Riverview Holiday Park, SH6, 1,5 km östlich, ℡ 03/523 9591. Einfacher, bei Raftern und Kajakfahrern beliebter Campingplatz am wilden Buller River. Camping $12, Cabins ❶, Flats ❸ und Motel Units ❹

Sonstiges

Geld

Es gibt keine für Reisende nützliche Bank und keinen Geldautomaten.

Informationen

Visitor Centre, 47 Waller St, ℡ 03/523 9350. ⏰ Dez–April tgl. 10–18, Mai–Sep Mo–Fr 10–16, Okt–Nov Mo–Sa 10–17, So 10–16 Uhr.

Rafting

Jede Menge Spaß bringen die ausgezeichneten Rafting- und Kajaktouren auf den Flüssen Buller, Mokihinui und Karamea in atemberaubender Landschaft und auf Wildwasser.

New Zealand Kayaking School, 111 Waller St, ✆ 03/523 9611, 🖥 www.nzkayakschool.com. International anerkannte Kajakschule mit Unterricht für Anfänger und Fortgeschrittene; 4 Tage Intensivunterricht $795 inkl. Unterkunft im Hostel der Schule. ⊙ Okt–April.

Ultimate Descents, 51 Fairfax St, ✆ 0800/748 377, 🖥 www.rivers.co.nz. Der größte Veranstalter bietet von Anfang Sep bis Ende Mai regelmäßig Touren auf dem Buller River (Schwierigkeitsgrad III–IV, 4 1/2 Std., $120). Man verbringt mind. 2 Std. auf dem Wasser inkl. Imbiss und einem heißen Bad nach der Rückkehr. Daneben gibt es die sanfteren Raftingtouren für Familien (Schwierigkeitsgrad II, 4 1/2 Std., $105) und kombinierte Touren (Schwierigkeitsgrad II–IV, 8 1/2 Std., $220), wo es mit Flößen über die wilderen Abschnitte und mit dem Kajak durch die ruhigeren Passagen geht. Informationen über mehrtägige Trips auf den tollen Flüssen der Westküste und Zugang per Helikopter bietet die Website des Unternehmens.

White Water Action, SH6, hinter dem Visitor Centre, ✆ 0800/100 582, 🖥 www.whitewater action.co.nz. Organisiert zusammen mit Buller Adventure Tours (S. 700) auf dem Buller die spannende Tour *Earthquake Slip* ($120).

Transport

Busse nach:
GREYMOUTH 2x tgl., 4 Std.;
NELSON 2x tgl., 2 Std.;
PUNAKAIKI 2x tgl., 2 1/2 Std.;
WESTPORT 2x tgl., 1 1/2 Std.

Blenheim und das Marlborough Wine Country

Anfang der 70er-Jahre lag das 27 km südlich von Picton entfernte **Blenheim** noch inmitten ausgedehnter Weideflächen. Heute ist das ziemlich verschlafene Städtchen auf allen Seiten von Weinbergen umgeben, die zu den fruchtbarsten und qualitativ besten im Land zählen und das **Marlborough Wine Country** bilden. Inzwischen hat der hiesige Sauvignon Blanc der neuseeländischen Weinwirtschaft auch zu internationalem Ruhm verholfen, und heute ist die Region mit fast 60 % der nationalen Traubenernte das größte Weinanbaugebiet des Landes.

Viele Weinkellereien unternehmen alle möglichen Anstrengungen, um Besucher anzulocken, und werben mit auffälliger Architektur, noblen Restaurants, interessanter Kunst und raffinierter Küche. Die vielen Wochenendausflügler sorgten für die Entstehung exklusiver B&Bs in der Region, die sich gegenseitig durch ein immer größeres Luxusangebot auszustechen versuchen. Wer so etwas sucht, braucht sich gar nicht lange in Blenheim selbst aufzuhalten, zumal die meisten Weingüter ohnehin näher an der unauffälligen Kleinstadt **Renwick** 10 km weiter westlich liegen.

Blenheim

Abgesehen von den Weingütern besitzt Blenheim kaum nennenswerte Sehenswürdigkeiten. Bei Weitem am unterhaltsamsten ist das **Omaka Aviation Heritage Centre**, 79 Aerodrome Rd, 🖥 www.omaka.org.nz, neben einem Flugfeld 4 km südwestlich von Blenheim. In zwei großen Hangars sind 21 Flugzeuge aus dem Ersten Weltkrieg untergebracht, einige davon noch flugfähige Originale, andere authentische Nachbauten, alle mit erstaunlich realistischen Dioramen in Szene gesetzt, die von der Firma Weta Workshop des Regisseurs Peter Jackson angefertigt wurden. Jackson gehört ein großer Teil der Sammlung, und er ist Vorsitzender des Trusts, der das Museum ins Leben rief. ⊙ tgl. 10–16 Uhr, Eintritt $20.

Der **Brayshaw Heritage Park** nahe der New Renwick Road, 2,5 km südlich des Zentrums, beherbergt den Nachbau einer frühen europäischen Siedlung in Neuseeland und dazu alte landwirtschaftliche Geräte. Am besten ist das Marlborough Museum mit einer kleinen Maori-Sammlung und einer Ausstellung über den Weinanbau der Region, ⊙ tgl. 10–16 Uhr, Eintritt $10.

Das winzige, restaurierte **Cobb Cottage** aus den 60er-Jahren des 19. Jhs., am SH1, 3 km südöstlich der Stadt, zeigt eine Ausstellung zur Geschichte der ersten Siedler. ⊙ tgl. 10–16 Uhr, Spende erbeten.

Marlborough, Nelson und Kaikoura

Festivals in Marlborough

In der ersten Februarwoche erwacht Blenheim zum Leben. Am ersten Samstag des Monats beginnt auf dem Blenheim A&P Showground das **Blues, Brews and BBQs Festival**, 🖥 www.bluesbrews.co.nz, mit Musikern und Bierbrauern des ganzen Landes. Dazu gibt's neben traditioneller Kiwi-Kost auch exotischere Speisen. Sehr gut für Leute, die in Partystimmung sind.

In der folgenden Woche finden alle möglichen Kunsthandwerksvorführungen, Ausstellungen, Märkte und dergleichen statt. Das größte Event der Stadt ist aber das jährliche **Marlborough Wine Festival**, 🖥 www.wine-marlborough-festival.co.nz, am zweiten Samstag des Monats. Etwa 10 000 Weinfreunde machen sich zum Weinproduzenten Montana Brancott auf den Weg, wo an unzähligen Zelten Wein und Essen angeboten wird. Eintritt $48, inkl. Glas, ⏲ 10.30–18 Uhr.

Richies, ✆ 03/578 5467, bietet Busse zum Festivalgelände: von der Stadt und vom Flughafen $12,50, von Picton $25 hin und zurück.

Übernachtung

Die Weinregion wartet mit zahlreichen teuren Luxusunterkünften und einigen bescheideneren Unterkünften in Blenheim selbst auf. Budget-Unterkünfte sind meist mit Saisonarbeitern belegt, aber es gibt doch ein paar gute Hostels, v. a. Watson's Way in Renwick (s. S. 548). In der ersten Februarwoche sind fast alle Zimmer lange vorher ausgebucht, denn dann ist Festivalsaison.

Beaver B&B, 60 Beaver Rd, ✆ 03/578 8401, 🖥 www.beaverhomestay.co.nz. Nette Selbstversorger-Unit inkl. Frühstück, 10 Minuten zu Fuß vom Zentrum. ❹

Café am Fluss

Raupo, 2 Symons St. Tolles Café mit Terrasse am Opawa River. Neben Mittagessen (meist $13–18) und Abendessen im Bistrostil ($25–30) gibt es vormittags und nachmittags Teegedecke ($13). ⏲ ab 7 Uhr.

Bings Motel, 29 Maxwell Rd, ✆ 0800/666 999, ✉ email@bingsmotel.co.nz. Klassisches Motel in Zentrumsnähe mit viel Platz und günstigen Preisen. ❸

Blenheim Bridge Top 10 Holiday Park, 78 Grove Rd, ✆ 0800/268 666, 🖥 www.blenheimtop10.co.nz. Zentral, aber ein wenig zu nah an der Hauptstraße und der Eisenbahnstrecke, mit den üblichen Einrichtungen. Camping $32/Stellplatz, Cabin ❷, mit Küche ❸, Selbstversorger-Unit ❹

Hotel d'Urville, 52 Queen St, ✆ 03/577 9945, 🖥 www.durville.com. Früher eine Bank, jetzt ein schickes, stilvolles kleines Hotel mit Restaurant und Cocktailbar direkt im Stadtzentrum. Die beste Unterkunft der Stadt mit sehr empfehlenswertem Restaurant. Kleines Frühstück inkl. ❼

Koanui Lodge & Backpackers, 33 Main St, ✆ 03/578 7487, 🖥 www.koanui.co.nz. Das beste der wenigen Hostels in Blenheim, modern und mit gut ausgestatteter Küche und Grillbereich, außerdem DZ, teilweise mit Bad und TV. Dorm $24, Zimmer ❶–❸

Palms Motel, 68 Charles St, ✆ 0800/256 725, 🖥 www.blenheimpalmsmotel.co.nz. Schön eingerichtetes zentrales Motel mit Sky-TV und diversen Units, darunter eine mit Whirlpool. Warmes Frühstück erhältlich. ❺

Essen und Unterhaltung

Eine Besichtigung der Weingüter lässt sich gut mit einem Mittagessen verbinden, besonders bei Highfield Estate, Hunter's und Wairau River (S. 547/548). Abends haben dagegen nur wenige Restaurants auf den Weingütern geöffnet, sodass Blenheim, wo die Auswahl nicht schlecht ist, zu späterer Stunde eine gute Alternative ist.

Bellafico, 17 Maxwell Rd, ✆ 03/577 6072. Eine Blenheimer Institution seit 1994, was man auch an der Einrichtung sieht. Beim italienisch beeinflussten, sorgfältig zubereiteten Essen gibt's allerdings nichts zu nörgeln. Hauptgerichte meist $24–30. ⏲ So geschl.

Café Home, 1c Main St. Toller Espresso sowie frische Sandwiches, Frittata und Kuchen. ⏲ So geschl.

Dodson Street, 1 Dodson St, ✆ 03/577 8348. Geselliges Bistro und Ale House. Zu essen gibt's

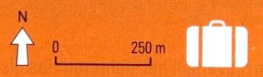

▲ Picton (27 km)

Übernachtung

Beaver B&B	F
Bings Motel	E
Blenheim Bridge Top 10 Holiday Park	A
Hotel d'Urville	D
Koanui Lodge & Backpackers	C
Palms Motel	B

Restaurants, Cafés & Bars

Bellafico	5
Café Home	4
Dodson Street	1
Hotel d'Urville	D
Poppy Thai	6
Raupo	3
Rocco's	2

Pollard Park

Fultons Creek

◀ Renwick (8 km)

McLAUCHLAN ST

GIRLING AVENUE

HUTCHISON STREET

WARWICK STREET

HERBERT STREET

BUDGE

FARMAR ST

PITCHILL STREET

BOMFORD ST

PARKER ST

GROVE ROAD

BUDGE STREET

SHIRTLIFF

LANE STREET

MEEHAN STREET

6   NELSON STREET   6

Taylors River

WHITE STREET

DASHWOOD ST

ANDA HWY

ALFRED STREET

HIGH STREET

SEYMORE SQUARE

JOHN STREET

AUCKLAND STREET

SINCLAIR STREET

ELIZABETH ST

SWINDEN

Bahnhof

Opawa River

CHARLES STREET

ARTHUR STREET

GEORGE STREET

MONRO STREET

BEAVER ROAD

PERCY ST

HENRY STREET

QUEEN STREET

ST ANDREWS ST

MARKET STREET

SCOTT STREET

SYMONS ST

Travel Stop @

Centre Point Mall

Bücherei

Bücherei

PARK TERRACE

MAIN STREET

REDWOOD STREET

OPAWA STREET

KINROSS STREET

STUART STREET

SUTHERLAND

DUNBEATH STREET

MAXWELL ROAD

HODSON STREET

AA Office

Top Town Cinema 3

MCARTNEY ST

TERRACE

FRANCIS STREET

Cob Cottage (2 km), Christchurch (300 km)

F (100 m)   ▼ Brayshaw Heritage Park (1 km), Hospital (1,5 km), Omaka Aviation Heritage Centre (4 km)

Marlborough, Nelson und Kaikoura

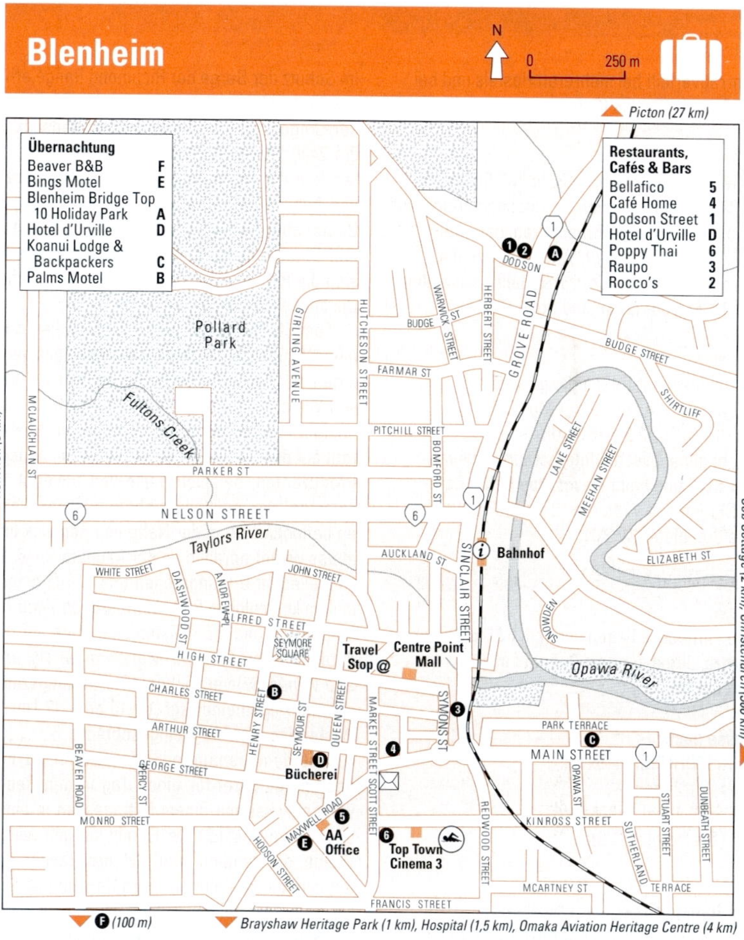

z. B. Schweinefleisch-Hotpot ($19) und köstliche Pizza ($30–35 für eine große). Dazu passen die Biere der örtlichen Renaissance Brewing Company. ◔ Mo geschl.

Hotel d'Urville 52 Queen St, ✆ 03/577 9945. Sehr gutes Restaurant mit stilvoller moderner Einrichtung und erstklassiger Küche, die das Beste aus dem saisonalen Angebot macht. Hauptgerichte $34–38. Reservieren!

Poppy Thai, 31 Scott St, ✆ 03/579 4496. Die Bedienung lässt teilweise zu wünschen übrig und die Einrichtung gewinnt auch keine

Preise, aber das Essen ist billig, schmeckt immer gut und ist fein gewürzt. Mittagsangebote $8–10. Mit Schanklizenz und BYO.

Rocco's, 5 Dodson St, ✆ 03/578 6940. Das nette Restaurant ist zweifellos der beste Italiener am Ort. Täglich frische Pasta, Spezialität: Kiev alla Rocco – Hühnerbrust gefüllt mit Schinken, Knoblauchbutter und Käse, eingehüllt in ein Kalbsschnitzel ($28). ◔ nur zum Abendessen, So geschlossen.

Das **Top Town Cinema 3** befindet sich in der 4 Kinross St, ✆ 03/577 8273.

Fahrradverleih

Fahrradverleih bei mehreren Hostels und bei Spokesman Cycles (S. 549).

Informationen

i-SITE Visitor Centre, im Bahnhof, Sinclair St, ✆ 03/577 8080, ▭ www.destinationmarlborough. com. Verschiedene Broschüren, darunter die Karte *Marlborough Wine Trail* und die Broschüre *Art and Craft Trail* (beide kostenlos). ⊙ Mo–Fr 8.30–17, Sa und So 9–15 Uhr.

Internet

Kostenlosen Internetzugang bietet die **Bücherei**, 33 Arthur St, ⊙ Mo–Fr 9–18, Sa 10–13, So 13.30–16.30 Uhr. Recht günstig ist die Internetnutzung auch im **i-SITE** und beim **Travel Stop Cyber Café**, 17 Market St, ⊙ Mo–Sa 10–21, So 10–16 Uhr. Alle drei bieten WLAN.

Busse

Alle Fernbusse halten vor dem **i-SITE Visitor Centre**, direkt vor dem Bahnhof in der Sinclair St.

Busse nach:
CHRISTCHURCH 4–5x tgl., 4 3/4–5 1/2 Std.; NELSON 4x tgl., 1 3/4 Std.; PICTON 8x tgl., 1/2 Std.

Eisenbahn

Der Bahnhof liegt in der Sinclair St. 1x tgl. fährt ein Zug nach PICTON (30 Min.) und über Kaikoura nach CHRISTCHURCH (4 3/4 Std.).

Flüge

Der Flughafen liegt 7 km westlich der Stadt. **Marlborough Taxis**, ✆ 03/577 5511, nimmt $35 für die Fahrt in die Stadt.

Flüge nach:
AUCKLAND 4x tgl., 1 1/4 Std.; CHRISTCHURCH 3x tgl., 50 Min.; WELLINGTON 10x tgl., 25 Min.

Marlborough Wine Country

Im Schutz der Berge der Richmond Range erhalten die fruchtbaren Ebenen am Wairau River in der Umgebung von Blenheim und Renwick um die 2400 Stunden Sonnenschein pro Jahr, unter dem die Trauben heranreifen. Man schätzt das Anbaugebiet besonders für den Sauvignon Blanc, aber es wird auch leckerer Chardonnay und Pinot Noir produziert. Darüber hinaus hat sich die Region als Produzent von vorzüglichem Olivenöl einen Namen gemacht.

Fast 50 **Weinkellereien** bieten in dieser Region Weinproben an (teils kostenlos, teils gegen einen geringen Unkostenbeitrag, der bei Kauf von Wein angerechnet wird). Einige Güter veranstalten kurze Führungen, haben ein Restaurant auf dem Gelände oder arbeiten mit anderen Produzenten, beispielsweise von Olivenöl, zusammen. Die meisten namhaften Weinkellereien befinden sich in der Nähe von Renwick oder etwas weiter nördlich an der Raupara Road. Sie sind alle (mit Öffnungszeiten und Einrichtungen) in dem kostenlosen Blatt *Marlborough Wine Trail* aufgeführt, und die meisten sind auch auf dem detaillierteren Faltplan *Marlborough Wineries and Wines* ($2) verzeichnet. Die **Öffnungszeiten** sind im Allgemeinen tgl. 10–16 oder 17 Uhr, im Winter dagegen stark eingeschränkt.

Mit dem genannten Infomaterial ist man bestens gerüstet für einen Tag in den Reben, vorzugsweise mit einem Mittagessen in einem der Weingutrestaurants. Es gibt hier nur wenige Weine, die deutlich unter $20 pro Flasche kosten, und da die Kellereien ihre Restaurants auch zur Selbstdarstellung nutzen, muss man dort in der Regel ebenfalls tief in die Tasche greifen. Es bringt nichts, sich zu viele Weingüter an einem Tag vorzunehmen, denn bei den meisten geht es eher um eine gemütliche Weinprobe, für die man etwas Zeit mitbringen sollte.

Cloudy Bay, Jacksons Rd, ✆ 03/520 9197, ▭ www.cloudybay.co.nz. Mit dem Sauvignon Blanc aus Marlborough gelang Neuseeland Ende der 80er-Jahre der internationale Durchbruch als Weinland, und der Sauvignon aus Cloudy Bay war das Flaggschiff. Er kann

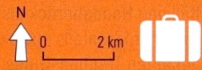

MARLBOROUGH WINE COUNTRY

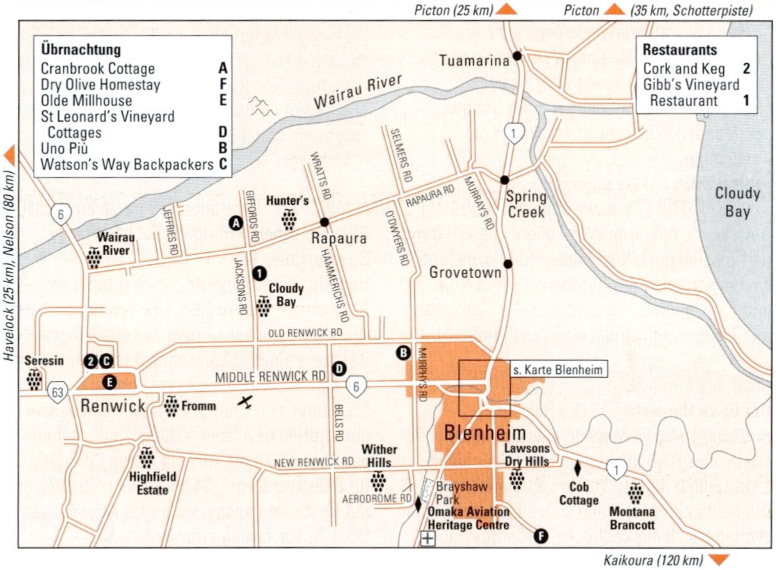

N
0   2 km

Picton (25 km) ▲   Picton ▲ (35 km, Schotterpiste)

Übernachtung
Cranbrook Cottage   A
Dry Olive Homestay   F
Olde Millhouse   E
St Leonard's Vineyard
  Cottages   D
Uno Più   B
Watson's Way Backpackers   C

Restaurants
Cork and Keg   2
Gibb's Vineyard
  Restaurant   1

Tuamarina

Wairau River

Havelock (25 km), Nelson (80 km)

6

Wairau River

Hunter's

Rapaura

GIFFORDS RD
JEFFRIES RD
JACKSONS RD
WRATTS RD
HAMMERICHS RD
SELMERS RD
RAPAURA RD
MURRAYS RD
O'DWYERS RD

Cloudy Bay

Spring Creek

Grovetown

Cloudy Bay

OLD RENWICK RD

Seresin

63

Renwick

Fromm

MIDDLE RENWICK RD

6

BELLS RD

MURPHYS RD

s. Karte Blenheim

Blenheim

NEW RENWICK RD

Wither Hills

Highfield Estate

AERODROME RD

Brayshaw Park
Omaka Aviation
Heritage Centre

Lawsons Dry Hills

Cob Cottage

Montana Brancott

Kaikoura (120 km) ▼

Marlborough, Nelson und Kaikoura

---

kostenlos mit anderen erstklassigen Weinen probiert werden. Käse- und Wurstplatten kosten $25.

Fromm, Godfrey Rd, ☎ 03/572 9355, 🖳 www.frommwineries.com. Weingut mit überwiegend Rotweinen: hervorragender Pinot Noir, würziger Syrah sowie Riesling, der an die besten deutschen Sorten erinnert. Begeistert wahre Weinliebhaber – die Produkte können mit Erzeugnissen aus aller Welt mithalten. Nicht billig, aber kostenlose Proben. ⏰ Mitte Dez–Feb Di–Sa 11–17 Uhr, sonst nur Sa 11–17 Uhr.

Highfield Estate, Brookby Rd, ☎ 03/572 9244, 🖳 www.highfield.co.nz. Leicht zu erkennen an dem toskanisch anmutenden Turm mit fantastischer Aussicht. Kostenlose Weinproben und eines der besten Restaurants der Region mit Terrasse inmitten der Weinreben. Hauptgericht $20–30, großer Vorspeisenteller ($55) und traumhafte Desserts ($13).

Hunter's, Rapaura Rd, ☎ 03/572 8489, 🖳 www.hunters.co.nz. Jane Hunter gilt als

eine der besten weiblichen Weinproduzenten der Welt. Weinproben, Kunstgalerie und tolles, familienfreundliches Café mit köstlichen Platten ($25–30) und Mi–So formellerem Abendessen.

Lawsons Dry Hills, Alabama Rd, ☎ 03/578 7674, 🖳 www.lawsonsdryhills.co.nz. Vielfach ausgezeichnetes Weingut mit hervorragendem Pinot Gris, Gewürztraminer und Sauvignon Blanc.

Montana Brancott, 5 km südlich von Blenheim am SH1, ☎ 03/577 5775, 🖳 www.montanawines.co.nz. Guter Startpunkt für die Erkundung der Weinregion. Montana gab Anfang der 70er-Jahre den Startschuss für den Weinanbau und betreibt hier heute das größte Weingut Neuseelands. Es wird bevorzugt von Reisebussen angefahren. Kostenlose Weinproben, Café und Führungen (tgl. 11, 13 und 15 Uhr, 50 Min., $15,50).

Seresin, Bedford Rd, ☎ 03/572 9408, 🖳 www.seresin.co.nz. Stilvolles Weingut mit einem auffälligen Handabdruck als Logo. Die Weine kommen größtenteils aus biologisch-organisch angebauten Trauben. Gutes Olivenöl.

Wairau River, 11 Rapaura Rd, ☎ 03/572 9800, 🖳 www.wairauriverwines.com, am Fuße der Richmond Range. Beeindruckendes Gebäude, kostenlose Proben sowie erstklassige Mittagsgerichte, im Sommer unter Schatten spendenden Weinranken, im Winter am Kaminfeuer.

Wither Hills, 211 New Renwick Rd, ☎ 03/520 8270, 🖳 www.witherhills.co.nz. Auffallende moderne Weinkellerei mit viel Beton und Tussockgras. Kostenlose Proben, beliebt sind besonders der Chardonnay, Pinot Noir und Sauvignon Blanc (darunter v. a. der Rarangi aus Trauben von einem einzigen Weinberg).

Übernachtung

Dry Olive Homestay, 15 Dry Hills Rise, ☎ 03/577 8648, 🖳 www.dryolivehomestay.com. Friedvolles B&B inmitten junger Olivenbäume 3 km südlich der Stadtmitte von Blenheim. Die beiden Zimmer teilen sich ein Bad und einen Wohnbereich mit Kochecke, außerdem gibt es noch ein separates familienfreundliches Cottage mit 3 Schlafzimmern. ❼

Olde Millhouse, 9 Wilson St, Renwick, ☎ 0800/653 262, 🖳 www.oldemillhouse.co.nz. Reizendes B&B mit 3 Zimmern in einem Bauerngarten, wo ein kleines Frühstück serviert

Wohnen auf dem Weingut

St Leonard's Vineyard Cottages, 18 St Leonard's Rd, ☎ 03/577 8328, 🖳 www.stleonards.co.nz. Hier wurden ehemalige Hofgebäude wunderbar in rustikal-luxuriöse Selbstversorger-Unterkünfte umgebaut. Außerdem gibt es einen solarbeheizten Pool, kostenlose Fahrräder, Grillbereiche, und das alles auf einem tollen Gelände inmitten der Weinreben. Gäste haben die Wahl zwischen der Old Dairy für 2 Pers. ❹, den Shearers Quarters für 3 Pers. ❺, den Stables für 2 Pers. ❻, dem Cottage für 3 Pers. ❼ und dem Woolshed für 5 Pers. ❽, zu dem ein Pool im Freien gehört. Zutaten fürs Frühstück werden gestellt. ❹–❽

Wie aus dem Bilderbuch

Cranbrook Cottage, 145 Giffords Rd, ca. 9 km nordwestlich von Blenheim, ☎ 03/572 8606, 🖳 www.cranbrook.co.nz. Romantisches Cottage von 1860 für Selbstversorger (bis zu 4 Pers.) inmitten von Bäumen und Weinreben. Das fabelhafte Frühstück wird den Gästen in einem Korb zum Cottage gebracht. ❼

werden kann. Fahrradverleih (auch an Nicht-Gäste) möglich, Whirlpool und kostenlose Bustransfers. ❺

Uno Più, 75 Murphys Rd, am Stadtrand von Blenheim, ☎ 03/578 2235, 🖳 www.unopiu.co.nz. Unter freundlicher Leitung des ehemaligen Besitzers eines italienischen Restaurants, der einen Traum aus diesem Homestay macht. Man kann sich kaum vorstellen, noch besser untergebracht zu sein – sowohl im Farmhaus von 1917 ($430) als auch im neuen Cottage für Selbstversorger ($470). Tolles Frühstück und auf Bestellung ausgezeichnetes Abendessen ($80). Reservierung erforderlich. ❾

Watson's Way Backpackers, 56 High St, Renwick, ☎ 03/572 8228, 🖳 www.watsonsway backpackers.co.nz. Das mit Abstand beste Hostel in Marlborough: sehr gemütliche Unterkunft in schattigem Garten mit BBQ-Bereich; in der Nähe vieler Weingüter. Preisgünstiger Fahrradverleih, Pool im Freien. sehr hilfsbereite Besitzer, öffentlicher Tennisplatz nebenan. Im Sep geschlossen. Zelten $15, Dorm $28, Zimmer ❶, mit Bad ❷

Essen

Cork and Keg, Inkerman St, Renwick. Gemütliches Lokal im englischen Stil mit traditionellen Spielen wie Domino und ausgezeichneten Bieren von kleinen Brauereien auf der Südinsel, u. a. Moa-Bier aus Blenheim. Ganztägig Pub-Essen ab $16.

Gibb's Vineyard Restaurant, 258 Jacksons Rd, 7 km nordwestlich von Blenheim, ☎ 03/572 8048, 🖳 www.gibbs-restaurant.co.nz. Erstklassiges Restaurant in ehemaligem Weinkeller inmitten von Rebstöcken. Hauptgerichte sind z. B. Lammkarree ($39) oder Kalb mit Zitrone und

Chorizo ($35). Auf der Weinkarte überwiegen Weine aus Marlborough, ergänzt durch einige sehr gute Chardonnays und Pinot Noirs aus Central Otago. ◷ nur abends, Mai–Okt So und Mo geschl.

Es sind selten mehr als 5 km von einem Weingut zum nächsten, doch eine Besichtigung mehrerer Kellereien hat einen offensichtlichen Nachteil für den Fahrer. Die Alternative ist eine organisierte Weintour.

Marlborough Wine Tours, ☎ 03/578 9515, 🖳 www.marlboroughwinetours.co.nz, bietet günstige Touren unterschiedlicher Dauer, z. B. 3 Std. ($43), 5 Std. ($54) und 7 Std. ($75) mit Zeit zum Mittagessen (nicht im Preis inbegriffen) bei einer der Kellereien.

Sounds Connection, ☎ 0800/742 866, 🖳 www. soundsconnection.co.nz. Halbtägige Tour mit 4–5 Weinkellereien ($65), ganztägige Rundfahrt mit 6–7 Weingütern ($89, ohne Mittagessen) und ganztägige Gourmet-Tour ($199) inkl. Mittagessen mit dazu passenden Weinen und außerdem Besuch bei einer Schokoladenmanufaktur. Abholung in den Unterkünften in und um Picton und Blenheim.

Auch mit dem **Fahrrad** sind Weintouren möglich, obwohl die Weingüter recht weit auseinander liegen und nach der zweiten Weinprobe die Kräfte vielleicht etwas nachlassen.

Spokesman Cycles, 61 Queen St, ☎ 03/578 0433, vermietet Räder für $40/Tag.

Wine Tours by Bike, ☎ 03/577 6954, 🖳 www.winetoursbybike.co.nz, verlangt $40 für einen halben bzw. $55 für einen ganzen Tag, bietet dafür aber Abholung von Unterkünften und kommt bei Fahrradpannen zu Hilfe.

Südlich von Blenheim: Kaikoura Coast

Bis die nächste bedeutende Stadt, Kaikoura, auftaucht, ist ein 130 km langer Abschnitt des SH1 zwischen der Küste zur Linken und der Seaward Kaikoura Range zur Rechten zurückzulegen. Die Strecke kann in eineinhalb Stunden bewältigt werden, doch empfiehlt es sich,

Wer auf der Acheron Road die Molesworth Station, mit 1800 km² Neuseelands größte Farm, durchfahren möchte, muss dafür die richtige Zeit abpassen: Der mittlere, 59 km lange Abschnitt der Straße ist jeden Sommer nur einige Wochen lang für die Öffentlichkeit passierbar (Ende Dez–März). Die Straße führt durch eine beeindruckende Berglandschaft mit Lehmziegelhäusern und hoch aufragenden Gipfeln. Die Fahrt von Blenheim nach Hanmer Springs (190 km) dauert über fünf Stunden, davon zwei auf Schotter, und unterwegs gibt es keine Tankstellen. **Camping** ist nur beim Molesworth Cob Cottage und beim Acheron Accommodation House (jeweils $6) erlaubt. Aktuelle Informationen in der DOC-Broschüre *Molesworth* oder auf der DOC-Website, 🖳 www.doc.govt.nz. Von Oktober bis Mai bietet die **Molesworth Tour Company**, ☎ 03/577 9897, 🖳 www.moles worthtours.co.nz, Tagestouren ab Blenheim ($235), Touren mit Übernachtung ($670) und 3-Tage-Touren ($1130) sowie eine viertägige geführte Radtour ($1135).

unterwegs häufiger anzuhalten, um die herrlichen Küstenabschnitte zu genießen. Rund 20 km südlich von Blenheim weist ein Schild den Weg zur **Molesworth Station** (s. Kasten) und nach Hanmer Springs. Nach weiteren 30 km ist der **Lake Grassmere** erreicht, ein riesiger, seichter Salzsee, aus dem jedes Jahr 70 000 t Tafelsalz gewonnen werden.

Radfahrer übernachten gern 20 km südlich der Salzfabrik im kleinen, aber sehr hübschen Pedallers Rest Cycle Stop, ☎ 03/575 6708, ✉ pedallers@callsouth.net.nz, Dorm $18, Camping $14, mit kleinem Laden. Die Unterkunft liegt 1,5 km abseits des SH1 – die Abzweigung ist an dem Wassertank und dem Schild an der Straße zu erkennen.

Hinter dem Lake Grassmere folgt der SH1 der Küste mit grauen Kieselstränden, die an mehreren Stellen zugänglich sind. Knapp 90 km südlich von Blenheim ragt der felsige **Kekerengu Point** ins Meer und bietet sich als perfekter Zwischen-

Marlborough, Nelson und Kaikoura

stopp an, nicht nur wegen der malerischen Küste, sondern auch wegen der köstlichen Sandwiches, Fish 'n' Chips sowie Kaffee und Kuchen in The Store, ☎ 03/575 8600.

Nach weiteren 35 km ist der schönste Abschnitt der Küste erreicht, angekündigt durch den **Ohau Point** mit der größten Robbenkolonie der Südinsel, wo sich (meistens) in weniger als 20 m Entfernung Dutzende – wenn nicht gar Hunderte – Robben auf den Felsen lümmeln. Direkt vor dem Ohau Point führt der **Ohau Stream Walk** (15 Min. hin und zurück) durch den Wald zu einem schönen Wasserfall und Becken, wo im Oktober und November manchmal junge Robben zu finden sind. Dann sollte man sich leise nähern.

Auf den letzten 30 km bis Kaikoura ist die Küste durch zerklüftete Felsen gekennzeichnet und damit ein idealer Lebensraum für Langusten, die von den Einheimischen an der Straße verkauft werden, vor allem in **Rakautara**, 3 km südlich des Ohau Point. Hier werden an den Verkaufswagen Nin's Bins und Cay's Crays gekochte Langusten für $30–50 angeboten.

11 HIGHLIGHT

Kaikoura und Umgebung

130 km südlich von Blenheim und 180 km nördlich von Christchurch liegt, von der **Kaikoura Peninsula** geschützt, in spektakulärer Lage zwischen Bergen und Meer die kleine Stadt Kaikoura. Vor der Küste fällt der Meeresboden jäh in den 1 km tiefen Kaikoura Canyon ab. Hier treffen warme subtropische und kalte subantarktische Strömungen aufeinander und bilden ein nährstoffreiches Gemisch, das Fische und mit ihnen Seevögel und Meeressäugetiere in großer Zahl und Vielfalt anlockt, weshalb Walbeobachtung und Schwimmen mit Delphinen in Kaikoura zu einem großen Geschäft geworden sind. Die Präsenz erwartungsfroher Touristen sorgte für die Entstehung mehrerer ökologisch ausgerichteter Unternehmen, die Schwimmen mit Robben, See-Kajak fahren und Wandern anbieten.

Kaikoura verdankt seinen Namen einem alten Maori-Entdecker, der hier eine Rast einlegte, um Langusten zu verspeisen. Diese schmeckten ihm so gut, dass er den Ort *kai* (Essen) *koura* (Langusten) nannte.

Die **Ngai Tahu** lebten hier vom Reichtum an Land und im Meer, bis sie um 1830 durch den kriegerischen Te Rauparaha dezimiert wurden. Die ersten **europäischen Siedler** in der Region waren Walfänger, die hier Anfang der 40er-Jahre des 19. Jhs. landeten und denen alsbald Farmer folgten – ihr mühsamer Alltag wird im Kaikoura Museum sowie im faszinierenderen Fyffe House dokumentiert. Kaikoura dämmerte bis Ende der 80er-Jahre des 20. Jhs. dahin, als die **Walbeobachtung** die Stadt plötzlich für den Tourismus interessant machte. Seither ist der Ort stetig gewachsen und kommerzieller geworden, hat sich aber seine kleinstädtische Südinsel-Atmosphäre bewahrt.

Stadt und Halbinsel

Die meisten Besucher konzentrieren sich auf das Beobachten von Walen und Schwimmen mit Delphinen. Die übrigen Aktivitäten dienen häufig lediglich als Lückenfüller oder zum Überbrücken von Schlechtwetterphasen.

Abwechslung bietet das **Kaikoura Museum**, 14 Ludstone Rd. Seine Maori-Abteilung zeigt u. a. die verschiedenen Arbeitsschritte, die nötig sind, um aus einer Muschelschale einen wirkungsvollen Angelhaken herzustellen. Hinter dem Museum befindet sich ein Gefängnis vom Beginn des 20 Jhs., das bis 1980 genutzt wurde. ◷ Mo-Fr 10–16.30, Sa und So 14–16 Uhr, Eintritt $3.

Auf der Halbinsel lohnt ein Besuch des **Fyffe House**, 62 Avoca St. Dieses wunderschön gelegene Walfänger-Cottage ist das älteste Gebäude der Stadt. Es gehörte ursprünglich zur 1842 von Robert Fyffe gegründeten Waiopuka Whaling Station und ruht noch immer auf dem alten Walknochenfundament. 1860 wurde es von Fyffe erweitert; einige Räume sehen noch so aus wie in jener Zeit, während andere zeigen, wie das Haus aussah, als 1980 der letzte Bewohner auszog. ◷ Nov–März tgl. 10–18, April–Okt Do–Mo 10–16 Uhr, Eintritt $7.

Kaikoura

N
0   500 m

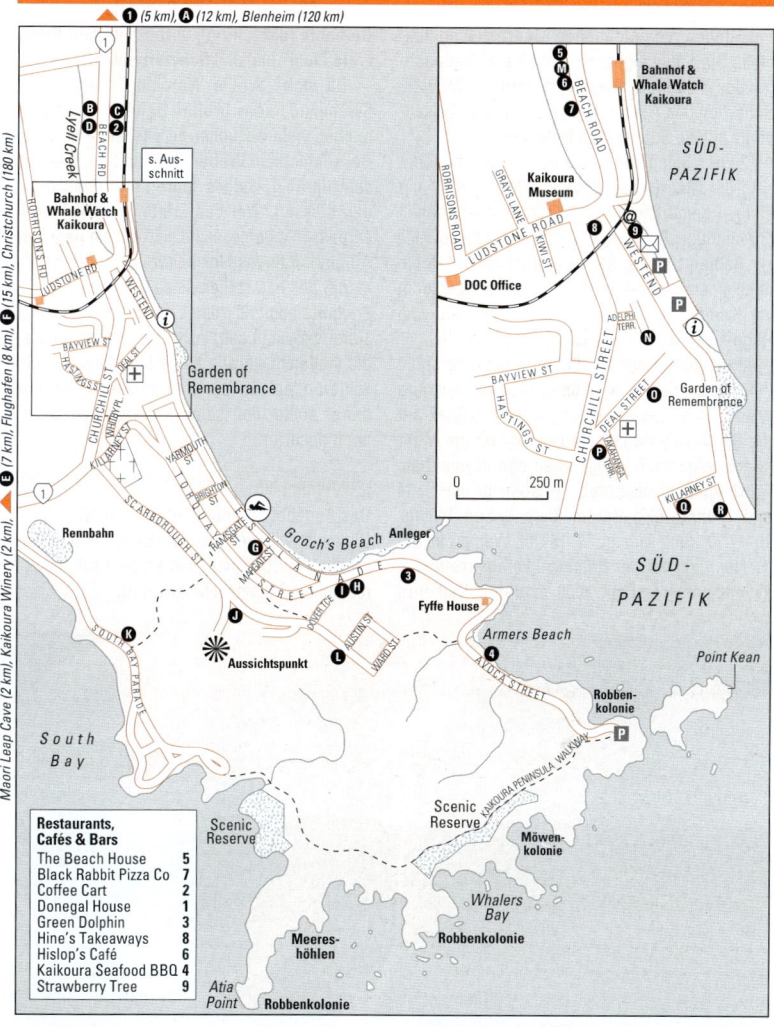

1 (5 km), **A** (12 km), Blenheim (120 km)

Lyell Creek

B **C**
D **2**

Bahnhof & Whale Watch Kaikoura

s. Ausschnitt

Robinsons Rd

Lidstone Rd

Westend

Garden of Remembrance

Bayview St

Churchill St

Hastings St

Killarney Pl.

Yarmouth St

Brighton St

Scarborough Street

Torquay St

Mangata St

Esplanade

Rennbahn

Gooch's Beach   Anleger

G

I **H** **3**

J

Austin St

Ward St

Fyffe House

L

Aussichtspunkt

4

Armers Beach

Avoca Street

Point Kean

Robbenkolonie

South Bay

South Bay Parade

K

SÜD-PAZIFIK

Scenic Reserve

Scenic Reserve

Möwenkolonie

Meereshöhlen

Whalers Bay

Robbenkolonie

Atia Point

Robbenkolonie

Maori Leap Cave (2 km), Kaikoura Winery (2 km), **U** *(7 km), Flughafen (8 km),* **W** *(15 km), Christchurch (180 km)*

Inset map

5
M 6
7

Beach Road

Bahnhof & Whale Watch Kaikoura

SÜD-PAZIFIK

Robinsons Road

Grays Lane

Kiwi St

Ludstone Road

Kaikoura Museum

8 **9**

Westend

P

DOC Office

P

Adelphi Terr.

N

i

Churchill Street

Deal Street

Bayview St

Hastings St

Garden of Remembrance

P

Q **R**

Killarney St

0   250 m

Restaurants, Cafés & Bars

The Beach House	5
Black Rabbit Pizza Co	7
Coffee Cart	2
Donegal House	1
Green Dolphin	3
Hine's Takeaways	8
Hislop's Café	6
Kaikoura Seafood BBQ	4
Strawberry Tree	9

Übernachtung

Albatross Backpacker Inn	Q	Bayview Homestay	L
Alpine Pacific Holiday Park	B	Bendamere House	N
		Dolphin Lodge	O
Anchor Inn Motel	G	Dusky Lodge	D
Bay Cottages	K	Hapuku Lodge & Tree Houses	A

Kaikoura Coastal Camping	F	Nikau Lodge	P
Kaikoura Peketa Beach Holiday Park	E	Panorama Motel	I
The Lazy Shag	M	Sunrise Lodge	C
Miharotia	J	Waves on the Esplanade	R
		YHA Maui	H

Vom Cottage kann man der Avoca Street bis zu einem Parkplatz (Ausgangspunkt für den Wanderweg Kaikoura Peninsula Walkway, s. Kasten S. 556) folgen, wo sich des Öfteren **Pelzrobben** auf den flachen Meeresfelsen lümmeln. Die Stelle eignet sich auch zum Beobachten der vielfältigen Vogelwelt, darunter Möwen, Scharben und Austernfischer, die in den Felsenpools auf die Suche nach Nahrung gehen.

2 km südlich von Kaikoura am SH1 befindet sich die **Maori Leap Cave**, ☎ 03/319 5023, mit einigen bemerkenswerten Kalksteinformationen (35-minütige Touren 10.30–15.30 Uhr jeweils zur halben Stunde, $12). Benannt ist die Höhle nach einem Maori-Krieger, der sich auf der Flucht vor Kriegern eines verfeindeten Stammes vom Hügel oberhalb der Höhle in den Tod stürzte.

Rund 300 m weiter südlich führt eine steile Zufahrt zur **Kaikoura Winery**, 🖥 www.kaikoura winery.co.nz, die auf einem Hügel mit Blick auf die South Bay thront. Die Lage direkt am Meer spricht eigentlich völlig gegen den Weinanbau. Führungen mit Weinprobe im Sommer um 11, 14 und 16 Uhr ($15), außerdem Café. ⏱ Sep–Mai tgl. 10–17.30, Juni–Aug tgl. 11–16 Uhr, Weinprobe $5.

Nur 1 km vor der Halbinsel versammeln sich im nahrungsreichen, 1000 m tiefen Kaikoura Canyon unzählige Meeressäugetiere, darunter 14 Walarten, und dementsprechend viele Touristen, um sie zu beobachten. Hier zeigen sich regelmäßig gigantische **Pottwale** (ganzjährig), **Delphine** (ganzjährig), vorbeiziehende **Buckelwale** (Juni–Juli) und **Schwertwale** (Dez–Feb).

Da sich „Whale Watching" und „Dolphin Swimming" sehr großer Beliebtheit erfreuen, buchen viele Besucher bereits lange im Voraus. Bei **schlechtem Wetter** wird die See aber leider sehr unruhig, sodass Touren oft abgesagt werden müssen. Wer das Erlebnis auf keinen Fall verpassen möchte, sollte sich mit ein paar Tagen Aufenthalt etwas Flexibilität verschaffen. Wenn man Glück hat, stellen diese Ausflüge grandiose Erlebnisse dar; allerdings handelt es sich bei den Tieren um nicht sehr zuverlässige Zeitgenossen, die vielleicht gerade keine Lust haben, sich zu zeigen oder mit Touristen zu schwimmen, und daher sollte man seine Erwartungen nicht zu hoch ansetzen.

Übernachtung

Das Angebot an Unterkünften ist recht breit. Die meisten liegen am SH1 (Beach Road) gleich nördlich der Ortsmitte und an der Esplanade, die auf die Halbinsel hinausführt.

Allein 14 Walarten versammeln sich vor Kaikoura.

Hotels, Motels, B&Bs und Homestays

Anchor Inn Motel, 208 The Esplanade, ☎ 0800/720 033, 🖥 www.anchorinn.co.nz. Luxuriöses Motel mit geschmackvoll eingerichteten AC-Units, einige mit Whirlpool. Standard ❻, mit Meerblick ❼

Bay Cottages, 29 South Parade, South Bay, ☎ 03/319 5506, 🖥 www.baycottages.co.nz. Die spartanisch ausgestatteten, motelähnlichen Units in ruhiger Lage 2 km außerhalb der Stadt erfreuen durch ein hervorragendes Preis-Leistungs-Verhältnis, und der außergewöhnlich freundliche Besitzer nimmt seine Gäste manchmal morgens zum Langustenfangen mit. Kostenlose Waschmaschinennutzung. Einfache Unit ❸, Standard-Unit ❹

Bayview Homestay, 296 Scarborough St, ☎ 03/319 5480, 🖥 www.bayviewhomestay.wordpress.com. Die Seele dieses traditionellen Homestays ist Margaret, die in diesem Haus fast ihre gesamten 80 Lebensjahre verbracht hat. Hübscher Garten mit Pool, einfache Zimmer mit Zugang von außen und mit Bad, warmes Frühstück und Gästeküche. ❹

Bendamere House, 37 Adelphi Terrace, ☎ 0800/107 770, 🖥 www.bendamere.co.nz. 5 gehobene Zimmer mit Küchenzeile auf dem Grundstück einer großen Villa auf einem Hügel mit Blick über die Bucht. Herzhaftes Frühstück. ❻

Hapuku Lodge & Tree Houses, SH1, 13 km nördlich von Kaikoura, ☎ 0800/524 568, 🖥 www.hapukulodge.com. Auf einer Hirschfarm inmitten junger Olivenbäume: wunderbare Zimmer in einer modernen Landlodge ($625) sowie 5 superluxuriöse Baumhäuser ($530 und $700) mit tollem Meer- und Bergblick und freier Musikauswahl. Tolles Restaurant, Frühstück inkl. ❾

Miharotia, 274 Scarborough St, ☎ 03/319 7498, 🖥 www.miharotia.co.nz. Elegantes B&B in modernem Haus mit 3 Zimmern, alle schön eingerichtet und mit Zugang über eine Terrasse zum Whirlpool im Freien. Toller Ausblick auf Berge und Ozean, hervorragendes Frühstück. $400. ❾

Nikau Lodge, 53 Deal St, ☎ 03/319 6973, 🖥 www.nikaulodge.com. Reizendes Holzhaus von 1925 mit 7 Zimmern mit Bad; die meisten

bieten einen großartigen Blick auf die Berge oder das Meer. Sky-TV mit Spielfilmen auf dem Zimmer, kostenloser Internet- und WLAN-Zugang, Jacuzzi im Freien, gutes Frühstück. ❻

Waves on the Esplanade, 78 The Esplanade, ☎ 0800/319 589, 🖥 www.kaikouraapartments.co.nz. Luxuriöse motelähnliche Apartments mit 2 Schlafzimmern, Balkon, Meerblick, komplett ausgestatteter Küche, Waschmaschine und Zugang zu einem Whirlpool. ❼

Hostels, Campingplätze und Motor Parks

Albatross Backpacker Inn, 1 Torquay St, ☎ 800/222 247, 🖥 www.albatross-kaikoura.co.nz. Freundliche, geräumige Unterkunft in einem umgewandelten Post- und Fernmeldeamt mit ungewöhnlichem türkischem Dekor in einigen Zimmern. Die gepflegten Außenanlagen sorgen für Wohlbefinden an schönen Tagen. Dorm $25, Zimmer ❷

Alpine Pacific Holiday Park, 69 Beach Rd, nahe dem Bahnhof, ☎ 0800/692 322, 🖥 www.alpine-pacific.co.nz. Schattiger Platz in zentraler Lage. Viel Komfort (Spa unter freiem Himmel) und Unterbringung in verschiedenartigen Unterkünften. Camping $18, Cabin ❷, Cabin mit Bad ❹, Motel Unit ❺

Dolphin Lodge, 15 Deal St, ☎ 03/319 5842, 🖥 www.dolphinlodge.co.nz. Ruhiges Hostel mit hübschem Garten mit Whirlpool, Hängematte und Meerblick. Kleine Dorms und nette kleine DZ, Fahrräder $10/Tag. Dorm $23, Zimmer ❶, mit Bad ❷

Dusky Lodge, 67 Beach Rd, ☎ 03/319 5959, 🖥 www.duskylodge.com. Gut geführtes Hostel mit über 100 Betten sowie Sauna, Whirlpool, großem Swimming Pool, Restaurant, Kaminfeuer und großer Sonnenterrasse. Außerdem

Marlborough, Nelson und Kaikoura

eine Etage mit Deluxe-Zimmern mit Bad und Flachbildschirm-TVs, eigener Lounge und Küche. Beliebt bei Magic-Bus-Kunden. Dorm $26, Zimmer ❶, mit Bad ❷, Deluxe-Zimmer mit Bad ❸

Kaikoura Coastal Camping, ☎ 03/319 5348, ✉ goosebay@ihug.co.nz. Kette von vier schönen Familien-Campingplätzen (davon drei am Meer) am SH1 etwa 15 km südlich von Kaikoura. Der nördlichste, Paia Point, ist nur für Zelte ($8); die anderen bieten Stellplätze mit Anschlüssen sowie Duschen ($10–12).

Kaikoura Peketa Beach Holiday Park, 665 SH1, 8 km südlich von Kaikoura, ☎ 03/319 6299, ✉ kaikoura@peketabeach.co.nz. Der friedliche Campingplatz am Strand ist besonders bei Surfern sehr beliebt, die von den ausgezeichneten Wellen vor der Haustür angelockt werden. Camping $14, Cabin ❶

The Lazy Shag, 37 Beach Rd, ☎ 03/319 6662, ✉ lazy-shag@hotmail.com. Modernes und funktionales Hostel, in dem der Komfort der Gäste an erster Stelle steht. Ruhige Zimmer, große, gut ausgestattete Aufenthaltsräume; alle Dorms, Zweibettzimmer und DZ mit Bad. Dorm $23, Zimmer ❷

Sunrise Lodge, 74 Beach Rd, ☎ 03/319 7444, ✉ sunrisehostel@xtra.co.nz. Kleines, geselliges Hostel nur 2 Min. zu Fuß von Whale Watch, keine Etagenbetten, max. 3 Pers. pro Zimmer. Kostenlose abendliche Bustrips zur Orientierung, Teilnahme an Angelausflügen möglich, kostenloser Fahrradverleih. Separate Selbstversorger-Wohnung für 4 Pers. Dorm $28, Zimmer mit und ohne Bad ❷

Perfekt!

Green Dolphin, 12 Avoca St, ☎ 03/319 6666. Die moderne Einrichtung, die großen Fenster mit Meerblick und der exzellente, freundliche Service machen dieses Restaurant zum perfekten Ort für ein Abendessen. Auch das Essen selbst ist wirklich gut: Die kleine Karte bietet ausgewählte, modern ausgerichtete Gerichte, darunter gewöhnlich eine halbe Languste für $60 sowie andere Hauptgerichte für rund $30.

YHA Maui, 270 The Esplanade, ☎ 03/319 5931, ✉ yha.kaikoura@yha.co.nz. Komfortables, gut geführtes Hostel, das vor allem vom Foyer und von der Küche sagenhafte Ausblicke auf Meer und Berge bietet. Dorm $32, Zimmer ❷, mit Bad ❹

Essen und Unterhaltung

Obwohl Kaikoura ein kleiner Ort ist, sorgt der stete Besucherstrom für ein recht ordentliches Angebot an Cafés und Restaurants. Allerdings sind die Preise eher gehoben, besonders wenn man die örtlichen Langusten probieren möchte. Diese werden aber auch fertig zubereitet an Ständen entlang des SH1 nördlich der Stadt angeboten (S. 550).

The Beach House, 39 Beach Rd. Treffpunkt der Coolen in Kaikoura. Zwanglose Atmosphäre, guter Kaffee zum ausladenden Frühstück ($10–18) sowie Nachos, Seafood-Chowder, Quiche und Panini zum Mittagessen. Auch Tische im Freien.

Black Rabbit Pizza Co, 17 Beach Rd, ☎ 03/319 6360. Gute Pizzas, Nudelgerichte und Desserts hauptsächlich zum Mitnehmen (es gibt nur 3 Tische). Empfehlenswert und scharf: Red Hot Rascal ($13).

Coffee Cart, SH1. Hier gibt's mit den besten Kaffee im Ort, außerdem Muffins und kostenloses WLAN.

Donegal House, Schoolhouse Rd, ☎ 03/319 5083, 🖥 www.donegalhouse.co.nz. Legendärer Irish Pub und Restaurant mitten auf einer Farm, mit ordentlicher Küche (Hauptgerichte $24–32) und sehr lebendiger Atmosphäre, manchmal auch Livemusik. Mit Auto 10 Min. nördlich der Stadt (4 km über den SH1, dann 2 km nach Westen). Wer nicht fahren möchte, kann auch auf der Farm übernachten. ❺. ⏰ tgl. 11 bis spät.

Hine's Takeaways, 18 Westend. Tolle Fish 'n' Chips und Langusten zum Sonnenuntergang am Wasser.

Hislop's Café, 33 Beach Rd, ☎ 03/319 6971. Bestes Café in Kaikoura und ein Muss, wenn es Kaffee und Kuchen sein soll. Daneben gibt es üppiges Frühstück, Bio-Mahlzeiten (z. T. vegetarisch und/oder glutenfrei), schmackhaftes Seafood, tgl. frisch gebackenes Brot und verschiedene Weine. Sitzplätze auch draußen. Frühstück $10–20, Salate und Sandwiches mittags $16–25, Hauptgerichte abends $25–34.

Kaikoura Seafood BBQ, Armers Beach, 📞 0327/376 3619. Einfache, mit Salat und Reis servierte Seafoodgerichte an einem Imbisswagen mit ein paar Tischen an der Straße. Empfehlenswert sind die *paua patties* ($9) und das halbe Dutzend Jakobsmuscheln mit Knoblauch ($8).

Strawberry Tree, 21 Westend. Geselliger, irisch angehauchter Pub, bei Einheimischen und Touristen gleichermaßen beliebt. Speisekarte mit Schwerpunkt auf Seafood, Hauptgerichte $16–24.

Aktivitäten

Fallschirmspringen

Skydive Kaikoura, 📞 0800/843 759, 🖥 www.skydivekaikoura.co.nz. Sehr individuelle Tandemsprünge, ganz anders als die Fließbandsprünge in Taupo, $319 aus einer Höhe von 3350 m.

Fliegen

Pilot a Plane, 📞 03/319 6579. Wer gern Pilot spielt, kann hier 20 Min. lang das Ruder übernehmen – ein Adrenalinschub vor der Kulisse einer großartigen Landschaft ($120).

Maori-Touren

Maori Tours Kaikoura, 📞 0800/866 267, 🖥 www.maoritours.co.nz. Veranstaltet verschiedene Touren zum Thema Maori-Kultur, die von dem ehemaligen Skipper eines Walbeobachtungsbootes und seiner Familie geleitet werden. Die halbtägigen Touren ($115) beinhalten verschiedene Sehenswürdigkeiten, Geschichten, Erläuterungen kultureller Unterschiede und das Erlernen eines Liedes.

Reiten

Fyffe View Horse Treks, 13 km landeinwärts, 📞 03/319 5069, veranstaltet fantastische Ausritte ab $50.

Schwimmen mit Delphinen

Dolphin Encounter, 96 The Esplanade, 📞 0800/733 365, 🖥 www.dolphin.co.nz. Die Boote des sehr professionellen Anbieters brechen tgl. um 5.30, 8.30 und 12.30 Uhr zu Touren auf, mit Schwimmen $165, nur Beobachtung $80. Für die Hochsaison von Dezember bis Februar sollte man drei bis vier Wochen im Voraus buchen, auch wenn manchmal kurzfristig noch Plätze frei werden.

Für viele ist der enge Kontakt mit Delphinen eine Art spirituelles Erlebnis, von dem solche Schwimmer am meisten profitieren. Je mehr man umhertaucht, desto neugieriger werden die Delphine. Mit Vorliebe lauschen sie den Geräuschen, die man durch den Schnorchel ausstößt. Man sollte sich allerdings nicht zu sehr mitreißen lassen: Delphine neigen dazu, immer kleinere Kreise zu ziehen, und weniger trainierte Lebewesen verlieren leicht die Orientierung – also immer das Boot im Auge behalten. Bei Dolphin Encounter gibt es auch ein gutes Café.

Schwimmen mit Robben

Robben sind in der Regel noch neugieriger als Delphine.

Seal Swim Kaikoura, 58 Westend, 📞 0800/732 579, 🖥 www.sealswimkaikoura.co.nz. Von der Küste aus $70, flexible Bootstouren (insgesamt 2–2 1/2 Std.) $90. Es muss recht viel geschwommen werden, ist also nicht schlecht, wenn man Erfahrung im Schnorcheln hat. ⏰ nur Okt–Mai.

Topspot, 22 Deal St, 📞 03/319 5540. Startet vom Strand, gewöhnlich bei Flut, $70. ⏰ nur Nov–April.

Seekajak fahren

Kaikoura Kayaks, 📞 0800/452 456, 🖥 www.kaikourakayaks.co.nz. Bietet ganzjährig und z. T. auch bei schlechteren Wetterbedingungen Touren an. Am lohnendsten sind wohl die halbtägigen Seal-Kayaking-Touren ($85), erfahrene Paddler können jedoch auch Kajaks leihen ($70 halber, $85 ganzer Tag). Im Sommer werden außerdem halbtägige Angel-Kajaktrips angeboten ($120).

Kaikoura bietet nicht nur Meeressäuger, sondern in der Umgebung auch die Gelegenheit zu zwei kürzeren und zwei längeren Wanderungen.

Tageswanderungen

Kaikoura Peninsula Walkway (11 km, Rundwanderweg, 3 Std, leicht hügelig). Eine tolle Rundwanderung über die Halbinsel, beschrieben in der DOC-Broschüre *The Peninsula Walkway*, die im i-SITE erhältlich ist. Die Route folgt der Esplanade vorbei am Fyffe House zur Robbenkolonie. Von hier geht's über die grasbewachsenen Klippen zur South Bay. Unterwegs zweigen mehrere Wege über die Halbinsel zurück zum i-SITE ab. Zu sehen sind vielleicht Weißkopflach- und Dominikanermöwen, Austernfänger, Reiher und Scharben. Vorsicht im September und Oktober: Wenn nistende Möwen ihre Nester bedroht sehen, können sie angreifen!

Mount Fyffe (16 km hin und zurück, 6–8 Std., 1400 Höhenmeter Aufstieg). In der DOC-Broschüre *Mount Fyffe and the Seaward Kaikoura Range* sind mehrere Wanderungen in Ortsnähe beschrieben. Die schönste davon ist vielleicht diese anstrengende Wanderung auf den 1602 m hohen Mount Fyffe. Der Weg beginnt an einem schlecht ausgeschilderten Parkplatz 12 km nordwestlich der Stadt und folgt dann einer Allradpiste bis zum Gipfel, von wo sich grandiose Ausblicke auf die Halbinsel und die Küste bieten.

Mehrtägige Wanderungen

Kaikoura Wilderness Walks (Okt–März, ✆ 0800/945 337, 🖥 www.kaikourawilderness.co.nz). Schöne Kombination aus geführter Wanderung durch grandiose Landschaft im Hinterland von Kaikoura und Übernachtung in der luxuriösen, abgeschiedenen Shearwater Lodge an der Baumgrenze auf 1000 m Höhe, in Zimmern mit Bad und mit 3-Gänge-Mahlzeiten. Nach der Abholung in Kaikoura und einer kurzen Fahrt geht es am ersten Tag (8,5 km einfache Strecke, 6 Std., 700 Höhenmeter Anstieg) stetig bergauf zur Lodge, wo nach einem Willkommenstrunk am Kaminfeuer das Abendessen serviert wird. Am zweiten Tag erkundet man die Gegend um die Lodge herum oder geht wieder hinunter ins Tal, was ansonsten am dritten Tag geschieht. 2 Tage $995, aber schöner 3 Tage $1395.

Kaikoura Coast Track (37 km, 3 Tage, 600 Höhenmeter Anstieg, ✆ 03/319 2715, 🖥 www.kaikouratrack.co.nz). Die Mischung aus wilder Küstenlandschaft, landwirtschaftlich genutztem Land und nachwachsendem Wald sorgt für eine angenehme Wanderung. Das eigentliche Erlebnis besteht jedoch darin, das Landleben kennenzulernen und sich bei den zwei Übernachtungen mit den Bauernfamilien zu unterhalten. Die Wanderung über privates Land beginnt (und endet) 50 km südlich von Kaikoura an der hostelähnlichen Unterkunft Staging Post, 75 Hawkeswood Rd, Hawkeswood (Camping $25 für 2 Pers., Cabin ❶, B&B-Zimmer ❺; Atomic-Busse halten ca. 1 km entfernt) und führt dann die Hawkeswood Range hinauf, wobei sich spektakuläre Ausblicke auf die Berge der Seaward Kaikoura Range bieten. Die Zahl der zugelassenen Wanderer ist begrenzt, also rechtzeitig buchen! Die Gebühr in Höhe von $185 beinhaltet die Pflege des Wegs, Gepäcktransport und drei Übernachtungen in warmen Cottages mit Etagenbetten, komplett ausgestatteten Küchen und Duschen; auf Wunsch sind frische Farmprodukte, Milch, Brot und hausgemachte Mahlzeiten erhältlich.

Sternenhimmel

Kaikoura Night Sky, ✆ 03/319 6635, 🖥 www.kaikouranightsky.co.nz. In klaren Nächten bietet sich die Gelegenheit, in kleinen Gruppen abseits der Lichter von Kaikoura durch ein mobiles 20-cm-Teleskop in den Sternenhimmel zu schauen und dazu etwas über die Bedeutung des südlichen Sternenhimmels für die Maori zu hören (1–1 1/2 Std., $50). ☉ nur Nov–April.

Tauchen

Dive Kaikoura, 13 Yarmouth St, ✆ 0800/348 352, 🖥 www.divekaikoura.co.nz. Tauchtrips für Anfänger ($195) und für Taucher mit Tauchschein (mit Doppelflasche, $250).

Vogelbeobachtung

Albatross Encounter, 96 The Esplanade, ✆ 0800/733 365, 🖥 www.oceanwings.co.nz.

Fans von Meeresvögeln kommen voll auf ihre Kosten, wenn es mit einem kleinen Boot 1–2 km aufs Meer hinaus geht (2–3x tgl., 2–3 Std., $110). Dort werden Köder ausgeworfen, um alle möglichen Seevögel anzulocken, darunter Krähenscharben, Mollymauks, Tölpel, Sturmvögel und Albatrosse, die alle erstaunlich nah kommen.

Walbeobachtung

Whale Watch Kaikoura, ℡ 0800/655 121, 🖥 www.whalewatch.co.nz. Vom Büro des von Maori geführten Unternehmens am Bahnhof geht es mit dem Bus zur South Bay, wo ein schneller Katamaran einige Kilometer aufs Meer hinausfährt. Wenn alles normal läuft, lassen sich unterwegs ein oder zwei Wale sichten, dazu Delphine und Seevögel. Wenn sich keine Wale zeigen, erhält man 80 % des Fahrpreises erstattet. Im Büro sind Tabletten und Armbänder gegen Seekrankheit erhältlich – besonders nachmittags eine gute Investition. 2 1/2 Std., $145.

Wings Over Whales, ℡ 0800/226 629, 🖥 www.whales.co.nz. Eine Alternative ist die Walbeobachtung aus der Luft im Rahmen eines 30-minütigen Rundflugs ($165).

Kaikoura Helicopters, ℡ 03/319 6609, 🖥 www.worldofwhales.co.nz. Bietet 30-minütige Hubschrauberflüge für $600 für bis zu 3 Pers. Weil man auf einem Flug selbstverständlich nicht so nah an die Wale herankommt wie mit dem Boot, empfiehlt sich die Mitnahme eines guten Fernglases.

Sonstiges

Fahrradverleih
R&R Sport, 14 Westend, ℡ 03/319 5028, $20 halber, $30 ganzer Tag.
Seal Swim, 58 Westend, Elektroräder für $24 pro Std., $49 für einen halben Tag.

Informationen
i-SITE Visitor Centre, Westend, ℡ 03/319 5641, 🖥 www.kaikoura.co.nz. Erledigung der meisten DOC-Anfragen; Gepäckaufbewahrung $2. ⏰ Mo–Fr 9–17, Sa und So 9–16 Uhr.

Internet
Global Gossip, 19 Westend, hat viele Computer und WLAN. $4/Std. ⏰ tgl. 9–21 Uhr.

Taxis
Kaikoura Shuttles, ℡ 03/319 6166.

Busse
InterCity- und Atomic-Busse der Linie Picton–Blenheim–Christchurch halten am großen Parkplatz in der Straße Westend, nahe dem Visitor Centre.

Busse nach:
CHRISTCHURCH 4–5x tgl., 2 1/2 Std.;
PICTON 4–5x tgl., 2 1/4 Std.

Eisenbahn
Der TranzCoastal zwischen PICTON (2 1/4 Std.) und CHRISTCHURCH (3 Std.) hält in der Whaleway Station Road.

Südlich von Kaikoura

Südlich von Kaikoura stehen zwei Strecken zur Auswahl. Über den SH1 sind es noch zwei bis drei Autostunden bis Christchurch, wobei unterwegs allenfalls kleinere Sehenswürdigkeiten für Abwechslung sorgen. Die Straße folgt zunächst einem 20 km langen Abschnitt entlang der reizvollen Felsküste, wendet sich dann landeinwärts und führt für den Rest der Strecke durch Farmland.

Wer mehr von der Küste sehen möchte, kann über den ausgezeichneten, in Privatbesitz befindlichen Kaikoura Coast Track (S. 556) wandern. Weinfreunde sollten im kleinen Ort **Waipara**, 130 km südlich von Kaikoura, einen Zwischenstopp einlegen. Waipara ist Mittelpunkt einer Gegend, die zu den am schnellsten wachsenden Weinanbaugebieten Neuseelands zählt und dank günstiger Bedingungen sehr gute Weine hervorbringt, v. a. Pinot Noir und Riesling. Etwa ein Dutzend Weingüter bietet Weinproben, und einige haben auch Restaurants, aber ansonsten ist das Gebiet touristisch noch kaum entwickelt.

Die **Weingüter** befinden sich alle im Umkreis von 5 km um Waipara, das an der Kreuzung von

Skifahren am Mount Lyford

Von Kaikoura führt der landschaftlich reizvolle SH70 zum Skigebiet am Mount Lyford, das im Winter mit die besten Gelegenheiten zum Skifahren auf der nördlichen Südinsel bietet; 🖥 www.mtlyford.co.nz, ⏲ Mitte Juni–Mitte Okt. Das Areal ist klein und verfügt über geringe Liftkapazitäten ($65 pro Tag), ist aber für Anfänger wie Fortgeschrittene gleichermaßen geeignet und nur ganz selten überlaufen. Ganz in der Nähe bietet am SH70 die Mount Lyford Lodge, ✆ 03/315 6446, 🖥 www.mtlyford lodge.co.nz, neben Unterkünften auch ein einladendes Restaurant und eine Bar. Wohnmobil-Stellplatz $25, Dorm $30, Zimmer ❸, Motel Unit ❹.

SH1 und SH7 liegt (der SH7 führt nach Hanmer Springs und zum Lewis Pass). Etwa 4 km nördlich der Kreuzung liegt am SH1 das Weingut Waipara Springs, ✆ 03/314 6777, 🖥 www. waiparasprings.co.nz, ⏲ tgl. 11–17 Uhr, das Weinproben anbietet, aber in erster Linie wegen seines familienfreundlichen Gartenrestaurants bekannt ist (Hauptgerichte $20–30, Platten für 3 Pers. $47). Nobler präsentiert sich Pegasus Bay, Stockgrove Rd, 4 km von der Kreuzung auf dem SH1 Richtung Süden, dann 3 km Richtung Osten, ✆ 03/314 6869, 🖥 www.pegasusbay.com, ⏲ tgl. 10.30–17 Uhr. Hier sind die Gäste in einem der besten Weingutrestaurants des Landes von moderner Kunst umgeben; ⏲ tgl. 12–16 Uhr, Hauptgerichte $30–35. Auch Verkostungen der sehr guten Weine.

Die sanft hügelige Kalksteinlandschaft lässt sich besonders schön im **Iron Ridge Quarry Sculpture Park**, 707 Ram Paddock Rd, 🖥 www. raymondherber.com, genießen, 11 km landeinwärts über die Georges Road. Hier sind in einem aufgegebenen Steinbruch Stahlskulpturen von Raymond Herber zu sehen. ⏲ So 10–17 Uhr, Eintritt $10. Gegenüber bietet **The Shearers Quarters**, 680 Ram Paddock Rd, ✆ 03/314 9921, in einem kleinen Weinberg und Obstgarten Unterkünfte für Selbstversorger ($250). Reisende mit geringeren Ansprüchen kommen bei **Waipara Sleepers** unter, 12 Glenmark Drive, ✆ 03/314 6003, 🖥 www.waiparasleepers.co.nz, mit Dorms und DZ in ehemaligen Eisenbahnwaggons und einer Küche in einem alten Bahnhof; Camping $15, Dorm $21, Zimmer ❷.

Etwa 10 km südlich von Waipara beeindruckt das Nor'wester Café am SH1 in **Amberley** mit hervorragendem frischem, gradlinigem Essen und tollem Kaffee. Von Amberley sind es nur noch 40 km auf dem SH1 nach Christchurch.

Wellington
Christchurch

Von Christchurch nach Süden

Stefan Loose Traveltipps

Christchurch Art Gallery Die neue, bedeutende Galerie zeigt eine sehenswerte Sammlung neuseeländischer Kunst. S. 566

Ballonfahren Die Ebene Canterbury Plains vor der Kulisse der Neuseeländischen Alpen zählt zu den besten Ballonrevieren der Welt. S. 582

Lyttelton Groovige Cafés und originelle Bars kennzeichnen den munteren Hafenort jenseits der Port Hills. S. 589

Akaroa Im französisch angehauchten Akaroa kann man mit Hectordelphinen schwimmen. S. 593

Oamaru Der Historic District mit seinen schönen neoklassizistischen Gebäuden macht die Stadt zur idealen Basis für einen Besuch bei den Zwerg- und Gelbaugenpinguinen. S. 605

Moeraki Boulders Wie Kunstwerke liegen die zwei Meter hohen, von der Natur kugelrund geformten Felsen in der Brandung. S. 611

Mit ihrer teilweise atemberaubenden und sehr abwechslungsreichen Landschaft kommt die Ostküste der Südinsel den Erwartungen vieler Neuseelandbesucher näher als jeder andere Landesteil. In der fruchtbaren Schwemmlandebene Canterbury Plains und mit den Neuseeländischen Alpen im Westen als beeindruckende Kulisse liegt am Pazifischen Ozean **Christchurch**, die drittgrößte Stadt des Landes und das wichtigste Zentrum der Südinsel. Die Parks und Gärten der Stadt schenken Erholung, doch auch das großstädtische Leben kommt hier nicht zu kurz, wie zahlreiche Cafés und Bars in der Innenstadt beweisen. Der **Strandvorort** Sumner liegt nicht weit vom Zentrum entfernt, und auf der anderen Seite der kargen Port Hills befindet sich der nette Hafenort **Lyttelton**, der allerdings ebenso wie Christchurch vom Erdbeben 2011 schwer getroffen wurde (s. S. 264).

Der Lyttelton Harbour ist ein mit Meerwasser gefüllter Vulkankrater und gehört in geologischer Hinsicht zur Halbinsel **Banks Peninsula**. Mit ihren zahlreichen Buchten und Naturhäfen ist die Halbinsel ein beliebtes Naherholungsgebiet für gestresste Stadtbewohner. Ihr größter Ort ist das etwas affektierte „französische Dorf" **Akaroa**, ein guter Stützpunkt für die Erkundung der Peninsula. Südwestlich der Banks Peninsula zieht sich die Fernstraße SH1 durch die Canterbury Plains. Die Ebene ist ein bunter Flickenteppich aus fruchtbaren Feldern und Weinbergen und wird im Osten von langen, mit angeschwemmtem Treibholz übersäten Kieselstränden begrenzt. Weiter im Süden ändert sich das landschaftliche Bild, wenn die küstennahen Hügel und abbröckelnden Klippen bereits die insgesamt wesentlich rauere Szenerie von **North Otago** ankündigen.

Die alteingesessenen Siedlungen an der Küste zeugen von dem Wohlstand, den die Landwirtschaft dieser Region brachte. Die erste größte Ansiedlung in dieser Region ist die Hafenstadt **Timaru**, in deren Nähe sich einige **Felsmalereien der Maori** befinden, die davon künden, dass die Region auf eine längere Geschichte zurückblicken kann als die aufgesetzte europäische Atmosphäre vermuten lässt. Ein Stück weiter südlich lockt das erheblich interessantere **Oamaru** mit seinen hübschen Geschäftsgebäuden aus dem 19. Jh. und mit leicht zugänglichen **Pinguinkolonien**. Im weiteren Verlauf führt der Highway Richtung Dunedin an den geheimnisvollen Steinkugeln **Moeraki Boulders** vorbei, die ihre Entstehung einer Kombination aus unterirdischem Druck und Erosion verdanken.

Christchurch

Als größte Stadt der Südinsel und Hauptstadt der Region Canterbury verströmt Christchurch mit seinen über 350 000 Einwohnern eine spürbar vornehme Atmosphäre. Das ist nicht verwunderlich, schließlich wurde die Stadt von den ersten englischen Siedlern als anglikanischer Außenposten von „Good Old England" gegründet und nach einem renommierten College in Oxford benannt. Mit seiner neugotischen Architektur und dem gemächlich dahinfließenden Avon River wirkt Christchurch wie eine traditionelle englische Universitätsstadt, die nach Neuseeland verpflanzt wurde. Die Jungen am Christ's College tragen immer noch Nadelstreifen-Blazer, und über den Fluss gondeln Stechkähne.

Doch diese „Englishness" ist größtenteils nur äußerer Schein. In den letzten Jahren wurde das traditionell konservative Bild um eine jugendlichere und multikulturellere Note bereichert. Überall schießen **Bars** und **Restaurants** aus dem Boden, und auch in den Bereichen Kunst, Theater und Musik hat sich einiges getan. Das natürliche Gegengewicht zu derart urbanen und kulturellen Vergnügungen bildet der entspannte Vorort **Sumner** mit seinem langen Sandstrand am Pazifischen Ozean. Den Südrand der Stadt bilden die **Port Hills**, eine Spielwiese für Wanderer und Mountainbiker und ein lohnendes Ziel für eine abendliche Autofahrt.

Christchurch eignet sich auch gut als Basis für Ausflüge in die Umgebung. In der Stadt gibt es eine Vielzahl von Veranstaltern, die **Aktivitäten** wie Wildwasserfahrten, Ballonflüge oder Bergtouren anbieten. Nur zwei Autostunden westlich von Christchurch liegen mehrere gute **Skigebiete**, sodass sich ein Tag im Schnee bequem mit einem abendlichen Absacker auf der „Kneipenpiste" von Christchurch verbinden lässt.

N

0   50 km

▲ Arthur's Pass (75 km)   ▲ Kaikoura (135 km)

CRAIGIEBURN
FOREST PARK

Lake
Coleridge

Oxford   Rangiora   *Pegasus*
                                   Bay

73   Amberley

Rakaia River

Mt Arrowsmith
(2795 m)   Springfield   Kaiapoi   1
                  Sheffield   *Waimakariri River*   Belfast

Ashburton River   72   **Mount Hutt**   **CHRISTCHURCH**
                                        73   Templeton   Lyttelton

Rangitata River   Methven   Dunsandel   75

TWO THUMB RANGE   Mt Somers   77   Rakaia   *Lake*
                                                                        Ellesmere   Akaroa

72   Ashburton   *Banks*
                                        Peninsula

8   79   Geraldine   79   1
Fairlie   79

Pheasant Point   Temuka
Cave   8

Timaru   *PAZIFIK*

Waimate

82   1

83   *Waitaki River*

Pukeuri
Oamaru

Hampden   **Moeraki Boulders**

85   Moeraki

Palmerston
1

◀ *Lake Tekapo, Aoraki Mount Cook*
◀ *Omarama, Aoraki Mount Cook*

▼ *Dunedin (55 km)*

Von Christchurch nach Süden

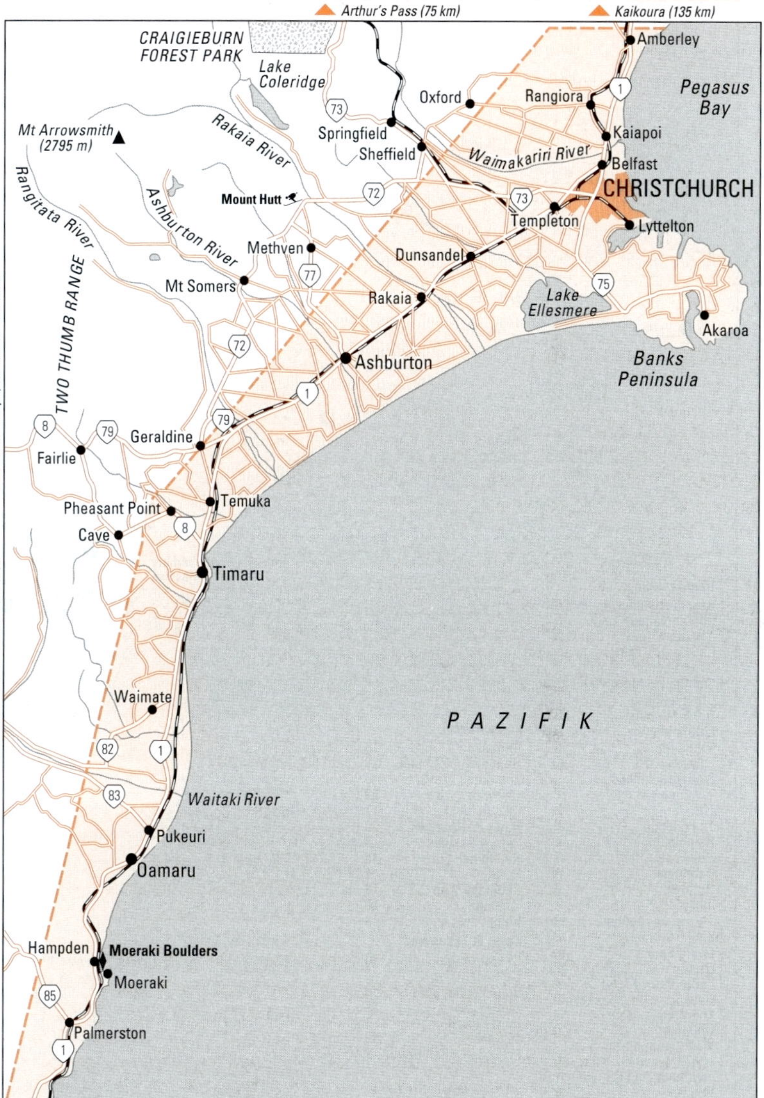

Christchurch Zentrum

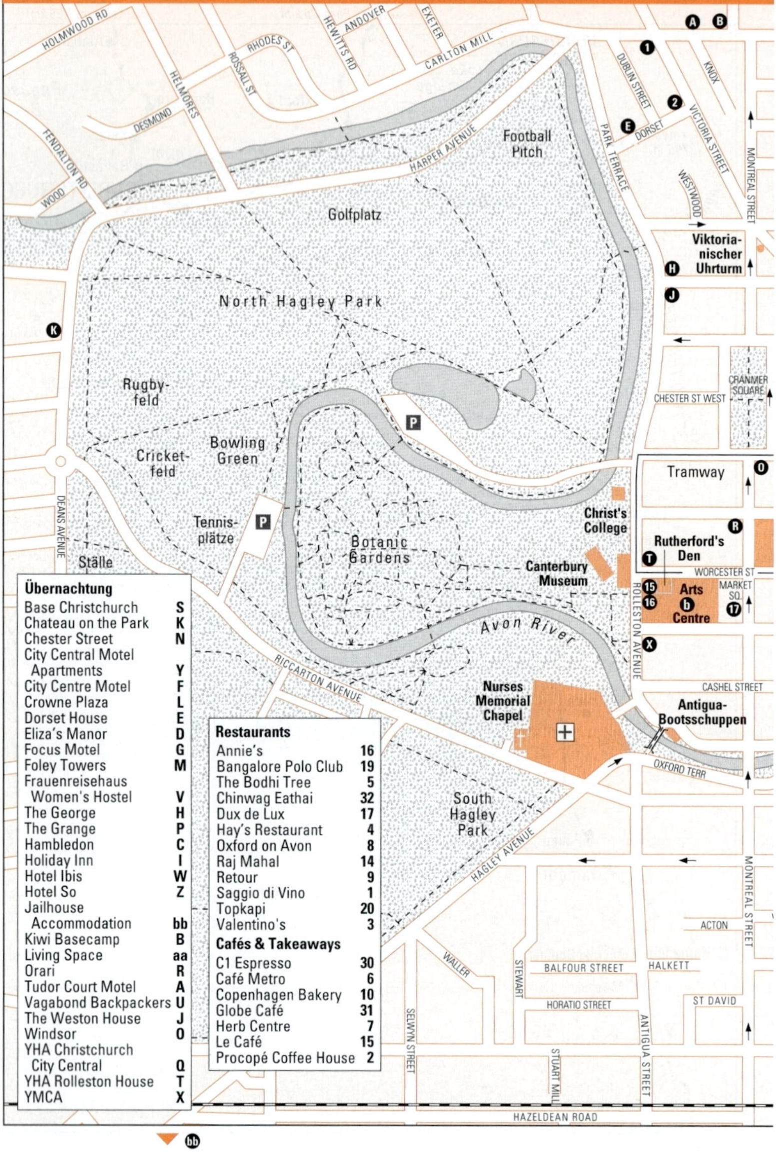

Übernachtung

Base Christchurch	S
Chateau on the Park	K
Chester Street	N
City Central Motel Apartments	Y
City Centre Motel	F
Crowne Plaza	L
Dorset House	E
Eliza's Manor	D
Focus Motel	G
Foley Towers	M
Frauenreisehaus Women's Hostel	V
The George	H
The Grange	P
Hambledon	C
Holiday Inn	I
Hotel Ibis	W
Hotel So	Z
Jailhouse Accommodation	bb
Kiwi Basecamp	B
Living Space	aa
Orari	R
Tudor Court Motel	A
Vagabond Backpackers	U
The Weston House	J
Windsor	O
YHA Christchurch City Central	Q
YHA Rolleston House	T
YMCA	X

Restaurants

Annie's	16
Bangalore Polo Club	19
The Bodhi Tree	5
Chinwag Eathai	32
Dux de Lux	17
Hay's Restaurant	4
Oxford on Avon	8
Raj Mahal	14
Retour	9
Saggio di Vino	1
Topkapi	20
Valentino's	3

Cafés & Takeaways

C1 Espresso	30
Café Metro	6
Copenhagen Bakery	10
Globe Café	31
Herb Centre	7
Le Café	15
Procopé Coffee House	2

Map labels: Football Pitch · Golfplatz · North Hagley Park · Rugbyfeld · Cricketfeld · Bowling Green · Tennisplätze · Ställe · Botanic Gardens · Avon River · Nurses Memorial Chapel · South Hagley Park · Viktorianischer Uhrturm · Christ's College · Canterbury Museum · Rutherford's Den · Arts Centre · Tramway · Antigua-Bootsschuppen · Bahnhof

Street labels: HOLMWOOD RD · RHODES ST · HEWITTS RD · ANDOVER · EXETER · CARLTON MILL · DUBLIN STREET · KNOX · VICTORIA STREET · MONTREAL STREET · WESTWOOD · DORSET · PARK TERRACE · HARPER AVENUE · CHESTER ST WEST · CRAMMER SQUARE · HELMORES · DESMOND · ROSSAL ST · WOOD · FENDALTON RD · DEANS AVENUE · RICCARTON AVENUE · WORCESTER ST · MARKET SQ · CASHEL STREET · OXFORD TERR · ROLLESTON AVENUE · HAGLEY AVENUE · WALLER · STEWART · SELWYN STREET · STUART MILL · ANTIGUA STREET · BALFOUR STREET · HALKETT · HORATIO STREET · ACTON · ST DAVID · MONTREAL STREET · HAZELDEAN ROAD

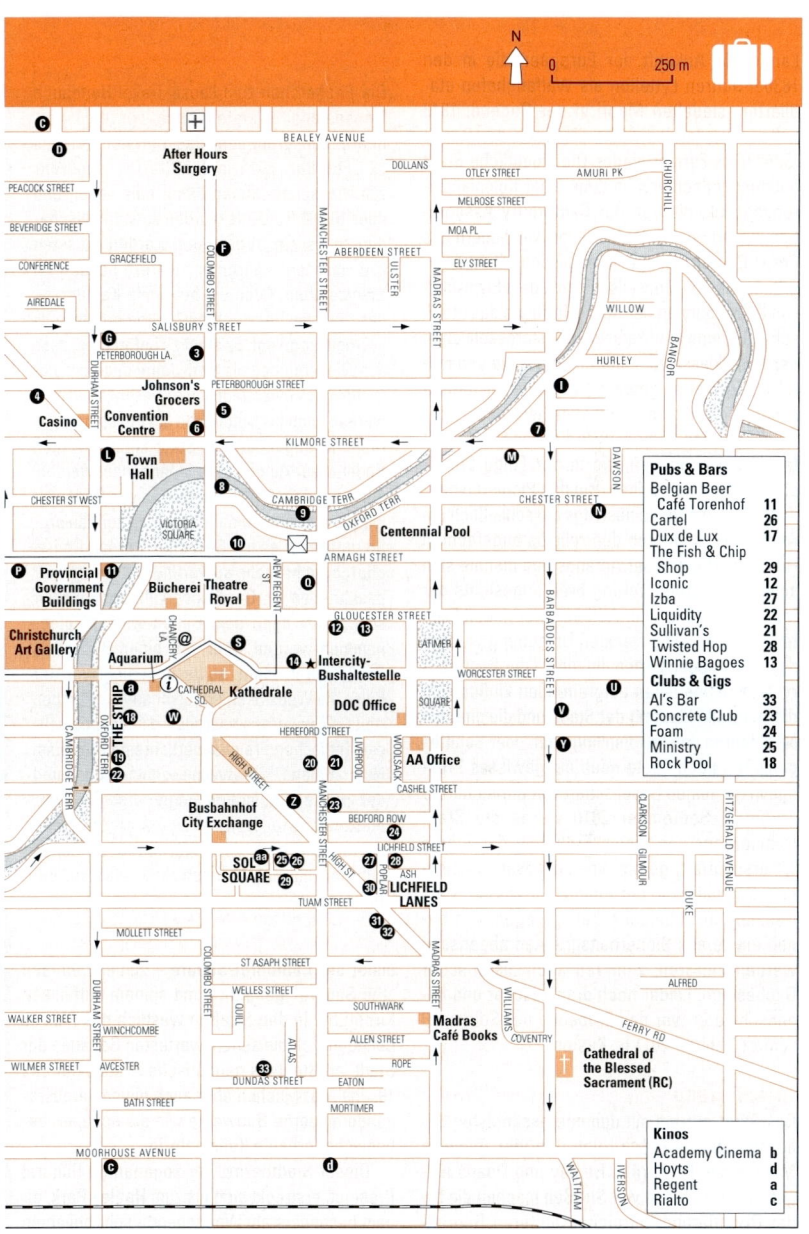

BEALEY AVENUE

After Hours Surgery

DOLLANS
OTLEY STREET
AMURI PK
MELROSE STREET
PEACOCK STREET
BEVERIDGE STREET
MOA PL
GRACEFIELD
ABERDEEN STREET
ELY STREET
CONFERENCE
AIREDALE
SALISBURY STREET
WILLOW
HURLEY
BANGOR
CHURCHILL

PETERBOROUGH LA.
Johnson's Grocers
PETERBOROUGH STREET
Casino
Convention Centre
KILMORE STREET

Town Hall
CHESTER ST WEST
CAMBRIDGE TERR
CHESTER STREET
VICTORIA SQUARE
OXFORD TERR
Centennial Pool
ARMAGH STREET
DAWSON

Provincial Government Buildings
Bücherei
Theatre Royal
GLOUCESTER STREET
LATIMER
Christchurch Art Gallery
Aquarium
CATHEDRAL SQ.
Kathedrale
Intercity-Bushaltestelle
DOC Office
WORCESTER STREET
SQUARE
BARBADOES STREET

THE STRIP
HEREFORD STREET
AA Office
CAMBRIDGE TERR
OXFORD TERR
HIGH STREET
LIVERPOOL
WOOLSACK
Busbahnhof City Exchange
CASHEL STREET
BEDFORD ROW
CLARKSON
GILMOUR
FITZGERALD AVENUE
SOL SQUARE
LICHFIELD STREET
LICHFIELD LANES
ASH
DUKE
TUAM STREET

MOLLETT STREET
ST ASAPH STREET
WELLES STREET
ALFRED
WALKER STREET
WINCHCOMBE
QUILL
SOUTHWARK
WILLIAMS
FERRY RD
WILMER STREET
AVCESTER
ATLAS
Madras Café Books
COVENTRY
Cathedral of the Blessed Sacrament (RC)
BATH STREET
DUNDAS STREET
EATON
MORTIMER
IVERSON

MOORHOORSE AVENUE
WALTHAM

Pubs & Bars	
Belgian Beer Café Torenhof	11
Cartel	26
Dux de Lux	17
The Fish & Chip Shop	29
Iconic	12
Izba	27
Liquidity	22
Sullivan's	21
Twisted Hop	28
Winnie Bagoes	13
Clubs & Gigs	
Al's Bar	33
Concrete Club	23
Foam	24
Ministry	25
Rock Pool	18

Kinos	
Academy Cinema	b
Hoyts	d
Regent	a
Rialto	c

Geschichte

Lange vor Ankunft der Europäer, die in den 1830er-Jahren Lyttelton als Walfanghafen etablierten, siedelten Maori in der Gegend. 1843 ließen sich landeinwärts die Gebrüder Deans (S. 570) als Farmer nieder. Die eigentliche Stadt entstand jedoch erst im Zuge einer Kolonialisierungspolitik, die von der **Canterbury Association** initiiert wurde. Die 1849 von Mitgliedern des Christ Church College im englischen Oxford gegründete Kolonialgesellschaft mit dem Erzbischof von Canterbury an der Spitze verfolgte das utopische Ziel, eine anglikanische Mustergesellschaft der Mittelklasse zu schaffen, in der von moralischen Werten geprägte Kultur des viktorianischen England blühen und gedeihen konnte.

In Lyttelton kamen 1850 die vier Schiffe mit fast 800 Siedlern an, die in der Folge Christchurch aufbauen sollten. Bei den Pionieren handelte es sich aber keineswegs ausschließlich um Anglikaner, und nach den religiös angefachten Heilserwartungen der Anfangstage machte sich schon bald Ernüchterung breit angesichts der Mühen, mit denen der Aufbau einer neuen Existenz in einer völlig fremden Umgebung verbunden war. Jedoch hatten die Ideale der Canterbury Association einen tiefgreifenden Einfluss auf die kulturelle Identität der Stadt, und die direkten Nachfahren der Ankömmlinge der „vier Schiffe" genießen auch heute noch ein gewisses Prestige in der feinen Gesellschaft von Christchurch.

Am 4. September 2010 wurde die Stadt frühmorgens von einem **Erdbeben** der Stärke 7,1 erschüttert, gefolgt von zahllosen Nachbeben. Besonders in der Innenstadt wurden viele Gebäude in Mitleidenschaft gezogen, von denen einige aus Sicherheitsgründen abgerissen werden mussten, zum Teil auch historischer Baubestand. Leider noch dramatischer und folgenschwerer war das Erdbeben der Stärke 6,3 vom 22. Februar 2011 (s. Kasten).

Orientierung

Das Stadtzentrum mit den interessantesten Sehenswürdigkeiten wird von den **vier Avenues** Moorhouse, Fitzgerald, Bealey und Deans eingeschlossen. Diese vier Straßen machen die bei der Orientierung hilfreichen äußeren Begrenzungen der Innenstadt aus. Deren Mittelpunkt

Das Erdbeben vom 22. Februar 2011

Die Recherchen zum Loose Travel Handbuch Neuseeland erfolgten noch vor dem verheerenden Erdbeben, das Christchurch am 22. Februar 2011 erschütterte. Ungefähr 200 Menschen kamen dabei ums Leben und über 10 000 Gebäude wurden so stark beschädigt, dass sie abgerissen werden mussten bzw. müssen – darunter mehrere hundert im Stadtzentrum. Auch die berühmte Kathedrale, das Wahrzeichen der Stadt, wurde größtenteils in Trümmer gelegt. Es steht zu befürchten, dass der Wiederaufbau bis zu 15 Jahre dauern könnte. Teile des innerstädtischen Geschäftsviertels werden noch bis Mitte/Ende 2011 gesperrt sein. Manche Gegenden der Stadt können wegen Bodenabsenkungen nie wieder bebaut werden, denn bei dem Erdbeben wurde der Boden zu winzigen Körnchen ohne Tragkraft zermahlen. So unfassbar es ist: Besucher werden Christchurch nicht mehr so vorfinden, wie es hier beschrieben ist. Der Flugverkehr konnte zwar schon kurz nach dem Beben wieder aufgenommen werden, aber wer einen Besuch in Christchurch plant, sollte unbedingt vor der Reise die Website des Deutschen Auswärtigen Amts, 🖳 www.auswaertiges-amt.de, des neuseeländischen Fremdenverkehrsamts Tourism New Zealand, 🖳 www.newzealand.com, und der neuseeländischen Regierung, 🖳 www. newzealand govt.nz, 🖳 www.civildefence. govt.nz, mit Links zu weiterführenden Seiten aufrufen und sich über den aktuellen Stand der Dinge informieren.

bildet der **Cathedral Square** – zumeist einfach „the Square" genannt – mit seinem auffälligen Kirchturm. In den Straßen westlich des Platzes befinden sich die sehenswertesten Gebäude der Stadt, größtenteils neugotische Architektur des 19. Jhs., dazwischen aber auch einige herausragende moderne Bauwerke wie die neue, erdbebensicher erbaute **Kunstgalerie**.

Dieser Stadtbezirk, der sogenannte Cultural Precinct, erstreckt sich bis zum **Hagley Park**, einem besonders am Wochenende sehr beliebten Ort für Freizeitaktivitäten. Er wird von dem träge dahinfließenden Avon River durchzogen, und es gibt einfach keine entspannendere Art und Weise, die schönen Ansichten der Stadt zu genießen als bei einer gemütlichen Fahrt in einem **Stechkahn**. Jenseits der Four Avenues liegen die adretten **Vororte**, die sich allesamt durch ein- und zweistöckige Wohnhäuser mit zum Teil wunderschön gepflegten Gärten auszeichnen. Der schönste der Vororte am Pazifischen Ozean ist Sumner im Osten der Stadt.

Innerhalb der Four Avenues

Der Cathedral Square, über dem die **Kathedrale** thront, ist ein zentraler Treffpunkt für die Bevölkerung. Auf dem großen, gepflasterten Platz wimmelt es von Touristen, Straßenmusikern und Büroangestellten bei der Mittagspause. Die von George Gilbert Scott, dem Architekten der Londoner St Pancras Station, entworfene Kathedrale wurde in den 1860er-Jahren begonnen und 1904 fertiggestellt. Wer die 134 engen, auf den 63 m hohen Kirchturm ($5) führenden Treppenstufen ohne klaustrophobische Attacke übersteht, wird mit einem schönen Ausblick belohnt. Im kühlen und geräumigen Inneren der anglikanischen Kirche im neugotischen Stil lohnt ein Blick auf die links im Kirchenschiff hängenden *tukutuku*, Maori-Wandverkleidungen aus Leder und Rimu-Holz mit dem Maori-Sprichwort: „Was sind die drei wichtigsten Dinge im Leben? Menschen, Menschen und Menschen." Kostenlose Führungen Mo–Fr 11 und 14, Sa 11, So 11.30 Uhr.

Auf dem Platz vor der Kathedrale steht die 1867 errichtete **Statue von Robert Godley**, seines Zeichens Gründervater von Christchurch und Abgesandter der Canterbury Association. Es handelt sich angeblich um die älteste öffentliche Skulptur Neuseelands. Sie ist ein Werk des Präraffaeliten Thomas Woolner, der sich vorübergehend in Neuseeland aufhielt, nachdem ihn das Glück in den australischen Goldminen verlassen hatte. An die vier Schiffe, die die Begründer der Stadt hierher brachten, erinnert das **Memorial of the Four Ships**. Beide Werke werden von Neil Dawsons **Skulptur Chalice** in den Schatten gestellt, einer überdimensionalen, außen silbern und innen metallisch blau gefärbten Eiswaffel,

die mit unterschiedlichen Blatt- und Farnmustern verziert ist.

Die auffallendsten älteren Gebäude am Platz sind das im italienischen Stil gehaltene **Old Post Office** aus dem Jahr 1879 und das benachbarte palladianische ehemalige **Government Building** (Baujahr 1901). Ganz in der Nähe befindet sich das **Southern Encounter Aquarium**, 🖥 www. southernencounter.co.nz, in dem die feuchteren Lebensräume auf der Südinsel nachgestellt und mit einheimischen Salz- und Süßwasserarten bevölkert sind. Es gibt Becken, in denen man Tiere berühren kann, Felsenpools, Aal- und Lachstanks und eine nachgebaute Fliegenfischerhütte. Besonders nett ist ein Besuch zur Fütterungszeit (11, 13 und 15 Uhr). In einem Nachttierhaus sind Streifenkiwis zu sehen. ☉ tgl. 9–17 Uhr, Eintritt $16.

Nördlich des Cathedral Square

Ein Netz von Geschäfts- und Einkaufsstraßen erstreckt sich nördlich des Square, wobei sich der interessanteste Abschnitt in der Umgebung der **New Regent Street** befindet. Durch die in den 1930er-Jahren angelegte Straße mit ihren pastellfarbenen Gebäuden im spanischen Missionsstil rumpelt die historische Straßenbahn. Einen Block westlich wird der gepflegte Victoria Square im Norden von dem gemächlich fließenden Avon River und der schonungslos modernen **Town Hall** begrenzt.

Ein Stück südwestlich erstrecken sich am Flussufer an der Ecke von Durham und Armagh Street die 1865 fertiggestellten **Provincial Council Buildings**. Die letzten noch verbliebenen Provinzregierungsgebäude Neuseelands gelten als Meisterstück des berühmtesten Architekten aus der Gründerzeit von Christchurch, Benjamin W. Mountfort. Besonders hervorzuheben ist die prachtvoll ausgeschmückte Great Hall mit ihrer kompliziert gestalteten Decke und aufwendig ausgearbeitetem Mauerwerk. ☉ Mo–Sa 10–16 Uhr, Eintritt frei.

In nördlicher Richtung beherbergt der viktorianische **Uhrturm** hinter dem Casino in der Victoria Street eine original erhaltene Uhr, die 1860 zur Verschönerung der Regierungsgebäude aus England importiert wurde. Hier befinden sich die besten Geschäfte nördlich des Square, v. a. Antiquitäten- und Haushaltswarenläden. Die Canterbury Cheesemongers, 44 Salisbury St, bieten eine tolle Auswahl an Käse sowie knuspriges, frisch gebackenes Brot.

Südlich des Cathedral Square

Das Viertel südlich des Cathedral Square bietet die größte Konzentration an Geschäften, Restaurants und Bars und wirkt daher besonders abends wie ein Magnet. Hier gibt es keine ausgesprochenen Sehenswürdigkeiten. Doch recht interessant ist die **High Street** (zwischen Cashel Street und St Asaph Street), wenn man sich für ausgefallenere Platten- und Klamottenläden begeistern kann oder in die etwas coolere Café-Szene eintauchen möchte. Inzwischen wird die High Street aber etwas teurer, und die jüngere Szene verlagert sich nach Osten Richtung Madras Street.

Nach Einbruch der Dunkelheit pulsiert vor allem in den schmalen Gassen südlich der Lichfield Street, seit kurzem **SOL Square** genannt, eines der Herzen des Christchurcher Nachtlebens. Hier häufen sich Bars und Restaurants; dazu gesellt sich eine zweite Gruppe einen Block weiter östlich, die sogenannten **Lichfield Lanes** um die Poplar Street herum.

Westlich des Cathedral Square

Ein Großteil der schönsten Gebäude der Stadt liegt zusammen mit dem Canterbury Museum, dem Kunstmuseum und dem Arts Centre zwischen Cathedral Square und Hagley Park. Diese Gegend wird als **Cultural Precinct** vermarktet.

Christchurch Art Gallery

Angesichts der Fülle an neugotischer Architektur in Christchurch ist es erfrischend, plötzlich vor einem Bauwerk wie der Christchurch Art Gallery zu stehen, Worcester Blvd, Ecke Montreal St, 🖳 www.christchurchartgallery.org.nz. Besonders eindrucksvoll ist die Frontfassade aus geschwungenen Glaselementen, die in unregelmäßigen Winkeln zusammentreffen. Eine lange Treppe führt zu den Hauptgalerien mit der historischen Sammlung, Werken des 20. Jhs. und den zeitgenössischen Sammlungen. Ihre Stärke hat die Galerie eindeutig in neuseeländischen Werken, die vor allem von Künstlern aus Christchurch und Canterbury stammen.

Die stilbildende Tradition der europäischen Landschaftsmaler wird am deutlichsten in den Gemälden aus dem 19. Jh., u. a. von Charles Goldie und dem Niederländer Petrus van der Velden, z. B. *Mountain Stream Otira Gorge*. Zu den bemerkenswerten neueren Arbeiten zählen das düstere, unwiderstehliche *No!* von Tony Fomison, *Cass* von Rita Angus, das einen einsamen Reisenden auf dem Bahnsteig eines verlassenen Bahnhofs zeigt (der heute übrigens an der TranzAlpine-Strecke liegt), und die primordialen, von Menschen mit Vogelköpfen geprägten Werke von Bill Hammond. Interessant sind auch die Arbeiten von Frances Hodgkins aus den 1930er- und 1940er-Jahren.

Die Keramik- und Glassammlung enthält vorzügliche Arbeiten von Ann Robinson und Shona Firman. Ebenfalls nähere Betrachtung wert sind die Fotografien von Neil und Fiona Pardington. ⏱ tgl. 9–17, Mi 9–21 Uhr, Eintritt frei, iPod-Tour $5, kostenlose Führungen tgl. um 11 und am Wochenende zusätzlich um 14 Uhr.

Arts Centre

Das Arts Centre, schräg gegenüber der Art Gallery, wurde 1874 erbaut und beherbergte ursprünglich die University of Canterbury und die beiden High Schools für Jungen und Mädchen. Als die Universität 1975 in den Vorort Ilam umzog, wurde der Gebäudekomplex in ein Kulturzentrum mit Lokalen, Schnellrestaurants, Galerien, Kinos und dem Court Theatre (S. 582) verwandelt. Benjamin Mountfort erlangte hier den Höhepunkt seines neugotischen Schaffens unter Verwendung von vulkanischem Tonsandstein („Bluestone") und Oamaru-Kalkstein.

Heute kann man auf den grünen Vorplätzen und in den grasbewachsenen, viereckigen Innenhöfen wunderbar faulenzen und die Welt an sich vorbeiziehen lassen. Belebter wird es am Wochenende, wenn sich der Market Square an der Ostseite des Geländes in einen lebendigen **Kunsthandwerksmarkt** verwandelt und zahlreiche Straßenkünstler anzutreffen sind. Auf der Rückseite des Kulturzentrums verkaufen mehrere internationale Imbissstände an Sa und So zwischen 10 und 16 Uhr spottbillige Gerichte.

Das **Information Centre**, 📞 03/366 0989, 🖳 www.artscentre.org.nz, ⏱ Mo–Fr 8.30–17.30,

Sa und So 9–17 Uhr, veranstaltet um 11 Uhr und auf Wunsch kostenlose 20-minütige **Führungen** durch die Gebäude und verschafft auch Zugang zu **Rutherford's Den** (Eintritt per Spende), wo der mit dem Nobelpreis ausgezeichnete Atomphysiker Ernest Rutherford geehrt wird (der $100-Schein trägt übrigens sein Konterfei). Es handelt sich um einen angemessen ehrerbietigen Ort mit gut durchdachten Exponaten. Die Führung beinhaltet das kleine Labor im Untergeschoss, das Rutherford nach Abschluss seines Studiums für Forschungsarbeiten nutzte, und einen schönen alten Vorlesungssaal mit reichlich Graffiti auf den Sitzbänken. Sternegucker können im zur Universität gehörigen **Townsend Observatory** einen Blick durch das 15-cm-Refraktorteleskop von 1864 werfen. ☉ Okt–März Fr 20–22.30 Uhr, Eintritt frei.

Canterbury Museum

Gegenüber vom Arts Centre befindet sich in einem neugotischen Gebäude von 1870 das **Canterbury Museum**. Es wurde von dem aus Deutschland stammenden Naturforscher Julius von Haast begründet. Er vermachte dem Museum eine ägyptische Mumie, die er 1886 für $24 gekauft hatte. Die Verbindung der Stadt Christchurch zu den verschiedenen Antarktis-Expeditionen wird u. a. durch eine Ausstellung mit diversen eingesetzten Fahrzeugen veranschaulicht. Die Maori-Sammlung schmücken reizend altmodische Dioramen mit Pinguinen und Weddellrobben und Alltagsszenen aus dem Leben der Maori, dazu einige tolle Schnitzereien. Ein Schrein für Kiwi-Kitsch ist das **Fred and Myrtle's Paua Shell House**, das ursprünglich in Bluff stand. ☉ tgl.: Okt–März 9–17.30, April–Sep 9–17 Uhr; Spende. Nebenan befindet sich das **Christ's College**, die elitärste Privatschule der Stadt. Führungen werden nicht angeboten, doch jeder kann sich auf dem Gelände umsehen, um die viktorianische Architektur zu bewundern.

Hagley Park und Umgebung

Museum und Christ's College bilden die Schnittstelle zwischen Stadtzentrum und **Hagley Park**. Im Park befinden sich die schönen Botanic Gardens, ein Golfplatz und Sportplätze. Am Wochenende scheint sich hier die gesamte Be-

völkerung von Christchurch zu versammeln, um zu bummeln oder sich sportlich zu betätigen. In den **Botanic Gardens**, Eingang am Tor in der Rolleston Avenue, arbeitet man nach Kräften daran, dass Christchurch seinem Ruf als „Garden City" gerecht wird. Hier findet sich eine Vielfalt an einheimischen und exotischen Pflanzen und Bäumen. Im Sommer und Herbst stellen die mehrjährigen Pflanzen regelmäßig ein strahlend schönes Farbenmeer zur Schau. Zum Komplex gehört auch ein Kräutergarten mit verschiedenen Gewürz- und Heilpflanzen, die bezaubernde Düfte verströmen. Einen erholsamen Bummel ermöglicht der ab Dezember erblühende Rose Garden mit über 250 Rosenarten.

Die Gärten umschließt eine Schleife des Avon River, deshalb können sie auch vom Wasser aus erkundet werden. Antigua Boat Sheds, 2 Cambridge Terrace, ✆ 03/366 5885, 🖥 www.boatsheds.co.nz, vermietet Paddelboote ($20 je 30 Min. für 2 Pers.), Kanus (Einsitzer $10 pro Std., Doppelsitzer $20 pro Std.) und Ruderboote ($20 je 30 Min.). ☉ tgl. 9.30–17.30 Uhr. Besucher können sich auch von einem schmuck in gestreiftem Blazer und Strohhut gekleideten Gondoliere von **Punting on the Avon**, ✆ 03/366 0337, 🖥 www.punting.co.nz, in einem **Stechkahn** über den Fluss staken lassen (30 Min. $20 p. P.).

Am Südrand des Hagley Park verschlingt das Christchurch Hospital beinahe die kleine, 1928 aus Backstein und Schiefer errichtete **Nurses' Memorial Chapel** in der Riccarton Avenue. Die Kapelle wurde nach dem Tod von drei in Christchurch ausgebildeten Krankenschwestern benannt, die bei einem Torpedoangriff 1915 an Bord eines Truppenschiffes ums Leben kamen. Vier Buntglasfenster der englischen Glaskünstlerin Veronica Whall hellen das ansonsten dunkle Innere mit den niedrigen Decken etwas auf. ☉ Mo–Sa 13–16 Uhr, Eintritt frei.

Außerhalb des Zentrums

Ein paar schöne Stunden in den Botanic Gardens finden nach einem Bummel durch den North Hagley Park ihre logische Fortsetzung in einem Besuch des wunderbaren Anwesens **Mona Vale**, 63 Fendalton Rd. Das Gelände gehörte ursprüng-

Christchurch Großraum

Orana Park (3 km)   Kaikoura (190 km)

Willowbank (1 km)

Von Christchurch nach Süden

Antarctic Centre (3 km), Flughafen (4 km)

Arthur's Pass (150 km)

Air Force Museum (3 km), Ashburton (80 km)

Akaroa (80 km)

GARDINERS ROAD
HIGHSTEAD ROAD
SAWYERS ARMS ROAD
NORTHCOTE ROAD
HAREWOOD ROAD
WINTERS ROAD
GRIMSEYS RD
WALTERS ROAD
MAIREHAU ROAD
EXPRESSWAY
LAKE TERRACE ROAD
MARSHLAND
LAKE ROAD

A

74

CRANFORD ROAD
INNES STREET
HILLS ROAD
MIRI PI DE
Avon River

ST ALBANS STREET
ST ALBANS
1
2 **B**
C
D **E**
F
HOLLY RD
CANON ST
N AVON RD
STANMORE ROAD
WOODHAM ROAD
RICHMOND
BEALEY AVE

MEMORIAL AVE
ILAM ROAD
CLYDE ROAD
GLANDOVEY RD
FENDALTON RD
FENDALTON
CREYKE RD
University of Canterbury
Mona Vale Gardens
HARPER AVE
North Hagley Park
Botanic Gardens & Museum
ROLLESTON AVE
VICTORIA ST
COLOMBO ST
MANCHESTER ST
BARBADOES ST
FITZGERALD AVE
STANMORE ROAD
G
3
WORCESTER ST

Riccarton Bush
Deans Cottage
KAHU RD
KILMARNOCK ST
DEANS AVE
RICCARTON AVE
CATHEDRAL SQ
HEREFORD ST
CASHEL ST
TUAM ST
ST ASAPH ST
OLLIVERS ROAD
ALDWINS ROAD
LINWOOD

Riccarton Shopping Mall
MIDDLETON RD
WHARENUI RD
CLARENCE ST
MANDEVILLE ST
BLENHEIM ROAD
South Hagley Park
HAGLEY AVE
MADRAS ST
MOORHOUSE AVENUE
MONTREAL ST
DURHAM ST
WORDSWORTH ST
WALTHAM RD
SHAKESPEARE
AMI Stadium

I
RICCARTON
Bahnhof
s. Karte Christchurch Zentrum

Addington Raceway A & P Showgrounds
BIRMINGHAM RD
ANNEX ROAD
SOUTHERN MOTORWAY
ADDINGTON
ANTIGUA ST
SELWYN STREET
MONTREAL ST
COLOMBO ST
OPAWA ROAD
RICHARDSON
Heathcote

73
75
LINCOLN ROAD
HOON HAY ROAD
MILTON ST
WILSONS ROAD
74

SPREYDON
BARRINGTON STREET
TENNYSON ST
CENTAURUS ROAD

HILLMORTON
75
HASWELL ROAD
HENDERSON ROAD
SPARKS ROAD

HOON HAY
CASHMERE ROAD
DYERS PASS RD
HACKTHORNE ROAD
CENTAURUS ROAD

CASHMERE
HUNTSBURY
N

6
O
Mount Vernon Park

7 (4 km), Governors Bay (8 km)

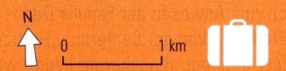

Übernachtung

Abbot House	M
Amber Park	I
Cashmere Heights	N
Cave Rock	K
The Charlotte Jane	B
Christchurch Top 10	A
Colonial Inn Motel	F
Diplomat Motel	C
The Old Countryhouse	G
The Marine	L
Onuku	O
Randolph	D
South Brighton Holiday Park	H
Strathern Motor Lodge	E K
Sumner Bay Motel	J
Villa Alexandra	

Restaurants & Cafés

Brigitte's	2
Club Bazaar	5
Indian Sumner	5
Joe's Garage	4
Poseidon	4
Sign of the Kiwi	7
Sign of the Takahe	6
Tutto Bene	1
Under the Red Verandah	3

PAZIFIK

Queen Elizabeth II Park

BEACH ROAD
ASCOT AVE
BURWOOD ROAD
TRAVIS ROAD
BARKERS RD
MARRIOTS RD
BOWER AVE
MARINE PARADE
LONSDALE ST

Pier

NEW BRIGHTON

NEW BRIGHTON ROAD
AVONDALE RD
BEXLEY ROAD
WAINONI ROAD

SOUTH NEW BRIGHTON

KERRS RD
PAGES ROAD
BREEZES ROAD
BEXLEY ROAD
BRIDGE ST
ESTUARY

Nga Hau E Wha National Marae

BUCKLEYS RD
DYERS ROAD

H

BROMLEY

LINWOOD AVENUE
HARGOOD ST

Ästuar der Flüsse Heathcote und Avon

FERRY ROAD
RADLEY ST
River
GARLANDS RD

SOUTHSHORE

CAUSEWAY

McCormacks Bay

FERRYMEAD

TUNNEL ROAD

Moa Bone Point Cave

MOUNT PLEASANT

REDCLIFFS
Moncks Cave

MAIN ROAD

Pegasus Bay

J

K 4

Cave Rock

Sumner Head

BARNETT PARK WALKWAY

alte Trasse nach Lyttelton nur Güterverkehr

MOUNT PLEASANT ROAD

Barnett Park

MONKS BAY

REVELATION DRIVE

L

M

NAYLAND

5

PORT HILLS ROAD

HILLSBOROUGH

Mary Duncan Park

BRIDLE PATH ROAD

74

WALHEAD AVENUE

SUMNER

STREET

TUNNEL ROAD

HEATHCOTE VALLEY

John Britten Reserve

Scarborough Farm Park

Castle Rock Reserve

Christchurch Gondola

SCENIC DRIVE

EVANS PASS RD

TAYLORS MISTAKE

LYTTELTON TUNNEL

▼ Lyttelton (3 km)   ▼ Lyttelton (4 km)

Von Christchurch nach Süden

lich zum Anwesen der Familie Deans (s. u.) und wird heute von der Canterbury Horticultural Society gepflegt. Ringsherum liegen wunderbare Rabatten mit Rosen, Dahlien und Fuchsien zwischen Magnolien und Rhododendronbüschen. Das Badehaus wurde in ein Gewächshaus verwandelt. Im Wohngebäude kann man zu Mittag speisen, und Romantiker können eine Runde im **Stechkahn** drehen ($20 p. P. für 30 Min.).

Botanische Welten liegen zwischen Mona Vale und dem 10 Minuten zu Fuß südwestlich im Vorort Riccarton gelegenen **Riccarton Bush** (auch als Deans Bush bezeichnet), einem Waldstück mit mehreren 500 Jahre alten Kahikatea-Bäumen. Das Überleben dieses wertvollen Bestandes hat die Nachwelt vor allem den schottischen Brüdern William und John Deans zu verdanken, die 1843 in die Gegend kamen und irgendwie der Versuchung widerstanden, gleich ihren gesamten Grundbesitz der sofortigen holzwirtschaftlichen Nutzung zuzuführen.

Heute führt ein Betonpfad durch den Wald, Schilder benennen die hier wachsenden Arten. ◷ tgl. vom Morgengrauen bis Einbruch der Dunkelheit, Eintritt frei, Zugang über die Kahu Rd (Bus 24). Das aus Matai-Holz gebaute winzige **Deans Cottage** wurde von den Gebrüdern Deans direkt nach ihrer Ankunft gebaut und ist eingerichtet wie zu ihren Lebzeiten. ◷ tgl. 9 Uhr bis Einbruch der Dunkelheit, Eintritt frei. Ihre Nachkommen errichteten nebenan das prunkvolle viktorianische **Riccarton House**, 🖳 www.riccartonhouse.co.nz, mit Eichenvertäfelung und Hirschköpfen als Dekoration. Führungen So–Fr 14 Uhr, $15. Samstagmorgens findet hier von 9 bis 12 Uhr ein Bauernmarkt statt.

International Antarctic Centre

Jenseits von Deans Bush verläuft die Memorial Avenue nach Nordwesten Richtung Flughafen und zum International Antarctic Centre, 38 Orchard Rd, 🖳 www.iceberg.co.nz. Das ansprechend präsentierte und dynamische Ausstellungszentrum thematisiert die Geschichte von Neuseelands Engagement in der Antarktis. Zwar ist der Eintrittspreis recht hoch, aber man kann hier leicht einen halben Tag verbringen. Seit Mitte der 1950er-Jahre dient der Flughafen von Christchurch als Stützpunkt für das US-amerika-

nische Antarktis-Programm, in dessen Rahmen jährlich über 140 Flüge zur Basis am McMurdo Sound und dem benachbarten neuseeländischen Außenposten Scott Base absolviert werden. Es finden sich jede Menge Informationen zur Erforschung des sechsten Kontinents und eines empfindlichen polaren Ökosystems. Außerdem werden hier tgl. um 10.30, 13.30 und 15.30 Uhr Zwergpinguine gefüttert.

In der „Snow and Ice Experience" ziehen sich die Besucher eine Daunenjacke über und werden in eine schneebedeckte, antarktische Verhältnisse simulierende Umgebung versetzt, deren Temperatur von -5 °C mit Hilfe eines Windgenerators auf gefühlte -18 °C gebracht wird. Im Eintrittspreis inbegriffen ist der alle 20 Minuten stattfindende „Hägglund Ride", eine 15-minütige Spritztour in einem fünf Tonnen schweren Raupenfahrzeug mit Kettenantrieb.

◷ Okt–April tgl. 9–19, Mai–Sep 9–17 Uhr, Eintritt $55 inkl. aller Aktivitäten, Studierende und Senioren $46. Wer seine Eintrittskarte beim i-SITE erwirbt, kann mit dem Penguin Express vom Square kostenlos zum Center fahren (tgl. 9–17 Uhr zur vollen Stunde, einfache Fahrt normalerweise $7).

Orana Wildlife Park, Willowbank und Umgebung

Selbstfahrer können den Flughafen nördlich umfahren, indem sie der Russley Road und anschließend der McLeans Island Road folgen. So gelangt man zum **Orana Wildlife Park**, ✆ 03/359 7109, 🖳 www.oranawildlifepark.co.nz, 20 km westlich vom Stadtzentrum. Es handelt sich um einen gut organisierten zoologischen Park mit dem Schwerpunkt auf Tieren der afrikanischen Savanne. Die Fütterungszeiten sind so über den Tag verteilt, dass es jede halbe Stunde etwas zu sehen gibt. Man kann sogar Giraffen per Hand füttern und sich auf einem Lkw mit Gitterkäfig auf eine Tour durch das Löwengehege begeben (tgl. 14.15 Uhr, $30). Neuseeland ist durch Kiwis, Tuataras, ein Vogel- und ein Geckohaus vertreten. Ein Shuttle verkehrt um 10 und 13 Uhr vom i-SITE zum Zoo, ✆ 03/379 1699, $25 hin und zurück. ◷ tgl. 10–17 Uhr, Eintritt $24.

Bei weitem nicht so aufregend wie der Orana Park, dafür überschaubarer und persönlicher präsentiert sich das Wildschutzgebiet **Willow-bank Wildlife Reserve**, 60 Hussey Rd, ✆ 03/359 6226, ⌨ www.willowbank.co.nz. Hier gibt es einige Volieren mit einheimischen Vögeln, darunter auch ein Kiwi House, in dem Eier bebrütet und Jungtiere großgezogen werden. Hier findet im Übrigen auch die Veranstaltung Ko Tane Maori Experience statt (S. 582). Die Anfahrt erfolgt mit der Buslinie 11 (alle 30–60 Min.). ⌚ tgl. 10 Uhr bis Abenddämmerung, Eintritt $25.

Auf dem ehemaligen RNZAF-Luftwaffenstützpunkt Wigram, 7 km westlich der Innenstadt, präsentiert das **Air Force Museum**, ✆ 03/343 9532, ⌨ www.airforcemuseum.co.nz, etwa zwei Dutzend historische Flugzeuge. Besonders Kinder haben Spaß an den Flugsimulatoren ($5). Das ehrenamtlich tätige Personal ist mit Begeisterung bei der Sache und veranstaltet tgl. um 11, 13.30 und 15 Uhr verschiedene Führungen (45 Min., $8) durch die Wartungs- und Lagerhangars. ⌚ tgl. 10–17 Uhr, Eintritt frei.

Christchurch Gondola

Schnellen Zugang zu tollen Ausblicken und leichten Wanderwegen auf den Port Hills am südlichen Rand der Stadt bietet eine Fahrt mit der Seilbahn Christchurch Gondola, 10 Bridle Path Rd, ⌨ www.gondola.co.nz. Die Talstation liegt direkt an der Einfahrt zum Lyttelton-Tunnel, 15 Autominuten vom Cathedral Square entfernt. Die Anfahrt erfolgt mit der Buslinie 28 Richtung Lyttelton oder im Rahmen einiger der Stadtrundfahrten (S. 583). Die Gondeln erklimmen den 945 m hohen Gipfel des **Mount Cavendish**, der auch vom Café aus eine schöne Aussicht auf Christchurch, die Canterbury Plains, die vulkanischen Erhebungen der Banks Peninsula und die Neuseeländischen Alpen bietet. ⌚ tgl. 10–22 Uhr oder später, $24 hin und zurück.

Auf dem Gipfel angekommen, laden einige Spazierwege zur Erkundung der Umgebung ein. Für den Rückweg nach unten bietet sich auch eine Fahrt mit dem **Mountainbike** an. Die Mountain Bike Adventure Company, ✆ 0800/424 534, ⌨ www.cyclehire-tours.co.nz, bringt Räder hoch zur Bergstation. Dann hat man zwei Stunden Zeit, um über eine von drei möglichen Strecken hinunterzufahren und dabei die tolle Aussicht zu genießen ($50, Reservierung erforderlich).

Die Strände

Im Sommer findet man an den Stränden der Stadt Erholung von der Hitze. Am schönsten ist **Sumner**, zu erreichen mit dem Bus Nr. 3 von der City Exchange. Dieser Vorort am Meer hat viele Übernachtungsmöglichkeiten und Restaurants für diejenigen, die sich etwas länger dort aufhalten möchten. **Redcliffs**, 10 km südöstlich des Zentrums, liegt am Mündungsbecken der Flüsse Avon und Heathcote unterhalb der mattroten Klippen, denen der Ort seinen Namen verdankt. Der untere Teil der Felswände wurde von der Brandung ausgehöhlt und besteht aus Höhlen, in deren größter einst Moa-Knochen gefunden wurden. Sie weisen darauf hin, dass sich hier vor etwa 700 Jahren eine Wohnstätte der Maori befand. Bei der Fahrt über die Main Road gilt es Ausschau zu halten nach dem großen (jedoch versperrten) Eingang zur **Moa Bone Point Cave**, in der später auch europäische Siedler Unterschlupf fanden.

Folgt man von Redcliffs aus dem Ufer Richtung Osten, geht das Mündungsbecken allmählich in offenes Meer über. Somit erreicht man **Sumner**, einen von Norfolk-Araukarien gesäumten Ort mit Kunsthandwerksläden, Restaurants, Cafés, Weinstuben, Surf-Buden und einem Kino, alle mit Blick auf einen breiten, goldenen Sandstrand. Der Ort wurde nach Dr. J. B. Sumner benannt, seines Zeichens Erzbischof von Canterbury und in den 1850er-Jahren Präsident der Canterbury Association. Heute ist Sumner an Sommerwochenenden ein beliebtes Naherholungsziel, aber auch sonst jederzeit einen Abstecher wert. Hauptattraktion am Strand ist der **Cave Rock**. Von unten ist der Fels von kleinen Hohlräumen durchlöchert wie ein gigantischer Schweizer Käse. 2 km südlich von Sumner liegt Taylor's Mistake, ein schmaler Strand mit ein paar Wohnhäusern sowie der besten Surfbrandung der Stadt.

Zu Fuß gelangt man von Sumner hierher über den **Scarborough Head/Taylor's Mistake Walk** (1 Std. einfach, 3 km, etwas hügelig). Unterwegs eröffnen sich schöne Ausblicke auf die Küste, und in Hobson Bay kommt man an ein paar *baches* (Ferienhäuschen) vorbei. Zum Weg geht´s die Esplanade Richtung Süden zur

Scarborough Road und dann in der Whitewash Head Road direkt auf den Klippen weiter. Wer mit dem eigenen Fahrzeug unterwegs ist, kann von Sumner aus der Verlängerung der Wakefield Street landeinwärts folgen und über den Evans Pass in das nur 6 km entfernte Lyttelton (S. 589) weiterfahren.

Die Port Hills

An einem schönen Abend bietet Christchurch keine bezaubernde Auto- oder Radstrecke als die Fahrt entlang den Port Hills auf der **Summit Road** (s. Kasten) vielleicht mit einem kleinen Abstecher nach Lyttelton. Wer nach Akaroa unterwegs ist, kann den Ort auch über eine Reihe miteinander verbundener, kleiner Landstraßen erreichen, die zusammen in einem kurvenreichen Kurs die Banks Peninsula mit ihren beiden versunkenen Kraterkesseln erschließen. Die ursprünglich für Fußgänger und Karren konzipierte Strecke verläuft ziemlich hoch über dem Meeresspiegel und weist nur wenige wirklich lang anhaltende Steigungen auf. Der Ausblick ist an vielen Punkten im wahrsten Sinne des Wortes überragend.

Über die Hügel ziehen sich verschiedenste Straßen (s. Karte S. 588), die alle möglichen Routenkombinationen ermöglichen. Hier jedoch die klassische **Fahrt über die Port Hills**, die etwa zwei Stunden Zeit erfordert: Man verlässt das Stadtzentrum Richtung Süden über die Colombo Street und folgt am Fuße der Berge der **Dyers Pass Road**. Diese führt am Sign of the Takahe vorbei zum Sign of the Kiwi am Dyers Pass (beide S. 580). Am Sign of the Kiwi biegt links die Summit Road ab, von der sich abwechselnd Ausblicke nach links auf Christchurch und nach rechts auf Lyttelton und sein Hafenbecken ergeben.

Die kurvenreiche, 14 km lange Strecke bis zum Evans Pass säumen mehrere Felsnasen und Aussichtspunkte, von denen sich einige ideal als Picknickplätze eignen. Oder man bestaunt einfach nur den Sonnenuntergang über den Southern Alps.Am Evans Pass zweigt rechts die Straße nach **Lyttelton** ab; von dort führt ein Tun-

Harry Ell und die Summit Road

Die Summit Road war die glühende Leidenschaft des für seinen Gemeinschaftssinn bekannten liberalen Parlamentsabgeordneten und Naturschützers **Harry Ell**. Er träumte von einer Fernstraße mit **Wanderwegen** und 14 **Raststätten** am Rande der Port Hills und an verschiedenen Punkten der Halbinsel bis nach Akaroa. Sein Projekt entwickelte sich Anfang des 20. Jhs. Als Ell 1934 starb, waren erst vier – mehrheitlich nach einheimischen Vögeln benannte – Raststationen aus neuseeländischem Stein gebaut.

Die erste war das feudale, im gotischen Stil gehaltene Gebäude an der Dyers Pass Road, das **Sign of the Takahe**. Es fällt durch seine enormen Dachbalken aus Kauri-Holz auf, die von einer ehemals den Hurunui River überspannenden Brücke stammen. Heute beherbergt das Haus ein edles Restaurant und ein zwangloseres Café (beide S. 580). Für den Preis eines Kaffees kann man einen Blick auf die einzigartigen Friese werfen, die aus alten Versandkisten und Steinen von der Banks Peninsula gefertigt wurden. Beachtenswert sind die heraldischen Verzierungen mit den Erkennungszeichen der frühen neuseeländischen Gouverneure, die Wappen alteingesessener Familien und die Schilde mit Abbildungen bedeutender Ereignisse der britischen Geschichte.

Vom Sign of the Takahe führt die Dyers Pass Road 4 km bergauf zur Summit Road und der zweiten Raststation **Sign of the Kiwi**, heute ein Café (S. 580). Dies ist vielleicht der beste Ausgangspunkt für eine Fahrt über die Summit Road. Vom Sign of the Kiwi aus führt die Summit Road 9 km Richtung Südwesten zum einzigen noch verbleibenden Raum der dritten von Ells Raststätten, dem **Sign of the Bellbird**. An diesem Steinunterstand kann man picknicken und die herrliche Aussicht genießen. Die letzte Raststätte, das **Sign of the Packhorse**, ist heute eine Hütte für Wanderer zwischen dem Mount Bradley und den Remarkable Dykes bei Diamond Harbour (S. 592).

nel zurück nach Christchurch. Links geht es zu den **Stränden** von Sumner und Taylor's Mistake. Geradeaus befindet sich Godley Head (S. 592).

Radfahrer können auf dieser Strecke ohne weiteres einen ganzen Tag verbringen. Es herrscht kein besonders starker Verkehr, doch wenn ein Fahrzeug kommt, erscheint es oft aus heiterem Himmel hinter nicht einzusehenden Kurven, daher sollte man ständig auf der Hut sein. Mountainbiker haben oft die Möglichkeit, von der Straße auf parallel verlaufende Wege auszuweichen.

Auch für **Wanderer** wird hier oben einiges geboten. Da die Busverbindungen eher schlecht sind, muss man zumeist einen Rundweg gehen. Man kann jedoch eigentlich überall an der Summit Road einen netten Pfad finden. Die in den Visitor Centres kostenlos erhältliche Broschüre *Port Hills* zeigt den Verlauf der Fußwege und beschreibt außerdem den **Crater Rim Walkway** (18,5 km einfach, 5 Std., etwas hügelig), der wunderschön direkt am Kraterrand entlangführt.

Übernachtung

Christchurch wartet mit einem beeindruckenden Angebot an Unterkünften auf. Die meisten **Hotels** und Hostels befinden sich im Stadtzentrum, ebenso einige der besseren **B&Bs**.

Die meisten innenstadtnahen **Motels** konzentrieren sich an der Papanui Rd im Nordwesten des Zentrums. Die **Campingplätze** liegen außerhalb des Stadtzentrums und haben meistens eine Bushaltestelle in der Nähe.

Eine Übernachtung im Zentrum ist durchaus angenehm. Wer aber lieber zum Plätschern der Wellen am Strand aufwachen möchte, kann sich auch eine Unterkunft im Vorort **Sumner** suchen (s. Kasten rechts).

Während der Sommermonate sollte man ein paar Tage im Voraus buchen; wer ein bestimmtes B&B im Auge hat, muss sich schon Wochen vorher darum kümmern. Da der Flughafen von Christchurch 24 Stunden am Tag in Betrieb ist, sind die meisten Unterkünfte auf späte Ankunft und frühe Abreise vorbereitet. Bei der Reservierung sollte man immer das Datum überprüfen, besonders wenn man gegen Mitternacht in Christchurch ankommt.

Übernachten in Strandnähe: Sumner

Der am Meer gelegene Vorort Sumner (S. 571) hat einige schöne Unterkünfte und ist schnell mit dem oft verkehrenden Stadtbus Nr. 3 zu erreichen. Restaurants und Kneipen s. S. 580.

Abbott House, 104 Nayland St, ☎ 0800/020 654, 🖳 www.abbotthouse.co.nz. Die attraktiv restaurierte 1870er-Jahre-Villa bietet einen Block vom Strand entfernt Unterkunft in einem Studio mit Küchenzeile oder einer Suite mit großem Wohnzimmer, Küche und Waschmaschine. Beide Einheiten mit TV/DVD, privatem Eingang und Zutaten für ein Frühstück. Studio ❹, Suite ❺

Cave Rock, 16 The Esplanade, ☎ 03/326 5600, 🖳 www.caverockguesthouse.co.nz. Freundliches Gästehaus beim Strand mit Meerblick von einigen der Zimmer und sonniger Lounge. Große Zimmer mit Bad, Zutaten fürs Frühstück werden gestellt. ❺

The Marine, 26 Nayland St, ☎ 03/326 6609, 🖳 www.themarine.co.nz. Das ehemalige Hotel mit Pub wurde in ein helles und lebendiges Hostel umgestaltet. Von den geräumigen 4-Bett-Zimmern und DZ haben einige Zugang zu einer Veranda im Obergeschoss. Für ein leichtes Frühstück wird Toast geliefert; kostenlose Grillbenutzung und Klavier in der Lounge. Dorms $25, Zimmer ❶, mit Bad ❷

Sumner Bay Motel, 26 Marriner St, ☎ 0800/ 496 949, 🖳 www.sumnermotel.co.nz. Das stilvolle Motel bietet einen Block vom Strand entfernt Studios und Apartments mit Balkon oder Terrasse, Sky-TV und DVD-Player. ❺

Villa Alexandra, 1 Kinsey Terrace, Clifton Hill, ☎ 03/326 6291, 🖳 www.villaalexandra. co.nz. Großzügige Türmchenvilla mit sonniger Veranda und Blick auf die Sumner Bay. Zwei Zimmer, dazu ein Apartment im Dachgeschoss, alle mit Bad. Ausgezeichnetes Preis-Leistungs-Verhältnis. Warmes Frühstück erhältlich. Außerdem gibt es noch ein modernes Apartment für Selbstversorger am Strand (3 Nächte Mindestaufenthalt). ❹–❺

Hotels und Motels

Im Zentrum von Christchurch gibt es viele große, vornehme Hotels, deren Zimmer häufig mit Blick auf den Hagley Park, den Cathedral Square oder den Victoria Square aufwarten. Die aufgeführten Häuser sind am oberen Ende der Preisskala angesiedelt, eine Alternative bieten die billigeren Hotels und Motels etwas außerhalb des Zentrums.

Zentrum

Chateau on the Park, 189 Deans Ave, ☎ 0800/808 999, 🖥 www.chateau-park.co.nz. Hotel mit 200 Zimmern in reizender Lage am Rande des Hagley Park, 25 Minuten zu Fuß vom Square, das Hotel hat aber einen eigenen Shuttle. Pool, Restaurants und Cocktail-Bar. ❻

City Central Motel Apartments, 252 Barbados St, ☎ 0508/800 888, 🖥 www.citycentral.co.nz. Modernisiertes Motel mit stilvollen Zimmern mit Flachbildschirm-TV und Parkplätzen, nur 5 Minuten zu Fuß vom Zentrum. Liegt an einer verkehrsreichen Kreuzung, aber die Fenster sind doppelverglast. ❹

City Centre Motel, 876 Colombo St, ☎ 0800/240 101, 🖥 www.citycentremotel.co.nz. Edleres modernes Motel mit Flachbildschirm-TV und Parkplätzen. Überraschend ruhig für die zentrale Lage. ❺

Crowne Plaza, Kilmore St, Ecke Durham St, ☎ 0800/154 181, 🖥 www.crowneplaza.co.nz. Wahrscheinlich das beste der Businesshotels der Stadt. Blick auf den Victoria Square, großartige Lobby und verschiedene Bars und Restaurants. ❼

Focus Motel, 344 Durham St North, ☎ 03/943 0800, 🖥 www.focusmotel.com. Stilvolles Motel in zentraler Lage mit modernen Studios und größeren Units plus tollem Penthouse mit Stadtblick. Units mit Whirlpool kosten $10 extra. Studio ❺, Zimmer ❻, Penthouse ❽

Holiday Inn, 356 Oxford Terrace, ☎ 0800/154 181, 🖥 www.holidayinn.com. Businesshotel am Rand des zentralen Geschäftsbezirks am Avon River. Die Zimmer bieten hohen Standard und alle zu erwartenden Einrichtungen, darunter Hallenbad, begrünter Innenhof, Restaurant und Bar. ❻

Hotel Ibis, 107 Hereford St, ☎ 03/367 8666, 🖥 www.ibishotel.com. Modernes, schnörkelloses Businesshotel im Herzen der Stadt. Kleine Zimmer ohne Minibar, aber geschmackvoll eingerichtet und mit Telefon, Kühlschrank, Tee/Kaffee und LCD-TV. Außerdem Restaurant und Bar. Parkplätze in der Nähe $15 pro Tag. ❹–❺

Hotel So, 165 Cashel St, ☎ 0508/165 165, 🖥 www.hotelso.co.nz. Günstiges Hotel in zentraler Lage, nicht sehr geräumig, dafür sehr stilvoll. Die schicken Zimmer (alle mit Bad) haben Flachbildschirm-TV, kostenloses WLAN, MP3-Player-Anschluss für die Musikanlage und steuerbare Stimmungsbeleuchtung. Außerdem kleines Fitnessstudio mit Sauna und Café/Bar. Die winzigen EZ besitzen wie manche der DZ keine Fenster; wer sich dran stört, nimmt ein etwas größeres DZ ❺. Du/WC sind mehr oder weniger im Zimmer. Zimmerservice kostet $15 pro Tag, ein Parkplatz $16. Gutes Café mit preiswerten Mahlzeiten. EZ $69, Zimmer ❸

Living Space, 96 Lichfield St, ☎ 03/964 5212, 🖥 www.livingspace.net. Einen Katzensprung von den Restaurants und Bars am SOL Square entfernt. Ordentliche und eher kleine Zimmer mit Bad, TV und Kochnische, dazu Gemeinschaftslounge und -küche. Am Wochenende laut. Parkplatz $15. ❹

Tudor Court Motel, 57 Bealey Ave, ☎ 0800/488 367, 🖥 www.tudorcourt.co.nz. Sehr kleines Budget-Motel in ruhiger Lage mit einfachen, gemütlichen Units, ca. 10 Minuten zu Fuß vom Cathedral Square. Kleines Frühstück erhältlich. ❹

Papanui Road

Die Unterkünfte sind auf der Karte S. 568/569 verzeichnet.

Colonial Inn Motel, 43 Papanui Rd, ☎ 0800/111 232, 🖥 www.colonialinnmotel.co.nz. Modernes Motel mit sauberen, komfortablen Units, ca. 15 Minuten zu Fuß vom Cathedral Square. ❹

Diplomat Motel, 127 Papanui Rd, ☎ 0800/109 699, 🖥 www.diplomatmotel.co.nz. Im Herzen des Vororts Merivale, 2 km vom Cathedral Square. Das schicke Motel hat große Units mit separater Küche. Der schöne Pool, Jacuzzi und kostenloses WLAN rechtfertigen den etwas höheren Preis. ❹

Randolph, 79 Papanui Rd, ☎ 0800/537 366, 🖥 www.randolphmotel.co.nz. Ausgezeichnetes modernes Motel auf einem Grundstück im Schatten einer riesigen Buche. Die hübsch eingerichteten Zimmer sind extrem gut ausgestattet, u. a. mit Kochgelegenheit, TV/DVD, Stereoanlage und Waschmaschine. Die Deluxe-Zimmer verfügen über einen Doppel-Whirlpool, und es gibt sogar ein kleines Fitnesscenter für Gäste. ❺

Strathern Motor Lodge, 54 Papanui Rd, ✆ 0800/766 624, 🖥 www.strathern.co.nz. Geräumige, moderne Units mit Kochnische oder komplett ausgestatteter Küche, eins davon mit eigenem Jacuzzi. Kostenloses WLAN. ❹

B&Bs und Gästehäuser

Christchurch hat ein tolles Angebot an B&Bs, sowohl im Zentrum als auch in den grünen Vororten und in Sumner am Meer. Die Preise beginnen bei rund $120.

Zentrum

Eliza's Manor, 82 Bealey Ave, ✆ 03/366 8584, 🖥 www.elizas.co.nz. Luxus-B&B in prächtigem Haus von 1861 mit 8 Zimmern, alle im Stil der Zeit eingerichtet und mit Wärmepumpen ausgestattet. Empfehlenswert sind die geräumigen Heritage-Zimmer. ❻–❽

The George, 50 Park Terrace, ✆ 0800/100 220, 🖥 www.thegeorge.com. Eines der schönsten städtischen Boutiquehotels des Landes, vor kurzem elegant renoviert. Tolle Kunst, coole Bar und edles Restaurant Pescatore mit Blick auf den Hagley Park. Ab $400, manchmal gibt's Sonderangebote im Internet. ❾

The Grange, 56 Armagh St, ✆ 0800/932 850, 🖥 www.thegrange.co.nz. Gute zentrale Budget-Unterkunft, sehr beliebt, 8 kleine Zimmer mit

Prachtvilla

Hambledon, 103 Bealey Ave, ✆ 03/379 0723, 🖥 www.hambledon.co.nz. Luxuriöses, aber gemütliches familiengeführtes B&B mit plüschigem viktorianischem Mobiliar in einem der ältesten und prächtigsten Häuser der Stadt, 1856 für einen der ersten Stadtväter gebaut. Noble, geräumige Suiten. Gratis-Port und -Sherry und köstliches Frühstück. ❽

Bad. Außerdem 8 größere Selbstversorger-Apartments. Zimmer ❹, B&B ❺, Apartment ❺

Orari, 42 Gloucester St, ✆ 03/365 6569, 🖥 www.orari.net.nz. Zwanglos geführtes, mit Kunst geschmücktes B&B in einem großen Haus von 1893, nur ein paar Schritte vom Arts Centre. 10 sonnige Zimmer, alle mit TV, Telefon, Kunst an den Wänden und Bad (eins mit Wanne). Köstliches Frühstück und Willkommenswein. ❻

The Weston House, 62 Park Terrace, ✆ 03/366 0234, 🖥 www.westonhouse.co.nz. Prächtiges neogeorgianisches Haus gegenüber vom Hagley Park mit sehr persönlicher Atmosphäre (es gibt nur zwei Gästesuiten) und sehr gut informierten Gastgebern. Tolle Bibliothek, reizender Garten, köstliches Frühstück und ein Cooper-Rennwagen von 1964 in der Garage. Ab $395. ❾

Windsor, 52 Armagh St, ✆ 0800/366 1503, 🖥 www.windsorhotel.co.nz. Traditionelles Gästehaus mit 40 Zimmern in einem ehemaligen Studentenwohnheim von 1907. Nicht gerade todschick, aber komfortable, saubere und größtenteils ruhige Zimmer (alle ohne Bad), freundliche Mitarbeiter und umfangreiches Frühstück. Kostenloses Internet und WLAN. ❺

Außerhalb der Four Avenues

Die Unterkünfte sind auf der Karte S. 568/569 verzeichnet.

Cashmere Heights, 95 Longhurst Terrace, ✆ 03/332 5211, 🖥 www.cashmereheights.co.nz. Die Ausblicke von diesem modernen, luxuriösen B&B mit nur 2 Suiten sind genauso toll wie die Ausstattung und der Empfang. Kostenlose Abholung vom Flughafen und Bahnhof und grandioses Frühstück. ❽

The Charlotte Jane, 110 Papanui Rd, ✆ 355 1028, 🖥 www.charlotte-jane.co.nz. Das elegante Boutiquehotel mit 12 wunderschönen, holzvertäfelten Zimmern mit Bad, Frühstück auf Wunsch und stilvollem Restaurant (nur Abendessen) ist nach einem der vier Gründerschiffe Canterburys benannt. Die Standard-Zimmer ($395) sind schon ein Traum, aber ab der nächsten Preisstufe ($540) gibt's zusätzlich Whirlpool und Kamin. ❾

Über den Dächern der Stadt

Onuku, 27 Harry Ell Drive, Cashmere, 7 km südlich des Zentrums, ☏ 03/332 7296, 🖳 www.onukubedandbreakfast.co.nz. Einladendes B&B in stilvollem modernem Haus hoch oben in den Port Hills mit atemberaubendem Ausblick auf die Stadt und Zugang zu Wander- und Bike-Routen. Einfache, aber geschmackvolle Zimmer mit Bad und bequemen Betten sowie reichhaltigem Frühstück. Abholung kann arrangiert werden. ❹–❺

Hostels

Die meisten Hostels liegen innerhalb oder unmittelbar außerhalb der Four Avenues, und fast alle bieten ein ausgezeichnetes Preis-Leistungs-Verhältnis (Dorms gewöhnlich um $26, DZ mit Bettzeug und Handtüchern ca. $65). Die meisten Hostels sind auf spät ankommende Flüge eingestellt, und viele bieten Langzeitaufbewahrung für Fahrradtransportkisten und Gepäckstücke, die während des Aufenthaltes auf der Südinsel nicht benötigt werden.

Base Christchurch, 56 Cathedral Square, ☏ 03/982 2225, 🖳 www.stayatbase.com. Das zentrale 300-Betten-Hostel bietet Magnetkarten als Türschlüssel, Café/Bar, einen separaten Bereich für Frauen und ganz oben ein Penthouse. Prima Hostel mit mehreren Aufenthaltsräumen und Pool-Billard. Dorms $28, Frauen-Dorm $30, Zimmer ❷, mit Bad ❸

Chester Street, 148 Chester St East, ☏ 03/377 1897, 🖳 www.chesterst.co.nz. In dem mit nur

Historisches Gemäuer

Dorset House, 1 Dorset St, ☏ 03/366 8268, 🖳 www.dorsethouse.co.nz. Geräumiges Hostel in einem renovierten Haus aus dem Jahr 1871 mit festen Matratzen, umweltfreundlicher Ausrichtung und sogar Bademänteln zum Ausleihen. Parkplätze, Sky-TV und Pool in einem riesigen Aufenthaltsraum mit Buntglasfenstern, WLAN gratis. Außerdem Selbstversorger-Apartments in einem Haus in der Nähe. Dorm $27, Zimmer ❷, Apartment ❸

14 Betten kleinsten Hostel der Stadt herrscht Wohngemeinschaftsatmosphäre. Gemütliche DZ und ein 3-Bett-Dorm. Separates TV-Zimmer, begrenzte Parkplätze auf dem Gelände und hübscher Garten. Dorm $27, Zimmer ❷

Foley Towers, 208 Kilmore St, ☏ 03/366 9720, ✉ foley.towers@backpack.co.nz. Das recht große, um zwei alte Häuser aufgebaute Hostel hat es geschafft, sich eine intime Atmosphäre zu bewahren; dazu tragen auch die aufmerksamen Angestellten, der nette Garten und die vielen DZ und Zweibettzimmer bei. Dorms $23, Zimmer mit oder ohne Bad ❷

Frauenreisehaus Women's Hostel, 272 Barbadoes St, ☏ 03/366 2585, 🖳 www.womenshostel.co.nz. Wunderbar erholsames und vorzüglich ausgestattetes Frauen-Hostel in einem alten und zentral gelegenen Haus. Sehr beliebt bei Leuten, die Duftkerzen, stimmungsvolle Musik, Quellwasser direkt aus dem Garten und haufenweise DVDs mögen. Dorms $26, EZ $43, Zweibettzimmer ❷

Kiwi Basecamp, 69 Bealey Ave, ☏ 0800/505 025, 🖳 www.kiwibasecamp.com. Eines der billigsten Hostels der Stadt, aber doch mit hohem Standard. In einer zweistöckigen Villa untergebracht. Fahrradnutzung, Shuttle in die Stadt und Frühstück – alles kostenlos. Dorms $23, Zimmer ❷

The Old Countryhouse, 437 Gloucester St, ☏ 03/381 5504, 🖳 www.oldcountryhousenz.com. Eines der ruhigsten Hostels der Stadt in zwei Villen mit Holzböden, ausgefallener Inneneinrichtung und geräumigen Dorms. 15 Minuten zu Fuß östlich des Square (Buslinie 21, s. Karte S. 568/569). Dorms $25, Zimmer ❷, mit Bad ❸

Vagabond Backpackers, 232 Worcester St, ☏ 03/379 9677, ✉ vagabondbackpackers@hotmail.com. Sehr freundliches Haus mit nur 30 Betten, einige davon in einem Anbau. Gepflegt, ruhig und sauber. Privatparkplatz, Grillmöglichkeit und reizender Garten. 2 DZ in einem Selbstversorger-Apartment. Dorms $25, Zimmer ❷

YHA Christchurch City Central, 273 Manchester St, ☏ 03/379 9535, ✉ yha.christchurchcity@yha.co.nz. Großes und sehr zentrales Hostel in einem Zweckbau mit vielen angebauten

Ausschlafen in der Zelle

Jailhouse Accommodation, 338 Lincoln Rd, ☎ 03/982 7777 und 0800/524 546, 🖳 www.jail. co.nz. Das viktorianische Gefängnis im neugotischen Stil, das noch bis 1999 genutzt wurde, ist mit viel Fantasie in ein stimmungsvolles Hostel mit DZ und Dorms umgebaut worden. Ein paar Zellen wurden im ursprünglichen Zustand belassen. Hilfsbereite Betreiber, Fahrradverleih ($15 pro Tag), kostenloser DVD-Verleih, kostenloses Billard und guter Espresso. Knapp 2 km südwestlich vom Square. Bus 7 fährt bis vor die Tür. Dorms $26, Zimmer ❷

Zimmern guter Qualität, zwei Küchen, zwei Gemeinschaftsräumen und bestens informierten Mitarbeitern im Reise-, Veranstaltungs- und Reservierungsbüro. Wer im Altbau untergebracht ist, sollte sich eins der äußeren DZ sichern. Kostenlose Parkplätze nur begrenzt vorhanden. Dorms $32, Zimmer ❸, mit Bad und TV ❹

YHA Rolleston House, 5 Worcester Blvd, ☎ 03/366 6564, ✉ yha.rollestonhouse@yha. co.nz. Stilvolle Unterkunft in hervorragender Lage gegenüber des Arts Centre. Jede Menge Dorms und eine begrenzte Anzahl Zweibettzimmer und DZ. Reservierung möglich. Nur begrenzt Parkplätze. Dorms $33, Zimmer ❸, mit Bad ❹

YMCA, 12 Hereford St, ☎ 0508/962 224, 🖳 www.ymcachch.org.nz. Sehr zentrales, hypermodernes YMCA mit spartanisch eingerichteten Dorms, EZ, einfachen DZ und Deluxe-DZ mit Bad und Telefon, Tee/Kaffee und TV. Gäste erhalten erhebliche Rabatte für Fitnesszentrum, Squash-Plätze, Kletterwand und Sauna. Café. Dorms $25, DZ ❷ – ❸

Camping

Die Campingplätze in Christchurch sind bestens auf Zelte und Wohnmobile eingestellt und bieten gute Deals für Cabins. Da sie aber alle recht weit vom Zentrum entfernt liegen, ist eine Übernachtung in einem der sehr guten Hostels der Stadt wohl praktischer.

Die Campingplätze sind auf der Karte S. 568/569 verzeichnet.

Amber Park, 308 Blenheim Rd, Upper Riccarton, ☎ 03/348 3327, 🖳 www.amberpark.co.nz. Großer, grasbewachsener Platz mit allen Annehmlichkeiten, nur 4 km südlich der Stadt. Die Buslinie 5 hält direkt am Eingang, Bahnhof und Canterbury University liegen in der Nähe. Stellplätze $19, Cabins mit Bad ❷, mit Küche ❸, Motel Units ❹

Christchurch Top 10, 39 Meadow St, Papanui, ☎ 0800/396 323, 🖳 www.meadowpark.co.nz. 5 km nördlich des Square am SH74, zu erreichen mit Bus 11, 12 und 13. Großer Platz in der Nähe von Supermärkten und Restaurants, mit allen möglichen Einrichtungen inkl. beheiztem Hallenbad. Camping $37 pro Stellplatz, Cabins ❷, Selbstversorger-Chalets ❸, Motel Units ❺

South Brighton Holiday Park, 59 Halsey St, South New Brighton, ☎ 03/388 9844, 🖳 www.southbrightonmotorcamp.co.nz. Mittelgroßer Platz in Strandnähe, 7 km östlich des Zentrums, mit guten Einrichtungen. Stellplätze $16, Cabins ❶, Selbstversorger-Cabins ❷

Essen

Christchurch hat mehr Restaurants, Cafés, Bars und Kneipen zu bieten als alle anderen Städte auf der Südinsel. Die Palette umfasst exklusive Gourmet-Küche, kleine, preiswerte ethnische Restaurants sowie zahlreiche coole Cafés und Bars. Da Cafés und Kneipen häufig auch gute Mahlzeiten servieren und Restaurants oft über geschmackvolle Bars verfügen, in denen zu fortgeschrittener Stunde auch getanzt wird, sind die Grenzen zwischen Ess- und Trinklokalen in Christchurch fließend.

Fahrendes Restaurant

Wer Sightseeing und Nahrungsaufnahme verbinden möchte, kann dies in der Straßenbahn im **Restaurant Tram** tun, ☎ 03/366 7830, 🖳 www.tram.co.nz, wo neben kulinarischen Highlights von Christchurch auch andere Klassiker der Kiwi-Küche auf den Tisch kommen. Ab $73 für 4 Gänge. ◷ Abfahrt tgl. um 19.30 Uhr.

Zentrum

Wer in Christchurch etwas essen oder trinken gehen möchte, muss den Bereich innerhalb der Four Avenues nicht verlassen, sondern findet schon eine beträchtliche Auswahl in unmittelbarer Nähe des Cathedral Square. Kulinarisch besonders interessante Gegenden sind das südöstliche Ende der High St (um Lichfield und Tuam St) mit originellen Cafés und guten Lokalen für ein Mittagessen sowie der als „The Strip" bekannte Abschnitt der Oxford Terrace zwischen Cashel St und Gloucester St am Avon. Dort finden sich zahlreiche Restaurants und Bars mit Sitzgelegenheiten unter freiem Himmel. Hierher kommen viele Angestellte aus der Innenstadt gern zu einem After-Work-Drink und zum Abendessen oder später zum Abfeiern, am Wochenende vielleicht bei DJ-Musik. Coolere Läden finden sich allerdings um den SOL Square und die Lichfield Lanes herum, beides nicht weit von der Lichfield St; hier gibt's einige tolle Bars, von denen einige auch Essen servieren. Nützliche Adressen für **Selbstversorger** sind der Supermarkt New World, 555 Colombo St, und der Fischmarkt City Seafood Market, 277 Manchester St.

Cafés und Takeaways

Café Metro, Colombo St, Ecke Kilmore St. Eines der besten Cafés im Viertel, direkt neben der Stadthalle (Town Hall). Hervorragender Kaffee, gute Auswahl an Quiches und Kuchen, Zeitschriften zum Schmökern. ☺ Fr und Sa auch Abendessen.

Copenhagen Bakery, 119 Armagh St. Bäckerei und Café, prima für frische Sandwiches, Croissants, Quiches, Pies etc. ☺ Mo–Fr 7–11 Uhr.

Globe Café, 171 High St. Wunderbares Café und Mittagstreff für die Studenten der Jazz-

Akademie auf der anderen Straßenseite. Innen geräumig; auch Tische im Freien. Enorme Auswahl an Teesorten, dazu Panini in zahlreichen Variationen, Salate, Quiches und köstlicher Kuchen. Alkoholausschank.

Herb Centre, 225 Kilmore St. Tagescafé mit koffeinfreien Getränken, Säften, Biokaffee, glutenfreien Speisen und Qualitätsküche zu günstigen Preisen. Nebenan ist der Bioladen **Piko Healthfoods**, der auch Biobrot verkauft. ☺ So geschl.

Le Café, im Arts Centre, Worcester St, ☎ 03/366 7722. Beliebtes, stimmungsvolles Café mit Frühstücksspecials, Sandwiches, Hauptgerichten ($15–22), leckerem Tiramisu ($10) und köstlichen Boysenbeeren-Smoothies. ☺ tgl. 7–24 Uhr.

Procopé Coffee House, 165 Victoria St. Entzückendes kleines Café (ohne Alkoholausschank) mit schattigen Tischen im Freien; himmlische Salate, Rösti mit Räucherlachs ($17) und eine köstliche Mittagsplatte für 2 Pers. ($24).

Restaurants

Annie's, im Arts Centre, Worcester St, ☎ 03/365 0566. Reizendes Weinrestaurant mit gewienertem Holzfußboden und Sitzgelegenheiten im sonnigen Innenhof. Mittagsgerichte $15–20, Hauptgerichte abends $24–35.

Bangalore Polo Club, 136 Oxford Terrace, ☎ 03/377 9968. Die britische Herrschaft über Indien erwacht in diesem etwas gekünstelten Restaurant mit Bar am Strip wieder zum Leben. Gut für leichtere Mahlzeiten wie Currys, Pizza, Risotto oder Steak-Sandwiches. ☺ bis in die frühen Morgenstunden.

Chinwag Eathai, 161 High St, ✆ 03/365 7363. Eine ganzes Stück besser als durchschnittliche Thai-Restaurants: Stilvolles, holzvertäfeltes Restaurant mit innovativen Cocktails und wunderbar frischem Essen wie im Wok gebratenem jungem Tintenfisch mit Knoblauch und Ingwer ($24). Auch zum Mitnehmen.

Dux de Lux, Hereford St, Ecke Montreal St. Etwas in die Jahre gekommenes, aber nach wie vor beliebtes Restaurant mit Tischen im Freien und einem sehr guten Ruf für Seafood- und vegetarische Gerichte zu vernünftigen Preisen. Seafood-Jambalaya oder Gourmet-Pizzas gibt es für unter $26. Dazu passt vielleicht eins der vor Ort gebrauten guten Biere (Probierset $14). Toll, um an Sommerabenden draußen zu sitzen, besonders Mi–Sa, wenn es gewöhnlich kostenlos Livemusik gibt.

Hay's Restaurant, 63 Victoria St, ✆ 03/379 7501. Edles Restaurant, besonders für Lammfleischfreunde ein Muss: Das hervorragende Lammfleisch stammt von den Ländereien der Besitzer auf der Banks Peninsula. Abgerundet werden die fantasievollen und köstlichen Speisen durch eine Auswahl an süffigen Weinen. Hauptgerichte $35–40. ⏱ im Winter So und Mo geschlossen.

Oxford on Avon, 794 Colombo St, ✆ 03/379 7148. Pub am Ufer des Avon, berühmt für große Portionen mit schnörkellosem, billigem Essen, darunter ein Frühstücksbuffet für $17 und Braten (mittags $13, abends $18). Immer recht voll.

Raj Mahal, 221 Manchester St, ✆ 03/366 0521. Hervorragender, alteingesessener Inder mit starkem Gujarat-Einfluss und umfangreicher

Echt exotisch

The Bodhi Tree, 808 Colombo St, ✆ 03/377 6808. Zwangloses burmesisches Restaurant, das sich mit Gerichten wie Fischfilet mit Tamarinde, Koriander, Chili und Tomaten ($16) und Schälerbsen-Tofu-Salat sehr großer Beliebtheit erfreut. Reservierung dringend zu empfehlen. Alkoholausschank und BYO. ⏱ nur abends, Mo geschl.

Romantisch und edel

Retour, 230 Cambridge Terrace, ✆ 03/365 2888. Romantisches Restaurant im verglasten Musikpavillon am Ufer des Avon mit einer Küche, die zur besten der Stadt gehört. Hauptgerichte ($35–40) wie karamellisierte Ente mit Kartoffelgratin und asiatischem Gemüse. Mittags (nur Do und Fr) erheblich billiger. ⏱ Mo geschl.

Karte ohne Schwein und Rind. Auch zum Mitnehmen. Alkoholausschank und BYO.

Saggio di Vino, 185 Victoria St, Ecke Bealey Ave, ✆ 03/379 4006. Edles Slow-Food-Restaurant mit zeitgenössischer Karte und Gerichten wie Wildlende auf Polenta ($40) oder Trompetenfischfilet auf Safranrisotto ($35). Fast alle Weine auf der erstklassigen Weinkarte sind auch pro Glas erhältlich, jedoch nicht jene in der „Weinbibliothek" – die sind nur für echte Kenner! ⏱ tgl. abends.

Topkapi, 185 Manchester St. Günstiges türkisches Lokal mit gutem Döner ($11–14), Iskender-Kebap ($18–22) und süßer Baklava. Alkoholausschank und BYO für Wein.

Valentino's, 813 Colombo St, ✆ 03/377 1886. Populäres italienisches Lokal mit köstlicher Pizza ($20–25), Nudelgerichten ($20) und Hauptgerichten ($30). Drinnen ist das Restaurant mit Filmplakaten dekoriert; es gibt auch Tische draußen. Gute Weinkarte (viele im Glas erhältlich), am Wochenende auch Mittagessen.

Papanui Road und Merivale

Es gibt kaum einen Grund, zum Essen auf die Vororte von Christchurch auszuweichen, doch das Zentrum des Vororts Merivale liegt günstig, wenn man in der Papanui Road oder im Norden der Stadt untergebracht ist. Karte S. 568/569

Brigitte's, Hawkesbury Building, Aikmans Rd, Merivale. Lebhaftes und zwangloses Lokal mit Weinbar und sonniger Freiterrasse. Caesar Salad $19, Tempura-Fish'n'Chips $24. ⏱ Fr und Sa auch abends.

Tutto Bene, 192 Papanui Rd, ✆ 03/355 3744. Extrem beliebtes traditionelles italienisches Restaurant. Pizza, Pasta und Risotto um $25,

Indisch in Sumner

Indian Sumner, 11a Wakefield Ave, ✆ 03/326-4777. Hervorragende Currys an Tischen im Freien, zum Mitnehmen oder mit etwas Glück auch in den etwas engen, aber stimmungsvollen Räumlichkeiten. Kleine, aber feine Auswahl an Hauptgerichten ($12–18). Schanklizenz und BYO. ◷ nur abends.

Hauptgerichte $33. Alkoholausschank und BYO (Korkgebühr $7). Reservierung sehr zu empfehlen. ◷ nur abends.

Sumner

Selbst wenn man nicht in Sumner nächtigt, lohnt ein Abstecher hierher, um am Strand zu bummeln, ein Bierchen zu trinken oder einen Happen zu essen. Bus Nr. 3 fährt bis ungefähr 23 Uhr zurück.
Karte s. S. 568/569.
Club Bazaar, 15 Wakefield St, ✆ 03/326 6155. Seit 1988 hier ansässiger Pizzaladen und entsprechend gealtert, aber Pizza und Pasta (um $20) haben nichts an Qualität eingebüßt.
Joe's Garage, 19 Marriner St. Das beste Café in Sumner mit super Espresso, kostenlosem WLAN und Gerichten wie paniertem Rinderschnitzel, Pommes und Tomaten-Kräuter-Sauce ($18).
Poseidon, 25 The Esplanade, ✆ 03/326 7090. Das perfekte Lokal für einen Sonnenuntergangsdrink direkt am Strand. Auch das Essen ist gut (Hauptgerichte $33), man muss es allerdings gegen die Möwen verteidigen.

Port Hills

Auf den Port Hills gibt es kaum Einkehrmöglichkeiten, aber die beiden folgenden Lokale sollten die meisten Bedürfnisse befriedigen. Karte S. 568/569
Sign of the Kiwi, Dyers Pass Rd, Ecke Summit Rd. Recht einfacher Tearoom an einer Passhöhe mit herrlichem Ausblick auf Christchurch und die Southern Alps. ◷ tgl. 10–16 Uhr.
Sign of the Takahe, Dyers Pass Rd, Cashmere, ✆ 03/332 4052, 🖥 www.signofthetakahe.co.nz. In diesem prächtigen herrschaftlichen Gebäude gibt es zwei Restaurants. Das Signature

Restaurant bietet in edler Atmosphäre erstklassige Küche und dazu weite Ausblicke hin zu den Southern Alps. Die Speisekarte enthält französische Gerichte mit neuseeländischem Touch; Hauptgerichte $34–39. ◷ abends. Das etwas einfachere Restaurant SOH ist ein Café im Souterrain mit Tischen draußen auf dem Rasen und bietet gutes Frühstück, Muffins und Gerichte wie Caesar Salad mit Huhn ($19) und eine Aufschnittplatte ($26). ◷ ganztägig.

Unterhaltung und Kultur

Das Nachtleben spielt sich zumeist an der Manchester Street und in deren Nähe zwischen Gloucester und Lichfield Street ab. Die Gassen bei der Lichfield Street, besonders der **SOL Square** und die **Lichfield Lanes**, sind die Partymeile der Stadt.

Bars und Kneipen

Belgian Beer Café Torenhof, 88 Armagh St, ✆ 03/377 1007. Lebhaftes und beliebtes kneipenähnliches Restaurant mit belgischer Küche und vielen guten Biersorten. Typische Gerichte sind etwa Muscheln mit Zitrone und Koriander ($25) oder flämischer Rinderschmortopf ($23). Nachmittags liegt die Terrasse am Avon schön in der Sonne.
Cartel, His Lordship's Lane, 96 Lichfield St. Winzige dunkle Bar mitten im Geschehen mit Sofas draußen auf der Gasse.
Dux de Lux (S. 579). Die Bar hat viele preisgekrönte Biersorten und Livemusik.
Iconic, 200 Manchester St, Ecke Gloucester St. Große und laute Sportbar mit Großbildschirmen, Pooltischen und fetter Anlage. Getränke-

Kiwi-Retro

The Fish & Chip Shop, His Lordship's Lane, 96 Lichfield St. Funkige, beliebte Bar im Kiwi-Retro-Stil. Die Feinheiten entgehen dem ausländischen Besucher vielleicht, die Stimmung ist aber trotzdem gut, und es gibt sogar (teure) Fish`n`Chips, die in Zeitungspapier gewickelt an Resopaltischen serviert werden.

Specials, Veranstaltungen und reichhaltige Mahlzeiten.

Izba, 140 Lichfield St (Nähe Poplar St). Russische Wodkabar, eingerichtet wie ein russisches Landhaus *(izba)*. Nicht alle Wodkasorten durchprobieren!

Liquidity, 128 Oxford Terrace. Eine von einem runden Dutzend fast identischer Bars am Strip. Hauptgerichte $26–35, Tische draußen mit Blick auf den Avon, später dann DJs drinnen (Do–Sa ab 21.30 Uhr).

Sullivan's, 150 Manchester St. Recht traditioneller irischer Pub mit irischer Livemusik Mi–Sa und am Wochenende spät am Abend Tanz.

Twisted Hop, 6 Poplar St. Pub mit rauem Betonboden und stilvoller Beleuchtung sowie im Fass gereiften Bieren nach englischer Brauart. Gerichte von Pizza ($21) und Steak mit Pommes frites ($29) bis zu Fisch mit Pommes und Erbsenbrei ($24). Probierset mit 6 Bieren $17, auch Tische draußen an einem Brunnen im Gaudí-Stil.

Winnie Bagoes, 194 Gloucester St. Edler Club mit Holz, Metall und rotem Backstein. Fass- und Flaschenbiere, Cocktails, gute Weinkarte und ordentliche Pizza. Am Wochenende DJs.

Clubs und Gigs

Zu Wochenbeginn ist es eher ruhig in Christchurch, aber ab donnerstags belebt sich die Stadt, wenn innerhalb der Four Avenues mehr Läden geöffnet haben. Neben den großen Clubs gibt es immer mehr Bars, die sich am Wochenende die Dienste von DJs sichern. Einige Kneipen bieten Livemusik an, die meisten allerdings eine etwas magere Diät aus Coverbands, Irish Folk oder einheimischen Rock-„Größen".

Wer sich einfach nur treiben lassen und der Menge folgen möchte, wandert in die Gegend, wo sich Lichfield und High Street kreuzen. Alternativ dazu fährt man nach Lyttelton, wo eigentlich immer irgendwas los ist.

Informationen über Livebands und DJs enthält der wöchentlich erscheinende Clubguide JAGG, 🖥 www.jagg.co.nz, der kostenlos in Kneipen ausliegt.

Al's Bar, 31 Dundas St, ✆ 03/366 6877, 🖥 www.alsbar.co.nz. Livemusik von Bands aus der Stadt und manchmal kleinere ausländische Acts, zumeist Do–So.

Concrete Club, 132 Manchester St. Cooler, stimmungsvoller Kellerclub mit Musik von Roots bis Drum 'n' Bass. ⏰ Do–Sa.

Foam, 30 Bedford Row. Entspannte Underground-Atmosphäre, weiche Grooves und gute Cocktails.

Ministry, 90 Lichfield St, ✆ 03/379 2910. Einer der größten und lebendigsten Clubs mit zwei Tanzflächen und dröhnendem Drum 'n' Bass und Hardcore bis zum Morgengrauen. Außerdem Loungebar. ⏰ Ab etwa Mitternacht und gewöhnlich mit Eintrittsgebühr.

Rock Pool, 85 Hereford St. Breite Auswahl an importierten Bieren, Cocktails und 22 Billardtische sowie stets voll aufgedrehte Anlage. ⏰ tgl. 9 Uhr bis spät. Oben ist Mickey Finn's Irish Bar.

Kino

Academy Cinema, im Arts Centre, ✆ 03/366 0167, 🖥 www.artfilms.co.nz. Kino für künstlerisch anspruchsvollere Filme mit den beiden Filialen Academy Classic und Cloisters.

Hoyts 8, Moorhouse Ave, ✆ 0508/446 987. Multiplex-Kino am südlichen Ende der Manchester St.

Regent, 94 Worcester St, ✆ 0508/446 987. Kino mit vier Leinwänden am Cathedral Square.

Rialto, 250 Moorhouse Ave, ✆ 03/374 9404, 🖥 www.rialto.co.nz. Kino mit 3 Sälen und leicht künstlerischer Ausrichtung.

Theater und Konzerte

Klassische Musik und ernsthaftes Schauspiel werden in Veranstaltungsorten wie Town Hall und Arts Centre geboten.

Veranstaltungshinweise werden im *Go Guide* veröffentlicht, der freitags in der Tageszeitung *The Press* erscheint.

Im Sommer gibt es im Hagley Park ein abwechslungsreiches Programm an Konzerten. Informationen dazu unter 🖥 www.summer times.org.nz.

Court Theatre, im Arts Centre, 20 Worcester Blvd, ℘ 0800/333 100, 🖥 www.courttheatre.org.nz. Der größte Stern am Theaterhimmel von Christchurch ist Auftrittsort für eines der ältesten und angesehensten Ensembles Neuseelands, das neben Mainstream-Theater auch Avantgardistischeres drauf hat. Tickets gewöhnlich $30–50.

Ghost Walk, ℘ 03/963 087, 🖥 www.courttheatre.org.nz. Schauspieler des Court Theatre führen unterhaltsame Abendspaziergänge durch die dunklen und geheimnisvollen Gänge des Arts Centre. Mi–Fr, Okt–März um 21, April–Sep 20 Uhr, $20.

Isaac Theatre Royal, 145 Gloucester St, ℘ 03/366 6326. Schöner, alter Veranstaltungsort im edwardianischen Stil, zieht Mainstream-Acts aus dem Rock- und Jazzbereich an.

Town Hall, Victoria Square. Konzertgebäude für alle möglichen Kulturveranstaltungen, z. B. Klassik und Ballett.

Maori-Veranstaltungen

The Chronicles of Uitara – Lost In our own Land, Ferrymead Historic Park, 8 km südöstlich der Innenstadt, ℘ 0508/826 254, 🖥 www.globalstorytellers.com. Ein unter die Haut gehender dreistündiger Versuch, die Auswirkungen der europäischen Kolonialisierung auf die Maori sowie das Zusammentreffen der beiden Kulturen zu veranschaulichen. Schauspieler zeigen, wie ein geruhsames *pa* und Maori-Dorf plötzlich von Kolonialisten überfallen wird. Bei einer Straßenbahnfahrt durch die hierher versetzten viktorianischen Gebäude des Ferrymead Historic Park werden den Zuschauern die Spannungen vermittelt, die unter der Oberfläche brodeln, als die Werte der Maori langsam aber sicher von denen der Pakeha verdrängt werden. Ein Abendessen und eine kurze Fahrt mit einer Dampfeisenbahn runden den Abend ab. Die Veranstaltung findet fast jeden Abend statt; Eintritt $126.

Ko Tane: The Maori Experience, im Willowbank Wildlife Reserve (S. 571), ℘ 03/359 6226, 🖥 www.kotane.co.nz. Abgesehen von Rotorua bietet Christchurch eine der besten Möglichkeiten, ein Maori-Konzert zu erleben.

Das kürzeste Programm besteht aus einer kulturellen Darbietung und einer Fahrt durch Willowbank (1x am Abend oder 2x am Abend, Eintritt $48, mit Führung durch den Park $65). Die komplette Maori Experience ($110) beinhaltet zusätzlich ein Abendessen à la carte.

Sportveranstaltungen

AMI Stadium, 🖥 www.amistadium.co.nz, südöstlich des Zentrums nahe der Kreuzung von Moorhouse Ave und Ferry Rd, zumeist unter dem ursprünglichen Namen Lancaster Park bekannt. Hauptveranstaltungsort für die großen Zuschauersportarten wie **Cricket** im Sommer und **Rugby** an den Wochenenden im Herbst und Winter.

Aktivitäten

Christchurch ist eine gute Basis für die Erkundung der Umgebung, und es bieten sich etliche Möglichkeiten aktiv zu werden.

Ballonfahrten

Aoraki Balloons, Methven, ℘ 0800/256 837, 🖥 www.nzballooning.co.nz. Tolle Rundflüge für $385, Standby $335.

Up Up And Away, ℘ 03/381 4600, 🖥 www.ballooning.co.nz. Sanfte Rundflüge am frühen Morgen mit herrlicher Aussicht auf Christchurch, Berge und Küste ($320).

Hochlandtouren

Hassle-free Tours, ℘ 0800/148 686, 🖥 www.hasslefree.co.nz. Eine abwechslungsreichere Alternative zur Fahrt mit dem TranzAlpine ist die Alpine Safari (10 Std., $375), die eine Jetbootfahrt auf dem Waimakariri River, eine Geländetour im Jeep auf einer Hochlandfarm und die Rückfahrt mit dem TranzAlpine ab Arthur's Pass umfasst.

Panzerfahren

Es hört sich vielleicht verrückt an, aber bei **Tanks for Everything**, 980 McLeans Island Rd, ℘ 03/359 1007, 🖥 www.tanksforeverything.co.nz, in der Nähe des Flughafens, kann man selbst einen Panzer fahren. Nach einer 45-minütigen Führung vorbei an den verschiedenen Militärfahrzeugen folgt eine 15–25-minütige

Von Christchurch nach Süden

Unterweisung, dann darf man das Steuer übernehmen. Preise je nach Fahrzeug $150–695.

Paragliding
Nimbus Paragliding, ☎ 0800/111 611, 🖥 www.nimbusparagliding.co.nz, aktiviert die Adrenalindrüse mit 20-minütigen Tandemflügen von den Port Hills oberhalb von Taylor's Mistake ($160 p. P.).

Schwimmen
Centennial Leisure Centre, Armagh St, ☎ 03/941 6853, das am zentralsten gelegene Schwimmbad der Stadt, ☉ Mo–Do 6–21, Fr–So 7–19 Uhr, Eintritt $5.
QEII Leisure Centre, New Brighton, mit Schwimmbecken von olympischen Ausmaßen, Tauchbecken und Wellenbereich. ☉ Mo–Fr 6–21, Sa und So 7–20 Uhr, Eintritt $5.

Surfen
Das beste Surfrevier liegt 2 km südlich der Stadt in Taylor's Mistake, zu erreichen über die Nayland St. Der Ort mit dem schmalen Strand wurde der einheimischen Überlieferung zufolge nach einem Schiff benannt, das hier auf Grund lief, nachdem der Kapitän die Bucht mit der Einfahrt zum Naturhafen Lyttelton Harbour verwechselt hatte.
Urban Surf, 25d Marriner St, mitten im Ort, ☎ 03/326 6023, verleiht Boards ($20 für 2 Std.) und Neoprenanzüge (2 Std. für $10). Es besteht eine Kooperation mit Surf-Trainer Doug Young, ☎ 0800/478 734, der für 2 Std. Unterricht inkl. Ausrüstung $50 verlangt.

Wildwasserfahrten
Es gibt keine großen Flüsse in der näheren Umgebung, doch Rangitata Rafts (S. 631) veranstaltet einige der besten Touren in Neuseeland auf dem mit Schwierigkeitsgrad IV–V ausgewiesenen Rangitata River (mit Abholung aus Christchurch $195).

Touren
Ehrenamtlich tätiges, gut informiertes Personal bietet **Führungen durch das Stadtzentrum** an, Info unter ☎ 03/365 8480. Die Spaziergänge beginnen an einem Kiosk am Cathedral Square in der Nähe des Eingangs zur Kathedrale Okt–April tgl. um 10 und 13, Mai–Sep um 13 Uhr, 2 Std., $15.
Christchurch Sightseeing Tours, ☎ 0508/669 660, 🖥 www.christchurchtours.co.nz. Bietet folgende Touren: „City, Beach and Harbour" (3 Std., $46), „Private Gardens" (nur im Sommer, 3 Std., $40), und „Heritage Homes" (3 Std., $40).
City Bike Tours, ☎ 0800/733 257, 🖥 www.chchbiketours.co.nz, führt tgl. um 14 Uhr zu den wichtigsten Sehenswürdigkeiten der Stadt, $35.

Apotheken
Eine bis 23 Uhr geöffnete Apotheke hat die **24 Hour Surgery** (s. u.), ☎ 03/366 4439.

Ausrüstung
Zahlreiche Läden um die Kreuzung von Lichfield St und Colombo St herum, v. a. **Bivouac**.

Autovermietungen
In Christchurch gibt es zwar Dutzende Autovermietungen, viele davon an der Lichfield St zwischen Montreal und Barbados St, doch von Jan–März kann es eng werden, wenn man nicht im Voraus gebucht hat. Im Folgenden sind seriöse örtliche Anbieter aufgelistet; Apex und Jucy sind oft am billigsten.
Ace, ☎ 0800/502 277, 🖥 www.acerentalcars.co.nz.
Apex, ☎ 0800/939 597, 🖥 www.apexrentals.co.nz.
Apple, ☎ 03/366 4855, 🖥 www.applerentalcars.co.nz.
Better, ☎ 0800/269 696, 🖥 www.betterrentals.co.nz.
Explore, ☎ 0800/447 363, 🖥 www.exploremore.co.nz.
Jucy, ☎ 0800/399 736, 🖥 www.jucy.co.nz.
Nationwide, ☎ 0800/803 003, 🖥 www.nationwiderentals.co.nz.
Omega, ☎ 0800/525 210, 🖥 www.omegarentalcars.com.
Scotties, ☎ 0800/736 825, 🖥 www.scotties.co.nz.
U-Save, ☎ 0508/112 233, 🖥 www.rental-car.co.nz.

Von Christchurch nach Süden

Bücher

Whitcoulls, Cashel St Mall.
Scorpio Books, 79 Hereford St.
Liberty Books, 145 Manchester St. Prima Adresse für gebrauchte Taschenbücher.
Map World, 173 Gloucester St. Bietet die größte Auswahl an Karten und Reiseführern.
Madras Café Books, 165 Madras St. Gutes Buchangebot und gutes kleines Café.

Fahrradverleih

Wheels 'n' Deals Cycles, 159 Gloucester St, zwischen Manchester St und Colombo St, ☎ 03/377 6655, verleiht Mountainbikes und Tourenräder ($18 halber, $25 ganzer Tag). ⏲ Mo–Fr 8.30–17.30, Sa und So 11–14.30 Uhr.

Feste

Die Stadtverwaltung von Christchurch sponsert eine Reihe von Festivals, viele davon im Rahmen der Garden City Summer Times von Dezember bis März. Das i-SITE hält dazu Informationen bereit, ebenso die Website 🖳 www.bethere. org.nz.
World Buskers Festival, zehntägiges internationales Festival der Straßenmusik Ende Januar, umsonst und draußen mit jeder Menge Spaß. Die meisten Aktivitäten spielen sich in der Umgebung des Arts Centre, vor dem Dux De Lux und auf dem Square ab.
Ellerslie Flower Show, an fünf Tagen Anfang–Mitte März im Hagley Park.

Geld

Die meisten Banken haben Zweigstellen und Geldautomaten in der Colombo St in der Nähe des Square und um die Kreuzung mit der Hereford St herum.
Holiday Shoppe, 683a Colombo St, ☎ 03/366 6032, Vertretung für American Express. ⏲ Mo–Fr 8.30–17.30, Sa 10–13 Uhr.
Travelex, 730a Colombo St, ☎ 03/365 4194, Vertretung für Thomas Cook und American Express.

Gepäckaufbewahrung

Die meisten Hostels bieten Gepäckaufbewahrung an (in der Regel nicht mehr als $5 pro Tag). Außerdem **Emagine**,

27 Chancery Lane, Rucksäcke $3 für 24 Std., ⏲ tgl. 8–22 Uhr. Gepäckaufbewahrung am Flughafen s. S. 587.

Informationen

i-SITE Visitor Centre, Cathedral Square, ☎ 03/379 9629, 🖳 www.christchurchnz.com. Die größte Touristeninformation für Christchurch und Umgebung befindet sich im ehemaligen Postamt an der Südseite des Square und hat umfassende Informationen (u. a. über Wanderungen) und Buchungsmöglichkeiten für die Südinsel. Es informiert auch über die Festivals der Stadt (s. „Feste") und offeriert exklusive Sondertarife für Unterkünfte und Aktivitäten. ⏲ Nov–Mitte Jan tgl. 8.30–18, Mitte Jan–März 8.30–19, April–Okt 8.30–17 Uhr.
DOC, 195 Hereford St, ☎ 03/341 9102. ⏲ Mo–Fr 8.30–17 Uhr.
Wenn es im i-SITE zu voll ist, kann man auf das kommerziell betriebene **Adventure Centre** ausweichen, 69 Cathedral Square, ☎ 0800/847 486, 🖳 www.adventures.net.nz, das ebenfalls Tourenbuchungen vornimmt. ⏲ Dez und Jan Mo–Fr 9–21.30, Sa und So 10–18, Feb–Nov Mo–Fr 9–18, Sa und So 10–18 Uhr.

Internet

Central Library, 89 Gloucester St, kostenloses WLAN, Internetnutzung 15 Min. gratis; ⏲ Mo–Sa 9–22 Uhr oder länger, So 10–19 Uhr. Um den Square herum gibt es mehrere Internetcafés (zumeist $3 pro Std.), z. B. **Emagine**, 27 Chancery Lane.

Medizinische Hilfe

Christchurch Hospital, Oxford Terrace, Ecke Riccarton Ave, ☎ 03/364 0640, ist das größte Krankenhaus in Christchurch.
24 Hour Surgery, Bealey Ave, Ecke Colombo St, ☎ 03/365 7777. Hier bekommt man jederzeit ärztliche Hilfe ohne Voranmeldung.
High Street Medical Centre, 248 High St, ☎ 03/366 0235, ⏲ Mo–Fr 8–18 Uhr.

Notruf

☎ 111; **Central Police Station**, Hereford St, Ecke Cambridge Terrace, ☎ 03/363 7400. Auf dem Square gibt es einen Polizeiposten.

Post

Hauptpost, 680 Colombo St, ✆ 03/374 4381, mit Schalter für Poste Restante.

Reisebüros

Flight Centre, 116 Cashel St, ✆ 03/366 6371.
STA, Colombo St, Ecke Cashel St, ✆ 03/379 9098.

Nahverkehr

Die meisten Sehenswürdigkeiten in Christchurch sind bequem zu Fuß zu erreichen, sodass öffentliche Verkehrsmittel im Prinzip nur für Fahrten in die Vororte in Anspruch genommen werden müssen. Angesichts der relativ ruhigen Straßen und des ebenen Geländes in der Stadt eignen sich auch **Fahrräder** ideal zur Erkundung der etwas abgelegeneren Vororte.

Selbstfahrer

Als Autofahrer hat man es in Christchurch nicht schwer, und selbst der morgendliche und abendliche Berufsverkehr nimmt sich vergleichsweise unproblematisch aus. Die meisten **Parkplätze** in der Innenstadt sind mit Parkuhren versehen und Mo–Sa 7–18 Uhr gebührenpflichtig. Günstige Parkplätze gibt es am Hagley Park, Eingang Armagh Street (die erste Std. und am Wochenende ganztags kostenlos).

Stadtbusse

Die **City Bus Exchange** in der Colombo St (Ecke Lichfield St) wird von mehreren Busgesellschaften genutzt, die ihre Busse gemeinschaftlich unter den Namen **Metro** und **Red Bus** betreiben, ✆ 03/366 8855, 🖥 www.metroinfo.org.nz, 🖥 www.redbus.co.nz, Infoschalter ◷ Mo–Fr 7.30–18, Sa und So 9.30–17.30 Uhr.
In unmittelbarer Nähe (Colombo St, zwischen Town Hall und Moorhouse Ave) fährt ein kostenloser, umweltfreundlicher gelber **Shuttlebus** ab, der aber nur begrenzt nützlich ist (7.30–22.30 Uhr alle 10–15 Min.).
Mit Ausnahme des Airport Bus beträgt der **Fahrpreis** in der Zone 1 einschließlich Sumner und Lyttelton $2,80.

Bei mehrtägigem Aufenthalt lohnt sich der Kauf einer **Metrocard** (mind. $10), die bei der City Bus Exchange erhältlich ist. Die Karte wird bei jeder Fahrt durch ein Lesegerät gezogen. Der normale Fahrpreis reduziert sich auf $2,10, und wer an einem Tag schon zweimal bezahlt hat, fährt den Rest des Tages umsonst. Die meisten Busse verkehren von 6.30 Uhr bis ungefähr Mitternacht.

Christchurch Tramway

Eine der besten Möglichkeiten, sich mit der Innenstadt von Christchurch vertraut zu machen, ist diese alte Straßenbahn. Sie führt in einem 3 km langen Rundkurs an vielen zentral gelegenen Sehenswürdigkeiten vorbei (u. a. Arts Centre und Cathedral Square) und beinhaltet einen Kommentar vom Zugführer. Die Tramway wurde erst 1995 wieder eingerichtet, doch die Waggons bestehen größtenteils aus liebevoll restaurierten Originalen Baujahr 1908–1925. Das Ticket ($15) ist 2 Tage gültig und berechtigt zu beliebigem Ein- und Aussteigen an allen Haltestellen. Verkehrt Nov–März tgl. 9–21, April–Okt 9–18 Uhr, 🖥 www.tram.co.nz.

Taxis

Blue Star, ✆ 03/379 9799.
Gold Band, ✆ 03/379 5795.

Transport

Busse

Alle Fernbusse halten in der Nähe des Cathedral Square.
Akaroa French Connection, ✆ 0800/800 575, 🖥 www.akaroabus.co.nz, tgl. um 8.45 Uhr (im Sommer öfter) nach Akaroa. Kostenlose Abholung von Unterkünften im Zentrum.
Akaroa Shuttle, ✆ 0800/500 929, 🖥 www.akaroashuttle.co.nz, 2–3x tgl. nach Akaroa. Abfahrt vom i-SITE, kostenlose Abholung von Unterkünften im Zentrum.
Atomic Shuttles, ✆ 03/439 0697, 🖥 www.atomictravel.co.nz, Richtung Norden nach Kaikoura, Blenheim und Picton; Richtung Süden nach Timaru, Oamaru und Dunedin; Richtung Westen nach Greymouth, ins Landesinnere über Geraldine und Twizel nach Wanaka und Queenstown. Abfahrt 88

Der TranzAlpine

Einer der beliebtesten Tagesausflüge von Christchurch ist eine Fahrt mit dem TranzAlpine, 🖥 www.tranzscenic.co.nz. Dieser **Touristenzug** fährt nach Greymouth an der Westküste. Fahrtdauer 4 1/2 Std. pro Strecke; die besten Preise erhält man bei langer Vorausbuchung, sonst $113–161 einfache Fahrt, $140–215 hin und zurück am gleichen Tag. Die wunderschöne Landschaft auf der 231 km langen **Strecke**, die über zahlreiche Viadukte und durch 19 Tunnel führt, können die Fahrgäste durch die großen Panoramafenster und vom seitlich offenen Aussichtswaggon aus genießen. Nach den gewerblich geprägten Ausläufern von Christchurch durchquert man das Farmland der Canterbury Plains, um dann durch Flusstäler und über offenes Tussock-Grasland in die Southern Alps vorzustoßen. Nach einer Pause am höchsten Punkt der Fahrt, dem Ort Arthur's Pass, erfolgt der Abstieg durch den 8,5 langen Otira Tunnel, der unter dem 920 m hohen Pass zur Westküste führt.

Der Zug fährt jeden Morgen um 8.15 Uhr in Christchurch ab und kommt fahrplanmäßig um 18.05 Uhr wieder zurück. Allerdings sind dank der jahrelangen Sparmaßnahmen Verzögerungen an der Tagesordnung. Obwohl es langsam besser wird, lassen auch Bequemlichkeit und Verpflegung bei dieser Reise, die eigentlich eine Touristenattraktion ist, zu wünschen übrig. Wer die Strecke im Dezember befährt, erlebt die weißen und roten Rata-Bäume in ihrer vollen Blütenpracht, doch am romantischsten ist eine Reise im **Winter** (Juni bis August), wenn sich eine weiße Schneedecke über die Landschaft ausbreitet. Wer mit dem Auto unterwegs ist, steigt am besten in Darfield, 45 km westlich von Christchurch, in den Zug ein und spart sich die Fahrt durch die Vororte und das Flachland. Außerdem gibt es die Möglichkeit, in Moana auszusteigen, dort am See ein entspanntes Mittagessen zu genießen und den Zug auf seiner Rückfahrt wieder zu besteigen – besser als ein hastiger Snack in Greymouth. Die Fahrt mit dem TranzAlpine kann auch im Rahmen einer Hochlandtour (S. 582) unternommen werden.

Worcester St, kostenlose Abholung innerhalb der vier Avenues.
Hanmer Connection, ☎ 0800/242 663, 🖥 www.atsnz.com, 2x tgl. nach Hanmer Springs. Abfahrt am Cathedral Square.
Hanmer Shuttle, ☎ 0800/800 575, 🖥 www.akaroabus.co.nz, tgl. um 9.45 Uhr nach Hanmer Springs. Kostenlose Abholung im Zentrum.
InterCity/Newmans, ☎ 03/365 1113, 🖥 www.intercitycoach.co.nz, Richtung Norden nach Kaikoura, Blenheim, Picton und Nelson; Richtung Süden nach Timaru, Oamaru, Dunedin und Invercargill; ins Landesinnere nach Methven, Aoraki Mount Cook, Wanaka und Queenstown. Abfahrt bei Richies Travel, 123 Worcester St, hinter der Kathedrale.
Knightrider, ☎ 0800/317 057, 🖥 www.knightrider.co.nz, 3x wöchentl. Abend-/Nachtfahrten nach Dunedin und Invercargill. Abfahrt am Victoria Square, Colombo St.
Methven Travel, 🖥 www.methventravel.co.nz, tgl. nach Methven ab Cathedral Square.
NakedBus, 🖥 www.nakedbus.com. Busse betrieben von der Gesellschaft Atomic.
Southern Link, ☎ 0508/458 835, 🖥 www.southernlinkkbus.co.nz, tgl. nach Dunedin, Queenstown und Picton, Abfahrt 88 Worcester St beim Square.
West Coast Shuttle, ☎ 03/768 0028, 🖥 www.westcoastshuttle.co.nz, tgl. um 15 Uhr nach Greymouth. Abfahrt von Richies Travel (s. o.).

Busse nach:
AKAROA 3–5x tgl., 1 1/2 Std.;
AORAKI MOUNT COOK 1x tgl., 5 1/4 Std.;
ARTHUR'S PASS 2x tgl., 2 1/2 Std.;
BLENHEIM 4–5x tgl., 4 3/4–5 1/2 Std.;
DUNEDIN 5–6x tgl., 6 Std.;
GERALDINE 4x tgl., 2 Std.;
GREYMOUTH 2x tgl., 4 Std.;
HANMER SPRINGS 3x tgl., 2 Std.;
HOKITIKA 1x tgl., 4 1/2 Std.;
KAIKOURA 4–5x tgl., 2 1/2 Std.;
LYTTELTON alle 15–30 Min., 35 Min.;
METHVEN 4x wöchentl., 1 1/2 Std.;
OAMARU 7x tgl., 4 Std.;
PICTON 4–5x tgl., 5–5 1/2 Std.;

Von Christchurch nach Süden

QUEENSTOWN 4x tgl., 7–8 Std.;
TEKAPO 4x tgl., 3–4 Std.;
TIMARU 7x tgl., 2 1/2 Std.;
TWIZEL 4x tgl., 4–5 Std.;
WANAKA 4x tgl., 7–8 Std.

Eisenbahn

Der **Bahnhof**, Fahrplaninformationen
✆ 0800/872 467, liegt gut 2 km südwestlich des
Cathedral Square am Troup Drive, unweit des
Hagley Park.
Canterbury Shuttles, ✆ 0800/021 682,
🖥 www.canterburyshuttles.co.nz, bieten
Fahrkarteninhabern eine kostenlose Abholung
von der Innenstadt (telefonisch anfordern oder
auf der Website die normale Abholschleife,
zumeist an den Hostels entlang, anschauen).
Die Fahrt vom Bahnhof ins Zentrum kostet $5.

Züge nach:

TranzCoastal nach PICTON (1x tgl., 5 1/4 Std.)
über KAIKOURA (3 Std.) und BLENHEIM
(4 3/4 Std.) mit Anschluss an die Fähren zur
Nordinsel.
TranzAlpine nach GREYMOUTH (1x tgl.,
4 1/2 Std.) über den ARTHUR'S PASS
(2 1/4 Std.); Einzelheiten hierzu s. Kasten. 586.

Flüge

Der **Christchurch Airport** liegt 10 km
nordwestlich des Stadtzentrums. Der Terminal
ist rund um die Uhr geöffnet; daher kann es
passieren, dass man zu unchristlicher Zeit
ankommt. Zum Glück gibt es Geldautomaten,
Wechselstuben und zwei **Visitor Centres**, von
denen immer eins geöffnet hat. Eine Tafel mit
kostenlosen Telefonnummern hilft bei der
Reservierung von Unterkünften und Mietwagen.
Gepäckaufbewahrung bietet Luggage Solutions,
✆ 03/358 8027, Koffer oder Rucksack $6 pro Tag,
$10 über Nacht, ◷ tgl. 4.30–18 Uhr.
Der Bus **City Flyer** fährt vom Flughafen ins
Zentrum: ◷ Mo–Fr 6–1, Sa 7–1, So 8–1 Uhr
(alle 15–30 Min., $7,50 einfach), genauso wie die
Stadtbusse Nr. 3, 10 und 29, Mo–Fr 5.50–23.50,
Sa 6.10–23.40 und So 7.30–23.40 Uhr, $7,50
einfach.
Praktischer sind gewöhnlich die **Flughafen-
Shuttlebusse**, die vor dem Terminal warten und
nur $7 bis zum Square kosten (der Bus zum
Hostel base, jeweils um 20 Min. nach der vollen
Stunde, kostet nur $5). Mehrere andere
Shuttlebus-Unternehmen wie Super Shuttle,
✆ 0800/748 885, bringen Fahrgäste zur
gewünschten Adresse. Die Shuttles warten oft
draußen vor dem Terminal: Man steigt einfach
zu, und sobald ausreichend Fahrgäste
versammelt sind (dauert meist weniger als
10 Min.), bringt der Shuttle alle Passagiere zu
ihren Fahrtzielen. Die Fahrt kostet gewöhnlich
$20 p. P. bzw. $25 für 2 Pers. Wer **zum Flughafen**
fahren möchte, kann am Abend zuvor ein
Shuttle buchen und wird am nächsten Tag
abgeholt. Von der Straßenbahnhaltestelle am
Square fährt außerdem etwa alle 20 Min. ein
Shuttlebus zum Flughafen ($7). Ein **Taxi** in die
Stadt kostet ca. $40–50.

Flüge nach:

AUCKLAND 24x tgl., 1 1/4 Std.;
BLENHEIM 3x tgl., 50 Min.;
DUNEDIN 8x tgl., 1 Std.;
HOKITIKA 3x tgl., 35 Min.;
INVERCARGILL 6x tgl., 1 1/4 Std.;
NAPIER/HASTINGS 2x tgl., 1 1/2 Std.;
NELSON 4x tgl., 50 Min.;
PALMERSTON NORTH 4x tgl., 1 1/4 Std.;
QUEENSTOWN 5x tgl., 1 Std.;
ROTORUA 4x tgl., 1 3/4 Std.;
WANAKA 1–2x tgl., 1 Std.;
WELLINGTON 16x tgl., 45 Min.

Banks Peninsula

Wer mit dem Flugzeug in Christchurch landet,
wird beeindruckt sein von dem spektakulären
Kontrast zwischen den flachen Canterbury
Plains und der rauen, zerklüfteten Topografie
der Banks Peninsula. Als James Cook 1769 an
der vulkanischen, daumenförmig in die Canter-
bury-Bucht ragenden Halbinsel vorbeisegelte,
kartografierte er sie versehentlich als Insel und
benannte sie nach seinem Expeditionsbotaniker
Joseph Banks. Damals war es ein Irrtum, doch
ursprünglich handelte es sich bei der Basalt-
masse tatsächlich um eine Insel, die erst mit

BANKS PENINSULA

N

0   5 km

Restaurants, Cafés & Bars	
Country Store	1
Little River	
Store Gallery	2
She Café	A

Übernachtung	
Double Dutch	B
Governors Bay Hotel	A
Halfmoon Cottage	C
Kawatea Farmstay	B
Okains Bay Camping Ground	B
Onuku Farm Hostel	D

CHRISTCHURCH

Sign of the Takahe

Sumner

Taylor's Mistake

GODLEY HEAD RESERVE

SUMMIT ROAD

Lyttelton

Lyttelton Tunnel

Sign of the Kiwi

Governor's Bay

Lyttelton Harbour

Quail Island

A

Diamond Harbour

Ripapa Island

Purau

Port Levy

Pigeon Bay

Little Akaloa Bay

Sign of the Bellbird

Christchurch (25 km)

Port Levy

Mt Bradley & Mt Herbert Walkway

Little Akaloa

Chorlton Town Hall

Okains Bay

Mt Bradley (855 m)

PORT LEVY ROAD

Pigeon Bay

Mt Herbert (920 m)

SUMMIT ROAD

Maori & Colonial Museum

B

Le Bons Bay

Sign of the Packhorse

75

Christchurch (82 km)

Hilltop

Barrys Bay

Duvauchelle

C

Cooptown

Robinsons Bay

ONAWE SCENIC RESERVE

2

i

Little River

French Farm

Takamatua

Lake Ellesmere

Kaitorete Spit

Kaituna Lagoon

75

Lake Forsyth

Tikao

Akaroa

LONG BAY RD

Wainui

BANKS PENINSULA TRACK

Birdings Flat

Onuku

D

Akaroa Harbour

Long Bay

Stony Bay

Te Oka Bay

Peraki Bay

Flea Bay

---

dem Land verbunden wurde, als die Flüsse von den Osthängen der Neuseeländischen Alpen große Mengen Schwemmsand mitbrachten, der sich im Tal ablagerte.

Der fruchtbare vulkanische Boden in den Tälern der Banks Peninsula begünstigte das Wachstum endemischer Bäume wie Totara, Matai und Kahikatea, die – zusammen mit den in den Buchten im Überfluss vorhandenen Schalentieren – schon vor eintausend Jahren Maori in die Gegend lockten. Die Bäume, die nicht unverzüglich der Brandrodung zum Opfer fielen, wurden später zur Beute der europäischen Holzfäller. Die Sägewerke kamen erst zum Stillstand, als es Ende der 1880er-Jahre keine Bäume mehr gab. Heute präsentiert sich die Halbinsel größtenteils kahl; lediglich Büschelgras bedeckt teilweise die hügelige Landschaft, und hier und da zeigen sich kleine Ecken mit nachwachsendem einheimischem Wald.

Der aus zwei massiven, unter Wasser liegenden Kraterkesseln gebildeten Banks Peninsula kommt für die Region eine wirtschaftliche Schlüsselrolle zu. Der Naturhafen Lyttelton Harbour schützt und ernährt die Hafenstadt **Lyttelton**, in der Vergangenheit Ankunftsort zahlreicher Einwanderer. Heute ist Lyttelton der größte Hafen der Südinsel. Zu den Attraktionen zählen die historische Navigationsstation Timeball Station, reizvolle Hafenrundfahrten, Touren zur Delphinbeobachtung und eine wachsende Zahl netter Cafés, Bars und Antiquitätenläden.

Im Vergleich mit Lyttelton verströmt die Sommerfrische **Akaroa** ein wesentlich vornehmeres und malerischeres Flair. Die touristisch orientierte Stadt verdankt ihren französischen Einfluss einer Gruppe von Siedlern aus Frankreich. Die Banks Peninsula wird von einem Netz schmaler, kurvenreicher Landstraßen durchzogen, die sich an den Kraterrändern entlangwinden und in herrlich ruhige Buchten hinab führen. Dort lebten einst Walfänger, Robbenjäger und Schiffbauer, heute aber werden sie nur selten besucht, wenn man von der Hochsaison im Sommer absieht.

Trotz ihrer ausgedörrten Graslandschaft ist die Banks Peninsula ein sehr beliebtes Ausflugsziel, denn sie bietet relativ leichte, dabei aber landschaftlich schöne **Wanderwege** mit Panorama-Ausblicken, erstarrten Lavaflüssen, großartigen Stränden sowie Erinnerungen an die frühen Maori und die ersten europäischen Siedler. Die Hauptstraße von Christchurch nach Akaroa ist der Highway **SH75** über Lake Ellesmere und Little River, doch als landschaftlich schönere Strecke erschließt die **Summit Road** von Sumner aus über Lyttelton und Port Hills die Halbinsel.

Busse aus Christchurch bedienen nur die größeren Zentren Lyttelton und Akaroa; für die kleineren Orte in den versteckten Buchten ist ein eigenes Fahrzeug vonnöten. Wer die Halbinsel mit dem **Fahrrad** befahren möchte, sollte sich darüber im Klaren sein, dass sie extrem hügelig ist und die Verbindungsstrecken zwischen Summit Road und den verschiedenen Buchten sehr steil sein können.

Lyttelton

Obwohl es nur 12 km südöstlich des Zentrums von Christchurch liegt, stellt Lyttelton bereits eine andere Welt dar. Es ist eingeschlossen von den felsigen Wänden des versunkenen Vulkankraters, der den Naturhafen **Lyttelton Harbour** bildet. Die attraktive Lage des Ortes und die originellen Cafés und Restaurants locken zunehmend Stadtflüchtlinge an, aber in erster Linie ist Lyttelton eine Hafenstadt. Folglich verbreitet sie eine raue Atmosphäre in Form lauter Industriegeräusche aus den Docks und derber Hafenspelunken, in denen Polnisch, Russisch und Phi-

lippinisch nicht unbedingt Fremdsprachen sind. Von hier aus stechen die Versorgungsschiffe für die Stützpunkte Neuseelands und der USA in der Antarktis in die eisige See, und jedes Jahr machen sogar mehrere Dutzend Kreuzfahrtschiffe vorübergehend in Lyttelton fest.

Lyttelton wichtigste Sehenswürdigkeit ist die Navigationsstation **Timeball Station**, 2 Reserve Terrace, vom Zentrum aus nach einer steilen, 1 km langen Wanderung über die Sumner Road zu erreichen. Die 1876 erbaute Station sieht aus wie ein gotischer Turm, der irgendwo sein Schloss verloren hat. Sie ist von allen Punkten der Stadt und vom Hafen aus stets deutlich zu sehen und diente über fünfzig Jahre lang den Seefahrern zur Kalibrierung ihrer an Bord befindlichen Chronometer, ohne die eine akkurate Navigation unmöglich war. Sie richteten sich dabei nach einer großen Kugel an einem Mast auf dem Dach. 1934 wurde die „Zeitkugelstation" durch Funkverkehr ersetzt. Inzwischen wird der schwarz-rote Ballon wieder jeden Tag pünktlich um 12.57 Uhr nach oben befördert, um mit Schlag 13 Uhr herunterzufallen. ☉ tgl. 10–17.30 Uhr, Eintritt $7. Leider wurde sie bei dem Erdbeben vom 22. Februar 2011 so stark beschädigt, dass sie demontiert werden musste. Mit dem Wiederaufbau soll aber so bald wie möglich begonnen werden.

Im **Lyttelton Museum** am Norwich Quay, einer ehemaligen Seemannsakademie, herrscht die Atmosphäre eines jahrzehntelang vernachlässigten Dachbodens. Der Ausstellungsbereich zur Antarktis konzentriert sich auf die Polarforscher Scott und Shackleton, die von Lyttelton aus zu ihren Expeditionen aufbrachen. ☉ Di, Do, Sa und So 14–16 Uhr; Spende. Die hübscheste Kirche der Stadt ist die 1860 erbaute **Holy Trinity Anglican Church** in der Winchester St, Ecke Canterbury St, die ursprünglich als Kathedrale der Diözese vorgesehen war, diesen Status allerdings nie erlangte, weil er nach Christchurch vergeben wurde.

Bei Schönwetter lohnt sich ein Spaziergang die Oxford Street zu einem Rosengarten hinauf, wo zum Gedenken an einen Arzt, der wegen seiner Hingabe für die Leprakranken auf Quail Island in guter Erinnerung blieb, die **Upham Memorial Clock** errichtet wurde. Hier befand sich früher das Gefängnis – die Überreste zweier Zellen sind in der nördlichen Hälfte des Parks noch zu sehen. Ein weiteres Stück die Oxford Street hoch gelangt man zum **Old Cemetery**. Auf dem Friedhof wurden Teile von Peter Jacksons Film *The Frighteners* von 1996 gedreht.

Eine Ahnung von der maritimen Bedeutung Lytteltons verschafft ein Besuch im **Torpedo Boat Museum**. Es liegt rund 2 km westlich der Stadt und ist vom Parkplatz am Charlotte Jane Quay in fünf Gehminuten am Wasser entlang zu erreichen. Nachdem die Russen 1985 in Afghanistan einmarschiert waren, grassierte auch im Südpazifik die Angst vor einem zunehmenden russischen Expansionsstreben. Neuseeland reagierte darauf mit dem Bau eines Torpedoschiffes, das den Lyttelton Harbour schützen sollte. Es war so konzipiert, dass es ein eindringendes Schiff angreifen und eine Ladung Torpedos unterhalb der Wasseroberfläche abfeuern konnte, bevor es sich auf den Rückzug machte. Das Boot erlebte allerdings nie den Ernstfall und wurde erst kürzlich restauriert, nachdem es über Jahre verlassen vor sich hin gerostet hatte. Was noch übrig ist, kann zusammen mit einem unterhaltsamen Video in einem ehemaligen Munitionslager besichtigt werden. ⏰ Nov–März Di, Do, Sa und So 13–15, April–Okt Sa und So 13–15 Uhr, Eintritt $5.

Ein Stück lebendige Geschichte offenbart sich bei einem Abstecher zum **Steam Tug Lyttelton**, dem älteren von zwei verbleibenden Dampfschleppern Neuseelands. Das 1907 in Glasgow gebaute Boot wird von engagierten Freiwilligen in Schuss gehalten. Besonders beeindruckend ist der Dampfkesselraum mit seinen polierten Metallbeschlägen und verölten Kolben. Von Weihnachten bis April lässt der Schlepper in der Regel sonntags seine Maschinen an und legt zu

Ground, 44 London St. Tolles Café mit Feinkostladen und jeder Menge Feinkost, von Eiscreme über hausgemachte Schokolade bis zu Käse. Außerdem Frühstück, Suppen, tolle Pasteten und Salate, Sandwiches und Smoothies, sofern irgend möglich aus Bioprodukten.

einer **Hafenrundfahrt** ab, die bis zur Mündung der Bucht führt. Reservierung unter ☎ 03/322 8911 erforderlich; Abfahrt 14.30 Uhr, 1 1/2 Std., $20. Neben den normalen Fähren nach Diamond Harbour und zur Quail Island (S. 592) sind auch noch die Boote von Black Cat Cruises, ☎ 03/328 9078, 🖥 www.blackcat.co.nz, unterwegs: Bei der **Wildlife Cruise** (tgl. 13.30 Uhr, $60) besteht die Möglichkeit, Hector-Delphine aus der Nähe zu erleben. Vom Christchurcher Square bringt ein kostenloser Shuttlebus Fahrgäste zum Boot – vorausbuchen!

Übernachtung

Unterkünfte mitten in Lyttelton sind relativ dünn gesät, aber es ist ein prima Ort zum Übernachten, v. a. wenn man einen Abend auf der Piste verbringen möchte.

Dockside, 22 Sumner Rd, ☎ 027/448 8133, 🖥 www.dockside.co.nz. Ein sehr nettes 1-Zimmer-Apartment und zwei größere Apartments mit geräumigen Terrassen und Ausblick auf den Hafen. Einzimmerapartment ❸, größeres Apartment ❹

Empire Hotel, 9 London St, ☎ 03/328 8202, 🖥 www.empirehotellyttelton.com. Recht einfache, aber renovierte Zimmer in einem der ersten Hotels des Orts mit Lounge für die Gäste. Zurzeit teilen sich alle Zimmer Gemeinschaftsbäder, stilvolle Umbauten sind aber angekündigt. ❸

Governors Bay Hotel, Main Rd, Governors Bay, 8 km westlich von Lyttelton, ☎ 03/329 9433, 🖥 www.governorsbayhotel.co.nz. Das große, vollständig renovierte Hotel aus der Kolonialzeit hat nach wie vor einige einfache Zimmer ohne Bad über der Bar mit gemeinschaftlich genutztem Balkon und großartigem Blick auf die Bucht. ❹

The Rookery, 9 Ross Terrace, Lyttelton, ☎ 03/328 8038, 🖥 www.therookery.co.nz. Ansprechendes B&B, fantasievoll gestaltet mit unkonventioneller Einrichtung, die einem das Gefühl gibt, an Bord eines Schiffes zu sein. Zwei Zimmer haben einen eigenen Eingang und Fußbodenheizung, das Zimmer mit Bad wartet mit tollem Ausblick auf den Hafen und Heimkino auf. Kleines EZ für $84. ❺

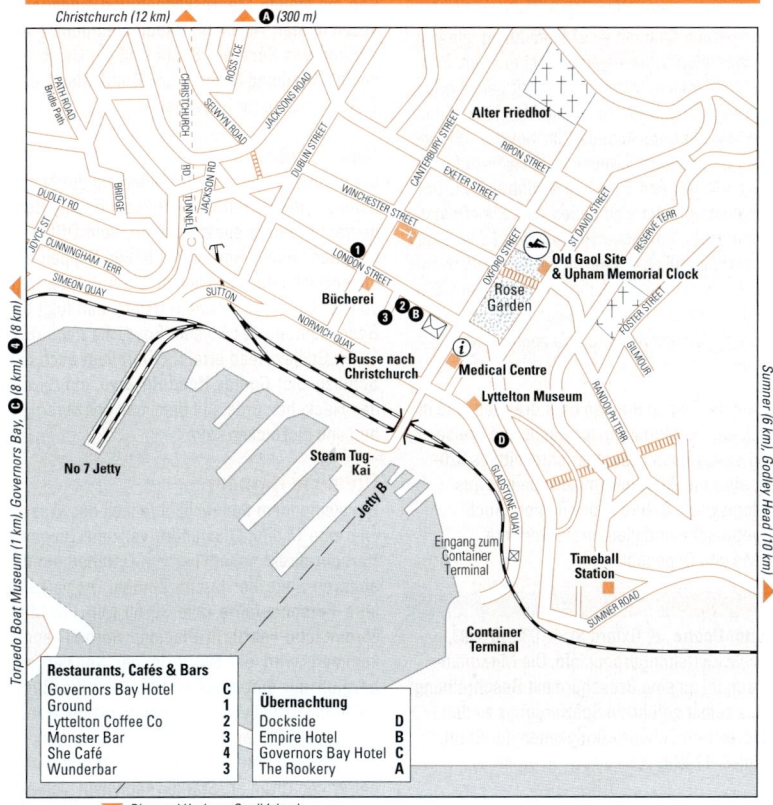

Christchurch (12 km) ▲   ▲ **A** (300 m)

PATH ROAD
Birds Path
HORNDON STREET
CHRISTCHURCH RD
SELWYN ROAD
JACKSONS ROAD
ROSS TCE
DUBLIN STREET
CANTERBURY STREET
EXETER STREET
RIPON STREET

Alter Friedhof

DUDLEY RD
BRIDGE
JACKSON RD
TUNNEL
WINCHESTER STREET
ST DAVID STREET
RESERVE TERR

JOYCE ST
CUNNINGHAM TERR
SIMEON QUAY
SUTTON
LONDON STREET
OXFORD STREET

❶

Bücherei

❷ B
❸

Rose
Garden

🛥 **Old Gaol Site
& Upham Memorial Clock**

FOSTER STREET
GILMOUR

NORWICH QUAY

✉

★ **Busse nach
Christchurch**

ℹ

Medical Centre

Lyttelton Museum

❻

No 7 Jetty

**Steam Tug-
Kai**

Jetty B

RANDOLPH STREET

GLADSTONE QUAY

Eingang zum
Container
Terminal
✉

**Timeball
Station**

SUMNER ROAD

**Container
Terminal**

*Torpedo Boat Museum (1 km), Governors Bay, **C** (8 km), **❻** (8 km)*

Summer (6 km), Godley Head (10 km)

Von Christchurch nach Süden

Restaurants, Cafés & Bars	
Governors Bay Hotel	C
Ground	1
Lyttelton Coffee Co	2
Monster Bar	3
She Café	4
Wunderbar	3

Übernachtung	
Dockside	D
Empire Hotel	B
Governors Bay Hotel	C
The Rookery	A

▼ *Diamond Harbour, Quail Island*

Essen und Unterhaltung

Lyttelton genießt zu Recht einen fabelhaften
Ruf für seine Qualitätsrestaurants und ist viel
lebendiger, als man es von einer derart kleinen
Stadt erwarten würde. Samstagmorgens findet
auf dem Schulgelände in der Oxford Street ein
kleiner **Bauernmarkt** statt.

Governors Bay Hotel, Main Rd, 8 km
westlich von Lyttelton, ✆ 03/329 9433. Großes
renoviertes Kolonialhotel mit Tischen im Freien.
Schnörkellose, aber köstliche Gerichte wie
panierter Hoki oder Garnelen-Laksa ($17–19).

Lyttelton Coffee Co, 29 London St. Cooles Café
mit Kaffeerösterei und herzhaften Mahlzeiten.
Toll zum Brunchen. Kuchen, tiefe Sofas und
sonnige Terrasse mit Hafenblick.

Monster Bar, 29 London St, ✆ 03/328 9166.
Winzige, versteckt liegende Bar mit
Zeichnungen von unheimlichen Monstern an
den Wänden. Gute Yakitori-Barsnacks, auch
Desserts. Sehr preisgünstig.

She Café, 79 Main Rd, 8 km westlich von
Lyttelton in Governors Bay, ✆ 03/329 9825. Tolles
Lokal für ein ausgedehntes Mittagessen an

einem der Tische drinnen oder draußen, alle mit
Blick auf die Mündung der Bucht. Die Preise
sind etwas hoch (Hauptgerichte mittags $20–
25), aber die Zutaten kommen zumeist aus
biologischem Anbau in der Region. Auch
vegetarische und glutenfreie Gerichte.
⏱ Mo und Di geschl.

Informationen

Visitor Centre, 20 Oxford St, ✆ 03/328 9093,
🖥 www.lytteltonharbour.info. Die Mitarbeiter
verschenken eine Broschüre mit Beschreibung
eines selbst geführten Spaziergangs zu den
historischen Sehenswürdigkeiten der Stadt,
⏱ tgl. 9–17 Uhr.

Transport

Der schnellste Weg von Christchurch nach
Lyttelton dauert nur rund 20 Autominuten und
führt durch den 2 km langen Lyttelton Tunnel
mitten ins Zentrum der Hafenstadt. Buslinie
Nr. 28 fährt alle 15–30 Min. vom Cathedral
Square ab (35 Min., $2,80).

Lyttelton Harbour

Lyttelton wäre nichts ohne seinen Naturhafen.
Schiffe gelangen in den Lyttelton Harbour durch
die von zwei Landvorsprüngen eingeengte Ein-

fahrt „The Heads", die am besten vom Godley
Head aus überblickt werden kann, einem stimmungsvollen, von Gras und Felsen bedeckten
Kap mit steilen Meeresklippen und einem ausgezeichneten Ausblick. Hauptanlaufpunkte auf
der anderen Seite der Bucht sind die kleine Gemeinde **Diamond Harbour** und **Quail Island**, eine
Zufluchtsstätte für Seevögel.

Godley Head

Die nördliche Spitze an der Mündung des Naturhafens Lyttelton Harbour wird vom Godley Head
bewacht, einem spektakulären, vom DOC verwalteten Landvorsprung mit hohen Klippen und
ausgezeichneten Ausblicken. Die Anfahrt erfolgt
von Lyttelton aus Richtung Osten, man folgt der
Beschilderung der Summit Road, die nach rund
10 km Godley Head erreicht. Dort liegt auch das
Schutzgebiet **Godley Head Reserve**, ein reizendes Fleckchen Erde, auf dem man spazieren gehen und picknicken kann.

Diamond Harbour

Bei gleißendem Sonnenlicht funkelt das Wasser
wie eine Million Diamanten vor dem Diamond
Harbour direkt gegenüber von Lyttelton auf der
anderen Seite der Bucht. Zu dem Ort verkehrt
eine **Personenfähre** (alle 30–60 Min., 15 Min.,
$5 einfache Fahrt). In Diamond Harbour ange-
kommen, wird ein 500 m langer Spaziergang
bergauf mit einem tollen Blick auf die Bucht
belohnt. Der beliebte Aussichtspunkt mit Gärten
und Rasenflächen zieht schon seit über hundert
Jahren Besucher aus Christchurch und weiter
entfernten Orten an. Stärken kann man sich entweder im **Godley House** (⏱ Mo geschl.) oder im
Country Store bei Kaffee, Muffins und Sandwiches. Im Sommer besteht die Möglichkeit, mitgebrachten Proviant auf dem Rasen mit Blick auf
Diamond Harbour zu verzehren.

Quail Island

Mitten in der Hafenbucht liegt die knapp 1 km²
große Quail Island, von den Maori *Otamahau* genannt, weil Kinder dort die Eier von Seevögeln zu
sammeln pflegten. Von 1907 bis 1925 diente sie
als Leprakolonie, und in den Zeiten der Südpol-
expeditionen von Shackelton und Scott wurden
hier Tiere in Quarantäne gehalten. Heutzutage

ist Quail Island in erster Linie ein Ziel für Tagesausflügler, die zum Wandern und Schwimmen hierher kommen. Einpacken sollte man Proviant, ausreichend Trinkwasser (auf der Insel gibt es keins) und Regenkleidung.

Zwei **Rundwanderwege** (1 Std. und 2 1/2 Std.) beginnen am Bootssteg und führen zu sicheren Badestränden und vorbei an mehreren Schiffswracks, die bei Ebbe zu sehen sind. Überfahrt mit Black Cat Cruises, Okt–April tgl. 12.20 Uhr, Dez–März zusätzlich 10.20 Uhr, $20 hin und zurück.

Von Christchurch nach Akaroa

Wer genügend Zeit zur Verfügung hat und gern auf Entdeckungsreise geht, bereist die Banks Peninsula über die Summit Road (s. Kasten S. 572), die sich am Kraterrand des Naturhafens Lyttelton Harbour entlangwindet und durch die Buchten am Nordufer führt, bevor sie sich schließlich an den Abstieg nach Akaroa macht. Wesentlich schneller lassen sich die 85 km von Christchurch nach Akaroa auf dem SH75 zurücklegen, der von Christchurch aus zunächst Richtung Süden führt, dann nach Südosten abknickt und an der Südküste der Halbinsel entlang über die Hügel nach Akaroa führt. Die Fahrt dauert ungefähr anderthalb Stunden, bietet unterwegs aber einige Male Anlass zu einem Zwischenstopp.

Lake Ellesmere

Rund 30 km südlich von Christchurch streift der SH75 den großflächigen Lake Ellesmere (Waihora). Der Süßwassersee wird nur durch die schmale Landzunge Kaitorete Spit vom Pazifischen Ozean getrennt, die sich unterhalb des Sees von der Banks Peninsula Richtung Südwesten erstreckt, um sich nach 30 km wieder mit dem Festland zu vereinen.

Am Fuße der Landzunge liegt die schmale Kieselbank **Birdlings Flat**, von jeher eine ergiebige Nahrungsquelle für die Maori, deren Fischereirechte hier 1896 unter Schutz gestellt wurden. In den Kieselansammlungen der schützenden Bank verbergen sich Jade und Edelsteine. Birdlings Flat bildet die Trennlinie zwischen

dem Meer und **Lake Forsyth** (Wairewa), einem lang gezogenen See, der auf dem Weg zum Dorf **Little River** vom SH75 gestreift wird. In Little River, 53 km südlich von Christchurch, lockt die Little River Store Gallery mit exzellentem Café sowie Bar und Bäckerei.

Wer sich in der Gegend ein wenig körperlich betätigen möchte, dem bietet der **Little River Railtrail**, 🖳 www.littleriverrailtrail.co.nz, dazu Gelegenheit. Bisher ist ein 24 km langer Abschnitt des in Zukunft bis Christchurch führenden Radwegs entlang des Lake Forsyth und Lake Ellesmere freigegeben. Fahrräder kann man bei der Tankstelle in Little River mieten.

Barry's Bay

Ab Little River klettert der SH75 die Hügel hinauf, die Akaroa Harbour vom Rest der Banks Peninsula trennen, und führt dann hinunter nach Barry's Bay mit der eher enttäuschenden Käserei **Barry's Bay Cheese**, SH75, ✆ 03/304 5809. Von Oktober bis Mai kann man hier jeden zweiten Tag bei der Käseherstellung zuschauen. ⏲ tgl. 9–17 Uhr.

Unterkunft bietet das nahe Halfmoon Cottage, SH75, ✆ 03/304 5050, 🖳 www.halfmoon. co.nz, ein kleines, wunderbar relaxtes Hostel in einer Villa von 1896 mit hübschem Garten nicht weit vom Strand. Fahrräder können kostenlos, Kajaks billig ausgeliehen werden, und es gibt Breitband-Internet. Dorm $28, Zimmer ❷, ⏲ Juni–Aug geschlossen.

Akaroa

Der kleine Küstenort Akaroa („Lange Bucht") liegt 85 km südöstlich von Christchurch entfernt am Ostufer des Naturhafens Akaroa Harbour und trägt das Etikett **Neuseelands französische Siedlung**. Gewiss kamen die ersten Siedler aus Frankreich, einige französische Bauwerke sind ebenso geblieben wie ein paar französische Straßennamen, aber damit hat es sich auch fast schon. Dennoch wird das „exotische" Erbe kräftig gemolken: Es gibt zwei französisch angehauchte Restaurants, ein paar Boutiquen mit französisch klingenden Namen, und die Trikolore flattert im Wind, wo einst die ersten

Siedler ihren Fuß auf neuseeländischen Boden setzten.

Akaroa ist ein hübscher Ort in einer landschaftlich schönen Umgebung, in der man sich mit ein paar weniger abenteuerlichen Aktivitäten und einem einzigartigen Schwimmerlebnis mit Delphinen die Zeit vertreiben kann. Für Bewegung sorgt der Wanderweg **Banks Peninsula Track**, dessen Start und Ziel ganz in der Nähe liegt (s. Kasten S. 598). Am ehesten eignet sich Akaroa aber für Touristen, die es auf geruhsame Spaziergänge, gutes Essen mit Wein und ein gemütliches Bett abgesehen haben. Daher ist der Ort auch als Sommerfrische bei Neuseeländern besonders beliebt. Den Ferienheimen, die zwei Drittel der Häuser Akaroas ausmachen, stehen nur rund 550 ständige Einwohner gegenüber.

Einst war diese Gegend die Domäne des obersten Häuptlings der Ngai Tahu, Temaiharanui. 1838 erwarb der französische Kommandant Jean Langlois, wie er glaubte, die gesamte Halbinsel im Tauschhandel für Waren. Dann kehrte er nach Frankreich zurück und ermutigte risikofreudige Siedler dazu, eine neue französische Kolonie zu gründen. In der Zwischenzeit entsandten die Engländer William Hobson, um als Vizegouverneur die Kontrolle über sämtliche Ländereien zu übernehmen, die er kaufen konnte. Nur sechs Tage bevor Lavaud im Hafen einlief, hissten die Engländer in Akaroa die britische Flagge. Lavauds Passagiere entschlossen sich trotzdem zu bleiben, sodass die erste offizielle Siedlung unter britischer Oberhoheit aus 63 Franzosen und sechs Deutschen bestand.

Das Zentrum

Akaroa liegt lang gestreckt am Ufer der Bucht und lässt sich ohne Weiteres zu Fuß erkunden. Die beste Art und Weise, den Ort kennen zu lernen, ist der Spazierweg **Akaroa Historic Village Walk** unter Einbeziehung historisch und architektonisch interessanter Gebäude; Broschüre und Audioguide jeweils $10, erhältlich im Visitor Centre. Gegenüber dem Visitor Centre befindet sich das **Akaroa Museum**. Die Exponate drehen sich um die Geschichte der Walfänger und die Besiedlung der Halbinsel und beinhalten faszinierende Fotografien der frühen französischen und deutschen Kolonisten.

Zum Museum gehört auch das **Langlois-Eteveneaux Cottage** aus den frühen 1840er-Jahren, das wohl teilweise noch in Frankreich zusammengebaut und dann nach Neuseeland verschifft wurde. Weitere Bestandteile des Komplexes sind das ehemalige Gerichtsgebäude **Court House** mitsamt original erhaltener Anklagebank und Richterstuhl, und das auf der anderen Seite der Rue Lavaud am Daly's Wharf gelegene **Old Custom House**, ein winziges ehemaliges Zollhaus, von dem aus die mit Fernglas bewaffneten Beamten ein wachsames Auge auf den Hafen hatten. ☉ Okt–April tgl. 10.30–16.30, Mai–Nov 10.30–16 Uhr, Eintritt $4.

Das Thema Gallien spiegelt sich auch in der Bezeichnung des Friedhofs **French Cemetery** am nördlichen Ortsrand wider, erreichbar über einen Fußweg, der von der Rue Pompallier zum Schutzgebiet L'Aube Hill führt. Der Friedhof war die erste geweihte Begräbnisstätte Canterburys, wurde jedoch arg vernachlässigt, bis die Leichname 1925 an einen zentralen Platz umgebettet wurden, der durch einen einzigen Gedenkstein gekennzeichnet ist.

Am nördlichen Ende der Rue Pompallier steht die französisch beeinflusste **Church of St Patrick**, die 1864 aus großen Brettern ungehobelten Totara-Holzes gebaut wurde.

Auf keinen Fall verpassen sollte man **Linton**, 68 Rue Balguerie, das Haus der Bildhauerin Josie Martin und ein lebendes Zeugnis ihrer abstrakten Kunst, im Ort als das „Giant's House" bekannt. Alle Räume, der Garten und sogar die Garagenauffahrt sind Plattformen, auf denen sie ihr Talent demonstriert. Riesige Mosaike, Betonskulpturen und Plastiken als Sitzgelegenheiten in den versteckten Winkeln des Grundstücks bestechen allesamt durch ihre äußerst frische und positive Ausdruckskraft. ☉ Weihnachten–März tgl. 12–17, April–Weihnachten 14–16 Uhr, Eintritt $15.

Einen Blick lohnt auch die **Artisans Gallery**, 45 Rue Lavaud, eine Kunstgewerbegalerie mit Töpferwaren, Weberei- und Seidenprodukten, Schmuck usw. in einem Cottage von 1877, ☉ tgl. 10–17 Uhr. Im ehemaligen Wasserkraftwerk ist jetzt die **Orion Powerhouse Gallery** untergebracht, wo kleinere Ausstellungen und sonntags Konzerte mit akustischer Musik statt-

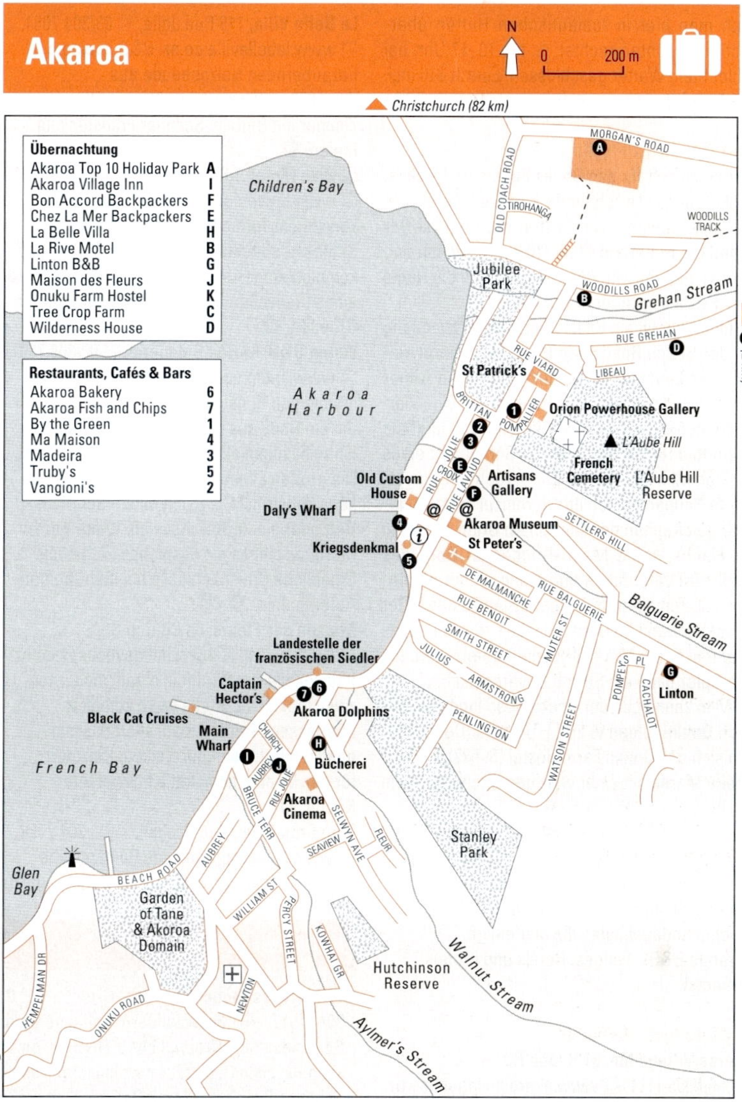

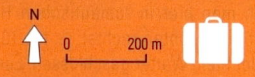

▲ *Christchurch (82 km)*

Übernachtung

Akaroa Top 10 Holiday Park	A
Akaroa Village Inn	I
Bon Accord Backpackers	F
Chez La Mer Backpackers	E
La Belle Villa	H
La Rive Motel	B
Linton B&B	G
Maison des Fleurs	J
Onuku Farm Hostel	K
Tree Crop Farm	C
Wilderness House	D

Restaurants, Cafés & Bars

Akaroa Bakery	6
Akaroa Fish and Chips	7
By the Green	1
Ma Maison	4
Madeira	3
Truby's	5
Vangioni's	2

Children's Bay

*A k a r o a
H a r b o u r*

MORGAN'S ROAD

OLD COACH ROAD

TIROHANGA

WOODILLS TRACK

Jubilee Park

WOODILLS ROAD

Grehan Stream

RUE GREHAN

St Patrick's

RUE VIARD

LIBEAU

Orion Powerhouse Gallery

BRITTAN

POMPALLIER

RUE JOLIE

RUE CROIX

▲ L'Aube Hill

French Cemetery

L'Aube Hill Reserve

Old Custom House

Artisans Gallery

Daly's Wharf

Akaroa Museum

SETTLERS HILL

Kriegsdenkmal

St Peter's

DE MALMANCHE

RUE BALGUERIE

Balguerie Stream

RUE BENOIT

SMITH STREET

RUE BENOIT

JULIUS

ARMSTRONG

MUTER ST

Landestelle der französischen Siedler

Captain Hector's

POMPEY'S PL

CACHALOT

Linton

Black Cat Cruises

Akaroa Dolphins

PENLINGTON

WATSON STREET

Main Wharf

French Bay

CHURCH

AUBRIC

BRUCE TERR

Bücherei

Akaroa Cinema

SELWYN AVE

FLEUR

Stanley Park

Britomart Memorial (500 m)

BEACH ROAD

Glen Bay

HAMPELMAN DR

ONUKU ROAD

Garden of Tane & Akaroa Domain

AUBREY

WILLIAM ST

PERCY STREET

NEWTON

KOWHAI GR

SEAVIEW

Hutchinson Reserve

Walnut Stream

Aylmer's Stream

(5 km) ◀

(2 km) ▶

finden. ◔ Okt–April Mo–Fr 13–16, Sa und So 11–16 Uhr, Spende erbeten.

Wer 2 km die Ruhe Grehan hinaufgeht, gelangt zur **Tree Crop Farm**, einer privaten Lifestyle-Farm mit Spazierwegen durch den Garten und sinnigen und unsinnigen Sprüchen an allen Ecken und Enden, die manchem Besucher nach einer gewissen Zeit auch auf die Nerven gehen können. Im kleinen Café gibt's Säfte und Kaffee zu relativ hohen Preisen, außerdem kann man hier in romantischen Hütten übernachten (s. unten rechts). ◔ tgl. 10–17 Uhr, bei schlechtem Wetter geschlossen, Eintritt $10 inkl. Getränk.

Wanderungen

Wer keine Zeit für den Banks Peninsula Track (s. S. 598) hat, kann lohnende kürzere Wanderungen unternehmen. Am besten darunter ist der **Round the Mountain Walk** (10 km, 4 Std. hin und zurück), der über die Purple Peak Road die Hügel um Akaroa umrundet (Karte im i-Site).

Einfacher ist ein Spaziergang am Ufer entlang auf der Beach Road nach Glen Bay zum rotweißen Holz-**Leuchtturm** aus dem 19. Jh., der früher auf der Landzunge Akaroa Head stand. Eine Viertelstunde weiter Richtung Akaroa Head folgt die Bucht **Red House Bay**, die 1830 Schauplatz eines blutigen Massakers war: Der berüchtigte Häuptling Te Rauparaha von der Nordinsel bestach damals den Kapitän der englischen Brigg *Elizabeth* mit Flachs, seine Maori-Krieger an Bord des Schiffs zu verstecken und seine nichts ahnenden, von Temaiharanui angeführten Feinde unter einem Vorwand an Bord zu locken, wo Te Rauparaha und seine Männer sie niedermetzelten, um ihre Opfer dann am Strand zu verspeisen.

Man kann auch der Onuku Road landeinwärts nach **Onuku** folgen (5 km, 1 1/4 Std.). Dort befinden sich das Onuku Farm Hostel (S. 597) und das **Onuku Marae** mit einer winzigen Kirche aus dem 19. Jh.

Die besten Übernachtungsmöglichkeiten in Akaroa konzentrieren sich auf Wochenendausflügler, die hier einige reizende B&Bs, Lodges, Hotels und Motels vorfinden.

B&Bs, Lodges und Hotels

Akaroa Village Inn, 81 Beach Rd, ☎ 0800/695 1111, 🖳 www.akaroavillagein.co.nz. Größerer Komplex mit wahrscheinlich dem breitesten Angebot an Unterkünften im Ort, darunter zahlreiche Selbstversorger-Apartments, mehrere davon mit 2 Schlafzimmern und schönem Blick auf den Hafen. ❺–❼

La Belle Villa, 113 Rue Jolie, ☎ 03/304 7084, 🖳 www.labellevilla.co.nz. B&B in einem bezaubernden Holzgebäude aus den 1870er-Jahren; geräumige, helle Zimmer mit Bad. Im Sommer Frühstück im Freien. ❺

La Rive Motel, 1 Rue Lavaud, ☎ 0800/247 651, 🖳 www.larive.co.nz. Großes Motel mit konischem Turm, der an französische Schlossarchitektur erinnern soll. 8 Units mit komplett eingerichteter Küche und TV inmitten eines friedvollen Gartens. Besonders gut für Gruppen. ❹

Linton B&B, 68 Rue Balguerie, ☎ 03/304 7501, 🖳 www.linton.co.nz. Unterkunft in einer lebendigen Kunstgalerie (s. o.) in und um ein Haus aus dem Jahr 1881, das unter Einheimischen als Giant's House bekannt ist. Die großen Zimmer (mit und ohne Bad) sind kühn konstruiert, z. B. mit einem Schiff als Bett oder einem Treibhaus als Wintergarten. Morgens gibt es ein köstliches Frühstück. Erhebliche Preisnachlässe bei mehrtägigen Aufenthalten. ❽–❾

Maison des Fleurs, 6b Church St, ☎ 03/304 7804, 🖳 www.holidayhouses.co.nz. Individuelle Unterkunft in einem modernen, zweistöckigen Cottage (wird komplett überlassen). Der Holzbau ist erstklassig ausgestattet. Sonniger Balkon, Holzofen für den Winter, komplett eingerichtete Küche. ❽

Tree Crop Farm, Rue Grehan, ☎ 03/304 7158, 🖳 www.treecropfarm.com. Romantische Unterkunft mit Kerzenlicht 2 km außerhalb von

Idylle pur

Wilderness House, 42 Rue Grehan, ☎ 03/304 7517, 🖳 www.wildernesshouse.co.nz. Reizendes, gastfreundliches B&B in einem schönen alten Haus mit 4 geschmackvoll eingerichteten Zimmern, alle mit Bad (eins mit großer Badewanne). Großzügiger Aufenthaltsraum für Gäste. Das leckere Frühstück gibt es bei gutem Wetter auf der Terrasse mit Blick auf ein gepflegtes Grundstück mit englischen Rosen, zu dem sogar ein kleiner Weinberg gehört. ❽

Farmhostel im Grünen

Onuku Farm Hostel, 6 km südlich der Stadt, zu erreichen über die Onuku Rd, ✆ 03/304 7066, 🖥 www.onukufarm.com. Abgeschiedene, herrliche Unterkunft oberhalb der Bucht auf einer Schaffarm. Übernachtungsmöglichkeiten im Hauptgebäude in DZ und Dorms, auf dem Gelände in einem hübschen Ziegelstein-Cottage und mehreren Hütten sowie auf einem Zeltplatz mit Kochgelegenheit und Duschen. Pluspunkte: kostenlose Abholung aus Akaroa (gegen 12.30 Uhr), 3–4-stündige geführte Kajakfahrten ($45) und im Sommer Touren zum Schwimmen mit Delphinen ($100, max. 6 Pers.). Nur Barzahlung. ⏰ Juni–Sep geschl. Zelte und kleine Wohnmobile $15 p. P., Dorms $28, Zimmer ❷

Akaroa in 4 rustikalen Hütten auf einer privaten Farm. Das Verwöhnprogramm umfasst mit Holz beheizte Bäder unter Sternen und späten Checkout. Nicht jedermanns Geschmack, aber einzigartig. ❼

Hostels und Campingplätze

Akaroa Top 10 Holiday Park, Morgan's Rd, über Old Coach Rd, ✆ 0800/727 525, 🖥 www.akaroa-holidaypark.co.nz. Der Platz erstreckt sich über einen terrassenförmigen Hang mit Blick auf Hafen und Hauptstraße. Moderne Einrichtungen und Pool. Zeltstellplätze $16, Cabins ❷, Selbstversorger-Units ❹

Bon Accord Backpackers, 57 Rue Lavaud, ✆ 03/304 7782, 🖥 www.bon-accord.co.nz. Kleines, aus zwei Häusern bestehendes tierfreundliches Hostel in einem großen Garten. Kostenlose Fahrradnutzung und Parkplätze auf dem Gelände. Dorms $27, Zimmer ❷

Chez La Mer Backpackers, 50 Rue Lavaud, ✆ 03/304 7024, 🖥 www.chezlamer.co.nz. Preiswerte, sehr gute Unterkunft in einem historischen Gebäude von 1871. Gemütliche Atmosphäre mit nettem Garten, Hängematte und Kochbereich im Freien. Hilfsbereite Mitarbeiter, kostenlose Benutzung von Fahrrädern und Angelruten, Karten für Wanderungen in der Gegend. Dorms $25, Zimmer ❷, mit Bad ❸

Essen und Unterhaltung

Akaroa hat einige gute Restaurants zu bieten, wobei die teureren Etablissements überwiegen. Doch es gibt auch Imbisse und günstigere Cafés. Die Abhängigkeit vom Sommertourismus bringt es aber mit sich, dass viele Lokale begrenzte Öffnungszeiten haben oder im Winter dichtmachen.

Akaroa Bakery, 51 Beach Rd. Bäckerei mit ausgezeichnetem, frisch gebackenem Brot und einfachem Café, in dem u. a. Sandwiches, Kuchen, Frühstück und Hamburger serviert werden. ⏰ tgl. 7–17 Uhr.

Akaroa Fish and Chips, 59 Beach Rd, ✆ 03/304 7464. Eines der besten Billigrestaurants der Stadt mit guter Auswahl an Fischgerichten. ⏰ bis ungefähr 20 Uhr.

By the Green, 37 Rue Lavaud. Schickes modernes Café mit Blick auf eine Wiese. Hat den besten Kaffee in Akaroa, außerdem Weine, leichte Mahlzeiten und appetitliche Kuchen.

Ma Maison, 2 Rue Jolie, ✆ 03/304 7668. Mit seiner hübschen Lage an der Daly's Wharf ein tolles Lokal für einen Drink am frühen Abend, einen erstklassigen Brunch (ab 10 Uhr) oder ein schönes, französisch angehauchtes Abendessen (Hauptgerichte um $35).

Madeira, Rue Lavaud. Lebhafter Kiwi-Pub mit preiswertem Essen in großen Portionen, am Wochenende stets rappelvoll.

Truby's, Rue Jolie. Winziges Tagescafé und abends Bar mit Blick aufs Wasser. Perfekt für einen Sundowner.

Vangioni's, 40f Rue Lavaud, Eingang in der Rue Britain, ✆ 03/304 7714. An einem lauschigen Abend bietet der Garten hier ein wunderbares Ambiente für ein Abendessen mit hervorragenden Trattoria-Speisen, köstlichen Tapas und toller Pizza. Die Abendspecials stellen fast immer eine Versuchung dar. Bei schlechtem Wetter kann man die gemütliche Bar aufsuchen.

Kino

Filme zeigt das kleine **Akaroa Cinema**, Rue Jolie, Ecke Selwyn Ave, 🖥 www.cinecafe.co.nz.

Eine wunderbare Alternative zu den DOC-Tracks und den Great Walks ist der Banks Peninsula Track, ein 35 km langer Privatwanderweg (2–4 Tage, 🖥 www.bankstrack.co.nz, Mai–Sep geschl.) mit Meeresklippen, Vulkanlandschaften, Sandstränden, üppigem einheimischem Wald und Ausblicken auf diverse Buchten. Man übernachtet in bezaubernd rustikalen Unterkünften und kommt in Kontakt mit den Einheimischen. Dies ist kein Weg für einen strammen Marsch, sondern eignet sich eher für eine gesellige Wanderung, am besten über vier Tage mit viel Zeit zum Baden und zum Entspannen. Die 4-Tages-Version dürfen jeden Tag nur zwölf Personen in Angriff nehmen, die 2-Tages-Version nur vier, also sollte man den Track weit im Voraus **buchen**.

Der Track erfordert **körperliche Fitness**, doch da jeden Abend ein Etagenbett in der Hütte reserviert ist, kann jeder sein Wandertempo selbst bestimmen. Die **Gebühr** ($230 für 4 Tage, $150 für 2 Tage) beinhaltet den Transport zum Startpunkt in Akaroa sowie die Unterkunft an der Strecke (mit Duschen, komplett ausgestatteter Küche, Strom und begrenzter Versorgung mit Lebensmitteln). Ab 5 Tage vor Beginn der Wanderung gelten Standby-Preise von $200 bzw. $135. Mitzubringen sind gute Wanderstiefel, Schlafsack, Allwetterkleidung und **Proviant** für mindestens 2 Tage. Möglichkeiten zur Aufstockung gibt es in kleinen Läden in Stony Bay und in Otanerito Beach. Begrenzt ist auch der Transport des Gepäcks zur nächsten Station der Wanderung möglich, siehe Website.

Die Route

Am ersten Abend werden die Wanderer nach Onuku gefahren, 5 km südlich von Akaroa; dort wird die Nacht in der **Onuku Hut** oder in einer der „Stargazer"-Hütten mit Blick auf den Sternenhimmel verbracht. Wer möchte, kann sich hier mit einem Abendessen ($25) verköstigen lassen. Am nächsten Tag führt die erste Etappe der Wanderung von **Onuku nach Flea Bay** (11 km, 3 1/2 Std.) auf eine Höhe von 700 m und dann an einigen kleinen Wasserfällen vorbei bergab. Die Unterbringung in Flea Bay erfolgt in einem reizenden Cottage aus den 1850er-Jahren mit Veranda und Blick auf den Strand. Hier kann man sich Pinguine anschauen (kostenlos) oder im Pohatu Marine Reserve Kajak fahren ($20).

Am zweiten Tag geht es von **Flea Bay nach Stony Bay** (8 km, 2 1/2 Std.) über windumtoste Klippen, wobei eine Robbenkolonie gegen Mittag für Abwechslung sorgt. Die Nacht verbringt man in einer der Kombinationen aus Hütte und Cottage mit einem holzbefeuerten Bad unter freiem Himmel und Dusche. Stony Bay hat einen kleinen Laden, wo man Brot, Konserven und Bier und Wein kaufen kann. Auf einigen kurzen Wanderwegen lässt sich die Bucht näher erforschen.

Am dritten Tag geht es von **Stony Bay nach Otanerito Bay** (6 km, 2 Std.); die anschließende Übernachtung erfolgt in einem Farmhaus, das bei einem großartigen Badestrand liegt und von der neuseeländischen Schriftstellerin Fiona Farrell und ihrem Mann betrieben wird. Die letzte Etappe am vierten Tag führt von **Otanerito Bay zur Mount Vernon Lodge** (10 km, 3 Std., 600 m Anstieg) durch die Hinewai Nature Reserve und an mehreren kleinen Wasserfällen vorbei ins Landesinnere und schließlich zurück nach Akaroa.

Aktivitäten

Kajakfahren

Wasserfahrzeuge allerlei Art vermietet **Captain Hector's Canoe & Boat Hire**, Beach Rd. Z. B. Seekajaks für $60 p. P./Tag.
Akaroa Guided Sea Kayaking Safari, ☎ 021/156 4591, 🖥 www.akaroakayaks.co.nz. Geführte Kajaktouren in kleinen Gruppen mit Gelegenheit zum Schwimmen und der Chance, Hector-Delphine zu sehen. Nur Nov–April, ganzer Tag $195 inkl. Mittagessen.

Außerdem kann sich jeder den Kajaktouren des Onuku Farm Hostel (S. 597) anschließen.

THE LINTON BLUES

Schwimmen mit Delphinen

Die Hector-Delphine sind mit einer Länge von 1,20 bis 1,40 m die kleinsten Delphine der Welt. Sie sind sehr verspielt und schwimmen besonders im Sommer gern in kleinen Gruppen sehr nah an Menschen heran.

Black Cat, Main Wharf, Beach Rd, ☎ 03/304 7641, 🖥 www.blackcat.co.nz. Touren Okt–April tgl. 6, 8.30, 11.30, 13.30 und 15.30 Uhr, Mai–Sep 11.30 Uhr, 3 Std., $130, ohne Schwimmen $70. Wenn sich keine Delphine zum Schwimmen finden lassen, erhält man einen Teil des Fahrpreises erstattet. Im Winter werden Trockenanzüge zur Verfügung gestellt. Außerdem veranstaltet das Onuku Farm Hostel (S. 597) Touren zum Schwimmen mit den Delphinen.

(S. 597)

Touren

Hafenrundfahrten

Black Cat (s. o.) veranstaltet auch 2-stündige Hafenrundfahrten (Nov–März 11 Uhr und ganzjährig 13.30 Uhr, $65). Mit einem Katamaran geht es hinaus zur Mündung der Bucht, unterwegs sieht man eine sehr schöne vulkanische Meereshöhle mit hohen Wänden, Tüpfelkormorane und Höhlen, in denen sich manchmal Zwergpinguine aufhalten.

Akaroa Dolphins, 65 Beach Rd, ☎ 0800/990 102, 🖥 www.akaroadolphins.co.nz. Touren mit Vogelbeobachtung, Nov–April tgl. 10.15, 12.45, 15.15 Uhr, Mai–Okt 12.45 Uhr, $68.

Fox II Sailing Adventures, ☎ 0800/369 7245, 🖥 www.akaroafoxsail.co.nz. Bietet eine atmosphärisch wunderbare Segeltour mit der Fox II, einem Holzboot Baujahr 1922; Ende Dez–Mai tgl. 10.30 und 13.30 Uhr, $60, BBH-Rucksacktouristen $50, ab der Daly's Wharf. Im Verlauf der Fahrt bekommt man einiges vom Akaroa Harbour und den äußeren Buchten und mit einiger Wahrscheinlichkeit auch Delphine zu sehen.

Pinguin- und Robbenbeobachtung

Akaroa Seal Colony Safari, ☎ 03/304 7255, 🖥 www.sealtours.co.nz. Fahrten in klimatisierten Fahrzeugen mit Vierradantrieb zur Beobachtung der Meeressäuger an der östlichen Spitze der Halbinsel. Abfahrt tgl. 9.30 und 13 Uhr, $50, Dauer 2 1/2 Std., max. 6 Pers. Abfahrt beim i-SITE. Shireen und Francis Helps kümmern sich auf ihrer Farm an der Flea Bay am Banks Peninsula

Track (S. 598) seit Jahrzehnten um Weiß-flügelpinguine. Von Nahem kann man sich diese Vögel im Rahmen einer Tour von **Pohatu Penguins** anschauen, ✆ 03/304 8552, 🖳 www.pohatu.co.nz: Pinguinbeobachtung 2–3 Std. $66. Außerdem Allrad-Naturkundetouren $80, **Seekajaktouren** in der Flea Bay und im Pohatu Marine Reserve $75. Billiger wird's, wenn man selbst zur Farm fährt, aber die Straße dorthin ist steil und nur mit einem Allradfahrzeug zu bewältigen.

Postzustellungstouren

Akaroa Harbour Scenic Mail Run, ✆ 03/304 7573, 🖳 www.akaroamailrun.com. Führt zu den Siedlungen an der inneren Hafenbucht. Abfahrt Mo–Sa 9 Uhr, 5 Std., $50. **Eastern Bays Scenic Mail Run**, ✆ 03/304 8526. Vielleicht ein wenig interessanter, u. a. nach Okains Bay und Le Bons Bay. Abfahrt Mo–Fr 9 Uhr, 5 Std., $55.

Sonstiges

Geld

BNZ, Bank mit Geldautomat gegenüber dem Visitor Centre in der Rue Lavaud, ◷ Mo–Fr 9.30–16.30 Uhr.

Informationen

Visitor Centre, 80 Rue Lavaud, ✆ 03/304 8600, 🖳 www.akaroa.com. Gepäckaufbewahrung ($1 pro Std., $5 pro Tag). ◷ Nov–April tgl. 9–17, Mai–Okt Mo–Fr 9–17, Sa und So 10–16 Uhr. Hier ist auch das Postamt.

Internet

Turenne Coffee Shop, gegenüber vom Visitor Centre, ◷ 7–19 Uhr oder länger.

Transport

Die beiden folgenden Unternehmen fahren in 1 1/2 Std. mit **Bussen** von Christchurch (Abholung bei Unterkünften im Zentrum von Christchurch) nach Akaroa (Ankunft vor dem Visitor Centre, 80 Rue Lavaud): **Akaroa Shuttle**, ✆ 0800/500 929, 🖳 www.akaroashuttle.co.nz; Nov–April 3x tgl., Mai–Okt 2x tgl.; hin und zurück $45. **Akaroa French Connection**, ✆ 0800/800 575, 🖳 www.akaroabus.co.nz; 1x tgl., $49 hin und zurück.

Rund um Akaroa

Ein schöner Tagesausflug ist das Erkunden der Buchten um Akaroa herum, die alle von der reizvollen **Summit Road** aus zu erreichen sind. An ihr zweigen kurvenreiche Straßen ab, die hinunter zu romantischen Buchten mit einsamen Stränden führen. Von einst vielleicht blühenden Orten ist oft nur noch die Schule oder ein Laden übrig, die beide ums Überleben ringen. Da es zwischen den einzelnen Buchten kaum direkte Verbindungsstraßen gibt, dauert die Erforschung der Gegend wahrscheinlich länger als erwartet.

Das grüne **Le Bons Bay**, 20 km nordöstlich von Akaroa, ist eine friedliche kleine Gemeinde mit einigen Ferienhäusern und einem herrlichen **Sandstrand**, der zu beiden Seiten von Klippen eingerahmt wird und zum Spazierengehen und relativ gefahrlosen Baden einlädt.

Okains Bay

Die nächste Bucht nördlich von Le Bons Bay ist die rund 20 km von Akaroa entfernte **Okains Bay**, besonders im Januar ein beliebtes Urlaubs- und Ausflugsziel mit einigen wenigen ständigen Einwohnern. Der Strand und die von dem Flüsschen **Opara Stream** gebildete, friedliche Lagune eignen sich hervorragend zum Schwimmen und Bootfahren, doch der triftigste Grund für einen Abstecher in die Bucht ist das **Okains Bay Maori and Colonial Museum**. Es ist in einer ehemaligen Käsefabrik untergebracht und beherbergt eine der besten Sammlungen von Maori-Artefakten auf der Südinsel. Ursprünglich war dies die Privatsammlung eines einheimischen Sammlers. Neben dem Ausstellungsgebäude steht ein sehr schönes Versammlungshaus mit hervorragenden symbolischen Schnitzfiguren des Kunsthandwerkers John Rua. In mehreren Nebengebäuden befinden sich traditionellere Ausstellungsstücke aus der Geschichte der europäischen Besiedlung Neuseelands. ◷ tgl. 10–17 Uhr, Eintritt $7.

Mit **Proviant** kann man sich im ehrwürdigen Okains Bay Store versorgen. An **Unterkünften** gibt es am Strand den einfachen Okains Bay Camping Ground, ✆ 03/304 8789, $8, sowie Double Dutch, 32 Chorlton Rd, ✆ 03/304 7229, 🖳 www.doubledutch.co.nz. Letzteres ist ein total gemütliches, gutes Hostel in einem geräumigen modernen

Haus mit nur sieben Betten. Vom Gefühl her ist es mehr eine WG als ein Hostel. Bett $28, Zimmer mit und ohne Bad ❷, ◷ Juni–Aug geschlossen.

Außerdem gibt es noch das sehr gastfreundliche Kawatea Farmstay, ✆ 03/304 8621, 🖥 www.kawateafarmstay.co.nz, ❹, mit Bad ❺. Die etwa 100 Jahre alte **Pionierfarm** liegt inmitten üppiger Gärten und wird durch einen 5 km langen, landschaftlich schönen Küstenstreifen begrenzt. Vermietet werden drei Zimmer und ein hübscher Loft, Abendessen gibt es auf Wunsch für rund $40.

Little Akaloa

Nordwestlich von Okains Bay windet sich eine schmale, teils ungeteerte Straße vorbei an der winzigen Siedlung Chorlton über die Hügel nach Little Akaloa. Ein Ziel der etwas ungewöhnlicheren Art ist die **Old Chorlton Hall**, ✆ 03/304 8726, ein alter Gemeindesaal aus den 1880er-Jahren. Heute ist er eine Privatwohnung. In seinem mit Sofas, Gummibäumen, Uhren und Büchern viktorianisch anmutenden Salon wird hervorragender Devonshire Tea serviert. Geplant ist außerdem ein B&B-Gästezimmer. ◷ Mi–Mo 10–16 Uhr, Eintritt $12,50 inkl. Teegedeck.

Von Chorlton sind es 3 km hinunter zum Strand von **Little Akaloa**, wo man in der Little Akaloa Reserve campen kann. Stellplätze für Zelte $5, für Wohnmobile $10, einfache Ausstattung.

Nach Süden Richtung Otago

Von Christchurch Richtung Süden bahnt sich der SH1 in schnurgerader Linie seinen Weg durch die **Canterbury Plains** und führt durch kleine Ortschaften, die ihr Dasein als Versorgungszentren der umliegenden Farmen des fruchtbaren Flachlands fristen. Im Westen wird die Strecke von den **Neuseeländischen Alpen** flankiert, die bei klarem Wetter einen traumhaften Anblick bieten. Alles in allem handelt es sich aber um eine recht eintönige Landschaft, die nur hier und da von den breiten Kiesbetten der Flüsse unterbrochen wird, die normalerweise nicht mehr sind als ein Rinnsal unter sehr langen Brücken, bei ausgiebigen Regenfällen aber enorm anschwellen können.

Während der SH1 hinter dem Töpfereizentrum **Temuka** das südliche Ende der Canterbury Plains erreicht, wird er durch die näher rückenden Berge an die Küste gedrängt und erreicht schließlich das eher unscheinbare **Timaru**. Von hier führt der SH8 ins Landesinnere nach Fairlie, Lake Tekapo und Mount Cook. Der Küsten-Highway verläuft durch eine Landschaft aus wogenden Hügeln weiter gen Süden in die architektonisch ansprechende Stadt **Oamaru** und zu den einzigartigen und faszinierenden **Moeraki Boulders**. Hier beginnt auch langsam das Land der **Pinguine** mit mehreren Gelegenheiten für einen Zwischenstopp zum Beobachten von Zwerg- und Gelbaugenpinguinen.

Zwischen Moeraki und Dunedin gibt es nicht viel Aufregendes zu sehen, außer vielleicht das kleine Kreuzungsstädtchen **Palmerston**, wo der SH85 („Pigroot") vom SH1 ins Landesinnere nach **Central Otago** abzweigt und eine weitere Gelegenheit eröffnet, der Küste Adieu zu sagen und einer historischen Route zu den stillgelegten Goldfeldern zu folgen.

Rakaia, Ashburton und Temuka

Hat man die Ausläufer von Christchurch hinter sich gelassen, gelangt man auch schon bald nach **Dunsandel**, 40 km südlich des Zentrums von Christchurch. Der Dunsandel Store am SH1 wartet mit bestem Kaffee sowie Kuchen und kleinen Mahlzeiten auf. Knapp 20 km weiter südlich überspannt die längste Brücke Neuseelands, die 1,8 km lange Rakaia River Bridge, den **Rakaia**. Dahinter liegt der kleine gleichnamige Ort, ein Zentrum der Lachsfischerei und Schafzucht. Von hier zweigt eine Nebenstraße namens Thompson's Track landeinwärts nach Methven, Mount Hutt und Mount Somers (S. 628) ab. **Ashburton**, 27 km südlich von Rakaia, ist zwar größer, aber ansonsten ein ebenso verschlafenes landwirtschaftliches Versorgungszentrum.

Der Name von **Temuka**, 150 km südlich von Christchurch, bedeutet auf Maori „glühender Ofen", und tatsächlich wurden in der Gegend viele Erdöfen gefunden. Auch im 20. Jh. noch

Vor rund 500 Jahren durchstreiften Moa-Jäger die Küstenebene im südlichen Canterbury und nördlichen Otago. Die Maori hinterließen Spuren ihres Aufenthalts an den Wänden und Decken einiger offener Kalksteinhöhlen. In der Umgebung von Timaru, Geraldine und Fairlie gibt es über dreihundert **Felszeichnungen**. Bei den verblassten, mit Holzkohle und rotem Ocker angefertigten Zeichnungen handelt es sich um stilisierte Darstellungen von Menschen, Vögeln und mythologischen Figuren und Mustern.

Die besten Höhlenzeichnungen sind in den Museen der Region zu bewundern, vor allem im North Otago Museum von Oamaru (S. 607). Die noch an Ort und Stelle verbliebenen, oft schwierig auszumachenden Zeichnungen wurden zum Teil im Zuge falsch verstandener Restaurierungsbemühungen im 19. Jh. entstellt. Wer sich die Zeichnungen dennoch anschauen möchte, erhält im i-SITE von Timaru eine Karte und kann nach dem genauen Weg fragen. Das lohnendste Ziel ist Frenchman's Gully, wo Moas und eine stilisierte Vogelmenschenfigur zu sehen sind.

machte es seinem Namen alle Ehre: In den Keramikfabriken, die Einwanderer aus dem englischen Töpfereizentrum Stoke-on-Trent errichtet hatten, standen zahlreiche Brennöfen. Heute jedoch wird hier nur noch aus China importierte Keramik bemalt und im **Fabrikladen** der Temuka Pottery in der Thomas Street verkauft, ⌨ www.temukapottery.co.nz, ◷ Mo, Mi und Fr 13–16 Uhr.

Timaru

18 km südlich von Temuka wird nach einer zweistündigen Fahrt von Christchurch die 28 000 Einwohner zählende Hafenstadt Timaru erreicht. Die Stadt ist nicht sonderlich interessant, vielleicht mit Ausnahme der Aigantighe Art Gallery und des South Canterbury Museum. Der Name des Ortes ist von Te Maru abgeleitet, was auf **Maori** „schützender Ort" bedeutet. Timaru war früher die einzige geschützte Stelle für die *waka* der Maori auf dem Weg von der Banks Peninsula nach Oamaru. Den Grundstein für die europäische Besiedlung legte 1837 Joseph Price, der etwas südlich der heutigen Stadt bei Patiti Point eine **Walfangstation** gründete.

Timaru selbst verdankt seine Existenz mehr oder weniger den Engländern George und Robert Rhodes, die 1839 die erste Rinderzucht auf der Südinsel begründeten. Ein willkommenes Nebenprodukt der Landgewinnung für die Errichtung des Hafens 1877 war der schöne Sandstrand Caroline Bay. Timaru wurde zu einem beliebten Ferienort am Meer mit einem jährlich stattfindenden, auch für Touristen lohnenswerten zweiwöchigen **Sommerkarneval**, ⌨ www.carolinebay.org.nz, der am Zweiten Weihnachtstag beginnt. Geboten werden Zirkus, Rummel und Gratiskonzerte in der Caroline Bay.

Den Mittelpunkt des zentralen Geschäftsbezirks von Timaru bildet das **Landing Service Building** von 1876. Das Gebäude aus vulkanischem *bluestone* diente ursprünglich als Warenlager. Die Fracht wurde in kleinen Kähnen herbeigeschafft und mit einer Seilwinde auf einen Kieselstrand gezogen. Hier ist neben dem i-SITE Visitor Centre (S. 604) auch das neue **Maori Rock Art Centre** untergebracht, das über die in der Gegend entdeckten Felsmalereien der Maori informiert (s. Kasten).

200 m höher liegt in der Perth Street das **South Canterbury Museum**, ⌨ www.timaru.govt.nz, mit seinen gut beschrifteten Maori-Artefakten. In der Haupthalle des Museums hängt eine Rekonstruktion des Flugzeugs aus dem Jahr 1902, mit dem der aus Temuka stammende Richard Pearse seinen viel beachteten Versuch des ersten motorbetriebenen Fluges der Welt unternahm. Das war 1902, einige Monate vor den Gebrüdern Wright. Das Flugzeug von Pearse war dem seiner Rivalen technisch weit überlegen, doch Pearse fand, dass sein erster Flug weder ausreichend kontrolliert noch lang genug war, um die Behauptung seiner Mitbürger zu rechtfertigen. Am Ort des legendären Fluges, rund 13 km von Temuka entfernt auf dem Weg nach Waitohi, steht ein Denkmal für Pearse. ◷ Di–Fr 10–16.30, Sa und So 13.30–16.30 Uhr, Spende.

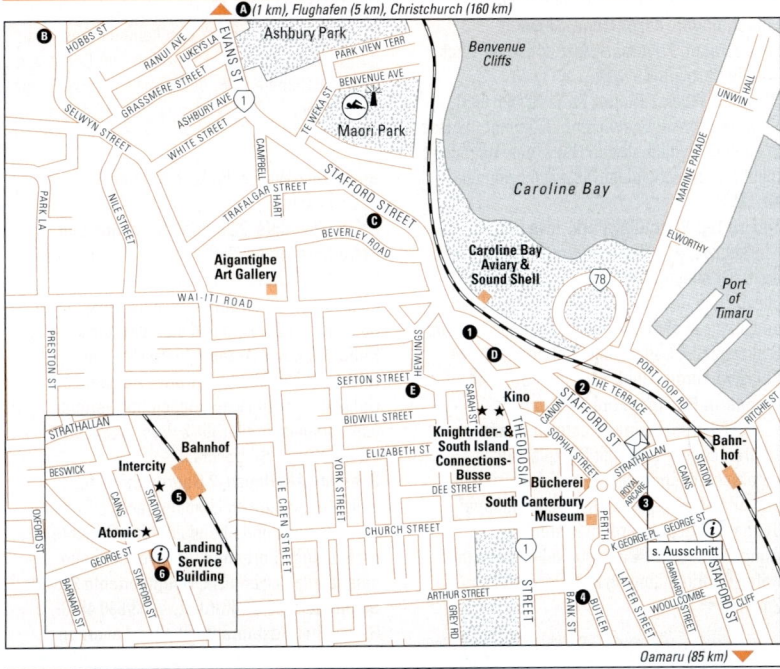

(1 km), Flughafen (5 km), Christchurch (160 km)

Oamaru (85 km)

Übernachtung			Restaurants, Cafés & Bars			
Panorama Motor Lodge	D	Timaru Top 10 Holiday		Arthur St Café	4	Petite	3
Pleasant View	A	Park	B	Le Monde	1	Speights Ale House	6
Sefton Homestay	E	Wanderer Backpackers	C	Off the Rails Café	5	Sukhothai	2

In einem vornehmen alten Haus, das früher den gälischen Namen Aigantighe („zu Hause") trug, ist die **Aigantighe Art Gallery** untergebracht, 49 Wai-iti Rd, ☎ 03/688 4424, 🖥 www.timaru.govt.nz/artgallery. Die ursprünglichen Merkmale des historischen Gebäudes blieben erhalten und bilden die passende Kulisse für eine permanente Sammlung, die nach dem Rotationsprinzip gezeigt wird. Zur Sammlung gehören fünf bedeutende Werke des in Timaru geborenen Colin McCahon sowie Arbeiten von Frances Hodgkins, C. F. Goldie und dem hochproduktiven Landschaftsrealisten Austen Deans. ⏱ Di–Fr 10–16, Sa und So 12–16 Uhr, Spende. 1990 kamen in der Galerie Bildhauer aus Neuseeland, Japan und Simbabwe anlässlich eines Symposiums zusammen und schufen dreizehn Plastiken aus Steinen vom Mount Somers. Die schön verwitterten Arbeiten stehen einträchtig in dem **Skulpturengarten** der Galerie.

An einem schönen Tag bietet sich ein gemütlicher Spaziergang durch die **Botanical Gardens** in der Queen Street an, ⏱ 8 Uhr bis Abenddämmerung, oder entlang der Klippen nördlich der Caroline Bay nach Dashing Rocks, vorbei am hölzernen **Blackett's Lighthouse** von 1878.

Übernachtung

Das Angebot an Unterkünften in Timaru ist recht beschränkt, aber sie sind selten alle ausgebucht.

Panorama Motor Lodge, 52 The Bay Hill, ✆ 0800/103 310, 🖥 www.panorama.net.nz. Ausgezeichnetes, gastfreundliches Motel mit geräumigen Units und allen üblichen Einrichtungen, dazu Sauna, Jacuzzis, Fitnessraum, Privatparkplatz und toller Blick auf die Caroline Bay. ❺

Pleasant View, 2 Moore St, ✆ 03/686 6651, 🖥 www.pleasantview.co.nz. 2 Zimmer mit Bad in einem stilvollen neuen Haus, eins davon mit tollem Meerblick, plus Gästewohnzimmer. ❹–❺

Timaru Top 10 Holiday Park, 154a Selwyn St, ✆ 0800/242 121, 🖥 www.timaruholidaypark. co.nz. Gepflegter Platz in der Nähe des Golf-platzes und des Maori Park mit hohem Standard und ausgezeichnetem Preis-Leistungs-Verhältnis. Stellplatz $16, Cabin mit und ohne Küche ❷, Selbstversorger-Units ❸, Motel Units ❹

Wanderer Backpackers, 24 Evans St, ✆ 03/688 8795. Kleines Hostel in relativ zentrumsnaher Lage mit Parkplätzen, unterschiedlichen Zimmern, Geschirrspüler und ohne feste Checkout-Zeit. Manchmal Jagdausflüge, außerdem kostenlose Abholung von der Bushaltestelle in einem Käfer-Cabrio. Camping $14, Dorms $23, Zimmer ❶

Timaru bietet eine ordentliche Auswahl an Essmöglichkeiten zu vernünftigen Preisen; das Nachtleben gestaltet sich dagegen ziemlich bescheiden.

Arthur St Café, 8 Arthur St. Tolles kleines Café mit Tischen im Freien und drinnen über mehrere gemütliche Räume verteilt. Ausgezeichnetes Frühstück, vegetarische

B&B mit viel Flair

Sefton Homestay, 32 Sefton St, ✆ 03/688 0017, 🖥 www.seftonhomestay.co.nz. Preisgünstiges B&B in einem hübschen, stimmungsvollen Haus aus den 1920er-Jahren auf einem wunderbar schattigen Gelände. 2 Zimmer mit Bad; Internet und WLAN kostenlos, Gästelounge, Rabatt für Radfahrer. ❹

Schöne Aussichten

Le Monde, 64 Bay Hill, ✆ 03/688 8550. In dem halbformellen Top-Restaurant mit traumhaftem Blick auf die Caroline Bay kommen nur super sorgfältig zubereitete Gerichte wie Confit von der Entenkeule ($28) oder Coq au Vin ($26) auf den Tisch.

Blätterteig-Wraps, leckere Kuchen. ◷ So geschl.

Off the Rail Café, 22 Station St, im Bahnhof. Retro-Café mit Alkohollizenz in einem ehemaligen Bahnhofswartesaal von 1967. Alte Sitzecken, Jukebox, weißes Ledersofa, gute Auswahl an preiswerten Speisen und starker Kaffee.

Petite, 16 Royal Arcade. In erster Linie relaxte Cocktailbar mit großer Auswahl an Gemixtem, dazu Wein und leichte Gerichte wie Vorspeisenteller für 2 Pers. ($26) und Pizza ($16). ◷ So geschl.

Speights Ale House, 2 George St. In der beliebten Kneipe im Landing Service Building gibt´s mittags und abends deftige Gerichte in großzügigen Portionen. Am Wochenende gelegentlich Livemusik. Hauptgerichte $15–25.

Sukhothai, 303 Stafford St, ✆ 03/688 4843. Gutes Thai-Restaurant mit alten Favoriten (größtenteils $15–19); mittags Tagesgerichte für $10. ◷ Mo geschl.

Bücherei

Sophia St, ◷ Mo, Mi und Fr 9–20, Di und Do 9–18, Sa 10–13, So 13–16 Uhr.

Fahrradverleih

The Cyclery, 106 Stafford St, ✆ 03/688 8892, $30 pro Tag.

Informationen

i-SITE Visitor Centre, 2 George St, ✆ 03/687 9997, 🖥 www.southisland.org.nz. ◷ Mo–Fr 8.30–17, Sa und So 10–15 Uhr, im Sommer länger.

Internet

In der Bibliothek (kostenlos) oder im Off the Rail Café (s.o.).

Kino
Movie Max 5, Canon St, Ecke Sophia St,
✆ 03/684 6987, zeigt vor allem neue Hollywood-Produktionen.

Nahverkehr

Stadtbusse
Betreiber des lokalen Busnetzes von Timaru ist
Metro, ✆ 03/688 5544, 💻 www.metroinfo.org.nz.
Ein Einzelfahrschein innerhalb der Stadt und in
die Vororte kostet $1,50, nach Temuka $4.

Taxis
Timaru Taxis, ✆ 03/688 8899.

Transport

Busse
InterCity-Busse halten im Zentrum vor dem
Bahnhof und die Busse von Atomic nicht weit
davon entfernt vor dem i-SITE Visitor Centre.
Busse nach CHRISTCHURCH 7x tgl.; 2 1/2 Std.;
DUNEDIN 7–9x tgl., 3 1/2 Std.; OAMARU 7x tgl.,
1 Std.

Flüge
Flüge nach WELLINGTON 2–3 x tgl., 1 1/4 Std.

Oamaru

Die 85 km südlich von Timaru am SH1 gelegene,
ehemalige Hafenstadt Oamaru ist eine der ver-
führerischsten Provinzstädte Neuseelands, in
der sich ohne weiteres ein bis zwei erholsame
Tage verbringen lassen. Am reizvollsten sind zunächst die Kolonien von sowohl Zwerg- als auch
Gelbaugenpinguinen unmittelbar außerhalb der
Stadt. Die Stadt selbst hat aber auch ihren Reiz,
vor allem das gut erhaltene **historische Zentrum**
mit Baudenkmälern aus dem 19. Jh., die aus dem
auffälligen, cremefarbenen Kalkstein gebaut
wurden, der in der Umgebung von Oamaru häufig anzutreffen ist und der Stadt den Beinamen
„Whitestone City" einbrachte.
  Zu Beginn des 20. Jhs. galt Oamaru als
schönste Stadt der Südinsel – ein Prädikat,
das sie in Zukunft nach erfolgreich abgeschlossenen Restaurierungsarbeiten wieder erreichen
wird.

In der Vergangenheit boten die Kalksteinfelsen der Umgebung den Maori Schutz und
lieferten später das Rohmaterial für die ehrgeizigen Bauvorhaben der europäischen Einwanderer. Als Versorgungszentrum für die Glücksritter
während des Goldrausches und dank verschiedener wirtschaftlicher Standbeine (Holzgewin-
nung, Landwirtschaft und Steinbrüche) gelangte
Oamaru zu einigem Wohlstand. 1874 wurde der
Hafen für **Einwanderer** geöffnet. Allerdings ken-
terten viele Schiffe in den tückischen Gewässern, sodass Ende des 19. Jhs. ein Schiffswrack
neben dem anderen vor der Küste lag. Nach der
Blütezeit ging es wirtschaftlich mit der Stadt
bergab (wie es auch in den Werken der aus Oamaru stammenden Schriftstellerin Janet Frame
zum Ausdruck kommt), und erst in jüngerer Vergangenheit erwachte Oamaru wieder zu neuem
Leben.
  Wer es einrichten kann, sollte Oamaru zwischen November und Januar besuchen, denn
dann sind die Pinguine am zahlreichsten vertreten. Eine gute Zeit ist auch das dritte Wochenende im November für die **Victorian Heritage
Celebrations**, wenn die Straßen des historischen
Zentrums in eine Rennstrecke für Hochräder umfunktioniert werden, die von den Einheimischen
in viktorianischer Kleidung angefeuert und von
einem Jahrmarkt begleitet werden.

Sehenswertes
Die Thames Street und die Umgebung von Tyne
Street, Itchen Street und Harbour Street bilden
Oamarus **Historic District**, eine Anhäufung vor-
nehmer öffentlicher und merkantiler Gebäude,
durch die sich Oamaru deutlich von allen an-
deren neuseeländischen Städten abhebt. Das
Schlüsselwort ist **Oamaru-Stein**, der umso härter
wird, je mehr er den Elementen ausgesetzt ist. Im
frisch gehauenen Zustand lässt er sich dagegen
leicht mit herkömmlichen Handwerzeugen aus
Metall bearbeiten.
  Unter Berücksichtigung des damals vorherr-
schenden neoklassizistischen Stils ließen die
Architekten ihrer Phantasie freien Lauf, und die
Handwerker hatten weitgehend freie Hand bei der
Gestaltung kannelierter Pilaster, detailverliebter
Giebeldreiecke und eleganter korinthischer Säu-
len, die mit ganzen Wäldern aus Akanthusblättern

Oamaru

N

0 — 500 m

Ⓐ *(1 km)*, Ⓑ *(2 km)*, ❶ *(18 km)*, Timaru *(84 km)*

Übernachtung

Alma Motels	G
Alpine Hostel	C
Chillawhile	A
Criterion Hotel	H
Northstar	B
Oamaru Creek	D
Oamaru Top 10 Holiday Park	F
Old Bones Backpackers	I
YHA Red Kettle	E

Historic District

Glen Waren Reserve

Glen Eden Reserve

OUSE STREET

TRENT STREET

NEN STREET

EXE STREET

ROYAL TERR

Wohnhaus von Janet Frame

Ⓒ Alpine Hostel
AA Office

TORRIDGE

DEE STREET

DEE STREET

REED STREET

❸

Kino

RIBBLE

EDEN STREET

THAMES STREET

USK STREET

ehem. Bahnhof

SÜD-PAZIFIK

YARE ST

CHELMER STREET

FORRESTER DR

DEVON

YARE ST

CROSS STREET

COQUET STREET

HUMBER STREET

Oamaru Gardens

ISIS STREET

Ⓕ

HOME ST

❷

Ⓓ

Ⓔ

WEAR ST

s. Ausschnitt

STOUR STREET

SEVERN STREET

DOUGLAS

ALAMEIN

MERSEY STREET

LUNE STREET

TILL STREET

TOWEY STREET

GRETA STREET

ITCHEN ST.

URE STREET

WHARF STREET

FEES ST

TYNE ST

HARBOUR ST

Oamaru Creek

Ⓘ

MEEK ST

MEDWAY ST

STEWARD ST

THAMES STREET

WANSBECK STREET

HULL STREET

ARUN STREET

TWEED

UPPER URE ST

TEST STREET

MARINE PARADE

WATERFRONT ROAD

AVON STREET

TAMAR STREET

SELWYN ST

BUSBY BEACH RD

BRINKBURN ST

WYHELL ST

KENNET

Historic Steam Train

Friendly Bay

Aussichtspunkt

Zwergpinguin-kolonie

❹

King George Park

Restaurants, Cafés & Bars

Criterion Bar	G
Dilaans	3
Portside	4
Riverstone Kitchen	1
The Roost	5
Steam	6
Whitestone Cheese	2

Ⓖ *(5 km)*, Totara Estate *(8 km)*, Dunedin *(115 km)*

①

❶ *(6 km)*, ▼ Küstenstraße zur ① ▼ Beobachtungspunkt für Gelbaugenpinguine *(2 km)*

Ausschnitt:

SEVERN ST

The Court House

WEAR STREET

STEWARD ST

North Otago Museum

MEDWAY ST

THAMES STREET

HUMBER STREET

MEEK ST

❺

Former Post Office

National Bank

Forrester Gallery

First Post Office

Ⓖ Ⓘ

ITCHEN ST

St Luke's

Haltestelle Steam Train

Woolstore Complex

Ⓗ

Harbour Board Office

Bookbinder

Smith's Grain Store Bookshop

TYNE ST

HARBOUR ST

Whisky

WANSBECK STREET

Seitenleiste: **Von Christchurch nach Süden**

---

verziert wurden. Einen Großteil seines Charakters verdankt Oamaru dem Architekten R. A. Lawson und dem Büro von Forrester und Lemon, die zwischen 1871 und 1883 zusammen die meisten der imposanteren Gebäude konzipierten.

Oamaru-Kalkstein wird übrigens noch immer für den Bau moderner Gebäude verwendet. Ein anschauliches Beispiel ist das Waitaki Aquatic Centre im Takaro Park. Wer sich für die Materie begeistert, macht am besten einen Abstecher in den 7 km westlich der Stadt gelegenen Steinbruch **Parkside Quarry**, ✆ 03/433 9786, 🖥 www. oamarustone.co.nz, wo auch Führungen ($10) stattfinden. ⏰ Mo–Fr 9–16.30 Uhr, Eintritt frei.

Thames Street

Die meisten öffentlichen Gebäude befinden sich in der Thames St, wo sich auf einer Straßenseite das **Opera House** von 1906, das palladianische **Courthouse** und das klassisch proportionierte **Athenaeum** aneinanderreihen. Das Athenaeum, das ursprünglich als Bibliothek diente, nahm schließlich die eher bescheidene Sammlung des **North Otago Museum** auf. Es beschäftigt sich u. a. mit der Geschichte von Nord-Otago, der Kultur der Maori und der aus der Stadt stammenden Schriftstellerin Janet Frame. ⏰ Mo–Fr 10.30–16.30, Sa und So 13–16 Uhr, Spende.

Ein paar Schritte weiter steht ebenfalls in der Thames Street das **Former Post Office**. Die ehemalige Post besaß ursprünglich keinen Turm; er wurde erst 1903 von Thomas Forrester, dem Sohn des berühmten Architekten, hinzugefügt. Das Gebäude ersetzte das benachbarte, italienisch anmutende **First Post Office** aus dem Jahr 1864, das älteste aller Whitestone-Bauwerke Oamarus und das einzige noch verbleibende Werk von W. H. Clayton.

Direkt gegenüber der beiden ehemaligen Postämter stehen zwei Lawson-Häuser: Die beeindruckende **National Bank** hat möglicherweise die unverfälschteste neoklassizistische Fassade der Stadt, während das vornehmere Nachbargebäude inzwischen die **Forrester Gallery** beherbergt. Gezeigt werden Wanderausstellungen zeitgenössischer und traditioneller Kunst sowie eine Sammlung mit Arbeiten des bedeutenden neuseeländischen Künstlers Colin McCahon und des aus Oamaru stammenden Malers Colin Wheeler. ⏰ tgl. 10.30–16.30 Uhr, Spende.

Tyne-Harbour Street Historic Precinct

Auf dem Weg Richtung Wasser kommt man durch das ehemalige Geschäftsviertel der Stadt, das ebenfalls von Whitestone-Architektur beherrscht wird. Die Gegend entwickelt sich immer mehr zum Szeneviertel, wo man gut einen Kaffee oder ein Bierchen trinken kann, um danach in

den Buchläden, Kunstgalerien und kleinen Museen herumzustöbern.

Wer der Itchen Street Richtung Osten folgt, gelangt an der Ecke Tyne Street zum **Woolstore Complex**, 1 Tyne St. Neben dem Woolstore Café beherbergt der Komplex die **Oamaru Auto Collection**, ⏰ tgl. 10–16 Uhr, Eintritt $6, eine Sammlung uralter und nicht ganz so alter Fahrzeuge. Im Obergeschoss findet jeden Sonntag ein kleiner Markt statt (10–16 Uhr).

In den alten **Union Offices**, 7 Tyne St, ist heute eine traditionelle Buchbinderwerkstatt untergebracht, ✆ 03/434 9277. Dort können Besucher alte Druckerpressen besichtigen und beobachten, wie Bücher gebunden werden. ⏰ Mo–Fr 14–16 Uhr oder ein wenig länger, Eintritt frei. Nebenan steht der elegante, 1881 von dem Steinmetz James Johnson errichtete **Smiths Grain Store**. Etwas weiter bietet Slightly Foxed, 11 Tyne St, eine hervorragende Auswahl gebrauchter **Bücher** und Klassiker.

In der parallel zur Tyne Street verlaufenden Harbour Street finden sich weitere ehemalige Handelshäuser. Das verfallene, 1876 erbaute **Harbour Board Office** war eines der ersten öffentlichen Gebäude Oamarus, das von den äußerst produktiven Architekten Forrester und Lemon entworfen wurde. Besonders sehenswert ist das umwerfende, 1882 vollendete **Loan and Mercantile Warehouse**, 14 Harbour St, einst der größte Getreidespeicher Neuseelands. Inzwischen sind die Getreidesäcke durch Whiskyfässer ersetzt worden. Denn hier residiert jetzt **Whisky**, 🖥 www.milfordwhisky.co.nz, der einzige neuseeländische Lieferant von in der Region produzierten Single Malts. Auf Wunsch finden Führungen ($15) statt; im Café kann man Vierersets mit teilweise 20 Jahre altem Whisky probieren ($10–15). ⏰ im Sommer tgl. 10–19, im Winter 10–16 Uhr.

Oamaru Gardens und Janet Frame House

Fünf Minuten zu Fuß liegen westlich vom Historic District die **Oamaru Gardens** in gezähmter Naturpracht an einem Bach. Der Rhododendron-Hain, der Duftgarten und das viktorianische Sommerhaus vermitteln einen Eindruck vom einstigen Wohlstand der Stadt. ⏰ tgl. Morgen- bis Abenddämmerung, Gewächshäuser 9–16 Uhr, Eintritt frei.

Zehn Minuten weiter nordwestlich steht das **Janet Frame House**, 56 Eden St, das bescheidene Haus, in dem eine der wichtigsten Schriftstellerinnen Neuseelands ihre Kindheit verbrachte. Noch vor ihrem Tod im Jahr 2004 wurde das Haus in den Zustand der 1930er-Jahre zurückversetzt. Nach einem Rundgang kann man sich anhören, wie die Autorin selbst einen Ausschnitt aus *Owls Do Cry* (dt. *Wenn Eulen schrein*) liest, der von eben jenem Sofa handelt, auf dem man gerade sitzt. ☺ Nov–April tgl. 14–16 Uhr, Eintritt $5. Fans der Autorin können außerdem dem Janet Frame Trail folgen; eine Broschüre hierzu ist im i-SITE erhältlich.

Die Pinguinkolonien

Oamaru ist insofern einzigartig, als sich in unmittelbarer Nähe der Stadt zwei Kolonien mit **Gelbaugen-** und **Zwergpinguinen** befinden, die zu Fuß vom Zentrum aus zu erreichen sind. Normalerweise ist es möglich, beide Kolonien an einem Abend zu sehen, denn die Gelbaugen kommen gewöhnlich etwas früher an Land als die Zwerge. Da Pinguine äußerst scheu und leicht zu verschrecken sind, sollte man keinen Lärm machen und sich den Tieren nicht weiter als 10 m nähern. Sind die Pinguine verängstigt, kehren sie häufig mehrere Stunden nicht zu ihren Nestern zurück, selbst wenn sie Küken zu füttern haben.

Zwergpinguine nisten unter den meisten Gebäuden am Wasser, und wer sich während der Abenddämmerung ans Ufer setzt, sieht höchstwahrscheinlich ein paar Pinguine vorbeiwatscheln. In einem formelleren und informativeren Rahmen sieht man die Vögel bei der **Blue Penguin Colony** etwa 15 Gehminuten südöstlich des Stadtzentrums, die man am besten kurz vor der Abenddämmerung aufsucht. Sie ist über die Waterfront Road zu erreichen, ☺ tgl., Eintritt $22. Auf dem Gelände gibt es ein Visitor Centre, in dem eine rund um die Uhr eingeschaltete Infrarot-Kamera Bilder aus einem Nistkasten auf den Monitor überträgt.

Nach dem Betrachten eines Videos über Zwergpinguine müssen die Besucher ihre Fotoapparate und Camcorder abgeben, bevor sie es sich auf der 350 Zuschauer fassenden Tribüne gemütlich machen dürfen.

Zwergpinguine

Die kleinsten Pinguine der Welt sind an den Küsten Neuseelands und Südaustraliens heimisch. Brust und Bauch der Vögel sind weiß, während auf der Körperrückseite ein dicker, indigoblau schillernder Streifen vom Kopf bis zum Schwanz verläuft. Zwergpinguine brüten zwischen Juni und Dezember, wobei sich beide Eltern während der 36-tägigen Brutperiode abwechselnd die Aufsicht über das Ei teilen. Nachdem die Eltern das frisch geschlüpfte Küken während der ersten zwei bis drei Wochen beschützt haben, begeben sie sich wieder ins Meer, um den wachsenden Nahrungsbedarf ihres hungrigen Nachwuchses zu befriedigen. Mit Fisch im Bauch kehren sie zurück, um die Jungtiere mit der vorverdauten Nahrung zu füttern.

Nach acht Wochen werden die Küken flügge, wobei allerdings 60 % der Jungpinguine das erste Jahr nicht überleben. Diejenigen, die vom Schicksal verschont bleiben, kehren in der Regel später an ihren Geburtsort zurück. Nach Beendigung der Brutsaison fressen sich die Vögel Fett an, bevor sie zur Mauser wieder an Land kommen. In diesen drei Wochen ist ihr Federkleid nicht wasserdicht genug für einen Aufenthalt im Meer. Während der Mauser verlieren die Pinguine bis zur Hälfte ihres Körpergewichts.

Wer während der Brutsaison (Juni–Dez) hier ist, bekommt auch Küken zu Gesicht und hört sie nach ihren Eltern schreien, die im Meer nach Nahrung jagen. Wenn die erwachsenen Pinguine in der Dämmerung grüppchenweise zurückkehren, klettern sie das steile Ufer hinauf und watscheln an der Tribüne vorbei zu ihren Nestern. Außerhalb der Brutsaison sind die Pinguine wesentlich weniger unterwegs, bieten aber dennoch ein unterhaltsames Schauspiel. In der Spitzensaison (Nov–Mitte Feb) zeigen sich manchmal bis zu 200 Pinguine an einem Abend; im März, Juni und August dagegen oft nur ein Dutzend.

Das alles erinnert ein wenig an Zirkus. Wer sich ein weniger durchgestyltes Pinguinerlebnis vorgestellt hat, sollte sich auf die in Eigenregie vorgenommene Tour **Behind the Scenes** begeben. Sie führt zu einer Brutkolonie, wo man die Vögel gewöhnlich in Nistkästen sehen kann, manchmal auch Jungtiere. ⏰ tgl. 10 Uhr bis 2 Std. vor Einbruch der Dunkelheit, $10, mit Eintritt $28. Diese Tour ist auch als Führung erhältlich ($17,50, mit Eintritt $35).

Die wesentlich größeren **Gelbaugenpinguine** nisten in kleineren Gruppen, halten dafür aber zivilere Zeiten ein, denn sie kehren meist schon am späten Nachmittag oder frühen Abend zurück (die besten Monate sind Okt–Feb). Die Gelbaugenpinguine kommen meist am Strand **Bushy Beach** an, 2 km außerhalb von Oamaru an der Bushy Beach Rd. Am Strand können die Besucher von einem Horst aus beobachten, wie die Gelbaugenpinguine über den Strand watscheln.

Eine gute Möglichkeit zum Beobachten von Gelbaugen- und Zwergpinguinen ist der zweieinhalb- bis dreistündige Tür-zu-Tür-Service **Penguin Express**, ✆ 0800/304 333, 🖥 www.penguinscrossing.co.nz. Nach einem Besuch am Bushy Beach und einer kleinen Stadtrundfahrt mit Kommentar werden die Teilnehmer rechtzeitig zur Ankunft der Zwergpinguine zu ihrer Kolonie (Eintritt inkl.) kutschiert. Kostenpunkt $46, mit diversen Rabatten $40.

Übernachtung

In Oamaru eine Unterkunft zu finden ist selten schwierig; von Dezember bis März lohnt es sich allerdings, ein oder zwei Tage im Voraus zu buchen. In Oamaru selbst wie auch südlich der Stadt auf dem Weg nach Dunedin gibt es einige tolle Hostels.

Alma Motels, SH1, 5 km südlich der Stadt, ✆ 0800/000 644, 🖥 www.almamotels.co.nz. In die Jahre gekommenes Motel mit funktionalen Units und allen notwendigen Einrichtungen. Sehr preisgünstig. ❸

Alpine Motel, 285 Thames St, ✆ 0800/272 710, 🖥 www.alpineoamaru.co.nz. Gemütliches Motel in Zentrumsnähe; 10 geräumige, renovierte Studio Units, einige davon mit komplett ausgestatteter Küche. ❹

Chillawhile, 1 Frome St, ✆ 03/437 0168, 🖥 www.chillawhile.co.nz. Lockeres Hostel in einem weitläufigen Haus 2 km nördlich der

Klasse B&B

Oamaru Creek, 24 Reed St, ✆ 03/434 1190, 🖥 www.oamarucreek.co.nz. Hervorragendes Homestay-B&B mit großen, geschmackvoll eingerichteten Zimmern (einige mit Bad) und fantastischem Biofrühstück, auf Wunsch auch Abendessen (2-Gänge-Menü $30, BYO). Warmherzige Atmosphäre und gut informierte Besitzer. ❹–❺

Stadtmitte. Extra-Räume zum Musikmachen mit Gitarre und Orgel, Malen und Trommeln. Mit gemeinsamen Mahlzeiten und Sitzecken in den Dorms wird viel Wert auf Geselligkeit gelegt. Leichtes Frühstück und Abholung vom Bus kostenlos. Dorms $28, Zimmer ❷

Criterion Hotel, 3 Tyne St, ✆ 0800/259 334, 🖥 www.criterion.net.nz. Reizendes viktorianisches Boutique-B&B in einem Gebäude Baujahr 1877 mitten im historischen Viertel. Gästeküche und Lounge, reichhaltiges Frühstück inkl. Zimmer ohne Bad ❹, mit Bad ❻

Northstar, 495a SH1, ✆ 03/437 1190, 🖥 www.northstarmotel.co.nz. Rundernuertes Motel 3 km nördlich der Stadt mit stilvollen Units und eigenem Restaurant. ❹

Oamaru Top 10 Holiday Park, 30 Chelmer St, ✆ 0800/280 202, 🖥 www.oamarutop10.co.nz. Campingplatz in geschützter Lage in der Nähe der Oamaru Gardens. Stellplätze $34, Cabins ❷, mit Küche ❸, Motel Units ❹

YHA Red Kettle, 2 Reed St, ✆ 03/434 5008, 🖥 www.yha.co.nz. Kleines, angenehmes Hostel

Hostel für höchste Ansprüche

Old Bones Backpackers, Beach Rd, Kakanui, ✆ 03/434-8115, 🖥 www.oldbones.co.nz. Wunderbares Hostel der gehobenen Klasse an der Küste 6 km südlich der Stadt, zu erreichen über die Wharfe Rd. Nur 8 DZ und Zweibettzimmer, keine Dorms. Geräumige, gemütliche Lounge/ Küche ohne TV. Höchster Standard, kostenloses Internet und Fußbodenheizung in den Gästezimmern. EZ $43, Zimmer ❷ ⏰ Mai–Sep geschl.

in Zentrumsnähe mit 5-Bett-Dorms, einem Zweibettzimmer und einem DZ. Dorms $27, Zimmer ❷ ⊙ Mai–Sep geschl.

Essen und Unterhaltung

Die meisten Lokale der Stadt liegen in der Umgebung der Thames Street im Zentrum. Wer einen Ausflug zu den Moeraki Boulders macht, kann auch in Fleur's Place (S. 612) einkehren. Richtung Norden eignet sich die Riverstone Kitchen (s. unten) gut für ein Mittagsmahl.

Criterion Bar, im Criterion Hotel, 3 Tyne St. Bar im Stil eines viktorianischen englischen Pubs mit langem Holztresen. Preiswerte Mahlzeiten in großen Portionen und einige altmodische, aber gute Biersorten, darunter London Porter und Emersons traditionelles Ale.

Dilaans, 263 Thames St. Preisgünstiger türkischer Imbiss. ⊙ Mo geschl.

Portside, 2 Waterfront Rd, ✆ 03/434 3400. Das stilvolle moderne Restaurant mit Bar bei der Zwergpinguin-Kolonie hat Hauptgerichte um die $30. Schön ist auch ein Sonnenuntergangsdrink auf der Terrasse mit Blick aufs Meer. ⊙ Mi geschl.

Riverstone Kitchen, 1431 SH1, 19 km nördlich von Oamaru, 66 km südlich von Timaru, ✆ 03/431 3505, 🖳 www.riverstonekitchen.co.nz. Mit die besten Caféspeisen überhaupt, serviert in aufgeräumt-ländlichem Ambiente. Toll für ein Mittagsmahl (rund $17) auf der Durchreise; Do–Sa sind abends Bistrogerichte für etwa $30 erhältlich.

The Roost, 30 Thames St, ✆ 03/434 1165. Dieses Tageslokal macht nicht viel her, aber den kleinen Speisen ist anzusehen, dass sie von Leuten zubereitet und

---

Legendär

Penguin Club, Emulsion Lane, 🖳 www.thepenguinclub.co.nz. Legendärer Club in einer unauffälligen Nebenstraße. Freitags Jam Night (ab 20 Uhr), ansonsten Dichtkunst, Theater und Liveauftritte neuseeländischer Bands ($10–30 Eintritt). Wer ein Programmheft des Visitor Centres dabei hat, kommt zum ermäßigten Mitgliederpreis rein.

---

aufgetragen werden, denen ihre Arbeit am Herzen liegt.

Steam, 7 Thames St. Hat den besten Kaffee der Stadt, außerdem köstliche Kuchen, Muffins und Säfte. ⊙ Mo–Sa tagsüber.

Whitestone Cheese, 3 Torridge St. Der perfekte Feinkostladen für Picknickzutaten, darunter hervorragender Käse aus der benachbarten Fabrik wie der hochgelobte weiche und cremige Windsor Blue. Hinten im Laden kann man einen Blick auf die Produktion werfen (am besten Mo–Fr vor 15 Uhr).

Sonstiges

Bücherei

Oamaru Public Library, 62 Thames St, ⊙ Mo–Fr 9.30–17.30, Sa 10–12.30 Uhr.

Informationen

i-SITE Visitor Centre, 1 Thames St, 5 Minuten zu Fuß von der Haltestelle der Fernbusse entfernt, ✆ 03/434 1656, 🖳 www.visitoamaru.co.nz. Nützliche Broschüren wie *Janet Frame's Oamaru* und *Historic Oamaru*. Organisiert auch die unterhaltsamen und äußerst informativen Stadtspaziergänge **Ralph's Rambles**, ✆ 03/434 7337, $20. ⊙ Mitte Dez–März tgl. 9–18, April–Mitte Dez Mo–Fr 9–17, Sa und So 10–16 Uhr.

Internet

Internetzugang im i-SITE und kostenlos in der Oamaru Public Library (s. o.).

Transport

Die Fernbusse halten in der Eden St, Ecke Thames St.

Busse nach:
AORAKI MOUNT COOK 3x wöchentl., 3 Std.;
CHRISTCHURCH 7x tgl., 4 Std.;
DUNEDIN 7–9x tgl., 2 Std.;
OMARAMA 3x wöchentl., 1 3/4 Std.;
TEKAPO 4x wöchentl., 3 Std.;
TIMARU 7x tgl., 1 Std.;
TWIZEL 7x wöchentl., 2 Std.

Von Oamaru bis Shag Point

Südlich von Oamaru steuern die meisten Touristen auf direktem Wege die Moeraki Boulders und Dunedin an. Dabei ist es durchaus keine schlechte Idee, eine halbe Stunde auf dem **Totara Estate**, 8 km südlich von Oamaru, 🖥 www.totaraestate.co.nz, zu verbringen, dem Geburtsort der neuseeländischen Fleischindustrie. Bis Anfang der 1880er-Jahre war Neuseeland ein großer Wollexporteur, doch niemand wusste etwas mit dem überschüssigen Fleisch anzufangen. Zur gleichen Zeit nagten in Großbritannien viele Einwohner der expandierenden Industriestädte am Hungertuch. Schließlich leistete die Australian and New Zealand Land Company Pionierarbeit auf dem Gebiet der Kühltechnik für Segelschiffe. 1882 wurde der Dreimaster *Dunedin* mit kohlengefeuerten Gefriergeräten ausgerüstet und mit Lammfleisch vom Totara Estate beladen.

Das Estate präsentiert sich heute als historischer Park mit Rasenflächen und soliden Kalksteingebäuden, in denen ein kleines Museum sowie im Originalzustand erhaltene Ställe, Kornspeicher und eine Schmiede untergebracht sind. Das Fundament und die Überreste des ehemaligen Schlachthauses und des Kadaverschuppens bilden die Basis für weitere Rekonstruktionen, die eine Vorstellung davon vermitteln, wie der Alltag hier einmal ausgesehen haben mag. ☉ Nov–April tgl. 9–17, Mai–Okt 9.30–15.30 Uhr, Eintritt $7; einstündige Führungen im Sommer tgl. um 11 Uhr, $15.

An der Biegung des Flusses

18 km südlich vom Totara Estate und 11 km nördlich der Moeraki Boulders liegt am SH1 an einer Flussbiegung mit guten Bademöglichkeiten der fernsehfreie Familienbetrieb **Olive Grove Lodge & Holiday Park**, ☎ 03/439 5830, 🖥 www.olivebranch.co.nz. Neben einem Whirlpool, einer Infrarotsauna und Hängematten werden hier liebevoll eingerichtete Zimmer und jede Menge Platz am Fluss geboten. Camping $12, Stellplatz mit Strom $30, Dorm $28, Zimmer mit und ohne Bad ❷ ☉ Juni–Aug geschl.

Moeraki Boulders

Knapp 40 km südlich von Oamaru erreicht man am SH1 die großen, grauen und runden Moeraki Boulders. Die teilweise bis zu fast 2 m Durchmesser aufweisenden **Felsen** liegen teilweise versunken an der Gezeitenlinie im Sand. Unter der glatten Oberfläche verbirgt sich ein wabenförmig ausgehöhlter Kern, der bei einigen zerbrochenen Steinen zu sehen ist. Die Felsen ruhten einst tief in den Schieferklippen an Land. Während die Brandung die Klippen auswusch, fielen die glatten Steinkugeln heraus und bildeten als Folge weiterer Erosion ihre auffällige, „aderige" Oberfläche heraus. Ursprünglich bestanden die Felsen aus einem Kalkkristallkern, der Minerale aus der näheren Umgebung anzog und sich so vergrößerte.

Dieser Prozess setzte vor über 60 Millionen Jahren ein, als sich schlammige Sedimente mit Muschel- und Pflanzenresten auf dem Meeresboden anlagerten. In der Größe reichen die Moeraki-Felsen von kleinen Kügelchen bis zu großen, runden Steinkugeln, doch über die Jahre wurden viele kleinere Exemplare von Souvenirjägern fortgeschafft, sodass nur diejenigen übrig blieben, die nicht zu transportieren sind. Der Zugang zu diesem seltsamen Naturphänomen erfolgt entweder von einem DOC-Parkplatz aus über einen 300 m langen Fußweg oder direkt über einen kurzen Privatweg, für dessen Benutzung man $2 in eine *honesty box* werfen soll; für die Gäste des benachbarten Cafés, ☉ Okt–April tgl. 8–18, Mai–Nov 9–17 Uhr, ist der Zutritt jedoch kostenlos.

Die Maori nannten die Felsen Te Kaihinaki (Vorratskörbe) und glaubten, dass sie von dem Wrack eines Kanus stammten, dessen Besatzung sich auf der Suche nach *pounamu* (Jade) befunden hatte. Das seewärts gerichtete Riff bei Shag Point (s. u.) war der Rumpf des Kanus, unmittelbar dahinter befindet sich ein vorstehender Fels, der den vor Schreck erstarrten Steuermann symbolisiert. Einige der Moeraki Boulders wurden als *hinaki* (Körbe) angesehen, die runderen als Kalebassen und die unregelmäßiger geformten ein Stück weiter am Strand als versteinerte Kumara aus dem Nahrungsvorrat des Kanus. Die Überlebenden der Besatzung verwandelten sich bei Tagesanbruch in Berge mit Blick auf den Strand.

Dorf Moeraki

Vom malerischen und friedvollen Fischerdorf Moeraki, 2 km weiter südlich, hat man über den Strand Zugang zu den Boulders. Hier bieten sich gute Chancen, Gelbaugenpinguine aus der Nähe zu sehen. Dazu fährt man zum weißen Holzleuchtturm (1 km vom SH1 Richtung Meer, dann 5 km über eine unbefestigte Straße) und folgt dann den Schildern einen Pfad hinunter zu einem Hort. Dort lässt sich der Strand überblicken, an den die Gelbaugenpinguine nach einem harten Arbeitstag als Fischer auf See zwischen 15.30 Uhr und Einbruch der Dunkelheit zurückkehren. Außerdem räkeln sich hier an den Stränden Robben. Ein zweiter Pfad führt zu einer Stelle, wo früher ein befestigtes Maori-Dorf *(pa)* stand. Seine Bedeutung wir auf einer Tafel erklärt.

Übernachtungsmöglichkeiten stehen in dieser Gegend nur begrenzt zur Verfügung. Moeraki Beach Motels, ✆ 03/439 4862, hat vier Units ❸ mit Blick auf die Bucht und verwaltet eine Reihe von Ferienhäusern im Dorf, Mindestaufenthalt zwei Nächte, ❸–❺. Außerdem gibt es den Moeraki Village Holiday Park, ✆ 03/439 4759, 🖥 www.moerakivillageholidaypark.co.nz, Zeltstellplätze $13, Cabins ❶, Flats und Motel Units ❸, und Three Bays, 39 Cardiff St, ✆ 03/439 4520, 🖥 www.threebays.co.nz, ein Ferienhaus hoch oben auf den Hügeln mit weiten Ausblicken über den Ort hin zu den Boulders, ❺.

Die Moeraki Tavern produziert Kneipenessen. Mit Abstand am besten speist man aber im genialen **Fleur's Place**, ✆ 03/439 4480, 🖥 www.fleursplace.co.nz. Zu diesem umgebauten Schuppen mit viel Flair kommen selbst Gourmets aus Dunedin angereist, um tolle Fischgerichte aus fangfrischem Fisch (Hauptgerichte zumeist $30–35), gute Weine oder einen erstklassigen Kaffee zu genießen. Fürs Abendessen sollte man auf jeden Fall einen Tisch reservieren, und eventuell bietet sich hier auch die Chance, Fleisch vom Dunkelsturmtaucher zu probieren. 🕐 tgl. 9–23 Uhr.

Die meisten **Busse** halten am SH1, 1,5 km vom Dorf entfernt, aber die Busse von Coastline Tours, ✆ 03/434 7744, bringen Fahrgäste auf der Fahrt von Oamaru nach Dunedin bis in die Dorfmitte.

Shag Point und Palmerston

10 km südlich vom Dorf Moeraki biegt eine Nebenstraße vom SH1 ab und führt zum **Shag Point** und zur **Matakaea Scenic Reserve**. Auf den Felsen am Meer tummeln sich oft Robben, und von einer Aussichtsplattform sind in der Ferne Gelbaugenpinguine zu sehen. Weitere 9 km weiter südlich liegt der kleine Ort **Palmerston**. Hier steht auf einem Hügel ein Denkmal zu Ehren von **John McKenzie**, der als Landwirtschafts- und Einwanderungsminister Anfang der 1890er-Jahre einige Landbesiedlungsgesetze auf den Weg brachte, die den Grundstein für die moderne Farmwirtschaft legten: Die riesigen Landgüter im Besitz nicht ortsansässiger Grundbesitzer wurden auf- und neuen Einwanderern zugeteilt. Palmerston markiert den Kreuzungspunkt zweier Routen: Der SH85 („Pigroot") führt ins Landesinnere zum Maniototo Valley und zu den ehemaligen Goldfeldern in Central Otago. Der SH1 dagegen verläuft weiter nach Süden und erreicht nach 52 km Dunedin.

Backpacker, die gern vom Kajak oder mit dem Speer fischen, Schalentiere sammeln, surfen, reiten oder sich einfach nur bei einem guten Film entspannen, sollten vielleicht die eine oder andere Nacht in der tollen **Asylum Lodge**, 36 Russell Rd, Seacliff, ✆ 03/465 8123, verbringen. Das kleine, ungezwungene Hostel befindet sich in einem ehemaligen Krankenhaus am nördlichen Stadtrand von Dunedin. Die meisten angebotenen Aktivitäten sind kostenlos oder zumindest sehr billig. Außerdem zeigt Frank den Gästen mit Begeisterung seine Sammlung von rund 50 alten Autos – einige davon selten, die meisten nur rostig. Dorm $25, Zimmer ❷, 🕐 Mai–Okt geschl.

Wellington
Christchurch

Zentrale Südinsel

Stefan Loose Traveltipps

Arthur's Pass Wanderungen eröffnen faszinierende Einblicke in eine Landschaft von unglaublicher Schönheit. S. 619

Skifahren Moderate Preise und geringer Andrang sorgen dafür, dass die Skigebiete der zentralen Südinsel (ein hervorragender Ausgangspunkt ist Mount Hutt) zu den besten des Landes gehören. S. 628

Rafting auf dem Rangitata Der Fluss zählt zu den besten Wildwasserrevieren Neuseelands. Die Touren beginnen im Peel Forest, in Geraldine oder als Tagesausflug in Christchurch. S. 631

Lake Tekapo Tagsüber fasziniert der See mit seinem milchig-blauen Wasser, abends der Blick vom Mount John Observatory auf den umwerfend klaren Sternenhimmel. S. 632

12 Aoraki Mount Cook Auf einer Bootstour oder besser noch per Kajak kann man mit den Gletschern unterhalb des höchsten Gipfels Neuseelands auf Tuchfühlung gehen. S. 638

Segelfliegen Die zentrale Südinsel bietet um Omarama herum traumhafte Bedingungen für Segelflieger. S. 644

Die zentrale Südinsel zählt zu den abwechslungsreichsten, faszinierendsten und spektakulärsten Landschaften Neuseelands, mit endlosen Weideflächen, urwüchsigen Wäldern und jeder Menge Geschichten, die Zeugnis ablegen von den Anstrengungen des Menschen, in dieser rauen Region Fuß zu fassen. Die bei weitem markanteste Naturerscheinung in diesen Breiten ist die vereiste Bergkette der **Neuseeländischen Alpen (Southern Alps)**, die in ihrem Verlauf von Norden nach Süden das Rückgrat der zentralen Südinsel bildet und mit dem 3754 m hohen **Aoraki Mount Cook** den höchsten Berg Neuseelands umfasst.

An der Straße von Christchurch nach Nordwesten über den bewaldeten **Lewis Pass** laden der beschauliche Kurort **Hanmer Springs** und weiter westlich die heißen Quellen von **Maruia Springs** zu einem Zwischenstopp ein.

Weiter südlich erklimmen Straße und Eisenbahn den spektakulären **Arthur's Pass** inmitten des Arthur's Pass National Park mit einer Vielzahl von spannenden Tagesrouten und längeren Treks.

Südlich von Christchurch führen Straßen durch die Canterbury Plains in die kleine, aber lebendige Siedlung **Methven**, im Winter das Tor zum Skigebiet am **Mount Hutt**, im Sommer Ausgangspunkt für Erkundungen des **Mount Somers**.

In der südlichen Hälfte der Region werden die sanften Hügel vom **Mackenzie Country** abgelöst, einer sonnenverbrannten Graslandschaft mit schier endlosen Schafweiden. In wunderschönen Blautönen spiegeln sich hier die gletschergespeisten Seen **Lake Tekapo** und **Lake Pukaki**. Eine wahrhaft majestätische Kulisse für diesen Landstrich bilden die mächtigen Erhebungen der Neuseeländischen Alpen. Das **Aoraki Mount Cook Village** am Fuße des gleichnamigen Bergs ist Ausgangspunkt für zahlreiche Wanderwege, einzigartige Gletscherseetouren sowie per Hubschrauber zugängliche Ski- und Wanderrouten. Viele Touristen suchen sich mittlerweile eine Unterkunft im knapp eine Autostunde südlich gelegenen **Twizel**, das ursprünglich als Quartier für die Bauarbeiter eines Wasserkraftwerks entstand und von Staudämmen und Kanälen umgeben ist.

Im Sommer ist das **Klima** auf der zentralen Südinsel im Allgemeinen heiß und trocken, wobei das Grasland an den langen Tagen völlig verdorrt. Zur Freude der Skifahrer auf den vielen Pisten fallen die Niederschläge im Winter als Schnee. Dieses Klima begünstigt eine seltene, teils sogar einzigartige alpine **Flora und Fauna**, darunter die berühmte Mount-Cook-Lilie, die größte Bergbutterblume der Welt, und der Kea, der spitzbübische einzige Bergpapagei auf dem Globus.

Transport

Die Fahrt mit dem **TranzAlpine** (S. 586) gilt als eine der schönsten Eisenbahnfahrten der Welt. Gleichzeitig stellt er die einzige Zugverbindung in dieser Region dar: Er verbindet Christchurch über den Arthur's Pass mit Greymouth an der Westküste.

Busverbindungen bietet z. B. Hanmer Connection, ☏ 0800/242 663, ▯ www.atsnz.com, von Christchurch Richtung Norden nach Hanmer Springs, dann weiter über den Lewis Pass nach Nelson. Atomic Shuttles unterhält tägliche Verbindungen von Christchurch nach Nelson. Reisende, die von Hanmer zur Westküste fahren möchten, bringt der Hanmer Springs Adventure Centre Shuttle (S. 618) zur Kreuzung mit dem SH7, wo sie in die täglich verkehrenden East West Coaches, ☏ 0800/142 622, zwischen Christchurch und Westport umsteigen können. Shuttlebusse von Kaikoura nach Hanmer organisiert Hanmer Backpackers (S. 616). Great Sights, ☏ 09/583 5790, ▯ www.greatsights.co.nz, fährt täglich von Christchurch nach Aoraki Mount Cook. Die Cook Connection, ☏ 0800/266 526, ▯ www.cookconnect.co.nz, verbindet Aoraki Mount Cook mit Twizel und Lake Tekapo. Die Busse von Atomic, NakedBus und InterCity halten auf ihrer Fahrt von Christchurch nach Queenstown in Twizel.

Hanmer Springs und Lewis Pass

Die nördlichste Route durch die Berge ist der SH7 über den Lewis Pass, der in etwa dem Verlauf einer früher Route folgt, die sowohl den Maori als auch den frühen Pakeha als nützliche Verbindung zwischen Ost- und Westküste diente. Eine Nebenstraße führt zum Kurort **Hanmer Springs**, im Sommer eine beliebte Ausgangsbasis für

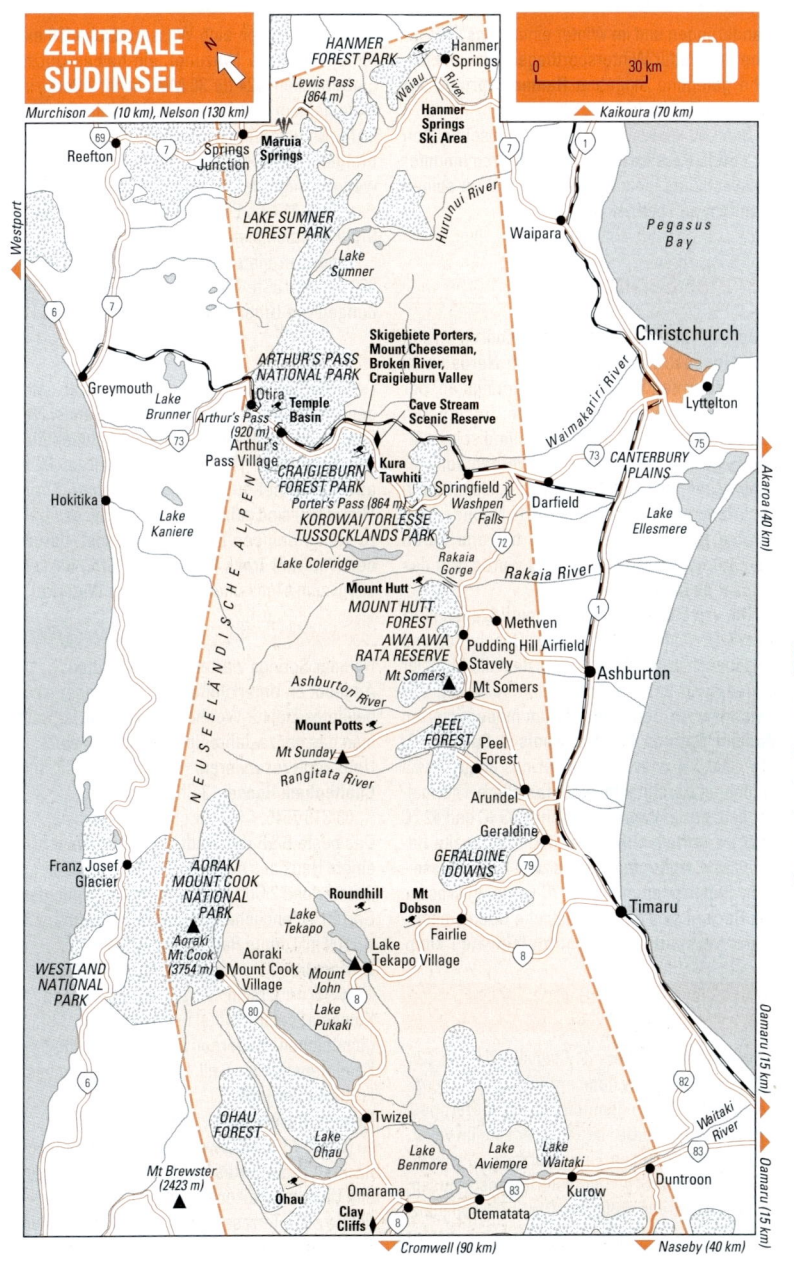

ZENTRALE SÜDINSEL

N

HANMER FOREST PARK

Lewis Pass (864 m)

Hanmer Springs

Murchison ▲ (10 km), Nelson (130 km)

Hanmer Springs Ski Area

Kaikoura (70 km)

0 — 30 km

69 Reefton

7 Springs Junction

Maruia Springs

Waiau River

Hurunui River

Waipara

Pegasus Bay

LAKE SUMNER FOREST PARK

Lake Sumner

Westport ▲

6

Greymouth

7

Lake Brunner

ARTHUR'S PASS NATIONAL PARK

Otira

Temple Basin

Arthur's Pass (920 m)

Arthur's Pass Village

73

Hokitika

Lake Kaniere

NEUSEELÄNDISCHE ALPEN

CRAIGIEBURN FOREST PARK

Skigebiete Porters, Mount Cheeseman, Broken River, Craigieburn Valley

Cave Stream Scenic Reserve

Kura Tawhiti

Porter's Pass (864 m)

KOROWAI/TORLESSE TUSSOCKLANDS PARK

Springfield

Washpen Falls

Darfield

Christchurch

Lyttelton

75

Akaroa (40 km) ▲

Waimakariri River

73 CANTERBURY PLAINS

Lake Ellesmere

Lake Coleridge

Rakaia Gorge

Rakaia River

72

Mount Hutt

MOUNT HUTT FOREST

AWA AWA RATA RESERVE

Methven

Pudding Hill Airfield

Stavely

Mt Somers

Mt Somers

Ashburton River

1

Ashburton

Mount Potts

PEEL FOREST

Mt Sunday

Rangitata River

Peel Forest

Arundel

Geraldine

GERALDINE DOWNS

79

Roundhill

Mt Dobson

Lake Tekapo

Fairlie

8

Timaru

AORAKI MOUNT COOK NATIONAL PARK

Franz Josef Glacier

Aoraki Mt Cook (3754 m)

Aoraki Mount Cook Village

Lake Tekapo Village

Mount John

8

Lake Pukaki

80

WESTLAND NATIONAL PARK

6

Oamaru (15 km) ▲

OHAU FOREST

Lake Ohau

Twizel

Lake Benmore

Lake Aviemore

Lake Waitaki

Waitaki River

82

Mt Brewster (2423 m)

Ohau

Omarama

Clay Cliffs

8

Otematata

83

Kurow

Duntroon

83

Oamaru (15 km) ▲

Cromwell (90 km) ▼

Naseby (40 km) ▼

Zentrale Südinsel

Wanderungen und im Winter eine ebenso praktische Station für Wintersportbegeisterte, die das nahe gelegene Skigebiet **Hanmer Springs Ski Area** zum Ziel haben.

Rund 60 km weiter westlich wird schließlich der **Lewis Pass** erreicht. Auf dem Weg hinunter zur Westküste lockt **Maruia Springs** mit seinen dampfenden Thermalquellen.

Hanmer Springs

Rund 140 km nördlich von Christchurch zweigt eine Nebenstraße vom SH7 nach Norden zum 9 km entfernten Kurort Hanmer Springs ab, der malerisch am Rand eines breiten, fruchtbaren Talkessels am Fuße der Neuseeländischen Alpen liegt. Die Thermalquellen werden von Regenwasser gespeist, das durch Felsspalten in den Hanmer Mountains sickert. Nachdem es diverse Mineralien absorbiert hat und durch die natürliche Erdwärme erhitzt wurde, tritt das Wasser an die Oberfläche.

Die von Eichen gesäumte **Amuri Avenue** führt am i-SITE Visitor Centre, an den Geschäften und an dem schattigen Park vorbei, dem die Stadt ihr ruhiges und beschauliches Flair verdankt. Der Park markiert den Eingang zum modernisierten **Hanmer Springs Thermal Pools & Spa**, ☎ 03/315 0000, 🖳 www.hanmersprings.co.nz. Zwölf landschaftsarchitektonisch gestaltete Thermalbecken, deren Wasser zwischen 33 ºC und 42 ºC heiß ist, verteilen sich hier über eine weite Rasenfläche. Außerdem gibt es zwei Frischwasser-Schwimmbecken mit 28–30 ºC warmem Wasser. Die Becken sind durch künstliche Bäche miteinander verbunden, die man durchwaten kann.

Urgemütliches Hostel

Hanmer Backpackers, 41 Conical Hill Rd, ☎ 03/315 7196, 🖳 www.hanmerbackpackers.co.nz. Herzerwärmend gemütliches, chaletartiges Hostel mitten im Ort mit TV-freier Lounge voller Bücher, makellosen Einrichtungen, geselliger Terrasse mit Grill und allerlei kostenlosen Dreingaben wie frischem Obst. Zeltstellplatz $16, Dorm $27, DZ ❶

Außerdem locken eine Wasserrutsche ($6 extra für unbegrenzte Nutzung), ein halbes Dutzend Einzelbecken ($24 für 30 Min., mind. 2 Pers., inkl. allgemeinem Eintritt) sowie das Garden House Café. Man kann hier also den ganzen Tag verbringen. Am schönsten ist es jedoch abends, wenn weniger los ist und die Sonne untergeht. ⏱ tgl. 10–21 Uhr, Eintritt $14, 2x am gleichen Tag $18, Handtuchmiete $5.

Nebenan bietet ein stilvolles **Spa**, ☎ 03/315 0029, das größte Neuseelands, Verwöhnanwendungen wie Unterwasser-Peeling (40 Min. $110).

Hanmer Forest Park

Der Hanmer Forest Park nördlich und östlich der Stadt mit seinem Bestand an Matais, Nestfichten, Douglastannen und Laubbäumen bietet hervorragende Wandermöglichkeiten. In der ausgezeichneten Broschüre *Hanmer Springs Walks* ($3) sind zahlreiche Wanderwege von bis zu sechs Stunden Länge verzeichnet, darunter der **Waterfall Track** (2,5 km, 2 1/2 Std., 400 m Anstieg) zum 41 m hohen **Dog Stream Waterfall**.

Übernachtung

Hanmer Springs wartet mit einem guten Angebot an Unterkünften auf. Da es aber ein beliebtes Ziel für Wochenendausflüge ist, sollte man das ganze Jahre über rechtzeitig eine Unterkunft reservieren.

Cheltenham House, 13 Cheltenham St, ☎ 03/315 7545, 🖳 www.cheltenham.co.nz. Das beste B&B der Stadt. 4 große Zimmer in einem Haus aus den 30er-Jahren. Snooker-Zimmer und 2 Cottages im liebevoll gepflegten Garten. Abendliche Drinks, Whirlpool und WLAN inkl., gute Rabatte für EZ. ❼

Drifters Inn, 2 Harrogate St, ☎ 03/315 7554, 🖳 www.driftersinn.co.nz. Zentral gelegene Kombination aus Motel und Lodge mit gemütlichen, modernen Zimmern, Lounge mit Kaminfeuer sowie Grill. Herzhaftes einfaches Frühstück inkl. ❺

Hanmer Resort Motel, 7 Cheltenham St, ☎ 03/315 7362, 🖳 www.hanmerresortmotel.co.nz. Sehr preiswertes Motel in zentraler Lage, alle Units mit Balkon, eigener kleiner Rasenfläche oder Terrasse. Sehr hoher Standard und äußerst zuvorkommende Besitzer, außerdem

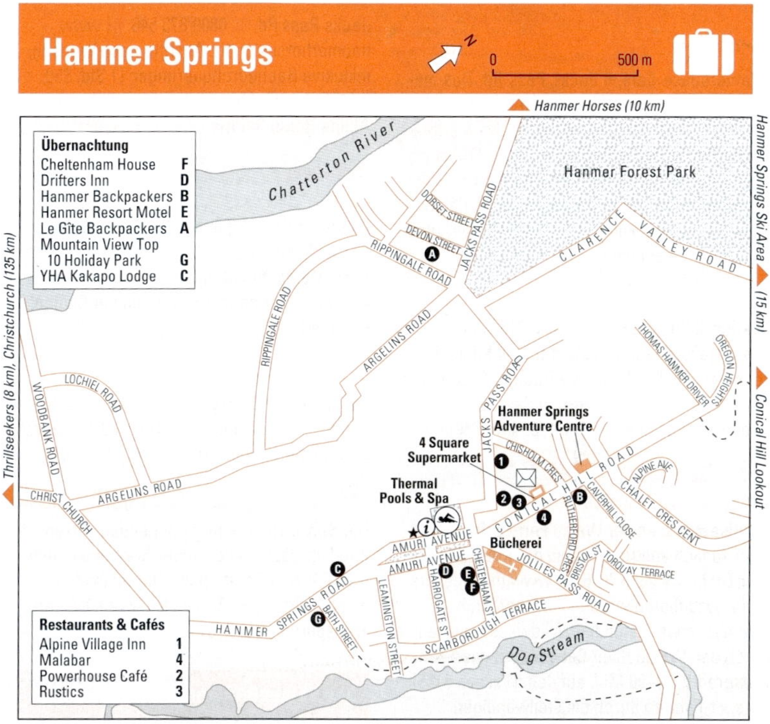

Hanmer Springs

0   500 m

Hanmer Horses (10 km)

Hanmer Forest Park

Übernachtung
Cheltenham House	F
Drifters Inn	D
Hanmer Backpackers	B
Hanmer Resort Motel	E
Le Gîte Backpackers	A
Mountain View Top	
10 Holiday Park	G
YHA Kakapo Lodge	C

Chatterton River

Hanmer Springs Ski Area (15 km)

Conical Hill Lookout

Thrillseekers (8 km), Christchurch (135 km)

Hanmer Springs Adventure Centre

4 Square Supermarket

Thermal Pools & Spa

Bücherei

Restaurants & Cafés
Alpine Village Inn	1
Malabar	4
Powerhouse Café	2
Rustics	3

Dog Stream

Kinderspielplatz. Studio ❹, Villa mit 2 Schlafzimmern ❺, Selbstversorger-Familien-
apartment ❻
Le Gîte Backpackers, 3 Devon St, nur 10 Min.
zu Fuß vom Zentrum, ✆ 03/315 5111, 🖳 www.
legite.co.nz. Freundliches, geschmackvoll
eingerichtetes Hostel in 2 umgebauten Häusern
und einem modernen Chalet mit großem Garten.
Dorms $27, Zimmer (teils mit Bad) ❷
Mountain View Top 10 Holiday Park, Hanmer
Springs Rd, Ecke Bath St, ✆ 0800/904 545,
🖳 www.mountainviewtop10.co.nz. Der dem
Ortszentrum am nächsten gelegene Campingplatz ist bei einem kleinen Park am Fluss
angesiedelt. Fahrradverleih $10/Std. Stellplatz
$22–35, Cabins ❷, mit Küche ❷–❸, Selbst-
versorger-Units ❸–❹, Motel Units ❺
YHA Kakapo Lodge, 14 Amuri Ave, ✆ 03/
315 7472, 🖳 www.kakapolodge.co.nz. Großes,
sonniges modernes Hostel mit Gemeinschafts-

balkonen und Sitzbereichen im Freien. Dorms
$28, Zimmer ❷, Zimmer mit Bad und Motel
Units ❸

Essen und Unterhaltung

Das kleine Hanmer bietet mehr als ein
Dutzend recht guter Restaurants, von denen
viele gleichzeitig als Bars fungieren.
Alpine Village Inn, 10 Jacks Pass Rd.
Gesellige Kneipe mit preiswerten traditionellen
Mahlzeiten wie Fisch, Steak und Hühnchen,
außerdem Braten und eine beeindruckende
Auswahl an vegetarischen Gerichten, alles für
unter $25. Beliebter Treffpunkt für Einheimische.
Malabar, 5 Conical Hill Rd, ✆ 03/315 7754.
Das auffällige Restaurant serviert
asiatische Gerichte wie indisches Lamm,
Tandoori-Hühnchen und Seafood-Tempura
mit interessantem modernem Touch.
Hauptgerichte $28–36.

Zentrale Südinsel

Powerhouse Café, 6 Jacks Pass Rd. Das moderne Café serviert den besten Kaffee im Ort, leckere Kleinigkeiten von der Theke wie thailändische Fischküchlein, dekadentes Frühstück und reichhaltige Mittagsgerichte wie tropische Bouillabaisse mit Kokosmilch oder Calamari-Salat auf Soba-Nudeln. ⏰ in den Ferienzeiten auch Do–So abends.

Rustics, 8 Conical Hill Rd, ✆ 03/315 7274. Tolles kleines Tapas-Restaurant mit Köstlichkeiten wie in der Pfanne gebratener Chorizo mit gerösteter Paprika, paniertem Seeteufel und Mini-Samosas (jeweils $11 oder 4 für $40).

Aktivitäten

Abenteueraktivitäten

Thrillseekers, an der Waiau Ferry Bridge, 9 km südlich von Hanmer bei der Kreuzung mit dem SH7, ✆ 03/315 7046, 🖥 www.thrillseekers.co.nz. Angeboten werden landschaftlich reizvolle, etwa 2-stündige Wildwasserfahrten durch den Waiau River Canyon (Schwierigkeitsgrad II, 70–90 Min. auf dem Wasser, $145), Jetboot-Fahrten durch die steilwandigen Schluchten des Waiau River (30 Min. $110), Bungy-Jumping ($145) von einer 35 m hohen Plattform mitten auf der Waiau Ferry Bridge sowie Quadtouren (2 Std., $99). Die Touren lassen sich auch kombinieren.

Mountainbiking

Der Hanmer Forest ist auch als Mountainbike-Revier bekannt. Informationen enthält die Broschüre *Mountain Bike Tracks* ($3). Mehrere Anbieter im Ort verleihen Fahrräder, z. B. das **Hanmer Adventure Centre**, 20 Conical Hill Rd, ✆ 0800/368 7386, 🖥 www.hanmeradventure.co.nz, für $45 pro Tag. Das Centre übernimmt außerdem den Transport von Bikern auf den Jacks Pass, von wo aus sie dann wieder zurückfahren ($99, inkl. Eintritt zu Thermalbecken).

Reiten

Hanmer Horses, 187 Rogerson Rd, 15 Min. Autofahrt nordwestlich des Orts abseits der Jacks Pass Rd, ✆ 0800/873 546, 🖥 www.hanmerhorses.co.nz. Ausritte nach Wunsch, inklusive Bachdurchquerungen (1 Std. $50, 2 1/2 Std. $95). Mehrtägige Ausritte bietet Alpine Horse Safaris.

Sonstiges

Geld

Im Visitor Centre gibt es eine kleine **Bank**, ⏰ Mo–Fr 10–14 Uhr.
Einen **Geldautomaten** findet man vor dem kleinen Supermarkt 4 Square an der Conical Hill Road.

Informationen

i-SITE Visitor Centre, Amuri Avenue, neben den heißen Quellen, ✆ 03/315 0020, 🖥 www.visithanmersprings.co.nz. ⏰ tgl. 10–17 Uhr.

Transport

Die **Busse** von Hanmer Connection setzen ihre Fahrgäste in der Amuri Avenue vor dem i-SITE Visitor Centre beim Thermalbad ab. Nach CHRISTCHURCH 2x tgl., 2 Std. Weitere Transportinfos s. S. 614.

Das Skigebiet Hanmer Springs

Die winzige **Hanmer Springs Ski Area**, 🖥 www.skihanmer.co.nz, verfügt nur über einen Schlepplift (den längsten Neuseelands) und einen Übungslift sowie einen Anfängerhang, sechs Abfahrten für Fortgeschrittene und fünf Pisten für erfahrene Skifahrer. Das Skigebiet liegt 40 Min. Autofahrt über die Clarence Valley Rd von Hanmer entfernt. Da die Strecke berüchtigt schwierig ist, nimmt man besser einen der Shuttlebusse des Hanmer Adventure Centre ($38 hin und zurück), wo man auch Skiausrüstung leihen kann. ⏰ normalerweise Mitte Juli–Sep, Liftpass $55.

Vor Ort gibt es eine beheizte Tages-Lodge mit Sandwiches, Tee und Kaffee und eine einfache Backpacker-Unterkunft ($25, Bettzeug mitbringen).

Das 60 km nordöstlich gelegene **Mount Lyford Skifield** ist von Hanmer aus über den SH70 zu erreichen.

Nach Westen zum Lewis Pass

Westlich der Abzweigung nach Hanmer Springs erklimmt der SH7 langsam den 65 km entfernten, 864 m hohen Lewis Pass. Der im Sommer strahlend gelbe Ginster und die dornigen Matagouri-, Manuka- und Kanuka-Teebäume siedelten sich dort an, wo die Farmer aufgeben mussten. Bei der Annäherung an den Pass setzt sich zunehmend eine Vegetation aus Südbuchenwald durch, der hier aus den Unterarten Tawhairaunui (engl. *silver beech*) und Tawhai (engl. *red beech*) besteht. Wer die Gegend zu Fuß erkunden möchte, besorgt sich am besten im i-SITE in Hanmer Springs die DOC-Broschüre *Lake Sumner/Lewis Pass Recreation*, in der knapp zwei Dutzend Tages- und Mehrtageswanderungen beschrieben sind.

Maruia Springs und Springs Junction

8 km westlich des Lewis Pass liegt Maruia Springs, ein weiterer friedlicher Kurort mit **heißen Quellen**. Zum Bäderkomplex gehören separate Männer- und Frauen-Badehäuser im japanischen Stil, Einzelbadehäuser und Pools unter freiem Himmel, deren Wasser je nach Mineralgehalt schwarz bis milchig-weiß aussieht. ⊙ tgl. 8–20.30 Uhr, Gemeinschaftsbecken $18, Privatbäder $25 für 45 Min., Handtuchverleih $5.

Unterkunft bietet das Maruia Springs Resort, ℘ 03/523 8840, 🖥 www.maruiasprings.co.nz, mit einfachen, aber gut ausgestatteten Zimmern mit separaten oder Gemeinschaftsbalkonen mit Blick auf den Garten und die Berge, ❻. Gäste dürfen sich kostenlos und unbegrenzt in den Thermalquellen aalen. Im Restaurant des Resorts kommen japanische und europäische Mahlzeiten auf den Tisch (Frühstück $10–23, Abendessen $25–35).

Arthur's Pass und Umgebung

Die spektakulärste Route über die Neuseeländischen Alpen verbindet Christchurch mit Greymouth und führt über den Arthur's Pass, zum einen als landschaftlich schöne Eisenbahnlinie, zum anderen als der nicht minder atemberaubende SH73 (der Great Alpine Highway).

Namensgeber für den Pass war der Bauingenieur Arthur Dudley Dobson. Maori erzählten ihm von dieser Route, die ihnen seit langem als Verbindung von der Westküste in die Canterbury Plains diente. Dobson vermaß die Passroute 1864, und bereits zwei Jahre später wurde sie von Pferdekutschen auf dem Weg zu den Goldfeldern in Westland genutzt. 1923 wurde die Eisenbahn gebaut – angesichts des damals weltweit wachsenden Interesses am Hochgebirgstourismus gerade rechtzeitig.

Von Christchurch zum Arthur's Pass

Sowohl Landstraße als auch Eisenbahnlinie führen zunächst durch die fruchtbaren Canterbury Plains und dann am **Waimakariri River** entlang zum 735 m hoch gelegenen Arthur's Pass Village. Unterwegs liegt **Springfield**, von wo aus Fluss und Eisenbahnlinie weiter in nordwestlicher Richtung verlaufen, während der Highway stetig ansteigend den **Korowai/Torlesse Tussocklands Park** passiert und schließlich den **Porter's Pass** erreicht. Danach führt die Straße an der märchenhaften Felslandschaft **Kura Tawhiti** (Castle Hill Reserve) und dem **Cave Stream Tunnel Walk** vorbei. Nebenstraßen zweigen in die Craigieburn Range ab. Nachdem Straße und Eisenbahnstrecke sich wieder vereinigt haben, folgen sie dem Waimakariri River zum **Arthur's Pass Village** im Zentrum des gleichnamigen Nationalparks. Den eigentlichen, 920 m hohen Pass 4 km westlich vom Dorf markiert ein großer Obelisk, der an Dobson erinnert.

Springfield

Die Strecke von Christchurch zum Arthur's Pass verläuft bis ins 70 km entfernte Springfield oder weniger eben. Das kleine Dorf ist das Tor zu vier Skigebieten in der Umgebung (s. Kasten S. 620); in der Nähe locken außerdem Jetbootfahrten durch die enge **Waimakariri Gorge** mit ihrem klaren Wasser und ihren Wasserfällen. Waimak Alpine Jet, Rubicon Rd (eine Neben-

In der Gegend rund um Springfield gibt es vier Skigebiete, die allesamt einfache Übernachtungsmöglichkeiten im Stil neuseeländischer Skiclubs (mit Verpflegung, teilweise sind auch kleine Arbeiten zu erledigen) und Ausrüstungsverleih bieten. Die Vielfalt an Abfahrten ist nicht überwältigend, doch die vorhandenen sind ungewöhnlich und anspruchsvoll. Sie gewähren nicht nur spektakuläre Ausblicke, sondern auch eine gute Schneesicherheit und relativ menschenleere Hänge. Wer mehr über das Skifahren auf Vereinspisten erfahren möchte, kann sich an Black Diamond Safaris, ☎ 03/302 9696, 🖳 www.blackdiamondsafaris.co.nz, wenden, die Touren in Allradfahrzeugen organisieren. Die **Saison** läuft im Allgemeinen von Juli bis September, wobei oft auch der Oktober noch recht gut ist. Sämtliche **Informationen** über Schneebedingungen bietet die Website 🖳 www.snow.co.nz.

Atomic Shuttles, 🖳 www.atomictravel.co.nz, und Snowork, 🖳 www.snowork.com, bieten direkte **Shuttlebusverbindungen** von Christchurch, und am Wochenende fahren Busse von West Coast Shuttle, 🖳 www.westcoastshuttle.co.nz, von Westport zu den Skigebieten. Wer nicht so weit fahren möchte, wendet sich an YHA Smylie's Accommodation and Tours (S. 621) in Springfield (tgl. Shuttlebusse nach/von Porters, $25 hin und zurück, andere Fahrzeiten und Preise auf Anfrage). Die schmalen Zufahrtsstraßen sind nicht durch Leitplanken gesichert und für Wohnmobile ungeeignet.

Für die folgenden Skigebiete – hier von Christchurch ausgehend über den SH73 von Ost nach West beschrieben – und sieben weitere Skigebiete wie Temple Basin beim Arthur's Pass Village (S. 622) und das Skigebiet um Hanmer Springs (S. 618) bietet Chill, 🖳 www.chillout.co.nz, Sammelskipässe.

Porters, ☎ 03/318 4002, 🖳 www.skiporters.co.nz. 96 km westlich von Christchurch, vom SH73 aus über eine 6 km lange, unbefestigte Nebenstraße zu erreichen. Das größte kommerzielle Skigebiet der Region mit der längsten Piste auf der Südhalbkugel; von dem Platz, wo die Autofahrer ihre Schneeketten anlegen, fährt ein kostenloser Shuttle zum Hauptparkplatz (Buchung erforderlich). Abfahrten: 2 für Anfänger, 3 für Fortgeschrittene, 9 für erfahrene Skifahrer. Liftpass $75/Tag, Anfängerlift $45.

Mount Cheeseman, ☎ 03/344 3247, 🖳 mtcheeseman.com. Dieses gut ausgestattete Skiclubgebiet mit guten Einrichtungen und freundlicher Atmosphäre liegt 112 km von Christchurch am SH73. Es gibt eine große Auswahl an interessanten Pisten für Fortgeschrittene und eine Querfeldeinpiste für erfahrene Skifahrer. Abfahrten: 2 für Anfänger, 3 für Fortgeschrittene, 8 für erfahrene Skifahrer. Liftpass $65/Tag.

Broken River, ☎ 03/318 7270, 🖳 www.brokenriver.co.nz. 120 km von Christchurch, vom SH73 über eine 6 km lange Zufahrtsstraße zu erreichen. Sehr gut ausgestattetes Skigebiet mit Möglichkeiten für Nachtfahrten und gutem Snowboard-Revier. Abfahrten: 2 für Anfänger, 7 für Fortgeschrittene, 10 für erfahrene Skifahrer. Liftpass $60/Tag, abends $35, Skiunterrichtspaket $44/Std. Der Parkplatz ist durch eine kostenlose Güterseilbahn, die auch Fahrgäste befördert, mit dem Ticketschalter verbunden. Broken River lässt sich mit dem Skigebiet Craigieburn kombinieren; die Skipässe sind in beiden Gebieten gültig.

Craigieburn Valley, ☎ 03/318 8711, 🖳 www.craigieburn.co.nz. 120 km von Christchurch entfernt, vom SH73 über eine 6 km lange Nebenstraße zu erreichen. Das anspruchsvolle Revier verfügt über drei Schlepplifte für die zumeist steilen Pisten: 0 für Anfänger, 6 für Fortgeschrittene, 15 für erfahrene Skifahrer. Liftpass $65/Tag.

straße der Kowai Bush Rd), ☎ 03/318 4881, 🖳 www.waimakalpinejet.co.nz, veranstaltet Touren in 22-sitzigen Jetbooten (30 Min. $75), für die man sich auch in Christchurch abholen lassen kann (Reservierung notwendig).

Rubicon Valley Horse Treks, ☎ 0508 257 222, 🖳 www.rubiconvalley.co.nz, bietet **Ausritte,** von leichten Anfängertouren bis zu abenteuerlichen Bergtouren (ab $50 pro Std., Abholung in Springfield).

Im Ort selbst erinnert ein **Gedenkgarten** am SH73 im chinesischen Stil an einen der beliebtesten Söhne des Ortes, den Schriftsteller, Sozialreformer und inoffiziellen chinesischen Botschafter Rewi Alley (1897–1987).

Das **Visitor Centre** mit Café befindet sich in der King Street, ☎ 03/318 4000, im Bahnhof, 500 m vom SH73 und an diesem ausgeschildert. ⏱ Mo–Fr 8.30–16, Sa 8.30–15, So 8.30–14 Uhr, im Sommer länger.

Springfield wartet mit einigen Unterkünften auf, darunter einem der freundlichsten und gemütlichsten Hostels auf der Südinsel, dem japanisch-niederländisch geführten **YHA Smylies Accommodation and Tours**, SH73, ☎ 03/318 4740, 🖥 www.smylies.co.nz, mit kostenlosen japanischen Bädern (im Winter tgl., im Sommer auf Wunsch), einer kaminbeheizten Lounge, behaglichen Zimmern und köstlichen japanischen oder neuseeländischen 3-Gänge-Abendmenüs ($20) sowie kleinem *(continental)*, warmem oder japanischem Frühstück ($10–15). Zusätzlich werden noch Shuttlebusse zu den Skigebieten (s. Kasten S. 620) geboten. Dorms $25, Zimmer ❷, Motel Units ❸. Camper können auf dem einfachen, aber billigen Domain Campground in geschützter Lage am SH73, ☎ 03/818 4887, unterkommen; zur Anmeldung begibt man sich zum Verwalter auf der anderen Seite des Highways. Münzduschen vorhanden, Stellplätze ohne/mit Strom $6/10 für 1–2 Erwachsene.

Porter's Pass und Kura Tawhiti (Castle Hill Reserve)

Rund 10 km westlich von Springfield durchschneidet der SH73 den gut 210 km^2 großen **Korowai/Torlesse Tussocklands Park**, der das einzigartige, aber rapide verschwindende Tussock-Grasland der östlichen Südinsel schützt.

Hinter dem 932 m hohen **Porter's Pass** wendet sich der SH73 Richtung Norden und erreicht nach 10 km **Kura Tawhiti** (Castle Hill Reserve) mit grauen Kalksteinfelsen inmitten einer hügeligen Graslandschaft. Die Felsen, zwischen denen im Sommer Berggänseblümchen und Hahnenfuße erblühen, sind für die Maori von spiritueller Bedeutung. Der Ort hat sich aber auch international einen Namen gemacht als Zentrum für das sogenannte Bouldering, eine Art Felsklettern

ohne Seil. Die Kletterer sind an schönen Tagen von mehreren Wegen aus zu sehen, die sich zwischen Felsen und grasbewachsenen Hügeln hindurchwinden.

Cave Stream Scenic Reserve

Das Naturschutzgebiet Cave Stream Scenic Reserve, 6 km westlich von Kura Tawhiti, wird ebenfalls von Kalksteinfelsen beherrscht. Von hier hat man Ausblicke auf die Bergketten Craigieburn Range und Torlesse Range und die seltene Gelegenheit, auf eigene Faust eine **Kalksteinhöhle** zu besichtigen (362 m, 1 Std.). Felskunst, Hinweise auf jahreszeitlich vorhandene Lager und der Fund eines uralten, holzgerahmten Flachsrucksacks (heute im Canterbury Museum in Christchurch zu besichtigen) sowie anderer über 500 Jahre alter Artefakte deuten darauf hin, dass Maori sich einst häufig in der Region aufhielten. Neben Knochen enthält die Höhle heute große, aber harmlose Weberknechtspinnen sowie junge Aale.

Die Höhlenerkundung beginnt an der flussabwärts gelegenen Seite der Höhle mit der Durchquerung eines tiefen Beckens; dann geht man flussaufwärts. Wenn das Wasser beim Eingang höher als bis zur Hüfte reicht, schnell fließt, aufschäumt und verfärbt ist, sollte die Durchquerung der Höhle nicht unternommen werden. Man sollte zu jeder Jahreszeit warme Kleidung tragen, nicht allein aufbrechen und pro Person mindestens eine Taschenlampe mit Ersatzbatterien und trockene Kleidung zum Wechseln dabeihaben. Zwei Hindernisse gilt es entlang des Wegs zu überwinden: eine 1,50 m hohe Felskante etwa auf halber Strecke und ganz am Ende einen 3 m hohen Wasserfall, der mit Hilfe von Eisensprossen erklommen wird.

Craigieburn Forest Park

Der Craigieburn Forest Park liegt 42 km vor dem Dorf Arthur's Pass in den östlichen Ausläufern der Neuseeländischen Alpen. Der Park wird von alpinem Strauchwerk, Tussock-Grasland und dichtem, moosbewachsenem Südbuchenwald beherrscht, der zwischen Dezember und Februar Farbtupfer durch scharlachrote Misteln erhält. Eine Vielzahl heimischer Vogelarten kreischt durch den Wald, darunter Makomako, Zwergschlüpfer, Mantelbrillenvogel und Kea.

Zwischen Oktober und Februar gesellen sich Langschwanzkoel (Koekoea) und Bronzekuckuck hinzu. Das in der Nähe und noch innerhalb der Parkgrenzen gelegene **Skigebiet Craigieburn Valley** (s. Kasten S. 620) zählt zu den attraktivsten in der Umgebung von Springfield.

An einem ausgeschilderten Parkplatz unmittelbar abseits des SH73 bei Cave Stream befinden sich der Picknickplatz **Craigieburn Picnic Area** (gleichzeitig ein kostenloser DOC-Campingplatz) und ein **Unterstand** für Wanderer mit einer fest installierten Landkarte, auf der die Wanderwege der Umgebung dargestellt sind. Die in den lokalen Visitor Centres erhältliche Broschüre *Craigieburn Forest Park Day Walks* beschreibt elf Tageswanderungen im Park. Für erfahrene Wanderer bietet sich der **Cass–Lagoon Saddle Track** (33 km, 2 Tage, 1300 Höhenmeter Anstieg) an, ein schöner Rundwanderweg mit Übernachtung in der Hamilton Hut (20 Betten, $15) fast genau auf halber Strecke. Der Track beginnt am östlichen Ende der Straßenbrücke bei Cass.

12 km vor Arthur's Pass Village liegt einsam auf einer Anhöhe mit Blick auf den breiten Waimakariri River das altehrwürdige **Bealey Hotel**, ☎ 03/318 9277, 🖥 www.bealeyhotel.co.nz, ein schöner Zwischenstopp für einen Drink oder eine preisgünstige herzhafte Mahlzeit in der Bar, die mit Erinnerungsstücken an die Geschichte des Hotels als Station für die Pferdekutschen von Cobb & Co vollgestopft ist. Auf dem Gelände erinnern lebensgroße Moa-Skulpturen an die angeblichen Sichtungen des lange ausgestorbenen Moas hier in der Gegend in den vergangenen Jahrzehnten. Lodge-Zimmer ❸, Motel Units ❺.

Arthur's Pass Village

Das winzige Dorf Arthur's Pass (737 m ü. d. M.) befindet sich in einem waldreichen u-förmigen Tal am SH73. Da die Gegend mit über 4000 mm Niederschlag pro Jahr gestraft ist, liegt das Dorf praktisch ständig unter einer Nebel- oder Wolkendecke. Oft ergibt sich ein stimmungsvoller Kontrast zwischen dem Weiß der auf halber Höhe über dem Tal schwebenden Wolken und dem satten Grün der Bäume und Pflanzen auf dem Talboden und an den Hängen.

Das Dorf Arthur's Pass entstand Anfang des 20. Jhs. als Unterkunft für Tunnelgräber und Bahnarbeiter und eignet sich heute hervorragend als Ausgangsbasis für Wander- und Klettertouren im umliegenden Arthur's Pass National Park. Das 4 km westlich gelegene **Skigebiet Temple Basin**, ☎ 03/377 7788, 🖥 www.templebasin.co.nz, ist bei Snowboardern wegen der 430 Höhenmeter überwindenden Abfahrt bekannt. Abends wird es von Flutlicht beleuchtet. Es bietet sechs Pisten für Anfänger, zehn für Fortgeschrittene und acht für erfahrene Skifahrer. Ein Liftpass kostet $65, und es gibt einfache Unterkünfte im Skiclubstil. Das YHA Mountain House (S. 623) bietet Shuttlebusse ($25 einfach für 1–6 Pers.) zum Skigebiet. Von der Stelle, wo man abgesetzt wird, ist es allerdings noch eine gute Stunde Fußmarsch bis hoch zum Skigebiet; für die Ausrüstung steht aber ein guter Lift zur Verfügung.

Es gibt eine vernünftige Auswahl an Unterkünften mit gutem Preis-Leistungs-Verhältnis im Dorf – vor allem in der Hauptstraße. In der Hochsaison (Dez–März) sind sie allerdings häufig ausgebucht.
Alpine Motel, SH73, ☎ 03/318 9233, 🖥 www.apam.co.nz. Komfortable Motel Units mit Küche, Satelliten-TV, DVD-Player und kostenlosem WLAN; dazu gibt es einen Whirlpool im Freien. ❹
The Alps B&B, SH73, ☎ 03/318 9080, 🖥 www.thealps.co.nz. Niedliches Cottage vom Anfang des 20. Jhs. im Dorfzentrum; auf Vorbestellung ist Abendessen ($30) erhältlich, wie etwa Gourmet-Grillgerichte oder afrikanische Currys. ⏰ Nov–März. B&B mit privater Nutzung des Cottage ❹
Arthur's Pass Village Motel, SH73, ☎ 03/318 9235, 🖥 www.apmotel.co.nz. 2 gemütliche, moderne Studio-Units mit Kochnische. ❺
DOC Campsite, einfacher Platz mit kaltem Wasser und Toiletten neben dem Arthur's Pass Public Shelter und den Eisenbahnschienen. Stellplatz $6.
DOC Klondyke Corner Campsite, 8 km östlich vom Dorf. Kostenloser Campingplatz mit Plumpsklo und Flusswasser, das vor dem Genuss entkeimt werden sollte.

Zentrale Südinsel

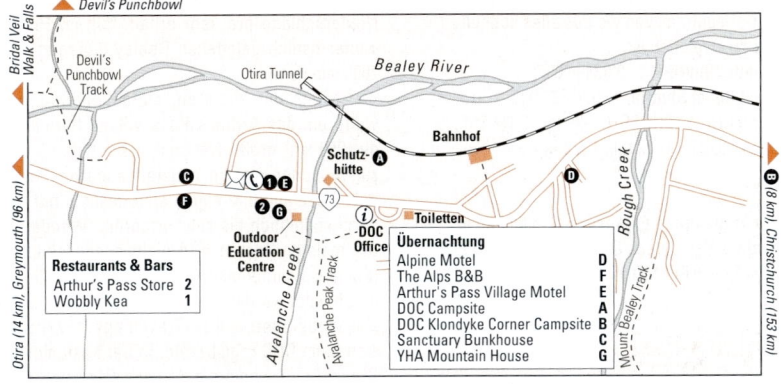

Map: Arthur's Pass Village

0   100 m

Devil's Punchbowl

Bridal Veil Walk & Falls

Devil's Punchbowl Track

Otira Tunnel

Bealey River

Bahnhof

Schutz-hütte

Otira (14 km), Greymouth (96 km)

(8 km), Christchurch (153 km)

Rough Creek

Mount Bealey Track

Avalanche Creek

Avalanche Peak Track

Outdoor Education Centre

DOC Office

Toiletten

Restaurants & Bars

| Arthur's Pass Store | 2 |
| Wobbly Kea | 1 |

Übernachtung

Alpine Motel	D
The Alps B&B	F
Arthur's Pass Village Motel	E
DOC Campsite	A
DOC Klondyke Corner Campsite	B
Sanctuary Bunkhouse	C
YHA Mountain House	G

Sanctuary Bunkhouse, SH73. Schlafsaal-unterkunft mit 8 Betten, annehmbarer Küchen-ausstattung und warmen Münzduschen sowie 24 Std. Internetzugang, zahlbar per Geldeinwurf in die Sammelbox. Fahrradverleih kann arrangiert werden. Kein Personal – bei Ankunft die Telefonnummer an der Tür anrufen. Dorm $15

YHA Mountain House, ☎ 03/318 9258, 🖥 www.trampers.co.nz. Zur Herberge gehören ein tolles Chalet und auf der anderen Straßenseite die erste neuseeländische Jugendherberge sowie hoch oberhalb des Dorfes Eisenbahner-Cottages aus den 1920er-Jahren mit 2 oder 3 Schlaf-zimmern (die Cottages können zimmerweise oder als Ganzes gemietet werden). Dorm $27, Zimmer ❸, Cottage-Zimmer ❸, ganzes Cottage für 6 Pers. ❼

Essen

Arthur's Pass Store, SH73, bietet Frühstück, Pasteten, Sandwiches und sehr guten Kaffee sowie Internetzugang und einen Getränkeladen. ⏰ tgl. 8–18 Uhr, im Sommer länger.

Wobbly Kea, SH73, bevorzugter Treffpunkt für die kleine einheimische Gemeinde. Köstliche Kuchen und fantasievolle Hauptmahlzeiten in großen Portionen für unter $32, außerdem dampfend heiße Schokolade und super Kaffee und ab und zu auch Livemusik.

Sonstiges

Das einzige öffentliche **Telefon** befindet sich vor dem YHA-Hostel. Ansonsten verfügt der Ort über eine selten geöffnete **Post** (in einem Schuppen), eine einsame **Zapfsäule** (die einzige zwischen Springfield und der Westküste) und ein eher bescheidenes Angebot an **Lebensmitteln** im Arthur's Pass Store. Da es außerdem nur ein paar wenige Lokale gibt, sollte man sich rechtzeitig mit Proviant eindecken, wenn man ein bisschen Zeit in der Gegend verbringen möchte. Banken oder Geldautomaten sind nicht vorhanden.

Informationen

DOC Office and Visitor Centre, ☎ 03/318 9211, 🖥 www.arthurspass.com. Ausgezeichnete Touristeninformation in der Hauptstraße. Das Visitor Centre beherbergt eine umfang-reiche Ausstellung zu Flora und Fauna, Geologie und regionaler Geschichte. Auf Wunsch wird auch ein Video zur Geschichte der Postkutschen und der Eisenbahn gezeigt ($1). Draußen gibt es einen überdachten Informationsbereich mit Wetternachrichten und Registrierungskarten für den Notfall (Intention Card). ⏰ Nov–April 8–17, Mai–Okt 8.30–16.30 Uhr.

Zentrale Südinsel

Busse

Die regelmäßig zwischen Ost- und Westküste verkehrenden Busse halten an der Hauptstraße im Dorfzentrum, von wo aus alles schnell zu Fuß zu erreichen ist.

Atomic Shuttles, ✆ 03/349 0697;
West Coast Shuttle ✆ 07/768 0028.
Nach CHRISTCHURCH 1–2x tgl., 2 1/2 Std.; GREYMOUTH 1–2x tgl., 1 1/2 Std.

Eisenbahn

Der **TranzAlpine Express** (s. S. 586) hält in Arthur's Pass. Nach CHRISTCHURCH 1x tgl., 2 1/4 Std.; GREYMOUTH 1x tgl., 2 Std.

Arthur's Pass National Park

Eine Fahrt über den Pass wird mit spektakulären Ausblicken belohnt, doch wer ein richtiges Gefühl für die bemerkenswerte alpine Landschaft des Arthur's Pass National Park bekommen möchte, sollte eine ein- oder mehrtägige Wanderung in der Region unternehmen. Der Park liegt in der Übergangszone zwischen der feuchten Westküste und der erheblich trockeneren Ostseite der Südinsel: Während das unmittelbar westlich des Passes gelegene Otira ca. 6000 mm Niederschläge pro Jahr erhält, fällt im 15 km weiter östlich gelegenen Bealey dagegen nur 2000 mm Regen.

Abseits der kürzeren, einfachen Spazierwege um das Arthur's Pass Village herum ist der 950 km² große Nationalpark erheblich unzugänglicher als die meisten anderen Parks in Neuseeland und eignet sich deshalb nur für durchschnittlich bis sehr erfahrene Wanderer. Die meisten Routen sind nicht ausgeschildert (Kompass mitnehmen!), und es müssen Bäche durchwatet werden – man sollte also angemessen vorbereitet sein (s. Traveltipps S. 72) und sich beim DOC registrieren. In der kostenlosen Broschüre *Tramping in Arthur's Pass* sind den wichtigsten Routen „Route Guide"-Zahlen (RG) zugewiesen. Außerdem braucht man topografische Landkarten im Maßstab 1:50 000, die man im DOC-Büro kaufen (je $9) oder leihen ($1 plus $20 Pfand) kann. Das DOC-Büro verkauft außerdem Gaskartuschen und bietet eine sichere

---

Der Kea – Neuseelands trickreicher Bergpapagei

Zu den bleibenden Erinnerungen an eine Reise nach Arthur's Pass und in viele andere Bergregionen der Südinsel zählt der Anblick des hellgrünen Kea, der spitzbübisch seinen Schnabel in irgendeine Leckerei steckt oder häufig einfach nur für die Kamera posiert. Mit seinem seltsamen Seitwärtsgang und seiner grenzenlosen Neugier erscheint der einzige Bergpapagei der Welt als liebenswerter Zeitgenosse: Wer in einer Hütte in freier Natur übernachtet, beobachtet nicht selten, wie ein Kea das Wellblechdach hinunterrutscht oder an den Dachnägeln knabbert; doch sobald er ein unbeaufsichtigtes Paar Wanderschuhe entdeckt, macht er sich ohne Umschweife darüber her. Schon so mancher ahnungslose Wanderer ist morgens aufgewacht, um nur noch einen armseligen Haufen aus Lederfetzen und zerrissenen Schnürsenkeln vorzufinden. Angesichts seiner verspielten räuberischen Art überrascht es kaum, dass man den Kea früher beschuldigte, Schafe anzugreifen, und so wurden die Vögel regelmäßig von Bauern erschossen. Jüngere Forschungsarbeiten kamen aber zu dem Ergebnis, dass Keas nur bereits geschwächte Schafe angreifen, und inzwischen ist der Vogel umfassend geschützt und längst nicht mehr zum Abschuss freigegeben.

Heutzutage ist die größte Gefahr für den Kea menschliches Essen. Nichtsdestotrotz sind die gefiederten Kleptomanen äußerst hartnäckig. Man hört ein Rascheln der Federn, sieht das Rot unter den Flügeln aufblitzen – und schon zerrt der Spitzbube am Mittagessen. Es ist jedoch auf jeden Fall verboten, sie zu füttern, da sie sonst ihre Fähigkeit verlieren, im Winter, wenn die Wanderer wieder fort sind, selbst nach Futter zu suchen, und da es sie sonst zur Straße zieht, wo viele überfahren werden. Es wird geschätzt, dass es heute nur noch 1000 bis 5000 Keas gibt.

Gepäckaufbewahrung ($2 pro Gegenstand und Tag). Das YHA Mountain House (S. 623) organisiert einen taxiähnlichen **Trampers Shuttle Service** zu den Weganfängen.

Wanderungen und Spaziergänge

Avalanche Peak Track (5 km hin und zurück, 6–8 Std., 1000 m Anstieg): Anstrengende Tageswanderung, die sagenhafte Ausblicke auf die umliegende Bergwelt eröffnet. Teile des Tracks sind Wind und Wetter ungeschützt, daher sollte der Weg nur von gut ausgerüsteten, erfahrenen Wanderern und bei guten Witterungsbedingungen in Angriff genommen werden. Die beste Variante besteht in einem Aufstieg über den spektakulären Avalanche Peak Track, der sich zu einem Rundwanderweg machen lässt, indem man über den **Scotts Track** zurückkehrt.

Bridal Veil Nature Walk (2,5 km, 1 1/2 Std. hin und zurück, 50 m Anstieg): Netter Spazierweg, der durch Südbuchenwald führt und anschließend den Bridal Veil Creek überquert, bevor es zurück zur Straße geht.

Casey Saddle zum Binser Saddle (RG10, 40 km, 2 Tage, 400 m Anstieg): Anstrengender Rundweg mit großartigen Ausblicken auf der Wanderung über leichte Bergrücken und gut gekennzeichnete Wege durch lichten Südbuchenwald mit Übernachtung in der Casey Hut (16 Etagenbetten, $15).

Devil's Punch Bowl (2 km, 1 Std. hin und zurück, 100 m Anstieg): Der beliebteste kurze Spaziergang in Dorfnähe ist eine Allwetter-Kletterpartie zum Fuß eines 131 m hohen Wasserfalls über zwei Fußgängerbrücken und Zickzackstufen hinauf.

Mingha–Deception (RG6, 25 km, 2 Tage, 400 m Anstieg, 750 m Abstieg): Tolle Wanderung mit Übernachtung, die der Route der beschwerlichen Bergetappe beim Coast to Coast Race (s. S. 710) folgt. Auf langen Abschnitten gibt es keinerlei Orientierungsschwierigkeiten, doch auf einigen nicht gekennzeichneten Teilstrecken sind Pfadfinderqualitäten gefragt. Eine weitere Gefahrenquelle sind die 36 Flussdurchquerungen, bei denen der Wasserstand beachtet werden muss. Wer sich besonders fit fühlt, kann einen Abstecher zum Lake Mavis (500 m Anstieg) unternehmen, einem kleinen Hochgebirgssee mit reizenden Ausblicken. Zur Übernachtung stehen entweder die Goat Pass Hut (20 Etagenbetten, $5) oder die Upper Deception Hut (6 Etagenbetten, kostenlos) zur Verfügung. Dort lässt sich in aller Ruhe darüber nachdenken, wie jemand so verrückt sein kann, diese Strecke unter Wettkampfbedingungen zurückzulegen.

Das Canterbury-Hochland

Die Ausläufer der Neuseeländischen Alpen im Süden Canterburys bilden die Übergangszone von den flachen Canterbury Plains zum zerklüfteten und spektakulären Hochgebirge. Bekannt ist sie in erster Linie wegen des Wintersportortes **Methven**, Ausgangspunkt für die Skipisten am **Mount Hutt**. Im Sommer locken ein wachsendes Angebot an Aktivitäten wie Fallschirmspringen und Jetbootfahren sowie einige wunderschöne Wanderungen.

Die Hauptstrecke durch die Region ist der SH72 mit dem Beinamen „Inland Scenic Route".

Methven

100 km westlich von Christchurch am SH77 liegt Methven, die Wintersporthauptstadt von Canterbury und in der Skisaison von Juni bis Oktober die wichtigste Basis für Ausflüge in das Skigebiet am Mount Hutt. Während des restlichen Jahres erfreut sich der Ort wachsender Beliebtheit als Ausgangspunkt für Aktivitäten um die nahe gelegene Schlucht Rakaia Gorge und den Mount Somers.

In der Umgebung der Kreuzung von Main Street und Forest Drive konzentriert sich ein kleines Geschäftsviertel mit Banken, einer Post, einer Filiale von Hammer Hardware, die Campingausrüstung und Gaskartuschen verkauft, und zwei Skigeschäften mit Ausrüstungsverleih, Wombats, ℡ 03/302 8084, und Big Al's, ℡ 03/302 8003. Big Al's verleiht und repariert im Sommer auch Fahrräder.

Zentrale Südinsel

Beluga, 40 Allen St, ☎ 03/302 8290, 🖥 www.beluga.co.nz. Luxuriöse Zimmer mit Bad in gepflegtem Haus, das sich seinen ursprünglichen Charme bewahrt hat, mit Whirlpool im friedlichen Garten. Außerdem separate „Garden Suite" für Selbstversorger und ein hübsch renoviertes Cottage für bis zu 4 Pers. (mind. 3 Nächte im Winter, 2 im Sommer). B&B ❼, Garden Suite ❼, Cottage ❽

Methven hat ein umfangreiches Angebot an Unterkünften mit zumindest im Sommer oft sehr günstigen Preisen. Die Auswahl an Lokalen nimmt sich dagegen eher bescheiden aus.

Abisko Lodge & Camp Ground, 74 Main St, ☎ 03/302 8875, 🖥 www.abisko.co.nz. Tolle Unterkunft in der Ortsmitte mit den am zentralsten gelegenen Campingmöglichkeiten in Methven. Stellplatz ohne/mit Strom $25/33, DZ ❸, 1-Schlafzimmer-Apartment ❻, 2- oder 3-Schlafzimmer-Apartment ❽

Kowhai House, 17 McMillan St, ☎ 03/302 8887, 🖥 www.kowhaihouse.co.nz. Nettes, gut ausgestattetes Hostel in umgebautem Haus mit schnellem Internet, kostenlosem Frühstück und Whirlpool im Freien. Dorm $28, DZ ❸

The Lodge, 1 Chertsey Rd, ☎ 03/303 2000, 🖥 www.thelodgenz.com. Großzügig bemessene moderne Zimmer, einige davon mit Whirlpool, sowie beliebtes Bistro mit Bar (s. Essen). ❺

Methven Motel Apartments, 197 Main St, ☎ 0800/468 488, 🖥 www.methvenmotels.co.nz. Nagelneue Motel Units, darunter äußerst geräumige mit großem TV und Whirlpool. ❺

Mount Hutt Bunkhouse, 8 Lampard St, ☎ 03/302 8894, 🖥 www.mthuttbunkhouse.co.nz. Komfortable Backpacker-Unterkunft mit Kaminfeuer, aber ohne TV. Dorms $28, Zimmer ❷

Skibo House, 82 Forest Drive, ☎ 03/302 9493, 🖥 www.skibohouse.com. Freundliches B&B in modernem Haus. Toller Bergblick von den meisten Zimmern (ohne Bad). Whirlpool im Freien und hervorragendes Frühstück. B&B und Selbstversorger-Units ❹

YHA Methven/Snow Denn Lodge, McMillan St, Ecke Banks St, ☎ 03/302 8999, 🖥 www.methvenaccommodation.co.nz. Einladendes Hostel in zwei A-frame-Häusern, eins mit gemütlichen Dorms, das andere mit Privatzimmern, beide mit großer Lounge und gut ausgestatteter Küche. Kostenlose Dreingaben sind Frühstück, Fahrradnutzung, Internet und Whirlpool drinnen. Dorms $27, Zimmer ❷, mit Bad ❸

Für Unterhaltung sorgt das kleine **Cinema Paradiso**, 112 Main St, ☎ 03/302 1957. Das wunderbare Digitalkino mit 2 kleinen Sälen ist ein echtes Schmuckstück und zeigt ein eher künstlerisch orientiertes Filmprogramm.

The Blue Pub, im Methven Hotel, Kilworth St, Ecke Barkers Rd. Das kobaltblau gestrichene Hotel aus dem Jahre 1918 ist eine beliebte Anlaufstelle zum Après-Ski und steht auch bei den Einheimischen im Kurs. Es besteht aus einem Café mit hoch gelobter Küche und einer belebten Kneipe, in der am Wochenende Bands und DJs zu Gast sind.

The Last Post, 116 Main St, ☎ 03/302 8259. Das nobelste Restaurant der Stadt in einem ehemaligen Postamt mit Kaminfeuer bietet z. B. hausgemachtes Maisbrot mit Dips, Thunfisch mit Mandelkruste und Lachstäschchen auf asiatische Art. Hauptgerichte unter $40, aber man kann auch nur einen Cocktail schlürfen. ⏰ Mitte Dez–Mai geschlossen.

The Lodge (s. links). Bistrospeisen und tolle Gourmet-Pizzas, serviert in gemütlichem Raum mit Kamin. In der benachbarten Bar finden

Café 131, 131 Main Rd. Geräumiges Art-déco-Café mit Holzböden und großen Fenstern, durch die sich das Treiben auf der Straße beobachten lässt. Hier gibt's nicht nur den besten Kaffee im Ort, sondern auch köstlichen Kuchen, den ganzen Tag lang Frühstück und sättigendes, preisgünstiges Mittagessen wie etwa fantastische Fischburger, wärmende Suppen und Sommersalate. Außerdem Büchertausch.

Zentrale Südinsel

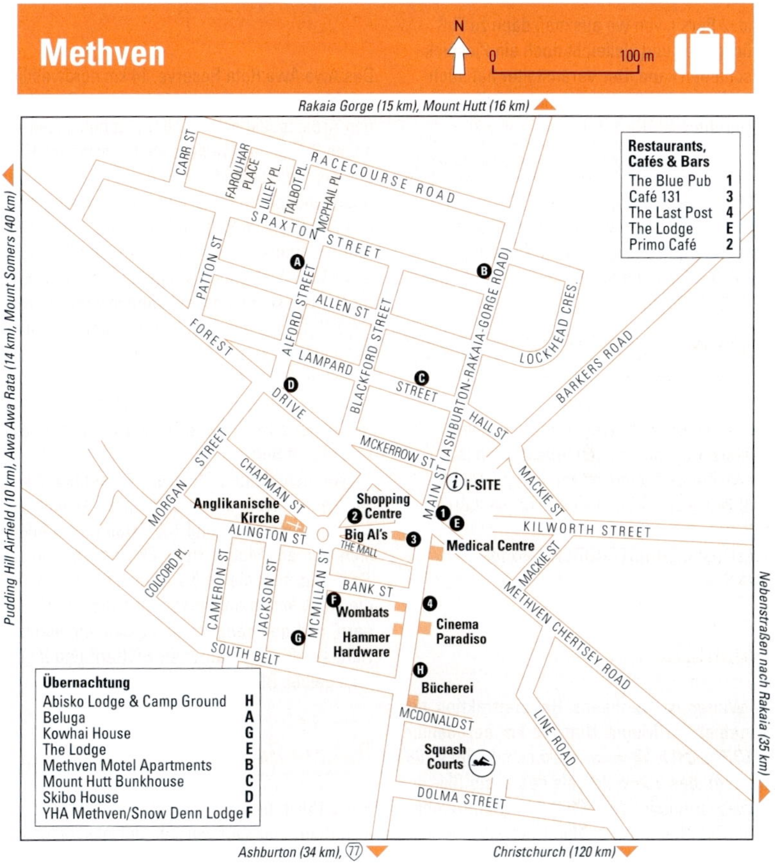

N

0 ————— 100 m

Rakaia Gorge (15 km), Mount Hutt (16 km) ▲

Restaurants, Cafés & Bars

The Blue Pub	**1**
Café 131	**3**
The Last Post	**4**
The Lodge	**E**
Primo Café	**2**

CARR ST

FARQUHAR PLACE

LILLEY PL.

TALBOT PL.

MCPHAIL PL

RACECOURSE ROAD

SPAXTON STREET

PATTON ST

ALFORD STREET

ALLEN STREET

Ⓐ

Ⓑ

LOCKHEAD CRES

FOREST

LAMPARD

BLACKFORD STREET

STREET

Ⓒ

BARKERS ROAD

DRIVE

Ⓓ

MCKERROW ST

MAIN ST (ASHBURTON–RAKAIA-GORGE ROAD)

HALL ST

MACKIE ST

Pudding Hill Airfield (10 km), Awa Awa Rata (14 km), Mount Somers (40 km) ◄

MORGAN STREET

CHAPMAN ST

Anglikanische Kirche

ⓘ i-SITE

Shopping Centre ❷ ❶

Ⓔ

KILWORTH STREET

ALINGTON ST

Big Al's ❸

Medical Centre

COLCORD PL.

CAMERON ST

JACKSON ST

MCMILLAN ST

THE MALL

BANK ST

Ⓕ Wombats

❹

MACKIE ST

METHVEN CHERTSEY ROAD

Ⓖ

Hammer Hardware

Cinema Paradiso

SOUTH BELT

Ⓗ Bücherei

MCDONALD ST

Squash Courts

LINE ROAD

Nebenstraßen nach Rakaia (35 km) ►

DOLMA STREET

Übernachtung

Abisko Lodge & Camp Ground	**H**
Beluga	**A**
Kowhai House	**G**
The Lodge	**E**
Methven Motel Apartments	**B**
Mount Hutt Bunkhouse	**C**
Skibo House	**D**
YHA Methven/Snow Denn Lodge	**F**

Ashburton (34 km), ⑦ ▼

Christchurch (120 km) ▼

Events wie Strandpartys auf herbeigekarrtem Sand statt. ☉ Nov–Juni Mo geschlossen.
Primo Café, 38 McMillan St. Uriges kleines Café in einem Klamotten- und Trödelladen; guter Kaffee, hausgemachter Kuchen und gesunde Sandwiches.

Fallschirmspringen

Skydiving NZ, beim Pudding Hill Airfield, 10 km nordwestlich des Orts, ✆ 03/302 9143, 🖥 www.skydivingnz.com. Ordentliche Adrenalinschübe gibt es bei den Tandemsprüngen, ab $329, kostenlose Abholung.

Heißluftballonflüge

Aoraki Balloon Safaris, ✆ 0800/256 837, 🖥 www.nzballooning.com. Flüge mit dem Heißluftballon über die an einen Flickenteppich erinnernden Felder der Canterbury Plains und die überwältigenden Neuseeländischen Alpen, besonders schön im Winter; Startpunkt je nach Wetterbedingungen; z. B. Sonnenaufgangstour, 4 Std., $345 inkl. Sektfrühstück.

Jetbootfahrten und Angeln

Discovery Jet, ✆ 03/318 6943. $70/30 Min. Bietet außerdem Jetbootfahrten zum oberen Ende des Rakaia Gorge Walkway an ($30, mind. 2 Pers.), von wo aus man dann zu Fuß zurückgehen und vielleicht noch ein Picknick einschieben kann. Der Veranstalter hat auch Lachsfischen im Programm und verleiht Angelruten.

Informationen

i-SITE Visitor Centre, 121 Main Rd,
📞 03/302 8955, 🖥 www.amazingspace.co.nz.
Bietet Internetzugang. ⏰ Mitte Okt–Mai
Mo–Fr 9–17, Sa und So 10–15, Juni–Mitte Okt
tgl. 8.30–17.30 Uhr.

Transport

Die **Busse** halten in der Main Street (SH77) vor dem i-SITE Visitor Centre.
Zahlreiche Unternehmen offerieren einen Minibus-Transport zu den **Skigebieten** (s. u.). Das Visitor Centre nimmt Buchungen für den Methven-Travel-Minibus nach Christchurch ($36 einfach) vor.
Busse nach CHRISTCHURCH 1–5x tgl., 1 1/4 Std.

Mount Hutt

Im Winter ist Methvens Hauptattraktion das Skigebiet am Mount Hutt, 22 km nordöstlich, 📞 03/302 8811, 🖥 www.nzski.com (Skipass $87 pro Tag), das von vielen als das beste Ski- und Snowboardgebiet der Südhalbkugel bezeichnet wird. Der Höhenunterschied beträgt stattliche 683 m, und es bietet sich eine große Vielfalt an Abfahrten: drei für Anfänger, acht für Fortgeschrittene und 22 für erfahrene Skifahrer. Außerdem herrscht hier im Allgemeinen die längste Saison (etwa von Juni bis Oktober). Für erwachsene Anfänger gibt es ein eintägiges Starterpaket (Skifahrer $111, Snowboarder $140), und das Angebot an Leih- und Unterrichtspaketen ist sehr vielfältig. Natürlich gibt es auch Skiunterricht für Kinder.

Da sich auf dem Berg selbst keine Unterkunft findet, suchen sich die meisten eine Bleibe in Methven und fahren mit den häufig verkehrenden Shuttlebussen hin und her (um $27, ca. 45 Min. zum Skigebiet); Tickets gibt's im Bus selbst oder beim i-SITE, von wo die meisten Busse abfahren.

Awa Awa Rata Reserve

Das Awa Awa Rata Reserve, 14 km nordwestlich von Methven und Teil der Mount Hutt Conservation Area, ist ein sehr schönes Schutzgebiet mit hohen Südbuchenwäldern an den östlichen Hängen der Neuseeländischen Alpen, während das Schneebüschelgras oberhalb der Strauchgrenze einer großen Vielfalt endemischer und eingeführter Vogelarten einen Lebensraum bietet. In einer DOC-Broschüre (erhältlich im i-SITE Visitor Centre) sind mehrere **Wanderwege** (10 Min. bis 2 Std.) beschrieben. Die meisten sind über den Eingang an der McLennans Bush Road zugänglich. Die Anfahrt erfolgt von Methven über den SH77 Richtung Norden und weiter über die McLennans Bush Road bis zur Zufahrtsstraße zum Mount Hutt.

Von den alpinen Pflanzen Neuseelands sind 94 % endemisch, d. h. sie wachsen ausschließlich in Neuseeland, und 130 Arten davon finden sich nur am Mount Hutt. Einzigartig sind die *Raoulia eximia*, die große, graue „Polster" bildet, die von Weitem an ein schlafendes Schaf erinnern, und der *Ranunculus haastii*, ein schöner Hahnenfuß mit blaugrauen Blättern und leuchtend gelben Blüten.

Rakaia Gorge

Rund 15 km nördlich von Methven tritt der türkisfarbene Rakaia River aus der gleichnamigen Schlucht hervor, die vor Urzeiten von einem Lavastrom geschaffen wurde und heute an vielen Stellen von nachwachsendem Wald gesäumt wird.

Die **Maori-Mythologie** weiß von einem *taniwha* (Wassergeist) zu berichten, der in dieser Gegend von der Moa- und Weka-Jagd lebte. Seine Wohnstatt war *tapu*, da er ein Geist war. An einem kalten Tag machte er sich auf die Suche nach einer heißen Quelle. Während er unterwegs war, wurde seine Wohnstatt von dem Dämon Nordwestwind dem Erdboden gleichgemacht. Damit sich das nicht wiederholen konnte, ging der *taniwha* in die Berge und sammelte große Felsbrocken und Steine, um dem Dämon den Weg zu versperren. Dabei verengte er den Rakaia-Fluss so weit, dass er nur noch zwischen zwei Felswänden hindurchfloss. Dem Geist wurde so warm von der körperlichen Anstrengung, dass seine Körperwärme den Schnee und das Eis auf den Bergen zum Schmelzen brachte. Seine Schweißperlen fielen auf die Felsen und bildeten Kristalle im Flussbett.

Beobachten kann man das schweißtreibende Werk vom **Rakaia Gorge Walkway** (15 km, 3–4 Std. hin und zurück), der an der Stelle beginnt, wo der SH72 den Fluss überquert. Der Wanderweg führt durch mehrere Wälder und an spektakulären geologischen Erscheinungsformen vorbei, darunter erstarrte Lavaströme aus Rhyolith, Pechstein und Andesit, zum Aussichtspunkt am oberen Ende der Schlucht. Wer nicht ganz so bewegungsfreudig ist, kann nur bis zum eingezäunten Aussichtspunkt auf einem hohen Felsvorsprung über dem Fluss gehen (1 Std. hin und zurück).

Auf dem Rakaia River werden auch **Jetboot-Fahrten** angeboten (s. S. 627, Aktivitäten), und am Südufer des Flusses befindet sich am SH72 der hübsch gelegene und ruhige **Campingplatz** Rakaia Gorge (Stellplatz $7,50) mit Toiletten (ganzjährig) und Münzduschen (nur im Sommer).

Washpen Falls

Eines der noch weithin unbekannten Juwele der Region verbirgt sich eine 25-minütige Autofahrt nördlich von Methven auf der 17 km südlich des SH73 gelegenen Familienfarm Washpen Falls, Washpen Rd, Windwhistle, ✆ 03/318 6813, 🖥 www.washpenfalls.co.nz. Hier bietet sich Leuten mit durchschnittlicher Fitness die Gelegenheit zu einer wunderbar vielfältigen Wanderung auf eigene Faust ($10, Buchung erforderlich) durch einheimischen Wald und über Farmland. Der **Wanderweg** (2 1/2 Std. hin und zurück) führt zu einem Aussichtspunkt, von dem sich spektakuläre Ausblicke über die Canterbury Plains eröffnen. Zu den Höhepunkten am Wegrand zählen eine uralte Schlucht vulkanischen Ursprungs, in der die Maori Moas fingen, schöne Abschnitte mit nachwachsendem Wald und natürlich der Wasserfall. Im Büro, einem Wellblechschuppen, gibt es Broschüren mit einer Wegbeschreibung. **Unterkunft** bietet ein rustikales Cottage für Selbstversorger mit drei Schlafzimmern und Blick auf das umliegende Farmland und die Hügel, ❹.

Mount Somers und Umgebung

Der 1687 m hohe Mount Somers erhebt sich jenseits der Ortschaften Mount Somers und Staveley aus dem Flachland. Der komplett um den Berg herumführende **Mount Somers Track** verläuft als Hochlandwanderweg oft oberhalb der Strauchgrenze und liegt praktischerweise im Regenschatten der Berge. Wenn es in Arthur's Pass regnet und der Mount Cook in Wolken gehüllt ist, bestehen gute Aussichten, dass man hier bei schönem Wetter die Stiefel für eine Wanderung schnüren kann.

Das für Südinsel-Verhältnisse recht sanfte Gelände besteht größtenteils aus nachwachsendem Südbuchenwald und offenem Tussock-Grasland, aus dem hier und da Felsinseln hervorragen. Daneben finden sich hier große Flächen relativ unfruchtbaren Bodens, die sich nach starken Regengüssen in Sümpfe verwandeln. Infolge derartiger Bedingungen sind hier neben der Berg-Podocarpacee „Bog Pine" auch Alpentotara, Toatoa, Bergflachs und (wenngleich weniger zahlreich) die seltene Saumschnabelente zuhause.

Staveley

Nördlicher Ausgangspunkt für den Mount Somers Track ist der kleine Ort Staveley, 22 km südwestlich von Methven, wo man sich im Staveley Village Store, ✆ 03/303 0859, auf den letzten Drücker noch mit dem Nötigsten (einschließlich Espresso) versorgen kann; ⏱ tgl. 9–17 Uhr.

Selbst wer nicht die Absicht hegt, eine mehrtägige Wanderung anzutreten, sollte zumindest zum 2 km entfernten nördlichen Ausgangspunkt des Mount Somers Track fahren und vom Parkplatz **Sharplins Falls** über einen ausgebauten Weg und Stufen zu den gleichnamigen Wasserfällen gehen (1 Std. hin und zurück).

Unterkunft für Selbstversorger bietet das entzückende, 130 Jahre alte Ross Cottage, Flynns Rd, das von Tussock and Beech Ecotours, ✆ 03/303 0880, 🖥 www.nature.net.nz, betrieben wird, **❺**. Der Veranstalter hat außerdem verschiedene geführte Naturtrips im Angebot.

Staveley Horse Treks, ☎ 03/303 0804, ✉ bruce gray@clear.net.nz, bietet einige der besten – und billigsten – Möglichkeiten zu **Ausritten** auf der Südinsel (ab $35/Std., mind. 2 Pers., Buchung erforderlich).

Mount Somers

Der Zugang zum südlichen Startpunkt des Mount Somers Track am Woolshed Creek erfolgt über den 8 km südlich von Staveley gelegenen Ort Mount Somers. Der **Mount Somers Store** verkauft Hüttentickets und bietet ein gar nicht so bescheidenes Angebot an Lebensmitteln. Der billigste **Campingplatz** im Dorf ist der einfache Domain Camping Ground neben dem örtlichen Schwimmbad, ☎ 021/760 677, Stellplatz ohne/mit Strom $10/15. Sehr viel komfortabler ist der schattige Mount Somers Holiday Park, Hoods Rd, 1 km vom SH72 entfernt, ☎ 03/303 9719, 🖳 www.mountsomers.co.nz, Stellplatz ohne/mit Strom $22/26, Cabins **❶**, mit Bad **❷**. Die luxuriöseste **Unterkunft** ist Stronechrubie, 1 km südlich von Mount Somers am SH72, ☎ 03/303 9814, 🖳 www.stronechrubie.co.nz, mit schönen Selbstversorger-Chalets und dem einzigen echten Restaurant der Gegend. Auf den Tisch kommt hier Hochlandküche, also Lachs, Ente und Lamm (Hauptgerichte $29–33), dazu gibt es eine hervorragende Weinkarte. ⊙ Mi–Sa abends und So mittags, Reservierung erforderlich; Chalets **❹**, Pakete mit Abendessen und B&B $230–280.

Mount Somers Track

Der subalpine Wanderweg Mount Somers Track (25 km Rundwanderweg, 2–3 Tage, 1000 Höhenmeter Anstieg) ist eine anstrengende Wanderung um den Berg herum, die an verlassenen Kohlebergwerken, vulkanischen Formationen und einem tief eingeschnittenen Canyon vorbeiführt.

Der gesamte Rundweg ist am besten gegen den Uhrzeigersinn von Staveley aus anzugehen. Im Westen führt eine Straße zum Picknickplatz Woolshed Creek (ab Mount Somers), im Osten zum Parkplatz Sharplins Falls (ab Staveley). Wer also nicht den gesamten Weg gehen möchte, kann eine der Hälften gehen und den **Fahrzeugüberführungsdienst** des Staveley Village Store,

☎ 03/303 0859, $35, in Anspruch nehmen: Man fährt mit einer Begleitperson zu der Stelle, an der man die Wanderung antreten möchte; anschließend wird das Auto zu einem sicheren Platz für die Nacht gefahren und rechtzeitig an dem Parkplatz, wo man die Wanderung beenden möchte, abgestellt. Außerdem bietet Methven Travel, ☎ 03/302 8106, einen **Shuttleservice** zum Parkplatz Woolshed Creek ($90 für 1–4 Pers.) und zum Parkplatz Sharplins Falls ($60 für 1–4 Pers.).

Bevor man losgeht, muss man in den Läden in Staveley oder Mount Somers, in einem i-SITE Visitor Centre oder einem DOC-Büro die **Hüttentickets** für die DOC-Hütten kaufen (zwei pro Hütte). Kocher, Töpfe und Proviant müssen mitgenommen, das Wasser in den Hütten entkeimt werden. Unterwegs weisen in der Regel Markierungsstangen den Weg, oben auf den Hügeln kann man bei Nebel allerdings leicht die Orientierung verlieren, sodass **Karte und Kompass** ins Gepäck gehören.

Vom Parkplatz Sharplins Falls zur Pinnacles Hut (5 km, 3 3/4 Std., 470 Höhenmeter Anstieg): Der Weg führt zunächst zu den eher bescheidenen Sharplins Falls und dann stetig durch Buchenwald bergauf, um an der Pinnacles Hut (19 Betten, $15) die Baumgrenze zu erreichen. Die Hütte liegt unterhalb von Felsen, die oft von Kletterern erklommen werden.

Von der Pinnacles Hut zur Woolshed Creek Hut (6,2 km, 3 Std., 265 Höhenmeter Anstieg): Auf der nächsten Etappe geht es von der Hütte zumeist über baumloses Tussock-Grasland auf den 1170 m hohen Sattel. Unterwegs eröffnen sich freie Ausblicke auf die Berge und die Ebene. Beim Abstieg lohnt sich ein fünfminütiger Abstecher zu den Water Caves, wo sich ein Bach durch hausgroße Felsen zwängt. Danach sind es nur noch zehn Minuten zur neuen Woolshed Creek Hut (26 Betten, $15), wo man gut auch zwei Nächte verbringen und den Tag zur Erkundung der umliegenden kleinen Täler und Canyons nutzen kann.

Von der Woolshed Creek Hut zum Parkplatz Sharplins Falls (13,5 km, 8 Std., 400 Höhenmeter Anstieg): Der Weg folgt nun der South-Face-Route um den Berg herum und präsentiert sich ganz anders als vorher. Hier fühlt man sich weniger isoliert, da man über das flaches Land bis zum Meer blicken kann. Es geht durch eine Landschaft aus Hochlandsträuchern (teilweise stark den Elementen ausgesetzt) und Buchenwald. Gleich nach Verlassen der Hütte bietet sich ein kurzer Abstecher zu den Howden Falls an. Danach führt der Weg auf einen Bergrücken, dann über eine grasbewachsene Hochebene; auf halber Strecke dieser Etappe steht ein neuer Unterstand. Nach einem steilen Anstieg durch Buchenwald beginnt der lange Abstieg, zunächst über einen Bergkamm mit tollem Ausblick, dann hinunter in den Wald und zum Parkplatz Sharplins Falls.

Peel Forest und Rafting auf dem Rangitata

35 km südlich von Mount Somers umschließt der Peel Forest Park eines der letzten Gebiete mit ursprünglichem einheimischem Wald an der Ostseite der Südinsel. Hier locken zahlreiche Wanderwege. Die DOC-Broschüre *Peel Forest Park* mit halb- bis sechsstündigen Wanderungen gibt es im winzigen Dorf Peel Forest, 12 km westlich des SH72, und zwar im **Peel Forest Store**, ✆ 03/696 3567, 🖥 www.peelforest.co.nz. Der Laden fungiert auch als Visitor Centre, Postamt, Imbiss und Bar sowie als Buchungsbüro für den hübschen bewaldeten DOC-Campingplatz Peel Forest Park, Stellplatz ohne/mit Strom $9/13, Cabins ❶.

Ausritte zur Erkundung des Parks bietet Peel Forest Horse Trekking, ✆ 0800/022 536, 🖥 www. peelforesthorsetrekking.co.nz, für $55 pro Stunde.

Der hochprofessionelle Anbieter Rangitata Rafts, 14 km nördlich des Peel Forest Store, ✆ 0800/251 251, 🖥 www.rafts.co.nz, veranstaltet in einer steilwandigen Schlucht des Rangitata River mit die besten **Wildwasser-Raftingtrips** Neuseelands (Schwierigkeitsgrad IV–V, Okt–Mai tgl. 10.30 Uhr, $185). Die Touren umfassen zweieinhalb Stunden auf dem Wasser – plus (für Wagemutige) einen Sprung von einer 10 m hohen Klippe –, ein Mittagessen und ein Abendessen vom Grill. Die Abholung von Geraldine oder Christchurch (2 Std. Fahrt je Strecke) kostet nur $10 extra. Oder man übernachtet in der gut ausgestatteten hostelähnlichen Lodge: Camping $10, Herbergsbetten $20, Zimmer ❶.

Geraldine

Das prosperierende Agrarzentrum Geraldine, 45 km südlich von Mount Somers und 35 km nördlich von Timaru, lohnt mit ihren Kunsthandwerksläden, Galerien, Museen und Delikatessenläden, in denen Käse, Obst, Wein und Schokolade verkauft werden, einen kurzen Zwischenstopp.

Beginnen kann man den Bummel im Geschäft **Giant Jersey**, 10 Wilson St, ✆ 03/693 9820, 🖥 www.giantjersey.co.nz, wo neben ganz normalen Pullovern auch der laut *Guinnessbuch der Rekorde* mit einem Gewicht von 5,5 kg größte Strickpullover der Welt hängt. Außerdem ist hier eine 42 m lange Nachbildung des Wandteppichs von Bayeux in halber Originalgröße als Mosaik aus kleinen Stahlplättchen zu bewundern. Die letzten acht Meter sind eine eigene Interpretation des Künstlers vom fehlenden letzten Abschnitt des Originalteppichs. ☉ Mo–Fr 9–17, Sa und So 10–16 Uhr, Spende willkommen.

Ein paar Minuten kann man auch im winzigen, von Freiwilligen betriebenen **Geraldine Historical Museum**, Cox St, verbringen, ☉ gewöhnlich Mo–Sa 10.30–12 und 13.30–15.30, So 13.30–15.30 Uhr, Spende. Alte Fahrzeuge und Traktoren versammelt das **Geraldine Vintage Car and Machinery Museum**, 179 Talbot St, 1 km südlich der Ortsmitte, ☉ Mitte Sep–Mai tgl. 10–16, Juni–Mitte Sep Sa und So 10–16 Uhr, Eintritt $7.

Übernachtung

Die Unterkünfte in Geraldine sind nicht zu teuer, für die Sommermonate empfiehlt sich jedoch eine Reservierung.

Rawhiti Backpackers, 27 Hewlings St, ca. 1 km vom Stadtzentrum, ✆ 03/693 8252, 🖥 www.rawhitibackpackers.co.nz. Ruhiges Hostel in einer ehemaligen Geburtsklinik von 1924 mit makellos sauberen Zimmern und Gemeinschaftsbereichen sowie großem Garten. Dorms $30, Zimmer ❷

Geraldine Holiday Park, Hislop St, ✆ 03/693 8147, 🖥 www.geraldineholidaypark. co.nz. Zentral gelegener, gepflegter Platz, von Bäumen geschützt, mit Fahrradverleih. Stellplätze $29–30, einfache Cabins ❶, Selbstversorger-Units ❸, Motel Units ❹

Zentrale Südinsel

Essen und Unterhaltung

Verde Café Deli, 45c Talbot St, in einem geschützten Garten voller Rosen, eine Straße von der Hauptstraße entfernt. Tagsüber die beste Möglichkeit, sich zu verpflegen, mit klassischen Café-Speisen und verlockendem Brunch.

Village Inn, 41 Talbot St, großzügig bemessene Mittags- und Abendgerichte zu vernünftigen Preisen, daneben gibt es noch eine Sportbar. Das wunderbar **Geraldine Cinema**, 84 Talbot St, ✆ 03/693 8118, ist ein zwangloses Kino mit Sofas und Sitzkissen und wärmenden Decken im Winter. ◷ normalerweise Do–So, Eintritt $10.

Informationen

i-SITE Visitor Centre, Talbot St, Ecke Cox St, ✆ 03/693 1006, 🖥 www.southisland.org.nz. Hilft bei der Suche nach Unterkünften. ◷ Dez–März Mo–Fr 9–17, Sa und So 10–16, April–Nov Mo–Fr 9–17, Sa und So 10–15 Uhr.

Transport

Die meisten **Busse** halten vor dem i-SITE Visitor Centre an der Kreuzung von Talbot Street und Cox Street. Nach CHRISTCHURCH 5x tgl., 2 Std.; FAIRLIE 3x tgl., 40 Min.

Fairlie

Auf dem Weg in die Wildnis des Mackenzie Country passiert man 45 km westlich von Geraldine den kleinen Ort Fairlie. Die Hauptkreuzung des Ortes ziert ein Denkmal von James Mackenzie mit seinem Hund (s. Kasten). Im Winter ist der Ort mit seinen Unterkünften eine praktische Basis für das kleine Skigebiet **Mount Dobson**, ✆ 03/685 8039, 🖥 www.dobson.co.nz, 26 km Richtung Lake Tekapo. Das Skigebiet ist für seinen schönen Pulverschnee, viel Sonne und relativ leere Pisten bekannt und eignet sich für Wintersportfreunde aller Stufen. Skipässe kosten $70, und zu erreichen ist das Skigebiet über eine gute, 15 km lange Schotterstraße. An Wochenenden und in den Ferienzeiten fährt ab Fairlie ein Shuttlebus – Fahrpläne sind beim Skibüro zu erfragen.

Transport

Busse nach CHRISTCHURCH 3x tgl., 2 1/2 Std.; GERALDINE 3x tgl., 40 Min.; LAKE TEKAPO 3x tgl., 25 Min.

Aoraki Mount Cook und Mackenzie Country

Von Fairlie aus führt der im Sommer von leuchtenden Lupinen und Ginster gesäumte SH8 Richtung Westen durch das hoch gelegene, vor allem von Schafen bevölkerte Grasland **Mackenzie Country** in die spektakuläre Region des Aoraki Mount Cook. Beherrscht wird die Region vom höchsten Berg Neuseelands, dem 3764 m hohen **Mount Cook**, dessen Maori-Name **Aoraki** („Wolkenaufspießer") sich immer mehr verbreitet. Beide Namen werden auch häufig zu Aoraki Mount Cook zusammengefügt. Vom Dorf aus zu Fuß zu erreichen sind die unterhalb der Flanken des Aoraki Mount Cook liegenden Gletscher, allen voran der 27 km lange **Tasman Glacier**, der von Abbrüchen der stark vergletscherten Gipfel gespeist wird.

Die Hauptattraktionen der Gegend nördlich des Aoraki Mount Cook sind die gletschergespeisten Seen **Lake Tekapo** und **Lake Pukaki**, die sich in ihrem schillernden Blau von den glitzernden Gipfeln der Neuseeländischen Alpen abheben.

70 km südlich von Aoraki Mount Cook liegt der Ort **Twizel**, der sich als alternative Ausgangsbasis für Ausflüge in die Region eignet, z. B. ins 30 km südlich gelegene Segelflieger-Mekka **Omarama**, wo der SH83 Richtung Osten abzweigt und durch die **Waitaki Gorge** an die Ostküste führt.

Lake Tekapo

Rund 42 km westlich von Fairlie liegt am Südufer des atemberaubenden Lake Tekapo der gleichnamige Ort, der sich mit seinen Cafés und Souvenirgeschäften am See und seinen neuen Wohnsiedlungen wachsender Beliebtheit erfreut. Der

Name Tekapo leitet sich von den Maori-Wörtern *taka* („Schlafmatte") und *po* („Nacht") ab und deutet darauf hin, dass der Ort über lange Zeit als Zwischenstation genutzt wurde. Wer Landschaft und Sonnenuntergang ohne die Tagesausflügler genießen möchte, sollte hier übernachten.

Der 710 m über dem Meeresspiegel gelegene Ort steht in dem Ruf, die klarste Luft auf der Südhalbkugel zu haben. An guten Tagen herrscht tatsächlich eine blendende Aussicht mit scharfen Umrissen und leuchtenden Farben, die Tekapo zu einem idealen Ort zum Fotografieren der Neuseeländischen Alpen macht. Das Auffälligste am Lake Tekapo (und Lake Pukaki) ist jedoch die außergewöhnliche Farbe. Das von mikroskopisch kleinen, im Gletscherschmelzwasser schwimmenden Felspartikeln zurückgeworfene Licht verleiht dem Wasser seinen leuchtenden Türkiston. Der von den Flüssen **Godley River** und **Cass River** gespeiste Lake Tekapo erstreckt sich über 83 km² und entwässert in den **Tekapo River**, der sich durch den Talkessel Mackenzie Basin windet.

Lake Tekapo Village und Mount John

Erste Anlaufstelle der meisten Besucher ist die winzige **Church of the Good Shepherd** am Pioneer Drive. Die auf einem kleinen, erhöhten Fundament mit Blick auf den See gerichtete Steinkirche wurde 1935 zum Gedenken an die Pioniere des Mackenzie Country erbaut. Das Fenster hinter dem Altar aus grob behauenem Oamaru-Stein bildet einen perfekten Rahmen für den See und die umliegenden Berge. ⊙ tgl. 9–17 Uhr, Spende.

Ungefähr 100 m östlich der Kirche steht das **Collie Dog Monument**, das 1968 von den Schaffarmern des Mackenzie Country als Zeichen ihres tiefen Respekts und ihrer Zuneigung für die Hunde errichtet wurde, ohne die an eine Weidewirtschaft in diesem unwirtlichen Gelände nicht zu denken wäre.

Die weitgehende Abwesenheit von künstlichem Licht liefert perfekte Bedingungen zur Betrachtung des Nachthimmels, und daher stehen heute auf dem Mount John, 9 km nordwestlich von Tekapo, Teleskope im Dienst der University of Canterbury und astronomischer Institute aus der ganzen Welt. Das Astro Café (S. 634) des Observatoriums ist Ausgangspunkt der 30- bis 45-minütigen **Observatory Day Tour**, ✆ 03/680 6960, 💻 www.earthandsky.co.nz, tgl. 10–16 Uhr auf Anfrage, $30. Die zweistündige **Stargazing Tour** (Beginn je nach Zeitpunkt des Sonnenuntergangs, im Winter etwa 20 Uhr, im Sommer 22 Uhr, $80) umfasst einen etwa anderthalbstündigen Aufenthalt auf dem kalten Berg, wobei die Teilnehmer in dicke rote Parkas gehüllt und mit heißer Schokolade gestärkt, abwechselnd durch ein 16-Zoll-Teleskop schauen und vielleicht das Kreuz des Südens, die Große Magellansche Wolke und Wolkennebel bewundern können; außerdem gibt es noch eine Fotosession mit einem bekannten „Sternenfotografen". Tagsüber kann man mit dem Auto hochfahren, abends muss man

James McKenzie

Der neuseeländische Volksheld James McKenzie ist Namensgeber für das Mackenzie Country, einen 180 km langen, sichelförmigen Landstrich aus hügeligem und trockenem Grasland zwischen Fairlie und Kurow (südlich des SH83). Der schottische Einwanderer ungewisser Herkunft scheint insgesamt nur wenige Jahre in Neuseeland verbracht zu haben, doch sein Mythos lebt weiter. 1855 wurde er verhaftet und des Schafdiebstahls für schuldig befunden. Insgesamt hatte er rund 1000 Tiere erbeutet, die meisten von der Levels Run Station der Rhodes Brothers bei Timaru. Er entführte die Schafe zum Grasen in den Talkessel des fruchtbaren, hoch gelegenen Weidelands, unterstützt von seinem Hund Friday. McKenzie floh während des ersten seiner fünf Jahre Haft drei Mal aus dem Gefängnis. Als seine Verwahrung für die Behörden zusehends zur Belastung wurde, begnadigte man ihn kurzerhand, und er verschwand auf leisen Sohlen aus dem Land – einige Quellen sagen nach Amerika, andere nach Australien.

Im Besucherhäuschen am Lake Pukaki in der Nähe der Abzweigung nach Aoraki Mount Cook hängt ein Gedicht zu Ehren des Mannes und seines treuen Gefährten.

jedoch den Bus (im Preis inkl.) nehmen, der vom Buchungsbüro (beim i-SITE im Dorf) abfährt – die Astronomen sollen bei ihrer Arbeit nicht durch Scheinwerferlicht gestört werden.

Zum Gipfel führt auch der **Mount John Lookout Walk** (10 km hin und zurück, 3 Std., rund 330 m Anstieg). Er beginnt hinter Alpine Springs (S. 635) am Lakeside Drive und führt durch einen Lärchenwald voller Vögel zu einem Rundwanderweg, der den Gipfel des Mount John umkreist.

Übernachtung

The Chalet Boutique Motel, 14 Pioneer Drive, ✆ 0800/843 242, 🖳 www.thechalet.co.nz. 6 individuell eingerichtete Selbstversorger-Apartments mit Blick auf den See, in hübscher Lage nicht weit von der Church of the Good Shepherd. Zimmer ❻, Familien-Units ❼

Lake Tekapo Motels and Holiday Park, 2 Lakeside Drive, ✆ 03/680 6825, 🖳 www.laketekapo-accommodation.co.nz. Großer, gut ausgestatteter Campingplatz am See 1 km südwestlich von Tekapo. Stellplätze ohne/mit Strom ab \$15/18, einfache Cabins ❸, Cabins mit Bad und Motel Units ❺

Lakefront Lodge Backpackers, Lakeside Drive, ✆ 0800/840 740. Lichtdurchflutetes, modernes Hostel im Chaletstil mit Blick auf den See von der geräumigen Lounge und von einigen Zimmern. Fahrrad- (\$25/halber Tag) und Kajakverleih (\$25/Std.). Dorm \$26, Zimmer ❷

Tailor-made-Tekapo Backpackers, 9 Aorangi Crescent, ✆ 03/680 6700, 🖳 www.tailor-made-backpackers.co.nz. Freundliches Hostel in einem Haus aus den 1950er-Jahren, 5 Min. zu

Schäfchen zählen

Merino Country Farmstay, SH8, 13 km östlich vom Lake Tekapo Village, ✆ 03/685 8670, 🖳 www.merinocountryfarmstay.co.nz. Traditionelle neuseeländische Gastfreundschaft auf einer Farm mit 10 000 Merino-Schafen und romantischer Unterkunft im 1924 erbauten Farmhaus; dazu gibt es exquisites Abendessen (auf Wunsch, \$38) und warmes Frühstück, alles mit Zutaten aus dem eigenen Gemüse- und Obstgarten. B&B ❺

Fuß von der Bushaltestelle und den Geschäften. Gute Betten und gepflegter Garten mit Grillbereich, aber leider kein Ausblick. Dorm \$25, Zimmer mit und ohne Bad ❷

YHA Lake Tekapo, 3 Simpson Lane, 100 m westlich des Dorfes, ✆ 03/680 6857, 🖳 www.yha.co.nz. Beliebte Herberge. Aufenthaltsraum mit einem Panoramafenster, das vom Fußboden bis zur Decke reicht und grandiose Ausblicke auf den See ermöglicht. Rezeption ⏱ 8–10 und 15.30–19 Uhr. Dorms \$33, Zimmer ❸

Essen

Astro Café, auf dem Mt John. Das Café mit atemberaubenden Ausblicken auf See und Berge bietet Kuchen, Sandwiches und Kaffee, alles von erstklassiger Qualität. Zur Zeit der Recherche war ein größeres Angebot an Speisen in Planung.

Reflections, SH8, ✆ 03/680 6234. Umfangreiche Speisekarte, z. B. Lachs, Lammkarree und Pfefferfleisch vom Hirsch, jedoch so gut wie keine vegetarischen Gerichte. Terrasse zum See. Hauptgerichte mittags unter \$20, abends \$26–36.

Run 77, SH8. Dieses tolle Geschäft verkauft neben Kleidung aus Merinowolle auch Feinkostprodukte (z. B. Biowein aus Neuseeland) und beherbergt außerdem das beste Tagescafé am Ort, mit tollem Kaffee und frisch gebackenen kleinen Köstlichkeiten.

Aktivitäten und Touren

Bootstouren

Cruise Tekapo, ✆ 027/479 7675, 🖳 www.cruisetekapo.co.nz, verschiedene Touren von einem 20-minütigen Kurztrip (\$35) bis zu einer zweistündigen Rundfahrt mit Essen vom Grill (oft mit Lachs aus der Umgebung) auf Motuariki Island (\$105).

Jetboat Experience, ✆ 021/208 5109, 🖳 www.originaljetboat.co.nz, z. B. Fahrt am Seeufer entlang (\$40/20 Min.) und **Wasserski** (\$60/30 Min.).

Reiten

Mackenzie Alpine Trekking, ✆ 0800/628 269, organisiert Reitausflüge durch atemberaubende Landschaften. ⏱ nur Nov–April, \$50/1 Std., \$125/3 1/2 Std.

Rundflüge

Air Safaris, im Dorf am SH8, ☎ 0800/806 880, 🖥 www.airsafaris.co.nz. Für Leute mit wenig Zeit bietet die „Grand Traverse" einen Rundflug über die Neuseeländischen Alpen zur Westküste mit Ausblicken auf die Gletscher Franz Josef, Fox, Tasman und Mueller sowie auf den Aoraki Mount Cook (50 Min., $295).

Tekapo Helicopters, am SH8, ☎ 0800/359 835, 🖥 www.tekapohelicopters.co.nz, unternimmt Rundflüge in der Umgebung des Mount Cook, alle mit Landung im Schnee (25–70 Min., $195–500, mind. 3 Pers.).

Wellness

Alpine Springs, 6 Lakeside Drive, ☎ 0800/2353 8283, 🖥 www.alpinesprings.co.nz. Schöne, ultramoderne warme Becken, die wie Seen in der Umgebung geformt und 32–40 ºC warm sind ($16), dazu Wellnesscenter mit Anwendungen wie einer 90-minütigen Warmsteinmassage für $195; im Sommer Inliner-Bahn ($14 inkl. Inliners).

Wintersport

Skigebiet Roundhill, ☎ 03/680 6977, 🖥 www.roundhill.co.nz, 30 km nördlich des SH8, mit einem langen Schlepplift, einem Übungslift und vielen sanften Hängen (2 Abfahrten für Anfänger, 8 für Fortgeschrittene, jedoch keine für erfahrene Skifahrer). Liftpässe kosten $65, und es gibt gute Möglichkeiten zum Leihen von Ski- und Snowboardausrüstung. Auch Unterricht. Rodeln $12 pro Tag.

Alpine Springs (s. o.) bietet im Winter Eislauf ($14 inkl. Schlittschuhe) und Rodeln mit einem Reifenschlauch (ab $14).

Sonstiges

Geld

In Tekapo gibt es keine Bank und keinen Geldautomaten.

Informationen

i-SITE Visitor Centre, ☎ 03/680 6579, im Zentrum. 🕐 Dez–März tgl. 9–19, April–Nov 9–17 Uhr.

Post

Im Souvenirgeschäft **Kiwi Treasures**.

Transport

Alle zwischen Christchurch und Queenstown verkehrenden **Busse** halten vor dem aus einer Reihe von Geschäften bestehenden Ortszentrum. Siehe auch S. 614.

Zentrale Südinsel

Der gletschergespeiste Lake Tekapo vor der Kulisse der Neuseeländischen Alpen

Busse nach:
AORAKI MOUNT COOK 1–2x tgl.,
1 1/2 Std.;
CHRISTCHURCH 4x tgl., 3–4 Std.;
FAIRLIE 4x tgl., 40 Min.;
TWIZEL 5x tgl., 30 Min.

Lake Pukaki

Von Lake Tekapo führt der SH8 Richtung Süd-westen zum knapp 50 km entfernten Lake Pukaki. Das trübe, blassblaue Wasser dieses 30 km langen Sees bildet den perfekten Vordergrund für den im Norden thronenden Aoraki Mount Cook und seine schneebedeckten Nachbarn.

Tolle Ausblicke bieten sich vom **Lake Pukaki Visitor Centre**, am SH8 am Südufer des Sees, ✆ 03/435 3280. Eine kleine Ausstellung erläutert

Die Entstehung des Aoraki Mount Cook

Als der **Himmelsvater** (Raki) und die **Erdmutter** (Papatuanuku) zusammenfanden, hatten beide bereits Kinder aus früheren Verbindungen. Nach ihrer Heirat kamen einige Söhne des Himmelvaters zu Besuch, um die neue Frau ihres Vaters in Augenschein zu nehmen. Die vier Brüder Ao-raki, Raki-roa, Raki-rua und Raraki-roa um-kreisten die Erdmutter in einem **Kanu** namens Te Waka-a-Aoraki, doch sobald sie das Ufer verlassen hatten, brach Unheil über sie herein: Das Kanu lief auf ein Riff und verwandelte sich in Stein. Die vier Besatzungsmitglieder kletterten auf die höhere, westliche Seite des erstarrten Kanus und wurden dort ebenfalls zu Stein: **Ao-raki** wurde zum Aoraki Mount Cook, seine drei jüngeren Brüder bildeten die Gipfel an seiner Seite, Mount Dampier, Mount Teichelmann und Mount Tasman.

Etwas weniger prosaisch nimmt sich die Herkunft des Namens **Mount Cook** aus, der dem Berg 1851 zu Ehren des großen englischen Seefahrers verliehen wurde.

Der Gipfel wurde erstmals 1894 bezwungen, doch weil der Berg den Maori heilig ist, werden Kletterer dazu angehalten, den eigentlichen Gipfel nicht zu betreten.

das Wasserkraftprojekt Waitaki Hydro Scheme. ◷ Nov–April tgl. 9–18, Mai–Okt 10–16.30 Uhr.

1 km hinter dem Visitor Centre zweigt der SH80 Richtung Norden zum Aoraki Mount Cook Village ab, während der SH8 nach weiteren 6 km Twizel erreicht.

Aoraki Mount Cook Village

Eine gute, zumeist ebene Straße führt vom SH8 durch das Tussock-Grasland am Westufer des Lake Pukaki entlang ins 55 km entfernte Aoraki Mount Cook Village. Unterwegs passiert man nach 12 km **Peters Lookout**, einen beliebten Aussichtspunkt an der Seeseite der Straße. Bei KM 33 bietet das **Glentanner Park Centre** (S. 637) Unterkunft, Verpflegung und Rundflüge.

An windigen Tagen erhebt sich ein stimmungsvoller weißer Staub aus der Ebene am Fuß des Gebirges, wenn man sich dem Mount Cook Village nähert. Der Ort liegt 760 m ü. d. M. vor einer traumhaften Kulisse aus ihn hufeisenförmig umgebenden Bergen. Das winzige Dorf selbst hat nichts Besonderes zu bieten, fügt sich allerdings ganz gut in die Umgebung ein.

Lohnend ist ein Besuch im **Sir Edmund Hillary Alpine Centre** im Hotel The Hermitage, mit einem Museum zur Geologie, Mythologie und Erschließung der Region sowie zur Geschichte des Hotels und seiner Rolle im neuseeländischen Alpinismus. Außerdem gibt es hier ein Planetarium und ein 3-D-Kino, das anhand einer Mischung aus Originalfilmsequenzen und Computergrafiken über die Geologie und die kulturelle und sportliche Entwicklung der Bergregion aufklärt. Die Gewinne, die das Alpine Centre abwirft, fließen zum Teil an Hillarys Himalayan Trust. ◷ tgl. 10–17 Uhr, im Sommer länger; 24 Std. gültiger „Explorer Pass" für alle Sehenswürdigkeiten $26.

Übernachtung

Zwischen Oktober und April sollte man früh-zeitig reservieren. In den übrigen Monaten sinken die Preise teils erheblich.
Aoraki Mount Cook Alpine Lodge, 101 Bowen Drive, ✆ 0800/680 680, ⌨ www.aorakialpine lodge.co.nz. Hervorragende Unterkunft mit realistischen Preisen. Gemütliche Twins und

Bei Umfragen zur größten Persönlichkeit Neuseelands rangierte Sir Edmund Hillary bis zu seinem Tod im Alter von 88 Jahren Anfang 2008 häufig ganz oben auf der Liste. Es ist zweifelsohne eine bedeutende Leistung, 1953 zusammen mit Tenzing Norgay als erster Bergsteiger überhaupt den Mount Everest bezwungen zu haben, und auch Hillarys humanitäres Engagement in nepalesischen Dörfern brachte ihm viel Anerkennung. Aber vor allem steht Hillary für bestimmte Eigenschaften, die von den Kiwis besonders geschätzt werden: Fleiß, Unverblümt-

heit, Ehrlichkeit und vor allem Bescheidenheit. Wie sagte er doch bei seiner Rückkehr von der erfolgreichen Gipfelbesteigung: „Siehst du, George [Mallory], wir haben es dem Scheißkerl gezeigt". So schafft man es in Neuseeland auf den 5-Dollar-Schein!

Hillary wuchs unweit von Auckland auf, kletterte aber in seinen frühen Bergsteigerjahren häufig in der Umgebung von Aoraki Mount Cook Village, weshalb vor dem Hotel The Hermitage eine Bronzestatue des jugendlichen Alpinisten steht.

DZ, Lounge mit fantastischem Ausblick, voll ausgestattete Küche und Internetzugang. DZ ❺, Familienzimmer ❻

DOC White Horse Hill Campground, Hooker Valley Rd. Friedlicher, zwangloser Campingplatz mit steinigem Untergrund, im Sommer WCs und fließend Wasser, das entkeimt werden muss. Der Platz liegt 2 km nördlich vom Dorf und ist über eine Straße zugänglich oder in 20 Min. zu Fuß über den Kea Point Track; Stellplatz $6.

Glentanner Park Centre, 22 km südlich am SH8, ✆ 03/435 1855, 🖥 www.glentanner.co.nz. Gut ausgestatteter Komplex mit geschützten Stellplätzen, Gemeinschaftsunterkünften (nur Okt–April) und Cabins mit Blick auf die Berge und das Tasman Valley. Geschützter Grillbereich mit Panoramablick. Zum Komplex gehört auch ein Café. Stellplätze ohne/mit Strom $16/18, Dorms $25, einfache Cabins ❸, Selbstversorger-Cabins mit Bad ❹

The Hermitage, am nordwestlichen Ortsrand, ✆ 03/435 1809, 🖥 www.mount-cook.com. 1884 gegründetes Hotel; nach mehrfachem Neubau heute ein moderner Gebäudekomplex, mit einem beeindruckenden Foyer. Die Zimmer im Hauptgebäude bieten unterschiedlichen Luxus, haben aber alle einen Balkon (wenngleich nicht immer mit Ausblick). Hotelzimmer ❼–❾, Motel Units und Chalets ❻–❼

Unwin Lodge, unweit der Abzweigung zum Flughafen 4 km außerhalb des Dorfes, ✆ 03/435 1100. Hütte des Alpine Club, auch für Nicht-Mitgliedern offen. Sehr einfache

Unterkunft im Herbergsstil mit riesigem Gemeinschaftsbereich mit Küche. Nicht-Mitglieder $25.

YHA Mt Cook, Bowen Drive, Ecke Kitchener Drive, ✆ 03/435 1820, 🖥 www.yha.co.nz. Ausgezeichnetes Hostel mit 76 Betten in einem gemütlichen Holzhaus mit modernen und gepflegten Einrichtungen. Abends Saunanutzung zum Nulltarif, preiswerte Pizza und gut sortierter Laden. Dorms $29–34, Zimmer ❸–❺

Essen

Lebensmittel sind hier nicht billig, und die Auswahl ist sehr begrenzt. Man ist daher am besten beraten, alles Notwendige aus Twizel oder von anderswo mitzubringen.

The Hermitage verfügt über mehrere Cafés, Restaurants und Bars, zumeist mit tollem Ausblick: das Tagescafé mit großer Terrasse, das Alpine Restaurant im Buffet-Stil mit Frühstück ($17,50–25), Mittagessen ($38) und Abendessen ($54) und das noble Restaurant

Berghütten-Feeling

The Old Mountaineers, ✆ 03/435 1890, zweifelsohne das beste Restaurant im Ort, mit Kaminfeuer, echter Berghütten-Atmosphäre, bequemen Stühlen, Internet-Lounge, tollen kleinen Speisen wie herzhaften Gemüseburgern und köstlichen Suppen sowie ausgezeichnetem Kaffee, Bier und Wein.

Zentrale Südinsel

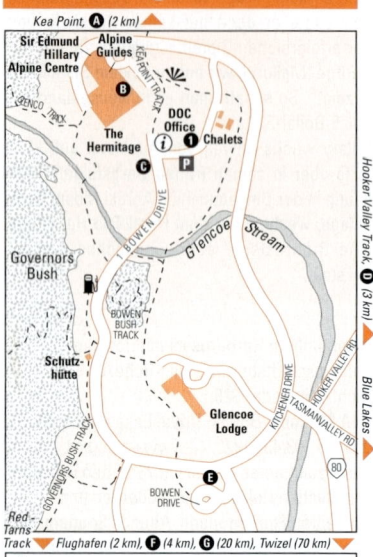

Aoraki Mount Cook Village

0 — 100 m

Kea Point, **A** (2 km)

Sir Edmund Hillary Alpine Centre

Alpine Guides

B

The Hermitage

DOC Office **1** Chalets

C

P

Glencoe Stream

Governors Bush

BOWEN BUSH TRACK

Schutzhütte

Glencoe Lodge

E

BOWEN DRIVE

Red-Tarns Track — *Flughafen (2 km)*, **F** (4 km), **G** (20 km), Twizel (70 km)

Hooker Valley Track, **D** (3 km)

Blue Lakes

Übernachtung		Restaurants, Cafés & Bars	
Aoraki Mount Cook Alpine Lodge	C	The Hermitage	B
DOC White Horse Hill Campground	A & D	The Old Mountaineers	1
Glentanner Park Centre	G		
The Hermitage	B		
Unwin Lodge	F		
YHA Mt Cook	E		

Panorama, ✆ 03/435 1809, das nur abends geöffnet und in erster Linie für Hotelgäste gedacht ist (Hauptgerichte unter $40). Die Snowline Bar wartet mit tiefen Ledersofas und zauberhaften Ausblicken auf. Lunchpakete ($17) und Gourmet-Picknickkörbe (ab $30) sind auf Wunsch erhältlich.

Sonstiges

Geld
Es gibt weder Bank noch Geldautomat.

Informationen
DOC Office and Visitor Centre, nahe The Hermitage, ✆ 03/435 1186, ✉ mtcookvc@doc.govt.nz. Detaillierte Karten und kostenlose, sehr gute Ausstellung zu den Naturwundern

in der Gegend. ⏲ tgl., Dez–März 8.30–17, April–Nov 8.30–16.30 Uhr.

Internet
Internetzugang bieten das Hermitage und das The Old Mountaineers.

Post
Die Post ist im Souvenirladen des Hermitage untergebracht.

Transport

Selbstfahrer
Am besten kauft man genug Benzin, bevor man hierher kommt, denn für die Selbstbedienungs-**Tankstelle** 200 m südöstlich des Zentrums wird eine neuseeländische Kredit- oder Debitkarte oder Bargeld benötigt. Im Notfall kann man sich aber an die Rezeption des Hermitage wenden und bekommt dann gegen $5 Extragebühr über das Hotel Benzin.

Busse
Alle Busse halten am Parkplatz unweit von The Hermitage, von wo aus alles zu Fuß zu erreichen ist. Auf Wunsch halten die Busse auch am Glentanner Park Centre, an der Unwin Lodge und am YHA-Hostel.

Busse nach:
CHRISTCHURCH 1x tgl., 5 1/2 Std.;
LAKE TEKAPO 1–2x tgl., 1 1/2 Std.;
OAMARU 4x wöchentl., 3 Std.;
QUEENSTOWN 1x tgl., 4 Std.;
TWIZEL 4–5x tgl., 1 Std.

12 HIGHLIGHT

Mount Cook National Park

Der höchste Gipfel des Landes und 700 km² umliegende Landschaft nordöstlich des Riesen sind als Aoraki Mount Cook National Park ausgewiesen, der 1986 zum **Weltnaturerbe der Unesco** erklärt wurde. Mit seinen 22 (!) Dreitausendern beherbergt der Nationalpark den Löwenanteil der Hochgebirgslandschaft Neuseelands. Das

Zentrale Südinsel

Gebirge besteht größtenteils aus Grauwacke, einem Sedimentgestein, das sich vor 250 bis 300 Millionen Jahren in einem ozeanischen Graben ablagerte.

Vor rund zwei Millionen Jahren schob sich die Verwerfung Alpine Fault langsam in die Höhe und schuf nach und nach die Neuseeländischen Alpen. Heute setzt sich dieser Prozess in etwa mit der Geschwindigkeit fort, mit der die Erosion für Abtragung sorgt, sodass die Berge ihre Höhe zumindest konstant halten, wenn nicht sogar größer werden. Der Aoraki Mount Cook liegt im Herzen einer einzigartigen Bergwelt, deren alpines Gestein in der Kälte leicht platzt und sich in riesigen Mengen als Schotter auf dem Boden der Täler sammelt.

Die in Tussock-Gras gehüllten Ausläufer, wo Mount-Cook-Lilien, Gänseblümchen und Schnee-Enziane blühen, stehen in deutlichem Kontrast zu den unwirtlichen Eisfeldern an den oberen Hängen.

Das **Wetter** ist für seine plötzlichen Umschwünge bekannt – oft kündigt eine tief liegende Wolkendecke Regenfälle an, und die frische Bergluft reizt die Lungen.

Wanderungen im Park

Die schönen Wandermöglichkeiten im Park reichen von leichten Tageswanderungen in unmittelbarer Umgebung des Aoraki Mount Cook Village bis zu spektakulären Bergtouren. Die DOC-Broschüre *Walks around Aoraki/Mount Cook village* beschreibt zehn ausgezeichnete Kurzwanderungen (10 Min. bis 5 Std.). Von den genannten Basiswegen zweigen jeweils noch längere Wanderwege für ehrgeizigere Kandidaten ab. Das Betreten der Gletscheroberflächen ist nur denjenigen zu empfehlen, die über ausreichende Erfahrung verfügen oder sich in Begleitung einer Person mit entsprechender Erfahrung befinden. Alpine Guides, im Hermitage, beschäftigt qualifizierte **Bergführer** und verleiht **Ausrüstung** (s. S. 637).

Blue Lakes and Tasman Glacier View
1 km hin und zurück, 40 Min., 100 m Anstieg
Die einfache Wanderung bietet gute Ausblicke auf die unteren Ausläufer des **Tasman Glacier**, der bis zu 600 m dick und bis zu 3 km breit ist und

sich mit einer Geschwindigkeit von 20 cm pro Tag fortbewegt.

Die Wanderung beginnt am **Blue Lakes Shelter**, 8 km Fahrt über die Tasman Valley Road; da es keine Shuttles gibt, braucht man ein eigenes Fahrzeug.

Governors Bush Walk
2 km hin und zurück, 1 Std.
Diese leichte Wanderung führt durch Silberbuchenwald mit guten Ausblicken und einer vielfältigen Vogelwelt. Bei schlechtem Wetter ist man relativ geschützt.

Hooker Valley Track
9 km hin und zurück, 3 Std., 200 m Anstieg
Die beliebte und ausgezeichnete Wanderroute (ab White Horse Hill Campground) überquert zwei Hängebrücken, passiert den malerischen **Mueller Lake** und verläuft gegenüber der Westflanke des Aoraki Mount Cook an einem Aussichtspunkt vorbei bis zum Endpunkt am **Hooker Lake**. Wer im Dorf startet, benötigt etwa 1 Std. länger.

Kea Point Walk
2 Std. hin und zurück, 7 km, kaum Anstiege
Die lohnende Wanderung führt zu einem Aussichtspunkt oberhalb des Mueller Lake mit Blick auf Hängegletscher und Eisabbrüche am Mount Sefton.

Mueller Hut Route
10 km hin und zurück, 6–8 Std., 1000 m Anstieg
Der anspruchsvolle Weg zweigt unmittelbar vor Erreichen des Gletschers vom Kea Point Track ab und führt als von Steinhaufen gekennzeichneter **Sealy Tarn Track** steil bergauf Richtung Westen. Nachdem man die kleinen Bergseen erreicht hat, wird der Weg zur Hütte alle 200 m von (weniger romantischen, aber deutlicher zu erkennenden) orangefarbenen Dreiecken markiert.

Die letzte Etappe führt über einen losen Schotterhang und einen Bergkamm zur 1800 m hoch gelegenen modernen **Mueller Hut** (28 Betten, $35, Camping $15). Das Panorama ist sensationell, und die Stille wird nur durch das Plätschern des Wassers und das heisere Gekreische der Keas durchbrochen. In der kälteren Jahreszeit ist der Weg oft von Schnee bedeckt, sodass dann Steigeisen, Eispickel, Erfahrung im winterlichen Bergsteigen, Orientierungsvermögen und Kenntnisse im Umgang mit Lawinenpiepser, -sonde und -schaufel erforderlich sind. Zu jeder Jahreszeit empfiehlt sich ein Blick in die DOC-Broschüre *Mueller Hut Route* ($2) und eine Registrierung im *Intentions Book*.

Red Tarns Track

4 km hin und zurück, 2 Std., 300 m Anstieg
Die ausgezeichnete Wanderung beinhaltet einen kurzen, steilen Abschnitt, entschädigt aber mit einem ungestörten Panoramablick auf den Aoraki, das Dorf und das Tasman Valley.

Aktivitäten und Touren

Allradfahrten

Das Hotel The Hermitage (S. 637) bietet Allradtouren auf dem Tasman Glacier (2 1/2 Std., $110) – eine gute Alternative bei schlechtem Wetter.

Bootstouren

Glacier Explorers, ℘ 03/435 1077, 🖥 www.glacierexplorers.co.nz. Unterhaltsame 3-stündige Bootstour „Glacier Explorer" (Ende Aug–Ende Mai tgl. 10 und 14 Uhr, $130) auf dem Tasman Lake, dem Gletschersee am Fuße des Tasman Glacier. Die graue Färbung des Sees ist eine Folge der großen Mengen feinen Gletscherabriebs, der das Licht reflektiert. Während der Fahrt können die abgebrochenen Eisbrocken genauer unter die Lupe genommen werden, wobei sich zwischen den schönen, wabenförmig durchlöcherten Eiszellen auch Geröllreste zeigen, die vom Eis aufgenommen und mittransportiert wurden. Die Tour besteht aus 15 Min. Anfahrt vom Dorf, einer halbstündigen Wanderung und 1 1/2 Std. auf dem See. Reservierung empfohlen. Warm einpacken!

Geführte Wanderungen

Die Region bietet neben beschaulichen Kurzwanderungen auch anstrengende und spektakuläre Hochgebirgstreks. Aktuelle Informationen hält das DOC-Büro bereit.
Alpine Guides, im Hermitage, 🖥 www.alpineguides.co.nz. Bietet die Begleitung erfahrener Bergführer an und verleiht Ausrüstung wie Steigeisen und Eispickel. ⏰ tgl. 8–17 Uhr.
Alpine Recreation, ℘ 0800/006 096, 🖥 www.alpinerecreation.com. Veranstaltet körperlich anspruchsvolle, geführte Trekkingtouren wie den Ball Pass Trek ($980), eine dreitägige Bergwanderung nahe am Aoraki Mount Cook mit Überquerung des 2130 m hohen **Ball Pass**.
Southern Alps Guiding, ℘ 03/435 1890, 🖥 www.mtcook.com. Organisiert ganztägige **Helitrekking-Touren** ($700 p. P., mind. 2 Pers.) mit erfahrenen Bergführern in noch größerer Höhe.

Kajakfahren

Glacier Sea-Kayaking, ℘ 03/435 1890, 🖥 www.mtcook.com. Die aufregende Tour in durch Ausleger stabilisierten Kajaks (Mitte Okt–April, 3 Std., $110) durch die Eisberge auf dem Mueller Lake unterhalb des gleichnamigen Gletschers ist ein einzigartiges und faszinierendes Erlebnis, nicht zuletzt dank der sehr engagierten Guides.

Rundflüge

Rundflüge sollten ein paar Tage im Voraus gebucht werden. Da sie wegen starken Winds oder schlechter Sicht ausfallen können, zahlt sich eine gewisse Flexibilität aus. Hauptsaison für Rundflüge ist die Zeit von November bis März; jedoch ist die Sicht im Winter (Juni und Juli) oft klarer, und die Ausblicke sind dann noch spektakulärer.
Mount Cook Ski Planes & Helicopters, ℘ 0800/800 702, 🖥 www.mtcookskiplanes.com. Der Veranstalter bietet seit 50 Jahren unvergessliche Rundflüge vom Mount Cook Airfield und hat erheblich zur Entwicklung der Schneelandetechnik beigetragen. Die Preise für Rundflüge mit einem Flugzeug und einem Hubschrauber sind die gleichen, von $255 für 25 Min. bis zum Grand Circle (55 Min., $495) mit Schleife um den Aoraki, kurzer Überquerung der Main Divide, Flug durch enge Täler und Landung auf dem stillen Tasman Glacier zu einem Spaziergang auf dem jungfräulichen Schnee.
Helicopter Line, ℘ 0800/650 651, 🖥 www.helicopter.co.nz. Startet vom Glentanner

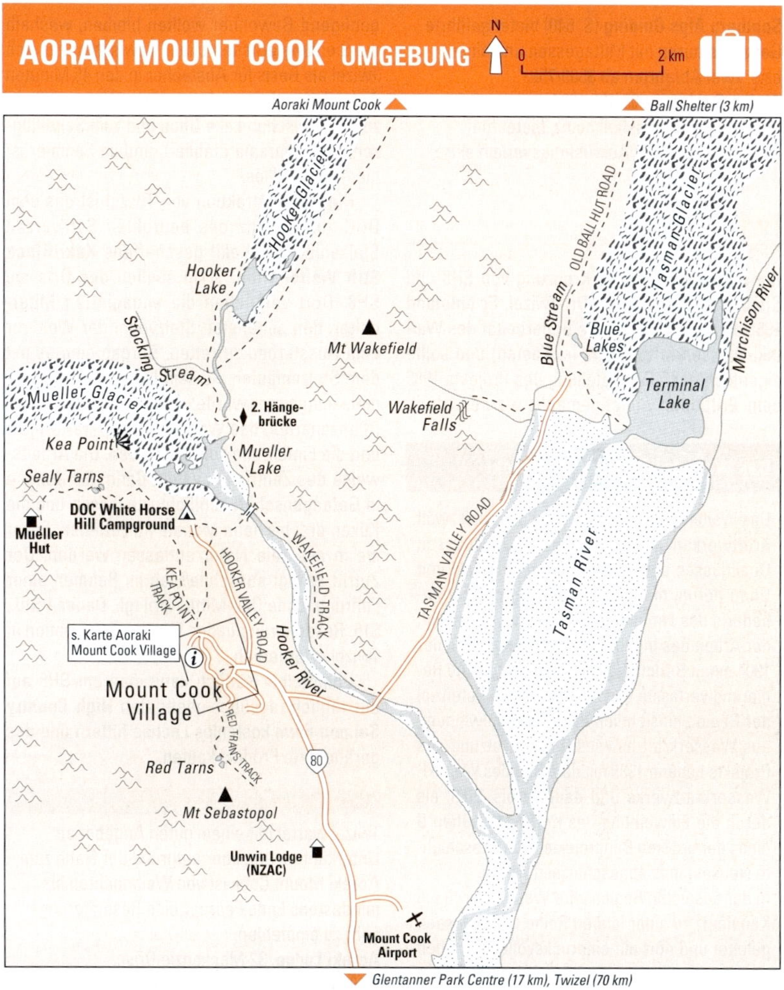

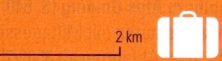

Aoraki Mount Cook ▲   ▲ Ball Shelter (3 km)

Hooker Glacier

Tasman Glacier

OLD BALL HUT ROAD

Murchison River

Hooker Lake

Stocking Stream

Mt Wakefield ▲

Blue Stream

Blue Lakes

Mueller Glacier

2. Hänge-brücke ■

Wakefield Falls

Terminal Lake

Kea Point ⚑

Mueller Lake

Sealy Tarns

DOC White Horse Hill Campground △

Mueller Hut ■

KEA POINT TRACK

HOOKER VALLEY ROAD

WAKEFIELD TRACK

TASMAN VALLEY ROAD

Tasman River

s. Karte Aoraki Mount Cook Village ⓘ

Mount Cook Village

Hooker River

RED TARNS TRACK

Red Tarns

80

Mt Sebastopol ▲

Unwin Lodge (NZAC) ■

✈ Mount Cook Airport

Glentanner Park Centre (17 km), Twizel (70 km)

Zentrale Südinsel

Park Centre, 20 km südlich des Mount Cook Village, zu drei landschaftlich schönen Hubschrauberrundflügen an Talwänden und Gipfeln entlang, mit Ansichten des Gletscherbruchs Hochstetter Icefall und Landungen im Schnee. Zur Auswahl stehen Alpine Vista (20 Min., $210), Alpine Explorer (30 Min., $295) und Mountain High (45 Min., $390) mit Schleife um den Aoraki.

Skifahren

Es gibt keine erschlossenen Skigebiete in der Region des Aoraki Mount Cook, man kann sich aber per Hubschrauber zu geführten Ski- und Snowboardtouren auf dem **Tasman Glacier** und den umliegenden Bergen absetzen lassen. Während der Saison (Juli–Sep) warten steile, unberührte Pisten auf erfahrene Skifahrer und Snowboarder.

Southern Alps Guiding (S. 640) bietet geführte Ganztagstouren mit Mittagessen und einer bzw. zwei Abfahrten ab $500/750.
Alpine Guides, ✆ 03/435 1834,
🖥 www.wildernessheli.co.nz, bietet fünf Abfahrten für $925, Ausrüstungsverleih extra.

Twizel

Rund 9 km südlich der Kreuzung von SH8 und SH80 erreicht man den Ort Twizel. Er entstand 1966 als Unterkunft für die Bauarbeiter des Waitaki-Wasserkraftprojekts (s. Kasten) und sollte eigentlich nach Fertigstellung des Projekts 1985 dem Erdboden gleichgemacht werden, doch

Das Waitaki-Wasserkraftprojekt

Das Waitaki-Wasserkraftprojekt deckt mit zwölf Kraftwerken am Waitaki River und dessen Quellflüssen um die Seen Tekapo, Pukaki und Ohau herum mehr als ein Fünftel des Strombedarfs des Landes. Das Projekt verdankt sich der Arbeit des Ingenieurs **Peter Seton Hay**, der 1904 einen Bericht für die neuseeländische Regierung verfasste und auf das riesige Potenzial der Region hinsichtlich der Energiegewinnung aus Wasserkraft hinwies. Die Umsetzung des Projekts begann 1935 mit dem Bau des Waitaki-Wasserkraftwerks und dauerte bis 1985, als durch die Einweihung des Kraftwerks Ohau C eines der größten Bauprojekte in der Geschichte Neuseelands abgeschlossen wurde.
In der gesamten Region wird Wasser durch ein Kanalnetz zu einer langen Reihe von Stauseen geleitet und dort mit eindrucksvollen Dämmen aufgestaut; am imposantesten ist der 100 m hohe, aus Erde gebaute **Benmore Dam**, 32 km von Omarama im Waitaki Valley nicht weit vom SH83, der Straße zur Ostküste. Die Dammkrone ist zu Fuß oder mit dem Auto zu erreichen. Man kann auch einen kurzen Rundweg gehen, von dem sich Ausblicke auf den Mount Cook in der Ferne eröffnen. Näheres über die Energiegewinnung aus Wasserkraft in Neuseeland auf S. 358.

genügend Bewohner wollten bleiben, weshalb die Siedlung erhalten blieb. Inzwischen hat sich Twizel als Basis für Abstecher in den 45 Minuten Autofahrt entfernten Mount Cook National Park, zum malerischen Lake Ohau und zum Segelflugzentrum Omarama etabliert, und im Sommer ist hier recht viel los.

Die Hauptattraktion von Twizel ist das vom DOC zum Schutz des bedrohten Schwarzen Stelzenläufers (Kaki) geschaffene **Kaki/Black Stilt Visitor Hide**, 3 km südlich des Orts am SH8. Dort versuchen die engagierten Mitarbeiter, den seltensten Stelzvogel der Welt vor dem Aussterben zu retten. Bergab ging es mit dem Stelzenläufer, als sein Lebensraum immer mehr eingeengt wurde: durch neu eingeführte Pflanzenarten, das Waitaki-Wasserkraftprojekt und die Einführung von Raubtieren. Die Arbeitsweise des Zentrums besteht darin, die Jungen in Gefangenschaft schlüpfen zu lassen und die Küken drei bis neun Monate aufzuziehen, bevor sie in die freie Natur entlassen werden. Der Zutritt erfolgt ausschließlich im Rahmen einer Führung: Ende Okt–Mitte April tgl., Dauer 1 Std., $15, Reservierung in der Touristeninformation in Twizel erforderlich.

Unmittelbar südlich kann man am SH8 auf der täglich tagsüber geöffneten **High Country Salmon Farm** kostenlos Lachse füttern und das geräucherte Produkt kaufen.

Übernachtung

Twizel wartet mit einem guten Angebot an Unterkünften auf, aber aufgrund der Nähe zum Aoraki Mount Cook ist von Weihnachten bis mindestens Ende Februar eine Reservierung sehr zu empfehlen.
Aoraki Lodge, 32 Mackenzie Drive,
✆ 03/435 0300, 🖥 www.aorakilodge.co.nz.
Geschmackvolles und einladendes B&B in der Ortsmitte mit 4 Zimmern mit Bad, alle mit separatem Zugang, und hübschem Garten. ❺
Mountain Chalet Motels, Wairepo Rd,
✆ 0800/629 999, 🖥 www.mountainchalets.co.nz. Von Licht durchflutete, separat stehende A-frame-Chalets mit tollem Preis-Leistungs-Verhältnis. In der benachbarten Lodge stehen einfache, aber bequeme Backpacker-Betten in

Dorms zur Verfügung. Dorms $28 (mit eigenem Bettzeug $25), Chalets ❹
Parklands, 122 Mackenzie Drive, ☏ 03/435 0507, ✉ parklands@xtra.co.nz. Großer Campingplatz mit Zeltplätzen und Stellplätzen mit Strom, dazu einige Motel Units und Zimmer mit Bad, für die eine separate Gästeküche existiert. Stellplatz $28, Dorm $25, Zimmer ❸
YHA High Country Lodge & Backpackers, 23 Mackenzie Drive, ☏ 03/435 0671, 🖳 www.highcountrylodge.co.nz. Ein Dorf im Dorf: riesige ehemalige Siedlung der Kraftwerksarbeiter mit bis zu 280 Schlafplätzen in kasernenartigen Holzgebäuden und neueren Motel Units, im Sommer stets voll. Dorms $32, Zimmer ❷, mit Bad ❸, Motel Units ❹

Essen und Unterhaltung

Hunters Café Bar, 2 Market Place, ☏ 03/435 0303. Belebtes Lokal mit großzügigen Mittagsgerichten (unter $20) und Abendessen wie Fischfilet im Bierteigmantel und Lachs aus heimischer Produktion (unter $30).
Shawty's, 4 Market Place, ☏ 03/435 3155. Guter Kaffee und köstliches Frühstück; mittags und abends kommt u. a. sehr gute Pizza auf den Tisch (Hauptgerichte unter $30); die Portionen sind allerdings eher klein. Lockeres Ambiente.
Für Selbstversorger bietet Twizel zwei 4-Square-**Supermärkte**; der größere befindet sich neben der Touristeninformation.

Aktivitäten

Helicopters Line, ☏ 0800/650 652, 🖳 www.helicopter.co.nz, bietet Flüge zum Mount Cook ($210–525). Diese sind zwar teurer als vom Aoraki Mount Cook Village, aber dafür ist man länger in der Luft.
Twizel Adventures, ☏ 027/489 4935, 🖳 www.twizeladventures.com, verleiht **Jetskis** ($120/4 Std.), **Kajaks** ($25/4 Std.) und **Mountainbikes** ($25/4 Std.).

Sonstiges

Den Mittelpunkt des Ortes bildet das **Market Place Shopping Centre** mit Restaurants, Postdienstleistungen und einer Bank.

Feine Kost

Poppies, 25 Market Place. Elegantes, weinrotes Lokal mit Böden aus poliertem Beton und Regalen voller Feinkostartikel; tolle Café-Speisen sowie ausgezeichnetes Mittag- und Abendessen ($25–35) aus zumeist biologisch erzeugten Zutaten aus dem eigenen Garten des Betreibers, z. B. Terrine mit Ente, Kaninchen und wilden Pilzen oder Hirschfleisch-Johannisbeer-Pastete; dazu gibt's Brot aus eigener Herstellung.

Informationen

Information Centre, Mackenzie Drive, ☏ 03/435 3124, 🖳 www.twizel.com. ◷ Nov–März tgl. 9–17, April–Okt Di–Sa 10–16 Uhr.

Transport

Die Busse halten vor dem Information Centre am Mackenzie Drive.

Busse nach:
AORAKI MOUNT COOK 3–5x tgl., 1 Std.;
CHRISTCHURCH 5x tgl., 4–5 Std.;
OAMARU 4x wöchentl., 3 Std.;
OMARAMA 3–5x tgl., 30 Min.

Lake Ohau und Ohau Skifield

25 km westlich von Twizel führt eine schmale Straße zum idyllischen Lake Ohau, der versteckt inmitten von Südbuchenwäldern liegt. In der Umgebung des Sees finden sich einige auffällige Naturerscheinungen, z. B. die sogenannten „kettle lakes" (kleine Vertiefungen, die vom geschmolzenen Eis eines geschrumpften Gletschers hinterlassen werden) und Uferterrassen, die bei Sonnenuntergang im Sommer das Licht reflektieren.

Der **Ohau Forest** nordwestlich des Sees wird von zahlreichen Wanderwegen (1/2–4 Std.) durchzogen, die in der DOC-Broschüre *Ruataniwha Conservation Area* beschrieben sind. Erhältlich ist die Broschüre z. B. in der **Lake Ohau Lodge**, ☏ 03/438 9885, 🖳 www.ohau.co.nz/index.

cfm/lodge, Camping $12, Zimmer ❸, im Sommer ein beliebter Haltepunkt auf den Routen vieler Bustouren; ansonsten ist es hier erheblich ruhiger. Gäste der Lodge wie auch andere Besucher können sich hier Frühstück (einfach/warm $14/20) und Abendessen ($37,50) vorbestellen, und die gut bestückte Bar lädt zu einem Drink ein. Die einzigen anderen Übernachtungsmöglichkeiten sind ein paar äußerst einfache Zeltplätze.

Die Lake Ohau Lodge verkauft auch Benzin und organisiert einen Minibus-Service ($20 hin und zurück) zum nur 9 km entfernten **Skigebiet Ohau**, ✆ 03/438 9885, 🖥 www.ohau.co.nz, ⏰ normalerweise Ende Juni–Anfang Okt. Es handelt sich um ein kleines Areal mit zuverlässigem Pulverschnee und nicht überlaufenen Pisten, darunter drei Abfahrten für Anfänger, sieben für Fortgeschrittene und fünf für erfahrene Skifahrer. Eine Tageskarte für den Lift kostet $72, und es gibt einen Ausrüstungsverleih vor Ort.

Omarama

Südlich von Twizel durchquert der SH8 Tussock-Gras- und Schafweideland, bis er 30 km weiter Omarama (Maori für „Ort des Lichts") erreicht. Wenn die hier vorherrschenden Westwinde zu den Neuseeländischen Alpen hin aufsteigen, erzeugen sie über dem flachen Mackenzie Country eine einzigartige Thermik und ideale Bedingungen zum **Segelfliegen**. Der Flugplatz von Omarama war einst auch Testrevier des neuseeländischen Flugpioniers Dick Georgeson, der 1950 den ersten erfolgreichen Segelflug auf der Südinsel absolvierte.

Southern Soaring, ✆ 0800/762 746, 🖥 www.soaring.co.nz, nutzt die außergewöhnlichen Bedingungen für spektakuläre Flüge in zweisitzigen Segelflugzeugen (30 Min. $285, 60 Min. $380, 90 Min. mit Tour zum Mount Cook $560). Unterwegs dürfen die Teilnehmer auch schon mal die Steuerung übernehmen. Außerdem sind Flüge in einem Doppeldecker im Programm, der 1975 nach einem Modell von 1919 nachgebaut wurde (ab 10 Min. für $135); dabei wird man stilecht mit Lederjacke, Seidenschal und Fliegerbrille ausgestattet.

Wer sich nicht in die Lüfte erheben möchte, den lockt vielleicht ein Bad in den **Omarama Hot Tubs**, ✆ 03/438 9703, 🖥 www.hottubsomarama.co.nz, zehn sehr schön gestalteten individuellen Becken im Freien, die mit über Holz erhitztem Bergwasser gefüllt sind. ⏰ tgl. 10–22 Uhr, 2 Std. für 1 oder 2 Pers. $30/60.

Übernachtung

Ahuriri Motels, 700 m östlich am SH83, ✆ 0800/435 945, 🖥 www.ahuririmotels.co.nz. Freundliche Unterkunft in Ortsnähe. Einfache Zimmer ❶, Zimmer mit Bad ❸
Buscot Station, ca. 8 km nördlich von Omarama am SH8, ✆ 03/438 9646. Sehr ruhige, gemütliche Unterkünfte auf einer Merino-Schaffarm inmitten wunderschön gepflegter Gärten. Abholung kann bei vorheriger Anmeldung arrangiert werden. Dorms $22, Zimmer ❷

Essen und Sonstiges

Das beste Essen in Omarama bietet die örtliche Institution **The Wrinkly Rams** am SH8, mit erstklassigen Café- und Kneipenspeisen und Alkoholausschank. Außerdem wird hier in einem **Laden** sehr gute (wenn auch teure) Kleidung aus Merinowolle verkauft, und es gibt regelmäßig **Schafscherervorführungen** ($15, Reservierung unter ✆ 03/438 9751).

Transport

Busse nach OAMARU 4x wöchentl., 1 3/4 Std.; QUEENSTOWN 3x tgl., 2 1/4 Std.; TWIZEL 3–5x tgl., 30 Min.

Wellington

Christchurch

Von Dunedin nach Stewart Island

Stefan Loose Traveltipps

13 **Dunedin** Neuseelands „schottische Stadt" wartet mit einer lebendigen Museumslandschaft und einer tollen Livemusik-Szene auf. S. 646

Taieri Gorge Railway Die Bahnlinie führt durch die zerklüftete Schlucht Taieri Gorge lässt sich perfekt mit einer Radtour auf dem Otago Central Rail Trail kombinieren. S. 659

14 **Otago Peninsula** Bei einer Erkundung der Halbinsel per Kajak bekommt man viele verschiedene Landschaften und Tiere zu sehen. S. 661

15 **Catlins Coast** An diesem Küstenabschnitt lockt die Curio Bay mit einem versteinerten Wald, Gelbaugenpinguinen und Hectordelphinen. S. 668

Invercargill Die Invercargill Brewery lädt nach einer Führung zu einer kleinen Probe ihrer einzigartigen Erzeugnisse ein. S. 676

16 **Stewart Island** In der Mason Bay an der Westküste von Stewart Island bietet sich eine der besten Gelegenheiten auf der Südinsel, Kiwis in freier Natur zu erleben. S. 681

Im Südosten der Südinsel liegen einige der am seltensten besuchten Gegenden Neuseelands, obwohl sich hier ein paar echte Kleinode verbergen. Das erste ist die von dunkler Neugotik geprägte Küstenstadt **Dunedin** rund 400 km südlich von Christchurch. Es ist eine Stätte der Gelehrsamkeit und Kultur, die von der städtischen Universität und einer starken schottischen Tradition geprägt wird.

Nicht weit von der Stadt entfernt liegt die windgepeitschte **Otago Peninsula**, ein bedeutendes Tierschutzgebiet, wo eine Vielzahl von seltenen Meereslebewesen und Seevögeln aus nächster Nähe beobachtet werden können. Südlich von Dunedin erstreckt sich das zweite Highlight, die wilde **Catlins Coast**, ein großes Schutzgebiet, in dem mehrere seltene Tier- und Pflanzenarten zu Hause sind und die eine eindrucksvolle Landschaft aufweist – von Hügeln, die mit dichtem einheimischen Wald bedeckt sind, bis zu einer Küste, die von zahlreichen Felsbuchten, langen Sandstränden und spektakulären geologischen Formationen durchsetzt ist.

An der Spitze der Südinsel liegt inmitten der saftigen Weidegründe der landwirtschaftlichen Gemeinden von Southland **Invercargill**. Die Stadt dient als Sprungbrett nach **Stewart Island**. Bislang zieht die Insel relativ wenige Besucher an, doch wer den Weg auf sich nimmt, wird mit einer reichen Vogelwelt belohnt, besonders in der Mason Bay und auf **Ulva Island**.

Neuseeländer aus dem Norden machen sich einen Spaß daraus, über das Wetter der südlichen Südinsel herzuziehen, und in der Tat wird es umso nasser, je weiter man nach Süden vordringt. Die beste **Reisezeit** für diese Region ist im Allgemeinen November bis April, wenn das Wetter überwiegend warm, aber wechselhaft ist und die Temperaturen in Dunedin in der Sommermitte bei durchschnittlich 19 °C liegen. Außerdem ist dies auch die beste Zeit für die Tierbeobachtung, da sie sich mit der Paarungszeit vieler Arten überschneidet.

Der **Transport** ist unproblematisch: Ziemlich regelmäßig verkehrende Busse befahren die Hauptroute von Christchurch über Dunedin nach Invercargill und verbinden Dunedin mit Queenstown und über die reizvolle Southern Scenic Route mit der Westküste. Stewart Island ist von Invercargill mit dem Flugzeug und von Bluff mit der Fähre zu erreichen. Passagierzüge gibt es nicht in dieser Region, doch die **Taieri Gorge Railway** stellt eine nützliche Verbindung zwischen Dunedin und dem Maniototo dar.

13 HIGHLIGHT

Dunedin

Der Name Dunedin („Danídín" ausgesprochen) beruht auf der gälischen Übersetzung von „Edinburgh", und viele Straßen und Viertel tragen dieselben Namen wie die Schwesterstadt in Schottland. So überrascht es nicht, dass Dunedin auch den Beinamen „Edinburgh des Südens" trägt.

Die von schottischen Siedlern gegründete Stadt avancierte schnell zum Versorgungszentrum für die Goldgräberorte im nahen Central Otago. Von dieser Zeit zeugen eine zentrale Gruppe beeindruckender Gebäude im neugotischen Stil sowie zahlreiche prächtige Villen, die sich relativ dicht gedrängt über die umliegenden Hügel verteilen. Dabei wurden harter, vulkanischer Tonsandstein *(bluestone)* und weicher, cremefarbener Kalkstein aus Oamaru fantasievoll kombiniert. Dunedin zählt nur rund 115 000 Einwohner und ist daher ein überschaubarer Ort.

Unter den vielen imposanten Bauwerken sind besonders die **Dunedin Railway Station** und das Immatrikulationsgebäude der die älteste in Neuseeland, nimmt ein großes Grundstück in der Nähe des Stadtzentrums ein.

Die 25 000 Studenten der 1871 gegründeten **University of Otago** tragen zur lebendigen Kulturszene und zu einem munteren Nachtleben bei, was besonders während des Semesters zum Tragen kommt.

Dunedin liegt am Eingang des **Otago Harbour**, einer langen Bucht, die vor zehn Millionen Jahren durch eine Serie von Vulkanausbrüchen geformt wurde und heute fast vollständig von zerklüfteten Hügeln umgeben ist. Das geschützte Gewässer beheimatet gleich zwei aktive Häfen: ein kleiner im Herzen von Dunedin sowie **Port Chalmers**, ein Containerhafen, dessen Haupt-

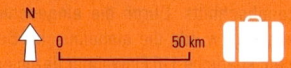

Wanaka, Haast ▲▲ Mt Cook

Timaru, Christchurch

Queenstown
THE REMARKABLES
EYRE MOUNTAINS
Te Anau
Mataura River
Alexandra
Middlemarch
Palmerston
Clutha River
Port Chalmers
Outram   Mosgiel
Otago Peninsula
Lawrence   Taieri River   Brighton   Dunedin
Tapanui
Mandeville
Gore
Balclutha
Milton
Riverton
Invercargill
CATLINS FOREST PARK
Owaka
Nugget Point
Tokanui
CATLINS COAST
Foveaux Strait
Bluff   Dog Island
Waikawa
Ruapuke Island
Codfish Island
Mt Anglem
Muttonbird Islands
Oban (Halfmoon Bay)
Mason Bay
RAKIURA NAT. PARK
PAZIFIK
Muttonbird Islands
Port Pegasus
Stewart Island

▬▬▬ Southern Scenic Route

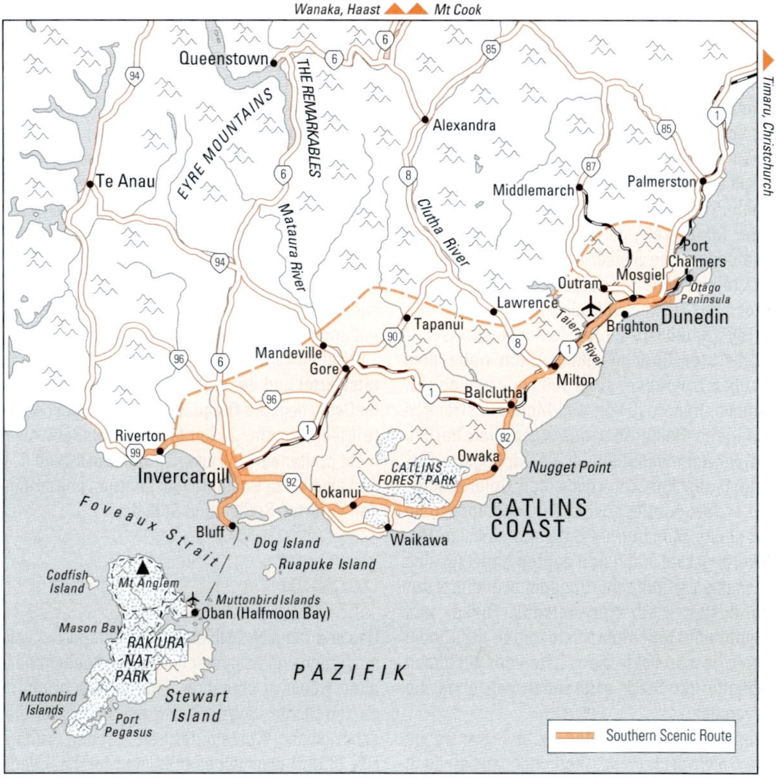

straße fast nur aus Touristenläden für die Passagiere von Kreuzfahrtschiffen besteht.

Der Otago Harbour wird vor dem Pazifischen Ozean durch die **Otago Peninsula** geschützt. Die Halbinsel ist bekannt für ihr ausgesprochen reiches Tierleben, darunter vor allem seltene Pinguine, Seehunde und Albatrosse. Da sie nur eine halbe Stunde mit dem Auto von Dunedin entfernt liegt, wird die Peninsula meist im Rahmen von Tagesausflügen besucht, genauso wie das **Orokonui Eco Sanctuary**. Das zehn Autominuten von Port Chalmers entfernte Schutzgebiet wurde kürzlich als „Festlandinsel" zum Schutz einheimischer Pflanzen und Tiere angelegt.

Geschichte

Seit etwa 1100 n. Chr. gingen **Maori** in den reichen Küstengewässern nahe gelegener Buchten auf Fischfang, jagten etwas weiter im Landesinneren Moa, Enten und Süßwasserfische und handelten mit anderen *iwi* weiter im Norden. Schließlich gründeten sie eine Siedlung auf beiden Seiten der Bucht und tauften sie Otakou (ausgesprochen „O-tar-go"), die Landspitze am Eingang der Bucht nannten sie nach ihrem großen Häuptling Taiaroa.

In den 20er-Jahren des 19. Jhs. gelangten europäische **Wal- und Robbenfänger** in die Bucht, der einzige geschützte Ankerplatz entlang dieses

Von Dunedin nach Stewart Island

Küstenabschnitts. Durch die eingeschleppten Krankheiten wurde die einheimische Bevölkerung auf spärliche 110 Einwohner dezimiert; später sorgten Mischehen für einen Wiederanstieg der Bevölkerungszahl.

Bereits 1840 wählte die New Zealand Company den Otago Harbour für die Gründung einer **schottischen Siedlung** aus und kaufte Land von den einheimischen Maori. 1848 kamen die ersten Einwanderer an, angeführt von Captain William Cargill und Reverend Thomas Burns. Die schottischen Presbyterianer waren jedoch schon bald in der Minderzahl, da im folgenden Jahr englische und irische Siedler eintrafen. Nichtsdestotrotz reichte ihr Eifer aus, um der wachsenden Stadt ihren Stempel aufzudrücken.

1861 entdeckte ein einsamer australischer Glücksritter **Gold** in einem Bach nahe dem heutigen Lawrence, etwa 100 km westlich von Dunedin. Innerhalb von drei Monaten strömten zahlreiche Goldgräber aus Australien herbei, und plötzlich war Dunedin als wichtigster Eingangshafen das Zentrum eines Goldrauschs. Der Hafen wurde ausgebaut, und innerhalb von sechs Monaten verdoppelte sich die Bevölkerungszahl, nach drei Jahren hatte sie sich nochmals verdreifacht. Dunedin avancierte zur wichtigsten Stadt Neuseelands. Dieser neu gewonnene Reichtum löste einen Bauboom aus, in dessen Folge die meisten der wichtigen Gebäude der Stadt entstanden wie etwa die Universität.

In den 70er-Jahren des 19. Jhs. war es mit dem Goldrausch im Wesentlichen vorbei, doch Otago bewahrte sich seine wirtschaftliche Vormachtstellung dank der Reedereien, dem Eisenbahnbau und der Landwirtschaft.

Der Niedergang setzte Anfang des 20. Jhs. ein, als sich der Seehandel Großbritanniens mit Eröffnung des Panamakanals im Jahre 1914 nach Auckland verlagerte. In den 80er-Jahren kam es durch gestiegene Goldpreise auf dem Weltmarkt und die Entwicklung von Gerät, mit dem eine Goldgewinnung aus wenig ergiebigen Böden in großem Maßstab möglich wurde, zu einer Renaissance des Bergbaus im Landesinneren. Heute kann man große Bergbauunternehmen besichtigen, z. B. in Macraes, eine Stunde Fahrt von Dunedin.

Speight's Gold Medal Ale, das neuseeländische „flüssige Gold", ist ein Lagerbier mit einem leichten Grasaroma, das seine Herkunft aus dem Süden betont; das Bier wird seit den späten 1880er-Jahren in Dunedin gebraut und ist auch heute noch das meistverkaufte Bier des Landes.

Orientierung

Den Mittelpunkt des Stadtgeschehens bildet das **Octagon**, eine grüne, baumbestandene Fläche im Zentrum von Dunedin, von historischen Gebäuden gesäumt. Restaurants, Büros, Banken, Bars, Clubs und die meisten Sehenswürdigkeiten befinden sich alle einen Katzensprung vom Platz entfernt, und das Einkaufsviertel erstreckt sich südlich entlang der Princes Street und nördlich entlang der George Street.

Weiter nördlich befinden sich das **Universitätsviertel** und der weitläufige **Botanic Garden**. Im Osten liegt der **Otago Harbour**, eine geschützte Meeresbucht, 22 km lang und stellenweise nicht breiter als ein Fluss. Zwei **Sandstrände** liegen eine kurze Busfahrt vom Zentrum entfernt in den Vororten St Clair und St Kilda.

Octagon

Das ursprünglich 1846 angelegte Octagon ist von modernen und wunderschön instand gehaltenen alten Häusern umgeben. Eine Statue erinnert an den Dichter Robert Burns, ein Symbol für die schottischen Wurzeln der Stadt. Jeden Freitag (10–16 Uhr) wimmelt es hier von Marktständen, die örtliches Kunsthandwerk verkaufen.

Dominiert wird das Octagon von dem Gebäude der **Municipal Chambers**, einem prächtigen, klassizistischen Bauwerk mit Glockenturm, das 1880 eingeweiht wurde. Es ist aus Kalkstein errichtet, der sich wirkungsvoll vom ebenfalls verwendeten blauen Tonsandstein abhebt – ein schönes Beispiel für das Schaffen des schottischen Architekten Robert A. Lawson, dessen Architektursprache das Aussehen vieler öffentlicher Gebäude in Dunedin beeinflusst hat.

Neben den Municipal Chambers ragen die steinernen weißen Zwillingstürme der **St Paul's Cathedral** empor, eines der schönsten Bauwerke von Dunedin und Mittelpunkt der anglikanischen

Dunedin

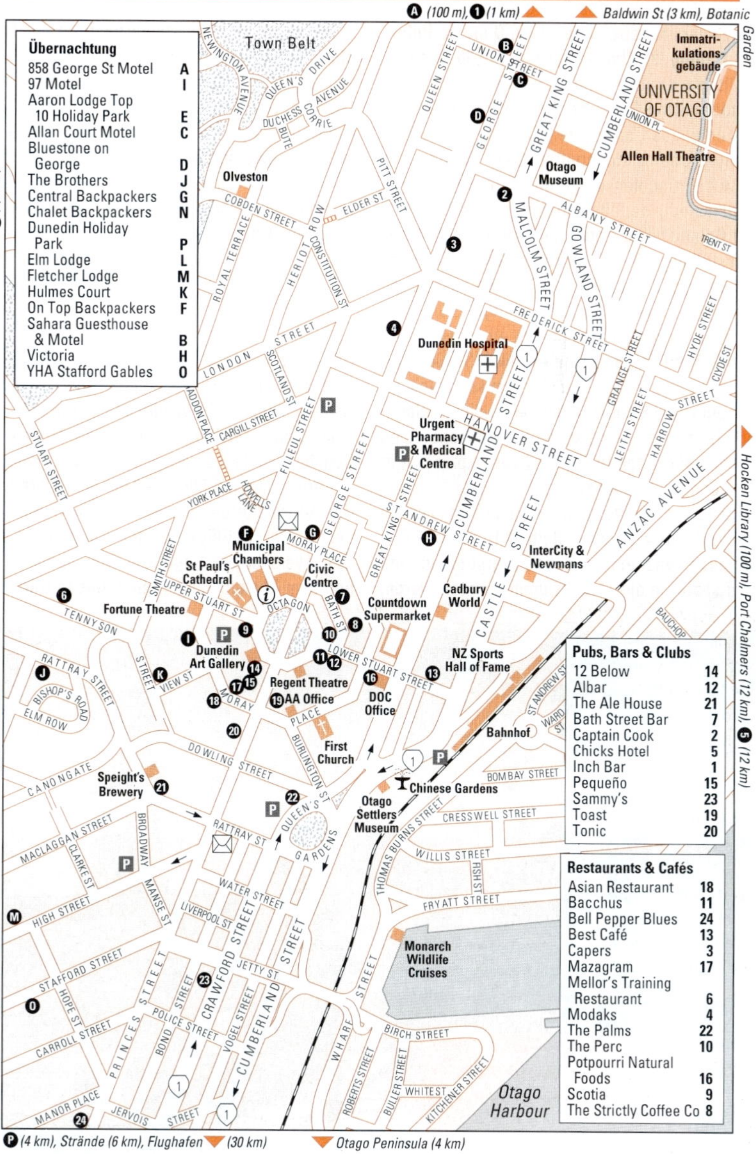
N
0 250 m
A (100 m), I (1 km)
Baldwin St (3 km), Botanic Garden
E (2,5 km)
L (50 m)
N (100 m)
Hocken Library (100 m), Port Chalmers (12 km), 5 (12 km)
P (4 km), Strände (6 km), Flughafen (30 km)
Otago Peninsula (4 km)
Übernachtung
858 George St Motel A
97 Motel I
Aaron Lodge Top 10 Holiday Park E
Allan Court Motel C
Bluestone on George D
The Brothers J
Central Backpackers G
Chalet Backpackers N
Dunedin Holiday Park P
Elm Lodge L
Fletcher Lodge M
Hulmes Court K
On Top Backpackers F
Sahara Guesthouse & Motel B
Victoria H
YHA Stafford Gables O
Pubs, Bars & Clubs
12 Below 14
Albar 12
The Ale House 21
Bath Street Bar 7
Captain Cook 2
Chicks Hotel 5
Inch Bar 1
Pequeño 15
Sammy's 23
Toast 19
Tonic 20
Restaurants & Cafés
Asian Restaurant 18
Bacchus 11
Bell Pepper Blues 24
Best Café 13
Capers 3
Mazagram 17
Mellor's Training Restaurant 6
Modaks 4
The Palms 22
The Perc 10
Potpourri Natural Foods 16
Scotia 9
The Strictly Coffee Co 8
Town Belt
Immatrikulationsgebäude
UNIVERSITY OF OTAGO
Allen Hall Theatre
Otago Museum
Olveston
Dunedin Hospital
Urgent Pharmacy & Medical Centre
Municipal Chambers
St Paul's Cathedral
Civic Centre
Fortune Theatre
Countdown Supermarket
Cadbury World
InterCity & Newmans
Dunedin Art Gallery
Regent Theatre
AA Office
DOC Office
NZ Sports Hall of Fame
Bahnhof
First Church
Speight's Brewery
Chinese Gardens
Otago Settlers Museum
Monarch Wildlife Cruises
Otago Harbour
OCTAGON
GEORGE STREET
GREAT KING STREET
CUMBERLAND STREET
CASTLE STREET
HANOVER STREET
LONDON STREET
STUART STREET
PRINCES STREET
CRAWFORD STREET
ANZAC AVENUE

Gemeinde der Stadt. Das neugotische Gebäude ist vollständig aus Oamaru-Kalkstein errichtet und wurde 1919 eingeweiht.

Umrundet man das Octagon entgegen dem Uhrzeigersinn, erreicht man die **Dunedin Public Art Gallery**, 30 The Octagon, die 1996 fertiggestellt wurde. Die Galerie entstand um sechs viktorianische Gebäude, die geschmackvoll renoviert wurden, um mehrere helle, moderne Ausstellungsräume zu schaffen – ein Kontrast zur 1884 gegründeten ursprünglichen öffentlichen Kunstgalerie, der ältesten des Landes. Das Herz der Galerie bildet eine turnusmäßig wechselnde Ausstellung früher und zeitgenössischer neuseeländischer Kunst. In den Museumsräumen sind auch regelmäßig Ausstellungen von internationalem Format zu sehen. In einer Zweigstelle des **New Zealand Film Archive** (S. 468) können sich Besucher hier außerdem kostenlos auf Computer-Bildschirmen neuseeländische Spiel- und Dokumentarfilme sowie Fernsehsendungen anschauen. ◷ tgl. 10–17 Uhr, Spende plus Eintritt für Sonderausstellungen.

Ein paar Schritte weiter befindet sich in einem 1874 erbauten Haus das **Regent Theatre**, 17 The Octagon, einst ein Hotel, das zuerst in ein Kino und später in ein Theater umgewandelt wurde.

Heute ist es eine Bühne für internationale Produktionen, das Royal New Zealand Ballet und für Livemusik.

Hinter dem Regent Theatre ragt am Moray Place der 54 m hohe steinerne Turm der **First Church of Otago** empor, ein Wahrzeichen, das von fast allen Orten der Stadt leicht auszumachen ist. Der Bau wurde im neugotischen Stil von Robert A. Lawson entworfen und gilt allgemein als die eindrucksvollste neuseeländische Kirche des 19. Jhs. Von besonderem Interesse sind die Holzdecke und die bunte Fensterrosette über dem Altar.

Südlich und östlich des Octagon

Das faszinierende **Otago Settlers Museum**, 31 Queens Gardens, dokumentiert 200 Jahre Sozialgeschichte von Dunedin und Otago mit Hilfe einer umfangreichen Sammlung an Artefakten, Gemälden und Fotografien. Interessant sind z. B. die Ausstellungen über die Leiden und Freuden der Auswanderung sowie über die vielen Chinesen, die ihr Glück auf den Goldfeldern von Otago versuchten. ◷ tgl. 10–17 Uhr, Spende. Neben dem Museum liegen die **Chinese Gardens**,

Von Dunedin nach Stewart Island

Das Octagon von Dunedin wird von hervorragend instand gehaltenen historischen Gebäuden gesäumt.

Rattray St, Ecke Cumberland St, 🖳 www.dunedin chinesegarden.com, wunderschön angelegt im traditionellen chinesischen Stil, eine Oase der Stille inmitten der Stadt. 🕐 tgl. 10–17 Uhr, Eintritt $8, Führung $20.

Die dank ihrer Türme und Türmchen nicht zu übersehende **Dunedin Railway Station** in der Anzac Avenue ist ein imposantes Bauwerk. Der 1906 eröffnete Bahnhof wurde auf einem Grundstück errichtet, das dem Sumpf abgewonnen worden war.

Die Haupteingangshalle, die hervorragend erhalten ist, schmücken Majolika-Wandkacheln in sanften Grün-, Gelb- und Creme-Tönen, die Royal Doulton eigens für die New Zealand Rail anfertigte. Der Mosaikboden, eine Huldigung an die Dampflokomotive, besteht aus über 700 000 winzigen Quadraten aus Porzellan. Auf dem Balkon im Stockwerk darüber zeigt ein Buntglasfenster an jedem Ende einen nahenden Zug, dessen Scheinwerfer leuchten, ganz gleich, aus welchem Winkel man sie betrachtet.

Im oberen Stockwerk des Bahnhofs befindet sich auch die eher uninteressante **New Zealand Sports Hall of Fame** mit Erinnerungsstücken von rund 150 neuseeländischen Sportlern, darunter solchen Berühmtheiten wie dem Bergsteiger Edmund Hillary und dem Cricketstar Richard Hadlee. 🕐 tgl. 10–16 Uhr, Eintritt $5. Interessanter ist der **Bauernmarkt**, der samstagvormittags auf dem Bahnhofsparkplatz stattfindet.

Hinter dem Bahnhof steht die große Universitätsbibliothek, die **Hocken Library**, 90 Anzac Ave, mit einer beeindruckenden Sammlung zu Neuseeland und dem Pazifik. 🕐 Mo–Fr 9.30–17, Di bis 21, Sa 9–12 Uhr, Eintritt frei.

Für Naschkatzen empfiehlt sich ein Besuch in der Schokoladenfabrik **Cadbury World**, 280 Cumberland St, östlich des Octagon, ✆ 0800/223 287, 🖳 www.cadburyworld.co.nz. Bei den sehr beliebten Führungen kann man den Herstellungsprozess verfolgen und wird mit süßen Kostproben geradezu überschüttet. 🕐 Führungen: Mo–Fr, 1 1/4 Std., Sa und So (wenn die Produktion evtl. stillsteht) 45 Min., Reservierung empfehlenswert, längere Führung $18, kürzere $12.

Ein hoher Backsteinschornstein mit einem steinernen Bierfass obendrauf weist den Weg zur **Speight's Brewery**, 200 Rattray St, ✆ 03/477 7697, 🖳 www.speights.co.nz, einer der ältesten Brauereien Neuseelands, gegründet 1876. Auf den informativen Führungen wird man in die Geheimnisse des traditionellen Bierbrauens eingeweiht und darf am Ende hier hergestelltes Bier testen. Die Führungen beginnen bei einem Trinkbrunnen, der dasselbe süßlich schmeckende Wasser enthält, das auch fürs Brauen verwendet wird. 🕐 Führungen tgl. 10, 12, 14 Uhr sowie Mo–Do 19 Uhr und Fr und So 16 Uhr, $20.

Nördlich des Octagon

Der wichtigste Teil des fesselnden **Otago Museum**, 419 Great King St, 🖳 www.otagomuseum. govt.nz, ist die faszinierende Abteilung „Southern Land, Southern People" über die Naturgeschichte und das Leben auf der südlichen Südinsel und den subantarktischen Inseln. Es werden interessante Zusammenhänge hergestellt wie zwischen Geologie und Architektur, Klima und Kleidung der Maori oder dem Fischvorkommen und den Erlebnissen der Whitebait-Fischer. Das „Animal Attic" präsentiert sich als zutiefst viktorianisches Sammelsurium von makabren Skeletten und ausgestopften Tieren, und interessant sind gewöhnlich auch die Sonderausstellungen. 🕐 tgl. 10–17 Uhr, Spende, normale Führung tgl. um 11.30 Uhr, außerdem Führungen zu bestimmten Themen (beide jeweils $10).

Wer vom Octagon zehn Minuten in nordwestliche Richtung geht, erreicht Dunedins Paradestück eines historischen Hauses, **Olveston**, 42 Royal Terrace. Die Mauern dieses schönen Hauses aus der Zeit König Edwards hüten einen Schatz an Kunstwerken und erlesenen Antiquitäten, die die Familie Theomin, die ab 1906 hier lebte und sich leidenschaftlich für Reisen, Kunst und Musik interessierte, aus der ganzen Welt zusammentrug. Das letzte Mitglied der Familie, Dorothy, vermachte vor ihrem Tod im Jahr 1966 das Haus und dessen Inventar der Stadt Dunedin. Es sieht heute noch so aus, wie sie es zurückließ. Das Haus ist nur im Rahmen einer 1-stündigen Führung zu besichtigen: tgl. 9.30, 10.45, 12, 13.30, 14.45 und 16 Uhr, Eintritt $16, im Sommer einen Tag vorher reservieren unter ✆ 0800/100 880, 🖳 www.olveston.co.nz.

Die **University of Otago**, Neuseelands älteste Universität, wurde 1869 von schottischen Siedlern gegründet. Sie wurde nach dem Vorbild der Glasgow University gestaltet und bald zu einem Komplex von imposanten neugotischen Gebäuden aus blauem Tonsandstein erweitert, unter denen besonders das Verwaltungsgebäude im Herzen des Campus mit seinem neugotischen **Uhrturm** hervorsticht. Das Visitor Centre hat kostenlose Übersichtspläne des Geländes, und ein Bummel über den Campus von der Union Street zur Leith Street führt an den wichtigsten Gebäuden vorbei.

Der stille **Dunedin Botanic Garden** am Fuße des Signal Hill wurde 1863 angelegt. Der steile Upper Garden umfasst einen ausgedehnten Rhododendron Dell, wo alteingesessene Arten zwischen einheimischem Wald gedeihen. Außerdem verfügt der Garten über ein Arboretum, eine Sammlung einheimischer Pflanzen und ein Vogelhaus, das einheimische Arten wie Kea und Kaka beherbergt. Zugang zum Lower Gardens-Parkplatz erhält man von der Cumberland Street, während der Upper Gardens-Parkplatz in der Lovelock Avenue liegt. ⏱ von Sonnenauf- bis Sonnenuntergang, Eintritt frei. Freiwillige Helfer bieten allgemeine oder spezialisierte Führungen an (30 Min., $15, ✆ 03/471 9275).

Nördlich des Botanischen Gartens führt die Opoho Road zum 393 m hohen **Signal Hill** hinauf, einem Landschaftsschutzgebiet mit großartigem Ausblick auf Dunedin, die obere Bucht und das Meer. Am Aussichtspunkt erhebt sich das **Centennial Memorial**, anscheinend das einzige Denkmal im Land zur Erinnerung an 100 Jahre britischer Herrschaft (1840–1940) in Folge der Unterzeichnung des Vertrages von Waitangi. Die beiden großen Bronzestatuen daneben sollen die Vergangenheit und die Zukunft symbolisieren. Den Signal Hill erreicht man entweder mit dem Auto, per Bus (die Opoho-Linie startet am Octagon, Stand 7, und hält 1 km vom Gipfel entfernt sowie an der Nordseite des Botanischen Gartens) oder zu Fuß vom Botanischen Garten (6 km hin und zurück, 1 1/2 Std.).

Einen Weltrekord stellt die **Baldwin Street** auf: Sie ist laut *Guinness Buch der Rekorde* nämlich mit einer höchsten Steigung von 38 % die steilste Straße der Welt. Die Aussicht von oben ist nicht schlecht, aber der Weg ist das Ziel: Die Anwohner schauen dem fünfminütigen Aufstieg der Touristen amüsiert zu. Bei der jährlichen Veranstaltung „Gutbuster" (normalerweise Ende Februar im Rahmen des Dunedin Summer Festival) rennen die Teilnehmer hoch und wieder runter – der Rekord steht bei einer Minute und 56 Sekunden.

Die Baldwin Street liegt 5 km nördlich des Zentrums: Anfahrt über die Great King Street, bis diese zur North Road wird, dann die zehnte Straße rechts. Der Normanby–St Clair-Bus ab Stand 2 in der Princes Street hält direkt am Fuß der Baldwin Street.

Die Strände

4 km südlich des Stadtzentrums laufen die Vororte St Kilda und St Clair in einem langen, unberührten Sandstreifen aus, der von zwei vulkanischen Landspitzen umschlossen wird (regelmäßig Busse ab Octagon, Ecke Princes St).

Der **St Clair Beach** eignet sich hervorragend zum Surfen und wird im Sommer von Rettungsschwimmern bewacht. Wer in ruhigerem Gewässer schwimmen möchte, findet neben der Felsspitze am westlichen Strandende den **St Clair Hot Salt Water Pool**, The Esplanade, ✆ 03/455 6352, einen großen beheizten Salzwasserpool im Freien. ⏱ Okt–März Mo–Fr 6–19, Sa und So 7–19 Uhr, Eintritt $5,50. Bei der St Clair Surf Rescue Station am anderen Ende der Esplanade bietet die Esplanade Surf School, ✆ 03/455 8655, 🖥 www.espsurfschool.co.nz, **Surfunterricht**: $45/2 Std. für 3–6 Pers., 90 Min. Einzelunterricht $90, inkl. Ausrüstung.

Etwa in der Mitte des Strandes geht der St Clair Beach in den **St Kilda Beach** über, der relativ sicher ist, sofern man zwischen den Flaggen schwimmt; hier patrouillieren im Sommer ebenfalls Rettungsschwimmer. Am östlichen Ende des Strandes trennt eine Landspitze St Kilda vom kleineren **Tomahawk Beach** (zu gefährlich zum Schwimmen). Er ist oft mit Pferden und Einspännern übersät, die sich auf Trabrennen bei Ebbe vorbereiten. Der beste Strand der Gegend zum Schwimmen, eine Mischung aus Sand und Felsen, liegt 15 km südlich von Dunedin in **Brighton**.

Um hierher zu gelangen, nimmt man für $6,30 den Brighton/Green Island-Bus von Stand 5 in der Cumberland Street (zwischen Hanover Street und Andrew Street).

Übernachtung

Es gibt eine große Auswahl an Unterkünften in Dunedin, die meisten davon liegen im oder nahe dem Zentrum. Wer es eher ländlich mag, sucht sich eine Unterkunft auf der **Otago Peninsula** (s. S. 664).

Hotels und Motels

858 George St Motel, 858 George St, ℰ 0800/858 999, 🖳 www.858georgestreetmotel. co.nz. Ungewöhnliches modernes Design, basierend auf viktorianischen Häusern, die in 13 große, luxuriöse Units verwandelt wurden. WLAN vorhanden. ❹–❺

97 Motel, 97 Moray Place, ℰ 0800/909 797, 🖳 www.97motel.co.nz. Freundliche, zentrale Unterkunft mit hellen Zimmern im Motel selbst oder im umgebauten ehemaligen Studenten-wohnheim. Gute Betten, gute Bäder, gutes Preis-Leistungs-Verhältnis und großer Parkplatz. ❹

Allan Court Motel, 590 George St, ℰ 0800/ 611 511, ✉ allan.court@earthlight.co.nz. Zentral, modern und komfortabel, alle Units mit Küche, außerdem Waschmaschinen zur Benutzung durch Gäste.

Bluestone on George, 571 George St, ℰ 03/477 9201, 🖳 www.bluestonedunedin.co.nz. Elegante Apartments mit toller Küche, Bad, Waschmaschine und schnellem WLAN. ❻

Victoria, 137 St Andrew St, ℰ 0800/266 336, 🖳 www.victoriahoteldunedin.com. Elegantes, relaxtes Hotel im Herzen der City; Zimmer, Suiten und Familien-Apartment mit 2 Schlaf-zimmern, außerdem Restaurant, gemütliche Bar und Café. ❺–❻

B&Bs und Homestays

The Brothers, 295 Rattray St, ℰ 03/477 0043, 🖳 www.brothershotel.co.nz. Ein stilvolles 14-Zimmer-Boutique-Hotel in einem geschmackvoll umgestalteten Wohnsitz christlicher Brüder aus den 1920er-Jahren. Schlichtes, modernes Dekor, freundlicher Service, viele der Zimmer mit Veranda mit tollem Ausblick. Geräumige Lounge mit Blick über die City, Sky-TV und Internet. Kleines Frühstück und Parkplatz inkl. ❻

Fletcher Lodge, 276 High St, ℰ 03/477 5552, 🖳 www.fletcherlodge.co.nz. Üppig und geschmackvoll ausgestattete Lodge in einem Haus im englischen Adels-Stil, 1924 für einen führenden Kiwi-Industriellen, Sir James Fletcher, erbaut. Im separaten, einfacheren Apartment ist man zwar unabhängig, dafür verpasst man aber die Pracht des Haupthauses und das reichhaltige Frühstück. ❾

Hulmes Court, 52 Tennyson St, ℰ 0800/448 563, 🖳 www.hulmes.co.nz. Zwei stimmungsvolle Häuser (eins im edwardianischen, eins im prächtigeren viktorianischen Stil) nahe dem Octagon. Große, individuell eingerichtete Zimmer (davon mehrere mit Bad), Parkplatz und Internetzugang. Preis inkl. Frühstück im sonnigen Salon. Gutes Preis-Leistungs-Verhältnis. ❹, mit Bad ❺

Sahara Guesthouse & Motel, 619 George St, ℰ 477 6662, 🖳 www.dunedin-accommodation. co.nz. Großes Gästehaus von 1863, die meisten Zimmer mit Gemeinschaftsbad. Angeschlossen ist ein Motel mit 10 Standard-Units mit einfacher Kochgelegenheit sowie mit einigen neuen komfortablen Deluxe-Studios. Eher praktisch als romantisch. Parkplätze vorhanden. ❹

Hostels

Central Backpackers, 243 Moray Place, ℰ 03/477 9985. Gut geführtes 40-Betten-Hostel mit großen Schließfächern, Filmlounge und WLAN. Gäste erhalten außerdem Rabatte im benachbarten Internetcafé. Dorms $25–27, Zimmer ❷–❸

Chalet Backpackers, 296 High St, ℰ 0800/ 242 538, 🖳 www.chaletbackpackers.co.nz. Gemütliches Hostel mit schönem Ausblick und guter Küchenausstattung. 4-Bett-Dorms, keine Etagenbetten, nette EZ und DZ. Pool und Piano-Lounge. Im Winter vorher anrufen! Dorms $24, Zimmer ❶

Elm Lodge, 74 Elm Row, ℰ 0800/356 363, 🖳 www.elmlodge.co.nz. Gut geführtes Hostel in zwei Gebäuden, darunter stimmungsvolles Haus aus den 30er-Jahren mit Holzfeuer,

Von Dunedin nach Stewart Island

bezogenen Betten, Spa, Sauna und Barbecue – alles kostenlos. Dorms $28, Zimmer **②**

On Top Backpackers, Filleul St, Ecke Moray Place, ✆ 03/477 6121, 🖳 www.ontopback packers.co.nz. 100-Betten-Hostel mit 8 DZ, Grillterrasse und heller Küche mit Aufenthaltsbereich über einem Café und einer Bar. Dorms $25, Zimmer **②**

YHA Stafford Gables, 71 Stafford St, ✆ 03/474 1919, 🖳 www.yha.co.nz. Charaktervolle, aber etwas heruntergekommene YHA-Herberge in einem großen Haus Baujahr 1902 mit Dachgarten und Stadtblick und gut informiertem Personal. Bürozeiten 7.30–20.30 Uhr. 3er- bis 6er-Dorms (einige mit Balkon) $26, Zimmer **②**

Camping

Aaron Lodge Top 10 Holiday Park, 162 Kaikorai Valley Rd, ✆ 0800/879 227, 🖳 www.aaronlodge top10.co.nz. Geschützter, recht großzügiger und gepflegter Platz in den Hügeln 2,5 km westlich vom Stadtzentrum. Camping $32, Cabins **❶**, Flats **②**, Motel Units **❸**

Dunedin Holiday Park, 41 Victoria Rd, ✆ 0800/ 945 455, 🖳 www.dunedinholidaypark.co.nz. Gut ausgestatteter Platz am St Kilda Beach, 5 Automin. vom Zentrum und mit dem Brockville–St Kilda-Bus zu erreichen (ab Octagon, Stand 3). Tgl. geöffneter Laden. Camping $21, Cabins **❶**, mit Bad **②**, Motel Units **❸**

Essen

In Dunedin haben Freunde des guten Essens wirklich die Qual der Wahl, besonders in der Umgebung des Octagon und an der George Street zwischen Hanover und Albany Street. Gute Adressen, um Proviant aufzustocken, sind der Deli **Everyday Gourmet** (466 George St, ⏱ Mo–Fr 7.30–17.30, Sa 8–15 Uhr, So gewöhnlich geschl.) und der nette **Bauernmarkt**, der samstagvormittags auf dem Parkplatz des Bahnhofs stattfindet. Normale Lebensmittel bietet der zentrale, rund um die Uhr geöffnete **Countdown-Supermarkt**, 309 Cumberland St.

Cafés

Best Café, 30 Lower Stuart St. Eine lokale Institution, die Gäste in die 1950er-Jahre zurück-

zuentführen scheint. Eines der besten Lokale der Stadt für traditionelle Fish'n'Chips (ca. $18), außerdem je nach Saison Austern und Whitebait-Bratlinge. ⏱ Sa und So geschl., ansonsten bis 19 Uhr.

Capers, 412 George St. Die Treue der Stammkundschaft spricht für die gute Qualität des Gebotenen. Frühstück z. B. mit Scones, Pfannkuchen und großen Portionen Schinken und Ei ($8,50–14), mittags u. a. Quiche und köstliche Salate. ⏱ Mo–Fr 7–16, Sa und So 7–14 Uhr.

Mazagram, 36 Moray Place. Winziges Café für Kaffeefreaks, das sich bemüßigt sieht, auch Tee und Erfrischungsgetränke sowie Kuchen anzubieten. Zum tollen Kaffee wird groovige Musik serviert. ⏱ Mo–Fr 8–17, Sa 10–14 Uhr.

Modaks, 318 George St. Funkiges Café mit Popart aus örtlicher Produktion an den Wänden und tollem Kaffee und Essen wie Focaccia gefüllt mit Avocado, Hummus und sonnengetrockneten Tomaten oder Spinat-Feta-Muffins. Steht leider zum Verkauf.

The Perc, 142 Lower Stuart St. Art-déco-Tagescafé mit leckerem Gebackenem, Frühstück, Sandwiches und Smoothies.

Potpourri Natural Foods, 97 Lower Stuart St. Etabliertes vegetarisches Tagescafé mit Buntglasfenstern und hölzernen Kirchenbänken. Vollkornbackwaren, große Salatbar und riesige Stücke Quiche. ⏱ So geschlossen.

The Strictly Coffee Co, 23 Bath St. Vielleicht der beste Kaffee der Stadt – Verkauf pro Tasse oder pro Kilo – in einem kirschroten Tagescafé im Industriechick mit Kaffeemühlen aus Chrom. ⏱ Sa/So geschl.; Filiale am Albion Place, ⏱ tgl.

Restaurants

Asian Restaurant, 43 Moray Place, ✆ 03/ 477 6673. Das beste chinesische Restaurant der Stadt mit den üblichen, teilweise leicht abgewandelten Klassikern zu günstigen Preisen und in munterer Atmosphäre. Alkoholausschank und BYO. ⏱ tgl. 12–14 und 17–23 Uhr.

Bacchus, 1st Floor, 12 The Octagon, ✆ 03/ 474 0824. Angesehenes, aber sehr teures Restaurant und Weinbar mit toller Aussicht auf das Octagon. ⏱ Mo–Fr mittags, Mo–Sa abends.

Bell Pepper Blues, 474 Princes St, ✆ 03/ 474 0973. Nobles Restaurant mit innovativer

Schottisches

Scotia, 199 Upper Stuart St, ☎ 03/477 2993. Mit das beste Essen in Dunedin, in der behaglichen Atmosphäre eines umgebauten viktorianischen Reihenhauses. Neben Emerson's vom Fass, einer guten Auswahl an Whiskys und freundlichem, effizientem Service beeindruckt das Scotia mit seiner Verbeugung vor schottischen Spezialitäten. Hauptgerichte ca. $30 und üppige Nachspeisen. ◷ tgl. ab 15 Uhr.

moderner Kiwi-Küche, zumeist europäisch beeinflusst. Fürs Abendessen reservieren. Hauptgerichte $30–40. ◷ Di–Sa.

Mellor's Training Restaurant, 1st Floor, Otago Polytechnic, Ecke York Place und Tennyson St, ☎ 03/479 6172. Billige, qualitativ wechselhafte französisch/neuseeländische Küche, zubereitet von Köchen der Weltklasse bzw. zumeist deren Schülern in einem Restaurant mit einem der besten Ausblicke auf die Stadt. Unbedingt ein paar Tage vorher reservieren! Schanklizenz und BYO. ◷ nur März–Okt Di–Do 12–14 und 18.30–21 Uhr.

The Palms, 18 Queens Gardens, ☎ 03/477 6534. Freundliches, unter Einheimischen sehr beliebtes, runderneuertes Lokal mit Blick auf die Queens Gardens und Gerichten wie Lammhüfte oder Knoblauchrisotto (Hauptgerichte $26–30). Schanklizenz und BYO. ◷ Mo–Sa mittags und abends.

Unterhaltung und Kultur

Wie in allen Unistädten wird hier gern und viel getrunken. In vielen der Dutzenden von **Kneipen und Bars** wird Bier im englischen und deutschen Stil von der besten Kleinbrauerei der Stadt, Emerson's, gezapft. Am Wochenende treten oft **Bands** aus der Stadt auf – in den Semesterferien sind manche Tanzflächen allerdings verwaist.

Veranstaltungshinweise sind in der Donnerstags- und Freitagsausgabe der *Otago Daily Times* zu finden, außerdem in der monatlich erscheinenden *Otago Gaily Times*.

Tickets bekommt man entweder direkt beim Veranstalter oder bei **Ticketek**, Regent Theatre, The Octagon, ☎ 03/477 8597, 🖥 premier.ticketek.co.nz, ◷ Mo–Fr 8.30–17, Sa 10.30–13 Uhr.

Pubs, Bars und Clubs

12 Below, unter der Bennu Café Bar, 12 Moray Place, links die Gasse entlang. Livemusik und DJs mit Soul, Funk Reggae, Nu Jazz und Drum 'n' Bass.

Albar, 135 Stuart St. Einladende, beliebte auf Schottisch getrimmte Bar mit gutem Angebot an Whisky, europäischem und neuseeländischem Flaschenbier und Bier von der Invercargill Brewery und Emerson's vom Fass. Auf der ansonsten authentischen Tapas-Karte steht ungewöhnlicherweise auch schottisches Haggis. ◷ Mo–Sa 11–24, So 12–22 Uhr.

The Ale House, 200 Rattray St, ☎ 03/471 9050. Beliebter und geräumiger Speight's-Pub bei der Brauerei mit gutem Bier und Essen sowie etwas kitschiger Country-Einrichtung; Probiersets mit 6 Bieren $14. ◷ tgl. ab 11.30 Uhr.

Bath Street Bar, 1 Bath St. Alteingesessene, kleine Bar hinter einer schmucklosen beigefarbenen Fassade, mit Musik zumeist von DJs. Eintritt unterschiedlich. ◷ Mo geschlossen.

Captain Cook, 354 Great King St. Dank einer konstanten Versorgung mit neuen trinkfreudigen Studenten serviert diese raue Kneipe weiterhin schlechtes, billiges Essen, noch billigere Getränke und groteske Unterhaltungsevents. Angeblich hat „The Cook" den höchsten Bierumsatz aller Kneipen in Neuseeland.

Chicks Hotel, 2 Mount St, Port Chalmers, ☎ 03/472 8736. Der Weg zu diesem Livemusik-Laden und Pub in einem Steingebäude von 1876 mit viel Flair und Hängeschild mit Totenkopf lohnt sich auf jeden Fall.

Inch Bar, 8 Bank St. Winziges Trinklokal mit vielen Spezialbieren vom Fass (darunter auch

Paradies für Bierkenner

Tonic, 138 Princes St. Wunderbare kleine Bar mit Bier von jeder guten Kleinbrauerei in Neuseeland, Emerson's vom Fass, einer guten Weinkarte, Snacktellern und freundlichen Stammgästen – toll! ◷ Di–Sa 16 Uhr bis spät.

das in der Stadt gebraute Emerson's) und eine große Auswahl an importierten Bieren.

Pequeño, Savoy Building, Princes St. Schummrige Bar mit Ledersofas und Bänken um den Kamin. Exzellente Weine und Cocktails, regelmäßig Live-Jazz. Beliebt bei Anzugträgern in Aufreißerlaune. ⏰ So geschlossen.

Sammy's, 65 Crawford St, ✆ 03/477 2185. Livemusik und DJs, Abende mit offener Bühne sowie Installationen und Ausstellungen, außerdem gastieren Musiker aus der ganzen Welt. Hier ist erst spät abends was los. Eintritt je nach Veranstaltung.

Toast, 53 Princes St. Cocktailbar, wo einem alles gemixt wird, was man will, oder auch gerne ein Flaming Lamborghini ($14). DJs Di–So 17 Uhr bis spät.

Theater und Klassische Musik

Regelmäßige Konzerte geben das New Zealand Symphony Orchestra, das Dunedin Sinfonia (ein halbprofessionelles Orchester) und Kammermusikgruppen in der Town Hall oder dem Glenroy Auditorium im **Dunedin Centre**, ✆ 03/474 3614. Die Dunedin Opera Company führt jährlich zwei oder drei Produktionen im **Mayfair Theatre**, 100 King Edward St, ✆ 03/455 3186, auf, und der Fachbereich Musik der University of Otago veranstaltet regelmäßig öffentliche Konzerte (Infos beim i-SITE).

Allen Hall, Clyde St, ✆ 03/479 8896. Bühne der Schauspielschüler der Universität; meist alternatives Theater, günstiger Eintritt.

Fortune Theatre, 231 Stuart St, ✆ 03/477 8323, 🖥 www.fortunetheatre.co.nz. In einer umgebauten neugotischen Kirche werden neue Werke neuseeländischer Dramatiker, experimentelles Theater, populäre Stücke im Broadway-Stil sowie gelegentlich Musicals aufgeführt. Tickets um $30; im Januar geschl.

Globe, 104 London St, ✆ 03/477 3274, 🖥 www.globetheatre.org.nz. Sehr kleines Theater. Bringt zeitgenössische Stücke, klassisches Drama und experimentelle Arbeiten zur Aufführung.

Regent, 17 The Octagon, ✆ 03/477 6481, 🖥 www.regenttheatre.co.nz. Das größte und prachtvollste Theater der Stadt zeigt Musicals, Ballett, Gastaufführungen und Darbietungen beliebter Sänger, Gruppen und Komiker.

Kinos

Hoyts, 33 The Octagon, ✆ 03/477 3250. Blockbuster in großem Kinokomplex.

Metropolis Cinema, Town Hall, Moray Place, ✆ 03/471 9635, 🖥 www.nzcinema.co.nz. Mit nur 56 Sitzen eines der kleinsten öffentlichen Kinos im Land – ein wunderbarer Ort, um Arthouse-Filme anzusehen. Unbedingt reservieren.

Rialto, 11 Moray Place, ✆ 03/474 2200. Gut für Mainstream-Filme.

Von Dunedin nach Stewart Island

The Dunedin Sound

Ende der 70er, Anfang der 80er-Jahre wurde in der Kneipenszene von Dunedin ein ganz eigener Rockmusikstil geboren, der bald mit dem Namen „Dunedin Sound" bedacht wurde. Vom kommerziellen Mainstream abgeschnitten komponierten die Bands einen **schrillen Independent-Sound**. Gefördert wurden sie von dem unabhängigen Christchurcher Plattenlabel Flying Nun (inzwischen in Auckland ansässig), 🖥 www.flyingnun. co.nz, das frühe Alben von Bands wie The Chills, The Clean und The Verlaines produzierte. Alle hatten Erfolg in Neuseeland und fanden auch in Europa und den USA eine kleine Zuhörerschaft. 1992 bezeichnete die *Chicago Tribune* Dunedin gar als „Rock-Kapitale der Welt", aber da war

die Szene schon längst weitergezogen. Einige der alten Bands existieren jedoch noch immer. 2002 hat Flying Nun seine 21. Geburtstags-CD *Under The Influence* produziert, auf welcher der Ex-Pavement-Bandleader Stephen Malkmus den wundervollen Song *Death and the Maiden* von The Verlaines coverte.

Ganz offensichtlich haben die Lieder ihre Zeit überdauert, und mit der Weiterentwicklung des Rock bekommt man eine neue Version des Sound von Dunedin zu hören, z. B. von Bands wie The Strokes und deren Nachahmern.

Wer sich etwas näher mit dieser Musik befassen möchte, kann das auf 🖥 www.dunedinmusic. com tun; hier gibt's auch einen Internet-Shop.

Feste

Dunedin Summer Festival, Mitte Feb finden jede Menge lokaler Events statt, z. B. ein Trolley-Derby, ein Straßenrennen und das Baldwin Street Gutbuster.

Fringe Festival, 🖥 www.dunedinfringe. org.nz, in jedem geraden Jahr von Ende Sep–Anfang Okt belebt das 10-tägige Kunst- und Kulturfestival u. a. mit Straßenkünstlern, Kurzfilmen, Comedy und Ausstellungen die Stadt.

New Zealand International Film Festival, Dunedin, 🖥 www.enzedff.co.nz, Ende Juli–Anfang Aug wird eine Mischung aus Independent- und bislang unveröffentlichten Mainstream-Filmen gezeigt.

Otago Festival of the Arts, 🖥 www.otago festival.co.nz. Zeitgleich mit dem Fringe Festival (Ende Sep–Anfang Okt) findet das Festival für etablierte Kultur statt.

Rhododendron Festival, 🖥 www.rhododunedin. co.nz, Ende Okt wird vier Tage lang die Rhododndron-Pflanze gefeiert, die zu diesem Zeitpunkt in voller Blüte steht, unter anderem stehen dann Privatgärten für die Öffentlichkeit zur Besichtigung offen.

Scottish Week, Ende Sep, mit täglichen Konzerten, Dudelsack-Musik und Highland-Tänzen in Erinnerung an die kulturellen Wurzeln der Stadt.

Sportveranstaltungen

Im Carisbrook Stadium, dem „House of Pain", Burns Street, 2,5 km südwestlich vom Octagon, werden **Rugby-Spiele** ausgetragen; während der Spielzeit (etwa Ende Feb–Ende Okt) üblicherweise jedes zweite Wochenende. Einen Spielplan erhält man im Laden Champions of the World, 8 George St, wo auch Tickets verkauft werden.

Sonstiges

Autovermietungen

Neben den großen nationalen und inter-nationalen Verleihern gibt es einige gute lokale Mietwagenfirmen, z. B.:

Rhodes, 124 St Andrew St, ✆ 03/477 9950, 🖥 www.rhodesrentals.co.nz;

Ace Rentals, ✆ 03/477 5844.

Fahrradverleih

Mehrere Radläden befinden sich um die Kreuzung Lower Stuart Street und Cumberland Stand. Am empfehlenswertesten ist **The Cycle Surgery**, 67 Stuart St, ✆ 03/477 7473, 🖥 www.cyclesurgery.co.nz, die Reparaturen ausführen und ab $20 pro halbem Tag Räder vermieten; auch Verleih von Radtaschen ($5/Tag) und Unterstützung bei selbst organi-sierten Touren auf dem Otago Central Rail Trail inkl. Unterkunftssuche.

Geld

Filialen aller großen **Banken** finden sich in der George Street und Princes Street – alle verfügen über Geldautomaten.

ANZ, Ecke George St, Hanover St.
🕐 Sa bis 14 Uhr.

Informationen

i-SITE Visitor Centre, Municipal Chambers, The Octagon, ✆ 03/474 3300, 🖥 www.dunedin. govt.nz. Reservierung von Transportmitteln, Unterkünften und Touren sowie Ausgabe zahlreicher Broschüren, u. a. *Walk the City* ($2,50) mit Beschreibung eines schönen Rund-gangs durch das Zentrum von Dunedin, sowie *A Walking Guide to Dunedin* ($3,50) für längere Spaziergänge und Wanderungen. Außerdem bietet das Visitor Centre tgl. um 11 Uhr eine Stadtführung ($25). 🕐 Nov–März Mo–Fr 8.30–18, Sa u. So 8.45–18, April–Okt Mo–Fr 8.30–17.30, Sa u. So 8.30–17 Uhr.

DOC, 77 Lower Stuart St, ✆ 03/477 0677, bietet Informationen über Wanderwege.
🕐 Mo–Fr 8.30–17 Uhr.

Internet

Internetcafés sind überall zu finden; außerdem bietet die Stadtbücherei kostenlosen, wenn auch langsamen Internetzugang:

Dunedin Public Library, John St, Ecke Stewart St, ✆ 03/474 3690, 🕐 Mo–Fr 9.30–20, Sa und So 11–16 Uhr.

Medizinische Hilfe

Apotheke: Spätdienst in der **Urgent Pharmacy**, 95 Hanover St, ✆ 03/477 6344, 🕐 Mo–Fr 18–22, Sa u. So 10–22 Uhr.

Von Dunedin nach Stewart Island

Ärztliche Hilfe: **Dunedin Hospital**, 201 Great King St, ☎ 03/474 0999. Außerhalb der üblichen Sprechzeiten sind Ärzte in der 95 Hanover St, ☎ 03/479 2900, anzutreffen.

Outdoorausrüstung

R & R Sport, 70 Lower Stuart St, ☎ 03/474 1211, hat die größte Auswahl an Camping-, Ski-, Radfahr- und anderer Sportausrüstung.
Bivouac, 171 George St, ☎ 03/477 3679, verkauft und verleiht Wander-, Bergsteiger-, Ski- und Kajak-Ausrüstung.

Post

Am günstigsten gelegen sind die Postämter in der 243 Princes St und 233 Moray Place; Letzteres mit poste restante, ☎ 03/477 3517.

Reisebüros

Brooker United Travel, 346 George St, ☎ 03/477 3383;
STA, 207 George St, ☎ 03/474 0146 und 0508/782 872.

Touren

Dunedin City Explorer, ☎ 0800/322 240, 🖥 www.otagoexplorer.com, geführte Bustour vorbei an den wichtigsten Sehenswürdigkeiten im Zentrum (März–Okt, 1 Std., $20).
Die Fahrkarten sind den ganzen Tag gültig, und man kann beliebig oft aus- und wieder zusteigen.
First City Tours, ☎ 03/477 5577, Stadtrundfahrt „Citisights" im Doppeldeckerbus, Abfahrt 5x tgl. am Visitor Centre (1 Std., $20).

Nahverkehr

Selbstfahrer

Im Stadtkern herrscht ein Einbahnstraßensystem, das in Nord-Süd-Richtung durch die Innenstadt verläuft und die Straßen Cumberland, Castle, Great King und Crawford betrifft.
An **Parkplätzen** herrscht eigentlich kein Mangel: Im Zentrum gibt es zwar einige Verbotszonen, aber auch viele günstige Stellplätze mit Parkuhren, und bereits wenige Hundert Meter außerhalb kann man seinen Wagen den ganzen Tag umsonst abstellen.

Stadtbusse

Alle zentralen Sehenswürdigkeiten, Unterkünfte, Restaurants und Kneipen sind problemlos zu Fuß erreichbar. Für weiter entfernte Ziele kann man auf das effiziente **Busnetz** zurückgreifen, 🖥 www.orc.govt.nz. Infos über Fahrpläne sind im Visitor Centre erhältlich.
Die meisten Busse verkehren Mo–Fr von ca. 7.30–23 Uhr mit eingeschränktem Dienst am Wochenende und an Feiertagen. Anstatt einer Nummer steht die Route auf dem Bus, z. B. Normanby–St Clair, die nützlichste Strecke, die vom Strand quer durch die Stadt am Botanischen Garten vorbei bis zur Baldwin Street führt. Der **Fahrpreis** richtet sich nach der Zahl der Zonen, die überschritten werden: Stadtzentrum (1 Zone, $1,90), vom Zentrum nach Portobello (7 Zonen, $6,30). Alle Busse starten im oder passieren das Stadtzentrum und halten am Octagon.

Taxis

Der praktischste Taxistand befindet sich am Octagon, zwischen George Street und Stuart Street. Funktaxen und Taxis mit Rollstuhlzugang bietet:
United, ☎ 0800/829 411.

Transport

Busse

Die Atomic Shuttles halten am Bahnhof in der Anzac Avenue, InterCity-Busse im Zentrum, 205 St Andrew St.
Dunedin ist ein lokaler Verkehrsknotenpunkt.
Atomic Shuttles, 🖥 www.atomictravel.co.nz, bedienen die Strecken Dunedin–Christchurch, Dunedin–Queenstown–Wanaka, Dunedin–Invercargill und Invercargill–Queenstown;
InterCity/Newmans, 🖥 www.intercitycoach.co.nz, fahren Dunedin–Alexandra–Cromwell–Queenstown, Dunedin–Oamaru–Timaru–Christchurch, Dunedin–Gore–Invercargill und Invercargill–Gore–Te Anau;
Wanaka Connexions, 🖥 www.wanakaconnexions.co.nz, verbinden die Städte Dunedin–Alexandra–Cromwell–Wanaka/Queenstown sowie Invercargill–Lumsden–Queenstown–Wanaka.

NakedBus, 🖳 www.nakedbus.com, bietet eine Verbindung von Dunedin nach Invercargill.

Busse nach:
ALEXANDRA 2x tgl., 3 Std.;
BALCLUTHA 4–5x tgl., 1 1/2 Std.;
CHRISTCHURCH 5–6x tgl., 5–6 Std.;
CROMWELL 3x tgl., 3 1/4 Std.;
GORE 4–5x tgl., 2 1/2 Std.;
INVERCARGILL 4–5x tgl., 3 1/2 Std.;
LAWRENCE 3x tgl., 1 1/2 Std.;
OAMARU 5–6x tgl., 2 Std.;
QUEENSTOWN 3x tgl., 4–5 Std.;
RANFURLY 1x tgl., 1 1/2 Std.;
TE ANAU 1x tgl., 4 3/4 Std.;
WANAKA 2–3x tgl., 4 Std.

Eisenbahn
Dunedin liegt nicht an einer der Hauptlinien für Passagierzüge; dafür ist es Ausgangspunkt für die touristische **Taieri Gorge Railway** und eine Verbindung Richtung Norden an der Küste entlang nach Palmerston; beide starten von der Dunedin Railway Station in der Anzac Avenue.

Züge nach:
MIDDLEMARCH 1x tgl. (nur im Sommer, Fr und So), 2 1/2 Std.;
PUKERANGI 1x tgl., 2 Std.

Flüge
Der Flughafen von Dunedin befindet sich 30 km südlich des Stadtzentrums, 5 km abseits des SH1. Mehrere Shuttlebusunternehmen, z. B. Super Shuttle, 📞 0800/748 885, 🖳 www. supershuttle.co.nz, verkehren vom Flughafen ins Zentrum (ab $30) und setzen Passagiere unterwegs bei den Unterkünften ab. Die Abfahrtszeiten sind auf den Flugplan abgestimmt; Vorausbuchung online oder telefonisch. Eine Taxi ins Zentrum kostet um $65.

Flüge nach:
AUCKLAND 1x tgl., 1 Std. 50 Min.;
CHRISTCHURCH 6–8x tgl., 1 Std.;
WELLINGTON 3x tgl., 1 Std. 10 Min.
Außerdem internationale Direktflüge nach Australien.

Die Umgebung von Dunedin

Taieri Gorge Railway

Einer der beliebtesten Ausflüge von Dunedin führt mit der **Taieri Gorge Railway**, 📞 03/477 4449, 🖳 www.taieri.co.nz, 77 km nach Nordwesten in eine wilde Gebirgslandschaft.

Die zwischen 1879 und 1921 erbaute Bahnlinie erstreckte sich in ihrer Glanzzeit über 235 km zur alten Goldgräberstadt Cromwell, um Vorräte von Dunedin und landwirtschaftliche Produkte und Vieh Richtung Hafen zu befördern. Der Handelsverkehr wurde 1990 eingestellt und ein Großteil der Strecke in den Otago Central Rail Trail verwandelt; der spektakulärste Abschnitt durch die Schieferfelsen der Taieri Gorge blieb jedoch bestehen und erfreut heute zu jeder Jahreszeit die Reisenden.

Der klimatisierte Zug setzt sich aus modernen Stahlwaggons mit großen Panoramafenstern und restaurierten Holzwagen aus den 20er-Jahren zusammen. Für Rucksäcke und Fahrräder gibt es einen Stauraum, zudem verfügt der Zug über eine Snackbar mit Schanklizenz.

Die am häufigsten gebuchte Fahrt nennt sich „Taieri Gorge Limited" (4 Std. hin und zurück; $51 einfach, $76 hin und zurück) und führt nach **Pukerangi**, einem friedlichen Ort 58 km nordwestlich von Dunedin nahe dem höchsten Punkt der Bahnlinie (250 m). Manchmal fährt der Zug 19 km weiter bis in die alte Goldgräberstadt **Middlemarch** auf den fruchtbaren Strath Taieri Plains (6 Std. hin und zurück, eine Stunde Pause in Middlemarch; $58 einfach, $87 hin und zurück).

Abgesehen von diesen Tagesausflügen bietet sich die Bahn auch für eine Fahrt landeinwärts Richtung Wanaka und Queenstown an. Ein Bus von Track and Trail erwartet die Passagiere in Pukerangi oder Middlemarch und fährt über die Maniototo-Ebene nach Queenstown ($115). Reservierungen übernimmt die Taieri Gorge Railway.

Auf **Radfahrer** – Drahtesel reisen kostenlos – wartet am Ende des Schienenstrangs der Otago Central Rail Trail. Wer ohne fahrbaren Untersatz unterwegs ist, kann sich nach Verleihangeboten der Fahrradläden in Dunedin erkundigen.

Von Dunedin nach Stewart Island

Eine völlig andere, aber nicht minder schöne Zugreise führt von der Dunedin Railway Station 66 km entlang der Küste gen Norden nach Palmerston, der **Seasider** (hin und zurück 4 Std., Okt–März Mi und So 9.30 Uhr; $48 einfach, $72 hin und zurück).

Port Chalmers

Etwa 12 km nordöstlich von Dunedin liegt am gewundenen Westufer des Otago Harbour Port Chalmers eine kleine historische Stadt um einen Containerhafen und einen Anleger für Kreuzfahrtschiffe herum. Der Ort ist für die hier ansässigen Künstler bekannt, allen voran der gefeierte neuseeländische Maler und Bildhauer **Ralph Hotere**. Die Künstler lieferten auch den Anstoß zur Restaurierung vieler schöner Gebäude aus dem 19. Jh. In der hübschen Hauptstraße werden heute vor allem teure Andenken an die Kreuzfahrer verkauft.

Port Chalmers wurde 1844 zum Hafen für die geplante schottische Ansiedlung, aus der sich dann Dunedin entwickelte, auserkoren und später Einschiffungshafen mehrerer Expeditionen zum Südpol, darunter diejenigen von Robert Falcon Scott, der 1901 und dann noch einmal 1910 von hier aufbrach; von der zweiten Expedition sollte er nicht zurückkehren. 1882 wurde von Port Chalmers zum ersten Mal versuchsweise gefrorenes Fleisch nach Großbritannien verschifft; heute sind die Haupteinnahmequellen des Hafens die Ausfuhr von Wolle, Fleisch und Holz sowie die Kreuzfahrtschiffe.

Über der Stadt, die sich beiderseits der **George Street** die Hügel hinaufzieht, erheben sich Containerkräne. Zwei spätviktorianische Kirchen ringen mit den Kränen um Aufmerksamkeit: die elegante presbyterianische **Iona Church** in der Mount Street mit ihren Türmen aus Stein und die von Robert A. Lawson geschaffene anglikanische **Holy Trinity** in der Scotia Street aus *bluestone*.

Beim Hafen trifft die George Street auf die Beach Street. Hier ist in einem ehemaligen Postamt von 1877 ein kleines **Museum** untergebracht, randvoll mit Dingen, die mit der Seefahrt zu tun haben, Schiffsmodellen und lokalgeschichtlichen Ausstellungsstücken. ○ Mo–Fr 9–15, Sa 11–14, So 13.30–16.30 Uhr, Spende.

12 km weiter nördlich erreicht man die kleine, an einer Sandspitze an der Mündung des Otago Harbour gelegene Siedlung **Aramoana** mit ihren wilden, oft menschenleeren **Stränden**.

Die Taieri Gorge Railway – einst wichtig für den Güterverkehr, heute Touristenattraktion.

Von Dunedin nach Stewart Island

Billy Brown's, 423 Aramoana Rd, Hamilton Bay, 5,5 km nördlich von Port Chalmers, ✆ 03/472 8323, 🖥 www.billybrowns.co.nz. Abgelegen, originell eingerichtet und mit tollen Ausblicken. Nur 8 Betten, daher vorausbuchen! Dorm $27, Zimmer ❷

Port Royal Cafe, 10 George St, beliebt bei den Einheimischen, bietet frische Backwaren, tolles Frühstück und Mittagessen und bald auch Abendessen (Do–So). Alkoholausschank.
An der Peninsula Beach Road am Wasser laden tolle Plätzchen zu einem **Picknick** ein.
Wer sich einen Drink genehmigen möchte, geht am besten ins **Chicks** (S. 655) oder ins 1 km außerhalb der Stadt gelegene **Carey's Bay Historic Hotel** von 1876.

Die **Port Chalmers Library**, 20 Beach St, bietet Informationen über die historisch bedeutenden Gebäude der Stadt und Spaziergänge in der Gegend. Der beste davon ist der **Coastal Walk** (4 km, 1 Std., überwiegend eben) mit tollen Ausblicken auf das Wasser und die Halbinsel auf der anderen Seite.

Von Dunedin sind es mit dem **Auto** zehn Minuten über den SH88, oder man nimmt die längere, landschaftlich reizvollere Strecke über die Mount Cargill Road und die Upper Junction Road. Wer auf dem SH1 aus Richtung Norden kommt, biegt in Waitati nach Port Chalmers ab. Die **Busse** von Dunedin nach Port Chalmers fahren vom Stand 4 gegenüber vom Countdown-Supermarkt in der Cumberland Street und halten 25 Minuten später in der George Street; sonntags fahren sie allerdings nur sporadisch.

Orokonui Ecosanctuary

Das Orokonui Ecosanctuary, Blueskin Road, nahe der Kreuzung mit der Mopanui Road, ✆ 03/482 1755, 🖥 www.orokonui.org.nz, ist nach dem Vorbild des Karori Sanctuary in Wellington (S. 474) gestaltet und liegt in den Hügeln ca. 3,5 km hinter Port Chalmers, 20 km von Dunedin. Das

Visitor Centre bietet jede Menge Informationen, vom Café genießen die Gäste wunderbare Ausblicke aufs Tal, aber die wirklichen Highlights halten sich hinter dem 8,7 km langen Raubtierschutzzaun in einem 2,3 km^2 großen nachwachsenden Waldgebiet mit teilweise über 100 Jahre alten Bäumen auf: hier wieder angesiedelte einheimische Vögel, Tuataras und Glattechsen. An Vögeln findet man Maorischnäpper, Zwergschlüpfer, Maorigerygonen, Finschias, Sattelstare, Makomakos, Tuis, Graufächerschwänze und Kakas. Zwar fahren einige Tourbusse hierher, jedoch keine Linienbusse. Mit eigenem Fahrzeug ist es eine knappe halbe Stunde vom Zentrum von Dunedin. ⏰ tgl.: Sommer 9.30–16.30, Winter 10–15.30 Uhr; Eintritt $15, mit 90-minütiger Führung $38.

14 HIGHLIGHT

Otago Peninsula

Nordöstlich von Dunedin trennt eine 35 km lange, gebogene Landzunge den Otago Harbour vom Pazifischen Ozean: die Otago Peninsula mit einer außergewöhnlich reichen Tierwelt. Von den grasbedeckten Hügeln bietet sich eine herrliche Aussicht auf die Bucht, das Meer und Dunedin.

Die Fahrt auf der gewundenen und engen, aber guten Küstenstraße Portobello Road und später der Harington Point Road von der Stadt bis zum Taiaroa Head dauert weniger als eine Stunde. Unterwegs passiert man ein paar Unterkünfte, Restaurants und die meisten Sehenswürdigkeiten.

Hauptgrund für einen Besuch ist die Vielfalt an Meereslebewesen, die es das ganze Jahr über an die Ufer lockt. Am Ende der Halbinsel befindet sich der **Taiaroa Head**, ein Schutzgebiet, wo sich mehrere Kolonien von Meeressäugetieren und Seevögeln versammeln. Eine besondere Rarität ist der majestätische **Königsalbatros**, der hier in der weltweit einzigen Festlandkolonie von Albatrossen brütet.

Am Ufer der Landspitze tummeln sich außerdem **Pinguine** (Zwergpinguine und die seltenen Gelbaugenpinguine) sowie Neuseeländische Pelzrobben, während die Klippen weitere Seevögel beheimaten, darunter drei Arten von **Scharben**, **Dunkle Sturmtaucher** und verschiedene Möwenarten. An den anderen Stränden und kleinen Buchten der Halbinsel finden sich eine große Vielfalt an Stelz- und Wasservögeln sowie gelegentlich **Neuseeländische Seelöwen**. Vor der Küste sind Killer- und andere **Wale** zu sehen.

Auf dem Weg zum Taiaroa Head liegt das ausgezeichnete **Marine Studies Centre & Aquarium**, und eine Reihe von **Wanderwegen** führt über öffentliches und privates Gelände zu faszinierenden Aussichtspunkten und ungewöhnlichen, von Lavaströmen geformten Landschaften.

NZ Marine Studies Centre & Aquarium

In Portobello, 17 km hinter Dunedin, führt die Hatchery Road 2 km an einer Landzunge entlang zum wunderbaren NZ Marine Studies Centre & Aquarium, ✆ 03/479 5826, 🖳 www.marine.ac.nz, wo man leicht einen halben Tag verbringen kann. Bei der Anlage handelt es sich um ein Meereslaboratorium der University of Otago; und obwohl dessen Mitarbeiter immer zur Stelle sind, um Fragen zu beantworten, lohnt sich die Teilnahme an einer Führung (tgl. 10.30 Uhr, $21 inkl. Eintritt), die oft länger dauert als die planmäßige Stunde. Ein

---

Wandern auf der Otago Peninsula

Die Broschüre *Otago Peninsula Tracks* (kostenlos erhältlich im i-SITE in Dunedin oder im DOC-Büro) beschreibt kurz mehrere Wanderungen auf der Halbinsel. Zu beachten ist, dass sie durch hügeliges Land führen und z. T. ziemlich steil, aber meist gut ausgewiesen sind. Außerdem kann es hier ganz plötzlich kalt oder feucht werden, selbst an den sonnigsten Tagen.

Zu den am einfachsten zugänglichen Wanderungen gehört der leichte Rundweg zum **Lovers Leap** und zum **Chasm** (3 km; 1 Std.; Aug–Okt geschlossen), der über Farmland zu schroffen Klippen führt, die 200 m zum Meer hinabfallen; zu sehen sind eingestürzte Meereshöhlen und Felswände aus mehreren Schichten vulkanischer Lavaströme. Der Weg beginnt am Ende der Sandymount Road, eine 25-minütige Fahrt vom Zentrum von Dunedin.

---

besonderer Spaß ist es, die Hände in verschiedene seichte „touch tanks" zu tauchen, um kleine Meereslebewesen zu fühlen, oder an der **Fischfütterung** teilzunehmen (Mi und Sa 14–15 Uhr). ⏱ tgl. 10–16.30 Uhr, Eintritt $12.

Larnach Castle

Das neugotische **Larnach Castle**, 🖳 www.larnach castle.co.nz, erhebt sich auf einem Hügel, von dem der Blick weit über den Otago Harbour und bis nach Dunedin schweift. Das kleine, von Robert A. Lawson entworfene Schloss war Wohnsitz des aus Australien stammenden Bankiers, Politikers und Kaufmanns William Lanarch und wurde 1871 fertiggestellt. Die Baumaterialien wurden aus der ganzen Welt per Schiff angeliefert und dann auf von Ochsen gezogenen Schlitten den Hügel hinaufgezogen. Nach Jahren des Verfalls wurde das Schlösschen Ende der 1960er-Jahre von der Familie Barker gerettet und in der Folge schrittweise restauriert.

Die in neun Gärten untergliederten **Außenanlagen** sind von gesamtneuseeländischer Bedeutung und recht schön. Wer die Augen offen hält, findet einige *Alice im Wunderland*-Statuen, darunter eine der Grinsekatze, die sich in einer uralten Atlas-Zeder versteckt.

Wer nicht mit dem eigenen Fahrzeug oder im Rahmen einer Tour hierher kommt, nimmt den Peninsula Bus, entweder bis zur Company Bay, von wo ein ausgeschilderter Weg 5 km den Berg hinaufführt, oder bis zur Broad Bay, von wo ein 2 km langer, noch steilerer Weg zum Castle führt. Erholen kann man sich im **Café** im ehemaligen Ballsaal, und man kann hier auch übernachten (S. 665). ⏱ tgl. ab 9 Uhr, letzter Einlass 17 Uhr, nur Außenanlagen $12,50, mit Schloss $25.

Taiaroa Head

Die im Meer und in Küstennähe lebende Tierwelt der Halbinsel konzentriert sich vor allem 10 km nordöstlich von Portobello um Taiaroa Head, 33 km von Dunedin. Dort sorgt das kalte Wasser, das vom Kontinentalsockel nach oben gedrückt wird, für eine reichhaltige und beständige Nahrungsquelle.

Wer nicht an einer Tour teilnimmt, kann an den Stränden und Buchten zu beiden Seiten der Landspitze am besten Tiere beobachten. Neu-

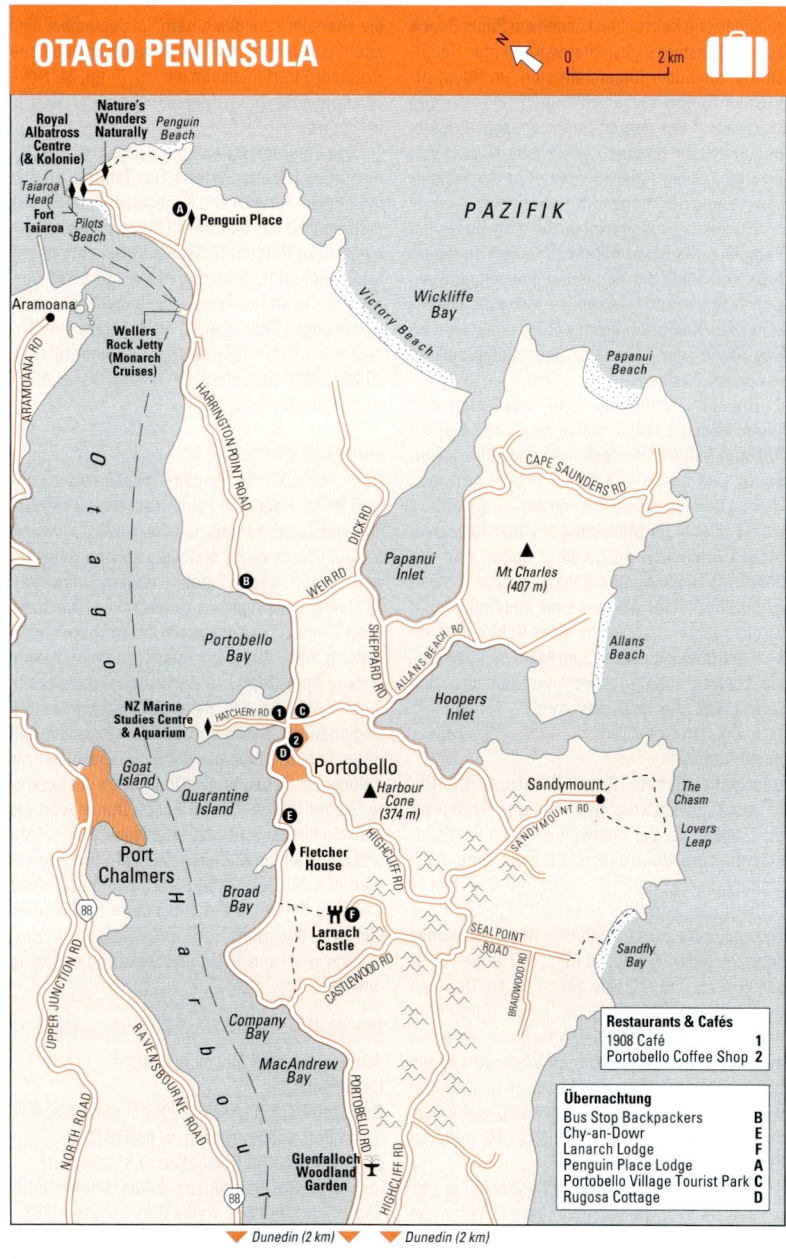

OTAGO PENINSULA

0   2 km

PAZIFIK

Royal Albatross Centre (& Kolonie)

Nature's Wonders Naturally

Penguin Beach

Taiaroa Head

Fort Taiaroa

Pilots Beach

A Penguin Place

Aramoana

Wellers Rock Jetty (Monarch Cruises)

ARAMOANA RD

Otago

HARRINGTON POINT ROAD

Wickliffe Bay

Papanui Beach

CAPE SAUNDERS RD

DICK RD

WEIR RD

B

Papanui Inlet

Mt Charles (407 m)

Portobello Bay

SHEPPARD RD

ALLANS BEACH RD

Allans Beach

NZ Marine Studies Centre & Aquarium

HATCHERY RD **C** **1**

D **2**

Hoopers Inlet

Goat Island

Quarantine Island

Portobello

Harbour Cone (374 m)

Sandymount

The Chasm

Lovers Leap

SANDYMOUNT RD

E

Port Chalmers

Fletcher House

HIGHCLIFF RD

Broad Bay

SEAL POINT ROAD

BRAIDWOOD RD

Sandfly Bay

88

UPPER JUNCTION RD

Larnach Castle **F**

CASTLEWOOD RD

Company Bay

MacAndrew Bay

PORTOBELLO RD

Harbour

RAVENSBOURNE ROAD

NORTH ROAD

Glenfalloch Woodland Garden

HIGHCLIFF RD

88

Restaurants & Cafés
1908 Café	1
Portobello Coffee Shop	2

Übernachtung
Bus Stop Backpackers	B
Chy-an-Dowr	E
Lanarch Lodge	F
Penguin Place Lodge	A
Portobello Village Tourist Park	C
Rugosa Cottage	D

Von Dunedin nach Stewart Island

▼ Dunedin (2 km) ▼   ▼ Dunedin (2 km)

seeländische Pelzrobben können am **Pilots Beach** auf der Westseite gesichtet werden (der Hauptstraße zur Küste folgen, die sich am Royal Albatross Centre vorbeischlängelt) und von den Klippen auf der Ostseite der Landspitze. Pilots Beach beheimatet auch eine kleine Kolonie von Zwergpinguinen, die am besten in der Abenddämmerung beobachtet werden können.

Ein kurzer, ausgeschilderter Weg führt vom Parkplatz des Royal Albatross Centre zu einem Aussichtspunkt am Rande der Klippen, von wo sich faszinierende Ausblicke auf eine Tüpfelscharben-Kolonie bieten. Königsalbatrosse im Flug können das ganze Jahr über von überall auf der Landspitze gesichtet werden.

Bei der Tierbeobachtung sollte man den Tieren Respekt zollen, indem man gebührenden Abstand hält (mindestens 5 m) und still ist. **Pinguine** sind besonders scheu und zögern, ans Ufer zu kommen (selbst wenn sie Junge füttern müssen), falls sie Menschen am oder nahe dem Strand erblicken. Im Sommer sollte man auf dem Weg bleiben, da sie während der Nistzeit und während der Mauser sehr empfindlich auf Stress reagieren. Niemals einer **Robbe** oder einem **Seelöwen** den Weg zum Meer versperren – sie können sehr aggressiv werden und sich überraschend schnell bewegen.

Royal Albatross Centre

Das aufgefrischte Royal Albatross Centre, 🖥 www.albatross.org.nz, am Taiaroa Head dient als Eingangstor zur weltweit einzigen Festlandkolonie von Albatrossen. Es zeigt eine Ausstellung zur örtlichen Tierwelt und Geschichte und hat ein Café. Hier bekommt man auch das Ticket für die ausgezeichnete **Royal Albatross Tour** (24. Nov–16. Sep, 60 Min., $40; in der Brutzeit von 17. Sep–23. Nov geschlossen; Dez–Feb Reservierung erforderlich, sonst empfohlen unter ☎ 03/478 0499). Im Anschluss an einen einführenden Film können die Vögel von einem abgegrenzten Gebiet im Reservat beobachtet werden (Ferngläser werden gestellt); auf einem Bildschirm werden Live-Bilder von der anderen Seite der Kolonie gezeigt.

Als **beste Zeit** für die Vogelbeobachtung gelten die Monate Januar und Februar, wenn die Jungen schlüpfen, und April bis August, wenn

die Eltern ihre Jungen füttern. Im September sind Eltern und Jungen zum Aufbruch bereit und neue Brutpaare treffen allmählich ein. ⏱ tgl. 24. Nov–30. April 8.30–20, 1. Mai–23. Nov 9–17.30 Uhr, Eintritt frei.

Das Zentrum ist auch der Ausgangspunkt für einen Besuch des **Historic Fort Taiaroa**, ein Labyrinth von Tunneln und Kanonenstellungen, das ursprünglich aus dem Jahr 1885 stammt (als man einen Angriff des zaristischen Russlands fürchtete), aber im II. Weltkrieg neu aufgerüstet wurde. Man kann die Festung entweder auf einer 30-minütigen Tour (ganzjährig, $20) oder im Rahmen der *Unique Taiaroa Tour* (24. Nov–16. Sep, 90 Min., $45) besuchen, die mit der Royal Albatross Tour kombiniert wird.

Penguin Place

Das preisgekrönte Pinguin-Schutzprojekt Penguin Place, Harington Point Road, etwa 3 km südlich von Taiaroa Head, ☎ 03/478 0286, 🖥 www.penguin-place.co.nz, bietet die seltene Gelegenheit, einen geschützten Nistplatz von rund 70 Gelbaugenpinguinen zu besuchen. Die sorgfältig überwachten und informativen Touren (Okt–Anfang April 10.15 Uhr bis Sonnenuntergang, Anfang April–Sep 15.15–16.45 Uhr, höchstens alle 30 Min., 90 Min., $40, Reservierung erforderlich) beginnen mit einem Vortrag über Pinguine und deren Schutz, bevor ein Führer die Teilnehmer zur Kolonie am Strand bringt. Dort führen gut getarnte Gräben zu Verstecken in den Dünen, von wo man die Pinguine aus nächster Nähe beobachten und auch gut fotografieren kann. Mit den Einnahmen aus den Touren werden das Schutzprojekt und eine Station, die sich um verletzte Pinguine kümmert, finanziert.

Wer will, kann an Ort und Stelle sogar günstig übernachten.

Übernachtung

Auf der Halbinsel gibt es zahlreiche Unterkünfte.

Bus Stop Backpackers, 252 Harington Point Rd, 3 km nördl. von Portobello, ☎ 03/478 0330, ✉ backpacker@slingshot.co.nz. Unterkünfte in einem Retro-Strandhaus, einem Wohnwagen und einem alten Bus. Keine Dorms, sondern EZ, DZ und Twins. Wenn keiner da ist, einfach

Der bedrohte Gelbaugenpinguin oder Hoiho ist die älteste noch lebende Pinguinart und findet sich nur im südlichen Neuseeland – insgesamt leben dort noch etwa 4000 Tiere. Er entwickelte sich in Wäldern, die frei von Raubtieren waren, aber der Einfluss von Menschen, der Verlust ihres Habitats und die Einführung von Frettchen, Hermelinen und Katzen hatten verheerende Auswirkungen. Die kleine Festlandkolonie von nur wenigen hundert Tieren bewohnt Nistplätze, die sich entlang der wilden Südostküste der Südinsel (von Oamaru bis zu den Catlins) verteilen; kleinere Kolonien leben am Rande der Küstenwälder von Stewart Island und auf kleinen, der Küste vorgelagerten Inseln sowie auf Neuseelands subantarktischen Auckland und Campbell Islands.

Männchen und Weibchen haben die gleiche Färbung: rosa Schwimmfüße und einen hellgelben Streifen um den Kopf und um die blassgelben Augen. Sie sind ca. 65 cm groß und wiegen 5–6 kg. Ihre Lebenserwartung liegt bei etwa 20 Jahren. Sie ernähren sich von Tintenfischen und kleinen Fischen, wobei die Jagd sie bis zu 40 km vom Ufer weg und in Tiefen von 100 m treibt.

Maori tauften diesen seltenen Pinguin Hoiho, was so viel wie „der lärmende Rufer" bedeutet, eine Anspielung auf die charakteristischen schrillen Rufe (ein überschwängliches Trillern), mit denen ein Pinguin seinen Partner bei der abendlichen Rückkehr ins Nest begrüßt. Im Gegensatz zu anderen Pinguinen wandert der Gelbaugenpinguin nicht nach seinem ersten Jahr weiter, sondern bleibt in der Nähe seines Heimatstrandes, von wo er täglich zum Fischen aufbricht und wohin er mit Einbruch der Dunkelheit zurückkehrt.

Die **Brutzeit** der Pinguine dauert 28 Wochen, von Mitte August bis Anfang März. Die Eier werden zwischen Mitte September und Mitte Oktober gelegt, und beide Elternteile wechseln sich mit dem Brüten ab – ein Zeitraum von etwa 43 Tagen. Die Jungen schlüpfen im November und werden in den ersten 6 Wochen ununterbrochen vor Räubern geschützt. Wenn die von Flaum bedeckten Jungvögel 6 oder 7 Wochen alt sind, wachsen sie so schnell, dass sie einen unersättlichen Appetit entwickeln und beide Elternteile täglich fischen gehen müssen, um sie zufrieden zu stellen.

Die flügge gewordenen Vögel wagen sich Ende Februar oder Anfang März zum ersten Mal ins Meer und reisen bis zu 500 km weit nach Norden zu winterlichen Futterplätzen. Weniger als 15 % von ihnen erreichen das Fortpflanzungsalter, doch diejenigen, die es schaffen, kehren an ihren Geburtsort zurück.

---

reingehen und ein Bett belegen. Fahrräder $20/Tag. EZ $35, DZ ❷

Chy-an-Dowr, 687 Portobello Rd, Broad Bay, ✆ 03/478 0306, 🖳 www.chy-an-dowr.co.nz. Großes zweistöckiges Holzhaus von 1905 an der Bucht, hat 3 hübsche DZ mit Bad. WLAN vorhanden. ❼

Larnach Lodge, Larnach Castle, ✆ 03/476 1616, 🖳 www.larnachcastle.co.nz. 6 gemütliche Unterkünfte mit Gemeinschaftsbad in den umgebauten Ställen und sehr individuell eingerichtete, luxuriösere Zimmer in der Lodge. Alle Gäste erhalten freien Eintritt zum Castle sowie Frühstück. Auch ein 3-Gänge-Abendessen ($54,50 p. P. plus Wein) im Speisesaal des Schlösschens kann gebucht werden. Ställe ❺, Lodge ❽

Penguin Place Lodge, Harington Point Rd, ✆ 03/478 0286, 🖳 www.penguin-place.co.nz. Einfaches, aber komfortables Backpacker-Hostel mit Twins und DZ ($25 p. P.), viele mit tollem Blick auf den Hafen; Bettwäsche kann für $5 geliehen werden. ❶

Portobello Village Tourist Park, 27 Hereweka St, Portobello, ✆ 03/478 0359, ✉ portobello park@xtra.co.nz. Camping $16, einfache Zimmer ❶, neue Selbstversorger-Zimmer und Cabins ❸

Rugosa Cottage, 1 Beconsfield Rd, Portobello, ✆ 03/478 1076. Romantisches Cottage in wunderhübschem Garten. Rose Room mit schmalem Doppelbett und Bad, Seafarers Cottage mit großem Bad und eigenem Garten. ❺–❻

Essen

Gute Möglichkeiten, etwas zu essen zu bekommen, sind eher rar. In Portobello gibt es ein Café und einen kleinen Supermarkt, und auch die meisten Sehenswürdigkeiten verfügen über Cafés.

1908 Café, 7 Harington Point Rd, Portobello, ☎ 03/478 0801. Das Restaurant in einem eleganten Haus von 1908 mit Sitzplätzen im Innern und draußen bietet traditionelle neuseeländische Küche mit einem besonderen Touch. ⏰ Mo–Fr nur abends, Sa u. So auch mittags.

The Portobello Coffee Shop, 1726 High Cliff Rd, Portobello. Neueres Café mit exzellentem Kaffee, kleinen Speisen, Frühstück und Mittagessen, darunter eine köstliche Pastete mit Räucherfisch, Broccoli und Sahnesauce. ⏰ Mo–Fr 8–17, Sa und So 9–17, Jan–März abends bis 20.30 Uhr.

Touren

Mit einem eigenen Fahrzeug lässt sich die Halbinsel zwar problemlos allein erkunden, dennoch empfiehlt sich die Teilnahme an einer der geführten Touren.

Elm Wildlife Tours, ☎ 0800/356 563, 💻 www.elmwildlifetours.co.nz. Unter ökologischen Gesichtspunkten geführte Bustrips (in der Regel 5–6 Std., $89), auf denen man das Albatross Centre besucht. Eingeschlossen werden können ein Besuch der Albatroskolonie ($129), eine 1-stündige Bootsfahrt auf der Monarch ($134) oder eine Kajaktour ($184).

Monarch Wildlife Cruises & Tours, Wharf St, Dunedin, ☎ 03/477 4276 und 0800/666 272, 💻 www.wildlife.co.nz. 1-stündige Fahrten auf einem umgebauten Fischerboot mit Kombüse mit Alkoholausschank ab Wellers Rock Jetty ($45). Sehr zu empfehlen ist auch die Peninsula Cruise ($85), die um 9 und 15.30 Uhr am Pier in Dunedin startet, um den Taiaroa Head führt und an der Wellers Rock Jetty endet, von wo es per Bus nach Dunedin zurückgeht; für $45 extra kann ein Besuch bei den Pinguinen oder Albatrossen integriert werden.

Nature's Wonders Naturally, 1,5 km von der Albatroskolonie entfernt, ☎ 0800/246 446, 💻 www.natureswondersnaturally.com, bieten individuell zugeschnittene Erlebnistouren in umgebauten Amphibienfahrzeugen, die auf eigens angelegten Wegen um die Landspitze führen. Auf den Touren (tgl., 1 Std., $50) bekommt man Pinguine, Neuseeländische Pelzrobben und Seelöwen zu sehen.

Wild Earth Adventures, Dunedin, ☎ 03/473 6535, 💻 www.wildearth.co.nz. Eine ganz andere Perspektive der Küste und der Tierwelt bietet sich auf Seekajaktouren um den Taiaroa Head (4 Std., davon 2 Std. auf dem Wasser, $95). Schön ist auch die Twilight Tour (2 Std. auf dem Wasser, $95) mit Tierbeobachtung in der Stille des Abends mit den Lichtern von Dunedin im Hintergrund.

Transport

Mit eigenem Transportmittel ist die Halbinsel von DUNEDIN aus leicht erreichbar, entweder über die kurvenreiche **Portobello Road**, die am westlichen Ufer entlangführt, oder über die **Highcliff Road**, die im Innern der Halbinsel über die Hügel verläuft. Die Touristeninformation von Dunedin gibt den kostenlosen *Visitor's Guide to the Otago Peninsula* heraus. Der öffentliche **Peninsula Bus** (3–9x tgl., $6,30) von Stand 5 in Dunedins Cumberland Street fährt bis Portobello (35 Min.), von wo es noch 14 km bis Taiaroa Head sind. An Wochentagen bieten mehrere Busgesellschaften eine Verbindung bis Harrington Point ca. 2 km vor Taiaroa Head.

Von Dunedin nach Süden

Die Küstenroute, die Dunedin und Invercargill verbindet und einen Teil der **Southern Scenic Route**, 💻 www.southernscenicroute.co.nz, bis nach Te Anau in Fiordland ausmacht, ist einer der weniger befahrenen Highways der Südinsel. Er durchquert entlang der **Catlins Coast** einige der ursprünglichsten Landschaften Neuseelands.

Innerhalb dieser Region befinden sich große Gebiete einheimischen Waldes, größtenteils als **Catlins Forest Park** geschützt. Der Park umfasst Rimu, Rata, Kamahi und Silver Beech. Stürmische Südostwinde und das unerbittliche Meer haben die Küste hier zu steilen Klippen, windumtosten Landspitzen, weißen Sandsträn-

Der majestätische Albatros, einer der größten Seevögel der Welt, ist seit langem ein Objekt der Verehrung und des Aberglaubens: Er gilt als Verkörperung der Seele eines toten Kapitäns, die dazu verdammt ist, ewig über die Ozeane zu ziehen. Der einzelgängerische Vogel verbringt den größten Teil seines Lebens in der Luft oder auf dem Meer.

Das nach dem Wanderalbatros zweitgrößte Exemplar der Albatrosfamilie ist der Königsalbatros – mit seiner Flügelspannweite von bis zu 3 m ein sehr eindrucksvoller Anblick. Er hat eine Lebenserwartung von 45 Jahren, kann eine Geschwindigkeit von 120 km/h erreichen und pro Jahr bis zu 190 000 km zurücklegen. Der Albatros sucht sich einen Partner fürs ganze Leben, doch trennen sich Männchen und Weibchen, um in entgegengesetzter Richtung die Welt zu umfliegen und alle zwei Jahre einmal zum selben Brutplatz zurückzukehren, wobei sie im Abstand von nur wenigen Tagen nacheinander eintreffen.

Das Weibchen legt pro Brutsaison ein Ei (das bis zu 500 g wiegt), und die Eltern wechseln sich über elf Wochen mit dem Brüten ab. Sobald das Küken geschlüpft ist, füttern die Eltern es gemeinsam und schützen es vor Hermelinen, Frettchen, Wildkatzen und Ratten. Knapp ein Jahr nach Beginn des Brutzyklus ist der Jungvogel flügge. Die Eltern verlassen die Kolonie, um zum Meer zurückzukehren und den Kreislauf ein Jahr später erneut zu beginnen.

den, Felsbuchten und offenen Höhlen geformt, von denen die meisten zugänglich sind. Dieses relativ unberührte Gebiet beherbergt eine reiche Tierwelt, darunter mehrere seltene Säugetier- und Seevogelarten.

Maori-Jäger durchstreiften einst die Catlins-Region (eines der letzten Rückzugsgebiete des flugunfähigen Moa), doch um 1700 waren sie weitergezogen. An ihrer Stelle kamen in den 30er-Jahren des 19. Jhs. europäische **Wal- und Robbenfänger.** Zwei Jahrzehnte später, nachdem sie die Meeressäugetiere dezimiert hatten, zogen auch sie weiter.

In der Zwischenzeit war 1840 Captain Edward Cattlin gekommen, um die Schiffbarkeit des Flusses, der seinen (falsch geschriebenen) Namen trägt, zu erforschen. Er erwarb ein Stück Land vom Häuptling der Ngai Tahu, und bald darauf trafen Schiffsladungen von **Holzfällern** ein, angelockt von den großen Steineibenwäldern. Die abgeholzten Täler wurden besiedelt, und die Sägemühlen versorgten Dunedin mit einem Großteil des Holzes, das für den Häuserbau benötigt wurde. 1872 wurde aus den Catlins mehr Holz exportiert als von irgendwo sonst in Neuseeland.

Ab 1879 wurde die Bahnlinie von Balclutha bis in diese Region erweitert, was den Bau neuer Sägemühlen, Schulen und Farmen zur Folge hatte. Der Holzschlag dauerte bis in die 30er-Jahre des 20. Jhs. an, ließ aber allmählich nach. Die heutigen winzigen Siedlungen sind nurmehr geschrumpfte Überbleibsel der einst wohlhabenden Holzindustrie.

Der einzige größere Ort zwischen Dunedin und der Catlins Coast ist **Balclutha**, ein guter Platz zum Aufstocken von Vorräten, bevor es in die dahinter liegende Wildnis geht. Bei Balclutha biegt der SH1 ins Landesinnere ab und führt am Rande der Catlins-Region entlang, bevor er sich bei **Gore** südwärts nach Invercargill wendet. Eine alternative Route bietet der SH92, eine 126 km lange Straße, die näher bei der Küste verläuft und inzwischen durchgehend geteert ist. So gut wie alle Sehenswürdigkeiten an der Catlins Coast sind jedoch nur über Schotterstraßen erreichbar. Ohne eigenes Fahrzeug lässt sich die Region im Rahmen einer organisierten Tour besuchen (S. 669).

Der westliche Abschnitt der **Southern Scenic Route** von Invercargill bis Te Anau via Tuatapere wird im Kapitel Fiordland behandelt (s. S. 815).

Balclutha

Das landwirtschaftliche Versorgungszentrum Balclutha liegt 80 km südwestlich von Dunedin am SH1. Mitten durch die Stadt fließt der **Clutha River**.

Es gibt eigentlich keinen Grund für einen längeren Aufenthalt in der Stadt. Im hilfsbereiten **Clutha Visitor Centre**, 4 Clyde St, ☎ 03/418 0388, 🖳 www.cluthacountry.co.nz, bekommt man allerdings gute Infos über die Catlins und Dunedin und hat außerdem **Internetzugang**. ◷ etwa Nov–März Mo–Fr 8.30–17, Sa und So 9.30–15, April–Okt Mo–Fr 8.30–17, Sa und So 10–14 Uhr.

Busse halten vor der Touristeninformation.

Catlins Coast

Am besten erkundet man die Catlins Coast, indem man sich mindestens ein paar Tage Zeit lässt.

Vom Nugget Point in South Otago (gleich südöstlich von Balclutha) bis zum Waipapa Point in Southland (60 km südöstlich von Invercargill) wird die wilde Landschaft nicht unterbrochen: Dichter Regenwald weicht offenem Buschwerk, während man durch tiefe Täler fährt und an Felsbuchten, Meeresarmen und Flussmündungen vorbeikommt. Die Küste beheimatet **Pinguine** (sowohl Zwerg- als auch Gelbaugenpinguine), **Delphine**, mehrere Seevogelarten und zu bestimmten Jahreszeiten **Wale** auf der Wanderung. Elefantenrobben, Pelzrobben und immer öfter auch der seltene **Neuseeländische Seelöwe** sind an den Sandstränden und auf den Grasflächen anzutreffen, und in den Tiefen des Waldes leben zahlreiche **Vögel**: Tui, Makomako, Graufächerschwänze, Riroriro und bunte Bewohner der Baumwipfel wie Kakariki und Mohua.

Auch außerhalb der Hauptsiedlung Owaka existieren ein paar Unterkünfte, aber nur wenige Lokale oder Lebensmittelgeschäfte. Neue Restaurants und Unterkünfte entstehen mit schöner Regelmäßigkeit, verschwinden dann aber teilweise ebenso schnell wieder, sodass man sich bei den Einrichtungen direkt oder in den Touristeninformationen darüber erkundigen sollte, ob sie wirklich noch existieren. Außer in Owaka finden sich Gemischtwarenläden in **Kaka Point** und **Papatowai** sowie auf dem Campingplatz in der **Curio Bay**. Am besten bringt man Vorräte an Lebensmitteln mit und versorgt sich selbst.

Tankstellen sind dünn gesät, und die vorhandenen schließen um etwa 17 Uhr, daher empfiehlt es sich, vor dem Start den Tank zu füllen; danach ist es nur in Kaka Point, Owaka, Papatowai und Tokanui möglich. Es gibt **keine Banken** oder Geldautomaten in den Catlins, und das **Mobilfunknetz** ist sehr lückenhaft (die einzige Option ist Telecom).

Wer mit dem **Wohnmobil** reist, kann sich auf zahlreiche romantische Übernachtungsplätze am Wegrand freuen. Seine Notdurft sollte man jedoch nicht im Wald verrichten, weil dies eine Gefahr für die Tiere darstellt. Im Interesse aller sollte man sich entsprechend umsichtig verhalten, damit wildes Campen in den Catlins auch zukünftig möglich ist (Näheres unter „Traveltipps von A–Z", S. 87).

Kaka Point und Nugget Point

Der erste Haltepunkt in den Catlins ist **Kaka Point**, eine kleine Feriensiedlung 22 km südlich von Balclutha. Der goldene Sandstrand wird im Sommer von Rettungsschwimmern bewacht und eignet sich daher hervorragend zum Schwimmen und Surfen. Gleich hinter der Siedlung liegt ein schönes Naturschutzgebiet, zugänglich über einen einfachen Rundweg (2,5 km; 30 Min.; oben auf der Marine Terrace ausgeschildert).

Die einzige Möglichkeit, sich einen Kaffee, eine Mahlzeit oder ein Bier einzuverleiben, bietet The Point, ein auffälliges Gebäude aus Glas und Holz am Wasser; wenn vorne geschlossen ist, ist das Lokal über den Hof zu erreichen. Ei-

ne gemütliche Unterkunft sind die Nugget View & Kaka Point Motels, 11 Rata St, ☏ 0800/525 278, 🖥 www.catlins.co.nz, mit verschiedenen geräumigen Units, fast alle mit Terrasse und wunderbarem Blick aufs Meer. Der Betreiber bietet außerdem Touren ($30, 2 1/2 Std.) zum Kaka Point zur Beobachtung von Pinguinen und Robben. Budget-Units ❸, Standard-Units ❺, mit Whirlpool ❻.

9 km entlang der Küste nach Süden markiert ein Parkplatz den Beginn des 15-minütigen Spaziergangs zum **Nugget Point**, einem steilen, windumtosten Felsvorsprung 133 m über dem Meer. Unmittelbar vor der Küste liegen **The Nuggets**, zerklüftete Felsen, deren Schichten sich im Laufe der Jahrhunderte in die Vertikale geneigt haben. Der Weg endet an einem noch immer aktiven Leuchtturm aus dem Jahre 1870, von wo man eine lautstarke Kolonie Neuseeländischer Pelzrobben beobachten kann.

Tölpel, Löffelreiher und drei Arten von Scharben drehen am Himmel ihre Kreise, und in der

Touren in die Catlins

Wenn man kein eigenes Transportmittel hat, können die Catlins eigentlich nur im Rahmen einer Tour erkundet werden. Hier die beiden Hauptanbieter:
Bottom Bus, ☏ 03/4370 753, 🖥 www.bottombus. co.nz. Touren in Kleinbussen, die auf ihrer 4-tägigen Fahrt von Queenstown nach Dunedin, Invercargill und Te Anau auch die Catlins Coast passieren, wobei man nach Belieben aus- und zusteigen kann. Der Service ergänzt die Kiwi-Experience-Bustouren, ist aber weniger auf unbekümmerte Sauftouren ausgerichtet. Im Sommer gibt es Verbindungen von Dunedin durch die Catlins nach Invercargill, meistens mit einem Übernachtungsstopp in Curio Bay. Zur Auswahl stehen mehrere Angebote: Dunedin–Invercargill (empfohlen 3 Tage, $150), Dunedin–Te Anau (empfohlen 3 Tage, $199) sowie diverse längere Optionen.
Fundiertes Wissen über die Ökologie, Geschichte und Geologie der Region vermitteln die unterhaltsamen und inspirierenden Touren mit **Catlins Wildlife Trackers**, 5 Mirren St, Papatowai,

☏ 0800/228 5467, 🖥 www.catlins-ecotours.co.nz (Reservierung erforderlich). Die Veranstalter widmen sich dem Naturschutz und bieten die 2-tägige „Catlins Ecotour" ($600) zu abgeschiedenen Stränden und üppigem Regenwald für Gruppen bis zu 8 Personen.
Ausgangspunkt ist ihr ruhig gelegenes Wohnhaus mit Blick auf Wald, Flussmündung, Strand und Ozean. Man übernachtet in einem separaten Gebäudeteil mit DZ und Twins, die sich ein Bad teilen. Teilnehmer können entweder selbst dorthin fahren oder sich Mo, Do und Sa morgens von Balclutha abholen lassen. Für Unterkunft, Verpflegung, Transport und Ausrüstung ist gesorgt, und gegen eine Extragebühr kann ein Shuttleservice von und nach Dunedin organisiert werden.
Im Angebot ist auch die „Catlins Traverse-Wanderung", ein 2-tägiger Marsch für Leute mit durchschnittlicher Kondition und leichtem Gepäck (Nov–März Do und Fr, 26 km, max. 6 Pers., $650 inkl. Transport, 2 Übernachtungen und allen Mahlzeiten). Das spezielle 7-Tage-Abenteuer des Veranstalters ($1500) ist ähnlich konzipiert.

Von Dunedin nach Stewart Island

Restaurants, Cafés & Bars

The Lumberjack	B
Niagara Falls Café	1
Ryley's Bar and Café	B
Whistling Frog Café and Bar	F

Übernachtung

Curio Bay Holiday Park	H
Dolphin Lodge Backpackers	G
Hilltop Backpackers	D
McLean Falls Holiday Park	F
Newhaven Holiday Park	C
Nugget View & Kaka Point Motel	A
Southern Secret Motel	E
Surat Bay Lodge	C
YHA Thomas's	B

Gore (94 km), Invercargill (159 km)

Dunedin (80 km)

▲ Balclutha

Kaka Point

Nugget Point

Roaring Bay

Cannibal Bay

Sandy Trails

Pounawea

Surat Bay

Jack's Blowhole

Owaka

Catlins Lake

Purakaunui Falls

Owaka River

Matai Falls

Tahakopa Bay

Florence Hill Lookout

PAZIFIK

Papatowai

Tautuku Bay

Cathedral Caves

WISP RANGE

BERESFORD RANGE

Catlins River

Mt Tautuku (690 m)

Mt Pye (720 m)

CATLINS STATE FOREST PARK

Tahakopa

Tahakopa River

McLean Falls

MACLENNAN RANGE

FOREST RANGE

Mokoreta (713 m)

CATLINS STATE FOREST PARK

Black Horn (363 m)

Bush's Cone (397 m)

Progress Valley

PROGRESS VALLEY RD

Waikawa River

Mokoreta River

Waikawa

Porpoise Bay

Curio Bay

CATLINS STATE FOREST PARK

Mt Darby (280 m)

Slope Point

Südlichster Punkt der Südinsel

Tokanui

Otara

Fortrose

Waipapa Point

Invercargill (40 km)

N

0 — 10 km

nahen **Roaring Bay** lassen sich von einem Versteck aus **Gelbaugenpinguine** (s. S. 665) dabei beobachten, wie sie im Morgengrauen ihre Nester verlassen und die steilen grasbedeckten Klippen zum Meer hinunterwatscheln. Etwa zwei Stunden vor Einbruch der Dunkelheit kehren sie dann zurück. Die Pinguine kommen nur langsam voran, daher sollte etwas Geduld mitgebracht werden – auch ein Fernglas ist nützlich.

Um zur nächsten Bucht, der weiter südlich gelegenen, sichelförmigen **Cannibal Bay** zu gelangen, muss man ein paar Kilometer auf der gleichen Straße zurückfahren und kurz darauf erneut zur Küste abzweigen. Der Weg wird mit dem Anblick der Neuseeländischen Seelöwen belohnt. Es lohnt sich, den Strand entlang zu spazieren, um sie näher zu betrachten, aber man sollte mindestens 5 m Abstand halten und den Rückzug antreten, wenn sie sich aufrichten.

Owaka und Jack's Blowhole

Der einzige Ort nennenswerter Größe in den Catlins ist Owaka, 18 km südwestlich von Kaka Point gelegen. Unterwegs lohnt sich ein Abstecher über die Ahuriri Flat Road zu einer **geführten Wanderung** mit Sandy Trails, 716 Ahuriri Flat Rd, Otekura, ✆ 03/415 8474 (1 1/2 Std., $35., mind. 2 Pers.). Es werden verschiedene Wanderungen über die Farm der Familie angeboten, und es eröffnet sich hierbei die Gelegenheit, abseits des Touristentrubels Robben, Seelöwen und Gelbaugenpinguine zu sehen.

Owaka ist wenig mehr als eine besiedelte Kreuzung, beherbergt aber jetzt den nagelneuen Komplex **Discover Destination Catlins**, Campbell St, Ecke Ryley St, ✆ 03/415 8371, 💻 www.catlins-nz.com, ⏰ Mo–Fr 9.30–16.30, Sa und So 10–16 Uhr. Zum Komplex gehören die **Owaka Library**, das gut konzipierte neue **Owaka Museum** ($5) mit einfühlsamen Ausstellungen über die Lokalgeschichte und das **Visitor Centre**, das Informationen über Restaurants und Unterkünfte sowie DOC-Broschüren bereithält. Außerdem kann man sich nach Möglichkeiten zum Reiten und nach dem Transport zum Ausgangspunkt des **Catlins River Walk** (5 Std. einfach) erkundigen.

Eine Fahrt auf einer Schotterpiste am Wasser entlang führt von Owaka 10 km südöstlich nach Jack's Bay. Hier beginnt ein Pfad über Farmland

zu Jack's Blowhole (20–30 Min. einfach, im Sep/Okt während der Lammzeit geschlossen, $1 Spende erbeten), ein imposantes, 55 m tiefes Loch im Boden, das über einen 200 m langen Tunnel mit dem Meer verbunden ist. Es entstand durch den Einsturz einer unterirdischen Höhle.

Bei Flut wird der Boden überspült, aber nur Wenige hatten bislang das Glück, eine **Wasserfontäne** aufsteigen zu sehen.

Übernachtung und Essen

Die Öffnungszeiten von Lokalen und Unterkünften variieren je nach Jahreszeit und außerdem von Jahr zu Jahr; am besten vergewissert man sich hinsichtlich der Öffnungszeiten im Visitor Centre.

Newhaven Holiday Park, 325 Newhaven Rd, Surat Bay, ✆ 03/415 8834, 💻 www.newhaven holiday.com. Gepflegter Campingplatz mit gemütlichen Tourist Flats, 2 Min. vom Strand und dem Catlins Estuary. Stellplatz $26, Cabins ❷, Flats ❸–❹

Surat Bay Lodge, Surat Bay Rd, Newhaven, 5 km östlich von Owaka, ✆ 03/415 8099, 💻 www.suratbay.co.nz. Backpacker-Unterkunft in ruhiger Lage in Strandnähe am Catlins Estuary; kostenlose Abholung von Owaka, Fahrrad- und Kajakverleih. Dorms $28, Zimmer ❷

YHA Thomas's, Clark St, Ecke Ryley St, mitten in Owaka, ✆ 03/415 8333, 💻 www.gaanz.co.nz. Stimmungsvolles Gebäude vom frühen 20. Jh., u. a. mit DZ mit Bad, 2 TV-Lounges und gut ausgestatteter Gästeküche. Camping $10, Stellplätze mit Strom $15, Dorms $28, Zimmer ❷

Ryley's Bar & Café, im Catlins Inn, 21 Ryley St, preisgünstiges Kneipenessen; ⏰ ganzjährig tgl., Essen gewöhnlich nur Do–Sa.

The Lumberjack, 3 Saunders St, ✆ 03/415 8747, etwas teureres, aber immer noch günstiges Essen mit Hauptgerichten um die $20. Alkoholausschank.

Purakaunui Falls, Matai Falls und Papatowai

Südwestlich von Owaka verbergen sich zwei kleinere Wasserfälle, die über schöne Naturpfade erreicht werden können. Die dreistufigen **Purakaunui Falls** rauschen durch ein schönes Landschaftsschutzgebiet mit Tawai (Silver

Beech) und Steineiben und sind von der Hauptstraße 14 km hinter Owaka ausgeschildert.

5 km südwestlich der Abzweigung nach Purakaunui liegen die hübschen **Matai Falls**. Sie können auf einem einfachen Weg (20 Min. hin und zurück) erreicht werden, der durch einen Wald aus 10 m hohen, endemischen Fuchsien (leicht erkennbar an ihrer sich abschälenden, rosagetönten Rinde) führt. Im Frühsommer wachsen hier kleine rote und blaue Trompetenblumen.

Auf der anderen Seite der Mündung des McLennan River bietet die kleine Siedlung **Papatowai** einen Gemischtwarenladen, mehrere Wald- und Strandspaziergänge, eine ausgezeichnete Ökotour mit Catlins Wildlife Trackers sowie den Ausgangspunkt des **Catlins Top Track** (s. Kasten). Eine gute Unterkunft ist das kleine und reizende Hilltop Backpackers, 77 Tahakopa Valley Rd, ☎ 03/415 8028, 🖳 www.hilltopbackpackers.co.nz, Dorms $25, Zimmer mit und ohne Bad ❷, untergebracht in zwei aussichtsreichen Cottages auf einer Farm, die 1 km von Papatowai ins Landesinnere ausgeschildert ist (keine Kreditkarten!).

Das Southern Secret Motel, an der Hauptstraße gegenüber vom Papatowai General Store, ☎ 03/415 8600, ✉ southernsecret@xtra.co.nz,

sieht von außen wie ein normales Wohnhaus aus, bietet aber vier fabelhafte, in den Farben des Pazifiks gestaltete Zimmer mit schmiedeeisernen Betten mit Moskitonetzen sowie einer Filmothek mit über 300 Filmen; ❸. Die Eigentümer bieten außerdem das Selbstversorger-Cottage „Erehwon" mit zwei DZ ❺ ganz in der Nähe.

Von Papatowai zur Porpoise Bay

An der Hauptstraße 2,5 km südlich von Papatowai gewährt der **Florence Hill Lookout** eine Panoramasicht auf die Tautuku Bay, eine zauberhafte, sichelförmige Bucht mit hellem Sand, hinter der sich ein ausgedehnter Wald erstreckt. Wer das Ganze etwas eingehender betrachten möchte, kann den **Tautuku Boardwalk** (20–30 Min. hin und zurück) begehen, der über das ans Meer grenzende Sumpfland führt.

Rund 11 km südwestlich von Papatowai erreicht man die Abzweigung zu den **Cathedral Caves** (Eintritt $5), den prächtigsten Höhlen von etwa 15 Exemplaren entlang dieses Küstenabschnitts; leider ist die Privatstraße dorthin inzwischen oft gesperrt. Die Höhlen mit ihren enorm hohen Wänden, die das wütende Meer schuf, können nur zwei Stunden vor oder nach Ebbe betreten werden und sind zu bestimmten Zeiten des Jahres wegen Sanderosion gänzlich geschlossen. Die Uhrzeiten sind am Eingang angeschlagen oder im Visitor Centre zu erfahren.

Ungefähr 1 km weiter auf der Hauptstraße zweigt die Rewcastle Road zum 3 km entfernten Parkplatz für die malerischen **McLean Falls** ab (30 Min. hin und zurück auf einem Weg durch den Regenwald). Sie sind mit Abstand die beeindruckendsten Wasserfälle der Gegend und sollten bevorzugt am Spätnachmittag besucht werden, wenn die größte Stufe von der Sonne beleuchtet wird.

Ein Stückchen hinter der Abzweigung von der Hauptstraße zu den Wasserfällen liegt der McLean Falls Holiday Park, 29 Rewcastle Rd, ☎ 03/415 8338, 🖳 www.catlinsnz.com, Camping $38, Dorm $32, Cabins, Zimmer und Cottages ❸–❺; das angeschlossene Whistling Frog Café & Bar bietet Gästen und Nicht-Gästen Frühstück und Mittag- und Abendessen.

Nach weiteren 20 km auf der Hauptstraße lohnt das südlich des SH92 gelegene Niagara

Die Catlins Coast – lange Sandstrände, einsame Felsbuchten und eine faszinierende Tierwelt

Falls Café, ℘ 03/246 8577, einen Besuch, das beste Café/Restaurant in den Catlins, mit tollen Speisen wie vegetarischen Burgern und Blaubarschrisotto, leckerem Frühstück und Seafood-Chowder; ☉ tgl. 9–17 Uhr sowie abends, wenn Reservierungen vorliegen.

Im nahen Fischerdorf **Waikawa** wartet das kleine **Waikawa District Museum** mit einer interessanten Ausstellung über Seefahrer und Holzfäller auf; ☉ tgl. 10.30–16.30 Uhr, Spende. Das Museum fungiert gleichzeitig als Visitor Centre, in dem man sich ausführlich über die Hectordelphine (S. 674) informieren kann, die in der nahen **Porpoise Bay** recht dicht an die Küste herankommen.

Von der Porpoise Bay nach Fortrose

Am westlichen Ende der **Porpoise Bay** wird ein Landvorsprung vom freundlichen, ganzjährig geöffneten Curio Bay Holiday Park, ℘ 03/246 8897, eingenommen, der mit geschützten Stellplätzen ($15–25), Duschen ($2), einem kleinen Laden und einer wundervollen Rundumsicht aufwartet – nach Osten in die Porpoise Bay und nach Westen in die Curio Bay.

In der Brandung der Porpoise Bay spielen Hectordelphine, und Gelbaugenpinguine lassen sich meistens bei Sonnenaufgang und zum Ende des Tages Richtung **Curio Bay** beobachten (von der höchsten Stelle des McClogan's Loop). Wie immer sollte man zu den Tieren einen angemessenen Abstand einhalten.

Wenige Hundert Meter westlich des Campingplatzes gibt ein Aussichtspunkt in der Curio Bay den Blick auf einen **versteinerten Wald** aus der Jurazeit frei – bei Ebbe klar zu erkennen. Vor über 180 Mio. Jahren, als der größte Teil Neuseelands noch unter Wasser lag, war dies eine weite, bewaldete Überflutungsebene. Heute ist das Ufer, das sich aus mehreren Schichten unter Vulkanschlamm und -asche verborgenen Waldes zusammensetzt, mit versteinerten Baumstümpfen und umgekippten Stämmen übersät.

Wer gern in der Curio Bay übernachten möchte und lieber ein festes Dach über dem Kopf hat, wendet sich an Dolphin Lodge Backpackers, 529 Curio Bay Rd, ℘ 03/246 68 579, ✉ lodge @yahoo.co.nz, ein wunderschön auf den Dünen gelegenes Hostel mit Dorms ($22, Bettzeug $3) und Zimmern ❶.

Eine Alternative sind die Catlins Surf Beachfront Rentals, ℘ 03/246 8552, 🖥 www.catlinssurf.co.nz, die zu sehr vernünftigen Preisen verschiedene Häuser am Strand vermieten ❺–❼.

Zwei äußerst seltene Arten – der Neuseeländische Seelöwe *(Phocarctos hookeri)* und der Hectordelphin *(Cephalarhynchus hectori)* – sind nur in neuseeländischen Gewässern anzutreffen. Ersterer lebt überwiegend in dem Gebiet um die subantarktischen Auckland Islands, 460 km südlich der Südinsel, aber ein paar Tiere pflanzen sich auch auf der Otago Peninsula, entlang der Catlins Coast und um Stewart Island fort.

Der große, erwachsene männliche **Seelöwe** ist schwarz bis dunkelbraun, hat eine Schultermähne, wiegt bis zu 400 kg und erreicht eine Länge von mehr als 3 m. Ausgewachsene Weibchen sind lederbraun bis silbergrau, wiegen weniger als die Hälfte und sind nur knapp 2 m lang. Sie ernähren sich von Barrakuda, Neuseeland-Eisfischen, Oktopus, Rochen und, im Frühling, Schwimmkrabben. Obwohl sie normalerweise nicht tiefer als 200 m tauchen, sind sie in der Lage, Tiefen von bis zu 500 m zu erreichen. Die Jungen werden am Strand geboren und im Alter von etwa 6 Wochen von der Mutter in Grasland, Gebüsch oder Wald gebracht und bis zu einem Jahr lang gesäugt.

Seelöwen ruhen sich gern an Sandstränden aus und verbringen im Sommer ihre Zeit damit, sich zur Abkühlung mit Sand zu bewerfen. Im Gegensatz zu Robben haben sie keine Scheu vor Menschen. Wer einem Tier an Land begegnet, sollte mindestens 5 m Abstand halten (während der Fortpflanzungszeit Dez–Feb 30 m) und sich zurückziehen, wenn es sich aufrichtet und brüllt – Seelöwen können sich schnell bewegen.

Der **Hectordelphin** mit seiner charakteristischen schwarz-weißen Markierung ist die kleinste Delphinart der Welt und auch eine der seltensten – insgesamt gibt es nur knapp 4000 Exemplare. Er ist nur in Neuseelands küstennahen Gewässern anzutreffen (überwiegend um die Südinsel) und konzentriert sich im Osten um die Banks Peninsula, Te Waewae Bay und Porpoise Bay und im Westen auf den Abschnitt zwischen Farewell Spit und Haast.

Im Sommer bevorzugt er seichte Gewässer in maximal 1 km Entfernung zur Küste, um Meeräschen, Wellington-Flugkalmare, Neuseeland-Eisfische, Sterngucker und Krabben zu fangen; im Winter wagt er sich selten weiter als 8 km hinaus.

Üblicherweise sind die Weibchen etwas größer als die Männchen: 1,20–1,40 m lang und 40–50 kg schwer. Die Jungen kommen zwischen November und Mitte Februar zur Welt und bleiben bis zu zwei Jahre lang an der Seite ihrer Mutter. Im Sommer und Herbst hält sich die kleine Delphinpopulation der Porpoise Bay regelmäßig in der Brandungszone auf und kommt manchmal bis auf 10 m an den Strand heran. Hectordelphine sind scheue Kreaturen, und jegliche Störung kann negative Auswirkungen auf ihre Nahrungsaufnahme haben, was wiederum die ohnehin niedrige Fortpflanzungsrate beeinflusst.

Wer sich in der Nähe der Tiere aufhält, sollte unbedingt die Regeln des DOC befolgen, die überall angeschlagen sind: Delphine nicht anfassen, füttern, umrunden oder jagen und immer eine angemessene Entfernung einhalten. Es ist auch verboten, in der Nähe von Delphinen mit Jungen zu schwimmen, die meisten haben im Sommer Nachwuchs dabei.

Der Verwalter, Nick Smart, betreibt außerdem die sehr gute **Catlins Surf School** (ab 90 Min. für $50 inkl. Ausrüstung).

Von der Curio Bay sind es 16 km auf ungeteerten Straßen zum **Slope Point**, wo ein kurzer Spaziergang über Farmland (40 Min. hin und zurück, während der Lammzeit im Sep und Okt geschlossen) zum südlichsten Punkt der Südinsel führt.

26 km westlich von Curio Bay ist der **Waipapa Point** erreicht, 1881 Schauplatz des schlimmsten zivilen Schiffbruchs Neuseelands, bei dem 131 Menschen an Bord der *SS Tararua* ihr Leben verloren. Kurze Zeit später wurde der hiesige Leuchtturm errichtet, zu dessen Füßen sich heute **Pelzrobben** und **Seelöwen** sonnen.

Zurück auf der Hauptstraße sind es 10 km nach **Fortrose**, bekannt für seine windzerzausten Bäume, und weitere 60 km entlang eines langweiligen, im Landesinneren verlaufenden Abschnitts des SH92 bis Invercargill.

Gore

71 km westlich von Balclutha liegt das beschauliche Gore, eine angenehme Zwischenstation an der Kreuzung der Routen von Dunedin nach Te Anau und Invercargill. Der von den Hokonui Hills beherrschte Ort erstreckt sich zu beiden Seiten des Mataura River („rötliche Strudel bildendes Wasser") und nennt sich selbst Bachforellenhauptstadt, worauf eine riesige Fischskulptur im Ortszentrum verweist. Wer sich hier zur **Angelsaison** aufhält (Okt–April) und es mit einer Bachforelle aufnehmen möchte, braucht eine Genehmigung vom Visitor Centre ($21 für 24 Std.).

Gore ist auch Neuseelands Heimat der **Country Music** und zieht im Herbst (Ende Mai–Anfang Juni) acht Tage lang Hunderte Möchtegern- und ein paar echte Country-Stars an, um an den **Gold Guitar Awards**, ✆ 03/208 1978, ⌨ www.gold guitars.co.nz, teilzunehmen.

Eine Sehenswürdigkeit im Ort, die einen kurzen Besuch lohnt, ist das **Hokonui Heritage Centre**, Norfolk St, Ecke Hokonui Drive. Darin befinden sich das **i-SITE Visitor Centre**, ein kleines **Geschichtsmuseum** (Spende erbeten) und das unterhaltsame **Hokonui Moonshine Museum** (Eintritt $5), das sich der Geschichte der jahrzehntelangen illegalen Schnapsbrennerei widmet. Sie begann 1836 und erreichte während einer regional begrenzten, 50 Jahre währenden Prohibition ab 1903 ihren Höhepunkt. ⏰ Mo–Fr 8.30–17, Sa und So 9.30–16 Uhr.

Die **Eastern Southland Art Gallery** im Gebäude gegenüber beherbergt eine neuseelandweit bedeutsame Kunstsammlung, eine Schenkung des neuseeländischen Sexualwissenschaftlers Dr. John Money, der zahlreiche interessante Stücke zusammentrug, darunter majestätische afrikanische Schnitzereien und aus verschiedenen Schaffenszeiten stammende Stücke aus der Privatsammlung von Ralph Hotere. ⏰ Mo–Fr 10–16.30, Sa u. So 13–16 Uhr, Eintritt frei.

Für Fans alter Flugzeuge lohnt die 17 km lange Fahrt auf dem SH94 nach Westen Richtung Queenstown zum **Old Mandeville Airfield**, wo man in einer Tiger Moth, Fox Moth oder Dragonfly zu kurzen **Rundflügen** abheben kann (ab $85 für 10 Min. bis zu $140 für 20 Min.; nähere Infos bei Croydon Aircraft Company, ✆ 03/208 9755, ⌨ www.themoth.co.nz). Besucher dürfen sich im Hangar umsehen, wo ständig alle möglichen Flugzeuge restauriert werden, und natürlich durch das nagelneue **Museum** bummeln, das alle möglichen schönen Flugzeuge versammelt; ⏰ tgl. 10–17 Uhr, Eintritt ca. $15. Daneben ist The Moth, ✆ 03/208 9662, ein kürzlich renoviertes stilvolles Restaurant mit Bar.

Übernachtung

Fire Station Backpackers, 19 Hokonui Drive, ✆ 03/208 1925, ⌨ www.thefirestation. co.nz. Sehr gemütliches Hostel. Dorms $25, Zimmer ❶

Wentworth Heights, 86a Wentworth St, ✆ 03/208 6476, ⌨ www.wentworthheights.co. nz. Gemütliche DZ mit Bad, fabelhaftes Frühstück und Abendessen (auf Vorbestellung) und äußerst herzlicher Empfang. Der Besitzer leitet außerdem Angeltrips, ⌨ www.flyfish mataura.co.nz. ❺

Essen

Howl at the Moon, 2 Main St. Café/Bar mit einem Hauch von neuseeländischer Cowboy-Atmosphäre, serviert eine gute Auswahl an Snacks und größeren Gerichten für unter $28. In der Bar geht es Fr und Sa abends hoch her.

Casa Bella, 81 Hokonui Drive, 1 km vom Zentrum, ✆ 03/208 0154, edleres Restaurant; ⏰ Di–Sa abends.

Table Top Café, 76 Main St, normale Caféspeisen, ⏰ Mo–Fr 8–17, Sa 9–14 Uhr.

Informationen

i-SITE Visitor Centre, Norfolk St, Ecke Hokonui Drive, ✆ 03/203 9288, ⌨ www.gorenz.com, ⏰ Mo–Fr 8.30–17, Sa und So 9.30–16 Uhr.

Transport

Gore liegt an der Hauptstrecke der Busse zwischen Dunedin, Invercargill und Te Anau. Die Busse halten am Visitor Centre.

Von Dunedin nach Stewart Island

Invercargill und Umgebung

Für viele Besucher ist **Invercargill** nicht viel mehr als eine Zwischenstation auf dem Weg nach Stewart Island oder an die Catlins Coast. Jedoch lohnt die Stadt durchaus einen kurzen Aufenthalt. Sie wurde Mitte der 50er-Jahre des 19. Jhs. gegründet und erstreckt sich über eine ungeschützte, weite Ebene am Anfang des New River Estuary.

Im Jahr 2000 bot die wichtigste Bildungseinrichtung der Stadt, das Southern Institute of Technology (SIT), Neuseeländern und Australiern kostenlosen und (anderen) Ausländern weitaus günstigeren Unterricht als gewöhnlich. In der Folge schwoll die Einwohnerzahl von Invercargill auf 54 000 an, und die Kultur- und Kneipenszene der Stadt erfuhr eine starke Belebung. Vor Kurzem ist man überdies in der Nähe vielleicht auf eine Ölquelle gestoßen, was einige Investitionen in der Stadt nach sich gezogen hat.

Im Süden von Invercargill liegt an der Spitze einer schmalen Landzunge **Bluff**, der Abfahrtspunkt für die Fähren nach Stewart Island.

Invercargill

Die Hauptsehenswürdigkeit im Zentrum von Invercargill ist das **Southland Museum and Art Gallery** am Südeingang zum Queens Park in der Victoria Avenue. Das von einer großen weißen Pyramide gekrönte Gebäude beherbergt eine gut angelegte Sammlung auf zwei Stockwerken. Oben konzentriert sich die umfangreiche und fantasievolle Abteilung „Beyond the Roaring Forties" auf die subantarktischen Inseln Neuseelands, unten wird ein erfolgreiches Zuchtprogramm von Tuatara behandelt, ein Reptil aus der Dinosaurierzeit, das nirgendwo sonst auf der Welt zu finden ist. Man kann die Tiere durch Glasfenster auf der dem Park zugewandten Rückseite des Museums sehen (an sonnigen Tagen zeigen sie sich normalerweise am Nachmittag). Die Art Gallery wiederum zeigt in wechselnden Ausstellungen internationale und nationale Werke sowie Arbeiten von aufstrebenden Künstlern aus Southland und Filme. ◷ Mo–Fr 9–17, Sa und So 10–17 Uhr; Spende.

Der große **Queens Park** erstreckt sich hinter dem Museum nach Norden und ist seit 1869 eine öffentliche Grünanlage. Heute gibt es hier u. a. hübsch angelegte Gärten und ein Vogelhaus. Der Haupteingang befindet sich in der Gala Street.

Einen guten Überblick über die Stadt bietet der 40 m hohe **Wasserturm** aus Backstein (1889) an der Kreuzung von Doon Street und Leet Street, ◷ So und feiertags 13.30–16.30 Uhr; Eintritt $2.

Hinter einer Art-déco- und einer altägligeren Fassade verbirgt sich **E. Hayes and Sons Ltd**, 168 Dee St, ein riesiger Eisenwarenhandel, wo es inmitten der Verkaufsartikel einige alte Motorräder zu sehen gibt, darunter das original Indian Scout, das Burt Munro gehörte (dem Helden des Films *Mit Herz und Hand (The World's Fastest Indian)*, s. S. 140), und einen funktionierenden Benzinmotor, der nach einer Wette aus in einer Garage gefundenem Müll zusammengebaut wurde. ◷ Mo–Fr 7.30–17.30, Sa und So 9–16 Uhr.

Bierkenner zieht es sicher in die **Invercargill Brewery**, 8 Wood St, ☏ 03/214 5070, 🖥 www.invercargillbrewery.co.nz; Braumeister Steve Nally braut etwa ein halbes Dutzend Sorten, darunter Biman, das besonders gut zu scharfen Currys passt, und Pitch Black mit Kaffeearoma; dazu kommen saisonale Biere wie Boysenbeerenbier oder Rauchbier. Laden ◷ Mo–Do 11–17.50, Fr 11–18, Sa 11–16 Uhr, Führungen mit anschließender Probierrunde n. V., wenn nicht gebraut wird; $15.

Anderson Park und Oreti Beach

Am Rande von Invercargill, 7 km nördlich des Stadtzentrums, erstreckt sich der hübsche Anderson Park, der die landschaftliche Kulisse für die sehenswerte **Anderson Park Art Gallery** bildet. Das Gebäude wurde 1925 in georgianischem Stil für einen örtlichen Geschäftsmann errichtet. Der Entwurf stammt vom Architekten Cecil Wood aus Christchurch. Die wunderbare Galerie zeigt eine Dauerausstellung traditioneller und zeitgenössischer neuseeländischer Kunst, u. a. mit Werken von Houtere, McCahon, Bevan Ford und Frizell, die im Oktober vorübergehend durch eine Frühjahrsschau aktueller Kiwi-Kunst ersetzt wird. ◷ tgl. 10.30–17 Uhr; bei Sonderausstellungen Eintritt in Form einer Spende, ansonsten frei.

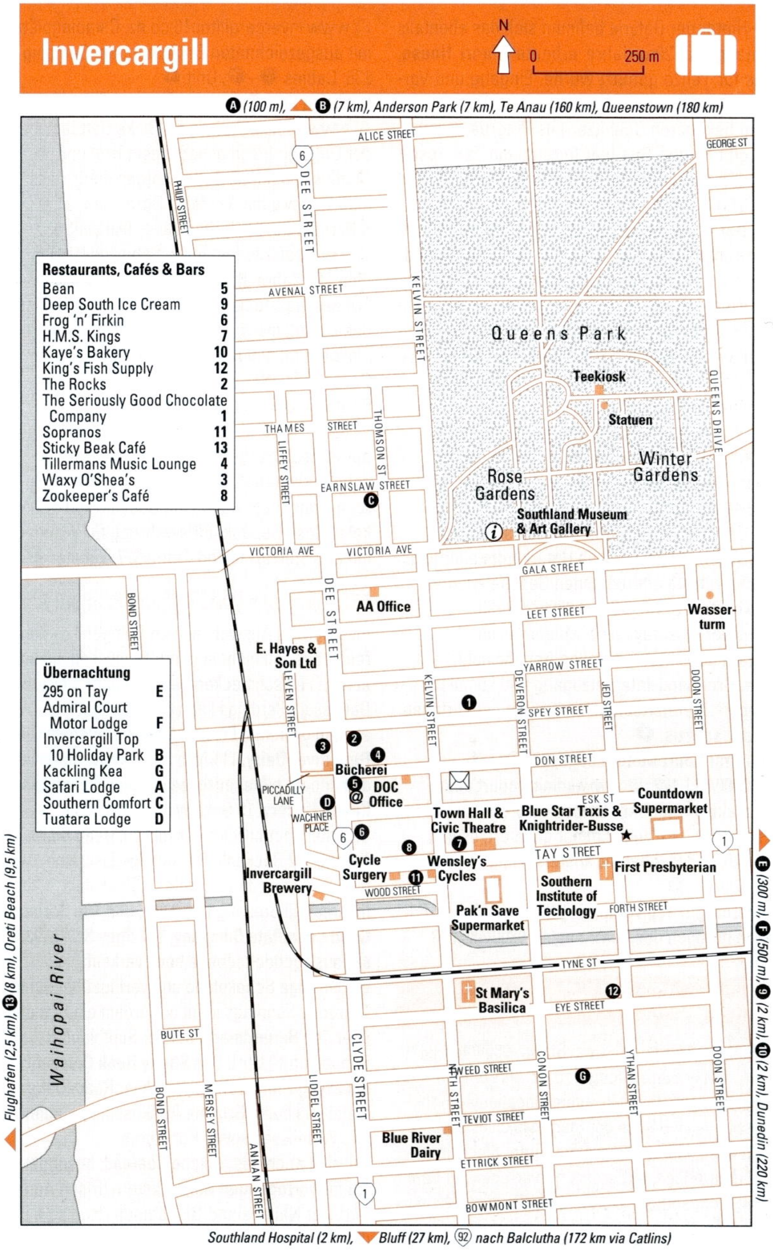

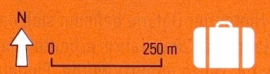

A (100 m), B (7 km), Anderson Park (7 km), Te Anau (160 km), Queenstown (180 km)

Restaurants, Cafés & Bars

Bean	5
Deep South Ice Cream	9
Frog 'n' Firkin	6
H.M.S. Kings	7
Kaye's Bakery	10
King's Fish Supply	12
The Rocks	2
The Seriously Good Chocolate Company	1
Sopranos	11
Sticky Beak Café	13
Tillermans Music Lounge	4
Waxy O'Shea's	3
Zookeeper's Café	8

Übernachtung

295 on Tay	E
Admiral Court Motor Lodge	F
Invercargill Top 10 Holiday Park	B
Kackling Kea	G
Safari Lodge	A
Southern Comfort	C
Tuatara Lodge	D

ALICE STREET
GEORGE ST
PHILIP STREET
DEE STREET
AVENAL STREET
KELVIN STREET

Queens Park

Teekiosk
Statuen
Winter Gardens
Rose Gardens

THAMES STREET
LIFFEY STREET
THOMSON STREET
EARNSLAW STREET

Southland Museum & Art Gallery

VICTORIA AVE
VICTORIA AVE
GALA STREET

DEE STREET
AA Office
LEET STREET
Wasser-turm

E. Hayes & Son Ltd
YARROW STREET
DEVERON STREET
SPEY STREET
JED STREET
DOON STREET

LEVEN STREET
KELVIN STREET
DON STREET

Bücherei
DOC Office
PICCADILLY LANE
WACHNER PLACE

Town Hall & Civic Theatre
Blue Star Taxis & Knightrider-Busse
ESK ST
Countdown Supermarket

Cycle Surgery
Wensley's Cycles
TAY STREET
First Presbyterian

Invercargill Brewery
WOOD STREET
Southern Institute of Techology
FORTH STREET

Pak'n Save Supermarket
TYNE ST

BUTE ST
CLYDE STREET
St Mary's Basilica
EYE STREET
12

TWEED STREET
CONON STREET
YHAN STREET
DOON STREET
G

BOND STREET
MERSEY STREET
LIDDEL STREET
ANNAN STREET
Blue River Dairy
TEVIOT STREET
ETTRICK STREET
BOWMONT STREET

Waihopai River

Flughafen (2,5 km), B (8 km), Oreti Beach (9,5 km)

Von Dunedin nach Stewart Island

(300 m), (500 m), (2 km), (4 km), Dunedin (220 km)

Southland Hospital (2 km), Bluff (27 km), 92 nach Balclutha (172 km via Catlins)

Hinter der Galerie befindet sich das ebenfalls Anfang der 20er-Jahre erbaute **Maori House**, das für Tänze genutzt wurde. Eingang und Vorbau sind mit Schnitzereien von Tene Waitere, einem bekannten Schnitzer aus Rotorua, verziert. Es gibt keinen Bus hier heraus; ein Taxi kostet ca. $25 einfach, oder man leiht sich ein Fahrrad (S. 679).

Der **Oreti Beach**, 10 km westlich des Stadtzentrums, ist ein wunderschöner breiter Sandstrand, der sich 30 km bis zum Badeort Riverton im Westen windet und eine herrliche Aussicht auf Stewart Island und Bluff gewährt. Im Sommer wird hier gerne gebadet und Wasserski gefahren, an windigen Tagen können hier jedoch regelrechte Sandstürme toben.

Übernachtung

Hier unten im Süden sind die Übernachtungspreise moderat, und es gibt eine gute Auswahl an Unterkünften im Zentrum; dienstags und mittwochs füllen sich die Unterkünfte allerdings recht früh mit eintrudelnden Geschäftsleuten.

295 on Tay, 295 Tay St, ☎ 0800/295 295, 🖳 www.295ontay.co.nz. Modernes und geräumiges Motel mit allen Annehmlichkeiten, u. a. Breitband-Internetzugang und komplett eingerichteten Küchen; einige Zimmer verfügen über Jacuzzis. ❹

Admiral Court Motor Lodge, 327 Tay St, ☎ 0800/111 122, 🖳 www.admiralcourt.co.nz. 10 makellos saubere Selbstversorger-Units; Frühstück wird zum Zimmer geliefert, es gibt WLAN und Flughafentransfers. Einige Units mit Whirlpool. ❹

Invercargill Top 10 Holiday Park, 77 McIvor Rd, 9 km nördlich des Zentrums, ☎ 0800/486 873,

Gutes Hostel im Zentrum

Tuatara Lodge, 30 Dee St, ☎ 0800/488 282, 🖳 www.tuataralodge.co.nz. Freundliches, geräumiges Hostel in einem umgebauten Bankgebäude im Herzen der Stadt. Makellos saubere Zimmer, kleiner Parkplatz, gute Sicherheitsvorkehrungen, außerdem hervorragendes Café im Erdgeschoss. Dorms $25, Zimmer ❷, mit Bad ❹

🖳 www.invercargilltop10.co.nz. Campingplatz mit ausgestatteten Einrichtungen. Camping $36, Cabins ❷–❸, Unit ❹

Kackling Kea, 225 Tweed St, ☎ 03/214 7950, 🖳 www.kacklingkea.co.nz. Dicke Bettdecken, der Duft von frisch gebackenem Brot und Muffins und nur 20 Betten sorgen dafür, dass man sich wie daheim fühlt. Dorms $26–28, DZ ❷

Safari Lodge, 51 Herbert St, ☎ 0800/885 557, 🖳 www.safarilodge.co.nz. Schickes B&B in über 100 Jahre altem Anwesen voller Erinnerungsstücke von den Mosambik-Reisen des Eigentümers. Geschmackvoll eingerichtete Zimmer und einige hübsche Oldtimer in der Garage. ❽–❾

Southern Comfort, 30 Thomson St, ☎ 03/218 3838, ✉ coupers@xtra.co.nz. Kürzlich aufgefrischtes Vororthostel in einer wunderschön erhaltenen viktorianischen Villa. Ausgezeichnete Küche mit Geschirrspüler und kostenlose Gepäckaufbewahrung für Wanderer mit Ziel Stewart Island. Dorm $27, Zimmer ❷

Essen und Unterhaltung

Invercargills Auswahl an vernünftigen Lokalen reicht aus, um nicht hungern zu müssen, bietet echten Feinschmeckern jedoch kaum größere Genüsse. Allerdings kann man sich gut mit einigen **örtlichen Erzeugnissen** verpflegen: Die **Blue River Dairy**, 111 Nith St, 🖳 www.blueriver dairy.co.nz, bietet ausgezeichneten Schafskäse, **Kaye's Bakery**, 19 Onslow St, Backwaren, darunter spottbilligen Keksbruch, **Deep South Ice Cream**, 122 Rockdale Rd, sahnige Eiscreme, u. a. eine Sorte aus dem Bier Pitch Black der Invercargill Brewing Company, und **The Seriously Good Chocolate Company**, 147 Spey St, 🖳 www. seriouslygoodchocolate.com, verkauft erstklassige Schokolade und verfügt über einen Tearoom. Sonntags lohnt außerdem ein Bummel über den **Bauernmarkt** bei der Southland Boys School (ab 10 Uhr). Das **Sticky Beak Café**, auf dem Weg zum Strand an der Viner Road, Oatara, bietet das beste Brot mit Aprikosen, Pflaumen und Walnüssen sowie Konfitüren.

Toll sind auch das örtliche **Seafood**, besonders die hervorragenden Bluff-Austern (frisch April–Okt), der Neuseeland-Blaubarsch *(blue cod)* und die Dunkelsturmtaucher *(muttonbirds)*. Frischen

Cooler Elefant

Zookeeper's Café, 50 Tay St. Cooles Café/
Bar, leicht zu erkennen an dem Wellblechelefanten auf dem Dach. Bietet Brunch, Kneipenessen, Snacks (tolle Seafoodsuppe) und
Gerichte für $15–30, außerdem Bier aus der
Stadt und Wein.

Fisch gibt's bei **King's Fish Supply**, 59 Ythan St,
⊕ Mo–Di 8.30–19.30, Mi–Sa 8.30–20.30,
So 16–20.30 Uhr; wer möchte, kann sich den
gekauften Fisch auch gleich zubereiten lassen
($1 extra). Außerdem gibt es hier unglaublich
billige köstliche Fish'n'Chips ($6).
Zu fortgeschrittener Stunde verwandeln sich
einige lebendige **Bars** in Danceclubs, es gibt
auch eine Hand voll Nachtclubs. Informationen
über Auftritte von **Bands** aus der Stadt stehen
in der *Southland Times*. Am umtriebigsten zeigt
sich die örtliche Szene während des Semesters.
Bean, 73 Dee St. Bei den Einheimischen
beliebtes funktionales Frühstücks- und Lunch-
café mit exzellentem Kuchen und Frühstück und
starkem Kaffee. ⊕ Mo–Fr 7–16, Sa 8.30–14 Uhr.
Frog 'n' Firkin, 31 Dee St. Lebhafter Pub, vor
allem gegen Ende der Woche nach Mitternacht,
wenn er sich in ein Tanzlokal verwandelt.
H. M. S. Kings, 80 Tay St, ✆ 03/218 3443.
Von King's Fish Supply beliefertes Seafood-
Restaurant – der beste Ort, um frische Bluff-
Austern (nur April–Okt) und köstlich zubereitete
einheimische Fische zu probieren. Hauptgerichte
abends um die $35. ⊕ Sa und So mittags
geschlossen.
The Rocks, Courtville Place, 101 Dee St, ✆ 03/
218 7597. Kleines, künstlerisch angehauchtes
Restaurant mit abwechslungsreicher Speisekarte. ⊕ Di–Sa 11–14 und ab 17 Uhr.
Sopranos, 33 Tay St. Pizzeria mit Mafia-Motto
und vernünftigen Preisen. ⊕ Mo geschl.
Tillermans Music Lounge, 16 Don St,
✆ 03/218 9240. Beliebte Bar mit Billardtischen,
wo Sa abends teils recht unkonventionelle
Livemusik zu hören ist.
Waxy O'Shea's, 90 Dee St. Lebhafte,
überzeugende irische Bar mit guter Musik,
gelegentlich Live-Bands.

Büchereien
Invercargill Public Library, 50 Dee St,
✆ 03/218 7025, ⊕ Mo–Fr 9–20, Sa 10–13,
So 13–16 Uhr.

Einkaufen
Glowing Sky, 150 Spey St. Dieses auf
Stewart Island beheimatete Unternehmen
mit Geschäften in Wellington, Auckland,
Invercargill und Wanaka hat sich zum
führenden Hersteller von Kleidung aus Merino-
Wolle entwickelt, die sich nicht nur toll für
Outdoor-Aktivitäten eignet, sondern auch noch
äußerst modisch ist. Die Preise sind klasse,
und wer etwas Warmes für die Wanderung
braucht, sollte sich hier umsehen.

Fahrradverleih
Cycle Surgery, 2l Tay St, ✆ 03/218 8055,
gute Mountainbikes für $35 pro Tag.
Wensley's Cycles, Tay St, Ecke Nith St,
✆ 03/218 6206, ab $35 pro Tag.
i-SITE, $15 für 4 Std.

Informationen
Das ausgezeichnete **i-SITE Visitor Centre**
befindet sich im Foyer des Southland
Museum, 105 Gala St, ✆ 03/211 0845, 🖳 www.
visitinvercargillnz.com. Neben dem *Event time
in Southland* (ideal, um sich über lokale
Veranstaltungen zu informieren) und dem
Fahrplan der 12 städtischen Buslinien gibt es
hier auch eine Gepäckaufbewahrung ($2/Tag).
⊕ tgl. 8–17 Uhr.
Das Büro des **DOC**, im State Insurance Building,
Level 7, Don St, ✆ 03/214 4589, liefert Informationen über Wanderwege und die Tierwelt in
den Catlins, auf Stewart Island und in Fiordland.
⊕ Mo–Fr 9–16.30 Uhr.

Internet
Internetzugang bietet das Visitor Centre
(mit Münzeinwurf).

Kino
Das **Reading**, 29 Dee St, ✆ 03/211 1555,
verfügt über 5 Kinosäle und bietet dienstags
ermäßigten Eintritt.

Von Dunedin nach Stewart Island

Medizinische Hilfe

Apotheke: im Supermarkt **Countdown**, ⊕ Mo–Do und Sa–So 8.30–20, Fr 8.30–21 Uhr. **Ärztliche Hilfe: Southland Hospital**, Kew Rd, ✆ 03/218 1949, unterhält eine 24 Std. geöffnete Unfallstation und Notaufnahme. Im Krankheitsfall und bei kleineren Unfällen wendet man sich außerhalb der Praxiszeiten an den **Urgent Doctor Service**, 103 Don St, ✆ 03/218 8821, ⊕ Mo–Fr 5–22 Uhr; Sa, So und feiertags 24 Std.

Polizei

Die zentrale Polizeiwache befindet sich in der 117 Don St, ✆ 03/211 0400.

Post

Hauptpost, 51 Don St, nahe der Kreuzung mit der Kelvin St, ⊕ Mo–Fr 8.30–17, Sa 10–12.30 Uhr.

Nahverkehr

Es gibt 12 städtische **Buslinien**; die meisten Busse verkehren ausgehend vom Zentrum auf Rundstrecken. Fahrpläne sind im Visitor Centre erhältlich; Auskunft ✆ 03/218 7170. Daneben gibt es ein paar kostenlose Busstrecken; Näheres verrät ein Informationsbrett draußen vor der Stadtbücherei in der Dee Street.

Transport

Busse

Endstation der **Knightrider**-Busse aus CHRISTCHURCH ist in der Tay St, Ecke Jed St, alle anderen halten vor dem i-SITE Visitor Centre, 105 Gala St.

Busse nach:
BALCLUTHA 2–4x tgl., 2 1/2 Std.;
DUNEDIN 3–4x tgl., 3 1/2 Std.;
GORE 2–4x tgl., 1 Std.;
QUEENSTOWN 2x tgl., 2 1/2 Std.;
TE ANAU 1x tgl., 4 Std.;
WANAKA 1x tgl., 4 Std.

Flüge

Der Flughafen von Invercargill liegt 2,5 km südwestlich des Stadtzentrums. Es bestehen direkte Verbindungen mit CHRISTCHURCH (5–7x tgl., 1 1/4 Std.) und STEWART ISLAND (3x tgl., 20 Min.). Taxis von **Blue Star**, ✆ 03/218 6079, verkehren vom Flughafen in die Stadt; $20. **Executive Rental Cars**, ✆ 03/214 3434, bietet einen Shuttle-Service in die Stadt; $15 p. P.

Bluff

27 km südlich von Invercargill (20 Minuten mit dem Auto auf dem SH1) liegt an der Foveaux Strait das Fischerstädtchen Bluff mit seinem künstlich angelegten Hafen. Es ist der Abfahrtspunkt der **Fähre nach Stewart Island**. Man braucht nicht länger als einen halben Tag, um die Ortschaft zu erkunden; Besucher ohne fahrbaren Untersatz müssen allerdings gut zu Fuß sein, da sich die Siedlung etwa 6 km am Ufer entlangzieht.

Bluff ist seit 1824 durchgehend besiedelt und damit der älteste europäische Ort in Neuseeland. Das Alter hat sichtbare Spuren hinterlassen, was den betriebsamen **Hafen** jedoch unbeeindruckt lässt: Hier werden Fleisch, Holz, Aluminium, Fisch und Wolle aus Southland exportiert und eine Vielzahl an Waren aus Übersee importiert.

Die Foveaux Strait birgt außerdem eine sehr gefragte Delikatesse – die süße **Bluff-Auster**. Dieses Tiefsee-Schalentier wird von April–Okt gefangen und dann in Fabrikhallen in Bluff verarbeitet, bevor es in das ganze Land verschickt wird. Zwischen Juni und August kann man sie in mehreren Läden direkt am Wasser zu Fabrikpreisen kaufen, z. B. bei **Johnson's Oysters**, ✆ 03/212 8665, ⊕ tgl. 8–17 Uhr.

Den glitschigen kleinen Tieren ist gar ein eigenes Fest gewidmet: das **Bluff Oyster and Southland Seafood Festival**, das alljährlich am dritten Maiwochenende im Bluff Events Centre stattfindet; da der Veranstalter gerade gewechselt hat, gibt es noch keine genaueren Details.

Bluffs kleines **Maritime Museum** in der Foreshore Road – am Ortseingang, wenn man von Invercargill kommt – zeigt historische Ausstellungsstücke zum Walfang, dem Bau des Hafens, dem Austernfang und Schiffswracks. ⊕ Mo–Fr 10–16.30, Sa und So 13–17 Uhr; Eintritt $2. Das Museum fungiert auch als örtliche **Touristeninformation**.

Obwohl Bluff nicht der südlichste Punkt der Südinsel ist – das ist Slope Point in den Catlins –, steht am **Stirling Point** ein Wegweiser – das Gegenstück zu jenem am anderen Ende des Landes am Cape Reinga –, der die Entfernungen zu großen internationalen Städten sowie zum Äquator (5133 km) und zum Südpol (4810 km) angibt. Vor dem Wegweiser sieht man eine Ankerkette im Meer verschwinden: Gemäß der Maori-Überlieferung ist Stewart Island Ankerstein der Südinsel.

Vom Parkplatz am Ende der Straße lassen sich zwei leichte Wanderungen unternehmen: Der **Foveaux Walkway** (6,6 km; 2 Std. einfach, überwiegend flach) folgt der Küste zurück in den Ort; der **Topuni Track** (2 km einfache Strecke, 45 Min., 265 m Aufstieg) erklimmt den **Bluff Hill Lookout**, von dem sich ein Rundblick bis hin zur 35 km entfernten Stewart Island eröffnet. Der Aussichtspunkt ist auch per Straße von Bluff zu erreichen, wenn man der Lee Street, gegenüber dem Fähranleger, 3 km folgt.

Transport

Stewart Island Experience, ☎ 0800/000 511, unterhält eine regelmäßige Busverbindung von Invercargill, einfache Fahrt $18, abgestimmt auf die Fähre, die 2–4x tgl. nach STEWART ISLAND übersetzt (1 Std.). Näheres zu den Fähren nach Stewart Island s. S. 682.

16 HIGHLIGHT

Stewart Island

Neuseelands dritte Hauptinsel ist die relativ unbekannte Stewart Island, vom Festland durch die Foveaux Strait getrennt. Der Großteil der Insel ist unbewohnt und von kleinen Buchten, windumtosten Stränden und einem hügeligen Inneren mit Rimu-Wäldern und Granitfelsen geprägt. Mit der Schaffung des **Rakiura National Park** im Jahr 2002 stehen nun ganze 85 % der Insel offiziell unter Naturschutz.

Der maorische Name der Insel ist *Rakiura* („Das Land des glühenden Himmels"). Es wird noch darüber debattiert, ob sich dieser Name auf das Südlicht *(Aurora australis)* bezieht, das mitunter in diesen Breiten bewundert werden kann, oder auf die fantastischen Sonnenuntergänge. Captain Cook kam 1770 hier vorbei und verzeichnete sie auf seinen Karten irrtümlich als Halbinsel. Später wurde das Eiland nach William Stewart, dem 1. Offizier eines Segelschiffs, das 1809 hierher kam, benannt.

Mit der Ankunft der Europäer wurde das Abholzen von Rimus zum wirtschaftlichen Rückgrat der Insel und gab in den 1930er-Jahren 3000 Bewohnern ein Auskommen. Fast alle der heute 360 Inselbewohner leben im einzigen Ort auf Stewart Island, **Oban**, und halten sich mit der Arbeit im Naturschutz, Fischerei (Langusten, Neuseeland-Barsche und Paua), der Fischzucht (Lachse und Muscheln) und dem Tourismus über Wasser.

Manche Besucher finden den gemächlichen Gang der Dinge auf der Insel so angenehm, dass sie am Ende länger als ursprünglich geplant bleiben wollen, vor allem wenn sie **Wanderungen** in die Wildnis oder Seekajaktouren unternehmen möchten. Andere werden von der ursprünglichen Natur angezogen.

Überfüllt ist es auf der Insel zwar nie – sie zählt nur etwa 35 000 Übernachtungsgäste pro Jahr –, doch wer zwischen Mitte Dezember und Mitte Februar anreist, sollte das meiste vorab buchen. Das **Klima** ist gemäßigt, aber unberechenbar, man sollte entsprechend vorbereitet sein.

Straßen gibt es nur in der unmittelbaren Umgebung von Oban, sodass Ausflüge zu entlegeneren Zielen eine gute Planung erfordern. Wie überall in Neuseeland müssen Wanderer auf einige Wetterkapriolen gefasst sein, auf Stewart Island kommen jedoch noch die Winde hinzu, die auf direktem Weg über das Meer von der Antarktis auf die Insel treffen. Um Sonne und Regen (nicht selten fast gleichzeitig) zu trotzen, empfiehlt es sich, mehrere Lagen Kleidung übereinander zu tragen. Außerdem sollte man Insektenschutzmittel gegen Sandfliegen dabei haben. Zwischen November und März können sich die Hütten schnell füllen, sodass es ratsam ist, ein Zelt mitzunehmen.

Auf Stewart Island gibt es **keine Banken** oder **Geldautomaten**, und obwohl viele Unternehmen Kreditkarten akzeptieren, ist es ratsam, ausreichend Bargeld mitzubringen. Nur Telecom deckt Teile der Insel mit seinem **Mobilfunknetz** ab.

Anreise

Da die Foveaux Strait im Ruf steht, selbst den robustesten Seeleuten die Mägen umzudrehen, nehmen viele Besucher lieber einen **Flug** von Invercargill, obwohl auch das eine holprige Angelegenheit sein kann. Stewart Island Flights, ✆ 03/218 9129, 🖥 www.stewartislandflights.com, bedient die Strecke 3x tgl. in 20 Min.; $185 hin und zurück, teilweise billiger. Die Anfahrt zum Flughafen Invercargill kostet mit dem Taxi $15, der Transport zwischen dem Flugplatz in Oban und dem Ort ist im Ticketpreis inbegriffen. Zu beachten ist die strenge **Gepäckobergrenze** von 15 kg p. P. und das Verbot der Mitnahme von Propangaskanistern. Das Parken am Flughafen kostet etwa $8 für die ersten 24 Std. und wird dann bei längerer Verweildauer günstiger. Eine andere Möglichkeit der Anreise ist mit Stewart Island Helicopters, ✆ 03/212 7700, 🖥 www.stewart islandhelicopters.co.nz, $195 einfach nach Oban, ansonsten je nach Ziel unterschiedliche Preise.

Wer viel Gepäck hat, Brennstoff für Campingkocher mitnehmen möchte oder einfach Geld sparen will, kann eine die **Fähren** nehmen. Die schnellen Katamarane von Stewart Island Experience, ✆ 03/212 7660 und 0800/000 511, 🖥 www.stewartislandexperience.co.nz, legen 2–4x tgl. von Bluff ab und erreichen nach 1 Std. den Anleger in Oban ($63 einfach); Abfahrten in der Regel ca. 9.30 Uhr und am späten Nachmittag, im Sommer häufiger. Ein Shuttle-Bus bringt die Fahrgäste von Invercargill und vom Flughafen ($20 einfach) zur Fähre. Am Terminal in Bluff gibt es auch sichere Parkplätze (ca. $10 pro Tag).

Angesichts der verstreut liegenden Sehenswürdigkeiten lässt sich die Insel sehr gut im Rahmen einer **geführten Wandertour** besuchen, beispielsweise mit Ruggedy Range, ✆ 03/219 1066, 🖥 www.ruggedyrange.com.

Oban (Halfmoon Bay) und Umgebung

Oban

Verstreut um die reizvolle Halfmoon Bay liegt Oban (allgemein auch als Halfmoon Bay bekannt), ein Ort mit kaum mehr als ein paar Dutzend Häusern, einem Visitor Centre, einem winzigen Museum, einer Hand voll Läden und Cafés und einem Hotel mit Kneipe. Wer von der Südinsel kommt, erreicht Oban entweder am Bootsanleger im Zentrum oder auf dem Flugfeld 3 km westlich des Ortes. Die Fahrt mit dem Wassertaxi, z. B. nach einem Besuch der Mason Bay, endet in der **Golden Bay**, gut 1 km südwestlich. Die Attraktionen von Oban sind recht dürftig, einen Blick lohnt jedoch das **Rakiura Museum** in der Ayr Street. Die kleine Maori-Sammlung weist eine seltene Halskette aus Delphinzähnen auf, während die Ausstellung zum Walfang zwei riesige Zähne eines Pottwals einschließt. ◷ Mo–Fr 9–13.30, Sa 10–13.30, So 12–14 Uhr; Eintritt $2.

Ein Spaziergang von weniger als 10 Min. führt zum Laden **The Fernery**, 20 Main St, ✆ 03/219 1453, einer Fundgrube für Souvenirs und Geschenkartikel; ◷ Sep–Mai tgl. 10–18 Uhr, im Winter kürzer. Im Ort lockt neben dem Supermarkt ein tolles Geschäft von **Glowing Sky** (S. 679), in dem äußerst praktische und zudem modische Kleidung aus Merino-Wolle verkauft wird. Oben am Berg liegt an der Leonard Street 25 Min. von der Ortsmitte entfernt der **Observation Rock** mit Panoramablick über den Paterson Inlet und den jenseits davon aufragenden höchsten Gipfel der Insel, den Mount Anglem. Bei Sonnenuntergang findet sich nicht selten auch ein Dutzend kreischender Kakas ein.

Nördlich der Halfmoon Bay, 20 Min. Fußweg entlang der Horseshoe Bay Road, liegen die abgeschiedenen **Moturau Moana Gardens**. Dort finden sich zwischen Rasenflächen, einheimischen Pflanzen und dichtem Urwald Picknicktische, Grillstellen und eine Aussichtsplattform mit Blick über die Bucht bis nach Oban.

Paterson Inlet und Ulva Island

Obans Vogelwelt ist für sich schon etwas Besonderes, aber kein Vergleich zu Ulva Island, einem 2 km vor der Küste gelegenen Naturschutzgebiet im Paterson Inlet, wo Besucher auf einer Reihe leichter Wanderwege durch dichten Regenwald und zu abgeschiedenen Stränden die Gelegenheit haben, den bedrohten Sattelstar und seltene Ziegensittiche zu sehen.

Die lange, flache Insel wurde dank enormer Anstrengungen der Einheimischen von einge-

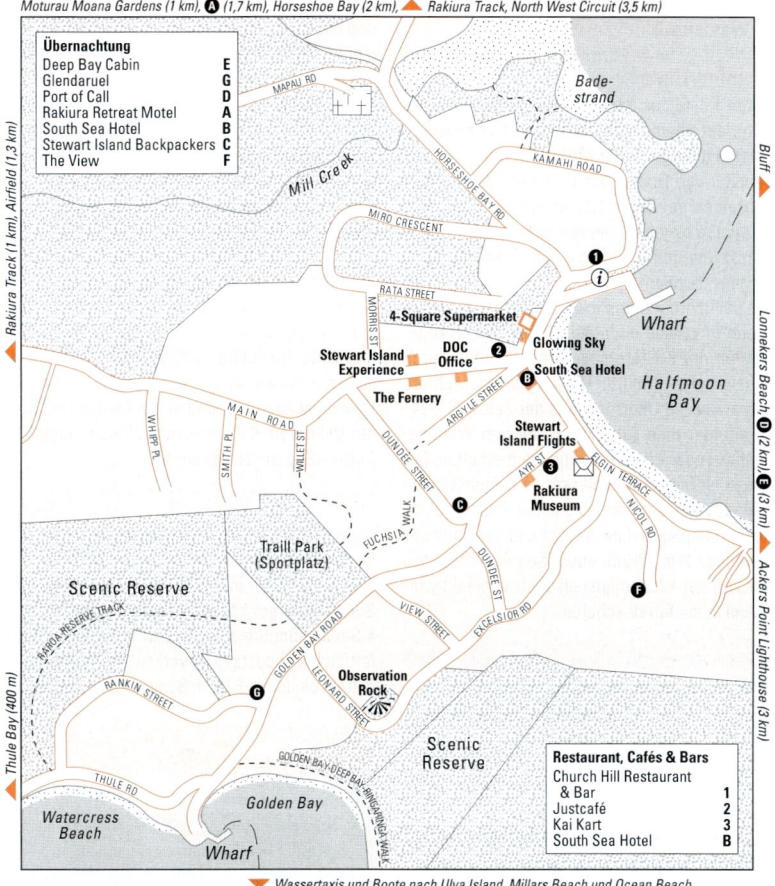

Oban

N
0 — 200 m

Moturau Moana Gardens (1 km), **A** (1,7 km), Horseshoe Bay (2 km), ▲ Rakiura Track, North West Circuit (3,5 km)

Übernachtung

Deep Bay Cabin	E
Glendaruel	G
Port of Call	D
Rakiura Retreat Motel	A
South Sea Hotel	B
Stewart Island Backpackers	C
The View	F

Rakiura Track (1 km), Airfield (1,3 km)

Thule Bay (400 m)

MAPAU RD

Mill Creek

MIRO CRESCENT

RATA STREET

MORRIS ST

MAIN ROAD

WHIPP PL

SMITH PL

WHILEY ST

DUNDEE STREET

ARGYLE STREET

FUCHSIA WALK

VIEW STREET

LEONARD STREET

GOLDEN BAY ROAD

RANKIN STREET

THULE RD

BARRA RESERVE TRACK

Scenic Reserve

Traill Park
(Sportplatz)

Observation
Rock

GOLDEN BAY–DEEP BAY–RINGARINGA WALK

Watercress
Beach

Golden Bay

Wharf

Scenic
Reserve

HORSESHOE BAY RD

KAMAHI ROAD

Bade-
strand

Bluff

4-Square Supermarket

**Stewart Island
Experience**

**DOC
Office**

Glowing Sky

2

B **South Sea Hotel**

The Fernery

**Stewart
Island Flights**

AYR ST

3

**Rakiura
Museum**

ELGIN TERRACE

N NICOL RD

EXCELSIOR RD

F

C

1

i

Wharf

Halfmoon
Bay

Lonnekers Beach, **D** (2 km), **E** (3 km)

Ackers Point Lighthouse (3 km)

Restaurant, Cafés & Bars

Church Hill Restaurant & Bar	1
Justcafé	2
Kai Kart	3
South Sea Hotel	B

▼ Wassertaxis und Boote nach Ulva Island, Millars Beach und Ocean Beach

schleppten Raubtieren befreit. Heute ist Ulva Island ein offen zugängliches **Schutzgebiet** (☉ tagsüber, Eintritt frei). Die dichte Vegetation beherbergt Wekarallen, Makomako, Kaka, Springsittiche, Ziegensittiche, Tui, Graufächerschwänze, Tauben und Rotkehlchen, die sich Besuchern ohne Scheu und voll Neugier nähern.

Primäres Transportmittel sind **Wassertaxis**, die von der Golden Bay zur Post Office Bay auf Ulva Island 10 Min. benötigen; $25 hin und zurück. Empfehlenswert ist die DOC-Broschüre *Explore an Island Paradise: Ulva Island* ($2), mit deren Hilfe man die Insel nach eigenem Belieben entlang leichter Pfade erkunden kann. In Sydney Cove nahe der Anlegestelle der Wassertaxis gibt es einen schönen überdachten Picknickbereich. Für den Ausflug sollte ein halber Tag eingeplant werden – Proviant nicht vergessen.

Am besten lernt man die Insel auf einer **geführten Tour** kennen, etwa mit *Ulva's Guided Walks*, ℘ 03/219 1216, 💻 www.ulva.co.nz, die 3-stündige Ausflüge anbietet ($95 inkl. Transport per Wassertaxi).

Whalers Base

An der Küste des Paterson Inlet ist die Whalers Base, ein ehemaliges Winterquartier norwegischer Walfänger nahe **Millars Beach**, ca. 7 km westlich von Oban. Wer will, kann sie im Rahmen eines geführten Kajakausflugs besuchen, ansonsten bleibt nur die Anfahrt mit einem Wassertaxi (hin und zurück ca. $55, Abholung nach ein paar Stunden).

Vom überdachten Picknickbereich am Millars Beach führt eine einfache, 20-minütige Wanderung an der Küste entlang nach Norden durch einheimischen Wald zur Walfangstation. Mehrere gespenstische Überreste aus der Zeit von 1924–32, als hier eine Antarktis-Flotte von Walfangschiffen repariert wurde, sind noch erhalten. Der Strand ist mit zurückgelassenen Gegenständen übersät: Ankerketten, riesigen Schiffsschrauben, einem Dampfkessel im Wasser und, am Ende des Strandes, dem Wrack eines Segelschiffes, das hier von der Walfanggesellschaft versenkt wurde, um einen Kai zu schaffen.

Übernachtung

Oban besitzt ein einigermaßen breites Angebot an Unterkünften. Während der Hauptreisezeit kann die Unterkunftssuche schwierig werden, es empfiehlt sich zu reservieren. In nächster Zukunft soll ein neues YHA-Hostel mit mehr als 50 Betten entstehen.
Deep Bay Cabin, Deep Bay, ℘ 03/219 1219, ✉ wanjengell@xtra.co.nz. Gemütliche Holz-Cabin für Selbstversorger, versteckt im Wald, mit 4 Schlafplätzen, Küche und Dusche. Etwa 20 Min. zu Fuß vom Oban. Ein toller Ort zum Ausruhen nach längeren Wanderungen. Für Wärme sorgt ein Kanonenofen. ❷
Rakiura Retreat Motel, 156 Horseshoe Bay Rd, ℘ 03/219 1096, 💻 www.rakiuraretreat.co.nz. Tolle Aussicht über die Halfmoon Bay von einem Hügel kurz hinter Oban, 2 km vom Kai (25 Min. zu Fuß). 5 gepflegte Units, eingerichtet im Maori-Stil. Gratis-Transfers. ❻

South Sea Hotel, 25 Elgin Terrace, ℘ 03/219 1059, 💻 www.stewart-island.co.nz. Zimmer im Obergeschoss eines 100 Jahre alten Gebäudes am Wasser. Gemeinschaftsbäder und hübsche Lounge mit Blick auf den Hafen; einige Zimmer haben Meerblick, andere liegen direkt über der lärmigen Bar. Hinter dem Gebäude gibt es modernere Motel Units und Zimmer in einem Cottage. ❹–❺
Stewart Island Backpackers, Ayr St, Ecke Dundee St, ℘ 03/219 1114, 💻 www.stewart-island.co.nz/shearwater. Zentrales, großes und recht schlichtes Hostel mit zahlreichen hübschen DZ und Twins sowie 4er-Dorms ($25), alle mit Gemeinschaftsbädern, außerdem Camping für $10 inkl. Nutzung der Hostel-Einrichtungen. ❷
The View, Nichol Rd, ℘ 03/219 1328. Freundliches, einladendes, geräumiges und sauberes Hostel mit einem DZ und einem 4er-Dorm ($30), nur 500 m vom Kai auf einem schönen Hügel. ⏱ Mai–Sep geschlossen. ❸

Essen

In Oban gibt es nur wenige **Lokale**, und Abendessen gibt es zumeist nur bis etwa 20.30 Uhr bzw. noch früher in den ruhigeren Monaten. **Selbstversorger** können sich im kleinen 4-Square-Supermarkt, 20 Elgin Terrace, der auch fertige Lunchpakte ($11) verkauft, mit Lebensmitteln eindecken; ⏱ im Sommer bis ca. 19 Uhr,

Schöne B&Bs

Glendaruel, 38 Golden Bay Rd, ℘ 03/219 1092, 💻 www.glendaruel.co.nz. Komfortables, freundliches B&B in bewaldeter Umgebung, 10 Min. Fußmarsch vom Ort entfernt. Alle Zimmer mit Bad, eigene Gästelounge, sehr aufmerksame Gastgeberin. ❼
Port of Call, Jensen Bay, ℘ 03/219 1394, 💻 www.portofcall.co.nz. Individuelles, zauberhaft eingerichtetes B&B in einem großen, sonnendurchfluteten Haus mit Blick über die Bucht, 2,5 km östlich von Oban. Außerdem mehrere herrliche Cottages für Selbstversorger (eines davon mit Platz für 3 Pers). Kostenloser Transport vom Ort und zurück. Cottages ❻–❼, B&B ❽

sonst bis 18.30 Uhr. Für einige Reisende ist vielleicht auch ein neuer Service interessant: **Stewart Island Moveable Feast**, ✆ 027/444 1802, liefert das Abendessen zur Unterkunft; 3 Gänge kosten $60.

Church Hill Restaurant & Bar, 36 Kamahi Rd, ✆ 03/219 1323. Eines der besten Speiselokale im Ort, von der Terrasse des 100 Jahre alten Gebäudes hat man eine schöne Aussicht auf die Halfmoon Bay, allerdings eher schwankend, was die Qualität der Speisen betrifft.

Justcafé, 6 Main Rd. Tagescafé mit tollem Kaffee, kleinen Mahlzeiten, Kuchen und Keksen. Der Betreiber bietet außerdem Wellness-Anwendungen wie Warmsteinmassagen und Seetang-Ganzkörperpackungen (ab $85). Café und Anwendungen ◷ Okt–April.

South Sea Hotel, Elgin Terrace. Der Inselpub darf als gesellschaftliches Zentrum Obans gelten. Im Restaurant gibt es Mittag- und frühes Abendessen zu vernünftigen Preisen.

Aktivitäten

Die Umgebung lädt zu herrlichen Kajakausflügen und kürzeren Wanderungen ein. Die beiden längeren Wanderrouten sind ab S. 688 beschrieben.

Kajakfahren

Abenteuerlustige werden die Meeresarme und Inseln lieber im Seekajak erkunden wollen. Ausgedehntere Exkursionen könnten zu einer der 4 vom Wasser zugänglichen DOC-Hütten im Paterson Inlet führen. Häufige Gäste in diesen Gewässern sind Große Tümmler und Pelzrobben, während das Watt Stelzvögel anlockt.
Die Gewässer um Stewart Island sind jedoch tückisch; am ruhigsten ist das Wasser von Mai bis August. Nur sehr erfahrene Kajakfahrer sollten sich ohne Begleitung hinauswagen.

Rakiura Kayaks, ✆ 03/219 1160, 🖵 www.rakiura.co.nz, veranstaltet ausgezeichnete geführte Halbtages- ($65) und Ganztages-Exkursionen ($85), daneben auch mehrtägige Ausflüge mit Übernachtung in einem Haus auf einer anderen Insel, wobei der Preis Verhandlungssache ist. Auch Kajakverleih.

Wandern

Die DOC-Broschüre *Day Walks* beschreibt mehr als ein Dutzend **kürzere Wanderungen** in der Umgebung von Oban, einige der schönsten davon direkt im Ort.

Fuchsia Walk/Raroa Track (einfache Strecke 2 km, 30 Min.). Der wenig benutzte Weg führt zum Watercress Beach und windet sich zunächst durch einen Wald von Baumfuchsien, in dem Tuis, Makomakos, Kakas und Tauben leben, bevor er den Trail Park erreicht. Jenseits davon gelangt man durch Rimu-Wald zum Strand.

Golden Bay–Deep Bay–Ringaringa (6 km Rundstrecke, 1 1/2–2 Std.). Ausgehend von der Golden Bay folgt der Pfad dem Küstenverlauf nach Osten bis zur Deep Bay, von dort über den Hügel zum Ringaringa Beach, von wo man der Ausschilderung folgend über einen Zaunübertritt bis zum Ringaringa Point und zu Gräbern von Missionaren weiterlaufen kann.

Harrold Bay and Ackers Point Lighthouse (hin und zurück 3 km, 40 Min.). Leicht zu bewältigender Küstenpfad mit Gelegenheit, **Zwergpinguine** und **Dunkle Sturmtaucher** zu beobachten, die in der Dämmerung zu ihren Nestern zurückkehren (Nov–Feb). Nahe dem Ausgangspunkt des Wanderweges lässt sich ein kurzer Abstecher zur **Harrold Bay** unternehmen, wo eines der ältesten europäischen Häuser Neuseelands steht, ein einfaches Steinhaus von 1835. Der Hauptweg führt weiter durch Küstenwald zu einem Leuchtturm und Aussichtspunkt, von wo man die Pinguine beobachten kann, wie sie zu ihren im Wald versteckten Nestern watscheln. Man braucht eine Taschenlampe, um sich nach Einbruch der Dunkelheit nicht zu verlaufen, aber es ist wichtig, den Strahl auf den Boden gerichtet zu lassen, um die Vögel nicht zu stören. Ausgangspunkt der von dort ausgeschilderten Wanderung ist die **Leask Bay**, 2,5 km östlich von Oban.

Von Dunedin nach Stewart Island

Touren

Ulva Island und die Whalers Base sind Ziele verschiedener Touren in den Paterson Inlet und darüber hinaus. Auch wer Kiwis in freier Wildbahn erleben möchte, muss dafür nicht unbedingt die ganze Insel bis zur Mason Bay durchqueren.

Einen ersten Überblick über die Insel bietet die **Village and Bays Tour** von **Stewart Island Experience**, 1–3x tgl., 90 Min., \$35, Reservierungen unter ☎ 03/219 0056, 🖥 www.stewartislandexperience.co.nz. **Bravo Adventure Cruises**, ☎ 03/219 1144, ✉ philldismith@xtra.co.nz. Bootstouren zu abgeschiedenen Winkeln im Paterson Inlet, um den Stewart Island-Streifenkiwi (eine Unterart der Festlandvögel) zu sehen. Die 4-stündigen Ausflüge (\$100) legen jeden zweiten Abend bei Sonnenuntergang vom Kai in der Halfmoon Bay ab. Die Touren sind wetterabhängig und sehr populär und sollten weit im Voraus gebucht werden. Man braucht warme Kleidung, festes Schuhwerk, eine Taschenlampe und sollte fit sein. Die Tour beinhaltet eine kurze Bootsfahrt und bis zu 2 Std. Fußmarsch in der Dunkelheit, z. T. durch steiles Terrain, zu einem windumtosten Strand, wo Kiwis nach kleinen Krustentieren jagen. Es wird sehr darauf geachtet, dass diese scheuen Vögel nicht gestört werden. **Stewart Island Experience**, ☎ 03/219 0034, 🖥 www.stewartislandexperience.co.nz. Bietet 2 Touren: die gemütliche Paterson Inlet Cruise beinhaltet die wichtigsten Sehenswürdigkeiten inkl. Whalers Base und eine 45-minütige Wanderung über Ulva Island (Okt–April 1–3x tgl., 2 1/2 Std., \$75); bei der Underwater Explorer Tour kreuzt man in einer Art Tauchboot durch Kelpwald und kann dabei u. a. Butterfische, Neuseeland-Barsch, Moki und Seescheiden beobachten (Okt–April 1–3x tgl., 45 Min., \$35).

Sonstiges

Gepäckaufbewahrung

Im Visitor Centre, kleines Fach ohne Zeitbegrenzung \$5, großes \$10.

Informationen

DOC/Rakiura National Park Visitor Centre, Main Rd, ☎ 03/219 0009, 🖥 www.doc.govt.nz.

Außer einer ausgezeichneten Ausstellung über die Wanderwege und die Naturgeschichte der Insel gibt es hier Kartenmaterial und jede Menge Infos, außerdem Pässe für die DOC-Hütten und Videos über Stewart Island. ☉ Ende Dez–April tgl. 8–17, Mitte April–Ende Juni Mo–Fr 8.30–16.30, Sa und So 10–14, Ende Juni–Nov Mo–Fr 8.30–16.30, Sa und So 10–12 Uhr.

Internet

Im South Sea Hotel und Stewart Island Backpackers.

Post

Die Post befindet sich im Stewart Island Flights Depot, Elgin Street, am Ufer nahe der Kreuzung mit der Ayr Street. ☉ Okt–März Mo–Fr 7.30–18, Sa und So 8.30–17, April–Sep tgl. 8.30–17 Uhr.

Nahverkehr

Oban selbst lässt sich bequem zu Fuß erkunden, und wer nicht gerade in einer der abgelegeneren Unterkünfte wohnt, benötigt an Land eigentlich kein Transportmittel. Stewart Island Experience vermietet **Autos** (\$80 pro Tag) und **Motorroller** (\$40 für 2 Std., \$60 für 8 Std.), jeweils inkl. Benzin. Abseits der wenigen Straßen ist man auf **Wassertaxis** angewiesen. Meist sind dies PS-starke Schnellboote, die 6–10 Passagiere transportieren können. Zur Auswahl stehen vier Unternehmen mit fast identischem Service, darunter Stewart Island Water Taxi, ☎ 03/219 1394.

Mason Bay

Stewart Island ist zu einem Synonym für die Beobachtung von **Kiwis** in freier Natur geworden, was auf dem neuseeländischen Festland praktisch nirgendwo mehr möglich ist. Zwar werden von Oban kürzere Touren zu Kiwis angeboten, die meisten Besucher zieht es aber in die Mason Bay an der Westküste, um in der DOC-Hütte (20 Schlafplätze, kostenlos) zu übernachten und sich nach Einbruch der Dunkelheit auf die Suche nach diesen scheuen Tieren zu machen. Hören

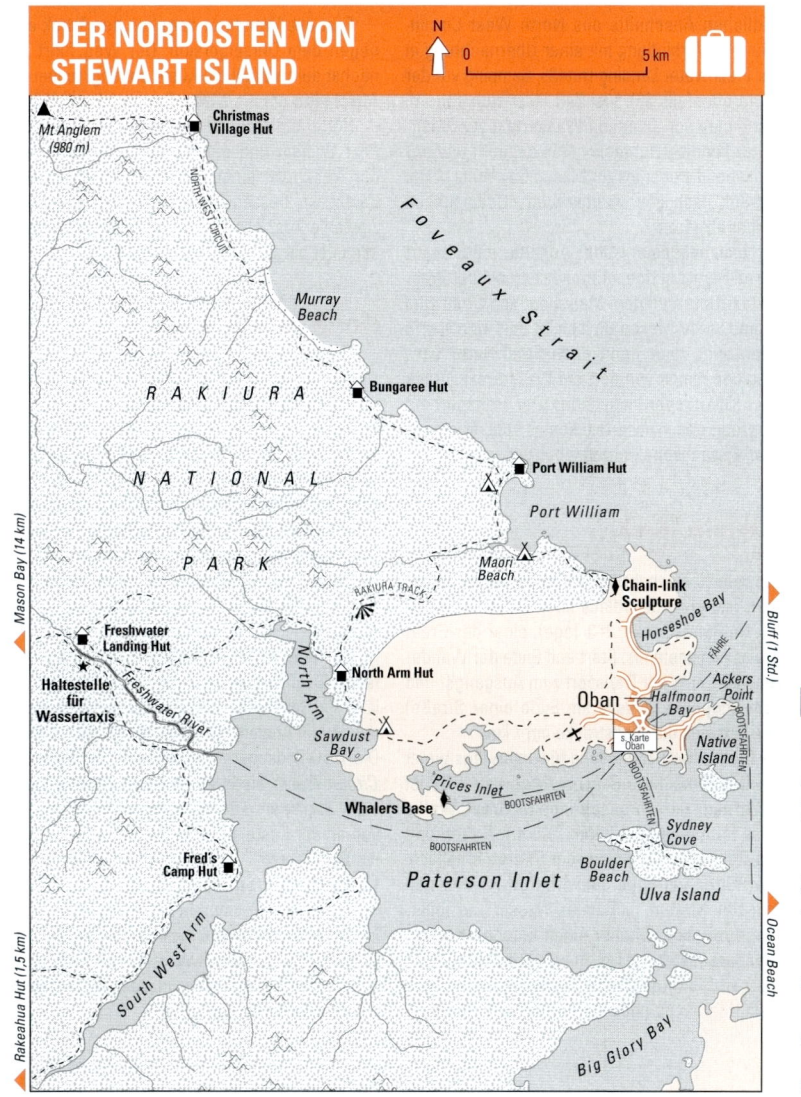

Mt Anglem (980 m)

Christmas Village Hut

NORTHWEST CIRCUIT

F o v e a u x   S t r a i t

Murray Beach

R A K I U R A

Bungaree Hut

N A T I O N A L

Port William Hut

Port William

Mason Bay (14 km)

P A R K

Maori Beach

RAKIURA TRACK

Chain-link Sculpture

Horseshoe Bay

Bluff (1 Std.)

Freshwater Landing Hut

Freshwater River

North Arm

North Arm Hut

Oban

Halfmoon Bay

Ackers Point

Haltestelle für Wassertaxis

Sawdust Bay

s. Karte Oban

Native Island

Prices Inlet

BOOTSFAHRTEN

BOOTSFAHRTEN

Whalers Base

Sydney Cove

Fred's Camp Hut

BOOTSFAHRTEN

Paterson Inlet

Boulder Beach

Ulva Island

Rakeahua Hut (1,5 km)

South West Arm

Ocean Beach

Big Glory Bay

Von Dunedin nach Stewart Island

wird man sie mit einiger Sicherheit, und wer sich nicht gerade trampelnd den Weg durch den Wald bahnt, hat auch eine gute Chance, tatsächlich einen Kiwi zu sehen. Am besten wählt man, ausgerüstet mit einer Taschenlampe, deren Lichtstrahl man allerdings auf den Boden richten muss, um die Vögel nicht zu stören, einen Beobachtungsplatz und wartet, bis sie von allein kommen.

Am preiswertesten ist ein Anmarsch **zu Fuß** (einfache Strecke 37 km, 13–15 Std.) entlang des südlichen Abschnitts des North West Circuit, häufig in Verbindung mit einer Übernachtung in der Freshwater Landing Hut ($5, Camping vor der Hütte ebenfalls $5). Viel Zeit lässt sich sparen, wenn man von Oban ein **Wassertaxi** zur Freshwater Landing Hut nimmt ($55 einfach) und anschließend weiter bis zur Mason Bay läuft (14 km, 3–4 Std., flach, aber oft überflutet – Bedingungen vorher abklären!).

Noch bequemer ist das Angebot von Stewart Island Flights in Kooperation mit einem der Wassertaxi-Unternehmen: Man fliegt von Oban zum Strand in der Mason Bay, bleibt dort eine Nacht oder zwei, läuft dann nach Freshwater Landing und nimmt von dort ein Wassertaxi zurück nach Oban (oder umgekehrt). Der Transport mit Flugzeug und Wassertaxi kostet $195, Minimum zwei Erwachsene, Hüttengebühren extra.

Rakiura Track

Die beliebteste mehrtägige Wanderroute auf Stewart Island ist der relativ leichte Rakiura Track (36 km Rundstrecke, 2–3 Tage), einer der Great Walks Neuseelands. Start und Ende der Wanderung ist Oban, bei Transport zum Ausgangs- und vom Endpunkt (jeweils am Ende einer Straße) verkürzt sich die Wegstrecke um 7 km.

Praktische Hilfestellung für unterwegs bietet die DOC-Broschüre *Rakiura Track*. Vom DOC ist außerdem der vorgeschriebene **Great Walks Pass** für die beiden Hütten ($15 pro Nacht) und drei Zeltplätze ($5) entlang der Strecke erhältlich. Die Hütten verfügen über Matratzen, Holzöfen (nur zum Heizen), fließendes Wasser und Toiletten, aber man benötigt einen eigenen Kocher. Wanderern steht es frei, in welcher Richtung sie die ganzjährig geöffnete Route laufen und wie viele Übernachtungen sie in Anspruch nehmen.

Fast alle Wanderer begehen den Track entgegen dem Uhrzeigersinn. Der Weg führt zunächst durch Wald die Küste entlang, wobei die Abschnitte um die Maori Bay und Port William (1. Hütte) am eindrucksvollsten sind. Zwischen Port William und der North Arm-Hütte steigt der Track über einen 300 m hohen bewaldeten Kamm, von dessen Aussichtspunkt man die einzige tolle Aussicht über den Weg und das Paterson Inlet bis zur Tin Range genießt.

North West Circuit

Anders als beim Rakiura Track sollten sich nur die härtesten (masochistischsten) Wanderer an den um den nördlichen Inselarm führenden North West Circuit (130 km, 8–12 Tage) wagen. Angesichts des morastigen Terrains wird der Weg selbst bei günstigen Wetterbedingungen zu einer Kraftprobe – knietiefer Schlamm ist keine Seltenheit. Wer vorab kein Boot oder Charterflugzeug für den Transport von Lebensmitteln in eine der Küstenhütten organisiert, muss zudem sämtlichen Proviant mitschleppen.

Der Weg selbst verläuft abwechselnd an offener Küste vorbei und durch bewaldetes Hügelland. Ein Seitenpfad führt zum 980 m hohen Gipfel des Mount Anglem (11 km hin und zurück, 6 Std.). Die DOC-Broschüre *North West and Southern Circuit Tracks* bietet einen guten Überblick und weist den Weg zu den 10 Hütten, die meisten davon an der Küste. Zeltmöglichkeiten gibt es keine. Die Mehrzahl der Hütten kostet $5 pro Nacht (Annual Hut Pass gültig), die Port William Hut und die North Arm Hut sind Great Walks-Hütten und kosten $15. Lohnend ist hier wahrscheinlich die Anschaffung des **North West Circuit Pass** ($50), der zu einer Übernachtung in jeder Hütte entlang der Strecke berechtigt.

Wellington
Christchurch

Westküste

Stefan Loose Traveltipps

Oparara Basin Das Karstgebiet lockt mit großen Kalksteinbögen und Höhlen, in denen uralte Moa-Knochen erhalten blieben, sowie einem erfrischenden Bad in sanft dahinplätschernden Bächen. S. 704

Pancake Rocks Diese eigenartige geologische Formation ist besonders bei Flut, wenn das Wasser in hohen Fontänen durch die Blowholes nach oben schießt, einen Besuch wert. S. 707

Okarito Bei einer Tour mit Okarito Kiwi Tours erblickt man mit 98-prozentiger Sicherheit das Nationalsymbol Neuseelands; mit Okarito Nature Tours geht es mit dem Kajak auf die verführerische Lagune. S. 722

17 Gletscherwanderungen Eine Wanderung über die Gletscher Franz Josef und Fox ist ein einzigartiges Erlebnis. S. 723

Jackson Bay Wer wahre Einsamkeit liebt, macht von Haast einen Abstecher nach Jackson Bay und bekommt dort im Cray Pot obendrein eine köstliche Portion fangfrischen Fisch. S. 733

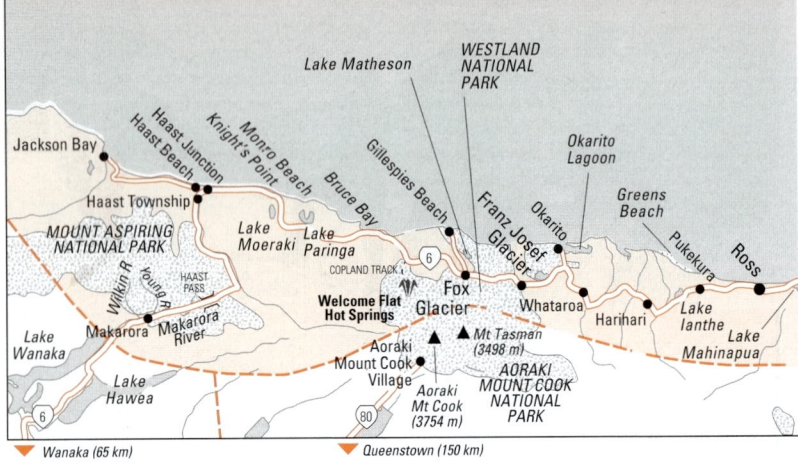

Lake Matheson

WESTLAND NATIONAL PARK

Jackson Bay

Haast Junction
Haast Beach
Knight's Point
Monro Beach
Bruce Bay
Gillespies Beach

Okarito Lagoon

Greens Beach

Okarito

Franz Josef Glacier

Pukekura

Ross

Haast Township

MOUNT ASPIRING NATIONAL PARK

Lake Moeraki
Lake Paringa

COPLAND TRACK

Fox Glacier

Whataroa

Harihari

Lake Ianthe

Lake Mahinapua

Welcome Flat Hot Springs

Wilkin R.
Young R.
HAAST PASS

Lake Wanaka

Makarora
Makarora River

Aoraki Mount Cook Village

Mt Tasman (3498 m)

Aoraki Mt Cook (3754 m)

AORAKI MOUNT COOK NATIONAL PARK

Lake Hawea

Wanaka (65 km)

Queenstown (150 km)

Westküste

Das Rückgrat der Südinsel bilden die Neuseeländischen Alpen, welche die Westküste zugleich bestimmen und isolieren. Der kaum 30 km breite und weitgehend ungezähmte 400 km lange Küstenstreifen ist von nur 32 000 Menschen bewohnt. Aus den Bergen ergießen sich in üppigem Wald wilde Flüsse hinunter zur Tasmanischen See, vorbei an kristallklaren Seen und dunkelgrünen Weiden. Die Küste selbst ist durch ihre stimmungsvollen, oft einsamen Strände geprägt, an die fortwährend hohe Wellen schlagen.

Doch was „The Coast", wie sie im Volksmund kurz genannt wird, wirklich einzigartig macht, sind ihre Menschen und deren Verbundenheit mit der Natur. Die sogenannten Coasters, viele davon Nachfahren früher Goldgräber und Bergarbeiter, rühmen sich seit langem ihrer Fähigkeit, mit der wilden Landschaft zu leben – eine Eigenschaft, die durch ihren Ruf als unabhängigkeitsliebende, zügellos Bier trinkende Menschen noch weiter mystifiziert wird. Nicht ganz unbeteiligt daran sind die vielen zugewanderten Iren, die dem Ruf des Goldes in den 1860er-Jahren folgten.

Kapitän Cook segelte 1770 an der Küste entlang und beschrieb sie als „ungastliches Ufer": „So weit das Auge sehen kann, offenbart sich eine wilde, schroffe und unbewohnte Landschaft." Es gab nur wenig zu entdecken für die frühen europäischen Forschungsreisenden wie Thomas Brunner und Charles Heaphy, die in den Jahren 1846 und 1847 unter Führung des Maori Kehu einen Vorstoß wagten. Sie kehrten zurück, ohne das kultivierbare Land gefunden zu haben, von dem sie träumten.

Nach einer kürzeren Reise im Jahre 1861 schrieb Henry Harper, der erste Bischof von Christchurch: „Ich bezweifle, dass eine solche Wildnis jemals kolonisiert wird, außer vielleicht aufgrund der Entdeckung von Gold" – prophetische Worte, denn bereits zwei Jahre später kursierten Gerüchte über **Goldfunde** in den Flüssen der Westküste, und ein Jahr später erlebten Greymouth und Hokitika einen Goldrausch der klassischen Art. Der Boom war schnell vorüber, aber mit dem Bergbau fuhr man bis ins 20. Jh. fort – riesige Bagger übersäten die Landschaft und arbeiteten sich die steinigen Flussbetten hoch, wobei sie jede Menge Erzabfälle hinterließen.

Nach dem Gold kam die **Kohle**, die den Grundstein für dauerhaftere Städte legte. Noch immer produziert die Westküste die Hälfte der Kohle des Landes.

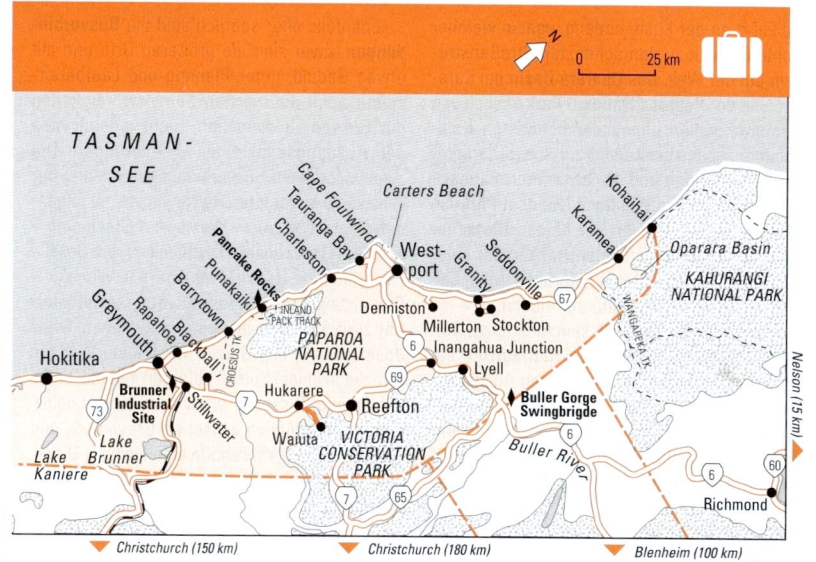

Das überreichlich vorhandene Land sowie die niedrigen Grundstückspreise haben außerdem ein reges **alternatives Leben** entstehen lassen. In den letzten 20 Jahren jedoch hat sich vieles verändert: Infolge des wachsenden **Tourismus** und eines neu erwachten Umweltbewusstseins kam es in den vergangenen zehn Jahren zu Spannungen zwischen den Coasters und der Regierung, die das Fällen einheimischer Hölzer zu unterbinden versucht, um die fragilen Ökosysteme der Küste zu schützen.

Kein Gespräch über die Westküste wäre vollständig, ohne die sturzbachartigen **Regenfälle** zu erwähnen, die hier mit tropischer Intensität, manchmal gar mehrere Tage am Stück, niedergehen – über jeden Felsen ergießt sich dann ein Wasserfall und der Wald leuchtet in tiefem Grün. So viel Wasser auf einmal hat allerdings schädliche Auswirkungen auf den Boden, da sich dann der Verwesungsprozess verzögert und eine torfartige obere Schicht entsteht, aus der alle Mineralien herausgewaschen sind. Das Ergebnis nennt man *pakihi*, ausgelaugte und kümmerlich aussehende Weiden, die einen Großteil des gerodeten Landes der Westküste ausmachen.

In Verbindung mit der intensiven Sonneneinstrahlung haben diese Regenfälle aber auch etwas Gutes: Sie schaffen eine ideale Umgebung zum Anbau von **Marihuana**, eine ganz bedeutende, wenn auch inoffizielle Komponente der hiesigen Wirtschaft. Die Begeisterung für die Zucht des grünen Krauts wird nur noch übertroffen von der Jagd auf **Whitebait** im Frühling, wenn sich die Fischer bei beginnender Flut mit ihren Netzen an den Flüssen aufreihen und diesen bei Feinschmeckern so beliebten Leckerbissen aus dem Wasser ziehen.

Das in der Vergangenheit stetige Auf und Ab der Region, verursacht vor allem durch Gold und Kohle, hat zahlreiche Geisterstädte, aber auch drei bedeutendere Orte hervorgebracht – **Westport**, **Greymouth** und **Hokitika**. Am schönsten jedoch sind die kleineren Orte, in denen der „unbezähmbare Geist" der Coasters zum Vorschein kommt: beispielsweise **Karamea** an der Südgrenze des Kahurangi National Park und **Okarito** an einer verführerischen Lagune.

Mit Ausnahme einiger passabler Museen und einer Hand voll weiterer Sehenswürdigkeiten liegt die Anziehungskraft der Westküste hauptsächlich in ihrer landschaftlichen Schönheit:

Die Fahrt an der Küste entlang, egal in welcher Richtung, zählt zu den schönsten Straßenstrecken auf der Welt. Das **Oparara Basin** bei Karamea und der **Paparoa National Park** südlich von Westport stellen einige der schönsten Kalksteinformationen des Landes zur Schau, darunter riesige Felsbögen und die berühmten Pancake Rocks, während im **Westland National Park** die eisigen, weißen Zungen der beiden **Gletscher** Franz Josef und Fox von den Flanken der Neuseeländischen Alpen bis in tiefgrünen Wald, beinahe auf Meereshöhe, hinunterreichen.

Natürlich herrscht auch kein Mangel an Outdoor-Aktivitäten, allen voran **Raftingtrips** auf einsamen Wildwasserflüssen, deren Ausgangspunkte oftmals nur per Hubschrauber zu erreichen sind. Die Karstlandschaften bieten fantastische Möglichkeiten für **Höhlentouren**, und **Wanderer** haben die Qual der Wahl zwischen zahlreichen ausgeschilderten Trekkingpfaden, darunter der Heaphy Track im Norden, der Inland Pack Track bei Punakaiki und die Wege rund um die Gletscher weiter südlich.

Die meisten Besucher kommen zwischen November und April an die Westküste, aber auch der Winter hat seine Vorteile: Die Temperaturen sind dann nicht so niedrig wie man meint, und es gibt mehr klare Tage. Auch die nervtötenden Sandfliegen halten sich in dieser Zeit eher zurück. An der Westküste ist es eigentlich nie sehr voll, und besonders in der Nebensaison warten jede Menge Unterkünfte auf Gäste, die sie mit gesenkten Preisen zu locken versuchen. Allerdings finden Abenteuertrips und Rundflüge, für die eine Mindestteilnehmerzahl erforderlich ist, dann eventuell nicht statt.

Transport

Die einfachste und beste Art der Fortbewegung entlang der Westküste erfolgt mit dem eigenen **Auto**. Das **Radfahren** ist dank der vorherrschenden Nordwinde recht anstrengend, aber die Entfernungen zwischen den einzelnen Orten sind nicht allzu groß, und man findet immer ein schönes Plätzchen, um irgendwo unterwegs sein Zelt aufzustellen. Komplizierter wird es mit öffentlichen Transportmitteln. Der einzige **Personenzug** ist der TranzAlpine, der täglich zwischen Christchurch und Greymouth pendelt.

Ebenfalls eher spärlich sind die **Busverbindungen**. Zwar sind die größeren Orte und mit etwas Geduld, guter Planung und Laufbereitschaft auch die meisten Sehenswürdigkeiten mit Bussen zu erreichen, nicht jedoch viele der Ausgangspunkte für Wanderungen. Die zwei wichtigsten Busverbindungen entlang der Westküste bietet InterCity/Newmans mit folgenden Routen: Nelson – Westport – Greymouth – Hokitika – Franz Josef – Fox Glacier; Franz Josef – Fox Glacier – Haast – Makarora – Wanaka – Queenstown. Um die gesamte Strecke mit InterCity zurückzulegen, muss man entweder in Franz Josef oder in Fox Glacier nächtigen. Wer die Strecke in einem Rutsch befahren möchte, sollte die Atomic-Busse, 🖥 www.atomictravel.co.nz, wählen, die täglich zwischen Greymouth und Queenstown verkehren. Diverse kleinere Unternehmen bieten darüber hinaus Shuttle-Services zu Orten abseits der Hauptroute.

Entlang der Flüsse Buller und Grey

Auf seinem 169 km langen Weg von der Quelle beim Lake Rotoiti im Nelson Lakes National Park zu seiner Mündung ins Meer bei Westport passiert der **Buller River** eine von Neuseelands fantastischsten Schluchten. Der Maori-Name für den Buller River lautet Kawatiri, was übersetzt so viel wie „tief und schnell" bedeutet – Eigenschaften, über die sich heute vor allem die Raftingfans freuen.

1858 entdeckte man Gold im Buller, was einen Goldrausch in **Lyell** auslöste, heute eine Geisterstadt, deren Überreste bei einem Spaziergang auf dem **Lyell Walkway** erkundet werden können.

Der SH6 folgt dem Buller zwischen den beiden Gebirgszügen Lyell und Brunner Range von Kawatiri Junction bis **Westport**. Unterwegs passiert man Inangahua Junction, wo viele Reisende mit Ziel Greymouth gen Süden nach **Reefton** abbiegen. Von Reefton verläuft der SH7 östlich der Granitgipfel der Paparoa Range durch das weite Tal des **Grey River** an Zeugen aus der lange vergangenen Ära der Gold- und Kohleindustrie vorbei, allen voran das beschauliche **Blackball** und die **Brunner Mine Industrial Site**.

Buller Gorge

Von Nelson verläuft der SH6 durch Murchison (s. S. 542) und folgt dem Buller River bis zur 11 km entfernten **O'Sullivan's Bridge**, wo man rechts abbiegen muss, um auf dem SH6 zu verbleiben. 6 km nach Beginn des Upper Buller Scenic Reserve erreicht man den Abenteuer- und Geschichtspark **Buller Gorge Swingbridge**, ☎ 03/523 9809, ⌨ www.bullergorge.co.nz, Eintritt $5, Neuseelands längste Hängebrücke. In luftiger Höhe geht es auf der 110 m langen Brücke über den Buller River und auf Wunsch mit dem Flying Fox zurück – einem 160 m langen Drahtseil, an dem man von der einen auf die andere Seite des Flusses sausen kann, entweder

sitzend ($30), im Tandem ($30 p. P.) oder auf dem Bauch liegend ($45).

Das Gebiet auf der anderen Seite der Brücke gehört ebenfalls zum Heritage Park; hier wurde eine Reihe von **Wanderwegen** unterschiedlicher Länge (15 Min. bis 2 Std.) angelegt. Sie führen unter anderem zur Verwerfungslinie zweier tektonischer Platten, zu Gruben der Bergarbeiter und zu den Ariki Falls (1 Std. hin und zurück). Außerdem kann man hier Gold waschen ($12,50) und eine Jetboat-Fahrt ($75/45 Min.) unternehmen, die auch an der Brücke vorbeiführt.

20 km weiter erreicht man das von Gras überwachsene **Lyell**, eine ehemalige Goldgräberstadt, die in den 1890er-Jahren fünf Hotels, zwei Banken, zwei Kirchen und sogar eine Zeitung für die 3000 Einwohner hatte. Heute sind nur noch ein paar Überreste erhalten, die man bei einem Spaziergang auf dem kurzen, aber anstrengenden **Lyell Walkway** zu Gesicht bekommt: Terrassen, auf denen einst Hütten standen, die schlichten

Die gefährdeten Wälder von Westland

Waren Gold und Kohle für die Besiedlung der Westküste verantwortlich, so förderte die Holzindustrie die weitere Entwicklung der Region. Seit man Hölzer zum Bau von Goldwaschkanälen und Stützbalken fällte, beziehen viele Coasters ihren Lebensunterhalt aus den scheinbar unerschöpflichen Wäldern. Viele Bergarbeiter wurden zu Holzfällern und rodeten Bäume, die bis zum Erreichen ihrer Wachstumsgrenze zwischen 300 und 600 Jahre benötigen und Fossilienfunden von Pollen zufolge seit 100 Millionen Jahren ihren Platz behaupteten.

Anfangs äußerten nur wenige ihre Sorge um den Zustand der wunderbaren Bestände von Südbuchen und Steineiben in Westland. Erst 1970 änderte sich die Situation. Umweltschützer setzten eine Kampagne in Gang, um das Maruia Valley östlich von Reefton zu retten – eine Aktion, die zum Prüfstein für die Erhaltung der Wälder wurde. 1986 schlossen die Regierung, die örtlichen Behörden, Umweltschützer und die Holzindustrie mit dem West Coast Accord eine Art von Waffenstillstand. In den 80er- und 90er-Jahren wurden die meisten Wälder nur

noch selektiv abgeholzt, wobei oft Hubschrauber herhalten mussten, um die ausgewachsenen Bäume so zu entfernen, dass ihre Nachbarn keinen Schaden davontrugen. Ein solches Vorgehen nützte jedoch Neuseelands gefährdeten Vogelarten – insbesondere Kaka, Springsittich, Kuckuckskauz und Titipounamu – sowie der Langschwanz-Fledermaus herzlich wenig, da sie mit Vorliebe in den Löchern alter Bäume nisten. Helen Clark von der Labour-Partei setzte 1999 ihr Wahlversprechen in die Tat um und verbot der staatseigenen Timberlands Company, die Südbuchenwälder weiter abzuholzen. Auf diese Weise gingen viele kostbare Jobs an der Westküste verloren. Um die lokale Wirtschaft anzukurbeln, half die Regierung mit einem Hilfsfonds in Höhe von 100 Mill. Dollar aus. Trotzdem fühlen sich Tausende betrogen, zumal die Menschen dieser Gegend traditionell stets hinter der Labour-Partei standen. Eine wiedererstarkende Landwirtschaft, steigende Grundstückspreise und der zunehmende Tourismus verschafften Helen Clark etwas Luft zum Atmen, allerdings nur bis zur Wirtschaftskrise und zur Parlamentswahl von 2008.

Westküste

und windschiefen Grabsteine auf dem Friedhof (15 Min. hin und zurück) sowie das Croesus-Erzbrechwerk mit zehn Hämmern (1 1/2 Std. hin und zurück). Wo früher der Ort stand, befindet sich heute am Highway ein schöner **DOC-Campingplatz** ($6 p. P.).

Beim 17 km westlich gelegenen Inangahua Junction biegt der SH69 Richtung Süden nach Reefton ab, während der SH6 durch die **Lower Buller Gorge**, den engsten und schönsten Schluchtabschnitt, weiter Richtung Westen nach Westport verläuft. An einigen Stellen wurde die Straße in den nackten Felsen gehauen, besonders spektakulär bei **Hawks Crag**, wo man unter einem großen Überhang hindurchfährt. Wenige Kilometer später passiert man Buller Adventure Tours (s. S. 700), die Raftingtrips auf dem Fluss anbieten.

Reefton und Umgebung

Am Ufer des Inangahua River, dort wo die Straßen von Westport, Greymouth und Christchurch aufeinander treffen, liegt Reefton, das seine Existenz reichen Gold führenden Quarzgängen (engl. „reef") zu verdanken hat. Diese wurden in den 70er-Jahren des 19. Jhs. so intensiv ausgebeutet, dass Reefton von einigen als „lebendigster und geschäftstüchtigster Ort der Kolonie" bezeichnet wurde. Reefton avancierte zum ersten Ort in Neuseeland (und einem der ersten Orte der Welt) mit einer Straßenbeleuchtung, gespeist von einem hydroelektrischen Generator. Doch diese zukunftsweisenden Aktivitäten ließen bald nach, und in der Folge ging es mit dem Städtchen zumeist eher bergab, wenn auch die Wiedereröffnung einer alten Goldmine am Ortsrand neue Hoffnung und Geld gebracht hat.

Die Sehenswürdigkeiten rund um die Stadt sind über zwei Wege miteinander verbunden, die auch das Thema von Broschüren des Visitor Centre sind. Der etwas trostlose **Historic Walk** (40 Min.) führt durch die Straßen von Reefton, vorbei an den Fassaden einst prächtiger Gebäude, die eine Restaurierung dringend nötig hätten oder gegenwärtig restauriert werden. Auch der **Powerhouse Walk** (40 Min.) ruft die glanzvolle Vergangenheit in Erinnerung und ist aufgrund

seiner Wegführung entlang des Inangahua Rivers reizvoll. In der Ortsmitte unterhalten an der Ecke von Walsh Street und Broadway die „Bearded Miners" in einem alten **Goldgräber-Cottage** mit Schmiede die Besucher mit ihren Schmiedekünsten und indem sie den Besuchern beim Goldwaschen unter die Arme greifen; ◷ tgl. nach Lust und Laune der „bärtigen Goldgräber", Spende.

Das Wasser für Reeftons ursprüngliches hydroelektrisches System wurde am 2 km entfernten Blacks Point abgeleitet, wo in einer ehemaligen Methodistenkapelle das **Blacks Point Museum**, am SH7 Richtung Springs Junction, untergebracht ist; ◷ Okt–April Mi–Fr und So 9–12 und 13–16, Sa 13–16 Uhr, Eintritt $5. Das Museum beleuchtet die Kultur- und Bergbaugeschichte der Gegend und zeigt auf Wunsch eine Werbe-DVD für den heutigen Bergbau am Ort; eine **Minenführung** (13.45 Uhr, 3 Std.) kann über das i-SITE in Reefton gebucht werden. Die informative Broschüre *Walks in the Murray Creek Goldfield*, die im Museum und im Visitor Centre erhältlich ist, beschreibt einige Wanderwege entlang alten Goldgräberpfaden in der Nähe.

Old Nurses Home, 104 Shiel St, ✆ 03/732 8881, ✉ reeftonretreat@hotmail.com. Unterkunft in Reeftons ehemaligem Schwesternheim, verschiedenste DZ und Twins, alle mit Gemeinschaftsbad. Sehr beliebt bei neuseeländischen Reisenden. Zimmer ❶, mit Bad ❸
Reef Cottage B&B Inn, 51-55 Broadway, ✆ 0800/770 440, 🖥 www.reefcottage.co.nz. Beste und freundlichste Unterkunft der Stadt, 4 schön eingerichtete DZ mit Bad. ❹ – ❺
Reefton Domain Motor Camp, 1 Ross St, am oberen Ende des Broadway, ✆ 03/732 8477. Zentraler Platz mit Anschlüssen und Bademöglichkeiten im Inangahua River. Camping $10, Cabins ❶
Slab Hut Creek Campsite, primitiver DOC-Platz ($6) 8 km den SH7 Richtung Süden im Grey Valley und dann 1 km nach Osten.
Essen kann man am besten am Broadway: Hier bieten **Alfesco's** (Nr. 16) und das **Reef Cottage Café** (Nr. 53) tagsüber kleine Gerichte und Kaffee und sind im Sommer auch abends

Westküste

geöffnet. Das heimelige **Diggers Rest Cafe** (Nr. 68) bietet neben sättigenden Speisen auch Internet- und WLAN-Zugang, ☾ im Sommer tgl. ab 7 Uhr, im Winter 9–16 Uhr.

Sonstiges

In Sichtweite der Bushaltestelle liegt das hilfsbereite **i-SITE Visitor Centre** mit **DOC-Büro**, 67-69 Broadway, ☎ 03/732 8391, 🖳 www.reefton. co.nz. Hier hat man Zugang zum **Internet**, kann eine kleine, nachgebaute Goldmine besuchen (Spende) und für $2 pro Tag eine **Goldwaschpfanne** ausleihen. ☾ Nov–März tgl. 8.30–17, April–Okt Mo–Fr 9–16, Sa und So 10–15 Uhr.

Transport

Alle **Busse** halten am Broadway, der Hauptstraße von Reefton.

Grey Valley

Südwestlich von Reefton folgt der SH7 dem Grey Valley, das auf der Ostseite von den Neuseeländischen Alpen und auf der Westseite von der zerklüfteten Paparoa Range begrenzt wird. Überall kann man beobachten, wie der Wald allmählich wieder die Minenstätten überwuchert, die diese Region einst prägten. Viele der kleinen Gemeinden überleben nur dank der Touristen, die den ehemaligen Minenorten **Waiuta** und **Blackball** einen Besuch abstatten oder eine Wanderung auf dem **Croesus Track** unternehmen.

Waiuta

Die erste Kreuzung von Bedeutung liegt 21 km südlich von Reefton in Hukarere, wo die Straße nach Waiuta abzweigt. Nach 17 km gen Osten auf dieser nur teilweise geteerten Straße erreicht man die heutige Geisterstadt, das letzte große Goldgräberzentrum der Westküste, das in den 30er-Jahren noch 6000 Einwohner zählte.

Waiutas Niedergang wurde 1951 durch den Einsturz eines Minenschachts eingeleitet, der in fast 900 m Tiefe die Gold führenden Quarzgänge unter sich begrub und eine weitere Förderung unwirtschaftlich machte. Das hügelige Gelände, durchsetzt von Abraumhalden, wird langsam wieder von Stechginster und Brombeersträu-

chern eingenommen, aber die Zypressen und Pappeln, die einst die Gärten mit Obstbäumen umgrenzten, sind geblieben.

Der atmosphärische Ort eignet sich prima zum Herumstrolchen, am besten ausgerüstet mit der informativen Broschüre *Waiuta* (erhältlich im i-SITE von Reefton), aber auch die vielen Hinweisschilder sind sehr hilfreich für einen Rundgang.

Blackball

Sowohl der Grey River als auch der SH7 schlängeln sich durch unbedeutende Orte, bis sie 11 km vor Greymouth das kleine **Stillwater** erreichen, wo eine Nebenstraße zum Lake Brunner abzweigt.

Noch vor Stillwater, 11 km nordöstlich, liegt das träge **Blackball**, ein ehemaliger Goldgräberund Kohlebergbauort auf einer Ebene am Fuße der Paparoa Range. Pendler, Neo-Hippies und verschrobene Typen, die noch immer im Wald auf Jagd gehen und nach Gold suchen, scheinen hier recht harmonisch zusammenzuleben. Seine Existenz verdankt Blackball dem Seifengold, das 1864 im Blackball Creek entdeckt wurde. Als die Goldvorkommen nachließen, sicherte die Kohle den Lebensunterhalt und hielt Blackball bis zur Schließung der Mine 1964 am Laufen. Sie brachte der Stadt überdies einen festen Platz in der Geschichte des Landes ein: Blackball gilt als einer der Geburtsorte der Labour-Bewegung.

Während der ersten drei Dekaden des 20. Jhs. war das gesamte Grey Valley die Brutstätte des doktrinären Sozialismus. Die Anführer zogen von Ort zu Ort und zwangen die unbeugsamen Minenverwalter, sich mit den grausamen Arbeitsbedingungen zu beschäftigen. Schließlich entlud sich ihr Zorn in dem lähmenden **Cribtime Strike** von 1908, als Pat Hickey, Bob Semple und Paddy Webb eine Verlängerung ihrer *crib brake* (Mittagspause) von 15 auf 30 Minuten verlangten. Das Management ging nicht auf diese Forderung ein, und es kam zu einem illegalen, zehnwöchigen Streik – der längste in der Geschichte Neuseelands –, den die Arbeiterfamilien mit £75 Strafe für ihre Aktion zu bezahlen hatten. Niemand besaß das Geld hierfür, und obwohl die Gerichtsvollzieher versuchten, die Besitztümer der Arbeiter zu versteigern, schlos-

Westküste

sen sich alle zusammen und weigerten sich, auf die Gegenstände zu bieten – schließlich kaufte einer das ganze Zeug für einen Bruchteil seines Wertes und verteilte es danach wieder an die ursprünglichen Besitzer. Diese solidarische Haltung ermöglichte den Sieg: Die Arbeiter kehrten in die Mine zurück und die Mittagspause wurde verlängert – die £75 jedoch zog man von den folgenden Löhnen ab.

Die Auseinandersetzung führte zur Gründung der Miners' Federation, die sich später selbst zur **Federation of Labour** umwandelte und heute die wichtigste Gewerkschaftsorganisation des Landes ist. Eric Beardsleys historische Novelle *Blackball 08* vermittelt ein getreues und leidenschaftliches Bild des Streiks.

Ironischerweise ist die Hauptattraktion von Blackball heute seine ländliche Idylle, bereichert durch schöne Wanderungen zu den Goldgruben von Blackball Creek und den windumtosten Gipfeln der Paparoa Range auf dem Croesus Track.

Zentrum des gesellschaftlichen Lebens in Blackball ist das freundliche und schlichte **Formerly The Blackball Hilton**, Hart St, ✆ 0800/425 225, 🖳 www.blackballhilton.co.nz (B&B ❹). Das letzte der Hotels aus der Ära des Bergbaus eröffnete 1910 unter dem Namen Dominion und operierte danach als Hilton – angeblich zur Erinnerung an den ehemaligen Minenverwalter, dem auch die nahe Hilton Street gewidmet ist –, bis die internationale Hotelkette gleichen Namens Einwand dagegen erhob. Abgesehen von lebhaften Trinkgelagen mit Einheimischen bietet das stimmungsvolle Hotel die jährliche World of Unwearable Arts Exhibition (Okt–Nov), Blackballs freche Antwort auf die World of WearableArt (S. 486), und freundlich eingerichtete Doppelzimmer (mit Gemeinschaftsbad) sowie einen Whirlpool. Das angeschlossene Restaurant ist für die Gäste auch zum Frühstücken geöffnet und serviert ansonsten gute Mittags- ($10–16) und Abendgerichte ($18–28).

Picknickzutaten besorgt man sich am besten bei der ausgezeichneten Blackball Salami Co etwas oberhalb des Hilton, wo es Würstchen aus Wildbret, Salamis und andere Leckerbissen gibt; ⏱ Mo–Fr 8–16, Sa 9–15 Uhr. Im Laden gegenüber dem Hotel werden Fish'n'Chips verkauft.

Nach Blackball verkehren keine öffentlichen Transportmittel, sodass man sich selbst um eine Mitfahrgelegenheit kümmern muss.

Der Croesus Track

Auf der Suche nach neuen Claims arbeiteten sich die Goldgräber langsam ihren Weg den Blackball Creek hinauf. Die kärglichen Überreste dieser jahrzehntelangen Plackerei sind heute der Hauptanziehungspunkt des Croesus Track, dessen erste Hälfte leicht an einem Tag von Blackball aus erkundet werden kann. Für die ganze Strecke über die 1200 m hohe **Paparoa Range** nach Barrytown an der Küste 30 km nördlich von Greymouth benötigt man acht stramme Stunden, oder man verteilt das Ganze auf zwei lockere Tage. Für Wanderer reicht die informative Broschüre *Central West Coast* des DOC absolut aus. Wer es noch genauer mag, besorgt sich die *Ahaura Topomap* (1:50 000) des NZMS.

Der Track beginnt am **Parkplatz Smoke-ho** am Ende einer holprigen, aber passierbaren Piste 7 km nördlich von Blackball und endet gegenüber der **All Nations Tavern** am SH6 in **Barrytown**, wo zweimal täglich in jede Richtung Busse vorbeikommen. Einen praktischen Shuttle-Service bietet Kea Tours, ✆ 0800/532 868, die Wanderer in Blackball absetzen und in Barrytown wieder abholen ($40 bei mind. 2 Pers.). Die einzige Hütte ist die **Ces Clarke Hut** mit 24 Schlafplätzen ($15 p. P., keine Reservierung möglich), einem Kohleherd und einem herrlichen Panorama. Hier sollte man unbedingt seine Wasservorräte auffüllen, da es danach keine Möglichkeit mehr dazu gibt.

Ein großer Teil des Tracks wurde ursprünglich angelegt, um einen Schienenweg für die Grubenbahn zu schaffen. Dementsprechend weist der Wanderweg nur eine leichte, aber lange Steigung auf. Die Route windet sich zunächst durch Wald mit Steineiben, durchsetzt von Farnen, Moosen und Rankengewächsen, die allmählich in widerstandsfähigere Silver Beech und oberhalb der Baumgrenze schließlich in alpine Wiesen übergehen. Mittags verbergen sich die Gipfel häufig im Nebel, der vom Meer hereinzieht. Eine halbe Stunde vom Parkplatz Smoke-ho zweigt ein Nebenpfad (10 Min. hin und zurück) zu einer Stelle ab, an der sich einst die **Minerva Battery** befand. Gleich hinter der Abzweigung führt der Hauptweg auf einer neueren Drahtseilbrücke oberhalb der Überreste einer alten Holzbrücke über den Clarke Creek. Eine halbe Stunde weiter zweigt ein Pfad zu zwei Lichtungen ab, die einst **Perotti's Mill** (10 Min. hin und zurück) und die **Croesus Battery** (50 Min. hin und zurück) beherbergten. Nach einer weiteren knappen Stunde führt ein weiterer Seitenpfad zur einfachen **Garden Gully Hut** (5 Min. hin und zurück) und zur **Garden Gully Battery** (40 Min. hin und zurück). Der Hauptweg macht einen scharfen Knick Richtung Westen, um dann an der Baumgrenze die **Ces Clarke Hut** zu erreichen; hier sollte man seine Wasserflaschen auffüllen, denn danach gibt es keine Wasserquelle mehr. Zum Kamm des Bergrückens in der Nähe des Mount Ryall (1220 m) geht es noch zwei Stunden auf und ab, ein bisschen mehr, wenn man noch den **Croesus Knob** (1204 m) erklimmt. Vom breiten Bergrücken bieten sich wunderbare Ausblicke auf die Küste, die schließlich innerhalb von weniger als drei Stunden über einen steilen, aber gut markierten Waldweg erreicht wird.

Lake Brunner

Vom SH7 bei Blackball zweigt eine geteerte Straße gen Süden ab und stößt nach ca. 55 km auf den SH73, der über den Arthur's Pass die Westmit der Ostküste verbindet. Unterwegs passiert man den Lake Brunner (Moana Kotuku), eine mit Wasser gefüllte Gletschermulde, die besonders bei Forellenanglern sehr beliebt ist. Am Seeufer liegt der kleine Ort **Moana**, in dem Kiwis gern in ihren Ferienhäusern den Urlaub verbringen. Im Spätsommer, wenn sich der See erwärmt hat, lässt es sich herrlich baden, oder man erkundet die kurzen Wanderwege der Umgebung.

Unterkunft bietet das Lake Brunner Resort, Ahau St, ✆ 03/738 0083, 🖥 www.lakebrunner-resort.net.nz ❺, das über schicke moderne Units, einige mit Seeblick, verfügt. Das beste Essen genießt man im lizenzierten Station House Café, Koe St, ✆ 03/738 0158 (Mittagessen ab $14, Abendessen ab $29,50, Reservierung erforderlich).

Am Ende des Ortes, hinter dem Motor Camp, ermöglicht eine Hängebrücke über den Arthur River den Zugang zum **Rakaitane Track**

(30 Min. hin und zurück) und zum **Lake Side Track** (20–60 Min. hin und zurück), die beide schöne Bergblicke freigeben.

In Moana hält täglich der TranzAlpine-Zug.

Brunner Mine Industrial Site

Ein paar Kilometer hinter Stillwater markiert am SH7 ein hoher Backstein-Schornstein die unbeschränkt zugängliche Brunner Mine Industrial Site. Den Weg zu einer schönen alten Hängebrücke weisen kürzlich aufgepeppte Informationstafeln an der Straße; die Brücke über den wilden Fluss wurde zwar inzwischen verstärkt, ist aber weiterhin nur für Fußgänger geöffnet und führt zu den verbliebenen Gebäuden und den Überresten kunstfertig angelegter Bienenkorb-Koksöfen.

Auf seinen Erkundungsreisen in den späten 1840er-Jahren bemerkte Thomas Brunner am Fluss ein Kohleflöz; 1885 wurde hier schließlich doppelt so viel Kohle abgebaut wie in irgendeiner anderen Mine des Landes, und außerdem wurden ins gesamte Neuseeland wie auch nach Australien feuerfeste Ziegel exportiert. Das verheerendste Grubenunglück in der Geschichte Neuseelands im Jahr 1896 mit 65 Toten läutete den Niedergang der Stätte ein. In den 1940er-Jahren wurde sie dann endgültig aufgegeben und erst in den frühen 1980er-Jahren aus dem dichten Wald ans Tageslicht befördert.

Westport und Umgebung

Trotz der Finanzspritzen seitens der Regierung, der Einnahmen durch den Tourismus und dem Bemühen der Stadtverwaltung, die Stadt zu modernisieren, bleibt Westport in der Vergangenheit verhaftet wie eine in Bernstein eingeschlossene stolze Fliege. Sehenswertes ist rar gesät: die Robbenkolonie am **Cape Foulwind**, der erfrischende Spaziergang zum alten Leuchtturm dahinter und die geisterhaften ehemaligen Kohlestädte des **Rochford Plateau**. Wäre Westport nicht ein Verkehrsknotenpunkt, würde wohl kaum jemand in der Hafenstadt übernachten – die Verlockungen des Heaphy Tracks und von Karamea 100 km weiter nördlich sind zu stark.

Aber es gibt einige preisgünstige Unterkünfte, ein interessantes Museum, ein paar Abenteueraktivitäten und dazu die sehr gastfreundlichen Einheimischen.

Westport und Cape Foulwind

Westport war die erste der Westküsten-Städte. Es wurde 1861 in Form eines einzelnen Ladens neben der Mündung des Buller River von einem gewissen Reuben Waite gegründet. Seinen Lebensunterhalt verdiente sich Waite mit den Goldgräbern in der Buller Gorge, die ihn für die Vorräte mit Gold bezahlten. Als die Abenteurer zu aussichtsreicheren Stellen in Otago weiterzogen, packte auch Waite seine Sachen, machte sich gen Süden auf und half bei der Gründung von Greymouth. Westport wendete sich der Kohle zu, und während sich die Bergbaustädte im Norden zu etablieren begannen, kanalisierten Ingenieure den Fluss, um einen Hafen zu schaffen, der schnell zum bedeutendsten Kohleverladehafen des Landes avancierte.

Heute liegt der Hafen mehr oder weniger still und Westport kämpft weiter ums Überleben. Immerhin gibt es hier eine Fischereiflotte von recht beachtlicher Größe, und ab und zu sieht man ein Schiff, beladen mit dem Erzeugnis von Neuseelands größtem Zementwerk am Cape Foulwind, das mit der Kohle aus der Tagebaumine in Stockton betrieben wird.

Westports Bergbau-Vergangenheit erwacht in **Coaltown** in der Queen Street zum Leben, einem fantasievoll aufgemachten Museum, das sich dem Kohlerevier am Buller widmet. ⏱ tgl. 9–16.30 Uhr, Eintritt $12.

Ein Genuss für Bierliebhaber sind die Biere aus der kooperativ geführten **West Coast Brewery**, 10 Lyndhurst St, ✆ 03/789 6201, die keine Konservierungsmittel und chemischen Zusätze enthalten und auf der gesamten nördlichen Hälfte der Südinsel vertrieben werden. In der Brauerei bekommt man natürlich auch ein paar Kostproben. ⏱ Mo–Fr 10–17.30, Sa 8.30–17 Uhr.

In wahrem Westküsten-Unternehmergeist hat der Betreiber eines Seifengeschäfts das Grundstück hinter seinem Haus in das **Bush Bath**, 114 Palmerston St, ✆ 03/789 8828, verwandelt

und das Ganze mit Farnen dekoriert. Nicht die beste Lage, aber die Einheimischen lieben es; 1 1/4 Std. Doppelbad $40.

12 km westlich der Stadt liegt Westports spektakulärster Küstenabschnitt. Sein viel sagender Name, **Cape Foulwind**, geht auf Kapitän Cook zurück, der hier im März 1770 mit den Unbilden des Wetters zu kämpfen hatte. Die herrliche Landschaft lässt sich am besten auf dem 4 km langen **Cape Foulwind Walkway** erkunden, wie geschaffen für einen Spaziergang bei Sonnenuntergang zwischen dem alten Leuchtturm, einer Replik von Abel Tasmans Astrolabium und der **Tauranga Bay Seal Colony**, wo man von Aussichtsplattformen Neuseelands nördlichste Kolonie von Pelzrobben beobachten kann. Die Tiere, die man am südlichen Ende des Weges findet, sind am aktivsten und am zahlreichsten vorzufinden zwischen Oktober und Januar: Oft sind es über 400. Der Strand an der Tauranga Bay mag vielleicht verlockend aussehen, die See ist hier jedoch tückisch.

Übernachtung

Wer am Wochenende nach dem 6. Februar in Westport ist, sollte sich seine Unterkunft reservieren, da dann der Buller Marathon stattfindet.

Archer House, 75 Queen St, ✆ 03/789 8778, 🖥 www.archerhouse.co.nz. Hübsche und geräumige Villa von 1890 mit vielen viktorianischen Architekturdetails wie einer umlaufenden Veranda. 3 Zimmer mit Bad, einfaches Frühstück und netter Garten. ❻

Bazil's, 54 Russell St, ✆ 03/789 6410, ✉ bazils. backpackers@xtra.co.nz. Assoziiertes YHA-Hostel mit DZ und Twins (einige davon mit Bad) und nettem Garten. Beliebt bei Tourbussen, aber das strikte Alkoholverbot mindert den Trubel etwas. Camping $13, Dorm $27, Zimmer ❷–❸

Bella Vista Motels, 314 Palmerston St, ✆ 0800/235 528, ✉ bvwestport@xtra.co.nz. Modernes, geschäftsmäßiges Motel mit Sky-TV und Units mit eingeschränkten Kochmöglichkeiten. Studios ❹, Units mit Whirlpool ❺

Seal Colony Top 10 Holiday Park, Marine Parade, Carters Beach, 6 km westlich von Westport, ✆ 0508/937 876, 🖥 www.top10 westport.co.nz. Großzügiger, gut eingerichteter

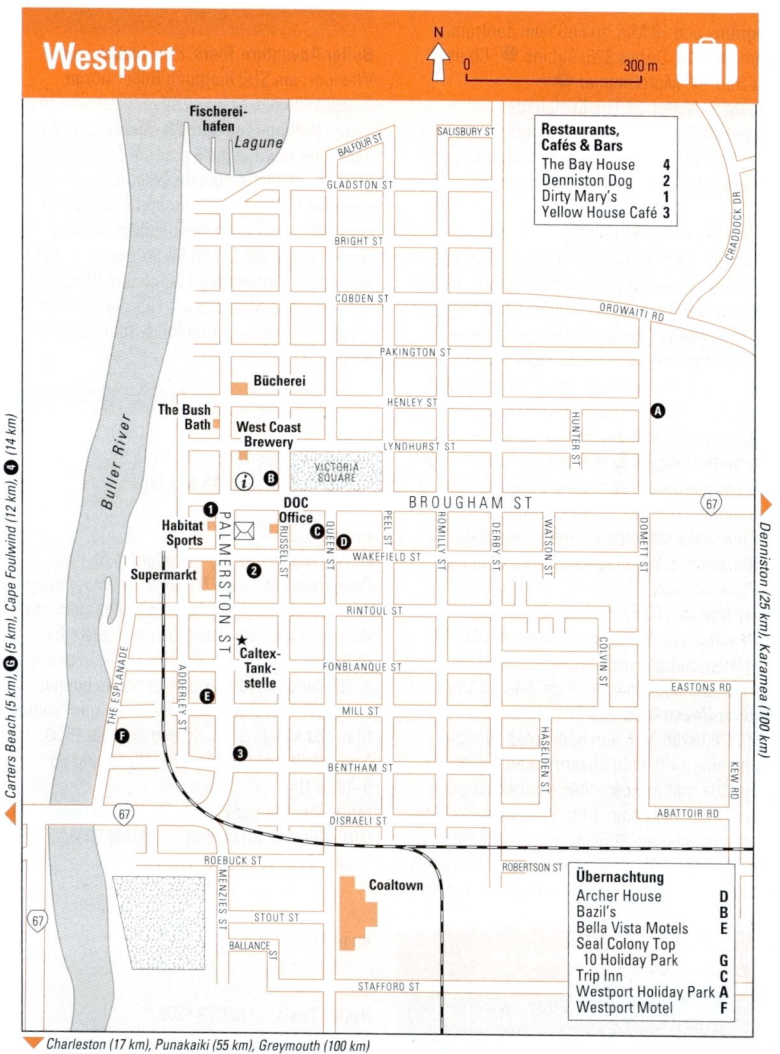

Westport

N
0   300 m

Fischerei-hafen
Lagune

SALISBURY ST
BALFOUR ST
GLADSTON ST
BRIGHT ST
COBDEN ST
PAKINGTON ST

DROWAITI RD

CRADDOCK DR

Restaurants, Cafés & Bars

The Bay House	4
Denniston Dog	2
Dirty Mary's	1
Yellow House Café	3

Bücherei
The Bush Bath
West Coast Brewery

HENLEY ST
LYNDHURST ST
HUNTER ST

VICTORIA SQUARE

A

(i) B

BROUGHAM ST

67

Habitat Sports

DOC Office
C
D

PALMERSTON ST
RUSSELL ST
QUEEN ST
PEEL ST
ROMILLY ST
DERBY ST
WATSON ST
DOMETT ST

WAKEFIELD ST

Supermarkt

2

RINTOUL ST

Caltex-Tank-stelle

FONBLANQUE ST

COLVIN ST

EASTONS RD

ADDERLEY ST

E

MILL ST

HASELDEN ST

KEW RD

F

3

BENTHAM ST

THE ESPLANADE

DISRAELI ST

ABATTOIR RD

67

ROEBUCK ST

ROBERTSON ST

MENZIES ST

Coaltown

STOUT ST

BALLANCE ST

67

STAFFORD ST

Übernachtung

Archer House	D
Bazil's	B
Bella Vista Motels	E
Seal Colony Top 10 Holiday Park	G
Trip Inn	C
Westport Holiday Park	A
Westport Motel	F

Carters Beach (5 km), Cape Foulwind (12 km), Cape Foulwind (14 km)

Denniston (25 km), Karamea (100 km)

Westküste

▼ *Charleston (17 km), Punakaiki (55 km), Greymouth (100 km)*

Platz mit Cabins und komfortablen Motel Units einen Katzensprung vom Strand. Camping $17, Cabins ❷, Motel Units ❹

Trip Inn, Queen St, ✆ 03/789 7367, 🖥 www.tripinn.co.nz. Freundliche neue Betreiber und eine Runderneuerung haben diesem weitläufigen Hostel neues Leben eingehaucht.

Ruhig und entspannt, tolle neue Terrasse, Grill, gut ausgestattete Küche, Heimkino, Internet, WLAN. Camping $15, Dorm $26, Zimmer ❷

Westport Holiday Park, 31 Domett St, ✆ 03/789 7043, 🖥 www.westportholidaypark.co.nz. Kleinerer, einfacher Platz in einem Wohngebiet, teilweise durch einheimischen Wald

begrenzt und 10 Min. zu Fuß vom Zentrum.
Camping $15, Dorms $26, Cabins ❷, Chalets
mit Bad ❸, Motelzimmer ❸
Westport Motel, 32 The Esplanade,
✆ 0800/805 909, 🖳 www.westportmotel.co.nz.
Durch neue Betreiber aufgefrischt, relaxt und
einladend, Lage abseits der Hauptstraße. ❸

Essen und Unterhaltung

Gourmets zieht es ins Yellow House Café oder ins
Bay House vor den Toren der Stadt; wer einfach
nur satt werden möchte, steuert einen der Pubs
an, in denen es gemäß Westküsten-Tradition
am Wochenende schon mal rauer zugeht.
Seit die Stadtverwaltung das stimmungsvolle
alte Kino abreißen ließ, gibt es kein wirkliches
Unterhaltungsangebot mehr in Westport.
Denniston Dog, 18 Wakefield St, ✆ 03/789 7640.
Die einzige Café-Bar, die nicht nur ein Pub mit
Kaffeemaschine ist: große Bierauswahl,
Kaffee und exzellente kleinere und größere
Mahlzeiten, z. B. Königslachs und Wildbret-
Hotpot ($11–32).
Dirty Mary's, 198 Palmerston St. Unscheinbares
Café mit gutem Frühstück, hausgemachten
Pasteten, Suppen, Fish'n'Chips und gutem
Kaffee. Günstige Preise. ⏱ tgl. 8.45–20 Uhr.
Yellow House Café, 243 Palmerston St,
✆ 03/789 8765. Von den gelb-roten Wänden
sollte man sich nicht abschrecken lassen:
Tagsüber gibt es köstlichen Kuchen, abends
z. B. Artischockendip ($14), Whitebait-Bratlinge
und Schokoladen-Schlemmereien (Haupt-
gerichte $24–29), alles nach Wunsch aus meist
örtlichen Zutaten zubereitet. Alkoholausschank.

Tolles Restaurant an der Bucht

The Bay House, Tauranga Bay, ✆ 03/789 7133,
🖳 www.bayhousecafe.co.nz. Restaurant und
Café am südlichen Ende des Cape Foulwind
Walkway. Toller Kaffee, Frühstück, Brunch, Mit-
tag- und exzellentes Abendessen (Hauptgerichte um $30) – Rinderfilet mit Frühstücksspeck und
Puy-Linsen, fangfrischer Steinbutt, mindestens
ein vegetarisches Gericht sowie köstliche Desserts – in gemütlichem Innenraum oder draußen
auf der Terrasse. Mit Alkoholausschank.

Aktivitäten

Buller Adventure Tours, 8 km östlich von
Westport am SH6 Richtung Buller Gorge,
✆ 0800/697 286, 🖳 www.adventuretours.co.nz,
bieten **Rafting- und Jetboat-Touren**. Das ganze
Jahr über werden die 6 größten Stromschnellen
(WW IV) in der Erdrutsch-Sektion des Buller
River bei Lyell befahren (knapp 3 Std., $120).
Ebenfalls zum Programm gehören Jetboat-
Touren durch die Lower Buller Gorge (1 1/4 Std.,
$79) sowie **Reitausflüge** durch den Wald und
entlang eines Strandes am Fluss (ab $80 für
2 Std.) und geführte **Quadbike-Touren** (90 Min.,
$140).

Sonstiges

Fahrradverleih
Habitat Sports, 204 Palmerston St,
✆ 03/788 8002; $35–45 pro Tag.

Informationen
i-SITE Visitor Centre, 1 Brougham St, nahe
Palmerston St, ✆ 03/789 6658, 🖳 www.westport.
org.nz. Neben allgemeinen Informationen über
Wanderungen bekommt man hier auch die
Hüttentickets für den Heaphy Track, allerdings
mit $5 Aufpreis (daher besser online buchen).
⏱ tgl. Weihnachten–April 9–17 Uhr oder später,
Mai–Okt Mo–Fr 9–16, Sa und So 9.30–15.30,
Nov–Weihnachten Mo–Fr 9–17, Sa und So
9–16.30 Uhr.
Infos über weniger bekannte Wanderwege bei
DOC-Büro, 72 Russell St, ✆ 03/788 8008,
⏱ Mo–Fr 8–12 und 13–17 Uhr.

Internet
Im i-SITE.

Taxis
Buller Taxis, ✆ 03/789 6900.

Transport

Busse
Karamea-Express-Busse halten vor dem
i-SITE, Atomic Shuttles und Nelson Lakes
Shuttles halten in der Stadt oder bei
Unterkünften, und die Busse von InterCity und
East-West halten an der Caltex-Tankstelle,
197 Palmerston St.

Westküste

Busse nach:
GREYMOUTH 3x tgl., 1 1/2–2 1/4 Std.;
KARAMEA 2x tgl., 1 3/4–2 Std.;
MURCHISON 3x tgl., 1 1/4–1 3/4 Std.;
NELSON 3x tgl., 3 1/2–4 Std.;
PUNAKAIKI 3x tgl., 1 Std.;
ST ARNAUD 1x tgl., 1 3/4 Std.

Flüge

1x tgl. (Mo–Fr) gehen Flüge nach
WELLINGTON (50 Min.).

Denniston

Westports Funktion als Versorgungsposten hing
völlig vom Handel mit den Kohlestädten ab, die
in solch ungastlichen Regionen lagen, dass man
weder Gemüse ziehen noch Schafe züchten
konnte – allen voran Denniston hoch oben auf
dem Rochford Plateau. Seit den späten 60er-
Jahren baut man hier keine Kohle mehr ab, die
Häuser wurden abtransportiert und das, was
von der restlichen Minenmaschinerie noch übrig
ist, überwuchert der Wald. Es ist ein faszinierender Ort, um einen halben Tag herumzustromern,
eventuell sogar länger, wenn man den Denniston
Incline Walk in Angriff nimmt.

Outwest Tours, ✆ 0800/688 937, 🖳 www.
outwest.co.nz, bietet eine **Denniston Tour** (tgl.
9.30–16 Uhr, $95), bei der die Stadt und das Pla-
teau besucht werden. Die von einem Bergbauunternehmen gesponserte **Stockton Mine Tour**
(tgl. 10–16 Uhr, $10) liefert einen Einblick in einen
aktiven Tagebau.

Um in die Beinahe-Geisterstadt Denniston zu
gelangen, geht es von Westport in nordöstlicher
Richtung ca. 17 km die Karamea Road entlang bis
Waimangaroa, wo eine steile, 9 km lange Straße
zum 600 m höher gelegenen Denniston abzweigt.

1859 entdeckte ein gewisser John Rochford
das Coalbrookdale-Flöz, und schon bald füllte
sich die Hochebene mit Leben, beschleunigt
durch den Bau der **Denniston Self-Acting Incline** im Jahre 1879. Die beeindruckende durch
Schwerkraft betriebene Grubenbahn galt zur
damaligen Zeit als steilste der Welt: Auf einer
Strecke von etwas mehr als 1,7 km wurden
518 Höhenmeter überwunden, leere Waggons

nach oben gezogen und mit Kohle beladene Wagen wieder herabgelassen. Während ihrer 88-jäh-
rigen Lebenszeit ratterten täglich über 1000 t
Kohle mit der erstaunlichen Geschwindigkeit von
70 km/h hinunter nach Conn's Creek, wo sie für
die Weiterreise nach Westport verladen wurden.
Anfänglich nahmen auch alle anderen Waren
mit Ziel Denniston – Nahrungsmittel, Geräte und
Menschen – diesen Weg, nachdem jedoch vier
Passagiere von den rasend schnellen Waggons
gefallen und zu Tode gekommen waren, baute
man 1884 einen Pfad, der das (Über-) Leben auf
der Hochebene endlich erleichterte.

Zur Blütezeit um 1910 zählte der Ort rund 2500
Einwohner, aber irgendwann waren die Kohle-
vorräte erschöpft. 1967 wurde die Grubenbahn
geschlossen. Von den verbliebenen sechs Häusern – nebst Postamt und Feuerwehrstation –
sind heute nur noch drei oder vier bewohnt.

An einem schönen Tag genießt man von hier
einen beeindruckenden Blick über die Küste.
Bei schlechtem Wetter legt sich ein Teppich aus
feuchtem Nebel über den Ort, was hervorragend
zu der ohnehin entrückten Atmosphäre dieser
trostlosen Landschaft passt.

Das alte Schulhaus wurde in ein **Museum**
verwandelt, das gleichzeitig als **Visitor Centre**
dient. Ausgestellt sind historische Fotos und Gerätschaften, denen der Kurator Gary James so
richtig Leben einzuhauchen vermag. Wenn das
Museum geschlossen ist, erreicht man ihn unter
✆ 03/789 9755. ⊙ Jan tgl., sonst nur So 10–15 Uhr,
Eintritt frei.

Konditionsstarke Besucher können Denniston über den **Denniston Incline Walk** (2 km einfach, 2–3 Std., 520 Hm) erklimmen, der bei Conn's
Creek, 2 km von Waimangaroa in Richtung Landesinneres, beginnt. Die Route folgt dem Pfad
von 1884 und verläuft mehr oder weniger parallel
zum Schienenweg.

Nördlich von Waimangaroa

Nördlich von Waimangaroa erreicht der SH67
nach 7 km **Granity**, wo das Blue Zephyr Café
mit Kaffee und Pasteten aus eigener Herstellung zur Einkehr verlockt. In **Ngakawau**, 2 km
nördlich von Granity, markiert ein Kohledepot

den Beginn des schönen **Charming Creek Walk** (5 km einfach, 2 Std., 100 Hm) entlang eines alten Schienenstrangs, der zwischen 1914 und 1958 der Beförderung von Holz und Kohle diente.

Die erste halbe Stunde der Wanderung ist eher langweilig, erst nach dem s-förmigen Irishman's Tunnel genießt man faszinierende Ausblicke auf den mit Steinen übersäten Fluss in der Tiefe und – nach Überqueren einer Brücke – auf die Mangatini Falls. Am interessantesten ist der nun folgende Abschnitt bis zum Picknickplatz bei den Überresten der **Watson's Mills** (2–3 Std. hin und zurück).

Ngakawau geht unmerklich in **Hector** über, wo das Old Slaughterhouse, 2 km nördlich des Ortes am SH67, ☎ 03/782 8333, ⌨ www.olds laughterhouse.co.nz, eine gemütliche Übernachtungsmöglichkeit bietet. Das ruhige Hostel (Zimmer ❷, Dorms $30) befindet sich in einem netten Holzhaus am Hang und bietet einen herrlichen Ausblick über die Küste. In der Gegend lassen sich wunderbare Waldwanderungen unternehmen, und am nahen Strand spielen häufig Hectordelphine in der Brandung. Es wäre eine Sünde, die Ruhe durch Fernseher, Internet, Wachmaschinen und Föhne zu stören – also gibt es all dies hier nicht. Allerdings gelangt man nur zu Fuß zur Unterkunft (10 Min. vom SH67). Bei vorheriger Anmeldung holen die freundlichen Besitzer das Gepäck jedoch mit dem Quad ab.

Eine weitere Übernachtungsmöglichkeit bietet sich 15 km nördlich und dann 3 km eine Nebenstraße entlang mit dem Gentle Annie, ☎ 03/782 1826, ⌨ www.gentleannie.co.nz, einer ungezwungenen Unterkunft in toller Lage nahe der Mündung des Mokihinui River, neben dem **Gentle Annie Beach** (Camping $10, Dorms $25, Zimmer ❷, Selbstversorger-Cottages für 6 Pers. ❹).

des **Kahurangi National Park** unterstrichen wurde. Neuseelands zweitgrößter Nationalpark umfasst spektakuläres, wildes Hügelland mit alpinen Wiesen, dem Matiri Plateau ("1000-Acre-Hochebene"), Neuseelands beeindruckendster Karstlandschaft, windumtosten Stränden und einem so warmen Küstenstreifen, dass hier sogar Nikaupalmen wachsen.

1846 nahmen Charles Heaphy und Thomas Brunner die Region unter die Lupe und bereiteten den Weg für europäische und chinesische Goldsucher, die 20 Jahre später Einzug hielten. Es folgten Pioniere, die sich in **Karamea** niederließen, heute eine Basis für Ausflüge zum sehenswerten Kalksteingelände des **Oparara Basin** und zum letzten Abschnitt des Heaphy Track.

Die Straße nördlich von Westport verläuft parallel zur Küste, eingezwängt zwischen Tasmansee und dicht mit Wald bewachsenen Hügeln und nur gelegentlich unterbrochen von einem Weiler, unter denen viele nicht einmal einen Pub, geschweige denn einen Laden haben. Für die reine Fahrt von Westport benötigt man rund zwei Stunden, aber es gibt eine Menge Haltemöglichkeiten.

Nördlich des **Mokihinui River** verlässt die Straße den Küstenstreifen und klettert auf den **Karamea Bluff**, bevor es in ein typisches Milchwirtschaftsgebiet hinuntergeht. Die Regenfälle lassen hier nach, dafür nimmt die Luftfeuchtigkeit zu, was einer eher subtropischen Vegetation – charakterisiert durch Cabbage Trees und Nikaupalmen an der Küste – den Boden bereitet.

Am Fuße der Felsklippe markiert **Little Wanganui** die Abzweigung zum Startpunkt der **Wangapeka** und **Leslie-Karamea Tracks** (zusammen 52 km, 3–5 Tage), die durch die Südhälfte des Kahurangi National Park zur Tasman Bay bei Motueka führen.

Karamea und Oparara Basin

Die nordwestliche Ecke der Südinsel konkurriert mit dem Fiordland um die Auszeichnung als am wenigsten entwickelte und unzugänglichste Region des Landes – was 1996 mit Gründung

Karamea

Das 100 km nördlich von Westport gelegene Karamea ist zwar mit den Bedürfnissen einer zunehmenden Zahl von Besuchern gewachsen, präsentiert sich aber nach wie vor als verschlafener Ort. Trotz der abgeschiedenen Lage am Ende der Straße – um von hier weiter nach Norden vorzudringen, bleibt nur der Fußmarsch über den **Heaphy Track** – gibt es in der Umgebung einiges zu entdecken: Allein der Südteil des **Kahurangi National Park** rechtfertigt ein oder zwei Tage Aufenthalt, und auch das **Oparara Basin** verdient eine nähere Erkundung. Der Heaphy Track wird in seiner Gesamtlänge meistens von Norden nach Süden gegangen (s. S. 537).

1874 war dies ein klassisches Grenzterritorium, in dem der Hafen am Karamea River die einzige Verbindung zur Außenwelt darstellte. Die Siedler verdienten sich ihren Lebensunterhalt mit Gold und Flachs, mussten jedoch nach ein paar mageren Jahren erkennen, dass das schlecht entwässerte Land nicht genügend einbrachte. Aber die Menschen gaben nicht auf: Sie bauten die erste Straße nach Westport, gerade rechtzeitig vor dem Erdbeben von 1929 in Murchison, durch das der Flussverlauf verändert und der Hafen zerstört wurde. Seit dem Ende der Holzfällerei im Jahr 2000 sind der Tourismus, die Landwirtschaft und der Obstanbau die einzigen Einnahmequellen von Karamea.

KARAMEA UND OPARARA
0 — 3 km

Übernachtung

Dank dem zunehmenden Tourismus wartet Karamea inzwischen mit einem ordentlichen Angebot an Unterkünften und außerdem einigen guten Campingplätzen auf.

Karamea Domain, am SH67 zwischen The Last Resort und dem Karamea Village Hotel, ☏ 03/782 6069. Sehr einfacher Platz; die Gäste benutzen die Duschen und Toiletten der städtischen Sportanlagen. Camping $15 pro Stellplatz, mit Anschlüssen $16, Dorms $12.

Karamea Lodge, SH67, 5 km südlich der Stadt, ☏ 03/782 6034, ⌨ www.karamealodge.co.nz. Luxus-Units mit Terrasse, Meerblick sowie Gemeinschaftsküche und -lounge. Kleines Frühstück inkl. ❺

Karamea Motels, 17 Wharf Rd, ☏ 03/782 6838, ⌨ www.karameamotels.co.nz. Von denselben Leuten und auch so ähnlich wie das Rongo (s. S. 704) geführt, mit Units ca. 100 m von der Flussmündung entfernt. Dorms $30, Zimmer und Motel Units ❸

The Last Resort, 71 Waverly St (SH67), ☏ 0800/ 505 042, ⌨ www.lastresort.co.nz. Unterkünfte um eine fantasievoll entworfene Lodge herum

Übernachtung		Restaurants	
Karamea Domain	B	Karamea Village Hotel	1
Karamea Lodge	F	The Last Resort	C
Karamea Motels	D	Riverstone Restaurant	E
The Last Resort	C	Saracens Café	2
Riverstone Restaurant	E		
Rongo	A		
Wangapeka Backpackers	G		

mit Restaurant und Bar; Dorms (keine Stockbetten und Bettwäsche, daher Schlafsack mitbringen), einfache, aber attraktive Lodge-Zimmer (z. T. mit Bad), Studios im Motel-Stil und gut ausgestattete Cottages für 4 Pers. Dorms $30, Lodge-Zimmer/Studios ❹, Cottages ❺ **Riverstone Restaurant** (s. u.). Funktionale, gemütliche Chalets hinter dem Restaurant mit gutem Blick auf den Fluss. ❻

Kakteen und Radio

Rongo, 130 Waverly St (SH67), ☎ 03/782 6667, 🖳 www.livinginpeace.com. Gastfreundliches, in Regenbogenfarben gestrichenes Hostel auf ausgedehntem Gelände mit Gemüse- und Kaktusgarten. Gemütliche Zimmer und Dorms mit Holzböden. Betreibt auch den lokalen Radiosender (107.5FM) – Kunst und Musik bilden einen Bestandteil des täglichen Lebens. Bei 3-tägigem Aufenthalt ist die 4. Nacht umsonst. Dieselben Leute betreiben außerdem komfortable Motel Units s. S. 703). Dorms $27, Zimmer ❸

Wangapeka Backpackers, Wangapeka Rd, ☎ 03/782 6663, 🖳 www.wangapeka.co.nz. Gemütliches Homestay auf einer Farm mit einheimischem Wald und freundlichen, gut informierten Gastgebern. $20 pro Bett, $45 inkl. Frühstück und Abendessen.

Essen

Das Angebot an Esslokalen ist eher begrenzt. Selbstversorger finden bei Market Cross einen kleinen **Supermarkt**.
Karamea Village Hotel, Waverley St, Ecke Wharf Rd. Der auf Vordermann gebrachte örtliche Pub bietet billige Takeaways, klassische Bar Meals sowie eine Auswahl an „Wild Food".
The Last Resort (s. o.). Etwas gepflegteres Dinieren im Restaurant (Hauptgerichte $18–30), außerdem lockere Bar.
Saracens Café, gegenüber dem Visitor Centre. Lässiges Café, das Kaffee, Pies sowie riesige Sandwiches in einer Kunsthandwerksgalerie und draußen serviert.

Gourmetküche am Fluss

Riverstone Restaurant, 3,5 km südlich der Ortsmitte von Karamea an der Hauptstraße, gleich hinter der Brücke über den Fluss, ☎ 03/782 6640, 🖳 www.rivstone.co.nz. Edles, schön gelegenes Restaurant mit Flussblick und verführerischem Angebot an Speisen, darunter Enten-Confit, Hühnchen-Curry sowie Käse aus eigener Herstellung.

Sonstiges

Das **Visitor Centre**, Market Cross, 2 km östlich des Zentrums, ☎ 03/782 6652, 🖳 www.karameainfo.co.nz, bietet hilfsbereites Personal und **Internetzugang**. Man kann hier auch die **Hütten** für den Heaphy Track reservieren ($5), was aber ebenso einfach (und kostenlos) online zu erledigen ist. ☉ Jan–April tgl. 9–17 Uhr, Mai–Dez Mo–Fr 9–17, Sa und So 9–12 Uhr.

Transport

Auf der Strecke zwischen WESTPORT und Karamea verkehren die Busse von **Karamea Express**, ☎ 03/782 6757, Abfahrt nach Westport am frühen Morgen und von dort gegen 11.30 Uhr zurück (Nov–März Mo–Sa, April–Okt Mo–Fr, $30 einfach). Die Busse sind auf Verbindungen in Westport abgestimmt. Die Busse von Karamea Express pendeln auch zum Start- bzw. Endpunkt des **Heaphy Track** in KOHAIHAI (Nov–März tgl. gegen 14 Uhr, außerhalb der Saison auf Nachfrage; $12 einfach) und lassen Wanderer auf der Fahrt von Westport nach Karamea am Startpunkt des **Wangapeka Track** aussteigen.

Oparara Basin

Kahurangis schönste Kalksteinformationen liegen östlich des Highway von Karamea nach Kohaihai im Oparara Basin, einem übersichtlichen Karstgebiet, charakterisiert durch Senken, unterirdische Ströme, Höhlen und Felsbögen, die über Jahrtausende hinweg durch das leicht säurehaltige Wasser geschaffen wurden. Dies ist die Heimat von Neuseelands größter einheimischer **Spinne**, der harmlosen Gradungula mit einem Durchmesser von rund 15 cm (nur in Höhlen der Region Karamea und Collingwood anzutreffen, wo sie sich von Schmeißfliegen und Höhlenschrecken ernährt), sowie einer seltenen, uralten und primitiven Fleisch fressenden **Schnecke**, die bis zu 7 cm groß wird und von Regenwürmern lebt. Mit Gerbsäure versetzte Flüsse bahnen sich ihren Weg über ausgeglichene, weiße Felsen. In schneller fließenden Abschnitten geht die seltene **Saumschnabelente** auf Beutezug.

Selbst wer nur ein marginales Interesse an Geologie hat, kann hier einen wunderbaren Nachmittag verbringen – sei es bei einer Wanderung oder einem Picknick.

10 km nördlich von Karamea zweigt die McCallums Mill Road, eine 14 km lange, steile und schmale Schotterstraße, zum Oparara Basin ab. Die **Honeycomb Hill Caves** sind bedeutend für das Verständnis neuseeländischer Fauna. Dank der Sediment-Ablagerungen auf dem Höhlenboden konnten sich die Skelette uralter Vögel erhalten. Die meisten starben, als sie durch ein Loch in der Höhlendecke hinunterfielen. Man fand die Knochen von über 50 verschiedenen Spezies, darunter der Haast-Adler, seines Zeichens der größte bekannte Adler mit einer Flügelspannweite von bis zu 4 m.

Die Höhlen können nur im Rahmen der exzellenten Honeycomb Hill Caves Tour (tgl. 10 und 14 Uhr nach vorheriger Anmeldung, ab 2 Pers., $85, Buchung unter ☎ 03/782 6652 oder 🖥 www.oparara.co.nz) besucht werden, wobei man nur einen Teil des ca. 15 km langen Tunnelsystems erkundet. Die Touren starten am Ende des McCallums Mill-Parkplatzes nahe der Höhle und dauern 2 1/2 Stunden. Auf Anfrage lässt sich für $25 hin und zurück eine Mitfahrgelegenheit zum Parkplatz organisieren. Die Höhlentrips können kombiniert werden mit der *Honeycomb Hill Arch Kayak Tour* (Mitte Dez–Aug, $85), eine fantastische Fahrt durch den Wald und unter einem breiten Kalksteinbogen hindurch.

Wie in Kalksteingebieten üblich, wechseln die Flüsse häufig ihren Lauf und hinterlassen trockene Höhlen wie die **Crazy Paving** und **Box Canyon Caves** nahe den Honeycomb Caves (ca. 40 Min. hin und zurück). Beide sind über einen Pfad vom Parkplatz zugänglich und wie geschaffen zum Betrachten von Spinnen und Fossilien (Taschenlampe mitnehmen und auf die rutschigen Böden achten).

Die zwei spektakulärsten Kalksteinformationen sind das Ziel zweier schöner, kurzer Waldwanderungen, die von einem Parkplatz an der Straße nach Karamea (3 km von den Höhlen entfernt) beginnen. Am beeindruckendsten ist der **Oparara Arch** (40 Min. hin und zurück), ein riesiger Felsbogen, 43 m hoch, 40 m breit und über 200 m lang, der aus dem Wald emporragt.

Der **Moria Gate Arch** (1 Std. hin und zurück) erhielt seinen Namen lange bevor das *Herr der Ringe*-Fieber das Land ergriff. Man erreicht ihn auf einem Pfad, der durch nahezu unberührten einheimischen Wald und durch eine kleine Höhle (eine Taschenlampe ist sinnvoll, aber nicht unbedingt nötig) führt. Diese Wanderung kann mit einem Abstecher zum friedvollen See **Mirror Tarn** kombiniert werden (1 1/2 Std. für Felsbogen und See).

Kohaihai

Wer nicht den gesamten Heaphy Track gehen möchte, kann zumindest die letzten paar an der Küste verlaufenden Kilometer des Tracks ab der Mündung des Kohaihai River 17 km nördlich von Karamea genießen. Bei der Mündung kann man im Fluss (jedoch nicht im Meer) schwimmen, und es gibt einen wunderschön gelegenen DOC-**Campingplatz** ($6) sowie massenweise Sandfliegen. In der Tagesmitte bietet der schattige **Nikau Walk** (30–40 Min. Rundweg) etwas Abkühlung: Er windet sich auf der anderen Flussseite durch ein Wäldchen voller Nikau-Palmen, Baumfarne und großartiger alter Rata-Bäume, die von Aufsitzerpflanzen überwuchert sind. Ansonsten kann man auf dem Heaphy Track bis zum **Scott's Beach** (1 1/2 Std. hin und zurück) gehen oder auf der Südseite des Kohaihai River bleiben und über den **Zig-Zag Track** (35 Min. hin und zurück) zu einem Aussichtspunkt hochsteigen.

Paparoa National Park und Umgebung

Südlich von Westport liegt die Paparoa Range, ein 1500 m hoher Gebirgszug aus Granit und Gneis, teilweise durchsetzt von Kalkstein. Sie trennt den spektakulären Küstenstreifen an der Tasmansee von den Tälern des Grey River und des Inangahua River. 1987 wurde das Kalksteingebiet zum **Paparoa National Park** erklärt, einem der kleinsten und am wenigsten bekannten Parks des Landes.

Seine Hauptattraktion sind zweifelsohne die **Pancake Rocks**, die ihrem Namen alle Ehre machen und an aufeinander gestapelte Pfannkuchen erinnern, wobei die Elemente spektakuläre Löcher in den verwitterten Kalk gegraben haben, durch die bei Flut das Wasser in Fontänen nach oben schießt. Die restlichen Sehenswürdigkeiten des Parks außer Acht zu lassen, hieße jedoch, auf die mysteriöse Welt verschwindender Flüsse, Senkgruben, Höhlen und Kalksteinklippen zu verzichten, die alle miteinander auf dem **Inland Pack Track**, aber auch auf kürzeren Spaziergängen zu erreichen sind.

Die Maori legten in der Gegend bei ihrer Suche nach *pounamu* (Jade) entlang der Küste gern einen Halt ein. Es folgten frühe europäische Forscher auf der Suche nach geeignetem Ackerland. 1846 passierten Charles Heaphy, Thomas Brunner und zwei Führer aus den Reihen der Maori die Region, fanden aber nichts, was sie zum Bleiben bewogen hätte. Doch schon 20 Jahre später wimmelte es hier von Goldsuchern, die sich an den Quarzadern von **Charleston** zu schaffen machten.

Das Besucherinteresse konzentriert sich auf **Punakaiki** und die Pancake Rocks, wo Buspassagiere einen kurzen Blick auf die Felsformationen erhaschen können und andere halten, um die obligatorischen Fotos zu schießen.

Von Westport nach Punakaiki

Südlich von Westport überquert der SH67 den Buller River und stößt auf den SH6, die Hauptstraße entlang der Westküste. Es gibt eigentlich keinen Grund für eine Fahrtunterbrechung, es sei denn, man möchte in einer der empfehlenswerten **Unterkünfte** absteigen. Rund 17 km südlich von Westport gilt das freundliche und günstige Beaconstone, Birds Ferry Rd, ✆ 027/431 0491, 🖳 www.beaconstone.co.nz, Juni–Sep geschlossen, als eines der schönsten Backpacker-Hostels an diesem Küstenabschnitt. Die Lodge wartet mit Bergblicken und einem neuen Gemeinschaftsbereich auf und besitzt ein paar DZ, ein 3BZ sowie ein separates Cottage. Das Ganze liegt inmitten eines knapp 50 ha großen Waldareals mit vielen Wanderwegen. Das ökologische Bewusstsein

der Besitzer drückt sich u. a. im Einsatz von Solarenergie und Komposttoiletten aus. Dorm $28, Zimmer ❶, Cottage ❷

6 km weiter südlich liegt am SH6 **Mitchells Gully Gold Mine**, ✆ 03/789 6553, eine familienbetriebene Goldminenanlage, wo die traditionellen Methoden gezeigt werden, mit denen aus der zementartigen Masse des oxidierten Eisensandes feiner Goldstaub extrahiert wird. Daneben gibt es allerlei historische Gerätschaften zu bewundern. ⏱ gewöhnlich 9–16 Uhr, Eintritt $10.

Intensiver Bergbau wurde im 3 km südlich gelegenen **Charleston** betrieben, damals eine ausgelassene Boomtown mit rund 18 000 Einwohnern, heute nur noch eine winzige Siedlung. Von der Charleston Tavern startet der von Underworld Adventures, ✆ 0800/116 686, 🖳 www.caverafting.com, betriebene **Nile River Rainforest Train** (3–4x tgl., 25 Min., $20), eine moderne Schmalspurbahn, die durch ein schönes Kalksteingebiet führt. Diese Zugfahrt bildet einen Teil der sehr unterhaltsamen **Höhlentour** Underworld Rafting (4 Std., $145); die Tour umfasst außerdem eine Waldwanderung durch ein beeindruckendes Tal mit Kalksteinfelsen; anschließend geht es dann mit Surfanzug und Helm ausgestattet unter die Erde, wobei auch ein Reifenschlauch mit von der Partie ist. Die informative Führung durch das Metro-Höhlensystem endet mit einer abschließenden Schlauchfahrt durch eine fabelhaft beleuchtete, unter Wasser stehende Glühwürmchenhöhle, bis man nach Durchquerung einer reizenden Schlucht im Nile River landet, wo man je nach Wasserstand Stromschnellen überwindet oder einfach sanft den Fluss hinabtreibt. Für ängstlichere Naturen gibt es die **Glowworm Cave Tour** (3 Std., $90), für echte Abenteuerfreaks das **Adventure Caving** (5 Std., $295), bei dem man sich 30 m tief in das Te-Tahi-Höhlensystem abseilt und sich unterwegs durch zahlreiche enge Durchgänge quetscht und viel klettert und kriecht.

Die wenigen Übernachtungsgäste zelten meist wild in der Constant Bay, wo es Toiletten und Wasser gibt. Die Charleston Tavern serviert neuseeländische Westküsten-Küche wie Whitebait oder Seafood Chowder.

Etwa 20 km südlich von Charleston ragen die 50 m hohen Klippen von **Te Miko** in die Höhe, die

Charles Heaphy mit dem Namen Perpendicular Point versah. 1846 kletterte er mit Hilfe von Leitern aus wackligen und morschen Rata-Reben in zwei Etappen auf die Klippen, während man seinen Hund an einem Seil nach oben hievte. Te Miko blieb bis 1866 eine unüberwindbare Barriere für Packtiere. Erst im Zuge des Baus der neuen Telegrafenlinie von Westport nach Greymouth schuf man den **Inland Pack Track** (s. S. 709).

Die erst 1927 fertig gestellte Küstenstraße windet sich auf die Klippen hinauf und passiert den **Iramahuwhero Point Lookout** mit fantastischem Blick über die Küste bis zu Te Miko.

Punakaiki und die Pancake Rocks

Die Pancake Rocks bei Punakaiki sind häufig alles, was die Besucher vom Paparoa National Park zu sehen bekommen. Ein geteerter Rundweg führt an der Hauptstraße in 20 Min. zu den Felsen, wo verschiedene Schichten Kalkstein derart verwittert sind, dass sie großen Türmen aufeinander gestapelter Pfannkuchen ähneln. Ursache hierfür ist ein chemischer Prozess, bei dem durch den Druck von übereinander gelagerten Sedimenten abwechselnd feste und weichere Zwischenschichten entstehen. Spätere Bodenerhebung und Verwitterung haben diesen Effekt noch verstärkt und wunderbar fotogene Formationen geschaffen. Das ganze Felsgebäude ist untergraben von riesigen Meereshöhlen mit so genannten **Blowholes**, großen Löchern, durch die bei Flut das Wasser nach oben schießt und immense Fontänen produziert – besonders spektakulär ist dieses Schauspiel bei Flut und starker Dünung aus Süden oder Südwesten.

Noch schönere Beispiele von Paparoas Karstlandschaft entdeckt man auf verschiedenen anderen Spaziergängen. In der **Punakaiki Cavern**, 500 m weiter nördlich, gibt es ein paar Glühwürmchen (am Abend hingehen und Taschenlampe mitnehmen), und 2 km weiter kann man auf dem **Truman Track** (30 Min. hin und zurück) von der Hauptstraße zu einem kleinen Strand mit interessanten Felsformationen laufen.

In der Umgebung gibt es diverse Möglichkeiten für Wasserratten, z. B. in den Flüssen Pororari und Punakaiki sowie am südlichen Ende des Pororari Beach, überdies ein guter Ort zum Surfen. Auch bei Punakaiki Canoes am Pororari River, ☎ 03/731 1870, ▯ www.riverkayaking.co.nz,

Westküste

Die Pancake Rocks sollen an Türme aufeinander gestapelter Eierkuchen erinnern.

Te Nikau Retreat, Hartmount Place, 200 m nördlich des Truman Track und 3 km nördlich des i-SITE, ✆ 03/731 1111, 🖵 www.tenikauretreat.co.nz. YHA-Hostel – eines der schönsten im ganzen Land – mit kleinen Dorms, Zimmern, separaten Häuschen und rustikalen Cabins mit Bad sowie Internetzugang. Dorms $26–28, Zimmer ❷, Zimmer mit Bad und Cabins ❸

dreht sich alles rund ums Wasser, das man in diesem Fall per **Kajak** erkundet (Bootsmiete $35 für 2 Std., $55 pro Tag; geführte Touren ab $70). **Reitausflüge** veranstaltet Punakaiki Horse Treks, ✆ 03/731 1839 (Okt–April, $125 für 2 1/2 Std.), und **Höhlen-** sowie **Naturtrips** bieten Green Kiwi Tours, ✆ 03/731 1843, 🖵 www.greenkiwitours.co.nz (ab $60 pro Std. für eine Gruppe).

Hydrangea Cottages, SH6, ✆ 03/731 1839, 🖵 www.pancake-rocks.co.nz. Vier traumhafte, geschmackvoll eingerichtete Selbstversorger-Cottages mit Meerblick. ❻–❽
Punakaiki Beach Camp, SH6, ✆ 03/731 1894, ✉ beachcamp@xtra.co.nz. Attraktiver Campingplatz mit Anschlüssen für Wohnmobile auf einer Wiese nahe dem Strand und Pub. Camping $15, Cabins ❶, mit Küche ❷
The Rocks, Hartmount Place, ✆ 03/731 1141, 🖵 www.therockshomestay.com. Nettes Homestay mit 3 gemütlichen Zimmern mit Bad, alle mit Blick auf den Wald oder das Meer. Außerdem gibt es noch das luxuriöse Flax Haven für bis zu 7 Pers. B&B ❻, Flax Haven ❼

Leider gibt es keinen vernünftigen Laden für Selbstversorger (Vorräte mitbringen!).
Punakaiki Crafts, SH6, beim i-SITE. Hier gibt es den besten Kaffee am Ort.
Punakaiki Tavern, SH6, 1 km nördlich vom i-SITE. Schnörkelloser Pub mit preisgünstigen einfachen Mahlzeiten in guten Portionen (zumeist $18–35).
Waterline Restaurant, im Punakaiki Rocks Hotel, SH6, 700 m südlich vom i-SITE,

✆ 03/731 1167. Punakaikis edelstes Lokal, speisen à la carte mit Blick aufs Meer. Mittag- und Abendessen, sehr teuer.
Wild Coast Café, SH6, beim i-SITE. Beliebt bei den Reisebussen, serviert „West Coast"- und Kater-Frühstück (Speck, Eier und Hash Browns), Panini und Salate bis zum Sonnenuntergang.

Paparoa National Park Visitor Centre, jetzt auch ein i-SITE, am SH6, ✆ 03/731 1895, 🖵 www.punakaiki.co.nz, bietet eine Ausstellung über den Park, Infos zu Aktivitäten, Wanderkarten und -broschüren sowie extrem hilfreiche DOC-Angestellte, die auch Buchungen vornehmen können. ⏲ Dez–April tgl. 9–18 Uhr, Mai–Nov 9–16.30 Uhr.

Die **Busse** von InterCity und Southern Link K Bus halten auf ihrem Weg gen Norden bzw. Süden rund eine halbe Stunde vor dem Wild Coast Café, was genügend Zeit für eine kurze Besichtigung der Pancake Rocks auf der anderen Straßenseite gibt.

Wanderungen im Paparoa National Park

Den besten Überblick über die Region verschafft die Karte *Paparoa National Park* (1:50 000); für eine Wanderung auf dem Inland Pack Track reicht die entsprechende DOC-Broschüre.

Die besten Eindrücke von der dramatischen Kalksteinlandschaft im Paparoa National Park gewinnt man auf dem **Inland Pack Track** (27 km, 2–3 Tage, s. Karte S. 709), der nur von Wanderern mit viel Erfahrung begangen werden sollte. Der Track ist eigentlich größtenteils leicht zu begehen, allerdings stehen bei Flussüberquerungen keine Brücken zur Verfügung, sodass man selbst in der Trockenzeit schon mal bis zu den Knien im Wasser steht. Nach heftigen Regenfällen sind die Flüsse unter Umständen unpassierbar. Wer mit seiner Zeit haushalten muss oder nicht auf Komfort verzichten will, kann die beeindruckendsten Gesteinsformationen auch im Rahmen zweier Tagesausflüge kennenlernen.

Westküste

Der angenehme **Punakaiki–Pororari Rivers Loop** (12 km, 3 1/2–5 Std., 100 Hm) folgt dem Inland Pack Track bis zum Pororari River, an dessen Ufer es zwischen fantastischen Kalksteinklippen nach Punakaiki zurückgeht. Der **Fox River Cave Walk** (10 km, 2 1/2 Std., 100 Hm) stimmt mit dem letzten Abschnitt des Inland Pack Track überein und reicht von der Mündung des Fox River bis zu den Höhlen; zurück geht es auf demselben Weg.

Inland Pack Track

Der Inland Pack Track ist am besten von Süden nach Norden zu begehen, was den Vorteil hat, dass man die etwas problematische Abzweigung am Fossil Creek nicht verpasst. Entlang des Weges gibt es keine Hütten; am Ende des ersten langen Tages kann man auch unter einem **Felsüberhang** namens Ballroom Overhang übernachten. Wanderer sollten also zum Schutz vor den lästigen Sandfliegen ein **Zelt** einpacken. Sollten die Flüsse Hochwasser führen und ein Fortkommen überraschend vereiteln, muss man dann außerdem keine feuchte Nacht im Freien verbringen.

Lagerfeuer sind am Ballroom Overhang erlaubt, aber das DOC empfiehlt die Mitnahme eines Kochers, da fast alles brauchbare Holz bereits verbrannt wurde.

Auf jeden Fall sollte man sich vor dem Aufbruch beim DOC immer über die aktuelle **Wetterlage** informieren. Hier liegen auch **Formulare zur Registrierung** bereit, die zur eigenen Sicherheit unbedingt ausgefüllt werden sollten.

Als Basis bietet sich Punakaiki an, wo man sich an Green Kiwi Tours, ☎ 03/731 1843, 🖳 www.greenkiwitours.co.nz, wenden kann, die Wanderer in Fox River absetzen oder auch abholen (1–8 Pers. $50).

Die Route

Der Startpunkt für den Inland Pack Track liegt 1 km südlich des Visitor Centre von Punakaiki am Südufer des Punakaiki River. Auf der Strecke **vom Punakaiki River zum Bullock Creek** (9,5 km, 4 Std., 220 m Aufstieg, 100 m Abstieg) verläuft der Track über einen niedrigen Sattel zur Furt des Pororari River und gewährt wunderbare Ausblicke ins Landesinnere bis zur Paparoa Range. Den Bullock Creek sollte man mit Vor-

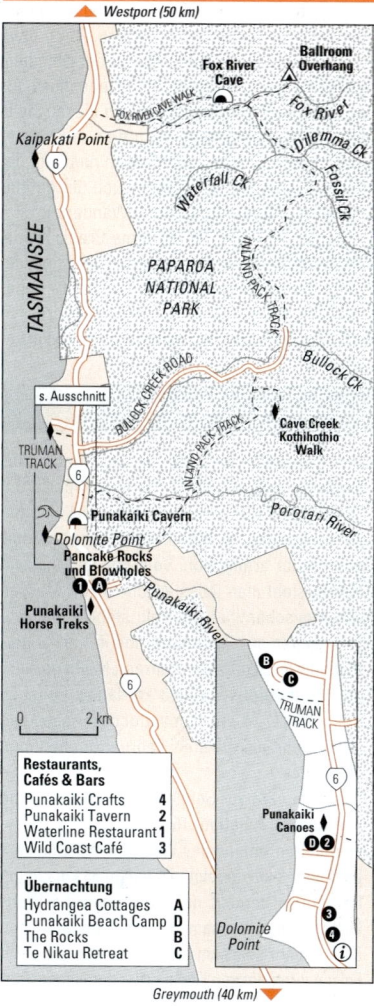

Punakaiki und der **Inland Pack Track**

▲ Westport (50 km)

Restaurants, Cafés & Bars	
Punakaiki Crafts	4
Punakaiki Tavern	2
Waterline Restaurant	1
Wild Coast Café	3

Übernachtung	
Hydrangea Cottages	A
Punakaiki Beach Camp	D
The Rocks	B
Te Nikau Retreat	C

Greymouth (40 km) ▼

sicht durchqueren – nach heftigen Regenfällen ist er unpassierbar. Auf dem Abschnitt **vom Bullock Creek zum Fox River** (10 km, 3–4 Std., 100 m Aufstieg, 150 m Abstieg) führt der Pfad an Sumpfland vorbei und klettert anschließend auf

Westküste

einen Kamm, um sich dann langsam zum Fossil Creek hinabzuwinden.

Diesem folgt man, indem man von Pool zu Pool watet, und manchmal muss man auch über umgestürzte Baumstämme klettern. Nach etwa einer halben Stunde steht man an der Mündung des Fossil Creek in den größten Nebenfluss des Fox River, den **Dilemma Creek**. An dieser Stelle steht ein kleines Schild, nach dem man unbedingt Ausschau halten sollte, denn nun folgt der spektakulärste und vermutlich auch der gefährlichste Abschnitt der gesamten Wanderung:

Insgesamt muss der Dilemma Creek 18 Mal durchwatet werden, und wer sich bereits bei der ersten Durchquerung schwer tut, sollte lieber umkehren, da es nur noch schlimmer wird. Auf dem unteren Flussabschnitt strömt das Wasser durch einen tiefen Canyon, der auf beiden Seiten von blendend weißen, senkrechten Felswänden begrenzt wird – ein wunderbarer Ort für eine Rast, wenn man irgendwo noch ein sonniges Fleckchen erwischt. Kurz vor der Mündung in den Fox River markiert ein Schild auf der linken Uferseite die Fortführung des eigentlichen Wanderwegs; zur Orientierung dient eine steil aufragende Felswand am rechten Flussufer.

Kurz unterhalb des Zusammenflusses von Dilemma Creek und Fox River führt ein beschilderter Pfad auf die rechte Uferseite des Fox River und kreuzt diesen im weiteren Verlauf noch mehrere Male, bis man schließlich vor dem gigantischen, 100 m langen Kalksteinüberhang namens **Ballroom Overhang** (1 km, 30 Min. einfach, leichter Aufstieg) steht, der leicht 100 Campern,

---

Das Coast to Coast Race

Die Neuseeländer sind verrückt nach Veranstaltungen, bei denen mehrere Sportarten miteinander kombiniert werden, und sind bei internationalen Wettkämpfen in dieser Art Sport auch recht erfolgreich. Vom Frühling bis zum Herbst sieht man jedes Wochenende Massen von Menschen ihre Muskeln stählen und ihre Fertigkeiten auf Fahrrädern und in Kajaks perfektionieren. Ziel aller wahren „Multisportler" ist das mörderische, 243 km lange Coast to Coast Race, 🖳 www.coasttocoast.co.nz, das jedes Jahr am zweiten Februarwochenende stattfindet.

Gestartet wird vor Sonnenaufgang vom Strand bei **Kumara Junction**, 15 km südlich von Greymouth. Den Anfang des Wettkampfes bildet ein Lauf über 3 km, gefolgt von einem 55 km langen Radrennen bergauf nach Otira, wo die Wettkämpfer der grausamste Abschnitt erwartet: Zu Fuß geht es 33 km auf und ab durch die mit Felsen durchsetzten Flussbetten der Neuseeländischen Alpen, bevor man für mehrere Stunden im Kajak sitzt und den **Waimakariri River** von Canterbury bezwingt. Als krönender Abschluss darf nochmals der Fahrradsattel bestiegen werden, bis **Sumner**, ein Vorort von Christchurch, erreicht ist.

Von den bescheidenen Anfängen 1983, als dies die erste größere Multisportveranstaltung der Welt war, hat sich der Wettkampf zu einer professionellen Großveranstaltung mit über 1000 Teilnehmern gemausert. Ganz Ehrgeizige nehmen die Dienste einer bestens organisierten Begleittruppe in Anspruch. Auch die **Ausrüstung** wurde immer besser: Gewinnen kann man nur mit den leichtesten und modernsten Rädern, und Bootsbauer entwerfen Rennkajaks, die speziell auf den Waimakariri River zugeschnitten sind. Die meisten Teilnehmer lassen sich für die Strecke zwei Tage Zeit, aber rund 150 Elite-Triathleten stellen sich dem Wettkampf „The Longest Day" und versuchen, die Strecke an einem Tag zurückzulegen. Normalsterbliche – aber nur ziemlich fitte Exemplare – können auch Teams aus zwei Personen bilden und die einzelnen Disziplinen untereinander aufteilen.

In erster Linie handelt es sich weiterhin um ein ausgemachtes Macho-Spektakel mit großem Medieninteresse, und die Sponsoren lassen sich dieses Ereignis nicht entgehen. Als Ansporn, das Rennen in einer bestimmten Zeit zu beenden, erwartet den Gewinner üblicherweise ein Auto. Der 1994 aufgestellte Zeitrekord liegt bei erstaunlichen 10 Std. 35 Min.

für die es hier ein Plumpsklo gibt, Unterschlupf gewähren könnte.

Von hier geht es denselben Weg zum Zusammenfluss der beiden Bäche zurück und weiter bis zur **Mündung des Fox River** ins Meer (5 km, 2 Std., 100 m Abstieg). Nach kurzer Zeit passiert man die Abzweigung zur interessanten **Fox River Cave** (30 Min.) auf der anderen Flussseite. Der Inland Pack Track endet an einem Parkplatz, der rund 12 km vom Startpunkt entfernt liegt. Derzeit kommen hier gegen 11.45 und 15.55 Uhr in Richtung Süden fahrende Busse vorbei und nehmen Wanderer mit.

Von Punakaiki nach Greymouth

Der Straßenabschnitt zwischen Punakaiki und Greymouth verläuft teilweise direkt entlang den Klippen und verspricht eine spektakuläre Fahrt. Außer zum Fotografieren lohnt einen Stopp eigentlich nur der **Barrytown Knife Maker**, 2662 Coast Rd, SH6, ✆ 03/731 1053, der einem an einem Tag beibringt, wie man sein eigenes Messer herstellt ($120).

Das winzige **Rapahoe**, 30 km südlich von Punakaiki, nennt den vermutlich sichersten Badestrand an der gesamten Küste sein Eigen und hat einen guten Ruf für Edelsteine. Ein Weg führt zum schönen Ausgangspunkt **Point Elizabeth** (2 Std. hin und zurück).

Greymouth

Der Grey River bahnt sich seinen Weg durch einen Einschnitt in der küstennahen Rapahoe Range und über eine trügerische Sandbank, bis er bei **Greymouth** ins Meer fließt. Die größte Stadt der Westküste dürfte für die meisten Besucher keinen Höhepunkt ihrer Reise darstellen. Jedoch ist Greymouth die Endstation des Touristenzugs TranzAlpine, und man kann hier hochwertigen Jadeschmuck kaufen, eine Reihe interessanter Abenteuer-Trips unternehmen und in einer coolen Bar abhängen.

Greymouths Entwicklung begann in den frühen Jahren des Goldrauschs, nachdem man auf dem Land fündig geworden war, das James Mackay 1860 für 300 britische Goldmünzen von den Poutini Ngai Tahu gekauft hatte. Seinen Charakter verdankt die Stadt dem Fluss, der sich im Sommer trügerisch ruhig und friedlich gibt, aber nach starken Regenfällen zu einem reißenden Strom werden kann. Immer wieder wurde die Stadt von verheerenden Überschwemmungen heimgesucht; seit der letzten Flutkatastrophe 1988 sorgt ein Hochwasserschutzsystem für mehr Sicherheit vor den Fluten.

Greymouth blickt auf eine lange Tradition der Jadeschleiferei zurück. Einige der schönsten Stücke findet man bei **Jade Boulder**, 1 Guinness St; ⏰ Okt–April Mo–Fr 8–19, Sa u. So 9–19, Mai–Sep tgl. 8.30–17 Uhr. Der Laden wird gerade umgestaltet, man findet aber trotzdem noch einige der Arbeiten des Jadekünstlers Ian Boustridge. Selbst wenn man keine Jade kaufen möchte, lohnt der Abstecher, um den Arbeitsprozess in der Werkstatt zu verfolgen und den **Jade Trail** (Eintritt frei) zu besuchen, der die Geschichte der Jade aus zwei Perspektiven erzählt: einmal basierend auf der Mythologie der Maori und einmal aus geologischer Sicht.

Ebenso einen Besuch wert ist das winzige **Shades of Jade**, 16 Tainui St, ⏰ Mo–Fr 8.30–17, Sa 10–14.30, So 12–14.30 Uhr. Die vernünftigen Preise dieses reizenden Ladens kommen zustande, weil er einheimischen Jadeschleifern gehört, die ihre eigenen, aus neuseeländischem *pounamu* gefertigten Waren verkaufen. Man kann ihnen jeden Tag bei der Arbeit zusehen.

Das **History House Museum**, Gresson St, ✆ 03/768 4028, unternimmt einen recht gelungenen Versuch, die Geschichte des Grey District zu vermitteln. Dabei wird auch der Kampf der Bewohner der Stadt gegen die Überschwemmungen umfassend behandelt. ⏰ Mo–Fr 10–16 Uhr, Eintritt $5.

Wer an einer der 45-minütigen Brauereiführungen der **Monteith's Brewing Company**, Turumaha St, Ecke Herbert St, ✆ 03/768 4149, teilnehmen möchte, sollte diese am besten im Voraus buchen. Hier hat man uralte Rezepte wieder neu aufgelegt, und das Produkt, kräftige Biere, ist mittlerweile entlang der gesamten Küste ein Verkaufsschlager – natürlich gibt's am Ende der Führung eine Kostprobe. Führungen tgl. um 11.30, 14, 16 und 18 Uhr, $15.

Westküste

Für den **Point Elizabeth Track**, der 6 km nördlich der Stadt beginnt und der Küste durch dichte Nikau-Palmenhaine zu einem Aussichtspunkt folgt (5 km hin und zurück, 1 1/2 Std.), wählt man am besten einen schönen Abend. Wer von hier weiter bis nach Rapahoe geht (S. 711, weitere 3 km), kann von dort mit dem Bus (2x tgl.) nach Greymouth zurückfahren.

(S. 711, weitere 3 km)

Übernachtung

Greymouth beeindruckt mit einigen guten Hostels, ansonsten aber wenigen vorzüglichen Unterkünften. Ein paar Tage im Voraus buchen sollte man während einer der lokalen Veranstaltungen, wenn alles bis zum Bersten gefüllt ist: den Kumara Races (2. Wochenende im Jan), dem Coast to Coast Race (2. Wochenende im Feb), dem Hokitika Wildfoods Festival (2. Wochenende im März) und dem Around Brunner Cycle Race (3. Wochenende im April).

Coleraine Motel, 61 High St, ℂ 0800/270 077, 🖳 www.colerainemotel.co.nz. Units mit Sky TV, CD/DVD Player, doppelt verglasten Fenstern und teilweise mit Spa. ❺

Dukes, 27 Guinness St, ℂ 03/768 9470, 🖳 www.duke.co.nz. Gut geführtes, buntes Hostel im Stadtzentrum mit gemütlicher Bar, gut ausgestatteten DZ, bequemen Betten und gut informierten und hilfsbereiten Gastgebern, die jeden Abend eine köstliche Suppe zubereiten. Dorms $25, Zimmer ❷

Global Village, 42 Cowper St, ℂ 03/768 7272, 🖳 www.globalvillagebackpackers.co.nz. Helles, geräumiges und gut ausgestattetes Hostel, das an Parkland und einen Fluss grenzt. Kreative, mit Gegenständen aus aller Welt eingerichtete Zimmer und viele Aktivitäten: kostenloser Fahrrad- und Kajakverleih, Sauna, Spa, kleiner Fitnessraum, an den meisten

B&B mit viel Flair

Rosewood, 20 High St, ℂ 0800/185 748, 🖳 www.rosewoodnz.co.nz. Hübsches B&B in stimmungsvollem Haus aus den 20er-Jahren mit Holzvertäfelung, Bleiverglasung und geschmackvoller Einrichtung. Alle Zimmer mit Bad. Üppiges Frühstück inkl. ❻ – ❼

Abenden wird gegrillt. Alle Betten mit Bettzeug, und es gibt ein paar nach Geschlechtern getrennte Dorms. Camping $15, Dorms $25, Zimmer ❷

Greymouth Seaside Top 10 Holiday Park, 2 Chesterfield St, ℂ 0800/867 104, 🖳 www.top10greymouth.co.nz. Der zentraler gelegene und bessere der beiden Motor Parks, direkt am Strand und mit sehr guten Einrichtungen. Camping $20, Cabins mit und ohne Küche ❷, Motel Units ❹

Neptunes International, 43 Gresson St, ℂ 0800/003 768, 🖳 www.neptunesbackpackers.co.nz. Ausgezeichnetes Hostel mit nautischem Dekor in ehemaligem Pub; großer Fernsehbildschirm, Pool, Internetzugang und kostenlose Abholung vom Bahnhof. Alle Betten mit Bettzeug, keine Herbergsbetten. Dorms $25, Stellplätze ohne Strom $10, mit Strom $12, Zimmer ❷

Noah's Ark, 16 Chapel St, ℂ 0800/662 472, 🖳 www.noahsarkbackpackers.co.nz. Großes, gemütliches Hostel in 2-stöckiger Villa. Tolle Veranden, großer Aufenthaltsraum mit Satelliten-TV, kostenloser Radverleih und Spa. Alle Betten mit Bettzeug. Camping $17, Dorms $25, Zimmer ❷

YHA Kainga-ra, 15 Alexander St, ℂ 03/768 4951, ✉ yha.greymouth@yha.co.nz. Ungezwungenes, ruhiges Hostel mit hervorragenden Einrichtungen (inkl. hilfreiches Buchungsbüro) in einer ehemaligen Priesterresidenz. Dorms $27, Zimmer ❷

Essen und Unterhaltung

Das Angebot und Ess- und Trinklokalitäten hat sich ein bisschen erweitert. Für Abendunterhaltung sorgen neben Frank's (s. u.) zahlreiche Pubs oder die Mainstream-Filme im **Regent Theatre**, Herbert St, Ecke Mackay St.

Ali's, 9 Tainui St, ℂ 03/768 5858. Schlichtes Café mit Schanklizenz, das Snacks und Mittag- und Abendessen serviert. Steak und Pommes gibt's für nur $23. ⏰ So nur bis 15 Uhr.

Bonzai Pizzeria, 31 Mackay St. Lebendiges Restaurant mit typischem Tearoom-Essen sowie Backwaren, Quiches und einem stattlichen Angebot an leckeren Pizzas zu fairen Preisen; mit Alkoholausschank.

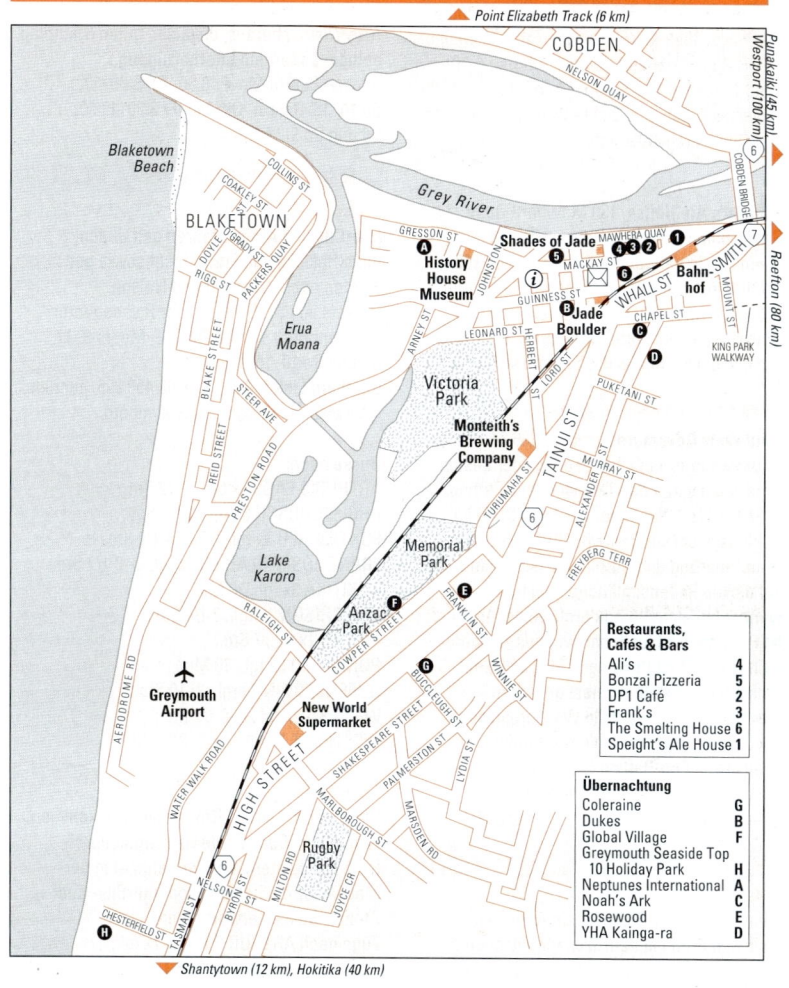

Greymouth

Point Elizabeth Track (6 km)

COBDEN

NELSON QUAY

Punakaiki (45 km)
Westport (100 km)

Blaketown
Beach

COLLINS ST

COAKLEY ST

Grey River

BLAKETOWN

GRESSON ST

Shades of Jade

MAWHERA QUAY

DOYLE ST
O'GRADY ST

RIGG ST

PACKERS QUAY

COBDEN BRIDGE

MACKAY ST.

Reefton (80 km)

A History House Museum

JOHNSTON ST

WHALL ST

Bahn-hof

SMITH ST

MOUNT ST

Erua Moana

AINEY ST

GUINNESS ST

B Jade Boulder

CHAPEL ST

KING PARK WALKWAY

BLAKE STREET

STEER AVE

LEONARD ST

HERBERT ST

LORD ST

Victoria Park

PUKETANI ST

REID STREET

PRESTON ROAD

TAINUI ST

Monteith's Brewing Company

MURRAY ST

ALEXANDER ST

Lake Karoro

TURUMAHA ST

FREYBERG TERR

Memorial Park

RALEIGH ST

Anzac Park

COWPER STREET

FRANKLIN ST

WINNIE ST

AERODROME RD

WATER WALK ROAD

Greymouth Airport

New World Supermarket

BUCCLEUGH ST

Restaurants, Cafés & Bars

Ali's	4
Bonzai Pizzeria	5
DP1 Café	2
Frank's	3
The Smelting House	6
Speight's Ale House	1

HIGH STREET

SHAKESPEARE STREET

PALMERSTON ST

MARLBOROUGH ST

MARSDEN RD

LYDIA ST

NELSON ST

BYRN ST

MILTON RD

JOYCE CR

Rugby Park

Übernachtung

Coleraine	G
Dukes	B
Global Village	F
Greymouth Seaside Top 10 Holiday Park	H
Neptunes International	A
Noah's Ark	C
Rosewood	E
YHA Kainga-ra	D

CHESTERFIELD ST

ASMAN ST

Shantytown (12 km), Hokitika (40 km)

Westküste

DPI Café, 108 Mawhera Quay. Das coole Café serviert Snacks und hervorragenden Kaffee; Internetzugang.

Gaalburn Dairy Goat Farm, 18 km südlich von Greymouth, ☎ 03/736 9784, ▢ www.gaalburn cheese.co.nz. Hier wird neben einzigartigem

und köstlichem Ziegenkäse auch der fabelhafte Saanen, eine Art Cheddar, hergestellt.
The Smelting House, 102 MacKay St. Tolles kleines Tagescafé mit riesigen Wurstbrötchen, Muffins und köstlichen vegetarischen Pasteten. ⏱ So geschl.

Lounge mit Kultur

Frank's, 115 Mackay St, ☎ 03/768 9075. Funkige Lounge im 1. Stock für den späten Abend mit fantasievollen kleineren Speisen wie Momo-Klößchen, thailändischem Hühnchen-Curry und Blackball-Wurst. Do, Fr und Sa ab 17 Uhr Livemusik, Comedy, Dichterlesungen und andere Kulturveranstaltungen.

Speight's Ale House, 130 Mawhera Quay. Große und muntere Restaurant-Bar in ehemaligem Verwaltungsgebäude von 1909 mit gutem Angebot an herzhaften Gerichten wie Lammhaxe ($24), Rumpsteak ($25) und Bratwurst mit Kartoffelpüree ($17). Dazu passen zumeist die Biere aus der Speight's-Palette.

Aktivitäten und Touren

Wild West Adventures, ☎ 0508/286 877, 🖥 www.fun-nz.com, bietet einige der besten Trips, allen voran das Taniwha Cave Rafting (5 Std., 1 1/2–2 Std. unter der Erde, $145) im Höhlensystem von Taniwha: Ausgestattet mit Neoprenanzug und Stirnlampe lässt man sich auf dicken Reifenschläuchen bei Glühwürmchenbeleuchtung durch Höhlen treiben. Im Programm ist auch das weitaus zahmere Rain Forest Boat Cruising (3 Std., $135) auf ruhigem Gewässer in selbst gebauten „Dschungel"-Kanus. Wild West organisiert auch diverse Rafting- und Heli-Rafting-Trips, ebenso wie Eco-Rafting (s. S. 719).
Kea Tours (S. 696) bietet Touren zu den Pancake Rocks (14.15 Uhr, 2 1/2 Std., $95).

Sonstiges

Autovermietungen

Viele, die auf der Südinsel ein Auto mieten wollen, fahren mit dem *TranzAlpine* nach Greymouth und machen sich dort auf die Suche. Alle großen Autoverleiher haben ihr Büro in oder nahe beim Bahnhof, aber für eine längere Leihdauer ist **NZ Rent A Car**, ☎ 03/768 0379, meist billiger, die entweder nichts oder nur eine geringe Gebühr verlangen, wenn man das Auto für längere Zeit mietet und in Queenstown oder Christchurch abgeben will.

Informationen

i-SITE Visitor Centre, im Regent Theatre, Mackay St, Ecke Herbert St, ☎ 03/768 5101, 🖥 www.greydistrict.co.nz, gibt die Broschüre *Grey District* heraus, die einen guten Stadtplan enthält; außerdem **Internetzugang**.
🕐 Nov–Ostern Mo–Fr 8.30–18, Sa 9–17, So 10–16, Ostern–Okt Mo–Fr 8.30–17.30, Sa und So 9–17 Uhr.

Transport

Busse

InterCity und **Atomic** fahren gen Süden nach Hokitika und Franz Josef sowie gen Norden nach Westport und Nelson (Tickets im i-SITE oder in der Reiseagentur im Bahnhof, ☎ 03/768 7080, 🕐 Mo–Fr 9–17, Sa und So 10–15 Uhr).
Southern Link K Bus, ☎ 0508/458 835, pendelt tgl. zwischen Picton und Greymouth.

Busse nach:
ARTHUR'S PASS 3x tgl., 1 1/2 Std.;
CHRISTCHURCH 3x tgl., 4 1/2 Std.;
FOX GLACIER 3x tgl., 3 3/4–4 1/2 Std.;
FRANZ JOSEF GLACIER 3x tgl., 3–3 1/2 Std.;
HOKITIKA 3x tgl., 30 Min.;
MURCHISON 1x tgl., 2 1/4 Std.;
PICTON 1x tgl., 7 Std.;
PUNAKAIKI 3x tgl., 30 Min.;
QUEENSTOWN 2x tgl., 9–10 Std.;
WANAKA 2x tgl., 8–8 1/2 Std.;
WESTPORT 3x tgl., 1 1/2–2 1/4 Std.

Eisenbahn

Die stilvollste Art, in Greymouth anzukommen, ist mit dem *TranzAlpine* von Christchurch (s. S. 586, Kasten), der am Bahnhof in der Mackay Street hält und von InterCity- und Atomic-Bussen erwartet wird.
Züge nach ARTHUR'S PASS 1x tgl., 2 1/4 Std.; CHRISTCHURCH 1x tgl., 4 1/4 Std.

Flüge

Greymouths Flughafen bietet Rundflüge mit **Air West Coast**, ☎ 03/738 0524, 🖥 www.airwestcoast.co.nz. Außerdem gibt es 4x wöchentl. Flüge nach WELLINGTON (1 Std.).

Hokitika und Umgebung

Südlich von Greymouth verläuft der SH6 durch einen recht einsamen Küstenabschnitt, der bis zum 40 km entfernten Hokitika keine Sehenswürdigkeiten bietet. „Hoki", wie es liebevoll genannt wird – wenn die Stadtverwaltung sich durchsetzt, heißt es bald Hokitika Beach –, ist nivht viel interessanter als Greymouth: Es bietet einen Strand, einige interessante Kunsthandwerkläden und das kuriose Museum für Sockenstrick-maschinen sowie Gelegenheit zu guten Waldspaziergängen.

Hokitika

Wie die anderen Städte an der Westküste verdankt auch Hokitika seine Existenz dem **Goldrausch** in den 60er-Jahren des 19. Jhs. Nur wenige Monate nach den ersten Entdeckungen bei Greymouth im Jahre 1864 entstanden an den Ne-

Jade

Die Maori verehren *pounamu* (harter Nephrit) und Tangiwai (der weichere, durchscheinende Bowenit), beide gemeinhin Jade genannt. In der prä-europäischen Kultur von Aotearoa nahm dieses Gestein den Platz haltbarer Metalle ein, sei es zum praktischen Gebrauch, zur Kriegsführung oder zur Zierde. Breitbeile und Meißel benutzte man zum Schnitzen, *mere* (Keulen) für Nahkämpfe und Anhänger als Schmuckstücke. 1846 beobachtete Charles Heaphy eine Gruppe von Maori bei der Herstellung einer Keule und beschrieb den Prozess folgendermaßen: „Sie zersägten die Steinplatte mit einem Stück Glimmerschiefer, befeuchteten sie anfangs mit danach mit einem feinen, sandigen Kalkstein, den sie in der Nähe fanden. Das Loch wird mit einem gespitzten Pahutanui-Feuerstein gebohrt. Der Vorgang scheint nicht so langwierig zu sein wie vermutet; anscheinend reicht ein Monat für die Fertigstellung aus".

Auf Maori heißt die gesamte Südinsel **Te Wahi Pounamu** („Jadeort"), was die Bedeutung dieses Bodenschatzes für die Menschen der damaligen Zeit widerspiegelt. Der Gürtel, in dem Jade sehr häufig auftaucht, reicht von Greymouth über das reiche Gebiet des Arahura River bei Hokitika bis in den Süden zur Anita Bay am Milford Sound – wo die wunderschön gesprenkelten Tangiwai auftreten – und umfasst auch die Region von Wakatipu hinter Queenstown. Als die Poutini Ngai Tahu 1860 einen großen Teil von Westland an James Mackay verkauften, war der Arahura River, ihre Hauptquelle für *pounamu*, nicht in den Handel eingeschlossen.

Der Wert von Jade hat sich über die Jahre kaum vermindert. Ausgrabungsstätten werden schwer bewacht, der Export von Jade ist verboten und in Nationalparks darf man generell nicht auf die Suche gehen; Zuwiderhandlungen gegen diese Auflagen können bis zu $200 000 Strafe und zwei Jahre Gefängnis nach sich ziehen.

Der **Preis** hängt entscheidend von der Qualität ab, wobei Summen von $100 000 pro Tonne Jade keine Besonderheit darstellen – und allein der Himmel die Grenze ist, wenn es um die Bezahlung von Jadeskulpturen und -schmuck geht. Viele der günstigeren Exemplare sind recht grob bearbeitet, teurere Stücke hingegen (die Rede ist von mindestens $100 für ein ästhetisch ansprechendes Teil und ab $1000 für etwas wirklich Besonderes) tragen kunstvolle Muster der Maori. Am anderen Ende der Preisskala kann man bereits für $20 einen einfachen Anhänger erwerben.

Hokitika gilt als Zentrum für Jade und den Handel damit. Interessierte sollten jedoch immer im Hinterkopf behalten, dass die größeren **Läden** und **Galerien** fest in die Routen der Tourbusse integriert sind und die Preise entsprechend hoch sind. In diesen Geschäften kann man einiges über die Qualität des Steins und seine Bearbeitung lernen, aber vor einer Kaufentscheidung lohnt der Blick in einen der vielen kleineren Läden, die oft günstigere Preise haben. Man sollte sich auch nach der Herkunft des Rohmaterials erkundigen – es wird häufig vermutet, dass viele in Neuseeland verkaufte Jade-Produkte aus billigerem ausländischem Stein gefertigt sind. Empfohlene Geschäfte s. S. 717.

Westküste

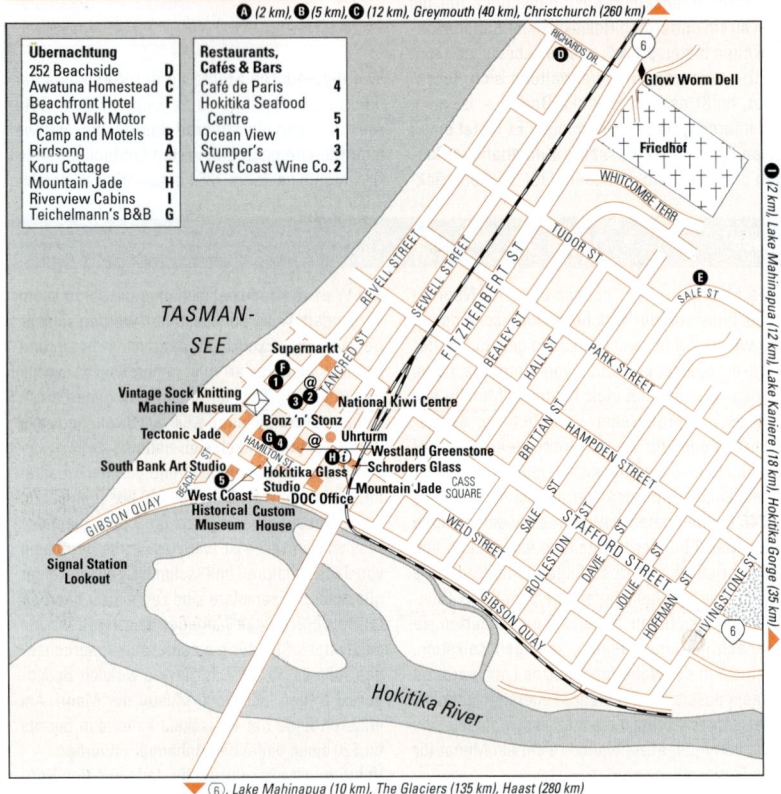

Hokitika

N
0 _____ 500 m

Ⓐ (2 km), **Ⓑ** (5 km), **Ⓒ** (12 km), Greymouth (40 km), Christchurch (260 km) ▲

Übernachtung	
252 Beachside	D
Awatuna Homestead	C
Beachfront Hotel	F
Beach Walk Motor Camp and Motels	B
Birdsong	A
Koru Cottage	E
Mountain Jade	H
Riverview Cabins	I
Teichelmann's B&B	G

Restaurants, Cafés & Bars	
Café de Paris	4
Hokitika Seafood Centre	5
Ocean View	1
Stumper's	3
West Coast Wine Co.	2

Glow Worm Dell

Friedhof

RICHARDS DR
WHITCOMBE TERR
REVELL STREET
SEWELL STREET
FITZHERBERT ST
TUDOR ST
BEALEY ST
HALL ST
PARK STREET
SALE ST
Ⓓ (2 km), Lake Mahinapua (12 km), Lake Kaniere (18 km), Hokitika Gorge (35 km) **▶**
Ⓔ

TASMAN-SEE

Supermarkt

Vintage Sock Knitting Machine Museum
Tectonic Jade
South Bank Art Studio

Bonz 'n' Stonz
National Kiwi Centre
Uhrturm
Westland Greenstone
Schroders Glass
Mountain Jade

HAMILTON ST
TANCRED ST
BRITTAIN ST
HAMPDEN STREET
CASS SQUARE

West Coast Historical Museum
Hokitika Glass Studio
DOC Office
Custom House

GIBSON QUAY
WELD STREET
SALE ST
ROLLESTON ST
STAFFORD STREET
DAVIE ST
JOLLIE ST
HOFFMAN ST
GIBSON QUAY
LIVINGSTONE ST

Signal Station Lookout

Hokitika River

▼ ⑥, Lake Mahinapua (10 km), The Glaciers (135 km), Haast (280 km)

Westküste

benflüssen des Hokitika River mehrere Schürffelder, und australische Goldsucher sowie Iren zogen in Scharen von Canterbury über die Pässe an die Westküste, um dort nach dem wertvollen Bodenschatz zu buddeln. Hokitika boomte und zählte innerhalb von zwei Jahren bereits 6000 Einwohner – heute sind es immerhin noch 4000. Hotels und Kneipen säumten die Straßen, und die unglaubliche Menge von über einer Tonne Gold pro Monat wurde zumeist direkt ins australische Melbourne verschifft.

Trotz einer gefährlichen Sandbank in der Mündung des Hokitika River avancierte der **Ha-fen** kurzzeitig zum geschäftigsten des Landes, in dem die Schiffe zur Blütezeit in vier Reihen hintereinander an der Gibson Wharf vertäut lagen. Als das Gold schließlich seltener wurde und man immer mehr Wasser zum Auswaschen benötigte, wurde das Unternehmen zu unwirtschaftlich und in der Folge durch Milchwirtschaft und Holzindustrie ersetzt. 1954 schloss man den Hafen, der jedoch in den 90er-Jahren für den Heritage Walk der Stadt wieder hergerichtet wurde.

Hokitikas führende Rolle während des Goldrausches bestimmt zu Recht einen großen Teil des **West Coast Historical Museum**. Daneben sind vor allem die Fotos interessant, die das gefährliche Umschiffen der Sandbank in der Flussmündung und das reichhaltige Kneipenleben in der Tancred Street dokumentieren. ☉ Mo–Fr 9–17, Sa und So 10–14 Uhr, Eintritt $5.

Wer nach dem Museumsbesuch Lust auf mehr bekommen hat, schnappt sich im Visitor Centre die kostenlose Broschüre über den **Hokitika Heritage Walk**, der an den verbliebenen Wahrzeichen aus der Vergangenheit der Stadt vorbeiführt, darunter der **Uhrturm** und das Hafengebiet um den **Gibson Quay**. Der Anlegeplatz am Flussufer lädt zu einem schönen Abendspaziergang ein: Vom **Signal Station Lookout** am Ende der Landzunge geht es vorbei an einem hässlichen Denkmal aus Beton (in Erinnerung an die Boote, denen die Sandbank zum Verhängnis wurde) zum **Custom House** aus dem Jahre 1897 – und krönen lässt sich der Rundgang mit Fish'n'Chips vom Hokitika Seafood Centre am Fluss (S. 718).

Ein ganz einzigartiges, charmantes Erlebnis bietet ein Besuch im **Vintage Sock Knitting Machine Museum**, 75 Revell St, 🖳 www.autoknitter. com, das gleichzeitig ein Geschäft für alle möglichen Wollprodukte ist. Das freundliche, kenntnisreiche Personal gibt gerne eine Einführung in die größte Sammlung von voll funktionsfähigen alten Sockenstrickmaschinen – einige Maschinen schaffen bis zu zehn Paare pro Stunde. ☉ tgl. 9–17 Uhr, Eintritt frei.

Trotz seines stimmungsvollen Strandes ist Hokitika vor allem als Kunstgewerbezentrum bekannt. Wo man auch hinblickt, verkauft irgendjemand Webarbeiten, geblasenes Glas oder Schmuckstücke aus Jade oder Knochen. Wer in Kauflaune ist, findet hier qualitativ hochwertige Produkte; besonders das südwestliche Ende der Revell Street entwickelt sich mehr und mehr zu einer Künstlerenklave. Vor allem mit **Jade** (s. S. 715, Kasten) werden gute Geschäfte gemacht. Einige der schönsten Arbeiten findet man bei Tectonic Jade, 67 Revell St, und bei der Traditional Jade Company, 2 Tancred St. Wer sich seinen eigenen Anhänger kreieren möchte, geht am besten ins tolle Bonz 'n' Stonz Carving Studio, 16 Hamilton St, ☎ 0800/214 949, 🖳 www.bonz-n-stonz.co.nz, wo Steve Gwaliasi eine jeweils sechsstündige Einführung in den Entwurf und die Bearbeitung von Jade ($125), Knochen ($85) oder Muscheln ($75)

bietet – ein sehr persönliches Erlebnis, das einem eine bleibende Erinnerung beschert.

Eine andere alte Tradition in Hokitika ist die **Glasbläserei**, mit der man sich am besten im Hokitika Glass Studio, 9 Weld St, vertraut macht; ☉ Mo–Fr 9–17 Uhr. Nicht verpassen sollte man die **Kupferkunst** im South Bank Art Studio, 32 Revell St, Ecke Camp St.

In den letzten zehn Jahren entwickelte sich der Name Hokitika zu einem Synonym für das **Wildfoods Festival**, ☎ 03/755 8322, 🖳 www. wildfoods.co.nz. Tickets im Vorverkauf $35, das alljährlich am zweiten Samstag im März stattfindet. Dann vervierfacht sich die Bevölkerung der Stadt und alle strömen zum Cass Square, wo bis zu 50 Stände typische „Buschgerichte" wie gebratenes Possum, marinierte Ziegenkebabs und Wontons mit geräuchertem Aal anbieten. Passend dazu gibt es ein hausgebrautes Bier oder Wein von der Südinsel. Ihren würdigen Abschluss findet die Völlerei im ausgelassenen **Wildfoods Barn Dance** (Eintritt $10).

Übernachtung

In Hokitika findet man eigentlich immer eine Unterkunft, nur während der Kumara Races (2. Wochenende im Jan), im gesamten Februar, besonders um das Coast to Coast Race (S. 710) herum, und während des Wildfoods Festival (s. o.) können die Zimmer knapp werden.
252 Beachside, 252 Revell St, ☎ 0800/252 252, 🖳 www.252beachside.co.nz. Großes Motel und Campervan Park, 10 Min. außerhalb des Zentrums. $30 pro Wohnmobil, Cabins ❷, Units ❹

Stilvolles B&B auf dem Land

Awatuna Homestead, SH6, 13 km nördlich von Hokitika, ☎ 0800/006 888, 🖳 www.awatuna homestead.co.nz. Einladendes B&B mit 3 gemütlichen, stilvoll eingerichtetes Zimmern und einem Selbstversorger-Apartment. Gut zum Entspannen – es gibt Tiere, selbst angebautes Gemüse, viele Bücher und abendliches Geschichtenerzählen. Auf Wunsch Abendessen. Zimmer ❽, Apartment ❽ plus $45 für jede zusätzliche Pers. bis zu max. 5 Pers.

Westküste

Beachfront Hotel, 111 Revell St, ☎ 03/755 8344, 🖳 www.beachfronthotel.co.nz. Breites Angebot an Zimmern, am schönsten sind jedoch diejenigen im 1. Stock mit Blick auf den Strand durch die großen Fenster oder von den Balkonen – nur 50 m vom Wasser entfernt! Zimmer mit Meerblick ❽

Beach Walk Motor Camp and Motels, 8 Greyhound Rd, nahe SH6, 5 km nördlich von Hokitika, gleich hinter der Arahura-Brücke, ☎ 03/755 6550, 🖳 wwwjacquiegrantsplace.com. Klein, einfach und gepflegt, mit fabelhaften, preisgünstigen und relativ neuen Motel Units. Zelt- und Wohnmobilstellplätze $12, Motel Units ❷

Birdsong, 124 SH6, 3 km nördlich der Stadt, ☎ 03/755 7179, 🖳 www.birdsong.co.nz. Die beste Herberge der Stadt ist dieses kleine Hostel mit ungezwungener Atmosphäre und freundlich eingerichteten Zimmern. Bettwäsche wird gestellt, alles sehr gepflegt, und es gibt zwei Busch-Bäder ($4). Dorms $28, Zimmer ❷, mit Bad ❸

Koru Cottage, 195 Sale St, ☎ 03/755 7636, 🖳 www.korucottage.co.nz. Hübsches Selbstversorger-Cottage für 4 Pers. mit TV/DVD, Grill und komplett eingerichteter Küche. Wer möchte, kann in der Whitebait-Saison (Sep–Mitte Nov) sein Glück mit einem Netz versuchen. ❺

Mountain Jade, 41 Weld St, ☎ 03/755 8007. Zentral gelegenes, billiges Hostel über der Jade Factory mit gemütlichen DZ im hinteren Teil mit Blick auf den Parkplatz. Dorms $21, Zimmer ❷–❸

Riverview Cabins, 154 Kaniere Rd, 3,5 km östlich der Stadt, ☎ 03/755 7440, ✉ river-view@xtra.

Paris in Hokitika

Café de Paris, 19 Tancred St, ☎ 03/755 8933. Sehr entspannter, um nicht zu sagen ahnungsloser Service, aber das gute Essen macht das wieder wett. Große Frühstücksauswahl zu gemäßigten Preisen, leichte Mittagsgerichte sowie förmlicheres Abendessen mit französisch angehauchter Küche (Hauptgerichte um $30). Abends Reservierung angeraten. Alkoholausschank und BYO.

co.nz. Einfaches, aber ruhiges, gastfreundliches und komfortables Hostel mit nettem Ausblick nahe dem Hokitika River; kostenlose Benutzung von Goldwaschpfannen. Dorms $28, Zimmer ❷

Teichelmann's B&B, 20 Hamilton St, ☎ 03/8232, 🖳 www.teichelmanns.co.nz. Gemütliches und gut ausgestattetes B&B in zentraler Lage und mit viel historischem Flair. Die freundlichen Gastgeber bieten verschiedene Zimmer mit Bad und ein romantisches Garten-Cottage mit Doppel-Whirlpool. Dazu gibt's ein herzhaftes Frühstück. ❻

Essen und Unterhaltung

Hokitika wartet mit einem nicht zu knappen Angebot an erschwinglichen Essmöglichkeiten auf, eine coole Kneipe ist allerdings Fehl-anzeige. Kostenlose Abendunterhaltung bietet das **Glow Worm Dell** („Glühwürmchen-Tal") ca. 1 km nördlich des Zentrums am SH6. Mainstream-Filme zeigt das **Regent**, 23 Weld St, während man im Kino **Crooked Mile Talking Movies**, 36 Revell St, ☎ 03/755 5309, 🖳 www.crookedmile.co.nz, Arthouse-Streifen sehen kann.

Hokitika Seafood Centre, Gibson St, Ecke Wharf und Quay St. Der beste Laden für Fish'n'Chips in der Stadt mit Lage am Fluss. ☉ tgl. zumeist 11–20 Uhr, am Wochenende länger.

Ocean View, 111 Revell St, ☎ 03/755 8344. Hotelrestaurant mit Abendessen à la carte (Hauptgerichte $28–35). Toller Meerblick von den Tischen am Fenster und von der Terrasse.

Stumper's, Weld St, Ecke Revell St. Moderne Sportbar und Tagescafé mit Live-Bands und passablem Essen.

West Coast Wine Co., 108 Revell St, ☎ 03/755 5417. Winzige Bar in einem Weingeschäft mit hübschem Innenhof; außer gutem Wein gibt's auch tollen Kaffee und gute Käse- und Wurstplatten.

Aktivitäten

Unternehmen wie Eco-rafting (s. S. 719, Kasten) offerieren **Wildwasser-Raftingtouren** auf einem der hiesigen Flüsse.

Wilderness Wings, am Flughafen, ☎ 0800/755 8118, 🖳 www.wildernesswings.co.nz, unternimmt **Rundflüge**, v. a. zum Mount Cook und zu den Gletschern (1 1/4 Std., $300).

Westküste

Geld

Wer von Hokitika nach Süden fährt, sollte bedenken, dass die nächsten Banken erst wieder im über 400 km entfernten Wanaka sind.

Informationen

i-SITE Visitor Centre, 26 Weld St, ✆ 03/755 6166, 🖳 www.hokitika.org, nimmt DOC-Buchungen vor. 🕐 Dez–März tgl. 8.30–20, April–Nov Mo–Fr 8.30–17, Sa und So 10–16 Uhr.
DOC, Sewell St, ✆ 03/756 8282, hat Broschüren über Wanderungen in der näheren Umgebung. 🕐 Mo–Fr 8–16.45 Uhr.

Transport

Busse

Busse aus Christchurch und solche, die an der Westküste verkehren, halten vor dem **National Kiwi Centre**, 64 Tancred St, ✆ 03/755 5251. Atomic-Busse halten außerdem vor dem West Coast Historical Museum.

Busse nach:

ARTHUR'S PASS 1x tgl., 1 3/4 Std.;
CHRISTCHURCH 1x tgl., 4 1/2 Std.;
FOX GLACIER 3x tgl., 3 Std.;
FRANZ JOSEF GLACIER 3x tgl., 2 1/2 Std.;
GREYMOUTH 3x tgl., 30 Min.;
ROSS 3x tgl., 25 Min.;
WHATAROA 3x tgl., 1 1/2 Std.

Flüge

Der Flughafen liegt 2 km östlich des Zentrums. Air New Zealand pendelt 2–4x tgl. zwischen Hokitika und CHRISTCHURCH (35 Min.).

Die Umgebung von Hokitika

Eine der schönsten Waldlandschaften und die herrlichsten Wanderwege dieser Gegend liegen 30 km landeinwärts, wo das Hinterland, in dem vor allem Milchwirtschaft betrieben wird, auf die Ausläufer der Neuseeländischen Alpen trifft. Klei-

Rafting auf den Wildflüssen der Westküste

In den vergangenen Jahren sind Kajaker und Rafter zu der Erkenntnis gelangt, dass einige der weltweit spannendsten und landschaftlich schönsten Wildwasserflüsse an Neuseelands Westküste liegen. Oft beängstigend steile Wasserläufe im zumeist IV. Schwierigkeitsgrad bahnen sich ihren Weg vom Gebirge zum Meer und führen dank starker Niederschläge fast das ganze Jahr über ausreichend Wasser zum Kajakfahren und Raften. Bevor man in den 80er-Jahren erstmals **Hubschrauber** für den Transport zum Einstieg nutzte, wurden nur wenige dieser Flüsse jemals befahren. Auch heute noch gelangt man zumeist nur auf dem Luftweg ins wilde Landesinnere, sodass die Kosten für eine solche Tour relativ hoch sind. Der Preis ist zumeist abhängig von der Anzahl der Teilnehmer. Trotz ihrer zunehmenden Beliebtheit werden Trips auf diesen Flüssen nach wie vor eher selten angeboten. Um Enttäuschungen zu vermeiden, sollte man daher so rechtzeitig wie möglich reservieren (**Hauptsaison** Nov–April). Die Teilnehmer von Raftingtrips müssen mindestens

13 Jahre alt sein bzw. für einige der schwierigeren Flüsse mindestens 15 Jahre. Zu den meistbefahrenen **Flüssen** gehören (von Norden nach Süden): Karamea (WW III+), Mokihinui (IV), Arahura (IV), Whitcombe (V), Hokitika (III–IV), Wanganui (III), Perth (V) und Whataroa (IV). Im Folgenden eine Auflistung der größten Anbieter und ihrer Spezialgebiete:
Eco-Rafting, Hokitika, ✆ 0508/669 675, 🖳 www. ecorafting.co.nz. Das Raft wird als Transportmittel benutzt, um die Kunden mit der Natur und Sozialgeschichte der Westküste vertraut zu machen. Eine ganztägige Heli-Rafting-Tour auf dem Perth kostet $500, 3 Tage auf dem Karamea $1500.
Ultimate Descents, 51 Fairfax St, Murchison, ✆ 0800/748 377, 🖳 www.rivers.co.nz. Z. B. 1-tägiges Heli-Rafting auf dem Karamea ($450) oder 2-tägige Touren auf dem Mokihinui ($850).
Wild West Adventures, Greymouth, ✆ 0508/ 286 877, 🖳 www.fun-nz.com. Große Auswahl an Trips – von abenteuerlichen Heli-Rafting-Trips ($575) bis zu relativ ruhigen Ausflügen ($185) auf den meisten der oben genannten Flüsse.

Westküste

nere Nebenstraßen (zunächst der Stafford Street stadtauswärts folgen) ermöglichen eine etwa 70 km lange Spazierfahrt vorbei am **Lake Kaniere**, einem bei Anglern, Wasserskiläufern und Wanderern beliebten See, 18 km von Hokitika entfernt, an dem es mehrere Picknick- und einfache Campingplätze ($6) gibt. Ausführliche Infos bietet die DOC-Broschüre *Central West Coast: Hokitika*.

Zu den beliebtesten Wanderungen zählt der **Kaniere Water Race Walkway** (9 km einfach, 3 Std., 100 Hm), der am nördlichen Seeende beginnt und an einem Kanal entlangführt, der einst die Goldfelder mit Wasser versorgte. Am Ostufer passiert die Straße die sehenswerten **Dorothy Falls** und führt zu einer Abzweigung Richtung **Hokitika Gorge**, 35 km von Hoki entfernt, wo ein kurzer Pfad zu einer Hängebrücke über den ruhigen Hokitika River führt.

5 km südlich von Hokitika starten von einer ein wenig versteckten Anlegestelle beim SH6 gemächliche und sehr günstige Touren im Ruderboot auf dem Mahinapua Creek, die im gleichnamigen See enden: ℘ 03/755 7239, 10, 14 und 17 Uhr, 90 Min., $30. Wenige Kilometer später

empfiehlt sich der **Mahinapua Walkway** (16 km hin und zurück, 4 Std., überwiegend flach, Broschüre vom DOC-Büro) für eine leichte Wanderung mit Picknickmöglichkeiten an einem der Strände des **Lake Mahinapua**. Nochmals 2 km südlich auf dem SH6 führt der **Mananui Bush Walkway** (30 Min. hin und zurück) durch Überreste von Küstenwald zu den Dünen. Wer mit Zelt oder Wohnmobil unterwegs ist, findet am Lake Mahinapua (1 km südlich, abseits des SH6) einen besonders schönen **Campingplatz** ($6).

Von Hokitika zu den Gletschern

Südlich von Hokitika verlässt der Highway die Küste und verläuft für den Großteil der 135 km bis Franz Josef Glacier am Rand der Neuseeländischen Alpen entlang. Auf der Strecke liegen nur ein paar kleine Ortschaften wie **Ross**, **Pukekura** und **Harihari**.

Kleine Gletscherkunde

Die Existenz eines Gletschers ist immer ein Balanceakt zwischen konkurrierenden Kräften: Der Neuschnee auf dem **Firnfeld** hoch in den Bergen kämpft mit dem schnellen Schmelzen am Ende der Gletscherzunge unten im Tal, wobei der Sieger bestimmt, ob der Gletscher wächst oder schrumpft. Aus den dichten Schneemassen bildet sich allmählich klares **Gletschereis**, das sich bis zu dem Punkt auftürmt, wo es unter seinem eigenen Gewicht nach unten zu „fließen" beginnt. Durch Reibung an den Talwänden verlangsamt sich die Bewegung an den Rändern, während das Eis in der Mitte ungehindert talwärts wandert und dadurch das charakteristische wellenförmige Aussehen auf seiner Oberfläche entsteht, das besonders bei so aktiven Gletschern wie Franz Josef und Fox zu beobachten ist. Bei einem jähen Gefälle entsteht ein **Gletscherbruch** mit hoch aufragenden Eisblöcken, Zacken und **Nadeln** (Séracs).

Wer mit dem Anblick schmuddeliger Gletscher in den europäischen Alpen oder den amerikanischen Rockies vertraut ist, erwartet vermutlich eine Oberfläche durchsetzt von **Felsschutt**, der von den Talwänden heruntergefallen ist. Franz Josef und Fox jedoch fallen so steil ab, dass sich keine Decke aus Gesteinsschutt bilden kann und sie daher jungfräulich weiß bleiben.

Die Steine, die mit dem Gletscher in die Tiefe gelangen, werden nach dessen Rückzug als Endmoränen abgelagert. Manchmal hinterlassen rückläufige Gletscher riesige Eisbrocken, die bei ihrer Schmelze **Gletscherseen** bilden.

Vergangene Gletscherbewegungen lassen sich am besten entlang der Talwand erkennen, dort, wo der Gletscher die gesamte Vegetation zerstört hat. Beim Fox und Franz Josef hinterließ der mit der Kleinen Eiszeit (um 1750) verbundene Eisvorstoß hoch oben an der Talwand eine deutliche Trennlinie zwischen ausgewachsenen Rata-Bäumen und Gebüsch.

Die beliebtesten Attraktionen an dieser Strecke sind **Whataroa** mit seiner Reiherkolonie und **Okarito** mit seiner hübschen Lagune und der Gelegenheit, **Kiwis** in freier Wildbahn zu erleben.

Ross

Das winzige Ross 30 km südlich von Hokitika liegt unmittelbar auf einem von Neuseelands reichsten **Seifengoldfeldern**. Bis 2004 machte sich die Bergbaugesellschaft an dem großen Loch am Ortsrand zu schaffen, doch inzwischen wurde das Areal umgestaltet und ein See geschaffen. Das Unternehmen hat seine Tätigkeit an eine nahe gelegene Stelle verlegt und würde natürlich liebend gern an die Gold führenden Gesteinsschichten unter Ross herankommen. Von Seiten der Regierung bestehen keine Einwände dagegen, sofern sich die Bewohner einverstanden erklären, ihr Land zu verlassen.

In der Hochphase des Goldrausches zählte Ross über 3000 Einwohner, aber schon Anfang des 20. Jhs. hatte sich der Boom wieder gelegt. Man war bereits dabei, alles aufzulösen, als ein paar Goldgräber im Jahre 1909 rund 500 m vom heutigen Visitor Centre entfernt auf den größten Goldklumpen stießen, der in Neuseeland jemals gefunden wurde: den 3,1 kg schweren „**Honourable Roddy**", benannt nach dem damaligen Bergbauminister. Das Nugget wurde von der Regierung gekauft und 1910 George V. als Krönungsgeschenk überreicht, der es einschmelzen und königliches Tischbesteck daraus fertigen ließ. Eine Nachbildung des faustgroßen Goldklumpens befindet sich im **Miner's Cottage** (1885), Bold St, wo darüber hinaus viele Fotos aus der Zeit des Goldrausches zu sehen sind. ⏰ Dez–März tgl. 9–16, April–Nov 9–15 Uhr, Eintritt frei.

Lohnenswert ist der gut ausgeschilderte **Water Race Walk** (4 km Rundweg, 1 1/2 Std.). Interessant ist auch das **Jade Studio**, 23 James St, eine der besten kleinen Jadegalerien in der gesamten Region, ⏰ tgl. 12–17 Uhr.

Im **Visitor Centre**, 4 Aylmer St, 📞 03/755 4077, 🖥 www.ross.org.nz, ⏰ tgl. Dez–März 9–16, April–Nov 9–15 Uhr, wird ein interessantes **Video** (kostenlos) über den Goldrausch von 1865 gezeigt. Man kann Goldwaschpfannen ausleihen ($10).

Pukekura

Eine riesige Sandfliege markiert im Weiler Pukekura, 23 km südlich von Ross, das **Bushman's Centre**, 📞 03/755 4144, 🖥 www.pukekura.co.nz, ⏰ tgl. 9–17.30 Uhr, Eintritt frei. Das dazugehörige **Museum** (Eintritt $4) zeigt auf unbeschwerte Weise, wie sich die Menschen dieser Region vom Wald ernähren, indem sie Holz verarbeiten, Wild einfangen, Jagd auf Possums machen und Torfmoos für ostasiatische Orchideenzüchter anbauen. Außerdem gibt es hier ein Café.

Der schöne – und oft warme – **Lake Ianthe**, 6 km weiter südlich, lockt mit seinen netten Picknickplätzen.

Harihari

Beim winzigen Harihari 17 km weiter südlich landete Guy Menzies, der 1931 als Erster einen Soloflug von Sydney nach Neuseeland unternahm. Menzies endete kopfüber in seinen Gurten hängend im Schlamm des Sumpfgebiets La Fontaine, 10 km nordwestlich des Orts. Die Stelle ist heute durch Erläuterungstafeln markiert. Ein Nachbau von Menzies' Flugzeug steht beim südlichen Ortseingang im **Guy Menzies Park**. Die teils ungeteerte Whanganui Flat Road verläuft an Menzies' Landeplatz vorbei Richtung Küste und erreicht nach 20 km den Startpunkt des hübschen **Hari Hari Coastal Walkway** (8 km Rundweg, 2–3 Std., kaum Anstiege), der an Whitebait-Angelplätzen vorbei zum Doughboy Lookout (60 m) führt, von dem sich tolle Ausblicke auf die Küste und die Neuseeländischen Alpen bieten. Nach einem Stück an der eindrucksvollen Küste verläuft der Weg durch Kahikatea-Wald und an der Gleistrasse einer ehemaligen Baumfällerbahn entlang zurück.

Für Übernachtungen bietet sich das sehr einladende Flaxbush Motel am SH6 an, 📞 03/753 3116, ✉ flaxbush123@xtra.co.nz, gleichzeitig eine Art Arche Noah für kranke und verletzte Tiere; dazu residieren hier einige Farmtiere und das einzige offiziell als Haustier gehaltene Possum Neuseelands, das ein eigenes Zimmer im Haus hat. Cabins ❸, Motel Studios ❸, Cottages und Family Units ❹. Passables Essen und Bier zum

Nachspülen hält das Harihari Motor Inn bereit, in dem ebenfalls an Menzies' ungeplante Zwischenlandung erinnert wird.

Whataroa

Zwischen Oktober und Ende Februar findet sich Neuseelands gesamte Population des eleganten **Silberreihers** (Kotuku) im **Waitangiroto Nature Reserve**, am nördlichen Ende der Okarito Lagoon, zum Brüten ein. Überdies gesellt sich zu den rund 40 Kotuku-Nistpaaren eine etwas größere Zahl von Königslöfflern.

Das Schutzgebiet liegt nahe Whataroa, 30 km südlich von Harihari, aber der Zugang wird streng kontrolliert. Ein Besuch ist nur möglich mit den sehr professionellen White Heron Sanctuary Tours, am SH6 im Zentrum von Whataroa, ✆ 0800/523 456 oder 03/753 4120, 🖳 www.whiteherontours.co.nz (Okt–Feb 3–6x tgl., 2 1/2 Std., $110, Reservierung empfehlenswert). Der Ausflug beinhaltet eine Fahrt im Jetboat auf dem hübschen Waitangiroto River sowie eine 30-minütige Beobachtung der Vögel; Ferngläser werden gestellt.

Okarito

Im Jahre 1642 bekam Abel Tasman als erster Europäer Aotearoa, das „Land der langen weißen Wolke", zu Gesicht, und zwar bei Okarito, einer heute abgeschiedenen Siedlung an der Südseite der gleichnamigen Lagune, die über eine 10 km lange Nebenstraße 15 km südlich von Whataroa zu erreichen ist. Mitte des 19. Jhs. löste die Entdeckung von Gold einen 18-monatigen Boom aus, in dessen Verlauf entlang der Bucht 50 Läden und Hotels entstanden. Wie in anderen Gebieten auch wurde das Geschäft mit Gold später durch Holzverarbeitung und Flachsproduktion ersetzt, aber die Gemeinde ging dennoch unter und übrig blieben lediglich eine Hand voll Ferienhäuser, ein paar Dutzend ständige Einwohner und die Lagune mit ihrem wundervollen Strand, der für einen Großteil des preisgekrönten Romans *The Bone People* (dt. *Unter dem Tagmond*) von Keri Hulme als Kulisse diente.

In ihrer gesamten Schönheit lässt sich die **Okarito Lagoon** praktisch nur vom Wasser aus erkunden. Okarito Nature Tours, ✆ 03/753 4014, 🖳 www.okarito.co.nz, führen relativ günstige **Kajaktouren** (2 Std., $75, min. 2 Pers.) durch und vermieten Zweierkajaks (halber Tag $50, über Nacht $80, mit Zelten an einem einsamen Strand). Alle Exkursionen sind abhängig von den Gezeiten (vorher bei Okarito Nature Tours anrufen!), aber falls möglich sollte man früh morgens aufbrechen, wenn das Meer am ruhigsten ist und Scharen von Vögeln zu sehen sind.

Wer nicht paddeln möchte, kann mit Experience Okarito Boat Tours, ✆ 03/753 4223, 🖳 www.okaritoboattours.co.nz, von Oktober bis Mai täglich gemächlich über die Lagune und ihre Zuflüsse schippern. Bei den morgendlichen Touren (2 Std., $75) steht die Vogelbeobachtung im Mittelpunkt, nachmittags (1 Std., $45) geht es mehr um die Landschaft.

Federvieh der ganz besonderen Art ist gewöhnlich bei den hervorragenden, naturverträglichen Touren von Okarito Kiwi Tours, ✆ 03/753 4330, 🖳 www.okaritokiwitours.co.nz, zu erleben, bei denen die Teilnehmer zur Beobachtung von **Kiwis** in den Wald geführt werden (2–3 Std., ca. $65, weit im Voraus buchen!). Beginn ist anderthalb Stunden vor Sonnenuntergang, und wenn alles gut geht, bekommt man den extrem seltenen Okarito-Streifenkiwi zu Gesicht – die Erfolgsquote liegt bei 98 %. Am besten trägt man nicht raschelnde Kleidung und festes Schuhwerk.

Zu den beliebtesten Spazierwegen um Okarito zählt der **Okarito Trig Walk** (1 1/2 Std. hin

Westküste

und zurück, 200 Hm) am südlichen Ende des Ortes, der zu einem Landvorsprung mit herrlichen Aussichten auf die Berge und über die Küste führt. 5,5 km Richtung SH6 beginnt der **Pakihi Walk** (2 km hin und zurück, 20–30 Min., 50 m Anstieg), eine kleine Schotterpiste, die zu einem Aussichtspunkt mit weitem Blick über die Okarito Lagoon führt.

Übernachtung und Essen

Okarito besitzt weder einen Laden noch ein Café, sodass man seine Vorräte selbst mitbringen muss.

Okarito Beach House, ☎ 03/753 4080, ☐ www.okaritobeachhouse.com. Mehrere Gebäude mit Unterkünften unterschiedlicher Qualität, u. a. komfortable DZ und ein romantisches Selbstversorger-Cottage. Dorms $25, DZ mit und ohne Bad ❷, Cottage ❸
Am SH6, 4 km südlich der Okarito Junction am Lake Mapourika, gibt es den schönen DOC-**Campingplatz** MacDonalds Creek ($6).

17 HIGHLIGHT

Die Gletscher

Etwa 150 km südlich von Hokitika bahnen sich zwei weiße Eiszungen ihren Weg vom Gebirge bis zum dichten Regenwald der Küstenebene – Grund genug, diese Region in Te Wahipounamu, die South West New Zealand World Heritage Area, einzuschließen. Die Gletscher schaffen eine greifbare Verbindung zwischen der Küste und den höchsten Gipfeln der Neuseeländischen Alpen. Innerhalb weniger Kilometer fällt das Gelände von über 3000 m fast auf Meereshöhe ab und trägt zwei der größten und faszinierendsten der rund 60 recht ausgedehnten Gletscher, die vom eisigen Rückgrat der Südinsel nach unten strömen und zusammen das Herzstück des zerklüfteten **Westland National Park** bilden: den **Franz-Josef-Gletscher** und den **Fox-Gletscher**.

Zu Beginn hießen die Gletscher Victoria und Albert, aber 1865 benannte der Geologe Julius von Haast den Franz-Josef-Gletscher nach dem österreichisch-ungarischen Herrscher, und 1872, nach einem Besuch des Premierministers William Fox, wurde der andere Gletscher entsprechend umgetauft.

Das Gebiet ist durch die ungeheuren **Niederschläge** der Westküste geprägt, die mit durchschnittlich mehr als 5000 mm im Jahr zu den stärksten des Landes gehören. Gemeinsam mit dem extremen Neigungswinkel der Westhänge der Neuseeländischen Alpen bereiten diese Bedingungen den Boden für einige der am schnellsten wachsenden Gletscher der Welt – eine halbe Stunde am Fuße der beiden riesigen Eiswände genügt, um irgendwo einen Eisklotz abbrechen zu sehen. Trotzdem konnten diese phänomenalen Geschwindigkeiten dem Schmelzprozess nicht die Stirn bieten, und beide Gletscher haben sich über 3 km zurückgebildet, seitdem Cook sie zu Gesicht bekam. Weltweit sind Gletscher zwar auf dem Rückzug, aber diese beiden folgen nicht immer dem allgemeinen Trend, sondern wachsen von Zeit zu Zeit – üblicherweise rund fünf Jahre nach besonders heftigen Schneefällen in den Bergen.

Das Geschehen rund um die Eiszungen konzentriert sich auf zwei kleine **Dörfer**, die fast gänzlich vom Tourismus leben. Beide liegen in der Nähe der gleichnamigen Gletscher und haben ein vergleichbar großes Angebot an tollen Flugzeug- und Hubschrauber-Flügen sowie geführten Gletscherwanderungen und Heli-Skiing. Das bessere Angebot an Unterkünften, Restaurants und Touren gibt es in Franz Josef, während Fox Glacier ruhiger ist.

Franz Josef Glacier und Umgebung

Franz Josef Glacier (Waiau) ist der etwas größere der beiden Gletscherorte, mit einem breiteren Angebot an Unterkünften und Speiselokalen. Der Franz Josef-Gletscher ist nicht allzu weit entfernt, die Neuseeländischen Alpen bilden eine wunderbare Kulisse, und die Stadtplaner haben alles getan (u. a. mit Hilfe steiler Giebeldächer und Holzverkleidungen), um dem Dorf einen alpinen Charakter zu verleihen.

In Franz Josef kann man zum Gletscher wandern, sich einer geführten Gletscherbegehung

Gletscherflüge

An klaren Tagen ist der Himmel über **Franz Josef** voller Hubschrauber und kleiner Flugzeuge. Aus Sicherheitsgründen müssen bestimmte **Flugbahnen** eingehalten werden, was das Angebot der Unternehmen begrenzt. Jugendliche, Studenten, Senioren sowie YHA-Mitglieder und BBH-Karteninhaber erhalten häufig einen **Rabatt**, und auch alle anderen sollten danach fragen, was zumeist von Erfolg gekrönt ist, wenn sich eine Gruppe von 4–6 Pers. findet, die ohne viel Organisation „fertig zum Abheben" ist.

Die meisten Leute bevorzugen einen Rundflug mit dem **Hubschrauber**. Diese landen alle auf einem Schneefeld hoch über dem Gletscher und lassen während des „Landgangs" die Rotoren laufen: von einer friedlichen Stimmung kann dabei also nicht die Rede sein.

Am billigsten ist **Fox and Franz Josef Heliservices**, ✆ 0800/800 793, 🖥 www.scenic-flights. co.nz: ein Gletscher (20 Min., $200), zwei Gletscher (30 Min., $275) oder zwei Gletscher plus Mount Cook (40 Min., $390).

Verglichen mit Hubschrauberrundflügen sind die Touren in einem **Flugzeug** länger und preisgünstiger, und eine Landung auf einem Schneefeld ist mit Sicherheit ein einzigartiges Erlebnis, nicht zuletzt wegen der Stille, sobald die Motoren ausgeschaltet worden sind. **Mount Cook Ski Planes**, ✆ 0800/368 000, 🖥 www.mtcookski

planes.com, bietet Rundflüge über beide Gletscher (40 Min. mit zehnminütiger Landung, $315) sowie einen längeren Rundflug über die Gletscher mit Landung auf dem Tasman-Gletscher und Abstecher zum Mount Cook (1 Std., $395). Etwas billiger sind eventuell **Air Safaris**, ✆ 0800/723 274, 🖥 www.airsafaris.co.nz, deren Flüge allerdings keine Landung vorsehen. Empfehlenswert ist die Grand Traverse (50 Min., $295).

Auf dem Flugfeld und dem Hubschrauberlandeplatz in **Fox Glacier** ist gewöhnlich weniger los als in Franz Josef, aber es gibt im Prinzip dasselbe Angebot an Flügen zu sehr ähnlichen Preisen. Auch hier bietet Fox and Franz Josef Heliservices die günstigsten Hubschrauberflüge. Rundflüge mit dem Flugzeug bietet nur Mount Cook Ski Planes.

Geführte Gletscherwanderungen

Zum Gletschertor des **Franz-Josef-Gletschers** kann man auf eigene Faust gehen, aber eine Begehung des Gletschers ist nur im Rahmen einer Führung möglich, und zwar mit **Franz Josef Glacier Guides**, SH6, ✆ 0800/484 337, 🖥 www. franzjosefglacier.com. Das Unternehmen bietet einen halbtägigen Trip (2–3x tgl., $105), bei dem man etwas über 1 Std. auf dem Eis verbringt, und einen ganztägigen Trip ($160), bei dem man sich ungefähr 5 Std. übers Eis bewegt.

anschließen, auf einem nahen See kajaken oder einen Rundflug unternehmen. Die geführten Gletscherwanderungen und die Kajaktouren finden mehr oder weniger bei jedem Wetter statt, Rundflüge fallen bei nebligem oder sehr regnerischem Wetter allerdings aus. An solchen Tagen nimmt man am besten ein Bad in den neuen **Glacier Hot Pools** in der Cron Street, ✆ 0800/ 044 044, 🖥 www.glacierhotpools.co.nz. Die drei öffentlichen Becken werden künstlich auf 36 °C, 38 °C bzw. 40 °C erhitzt und sind von einheimischem Wald umgeben, der größtenteils hierher verpflanzt wurde. Zu den Privatbecken gehören kleine Schuppen mit Duschen. Besonders schön ist ein Bad nach einer anstrengenden Wande-

rung; Franz Josef Glacier Guides bieten Kombi-Angebote: 45 Min. in den Hauptpools $22,50, in den privaten Pools $40.

Das riesige **Hukawai Glacier Centre**, Cowan St, Ecke Cron St, beherbergte ein Informationszentrum mit Kletterwand aus echtem Eis, hat aber inzwischen geschlossen. Zwar existieren Pläne, das Centre wiederzueröffnen; wann daraus etwas wird, steht jedoch in den Sternen.

Wem der Sinn nach einem kleinen Spaziergang steht, kann sich zur hübschen **St James Church** (immer geöffnet) südlich vom Dorf (ca. 200 m auf dem SH6) auf den Weg machen; durch das Fenster hinter dem Altar war einst der Gletscher zu sehen. Das Eis entzog sich 1953 leider

Das Unternehmen bietet auch **Heli-Hiking** (1–2x tgl., 3 Std., $390), das einen kurzen Hubschrauberflug mit der Erkundung faszinierender Eishöhlen und Eisnadeln kombiniert – ein Erlebnis, das ohne Hubschrauber innerhalb eines Tages nicht zu bewerkstelligen wäre. Vor der Buchung sollte man seine Erwartungen deutlich zum Ausdruck bringen, nur dann hat man die Chance, mit einer Gruppe Gleichgesinnter zusammenzukommen. Im Angebot ist auch **Eisklettern** (7–8 Std., $250), bei dem man sich mit der entsprechenden Ausrüstung an steilen Eiswänden nach oben hangelt.

Den **Fox-Gletscher** kann man von der Seite her betreten, sodass man unmittelbaren Zugang zu Eisnadeln und Gletscherspalten hat. **Fox Glacier Guides**, ☎ 0800/111 600, 🖳 www.foxguides. co.nz, ist kleiner als die Anbieter am Franz Josef, sodass hier weniger Leute auf dem Eis unterwegs sind. Bei den halbtägigen Wanderungen (2–4x tgl., $95) ist man nur 1 Std. auf dem Eis, sodass sich vielleicht eher eine ganztägige Tour ($145, über 3 Std. auf dem Eis) anbietet. Im Programm sind außerdem **Heli-Wanderungen** ($395, 2 1/2 Std. Eiswandern) und **Eisklettern** (8–9 Std., $235).

dem Blick von der Kirche, und auch die Kirche selbst wurde 1995 bei einer Überschwemmung beinahe fortgespült. Gegenüber beginnt der **Terrace Walk** (30 Min. hin und zurück, zumeist eben), der durch den Wald zu einem netten Aussichtspunkt mit Blick auf den Waiho River führt.

Ganz oben auf der Liste der Wanderungen steht diejenige vom Gletscher-Parkplatz, 5 km südlich des Ortes, zum Gletschertor (6 km hin und zurück, 1 1/2 Std., flach), aus dem der Waiho River entspringt. Der Pfad quert Kiesbetten, die von vergangenen Gletscherrückzügen herrühren, und bietet ausreichend Gelegenheit zur Beobachtung kleiner Gletscherseen und einer Verwerfungslinie, die quer durchs Tal verläuft

und von tiefen, einander gegenüberliegenden Einschnitten markiert wird. Einer der besten Ausblicke auf den Gletscher bietet sich vom glatt geschliffenen **Sentinel Rock**, der rund 10 Min. vom Parkplatz entfernt liegt.

Überaus lohnend ist auch die Rundwanderung namens **Douglas Walk** (1 Std.) vorbei an Peter's Pool, einem klaren See, der infolge eines Gletscherrückzugs im späten 18. Jh. entstand. Abenteuerlustigeren bietet sich der **Roberts Point Track** (12 km hin und zurück, 5 1/2 Std., 950 Hm Anstieg) an, der vom Douglas Walk abzweigt und an der Hendes Hut vorbei zum Roberts Point hoch über dem Eis führt. Von hier oben eröffnen sich grandiose Ausblicke. Der Weg ist manchmal recht rutschig und mühsam, aber die Mühe lohnt sich. Auf der anderen Seite des Gletschertals klettert der **Alex Knob Track** (12 km hin und zurück, 8 Std., 1000 Hm) durch mehrere Vegetationszonen über den Gletscher hinaus und bietet eine fantastische Aussicht auf das Tal. Den Gletscher selbst kann man nur im Rahmen einer geführten Tour begehen (s. S. 724/725, Kasten).

Empfehlenswert sind die geführten **Kajaktouren** mit Glacier Country, 20 Cron St, ☎ 0800/423 262, 🖳 www.glacierkayaks.com. Die beliebteste Tour (ca. 3 Std. auf dem Wasser, $75) findet auf dem schwarzen Wasser des von Kahikatea-Bäumen und Neuseeland-Flachs umgebenen **Lake Mapourika**, 8 km nördlich der Stadt, statt, und zwar morgens, nachmittags und am frühen Abend, mit vielen Möglichkeiten zum Fotografieren. Außerdem ist noch eine Heli-Paddeltour ($450) im Angebot.

Und schließlich bietet Glacier Country, ☎ 0800/234 288, 🖳 www.acrosscountryquadbikes.co.nz, noch **Quadtouren** (1 1/2 Std., $150) sowie eine Heli-Quadtour ($365).

Übernachtung

Dank der Popularität der Gegend und dank Busfahrplänen, die viele Reisende zu einer Übernachtung hier zwingen, kann es im Sommer zu Engpässen kommen – zwischen November und März (v. a. im Februar) sollte man daher mindestens eine Woche im Voraus reservieren, bei den nobleren Unterkünften kann dies auch durchaus ein halbes Jahr im Voraus nötig sein.
58 On Cron, 58 Cron St, ☎ 03/752 0627, 🖳 www.58oncron.co.nz. Stilvolle, preisgünstige Units mit Whirlpool, außerdem Grillbereich und freundliches, hilfsbereites Personal. ❻–❼

Luxus-B&B

Holly Homestead B&B, SH6, 1,5 km nördlich der Stadt, ☎ 03/752 0299, 🖳 www.hollyhomestead.co.nz. Luxuriöses B&B in attraktivem 2-stöckigen Haus von 1920; nur 5 Zimmer, alle mit Bad, darunter eine Suite ($420). Terrasse mit Bergblick, köstliches reichhaltiges Frühstück inkl. Für Kinder unter 12 Jahren nicht geeignet. ❽–❾

Der beste Deal am Ort

YHA Franz Josef Glacier, 2-4 Cron St, ☎ 03/752 0754, ✉ yha.franzjosef@yha.org.nz. Moderne, gut geführte Herberge am Ortsrand, mit großer Küche, sauberen, komfortablen Zimmern (z. T. mit Bad), Barbecue-Bereich und kostenloser Saunanutzung. Dorms $26, Zimmer ❸

Chateau Franz, 8 Cron St, ☎ 0800/728 372, 🖳 www.chateaufranz.co.nz. Hostel mit Budget-Dorms, kleineren Dorms mit Bad sowie kompletten Motel Units; kostenloses Spa, jeden Abend Gratis-Suppe sowie überall Fernseher und Videogeräte. Dorms $22, Zimmer mit und ohne Bad ❷, Motel Units ❸
Franz Josef Top 10 Holiday Park, SH6, 1 km nördlich der Stadt, ☎ 0800/467 897, 🖳 www.mountainview.co.nz. Sehr gut ausgestatteter ländlicher Campingplatz mit Zelt- und Wohnmobilstellplätzen ($21), Cabins ❷, Cabins mit Küche ❸ und Units ❹
Glow Worm Cottages, 27 Cron St, ☎ 0800/151 027, 🖳 www.glowwormcottages.co.nz. Kleines, heimeliges Hostel mit gut ausgerüsteter Küche, 6er-Dorms, 4er-Zimmern mit eigenem Bad, komfortablen DZ und Motel Units. Kostenlose Suppe und Spa. Dorms ($25), Zimmer ❶, mit Bad ❹
Punga Grove, 40 Cron St, ☎ 0800/437 269, 🖳 www.pungagrove.co.nz. Schicke, moderne Motel Units, alle sehr hübsch eingerichtet und mit Satelliten-TV. Die Regenwald-Studios haben sogar einen offenen Kamin, Bodenheizung und Spa. ❻–❽
Rainforest Retreat, 46 Cron St, ☎ 0800/873 346, 🖳 www.rainforestretreat.co.nz. Große Lodge: Campingplatz mit Kiesboden ($14–18; weniger gut für Zelte), Dorms ($25, 4er-Dorms mit Bad $27), Zimmer mit Bad, geräumige Motel Units, romantische Holzhütten auf Stelzen, luxuriöse Lodges und Spa und Sauna. ❷–❼

Essen und Unterhaltung

Franz Josef überrascht mit einer erstaunlich großen Auswahl an Restaurants und Kneipen. Infolge seiner isolierten Lage sind die Preise

Westküste

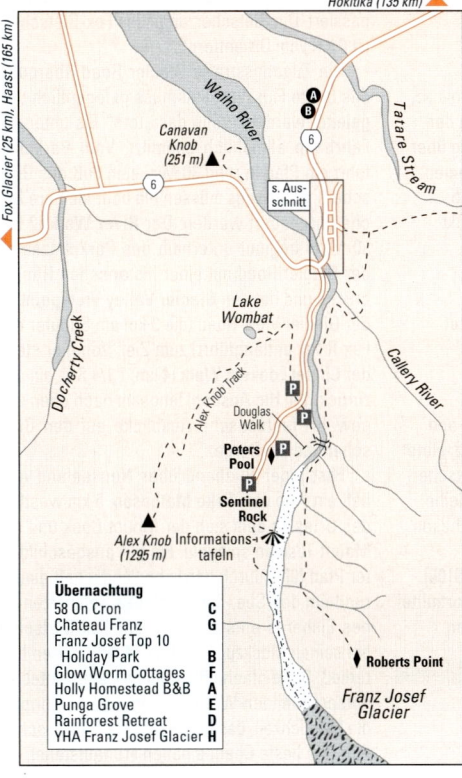

N

0 — 1 km

Hokitika (135 km)

Fox Glacier (25 km), Haast (165 km)

Waiho River

Tatare Stream

Canavan Knob (251 m)

s. Ausschnitt

Docherty Creek

Lake Wombat

Alex Knob Track

Callery River

Douglas Walk

Peters Pool

Sentinel Rock

Alex Knob (1295 m)

Informationstafeln

Roberts Point

Übernachtung
58 On Cron	C
Chateau Franz	G
Franz Josef Top 10 Holiday Park	B
Glow Worm Cottages	F
Holly Homestead B&B	A
Punga Grove	E
Rainforest Retreat	D
YHA Franz Josef Glacier	H

Franz Josef Glacier

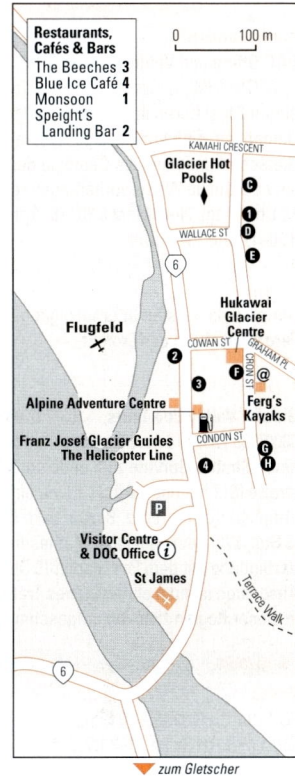

Restaurants, Cafés & Bars
The Beeches	3
Blue Ice Café	4
Monsoon	1
Speight's Landing Bar	2

0 — 100 m

KAMAHI CRESCENT

Glacier Hot Pools

WALLACE ST

Hukawai Glacier Centre

Flugfeld

COWAN ST

GRAHAM PL

Alpine Adventure Centre

Ferg's Kayaks

Franz Josef Glacier Guides
The Helicopter Line

CONDON ST

Visitor Centre & DOC Office

Terrace Walk

St James

zum Gletscher

Westküste

---

jedoch relativ hoch, was auch auf die begrenzte Auswahl an Lebensmitteln in den Geschäften zutrifft. Im hiesigen Kino läuft u. a. der Werbefilm *Flowing West* ($12). Mit Lesestoff kann man sich bei Take Note, gleich südlich vom Blue Ice Café, versorgen; hier ist auch ein Jade-Künstler tätig; ⏱ im Sommer tgl. 8–19 Uhr.

The Beeches, SH6. Gutes Café zum Drinnen- und Draußensitzen. Mittag- und Abendessen (Hauptgerichte um $25–34).

Blue Ice Café, SH6. Modernes, freundliches Restaurant mit fantasievollen, lecker zubereiteten Hauptgerichten ($27–35) und Gourmet-Pizzas (ab $16). Die Speisen sind auch Mitnehmen oder zum Verzehr in der Bar im 1. Stock; hier sieht man viele Einheimische.

Monsoon, 46 Cron St. Lebhaftes Café und Bar, zum Essen gibt's z. B. Steaks ($29) und auf bestimmte Gerichte Backpacker-Rabatte. Happy Hour 19–21 Uhr.

Speight's Landing Bar, SH6, Ecke Cowan St. Beliebte, schicke Bar mit viel Platz im Freien und großzügig bemessenen Hauptgerichten sowie dem namengebenden Bier.

Geld

Franz Josef hat einen Geldautomaten, aber keine Bank.

Informationen

DOC Office und **Visitor Centre**, SH6, ✆ 03/752 0796, ✉ westlandnpvc@doc.govt.nz, bieten Broschüren über Wanderwege in der Umgebung, eine erstklassige Ausstellung über Gletscherkunde und die Geologie der Region sowie aktuelle Wettervorhersagen tgl. ab 15 Uhr. ⏱ tgl. Nov–März 8.30–18, April–Okt 8.30–12 und 13–17 Uhr.

Internet

Den zuverlässigsten Internetzugang bietet **Ferg's Kayaks** in der Cron St.

Touren

Glacier Valley Eco Tours, ✆ 03/752 0699 und 0800/999 739, 🖥 www.glaciervalley.co.nz, bietet einen **Shuttle-Service** zum Ende der Gletscherstraße ($12 hin und zurück) sowie eine Reihe organisierter Touren, z. B. zum Lake Matheson (3 Std., $70) oder zum Lake Matheson in Verbindung mit dem Fox Glacier (5 Std., $100). Ansonsten ist man ohne eigenes Transportmittel in dieser Region ziemlich aufgeschmissen.

Busse

FOX GLACIER 3x tgl., 30 Min.;
GREYMOUTH 3x tgl., 3–3 1/2 Std.;
HAAST 3x tgl., 3–3 1/2 Std.;
HOKITIKA 3x tgl., 2 1/2 Std.;
MAKARORA 3x tgl., 4 1/4–5 Std.;
QUEENSTOWN 2x tgl., 7–8 Std.;
WANAKA 2x tgl., 6–7 Std.

Fox Glacier und Umgebung

Fox Glacier, 25 km südlich von Franz Josef Glacier, verteilt sich über eine Ebene mit den Flüssen Fox und Cook und dient als Dienstleistungszentrum für die hiesige Farmergemeinde sowie eine große Zahl von Touristen. Alle wichtigen Einrichtungen liegen am SH6 oder in der Cook Flat Road, die auf dem Weg zum ehemaligen Goldgräberort Gillespies Beach und dessen Robbenkolonie den wunderschönen Lake Matheson passiert. Die Gletscherzunge des Fox-Gletschers ist 6 km vom Ort entfernt.

Die Zugangsstraße Glacier Road überquert das breite Flussbett und muss gelegentlich umgeleitet werden, wenn das „tote" Eis unter der Fahrbahn allmählich schmilzt. Vom Parkplatz führt ein Pfad in rund 30 Min. zum Fuß des Gletschers, unterwegs müssen ein paar kleinere Bäche durchquert werden. Der **River Walk** (2 km, 30 Min.) beginnt unterhalb des Parkplatzes an der Glacier Road mit einer historischen Hängebrücke und hat den **Glacier Valley Viewpoint** an der Glacier View Road (die 3 km am Südufer des Fox River entlangführt) zum Ziel. Von hier steigt der **Chalet Lookout Walk** (4 km, 1 1/4 Std. hin und zurück, 150 Hm Anstieg) langsam nach oben und gewährt fantastische Ausblicke auf den Gletscher und die Berge.

Fast jeder Bildband über Neuseeland enthält ein Foto vom **Lake Matheson**, 5 km westlich des Ortes, in dem sich der Mount Cook und der Mount Tasman spiegeln. Ein gut ausgeschilderter Pfad führt durch herrliche Landschaft einmal rund um den See, der durch das Schmelzen eines Eisbergs entstand, den der Fox-Gletscher bei seinem Rückzug vor rund 14 000 Jahren hinterließ. Der einfache Rundgang (1 Std.) bietet bei entsprechenden Wetterbedingungen mehrmals die Möglichkeit, das berühmte See-Bild zu schießen. Die beste Chance haben Frühaufsteher, die schon vor dem Frühstück losziehen – den Hunger kann man anschließend im schön gelegenen Matheson Café beim Parkplatz stillen.

Etwa 5 km nach dem Lake Matheson bietet der **Peak Viewpoint** an klaren Tagen einen tollen Blick auf das obere Ende des Fox Glacier und die schneebedeckten Berge. Nach weiteren 10 km entlang der Cook Flat Road kommt **Gillespies Beach** in Sicht, eine ehemalige Goldgräbersiedlung mit einem kleinen Friedhof und einem einfachen DOC-Campingplatz (kostenlos). Vom Campingplatz führt eine schöne Wanderung parallel zum Strand in nördliche Richtung vorbei an den Überresten eines alten Goldbaggers, der

Westküste

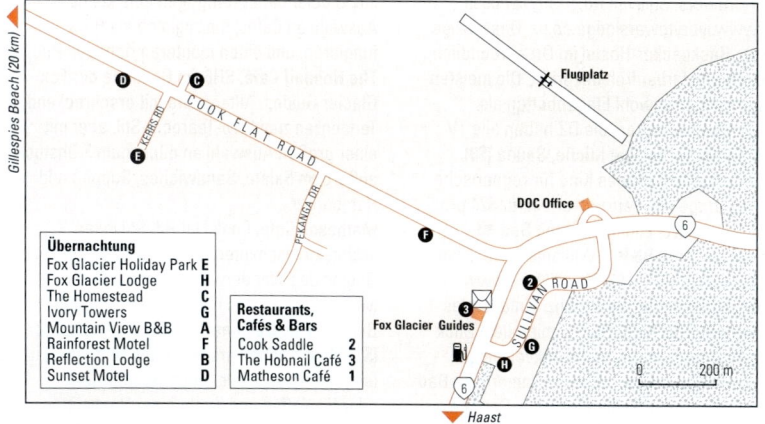

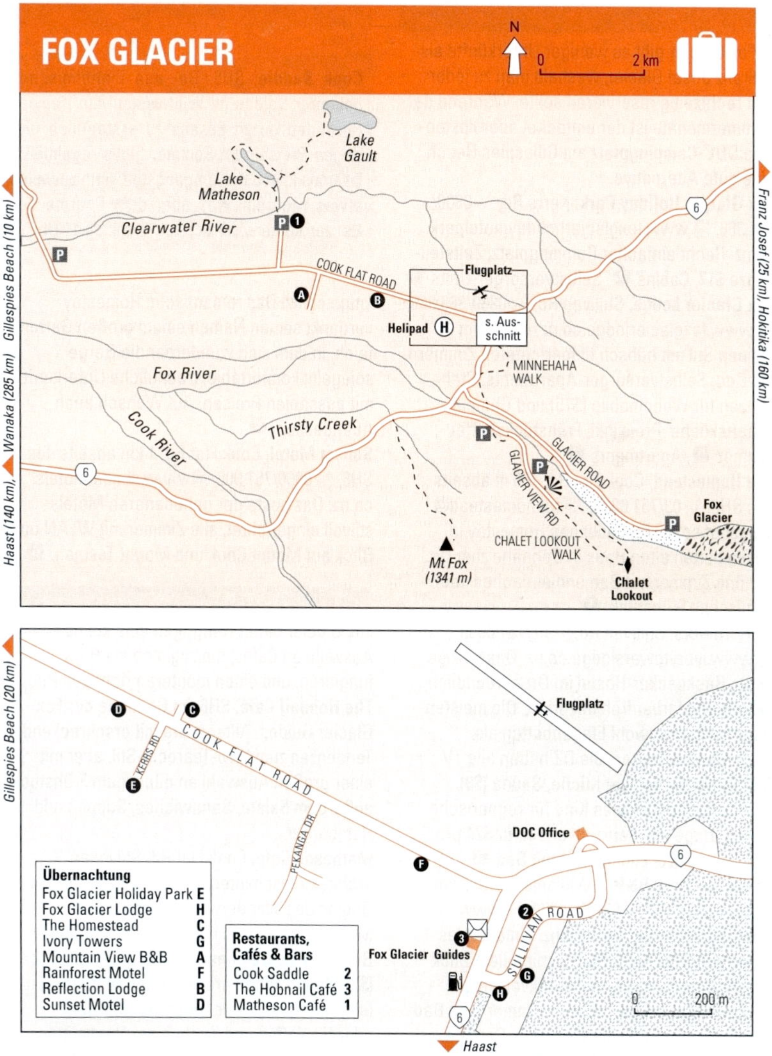

Lake Gault

Lake Matheson

Clearwater River

COOK FLAT ROAD

Flugplatz

Helipad (H)

s. Ausschnitt

MINNEHAHA WALK

Fox River

Cook River

Thirsty Creek

GLACIER ROAD

GLACIER VIEW RD

Fox Glacier

Mt Fox (1341 m)

CHALET LOOKOUT WALK

Chalet Lookout

Gillespies Beach (10 km)

Wanaka (285 km)

Haast (140 km),

Franz Josef (25 km); Hokitika (160 km)

Gillespies Beach (20 km)

Flugplatz

COOK FLAT ROAD

KERBS DR

PEKANGA DR

DOC Office

SULLIVAN ROAD

Fox Glacier Guides

Übernachtung
Fox Glacier Holiday Park E
Fox Glacier Lodge H
The Homestead C
Ivory Towers G
Mountain View B&B A
Rainforest Motel F
Reflection Lodge B
Sunset Motel D

Restaurants, Cafés & Bars
Cook Saddle 2
The Hobnail Café 3
Matheson Café 1

Haast

200 m

Westküste

Gillespies Lagoon und einem kurzen Minentunnel zum **Galway Beach** mit dessen **Pelzrobbenkolonie** (3 1/2 Std. hin und zurück).

Wer in Fox eine Betätigung für eine freie halbe Stunde sucht, kann diese mit dem eben verlaufenden **Minnehaha Walk** (1 km, 20 Min. Rundweg) füllen, der sich durch üppigen, im Sommer schön schattigen und kühlen Wald windet. Nach Einbruch der Dunkelheit leuchten hier **Glühwürmchen**. Wen das alles nicht ausfüllt, der kann es mit einem **Tandem-Fallschirmsprung** versuchen, ☎ 0800/751 0080, $295.

In Fox Glacier gibt es weniger Unterkünfte als in Franz Josef Glacier, weshalb man zu jeder Zeit rechtzeitig reservieren sollte. Während der Sommermonate ist der einfache, aber kostenlose DOC-**Campingplatz** am Gillespies Beach eine gute Alternative.

Fox Glacier Holiday Park, Kerrs Rd, ☎ 0800/154 366, 🖳 www.foxglacierholidaymotelpark.co.nz. Recht einfacher Campingplatz: Zeltstellplätze $17, Cabins ❷, Selbstversorger-Units ❸

Fox Glacier Lodge, Sullivan Rd, ☎ 0800/369 800, 🖳 www.foxglacierlodge.co.nz. Chalet im alpinen Stil mit hübsch eingerichteten Zimmern mit Bad, Selbstversorger-Apartments, Stellplätzen für Wohnmobile ($15) und Gemeinschaftsküche. Preis inkl. Frühstücksbuffet. Zimmer ❻, Apartments ❼

The Homestead, Cook Flat Rd, 700 m abseits des SH6, ☎ 03/751 0835, ✉ foxhomestead@slingshot.co.nz. Freundliches Homestay in einem netten alten Haus in Gehnähe zum Ort. Schöne Zimmer mit Bad und einfaches oder englisches Frühstück. ❺

Ivory Towers, Sullivan Rd, ☎ 03/751 0838, 🖳 www.ivorytowerslodge.co.nz. Das einzige echte Backpacker-Hostel im Ort – freundlich, sauber und farbenfroh dekoriert. Die meisten Dorms haben sowohl Etagenbetten als auch normale Betten, die DZ haben alle TV. Außerdem geräumige Küche, Sauna ($8), Internetzugang, kleines Kino für regnerische Nachmittage und Fahrradverleih für $24 pro Tag. Dorms $28, Zimmer ❷, mit Bad ❸

Mountain View B&B, 1 Williams Drive, 2 km abseits des SH6, ☎ 03/751 0770, 🖳 www.foxglaciermountainview.co.nz. Einladendes modernes B&B am Ortsrand mit tollem Blick auf die Berge und 3 geschmackvoll eingerichteten, gut ausgestatteten Zimmern mit Bad sowie separatem Selbstversorger-Cottage. Reichhaltiges Frühstück inkl. ❻

Rainforest Motel, 15 Cook Flat Rd, 200 m vom SH6, ☎ 0800/724 636, 🖳 www.rainforestmotel.co.nz. Blockhütten mit schönen und preiswerten Studio Units und größeren 1-Schlafzimmer-Units. ❺

Reflection Lodge, Cook Flat Rd, 1,5 km abseits des SH6, ☎ 03/751 0707, 🖳 www.reflectionlodge.co.nz. Das romantische Homestay verdankt seinen Namen einem großen Gartenteich, in dem sich wunderbar die Berge spiegeln; komfortable, freundliche Unterkunft mit passablen Preisen. Auf Wunsch auch Abendessen. ❼

Sunset Motel, Cook Flat Rd, 1 km abseits des SH6, ☎ 0800/751 006, 🖳 www.sunsetmotels.co.nz. Das beste der gehobeneren Motels: stilvoll eingerichtet, alle Zimmer mit WLAN und Blick auf Mount Cook und Mount Tasman. ❻

Cook Saddle, SH6. Bei den Einheimischen beliebter Saloon im Wildweststil mit riesigen Portionen guten Essens zu erstaunlich niedrigen Preisen. Im Sommer gibt's regelmäßig Livemusik, und der Umgangston kann zuweilen etwas rau sein, was aber dem Charme des Ganzen keinen Abbruch tut. ⏰ tgl. ab 11 Uhr.

Fox Glacier bietet Hungrigen eine kleine Auswahl an Cafés, die zugleich als Bars fungieren, und einen munteren richtigen Pub.

The Hobnail Café, SH6, im Gebäude der Fox Glacier Guides. Alltagscafé mit erschreckenden Tendenzen zum Kiwi-Tearoom-Stil, aber mit einer großen Auswahl an günstigem Frühstück; außerdem Salate, Sandwiches, Suppen und Hamburger.

Matheson Café, Cook Flat Rd. Stilvolles, architektonisch interessantes Tagescafé am Beginn des Wanderwegs um den Lake Matheson, das sich durch seinen schönen Bergblick auszeichnet. Toll für ein Frühstück ($7–14), ein schön präsentiertes Mittagessen (sehr gut ist z. B. der Lamm-Hamburger) oder für Kaffee und Kuchen am Nachmittag. Abendessen (Hauptgerichte $29–36) gibt es zwischen Anfang November und Ende Februar.

DOC Office, SH6, ☎ 03/751 0807, ✉ foxsouthwestlandao@doc.govt.nz, ⏰ Mo–Fr 9–12, 13–16.30 Uhr.

Fox Glacier hat die gleichen Busverbindungen wie Franz Josef Glacier (s. S. 728), nur jeweils um etwa eine halbe Stunde verschoben.

Fox Glacier Shuttles & Tours, ℡ 0800/369 287, bietet einen Transport zum Gletscher ($13 hin und zurück) und zum Lake Matheson ($17 hin und zurück). Es werden auch Fahrten zum Gillespies Beach mit seiner Robbenkolonie angeboten (Preis je nach Zahl der Fahrgäste, aber mehr als $40 sollte man nicht bezahlen).

Südliches Westland und Makarora

Südlich der Gletscher wird die Westküste immer einsamer. Bis 1965 führte nicht einmal eine Straße durch diese Gegend, und erst 1995 wurde der letzte Abschnitt über den Haast Pass asphaltiert. Der SH6 verläuft größtenteils durchs Landesinnere, passiert den Startpunkt der Wanderung zu den **Welcome Flat Hot Springs** und führt durch Kahikatea- und Rimu-Wälder zurück zum Meer, das er am **Knight's Point** erreicht.

Am Rande der **Haast Coastal Plain** mit ihren beeindruckenden Dünen, die Seen und einzelnen Kahikatea-Beständen Schutz bieten, geht es nun am Wasser entlang nach **Haast**. Hier zweigt eine Nebenstraße nach **Jackson Bay** ab, eine alte Siedlung aus Kolonialzeiten, in der jedoch nur für kurze Zeit Betriebsamkeit herrschte.

Der SH6 wendet sich von Haast wieder ins Landesinnere und bahnt sich einen Weg über den **Haast Pass** zur ehemaligen Holzfällerstadt **Makarora**, die nicht wirklich zur Westküste gehört, aber feucht genug ist, um einige Charakteristika mit ihr zu teilen, und die außerdem der Startpunkt für eine tolle Wanderung über den **Gillespie Pass** ist.

Nach Süden Richtung Haast

Viele Reisende bringen die Strecke von den Gletschern nach Wanaka oder Queenstown an einem Tag hinter sich. Dabei verpassen sie jedoch wunderbare einsame Landschaften. Natürlich gibt es auch hier einige Einrichtungen: Die meisten Übernachtungs- und Einkehrmöglichkeiten findet man rund um Haast, aber auch unterwegs laden immer mehr Orte zu einem Zwischenstopp ein. So zum Beispiel **Bruce Bay**, 45 km südlich von Fox Glacier, wo die Straße für kurze Zeit an einem mit Treibholz übersäten Strand entlangführt, wie geschaffen für eine stimmungsvolle Ruhepause.

Weitere 17 km südlich überquert die Straße den **Paringa River**. Die Busse halten an der

Welcome Flat Hot Springs

Die beliebteste **Wanderung** in dieser Region führt zu den Welcome Flat Hot Springs, eine Reihe heißer Pools, in denen jeder ein Fleckchen mit der richtigen Wassertemperatur findet. Praktisch alle Besucher verbringen die Nacht in der angrenzenden Welcome Flat Hut des DOC ($15; 31 Betten, keine Reservierung möglich, Jahrespass nicht gültig). Im Sommer ist die Hütte oft voll, sodass man mit einer Matratze auf dem Boden vorlieb nehmen oder vor der Hütte sein Zelt aufschlagen ($5) muss.
Eine ausführliche Beschreibung des Wegs findet man in der Broschüre *Copland Track*, die beim DOC erhältlich ist. **Startpunkt** der Wanderung ist ein Parkplatz am SH6, 26 km südlich von Fox Glacier. Atomic und InterCity-Busse setzen Wanderer hier ab bzw. sammeln sie nach vorheriger Ankündigung wieder ein.
Die **Strecke** vom SH6 nach Welcome Flat (17 km, 6–7 Std., 450 Hm) ist im Vergleich mit anderen Great Walks eher schwierig zu begehen. Der Pfad führt am Karangarua und Copland River entlang, wobei man unterwegs zahlreiche Bäche durchqueren muss. Sollten die Flüsse zu viel Wasser führen (was sehr häufig der Fall ist), so gibt es als Alternative einige Brücken, was insgesamt etwa eine Stunde mehr Zeit erfordert. Nach heftigen Regenfällen wird der Weg unpassierbar: Unbedingt Extra-Verpflegung mitnehmen, falls man ein oder zwei Tage festsitzt!

Westküste

nahen Lachsfarm, wo man einen preislich überzogenen Snack oder ein kleines Mittagessen zu sich nehmen kann. Besser ist es vermutlich, einen der köstlichen Räucherlachse zu erwerben und diesen am einsamen Ufer des 8 km entfernten **Lake Paringa** zu verzehren. Hier gibt es einen schön gelegenen DOC-**Campingplatz** ($6).

Etwa 18 km südlich des Lake Paringa führt der **Monro Beach Walk** (5 km, 1 1/2 Std. hin und zurück) durch einen wunderbaren Wald zu einer Stelle, an der man vielleicht die seltenen **Dickschnabelpinguine** zu Gesicht bekommt – zur Brutzeit zwischen Juli und Dezember hat man am meisten Glück, aber auch im Februar, wenn sie zur Mauser an Land kommen. Leute mit gut gefüllter Reisekasse können sich einen tieferen Einblick ins fragile Ökosystem des South Westland verschaffen, indem sie in der exklusiven Wilderness Lodge Lake Moeraki, ✆ 03/750 0881, 🖳 www.wildernesslodge.co.nz, absteigen. Hier bekommen sie für etwa $490 p. P. und Tag Unterkunft, alle Mahlzeiten, kostenlose Kanunutzung und geführte Naturkundetouren und Safaris; ➒.

5 km weiter kehrt der SH6 am **Knight's Point** zur Küste zurück, wo eine Wegmarkierung der 1965 geschaffenen Straßenverbindung zwischen Westland und Otago gedenkt.

10 km weiter überquert man den teefarbenen **Ship Creek**, wo ein Picknickplatz und Schilder an einem einsamen, wilden Strand auf zwei schöne, kurze Spaziergänge hinweisen: den **Kahikatea Swamp Forest Walk** (20 Min.), der flussaufwärts durch Kahikatea-Wald zu einem Aussichtspunkt führt, und den **Mataketake Dune Lake Walk** (2 km, 30 Min. hin und zurück) entlang der Küste zu dem von Dünen umgebenen Lake Mataketake.

Vom Ship Creek, der den Beginn der **Haast Coastal Plain** markiert, sind es nur noch 15 km zu der 700 m langen Haast River Bridge, ihres Zeichens die längste einspurige Brücke des Landes.

Haast

Auf den ersten Blick erscheint Haast ziemlich verwirrend, da gleich drei winzige Gemeinden denselben Namen tragen: Kurz nach der Haast River Bridge, an der Kreuzung des SH6 mit der Nebenstraße nach Jackson Bay, liegt **Haast Junction**. Fährt man auf der Jackson Bay Road (s. S. 733) noch 4 km weiter, erreicht man **Haast Beach**, die größte Siedlung. **Haast Township** wiederum liegt am SH6 Richtung Haast Pass und Wanaka, 3 km hinter Haast Junction.

Für einen ersten Stopp eignet sich in Haast Junction das informative **Haast Visitor Centre**, ✆ 03/750 0809, ✉ haastvc@doc.govt.nz, ◷ tgl. Anfang Nov–April 9–18 Uhr, sonst 9–16.30 Uhr. Einen tieferen Einblick in die Region bekommt man auf einer **Jetboat-Safari** mit Waiatoto River Safaris, ✆ 0800/538 723, 🖳 www.riversafaris.co.nz, auf der man von der Küste ins Herz des Gebirges vordringt und eine Menge über die Geschichte dieses Landstrichs erfährt (tgl. auf Nachfrage, 2 Std., $199). Eine Alternative sind **Flüge** mit den Piloten von Heliventures, ✆ 03/750 0866, 🖳 www.heliventures.co.nz, ins Lost Valley (35 Min., $260, mind. 3 Pers.) und zum Mount Aspiring (1 Std., $525, mind. 3 Pers.) inklusive einer Landung auf Schnee.

Die Zahl der Unterkünfte wächst stetig, trotzdem sollte man zwischen Weihnachten und Ende Februar rechtzeitig reservieren.
Collyer House, Okuru, 13 km südlich von Haast Junction, ✆ 03/750 0022, 🖳 www.collyer house.co.nz. Anziehende Luxusunterkunft mit 4 modernen Zimmern mit Bad, alle mit Blick aufs ferne Meer. Üppiges Frühstück inkl., auf Wunsch Abendessen. ➑
Haast Beach Holiday Park, Okuru, 15 km südlich von Haast Junction, ✆ 03/750 0860, ✉ haast park@xtra.co.nz. Einfacher Platz nahe dem Strand und dem Hapuku Estuary Walk. Camping $15, Dorms $25, Cabins ➊–➌, Motel Units ➍
Heritage Park Lodge, Haast Township, ✆ 0800/526 252, 🖳 www.heritageparklodge.co. nz. Motel mit komfortablen Studios mit TV, einige mit Einrichtungen für Selbstversorger. ➌
Wilderness Accommodation, Haast Township, ✆ 03/750 0029, ✉ whitesnalex@xtra.co.nz. Gemütliche, freundliche und sehr preiswerte Unterkunft mit 4er-Dorms ($25), DZ und Motel Units sowie Gemeinschaftsküche und Aufenthaltsraum. Motorroller-Verleih (halber Tag $25) – ideal für Ausflüge nach Jackson Bay. Backpacker-Zimmer ➋, Units ➌

Selbstversorger sollten daran denken, dass der kleine **Supermarkt** in Haast Township nur ein begrenztes Angebot hat und relativ teuer ist. Zum Essengehen gibt's in Haast Township das **Fantail Café** mit Snacks und Essen zum Mitnehmen sowie die **Hard Antler Bar**, die großzügige Kneipengerichte und billiges Bier bietet – hier treffen sich übrigens auch die Einheimischen.

Die Straße nach Jackson Bay

Die 50 km lange Strecke ins Fischerdorf Jackson Bay wird nur von einer bescheidenen Anzahl neugieriger Touristen befahren. 4 km hinter Haast Junction ist **Haast Beach** erreicht, das einen kleinen Laden und eine Zapfsäule besitzt.

Zum Beinevertreten eignet sich der **Hapuku Estuary Walk** (20-minütiger Rundgang), der auf einem erhöhten Plankenweg über eine Brackwasser-Lagune und durch Kowhai-Wald führt. Besonders schön ist der Spaziergang im Oktober und November, wenn die Bäume leuchtend gelb blühen. Sanddünen bieten dem Rimu- und Kahikatea-Wald Schutz, und gelegentlich genießt man einen Blick auf die **Open Bay Islands**, heute ein Schutzgebiet mit einer recht großen Kolonie von Pelzrobben und Dickschnabelpinguinen.

Die Straße erreicht nach weiteren 35 km **Jackson Bay**, eine ehemalige Robbenfangstation im Schutz von Jackson Head, der die heftigen Westwinde etwas abschwächt. 1875 sollte hier eine neue Stadt entstehen, die Greymouth und Hokitika Konkurrenz machen sollte. Staatlich geförderte Einwanderer – Skandinavier, Deutsche, Polen, Italiener, Engländer und Iren – bekamen winzig kleine Parzellen Land zugeteilt, die ihren Lebensunterhalt sichern sollten, und wurden nur unregelmäßig und unzureichend versorgt. Vor allem die beständigen Regenfälle vereitelten den Plan: Das Getreide verrottete noch auf dem Feld, und schon bald verließen die Menschen in Scharen den Ort. Zurück blieben nur ein paar Unentwegte, deren Nachkommen den Kern der heutigen Einwohnerschaft bilden. Ihr mageres Einkommen verdienen sie sich mit dem Fang von Hummern und Thunfisch.

Wem die Sandfliegen nichts ausmachen, der kann auf dem **Wharekai Te Kou Walk** (40 Min. hin und zurück) über die flache Landenge hinter dem Jackson Head zu einem Strand laufen, wo zwischen Juli und November manchmal Dickschnabelpinguine zu sehen sind. Fantastische Ausblicke auf die Küste bietet der **Smoothwater Track** (3 Std. hin und zurück) zum gleichnamigen Fluss.

Die Einrichtungen in Jackson Bay beschränken sich auf The Cray Pot, eine Art Kneipe auf Rädern, in der man köstliche Fish'n'Chips, Seafood-Eintöpfe und Fleischgerichte bekommt – ausnahmsweise einmal ohne die Gesellschaft von Sandfliegen; ⏰ im Sommer tgl. 11–20 Uhr, im Winter bis 15 Uhr.

Haast Pass

Von Haast sind es fast 150 km über den Haast Pass (mit 563 m der niedrigste Straßenpass der Neuseeländischen Alpen) nach Wanaka – eine Reise, die von den üppigen Regenwäldern der Westküste in das trockene, sanft gewellte Grasland von Central Otago führt. Die Ngai Tahu benutzten diese Route für den Handel mit Jade und zeigten sie vermutlich dem Goldsucher Charles Cameron, der den Haast Pass 1863 als erster Pakeha überquerte. Bald darauf folgte der einflussreichere Julius von Haast, der, bescheiden wie er war, die Strecke nach sich selbst benannte. Für Fahrzeuge wurde die Straße über den Pass erst 1965 freigegeben.

Von Haast verläuft die Strecke zunächst entlang des breiten **Haast River** und windet sich dann in vielen Kurven den Pass hinauf. Zahlreiche kurze und gut ausgeschilderte Wege, zumeist zu Wasserfällen an Nebenflüssen des Haast River, zweigen unterwegs von der Straße ab. Zu den beliebtesten Zielen gehören die **Thunder Creek Falls**, die **Fantail Falls** gleich neben der Straße und der **Blue Pools Walk** zu einem leuchtend blauen Bach, der aus einer engen, eisigen Schlucht sprudelt. Übernachtungsmöglichkeiten an der Strecke bieten die einfachen DOC-Campingplätze ($6 p. P.) Pleasant Flat, 45 km hinter Haast, und Cameron Flat, 10 km vor Makarora.

Westküste

Makarora

Der Weiler Makarora liegt ungefähr auf der Hälfte der Strecke zwischen Haast und Wanaka, am nördlichen Rand des **Mount Aspiring National Park**. Wer bereits in Vorfreude auf den Komfort in Wanaka und Queenstown ist, wird in diesem Ort kaum verweilen wollen, aber unternehmungslustige Reisende mit ein paar Extra-Tagen im Gepäck können einen der hiesigen Wanderwege ins Auge fassen.

Im 19. Jh. war die Stelle des heutigen Makarora aufgrund der dichten Wälder und der Nähe zum Lake Wanaka der perfekte Ort, von dem man die abgeholzten Stämme über den See und den Clutha River bis hinunter zu den gerade flügge gewordenen Goldgräberorten Clyde und Cromwell in North Otago transportieren konnte. Die Gründung des Nationalparks im Jahre 1964 ebnete den Weg für Makaroras zweites Leben als wichtigster nördlicher Zugangspunkt in eine Region von atemberaubender Schönheit, mit alpiner Vegetation und dicht mit Südbuchen bestandenen Tälern.

Makarora besteht heute aus einem Motor Camp, einem Restaurant mit Bar, einem Laden und einem **DOC-Büro**, ℡ 03/443 8365, wo man neben allgemeinen Infos auch Hüttentickets bekommt; ⏱ Dez–April tgl. 8–17, Mai–Nov Mo–Fr nur unregelmäßig besetzt.

Hauptgrund für einen Aufenthalt ist die Wanderung über den Gillespie Pass (s. u.) oder aber die spannende **Siberia Experience** mit Southern Alps Air, ℡ 0800/345 606, 🖥 www.siberia experience.co.nz. Die abwechslungsreiche Tour beinhaltet einen Flug ins abgelegene Siberia Valley, eine 3-stündige Wanderung zum Wilkin River und eine Jetboat-Fahrt zurück nach Makarora (4 Std., $310); als Alternative bietet sich eine ganz ähnliche Tour mit zusätzlichem Hubschrauberflug ($330).

Wem die längeren Wanderungen zu anstrengend erscheinen, der kann auch eine Reihe kürzerer Touren in der Umgebung von Makarora unternehmen: Beispielsweise den **Makarora Bush Nature Walk** (15 Min. Rundweg), der nahe dem DOC-Büro beginnt, und davon abgehend den **Mount Shrimpton Track** (5 km hin und zurück, 4–5 Std., 900 Hm), der durch Silver Beech-Wälder steil ansteigt und einen gigantischen Ausblick über das Makarora Valley gewährt.

Übernachten kann man im Makarora Wilderness Resort, SH6, ℡ 03/443 8372, 🖥 www.makarora.co.nz (Camping $12, Dorms $30, DZ ❷, Cabins mit Küche ❸, Chalets ❹). Eine begrenzte Auswahl an Lebensmitteln bekommt man im Laden, aber es gibt auch ein Café mit Bar, in dem Sandwiches, ein Mittagsbuffet sowie abends Steaks, Hühnchen und vegetarische Gerichte geboten werden.

Auf dem weiteren Weg Richtung Wanaka lohnt eine Fahrtunterbrechung eigentlich nur auf den netten DOC-**Campingplätzen** Boundary Creek ($6) am Lake Wanaka und Kidds Bush ($6) am Lake Hawea, zu erreichen über eine 6 km lange Seitenstraße, die bei The Neck vom SH6 abzweigt.

Gillespie Pass: Wilkin-Young Valley Circuit

Der Track über den 1490 m hohen Gillespie Pass verbindet das Tal des oberen Young River mit dem des Siberia Stream und des Wilkin River. Landschaftlich gesehen kann diese Wanderung mit jeder der wesentlich berühmteren Routen weiter südlich mithalten, wird aber dennoch nur von einem Bruchteil der Leute unternommen, die auf dem Routeburn Track oder dem Greenstone Track unterwegs sind. Der vielleicht nervtötendste Aspekt für Outdoor-Puristen ist das Geknatter der **Flugzeuge**, die den Himmel auf ihrem Weg ins Siberia Valley bevölkern.

Ende 2007 entstand durch einen möglicherweise instabilen Erdrutsch ein See, woraufhin das Young Valley vorübergehend für Wanderer gesperrt wurde. Es ist jetzt wieder zugänglich unter der Bedingung, dass alle Wanderer das Tal bei starkem Regen meiden. Der neue **Blue-Young Link Track**, eine Verlängerung des Blue Pools Track, bietet einen alternativen Zugang zum Young Valley für den Fall, dass der Fluss viel Wasser führt.

Die DOC-Broschüre *Gillespie Pass, Wilkin Valley Tracks* enthält alles Wissenswerte über

Westküste

Mount Awful (2202 m)

North Branch

Gillespie-Pass (1480 m)

Young Forks

Mount Alba (2355 m)

Siberia Stream

Young Hut

South Branch

Lake Crucible

Young River

Ram Flat

Siberia Valley Airstrip

Siberia Hut

Mount Kuri (2134 m)

Mount Turner (2149 m)

Makarora

Mount Broom (1966 m)

Newland Stream

Kerin Forks Flat

Makarora River

Kerin Forks Hut

Dan's Flat

Wilkin River

Haast (80 km)

Mount Shrimpton (4 km)

Matukituki Valley (3–4 Tage)

Wanaka (63 km)

die Wanderung. Sehr hilfreich sind auch die *Mount Aspiring National Parkmap* (1:160 000) und die *Wilkin Map* (1:50 000).

Die Wanderung kann in kleinere Etappen aufgeteilt werden, indem man die Flugzeuge und Jetboote von Siberia Experience (S. 734) nutzt. Für die gesamte Strecke (58 km) werden zu Fuß drei Tage benötigt.

Zugang und Unterkunft

Alle **Hütten** ($15, keine Reservierung möglich) in den Tälern Wilkin und Young sind mit Matratzen und Heizung ausgestattet, besitzen aber keine Kochmöglichkeit. **Hüttentickets** und die ein Jahr gültigen **Hüttenpässe** bekommt man im DOC-Büro von Makarora.

Üblicherweise beginnt man die Wanderung im Young Valley und läuft das Wilkin Valley wieder hinunter. Sowohl am Start- als auch am Endpunkt der Tour muss der breite **Makarora River** durchquert werden, was aber nur Wanderer mit

entsprechender Erfahrung versuchen sollten – fast jedes Jahr kommt hier jemand um. Eine gute Idee ist es, die Wanderung über den Blue-Young Link Track anzugehen und vor Antritt der Tour eine **Abholung** per Jetboat in Kerin Forks zu organisieren, will man sich nicht mit Flussdurchquerungen herumschlagen, oder man versucht, im Siberia Valley spontan einen Platz im Flieger zu ergattern.

Die Route

Vom Parkplatz Blue Pools führt der Weg durch Wald und über offenes Land, wobei die Flüsse Makarora und Blue River und die Bäche Ore und Leven von Brücken überspannt werden. Das Young Valley ist linker Hand am SH6 ausgeschildert. Nach dem Zaunübertritt folgt man orangefarbenen Stangen bis zum Zusammenfluss von Young und Makarora.

Die gut ausgeschilderte Etappe **vom Zusammenfluss bis zur Young Hut** (20 km, 6–7 Std.,

Westküste

500 Hm) folgt dem linken Ufer des Young durch Südbuchenwald nach Young Forks (kostenloser Campingplatz) und, nach der Flussgabelung, dem South Branch. Ein steiler Abschnitt (100 Hm) führt, u. a. über mehrere instabile Erdrutsche, zum Stag Creek. Von hier geht es stetig durch den Wald bergan zur neuen Young Hut (20 Betten).

Der nächste anstrengende Tag führt **von der Young Hut zur Siberia Hut** (12 km, 6–8 Std., 700 m Aufstieg, 1000 m Abstieg). Zunächst geht es hinauf zur Baumgrenze, überragt vom 2202 m hohen Mount Awful, dessen Name in diesem Fall nicht auf sein furchtbares, sondern sein erhabenes Aussehen zurückzuführen ist. Es folgt der steile und lange Aufstieg zum Gillespie-Pass. Erst nach 3 Std. ist der Sattel erreicht, ein faszinierender Ort, der Ausblicke bis auf die schneebedeckten nördlichen Gipfel des Mount Aspiring National Park gewährt.

Auf grasigen Abhängen geht es nun steil hinunter zum Gillespie Stream, dem man bis zu seinem Zusammenfluss mit dem Siberia Stream folgt. Nach einer weiteren Stunde flussabwärts kommt endlich die Siberia Hut (20 Betten) in Sicht. Ganz Konditionsstarke unternehmen zuvor eventuell noch den Abstecher zum Lake Crucible (4–5 Std. hin und zurück) und laufen erst dann zur Hütte hinunter.

Wer es etwas gemütlicher angehen will, unternimmt die **Wanderung zum Lake Crucible** (13 km, 6–7 Std. hin und zurück, 500 Hm) erst am nächsten Tag. Von der Siberia Hut folgt man dem linken Ufer des Siberia Stream für kurze Zeit, bis man am anderen Flussufer den kataraktartigen Crucible Stream entdeckt. Man durchquert nun den Siberia Stream und steigt am rechten Ufer durch den Wald aufwärts. Die Etappe ist recht anstrengend, und die Wegmarkierungen sind auf den alpinen Wiesen weiter oben manchmal schwer zu finden, aber der Anblick des tiefen Sees mit seinen Eisbergen zu Füßen des Mount Alba lohnt die Mühe auf jeden Fall.

Von der **Landebahn im Siberia Valley** starten regelmäßig Flugzeuge, und vielleicht hat man Glück und kann einen der freien Restplätze ergattern. Für Wanderer heißt der nächste, leichte Abschnitt **Siberia Hut – Kerin Forks** (8 km, 2–3 Std., 100 m Aufstieg, 300 m Abstieg). Am südlichen Ende der Siberia Flats betritt man den Wald und steigt auf der linken Uferseite des Siberia Stream im Zickzack abwärts (der Weg führt vom Fluss weg) zum Wilkin River und der **Kerin Forks Hut** (10 Betten), wo sich viele Wanderer von einem Jetboot abholen lassen – da der Makarora River nach heftigen Regenfällen für Fußgänger unpassierbar wird, sollte man diese Art des Rücktransports nutzen.

Als Alternative läuft man den letzten Abschnitt von **Kerin Forks nach Makarora** (17 km, 5–6 Std., 100 m Aufstieg, 200 m Abstieg), indem man dem linken Ufer des Wilkin River folgt, den Makarora River oberhalb des Zusammenflusses überquert und an seinem Flussufer zurück nach Makarora läuft.

Wellington

Christchurch

Queenstown, Wanaka und Gold Country

Stefan Loose Traveltipps

18 **Queenstown**   Nervenkitzel pur bietet Nevis Highwire Bungy mit einem von Neuseelands höchsten Bungy-Sprüngen, aber auch eine Jetboat-Fahrt auf dem Shotover River ist abenteuerlich. S. 741

Weingüter   In Central Otago, dem südlichsten Weinanbaugebiet der Welt, laden über 20 Weingüter zu einer Verkostung ein. S. 756

19 **The Routeburn Track**   Alpine Landschaften und dichter Wald machen diesen Wanderweg zu einem der schönsten in Neuseeland. S. 764

Canyoning   Mit einem Neoprenanzug bekleidet geht es in die faszinierenden Schluchten des Matukituki Valley. S. 775

Otago Central Rail Trail   Eine dreitägige Radtour entlang einer stillgelegten Bahnlinie durch die ländliche Maniototo-Region. S. 788

QUEENSTOWN, WANAKA und GOLD COUNTRY

Umgeben von den Buchenwäldern Fiordlands, den fruchtbaren Ebenen südlich von Canterbury und den Schafweiden Southlands liegt **Central Otago**, eine Region, die Queenstown, Wanaka und das Gold Country umfasst. Die menschenleeren Hügel im Osten gehen bei Queenstown und Wanaka in schroffe Berge über, welche die Vorhut der vergletscherten **Neuseeländischen Alpen** bilden. Schmelz- und Regenwasser füllen den 70 km langen Lake Wakatipu, seinerseits die Quelle des Kawarau River, der durch die faszinierende Kawarau Gorge fließt. Unterwegs nimmt er noch das Wasser des Shotover River aus dem Gebiet der ehemaligen Goldfelder bei Skippers und Arrowtown auf. Die im Norden gelegenen, glasklaren Seen Wanaka und Hawea speisen den Clutha River, der bei Cromwell Unterstützung durch den Kawarau erhält und mitten durch das Gold Country der Ostküste zusteuert.

Queenstown, mit traumhaftem Blick über den Lake Wakatipu bis zu den zerklüfteten Berggipfeln der Remarkables, ist Neuseelands selbst ernannte Hauptstadt für Abenteueraktivitäten. Ist der Andrang besonders groß, kann in Queenstown eine Atmosphäre wie in einem Disney-Park herrschen. Doch selbst wer Trubel liebt, wird früher oder später nach einer Atempause verlangen, und dafür bietet sich ein Ausflug ins benachbarte **Arrowtown** an. Inmitten der alten Straßenzüge findet fast jeder etwas, was ihn anspricht: kleine Restaurants, coole Bars, ein alternatives Kino, historische chinesische und Goldgräbersiedlungen und eine Tageswanderung zu den verwaisten Goldminen der nahe gelegenen Geisterstadt **Macetown**.

Glenorchy am nördlichen Ende des Lake Wakatipu ist Ausgangspunkt einiger der beliebtesten Wanderungen in Neuseeland. Dank eines guten Transportsystems sind die Startpunkte des sagenhaften **Routeburn Track** sowie der schönen Wanderwege **Caples** und **Greenstone** mühelos zu erreichen. Das Gleiche gilt für den gebirgigen **Rees-Dart Track**, den ersten Abschnitt der schwierigen Cascade Saddle Route. Das mit Gletschern bedeckte „Matterhorn des Südens" bildet das Herzstück des **Mount Aspiring National Park**, der über das bezaubernde Matukituki Valley mit dem fortwährend wachsenden Ferienort **Wanaka** am gleichnamigen See verbunden

ist. Wanakas geruhsame Atmosphäre steht in absolutem Kontrast zur Hektik von Queenstown, auch wenn es nicht an Veranstaltern mangelt, die alle möglichen Aktivitäten anbieten.

Queenstown und Wanaka liegen am Rande der **Otago Goldfields**, die sich gen Osten bis zur Küste bei Dunedin erstrecken. Das meiste Gold ist längst ausgebeutet und die Region größtenteils verlassen, doch überall stößt man noch auf Überbleibsel aus der Goldgräberzeit. Queenstown und Arrowtown waren zwei der größten Goldgräberstädte; weiter östlich liegen die beschaulicheren Orte **Cromwell**, **Alexandra** und **Roxburgh**, alle am Ufer des Clutha River, den die Maori einst einen relativ einfachen Zugang zu den Jade-Feldern an der Westküste bot. Die Goldsucher nahmen später denselben Weg und gründeten winzige Ortschaften wie **St Bathans** und **Naseby**, die Geisterstadt mit dem meisten Flair.

Die **Transportmöglichkeiten** in der Region sind gut. Zwischen den wichtigsten Ortschaften verkehren recht häufig Busse, außerdem gibt es Shuttles zu den Anfangs- und Endpunkten der Wanderwege sowie zu den verschiedenen Orten, an denen Abenteueraktivitäten stattfinden.

Queenstown und Umgebung

Tagsüber ist Queenstown vom fernen Widerhall der Angst- und Freudenschreie der Adrenalin-Junkies erfüllt, abends quellen aus den Bars die stampfenden Bässe der Musik, untermalt vom schrillen Pfeifen der *TSS Earnslaw*. Nicht selten beklagen sich Besucher, dass die Abenteuersport-Metropole des Landes zu überfüllt, zu laut, zu teuer, zu großspurig und Opfer einer hemmungslosen Erschließungs- und Bauwut sei. Zweifellos handelt es sich bei Queenstown um eines der ganzjährig begehrtesten Urlaubsziele des Landes. Gleichzeitig aber ist es ein malerischer Ort, schön gelegen am azurblauen Lake Wakatipu und eingerahmt von zerklüfteten Bergen. Darüber hinaus erfreut sich die Stadt einer tollen Auswahl an Restaurants sowie einiger hervorragender – und zumeist kostspieliger – Unterkünfte.

Queenstown genießt man am besten in kleinen Dosen, entweder als Ausgangsbasis für längere Abstecher in die Natur oder um an einer der zahllosen Abenteueraktivitäten teilzunehmen. Am begehrtesten ist zweifellos **Bungy-Jumping**; in der Umgebung der Stadt gibt es drei Basen, die als landschaftlich reizvollste Absprungstellen weltweit gepriesen werden. Abenteuerlustige können das Bungy-Jumping entweder als Einzelaktivität oder als Teil eines Pakets buchen, sei es zusammen mit **Whitewater Rafting** oder **Jetboating** auf dem Shotover River.

Aber auch Besucher, denen mehr nach Entals nach Anspannung zu Mute ist, kommen auf ihre Kosten. Sie können mit der altehrwürdigen *TSS Earnslaw*, dem einzigen noch erhaltenen Dampfer auf dem **Lake Wakatipu**, oder mit einer America's-Cup-Jacht eine Kreuzfahrt unternehmen, mit der Seilbahn auf **Bob's Peak** fahren und dort die sagenhafte Aussicht über Queenstown und die Remarkables genießen oder sich einer geführten **Weintour** zu den südlichsten Winzereien der Welt anschließen. Gepflegte Uferpromenaden sowie kurze Wege zu Aussichtsplattformen oberhalb der Stadt laden zu Spaziergängen ein, während das nahe **Glenorchy** Startpunkt für einige anstrengende Mehrtageswanderungen ist.

Der sommerliche Trubel ist aber noch gar nichts, wenn man ihn mit der Wintersaison vergleicht, während der in- und ausländische Skifahrer in Massen einfallen, um am **Coronet Peak** und in den **Remarkables** – zwei hervorragenden, 30 Min. von Queenstown entfernten Wintersport-

Der Herr der Ringe

Ohne Queenstown und seine Umgebung hätte die Trilogie *Herr der Ringe* ein ganz anderes Gesicht bekommen. Viele Szenen wurden hier gedreht, allerdings zum Teil digital sehr stark verändert.

In Queenstown bieten unzählige Unternehmen Touren zu den Drehorten an. Wer sich unbedingt zu einer Stelle begeben möchte, an der bereits Frodo stand, kommt nicht umhin, an einem dieser Trips teilzunehmen. Davon abgesehen werben auch alle anderen Agenturen, die Abenteuertrips anbieten, mit Slogans wie „as seen in the Lord of the Rings".

Touren
Dart River Jet Safaris, Glenorchy, ✆ 0800/327 853, ⌨ www.dartriver.co.nz. Jetboat-Trips mit Schwerpunkt Herr der Ringe (s. S. 762).
Glenorchy Air, beim Queenstown Airport, ✆ 03/442 2207, ⌨ www.trilogytrail.com. Arbeitete für die Filmcrew und organisiert nun den One Ring Trilogytrail (3 1/2 Std., $140), eine Minibustour zu Stätten um Queenstown; den Two Ring Trilogytrail (2–3 Std., $350), einen Flug über verschiedene Drehorte; sowie den Three Ring Trilogytrail (7 Std., davon 2 1/2 Std. im Flugzeug, $820).

Heliworks, ✆ 03/441 4011, ⌨ www.heliworks. co.nz. Dieses Unternehmen übernahm einen Großteil der Fliegerei für die Filmcrew und bietet viele verschiedene Rundflüge an (ab $425 für 45 Min. inkl. einer Landung).
Info&Track, ✆ 03/442 9708, ⌨ www.infotrack. co.nz. Auf der günstigen Geländewagentour Paradise Safari (4 1/2 Std., $129) lernt man nicht nur Teile von Lothlorien, Isengard etc. kennen, sondern erhält auch Einblicke in Maori-Legenden und die Geschichte des Goldabbaus.
Nomad Safaris, Queenstown, ✆ 0800/688 222, ⌨ www.nomadsafaris.co.nz. Der beste Anbieter von Geländewagentouren bietet Touren zu den Drehorten mit häufigen Stopps. Die Fahrer wissen viel zu erzählen, da sie oftmals als Komparsen beschäftigt waren. Der Wakatipu Basin-Trip (4 Std., $149) konzentriert sich auf das Gebiet um Queenstown, während die Glenorchy-Trip (4 Std., $149) an das Nordende des Lake Wakatipu führt.
Wanaka Sightseeing, Wanaka, ✆ 03/338 0982, ⌨ www.lordoftheringstours.co.nz. Bieten 6 Touren (auch per Hubschrauber), darunter die exzellente Trails Of Middle Earth (ganzer Tag, $299), bei der man 20 Drehorte besucht und mit Schwertern und anderen Requisiten für Fotos posieren kann. Abholung in Queenstown möglich.

gebieten – ihrer Leidenschaft zu frönen. Den absoluten Höhepunkt dieser Jahreszeit bildet das jährliche **Queenstown Winter Festival** Ende Juni/Anfang Juli.

18 HIGHLIGHT

Queenstown

Der Stadtkern von Queenstown konzentriert sich um die Rees Street, die Shotover Street, die Camp Street und **The Mall**, eine Fußgängerzone, die von der Main Town Wharf nach Nordosten bis zur Ballarat Street verläuft.

Von den Zeiten des Goldrauschs ist im Zentrum von Queenstown nur noch wenig zu sehen. Am Ende der Mall überspannt die Ballarat Street einen kleinen Bach mittels einer Steinbrücke von 1882 und führt dann zum **Courthouse** und zur **Old Stone Library**, die Mitte der 1870er-Jahre entstanden und inzwischen im Schatten riesiger hundertjähriger Sequoia-Bäume Büros beherbergen. Am anderen Ende der Mall steht am Wasser das **Eichardt's Hotel**, das in Teilen von 1871 stammt. Um die Ecke weist das **Williams Cottage** von 1866 an der Marine Parade viele ursprüngliche Elemente auf und ist heute ein Laden mit Café. Die Marine Parade führt Richtung Osten zu den **Queenstown Gardens** (immer zugänglich), einem hübschen Park auf der Halbinsel zwischen Queenstown Bay und dem Rest des Lake Wakatipu.

Wer keine Zeit hat, den Winzereien in der Umgebung einen Besuch abzustatten, kann bei **Wine Tastes**, 14 Beach St, ✆ 03/409 2226, 🖥 www.winetastes.com, über 80 Weine probieren, die einem aus raffinierten Zapfautomaten serviert werden und im halben oder ganzen Glas probiert werden können ($2–32). ⏰ tgl. 12–22 Uhr.

Bob's Peak

Den schönsten Panoramablick auf Queenstown, den Lake Wakatipu und die Remarkables bietet zweifellos Bob's Peak, der unmittelbar hinter der Stadt aufragt und innerhalb weniger Minuten mit der **Skyline Gondola**, 🖥 www.skyline.co.nz, erreichbar ist. Die Bahn verkehrt täglich ab 9 Uhr

(letzte Fahrt 21.30 Uhr, $23 hin und zurück) und endet am Skyline Complex, den man auch in etwa 1 Std. zu Fuß über den Lomond Crescent erreichen kann. Von den Hängen heben den ganzen Tag über **Paraglider** ab, und vielleicht verführt einen die fantastische Aussicht zu einem Essen im Café oder Buffet-Restaurant (Lunch $32, Dinner $55). Wagemutige können den Ledge Bungy (s. S. 744) oder **The Luge** ausprobieren, eine kurvenreiche Betonbahn, die mit einer Art Plastikschlitten auf Rädern befahren wird – diese verfügen zwar über ein primitives Bremssystem, aber zumindest bei der ersten Fahrt ist Vorsicht geboten (1 Fahrt inkl. Skyline Gondola $30).

Die Talstation der Seilbahn befindet sich am Ende der Brecon Street, die am **Kiwi & Birdlife Park**, ✆ 03/442 8059, 🖥 www.kiwibird.co.nz, vorbeiführt, einer Grünanlage mit Teichen, Rasenflächen, Wald und Vogelhäusern, in denen einige der seltensten Arten Neuseelands zu sehen sind. ⏰ tgl. Nov–Feb 9–18, März–Okt 9–17 Uhr, Eintritt $35 inkl. Audioguide.

Über den Lake Wakatipu zur Walter Peak Station

Das Dampfschiff **TSS Earnslaw** ist das einzige seiner Art auf dem Lake Wakatipu und zählt zu den bleibenden Eindrücken von Queenstown. Von den Bergen ringsherum wird das schrille Tröten der Schiffssirene zurückgeworfen, wenn der liebevoll restaurierte Dampfer laut stampfend an der Steamer Wharf ablegt. Das 51 m lange Schiff unternahm seine Jungfernfahrt im Jahre 1912 und war damals der größte und zweifellos eleganteste Dampfer weit und breit. Auf Hochglanz poliertes Messing und Holz bestimmen das Bild, selbst die Dampfmaschine erstrahlt noch wie am ersten Tag und darf während der Überfahrt einer näheren Inspektion unterzogen werden.

Die *Earnslaw* wird betrieben von Real Journeys, ✆ 0800/656 501, 🖥 www.realjourneys.co.nz, und tuckert von Queenstown über den See zur **Walter Peak High Country Farm** (3–6x tgl. 10–18 Uhr, 1 1/2 Std., $48 hin und zurück), eine Touristenenklave am südwestlichen Seeufer. Hier befindet sich die Walter Peak Homestead, eine gelungene Nachbildung des 1977 abgebrannten Gebäudes, die zu einer unterhaltsa-

Queenstown Zentrum

Frankton (3 km), Flughafen (5 km), Arrowtown (20 km), Milford Sound ▲ (290 km)

Arthurs Point (5 km), Coronet Peak (16 km), Skippers Road (16 km)

Queenstown Hill (907 m) ▲

N

0 250 m

Alpine Foodcenter

Wine Tastes

DOC Office

Main Town Pier

Eichardt's Hotel

Steamer Wharf

CAMP ST · MARINE · BEACH STREET · REES STREET · CHURCH STREET · HAY ST · MAN STREET · ISLE STREET · SHOTOVER ST · EARL ST · BALLARAT ST · PARADE

Übernachtung

Alpine Lodge	C	Nomads
Base Discovery Lodge	V	Pinewood
Black Sheep	O	Queenstown Lakeview Holiday Park
Browns Boutique Hotel	U	
Bumbles	K	Queenstown Motel Apartments
Butterfli Lodge	G	
Caples Court	M	The Stonehouse
The Chalet	B	Southern Laughter Hostel
Creeksyde	T	
The Dairy	I	Twelve-Mile Delta Reserve
Four Seasons Motel	D	
Hippo Lodge	L	YHA Central
Hurley's	J	Queenstown
Little Paradise Lodge		YHA Queenstown Lakefront
The Lodges		

X A E
N F S
Q W P

Skyline Gondola

Bob's Peak

Kiwi & Birdlife Park

Bücherei

Courthouse & Old Stone Library

i

THE MALL

Queenstown Bay

Queenstown Gardens

Lake Wakatipu

Frankton Arm

BEN LOMOND SUMMIT TRACK · QUEENSTOWN TRAIL TRACK · BELFAST STREET · KERRY DRIVE · YORK STREET · GORGE ROAD · HAMILTON ROAD · ROBINS ROAD · BRECON ST · LAKE STREET · HALLENSTEIN STREET · HENRY ST · STANLEY STREET · MELBOURNE STREET · ADELAIDE STREET · EDGAR ST · FRANKTON ROAD · THE TERRACE · HOBART ST · BRISBANE STREET · PARK STREET · CORONATION DRIVE · ATHOL STREET · BEETHAM STREET · THOMPSON STREET · BRUNSWICK STREET · GLASGOW STREET · LOMOND CR · BEN LOMOND TRACK · LAKE ESPLANADE · MAN STREET · ISLE STREET · HAY ST

Fernhill (2 km), ▲ (10 km), Ⓐ (28 Km), Glenorchy (50 Km)

Restaurants, Cafés & Bars

@ Thai	18
Aggy's Shack	23
Altitude	1
Atlas Bar	22
Bardeaux	15
Bombay Place	9
Bunker	10
The Cow	10
Destination	13
Organic	17
Debajo	6
Dux de Lux	21
FergBurger	2
Finz	19
Halo	16
Kappa	8
Mini Bar	14
Patagonia Chocolates	12
Pig and Whistle	5
Pög Mahone's	7
Pub on Wharf	13
Solera Vino	4
Vudu	20
Wai	3
Winnies	11
World Bar	21

s. Ausschnitt

Fresh Choice

Die meisten der nachfolgend aufgelisteten Wanderwege (in Reihenfolge ihres Schwierigkeitsgrads) sind in der DOC-Broschüre *Queenstown Walks and Trails* beschrieben.

One Mile Creek Walkway (6 km hin und zurück, 1 1/2 Std., 50 Hm). Ziemlich leichte Wanderung durch Buchenwald entlang einer 1924 angelegten Pipeline. Beginnt am See beim Kreisverkehr Fernhill und bietet eine gute Möglichkeit zum Kennenlernen der einheimischen Flora und Fauna.

Queenstown Hill Track (5 km hin und zurück, 2–3 Std., 500 Hm). Der recht steile Weg beginnt am oberen Ende der Belfast Street und führt durch überwiegend exotischen Baumbestand auf den Gipfel des Queenstown Hill (907 m), wo sich ein herrlicher Rundumblick eröffnet.

Ben Lomond Summit Track (11 km hin und zurück, 6–8 Std., 1400 Hm). Tageswanderung auf den 1748 m hohen Ben Lomond, einen der höchsten Berge der Region mit entsprechend rauer Witterung, besonders im Winter, wenn der Pfad verschneit sein kann. Der Ausgangspunkt deckt sich mit dem One Mile Creek Walkway, aber man kann für die erste Etappe auch die Skyline Gondola nehmen und in der Nähe der Absprungrampe für die Gleitschirmflieger mit der Wanderung beginnen. Über Gebirgswiesen geht es zum Ben Lomond Saddle und anschließend steil bergauf zum Gipfel.

Ben Lomond-Moonlight Track (16 km einfach, 8–10 Std., 1400 Hm). Anstrengende, schwer erkennbare Route (v. a. bei Schnee), die verschiedene Wege miteinander kombiniert: den Anstieg zum Ben Lomond Saddle, einen Wanderpfad durch subalpines Gelände zur ehemaligen Goldgräbersiedlung Sefferstown sowie die östlichste Etappe des Moonlight Track zum Arthur's Point. Wer die letzten 5 km zurück nach Queenstown nicht zu Fuß gehen möchte, sollte vor dem Start eine Abholung von Arthur's Point organisieren.

men, wenngleich wenig authentischen **Farmtour** mit Demonstrationen im Schafscheren und in der Abrichtung von Hunden einlädt. Preise: Farmtour, Tee und Scones ($68 inkl. Überfahrt); Farmtour mit Barbecue ($93); Farmtour mit Bratenbuffet (18 Uhr, $115); Ausritt, Tee und Scones (3 1/2 Std., $105). Außerdem gibt es noch eine Heritage Tour (16 Uhr, $75), bei der die Überfahrt mit einer Führung durchs Haus und den Garten sowie einer kleinen Weinprobe kombiniert wird.

Wer sein Fahrrad ($5) mitnimmt, kann von der Walter Peak Station auf einer unbefestigten Straße bis zum SH94 bei Burwood, 27 km östlich von Te Anau, fahren. Die 80 km lange Strecke ist landschaftlich wunderschön und bietet an den Mavora Lakes herrliche Zeltmöglichkeiten.

Wer sich statt von Kohle lieber vom Wind antreiben lässt, kann mit Sail Queenstown, ℡ 03/442 7517 oder 021/724 579, 🖥 www.sailqueenstown.co.nz, auf einer umgebauten **America's-Cup-Jacht** – wenn es die Wetterbedingungen erlauben – einen Törn über den See ($150, 2 Std.) unternehmen.

Aktivitäten

Die meisten Veranstalter in Queenstown sind in der Shotover Street vertreten oder stehen in direkter Verbindung zu einem der dortigen **Informations-** und **Reservierungsbüros**; im Grunde genommen bucht jedes Reservierungsbüro jeden gewünschten Trip, und auch die meisten Hotels und Hostels bieten diesen Service. Die Preise sind eigentlich überall gleich, wobei es z. T. **Rabatte** für Backpacker gibt. Fast alle Büros haben täglich geöffnet, meist bis 20 Uhr.

Die meisten Freizeitaktivitäten sind in Queenstown teurer als anderswo im Land. Wer die größtmögliche Leistung fürs Geld haben möchte, sollte die zahlreichen **Kombiangebote** unter die Lupe nehmen, die zwei bis fünf der begehrtesten Aktivitäten umfassen.

Bungy-Jumping

Der Bungy-Pionier A. J. Hackett, ℡ 0800/286 495, 🖥 www.bungy.co.nz, betreibt um Queenstown derzeit drei Stationen. Alle drei Sprünge lassen sich im Rahmen der halbtägigen „Thrillogy" kombinieren ($450). Wer zusätzlich etwa $15–20 ausgibt, kann von der Website des Unternehmens Fotos oder einen Film der eigenen Ruhmestat herunterladen.

Am ältesten, berühmtesten und begehrtesten ist der von Hackett errichtete, 43 m hohe **Kawarau Bungy** am SH6, 23 km östlich von Queenstown. Dies ist die einzige Bungy-Basis bei Queenstown, wo man auf Wunsch mit dem Kopf ins Wasser eintauchen kann. Den besten Blick auf die wagemutigen Springer genießt man vom Centre neben der Brücke (Eintritt frei); hier kann man bei der interaktiven **Secrets Behind Bungy Tour** ($45, 45 Min.) mehr übers Bungy-Jumping erfahren, als man je für möglich hielt. ⏱ tgl. 9–17 Uhr, $175 inkl. Zertifikat und T-Shirt, Transport von Queenstown $30 extra.

Viele zieht es noch am gleichen Tag für einen zweiten Sprung auf den Bob's Peak zum 47 m hohen **Ledge Bungy**, eine Art Tauchflug gen Queenstown. Dies ist die einzige Bungy-Absprungstelle, an der man zum Sprung Anlauf nimmt und teilweise auch zusammen mit irgendwelchen Gegenständen wie Surfbrettern und Fahrrädern springen kann. Für besonders widerstandsfähige Naturen gibt es hier im Winter auch Nachtsprünge. ⏱ im Sommer meist 13–19, im Winter 16–21 Uhr, $175 inkl. T-Shirt.

Mit 134 m einer der höchsten Sprünge Neuseelands ist der **Nevis Highwire Bungy**. Acht Sekunden dauert der Spaß, aus einer Gondel dem Nevis River – einem Zufluss des Kawarau etwa 32 km östlich von Queenstown – entgegenzuspringen. Die Zufahrt ist nur mit einem Geländewagen durch Privatgelände möglich, sodass selbst Zuschauer $50 berappen müssen, dafür aber bis zur Gondel gelangen und eine wunderschöne Aussicht genießen. Abfahrt in Queenstown tgl. 8, 10, 12 und 14 Uhr, $250 inkl. T-Shirt.

Swinging

Eine Alternative zum Bungy-Jumping ist Swinging, bei man sich ebenfalls ins Leere stürzt, allerdings nicht auf und ab schwingend, sondern an einem Gummiseil in galantem Bogen hin und her pendelnd. **Canyon Swing**, ✆ 0800/279 464, 🖥 www.canyonswing.co.nz, bietet einen Swing mit 60 m Fallhöhe 109 m über dem Shotover River. Manchmal tummeln sich zahlreiche Rafter

auf dem Fluss und beobachten den Sprung (6–8x tgl., $199, zweiter Sprung $39). Mit 125 m Höhe ist der Nevis Arc von **A. J. Hackett**, bei der Bungy-Sprungstelle im Nevis Valley, derzeit der höchste Swing der Welt ($170); das Unternehmen bietet außerdem den vergleichsweise zahmen Ledge Sky Swing, einen 47 m hohen Swing oberhalb von Queenstown bei der Ledge Bungy-Station ($120).

Jetboating

Kommerzielle Jetboating-Touren werden in Queenstown schon seit 1965 angeboten. Man sollte jedoch in Betracht ziehen, seine Dollars eher für einen günstigeren Jetboat-Trip anderswo im Land auszugeben. Am meisten Zulauf hat der **Shotover Jet**, ✆ 0800/746 868, 🖥 www.shotoverjet.com, der den Shotover Canyon von Arthur's Point, 5 km nördlich von Queenstown, flussabwärts befährt. Dieser Trip ist zwar kostspieliger als die meisten anderen, aber zweifellos am spannendsten – die Beulen in den Booten zeugen von zahlreichen engen Kontakten mit Felsen. Zwanzig Minuten mit rasanten Drehungen um die eigene Achse und periodischen Duschen kostet $109. ⏱ tgl. 8.30–17 Uhr.

Mehr fürs Geld bietet allerdings eine Fahrt mit dem **Skippers Canyon Jet**, ✆ 0800/226 966, 🖥 www.skipperscanyonjet.com (3x tgl. ab 8.30 Uhr, 4 1/2 Std., $109); nach der Anfahrt über die Skippers Road geht's per Jetboat entlang den alten Goldgräberstätten am oberen Shotover River – die Faszination geht hier also mehr von der Geschichte der Gegend aus (siehe „Skippers Canyon", S. 755).

Rafting

Die meisten Anbieter von Jetboat-Touren halten sich an ruhige Gewässer und überlassen die gefährlicheren Flüsse wie Kawarau und Shotover den Raftern. Wenngleich es auch so wirkt, als gebe es drei Rafting-Anbieter, jeder mit verschiedenen Paketen und Kombi-Deals, werden alle Rafts tatsächlich von Queenstown Rafting, ✆ 0800/723 8464, 🖥 www.rafting.co.nz, betrieben. Am häufigsten wird ein 7 km langes Stück auf dem wasserreichen **Kawarau River** befahren, das vier Stromschnellen des III. Schwierigkeitsgrades aufweist (4 Std. mit ca. 1 Std. auf dem Wasser, $175). Als Highlight gilt eine Stelle namens Chinese Dog Leg, angeblich die längste, kommerziell geraftete Stromschnelle Neuseelands. Da der Fluss aus dem See gespeist wird, ist der Wasserpegel keinen großen Schwankungen unterworfen, wenngleich er im Frühling natürlich etwas steigt und gegen Ende des Sommers sinkt.

Im Gegensatz dazu ist der **Shotover River** sehr anspruchsvoll (5 Std. mit fast 2 Std. auf dem Wasser, $175, Heli-Rafting $259). Seine Stromschnellen mit so verheißungsvollen Namen wie The Squeeze, The Anvil und The Toilet erreichen ihren Höhepunkt bei einer Stelle namens Mother-in-Law, die bei Niedrigwasser durch den 170 m langen Oxenbridge Tunnel umfahren wird. Das Wasser der 14 km langen Raftstrecke (WW III–IV) kommt direkt aus den Bergen, weswegen der Pegel übers Jahr gesehen erheblich schwankt. Zur Zeit der Schneeschmelze im Oktober und November geht es auf dem Fluss ordentlich zur Sache, im Spätsommer hingegen wird er zahmer und eignet sich dann vor allem für unerfahrene Rafter. Im Winter gelangt kein Sonnenstrahl mehr in die Schlucht, die dann extrem kalt wird; zu dieser Jahreszeit sind kürzere Trips im Angebot, wobei man die Stromschnellen direkt per Hubschrauber anfliegt.

Im Angebot sind auch 3-tägige Wilderness-Trips auf dem **Landsborough River**.

Raftingtouren sind normalerweise Teilnehmern über 13 Jahren vorbehalten, aber es werden auch Touren auf einfacheren Abschnitten (WW I–II) des Shotover durchgeführt, bei denen Kinder allen Alters mitfahren können. Family Adventures, ☎ 0800/472 384, 🖥 www.family adventures.co.nz, bieten einen Trip, bei dem man per Auto in den Skippers Canyon fährt und danach rund 90 Min. auf dem Wasser verbringt, wobei man auf den benutzten Ruderrafts nicht einmal selbst zu paddeln braucht (Erwachsene $155, Kinder $110). Familienspaß auf dem Kawarau (WW I–II) bietet Flow, ☎ 03/442 4922, 🖥 www.nzraft.co.nz, entweder in einem Raft oder in einem Schlauchkanadier, gefolgt von einem Barbecue (Erwachsene $89, Kinder $49).

River Surfing und Whitewater Sledging
Von Mitte Oktober bis April kann man auf zwei Abschnitten des Kawarau – dem Dog Leg, der auch von Rafts befahren wird, und dem Roaring Meg, ein paar Kilometer weiter flussabwärts – Whitewater Sledging und River Surfing betreiben. Die Teilnehmer werden mit einem Neoprenanzug, Helm und Flossen sowie einer handlichen Auftriebshilfe ausgestattet und dazu ermutigt, sich in die Fluten zu stürzen. Während Rafter nur relativ wenig Wasserkontakt haben, befindet man sich hierbei mitten in den Wellen, die aus dieser Perspektive riesig erscheinen können, und die schwierigeren Stromschnellen können zu einer echten Herausforderung werden. Ein derartiges Abenteuer sollte also nur von sicheren Schwimmern gebucht werden, die sich auch in fließenden Gewässern wohl fühlen.

Beim **River Surfing** klammert man sich an ein modifiziertes Boogy Board und surft die Wellen im Fluss ab. Serious Fun, ☎ 0800/737 468, 🖥 www. riversurfing.co.nz, unternimmt 2 1/2-stündige Trips ($155), je nach Bedingungen entweder auf dem Dog Leg oder dem Roaring Meg.

Mad Dog River Boarding, ☎ 0508/623 364, 🖥 www.riverboarding.co.nz, hat River Surfing auf dem Roaring Meg ($159) im Programm, inklusive ruhigem Abschnitt mit Seilschwingen, Felssprüngen (bis zu 23 m), Wasserrutsche und Jetskifahren.

Eine ähnliche Technik erfordert das **Whitewater Sledging**: Man hält sich an den Griffen eines „Schlittens" fest und versucht, Arme und Körper stromlinienförmig auszurichten.

Frogz, ☎ 0800/437 649, 🖥 www.frogz.co.nz, offeriert Sledging-Trips ($149), wobei zweimal der Abschnitt Roaring Meg befahren wird. Abholung in Queenstown und Wanaka.

Canyoning
Wer dem Wasser nicht abgeneigt ist, findet vielleicht auch Gefallen am Canyoning. Mit Neoprenanzug, Helm und Klettergeschirr ausgerüstet durchquert man teils zu Fuß, teils schwimmend enge Schluchten und muss hin und wieder ins Wasser springen, von Felsen hinunterrutschen oder sich über einen Abhang abseilen.

Canyoning.co.nz, ☎ 03/441 3003, bietet von Oktober bis April zwei Canyoning-Trips: **Canyoning Queenstown** (3 Std., davon 1 1/2 Std. im Wasser, $155) ist eine Vor- oder Nachmittagstour zum Twelve Mile Delta vor den Toren der Stadt.

Etwas mehr Ausdauer benötigt man für **Canyoning Routeburn** (7 Std., davon über 3 Std. im Wasser, $215), mit 20-minütiger Wanderung über den Routeburn Track, um dann einen schmalen Canyon zu erkunden, teilweise springend und rutschend.

Klettersteige

Wer die Felswände um Queenstown erobern möchte, aber weder die Kenntnisse noch die erforderliche Ausrüstung zum Klettern hat, liegt bei Rung Way, ✆ 0800/786 4929, 🖥 www.rungway. co.nz, richtig. Das Unternehmen unterhält die Via Ferrata („Eisenweg"), ein System, das ursprünglich aus Europa stammt und es den Truppen während der beiden Weltkriege ermöglichte, gebirgiges Terrain schnell zu überwinden. Perfekt ausgestattet klettert man über Stahlsprossen, die in Felswände oberhalb von Queenstown gebohrt wurden, nach oben. Zur Sicherung klinkt man sich in ein langes Stahlkabel ein, das neben dem Trail verläuft. Vorkenntnisse sind nicht erforderlich, aber für Leute mit Erfahrung gibt es auch anspruchsvolle Routen (tgl. 9 und 13 Uhr, 4 Std., $159). Das Unternehmen bietet außerdem konventionellere Kletterausflüge sowie Unterricht.

Gleitschirm- und Drachenfliegen, Parasailing

An Schönwettertagen mit einer leichten Brise wimmelt es am Himmel über Queenstown von **Gleitschirmen**. G Force Paragliding, ✆ 0800/759 688, 🖥 www.nzgforce.com, bietet vom Bob's Peak oberhalb der Stadt Tandemflüge an, wobei Interessierte lediglich mit der Seilbahn nach oben fahren und sich in die Warteschlange einreihen müssen. Gegen Bezahlung von $199 (vor 10 Uhr $169, beides inkl. Gondola) wird man dem nächsten freien Guide zugewiesen und kann für 10–15 Min. abheben. ⏱ bei guten Wetterbedingungen 9–17 Uhr.

Drei weitere Firmen unternehmen Flüge von Startpunkten außerhalb der Stadt, üblicherweise vom Coronet Peak. Extreme Air, ✆ 0800/727 245, 🖥 www.extremeair.co.nz, bietet Tandemflüge von 1300 m ($195). Wer mit dem dreimaligen neuseeländischen Champion und seiner Crew abheben möchte, wendet sich an Coronet Peak Tandems, ✆ 0800/467 325, 🖥 www.tandemparagliding.com (ab $179). Bei beiden Anbietern

sollte man etwa 15 Minuten in der Luft sein. Trainingseinheiten und Kurse offeriert Elevation, ✆ 0800/359 444, 🖥 www.elevation.co.nz: Ganztagesunterricht ($240) für kontrollierte Flüge bis 20 m über den Boden, am folgenden Tag sind dann eventuell richtige Soloflüge möglich.

Wenn ein Gleitschirm von einem Motorboot in die Luft gezogen wird, nennt man das **Parasailing**, eine Aktivität, die Paraflights, Main Town Pier, ✆ 0800/225 520, 🖥 www.paraflights.co.nz, im Programm hat. Für $129 kann man sich bis zu 100 m über den See erheben und 10 Min. die Aussicht genießen, bevor man wieder heruntergezogen wird – in der Theorie funktioniert das Ganze, ohne dass man nass wird.

Einem Vogelflug noch viel ähnlicher ist **Drachenfliegen**. Zusammen mit einem Fluglehrer schwebt man vom Coronet Peak zum 700 m tiefer gelegenen Flight Park an der Malaghans Road hinunter. Skytrek, ✆ 0800/759 873, 🖥 www. skytrek.co.nz, veranstaltet das ganze Jahr über mehrmals täglich solche Flüge für $210 (12–15 Min. in der Luft); manchmal startet man auch von den Remarkables.

Fallschirmspringen und Kunstflüge

Queenstown ist ein teures Pflaster für **Fallschirmspringen**, doch die Landschaft entschädigt weithin für die Ausgabe. NZone, ✆ 0800/376 796, 🖥 www.nzone.biz, bietet Tandemsprünge von ca. 3600 m ($299, 45 Sek. freier Fall) und ca. 4500 m ($399, 65 Sek. freier Fall), jeweils mit Blick über den Lake Wakatipu und einer Landung am Fuße der Remarkables.

Ein anderes luftiges Abenteuer ist der 20-minütige **Kunstflug** in einem Doppeldecker mit Jagair, ✆ 0800/524 247, 🖥 www.jagair.co.nz, für $290.

Reiten und Mountainbiking

Die herrliche Landschaft um Queenstown bildet eine wunderbare Kulisse für **Ausritte**. Shotover Stables an der Malaghans Rd, 7 km nördlich der Stadt, ✆ 03/442 7486, bieten leichte Reittouren für Anfänger zu den Zeugnissen alter Goldminen am Shotover (1 Std. auf dem Pferd, $65). Erfahrenere Reiter können sich für Ausritte ins Hinterland an die Ben Lomond Station, ✆ 0800/236 566, 🖥 www.nzhorsetreks.co.nz, oder an-

Zwei Skigebiete – **Coronet Peak** und die kleineren **Remarkables** – in unmittelbarer Nähe zahlreicher guter Hotels, Restaurants und Après-Ski-Angebote machen Queenstown zum beliebtesten Wintersportort Neuseelands. Das winterliche Highlight ist das 10-tägige **Queenstown Winter Festival**, 🖳 www.winterfestival.co.nz, das gegen Ende Juni/Anfang Juli stattfindet und neben klassischen Ski- und Snowboard-Veranstaltungen auch Schneeskulpturen, Ski-Golf sowie viele weitere Unterhaltungsangebote umfasst. Daneben gibt es zahlreiche andere Events wie den familienorientierten **Remarkables Spring Fling**, der in der ersten Ferienwoche im September abgehalten wird.

Beide Skigebiete (und auch Mount Hutt) werden vom selben Unternehmen betreut, dessen Website, 🖳 www.nzski.com, über die Schneelage informiert und viele praktische Tipps gibt. Tagesskipässe sind jeweils nur in einem Skigebiet gültig, doch es gibt auch **Mehrtagespässe**, mit denen man die Lifte aller drei Skigebiete nutzen kann (ca. $237).

In keinem der Skigebiete gibt es **Unterkünfte**, doch verkehren ständig Shuttlebusse von und nach Queenstown ($10). Zu Engpässen bei Unterkünften kommt es nur während der Schulferien. Empfehlenswerte **Skiverleiher** sind Brown's, 39 Shotover St, ✆ 03/442 4003, 🖳 www.browns nz.com ($44 pro Tag für Standardski, Schuhe und Stöcke, $44 für ein Snowboard), sowie Outside Sports, 36 Shotover St, ✆ 03/441 2111, 🖳 www. outsidesports.co.nz, mit ähnlichen Preisen.

Coronet Peak, ✆ 03/442 4640, 18 km nördlich von Queenstown, wurde 1947 eröffnet und war damit das erste richtige Skigebiet Neuseelands. Dank modernster Schneemaschinen geht die Wintersportsaison bis in den Frühling, eine besonders schöne Zeit, weil der Himmel dann meist blitzblau ist. Es gibt Pisten aller Schwierigkeitsgrade (3 für Anfänger, 16 für Fortgeschrittene, 12 für erfahrene Skifahrer), bei einem Höhenunterschied von über 400 m. Während der Saison, die normalerweise Anfang Juni beginnt und manchmal bis Mitte Oktober dauert, verkehren auf der Zufahrtsstraße Shuttlebusse von und nach Queenstown. Skipässe kosten derzeit $93 pro Tag (9–16 Uhr); Juli–Sep kann man Fr und Sa 16–21 Uhr für zusätzliche $48 die Pisten bei Flutlicht unsicher machen.

The Remarkables, ✆ 03/442 4615, 28 km östlich von Queenstown, ist ein Skigebiet, zu dem drei auf der Rückseite der Remarkables gelegene Täler gehören. Es gwilt in erster Linie als gutes Übungsgelände für Anfänger, bietet aber auch ein paar anspruchsvollere Pisten für Geübte sowie tolle Möglichkeiten für Skitouren (3 Pisten für Anfänger, 8 für Fortgeschrittene, 18 für erfahrene Skifahrer). Die Talstation der Lifte liegt zwar 500 m höher als diejenige am Coronet Peak, dennoch ist die Saison hier ein wenig kürzer und dauert üblicherweise nur von Ende Juni bis Anfang Oktober. Mit 320 m ist auch der Gesamthöhenunterschied kleiner, doch lassen sich zusätzliche 120 m herausschinden, wenn man abseits der Pisten den landschaftlich fantastischen Homeward Run zur unbefestigten Zufahrtsstraße hinuntersaust und dort einen der zahlreichen kostenlosen Shuttles zurück zum Sessellift nimmt. Der eintägige Skipass in den Remarkables kostet momentan $87.

sonsten auch an die Walter Peak High Country Farm (S. 741) wenden.

Spannende **Mountainbike-Touren**, bei denen es meist bergab geht, bieten Fat Tyre Adventures, ✆ 0800/328 897, 🖳 www.fat-tyre. co.nz. Sie organisieren Touren auf verschiedenen Single Tracks, darunter ein toller Trip in die Dunstan Mountains oberhalb von Cromwell (5 Std., davon bis zu 4 Std. im Sattel, $195). Im Angebot sind auch Tagestrips, bei denen man mit dem Hubschrauber in die Berge geflogen wird ($349–499).

Gravity Action, ✆ 03/442 8378, 🖳 www. gravityaction.com, hat den Skippers Canyon zum Ziel und düst mit seinen Kunden auf einem schmalen Weg beinahe 600 m bergab ($149, über

2 Std. im Sattel). Außerdem geht's von der Bergstation der Seilbahn in Queenstown (2 1/2 Std., $149) steil hinunter.

Motorrad-, Quadbike- und Geländewagentouren

Wer mehr als eine Pferdestärke bevorzugt, kann mit Off Road Adventures, ✆ 03/442 7858, 🖳 www. offroad.co.nz, spannende **Motorrad- und Quadbike-Touren** unternehmen. Das Angebot reicht von einfachen, familientauglichen Ausflügen (ca. 3 Std., davon 1 Std. auf dem Bike, $189) bis zur anspruchsvollen Adventure Tour, bei der man auf einer Hochlandfarm steile Wege erklimmt (3 Std., davon 1 Std. 55 Min. auf dem Bike, $219).

Etwas weniger Abenteuer, dafür wesentlich mehr Hintergrundinformationen bieten die diversen **Geländewagentouren**. Der größte Veranstalter ist Nomad Safaris, ✆ 0800/688 222, 🖳 www.nomadsafaris.co.nz; im Angebot sind Trips (jeweils $149) in den Skippers Canyon, nach Macetown, wobei unterwegs über 20 Mal der Arrow River durchquert wird, sowie verschiedene Safari of the Scenes-Touren zu Drehorten von Herr der Ringe (s. Kasten S. 740). Für begeisterte Offroad-Fahrer gibt es Trips, bei denen sie selbst das Lenkrad übernehmen können ($260).

Rundflüge und Fahrten im Heißluftballon

Hoch über Queenstown kreisen kann man in den **Hubschraubern** von Alpine Choppers, ✆ 03/451 0001, 🖳 www.alpinechoppers.co.nz (20 Min., $160), die außerdem Rundflüge inklusive Landung auf den Remarkables (20 Min., $180) und längere Flüge bieten.

Eine stillere Möglichkeit, um Queenstown aus der Vogelperspektive zu beobachten, ist eine Fahrt im **Heißluftballon** mit Sunrise Balloons, ✆ 0800/468 247, 🖳 www.ballooningnz.com (3 Std., davon ca. 1 Std. in der Luft, $375). Gestartet wird früh am Morgen, um rechtzeitig in 2000 m Höhe aufzusteigen und die Bergkulisse zu bestaunen, bevor anschließend ein Sektfrühstück serviert wird. An klaren Tagen sieht man sogar den Mount Cook.

Übernachtung

Queenstown besitzt viele Unterkünfte der unterschiedlichsten Kategorien. Trotzdem übersteigt die Nachfrage im Hochsommer und Winter manchmal das Angebot, und die Preise ziehen dann empfindlich an. Das Angebot an Budget- und Luxusunterkünften ist hervorragend, nur in der mittleren Preislage ist es nicht so gut, da die Stadt nur wenige Motels und B&Bs in günstiger Lage vorzuweisen hat. Eine beschaulichere – und billigere – Ausgangsbasis zur Erkundung der Umgebung von Queenstown sind Arrowtown (s. S. 756) und Glenorchy (s. S. 761).

Hotels

Browns Boutique Hotel, 26 Isle St, ✆ 03/441 2050, 🖳 www.brownshotel.co.nz. Ansprechende Unterkunft im Zentrum, 10 komfortable und gepflegte Zimmer mit kleinen Balkonen und Blick über Stadt oder See, luxuriöse Gästelounge mit offenem Kamin. ❽

The Dairy, Brecon St, Ecke Isle St, ✆ 03/442 5164, 🖳 www.thedairy.co.nz. 13-Zimmer-Boutique-Hotel mit hübschen, mit neuseeländischer Kunst geschmückten Gemeinschaftsbereichen und gut bestückter Selbstbedienungsbar. Gut ausgestattete, geschmackvoll-modern eingerichtete Zimmer. Frühstück und Nachmittagstee werden in der ehemaligen dairy (Eckladen) serviert. Ab $450, Seeblick $30 extra. ❾

Hurley's, Frankton Rd, Ecke Melbourne St, ✆ 0800/589 879, 🖳 www.hurleys.co.nz. Geschmackvolle, luxuriöse Apartments und Studios unweit des Stadtzentrums, alle mit voll ausgestatteter Küchenzeile, TV, CD-Spieler sowie Whirlpool; kostenlose Benutzung zweier Saunen und eines Fitnessraums. ❺–❼

Motels

Four Seasons Motel, 12 Stanley St, ✆ 03/442 8953, 🖳 www.queenstownmotel.com. Renoviertes Motel in der Innenstadt mit Units; angemessene Preise, eigener Parkplatz, gut ausgestattete Küchen, Bergblick, Pool (leider an der Hauptstraße) und Spa. ❺

The Lodges, 8 Lake Esplanade, ✆ 0800/284 356, 🖳 www.queenstownthelodges.co.nz. Die neuen Eigentümer bringen frischen Wind in diese Apartments am See mit Küchen, Waschmaschinen und Parkplätzen. ❻

Caples Court, 20 Stanley St, ☎ 0800/282 275, 🖳 www.caplescourt.co.nz. Reizendes, komfortables Motel; jedes Zimmer ist anders eingerichtet, die meisten haben eine Küche und einen Balkon. Sieben der neun Units bieten einen Blick über Stadt und/oder See, die anderen beiden liegen versteckt in einem ruhigen Garten. Garten-Units ❹, Units mit Seeblick ❺

Queenstown Motel Apartments, 62 Frankton Rd, ☎ 0800/661 668, 🖳 www.qma.co.nz. Preiswertes Motel in Stadtnähe mit funktionalen älteren und 12 neueren Units, alle recht geschmackvoll eingerichtet. Umweltfreundlich ausgerichtet. Alte Units ❸, neue ❺, mit Seeblick ❻

B&Bs, Homestays und Lodges
The Chalet, 1 Dublin St, ☎ 03/442 7117, 🖳 www.chaletqueenstown.co.nz, und **The Stonehouse**, 47 Hallenstein St, ☎ 03/442 7177, 🖳 www.historicstonehouse. co.nz. Zweifellos die besten B&Bs in Queenstown, in ruhiger Lage und unter gemeinsamer Führung. Das Chalet ist ein Haus im Schweizer Stil mit großartigen Ausblicken, das Stonehouse ein ruhiges historisches Steingebäude. Makellose Einrichtung, einladende Gastgeber, fast perfekter Service und tolles Essen. ❽

Hostels
Alpine Lodge, 13 Gorge Rd, ☎ 03/442 7220, 🖳 www.alpinelodgebackpackers.co.nz. Kleine, einladende Herberge mit separaten Film- und Ruhelounges. Es gibt jedoch ein zweites Gebäude, die Turner Lodge, mit geräumigen Zimmern (mit Bad) und einer großen Lounge mit Kochbereich, wo es ruhiger zugeht als im Haupthaus. Dorms $26, Zimmer ❷, Lodge-Zimmer mit Bad ❸

Base Discovery Lodge, 47 Shotover St, ☎ 03/441 1185, 🖳 www.basebackpackers.co.nz. Riesiges, lebendiges Hostel mit mehr als 300 Betten und zu kleiner Küche, dafür gibt's aber eine eigene Bar mit Speisen und Getränken sowie eine Reiseagentur. Dorms

mit Schließfächern, Toilette und Dusche, außerdem DZ und Twins mit Bad und TV. Dorms $28, Zimmer ❸

Black Sheep, 13 Frankton Rd, ☎ 03/442 7289, 🖳 www.blacksheepbackpackers.co.nz. Backpacker-Unterkunft in ehemaligem Motel mit 3- bis 7-Bett-Dorms, BBQ, Spa und Bar (16–22 Uhr). Dorms ($28), Zimmer ❷–❸

Bumbles, 2 Brunswick St, ☎ 03/442 6298, 🖳 www.bumblesbackpackers.co.nz. Renovierte Herberge in günstiger Lage nahe dem See. Dorms ($28) und DZ, Gemeinschaftsküche, Grillstelle, Parkplatz. ❷

Butterfli Lodge, 62 Thompson St, ☎ 03/442 6367, 🖳 www.butterfli.co.nz. Kleines, gemütliches Haus mit Aussicht über den See; rechtzeitige Buchung empfohlen, Mindestaufenthalt 2 Nächte. Dorms $26, DZ ❷

Hippo Lodge, 4 Anderson Heights, ☎ 03/442 5785, 🖳 www.hippolodge.co.nz. 2 Wohnhäuser, die fantasievoll in 4 Bereiche unterteilt wurden, jeder mit eigenem Bad, Küche und Aufenthaltsraum sowie teilweise mit tollem Blick über Queenstown. Hier kann man für seine Übernachtung auch arbeiten (2–3 Std. am Tag). Zeltstellplätze $18, Dorms $28, Zimmer ❷, mit Bad ❸

Nomads, 5-11 Church St, ☎ 03/441 3922, 🖳 www.nomadsqueenstown.com. Großes, neues, recht edles Hostel mit kleiner Küche, aber tollen Zimmern, einem Bereich nur für Frauen und Parkplätzen. Dorms $25, Zimmer ❷, mit Bad ❸

Southern Laughter Hostel, 4 Isla St, ☎ 03/441 8828, 🖳 www.kiwi-backpackers.co.nz.

Little Paradise Lodge, Meilejohn Bay, 28 km außerhalb an der Glenorchy Rd, ☎ 03/442 6196, 🖳 www.littleparadise.com. Exzentrisches, alternatives, reizendes Gästehaus nahe dem See in Schweizer Hand, mit wunderhübschem Garten. Unterbringung in Dorms ($45), Standardzimmern oder einem bezaubernden Ferienhäuschen mit Bad. Kochgelegenheit, chlorfreier Pool, Kajakverleih ($10), kostenlose Benutzung von Angelausrüstung. Zimmer ❹–❺

Queenstown, Wanaka und Gold Country

Pinewood, 48 Hamilton Rd, ✆ 0800/746 396, 🖥 www.pinewood.co.nz. Mehrere ältere und neuere Selbstversorger-Gebäude inmitten von Grünflächen bilden dieses freundliche Hostel 10 Gehminuten außerhalb des Zentrums. Spa mit Aussicht ($5 für 30 Min.), Küchen und Aufenthaltsräume. Dorms $25, Zimmer ❷, mit Bad ❸

3 Gebäude mit unterschiedlichen Zimmern und kostenlosem Spa, sehr freundlich. Dorms $25, Zimmer ❷, mit Bad ❸

YHA Central Queenstown, 48a Shotover St, ✆ 03/442 7400. Nicht so beliebt wie das Schwesterhostel am See, dafür mitten im Geschehen. Gemütliche Zimmer und hinreichende Küchenausstattung. Dorms $25, Zimmer ❷, mit Bad ❸

YHA Queenstown Lakefront, 88 Lake Esplanade, ✆ 03/442 8413, ✉ yha.queenstownlakefront@yha.co.nz. Eines der YHA-Vorzeigehäuser Neuseelands in exzellenter, ruhiger Lage 7 Gehminuten vom Zentrum. Überraschend gemütlich und bietet geräumige 4er- bis 8er-Dorms ($25) und Twins und DZ, viele mit Seeblick. Zimmer ❷, mit Bad ❸

Camping

Creeksyde, 54 Robins Rd, ✆ 03/442 9447, 🖥 www.camp.co.nz. Gepflegter Top 10 Holiday Park 10 Gehminuten außerhalb des Zentrums, viele schattige Stellplätze, die überwiegend von Wohnmobilen belegt sind, Spa-Badezimmer und Sauna (beide $15 für 30 Min. und 2 Pers.). Camping $20, Zimmer ❷, mit Bad ❹, Selbstversorger-Units ❺

Queenstown Lakeview Holiday Park, Brecon St, ✆ 0800/482 735, 🖥 www.holidaypark.net.nz. Riesiger Platz am Fuß des Bob's Peak mit begrünten, aber nicht sehr schattigen Stellplätzen für Zelte und Wohnmobile (Duschen $1) sowie Studios ohne Küche und Selbstversorger-Units für bis zu 5 Pers. Sehr gute Einrichtungen. Camping $18, Studios ❹, Units ❺, Flats ❻

Twelve-Mile Delta Reserve, 12 km westlich Richtung Glenorchy. DOC-Platz am See, nur einfache Toiletten und fließend Wasser. Camping $7 p. P.

Selbstversorger finden zwei große **Supermärkte: Fresh Choice**, 64 Gorge Rd; **Alpine Foodcentre**, Shotover St, Ecke Stanley St.

Cafés und Snack Bars

Aggy's Shack, Marine Parade, Ecke Church St. Die besten Fish & Chips in der Stadt, außerdem Räucheraal, marinierter roher Fisch und Seeigel; kann alles draußen auf Bänken genossen werden. ☉ tgl. 11 Uhr bis spät.

Destination Organic, Camp St, Ecke Earl St. Bio-Deli und Tagescafé mit Müsli aus eigener Herstellung, tollen Salaten, hausgemachtem Kuchen und fantastischem Kaffee. ☉ So geschl.

Halo, Camp St. Relaxtes Café mit Schanklizenz mit sehr gutem Espresso und gutem Frühstücks-Burrito ($15,50), Gourmet-Hamburgern ($15–17, auch vegetarisch) und Garnelen-Bratlingen, alles serviert an Tischen im Freien neben einer alten Kirche.

Patagonia Chocolates, 50 Beach St. Café am Wasser mit hochkalorischen Schokodrinks (z. B. mit Ingwer, Lavendel, Chili), köstlichem Kuchen und Eis und handgemachten Pralinen. Kostenloses WLAN.

Restaurants

@ Thai, 3. Stock, AirNZ Building, Church St, ✆ 03/442 3683. Das beste thailändische Lokal der Stadt, mit gutem Chicken Satay und

Vudu, 23 Beach St. Nach wie vor Queenstowns bestes Café, mit bequemen Sitznischen und vielen Magazinen. Preiswertes Frühstück (der lokale Favorit: Quesadilla für $15), guter Kaffee, Quiches sowie sättigendere Gerichte wie Steak-Sandwiches und Pasta. ☉ tagsüber und abends.

Queenstown, Wanaka und Gold Country

Mediterrane Küche vom Feinsten

Solera Vino, 25 Beach St, ✆ 03/442 6082. Kleines, elegantes Lokal mit hervorragender mediterraner Küche (Hauptspeisen ab ca. $35) und umfangreicher Weinkarte. Bei Weitem das beste Restaurant der Stadt und sehr gut besucht, daher unbedingt reservieren. ⏰ tgl. nur abends.

aufmerksamer Bedienung. Essen auch zum Mitnehmen.

Bombay Place, 68 Shotover St, ✆ 03/441 2886. Mehr oder weniger authentischer Inder mit Bollywood-Filmen auf dem Bildschirm. Zu essen gibt's z. B. Prawn Marsala ($19), Chicken Sagwala ($16,90) sowie einige gute vegetarische Gerichte. Auch zum Mitnehmen.

The Cow, Cow Lane. Alteingesessene, einigermaßen preiswerte ($20–25 p. P.) und viel besuchte Pizzeria, in der man sich meist mit anderen einen Tisch teilt; BYO und Schanklizenz. ⏰ tgl. 12–24 Uhr.

Ferg Burger, 42 Shotover St. Extrem beliebte Hamburger-Bar mit wenig Platz zum Sitzen; verschiedenste Burger-Variationen, auch fleischlos, plus Pommes, dazu Bier und Wein. ⏰ tgl. 8 Uhr bis spät.

Finz, Steamer Wharf, ✆ 503/442 7405. Halbformelles Speiselokal am See mit tollem Ausblick und preisgünstigem Seafood, einer klassischen Bouillabaisse ($22,50), Grünlippenmiesmuscheln ($20) und Salat mit kurz angebratenen Calamari ($19,50).

Kappa, 1. Stock, 36a The Mall. Relativ billiger, schnörkelloser Japaner mit Sushi ($4–7), Soba- oder Udon-Nudeln ($9–15) und Spezialitäten des Hauses wie Neuseeland-Blaubarsch mit Nori-Algen und Spargel-Tempura ($15).

Wai, Steamer Wharf, ✆ 03/442 5969. Edles Restaurant am Wasser mit Tischen draußen auf dem Pier. Hauptgerichte $34–48, aber vielleicht nimmt man sich auch den ganzen Abend Zeit für das Gourmet-Probiermenü für $135 (mit Weinen $210).

Winnies, 7 The Mall. Beliebtes Pasta- und Pizzalokal mit überdurchschnittlich guten

Gerichten auf der Karte und Tagesangeboten zu vernünftigen Preisen. Auch Tische auf einem Balkon, freundliche Bedienung.

Unterhaltung

Ungeachtet der hohen Besucherzahlen ist Queenstown im Grunde eine Kleinstadt mit den typischen Trinkgelagen am Wochenende: Sie steht nur selten auf dem Tourneeplan namhafter Musikgruppen, qualitativ hochwertige Kulturereignisse lassen sich an einer Hand abzählen, und einige der Clubs sind einfach miserabel. Es mangelt aber nicht an Kneipen, und dank der zahlreichen Happy-Hour-Angebote ist praktisch jeden Abend etwas los. Wer es etwas ruhiger mag, kann sich in eine der schicken Cocktailbars zurückziehen. Da sich das Nachtleben insgesamt aber recht laut gestaltet, ist für alle Bars und Clubs um 4 Uhr Feierabend.

Im Grunde genommen gibt es nur eine Veranstaltung, die regelmäßig stattfindet: **Kiwi Haka**, ✆ 03/441 0101, 🖥 www.skyline. co.nz; Maori-Konzert und Hangi, mehrmals am Abend im Skyline Complex, $53, Reservierung erforderlich.

Aktuelle **Veranstaltungshinweise**, darunter das Kinoprogramm, sind der kostenlosen, überall ausliegenden Zeitung *Mountain Scene* zu entnehmen.

Bars und Clubs

Altitude, 47 Shotover St. Dem Base (S. 749) angegliederte Party-Bar mit reichlich Alkohol, billigem Essen und Aktivitäten-Verlosungen, richtet sich hauptsächlich an die Klientel der Backpacker-Bustouren.

Atlas Bar, Steamer Wharf, Beach St. Gemütliche, bei den Einheimischen beliebte Bar mit Blick auf den Anleger der *TSS Earnslaw*. Verschiedene Biere (z. B. Emerson's) und fantasievolle Tapas.

Bardeaux, 5 Eureka Arcade. Angesagte, kleine Cocktailbar mit wuchtigen Sofas, Kaminfeuer und großer Whisky- und Weinauswahl. Am frühen Abend eher ruhig, ab 23 Uhr viel Trubel. ⏰ bis 4 Uhr.

Bunker, 1. Stock, Cow Lane. Stilvolle, trendige Cocktailbar mit cooler Musik.

Debajo, Cow Lane. Spanische Musikkneipe für den späten Abend mit House-Musik und hochprozentigen Cocktails.

Dux de Lux, 14 Church St. Die einzige Brauereikneipe der Stadt mit tollem Bier und manchmal Kiwi-Bands, die v. a. Rock, Reggae und Blues spielen. Darunter ist die **World Bar**, die zurzeit als bestes Nachtlokal der Stadt gilt.

Mini Bar, Eureka Arcade, gegenüber vom Bardeaux (s. o.). Gemütliche kleine Bar mit umfassendem Angebot an Biersorten aus der ganzen Welt.

Pig and Whistle, 41 Ballarat St. Lebhafter Pub im englischen Stil mit großem Biergarten, offenem Kamin und günstigem Essen. Besonders am frühen Abend beliebt.

Póg Mahone's, 14 Rees St. Eine der besseren irischen Bars mit offenem Kamin, Tischen im Freien, Guinness vom Fass und Kneipenessen (Hauptgerichte ab $16–26); zieht jede Menge Gäste an erst recht, wenn Do, Fr, und Sa irische Livemusik geboten wird.

Pub on Wharf, 88 Beach St. Besonders am frühen Abend bei der trinkfreudigen Klientel beliebte Kneipe mit billigem Essen und schönen Plätzen am Pier.

Kino

Reading Cinemas, 11 The Mall, ✆ 03/442 9990.

Sonstiges

Autovermietungen

In Queenstown mit dem Auto zu fahren ist unproblematisch. **Parkplätze** im Zentrum sind rar, aber schon ein paar Straßen weiter außerhalb gibt es kostenlose Parkmöglichkeiten. Zahlreiche Autoverleiher konkurrieren mit guten Deals in der Stadt; wer Interesse hat, hält einfach nach den Angeboten Ausschau.

Bücherei

Shotover St, Ecke Gorge Rd, mit Internetzugang, ⏲ Mo–Sa 10–17 Uhr.

Fahrräder, Kajaks, Motorroller

Im Zentrum gibt es mehrere Verleiher, die einfache Räder für Stadttouren oder die Wege am See entlang anbieten. Eines der günstigsten

Unternehmen ist **Queenstown Bike Rentals**, Marine Parade, Ecke Church St, ✆ 0800/557 232, 🖵 www.discountrentals.co.nz; Preise: Fahrräder $10/Std. bzw. $35/Tag, Tandems $30/Std., Kajaks $20/2 Std., Scooter $40/2 Std. bzw. $60/Tag.

Gute Mountainbikes (ab $30/halber und $50/ ganzer Tag) bekommt man bei **Dr Bike**, im Gebäude von Outside Sports, 36 Shotover St, ✆ 03/441 0074.

Auch **Gravity Action** (s. S. 747) vermietet Räder.

Geld

Alle großen Banken unterhalten im Zentrum eine Filiale mit Geldautomat.

Informationen

Das **i-SITE Visitor Centre**, Camp St, Ecke Shotover St, ✆ 03/442 4100, 🖵 www. queenstowninformation.co.nz, übernimmt ebenfalls Buchungen und gibt objektive Ratschläge. ⏲ tgl. Dez–April 7.30–18.30, Mai–Nov 7.30–18 Uhr.

In der Shotover Street reiht sich ein Reservierungsbüro ans andere. Das wohl bekannteste der großen Reservierungsbüros ist **The Station**, Camp St, Ecke Shotover St, der Hauptsitz von A. J. Hackett Bungy und dem Shotover Jet. Ein paar Häuser weiter liegt das **Info & Track Centre**, 37 Shotover St, ✆ 03/442 9708, 🖵 www.infotrack.co.nz, ein vor allem auf Backpacker ausgerichtetes Reservierungsbüro; ⏲ tgl. 7–21 Uhr.

DOC Visitor Centre, 38 Shotover St, im 1. Stock des Geschäfts Outside Sports, ✆ 03/442 7935, ✉ queenstownvc@doc.govt.nz, ⏲ Okt–April tgl. 8.30–17.30, Mai–Sep tgl. 9–17 Uhr. Hier findet man stapelweise Broschüren und ein Buchungszentrum für die Great Walks.

Zu den hilfreichen **Veröffentlichungen** zählen der kostenlose *iTag Travel Guide*, 🖵 www.itag. co.nz, und die Lokalzeitung *Mountain Scene*, die über angesagte Adressen informiert.

Medizinische Hilfe

Apotheke: **Wilkinsons Pharmacy**, The Mall, Ecke Rees St, ✆ 03/442 7313, ⏲ tgl. 8.30–22 Uhr.

Ärztliche Hilfe: **Queenstown Medical Centre**, 9 Isle St, ✆ 03/441 0500; **Lakes District Hospital**, 20 Douglas St, Frankton, ✆ 03/441 0015.

Outdoorausrüstung

Small Planet, 17 Shotover St, ✆ 03/442 6393, ⏲ tgl. 9–20 Uhr, verkauft neue und gebrauchte Sachen, darunter Snowboards, Ski- und Kletterausrüstung sowie Campingzubehör zu guten Preisen (auch Rückkauf). Außerdem Ausrüstungsverleih.
Alpine Sports, 39 Shotover St, ✆ 03/442 7099, 🖳 www.alpinesports.co.nz, bietet eine große Auswahl an Campingzubehör, das geliehen werden kann.

Polizei

11 Camp St, ✆ 03/441 1600.

Post

GPO, 13 Camp St, mit Poste restante. ⏲ Mo–Fr 8.30–18, Sa 9–16 Uhr.

Nahverkehr

Alle Sehenswürdigkeiten in der Innenstadt von Queenstown lassen sich zu Fuß erreichen. Die meisten Abenteueraktivitäten finden außerhalb der Stadt statt, doch sämtliche Organisatoren unterhalten kostenlose Shuttles zwischen Stadtzentrum und Veranstaltungsort und holen die Teilnehmer normalerweise von ihren Unterkünften ab.

Busse

Der einzige nützliche Busservice ist der **Connectabus**, ✆ 03/441 4471, 🖳 www.connectabus.com, der von der Camp Street nach Frankton ($6 einfach), zum Flughafen ($6) und weiter nach Arrowtown ($8) fährt; Abfahrt vor McDonald's McCafé tgl. 8–23 Uhr alle 60 Min. Ein Tagespass kostet $19.

Taxis

Taxistände befinden sich in der Camp Street am oberen Ende der Mall sowie in der Shotover Street.
Alpine Taxi, ✆ 0800/442 6666;
Queenstown Taxis, ✆ 0800/488 294.

Transport

Busse

Alle Linienbusse halten im Zentrum von Queenstown nahe der Kreuzung Camp Street und Shotover Street, von wo die meisten Unterkünfte in weniger als 15 Min. zu Fuß erreichbar sind.
Atomic Shuttles, ✆ 03/322 8883, fährt nach Christchurch, Dunedin und Greymouth;
InterCity, ✆ 03/474 9600, das größte Busunternehmen, fährt alle größeren Zielorte an;
Southern Link Shuttles, ✆ 03/358 8355, fahren via Wanaka und Christchurch in 2 Tagen nach Nelson;
Connexions, 🖳 www.time2.co.nz, unterhält die schnellste Verbindung nach Wanaka und fährt nach Invercargill und Dunedin.

Busse nach:
ALEXANDRA 3x tgl., 1 1/2 Std.;
AORAKI MOUNT COOK 2x tgl., 4 Std.;
ARROWTOWN stdl.; 25 Min.
CHRISTCHURCH 6x tgl., 7–9 Std.;
CROMWELL 7–9x tgl., 1 Std.;
DUNEDIN 3x tgl., 4–5 Std.;
FRANZ JOSEF GLACIER 2x tgl., 7–8 Std.;
GLENORCHY 2–4x tgl., 1 Std.;
GREYMOUTH 1x tgl, 10 Std.;
KINGSTON 3–4x tgl., 1 Std.;
MILFORD SOUND 1x tgl., 5 3/4 Std.;
TE ANAU 3x tgl., 2 1/4 Std.;
WANAKA 7–9x tgl., 1 3/4 Std.

Flüge

Der Flughafen von Queenstown, 🖳 www.queenstownairport.co.nz, liegt bei Frankton, 7 km nordöstlich der Innenstadt. Für den **Transport vom Flughafen** in die Stadt bietet sich der Super Shuttle (Tür-zu-Tür-Service, ca. $15) an; auch mit dem Connectabus (s. Nahverkehr) gelangt man in die Stadt. Taxis verlangen für die Fahrt in die Stadt rund $25; fast alle großen Mietwagenfirmen haben ein Büro am Flughafen.
Flüge nach AUCKLAND 5x tgl., 1 3/4 Std.;
CHRISTCHURCH 6x tgl., 50 Min.

N

0   10 km

Cromwell (50 km), Wanaka (110 km), (8)

Wanaka (20 km)

Cardrona River

Cardrona

Crown Range Saddle (1121 m)

Nevis Bungy

Peregrine

The Winehouse & Kitchen

Waitiri Creek

Gibbston Valley

Kawerau Bungy

Chard Farm

Ben Nevis (2240 m)

Amisfield

Arrowtown

Lake Hayes

Kawarau River

The Remarkables

THE REMARKABLES

Arrow River

Macetown

Millbrook Resort

Coronet Peak (1651 m)

Coronet Peak

Frankton

Skippers Township (Geisterstadt)

Skippers Canyon

SKIPPERS ROAD

Edith Cavell Bridge & Oxenbridge Tunnel

Arthurs Point

MOONLIGHT TRACK

Ben Lomond (1748 m)

Kelvin / Heights

Shotover River

Stony Creek

Sefferstown (Geisterstadt)

BEN LOMOND SUMMIT TK.

Queenstown

Moke Lake

Earnslaw Cruise

Bob's Cove

Walter Peak Station

Mt Aurum (2234 m)

RICHARDSON MOUNTAINS

Mt Nicholas Station

Lake Wakatipu

Little Paradise Lodge

Kingston (45 km), Te Anau (80 km)

Te Anau (150 km), Invercargill (170 km), Milford Sound (280 km)

Mavora Lakes (25 km), Te Anau (80 km)

Rees River

Glenorchy

REES-DART TRACK

Paradise

Diamond Lake

Dart River

Kinloch Lodge

CAPLES TRACK

Caples River

Greenstone River

GREENSTONE TRACK

MOUNT ASPIRING NATIONAL PARK

Routeburn Shelter

The Divide

Shotover River

Der Shotover River ist für Queenstown sehr wichtig, denn die meisten Abenteueraktivitäten finden auf oder nahe diesem Fluss statt. Der Shotover entspringt in den Richardson Mountains nördlich von Queenstown, fließt durch den beeindruckenden **Skippers Canyon** und mündet unterhalb des Lake Wakatipu in den Kawarau River. Er wird gespeist von Zuflüssen aus dem Gebiet des Mount Aurum, unter dem die Hauptader der Shotover-Goldfelder verläuft. Diese wurde entdeckt, als die beiden Pioniere Thomas Arthur und Harry Redfern 1862 am Arthur's Point 5 km nördlich von Queenstown auf Gold stießen.

Schnell verbreitete sich die Nachricht, dass die Männer täglich mehr als 10 kg Gold förderten, und innerhalb weniger Monate überschwemmten Tausende Schürfer aus Neuseeland und Australien das Gebiet entlang dem Fluss, der unter seinem Spitznamen „The Richest River in the World" bald zu Berühmtheit gelangte. Bis zum Jahre 1864 hatte man praktisch jeden Stein am Ufer umgedreht und benötigte nun eine etwas ausgeklügeltere Technologie, um das Gold zu Tage zu fördern. Die Einführung mechanischer Siebe, künstlicher Wasserkanäle und großer Bagger machte eine Straße erforderlich, mit deren Bau 1863 begonnen wurde.

20 Jahre lang schufteten chinesische Arbeiter, nur mit Hacken und Schaufeln bewaffnet, an der Skippers Road. Diejenigen, die den harten Bedingungen längerfristig standhielten, errichteten anstelle der üblichen Zelte festere Behausungen. Geschäftstüchtige Unternehmer eröffneten entlang der 40 km langen Straße insgesamt 27 Hotels, und Händler verkauften den Goldgräbern, die häufig an Skorbut litten, frisches Obst und Gemüse zu Wucherpreisen. Um die Jahrhundertwende war der Fluss seiner kostbaren Substanz weitgehend beraubt, doch ein paar Goldsucher blieben, und selbst heute noch gibt es eine Hand voll Leute, die sich mit Goldwaschen ihren Lebensunterhalt verdienen.

Skippers Road

Die extrem schmale und kurvenreiche Skippers Road ist nur etwas für sichere Fahrer – nicht umsonst besitzen Mietwagen hier keinen Versicherungsschutz. Wer sich zum Ausgangspunkt einer Raftingtour auf dem Shotover River kutschieren lässt, genießt unterwegs eine hübsche Aussicht.

Die Skippers Road, die dem Shotover River nur an seinem Oberlauf folgt, zweigt 12 km nördlich von Queenstown von der Coronet Peak Road ab. Man erreicht sie über die Malaghans Road via **Arthur's Point**, wo das historische, aber nicht sehr interessante Arthur's Point Hotel steht, die einzige noch erhaltene Unterkunft in der Umgebung der Skippers Road. Einen halben Kilometer weiter überbrückt die **Edith Cavell Bridge** eine Schlucht, Tummelplatz der Shotover Jets, die aufgrund der Mother-in-Law genannten Stromschnellen und des 1911 beendeten **Oxenbridge Tunnel** nicht weiter flussaufwärts fahren können.

Nach ihrer Abzweigung von der Coronet Peak Road erreicht die Skippers Road bald den Fluss und eine Stelle namens **Pinchers Bluff**, wo chinesische und europäische Arbeiter die Straße in einen fast senkrecht abfallenden Felsvorsprung trieben. Weiter flussaufwärts liegt die **Skippers Bridge**, die 1901 in ausreichender Höhe gebaut wurde, um dem Frühjahrshochwasser trotzen zu können, das alle vorherigen Brücken weggeschwemmt hatte. Sie bot dem Ort **Skippers** zum ersten Mal seit seinem Bestehen eine zuverlässige Verbindung zur Außenwelt, was jedoch nicht verhindern konnte, dass am Ende des Goldrauschs praktisch alle 1500 Einwohner den Ort verließen. Das alte Schulhaus wurde restauriert, und ringsum liegen die Ruinen einiger anderer Gebäude; insgesamt aber ist es eine gespenstische, menschenleere Siedlung. Wer mag, kann für $7 auf einem einfachen **Campingplatz** übernachten, der zumindest eine Toilette und einen Wasseranschluss besitzt.

Am besten gelangt man mit einer Tour von Skippers Canyon Jet (S. 744) hierher; es werden verschiedene Pakete angeboten, und ein zusätzlicher Vorteil ist, dass die Guides seit über 20 Jahren in der Gegend leben. Zur Auswahl stehen Touren im Geländewagen (4 Std., $120), u. a. mit Besuch im Winky's Museum, und Jetboat-Touren.

Weingüter im Gibbston Valley

Obwohl in Central Otago erst seit den 80er-Jahren kommerzieller Weinanbau betrieben wird, konnten die hiesigen Winzer schon einige Preise einheimsen. Die Güter liegen nahe dem 45. Breitengrad und wurden wegen ihrer Lage in der südlichsten Weinanbauregion der Welt lange Zeit als völlig indiskutabel abgetan – obwohl das französische Rhône-Tal ganz ähnliche klimatische Bedingungen aufweist. Es gibt heiße, trockene Sommer und lange, kalte Winter, was die Produktionskosten in die Höhe treibt und die Erträge begrenzt. Daher setzen die Weinbauern auf hochwertige, limitierte Produkte, deren Preise mit $25–40 pro Flasche ungewöhnlich hoch erscheinen – bis man einmal einen der leckeren Tropfen probiert hat.

Schon 1864 erkannte der französische Minenbesitzer Jean Désiré Feraud, der das Interesse an seinem Goldclaim beim Frenchman's Point nahe Clyde verloren hatte, dass sich die Steilhänge am Südufer des **Kawarau River** zum Weinanbau eigneten. Aus Australien brachte er Rebstöcke mit und produzierte bald Weine, die auf dortigen Messen sogar ausgezeichnet wurden. Anfang der 80er-Jahre des 19. Jhs. zog er jedoch nach Dunedin um und kehrte auch dem Wein den Rücken. Ein neuerlicher Anbau von Weinstöcken erfolgte erst 1976 mit der Anlage der Rippon-Weingärten vor den Toren von Wanaka (s. S. 770). Fünf Jahre später stellte sich heraus, dass auch in der Kawarau Gorge so hervorragende Sorten wie Pinot Gris, Riesling und ganz besonders Pinot Noir gediehen.

Mehr als 20 Winzereien in Central Otago bieten Weinproben an, einige davon um Bannockburn (s. S. 783) und Clyde (s. S. 784), aber Queenstown am nächsten liegen die Güter am Südufer der Kawarau Gorge, rund 20 km nordöstlich der Stadt am SH6.

Alle Weingüter lassen sich mit dem eigenen Auto erreichen, doch wesentlich informativer sind die geführten **Weintouren** ab Queenstown. Appellation Central Wine Tours, ✆ 03/442 0246, 🖥 www.appellationcentral.co.nz, organisiert den informativen und unterhaltsamen Besuch der Weingüter im Gibbston Valley sowie bei Bannockburn und Cromwell in Begleitung eines Ex-

perten. Zur Auswahl stehen die nachmittägliche *Boutique Wine Tour* ($160) mit einem Mittagessen in einem der vier angesteuerten Güter sowie die ganztägige *Gourmet Wine Tour* ($195) zu vier Weingütern inklusive einer Käseprobe und einem Besuch von The Big Picture (s. S. 784).

Weingüter

Gelistet nach zunehmender Entfernung von Queenstown:

Amisfield, 10 Lake Hayes Rd, ✆ 03/442 0556, 🖥 www.amisfield.co.nz. Elegantes, modernes Weingut, kombiniert kunstvoll die hiesige Schieferbauweise mit großen Fenstern und altem Holz. Weinproben kosten $5. Oder man gönnt sich ein „Trust the Chef"-Menü, bei dem in 3 Gängen 7 Gerichte serviert werden ($55, mit Weinen und Dessert $100). ◷ tgl. 10–18 Uhr.

Chard Farm, Chard Rd, ✆ 0800/843 327, 🖥 www.chardfarm.co.nz. Unentgeltliche Kostproben vieler verschiedener Weine. Erreichbar über eine steile, 2 km lange Schotterstraße, die gegenüber dem Kawarau Bungy vom SH6 abzweigt. ◷ Mo-Fr 10–17, Sa/So 11–17 Uhr.

Peregrine, SH6, ✆ 03/442 4000, 🖥 www.peregrinewines.co.nz. Elegantes Weingut im Industriechick, das kostenlose Proben anbietet. ◷ tgl. 10–17 Uhr.

Gibbston Valley, SH6, ✆ 03/442 6910, 🖥 www.gvwines.co.nz. Das kommerziellste Weingut der Region mit beliebtem Tagesrestaurant (die mediterrane Platte für $26–30 ist hervorragend) und Käserei. Hauptattraktion ist die 30-minütige **Winery & Cave Tour** durch den nicht sonderlich beeindruckenden Weinkeller mit informativer Weinprobe (stdl. 10–16 Uhr, $10; Weinprobe ohne Tour $5).

Arrowtown und Macetown

Arrowtown, 23 km nordöstlich von Queenstown am Zusammenfluss des Arrow River und Bush Creek, verströmt noch etwas von der Atmosphäre einer alten Goldgräberstadt, wenngleich das verbliebene historische Flair im Sommer zeitweilig unter dem Ansturm der Touristen verschwindet. Arrowtown ist jedoch keine leere Kulisse, sondern eine ganz normale Ortschaft mit kleinen

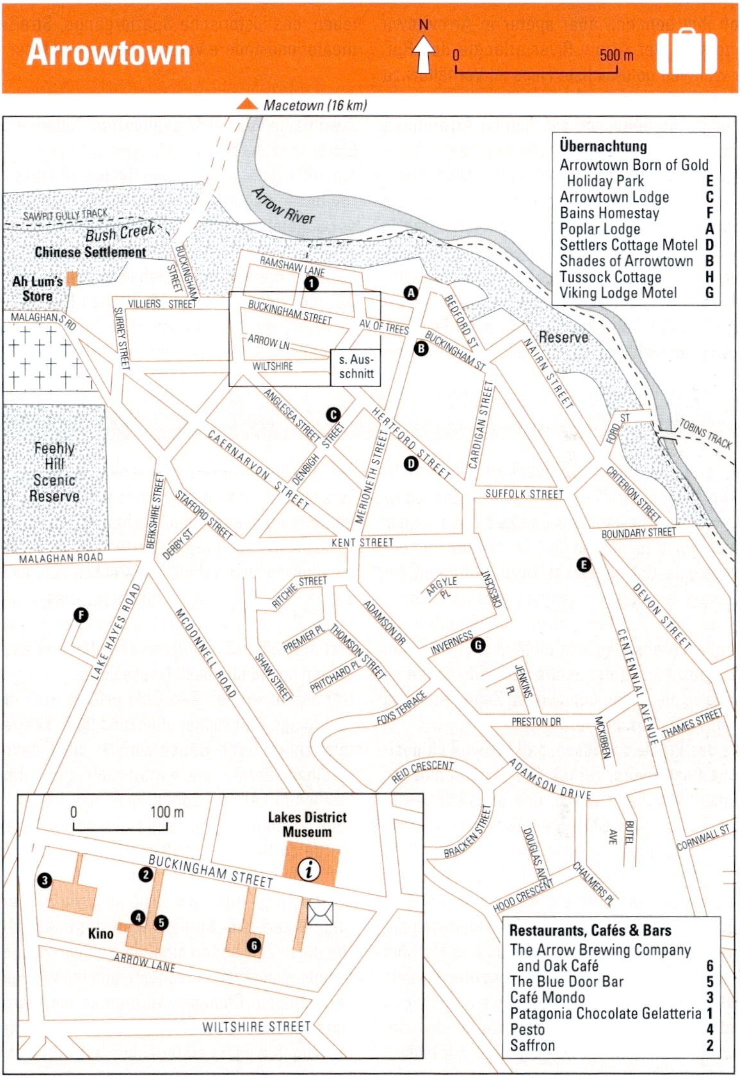

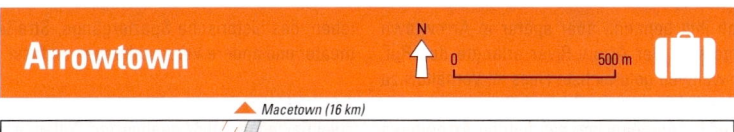

Macetown (16 km)

Arrow River

Sawpit Gully Track

Bush Creek

Chinese Settlement

Ah Lum's Store

MALAGHANS RD

VILLIERS STREET

SURREY STREET

BUCKINGHAM STREET

RAMSHAW LANE

BUCKINGHAM STREET

AV. OF TREES

ARROW LN

WILTSHIRE

s. Ausschnitt

Queenstown (22 km)

Feehly Hill Scenic Reserve

BERKSHIRE STREET

STAFFORD STREET

CAERNARVON STREET

ANGLESEA STREET

DENBIGH STREET

HERTFORD STREET

MEIRIOTH STREET

BEDFORD ST

BUCKINGHAM ST

NAIRN STREET

CARDIGAN STREET

FORD ST

Reserve

TOBINS TRACK

CRITERION STREET

SUFFOLK STREET

BOUNDARY STREET

MALAGHAN ROAD

LAKE HAYES ROAD

MCDONNELL ROAD

RITCHIE STREET

DERBY ST

KENT STREET

SHAW STREET

PREMIER PL

THOMSON STREET

ADAMSON DR

ARGYLE PL

INVERNESS

PRITCHARD PL

FOXS TERRACE

JENKINS PL

DICKSON

PRESTON DR

MCKIBBIN

ADAMSON DRIVE

DEVON STREET

CENTENNIAL AVENUE

THAMES STREET

Queenstown (25 km)

Queenstown (5 km)

REID CRESCENT

BRACKEN STREET

HOOD CRESCENT

DOUGLAS AVE

CHALMERS PL

BUTEL AVE

CORNWALL ST

Macetown (16 km)

Übernachtung

Arrowtown Born of Gold Holiday Park	E
Arrowtown Lodge	C
Bains Homestay	F
Poplar Lodge	A
Settlers Cottage Motel	D
Shades of Arrowtown	B
Tussock Cottage	H
Viking Lodge Motel	G

0   100 m

Lakes District Museum

BUCKINGHAM STREET

Kino

ARROW LANE

WILTSHIRE STREET

Restaurants, Cafés & Bars

The Arrow Brewing Company and Oak Café	6
The Blue Door Bar	5
Café Mondo	3
Patagonia Chocolate Gelatteria	1
Pesto	4
Saffron	2

Lebensmittelläden, Kneipen und einem Postamt. Die Einwohnerzahl von Arrowtown liegt bei etwa 3000, doch im Sommer, wenn die Ferienhäuser vermietet und die Busparkplätze voll sind, erreicht sie fast wieder ihre ehemalige Spitzenzahl von 7000 zur Zeit des **Goldrauschs**.

Ob es tatsächlich der Amerikaner William Fox war, der 1862 als Erster Gold im Arrow River fand, ist umstritten, fest steht jedoch, dass er die hiesige Geschichte prägte und seine Fundstelle geheim hielt, bis er über 100 kg Gold angehäuft hatte. Die Ortschaft wurde ursprünglich auch

Queenstown, Wanaka und Gold Country

nach ihm benannt, aber später in Arrowtown umgetauft. Der Arrow River erlangte den Ruf, der weltweit goldreichste Fluss im Verhältnis zu seiner Größe zu sein. Das zog Scharen chinesischer Bergarbeiter an, die sich im **Arrowtown Chinese Settlement** niederließen (s. Kasten), und lockte Glücksritter in die Hügel der Umgebung, wo die Brüder Charley und John Mace den Ort **Macetown** gründeten, heute eine Geisterstadt.

Arrowtown lässt sich am besten genießen, sobald die Massen abgezogen sind – an Unterkünften herrscht kein Mangel. Wer den Ort Ende April besucht, kann das **Autumn Festival**, 🖥 www.arrowtownautumnfestival.org.nz, miter-

leben, das historische Spaziergänge, Straßentheater und andere Veranstaltungen umfasst.

Arrowtown

Zwei Reihen von 1867 gepflanzten Platanen und Eichen beschatten die winzigen Goldgräberhütten entlang der malerischen **Avenue of Trees**, Arrowtowns begehrtestes Fotomotiv. Die meisten der ungefähr 60 Hütten wurden gegen Ende des 19. Jhs. erbaut, und ihr armseliges Aussehen – sie sind extrem klein und stehen eng beieinander – ist nicht zuletzt auf den Mangel an Bauholz zurückzuführen. Die schützenden Berge ringsum bescheren Arrowtown warme, trockene Som-

---

Das chinesische Erbe von Arrowtown

Die erste Welle von **Goldsuchern**, die Arrowtown Anfang der 60er-Jahre des 19. Jhs. überschwemmte, bestand aus Glücksrittern, die über Nacht reich zu werden hofften. Als auch an der Westküste Gold entdeckt wurde, brachen die meisten von ihnen Hals über Kopf nach Greymouth oder Hokitika auf und hinterließen ein Häuflein Menschen, das nicht in der Lage war, den Fortbestand der zahlreichen Geschäfte zu sichern, die in den boomenden Zeiten aus dem Boden geschossen waren.

Um das Problem zu lösen, griff man auf **chinesische Gastarbeiter** zurück. Die ersten Chinesen kamen 1866 nach Otago, und um 1870 betrug ihre Zahl bereits 5000. Sie ließen sich entlang des Bush Creek nieder, in „respektvoller" Entfernung zur Hauptsiedlung – ein Ausdruck des damals herrschenden **Rassismus**, der sich auch darin manifestierte, dass die Chinesen nur aufgegebene Claims bearbeiten und als Nachhut der europäischen Schürfer tätig werden durften. Selbst die Chinesen, die in gemeinnützigen Projekten, wie zum Beispiel bei der presbyterianischen Kirche, arbeiteten, erhielten nur halb so viel Lohn wie die Europäer, die dieselbe Arbeit verrichteten.

Aber immerhin lassen damalige Zeitungsberichte durchblicken, dass viele Mitglieder der europäischen Gemeinde den Chinesen „Ehrlichkeit und Fleiß" bei der Arbeit bescheinigten und ihr Verhalten als „einwandfrei und korrekt" beur-

teilten – durchaus überraschend angesichts der Tatsache, dass sich die chinesische Gemeinde überwiegend aus allein stehenden Männern zusammensetzte. Die meisten waren in der Hoffnung gekommen, schnell viel Geld zu verdienen und nach China zurückzukehren, weswegen anfänglich nur wenige mit ihren Familien kamen. Erst mit späteren Immigranten gelangten auch Frauen und Kinder nach Neuseeland.

Der Traum vom großen Geld erfüllte sich nur für wenige Glückliche, aber rund 90 % kehrten tatsächlich nach Hause zurück, viele davon in einem Sarg – sie hatten sich unter jämmerlichen Lebensbedingungen regelrecht zu Tode geschuftet. Eine noch viel größere Anzahl wurde zu Beginn der 80er-Jahre des 19. Jhs. vertrieben, als die **Rezession** den Rassenhass auf die Spitze trieb und ausländischen Bürgern ungeheuerliche Steuern auferlegt wurden. Um diese Zeit hatten sich die Goldvorkommen bereits weitgehend erschöpft, und die wenigen verbliebenen Chinesen verdienten sich ihren Unterhalt als **Gemüsebauern oder Händler** und zogen weg, in erster Linie nach Auckland. Dennoch blieb die chinesische Gemeinde von Arrowtown bis in die 20er-Jahre des 20. Jhs. bestehen. Nachdem auch die Letzten abgewandert oder gestorben waren, überließ man die Siedlung am Bush Creek sich selbst – den Rest besorgten mehrere Überschwemmungen.

---

mer und schneereiche Winter. Besonders schön präsentiert sich der Ort im Herbst, wenn sich die vielen Laubbäume goldgelb verfärben.

Ein Besuch des interessanten **Lakes District Museum**, 49 Buckingham St, ist wahrscheinlich die beste Vorbereitung für einen Rundgang durch das **Arrowtown Chinese Settlement** (durchgehend geöffnet). Das Museum beherbergt insbesondere Gegenstände, die 1983 im Rahmen der Ausgrabung auf dem Gelände des Chinese Settlement zu Tage gefördert wurden, und vermittelt ein lebendiges Bild der Lokalgeschichte, insbesondere vom Leben der (chinesischen) Goldgräber und deren Familien. ☉ tgl. 8.30–17 Uhr, Eintritt $6.

Ein halbes Dutzend guter **Spazier- und Wanderwege**, die in der im i-SITE erhältlichen Broschüre *Discover Arrowtown* beschrieben sind, erkunden die Geschichte von Arrowtown und die Umgebung der Stadt mit den Spuren vieler verstreut liegender Goldgräbersiedlungen, heute vor allem erkennbar an der Bepflanzung mit Obstbäumen und Beerensträuchern. Besonders beliebt ist der **Sawpit Gully Trail** (7 km Rundweg, 2–3 Std.), der sich zum Teil mit dem achtstündigen Macetown-Arrowtown Circuit überschneidet, an einem *Herr der Ringe*-Drehort und Goldgräber-Relikten vorbeiführt und tolle Ausblicke auf die Remarkables und den Lake Hayes eröffnet.

Macetown

Als Anfang der 60er-Jahre des 19. Jhs. das Goldfieber den Distrikt Otago erfasste, schwärmten jede Menge Glücksritter aus und ließen kaum einen Flusslauf oder ein Tal unentdeckt. 1862 wurde bei Twelve Mile Seifengold gefunden, und sofort setzte der Run zu der Stelle ein, an der später Macetown entstehen sollte. Heute ist es eine (jederzeit zugängliche) Geisterstadt und ein beliebtes Ziel von Mountainbikern, Reitern und Wanderern. Um die einzigartige Atmosphäre richtig genießen zu können, sollte man ein oder zwei Tage – ausgerüstet mit Zelt und ausreichend Vorräten – vor Ort verbringen und die Umgebung in aller Ruhe erkunden.

Macetowns Vergangenheit ist die alte Geschichte von Aufstieg und Fall: In seiner Glanzzeit beherbergte der Ort zwei Hotels, ein Post-

amt und eine Schule, doch als der Boom vorbei war, konnte er sich nicht wie Arrowtown und Queenstown der Landwirtschaft zuwenden, sondern war dem Untergang geweiht. Das Einzige, was von der Stadt noch erhalten blieb, sind zwei Steingebäude – das restaurierte Haus des Schulmeisters und die Bäckerei – sowie ein paar Holzhütten. Die Senken und Bachbetten ringsherum sind mit rostigen Gerätschaften übersät und eine Fundgrube für Liebhaber von Industrie-Archäologie. Eine recht ausführliche Beschreibung der Gegend bietet die Broschüre *Macetown and the Arrow Gorge* ($3), erhältlich im i-SITE von Arrowtown.

Auf den ersten Blick mag der Ort etwas enttäuschend wirken, doch das mit Gras bewachsene, durch niedrige Steinwälle, Platanen und Apfelbäume geschützte Plateau gibt einen tollen, kostenlosen Campingplatz ab. Die einzige Einrichtung besteht aus einem Plumpsklo, Wasser liefert der Fluss.

Macetown bietet sich auch für einen Tagesausflug an: entweder zu Fuß (s. Kasten), per **Mountainbike** (nächster Verleih in Queenstown) oder in einem **Geländewagen** von Nomad Safaris, ☎ 0800/688 222, die ihren Sitz in Queenstown haben, aber auch in Arrowtown Kunden aufnehmen (4 Std., $149).

Die meisten Unterkünfte in Arrowtown haben einen recht hohen Standard und sind üblicherweise weniger frequentiert als diejenigen in Queenstown.

Motels

Settlers Cottage Motel, 22 Hertford St, ☎ 0800/803 801, 🖳 www.settlerscottagemotel. co.nz. Unterkunft im Laura-Ashley-Stil; mit

Arrowtown Lodge, 7 Anglesea St, ☎ 03/442 1101, 🖳 www.arrowtownlodge.co.nz. 4 einladende Cottages mit Bad und Bergblick. Kostenloser Internetzugang und Wäscheservice, auf Wunsch Transport nach Macetown und zum Flughafen. ❺

Tussock Lodge, 48 Rutherford Rd, nahe dem Lake Hayes, 5 km außerhalb von Arrowtown, ☎ 03/442 1449, 🖥 www.tussockcottage.co.nz. Wunderschönes, luxuriöses Selbstversorger-Cottage mit 2 Zimmern in Gebäude mit Grasdach. Kostenlose Fahrrad- und Kajakbenutzung, freundliche und gut informierte Gastgeber. ❻

z. B. Föhn und Mikrowelle ausgestattete Studios sowie Apartments mit 1–2 Schlafzimmern. ❹
Shades of Arrowtown, Buckingham St, Ecke Merioneth St, ☎ 03/442 1613, 🖥 www.shadesofarrowtown.co.nz. Stilvolles, gut geführtes, modernes Motel mit viel Grün im Herzen der Stadt. Große Auswahl an Units (zumeist mit Kochnische oder kompletter Küche) sowie ein Selbstversorger-Cottage für 6 Pers. ($175). ❹–❺
Viking Lodge Motel, 21 Inverness Crescent, ☎ 0800/181 900, 🖥 www.vikinglodge.co.nz. Ausgezeichnetes Preis-Leistungs-Verhältnis. Chalets mit 1–2 Schlafzimmern, komplett eingerichteter Küche und Satelliten-TV; außerdem Pool und Kinderspielplatz mit Trampolin. ❸–❺

B&Bs und Homestays
Bains Homestay, R32 Butel Rd, ☎ 03/442 1270, 🖥 www.dotco.co.nz/bainshomestay. Unterkunft in grüner Umgebung 300 m außerhalb des Zentrums nahe der Straße von Arrowtown zum Lake Hayes. Selbstversorger-Apartment für 4 Pers. mit schönem Balkon. Preis inkl. Frühstück. ❺

Hostels und Campsites
Arrowtown Born of Gold Holiday Park, 12 Centennial Ave, ☎ 03/442 1876, 🖥 www.arrowtownholidaypark.co.nz. Großzügiger Campingplatz mit Tennisplatz beim Schwimmbad des Orts. Moderne Gästeküche und Sanitärblock (Dusche $1). Camping $17, Studios ❹, Selbstversorger-Flats ❺
Poplar Lodge, 4 Merioneth St, ☎ 03/442 1466, 🖥 www.poplarlodge.co.nz. Zentral gelegenes,

einfaches, aber gemütliches Hostel mit kleinen Dorms ($27), Zimmern sowie einer Unit mit Bad. Freundliche Besitzer, herrlicher Rosengarten. Zimmer ❷, Unit ❹

Essen und Unterhaltung

Dorothy Brown's, ein paar Schritte abseits der Buckingham St, ☎ 03/442 1964, 🖥 www.dorothybrowns.com. Reizendes, kleines Kino mit zwei Sälen und sehr bequemen Sitzen, zeigt Mainstream- sowie ausgefallenere Filme ($15 oder 18); in der fantastischen Bar gibt's Alkohol und Snacks, die mit ins Kino genommen werden dürfen.
The Blue Door Bar, Buckingham St, neben dem Pesto. Stilvolle, coole (und daher nicht gerade günstige) kleine Bar in einem 130 Jahre alten Kellergewölbe mit Kaminfeuer. Trotz seiner Eleganz völlig ungezwungen, manchmal Live-Jazz, -Blues und -Folk.
Café Mondo, Ballarat Arcade, 14 Buckingham St. Relaxtes Café mit viel Platz im Freien und tollen Muffins, hausgemachten Pasteten sowie Frühstück und Mittagessen um $15–18.
Patagonia Chocolate Gelatteria, Ramshaw Lane. Köstliche Schokolade zum Verspeisen und Trinken, dazu Eiscreme und Sorbets.
Pesto, 18 Buckingham St, ☎ 03/442 0885. Hervorragendes Pizza- und Pasta-Restaurant (Hauptgerichte meist unter $25). Man kann in der benachbarten Blue Door Bar auf einen freien Tisch warten. ☉ tgl. 17 Uhr bis spät.
Saffron, 18 Buckingham St, ☎ 03/442 0131. Betrieben von denselben Leuten wie das Pesto und die Blue Door Bar (s. o.): Dies ist der edle Teil des Trios. Formelle Mahlzeiten, Hauptgerichte mittags $24–30, abends $36–45.

Brauereijuwel

The Arrow Brewing Company and Oak Café, 6-7 Oak Arcade, 48-50 Buckingham St. Ein echtes Juwel ist diese Mikrobrauerei: Hier gibt's exzellente Biere, sogar ein paar eigene Weine und köstliche Pasteten und Hamburger zu vernünftigen Preisen. ☉ tgl. 11 Uhr bis spät.

Der Arrowtown-Macetown Circuit

Die 16 km lange, nur mit einem Geländewagen befahrbare Straße entlang des Arrow River von Arrowtown nach Macetown ist die beliebteste Rad- und Wanderstrecke der Gegend. Wanderer können die Straße in den anstrengenden **Arrowtown-Macetown Circuit** (32 km, 8 Std. hin und zurück, 700 Hm) einbauen. Die beste Zeit für diese Wanderung ist **zwischen Weihnachten und Ostern**, wenn der niedrigere Wasserspiegel die 22 Flussdurchquerungen am Arrow River etwas erleichtert; nach Regenfällen kann es jedoch selbst im Sommer Probleme geben. Ein nützlicher Wanderbegleiter ist die Broschüre *Macetown and the Arrow Gorge*.

Der Wanderweg beginnt am Zusammenfluss von Arrow River und Bush Creek. Er folgt dem Nordufer des Bush Creek in westliche Richtung, führt am Fuße des German Hill vorbei und biegt dann ins Sawtooth Gully ab. Durch offenes Hügelgelände geht es hinauf zur **Eichardt's Flat**. Von hier, ca. 1 Std. ab Arrowtown, kann man dem Sawpit Gully in östlicher Richtung zur Arrow River Road folgen und nach Arrowtown zurücklaufen – eine Rundwanderung, die insgesamt 2–3 Std. in Anspruch nimmt.

Der Pfad Richtung Macetown hingegen windet sich hinauf zum Sattel des **Big Hill**, wo sich ein weiter Ausblick auf den Lake Hayes und die Remarkables eröffnet. Anschließend fällt der Weg durch sumpfiges, schwer begehbares Gelände zum Eight Mile Creek ab, und nach 3–4 Std. stößt man 2 km von Macetown entfernt endlich auf die **Arrow River Road**.

Nach der Besichtigung von Macetown geht es auf der Arrow River Road zurück nach Arrowtown, wobei man gelegentlich auf parallel verlaufende Pfade ausweichen kann.

Informationen

i-SITE Visitor Centre, im Foyer des Lakes District Museum, 49 Buckingham St, ✆ 03/442 1824, 🖥 www.museumqueenstown. com. Hier gibt es u. a. die Broschüren *Historic Arrowtown* ($2) sowie *Arrowtown Chinese Settlement* ($3), außerdem Internetzugang. ⏱ tgl. 8.30–17 Uhr.

Transport

Busse von **Connectabus**, 🖥 www.connectabus. com, fahren am oberen Ende der Mall an der Camp Street in QUEENSTOWN ab und dann über Frankton, den Flughafen und Lake Hayes zur Ramshaw Lane in Arrowtown (stdl., 25 Min., $8 einfach).

Glenorchy und Wanderwege in der Umgebung

Glenorchy, am oberen Lake Wakatipu, 50 km nordwestlich von Queenstown, ist ein ruhiges, äußerst malerisches Städtchen und wie geschaffen für ein paar erholsame Tage abseits des Trubels in Queenstown. Viele Besucher benutzen Glenorchy jedoch nur als Zwischenstation auf dem Weg zu einigen der schönsten Wanderwege, die Neuseeland zu bieten hat – sei es eine Rundwanderung auf dem **Rees-Dart Track** oder Touren auf dem **Routeburn Track**, dem **Greenstone Track** und dem **Caples Track**.

Glenorchy

Die fantastische Landschaft um Glenorchy verdankt ihre Schönheit einer Sedimentablagerung am Meeresgrund, die vor ungefähr 220–270 Millionen Jahren erfolgte und sich in die grau-grünen Schiefer und *pounamu* (Jade) der Forbes Mountains und Humboldt Mountains verwandelte. Die West- und Nordflanken der Forbes Mountains wurden vom Dart Glacier geformt, heute nurmehr eine kurze Gletscherzunge, aber auf dem Höhepunkt seiner Ausdehnung vor 18 000 Jahren das Kernstück eines riesigen Gletschersystems, das den Boden des Lake Wakatipu aushöhlte.

In prä-europäischen Zeiten trug die Ebene am Delta der Flüsse Rees und Dart den Namen **Kotapahau**, „Ort des Rachemords", vielleicht eine Anspielung auf Kämpfe zwischen rivalisierenden Maori-Stämmen um die begehrte Jade, die in einigen Abschnitten des Dart River zu finden war. Auch heute noch gibt es dort Jadevorkommen, doch befinden sich diese meist innerhalb der schützenden Grenzen des Mount Aspiring National Parks.

Die ersten **Europäer**, die in diese Gegend vordrangen, waren Goldsucher, Landvermesser und Viehzüchter auf der Suche nach neuen Weideflächen. Obwohl Glenorchy auf dem Landweg nicht erreichbar war, trudelten bereits zu Beginn des 20. Jhs. die ersten **Touristen** ein. Sie überquerten das Lake Wakatipu auf der *TSS Earnslaw* und wurden mit Pferdewagen ins 20 km nördlich von Glenorchy gelegene **Paradise** kutschiert, wo sie in der Arcadia Homestead unterkamen. Eine Verbindungsstraße zwischen Queenstown und Glenorchy kam erst 1962 zustande. Sie führt durch herrliche Landschaft am Seeufer entlang und passiert **Bob's Cove**, die beste Stelle zur Beobachtung eines interessanten Phänomens, der Niveauschwankung des Sees: Der Wasserpegel des Sees hebt sich ungefähr alle 5 Min. um rund 15 cm.

Glenorchy ist nach wie vor ein verträumtes Provinznest, und nur der Dart River Jet stört die geruhsame Atmosphäre. Der Ort selbst besteht im Grunde genommen aus nicht viel mehr als einer Tankstelle, einem Postamt, einem Lebensmittelgeschäft, ein paar Kneipen und Cafés sowie einer Hand voll Unterkünften.

Um ein Gefühl für die Gegend zu bekommen, empfiehlt sich ein Rundgang auf dem **Glenorchy Walkway** (2 km Rundweg, 30–40 Min., eben). Vom Kai am Ende der Islay Street geht es am Seeufer entlang und dann durch Feuchtgebiete einmal um die nahe Lagune. Wer die *Herr der Ringe*-Drehorte besuchen möchte, sollte sich einem der *Safari of the Scenes*-Trips von Nomad Safaris (s. S. 740) anschließen.

Touren und Aktivitäten

Beinahe alle Aktivitäten in und um Glenorchy sind auf Queenstown-Gäste ausgerichtet, aber zumeist kann man vor Ort dazustoßen. Die im Folgenden aufgeführten Zeiten und Preise gelten für den Ausgangspunkt Glenorchy; ab Queenstown kosten die meisten Touren ca. $20–30 mehr und dauern 2 Std. länger.

Busweise werden Besucher für die hervorragenden **Jetboat-Touren** auf dem **Dart River** herbeigekarrt, deren Hauptattraktion die majestätische Landschaft ist.

Dart River Jet Safaris, ☎ 0800/327 853, 🖥 www.dartriverjetsafaris.com, bieten ganzjährig drei Trips mit denselben Preisen ab Queenstown und Glenorchy. Enthusiasten sollten sich der **Jetboat Safari** anschließen (2 1/2–3 Std., $229), die zur Grenze des Mount Aspiring National Parks und wieder zurück führt, mit optionalem schönem Spaziergang am Beansburn entlang. Die **Wilderness Safari** (3 Std., $199) umfasst eine 90-minütige Jetboat-Fahrt, eine Waldwanderung und eine Fahrt in einem geländegängigen Bus durch eine Traumlandschaft, u. a. zu einigen Drehorten von *Herr der Ringe*. Beinahe noch besser ist es, im Jetboat den Dart River hinaufzufahren und im **Schlauchkanadier**, einem sogenannten Funyak, anschließend wieder flussabwärts zu paddeln (7 Std., $279). Diese Ausflüge sind auch für blutige Anfänger geeignet. Als Höhepunkt der Tour gilt der Spaziergang in den **Rockburn Chasm**, eine schmale, gewundene Schlucht, gefüllt mit ruhigem, klarem Wasser.

Ausritte durch die umliegende Landschaft (2 Std. für $145, 1 1/2 Std. zu Drehorten von *Herr der Ringe* für $165, 2 Tage für $595) bieten die Dart Stables, ☎ 0800/474 3464, 🖥 www.dartstables.com.

Noch mehr von Glenorchys Umland sieht man mit Mountainland Rovers, ☎ 0800/246 494, 🖥 www.mountainlandrovers.co.nz, die im **Geländewagen** das Rees Valley und die spektakulären Lennox Falls erkunden oder die *Herr der Ringe*-Drehorte ansteuern (3 Std., $139).

Kajaktouren auf dem etwas launischen Lake Wakatipu bietet die Kinloch Lodge ($40 für 1 Std., außerdem Sonnenuntergangstrips).

Glenorchy Holiday Park, 2 Oban St, ☎ 03/441 0303. Gut geführt, Stellplätze mit/ohne Strom und Cabins für bis zu 4 Pers. Camping $10, Dorms $20, Cabins ❷; Duschen für Nicht-Gäste $5.

Glenorchy Lake House, Mull St, ☎ 03/442 4900, 🖥 www.glenorchylakehouse.co.nz. Zentral gelegene Lodge mit 2 üppig ausgestatteten Zimmern mit geräumiger Lounge, Bergblicken

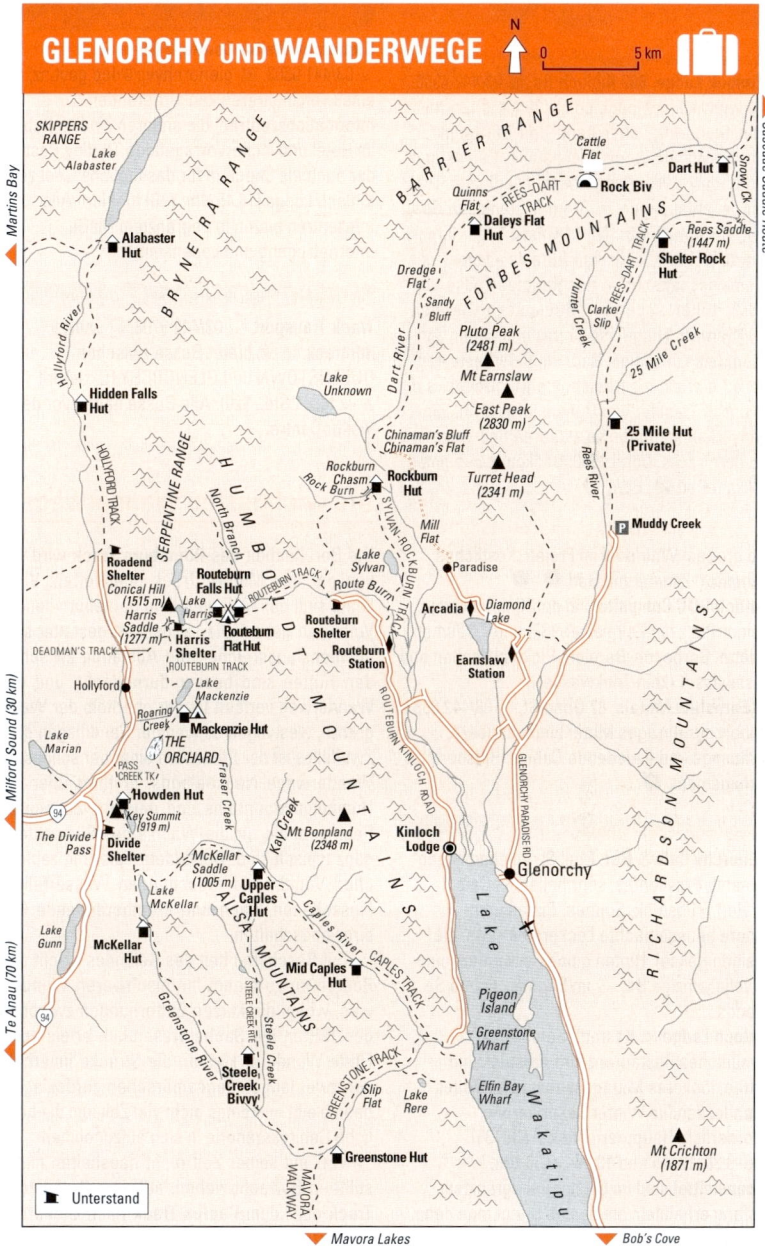

GLENORCHY UND WANDERWEGE

N

0 — 5 km

SKIPPERS RANGE

◀ Martins Bay

Lake Alabaster

BRYNEIRA RANGE

BARRIER RANGE

Cattle Flat

Cascade Saddle Route ▶

Snowy Ck

Dart Hut ▲

Quinns Flat

REES–DART TRACK

Rock Biv ▲

Alabaster Hut ▲

Daleys Flat Hut ▲

FORBES MOUNTAINS

Rees Saddle (1447 m)

Shelter Rock Hut ▲

Hollyford River

Dredge Flat

Sandy Bluff

Dart River

Clarke Slip

Hunter Creek

REES–DART TRACK

25 Mile Creek

Hidden Falls Hut ▲

HOLLYFORD TRACK

SERPENTINE RANGE

Pluto Peak (2481 m) ▲

Mt Earnslaw ▲

East Peak (2830 m) ▲

Lake Unknown

HUMBOLDT RANGE

North Branch

Chinaman's Bluff
Chinaman's Flat

Rockburn Chasm

Rock Burn

Rockburn Hut ▲

SYLVAN–ROCKBURN TRACK

Turret Head (2341 m) ▲

Rees River

25 Mile Hut (Private) ▲

Roadend Shelter ▲

Conical Hill (1515 m)

Harris Saddle (1277 m)

Lake Harris

Routeburn Falls Hut ▲

ROUTEBURN TRACK

Lake Sylvan

Mill Flat

P Muddy Creek

Route Burn

Paradise

Harris Shelter ▲

Routeburn Shelter

Routeburn Flat Hut ▲

Arcadia ▲

Diamond Lake

DEADMAN'S TRACK

ROUTEBURN TRACK

Routeburn Station ▲

Hollyford ▲

Lake Mackenzie

Earnslaw Station ▲

Roaring Creek

HUMBOLDT MOUNTAINS

Mackenzie Hut ▲

ROUTEBURN–KINLOCH ROAD

Lake Marian

THE ORCHARD

PASS CREEK TK.

Milford Sound (30 km) ◀

94

Howden Hut ▲

Key Summit (919 m)

Fraser Creek

Kea Creek

Mt Bonpland (2348 m) ▲

Kinloch Lodge ▲

GLENORCHY PARADISE RD

RICHARDSON MOUNTAINS

The Divide Pass

Divide Shelter ▲

McKellar Saddle (1005 m)

Upper Caples Hut ▲

Glenorchy ◉

Te Anau (70 km) ◀

Lake McKellar

AILSA MOUNTAINS

Caples River

CAPLES TRACK

Lake Gunn

94

McKellar Hut ▲

Mid Caples Hut ▲

STEELE CREEK ROUTE

Steele Creek

GREENSTONE TRACK

Greenstone River

Lake Wakatipu

Pigeon Island

Greenstone Wharf

Elfin Bay Wharf

Slip Flat

Lake Rere

Steele Creek Bivvy ▲

Greenstone Hut ▲

MAVORA WALKWAY

Mt Crichton (1871 m) ▲

■ Unterstand

◀ Martins Bay

▼ Mavora Lakes

▼ Bob's Cove

Queenstown, Wanaka und Gold Country

Kinloch Lodge, 862 Kinloch Rd, ✆ 03/442 4900, 💻 www.kinlochlodge.co.nz. 26 km außerhalb von Glenorchy, aber nahe den Startpunkten für die Wanderwege Greenstone, Caples und Routeburn. Wunderschöner, friedlicher Ort, um zu entspannen, z. B. im kostenlosen Spa mit Bergblick (für Nicht-Gäste $10). Engagierte Leitung, sehr komfortable Zimmer mit Gemeinschaftsbad in der Heritage Lodge von 1868, toller separater Backpacker-Bereich (Wilderness Lodge) mit Dorms und netten Zimmern (eins davon mit Bad). Im Café/Restaurant (s. u.) gibt es ausgezeichnete Mahlzeiten, auf Wunsch Transfer von Queenstown ($10), Fahrradverleih, geführte Kajaktouren und Transfer zu den Tracks. Dorms $30, Backpacker-Zimmer ❸, mit Bad ❹, B&B ❻

und großem Whirlpool im Freien. Köstliches Frühstück. Zimmer mit Bad ❽–❾

Kinloch DOC Campsite, bei der Kinloch Lodge. Kleiner Platz mit Zeltplätzen ($7) unter Bäumen, Toilette, Barbecue-Bereich, Picknicktischen und Flusswasser (kein Trinkwasser).

Mt Earnslaw Motels, 87 Oban St, ✆ 03/442 6993. Glenorchys einziges Motel bietet saubere, geräumige und einladende Cabins. Hilfsbereites Management. ❹

Glenorchy Café & Bar, Mull St, im ehemaligen Postamt. Exzellentes, sehr beliebtes Café, serviert Frühstück, Suppen, Pizzas und andere hausgemachte Leckereien (Tipp: die riesigen Kekse). Hinten gibt es außerdem eine stilvolle winzige Bar. ◷ im Sommer Fr und Sa abends.

Kinloch Lodge (s. Kasten). Sehr gutes, gemütliches Restaurant für Frühstück und Kaffee, lockeres Mittagessen und formelles Abendessen (im Winter Reservierung erforderlich, Hauptgerichte ca. $30–35). ◷ 8–9.30, 12–15 und 18.30–19.30 Uhr.

Lebensmittel sind im Ort nur in begrenztem Umfang erhältlich; am besten bringt man den Proviant mit.

Glenorchy Visitor Centre, 2 Oban St, ✆ 03/441 0303, ✉ glenorchyvc@doc.govt.nz, eines von mehreren konkurrierenden Informationszentren; die anderen sind im Pub, im Hotel und im hervorragenden Trading Post, der auch als Check-in für das tägliche Boot zur Kinloch Lodge (14.45 Uhr, $10) fungiert. Alle Infozentren bieten in begrenztem Maße Internetzugang und Lebensmittel.

Track Transport, ✆ 03/442 9708, 💻 www.infotrack.co.nz, bietet Busse zwischen QUEENSTOWN und GLENORCHY (Okt–April 2–4x tgl., 1 Std., $20). Alle Busse halten vor dem Visitor Centre.

Die wichtigsten Wanderwege

Die Berühmtheit des **Routeburn Track** wird nur von der des Milford Track übertroffen. Viele Leute sind der Meinung, dem Routeburn sei der Vorzug zu geben: Die Landschaft gestaltet sich abwechslungsreicher, die Abstände zwischen den Hütten sind besser durchdacht, und der Wanderweg verläuft länger oberhalb der Waldgrenze, weswegen es weniger Sandfliegen gibt. Zweifellos ist der Routeburn einer der schönsten Wanderwege Neuseelands. Er führt über die Humboldt Mountains und gewährt Zugang zu Regionen, die für die Wildnis des Südwestens ganz typisch sind: Bewaldete Täler mit zahlreichen Vögeln und rauschenden Wasserfällen, Flussebenen, Seen und atemberaubende Gebirgslandschaften.

Die Beschaffenheit des Geländes macht den Routeburn zu einem mittelschweren Wanderweg, wobei die kurzen Entfernungen zwischen den Hütten die Sache wesentlich erleichtern. Flotte Wanderer können die Strecke innerhalb von zwei langen Tagesmärschen zurücklegen, dann bleibt allerdings nicht viel Zeit, um die herrliche Gebirgsszenerie in sich aufzunehmen.

Wer mit seiner Zeit nicht haushalten muss, sollte in Betracht ziehen, auf dem **Greenstone Track** oder dem **Caples Track** nach Glenorchy zurückzuwandern. Beide sind leicht zu bewältigende Pfade und führen durch sanft ansteigende, parallel verlaufende Flusstäler, wo statt reiner Wildnis friedlich weidende Kühe anzutreffen sind. Der Greenstone Track zieht sich durch ein breites, U-förmiges Tal, das einst von einem Seitenarm des gewaltigen Hollyford Glacier geformt wurde. Der Caples Track verläuft über den subalpinen McKellar Saddle ins engere Caples Valley, in dem der Weg sehr nahe am Fluss entlangführt.

Der **Rees-Dart Track** ist der schwierigste längere Wanderweg in dieser Gegend, was vor allem am gebirgigen Terrain und den Entfernungen zwischen den Hütten liegt: mit 6–8 Std. Wanderzeit pro Tag muss man schon rechnen. Hier lernt man einen klassischen Vertreter der neuseeländischen Wanderwege kennen, die einer einfachen Formel folgen: Fluss durchqueren, zum Pass hochklettern, ins nächste Tal hinuntersteigen, Fluss durchqueren etc. Im Falle des Rees-Dart Track sind die einzigen Abweichungen ein lohnender Abstecher zum Cascade Saddle.

Im **Winter** zeigt sich der Routeburn von einer gänzlich anderen Seite, weshalb eine Begehung gut überlegt sein will: Der Weg ist oft schneebedeckt und extrem rutschig; es herrscht eine große Lawinengefahr, und die Hütten haben keine Heizung. Sehr viel empfehlenswerter sind zu dieser Jahreszeit die Tagestouren vom Routeburn Shelter zur Routeburn Falls Hut sowie von The Divide zur Mackenzie Hut. Auch die niedriger gelegenen Wanderwege Greenstone und Caples sind im Winter nicht ganz so unwirtlich (wenngleich auch auf dem McKellar Saddle oft Schnee liegt), was u. a. daran liegt, dass es in den Hütten entlang dieser Tracks Holzöfen gibt. Der Rees-Dart Track ist im Winter nur etwas für erfahrene Bergsteiger.

Die folgenden Beschreibungen der Wanderwege haben immer Glenorchy zum Ausgangspunkt. Eine kombinierte Wanderung auf den Tracks Greenstone/Caples und Routeburn kann allerdings auch in The Divide (nördlich von Te Anau) begonnen werden, wobei man die dritte Nacht vergleichsweise luxuriös in der Kinloch Lodge (s. S. 764) verbringt. Die Lodge bietet einen Transfer vom Greenstone-Parkplatz zur Unterkunft und von dort zum Routeburn Shelter.

Sofern nicht anders angegeben, beziehen sich alle nachstehend genannten **Zeiten** und **Entfernungen** auf die einfache Strecke.

19 HIGHLIGHT

Routeburn Track

Die meisten Wanderer begehen den **Routeburn Track** (32 km, 2–3 Tage) von Glenorchy gen Westen in Richtung The Divide. Er kann auch mit dem Greenstone oder Caples zu einer 3–5-tägigen Rundwanderung kombiniert werden. Den Routeburn kann man nicht gerade als Sonntagsspaziergang bezeichnen, doch wer einigermaßen Kondition besitzt und 5 oder 6 Std. pro Tag einen vollen Rucksack schleppen kann, dürfte kaum Probleme bekommen. Infolge der heftigen Regenfälle in dieser Region kann es vor allem im Sommer wegen Erdrutschen oder Überschwemmungen zu Schließungen kommen; im Winter vereiteln Schneeverwehungen manchmal eine Begehung.

Vormittags und nachmittags fahren Busse zum Ausgangspunkt des Wanderwegs, dem Routeburn Shelter, und es bleibt noch genügend Zeit, um die Routeburn Flats Hut oder die Routeburn Falls Hut zu erreichen und unterwegs noch den North Branch des Route Burn zu erkunden.

Routeburn Shelter zur Routeburn Flats Hut (7 km, 2–3 Std., 250 Hm) Der Weg folgt dem Route Burn – einem Zufluss des Dart River – stetig bergan, ist jedoch mit Schotter bestreut und leicht begehbar. Eine abwechslungsreiche Landschaft mit Wasserfällen und lichtem Buchenwald charakterisiert diese erste Etappe. Ungefähr 200 m unterhalb der Hütte (20 Betten) liegt der gleichnamige Campingplatz wunderschön am Rand einer Hochebene. Hier dürfen nur wenige Zelte aufgestellt werden, und den Campern stehen eine offene Feuerstelle sowie ein kleiner Unterstand mit einem Vorrat an Wasser zur Verfügung, das zum Kochen verwendet werden kann.

Routeburn Flats Hut zur Routeburn Falls Hut (2 km, 1–1 1/2 Std., 300 Hm) Wer in Hütten übernachtet, sollte am ersten Tag möglichst auch noch die nächste Etappe gehen. Der steile Anstieg wird mit einer malerisch gelegenen Unterkunft (48 Betten) belohnt, die einen Ausblick auf die Routeburn Flats und den Sugar Loaf (1329 m) bietet.

Routeburn Falls Hut zur Mackenzie Hut (11 km, 4–6 Std., 300 m Aufstieg, 350 m Abstieg) Am längsten und anstrengendsten ist der zweite Tag – man verbringt fast den ganzen Tag ungeschützt oberhalb der Waldgrenze, überquert den mit subalpinem Tussock-Gras bewachsenen Harris Saddle (1255 m) und marschiert durch sumpfiges Gelände, auf dem Sonnentau, Wasserschlauch und Orchideen gedeihen. Der Pfad steigt langsam zum Harris Saddle Shelter (2–3 Std.) an, der Windschutz für eine Rast und Toiletten bietet.

An einem klaren Tag sollte man hier den Rucksack abstellen und einen Abstecher auf den 1515 m hohen **Conical Hill** (2 km hin und zurück, mindestens 1 Std., 260 m Aufstieg) machen, um die sagenhafte Aussicht ins Hollyford Valley sowie bis zur Martins Bay und der Tasmansee zu genießen.

Hinter dem Harris Saddle Shelter überquert man die Grenze zwischen dem Mount Aspiring National Park und dem Fiordland National Park und wandert eine ganze Weile oben am Hollyford Valley entlang, bevor es in Spitzkehren zwischen Buchen, Fuchsien und Ribbonwood (einem neuseeländischen Malvengewächs) hindurch zur Mackenzie Hut (50 Betten) geht. Der Campingplatz liegt etwas entfernt von der Hütte bei einem See.

Mackenzie Hut zur Howden Hut (9 km, 3–4 Std., 250 m Gefälle) Der Pfad verläuft am Berghang entlang, passiert The Orchard, ein mit Ribbonwood bewachsenes Fleckchen, sowie die Earland Falls und erreicht an der Howden Hut (28 Betten) die Kreuzung dreier Wanderwege: Der Greenstone Track und der Caples Track verlaufen nach Süden (beide Strecken führen zurück nach Glenorchy), während der Routeburn Track in westlicher Richtung weiterführt.

Howden Hut nach The Divide (3 km, 1–1 1/2 Std., 50 m Gefälle) Auf der letzten Etappe geht es die ersten 20 Min. steil bergauf zu einem Punkt, an dem sich ein halbstündiger Abstecher auf den **Key Summit** (919 m) mit herrlichen Aussichten über die drei Flusstäler Hollyford, Eglinton und Greenstone unternehmen lässt. Von der Abzweigung zum Key Summit führt der reguläre Pfad durch Silver Beech-Wald zum Divide Shelter und zum Parkplatz hinunter.

Greenstone Track

Wanderer, die den Greenstone Track (36 km, 2–3 Tage) ab The Divide in Angriff nehmen, legen zunächst die bereits beschriebene Strecke zur Howden Hut (s. o.) zurück.

Howden Hut zur McKellar Hut (7 km, 2–2 1/2 Std., 50 m Gefälle) Auf dieser Etappe passiert man nach rund 20 Min. den kostenlosen, primitiven Campingplatz Greenstone Saddle. Anschließend läuft man am Lake McKellar entlang zur gleichnamigen Hütte (12 Betten, $15 p. P.).

McKellar Hut zur Greenstone Hut (17 km, 4 1/2–6 1/2 Std., 100 m Gefälle) Der leicht begehbare Weg beginnt mit der Überquerung des Greenstone River und folgt dann dem linken Flussufer durch ein breites, zumeist flaches Tal mit Buchenwald. Eine Hängebrücke führt über den Steele Creek, und nach weiteren 2 Std. ist die Greenstone Hut (12 Betten, $10) erreicht. Die Hütte eignet sich als Basislager für einen Abstecher auf dem **Mavora Walkway**, einer einfachen, 2–3-tägigen Wanderung gen Süden durch offenes Grasland und Buchenwald zu den wunderschön gelegenen Mavora Lakes (s. S. 743); unterwegs stehen 2 Hütten (je $5) zur Übernachtung bereit.

Greenstone Hut zum Greenstone-Parkplatz (10 km, 3–5 Std., 100 m Gefälle) Der Track folgt dem linken Flussufer. Das Tal wird immer schmaler, verengt sich zu einer Schlucht, und bald darauf mündet der Greenstone River in den Caples River, der die müden Wanderer mit mehreren tiefen, hervorragend zum Schwimmen geeigneten Teichen empfängt. Über eine Hängebrücke geht es auf die linke Uferseite des Caples River, wo man auf den Caples Track trifft. Wer nach rechts abbiegt, gelangt zur **Greenstone Wharf** (20–30 Min.); der Weg nach links führt zur Mid Caples Hut (s. u.).

Caples Track

Der Caples Track (27 km, 2 Tage) stimmt auf seinen ersten Kilometern mit dem Greenstone Track überein und macht sich erst 1 Std. südlich der **Howden Hut** selbstständig.

The Divide zur Upper Caples Hut (17 km, 7–9 Std., 500 m Aufstieg, 550 m Gefälle) Wer sich diese Tour vornimmt, sollte in körperlicher Bestform sein. Nicht wenige Wanderer müssen unterwegs erkennen, dass sie die erste Etappe unterschätzt haben und den Abschnitt lieber auf 2 Tage aufteilen würden, was leider nicht geht, denn Zelten ist auf dem **McKellar Saddle** (1005 m) weder angenehm noch erlaubt. Der Abstieg über offenes Gelände wird von Pfosten markiert und beinhaltet zahlreiche Überquerungen des noch schmalen Caples River, bis man endlich die rettende Upper Caples Hut (12 Betten, $15) erreicht.

Upper Caples Hut zur Mid Caples Hut (7 km, 2–2 1/2 Std., 50 m Gefälle) Über zumeist grasbewachsenes Gelände geht es zur Mid Caples Hut (12 Betten, $15). Das Wegende an der Greenstone Wharf liegt nur einen Tagesmarsch von der Upper Caples Hut entfernt, doch die Wanderung lässt sich gut in zwei Abschnitte aufteilen.

Mid Caples Hut zur Greenstone Wharf (7 km, 2–3 Std., 100 m Gefälle) Der Pfad quert eine kurze, aber spektakuläre Schlucht und führt danach am linken Flussufer entlang bis zur Gabelung mit dem Greenstone Track, von wo es nur noch 20 Minuten zum Parkplatz an der Greenstone Wharf sind.

Rees-Dart Track

Aufgrund der Fahrpläne der Zubringershuttles ist es praktischer, den Rees-Dart Track (58 km, 3–4 Tage) hin am Rees River und zurück am Dart River entlang zu begehen.

Muddy Creek-Parkplatz zur Shelter Rock Hut (17 km, 6–7 Std., 400 Hm) Auf der ersten Etappe folgt man einer Geländewagenspur durch Gras und Kies am linken Ufer des verzweigten unteren Rees River und muss mehrere Male durchs Wasser waten. Mit Blick auf die Gipfel der Forbes Mountains geht es vorbei an der 25 Mile Hut des Otago Tramping Club (privat) und über den 25 Mile Creek bis zur Mündung des Hunter Creek in den Rees River.

Schon bald darauf steigt das Gelände im Rees Valley erheblich an, und es beginnen die Buchenwälder. Der Track führt dann fast bis zur Baumgrenze hinauf. An der alten Shelter Rock Hut vorbei marschiert man über Grasland ans

Ufer des Rees River, wo die letzte Durchquerung für diesen Tag ansteht. Auf der anderen Seite wartet die Shelter Rock Hut (22 Betten, $15) auf Übernachtungsgäste.

Shelter Rock Hut zur Dart Hut (9 km, 4–6 Std., 600 m Anstieg, 450 m Gefälle) Die zweite Tagesetappe ist die kürzeste, dafür jedoch sehr anstrengend. Am linken Flussufer des Rees River zieht sich der Pfad 2 km durch subalpine Vegetation und am Kiesufer entlang, überquert dann den Fluss und macht sich an den Anstieg zum 1447 m hohen Rees Saddle. Anschließend geht es steil nach unten Richtung Snowy Creek, der auf der folgenden Strecke rechter Hand des Wanderwegs verläuft und durch eine enge Schlucht rauscht.

Nach etwa 1 km geht es über eine Hängebrücke auf die andere Uferseite, wo ein steiniger, rutschiger Abstieg beginnt. An einer Reihe von Wasserfällen vorbei läuft man der nächsten Flussüberquerung entgegen, kurz vor dem Zusammenfluss von Snowy Creek und Dart River. Auf Grasflächen am rechten Ufer kann gezeltet werden, während am linken Ufer die Dart Hut (32 Betten, $15) steht. Viele Wanderer verbringen hier gleich 2 Nächte und erkunden noch die **Cascade Saddle Route** (s. S. 780).

Dart Hut zur Daleys Flat Hut (16 km, 5–7 Std., 450 m Gefälle) Die Strecke steigt anfänglich ziemlich an und verläuft dann weit oberhalb des Flusses 3 km durch Buchenwald, bevor es zur Cattle Flat hinuntergeht, eine 5 km lange, grasbewachsene Schwemmebene; dieser Abschnitt ist recht kräftezehrend, aber gut markiert. Am Ende der Cattle Flat verschwindet der Weg wieder im Wald und führt bis zur wunderschönen Quinns Flat mehr oder weniger parallel zum Fluss. Die Daleys Flat Hut (20 Betten, $15) liegt etwa eine halbe Stunde vom Dart River entfernt am Rande einer Lichtung, ein traumhafter Fleck – gäbe es nicht die Scharen nervtötender Sandfliegen.

Daleys Flat Hut zum Chinaman's Bluff (16 km, 5–6 Std., 100 m Anstieg, 150 m Gefälle) Der Pfad verläuft rund 4 km durch den Wald bis zur Dredge Flat, wo man sich seinen Weg selbst suchen muss; Markierungen zur Linken zeigen an, an welcher Stelle der Pfad wieder in den Wald hineinführt. Schließlich geht es steil nach oben zum Sandy Bluff und dann hinunter zum

Fluss. Von hier ist es ein einfacher Spaziergang am Fluss entlang zum Chinaman's Bluff.

Am Chinaman's Bluff kann man in einen Bus von Track Transport steigen oder auf der Geländewagenpiste bis zum **Paradise-Parkplatz** (6 km, 2 Std.) weitermarschieren.

Übernachtung

Für die 4 Hütten und die 2 Campingplätze des **Routeburn Track** ist während der Wandersaison (Ende Okt–April) ein **Accommodation Pass** erforderlich. Die Regelung lässt aber einigen Spielraum, so können Wanderer den Weg in beide Richtungen begehen, unterwegs umkehren und bis zu 2 Nächte in einer zuvor bestimmten Hütte verbringen.

Da die Besucherzahl begrenzt ist, sollte man frühzeitig buchen: 3 Monate, wenn man an einem ganz bestimmten Tag losmarschieren will oder mit einer größeren Gruppe unterwegs ist. Auf diese Weise ist ein Bett in einer der Hütten gewährleistet, die alle über Toiletten mit Spülung, Leitungswasser (das gefiltert oder abgekocht werden muss), eine Heizung und Gasherde, jedoch weder Koch- noch Essgeschirr verfügen. Die Übernachtung kostet $45 pro Person und Nacht.

Am einfachsten bucht man online unter 🖳 www.doc.govt.nz, und zwar ab dem 1. Juli für die kommende Saison; wer möchte, kann auch schriftlich oder persönlich bei den DOC-Büros buchen.

Falls der Track aufgrund schlechter Witterung oder Unbegehbarkeit geschlossen sein sollte, werden die vollen Kosten erstattet – eine erneute Buchung ist jedoch nur möglich, wenn noch Plätze frei sind. Änderungswünsche bezüglich bestehender Reservierungen (je $10) sind vor Beginn der Wanderung anzumelden, können jedoch nur erfüllt werden, sofern die Kapazitäten dies zulassen. Außerhalb der Saison können Schlafplätze in den Hütten nicht gebucht werden, die Übernachtung kostet dann lediglich $15, und die Jahreskarten sind gültig. Nahe den Hütten Routeburn Flats und Mackenzie liegen einfache **Campingplätze** (mit Plumpsklos und Wasser, $15); Camper dürfen allerdings nicht die Einrichtungen der Hütten benutzen.

Der **Greenstone Track** und der **Caples Track** sind längst nicht so begehrt, und es gibt auch kein Reservierungssystem. Auf jedem der beiden Wege gibt es zwei Hütten mit Plumpsklos und Leitungswasser ($15 p. P.), für die man Übernachtungstickets braucht – entweder erhältlich bei einem der beiden Aufseher oder, was sicherer ist, im Voraus beim DOC. Gültig ist hier auch die Jahreskarte. In beiden Tälern darf man am Rand des Waldes, nicht aber auf offenem Gelände zelten. Wie überall sonst ist es auch hier gern gesehen, wenn man in Nähe der Hütten kampiert und deren Außeneinrichtungen nutzt. Wer die Hütte selbst nutzen, aber draußen schlafen möchte, zahlt die Hälfte des üblichen Übernachtungspreises. Wildcamper sollten mindestens 50 m entfernt vom Weg ihr Zelt aufschlagen.

Die 3 Hütten auf dem **Rees-Dart Track** (jeweils $15 p. P.) können nicht im Voraus gebucht werden. Wanderer sollten eine Jahreskarte oder Hüttentickets mitbringen.

Sonstiges

Informationen

DOC Visitor Centre in Queenstown (s. S. 742). Hier können Wanderer Anmeldeformulare (für den Routeburn nicht erforderlich) ausfüllen, den aktuellen Wetterbericht hören, sich über den Zustand der Wege erkundigen und Wanderkarten kaufen.

Die **DOC-Broschüren** The Routeburn Track und The Greenstone and Caples Tracks sowie die Routeburn, Caples & Greenstone Parkmap (1:65 000, $19) enthalten Beschreibungen der drei Wanderstrecken. Hilfreich für den Rees-Dart Track sind die Broschüre Dart and Rees Valleys und die Karte Mount Aspiring Parkmap, aber noch besser sind die detaillierteren Topokarten Aspiring und Earnslaw (jeweils 1:50 000).

Geführte Wanderungen

Wer den Routeburn nur auf einer Tageswanderung kennen lernen und sich nicht auf die Shuttlebusse verlassen möchte, kann sich dem Routeburn Encounter von **Ultimate Hikes**, 📞 0800/659 255, 🖳 www.ultimatehikes.

co.nz, anschließen ($155 inkl. Transfer von Queenstown, Ausrüstung und Mittagessen). Wer den ganzen Routeburn gehen möchte, aber seiner Erfahrung nicht ganz traut oder keinen schweren Rucksack schleppen möchte, kann sich ebenfalls einer geführten Wanderung anschließen. Das Tempo ist gemächlich, und die Wanderer müssen nur ihre persönlichen Sachen tragen, also keine Lebensmittel oder Campingausrüstung. Allerdings dauert ein Tagesmarsch normalerweise 5–6 Std. und führt manchmal durch schwieriges Gelände, weswegen man vorher ordentlich trainieren sollte.

Die **Übernachtung** erfolgt in einfachen, privat geführten Hütten, die immerhin über warme Duschen und Betten mit Bettdecken verfügen. Morgens gibt es ein Frühstück und abends ein Abendessen mit Wein. So viel Luxus hat natürlich seinen **Preis**: Der 3-tägige Routeburn Guided Walk von Ultimate Hikes wird von Nov–April durchgeführt und kostet inkl. Transport to und nach Queenstown sowie 2 Hüttenübernachtungen $1270 (Nov u. April $1125); der Grand Traverse, eine 6-tägige Wandertour auf den Tracks Routeburn und Greenstone mit 5 Übernachtungen $1765 (Nov u. April $1560).

Der Routeburn Track kann auch mit dem Milford Track Guided Walk (s. S. 809) kombiniert werden.

(s. S. 809)

Transport

Im Sommer ist es nicht schwierig, ein Transportmittel zum Anfangs- oder Endpunkt der Tracks zu finden. **Track Transport**, ☎ 03/442 9708, 🖥 www.infotrack.co.nz, unterhält von Oktober bis April einen Busservice mit folgenden Strecken: von QUEENSTOWN via GLENORCHY ($20) zum Startpunkt des Routeburn Track (weitere $20); von Glenorchy zum Greenstone-Parkplatz ($30); von Glenorchy zum Startpunkt des Rees-Dart Track ($30); von Glenorchy zum Chinaman's Bluff am Ende des Rees-Dart Track ($30).

Wer an **The Divide** (dem westlichen Ende des Routeburn Track) aus- oder zusteigen möchte, kann einen der Busse nehmen, die zwischen TE ANAU und dem Milford Sound pendeln (Fahrpläne bei einer Touristeninformation oder der Busgesellschaft erfragen), oder eine Abholung an der Divide mit Rückfahrt nach Queenstown arrangieren (ca. $77). Die meisten Busse passieren The Divide Richtung Te Anau und Queenstown um 10.15 und 15.15 Uhr, zusätzlich kommt ein Bus Richtung Te Anau ($38) um 17.45 Uhr vorbei; Busse von der Divide zum MILFORD SOUND ($33) fahren um 8.30, 10.50 und 14.15 Uhr. Wer sich den Rückweg nach Queenstown sparen will, kann sein zurückgelassenes **Gepäck** mit Track Transport nach Te Anau oder Milford Sound transportieren lassen.

Wanaka und Umgebung

Wanaka, nur 55 km nordöstlich von Queenstown, aber gut anderthalb Autostunden entfernt, lag lange Zeit im Schatten seiner draufgängerischen Schwester, obwohl es ebenfalls mit einer herrlichen Landschaft und handfesten Abenteueraktivitäten aufwarten kann. In den letzten Jahren hat sich durch eine rege Bautätigkeit einiges in der Stadt getan, und Wanaka ist derzeit einer der am schnellsten wachsenden Orte Neuseelands. Die Stadt liegt an der Stelle, wo die mit Pappeln bestandenen Hügel von Central Otago in die atemberaubenden Bergriesen des Mount Aspiring National Park übergehen, direkt am **Lake Wanaka**, in dem sich oft die zackigen Gipfel der Neuseeländischen Alpen spiegeln.

Wanaka entstand in den 60er-Jahren des 19. Jhs. als Versorgungsposten für hiesige Claim-Besitzer und umherziehende Goldgräber, kam aber erst gegen Mitte des 20. Jhs. in die Gänge, als die mit Campingausrüstungen und Wohnwagen bewaffneten Kiwis das trockenwarme Sommerklima für sich entdeckten. Mittlerweile ticken auch in Wanaka die Uhren schneller, aber es ist nach wie vor ein kleines, überschaubares Städtchen, das eher an ein Dorf erinnert und ein wunderbares Gefühl von Helligkeit und Weite ausstrahlt. Wanaka bezeichnet sich selbst als Abenteuerdestination und ist ein herrliches Plätzchen, um ein paar Tage auszuspannen.

Ein halber Tag reicht aus, um Wanakas **Puzzling World** und die bescheidenen Museen zu besuchen. So bleibt genügend Zeit fürs Faulenzen am See und für Touren und Abenteueraktivitäten. Wanaka stellt auch das perfekte Sprungbrett für Abstecher in die Umgebung dar, insbesondere in den **Mount Aspiring National Park** und das **Cardrona Valley**. In den Wintermonaten gerät Wanakas relative Beschaulichkeit durch die **Ski- und Snowboardfahrer** aus den Fugen, die in Scharen einfallen und die Pisten bevölkern.

Wenig beschaulich geht es in Wanaka auch zu **Silvester** zu, wenn anscheinend die Hälfte aller Teenager der Südinsel hier zusammenkommt – am besten hält man sich zu dieser Zeit vom Ort fern. Ende April findet in ungeraden Jahren das **Festival of Colour**, 🖥 www.festivalofcolour. co.nz, statt, ein Kulturfestival mit Ausstellungen, Tanz, Musik und Theater. Das relativ neue **WanakaFest**, 🖥 www.wanakafest.co.nz, Mitte Oktober widmet sich vor allem dem Essen und Trinken, begleitet von Musikveranstaltungen.

Das Zentrum von Wanaka lässt sich mühelos per pedes auskundschaften, und die meisten Unterkünfte befinden sich in einem Umkreis eines nicht einmal 15-minütigen Fußweges. Für Ausflüge in die Umgebung mietet man sich am besten ein Fahrrad oder ein Auto.

Wanaka

In Wanakas Zentrum lässt es sich zwar angenehm entspannen, aber typische Sehenswürdigkeiten gibt es keine. Um die hiesigen Attraktionen zu erleben, muss man die Innenstadt verlassen. 3 km westlich lockt das Weingut **Rippon Vineyard**, Mount Aspiring Rd, ✆ 03/443 8084, 🖥 www. rippon.co.nz. Weinproben sind kostenlos, wobei der Pinot Noir und der seltene Osteiner Riesling besonders empfehlenswert sind. Es gibt kaum einen schöneren Picknickplatz als das Weingut, sodass man am besten ein paar Sandwiches einpackt und diese zusammen mit einer herrlichen Aussicht genießt. Den Weg von Wanaka zum Weingut legt man am besten zu Fuß über den **Waterfall Creek Walk** (s. S. 778) zurück, wobei schon viele die Abzweigung verpasst haben: Unmittelbar nach den ersten Weinstöcken links in

einen Pfad einbiegen. ⏰ tgl. Dez–April 11–17, Juli–Nov 13.30–17.30 Uhr. Wer sich nicht auf Schusters Rappen zum Weingut begeben möchte, kann sich im Rahmen des Vineyard Trail Ride ($90) des **Timber Creek Equestrian Centre**, ✆ 027/210 9098, auf dem Rücken eines Pferdes zum Weingut tragen lassen; zum Ausritt gehört auch eine Weinprobe. Jeden Februar findet auf dem Weingut ein eintägiges Open-Air-Musikfestival statt, 🖥 www.ripponfestival.co.nz, bei dem Top-Kiwi-Bands spielen.

Unmittelbar östlich der Stadt ragt der mächtige Mount Iron auf, der den Weg zur **Stuart Landsborough's Puzzling World**, ✆ 03/443 7489, 🖥 www.puzzlingworld.co.nz, weist, rund 2 km außerhalb des Zentrums am SH84. Das Highlight ist „The Great Maze", ein 1500 m langes Holzlabyrinth. Wer sich in den Irrgarten begibt, muss alle vier Ecktürme erreichen, um zum Ausgang zu gelangen. Einen Besuch lohnen auch die „Illusion Rooms", u. a. mit Hologrammen, und das „Tilted House", das Perspektivspielereien gewidmet ist. ⏰ tgl. 8.30–17.30 Uhr, Eintritt $9 für das Maze oder die Illusion Rooms, $12,50 für beides.

Wanakas Flughafen ist Veranstaltungsort mehrerer luftiger Aktivitäten (s. S. 776). Hier befindet sich auch das **New Zealand Fighter Pilots Museum**, 🖥 www.nzfpm.co.nz, zu Ehren neuseeländischer Piloten und Mitarbeiter am Boden, die im Zweiten Weltkrieg kämpften. ⏰ tgl. 9–16 Uhr, Eintritt $10. Über Ostern findet auf dem Flughafen in geraden Jahren die dreitägige Luftfahrtschau **Warbirds over Wanaka**, 🖥 www. warbirdsoverwanaka.com, statt (Goldpass $395, Standardpass für 3 Tage $165, für den Samstag, den Hauptveranstaltungstag, $70). Den 100 000 Zuschauern werden Flugdemonstrationen mit allen möglichen Arten von Flugzeugen geboten.

Nebenan befindet sich das expandierende **Wanaka Transport and Toy Museum**, in dem alle möglichen alten und neueren Fahrzeuge sowie jede Menge Spielzeug (darunter mehr als 500 Barbie-Puppen) ausgestellt sind. ⏰ tgl. 8.30–17 Uhr, Eintritt $8.

In unmittelbarer Nachbarschaft des Museums lohnt ein Besuch bei **Wanaka Beerworks**, ✆ 03/443 1865, 🖥 www.wanakabeerworks. co.nz, einer preisgekrönten kleinen Brauerei, wo

Im Mai bereitet sich Wanaka auf die Wintersaison vor. Radverleiher mutieren zu Skiverleihern, Surflehrer zu Snowboardlehrern, und in den Restaurants wechselt man die Sonnenschirme gegen Bolleröfen aus. Shuttles fahren in kurzen Abständen zu den Skigebieten hinaus. Für eine Autofahrt in die Skigebiete sind **Schneeketten** erforderlich, die es an Tankstellen in Wanaka auszuleihen gibt.

Cardrona

Das **Cardrona Alpine Resort**, ☎ 03/443 7411, 🖳 www.cardrona.com, Ende Juni–Anfang Okt, erstreckt sich über drei Talsenken an den Südosthängen des 1934 m hohen Mount Cardrona und ist über eine 12 km lange, mautfreie Schotterpiste zu erreichen, die 24 km südlich von Wanaka, kurz vor dem Weiler Cardrona, vom SH89 abzweigt. Das Skigebiet ist bekannt für trockenen Schnee und zahlreiche einfache Abfahrten (5 für Anfänger, 13 für Fortgeschrittene, 9 für erfahrene Skifahrer). Es gibt Sessellifte sowie Schlepplifte für Skischüler. Der maximale Höhenunterschied misst 390 m; Snowboardern stehen drei Terrainparks zur Verfügung.
Wie nicht anders zu erwarten, werden jede Menge Skikurse und Pauschalarrangements angeboten. Außerdem findet man hier diverse Ausrüstungsverleiher, ein Restaurant und eine Bar. Erwachsene zahlen für einen **Skipass** $85. Für die Zufahrtsstraße zu den Ausrüstungsläden auf halber Hanghöhe benötigen Autofahrer Schneeketten. Wintersportler ohne eigenen fahrbaren Untersatz gelangen mit **Bussen** von Wanaka oder Queenstown (1 1/2 Std.) hierher.
Das Resort bietet eine **Übernachtungsmöglichkeit** direkt am Skihang, entweder in luxuriösen Selbstversorger-Studios für 2 Pers. ❼ oder in Apartments, die 2 oder 3 Schlafzimmer haben und auf maximal 8 Pers. ausgelegt sind ($310–620).

Treble Cone

Erprobte Skihasen zieht es zu den Steilhängen von Treble Cone, ☎ 03/443 7443, 🖳 www.treblecone.co.nz, Ende Juni–Anfang Okt, 22 km westlich von Wanaka, zu erreichen über eine 7 km kostenlose Zufahrtsstraße. Die besondere Anziehungskraft dieser Gegend liegt in ihren baumlosen, von relativ wenigen Skifahrern bevölkerten Hängen (4 Pisten für Anfänger, 16 für Fortgeschrittene, 19 für erfahrene Skifahrer) in bezaubernder Lage oberhalb des Lake Wanaka mit einem Höhenunterschied von 700 m.
Das **Terrain** ist sehr abwechslungsreich und umfasst zahlreiche natürliche und künstlich angelegte Abfahrten. Für Anfänger gibt es drei ganz neue planierte Pisten, und auch Snowboarder kommen voll auf ihre Kosten. Der **Skipass** kostet pro Tag $89. Von Wanaka starten morgens **Zubringerbusse**, und ein kleiner Shuttlebus bringt Skiläufer vom Beginn der Zufahrtsstraße an der Mount Aspiring Road zu den Liften hinauf. Touren ins Hinterland ab Treble Cone bietet **Aspiring Guides**, ☎ 03/443 9422, 🖳 www.aspiringguides.com.

Snow Farm

Angesichts der Tatsache, dass sehr viele Neuseeländer eingeschworene Abfahrtsläufer sind, stellen die Langlaufloipen von Snow Farm, ☎ 03/443 0300, 🖳 www.snowfarmnz.com, eine Überraschung dar.
Das Gelände befindet sich 24 km südlich von Wanaka gegenüber von Cardrona und ist über eine 13 km lange, kurvige Schotterstraße zu erreichen. Von Juli bis September tummeln sich Langläufer auf den insgesamt 55 km umfassenden Loipen. Die Tageskarte kostet nur $35, Ausrüstung kann für $25 geliehen werden.

man für $6 drei Biersorten probieren kann, die nur in Bars und Restaurants von Central Otago ausgeschenkt werden. ⏲ tgl. 9–16 Uhr oder später, einfache Führungen tgl. um 14 Uhr.

Übernachtung

In den Hauptreisemonaten Januar, Februar, Juli und August ist eine Reservierung unbedingt erforderlich.

Wanaka

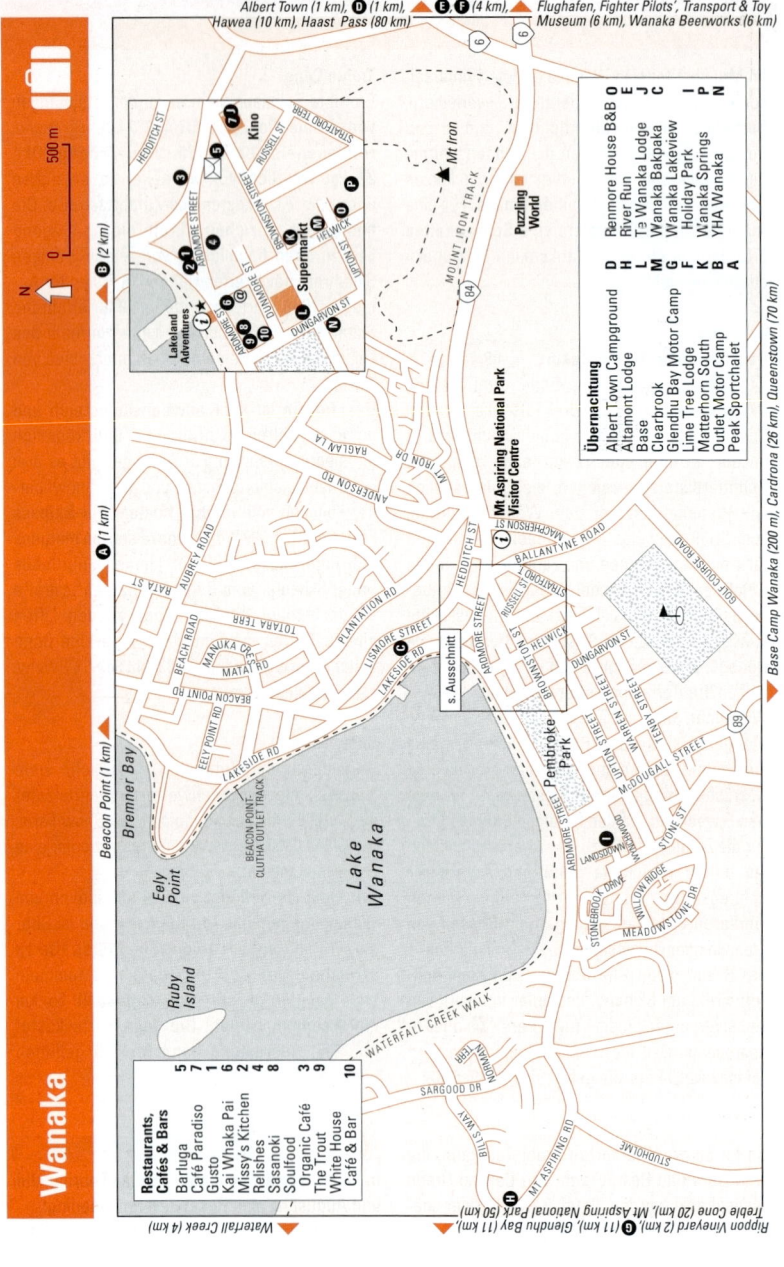

Albert Town (1 km), **D** (1 km), **E**, **F** (4 km), Flughafen, Fighter Pilots', Transport & Toy
Hawea (10 km), Haast Pass (80 km) Museum (6 km), Wanaka Beerworks (6 km)

Kino

Mt Iron

Puzzling World

Lakeland Adventures

Supermarkt

500 m

Beacon Point (2 km)

A (1 km)

B (2 km)

Mt Aspiring National Park Visitor Centre

MOUNT IRON TRACK

Beacon Point (1 km)

Bremner Bay

Eely Point

Ruby Island

Lake Wanaka

Beacon Point – Clutha Outlet Track

Waterfall Creek Walk

s. Ausschnitt

Pembroke Park

Base Camp Wanaka (200 m), Cardrona (26 km), Queenstown (70 km)

Rippon Vineyard (2 km), **B** (11 km), Glendhu Bay (11 km),
Treble Cone (20 km), Mt Aspiring National Park (50 km)

Waterfall Creek (4 km)

Übernachtung

Albert Town Campground	D	
Altamont Lodge	H	
Base	L	
Clearbrook	M	
Glendhu Bay Motor Camp	G	
Lime Tree Lodge	F	
Matterhorn South	K	
Outlet Motor Camp	B	
Peak Sportchalet	A	
Renmore House B&B	O	
River Run	E	
Tₐ Wanaka Lodge	J	
Wanaka Bakpaka	C	
Wanaka Lakeview	I	
Holiday Park		
Wanaka Springs	P	
YHA Wanaka	N	

Restaurants, Cafés & Bars

Barluga	5
Café Paradiso	7
Gusto	1
Kai Whaka Pai	6
Missy's Kitchen	2
Relishes	4
Sasanoki	8
Soulfood	3
Organic Café	
The Trout	9
White House Café & Bar	10

Hotels und Motels

Altamont Lodge, 121 Mount Aspiring Rd, 2 km westlich von Wanaka, ℰ 03/443 8864, 🖳 www.altamontlodge.co.nz. Einladende, holzgetäfelte Wanderer- und Skilodge mit Gemeinschaftsküche, Aufenthaltsraum und Spa. Zweckmäßige Zimmer mit Gemeinschaftsbad; gute Preise für Einzelreisende. Bettwäsche $5 (oder eigene mitbringen). **❷**

Clearbrook, Helwick St, Ecke Upton St, ℰ 0800/443 441, 🖳 www.clearbrook.co.nz. Schickes, preisgünstiges Motel mit geschmackvoll eingerichteten Luxus-Units (Studios, Apartments mit 1–2 Schlafzimmern) am Bullock Creek; alle verfügen über TV, Stereoanlage, Küche mit Geschirrspüler, Waschmaschine und Balkon mit Bergblick. Außerdem Häuser für 6 Personen ($370). **❺**

B&Bs, Homestays und Lodges

Peak Sportchalet, 36 Hunter Crescent, 2 km nördlich vom Ort, ℰ 03/443 6990, 🖳 www.

YHA Wanaka, 94 Brownston St, ℰ 03/443 1880, 🖳 www.yha.co.nz. Der neuseeländische Herbergsverband hat die Purple Cow übernommen, ein großes, geräumiges Hostel in einem ehemaligen Hotel; Dorms mit bis zu 6 Betten, teilweise in separaten Blocks mit eigener Lounge, Bad und TV. Außerdem DZ mit Bad, einige mit Seeblick und TV/DVD. Toller See- und Bergblick durch die großen Panoramafenster der Aufenthaltsräume. Das alte Hostel, 181 Upton St, ℰ 03/443 7405, nimmt bei großem Andrang Gäste auf. Dorms $26, Zimmer **❷**, mit Bad **❸**

Luxus-Lodges in Wanaka

Lime Tree Lodge, Ballantyne Rd, 6 km südlich von Wanaka am SH6, ℰ 03/443 7305, 🖳 www.limetreelodge.co.nz. Edles B&B in toller, zweckentsprechend gebauter Lodge mit 6 Zimmern und 2 Suiten. Individuell eingerichtete Zimmer, erfrischende persönliche Noten und köstliches Essen. Freundliche, gut informierte und sehr engagierte Gastgeber. Zimmer und Suiten **❾**

River Run, Halliday Rd, 5 km östlich von Wanaka, ℰ 03/443 9049, 🖳 www.riverrun.co.nz. Elegante Lodge etwas oberhalb des Clutha River mit 5 DZ, sonnigen Veranden und Speisesaal, in dem ein ausgezeichnetes 3-gängiges Abendmenü ($85) serviert wird. Preis inkl. Frühstück und Drink am Abend. **❾**

Te Wanaka Lodge, 23 Brownston St, ℰ 0800/926 252, 🖳 www.tewanaka.co.nz. Eines der besten B&Bs in Wanaka; 13 luxuriöse Zimmer mit Bad, Sky-TV und separatem Eingang; außerdem beheizter Whirlpool im schönen Garten, Hausbar, üppiges Frühstücksbuffet sowie freundliche und hilfsbereite Gastgeber, die viel über Outdoor-Aktivitäten wissen. **❼**

peak-sportchalet.co.nz. Geräumiges Selbstversorger-Chalet und Studio mit 2 Schlafzimmern, im Besitz von netten Deutschen, Frühstücksbuffet $10 extra. Toll für eine Familie oder zwei Paare. Studio **❹**, Chalet **❺**

Renmore House B&B, 44 Upton St, ℰ 03/443 6566, 🖳 www.renmore-house.com. Großes Haus am Bullock Creek; ziemlich luxuriöse Unterbringung in 3 DZ mit Bad; überaus freundliche Gastgeber und kostenlose Fahrradbenutzung. **❼**

Wanaka Springs, 21 Warren St, ℰ 03/443 8421, 🖳 www.wanakasprings.com. Edle Unterkunft mit komfortablen, schön eingerichteten Zimmern, stilvollen Gemeinschaftsräumen und Spa im Garten; gut informierte Besitzer. **❽**

Hostels

Base, 73 Brownston St, ℰ 03/443 4291, 🖳 www.staybase.com. In Wanaka eröffnen immer mehr Hostels, und dieses relativ neue ist typisch für die Hostels der Base-Kette in Neuseeland und Australien: gute Zimmer, winzige, schlecht ausgestattete Küche, etwas penetranter Tourbuchungsschalter und angegliederte, bis (sehr) spät geöffnete Bar mit günstigem Essen für Gäste. Dorms $25, Zimmer **❷**, mit Bad **❸**

Matterhorn South, 56 Brownston St, ℰ 03/443 1119, 🖳 www.matterhornsouth.co.nz. Nettes Hostel mit Dorms unterschiedlicher Größe ($24) sowie modernen 4er-Zimmern mit

Bad, TV, Kühlschrank und Zugang zu toller Küche und Gemeinschaftsraum; kostenloser Whirlpool. Zimmer ❷, mit Bad ❸
Wanaka Bakpaka, 117 Lakeside Rd, ✆ 03/443 7837, 🖳 www.wanakabakpaka.co.nz. Einfache Herberge mit Dorms ($26) und DZ (nach den neueren Zimmern fragen), 5 Gehmin. außerhalb des Zentrums; herrlicher See- und Bergblick, geruhsame Atmosphäre, im Sommer Grillabende, außerdem Verleih von Fahrrädern ($20 pro Tag). ❷

Campingplätze und Motor Parks
Albert Town Campground, 6 km nordöstlich von Wanaka am SH6. Offener, informeller Campingplatz mit Wasser und Toiletten am Ufer des reißenden Clutha River. $7.
Glendhu Bay Motor Camp, Mount Aspiring Rd, 12 km westlich von Wanaka, ✆ 03/443 7243, 🖳 www.glendhubaymotorcamp.co.nz. Wunderschön am See gelegener Familienplatz mit tollem Blick Richtung Mount Aspiring, Bootsrampe, Kanu- ($10/Std.) und Motorbootverleih ($100/Std. plus Treibstoff). Camping $14, Herbergsbetten $20, Cabins ❶

Heli-skiing ist ein teurer Spaß, aber die einzige Möglichkeit, an den Ausgangspunkt der bis zu 1200 Höhenmeter überwindenden Steilabfahrten durch Pulverschnee zu gelangen. Harris Mountains Heli-Ski, ✆ 03/442 6722, 🖳 www.heliski.co.nz, bietet von Juni bis Oktober rund 400 verschiedene Flüge zu fast 150 verschiedenen Gipfeln, vor allem in die **Harris Mountains** zwischen der Crown Range bei Queenstown und dem Mount Aspiring National Park bei Wanaka. Erfahrene Skiläufer profitieren von diesem kostspieligen Erlebnis am meisten.
Der Abflug ist natürlich auch abhängig von den **Witterungsbedingungen**, doch während der Saison kann man mit 70%iger Wahrscheinlichkeit abheben – üblicherweise folgt auf vier, fünf Schönwettertage eine Schlechtwetterperiode. Das begehrteste der zahlreichen Angebote ist The Classic für $825 mit 4 Abfahrten.

Kai Whaka Pai, Ardmore St, Ecke Helwick St. Bei Einheimischen sehr begehrtes Tageslokal, bietet Frühstück, Gebäck und hervorragenden Kaffee, abends einfache Speisen, Bier und Wein.

Outlet Motor Camp, Lake Outlet Rd, 6 km von Wanaka, ✆ 03/443 7478. Wunderbar gelegener, großzügig angelegter Campingplatz an der Mündung des Clutha River in den Lake Wanaka – ausgezeichnete Spaziermöglichkeiten am See oder Fluss. Zelt- und Wohnmobilstellplätze und Selbstversorger-Zelte mit richtigen Betten. Camping $12, Zelte ❷
Wanaka Lakeview Holiday Park, 212 Brownston St, ✆ 03/443 7883, 🖳 www.wanakalakeview.kiwiholidayparks.com. Günstig gelegener Campingplatz, nur 10 Gehmin. vom Zentrum entfernt; Stellplätze ($16), Dorms ($20), Standard-Cabins ❶, Selbstversorger-Flats ❸

Barluga, Post Office Lane. Kleine Weinbar nahe der Ardmore St mit Ledersofas und -sesseln, Kaminfeuer und Innenhof.
Café Paradiso, Ardmore St, Ecke Ballantyne Rd. Cooles kleines Café im gleichnamigen gemütlichen Kino, ✆ 03/443 1505, 🖳 www.paradiso.net.nz (Filmvorführung $12), serviert hervorragenden Kaffee, Popcorn, Kekse, Kuchen, köstliches, hausgemachtes Eis ($3,50) sowie abends Currys und Pizzas (ab $18). Schanklizenz.
Gusto, 1 Lakeside Rd. Sehr beliebt zum Mittagessen: informelle Bistro-Atmosphäre, prima Kaffee, große Auswahl frisch gepresster Säfte, den ganzen Tag über Frühstück, außerdem üppig portionierte Salate.

Missy's Kitchen, 80 Ardmore St, ✆ 03/443 5099. Ausgewähltes Angebot an gutem Essen (Hauptgerichte $26–32) und umfangreiche Weinkarte; schöner Balkon für laue Sommerabende.

Red Rock, Ardmore St, ✆ 03/443 5545, der einzige echte Club des Orts, lebendig und laut, und es werden Snacks serviert. ⏱ Fr und Sa ab 20.30 Uhr.

Relishes, 99 Ardmore St, ✆ 03/443 9018. Schnörkelloses Café und Restaurant mit gutem Mittag- ($16–19) und Abendessen ($26–35). Empfehlenswert ist der hausgemachte Burger (ca. $20), und auch für ein Dessert sollte Platz gelassen werden.

Sasanoki, 139 Ardmore St, ✆ 03/443 6474. Exzellente japanische Speisen zu sehr günstigen Preisen, eher zum Mitnehmen als zum Essen vor Ort. ⏱ tgl. 11.30–14.30 und 17–20 Uhr.

The Trout, 151-153 Ardmore St. Wahrscheinlich die gradlinigste Kneipe am Ort, mit guter Auswahl an Bieren und einigen billigen Bar-Snacks.

White House Café & Bar, 33 Dunmore St, ✆ 03/443 9595. Der Besitzer ist exzentrisch, die Karte winzig und die gesamte Einstellung eher relaxt, aber ein Essen hier ist ein kulinarisches Abenteuer – mal gut, mal furchtbar. An guten Tagen machen die mediterran angehauchten schnörkellosen Hauptgerichte ($26–36) vieles wieder wett; sehen lassen können sich auf jeden Fall die Weinkarte und die Desserts.

Aktivitäten

Da das Freizeitpotenzial Wanakas noch nicht ganz so intensiv vermarktet wird wie in Queenstown, ist die Atmosphäre entspannter, und zumeist gibt es hier gleichwertige Angebote für weniger Geld. **Buchungen** lassen sich über die meisten Unterkünfte, zahlreiche Agenturen oder direkt beim Veranstalter tätigen.

Canyoning

Deep Canyon, ✆ 03/443 7922, 🖳 www.deepcanyon.co.nz, organisiert Nov–März täglich Exkursionen in kleinen Gruppen durch enge Canyons, bei denen gesprungen, gerutscht und abgeseilt werden muss. Warme Schutzkleidung hilft gegen das Gefühl der Verletzbarkeit, und am Ende gibt's ein Picknick und einen starken Kaffee. Für Neulinge eignet sich am besten der **Niger Stream Trip** (7–8 Std., $225) entlang einem hübschen Fluss mit

Essen für die Seele

Soulfood Organic Café, 74 Ardmore St. Wunderbares Feinkostgeschäft und Café mit Tischen drinnen und draußen. Toller Kaffee, gutes Essen, köstlicher Käse aus eigener Herstellung, sättigendes Frühstück, mittags Salate, Quiches, Kuchen, alles sehr preisgünstig. ⏱ Mo–Fr 8–17, Sa und So 8–16 Uhr.

zahlreichen Sprüngen in tiefe Becken. Für die Tour **Big Nige** (7–8 Std., $290) benötigt man besser ein wenig Erfahrung im Abseilen. Die Tour **Wilkin Wilderness** (12 Std., $890) umfasst einen Hubschrauberflug, eine fabelhafte Canyon-Tour und eine Jetboat-Fahrt auf dem Wilkin River.

Klettern und Bergsteigen

Das trockene, sonnige Klima von Wanaka eignet sich hervorragend zum Klettern.

Der beste Startpunkt ist das **Base Camp Wanaka Climbing Centre**, 50 Cardrona Valley Rd, ⏱ tgl. 9–18 Uhr. ✆ 03/443 1110, 🖳 www.basecampwanaka.co.nz, 2 km südlich der Ortsmitte. Beim Clip 'N Climb ($18/1 Std., Turnschuhe mitbringen) kann man alle möglichen Kletterarten ausprobieren. Realistischer sind die Kletterwand drinnen und die erstklassig geformte Kletterwand draußen ($15 ohne, ca. $18 mit Ausrüstung). Anfängern wird erst einmal beigebracht, wie sie sich zu sichern haben, und dann kann's losgehen.

Wanaka Rock, ✆ 03/443 6411, 🖳 www.wanakarock.co.nz, bietet eintägige Einführungskurse mit 2–4 Teilnehmern pro Gruppe ($190 p. P.). Wer die Felsen der Umgebung lieber auf eigene Faust erklettert, findet im Buch *Wanaka Rock*, für $30 bei Good Sports (s. S. 777) erhältlich, die nötigen Informationen.

Professionell organisierte Bergtouren bietet **Adventure Consultants**, ✆ 03/443 8711, 🖳 www.adventureconsultants.co.nz. Im Angebot sind 5-tägige Bergtouren auf den Mount Aspiring (ab $4100) sowie exzellente 7-tägige Bergsteigerkurse inkl. Einführung,

Queenstown, Wanaka und Gold Country

Eisklettern, Schneehöhlenbau und mehreren Besteigungen ($5390).

Radfahren und Reiten

In Wanaka wimmelt es von Geschäften (s. S. 777), die **Mountainbikes** verleihen und die *Lake Wanaka Cycling Map* ($2) verkaufen, auf der Trails in der Umgebung verzeichnet sind. Die Wege entlang dem Seeufer stehen Radlern offen, und der „Sticky Forest" verfügt über ein extrem dichtes Netz hervorragender Pfade. Ansonsten kann man sich zur Dirt Farm neben der Snow Farm (S. 771) im Cardrona Valley begeben (Tageskarte $30), wo man per Sessellift Zugang zu jeder Menge Freestyle-Terrain hat.

Fallschirmspringen, Gleitschirmfliegen und Rundflüge

Die wunderbare Landschaft, der meist ungetrübte Himmel und erschwingliche Preise machen Wanaka zu einem hervorragenden Ort für luftige Aktivitäten. Bei **Skydive Lake Wanaka**, Wanaka Airport, ☎ 0800/786 877, 🖥 www.skydivenz.co.nz, kann ein 10-minütiger Rundflug mit einem Tandem-Fallschirmsprung mit 45–60 Sekunden im freien Fall kombiniert werden ($295 von ca. 3600 m, $395 von ca. 4500 m).

Etwas weniger nervenaufreibend sind Tandem-Gleitschirmflüge vom Skigebiet Treble Cone, durchgeführt von **Wanaka Paragliding**, ☎ 0800/359 754, 🖥 www.wanakaparagliding. co.nz (800 m Höhenunterschied, 2 Std., davon 15–25 Min. in der Luft, $190 inkl. Transport).

Die Flüge zum Milford Sound sind von Wanaka aus zwar etwas teurer als von Queenstown, dafür ist man etwa 30 Min. länger in der Luft und bekommt eine abwechslungsreichere Landschaft zu Gesicht – darunter der Mount Aspiring, das Olivine Ice Plateau und die unzugänglichen Seen Alabaster, McKerrow und Tutoko. **Wanaka Flightseeing**, ☎ 0800/105 105, 🖥 www.flightseeing.co.nz, haben mehrere klassische Rundflüge im Programm, darunter die fantastische Tour mit Flug zum Milford Sound und Bootsfahrt vor Ort (4 Std. für $435).

Hubschrauberrundflüge offerieren **Alpine Helicopters**, ☎ 03/443 4000, 🖥 www.alpineheli.co.nz (2 Std., $780). Oder man macht sich auf den Weg nach Makarora für die **Siberia Experience** (S. 734).

Ausflüge auf dem Wasser

Der herrliche See und mehrere Flüsse bieten jede Menge Möglichkeiten, sich auf dem Wasser zu tummeln.

Lakeland Adventures, im i-SITE-Gebäude, ☎ 03/443 7495, 🖥 www.lakelandadventures. co.nz, organisiert die unterschiedlichsten Aktivitäten, darunter geruhsame See-rundfahrten, z. B. zur Stephensons Island mit kurzem Rundgang auf der Insel (2 Std., $70).

Alpine Kayak Guides, ☎ 03/443 9023, 🖥 www.alpinekayaks.co.nz, organisiert Okt–April halbtägige Kajaktrips auf dem Clutha River (WW II, 4 Std., $149). Abfahrt ist beim i-SITE in Wanaka.

Den besten Jetboat-Trip bietet **Wanaka River Journeys**, ☎ 0800/544 555, 🖥 www. wanakariverjourneys.co.nz, die den Matukituki River hinauffahren, wobei man herrliche Blicke auf den Mount Aspiring, den Avalanche Glacier, den Mount Avalanche etc. genießt; der Führer weiß viel zu erzählen und unternimmt einen kurzen Spaziergang mit seinen Kunden (3 Std., $220).

Die Raftingtrips von **Pioneer Rafting**, ☎ 03/443 1246, 🖥 www.ecoraft.co.nz, sind – im Gegensatz zu den abenteuerlichen Fahrten auf dem Kawarau und Shotover, die von Queenstown aus organisiert werden – für Familienausflüge geeignet. Ziel ist der Upper Clutha (WW II–III), wobei das Hauptaugenmerk der Touren auf dem Genießen der Landschaft, Baden und Goldwaschen liegt (Sep–April, halber Tag $135).

Sonstiges

Autovermietungen

Aspiring Car Rentals, Mt Aspiring Rd, ☎ 03/443 7883, bieten die billigsten Mietwagen in Wanaka: rund $45 pro Tag für einen Pkw ohne Kilometerbegrenzung und mit Versicherung.

Fahrradverleih

Zahlreiche Läden in Wanaka vermieten Fahrräder, und viele Hostels und B&Bs halten für ihre Gäste Zweiräder bereit.
Thunderbikes, 48 Helwick St, ☏ 03/443 2558, Hardtail-Bikes für $20/4 Std. und $40/Tag und gefederte Tourenräder für $50 bzw. $75.
Outside Sports, 17-23 Dunmore St, ☏ 03/443 7966, mit ähnlichem Angebot.

Informationen

i-SITE Visitor Centre, 100 Ardmore St, ☏ 03/443 1233, ▭ www.lakewanaka.co.nz. ⏲ tgl. je nach Bedarf von 8.30 bis zwischen 17.30 und 18.30 Uhr.
Mount Aspiring National Park Visitor Centre, SH84, Ecke Ballantyne Rd, 500 m östlich der Innenstadt, ☏ 03/443 7660, ✉ mtaspiringvc@doc.govt.nz; hier gibt's die üblichen DOC-Infos. ⏲ Nov–März tgl. 8–17, April–Okt Mo–Fr 8.30–16.30, Sa 9.30–16 Uhr.

Medizinische Hilfe

Apotheke: **Wanaka Pharmacy**, 33 Helwick St, ☏ 03/443 8000, und **Aspiring Pharmacy**, Helwick St, Ecke Dunmore St, ☏ 03/433 7986.
Ärztliche Hilfe: **Wanaka Medical Centre**, 21 Russell St, ☏ 03/443 7811.

Outdoor-Ausrüstung

Wanaka Sports, 8 Helwick St, ☏ 03/443 7966, verleiht Angelausrüstungen ($25 pro Tag). Alles andere, was man für einen Ausflug in die Natur benötigt, bietet **Outside Sports** (s. o.).

Polizei

Helwick St, ☏ 03/443 7272.

Post

39 Ardmore St, ☏ 03/443 8211, ⏲ Mo–Fr 8.30–17.30, Sa 9–12 Uhr.

Ski und Snowboards

Racers Edge, 99 Ardmore St, ☏ 03/443 7882, ▭ www.racersedge.co.nz, Ski- ($36–47/Tag) und Snowboardverleih ($42), außerdem Wartung und Reparatur.

Good Sports, Dunmore St, ☏ 03/443 7966, ebenfalls Wartung und Reparatur von Wintersportausrüstung.

Transport

Busse

Die täglichen Direktbusse von/nach Christchurch, Dunedin, Queenstown und Franz Josef Glacier halten alle in der Nähe des i-SITE Visitor Centre. Busse nach Queenstown bieten **Southern Link K Bus**, ☏ 0508/458 835, ▭ www.southernlinkkbus.co.nz ($14 einfach), und Atomic, ☏ 03/349 0697, ▭ www.atomictravel.co.nz ($30 hin und zurück).

Busse nach:
CHRISTCHURCH 6x tgl., 7–9 Std.;
CROMWELL 8–9x tgl., 3/4–1 Std.;
DUNEDIN 3x tgl., 4–4 1/2 Std.;
FRANZ JOSEF GLACIER 2x tgl., 6–7 Std.;
QUEENSTOWN 7–9x tgl., 1 3/4 Std.;
RANFURLY tgl. außer Sa, 3 Std.

Flüge

Der Flughafen von Wanaka liegt etwa 9 km östlich des Zentrums am SH6. Ankommende Flüge werden von den Bussen von Alpine Coachlines, ☏ 0800/754 926, erwartet; die Fahrt in die Stadt kostet $15.
Flüge mit Air New Zealand nach CHRISTCHURCH 1x tgl., 1 Std.

Wanderungen in der Umgebung von Wanaka

Hier sind die besten Wandermöglichkeiten in der unmittelbaren Umgebung von Wanaka aufgeführt. Eine umfassende Outdoor-Ausrüstung benötigt man hier nicht, lediglich robuste Schuhe, Regenbekleidung, Sonnenschutz sowie die DOC-Broschüre *Wanaka Walks and Trails*, die eine gute Karte enthält.

Mount Iron Track
2 km, 1–2 Std., 240 Hm

Der von Wanaka am einfachsten erreichbare Wanderpfad ist derjenige zum 549 m hohen

Mount Iron, dessen westliche und nördliche Flanken von dem Gletscher, der einst seinen Südhang bedeckte, abgeschliffen wurden. Die Wanderung beginnt 1,5 km östlich von Wanaka am SH84 und führt durch Weideland sowie die vogelreichen Manuka-Wälder des Mount Iron Scenic Reserve über den Südhang zum Gipfel. Von oben bietet sich ein herrlicher Panoramablick. Den Rückweg kann man über den Osthang des Mount Iron antreten und gelangt in Nähe des Eingangs von Puzzling World (s. S. 770) wieder auf den SH84.

Roy's Peak Track
16 km, 4–6 Std., 1100 Hm
Der Mount Roy Track ist eine erheblich anstrengendere Unternehmung. Er windet sich zum 1578 m hohen Gipfel des Roy's Peak hinauf, wo Wanderer mit der wunderschönen Aussicht über den Lake Wanaka und die ihn umgebenden Gletscher und Berge belohnt werden. Der Pfad, der 7 km westlich von Wanaka an der Mount Aspiring Road beginnt, ist zur Lammzeit vom 1. Oktober bis 10. November gesperrt.

Diamond Lake Track
7 km, 2 1/2 Std., 400 Hm
Mit großartigen Ausblicken auf den See und die Berge wartet auch der Diamond Lake Track auf, der den 775 m hohen Gipfel des **Rocky Hill** zum Ziel hat. Vom Parkplatz 18 km westlich von Wanaka an der Mount Aspiring Road gehen noch zwei kürzere Wanderpfade ab, doch nur vom Rocky Hill genießt man die fantastische Aussicht.

Beacon Point-Clutha Outlet Circuit
16 km, 3–5 Std., zumeist eben
Diese lange, aber leichte Wanderung beginnt und endet in Wanaka. Am Seeufer geht es zum **Eely Point** (15 Min.) mit einer geschützten Bucht, die ein beliebtes Ziel zum Bootfahren und Picknicken darstellt. Kurz darauf erreicht man die Bremner Bay und nach weiteren 30 min. ist der **Beacon Point** erreicht. Nun kann man entweder auf demselben Weg zurückkehren oder über die Beacon Point Road zum Outlet Motor Camp marschieren und dort in den **Outlet Track** einbiegen, der nach 4 km die Alison Avenue erreicht und unweit der Albert Town Bridge auf den SH6 stößt. Am Fuße des Mount Iron läuft man zurück nach Wanaka.

Waterfall Creek Walk
3 km einfach, 35 Min., minimale Steigung
Das westliche Gegenstück des Beacon Point-Clutha Outlet Circuit verlässt die Roy's Bay und führt durch den Wanaka Station Park und am Rippon Vineyard vorbei zu einem Parkplatz am Waterfall Creek. Hier wechselt man auf den **Millennium Walkway** (5 km einfach, 1 Std., 100 Hm), der über die terrassierten Hänge am Seeufer auf den Ironside's Hill führt. Beide Wege dürfen auch von **Radfahrern** benutzt werden.

Cardrona Valley

Die Nachricht von den Goldfunden, die William Fox 1862 bei Arrowtown machte, zog schnell zahlreiche Glücksritter an, die sich entlang der Crown Range ins Cardrona Valley wühlten, wo noch im selben Jahr **Gold** entdeckt wurde. Fünf Jahre später wanderten die Europäer zu den neuen Goldfeldern an der Westküste ab und überließen es den chinesischen Immigranten, nach den übersehenen Resten zu graben. Um 1870 waren auch die Chinesen wieder von dannen gezogen.

Die kürzeste – aber nicht unbedingt schnellste – Verbindung von Wanaka nach Queenstown ist die **Crown Range Road** (SH89) durch das Cardrona Valley. Sie erreicht die stolze Höhe von 1120 m und gehört damit zu den höchstgelegenen öffentlichen Straßen Neuseelands. Die Kurven sind an einigen Stellen so eng, dass Autofahrern mit Wohnwagen oder Anhänger von einer Befahrung abgeraten wird. An einem schönen Tag kommt man in den Genuss einer herrlichen Fahrt durch das grasbewachsene Hochland, vorbei an den Überresten aus der Goldgräber-Vergangenheit des Tals.

Etwa 24 km hinter Wanaka liegt ein kleines Paradies für Motorsportler, der **Cardrona Adventure Park**, ✆ 0800/102 122, 🖥 www.adventure park.co.nz. Hier kann man auf **Quadbikes** querfeldein über Farmland preschen ($160 für 2 Std.) oder mit einem geländegängigen Monster-Truck einen Hinderniskurs bewältigen ($250). Außerhalb der sommerlichen Hochsaison sollte man sich telefonisch anmelden.

Nach zwei weiteren Kilometern erreicht man die kleine Siedlung **Cardrona**, die nurmehr aus einer Hand voll Cottages, einem verwilderten Friedhof und dem Cardrona Hotel, ☎ 03/443 8153, 🖳 www.cardronahotel.co.nz ❻, besteht. Das Hotel mit aufgefrischtem Innenleben und Biergarten ist eine beliebte Anlaufstelle für Wintersportler und bietet gutes Essen (Hauptgerichte $23–32).

Südlich von Cardrona windet sich die Straße weitere 26 km durch grasbewachsenes Hügelland zu einem Aussichtspunkt mit wunderbarem Blick über Queenstown und den Lake Wakatipu. Danach geht es in steilen Haarnadelkurven hinunter zum SH6 und nach Queenstown.

Matukituki Valley und Mount Aspiring National Park

Das **Matukituki Valley** ist so etwas wie der Freizeitpark von Wanaka, ein 60 km langer Arm, der sich von der sonnenverbrannten Landschaft um den Lake Wanaka bis zu den alpinen Ausläufern des Mount Aspiring erstreckt. Skiläufer auf dem Weg zum Treble Cone durchqueren die Schafweiden am Flussufer; Kletterlustige zieht es zu den schroffen Felswänden links und rechts der Straße, Kanuten auf den Matukituki River und Wanderer sowie Bergsteiger in den **Mount Aspiring National Park**. Der Park, bereits 1935 geplant, aber erst 1964 realisiert, zählt zu den größten des Landes und reicht vom Haast Pass im Norden bis zum oberen Lake Wakatipu im Süden. Sein Herzstück bildet der pyramidenförmige **Mount Aspiring**, mit 3030 m Neuseelands höchster Berg außerhalb des Mount Cook National Park.

Fährt man auf dem ungeteerten Abschnitt der Mount Aspiring Road am Matukituki River entlang, ist vom Mount Aspiring nicht viel zu sehen, da der Mount Avalanche und der Avalanche Glacier den Blick verstellen. Zerklüftete Berge be-

stimmen die Szenerie bis zum **Raspberry Creek**, wo ein Parkplatz und öffentliche Toiletten den Beginn mehrerer wunderschöner Wanderwege in den Park markieren.

Auf der 55 km langen Strecke zwischen Wanaka und dem Parkplatz am Raspberry Creek verkehren **Busse** von Mount Aspiring Express, ☎ 0800/186 754 ($35 einfach), und Alpine Coachlines, ☎ 0800/754 926, 🖳 www.alpinecoachlines.co.nz (gleiche Preise).

Wanderungen im Matukituki Valley

Für diese Wanderungen empfehlen sich die DOC-Broschüren *Matukituki Valley Tracks* und *Rees-Dart Tracks* sowie die sehr detaillierte Landkarte *Mount Aspiring National Park* ($19). Die Strecken eignen sich nur für relativ sportliche und erfahrene Wanderer, zumal der Park **extreme Klimaunterschiede** aufweist: Im Matukituki Valley fällt pro Jahr durchschnittlich 500 mm Niederschlag, während auf der westlichen Parkseite rund 6000 mm niedergehen. Mehrere Hütten in der Gegend werden vom New Zealand Alpine Club (NZAC) verwaltet, stehen aber jedem offen (Bezahlung im DOC Visitor Centre in Wanaka).

Raspberry Creek zur Aspiring Hut
9 km einfach, 2 1/2–3 Std., 100 Hm
Die populäre und zumeist sehr idyllische Tageswanderung vom Raspberry Creek zur Aspiring Hut beginnt auf einer Geländewagenpiste, die vom Parkplatz sanft ansteigt und am westlichen Arm des Matukituki River entlangführt. Der Weg wendet sich nur einmal vom Fluss ab, um die Klippen auf der Strecke zum Downs Creek zu umgehen, von wo sich traumhafte Ausblicke auf den Rob Roy Glacier und den Mount Avalanche eröffnen.

Lohnenswert ist der kurze Abstecher zu den **Bridal Veil Falls**. Wenig später erreicht man die historische **Cascade Hut** und nach weiteren 20 Min. die relativ luxuriöse, aus Stein erbaute **Aspiring Hut** (NZAC, 38 Betten, $15, inkl. Gas), ein beliebtes Basislager für Bergsteiger, die es auf die Gipfel rund um den Mount Aspiring zieht. In Nähe der Hütte kann auch gezeltet werden ($6).

Rob Roy Valley

6 km einfach, 2 Std., 400 Hm

Der Rob Roy Valley Walk ist kürzer und steiler als der Anstieg zur Aspiring Hut, aber dafür spektakulärer. Vom Raspberry Creek-Parkplatz folgt man 15 Min. dem rechten Ufer des Matukituki bis zu einer Hängebrücke, die auf die linke Uferseite und zum Rob Roy führt. Am Bach entlang geht es durch Buchenwald, der allmählich einer Hochgebirgsvegetation weicht, bis plötzlich am Ende des Tals der Rob Roy Glacier ins Blickfeld kommt.

Von der Aspiring Hut bis ans Talende

Ein herrlicher Tagesausflug von der Aspiring Hut führt zum Oberlauf des Matukituki River. Auf dem ersten Wegabschnitt von der **Aspiring Hut zur Pearl Flat** (4 km, 1 1/2 Std., 100 Hm) folgt man dem Flusslauf abwechselnd durch Wald und offenes Gelände. Von der **Pearl Flat zum Talende** (3,5 km, 1 1/2 Std., 250 Hm) zieht sich der Pfad am rechten Ufer entlang, quert ein großes Geröllfeld unterhalb des Mount Barff und klettert dann durch Pappelwald über die Baumgrenze. Auf manchen Landkarten ist der Scott Rock Bivvy eingezeichnet – nicht viel mehr als ein schützender Felsüberhang, der 50 m östlich des Flusses liegt und über eine Brücke erreicht werden kann.

Eine Alternativstrecke, die anfänglich mit dem Weg zur Pearl Flat übereinstimmt, führt sehr steil bergauf von der **Aspiring Hut zur French Ridge Hut** (9 km, 4 Std., 1000 Hm). Die Hütte (NZAC, 20 Betten, $15 p. P.) bietet eine herrliche Aussicht, liegt jedoch nur Dez–März unterhalb der Schneegrenze.

Cascade Saddle Route

Der anstrengendste Wanderweg in diesem Gebiet ist die Cascade Saddle Route (4–5 Tage einfach), die das Matukituki Valley mit dem Rees-Dart Track (s. S. 765) verbindet – eine wunderbare Hochgebirgstour mit atemberaubenden Aussichten auf den Dart Glacier und die Barrier Range. Laut Warnungen des DOC sollte dieser Track nur bei gutem Wetteraussichten und nur von (alpin) sehr erfahrenen Wanderern begangen werden. Da lange Wegabschnitte durch ausgesetztes alpines Gelände führen und der Endpunkt der Wanderung 150 Straßenkilometer vom Startpunkt entfernt liegt, will die Unternehmung sorgfältig geplant sein. Ohne spezielle Bergsteigerausrüstung lässt sich der Cascade Saddle nur ungefähr 4 Monate im Jahr (Dez–März) bewältigen, Wanderer sollten aber über warme und wasserfeste Kleidung verfügen. Ein Zelt bietet den Vorteil, dass man die Strecke in kürzere Etappen aufteilen kann.

Der erste Abschnitt stimmt mit dem bereits beschriebenen Weg vom **Raspberry Creek zur Aspiring Hut** (s. o.) überein. Auf der Etappe von der **Aspiring Hut zur Dart Hut** (13 km, 8–11 Std., 1350 Hm) lässt der Pfad die Baumgrenze hinter sich und erreicht einen mit Tussock-Gras bewachsenen Gebirgskamm. Mit jedem Schritt genießt man eine bessere Sicht auf den Mount Aspiring. Orangefarbene Pfähle weisen den Weg zu einem Stahlmast auf der höchsten Stelle des Bergrückens (1835 m), zum Cascade Creek hinunter und auf der anderen Talseite wieder bergan zu den alpinen Wiesen am Cascade Saddle (1500 m), eine Wanderung von 4–6 Std. Wer kein Zelt im Gepäck hat, muss noch 4–5 Std. durchhalten bis zur Dart Hut, die rund 500 m tiefer im oberen **Dart Valley** liegt.

Bei feuchter Witterung ist der Abstieg anfangs ziemlich rutschig und gefährlich, aber bei gutem Wetter bietet sich ein weiter Ausblick bis hinüber zum Dart Glacier. 1914 war der Gletscherabbruch nur 1 km von der Dart Hut entfernt, doch inzwischen schmilzt er um durchschnittlich 50 m pro Jahr. An Felsvorsprüngen und seichten Flussbetten vorbei gelangt man schließlich zur neuen **Dart Hut** (32 Betten, $15 p. P.), von wo es noch 2 Tagesmärsche **nach Glenorchy** sind – entweder durch das Dart River Valley oder durch das Rees River Valley.

Die Goldfelder von Central Otago

Östlich der Achse Queenstown–Wanaka erstreckt sich um den Mittellauf des Clutha River herum eine geschichtsträchtige Region, in der das Goldgräber-Erbe eine der Hauptattraktionen darstellt. In dieser sonnengebleichten, hügeligen

Landschaft, die einen eigentümlichen Reiz ausstrahlt, wurde in den 60er-Jahren des 19. Jhs. bis Ende des Jahrhunderts aus den Flüssen und später aus den Hügeln Gold gefördert.

Noch immer waschen Goldsucher aus Spaß ein bisschen „Farbe" aus den großen Flüssen, doch im Großen und Ganzen sind die Vorkommen erschöpft, und die Landschaft ist übersät mit aufgegebenen Minen, einsturzgefährdeten Schächten und verrosteten Maschinenteilen.

Die meisten Orte, deren Blütezeit in den 60er-Jahren des 19. Jhs. lag, fristeten Anfang des 20. Jhs. nur noch ein kümmerliches Dasein. Einige wenige hielten sich als Versorgungszentren der Plantagen über Wasser, die sich überwiegend auf Steinobst konzentrieren. Außerdem konnte sich die Gegend inzwischen zu einer aufstrebenden **Weinregion** entwickeln.

Die Rekonstruktion einer Boomtown des 19. Jhs. in **Cromwell**, 50 km östlich von Queenstown, vermag die Aufmerksamkeit wahrscheinlich nicht lange zu fesseln, aber der Ort ist ein guter Ausgangspunkt für einen Abstecher in die ehemalige Goldgräbersiedlung **Bendigo** und die Weingüter um **Bannockburn**. Die beiden Orte **Clyde** und **Alexandra** haben sich als Ausgangspunkte für den beliebten Otago Central Rail Trail etabliert, der durch die wilde und offene Region **Maniototo** Richtung Nordwesten führt.

Auch die verwaisten Goldgräberstädte **St Bathans**, **Naseby** und **Ranfurly** erleben einen stillen Aufschwung; in **Macreas Flat** ist sogar noch eine Goldmine in Betrieb.

Von Alexandra verläuft der SH8 am Clutha entlang in südöstlicher Richtung zur Küste und passiert die Ortschaften **Roxburgh** und **Lawrence**, wo der Goldrausch seinen Ausgang nahm.

Um die Region wirklich kennen zu lernen, ist ein eigenes Fahrzeug erforderlich, auch wenn einige öffentliche **Verkehrsmittel** zur Verfügung stehen: Die Taieri Gorge Railway fährt von Dunedin nach Middlemarch, wo Anschluss mit dem Bus von Track & Trail, ✆ 03/477 5577, 🖵 www.transportplace.co.nz, nach Queenstown besteht. Catch-A-Bus, ✆ 03/479 9960, verkehrt täglich außer samstags von Wanaka nach Dunedin; und der SH8 zwischen Queenstown und Dunedin wird regelmäßig von Bussen bedient.

Geschichte

Das heftigste Goldfieber Neuseelands brach 1861 aus, als der Australier Gabriel Read am Tuapeka River südlich von Lawrence einige Körnchen des kostbaren Metalls entdeckte. Innerhalb weniger Wochen war Dunedin praktisch ausgestorben, und Tausende kampierten auf dem Goldfeld von **Tuapeka** rings um Gabriels Gully. Im Winter 1862 holten die kalifornischen Goldsucher Horatio Hartley und Christopher Reilly ihre ersten Nuggets aus dem Clutha River und hatten innerhalb von drei Monaten stolze 40 kg Gold zusammen. Das gab den Ausschlag für einen noch größeren Goldrausch, in dessen Zentrum diesmal **Cromwell** stand, das praktisch über Nacht zum Leben erwachte.

Später im Jahre 1862 war Thomas Arthur und Harry Redfern das Glück beim heutigen **Arthur's Point** am Shotover River hold, und ein Massenexodus zu den neuen Feldern am „reichsten Fluss der Welt" setzte ein. Glücksritter überschwemmten den Skippers Canyon und ein wenig später **Arrowtown**, die letzte große Goldgräberstadt.

Innerhalb weniger Jahre gingen die Erträge zurück. Als keine großen Schätze mehr zu holen waren und die Händler ihre Gewinne schwinden sahen, wurden **chinesische Gastarbeiter** angeheuert. Sie durchforsteten die von den Europäern hinterlassenen *tailings* (durchsiebtes Geröll).

Obwohl sich der Goldboom in Central Otago genauso rasch wie anderswo verflüchtigte, dauerte das Goldschürfen in der einen oder anderen Form immerhin fast 40 Jahre an, und der finanzielle Gewinn für die Südinsel war so bedeutsam, dass sie zumindest eine Zeit lang die treibende Wirtschaftskraft Neuseelands war. Dunedin blühte, und mit den Geldern aus den Goldfunden wurden die meisten der eleganten öffentlichen Gebäude errichtet.

Im Laufe der Zeit wurden viele Goldgräber-Claims aufgegeben, was nicht unbedingt an den kläglichen Schürfergebnissen, sondern vielmehr am unwirtlichen Winterwetter, an der Hungersnot, den sinkenden Goldpreisen und der Wasserknappheit lag. Andere hatten schlicht und ergreifend das Interesse an ihrem Besitztum verloren. Auch wenn die Ausbeute keineswegs Aufsehen

Die landläufige Vorstellung vom eifrigen Goldwäscher mit Pelzmütze und Sieb, der das Flussbett hingebungsvoll nach dem wertvollen Metall absucht, zeichnet zwar ein etwas verklärtes Bild der Anfangsjahre des Goldrauschs, ist jedoch nicht völlig aus der Luft gegriffen. Das Einzige, was ein Goldschürfer damals benötigte, waren eine Hacke und eine Schaufel, ein **Goldsieb** und vor allem ein spezieller Holzkasten, *rocker* genannt, in dem das Geröll gewaschen wurde. Als die leicht erreichbaren Stellen abgegrast waren, musste man sich andere Möglichkeiten einfallen lassen, um an neues Rohmaterial zu kommen. Die üblichste Technik bestand darin, den Fluss umzuleiten. Vor allem am Shotover River geschah dies mit außergewöhnlichen Methoden: In das Flussbett wurden Stahlplatten getrieben und Erdrutsche ausgelöst, die eine Weile die Fluten stauten, sodass ein Tunnel gegraben werden konnte.

Als die Ausbeute geringer wurde, errichtete man Dämme und pumpte das Wasser unter hohem Druck ins Erdreich, woraufhin das goldhaltige Geröll freigesetzt wurde, das man dann entweder im traditionellen Stil von Hand oder mit einer einfachen, nach dem gleichen Prinzip funktionierenden Maschine durchsiebte. Auf eigene Faust arbeitende Goldsucher konnten mit der fortschreitenden Technisierung bald nicht mehr mithalten, und viele wanderten zu neuen Goldfeldern ab.

Um auch an die unzugänglichsten Stellen zu gelangen, setzten größere Minengesellschaften **Bagger** ein, die am Ufer verankert waren, aber auf dem Fluss trieben. Mit riesigen Schaufeln wurde das Flussbett ausgehoben, der Ertrag im Sieb sortiert und alles Unbrauchbare ausgespuckt und am Ufer abgelagert.

Das Seifengold von Otago stammt aus unterirdischen Quarzschichten – als die Ausbeute magerer wurde, machte man sich auf die Suche nach der Hauptader. Der **Bergbau** erforderte einen beträchtlichen Einsatz an Maschinerie, und ganze Städte schossen aus dem Boden, um die Arbeiter zu beherbergen. Mit Hämmern, die anfänglich von Wasserkraft, später von Dampfkraft angetrieben wurden, zertrümmerte man die Felsbrocken zu feinem Pulverstaub. Dieser lief auf einem Band über Kupferplatten mit Quecksilberlegierung in Tücher, wo das Gold aufgefangen wurde; der Rest wanderte in einen gusseisernen Kessel. Anschließend trennte man das Gold vom Quecksilber, ein Arbeitsgang, der in späteren Jahren durch die Verwendung von Zyanid erleichtert wurde.

erregend ist, gibt es immer noch Menschen, die sich mit Goldwaschen über Wasser halten. Auch größere, finanzkräftige Gesellschaften testen hin und wieder das Potenzial der Region, die laut Aussage eines Bergbauexperten noch immer „a shitload of gold" birgt.

Cromwell und Umgebung

Östlich von Arrowtown führt der SH6 auf einer Länge von 40 km durch die reizvolle Kawarau Gorge, passiert die Gibbston-Weingüter und erreicht schließlich Cromwell, eine nichts sagende Kleinstadt, deren Wurzeln auf dem Grund des Lake Dunstan begraben liegen – durch den 20 km flussabwärts gelegenen Clyde-Stausee verschwand ein großer Teil des historischen Ortskerns von Cromwell unter den Wassermassen. Das heutige Ortszentrum präsentiert sich stillos-modern, aber das Umland mit seinen hervorragenden Weingütern, Obstplantagen und alten Goldfeldern erobert sich allmählich einen Platz auf der Touristenkarte.

Kurz nachdem Hartley und Reilly 1862 Gold am Ufer des Clutha River entdeckten, entstand am Zusammenfluss von Kawarau und Clutha eine Siedlung namens The Junction. Verarmte Goldsucher pflanzten hier die ersten Obstbäume der Region, nicht ahnend, dass Cromwell das Zentrum eines Steinobstanbaugebiets werden würde.

Cromwell

Am besten begibt man sich gleich zur historischen **Old Cromwell Town** an der Melmore Ter-

race. Einige von Überflutung bedrohte Häuser wurden Stein für Stein abgetragen und später am Ufer des Lake Dunstan wieder aufgebaut. Diese Häuser beherbergen jetzt Souvenirgeschäfte, Delikatessenläden und Cafés.

Goldfields Mining Centre

Die einzige klassische Touristenattraktion bei Cromwell ist das Goldfields Mining Centre in der Kawarau Gorge, 7 km westlich von Cromwell am SH6, ✆ 0800/111 038, 🖥 www.goldfieldsmining. co.nz. Wer möchte, kann innerhalb von einer Stunde alles auf eigene Faust erkunden (Eintritt $20), informativer sind allerdings die 50-minütigen Führungen (stdl. zur vollen Stunde, $25). Neben den Führungen ist das chinesische Dorf am interessantesten, das ironischerweise erst in den 1990er-Jahren als Filmkulisse entstand. Zur Anlage gehört auch ein gutes Café. ⏰ tgl. 9–17.30 Uhr.

Außerdem bietet Goldfields Jet, ✆ 0800/ 111 038, 🖥 www.goldfieldsjet.co.nz, Jetboat-Fahrten auf dem Kawarau, bei denen es durch Stromschnellen geht (40 Min., $85).

Das beste **Weingut** der Umgebung ist Wooing Tree, Shortcut Rd, Cromwell, ✆ 03/445 4142, 🖥 www.wooingtree.co.nz, ein kleiner Familienbetrieb, in dem alles per Hand erledigt wird; eine Weinprobe kostet $5, besonders empfehlenswert sind der Pinot Noir und der frische Pinos Gris. ⏰ tgl. 10–17 Uhr.

Bannockburn und die Weingüter

Wer sich für die Goldgräberzeit zu begeistern vermag, sollte einige der abgelegenen, verfallenen Siedlungen aufsuchen, zum Beispiel in der Carrick Range oder im Nevis Valley (beide südlich von Cromwell). Den meisten Besuchern jedoch gefällt das winzige **Bannockburn** am besten, das 9 km südwestlich von Cromwell liegt. Ausgerüstet mit der Broschüre *Walk Cromwell* lässt sich eine Erkundung der **Bannockburn Sluicings** (unbegrenzter Zutritt) unternehmen. In dieser narbenübersäten Landschaft durchpflügten einst 2000 Glücksritter jeden Zentimeter Boden nach dem kostbaren Metall. Ein 2-stündiger Rundgang über das Gelände, auf dem zahlreiche Schautafeln die nötigen Hintergrundinfos liefern, beginnt 1,5 km außerhalb des Weilers in der Felton Road.

Da derlei Ausflüge im Allgemeinen durstig machen, sollte man sich die Gelegenheit nicht entgehen lassen, einige der Weingüter von Bannockburn zu besuchen. An den warmen

Nordhängen um die Goldfelder werden seit den frühen 90er-Jahren Weinstöcke angebaut, aus deren Trauben – vornehmlich Pinot Noir und Pinot Gris – hoch gelobte Tropfen entstehen. Insgesamt laden acht **Weingüter** zu Proben ein, die alle auf der kostenlosen *Central Otago Wine Map* verzeichnet sind. Im Winter sollte man seinen Besuch telefonisch ankündigen.

Ein guter erster Anlaufpunkt ist **The Big Picture**, 4 km westlich von Cromwell am SH6, ✆ 03/445 4052, 🖥 www.bigpicturewine.com. Ein Film macht mit der Landschaft und Bodenbeschaffenheit sowie den Winzern von Central Otago bekannt, während man parallel dazu einige ihrer Tropfen probiert. Zum Weingut gehört auch ein gutes Café und Restaurant (s. u.). ⏱ Mo–Do und So 9–18, Fr und Sa 9–22 Uhr, Eintritt $20.

Eines der besseren Weingüter der Gegend ist **Olssens**, 306 Felton Rd, ✆ 03/445 1716, 🖥 www.olssens.co.nz, das für die Weinprobe $4 verlangt (der Betrag wird beim Weinkauf verrechnet). ⏱ im Sommer tgl. 10–18 Uhr. Bei gutem Wetter lädt der Garten des Weinguts **Carrick**, Cairnmuir Rd, ✆ 03/445 3840, 🖥 www.carrick.co.nz, zu einem guten Mittagessen ein. Probieren ($5) kann man hier vor allem die etwas säurehaltigeren Sorten Sauvignon Blanc und Riesling und den tanninreichen Pinot Noir. ⏱ tgl. 11–17 Uhr.

Wer sich lieber einer organisierten **Weintour** anschließen möchte, wendet sich an Appellation Central Wine Tours in Queenstown (S. 756).

Übernachtung

Cromwell Top 10 Holiday Park, 1 Alpha St, ✆ 0800/107 275, 🖥 www.cromwellholidaypark.co.nz. Großer Platz am Ortsrand; Camping ($18), Cabins und Motel Units. ❷–❹

Quartz Reef Creek, 4 km nördlich der Stadt am SH8, ✆ 03/445 0404, 🖥 www.quartzreefcreek.co.nz. 2 sonnige Zimmer in tollem Garten an einem modernen Haus am See mit tollem Blick aufs Wasser und freundlicher und gut informierter Gastgeberin – sehr preisgünstig. ❺

Essen

The Big Picture, SH6, 4 km westlich von Cromwell (s. o.), gutes Tagescafé auf einem Weingut, das freitags und samstags auch abends geöffnet hat und annehmbares Essen und erstklassigen Wein serviert.

Feast, 26 The Mall, ✆ 03/445 3020, gutes Café, das außerdem eines der wenigen guten Lokale ist, die auch abends geöffnet haben. ⏱ So und Mo geschl.

Grain & Seed Café, am Lake Dunstan in Old Cromwell Town. Guter Kaffee und leichte Gerichte ($8–12).

Juice Café, SH8B, nahe der Brücke über den Lake Dunstan. Tagsüber tolle Obstsäfte aus Eigenanbau.

Informationen

i-SITE Visitor Centre, 47 The Mall, ✆ 03/445 0212, 🖥 www.cromwell.org.nz, hat u. a. die kostenlosen Broschüren *Discover Cromwell* und *Walk Cromwell*. Außerdem beherbergt es ein kleines **Museum** zur Goldgräbergeschichte. ⏱ Nov–März tgl. 9–18, April–Okt 9–17 Uhr. Das Visitor Centre soll an den SH8B neben die Obstskulptur umziehen.

Transport

Die Busse halten an der Lode Lane, in unmittelbarer Nähe zu The Mall. Busreisende auf dem Weg nach Queenstown oder Wanaka müssen in Cromwell evtl. umsteigen.

Busse nach:
ALEXANDRA 3x tgl., 30 Min.;
DUNEDIN 3x tgl., 3 3/4 Std.;
LAWRENCE 3x tgl., 2 Std.;
QUEENSTOWN 7–9x tgl., 1 Std.;
WANAKA 7–9x tgl., 3/4–1 Std.

Clyde

Südöstlich von Cromwell führt der SH8 rund 20 km durch die windige **Cromwell Gorge** und am Ufer des Lake Dunstan entlang ins beschauliche Clyde. Die ehemalige Goldgräberstadt wartet mit guten Unterkünften und Restaurants auf, die sie zum größten Teil dem Otago Central Rail Trail (s. Kasten S. 788) verdankt.

Seit Mitte der 80er-Jahre des 20. Jhs. wird die Stadt von dem gewaltigen **Clyde Dam** 1 km nördlich am SH8 beherrscht. Sein Wasser garantiert das Überleben der umliegenden Obstplantagen, und das dazugehörige Kraftwerk deckt 5 % des neuseeländischen Strombedarfs. Der Bau des Staudamms war ursprünglich sehr umstritten, gilt aber als technische Meisterleistung, vor allem wegen seiner speziellen Vorrichtungen zum Schutz vor Erdbeben.

Die übrigen Sehenswürdigkeiten von Clyde beschränken sich auf das **Clyde Museum**, ☉ Di–So 14–16 Uhr (Eintritt $3) und den **Briar Herb Factory Complex**, Fraser St, Ecke Fache St, die erste Kräuterfabrik Neuseelands, ☉ Di–So 14–16 Uhr (ebenfalls $3).

Übernachtung und Essen

Clyde Holiday and Sporting Complex, Whitby St, ☎ 03/449 2713, ✉ crrc@ihug.co.nz. Netter Campingplatz mit Selbstversorger-Cabins, On-site caravans, Camping ($17) und Pool. ❶

The Bank Café, 31 Sunderland St. Gutes, freundliches Café im Zentrum mit exzellentem Kaffee.

The Packing Shed, 68 Boulton Rd, 4 km südlich der Ortsmitte, ☎ 03/449 2757, halbformelles Tagescafé in einem großen Garten; zu erreichen über die Brücke gegenüber vom Post Office Café und dann die Earnscleugh Road entlang. ☉ Do–Sa mittags.

Post Office Café, Blyth St, Ecke Matau St. Abends das beste Essen der Stadt im alten Postamt von 1865, dazu köstliches Post Office Dark Ale in der Bar.

Historisches Flair

Dunstan House, 29 Sunderland St, ☎ 03/449 2295, ⌨ www.dunstanhouse.co.nz. Die beste Unterkunft am Ort ist dieses noble B&B mit viel Flair in einer alten Kutschenstation. Die Zimmer (einige mit Bad) sind fantasievoll eingerichtet und haben zum Teil Zugang zur umlaufenden Veranda im 1. Stock. Außerdem stehen jede Menge Unterstellplätze für Fahrräder und in der Lounge ein Klavier zur Verfügung. ❺–❻

Aktivitäten

Clyde markiert das nördliche Ende des Otago Central Rail Trail (s. S. 788, Kasten).

Trail Journeys, SH8, Ecke Springvale Rd, ☎ 0800/724 587, ⌨ www.trailjourneys.co.nz, verleiht Fahrräder (ca. $35 pro Tag) mit Gepäcktaschen ($5) und organisiert fast alles rund um eine Radtour auf dem Trail, inkl. Rücktransport und Buchung von Unterkünften unterwegs.

Transport

Auf Wunsch halten Busse in Clyde und lassen ihre Passagiere in der Hauptstraße, der Sunderland Street, aus- oder einsteigen.

Alexandra und Umgebung

Ein riesiges weißes Zifferblatt – selbst aus 5 km Entfernung zu erkennen – schmückt die Felskulisse hinter **Alexandra**, von Einheimischen liebevoll Alex genannt. Der 10 km südöstlich von Clyde gelegene Ort verdankt seine Entstehung dem Goldrausch um 1862 und erlebte vier bombastische Jahre, ehe es sich in ein beschauliches und wohlhabendes Versorgungszentrum für die Menschen im Obstanbaugebiet von Central Otago verwandelte.

Ein großes Wasserrad markiert Alexandras wichtigste Sehenswürdigkeit, das faszinierende **Alexandra Museum and Art Gallery**, Pioneer Park, Centennial Ave, das Exponate zur Natur- und Sozialgeschichte der Region zeigt und auch ein Kino beherbergt. ☉ tgl. 9–17 Uhr, Spende erbeten.

In den Anfangsjahren musste der Manuherikia River mit einem Kahn überquert werden. Seit 1879 gibt es die **Shaky Bridge**, eine Hängebrücke nur für Fußgänger. Über diese Brücke gelangt man zum Shaky Bridge Café (s. „Essen") und zu einem **Aussichtspunkt** (2 km einfach, 40 Min.) auf dem Tucker Hill, wo sich ein herrlicher Blick über die ganze Gegend eröffnet.

Übernachtung

117 Avenue Motels, 117 Centennial Ave, ☎ 0800/758 899, ⌨ www.avenue-motel.co.nz. Geschmackvoll eingerichtete Units und Suiten

(einige mit Whirlpool und Xbox). Units ❹,
Suiten ❺

Marj's Place, 5 Theyers St, ☎ 03/448 7098,
🖥 www.marjsplace.co.nz. Die billigste
Unterkunft am Ort ist dieses Hostel mit
Homestay in zwei Häusern in einer ruhigen
Straße 1 km vom Zentrum. Dorms $25, Hostel-
Zimmer ❷, Zimmer ❸

Rocky Range, 2 km südöstlich der Stadt, SH8,
☎ 03/448 6150, 🖥 www.rockyrange.co.nz.
Das luxuriöseste Haus vor Ort liegt am
Hang und genießt einen traumhaften
Ausblick. Übernachtung ab $350, tolles
Spa inmitten der Felsen. Abendessen mit
Wein $65. ❾

Courthouse Café, 8 Centennial Ave, köstliches
Essen zu vernünftigen Preisen, darunter
Snacks und reichhaltigeres Mittagessen.
Alkoholausschank. ◷ im Sommer Fr und Sa bis
21 Uhr.

Monteith's Brewery Bar, 26 Centennial
Ave, lebendige Kneipe, die auch herzhafte
Gerichte serviert, aber die meisten Gäste
zieht es zu einem Drink auf die sonnige
Terrasse.

Shaky Bridge Café, Graveyard Gully Rd,
☎ 03/448 5111. Guter Kaffee, leckere Mittags-
und Abendgerichte und Weinkarte. ◷ Mo
geschl.

Die zahlreichen baumlosen Hügel in der
Umgebung eignen sich ausgezeichnet zum
Mountainbiking.

Altitude Adventures, 88 Centennial Ave,
☎ 03/448 8917, 🖥 www.altitudeadventures.
co.nz, verleiht Fahrräder (ab $30 pro Tag),
bietet geführte Touren unterschiedlicher
Länge (halber Tag ab $60) und organisiert
alles Nötige für eine Radtour auf
eigene Faust auf dem Otago Central
Rail Trail.

i-SITE Visitor Centre, 21 Centennial Ave,
Pioneer Park, ☎ 03/448 9515, ◷ Okt–März tgl.
9–18, April–Sep 9–17 Uhr.

Alle Busse halten vor dem i-SITE Visitor Centre.

Busse nach:
DUNEDIN 3x tgl., 3 Std.;
LAWRENCE 3x tgl., 1 1/4 Std.;
QUEENSTOWN 3x tgl., 1 1/2 Std.;
RANFURLY tgl. außer Sa, 1 Std.

Das Maniototo

Die interessanteste Strecke von Alexandra zur
Ostküste führt über das Maniototo, ein Sammelbe-
griff für die drei Täler des Manuherikia River, Ida
Burn und Taieri River und die sie trennenden, niedrigen Gebirgszüge. Obwohl das Maniototo leicht
erreichbar ist, zieht die Gegend erst zunehmend
Besucher an, seitdem der **Otago Central Rail Trail**
(s. Kasten S. 788) an Popularität gewann.

Wie nicht anders zu erwarten, war es auch
hier die Hoffnung auf Gold, die die ersten Europäer anlockte. Ihre Suche wurde in der Nähe
von Naseby belohnt, aber die Ausbeute nahm
schnell ab und bald erwies sich die Landwirtschaft als profitabler – erst recht, als sich die
Eisenbahnbauer entschieden, die Schienen-
strecke von Dunedin nach Alexandra durch die
Taieri Gorge und das Maniototo zu führen. 1898
erreichte die Bahnlinie **Ranfurly**, das Naseby
schnell als Verwaltungszentrum ablöste.

Die alten Goldgräbersiedlungen wie **St Bathans**
und **Naseby** sind sicher einen kurzen Besuch
wert. Zwischen diesen Ortschaften kommt man
an Dutzenden kleiner, überwiegend leer stehender Cottages vorbei – ein Zeichen dafür, wie
schwierig es ist, in dieser Gegend seinen Lebensunterhalt zu verdienen.

Das wichtigste öffentliche Transportmittel in
der gesamten Region ist der Bus von Catch-a-
Bus, ☎ 03/479 9960, der tgl. außer Sa zwischen
Dunedin und Wanaka verkehrt (Abfahrt in Dunedin Mo–Do 8, Fr 16, So 10 Uhr, Ankunft in Wanaka Mo–Do 12, Fr 20, So 14 Uhr. Wer eine Fahrt
mit der Taieri Gorge Railway (s. S. 659) plant, ist
besser bedient mit den Bussen von Track & Trail,
☎ 03/477 5577, 🖥 www.transportplace.co.nz, die
auf den Zugfahrplan abgestimmt sind und dann
bis Queenstown weiterfahren.

Omakau und Ophir

Wer Alexandra in nordöstlicher Richtung verlässt, gelangt bald in die Hochebene und zu den beiden Siedlungen **Omakau** (wo das Muddy Creek Café guten Kaffee braut) und **Ophir**, 2 km südlich. Letzterer Ort war die ursprüngliche Goldgräbersiedlung der Gegend und verfügt auch heute noch über das beeindruckende **Post & Telegraph Office** von 1886 (○ Mo–Fr 9–12 Uhr) und 1 km weiter südlich über eine hübsche kleine Hängebrücke über den Manuherikia River.

St Bathans

Der SH85 erreicht nach etwa 60 km in Becks die Abzweigung zur ehemaligen Goldgräberstadt **St Bathans**, 17 km über die St Bathans Loop Road vom SH85 entfernt. Der Ort erlebte 1863 seine goldene Zeit, doch als in den 30er-Jahren des 20. Jhs. das Gold immer knapper wurde, waren die Boomjahre schnell zu Ende.

Heute ist St Bathans praktisch eine Geisterstadt mit einer Handvoll ständiger Einwohner und einer Reihe hübscher Gebäude in der einzigen Straße. Einige der Bewohner betreiben das 1882 erbaute Vulcan Hotel, ✆ 03/447 3629 ❸, an dessen alter Holztheke die Farmer aus der Umgebung und auswärtige Besucher auf ein Bier zusammenkommen. Mit seiner Gartenbar und dem guten Café/Restaurant eignet sich der Pub gut für eine Übernachtung, aber Achtung: In Zimmer Nr. 1 soll es spuken.

Der landschaftliche Höhepunkt der Gegend ist der **Blue Lake** unmittelbar neben der Stadt, wo sich mineralienreiches Wasser in einem Krater sammelt, der durch die Ausbeutung des einst 120 m hohen Kildare Hill entstand. Ein kurzer Pfad führt vom Hotel zu einer Aussichtsstelle mit Blick über den azurblauen See, heute ein beliebtes Ziel für Wassersportler und zum Picknicken.

Naseby

25 km östlich von St Bathans und 9 km abseits des SH85 schmiegt sich die kleine Siedlung Naseby in rund 600 m Höhe an den Rand des Maniototo. Mit 4000 Einwohnern im Jahre 1865 war Naseby einst die größte Goldgräberstadt der Gegend, zählt heute aber nur noch rund 150 Seelen, die in einer Ansammlung kleiner Häuser (viele davon ursprünglich von Minenarbeitern aus sonnengetrockneten Lehmziegeln erbaut) leben und einen Laden, eine Tankstelle, zwei Pubs, ein Café und einen ausgezeichneten Campingplatz betreiben.

Die Geschichte des Ortes wird in zwei winzigen Museen erzählt, beide an der Kreuzung Earne Street und Leven Street gelegen: Das **Maniototo Early Settlers Museum**, ○ Dez–Mai Di–So 13.30–15.30 Uhr, und das **Jubilee Museum**, ○ tgl. 10–17 Uhr, dessen Eintrittskarte ($1) man im Gemischtwarenladen auf der gegenüberliegenden Straßenseite bekommt.

Im Sommer kann man sich im schattigen **Stausee** (vom Zentrum ein 10-minütiger Fußmarsch über die Swimming Dam Road) abkühlen oder den von einem dichten Wegenetz durchzogenen **Naseby Forest** erkunden, eines der besten neuseeländischen Reviere für **Mountainbiking**. Kilas Bike Shop, 20 Derwent St, ✆ 03/444 9088, verleiht Räder (halber Tag $25, ganzer Tag $50) und bietet eine Karte der Trails.

Am schönsten ist der **One Tree Hill Track** (1,6 km, 1 Std. hin und zurück), der an der Brooms Street im Zentrum beginnt und sich an honigfarbenen, vom Wasser abgeschliffenen Felsen vorbei die Ostflanke des Hogburn Gully hinaufwindet. Ein Infoblatt ist im Visitor Centre erhältlich.

Naseby ist die neuseeländische Curling-Hauptstadt. **Curling** wird im Winter traditionell im Freien gespielt, aber hier kann man sein Geschick auch drinnen bei Naseby Curling International auf die Probe stellen; gewöhnlich sind Infos über die Regeln erhältlich. ○ tgl. 9–17 Uhr, $15/Std.

Das hiesige **Visitor Centre** befindet sich in der ehemaligen Post in der Derwent St, ✆ 03/444 9961, ○ tgl. 11–14 Uhr.

Naseby Trail Lodge, Derwent St, Ecke Oughter St, ✆ 03/444 8374. Reizende, relativ neue Öko-Lodge mit edlem Restaurant, das auch Nicht-Gästen offen steht. ❼
Old Doctors Residence, 58 Derwent St, ✆ 03/444 977, 🖵 www.olddoctorsresidence. co.nz. Fabelhaftes B&B, in dem die Gäste auf schönste Weise umsorgt werden; luxuriöse Unterkunft und köstlichstes Essen. ❾

Eine der schönsten Möglichkeiten, das Maniototo zu erkunden, bietet der Otago Central Rail Trail, 🖥 www.otagocentralrailtrail.co.nz. Die größtenteils flache, 150 km lange Strecke zwischen Clyde und Middlemarch führt mit Ausnahme von St Bathans und Naseby durch alle historisch bedeutenden Ortschaften und kann sowohl per Rad als auch zu Fuß oder sogar auf dem Pferderücken erkundet werden. Sie folgt dem Verlauf der ehemaligen **Otago Central Branch Railway**, führt über umgebaute Eisenbahnbrücken und Viadukte (einige davon mehr als 100 m lang) und passiert wunderschöne Täler und landwirtschaftlich genutzte Ebenen. In Middlemarch trifft die Route auf die **Taieri Gorge Railway** (s. S. 659), die jedoch nur freitags und sonntags bis hierher fährt; an allen anderen Tagen muss man auf der Straße bis ins 18 km entfernte Pukerangi weiterradeln, um den täglichen Zug zu erwischen.

Noch bis 1990 ratterten Passagierzüge durch das Maniototo. Seit Eröffnung des Trails im Februar 2000 hat die bislang strukturschwache Region einen ziemlichen Aufschwung erfahren, und entlang der Strecke entstanden alle Arten von Unterkünften sowie Pubs und Cafés, die zu einer Rast einladen. Die meisten Besucher bewegen sich per Rad vorwärts.

Eine vollständige Beschreibung der Strecke findet sich in der überall erhältlichen, kostenlosen Broschüre *Otago Central Rail Trail*. Wer es noch detaillierter mag, besorgt sich Gerald Cunninghams *Guide to the Otago Central Rail Trail* (bei Reed Outdoors für \$25).

Da die Strecke größtenteils aus festem Lehm- und Schotterbelag besteht, können Räder fast jeglichen Typs eingesetzt werden, wobei ein **Mountainbike** mit breiteren Reifen am bequemsten ist.

Für die gesamte Route werden in der Regel 3 Tage benötigt, aber wer sich nur die schönsten Strecken herauspicken will oder zu Fuß unterwegs ist, sollte sich für zwei jeweils 10 km lange Abschnitte entscheiden, beide mit **Tunneln**, **Viadukten** und interessanten **Felsformationen**: Lauder–Auripo im nördlichen Teil sowie Daisybank–Hyde im Osten. Zum Ausleuchten der Tunnel leistet eine Taschenlampe gute Dienste, sie ist jedoch nicht unbedingt notwendig.

Mietfahrräder und geführte Touren lassen sich über zahlreiche **Agenturen** buchen. Am empfehlenswertesten sind: Cycle Surgery, Dunedin (s. S. 657); Blind Billy's Holiday Camp, Middlemarch (s. S. 790); Trail Journeys, Clyde (s. S. 785); und Altitude Adventures, Alexandra (s. S. 786).

Weitere Infos finden sich auf den beiden kommerziellen Webseiten 🖥 www.otagorailtrail.co.nz und 🖥 www.railtrail.co.nz.

Sowohl das **Ancient Briton** als auch das nahe **Royal Hotel** bieten herzhafte **Mahlzeiten**, währen das **Black Forest Café** in der Derwent Street zum Kaffee annehmbare **Snacks** serviert.

Dansey's Pass

Die Kyeburn Diggings Road verlässt Naseby in östlicher Richtung und führt durch eine wildromantische Landschaft über den Dansey's Pass (ca. 40 km hinter Naseby) nach Duntroon. Die schmale Schotterstraße ist zwar einigermaßen gut in Schuss, doch im Sommer manchmal und im Winter oft gesperrt. Autofahrer sollten sich unbedingt vorher in Naseby nach dem aktuellen Zustand erkundigen. Von der Straße aus sind die Überreste alter Goldminen zu sehen. 16 km östlich von Naseby liegt am Wegesrand das reizende Dansey's Pass Coach Inn von 1862, einziges Relikt einer einst blühenden Goldgräberstadt; heute gibt es hier gutes Bier und preiswertes Mittagessen.

Ranfurly

5 km südöstlich der Abzweigung nach Naseby liegt am SH85 die größte Siedlung des Maniototo, Ranfurly. Seit Eröffnung des Rail Trail genießt der überschaubare Ort einen verstärkten Zulauf und vermarktet sich selbst als Neuseelands Zentrum für **Rural Art Deco** (Infos: 🖳 www.ruralartdeco.co.nz). Beachtenswert ist lediglich eine Hand voll Gebäude, aber der Ort macht das Beste daraus, besonders während des **Rural Art Deco Weekend** Ende Februar.

Fast das gesamte Geschehen spielt sich in der Charlemont Street East ab. In der Hausnummer 1 enthält die **Art Deco Gallery** jede Menge Art-déco-Mobiliar, aber die eigentliche Attraktion ist das Gebäude selbst, die Centennial Milk Bar von 1948; ⏰ Nov–April Di–So 13–15.30, Mai–Okt Di–So 11–16 Uhr, $2 Spende. Gegenüber dem Visitor Centre weisen das **Ranfurly Lion Hotel** und **Ranfurly Auto Repairs** ein paar Art-déco-Merkmale auf. An den meisten anderen Gebäuden hingegen wurde viel mit Farbe nachgeholfen.

Komako, 634 Waipiata–Naseby Rd, 3 km südlich der Stadt, ✆ 03/444 9324, ✉ grant.heather@

Viele Neuseeländer kennen das Maniototo nur durch die Arbeiten des in Dunedin geborenen Malers Grahame Sydney, 🖳 www.grahame sydney.com, der einen großen Teil seines Lebens in dieser Region verbrachte. Seine Darstellungen von Landschaften mit Lagerschuppen inmitten verdörrter Felder und Briefkästen an einsamen Kreuzungen finden sich überall wieder, und jeder, der die Region besucht und Sydneys Bilder kennt, fühlt sich auf Schritt und Tritt daran erinnert. Überall im Maniototo (und darüber hinaus) gibt es Drucke und Postkarten seiner Gemälde zu kaufen, während das meisten bedeutenden Galerien des Landes über das eine oder andere Original verfügen.

xtra.co.nz. 3 wunderschöne Cabins direkt am Rail Trail mit tollem Ausblick. ❼
Old Po Backpackers, 11 Pery St, ✆ 03/444 9588, 🖳 www.oldpobackpackers.co.nz, mit guten Einrichtungen. Dorms $23, DZ ❷
Ranfurly Holiday Park, Reade St, ✆ 0800/726 387, 🖳 www.ranfurlyholidaypark.co.nz. Camping ($14), Cabins ❶, Motel Units ❸
E-Central Café, 14 Charlemont St East. Tagescafé mit speziellem Radler-Frühstück, gutem Kaffee und einer Auswahl kleiner Gerichte.
Ranfurly Lion Hotel, 10 Charlemont St East, gutes Hotelrestaurant mit Art-déco-Ambiente.

Visitor Centre, Charlemont St East, im ehemaligen Bahnhof, ✆ 03/444 1005, 🖳 www.maniototo.co.nz; kostenlose audiovisuelle Show über die Region, Ausstellung zur Geschichte der Stadt und der Otago Central Railway. ⏰ Okt–Mai tgl. 9–18, Juni–Sep tgl. 9–17 Uhr.

Middlemarch und der SH87 nach Dunedin

Bei Kyeburn, 15 km östlich von Ranfurly, zweigt der SH87 vom SH85 ab und führt durch das östliche Maniototo in Richtung Dunedin. Auf dieser Straße kommt man zwar langsamer voran als auf dem SH85, aber die eindrucksvolle Landschaft macht dies wieder wett. Ein Großteil der Strecke verläuft zwischen dem Taieri River auf der einen Seite und der hoch aufragenden Rock and Pillar Range auf der anderen Seite.

50 km südlich von Kyeburn liegt die winzige Ortschaft **Middlemarch**, freitags und sonntags die Endhaltestelle der **Taieri Gorge Railway**, mit der sich eine nette 2-stündige Fahrt von Dunedin aus unternehmen lässt (s. S. 659). Wer den Otago Central Rail Trail von Ost nach West zurücklegen möchte, sollte unbedingt mit der Eisenbahnfahrt beginnen und entweder in Middlemarch oder im 18 km weiter südlich gelegenen **Pukerangi** (Endhaltestelle unter der Woche) aussteigen.

Nützliche Informationen über Middlemarch bietet die Webseite 🖳 www.middlemarch.co.nz. Die meisten Radfahrer übernachten im **Blind Billy's Holiday Camp**, Mold St, ✆ 03/464 3355, 🖳 www.middlemarch-motels.co.nz; Camping $11, Dorms $22 sowie On-site vans ❷, Cabins ❷, Selbstversorger-Cabins ❸ und Motel Units ❹. Als Alternative empfiehlt sich das Ferienhaus von **Quench**, der neuen Café-Bar des Orts, 29 Snow Ave, ✆ 03/464 3077; das ruhige, gut ausgestattete Haus liegt nur 2 Min. von der Bar entfernt ❻. Quench bietet schön präsentiertes Essen zu vernünftigen Preisen; ansonsten sieht es verpflegungstechnisch eher mau aus.

Die bekannteste sich noch in Betrieb befindliche Goldmine in Otago ist die riesige Tagebaumine **Macraes Gold Mine** in den windigen Hügeln zwischen Ranfurly und Palmerston. Sie ist im Rahmen einer zweistündigen Führung, 🖳 www.oceanagoldtours.com, zu besichtigen (tgl. 10 und 14 Uhr, $30, Reservierung notwendig unter ✆ 0800/465 386).

Von Alexandra via Roxburgh nach Dunedin

Von Alexandra gelangt man am schnellsten über den SH8 zur Küste; er folgt dem Lauf des Clutha River durch hügeliges Gelände zwischen der Old Man Range im Westen sowie der Knobby Range und Lammerlaw Range im Osten.

Knapp 30 km südlich von Alexandra bietet sich von einem Aussichtspunkt ein Blick auf den riesigen **Roxburgh Dam** und den türkisfarbenen, über 30 km langen **Lake Roxburgh**. 8 km südlich des Damms liegt umrahmt von riesigen Obstplantagen die langweilige ehemalige Goldgräbersiedlung **Roxburgh**. Auf den Plantagen gedeihen Pfirsiche, Aprikosen, Äpfel, Himbeeren und Erdbeeren, die von Saisonarbeitern abgeerntet werden; das überschüssige Obst gibt es von Anfang Dezember bis in den Mai hinein an zahllosen Straßenständen zu kaufen.

Eine Übernachtungsmöglichkeit bietet die Lake Roxburgh Lodge, SH8, 8 km nördlich von Roxburgh, ✆ 03/446 8220, 🖳 www.lakeroxburghlodge.co.nz, mit entspannter Atmosphäre, wunderbaren motelähnlichen Zimmern mit Bad und einem exzellenten Restaurant mit Alkoholausschank ❹.

Von Roxburgh führt der SH8 ins 32 km südlich gelegene **Raes Junction**, wo der SH90 gen Südwesten nach Tapanui und Gore abzweigt, und erreicht nach weiteren 26 km **Lawrence**. Es ist kaum zu glauben, dass dieses verschlafene Bauerndorf mit höchstens 550 Einwohnern irgendwann einmal im Brennpunkt frenetischer Aktivitäten stand. 12 000 Goldschürfer versuchten ihr Glück im Gabriel's Gully. Von dem kurzlebigen Boom – er dauerte nur ein knappes Jahr – zeugen noch ein paar viktorianische Gebäude, die hastig aus verschiedenen Materialien und in unterschiedlichen Stilen errichtet wurden. Einige davon beherbergen mittlerweile edle Galerien.

Das kombinierte **Visitor Centre** und **Goldfields Museum**, Ross Place, ✆ 03/485 9222, 🖳 www.lawrence.co.nz, vermittelt mit seiner anschaulichen Ausstellung das Lebensgefühl jener turbulenten Zeit; ⏰ Mo–Fr 9.30–16.30, Sa u. So 10–16 Uhr.

Transport

Busse von Lawrence nach:
ALEXANDRA 3x tgl., 1 1/4 Std.;
CROMWELL 3x tgl., 2 Std.;
DUNEDIN 3x tgl., 1 1/4 Std.

Wellington

Christchurch

Fiordland

Stefan Loose Traveltipps

Te Anau   Ein Hubschrauberflug über die atemberaubende Landschaft um Te Anau ist ein echter Thriller. S. 798

20 Milford Sound   Die Gewässer des weltberühmten Fjords bieten Gelegenheit zu wunderbaren Bootsausflügen. Taucher können unter Wasser seltene rote und schwarze Korallen bestaunen. S. 806

Milford Track   Auf der beliebtesten Wanderstrecke Neuseelands gilt es, den Sandfliegen die Stirn zu bieten. S. 809

Doubtful Sound   Die Schönheit des einsamen Fjords lässt sich am besten vom Kajak aus erkunden. S. 814

Hump Ridge und South Coast Tracks   Schöne Wanderwege durchziehen das Gebiet abseits der ausgetretenen Pfade ganz im Süden. S. 816

Wie keine andere Region Neuseelands umfasst der Südwesten des Landes eine geballte Konzentration an atemberaubenden Landschaften. Dies ist auch den Vereinten Nationen nicht verborgen geblieben, die fast die gesamte Region – zusammen mit dem Mount Aspiring National Park, Teilen von Westland und dem Gebiet um Aoraki Mount Cook – als Naturerbe der Menschheit zur **Te Wahipounamu World Heritage Area** erklärt haben. Fast das gesamte Fiordland liegt innerhalb der weit gesteckten Grenzen des **Fiordland National Park**, der sich von der Martins Bay, einst Standort der abgeschiedensten Siedlung Neuseelands, bis zu den Wäldern von Waitutu und zum Preservation Inlet an der Südküste erstreckt, wo Goldsucher einst eine Reihe kurzlebiger Orte errichteten.

Zu den atemberaubenden Landschaften des mit 12 500 km² größten Nationalparks des Landes gehören zwei der tiefsten Seen des Landes und 15 enge Fjorde. Das Gebiet wartet außerdem mit den höchsten Niederschlagsmengen Neuseelands und einigen der seltensten Vögel der Welt auf. Maori-Legenden berichten davon, wie die **Fjorde** durch den großen Gott Tu-to-Rakiwhanoa geformt wurden, während die Wissenschaft der Entstehung eine komplexe geologische Entwicklung der letzten 500 Millionen Jahre zugrunde legt. Unter dem Druck und der Hitze tief im Innern der Erdkruste bildeten dicke Sedimentschichten kristallinen Granit, Gneis und Schiefer. Mit dem Ansteigen und Abfallen der Landmasse und des Meeresspiegels lagerten sich weichere Sand- und Kalksteinschichten darauf ab. Dann, während der Eiszeiten, hobelten gewaltige Eismassen die Täler aus, in die schließlich das Meerwasser drängte.

Nach einigen Tagen im regnerischen und von **Sandfliegen** *(namu)* geplagten Fiordland wird man verstehen, warum es in dieser Gegend kaum Spuren ständiger Maori-Siedlungen gibt, wenngleich die Maori sicherlich im Sommer zum Jagen hierher kamen und auf der Suche nach neuseeländischer Jade *(pounamu)* durch das Gebiet zogen. Ebenso wenig begeistert von Fiordland muss wohl **Kapitän Cook** gewesen sein, als er 1770 seine erste Reise entlang der neuseeländischen Küste unternahm. Ankerplätze gab es kaum, und der finstere Himmel hielt ihn davon ab, in den Dusky Sound zu fahren; wechselnde Winde ließen es auch zweifelhaft *(doubtful)* erscheinen, ob man in den Doubtful Sound segeln sollte. Der Milford Sound wurde von ihm gar gänzlich übersehen.

Paradox mag es klingen, dass die südliche Fjordregion, die heute ein Revier für ausdauernde Wanderer und Angler ist, einst die am besten kartografierte Gegend des Landes war. Cook kehrte 1773 zurück, nachdem er vier Monate die südlichen Meere befahren hatte, und verbrachte fünf Wochen im Dusky Sound. Sein Fähnrich, George Vancouver, stattete dem Fjord 1791 einen Besuch ab. Kurz darauf kamen die ersten **Robbenjäger und Walfänger**. Mit bemerkenswerter Selbstverständlichkeit nahmen Europäer am Ostufer des Lake Te Anau und des Lake Manapouri Land in Besitz oder bezahlten einen Spottpreis dafür, um es als Weideland zu nutzen, während die **Entdeckungsreisenden** das Landesinnere erkundeten. Im Vergleich zu ihren zur See fahrenden Zeitgenossen war ihnen eine größere Eitelkeit zu eigen, die sie den Pässen, Wasserfällen und Tälern auf dem Weg ihre Namen verleihen ließ – Donald Sutherland gab seinen z. B. dem höchsten Wasserfall Neuseelands, und Quintin McKinnon erklomm den Mackinnon Pass (konnte die Kartografen jedoch nicht dazu bringen, seinen Namen korrekt zu schreiben).

Ein charakteristisches und unvermeidbares Merkmal des Fiordlands ist der Regen. Dies gilt insbesondere für den Milford Sound, der jährlich bis zu 7000 mm davon abbekommt. Die Siedlungen der Region liegen glücklicherweise in relativ günstigem Regenschatten und erhalten weniger als die Hälfte der Niederschläge an der Küste. Trotz der häufigen Regengüsse ist der **Milford Sound** das beliebteste Reiseziel und Schauplatz großen touristischen Trubels. Besonders schön präsentiert sich der Sound übrigens bei Regen, wenn sich schleierartige Wasserfälle in die Fjorde ergießen, wo Kolonien schwarzer und roter Korallen wachsen und sich Delfine, Pelzrobben und Dickschnabelpinguine tummeln. Viele Besucher, die von Queenstown mit dem Flugzeug kommen, werden kaum mehr vom Fiordland sehen.

Einen besseren Eindruck der Abgeschiedenheit erhält man auf der landschaftlich großartigen Milford Road zwischen dem Sound und Te

FIORDLAND

N

0 ——————— 50 km

Southern Scenic Route

TASMANSEE

Jackson Bay

Haast (30 km)

Arawata River

MOUNT ASPIRING NATIONAL PARK

Big Bay
Martins Bay
Lake McKerrow
DARRAN MOUNTAINS
Lake Alabaster

Milford Sound
Mt Tutoko (2746 m)

Mitre Peak (1692 m)
Milford Sound

Sutherland Sound
Bligh Sound

Hollyford
Gunns Camp
Glenorchy
ROUTEBURN TRACK

Homer Tunnel
The Divide
MILFORD TK
CAPLES TK
GREENSTONE TRACK

Shotover River

George Sound

Mirror Lakes

Eglinton Valley

Queenstown

Caswell Sound
Charles Sound
Nancy Sound
Thompson Sound
Secretary Island
Doubtful Sound

FIORDLAND NATIONAL PARK
MURCHISON MOUNTAINS

Knobs Flat

Mavora Lakes
Te Anau Downs

Lake Te Anau

Lake Wakatipu

Mararoa River

Dagg Sound

Manapouri Power Station

KEPLER TK

Te Anau

Cromwell (55 km)

Deep Cove

Wilmot Pass

Lake Manapouri
Manapouri

95

94

Mossburn

6

Breaksea Sound

DUSKY TK
BORLAND RD

Lumsden

Resolution Island

Supper Cove

DUSKY TK

Lake Monowai

Waiau River

94

Dusky Sound
Pickersgill Harbour

Lake Hauroko

Ohai
Clifden Caves

Gore (40 km)

Chalky Inlet

Lake Poteriteri

HUMP RIDGE TRACK

Clifden

99

96

Winton

6

Gore (40 km)

Preservation Inlet
Puysegur Point

SOUTH COAST TRACK

Tuatapere

Oreti River

Te Waewae Bay

Colac Bay

99

Makarewa

1

Gemstone Beach

Riverton

Invercargill

1

Bluff (10 km)

Fiordland

Anau. Noch lohnender ist eine Wanderung auf dem **Milford Track**, oft als schönste Wanderroute der Welt angepriesen, wenngleich andere Wege der Region deswegen nicht außer Acht gelassen werden sollten. Der wie Te Anau an einem See gelegene Ort **Manapouri** ist das Sprungbrett für Ausflüge zum Wasserkraftwerk West Arm, in den **Doubtful Sound** und zu den isolierten Fjorden im Süden. Von Manapouri windet sich die **Southern Scenic Route** durch den Westen von Southland und entlang der Südwestküste der Südinsel.

Transport

Fast alle **Busse** im Fiordland verkehren entlang der Route Queenstown–Te Anau–Milford Sound. Die meisten sind Tourbusse, die an landschaftlich interessanten Stellen einen Zwischenstopp einlegen und ihre Passagiere mit kurzweiligen Kommentaren unterhalten. Daneben existieren Linienbusse, die Wanderer zu den Ausgangspunkten der diversen Strecken bringen. Nur wer wirklich sehr wenig Zeit hat, sollte Milford von Queenstown aus besuchen, da man nach der langen Anfahrt nicht allzu viel vom Fjord hat.

Weitaus besser ist es, eine Nacht in Milford zu verbringen oder von Te Anau aus einen Tagesausflug zu unternehmen. Neben der Strecke von Queenstown nach Milford ist eine weitere wichtige Verbindung die von Te Anau über Manapouri, Tuatapere und Riverton nach Invercargill. Für Bustransfers zur oder von der Divide sorgen Shuttlebusse für Wanderer. Im übrigen

Die wichtigsten Busverbindungen

InterCity/Newmans, ☎ 09/623 1504 🖵 www.intercitycoach.co.nz; tgl. Queenstown–Te Anau–Milford und zurück sowie Te Anau–Gore–Balclutha–Dunedin.
Scenic Shuttle, ☎ 0800/277 483, ✉ scenicshuttle@xtra.co.nz; tgl. Te Anau–Manapouri–Tuatapere–Riverton–Invercargill in beide Richtungen.
Tracknet, ☎ 0800/483 2628, 🖵 www.tracknet.net; 3x tgl. Queenstown–Te Anau–Milford und zurück sowie Shuttles ab Te Anau zum Kepler Track.

Gebiet sind Transportverbindungen dünn gesät. Von den **Flugverbindungen** sind in der Regel nur Rundflüge von Interesse, die vom Milford Sound zurück nach Te Anau oder Queenstown gehen.

Te Anau und Umgebung

Te Anau

Te Anau, das Tor zu Fiordland, liegt am Ufer des gleichnamigen Sees, der zu Neuseelands tiefsten und schönsten Gewässern gehört. Im Westen gräbt der See seine Finger tief in die bewaldeten Berge, die so einsam sind, dass ihre berühmteste Bewohnerin, die Takahe, ein halbes Jahrhundert als ausgestorben galt. Der Ort mit seinen etwa 1500 Einwohnern ist am Ostufer des Sees angesiedelt und der günstigste Ausgangspunkt für Exkursionen in den Milford und den Doubtful Sound sowie für einige der schönsten Wanderwege des Landes.

Ganz oben auf der Liste der meisten Besucher steht der **Milford Track**, dessen Ausgangspunkt ebenso wie der des **Kepler Track** am jenseitigen Seeufer liegt. Im Norden passiert die Milford Road The Divide, das westliche Ende der Routeburn, Greenstone und Caples Tracks (S. 804). Jenseits davon erreicht der Hollyford Track im Norden die Tasmansee, und in der südöstlichen Ecke des Nationalparks verläuft der Hump Ridge Track.

In Te Anau gibt es nur wenig, das von einem idyllischen Spaziergang in der herrlichen Landschaft ablenken könnte. Zehn Minuten Fußmarsch südlich markiert die Statue von Quintin McKinnon, der den Milford Track erkundete, den Standort des Fiordland National Park Visitors Centre mit einer faszinierenden Ausstellung über die Naturgeschichte des Nationalparks. Nicht weit entfernt ist das vom DOC betriebene **Te Anau Wildlife Centre**, das jederzeit für Besucher offen steht. In parkähnlicher Umgebung leben hier verletzte und in Gefangenschaft gezüchtete Vögel wie Kakariki (Sittiche), Whio (Saumschnabelenten), Kea und Kaka (endemische Papageienarten) sowie Takahe. Spende von $1 erbeten.

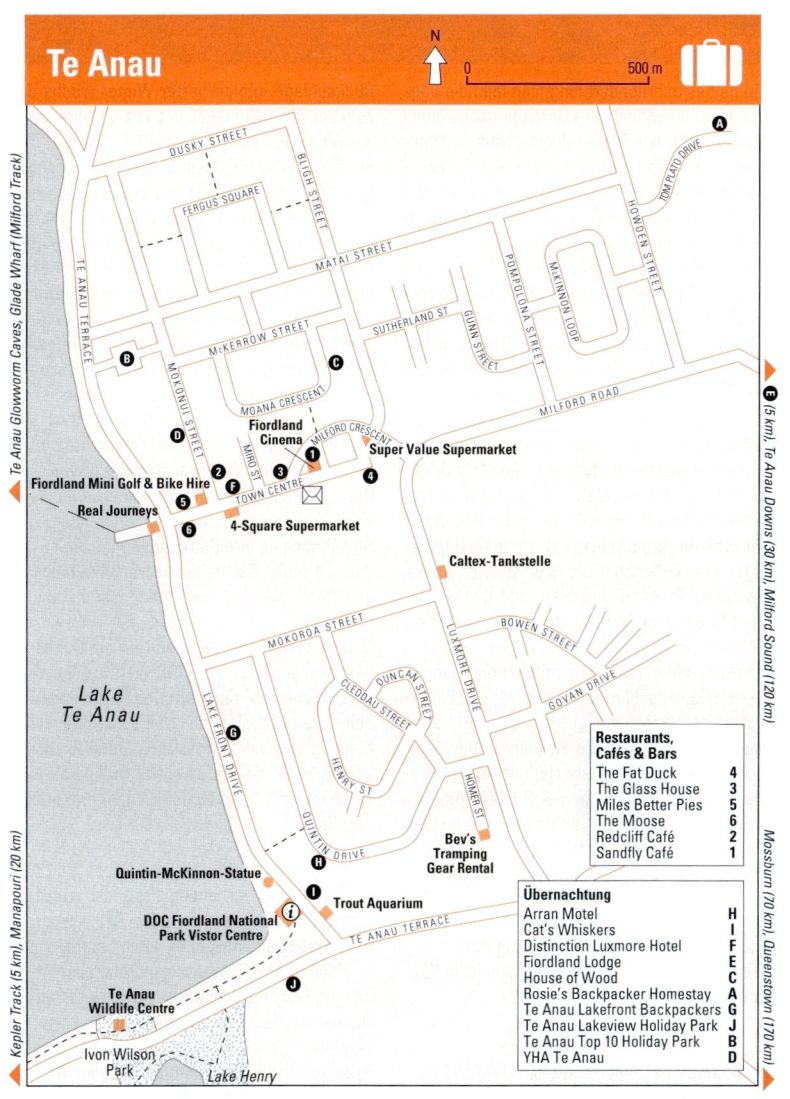

N
0   500 m

Te Anau Glowworm Caves, Glade Wharf (Milford Track)

DUSKY STREET

FERGUS SQUARE

BLIGH STREET

TE ANAU TERRACE

MATAI STREET

McKERROW STREET

SUTHERLAND ST

MOKONUI STREET

MOANA CRESCENT

Fiordland Cinema

MIRO ST

MILFORD CRESCENT

Super Value Supermarket

TOWN CENTRE

Fiordland Mini Golf & Bike Hire

Real Journeys

4-Square Supermarket

POMPOLONA STREET

McKINNON LOOP

GUNN STREET

HOWDEN STREET

TOM PLATO DRIVE

MILFORD ROAD

Caltex-Tankstelle

MOKOROA STREET

DUNCAN STREET

CLEDDAU STREET

HENRY ST

LAKE FRONT DRIVE

LUXMORE DRIVE

BOWEN STREET

GOVAN DRIVE

HOMER ST

Lake
Te Anau

QUINTIN DRIVE

Bev's
Tramping
Gear Rental

Quintin-McKinnon-Statue

Trout Aquarium

DOC Fiordland National
Park Vistor Centre

TE ANAU TERRACE

Te Anau
Wildlife Centre

Ivon Wilson
Park

Lake Henry

Kepler Track (5 km), Manapouri (20 km)

(5 km), Te Anau Downs (30 km), Milford Sound (120 km)

Mossburn (70 km), Queenstown (170 km)

Fiordland

Restaurants, Cafés & Bars	
The Fat Duck	4
The Glass House	3
Miles Better Pies	5
The Moose	6
Redcliff Café	2
Sandfly Café	1

Übernachtung	
Arran Motel	H
Cat's Whiskers	I
Distinction Luxmore Hotel	F
Fiordland Lodge	E
House of Wood	C
Rosie's Backpacker Homestay	A
Te Anau Lakefront Backpackers	G
Te Anau Lakeview Holiday Park	J
Te Anau Top 10 Holiday Park	B
YHA Te Anau	D

Die lukrativste Attraktion Te Anaus sind die **Te Anau Glowworm Caves**. Der Name der Stadt lautet auf Maori korrekt Te Ana-au und bedeutet so viel wie „Höhle mit strudelndem Wasser". Auf der Suche nach dem Namensgeber der Stadt stieß man 1948 auf die Höhlen, die inzwischen etwas aufgemöbelt wurden und die Bootsfahrt hierher durchaus lohnen. Besichtigung nur im Rahmen einer Tour mit Real Journeys tgl.: Nov–März 14, 17.45, 19 und 20.15, April–Sep 14 und 19 Uhr sowie nach Bedarf, ca. 2 1/4 Std., $63.

Ein halbes Jahrhundert lang hielt man die flugunfähige, blaugrüne Takahe *(Notornis mantelli)* für ausgestorben. Dieser plumpe, truthahnähnliche Vogel – ein naher Verwandter des Pukeko – war einst in ganz Neuseeland verbreitet. Bei Ankunft der Maori war sein Territorium jedoch schon auf den äußersten Süden der Südinsel beschränkt. Als später die Europäer kamen, gab es nur einige wenige Takahe, die von den ersten Siedlern im Fiordland gesichtet wurden. Nach 1898 gab es keine belegbaren Begegnungen mehr. Die wenigen Wanderer und Ornithologen, die danach Spuren gesehen oder in den entlegenen Fiordland-Tälern den Ruf der Takahe gehört haben wollten, wurden als Spinner abgetan.

Der ambitionierte Vogelkundler **Geoffrey Orbell** sammelte die vagen Beweise und konzentrierte seine Suche auf das 500 km² große Gebiet der **Murchison Mountains**, die in inselgleicher Lage an drei Seiten von den westlichen Armen des Lake Te Anau umgeben und an der vierten Seite an die Wasserscheide grenzen. 1948 wurde seine Beharrlichkeit mit der ersten Sichtung einer Takahe seit 50 Jahren belohnt. Die wenigen noch existierenden Vögel schienen jedoch dem Untergang geweiht: Hirsche fraßen sich unbekümmert ihren Weg durch das Gras, auf das die Takahe für ihr Überleben angewiesen war. Das Selektieren der Hirschpopulation wendete die Krise ab, und trotz periodischer Rückschläge infolge harter Winter wuchs die Zahl der Takahe mit Hilfe von Zuchtprogrammen wieder auf 227 an.

Studien der (für die Öffentlichkeit nicht zugänglichen) Aufzuchtstation **Burwood Bush** in der Red Tussock Conservation Area, östlich von Te Anau, haben unterdessen gezeigt, dass Takahe häufig drei Eier legen, aber selten mehr als ein Küken aufziehen können. Jedes Jahr im November begeben sich inzwischen Mitarbeiter des DOC in die Murchison Mountains, um die **Eierquote** zu manipulieren, so dass sich jedes Takahe-Paar lediglich um ein Ei zu kümmern hat. Jedes „überzählige" Ei kommt nach Burwood Bush, wo die Brut nach den dort entwickelten Methoden aufgezogen und später ausgewildert wird. Auf Band aufgenommene Takahe-Laute ermuntern die Küken zu schlüpfen. Zur Vermeidung der Gewöhnung an ihre Betreuer werden die Küken danach unter Zuhilfenahme von **Handpuppen** gefüttert, die wie ausgewachsene Takahe aussehen.

Um die Verbreitung nicht nur auf ein Gebiet zu beschränken, hat das DOC mehrere Takahe-Populationen auf **raubtierfreien Inseln** angesiedelt – Maud Island in den Marlborough Sounds, Mana Island und Kapiti Island nordwestlich von Wellington sowie Tiritiri Matangi im Hauraki Gulf vor Auckland –, wo sich die Vögel erfolgreich fortpflanzen.

Fiordland

Übernachtung

Zwischen Juni und August senken die meisten Unterkünfte ihre Preise erheblich; in der Zwischensaison (Mitte April–Mai sowie im Sep) sind Preisnachlässe verhandelbar.

Hotels, Motels, B&Bs und Homestays

Arran Motel, 64 Quintin Drive, ℘ 0800/666 911, ⌨ www.arranmotel.co.nz. Hübsche Zimmer mit Bad, z. T. Kochgelegenheiten. Wechselnde Preise, daher lohnt es sich nachzufragen. ❹

Cat's Whiskers, 2 Lake Front Drive, ℘ 03/249 8112, ⌨ www.catswhiskers.co.nz. Sehr freundliches Gästehaus am See mit 4 Zimmern mit Bad. WLAN vorhanden. Preis inkl. Frühstück; kostenloser Shuttle in die Stadt. ❻

Distinction Luxmore Hotel, Town Centre, ℘ 0800/589 667, ⌨ www.luxmorehotel.co.nz. Das große, zentral gelegene noble Hotel hat Zimmer mit Bad und verschiedene Verpflegungsmöglichkeiten. Beliebt bei Reisegesellschaften. Standard-Zimmer ❻, neuere Deluxe-Zimmer ❽

Fiordland Lodge, 472 Te Anau-Milford Highway, 5 km nördlich, ℘ 03/249 7832, ⌨ www.fiordland lodge.co.nz. Schicke Unterkunft auf einem Hügel mit tollem Seeblick. Geräumige Lodge-Suiten sowie einige Luxus-Cabins (max. 5 Pers.). Alle Zimmer mit HP, ab $680 für 2 Pers. ❾

House of Wood, 44 Moana Crescent, ✆ 03/249 8404, 🖥 www.houseofwood.co.nz. Bietet im Ambiente einer noblen Alpenhütte Zimmer mit Bad. Nur 2 Min. vom Zentrum, außerdem Verleih von Mountainbikes. Sättigendes Frühstück inbegriffen, Abendessen auf Wunsch erhältlich ($45 mit Wein). ❺

Hostels und Camping

Zusätzlich zu den unten gelisteten Campingplätzen gibt es bei Te Anau Downs, rund 25 km nördlich von Te Anau, zwei günstige DOC-Plätze ($5) direkt am See.

Te Anau Lakefront Backpackers, 48 Lake Front Drive, ✆ 03/249 7713, 🖥 www.teanauback packers.co.nz. Etwas in die Jahre gekommen, aber einladend. Kleine Dorms (ab $29), meist mit Bad und Küche, daneben auch Zimmer. Kostenlose Gepäckaufbewahrung und Whirlpool. ❷

Te Anau Lakeview Holiday Park, 1 Manapouri Rd, 1 km südlich, ✆ 0800/483 2628, 🖥 www.teanau.info. Gut ausgestatteter Komplex mit weitläufigem Campingareal und modernen Einrichtungen, darunter einer Sauna, sowie verschiedenen Cabins und Units. Camping $15,50, Dorms $27, EZ $35, Cabins, Tourist Flats, Motel Units ❷ – ❺

Te Anau Top 10 Holiday Park, 128 Te Anau Terrace, ✆ 0800/249 746, 🖥 www.teanautop10. co.nz. Zentral gelegener Platz mit tollen Unterkünften und jeder Menge Extras, u. a. WLAN, Whirlpool und Kinderspielplatz. Vorbuchen! Camping $44 pro Stellplatz, Cabins ❷, Units mit Bad ❹, Selbstversorger-Units ❺, Motel Units ❻

YHA Te Anau, 29 Mokonui St, ✆ 03/249 7847, ✉ yha.teanau@yha.co.nz. Modernes, komfortables Hostel nahe dem Zentrum: große

Rosie's Backpacker Homestay, 23 Tom Plato Drive, ✆ 03/249 8431, ✉ backpack@paradise. net.nz. Kleines, entspanntes und superfreundliches Hostel mit See- und Bergblick. Unbedingt rechtzeitig reservieren. Juni und Juli geschlossen. Dorms $31, DZ ❷

The Glass House, 1 Milford Crescent, ✆ 03/249 4305. Neues, edles Café mit großer Fensterfront und exzellentem Essen, von üppigem Frühstück bis zum kleinen, aber erlesenen Angebot an Abendgerichten (Hauptgerichte ungefähr $30–35). ◷ tgl. 7–22 Uhr.

Dorms ($28), DZ mit und ohne Bad sowie ein Selbstversorger-Cottage für Familien. ❸ – ❹

Essen und Unterhaltung

Das Verköstigungsangebot wird langsam besser. Selbstversorger können sich in zwei gut sortierten Supermärkten eindecken. Da die meisten Besucher kurz vor einer Wanderung stehen oder von einer zurück kommen, ist wenig Bedarf an Kneipen und beschränkt sich das Nachtleben überwiegend auf eine mitgebrachte Flasche Wein zum Essen im Restaurant.

The Fat Duck, 124 Town Centre. Schicke Bar plus Restaurant mit passablem, wenn auch teurem Frühstück und Mittagessen sowie guten Abendgerichten und Desserts. ◷ im Winter Mo und Di geschl.

Miles Better Pies, Milford Rd, Ecke Town Centre. Guter Kaffee und noch bessere Pies zum Vertilgen vor Ort oder zum Mitnehmen. ◷ tgl. 6–15 Uhr.

The Moose, 84 Lakefront Drive. Turbulentes, von Einheimischen gern besuchtes Lokal mit einer reichhaltigen Auswahl an preiswerten Standardgerichten und -getränken; im Sommer spielen am Wochenende Bands.

Redcliff Café, 12 Mokonui St, ✆ 03/249 7431. Zwangloses Restaurant in gemütlichem Holzcottage mit zeitgenössischen Kiwi-Gerichten (Hauptgerichte etwa $35–40). Gartenbar und gelegentlich Livemusik. ◷ tgl. ab 17 Uhr.

Sandfly Café, 9 The Lane. Entspanntes Tagescafé, spezialisiert auf Gebackenes, Bagels und Kuchen. ◷ im Winter Mo geschl.

Aktivitäten

Bootstouren

Der Weg zu den Ausgangspunkten des Kepler oder Milford Track lässt sich gut mit einem

Fiordland

Bootsausflug verbinden. Die Unternehmen, die den Transport dorthin anbieten, veranstalten auch eine Reihe anderer Touren.

Cruise Te Anau, ✆ 03/249 8005, 🖥 www.cruiseteanau.co.nz. Seekreuzfahrten an Bord eines Motorbootes aus Kauri-Holz (im Sommer tgl. 10, 13 und 17 Uhr, 2 1/2 Std., $80; sowie 16–9.30 Uhr, $250 inkl. Abendessen, 1 Nacht an Bord und Frühstück). Im Sommer auch Transport nach Brod Bay am Start des Kepler Track ($25 einfach) sowie außerhalb der Saison zum Start- und Endpunkt des Milford Track (April–Nov, $170).

Fiordland Wilderness Experiences, ✆ 0800/200 434, 🖥 www.fiordlandseakayak.co.nz. Geführte Kajaktouren auf dem Lake Te Anau und Lake Manapouri ($135 pro Tag) sowie verschiedene Trips in den Fjorden (S. 807).

Luxmore Jet, ✆ 0800/253 826, 🖥 www.luxmorejet.co.nz, 1-stündige Jetboot-Fahrten auf dem Waiau River vorbei an Drehorten von *Herr der Ringe* ($95).

Reiten und Quadbikes

High Ride Four Wheeler Adventures, ✆ 03/249 8591, 🖥 www.highride.co.nz. Bieten eine 3-stündige Tour mit tollen Ausblicken auf den Lake Manapouri und den Lake Te Anau ($145 inkl. Shuttle von Te Anau). Im Programm sind auch Ausritte (3 Std., $80).

Rundflüge

Air Fiordland, ✆ 03/249 7505, 🖥 www.airfiordland.com. Das empfehlenswerteste Angebot umfasst einen Flug über den Milford Track zum Milford Sound, eine Bootstour im Fjord und eine Busfahrt zurück nach Te Anau (7 1/2 Std., $460).

Southern Lakes Helicopters, Lake Front Drive, ✆ 0508/249 7167, 🖥 www.southernlakeshelicopters.co.nz. Die Hubschrauber starten von einem Heliport am See zu verschiedenen Zielen (ab $190 für 25 Min.), u. a. zu den Fjorden Milford, Doubtful und Dusky, jeweils mit Landung in einem engen Canyon oder in den Bergen. Im Angebot sind außerdem Kombis aus Flug, Wanderung und Bootsfahrt sowie der Transport zu den Wanderrouten.

Wings & Water, Lake Front Drive, ✆ 03/249 7405, 🖥 www.wingsandwater.co.nz. Kurzflug über die Umgebung (10 Min., $95), Rundflüge über den Kepler Track (20 Min., $210) und den Doubtful Sound (40 Min., $295) sowie kombinierte Touren, z. B. Jetboot-Fahrt auf dem Waiau River zum Lake Manapouri mit Rückflug nach Te Anau (1 Std., $225).

Autovermietungen

Die Teilnahme an einer organisierten Tour ist normalerweise billiger. Ansonsten: **Rent-a-dent**, Caltex-Tankstelle, Luxmore Drive, ✆ 03/249 8576, $89 pro Tag.

Tageswanderungen von Te Anau

DOC Visitor Centre – Control Gates (4 km einfach, 50 Min., flach): Einfacher Spaziergang entlang dem Seeufer vorbei am Te Anau Wildlife Centre bis zu der Stelle, an welcher der Waiau River den Lake Te Anau verlässt, um in den Lake Manapouri zu fließen. Die Control Gates markieren den Beginn des Kepler Track.

Control Gates – Brod Bay (5 km einfach, 1 1/2 Std., leichtes Auf und Ab): Der erste Abschnitt des Kepler Track führt nach Dock Bay (30 Min.), wo es sich gut schwimmen lässt. Danach geht es durch Berg- und Buchenwald und vorbei an einigen Kalksteinklippen zum Campingplatz in der Brod Bay.

Control Gates – Rainbow Reach (9,5 km einfach, 2 1/2–3 1/2 Std., zumeist flach): Leichte Wanderung entlang dem Waiau River durch Buchenwald. Wer will, kann die Tour auf 5–7 Std. ausdehnen und von Rainbow Reach 3 km zu einer Plattform laufen, die eine tolle Aussicht über das Feuchtgebiet bietet. Tracknet-Busse fahren zu den Control Gates und von Rainbow Reach (s. „Kepler Track") zurück nach Te Anau.

Milford Track: Real Journeys, ✆ 0800/656 501, und Trips 'n' Tramps, ✆ 03/249 7081, bieten gemeinsam einfache Tageswanderungen entlang dem Clinton River am Beginn des Milford Track an. Die Touren umfassen die Busfahrt nach Te Anau Downs, die Bootsfahrt nach Glade Wharf, 5–6 Std. wandern, ein Mittagessen in der Clinton Hut und die Rückfahrt (Nov–Mitte April tgl. 9.15 Uhr, $190).

Fiordland

Fahrradverleih

können in vielen Backpacker-Unterkünften ausgeliehen werden, ansonsten auch bei **Fiordland Mini Golf, Quadricycles & Bike Hire**, 7 Mokonui St, ✆ 03/249 7211 ($20 für den halben, $25 für den ganzen Tag).

Geld

Mehrere Banken mit Geldautomaten (24 Std.) in der Town Centre.

Informationen

i-SITE Visitor Centre, Town Centre, Ecke Lake Front Drive, ✆ 03/249 8900, ✉ fiordland-isite@ realjourneys.co.nz, wird zusammen mit dem Buchungsbüro von Real Journeys betrieben. ☉ tgl. 8.30–17.30 Uhr.
Fiordland National Park Visitor Centre des DOC, 500 m südlich, Lake Front Drive, ✉ fiordlandvc@ doc.govt.nz, ☉ Ende Okt–Ende April tgl. 8.30–17, sonst 8.30–16.30 Uhr. Im National Park Visitor Centre gibt es auch ein **Great Walks Booking Desk**, ✆ 03/249 8514, ✉ greatwalksbooking@ doc.govt.nz.

Kino

Fiordland Cinema, The Lane, ✆ 03/249 8812, 🖥 www.fiordlandcinema.co.nz. Zeigt den fantastischen 32-minütigen Film *Ata Whenua: Shadowlands* (5–10x tgl. 10–21 Uhr, $10), der Fiordland aus der Vogelperspektive präsentiert und Lust auf einen Hubschrauber-flug macht. Dazwischen laufen Mainstream-Filme, und die Zuschauer können Kaffee, Bier und Wein mit in den gemütlichen Kinosaal nehmen.

Outdoor-Ausrüstung

Bev's Tramping Gear Hire, 16 Homer St, ✆ 03/249 7389, 🖥 www.bevs-hire.co.nz. Verleih von Outdoor-Ausrüstung – Bezahlung pro Gegenstand und Tag. Das Great Walks Package Special für $130 enthält außer den Wanderschuhen alles Nötige inkl. Verpflegung für 4 Tage. Für die Dauer einer Wanderung kann überflüssiges Gepäck zumeist in der Unterkunft gelagert werden (gegen eine geringe Gebühr).

Nahverkehr

Te Anau kann problemlos zu Fuß erkundet werden. Für etwas weiter entfernte Ziele empfehlen sich lokale Shuttledienste wie **Scenic Shuttle**, ✆ 0800/277 483 (morgens nach Manapouri), und **Tracknet**, ✆ 0800/ 483 2628, 🖥 www.tracknet.net (Verbindung zum Milford Sound, nach Queenstown sowie zu den Ausgangspunkten der Kepler und Routeburn Tracks).

Transport

Busse

Busse halten an verschiedenen Punkten im Ort, ansonsten in der von Geschäften und Restaurants gesäumten Hauptstraße, genannt Town Centre.

Busse nach:

DUNEDIN 1x tgl., 4 3/4 Std.;
INVERCARGILL 1x tgl., 4 Std.;
MANAPOURI 2x tgl., 20 Min.,
MILFORD SOUND 7x tgl., 2 1/4–2 3/4 Std.;
QUEENSTOWN 7x tgl., 2 1/4 Std.;
THE DIVIDE 2–4x tgl., 1 Std.

Flüge

Flüge nach QUEENSTOWN 3–4x tgl., 30 Min.

Kepler Track

Der Kepler Track (45–70 km, 3–4 Tage) wurde 1988 eröffnet, um den Milford Track und den Routeburn Track zu entlasten, und ist heute ge-nauso beliebt. Die weit geschwungene, von Te Anau zu Fuß zu erreichende Rundstrecke führt durch die Kepler Mountains am westlichen Ufer des Lake Te Anau. Üblicherweise wird der Weg entgegen dem Uhrzeigersinn gelaufen, um einen Großteil der Anstiege gleich am Anfang hinter sich zu bringen. Je nach Gusto kann man zwi-schen 45 km (mit Boot und Bus als Transfer) und 70 km (bei Start und Ende direkt in Te Anau) zu-rücklegen.

Die Route ist durchgehend gut begehbar, gewartet und ausgeschildert, einzig ihre Länge und der lange Aufstieg zur Luxmoore Hut zeh-ren ziemlich an den Kräften, außerdem werden

Fiordland

Das Fiordland entstand, als der große Gott **Tu-to-Rakiwhanoa** mit seiner Axt die groben Furchen der Fjorde im Süden in der Umgebung des Preservation Inlet und des Dusky Sound in das Gestein hieb und nur die Inseln Resolution Island und Secretary Island unverändert ließ, auf denen seine Füße standen. Seine Technik verbesserte sich weiter nördlich, wo er im Nancy Sound und Caswell Sound feinere Konturen zuwege brachte, bevor er mit dem berühmtesten der Fjorde, dem Milford Sound (Piopiotahi), sein Meisterwerk schuf. Nachdem die atemberaubende Landschaft vollendet war, erhielt Tu Besuch von der Göttin des Todes, **Te-Hine-nui-to-po**, die befürchtete, Tus Werk könnte so wunderbar sein, dass die Menschen für immer in Piopiotahi leben wollten. Um die Menschen ihre Sterblichkeit nicht vergessen zu lassen, ließ sie die **Sandfliegen**, namu, frei. Der Ort, an dem sie dies tat, Te Namu-a-Te-Hine-nui-te-po, am Ende des Milford Sound, ist heute unter dem Namen Sandfly Point bekannt. Zweifellos haben die teuflischen Plagegeister den gewünschten Effekt erzielt. Als James Cook 1773 in den Dusky Sound fuhr, hatte er bereits Bekanntschaft mit der Sandfliege gemacht:
Die boshafteste Kreatur hier ist die kleine schwarze Sandfliege, die so zahlreich auftritt und so heimtückisch ist, dass sie alles übertrifft, was mir von dieser Art je begegnet ist. ... Der fast unaufhörliche Regen ist ein weiteres Übel in dieser Bucht.

Streckenabschnitte nach Schneefällen mitunter gesperrt. Die vom DOC kostenlos erhältliche Broschüre *Kepler Track Independent Tramping* ist als Orientierungshilfe akzeptabel, detaillierter ist jedoch die Kepler Track Trackmap im Maßstab 1:60 000 ($15).

Zugang und Unterkunft
Der Kepler Track ist einer von Neuseelands Great Walks. Im Sommer (Ende Okt–Ende April) sind seine drei großen **Hütten** ($45 pro Nacht) – Mt Luxmore (55 Betten), Iris Burn (50 Betten), Moturau (40 Betten) – unter Aufsicht eines Hüttenwartes und verfügen über Gaskocher und Toiletten mit Wasserspülung. Um im Sommer ganz sicher einen Schlafplatz zu ergattern, sollte man reservieren. Die Übernachtungen können vorab via Internet unter ⌨ www.doc.govt.nz oder bei einem der Great-Walks-Buchungsagenturen in Te Anau, Glenorchy oder Queenstown bezahlt werden.

Während der Wintermonate fehlen Hüttenwarte und Gaskocher, als Toiletten dienen Plumpsklos, und die Gebühr beträgt dann $15. Unweit der Wanderstrecke gibt es am Lake Manapouri die einfache, sehr kleine Shallow Bay Hut, die jedoch nicht empfohlen werden kann. **Zelten** ist nur an der Brod Bay und am Iris Burn gestattet ($15).

Transport
Der Kepler Track beginnt an den Control Gates, 5 km südwestlich von Te Anau. Man kann die Strecke entlang des Südufers des Lake Te Anau zu Fuß zurücklegen. Aber die meisten nehmen den **Shuttlebus** von Tracknet, ✆ 0800/483 262, ⌨ www.tracknet.net, der Wanderer von Oktober bis April gegen 8.30 und 9.30 Uhr von den Unterkünften im Ort abholt und an den Control Gates absetzt ($6). Die Wanderstrecke wird bevorzugt 11 km südlich der Control Gates an der Hängebrücke über den Waiau River beendet, von wo Tracknet um 10, 15 und 17 Uhr zurück nach Te Anau fährt ($10).

Weitere 5 km Wegstrecke am See lassen sich einsparen, wenn man ein **Boot** vom Pier in Te Anau zur Brod Bay nimmt. Diesen Service bietet Kepler Water Taxi, ✆ 03/249 8364 (8.30 und 9.30 Uhr sowie nach Vereinbarung, etwa $20).

Die Route
Wer Te Anau als Ausgangspunkt wählt, läuft zunächst den Lake Front Drive nach Süden und biegt an der ersten Möglichkeit nach rechts in Richtung der Control Gates ab.

Control Gates zur Brod Bay (5,6 km, 1–1 1/2 Std., flach) Die Strecke folgt dem Seeufer um die Dock Bay, überquert den Coral Creek und führt durch lauschige Wälder. Die Brod Bay empfiehlt sich mit einem Sandstrand als hübscher Ort für ein Bad im See und kann als idyllischer Zeltplatz genutzt werden.

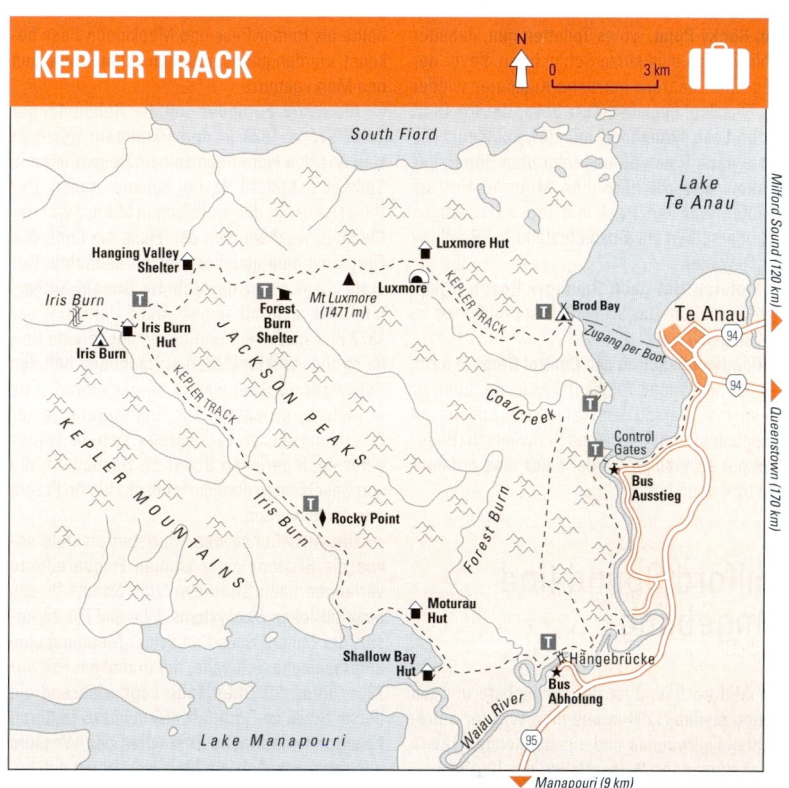

N
0   3 km

South Fiord

Lake Te Anau

Milford Sound (120 km)

Hanging Valley Shelter

Iris Burn

Luxmore Hut

Forest Burn Shelter

Mt Luxmore (1471 m)

Luxmore

KEPLER TRACK

Brod Bay

Te Anau
94

Zugang per Boot

Iris Burn Hut

Iris Burn

JACKSON PEAKS

KEPLER TRACK

Coal Creek

Queenstown (170 km)
94

Iris Burn

KEPLER MOUNTAINS

Rocky Point

Forest Burn

Control Gates

Bus Ausstieg

Moturau Hut

Shallow Bay Hut

Hängebrücke

Bus Abholung

Waiau River
95

Lake Manapouri

▼ *Manapouri (9 km)*

Brod Bay zur Mt Luxmore Hut (8,2 km, 3–4 Std., 880 Hm) Wer kein Zelt dabei hat, muss von der Brod Bay weitergehen und den vom Strand ausgeschilderten Weg in Angriff nehmen. Der steile Aufstieg wird durch den guten Weg etwas gemildert. Nach ca. 2 Std. erreicht man Kalksteinfelsen, danach ist es noch fast 1 Std. bis zur Baumgrenze und dem herrlichen Blick über den Lake Te Anau, den Lake Manapouri und die Berge. Die Hütte liegt nochmals knapp 1 Std. von der Baumgrenze entfernt. Ein 10-minütiger Spaziergang führt von der Hütte zur kleinen **Luxmore Cave**.

Mt Luxmore Hut zur Iris Burn Hut (14,6 km, 5–6 Std., 300 m Aufstieg, 900 m Abstieg) Die Strecke führt durch offenes, alpines Gelände, in dem jegliches Anzeichen einer Wetterverschlechterung ernst genommen werden muss.

Die Route steigt bis unterhalb des Mt Luxmore an (ein Abstecher zum 1471 m hohen Gipfel ist möglich), dahinter führt sie bergab zur Schutzhütte **Forest Burn Shelter**. Anschließend folgt sie einem Bergkamm zu einer zweiten Schutzhütte, **Hanging Valley Shelter**, und biegt schließlich scharf nach Süden ab, an einem weiteren Bergkamm in Richtung Iris Burn entlang. Im Zickzack geht es hinunter in das bewaldete Hanging Valley und weiter bis zum Iris Burn, dem die Strecke bis zur Hütte und dem Zeltplatz auf einer großen, von Tussock-Gras bewachsenen Lichtung folgt. Lohnend ist der einfache Spaziergang zum **Iris Burn Waterfall** (40 Min. hin und zurück).

Iris Burn Hut zur Moturau Hut (16,2 km, 4–6 Std., 300 m Abstieg) Die dritte Etappe beginnt mit einem Abstieg durch Südbuchenwald am Iris Burn entlang. Ungefähr auf halber Strecke erreicht

Fiordland

man **Rocky Point**, wo es Toiletten gibt, dahinter schließt sich eine kurze Schlucht an, bevor der Weg über mehrere herrliche Kilometer wieder den Flusslauf begleitet. Kurz bevor der Iris Burn in den Lake Manapouri mündet, schwenkt die Route nach Osten ab und folgt dem Bogen der Shallow Bay zur hübschen Moturau Hut am Seeufer. Wer den Track in 3 Tagen bewältigen will, marschiert zur Bushaltestelle bei Rainbow Reach weiter.

Moturau Hut nach Rainbow Reach (6 km, 1 1/2 Std., flach) Das Wegstück ist problemlos zu bewältigen.

Rainbow Reach zu den Control Gates (9,5 km, 2–3 Std., minimaler Anstieg) Das letzte Stück ist ein leichter Marsch den Waiau River entlang mit Gelegenheit zum Angeln und Schwimmen (Badespot gut auswählen, da der Fluss eine ordentliche Strömung hat).

Milford Sound und Umgebung

Der Milford Sound ist der nördlichste und mit seinen steilen, 1200 m aus dem Wasser aufragenden Felswänden und aus hängenden Tälern herabstürzenden Wasserfällen der berühmteste der 15 Fjorde im Fiordland. Zwar sind einige andere Fjorde fast ebenso beeindruckend, aber keiner ist so leicht zugänglich. Vor Fertigstellung der Straßenverbindung im Jahr 1952 gab es nur die Möglichkeit, mit dem Boot oder zu Fuß auf dem allseits gerühmten **Milford Track** zur Fjordspitze zu gelangen. Mit der Eröffnung des Homer Tunnel wurde jedoch der Weg für die Armada der Touristenbusse frei, die Besucher zu den Ausflugsbooten im Fjord bringen.

Wie die anderen „Sounds" ist auch der Milford Sound ein versunkenes Gletscher- und kein Flusstal und damit ein Fjord. Die Maori nennen ihn **Piopiotahi** („die einsame Drossel") und schreiben seine Entstehung dem Gott Tu-to-Rakiwhanoa zu, der an einen anderen Ort gerufen wurde, bevor er einen Weg ins Landesinnere in das Gestein meißeln konnte und hohe Felswände zurücklassen musste. Diese steilen Routen sind heute als Homer Pass und Mackinnon Pass bekannt, wurden aber vermutlich schon früher von den Maori genutzt.

Als erster Europäer soll der Robbenfänger John Grono 1823 in den Piopiotahi gesegelt sein und den Fjord nach seinem Heimathafen in Südwales, Milford Haven, benannt haben. Der Hauptzufluss in den walisischen Milford war der Cleddau, weshalb man den Fluss am Ende des Fjords mit dem gleichen Namen bedachte. Der erste Siedler war der Schotte **Donald Sutherland**, der sich mit seinem Hund John O'Groat 1877 hier niederließ und unverzüglich eine Reihe strohgedeckter Hütten in Nachbarschaft des Süßwasserbeckens seiner so genannten „City of Milford" errichtete. Zur Finanzierung seiner Erkundungstouren verdingte er sich als Führer einer noch geringen Schar an Besuchern, die von Geschichten über die landschaftliche Pracht angelockt wurden.

Die Auswüchse des Touristenrummels sowie die Existenz einer kleinen Fischereiflotte verlangen nach Strategien zum Schutz dieses **empfindlichen Ökosystems**. Wie alle Fjorde besitzt der Milford Sound an seiner Mündung eine unterseeische Schwelle, die in diesem Fall nur 70 m unter der Oberfläche liegt, während die tiefste Stelle im Fjord fast 450 m misst. Dadurch können die natürliche Zirkulation des Wassers und der Austausch von Meerwasser mit den immensen in den Fjord fließenden Süßwassermengen größtenteils nicht stattfinden. Dies wiederum hat zur Folge, dass die Tanninkonzentration der oberen Süßwasserschicht (bis zu 10 m tief) ansteigt und noch weniger Licht, als ohnehin schon durch den immerwährenden Schatten der steil aufragenden Felswände abgehalten wird, das Wasser durchdringen kann.

Die Folge ist eine relativ karge Gezeitenzone, die einen schmalen, aber überaus reichen und höchst fragilen Streifen lichtscheuer roter und schwarzer **Korallen** schützt. Normalerweise wachsen diese erst in viel größerer Tiefe, gedeihen aber hier dank der dunklen Umgebung prächtig. Bedauerlicherweise verwendet die hiesige Fischereiflotte Hummerreusen, die nicht selten alles Wachstum von den Fjordwänden abrasieren. An der Nordostküste ist ein Schutzgebiet eingerichtet worden, wo derlei Praktiken

Fiordland

verboten sind, nach Meinung von Umweltschutzgruppen sollte diese Zone jedoch noch erweitert werden.

Von Te Anau zum Milford Sound

Die 120 km lange Straße von Te Anau zum Milford Sound (SH94) darf als eine der schönsten der Welt gelten. Das hat aber verschiedene Leute –zumeist aus Queensland – nicht davon abgehalten, absurde Pläne für deren Umgehung auszuhecken wie etwa einen Tunnel von Glenorchy zur Divide, um die Fahrzeit ab Queenstown zu verkürzen. Nimmt man jedes sich bietende Fotomotiv zum Anlass für einen Zwischenstopp, lässt sich die zweistündige Fahrt mühelos auf einen ganzen Tag ausdehnen – noch länger, wenn man einige der wunderschönen Wanderwege entlang der Strecke erkundet (beschrieben in der im i-SITE in Te Anau kostenlos erhältlichen Broschüre *Milford Road*).

Wer bereits das erste Teilstück den Lake Te Anau entlang unübertrefflich schön findet, wird bei der Fahrt durch das **Eglinton Valley** kaum noch Worte finden. Hier dringt die Straße in steiles, bewaldetes Bergland vor und windet sich durch eine subalpine Wunderwelt, um dann an die scheinbar unbezwingbaren kahlen Felsen am Oberlauf des Hollyford River zu stoßen. Dort bahnt sie sich durch den Homer Tunnel den Weg ins steile Cleddau Valley und fällt zum Milford Sound ab.

Die Maori nutzten diese Route lange als Verbindung zur Anita Bay im Milford Sound, wo sie nach *pounamu* suchten. Eine Straße wurde jedoch erst 1929 gebaut. Die größte Herausforderung bestand im Durchbrechen der Rückwand des Hollyford Valley: Die Arbeiten am 1200 m langen **Homer Tunnel** begannen 1935, doch die Planung war von Anfang an schlecht. Im angelegten 10%igen Gefälle stießen die Bauarbeiter schon bald auf Wasser, das sie unentwegt abpumpen mussten. 1948 wurde der Bau eines Führungstunnels, der das Abfließen des Wassers nach Westen gestattete, abgeschlossen. Nachdem man erneut alle verfügbaren Energien mobilisierte, konnte die erste Straßenverbindung zum Milford Sound 1953 schließlich fertiggestellt

und im folgenden Jahr eingeweiht werden. Jedes Jahr im April liefern sich ungehemmte Einheimische nur mit Turnschuhen bekleidet ein Wettrennen durch den Tunnel.

Entlang der Straße gibt es ein Dutzend einfacher DOC-**Zeltplätze** ($5), die fast alle über Trinkwasser, Plumpsklos und Feuerstellen verfügen. Zwei dieser Plätze sind zwischen Te Anau und Te Anau Downs angesiedelt, die übrigen zehn verteilen sich entlang der folgenden 50 km und befinden sich entweder in den grasbestandenen Ebenen des Eglinton Valley oder

Fiordland

im nahen Wald. Besonders empfehlenswert sind die Plätze Mackay Creek, Totara Creek und East Branch Eglinton, alle ca. 50 km nördlich von Te Anau.

Kaum lohnenswerte Zwischenstopps bieten sich auf den ersten 30 km von Te Anau Richtung Norden nach **Te Anau Downs**, wo die Boote zum Ausgangspunkt des Milford Track ablegen (S. 809). Dahinter verlässt die Straße den See, biegt nach Osten ab zum **Eglinton Valley** und führt durch Südbuchenwälder, die von offenen Tussock-Grasebenen durchbrochen werden. Die das Tal flankierenden Berge spiegeln sich bei gutem Wetter in den **Mirror Lakes**, die 56 km nördlich von Te Anau neben der Straße liegen. In Knobs Flat, ✆ 03/249 9122, 🖥 www.knobsflat. co.nz, gibt es tolle Selbstversorger-**Unterkünfte** (Studio ❹) ohne TV und Handy-Empfang. Das Tal erschließen geführte halbtägige Wanderungen ($70). Etwa 20 km nördlich bildet der Cas-cade-Campingplatz den Startpunkt für den **Lake Gunn Nature Walk**.

Nahe dem Ende des Tals wird die Strecke steiler und erreicht 84 km nördlich von Te Anau **The Divide**, den mit 532 m niedrigsten Ost-West-Pass über die Neuseeländischen Alpen. Hier beginnen und enden die Greenstone, Caples und Routeburn Tracks, wobei Letzterer bis zum **Key Summit** fortgesetzt werden kann (s. Kasten). Der Parkplatz an The Divide verfügt über Toiletten und eine Hütte für Wanderer mit einem Busfahrplan (5x tgl. zum Milford Sound, 1 1/4 Std.; 5x tgl. nach Te Anau, 1 Std.). Sicherer ist es allerdings, vorab eine Abholung zu arrangieren. Weiter Richtung Milford fällt die Straße nach wenigen Kilometern ins Tal des Hollyford River ab. Ein Aussichtspunkt kurz vor der Abzweigung der Hollyford Road bietet den besten Ausblick.

Die Milford Road führt nun weiter nach Westen zum Quellgebiet des Hollyford River im

Hollyford Track

Der Hollyford Track (56 km, 3–4 Tage einfach, DOC-Broschüre) ist lang, aber überwiegend flach und das ganze Jahr über geöffnet. Er kann jedoch nach Regenfällen ziemlich morastig sein. Vom Ende der Hollyford Valley Road folgt die Route dem längsten Tal im Fiordland bis zur Martins Bay. Einziger Nachteil des Hollyford Track ist, dass er keine Rundwanderstrecke ist und für den Rückweg den viertägigen Marsch entlang derselben Route erfordert – es sei denn, man besitzt genug Geld für einen Flug von der Martins Bay oder hat noch die erforderlichen Reserven für die **Pyke–Big Bay Route**, eine lange, schwierige und abgeschiedene Strecke (insgesamt 9–10 Tage. Weitere Informationen in der entsprechenden Broschüre des DOC).

Mehr als etwa zu bezwingende Gebirgskämme sind es die atemberaubende Berglandschaft und die Wälder aus Kahikatea, Rimu und Matai sowie der Unterwuchs aus Weinbeere, Fuchsien und Farnen, die den Reiz des Hollyford Track ausmachen. Long Reef in der Martins Bay ist Heimat einer **Pelzrobben**-Kolonie, von Sep–Dez kann man mitunter auch die seltenen **Dick-schnabelpinguine** (Tawaki) sehen. Wanderern, die nur ungern einen Rucksack schleppen, sich komfortabel betten möchten und eine herzhafte Mahlzeit ersehnen, empfiehlt sich die Teilnahme an einer **geführten Wanderung** mit Hollyford Track, ✆ 0800/832 226, 🖥 www.hollyfordtrack. com. Kundige Guides führen kleine Gruppen durch das Gebiet, übernachtet wird in der relativ luxuriösen Martins Bay Lodge und der Pyke River Lodge (3 Tage plus Flug $1655).

Unterkunft und Transport

Die 6 DOC-**Hütten** (meist 12 Schlafplätze, $15) verfügen über Stockbetten, Matratzen, Wasser sowie Toiletten und erfordern keine Buchung. Hüttencoupons oder ein Jahres-Hüttenpass sollten jedoch im Voraus gekauft werden. Die von Te Anau nach Milford verkehrenden **Busse** setzen Wanderer an der Kreuzung von Milford Road und Hollyford Road – Marian Corner genannt – ab, von wo es noch 16 km bis zum Straßenende und dem Ausgangspunkt der Wanderung sind. Empfehlenswerter ist die Verbindung mit Tracknet, ✆ 0800/483 262, deren Busse Nov–April direkt von Te Anau ans Ende der Hollyford Road fahren

Fiordland

weiten, von Gletschern geformten Becken des Gertrude Valley. Einen Kilometer später gelangt man zum Eingang des **Homer Tunnel**, wo sich zahlreiche neugierige Keas tummeln (nicht füttern!). Trotz jüngerer Verbesserungen ist der schmale und stockfinstere Tunnel bis heute eine recht raue und steile Angelegenheit. Zu den Stoßzeiten im Sommer regelt eine Ampel den Verkehr, der dann nur einspurig ist (Wartezeiten bis zu 15 Min. sind möglich), sonst muss man auf entgegenkommende Fahrzeuge achten.

Nach Durchquerung des Tunnels führt die Straße steil bergab zum Cleddau River. Ungefähr 10 km hinter dem Tunnel halten sämtliche Busse bei **The Chasm** und geben ihren Fahrgästen Gelegenheit zu einem kurzen Spaziergang (hin und zurück 15 Min.) zu den Stromschnellen des Cleddau, der hier eine tiefe, schmale Schlucht in den Fels gefräst hat. Von hier sind es noch 8 km zum Milford Sound.

Hollyford Valley

Von The Divide fällt die Milford Road ins Hollyford Valley ab, das der Hollyford River ausgehend von seiner Quelle in den Darren Mountains auf einer Länge von 80 km durchfließt, bevor er an der Martins Bay in die Tasmansee mündet. Die 16 km lange, ungeteerte Lower Hollyford Road bietet Zugang zum **Hollyford Track**, zum **Lake Marian Walk** sowie zu verschiedenen anderen Pfaden.

Das einzige Zeichen von menschlichem Leben im Hollyford Valley zeigt sich 8 km hinter der Abzweigung im **Gunns Camp** in Hollyford (kein Telefon, ✉ gunnscamp@ruralinzone.net, Camping $30 p. P., Dorms $20, Cabins ❶), einer Ansammlung einfacher Cabins. Proviant sowie Postkarten, Bücher, Karten und Souvenirs kann man im dazugehörigen **Laden**, ⏰ tgl. 8.30–20 Uhr, kaufen, und es gibt sogar ein kleines **Museum**, ⏰ wie der Laden, Eintritt $1, für Übernachtungsgäste frei.

(Mo, Mi und Fr, $47). Hollyford Track bietet auch **Flüge** zwischen Milford Sound und Martins Bay (Vorausbuchung erforderlich). Die meisten Wanderer fliegen von der Martins Bay zurück ($580 pro Flugzeug für 1–4 Pers.).

Die lange Tagesstrecke entlang dem hübschen, aber gleichförmigen Lake McKerrow lässt sich erheblich verkürzen, wenn man den **Jetboot**-Service von Hollyford Track zwischen Martins Bay und dem anderen Ende des Lake McKerrow nutzt (nur Nov–April, um $110).

Die Route

Hollyford Road zur Hidden Falls Hut (9 km, 2–3 Std., minimaler Anstieg) Die Strecke folgt einem ungenutzten Abschnitt der Straße, die schon bald in einen Pfad übergeht, um dann teilweise am Fluss entlang zur Hidden Falls Hut zu führen.

Hidden Falls Hut zur Alabaster Hut (10 km, 3–4 Std., 100 m Aufstieg) Ambitionierte Wanderer werden wahrscheinlich gleich den Weg zur Alabaster Hut in Angriff nehmen wollen, der durch Ribbonwood und Südbuchenwald zum Little Homer Saddle und vorbei an den Little Homer Falls verläuft.

Alabaster Hut zur Demon Trail Hut (15 km, 3–4 Std., minimaler Anstieg) Auf diesem Teilstück zweigt recht bald ein Nebenpfad zur hübsch gelegenen McKerrow Island Hut ab, ansonsten führt der Weg am Ufer des Lake Alabaster weiter zur Demon Trail Hut.

Demon Trail Hut zur Hokuri Hut (10 km, 5–6 Std., 100 m Aufstieg) Der wahrscheinlich anstrengendste Streckenabschnitt ist der Weg zur Hokuri Hut. Er verläuft am Seeufer entlang durch unwegsames Terrain und erfordert einige Flussüberquerungen, bevor er die Hokuri Hut erreicht.

Hokuri Hut zur Martins Bay Hut (13 km, 4–5 Std., minimaler Anstieg) Der letzte Teil der Route passiert die spärlichen Überreste von Jamestown, einer Siedlung von Viehzüchtern, der nur eine kurze Blüte in den 1870er-Jahren beschieden war. Dahinter gelangt man zum kleinen, von Hollyford Track genutzten Flugfeld und dem Dutzend Behausungen von Martins Bay. Niemand lebt hier dauerhaft, nur gelegentliche Angler und Jäger nutzen sie. Parallel zur Martins Bay erreicht der Weg mit vereinzelten Ausblicken auf den Hollyford River schließlich die Martins Bay Hut.

Fiordland

Nach weiteren 8 km ist das Straßenende und damit der Ausgangspunkt des Hollyford Track sowie der Beginn eines kürzeren Wanderwegs zu den knapp 200 m herabstürzenden **Humboldt Falls** (hin und zurück 20–30 Min.) erreicht.

20 HIGHLIGHT

Milford Sound

Von seiner schönsten Seite präsentiert sich der Sound zweifelsohne vom Wasser aus. Die paar Gebäude, die die kleine Siedlung Milford Sound bilden, machen nicht viel her. Aber ihre Lage an der Mündung der Cleddau und Arthur Rivers in den Fjord und vor der Kulisse des vergletscherten, 1694 m hohen **Mitre Peak** (so benannt we-

Wanderungen von der Milford Road

Alte (Wander-)Hasen machen sich gern über die Touristen lustig, die Zeit, Mühe und Geld in solche Tracks wie Milford und Routeburn investieren, während es entlang der Milford Road so viele exzellente, leicht zugängliche Pfade gibt. Im Folgenden lediglich die meist begangenen Tagestouren; Infos über längere und schwierigere Routen sind im DOC-Besucherzentrum in Te Anau erhältlich.

Lake Gunn Nature Walk (3 km Rundweg, 45 Min., mäßiger Anstieg). Naturlehrpfad, der auch mit dem Rollstuhl befahren werden kann. Startet 74 km nördlich von Te Anau.

The Divide – Key Summit (5 km hin und zurück, 2–3 Std., 400 m Anstieg). Tolle Panoramaaussichten über drei Täler sind der Lohn für diese Wanderung auf dem westlichen Abschnitt des Routeburn Track. Beginnt 84 km nördlich von Te Anau.

Lake Marian (5 km hin und zurück, 2–3 Std., 400 m Anstieg). Malerischer Aufstieg zu einem alpinen See, vorbei an schönen Wasserfällen (30–40 Min. hin und zurück). Startet in der Lower Hollyford Road, 1 km nach der Abzweigung von der Milford Road und 88 km nördlich von Te Anau.

gen seiner Ähnlichkeit mit einer Mitra, einer Bischofsmütze) ist traumhaft. Die Siedlung besteht im Wesentlichen aus einem kleinen Flugfeld, einem Fischerhafen, einem großen Bootsanleger, einer Post, einem Pub und einem Café. Obwohl alles nur über ein paar hundert Meter verstreut liegt, verkehrt hier ein kostenloser Shuttlebus.

Wer von Geschichten aus Pioniertagen fasziniert ist, kann dem **Grab von Donald Sutherland** einen Besuch abstatten, das versteckt zwischen den Angestelltenunterkünften hinter dem Hotel liegt. Ansonsten lässt sich nach 5 Min. Marsch ein **Aussichtspunkt** hinter der Mitre Peak Lodge erreichen oder ein Spaziergang auf dem **Piopiotahi Foreshore Walk** (5–10 Min., flach) unternehmen, der vom Parkplatz am Fjord entlang zur Siedlung führt.

Eine andere Sehenswürdigkeit ist das kürzlich erneuerte **Milford Deep Underwater Observatory**, ☎ 03/249 9442, 🖥 www.milforddeep.co.nz, erreichbar im Rahmen einer der Bootstouren durch den Fjord (dann $29 Aufpreis, 30-minütiger Stopp). Es handelt sich um eine schwimmende Plattform, die in einem Felsen in Harrison Cove verankert ist und durch Sichtfenster einen „Unterwassergarten" mit **Korallen** und Meeerespflanzen präsentiert. Was sich vielleicht nicht sonderlich aufregend anhört, bietet die wahrscheinlich einzige Möglichkeit, diese Korallen zu Gesicht zu bekommen – es sei denn, man ist ein erfahrener Taucher.

Übernachtung und Essen

Die markante Mitre Peak Lodge steht nur Kunden einer geführten Wanderung auf dem Milford Track offen.

Übernachten kann man im Rahmen von Bootstouren auf Schiffen im Sound oder in der **Milford Sound Lodge**, 2 km vom Fährterminal entfernt (kostenloser Shuttlebus), ☎ 03/249 8071, 🖥 www.milfordlodge.com. Das ist ein gut geführtes Backpacker-Hostel mit geräumigen Dorms ($28), Zweibett- und Doppelzimmern ohne Bad ❷ sowie schicken Units am Fluss ❼ und Camping ($15–18). Kleine Küche, Bar und teurer Laden.

Das einzige Esslokal ist das **Blue Duck Café & Bar**, ☎ 03/249 7982, mit Blick auf den Fjord, das Sandwiches und Pies, aber auch Hauptgerichte (meist unter $35) hat. Hier befindet sich auch ein

Informationsschalter, der von einem der Bootsunternehmen betrieben wird. ☉ Café tgl. 8.30–16.40 Uhr, Bar 11 Uhr bis spät.

Touren

Bootstouren

Obgleich imposant, ist der Ausblick vom Ufer auf den Milford Sound nichts im Vergleich zu den Eindrücken, die sich vom Wasser aus auf die zahllosen herabstürzenden Wasserfälle und die gewaltigen Felsmassen bieten. Die meisten Schiffe fahren den 22 km langen Fjord in seiner ganzen Länge ab. Bei den Fairy Falls halten die Boote dicht am Fuß des Wasserfalls und geben wagemutigen Passagieren die Gelegenheit, mit dem Wasser auf Tuchfühlung zu gehen. Längere Touren ankern mitunter in der Anita Bay (Te-Wahi-Takiwai, „Ort des Takiwai"), einer einstigen Fundstelle neuseeländischer Jade an einer vor der tosenden Tasmansee geschützten Stelle in der Fjordmündung.

Tagestrips: Die einfachste Variante ist eine der rund 20 angebotenen Tagestouren, die 2–4 Std. dauern und im Sommer ein paar Tage im Voraus gebucht werden sollten. Zur Auswahl stehen große, schnelle und komfortable Schiffe und kleinere Boote mit persönlicherem Charakter. Die Touren kosten je nach Länge der Fahrt und Größe des Boots zwischen $55 und $85. Die Anbieter sind **Cruize Milford**, ✆ 0800/500 121, 🖥 www.cruizemilford.co.nz, **Mitre Peak Cruises**, ✆ 03/249 8110, 🖥 www.mitrepeak.com, **Real Journeys**, ✆ 0800/656 501, 🖥 www.realjourneys.co.nz, und Red Boat oder **Southern Discoveries Cruises**, ✆ 03/441 1137, 🖥 www.redboats.co.nz.

Über Nacht: Nur Real Journeys bietet die Möglichkeit, an Bord zu übernachten. Drei ihrer Schiffe sind mit Kojen ausgestattet, und auf jedem genießt man eine andere Atmosphäre. Geboten wird mehr oder weniger das Gleiche: eine Rundfahrt durch den Fjord, auf Wunsch eine Kajaktour, gutes Essen und eine Übernachtung vor Anker in einer geschützten Bucht. Speziell auf Backpacker ausgerichtet ist die etwas beengte Milford Wanderer (Nov–März tgl. 16.30–9.30 Uhr, $230; April–Okt gleiche Zeiten, $161), der motorisierte Nachbau eines Leichters mit Segeldeko und 61 Kojen.

Luxuriöseres Ambiente bietet die Milford Mariner (Nov–März tgl. 16.30–9.15 Uhr, $470; Okt und April tgl. 16.30–9.15 Uhr, $329; Mai und Sep tgl. 16.30–10.15 Uhr, $329) mit 2er-Privatkabinen samt Bad (60 Kojen).

Kajaktouren

Die elementare Natur des Milford Sound lässt sich am besten vom Kajak aus entdecken. **Fiordland Wilderness Experiences**, ✆ 0800/200 434, 🖥 www.fiordlandseakayak.co.nz. 4–5-stündige, geführte Trips mit ökologischer Note ($125 ab Milford). **Rosco's Milford Sound Sea Kayaks**, ✆ 03/249 8500, 🖥 www.roscosmilfordkayaks.com. Bietet viele unterschiedliche Ausflüge, z. B. die Kajaktouren Morning Glory (7 Uhr, 6 Std., $175) und Twilighter (15.30 Uhr, 5 Std., $155) sowie kombinierte Touren aus paddeln und wandern auf dem Milford Track (5 Std., $99). Meist Mitte Okt–Mitte April, Sunriser ganzjährig.

Tauchen

Wer im Besitz eines PADI- oder SSI-Scheins ist, sollte unbedingt auf Tauchgang gehen. Infolge der stark tanninhaltigen Süßwasserzufuhr verdunkelt sich das Gewässer schnell und macht Flora und Fauna glauben, es sei tiefer als es wirklich ist. Deshalb lassen sich im Fjord in relativ geringen Tiefen überraschende Lebewesen beobachten, darunter Schwarze Korallen (weiß, aber mit schwarzem Skelett), Brachiopoden (Armfüßer), Prachtsternschnecken (Bullock-Nacktkiemer), Weißkiemen-Lippfische, Teleskopfische und andere. **Tawaki Dive**, ✆ 03/249 9006, 🖥 www.tawakidive.co.nz. Zwei geführte Tauchgänge kosten $189 von Te Anau bzw. $159 von Milford plus $99 für die Ausrüstung.

Transport

Selbstfahrer

Der lohnendste Weg zum Milford Sound ist die Wanderung auf dem Milford Track. Bei Anfahrt mit dem **Auto** oder **Fahrrad** auf der Straße von Te Anau bietet sich der Vorteil, entlang der

Fiordland

Viele Veranstalter bieten von nahezu allen Landesteilen aus Exkursionen zum Milford Sound an. Am besten sind die Bustouren ab Te Anau: Sie dauern nur rund 8 Std. und konzentrieren sich auf den interessantesten Teil der Milford Road. Die meisten sehen auch eine Bootsfahrt auf dem Fjord vor (Anbieter s. S. 807). Von Queenstown zieht eine stete Karawane von Luxusbussen via Te Anau ins mindestens 5 Std. entfernte Milford. Im Verlauf der von unablässiger Kommentierung begleiteten Fahrt werden zahlreiche Zwischenstopps zur Gelegenheit zum Fotografieren eingelegt. Am Ziel steht schließlich eine Bootstour auf dem Programm – alles in allem ein hektischer 12–13-Std.-Ausflug.

Als entspannendere Alternative zu diesem sogenannten Coach-Cruise-Coach-Trip empfehlen sich der Fly-Cruise-Coach-Trip (nicht bei schlechtem Wetter) oder der Coach-Cruise-Fly-Trip (bei einem plötzlichen Klimawechsel wird evtl. auch für den Rückweg der Bus eingesetzt).

Von Te Anau

Am billigsten sind die Trips, die keine Bootsfahrt beinhalten – ideal, wenn man eine Kajaktour unternehmen möchte. Gut ist in diesem Fall das auf Wanderer spezialisierte Unternehmen **Tracknet**, ℡ 03/249 7777, 🖳 www.tracknet.net (Okt–April, 3x tgl., $47 einfach). Allerdings muss man einige Umwege zu den Ausgangspunkten der Wanderstrecken in Kauf nehmen. Kombinierte **Bus- und Bootstouren** bieten die großen Veranstalter wie Real Journeys, ℡ 0800/656 501, InterCity, ℡ 03/379 9020, und **Great Sights**, ℡ 0800/744 487 (um $153). Rucksacktouristen und Kurzentschlossene dürfen außerhalb der Hauptsaison mit geringfügigen Preisnachlässen rechnen.

Interessanter sind die **Ganztagestouren** mit **Fiordland Wilderness Experiences** (S. 807; Hin- und Rückfahrt von/nach Te Anau plus Kajaktour, Okt–Mai, $155) oder eine Tour mit **Trips 'n' Tramps**, ℡ 03/249 7081, 🖳 www.tripsandtramps.co.nz, die den Ausflug zum Milford Sound (inkl. Bootsfahrt) mit kürzeren Wanderungen entlang der Strecke verbinden ($158).

Von Queenstown

Wer den Milford Sound von Queenstown aus besuchen will, nimmt üblicherweise an einem der **Coach-Cruise-Coach-Tagestrips** teil, die gegen 7 Uhr morgens starten und selten vor 20 Uhr enden. Unzählige Unternehmen veranstalten solche Ausflüge. Das beste Preis-Leistungs-Verhältnis bietet der auf Backpacker ausgerichtete **BBQ Bus**, ℡ 03/442 1045, 🖳 www.milford.net.nz, der unterwegs zu kurzen Waldwanderungen und einem Barbecue im Hollyford Valley stoppt ($174). Darüber hinaus gibt es teurere Ausflüge in klimatisierten Luxusbussen und mit mehrsprachiger Reiseleitung, z. B. von **Real Journeys**, ℡ 0800/656 501, die über Fahrzeuge mit großen Panoramafenstern verfügen ($230). Abgeschreckt von einem solch langen Tag wählen viele die teurere Variante aus 40-minütigem Flug und Bootsfahrt, was mit **Air Fiordland**, ℡ 0800/103 404, 🖳 www.airfiordland.com, beispielsweise um $395 kostet. Ein guter Kompromiss sind die bereits erwähnten **Fly-Cruise-Coach-Touren**, die von den meisten größeren Bus- und Fluggesellschaften angeboten werden, u. a. von Air Fiordland, ℡ 0800/107 505 (Coach-Cruise-Fly, $540).

Wer mit einem Buspass von Kiwi Experience unterwegs ist, wird für die Fahrt zum Milford Sound extra zur Kasse gebeten.

Strecke anhalten, die Umgebung genießen und zelten zu können. Wer weder wandern möchte noch ein eigenes Transportmittel besitzt, hat die Wahl zwischen Flug und Bus oder einer Kombination aus beidem, oftmals in Verbindung mit einer Bootstour im Fjord (s. Kasten).

Busse

Busse nach TE ANAU 7x tgl., 2 1/4–2 3/4 Std.; THE DIVIDE 5x tgl., 1 1/4 Std.; QUEENSTOWN 7x tgl., 4 3/4–5 1/2 Std.

Flüge

Flüge nach QUEENSTOWN mind. 20x tgl., 35 Min.

Milford Track

Wie kein anderer der Great Walks ist der Milford Track zu einem Symbol für Neuseeland geworden. Der ihm anhaftende Ruhm ist teils zufällig, teils historisch bedingt. Im Süden lebende **Maori** durchwanderten wahrscheinlich schon früh das Arthur Valley und das Clinton Valley, stichhaltige Beweise dafür gibt es jedoch nicht. Die ersten **Europäer**, die diesen Teil Fiordlands erkundeten, waren die Schotten **Donald Sutherland** und **John Mackay**, die 1880 einen Pfad vom Milford Sound durch das Arthur Valley markierten.

Der Legende nach kamen sie auf ihrem Weg an den grandiosen Mackay Falls vorbei und bestimmten dort durch das Werfen einer Münze, nach wem der Wasserfall benannt werden solle. Gleichzeitig wurde vereinbart, dass der Verlierer dem nächsten Wasserfall an der Strecke seinen Namen geben dürfe. Mackay gewann den ersten Entscheid, bereute sein Glück aber ein paar Tage später, als sie die weit erhabeneren Sutherland Falls passierten. Es ist durchaus denkbar, dass sie auch den benachbarten Mackinnon Pass erklommen, die Ehre der Namensgebung fiel jedoch **Quintin McKinnon** zu, der ihn 1888 in Begleitung von Ernest Mitchell im Auftrag des obersten Landvermessers von Otago, C. W. Adams, zum Zwecke der Erkundung einer Route durch das Clinton Valley überquerte.

Die komplette Route war Mitte Oktober 1888 markiert, und bereits im folgenden Jahr kamen die ersten **Touristen**, um sich von McKinnon durch das Gelände führen zu lassen. Richtig bekannt wurde die Strecke 1908, als eine Schriftstellerin ihren Eindruck des Milford Track dem Herausgeber des Londoner *Spectator* übermittelte. Sie hatte ihn als „eine bemerkenswerte Wanderung" bezeichnet, in einer Laune redaktionellen Überschwangs wurde der Artikel jedoch als „Die schönste Wanderung der Welt" übertitelt.

Praktische Informationen

Ohne Zweifel führt der herrliche Milford Track (54 km, 4 Tage) durch eine der schönsten Landschaften im Fiordland. Viele Wanderer betrachten den Track jedoch als überreglementiert, teuer und nicht sonderlich abwechslungsreich; andere bemängeln die schlechten Abstände zwischen den Hütten und deren von Sandfliegen heimgesuchte Lage. Zwar ist die Kritik nicht ganz unbegründet – allein die Unterkünfte und der Transport kosten um $280. Doch dafür ist die Route bestens gewartet und die Hütten sind sauber.

Dank der Regelung, dass die Strecke nur in eine Richtung begangen werden darf, kann man den ganzen Tag wandern, ohne einer Menschenseele zu begegnen. Außerdem ist die Strecke anspruchsvoller, als viele glauben: Der einzige schwierige Aufstieg und der lange Marsch zum Boot ab Milford Sound müssen an den letzten beiden Tagen absolviert werden. Als Orientierungshilfe genügt die kostenlose DOC-Broschüre *Milford Track Independent Tramping,* weit informativer ist jedoch die Milford *Track Trackmap* im Maßstab 1:70 000 ($15).

Buchung und Unterkunft

Wer den Milford Track während der Wandersaison von Ende Oktober bis Ende April in eigener Regie bewältigen möchte, ist einem rigiden Buchungssystem unterworfen, das den Vorabkauf von **Übernachtungscoupons** für die drei Hütten vorschreibt. Die Route darf nur von Süden nach Norden gewandert werden, sodass man die erste Nacht in der Clinton Hut, die zweite in der Mintaro Hut und die dritte in der Dumpling Hut verbringen wird. Märsche in die entgegengesetzte Richtung oder eine zweite Übernachtung in einer Hütte sind nicht gestattet, Zelten ist strikt verboten. Die Zahl der Wanderer ist auf 40 pro Tag begrenzt, was einerseits eine möglichst weitsichtige Planung erfordert, andererseits aber den großen Vorteil eines garantierten Betts bietet. Zeitlich flexible Leute können bis zu zwei Monate vorher buchen. Wenn man auf ein bestimmtes Datum festgelegt oder in einer größeren Gruppe unterwegs ist, sollten es sechs Monate sein.

Alle **Hütten** verfügen über Hüttenwarte und bieten Toiletten mit Wasserspülung, fließend (aber nicht trinkbares) Wasser sowie Gaskocher. Töpfe und Teller fehlen leider. Die drei Übernachtungen kosten $135, Familien erhalten das ganze Jahr hindurch 20 % Ermäßigung. Buchungen für die jeweils folgende Saison sind ab dem 1. Juli unter 🖥 www.doc.govt.nz oder über das Great Walks Booking Desk, DOC, PO Box 29, Te Anau, 📞 03/249 8514, ✉ greatwalksbooking@doc.govt.nz, möglich. Die Übernachtungscoupons sollten in Te Anau vor 11 Uhr am Tag des Abmarschs abgeholt sein. Sollte die Route aufgrund widriger Wetter- oder Streckenbedingungen gesperrt sein, werden die bezahlten Beträge in voller Höhe erstattet.

Außerhalb der Saison kosten die Hütten nur $15, sind dann aber unbeaufsichtigt und bieten weder Kochgelegenheiten noch eine Heizung. Buchungen sind nicht erforderlich, die Jahrespässe für Hütten sind gültig. Wegen der Lawinengefahr auf einigen Streckenabschnitten sollten sich Wanderer zu dieser Zeit aber auf jeden Fall vorher beim DOC über die Wetter- und Wegbedingungen informieren.

Transport

Das einzige realistische Transportmittel zum Anfangs- und Endpunkt des Milford Track sind **Boote**, die entweder vor oder bei Ausstellung der Übernachtungscoupons gebucht und bezahlt werden müssen. Wer die Route auf eigene Faust wandert, muss mit dem **Bus** von Tracknet von Te Anau ins 30 km nördlich gelegene Te Anau Downs fahren (30 Min., $22) und dann die **Fähre** von Real Journeys über den Lake Te Anau zur Glade Wharf nehmen (1 Std., $65). Eine frühe Abfahrt ist möglich, da der erste Wandertag jedoch sehr kurz ist, kann man auch den späteren Bus um 13.15 Uhr und die Fähre um 14 Uhr nehmen.

Am Ende der Wanderstrecke am treffend benannten Sandfly Point nehmen die meisten Wanderer eines der Boote, die um 14 und 15.15 Uhr nach Milford Sound fahren (Nov–April, 20 Min., $36,70). Abfahrt der Busse von Tracknet zurück nach Te Anau um 9.30, 14.30 und 17 Uhr (3 Std., $47).

Geführte Wanderungen

Teilnehmer geführter Wanderungen müssen lediglich ihre persönliche Habe tragen und kommen in den Genuss bequemer Betten in sauberen, einfachen Hütten sowie vorbereiteter Mahlzeiten. Nur laufen muss man selbst. So viel Komfort hat seinen Preis: Der **Milford Track Guided Walk**, 📞 0800/659 255, 🖥 www.ultimate hikes.co.nz, Nov–April tgl., umfasst 5 Tage mit 4 Übernachtungen und kostet $1950.

Im Preis inbegriffen sind eine Einführung in Queenstown, Transport zum Ausgangspunkt der Route, Unterkunft und Verpflegung auf dem Track, eine Nacht in der Mitre Peak Lodge, eine Bootstour im Milford Sound und schließlich die Rückfahrt per Bus nach Queenstown. Unterwegs wird in Dorms übernachtet, für $2350 bekommt man ein Bett im Doppelzimmer mit Bad (Einzelzimmerzuschlag $600). Das gleiche Unternehmen bietet außerdem eine Reihe anderer geführter Wanderungen, z. B. über den Routeburn Track. Wer nur einen Geschmack vom Milford Track bekommen möchte, kann in Te Anau eine geführte Tageswanderung buchen.

Die Route

Ausgehend von der Nordspitze des Lake Te Anau folgt die Route dem Clinton River in die Berge, überquert den Mackinnon Pass und führt dann den Arthur River entlang zum Milford Sound.

Glade Wharf zur Clinton Hut (5 km, 1–2 Std., 50 m Aufstieg) Der erste Tag ist ein Kinderspiel. Man geht zunächst 2 km entlang einer Versorgungsroute für das Glade House (nur für Kunden geführter Wanderungen). Dahinter führt die Strecke über eine Hängebrücke zum Westufer des gemächlich dahinfließenden Clinton River. Angler können hier ein, zwei Stunden nach Forellen fischen, bevor es weiter durch dichten Südbuchenwald geht, der gelegentlich Ausblicke auf die jenseits der Clinton Hut aufragenden Berge freigibt.

Clinton Hut zur Mintaro Hut (16,5 km, 4–6 Std., 350 m Aufstieg) Die Strecke folgt dem westlichen Ufer des Clinton River bis zu dessen Quelle, dem Lake Mintaro, in Nachbarschaft der Mintaro Hut. Auch dieser Abschnitt ist leicht. Im Verlauf des Marschs kann ein kurzer Abstecher zum Hidden Lake unternommen werden. Von der Abzweigung des Pfads ist bereits der Mackinnon Pass zu sehen. Bis zur Schutzhütte Bus Stop Shelter steigt der Weg ein wenig an, um dann wieder durch flacheres Gelände die Pompolona Hut (nur geführte Touren) zu erreichen. Von dort ist es noch 1 Std. Wegstrecke bis zur Mintaro Hut. Sofern sich ein schöner Sonnenuntergang ankündigt, lohnt es sich, das Gepäck

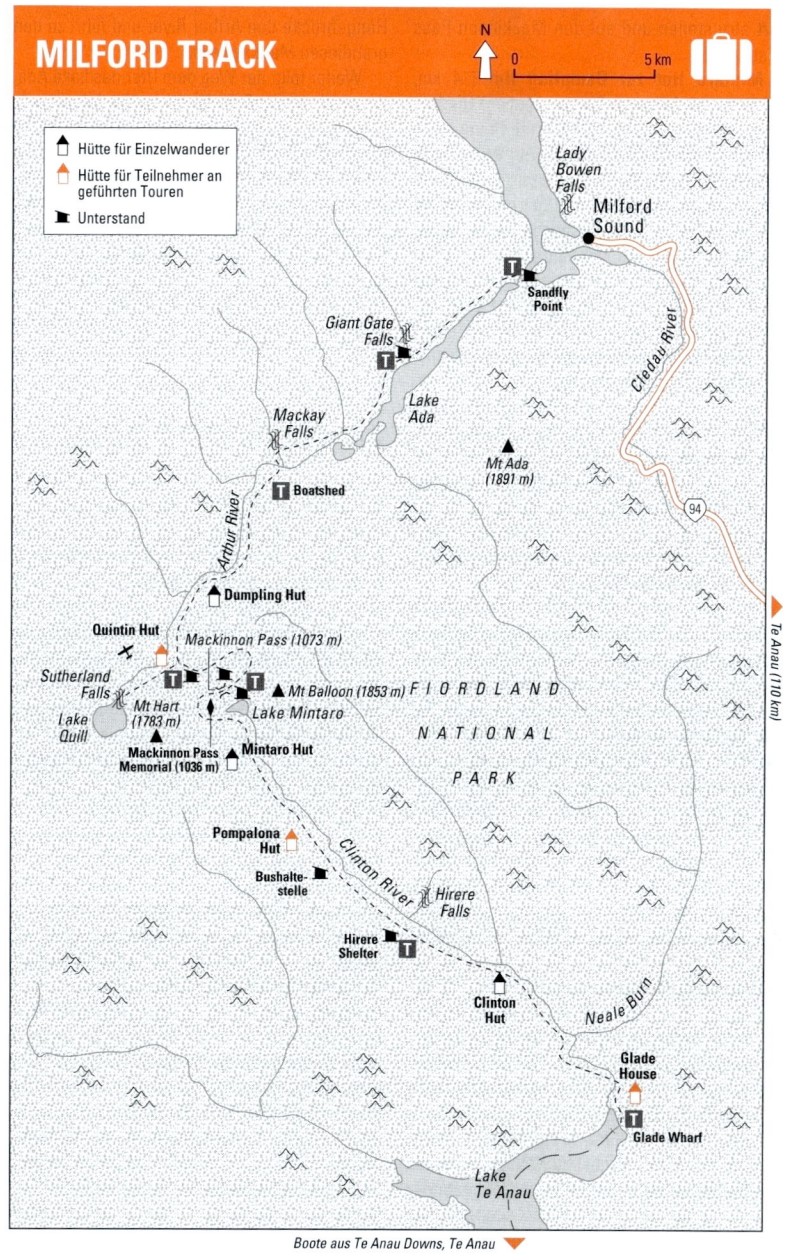

MILFORD TRACK

N

0   5 km

🏠 Hütte für Einzelwanderer

🏠 Hütte für Teilnehmer an geführten Touren

◣ Unterstand

Lady Bowen Falls

Milford Sound

Sandfly Point

Giant Gate Falls

Lake Ada

Mt Ada (1891 m)

Cleddau River

94

Mackay Falls

Arthur River

Boatshed

Te Anau (110 km)

Dumpling Hut

Quintin Hut

Mackinnon Pass (1073 m)

Sutherland Falls

Lake Quill

Mt Hart (1783 m)

Mackinnon Pass Memorial (1036 m)

Mt Balloon (1853 m)

Lake Mintaro

Mintaro Hut

F I O R D L A N D

N A T I O N A L

P A R K

Pompalona Hut

Clinton River

Bushhalte-stelle

Hirere Falls

Hirere Shelter

Clinton Hut

Neale Burn

Glade House

Glade Wharf

Lake Te Anau

Boote aus Te Anau Downs, Te Anau ▼

Fiordland

dort abzustellen und auf den Mackinnon Pass zu steigen.

Mintaro Hut zur Dumpling Hut (14 km, 5–6 Std., 550 Aufstieg, 1030 m Abstieg) Die bislang zurückgelegte Strecke hat die Beine kaum auf den anstrengenden dritten Tag vorbereitet. Obwohl der breite Weg auf festem Untergrund durch das Gelände führt und gut gesichert ist, werden Anfänger beim Aufstieg auf den Mackinnon Pass (1 1/2–2 Std.) oftmals außer Puste geraten. Hat man den Wald erst einmal hinter sich gelassen, wird der Aufstieg auf den Passkamm leichter. Oben angekommen lässt sich in atemberaubender Umgebung das Mittagessen genießen. Man muss sich allerdings auf die Gesellschaft von Keas und unablässig über das Gebiet brummende Touristenflugzeuge einstellen. Vom Denkmal zu Ehren von McKinnon und Mitchell am niedrigsten Punkt des Kamms führt der Weg nach Osten und steigt zu einer Schutzhütte (mit Toiletten sowie Gaskocher im Sommer; Übernachtung nicht gestattet) an, die direkt unterhalb des bizarr geformten Mount Balloon liegt.

Von dort geht es nur noch (z. T. steil) bergab; zuerst entlang der Flanke des Mount Balloon, dann parallel zum malerischen Roaring Burn und hinunter zum Arthur River. Am Zusammenfluss der beiden befindet sich die Quintin Hut (nur geführte Touren). Zwar ist die Hütte in Privatbesitz, die Nutzung der Toiletten und Schutz bei schlechtem Wetter wird jedoch allen Wanderern gewährt – die meisten stellen hier allerdings nur ihr Gepäck ab, um zum Fuß des höchsten Wasserfalls Neuseelands, des 560 m hohen **Sutherland Falls**, zu laufen (4 km hin u. zurück, 1–1/2 Std., 50 m Aufstieg). Von der Quintin Hut ist es noch 1 Std. Wegstrecke bis zur Dumpling Hut.

Dumpling Hut nach Sandfly Point (18 km, 5–6 Std., 125 m Abstieg) Für diese Etappe sind ein früher Aufbruch und steter Marsch erforderlich, um eines der um 14 und 15.15 Uhr ablegenden Boote zu erreichen. Nach Regenfällen, wenn zahlreiche Wasserfälle über die Felswände in die Tiefe stürzen und der Arthur River zu einem imposanten Strom angeschwollen ist, kann die Strecke besonders reizvoll sein. Nachdem der Weg zunächst dem Flusslauf bis zum Boatshed folgt, wo es Toiletten gibt, überquert er auf einer

Hängebrücke den Arthur River und führt zu den grandiosen Mackay Falls.

Weiter folgt der Weg dem Ufer des Lake Ada, der nach einem Erdrutsch vor 900 Jahren entstand und von Sutherland nach dessen schottischer Freundin benannt wurde. Ungefähr auf halber Uferstrecke gibt es einen kleinen Rastplatz und die Giant Gate Falls, die sich am besten von der Hängebrücke in Augenschein nehmen lassen, die am Fuß des Wasserfalls über den Fluss führt. Bis zur Schutzhütte am Sandfly Point sind es von hier noch rund 1 1/2 Std.

Manapouri und die südlichen Fjorde

Anwärter auf den Titel „schönster See Neuseelands" gibt es reichlich, und der 178 m über dem Meeresspiegel gelegene **Lake Manapouri** ist mit seinem bewaldeten Ufer und seinen drei ausgeprägten Armen zweifelsohne ein aussichtsreicher Kandidat. Der See besitzt ein riesiges Einzugsgebiet, das alles Wasser, das über den Upper Waiau River vom Lake Te Anau abfließt, sammelt und ein gewaltiges Reservoir an erschließbarer Wasserenergie schafft – ein Umstand, der dem See schon fast zum Verhängnis wurde.

Ein Gutes am Wasserkraftprojekt war die Öffnung des **Doubtful Sound** durch den Bau der Versorgungsstraße über den Wilmot Pass. Was früher die alleinige Domäne sporadischer Jachten sowie einiger weniger Jäger und Wanderer war, ist nun auch all denjenigen zugänglich, die gewillt sind, ein Boot über den Lake Manapouri zu nehmen und über den Wilmot Pass zu fahren. Die damit verbundenen Kosten sind unvermeidlich hoch, und man ist auf sich selbst gestellt, jedoch entschädigen Abgeschiedenheit und eine prachtvolle Natur allemal für etwaige Unbequemlichkeiten. Eine der großen Attraktionen ist die hiesige Tierwelt, darunter rund 60 Große Tümmler, die sich häufig in Nähe von Schiffen und Kajaks tummeln. Pelzrobben bevölkern die weiter draußen gelegenen Inseln, Dickschnabelpinguine suchen im Oktober und November das

Gebiet zum Brüten auf, und der Wald, der bis an den Wassersaum reicht, beherbergt zahlreiche Kakas, Kiwis und andere Vogelarten.

Kapitän Cook entdeckte den Doubtful Sound 1770, fuhr jedoch nicht hinein, weil es ihm zweifelhaft *(doubtful)* erschien, ob er in Anbetracht der um die steil aufragenden Fjordwände tosenden Winde wieder würde hinaussegeln können. Bessere Bedingungen fanden die beiden Anführer einer spanischen Expedition, Malaspina und Bauza, vor, die 1793 in den Fjord segelten und Febrero Point, Malaspina Reach sowie Bauza Island zu Namen verhalfen.

Anscheinend hatte Cook ohnehin größeres Interesse am 40 km südlich gelegenen **Dusky Sound**, in dem er auf seiner zweiten Reise im Jahr 1773 fünf Wochen verbrachte. Am nahen Astronomer's Point kann man noch heute die Stelle sehen, wo Cooks Astronomen einige Bäume fällen ließen, um freien Blick auf die Sterne zu haben. Wiederum nicht weit davon befindet sich der Ort, an dem Schiffbrüchige in den 1790er-Jahren Neuseelands erstes Haus und Boot europäischer Bauart zimmerten. Auf dem von Fjordwasser umspülten Eiland **Pigeon Island** stehen die Überreste des Hauses von Richard Henry, der von 1894 bis 1908 für die Rettung der durch eingeschleppte Hermeline und Ratten bedrohten einheimischen Vögel kämpfte.

Manapouri

Idyllisch schmiegt sich der versprengte, 20 km südlich von Te Anau gelegene Ort Manapouri an das Ufer des gleichnamigen Sees. In den 1960er-Jahren wurde der See zum Gegenstand eines erbitterten Kampfes von Umweltschützern, die gegen ein Anheben des Wasserspiegels im Zuge der Errichtung eines riesigen Wasserkraftwerks aufbegehrten. Das Kraftwerk ist im Rahmen von Tagesausflügen zu besichtigen.

Manapouri liegt am Abfluss des Waiau River, der im Zuge des Wasserkraftprojekts zu einem schmalen, heute als Pearl Harbour bekannten Arm des Sees aufgestaut worden ist. Die Straße von Te Anau erreicht Manapouri als Cathedral Drive und wird dann zur Waiau Street. Auf dem Weg Richtung Pearl Harbour liegen praktisch alle Einrichtungen, darunter der einzige Laden und die Post im selben Gebäude wie das Cathedral Café am Cathedral Drive.

Außer Bootstouren und Kajakausflüge kann man in Manapouri auch **Wanderungen** unternehmen. Beschreibungen enthält die DOC-Broschüre Manapouri Tracks, die im DOC in Te Anau erhältlich ist. Auf der Uferseite von Manapouri gibt es den Weg vom **Pearl Harbour zum Fraser's Beach** (45 Min.), eine leichte Route durch Buchenwald, in dem Graufächerschwänze und Mantelbrillenvögel umherflattern. Alle anderen Strecken beginnen am jenseitigen Ufer des Waiau River; Boote zur Überquerung vermietet **Adventure Kayak & Cruise**, neben der Mobil-Tankstelle, 33 Waiau St, ☏ 03/249 6626, ⌨ www. fiordlandadventure.co.nz, ⏰ tgl. 8–20.30 Uhr, für $10 pro Tag. Mehr kostet es, wenn man auf der anderen Seite übernachten will, entweder auf dem Zeltplatz oder in einer der beiden DOC-Hütten (jeweils $5).

Die bevorzugte Strecke ist der **Circle Track** (7 km, 3 Std., 330 m Aufstieg), der als Rundwanderweg zunächst dem westlichen Seeufer folgt und dann nach Südosten auf einen Bergkamm mit herrlicher Aussicht auf den See führt.

Für die Unterkunft wird bevorzugt Te Anau gewählt, aber auch Manapouri besitzt einige Übernachtungsmöglichkeiten. Sehr spärlich ist hingegen das Angebot an Speiselokalen.

The Cottage, Waiau St, ☏ 03/249 6838, ⌨ www.thecottagefiordland.co.nz. 2 hübsche Zimmer mit Bad und Terrasse in einem reizenden Haus mit Garten in der Nähe des Bootsanlegers. Einfaches Frühstück inkl. ❺

Freestone Backpackers, SH99, 3 km östlich von Manapouri, ☏ 03/249 6893, ✉ freestone@xtra. co.nz. Hübsches Hostel in mehreren gemütlichen Holz-Chalets mit märchenhaftem Berg- und Seeblick. Manchmal veranstalten die sehr freundlichen Betreiber Klassik-Konzerte. Dorms $20, DZ ❷

Fiordland

Possum Lodge, 13 Murrell Ave, ☏ 03/249 6623, ✉ possumlodge@xtra.co.nz. Ansprechender, etwas altmodischer, aber ruhiger und gut gepflegter Campingplatz mit Hostel an der Mündung des Waiau River in den See. Stellplätze mit/ohne Strom $15, Dorms $21, DZ und Cabins ❷, Motel Units ❸

Café 23, 23 Waiau St. Hat bei weitem das beste Angebot an Essbarem vor Ort: Frühstück, Mittagessen und jede Menge Backwaren aus eigener Herstellung für einen Snack am Nachmittag. ☉ ab 7 Uhr und, wenn man anruft und sich ankündigt, bis 19.30 Uhr.

Cathedral Café, Cathedral Drive. Im Sommer bis 18.30 Uhr kleine Gerichte ($10–24).

Lakeview Café, 68 Cathedral Drive, im Manapouri Lakeview Motor Inn. Hier gibt´s Bar Meals. ☉ bis etwa 21 Uhr.

Aktivitäten

Veranstalter der meisten **Bootstouren** ist **Real Journeys**, ☏ 0800/656 501, 🖥 www.realjourneys.co.nz, ☉ tgl.: Nov–Feb 7.30–20, März–Okt 8–17.30 Uhr; 3–4-stündige Ausflüge führen über den Lake Manapouri zur beeindruckenden, wenngleich umstrittenen Manapouri Underground Power Station (Okt–April tgl. 12.30 Uhr, $65). Die Fahrt über den See endet an einem Besucherzentrum, von wo ein Bus die Passagiere durch einen schmalen, 2 km langen Tunnel zu einer Aussichtsplattform in der Maschinenhalle transportiert. Auch zu den Tagesausflügen des Unternehmens zum Doubtful Sound gehört ein Besuch im Kraftwerk. Wer mehr Unabhängigkeit sucht, sollte sich ein Kajak mieten. **Adventure Kayak & Cruise** (s. S. 813), bietet Einer- und Zweierkajaks (1 Tag $50, 3 Tage $125). Bessere Boote zu etwas höheren Preisen vermietet Fiordland Wilderness Experiences in Te Anau.

Transport

Der zwischen Te Anau und Invercargill verkehrende **Scenic Shuttle**, ☏ 03/249 7654, 🖥 www.scenicshuttle.co.nz, hält in Manapouri (Abfahrt in Te Anau um 7.30 Uhr, Rückfahrt am Nachmittag). Eine Mitfahrgelegenheit bietet sich u. U. in den Tourbussen von Real Journeys, die ihre Kunden zu den Fähren Richtung West Arm und Doubtful Sound bringen – bei verfügbaren freien Busplätzen werden auch unabhängig reisende Passagiere mitgenommen ($12,60 einfach).

Busse nach:
CLIFDEN 1x tgl., 1 1/2 Std.;
INVERCARGILL 1x tgl., 3 1/2 Std.;
RIVERTON 1x tgl., 3 Std.;
TE ANAU 1x tgl., 20 Min.;
TUATAPERE 1x tgl., 2 Std.

Doubtful Sound und südliche Fjorde

Um die südlichen Fjorde in ihrer ganzen Schönheit erfassen zu können, sollte man sich ein paar Tage Zeit nehmen und das Gebiet entweder im Boot oder im Kajak erkunden. Lässt die Reiseplanung das nicht zu, sollte man zumindest einen **Tagesausflug** (evtl. mit Übernachtung) zum Doubtful Sound machen. Genauer lassen sich die Fjorde im Rahmen der ausgezeichneten, einige Monate im Voraus zu buchenden **mehrtägigen Touren** von Fiordland Ecology Holidays (S. 68) kennen lernen. Ähnlich naturnah sind die ausgezeichneten **Kajaktouren** von Fiordland Wilderness Experiences, ☏ 0800/200 434, 🖥 www.fiordlandseakayak.co.nz, die beliebte 2-tägige Trips ($380) sowie längere Erkundungen abgelegener Gebiete anbieten. Von Mai bis September finden außerdem Mehrtagestouren auf der Milford Wanderer statt, z. B. in den Dusky Sound ($1750) und ins Preservation Inlet ($2350).

Real Journeys haben zwei Trips zum Doubtful Sound im Programm. Die günstigere, eintägige Wilderness Cruise (1–2x tgl., $275, Mittagessen $15 extra) beginnt mit einer Bootsfahrt über den Lake Manapouri. Von dort wird man per Bus über den Wilmot Pass zur 20 km entfernten Deep Cove transportiert. Den Abschluss bildet eine 3-stündige Fahrt auf einem komfortablen Boot zur Fjordmündung, wo sich Pelzrobben auf den Felsen aalen, und in den stillen Hall Arm, wo sich manchmal Große Tümmler tummeln. Bei den meisten Touren steht vor der Rückfahrt über den Lake Manapouri noch ein Besuch im Kraftwerk auf dem Programm.

Noch viel schöner ist die Tour mit Übernachtung an Bord der *Fiordland Navigator,* 🖳 www.realjourneys.co.nz/Main/DoubtfulSoundOvernightCruise, Mitte Sep–Mitte Mai um 12 oder 12.30 Uhr; Viererkabine $365, Zweierkabine $675, Einzelkabine $1181). Das komfortable, moderne Schiff wurde einem traditionellen Segelboot nachempfunden. Ein Besuch des Kraftwerks gehört nicht zum Programm, aber man ist 24 Std. unterwegs – Zeit genug für eine entspannte Erkundung der Fjorde, eine kleine Wanderung, eine Kajaktour oder gar ein Bad im kalten Wasser. Essen und Unterbringung sind sehr gut; im Oktober und von Mitte April bis Mitte Mai werden bis zu 20 % Preisnachlass gewährt, YHA-Mitglieder erhalten den ganzen Sommer über 10 % Ermäßigung.

Southern Scenic Route

Mehr Aufmerksamkeit, als ihm gemeinhin zuteil wird, verdient das Gebiet, wo die saftigen Schafweiden Southlands an den Fiordland National Park stoßen. Die kleinen Orte der sehr ländlichen Region sind durch die unterbewertete Southern Scenic Route verbunden. Sie folgt ausgehend von Te Anau via Manapouri dem Tal des Waiau River bis in die höhlenreiche Umgebung von **Clifden** und führt weiter zum SH99. Von Clifden verläuft eine Nebenstraße zum Lake Hauroko, von wo der Dusky Track in Angriff genommen werden kann, während die Southern Scenic Route ihren Weg nach Süden durch die kleinen Orte **Tuatapere** (Ausgangspunkt für die Wanderung auf dem Hump Ridge Track und Sitz des Track-Infozentrums) und **Riverton** weiter Richtung Invercargill fortsetzt.

Busse von Scenic Shuttle, ✆ 0800/277 483, 🖳 www.scenicshuttle.co.nz, fahren täglich von Te Anau via Manapouri, Tuatapere und Riverton nach Invercargill und zurück (Abfahrt Te Anau 7.30 Uhr, $49).

Clifden und Lake Hauroko

Jenseits der Abzweigung der Lake Monowai–Borland Road 35 km südlich von Manapouri sind es auf der Southern Scenic Route noch 32 km bis nach Clifden, dessen historische Hängebrücke, die **Clifden Suspension Bridge**, Beachtung verdient. Sie ist eine der längsten der Südinsel und wurde nach ihrer Erbauung im Jahr 1899 bis in die 1970er-Jahre als Brücke über den Waiau River genutzt. In den **Clifden Caves** schlugen einst Maori während sommerlicher Exkursionen ihr Lager auf. Das 300 m lange Höhlensystem ist frei zugänglich und rund 1 km nördlich der Brücke am SH96 und nochmals nach rund 1 km auf der Clifden Gorge Rd ausgeschildert. Ausgerüstet mit Taschenlampen und unter vorsichtiger Begehung (wobei für die Überwindung der steilsten Abschnitte Leitern zur Verfügung stehen) ist eine Erkundung der an Stalaktiten und Glühwürmchen reichen Höhlen möglich. Besucher sollten ältere Kleidung tragen, da man in einigen Gängen nur kriechend vorankommt. Außerdem sollte man sich nicht allein in die Höhlen begeben und das Infozentrum des Hump Ridge Track (S. 818) von seinem Vorhaben in Kenntnis setzen.

Am Ende einer Schotterstraße harrt 30 km westlich von Clifden der mit 462 m tiefste Ort Neuseelands, der **Lake Hauroko**, seiner Entdeckung. Niedrige bewaldete Hügel säumen ihn und geben den Weg für die „klingenden Winde" frei, nach denen er benannt ist. Am Ende der Straße, in First Bay, gibt es keinerlei Einrichtungen, auf halber Strecke zwischen Clifden und Lake Hauroko lediglich einen primitiven Zeltplatz. Am Nordende des Sees befindet sich die DOC-Hütte Hauroko Burn Hut ($5), die per Boot oder zu Fuß über den Dusky Track zu erreichen ist. Der **Dusky Track** ist einer der längsten und abgelegensten Wanderwege Neuseelands und außerdem erheblich anspruchsvoller als die Great Walks. Erfahrene Wanderer können sich in den DOC-Büros in der Region Informationen zum Track besorgen.

Zum Kennenlernen der Gegend kann man sich an eins der Unternehmen wenden, die **Jetboot-Touren** auf dem See und einem 27 km langen Abschnitt des **Wairaurahiri River** (WW III) anbieten. Hump Ridge Jet, ✆ 0800/270 556, 🖳 www.humpridgejet.com, offeriert z. B. einen Tagesausflug inkl. 4 Std. Zeit zum Entspannen oder Erkunden des beeindruckenden Percy Burn Viaducts ($190). Wairaurahiri Jet, ✆ 0800/376 174, 🖳 www.wjet.co.nz, verlangt für einen ähnlichen Trip etwas mehr.

Tuatapere

Zwei Sägemühlen und ein kärgliches Südbuchen- und Koniferenwäldchen sind die einzigen Hinweise darauf, dass der am Ufer des Waiau River, 14 km südlich von Clifden gelegene Ort Tuatapere seinen Beinamen „Das Loch im Wald" einst zu Recht getragen haben könnte. Als größte Ortschaft im südwestlichen Southland ist Tuatapere eine geografisch günstig gelegene, ansonsten aber kaum reizvolle Ausgangsbasis für die Erkundung des äußersten Südens Fiordlands.

Hump Ridge Track und South Coast Track

Von Tuatapere aus lassen sich zwei Wanderwege der anderen Art angehen: der traditionelle South Coast Track und der Hump Ridge Track mit seiner interessanten Kombination aus Küstenwanderung, historischen Stätten, subalpiner Landschaft und relativ luxuriösen Hütten. Beide Tracks führen mehrere Kilometer am selben Küstenabschnitt entlang, der historisch gesehen zu den interessantesten des Landes gehört. Sie folgen teilweise der 100 km langen Route, die 1896 entlang der Südküste zu Goldgräbersiedlungen im südlichsten Fjord des Preservation Inlet angelegt wurde. Dieser Pfad ebnete den Weg für Holzfäller, die in den 1920er-Jahren zuhauf in die Region kamen. Der Transport der Holzstämme in die Sägewerke erfolgte in Förderwagen und führte auf Viadukten über die Flussläufe und Bäche. Vier der schönsten Viadukte sind aufwendig restauriert worden, darunter die 125 m lange Brücke über den Percy Burn, die 35 m hoch aufragt. Ebenso faszinierend sind die Überreste des ehemaligen Sägemühlen-Dorfes **Port Craig**, zu dem das DOC eine vor Ort erhältliche Broschüre veröffentlicht hat. Die einzigen Unterkünfte in Port Craig sind die Port Craig School Hut des DOC und die Port Craig Village Hut.

Startpunkt beider Tracks ist der Rarakau-Parkplatz, 20 km westlich von Tuatapere. Er ist mit einem Bus (ungefähr \$25 einfach) zu erreichen, der vom Hump Ridge Track-Büro betrieben wird. Dort befinden sich auch ein sicherer Parkplatz (\$5 pro Tag). Wanderer des Hump Ridge Track können auch von Tuatapere nach Track Burn fahren (\$50 einfach, \$80 hin und zurück), das 8 km westlich von Rarakau an einer nur für Geländewagen geeigneten Piste liegt. Auf diese Weise lässt sich die Wanderung am Beginn und am Ende um etwa 2 Std. verkürzen (Rarakau–Track Burn \$30 einfach). **Jetboote** (S. 815) holen Wanderer an der Mündung des Wairaurahiri River ab oder setzen sie dort ab und ermöglichen es so, einzelne Wegabschnitte mit einer Bootsfahrt zu verbinden (etwa \$150 p. P. einfach).

South Coast Track

Der historische South Coast Track (beschrieben in der DOC-Broschüre *Waitutu Tracks*) führt durch das größte neuseeländische Regenwaldgebiet der tieferen Lagen. Zwar ist die Strecke relativ einfach, aber bis zum Big River benötigt man dennoch fast 4 Tage – und muss denselben Weg zurücklaufen, sofern man nicht vorab die Abholung an der Wairaurahiri Hut von einem Jetboot arrangiert hat.

Eine beliebte Alternative ist eine 3-tägige Tour, bei der man in der Port Craig School Hut (\$15) des DOC übernachtet und die dortige Umgebung erkundet. Am Track liegen zwei weitere Hütten (\$5), die 4–7 Std. auseinander sind; Camping ist kostenlos.

Rarakau zur Port Craig School Hut (17 km, 5–7 Std., minimaler Anstieg) Am ersten Tag folgt man entweder dem alten Holzfällerpfad oder – bei Ebbe – dem Strand, was ungefähr 30 Min. Marschzeit einspart.

Port Craig School Hut zur Wairaurahiri Hut (16 km, 4–6 Std., 200 m Anstieg) Auf dieser Etappe führt der Track entlang der alten Bahnlinie und quert alle vier restaurierten Viadukte, bevor er zum Wairaurahiri River abfällt. Eine alternative Übernachtungsmöglichkeit am Ufer des Wairaurahiri bietet die private Waitutu Lodge (zu buchen über das Visitor Centre in Tuatapere, Schlafsack und Essen mitnehmen).

Wairaurahiri Hut zur Waitutu Hut (13 km, 4–6 Std., mäßiger Anstieg) Dieser Abschnitt führt weitgehend über Maori-Gebiet durch das Küstentiefland. Fitte Wanderer mit Campingausrüstung

Fiordland

Um mehr Besucher anzuziehen, wurde von der Gemeinde der **Hump Ridge Track** geschaffen. Er kann ebenso wie der **South Coast Track** mit spannenden Jetbootfahrten auf dem nahen **Wairaurahiri River** bei Clifden kombiniert werden.

Nach maorischer Legende erlitt das große Kriegskanu Takitimu an der Schwelle zum Waiau River in der Te Waewae Bay vor ungefähr 600 Jahren Schiffbruch. Entlang des Flusses errichteten die Maori Sommerlager, von denen sie zu ihren Streifzügen aufbrachen und die ih-

können von der **Waitutu Hut zum Big River** (12 km, 5–7 Std., mäßiger Anstieg) weiterlaufen, dem Ende des Tracks; am Big River gibt es keinerlei Einrichtungen.

Hump Ridge Track

Der privat betriebene Hump Ridge Track kann in 3 Tagen bewältigt werden. Unterkunft bieten 2 ausgezeichnete Hütten (je 40 Betten, $90 p. P.), die über Licht, Gaskocher, Töpfe und Geschirr, kaltes Wasser, 6 Dorms sowie Toiletten und Waschbecken verfügen; im Sommer serviert der Hüttenwart am Morgen sogar ein Porridge. Wer auf eigene Faust unterwegs ist, muss einen Schlafsack und Essen mitbringen. Der Track erfordert ein ordentliches Maß an Fitness und ist weder für Anfänger noch für Kinder unter 10 Jahren geeignet. Unerlässlich ist eine vorherige **Anmeldung** unter ☎ 0800/486 774, 🖥 www.humpridgetrack.co.nz, oder persönlich im Büro in Tuatapere.

Wem das alles zu schwierig ist, der kann einen **Gepäcktransfer** (max. 15 kg) per Hubschrauber zur nächsten Hütte in Anspruch nehmen – entweder auf der gesamten Strecke ($180) oder nur auf dem steilen Anstieg zur ersten Hütte ($65). Für $50 zusätzlich p. P. bekommt man ein DZ mit Bettlaken und Daunendecke. Im Angebot ist auch das Freedom Plus Package ($455), das eine Nacht in einem Hostel in Tuatapere, den Gepäcktransfer per Hubschrauber, den Rücktransport nach Track Burn und heiße Duschen umfasst.

Kiwi Wilderness Walks, ☎ 0800/733 5494, 🖥 www.NZwalk.com, bietet **Wanderungen** (4 Tage, 3 Nächte); im Preis von $1395 inbegriffen sind alle Mahlzeiten, bessere Unterbringung in den Hütten, Hotelübernachtung in Tuatapere und der Transport nach Te Anau oder Invercargill.

Inzwischen wurden entlang dem Track insgesamt 8 km Plankenwege angelegt, um die fragile alpine Landschaft zu schützen und lange Wegstrecken durch schlammiges Gelände zu umgehen. Insgesamt ist der Weg jedoch sehr naturbelassen. Die Strecke wird immer in der gleichen Richtung begangen – entweder man startet in Rarakau oder man lässt sich nach Track Burn fahren.

Rarakau zur Okaka Hut (18 km, 6–9 Std., 900 m Anstieg) Am ersten Tag läuft man anfänglich entlang der Küste, aber schon bald geht es über Plankenwege durch lichten Wald ins Landesinnere und anschließend steil hinauf zur Okaka Hut auf den Hump Ridge, der spektakuläre Ausblicke auf die zurückliegende Strecke bietet. Man sollte sich, wenn irgend möglich, die Zeit nehmen und den wunderschönen **Summit Loop Track** (1 Std. über Plankenwege) ins Programm einbauen. Dabei bekommt man nicht nur zahlreiche alpine Pflanzen zu Gesicht, sondern auch pittoreske Sandsteintürme.

Okaka Hut nach Port Craig (19 km, 6–9 Std., 100 m Anstieg, 900 m Abstieg) Diese Etappe folgt zunächst dem aussichtsreichen Hump Ridge. Nach der Mittagsrast an einem Felsen mit ebenfalls tollem Ausblick geht es am Edwin Burn entlang abwärts, bis man auf den South Coast Track trifft. Hier wird der Edwin Burn Viaduct gequert, und dann folgt man einer alten Eisenbahnlinie zum imposanteren **Percy Burn Viaduct** und weiter zur **Port Craig Village Hut** (eine günstigere Alternative ist die Port Craig School Hut des DOC).

Port Craig nach Rarakau (11 km, 5–7 Std., Auf und Ab) Am dritten Tag führt die Route durch Bestände hoch aufragender Küsten-Rimu zu Sandstränden und zurück nach Track Burn bzw. weiter nach Rarakau.

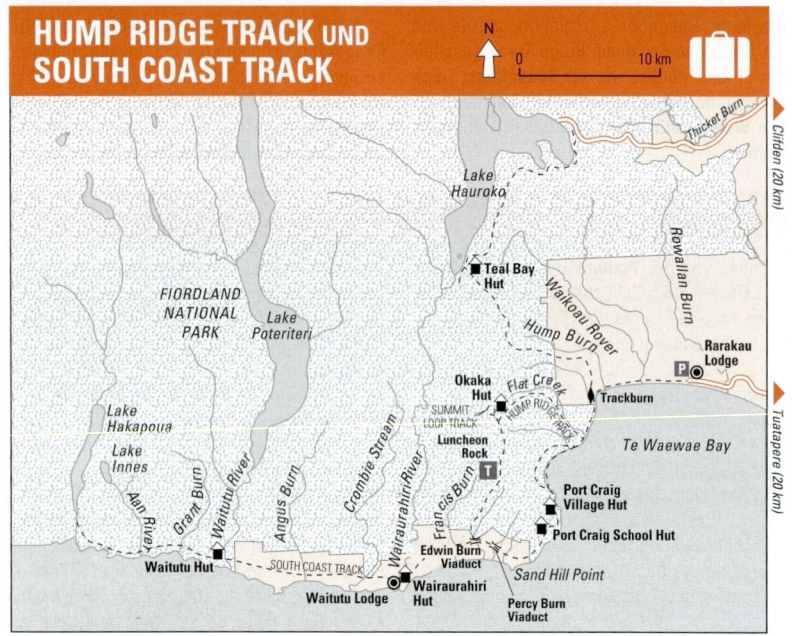

Cliffden (20 km)

Tuatapere (20 km)

Thicket Burn

Rowallan Burn

Lake Hauroko

■ Teal Bay Hut

FIORDLAND NATIONAL PARK

Lake Poteriteri

Waikoau River

Hump Burn

Rarakau Lodge

P

Okaka Hut

Flat Creek

SUMMIT LOOP TRACK

HUMP RIDGE TRACK

► Trackburn

Te Waewae Bay

Lake Hakapoua

Lake Innes

Aan River

Grant Burn

Waitutu River

Angus Burn

Crombie Stream

Wairaurahiri River

Luncheon Rock

T

Francis Burn

■ Port Craig Village Hut

■ Port Craig School Hut

Waitutu Hut

SOUTH COAST TRACK

Edwin Burn Viaduct

Sand Hill Point

Waitutu Lodge

Wairaurahiri Hut

Percy Burn Viaduct

nen als Zwischenstopps auf dem Weg zu den Jadegebieten am Milford Sound dienten. Erst die Ankunft europäischer Pioniere um 1885 verhalf Tuatapere jedoch zu seiner Existenz. 1909 reichte die Eisenbahnverbindung von Invercargill bis hierher und brachte vermehrt technisches Gerät in die Gegend, um den hiesigen Wald abzuholzen.

In jüngerer Vergangenheit verlagerte sich das Interesse der Holzwirtschaft weiter nach Westen an den Rand des Fiordland National Park, wo die maorischen Besitzer in den 1970er-Jahren die Abholzung von Rimu-Bäumen zuließen. Umweltschützer konnten sich gegenüber dem Umweltministerium schließlich Gehör verschaffen und die Festschreibung einer umweltverträglichen Politik erreichen. Die letzten Reste des Waldes – eine spärliche Ansammlung von Südbuchen, Kahikatea und Totara – können am Flussufer in Augenschein genommen werden; die Angestellten des Visitor Centre (s. u.) sind gerne bei der Wegfindung behilflich. Buchungen für den Hump

Ridge Track können im **Hump Ridge Track Visitor Centre**, 31 Orawia Rd, ✆ 03/226 6739, ◷ Nov–April tgl. 8.30–17.30, Mai–Okt Mi–So 10.30–15.30 Uhr, vorgenommen werden, das auch Infos über Unterkünfte, Transport usw. erteilt. Wer möchte, kann hier für die Zeit der Wanderung Wertsachen sicher verwahren lassen.

Unterkunft bieten z. B. das komfortable Tuatapere Motel, 73 Main St, ✆ 0800/009 993 ❹, und das angeschlossene Shooters Backpackers (Dorms $28, DZ ❷). Das beste **Essen** gibt's im Yesteryear Café, in der alten Bäckerei, 3a Orawia Rd, nämlich großzügig bemessenes Mittagessen ($10) und Backwaren aus eigener Produktion, dazu läuft auf dem alten Plattenspieler Musik aus Großmutters Zeiten; ◷ im Sommer tgl. 7.30–18 Uhr, im Winter erheblich kürzer. Einen Versuch wert ist auch das zweckdienliche Waiau Hotel, 47 Main St, oder man kauft sich im Tuatapere Sausage Shop, 75 Main St, ein paar der Würste, die Tuatapere zur „Wursthauptstadt Neuseelands" gemacht haben.

Fiordland

Steineibenwald bei Riverton

Colac Bay und Riverton

Südlich von Tuatapere folgt der SH99 den vom Wind zerfurchten Felsen hinter der weiten und launenhaften Te Waewae Bay. Kräftige Südwinde haben hier einige gern fotografierte Bäume zu kompakten Gebilden geformt. Hinter der kleinen Ortschaft Orepuki führt die Straße landeinwärts, um in der ruhigen Gemeinde **Colac Bay**, die mit guten Wellen für Surfer aufwartet, wieder auf die Küste zu treffen. Nach weiteren 12 km gelangt man nach **Riverton** (Aparima), einer der ältesten Siedlungen des Landes. Sie wurde bereits in den 1790er-Jahren von Walfängern genutzt und formell durch den Walfänger John Howell 1836 gegründet. Howell wird auch die Ehre zuteil, den Grundstein für die heute so erfolgreiche Schafzucht Neuseelands gelegt zu haben.

Der Ort breitet sich entlang einer Landzunge zwischen dem Meer und dem Jacob's River Estuary (eigentlich an der Mündung des Aparima River und des Pourakino River) aus. Er versucht sich u. a. mit einer 5 m hohen Paua-Skulptur als Paua-Hauptstadt Neuseelands zu profilieren und besitzt entsprechend viele Läden, wo die **Muscheln** haufenweise angeboten werden. Der älteste und beste ist das Fiordland Gift Studio,

166 Palmerston St, ☎ 03/234 8153. Besonders günstig sind die Muscheln in der Fabrik des Ladens in der Bath Road. Angler können bei verschiedenen Anbietern Boote chartern, um nach Forellen oder Meeresfischen zu fischen. Infos dazu gibt es im **Riverton Heritage and Tourist Centre**, 172 Palmerston St, ☎ 03/234 8698. Das Infozentrum ist gleichzeitig ein faszinierendes Museum (◷ tgl. 10–17 Uhr, Eintritt $10) mit teils interaktiven Ausstellungen zur Geschichte der Maori und der Europäer in der Gegend.

Für seine schöne Lage hat Riverton erstaunlich wenig gute Unterkünfte. Dafür gibt es aber ein erstklassiges Restaurant, das **Beach House Café**, 126 Rocks Highway, ☎ 03/234 8274, mit herrlichem Meerblick und gemütlichem, kaminbeheiztem Speiseraum. Kaffee und Kuchen sind köstlich, aber noch besser schmecken die wunderbar zubereiteten Fisch- und Seafood-Gerichte (Hauptgerichte $25–35); ◷ tgl. mittags und abends. Jenseits von Riverton führt der SH99 wieder landeinwärts und erreicht nach 40 km Invercargill.

Die **östliche Verlängerung** der Southern Scenic Route durch die Catlins nach Dunedin ist im Kapitel „Von Dunedin nach Stewart Island" beschrieben, s. S. 666.

Anhang

Glossar

ANZAC Australian and New Zealand Army Corps; australisch-neuseeländisches Armeekorps; jede neuseeländische Stadt besitzt ein Denkmal für die ANZAC-Opfer beider Weltkriege

Aotearoa Maori für Neuseeland: „Das Land der langen weißen Wolke"

ariki Oberhaupt eines *iwi*

bach (ausgesprochen wie engl. „batch") Ferienhaus; ursprünglich eine Junggesellenunterkunft in Arbeitscamps, inzwischen eine Art nationale Institution in jeder nur denkbaren Form, von einer einfachen Hütte bis zu einer palastähnlichen Residenz

back-blocks abgelegene Gegenden

bludger Schmarotzer, Nichtstuer

boomer ausgezeichnet

bro Abkürzung für *brother;* von Maori oft als Ausdruck der Zuneigung benutzt

BYO Abkürzung für *bring your own* (Alkohol)

Captain Cooker Wildschwein; wahrscheinlich Nachkommen jener Schweine, die bei Cooks erster Reise im Gebiet der Marlborough Sounds freigelassen wurden

chilly bin Kühltasche

chook Hühnchen

choice fantastisch

chunder Erbrochenes

coaster (Ex-) Bewohner der Westküste auf der Südinsel

cocky farmer kleiner Farmer

crib auf der Südinsel gebräuchliche Bezeichnung für *bach*

cuz oder cuzzy Abkürzung für *cousin*, siehe *bro*

dag witzige oder unterhaltsame Person

dairy „Tante-Emma-Laden", der alles Mögliche verkauft und sieben Tage die Woche, manchmal auch 24 Stunden, geöffnet hat

dob in denunzieren von Freunden und Nachbarn bei der Polizei; derzeit gibt es eine „dobber's charter", die Autofahrer dazu ermutigt, verkehrsgefährdende Fahrweisen anderer zur Anzeige zu bringen

DOC Department of Conservation, verwaltet u. a. die Nationalparks und Wanderrouten und ist maßgeblich an der Gestaltung der Umweltpolitik beteiligt

docket Quittung

domain öffentliche Grünanlage

EFTPOS auf Bankkarten basierendes Zahlungssystem in Geschäften, Bars und Restaurants

feijoa fleischige Frucht in Tomatengröße, die in ihrer Konsistenz an eine Melone erinnert und einen scharfen Geschmack hat

footie Rugby, niemals Fußball

freezing works Schlachthaus

Godzone Neuseeland, Abkürzung für „God's own country"

good as (gold) sehr gut, ausgezeichnet

greasies Essen zum Mitnehmen, insbesondere Fish'n'Chips

greenstone neuseeländische Jade, Nephrit; auf Maori *pounamu*

haka Maori-Tanz, der als eine Art Drohgebärde jedem Rugbyspiel der *All Blacks* vorangeht

handle ein großer Krug Bier

hangi Maori-Festmahl, wird im Erdofen zubereitet

hapu kleinere Stammeseinheit der Maori; mehrere *hapu* bilden ein *iwi*

hogget das Fleisch eines einjährigen Schafs; älter und geschmackvoller (wenngleich weniger saftig) als Lamm, aber nicht so zäh wie Hammel

Hollywood vorgetäuschte oder dramatisierte Sportverletzung, um einen Vorteil zu erlangen

hongi Maori-Gruß durch Aneinanderpressen der Nasen

hoon Rowdy oder Bösewicht

hori Schimpfwort für einen Maori

hot dog Wurst auf einem Spieß, die in Tomatenketchup getunkt wird; was im Rest der Welt als Hot Dog bekannt ist, heißt in Neuseeland „American Hot Dog"

hui Maori-Treffen oder -Versammlung

iwi größte Stammeseinheit der Maori

jandals unabdingliches Kiwi-Accessoire: Gummisandalen

jug 1 Liter Bier

kai Ausdruck der Maori für Essen; allgemein verbreitet

kaimoana Seafood, Fisch

karanga an Besucher gerichtete Aufforderung, ein *marae* zu betreten

kaumatua Stammesälteste der Maori, ältere Menschen

kawa-marae Etikette oder Protokoll bei einem *marae*-Besuch

kete traditioneller Flechtkorb aus Flachs

kiore Polynesische Ratte

Kiwi Spitzname für Neuseeländer, daneben auch der Nationalvogel und das Maskottchen Neuseelands

kiwi fruit Kiwi; inzwischen gibt es auch Früchte mit goldfarbenem Fruchtfleisch, die weniger sauer als ihre grünen Artgenossen sind. Merke: Mit der Kurzform „Kiwis" bezeichnet man in Neuseeland nur die Einheimischen, nicht aber die Früchte!

koha Spende

kohanga reo Vorschule, die ihren Schwerpunkt auf die Erlernung der maorischen Sprache legt (wörtlich „Sprachnest")

kuia weibliche Stammesälteste der Maori

kumara Süßkartoffel

kuri Polynesischer Hund, inzwischen ausgestorben

lay-by Anzahlung auf Waren, die man sich bis zur vollen Bezahlung zurücklegen lässt

mana maorischer Ausdruck für Status, Ansehen, Prestige oder Autorität; wird von allen Neuseeländern verwendet

manaia stilisierter Vogel oder Eidechse, beliebtes Muster in maorischen Schnitzereien

Manchester Bettwäsche bzw. Bettwäscheabteilung eines Kaufhauses

manuhiri Gast oder Besucher, insbesondere eines *marae*

maoritanga Maori-Kultur und -Brauchtum; maorische Lebensphilosophie, s. S. 129

marae wörtlich „Hof", der Ort vor einem Versammlungshaus, wo Zeremonien durchgeführt werden; auch für einen Komplex um ein Versammlungshaus gebräuchlich

mauri Lebenskraft oder Lebensprinzip

mere Kriegskeule, meist aus Jade

metalled Schotterstraße, wie es sie überall in den ländlichen Gebieten Neuseelands gibt

MMP Mixed Member Proportional, das neue Wahlsystem Neuseelands, vergleichbar dem deutschen Verhältniswahlrecht

moko Traditionelle Körper- und Gesichtstätowierungen, die bei den Maori neuerdings wieder in Mode sind

muttonbird möwengroßer Sturmtaucher, der ein wichtiger Bestandteil der prä-europäischen Nahrung der Maori war und wie öliger, leicht fischiger Hammel schmeckt – daher auch der Name

ngati Präfix, bezeichnet Stammeszugehörigkeit oder Abstammung; auch *ngai* und *ati*

OE Overseas Experience; in der Regel ein Jahr, das Kiwis mit Anfang 20 im Ausland verbringen

pa befestigtes Dorf früherer Zeiten, heute meist verlassene Siedlung auf einem Hügel

paddock Weide, Koppel

Pakeha kein Maori, bezeichnet meist Weiße und wird im Allgemeinen nicht abwertend gebraucht. Wörtlich „fremd", kann aber auch als „Floh" oder „Plage" übersetzt werden; möglicherweise eine Abwandlung von *pakepakeha*, womit menschenähnliche Fabelwesen mit heller Haut gemeint sind

pashing Küssen oder Knutschen

patu kurze Kampfkeule

paua der muskulöse „Fuß" der Abalone-Muschel, oft klein gehackt und frittiert serviert; die prachtvoll irisierende Schale wird zu Schmuck verarbeitet

Pavlova Baiser-Nachtisch, garniert mit Früchten und Sahne

pike out „kneifen", aufgeben

piss Bier

pissed betrunken

Podocarpaceen in Neuseeland beheimatete Familie der Nadelhölzer, zu der u. a. Rimu, Kahikatea, Matai, Miro und Totara gehören

pohutukawa knorriger einheimischer Baum, der besonders an der Küste der nördlichen Nordinsel zu finden ist. Blüht Mitte Dezember leuchtend rot und wird manchmal als „neuseeländischer Weihnachtsbaum" bezeichnet

poms Briten; nicht unbedingt beleidigend

pounamu Neuseeländische Jade

powhiri traditionelles Willkommensritual in einem *marae*

puha Maori-Wort für Gänsedistel, eine vielblättrige Pflanze, die von den Maori gesammelt und wie Spinat gegessen wird

puku Maori für Magen, Bauch; häufig als Kosename für eine füllige Person gebraucht

rangatira allgemeine Bezeichnung für einen Maori-Häuptling

rapt sehr zufrieden, begeistert

rattle your dags Beeilung!

root Vulgärausdruck für Sex

rooted sehr abgenutzt oder nicht mehr zu reparieren

rough as guts schlampig verarbeitet, schlecht funktionierend

sealed road asphaltierte Straße

section Stück Land, meist das ein Haus umgebende Grundstück

she'll be right geht in Ordnung

shout eine Runde ausgeben, etwas spendieren

skull Bier in sich hineinschütten, schnell trinken

smoko Snack-/Zigarettenpause

snarler, snag Wurst

Spa Heil-/Thermalbad; Whirlpool; Einrichtung mit Dienstleistungen im Wellnessbereich

spinner Spinner, Trottel

squiz Blick, z. B. in „Give us a squiz"

stoked sehr zufrieden

taiaha langer Schlagstock

tall poppy jemand, der durch besondere Leistungen hervorsticht. „Cutting down tall poppies" bedeutet, jemanden auf das normale Mittelmaß zurückzustutzen

tamarillo leicht bittere, tiefrote Frucht, auch als Baumtomate bekannt

tane Mann

tangata whenua die Menschen des Landes, die Einheimischen

tangi Trauer oder Begräbnis

taniwha Furcht erregender Wassergeist der maorischen Legendenwelt

taonga Schatz, Besitz von großem Wert

tapu verboten oder tabu; häufig in Zusammenhang mit geweihtem Land gebraucht

te reo die maorische Sprache, Maori

tikanga Sitten, Werte und Verhaltensregeln der Maori

tiki Schmuckanhänger in Form einer stilisierten Menschenfigur

tiki tour Führung

togs Badekleidung

tohunga Maori-Priester, Experte in Sachen Maoritanga

true left linker Hand stromabwärts

true right rechter Hand stromabwärts

tukutuku geflochtene Holzgitter, die das Innere eines Versammlungshauses schmücken

tupuna Vorfahren; von großer spiritueller Bedeutung für die Maori

ute Abkürzung für „utility", kleinerer Lieferwagen

varsity Universität

Vegemite oder Marmite dunkler Brotaufstrich aus Hefeextrakt, für die einen ein Graus, von anderen heiß geliebt. Ein Dauerthema ist die Diskussion darüber, was besser schmeckt: das australische Vegemite oder das neuseeländische Marmite?

wahine Frau

waiata Maori-Lied

wairua Geist, Seele

waratah Stock, Latte; bezeichnet Schneemarkierungen entlang der Wanderpfade

waka Maori-Kanu

wero Herausforderungsritual vor dem Betreten eines *marae*

whakapapa Familienstammbaum oder verwandtschaftliche Beziehung

whanau Großfamilie

whare Haus

whare runanga Versammlungshaus

whare whakairo mit Schnitzereien verziertes Haus

wop-wops abgelegene Gegenden

Bücher

Belletristik

Graeme Aitken, *Der Junge mit den goldenen Haaren* (B. Gmünder, 2001). Höchst unterhaltsames Buch über einen Bauernjungen, der seine Homosexualität entdeckt, aber in einer Welt lebt, in der er Ställe ausmisten und Rugby spielen soll.

Eric Beardsley, *Blackball 08*. Gut lesbarer und relativ authentischer historischer Roman, der in der Bergbaustadt Blackball während des längsten Arbeiterstreiks Neuseelands spielt.

Graham Billing, *Forbrush and the Penguins*. Gilt als der erste ernst zu nehmende Roman aus der Antarktis; die faszinierende Geschichte eines

Mannes, der einsam und allein über eine Kolonie von Pinguinen wacht.

Samuel Butler, *Erewhon oder Jenseits der Berge* (Eichborn). Schilderung einer Reise in ein utopisches Land, wobei das Hochland Canterburys (wo Butler eine Schafzuchtfarm leitete) als Kulisse dient, der Autor jedoch im Lauf der Handlung zunehmend zu einer bissigen Satire über das viktorianische Großbritannien übergeht.

Ian Cross, *The God Boy* (Penguin). Dieser Roman gilt weithin als Neuseelands *Fänger im Roggen*. Die Handlung dreht sich um einen Jungen, der zwischen seinen verfeindeten Eltern steht, und die tragischen Konsequenzen aus dieser Situation.

Barry Crump, *A Good Keen Man*; *Hang on a Minute Mate*; *Bastards I Have Met*; *Forty Yarns*, *The Adventures of Sam Cash and a Song*. Humorvoll, einfühlsam und eingängig geschriebene Titel aus einer ganzen Reihe von Büchern über „Naturburschen" und die von Männern dominierte Welt des Jagens, Angelns, Trinkens und Erzählens von Heldentaten. Guter Einblick in eine neuseeländische Lebensweise, die heute weitgehend verschwunden ist.

Alan Duff, *Warriors* (Unionsverlag). Aufrüttelnde und schonungslose Sozialstudie, die im Arbeitermilieu Süd-Aucklands der 1970er-Jahre spielt und in den 1990er-Jahren unter dem Titel *Die letzte Kriegerin* von Lee Tamahori verfilmt wurde.

Janet Frame, *Ein Engel an meiner Tafel* (Piper). Obwohl Frame zu den renommiertesten Romanschriftstellerinnen Neuseelands gehört, ist diese dreiteilige Autobiografie das vielleicht bekannteste ihrer Werke. Das unter demselben Titel von Jane Campion verfilmte Buch gewährt einen unverfälschten Einblick sowohl in das Leben als auch das Umfeld der Autorin, die in ihren Romanen und Kurzgeschichten immer wieder zu überraschen versteht. Als Einstieg empfehlen sich *Gesichter im Wasser* (Piper), *Wenn Eulen schrein* (Suhrkamp), *Scented Gardens for the Blind* und *Dem neuen Sommer entgegen* (C.H. Beck).

Maurice Gee, *Lebende Fracht* (Black Ink); *Crime Story*; *Going West*; *Prowlers*, *The Plumb Trilogy*. Etwas banal klingende Titel eines unterbewerteten, aber hoch talentierten Schriftstellers, der

sich seinen realistischen Themen wie Motivation und Beziehungsgeflechte zielstrebig und kraftvoll nähert.

Patricia Grace *Potiki* (Unionsverlag 2005). Genau beobachtete und brillant erzählte Geschichte einer Maori-Gemeinde, die sich neu definiert, während ihr Land durch Erschließungsprojekte an der Küste bedroht ist. Weitere Romane aus ihrer Feder sind: *Anapuke, Berg der Ahnen* (Unionsverlag 2003), ein magisches Geflecht von Ereignissen in der Geschichte einer Familie, sowie der 2001 für den Booker Prize vorgeschlagene Roman *Dogside Story*, eine eindringliche Schilderung der Kraft von Land und *whanau* am Ende des 20. Jhs. Auf Deutsch erschienen außerdem der Erzählband *Unter dem Manukabaum* (Nagel & Kimche 1995) und *Drei Cousinen* (Unionsverlag 2004). 2004 erschien auf Englisch ihr jüngstes Werk *Tu*, ein ungewöhnlicher Roman über das *Maori Battalion*, das im Zweiten Weltkrieg in Italien kämpfte; die Hintergründe hierfür entnahm die Autorin den erzählten Erfahrungen ihres Vaters und anderer Verwandten.

Peter Hawes, *Leapfrog with Unicorns* und *Tasman's Lay*. Zwei Werke des unbesungenen Helden, Kultautors und wahrscheinlich einzigen Mitglieds der Absurdistenbewegung Neuseelands, der mit großer Leidenschaft, Witz und überraschender Disziplin die Themen angeht, die ihn interessieren. Unter dem Pseudonym W. P. Hearst hat Hawes außerdem den lesenswerten Erzählband *Inca Girls Aren't Easy* veröffentlicht. Die jüngste Ergänzung seines exzentrischen Kanons ist *Royce, Royce the People Choice*, eine Art umgedichteter *Alter Mann und das Meer* gemischt mit *Moby Dick*.

Keri Hulme, *Unter dem Tagmond* (Fischer 1992). Gewinner des Booker Prize 1985 und wundervoller Erstlingsroman, der an den ursprünglichen Stränden der Westküste von South Island angesiedelt ist. Mystizismus, Mythen und Wirklichkeit verschmelzen hier zu einer packenden Geschichte mit eindringlich gezeichneten Charakteren. Außerdem *Der Windesser Te Kaihau* (Fischer 1992).

Witi Ihimaera, *Bulibasha – King of the Gypsies*. Guter Einstieg in das Werk eines der besten maorischen Autoren. Fesselnde und lebendige Schilderung eines rebellischen Teenager-

Daseins im ländlichen Neuseeland der 1950er-Jahre. Einfühlsam beleuchtet Ihimaera das Heranwachsen, Kultur, Familienbande und Machtmissbrauch und führt seine Geschichte zu einem meisterhaft entwickelten Höhepunkt. Auf Deutsch ist inzwischen der grandiose Roman *Whalerider* (Rowohlt) erschienen, der unter demselben Titel auch verfilmt wurde. Ebenfalls lesenswert sind *The Matriarch, The Uncle Story* und *Star Dancer*. In deutscher Übersetzung liegen die Erzählbände *Aroha. Maori-Geschichten aus dem Jadeland* (Edition Isele) und *Das neue Netz wird ausgeworfen* (Rütten & Loening) vor.

Lloyd Jones, *Mister Pip* (Rowohlt 2008). Fesselnder Roman, der vom Krieg auf einer abgelegenen Insel im Südpazifik handelt. Eine scharfe Beobachtungsgabe beweist Jones in seinem 2009 erschienenen Band mit Kurzgeschichten über das zeitgenössische Neuseeland, *The Man In The Shed*.

Shonagh Koea, *The Grandiflora Tree*. Geistreiche und bewegende Geschichte einer Witwe und einer Liebe. Erstlingsroman einer Journalistin, die für ihren bissigen Humor bekannt ist.

Katherine Mansfield, *The Collected Stories of Katherine Mansfield*. Alle 73 Kurzgeschichten sowie 15 Fragmente in einem 780-Seiten-Wälzer. Knappe und für ihre Zeit erstaunlich moderne Betrachtungen menschlicher Verhaltensweisen in scheinbar trivialen Situationen, in denen oft eine bedrückend pessimistische Sicht der Welt deutlich wird. In deutscher Übersetzung sind *Sämtliche Erzählungen* bei Goldmann erschienen.

Craig Marriner, *Stonedogs*. Eine wilde Geschichte über den Drogenhandel einer Gang zwischen Rotorua, Auckland und Northland, in der ein Neuseeland gezeigt wird, von dem sich die „Touristen und Manager wünschen sollten, dass sie nie mit ihm in Berührung kommen".

Owen Marshall, *Drybread*. In knapper Prosa geschriebener Roman, der in Christchurch und Central Otago spielt und anhand der beiden Protagonisten von Liebe und Verlust erzählt: Eine Mutter, die aus den USA nach Neuseeland zurückkehrt, um sich einer gerichtlichen Anordnung in einem Sorgerechtsstreit zu entziehen, und ein emotional lädierter Journalist, der hinter ihrer Story her ist.

Frank Sargeson, *The Stories of Frank Sargeson*. Sargeson ist einer der großen neuseeländischen Schriftsteller. Ein scharfer Blick kennzeichnete sein von den 1930er- bis in die 1980er-Jahre reichendes Schaffen, dessen besondere Stärke in den Dialogen lag. In diesem Band sind einige seiner besten Kurzgeschichten versammelt. In der dreibändigen Autobiografie *Once is Enough, More than Enough* und *Never Enough!* lässt er sein schillerndes Leben Revue passieren, das mitunter aufregender als das seiner Protagonisten war. Eine lesenswerte Biografie ist von **Michael King** unter dem Titel *Frank Sargeson: A Life* erschienen. In deutscher Übersetzung liegt *Damals im Sommer* (Biederstein) vor.

Maurice Shadbolt, *Strangers and Journeys*. Der Roman wurde bei seiner Veröffentlichung im Jahr 1972 sofort zu einem wegweisenden Werk der neuseeländischen Literatur. Erzählt wird die Geschichte zweier von Shadbolt brillant charakterisierter Familien und deren Verflechtungen über drei Generationen hinweg. Sehr neuseeländisch, sehr menschlich und nicht allzu schwülstig. Spätere Werke, mit denen Shadbolt seinen Ruhm festigte, sind *Mondays Warriors, Season of the Jew* und *The House of Strife*. In deutscher Übersetzung erschienen *Und er nahm mich bei der Hand, Mr. Dove über den Wassern, Der Sommer des Delphins* (alle Hoffmann und Campe, vergriffen).

C. K. Stead, *The Singing Whakapapa*. Mischung aus kraftvollem historischem Roman über einen frühen Missionar und der Geschichte eines unzufriedenen Nachkömmlings unserer Tage, der den Sinn in seinem Leben zu ergründen sucht. Stead ist Autor zahlreicher Bücher und kritischer Essays, außerhalb Neuseelands leider aber nur wenig bekannt. Ebenfalls lesenswert sind die Romane *All Visitors Ashore* über den Hafenarbeiterstreik von 1951 sowie *Mansfield*, ein Porträt von Neuseelands berühmtester Kurzgeschichtenautorin. Auf Deutsch sind die Romane *Makutu* (Klampen) sowie *Sister Hollywood* und *Der Tod des Körpers* (beide Fischer) erhältlich.

Damien Wilkins, *The Miserables*. Einer der besten Romane aus Neuseeland. Befreit vom kolonialen Ballast so vieler anderer Werke und für einen Erstlingsroman überraschend reif, beleuchtet Wilkins das Leben der Mittelschicht im Neuseeland der 1960er- bis 1980er-Jahre anhand ausgezeichnet herausgearbeiteter Charaktere.

Geschichte, Gesellschaft und Politik

Men Alone – Men Together, Mark Beehre. Fotograf und Historiker Mark Beehre dokumentiert das Leben von 45 schwulen Männern und Ereignisse in ihrem Leben sowie die neuseeländische Sozialgeschichte vor, während und nach der Reform der Gesetzgebung zur Homosexualität.

The New Zealand Wars, James Belich. Gut recherchierte, eingehende Entzauberung der gängigen Version der Kolonialkriege sowie Betrachtung der viktorianischen wie maorischen Sicht darauf. Ein Buch für wissbegierige Geschichtsforscher. In **Paradise Reforged** spannt Belich den geschichtlichen Bogen von 1880 bis 2000 und beleuchtet insbesondere die Beziehung der Neuseeländer zur Außenwelt.

Auswandern. Destination Neuseeland. Eine ethnographische Migrationsstudie, Brigitte Bönisch-Brednich. Über Flucht und Auswanderung von Deutschland nach Neuseeland ab 1936 und Schicksal und Alltag der Einwanderer in Neuseeland.

Maori Legends, Alistair Campbell. Knapper Abriss ausgewählter Geschichten, leicht zu lesen und durch Illustrationen angereichert.

The Musket Wars, R. D. Crosby. Schilderung der zunehmenden und durch die Einfuhr von Musketen verschärften Konflikte zwischen den verschiedenen *iwi*, in deren Verlauf 23 % der Maori-Bevölkerung ihr Leben ließen.

Out of the Mist and Steam, Alan Duff. Duff, der Autor von *Warriors* (s. „Belletristik"), liefert hier eine lebhafte, fast autobiografische Schilderung seines Lebens, die den Leser ahnen lässt, woraus er das Material für seine Romane bezog.

Corridors of Paua, A. K. Grant. Ein Blick auf die turbulente politische Geschichte des Landes seit 1984 bis zur Einführung des dem deutschen Verhältniswahlrecht vergleichbaren Mixed Member Proportional (MMP) Systems 1996.

Legs on Everest, Mark Inglis. 1982 saß Inglis, Mitglied der Bergrettung am Mount Cook, zwei Wochen lang in einer Eishöhle fest und verlor aufgrund von Erfrierungen beide Beine bis zu den Knien. 2006 bezwang er als erster Mensch mit zwei Beinprothesen den Mount Everest. Ein inspirierendes Buch.

Maori Sovereignty: The Maori Perspective, Hineani Melbourne, und das Gegenstück, **Maori Sovereignty: The Pakeha Perspective**, Carol Archie. Von Aktivisten bis zu Staatsmännern äußern sich alle möglichen Gruppen in diesen beiden Bänden, von denen der eine die Souveränität aus Sicht der Maori beleuchtet, der andere die Sicht der Pakeha darauf untersucht. Obgleich ein nicht geringes Verständnis maorischer Strukturen und neuseeländischer Geschichte vorausgesetzt wird, sind die beiden Bände sehr aufschlussreich.

Maori und Gesellschaft. Wissenschaftliche und literarische Essays, Hartmut Jäcksch (Mana-Verlag 2000). Geschichte und gegenwärtige Situation der Maori werden unter verschiedenen Aspekten beleuchtet.

Das Neuseeland-Lesebuch. Alles, was Sie über Neuseeland wissen müssen, Dörthe und Volker Heyse. Politik, Gesellschaft, Geschichte, Umwelt etc.

The Big Picture. A History of New Zealand Art from 1642, Hamish Keith. Ein faszinierendes und schönes Buch für alle, die sich für die Entwicklung der Kunst in Neuseeland von 1642 bis heute interessieren.

The Penguin History of New Zealand, Michael King. Sehr gut lesbare allgemeine Geschichte Neuseelands, die auch der mündlich überlieferten Geschichte der Maori reichlich Platz einräumt. In **Death of the Rainbow Warrior** liefert King einen packenden Abriss der grotesken und am Ende tragischen Bemühungen des französischen Geheimdienstes, die Greenpeace-Kampagne gegen die Atomtests Frankreichs zu sabotieren.

Gelobtes Land. Fluchten bis ans Ende der Welt, Freya Klier (Aufbau TB Verlag 2006). Über die Flucht jüdischer Deutscher und Österreicher nach Neuseeland.

The Story of the Treaty, Claudia Orange. Umfassende und illustrierte Darstellung der Geschichte und der Mythen hinter dem Vertrag von Waitangi, der von vielen als das wichtigste Dokument in der neuseeländischen Geschichte erachtet wird.

Anhang

A Concise Encyclopaedia of Maori Myth and Legend, Margaret Orbell. Recht ausführliche Zusammenstellung zahlreicher Geschichten und deren Hintergründe. Interessant, aber etwas trocken.

A Man's Country? The Image of the Pakeha Male, Jock Phillips. Ausgehend von den frühen Pioniertagen über Rugby, Kriegskameradschaften, das Ideal des Familienmannes bis hin zum Mann der 1990er-Jahre wird ein umfassendes Psychogramm der männlichen Befindlichkeiten in Neuseeland entworfen.

Amiria: The Life Story of Maori Women, Anne Salmond. Neu aufgelegter Klassiker, der vor dem Hintergrund von Stammesgeschichte und modernen ethnischen Beziehungen die traditionellen Werte beschreibt, die der Autorin vermittelt wurden.

Maori Art and Culture, D. C. Starzecka (Hrsg.). Eine Art Leitfaden in Sachen maorischer Kultur mit ausführlicher Darstellung maorischer Geschichte, Kultur, Sozialstruktur, Schnitz- und Webkunst.

On the Left: Essays on Socialism in New Zealand, K. Taylor und P. Moloney. Umfassende Sammlung politischer Essays über einen Zeitraum von einem Jahrhundert.

No Left Turn, Chris Trotter. Wunderbar anekdotische Geschichte Neuselands, in der überzeugend die Meinung vertreten wird, dass das Land stets vor allem durch „Gier, Bigotterie und rechte Politik" geprägt wurde.

Hongi Hika, Dorothy Urlich Cloher. Fesselnde Biografie über den zu Zeiten des ersten Kontakts zwischen Maori und Europäern mächtigsten Maori-Häuptling.

A Carved Cloak for Tahu, Mere Whaanga. Berichtet vom *hapu* Ngai Tahu Mata Whaiti in der Hawke's Bay – von seiner Geschichte, seiner Tradition, seinen Religionen und vom Einfluss, den diese Elemente auf die moderne Entwicklung hatten.

Wandern

New Zealand's Great Walks, Pearl Hewson. Sehr informativer, praktischer und umfassender Führer für die Great Walks aus der Feder einer Mitarbeiterin des DOC.

Moir's Guide. Der wahrscheinlich ausführlichste Wanderführer für die Südinsel ist in zwei Bände unterteilt: North, in dem Wanderungen zwischen dem Lake Ohau und dem Lake Wakatipu beschrieben werden, und South, dessen Augenmerk Wanderungen in der Umgebung der Seen und Fjorde im Süden gilt – inkl. Kepler Track und die weniger bekannten Dusky und George Sound Tracks.

Neuseeland. Die schönsten Wanderungen und Trekkingtouren, Sylvia Seligmann und Matthias Dollmann (Rother). 65 Wegbeschreibungen mit kleinen Karten, Höhenprofilen und Fotos.

Radfahren und Abenteuersport

New Zealand Surfing Guide, Mike Bhana. Praktisches Handbuch für Surfer mit Tipps zu den besten Gebieten entlang der neuseeländischen Küste, inkl. Zugänglichkeit, Transportmöglichkeiten und zu erwartende Bedingungen.

New Zealand Whitewater: 120 Great Kayaking Runs, Graham Charles. Beschreibt die schönsten Flüsse für Kajaktouren und enthält Karten, Infos bezüglich Erreichbarkeit, Schwierigkeitsgrad und voraussichtliche Dauer und nicht zuletzt Warnungen vor bestimmten Stromschnellen, die man in jedem Fall meiden sollte. Unentbehrlich, umfassend und unterhaltsam.

Neuseeland Bikebuch. Die Kiwi-Inseln für Tourenradler und Mountainbiker, Reinhard Pantke (Reise Know-How 2001).

New Zealand by Bike, Bruce Ringer. Der ultimative Führer für Radtouren in Neuseeland stellt 14 Routen (inklusive Abstecher) vor, aus denen sich auch eine große Rundtour zusammenstellen lässt. Das Buch enthält auch reichlich Karten und Höhendiagramme.

Pedallers' Paradise, Nigel Rushton. Empfehlenswerte Strecken, verteilt auf zwei Bände für Nord- und Südinsel.

A Guide to the Ski Areas of New Zealand, Marty Sharp. Ausführliche Beschreibungen der Skigebiete, inkl. Ortspläne und Informationen über Erreichbarkeit, Skiverleiher usw.

Classic New Zealand Mountain Bike Rides, Paul Simon und Jonathan Kennett. Alles, was man für Querfeldeintouren mit dem Fahrrad in Neuseeland wissen muss; mehr als 400 Routenvorschläge. Im Internet ist Paul Simon mit einer eigenen Website, 🖥 www.mountainbike.co.nz, vertreten.

Index

309 Road 388

A

Abel Tasman Drive 532
Abel Tasman National Park
  522, 525
Abenteuersport 28, 826
Abstinenzlerbewegung 122
Ahipara 253
Akaroa 593
Aktivitäten 67, 740
Alexandra 785
Algen 112
Anatoki River 532
Anaura Bay 421
Angeln 77
  Bay of Islands 231
  Lake Taupo 348
  Poor Knights Islands 225
  Rotorua 334
Angus, Rita 149
Anniversary Day 52
Anreise 44
Aoraki Mount Cook 632
Aoraki Mount Cook Village
  636
Aotearoa 25, 131
Aratiatia Rapids 353
Arrowtown 756
Art déco 437, 448
Arthur's Pass 619
Arthur's Pass National Park
  624
Arthur's Pass Village 622
Ashburton 601
Atene 307
Athfield, Ian 464
Atomtests 247
Auckland 117, 141
  Aktivitäten 176
  Albert Park 149
  Auckland Art Gallery 149
  Auckland Bridge Climb 176
  Auckland Museum 150
  Bastion Point 154
  Bootstouren 177
  Canyoning 177

Devonport 157
Einkaufen 176
Essen 167
Festivals 175
Freeman's Bay 154
Geschichte 142
Informationen 180
Kajaktouren 178
Karangahape Road 150
Kelly Tarlton's Antarctic
  Encounter & Underwater
  World 153
Kingsland 155
Mission Bay 154
Mount Eden 159
Museum of Transport and
  Technology (MOTAT) 156
Nahverkehr 181
Newmarket 152
New Zealand Maritime
  Museum 148
North Shore 156
One Tree Hill 159
Orientierung 146
Otara Market 160
Parnell 152
Ponsonby 154
Radfahren 178
Schwimmen 179
Skytower 148
Stadtführungen 179
Tamaki Drive 153
Theater 175
The Domain 150
Transport 182
Übernachtung 160
Unterhaltung 172
Wandern 179
West Coast 185
Zoo 156
Auto 85
Autokauf 88
Awa Awa Rata Reserve 628
Awanui 256

B

Backpacker-Busse 82
Bahn 83
Balclutha 668

Ballance, John 120
Banken 55
Banks Peninsula 587
Banks Peninsula Track 598
Bannockburn 783
Baxter, James K. 306
Baylys Beach 265
Bay of Islands 226, 227
Bay of Plenty 371, 398
Bed & Breakfast 91
Behinderte 64
Benmore Dam 642
Bergsteigen 76
Bier 50
Blackball 695
Blenheim 543
Blue Lake (Tikitapu) 340
Bluff 680
Bob's Peak 741
Bolger, Jim 128
Botschaften 45
Boundary Stream Scenic
  Reserve 432
Bridal Veil Falls 278
Broken River 620
Bruce Bay 731
Brunner Mine Industrial Site
  697
Bücher 46, 822
Buller Gorge 693
Buller River 692
Bungy-Jumping 30, 74, 743
Buried Village 340
Busby, James 116, 235
Bushy Park 300

C

Cambridge 273
Campen 87
Campingplätze 95
Canterbury 625
Canterbury Association 564
Canterbury Plains 601
Canyoning 74, 745
Cape Brett Track 242
Cape Egmont 299
Cape Foulwind 698
Cape Kidnappers 445
Cape Palliser 460

Anhang

Anhang

Anhang

Bildnachweis

Anhang

Impressum

Neuseeland
Stefan Loose Travel Handbücher
4., vollständig überarbeitete Auflage **2012**
© DuMont Reiseverlag, Ostfildern

Das Buch basiert auf der englischsprachigen Originalausgabe
New Zealand von Laura Harper, Catherine Le Nevez, Tony Mudd, Paul Whitfield
ISBN 978-1-84836-523-0
© Rough Guides Ltd, 80 Strand, London, WC2R ORL, UK

Gesamtredaktion und -herstellung
Bintang Buchservice GmbH
Zossener Str. 55/2, 10961 Berlin
www.bintang-berlin.de
Übersetzung: Silvia Mayer, Gunter Mühl, Inga-Brita Thiele
Redaktion: Dirk Krüger, Silvia Mayer, Jessika Zollickhofer
Karten: Katharina Grimm, Klaus Schindler
Grafisches Konzept: Groschwitz, Hamburg
Layout und Herstellung: Gritta Deutschmann, Anja Linda Dicke
Farbseitengestaltung: Anja Linda Dicke
Umschlaggestaltung: Anja Linda Dicke

Printed in China

Anhang

Kartenverzeichnis

Anhang

Legende

1 : 1.600.000
1 cm = 16 km

0　10　20　30　40　50 km

Motorway	Hafen, Ankerplatz
State Highway	Internationaler Flughafen
Hauptstraße	Nationaler Flughafen
Nebenstraße	Sehenswürdigkeit
Straße nicht asphaltiert	Wasserfall
Wanderweg	Leuchtturm
Straße in Bau; Straße in Planung	Bergwerk
Straße für Kfz gesperrt	Berggipfel; Pass
Tunnel	Wanderweg
Eisenbahn	Skigebiet
Fähre, Schiffsverbindung	Badestrand
Nationalpark; Naturpark	Surfen
Vogelschutzgebiet	Tauchen
Meeresschutzgebiet	Paragleiten

Tom Bowling Bay
Spirits Bay
North Cape
Cape Reinga
Cape Reinga
Motuopao I.
Cape Maria van Diemen
Te Paki Stream (Giant Sand Dunes)
Te Paki
Kapowairua
Te Hapua
Paua
Waitiki Landing
Ohao Pt.
Parengarenga Harbour
Karatia
Tangoake
Te Kao
Great Exhibition Bay
The Bluff
Rarawa Beach
Ngataki
Waihopo
Grenville Pt.
Motuoroa Is.
Houhora
Rangaunu Bay
Cape Karikari
Pukenui
Karikari Peninsula
Merita
Matai Bay
Motutangi
Rangiputa
Whatuwhiwhi
Waiharara
Kaimaunu
Tokerau Beach
Doubtless Bay
Berghan Pt.
Cavalli Is.
Gumdiggers Park
Cable Bay
Whangaroa Harbour
Stephenson
L Waiparera
Unahi
Lake Ohia
Taemaro
Taupo Bay
Tauranga Bay
Waipuri
Motukawanui
Paparore
Taipa
Mangonui
Kahoe
Matauri Bay
Waipapakauri Beach
Kaingaroa
Whangara
Otoroa
Takou
Waipapakauri
Kareponia
Oruru
Cape
Ahipara Bay
Awanui
Peria
Waiaruke
Te Tii
Kapiro
Purerua
Wiw
Is
Kaitaia
Omaunu
Waiare
Ahipara
Victoria Valley
Pamapuria
Manginangina Scenic Reserve
Kerikeri
Tauroa Pt.
Pukepoto
Takahue
Mangamuka
Waipapa
Puketona
Waitangi
Russ
Pai
Tauroa Peninsula
Manukau
Awanui
Broadwood
Mohuiti
Waihou
Waimate North
Opua
Herekino Harbour
Herekino
Awaroa
Te Karae
Rangiahua
Okaihau
Ohaeawai
Kawakawa
Whangape
Runaruna
Horeke
Ngawha
Moerewa
Whangape Harbour
Pawarenga
Panguru
Kohukohu
Motukiore
Waior
Ruape
Mitimiti
Rawene
Kaikohe
Te
Rangi Point
Opononi
Kupu
Waima
Teheke
Tautoro
Tawai
Hokianga Harbour
Omapere
Otaua
Krikoe
Matawaia
Ohapi
Hukerer
Waiotemarama
Waimamaku
Matarua
Awarua
Kaikou
Tr
Giant Kauri Trees
Wekaweka
Mangana
Waipoua Forest
Twin Bridges
Moengawahine
Maun
Katui
Tutamoe
Trounson Kauri Park
Nukutawhiti
Donnellys Crossing
Parakao
Titoki
Aranga
Whatoro
Houto
Waipoua Coast Walkway
Kaihu
Kai-Iwi Lakes
Avoca
Tangiteroria
Maropiu
Waihue
Oman
Mamaranui
Awakino Point
Omamari
Dargaville
Turiwiri
Awakino
Baylys Beach
Mt. Wesley
Te Kopuru
Arapohue
Aratua
Tatarariki
Naumai
Redhill
Ruawai
Tikinui
Te Kowhai
Taingaehe
Te Kauri Museum
Kellys Bay
Rototuna
L. Mokeno
North Head
Pout
Kaipara Entrance

Tasman Sea

S. 843
Hauraki Gulf
Tiritiri Matangi I.
Cape Colville
Fletcher Bay
Stony Bay
Coromandel Walkway
Port Jackson
Port Charles
Mercury Islands
Great Mercury I.
Red Mercury I.
Cuvier I.
Colville Bay
Colville
Waiheke I.
Rakino I.
Rangitoto Is.
Ponui I.
Pakihi I.
Coromandel
Coromandel Harbour
Coromandel Peninsula
Mercury Bay
Whitianga
Cathedral Cove
Hahei
Hot Water Beach
Tairua
Tairua Harbour
Pauanui
Slipper I.
Opoutere Beach
Whangamata
Mayor I.
Mataroa Bay
Waihi
Waihi Beach
Katikati Entrance
Matakana I.
Katikati
Mount Maunganui
Tauranga Harbour
TAURANGA
Te Puna
Bethlehem
Kiwi 360
Helensville
Gannet Colony
Muriwai Beach
Bethells Beach
AUCKLAND
North Shore
Orewa
Silverdale
Whangaparaoa
Albany
Takapuna
Devonport
MANUKAU
Henderson
Titirangi
Manukau Harbour
Manurewa
Papatoetoe
Papakura
Clevedon
Kohukohunui 686 m
Firth of Thames
Thames
Pukekohe
Tuakau
Pokeno
Waiuku
Waikato River
Tasman Sea
Port Waikato
Ngatea
Hauraki Plains
Paeroa
Kaimai Range
Te Aroha
Te Aroha 953 m
Huntly
Ngaruawahia
Morrinsville
Raglan
Raglan Harbour
HAMILTON
Matamata
Rings Scenic Tours (Hobbingen)
Cambridge
Hinuera
Tirau
Summit 507 m
Putaruru
Lichfield
Te Awamutu
Pirongia 959 m
Aotea Harbour
Kawhia
Kawhia Harbour
Albatross Pt.
Ocean Beach
Bridal Veil Falls
Ruapuke Beach
Manu Bay
Whale Bay
Gibson Beach
Otorohanga
Waitomo Caves
Natural Bridge
Marokopa Falls
Te Kuiti
Tokoroa
Mangakino
Lake Rotorua
ROTORUA
Waimangu Thermal Valley
Wai-O-Tapu Thermal Wonderland
Orakei Korako Hidden Valley
Paeroa 979 m
Hauhungaroa Range
Hauhungaroa 1078 m
Craters of the Moon
Aratiatia Rapids
Huka Falls
Wairakei
Taupo
Tauhara 1088 m
Lake Taupo
Kinloch
Acacia Bay
Waikawau Stock Tunnel
White Cliffs
Mt. Messenger 306 m
Mt. Damper Fall
Taumarunui
Ohura
Ongarue
Kuratau
Turangi
Te Rangiita
Ahimanawa
S. 846

South Pacific Ocean

White Island
(Active Volcano)

White Island

B a y   o f   P l e n t y

Cape Runaway
Whangaparaoa Lottin Pt. Matakaoa Pt.
Bay Hicks Bay
Orete Pt. Whanga- Potaka Hicks Bay
paraoa
Whanarua Bay Raukokore Natural Solution Te Araroa East Cape
Waikawa Pt. Whanarua Lighthouse
Te Kopua 35 Bay Pukeamaru East Cape
Te Kaha Pt. Awanui Te Pacific Coast 992 m Awatere
Omaio Bay Whitianga Te Kaha Macademias Farm Raukumara Rangitukia
Moutohora I. Omaio Pariokara 1413 m Tikitiki
Thornton Houpoto Motu Wajomatatini
Matata Hawai Whanokao Tapuaeroa Reporua Mahora
Awakaponga Paroa Irohonga Torere 1618 m Pohutukura Ruatoria
Edgecumbe Ohope Waiotahi Beach Hikurangi Hiruharama Wharleponga
Otakiri Whakatane Omarumutu 1752 m Kopuaroa Waipiro Bay
Te Teko Awakeri 30 Wainui Otara Takapau Te Puia Springs
Taneatua Kutarere Toatoa Ihungia Koutunui Head
Tarawera Falls Waimana Nukuhou Waioeka Pa Whitikau Huiarua Waima
North Tanatana Tokomaru Bay
Waikitikiri Oponae Motu Hikuwai Mawhai Pt.
Kopuriki Tauwhare Wairata Motu Falls Tuati Arero Cook's second landing 20.10.1769
Horomanga Hopepne Moutohora Maungahaumi Tauwhareparae Anaura Bay
Kaingaroa Galatea Traffords 1213 m Huanui Mangatuna
Forest Te Urewera Hill Matawai Arakihi Wharekaka Kaiaua Bay
Maungapohatu Rakauroa Whatatutu 613 m Tolaga Bay Tolaga Bay
Murupara 1366 m Koranga Takapau Cashmere Company
Te Whaiti Otoko Puha Hauiti Tolaga Bay
Ngaputahi Rere Te Karaka Waimata Pourewa I.
Ruatahuna Te Waiti Wharekopae Waipaoa Waihau Bay
Whirinaki National Manuoha Ngatapa Puatai Beach
Forest Minginui 1403 m Pehiri Ormond 35 Gable End Foreland
Taupeupe Park Hangaroa Makaraka Whangara
Saddle 38 Waerengaokuri Matawhero Pouawa
Ruakituri Manutuke Gisborne
Anjwaniwa Muriwai Wainui
L. Waikaremoana Waikaremoana Waingake Okitu
Maungataniwha Kanewa Poverty Bay
1369 m Lake Tuai Tarapatiki Te Reinga Young Nick's Head
Waikaremoana Ardkeen Maraetaha
Track Marumaru Bartletts S. 847

S. 844

S. 848

S. 849

846

North Taranaki Bight

South Taranaki Bight

Otorohanga
Taharoa
Albatross Pt.
Kihornau
Rotongata
L. Taharoa
Te Anga
Natural Bridge
Waitomo Caves
Kiokio
Otewa
Mangatutu
Wharepapa South
Maketu
Awamarino
Marokopa Falls
Waitomo Caves
Te Kumi
Whawharua
Bawarewa
Waipara
Kiriteheri
Ngapaenga
Te Kuiti
Rangitoto
Waipa Valley
Whakama
Moeatoa
Arapae
Eight Mile Junction
Ruketutu
Waikawau Stock Tunnel
Waikawau
Piopio
Paemako
Te Mapara
Kopaki
Borootaroa
Pureora
Tiroa
Barryville
Aria
Mahoenui
Mokauiti
Mapiu
Renneydale
Piropiro
Awakino
Mokau
Otangiwai
Nihoniho
Ongarue
Waimiha
Awaking
Tongaporutu
Waitaanga
Matiere
Tuhua
Okahukura
Mangapapa Valley
Oruaiwi
White Cliffs
Pukearuhe
Ahititi
Okau
Kotare
Ohura
Taringamotu
Ngakonui
Hauhungaroa Range
Hauhungaroa 1078 m
Uriti
Mt. Messenger 306 m
Tatu
Aukopae
Taumarunui
Ohinepane
Manunui
Pungatunga
Kuratau Junction
Kakaramea 1301 m
Mt. Damper Fall
Tahora
Kirikau
Piriaka
Owhango
Tongariro
Papakai
Waitara
Ohura Falls
Whakahoro
Kaiteke
Olo
Raurimu
Mt. Tongariro 1968 m
New Plymouth
Bell Block
Brixton
Onaero Waitoetoe
Tahora Saddle
Whangamomona Saddle
Whangamomona
Retaruke
National Park
Erua
Mt. Ngauruhoe 2287 m
Tongariro Crossing
Oakura
Senty Hill
Inglewood
Tarata
Kohuratahi
Pohokura
Whanganui
Pokaka
Whakapapa Village
Tongariro N.P.
Mt. Ruapehu 2797 m Active Volcano
Lake Mangamahoe Scenic Park
Omata
Norfolk
Tariki
Purangi
Te Wera
Aotuhia
Bridge to Nowhere
Tohunga Junction
Hirotua
Okato
Egmont Village
Huiroa
Makahu
Te Maoou 746 m
National
Cape Egmont
Warea
Midhirst
Strathmore
Douglas
Matemateaonga Range
Park
Ohakune
Kapoaiaia Stream
Pungarehu
Mt. Taranaki (Mt. Egmont) 2518 m
Cardiff
Toko
Egmont National Park
Stratford
Puraroto Caves
Raetihi
Kariol
Waiouru
Rahotu
Puniho
Makara
Kaponga
Mangatoki
Pipiriki
Mangaetroa
Oaonui
Te Kiri
Eltham
Jerusalem
Ranana
Raukawa Falls
Opunake
Ngaere
Mangaweka
Matapu
Normanby
Taumatatahi
Makahore
Ruanui
Pihama
Manaia
Kapuni
Te Roti
Makakaho Junction
Matahiwi
Koriniti
Bells Junction Colliers Junction
Matoroa
Kaupokonui Beach
Ohawe
Tokaora
Ohangai
Mokoia
Elvis Presley Museum
Tawhiwhi
Kakatahi
Taihape
Manutahi
Alton
Hurleyville
Orangimea
Paparangi
Downes Hut
Tiriraukawa
Hawera
Kakaramea
Atene
Parikino
Otairi
Mangaweka
Patea
Waverley
Puau
Rataiti
Waitotara
Pungarehu
Nukumaru
Maxwell
Kai Iwi
Kauangaroa
Hunterville
Rata
Vinegar Hill
Waiinu Beach
Westmere
Kaitoke
Tutaenui
Kai Iwi Beach
Fordell
Beaconsfield
Kimbolton
Castlecliff Beach
WANGANUI
Whangaehu
Ratana
Turakina
Marton
Kiwitea
Lake Alice
Halcombe
Chelten
Santoft
Mount Biggs
Feilding
Aorangi
Tangimoana
Bulls
Ohakea
Rongotea
Bunnytho
As
Himatangi Beach
Glen Oroua
PALMERSTON NORTH
Manawatu Gorge
Himitangi
Rangiotu
Longburn
Linton
Ballance
Foxton Beach
Opiki
Makawa 56
Tokomaru
Konini
Manawatu River
Foxton
Makerua
Poroutawhao
Waitarere
Shannon
Waiwera
Newnth
Cape Stephens
L. Horowhenua
Ihakara
Eketahuna
Ohau River
Ohau
Levin
Waikawa Beach

South Pacific Ocean

Hawke Bay

ROTORUA

Kawerau

Tarawera Falls

Mt. Tarawera 1111 m

Te Urewera

Maungapohatu 1366 m

National

Manuoha 1403 m

Park

Lake Waikaremoana

Motu Falls

Maungahaumi 1213 m

Traffords Hill

Te Karaka

Matawhero

Gisb

Poverty B

Young Nick

Wairoa

Mahanga

Pukenui Beach

Oraka Beach

Mahia Beach

Mahia Peninsula

Te Kapu 366 m

Table Cape

Ahuriri Pt.

Portland I.

NAPIER

Gannet Colony
Cape Kidnappers

HASTINGS

Havelock North

Ocean Beach

Waimarama

Cape Turnagain

Dannevírke

Tasman Sea

Cape Farewell — Hilltop Walk
Wharariki Beach — Puponga
Port Puponga — Farewell Spit — Gannet Colony
Whanganui Inlet — Seaford
Pakawau
Mangarakau — Opou — Golden Bay
Paturau River — Ruataniwha Inlet — Collingwood
Rockville — Parapara — Separation Pt. — Cape Stephens
Kahurangi Pt. — Bainham — Puramahoi — Takapou — Totaranui — Port Hardy
Mt. Stevens 1213 m — Takaka — Pohara — Awaroa Bay — D'Urville I.
Heaphy Track — Pupu Springs — Motupipi — Abel Tasman National Park — Greville Harbour — Attempt Hill
Wekakura Pt. — Anatoki — Hamama — Abel Tasman Coast Track — Torrent Bay — Ragged Pt. — Owhata — 729 m
Devil River Pk. 1775 m — Uruwhenua — Adele I. — Atau Paparoa — French Pass
Scotts Beach — Kahurangi — Upper Takaka — Marahau — Tasman Bay — Mt. Shewell 715 m
Nikau Palm Walk — Mt. Domett 1823 m — Takaka Hill — Kaiteriteri — Croisilles Harbour — Elaine Bay
Saddle Riwaka — Cape Soucis — Okiwi Bay — Tennyson Inlet
Cobb Reservoir — Takaka Hill 791 m — Delaware Bay — Whangamoa
Caldervale — Oparara Basin — Cobb River — Motueka — Pepin I.
Oparara — Ngatimoti — Mariri — Kina Beach — Wakapuaka — Hira — Carluke
Karamea — Market Cross — Pokororo — Tasman — Ruby Bay — Mapua — Saddle Hill 1214 m — Rai Valley — Havelock — Queen Charlotte Drive
Kongahu — Arapito — Thorpe — Harakeke — Weimea — Te Rou — Canvastown — Anakiwi
Little Wanganui — Te Namu — Mt. Kendall 1811 m — Dovedale — Redwoods — Richmond — Stoke — NELSON — Pelorus Bridge
Gentle Annie Point — Corbyvale — Stanley Brook — Brightwater — Hope — Okaramio — Tuamarina
Waimarie — Tapawera — Marsrewa — Foxhill — Wakefield — Mt. Richmond 1760 m — Kaituna — Rapaura — Renwick
Mokihinui — Mt. Owen 1875 m — Rakau — Belgrove — Te Rou — Wairau Valley — Craiglochart — Woodbourne
Hector — Charming Creek Walkway — Motupiko — Konawai — Hiwipango — Golden Downs — Rossmore
Ngakawau — Stockton — Hope Saddle 637 m — Korere — Atapo — Red Hill 1790 m — Hillersden — Altimarlock
Granity — Millerton — Owen River — Kawatiri — Kikiwa — The Branch — Netherwood — Rich
Birchfield — Denniston Incline — Matiri — Howard Junction — Tophouse — Netherwood — Jordan
Mangaroa — Banbury Coal Mine — Buller Gorge Swingbridge — Gowanbridge — Saint Arnaud — Pinnacle 2131 m — Barometer 1780 m
Westport — Burnetts Face — Newton Flat — Long-ford — Rotoroa — Gladstone
Buller Gorge — Inangahua — Lyell — Tutaki — Rotoiti — Tapuae-o-Uenuku 2885 m
Tiroroa — Berlins — Inangahua — Six Mile — Rainbow Ski Area — Mt. Travers 2338 m
Rotokohu — Glengarry — Moruia Falls — Mt. Una 2301 m — Island Saddle 1350 m — Molesworth — Dillon Cone 2174 m
Mt. Uri — Larrrys Creek — Paenga — Nelson Lakes National Park — Manakau 2610 m — Mangamaunu
1532 m — Waitahu — Mt. Victoria 1637 m — Burnbrae — Mangamahu — Hapuku
Reefton — Warwick Junction — Maruia — Mt. Fyffe — Kaikoura
Maimai — Crushington — Waiuta — Ghost Town — Springs Junction — Lewis Pass

Karamea Bight

Tasman Mts.

Wakamarama Range

Kahurangi National Park

Leslie-Karamea Track

Victoria Range

Spenser Mountains

St. Arnaud Range

Richmond Range

Kaikoura Range

Inland Kaikoura Range

Seaward Kaikoura Range

Inland Rd.

TranzCoastal

848

S. 850

S. 851

1 cm = 16 km   1 : 1.600.000

0   20   40   60 km

Nuku-maru
Waiinu Beach
Kai Iwi Beach
Kai Iwi
Castlecliff Beach
Westmere
WANGANUI
Whangaehu
Kaitoke
Fordell
Obingaiti
Pouhakaura
Upper 1733 m
Kawhatau
Blackburn
S. 846
Ashcott
Takapau
Hunterville
Rata
Tutaenui
Anegar
Hill
Kauangaroa
Mangarimu
Aorangi
Umutoi
Rakautatahi
Norsewood
Coonoor
803 m
Ormondvil
Whetu-kura
Danneverke
Te
Kaitoke
Weber
Waione
South Taranaki Bight
Ratana
Turakina
Marton
Beaconsfield
Kimbolton
Kiwitea
Rakautatahi
Lake Alice
Santoft
Halcombe
Cheltenham
Ruaroa
Matamu
Bulls
Mount
Biggs
Feilding
Raumai
Umutaoroa
Tangimoana
Rongotea
Aorangi
Bunnythorpe
Maharahara
Ashhurst
Woodville
Ngaturi
Pahiatua
Kaitawa
Makuri
Mangatiti
Pongaroa
Puketoi
Himatangi Beach
Glen Oroua
Longburn
PALMERSTON NORTH
Manawatu Gorge
Ballance
Linton
Himatangi
Rangiotu
Foxton
Opiki
Tokomaru
Konini
Foxton Beach
Manawatu River
Poroutawhao
Waitarere
Makerua
Waiwera
Hamua
Tane
Shannon
Ihakara
L. Horowhenua
Ohau River
Qhau
Kuhu
Waikawa Beach
Levin
Eketahuna
Newman
Rakaunui
Alfredton
Tiraumea
52
St. Mary's (Oldest Cath. Mission in NZ)
Manakau
Otaki Beach
Otaki
Te Horo
Mitre
Mount
Bruce
1571 m
DOC Wildlife Centre
Pukaha Mt. Bruce
Castle Hill
Mataikona
Whakataki
Kapiti I.
Maurice-ville
Dreyers
Rock
Castle Point
Waikanae
Southward
Car Museum
Reikorangi
2
Opaki
Tinui
Paraparaumu
Rings Scenic Tours
(Pelennor Fields)
Raumati
Mt. Hector
1529 m
Masterton
Carswell
Langdale
Whareama
Whareama River
Paekakariki
Te Ore Ore
Pukerua Bay
Blairlogie
Wainuioru
Rewa
Stronvar
579 m
Riversdale Beach
Plimmerton
Mana I.
Upper Hutt
Hay-wards
Pigeon Bush
Greytown
Carterton
Ponatahi
Gladstone
Longbush
Uruti Pt.
Homewood
Porirua
Stokes Valley
Featherston
Kaiwaiwai
Te Wharau
Flat Pt.
Tawa
Redwood
LOWER HUTT
53
Kahutara
Martin-borough
Pahoa
Makara
Eastbourne
Wainuio-mata
Mt. Matthews
941 m
Tuhitarata
Pirinoa
Hinakura
Mt. Adams
664 m
Honeycomb Rock
WELLINGTON
Sinclair Head
Baring Head
Wharekauhau
Lake Ferry
Ruakokoputuna
Tuturumuri
Pahoaa
Glendhu
Turakirae Head
Palliser Bay
Lake Onoke
Putangirua Pinnacles
Mt. Ross
983 m
Te Humenga Pt.
Ngawi
Cape Palliser

Cook Strait

Robertson Pt.
White Bluffs
Clifford Bay
Cape Campbell
Hauxai

South Pacific Ocean

Tasman Sea

Bir
Waimanga
Carters Beach
Cape Foulwind
Seal Colony
Cape Foulwind
Westp
Tauranga Bay
Buller Gor
Ti
Charleston
Nile River Caves
Woodpecker Bay
Tiromoana
Pahautane
Pararoa
1532
Mt Ur
Punakaiki
National
Inland Pac
Track
Park
Mair
Pancake Rocks
Mawhera
Pakiroa Beach
Hukarer
Barrytown
Craigieburn
Greigs
Atarau
Tota
Blackball
Raupc
Rapahoe
Ngahere
Ahaura
Runanga
Kamara
Nelson Cre
Greymouth
Stillwater
Kokiri
Paroa
Aratika
Gladstone
Shantytown
Moana
Kumara Junction
Kor
Marsden
Te Kinga
Awatuna
Kumara
L. Brunner
Rotor
Seaview
Stafford
Taramakau
Arahura
Itchbonnie
Hokitika
Blue Spur
Jackson
Kaniere
Turiwhate
Wainihinihi
Mananui
L. Mahinapua
Aicken
Woodstock
Arthur's Pass
Ruatapu
Rimu
924 m
Kokatahi
Otira
Ross
Kaniere
Mt. Rolleston
Nati
Donoghue's
Kowhitirangi
2271 m
Kokatahi
Arthur's Pass
Historic
Mt. Murchisison
Goldfields
Fergusons
Beat
Pukekura
Black Ran
Waitaha
2400 m
Herepo
Abut Head
White Heron Colony
Harihari
Okarito
Castle Hill
Lagoon
Rotokino
Te Taho
Mt. Enys
Okarito
Whataroa
Mt. Adams
L. Coleridge
2195 m
Kiwi
The Forks
2223 m
Mt. Whitcombe
Watching
2644 m
Mapourika
Lake
Tatare
Coleridge
Gillespies Pt.
Lake Matheson
Franz Josef
Mt. Arrowsmith
Mt. Hutt
Gillespies Beach
Franz
2795 m
2188 m
Fox
Fox
Josef Glacier
Glacier
Erewhon
Mt. Taylor
Karangarua
Westland
Mt. Tasman
Station **Mt. Potts**
2330 m
Jacobs River
National Park
3498 m
Helipark
Alford
Bruce Bay
Aoraki
The Thumbs
Forest
Heretaniwha Pt.
(Mt. Cook)
Mount Cook
Mt. Sunday
Ashburton
Bushside
3754 m
National Park
2545 m
(Edoras)
Gorge
Staveley
Buccleuch
Lake
Mt. Sefton
Aoraki Mt
Hakatere
Mount Somers
Paringa
Mahitahi
3157 m
Cook Village
Mesopotamia
Cant
Lake
Station
Cavendish
Ashburton
Paringa
Mt. Musgrave
Montalto
Forks
2246 m
Mayfield
Greenst
aki
Mt. Ward
Mount
Anama
2644 m
Mt. Peel
Peel
Lismore
Dun Flunary
1717 m
Ruapuna
Inland Scenic
Shattered Peak
2499 m
Mt. John Observatory
Peel Forest
Route 72
2089 m
Glentanner
Clayton
Lagmeh
Mt. Huxley
S. 853
Arundel
Lismore
2499 m
Sherwood
Carew
Downs
Ealing
850
Flightseeing
Lake Tekapo
Trentham
Orari
Grand Traverse
Bur
Woodbury
Rangita
Kimbell
Cattle Valley
Geraldine
Allandale

Tasman Sea

Here

Lake Moeraki
Knights Point

Haast Beach
Haast
Okuru
Hannah's Clearing
Jackson Head
Jackson Bay
*Jackson
Bay*
Seal Rocks
Neils Beach
Waiototo
Cascade Pt.
Arawata
Haast Pass
563 m
Halfway Bluff

**Mount
Aspiring**
Mt. Alba
**Siberia
Experience**
**Cascade
River Valley**
Maka
*Dagon
1693 m*
Pollux
2355 m
2542 m
Awarua Pt.

Big Bay
**Pyke Big Bay
Track**
Long Reef
▲ *Mt. Aspiring
3030 m*
*Mt. Aspiring
3030 m*
Martins Bay
*Mt. Aspiring
3030 m*
National
*Mt. Edward
2586 m*
Mount
Aspiring
*Mt. Alta
2347 m*
Hollyford Track
McKerrow
Park
Alabaster
Yates Pt.
Rees/Dart Track
*Mt. Tutoko
2746 m*
*Mt. Earnslaw
2819 m*
Centaur Peaks
2518 m
**Diamond
Lake Track**
Milford Sound
Glendhu Bay
Albert Town
Seabreeze Pt.
*Mitre Peak
1692 m*
**Milford
Sound**
**Routeburn
Track**
"**Isengard**"
"**Lothlorien**"
Maungawera
Poison Bay
Wanaka
"**Amon Hen**"
Mount Barker
Sutherland Sound
*Mt. Christina
2502 m*
Hollyford
Jetboating
Que
Bligh Sound
**Sutherland
Falls**
**Homer
Tunnel**
*Mt. Bonpland
2348 m*
**Skippers
Canyon**
*Mt. Cardrona
1934 m*
*The Divide
532 m*
Mt.
196
George Sound
L. Gunn
Glenorchy
**Mace-
town**
Cardrona
Mount
Pisa
Milford Track
Cascade
Creek
Caples Track
Eltin Bay
Coronet Peak
1648 m
Wharebuanui
Arrowtown
Lowburn
Fiordland
Two Thumb Bay
*Knobs
Flat*
Mount
Creighton
Wharehuanui
**Arrow
Junction**
**Kawarau
Gorge**
*Mt. McDougall
2036 m*
**Mirror
Lakes**
**Greenstone
Track** 2050 m
Tooth Pk.
Arthurs
Point
Queenstown
Frankton
**Gold Fields Mining
Centre**
Caswell Sound
Fernhill
Double
Cone
2324 m
Bannock-
burn
Clye
Da
Charles Sound
Closeburn
Kelvin
Heights
Nancy Sound
Walter Peak
Station
Nevis
Crossing
oson Sound
*Mt. Irene
1879 m*
**Te Ana-Au
Caves**
Te Anau
Downs
Mavora Lakes
**Lower
Nevis**
Otelisi
1695 m
cretary I.
National
*Mt. Lyall
1905 m*
**Fango
Forest**
S. 854
Jane Peak
Kingston
Remarkables
Old Man
Kepler Track
Nicholas Rd. 2035 m

Fergusons
Goldfields
Pukekura
Waitaha
S. 850
Mt. Murchison
2400 m
Mt. Bin
1859 m
Beatey
Cass

Abut Head
Herepo
Rolleston Range
Birdwood Range
Black Range
L. Colenge
Castle Hill Village
Porters Pass
945 m
Pearson

White Heron Colony
Rotokino
Harihari
Te Taho
Mt. Adams
2223 m
Mt. Whitcombe
2644 m
Mt. Enys
2195 m
73
Broken
Okarito
Lagoon
Okarito
Whataroa
The Forks
Kiwi
Watching

Mt. Arrowsmith
2795 m
Lake
Colenge
Ben More
1657 m
Annat
Sheffi

Mabounka
Tatare
Franz Josef
Fox
Glacier
Franz
Josef Glacier
Erewhon
Station
Mt. Potts,
Helipark
Mt. Taylor
Windwhistle
77
S. 851

Gillespies Pt.
Gillespies Beach
Lake Matheson
Fox
Glacier
Westland
National Park
Mt. Tasman
3498
Mount Cook
National Park
Aoraki
(Mt. Cook)
3754
The Thumbs
2545 m
Mt. Sunday
(Edoras)
Hakatere
Ashburton
Gorge
Staveley
Bushside
Alford
Forest
Mt. Hutt
Mt. Taylor
Methven
Cairnbrae
Canterbury
77

obs River
Karangarua
Mt. Sefton
3157 m
Aoraki Mt.
Cook Village
Tasman
Glacier
Mesopotamia
Station
Rangitata
Mount Somers
Cavendish
Montalto
Staveley
Buccleuch
Ashton
Forks
Lauriston
Mitcham
Chertsey

Bay
Bannock Brae Range
Mt. Ward
2644 m
Liebig Range
Mt. Musgrave
2246 m
Mayfield
Anama
Greenstreet
Westerfield
Dromon
Ashburt

Strachan Range
Mt. Sefton
3157 m
Landsborough
Two Thumb Range
Mt. Peel
1717 m
Mt.
Peel
Ruapuna
Lagmhor
Tinwald
Lismore
Eiffelton
Wakon

eak
Dun Fiunary
2499 m
Glentanner
Alexandrina
L.
Tekapo
Clayton
Sherwood
Downs
Trentham
Orari
Peel Forest
Arundel
Carew
Hinds
Ashton
Hakatere

Mt. Huxley
2499 m
Mt. John Observatory
Lake Tekapo
Burke
Pass
Kimbell
Cattle Valley
Woodbury
Ealing
79
Orari
Bridge
Rangitata
Longbeach
Lowcliffe

Barrier Range
Flightseeing
Grand Traverse
Burke Pass
671 m
Allandale
Geraldine
Hilton
Geraldine Flat
Orari
Orton
Coldstream

L. Ohau
Mount Cook
Lookout
Lake Pukaki
Winscombe
Cricklewood
Fairlie
Epworth
Pleasant
Point
Mawaro
Cave
Winchester
Milford
Temuka
Canterbury

Ohau Alpine Village
Mt. St. Mary
2332 m
"Plains of Rohan"
"Eastemnet Gullis"
"Pelennor Fields"
Twizel
Grays
Hills
Albury
Mount
Nessing
Levels
Taiko
Seadown
Washdyke
Bight

Clearburn
Haldon
Cannington
Gleniti
TIMARU
Fairview

Benmore
Black Forest
Motukaika
Gordons
Valley
Southburn
Pareora
St. Andrews

Mt. Melina
1905 m
Omarama
8
Benmore
Dam
Otaio
Hunter
Otaio Beach
Makikihi

dis Pass
971 m
Otematata
83
Aviemore
L. Waitaki
Kurow
Wharua
Hakataramea
Pentland Hills
Waihaorunga
Kelchers
Hook
Studholme
82
Waimate

k
Lindis Valley
3 m
Lake Waitaki
Kohurau
2008 m
Takiroa Maori
Rock Art
Otekaieke
Ikawai
Waihao Downs
Waihao
Arno
Morven
Tawai
1
Glenavy

as
Cambrians
Hills Creek
Mt. Ida
1691 m
Kyeburn
Diggings
Danseys Pass
618 m
Livingstone
Georgetown
Tokarahi
Ngapara
83
Waitaki
Peebles
Waitaki

Drybread
Becks
Idaburn
Naseby
Tapui
Papakaio
Windsor
Enfield
Richmond
Pukeuri
Ardgowan

Omakau
Ophir
Oturehua
Ida Valley
Wedderburn
Mt. Pisgah
1643 m
Five Forks
Weston
Totara Estate
Totara
Oamaru
Blue Penguin Colony

Springvale
Galloway
Otago Central
Rail Trail
Ranfurly
Kyeburn
Red Cutting
Summit 640 m
Reidston
Maheno
Kakanui
Taranui
Cape Wanbrow
All Day Bay

exandra
"Plains of Rohan"
"Rohirrim Village"
Poolburn
Reservoir
Gimmerburn
Waipiata
Kokonga
Herbert
Waianakarua

urgh
Manorburn
Reservoir
Patearoa
Paerau
Hyde
Waihemo
Hampden
Moeraki Boulders
Moeraki
Katiki Point

Rock and Pillar
S. 855
Macraes Flat
Waynes
Dunback
Katiki
Katiki Beach

S. 852

Tasman Sea

Fiordland

George Sound

Caswell Sound
Charles Sound
Nancy Sound
Thompson Sound

Secretary I.

Doubtful Sound

National

Dagg Sound

Towing Head

Mt. Forbes
Mt. Soaker 1593 m
1305 m

Mt. Kellard
1210 m

Breaksea I.
Breaksea Sound

Resolution I. Mt. Clerke
1070 m

Five Fingers Point
Anchor I.

Cooper I.
Long I.

Mt. Solitary
1454 m

West Cape
Cape Providence

Chalky Inlet
Chalky I.
Preservation Inlet
Coal I.

Puysegur Point

Treble Mt.
1049 m

Mt. Aitken
1189 m

Hakapoua

Long Pt.

Cascade Creek

Mt. McDougall 2036 m

Mt. Irene 1879 m

Mt. Lyall 1905 m

Te Ana-Au Caves

Murchison Mts.

Kepler Track

Mt. Soaker

Kepler Mts.

Spire Peak 1696 m

Manapouri Power Station
Wilmot Pass

Dingwall Mts.

Mt. Ward 1719 m

Flat Mt. 1768 m

Green L.

Monowai
L. Monowai

Park

Caroline Pk. 1722 m

Princess Mts.

L. Hauroko

Poteriteri

Cameron Mountains

Hump Ridge Track

Te Waewae

Te Waewae Bay

South Coast/Waitutu Track

Monkey Island Beach
Pahia Pt.

Orepuki

Pahia
Wakapatu
Colac Bay

Centre I.

Escape Reefs

Franklin Mts.

Caples Walk

Greenstone Track 2050 m

Mirror Lakes

Elfin Bay
Mount Creighton
Arthur Point

Queenstown
Fernhill
Closeburn

Walter Peak Station

Stuart Mts.

Te Anau Downs

Snowdon 1577 m

The Dail

Fangorn Forest

"River Anduin"

Te Anau

"Dead Marshes"

Manapouri
L. Manapouri

The Key

Manapouri

Takitimu Mts.

Mossburn

Blackmount

Wairaki

Ohai

Opio

Birchwood

Nightcaps

Scotts Gap

Orawia

Clifden

Aparima

Piko Piko
Pukemaori

Tuatapere

Papatotara

Te Tua

Waihoaka

Gummies Bush

Riverton

Wallacetown

Longwood Range

Long-wood

Oreti Beach

Otatara

The Rocks

Mid D 1478

Lumsd

Castlerock

Josephville

Caroline

Dipton West

Dipton

Benmore

Kauana

Winton

Drummond
Northope

Browns
Lochiel

Ryal Bush

Roslyn Bush

Makarewa

Lorne-ville

INVE

Wa
Wooden
Awaru
Awar
Bay

New River Estuan

Greenhills
Greenpoint
Ocean Beach

Bluff

Dog

Mt. Wakatipu

Livingstone Mts.

Thomson Mts.

Mavora Lakes

Jade Peak

Eyre Mountain

Athol

Parawa

Five Rivers

Lowther

Little St P

Balfou
Gle

Otapiri

Limehils

Hoi

96

Heenans Corner
Fairfax
Isla Bank

Thornbury

Otautau
Ringway

Otahu Flat

Wreys Bush
Wairio

South Hillend

Oreti Plains

Fairview

Foveaux Strait

Solander I.

Bishop and Clerks Is.
Rugged Is.

North West Circuit Track

Codfish I.

Mason Bay

Ernest Is.

Doughboy Bay

South Red Head Pt.
Big Moggy I.

Big South Cape I.
South West Cape

Black Rock Pt.

Mt. Anglem 980 m

Rakiura

Rakiara Track

Freshwater

Mt. Rakeahua 681 m

National

Park

Mt. Allen 749 m

Pearl I.

Broad Bay
South Cape

Port Pegasus

Ruapuke I.

Hazelburgh Group

Halfmoon Bay
(Oban)

Bench I.

Ulva Island Bird Sanctuary

Kiwi Watching

Port Adventure
Shelter Pt.
Breaksea Is.

Lords

Stewart I.